Collins

French Dictionary

Meaning divisions

Most words have more than one meaning. Take, for example, **punch** which can be, amongst other things, a blow with the fist or an object used for making holes. Other words are translated differently depending on the context in which they are used. The transitive verb **to roll up**, for example, can be translated by "rouler" or "retrousser" depending on what it is you are rolling up. To help you select the most appropriate translation in every context, entries are divided according to meaning. Different meanings are introduced by an "indicator" in *italics* and in brackets. Thus, the examples given above will be shown as follows:

punch *n* (*blow*) coup *m* de poing; (*tool*) poinçon *m*
roll up *vt* (*carpet, cloth, map*) rouler; (*sleeves*) retrousser

Likewise, some words can have a different meaning when used to talk about a specific subject area or field. For example, **bishop**, which we generally use to mean a high-ranking clergyman, is also the name of a chess piece. To show English speakers which translation to use, we have added "subject field labels" in *italics*, starting with a capital letter, and in brackets, in this case (*Chess*):

bishop *n* évêque *m*; (*Chess*) fou *m*

Field labels are often shortened to save space. You will find a complete list of abbreviations used in the dictionary on pages x and xi.

Translations

Most English words have a direct translation in French and vice versa, as shown in the examples given above. Sometimes, however, no exact equivalent exists in the target language. In such cases we have given an approximate equivalent, indicated by the sign ≈. An example is **National Insurance**, the French equivalent of which is "Sécurité Sociale". There is no exact equivalent since the systems of the two countries are quite different:

National Insurance *n* (*Brit*) ≈ Sécurité Sociale

On occasion it is impossible to find even an approximate equivalent. This may be the case, for example, with the names of types of food:

mince pie *n* *sorte de tarte aux fruits secs*

Here the translation (which doesn't exist) is replaced by an explanation. For increased clarity the explanation, or "gloss", is shown in *italics*.

It is often the case that a word, or a particular meaning of a word, cannot be translated in isolation. The translation of **Dutch**, for example, is "hollandais(e), neérlandais(e)". However, the phrase **to go Dutch** is rendered by "partager les frais".

Even an expression as simple as **washing powder** needs a separate translation since it translates as "lessive (en poudre)", not "poudre à laver". This is where your dictionary will prove to be particularly informative and useful since it contains an abundance of compounds, phrases and idiomatic expressions.

Levels of formality and familiarity

In English you instinctively know when to say "I don't have any money" and when to say "I'm broke" or "I'm a bit short of cash". When you are trying to understand someone who is speaking French, however, or when you yourself try to speak French, it is important to know what is polite and what is less so, and what you can say in a relaxed situation but not in a formal context. To help you with this, on the French–English side we have added the label (*inf*) to show that a French meaning or expression is colloquial, while those meanings or expressions which are vulgar are given an exclamation mark (*inf!*), warning you they can cause serious offence. Note also that on the English–French side, translations which are vulgar are followed by an exclamation mark in brackets.

Keywords

Words labelled in the text as **KEYWORDS**, such as **be** and **do** or their French equivalents **être** and **faire**, have been given special treatment because they form the basic elements of the language. This extra help will ensure that you know how to use these complex words with confidence.

Cultural information

Entries which appear distinguished in the text by a column of dots explain aspects of culture in French and English-speaking countries. Subject areas covered include politics, education, media and national festivals, for example **Assemblée nationale**, **baccalauréat**, **BBC** and **Hallowe'en**.

Abréviations		Abbreviations
abréviation	*ab(b)r*	abbreviation
adjectif, locution adjectivale	*adj*	adjective, adjectival phrase
administration	*Admin*	administration
adverbe, locution adverbiale	*adv*	adverb, adverbial phrase
agriculture	*Agr*	agriculture
anatomie	*Anat*	anatomy
architecture	*Archit*	architecture
article défini	*art déf*	definite article
article indéfini	*art indéf*	indefinite article
automobile	*Aut(o)*	the motor car and motoring
aviation, voyages aériens	*Aviat*	flying, air travel
biologie	*Bio(l)*	biology
botanique	*Bot*	botany
anglais britannique	*Brit*	British English
chimie	*Chem*	chemistry
cinéma	*Ciné, Cine*	cinema
commerce, finance, banque	*Comm*	commerce, finance, banking
informatique	*Comput*	computing
conjonction	*conj*	conjunction
construction	*Constr*	building
nom utilisé comme adjectif	*cpd*	compound element
cuisine	*Culin*	cookery
article défini	*def art*	definite article
déterminant: article; adjectif démonstratif *ou* indéfini etc	*dét*	determiner: article, demonstrative etc
économie	*Écon, Econ*	economics
électricité, électronique	*Élec, Elec*	electricity, electronics
en particulier	*esp*	especially
exclamation, interjection	*excl*	exclamation, interjection
féminin	*f*	feminine
langue familière (! emploi vulgaire)	*fam(!)*	colloquial usage (! particularly offensive)
emploi figuré	*fig*	figurative use
(verbe anglais) dont la particule est inséparable	*fus*	(phrasal verb) where the particle is inseparable
généralement	*gén, gen*	generally
géographie, géologie	*Géo, Geo*	geography, geology
géométrie	*Géom, Geom*	geometry
langue familière (! emploi vulgaire)	*inf(!)*	colloquial usage (! particularly offensive)
infinitif	*infin*	infinitive
informatique	*Inform*	computing
invariable	*inv*	invariable
irrégulier	*irrég, irreg*	irregular
domaine juridique	*Jur*	law

Abréviations		**Abbreviations**
grammaire, linguistique	*Ling*	grammar, linguistics
masculin	*m*	masculine
mathématiques, algèbre	*Math*	mathematics, calculus
médecine	*Méd, Med*	medical term, medicine
masculin *ou* féminin	*m/f*	masculine *or* feminine
domaine militaire, armée	*Mil*	military matters
musique	*Mus*	music
nom	*n*	noun
navigation, nautisme	*Navig, Naut*	sailing, navigation
nom *ou* adjectif numéral	*num*	numeral noun *or* adjective
	o.s.	oneself
péjoratif	*péj, pej*	derogatory, pejorative
photographie	*Phot(o)*	photography
physiologie	*Physiol*	physiology
pluriel	*pl*	plural
politique	*Pol*	politics
participe passé	*pp*	past participle
préposition	*prép, prep*	preposition
pronom	*pron*	pronoun
psychologie, psychiatrie	*Psych*	psychology, psychiatry
temps du passé	*pt*	past tense
quelque chose	*qch*	
quelqu'un	*qn*	
religion, domaine ecclésiastique	*Rel*	religion
	sb	somebody
enseignement, système scolaire et universitaire	*Scol*	schooling, schools and universities
singulier	*sg*	singular
	sth	something
subjonctif	*sub*	subjunctive
sujet (grammatical)	*su(b)j*	(grammatical) subject
superlatif	*superl*	superlative
techniques, technologie	*Tech*	technical term, technology
télécommunications	*Tél, Tel*	telecommunications
télévision	TV	television
typographie	*Typ(o)*	typography, printing
anglais des USA	US	American English
verbe (auxiliare)	*vb (aux)*	(auxiliary) verb
verbe intransitif	*vi*	intransitive verb
verbe transitif	*vt*	transitive verb
zoologie	*Zool*	zoology
marque déposée	®	registered trademark
indique une équivalence culturelle	≈	introduces a cultural equivalent

Transcription phonétique

Consonnes		Consonants
poupée	p	puppy
bombe	b	baby
tente thermal	t	tent
dinde	d	daddy
coq qui képi	k	cork kiss chord
gag bague	ɡ	gag guess
sale ce nation	s	so rice kiss
zéro rose	z	cousin buzz
tache chat	ʃ	sheep sugar
gilet juge	ʒ	pleasure beige
	tʃ	church
	dʒ	judge general
fer phare	f	farm raffle
valve	v	very rev
	θ	thin maths
	ð	that other
lent salle	l	little ball
rare rentrer	ʀ	
	r	rat rare
maman femme	m	mummy comb
non nonne	n	no ran
agneau vigne	ɲ	
	ŋ	singing bank
hop!	h	hat reheat
yeux paille pied	j	yet
nouer oui	w	wall bewail
huile lui	ɥ	
	x	loch

Divers		Miscellaneous
pour l'anglais: le "r" final se prononce en liaison devant une voyelle	ʳ	in English transcription: final "r" can be pronounced before a vowel
pour l'anglais: précède la syllabe accentuée	ˈ	in French wordlist: no liaison before aspirate "h"

NB: p, b, t, d, k, g sont suivis d'une aspiration en anglais.
p, b, t, d, k, g are not aspirated in French.

En règle générale, la prononciation est donnée entre crochets après chaque entrée. Toutefois, du côté anglais-français et dans le cas des expressions composées de deux ou plusieurs mots non réunis par un trait d'union et faisant l'objet d'une entrée séparée, la prononciation doit être cherchée sous chacun des mots constitutifs de l'expression en question.

Phonetic transcription

Voyelles		Vowels
ici vie lyrique	i iː	*heel bead*
	ɪ	*hit pity*
jouer été	e	
lait jouet merci	ɛ	*set tent*
plat amour	a æ	*bat apple*
bas pâte	ɑ ɑː	*after car calm*
	ʌ	*fun cousin*
le premier	ə	*over above*
beurre peur	œ	
peu deux	ø əː	*urgent fern work*
or homme	ɔ	*wash pot*
mot eau gauche	o ɔː	*born cork*
genou roue	u	*full hook*
	uː	*boom shoe*
rue urne	y	

Diphtongues		Diphthongs
	ɪə	*beer tier*
	ɛə	*tear fair there*
	eɪ	*date plaice day*
	aɪ	*life buy cry*
	au	*owl foul now*
	əu	*low no*
	ɔɪ	*boil boy oily*
	uə	*poor tour*

Nasales		Nasal vowels
matin plein	ɛ̃	
brun	œ̃	
sang an dans	ɑ̃	
non pont	ɔ̃	

NB: La mise en équivalence de certains sons n'indique qu'une ressemblance approximative.
The pairing of some vowel sounds only indicates approximate equivalence.

In general, we give the pronunciation of each entry in square brackets after the word in question. However, on the English-French side, where the entry is composed of two or more unhyphenated words, each of which is given elsewhere in this dictionary, you will find the pronunciation of each word in its alphabetical position.

French verb forms

1 Present participle **2** Past participle **3** Present **4** Imperfect **5** Future **6** Conditional **7** Present subjunctive **8** Impératif

acquérir **1** acquérant **2** acquis **3** acquiers, acquérons, acquièrent **4** acquérais **5** acquerrai **7** acquière

ALLER **1** allant **2** allé **3** vais, vas, va, allons, allez, vont **4** allais **5** irai **6** irais **7** aille

asseoir **1** asseyant **2** assis **3** assieds, asseyons, asseyez, asseyent **4** asseyais **5** assiérai **7** asseye

atteindre **1** atteignant **2** atteint **3** atteins, atteignons **4** atteignais **7** atteigne

AVOIR **1** ayant **2** eu **3** ai, as, a, avons, avez, ont **4** avais **5** aurai **6** aurais **7** aie, aies, ait, ayons, ayez, aient

battre **1** battant **2** battu **3** bats, bat, battons **4** battais **7** batte

boire **1** buvant **2** bu **3** bois, buvons, boivent **4** buvais **7** boive

bouillir **1** bouillant **2** bouilli **3** bous, bouillons **4** bouillais **7** bouille

conclure **1** concluant **2** conclu **3** conclus, concluons **4** concluais **7** conclue

conduire **1** conduisant **2** conduit **3** conduis, conduisons **4** conduisais **7** conduise

connaître **1** connaissant **2** connu **3** connais, connaît, connaissons **4** connaissais **7** connaisse

coudre **1** cousant **2** cousu **3** couds, cousons, cousez, cousent **4** cousais **7** couse

courir **1** courant **2** couru **3** cours, courons **4** courais **5** courrai **7** coure

couvrir **1** couvrant **2** couvert **3** couvre, couvrons **4** couvrais **7** couvre

craindre **1** craignant **2** craint **3** crains, craignons **4** craignais **7** craigne

croire **1** croyant **2** cru **3** crois, croyons, croient **4** croyais **7** croie

croître **1** croissant **2** crû, crue, crus, crues **3** croîs, croissons **4** croissais **7** croisse

cueillir **1** cueillant **2** cueilli **3** cueille, cueillons **4** cueillais **5** cueillerai **7** cueille

devoir **1** devant **2** dû, due, dus, dues **3** dois, devons, doivent **4** devais **5** devrai **7** doive

dire **1** disant **2** dit **3** dis, disons, dites, disent **4** disais **7** dise

dormir **1** dormant **2** dormi **3** dors, dormons **4** dormais **7** dorme

écrire **1** écrivant **2** écrit **3** écris, écrivons **4** écrivais **7** écrive

ÊTRE **1** étant **2** été **3** suis, es, est, sommes, êtes, sont **4** étais **5** serai **6** serais **7** sois, sois, soit, soyons, soyez, soient

FAIRE **1** faisant **2** fait **3** fais, fais, fait, faisons, faites, font **4** faisais **5** ferai **6** ferais **7** fasse

falloir **2** fallu **3** faut **4** fallait **5** faudra **7** faille

FINIR **1** finissant **2** fini **3** finis, finis, finit, finissons, finissez, finissent **4** finissais **5** finirai **6** finirais **7** finisse

fuir **1** fuyant **2** fui **3** fuis, fuyons, fuient **4** fuyais **7** fuie

joindre **1** joignant **2** joint **3** joins, joignons **4** joignais **7** joigne

lire **1** lisant **2** lu **3** lis, lisons **4** lisais **7** lise

luire **1** luisant **2** lui **3** luis, luisons **4** luisais **7** luise

maudire **1** maudissant **2** maudit **3** maudis, maudissons **4** maudissait **7** maudisse

mentir **1** mentant **2** menti **3** mens, mentons **4** mentais **7** mente

mettre **1** mettant **2** mis **3** mets, mettons **4** mettais **7** mette

mourir **1** mourant **2** mort **3** meurs, mourons, meurent **4** mourais **5** mourrai **7** meure

naître **1** naissant **2** né **3** nais, naît, naissons **4** naissais **7** naisse

offrir **1** offrant **2** offert **3** offre, offrons **4** offrais **7** offre

PARLER **1** parlant **2** parlé **3** parle, parles, parle, parlons, parlez, parlent **4** parlais, parlais, parlait, parlions, parliez, parlaient **5** parlerai, parleras, parlera, parlerons, parlerez, parleront **6** parlerais, parlerais, parlerait, parlerions, parleriez, parleraient **7** parle, parles, parle, parlions, parliez, parlent **8** parle! parlons! parlez!

partir **1** partant **2** parti **3** pars, partons **4** partais **7** parte

plaire **1** plaisant **2** plu **3** plais, plaît, plaisons **4** plaisais **7** plaise

pleuvoir **1** pleuvant **2** plu **3** pleut, pleuvent **4** pleuvait **5** pleuvra **7** pleuve

pourvoir **1** pourvoyant **2** pourvu **3** pourvois, pourvoyons, pourvoient **4** pourvoyais **7** pourvoie

pouvoir **1** pouvant **2** pu **3** peux, peut, pouvons, peuvent **4** pouvais **5** pourrai **7** puisse

prendre **1** prenant **2** pris **3** prends, prenons, prennent **4** prenais **7** prenne

prévoir *like* **voir** **5** prévoirai

RECEVOIR **1** recevant **2** reçu **3** reçois, reçois, reçoit, recevons, recevez, rerçoivent **4** recevais **5** recevrai **6** recevrais **7** reçoive

RENDRE **1** rendant **2** rendu **3** rends, rends, rend, rendons, rendez, rendent **4** rendais **5** rendrai **6** rendrais **7** rende

résoudre **1** résolvant **2** résolu **3** résous, résout, résolvons **4** résolvais **7** résolve

rire **1** riant **2** ri **3** ris, rions **4** riais **7** rie

savoir **1** sachant **2** su **3** sais, savons, savent **4** savais **5** saurai **7** sache **8** sache! sachons! sachez!

servir **1** servant **2** servi **3** sers, servons **4** servais **7** serve

sortir **1** sortant **2** sorti **3** sors, sortons **4** sortais **7** sorte

souffrir **1** souffrant **2** souffert **3** souffre, souffrons **4** souffrais **7** souffre

suffire **1** suffisant **2** suffi **3** suffis, suffisons **4** suffisais **7** suffise

suivre **1** suivant **2** suivi **3** suis, suivons **4** suivais **7** suive

taire **1** taisant **2** tu **3** tais, taisons **4** taisais **7** taise

tenir **1** tenant **2** tenu **3** tiens, tenons, tiennent **4** tenais **5** tiendrai **7** tienne

vaincre **1** vainquant **2** vaincu **3** vaincs, vainc, vainquons **4** vainquais **7** vainque

valoir **1** valant **2** valu **3** vaux, vaut, valons **4** valais **5** vaudrai **7** vaille

venir **1** venant **2** venu **3** viens, venons, viennent **4** venais **5** viendrai **7** vienne

vivre **1** vivant **2** vécu **3** vis, vivons **4** vivais **7** vive

voir **1** voyant **2** vu **3** vois, voyons, voient **4** voyais **5** verrai **7** voie

vouloir **1** voulant **2** voulu **3** veux, veut, voulons, veulent **4** voulais **5** voudrai **7** veuille **8** veuillez!

For additional information on French verb formation see pages 6-131 of Grammar section.

Les nombres		Numbers
un (une)	1	one
deux	2	two
trois	3	three
quatre	4	four
cinq	5	five
six	6	six
sept	7	seven
huit	8	eight
neuf	9	nine
dix	10	ten
onze	11	eleven
douze	12	twelve
treize	13	thirteen
quatorze	14	fourteen
quinze	15	fifteen
seize	16	sixteen
dix-sept	17	seventeen
dix-huit	18	eighteen
dix-neuf	19	nineteen
vingt	20	twenty
vingt et un (une)	21	twenty-one
vingt-deux	22	twenty-two
trente	30	thirty
quarante	40	forty
cinquante	50	fifty
soixante	60	sixty
soixante-dix	70	seventy
soixante-et-onze	71	seventy-one
soixante-douze	72	seventy-two
quatre-vingts	80	eighty
quatre-vingt-un (-une)	81	eighty-one
quatre-vingt-dix	90	ninety
cent	100	a hundred, one hundred
cent un (une)	101	a hundred and one
deux cents	200	two hundred
deux cent un (une)	201	two hundred and one
quatre cents	400	four hundred
mille	1000	a thousand
cinq mille	5000	five thousand
un million	1000000	a million

Les nombres	Numbers
premier (première), 1er (1ère)	first, 1st
deuxième, 2e *or* 2ème	second, 2nd
troisième, 3e *or* 3ème	third, 3rd
quatrième, 4e *or* 4ème	fourth, 4th
cinquième, 5e *or* 5ème	fifth, 5th
sixième, 6e *or* 6ème	sixth, 6th
septième	seventh
huitième	eighth
neuvième	ninth
dixième	tenth
onzième	eleventh
douzième	twelfth
treizième	thirteenth
quartorzième	fourteenth
quinzième	fifteenth
seizième	sixteenth
dix-septième	seventeenth
dix-huitième	eighteenth
dix-neuvième	nineteenth
vingtième	twentieth
vingt-et-unième	twenty-first
vingt-deuxième	twenty-second
trentième	thirtieth
centième	hundredth
cent-unième	hundred-and-first
millième	thousandth

## L'heure	## The time
quelle heure est-il?	*what time is it?*
il est ...	*it's ...*
minuit	midnight, twelve p.m.
une heure (du matin)	one o'clock (in the morning), one (a.m.)
une heure cinq	five past one
une heure dix	ten past one
une heure et quart	a quarter past one, one fifteen
une heure vingt-cinq	twenty-five past one, one twenty-five
une heure et demie, une heure trente	half-past one, one thirty
deux heures moins vingt-cinq, une heure trente-cinq	twenty-five to two, one thirty-five
deux heures moins vingt, une heure quarante	twenty to two, one forty
deux heures moins le quart, une heure quarante-cinq	a quarter to two, one forty-five
deux heures moins dix, une heure cinquante	ten to two, one fifty
midi	twelve o'clock, midday, noon
deux heures (de l'après-midi), quatorze heures	two o'clock (in the afternoon), two (p.m.)
sept heures (du soir), dix-sept heures	seven o'clock (in the evening), seven (p.m.)
à quelle heure?	*(at) what time?*
à minuit	at midnight
à sept heures	at seven o'clock
dans vingt minutes	in twenty minutes
il y a un quart d'heure	fifteen minutes ago

La date	The date
aujourd'hui	today
demain	tomorrow
après-demain	the day after tomorrow
hier	yesterday
avant-hier	the day before yesterday
la veille	the day before, the previous day
le lendemain	the next *or* following day
le matin	morning
le soir	evening
ce matin	this morning
ce soir	this evening
cet après-midi	this afternoon
hier matin	yesterday morning
hier soir	yesterday evening
demain matin	tomorrow morning
demain soir	tomorrow evening
dans la nuit du samedi au dimanche	during Saturday night, during the night of Saturday to Sunday
il viendra samedi	he's coming on Saturday
le samedi	on Saturdays
tous les samedis	every Saturday
samedi passé *ou* dernier	last Saturday
samedi prochain	next Saturday
samedi en huit	a week on Saturday
samedi en quinze	a fortnight *or* two weeks on Saturday
du lundi au samedi	from Monday to Saturday
tous les jours	every day
une fois par semaine	once a week
une fois par mois	once a month
deux fois par semaine	twice a week
il y a une semaine *ou* huit jours	a week ago
il y a quinze jours	a fortnight *or* two weeks ago
l'année passée *ou* dernière	last year
dans deux jours	in two days
dans huit jours *ou* une semaine	in a week
dans quinze jours	in a fortnight *or* two weeks
le mois prochain	next month
l'année prochaine	next year
quel jour sommes-nous?	*what day is it?*
le 1er/24 octobre 2007	the 1st/24th of October 2007, October 1st/24th 2007
en 2007	in 2007
mille neuf cent quatre-vingt seize	nineteen ninety-six
44 av. J.-C.	44 BC
14 apr. J.-C.	14 AD
au XIXe (siècle)	in the nineteenth century
dans les années trente	in the thirties
il était une fois ...	once upon a time ...

Aa

A, a [ɑ] *nm inv* A, a ▷ *abr* = **anticyclone; are;** (*ampère*) amp; (*autoroute*) ≈ M (*Brit*); **A comme Anatole** A for Andrew (*Brit*) *ou* Able (*US*); **de a à z** from a to z; **prouver qch par a + b** to prove sth conclusively

a [a] *vb voir* **avoir**

MOT-CLÉ

à [a] (*à + le* = **au**, *à + les* = **aux**) *prép* **1** (*endroit, situation*) at, in; **être à Paris/au Portugal** to be in Paris/Portugal; **être à la maison/à l'école** to be at home/at school; **à la campagne** in the country; **c'est à 10 m/km/à 20 minutes (d'ici)** it's 10 m/km/20 minutes away

2 (*direction*) to; **aller à Paris/au Portugal** to go to Paris/Portugal; **aller à la maison/à l'école** to go home/to school; **à la campagne** to the country

3 (*temps*): **à 3 heures/minuit** at 3 o'clock/midnight; **au printemps** in the spring; **au mois de juin** in June; **au départ** at the start, at the outset; **à demain/la semaine prochaine!** see you tomorrow/next week!; **visites de 5 heures à 6 heures** visiting from 5 to *ou* till 6 o'clock

4 (*attribution, appartenance*) to; **le livre est à Paul/à lui/à nous** this book is Paul's/his/ours; **donner qch à qn** to give sth to sb; **un ami à moi** a friend of mine; **c'est à moi de le faire** it's up to me to do it

5 (*moyen*) with; **se chauffer au gaz** to have gas heating; **à bicyclette** on a *ou* by bicycle; **à la main/machine** by hand/machine; **à la télévision/la radio** on television/the radio

6 (*provenance*) from; **boire à la bouteille** to drink from the bottle

7 (*caractérisation, manière*): **l'homme aux yeux bleus** the man with the blue eyes; **à la russe** the Russian way; **glace à la framboise** raspberry ice cream

8 (*but, destination*): **tasse à café** coffee cup; **maison à vendre** house for sale; **problème à régler** problem to sort out

9 (*rapport, évaluation, distribution*): **100 km/unités à l'heure** 100 km/units per *ou* an hour; **payé à l'heure** paid by the hour; **cinq à six** five to six

10 (*conséquence, résultat*): **à ce qu'il prétend** according to him; **à leur grande surprise** much to their surprise; **à nous trois nous n'avons pas su le faire** we couldn't do it even between the three of us; **ils sont arrivés à quatre** four of them arrived (together)

Å *abr* (= *Ångstrom*) Å *ou* A

AB *abr* = **assez bien**

abaissement [abɛsmɑ̃] *nm* lowering; pulling down

abaisser [abese] *vt* to lower, bring down; (*manette*) to pull down; (*fig*) to debase; to humiliate; **s'abaisser** *vi* to go down; (*fig*) to demean o.s.; **s'~ à faire/à qch** to stoop *ou* descend to doing/to sth

abandon [abɑ̃dɔ̃] *nm* abandoning; deserting; giving up; withdrawal; surrender, relinquishing; (*fig*) lack of constraint; relaxed pose *ou* mood; **être à l'~** to be in a state of neglect; **laisser à l'~** to abandon

abandonné, e [abɑ̃dɔne] *adj* (*solitaire*) deserted; (*route, usine*) disused; (*jardin*) abandoned

abandonner [abɑ̃dɔne] *vt* to leave, abandon, desert; (*projet, activité*) to abandon, give up; (*Sport*) to retire *ou* withdraw from; (*Inform*) to abort; (*céder*) to surrender, relinquish; **s'abandonner** *vi* to let o.s. go; **s'~ à** (*paresse, plaisirs*) to give o.s. up to; **~ qch à qn** to give sth up to sb

abasourdir [abazuʀdiʀ] *vt* to stun, stagger

abat *etc* [aba] *vb voir* **abattre**

abat-jour [abaʒuʀ] *nm inv* lampshade

abats [aba] *vb voir* **abattre** ▷ *nmpl* (*de bœuf, porc*) offal *sg* (*Brit*), entrails (*US*); (*de volaille*) giblets

abattage [abataʒ] *nm* cutting down, felling

abattant [abatɑ̃] *vb voir* **abattre** ▷ *nm* leaf, flap

abattement [abatmɑ̃] *nm* (*physique*) enfeeblement; (*moral*) dejection, despondency; (*déduction*) reduction; **~ fiscal** ≈ tax allowance

abattis [abati] *vb voir* **abattre** ▷ *nmpl* giblets

abattoir [abatwaʀ] *nm* abattoir (*Brit*), slaughterhouse

abattre [abatʀ(ə)] *vt* (*arbre*) to cut down, fell; (*mur, maison*) to pull down; (*avion, personne*) to shoot down; (*animal*) to shoot, kill; (*fig: physiquement*) to wear out, tire out; (*: moralement*) to demoralize; **s'abattre** *vi* to crash down; **s'~ sur** (*pluie*) to beat down on; (*: coups, injures*) to rain down on; **~ ses cartes** (*aussi fig*) to lay one's cards on the table; **~ du travail** *ou* **de la besogne** to get through a lot of work

abattu, e [abaty] *pp de* **abattre** ▷ *adj* (*déprimé*) downcast

abbatiale [abasjal] *nf* abbey (*church*)

abbaye [abei] *nf* abbey

abbé [abe] *nm* priest; (*d'une abbaye*) abbot; **M l'~** Father

abbesse [abɛs] *nf* abbess

abc, ABC [abese] *nm* alphabet primer; (*fig*) rudiments *pl*

abcès [apsɛ] *nm* abscess

abdication [abdikɑsjɔ̃] *nf* abdication

abdiquer [abdike] *vi* to abdicate ▷ *vt* to renounce, give up

abdomen [abdɔmɛn] *nm* abdomen

abdominal, e, -aux [abdɔminal, -o] *adj* abdominal ▷ *nmpl*: **faire des abdominaux** to do exercises for the stomach muscles

abécédaire [abesedɛʀ] *nm* alphabet primer

abeille [abɛj] *nf* bee

aberrant, e [abɛʀɑ̃, -ɑ̃t] *adj* absurd

aberration [abɛʀɑsjɔ̃] *nf* aberration

abêtir [abetiʀ] *vt* to make morons (*ou* a moron) of

abêtissant, e [abetisɑ̃, -ɑ̃t] *adj* stultifying

abhorrer [abɔʀe] *vt* to abhor, loathe

abîme [abim] *nm* abyss, gulf

abîmer [abime] *vt* to spoil, damage; **s'abîmer** *vi* to get spoilt *ou* damaged; (*fruits*) to spoil; (*tomber*) to sink, founder; **s'~ les yeux** to ruin one's eyes *ou* eyesight

abject, e [abʒɛkt] *adj* abject, despicable

abjurer [abʒyʀe] *vt* to abjure, renounce

ablatif [ablatif] *nm* ablative

ablation [ablɑsjɔ̃] *nf* removal

ablutions [ablysjɔ̃] *nfpl*: **faire ses ~** to perform one's ablutions

abnégation [abnegɑsjɔ̃] *nf* (self-)abnegation

aboie *etc* [abwa] *vb voir* **aboyer**

aboiement [abwamɑ̃] *nm* bark, barking *no pl*

aboierai *etc* [abwajəʀe] *vb voir* **aboyer**

abois [abwa] *nmpl*: **aux ~** at bay

abolir [abɔliʀ] *vt* to abolish

abolition [abɔlisjɔ̃] *nf* abolition

abolitionniste [abɔlisjɔnist(ə)] *adj, nm/f* abolitionist

abominable [abɔminabl(ə)] *adj* abominable

abomination [abɔminɑsjɔ̃] *nf* abomination

abondamment [abɔ̃damɑ̃] *adv* abundantly

abondance [abɔ̃dɑ̃s] *nf* abundance; (*richesse*) affluence; **en ~** in abundance

abondant, e [abɔ̃dɑ̃, -ɑ̃t] *adj* plentiful, abundant, copious

abonder [abɔ̃de] *vi* to abound, be plentiful; **~ en** to be full of, abound in; **~ dans le sens de qn** to concur with sb

abonné, e [abɔne] *nm/f* subscriber; season ticket holder ▷ *adj*: **être ~ à un journal** to subscribe to *ou* have a subscription to a periodical; **être ~ au téléphone** to be on the (tele)phone

abonnement [abɔnmɑ̃] *nm* subscription; (*pour transports en commun, concerts*) season ticket

abonner [abɔne] *vt*: **s'abonner à** to subscribe to, take out a subscription to

abord [abɔʀ] *nm*: **être d'un ~ facile** to be approachable; **être d'un ~ difficile** (*personne*) to be unapproachable; (*lieu*) to be hard to reach *ou* difficult to get to; **de prime ~, au premier ~** at first sight; **d'~** *adv* first; **tout d'~** first of all

abordable [abɔʀdabl(ə)] *adj* (*personne*) approachable; (*marchandise*) reasonably priced; (*prix*) affordable, reasonable

abordage [abɔʀdaʒ] *nm* boarding

aborder [abɔʀde] *vi* to land ▷ *vt* (*sujet, difficulté*) to tackle; (*personne*) to approach; (*rivage etc*) to reach; (*Navig: attaquer*) to board; (*: heurter*) to collide with

abords [abɔʀ] *nmpl* surroundings

aborigène [abɔʀiʒɛn] *nm* aborigine, native

Abou Dhabî, Abu Dhabî [abudabi] *nm* Abu Dhabi

aboulique [abulik] *adj* totally lacking in willpower

aboutir [abutiʀ] *vi* (*négociations etc*) to succeed; (*abcès*) to come to a head; **~ à/dans/sur** to end up at/in/on

aboutissants [abutisɑ̃] *nmpl voir* **tenants**

aboutissement [abutismɑ̃] *nm* success; (*de concept, projet*) successful realization; (*d'années de travail*) successful conclusion

aboyer [abwaje] *vi* to bark

abracadabrant, e [abʀakadabʀɑ̃, -ɑ̃t] *adj* incredible, preposterous

abrasif, -ive [abʀazif, -iv] *adj, nm* abrasive

abrégé [abʀeʒe] *nm* summary; **en ~** in a shortened *ou* abbreviated form

abréger [abʀeʒe] *vt* (*texte*) to shorten, abridge; (*mot*) to shorten, abbreviate; (*réunion, voyage*) to cut short, shorten

abreuver [abʀœve] *vt* to water; (*fig*): **~ qn de** to shower *ou* swamp sb with; (*injures etc*) to shower sb with; **s'abreuver** *vi* to drink

abreuvoir [abʀœvwaʀ] *nm* watering place

abréviation [abʀevjɑsjɔ̃] *nf* abbreviation

abri [abʀi] *nm* shelter; **à l'~** under cover; **être/se mettre à l'~** to be/get under cover *ou* shelter; **à l'~ de** sheltered from; (*fig*) safe from

Abribus® [abʀibys] *nm* bus shelter

abricot [abʀiko] *nm* apricot

abricotier [abʀikɔtje] *nm* apricot tree

abrité, e [abʀite] *adj* sheltered

abriter [abʀite] *vt* to shelter; (*loger*) to accommodate; **s'abriter** *vi* to shelter, take cover

abrogation [abʀɔgɑsjɔ̃] *nf* (*Jur*) repeal, abrogation

abroger [abʀɔʒe] *vt* to repeal, abrogate

abrupt, e [abʀypt] *adj* sheer, steep; (*ton*) abrupt
abruti, e [abʀyti] *nm/f* (*fam*) idiot, moron
abrutir [abʀytiʀ] *vt* to daze; (*fatiguer*) to exhaust; (*abêtir*) to stupefy
abrutissant, e [abʀytisɑ̃, -ɑ̃t] *adj* (*bruit, travail*) stupefying
abscisse [apsis] *nf* X axis, abscissa
absence [apsɑ̃s] *nf* absence; (*Méd*) blackout; (*distraction*) mental blank; **en l'~ de** in the absence of
absent, e [apsɑ̃, -ɑ̃t] *adj* absent; (*chose*) missing, lacking; (*distrait: air*) vacant, faraway ▷ *nm/f* absentee
absentéisme [apsɑ̃teism(ə)] *nm* absenteeism
absenter [apsɑ̃te]: **s'absenter** *vi* to take time off work; (*sortir*) to leave, go out
abside [apsid] *nf* (*Archit*) apse
absinthe [apsɛ̃t] *nf* (*boisson*) absinth(e); (*Bot*) wormwood, absinth(e)
absolu, e [apsɔly] *adj* absolute; (*caractère*) rigid, uncompromising ▷ *nm* (*Philosophie*): **l'~** the Absolute; **dans l'~** in the absolute, in a vacuum
absolument [apsɔlymɑ̃] *adv* absolutely
absolution [apsɔlysjɔ̃] *nf* absolution; (*Jur*) dismissal (*of case*)
absolutisme [apsɔlytism(ə)] *nm* absolutism
absolvais *etc* [apsɔlvɛ] *vb voir* **absoudre**
absorbant, e [apsɔʀbɑ̃, -ɑ̃t] *adj* absorbent; (*tâche*) absorbing, engrossing
absorbé, e [apsɔʀbe] *adj* absorbed, engrossed
absorber [apsɔʀbe] *vt* to absorb; (*gén Méd: manger, boire*) to take; (*Écon: firme*) to take over, absorb
absorption [apsɔʀpsjɔ̃] *nf* absorption
absoudre [apsudʀ(ə)] *vt* to absolve; (*Jur*) to dismiss
absous, -oute [apsu, -ut] *pp de* **absoudre**
abstenir [apstəniʀ]: **s'abstenir** *vi* (*Pol*) to abstain; **s'~ de qch/de faire** to refrain from sth/from doing
abstention [apstɑ̃sjɔ̃] *nf* abstention
abstentionnisme [apstɑ̃sjɔnism(ə)] *nm* abstaining
abstentionniste [apstɑ̃sjɔnist(ə)] *nm* abstentionist
abstenu, e [apstəny] *pp de* **abstenir**
abstiendrai [apstjɛ̃dʀe], **abstiens** *etc* [apstjɛ̃] *vb voir* **abstenir**
abstinence [apstinɑ̃s] *nf* abstinence; **faire ~** to abstain (*from meat on Fridays*)
abstint *etc* [apstɛ̃] *vb voir* **abstenir**
abstraction [apstʀaksjɔ̃] *nf* abstraction; **faire ~ de** to set *ou* leave aside; **~ faite de ...** leaving aside ...
abstraire [apstʀɛʀ] *vt* to abstract; **s'abstraire** *vi*: **s'~ (de)** (*s'isoler*) to cut o.s. off (from)
abstrait, e [apstʀɛ, -ɛt] *pp de* **abstraire** ▷ *adj* abstract ▷ *nm*: **dans l'~** in the abstract
abstraitement [apstʀɛtmɑ̃] *adv* abstractly
abstrayais *etc* [apstʀɛjɛ] *vb voir* **abstraire**
absurde [apsyʀd(ə)] *adj* absurd ▷ *nm* absurdity; (*Philosophie*): **l'~** absurd; **par l'~** ad absurdio
absurdité [apsyʀdite] *nf* absurdity
abus [aby] *nm* (*excès*) abuse, misuse; (*injustice*) abuse; **~ de confiance** breach of trust; (*détournement de fonds*) embezzlement
abuser [abyze] *vi* to go too far, overstep the mark ▷ *vt* to deceive, mislead; **s'abuser** *vi* (*se méprendre*) to be mistaken; **~ de** *vt* (*force, droit*) to misuse; (*alcool*) to take to excess; (*violer, duper*) to take advantage of
abusif, -ive [abyzif, -iv] *adj* exorbitant; (*punition*) excessive; (*pratique*) improper
abusivement [abyzivmɑ̃] *adv* exorbitantly; excessively; improperly
AC *sigle f* = **appellation contrôlée**
acabit [akabi] *nm*: **du même ~** of the same type
acacia [akasja] *nm* (*Bot*) acacia
académicien, ne [akademisjɛ̃, -ɛn] *nm/f* academician
académie [akademi] *nf* (*société*) learned society; (*école: d'art, de danse*) academy; (*Art: nu*) nude; (*Scol: circonscription*) ≈ regional education authority; **l'A~ (française)** the French Academy; *see note*

ACADÉMIE FRANÇAISE

The *Académie française* was founded by Cardinal Richelieu in 1635, during the reign of Louis XIII. It is made up of forty elected scholars and writers who are known as "les Quarante" or "les Immortels". One of the *Académie's* functions is to keep an eye on the development of the French language, and its recommendations are frequently the subject of lively public debate. It has produced several editions of its famous dictionary and also awards various literary prizes.

académique [akademik] *adj* academic
Acadie [akadi] *nf*: **l'~** the Maritime Provinces
acadien, ne [akadjɛ̃, -ɛn] *adj* Acadian, of *ou* from the Maritime Provinces
acajou [akaʒu] *nm* mahogany
acariâtre [akaʀjɑtʀ(ə)] *adj* sour(-tempered) (*Brit*), cantankerous
accablant, e [akɑblɑ̃, -ɑ̃t] *adj* (*témoignage, preuve*) overwhelming
accablement [akɑbləmɑ̃] *nm* deep despondency
accabler [akɑble] *vt* to overwhelm, overcome; (*témoignage*) to condemn, damn; **~ qn d'injures** to heap *ou* shower abuse on sb; **~ qn de travail** to overburden sb with work; **accablé de dettes/soucis** weighed down with debts/cares
accalmie [akalmi] *nf* lull
accaparant, e [akapaʀɑ̃, -ɑ̃t] *adj* that takes up all one's time *ou* attention
accaparer [akapaʀe] *vt* to monopolize; (*travail etc*) to take up (all) the time *ou* attention of
accéder [aksede]: **~ à** *vt* (*lieu*) to reach; (*fig: pouvoir*) to accede to; (*: poste*) to attain; (*accorder:*

requête) to grant, accede to
accélérateur [akseleʀatœʀ] *nm* accelerator
accélération [akseleʀɑsjɔ̃] *nf* speeding up; acceleration
accéléré [akseleʀe] *nm*: **en ~** (*Ciné*) speeded up
accélérer [akseleʀe] *vt* (*mouvement, travaux*) to speed up ▷ *vi* (*Auto*) to accelerate
accent [aksɑ̃] *nm* accent; (*inflexions expressives*) tone (of voice); (*Phonétique, fig*) stress; **aux ~s de** (*musique*) to the strains of; **mettre l'~ sur** (*fig*) to stress; **~ aigu/grave/circonflexe** acute/grave/ circumflex accent
accentuation [aksɑ̃tɥɑsjɔ̃] *nf* accenting; stressing
accentué, e [aksɑ̃tɥe] *adj* marked, pronounced
accentuer [aksɑ̃tɥe] *vt* (*Ling: orthographe*) to accent; (*: phonétique*) to stress, accent; (*fig*) to accentuate, emphasize; (*: effort, pression*) to increase; **s'accentuer** *vi* to become more marked *ou* pronounced
acceptable [aksɛptabl(ə)] *adj* satisfactory, acceptable
acceptation [aksɛptɑsjɔ̃] *nf* acceptance
accepter [aksɛpte] *vt* to accept; (*tolérer*): **~ que qn fasse** to agree to sb doing; **~ de faire** to agree to do
acception [aksɛpsjɔ̃] *nf* meaning, sense; **dans toute l'~ du terme** in the full sense *ou* meaning of the word
accès [aksɛ] *nm* (*à un lieu, Inform*) access; (*Méd*) attack; (*: de toux*) fit, bout ▷ *nmpl* (*routes etc*) means of access, approaches; **d'~ facile/ malaisé** easily/not easily accessible; **donner ~ à** (*lieu*) to give access to; (*carrière*) to open the door to; **avoir ~ auprès de qn** to have access to sb; **l'~ aux quais est interdit aux personnes non munies d'un billet** ticket-holders only on platforms, no access to platforms without a ticket; **~ de colère** fit of anger; **~ de joie** burst of joy
accessible [aksesibl(ə)] *adj* accessible; (*personne*) approachable; (*livre, sujet*): **~ à qn** within the reach of sb; (*sensible*): **~ à la pitié/l'amour** open to pity/love
accession [aksɛsjɔ̃] *nf*: **~ à** accession to; (*à un poste*) attainment of; **~ à la propriété** home-ownership
accessit [aksesit] *nm* (*Scol*) ≈ certificate of merit
accessoire [akseswaʀ] *adj* secondary, of secondary importance; (*frais*) incidental ▷ *nm* accessory; (*Théât*) prop
accessoirement [akseswaʀmɑ̃] *adv* secondarily; incidentally
accessoiriste [akseswaʀist(ə)] *nm/f* (*TV, Ciné*) property man/woman
accident [aksidɑ̃] *nm* accident; **par ~** by chance; **~ de parcours** mishap; **~ de la route** road accident; **~ du travail** accident at work; industrial injury *ou* accident; **~s de terrain** unevenness of the ground
accidenté, e [aksidɑ̃te] *adj* damaged *ou* injured (in an accident); (*relief, terrain*) uneven; hilly
accidentel, le [aksidɑ̃tɛl] *adj* accidental
accidentellement [aksidɑ̃tɛlmɑ̃] *adv* (*par hasard*) accidentally; (*mourir*) in an accident
accise [ɑksiz] *nf*: **droit d'~(s)** excise duty
acclamation [aklamɑsjɔ̃] *nf*: **par ~** (*vote*) by acclamation; **acclamations** *nfpl* cheers, cheering *sg*
acclamer [aklame] *vt* to cheer, acclaim
acclimatation [aklimatɑsjɔ̃] *nf* acclimatization
acclimater [aklimate] *vt* to acclimatize; **s'acclimater** *vi* to become acclimatized
accointances [akwɛ̃tɑ̃s] *nfpl*: **avoir des ~ avec** to have contacts with
accolade [akɔlad] *nf* (*amicale*) embrace; (*signe*) brace; **donner l'~ à qn** to embrace sb
accoler [akɔle] *vt* to place side by side
accommodant, e [akɔmɔdɑ̃, -ɑ̃t] *adj* accommodating, easy-going
accommodement [akɔmɔdmɑ̃] *nm* compromise
accommoder [akɔmɔde] *vt* (*Culin*) to prepare; (*points de vue*) to reconcile; **~ qch à** (*adapter*) to adapt sth to; **s'accommoder de** to put up with; (*se contenter de*) to make do with; **s'~ à** (*s'adapter*) to adapt to
accompagnateur, -trice [akɔ̃paɲatœʀ, -tʀis] *nm/f* (*Mus*) accompanist; (*de voyage*) guide; (*de voyage organisé*) courier; (*d'enfants*) accompanying adult
accompagnement [akɔ̃paɲmɑ̃] *nm* (*Mus*) accompaniment; (*Mil*) support
accompagner [akɔ̃paɲe] *vt* to accompany, be *ou* go *ou* come with; (*Mus*) to accompany; **s'accompagner de** to bring, be accompanied by
accompli, e [akɔ̃pli] *adj* accomplished
accomplir [akɔ̃pliʀ] *vt* (*tâche, projet*) to carry out; (*souhait*) to fulfil; **s'accomplir** *vi* to be fulfilled
accomplissement [akɔ̃plismɑ̃] *nm* carrying out; fulfilment (*Brit*), fulfillment (*US*)
accord [akɔʀ] *nm* (*entente, convention, Ling*) agreement; (*entre des styles, tons etc*) harmony; (*consentement*) agreement, consent; (*Mus*) chord; **donner son ~** to give one's agreement; **mettre deux personnes d'~** to make two people come to an agreement, reconcile two people; **se mettre d'~** to come to an agreement (with each other); **être d'~** to agree; **être d'~ avec qn** to agree with sb; **d'~!** OK!, right!; **d'un commun ~** of one accord; **~ parfait** (*Mus*) tonic chord
accord-cadre [akɔʀkadʀ(ə)] (*pl* **accords-cadres**) *nm* framework *ou* outline agreement
accordéon [akɔʀdeɔ̃] *nm* (*Mus*) accordion
accordéoniste [akɔʀdeɔnist(ə)] *nm/f* accordionist
accorder [akɔʀde] *vt* (*faveur, délai*) to grant; (*attribuer*): **~ de l'importance/de la valeur à qch** to attach importance/value to sth; (*harmoniser*) to match; (*Mus*) to tune; **s'accorder** *vi* to get on together; (*être d'accord*) to agree; (*couleurs, caractères*) to go together, match; (*Ling*) to agree; **je vous accorde que ...** I grant you that ...

accordeur [akɔʀdœʀ] *nm* (*Mus*) tuner
accoster [akɔste] *vt* (*Navig*) to draw alongside; (*personne*) to accost ▷ *vi* (*Navig*) to berth
accotement [akɔtmɑ̃] *nm* (*de route*) verge (*Brit*), shoulder; **~ stabilisé/non stabilisé** hard shoulder/soft verge *ou* shoulder
accoter [akɔte] *vt*: **~ qch contre/à** to lean *ou* rest sth against/on; **s'~ contre/à** to lean against/on
accouchement [akuʃmɑ̃] *nm* delivery, (child)birth; (*travail*) labour (*Brit*), labor (*US*); **~ à terme** delivery at (full) term; **~ sans douleur** natural childbirth
accoucher [akuʃe] *vi* to give birth, have a baby; (*être en travail*) to be in labour (*Brit*) *ou* labor (*US*) ▷ *vt* to deliver; **~ d'un garçon** to give birth to a boy
accoucheur [akuʃœʀ] *nm*: **(médecin) ~** obstetrician
accoucheuse [akuʃøz] *nf* midwife
accouder [akude]: **s'accouder** *vi*: **s'~ à/contre/sur** to rest one's elbows on/against/on; **accoudé à la fenêtre** leaning on the windowsill
accoudoir [akudwaʀ] *nm* armrest
accouplement [akupləmɑ̃] *nm* coupling; mating
accoupler [akuple] *vt* to couple; (*pour la reproduction*) to mate; **s'accoupler** *vi* to mate
accourir [akuʀiʀ] *vi* to rush *ou* run up
accoutrement [akutʀəmɑ̃] *nm* (*péj*) getup (*Brit*), outfit
accoutrer [akutʀe] (*péj*) *vt* to do *ou* get up; **s'accoutrer** to do *ou* get o.s. up
accoutumance [akutymɑ̃s] *nf* (*gén*) adaptation; (*Méd*) addiction
accoutumé, e [akutyme] *adj* (*habituel*) customary, usual; **comme à l'~e** as is customary *ou* usual
accoutumer [akutyme] *vt*: **~ qn à qch/faire** to accustom sb to sth/to doing; **s'accoutumer à** to get accustomed *ou* used to
accréditer [akʀedite] *vt* (*nouvelle*) to substantiate; **~ qn (auprès de)** to accredit sb (to)
accro [akʀo] *nm/f* (*fam*: = *accroché(e)*) addict
accroc [akʀo] *nm* (*déchirure*) tear; (*fig*) hitch, snag; **sans ~** without a hitch; **faire un ~ à** (*vêtement*) to make a tear in, tear; (*fig*: *règle etc*) to infringe
accrochage [akʀɔʃaʒ] *nm* hanging (up); hitching (up); (*Auto*) (minor) collision; (*Mil*) encounter, engagement; (*dispute*) clash, brush
accroche-cœur [akʀɔʃkœʀ] *nm* kiss-curl
accrocher [akʀɔʃe] *vt* (*suspendre*): **~ qch à** to hang sth (up) on; (*attacher*: *remorque*) to hitch sth (up) to; (*heurter*) to catch; to hit; (*déchirer*): **~ qch (à)** to catch sth (on); (*Mil*) to engage; (*fig*) to catch, attract ▷ *vi* to stick, get stuck; (*fig*: *pourparlers etc*) to hit a snag; (*plaire*: *disque etc*) to catch on; **s'accrocher** *vi* (*se disputer*) to have a clash *ou* brush; (*ne pas céder*) to hold one's own, hang on in (*fam*); **s'~ à** (*rester pris à*) to catch on; (*agripper*, *fig*) to hang on *ou* cling to
accrocheur, -euse [akʀɔʃœʀ, -øz] *adj* (*vendeur*, *concurrent*) tenacious; (*publicité*) eye-catching; (*titre*) catchy, eye-catching
accroire [akʀwaʀ] *vt*: **faire** *ou* **laisser ~ à qn qch/que** to give sb to believe sth/that
accroîs [akʀwa], **accroissais** *etc* [akʀwasɛ] *vb voir* **accroître**
accroissement [akʀwasmɑ̃] *nm* increase
accroître [akʀwatʀ(ə)] *vt*, **s'accroître** *vi* to increase
accroupi, e [akʀupi] *adj* squatting, crouching (down)
accroupir [akʀupiʀ]: **s'accroupir** *vi* to squat, crouch (down)
accru, e [akʀy] *pp de* **accroître**
accu [aky] *nm* (*fam*: = *accumulateur*) accumulator, battery
accueil [akœj] *nm* welcome; (*endroit*) reception (desk); (: *dans une gare*) information kiosk; **comité/centre d'~** reception committee/centre
accueillant, e [akœjɑ̃, -ɑ̃t] *adj* welcoming, friendly
accueillir [akœjiʀ] *vt* to welcome; (*loger*) to accommodate
acculer [akyle] *vt*: **~ qn à** *ou* **contre** to drive sb back against; **~ qn dans** to corner sb in; **~ qn à** (*faillite*) to drive sb to the brink of
accumulateur [akymylatœʀ] *nm* accumulator, battery
accumulation [akymylɑsjɔ̃] *nf* accumulation; **chauffage/radiateur à ~** (night-)storage heating/heater
accumuler [akymyle] *vt* to accumulate, amass; **s'accumuler** *vi* to accumulate; to pile up
accusateur, -trice [akyzatœʀ, -tʀis] *nm/f* accuser ▷ *adj* accusing; (*document*, *preuve*) incriminating
accusatif [akyzatif] *nm* (*Ling*) accusative
accusation [akyzɑsjɔ̃] *nf* (*gén*) accusation; (*Jur*) charge; (*partie*): **l'~** the prosecution; **mettre en ~** to indict; **acte d'~** bill of indictment
accusé, e [akyze] *nm/f* accused; (*prévenu(e)*) defendant ▷ *nm*: **~ de réception** acknowledgement of receipt
accuser [akyze] *vt* to accuse; (*fig*) to emphasize, bring out; (: *montrer*) to show; **s'accuser** *vi* (*s'accentuer*) to become more marked; **~ qn de** to accuse sb of; (*Jur*) to charge sb with; **~ qn/qch de qch** (*rendre responsable*) to blame sb/sth for sth; **s'~ de qch/d'avoir fait qch** to admit sth/having done sth; to blame o.s. for sth/for having done sth; **~ réception de** to acknowledge receipt of; **~ le coup** (*aussi fig*) to be visibly affected
acerbe [asɛʀb(ə)] *adj* caustic, acid
acéré, e [aseʀe] *adj* sharp
acétate [asetat] *nm* acetate
acétique [asetik] *adj*: **acide ~** acetic acid
acétone [asetɔn] *nf* acetone
acétylène [asetilɛn] *nm* acetylene

ach. *abr* = **achète**

acharné, e [aʃaʀne] *adj* (*lutte, adversaire*) fierce, bitter; (*travail*) relentless, unremitting

acharnement [aʃaʀnəmɑ̃] *nm* fierceness; relentlessness

acharner [aʃaʀne]: **s'acharner** *vi*: **s'~ sur** to go at fiercely, hound; **s'~ contre** to set o.s. against; to dog, pursue; (*malchance*) to hound; **s'~ à faire** to try doggedly to do; to persist in doing

achat [aʃa] *nm* buying *no pl*; (*article acheté*) purchase; **faire l'~ de** to buy, purchase; **faire des ~s** to do some shopping, buy a few things

acheminement [aʃminmɑ̃] *nm* conveyance

acheminer [aʃmine] *vt* (*courrier*) to forward, dispatch; (*troupes*) to convey, transport; (*train*) to route; **s'acheminer vers** to head for

acheter [aʃte] *vt* to buy, purchase; (*soudoyer*) to buy, bribe; **~ qch à** (*marchand*) to buy *ou* purchase sth from; (*ami etc: offrir*) to buy sth for; **~ à crédit** to buy on credit

acheteur, -euse [aʃtœʀ, -øz] *nm/f* buyer; shopper; (*Comm*) buyer; (*Jur*) vendee, purchaser

achevé, e [aʃve] *adj*: **d'un ridicule ~** thoroughly *ou* absolutely ridiculous; **d'un comique ~** absolutely hilarious

achèvement [aʃɛvmɑ̃] *nm* completion, finishing

achever [aʃve] *vt* to complete, finish; (*blessé*) to finish off; **s'achever** *vi* to end

achoppement [aʃɔpmɑ̃] *nm*: **pierre d'~** stumbling block

acide [asid] *adj* sour, sharp; (*ton*) acid, biting; (*Chimie*) acid(ic) ▷ *nm* acid

acidifier [asidifje] *vt* to acidify

acidité [asidite] *nf* sharpness; acidity

acidulé, e [asidyle] *adj* slightly acid; **bonbons ~s** acid drops (*Brit*), ≈ lemon drops (*US*)

acier [asje] *nm* steel; **~ inoxydable** stainless steel

aciérie [asjeʀi] *nf* steelworks *sg*

acné [akne] *nf* acne

acolyte [akɔlit] *nm* (*péj*) associate

acompte [akɔ̃t] *nm* deposit; (*versement régulier*) instalment; (*sur somme due*) payment on account; (*sur salaire*) advance; **un ~ de 10 euros** 10 euros on account

acoquiner [akɔkine]: **s'acoquiner avec** *vt* (*péj*) to team up with

Açores [asɔʀ] *nfpl*: **les ~** the Azores

à-côté [akote] *nm* side-issue; (*argent*) extra

à-coup [aku] *nm* (*du moteur*) (hic)cough; (*fig*) jolt; **sans ~s** smoothly; **par ~s** by fits and starts

acoustique [akustik] *nf* (*d'une salle*) acoustics *pl*; (*science*) acoustics *sg* ▷ *adj* acoustic

acquéreur [akeʀœʀ] *nm* buyer, purchaser; **se porter/se rendre ~ de qch** to announce one's intention to purchase/to purchase sth

acquérir [akeʀiʀ] *vt* to acquire; (*par achat*) to purchase, acquire; (*valeur*) to gain; (*résultats*) to achieve; **ce que ses efforts lui ont acquis** what his efforts have won *ou* gained (for) him

acquiers *etc* [akjɛʀ] *vb voir* **acquérir**

acquiescement [akjɛsmɑ̃] *nm* acquiescence, agreement

acquiescer [akjese] *vi* (*opiner*) to agree; (*consentir*): **~ (à qch)** to acquiesce *ou* assent (to sth)

acquis, e [aki, -iz] *pp de* **acquérir** ▷ *nm* (accumulated) experience; (*avantage*) gain ▷ *adj* (*voir acquérir*) acquired; gained; achieved; **être ~ à** (*plan, idée*) to be in full agreement with; **son aide nous est ~e** we can count on *ou* be sure of his help; **tenir qch pour ~** to take sth for granted

acquisition [akizisjɔ̃] *nf* acquisition; (*achat*) purchase; **faire l'~ de** to acquire; to purchase

acquit [aki] *vb voir* **acquérir** ▷ *nm* (*quittance*) receipt; **pour ~** received; **par ~ de conscience** to set one's mind at rest

acquittement [akitmɑ̃] *nm* acquittal; payment, settlement

acquitter [akite] *vt* (*Jur*) to acquit; (*facture*) to pay, settle; **s'acquitter de** to discharge; (*promesse, tâche*) to fulfil (*Brit*), fulfill (*US*), carry out

âcre [ɑkʀ(ə)] *adj* acrid, pungent

âcreté [ɑkʀəte] *nf* acridness, pungency

acrimonie [akʀimɔni] *nf* acrimony

acrobate [akʀɔbat] *nm/f* acrobat

acrobatie [akʀɔbasi] *nf* (*art*) acrobatics *sg*; (*exercice*) acrobatic feat; **~ aérienne** aerobatics *sg*

acrobatique [akʀɔbatik] *adj* acrobatic

acronyme [akʀɔnim] *nm* acronym

Acropole [akʀɔpɔl] *nf*: **l'~** the Acropolis

acrylique [akʀilik] *adj, nm* acrylic

acte [akt(ə)] *nm* act, action; (*Théât*) act; **actes** *nmpl* (*compte-rendu*) proceedings; **prendre ~ de** to note, take note of; **faire ~ de présence** to put in an appearance; **faire ~ de candidature** to submit an application; **~ d'accusation** charge (*Brit*), bill of indictment; **~ de baptême** baptismal certificate; **~ de mariage/naissance** marriage/birth certificate; **~ de vente** bill of sale

acteur [aktœʀ] *nm* actor

actif, -ive [aktif, -iv] *adj* active ▷ *nm* (*Comm*) assets *pl*; (*Ling*) active (voice); (*fig*): **avoir à son ~** to have to one's credit; **actifs** *nmpl* people in employment; **mettre à son ~** to add to one's list of achievements; **~ toxique** toxic asset; **l'~ et le passif** assets and liabilities; **prendre une part active à qch** to take an active part in sth; **population active** working population

action [aksjɔ̃] *nf* (*gén*) action; (*Comm*) share; **une bonne/mauvaise ~** a good/an unkind deed; **mettre en ~** to put into action; **passer à l'~** to take action; **sous l'~ de** under the effect of; **l'~ syndicale** (the) union action; **un film d'~** an action film *ou* movie; **~ en diffamation** libel action; **~ de grâce(s)** (*Rel*) thanksgiving

actionnaire [aksjɔnɛʀ] *nm/f* shareholder

actionner [aksjɔne] *vt* to work; to activate; to operate

active [aktiv] *adj f voir* **actif**

activement [aktivmɑ̃] *adv* actively
activer [aktive] *vt* to speed up; (*Chimie*) to activate; **s'activer** *vi* (*s'affairer*) to bustle about; (*se hâter*) to hurry up
activisme [aktivism(ə)] *nm* activism
activiste [aktivist(ə)] *nm/f* activist
activité [aktivite] *nf* activity; **en ~** (*volcan*) active; (*fonctionnaire*) in active life; (*militaire*) on active service
actrice [aktʀis] *nf* actress
actualiser [aktɥalize] *vt* to actualize; (*mettre à jour*) to bring up to date
actualité [aktɥalite] *nf* (*d'un problème*) topicality; (*événements*): **l'~** current events; **les ~s** (*Ciné, TV*) the news; **l'~ politique/sportive** the political/ sports *ou* sporting news; **les ~s télévisées** the television news; **d'~** topical
actuel, le [aktɥɛl] *adj* (*présent*) present; (*d'actualité*) topical; (*non virtuel*) actual; **à l'heure ~le** at this moment in time, at the moment
actuellement [aktɥɛlmɑ̃] *adv* at present, at the present time
acuité [akɥite] *nf* acuteness
acuponcteur, acupuncteur [akypɔ̃ktœʀ] *nm* acupuncturist
acuponcture, acupuncture [akypɔ̃ktyʀ] *nf* acupuncture
adage [adaʒ] *nm* adage
adagio [ada(d)ʒjo] *adv, nm* adagio
adaptable [adaptabl(ə)] *adj* adaptable
adaptateur, -trice [adaptatœʀ, -tʀis] *nm/f* adapter
adaptation [adaptɑsjɔ̃] *nf* adaptation
adapter [adapte] *vt* to adapt; **s'adapter (à)** (*personne*) to adapt (to); (*: objet, prise etc*) to apply (to); **~ qch à** (*approprier*) to adapt sth to (fit); **~ qch sur/dans/à** (*fixer*) to fit sth on/into/to
addenda [adɛ̃da] *nm inv* addenda
Addis-Ababa [adisababa], **Addis-Abeba** [adisabəba] *n* Addis Ababa
additif [aditif] *nm* additional clause; (*substance*) additive; **~ alimentaire** food additive
addition [adisjɔ̃] *nf* addition; (*au café*) bill
additionnel, le [adisjɔnɛl] *adj* additional
additionner [adisjɔne] *vt* to add (up); **s'additionner** *vi* to add up; **~ un produit d'eau** to add water to a product
adduction [adyksjɔ̃] *nf* (*de gaz, d'eau*) conveyance
adepte [adɛpt(ə)] *nm/f* follower
adéquat, e [adekwa, -at] *adj* appropriate, suitable
adéquation [adekwɑsjɔ̃] *nf* appropriateness; (*Ling*) adequacy
adhérence [adeʀɑ̃s] *nf* adhesion
adhérent, e [adeʀɑ̃, -ɑ̃t] *nm/f* (*de club*) member
adhérer [adeʀe] *vi* (*coller*) to adhere, stick; **~ à** (*coller*) to adhere *ou* stick to; (*se rallier à: parti, club*) to join; to be a member of; (*: opinion, mouvement*) to support
adhésif, -ive [adezif, -iv] *adj* adhesive, sticky ▷ *nm* adhesive
adhésion [adezjɔ̃] *nf* (*à un club*) joining; membership; (*à une opinion*) support
ad hoc [adɔk] *adj* ad hoc
adieu, x [adjø] *excl* goodbye ▷ *nm* farewell; **dire ~ à qn** to say goodbye *ou* farewell to sb; **dire ~ à qch** (*renoncer*) to say *ou* wave goodbye to sth
adipeux, -euse [adipø, -øz] *adj* bloated, fat; (*Anat*) adipose
adjacent, e [adʒasɑ̃, -ɑ̃t] *adj*: **~ (à)** adjacent (to)
adjectif [adʒɛktif] *nm* adjective; **~ attribut** adjectival complement; **~ épithète** attributive adjective
adjectival, e, -aux [adʒɛktival, -o] *adj* adjectival
adjoignais *etc* [adʒwaɲɛ] *vb voir* **adjoindre**
adjoindre [adʒwɛ̃dʀ(ə)] *vt*: **~ qch à** to attach sth to; (*ajouter*) to add sth to; **~ qn à** (*personne*) to appoint sb as an assistant to; (*comité*) to appoint sb to, attach sb to; **s'adjoindre** *vt* (*collaborateur etc*) to take on, appoint
adjoint, e [adʒwɛ̃, -wɛ̃t] *pp de* **adjoindre** ▷ *nm/f* assistant; **directeur ~** assistant manager
adjonction [adʒɔ̃ksjɔ̃] *nf* (*voir adjoindre*) attaching; addition; appointment
adjudant [adʒydɑ̃] *nm* (*Mil*) warrant officer; **~-chef** ≈ warrant officer 1st class (*Brit*), ≈ chief warrant officer (*US*)
adjudicataire [adʒydikatɛʀ] *nm/f* successful bidder, purchaser; (*pour travaux*) successful tenderer (*Brit*) *ou* bidder (*US*)
adjudicateur, -trice [adʒydikatœʀ, -tʀis] *nm/f* (*aux enchères*) seller
adjudication [adʒydikɑsjɔ̃] *nf* sale by auction; (*pour travaux*) invitation to tender (*Brit*) *ou* bid (*US*)
adjuger [adʒyʒe] *vt* (*prix, récompense*) to award; (*lors d'une vente*) to auction (off); **s'adjuger** *vt* to take for o.s.; **adjugé!** (*vendu*) gone!, sold!
adjurer [adʒyʀe] *vt*: **~ qn de faire** to implore *ou* beg sb to do
adjuvant [adʒyvɑ̃] *nm* (*médicament*) adjuvant; (*additif*) additive; (*stimulant*) stimulant
admettre [admɛtʀ(ə)] *vt* (*visiteur, nouveau-venu*) to admit, let in; (*candidat: Scol*) to pass; (*Tech: gaz, eau, air*) to admit; (*tolérer*) to allow, accept; (*reconnaître*) to admit, acknowledge; (*supposer*) to suppose; **j'admets que ...** I admit that ...; **je n'admets pas que tu fasses cela** I won't allow you to do that; **admettons que ...** let's suppose that ...; **admettons** let's suppose so
administrateur, -trice [administʀatœʀ, -tʀis] *nm/f* (*Comm*) director; (*Admin*) administrator; **~ délégué** managing director; **~ judiciaire** receiver
administratif, -ive [administʀatif, -iv] *adj* administrative ▷ *nm* person in administration
administration [administʀɑsjɔ̃] *nf* administration; **l'A~** ≈ the Civil Service
administré, e [administʀe] *nm/f* ≈ citizen
administrer [administʀe] *vt* (*firme*) to manage, run; (*biens, remède, sacrement etc*) to administer
admirable [admiʀabl(ə)] *adj* admirable, wonderful

admirablement [admiʀabləmɑ̃] *adv* admirably
admirateur, -trice [admiʀatœʀ, -tʀis] *nm/f* admirer
admiratif, -ive [admiʀatif, -iv] *adj* admiring
admiration [admiʀɑsjɔ̃] *nf* admiration; **être en ~ devant** to be lost in admiration before
admirativement [admiʀativmɑ̃] *adv* admiringly
admirer [admiʀe] *vt* to admire
admis, e [admi, -iz] *pp de* **admettre**
admissibilité [admisibilite] *nf* eligibility; admissibility, acceptability
admissible [admisibl(ə)] *adj* (*candidat*) eligible; (*comportement*) admissible, acceptable; (*Jur*) receivable
admission [admisjɔ̃] *nf* admission; **tuyau d'~** intake pipe; **demande d'~** application for membership; **service des ~s** admissions
admonester [admɔnɛste] *vt* to admonish
ADN *sigle m* (*= acide désoxyribonucléique*) DNA
ado [ado] *nm/f* (*fam: = adolescent(e)*) adolescent, teenager
adolescence [adɔlesɑ̃s] *nf* adolescence
adolescent, e [adɔlesɑ̃, -ɑ̃t] *nm/f* adolescent, teenager
adonner [adɔne]: **s'adonner à** *vt* (*sport*) to devote o.s. to; (*boisson*) to give o.s. over to
adopter [adɔpte] *vt* to adopt; (*projet de loi etc*) to pass
adoptif, -ive [adɔptif, -iv] *adj* (*parents*) adoptive; (*fils, patrie*) adopted
adoption [adɔpsjɔ̃] *nf* adoption; **son pays/sa ville d'~** his adopted country/town
adorable [adɔʀabl(ə)] *adj* adorable
adoration [adɔʀɑsjɔ̃] *nf* adoration; (*Rel*) worship; **être en ~ devant** to be lost in adoration before
adorer [adɔʀe] *vt* to adore; (*Rel*) to worship
adosser [adose] *vt*: **~ qch à** *ou* **contre** to stand sth against; **s'~ à** *ou* **contre** to lean with one's back against; **être adossé à** *ou* **contre** to be leaning with one's back against
adoucir [adusiʀ] *vt* (*goût, température*) to make milder; (*avec du sucre*) to sweeten; (*peau, voix, eau*) to soften; (*caractère, personne*) to mellow; (*peine*) to soothe, allay; **s'adoucir** *vi* to become milder; to soften; to mellow
adoucissement [adusismɑ̃] *nm* becoming milder; sweetening; softening; mellowing; soothing
adoucisseur [adusisœʀ] *nm*: **~ (d'eau)** water softener
adr. *abr* = **adresse; adresser**
adrénaline [adʀenalin] *nf* adrenaline
adresse [adʀɛs] *nf* (*voir adroit*) skill, dexterity; (*domicile, Inform*) address; **à l'~ de** (*pour*) for the benefit of
adresser [adʀese] *vt* (*lettre: expédier*) to send; (*: écrire l'adresse sur*) to address; (*injure, compliments*) to address; **~ qn à un docteur/bureau** to refer *ou* send sb to a doctor/an office; **~ la parole à qn** to speak to *ou* address sb; **s'adresser à** (*parler à*) to speak to, address; (*s'informer auprès de*) to go and see, go and speak to; (*: bureau*) to enquire at; (*livre, conseil*) to be aimed at
Adriatique [adʀijatik] *nf*: **l'~** the Adriatic
adroit, e [adʀwa, -wat] *adj* (*joueur, mécanicien*) skilful (*Brit*), skillful (*US*), dext(e)rous; (*politicien etc*) shrewd, skilled
adroitement [adʀwatmɑ̃] *adv* skilfully (*Brit*), skillfully (*US*), dext(e)rously; shrewdly
AdS *sigle f* = **Académie des Sciences**
ADSL *sigle m* (*= asymmetrical digital subscriber line*) ADSL; **avoir l'~** to have broadband
aduler [adyle] *vt* to adulate
adulte [adylt(ə)] *nm/f* adult, grown-up ▷ *adj* (*personne, attitude*) adult, grown-up; (*chien, arbre*) fully-grown, mature; **l'âge ~** adulthood; **formation/film pour ~s** adult training/film
adultère [adyltɛʀ] *adj* adulterous ▷ *nm/f* adulterer/adulteress ▷ *nm* (*acte*) adultery
adultérin, e [adylteʀɛ̃, -in] *adj* born of adultery
advenir [advəniʀ] *vi* to happen; **qu'est-il advenu de ...?** what has become of ...?; **quoi qu'il advienne** whatever befalls *ou* happens
adventiste [advɑ̃tist(ə)] *nm/f* (*Rel*) Adventist
adverbe [advɛʀb(ə)] *nm* adverb; **~ de manière** adverb of manner
adverbial, e, -aux [advɛʀbjal, -o] *adj* adverbial
adversaire [advɛʀsɛʀ] *nm/f* (*Sport, gén*) opponent, adversary; (*Mil*) adversary, enemy
adverse [advɛʀs(ə)] *adj* opposing
adversité [advɛʀsite] *nf* adversity
AELE *sigle f* (*= Association européenne de libre-échange*) EFTA (*= European Free Trade Association*)
AEN *sigle f* (*= Agence pour l'énergie nucléaire*) ≈ AEA = **Atomic Energy Authority**
aérateur [aeʀatœʀ] *nm* ventilator
aération [aeʀɑsjɔ̃] *nf* airing; (*circulation de l'air*) ventilation; **conduit d'~** ventilation shaft; **bouche d'~** air vent
aéré, e [aeʀe] *adj* (*pièce, local*) airy, well-ventilated; (*tissu*) loose-woven; **centre ~** outdoor centre
aérer [aeʀe] *vt* to air; (*fig*) to lighten; **s'aérer** *vi* to get some (fresh) air
aérien, ne [aeʀjɛ̃, -ɛn] *adj* (*Aviat*) air *cpd*, aerial; (*câble, métro*) overhead; (*fig*) light; **compagnie ~ne** airline (company); **ligne ~ne** airline
aérobic [aeʀɔbik] *nf* aerobics *sg*
aérobie [aeʀɔbi] *adj* aerobic
aéro-club [aeʀɔklœb] *nm* flying club
aérodrome [aeʀɔdʀɔm] *nm* airfield, aerodrome
aérodynamique [aeʀɔdinamik] *adj* aerodynamic, streamlined ▷ *nf* aerodynamics *sg*
aérofrein [aeʀofʀɛ̃] *nm* air brake
aérogare [aeʀɔgaʀ] *nf* airport (buildings); (*en ville*) air terminal
aéroglisseur [aeʀɔglisœʀ] *nm* hovercraft
aérogramme [aeʀɔgʀam] *nm* air letter, aerogram(me)
aéromodélisme [aeʀɔmɔdelism(ə)] *nm* model aircraft making

aéronaute [aeʀɔnot] *nm/f* aeronaut
aéronautique [aeʀɔnotik] *adj* aeronautical ▷ *nf* aeronautics *sg*
aéronaval, e [aeʀɔnaval] *adj* air and sea *cpd*
Aéronavale [aeʀɔnaval] *nf* ≈ Fleet Air Arm (Brit), ≈ Naval Air Force (US)
aéronef [aeʀɔnɛf] *nm* aircraft
aérophagie [aeʀɔfaʒi] *nf*: **il fait de l'~** he suffers from abdominal wind
aéroport [aeʀɔpɔʀ] *nm* airport; **~ d'embarquement** departure airport
aéroporté, e [aeʀɔpɔʀte] *adj* airborne, airlifted
aéroportuaire [aeʀɔpɔʀtɥɛʀ] *adj* of an *ou* the airport, airport *cpd*
aéropostal, e, -aux [aeʀɔpɔstal, -o] *adj* airmail *cpd*
aérosol [aeʀɔsɔl] *nm* aerosol
aérospatial, e, -aux [aeʀɔspasjal, -o] *adj* aerospace ▷ *nf* the aerospace industry
aérostat [aeʀɔsta] *nm* aerostat
aérotrain [aeʀɔtʀɛ̃] *nm* hovertrain
AF *sigle fpl* = **allocations familiales** ▷ *sigle f* (*Suisse*) = **Assemblée fédérale**
AFAT [afat] *sigle m* (= *Auxiliaire féminin de l'armée de terre*) *member of the women's army*
affabilité [afabilite] *nf* affability
affable [afabl(ə)] *adj* affable
affabulateur, -trice [afabylatœʀ, -tʀis] *nm/f* storyteller
affabulation [afabylɑsjɔ̃] *nf* invention, fantasy
affabuler [afabyle] *vi* to make up stories
affacturage [afaktyʀaʒ] *nm* factoring
affadir [afadiʀ] *vt* to make insipid *ou* tasteless
affaiblir [afebliʀ] *vt* to weaken; **s'affaiblir** *vi* to weaken, grow weaker; (*vue*) to grow dim
affaiblissement [afeblismɑ̃] *nm* weakening
affaire [afɛʀ] *nf* (*problème, question*) matter; (*criminelle, judiciaire*) case; (*scandaleuse etc*) affair; (*entreprise*) business; (*marché, transaction*) (business) deal, (piece of) business *no pl*; (*occasion intéressante*) good deal; **affaires** *nfpl* affairs; (*activité commerciale*) business *sg*; (*effets personnels*) things, belongings; **~s de sport** sports gear; **tirer qn/se tirer d'~** to get sb/o.s. out of trouble; **ceci fera l'~** this will do (nicely); **avoir ~ à** (*comme adversaire*) to be faced with; (*en contact*) to be dealing with; **tu auras ~ à moi!** (*menace*) you'll have me to contend with!; **c'est une ~ de goût/d'argent** it's a question *ou* matter of taste/money; **c'est l'~ d'une minute/heure** it'll only take a minute/an hour; **ce sont mes ~s** (*cela me concerne*) that's my business; **toutes ~s cessantes** forthwith; **les ~s étrangères** (Pol) foreign affairs
affairé, e [afeʀe] *adj* busy
affairer [afeʀe]: **s'affairer** *vi* to busy o.s., bustle about
affairisme [afeʀism(ə)] *nm* (political) racketeering
affaissement [afɛsmɑ̃] *nm* subsidence; collapse
affaisser [afese]: **s'affaisser** *vi* (*terrain, immeuble*) to subside, sink; (*personne*) to collapse
affaler [afale]: **s'affaler** *vi*: **s'~ dans/sur** to collapse *ou* slump into/onto
affamé, e [afame] *adj* starving, famished
affamer [afame] *vt* to starve
affectation [afɛktɑsjɔ̃] *nf* (*voir affecter*) allotment; appointment; posting; (*voir affecté*) affectedness
affecté, e [afɛkte] *adj* affected
affecter [afɛkte] *vt* (*émouvoir*) to affect, move; (*feindre*) to affect, feign; (*telle ou telle forme etc*) to take on, assume; **~ qch à** to allocate *ou* allot sth to; **~ qn à** to appoint sb to; (*diplomate*) to post sb to; **~ qch de** (*de coefficient*) to modify sth by
affectif, -ive [afɛktif, -iv] *adj* emotional, affective
affection [afɛksjɔ̃] *nf* affection; (*mal*) ailment; **avoir de l'~ pour** to feel affection for; **prendre en ~** to become fond of
affectionner [afɛksjɔne] *vt* to be fond of
affectueusement [afɛktɥøzmɑ̃] *adv* affectionately
affectueux, -euse [afɛktɥø, -øz] *adj* affectionate
afférent, e [afeʀɑ̃, -ɑ̃t] *adj*: **~ à** pertaining *ou* relating to
affermir [afɛʀmiʀ] *vt* to consolidate, strengthen
affichage [afiʃaʒ] *nm* billposting, billsticking; (*électronique*) display; **"~ interdit"** "stick no bills", "billsticking prohibited"; **~ à cristaux liquides** liquid crystal display, LCD; **~ numérique** *ou* **digital** digital display
affiche [afiʃ] *nf* poster; (*officielle*) (public) notice; (*Théât*) bill; **être à l'~** (*Théât*) to be on; **tenir l'~** to run
afficher [afiʃe] *vt* (*affiche*) to put up, post up; (*réunion*) to put up a notice about; (*électroniquement*) to display; (*fig*) to exhibit, display; **s'afficher** *vi* (*péj*) to flaunt o.s.; **"défense d'~"** "stick no bills"
affichette [afiʃɛt] *nf* small poster *ou* notice
affilé, e [afile] *adj* sharp
affilée [afile]: **d'~** *adv* at a stretch
affiler [afile] *vt* to sharpen
affiliation [afiljɑsjɔ̃] *nf* affiliation
affilié, e [afilje] *adj*: **être ~ à** to be affiliated to ▷ *nm/f* affiliated party *ou* member
affilier [afilje] *vt*: **s'affilier à** to become affiliated to
affiner [afine] *vt* to refine; **s'affiner** *vi* to become (more) refined
affinité [afinite] *nf* affinity
affirmatif, -ive [afiʀmatif, -iv] *adj* affirmative ▷ *nf*: **répondre par l'affirmative** to reply in the affirmative; **dans l'affirmative** (*si oui*) if (the answer is) yes ..., if he does (*ou* you do *etc*) ...
affirmation [afiʀmɑsjɔ̃] *nf* assertion
affirmativement [afiʀmativmɑ̃] *adv* affirmatively, in the affirmative
affirmer [afiʀme] *vt* (*prétendre*) to maintain, assert; (*autorité etc*) to assert; **s'affirmer** *vi* to assert o.s.; to assert itself

affleurer [aflœʀe] *vi* to show on the surface
affliction [afliksjɔ̃] *nf* affliction
affligé, e [afliʒe] *adj* distressed, grieved; **~ de** (*maladie, tare*) afflicted with
affligeant, e [afliʒɑ̃, -ɑ̃t] *adj* distressing
affliger [afliʒe] *vt* (*peiner*) to distress, grieve
affluence [aflyɑ̃s] *nf* crowds *pl*; **heures d'~** rush hour *sg*; **jours d'~** busiest days
affluent [aflyɑ̃] *nm* tributary
affluer [aflye] *vi* (*secours, biens*) to flood in, pour in; (*sang*) to rush, flow
afflux [afly] *nm* flood, influx; rush
affolant, e [afɔlɑ̃, -ɑ̃t] *adj* terrifying
affolé, e [afɔle] *adj* panic-stricken, panicky
affolement [afɔlmɑ̃] *nm* panic
affoler [afɔle] *vt* to throw into a panic; **s'affoler** *vi* to panic
affranchir [afʀɑ̃ʃiʀ] *vt* to put a stamp *ou* stamps on; (*à la machine*) to frank (*Brit*), meter (*US*); (*esclave*) to enfranchise, emancipate; (*fig*) to free, liberate; **s'affranchir de** to free o.s. from; **machine à ~** franking machine, postage meter
affranchissement [afʀɑ̃ʃismɑ̃] *nm* franking (*Brit*), metering (*US*); freeing; (*Postes: prix payé*) postage; **tarifs d'~** postage rates
affres [afʀ(ə)] *nfpl*: **dans les ~ de** in the throes of
affréter [afʀete] *vt* to charter
affreusement [afʀøzmɑ̃] *adv* dreadfully, awfully
affreux, -euse [afʀø, -øz] *adj* dreadful, awful
affriolant, e [afʀijɔlɑ̃, -ɑ̃t] *adj* tempting, enticing
affront [afʀɔ̃] *nm* affront
affrontement [afʀɔ̃tmɑ̃] *nm* (*Mil, Pol*) clash, confrontation
affronter [afʀɔ̃te] *vt* to confront, face; **s'affronter** to confront each other
affubler [afyble] *vt* (*péj*): **~ qn de** to rig *ou* deck sb out in; (*surnom*) to attach to sb
affût [afy] *nm* (*de canon*) gun carriage; **à l'~ (de)** (*gibier*) lying in wait (for); (*fig*) on the look-out (for)
affûter [afyte] *vt* to sharpen, grind
afghan, e [afgɑ̃, -an] *adj* Afghan
Afghanistan [afganistɑ̃] *nm*: **l'~** Afghanistan
afin [afɛ̃]: **~ que** *conj* so that, in order that; **~ de faire** in order to do, so as to do
AFNOR [afnɔʀ] *sigle f* (*= Association française de normalisation*) *industrial standards authority*
a fortiori [afɔʀsjɔʀi] *adv* all the more, a fortiori
AFP *sigle f* = **Agence France-Presse**
AFPA *sigle f* = **Association pour la formation professionnelle des adultes**
africain, e [afʀikɛ̃, -ɛn] *adj* African ▷ *nm/f*: **Africain, e** African
afrikaans [afʀikɑ̃] *nm, adj inv* Afrikaans
Afrique [afʀik] *nf*: **l'~** Africa; **l'~ australe/du Nord/du Sud** southern/North/South Africa
afro [afʀo] *adj inv*: **coupe ~** afro hairstyle ▷ *nm/f*: **Afro** Afro
afro-américain, e [afʀoameʀikɛ̃, -ɛn] *adj* Afro-American
AG *sigle f* = **assemblée générale**
ag. *abr* = **agence**
agaçant, e [agasɑ̃, -ɑ̃t] *adj* irritating, aggravating
agacement [agasmɑ̃] *nm* irritation, aggravation
agacer [agase] *vt* to pester, tease; (*involontairement*) to irritate, aggravate; (*aguicher*) to excite, lead on
agapes [agap] *nfpl* (*humoristique: festin*) feast
agate [agat] *nf* agate
AGE *sigle f* = **assemblée générale extraordinaire**
âge [ɑʒ] *nm* age; **quel ~ as-tu?** how old are you?; **une femme d'un certain ~** a middle-aged woman, a woman who is getting on (in years); **bien porter son ~** to wear well; **prendre de l'~** to be getting on (in years), grow older; **limite d'~** age limit; **dispense d'~** special exemption from age limit; **troisième ~** (*période*) retirement; (*personnes âgées*) senior citizens; **l'~ ingrat** the awkward *ou* difficult age; **~ légal** legal age; **~ mental** mental age; **l'~ mûr** maturity, middle age; **~ de raison** age of reason
âgé, e [ɑʒe] *adj* old, elderly; **~ de 10 ans** 10 years old
agence [aʒɑ̃s] *nf* agency, office; (*succursale*) branch; **~ immobilière** estate agent's (office) (*Brit*), real estate office (*US*); **~ matrimoniale** marriage bureau; **~ de placement** employment agency; **~ de publicité** advertising agency; **~ de voyages** travel agency
agencé, e [aʒɑ̃se] *adj*: **bien/mal ~** well/badly put together; well/badly laid out *ou* arranged
agencement [aʒɑ̃smɑ̃] *nm* putting together; arrangement, laying out
agencer [aʒɑ̃se] *vt* to put together; (*local*) to arrange, lay out
agenda [aʒɛ̃da] *nm* diary
agenouiller [aʒnuje]: **s'agenouiller** *vi* to kneel (down)
agent [aʒɑ̃] *nm* (*aussi*: **agent de police**) policeman; (*Admin*) official, officer; (*fig: élément, facteur*) agent; **~ d'assurances** insurance broker; **~ de change** stockbroker; **~ commercial** sales representative; **~ immobilier** estate agent (*Brit*), realtor (*US*); **~ (secret)** (secret) agent
agglo [aglo] *nm* (*fam*) = **aggloméré**
agglomérat [aglɔmeʀa] *nm* (*Géo*) agglomerate
agglomération [aglɔmeʀɑsjɔ̃] *nf* town; (*Auto*) built-up area; **l'~ parisienne** the urban area of Paris
aggloméré [aglɔmeʀe] *nm* (*bois*) chipboard; (*pierre*) conglomerate
agglomérer [aglɔmeʀe] *vt* to pile up; (*Tech: bois, pierre*) to compress; **s'agglomérer** *vi* to pile up
agglutiner [aglytine] *vt* to stick together; **s'agglutiner** *vi* to congregate
aggravant, e [agʀavɑ̃, -ɑ̃t] *adj*: **circonstances ~es** aggravating circumstances

aggravation [agʀavɑsjɔ̃] *nf* worsening, aggravation; increase
aggraver [agʀave] *vt* to worsen, aggravate; (*Jur: peine*) to increase; **s'aggraver** *vi* to worsen; **~ son cas** to make one's case worse
agile [aʒil] *adj* agile, nimble
agilement [aʒilmɑ̃] *adv* nimbly
agilité [aʒilite] *nf* agility, nimbleness
agio [aʒjo] *nm* (bank) charges *pl*
agir [aʒiʀ] *vi* (*se comporter*) to behave, act; (*faire quelque chose*) to act, take action; (*avoir de l'effet*) to act; **il s'agit de** it's a matter *ou* question of; it is about; (*il importe que*): **il s'agit de faire** we (*ou* you *etc*) must do; **de quoi s'agit-il?** what is it about?
agissements [aʒismɑ̃] *nmpl* (*gén péj*) schemes, intrigues
agitateur, -trice [aʒitatœʀ, -tʀis] *nm/f* agitator
agitation [aʒitɑsjɔ̃] *nf* (hustle and) bustle; (*trouble*) agitation, excitement; (*politique*) unrest, agitation
agité, e [aʒite] *adj* (*remuant*) fidgety, restless; (*troublé*) agitated, perturbed; (*journée*) hectic; (*mer*) rough; (*sommeil*) disturbed, broken
agiter [aʒite] *vt* (*bouteille, chiffon*) to shake; (*bras, mains*) to wave; (*préoccuper, exciter*) to trouble, perturb; **s'agiter** *vi* to bustle about; (*dormeur*) to toss and turn; (*enfant*) to fidget; (*Pol*) to grow restless; **"~ avant l'emploi"** "shake before use"
agneau, x [aɲo] *nm* lamb; (*toison*) lambswool
agnelet [aɲlɛ] *nm* little lamb
agnostique [agnɔstik] *adj, nm/f* agnostic
agonie [agɔni] *nf* mortal agony, death pangs *pl*; (*fig*) death throes *pl*
agonir [agɔniʀ] *vt*: **~ qn d'injures** to hurl abuse at sb
agoniser [agɔnize] *vi* to be dying; (*fig*) to be in its death throes
agrafe [agʀaf] *nf* (*de vêtement*) hook, fastener; (*de bureau*) staple; (*Méd*) clip
agrafer [agʀafe] *vt* to fasten; to staple
agrafeuse [agʀaføz] *nf* stapler
agraire [agʀɛʀ] *adj* agrarian; (*mesure, surface*) land *cpd*
agrandir [agʀɑ̃diʀ] *vt* (*magasin, domaine*) to extend, enlarge; (*trou*) to enlarge, make bigger; (*Photo*) to enlarge, blow up; **s'agrandir** *vi* to be extended; to be enlarged
agrandissement [agʀɑ̃dismɑ̃] *nm* extension; enlargement; (*photographie*) enlargement
agrandisseur [agʀɑ̃disœʀ] *nm* (*Photo*) enlarger
agréable [agʀeabl(ə)] *adj* pleasant, nice
agréablement [agʀeabləmɑ̃] *adv* pleasantly
agréé, e [agʀee] *adj*: **concessionnaire ~** registered dealer; **magasin ~** registered dealer('s)
agréer [agʀee] *vt* (*requête*) to accept; **~ à** *vt* to please, suit; **veuillez ~ ...** (*formule épistolaire*) yours faithfully
agrég [agʀɛg] *nf* (*fam*) = **agrégation**
agrégat [agʀega] *nm* aggregate
agrégation [agʀegɑsjɔ̃] *nf* *highest teaching diploma in France*; *see note*

AGRÉGATION

The *agrégation*, informally known as the *"agrég"*, is a prestigious competitive examination for the recruitment of secondary school teachers in France. The number of candidates always far exceeds the number of vacant posts. Most teachers of 'classes préparatoires' and most university lecturers have passed the *agrégation*.

agrégé, e [agʀeʒe] *nm/f* holder of the *agrégation*
agréger [agʀeʒe]: **s'agréger** *vi* to aggregate
agrément [agʀemɑ̃] *nm* (*accord*) consent, approval; (*attraits*) charm, attractiveness; (*plaisir*) pleasure; **voyage d'~** pleasure trip
agrémenter [agʀemɑ̃te] *vt*: **~ (de)** to embellish (with), adorn (with)
agrès [agʀɛ] *nmpl* (gymnastics) apparatus *sg*
agresser [agʀese] *vt* to attack
agresseur [agʀɛsœʀ] *nm* aggressor
agressif, -ive [agʀɛsif, -iv] *adj* aggressive
agression [agʀɛsjɔ̃] *nf* attack; (*Pol, Mil, Psych*) aggression
agressivement [agʀɛsivmɑ̃] *adv* aggressively
agressivité [agʀɛsivite] *nf* aggressiveness
agreste [agʀɛst(ə)] *adj* rustic
agricole [agʀikɔl] *adj* agricultural, farm *cpd*
agriculteur, -trice [agʀikyltœʀ, -tʀis] *nm/f* farmer
agriculture [agʀikyltyʀ] *nf* agriculture; farming
agripper [agʀipe] *vt* to grab, clutch; (*pour arracher*) to snatch, grab; **s'agripper à** to cling (on) to, clutch, grip
agroalimentaire [agʀɔalimɑ̃tɛʀ] *adj* farming *cpd* ▷ *nm*: **l'~** agribusiness
agronome [agʀɔnɔm] *nm/f* agronomist
agronomie [agʀɔnɔmi] *nf* agronomy
agronomique [agʀɔnɔmik] *adj* agronomic(al)
agrumes [agʀym] *nmpl* citrus fruit(s)
aguerrir [ageʀiʀ] *vt* to harden; **s'aguerrir (contre)** to become hardened (to)
aguets [agɛ]: **aux ~** *adv*: **être aux ~** to be on the look-out
aguichant, e [agiʃɑ̃, -ɑ̃t] *adj* enticing
aguicher [agiʃe] *vt* to entice
aguicheur, -euse [agiʃœʀ, -øz] *adj* enticing
ah [ɑ] *excl* ah!; **ah bon?** really?, is that so?; **ah mais ...** yes, but ...; **ah non!** oh no!
ahuri, e [ayʀi] *adj* (*stupéfait*) flabbergasted; (*idiot*) dim-witted
ahurir [ayʀiʀ] *vt* to stupefy, stagger
ahurissant, e [ayʀisɑ̃, -ɑ̃t] *adj* stupefying, staggering, mind-boggling
ai [e] *vb voir* **avoir**
aide [ɛd] *nm/f* assistant ▷ *nf* assistance, help; (*secours financier*) aid; **à l'~ de** with the help *ou* aid

of; **aller à l'~ de qn** to go to sb's aid, go to help sb; **venir en ~ à qn** to help sb, come to sb's assistance; **appeler (qn) à l'~** to call for help (from sb); **à l'~!** help!; **~ de camp** *nm* aide-de-camp; **~ comptable** *nm* accountant's assistant; **~ électricien** *nm* electrician's mate; **~ familiale** *nf* mother's help, ≈ home help; **~ judiciaire** *nf* legal aid; **~ de laboratoire** *nm/f* laboratory assistant; **~ ménagère** *nf* ≈ home help; **~ sociale** *nf* (*assistance*) state aid; **~ soignant, e** *nm/f* auxiliary nurse; **~ technique** *nf* ≈ VSO (*Brit*), ≈ Peace Corps (*US*)

aide-éducateur, -trice [ɛdmedykatœʀ, tʀis] *nm/f* classroom assistant

aide-mémoire [ɛdmemwaʀ] *nm inv* (key facts) handbook

aider [ede] *vt* to help; **~ à qch** to help (towards) sth; **~ qn à faire qch** to help sb to do sth; **s'aider de** (*se servir de*) to use, make use of

aide-soignant, e [ɛdswanjɑ̃, ɑ̃t] *nm/f* auxiliary nurse

aie *etc* [ɛ] *vb voir* **avoir**

aïe [aj] *excl* ouch!

AIEA *sigle f* (= *Agence internationale de l'énergie atomique*) IAEA (= *International Atomic Energy Agency*)

aïeul, e [ajœl] *nm/f* grandparent, grandfather/grandmother; (*ancêtre*) forebear

aïeux [ajø] *nmpl* grandparents; forebears, forefathers

aigle [ɛgl(ə)] *nm* eagle

aiglefin [ɛgləfɛ̃] *nm* = **églefin**

aigre [ɛgʀ(ə)] *adj* sour, sharp; (*fig*) sharp, cutting; **tourner à l'~** to turn sour

aigre-doux, -douce [ɛgʀədu, -dus] *adj* (*fruit*) bitter-sweet; (*sauce*) sweet and sour

aigrefin [ɛgʀəfɛ̃] *nm* swindler

aigrelet, te [ɛgʀəlɛ, -ɛt] *adj* (*goût*) sourish; (*voix, son*) sharpish

aigrette [ɛgʀɛt] *nf* (*plume*) feather

aigreur [ɛgʀœʀ] *nf* sourness; sharpness; **~s d'estomac** heartburn *sg*

aigri, e [egʀi] *adj* embittered

aigrir [egʀiʀ] *vt* (*personne*) to embitter; (*caractère*) to sour; **s'aigrir** *vi* to become embittered; to sour; (*lait etc*) to turn sour

aigu, ë [egy] *adj* (*objet, arête*) sharp, pointed; (*son, voix*) high-pitched, shrill; (*note*) high(-pitched); (*douleur, intelligence*) acute, sharp

aigue-marine [ɛgmaʀin] (*pl* **aigues-marines**) *nf* aquamarine

aiguillage [egɥijaʒ] *nm* (*Rail*) points *pl*

aiguille [egɥij] *nf* needle; (*de montre*) hand; **~ à tricoter** knitting needle

aiguiller [egɥije] *vt* (*orienter*) to direct; (*Rail*) to shunt

aiguillette [egɥijɛt] *nf* (*Culin*) aiguillette

aiguilleur [egɥijœʀ] *nm*: **~ du ciel** air traffic controller

aiguillon [egɥijɔ̃] *nm* (*d'abeille*) sting; (*fig*) spur, stimulus

aiguillonner [egɥijɔne] *vt* to spur *ou* goad on

aiguiser [egize] *vt* to sharpen, grind; (*fig*) to stimulate; (*: esprit*) to sharpen; (*: sens*) to excite

aiguisoir [egizwaʀ] *nm* sharpener

aïkido [ajkido] *nm* aikido

ail [aj] *nm* garlic

aile [ɛl] *nf* wing; (*de voiture*) wing (*Brit*), fender (*US*); **battre de l'~** (*fig*) to be in a sorry state; **voler de ses propres ~s** to stand on one's own two feet; **~ libre** hang-glider

ailé, e [ele] *adj* winged

aileron [ɛlʀɔ̃] *nm* (*de requin*) fin; (*d'avion*) aileron

ailette [ɛlɛt] *nf* (*Tech*) fin; (*: de turbine*) blade

ailier [elje] *nm* (*Sport*) winger

aille *etc* [aj] *vb voir* **aller**

ailleurs [ajœʀ] *adv* elsewhere, somewhere else; **partout/nulle part ~** everywhere/nowhere else; **d'~** *adv* (*du reste*) moreover, besides; **par ~** *adv* (*d'autre part*) moreover, furthermore

ailloli [ajɔli] *nm* garlic mayonnaise

aimable [ɛmabl(ə)] *adj* kind, nice; **vous êtes bien ~** that's very nice *ou* kind of you, how kind (of you)!

aimablement [ɛmabləmɑ̃] *adv* kindly

aimant[1] [ɛmɑ̃] *nm* magnet

aimant[2]**, e** [ɛmɑ̃, -ɑ̃t] *adj* loving, affectionate

aimanté, e [ɛmɑ̃te] *adj* magnetic

aimanter [ɛmɑ̃te] *vt* to magnetize

aimer [eme] *vt* to love; (*d'amitié, affection, par goût*) to like; (*souhait*): **j'aimerais ...** I would like ...; **s'aimer** to love each other; to like each other; **je n'aime pas beaucoup Paul** I don't like Paul much, I don't care much for Paul; **~ faire qch** to like doing sth, like to do sth; **aimeriez-vous que je vous accompagne?** would you like me to come with you?; **j'aimerais (bien) m'en aller** I should (really) like to go; **bien ~ qn/qch** to like sb/sth; **j'aime mieux Paul (que Pierre)** I prefer Paul (to Pierre); **j'aime mieux** *ou* **autant vous dire que** I may as well tell you that; **j'aimerais autant** *ou* **mieux y aller maintenant** I'd sooner *ou* rather go now; **j'aime assez aller au cinéma** I quite like going to the cinema

aine [ɛn] *nf* groin

aîné, e [ene] *adj* elder, older; (*le plus âgé*) eldest, oldest ▷ *nm/f* oldest child *ou* one, oldest boy *ou* son/girl *ou* daughter; **aînés** *nmpl* (*fig: anciens*) elders; **il est mon ~ (de 2 ans)** he's (2 years) older than me, he's (2 years) my senior

aînesse [ɛnɛs] *nf*: **droit d'~** birthright

ainsi [ɛ̃si] *adv* (*de cette façon*) like this, in this way, thus; (*ce faisant*) thus ▷ *conj* thus, so; **~ que** (*comme*) (just) as; (*et aussi*) as well as; **pour ~ dire** so to speak, as it were; **~ donc** and so; **~ soit-il** (*Rel*) so be it; **et ~ de suite** and so on (and so forth)

aïoli [ajɔli] *nm* = **ailloli**

air [ɛʀ] *nm* air; (*mélodie*) tune; (*expression*) look, air; (*atmosphère, ambiance*): **dans l'~** in the air (*fig*); **prendre de grands ~s (avec qn)** to give o.s. airs (with sb); **en l'~** (up) into the air; **tirer en l'~** to fire shots in the air; **paroles/menaces**

en l'~ idle words/threats; **prendre l'~** to get some (fresh) air; (*avion*) to take off; **avoir l'~ triste** to look *ou* seem sad; **avoir l'~ de qch** to look like sth; **avoir l'~ de faire** to look as though one is doing, appear to be doing; **courant d'~** draught (*Brit*), draft (*US*); **le grand ~** the open air; **mal de l'~** air-sickness; **tête en l'~** scatterbrain; **~ comprimé** compressed air; **~ conditionné** air-conditioning

airbag [ɛʀbag] *nm* airbag

aire [ɛʀ] *nf* (*zone, fig, Math*) area; (*nid*) eyrie (*Brit*), aerie (*US*); **~ d'atterrissage** landing strip; landing patch; **~ de jeu** play area; **~ de lancement** launching site; **~ de stationnement** parking area

airelle [ɛʀɛl] *nf* bilberry

aisance [ɛzɑ̃s] *nf* ease; (*Couture*) easing, freedom of movement; (*richesse*) affluence; **être dans l'~** to be well-off *ou* affluent

aise [ɛz] *nf* comfort ▷ *adj*: **être bien ~ de/que** to be delighted to/that; **aises** *nfpl*: **aimer ses ~s** to like one's (creature) comforts; **prendre ses ~s** to make o.s. comfortable; **frémir d'~** to shudder with pleasure; **être à l'~** *ou* **à son ~** to be comfortable; (*pas embarrassé*) to be at ease; (*financièrement*) to be comfortably off; **se mettre à l'~** to make o.s. comfortable; **être mal à l'~** *ou* **à son ~** to be uncomfortable; (*gêné*) to be ill at ease; **mettre qn à l'~** to put sb at his (*ou* her) ease; **mettre qn mal à l'~** to make sb feel ill at ease; **à votre ~** please yourself, just as you like; **en faire à son ~** to do as one likes; **en prendre à son ~ avec qch** to be free and easy with sth, do as one likes with sth

aisé, e [eze] *adj* easy; (*assez riche*) well-to-do, well-off

aisément [ezemɑ̃] *adv* easily

aisselle [ɛsɛl] *nf* armpit

ait [ɛ] *vb voir* **avoir**

ajonc [aʒɔ̃] *nm* gorse *no pl*

ajouré, e [aʒuʀe] *adj* openwork *cpd*

ajournement [aʒuʀnəmɑ̃] *nm* adjournment; deferment, postponement

ajourner [aʒuʀne] *vt* (*réunion*) to adjourn; (*décision*) to defer, postpone; (*candidat*) to refer; (*conscrit*) to defer

ajout [aʒu] *nm* addition; **merci pour l'~** thanks for the add

ajouter [aʒute] *vt* to add; **~ à** (*accroître*) to add to; **s'ajouter à** to add to; **~ que** to add that; **~ foi à** to lend *ou* give credence to

ajustage [aʒystaʒ] *nm* fitting

ajusté, e [aʒyste] *adj*: **bien ~** (*robe etc*) close-fitting

ajustement [aʒystəmɑ̃] *nm* adjustment

ajuster [aʒyste] *vt* (*régler*) to adjust; (*vêtement*) to alter; (*arranger*): **~ sa cravate** to adjust one's tie; (*coup de fusil*) to aim; (*cible*) to aim at; (*adapter*): **~ qch à** to fit sth to

ajusteur [aʒystœʀ] *nm* metal worker

alaise [alɛz] *nf* = **alèse**

alambic [alɑ̃bik] *nm* still

alambiqué, e [alɑ̃bike] *adj* convoluted, overcomplicated

alangui, e [alɑ̃gi] *adj* languid

alanguir [alɑ̃giʀ]: **s'alanguir** *vi* to grow languid

alarmant, e [alaʀmɑ̃, -ɑ̃t] *adj* alarming

alarme [alaʀm(ə)] *nf* alarm; **donner l'~** to give *ou* raise the alarm; **jeter l'~** to cause alarm

alarmer [alaʀme] *vt* to alarm; **s'alarmer** *vi* to become alarmed

alarmiste [alaʀmist(ə)] *adj* alarmist

Alaska [alaska] *nm*: **l'~** Alaska

albanais, e [albanɛ, -ɛz] *adj* Albanian ▷ *nm* (*Ling*) Albanian ▷ *nm/f*: **Albanais, e** Albanian

Albanie [albani] *nf*: **l'~** Albania

albâtre [albɑtʀ(ə)] *nm* alabaster

albatros [albatʀos] *nm* albatross

albigeois, e [albiʒwa, -waz] *adj* of *ou* from Albi

albinos [albinos] *nm/f* albino

album [albɔm] *nm* album; **~ à colorier** colouring book; **~ de timbres** stamp album

albumen [albymɛn] *nm* albumen

albumine [albymin] *nf* albumin; **avoir** *ou* **faire de l'~** to suffer from albuminuria

alcalin, e [alkalɛ̃, -in] *adj* alkaline

alchimie [alʃimi] *nf* alchemy

alchimiste [alʃimist(ə)] *nm* alchemist

alcool [alkɔl] *nm*: **l'~** alcohol; **un ~** a spirit, a brandy; **~ à brûler** methylated spirits (*Brit*), wood alcohol (*US*); **~ à 90°** surgical spirit; **~ de prune** *etc* plum *etc* brandy

alcoolémie [alkɔlemi] *nf* blood alcohol level

alcoolique [alkɔlik] *adj, nm/f* alcoholic

alcoolisé, e [alkɔlize] *adj* alcoholic

alcoolisme [alkɔlism(ə)] *nm* alcoholism

alcootest®, alcotest® [alkɔtɛst] *nm* (*objet*) Breathalyser®; (*test*) breath-test; **faire subir l'alco(o)test à qn** to Breathalyse® sb

alcôve [alkov] *nf* alcove, recess

aléas [alea] *nmpl* hazards

aléatoire [aleatwaʀ] *adj* uncertain; (*Inform, Statistique*) random

alémanique [alemanik] *adj*: **la Suisse ~** German-speaking Switzerland

ALENA [alena] *sigle m* (= *Accord de libre-échange nord-américain*) NAFTA (= *North American Free Trade Agreement*)

alentour [alɑ̃tuʀ] *adv* around (about); **alentours** *nmpl* surroundings; **aux ~s de** in the vicinity *ou* neighbourhood of, around about; (*temps*) around about

alerte [alɛʀt(ə)] *adj* agile, nimble; (*style*) brisk, lively ▷ *nf* alert; warning; **donner l'~** to give the alert; **à la première ~** at the first sign of trouble *ou* danger; **~ à la bombe** bomb scare

alerter [alɛʀte] *vt* to alert

alèse [alɛz] *nf* (*drap*) undersheet, drawsheet

aléser [aleze] *vt* to ream

alevin [alvɛ̃] *nm* alevin, young fish

alevinage [alvinaʒ] *nm* fish farming

Alexandrie [alɛksɑ̃dʀi] *n* Alexandria

alexandrin [alɛksɑ̃dʀɛ̃] *nm* alexandrine

alezan, e [alzɑ̃, -an] *adj* chestnut

algarade [algaʀad] *nf* row, dispute
algèbre [alʒɛbʀ(ə)] *nf* algebra
algébrique [alʒebʀik] *adj* algebraic
Alger [alʒe] *n* Algiers
Algérie [alʒeʀi] *nf*: **l'~** Algeria
algérien, ne [alʒeʀjɛ̃, -ɛn] *adj* Algerian ▷ *nm/f*: **Algérien, ne** Algerian
algérois, e [alʒeʀwa, -waz] *adj* of *ou* from Algiers ▷ *nm*: **l'A~** *(région)* the Algiers region
algorithme [algɔʀitm(ə)] *nm* algorithm
algue [alg(ə)] *nf* seaweed *no pl*
alias [aljas] *adv* alias
alibi [alibi] *nm* alibi
aliénation [aljenɑsjɔ̃] *nf* alienation
aliéné, e [aljene] *nm/f* insane person, lunatic *(péj)*
aliéner [aljene] *vt* to alienate; *(bien, liberté)* to give up; **s'aliéner** *vt* to alienate
alignement [aliɲmɑ̃] *nm* alignment, lining up; **à l'~** in line
aligner [aliɲe] *vt* to align, line up; *(idées, chiffres)* to string together; *(adapter)*: **~ qch sur** to bring sth into alignment with; **s'aligner** *vi* *(soldats etc)* to line up; **s'~ sur** *(Pol)* to align o.s. with
aliment [alimɑ̃] *nm* food; **~ complet** whole food
alimentaire [alimɑ̃tɛʀ] *adj* food *cpd*; *(péj: besogne)* done merely to earn a living; **produits ~s** foodstuffs, foods
alimentation [alimɑ̃tɑsjɔ̃] *nf* feeding; supplying, supply; *(commerce)* food trade; *(produits)* groceries *pl*; *(régime)* diet; *(Inform)* feed; **~ (générale)** (general) grocer's; **~ de base** staple diet; **~ en feuilles/en continu/en papier** form/stream/sheet feed
alimenter [alimɑ̃te] *vt* to feed; *(Tech)*: **~ (en)** to supply (with), feed (with); *(fig)* to sustain, keep going
alinéa [alinea] *nm* paragraph; **"nouvel ~"** "new line"
aliter [alite]: **s'aliter** *vi* to take to one's bed; **infirme alité** bedridden person *ou* invalid
alizé [alize] *adj, nm*: **(vent) ~** trade wind
allaitement [alɛtmɑ̃] *nm* feeding; **~ maternel/au biberon** breast-/bottle-feeding; **~ mixte** mixed feeding
allaiter [alete] *vt* *(femme)* to (breast-)feed, nurse; *(animal)* to suckle; **~ au biberon** to bottle-feed
allant [alɑ̃] *nm* drive, go
alléchant, e [aleʃɑ̃, -ɑ̃t] *adj* tempting, enticing
allécher [aleʃe] *vt*: **~ qn** to make sb's mouth water; to tempt sb, entice sb
allée [ale] *nf* *(de jardin)* path; *(en ville)* avenue, drive; **~s et venues** comings and goings
allégation [alegɑsjɔ̃] *nf* allegation
allégé, e [aleʒe] *adj* *(yaourt etc)* low-fat
alléger [aleʒe] *vt* *(voiture)* to make lighter; *(chargement)* to lighten; *(souffrance)* to alleviate, soothe
allégorie [alegɔʀi] *nf* allegory
allégorique [alegɔʀik] *adj* allegorical
allègre [alɛgʀ(ə)] *adj* lively, jaunty *(Brit)*; *(personne)* gay, cheerful
allégresse [alegʀɛs] *nf* elation, gaiety
allegretto [al(l)egʀɛt(t)o] *adv, nm* allegretto
allegro [al(l)egʀo] *adv, nm* allegro
alléguer [alege] *vt* to put forward (as proof *ou* an excuse)
Allemagne [aləmaɲ] *nf*: **l'~** Germany; **l'~ de l'Est/Ouest** East/West Germany; **l'~ fédérale (RFA)** the Federal Republic of Germany (FRG)
allemand, e [almɑ̃, -ɑ̃d] *adj* German ▷ *nm* *(Ling)* German ▷ *nm/f*: **Allemand, e** German; **A~ de l'Est/l'Ouest** East/West German
aller [ale] *nm* *(trajet)* outward journey; *(billet)*: **~ (simple)** single *(Brit)* *ou* one-way ticket; **~ (et) retour (AR)** *(trajet)* return trip *ou* journey *(Brit)*, round trip (US); *(billet)* return *(Brit)* *ou* round-trip (US) ticket ▷ *vi* *(gén)* to go; **~ à** *(convenir)* to suit; *(forme, pointure etc)* to fit; **cela me va** *(couleur)* that suits me; *(vêtement)* that suits me; that fits me; *(projet, disposition)* that suits me, that's fine *ou* OK by me; **~ à la chasse/pêche** to go hunting/fishing; **~ avec** *(couleurs, style etc)* to go (well) with; **je vais le faire/me fâcher** I'm going to do it/to get angry; **~ voir/chercher qn** to go and see/look for sb; **comment allez-vous?** how are you?; **comment ça va?** how are you?; *(affaires etc)* how are things?; **ça va? — oui (ça va)!** how are things? — fine!; **pour ~ à** how do I get to; **ça va (comme ça)** that's fine (as it is); **il va bien/mal** he's well/ not well, he's fine/ ill; **ça va bien/mal** *(affaires etc)* it's going well/ not going well; **tout va bien** everything's fine; **ça ne va pas!** *(mauvaise humeur etc)* that's not on!, hey, come on!; **ça ne va pas sans difficultés** it's not without difficulties; **~ mieux** to be better; **il y va de leur vie** their lives are at stake; **se laisser ~** to let o.s. go; **s'en aller** *vi* *(partir)* to be off, go, leave; *(disparaître)* to go away; **~ jusqu'à** to go as far as; **ça va de soi, ça va sans dire** that goes without saying; **tu y vas un peu fort** you're going a bit (too) far; **allez!** go on!; come on!; **allons-y!** let's go!; **allez, au revoir!** right *ou* OK then, bye-bye!
allergène [alɛʀʒɛn] *nm* allergen
allergie [alɛʀʒi] *nf* allergy
allergique [alɛʀʒik] *adj* allergic; **~ à** allergic to
allez [ale] *vb voir* **aller**
alliage [aljaʒ] *nm* alloy
alliance [aljɑ̃s] *nf* *(Mil, Pol)* alliance; *(mariage)* marriage; *(bague)* wedding ring; **neveu par ~** nephew by marriage
allié, e [alje] *nm/f* ally; **parents et ~s** relatives and relatives by marriage
allier [alje] *vt* *(métaux)* to alloy; *(Pol, gén)* to ally; *(fig)* to combine; **s'allier** *vi* to become allies; *(éléments, caractéristiques)* to combine; **s'~ à** to become allied to *ou* with
alligator [aligatɔʀ] *nm* alligator
allitération [aliteʀɑsjɔ̃] *nf* alliteration
allô [alo] *excl* hullo, hallo
allocataire [alɔkatɛʀ] *nm/f* beneficiary
allocation [alɔkɑsjɔ̃] *nf* allowance; **~ (de) chômage** unemployment benefit; **~ (de)**

logement rent allowance; **~s familiales** ≈ child benefit *no pl*; **~s de maternité** maternity allowance
allocution [alɔkysjɔ̃] *nf* short speech
allongé, e [alɔ̃ʒe] *adj* (*étendu*): **être ~** to be stretched out *ou* lying down; (*long*) long; (*étiré*) elongated; (*oblong*) oblong; **rester ~** to be lying down; **mine ~e** long face
allonger [alɔ̃ʒe] *vt* to lengthen, make longer; (*étendre: bras, jambe*) to stretch (out); (*sauce*) to spin out, make go further; **s'allonger** *vi* to get longer; (*se coucher*) to lie down, stretch out; **~ le pas** to hasten one's step(s)
allouer [alwe] *vt*: **~ qch à** to allocate sth to, allot sth to
allumage [alymaʒ] *nm* (*Auto*) ignition
allume-cigare [alymsigaʀ] *nm inv* cigar lighter
allume-gaz [alymgɑz] *nm inv* gas lighter
allumer [alyme] *vt* (*lampe, phare, radio*) to put *ou* switch on; (*pièce*) to put *ou* switch the light(s) on in; (*feu, bougie, cigare, pipe, gaz*) to light; (*chauffage*) to put on; **s'allumer** *vi* (*lumière, lampe*) to come *ou* go on; **~ (la lumière *ou* l'électricité)** to put on the light
allumette [alymɛt] *nf* match; (*morceau de bois*) matchstick; (*Culin*): **~ au fromage** cheese straw; **~ de sûreté** safety match
allumeuse [alymøz] *nf* (*péj*) tease (*woman*)
allure [alyʀ] *nf* (*vitesse*) speed; (*: à pied*) pace; (*démarche*) walk; (*maintien*) bearing; (*aspect, air*) look; **avoir de l'~** to have style *ou* a certain elegance; **à toute ~** at top *ou* full speed
allusion [alyzjɔ̃] *nf* allusion; (*sous-entendu*) hint; **faire ~ à** to allude *ou* refer to; to hint at
alluvions [alyvjɔ̃] *nfpl* alluvial deposits, alluvium *sg*
almanach [almana] *nm* almanac
aloès [alɔɛs] *nm* (*Bot*) aloe
aloi [alwa] *nm*: **de bon/mauvais ~** of genuine/doubtful worth *ou* quality

MOT-CLÉ

alors [alɔʀ] *adv* **1** (*à ce moment-là*) then, at that time; **il habitait alors à Paris** he lived in Paris at that time; **jusqu'alors** up till *ou* until then
2 (*par conséquent*) then; **tu as fini? alors je m'en vais** have you finished? I'm going then
3 (*expressions*): **alors? quoi de neuf?** well *ou* so? what's new?; **et alors?** so (what)?; **ça alors!** (well) really!
▷ *conj*: **alors que 1** (*au moment où*) when, as; **il est arrivé alors que je partais** he arrived as I was leaving
2 (*pendant que*) while, when; **alors qu'il était à Paris, il a visité ...** while *ou* when he was in Paris, he visited ...
3 (*tandis que*) whereas, while; **alors que son frère travaillait dur, lui se reposait** while his brother was working hard, HE would rest

alouette [alwɛt] *nf* (sky)lark
alourdir [aluʀdiʀ] *vt* to weigh down, make heavy; **s'alourdir** *vi* to grow heavy *ou* heavier
aloyau [alwajo] *nm* sirloin
alpaga [alpaga] *nm* (*tissu*) alpaca
alpage [alpaʒ] *nm* high mountain pasture
Alpes [alp(ə)] *nfpl*: **les ~** the Alps
alpestre [alpɛstʀ(ə)] *adj* alpine
alphabet [alfabɛ] *nm* alphabet; (*livre*) ABC (book), primer
alphabétique [alfabetik] *adj* alphabetic(al); **par ordre ~** in alphabetical order
alphabétisation [alfabetizɑsjɔ̃] *nf* literacy teaching
alphabétiser [alfabetize] *vt* to teach to read and write; (*pays*) to eliminate illiteracy in
alphanumérique [alfanymeʀik] *adj* alphanumeric
alpin, e [alpɛ̃, -in] *adj* (*plante etc*) alpine; (*club*) climbing
alpinisme [alpinism(ə)] *nm* mountaineering, climbing
alpiniste [alpinist(ə)] *nm/f* mountaineer, climber
Alsace [alzas] *nf*: **l'~** Alsace
alsacien, ne [alzasjɛ̃, -ɛn] *adj* Alsatian
altercation [altɛʀkɑsjɔ̃] *nf* altercation
alter ego [altɛʀego] *nm* alter ego
altérer [alteʀe] *vt* (*faits, vérité*) to falsify, distort; (*qualité*) to debase, impair; (*données*) to corrupt; (*donner soif à*) to make thirsty; **s'altérer** *vi* to deteriorate; to spoil
altermondialisme [altɛʀmɔ̃djalism] *nm* anti-globalism
altermondialiste [altɛʀmɔ̃djalist] *adj, nm/f* anti-globalist
alternance [altɛʀnɑ̃s] *nf* alternation; **en ~** alternately; **formation en ~** sandwich course
alternateur [altɛʀnatœʀ] *nm* alternator
alternatif, -ive [altɛʀnatif, -iv] *adj* alternating ▷ *nf* alternative
alternativement [altɛʀnativmɑ̃] *adv* alternately
alterner [altɛʀne] *vt* to alternate ▷ *vi*: **~ (avec)** to alternate (with); **(faire) ~ qch avec qch** to alternate sth with sth
Altesse [altɛs] *nf* Highness
altier, -ière [altje, -jɛʀ] *adj* haughty
altimètre [altimɛtʀ(ə)] *nm* altimeter
altiport [altipɔʀ] *nm* mountain airfield
altiste [altist(ə)] *nm/f* viola player, violist
altitude [altityd] *nf* altitude, height; **à 1000 m d'~** at a height *ou* an altitude of 1000 m; **en ~** at high altitudes; **perdre/prendre de l'~** to lose/gain height; **voler à haute/basse ~** to fly at a high/low altitude
alto [alto] *nm* (*instrument*) viola ▷ *nf* (contr)alto
altruisme [altʀɥism(ə)] *nm* altruism
altruiste [altʀɥist(ə)] *adj* altruistic
aluminium [alyminjɔm] *nm* aluminium (*Brit*), aluminum (*US*)
alun [alœ̃] *nm* alum
alunir [alyniʀ] *vi* to land on the moon

alunissage [alynisaʒ] *nm* (moon) landing
alvéole [alveɔl] *nm ou f* (*de ruche*) alveolus
alvéolé, e [alveɔle] *adj* honeycombed
AM *sigle f* = **assurance maladie**
amabilité [amabilite] *nf* kindness; **il a eu l'~ de** he was kind *ou* good enough to
amadou [amadu] *nm* touchwood, amadou
amadouer [amadwe] *vt* to coax, cajole; (*adoucir*) to mollify, soothe
amaigrir [amegʀiʀ] *vt* to make thin *ou* thinner
amaigrissant, e [amegʀisɑ̃, -ɑ̃t] *adj*: **régime ~** slimming (*Brit*) *ou* weight-reduction (*US*) diet
amalgame [amalgam] *nm* amalgam; (*fig: de gens, d'idées*) hotch-potch, mixture
amalgamer [amalgame] *vt* to amalgamate
amande [amɑ̃d] *nf* (*de l'amandier*) almond; (*de noyau de fruit*) kernel; **en ~** (*yeux*) almond *cpd*, almond-shaped
amandier [amɑ̃dje] *nm* almond (tree)
amanite [amanit] *nf* (*Bot*) *mushroom of the genus Amanita*; **~ tue-mouches** fly agaric
amant [amɑ̃] *nm* lover
amarre [amaʀ] *nf* (*Navig*) (mooring) rope *ou* line; **amarres** *nfpl* moorings
amarrer [amaʀe] *vt* (*Navig*) to moor; (*gén*) to make fast
amaryllis [amaʀilis] *nf* amaryllis
amas [amɑ] *nm* heap, pile
amasser [amɑse] *vt* to amass; **s'amasser** *vi* to pile up, accumulate; (*foule*) to gather
amateur [amatœʀ] *nm* amateur; **en ~** (*péj*) amateurishly; **musicien/sportif ~** amateur musician/sportsman; **~ de musique/sport** *etc* music/sport *etc* lover
amateurisme [amatœʀism(ə)] *nm* amateurism; (*péj*) amateurishness
Amazone [amazɔn] *nf*: **l'~** the Amazon
amazone [amazɔn] *nf* horsewoman; **en ~** side-saddle
Amazonie [amazɔni] *nf*: **l'~** Amazonia
ambages [ɑ̃baʒ]: **sans ~** *adv* without beating about the bush, plainly
ambassade [ɑ̃basad] *nf* embassy; (*mission*): **en ~** on a mission
ambassadeur, -drice [ɑ̃basadœʀ, -dʀis] *nm/f* ambassador/ambassadress
ambiance [ɑ̃bjɑ̃s] *nf* atmosphere; **il y a de l'~** everyone's having a good time
ambiant, e [ɑ̃bjɑ̃, -ɑ̃t] *adj* (*air, milieu*) surrounding; (*température*) ambient
ambidextre [ɑ̃bidɛkstʀ(ə)] *adj* ambidextrous
ambigu, ë [ɑ̃bigy] *adj* ambiguous
ambiguïté [ɑ̃bigɥite] *nf* ambiguousness *no pl*, ambiguity
ambitieux, -euse [ɑ̃bisjø, -øz] *adj* ambitious
ambition [ɑ̃bisjɔ̃] *nf* ambition
ambitionner [ɑ̃bisjɔne] *vt* to have as one's aim *ou* ambition
ambivalent, e [ɑ̃bivalɑ̃, -ɑ̃t] *adj* ambivalent
amble [ɑ̃bl(ə)] *nm*: **aller l'~** to amble
ambre [ɑ̃bʀ(ə)] *nm*: **~ (jaune)** amber; **~ gris** ambergris
ambré, e [ɑ̃bʀe] *adj* (*couleur*) amber; (*parfum*) ambergris-scented
ambulance [ɑ̃bylɑ̃s] *nf* ambulance
ambulancier, -ière [ɑ̃bylɑ̃sje, -jɛʀ] *nm/f* ambulanceman/woman (*Brit*), paramedic (*US*)
ambulant, e [ɑ̃bylɑ̃, -ɑ̃t] *adj* travelling, itinerant
âme [ɑm] *nf* soul; **rendre l'~** to give up the ghost; **bonne ~** (*aussi ironique*) kind soul; **un joueur/tricheur dans l'~** a gambler/cheat through and through; **~ sœur** kindred spirit
amélioration [ameljɔʀasjɔ̃] *nf* improvement
améliorer [ameljɔʀe] *vt* to improve; **s'améliorer** *vi* to improve, get better
aménagement [amenaʒmɑ̃] *nm* fitting out; laying out; development; **aménagements** *nmpl* developments; **l'~ du territoire** ≈ town and country planning; **~s fiscaux** tax adjustments
aménager [amenaʒe] *vt* (*agencer: espace, local*) to fit out; (*: terrain*) to lay out; (*: quartier, territoire*) to develop; (*installer*) to fix up, put in; **ferme aménagée** converted farmhouse
amende [amɑ̃d] *nf* fine; **mettre à l'~** to penalize; **faire ~ honorable** to make amends
amendement [amɑ̃dmɑ̃] *nm* (*Jur*) amendment
amender [amɑ̃de] *vt* (*loi*) to amend; (*terre*) to enrich; **s'amender** *vi* to mend one's ways
amène [amɛn] *adj* affable; **peu ~** unkind
amener [amne] *vt* to bring; (*causer*) to bring about; (*baisser: drapeau, voiles*) to strike; **s'amener** *vi* (*fam*) to show up, turn up; **~ qn à qch/à faire** to lead sb to sth/to do
amenuiser [amənɥize]: **s'amenuiser** *vi* to dwindle; (*chances*) to grow slimmer, lessen
amer, amère [amɛʀ] *adj* bitter
amèrement [amɛʀmɑ̃] *adv* bitterly
américain, e [ameʀikɛ̃, -ɛn] *adj* American ▷ *nm* (*Ling*) American (English) ▷ *nm/f*: **Américain, e** American; **en vedette ~e** as a special guest (star)
américaniser [ameʀikanize] *vt* to Americanize
américanisme [ameʀikanism(ə)] *nm* Americanism
amérindien, ne [ameʀɛ̃djɛ̃, -ɛn] *adj* Amerindian, American Indian
Amérique [ameʀik] *nf* America; **l'~ centrale** Central America; **l'~ latine** Latin America; **l'~ du Nord** North America; **l'~ du Sud** South America
Amerloque [amɛʀlɔk] *nm/f* (*fam*) Yank, Yankee
amerrir [ameʀiʀ] *vi* to land (on the sea); (*capsule spatiale*) to splash down
amerrissage [ameʀisaʒ] *nm* landing (on the sea); splash-down
amertume [amɛʀtym] *nf* bitterness
améthyste [ametist(ə)] *nf* amethyst
ameublement [amœbləmɑ̃] *nm* furnishing; (*meubles*) furniture; **articles d'~** furnishings; **tissus d'~** soft furnishings, furnishing fabrics
ameuter [amøte] *vt* (*badauds*) to draw a crowd of; (*peuple*) to rouse, stir up
ami, e [ami] *nm/f* friend; (*amant/maîtresse*)

boyfriend/girlfriend ▷ *adj*: **pays/groupe ~** friendly country/group; **être (très) ~ avec qn** to be (very) friendly with sb; **être ~ de l'ordre** to be a lover of order; **un ~ des arts** a patron of the arts; **un ~ des chiens** a dog lover; **petit ~/ petite ~e** (*fam*) boyfriend/girlfriend
amiable [amjabl(ə)]: **à l'~** *adv* (*Jur*) out of court; (*gén*) amicably
amiante [amjɑ̃t] *nm* asbestos
amibe [amib] *nf* amoeba
amical, e, -aux [amikal, -o] *adj* friendly ▷ *nf* (*club*) association
amicalement [amikalmɑ̃] *adv* in a friendly way; (*formule épistolaire*) regards
amidon [amidɔ̃] *nm* starch
amidonner [amidɔne] *vt* to starch
amincir [amɛ̃siʀ] *vt* (*objet*) to thin (down); **s'amincir** *vi* to get thinner *ou* slimmer; **~ qn** to make sb thinner *ou* slimmer
amincissant, e [amɛ̃sisɑ̃, -ɑ̃t] *adj* slimming
aminé, e [amine] *adj*: **acide ~** amino acid
amiral, -aux [amiʀal, -o] *nm* admiral
amirauté [amiʀote] *nf* admiralty
amitié [amitje] *nf* friendship; **prendre en ~** to take a liking to; **faire** *ou* **présenter ses ~s à qn** to send sb one's best wishes; **~s** (*formule épistolaire*) (with) best wishes
ammoniac [amɔnjak] *nm*: **(gaz) ~** ammonia
ammoniaque [amɔnjak] *nf* ammonia (water)
amnésie [amnezi] *nf* amnesia
amnésique [amnezik] *adj* amnesic
Amnesty International [amnɛsti-] *n* Amnesty International
amniocentèse [amnjosɛ̃tɛz] *nf* amniocentesis
amnistie [amnisti] *nf* amnesty
amnistier [amnistje] *vt* to amnesty
amocher [amɔʃe] *vt* (*fam*) to mess up
amoindrir [amwɛ̃dʀiʀ] *vt* to reduce
amollir [amɔliʀ] *vt* to soften
amonceler [amɔ̃sle] *vt*: **s'amonceler** to pile *ou* heap up; (*fig*) to accumulate
amoncellement [amɔ̃sɛlmɑ̃] *nm* piling *ou* heaping up; accumulation; (*tas*) pile, heap; accumulation
amont [amɔ̃]: **en ~** *adv* upstream; (*sur une pente*) uphill; **en ~ de** *prép* upstream from; uphill from, above
amoral, e, -aux [amɔʀal, -o] *adj* amoral
amorce [amɔʀs(ə)] *nf* (*sur un hameçon*) bait; (*explosif*) cap; (*tube*) primer; (*: contenu*) priming; (*fig: début*) beginning(s), start
amorcer [amɔʀse] *vt* to bait; to prime; (*commencer*) to begin, start
amorphe [amɔʀf(ə)] *adj* passive, lifeless
amortir [amɔʀtiʀ] *vt* (*atténuer: choc*) to absorb, cushion; (*bruit, douleur*) to deaden; (*Comm: dette*) to pay off, amortize; (*: mise de fonds, matériel*) to write off; **~ un abonnement** to make a season ticket pay (for itself)
amortissable [amɔʀtisabl(ə)] *adj* (*Comm*) that can be paid off
amortissement [amɔʀtismɑ̃] *nm* (*de matériel*) writing off; (*d'une dette*) paying off
amortisseur [amɔʀtisœʀ] *nm* shock absorber
amour [amuʀ] *nm* love; (*liaison*) love affair, love; (*statuette etc*) cupid; **un ~ de** a lovely little; **faire l'~** to make love
amouracher [amuʀaʃe]: **s'amouracher de** *vt* (*péj*) to become infatuated with
amourette [amuʀɛt] *nf* passing fancy
amoureusement [amuʀøzmɑ̃] *adv* lovingly
amoureux, -euse [amuʀø, -øz] *adj* (*regard, tempérament*) amorous; (*vie, problèmes*) love *cpd*; (*personne*): **~ (de qn)** in love (with sb) ▷ *nm/f* lover ▷ *nmpl* courting couple(s); **tomber ~ de qn** to fall in love with sb; **être ~ de qch** to be passionately fond of sth; **un ~ de la nature** a nature lover
amour-propre [amuʀpʀɔpʀ(ə)] (*pl* **amours-propres**) *nm* self-esteem
amovible [amɔvibl(ə)] *adj* removable, detachable
ampère [ɑ̃pɛʀ] *nm* amp(ere)
ampèremètre [ɑ̃pɛʀmɛtʀ(ə)] *nm* ammeter
amphétamine [ɑ̃fetamin] *nf* amphetamine
amphi [ɑ̃fi] *nm* (*Scol fam: = amphithéâtre*) lecture hall *ou* theatre
amphibie [ɑ̃fibi] *adj* amphibious
amphibien [ɑ̃fibjɛ̃] *nm* (*Zool*) amphibian
amphithéâtre [ɑ̃fiteɑtʀ(ə)] *nm* amphitheatre; (*d'université*) lecture hall *ou* theatre
amphore [ɑ̃fɔʀ] *nf* amphora
ample [ɑ̃pl(ə)] *adj* (*vêtement*) roomy, ample; (*gestes, mouvement*) broad; (*ressources*) ample; **jusqu'à plus ~ informé** (*Admin*) until further details are available
amplement [ɑ̃pləmɑ̃] *adv* amply; **~ suffisant** ample, more than enough
ampleur [ɑ̃plœʀ] *nf* scale, size; extent, magnitude
ampli [ɑ̃pli] *nm* (*fam: = amplificateur*) amplifier, amp
amplificateur [ɑ̃plifikatœʀ] *nm* amplifier
amplification [ɑ̃plifikasjɔ̃] *nf* amplification; expansion, increase
amplifier [ɑ̃plifje] *vt* (*son, oscillation*) to amplify; (*fig*) to expand, increase
amplitude [ɑ̃plityd] *nf* amplitude; (*des températures*) range
ampoule [ɑ̃pul] *nf* (*électrique*) bulb; (*de médicament*) phial; (*aux mains, pieds*) blister
ampoulé, e [ɑ̃pule] *adj* (*péj*) pompous, bombastic
amputation [ɑ̃pytasjɔ̃] *nf* amputation
amputer [ɑ̃pyte] *vt* (*Méd*) to amputate; (*fig*) to cut *ou* reduce drastically; **~ qn d'un bras/pied** to amputate sb's arm/foot
Amsterdam [amstɛʀdam] *n* Amsterdam
amulette [amylɛt] *nf* amulet
amusant, e [amyzɑ̃, -ɑ̃t] *adj* (*divertissant, spirituel*) entertaining, amusing; (*comique*) funny, amusing
amusé, e [amyze] *adj* amused
amuse-gueule [amyzgœl] *nm inv* appetizer,

snack
amusement [amyzmɑ̃] *nm (voir amusé)* amusement; *(voir amuser)* entertaining, amusing; *(jeu etc)* pastime, diversion
amuser [amyze] *vt (divertir)* to entertain, amuse; *(égayer, faire rire)* to amuse; *(détourner l'attention de)* to distract; **s'amuser** *vi (jouer)* to amuse o.s., play; *(se divertir)* to enjoy o.s., have fun; *(fig)* to mess around; **s'~ de qch** *(trouver comique)* to find sth amusing; **s'~ avec** *ou* **de qn** *(duper)* to make a fool of sb
amusette [amyzɛt] *nf* idle pleasure, trivial pastime
amuseur [amyzœʀ] *nm* entertainer; *(péj)* clown
amygdale [amidal] *nf* tonsil; **opérer qn des ~s** to take sb's tonsils out
amygdalite [amidalit] *nf* tonsillitis
AN *sigle f* = **Assemblée nationale**
an [ɑ̃] *nm* year; **être âgé de** *ou* **avoir 3 ans** to be 3 (years old); **en l'an 1980** in the year 1980; **le jour de l'an, le premier de l'an, le nouvel an** New Year's Day
anabolisant [anabɔlizɑ̃] *nm* anabolic steroid
anachronique [anakʀɔnik] *adj* anachronistic
anachronisme [anakʀɔnism(ə)] *nm* anachronism
anaconda [anakɔ̃da] *nm (Zool)* anaconda
anaérobie [anaeʀɔbi] *adj* anaerobic
anagramme [anagʀam] *nf* anagram
ANAH *sigle f* = **Agence nationale pour l'amélioration de l'habitat**
anal, e, -aux [anal, -o] *adj* anal
analgésique [analʒezik] *nm* analgesic
anallergique [analɛʀʒik] *adj* hypoallergenic
analogie [analɔʒi] *nf* analogy
analogique [analɔʒik] *adj (Logique: raisonnement)* analogical; *(calculateur, montre etc)* analogue; *(Inform)* analog
analogue [analɔg] *adj*: **~ (à)** analogous (to), similar (to)
analphabète [analfabɛt] *nm/f* illiterate
analphabétisme [analfabetism(ə)] *nm* illiteracy
analyse [analiz] *nf* analysis; *(Méd)* test; **faire l'~ de** to analyse; **une ~ approfondie** an in-depth analysis; **en dernière ~** in the last analysis; **avoir l'esprit d'~** to have an analytical turn of mind; **~ grammaticale** grammatical analysis, parsing *(Scol)*
analyser [analize] *vt* to analyse; *(Méd)* to test
analyste [analist(ə)] *nm/f* analyst; *(psychanalyste)* (psycho)analyst
analyste-programmeur, -euse [analist-] *(pl* **analystes-programmeurs, -euses**) *nm/f* systems analyst
analytique [analitik] *adj* analytical
analytiquement [analitikmɑ̃] *adv* analytically
ananas [anana] *nm* pineapple
anarchie [anaʀʃi] *nf* anarchy
anarchique [anaʀʃik] *adj* anarchic
anarchisme [anaʀʃism(ə)] *nm* anarchism
anarchiste [anaʀʃist(ə)] *adj* anarchistic ▷ *nm/f* anarchist
anathème [anatɛm] *nm*: **jeter l'~ sur, lancer l'~ contre** to anathematize, curse
anatomie [anatɔmi] *nf* anatomy
anatomique [anatɔmik] *adj* anatomical
ancestral, e, -aux [ɑ̃sɛstʀal, -o] *adj* ancestral
ancêtre [ɑ̃sɛtʀ(ə)] *nm/f* ancestor; *(fig)*: **l'~ de** the forerunner of
anche [ɑ̃ʃ] *nf* reed
anchois [ɑ̃ʃwa] *nm* anchovy
ancien, ne [ɑ̃sjɛ̃, -ɛn] *adj* old; *(de jadis, de l'antiquité)* ancient; *(précédent, ex-)* former, old ▷ *nm (mobilier ancien)*: **l'~** antiques *pl* ▷ *nm/f (dans une tribu etc)* elder; **un ~ ministre** a former minister; **mon ~ne voiture** my previous car; **être plus ~ que qn dans une maison** to have been in a firm longer than sb; *(dans la hiérarchie)* to be senior to sb in a firm; **~ combattant** ex-serviceman; **~ (élève)** *(Scol)* ex-pupil *(Brit)*, alumnus *(US)*
anciennement [ɑ̃sjɛnmɑ̃] *adv* formerly
ancienneté [ɑ̃sjɛnte] *nf* oldness; antiquity; *(Admin)* (length of) service; seniority
ancrage [ɑ̃kʀaʒ] *nm* anchoring; *(Navig)* anchorage; *(Constr)* anchor
ancre [ɑ̃kʀ(ə)] *nf* anchor; **jeter/lever l'~** to cast/weigh anchor; **à l'~** at anchor
ancrer [ɑ̃kʀe] *vt (Constr)* to anchor; *(fig)* to fix firmly; **s'ancrer** *vi (Navig)* to (cast) anchor
andalou, -ouse [ɑ̃dalu, -uz] *adj* Andalusian
Andalousie [ɑ̃daluzi] *nf*: **l'~** Andalusia
andante [ɑ̃dɑ̃t] *adv, nm* andante
Andes [ɑ̃d] *nfpl*: **les ~** the Andes
Andorre [ɑ̃dɔʀ] *nf* Andorra
andouille [ɑ̃duj] *nf (Culin) sausage made of chitterlings*; *(fam)* clot, nit
andouillette [ɑ̃dujɛt] *nf small andouille*
âne [ɑn] *nm* donkey, ass; *(péj)* dunce, fool
anéantir [aneɑ̃tiʀ] *vt* to annihilate, wipe out; *(fig)* to obliterate, destroy; *(déprimer)* to overwhelm
anecdote [anɛkdɔt] *nf* anecdote
anecdotique [anɛkdɔtik] *adj* anecdotal
anémie [anemi] *nf* anaemia
anémié, e [anemje] *adj* anaemic; *(fig)* enfeebled
anémique [anemik] *adj* anaemic
anémone [anemɔn] *nf* anemone; **~ de mer** sea anemone
ânerie [ɑnʀi] *nf* stupidity; *(parole etc)* stupid *ou* idiotic comment *etc*
anéroïde [aneʀɔid] *adj voir* **baromètre**
ânesse [ɑnɛs] *nf* she-ass
anesthésie [anɛstezi] *nf* anaesthesia; **sous ~** under anaesthetic; **~ générale/locale** general/local anaesthetic; **faire une ~ locale à qn** to give sb a local anaesthetic
anesthésier [anɛstezje] *vt* to anaesthetize
anesthésique [anɛstezik] *adj* anaesthetic
anesthésiste [anɛstezist(ə)] *nm/f* anaesthetist
anfractuosité [ɑ̃fʀaktɥozite] *nf* crevice
ange [ɑ̃ʒ] *nm* angel; **être aux ~s** to be over the moon; **~ gardien** guardian angel

angélique [ɑ̃ʒelik] *adj* angelic(al) ▷ *nf* angelica
angelot [ɑ̃ʒlo] *nm* cherub
angélus [ɑ̃ʒelys] *nm* angelus; (*cloches*) evening bells *pl*
angevin, e [ɑ̃ʒvɛ̃, -in] *adj* of *ou* from Anjou; of *ou* from Angers
angine [ɑ̃ʒin] *nf* sore throat, throat infection; ~ **de poitrine** angina (pectoris)
angiome [ɑ̃ʒjom] *nm* angioma
anglais, e [ɑ̃glɛ, -ɛz] *adj* English ▷ *nm* (*Ling*) English ▷ *nm/f*: **Anglais, e** Englishman/woman; **les A~** the English; **filer à l'~e** to take French leave; **à l'~e** (*Culin*) boiled
anglaises [ɑ̃glɛz] *nfpl* (*cheveux*) ringlets
angle [ɑ̃gl(ə)] *nm* angle; (*coin*) corner; **~ droit/obtus/aigu/mort** right/obtuse/acute/dead angle
Angleterre [ɑ̃glətɛʀ] *nf*: **l'~** England
anglican, e [ɑ̃glikɑ̃, -an] *adj, nm/f* Anglican
anglicanisme [ɑ̃glikanism(ə)] *nm* Anglicanism
anglicisme [ɑ̃glisism(ə)] *nm* anglicism
angliciste [ɑ̃glisist(ə)] *nm/f* English scholar; (*étudiant*) student of English
anglo... [ɑ̃glɔ] *préfixe* Anglo-, anglo(-)
anglo-américain, e [ɑ̃glɔameʀikɛ̃, -ɛn] *adj* Anglo-American ▷ *nm* (*Ling*) American English
anglo-arabe [ɑ̃glɔaʀab] *adj* Anglo-Arab
anglo-canadien, ne [ɑ̃glɔkanadjɛ̃, -ɛn] *adj* Anglo-Canadian ▷ *nm* (*Ling*) Canadian English
anglo-normand, e [ɑ̃glɔnɔʀmɑ̃, -ɑ̃d] *adj* Anglo-Norman; **les îles ~es** the Channel Islands
anglophile [ɑ̃glɔfil] *adj* anglophilic
anglophobe [ɑ̃glɔfɔb] *adj* anglophobic
anglophone [ɑ̃glɔfɔn] *adj* English-speaking
anglo-saxon, ne [ɑ̃glɔsaksɔ̃, -ɔn] *adj* Anglo-Saxon
angoissant, e [ɑ̃gwasɑ̃, -ɑ̃t] *adj* harrowing
angoisse [ɑ̃gwas] *nf*: **l'~** anguish *no pl*
angoissé, e [ɑ̃gwase] *adj* anguished; (*personne*) full of anxieties *ou* hang-ups (*fam*)
angoisser [ɑ̃gwase] *vt* to harrow, cause anguish to ▷ *vi* to worry, fret
Angola [ɑ̃gɔla] *nm*: **l'~** Angola
angolais, e [ɑ̃gɔlɛ, -ɛz] *adj* Angolan
angora [ɑ̃gɔʀa] *adj, nm* angora
anguille [ɑ̃gij] *nf* eel; **~ de mer** conger (eel); **il y a ~ sous roche** (*fig*) there's something going on, there's something beneath all this
angulaire [ɑ̃gylɛʀ] *adj* angular
anguleux, -euse [ɑ̃gylø, -øz] *adj* angular
anhydride [anidʀid] *nm* anhydride
anicroche [anikʀɔʃ] *nf* hitch, snag
animal, e, -aux [animal, -o] *adj, nm* animal; **~ domestique/sauvage** domestic/wild animal
animalier [animalje] *adj*: **peintre ~** animal painter
animateur, -trice [animatœʀ, -tʀis] *nm/f* (*de télévision*) host; (*de music-hall*) compère; (*de groupe*) leader, organizer; (*Ciné: technicien*) animator
animation [animɑsjɔ̃] *nf* (*voir animé*) busyness; liveliness; (*Ciné: technique*) animation; **animations** *nfpl* (*activité*) activities; **centre d'~** ≈ community centre
animé, e [anime] *adj* (*rue, lieu*) busy, lively; (*conversation, réunion*) lively, animated; (*opposé à inanimé, aussi Ling*) animate
animer [anime] *vt* (*ville, soirée*) to liven up, enliven; (*mettre en mouvement*) to drive; (*stimuler*) to drive, impel; **s'animer** *vi* to liven up, come to life
animosité [animozite] *nf* animosity
anis [ani] *nm* (*Culin*) aniseed; (*Bot*) anise
anisette [anizɛt] *nf* anisette
Ankara [ɑ̃kaʀa] *n* Ankara
ankyloser [ɑ̃kiloze]: **s'ankyloser** *vi* to get stiff
annales [anal] *nfpl* annals
anneau, x [ano] *nm* ring; (*de chaîne*) link; (*Sport*): **exercices aux ~x** ring exercises
année [ane] *nf* year; **souhaiter la bonne ~ à qn** to wish sb a Happy New Year; **tout au long de l'~** all year long; **d'une ~ à l'autre** from one year to the next; **d'~ en ~** from year to year; **l'~ scolaire/fiscale** the school/tax year
année-lumière [anelymjɛʀ] (*pl* **années-lumières**) *nf* light year
annexe [anɛks(ə)] *adj* (*problème*) related; (*document*) appended; (*salle*) adjoining ▷ *nf* (*bâtiment*) annex(e); (*de document, ouvrage*) annex, appendix; (*jointe à une lettre, un dossier*) enclosure
annexer [anɛkse] *vt* to annex; **s'annexer** (*pays*) to annex; **~ qch à** (*joindre*) to append sth to
annexion [anɛksjɔ̃] *nf* annexation
annihiler [aniile] *vt* to annihilate
anniversaire [anivɛʀsɛʀ] *nm* birthday; (*d'un événement, bâtiment*) anniversary ▷ *adj*: **jour ~** anniversary
annonce [anɔ̃s] *nf* announcement; (*signe, indice*) sign; (*aussi*: **annonce publicitaire**) advertisement; (*Cartes*) declaration; **~ personnelle** personal message; **les petites ~s** the small *ou* classified ads
annoncer [anɔ̃se] *vt* to announce; (*être le signe de*) to herald; (*Cartes*) to declare; **je vous annonce que ...** I wish to tell you that ...; **s'annoncer bien/difficile** *vi* to look promising/difficult; **~ la couleur** (*fig*) to lay one's cards on the table
annonceur, -euse [anɔ̃sœʀ, -øz] *nm/f* (*TV, Radio: speaker*) announcer; (*publicitaire*) advertiser
annonciateur, -trice [anɔ̃sjatœʀ, -tʀis] *adj*: **~ d'un événement** presaging an event
Annonciation [anɔ̃sjɑsjɔ̃] *nf*: **l'~** (*Rel*) the Annunciation; (*jour*) Annunciation Day
annotation [anɔtɑsjɔ̃] *nf* annotation
annoter [anɔte] *vt* to annotate
annuaire [anɥɛʀ] *nm* yearbook, annual; **~ téléphonique** (telephone) directory, phone book
annuel, le [anɥɛl] *adj* annual, yearly
annuellement [anɥɛlmɑ̃] *adv* annually, yearly
annuité [anɥite] *nf* annual instalment
annulaire [anylɛʀ] *nm* ring *ou* third finger
annulation [anylɑsjɔ̃] *nf* cancellation; annulment; quashing, repeal

annuler [anyle] *vt* (*rendez-vous, voyage*) to cancel, call off; (*mariage*) to annul; (*jugement*) to quash (*Brit*), repeal (*US*); (*résultats*) to declare void; (*Math, Physique*) to cancel out; **s'annuler** to cancel each other out
anoblir [anɔbliʀ] *vt* to ennoble
anode [anɔd] *nf* anode
anodin, e [anɔdɛ̃, -in] *adj* harmless; (*sans importance*) insignificant, trivial
anomalie [anɔmali] *nf* anomaly
ânon [ɑnɔ̃] *nm* baby donkey; (*petit âne*) little donkey
ânonner [ɑnɔne] *vi, vt* to read in a drone; (*hésiter*) to read in a fumbling manner
anonymat [anɔnima] *nm* anonymity; **garder l'~** to remain anonymous
anonyme [anɔnim] *adj* anonymous; (*fig*) impersonal
anonymement [anɔnimmɑ̃] *adv* anonymously
anorak [anɔʀak] *nm* anorak
anorexie [anɔʀɛksi] *nf* anorexia
anorexique [anɔʀɛksik] *adj, nm/f* anorexic
anormal, e, -aux [anɔʀmal, -o] *adj* abnormal; (*insolite*) unusual, abnormal
anormalement [anɔʀmalmɑ̃] *adv* abnormally; unusually
ANPE *sigle f* (*= Agence nationale pour l'emploi*) *national employment agency (functions include job creation)*
anse [ɑ̃s] *nf* handle; (*Géo*) cove
antagonisme [ɑ̃tagɔnism(ə)] *nm* antagonism
antagoniste [ɑ̃tagɔnist(ə)] *adj* antagonistic ▷ *nm* antagonist
antan [ɑ̃tɑ̃]: **d'~** *adj* of yesteryear, of long ago
antarctique [ɑ̃taʀktik] *adj* Antarctic ▷ *nm*: **l'A~** the Antarctic; **le cercle A~** the Antarctic Circle; **l'océan A~** the Antarctic Ocean
antécédent [ɑ̃tesedɑ̃] *nm* (*Ling*) antecedent; **antécédents** *nmpl* (*Méd etc*) past history *sg*; **~s professionnels** record, career to date
antédiluvien, ne [ɑ̃tedilyvjɛ̃, -ɛn] *adj* (*fig*) ancient, antediluvian
antenne [ɑ̃tɛn] *nf* (*de radio, télévision*) aerial; (*d'insecte*) antenna (*pl* -ae), feeler; (*poste avancé*) outpost; (*petite succursale*) sub-branch; **sur l'~** on the air; **passer à/avoir l'~** to go/be on the air; **deux heures d'~** two hours' broadcasting time; **hors ~** off the air; **~ chirurgicale** (*Mil*) advance surgical unit
antépénultième [ɑ̃tepenyltjɛm] *adj* antepenultimate
antérieur, e [ɑ̃teʀjœʀ] *adj* (*d'avant*) previous, earlier; (*de devant*) front; **~ à** prior *ou* previous to; **passé/futur ~** (*Ling*) past/future anterior
antérieurement [ɑ̃teʀjœʀmɑ̃] *adv* earlier; (*précédemment*) previously; **~ à** prior *ou* previous to
antériorité [ɑ̃teʀjɔʀite] *nf* precedence (*in time*)
anthologie [ɑ̃tɔlɔʒi] *nf* anthology
anthracite [ɑ̃tʀasit] *nm* anthracite ▷ *adj*: **(gris)** ~ charcoal (grey)
anthropologie [ɑ̃tʀɔpɔlɔʒi] *nf* anthropology
anthropologue [ɑ̃tʀɔpɔlɔg] *nm/f* anthropologist
anthropomorphisme [ɑ̃tʀɔpɔmɔʀfism(ə)] *nm* anthropomorphism
anthropophage [ɑ̃tʀɔpɔfaʒ] *adj* cannibalistic
anthropophagie [ɑ̃tʀɔpɔfaʒi] *nf* cannibalism, anthropophagy
anti... [ɑ̃ti] *préfixe* anti...
antiaérien, ne [ɑ̃tiaeʀjɛ̃, -ɛn] *adj* anti-aircraft; **abri ~** air-raid shelter
antialcoolique [ɑ̃tialkɔlik] *adj* anti-alcohol; **ligue ~** temperance league
antiatomique [ɑ̃tiatɔmik] *adj*: **abri ~** fallout shelter
antibiotique [ɑ̃tibjɔtik] *nm* antibiotic
antibrouillard [ɑ̃tibʀujaʀ] *adj*: **phare ~** fog lamp
antibruit [ɑ̃tibʀɥi] *adj inv*: **mur ~** (*sur autoroute*) sound-muffling wall
antibuée [ɑ̃tibɥe] *adj inv*: **dispositif ~** demister; **bombe ~** demister spray
anticancéreux, -euse [ɑ̃tikɑ̃seʀø, -øz] *adj* cancer *cpd*
anticasseur, anticasseurs [ɑ̃tikɑsœʀ] *adj*: **loi/mesure ~(s)** law/measure against damage done by demonstrators
antichambre [ɑ̃tiʃɑ̃bʀ(ə)] *nf* antechamber, anteroom; **faire ~** to wait (for an audience)
antichar [ɑ̃tiʃaʀ] *adj* antitank
antichoc [ɑ̃tiʃɔk] *adj* shockproof
anticipation [ɑ̃tisipɑsjɔ̃] *nf* anticipation; (*Comm*) payment in advance; **par ~** in anticipation, in advance; **livre/film d'~** science fiction book/film
anticipé, e [ɑ̃tisipe] *adj* (*règlement, paiement*) early, in advance; (*joie etc*) anticipated, early; **avec mes remerciements ~s** thanking you in advance *ou* anticipation
anticiper [ɑ̃tisipe] *vt* to anticipate, foresee; (*paiement*) to pay *ou* make in advance ▷ *vi* to look *ou* think ahead; (*en racontant*) to jump ahead; (*prévoir*) to anticipate; **~ sur** to anticipate
anticlérical, e, -aux [ɑ̃tikleʀikal, -o] *adj* anticlerical
anticoagulant, e [ɑ̃tikɔagylɑ̃, -ɑ̃t] *adj, nm* anticoagulant
anticolonialisme [ɑ̃tikɔlɔnjalism(ə)] *nm* anticolonialism
anticonceptionnel, le [ɑ̃tikɔ̃sɛpsjɔnɛl] *adj* contraceptive
anticonformisme [ɑ̃tikɔ̃fɔʀmism(ə)] *nm* nonconformism
anticonstitutionnel, le [ɑ̃tikɔ̃stitysjɔnɛl] *adj* unconstitutional
anticorps [ɑ̃tikɔʀ] *nm* antibody
anticyclone [ɑ̃tisiklon] *nm* anticyclone
antidater [ɑ̃tidate] *vt* to backdate, predate
antidémocratique [ɑ̃tidemɔkʀatik] *adj* antidemocratic; (*peu démocratique*) undemocratic
antidépresseur [ɑ̃tidepʀesœʀ] *nm* antidepressant
antidérapant, e [ɑ̃tideʀapɑ̃, -ɑ̃t] *adj* nonskid

antidopage [ɑ̃tidɔpaʒ], **antidoping** [ɑ̃tidɔpiŋ] *adj* *(lutte)* antidoping; *(contrôle)* dope *cpd*
antidote [ɑ̃tidɔt] *nm* antidote
antienne [ɑ̃tjɛn] *nf* *(fig)* chant, refrain
antigang [ɑ̃tigɑ̃g] *adj inv*: **brigade ~** commando unit
antigel [ɑ̃tiʒɛl] *nm* antifreeze
antigène [ɑ̃tiʒɛn] *nm* antigen
antigouvernemental, e, -aux [ɑ̃tiguvɛʀnəmɑ̃tal, -o] *adj* antigovernment
Antigua et Barbude [ɑ̃tigaebaʀbyd] *nf* Antigua and Barbuda
antihistaminique [ɑ̃tiistaminik] *nm* antihistamine
anti-inflammatoire [ɑ̃tiɛ̃flamatwaʀ] *adj* anti-inflammatory
anti-inflationniste [ɑ̃tiɛ̃flɑsjɔnist(ə)] *adj* anti-inflationary
antillais, e [ɑ̃tijɛ, -ɛz] *adj* West Indian
Antilles [ɑ̃tij] *nfpl*: **les ~** the West Indies; **les Grandes/Petites ~** the Greater/Lesser Antilles
antilope [ɑ̃tilɔp] *nf* antelope
antimilitarisme [ɑ̃timilitaʀism(ə)] *nm* antimilitarism
antimilitariste [ɑ̃timilitaʀist(ə)] *adj* antimilitarist
antimissile [ɑ̃timisil] *adj* antimissile
antimite, antimites [ɑ̃timit] *adj, nm*: **(produit) ~(s)** mothproofer, moth repellent
antimondialisation [ɑ̃timɔ̃djalizasjɔ̃] *nf* anti-globalization
antinucléaire [ɑ̃tinykleɛʀ] *adj* antinuclear
antioxydant [ɑ̃tiɔksidɑ̃] *nm* antioxidant
antiparasite [ɑ̃tipaʀazit] *adj* *(Radio, TV)* anti-interference; **dispositif ~** suppressor
antipathie [ɑ̃tipati] *nf* antipathy
antipathique [ɑ̃tipatik] *adj* unpleasant, disagreeable
antipelliculaire [ɑ̃tipelikylɛʀ] *adj* anti-dandruff
antiphrase [ɑ̃tifʀɑz] *nf*: **par ~** ironically
antipodes [ɑ̃tipɔd] *nmpl* *(Géo)*: **les ~** the antipodes; *(fig)*: **être aux ~ de** to be the opposite extreme of
antipoison [ɑ̃tipwazɔ̃] *adj inv*: **centre ~** poison centre
antipoliomyélitique [ɑ̃tipɔljɔmjelitik] *adj* polio *cpd*
antiquaire [ɑ̃tikɛʀ] *nm/f* antique dealer
antique [ɑ̃tik] *adj* antique; *(très vieux)* ancient, antiquated
antiquité [ɑ̃tikite] *nf* *(objet)* antique; **l'A~** Antiquity; **magasin/marchand d'~s** antique shop/dealer
antirabique [ɑ̃tiʀabik] *adj* rabies *cpd*
antiraciste [ɑ̃tiʀasist(ə)] *adj* antiracist, antiracialist
antireflet [ɑ̃tiʀəflɛ] *adj inv* *(verres)* antireflective
antirépublicain, e [ɑ̃tiʀepyblikɛ̃, -ɛn] *adj* antirepublican
antirides [ɑ̃tiʀid] *adj* *(crème)* antiwrinkle
antirouille [ɑ̃tiʀuj] *adj inv*: **peinture ~** antirust paint; **traitement ~** rustproofing
antisémite [ɑ̃tisemit] *adj* anti-Semitic
antisémitisme [ɑ̃tisemitism(ə)] *nm* anti-Semitism
antiseptique [ɑ̃tisɛptik] *adj, nm* antiseptic
antisocial, e, -aux [ɑ̃tisɔsjal, -o] *adj* antisocial
antispasmodique [ɑ̃tispasmɔdik] *adj, nm* antispasmodic
antisportif, -ive [ɑ̃tispɔʀtif, -iv] *adj* unsporting; *(hostile au sport)* antisport
antitétanique [ɑ̃titetanik] *adj* tetanus *cpd*
antithèse [ɑ̃titɛz] *nf* antithesis
antitrust [ɑ̃titʀœst] *adj inv* *(loi, mesures)* antimonopoly
antituberculeux, -euse [ɑ̃titybɛʀkylø, -øz] *adj* tuberculosis *cpd*
antitussif, -ive [ɑ̃titysif, -iv] *adj* antitussive, cough *cpd*
antivariolique [ɑ̃tivaʀjɔlik] *adj* smallpox *cpd*
antiviral, e, -aux [ɑ̃tiviʀal, o] *adj* *(Méd)* antiviral
antivirus [ɑ̃tiviʀys] *nm* *(Inform)* antivirus (program)
antivol [ɑ̃tivɔl] *adj, nm*: **(dispositif) ~** antitheft device; *(pour vélo)* padlock
antonyme [ɑ̃tɔnim] *nm* antonym
antre [ɑ̃tʀ(ə)] *nm* den, lair
anus [anys] *nm* anus
Anvers [ɑ̃vɛʀ] *n* Antwerp
anxiété [ɑ̃ksjete] *nf* anxiety
anxieusement [ɑ̃ksjøzmɑ̃] *adv* anxiously
anxieux, -euse [ɑ̃ksjø, -øz] *adj* anxious, worried; **être ~ de faire** to be anxious to do
AOC *sigle f* *(= Appellation d'origine contrôlée) guarantee of quality of wine*; *see note*

AOC

AOC ("appellation d'origine contrôlée") is the highest French wine classification. It indicates that the wine meets strict requirements concerning vineyard of origin, type of grape, method of production and alcoholic strength.

aorte [aɔʀt(ə)] *nf* aorta
août [u] *nm* August; *voir aussi* **juillet; Assomption**
aoûtien, ne [ausjɛ̃, -ɛn] *nm/f* August holiday-maker
AP *sigle f* = **Assistance publique**
apaisant, e [apɛzɑ̃, -ɑ̃t] *adj* soothing
apaisement [apɛzmɑ̃] *nm* calming; soothing; *(aussi Pol)* appeasement; **apaisements** *nmpl* soothing reassurances; *(pour calmer)* pacifying words
apaiser [apeze] *vt* *(colère)* to calm, quell, soothe; *(faim)* to appease, assuage; *(douleur)* to soothe; *(personne)* to calm (down), pacify; **s'apaiser** *vi* *(tempête, bruit)* to die down, subside
apanage [apanaʒ] *nm*: **être l'~ de** to be the privilege *ou* prerogative of
aparté [apaʀte] *nm* *(Théât)* aside; *(entretien)* private conversation; **en ~** *adv* in an aside *(Brit)*;

(*entretien*) in private
apartheid [apaʀtɛd] *nm* apartheid
apathie [apati] *nf* apathy
apathique [apatik] *adj* apathetic
apatride [apatʀid] *nm/f* stateless person
APCE *sigle f* (= *Agence pour la création d'entreprises*) *business start-up agency*
apercevoir [apɛʀsəvwaʀ] *vt* to see; **s'apercevoir de** *vt* to notice; **s'~ que** to notice that; **sans s'en ~** without realizing *ou* noticing
aperçu, e [apɛʀsy] *pp de* **apercevoir** ▷ *nm* (*vue d'ensemble*) general survey; (*intuition*) insight
apéritif, -ive [apeʀitif, -iv] *adj* which stimulates the appetite ▷ *nm* (*boisson*) aperitif; (*réunion*) (pre-lunch *ou* -dinner) drinks *pl*; **prendre l'~** to have drinks (before lunch *ou* dinner) *ou* an aperitif
apesanteur [apəzɑ̃tœʀ] *nf* weightlessness
à-peu-près [apøpʀɛ] *nm inv* (*péj*) vague approximation
apeuré, e [apœʀe] *adj* frightened, scared
aphasie [afazi] *nm* aphasia
aphone [afɔn] *adj* voiceless
aphorisme [afɔʀism(ə)] *nm* aphorism
aphrodisiaque [afʀɔdizjak] *adj, nm* aphrodisiac
aphte [aft(ə)] *nm* mouth ulcer
aphteuse [aftøz] *adj f*: **fièvre ~** foot-and-mouth disease
à-pic [apik] *nm* cliff, drop
apicole [apikɔl] *adj* beekeeping *cpd*
apiculteur, -trice [apikyltœʀ, -tʀis] *nm/f* beekeeper
apiculture [apikyltyʀ] *nf* beekeeping, apiculture
apitoiement [apitwamɑ̃] *nm* pity, compassion
apitoyer [apitwaje] *vt* to move to pity; **~ qn sur qn/qch** to move sb to pity for sb/over sth; **s'~ (sur qn/qch)** to feel pity *ou* compassion (for sb/over sth)
ap. J.-C. *abr* (= *après Jésus-Christ*) AD
APL *sigle f* (= *aide personnalisée au logement*) *housing benefit*
aplanir [aplaniʀ] *vt* to level; (*fig*) to smooth away, iron out
aplati, e [aplati] *adj* flat, flattened
aplatir [aplatiʀ] *vt* to flatten; **s'aplatir** *vi* to become flatter; (*écrasé*) to be flattened; (*fig*) to lie flat on the ground; (: *fam*) to fall flat on one's face; (: *péj*) to grovel
aplomb [aplɔ̃] *nm* (*équilibre*) balance, equilibrium; (*fig*) self-assurance; (: *péj*) nerve; **d'~** *adv* steady; (*Constr*) plumb
APN *sigle m* (*appareil photo(graphique) numérique*) digital camera
apocalypse [apɔkalips(ə)] *nf* apocalypse
apocalyptique [apɔkaliptik] *adj* (*fig*) apocalyptic
apocryphe [apɔkʀif] *adj* apocryphal
apogée [apɔʒe] *nm* (*fig*) peak, apogee
apolitique [apɔlitik] *adj* (*indifférent*) apolitical; (*indépendant*) unpolitical, non-political
apologie [apɔlɔʒi] *nf* praise; (*Jur*) vindication
apoplexie [apɔplɛksi] *nf* apoplexy
a posteriori [apɔsteʀjɔʀi] *adv* after the event, with hindsight, a posteriori
apostolat [apɔstɔla] *nm* (*Rel*) apostolate, discipleship; (*gén*) evangelism
apostolique [apɔstɔlik] *adj* apostolic
apostrophe [apɔstʀɔf] *nf* (*signe*) apostrophe; (*appel*) interpellation
apostropher [apɔstʀɔfe] *vt* (*interpeller*) to shout at, address sharply
apothéose [apɔteoz] *nf* pinnacle (of achievement); (*Mus etc*) grand finale
apothicaire [apɔtikɛʀ] *nm* apothecary
apôtre [apotʀ(ə)] *nm* apostle, disciple
apparaître [apaʀɛtʀ(ə)] *vi* to appear ▷ *vb copule* to appear, seem
apparat [apaʀa] *nm*: **tenue/dîner d'~** ceremonial dress/dinner
appareil [apaʀɛj] *nm* (*outil, machine*) piece of apparatus, device; (*électrique etc*) appliance; (*politique, syndical*) machinery; (*avion*) (aero)plane (*Brit*), (air)plane (*US*), aircraft *inv*; (*téléphonique*) telephone; (*dentier*) brace (*Brit*), braces (*US*); **~ digestif/reproducteur** digestive/reproductive system *ou* apparatus; **l'~ productif** the means of production; **qui est à l'~?** who's speaking?; **dans le plus simple ~** in one's birthday suit; **~ (photographique)** camera; **~ numérique** digital camera
appareillage [apaʀɛjaʒ] *nm* (*appareils*) equipment; (*Navig*) casting off, getting under way
appareiller [apaʀeje] *vi* (*Navig*) to cast off, get under way ▷ *vt* (*assortir*) to match up
appareil photo [apaʀɛjfɔtɔ] (*pl* **appareils photos**) *nm* camera
apparemment [apaʀamɑ̃] *adv* apparently
apparence [apaʀɑ̃s] *nf* appearance; **malgré les ~s** despite appearances; **en ~** apparently, seemingly
apparent, e [apaʀɑ̃, -ɑ̃t] *adj* visible; (*évident*) obvious; (*superficiel*) apparent; **poutres ~es** exposed beams
apparenté, e [apaʀɑ̃te] *adj*: **~ à** related to; (*fig*) similar to
apparenter [apaʀɑ̃te]: **s'apparenter à** *vt* to be similar to
apparier [apaʀje] *vt* (*gants*) to pair, match
appariteur [apaʀitœʀ] *nm* attendant, porter (*in French universities*)
apparition [apaʀisjɔ̃] *nf* appearance; (*surnaturelle*) apparition; **faire son ~** to appear
appartement [apaʀtəmɑ̃] *nm* flat (*Brit*), apartment (*US*)
appartenance [apaʀtənɑ̃s] *nf*: **~ à** belonging to, membership of
appartenir [apaʀtəniʀ]: **~ à** *vt* to belong to; (*faire partie de*) to belong to, be a member of; **il lui appartient de** it is up to him to
appartiendrai [apaʀtjɛ̃dʀe], **appartiens** *etc* [apaʀtjɛ̃] *vb voir* **appartenir**
apparu, e [apaʀy] *pp de* **apparaître**
appas [apɑ] *nmpl* (*d'une femme*) charms

appât [apɑ] *nm* (*Pêche*) bait; (*fig*) lure, bait
appâter [apɑte] *vt* (*hameçon*) to bait; (*poisson, fig*) to lure, entice
appauvrir [apovʀiʀ] *vt* to impoverish; **s'appauvrir** *vi* to grow poorer, become impoverished
appauvrissement [apovʀismɑ̃] *nm* impoverishment
appel [apɛl] *nm* call; (*nominal*) roll call; (: *Scol*) register; (*Mil: recrutement*) call-up; (*Jur*) appeal; **faire ~ à** (*invoquer*) to appeal to; (*avoir recours à*) to call on; (*nécessiter*) to call for, require; **faire** *ou* **interjeter ~** (*Jur*) to appeal, lodge an appeal; **faire l'~** to call the roll; to call the register; **indicatif d'~** call sign; **numéro d'~** (*Tél*) number; **produit d'~** (*Comm*) loss leader; **sans ~** (*fig*) final, irrevocable; **~ d'air** in-draught; **~ d'offres** (*Comm*) invitation to tender; **faire un ~ de phares** to flash one's headlights; **~ (téléphonique)** (tele)phone call
appelé [aple] *nm* (*Mil*) conscript
appeler [aple] *vt* to call; (*Tél*) to call, ring; (*faire venir: médecin etc*) to call, send for; (*fig: nécessiter*) to call for, demand; **~ au secours** to call for help; **~ qn à l'aide** *ou* **au secours** to call to sb to help; **~ qn à un poste/des fonctions** to appoint sb to a post/assign duties to sb; **être appelé à** (*fig*) to be destined to; **~ qn à comparaître** (*Jur*) to summon sb to appear; **en ~ à** to appeal to; **s'appeler**: **elle s'appelle Gabrielle** her name is Gabrielle, she's called Gabrielle; **comment ça s'appelle?** what is it *ou* that called?
appellation [apelɑsjɔ̃] *nf* designation, appellation; **vin d'~ contrôlée** "appellation contrôlée" wine, *wine guaranteed of a certain quality*
appelle *etc* [apɛl] *vb voir* **appeler**
appendice [apɛ̃dis] *nm* appendix
appendicite [apɑ̃disit] *nf* appendicitis
appentis [apɑ̃ti] *nm* lean-to
appert [apɛʀ] *vb*: **il ~ que** it appears that, it is evident that
appesantir [apzɑ̃tiʀ]: **s'appesantir** *vi* to grow heavier; **s'~ sur** (*fig*) to dwell at length on
appétissant, e [apetisɑ̃, -ɑ̃t] *adj* appetizing, mouth-watering
appétit [apeti] *nm* appetite; **couper l'~ à qn** to take away sb's appetite; **bon ~!** enjoy your meal!
applaudimètre [aplodimɛtʀ(ə)] *nm* applause meter
applaudir [aplodiʀ] *vt* to applaud ▷ *vi* to applaud, clap; **~ à** *vt* (*décision*) to applaud, commend
applaudissements [aplodismɑ̃] *nmpl* applause *sg*, clapping *sg*
applicable [aplikabl(ə)] *adj* applicable
applicateur [aplikatœʀ] *nm* applicator
application [aplikɑsjɔ̃] *nf* application; (*d'une loi*) enforcement; **mettre en ~** to implement
applique [aplik] *nf* wall lamp
appliqué, e [aplike] *adj* (*élève etc*) industrious, assiduous; (*science*) applied
appliquer [aplike] *vt* to apply; (*loi*) to enforce; (*donner: gifle, châtiment*) to give; **s'appliquer** *vi* (*élève etc*) to apply o.s.; **s'~ à** (*loi, remarque*) to apply to; **s'~ à faire qch** to apply o.s. to doing sth, take pains to do sth; **s'~ sur** (*coïncider avec*) to fit over
appoint [apwɛ̃] *nm* (extra) contribution *ou* help; **avoir/faire l'~** (*en payant*) to have/give the right change *ou* money; **chauffage d'~** extra heating
appointements [apwɛ̃tmɑ̃] *nmpl* salary *sg*, stipend
appointer [apwɛ̃te] *vt*: **être appointé à l'année/au mois** to be paid yearly/monthly
appontage [apɔ̃taʒ] *nm* landing (*on an aircraft carrier*)
appontement [apɔ̃tmɑ̃] *nm* landing stage, wharf
apponter [apɔ̃te] *vi* (*avion, hélicoptère*) to land
apport [apɔʀ] *nm* supply; (*argent, biens etc*) contribution
apporter [apɔʀte] *vt* to bring; (*preuve*) to give, provide; (*modification*) to make; (*remarque*) to contribute, add
apposer [apoze] *vt* to append; (*sceau etc*) to affix
apposition [apozisjɔ̃] *nf* appending; affixing; (*Ling*): **en ~** in apposition
appréciable [apʀesjabl(ə)] *adj* (*important*) appreciable, significant
appréciation [apʀesjɑsjɔ̃] *nf* appreciation; estimation, assessment; **appréciations** *nfpl* (*avis*) assessment *sg*, appraisal *sg*
apprécier [apʀesje] *vt* to appreciate; (*évaluer*) to estimate, assess; **j'~ais que tu ...** I should appreciate (it) if you ...
appréhender [apʀeɑ̃de] *vt* (*craindre*) to dread; (*arrêter*) to apprehend; **~ que** to fear that; **~ de faire** to dread doing
appréhensif, -ive [apʀeɑ̃sif, -iv] *adj* apprehensive
appréhension [apʀeɑ̃sjɔ̃] *nf* apprehension
apprendre [apʀɑ̃dʀ(ə)] *vt* to learn; (*événement, résultats*) to learn of, hear of; **~ qch à qn** (*informer*) to tell sb (of) sth; (*enseigner*) to teach sb sth; **tu me l'apprends!** that's news to me!; **~ à faire qch** to learn to do sth; **~ à qn à faire qch** to teach sb to do sth
apprenti, e [apʀɑ̃ti] *nm/f* apprentice; (*fig*) novice, beginner
apprentissage [apʀɑ̃tisaʒ] *nm* learning; (*Comm, Scol: période*) apprenticeship; **école** *ou* **centre d'~** training school *ou* centre; **faire l'~ de qch** (*fig*) to be initiated into sth
apprêt [apʀɛ] *nm* (*sur un cuir, une étoffe*) dressing; (*sur un mur*) size; (*sur un papier*) finish; **sans ~** (*fig*) without artifice, unaffectedly
apprêté, e [apʀete] *adj* (*fig*) affected
apprêter [apʀete] *vt* to dress, finish; **s'apprêter** *vi*: **s'~ à qch/à faire qch** to prepare for sth/for doing sth
appris, e [apʀi, -iz] *pp de* **apprendre**
apprivoisé, e [apʀivwaze] *adj* tame, tamed

apprivoiser [apʀivwaze] *vt* to tame
approbateur, -trice [apʀɔbatœʀ, -tʀis] *adj* approving
approbatif, -ive [apʀɔbatif, -iv] *adj* approving
approbation [apʀɔbasjɔ̃] *nf* approval; **digne d'~** *(conduite, travail)* praiseworthy, commendable
approchant, e [apʀɔʃɑ̃, -ɑ̃t] *adj* similar, close; **quelque chose d'~** something similar
approche [apʀɔʃ] *nf* approaching; *(arrivée, attitude)* approach; **approches** *nfpl* *(abords)* surroundings; **à l'~ du bateau/de l'ennemi** as the ship/enemy approached *ou* drew near; **l'~ d'un problème** the approach to a problem; **travaux d'~** *(fig)* manoeuvrings
approché, e [apʀɔʃe] *adj* approximate
approcher [apʀɔʃe] *vi* to approach, come near ▷ *vt* *(vedette, artiste)* to come close to, approach; *(rapprocher)*: **~ qch (de qch)** to bring *ou* put *ou* move sth near (to sth); **~ de** *vt* to draw near to; *(quantité, moment)* to approach; **s'approcher de** *vt* to approach, go *ou* come *ou* move near to; **approchez-vous** come *ou* go nearer
approfondi, e [apʀɔfɔ̃di] *adj* thorough, detailed
approfondir [apʀɔfɔ̃diʀ] *vt* to deepen; *(question)* to go further into; **sans ~** without going too deeply into it
appropriation [apʀɔpʀijasjɔ̃] *nf* appropriation
approprié, e [apʀɔpʀije] *adj*: **~ (à)** appropriate (to), suited (to)
approprier [apʀɔpʀije] *vt* *(adapter)* adapt; **s'approprier** *vt* to appropriate, take over
approuver [apʀuve] *vt* to agree with; *(autoriser: loi, projet)* to approve, pass; *(trouver louable)* to approve of; **je vous approuve entièrement/ne vous approuve pas** I agree with you entirely/don't agree with you; **lu et approuvé** (read and) approved
approvisionnement [apʀɔvizjɔnmɑ̃] *nm* supplying; *(provisions)* supply, stock
approvisionner [apʀɔvizjɔne] *vt* to supply; *(compte bancaire)* to pay funds into; **~ qn en** to supply sb with; **s'approvisionner** *vi*: **s'~ dans un certain magasin/au marché** to shop in a certain shop/at the market; **s'~ en** to stock up with
approximatif, -ive [apʀɔksimatif, -iv] *adj* approximate, rough; *(imprécis)* vague
approximation [apʀɔksimasjɔ̃] *nf* approximation
approximativement [apʀɔksimativmɑ̃] *adv* approximately, roughly; vaguely
appt *abr* = **appartement**
appui [apɥi] *nm* support; **prendre ~ sur** to lean on; *(objet)* to rest on; **point d'~** fulcrum; *(fig)* something to lean on; **à l'~ de** *(pour prouver)* in support of; **à l'~** *adv* to support one's argument; **l'~ de la fenêtre** the windowsill, the window ledge
appuie *etc* [apɥi] *vb voir* **appuyer**
appui-tête, appuie-tête [apɥitɛt] *nm inv* headrest
appuyé, e [apɥije] *adj* *(regard)* meaningful; (: *insistant*) intent, insistent; *(excessif: politesse, compliment)* exaggerated, overdone
appuyer [apɥije] *vt* *(poser)*: **~ qch sur/contre/à** to lean *ou* rest sth on/against/on; *(soutenir: personne, demande)* to support, back (up) ▷ *vi*: **~ sur** *(bouton, frein)* to press, push; *(mot, détail)* to stress, emphasize; *(chose: peser sur)* to rest (heavily) on, press against; **s'appuyer sur** *vt* to lean on; *(compter sur)* to rely on; **s'~ sur qn** to lean on sb; **~ contre** *(toucher: mur, porte)* to lean *ou* rest against; **~ à droite** *ou* **sur sa droite** to bear (to the) right; **~ sur le champignon** to put one's foot down
apr. *abr* = **après**
âpre [ɑpʀ(ə)] *adj* acrid, pungent; *(fig)* harsh; *(lutte)* bitter; **~ au gain** grasping, greedy
après [apʀɛ] *prép* after ▷ *adv* afterwards; **deux heures ~** two hours later; **~ qu'il est parti/avoir fait** after he left/having done; **courir ~ qn** to run after sb; **crier ~ qn** to shout at sb; **être toujours ~ qn** *(critiquer etc)* to be always on at sb; **~ quoi** after which; **d'~** *prép* *(selon)* according to; **d'~ lui** according to him; **d'~ moi** in my opinion; **~ coup** *adv* after the event, afterwards; **~ tout** *adv* *(au fond)* after all; **et (puis) ~?** so what?
après-demain [apʀɛdmɛ̃] *adv* the day after tomorrow
après-guerre [apʀɛgɛʀ] *nm* post-war years *pl*; **d'~** *adj* post-war
après-midi [apʀɛmidi] *nm ou f inv* afternoon
après-rasage [apʀɛʀazaʒ] *nm inv*: **(lotion) ~** after-shave (lotion)
après-shampooing [apʀɛʃɑ̃pwɛ̃] *nm inv* conditioner
après-ski [apʀɛski] *nm inv* *(chaussure)* snow boot; *(moment)* après-ski
après-soleil [apʀɛsɔlɛj] *adj inv* after-sun *cpd* ▷ *nm* after-sun cream *ou* lotion
après-vente [apʀɛvɑ̃t] *adj inv* after-sales *cpd*
âpreté [ɑpʀəte] *nf* *(voir âpre)* pungency; harshness; bitterness
à-propos [apʀɔpo] *nm* *(d'une remarque)* aptness; **faire preuve d'~** to show presence of mind, do the right thing; **avec ~** suitably, aptly
apte [apt(ə)] *adj*: **~ à qch/faire qch** capable of sth/doing sth; **~ (au service)** *(Mil)* fit (for service)
aptitude [aptityd] *nf* ability, aptitude
apurer [apyʀe] *vt* *(Comm)* to clear
aquaculture [akwakyltyʀ] *nf* fish farming
aquaplanage [akwaplanaʒ] *nm* *(Auto)* aquaplaning
aquaplane [akwaplan] *nm* *(planche)* aquaplane; *(sport)* aquaplaning
aquaplaning [akwaplaniŋ] *nm* aquaplaning
aquarelle [akwaʀɛl] *nf* *(tableau)* watercolour (Brit), watercolor (US); *(genre)* watercolo(u)rs *pl*, aquarelle
aquarelliste [akwaʀelist(ə)] *nm/f* painter in watercolo(u)rs

aquarium [akwaʀjɔm] *nm* aquarium
aquatique [akwatik] *adj* aquatic, water *cpd*
aqueduc [akdyk] *nm* aqueduct
aqueux, -euse [akø, -øz] *adj* aqueous
aquilin [akilɛ̃] *adj m*: **nez ~** aquiline nose
AR *sigle m* = **accusé de réception**; **lettre/paquet avec AR** ≈ recorded delivery letter/parcel; (*Aviat, Rail etc*) = **aller (et) retour** ▷ *abr* (*Auto*) = **arrière**
arabe [aʀab] *adj* Arabic; (*désert, cheval*) Arabian; (*nation, peuple*) Arab ▷ *nm* (*Ling*) Arabic ▷ *nm/f*: **Arabe** Arab
arabesque [aʀabɛsk(ə)] *nf* arabesque
Arabie [aʀabi] *nf*: **l'~** Arabia; **l'~ Saoudite** *ou* **Séoudite** Saudi Arabia
arable [aʀabl(ə)] *adj* arable
arachide [aʀaʃid] *nf* groundnut (plant); (*graine*) peanut, groundnut
araignée [aʀeɲe] *nf* spider; **~ de mer** spider crab
araser [aʀɑze] *vt* to level; (*en rabotant*) to plane (down)
aratoire [aʀatwaʀ] *adj*: **instrument ~** ploughing implement
arbalète [aʀbalɛt] *nf* crossbow
arbitrage [aʀbitʀaʒ] *nm* refereeing; umpiring; arbitration
arbitraire [aʀbitʀɛʀ] *adj* arbitrary
arbitre [aʀbitʀ(ə)] *nm* (*Sport*) referee; (*: Tennis, Cricket*) umpire; (*fig*) arbiter, judge; (*Jur*) arbitrator
arbitrer [aʀbitʀe] *vt* to referee; to umpire; to arbitrate
arborer [aʀbɔʀe] *vt* to bear, display; (*avec ostentation*) to sport
arborescence [aʀbɔʀesɑ̃s] *nf* tree structure
arboricole [aʀbɔʀikɔl] *adj* (*animal*) arboreal; (*technique*) arboricultural
arboriculture [aʀbɔʀikyltyʀ] *nf* arboriculture; **~ fruitière** fruit (tree) growing
arbre [aʀbʀ(ə)] *nm* tree; (*Tech*) shaft; **~ à cames** (*Auto*) camshaft; **~ fruitier** fruit tree; **~ généalogique** family tree; **~ de Noël** Christmas tree; **~ de transmission** (*Auto*) driveshaft
arbrisseau, x [aʀbʀiso] *nm* shrub
arbuste [aʀbyst(ə)] *nm* small shrub, bush
arc [aʀk] *nm* (*arme*) bow; (*Géom*) arc; (*Archit*) arch; **~ de cercle** arc of a circle; **en ~ de cercle** *adj* semi-circular
arcade [aʀkad] *nf* arch(way); **~s** arcade *sg*, arches; **~ sourcilière** arch of the eyebrows
arcanes [aʀkan] *nmpl* mysteries
arc-boutant [aʀkbutɑ̃] (*pl* **arcs-boutants**) *nm* flying buttress
arc-bouter [aʀkbute]: **s'arc-bouter** *vi*: **s'~ contre** to lean *ou* press against
arceau, x [aʀso] *nm* (*métallique etc*) hoop
arc-en-ciel [aʀkɑ̃sjɛl] (*pl* **arcs-en-ciel**) *nm* rainbow
archaïque [aʀkaik] *adj* archaic
archaïsme [aʀkaism(ə)] *nm* archaism
archange [aʀkɑ̃ʒ] *nm* archangel
arche [aʀʃ(ə)] *nf* arch; **~ de Noé** Noah's Ark
archéologie [aʀkeɔlɔʒi] *nf* arch(a)eology
archéologique [aʀkeɔlɔʒik] *adj* arch(a)eological
archéologue [aʀkeɔlɔg] *nm/f* arch(a)eologist
archer [aʀʃe] *nm* archer
archet [aʀʃɛ] *nm* bow
archevêché [aʀʃəveʃe] *nm* archbishopric; (*palais*) archbishop's palace
archevêque [aʀʃəvɛk] *nm* archbishop
archi... [aʀʃi] *préfixe* (*très*) dead, extra
archibondé, e [aʀʃibɔ̃de] *adj* chock-a-block (*Brit*), packed solid
archiduc [aʀʃidyk] *nm* archduke
archiduchesse [aʀʃidyʃɛs] *nf* archduchess
archipel [aʀʃipɛl] *nm* archipelago
archisimple [aʀʃisɛ̃pl(ə)] *adj* dead easy *ou* simple
architecte [aʀʃitɛkt(ə)] *nm* architect
architectural, e, -aux [aʀʃitɛktyʀal, -o] *adj* architectural
architecture [aʀʃitɛktyʀ] *nf* architecture
archive [aʀʃiv] *nf* file; **archives** *nfpl* archives
archiver [aʀʃive] *vt* to file
archiviste [aʀʃivist(ə)] *nm/f* archivist
arçon [aʀsɔ̃] *nm voir* **cheval**
arctique [aʀktik] *adj* Arctic ▷ *nm*: **l'A~** the Arctic; **le cercle A~** the Arctic Circle; **l'océan A~** the Arctic Ocean
ardemment [aʀdamɑ̃] *adv* ardently, fervently
ardent, e [aʀdɑ̃, -ɑ̃t] *adj* (*soleil*) blazing; (*fièvre*) raging; (*amour*) ardent, passionate; (*prière*) fervent
ardeur [aʀdœʀ] *nf* blazing heat; (*fig*) fervour, ardour
ardoise [aʀdwaz] *nf* slate
ardu, e [aʀdy] *adj* arduous, difficult; (*pente*) steep, abrupt
are [aʀ] *nm* are, 100 square metres
arène [aʀɛn] *nf* arena; (*fig*): **l'~ politique** the political arena; **arènes** *nfpl* bull-ring *sg*
arête [aʀɛt] *nf* (*de poisson*) bone; (*d'une montagne*) ridge; (*Géom etc*) edge (*where two faces meet*)
arg. *abr* = **argus**
argent [aʀʒɑ̃] *nm* (*métal*) silver; (*monnaie*) money; (*couleur*) silver; **en avoir pour son ~** to get value for money; **gagner beaucoup d'~** to earn a lot of money; **~ comptant** (hard) cash; **~ liquide** ready money, (ready) cash; **~ de poche** pocket money
argenté, e [aʀʒɑ̃te] *adj* silver(y); (*métal*) silver-plated
argenter [aʀʒɑ̃te] *vt* to silver(-plate)
argenterie [aʀʒɑ̃tʀi] *nf* silverware; (*en métal argenté*) silver plate
argentin, e [aʀʒɑ̃tɛ̃, -in] *adj* Argentinian, Argentine ▷ *nm/f*: **Argentin, e** Argentinian, Argentine
Argentine [aʀʒɑ̃tin] *nf*: **l'~** Argentina, the Argentine
argentique [aʀʒɑ̃tik] *adj* (*appareil-photo*) film *cpd*
argile [aʀʒil] *nf* clay

argileux, -euse [aʀʒilø, -øz] *adj* clayey
argot [aʀgo] *nm* slang; *see note*

ARGOT

Argot was the term originally used to describe the jargon of the criminal underworld, characterized by colourful images and distinctive intonation and designed to confuse the outsider. Some French authors write in *argot* and so have helped it spread and grow. More generally, the special vocabulary used by any social or professional group is also known as *argot*.

argotique [aʀgɔtik] *adj* slang *cpd*; (*très familier*) slangy
arguer [aʀgɥe]: **~ de** *vt* to put forward as a pretext *ou* reason; **~ que** to argue that
argument [aʀgymɑ̃] *nm* argument
argumentaire [aʀgymɑ̃tɛʀ] *nm* list of sales points; (*brochure*) sales leaflet
argumentation [aʀgymɑ̃tɑsjɔ̃] *nf* (*fait d'argumenter*) arguing; (*ensemble des arguments*) argument
argumenter [aʀgymɑ̃te] *vi* to argue
argus [aʀgys] *nm guide to second-hand car etc prices*
arguties [aʀgysi] *nfpl* pettifoggery *sg* (*Brit*), quibbles
aride [aʀid] *adj* arid
aridité [aʀidite] *nf* aridity
arien, ne [aʀjɛ̃, -ɛn] *adj* Arian
aristocrate [aʀistɔkʀat] *nm/f* aristocrat
aristocratie [aʀistɔkʀasi] *nf* aristocracy
aristocratique [aʀistɔkʀatik] *adj* aristocratic
arithmétique [aʀitmetik] *adj* arithmetic(al) ▷ *nf* arithmetic
armada [aʀmada] *nf* (*fig*) army
armagnac [aʀmaɲak] *nm* armagnac
armateur [aʀmatœʀ] *nm* shipowner
armature [aʀmatyʀ] *nf* framework; (*de tente etc*) frame; (*de corset*) bone; (*de soutien-gorge*) wiring
arme [aʀm(ə)] *nf* weapon; (*section de l'armée*) arm; **armes** *nfpl* weapons, arms; (*blason*) (coat of) arms; **les ~s** (*profession*) soldiering *sg*; **à ~s égales** on equal terms; **en ~s** up in arms; **passer par les ~s** to execute (by firing squad); **prendre/présenter les ~s** to take up/present arms; **se battre à l'~ blanche** to fight with blades; **~ à feu** firearm; **~s de destruction massive** weapons of mass destruction
armé, e [aʀme] *adj* armed; **~ de** armed with
armée [aʀme] *nf* army; **~ de l'air** Air Force; **l'~ du Salut** the Salvation Army; **~ de terre** Army
armement [aʀməmɑ̃] *nm* (*matériel*) arms *pl*, weapons *pl*; (*: d'un pays*) arms *pl*, armament; (*action d'équiper: d'un navire*) fitting out; **~s nucléaires** nuclear armaments; **course aux ~s** arms race
Arménie [aʀmeni] *nf*: **l'~** Armenia
arménien, ne [aʀmenjɛ̃, -ɛn] *adj* Armenian ▷ *nm* (*Ling*) Armenian ▷ *nm/f*: **Arménien, ne** Armenian
armer [aʀme] *vt* to arm; (*arme à feu*) to cock; (*appareil-photo*) to wind on; **~ qch de** to fit sth with; (*renforcer*) to reinforce sth with; **~ qn de** to arm *ou* equip sb with; **s'armer de** to arm o.s. with
armistice [aʀmistis] *nm* armistice; **l'A~** ≈ Remembrance (*Brit*) *ou* Veterans (*US*) Day
armoire [aʀmwaʀ] *nf* (tall) cupboard; (*penderie*) wardrobe (*Brit*), closet (*US*); **~ à pharmacie** medicine chest
armoiries [aʀmwaʀi] *nfpl* coat of arms *sg*
armure [aʀmyʀ] *nf* armour *no pl*, suit of armour
armurerie [aʀmyʀʀi] *nf* arms factory; (*magasin*) gunsmith's (shop)
armurier [aʀmyʀje] *nm* gunsmith; (*Mil, d'armes blanches*) armourer
ARN *sigle m* (*= acide ribonucléique*) RNA
arnaque [aʀnak] *nf*: **de l'~** daylight robbery
arnaquer [aʀnake] *vt* to do (*fam*), swindle; **se faire ~** to be had (*fam*) *ou* done
arnaqueur [aʀnakœʀ] *nm* swindler
arnica [aʀnika] *nm*: **(teinture d')~** arnica
arobase [aʀobaz] *nf* (*Inform*) "at" symbol, @; **"paul ~ société point fr"** "paul at société dot fr"
aromates [aʀɔmat] *nmpl* seasoning *sg*, herbs (and spices)
aromathérapie [aʀɔmateʀapi] *nf* aromatherapy
aromatique [aʀɔmatik] *adj* aromatic
aromatisé, e [aʀɔmatize] *adj* flavoured
arôme [aʀom] *nm* aroma; (*d'une fleur etc*) fragrance
arpège [aʀpɛʒ] *nm* arpeggio
arpentage [aʀpɑ̃taʒ] *nm* (land) surveying
arpenter [aʀpɑ̃te] *vt* to pace up and down
arpenteur [aʀpɑ̃tœʀ] *nm* land surveyor
arqué, e [aʀke] *adj* arched; (*jambes*) bow *cpd*, bandy
arr. *abr* = **arrondissement**
arrachage [aʀaʃaʒ] *nm*: **~ des mauvaises herbes** weeding
arraché [aʀaʃe] *nm* (*Sport*) snatch; **obtenir à l'~** (*fig*) to snatch
arrache-pied [aʀaʃpje]: **d'~** *adv* relentlessly
arracher [aʀaʃe] *vt* to pull out; (*page etc*) to tear off, tear out; (*déplanter: légume*) to lift; (*: herbe, souche*) to pull up; (*bras etc: par explosion*) to blow off; (*: par accident*) to tear off; **s'arracher** *vt* (*article très recherché*) to fight over; **~ qch à qn** to snatch sth from sb; (*fig*) to wring sth out of sb, wrest sth from sb; **~ qn à** (*solitude, rêverie*) to drag sb out of; (*famille etc*) to tear *ou* wrench sb away from; **se faire ~ une dent** to have a tooth out *ou* pulled (*US*); **s'~ de** (*lieu*) to tear o.s. away from; (*habitude*) to force o.s. out of
arraisonner [aʀɛzɔne] *vt* to board and search
arrangeant, e [aʀɑ̃ʒɑ̃, -ɑ̃t] *adj* accommodating, obliging
arrangement [aʀɑ̃ʒmɑ̃] *nm* arrangement
arranger [aʀɑ̃ʒe] *vt* to arrange; (*réparer*) to fix, put right; (*régler*) to settle, sort out; (*convenir à*) to suit, be convenient for; **s'arranger** *vi* (*se mettre*

d'accord) to come to an agreement *ou* arrangement; (*s'améliorer: querelle, situation*) to be sorted out; (*se débrouiller*): **s'~ pour que ...** to arrange things so that ...; **je vais m'~** I'll manage; **ça va s'~** it'll sort itself out; **s'~ pour faire** to make sure that *ou* see to it that one can do

arrangeur [aʀɑ̃ʒœʀ] *nm* (*Mus*) arranger

arrestation [aʀɛstɑsjɔ̃] *nf* arrest

arrêt [aʀɛ] *nm* stopping; (*de bus etc*) stop; (*Jur*) judgment, decision; (*Football*) save; **arrêts** *nmpl* (*Mil*) arrest *sg*; **être à l'~** to be stopped, have come to a halt; **rester** *ou* **tomber en ~ devant** to stop short in front of; **sans ~** without stopping, non-stop; (*fréquemment*) continually; **~ d'autobus** bus stop; **~ facultatif** request stop; **~ de mort** capital sentence; **~ de travail** stoppage (of work)

arrêté, e [aʀete] *adj* (*idées*) firm, fixed ▷ *nm* order, decree; **~ municipal** ≈ bylaw, byelaw

arrêter [aʀete] *vt* to stop; (*chauffage etc*) to turn off, switch off; (*Comm: compte*) to settle; (*Couture: point*) to fasten off; (*fixer: date etc*) to appoint, decide on; (*criminel, suspect*) to arrest; **s'arrêter** *vi* to stop; (*s'interrompre*) to stop o.s.; **~ de faire** to stop doing; **arrête de te plaindre** stop complaining; **ne pas ~ de faire** to keep on doing; **s'~ de faire** to stop doing; **s'~ sur** (*choix, regard*) to fall on

arrhes [aʀ] *nfpl* deposit *sg*

arrière [aʀjɛʀ] *nm* back; (*Sport*) fullback ▷ *adj inv*: **siège/roue ~** back *ou* rear seat/wheel; **arrières** *nmpl* (*fig*): **protéger ses ~s** to protect the rear; **à l'~** *adv* behind, at the back; **en ~** *adv* behind; (*regarder*) back, behind; (*tomber, aller*) backwards; **en ~ de** *prép* behind

arriéré, e [aʀjeʀe] *adj* (*péj*) backward ▷ *nm* (*d'argent*) arrears *pl*

arrière-boutique [aʀjɛʀbutik] *nf* back shop

arrière-cour [aʀjɛʀkuʀ] *nf* backyard

arrière-cuisine [aʀjɛʀkɥizin] *nf* scullery

arrière-garde [aʀjɛʀgaʀd(ə)] *nf* rearguard

arrière-goût [aʀjɛʀgu] *nm* aftertaste

arrière-grand-mère [aʀjɛʀgʀɑ̃mɛʀ] (*pl* **-s**) *nf* great-grandmother

arrière-grand-père [aʀjɛʀgʀɑ̃pɛʀ] (*pl* **arrière-grands-pères**) *nm* great-grandfather

arrière-grands-parents [aʀjɛʀgʀɑ̃paʀɑ̃] *nmpl* great-grandparents

arrière-pays [aʀjɛʀpei] *nm inv* hinterland

arrière-pensée [aʀjɛʀpɑ̃se] *nf* ulterior motive; (*doute*) mental reservation

arrière-petite-fille [aʀjɛʀpətitfij] (*pl* **arrière-petites-filles**) *nf* great-granddaughter

arrière-petit-fils [aʀjɛʀpətifis] (*pl* **arrière-petits-fils**) *nm* great-grandson

arrière-petits-enfants [aʀjɛʀpətizɑ̃fɑ̃] *nmpl* great-grandchildren

arrière-plan [aʀjɛʀplɑ̃] *nm* background; **d'~** *adj* (*Inform*) background *cpd*

arriérer [aʀjeʀe]: **s'arriérer** *vi* (*Comm*) to fall into arrears

arrière-saison [aʀjɛʀsɛzɔ̃] *nf* late autumn

arrière-salle [aʀjɛʀsal] *nf* back room

arrière-train [aʀjɛʀtʀɛ̃] *nm* hindquarters *pl*

arrimer [aʀime] *vt* to stow; (*fixer*) to secure, fasten securely

arrivage [aʀivaʒ] *nm* arrival

arrivant, e [aʀivɑ̃, -ɑ̃t] *nm/f* newcomer

arrivée [aʀive] *nf* arrival; (*ligne d'arrivée*) finish; **~ d'air/de gaz** air/gas inlet; **courrier à l'~** incoming mail; **à mon ~** when I arrived

arriver [aʀive] *vi* to arrive; (*survenir*) to happen, occur; **j'arrive!** (I'm) just coming!; **il arrive à Paris à 8 h** he gets to *ou* arrives in Paris at 8; **~ à destination** to arrive at one's destination; **~ à** (*atteindre*) to reach; **~ à (faire) qch** (*réussir*) to manage (to do) sth; **~ à échéance** to fall due; **en ~ à faire ...** to end up doing ..., get to the point of doing ...; **il arrive que ...** it happens that ...; **il lui arrive de faire ...** he sometimes does ...

arrivisme [aʀivism(ə)] *nm* ambition, ambitiousness

arriviste [aʀivist(ə)] *nm/f* go-getter

arrogance [aʀɔgɑ̃s] *nf* arrogance

arrogant, e [aʀɔgɑ̃, -ɑ̃t] *adj* arrogant

arroger [aʀɔʒe]: **s'arroger** *vt* to assume (without right); **s'~ le droit de ...** to assume the right to ...

arrondi, e [aʀɔ̃di] *adj* round ▷ *nm* roundness

arrondir [aʀɔ̃diʀ] *vt* (*forme, objet*) to round; (*somme*) to round off; **s'arrondir** *vi* to become round(ed); **~ ses fins de mois** to supplement one's pay

arrondissement [aʀɔ̃dismɑ̃] *nm* (*Admin*) ≈ district

arrosage [aʀozaʒ] *nm* watering; **tuyau d'~** hose(pipe)

arroser [aʀoze] *vt* to water; (*victoire etc*) to celebrate (over a drink); (*Culin*) to baste

arroseur [aʀozœʀ] *nm* (*tourniquet*) sprinkler

arroseuse [aʀozøz] *nf* water cart

arrosoir [aʀozwaʀ] *nm* watering can

arrt *abr* = **arrondissement**

arsenal, -aux [aʀsənal, -o] *nm* (*Navig*) naval dockyard; (*Mil*) arsenal; (*fig*) gear, paraphernalia

art [aʀ] *nm* art; **avoir l'~ de faire** (*fig: personne*) to have a talent for doing; **les ~s** the arts; **livre/critique d'~** art book/ critic; **objet d'~** objet d'art; **~ dramatique** dramatic art; **~s martiaux** martial arts; **~s et métiers** applied arts and crafts; **~s ménagers** home economics *sg*; **~s plastiques** plastic arts

art. *abr* = **article**

artère [aʀtɛʀ] *nf* (*Anat*) artery; (*rue*) main road

artériel, le [aʀteʀjɛl] *adj* arterial

artériosclérose [aʀteʀjɔskleʀoz] *nf* arteriosclerosis

arthrite [aʀtʀit] *nf* arthritis

arthrose [aʀtʀoz] *nf* (degenerative) osteoarthritis

artichaut [aʀtiʃo] *nm* artichoke

article [aʀtikl(ə)] *nm* article; (*Comm*) item, article; **faire l'~** (*Comm*) to do one's sales spiel; **faire l'~ de** (*fig*) to sing the praises of; **à l'~ de la mort** at the point of death; **~ défini/indéfini** definite/indefinite article; **~ de fond** (*Presse*) feature article; **~s de bureau** office equipment; **~s de voyage** travel goods *ou* items
articulaire [aʀtikylɛʀ] *adj* of the joints, articular
articulation [aʀtikylɑsjɔ̃] *nf* articulation; (*Anat*) joint
articulé, e [aʀtikyle] *adj* (*membre*) jointed; (*poupée*) with moving joints
articuler [aʀtikyle] *vt* to articulate; **s'articuler (sur)** *vi* (*Anat, Tech*) to articulate (with); **s'~ autour de** (*fig*) to centre around *ou* on, turn on
artifice [aʀtifis] *nm* device, trick
artificiel, le [aʀtifisjɛl] *adj* artificial
artificiellement [aʀtifisjɛlmɑ̃] *adv* artificially
artificier [aʀtifisje] *nm* pyrotechnist
artificieux, -euse [aʀtifisjø, -øz] *adj* guileful, deceitful
artillerie [aʀtijʀi] *nf* artillery, ordnance
artilleur [aʀtijœʀ] *nm* artilleryman, gunner
artisan [aʀtizɑ̃] *nm* artisan, (self-employed) craftsman; **l'~ de la victoire/du malheur** the architect of victory/of the disaster
artisanal, e, -aux [aʀtizanal, -o] *adj* of *ou* made by craftsmen; (*péj*) cottage industry *cpd*, unsophisticated
artisanalement [aʀtizanalmɑ̃] *adv* by craftsmen
artisanat [aʀtizana] *nm* arts and crafts *pl*
artiste [aʀtist(ə)] *nm/f* artist; (*Théât, Mus*) artist, performer; (*: de variétés*) entertainer
artistique [aʀtistik] *adj* artistic
artistiquement [aʀtistikmɑ̃] *adv* artistically
aryen, ne [aʀjɛ̃, -ɛn] *adj* Aryan
AS *sigle fpl* (*Admin*) = **assurances sociales** ▷ *sigle f* (*Sport: = Association sportive*) ≈ FC (= *Football Club*)
as *vb* [a] *voir* **avoir** ▷ *nm* [ɑs] ace
a/s *abr* (= *aux soins de*) c/o
ASBL *sigle f* (= *association sans but lucratif*) non-profit-making organization
asc. *abr* = **ascenseur**
ascendance [asɑ̃dɑ̃s] *nf* (*origine*) ancestry; (*Astrologie*) ascendant
ascendant, e [asɑ̃dɑ̃, -ɑ̃t] *adj* upward ▷ *nm* influence; **ascendants** *nmpl* ascendants
ascenseur [asɑ̃sœʀ] *nm* lift (*Brit*), elevator (*US*)
ascension [asɑ̃sjɔ̃] *nf* ascent; climb; **l'A~** (*Rel*) the Ascension; (*: jour férié*) Ascension (Day); *see note*; **(île de) l'A~** Ascension Island

L'Ascension

The *fête de l'Ascension* is a public holiday in France. It always falls on a Thursday, usually in May. Many French people take the following Friday off work too and enjoy a long weekend.

ascète [asɛt] *nm/f* ascetic
ascétique [asetik] *adj* ascetic
ascétisme [asetism(ə)] *nm* asceticism
ascorbique [askɔʀbik] *adj*: **acide ~** ascorbic acid
ASE *sigle f* (= *Agence spatiale européenne*) ESA (= *European Space Agency*)
asepsie [asɛpsi] *nf* asepsis
aseptique [asɛptik] *adj* aseptic
aseptisé, e [asɛptize] (*péj*) *adj* sanitized
asexué, e [asɛksɥe] *adj* asexual
asiatique [azjatik] *adj* Asian, Asiatic ▷ *nm/f*: **Asiatique** Asian
Asie [azi] *nf*: **l'~** Asia
asile [azil] *nm* (*refuge*) refuge, sanctuary; (*Pol*): **droit d'~** (political) asylum; (*pour malades, vieillards etc*) home; **accorder l'~ politique à qn** to grant *ou* give sb political asylum; **chercher/trouver ~ quelque part** to seek/find refuge somewhere
asocial, e, -aux [asɔsjal, -o] *adj* antisocial
aspect [aspɛ] *nm* appearance, look; (*fig*) aspect, side; (*Ling*) aspect; **à l'~ de** at the sight of
asperge [aspɛʀʒ(ə)] *nf* asparagus *no pl*
asperger [aspɛʀʒe] *vt* to spray, sprinkle
aspérité [aspeʀite] *nf* excrescence, protruding bit (of rock *etc*)
aspersion [aspɛʀsjɔ̃] *nf* spraying, sprinkling
asphalte [asfalt(ə)] *nm* asphalt
asphyxiant, e [asfiksjɑ̃, -ɑ̃t] *adj* suffocating; **gaz ~** poison gas
asphyxie [asfiksi] *nf* suffocation, asphyxia, asphyxiation
asphyxier [asfiksje] *vt* to suffocate, asphyxiate; (*fig*) to stifle; **mourir asphyxié** to die of suffocation *ou* asphyxiation
aspic [aspik] *nm* (*Zool*) asp; (*Culin*) aspic
aspirant, e [aspiʀɑ̃, -ɑ̃t] *adj*: **pompe ~e** suction pump ▷ *nm* (*Navig*) midshipman
aspirateur [aspiʀatœʀ] *nm* vacuum cleaner, hoover®
aspiration [aspiʀɑsjɔ̃] *nf* inhalation, sucking (up); drawing up; **aspirations** *nfpl* (*ambitions*) aspirations
aspirer [aspiʀe] *vt* (*air*) to inhale; (*liquide*) to suck (up); (*appareil*) to suck *ou* draw up; **~ à** *vt* to aspire to
aspirine [aspiʀin] *nf* aspirin
assagir [asaʒiʀ] *vt*, **s'assagir** *vi* to quieten down, sober down
assaillant, e [asajɑ̃, -ɑ̃t] *nm/f* assailant, attacker
assaillir [asajiʀ] *vt* to assail, attack; **~ qn de** (*questions*) to assail *ou* bombard sb with
assainir [aseniʀ] *vt* to clean up; (*eau, air*) to purify
assainissement [asenismɑ̃] *nm* cleaning up; purifying
assaisonnement [asɛzɔnmɑ̃] *nm* seasoning
assaisonner [asɛzɔne] *vt* to season; **bien assaisonné** highly seasoned
assassin [asasɛ̃] *nm* murderer; assassin
assassinat [asasina] *nm* murder; assassination
assassiner [asasine] *vt* to murder; (*surtout Pol*) to assassinate

assaut [aso] *nm* assault, attack; **prendre d'~** to (take by) storm, assault; **donner l'~ (à)** to attack; **faire ~ de** (*rivaliser*) to vie with *ou* rival each other in
assèchement [asɛʃmɑ̃] *nm* draining, drainage
assécher [aseʃe] *vt* to drain
ASSEDIC [asedik] *sigle f* (= *Association pour l'emploi dans l'industrie et le commerce*) *unemployment insurance scheme*
assemblage [asɑ̃blaʒ] *nm* assembling; (*Menuiserie*) joint; **un ~ de** (*fig*) a collection of; **langage d'~** (*Inform*) assembly language
assemblée [asɑ̃ble] *nf* (*réunion*) meeting; (*public, assistance*) gathering; assembled people; (*Pol*) assembly; (*Rel*): **l'~ des fidèles** the congregation; **l'A~ nationale (AN)** the (French) National Assembly; *see note*

ASSEMBLÉE NATIONALE

The *Assemblée nationale* is the lower house of the French Parliament, the upper house being the "Sénat". It is housed in the Palais Bourbon in Paris. Its members, or "députés" are elected every five years.

assembler [asɑ̃ble] *vt* (*joindre, monter*) to assemble, put together; (*amasser*) to gather (together), collect (together); **s'assembler** *vi* to gather, collect
assembleur [asɑ̃blœʀ] *nm* assembler, fitter; (*Inform*) assembler
assener, asséner [asene] *vt*: **~ un coup à qn** to deal sb a blow
assentiment [asɑ̃timɑ̃] *nm* assent, consent; (*approbation*) approval
asseoir [aswaʀ] *vt* (*malade, bébé*) to sit up; (*personne debout*) to sit down; (*autorité, réputation*) to establish; **s'asseoir** *vi* to sit (o.s.) up; to sit (o.s.) down; **faire ~ qn** to ask sb to sit down; **asseyez-vous!, assieds-toi!** sit down!; **~ qch sur** to build sth on; (*appuyer*) to base sth on
assermenté, e [asɛʀmɑ̃te] *adj* sworn, on oath
assertion [asɛʀsjɔ̃] *nf* assertion
asservir [asɛʀviʀ] *vt* to subjugate, enslave
asservissement [asɛʀvismɑ̃] *nm* (*action*) enslavement; (*état*) slavery
assesseur [asesœʀ] *nm* (*Jur*) assessor
asseyais *etc* [asɛjɛ] *vb voir* **asseoir**
assez [ase] *adv* (*suffisamment*) enough, sufficiently; (*passablement*) rather, quite, fairly; **~!** enough!, that'll do!; **~/pas ~ cuit** well enough done/underdone; **est-il ~ fort/rapide?** is he strong/fast enough?; **il est passé ~ vite** he went past rather *ou* quite *ou* fairly fast; **~ de pain/livres** enough *ou* sufficient bread/books; **vous en avez ~?** have you got enough?; **en avoir ~ de qch** (*en être fatigué*) to have had enough of sth; **travailler ~** to work (hard) enough
assidu, e [asidy] *adj* assiduous, painstaking; (*régulier*) regular; **~ auprès de qn** attentive towards sb
assiduité [asidɥite] *nf* assiduousness, painstaking regularity; attentiveness; **assiduités** *nfpl* assiduous attentions
assidûment [asidymɑ̃] *adv* assiduously, painstakingly; attentively
assied *etc* [asje] *vb voir* **asseoir**
assiégé, e [asjeʒe] *adj* under siege, besieged
assiéger [asjeʒe] *vt* to besiege, lay siege to; (*foule, touristes*) to mob, besiege
assiérai *etc* [asjeʀe] *vb voir* **asseoir**
assiette [asjɛt] *nf* plate; (*contenu*) plate(ful); (*équilibre*) seat; (*de colonne*) seating; (*de navire*) trim; **~ anglaise** assorted cold meats; **~ creuse** (soup) dish, soup plate; **~ à dessert** dessert *ou* side plate; **~ de l'impôt** basis of (tax) assessment; **~ plate** (dinner) plate
assiettée [asjete] *nf* plateful
assignation [asiɲasjɔ̃] *nf* assignation; (*Jur*) summons; (*: de témoin*) subpoena; **~ à résidence** compulsory order of residence
assigner [asiɲe] *vt*: **~ qch à** to assign *ou* allot sth to; (*valeur, importance*) to attach sth to; (*somme*) to allocate sth to; (*limites*) to set *ou* fix sth to; (*cause, effet*) to ascribe *ou* attribute sth to; **~ qn à** (*affecter*) to assign sb to; **~ qn à résidence** (*Jur*) to give sb a compulsory order of residence
assimilable [asimilabl(ə)] *adj* easily assimilated *ou* absorbed
assimilation [asimilasjɔ̃] *nf* assimilation, absorption
assimiler [asimile] *vt* to assimilate, absorb; (*comparer*): **~ qch/qn à** to liken *ou* compare sth/sb to; **s'assimiler** *vi* (*s'intégrer*) to be assimilated *ou* absorbed; **ils sont assimilés aux infirmières** (*Admin*) they are classed as nurses
assis, e [asi, -iz] *pp de* **asseoir** ▷ *adj* sitting (down), seated ▷ *nf* (*Constr*) course; (*Géo*) stratum (*pl* -a); (*fig*) basis (*pl* bases), foundation; **~ en tailleur** sitting cross-legged
assises [asiz] *nfpl* (*Jur*) assizes; (*congrès*) (annual) conference
assistanat [asistana] *nm* assistantship; (*à l'université*) probationary lectureship
assistance [asistɑ̃s] *nf* (*public*) audience; (*aide*) assistance; **porter** *ou* **prêter ~ à qn** to give sb assistance; **A~ publique (AP)** *public health service*; **enfant de l'A~ (publique)** child in care; **~ technique** technical aid
assistant, e [asistɑ̃, -ɑ̃t] *nm/f* assistant; (*d'université*) probationary lecturer; **les assistants** *nmpl* (*auditeurs etc*) those present; **~e sociale** social worker
assisté, e [asiste] *adj* (*Auto*) power assisted ▷ *nm/f* person receiving aid from the State
assister [asiste] *vt* to assist; **~ à** *vt* (*scène, événement*) to witness; (*conférence*) to attend, be (present) at; (*spectacle, match*) to be at, see
association [asɔsjasjɔ̃] *nf* association; (*Comm*) partnership; **~ d'idées/images** association of ideas/images
associé, e [asɔsje] *nm/f* associate; (*Comm*)

partner
associer [asɔsje] *vt* to associate; **~ qn à** (*profits*) to give sb a share of; (*affaire*) to make sb a partner in; (*joie, triomphe*) to include sb in; **~ qch à** (*joindre, allier*) to combine sth with; **s'associer** *vi* to join together; (*Comm*) to form a partnership ▷ *vt* (*collaborateur*) to take on (as a partner); **s'~ à** to be combined with; (*opinions, joie de qn*) to share in; **s'~ à** *ou* **avec qn pour faire** to join (forces) *ou* join together with sb to do
assoie *etc* [aswa] *vb voir* **asseoir**
assoiffé, e [aswafe] *adj* thirsty; (*fig*): **~ de** (*sang*) thirsting for; (*gloire*) thirsting after
assoirai [asware], **assois** *etc* [aswa] *vb voir* **asseoir**
assolement [asɔlmɑ̃] *nm* (systematic) rotation of crops
assombrir [asɔ̃bʀiʀ] *vt* to darken; (*fig*) to fill with gloom; **s'assombrir** *vi* to darken; (*devenir nuageux, fig: visage*) to cloud over; (*fig*) to become gloomy
assommer [asɔme] *vt* (*étourdir, abrutir*) to knock out, stun; (*fam: ennuyer*) to bore stiff
Assomption [asɔ̃psjɔ̃] *nf*: **l'~** the Assumption; *see note*

L'ASSOMPTION

The *fête de l'Assomption*, more commonly known as "le 15 août" is a national holiday in France. Traditionally, large numbers of holidaymakers leave home on 15 August, frequently causing chaos on the roads.

assorti, e [asɔʀti] *adj* matched, matching; **fromages/légumes ~s** assorted cheeses/ vegetables; **~ à** matching; **~ de** accompanied with; (*conditions, conseils*) coupled with; **bien/ mal ~** well/ill-matched
assortiment [asɔʀtimɑ̃] *nm* (*choix*) assortment, selection; (*harmonie de couleurs, formes*) arrangement; (*Comm: lot, stock*) selection
assortir [asɔʀtiʀ] *vt* to match; **s'assortir** *vi* to go well together, match; **~ qch à** to match sth with; **~ qch de** to accompany sth with; **s'~ de** to be accompanied by
assoupi, e [asupi] *adj* dozing, sleeping; (*fig*) (be)numbed; (*sens*) dulled
assoupir [asupiʀ]: **s'assoupir** *vi* (*personne*) to doze off; (*sens*) to go numb
assoupissement [asupismɑ̃] *nm* (*sommeil*) dozing; (*fig: somnolence*) drowsiness
assouplir [asupliʀ] *vt* to make supple, soften; (*membres, corps*) to limber up, make supple; (*fig*) to relax; (*: caractère*) to soften, make more flexible; **s'assouplir** *vi* to soften; to limber up; to relax; to become more flexible
assouplissant [asuplisɑ̃] *nm* (fabric) softener
assouplissement [asuplismɑ̃] *nm* softening; limbering up; relaxation; **exercices d'~** limbering up exercises
assourdir [asuʀdiʀ] *vt* (*bruit*) to deaden, muffle; (*bruit*) to deafen
assourdissant, e [asuʀdisɑ̃, -ɑ̃t] *adj* (*bruit*) deafening
assouvir [asuviʀ] *vt* to satisfy, appease
assoyais *etc* [aswajɛ] *vb voir* **asseoir**
assujetti, e [asyʒeti] *adj*: **~ (à)** subject (to); (*Admin*): **~ à l'impôt** subject to tax(ation)
assujettir [asyʒetiʀ] *vt* to subject, subjugate; (*fixer: planches, tableau*) to fix securely; **~ qn à** (*règle, impôt*) to subject sb to
assujettissement [asyʒetismɑ̃] *nm* subjection, subjugation
assumer [asyme] *vt* (*fonction, emploi*) to assume, take on; (*accepter: conséquence, situation*) to accept
assurance [asyʀɑ̃s] *nf* (*certitude*) assurance; (*confiance en soi*) (self-)confidence; (*contrat*) insurance (policy); (*secteur commercial*) insurance; **prendre une ~ contre** to take out insurance *ou* an insurance policy against; **~ contre l'incendie** fire insurance; **~ contre le vol** insurance against theft; **société d'~, compagnie d'~s** insurance company; **~ maladie (AM)** health insurance; **~ au tiers** third party insurance; **~ tous risques** (*Auto*) comprehensive insurance; **~s sociales (AS)** ≈ National Insurance (*Brit*), ≈ Social Security (*US*)
assurance-vie [asyʀɑ̃svi] (*pl* **assurances-vie**) *nf* life assurance *ou* insurance
assurance-vol [asyʀɑ̃svɔl] (*pl* **assurances-vol**) *nf* insurance against theft
assuré, e [asyʀe] *adj* (*victoire etc*) certain, sure; (*démarche, voix*) assured, (self-)confident; (*certain*): **~ de** confident of; (*Assurances*) insured ▷ *nm/f* insured (person); **~ social** ≈ member of the National Insurance (*Brit*) *ou* Social Security (*US*) scheme
assurément [asyʀemɑ̃] *adv* assuredly, most certainly
assurer [asyʀe] *vt* (*Comm*) to insure; (*stabiliser*) to steady, stabilize; (*victoire etc*) to ensure, make certain; (*frontières, pouvoir*) to make secure; (*service, garde*) to provide, operate; **~ qch à qn** (*garantir*) to secure *ou* guarantee sth for sb; (*certifier*) to assure sb of sth; **~ à qn que** to assure sb that; **je vous assure que non/si** I assure you that that is not the case/is the case; **~ qn de** to assure sb of; **~ ses arrières** (*fig*) to be sure one has something to fall back on; **s'assurer (contre)** *vi* (*Comm*) to insure o.s. (against); **s'~ de/que** (*vérifier*) to make sure of/that; **s'~ (de)** (*aide de qn*) to secure; **s'~ sur la vie** to take out life insurance; **s'~ le concours/la collaboration de qn** to secure sb's aid/ collaboration
assureur [asyʀœʀ] *nm* insurance agent; (*société*) insurers *pl*
Assyrie [asiʀi] *nf*: **l'~** Assyria
astérisque [asteʀisk(ə)] *nm* asterisk
astéroïde [asteʀɔid] *nm* asteroid
asthmatique [asmatik] *adj* asthmatic
asthme [asm(ə)] *nm* asthma

asticot [astiko] *nm* maggot
asticoter [astikɔte] *vt* (*fam*) to needle, get at
astigmate [astigmat] *adj* (*Méd: personne*) astigmatic, having an astigmatism
astiquer [astike] *vt* to polish, shine
astrakan [astʀakɑ̃] *nm* astrakhan
astral, e, -aux [astʀal, -o] *adj* astral
astre [astʀ(ə)] *nm* star
astreignant, e [astʀɛɲɑ̃, -ɑ̃t] *adj* demanding
astreindre [astʀɛ̃dʀ(ə)] *vt*: **~ qn à qch** to force sth upon sb; **~ qn à faire** to compel *ou* force sb to do; **s'astreindre à** to compel *ou* force o.s. to
astringent, e [astʀɛ̃ʒɑ̃, -ɑ̃t] *adj* astringent
astrologie [astʀɔlɔʒi] *nf* astrology
astrologique [astʀɔlɔʒik] *adj* astrological
astrologue [astʀɔlɔg] *nm/f* astrologer
astronaute [astʀɔnot] *nm/f* astronaut
astronautique [astʀɔnotik] *nf* astronautics *sg*
astronome [astʀɔnɔm] *nm/f* astronomer
astronomie [astʀɔnɔmi] *nf* astronomy
astronomique [astʀɔnɔmik] *adj* astronomic(al)
astrophysicien, ne [astʀɔfizisjɛ̃, -ɛn] *nm/f* astrophysicist
astrophysique [astʀɔfizik] *nf* astrophysics *sg*
astuce [astys] *nf* shrewdness, astuteness; (*truc*) trick, clever way; (*plaisanterie*) wisecrack
astucieusement [astysjøzmɑ̃] *adv* shrewdly, cleverly, astutely
astucieux, -euse [astysjø, -øz] *adj* shrewd, clever, astute
asymétrique [asimetʀik] *adj* asymmetric(al)
AT *sigle m* (= *Ancien Testament*) OT
atavisme [atavism(ə)] *nm* atavism, heredity
atelier [atəlje] *nm* workshop; (*de peintre*) studio
atermoiements [atɛʀmwamɑ̃] *nmpl* procrastination *sg*
atermoyer [atɛʀmwaje] *vi* to temporize, procrastinate
athée [ate] *adj* atheistic ▷ *nm/f* atheist
athéisme [ateism(ə)] *nm* atheism
Athènes [atɛn] *n* Athens
athénien, ne [atenjɛ̃, -ɛn] *adj* Athenian
athlète [atlɛt] *nm/f* (*Sport*) athlete; (*costaud*) muscleman
athlétique [atletik] *adj* athletic
athlétisme [atletism(ə)] *nm* athletics *sg*; **faire de l'~** to do athletics; **tournoi d'~** athletics meeting
Atlantide [atlɑ̃tid] *nf*: **l'~** Atlantis
atlantique [atlɑ̃tik] *adj* Atlantic ▷ *nm*: **l'(océan) A~** the Atlantic (Ocean)
atlantiste [atlɑ̃tist(ə)] *adj, nm/f* Atlanticist
Atlas [atlɑs] *nm*: **l'~** the Atlas Mountains
atlas [atlɑs] *nm* atlas
atmosphère [atmɔsfɛʀ] *nf* atmosphere
atmosphérique [atmɔsfeʀik] *adj* atmospheric
atoll [atɔl] *nm* atoll
atome [atom] *nm* atom
atomique [atɔmik] *adj* atomic, nuclear; (*usine*) nuclear; (*nombre, masse*) atomic
atomiseur [atɔmizœʀ] *nm* atomizer
atomiste [atɔmist(ə)] *nm/f* (*aussi*: **savant, ingénieur** *etc* **atomiste**) atomic scientist
atone [atɔn] *adj* lifeless; (*Ling*) unstressed, unaccented
atours [atuʀ] *nmpl* attire *sg*, finery *sg*
atout [atu] *nm* trump; (*fig*) asset; (: *plus fort*) trump card; **"~ pique/trèfle"** "spades/clubs are trumps"
ATP *sigle f* (= *Association des tennismen professionnels*) ATP (= *Association of Tennis Professionals*) ▷ *sigle mpl* = **arts et traditions populaires**; **musée des ~** ≈ folk museum
âtre [ɑtʀ(ə)] *nm* hearth
atroce [atʀɔs] *adj* atrocious, horrible
atrocement [atʀɔsmɑ̃] *adv* atrociously, horribly
atrocité [atʀɔsite] *nf* atrocity
atrophie [atʀɔfi] *nf* atrophy
atrophier [atʀɔfje]: **s'atrophier** *vi* to atrophy
attabler [atable]: **s'attabler** *vi* to sit down at (the) table; **s'~ à la terrasse** to sit down (at a table) on the terrace
ATTAC *sigle f* (= *Association pour la Taxation des Transactions pour l'Aide aux Citoyens*) ATTAC, *organization critical of globalization originally set up to demand a tax on foreign currency speculation*
attachant, e [ataʃɑ̃, -ɑ̃t] *adj* engaging, likeable
attache [ataʃ] *nf* clip, fastener; (*fig*) tie; **attaches** *nfpl* (*relations*) connections; **à l'~** (*chien*) tied up
attaché, e [ataʃe] *adj*: **être ~ à** (*aimer*) to be attached to ▷ *nm* (*Admin*) attaché; **~ de presse/ d'ambassade** press/embassy attaché; **~ commercial** commercial attaché
attaché-case [ataʃekɛz] *nm inv* attaché case (*Brit*), briefcase
attachement [ataʃmɑ̃] *nm* attachment
attacher [ataʃe] *vt* to tie up; (*étiquette*) to attach, tie on; (*souliers*) to do up ▷ *vi* (*poêle, riz*) to stick; **s'attacher** *vi* (*robe etc*) to do up; **s'~ à** (*par affection*) to become attached to; **s'~ à faire qch** to endeavour to do sth; **~ qch à** to tie *ou* fasten *ou* attach sth to; **~ qn à** (*fig: lier*) to attach sb to; **~ du prix/de l'importance à** to attach great value/attach importance to
attaquant [atakɑ̃] *nm* (*Mil*) attacker; (*Sport*) striker, forward
attaque [atak] *nf* attack; (*cérébrale*) stroke; (*d'épilepsie*) fit; **être/se sentir d'~** to be/feel on form; **~ à main armée** armed attack
attaquer [atake] *vt* to attack; (*en justice*) to bring an action against, sue; (*travail*) to tackle, set about ▷ *vi* to attack; **s'attaquer à** *vt* to attack; (*épidémie, misère*) to tackle, attack
attardé, e [ataʀde] *adj* (*passants*) late; (*enfant*) backward; (*conceptions*) old-fashioned
attarder [ataʀde]: **s'attarder** *vi* (*sur qch, en chemin*) to linger; (*chez qn*) to stay on
atteignais *etc* [atɛɲɛ] *vb voir* **atteindre**
atteindre [atɛ̃dʀ(ə)] *vt* to reach; (*blesser*) to hit; (*contacter*) to reach, contact, get in touch with; (*émouvoir*) to affect
atteint, e [atɛ̃, -ɛ̃t] *pp de* **atteindre** ▷ *adj* (*Méd*): **être ~ de** to be suffering from ▷ *nf* attack; **hors**

d'~e out of reach; **porter ~e à** to strike a blow at, undermine
attelage [atlaʒ] *nm* (*de remorque etc*) coupling (*Brit*), (trailer) hitch (*US*); (*animaux*) team; (*harnachement*) harness; (*: de bœufs*) yoke
atteler [atle] *vt* (*cheval, bœufs*) to hitch up; (*wagons*) to couple; **s'atteler à** (*travail*) to buckle down to
attelle [atɛl] *nf* splint
attenant, e [atnɑ̃, -ɑ̃t] *adj*: **~ (à)** adjoining
attendant [atɑ̃dɑ̃]: **en ~** *adv* (*dans l'intervalle*) meanwhile, in the meantime
attendre [atɑ̃dʀ(ə)] *vt* to wait for; (*être destiné ou réservé à*) to await, be in store for ▷ *vi* to wait; **je n'attends plus rien (de la vie)** I expect nothing more (from life); **attendez que je réfléchisse** wait while I think; **s'~ à (ce que)** (*escompter*) to expect (that); **je ne m'y attendais pas** I didn't expect that; **ce n'est pas ce à quoi je m'attendais** that's not what I expected; **~ un enfant** to be expecting a baby; **~ de pied ferme** to wait determinedly; **~ de faire/d'être** to wait until one does/is; **~ que** to wait until; **~ qch de** to expect sth of; **faire ~ qn** to keep sb waiting; **se faire ~** to keep people (*ou us etc*) waiting; **en attendant** *adv voir* **attendant**
attendri, e [atɑ̃dʀi] *adj* tender
attendrir [atɑ̃dʀiʀ] *vt* to move (to pity); (*viande*) to tenderize; **s'attendrir (sur)** to be moved *ou* touched (by)
attendrissant, e [atɑ̃dʀisɑ̃, -ɑ̃t] *adj* moving, touching
attendrissement [atɑ̃dʀismɑ̃] *nm* (*tendre*) emotion; (*apitoyé*) pity
attendrisseur [atɑ̃dʀisœʀ] *nm* tenderizer
attendu, e [atɑ̃dy] *pp de* **attendre** ▷ *adj* long-awaited; (*prévu*) expected ▷ *nm*: **~s** *reasons adduced for a judgment*; **~ que** *conj* considering that, since
attentat [atɑ̃ta] *nm* (*contre une personne*) assassination attempt; (*contre un bâtiment*) attack; **~ à la bombe** bomb attack; **~ à la pudeur** (*exhibitionnisme*) indecent exposure *no pl*; (*agression*) indecent assault *no pl*; **~ suicide** suicide bombing
attente [atɑ̃t] *nf* wait; (*espérance*) expectation; **contre toute ~** contrary to (all) expectations
attenter [atɑ̃te]: **~ à** *vt* (*liberté*) to violate; **~ à la vie de qn** to make an attempt on sb's life; **~ à ses jours** to make an attempt on one's life
attentif, -ive [atɑ̃tif, -iv] *adj* (*auditeur*) attentive; (*soin*) scrupulous; (*travail*) careful; **~ à** paying attention to; (*devoir*) mindful of; **~ à faire** careful to do
attention [atɑ̃sjɔ̃] *nf* attention; (*prévenance*) attention, thoughtfulness *no pl*; **mériter ~** to be worthy of attention; **à l'~ de** for the attention of; **porter qch à l'~ de qn** to bring sth to sb's attention; **attirer l'~ de qn sur qch** to draw sb's attention to sth; **faire ~ (à)** to be careful (of); **faire ~ (à ce) que** to be *ou* make sure that; **~!** careful!, watch!, watch *ou* mind (*Brit*) out!; **~, si vous ouvrez cette lettre** (*sanction*) just watch out, if you open that letter; **~, respectez les consignes de sécurité** be sure to observe the safety instructions
attentionné, e [atɑ̃sjɔne] *adj* thoughtful, considerate
attentisme [atɑ̃tism(ə)] *nm* wait-and-see policy
attentiste [atɑ̃tist(ə)] *adj* (*politique*) wait-and-see ▷ *nm/f* believer in a wait-and-see policy
attentivement [atɑ̃tivmɑ̃] *adv* attentively
atténuant, e [atenɥɑ̃, -ɑ̃t] *adj*: **circonstances ~es** extenuating circumstances
atténuer [atenɥe] *vt* to alleviate, ease; (*diminuer*) to lessen; (*amoindrir*) to mitigate the effects of; **s'atténuer** *vi* to ease; (*violence etc*) to abate
atterrer [ateʀe] *vt* to dismay, appal
atterrir [ateʀiʀ] *vi* to land
atterrissage [ateʀisaʒ] *nm* landing; **~ sur le ventre/sans visibilité/forcé** belly/blind/forced landing
attestation [atɛstasjɔ̃] *nf* certificate, testimonial; **~ médicale** doctor's certificate
attester [atɛste] *vt* to testify to, vouch for; (*démontrer*) to attest, testify to; **~ que** to testify that
attiédir [atjediʀ]: **s'attiédir** *vi* to become lukewarm; (*fig*) to cool down
attifé, e [atife] *adj* (*fam*) got up (*Brit*), decked out
attifer [atife] *vt* to get (*Brit*) *ou* do up, deck out
attique [atik] *nm*: **appartement en ~** penthouse (flat (*Brit*) *ou* apartment (*US*))
attirail [atiʀaj] *nm* gear; (*péj*) paraphernalia
attirance [atiʀɑ̃s] *nf* attraction; (*séduction*) lure
attirant, e [atiʀɑ̃, -ɑ̃t] *adj* attractive, appealing
attirer [atiʀe] *vt* to attract; (*appâter*) to lure, entice; **~ qn dans un coin/vers soi** to draw sb into a corner/towards one; **~ l'attention de qn** to attract sb's attention; **~ l'attention de qn sur qch** to draw sb's attention to sth; **~ des ennuis à qn** to make trouble for sb; **s'~ des ennuis** to bring trouble upon o.s., get into trouble
attiser [atize] *vt* (*feu*) to poke (up), stir up; (*fig*) to fan the flame of, stir up
attitré, e [atitʀe] *adj* qualified; (*agréé*) accredited, appointed
attitude [atityd] *nf* attitude; (*position du corps*) bearing
attouchements [atuʃmɑ̃] *nmpl* touching *sg*; (*sexuels*) fondling *sg*, stroking *sg*
attractif, -ive [atʀaktif, -iv] *adj* attractive
attraction [atʀaksjɔ̃] *nf* attraction; (*de cabaret, cirque*) number
attrait [atʀɛ] *nm* appeal, attraction; (*plus fort*) lure; **attraits** *nmpl* attractions; **éprouver de l'~ pour** to be attracted to
attrape [atʀap] *nf voir* **farce**
attrape-nigaud [atʀapnigo] *nm* con
attraper [atʀape] *vt* to catch; (*habitude, amende*) to get, pick up; (*fam: duper*) to take in (*Brit*), con

attrayant, e [atʀɛjɑ̃, -ɑ̃t] *adj* attractive
attribuer [atʀibɥe] *vt* (*prix*) to award; (*rôle, tâche*) to allocate, assign; (*imputer*): **~ qch à** to attribute sth to, ascribe sth to, put sth down to; **s'attribuer** *vt* (*s'approprier*) to claim for o.s.
attribut [atʀiby] *nm* attribute; (*Ling*) complement
attribution [atʀibysjɔ̃] *nf* (*voir attribuer*) awarding; allocation, assignment; attribution; **attributions** *nfpl* (*compétence*) attributions; **complément d'~** (*Ling*) indirect object
attristant, e [atʀistɑ̃, -ɑ̃t] *adj* saddening
attrister [atʀiste] *vt* to sadden; **s'~ de qch** to be saddened by sth
attroupement [atʀupmɑ̃] *nm* crowd, mob
attrouper [atʀupe]: **s'attrouper** *vi* to gather
au [o] *prép voir* **à**
aubade [obad] *nf* dawn serenade
aubaine [obɛn] *nf* godsend; (*financière*) windfall; (*Comm*) bonanza
aube [ob] *nf* dawn, daybreak; (*Rel*) alb; **à l'~** at dawn *ou* daybreak; **à l'~ de** (*fig*) at the dawn of
aubépine [obepin] *nf* hawthorn
auberge [obɛʀʒ(ə)] *nf* inn; **~ de jeunesse** youth hostel
aubergine [obɛʀʒin] *nf* aubergine (*Brit*), eggplant (*US*)
aubergiste [obɛʀʒist(ə)] *nm/f* inn-keeper, hotel-keeper
auburn [obœʀn] *adj inv* auburn
aucun, e [okœ̃, -yn] *adj, pron* no; (*positif*) any ▷ *pron* none; (*positif*) any(one); **il n'y a ~ livre** there isn't any book, there is no book; **je n'en vois ~ qui ...** I can't see any which ..., I (can) see none which ...; **~ homme** no man; **sans ~ doute** without any doubt; **sans ~e hésitation** without hesitation; **plus qu'~ autre** more than any other; **plus qu'~ de ceux qui ...** more than any of those who ...; **en ~e façon** in no way at all; **~ des deux** neither of the two; **~ d'entre eux** none of them; **d'~s** (*certains*) some
aucunement [okynmɑ̃] *adv* in no way, not in the least
audace [odas] *nf* daring, boldness; (*péj*) audacity; **il a eu l'~ de ...** he had the audacity to ...; **vous ne manquez pas d'~!** you're not lacking in nerve *ou* cheek!
audacieux, -euse [odasjø, -øz] *adj* daring, bold
au-dedans [odədɑ̃] *adv, prép* inside
au-dehors [odəɔʀ] *adv, prép* outside
au-delà [odla] *adv* beyond ▷ *nm*: **l'~** the hereafter; **~ de** *prép* beyond
au-dessous [odsu] *adv* underneath; below; **~ de** *prép* under(neath), below; (*limite, somme etc*) below, under; (*dignité, condition*) below
au-dessus [odsy] *adv* above; **~ de** *prép* above
au-devant [odvɑ̃]: **~ de** *prép*: **aller ~ de** to go (out) and meet; (*souhaits de qn*) to anticipate
audible [odibl(ə)] *adj* audible
audience [odjɑ̃s] *nf* audience; (*Jur: séance*) hearing; **trouver ~ auprès de** to arouse much interest among, get the (interested) attention of
audimat® [odimat] *nm* (*taux d'écoute*) ratings *pl*
audio-visuel, le [odjɔvizɥɛl] *adj* audio-visual ▷ *nm* (*équipement*) audio-visual aids *pl*; (*méthodes*) audio-visual methods *pl*; **l'~** radio and television
auditeur, -trice [oditœʀ, -tʀis] *nm/f* (*à la radio*) listener; (*à une conférence*) member of the audience, listener; **~ libre** unregistered student (*attending lectures*), auditor (*US*)
auditif, -ive [oditif, -iv] *adj* (*mémoire*) auditory; **appareil ~** hearing aid
audition [odisjɔ̃] *nf* (*ouïe, écoute*) hearing; (*Jur: de témoins*) examination; (*Mus, Théât: épreuve*) audition
auditionner [odisjɔne] *vt, vi* to audition
auditoire [oditwaʀ] *nm* audience
auditorium [oditɔʀjɔm] *nm* (public) studio
auge [oʒ] *nf* trough
augmentation [ɔgmɑ̃tɑsjɔ̃] *nf* (*action*) increasing; raising; (*résultat*) increase; **~ (de salaire)** rise (in salary) (*Brit*), (pay) raise (*US*)
augmenter [ɔgmɑ̃te] *vt* to increase; (*salaire, prix*) to increase, raise, put up; (*employé*) to increase the salary of, give a (salary) rise (*Brit*) *ou* (pay) raise (*US*) to ▷ *vi* to increase; **~ de poids/volume** to gain (in) weight/volume
augure [ɔgyʀ] *nm* soothsayer, oracle; **de bon/mauvais ~** of good/ill omen
augurer [ɔgyʀe] *vt*: **~ qch de** to foresee sth (coming) from *ou* out of; **~ bien de** to augur well for
auguste [ɔgyst(ə)] *adj* august, noble, majestic
aujourd'hui [oʒuʀdɥi] *adv* today; **aujourd'hui en huit/quinze** a week/two weeks today, a week/two weeks from now; **à dater** *ou* **partir d'aujourd'hui** from today('s date)
aumône [ɔmon] *nf* alms *sg* (*pl inv*); **faire l'~ (à qn)** to give alms (to sb); **faire l'~ de qch à qn** (*fig*) to favour sb with sth
aumônerie [ɔmonʀi] *nf* chaplaincy
aumônier [ɔmonje] *nm* chaplain
auparavant [opaʀavɑ̃] *adv* before(hand)
auprès [opʀɛ]: **~ de** *prép* next to, close to; (*recourir, s'adresser*) to; (*en comparaison de*) compared with, next to; (*dans l'opinion de*) in the opinion of
auquel [okɛl] *pron voir* **lequel**
aura *etc* [ɔʀa] *vb voir* **avoir**
aurai *etc* [ɔʀe] *vb voir* **avoir**
auréole [ɔʀeɔl] *nf* halo; (*tache*) ring
auréolé, e [ɔʀeɔle] *adj* (*fig*): **~ de gloire** crowned with *ou* in glory
auriculaire [ɔʀikylɛʀ] *nm* little finger
aurons *etc* [ɔʀɔ̃] *vb voir* **avoir**
aurore [ɔʀɔʀ] *nf* dawn, daybreak; **~ boréale** northern lights *pl*
ausculter [ɔskylte] *vt* to sound
auspices [ɔspis] *nmpl*: **sous les ~ de** under the patronage *ou* auspices of; **sous de bons/mauvais ~** under favourable/unfavourable auspices
aussi [osi] *adv* (*également*) also, too; (*de*

comparaison) as ▷ *conj* therefore, consequently; **~ fort que** as strong as; **lui ~** (*sujet*) he too; (*objet*) him too; **~ bien que** (*de même que*) as well as
aussitôt [osito] *adv* straight away, immediately; **~ que** as soon as; **~ envoyé** as soon as it is (*ou* was) sent; **~ fait** no sooner done
austère [ɔstɛʀ] *adj* austere; (*sévère*) stern
austérité [ɔsteʀite] *nf* austerity; **plan/budget d'~** austerity plan/budget
austral, e [ɔstʀal] *adj* southern; **l'océan A~** the Antarctic Ocean; **les Terres A~es** Antarctica
Australie [ɔstʀali] *nf*: **l'~** Australia
australien, ne [ɔstʀaljɛ̃, -ɛn] *adj* Australian ▷ *nm/f*: **Australien, ne** Australian
autant [otɑ̃] *adv* so much; (*comparatif*): **~ (que)** as much (as); (*nombre*) as many (as); **~ (de)** so much (*ou* many); as much (*ou* many); **n'importe qui aurait pu en faire ~** anyone could have done the same *ou* as much; **~ partir** we (*ou* you *etc*) may as well leave; **~ ne rien dire** best not say anything; **~ dire que ...** one might as well say that ...; **fort ~ que courageux** as strong as he is brave; **il n'est pas découragé pour ~** he isn't discouraged for all that; **pour ~ que** *conj* assuming, as long as; **d'~** *adv* accordingly, in proportion; **d'~ plus/mieux (que)** all the more/the better (since)
autarcie [otaʀsi] *nf* autarky, self-sufficiency
autel [ɔtɛl] *nm* altar
auteur [otœʀ] *nm* author; **l'~ de cette remarque** the person who said that; **droit d'~** copyright
auteur-compositeur [otœʀkɔ̃pozitœʀ] *nm/f* composer-songwriter
authenticité [ɔtɑ̃tisite] *nf* authenticity
authentifier [ɔtɑ̃tifje] *vt* to authenticate
authentique [ɔtɑ̃tik] *adj* authentic, genuine
autiste [otist] *adj* autistic
auto [ɔto] *nf* car; **~s tamponneuses** bumper cars, dodgems
auto... [ɔto] *préfixe* auto..., self-
autobiographie [ɔtɔbjɔgʀafi] *nf* autobiography
autobiographique [ɔtɔbjɔgʀafik] *adj* autobiographical
autobronzant [ɔtɔbʀɔ̃zɑ̃] *nm* self-tanning cream (*or* lotion *etc*)
autobus [ɔtɔbys] *nm* bus
autocar [ɔtɔkaʀ] *nm* coach
autochtone [ɔtɔktɔn] *nm/f* native
autocollant, e [ɔtɔkɔlɑ̃, -ɑ̃t] *adj* self-adhesive; (*enveloppe*) self-seal ▷ *nm* sticker
auto-couchettes [ɔtokuʃɛt] *adj inv*: **train ~** car sleeper train, motorail® train (*Brit*)
autocratique [ɔtɔkʀatik] *adj* autocratic
autocritique [ɔtɔkʀitik] *nf* self-criticism
autocuiseur [ɔtɔkwizœʀ] *nm* (*Culin*) pressure cooker
autodéfense [ɔtɔdefɑ̃s] *nf* self-defence; **groupe d'~** vigilante committee
autodétermination [ɔtɔdetɛʀminɑsjɔ̃] *nf* self-determination
autodidacte [ɔtɔdidakt(ə)] *nm/f* self-taught person
autodiscipline [ɔtɔdisiplin] *nf* self-discipline
autodrome [ɔtɔdʀom] *nm* motor-racing stadium
auto-école [ɔtɔekɔl] *nf* driving school
autofinancement [ɔtɔfinɑ̃smɑ̃] *nm* self-financing
autogéré, e [ɔtɔʒeʀe] *adj* self-managed, managed internally
autogestion [ɔtɔʒɛstjɔ̃] *nf* joint worker-management control
autographe [ɔtɔgʀaf] *nm* autograph
autoguidé, e [ɔtɔgide] *adj* self-guided
automate [ɔtɔmat] *nm* (*robot*) automaton; (*machine*) (automatic) machine
automatique [ɔtɔmatik] *adj, nm* automatic; **l'~** (*Tél*) ≈ direct dialling
automatiquement [ɔtɔmatikmɑ̃] *adv* automatically
automatisation [ɔtɔmatizɑsjɔ̃] *nf* automation
automatiser [ɔtɔmatize] *vt* to automate
automédication [ɔtɔmedikɑsjɔ̃] *nf* self-medication
automitrailleuse [ɔtɔmitʀɑjøz] *nf* armoured car
automnal, e, -aux [ɔtɔnal, -o] *adj* autumnal
automne [ɔtɔn] *nm* autumn (*Brit*), fall (*US*)
automobile [ɔtɔmɔbil] *adj* motor *cpd* ▷ *nf* (motor) car; **l'~** motoring; (*industrie*) the car *ou* automobile (*US*) industry
automobiliste [ɔtɔmɔbilist(ə)] *nm/f* motorist
autonettoyant, e [ɔtɔnɛtwajɑ̃, -ɑ̃t] *adj*: **four ~** self-cleaning oven
autonome [ɔtɔnɔm] *adj* autonomous
autonomie [ɔtɔnɔmi] *nf* autonomy; (*Pol*) self-government, autonomy; **~ de vol** range
autonomiste [ɔtɔnɔmist(ə)] *nm/f* separatist
autoportrait [ɔtɔpɔʀtʀɛ] *nm* self-portrait
autopsie [ɔtɔpsi] *nf* post-mortem (examination), autopsy
autopsier [ɔtɔpsje] *vt* to carry out a post-mortem *ou* an autopsy on
autoradio [ɔtɔʀadjo] *nf* car radio
autorail [ɔtɔʀɑj] *nm* railcar
autorisation [ɔtɔʀizɑsjɔ̃] *nf* permission, authorization; (*papiers*) permit; **donner à qn l'~ de** to give sb permission to, authorize sb to; **avoir l'~ de faire** to be allowed *ou* have permission to do, be authorized to do
autorisé, e [ɔtɔʀize] *adj* (*opinion, sources*) authoritative; (*permis*): **~ à faire** authorized *ou* permitted to do; **dans les milieux ~s** in official circles
autoriser [ɔtɔʀize] *vt* to give permission for, authorize; (*fig*) to allow (of), sanction; **~ qn à faire** to give permission to sb to do, authorize sb to do
autoritaire [ɔtɔʀitɛʀ] *adj* authoritarian
autoritarisme [ɔtɔʀitaʀism(ə)] *nm* authoritarianism
autorité [ɔtɔʀite] *nf* authority; **faire ~** to be authoritative; **~s constituées** constitutional

authorities
autoroute [ɔtɔʀut] *nf* motorway (*Brit*), expressway (*US*); **~ de l'information** (*Tél*) information highway
autoroutier, -ière [ɔtɔʀutje, -jɛʀ] *adj* motorway *cpd* (*Brit*), expressway *cpd* (*US*)
autosatisfaction [ɔtɔsatisfaksjɔ̃] *nf* self-satisfaction
auto-stop [ɔtɔstɔp] *nm*: **l'~** hitch-hiking; **faire de l'~** to hitch-hike; **prendre qn en ~** to give sb a lift
auto-stoppeur, -euse [ɔtɔstɔpœʀ, -øz] *nm/f* hitch-hiker, hitcher (*Brit*)
autosuffisant, e [ɔtɔsyfizɑ̃, -ɑ̃t] *adj* self-sufficient
autosuggestion [ɔtɔsygʒɛstjɔ̃] *nf* autosuggestion
autour [otuʀ] *adv* around; **~ de** *prép* around; (*environ*) around, about; **tout ~** *adv* all around

MOT-CLÉ

autre [otʀ(ə)] *adj* **1** (*différent*) other, different; **je préférerais un autre verre** I'd prefer another *ou* a different glass; **d'autres verres** different glasses; **se sentir autre** to feel different; **la difficulté est autre** the difficulty is *ou* lies elsewhere
2 (*supplémentaire*) other; **je voudrais un autre verre d'eau** I'd like another glass of water
3: **autre chose** something else; **autre part** somewhere else; **d'autre part** on the other hand
▷ *pron* **1**: **un autre** another (one); **nous/vous autres** us/you; **d'autres** others; **l'autre** the other (one); **les autres** the others; (*autrui*) others; **l'un et l'autre** both of them; **ni l'un ni l'autre** neither of them; **se détester l'un l'autre/les uns les autres** to hate each other *ou* one another; **d'une semaine/minute à l'autre** from one week/minute *ou* moment to the next; (*incessamment*) any week/minute *ou* moment now; **de temps à autre** from time to time; **entre autres** among other things
2 (*expressions*): **j'en ai vu d'autres** I've seen worse; **à d'autres!** pull the other one!

autrefois [otʀəfwa] *adv* in the past
autrement [otʀəmɑ̃] *adv* differently; (*d'une manière différente*) in another way; (*sinon*) otherwise; **je n'ai pas pu faire ~** I couldn't do anything else, I couldn't do otherwise; **~ dit** in other words; (*c'est-à-dire*) that is to say
Autriche [otʀiʃ] *nf*: **l'~** Austria
autrichien, ne [otʀiʃjɛ̃, -ɛn] *adj* Austrian ▷ *nm/f*: **Autrichien, ne** Austrian
autruche [otʀyʃ] *nf* ostrich; **faire l'~** (*fig*) to bury one's head in the sand
autrui [otʀɥi] *pron* others
auvent [ovɑ̃] *nm* canopy
auvergnat, e [ɔvɛʀɲa, -at] *adj* of *ou* from the Auvergne
Auvergne [ɔvɛʀɲ(ə)] *nf*: **l'~** the Auvergne
aux [o] *prép voir* **à**
auxiliaire [ɔksiljɛʀ] *adj, nm/f* auxiliary
auxquels, auxquelles [okɛl] *pron voir* **lequel**
AV *sigle m* (*Banque: = avis de virement*) *advice of bank transfer* ▷ *abr* (*Auto*) = **avant**
av. *abr* (= *avenue*) Av(e)
avachi, e [avaʃi] *adj* limp, flabby; (*chaussure, vêtement*) out-of-shape; (*personne*): **~ sur qch** slumped on *ou* across sth
avais *etc* [avɛ] *vb voir* **avoir**
aval [aval] *nm* (*accord*) endorsement, backing; (*Géo*): **en ~** downstream, downriver; (*sur une pente*) downhill; **en ~ de** downstream *ou* downriver from; downhill from
avalanche [avalɑ̃ʃ] *nf* avalanche; **~ poudreuse** powder snow avalanche
avaler [avale] *vt* to swallow
avaliser [avalize] *vt* (*plan, entreprise*) to back, support; (*Comm, Jur*) to guarantee
avance [avɑ̃s] *nf* (*de troupes etc*) advance; (*progrès*) progress; (*d'argent*) advance; (*opposé à retard*) lead; being ahead of schedule; **avances** *nfpl* overtures; (*amoureuses*) advances; **une ~ de 300 m/4 h** (*Sport*) a 300 m/4 hour lead; **(être) en ~** (to be) early; (*sur un programme*) (to be) ahead of schedule; **on n'est pas en ~!** we're kind of late!; **être en ~ sur qn** to be ahead of sb; **d'~, à l'~, par ~** in advance; **~ (du) papier** (*Inform*) paper advance
avancé, e [avɑ̃se] *adj* advanced; (*travail etc*) well on, well under way; (*fruit, fromage*) overripe ▷ *nf* projection; overhang; **il est ~ pour son âge** he is advanced for his age
avancement [avɑ̃smɑ̃] *nm* (*professionnel*) promotion; (*de travaux*) progress
avancer [avɑ̃se] *vi* to move forward, advance; (*projet, travail*) to make progress; (*être en saillie*) to overhang; to project; (*montre, réveil*) to be fast; (*: d'habitude*) to gain ▷ *vt* to move forward, advance; (*argent*) to advance; (*montre, pendule*) to put forward; (*faire progresser: travail etc*) to advance, move on; **s'avancer** *vi* to move forward, advance; (*fig*) to commit o.s.; (*faire saillie*) to overhang; to project; **j'avance (d'une heure)** I'm (an hour) fast
avanies [avani] *nfpl* snubs (*Brit*), insults
avant [avɑ̃] *prép* before ▷ *adv*: **trop/plus ~** too far/further forward ▷ *adj inv*: **siège/roue ~** front seat/wheel ▷ *nm* front; (*Sport: joueur*) forward; **~ qu'il parte/de partir** before he leaves/leaving; **~ qu'il (ne) pleuve** before it rains (*ou* rained); **~ tout** (*surtout*) above all; **à l'~** (*dans un véhicule*) in (the) front; **en ~** *adv* forward(s); **en ~ de** *prép* in front of; **aller de l'~** to steam ahead (*fig*), make good progress
avantage [avɑ̃taʒ] *nm* advantage; (*Tennis*): **~ service/dehors** advantage *ou* van (*Brit*) *ou* ad (*US*) in/out; **tirer ~ de** to take advantage of; **vous auriez ~ à faire** you would be well-advised to do, it would be to your advantage to do; **à l'~ de qn** to sb's advantage; **être à son ~**

to be at one's best; **~s en nature** benefits in kind; **~s sociaux** fringe benefits

avantager [avɑ̃taʒe] *vt* (*favoriser*) to favour; (*embellir*) to flatter

avantageux, -euse [avɑ̃taʒø, -øz] *adj* attractive; (*intéressant*) attractively priced; (*portrait, coiffure*) flattering; **conditions avantageuses** favourable terms

avant-bras [avɑ̃bʀa] *nm inv* forearm

avant-centre [avɑ̃sɑ̃tʀ(ə)] *nm* centre-forward

avant-coureur [avɑ̃kuʀœʀ] *adj inv* (*bruit etc*) precursory; **signe ~** advance indication *ou* sign

avant-dernier, -ière [avɑ̃dɛʀnje, -jɛʀ] *adj, nm/f* next to last, last but one

avant-garde [avɑ̃gaʀd(ə)] *nf* (*Mil*) vanguard; (*fig*) avant-garde; **d'~** avant-garde

avant-goût [avɑ̃gu] *nm* foretaste

avant-hier [avɑ̃tjɛʀ] *adv* the day before yesterday

avant-poste [avɑ̃pɔst(ə)] *nm* outpost

avant-première [avɑ̃pʀəmjɛʀ] *nf* (*de film*) preview; **en ~** as a preview, in a preview showing

avant-projet [avɑ̃pʀɔʒɛ] *nm* preliminary draft

avant-propos [avɑ̃pʀɔpo] *nm* foreword

avant-veille [avɑ̃vɛj] *nf*: **l'~** two days before

avare [avaʀ] *adj* miserly, avaricious ▷ *nm/f* miser; **~ de compliments** stingy *ou* sparing with one's compliments

avarice [avaʀis] *nf* avarice, miserliness

avarié, e [avaʀje] *adj* (*viande, fruits*) rotting, going off (*Brit*); (*Navig: navire*) damaged

avaries [avaʀi] *nfpl* (*Navig*) damage *sg*

avatar [avataʀ] *nm* misadventure; (*transformation*) metamorphosis

avec [avɛk] *prép* with; (*à l'égard de*) to(wards), with ▷ *adv* (*fam*) with it (*ou him etc*); **~ habileté/lenteur** skilfully/slowly; **~ eux/ces maladies** with them/these diseases; **~ ça** (*malgré ça*) for all that; **et ~ ça?** (*dans un magasin*) anything *ou* something else?

avenant, e [avnɑ̃, -ɑ̃t] *adj* pleasant ▷ *nm* (*Assurances*) additional clause; **à l'~** *adv* in keeping

avènement [avɛnmɑ̃] *nm* (*d'un roi*) accession, succession; (*d'un changement*) advent; (*d'une politique, idée*) coming

avenir [avniʀ] *nm*: **l'~** the future; **à l'~** in future; **sans ~** with no future, without a future; **carrière/politicien d'~** career/politician with prospects *ou* a future

Avent [avɑ̃] *nm*: **l'~** Advent

aventure [avɑ̃tyʀ] *nf*: **l'~** adventure; **une ~** an adventure; (*amoureuse*) an affair; **partir à l'~** to go off in search of adventure; (*au hasard*) to go where one's fancy takes one; **roman/film d'~** adventure story/film

aventurer [avɑ̃tyʀe] *vt* (*somme, réputation, vie*) to stake; (*remarque, opinion*) to venture; **s'aventurer** *vi* to venture; **s'~ à faire qch** to venture into sth

aventureux, -euse [avɑ̃tyʀø, -øz] *adj* adventurous, venturesome; (*projet*) risky, chancy

aventurier, -ière [avɑ̃tyʀje, -jɛʀ] *nm/f* adventurer ▷ *nf* (*péj*) adventuress

avenu, e [avny] *adj*: **nul et non ~** null and void

avenue [avny] *nf* avenue

avéré, e [aveʀe] *adj* recognized, acknowledged

avérer [aveʀe]: **s'avérer** *vr*: **s'~ faux/coûteux** to prove (to be) wrong/expensive

averse [avɛʀs(ə)] *nf* shower

aversion [avɛʀsjɔ̃] *nf* aversion, loathing

averti, e [avɛʀti] *adj* (well-)informed

avertir [avɛʀtiʀ] *vt*: **~ qn (de qch/que)** to warn sb (of sth/that); (*renseigner*) to inform sb (of sth/that); **~ qn de ne pas faire qch** to warn sb not to do sth

avertissement [avɛʀtismɑ̃] *nm* warning

avertisseur [avɛʀtisœʀ] *nm* horn, siren; **~ (d'incendie)** (fire) alarm

aveu, x [avø] *nm* confession; **passer aux ~x** to make a confession; **de l'~ de** according to

aveuglant, e [avœglɑ̃, -ɑ̃t] *adj* blinding

aveugle [avœgl(ə)] *adj* blind ▷ *nm/f* blind person; **les ~s** the blind; **test en (double) ~** (double) blind test

aveuglement [avœgləmɑ̃] *nm* blindness

aveuglément [avœglemɑ̃] *adv* blindly

aveugler [avœgle] *vt* to blind

aveuglette [avœglɛt]: **à l'~** *adv* groping one's way along; (*fig*) in the dark, blindly

avez [ave] *vb voir* **avoir**

aviateur, -trice [avjatœʀ, -tʀis] *nm/f* aviator, pilot

aviation [avjɑsjɔ̃] *nf* (*secteur commercial*) aviation; (*sport, métier de pilote*) flying; (*Mil*) air force; **terrain d'~** airfield; **~ de chasse** fighter force

aviculteur, -trice [avikyltœʀ, -tʀis] *nm/f* poultry farmer; bird breeder

aviculture [avikyltyʀ] *nf* (*de volailles*) poultry farming

avide [avid] *adj* eager; (*péj*) greedy, grasping; **~ de** (*sang etc*) thirsting for; **~ d'honneurs/d'argent** greedy for honours/money; **~ de connaître/d'apprendre** eager to know/learn

avidité [avidite] *nf* eagerness; greed

avilir [aviliʀ] *vt* to debase

avilissant, e [avilisɑ̃, -ɑ̃t] *adj* degrading

aviné, e [avine] *adj* drunken

avion [avjɔ̃] *nm* (aero)plane (*Brit*), (air)plane (*US*); **aller (quelque part) en ~** to go (somewhere) by plane, fly (somewhere); **par ~** by airmail; **~ de chasse** fighter; **~ de ligne** airliner; **~ à réaction** jet (plane)

avion-cargo [avjɔ̃kaʀgo] *nm* air freighter

avion-citerne [avjɔ̃sitɛʀn(ə)] *nm* air tanker

aviron [aviʀɔ̃] *nm* oar; (*sport*): **l'~** rowing

avis [avi] *nm* opinion; (*notification*) notice; (*Comm*): **~ de crédit/débit** credit/debit advice; **à mon ~** in my opinion; **je suis de votre ~** I share your opinion, I am of your opinion; **être d'~ que** to be of the opinion that; **changer d'~** to change one's mind; **sauf ~ contraire** unless you hear to the contrary; **sans ~ préalable**

without notice; **jusqu'à nouvel ~** until further notice; **~ de décès** death announcement

avisé, e [avize] *adj* sensible, wise; **être bien/mal ~ de faire** to be well-/ill-advised to do

aviser [avize] *vt* (*voir*) to notice, catch sight of; (*informer*): **~ qn de/que** to advise *ou* inform *ou* notify sb of/that ▷ *vi* to think about things, assess the situation; **s'~ de qch/que** to become suddenly aware of sth/that; **s'~ de faire** to take it into one's head to do

aviver [avive] *vt* (*douleur, chagrin*) to intensify; (*intérêt, désir*) to sharpen; (*colère, querelle*) to stir up; (*couleur*) to brighten up

av. J.-C. *abr* (= *avant Jésus-Christ*) BC

avocat, e [avɔka, -at] *nm/f* (*Jur*) ≈ barrister (*Brit*), lawyer; (*fig*) advocate, champion ▷ *nm* (*Culin*) avocado (pear); **se faire l'~ du diable** to be the devil's advocate; **l'~ de la défense/partie civile** the counsel for the defence/plaintiff; **~ d'affaires** business lawyer; **~ général** assistant public prosecutor

avocat-conseil [avɔkakɔ̃sɛj] (*pl* **avocats-conseils**) *nm* ≈ barrister (*Brit*)

avocat-stagiaire [avɔkastaʒjɛʀ] (*pl* **avocats-stagiaires**) *nm* ≈ barrister doing his articles (*Brit*)

avoine [avwan] *nf* oats *pl*

MOT-CLÉ

avoir [avwaʀ] *nm* assets *pl*, resources *pl*; (*Comm*) credit; **avoir fiscal** tax credit
▷ *vt* **1** (*posséder*) to have; **elle a deux enfants/une belle maison** she has (got) two children/a lovely house; **il a les yeux bleus** he has (got) blue eyes
2 (*éprouver*): **qu'est-ce que tu as?, qu'as-tu?** what's wrong?, what's the matter?; *voir aussi* **faim, peur** *etc*
3 (*âge, dimensions*) to be; **il a 3 ans** he is 3 (years old); **le mur a 3 mètres de haut** the wall is 3 metres high
4 (*fam: duper*) to do, have; **on vous a eu!** you've been done *ou* had!
5: **en avoir contre qn** to have a grudge against sb; **en avoir assez** to be fed up; **j'en ai pour une demi-heure** it'll take me half an hour; **n'avoir que faire de qch** to have no use for sth
▷ *vb aux* **1** to have; **avoir mangé/dormi** to have eaten/slept; **hier je n'ai pas mangé** I didn't eat yesterday
2 (*avoir +à +infinitif*): **avoir à faire qch** to have to do sth; **vous n'avez qu'à lui demander** you only have to ask him; **tu n'as pas à me poser des questions** it's not for you to ask me questions
▷ *vb impers* **1**: **il y a** (+ *singulier*) there is; (+ *pluriel*) there are; **qu'y-a-t-il?, qu'est-ce qu'il y a?** what's the matter?, what is it?; **il doit y avoir une explication** there must be an explanation; **il n'y a qu'à ...** we (*ou* you *etc*) will just have to ...; **il ne peut y en avoir qu'un** there can only be one
2 (*temporel*): **il y a 10 ans** 10 years ago; **il y a 10 ans/longtemps que je le connais** I've known him for 10 years/a long time; **il y a 10 ans qu'il est arrivé** it's 10 years since he arrived

avoisinant, e [avwazinɑ̃, -ɑ̃t] *adj* neighbouring

avoisiner [avwazine] *vt* to be near *ou* close to; (*fig*) to border *ou* verge on

avons [avɔ̃] *vb voir* **avoir**

avortement [avɔʀtəmɑ̃] *nm* abortion

avorter [avɔʀte] *vi* (*Méd*) to have an abortion; (*fig*) to fail; **faire ~** to abort; **se faire ~** to have an abortion

avouable [avwabl(ə)] *adj* respectable; **des pensées non ~s** unrepeatable thoughts

avoué, e [avwe] *adj* avowed ▷ *nm* (*Jur*) ≈ solicitor (*Brit*), lawyer

avouer [avwe] *vt* (*crime, défaut*) to confess (to) ▷ *vi* (*se confesser*) to confess; (*admettre*) to admit; **~ avoir fait/que** to admit *ou* confess to having done/that; **~ que oui/non** to admit that that is so/not so

avril [avʀil] *nm* April; *voir aussi* **juillet**

axe [aks(ə)] *nm* axis (*pl* axes); (*de roue etc*) axle; **dans l'~ de** directly in line with; (*fig*) main line; **~ routier** trunk road, main road

axer [akse] *vt*: **~ qch sur** to centre sth on

axial, e, -aux [aksjal, -o] *adj* axial

axiome [aksjom] *nm* axiom

ayant [ɛjɑ̃] *vb voir* **avoir** ▷ *nm*: **~ droit** assignee; **~ droit à** (*pension etc*) person eligible for *ou* entitled to

ayons *etc* [ɛjɔ̃] *vb voir* **avoir**

azalée [azale] *nf* azalea

Azerbaïdjan [azɛʀbaidʒɑ̃] *nm* Azerbaijan

azimut [azimyt] *nm* azimuth; **tous ~s** *adj* (*fig*) omnidirectional

azote [azɔt] *nm* nitrogen

azoté, e [azɔte] *adj* nitrogenous

AZT *sigle m* (= *azidothymidine*) AZT

aztèque [aztɛk] *adj* Aztec

azur [azyʀ] *nm* (*couleur*) azure, sky blue; (*ciel*) sky, skies *pl*

azyme [azim] *adj*: **pain ~** unleavened bread

Bb

B, b [be] *nm inv* B, b ▷ *abr* = **bien**; **B comme Bertha** B for Benjamin (*Brit*) *ou* Baker (*US*)
BA *sigle f* (= *bonne action*) good deed
baba [baba] *adj inv*: **en être ~** (*fam*) to be flabbergasted ▷ *nm*: **~ au rhum** rum baba
babil [babi] *nm* prattle
babillage [babijaʒ] *nm* chatter
babiller [babije] *vi* to prattle, chatter; (*bébé*) to babble
babines [babin] *nfpl* chops
babiole [babjɔl] *nf* (*bibelot*) trinket; (*vétille*) trifle
bâbord [bɑbɔʀ] *nm*: **à** *ou* **par ~** to port, on the port side
babouin [babwɛ̃] *nm* baboon
baby-foot [babifut] *nm inv* table football
Babylone [babilɔn] *n* Babylon
babylonien, ne [babilɔnjɛ̃, -ɛn] *adj* Babylonian
baby-sitter [babisitœʀ] *nm/f* baby-sitter
baby-sitting [babisitiŋ] *nm* baby-sitting; **faire du ~** to baby-sit
bac [bak] *nm* (*Scol*) = **baccalauréat**; (*bateau*) ferry; (*récipient*) tub; (*: Photo etc*) tray; (*: Industrie*) tank; **~ à glace** ice-tray; **~ à légumes** vegetable compartment *ou* rack
baccalauréat [bakalɔʀea] *nm* ≈ A-levels *pl* (*Brit*), ≈ high school diploma (*US*); *see note*

BACCALAURÉAT

The *baccalauréat* or "bac" is the school-leaving examination taken at a French "lycée" at the age of 18; it marks the end of seven years' secondary education. Several subject combinations are available, although in all cases a broad range is studied. Successful candidates can go on to university, if they so wish.

bâche [bɑʃ] *nf* tarpaulin, canvas sheet
bachelier, -ière [baʃəlje, -jɛʀ] *nm/f holder of the baccalauréat*
bâcher [bɑʃe] *vt* to cover (with a canvas sheet *ou* a tarpaulin)
bachot [baʃo] *nm* = **baccalauréat**
bachotage [baʃɔtaʒ] *nm* (*Scol*) cramming
bachoter [baʃɔte] *vi* (*Scol*) to cram (for an exam)
bacille [basil] *nm* bacillus
bâcler [bɑkle] *vt* to botch (up)
bacon [bekɔn] *nm* bacon
bactéricide [bakteʀisid] *nm* (*Méd*) bactericide
bactérie [bakteʀi] *nf* bacterium
bactérien, ne [bakteʀjɛ̃, -ɛn] *adj* bacterial
bactériologie [bakteʀjɔlɔʒi] *nf* bacteriology
bactériologique [bakteʀjɔlɔʒik] *adj* bacteriological
bactériologiste [bakteʀjɔlɔʒist(ə)] *nm/f* bacteriologist
badaud, e [bado, -od] *nm/f* idle onlooker
baderne [badɛʀn(ə)] *nf* (*péj*): **(vieille) ~** old fossil
badge [badʒ(ə)] *nm* badge
badigeon [badiʒɔ̃] *nm* distemper; colourwash
badigeonner [badiʒɔne] *vt* to distemper; to colourwash; (*péj: barbouiller*) to daub; (*Méd*) to paint
badin, e [badɛ̃, -in] *adj* light-hearted, playful
badinage [badinaʒ] *nm* banter
badine [badin] *nf* switch (*stick*)
badiner [badine] *vi*: **~ avec qch** to treat sth lightly; **ne pas ~ avec qch** not to trifle with sth
badminton [badmintɔn] *nm* badminton
BAFA [bafa] *sigle m* (= *Brevet d'aptitude aux fonctions d'animation*) *diploma for youth leaders and workers*
baffe [baf] *nf* (*fam*) slap, clout
Baffin [bafin] *nf*: **terre de ~** Baffin Island
baffle [bɑfl(ə)] *nm* baffle (board)
bafouer [bafwe] *vt* to deride, ridicule
bafouillage [bafujaʒ] *nm* (*fam: propos incohérents*) jumble of words
bafouiller [bafuje] *vi, vt* to stammer
bâfrer [bɑfʀe] *vi, vt* (*fam*) to guzzle, gobble
bagage [bagaʒ] *nm*: **~s** luggage *sg*, baggage *sg*; **faire ses ~s** to pack (one's bags); **~ littéraire** (stock of) literary knowledge; **~s à main** hand-luggage
bagarre [bagaʀ] *nf* fight, brawl; **il aime la ~** he loves a fight, he likes fighting
bagarrer [bagaʀe]: **se bagarrer** *vi* to (have a) fight
bagarreur, -euse [bagaʀœʀ, -øz] *adj* pugnacious ▷ *nm/f*: **il est ~** he loves a fight
bagatelle [bagatɛl] *nf* trifle, trifling sum (*ou* matter)

Bagdad, Baghdâd [bagdad] *n* Baghdad
bagnard [baɲaʀ] *nm* convict
bagne [baɲ] *nm* penal colony; **c'est le ~** *(fig)* it's forced labour
bagnole [baɲɔl] *nf (fam)* car, wheels *pl (Brit)*
bagout [bagu] *nm* glibness; **avoir du ~** to have the gift of the gab
bague [bag] *nf* ring; **~ de fiançailles** engagement ring; **~ de serrage** clip
baguenauder [bagnode]: **se baguenauder** *vi* to trail around, loaf around
baguer [bage] *vt* to ring
baguette [bagɛt] *nf* stick; *(cuisine chinoise)* chopstick; *(de chef d'orchestre)* baton; *(pain)* stick of (French) bread; *(Constr: moulure)* beading; **mener qn à la ~** to rule sb with a rod of iron; **~ magique** magic wand; **~ de sourcier** divining rod; **~ de tambour** drumstick
Bahamas [baamas] *nfpl*: **les (îles) ~** the Bahamas
Bahreïn [baʀɛn] *nm* Bahrain *ou* Bahrein
bahut [bay] *nm* chest
bai, e [bɛ] *adj (cheval)* bay
baie [bɛ] *nf (Géo)* bay; *(fruit)* berry; **~ (vitrée)** picture window
baignade [bɛɲad] *nf (action)* bathing; *(bain)* bathe; *(endroit)* bathing place
baigné, e [beɲe] *adj*: **~ de** bathed in; *(trempé)* soaked with; *(inondé)* flooded with
baigner [beɲe] *vt (bébé)* to bath ▷ *vi*: **~ dans son sang** to lie in a pool of blood; **~ dans la brume** to be shrouded in mist; **se baigner** *vi* to go swimming *ou* bathing; *(dans une baignoire)* to have a bath; **ça baigne!** *(fam)* everything's great!
baigneur, -euse [bɛɲœʀ, -øz] *nm/f* bather ▷ *nm (poupée)* baby doll
baignoire [bɛɲwaʀ] *nf* bath(tub); *(Théât)* ground-floor box
bail, baux [baj, bo] *nm* lease; **donner** *ou* **prendre qch à ~** to lease sth
bâillement [bɑjmɑ̃] *nm* yawn
bâiller [bɑje] *vi* to yawn; *(être ouvert)* to gape
bailleur [bajœʀ] *nm*: **~ de fonds** sponsor, backer; *(Comm)* sleeping *ou* silent partner
bâillon [bɑjɔ̃] *nm* gag
bâillonner [bɑjɔne] *vt* to gag
bain [bɛ̃] *nm (dans une baignoire, Photo, Tech)* bath; *(dans la mer, une piscine)* swim; **costume de ~** bathing costume *(Brit)*, swimsuit; **prendre un ~** to have a bath; **se mettre dans le ~** *(fig)* to get into (the way of) it *ou* things; **~ de bouche** mouthwash; **~ de foule** walkabout; **~ de pieds** footbath; *(au bord de la mer)* paddle; **~ de siège** hip bath; **~ de soleil** sunbathing *no pl*; **prendre un ~ de soleil** to sunbathe; **~s de mer** sea bathing *sg*; **~s(-douches) municipaux** public baths
bain-marie [bɛ̃maʀi] *(pl* **bains-marie***) nm* double boiler; **faire chauffer au ~** *(boîte etc)* to immerse in boiling water
baïonnette [bajɔnɛt] *nf* bayonet; *(Élec)*: **douille à ~** bayonet socket; **ampoule à ~** bulb with a bayonet fitting
baisemain [bɛzmɛ̃] *nm* kissing a lady's hand
baiser [beze] *nm* kiss ▷ *vt (main, front)* to kiss; *(fam!)* to screw (!)
baisse [bɛs] *nf* fall, drop; *(Comm)*: **"~ sur la viande"** "meat prices down"; **en ~** *(cours, action)* falling; **à la ~** downwards
baisser [bese] *vt* to lower; *(radio, chauffage)* to turn down; *(Auto: phares)* to dip *(Brit)*, lower *(US)* ▷ *vi* to fall, drop, go down; **se baisser** *vi* to bend down
bajoues [baʒu] *nfpl* chaps, chops
bal [bal] *nm* dance; *(grande soirée)* ball; **~ costumé/masqué** fancy-dress/masked ball; **~ musette** dance *(with accordion accompaniment)*
balade [balad] *nf* walk, stroll; *(en voiture)* drive; **faire une ~** to go for a walk *ou* stroll; to go for a drive
balader [balade] *vt (traîner)* to trail around; **se balader** *vi* to go for a walk *ou* stroll; to go for a drive
baladeur [baladœʀ] *nm* personal stereo; **~ numérique** MP3 player
baladeuse [baladøz] *nf* inspection lamp
baladin [baladɛ̃] *nm* wandering entertainer
balafre [balafʀ(ə)] *nf* gash, slash; *(cicatrice)* scar
balafrer [balafʀe] *vt* to gash, slash
balai [balɛ] *nm* broom, brush; *(Auto: d'essuie-glace)* blade; *(Mus: de batterie etc)* brush; **donner un coup de ~** to give the floor a sweep; **~ mécanique** carpet sweeper
balai-brosse [balɛbʀɔs] *(pl* **balais-brosses***) nm* (long-handled) scrubbing brush
balance [balɑ̃s] *nf (à plateaux)* scales *pl*; *(de précision)* balance; *(Comm, Pol)*: **~ des comptes** *ou* **paiements** balance of payments; *(signe)*: **la B~** Libra, the Scales; **être de la B~** to be Libra; **~ commerciale** balance of trade; **~ des forces** balance of power; **~ romaine** steelyard
balancelle [balɑ̃sɛl] *nf* garden hammock-seat
balancer [balɑ̃se] *vt* to swing; *(lancer)* to fling, chuck; *(renvoyer, jeter)* to chuck out ▷ *vi* to swing; **se balancer** *vi* to swing; *(bateau)* to rock; *(branche)* to sway; **se ~ de qch** *(fam)* not to give a toss about sth
balancier [balɑ̃sje] *nm (de pendule)* pendulum; *(de montre)* balance wheel; *(perche)* (balancing) pole
balançoire [balɑ̃swaʀ] *nf* swing; *(sur pivot)* seesaw
balayage [balɛjaʒ] *nm* sweeping; scanning
balayer [baleje] *vt (feuilles etc)* to sweep up, brush up; *(pièce, cour)* to sweep; *(chasser)* to sweep away *ou* aside; *(radar)* to scan; *(: phares)* to sweep across
balayette [balɛjɛt] *nf* small brush
balayeur, -euse [balɛjœʀ, -øz] *nm/f* road sweeper ▷ *nf (engin)* road sweeper
balayures [balɛjyʀ] *nfpl* sweepings
balbutiement [balbysimɑ̃] *nm (paroles)* stammering *no pl*; **balbutiements** *nmpl (fig:*

b

débuts) first faltering steps
balbutier [balbysje] *vi, vt* to stammer
balcon [balkɔ̃] *nm* balcony; (*Théât*) dress circle
baldaquin [baldakɛ̃] *nm* canopy
Bâle [bɑl] *n* Basle *ou* Basel
Baléares [baleaʀ] *nfpl*: **les ~** the Balearic Islands
baleine [balɛn] *nf* whale; (*de parapluie*) rib; (*de corset*) bone
baleinier [balenje] *nm* (*Navig*) whaler
baleinière [balɛnjɛʀ] *nf* whaleboat
balisage [balizaʒ] *nm* (*signaux*) beacons *pl*; buoys *pl*; runway lights *pl*; signs *pl*, markers *pl*
balise [baliz] *nf* (*Navig*) beacon, (marker) buoy; (*Aviat*) runway light, beacon; (*Auto, Ski*) sign
baliser [balize] *vt* to mark out (with beacons *ou* lights *etc*)
balistique [balistik] *adj* (*engin*) ballistic ▷ *nf* ballistics
balivernes [balivɛʀn(ə)] *nfpl* twaddle *sg* (*Brit*), nonsense *sg*
balkanique [balkanik] *adj* Balkan
Balkans [balkɑ̃] *nmpl*: **les ~** the Balkans
ballade [balad] *nf* ballad
ballant, e [balɑ̃, -ɑ̃t] *adj* dangling
ballast [balast] *nm* ballast
balle [bal] *nf* (*de fusil*) bullet; (*de sport*) ball; (*du blé*) chaff; (*paquet*) bale; (*fam: franc*) franc; **~ perdue** stray bullet
ballerine [balʀin] *nf* ballet dancer; (*chaussure*) pump, ballerina
ballet [balɛ] *nm* ballet; (*fig*): **~ diplomatique** diplomatic to-ings and fro-ings
ballon [balɔ̃] *nm* (*de sport*) ball; (*jouet, Aviat, de bande dessinée*) balloon; (*de vin*) glass; **~ d'essai** (*météorologique*) pilot balloon; (*fig*) feeler(s); **~ de football** football; **~ d'oxygène** oxygen bottle
ballonner [balɔne] *vt*: **j'ai le ventre ballonné** I feel bloated
ballon-sonde [balɔ̃sɔ̃d] (*pl* **ballons-sondes**) *nm* sounding balloon
ballot [balo] *nm* bundle; (*péj*) nitwit
ballottage [balɔtaʒ] *nm* (*Pol*) second ballot
ballotter [balɔte] *vi* to roll around; (*bateau etc*) to toss ▷ *vt* to shake *ou* throw about; to toss; **être ballotté entre** (*fig*) to be shunted between; (*: indécis*) to be torn between
ballottine [balɔtin] *nf* (*Culin*): **~ de volaille** *meat loaf made with poultry*
ball-trap [baltʀap] *nm* (*appareil*) trap; (*tir*) clay pigeon shooting
balluchon [balyʃɔ̃] *nm* bundle (of clothes)
balnéaire [balneɛʀ] *adj* seaside *cpd*
balnéothérapie [balneɔteʀapi] *nf* spa bath therapy
BALO *sigle m* (= *Bulletin des annonces légales obligatoires*) ≈ Public Notices (*in newspapers etc*)
balourd, e [baluʀ, -uʀd(ə)] *adj* clumsy ▷ *nm/f* clodhopper
balourdise [baluʀdiz] *nf* clumsiness; (*gaffe*) blunder
balte [balt] *adj* Baltic ▷ *nm/f*: **Balte** native of the Baltic States
baltique [baltik] *adj* Baltic ▷ *nf*: **la (mer) B~** the Baltic (Sea)
baluchon [balyʃɔ̃] *nm* = **balluchon**
balustrade [balystʀad] *nf* railings *pl*, handrail
bambin [bɑ̃bɛ̃] *nm* little child
bambou [bɑ̃bu] *nm* bamboo
ban [bɑ̃] *nm* round of applause, cheer; **être/mettre au ~ de** to be outlawed/to outlaw from; **le ~ et l'arrière-~ de sa famille** every last one of his relatives; **~s (de mariage)** banns, bans
banal, e [banal] *adj* banal, commonplace; (*péj*) trite; **four/moulin ~** village oven/mill
banalisé, e [banalize] *adj* (*voiture de police*) unmarked
banalité [banalite] *nf* banality; (*remarque*) truism, trite remark
banane [banan] *nf* banana
bananeraie [bananʀɛ] *nf* banana plantation
bananier [bananje] *nm* banana tree; (*bateau*) banana boat
banc [bɑ̃] *nm* seat, bench; (*de poissons*) shoal; **~ des accusés** dock; **~ d'essai** (*fig*) testing ground; **~ de sable** sandbank; **~ des témoins** witness box; **~ de touche** dugout
bancaire [bɑ̃kɛʀ] *adj* banking, bank *cpd*
bancal, e [bɑ̃kal] *adj* wobbly; (*personne*) bow-legged; (*fig: projet*) shaky
bandage [bɑ̃daʒ] *nm* bandaging; (*pansement*) bandage; **~ herniaire** truss
bande [bɑ̃d] *nf* (*de tissu etc*) strip; (*Méd*) bandage; (*motif, dessin*) stripe; (*Ciné*) film; (*Radio, groupe*) band; (*péj*): **une ~ de** a bunch *ou* crowd of; **par la ~** in a roundabout way; **donner de la ~** to list; **faire ~ à part** to keep to o.s.; **~ dessinée (BD)** strip cartoon (*Brit*), comic strip; **~ magnétique** magnetic tape; **~ passante** (*Inform*) bandwidth; **~ perforée** punched tape; **~ de roulement** (*de pneu*) tread; **~ sonore** sound track; **~ de terre** strip of land; **~ Velpeau®** (*Méd*) crêpe bandage
bandé, e [bɑ̃de] *adj* bandaged; **les yeux ~s** blindfold
bande-annonce [bɑ̃danɔ̃s] (*pl* **bandes-annonces**) *nf* (*Ciné*) trailer
bandeau, x [bɑ̃do] *nm* headband; (*sur les yeux*) blindfold; (*Méd*) head bandage
bandelette [bɑ̃dlɛt] *nf* strip of cloth, bandage
bander [bɑ̃de] *vt* to bandage; (*muscle*) to tense; (*arc*) to bend ▷ *vi* (*fam!*) to have a hard on (!); **~ les yeux à qn** to blindfold sb
banderole [bɑ̃dʀɔl] *nf* banderole; (*dans un défilé etc*) streamer
bande-son [bɑ̃dsɔ̃] (*pl* **bandes-son**) *nf* (*Ciné*) soundtrack
bandit [bɑ̃di] *nm* bandit
banditisme [bɑ̃ditism(ə)] *nm* violent crime, armed robberies *pl*
bandoulière [bɑ̃duljɛʀ] *nf*: **en ~** (slung *ou* worn) across the shoulder
Bangkok [bɑ̃ŋkɔk] *n* Bangkok
Bangladesh [bɑ̃gladɛʃ] *nm*: **le ~** Bangladesh
banjo [bɑ̃(d)ʒo] *nm* banjo

banlieue [bɑ̃ljø] *nf* suburbs *pl*; **quartiers de ~** suburban areas; **trains de ~** commuter trains
banlieusard, e [bɑ̃ljøzaʀ, -aʀd(ə)] *nm/f* suburbanite
bannière [banjɛʀ] *nf* banner
bannir [baniʀ] *vt* to banish
banque [bɑ̃k] *nf* bank; *(activités)* banking; **~ des yeux/du sang** eye/blood bank; **~ d'affaires** merchant bank; **~ de dépôt** deposit bank; **~ de données** *(Inform)* data bank; **~ d'émission** bank of issue
banqueroute [bɑ̃kʀut] *nf* bankruptcy
banquet [bɑ̃kɛ] *nm (de club)* dinner; *(de noces)* reception; *(d'apparat)* banquet
banquette [bɑ̃kɛt] *nf* seat
banquier [bɑ̃kje] *nm* banker
banquise [bɑ̃kiz] *nf* ice field
bantou, e [bɑ̃tu] *adj* Bantu
baptême [batɛm] *nm (sacrement)* baptism; *(cérémonie)* christening, baptism; *(d'un navire)* launching; *(d'une cloche)* consecration, dedication; **~ de l'air** first flight
baptiser [batize] *vt* to christen; to baptize; to launch; to consecrate, dedicate
baptiste [batist(ə)] *adj, nm/f* Baptist
baquet [bakɛ] *nm* tub, bucket
bar [baʀ] *nm* bar; *(poisson)* bass
baragouin [baʀagwɛ̃] *nm* gibberish
baragouiner [baʀagwine] *vi* to gibber, jabber
baraque [baʀak] *nf* shed; *(fam)* house; **~ foraine** fairground stand
baraqué, e [baʀake] *adj* well-built, hefty
baraquements [baʀakmɑ̃] *nmpl* huts *(for refugees, workers etc)*
baratin [baʀatɛ̃] *nm (fam)* smooth talk, patter
baratiner [baʀatine] *vt* to chat up
baratte [baʀat] *nf* churn
Barbade [baʀbad] *nf*: **la ~** Barbados
barbant, e [baʀbɑ̃, -ɑ̃t] *adj (fam)* deadly (boring)
barbare [baʀbaʀ] *adj* barbaric ▷ *nm/f* barbarian
Barbarie [baʀbaʀi] *nf*: **la ~** the Barbary Coast
barbarie [baʀbaʀi] *nf* barbarism; *(cruauté)* barbarity
barbarisme [baʀbaʀism(ə)] *nm (Ling)* barbarism
barbe [baʀb(ə)] *nf* beard; **(au nez et) à la ~ de qn** *(fig)* under sb's very nose; **quelle ~!** *(fam)* what a drag *ou* bore!; **~ à papa** candy-floss (*Brit*), cotton candy (*US*)
barbecue [baʀbəkju] *nm* barbecue
barbelé [baʀbəle] *nm* barbed wire *no pl*
barber [baʀbe] *vt (fam)* to bore stiff
barbiche [baʀbiʃ] *nf* goatee
barbichette [baʀbiʃɛt] *nf* small goatee
barbiturique [baʀbityʀik] *nm* barbiturate
barboter [baʀbɔte] *vi* to paddle, dabble ▷ *vt (fam)* to filch
barboteuse [baʀbɔtøz] *nf* rompers *pl*
barbouiller [baʀbuje] *vt* to daub; *(péj: écrire, dessiner)* to scribble; **avoir l'estomac barbouillé** to feel queasy *ou* sick
barbu, e [baʀby] *adj* bearded
barbue [baʀby] *nf (poisson)* brill
Barcelone [baʀsəlɔn] *n* Barcelona
barda [baʀda] *nm (fam)* kit, gear
barde [baʀd(ə)] *nf (Culin)* piece of fat bacon ▷ *nm (poète)* bard
bardé, e [baʀde] *adj*: **~ de médailles** *etc* bedecked with medals *etc*
bardeaux [baʀdo] *nmpl* shingle *no pl*
barder [baʀde] *vt (Culin: rôti, volaille)* to bard ▷ *vi (fam)*: **ça va ~** sparks will fly
barème [baʀɛm] *nm* scale; *(liste)* table; **~ des salaires** salary scale
barge [baʀʒ] *nf* barge
baril [baʀil] *nm (tonneau)* barrel; *(de poudre)* keg
barillet [baʀijɛ] *nm (de revolver)* cylinder
bariolé, e [baʀjɔle] *adj* many-coloured, rainbow-coloured
barman [baʀman] *nm* barman
baromètre [baʀɔmɛtʀ(ə)] *nm* barometer; **~ anéroïde** aneroid barometer
baron [baʀɔ̃] *nm* baron
baronne [baʀɔn] *nf* baroness
baroque [baʀɔk] *adj (Art)* baroque; *(fig)* weird
baroud [baʀud] *nm*: **~ d'honneur** gallant last stand
baroudeur [baʀudœʀ] *nm (fam)* fighter
barque [baʀk(ə)] *nf* small boat
barquette [baʀkɛt] *nf* small boat-shaped tart; *(récipient: en aluminium)* tub; *(: en bois)* basket
barracuda [baʀakyda] *nm* barracuda
barrage [baʀaʒ] *nm* dam; *(sur route)* roadblock, barricade; **~ de police** police roadblock
barre [baʀ] *nf (de fer etc)* rod; *(Navig)* helm; *(écrite)* line, stroke; *(Danse)* barre; *(niveau)*: **la livre a franchi la ~ des 1,70 euros** the pound has broken the 1.70 euros barrier; *(Jur)*: **comparaître à la ~** to appear as a witness; **être à** *ou* **tenir la ~** *(Navig)* to be at the helm; **coup de ~** *(fig)*: **c'est le coup de ~!** it's daylight robbery!; **j'ai le coup de ~!** I'm all in!; **~ fixe** *(Gym)* horizontal bar; **~ de mesure** *(Mus)* bar line; **~ à mine** crowbar; **~s parallèles/asymétriques** *(Gym)* parallel/asymmetric bars
barreau, x [baʀo] *nm* bar; *(Jur)*: **le ~** the Bar
barrer [baʀe] *vt (route etc)* to block; *(mot)* to cross out; *(chèque)* to cross (*Brit*); *(Navig)* to steer; **se barrer** *vi (fam)* to clear off
barrette [baʀɛt] *nf (pour cheveux)* (hair) slide (*Brit*) *ou* clip (*US*); *(broche)* brooch
barreur [baʀœʀ] *nm* helmsman; *(aviron)* coxswain
barricade [baʀikad] *nf* barricade
barricader [baʀikade] *vt* to barricade; **se ~ chez soi** *(fig)* to lock o.s. in
barrière [baʀjɛʀ] *nf* fence; *(obstacle)* barrier; *(porte)* gate; **la Grande B~** the Great Barrier Reef; **~ de dégel** *(Admin: on roadsigns)* no heavy vehicles -- road liable to subsidence due to thaw; **~s douanières** trade barriers
barrique [baʀik] *nf* barrel, cask
barrir [baʀiʀ] *vi* to trumpet
bar-tabac [baʀtaba] *nm* bar *(which sells tobacco and stamps)*

baryton [baʀitɔ̃] *nm* baritone
bas, basse [ba, bas] *adj* low; *(action)* low, ignoble ▷ *nm (vêtement)* stocking; *(partie inférieure)*: **le ~ de** the lower part *ou* foot *ou* bottom of ▷ *nf (Mus)* bass ▷ *adv* low; *(parler)* softly; **plus ~** lower down; more softly; *(dans un texte)* further on, below; **la tête ~se** with lowered head; *(fig)* with head hung low; **avoir la vue ~se** to be short-sighted; **au ~ mot** at the lowest estimate; **enfant en ~ âge** infant, young child; **en ~** down below; at *(ou* to) the bottom; *(dans une maison)* downstairs; **en ~ de** at the bottom of; **de ~ en haut** upwards; from the bottom to the top; **des hauts et des ~** ups and downs; **un ~ de laine** *(fam: économies)* money under the mattress *(fig)*; **mettre ~** *vi (animal)* to give birth; **à ~ la dictature!** down with dictatorship!; **~ morceaux** *(viande)* cheap cuts
basalte [bazalt(ə)] *nm* basalt
basané, e [bazane] *adj (teint)* tanned, bronzed; *(foncé; péj)* swarthy
bas-côté [bakote] *nm (de route)* verge *(Brit)*, shoulder *(US)*; *(d'église)* (side) aisle
bascule [baskyl] *nf*: **(jeu de) ~** seesaw; **(balance à) ~** scales *pl*; **fauteuil à ~** rocking chair; **système à ~** tip-over device; rocker device
basculer [baskyle] *vi* to fall over, topple (over); *(benne)* to tip up ▷ *vt (aussi:* **faire basculer**) to topple over; to tip out, tip up
base [baz] *nf* base; *(Pol)*: **la ~** the rank and file, the grass roots; *(fondement, principe)* basis *(pl* bases); **jeter les ~s de** to lay the foundations of; **à la ~ de** *(fig)* at the root of; **sur la ~ de** *(fig)* on the basis of; **de ~** basic; **à ~ de café** *etc* coffee *etc* -based; **~ de données** *(Inform)* database; **~ de lancement** launching site
base-ball [bɛzbol] *nm* baseball
baser [baze] *vt*: **~ qch sur** to base sth on; **se ~ sur** *(données, preuves)* to base one's argument on; **être basé à/dans** *(Mil)* to be based at/in
bas-fond [bafɔ̃] *nm (Navig)* shallow; **bas-fonds** *nmpl (fig)* dregs
basilic [bazilik] *nm (Culin)* basil
basilique [bazilik] *nf* basilica
basket [baskɛt], **basket-ball** [baskɛtbol] *nm* basketball
baskets [baskɛt] *nfpl (chaussures)* trainers *(Brit)*, sneakers *(US)*
basketteur, -euse [baskɛtœʀ, -øz] *nm/f* basketball player
basquaise [baskɛz] *adj f* Basque ▷ *nf*: **B~** Basque
basque [bask(ə)] *adj, nm (Ling)* Basque ▷ *nm/f*: **Basque** Basque; **le Pays ~** the Basque country
basques [bask(ə)] *nfpl* skirts; **pendu aux ~ de qn** constantly pestering sb; *(mère etc)* hanging on sb's apron strings
bas-relief [baʀəljɛf] *nm* bas-relief
basse [bas] *adj f, nf voir* **bas**
basse-cour [baskuʀ] *(pl* **basses-cours**) *nf* farmyard; *(animaux)* farmyard animals
bassement [basmɑ̃] *adv* basely
bassesse [basɛs] *nf* baseness; *(acte)* base act
basset [basɛ] *nm (Zool)* basset (hound)
bassin [basɛ̃] *nm (cuvette)* bowl; *(pièce d'eau)* pond, pool; *(de fontaine, Géo)* basin; *(Anat)* pelvis; *(portuaire)* dock; **~ houiller** coalfield
bassine [basin] *nf* basin; *(contenu)* bowl, bowlful
bassiner [basine] *vt (plaie)* to bathe; *(lit)* to warm with a warming pan; *(fam: ennuyer)* to bore; *(: importuner)* to bug, pester
bassiste [basist(ə)] *nm/f* (double) bass player
basson [basɔ̃] *nm* bassoon
bastide [bastid] *nf (maison)* country house *(in Provence)*; *(ville)* walled town *(in SW France)*
bastion [bastjɔ̃] *nm (aussi fig, Pol)* bastion
bas-ventre [bavɑ̃tʀ(ə)] *nm* (lower part of the) stomach
bât [ba] *nm* packsaddle
bataille [bataj] *nf* battle; **en ~** *(en travers)* at an angle; *(en désordre)* awry; **~ rangée** pitched battle
bataillon [batajɔ̃] *nm* battalion
bâtard, e [bataʀ, -aʀd(ə)] *adj (enfant)* illegitimate; *(fig)* hybrid ▷ *nm/f* illegitimate child, bastard *(péj)* ▷ *nm (Boulangerie)* ≈ Vienna loaf; **chien ~** mongrel
batavia [batavja] *nf* ≈ Webb lettuce
bateau, x [bato] *nm* boat; *(grand)* ship ▷ *adj inv (banal, rebattu)* hackneyed; **~ de pêche/à moteur/à voiles** fishing/motor/sailing boat
bateau-citerne [batositɛʀn(ə)] *nm* tanker
bateau-mouche [batomuʃ] *nm* (passenger) pleasure boat *(on the Seine)*
bateau-pilote [batopilɔt] *nm* pilot ship
bateleur, -euse [batlœʀ, -øz] *nm/f* street performer
batelier, -ière [batəlje, -jɛʀ] *nm/f* ferryman/-woman
bâti, e [bati] *adj (terrain)* developed ▷ *nm (armature)* frame; *(Couture)* tacking; **bien ~** *(personne)* well-built
batifoler [batifɔle] *vi* to frolic *ou* lark about
batik [batik] *nm* batik
bâtiment [batimɑ̃] *nm* building; *(Navig)* ship, vessel; *(industrie)*: **le ~** the building trade
bâtir [batiʀ] *vt* to build; *(Couture: jupe, ourlet)* to tack; **fil à ~** *(Couture)* tacking thread
bâtisse [batis] *nf* building
bâtisseur, -euse [batisœʀ, -øz] *nm/f* builder
batiste [batist(ə)] *nf (Couture)* batiste, cambric
bâton [batɔ̃] *nm* stick; **mettre des ~s dans les roues à qn** to put a spoke in sb's wheel; **à ~s rompus** informally; **~ de rouge (à lèvres)** lipstick; **~ de ski** ski stick
bâtonnet [batɔnɛ] *nm* short stick *ou* rod
bâtonnier [batɔnje] *nm (Jur)* ≈ President of the Bar
batraciens [batʀasjɛ̃] *nmpl* amphibians
bats [ba] *vb voir* **battre**
battage [bataʒ] *nm (publicité)* (hard) plugging
battant, e [batɑ̃, -ɑ̃t] *vb voir* **battre** ▷ *adj*: **pluie ~e** lashing rain ▷ *nm (de cloche)* clapper; *(de volets)* shutter, flap; *(de porte)* side; *(fig: personne)* fighter; **porte à double ~** double door;

tambour ~ briskly
batte [bat] *nf (Sport)* bat
battement [batmɑ̃] *nm (de cœur)* beat; *(intervalle)* interval *(between classes, trains etc)*; **~ de paupières** blinking *no pl* (of eyelids); **un ~ de 10 minutes, 10 minutes de ~** 10 minutes to spare
batterie [batʀi] *nf (Mil, Élec)* battery; *(Mus)* drums *pl*, drum kit; **~ de cuisine** kitchen utensils *pl*; *(casseroles etc)* pots and pans *pl*; **une ~ de tests** a string of tests
batteur [batœʀ] *nm (Mus)* drummer; *(appareil)* whisk
batteuse [batøz] *nf (Agr)* threshing machine
battoir [batwaʀ] *nm (à linge)* beetle *(for laundry)*; *(à tapis)* (carpet) beater
battre [batʀ(ə)] *vt* to beat; *(pluie, vagues)* to beat *ou* lash against; *(œufs etc)* to beat up, whisk; *(blé)* to thresh; *(cartes)* to shuffle; *(passer au peigne fin)* to scour ▷ *vi (cœur)* to beat; *(volets etc)* to bang, rattle; **se battre** *vi* to fight; **~ la mesure** to beat time; **~ en brèche** *(Mil: mur)* to batter; *(fig: théorie)* to demolish; *(: institution etc)* to attack; **~ son plein** to be at its height, be going full swing; **~ pavillon britannique** to fly the British flag; **~ des mains** to clap one's hands; **~ des ailes** to flap its wings; **~ de l'aile** *(fig)* to be in a bad way *ou* in bad shape; **~ la semelle** to stamp one's feet; **~ en retraite** to beat a retreat
battu, e [baty] *pp de* **battre** ▷ *nf (chasse)* beat; *(policière etc)* search, hunt
baud [bo(d)] *nm* baud
baudruche [bodʀyʃ] *nf*: **ballon en ~** (toy) balloon; *(fig)* windbag
baume [bom] *nm* balm
bauxite [boksit] *nf* bauxite
bavard, e [bavaʀ, -aʀd(ə)] *adj* (very) talkative; gossipy
bavardage [bavaʀdaʒ] *nm* chatter *no pl*; gossip *no pl*
bavarder [bavaʀde] *vi* to chatter; *(indiscrètement)* to gossip; *(: révéler un secret)* to blab
bavarois, e [bavaʀwa, -waz] *adj* Bavarian ▷ *nm ou f (Culin)* bavarois
bave [bav] *nf* dribble; *(de chien etc)* slobber, slaver (Brit), drool (US); *(d'escargot)* slime
baver [bave] *vi* to dribble; to slobber, slaver (Brit), drool (US); *(encre, couleur)* to run; **en ~** *(fam)* to have a hard time (of it)
bavette [bavɛt] *nf* bib
baveux, -euse [bavø, -øz] *adj* dribbling; *(omelette)* runny
Bavière [bavjɛʀ] *nf*: **la ~** Bavaria
bavoir [bavwaʀ] *nm (de bébé)* bib
bavure [bavyʀ] *nf* smudge; *(fig)* hitch; blunder
bayer [baje] *vi*: **~ aux corneilles** to stand gaping
bazar [bazaʀ] *nm* general store; *(fam)* jumble
bazarder [bazaʀde] *vt (fam)* to chuck out
BCBG *sigle adj (= bon chic bon genre)* ≈ preppy
BCG *sigle m (= bacille Calmette-Guérin)* BCG
bcp *abr* = **beaucoup**
BD *sigle f* = **bande dessinée**; *(= base de données)* DB
bd *abr* = **boulevard**
b.d.c. *abr (Typo: = bas de casse)* l.c.
béant, e [beɑ̃, -ɑ̃t] *adj* gaping
béarnais, e [beaʀnɛ, -ɛz] *adj* of *ou* from the Béarn
béat, e [bea, -at] *adj* showing open-eyed wonder; *(sourire etc)* blissful
béatitude [beatityd] *nf* bliss
beau, bel, belle, beaux [bo, bɛl] *adj* beautiful, lovely; *(homme)* handsome ▷ *nf (Sport)* decider ▷ *adv*: **il fait ~** the weather's fine ▷ *nm*: **avoir le sens du ~** to have an aesthetic sense; **le temps est au ~** the weather is set fair; **un ~ geste** *(fig)* a fine gesture; **un ~ salaire** a good salary; **un ~ gâchis/rhume** a fine mess/nasty cold; **en faire/dire de belles** to do/say (some) stupid things; **le ~ monde** high society; **~ parleur** smooth talker; **un ~ jour** one (fine) day; **de plus belle** more than ever, even more; **bel et bien** well and truly; *(vraiment)* really (and truly); **le plus ~ c'est que ...** the best of it is that ...; **c'est du ~!** that's great, that is!; **on a ~ essayer** however hard *ou* no matter how hard we try; **il a ~ jeu de protester** *etc* it's easy for him to protest *etc*; **faire le ~** *(chien)* to sit up and beg

 MOT-CLÉ

beaucoup [boku] *adv* **1** a lot; **il boit beaucoup** he drinks a lot; **il ne boit pas beaucoup** he doesn't drink much *ou* a lot
2 *(suivi de plus, trop etc)* much, a lot, far; **il est beaucoup plus grand** he is much *ou* a lot *ou* far taller
3: **beaucoup de** *(nombre)* many, a lot of; *(quantité)* a lot of; **pas beaucoup de** *(nombre)* not many, not a lot of; *(quantité)* not much, not a lot of; **beaucoup d'étudiants/de touristes** a lot of *ou* many students/tourists; **beaucoup de courage** a lot of courage; **il n'a pas beaucoup d'argent** he hasn't got much *ou* a lot of money; **il n'y a pas beaucoup de touristes** there aren't many *ou* a lot of tourists
4: **de beaucoup** by far
▷ *pron*: **beaucoup le savent** lots of people know that

beau-fils [bofis] *(pl* **beaux-fils***) nm* son-in-law; *(remariage)* stepson
beau-frère [bofʀɛʀ] *(pl* **beaux-frères***) nm* brother-in-law
beau-père [bopɛʀ] *(pl* **beaux-pères***) nm* father-in-law; *(remariage)* stepfather
beauté [bote] *nf* beauty; **de toute ~** beautiful; **en ~** *adv* with a flourish, brilliantly
beaux-arts [bozaʀ] *nmpl* fine arts
beaux-parents [bopaʀɑ̃] *nmpl* wife's/husband's family, in-laws
bébé [bebe] *nm* baby
bébé-éprouvette [bebeepʀuvɛt] *(pl* **bébés-éprouvette***) nm* test-tube baby
bec [bɛk] *nm* beak, bill; *(de plume)* nib; *(de cafetière etc)* spout; *(de casserole etc)* lip; *(d'une clarinette etc)*

mouthpiece; *(fam)* mouth; **clouer le ~ à qn** *(fam)* to shut sb up; **ouvrir le ~** *(fam)* to open one's mouth; **~ de gaz** (street) gaslamp; **~ verseur** pouring lip
bécane [bekan] *nf (fam)* bike
bécarre [bekaʀ] *nm (Mus)* natural
bécasse [bekas] *nf (Zool)* woodcock; *(fam)* silly goose
bec-de-cane [bɛkdəkan] *(pl* **becs-de-cane***) nm (poignée)* door handle
bec-de-lièvre [bɛkdəljɛvʀ(ə)] *(pl* **becs-de-lièvre***) nm* harelip
béchamel [beʃamɛl] *nf*: **(sauce) ~** white sauce, bechamel sauce
bêche [bɛʃ] *nf* spade
bêcher [beʃe] *vt (terre)* to dig; *(personne: critiquer)* to slate; *(: snober)* to look down on
bêcheur, -euse [bɛʃœʀ, -øz] *adj (fam)* stuck-up ▷ *nm/f* fault-finder; *(snob)* stuck-up person
bécoter [bekɔte]: **se bécoter** *vi* to smooch
becquée [beke] *nf*: **donner la ~ à** to feed
becqueter [bɛkte] *vt (fam)* to eat
bedaine [bədɛn] *nf* paunch
bédé [bede] *nf (fam)* = **bande dessinée**
bedeau, x [bədo] *nm* beadle
bedonnant, e [bədɔnɑ̃, -ɑ̃t] *adj* paunchy, potbellied
bée [be] *adj*: **bouche ~** gaping
beffroi [befʀwa] *nm* belfry
bégaiement [begɛmɑ̃] *nm* stammering, stuttering
bégayer [begeje] *vt, vi* to stammer
bégonia [begɔnja] *nm (Bot)* begonia
bègue [bɛg] *nm/f*: **être ~** to have a stammer
bégueule [begœl] *adj* prudish
beige [bɛʒ] *adj* beige
beignet [bɛɲɛ] *nm* fritter
bel [bɛl] *adj m voir* **beau**
bêler [bele] *vi* to bleat
belette [bəlɛt] *nf* weasel
belge [bɛlʒ(ə)] *adj* Belgian ▷ *nm/f*: **Belge** Belgian; *see note*

FÊTE NATIONALE BELGE

The *fête nationale belge*, on 21 July, marks the day in 1831 when Leopold of Saxe-Coburg Gotha was crowned King Leopold I.

Belgique [bɛlʒik] *nf*: **la ~** Belgium
Belgrade [bɛlgʀad] *n* Belgrade
bélier [belje] *nm* ram; *(engin)* (battering) ram; *(signe)*: **le B~** Aries, the Ram; **être du B~** to be Aries
Bélize [beliz] *nm*: **le ~** Belize
bellâtre [bɛlɑtʀ(ə)] *nm* dandy
belle [bɛl] *adj f, nf voir* **beau**
belle-famille [bɛlfamij] *(pl* **belles-familles***) nf (fam)* in-laws *pl*
belle-fille [bɛlfij] *(pl* **belles-filles***) nf* daughter-in-law; *(remariage)* stepdaughter
belle-mère [bɛlmɛʀ] *(pl* **belles-mères***) nf* mother-in-law; *(remariage)* stepmother
belle-sœur [bɛlsœʀ] *(pl* **belles-sœurs***) nf* sister-in-law
belliciste [belisist(ə)] *adj* warmongering
belligérance [beliʒeʀɑ̃s] *nf* belligerence
belligérant, e [beliʒeʀɑ̃, -ɑ̃t] *adj* belligerent
belliqueux, -euse [belikø, -øz] *adj* aggressive, warlike
belote [bəlɔt] *nf* belote *(card game)*
belvédère [bɛlvedɛʀ] *nm* panoramic viewpoint *(or small building there)*
bémol [bemɔl] *nm (Mus)* flat
ben [bɛ̃] *excl (fam)* well
bénédiction [benediksjɔ̃] *nf* blessing
bénéfice [benefis] *nm (Comm)* profit; *(avantage)* benefit; **au ~ de** in aid of
bénéficiaire [benefisjɛʀ] *nm/f* beneficiary
bénéficier [benefisje] *vi*: **~ de** to enjoy; *(profiter)* to benefit by *ou* from; *(obtenir)* to get, be given
bénéfique [benefik] *adj* beneficial
Bénélux [benelyks] *nm*: **le ~** Benelux, the Benelux countries
benêt [bənɛ] *nm* simpleton
bénévolat [benevɔla] *nm* voluntary service *ou* work
bénévole [benevɔl] *adj* voluntary, unpaid
bénévolement [benevɔlmɑ̃] *adv* voluntarily
Bengale [bɛ̃gal] *nm*: **le ~** Bengal; **le golfe du ~** the Bay of Bengal
bengali [bɛ̃gali] *adj* Bengali, Bengalese ▷ *nm (Ling)* Bengali
Bénin [benɛ̃] *nm*: **le ~** Benin
bénin, -igne [benɛ̃, -iɲ] *adj* minor, mild; *(tumeur)* benign
bénir [beniʀ] *vt* to bless
bénit, e [beni, -it] *adj* consecrated; **eau ~e** holy water
bénitier [benitje] *nm* stoup, font *(for holy water)*
benjamin, e [bɛ̃ʒamɛ̃, -in] *nm/f* youngest child; *(Sport)* under-13
benne [bɛn] *nf* skip; *(de téléphérique)* (cable) car; **~ basculante** tipper *(Brit)*, dump *ou* dumper truck
benzine [bɛ̃zin] *nf* benzine
béotien, ne [beɔsjɛ̃, -ɛn] *nm/f* philistine
BEP *sigle m (= Brevet d'études professionnelles) school-leaving diploma, taken at approx. 18 years*
BEPC *sigle m (= Brevet d'études du premier cycle) former school certificate (taken at approx. 16 years)*
béquille [bekij] *nf* crutch; *(de bicyclette)* stand
berbère [bɛʀbɛʀ] *adj* Berber ▷ *nm (Ling)* Berber ▷ *nm/f*: **Berbère** Berber
bercail [bɛʀkaj] *nm* fold
berceau, x [bɛʀso] *nm* cradle, crib
bercer [bɛʀse] *vt* to rock, cradle; *(musique etc)* to lull; **~ qn de** *(promesses etc)* to delude sb with
berceur, -euse [bɛʀsœʀ, -øz] *adj* soothing ▷ *nf (chanson)* lullaby
BERD [bɛʀd] *sigle f (= Banque européenne pour la reconstruction et le développement)* EBRD
béret [beʀɛ], **béret basque** [beʀɛbask(ə)] *nm* beret
bergamote [bɛʀgamɔt] *nf (Bot)* bergamot

berge [bɛʀʒ(ə)] *nf* bank
berger, -ère [bɛʀʒe, -ɛʀ] *nm/f* shepherd/shepherdess; **~ allemand** (*chien*) alsatian (dog) (*Brit*), German shepherd (dog) (*US*)
bergerie [bɛʀʒəʀi] *nf* sheep pen
bergeronnette [bɛʀʒəʀɔnɛt] *nf* wagtail
béribéri [beʀibeʀi] *nm* beriberi
Berlin [bɛʀlɛ̃] *n* Berlin; **~-Est/-Ouest** East/West Berlin
berline [bɛʀlin] *nf* (*Auto*) saloon (car) (*Brit*), sedan (*US*)
berlingot [bɛʀlɛ̃go] *nm* (*emballage*) carton (*pyramid shaped*); (*bonbon*) lozenge
berlinois, e [bɛʀlinwa, -waz] *adj* of *ou* from Berlin ▷ *nm/f*: **Berlinois, e** Berliner
berlue [bɛʀly] *nf*: **j'ai la ~** I must be seeing things
bermuda [bɛʀmyda] *nm* (*short*) Bermuda shorts
Bermudes [bɛʀmyd] *nfpl*: **les (îles) ~** Bermuda
Berne [bɛʀn(ə)] *n* Bern
berne [bɛʀn(ə)] *nf*: **en ~** at half-mast; **mettre en ~** to fly at half-mast
berner [bɛʀne] *vt* to fool
bernois, e [bɛʀnwa, -waz] *adj* Bernese
berrichon, ne [bɛʀiʃɔ̃, -ɔn] *adj* of *ou* from the Berry
besace [bəzas] *nf* beggar's bag
besogne [bəzɔɲ] *nf* work *no pl*, job
besogneux, -euse [bəzɔɲø, -øz] *adj* hard-working
besoin [bəzwɛ̃] *nm* need; (*pauvreté*): **le ~** need, want; **le ~ d'argent/de gloire** the need for money/glory; **~s (naturels)** nature's needs; **faire ses ~s** to relieve o.s.; **avoir ~ de qch/faire qch** to need sth/to do sth; **il n'y a pas ~ de (faire)** there is no need to (do); **au ~, si ~ est** if need be; **pour les ~s de la cause** for the purpose in hand
bestial, e, -aux [bɛstjal, -o] *adj* bestial, brutish ▷ *nmpl* cattle
bestiole [bɛstjɔl] *nf* (tiny) creature
bétail [betaj] *nm* livestock, cattle *pl*
bétaillère [betajɛʀ] *nf* livestock truck
bête [bɛt] *nf* animal; (*bestiole*) insect, creature ▷ *adj* stupid, silly; **les ~s** (the) animals; **chercher la petite ~** to nit-pick; **~ noire** pet hate, bugbear (*Brit*); **~ sauvage** wild beast; **~ de somme** beast of burden
bêtement [bɛtmɑ̃] *adv* stupidly; **tout ~** quite simply
Bethléem [bɛtleɛm] *n* Bethlehem
bêtifier [betifje] *vi* to talk nonsense
bêtise [betiz] *nf* stupidity; (*action, remarque*) stupid thing (to say *ou* do); (*bonbon*) type of mint sweet (*Brit*) ou candy (*US*); **faire/dire une ~** to do/say something stupid
béton [betɔ̃] *nm* concrete; **(en) ~** (*fig: alibi, argument*) cast iron; **~ armé** reinforced concrete; **~ précontraint** prestressed concrete
bétonner [betɔne] *vt* to concrete (over)
bétonnière [betɔnjɛʀ] *nf* cement mixer
bette [bɛt] *nf* (*Bot*) (Swiss) chard
betterave [bɛtʀav] *nf* (*rouge*) beetroot (*Brit*), beet (*US*); **~ fourragère** mangel-wurzel; **~ sucrière** sugar beet
beugler [bøgle] *vi* to low; (*péj: radio etc*) to blare ▷ *vt* (*péj: chanson etc*) to bawl out
Beur [bœʀ] *adj, nm/f* *see note*

BEUR

Beur is a term used to refer to a person born in France of North African immigrant parents. It is not racist and is often used by the media, anti-racist groups and second-generation North Africans themselves. The word itself comes from back slang or "verlan".

beurre [bœʀ] *nm* butter; **mettre du ~ dans les épinards** (*fig*) to add a little to the kitty; **~ de cacao** cocoa butter; **~ noir** brown butter (sauce)
beurrer [bœʀe] *vt* to butter
beurrier [bœʀje] *nm* butter dish
beuverie [bœvʀi] *nf* drinking session
bévue [bevy] *nf* blunder
Beyrouth [beʀut] *n* Beirut
Bhoutan [butɑ̃] *nm*: **le ~** Bhutan
bi... [bi] *préfixe* bi..., two-
Biafra [bjafʀa] *nm*: **le ~** Biafra
biafrais, e [bjafʀɛ, -ɛz] *adj* Biafran
biais [bjɛ] *nm* (*moyen*) device, expedient; (*aspect*) angle; (*bande de tissu*) piece of cloth cut on the bias; **en ~, de ~** (*obliquement*) at an angle; (*fig*) indirectly
biaiser [bjeze] *vi* (*fig*) to sidestep the issue
biathlon [biatlɔ̃] *nm* biathlon
bibelot [biblo] *nm* trinket, curio
biberon [bibʀɔ̃] *nm* (feeding) bottle; **nourrir au ~** to bottle-feed
bible [bibl(ə)] *nf* bible
bibliobus [biblijɔbys] *nm* mobile library van
bibliographie [biblijɔgʀafi] *nf* bibliography
bibliophile [biblijɔfil] *nm/f* book-lover
bibliothécaire [biblijɔtekɛʀ] *nm/f* librarian
bibliothèque [biblijɔtɛk] *nf* library; (*meuble*) bookcase; **~ municipale** public library
biblique [biblik] *adj* biblical
bic® [bik] *nm* Biro®
bicarbonate [bikaʀbɔnat] *nm*: **~ (de soude)** bicarbonate of soda
bicentenaire [bisɑ̃tnɛʀ] *nm* bicentenary
biceps [bisɛps] *nm* biceps
biche [biʃ] *nf* doe
bichonner [biʃɔne] *vt* to groom
bicolore [bikɔlɔʀ] *adj* two-coloured (*Brit*), two-colored (*US*)
bicoque [bikɔk] *nf* (*péj*) shack, dump
bicorne [bikɔʀn(ə)] *nm* cocked hat
bicyclette [bisiklɛt] *nf* bicycle
bidasse [bidas] *nm* (*fam*) squaddie (*Brit*)
bide [bid] *nm* (*fam: ventre*) belly; (*Théât*) flop
bidet [bidɛ] *nm* bidet
bidoche [bidɔʃ] *nf* (*fam*) meat

bidon [bidɔ̃] *nm* can ▷ *adj inv* (*fam*) phoney
bidonnant, e [bidɔnɑ̃, -ɑ̃t] *adj* (*fam*) hilarious
bidonville [bidɔ̃vil] *nm* shanty town
bidule [bidyl] *nm* (*fam*) thingamajig
bielle [bjɛl] *nf* connecting rod; (*Auto*) track rod
biélorusse [bjelɔʀys] *adj* Belarussian ▷ *nm/f*: **Biélorusse** Belarussian
Biélorussie [bjelɔʀysi] *nf* Belorussia

MOT-CLÉ

bien [bjɛ̃] *nm* **1** (*avantage, profit*): **faire le bien** to do good; **faire du bien à qn** to do sb good; **ça fait du bien de faire** it does you good to do; **dire du bien de** to speak well of; **c'est pour son bien** it's for his own good; **changer en bien** to change for the better; **le bien public** the public good; **vouloir du bien à qn** (*vouloir aider*) to have sb's (best) interests at heart; **je te veux du bien** (*pour mettre en confiance*) I don't wish you any harm

2 (*possession, patrimoine*) possession, property; **son bien le plus précieux** his most treasured possession; **avoir du bien** to have property; **biens (de consommation** *etc*) (consumer *etc*) goods; **biens durables** (consumer) durables

3 (*moral*): **le bien** good; **distinguer le bien du mal** to tell good from evil

▷ *adv* **1** (*de façon satisfaisante*) well; **elle travaille/mange bien** she works/eats well; **aller** *or* **se porter bien** to be well; **croyant bien faire, je/il ...** thinking I/he was doing the right thing, I/he ...

2 (*valeur intensive*) quite; **bien jeune** quite young; **bien assez** quite enough; **bien mieux** (very) much better; **bien du temps/des gens** quite a time/a number of people; **j'espère bien y aller** I do hope to go; **je veux bien le faire** (*concession*) I'm quite willing to do it; **il faut bien le faire** it has to be done; **il y a bien deux ans** at least two years ago; **il semble bien que** it really seems that; **peut-être bien** it could well be; **aimer bien** to like; **Paul est bien venu, n'est-ce pas?** Paul HAS come, hasn't he?; **où peut-il bien être passé?** where on earth can he have got to?

3 (*conséquence, résultat*): **si bien que** with the result that; **on verra bien** we'll see; **faire bien de ...** to be right to ...

▷ *excl* right!, OK!, fine!; **eh bien!** well!; **(c'est) bien fait!** it serves you (*ou* him *etc*) right!; **bien sûr!, bien entendu!** certainly!, of course!

▷ *adj inv* **1** (*en bonne forme, à l'aise*): **je me sens bien, je suis bien** I feel fine; **je ne me sens pas bien, je ne suis pas bien** I don't feel well; **on est bien dans ce fauteuil** this chair is very comfortable

2 (*joli, beau*) good-looking; **tu es bien dans cette robe** you look good in that dress

3 (*satisfaisant*) good; **elle est bien, cette maison/secrétaire** it's a good house/she's a good secretary; **c'est très bien (comme ça)** it's fine (like that); **ce n'est pas si bien que ça** it's not as good *ou* great as all that; **c'est bien?** is that all right?

4 (*moralement*) right; (*: personne*) good, nice; (*respectable*) respectable; **ce n'est pas bien de ...** it's not right to ...; **elle est bien, cette femme** she's a nice woman, she's a good sort; **des gens bien** respectable people

5 (*en bons termes*): **être bien avec qn** to be on good terms with sb

bien-aimé, e [bjɛ̃neme] *adj, nm/f* beloved
bien-être [bjɛ̃nɛtʀ(ə)] *nm* well-being
bienfaisance [bjɛ̃fəzɑ̃s] *nf* charity
bienfaisant, e [bjɛ̃fəzɑ̃, -ɑ̃t] *adj* (*chose*) beneficial
bienfait [bjɛ̃fɛ] *nm* act of generosity, benefaction; (*de la science etc*) benefit
bienfaiteur, -trice [bjɛ̃fɛtœʀ, -tʀis] *nm/f* benefactor/benefactress
bien-fondé [bjɛ̃fɔ̃de] *nm* soundness
bien-fonds [bjɛ̃fɔ̃] *nm* property
bienheureux, -euse [bjɛ̃nœʀø, -øz] *adj* happy; (*Rel*) blessed, blest
biennal, e, -aux [bjenal, -o] *adj* biennial
bien-pensant, e [bjɛ̃pɑ̃sɑ̃, -ɑ̃t] *adj* right-thinking ▷ *nm/f*: **les ~s** right-minded people
bien que [bjɛ̃k(ə)] *conj* although
bienséance [bjɛ̃seɑ̃s] *nf* propriety, decorum *no pl*; **les ~s** (*convenances*) the proprieties
bienséant, e [bjɛ̃seɑ̃, -ɑ̃t] *adj* proper, seemly
bientôt [bjɛ̃to] *adv* soon; **à ~** see you soon
bienveillance [bjɛ̃vɛjɑ̃s] *nf* kindness
bienveillant, e [bjɛ̃vɛjɑ̃, -ɑ̃t] *adj* kindly
bienvenu, e [bjɛ̃vny] *adj* welcome ▷ *nm/f*: **être le ~/la ~e** to be welcome ▷ *nf*: **souhaiter la ~e à** to welcome; **~e à** welcome to
bière [bjɛʀ] *nf* (*boisson*) beer; (*cercueil*) bier; **~ blonde** lager; **~ brune** brown ale; **~ (à la) pression** draught beer
biffer [bife] *vt* to cross out
bifteck [biftɛk] *nm* steak
bifurcation [bifyʀkasjɔ̃] *nf* fork (*in road*); (*fig*) new direction
bifurquer [bifyʀke] *vi* (*route*) to fork; (*véhicule*) to turn off
bigame [bigam] *adj* bigamous
bigamie [bigami] *nf* bigamy
bigarré, e [bigaʀe] *adj* multicoloured (*Brit*), multicolored (US); (*disparate*) motley
bigarreau, x [bigaʀo] *nm type of cherry*
bigleux, -euse [biglø, -øz] *adj* (*fam: qui louche*) cross-eyed; (*: qui voit mal*) short-sighted; **il est complètement ~** he's as blind as a bat
bigorneau, x [bigɔʀno] *nm* winkle
bigot, e [bigo, -ɔt] (*péj*) *adj* bigoted ▷ *nm/f* bigot
bigoterie [bigɔtʀi] *nf* bigotry
bigoudi [bigudi] *nm* curler
bigrement [bigʀəmɑ̃] *adv* (*fam*) fantastically
bijou, x [biʒu] *nm* jewel
bijouterie [biʒutʀi] *nf* (*magasin*) jeweller's (shop) (*Brit*), jewelry store (US); (*bijoux*) jewellery, jewelry

bijoutier, -ière [biʒutje, -jɛʀ] *nm/f* jeweller (*Brit*), jeweler (*US*)
bikini [bikini] *nm* bikini
bilan [bilɑ̃] *nm* (*Comm*) balance sheet(s); (*annuel*) end of year statement; (*fig*) (net) outcome; (*: de victimes*) toll; **faire le ~ de** to assess; to review; **déposer son ~** to file a bankruptcy statement; **~ de santé** (*Méd*) check-up; **~ social** *statement of a firm's policies towards its employees*
bilatéral, e, -aux [bilateʀal, -o] *adj* bilateral
bilboquet [bilbɔkɛ] *nm* (*jouet*) cup-and-ball game
bile [bil] *nf* bile; **se faire de la ~** (*fam*) to worry o.s. sick
biliaire [biljɛʀ] *adj* biliary
bilieux, -euse [biljø, -øz] *adj* bilious; (*fig: colérique*) testy
bilingue [bilɛ̃g] *adj* bilingual
bilinguisme [bilɛ̃gɥism(ə)] *nm* bilingualism
billard [bijaʀ] *nm* billiards *sg*; (*table*) billiard table; **c'est du ~** (*fam*) it's a cinch; **passer sur le ~** (*fam*) to have an (*ou* one's) operation; **~ électrique** pinball
bille [bij] *nf* ball; (*du jeu de billes*) marble; (*de bois*) log; **jouer aux ~s** to play marbles
billet [bijɛ] *nm* (*aussi:* **billet de banque**) (bank)note; (*de cinéma, de bus etc*) ticket; (*courte lettre*) note; **~ à ordre** *ou* **de commerce** (*Comm*) promissory note, IOU; **~ d'avion/de train** plane/train ticket; **~ circulaire** round-trip ticket; **~ doux** love letter; **~ de faveur** complimentary ticket; **~ de loterie** lottery ticket; **~ de quai** platform ticket; **~ électronique** e-ticket
billetterie [bijɛtʀi] *nf* ticket office; (*distributeur*) ticket dispenser; (*Banque*) cash dispenser
billion [biljɔ̃] *nm* billion (*Brit*), trillion (*US*)
billot [bijo] *nm* block
bimbeloterie [bɛ̃blɔtʀi] *nf* (*objets*) fancy goods
bimensuel, le [bimɑ̃sɥɛl] *adj* bimonthly, twice-monthly
bimestriel, le [bimɛstʀijɛl] *adj* bimonthly, two-monthly
bimoteur [bimɔtœʀ] *adj* twin-engined
binaire [binɛʀ] *adj* binary
biner [bine] *vt* to hoe
binette [binɛt] *nf* (*outil*) hoe
binoclard, e [binɔklaʀ, -aʀd(ə)] (*fam*) *adj* specky ▷ *nm/f* four-eyes
binocle [binɔkl(ə)] *nm* pince-nez
binoculaire [binɔkylɛʀ] *adj* binocular
binôme [binom] *nm* binomial
bio [bjo] *adj* (*fam*) = **biologique**; (*produits, aliments*) organic
bio... [bjɔ] *préfixe* bio...
biocarburant [bjokaʀbyʀɑ̃] *nm* biofuel
biochimie [bjɔʃimi] *nf* biochemistry
biochimique [bjɔʃimik] *adj* biochemical
biochimiste [bjɔʃimist(ə)] *nm/f* biochemist
biodégradable [bjɔdegʀadabl(ə)] *adj* biodegradable
biodiversité [bjodivɛʀsite] *nf* biodiversity
bioéthique [bjoetik] *nf* bioethics *sg*
biographe [bjɔgʀaf] *nm/f* biographer
biographie [bjɔgʀafi] *nf* biography
biographique [bjɔgʀafik] *adj* biographical
biologie [bjɔlɔʒi] *nf* biology
biologique [bjɔlɔʒik] *adj* biological
biologiste [bjɔlɔʒist(ə)] *nm/f* biologist
biomasse [bjomas] *nf* biomass
biopsie [bjɔpsi] *nf* (*Méd*) biopsy
biosphère [bjɔsfɛʀ] *nf* biosphere
biotechnologie [bjotɛknɔlɔʒi] *nf* biotechnology
bioterrorisme [bjotɛʀɔʀism] *nm* bioterrorism
bioterroriste [bjotɛʀɔʀist] *nm/f* bioterrorist
biotope [bjɔtɔp] *nm* biotope
bipartisme [bipaʀtism(ə)] *nm* two-party system
bipartite [bipaʀtit] *adj* (*Pol*) two-party, bipartisan
bipède [bipɛd] *nm* biped, two-footed creature
biphasé, e [bifaze] *adj* (*Élec*) two-phase
biplace [biplas] *adj, nm* (*avion*) two-seater
biplan [biplɑ̃] *nm* biplane
bique [bik] *nf* nanny goat; (*péj*) old hag
biquet, te [bikɛ, -ɛt] *nm/f*: **mon ~** (*fam*) my lamb
BIRD [biʀd] *sigle f* (= *Banque internationale pour la reconstruction et le développement*) IBRD
biréacteur [biʀeaktœʀ] *nm* twin-engined jet
birman, e [biʀmɑ̃, -an] *adj* Burmese
Birmanie [biʀmani] *nf*: **la ~** Burma
bis, e [bi, biz] *adj* (*couleur*) greyish brown ▷ *adv* [bis]: **12 ~** 12a *ou* A ▷ *excl, nm* [bis] encore ▷ *nf* (*baiser*) kiss; (*vent*) North wind; **faire une** *ou* **la ~e à qn** to kiss sb
bisaïeul, e [bisajœl] *nm/f* great-grandfather/great-grandmother
bisannuel, le [bizanɥɛl] *adj* biennial
bisbille [bisbij] *nf*: **être en ~ avec qn** to be at loggerheads with sb
Biscaye [biskɛ] *nf*: **le golfe de ~** the Bay of Biscay
biscornu, e [biskɔʀny] *adj* crooked; (*bizarre*) weird(-looking)
biscotte [biskɔt] *nf* (breakfast) rusk
biscuit [biskɥi] *nm* biscuit (*Brit*), cookie (*US*); (*gateau*) sponge cake; **~ à la cuiller** sponge finger
biscuiterie [biskɥitʀi] *nf* biscuit manufacturing
bise [biz] *adj f, nf voir* **bis**
biseau, x [bizo] *nm* bevelled edge; **en ~** bevelled
biseauter [bizote] *vt* to bevel
bisexué, e [bisɛksɥe] *adj* bisexual
bisexuel, le [bisɛksɥɛl] *adj, nm/f* bisexual
bismuth [bismyt] *nm* bismuth
bison [bizɔ̃] *nm* bison
bisou [bizu] *nm* (*fam*) kiss
bisque [bisk(ə)] *nf*: **~ d'écrevisses** shrimp bisque
bissectrice [bisɛktʀis] *nf* bisector
bisser [bise] *vt* (*faire rejouer: artiste, chanson*) to encore; (*rejouer: morceau*) to give an encore of
bissextile [bisɛkstil] *adj*: **année ~** leap year

bistouri [bisturi] *nm* lancet
bistre [bistʀ(ə)] *adj* (*couleur*) bistre; (*peau, teint*) tanned
bistro, bistrot [bistʀo] *nm* bistro, café
BIT *sigle m* (= *Bureau international du travail*) ILO
bit [bit] *nm* (*Inform*) bit
biterrois, e [bitɛʀwa, -waz] *adj* of *ou* from Béziers
bitte [bit] *nf*: **~ d'amarrage** bollard (*Naut*)
bitume [bitym] *nm* asphalt
bitumer [bityme] *vt* to asphalt
bivalent, e [bivalɑ̃, -ɑ̃t] *adj* bivalent
bivouac [bivwak] *nm* bivouac
bizarre [bizaʀ] *adj* strange, odd
bizarrement [bizaʀmɑ̃] *adv* strangely, oddly
bizarrerie [bizaʀʀi] *nf* strangeness, oddness
blackbouler [blakbule] *vt* (*à une élection*) to blackball
blafard, e [blafaʀ, -aʀd(ə)] *adj* wan
blague [blag] *nf* (*propos*) joke; (*farce*) trick; **sans ~!** no kidding!; **~ à tabac** tobacco pouch
blaguer [blage] *vi* to joke ▷ *vt* to tease
blagueur, -euse [blagœʀ, -øz] *adj* teasing ▷ *nm/f* joker
blair [blɛʀ] *nm* (*fam*) conk
blaireau, x [blɛʀo] *nm* (*Zool*) badger; (*brosse*) shaving brush
blairer [bleʀe] *vt*: **je ne peux pas le ~** I can't bear *ou* stand him
blâmable [blɑmabl(ə)] *adj* blameworthy
blâme [blɑm] *nm* blame; (*sanction*) reprimand
blâmer [blɑme] *vt* (*réprouver*) to blame; (*réprimander*) to reprimand
blanc, blanche [blɑ̃, blɑ̃ʃ] *adj* white; (*non imprimé*) blank; (*innocent*) pure ▷ *nm/f* white, white man/woman ▷ *nm* (*couleur*) white; (*linge*): **le ~** whites *pl*; (*espace non écrit*) blank; (*aussi*: **blanc d'œuf**) (egg-)white; (*aussi*: **blanc de poulet**) breast, white meat; (*aussi*: **vin blanc**) white wine ▷ *nf* (*Mus*) minim (*Brit*), half-note (*US*); (*fam: drogue*) smack; **d'une voix blanche** in a toneless voice; **aux cheveux ~s** white-haired; **le ~ de l'œil** the white of the eye; **laisser en ~** to leave blank; **chèque en ~** blank cheque; **à ~** *adv* (*chauffer*) white-hot; (*tirer, charger*) with blanks; **saigner à ~** to bleed white; **~ cassé** off-white
blanc-bec [blɑ̃bɛk] (*pl* **blancs-becs**) *nm* greenhorn
blanchâtre [blɑ̃ʃɑtʀ(ə)] *adj* (*teint, lumière*) whitish
blancheur [blɑ̃ʃœʀ] *nf* whiteness
blanchir [blɑ̃ʃiʀ] *vt* (*gén*) to whiten; (*linge, fig: argent*) to launder; (*Culin*) to blanch; (*fig: disculper*) to clear ▷ *vi* to grow white; (*cheveux*) to go white; **blanchi à la chaux** whitewashed
blanchissage [blɑ̃ʃisaʒ] *nm* (*du linge*) laundering
blanchisserie [blɑ̃ʃisʀi] *nf* laundry
blanchisseur, -euse [blɑ̃ʃisœʀ, -øz] *nm/f* launderer
blanc-seing [blɑ̃sɛ̃] (*pl* **blancs-seings**) *nm* signed blank paper
blanquette [blɑ̃kɛt] *nf* (*Culin*): **~ de veau** veal in a white sauce, blanquette de veau
blasé, e [blaze] *adj* blasé
blaser [blaze] *vt* to make blasé
blason [blazɔ̃] *nm* coat of arms
blasphémateur, -trice [blasfematœʀ, -tʀis] *nm/f* blasphemer
blasphématoire [blasfematwaʀ] *adj* blasphemous
blasphème [blasfɛm] *nm* blasphemy
blasphémer [blasfeme] *vi* to blaspheme ▷ *vt* to blaspheme against
blatte [blat] *nf* cockroach
blazer [blazɛʀ] *nm* blazer
blé [ble] *nm* wheat; **~ en herbe** wheat on the ear; **~ noir** buckwheat
bled [blɛd] *nm* (*péj*) hole; (*en Afrique du Nord*): **le ~** the interior
blême [blɛm] *adj* pale
blêmir [blemiʀ] *vi* (*personne*) to (turn) pale; (*lueur*) to grow pale
blennorragie [blenɔʀaʒi] *nf* blennorrhoea
blessant, e [blɛsɑ̃, -ɑ̃t] *adj* hurtful
blessé, e [blese] *adj* injured ▷ *nm/f* injured person, casualty; **un ~ grave, un grand ~** a seriously injured *ou* wounded person
blesser [blese] *vt* to injure; (*délibérément: Mil etc*) to wound; (*souliers etc, offenser*) to hurt; **se blesser** to injure o.s.; **se ~ au pied** *etc* to injure one's foot *etc*
blessure [blesyʀ] *nf* injury; wound
blet, te [blɛ, blɛt] *adj* overripe
blette [blɛt] *nf* = **bette**
bleu, e [blø] *adj* blue; (*bifteck*) very rare ▷ *nm* (*couleur*) blue; (*novice*) greenhorn; (*contusion*) bruise; (*vêtement: aussi*: **bleus**) overalls *pl* (*Brit*), coveralls *pl* (*US*); **avoir une peur ~e** to be scared stiff; **zone ~e** ≈ restricted parking area; **fromage ~** blue cheese; **au ~** (*Culin*) au bleu; **~ (de lessive)** ≈ blue bag; **~ de méthylène** (*Méd*) methylene blue; **~ marine/nuit/roi** navy/midnight/royal blue
bleuâtre [bløɑtʀ(ə)] *adj* (*fumée etc*) bluish, blueish
bleuet [bløɛ] *nm* cornflower
bleuir [bløiʀ] *vt, vi* to turn blue
bleuté, e [bløte] *adj* blue-shaded
blindage [blɛ̃daʒ] *nm* armo(u)r-plating
blindé, e [blɛ̃de] *adj* armoured (*Brit*), armored (*US*); (*fig*) hardened ▷ *nm* armoured *ou* armored car; (*char*) tank
blinder [blɛ̃de] *vt* to armour (*Brit*), armor (*US*); (*fig*) to harden
blizzard [blizaʀ] *nm* blizzard
bloc [blɔk] *nm* (*de pierre etc, Inform*) block; (*de papier à lettres*) pad; (*ensemble*) group, block; **serré à ~** tightened right down; **en ~** as a whole; wholesale; **faire ~** to unite; **~ opératoire** operating *ou* theatre block; **~ sanitaire** toilet block; **~ sténo** shorthand notebook
blocage [blɔkaʒ] *nm* (*voir bloquer*) blocking; jamming; freezing; (*Psych*) hang-up

bloc-cuisine [blɔkkɥizin] (*pl* **blocs-cuisines**) *nm* kitchen unit
bloc-cylindres [blɔksilɛ̃dʀ(ə)] (*pl* **blocs-cylindres**) *nm* cylinder block
bloc-évier [blɔkevje] (*pl* **blocs-éviers**) *nm* sink unit
bloc-moteur [blɔkmɔtœʀ] (*pl* **blocs-moteurs**) *nm* engine block
bloc-notes [blɔknɔt] (*pl* **blocs-notes**) *nm* note pad
blocus [blɔkys] *nm* blockade
blog, blogue [blɔg] *nm* blog
blogging [blɔgiŋ] *nm* blogging
bloguer [blɔge] *vi* to blog
blond, e [blɔ̃, -ɔ̃d] *adj* fair; (*plus clair*) blond; (*sable, blés*) golden ▷ *nm/f* fair-haired *ou* blond man/woman; **~ cendré** ash blond
blondeur [blɔ̃dœʀ] *nf* fairness; blondness
blondin, e [blɔ̃dɛ̃, -in] *nm/f* fair-haired *ou* blond child *ou* young person
blondinet, te [blɔ̃dinɛ, -ɛt] *nm/f* blondy
blondir [blɔ̃diʀ] *vi* (*personne, cheveux*) to go fair *ou* blond
bloquer [blɔke] *vt* (*passage*) to block; (*pièce mobile*) to jam; (*crédits, compte*) to freeze; (*personne, négociations etc*) to hold up; (*regrouper*) to group; **~ les freins** to jam on the brakes
blottir [blɔtiʀ]: **se blottir** *vi* to huddle up
blousant, e [bluzɑ̃, ɑ̃t] *adj* blousing out
blouse [bluz] *nf* overall
blouser [bluze] *vi* to blouse out
blouson [bluzɔ̃] *nm* blouson (jacket); **~ noir** (*fig*) ≈ rocker
blue-jean [bludʒin], **blue-jeans** [bludʒins] *nm* jeans
blues [bluz] *nm* blues *pl*
bluet [blyɛ] *nm* = **bleuet**
bluff [blœf] *nm* bluff
bluffer [blœfe] *vi, vt* to bluff
BNF *sigle f* = **Bibliothèque nationale de France**
boa [bɔa] *nm* (*Zool*): **~ (constricteur)** boa (constrictor); (*tour de cou*) (feather *ou* fur) boa
bobard [bɔbaʀ] *nm* (*fam*) tall story
bobèche [bɔbɛʃ] *nf* candle-ring
bobine [bɔbin] *nf* (*de fil*) reel; (*de machine à coudre*) spool; (*de machine à écrire*) ribbon; (*Élec*) coil; **~ (d'allumage)** (*Auto*) coil; **~ de pellicule** (*Photo*) roll of film
bobo [bobo] *nm* sore spot
bobsleigh [bɔbslɛg] *nm* bob(sleigh)
bocage [bɔkaʒ] *nm* (*Géo*) bocage, *farmland criss-crossed by hedges and trees*; (*bois*) grove, copse (*Brit*)
bocal, -aux [bɔkal, -o] *nm* jar
bock [bɔk] *nm* (beer) glass; (*contenu*) glass of beer
body [bɔdi] *nm* body(suit); (*Sport*) leotard
bœuf [bœf, *pl* bø] *nm* ox, steer; (*Culin*) beef; (*Mus: fam*) jam session
bof [bɔf] *excl* (*fam: indifférence*) don't care!, meh; (*: pas terrible*) nothing special
Bogota [bɔgɔta] *n* Bogotá
bogue [bɔg] *nf* (*Bot*) husk ▷ *nm* (*Inform*) bug
Bohème [bɔɛm] *nf*: **la ~** Bohemia
bohème [bɔɛm] *adj* happy-go-lucky, unconventional
bohémien, ne [bɔemjɛ̃, -ɛn] *adj* Bohemian ▷ *nm/f* gipsy
boire [bwaʀ] *vt* to drink; (*s'imprégner de*) to soak up; **~ un coup** to have a drink
bois [bwa] *vb voir* **boire** ▷ *nm* wood; (*Zool*) antler; (*Mus*): **les ~** the woodwind; **de ~, en ~** wooden; **~ vert** green wood; **~ mort** deadwood; **~ de lit** bedstead
boisé, e [bwaze] *adj* woody, wooded
boiser [bwaze] *vt* (*galerie de mine*) to timber; (*chambre*) to panel; (*terrain*) to plant with trees
boiseries [bwazʀi] *nfpl* panelling *sg*
boisson [bwasɔ̃] *nf* drink; **pris de ~** drunk, intoxicated; **~s alcoolisées** alcoholic beverages *ou* drinks; **~s non alcoolisées** soft drinks
boit [bwa] *vb voir* **boire**
boîte [bwat] *nf* box; (*fam: entreprise*) firm, company; **aliments en ~** canned *ou* tinned (*Brit*) foods; **~ de sardines/petits pois** can *ou* tin (*Brit*) of sardines/peas; **mettre qn en ~** (*fam*) to have a laugh at sb's expense; **~ d'allumettes** box of matches; (*vide*) matchbox; **~ de conserves** can *ou* tin (*Brit*) (of food); **~ crânienne** cranium; **~ à gants** glove compartment; **~ aux lettres** letter box, mailbox (*US*); (*Inform*) mailbox; **~ à musique** musical box; **~ noire** (*Aviat*) black box; **~ de nuit** night club; **~ à ordures** dustbin (*Brit*), trash can (*US*); **~ postale (BP)** PO box; **~ de vitesses** gear box; **~ vocale** voice mail
boiter [bwate] *vi* to limp; (*fig*) to wobble; (*raisonnement*) to be shaky
boiteux, -euse [bwatø, -øz] *adj* lame; wobbly; shaky
boîtier [bwatje] *nm* case; (*d'appareil photo*) body; **~ de montre** watch case
boitiller [bwatije] *vi* to limp slightly, have a slight limp
boive *etc* [bwav] *vb voir* **boire**
bol [bɔl] *nm* bowl; (*contenu*): **un ~ de café** *etc* a bowl of coffee *etc*; **un ~ d'air** a breath of fresh air; **en avoir ras le ~** (*fam*) to have had a bellyful
bolée [bɔle] *nf* bowlful
boléro [bɔleʀo] *nm* bolero
bolet [bɔlɛ] *nm* boletus (mushroom)
bolide [bɔlid] *nm* racing car; **comme un ~** like a rocket
Bolivie [bɔlivi] *nf*: **la ~** Bolivia
bolivien, ne [bɔlivjɛ̃, -ɛn] *adj* Bolivian ▷ *nm/f*: **Bolivien, ne** Bolivian
bolognais, e [bɔlɔɲɛ, -ɛz] *adj* Bolognese
Bologne [bɔlɔɲ] *n* Bologna
bombance [bɔ̃bɑ̃s] *nf*: **faire ~** to have a feast, revel
bombardement [bɔ̃baʀdəmɑ̃] *nm* bombing
bombarder [bɔ̃baʀde] *vt* to bomb; **~ qn de** (*cailloux, lettres*) to bombard sb with; **~ qn directeur** to thrust sb into the director's seat
bombardier [bɔ̃baʀdje] *nm* (*avion*) bomber; (*aviateur*) bombardier

bombe [bɔ̃b] *nf* bomb; *(atomiseur)* (aerosol) spray; *(Équitation)* riding cap; **faire la ~** *(fam)* to go on a binge; **~ atomique** atomic bomb; **~ à retardement** time bomb
bombé, e [bɔ̃be] *adj* rounded; *(mur)* bulging; *(front)* domed; *(route)* steeply cambered
bomber [bɔ̃be] *vi* to bulge; *(route)* to camber ▷ *vt*: **~ le torse** to swell out one's chest

MOT-CLÉ

bon, bonne [bɔ̃, bɔn] *adj* **1** *(agréable, satisfaisant)* good; **un bon repas/restaurant** a good meal/restaurant; **être bon en maths** to be good at maths
2 *(charitable)*: **être bon (envers)** to be good (to), to be kind (to); **vous êtes trop bon** you're too kind
3 *(correct)* right; **le bon numéro/moment** the right number/moment
4 *(souhaits)*: **bon anniversaire** happy birthday; **bon courage** good luck; **bon séjour** enjoy your stay; **bon voyage** have a good trip; **bon week-end** have a good weekend; **bonne année** happy New Year; **bonne chance** good luck; **bonne fête** happy holiday; **bonne nuit** good night
5 *(approprié)*: **bon à/pour** fit to/for; **bon à jeter** fit for the bin; **c'est bon à savoir** that's useful to know; **à quoi bon (...)?** what's the point *ou* use (of ...)?
6 *(intensif)*: **ça m'a pris deux bonnes heures** it took me a good two hours; **un bon nombre de** a good number of
7: **bon enfant** *adj inv* accommodating, easy-going; **bonne femme** *(péj)* woman; **de bonne heure** early; **bon marché** cheap; **bon mot** witticism; **pour faire bon poids ...** to make up for it ...; **bon sens** common sense; **bon vivant** jovial chap; **bonnes œuvres** charitable works, charities; **bonne sœur** nun
▷ *nm* **1** *(billet)* voucher; *(aussi*: **bon cadeau***)* gift voucher; **bon de caisse** cash voucher; **bon d'essence** petrol coupon; **bon à tirer** pass for press; **bon du Trésor** Treasury bond
2: **avoir du bon** to have its good points; **il y a du bon dans ce qu'il dit** there's some sense in what he says; **pour de bon** for good
▷ *nm/f*: **un bon à rien** a good-for-nothing
▷ *adv*: **il fait bon** it's *ou* the weather is fine; **sentir bon** to smell good; **tenir bon** to stand firm; **juger bon de faire ...** to think fit to do ...
▷ *excl* right!, good!; **ah bon?** really?; **bon, je reste** right, I'll stay; *voir aussi* **bonne**

bonasse [bɔnas] *adj* soft, meek
bonbon [bɔ̃bɔ̃] *nm* (boiled) sweet
bonbonne [bɔ̃bɔn] *nf* demijohn; carboy
bonbonnière [bɔ̃bɔnjɛʀ] *nf* sweet *(Brit) ou* candy *(US)* box
bond [bɔ̃] *nm* leap; *(d'une balle)* rebound, ricochet; **faire un ~** to leap in the air; **d'un seul ~** in one bound, with one leap; **~ en avant** *(fig: progrès)* leap forward
bonde [bɔ̃d] *nf (d'évier etc)* plug; *(: trou)* plughole; *(de tonneau)* bung; bunghole
bondé, e [bɔ̃de] *adj* packed (full)
bondieuserie [bɔ̃djøzʀi] *nf (péj: objet)* religious knick-knack
bondir [bɔ̃diʀ] *vi* to leap; **~ de joie** *(fig)* to jump for joy; **~ de colère** *(fig)* to be hopping mad
bonheur [bɔnœʀ] *nm* happiness; **avoir le ~ de** to have the good fortune to; **porter ~ (à qn)** to bring (sb) luck; **au petit ~** haphazardly; **par ~** fortunately
bonhomie [bɔnɔmi] *nf* good-naturedness
bonhomme [bɔnɔm] *(pl* **bonshommes** [bɔ̃zɔm]*)* *nm* fellow ▷ *adj* good-natured; **un vieux ~** an old chap; **aller son ~ de chemin** to carry on in one's own sweet way; **~ de neige** snowman
boni [bɔni] *nm* profit
bonification [bɔnifikasjɔ̃] *nf* bonus
bonifier [bɔnifje]: **se bonifier** *vi* to improve
boniment [bɔnimɑ̃] *nm* patter *no pl*
bonjour [bɔ̃ʒuʀ] *excl, nm* hello; *(selon l'heure)* good morning (*ou* afternoon); **donner** *ou* **souhaiter le ~ à qn** to bid sb good morning *ou* afternoon
Bonn [bɔn] *n* Bonn
bonne [bɔn] *adj f voir* **bon** ▷ *nf (domestique)* maid; **~ à toute faire** general help; **~ d'enfant** nanny
bonne-maman [bɔnmamɑ̃] *(pl* **bonnes-mamans***)* *nf* granny, grandma, gran
bonnement [bɔnmɑ̃] *adv*: **tout ~** quite simply
bonnet [bɔnɛ] *nm* bonnet, hat; *(de soutien-gorge)* cup; **~ d'âne** dunce's cap; **~ de bain** bathing cap; **~ de nuit** nightcap
bonneterie [bɔnɛtʀi] *nf* hosiery
bon-papa [bɔ̃papa] *(pl* **bons-papas***)* *nm* grandpa, grandad
bonsoir [bɔ̃swaʀ] *excl* good evening
bonté [bɔ̃te] *nf* kindness *no pl*; **avoir la ~ de** to be kind *ou* good enough to
bonus [bɔnys] *nm (Assurances)* no-claims bonus
bonze [bɔ̃z] *nm (Rel)* bonze
boomerang [bumʀɑ̃g] *nm* boomerang
boots [buts] *nfpl* boots
borborygme [bɔʀbɔʀigm(ə)] *nm* rumbling noise
bord [bɔʀ] *nm (de table, verre, falaise)* edge; *(de rivière, lac)* bank; *(de route)* side; *(de vêtement)* edge, border; *(de chapeau)* brim; **(monter) à ~** (to go) on board; **jeter par-dessus ~** to throw overboard; **le commandant de ~/les hommes du ~** the ship's master/crew; **du même ~** *(fig)* of the same opinion; **au ~ de la mer/route** at the seaside/roadside; **être au ~ des larmes** to be on the verge of tears; **virer de ~** *(Navig)* to tack; **sur les ~s** *(fig)* slightly; **de tous ~s** on all sides; **~ du trottoir** kerb *(Brit)*, curb *(US)*
bordeaux [bɔʀdo] *nm* Bordeaux ▷ *adj inv* maroon
bordée [bɔʀde] *nf* broadside; **une ~ d'injures** a volley of abuse; **tirer une ~** to go on the town
bordel [bɔʀdɛl] *nm* brothel; *(fam!)* bloody *(Brit)*

ou goddamn (*US*) mess (*!*) ▷ *excl* hell!
bordelais, e [bɔʀdəlɛ, -ɛz] *adj* of *ou* from Bordeaux
border [bɔʀde] *vt* (*être le long de*) to border, line; (*garnir*): **~ qch de** to line sth with; to trim sth with; (*qn dans son lit*) to tuck up
bordereau, x [bɔʀdəʀo] *nm* docket, slip
bordure [bɔʀdyʀ] *nf* border; (*sur un vêtement*) trim(ming), border; **en ~ de** on the edge of
boréal, e, aux [bɔʀeal, -o] *adj* boreal, northern
borgne [bɔʀɲ(ə)] *adj* one-eyed; **hôtel ~** shady hotel; **fenêtre ~** obstructed window
bornage [bɔʀnaʒ] *nm* (*d'un terrain*) demarcation
borne [bɔʀn(ə)] *nf* boundary stone; (*aussi*: **borne kilométrique**) kilometre-marker, ≈ milestone; **bornes** *nfpl* (*fig*) limits; **dépasser les ~s** to go too far; **sans ~(s)** boundless
borné, e [bɔʀne] *adj* narrow; (*obtus*) narrow-minded
Bornéo [bɔʀneo] *nm*: **le ~** Borneo
borner [bɔʀne] *vt* (*délimiter*) to limit; (*limiter*) to confine; **se ~ à faire** to content o.s. with doing; to limit o.s. to doing
bosniaque [bɔznjak] *adj* Bosnian ▷ *nm/f*: **Bosniaque** Bosnian
Bosnie [bɔsni] *nf* Bosnia
Bosnie-Herzégovine [bɔsniɛʀzegɔvin] *nf* Bosnia-Herzegovina
bosnien, ne [bɔznjɛ̃, -ɛn] *adj* Bosnian ▷ *nm/f*: **Bosnien, ne** Bosnian
Bosphore [bɔsfɔʀ] *nm*: **le ~** the Bosphorus
bosquet [bɔskɛ] *nm* copse (*Brit*), grove
bosse [bɔs] *nf* (*de terrain etc*) bump; (*enflure*) lump; (*du bossu, du chameau*) hump; **avoir la ~ des maths** *etc* to have a gift for maths *etc*; **il a roulé sa ~** he's been around
bosseler [bɔsle] *vt* (*ouvrer*) to emboss; (*abîmer*) to dent
bosser [bɔse] *vi* (*fam*) to work; (: *dur*) to slog (hard) (*Brit*), slave (away)
bosseur, -euse [bɔsœʀ, -øz] *nm/f* (hard) worker, slogger (*Brit*)
bossu, e [bɔsy] *nm/f* hunchback
bot [bo] *adj m*: **pied ~** club foot
botanique [bɔtanik] *nf* botany ▷ *adj* botanic(al)
botaniste [bɔtanist(ə)] *nm/f* botanist
Botswana [bɔtswana] *nm*: **le ~** Botswana
botte [bɔt] *nf* (*soulier*) (high) boot; (*Escrime*) thrust; (*gerbe*): **~ de paille** bundle of straw; **~ de radis/d'asperges** bunch of radishes/asparagus; **~s de caoutchouc** wellington boots
botter [bɔte] *vt* to put boots on; (*donner un coup de pied à*) to kick; (*fam*): **ça me botte** I fancy that
bottier [bɔtje] *nm* bootmaker
bottillon [bɔtijɔ̃] *nm* bootee
bottin® [bɔtɛ̃] *nm* directory
bottine [bɔtin] *nf* ankle boot
botulisme [bɔtylism(ə)] *nm* botulism
bouc [buk] *nm* goat; (*barbe*) goatee; **~ émissaire** scapegoat
boucan [bukɑ̃] *nm* din, racket
bouche [buʃ] *nf* mouth; **une ~ à nourrir** a mouth to feed; **les ~s inutiles** the non-productive members of the population; **faire du ~ à ~ à qn** to give sb the kiss of life (*Brit*), give sb mouth-to-mouth resuscitation; **de ~ à oreille** confidentially; **pour la bonne ~** (*pour la fin*) till last; **faire venir l'eau à la ~** to make one's mouth water; **~ cousue!** mum's the word!; **~ d'aération** air vent; **~ de chaleur** hot air vent; **~ d'égout** manhole; **~ d'incendie** fire hydrant; **~ de métro** métro entrance
bouché, e [buʃe] *adj* (*flacon etc*) stoppered; (*temps, ciel*) overcast; (*carrière*) blocked; (*péj: personne*) thick; (*trompette*) muted; **avoir le nez ~** to have a blocked(-up) nose
bouchée [buʃe] *nf* mouthful; **ne faire qu'une ~ de** (*fig*) to make short work of; **pour une ~ de pain** (*fig*) for next to nothing; **~s à la reine** chicken vol-au-vents
boucher [buʃe] *nm* butcher ▷ *vt* (*pour colmater*) to stop up; to fill up; (*obstruer*) to block (up); **se boucher** (*tuyau etc*) to block up, get blocked up; **se ~ le nez** to hold one's nose
bouchère [buʃɛʀ] *nf* butcher; (*femme du boucher*) butcher's wife
boucherie [buʃʀi] *nf* butcher's (shop); (*métier*) butchery; (*fig*) slaughter, butchery
bouche-trou [buʃtʀu] *nm* (*fig*) stop-gap
bouchon [buʃɔ̃] *nm* (*en liège*) cork; (*autre matière*) stopper; (*fig: embouteillage*) holdup; (*Pêche*) float; **~ doseur** measuring cap
bouchonner [buʃɔne] *vt* to rub down ▷ *vi* to form a traffic jam
bouchot [buʃo] *nm* mussel bed
bouclage [buklaʒ] *nm* sealing off
boucle [bukl(ə)] *nf* (*forme, figure, aussi Inform*) loop; (*objet*) buckle; **~ (de cheveux)** curl; **~ d'oreilles** earring
bouclé, e [bukle] *adj* curly; (*tapis*) uncut
boucler [bukle] *vt* (*fermer: ceinture etc*) to fasten; (: *magasin*) to shut; (*terminer*) to finish off; (: *circuit*) to complete; (*budget*) to balance; (*enfermer*) to shut away; (: *condamné*) to lock up; (: *quartier*) to seal off ▷ *vi* to curl; **faire ~** (*cheveux*) to curl; **~ la boucle** (*Aviat*) to loop the loop
bouclette [buklɛt] *nf* small curl
bouclier [buklije] *nm* shield
bouddha [buda] *nm* Buddha
bouddhisme [budism(ə)] *nm* Buddhism
bouddhiste [budist(ə)] *nm/f* Buddhist
bouder [bude] *vi* to sulk ▷ *vt* (*chose*) to turn one's nose up at; (*personne*) to refuse to have anything to do with
bouderie [budʀi] *nf* sulking *no pl*
boudeur, -euse [budœʀ, -øz] *adj* sullen, sulky
boudin [budɛ̃] *nm* (*Culin*) black pudding; (*Tech*) roll; **~ blanc** white pudding
boudiné, e [budine] *adj* (*doigt*) podgy; (*serré*): **~ dans** (*vêtement*) bulging out of
boudoir [budwaʀ] *nm* boudoir; (*biscuit*) sponge finger
boue [bu] *nf* mud
bouée [bwe] *nf* buoy; (*de baigneur*) rubber ring; ~

(de sauvetage) lifebuoy; *(fig)* lifeline
boueux, -euse [bwø, -øz] *adj* muddy ▷ *nm (fam)* refuse *(Brit) ou* garbage *(US)* collector
bouffant, e [bufɑ̃, -ɑ̃t] *adj* puffed out
bouffe [buf] *nf (fam)* grub, food
bouffée [bufe] *nf* puff; **~ de chaleur** *(gén)* blast of hot air; *(Méd)* hot flush *(Brit) ou* flash *(US)*; **~ de fièvre/de honte** flush of fever/shame; **~ d'orgueil** fit of pride
bouffer [bufe] *vi (fam)* to eat; *(Couture)* to puff out ▷ *vt (fam)* to eat
bouffi, e [bufi] *adj* swollen
bouffon, ne [bufɔ̃, -ɔn] *adj* farcical, comical ▷ *nm* jester
bouge [buʒ] *nm (bar louche)* (low) dive; *(taudis)* hovel
bougeoir [buʒwaʀ] *nm* candlestick
bougeotte [buʒɔt] *nf*: **avoir la ~** to have the fidgets
bouger [buʒe] *vi* to move; *(dent etc)* to be loose; *(changer)* to alter; *(agir)* to stir ▷ *vt* to move; **se bouger** *(fam)* to move (oneself)
bougie [buʒi] *nf* candle; *(Auto)* spark(ing) plug
bougon, ne [bugɔ̃, -ɔn] *adj* grumpy
bougonner [bugɔne] *vi, vt* to grumble
bougre [bugʀ(ə)] *nm* chap; *(fam)*: **ce ~ de ...** that confounded ...
boui-boui [bwibwi] *nm (fam)* greasy spoon
bouillabaisse [bujabɛs] *nf type of fish soup*
bouillant, e [bujɑ̃, -ɑ̃t] *adj (qui bout)* boiling; *(très chaud)* boiling (hot); *(fig: ardent)* hot-headed; **~ de colère** *etc* seething with anger *etc*
bouille [buj] *nf (fam)* mug
bouilleur [bujœʀ] *nm*: **~ de cru** (home) distiller
bouillie [buji] *nf* gruel; *(de bébé)* cereal; **en ~** *(fig)* crushed
bouillir [bujiʀ] *vi* to boil ▷ *vt (aussi:* **faire bouillir**: *Culin)* to boil; **~ de colère** *etc* to seethe with anger *etc*
bouilloire [bujwaʀ] *nf* kettle
bouillon [bujɔ̃] *nm (Culin)* stock *no pl*; *(bulles, écume)* bubble; **~ de culture** culture medium
bouillonnement [bujɔnmɑ̃] *nm (d'un liquide)* bubbling; *(des idées)* ferment
bouillonner [bujɔne] *vi* to bubble; *(fig)* to bubble up; *(torrent)* to foam
bouillotte [bujɔt] *nf* hot-water bottle
boulanger, -ère [bulɑ̃ʒe, -ɛʀ] *nm/f* baker ▷ *nf (femme du boulanger)* baker's wife
boulangerie [bulɑ̃ʒʀi] *nf* bakery, baker's (shop); *(commerce)* bakery; **~ industrielle** bakery
boulangerie-pâtisserie [bulɑ̃ʒʀipɑtisʀi] *(pl* **boulangeries-pâtisseries**) *nf* baker's and confectioner's (shop)
boule [bul] *nf (gén)* ball; *(pour jouer)* bowl; *(de machine à écrire)* golf ball; **roulé en ~** curled up in a ball; **se mettre en ~** *(fig)* to fly off the handle, blow one's top; **perdre la ~** *(fig: fam)* to go off one's rocker; **~ de gomme** *(bonbon)* gum(drop), pastille; **~ de neige** snowball; **faire ~ de neige** *(fig)* to snowball
bouleau, x [bulo] *nm* (silver) birch
bouledogue [buldɔg] *nm* bulldog
bouler [bule] *vi (fam)*: **envoyer ~ qn** to send sb packing; **je me suis fait ~** *(à un examen)* they flunked me
boulet [bulɛ] *nm (aussi:* **boulet de canon**) cannonball; *(de bagnard)* ball and chain; *(charbon)* (coal) nut
boulette [bulɛt] *nf* ball
boulevard [bulvaʀ] *nm* boulevard
bouleversant, e [bulvɛʀsɑ̃, -ɑ̃t] *adj (récit)* deeply distressing; *(nouvelle)* shattering
bouleversé, e [bulvɛʀse] *adj (ému)* deeply distressed; shattered
bouleversement [bulvɛʀsəmɑ̃] *nm (politique, social)* upheaval
bouleverser [bulvɛʀse] *vt (émouvoir)* to overwhelm; *(causer du chagrin à)* to distress; *(pays, vie)* to disrupt; *(papiers, objets)* to turn upside down, upset
boulier [bulje] *nm* abacus; *(de jeu)* scoring board
boulimie [bulimi] *nf* bulimia; compulsive eating
boulimique [bulimik] *adj* bulimic
boulingrin [bulɛ̃gʀɛ̃] *nm* lawn
bouliste [bulist(ə)] *nm/f* bowler
boulocher [bulɔʃe] *vi (laine etc)* to develop little snarls
boulodrome [bulɔdʀɔm] *nm* bowling pitch
boulon [bulɔ̃] *nm* bolt
boulonner [bulɔne] *vt* to bolt
boulot [bulo] *nm (fam: travail)* work
boulot, te [bulo, -ɔt] *adj* plump, tubby
boum [bum] *nm* bang ▷ *nf* party
bouquet [bukɛ] *nm (de fleurs)* bunch (of flowers), bouquet; *(de persil etc)* bunch; *(parfum)* bouquet; *(fig)* crowning piece; **c'est le ~!** that's the last straw!; **~ garni** *(Culin)* bouquet garni
bouquetin [buktɛ̃] *nm* ibex
bouquin [bukɛ̃] *nm (fam)* book
bouquiner [bukine] *vi (fam)* to read
bouquiniste [bukinist(ə)] *nm/f* bookseller
bourbeux, -euse [buʀbø, -øz] *adj* muddy
bourbier [buʀbje] *nm* (quag)mire
bourde [buʀd(ə)] *nf (erreur)* howler; *(gaffe)* blunder
bourdon [buʀdɔ̃] *nm* bumblebee
bourdonnement [buʀdɔnmɑ̃] *nm* buzzing *no pl*, buzz; **avoir des ~s d'oreilles** to have a buzzing (noise) in one's ears
bourdonner [buʀdɔne] *vi* to buzz; *(moteur)* to hum
bourg [buʀ] *nm* small market town *(ou* village)
bourgade [buʀgad] *nf* township
bourgeois, e [buʀʒwa, -waz] *adj (péj)* ≈ (upper) middle class; bourgeois; *(maison etc)* very comfortable ▷ *nm/f (autrefois)* burgher
bourgeoisie [buʀʒwazi] *nf* ≈ upper middle classes *pl*; bourgeoisie; **petite ~** middle classes
bourgeon [buʀʒɔ̃] *nm* bud
bourgeonner [buʀʒɔne] *vi* to bud
Bourgogne [buʀgɔɲ] *nf*: **la ~** Burgundy ▷ *nm*: **bourgogne** Burgundy (wine)

bourguignon, ne [buʀgiɲɔ̃, -ɔn] *adj* of *ou* from Burgundy, Burgundian; **bœuf ~** bœuf bourguignon
bourlinguer [buʀlɛ̃ge] *vi* to knock about a lot, get around a lot
bourrade [buʀad] *nf* shove, thump
bourrage [buʀaʒ] *nm* (*papier*) jamming; **~ de crâne** brainwashing; (*Scol*) cramming
bourrasque [buʀask(ə)] *nf* squall
bourratif, -ive [buʀatif, -iv] *adj* filling, stodgy
bourre [buʀ] *nf* (*de coussin, matelas etc*) stuffing
bourré, e [buʀe] *adj* (*rempli*): **~ de** crammed full of; (*fam: ivre*) pickled, plastered
bourreau, x [buʀo] *nm* executioner; (*fig*) torturer; **~ de travail** workaholic, glutton for work
bourrelé, e [buʀle] *adj*: **être ~ de remords** to be racked by remorse
bourrelet [buʀlɛ] *nm* draught (*Brit*) *ou* draft (*US*) excluder; (*de peau*) fold *ou* roll (of flesh)
bourrer [buʀe] *vt* (*pipe*) to fill; (*poêle*) to pack; (*valise*) to cram (full); **~ de** to cram (full) with, stuff with; **~ de coups** to hammer blows on, pummel; **~ le crâne à qn** to pull the wool over sb's eyes; (*endoctriner*) to brainwash sb
bourricot [buʀiko] *nm* small donkey
bourrique [buʀik] *nf* (*âne*) ass
bourru, e [buʀy] *adj* surly, gruff
bourse [buʀs(ə)] *nf* (*subvention*) grant; (*porte-monnaie*) purse; **sans ~ délier** without spending a penny; **la B~** the Stock Exchange; **~ du travail** ≈ trades union council (regional headquarters)
boursicoter [buʀsikɔte] *vi* (*Comm*) to dabble on the Stock Market
boursier, -ière [buʀsje, -jɛʀ] *adj* (*Comm*) Stock Market *cpd* ▷ *nm/f* (*Scol*) grant-holder
boursouflé, e [buʀsufle] *adj* swollen, puffy; (*fig*) bombastic, turgid
boursoufler [buʀsufle] *vt* to puff up, bloat; **se boursoufler** *vi* (*visage*) to swell *ou* puff up; (*peinture*) to blister
boursouflure [buʀsuflyʀ] *nf* (*du visage*) swelling, puffiness; (*de la peinture*) blister; (*fig: du style*) pomposity
bous [bu] *vb voir* **bouillir**
bousculade [buskylad] *nf* (*hâte*) rush; (*poussée*) crush
bousculer [buskyle] *vt* to knock over; to knock into; (*fig*) to push, rush
bouse [buz] *nf*: **~ (de vache)** (cow) dung *no pl* (*Brit*), manure *no pl*
bousiller [buzije] *vt* (*fam*) to wreck
boussole [busɔl] *nf* compass
bout [bu] *vb voir* **bouillir** ▷ *nm* bit; (*extrémité: d'un bâton etc*) tip; (*: d'une ficelle, table, rue, période*) end; **au ~ de** at the end of, after; **au ~ du compte** at the end of the day; **pousser qn à ~** to push sb to the limit (of his patience); **venir à ~ de** to manage to finish (off) *ou* overcome; **~ à ~** end to end; **à tout ~ de champ** at every turn; **d'un ~ à l'autre, de ~ en ~** from one end to the other; **à ~ portant** at point-blank range; **un ~ de chou** (*enfant*) a little tot; **~ d'essai** (*Ciné etc*) screen test; **~ filtre** filter tip
boutade [butad] *nf* quip, sally
boute-en-train [butɑ̃tʀɛ̃] *nm inv* live wire (*fig*)
bouteille [butɛj] *nf* bottle; (*de gaz butane*) cylinder
boutiquaire [butikɛʀ] *adj*: **niveau ~** shopping level
boutique [butik] *nf* shop (*Brit*), store (*US*); (*de grand couturier, de mode*) boutique
boutiquier, -ière [butikje, -jɛʀ] *nm/f* shopkeeper (*Brit*), storekeeper (*US*)
boutoir [butwaʀ] *nm*: **coup de ~** (*choc*) thrust; (*fig: propos*) barb
bouton [butɔ̃] *nm* (*de vêtement, électrique etc*) button; (*Bot*) bud; (*sur la peau*) spot; (*de porte*) knob; **~ de manchette** cuff-link; **~ d'or** buttercup
boutonnage [butɔnaʒ] *nm* (*action*) buttoning(-up); **un manteau à double ~** a coat with two rows of buttons
boutonner [butɔne] *vt* to button up, do up; **se boutonner** to button one's clothes up
boutonneux, -euse [butɔnø, -øz] *adj* spotty
boutonnière [butɔnjɛʀ] *nf* buttonhole
bouton-poussoir [butɔ̃puswaʀ] (*pl* **boutons-poussoirs**) *nm* pushbutton
bouton-pression [butɔ̃pʀesjɔ̃] (*pl* **boutons-pression**) *nm* press stud, snap fastener
bouture [butyʀ] *nf* cutting; **faire des ~s** to take cuttings
bouvreuil [buvʀœj] *nm* bullfinch
bovidé [bɔvide] *nm* bovine
bovin, e [bɔvɛ̃, -in] *adj* bovine ▷ *nm*: **~s** cattle
bowling [bɔliŋ] *nm* (tenpin) bowling; (*salle*) bowling alley
box [bɔks] *nm* lock-up (garage); (*de salle, dortoir*) cubicle; (*d'écurie*) loose-box; (*aussi:* **box-calf**) box calf; **le ~ des accusés** the dock
boxe [bɔks(ə)] *nf* boxing
boxer [bɔkse] *vi* to box ▷ *nm* [bɔksɛʀ] (*chien*) boxer
boxeur [bɔksœʀ] *nm* boxer
boyau, x [bwajo] *nm* (*corde de raquette etc*) (cat) gut; (*galerie*) passage(way); (narrow) gallery; (*pneu de bicyclette*) tubeless tyre ▷ *nmpl* (*viscères*) entrails, guts
boyaux [bwajo] *nmpl* (*viscères*) entrails, guts
boycottage [bɔikɔtaʒ] *nm* (*d'un produit*) boycotting
boycotter [bɔjkɔte] *vt* to boycott
BP *sigle f* = **boîte postale**
brabançon, ne [bʀabɑ̃sɔ̃, -ɔn] *adj* of *ou* from Brabant
Brabant [bʀabɑ̃] *nm*: **le ~** Brabant
bracelet [bʀaslɛ] *nm* bracelet
bracelet-montre [bʀaslɛmɔ̃tʀ(ə)] *nm* wristwatch
braconnage [bʀakɔnaʒ] *nm* poaching
braconner [bʀakɔne] *vi* to poach
braconnier [bʀakɔnje] *nm* poacher

brader [bʀade] *vt* to sell off, sell cheaply
braderie [bʀadʀi] *nf* clearance sale; (*par des particuliers*) ≈ car boot sale (*Brit*), ≈ garage sale (*US*); (*magasin*) discount store; (*sur marché*) cut-price (*Brit*) *ou* cut-rate (*US*) stall
braguette [bʀagɛt] *nf* fly, flies *pl* (*Brit*), zipper (*US*)
braillard, e [bʀɑjaʀ, -aʀd] *adj* (*fam*) bawling, yelling
braille [bʀɑj] *nm* Braille
braillement [bʀɑjmɑ̃] *nm* (*cri*) bawling *no pl*, yelling *no pl*
brailler [bʀɑje] *vi* to bawl, yell ▷ *vt* to bawl out, yell out
braire [bʀɛʀ] *vi* to bray
braise [bʀɛz] *nf* embers *pl*
braiser [bʀeze] *vt* to braise; **bœuf braisé** braised steak
bramer [bʀɑme] *vi* to bell; (*fig*) to wail
brancard [bʀɑ̃kaʀ] *nm* (*civière*) stretcher; (*bras, perche*) shaft
brancardier [bʀɑ̃kaʀdje] *nm* stretcher-bearer
branchages [bʀɑ̃ʃaʒ] *nmpl* branches, boughs
branche [bʀɑ̃ʃ] *nf* branch; (*de lunettes*) side(-piece)
branché, e [bʀɑ̃ʃe] *adj* (*fam*) switched-on, trendy ▷ *nm/f* (*fam*) trendy
branchement [bʀɑ̃ʃmɑ̃] *nm* connection
brancher [bʀɑ̃ʃe] *vt* to connect (up); (*en mettant la prise*) to plug in; **~ qn/qch sur** (*fig*) to get sb/sth launched onto
branchies [bʀɑ̃ʃi] *nfpl* gills
brandade [bʀɑ̃dad] *nf* brandade (*cod dish*)
brandebourgeois, e [bʀɑ̃dəbuʀʒwa, -waz] *adj* of *ou* from Brandenburg
brandir [bʀɑ̃diʀ] *vt* (*arme*) to brandish, wield; (*document*) to flourish, wave
brandon [bʀɑ̃dɔ̃] *nm* firebrand
branlant, e [bʀɑ̃lɑ̃, -ɑ̃t] *adj* (*mur, meuble*) shaky
branle [bʀɑ̃l] *nm*: **mettre en ~** to set swinging; **donner le ~ à** to set in motion
branle-bas [bʀɑ̃lbɑ] *nm inv* commotion
branler [bʀɑ̃le] *vi* to be shaky, be loose ▷ *vt*: **~ la tête** to shake one's head
braquage [bʀakaʒ] *nm* (*fam*) stick-up, hold-up; (*Auto*): **rayon de ~** turning circle
braque [bʀak] *nm* (*Zool*) pointer
braquer [bʀake] *vi* (*Auto*) to turn (the wheel) ▷ *vt* (*revolver etc*): **~ qch sur** to aim sth at, point sth at; (*mettre en colère*): **~ qn** to antagonize sb, put sb's back up; **~ son regard sur** to fix one's gaze on; **se braquer** *vi*: **se ~ (contre)** to take a stand (against)
bras [bʀa] *nm* arm; (*de fleuve*) branch ▷ *nmpl* (*fig: travailleurs*) labour *sg* (*Brit*), labor *sg* (*US*), hands; **~ dessus ~ dessous** arm in arm; **à ~ raccourcis** with fists flying; **à tour de ~** with all one's might; **baisser les ~** to give up; **~ droit** (*fig*) right hand man; **~ de fer** arm-wrestling; **une partie de ~ de fer** (*fig*) a trial of strength; **~ de levier** lever arm; **~ de mer** arm of the sea, sound
brasero [bʀɑzeʀo] *nm* brazier
brasier [bʀɑzje] *nm* blaze, (blazing) inferno; (*fig*) inferno
Brasilia [bʀazilja] *n* Brasilia
bras-le-corps [bʀalkɔʀ]: **à ~** *adv* (a)round the waist
brassage [bʀasaʒ] *nm* (*de la bière*) brewing; (*fig*) mixing
brassard [bʀasaʀ] *nm* armband
brasse [bʀas] *nf* (*nage*) breast-stroke; (*mesure*) fathom; **~ papillon** butterfly(-stroke)
brassée [bʀase] *nf* armful; **une ~ de** (*fig*) a number of
brasser [bʀase] *vt* (*bière*) to brew; (*remuer: salade*) to toss; (*: cartes*) to shuffle; (*fig*) to mix; **~ l'argent/les affaires** to handle a lot of money/business
brasserie [bʀasʀi] *nf* (*restaurant*) bar (*selling food*), brasserie; (*usine*) brewery
brasseur [bʀasœʀ] *nm* (*de bière*) brewer; **~ d'affaires** big businessman
brassière [bʀasjɛʀ] *nf* (baby's) vest (*Brit*) *ou* undershirt (*US*); (*de sauvetage*) life jacket
bravache [bʀavaʃ] *nm* blusterer, braggart
bravade [bʀavad] *nf*: **par ~** out of bravado
brave [bʀav] *adj* (*courageux*) brave; (*bon, gentil*) good, kind
bravement [bʀavmɑ̃] *adv* bravely; (*résolument*) boldly
braver [bʀave] *vt* to defy
bravo [bʀavo] *excl* bravo! ▷ *nm* cheer
bravoure [bʀavuʀ] *nf* bravery
BRB *sigle f* (*Police*: = *Brigade de répression du banditisme*) ≈ serious crime squad
break [bʀɛk] *nm* (*Auto*) estate car (*Brit*), station wagon (*US*)
brebis [bʀəbi] *nf* ewe; **~ galeuse** black sheep
brèche [bʀɛʃ] *nf* breach, gap; **être sur la ~** (*fig*) to be on the go
bredouille [bʀəduj] *adj* empty-handed
bredouiller [bʀəduje] *vi, vt* to mumble, stammer
bref, brève [bʀɛf, bʀɛv] *adj* short, brief ▷ *adv* in short ▷ *nf* (*voyelle*) short vowel; (*information*) brief news item; **d'un ton ~** sharply, curtly; **en ~** in short, in brief; **à ~ délai** shortly
brelan [bʀəlɑ̃] *nm*: **un ~** three of a kind; **un ~ d'as** three aces
breloque [bʀəlɔk] *nf* charm
brème [bʀɛm] *nf* bream
Brésil [bʀezil] *nm*: **le ~** Brazil
brésilien, ne [bʀeziljɛ̃, -ɛn] *adj* Brazilian ▷ *nm/f*: **Brésilien, ne** Brazilian
bressan, e [bʀɛsɑ̃, -an] *adj* of *ou* from Bresse
Bretagne [bʀətaɲ] *nf*: **la ~** Brittany
bretelle [bʀətɛl] *nf* (*de fusil etc*) sling; (*de vêtement*) strap; (*d'autoroute*) slip road (*Brit*), entrance *ou* exit ramp (*US*); **bretelles** *nfpl* (*pour pantalon*) braces (*Brit*), suspenders (*US*); **~ de contournement** (*Auto*) bypass; **~ de raccordement** (*Auto*) access road
breton, ne [bʀətɔ̃, -ɔn] *adj* Breton ▷ *nm* (*Ling*) Breton ▷ *nm/f*: **Breton, ne** Breton

breuvage [bʀœvaʒ] *nm* beverage, drink
brève [bʀɛv] *adj f, nf voir* **bref**
brevet [bʀəvɛ] *nm* diploma, certificate; **~ (d'invention)** patent; **~ d'apprentissage** certificate of apprenticeship; **~ (des collèges)** *school certificate, taken at approx. 16 years*
breveté, e [bʀəvte] *adj* patented; (*diplômé*) qualified
breveter [bʀəvte] *vt* to patent
bréviaire [bʀevjɛʀ] *nm* breviary
BRGM *sigle m* = **Bureau de recherches géologiques et minières**
briard, e [bʀijaʀ, -aʀd(ə)] *adj* of *ou* from Brie ▷ *nm* (*chien*) briard
bribes [bʀib] *nfpl* bits, scraps; (*d'une conversation*) snatches; **par ~** piecemeal
bric [bʀik]: **de ~ et de broc** *adv* with any old thing
bric-à-brac [bʀikabʀak] *nm inv* bric-a-brac, jumble
bricolage [bʀikɔlaʒ] *nm*: **le ~** do-it-yourself (jobs); (*péj*) patched-up job
bricole [bʀikɔl] *nf* (*babiole, chose insignifiante*) trifle; (*petit travail*) small job
bricoler [bʀikɔle] *vi* to do odd jobs; (*en amateur*) to do DIY jobs; (*passe-temps*) to potter about ▷ *vt* (*réparer*) to fix up; (*mal réparer*) to tinker with; (*trafiquer: voiture etc*) to doctor, fix
bricoleur, -euse [bʀikɔlœʀ, -øz] *nm/f* handyman/woman, DIY enthusiast
bride [bʀid] *nf* bridle; (*d'un bonnet*) string, tie; **à ~ abattue** flat out, hell for leather; **tenir en ~** to keep in check; **lâcher la ~ à, laisser la ~ sur le cou à** to give free rein to
bridé, e [bʀide] *adj*: **yeux ~s** slit eyes
brider [bʀide] *vt* (*réprimer*) to keep in check; (*cheval*) to bridle; (*Culin: volaille*) to truss
bridge [bʀidʒ(ə)] *nm* bridge
brie [bʀi] *nm* Brie (*cheese*)
brièvement [bʀijɛvmɑ̃] *adv* briefly
brièveté [bʀijɛvte] *nf* brevity
brigade [bʀigad] *nf* squad; (*Mil*) brigade
brigadier [bʀigadje] *nm* (*Police*) ≈ sergeant; (*Mil*) bombardier; corporal
brigadier-chef [bʀigadjeʃɛf] (*pl* **brigadiers-chefs**) *nm* ≈ lance-sergeant
brigand [bʀigɑ̃] *nm* brigand
brigandage [bʀigɑ̃daʒ] *nm* robbery
briguer [bʀige] *vt* to aspire to; (*suffrages*) to canvass
brillamment [bʀijamɑ̃] *adv* brilliantly
brillant, e [bʀijɑ̃, -ɑ̃t] *adj* brilliant; bright; (*luisant*) shiny, shining ▷ *nm* (*diamant*) brilliant
briller [bʀije] *vi* to shine
brimade [bʀimad] *nf* vexation, harassment *no pl*; bullying *no pl*
brimbaler [bʀɛ̃bale] *vb* = **bringuebaler**
brimer [bʀime] *vt* to harass; to bully
brin [bʀɛ̃] *nm* (*de laine, ficelle etc*) strand; (*fig*): **un ~ de** a bit of; **un ~ mystérieux** *etc* (*fam*) a weeny bit mysterious *etc*; **~ d'herbe** blade of grass; **~ de muguet** sprig of lily of the valley; **~ de paille** wisp of straw
brindille [bʀɛ̃dij] *nf* twig
bringue [bʀɛ̃g] *nf* (*fam*): **faire la ~** to go on a binge
bringuebaler [bʀɛ̃gbale] *vi* to shake (about) ▷ *vt* to cart about
brio [bʀijo] *nm* brilliance; (*Mus*) brio; **avec ~** brilliantly, with panache
brioche [bʀijɔʃ] *nf* brioche (bun); (*fam: ventre*) paunch
brioché, e [bʀijɔʃe] *adj* brioche-style
brique [bʀik] *nf* brick; (*fam*) 10 000 francs ▷ *adj inv* brick red
briquer [bʀike] *vt* (*fam*) to polish up
briquet [bʀikɛ] *nm* (cigarette) lighter
briqueterie [bʀiktʀi] *nf* brickyard
bris [bʀi] *nm*: **~ de clôture** (*Jur*) breaking in; **~ de glaces** (*Auto*) breaking of windows
brisant [bʀizɑ̃] *nm* reef; (*vague*) breaker
brise [bʀiz] *nf* breeze
brisé, e [bʀize] *adj* broken; **~ (de fatigue)** exhausted; **d'une voix ~e** in a voice broken with emotion; **pâte ~e** shortcrust pastry
brisées [bʀize] *nfpl*: **aller** *ou* **marcher sur les ~ de qn** to compete with sb in his own province
brise-glace, brise-glaces [bʀizglas] *nm inv* (*navire*) icebreaker
brise-jet [bʀizʒɛ] *nm inv* tap swirl
brise-lames [bʀizlam] *nm inv* breakwater
briser [bʀize] *vt* to break; **se briser** *vi* to break
brise-tout [bʀiztu] *nm inv* wrecker
briseur, -euse [bʀizœʀ, -øz] *nm/f*: **~ de grève** strike-breaker
brise-vent [bʀizvɑ̃] *nm inv* windbreak
bristol [bʀistɔl] *nm* (*carte de visite*) visiting card
britannique [bʀitanik] *adj* British ▷ *nm/f*: **Britannique** Briton, British person; **les B~s** the British
broc [bʀo] *nm* pitcher
brocante [bʀɔkɑ̃t] *nf* (*objets*) secondhand goods *pl*, junk; (*commerce*) secondhand trade; junk dealing
brocanteur, -euse [bʀɔkɑ̃tœʀ, -øz] *nm/f* junk shop owner; junk dealer
brocart [bʀɔkaʀ] *nm* brocade
broche [bʀɔʃ] *nf* brooch; (*Culin*) spit; (*fiche*) spike, peg; (*Méd*) pin; **à la ~** spit-roasted, roasted on a spit
broché, e [bʀɔʃe] *adj* (*livre*) paper-backed; (*tissu*) brocaded
brochet [bʀɔʃɛ] *nm* pike *inv*
brochette [bʀɔʃɛt] *nf* skewer; **~ de décorations** row of medals
brochure [bʀɔʃyʀ] *nf* pamphlet, brochure, booklet
brocoli [bʀɔkɔli] *nm* broccoli
brodequins [bʀɔdkɛ̃] *nmpl* (*de marche*) (lace-up) boots
broder [bʀɔde] *vt* to embroider ▷ *vi*: **~ (sur des faits** *ou* **une histoire)** to embroider the facts
broderie [bʀɔdʀi] *nf* embroidery
bromure [bʀɔmyʀ] *nm* bromide

broncher [bʀɔ̃ʃe] *vi*: **sans ~** without flinching, without turning a hair
bronches [bʀɔ̃ʃ] *nfpl* bronchial tubes
bronchite [bʀɔ̃ʃit] *nf* bronchitis
broncho-pneumonie [bʀɔ̃kɔpnømɔni] *nf* broncho-pneumonia *no pl*
bronzage [bʀɔ̃zaʒ] *nm* (*hâle*) (sun)tan
bronze [bʀɔ̃z] *nm* bronze
bronzé, e [bʀɔ̃ze] *adj* tanned
bronzer [bʀɔ̃ze] *vt* to tan ▷ *vi* to get a tan; **se bronzer** to sunbathe
brosse [bʀɔs] *nf* brush; **donner un coup de ~ à qch** to give sth a brush; **coiffé en ~** with a crewcut; **~ à cheveux** hairbrush; **~ à dents** toothbrush; **~ à habits** clothesbrush
brosser [bʀɔse] *vt* (*nettoyer*) to brush; (*fig*: *tableau etc*) to paint; to draw; **se brosser** *vt, vi* to brush one's clothes; **se ~ les dents** to brush one's teeth; **tu peux te ~!** (*fam*) you can sing for it!
brou [bʀu] *nm*: **~ de noix** (*pour bois*) walnut stain; (*liqueur*) walnut liqueur
brouette [bʀuɛt] *nf* wheelbarrow
brouhaha [bʀuaa] *nm* hubbub
brouillage [bʀujaʒ] *nm* (*d'une émission*) jamming
brouillard [bʀujaʀ] *nm* fog; **être dans le ~** (*fig*) to be all at sea
brouille [bʀuj] *nf* quarrel
brouillé, e [bʀuje] *adj* (*fâché*): **il est ~ avec ses parents** he has fallen out with his parents; (*teint*) muddy
brouiller [bʀuje] *vt* to mix up; to confuse; (*Radio*) to cause interference to; (*: délibérément*) to jam; (*rendre trouble*) to cloud; (*désunir*: *amis*) to set at odds; **se brouiller** *vi* (*ciel, vue*) to cloud over; (*détails*) to become confused; **se ~ (avec)** to fall out (with); **~ les pistes** to cover one's tracks; (*fig*) to confuse the issue
brouillon, ne [bʀujɔ̃, -ɔn] *adj* disorganized, unmethodical ▷ *nm* (first) draft; **cahier de ~** rough (work) book
broussailles [bʀusɑj] *nfpl* undergrowth *sg*
broussailleux, -euse [bʀusɑjø, -øz] *adj* bushy
brousse [bʀus] *nf*: **la ~** the bush
brouter [bʀute] *vt* to graze on ▷ *vi* to graze; (*Auto*) to judder
broutille [bʀutij] *nf* trifle
broyer [bʀwaje] *vt* to crush; **~ du noir** to be down in the dumps
bru [bʀy] *nf* daughter-in-law
brucelles [bʀysɛl] *nfpl*: **(pinces) ~** tweezers
brugnon [bʀyɲɔ̃] *nm* nectarine
bruine [bʀɥin] *nf* drizzle
bruiner [bʀɥine] *vb impers*: **il bruine** it's drizzling, there's a drizzle
bruire [bʀɥiʀ] *vi* (*eau*) to murmur; (*feuilles, étoffe*) to rustle
bruissement [bʀɥismɑ̃] *nm* murmuring; rustling
bruit [bʀɥi] *nm*: **un ~** a noise, a sound; (*fig*: *rumeur*) a rumour (*Brit*), a rumor (*US*); **le ~** noise; **pas/trop de ~** no/too much noise; **sans ~** without a sound, noiselessly; **faire du ~** to make a noise; **~ de fond** background noise
bruitage [bʀɥitaʒ] *nm* sound effects *pl*
bruiteur, -euse [bʀɥitœʀ, -øz] *nm/f* sound-effects engineer
brûlant, e [bʀylɑ̃, -ɑ̃t] *adj* burning (hot); (*liquide*) boiling (hot); (*regard*) fiery; (*sujet*) red-hot
brûlé, e [bʀyle] *adj* (*fig*: *démasqué*) blown; (*: homme politique etc*) discredited ▷ *nm*: **odeur de ~** smell of burning
brûle-pourpoint [bʀylpuʀpwɛ̃]: **à ~** *adv* point-blank
brûler [bʀyle] *vt* to burn; (*eau bouillante*) to scald; (*consommer*: *électricité, essence*) to use; (*feu rouge, signal*) to go through (without stopping) ▷ *vi* to burn; (*jeu*): **tu brûles** you're getting warm *ou* hot; **se brûler** to burn o.s.; to scald o.s.; **se ~ la cervelle** to blow one's brains out; **~ les étapes** to make rapid progress; (*aller trop vite*) to cut corners; **~ (d'impatience) de faire qch** to burn with impatience to do sth, be dying to do sth
brûleur [bʀylœʀ] *nm* burner
brûlot [bʀylo] *nm* (*Culin*) flaming brandy; **un ~ de contestation** (*fig*) a hotbed of dissent
brûlure [bʀylyʀ] *nf* (*lésion*) burn; (*sensation*) burning *no pl*, burning sensation; **~s d'estomac** heartburn *sg*
brume [bʀym] *nf* mist
brumeux, -euse [bʀymø, -øz] *adj* misty; (*fig*) hazy
brumisateur [bʀymizatœʀ] *nm* atomizer
brun, e [bʀœ̃, -yn] *adj* brown; (*cheveux, personne*) dark ▷ *nm* (*couleur*) brown ▷ *nf* (*cigarette*) *cigarette made of dark tobacco*; (*bière*) ≈ brown ale, ≈ stout
brunâtre [bʀynɑtʀ(ə)] *adj* brownish
brunch [bʀœntʃ] *nm* brunch
Brunei [bʀynei] *nm*: **le ~** Brunei
brunir [bʀyniʀ] *vi*: **se brunir** to get a tan ▷ *vt* to tan
brushing [bʀœʃiŋ] *nm* blow-dry
brusque [bʀysk(ə)] *adj* (*soudain*) abrupt, sudden; (*rude*) abrupt, brusque
brusquement [bʀyskəmɑ̃] *adv* (*soudainement*) abruptly, suddenly
brusquer [bʀyske] *vt* to rush
brusquerie [bʀyskəʀi] *nf* abruptness, brusqueness
brut, e [bʀyt] *adj* raw, crude, rough; (*diamant*) uncut; (*soie, minéral, Inform*: *données*) raw; (*Comm*) gross ▷ *nf* brute; **(champagne) ~** brut champagne; **(pétrole) ~** crude (oil)
brutal, e, -aux [bʀytal, -o] *adj* brutal
brutalement [bʀytalmɑ̃] *adv* brutally
brutaliser [bʀytalize] *vt* to handle roughly, manhandle
brutalité [bʀytalite] *nf* brutality *no pl*
brute [bʀyt] *adj f, nf voir* **brut**
Bruxelles [bʀysɛl] *n* Brussels
bruxellois, e [bʀysɛlwa, -waz] *adj* of *ou* from Brussels ▷ *nm/f*: **Bruxellois, e** inhabitant *ou* native of Brussels
bruyamment [bʀɥijamɑ̃] *adv* noisily
bruyant, e [bʀɥijɑ̃, -ɑ̃t] *adj* noisy

bruyère [bʀyjɛʀ] *nf* heather
BT *sigle m* (= *Brevet de technicien*) *vocational training certificate, taken at approx. 18 years*
BTA *sigle m* (= *Brevet de technicien agricole*) *agricultural training certificate, taken at approx. 18 years*
BTP *sigle mpl* (= *Bâtiments et travaux publics*) *public buildings and works sector*
BTS *sigle m* (= *Brevet de technicien supérieur*) *vocational training certificate taken at end of two-year higher education course*
BU *sigle f* = **Bibliothèque universitaire**
bu, e [by] *pp de* **boire**
buanderie [bɥɑ̃dʀi] *nf* laundry
Bucarest [bykaʀɛst] *n* Bucharest
buccal, e, -aux [bykal, -o] *adj*: **par voie ~e** orally
bûche [byʃ] *nf* log; **prendre une ~** (*fig*) to come a cropper (*Brit*), fall flat on one's face; **~ de Noël** Yule log
bûcher [byʃe] *nm* pyre; bonfire ▷ *vi* (*fam: étudier*) to swot (*Brit*), grind (*US*) ▷ *vt* to swot up (*Brit*), cram
bûcheron [byʃʀɔ̃] *nm* woodcutter
bûchette [byʃɛt] *nf* (*de bois*) stick, twig; (*pour compter*) rod
bûcheur, -euse [byʃœʀ, -øz] *nm/f* (*fam: étudiant*) swot (*Brit*), grind (*US*)
bucolique [bykɔlik] *adj* bucolic, pastoral
Budapest [bydapɛst] *n* Budapest
budget [bydʒɛ] *nm* budget
budgétaire [bydʒetɛʀ] *adj* budgetary, budget *cpd*
budgétiser [bydʒetize] *vt* to budget (for)
buée [bɥe] *nf* (*sur une vitre*) mist; (*de l'haleine*) steam
Buenos Aires [bwenɔzɛʀ] *n* Buenos Aires
buffet [byfɛ] *nm* (*meuble*) sideboard; (*de réception*) buffet; **~ (de gare)** (station) buffet, snack bar
buffle [byfl(ə)] *nm* buffalo
buis [bɥi] *nm* box tree; (*bois*) box(wood)
buisson [bɥisɔ̃] *nm* bush
buissonnière [bɥisɔnjɛʀ] *adj f*: **faire l'école ~** to play truant (*Brit*), skip school
bulbe [bylb(ə)] *nm* (*Bot, Anat*) bulb; (*coupole*) onion-shaped dome
bulgare [bylgaʀ] *adj* Bulgarian ▷ *nm* (*Ling*) Bulgarian ▷ *nm/f*: **Bulgare** Bulgarian, Bulgar
Bulgarie [bylgaʀi] *nf*: **la ~** Bulgaria
bulldozer [buldozœʀ] *nm* bulldozer
bulle [byl] *adj, nm*: **(papier) ~** manil(l)a paper ▷ *nf* bubble; (*de bande dessinée*) balloon; (*papale*) bull; **~ de savon** soap bubble
bulletin [byltɛ̃] *nm* (*communiqué, journal*) bulletin; (*papier*) form; (*: de bagages*) ticket; (*Scol*) report; **~ d'informations** news bulletin; **~ météorologique** weather report; **~ de naissance** birth certificate; **~ de salaire** pay slip; **~ de santé** medical bulletin; **~ (de vote)** ballot paper
buraliste [byʀalist(ə)] *nm/f* (*de bureau de tabac*) tobacconist; (*de poste*) clerk
bure [byʀ] *nf* homespun; (*de moine*) frock
bureau, x [byʀo] *nm* (*meuble*) desk; (*pièce, service*) office; **~ de change** (foreign) exchange office *ou* bureau; **~ d'embauche** ≈ job centre; **~ d'études** design office; **~ de location** box office; **~ des objets trouvés** lost property office (*Brit*), lost and found (*US*); **~ de placement** employment agency; **~ de poste** post office; **~ de tabac** tobacconist's (shop), smoke shop (*US*); **~ de vote** polling station
bureaucrate [byʀokʀat] *nm* bureaucrat
bureaucratie [byʀokʀasi] *nf* bureaucracy
bureaucratique [byʀokʀatik] *adj* bureaucratic
bureautique [byʀɔtik] *nf* office automation
burette [byʀɛt] *nf* (*de mécanicien*) oilcan; (*de chimiste*) burette
burin [byʀɛ̃] *nm* cold chisel; (*Art*) burin
buriné, e [byʀine] *adj* (*fig: visage*) craggy, seamed
Burkina [byʀkina], **Burkina-Faso** [byʀkinafaso] *nm*: **le ~(-Faso)** Burkina Faso
burlesque [byʀlɛsk(ə)] *adj* ridiculous; (*Littérature*) burlesque
burnous [byʀnu(s)] *nm* burnous
Burundi [buʀundi] *nm*: **le ~** Burundi
bus *vb* [by] *voir* **boire** ▷ *nm* [bys] (*véhicule, aussi Inform*) bus
busard [byzaʀ] *nm* harrier
buse [byz] *nf* buzzard
busqué, e [byske] *adj*: **nez ~** hook(ed) nose
buste [byst(ə)] *nm* (*Anat*) chest; (*: de femme*) bust; (*sculpture*) bust
bustier [bystje] *nm* (*soutien-gorge*) long-line bra
but [by] *vb voir* **boire** ▷ *nm* (*cible*) target; (*fig*) goal, aim; (*Football etc*) goal; **de ~ en blanc** point-blank; **avoir pour ~ de faire** to aim to do; **dans le ~ de** with the intention of
butane [bytan] *nm* butane; (*domestique*) calor gas® (*Brit*), butane
buté, e [byte] *adj* stubborn, obstinate ▷ *nf* (*Archit*) abutment; (*Tech*) stop
buter [byte] *vi*: **~ contre** *ou* **sur** to bump into; (*trébucher*) to stumble against ▷ *vt* to antagonize; **se buter** *vi* to get obstinate, dig in one's heels
buteur [bytœʀ] *nm* striker
butin [bytɛ̃] *nm* booty, spoils *pl*; (*d'un vol*) loot
butiner [bytine] *vi* to gather nectar
butor [bytɔʀ] *nm* (*fig*) lout
butte [byt] *nf* mound, hillock; **être en ~ à** to be exposed to
buvable [byvabl(ə)] *adj* (*eau, vin*) drinkable; (*Méd: ampoule etc*) to be taken orally; (*fig: roman etc*) reasonable
buvais *etc* [byvɛ] *vb voir* **boire**
buvard [byvaʀ] *nm* blotter
buvette [byvɛt] *nf* refreshment room *ou* stall; (*comptoir*) bar
buveur, -euse [byvœʀ, -øz] *nm/f* drinker
buvons *etc* [byvɔ̃] *vb voir* **boire**
BVP *sigle m* (= *Bureau de vérification de la publicité*) *advertising standards authority*
Byzance [bizɑ̃s] *n* Byzantium
byzantin, e [bizɑ̃tɛ̃, -in] *adj* Byzantine
BZH *abr* (= *Breizh*) Brittany

Cc

C, c [se] *nm inv* C, c ▷ *abr* (= *centime*) c; (= *Celsius*) C; **C comme Célestin** C for Charlie
c' [s] *pron voir* **ce**
CA *sigle m* = **chiffre d'affaires; conseil d'administration; corps d'armée** ▷ *sigle f* = **chambre d'agriculture**
ça [sa] *pron* (*pour désigner*) this; (*: plus loin*) that; (*comme sujet indéfini*) it; **ça m'étonne que** it surprises me that; **ça va?** how are you?; how are things?; (*d'accord?*) OK?, all right?; **ça alors!** (*désapprobation*) well!, really!; (*étonnement*) heavens!; **c'est ça** that's right
çà [sa] *adv*: **çà et là** here and there
cabale [kabal] *nf* (*Théât, Pol*) cabal, clique
caban [kabɑ̃] *nm* reefer jacket, donkey jacket
cabane [kaban] *nf* hut, cabin
cabanon [kabanɔ̃] *nm* chalet, (country) cottage
cabaret [kabaʀɛ] *nm* night club
cabas [kabɑ] *nm* shopping bag
cabestan [kabɛstɑ̃] *nm* capstan
cabillaud [kabijo] *nm* cod *inv*
cabine [kabin] *nf* (*de bateau*) cabin; (*de plage*) (beach) hut; (*de piscine etc*) cubicle; (*de camion, train*) cab; (*d'avion*) cockpit; **~ (d'ascenseur)** lift cage; **~ d'essayage** fitting room; **~ de projection** projection room; **~ spatiale** space capsule; **~ (téléphonique)** call *ou* (tele)phone box, (tele)phone booth
cabinet [kabinɛ] *nm* (*petite pièce*) closet; (*de médecin*) surgery (*Brit*), office (*US*); (*de notaire etc*) office; (*: clientèle*) practice; (*Pol*) cabinet; (*d'un ministre*) advisers *pl*; **cabinets** *nmpl* (*w.-c.*) toilet *sg*; **~ d'affaires** business consultants' (bureau), business partnership; **~ de toilette** toilet; **~ de travail** study
câble [kɑbl(ə)] *nm* cable; **le ~** (TV) cable television, cablevision (*US*)
câblé, e [kɑble] *adj* (*fam*) switched on; (*Tech*) linked to cable television
câbler [kɑble] *vt* to cable; **~ un quartier** (TV) to put cable television into an area
cabosser [kabɔse] *vt* to dent
cabot [kabo] *nm* (*péj: chien*) mutt
cabotage [kabɔtaʒ] *nm* coastal navigation
caboteur [kabɔtœʀ] *nm* coaster
cabotin, e [kabɔtɛ̃, -in] *nm/f* (*péj: personne maniérée*) poseur; (*: acteur*) ham ▷ *adj* dramatic, theatrical
cabotinage [kabɔtinaʒ] *nm* playacting; third-rate acting, ham acting
cabrer [kɑbʀe]: **se cabrer** *vi* (*cheval*) to rear up; (*avion*) to nose up; (*fig*) to revolt, rebel; to jib
cabri [kabʀi] *nm* kid
cabriole [kabʀijɔl] *nf* caper; (*gymnastique etc*) somersault
cabriolet [kabʀijɔlɛ] *nm* convertible
CAC [kak] *sigle f* = **Compagnie des agents de change**; **indice ~** ≈ FT index (*Brit*), ≈ Dow Jones average (*US*)
caca [kaka] *nm* (*langage enfantin*) pooh; (*couleur*): **~ d'oie** greeny-yellow; **faire ~** (*fam*) to do a pooh
cacahuète [kakaɥɛt] *nf* peanut
cacao [kakao] *nm* cocoa (powder); (*boisson*) cocoa
cachalot [kaʃalo] *nm* sperm whale
cache [kaʃ] *nm* mask, card (*for masking*) ▷ *nf* hiding place
cache-cache [kaʃkaʃ] *nm*: **jouer à ~** to play hide-and-seek
cache-col [kaʃkɔl] *nm* scarf
cachemire [kaʃmiʀ] *nm* cashmere ▷ *adj*: **dessin ~** paisley pattern; **le C~** Kashmir
cache-nez [kaʃne] *nm inv* scarf, muffler
cache-pot [kaʃpo] *nm inv* flower-pot holder
cache-prise [kaʃpʀiz] *nm inv* socket cover
cacher [kaʃe] *vt* to hide, conceal; **~ qch à qn** to hide *ou* conceal sth from sb; **se cacher** to hide; to be hidden *ou* concealed; **il ne s'en cache pas** he makes no secret of it
cache-sexe [kaʃsɛks] *nm inv* G-string
cachet [kaʃɛ] *nm* (*comprimé*) tablet; (*sceau: du roi*) seal; (*: de la poste*) postmark; (*rétribution*) fee; (*fig*) style, character
cacheter [kaʃte] *vt* to seal; **vin cacheté** vintage wine
cachette [kaʃɛt] *nf* hiding place; **en ~** on the sly, secretly
cachot [kaʃo] *nm* dungeon
cachotterie [kaʃɔtʀi] *nf* mystery; **faire des ~s** to be secretive
cachottier, -ière [kaʃɔtje, -jɛʀ] *adj* secretive
cachou [kaʃu] *nm*: **pastille de ~** cachou (*sweet*)
cacophonie [kakɔfɔni] *nf* cacophony, din

cacophonique [kakɔfɔnik] *adj* cacophonous
cactus [kaktys] *nm* cactus
c.-à-d. *abr (= c'est-à-dire)* i.e.
cadastre [kadastʀ(ə)] *nm* land register
cadavéreux, -euse [kadɑveʀø, -øz] *adj (teint, visage)* deathly pale
cadavérique [kadɑveʀik] *adj* deathly (pale), deadly pale
cadavre [kadɑvʀ(ə)] *nm* corpse, (dead) body
Caddie® [kadi] *nm* (supermarket) trolley
cadeau, x [kado] *nm* present, gift; **faire un ~ à qn** to give sb a present *ou* gift; **faire ~ de qch à qn** to make a present of sth to sb, give sb sth as a present
cadenas [kadnɑ] *nm* padlock
cadenasser [kadnase] *vt* to padlock
cadence [kadɑ̃s] *nf (Mus)* cadence; *(: rythme)* rhythm; *(de travail etc)* rate; **cadences** *nfpl (en usine)* production rate *sg*; **en ~** rhythmically; in time
cadencé, e [kadɑ̃se] *adj* rhythmic(al); **au pas ~** *(Mil)* in quick time
cadet, te [kadɛ, -ɛt] *adj* younger; *(le plus jeune)* youngest ▷ *nm/f* youngest child *ou* one, youngest boy *ou* son/girl *ou* daughter; **il est mon ~ de deux ans** he's two years younger than me, he's two years my junior; **les ~s** *(Sport)* the minors *(15–17 years)*; **le ~ de mes soucis** the least of my worries
cadrage [kɑdʀaʒ] *nm* framing *(of shot)*
cadran [kɑdʀɑ̃] *nm* dial; **~ solaire** sundial
cadre [kɑdʀ(ə)] *nm* frame; *(environnement)* surroundings *pl*; *(limites)* scope ▷ *nm/f (Admin)* managerial employee, executive ▷ *adj*: **loi ~** outline *ou* blueprint law; **~ moyen/supérieur** *(Admin)* middle/senior management employee, junior/senior executive; **rayer qn des ~s** to discharge sb; to dismiss sb; **dans le ~ de** *(fig)* within the framework *ou* context of
cadrer [kɑdʀe] *vi*: **~ avec** to tally *ou* correspond with ▷ *vt (Ciné, Photo)* to frame
cadreur, -euse [kɑdʀœʀ, -øz] *nm/f (Ciné)* cameraman/woman
caduc, -uque [kadyk] *adj* obsolete; *(Bot)* deciduous
CAF *sigle f (= Caisse d'allocations familiales) family allowance office*
caf *abr (coût, assurance, fret)* cif
cafard [kafaʀ] *nm* cockroach; **avoir le ~** to be down in the dumps, be feeling low
cafardeux, -euse [kafaʀdø, -øz] *adj (personne, ambiance)* depressing, melancholy
café [kafe] *nm* coffee; *(bistro)* café ▷ *adj inv* coffee *cpd*; **~ crème** coffee with cream; **~ au lait** white coffee; **~ noir** black coffee; **~ en grains** coffee beans; **~ en poudre** instant coffee; **~ tabac** *tobacconist's or newsagent's also serving coffee and spirits*; **~ liégeois** *coffee ice cream with whipped cream*
café-concert [kafekɔ̃sɛʀ] *(pl* **cafés-concerts***) nm (aussi:* **caf'conc'***) café with a cabaret*
caféine [kafein] *nf* caffeine
cafétéria [kafeteʀja] *nf* cafeteria
café-théâtre [kafeteɑtʀ(ə)] *(pl* **cafés-théâtres***) nm café used as a venue by (experimental) theatre groups*
cafetière [kaftjɛʀ] *nf (pot)* coffee-pot
cafouillage [kafujaʒ] *nm* shambles *sg*
cafouiller [kafuje] *vi* to get in a shambles; *(machine etc)* to work in fits and starts
cage [kaʒ] *nf* cage; **~ (des buts)** goal; **en ~** in a cage, caged up *ou* in; **~ d'ascenseur** lift shaft; **~ d'escalier** (stair)well; **~ thoracique** rib cage
cageot [kaʒo] *nm* crate
cagibi [kaʒibi] *nm* shed
cagneux, -euse [kaɲø, -øz] *adj* knock-kneed
cagnotte [kaɲɔt] *nf* kitty
cagoule [kagul] *nf* cowl; hood; *(Ski etc)* cagoule
cahier [kaje] *nm* notebook; *(Typo)* signature; *(revue)*: **~s** journal; **~ de revendications/doléances** list of claims/grievances; **~ de brouillons** rough book, jotter; **~ des charges** specification; **~ d'exercices** exercise book
cahin-caha [kaɛ̃kaa] *adv*: **aller ~** to jog along; *(fig)* to be so-so
cahot [kao] *nm* jolt, bump
cahoter [kaɔte] *vi* to bump along, jog along
cahoteux, -euse [kaɔtø, -øz] *adj* bumpy
cahute [kayt] *nf* shack, hut
caïd [kaid] *nm* big chief, boss
caillasse [kajas] *nf (pierraille)* loose stones *pl*
caille [kaj] *nf* quail
caillé, e [kaje] *adj*: **lait ~** curdled milk, curds *pl*
caillebotis [kajbɔti] *nm* duckboard
cailler [kaje] *vi (lait)* to curdle; *(sang)* to clot; *(fam)* to be cold
caillot [kajo] *nm* (blood) clot
caillou, x [kaju] *nm* (little) stone
caillouter [kajute] *vt (chemin)* to metal
caillouteux, -euse [kajutø, -øz] *adj* stony; pebbly
cailloutis [kajuti] *nm (petits graviers)* gravel
caïman [kaimɑ̃] *nm* cayman
Caïmans [kaimɑ̃] *nfpl*: **les ~** the Cayman Islands
Caire [kɛʀ] *nm*: **le ~** Cairo
caisse [kɛs] *nf* box; *(où l'on met la recette)* cashbox; *(: machine)* till; *(où l'on paye)* cash desk *(Brit)*, checkout counter; *(: au supermarché)* checkout; *(de banque)* cashier's desk; *(Tech)* case, casing; **faire sa ~** *(Comm)* to count the takings; **~ claire** *(Mus)* side *ou* snare drum; **~ éclair** express checkout; **~ enregistreuse** cash register; **~ d'épargne (CE)** savings bank; **~ noire** slush fund; **~ de retraite** pension fund; **~ de sortie** checkout; *voir* **grosse**
caissier, -ière [kesje, -jɛʀ] *nm/f* cashier
caisson [kɛsɔ̃] *nm* box, case
cajoler [kaʒɔle] *vt* to wheedle, coax; to surround with love and care, make a fuss of
cajoleries [kaʒɔlʀi] *nfpl* coaxing *sg*, flattery *sg*
cajou [kaʒu] *nm* cashew nut
cake [kɛk] *nm* fruit cake
CAL *sigle m (= Comité d'action lycéen) pupils' action group seeking to reform school system*
cal [kal] *nm* callus
cal. *abr* = **calorie**

calamar [kalamaʀ] *nm* = **calmar**
calaminé, e [kalamine] *adj* (*Auto*) coked up
calamité [kalamite] *nf* calamity, disaster
calandre [kalɑ̃dʀ(ə)] *nf* radiator grill; (*machine*) calender, mangle
calanque [kalɑ̃k] *nf* rocky inlet
calcaire [kalkɛʀ] *nm* limestone ▷ *adj* (*eau*) hard; (*Géo*) limestone *cpd*
calciné, e [kalsine] *adj* burnt to ashes
calcium [kalsjɔm] *nm* calcium
calcul [kalkyl] *nm* calculation; **le ~** (*Scol*) arithmetic; **~ différentiel/intégral** differential/integral calculus; **~ mental** mental arithmetic; **~ (biliaire)** (gall)stone; **~ (rénal)** (kidney) stone; **d'après mes ~s** by my reckoning
calculateur [kalkylatœʀ] *nm*, **calculatrice** [kalkylatʀis] *nf* calculator
calculé, e [kalkyle] *adj*: **risque ~** calculated risk
calculer [kalkyle] *vt* to calculate, work out, reckon; (*combiner*) to calculate; **~ qch de tête** to work sth out in one's head
calculette [kalkylɛt] *nf* (pocket) calculator
cale [kal] *nf* (*de bateau*) hold; (*en bois*) wedge, chock; **~ sèche** *ou* **de radoub** dry dock
calé, e [kale] *adj* (*fam*) clever, bright
calebasse [kalbɑs] *nf* calabash, gourd
calèche [kalɛʃ] *nf* horse-drawn carriage
caleçon [kalsɔ̃] *nm* pair of underpants, trunks *pl*; **~ de bain** bathing trunks *pl*
calembour [kalɑ̃buʀ] *nm* pun
calendes [kalɑ̃d] *nfpl*: **renvoyer aux ~ grecques** to postpone indefinitely
calendrier [kalɑ̃dʀije] *nm* calendar; (*fig*) timetable
cale-pied [kalpje] *nm inv* toe clip
calepin [kalpɛ̃] *nm* notebook
caler [kale] *vt* to wedge, chock up; **~ (son moteur/véhicule)** to stall (one's engine/vehicle); **se ~ dans un fauteuil** to make o.s. comfortable in an armchair
calfater [kalfate] *vt* to caulk
calfeutrage [kalføtʀaʒ] *nm* draughtproofing (*Brit*), draftproofing (*US*)
calfeutrer [kalføtʀe] *vt* to (make) draughtproof (*Brit*) *ou* draftproof (*US*); **se calfeutrer** *vi* to make o.s. snug and comfortable
calibre [kalibʀ(ə)] *nm* (*d'un fruit*) grade; (*d'une arme*) bore, calibre (*Brit*), caliber (*US*); (*fig*) calibre, caliber
calibrer [kalibʀe] *vt* to grade
calice [kalis] *nm* (*Rel*) chalice; (*Bot*) calyx
calicot [kaliko] *nm* (*tissu*) calico
calife [kalif] *nm* caliph
Californie [kalifɔʀni] *nf*: **la ~** California
californien, ne [kalifɔʀnjɛ̃, -ɛn] *adj* Californian
califourchon [kalifuʀʃɔ̃]: **à ~** *adv* astride; **à ~ sur** astride, straddling
câlin, e [kɑlɛ̃, -in] *adj* cuddly, cuddlesome; tender
câliner [kɑline] *vt* to fondle, cuddle
câlineries [kɑlinʀi] *nfpl* cuddles
calisson [kalisɔ̃] *nm* *diamond-shaped sweet or candy made with ground almonds*
calleux, -euse [kalø, -øz] *adj* horny, callous
calligraphie [kaligʀafi] *nf* calligraphy
callosité [kalozite] *nf* callus
calmant [kalmɑ̃] *nm* tranquillizer, sedative; (*contre la douleur*) painkiller
calmar [kalmaʀ] *nm* squid
calme [kalm(ə)] *adj* calm, quiet ▷ *nm* calm(ness), quietness; **sans perdre son ~** without losing one's cool *ou* calmness; **~ plat** (*Navig*) dead calm
calmement [kalməmɑ̃] *adv* calmly, quietly
calmer [kalme] *vt* to calm (down); (*douleur, inquiétude*) to ease, soothe; **se calmer** *vi* to calm down
calomniateur, -trice [kalɔmnjatœʀ, -tʀis] *nm/f* slanderer; libeller
calomnie [kalɔmni] *nf* slander; (*écrite*) libel
calomnier [kalɔmnje] *vt* to slander; to libel
calomnieux, -euse [kalɔmnjø, -øz] *adj* slanderous; libellous
calorie [kalɔʀi] *nf* calorie
calorifère [kalɔʀifɛʀ] *nm* stove
calorifique [kalɔʀifik] *adj* calorific
calorifuge [kalɔʀifyʒ] *adj* (heat-)insulating, heat-retaining
calot [kalo] *nm* forage cap
calotte [kalɔt] *nf* (*coiffure*) skullcap; (*gifle*) slap; **la ~** (*péj: clergé*) the cloth, the clergy; **~ glaciaire** icecap
calque [kalk(ə)] *nm* (*aussi*: **papier calque**) tracing paper; (*dessin*) tracing; (*fig*) carbon copy
calquer [kalke] *vt* to trace; (*fig*) to copy exactly
calvados [kalvados] *nm* Calvados (*apple brandy*)
calvaire [kalvɛʀ] *nm* (*croix*) wayside cross, calvary; (*souffrances*) suffering, martyrdom
calvitie [kalvisi] *nf* baldness
camaïeu [kamajø] *nm*: **(motif en) ~** monochrome motif
camarade [kamaʀad] *nm/f* friend, pal; (*Pol*) comrade
camaraderie [kamaʀadʀi] *nf* friendship
camarguais, e [kamaʀgɛ, -ɛz] *adj* of *ou* from the Camargue
Camargue [kamaʀg] *nf*: **la ~** the Camargue
cambiste [kɑ̃bist(ə)] *nm* (*Comm*) foreign exchange dealer, exchange agent
Cambodge [kɑ̃bɔdʒ] *nm*: **le ~** Cambodia
cambodgien, ne [kɑ̃bɔdʒjɛ̃, -ɛn] *adj* Cambodian ▷ *nm/f*: **Cambodgien, ne** Cambodian
cambouis [kɑ̃bwi] *nm* dirty oil *ou* grease
cambré, e [kɑ̃bʀe] *adj*: **avoir les reins ~s** to have an arched back; **avoir le pied très ~** to have very high arches *ou* insteps
cambrer [kɑ̃bʀe] *vt* to arch; **se cambrer** *vi* to arch one's back; **~ la taille** *ou* **les reins** to arch one's back
cambriolage [kɑ̃bʀijɔlaʒ] *nm* burglary
cambrioler [kɑ̃bʀijɔle] *vt* to burgle (*Brit*), burglarize (*US*)
cambrioleur, -euse [kɑ̃bʀijɔlœʀ, -øz] *nm/f*

burglar
cambrure [kɑ̃bʀyʀ] *nf (du pied)* arch; *(de la route)* camber; **~ des reins** small of the back
cambuse [kɑ̃byz] *nf* storeroom
came [kam] *nf*: **arbre à ~s** camshaft; **arbre à ~s en tête** overhead camshaft
camée [kame] *nm* cameo
caméléon [kameleɔ̃] *nm* chameleon
camélia [kamelja] *nm* camellia
camelot [kamlo] *nm* street pedlar
camelote [kamlɔt] *nf* rubbish, trash, junk
camembert [kamɑ̃bɛʀ] *nm* Camembert *(cheese)*
caméra [kameʀa] *nf (Ciné, TV)* camera; *(d'amateur)* cine-camera
caméraman [kameʀaman] *nm* cameraman/-woman
Cameroun [kamʀun] *nm*: **le ~** Cameroon
camerounais, e [kamʀunɛ, -ɛz] *adj* Cameroonian
caméscope® [kameskɔp] *nm* camcorder
camion [kamjɔ̃] *nm* lorry *(Brit)*, truck; *(plus petit, fermé)* van; *(charge)*: **~ de sable/cailloux** lorry-load *(Brit) ou* truck-load of sand/stones; **~ de dépannage** breakdown *(Brit) ou* tow *(US)* truck
camion-citerne [kamjɔ̃sitɛʀn(ə)] *(pl* **camions-citernes***) nm* tanker
camionnage [kamjɔnaʒ] *nm* haulage *(Brit)*, trucking *(US)*; **frais/entreprise de ~** haulage costs/business
camionnette [kamjɔnɛt] *nf* (small) van
camionneur [kamjɔnœʀ] *nm (entrepreneur)* haulage contractor *(Brit)*, trucker *(US)*; *(chauffeur)* lorry *(Brit) ou* truck driver; van driver
camisole [kamizɔl] *nf*: **~ (de force)** straitjacket
camomille [kamɔmij] *nf* camomile; *(boisson)* camomile tea
camouflage [kamuflaʒ] *nm* camouflage
camoufler [kamufle] *vt* to camouflage; *(fig)* to conceal, cover up
camouflet [kamuflɛ] *nm (fam)* snub
camp [kɑ̃] *nm* camp; *(fig)* side; **~ de nudistes/vacances** nudist/holiday camp; **~ de concentration** concentration camp
campagnard, e [kɑ̃paɲaʀ, -aʀd(ə)] *adj* country *cpd* ▷ *nm/f* countryman/woman
campagne [kɑ̃paɲ] *nf* country, countryside; *(Mil, Pol, Comm)* campaign; **en ~** *(Mil)* in the field; **à la ~** in/to the country; **faire ~ pour** to campaign for; **~ électorale** election campaign; **~ de publicité** advertising campaign
campanile [kɑ̃panil] *nm (tour)* bell tower
campé, e [kɑ̃pe] *adj*: **bien ~** *(personnage, tableau)* well-drawn
campement [kɑ̃pmɑ̃] *nm* camp, encampment
camper [kɑ̃pe] *vi* to camp ▷ *vt (chapeau etc)* to pull *ou* put on firmly; *(dessin)* to sketch; **se ~ devant** to plant o.s. in front of
campeur, -euse [kɑ̃pœʀ, -øz] *nm/f* camper
camphre [kɑ̃fʀ(ə)] *nm* camphor
camphré, e [kɑ̃fʀe] *adj* camphorated
camping [kɑ̃piŋ] *nm* camping; **(terrain de) ~** campsite, camping site; **faire du ~** to go camping; **faire du ~ sauvage** to camp rough
camping-car [kɑ̃piŋkaʀ] *nm* caravanette, camper *(US)*
camping-gaz® [kɑ̃piŋgaz] *nm inv* camp(ing) stove
campus [kɑ̃pys] *nm* campus
camus, e [kamy, -yz] *adj*: **nez ~** pug nose
Canada [kanada] *nm*: **le ~** Canada
canadair® [kanadɛʀ] *nm* fire-fighting plane
canadien, ne [kanadjɛ̃, -ɛn] *adj* Canadian ▷ *nm/f*: **Canadien, ne** Canadian ▷ *nf (veste)* fur-lined jacket
canaille [kanɑj] *nf (péj)* scoundrel; *(populace)* riff-raff ▷ *adj* raffish, rakish
canal, -aux [kanal, -o] *nm* canal; *(naturel)* channel; *(Admin)*: **par le ~ de** through (the medium of), via; **~ de distribution/télévision** distribution/television channel; **~ de Panama/Suez** Panama/Suez Canal
canalisation [kanalizɑsjɔ̃] *nf (tuyau)* pipe
canaliser [kanalize] *vt* to canalize; *(fig)* to channel
canapé [kanape] *nm* settee, sofa; *(Culin)* canapé, open sandwich
canapé-lit [kanapeli] *(pl* **canapés-lits***) nm* sofa bed
canaque [kanak] *adj* of *ou* from New Caledonia ▷ *nm/f*: **Canaque** native of New Caledonia
canard [kanaʀ] *nm* duck
canari [kanaʀi] *nm* canary
Canaries [kanaʀi] *nfpl*: **les (îles) ~** the Canary Islands, the Canaries
cancaner [kɑ̃kane] *vi* to gossip (maliciously); *(canard)* to quack
cancanier, -ière [kɑ̃kanje, -jɛʀ] *adj* gossiping
cancans [kɑ̃kɑ̃] *nmpl* (malicious) gossip *sg*
cancer [kɑ̃sɛʀ] *nm* cancer; *(signe)*: **le C~** Cancer, the Crab; **être du C~** to be Cancer; **il a un ~** he has cancer
cancéreux, -euse [kɑ̃seʀø, -øz] *adj* cancerous; *(personne)* suffering from cancer
cancérigène [kɑ̃seʀiʒɛn] *adj* carcinogenic
cancérologue [kɑ̃seʀɔlɔg] *nm/f* cancer specialist
cancre [kɑ̃kʀ(ə)] *nm* dunce
cancrelat [kɑ̃kʀəla] *nm* cockroach
candélabre [kɑ̃delɑbʀ(ə)] *nm* candelabrum; *(lampadaire)* street lamp, lamppost
candeur [kɑ̃dœʀ] *nf* ingenuousness
candi [kɑ̃di] *adj inv*: **sucre ~** (sugar-)candy
candidat, e [kɑ̃dida, -at] *nm/f* candidate; *(à un poste)* applicant, candidate
candidature [kɑ̃didatyʀ] *nf* candidacy; application; **poser sa ~** to submit an application, apply; **~ spontanée** unsolicited job application
candide [kɑ̃did] *adj* ingenuous, guileless, naïve
cane [kan] *nf* (female) duck
caneton [kantɔ̃] *nm* duckling
canette [kanɛt] *nf (de bière)* (flip-top) bottle; *(de machine à coudre)* spool
canevas [kanva] *nm (Couture)* canvas (for tapestry work); *(fig)* framework, structure

C

caniche [kaniʃ] *nm* poodle
caniculaire [kanikylɛʀ] *adj (chaleur, jour)* scorching
canicule [kanikyl] *nf* scorching heat; midsummer heat, dog days *pl*
canif [kanif] *nm* penknife, pocket knife
canin, e [kanɛ̃, -in] *adj* canine ▷ *nf* canine (tooth), eye tooth; **exposition ~e** dog show
caniveau, x [kanivo] *nm* gutter
cannabis [kanabis] *nm* cannabis
canne [kan] *nf* (walking) stick; **~ à pêche** fishing rod; **~ à sucre** sugar cane; **les ~s blanches** *(les aveugles)* the blind
canné, e [kane] *adj (chaise)* cane *cpd*
cannelé, e [kanle] *adj* fluted
cannelle [kanɛl] *nf* cinnamon
cannelure [kanlyʀ] *nf* fluting *no pl*
canner [kane] *vt (chaise)* to make *ou* repair with cane
cannibale [kanibal] *nm/f* cannibal
cannibalisme [kanibalism(ə)] *nm* cannibalism
canoë [kanɔe] *nm* canoe; *(sport)* canoeing; **~ (kayak)** kayak
canon [kanɔ̃] *nm (arme)* gun; *(Hist)* cannon; *(d'une arme: tube)* barrel; *(fig)* model; *(Mus)* canon ▷ *adj*: **droit ~** canon law; **~ rayé** rifled barrel
cañon [kaɲɔ̃] *nm* canyon
canonique [kanɔnik] *adj*: **âge ~** respectable age
canoniser [kanɔnize] *vt* to canonize
canonnade [kanɔnad] *nf* cannonade
canonnier [kanɔnje] *nm* gunner
canonnière [kanɔnjɛʀ] *nf* gunboat
canot [kano] *nm* boat, ding(h)y; **~ pneumatique** rubber *ou* inflatable ding(h)y; **~ de sauvetage** lifeboat
canotage [kanɔtaʒ] *nm* rowing
canoter [kanɔte] *vi* to go rowing
canoteur, -euse [kanɔtœʀ, -øz] *nm/f* rower
canotier [kanɔtje] *nm* boater
Cantal [kɑ̃tal] *nm*: **le ~** Cantal
cantate [kɑ̃tat] *nf* cantata
cantatrice [kɑ̃tatʀis] *nf* (opera) singer
cantilène [kɑ̃tilɛn] *nf (Mus)* cantilena
cantine [kɑ̃tin] *nf* canteen; *(réfectoire d'école)* dining hall
cantique [kɑ̃tik] *nm* hymn
canton [kɑ̃tɔ̃] *nm* district *(consisting of several communes)*; *see note*; *(en Suisse)* canton

CANTON

A French *canton* is the administrative division represented by a councillor in the "Conseil général". It comprises a number of "communes" and is, in turn, a subdivision of an "arrondissement". In Switzerland the *cantons* are the 23 autonomous political divisions which make up the Swiss confederation.

cantonade [kɑ̃tɔnad]: **à la ~** *adv* to everyone in general; *(crier)* from the rooftops
cantonais, e [kɑ̃tɔnɛ, -ɛz] *adj* Cantonese ▷ *nm (Ling)* Cantonese
cantonal, e, -aux [kɑ̃tɔnal, -o] *adj* cantonal, ≈ district
cantonnement [kɑ̃tɔnmɑ̃] *nm (lieu)* billet; *(action)* billeting
cantonner [kɑ̃tɔne] *vt (Mil)* to billet *(Brit)*, quarter; to station; **se ~ dans** to confine o.s. to
cantonnier [kɑ̃tɔnje] *nm* roadmender
canular [kanylaʀ] *nm* hoax
CAO *sigle f (= conception assistée par ordinateur)* CAD
caoutchouc [kautʃu] *nm* rubber; **~ mousse** foam rubber; **en ~** rubber *cpd*
caoutchouté, e [kautʃute] *adj* rubberized
caoutchouteux, -euse [kautʃutø, -øz] *adj* rubbery
CAP *sigle m (= Certificat d'aptitude professionnelle) vocational training certificate taken at secondary school*
cap [kap] *nm (Géo)* cape; headland; *(fig)* hurdle; watershed; *(Navig)*: **changer de ~** to change course; **mettre le ~ sur** to head *ou* steer for; **doubler** *ou* **passer le ~** *(fig)* to get over the worst; **Le C~** Cape Town; **le ~ de Bonne Espérance** the Cape of Good Hope; **le ~ Horn** Cape Horn; **les îles du C~ Vert** *(aussi*: **le Cap-Vert**) the Cape Verde Islands
capable [kapabl(ə)] *adj* able, capable; **~ de qch/faire** capable of sth/doing; **il est ~ d'oublier** he could easily forget; **spectacle ~ d'intéresser** show likely to be of interest
capacité [kapasite] *nf (compétence)* ability; *(Jur, Inform, d'un récipient)* capacity; **~ (en droit)** *basic legal qualification*
caparaçonner [kapaʀasɔne] *vt (fig)* to clad
cape [kap] *nf* cape, cloak; **rire sous ~** to laugh up one's sleeve
capeline [kaplin] *nf* wide-brimmed hat
CAPES [kapɛs] *sigle m (= Certificat d'aptitude au professorat de l'enseignement du second degré) secondary teaching diploma*; *see note*

CAPES

The French CAPES ("certificat d'aptitude au professorat de l'enseignement du second degré") is a competitive examination sat by prospective secondary school teachers after the 'licence'. Successful candidates become fully qualified teachers ("professeurs certifiés").

capésien, ne [kapesjɛ̃, -ɛn] *nm/f person who holds the CAPES*
CAPET [kapɛt] *sigle m (= Certificat d'aptitude au professorat de l'enseignement technique) technical teaching diploma*
capharnaüm [kafaʀnaɔm] *nm* shambles *sg*
capillaire [kapilɛʀ] *adj (soins, lotion)* hair *cpd*; *(vaisseau etc)* capillary; **artiste ~** hair artist *ou* designer
capillarité [kapilaʀite] *nf* capillary action
capilotade [kapilɔtad]: **en ~** *adv* crushed to a

pulp; smashed to pieces
capitaine [kapitɛn] *nm* captain; **~ des pompiers** fire chief (*Brit*), fire marshal (*US*); **~ au long cours** master mariner
capitainerie [kapitɛnʀi] *nf* (*du port*) harbour (*Brit*) *ou* harbor (*US*) master's (office)
capital, e, -aux [kapital, -o] *adj* major; fundamental; (*Jur*) capital ▷ *nm* capital; (*fig*) stock; asset ▷ *nf* (*ville*) capital; (*lettre*) capital (letter) ▷ *nmpl* (*fonds*) capital *sg*, money *sg*; **les sept péchés capitaux** the seven deadly sins; **peine ~e** capital punishment; **~ (social)** authorized capital; **~ d'exploitation** working capital
capitaliser [kapitalize] *vt* to amass, build up; (*Comm*) to capitalize ▷ *vi* to save
capitalisme [kapitalism(ə)] *nm* capitalism
capitaliste [kapitalist(ə)] *adj, nm/f* capitalist
capiteux, -euse [kapitø, -øz] *adj* (*vin, parfum*) heady; (*sensuel*) sensuous, alluring
capitonnage [kapitɔnaʒ] *nm* padding
capitonné, e [kapitɔne] *adj* padded
capitonner [kapitɔne] *vt* to pad
capitulation [kapitylɑsjɔ̃] *nf* capitulation
capituler [kapityle] *vi* to capitulate
caporal, -aux [kapɔʀal, -o] *nm* lance corporal
caporal-chef [kapɔʀalʃɛf, kapɔʀo-] (*pl* **caporaux-chefs**) *nm* corporal
capot [kapo] *nm* (*Auto*) bonnet (*Brit*), hood (*US*)
capote [kapɔt] *nf* (*de voiture*) hood (*Brit*), top (*US*); (*de soldat*) greatcoat; **~ (anglaise)** (*fam*) rubber, condom
capoter [kapɔte] *vi* to overturn; (*négociations*) to founder
câpre [kɑpʀ(ə)] *nf* caper
caprice [kapʀis] *nm* whim, caprice; passing fancy; **caprices** *nmpl* (*de la mode etc*) vagaries; **faire un ~** to throw a tantrum; **faire des ~s** to be temperamental
capricieux, -euse [kapʀisjø, -øz] *adj* capricious; whimsical; temperamental
Capricorne [kapʀikɔʀn] *nm*: **le ~** Capricorn, the Goat; **être du ~** to be Capricorn
capsule [kapsyl] *nf* (*de bouteille*) cap; (*amorce*) primer; cap; (*Bot etc, spatiale*) capsule
captage [kaptaʒ] *nm* (*d'une émission de radio*) picking-up; (*d'énergie, d'eau*) harnessing
capter [kapte] *vt* (*ondes radio*) to pick up; (*eau*) to harness; (*fig*) to win, capture
capteur [kaptœʀ] *nm*: **~ solaire** solar collector
captieux, -euse [kapsjø, -øz] *adj* specious
captif, -ive [kaptif, -iv] *adj, nm/f* captive
captivant, e [kaptivɑ̃, -ɑ̃t] *adj* captivating
captiver [kaptive] *vt* to captivate
captivité [kaptivite] *nf* captivity; **en ~** in captivity
capture [kaptyʀ] *nf* capture, catching *no pl*; catch
capturer [kaptyʀe] *vt* to capture, catch
capuche [kapyʃ] *nf* hood
capuchon [kapyʃɔ̃] *nm* hood; (*de stylo*) cap, top
capucin [kapysɛ̃] *nm* Capuchin monk
capucine [kapysin] *nf* (*Bot*) nasturtium
Cap-Vert [kabvɛʀ] *nm*: **le ~** Cape Verde
caquelon [kaklɔ̃] *nm* (*ustensile de cuisson*) fondue pot
caquet [kakɛ] *nm*: **rabattre le ~ à qn** to bring sb down a peg or two
caqueter [kakte] *vi* (*poule*) to cackle; (*fig*) to prattle
car [kaʀ] *nm* coach (*Brit*), bus ▷ *conj* because, for; **~ de police** police van; **~ de reportage** broadcasting *ou* radio van
carabine [kaʀabin] *nf* carbine, rifle; **~ à air comprimé** airgun
carabiné, e [kaʀabine] *adj* violent; (*cocktail, amende*) stiff
Caracas [kaʀakas] *n* Caracas
caracoler [kaʀakɔle] *vi* to caracole, prance
caractère [kaʀaktɛʀ] *nm* (*gén*) character; **en ~s gras** in bold type; **en petits ~s** in small print; **en ~s d'imprimerie** in block capitals; **avoir du ~** to have character; **avoir bon/mauvais ~** to be good-/ill-natured *ou* tempered; **~ de remplacement** wild card (*Inform*); **~s/seconde (cps)** characters per second (cps)
caractériel, le [kaʀakteʀjɛl] *adj* (*enfant*) (emotionally) disturbed ▷ *nm/f* problem child; **troubles ~s** emotional problems
caractérisé, e [kaʀakteʀize] *adj*: **c'est une grippe/de l'insubordination ~e** it is a clear(-cut) case of flu/insubordination
caractériser [kaʀakteʀize] *vt* to characterize; **se ~ par** to be characterized *ou* distinguished by
caractéristique [kaʀakteʀistik] *adj, nf* characteristic
carafe [kaʀaf] *nf* decanter; carafe
carafon [kaʀafɔ̃] *nm* small carafe
caraïbe [kaʀaib] *adj* Caribbean; **les Caraïbes** *nfpl* the Caribbean (Islands); **la mer des C~s** the Caribbean Sea
carambolage [kaʀɑ̃bɔlaʒ] *nm* multiple crash, pileup
caramel [kaʀamɛl] *nm* (*bonbon*) caramel, toffee; (*substance*) caramel
caraméliser [kaʀamelize] *vt* to caramelize
carapace [kaʀapas] *nf* shell
carapater [kaʀapate]: **se carapater** *vi* to take to one's heels, scram
carat [kaʀa] *nm* carat; **or à 18 ~s** 18-carat gold
caravane [kaʀavan] *nf* caravan
caravanier [kaʀavanje] *nm* caravanner
caravaning [kaʀavaniŋ] *nm* caravanning; (*emplacement*) caravan site
caravelle [kaʀavɛl] *nf* caravel
carbonate [kaʀbɔnat] *nm* (*Chimie*): **~ de soude** sodium carbonate
carbone [kaʀbɔn] *nm* carbon; (*feuille*) carbon, sheet of carbon paper; (*double*) carbon (copy)
carbonique [kaʀbɔnik] *adj*: **gaz ~** carbon dioxide; **neige ~** dry ice
carbonisé, e [kaʀbɔnize] *adj* charred; **mourir ~** to be burned to death
carboniser [kaʀbɔnize] *vt* to carbonize; (*brûler*

C

complètement) to burn down, reduce to ashes
carburant [karbyrɑ̃] *nm* (motor) fuel
carburateur [karbyratœr] *nm* carburettor
carburation [karbyrɑsjɔ̃] *nf* carburation
carburer [karbyre] *vi* (*moteur*): **bien/mal ~** to be well/badly tuned
carcan [karkɑ̃] *nm* (*fig*) yoke, shackles *pl*
carcasse [karkas] *nf* carcass; (*de véhicule etc*) shell
carcéral, e, -aux [karseral, -o] *adj* prison *cpd*
carcinogène [karsinɔʒɛn] *adj* carcinogenic
cardan [kardɑ̃] *nm* universal joint
carder [karde] *vt* to card
cardiaque [kardjak] *adj* cardiac, heart *cpd* ▷ *nm/f* heart patient; **être ~** to have a heart condition
cardigan [kardigɑ̃] *nm* cardigan
cardinal, e, -aux [kardinal, -o] *adj* cardinal ▷ *nm* (*Rel*) cardinal
cardiologie [kardjɔlɔʒi] *nf* cardiology
cardiologue [kardjɔlɔg] *nm/f* cardiologist, heart specialist
cardio-vasculaire [kardjɔvaskylɛr] *adj* cardiovascular
cardon [kardɔ̃] *nm* cardoon
carême [karɛm] *nm*: **le C~** Lent
carence [karɑ̃s] *nf* incompetence, inadequacy; (*manque*) deficiency; **~ vitaminique** vitamin deficiency
carène [karɛn] *nf* hull
caréner [karene] *vt* (*Navig*) to careen; (*carrosserie*) to streamline
caressant, e [karɛsɑ̃, -ɑ̃t] *adj* affectionate; caressing, tender
caresse [karɛs] *nf* caress
caresser [karese] *vt* to caress, stroke, fondle; (*fig: projet, espoir*) to toy with
cargaison [kargɛzɔ̃] *nf* cargo, freight
cargo [kargo] *nm* cargo boat, freighter; **~ mixte** cargo and passenger ship
cari [kari] *nm* = **curry**
caricatural, e, -aux [karikatyral, -o] *adj* caricatural, caricature-like
caricature [karikatyr] *nf* caricature; (*politique etc*) (satirical) cartoon
caricaturer [karikatyre] *vt* (*personne*) to caricature; (*politique etc*) to satirize
caricaturiste [karikatyrist(ə)] *nm/f* caricaturist, (satirical) cartoonist
carie [kari] *nf*: **la ~ (dentaire)** tooth decay; **une ~** a bad tooth
carié, e [karje] *adj*: **dent ~e** bad *ou* decayed tooth
carillon [karijɔ̃] *nm* (*d'église*) bells *pl*; (*de pendule*) chimes *pl*; (*de porte*): **~ (électrique)** (electric) door chime *ou* bell
carillonner [karijɔne] *vi* to ring, chime, peal
caritatif, -ive [karitatif, -iv] *adj* charitable
carlingue [karlɛ̃g] *nf* cabin
carmélite [karmelit] *nf* Carmelite nun
carmin [karmɛ̃] *adj inv* crimson
carnage [karnaʒ] *nm* carnage, slaughter
carnassier, -ière [karnasje, -jɛr] *adj* carnivorous ▷ *nm* carnivore
carnation [karnɑsjɔ̃] *nf* complexion; **carnations** *nfpl* (*Peinture*) flesh tones
carnaval [karnaval] *nm* carnival
carné, e [karne] *adj* meat *cpd*, meat-based
carnet [karnɛ] *nm* (*calepin*) notebook; (*de tickets, timbres etc*) book; (*d'école*) school report; (*journal intime*) diary; **~ d'adresses** address book; **~ de chèques** cheque book (*Brit*), checkbook (*US*); **~ de commandes** order book; **~ de notes** (*Scol*) (school) report; **~ à souches** counterfoil book
carnier [karnje] *nm* gamebag
carnivore [karnivɔr] *adj* carnivorous ▷ *nm* carnivore
Carolines [karɔlin] *nfpl*: **les ~** the Caroline Islands
carotide [karɔtid] *nf* carotid (artery)
carotte [karɔt] *nf* (*aussi fig*) carrot
Carpates [karpat] *nfpl*: **les ~** the Carpathians, the Carpathian Mountains
carpe [karp(ə)] *nf* carp
carpette [karpɛt] *nf* rug
carquois [karkwa] *nm* quiver
carre [kar] *nf* (*de ski*) edge
carré, e [kare] *adj* square; (*fig: franc*) straightforward ▷ *nm* (*de terrain, jardin*) patch, plot; (*Navig: salle*) wardroom; (*Math*) square; **~ blanc** (*TV*) "adults only" symbol; (*Cartes*): **~ d'as/de rois** four aces/kings; **élever un nombre au ~** to square a number; **mètre/kilomètre ~** square metre/kilometre; **~ de soie** silk headsquare *ou* headscarf; **~ d'agneau** loin of lamb
carreau, x [karo] *nm* (*en faïence etc*) (floor) tile, (wall) tile; (window) pane; (*motif*) check, square; (*Cartes: couleur*) diamonds *pl*; (*: carte*) diamond; **tissu à ~x** checked fabric; **papier à ~x** squared paper
carrefour [karfur] *nm* crossroads *sg*
carrelage [karlaʒ] *nm* tiling; (tiled) floor
carreler [karle] *vt* to tile
carrelet [karlɛ] *nm* (*poisson*) plaice
carreleur [karlœr] *nm* (floor) tiler
carrément [karemɑ̃] *adv* (*franchement*) straight out, bluntly; (*sans détours, sans hésiter*) straight; (*nettement*) definitely; **il l'a ~ mis à la porte** he threw him straight out
carrer [kare]: **se carrer** *vi*: **se ~ dans un fauteuil** to settle o.s. comfortably *ou* ensconce o.s. in an armchair
carrier [karje] *nm*: **(ouvrier) ~** quarryman, quarrier
carrière [karjɛr] *nf* (*de roches*) quarry; (*métier*) career; **militaire de ~** professional soldier; **faire ~ dans** to make one's career in
carriériste [karjerist(ə)] *nm/f* careerist
carriole [karjɔl] *nf* (*péj*) old cart
carrossable [karɔsabl(ə)] *adj* suitable for (motor) vehicles
carrosse [karɔs] *nm* (horse-drawn) coach
carrosserie [karɔsri] *nf* body, bodywork *no pl* (*Brit*); (*activité, commerce*) coachwork (*Brit*), (car)

body manufacturing; **atelier de ~** (*pour réparations*) body shop, panel beaters' (yard) (*Brit*)
carrossier [kaʀɔsje] *nm* coachbuilder (*Brit*), (car) body repairer; (*dessinateur*) car designer
carrousel [kaʀuzɛl] *nm* (*Équitation*) carousel; (*fig*) merry-go-round
carrure [kaʀyʀ] *nf* build; (*fig*) stature
cartable [kaʀtabl(ə)] *nm* (*d'écolier*) satchel, (school)bag
carte [kaʀt(ə)] *nf* (*de géographie*) map; (*marine, du ciel*) chart; (*de fichier, d'abonnement etc, à jouer*) card; (*au restaurant*) menu; (*aussi*: **carte postale**) (post)card; (*aussi*: **carte de visite**) (visiting) card; **avoir/donner ~ blanche** to have/give carte blanche *ou* a free hand; **tirer les ~s à qn** to read sb's cards; **jouer aux ~s** to play cards; **jouer ~s sur table** (*fig*) to put one's cards on the table; **à la ~** (*au restaurant*) à la carte; **~ à circuit imprimé** printed circuit; **~ à puce** smartcard, chip and PIN card; **~ bancaire** cash card; **C~ Bleue®** debit card; **~ de crédit** credit card; **~ d'état-major** ≈ Ordnance (*Brit*) *ou* Geological (*US*) Survey map; **la ~ grise** (*Auto*) ≈ the (car) registration document; **~ d'identité** identity card; **~ jeune** young person's railcard; **~ mémoire** (*d'appareil photo numérique*) memory card; **~ perforée** punch(ed) card; **~ routière** road map; **~ de séjour** residence permit; **~ SIM** SIM card; **~ téléphonique** phonecard; **la ~ verte** (*Auto*) the green card; **la ~ des vins** the wine list
cartel [kaʀtɛl] *nm* cartel
carte-lettre [kaʀtəlɛtʀ(ə)] (*pl* **cartes-lettres**) *nf* letter-card
carte-mère [kaʀtəmɛʀ] (*pl* **cartes-mères**) *nf* (*Inform*) mother board
carter [kaʀtɛʀ] *nm* (*Auto*: *d'huile*) sump (*Brit*), oil pan (*US*); (: *de la boîte de vitesses*) casing; (*de bicyclette*) chain guard
carte-réponse [kaʀt(ə)ʀepɔ̃s] (*pl* **cartes-réponses**) *nf* reply card
cartésien, ne [kaʀtezjɛ̃, -ɛn] *adj* Cartesian
Carthage [kaʀtɑʒ] *n* Carthage
cartilage [kaʀtilaʒ] *nm* (*Anat*) cartilage
cartilagineux, -euse [kaʀtilaʒinø, -øz] *adj* (*viande*) gristly
cartographe [kaʀtɔgʀaf] *nm/f* cartographer
cartographie [kaʀtɔgʀafi] *nf* cartography, map-making
cartomancie [kaʀtɔmɑ̃si] *nf* fortune-telling, card-reading
cartomancien, ne [kaʀtɔmɑ̃sjɛ̃, -ɛn] *nm/f* fortune-teller (*with cards*)
carton [kaʀtɔ̃] *nm* (*matériau*) cardboard; (*boîte*) (cardboard) box; (*d'invitation*) invitation card; (*Art*) sketch; cartoon; **en ~** cardboard *cpd*; **faire un ~** (*au tir*) to have a go at the rifle range; to score a hit; **~ (à dessin)** portfolio
cartonnage [kaʀtɔnaʒ] *nm* cardboard (packing)
cartonné, e [kaʀtɔne] *adj* (*livre*) hardback, cased
carton-pâte [kaʀtɔ̃pɑt] *nm* pasteboard; **de ~** (*fig*) cardboard *cpd*
cartouche [kaʀtuʃ] *nf* cartridge; (*de cigarettes*) carton
cartouchière [kaʀtuʃjɛʀ] *nf* cartridge belt
cas [kɑ] *nm* case; **faire peu de ~/grand ~ de** to attach little/great importance to; **le ~ échéant** if need be; **en aucun ~** on no account, under no circumstances (whatsoever); **au ~ où** in case; **dans ce ~** in that case; **en ~ de** in case of, in the event of; **en ~ de besoin** if need be; **en ~ d'urgence** in an emergency; **en ce ~** in that case; **en tout ~** in any case, at any rate; **~ de conscience** matter of conscience; **~ de force majeure** case of absolute necessity; (*Assurances*) act of God; **~ limite** borderline case; **~ social** social problem
Casablanca [kazablɑ̃ka] *n* Casablanca
casanier, -ière [kazanje, -jɛʀ] *adj* stay-at-home
casaque [kazak] *nf* (*de jockey*) blouse
cascade [kaskad] *nf* waterfall, cascade; (*fig*) stream, torrent
cascadeur, -euse [kaskadœʀ, -øz] *nm/f* stuntman/girl
case [kɑz] *nf* (*hutte*) hut; (*compartiment*) compartment; (*pour le courrier*) pigeonhole; (*de mots croisés, d'échiquier*) square; (*sur un formulaire*) box
casemate [kazmat] *nf* blockhouse
caser [kɑze] *vt* (*mettre*) to put; (*loger*) to put up; (*péj*) to find a job for; to marry off; **se caser** *vi* (*personne*) to settle down
caserne [kazɛʀn(ə)] *nf* barracks
casernement [kazɛʀnəmɑ̃] *nm* barrack buildings *pl*
cash [kaʃ] *adv*: **payer ~** to pay cash down
casier [kɑzje] *nm* (*à journaux etc*) rack; (*de bureau*) filing cabinet; (: *à cases*) set of pigeonholes; (*case*) compartment; pigeonhole; (: *à clef*) locker; (*Pêche*) lobster pot; **~ à bouteilles** bottle rack; **~ judiciaire** police record
casino [kazino] *nm* casino
casque [kask(ə)] *nm* helmet; (*chez le coiffeur*) (hair-)dryer; (*pour audition*) (head-)phones *pl*, headset; **les C~s bleus** the UN peacekeeping force
casquer [kaske] *vi* (*fam*) to cough up, stump up (*Brit*)
casquette [kaskɛt] *nf* cap
cassable [kɑsabl(ə)] *adj* (*fragile*) breakable
cassant, e [kɑsɑ̃, -ɑ̃t] *adj* brittle; (*fig*) brusque, abrupt
cassate [kasat] *nf*: **(glace) ~** cassata
cassation [kɑsasjɔ̃] *nf*: **se pourvoir en ~** to lodge an appeal; **recours en ~** appeal to the Supreme Court
casse [kɑs] *nf* (*pour voitures*): **mettre à la ~** to scrap, send to the breakers (*Brit*); (*dégâts*): **il y a eu de la ~** there were a lot of breakages; (*Typo*): **haut/bas de ~** upper/lower case
cassé, e [kɑse] *adj* (*voix*) cracked; (*vieillard*) bent
casse-cou [kɑsku] *adj inv* daredevil, reckless; **crier ~ à qn** to warn sb (*against a risky undertaking*)
casse-croûte [kɑskʀut] *nm inv* snack

casse-noisettes [kasnwazɛt], **casse-noix** [kasnwa] *nm inv* nutcrackers *pl*
casse-pieds [kaspje] *adj, nm/f inv (fam)*: **il est ~, c'est un ~** he's a pain (in the neck)
casser [kase] *vt* to break; (*Admin: gradé*) to demote; (*Jur*) to quash; (*Comm*): **~ les prix** to slash prices; **se casser** *vi* to break; (*fam*) to go, leave ▷ *vt*: **se ~ la jambe/une jambe** to break one's leg/a leg; **à tout ~** fantastic, brilliant; **se ~ net** to break clean off
casserole [kasʀɔl] *nf* saucepan; **à la ~** (*Culin*) braised
casse-tête [kastɛt] *nm inv* (*fig*) brain teaser; (*difficultés*) headache (*fig*)
cassette [kasɛt] *nf* (*bande magnétique*) cassette; (*coffret*) casket; **~ numérique** digital compact cassette; **~ vidéo** video
casseur [kasœʀ] *nm* hooligan; rioter
cassis [kasis] *nm* blackcurrant; (*de la route*) dip, bump
cassonade [kasɔnad] *nf* brown sugar
cassoulet [kasulɛ] *nm* *sausage and bean hotpot*
cassure [kasyʀ] *nf* break, crack
castagnettes [kastaɲɛt] *nfpl* castanets
caste [kast(ə)] *nf* caste
castillan, e [kastijɑ̃, -an] *adj* Castilian ▷ *nm* (*Ling*) Castilian
Castille [kastij] *nf*: **la ~** Castile
castor [kastɔʀ] *nm* beaver
castrer [kastʀe] *vt* (*mâle*) to castrate; (*femelle*) to spay; (*cheval*) to geld; (*chat, chien*) to doctor (*Brit*), fix (*US*)
cataclysme [kataklism(ə)] *nm* cataclysm
catacombes [katakɔ̃b] *nfpl* catacombs
catadioptre [katadjɔptʀ(ə)] *nm* = **cataphote**
catafalque [katafalk(ə)] *nm* catafalque
catalan, e [katalɑ̃, -an] *adj* Catalan, Catalonian ▷ *nm* (*Ling*) Catalan
Catalogne [katalɔɲ] *nf*: **la ~** Catalonia
catalogue [katalɔg] *nm* catalogue
cataloguer [katalɔge] *vt* to catalogue, list; (*péj*) to put a label on
catalyse [kataliz] *nf* catalysis
catalyser [katalize] *vt* to catalyze
catalyseur [katalizœʀ] *nm* catalyst
catalytique [katalitik] *adj* catalytic
catamaran [katamaʀɑ̃] *nm* (*voilier*) catamaran
cataphote [katafɔt] *nm* reflector
cataplasme [kataplasm(ə)] *nm* poultice
catapulte [katapylt(ə)] *nf* catapult
catapulter [katapylte] *vt* to catapult
cataracte [kataʀakt(ə)] *nf* cataract; **opérer qn de la ~** to operate on sb for a cataract
catarrhe [kataʀ] *nm* catarrh
catarrheux, -euse [kataʀø, -øz] *adj* catarrhal
catastrophe [katastʀɔf] *nf* catastrophe, disaster; **atterrir en ~** to make an emergency landing; **partir en ~** to rush away
catastropher [katastʀɔfe] *vt* (*personne*) to shatter
catastrophique [katastʀɔfik] *adj* catastrophic, disastrous
catch [katʃ] *nm* (all-in) wrestling
catcheur, -euse [katʃœʀ, -øz] *nm/f* (all-in) wrestler
catéchiser [kateʃize] *vt* to indoctrinate; to lecture
catéchisme [kateʃism(ə)] *nm* catechism
catéchumène [katekymɛn] *nm/f* catechumen, *person attending religious instruction prior to baptism*
catégorie [kategɔʀi] *nf* category; (*Boucherie*): **morceaux de première/deuxième ~** prime/second cuts
catégorique [kategɔʀik] *adj* categorical
catégoriquement [kategɔʀikmɑ̃] *adv* categorically
catégoriser [kategɔʀize] *vt* to categorize
caténaire [katenɛʀ] *nf* (*Rail*) catenary
cathédrale [katedʀal] *nf* cathedral
cathéter [katetɛʀ] *nm* (*Méd*) catheter
cathode [katɔd] *nf* cathode
cathodique [katɔdik] *adj*: **rayons ~s** cathode rays; **tube/écran ~** cathode-ray tube/screen
catholicisme [katɔlisism(ə)] *nm* (Roman) Catholicism
catholique [katɔlik] *adj, nm/f* (Roman) Catholic; **pas très ~** a bit shady *ou* fishy
catimini [katimini]: **en ~** *adv* on the sly, on the quiet
catogan [katɔgɑ̃] *nm* bow (*tying hair on neck*)
Caucase [kɔkaz] *nm*: **le ~** the Caucasus (Mountains)
caucasien, ne [kɔkazjɛ̃, -ɛn] *adj* Caucasian
cauchemar [kɔʃmaʀ] *nm* nightmare
cauchemardesque [kɔʃmaʀdɛsk(ə)] *adj* nightmarish
causal, e [kozal] *adj* causal
causalité [kozalite] *nf* causality
causant, e [kozɑ̃, -ɑ̃t] *adj* chatty, talkative
cause [koz] *nf* cause; (*Jur*) lawsuit, case; brief; **faire ~ commune avec qn** to take sides with sb; **être ~ de** to be the cause of; **à ~ de** because of, owing to; **pour ~ de** on account of; owing to; **(et) pour ~** and for (a very) good reason; **être en ~** (*intérêts*) to be at stake; (*personne*) to be involved; (*qualité*) to be in question; **mettre en ~** to implicate; to call into question; **remettre en ~** to challenge, call into question; **c'est hors de ~** it's out of the question; **en tout état de ~** in any case
causer [koze] *vt* to cause ▷ *vi* to chat, talk
causerie [kozʀi] *nf* talk
causette [kozɛt] *nf*: **faire la** *ou* **un brin de ~** to have a chat
caustique [kostik] *adj* caustic
cauteleux, -euse [kotlø, -øz] *adj* wily
cautériser [kɔteʀize] *vt* to cauterize
caution [kosjɔ̃] *nf* guarantee, security; deposit; (*Jur*) bail (bond); (*fig*) backing, support; **payer la ~ de qn** to stand bail for sb; **se porter ~ pour qn** to stand security for sb; **libéré sous ~** released on bail; **sujet à ~** unconfirmed
cautionnement [kosjɔnmɑ̃] *nm* (*somme*) guarantee, security

cautionner [kosjɔne] *vt* to guarantee; (*soutenir*) to support
cavalcade [kavalkad] *nf* (*fig*) stampede
cavale [kaval] *nf*: **en ~** on the run
cavalerie [kavalʀi] *nf* cavalry
cavalier, -ière [kavalje, -jɛʀ] *adj* (*désinvolte*) offhand ▷ *nm/f* rider; (*au bal*) partner ▷ *nm* (*Échecs*) knight; **faire ~ seul** to go it alone; **allée** *ou* **piste cavalière** riding path
cavalièrement [kavaljɛʀmɑ̃] *adv* offhandedly
cave [kav] *nf* cellar; (*cabaret*) (cellar) nightclub ▷ *adj*: **yeux ~s** sunken eyes; **joues ~s** hollow cheeks
caveau, x [kavo] *nm* vault
caverne [kavɛʀn(ə)] *nf* cave
caverneux, -euse [kavɛʀnø, -øz] *adj* cavernous
caviar [kavjaʀ] *nm* caviar(e)
cavité [kavite] *nf* cavity
Cayenne [kajɛn] *n* Cayenne
CB [sibi] *sigle f* (= *citizens' band, canaux banalisés*) CB = **carte bancaire**
CC *sigle m* = **corps consulaire; compte courant**
CCI *sigle f* = **Chambre de commerce et d'industrie**
CCP *sigle m* = **compte chèque postal**
CD *sigle m* (= *chemin départemental*) secondary road, ≈ B road (Brit); (= *compact disc*) CD; (= *comité directeur*) steering committee; (Pol) = **corps diplomatique**
CDD *sigle m* (= *contrat à durée déterminée*) fixed-term contract
CDI *sigle m* (= *Centre de documentation et d'information*) *school library*; (= *contrat à durée indéterminée*) permanent *ou* open-ended contract
CD-ROM [sedeʀɔm] *nm inv* (= *Compact Disc Read Only Memory*) CD-Rom
CDS *sigle m* (= *Centre des démocrates sociaux*) *political party*
CE *sigle f* (= *Communauté européenne*) EC; (*Comm*) = **caisse d'épargne** ▷ *sigle m* (*Industrie*) = **comité d'entreprise**; (*Scol*) = **cours élémentaire**

 MOT-CLÉ

ce, cette [sə, sɛt] (*devant nm* **cet** + *voyelle ou h aspiré*; *pl* **ces**) *adj dém* (*proximité*) this; these *pl*; (*non-proximité*) that; those *pl*; **cette maison(-ci/là)** this/that house; **cette nuit** (*qui vient*) tonight; (*passée*) last night
▷ *pron* **1**: **c'est** it's, it is; **c'est petit/grand/un livre** it's *ou* it is small/big/a book; **c'est un peintre** he's *ou* he is a painter; **ce sont des peintres** they're *ou* they are painters; **c'est le facteur** *etc* (*à la porte*) it's the postman *etc*; **qui est-ce?** who is it?; (*en désignant*) who is he/she?; **qu'est-ce?** what is it?; **c'est toi qui lui as parlé** it was you who spoke to him
2: **c'est que: c'est qu'il est lent/qu'il n'a pas faim** the fact is, he's slow/he's not hungry
3 (*expressions*): **c'est ça** (*correct*) that's it, that's right; **c'est toi qui le dis!** that's what YOU say!; *voir aussi* **c'est-à-dire**; *voir* **-ci**; **est-ce que**; **n'est-ce pas**
4: **ce qui, ce que** what; (*chose qui*): **il est bête, ce qui me chagrine** he's stupid, which saddens me; **tout ce qui bouge** everything that *ou* which moves; **tout ce que je sais** all I know; **ce dont j'ai parlé** what I talked about; **ce que c'est grand!** it's so big!

CEA *sigle m* (= *Commissariat à l'énergie atomique*) ≈ AEA (= *Atomic Energy Authority*) (Brit) ≈ AEC = **Atomic Energy Commission** (US)
CECA [seka] *sigle f* (= *Communauté européenne du charbon et de l'acier*) ECSC (= *European Coal and Steel Community*)
ceci [səsi] *pron* this
cécité [sesite] *nf* blindness
céder [sede] *vt* to give up ▷ *vi* (*pont, barrage*) to give way; (*personne*) to give in; **~ à** to yield to, give in to
cédérom [sedeʀɔm] *nm* CD-ROM
CEDEX [sedɛks] *sigle m* (= *courrier d'entreprise à distribution exceptionnelle*) *accelerated postal service for bulk users*
cédille [sedij] *nf* cedilla
cèdre [sɛdʀ(ə)] *nm* cedar
CEE *sigle f* (= *Communauté économique européenne*) EEC
CEI *sigle f* (= *Communauté des États indépendants*) CIS
ceindre [sɛ̃dʀ(ə)] *vt* (*mettre*) to put on; (*entourer*): **~ qch de qch** to put sth round sth
ceinture [sɛ̃tyʀ] *nf* belt; (*taille*) waist; (*fig*) ring; belt; circle; **~ de sauvetage** lifebelt (Brit), life preserver (US); **~ de sécurité** safety *ou* seat belt; **~ (de sécurité) à enrouleur** inertia reel seat belt; **~ verte** green belt
ceinturer [sɛ̃tyʀe] *vt* (*saisir*) to grasp (round the waist); (*entourer*) to surround
ceinturon [sɛ̃tyʀɔ̃] *nm* belt
cela [səla] *pron* that; (*comme sujet indéfini*) it; **~ m'étonne que** it surprises me that; **quand/où ~?** when/where (was that)?
célébrant [selebʀɑ̃] *nm* (*Rel*) celebrant
célébration [selebʀɑsjɔ̃] *nf* celebration
célèbre [selɛbʀ(ə)] *adj* famous
célébrer [selebʀe] *vt* to celebrate; (*louer*) to extol
célébrité [selebʀite] *nf* fame; (*star*) celebrity
céleri [sɛlʀi] *nm*: **~(-rave)** celeriac; **~ (en branche)** celery
célérité [seleʀite] *nf* speed, swiftness
céleste [selɛst(ə)] *adj* celestial; heavenly
célibat [seliba] *nm* celibacy, bachelor/spinsterhood
célibataire [selibatɛʀ] *adj* single, unmarried ▷ *nm/f* bachelor/unmarried *ou* single woman; **mère ~** single *ou* unmarried mother
celle, celles [sɛl] *pron voir* **celui**
cellier [selje] *nm* storeroom
cellophane® [selɔfan] *nf* cellophane
cellulaire [selylɛʀ] *adj* (*Bio*) cell *cpd*, cellular; **voiture** *ou* **fourgon ~** prison *ou* police van; **régime ~** confinement
cellule [selyl] *nf* (*gén*) cell; **~ (photo-électrique)**

electronic eye
cellulite [selylit] *nf* cellulite
celluloïd® [selylɔid] *nm* Celluloid
cellulose [selyloz] *nf* cellulose
celte [sɛlt(ə)], **celtique** [sɛltik] *adj* Celt, Celtic

 MOT-CLÉ

celui, celle [səlɥi, sɛl] (*mpl* **ceux**, *fpl* **celles**) *pron*
1: **celui-ci/là, celle-ci/là** this one/that one; **ceux-ci, celles-ci** these (ones); **ceux-là, celles-là** those (ones); **celui de mon frère** my brother's; **celui du salon/du dessous** the one in (*ou* from) the lounge/below
2: **celui qui bouge** the one which *ou* that moves; (*personne*) the one who moves; **celui que je vois** the one (which *ou* that) I see; (*personne*) the one (whom) I see; **celui dont je parle** the one I'm talking about
3 (*valeur indéfinie*): **celui qui veut** whoever wants

cénacle [senakl(ə)] *nm* (literary) coterie *ou* set
cendre [sɑ̃dʀ(ə)] *nf* ash; **~s** (*d'un foyer*) ash(es), cinders; (*volcaniques*) ash *sg*; (*d'un défunt*) ashes; **sous la ~** (*Culin*) in (the) embers
cendré, e [sɑ̃dʀe] *adj* (*couleur*) ashen; **(piste) ~e** cinder track
cendreux, -euse [sɑ̃dʀø, -øz] *adj* (*terrain, substance*) cindery; (*teint*) ashen
cendrier [sɑ̃dʀije] *nm* ashtray
cène [sɛn] *nf*: **la ~** (Holy) Communion; (*Art*) the Last Supper
censé, e [sɑ̃se] *adj*: **être ~ faire** to be supposed to do
censément [sɑ̃semɑ̃] *adv* supposedly
censeur [sɑ̃sœʀ] *nm* (*Scol*) deputy head (*Brit*), vice-principal (*US*); (*Ciné, Pol*) censor
censure [sɑ̃syʀ] *nf* censorship
censurer [sɑ̃syʀe] *vt* (*Ciné, Presse*) to censor; (*Pol*) to censure
cent [sɑ̃] *num* a hundred, one hundred; **pour ~ (%)** per cent (%); **faire les ~ pas** to pace up and down ▷ *nm* (*US, Canada, partie de l'euro etc*) cent
centaine [sɑ̃tɛn] *nf*: **une ~ (de)** about a hundred, a hundred or so; (*Comm*) a hundred; **plusieurs ~s (de)** several hundred; **des ~s (de)** hundreds (of)
centenaire [sɑ̃tnɛʀ] *adj* hundred-year-old ▷ *nm/f* centenarian ▷ *nm* (*anniversaire*) centenary
centième [sɑ̃tjɛm] *num* hundredth
centigrade [sɑ̃tigʀad] *nm* centigrade
centigramme [sɑ̃tigʀam] *nm* centigramme
centilitre [sɑ̃tilitʀ(ə)] *nm* centilitre (*Brit*), centiliter (*US*)
centime [sɑ̃tim] *nm* centime; **~ d'euro** euro cent
centimètre [sɑ̃timɛtʀ(ə)] *nm* centimetre (*Brit*), centimeter (*US*); (*ruban*) tape measure, measuring tape
centrafricain, e [sɑ̃tʀafʀikɛ̃, -ɛn] *adj* of *ou* from the Central African Republic
central, e, -aux [sɑ̃tʀal, -o] *adj* central ▷ *nm*: **~ (téléphonique)** (telephone) exchange ▷ *nf*: **~e d'achat** (*Comm*) central buying service; **~e électrique/nucléaire** electric/nuclear power station; **~e syndicale** group of affiliated trade unions
centralisation [sɑ̃tʀalizɑsjɔ̃] *nf* centralization
centraliser [sɑ̃tʀalize] *vt* to centralize
centralisme [sɑ̃tʀalism(ə)] *nm* centralism
centraméricain, e [sɑ̃tʀameʀikɛ̃, -ɛn] *adj* Central American
centre [sɑ̃tʀ(ə)] *nm* centre (*Brit*), center (*US*); **~ commercial/sportif/culturel** shopping/sports/arts centre; **~ aéré** outdoor centre; **~ d'appels** call centre; **~ d'apprentissage** training college; **~ d'attraction** centre of attraction; **~ de gravité** centre of gravity; **~ de loisirs** leisure centre; **~ d'enfouissement des déchets** landfill site; **~ hospitalier** hospital complex; **~ de tri** (*Postes*) sorting office; **~s nerveux** (*Anat*) nerve centres
centrer [sɑ̃tʀe] *vt* to centre (*Brit*), center (*US*) ▷ *vi* (*Football*) to centre the ball
centre-ville [sɑ̃tʀəvil] (*pl* **centres-villes**) *nm* town centre (*Brit*) *ou* center (*US*), downtown (area) (*US*)
centrifuge [sɑ̃tʀifyʒ] *adj*: **force ~** centrifugal force
centrifuger [sɑ̃tʀifyʒe] *vt* to centrifuge
centrifugeuse [sɑ̃tʀifyʒøz] *nf* (*pour fruits*) juice extractor
centripète [sɑ̃tʀipɛt] *adj*: **force ~** centripetal force
centrisme [sɑ̃tʀism(ə)] *nm* centrism
centriste [sɑ̃tʀist(ə)] *adj, nm/f* centrist
centuple [sɑ̃typl(ə)] *nm*: **le ~ de qch** a hundred times sth; **au ~** a hundredfold
centupler [sɑ̃typle] *vi, vt* to increase a hundredfold
CEP *sigle m* = **Certificat d'études (primaires)**
cep [sɛp] *nm* (vine) stock
cépage [sepaʒ] *nm* (type of) vine
cèpe [sɛp] *nm* (edible) boletus
cependant [səpɑ̃dɑ̃] *adv* however, nevertheless
céramique [seʀamik] *adj* ceramic ▷ *nf* ceramic; (*art*) ceramics *sg*
céramiste [seʀamist(ə)] *nm/f* ceramist
cerbère [sɛʀbɛʀ] *nm* (*fig: péj*) bad-tempered doorkeeper
cerceau, x [sɛʀso] *nm* (*d'enfant, de tonnelle*) hoop
cercle [sɛʀkl(ə)] *nm* circle; (*objet*) band, hoop; **décrire un ~** (*avion*) to circle; (*projectile*) to describe a circle; **~ d'amis** circle of friends; **~ de famille** family circle; **~ vicieux** vicious circle
cercler [sɛʀkle] *vt*: **lunettes cerclées d'or** gold-rimmed glasses
cercueil [sɛʀkœj] *nm* coffin
céréale [seʀeal] *nf* cereal
céréalier, -ière [seʀealje, -jɛʀ] *adj* (*production, cultures*) cereal *cpd*
cérébral, e, -aux [seʀebʀal, -o] *adj* (*Anat*) cerebral, brain *cpd*; (*fig*) mental, cerebral

cérémonial [seʀemɔnjal] *nm* ceremonial
cérémonie [seʀemɔni] *nf* ceremony; **cérémonies** *nfpl (péj)* fuss *sg*, to-do *sg*
cérémonieux, -euse [seʀemɔnjø, -øz] *adj* ceremonious, formal
cerf [sɛʀ] *nm* stag
cerfeuil [sɛʀfœj] *nm* chervil
cerf-volant [sɛʀvɔlɑ̃] *nm* kite; **jouer au ~** to fly a kite
cerisaie [səʀizɛ] *nf* cherry orchard
cerise [səʀiz] *nf* cherry
cerisier [səʀizje] *nm* cherry (tree)
CERN [sɛʀn] *sigle m (= Centre européen de recherche nucléaire)* CERN
cerné, e [sɛʀne] *adj*: **les yeux ~s** with dark rings *ou* shadows under the eyes
cerner [sɛʀne] *vt (Mil etc)* to surround; *(fig: problème)* to delimit, define
cernes [sɛʀn(ə)] *nfpl* (dark) rings, shadows (under the eyes)
certain, e [sɛʀtɛ̃, -ɛn] *adj* certain; *(sûr)*: **~ (de/ que)** certain *ou* sure (of/ that); **d'un ~ âge** past one's prime, not so young; **un ~ temps** (quite) some time; **sûr et ~** absolutely certain; **~s** *pron* some
certainement [sɛʀtɛnmɑ̃] *adv (probablement)* most probably *ou* likely; *(bien sûr)* certainly, of course
certes [sɛʀt(ə)] *adv* admittedly; of course; indeed (yes)
certificat [sɛʀtifika] *nm* certificate; **C~ d'études (primaires)** *former school leaving certificate (taken at the end of primary education)*; **C~ de fin d'études secondaires** school leaving certificate
certifié, e [sɛʀtifje] *adj*: **professeur ~** qualified teacher; *(Admin)*: **copie ~e conforme (à l'original)** certified copy (of the original)
certifier [sɛʀtifje] *vt* to certify, guarantee; **~ à qn que** to assure sb that, guarantee to sb that; **~ qch à qn** to guarantee sth to sb
certitude [sɛʀtityd] *nf* certainty
cérumen [seʀymɛn] *nm* (ear)wax
cerveau, x [sɛʀvo] *nm* brain; **~ électronique** electronic brain
cervelas [sɛʀvəla] *nm* saveloy
cervelle [sɛʀvɛl] *nf (Anat)* brain; *(Culin)* brain(s); **se creuser la ~** to rack one's brains
cervical, e, -aux [sɛʀvikal, -o] *adj* cervical
cervidés [sɛʀvide] *nmpl* cervidae
CES *sigle m (= Collège d'enseignement secondaire)* ≈ (junior) secondary school *(Brit)*, ≈ junior high school *(US)*
ces [se] *adj dém voir* **ce**
césarienne [sezaʀjɛn] *nf* caesarean *(Brit) ou* cesarean *(US)* (section)
cessantes [sɛsɑ̃t] *adj fpl*: **toutes affaires ~** forthwith
cessation [sɛsasjɔ̃] *nf*: **~ des hostilités** cessation of hostilities; **~ de paiements/ commerce** suspension of payments/trading
cesse [sɛs]: **sans ~** *adv* continually, constantly; continuously; **il n'avait de ~ que** he would not rest until
cesser [sese] *vt* to stop ▷ *vi* to stop, cease; **~ de faire** to stop doing; **faire ~** *(bruit, scandale)* to put a stop to
cessez-le-feu [seselfø] *nm inv* ceasefire
cession [sɛsjɔ̃] *nf* transfer
c'est [sɛ] *voir* **ce**
c'est-à-dire [sɛtadiʀ] *adv* that is (to say); *(demander de préciser)*: **c'est-à-dire?** what does that mean?; **c'est-à-dire que …** *(en conséquence)* which means that …; *(manière d'excuse)* well, in fact …
CET *sigle m (= Collège d'enseignement technique) (formerly) technical school*
cet [sɛt] *adj dém voir* **ce**
cétacé [setase] *nm* cetacean
cette [sɛt] *adj dém voir* **ce**
ceux [sø] *pron voir* **celui**
cévenol, e [sevnɔl] *adj* of *ou* from the Cévennes region
cf. *abr (= confer)* cf, cp
CFAO *sigle f (= conception de fabrication assistée par ordinateur)* CAM
CFC *sigle mpl (= chlorofluorocarbures)* CFC
CFDT *sigle f (= Confédération française démocratique du travail) trade union*
CFF *sigle m (= Chemins de fer fédéraux) Swiss railways*
CFL *sigle m (= Chemins de fer luxembourgeois) Luxembourg railways*
CFP *sigle m* = **Centre de formation professionnelle** ▷ *sigle f* = **Compagnie française des pétroles**
CFTC *sigle f (= Confédération française des travailleurs chrétiens) trade union*
CGC *sigle f (= Confédération générale des cadres) management union*
CGPME *sigle f* = **Confédération générale des petites et moyennes entreprises**
CGT *sigle f (= Confédération générale du travail) trade union*
CH *abr (= Confédération helvétique)* CH
ch. *abr* = **charges; chauffage; cherche**
chacal [ʃakal] *nm* jackal
chacun, e [ʃakœ̃, -yn] *pron* each; *(indéfini)* everyone, everybody
chagrin, e [ʃagʀɛ̃, -in] *adj* morose ▷ *nm* grief, sorrow; **avoir du ~** to be grieved *ou* sorrowful
chagriner [ʃagʀine] *vt* to grieve, distress; *(contrarier)* to bother, worry
chahut [ʃay] *nm* uproar
chahuter [ʃayte] *vt* to rag, bait ▷ *vi* to make an uproar
chahuteur, -euse [ʃaytœʀ, -øz] *nm/f* rowdy
chai [ʃɛ] *nm* wine and spirit store(house)
chaîne [ʃɛn] *nf* chain; *(Radio, TV)* channel; *(Inform)* string; **chaînes** *nfpl (liens, asservissement)* fetters, bonds; **travail à la ~** production line work; **réactions en ~** chain reactions; **faire la ~** to form a (human) chain; **~ alimentaire** food chain; **~ compacte** music centre; **~ d'entraide** mutual aid association; **~ (haute-fidélité** *ou*

hi-fi) hi-fi system; **~ (de montage** *ou* **de fabrication)** production *ou* assembly line; **~ (de montagnes)** (mountain) range; **~ de solidarité** solidarity network; **~ (stéréo** *ou* **audio)** stereo (system)
chaînette [ʃɛnɛt] *nf* (small) chain
chaînon [ʃɛnɔ̃] *nm* link
chair [ʃɛʀ] *nf* flesh ▷ *adj*: **(couleur) ~** flesh-coloured; **avoir la ~ de poule** to have goose pimples *ou* goose flesh; **bien en ~** plump, well-padded; **en ~ et en os** in the flesh; **~ à saucisses** sausage meat
chaire [ʃɛʀ] *nf* (*d'église*) pulpit; (*d'université*) chair
chaise [ʃɛz] *nf* chair; **~ de bébé** high chair; **~ électrique** electric chair; **~ longue** deckchair
chaland [ʃalɑ̃] *nm* (*bateau*) barge
châle [ʃal] *nm* shawl
chalet [ʃalɛ] *nm* chalet
chaleur [ʃalœʀ] *nf* heat; (*fig*) warmth; fire, fervour (*Brit*), fervor (*US*); heat; **en ~** (*Zool*) on heat
chaleureusement [ʃalœʀøzmɑ̃] *adv* warmly
chaleureux, -euse [ʃalœʀø, -øz] *adj* warm
challenge [ʃalɑ̃ʒ] *nm* contest, tournament
challenger [ʃalɑ̃ʒɛʀ] *nm* (*Sport*) challenger
chaloupe [ʃalup] *nf* launch; (*de sauvetage*) lifeboat
chalumeau, x [ʃalymo] *nm* blowlamp (*Brit*), blowtorch
chalut [ʃaly] *nm* trawl (net); **pêcher au ~** to trawl
chalutier [ʃalytje] *nm* trawler; (*pêcheur*) trawlerman
chamade [ʃamad] *nf*: **battre la ~** to beat wildly
chamailler [ʃamɑje]: **se chamailler** *vi* to squabble, bicker
chamarré, e [ʃamaʀe] *adj* richly brocaded
chambard [ʃɑ̃baʀ] *nm* rumpus
chambardement [ʃɑ̃baʀdəmɑ̃] *nm*: **c'est le grand ~** everything has been (*ou* is being) turned upside down
chambarder [ʃɑ̃baʀde] *vt* to turn upside down
chamboulement [ʃɑ̃bulmɑ̃] *nm* disruption
chambouler [ʃɑ̃bule] *vt* to disrupt, turn upside down
chambranle [ʃɑ̃bʀɑ̃l] *nm* (door) frame
chambre [ʃɑ̃bʀ(ə)] *nf* bedroom; (*Tech*) chamber; (*Pol*) chamber, house; (*Jur*) court; (*Comm*) chamber; federation; **faire ~ à part** to sleep in separate rooms; **stratège/alpiniste en ~** armchair strategist/mountaineer; **~ à un lit/deux lits** single/twin-bedded room; **~ pour une/deux personne(s)** single/double room; **~ d'accusation** court of criminal appeal; **~ d'agriculture (CA)** *body responsible for the agricultural interests of a département*; **~ à air** (*de pneu*) (inner) tube; **~ d'amis** spare *ou* guest room; **~ de combustion** combustion chamber; **~ de commerce et d'industrie (CCI)** chamber of commerce and industry; **~ à coucher** bedroom; **la C~ des députés** the Chamber of Deputies, ≈ the House (of Commons) (*Brit*), ≈ the House of Representatives (*US*); **~ forte** strongroom; **~ froide** *ou* **frigorifique** cold room; **~ à gaz** gas chamber; **~ d'hôte** ≈ bed and breakfast (*in private home*); **~ des machines** engine-room; **~ des métiers (CM)** *chamber of commerce for trades*; **~ meublée** bedsit(ter) (*Brit*), furnished room; **~ noire** (*Photo*) dark room
chambrée [ʃɑ̃bʀe] *nf* room
chambrer [ʃɑ̃bʀe] *vt* (*vin*) to bring to room temperature
chameau, x [ʃamo] *nm* camel
chamois [ʃamwa] *nm* chamois ▷ *adj*: **(couleur) ~** fawn, buff
champ [ʃɑ̃] *nm* (*aussi Inform*) field; (*Photo*: *aussi*: **dans le champ**) in the picture; **prendre du ~** to draw back; **laisser le ~ libre à qn** to leave sb a clear field; **~ d'action** sphere of operation(s); **~ de bataille** battlefield; **~ de courses** racecourse; **~ d'honneur** field of honour; **~ de manœuvre** (*Mil*) parade ground; **~ de mines** minefield; **~ de tir** shooting *ou* rifle range; **~ visuel** field of vision
Champagne [ʃɑ̃paɲ] *nf*: **la ~** Champagne, the Champagne region
champagne [ʃɑ̃paɲ] *nm* champagne
champenois, e [ʃɑ̃pənwa, -waz] *adj* of *ou* from Champagne; (*vin*): **méthode ~e** champagne-type
champêtre [ʃɑ̃pɛtʀ(ə)] *adj* country *cpd*, rural
champignon [ʃɑ̃piɲɔ̃] *nm* mushroom; (*terme générique*) fungus; (*fam*: *accélérateur*) accelerator, gas pedal (*US*); **~ de couche** *ou* **de Paris** button mushroom; **~ vénéneux** toadstool, poisonous mushroom
champion, ne [ʃɑ̃pjɔ̃, -ɔn] *adj*, *nm/f* champion
championnat [ʃɑ̃pjɔna] *nm* championship
chance [ʃɑ̃s] *nf*: **la ~** luck; **une ~** a stroke *ou* piece of luck *ou* good fortune; (*occasion*) a lucky break; **chances** *nfpl* (*probabilités*) chances; **avoir de la ~** to be lucky; **il a des ~s de gagner** he has a chance of winning; **il y a de fortes ~s pour que Paul soit malade** it's highly probable that Paul is ill; **bonne ~!** good luck!; **encore une ~ que tu viennes!** it's lucky you're coming!; **je n'ai pas de ~** I'm out of luck; (*toujours*) I never have any luck; **donner sa ~ à qn** to give sb a chance
chancelant, e [ʃɑ̃slɑ̃, -ɑ̃t] *adj* (*personne*) tottering; (*santé*) failing
chanceler [ʃɑ̃sle] *vi* to totter
chancelier [ʃɑ̃səlje] *nm* (*allemand*) chancellor; (*d'ambassade*) secretary
chancellerie [ʃɑ̃sɛlʀi] *nf* (*en France*) ministry of justice; (*en Allemagne*) chancellery; (*d'ambassade*) chancery
chanceux, -euse [ʃɑ̃sø, -øz] *adj* lucky, fortunate
chancre [ʃɑ̃kʀ(ə)] *nm* canker
chandail [ʃɑ̃daj] *nm* (thick) jumper *ou* sweater
Chandeleur [ʃɑ̃dlœʀ] *nf*: **la ~** Candlemas
chandelier [ʃɑ̃dəlje] *nm* candlestick; (*à plusieurs branches*) candelabra
chandelle [ʃɑ̃dɛl] *nf* (tallow) candle; (*Tennis*):

faire une ~ to lob; (*Aviat*): **monter en ~** to climb vertically; **tenir la ~** to play gooseberry; **dîner aux ~s** candlelight dinner
change [ʃɑ̃ʒ] *nm* (*Comm*) exchange; **opérations de ~** (foreign) exchange transactions; **contrôle des ~s** exchange control; **gagner/perdre au ~** to be better/worse off (for it); **donner le ~ à qn** (*fig*) to lead sb up the garden path
changeant, e [ʃɑ̃ʒɑ̃, -ɑ̃t] *adj* changeable, fickle
changement [ʃɑ̃ʒmɑ̃] *nm* change; **~ de vitesse** (*dispositif*) gears *pl*; (*action*) gear change
changer [ʃɑ̃ʒe] *vt* (*modifier*) to change, alter; (*remplacer, Comm, rhabiller*) to change ▷ *vi* to change, alter; **se changer** *vi* to change (o.s.); **~ de** (*remplacer: adresse, nom, voiture etc*) to change one's; **~ de train** to change trains; **~ d'air** to get a change of air; **~ de couleur/direction** to change colour/direction; **~ d'idée** to change one's mind; **~ de place avec qn** to change places with sb; **~ de vitesse** (*Auto*) to change gear; **~ qn/qch de place** to move sb/sth to another place; **~ (de bus** *etc*) to change (buses *etc*); **~ qch en** to change sth into
changeur [ʃɑ̃ʒœʀ] *nm* (*personne*) moneychanger; **~ automatique** change machine; **~ de disques** record changer, autochange
chanoine [ʃanwan] *nm* canon
chanson [ʃɑ̃sɔ̃] *nf* song
chansonnette [ʃɑ̃sɔnɛt] *nf* ditty
chansonnier [ʃɑ̃sɔnje] *nm* cabaret artist (*specializing in political satire*); (*recueil*) song book
chant [ʃɑ̃] *nm* song; (*art vocal*) singing; (*d'église*) hymn; (*de poème*) canto; (*Tech*): **posé de** *ou* **sur ~** placed edgeways; **~ de Noël** Christmas carol
chantage [ʃɑ̃taʒ] *nm* blackmail; **faire du ~** to use blackmail; **soumettre qn à un ~** to blackmail sb
chantant, e [ʃɑ̃tɑ̃, -ɑ̃t] *adj* (*accent, voix*) sing-song
chanter [ʃɑ̃te] *vt, vi* to sing; **~ juste/faux** to sing in tune/out of tune; **si cela lui chante** (*fam*) if he feels like it *ou* fancies it
chanterelle [ʃɑ̃tʀɛl] *nf* chanterelle (*edible mushroom*)
chanteur, -euse [ʃɑ̃tœʀ, -øz] *nm/f* singer; **~ de charme** crooner
chantier [ʃɑ̃tje] *nm* (building) site; (*sur une route*) roadworks *pl*; **mettre en ~** to start work on; **~ naval** shipyard
chantilly [ʃɑ̃tiji] *nf voir* **crème**
chantonner [ʃɑ̃tɔne] *vi, vt* to sing to oneself, hum
chantre [ʃɑ̃tʀ(ə)] *nm* (*fig*) eulogist
chanvre [ʃɑ̃vʀ(ə)] *nm* hemp
chaos [kao] *nm* chaos
chaotique [kaɔtik] *adj* chaotic
chap. *abr* (= *chapitre*) ch
chapardage [ʃapaʀdaʒ] *nm* pilfering
chaparder [ʃapaʀde] *vt* to pinch
chapeau, x [ʃapo] *nm* hat; (*Presse*) introductory paragraph; **~!** well done!; **~ melon** bowler hat; **~ mou** trilby; **~x de roues** hub caps
chapeauter [ʃapote] *vt* (*Admin*) to head, oversee
chapelain [ʃaplɛ̃] *nm* (*Rel*) chaplain
chapelet [ʃaplɛ] *nm* (*Rel*) rosary; (*fig*): **un ~ de** a string of; **dire son ~** to tell one's beads
chapelier, -ière [ʃapəlje, -jɛʀ] *nm/f* hatter; milliner
chapelle [ʃapɛl] *nf* chapel; **~ ardente** chapel of rest
chapellerie [ʃapɛlʀi] *nf* (*magasin*) hat shop; (*commerce*) hat trade
chapelure [ʃaplyʀ] *nf* (dried) breadcrumbs *pl*
chaperon [ʃapʀɔ̃] *nm* chaperon
chaperonner [ʃapʀɔne] *vt* to chaperon
chapiteau, x [ʃapito] *nm* (*Archit*) capital; (*de cirque*) marquee, big top
chapitre [ʃapitʀ(ə)] *nm* chapter; (*fig*) subject, matter; **avoir voix au ~** to have a say in the matter
chapitrer [ʃapitʀe] *vt* to lecture, reprimand
chapon [ʃapɔ̃] *nm* capon
chaque [ʃak] *adj* each, every; (*indéfini*) every
char [ʃaʀ] *nm* (*à foin etc*) cart, waggon; (*de carnaval*) float; **~ (d'assaut)** tank
charabia [ʃaʀabja] *nm* (*péj*) gibberish, gobbledygook (*Brit*)
charade [ʃaʀad] *nf* riddle; (*mimée*) charade
charbon [ʃaʀbɔ̃] *nm* coal; **~ de bois** charcoal
charbonnage [ʃaʀbɔnaʒ] *nm*: **les ~s de France** the (French) Coal Board *sg*
charbonnier [ʃaʀbɔnje] *nm* coalman
charcuterie [ʃaʀkytʀi] *nf* (*magasin*) pork butcher's shop and delicatessen; (*produits*) cooked pork meats *pl*
charcutier, -ière [ʃaʀkytje, -jɛʀ] *nm/f* pork butcher
chardon [ʃaʀdɔ̃] *nm* thistle
chardonneret [ʃaʀdɔnʀɛ] *nm* goldfinch
charentais, e [ʃaʀɑ̃tɛ, -ɛz] *adj* of *ou* from Charente ▷ *nf* (*pantoufle*) slipper
charge [ʃaʀʒ(ə)] *nf* (*fardeau*) load; (*explosif, Élec, Mil, Jur*) charge; (*rôle, mission*) responsibility; **charges** *nfpl* (*du loyer*) service charges; **à la ~ de** (*dépendant de*) dependent upon, supported by; (*aux frais de*) chargeable to, payable by; **j'accepte, à ~ de revanche** I accept, provided I can do the same for you (in return) one day; **prendre en ~** to take charge of; (*véhicule*) to take on; (*dépenses*) to take care of; **~ utile** (*Auto*) live load; (*Comm*) payload; **~s sociales** social security contributions
chargé [ʃaʀʒe] *adj* (*voiture, animal, personne*) laden; (*fusil, batterie, caméra*) loaded; (*occupé: emploi du temps, journée*) busy, full; (*estomac*) heavy, full; (*langue*) furred; (*décoration, style*) heavy, ornate ▷ *nm*: **~ d'affaires** chargé d'affaires; **~ de cours** ≈ lecturer; **~ de** (*responsable de*) responsible for
chargement [ʃaʀʒəmɑ̃] *nm* (*action*) loading; charging; (*objets*) load
charger [ʃaʀʒe] *vt* (*voiture, fusil, caméra*) to load; (*batterie*) to charge ▷ *vi* (*Mil etc*) to charge; **se ~ de** *vt* to see to, take care of; **~ qn de qch/faire qch** to give sb the responsibility for sth/of doing sth; to put sb in charge of sth/doing sth;

se ~ de faire qch to take it upon o.s. to do sth
chargeur [ʃaʀʒœʀ] *nm* (*dispositif: d'arme à feu*) magazine; (*: Photo*) cartridge; **~ de batterie** (*Élec*) battery charger
chariot [ʃaʀjo] *nm* trolley; (*charrette*) waggon; **~ élévateur** fork-lift truck
charisme [kaʀism(ə)] *nm* charisma
charitable [ʃaʀitabl(ə)] *adj* charitable; kind
charité [ʃaʀite] *nf* charity; **faire la ~** to give to charity; to do charitable works; **faire la ~ à** to give (something) to; **fête/vente de ~** fête/sale in aid of charity
charivari [ʃaʀivaʀi] *nm* hullabaloo
charlatan [ʃaʀlatɑ̃] *nm* charlatan
charlotte [ʃaʀlɔt] *nf* (*Culin*) charlotte
charmant, e [ʃaʀmɑ̃, -ɑ̃t] *adj* charming
charme [ʃaʀm(ə)] *nm* charm; **charmes** *nmpl* (*appas*) charms; **c'est ce qui en fait le ~** that is its attraction; **faire du ~** to be charming, turn on the charm; **aller** *ou* **se porter comme un ~** to be in the pink
charmer [ʃaʀme] *vt* to charm; **je suis charmé de ...** I'm delighted to ...
charmeur, -euse [ʃaʀmœʀ, -øz] *nm/f* charmer; **~ de serpents** snake charmer
charnel, le [ʃaʀnɛl] *adj* carnal
charnier [ʃaʀnje] *nm* mass grave
charnière [ʃaʀnjɛʀ] *nf* hinge; (*fig*) turning-point
charnu, e [ʃaʀny] *adj* fleshy
charogne [ʃaʀɔɲ] *nf* carrion *no pl*; (*fam!*) bastard (*!*)
charolais, e [ʃaʀɔlɛ, -ɛz] *adj* of *ou* from the Charolais
charpente [ʃaʀpɑ̃t] *nf* frame(work); (*fig*) structure, framework; (*carrure*) build, frame
charpenté, e [ʃaʀpɑ̃te] *adj*: **bien** *ou* **solidement ~** (*personne*) well-built; (*texte*) well-constructed
charpenterie [ʃaʀpɑ̃tʀi] *nf* carpentry
charpentier [ʃaʀpɑ̃tje] *nm* carpenter
charpie [ʃaʀpi] *nf*: **en ~** (*fig*) in shreds *ou* ribbons
charretier [ʃaʀtje] *nm* carter; **de ~** (*péj: langage, manières*) uncouth
charrette [ʃaʀɛt] *nf* cart
charrier [ʃaʀje] *vt* to carry (along); to cart, carry ▷ *vi* (*fam*) to exaggerate
charrue [ʃaʀy] *nf* plough (*Brit*), plow (*US*)
charte [ʃaʀt(ə)] *nf* charter
charter [tʃaʀtœʀ] *nm* (*vol*) charter flight; (*avion*) charter plane
chasse [ʃas] *nf* hunting; (*au fusil*) shooting; (*poursuite*) chase; (*aussi:* **chasse d'eau**) flush; **la ~ est ouverte** the hunting season is open; **la ~ est fermée** it is the close (*Brit*) *ou* closed (*US*) season; **aller à la ~** to go hunting; **prendre en ~, donner la ~ à** to give chase to; **tirer la ~ (d'eau)** to flush the toilet, pull the chain; **~ aérienne** aerial pursuit; **~ à courre** hunting; **~ à l'homme** manhunt; **~ gardée** private hunting grounds *pl*; **~ sous-marine** underwater fishing
châsse [ʃɑs] *nf* reliquary, shrine
chassé-croisé [ʃasekʀwaze] (*pl* **chassés-croisés**) *nm* (*Danse*) chassé-croisé; (*fig*) mix-up (*where people miss each other in turn*)
chasse-neige [ʃasnɛʒ] *nm inv* snowplough (*Brit*), snowplow (*US*)
chasser [ʃase] *vt* to hunt; (*expulser*) to chase away *ou* out, drive away *ou* out; (*dissiper*) to chase *ou* sweep away; to dispel, drive away
chasseur, -euse [ʃasœʀ, -øz] *nm/f* hunter ▷ *nm* (*avion*) fighter; (*domestique*) page (boy), messenger (boy); **~ d'images** roving photographer; **~ de têtes** (*fig*) headhunter; **~s alpins** mountain infantry
chassieux, -euse [ʃasjø, -øz] *adj* sticky, gummy
châssis [ʃɑsi] *nm* (*Auto*) chassis; (*cadre*) frame; (*de jardin*) cold frame
chaste [ʃast(ə)] *adj* chaste
chasteté [ʃastəte] *nf* chastity
chasuble [ʃazybl(ə)] *nf* chasuble; **robe ~** pinafore dress (*Brit*), jumper (*US*)
chat[1] [ʃa] *nm* cat; **~ sauvage** wildcat
chat[2] [tʃat] *nm* (*Internet: salon*) chat room (*: conversation*) chat
châtaigne [ʃɑtɛɲ] *nf* chestnut
châtaignier [ʃɑteɲe] *nm* chestnut (tree)
châtain [ʃɑtɛ̃] *adj inv* chestnut (brown); (*personne*) chestnut-haired
château, x [ʃɑto] *nm* castle; **~ d'eau** water tower; **~ fort** stronghold, fortified castle; **~ de sable** sand castle
châtelain, e [ʃɑtlɛ̃, -ɛn] *nm/f* lord/lady of the manor ▷ *nf* (*ceinture*) chatelaine
châtier [ʃɑtje] *vt* to punish, castigate; (*fig: style*) to polish, refine
chatière [ʃatjɛʀ] *nf* (*porte*) cat flap
châtiment [ʃɑtimɑ̃] *nm* punishment, castigation; **~ corporel** corporal punishment
chatoiement [ʃatwamɑ̃] *nm* shimmer(ing)
chaton [ʃatɔ̃] *nm* (*Zool*) kitten; (*Bot*) catkin; (*de bague*) bezel; stone
chatouillement [ʃatujmɑ̃] *nm* (*gén*) tickling; (*dans le nez, la gorge*) tickle
chatouiller [ʃatuje] *vt* to tickle; (*l'odorat, le palais*) to titillate
chatouilleux, -euse [ʃatujø, -øz] *adj* ticklish; (*fig*) touchy, over-sensitive
chatoyant, e [ʃatwajɑ̃, -ɑ̃t] *adj* (*reflet, étoffe*) shimmering; (*couleurs*) sparkling
chatoyer [ʃatwaje] *vi* to shimmer
châtrer [ʃɑtʀe] *vt* (*mâle*) to castrate; (*femelle*) to spay; (*cheval*) to geld; (*chat, chien*) to doctor (*Brit*), fix (*US*); (*fig*) to mutilate
chatte [ʃat] *nf* (she-)cat
chatter [tʃate] *vi* (*Internet*) to chat
chatterton [ʃatɛʀtɔn] *nm* (*ruban isolant: Élec*) (adhesive) insulating tape
chaud, e [ʃo, -od] *adj* (*gén*) warm; (*très chaud*) hot; (*fig: félicitations*) hearty; (*discussion*) heated; **il fait ~** it's warm; it's hot; **manger ~** to have something hot to eat; **avoir ~** to be warm; to be hot; **tenir ~** to keep hot; **ça me tient ~** it keeps me warm; **tenir au ~** to keep in a warm place;

rester au ~ to stay in the warm
chaudement [ʃodmɑ̃] *adv* warmly; (*fig*) hotly
chaudière [ʃodjɛʀ] *nf* boiler
chaudron [ʃodʀɔ̃] *nm* cauldron
chaudronnerie [ʃodʀɔnʀi] *nf* (*usine*) boilerworks; (*activité*) boilermaking; (*boutique*) coppersmith's workshop
chauffage [ʃofaʒ] *nm* heating; **~ au gaz/à l'électricité/au charbon** gas/electric/solid fuel heating; **~ central** central heating; **~ par le sol** underfloor heating
chauffagiste [ʃofaʒist(ə)] *nm* (*installateur*) heating engineer
chauffant, e [ʃofɑ̃, -ɑ̃t] *adj*: **couverture ~e** electric blanket; **plaque ~e** hotplate
chauffard [ʃofaʀ] *nm* (*péj*) reckless driver; road hog; (*après un accident*) hit-and-run driver
chauffe-bain [ʃofbɛ̃] *nm* = **chauffe-eau**
chauffe-biberon [ʃofbibʀɔ̃] *nm* (baby's) bottle warmer
chauffe-eau [ʃofo] *nm inv* water heater
chauffe-plats [ʃofpla] *nm inv* dish warmer
chauffer [ʃofe] *vt* to heat ▷ *vi* to heat up, warm up; (*trop chauffer: moteur*) to overheat; **se chauffer** *vi* (*se mettre en train*) to warm up; (*au soleil*) to warm o.s.
chaufferie [ʃofʀi] *nf* boiler room
chauffeur [ʃofœʀ] *nm* driver; (*privé*) chauffeur; **voiture avec/sans ~** chauffeur-driven/self-drive car; **~ de taxi** taxi driver
chauffeuse [ʃoføz] *nf* fireside chair
chauler [ʃole] *vt* (*mur*) to whitewash
chaume [ʃom] *nm* (*du toit*) thatch; (*tiges*) stubble
chaumière [ʃomjɛʀ] *nf* (thatched) cottage
chaussée [ʃose] *nf* road(way); (*digue*) causeway
chausse-pied [ʃospje] *nm* shoe-horn
chausser [ʃose] *vt* (*bottes, skis*) to put on; (*enfant*) to put shoes on; (*soulier*) to fit; **~ du 38/42** to take size 38/42; **~ grand/bien** to be big-/well-fitting; **se chausser** to put one's shoes on
chausse-trappe [ʃostʀap] *nf* trap
chaussette [ʃosɛt] *nf* sock
chausseur [ʃosœʀ] *nm* (*marchand*) footwear specialist, shoemaker
chausson [ʃosɔ̃] *nm* slipper; (*de bébé*) bootee; **~ (aux pommes)** (apple) turnover
chaussure [ʃosyʀ] *nf* shoe; (*commerce*): **la ~** the shoe industry *ou* trade; **~s basses** flat shoes; **~s montantes** ankle boots; **~s de ski** ski boots
chaut [ʃo] *vb*: **peu me ~** it matters little to me
chauve [ʃov] *adj* bald
chauve-souris [ʃovsuʀi] (*pl* **chauves-souris**) *nf* bat
chauvin, e [ʃovɛ̃, -in] *adj* chauvinistic; jingoistic
chauvinisme [ʃovinism(ə)] *nm* chauvinism; jingoism
chaux [ʃo] *nf* lime; **blanchi à la ~** whitewashed
chavirer [ʃaviʀe] *vi* to capsize, overturn
chef [ʃɛf] *nm* head, leader; (*patron*) boss; (*de cuisine*) chef; **au premier ~** extremely, to the nth degree; **de son propre ~** on his *ou* her own initiative; **général/commandant en ~** general-/commander-in-chief; **~ d'accusation** (*Jur*) charge, count (of indictment); **~ d'atelier** (shop) foreman; **~ de bureau** head clerk; **~ de clinique** senior hospital lecturer; **~ d'entreprise** company head; **~ d'équipe** team leader; **~ d'état** head of state; **~ de famille** head of the family; **~ de file** (*de parti etc*) leader; **~ de gare** station master; **~ d'orchestre** conductor (*Brit*), leader (*US*); **~ de rayon** department(al) supervisor; **~ de service** departmental head
chef-d'œuvre [ʃɛdœvʀ(ə)] (*pl* **chefs-d'œuvre**) *nm* masterpiece
chef-lieu [ʃɛfljø] (*pl* **chefs-lieux**) *nm* county town
cheftaine [ʃɛftɛn] *nf* (guide) captain
cheik, cheikh [ʃɛk] *nm* sheik
chemin [ʃəmɛ̃] *nm* path; (*itinéraire, direction, trajet*) way; **en ~, ~ faisant** on the way; **~ de fer** railway (*Brit*), railroad (*US*); **par ~ de fer** by rail; **les ~s de fer** the railways (*Brit*), the railroad (*US*); **~ de terre** dirt track
cheminée [ʃəmine] *nf* chimney; (*à l'intérieur*) chimney piece, fireplace; (*de bateau*) funnel
cheminement [ʃəminmɑ̃] *nm* progress; course
cheminer [ʃəmine] *vi* to walk (along)
cheminot [ʃəmino] *nm* railwayman (*Brit*), railroad worker (*US*)
chemise [ʃəmiz] *nf* shirt; (*dossier*) folder; **~ de nuit** nightdress
chemiserie [ʃəmizʀi] *nf* (gentlemen's) outfitters'
chemisette [ʃəmizɛt] *nf* short-sleeved shirt
chemisier [ʃəmizje] *nm* blouse
chenal, -aux [ʃənal, -o] *nm* channel
chenapan [ʃənapɑ̃] *nm* (*garnement*) rascal; (*péj: vaurien*) rogue
chêne [ʃɛn] *nm* oak (tree); (*bois*) oak
chenet [ʃənɛ] *nm* fire-dog, andiron
chenil [ʃənil] *nm* kennels *pl*
chenille [ʃənij] *nf* (*Zool*) caterpillar; (*Auto*) caterpillar track; **véhicule à ~s** tracked vehicle, caterpillar
chenillette [ʃənijɛt] *nf* tracked vehicle
cheptel [ʃɛptɛl] *nm* livestock
chèque [ʃɛk] *nm* cheque (*Brit*), check (*US*); **faire/toucher un ~** to write/cash a cheque; **par ~** by cheque; **~ barré/sans provision** crossed (*Brit*)/bad cheque; **~ en blanc** blank cheque; **~ au porteur** cheque to bearer; **~ postal** post office cheque, ≈ giro cheque (*Brit*); **~ de voyage** traveller's cheque
chèque-cadeau [ʃɛkkado] (*pl* **chèques-cadeaux**) *nm* gift token
chèque-repas (*pl* **chèques-repas**) [ʃɛkʀəpɑ], **chèque-restaurant** (*pl* **chèques-restaurant**) [ʃɛkʀɛstɔʀɑ̃] *nm* ≈ luncheon voucher
chéquier [ʃekje] *nm* cheque book (*Brit*), checkbook (*US*)
cher, -ère [ʃɛʀ] *adj* (*aimé*) dear; (*coûteux*) expensive, dear ▷ *adv*: **coûter/payer ~** to cost/pay a lot ▷ *nf*: **la bonne chère** good food; **cela**

coûte ~ it's expensive, it costs a lot of money; **mon ~, ma chère** my dear
chercher [ʃɛʀʃe] *vt* to look for; (*gloire etc*) to seek; **~ des ennuis/la bagarre** to be looking for trouble/a fight; **aller ~** to go for, go and fetch; **~ à faire** to try to do
chercheur, -euse [ʃɛʀʃœʀ, -øz] *nm/f* researcher, research worker; **~ de** seeker of; hunter of; **~ d'or** gold digger
chère [ʃɛʀ] *adj f, nf voir* **cher**
chèrement [ʃɛʀmɑ̃] *adv* dearly
chéri, e [ʃeʀi] *adj* beloved, dear; **(mon) ~** darling
chérir [ʃeʀiʀ] *vt* to cherish
cherté [ʃɛʀte] *nf*: **la ~ de la vie** the high cost of living
chérubin [ʃeʀybɛ̃] *nm* cherub
chétif, -ive [ʃetif, -iv] *adj* puny, stunted
cheval, -aux [ʃəval, -o] *nm* horse; (*Auto*): **~ (vapeur) (CV)** horsepower *no pl*; **50 chevaux (au frein)** 50 brake horsepower, 50 b.h.p.; **10 chevaux (fiscaux)** 10 horsepower (*for tax purposes*); **faire du ~** to ride; **à ~** on horseback; **à ~ sur** astride, straddling; (*fig*) overlapping; **~ d'arçons** vaulting horse; **~ à bascule** rocking horse; **~ de bataille** charger; (*fig*) hobby-horse; **~ de course** race horse; **chevaux de bois** (*des manèges*) wooden (fairground) horses; (*manège*) merry-go-round
chevaleresque [ʃəvalʀɛsk(ə)] *adj* chivalrous
chevalerie [ʃəvalʀi] *nf* chivalry; knighthood
chevalet [ʃəvalɛ] *nm* easel
chevalier [ʃəvalje] *nm* knight; **~ servant** escort
chevalière [ʃəvaljɛʀ] *nf* signet ring
chevalin, e [ʃəvalɛ̃, -in] *adj* of horses, equine; (*péj*) horsy; **boucherie ~e** horse-meat butcher's
cheval-vapeur [ʃəvalvapœʀ, ʃəvo-] (*pl* **chevaux-vapeur**) *nm voir* **cheval**
chevauchée [ʃəvoʃe] *nf* ride; cavalcade
chevauchement [ʃəvoʃmɑ̃] *nm* overlap
chevaucher [ʃəvoʃe] *vi* (*aussi*: **se chevaucher**) to overlap (each other) ▷ *vt* to be astride, straddle
chevaux [ʃəvo] *nmpl voir* **cheval**
chevelu, e [ʃəvly] *adj* with a good head of hair, hairy (*péj*)
chevelure [ʃəvlyʀ] *nf* hair *no pl*
chevet [ʃəvɛ] *nm*: **au ~ de qn** at sb's bedside; **lampe de ~** bedside lamp
cheveu, x [ʃəvø] *nm* hair ▷ *nmpl* (*chevelure*) hair *sg*; **avoir les ~x courts/en brosse** to have short hair/a crew cut; **se faire couper les ~x** to get *ou* have one's hair cut; **tiré par les ~x** (*histoire*) far-fetched
cheville [ʃəvij] *nf* (*Anat*) ankle; (*de bois*) peg; (*pour enfoncer une vis*) plug; **être en ~ avec qn** to be in cahoots with sb; **~ ouvrière** (*fig*) kingpin
chèvre [ʃɛvʀ(ə)] *nf* (she-)goat; **ménager la ~ et le chou** to try to please everyone
chevreau, x [ʃəvʀo] *nm* kid
chèvrefeuille [ʃɛvʀəfœj] *nm* honeysuckle
chevreuil [ʃəvʀœj] *nm* roe deer *inv*; (*Culin*) venison
chevron [ʃəvʀɔ̃] *nm* (*poutre*) rafter; (*motif*) chevron, v(-shape); **à ~s** chevron-patterned; (*petits*) herringbone
chevronné, e [ʃəvʀɔne] *adj* seasoned, experienced
chevrotant, e [ʃəvʀɔtɑ̃, -ɑ̃t] *adj* quavering
chevroter [ʃəvʀɔte] *vi* (*personne, voix*) to quaver
chevrotine [ʃəvʀɔtin] *nf* buckshot *no pl*
chewing-gum [ʃwiŋgɔm] *nm* chewing gum

 MOT-CLÉ

chez [ʃe] *prép* **1** (*à la demeure de*) at; (*: direction*) to; **chez qn** at/to sb's house *ou* place; **chez moi** at home; (*direction*) home
2 (*à l'entreprise de*): **il travaille chez Renault** he works for Renault, he works at Renault('s)
3 (*+profession*) at; (*: direction*) to; **chez le boulanger/dentiste** at *ou* to the baker's/dentist's
4 (*dans le caractère, l'œuvre de*) in; **chez les renards/Racine** in foxes/Racine; **chez les Français** among the French; **chez lui, c'est un devoir** for him, it's a duty
▷ *nm inv*: **mon chez moi/ton chez toi** *etc* my/your *etc* home *ou* place

chez-soi [ʃeswa] *nm inv* home
Chf. cent. *abr* (= *chauffage central*) c.h
chiadé, e [ʃjade] *adj* (*fam: fignolé, soigné*) wicked
chialer [ʃjale] *vi* (*fam*) to blubber; **arrête de ~!** stop blubbering!
chiant, e [ʃjɑ̃, -ɑ̃t] *adj* (*fam!*) bloody annoying (*vulgar: Brit*) damn annoying; **qu'est-ce qu'il est ~!** he's such a bloody pain! (!)
chic [ʃik] *adj inv* chic, smart; (*généreux*) nice, decent ▷ *nm* stylishness; **avoir le ~ de** *ou* **pour** to have the knack of *ou* for; **de ~** *adv* off the cuff; **~!** great!, terrific!
chicane [ʃikan] *nf* (*obstacle*) zigzag; (*querelle*) squabble
chicaner [ʃikane] *vi* (*ergoter*): **~ sur** to quibble about
chiche [ʃiʃ] *adj* (*mesquin*) niggardly, mean; (*pauvre*) meagre (*Brit*), meager (*US*) ▷ *excl* (*en réponse à un défi*) you're on!; **tu n'es pas ~ de lui parler!** you wouldn't (dare) speak to her!
chichement [ʃiʃmɑ̃] *adv* (*pauvrement*) meagrely (*Brit*), meagerly (*US*); (*mesquinement*) meanly
chichi [ʃiʃi] *nm* (*fam*) fuss; **faire des ~s** to make a fuss
chichis [ʃiʃi] (*fam*) *nmpl* fuss *sg*
chicorée [ʃikɔʀe] *nf* (*café*) chicory; (*salade*) endive; **~ frisée** curly endive
chicot [ʃiko] *nm* stump
chien [ʃjɛ̃] *nm* dog; (*de pistolet*) hammer; **temps de ~** rotten weather; **vie de ~** dog's life; **couché en ~ de fusil** curled up; **~ d'aveugle** guide dog; **~ de chasse** gun dog; **~ de garde** guard dog; **~ policier** police dog; **~ de race** pedigree dog; **~ de traîneau** husky
chiendent [ʃjɛ̃dɑ̃] *nm* couch grass
chien-loup [ʃjɛ̃lu] (*pl* **chiens-loups**) *nm*

wolfhound
chienne [ʃjɛn] *nf* (she-)dog, bitch
chier [ʃje] *vi* (*fam!*) to crap (*!*), shit (*!*); **faire ~ qn** (*importuner*) to bug sb; (*causer des ennuis à*) to piss sb around (*!*); **se faire ~** (*s'ennuyer*) to be bored rigid
chiffe [ʃif] *nf*: **il est mou comme une ~, c'est une ~ molle** he's spineless *ou* wet
chiffon [ʃifɔ̃] *nm* (piece of) rag
chiffonné, e [ʃifɔne] *adj* (*fatigué: visage*) worn-looking
chiffonner [ʃifɔne] *vt* to crumple, crease; (*tracasser*) to concern
chiffonnier [ʃifɔnje] *nm* ragman, rag-and-bone man; (*meuble*) chiffonier
chiffrable [ʃifʀabl(ə)] *adj* numerable
chiffre [ʃifʀ(ə)] *nm* (*représentant un nombre*) figure; numeral; (*montant, total*) total, sum; (*d'un code*) code, cipher; **~s romains/arabes** roman/arabic figures *ou* numerals; **en ~s ronds** in round figures; **écrire un nombre en ~s** to write a number in figures; **~ d'affaires (CA)** turnover; **~ de ventes** sales figures
chiffrer [ʃifʀe] *vt* (*dépense*) to put a figure to, assess; (*message*) to (en)code, cipher ▷ *vi*: **~ à, se ~ à** to add up to
chignole [ʃiɲɔl] *nf* drill
chignon [ʃiɲɔ̃] *nm* chignon, bun
chiite [ʃiit] *adj* Shiite ▷ *nm/f*: **Chiite** Shiite
Chili [ʃili] *nm*: **le ~** Chile
chilien, ne [ʃiljɛ̃, -ɛn] *adj* Chilean ▷ *nm/f*: **Chilien, ne** Chilean
chimère [ʃimɛʀ] *nf* (wild) dream, pipe dream, idle fancy
chimérique [ʃimeʀik] *adj* (*utopique*) fanciful
chimie [ʃimi] *nf* chemistry
chimio [ʃimjɔ], **chimiothérapie** [ʃimjɔteʀapi] *nf* chemotherapy
chimique [ʃimik] *adj* chemical; **produits ~s** chemicals
chimiste [ʃimist(ə)] *nm/f* chemist
chimpanzé [ʃɛ̃pɑ̃ze] *nm* chimpanzee
chinchilla [ʃɛ̃ʃila] *nm* chinchilla
Chine [ʃin] *nf*: **la ~** China; **la ~ libre, la république de ~** the Republic of China, Nationalist China (*Taiwan*)
chine [ʃin] *nm* rice paper; (*porcelaine*) china (vase)
chiné, e [ʃine] *adj* flecked
chinois, e [ʃinwa, -waz] *adj* Chinese; (*fig: péj*) pernickety, fussy ▷ *nm* (*Ling*) Chinese ▷ *nm/f*: **Chinois, e** Chinese
chinoiserie [ʃinwazʀi], **chinoiseries** *nf(pl)* (*péj*) red tape, fuss
chiot [ʃjo] *nm* pup(py)
chiper [ʃipe] *vt* (*fam*) to pinch
chipie [ʃipi] *nf* shrew
chipolata [ʃipɔlata] *nf* chipolata
chipoter [ʃipɔte] *vi* (*manger*) to nibble; (*ergoter*) to quibble, haggle
chips [ʃips] *nfpl* (*aussi*: **pommes chips**) crisps (*Brit*), (potato) chips (*US*)
chique [ʃik] *nf* quid, chew
chiquenaude [ʃiknod] *nf* flick, flip
chiquer [ʃike] *vi* to chew tobacco
chiromancie [kiʀɔmɑ̃si] *nf* palmistry
chiromancien, ne [kiʀɔmɑ̃sjɛ̃, -ɛn] *nm/f* palmist
chiropracteur [kiʀɔpʀaktœʀ] *nm*, **chiropraticien, ne** [kiʀɔpʀatisjɛ̃, -ɛn] *nm/f* chiropractor
chirurgical, e, -aux [ʃiʀyʀʒikal, -o] *adj* surgical
chirurgie [ʃiʀyʀʒi] *nf* surgery; **~ esthétique** cosmetic *ou* plastic surgery
chirurgien [ʃiʀyʀʒjɛ̃] *nm* surgeon; **~ dentiste** dental surgeon
chiure [ʃjyʀ] *nf*: **~s de mouche** fly specks
ch.-l. *abr* = **chef-lieu**
chlore [klɔʀ] *nm* chlorine
chloroforme [klɔʀɔfɔʀm(ə)] *nm* chloroform
chlorophylle [klɔʀɔfil] *nf* chlorophyll
chlorure [klɔʀyʀ] *nm* chloride
choc [ʃɔk] *nm* impact; shock; crash; (*moral*) shock; (*affrontement*) clash ▷ *adj*: **prix ~** amazing *ou* incredible price/prices; **de ~** (*troupe, traitement*) shock *cpd*; (*patron etc*) high-powered; **~ opératoire/nerveux** post-operative/nervous shock; **~ en retour** return shock; (*fig*) backlash
chocolat [ʃɔkɔla] *nm* chocolate; (*boisson*) (hot) chocolate; **~ chaud** hot chocolate; **~ à cuire** cooking chocolate; **~ au lait** milk chocolate; **~ en poudre** drinking chocolate
chocolaté, e [ʃɔkɔlate] *adj* chocolate *cpd*, chocolate-flavoured
chocolaterie [ʃɔkɔlatʀi] *nf* (*fabrique*) chocolate factory
chocolatier, -ière [ʃɔkɔlatje, -jɛʀ] *nm/f* chocolate maker
chœur [kœʀ] *nm* (*chorale*) choir; (*Opéra, Théât*) chorus; (*Archit*) choir, chancel; **en ~** in chorus
choir [ʃwaʀ] *vi* to fall
choisi, e [ʃwazi] *adj* (*de premier choix*) carefully chosen; select; **textes ~s** selected writings
choisir [ʃwaziʀ] *vt* to choose; (*entre plusieurs*) to choose, select; **~ de faire qch** to choose *ou* opt to do sth
choix [ʃwa] *nm* choice; selection; **avoir le ~** to have the choice; **je n'avais pas le ~** I had no choice; **de premier ~** (*Comm*) class *ou* grade one; **de ~** choice *cpd*, selected; **au ~** as you wish *ou* prefer; **de mon/son ~** of my/his *ou* her choosing
choléra [kɔleʀa] *nm* cholera
cholestérol [kɔlɛsteʀɔl] *nm* cholesterol
chômage [ʃomaʒ] *nm* unemployment; **mettre au ~** to make redundant, put out of work; **être au ~** to be unemployed *ou* out of work; **~ partiel** short-time working; **~ structurel** structural unemployment; **~ technique** lay-offs *pl*
chômer [ʃome] *vi* to be unemployed, be idle; **jour chômé** public holiday
chômeur, -euse [ʃomœʀ, -øz] *nm/f* unemployed person, person out of work
chope [ʃɔp] *nf* tankard
choper [ʃɔpe] (*fam*) *vt* (*objet, maladie*) to catch
choquant, e [ʃɔkɑ̃, -ɑ̃t] *adj* shocking

choquer [ʃɔke] *vt* (*offenser*) to shock; (*commotionner*) to shake (up)
choral, e [kɔʀal] *adj* choral ▷ *nf* choral society, choir
chorégraphe [kɔʀegʀaf] *nm/f* choreographer
chorégraphie [kɔʀegʀafi] *nf* choreography
choriste [kɔʀist(ə)] *nm/f* choir member; (*Opéra*) chorus member
chorus [kɔʀys] *nm*: **faire ~ (avec)** to voice one's agreement (with)
chose [ʃoz] *nf* thing ▷ *nm* (*fam: machin*) thingamajig ▷ *adj inv*: **être/se sentir tout ~** (*bizarre*) to be/feel a bit odd; (*malade*) to be/feel out of sorts; **dire bien des ~s à qn** to give sb's regards to sb; **parler de ~(s) et d'autre(s)** to talk about one thing and another; **c'est peu de ~** it's nothing much
chou, x [ʃu] *nm* cabbage ▷ *adj inv* cute; **mon petit ~** (my) sweetheart; **faire ~ blanc** to draw a blank; **feuille de ~** (*fig: journal*) rag; **~ à la crème** cream bun (*made of choux pastry*); **~ de Bruxelles** Brussels sprout
choucas [ʃuka] *nm* jackdaw
chouchou, te [ʃuʃu, -ut] *nm/f* (*Scol*) teacher's pet
chouchouter [ʃuʃute] *vt* to pet
choucroute [ʃukʀut] *nf* sauerkraut; **~ garnie** sauerkraut with cooked meats and potatoes
chouette [ʃwɛt] *nf* owl ▷ *adj* (*fam*) great, smashing
chou-fleur [ʃuflœʀ] (*pl* **choux-fleurs**) *nm* cauliflower
chou-rave [ʃuʀav] (*pl* **choux-raves**) *nm* kohlrabi
choyer [ʃwaje] *vt* to cherish; to pamper
CHR *sigle m* = **Centre hospitalier régional**
chrétien, ne [kʀetjɛ̃, -ɛn] *adj, nm/f* Christian
chrétiennement [kʀetjɛnmɑ̃] *adv* in a Christian way *ou* spirit
chrétienté [kʀetjɛ̃te] *nf* Christendom
Christ [kʀist] *nm*: **le ~** Christ; **christ** (*crucifix etc*) figure of Christ; **Jésus ~** Jesus Christ
christianiser [kʀistjanize] *vt* to convert to Christianity
christianisme [kʀistjanism(ə)] *nm* Christianity
chromatique [kʀɔmatik] *adj* chromatic
chrome [kʀom] *nm* chromium; (*revêtement*) chrome, chromium
chromé, e [kʀome] *adj* chrome-plated, chromium-plated
chromosome [kʀɔmozom] *nm* chromosome
chronique [kʀɔnik] *adj* chronic ▷ *nf* (*de journal*) column, page; (*historique*) chronicle; (*Radio, TV*): **la ~ sportive/théâtrale** the sports/theatre review; **la ~ locale** local news and gossip
chroniqueur [kʀɔnikœʀ] *nm* columnist; chronicler
chrono [kʀɔnɔ] *nm* (*fam*) = **chronomètre**
chronologie [kʀɔnɔlɔʒi] *nf* chronology
chronologique [kʀɔnɔlɔʒik] *adj* chronological
chronologiquement [kʀɔnɔlɔʒikmɑ̃] *adv* chronologically
chronomètre [kʀɔnɔmɛtʀ(ə)] *nm* stopwatch
chronométrer [kʀɔnɔmetʀe] *vt* to time
chronométreur [kʀɔnɔmetʀœʀ] *nm* timekeeper
chrysalide [kʀizalid] *nf* chrysalis
chrysanthème [kʀizɑ̃tɛm] *nm* chrysanthemum
CHU *sigle m* (= *Centre hospitalo-universitaire*) ≈ (teaching) hospital
chu, e [ʃy] *pp de* **choir**
chuchotement [ʃyʃɔtmɑ̃] *nm* whisper
chuchoter [ʃyʃɔte] *vt, vi* to whisper
chuintement [ʃɥɛ̃tmɑ̃] *nm* hiss
chuinter [ʃɥɛ̃te] *vi* to hiss
chut *excl* [ʃyt] sh! ▷ *vb* [ʃy] *voir* **choir**
chute [ʃyt] *nf* fall; (*de bois, papier: déchet*) scrap; **la ~ des cheveux** hair loss; **faire une ~ (de 10 m)** to fall (10 m); **~s de pluie/neige** rain/snowfalls; **~ (d'eau)** waterfall; **~ du jour** nightfall; **~ libre** free fall; **~ des reins** small of the back
Chypre [ʃipʀ] *nm* Cyprus
chypriote [ʃipʀiɔt] *adj, nm/f* = **cypriote**
-ci, ci- [si] *adv voir* **par**; **ci-contre**; **ci-joint** *etc* ▷ *adj dém*: **ce garçon~/-là** this/that boy; **ces femmes~/-là** these/those women
CIA *sigle f* CIA
cial *abr* = **commercial**
ciao [tʃao] *excl* (*fam*) (bye-)bye
ci-après [siapʀɛ] *adv* hereafter
cibiste [sibist(ə)] *nm* CB enthusiast
cible [sibl(ə)] *nf* target
cibler [sible] *vt* to target
ciboire [sibwaʀ] *nm* ciborium (*vessel*)
ciboule [sibul] *nf* (large) chive
ciboulette [sibulɛt] *nf* (small) chive
ciboulot [sibulo] *nm* (*fam*) head, nut; **il n'a rien dans le ~** he's got nothing between his ears
cicatrice [sikatʀis] *nf* scar
cicatriser [sikatʀize] *vt* to heal; **se cicatriser** to heal (up), form a scar
ci-contre [sikɔ̃tʀ(ə)] *adv* opposite
CICR *sigle m* (= *Comité international de la Croix-Rouge*) ICRC
ci-dessous [sidəsu] *adv* below
ci-dessus [sidəsy] *adv* above
ci-devant [sidəvɑ̃] *nm/f inv aristocrat who lost his/her title in the French Revolution*
CIDJ *sigle m* (= *Centre d'information et de documentation de la jeunesse*) *careers advisory service*
cidre [sidʀ(ə)] *nm* cider
cidrerie [sidʀəʀi] *nf* cider factory
Cie *abr* (= *compagnie*) Co
ciel [sjɛl] *nm* sky; (*Rel*) heaven; **ciels** *nmpl* (*Peinture etc*) skies; **cieux** *nmpl* sky *sg*, skies; (*Rel*) heaven *sg*; **à ~ ouvert** open-air; (*mine*) opencast; **tomber du ~** (*arriver à l'improviste*) to appear out of the blue; (*être stupéfait*) to be unable to believe one's eyes; **C~!** good heavens!; **~ de lit** canopy
cierge [sjɛʀʒ(ə)] *nm* candle; **~ pascal** Easter candle
cieux [sjø] *nmpl voir* **ciel**
cigale [sigal] *nf* cicada
cigare [sigaʀ] *nm* cigar
cigarette [sigaʀɛt] *nf* cigarette; **~ (à) bout**

filtre filter cigarette
ci-gît [siʒi] *adv* here lies
cigogne [sigɔɲ] *nf* stork
ciguë [sigy] *nf* hemlock
ci-inclus, e [siɛ̃kly, -yz] *adj, adv* enclosed
ci-joint, e [siʒwɛ̃, -ɛ̃t] *adj, adv* enclosed; **veuillez trouver ~** please find enclosed
cil [sil] *nm* (eye)lash
ciller [sije] *vi* to blink
cimaise [simɛz] *nf* picture rail
cime [sim] *nf* top; (*montagne*) peak
ciment [simɑ̃] *nm* cement; **~ armé** reinforced concrete
cimenter [simɑ̃te] *vt* to cement
cimenterie [simɑ̃tʀi] *nf* cement works *sg*
cimetière [simtjɛʀ] *nm* cemetery; (*d'église*) churchyard; **~ de voitures** scrapyard
cinéaste [sineast(ə)] *nm/f* film-maker
ciné-club [sineklœb] *nm* film club; film society
cinéma [sinema] *nm* cinema; **aller au ~** to go to the cinema *ou* pictures *ou* movies; **~ d'animation** cartoon (film)
cinémascope® [sinemaskɔp] *nm* Cinemascope®
cinémathèque [sinematɛk] *nf* film archives *pl ou* library
cinématographie [sinematɔgʀafi] *nf* cinematography
cinématographique [sinematɔgʀafik] *adj* film *cpd*, cinema *cpd*
cinéphile [sinefil] *nm/f* film buff
cinérama® [sineʀama] *nm*: **en ~** in Cinerama®
cinétique [sinetik] *adj* kinetic
cingalais, cinghalais, e [sɛ̃galɛ, -ɛz] *adj* Sin(g)halese
cinglant, e [sɛ̃glɑ̃, -ɑ̃t] *adj* (*propos, ironie*) scathing, biting; (*échec*) crushing
cinglé, e [sɛ̃gle] *adj* (*fam*) crazy
cingler [sɛ̃gle] *vt* to lash; (*fig*) to sting ▷ *vi* (*Navig*): **~ vers** to make *ou* head for
cinq [sɛ̃k] *num* five
cinquantaine [sɛ̃kɑ̃tɛn] *nf*: **une ~ (de)** about fifty; **avoir la ~** (*âge*) to be around fifty
cinquante [sɛ̃kɑ̃t] *num* fifty
cinquantenaire [sɛ̃kɑ̃tnɛʀ] *adj, nm/f* fifty-year-old
cinquantième [sɛ̃kɑ̃tjɛm] *num* fiftieth
cinquième [sɛ̃kjɛm] *num* fifth
cinquièmement [sɛ̃kjɛmmɑ̃] *adv* fifthly
cintre [sɛ̃tʀ(ə)] *nm* coat-hanger; (*Archit*) arch; **plein ~** semicircular arch
cintré, e [sɛ̃tʀe] *adj* curved; (*chemise*) fitted, slim-fitting
CIO *sigle m* (= *Comité international olympique*) IOC (= *International Olympic Committee*); (= *centre d'information et d'orientation*) careers advisory centre
cirage [siʀaʒ] *nm* (shoe) polish
circoncis, e [siʀkɔ̃si, -iz] *adj* circumcized
circoncision [siʀkɔ̃sizjɔ̃] *nf* circumcision
circonférence [siʀkɔ̃feʀɑ̃s] *nf* circumference
circonflexe [siʀkɔ̃flɛks(ə)] *adj*: **accent ~** circumflex accent
circonlocution [siʀkɔ̃lɔkysjɔ̃] *nf* circumlocution
circonscription [siʀkɔ̃skʀipsjɔ̃] *nf* district; **~ électorale** (*d'un député*) constituency; **~ militaire** military area
circonscrire [siʀkɔ̃skʀiʀ] *vt* to define, delimit; (*incendie*) to contain; (*propriété*) to mark out; (*sujet*) to define
circonspect, e [siʀkɔ̃spɛkt] *adj* circumspect, cautious
circonspection [siʀkɔ̃spɛksjɔ̃] *nf* circumspection, caution
circonstance [siʀkɔ̃stɑ̃s] *nf* circumstance; (*occasion*) occasion; **œuvre de ~** occasional work; **air de ~** fitting air; **tête de ~** appropriate demeanour (*Brit*) *ou* demeanor (*US*); **~s atténuantes** mitigating circumstances
circonstancié, e [siʀkɔ̃stɑ̃sje] *adj* detailed
circonstanciel, le [siʀkɔ̃stɑ̃sjɛl] *adj*: **complément/proposition ~(le)** adverbial phrase/clause
circonvenir [siʀkɔ̃vniʀ] *vt* to circumvent
circonvolutions [siʀkɔ̃vɔlysjɔ̃] *nfpl* twists, convolutions
circuit [siʀkɥi] *nm* (*trajet*) tour, (round) trip; (*Élec, Tech*) circuit; **~ automobile** motor circuit; **~ de distribution** distribution network; **~ fermé** closed circuit; **~ intégré** integrated circuit
circulaire [siʀkylɛʀ] *adj, nf* circular
circulation [siʀkylasjɔ̃] *nf* circulation; (*Auto*): **la ~** (the) traffic; **bonne/mauvaise ~** good/bad circulation; **mettre en ~** to put into circulation
circulatoire [siʀkylatwaʀ] *adj*: **avoir des troubles ~s** to have problems with one's circulation
circuler [siʀkyle] *vi* to drive (along); to walk along; (*train etc*) to run; (*sang, devises*) to circulate; **faire ~** (*nouvelle*) to spread (about), circulate; (*badauds*) to move on
cire [siʀ] *nf* wax; **~ à cacheter** sealing wax
ciré [siʀe] *nm* oilskin
cirer [siʀe] *vt* to wax, polish
cireur [siʀœʀ] *nm* shoeshine boy
cireuse [siʀøz] *nf* floor polisher
cireux, -euse [siʀø, -øz] *adj* (*fig: teint*) sallow, waxen
cirque [siʀk(ə)] *nm* circus; (*arène*) amphitheatre (*Brit*), amphitheater (*US*); (*Géo*) cirque; (*fig: désordre*) chaos, bedlam; (*: chichis*) carry-on
cirrhose [siʀoz] *nf*: **~ du foie** cirrhosis of the liver
cisaille [sizɑj], **cisailles** *nf(pl)* (gardening) shears *pl*
cisailler [sizɑje] *vt* to clip
ciseau, x [sizo] *nm*: **~ (à bois)** chisel ▷ *nmpl* (pair of) scissors; **sauter en ~x** to do a scissors jump; **~ à froid** cold chisel
ciseler [sizle] *vt* to chisel, carve
ciselure [sizlyʀ] *nf* engraving; (*bois*) carving

C

Cisjordanie [sisʒɔʀdani] *nf*: **la ~** the West Bank (of Jordan)
citadelle [sitadɛl] *nf* citadel
citadin, e [sitadɛ̃, -in] *nm/f* city dweller ▷ *adj* town *cpd*, city *cpd*, urban
citation [sitɑsjɔ̃] *nf* (*d'auteur*) quotation; (*Jur*) summons *sg*; (*Mil: récompense*) mention
cité [site] *nf* town; (*plus grande*) city; **~ ouvrière** (workers') housing estate; **~ universitaire** students' residences *pl*
cité-dortoir [sitedɔʀtwaʀ] (*pl* **cités-dortoirs**) *nf* dormitory town
cité-jardin [siteʒaʀdɛ̃] (*pl* **cités-jardins**) *nf* garden city
citer [site] *vt* (*un auteur*) to quote (from); (*nommer*) to name; (*Jur*) to summon; **~ (en exemple)** (*personne*) to hold up (as an example); **je ne veux ~ personne** I don't want to name names
citerne [sitɛʀn(ə)] *nf* tank
cithare [sitaʀ] *nf* zither
citoyen, ne [sitwajɛ̃, -ɛn] *nm/f* citizen
citoyenneté [sitwajɛnte] *nf* citizenship
citrique [sitʀik] *adj*: **acide ~** citric acid
citron [sitʀɔ̃] *nm* lemon; **~ pressé** (fresh) lemon juice; **~ vert** lime
citronnade [sitʀɔnad] *nf* lemonade
citronné, e [sitʀɔne] *adj* (*boisson*) lemon-flavoured (*Brit*) *ou* -flavored (*US*); (*eau de toilette*) lemon-scented
citronnelle [sitʀɔnɛl] *nf* citronella
citronnier [sitʀɔnje] *nm* lemon tree
citrouille [sitʀuj] *nf* pumpkin
cive [siv] *nf* chive
civet [sivɛ] *nm* stew; **~ de lièvre** jugged hare
civette [sivɛt] *nf* (*Bot*) chives *pl*; (*Zool*) civet (cat)
civière [sivjɛʀ] *nf* stretcher
civil, e [sivil] *adj* (*Jur, Admin, poli*) civil; (*non militaire*) civilian ▷ *nm* civilian; **en ~** in civilian clothes; **dans le ~** in civilian life
civilement [sivilmɑ̃] *adv* (*poliment*) civilly; **se marier ~** to have a civil wedding
civilisation [sivilizɑsjɔ̃] *nf* civilization
civilisé, e [sivilize] *adj* civilized
civiliser [sivilize] *vt* to civilize
civilité [sivilite] *nf* civility; **présenter ses ~s** to present one's compliments
civique [sivik] *adj* civic; **instruction ~** (*Scol*) civics *sg*
civisme [sivism(ə)] *nm* public-spiritedness
cl. *abr* (= *centilitre*) cl
clafoutis [klafuti] *nm* batter pudding (*containing fruit*)
claie [klɛ] *nf* grid, riddle
clair, e [klɛʀ] *adj* light; (*chambre*) light, bright; (*eau, son, fig*) clear ▷ *adv*: **voir ~** to see clearly ▷ *nm*: **mettre au ~** (*notes etc*) to tidy up; **tirer qch au ~** to clear sth up, clarify sth; **bleu ~** light blue; **pour être ~** so as to make it plain; **y voir ~** (*comprendre*) to understand, see; **le plus ~ de son temps/argent** the better part of his time/money; **en ~** (*non codé*) in clear; **~ de lune** moonlight
claire [klɛʀ] *nf*: **(huître de) ~** fattened oyster
clairement [klɛʀmɑ̃] *adv* clearly
claire-voie [klɛʀvwa]: **à ~** *adj* letting the light through; openwork *cpd*
clairière [klɛʀjɛʀ] *nf* clearing
clair-obscur [klɛʀɔpskyʀ] (*pl* **clairs-obscurs**) *nm* half-light; (*fig*) uncertainty
clairon [klɛʀɔ̃] *nm* bugle
claironner [klɛʀɔne] *vt* (*fig*) to trumpet, shout from the rooftops
clairsemé, e [klɛʀsəme] *adj* sparse
clairvoyance [klɛʀvwajɑ̃s] *nf* clear-sightedness
clairvoyant, e [klɛʀvwajɑ̃, -ɑ̃t] *adj* perceptive, clear-sighted
clam [klam] *nm* (*Zool*) clam
clamer [klame] *vt* to proclaim
clameur [klamœʀ] *nf* clamour (*Brit*), clamor (*US*)
clan [klɑ̃] *nm* clan
clandestin, e [klɑ̃dɛstɛ̃, -in] *adj* clandestine, covert; (*Pol*) underground, clandestine; **passager ~** stowaway
clandestinement [klɑ̃dɛstinmɑ̃] *adv* secretly; **s'embarquer ~** to stow away
clandestinité [klɑ̃dɛstinite] *nf*: **dans la ~** (*en secret*) under cover; (*en se cachant: vivre*) underground; **entrer dans la ~** to go underground
clapet [klapɛ] *nm* (*Tech*) valve
clapier [klapje] *nm* (rabbit) hutch
clapotement [klapɔtmɑ̃] *nm* lap(ping)
clapoter [klapɔte] *vi* to lap
clapotis [klapɔti] *nm* lap(ping)
claquage [klakaʒ] *nm* pulled *ou* strained muscle
claque [klak] *nf* (*gifle*) slap; (*Théât*) claque ▷ *nm* (*chapeau*) opera hat
claquement [klakmɑ̃] *nm* (*de porte: bruit répété*) banging; (*: bruit isolé*) slam
claquemurer [klakmyʀe]: **se claquemurer** *vi* to shut o.s. away, closet o.s
claquer [klake] *vi* (*drapeau*) to flap; (*porte*) to bang, slam; (*coup de feu*) to ring out ▷ *vt* (*porte*) to slam, bang; (*doigts*) to snap; **elle claquait des dents** her teeth were chattering; **se ~ un muscle** to pull *ou* strain a muscle
claquettes [klakɛt] *nfpl* tap-dancing *sg*
clarification [klaʀifikɑsjɔ̃] *nf* (*fig*) clarification
clarifier [klaʀifje] *vt* (*fig*) to clarify
clarinette [klaʀinɛt] *nf* clarinet
clarinettiste [klaʀinetist(ə)] *nm/f* clarinettist
clarté [klaʀte] *nf* lightness; brightness; (*d'un son, de l'eau*) clearness; (*d'une explication*) clarity
classe [klɑs] *nf* class; (*Scol: local*) class(room); (*: leçon*) class; (*: élèves*) class, form; **1ère/2ème ~** 1st/2nd class; **un (soldat de) deuxième ~** (*Mil: armée de terre*) ≈ private (soldier); (*: armée de l'air*) ≈ aircraftman (*Brit*), ≈ airman basic (*US*); **de ~** luxury *cpd*; **faire ses ~s** (*Mil*) to do one's (recruit's) training; **faire la ~** (*Scol*) to be a *ou* the teacher; to teach; **aller en ~** to go to school; **aller en ~ verte/de neige/de mer** to go to the countryside/skiing/to the seaside with the

school; **~ préparatoire** *class which prepares students for the Grandes Écoles entry exams; see note*; **~ sociale** social class; **~ touriste** economy class

CLASSES PRÉPARATOIRES

Classes préparatoires are the two years of intensive study which coach students for the competitive entry examinations to the "grandes écoles". These extremely demanding courses follow the "baccalauréat" and are usually done at a "lycée". Schools which provide such classes are more highly regarded than those which do not.

classement [klasmɑ̃] *nm* classifying; filing; grading; closing; (*rang: Scol*) place; (*: Sport*) placing; (*liste: Scol*) class list (in order of merit); (*: Sport*) placings *pl*; **premier au ~ général** (*Sport*) first overall
classer [klase] *vt* (*idées, livres*) to classify; (*papiers*) to file; (*candidat, concurrent*) to grade; (*personne: juger: péj*) to rate; (*Jur: affaire*) to close; **se ~ premier/dernier** to come first/last; (*Sport*) to finish first/last
classeur [klasœʀ] *nm* file; (*meuble*) filing cabinet; **~ à feuillets mobiles** ring binder
classification [klasifikasjɔ̃] *nf* classification
classifier [klasifje] *vt* to classify
classique [klasik] *adj* classical; (*habituel*) standard, classic ▷ *nm* classic; classical author; **études ~s** classical studies, classics
claudication [klodikasjɔ̃] *nf* limp
clause [kloz] *nf* clause
claustrer [klostʀe] *vt* to confine
claustrophobie [klostʀɔfɔbi] *nf* claustrophobia
clavecin [klavsɛ̃] *nm* harpsichord
claveciniste [klavsinist(ə)] *nm/f* harpsichordist
clavicule [klavikyl] *nf* clavicle, collarbone
clavier [klavje] *nm* keyboard
clé, clef [kle] *nf* key; (*Mus*) clef; (*de mécanicien*) spanner (*Brit*), wrench (*US*) ▷ *adj*: **problème/position ~** key problem/position; **mettre sous ~** to place under lock and key; **prendre la ~ des champs** to run away, make off; **prix ~s en main** (*d'une voiture*) on-the-road price; (*d'un appartement*) price with immediate entry; **~ de sol/de fa/d'ut** treble/bass/alto clef; **livre/film etc à ~** *book/film etc in which real people are depicted under fictitious names*; **à la ~** (*à la fin*) at the end of it all; **~ anglaise** = **clé à molette**; **~ de contact** ignition key; **~ à molette** adjustable spanner (*Brit*) *ou* wrench, monkey wrench; **~ USB** USB key; **~ de voûte** keystone
clématite [klematit] *nf* clematis
clémence [klemɑ̃s] *nf* mildness; leniency
clément, e [klemɑ̃, -ɑ̃t] *adj* (*temps*) mild; (*indulgent*) lenient
clémentine [klemɑ̃tin] *nf* (*Bot*) clementine
clenche [klɑ̃ʃ] *nf* latch
cleptomane [klɛptɔman] *nm/f* = **kleptomane**
clerc [klɛʀ] *nm*: **~ de notaire** *ou* **d'avoué** lawyer's clerk
clergé [klɛʀʒe] *nm* clergy
clérical, e, -aux [kleʀikal, -o] *adj* clerical
cliché [kliʃe] *nm* (*Photo*) negative; print; (*Typo*) (printing) plate; (*Ling*) cliché
client, e [klijɑ̃, -ɑ̃t] *nm/f* (*acheteur*) customer, client; (*d'hôtel*) guest, patron; (*du docteur*) patient; (*de l'avocat*) client
clientèle [klijɑ̃tɛl] *nf* (*du magasin*) customers *pl*, clientèle; (*du docteur, de l'avocat*) practice; **accorder sa ~ à** to give one's custom to; **retirer sa ~ à** to take one's business away from
cligner [kliɲe] *vi*: **~ des yeux** to blink (one's eyes); **~ de l'œil** to wink
clignotant [kliɲɔtɑ̃] *nm* (*Auto*) indicator
clignoter [kliɲɔte] *vi* (*étoiles etc*) to twinkle; (*lumière: à intervalles réguliers*) to flash; (*: vaciller*) to flicker; (*yeux*) to blink
climat [klima] *nm* climate
climatique [klimatik] *adj* climatic
climatisation [klimatizasjɔ̃] *nf* air conditioning
climatisé, e [klimatize] *adj* air-conditioned
climatiseur [klimatizœʀ] *nm* air conditioner
clin d'œil [klɛ̃dœj] *nm* wink; **en un clin d'œil** in a flash
clinique [klinik] *adj* clinical ▷ *nf* nursing home, (private) clinic
clinquant, e [klɛ̃kɑ̃, -ɑ̃t] *adj* flashy
clip [klip] *nm* (*pince*) clip; (*vidéo*) pop (*ou* promotional) video
clique [klik] *nf* (*péj: bande*) clique, set; **prendre ses ~s et ses claques** to pack one's bags
cliquer [klike] *vi* (*Inform*) to click; **~ deux fois** to double-click
cliqueter [klikte] *vi* to clash; (*ferraille, clefs, monnaie*) to jangle, jingle; (*verres*) to chink
cliquetis [klikti] *nm* jangle; jingle; chink
clitoris [klitɔʀis] *nm* clitoris
clivage [klivaʒ] *nm* cleavage; (*fig*) rift, split
cloaque [klɔak] *nm* (*fig*) cesspit
clochard, e [klɔʃaʀ, -aʀd(ə)] *nm/f* tramp
cloche [klɔʃ] *nf* (*d'église*) bell; (*fam*) clot; (*chapeau*) cloche (hat); **~ à fromage** cheese-cover
cloche-pied [klɔʃpje]: **à ~** *adv* on one leg, hopping (along)
clocher [klɔʃe] *nm* church tower; (*en pointe*) steeple ▷ *vi* (*fam*) to be *ou* go wrong; **de ~** (*péj*) parochial
clocheton [klɔʃtɔ̃] *nm* pinnacle
clochette [klɔʃɛt] *nf* bell
clodo [klɔdo] *nm* (*fam: = clochard*) tramp
cloison [klwazɔ̃] *nf* partition (wall); **~ étanche** (*fig*) impenetrable barrier, brick wall (*fig*)
cloisonner [klwazɔne] *vt* to partition (off), to divide up; (*fig*) to compartmentalize
cloître [klwatʀ(ə)] *nm* cloister
cloîtrer [klwatʀe] *vt*: **se cloîtrer** to shut o.s. away; (*Rel*) to enter a convent *ou* monastery
clonage [klonaʒ] *nm* cloning
clone [klon] *nm* clone

cloner [klone] *vt* to clone
clope [klɔp] (*fam*) *nm ou f* fag (*Brit*), cigarette
clopin-clopant [klɔpɛ̃klɔpɑ̃] *adv* hobbling along; (*fig*) so-so
clopiner [klɔpine] *vi* to hobble along
cloporte [klɔpɔʀt(ə)] *nm* woodlouse
cloque [klɔk] *nf* blister
cloqué, e [klɔke] *adj*: **étoffe ~e** seersucker
cloquer [klɔke] *vi* (*peau, peinture*) to blister
clore [klɔʀ] *vt* to close; **~ une session** (*Inform*) to log out
clos, e [klo, -oz] *pp de* **clore** ▷ *adj voir* **maison**; **huis**; **vase** ▷ *nm* (enclosed) field
clôt [klo] *vb voir* **clore**
clôture [klotyʀ] *nf* closure, closing; (*barrière*) enclosure, fence
clôturer [klotyʀe] *vt* (*terrain*) to enclose, close off; (*festival, débats*) to close
clou [klu] *nm* nail; (*Méd*) boil; **clous** *nmpl* = **passage clouté**; **pneus à ~s** studded tyres; **le ~ du spectacle** the highlight of the show; **~ de girofle** clove
clouer [klue] *vt* to nail down (*ou* up); (*fig*): **~ sur/contre** to pin to/against
clouté, e [klute] *adj* studded
clown [klun] *nm* clown; **faire le ~** (*fig*) to clown (about), play the fool
clownerie [klunʀi] *nf* clowning *no pl*; **faire des ~s** to clown around
club [klœb] *nm* club
CM *sigle f* = **chambre des métiers** ▷ *sigle m* = **conseil municipal**; (*Scol*) = **cours moyen**
cm. *abr* (= *centimètre*) cm
CMU *sigle f* (= *couverture maladie universelle*) *system of free health care for those on low incomes*
CNAT *sigle f* (= *Commission nationale d'aménagement du territoire*) *national development agency*
CNC *sigle m* (= *Conseil national de la consommation*) *national consumers' council*
CNDP *sigle m* = **Centre national de documentation pédagogique**
CNE *sigle m* (= *Contrat nouvelles embauches*) *less stringent type of employment contract for use by small companies*
CNED *sigle m* (= *Centre national d'enseignement à distance*) ≈ Open University
CNIL *sigle f* (= *Commission nationale de l'informatique et des libertés*) *board which enforces law on data protection*
CNIT *sigle m* (= *Centre national des industries et des techniques*) *exhibition centre in Paris*
CNJA *sigle m* (= *Centre national des jeunes agriculteurs*) *farmers' union*
CNL *sigle f* (= *Confédération nationale du logement*) *consumer group for housing*
CNRS *sigle m* = **Centre national de la recherche scientifique**
c/o *abr* (= *care of*) c/o
coagulant [kɔagylɑ̃] *nm* (*Méd*) coagulant
coaguler [kɔagyle]: **se coaguler** *vi* to coagulate
coaliser [kɔalize]: **se coaliser** *vi* to unite, join forces
coalition [kɔalisjɔ̃] *nf* coalition
coasser [kɔase] *vi* to croak
coauteur [kootœʀ] *nm* co-author
coaxial, e, -aux [koaksjal, -o] *adj* coaxial
cobaye [kɔbaj] *nm* guinea-pig
cobra [kɔbʀa] *nm* cobra
coca® [kɔka] *nm* Coke®
cocagne [kɔkaɲ] *nf*: **pays de ~** land of plenty; **mât de ~** greasy pole (*fig*)
cocaïne [kɔkain] *nf* cocaine
cocarde [kɔkaʀd(ə)] *nf* rosette
cocardier, -ière [kɔkaʀdje, -jɛʀ] *adj* jingoistic, chauvinistic; militaristic
cocasse [kɔkas] *adj* comical, funny
coccinelle [kɔksinɛl] *nf* ladybird (*Brit*), ladybug (*US*)
coccyx [kɔksis] *nm* coccyx
cocher [kɔʃe] *nm* coachman ▷ *vt* to tick off; (*entailler*) to notch
cochère [kɔʃɛʀ] *adj f voir* **porte**
cochon, ne [kɔʃɔ̃, -ɔn] *nm* pig ▷ *nm/f* (*péj: sale*) (filthy) pig; (*: méchant*) swine ▷ *adj* (*fam*) dirty, smutty; **~ d'Inde** guinea-pig; **~ de lait** (*Culin*) sucking pig
cochonnaille [kɔʃɔnaj] *nf* (*péj: charcuterie*) (cold) pork
cochonnerie [kɔʃɔnʀi] *nf* (*fam: saleté*) filth; (*: marchandises*) rubbish, trash
cochonnet [kɔʃɔnɛ] *nm* (*Boules*) jack
cocker [kɔkɛʀ] *nm* cocker spaniel
cocktail [kɔktɛl] *nm* cocktail; (*réception*) cocktail party
coco [kɔko] *nm voir* **noix**; (*fam*) bloke (*Brit*), dude (*US*)
cocon [kɔkɔ̃] *nm* cocoon
cocorico [kɔkɔʀiko] *excl, nm* cock-a-doodle-do
cocotier [kɔkɔtje] *nm* coconut palm
cocotte [kɔkɔt] *nf* (*en fonte*) casserole; **ma ~** (*fam*) sweetie (pie); **~ (minute)®** pressure cooker; **~ en papier** paper shape
cocu [kɔky] *nm* cuckold
code [kɔd] *nm* code; **se mettre en ~(s)** to dip (*Brit*) *ou* dim (*US*) one's (head)lights; **~ à barres** bar code; **~ de caractère** (*Inform*) character code; **~ civil** Common Law; **~ machine** machine code; **~ pénal** penal code; **~ postal** (*numéro*) postcode (*Brit*), zip code (*US*); **~ de la route** highway code; **~ secret** cipher
codéine [kɔdein] *nf* codeine
coder [kɔde] *vt* to (en)code
codétenu, e [kɔdɛtny] *nm/f* fellow prisoner *ou* inmate
codicille [kɔdisil] *nm* codicil
codifier [kɔdifje] *vt* to codify
codirecteur, -trice [kɔdiʀɛktœʀ, -tʀis] *nm/f* co-director
coéditeur, -trice [kɔeditœʀ, -tʀis] *nm/f* co-publisher; (*rédacteur*) co-editor
coefficient [kɔefisjɑ̃] *nm* coefficient; **~ d'erreur** margin of error
coéquipier, -ière [kɔekipje, -jɛʀ] *nm/f* team-mate, partner

coercition [kɔɛʀsisjɔ̃] *nf* coercion
cœur [kœʀ] *nm* heart; (*Cartes: couleur*) hearts *pl*; (*: carte*) heart; (*Culin*): **~ de laitue/d'artichaut** lettuce/artichoke heart; (*fig*): **~ du débat** heart of the debate; **~ de l'été** height of summer; **~ de la forêt** depths *pl* of the forest; **affaire de ~** love affair; **avoir bon ~** to be kind-hearted; **avoir mal au ~** to feel sick; **contre** *ou* **sur son ~** to one's breast; **opérer qn à ~ ouvert** to perform open-heart surgery on sb; **recevoir qn à ~ ouvert** to welcome sb with open arms; **parler à ~ ouvert** to open one's heart; **de tout son ~** with all one's heart; **avoir le ~ gros** *ou* **serré** to have a heavy heart; **en avoir le ~ net** to be clear in one's own mind (about it); **par ~** by heart; **de bon ~** willingly; **avoir à ~ de faire** to be very keen to do; **cela lui tient à ~** that's (very) close to his heart; **prendre les choses à ~** to take things to heart; **à ~ joie** to one's heart's content; **être de tout ~ avec qn** to be (completely) in accord with sb
coexistence [kɔɛgzistɑ̃s] *nf* coexistence
coexister [kɔegziste] *vi* to coexist
coffrage [kɔfʀaʒ] *nm* (*Constr: dispositif*) form(work)
coffre [kɔfʀ(ə)] *nm* (*meuble*) chest; (*coffre-fort*) safe; (*d'auto*) boot (*Brit*), trunk (*US*); **avoir du ~** (*fam*) to have a lot of puff
coffre-fort [kɔfʀəfɔʀ] (*pl* **coffres-forts**) *nm* safe
coffrer [kɔfʀe] *vt* (*fam*) to put inside, lock up
coffret [kɔfʀɛ] *nm* casket; **~ à bijoux** jewel box
cogérant, e [kɔʒeʀɑ̃, -ɑ̃t] *nm/f* joint manager/manageress
cogestion [kɔʒestjɔ̃] *nf* joint management
cogiter [kɔʒite] *vi* to cogitate
cognac [kɔɲak] *nm* brandy, cognac
cognement [kɔɲmɑ̃] *nm* knocking
cogner [kɔɲe] *vi* to knock, bang; **se cogner** *vi* to bump o.s.
cohabitation [kɔabitɑsjɔ̃] *nf* living together; (*Pol, Jur*) cohabitation
cohabiter [kɔabite] *vi* to live together
cohérence [kɔeʀɑ̃s] *nf* coherence
cohérent, e [kɔeʀɑ̃, -ɑ̃t] *adj* coherent
cohésion [kɔezjɔ̃] *nf* cohesion
cohorte [kɔɔʀt(ə)] *nf* troop
cohue [kɔy] *nf* crowd
coi, coite [kwa, kwat] *adj*: **rester ~** to remain silent
coiffe [kwaf] *nf* headdress
coiffé, e [kwafe] *adj*: **bien/mal ~** with tidy/untidy hair; **~ d'un béret** wearing a beret; **~ en arrière** with one's hair brushed *ou* combed back; **~ en brosse** with a crew cut
coiffer [kwafe] *vt* (*fig*) to cover, top; **~ qn** to do sb's hair; **~ qn d'un béret** to put a beret on sb; **se coiffer** *vi* to do one's hair; to put on a *ou* one's hat
coiffeur, -euse [kwafœʀ, -øz] *nm/f* hairdresser ▷ *nf* (*table*) dressing table
coiffure [kwafyʀ] *nf* (*cheveux*) hairstyle, hairdo; (*chapeau*) hat, headgear *no pl*; (*art*): **la ~** hairdressing
coin [kwɛ̃] *nm* corner; (*pour graver*) die; (*pour coincer*) wedge; (*poinçon*) hallmark; **l'épicerie du ~** the local grocer; **dans le ~** (*aux alentours*) in the area, around about; locally; **au ~ du feu** by the fireside; **du ~ de l'œil** out of the corner of one's eye; **regard en ~** side(ways) glance; **sourire en ~** half-smile
coincé, e [kwɛ̃se] *adj* stuck, jammed; (*fig: inhibé*) inhibited, with hang-ups
coincer [kwɛ̃se] *vt* to jam; (*fam*) to catch (out); to nab; **se coincer** *vi* to get stuck *ou* jammed
coïncidence [kɔɛ̃sidɑ̃s] *nf* coincidence
coïncider [kɔɛ̃side] *vi*: **~ (avec)** to coincide (with); (*correspondre: témoignage etc*) to correspond *ou* tally (with)
coin-coin [kwɛ̃kwɛ̃] *nm inv* quack
coing [kwɛ̃] *nm* quince
coït [kɔit] *nm* coitus
coite [kwat] *adj f voir* **coi**
coke [kɔk] *nm* coke
col [kɔl] *nm* (*de chemise*) collar; (*encolure, cou*) neck; (*de montagne*) pass; **~ roulé** polo-neck; **~ de l'utérus** cervix
coléoptère [kɔleɔptɛʀ] *nm* beetle
colère [kɔlɛʀ] *nf* anger; **une ~** a fit of anger; **être en ~ (contre qn)** to be angry (with sb); **mettre qn en ~** to make sb angry; **se mettre en ~** to get angry
coléreux, -euse [kɔleʀø, -øz] *adj*, **colérique** [kɔleʀik] ▷ *adj* quick-tempered, irascible
colibacille [kɔlibasil] *nm* colon bacillus
colibacillose [kɔlibasiloz] *nf* colibacillosis
colifichet [kɔlifiʃɛ] *nm* trinket
colimaçon [kɔlimasɔ̃] *nm*: **escalier en ~** spiral staircase
colin [kɔlɛ̃] *nm* hake
colin-maillard [kɔlɛ̃majaʀ] *nm* (*jeu*) blind man's buff
colique [kɔlik] *nf* diarrhoea (*Brit*), diarrhea (*US*); (*douleurs*) colic (pains *pl*); (*fam: personne ou chose ennuyeuse*) pain
colis [kɔli] *nm* parcel; **par ~ postal** by parcel post
colistier, -ière [kɔlistje, -jɛʀ] *nm/f* fellow candidate
colite [kɔlit] *nf* colitis
coll. *abr* = **collection**; (*= collaborateurs*): **et ~** et al
collaborateur, -trice [kɔlabɔʀatœʀ, -tʀis] *nm/f* (*aussi Pol*) collaborator; (*d'une revue*) contributor
collaboration [kɔlabɔʀɑsjɔ̃] *nf* collaboration
collaborer [kɔlabɔʀe] *vi* to collaborate; (*aussi*: **collaborer à**) to collaborate on; (*revue*) to contribute to
collage [kɔlaʒ] *nm* (*Art*) collage
collagène [kɔlaʒɛn] *nm* collagen
collant, e [kɔlɑ̃, -ɑ̃t] *adj* sticky; (*robe etc*) clinging, skintight; (*péj*) clinging ▷ *nm* (*bas*) tights *pl*
collatéral, e, -aux [kɔlateʀal, -o] *nm/f* collateral
collation [kɔlɑsjɔ̃] *nf* light meal
colle [kɔl] *nf* glue; (*à papiers peints*) (wallpaper)

C

paste; (*devinette*) teaser, riddle; (*Scol fam*) detention; ~ **forte** superglue®
collecte [kɔlɛkt(ə)] *nf* collection; **faire une** ~ to take up a collection
collecter [kɔlɛkte] *vt* to collect
collecteur [kɔlɛktœʀ] *nm* (*égout*) main sewer
collectif, -ive [kɔlɛktif, -iv] *adj* collective; (*visite, billet etc*) group *cpd* ▷ *nm*: ~ **budgétaire** mini-budget (*Brit*), mid-term budget; **immeuble** ~ block of flats
collection [kɔlɛksjɔ̃] *nf* collection; (*Édition*) series; **pièce de** ~ collector's item; **faire (la)** ~ **de** to collect; **(toute) une** ~ **de ...** (*fig*) a (complete) set of ...
collectionner [kɔlɛksjɔne] *vt* (*tableaux, timbres*) to collect
collectionneur, -euse [kɔlɛksjɔnœʀ, -øz] *nm/f* collector
collectivement [kɔlɛktivmɑ̃] *adv* collectively
collectiviser [kɔlɛktivize] *vt* to collectivize
collectivisme [kɔlɛktivism(ə)] *nm* collectivism
collectiviste [kɔlɛktivist(ə)] *adj* collectivist
collectivité [kɔlɛktivite] *nf* group; **la** ~ the community, the collectivity; **les ~s locales** local authorities
collège [kɔlɛʒ] *nm* (*école*) (secondary) school; *see note*; (*assemblée*) body; ~ **électoral** electoral college

COLLÈGE

A *collège* is a state secondary school for children between 11 and 15 years of age. Pupils follow a national curriculum which prescribes a common core along with several options. Schools are free to arrange their own timetable and choose their own teaching methods. Before leaving this phase of their education, students are assessed by examination and course work for their "brevet des collèges".

collégial, e, -aux [kɔleʒjal, -o] *adj* collegiate
collégien, ne [kɔleʒjɛ̃, -ɛn] *nm/f* secondary school pupil (*Brit*), high school student (*US*)
collègue [kɔlɛg] *nm/f* colleague
coller [kɔle] *vt* (*papier, timbre*) to stick (on); (*affiche*) to stick up; (*appuyer, placer contre*): ~ **son front à la vitre** to press one's face to the window; (*enveloppe*) to stick down; (*morceaux*) to stick *ou* glue together; (*fam: mettre, fourrer*) to stick, shove; (*Scol fam*) to keep in, give detention to ▷ *vi* (*être collant*) to be sticky; (*adhérer*) to stick; ~ **qch sur** to stick (*ou* paste *ou* glue) sth on(to); ~ **à** to stick to; (*fig*) to cling to
collerette [kɔlʀɛt] *nf* ruff; (*Tech*) flange
collet [kɔlɛ] *nm* (*piège*) snare, noose; (*cou*): **prendre qn au** ~ to grab sb by the throat; ~ **monté** *adj inv* straight-laced
colleter [kɔlte] *vt* (*adversaire*) to collar, grab by the throat; **se** ~ **avec** to wrestle with
colleur [kɔlœʀ] *nm*: ~ **d'affiches** bill-poster
collier [kɔlje] *nm* (*bijou*) necklace; (*de chien, Tech*) collar; ~ **(de barbe), barbe en** ~ narrow beard along the line of the jaw; ~ **de serrage** choke collar
collimateur [kɔlimatœʀ] *nm*: **être dans le** ~ (*fig*) to be in the firing line; **avoir qn/qch dans le** ~ (*fig*) to have sb/sth in one's sights
colline [kɔlin] *nf* hill
collision [kɔlizjɔ̃] *nf* collision, crash; **entrer en** ~ **(avec)** to collide (with)
colloque [kɔlɔk] *nm* colloquium, symposium
collusion [kɔlyzjɔ̃] *nf* collusion
collutoire [kɔlytwaʀ] *nm* (*Méd*) oral medication; (*en bombe*) throat spray
collyre [kɔliʀ] *nm* (*Méd*) eye lotion
colmater [kɔlmate] *vt* (*fuite*) to seal off; (*brèche*) to plug, fill in
Cologne [kɔlɔɲ] *n* Cologne
colombage [kɔlɔ̃baʒ] *nm* half-timbering; **une maison à ~s** a half-timbered house
colombe [kɔlɔ̃b] *nf* dove
Colombie [kɔlɔ̃bi] *nf*: **la** ~ Colombia
colombien, ne [kɔlɔ̃bjɛ̃, -ɛn] *adj* Colombian ▷ *nm/f*: **Colombien, ne** Colombian
colon [kɔlɔ̃] *nm* settler; (*enfant*) boarder (*in children's holiday camp*)
côlon [kolɔ̃] *nm* colon (*Méd*)
colonel [kɔlɔnɛl] *nm* colonel; (*de l'armée de l'air*) group captain
colonial, e, -aux [kɔlɔnjal, -o] *adj* colonial
colonialisme [kɔlɔnjalism(ə)] *nm* colonialism
colonialiste [kɔlɔnjalist(ə)] *adj, nm/f* colonialist
colonie [kɔlɔni] *nf* colony; ~ **(de vacances)** holiday camp (*for children*)
colonisation [kɔlɔnizɑsjɔ̃] *nf* colonization
coloniser [kɔlɔnize] *vt* to colonize
colonnade [kɔlɔnad] *nf* colonnade
colonne [kɔlɔn] *nf* column; **se mettre en** ~ **par deux/quatre** to get into twos/fours; **en** ~ **par deux** in double file; ~ **de secours** rescue party; ~ **(vertébrale)** spine, spinal column
colonnette [kɔlɔnɛt] *nf* small column
colophane [kɔlɔfan] *nf* rosin
colorant [kɔlɔʀɑ̃] *nm* colo(u)ring
coloration [kɔlɔʀɑsjɔ̃] *nf* colour(ing) (*Brit*), color(ing) (*US*); **se faire faire une** ~ (*chez le coiffeur*) to have one's hair dyed
coloré, e [kɔlɔʀe] *adj* (*fig*) colo(u)rful
colorer [kɔlɔʀe] *vt* to colour (*Brit*), color (*US*); **se colorer** *vi* to turn red; to blush
coloriage [kɔlɔʀjaʒ] *nm* colo(u)ring
colorier [kɔlɔʀje] *vt* to colo(u)r (in); **album à** ~ colouring book
coloris [kɔlɔʀi] *nm* colo(u)r, shade
coloriste [kɔlɔʀist(ə)] *nm/f* colo(u)rist
colossal, e, -aux [kɔlɔsal, -o] *adj* colossal, huge
colosse [kɔlɔs] *nm* giant
colostrum [kɔlɔstʀɔm] *nm* colostrum
colporter [kɔlpɔʀte] *vt* to peddle
colporteur, -euse [kɔlpɔʀtœʀ, -øz] *nm/f*

hawker, pedlar
colt [kɔlt] *nm* revolver, Colt®
coltiner [kɔltine] *vt* to lug about
colza [kɔlza] *nm* rape(seed)
coma [kɔma] *nm* coma; **être dans le ~** to be in a coma
comateux, -euse [kɔmatø, -øz] *adj* comatose
combat [kɔ̃ba] *vb voir* **combattre** ▷ *nm* fight; fighting *no pl*; **~ de boxe** boxing match; **~ de rues** street fighting *no pl*; **~ singulier** single combat
combatif, -ive [kɔ̃batif, -iv] *adj* with a lot of fight
combativité [kɔ̃bativite] *nf* fighting spirit
combattant [kɔ̃batɑ̃] *vb voir* **combattre** ▷ *nm* combatant; (*d'une rixe*) brawler; **ancien ~** war veteran
combattre [kɔ̃batʀ(ə)] *vi* to fight ▷ *vt* to fight; (*épidémie, ignorance*) to combat
combien [kɔ̃bjɛ̃] *adv* (*quantité*) how much; (*nombre*) how many; (*exclamatif*) how; **~ de** how much; how many; **~ de temps** how long, how much time; **c'est ~?, ça fait ~?** how much is it?; **~ coûte/pèse ceci?** how much does this cost/weigh?; **vous mesurez ~?** what size are you?; **ça fait ~ en largeur?** how wide is that?
combinaison [kɔ̃binɛzɔ̃] *nf* combination; (*astuce*) device, scheme; (*de femme*) slip; (*d'aviateur*) flying suit; (*d'homme-grenouille*) wetsuit; (*bleu de travail*) boilersuit (*Brit*), coveralls *pl* (*US*)
combine [kɔ̃bin] *nf* trick; (*péj*) scheme, fiddle (*Brit*)
combiné [kɔ̃bine] *nm* (*aussi*: **combiné téléphonique**) receiver; (*Ski*) combination (event); (*vêtement de femme*) corselet
combiner [kɔ̃bine] *vt* to combine; (*plan, horaire*) to work out, devise
comble [kɔ̃bl(ə)] *adj* (*salle*) packed (full) ▷ *nm* (*du bonheur, plaisir*) height; **combles** *nmpl* (*Constr*) attic *sg*, loft *sg*; **de fond en ~** from top to bottom; **pour ~ de malchance** to cap it all; **c'est le ~!** that beats everything!, that takes the biscuit! (*Brit*); **sous les ~s** in the attic
combler [kɔ̃ble] *vt* (*trou*) to fill in; (*besoin, lacune*) to fill; (*déficit*) to make good; (*satisfaire*) to gratify, fulfil (*Brit*), fulfill (*US*); **~ qn de joie** to fill sb with joy; **~ qn d'honneurs** to shower sb with honours
combustible [kɔ̃bystibl(ə)] *adj* combustible ▷ *nm* fuel
combustion [kɔ̃bystjɔ̃] *nf* combustion
COMECON [kɔmekɔn] *sigle m* Comecon
comédie [kɔmedi] *nf* comedy; (*fig*) playacting *no pl*; **jouer la ~** (*fig*) to put on an act; **la C~ française**; *see note*; **~ musicale** musical

COMÉDIE FRANÇAISE

Founded in 1680 by Louis XIV, the *Comédie française* is the French national theatre. The company is subsidized by the state and mainly performs in the Palais Royal in Paris, tending to concentrate on classical French drama.

comédien, ne [kɔmedjɛ̃, -ɛn] *nm/f* actor/actress; (*comique*) comedy actor/actress, comedian/comedienne; (*fig*) sham
comestible [kɔmɛstibl(ə)] *adj* edible; **comestibles** *nmpl* foods
comète [kɔmɛt] *nf* comet
comice [kɔmis] *nm*: **~ agricole** agricultural show
comique [kɔmik] *adj* (*drôle*) comical; (*Théât*) comic ▷ *nm* (*artiste*) comic, comedian; **le ~ de qch** the funny *ou* comical side of sth
comité [kɔmite] *nm* committee; **petit ~** select group; **~ directeur** management committee; **~ d'entreprise (CE)** works council; **~ des fêtes** festival committee
commandant [kɔmɑ̃dɑ̃] *nm* (*gén*) commander, commandant; (*Mil: grade*) major; (*: armée de l'air*) squadron leader; (*Navig*) captain; **~ (de bord)** (*Aviat*) captain
commande [kɔmɑ̃d] *nf* (*Comm*) order; (*Inform*) command; **commandes** *nfpl* (*Aviat etc*) controls; **passer une ~ (de)** to put in an order (for); **sur ~** to order; **~ à distance** remote control; **véhicule à double ~** vehicle with dual controls
commandement [kɔmɑ̃dmɑ̃] *nm* command; (*ordre*) command, order; (*Rel*) commandment
commander [kɔmɑ̃de] *vt* (*Comm*) to order; (*diriger, ordonner*) to command; **~ à** (*Mil*) to command; (*contrôler, maîtriser*) to have control over; **~ à qn de faire** to command *ou* order sb to do
commanditaire [kɔmɑ̃ditɛʀ] *nm* sleeping (*Brit*) *ou* silent (*US*) partner
commandite [kɔmɑ̃dit] *nf*: **(société en) ~** limited partnership
commanditer [kɔmɑ̃dite] *vt* (*Comm*) to finance, back; to commission
commando [kɔmɑ̃do] *nm* commando (squad)

 **MOT-CLÉ**

comme [kɔm] *prép* **1** (*comparaison*) like; **tout comme son père** just like his father; **fort comme un bœuf** as strong as an ox; **joli comme tout** ever so pretty
2 (*manière*) like; **faites-le comme ça** do it like this, do it this way; **comme ça** *ou* **cela on n'aura pas d'ennuis** that way we won't have any problems; **comme ci, comme ça** so-so, middling; **comment ça va? — comme ça** how are things? — OK; **comme on dit** as they say
3 (*en tant que*) as a; **donner comme prix** to give as a prize; **travailler comme secrétaire** to work as a secretary
4: **comme quoi** (*d'où il s'ensuit que*) which shows that; **il a écrit une lettre comme quoi il ...** he's written a letter saying that ...
5: **comme il faut** *adv* properly

▷ *adj* (*correct*) proper, correct
▷ *conj* **1** (*ainsi que*) as; **elle écrit comme elle parle** she writes as she talks; **comme si** as if
2 (*au moment où, alors que*) as; **il est parti comme j'arrivais** he left as I arrived
3 (*parce que, puisque*) as, since; **comme il était en retard, il ...** as he was late, he ...
▷ *adv*: **comme il est fort/c'est bon!** he's so strong/it's so good!; **il est malin comme c'est pas permis** he's as smart as anything

commémoratif, -ive [kɔmemɔʀatif, -iv] *adj* commemorative; **un monument ~** a memorial
commémoration [kɔmemɔʀɑsjɔ̃] *nf* commemoration
commémorer [kɔmemɔʀe] *vt* to commemorate
commencement [kɔmɑ̃smɑ̃] *nm* beginning, start, commencement; **commencements** *nmpl* (*débuts*) beginnings
commencer [kɔmɑ̃se] *vt* to begin, start, commence ▷ *vi* to begin, start, commence; **~ à** *ou* **de faire** to begin *ou* start doing; **~ par qch** to begin with sth; **~ par faire qch** to begin by doing sth
commensal, e, -aux [kɔmɑ̃sal, -o] *nm/f* companion at table
comment [kɔmɑ̃] *adv* how; **~?** (*que dites-vous*) (I beg your) pardon?; **~!** what! ▷ *nm*: **le ~ et le pourquoi** the whys and wherefores; **et ~!** and how!; **~ donc!** of course!; **~ faire?** how will we do it?; **~ se fait-il que ...?** how is it that ...?
commentaire [kɔmɑ̃tɛʀ] *nm* comment; remark; **~ (de texte)** (*Scol*) commentary; **~ sur image** voice-over
commentateur, -trice [kɔmɑ̃tatœʀ, -tʀis] *nm/f* commentator
commenter [kɔmɑ̃te] *vt* (*jugement, événement*) to comment (up)on; (*Radio, TV: match, manifestation*) to cover, give a commentary on
commérages [kɔmeʀaʒ] *nmpl* gossip *sg*
commerçant, e [kɔmɛʀsɑ̃, -ɑ̃t] *adj* commercial; trading; (*rue*) shopping *cpd*; (*personne*) commercially shrewd ▷ *nm/f* shopkeeper, trader
commerce [kɔmɛʀs(ə)] *nm* (*activité*) trade, commerce; (*boutique*) business; **le petit ~** small shop owners *pl*, small traders *pl*; **faire ~ de** to trade in; (*fig: péj*) to trade on; **chambre de ~** Chamber of Commerce; **livres de ~** (account) books; **vendu dans le ~** sold in the shops; **vendu hors-~** sold directly to the public; **~ en** *ou* **de gros/détail** wholesale/retail trade; **~ électronique** e-commerce; **~ équitable** fair trade; **~ intérieur/extérieur** home/foreign trade
commercer [kɔmɛʀse] *vi*: **~ avec** to trade with
commercial, e, -aux [kɔmɛʀsjal, -o] *adj* commercial, trading; (*péj*) commercial ▷ *nm*: **les commerciaux** the commercial people
commercialisable [kɔmɛʀsjalizabl(ə)] *adj* marketable
commercialisation [kɔmɛʀsjalizɑsjɔ̃] *nf* marketing
commercialiser [kɔmɛʀsjalize] *vt* to market
commère [kɔmɛʀ] *nf* gossip
commettant [kɔmetɑ̃] *vb voir* **commettre** ▷ *nm* (*Jur*) principal
commettre [kɔmɛtʀ(ə)] *vt* to commit; **se commettre** *vi* to compromise one's good name
commis[1] [kɔmi] *nm* (*de magasin*) (shop) assistant (*Brit*), sales clerk (*US*); (*de banque*) clerk; **~ voyageur** commercial traveller (*Brit*) *ou* traveler (*US*)
commis[2]**, e** [kɔmi, -iz] *pp de* **commettre**
commisération [kɔmizeʀɑsjɔ̃] *nf* commiseration
commissaire [kɔmisɛʀ] *nm* (*de police*) ≈ (police) superintendent (*Brit*), ≈ (police) captain (*US*); (*de rencontre sportive etc*) steward; **~ du bord** (*Navig*) purser; **~ aux comptes** (*Admin*) auditor
commissaire-priseur [kɔmisɛʀpʀizœʀ] (*pl* **commissaires-priseurs**) *nm* (official) auctioneer
commissariat [kɔmisaʀja] *nm*: **~ (de police)** police station; (*Admin*) commissionership
commission [kɔmisjɔ̃] *nf* (*comité, pourcentage*) commission; (*message*) message; (*course*) errand; **commissions** *nfpl* (*achats*) shopping *sg*; **~ d'examen** examining board
commissionnaire [kɔmisjɔnɛʀ] *nm* delivery boy (*ou* man); messenger; (*Transports*) (forwarding) agent
commissure [kɔmisyʀ] *nf*: **les ~s des lèvres** the corners of the mouth
commode [kɔmɔd] *adj* (*pratique*) convenient, handy; (*facile*) easy; (*air, personne*) easy-going; (*personne*): **pas ~** awkward (to deal with) ▷ *nf* chest of drawers
commodité [kɔmɔdite] *nf* convenience
commotion [kɔmosjɔ̃] *nf*: **~ (cérébrale)** concussion
commotionné, e [kɔmosjɔne] *adj* shocked, shaken
commuer [kɔmɥe] *vt* to commute
commun, e [kɔmœ̃, -yn] *adj* common; (*pièce*) communal, shared; (*réunion, effort*) joint ▷ *nf* (*Admin*) commune, ≈ district; (: *urbaine*) ≈ borough; **communs** *nmpl* (*bâtiments*) outbuildings; **cela sort du ~** it's out of the ordinary; **le ~ des mortels** the common run of people; **sans ~e mesure** incomparable; **être ~ à** (*chose*) to be shared by; **en ~** (*faire*) jointly; **mettre en ~** to pool, share; **peu ~** unusual; **d'un ~ accord** of one accord; with one accord
communal, e, -aux [kɔmynal, -o] *adj* (*Admin*) of the commune, ≈ (district *ou* borough) council *cpd*
communard, e [kɔmynaʀ, -aʀd(ə)] *nm/f* (*Hist*) Communard; (*péj: communiste*) commie
communautaire [kɔmynotɛʀ] *adj* community *cpd*
communauté [kɔmynote] *nf* community; (*Jur*): **régime de la ~** communal estate settlement
commune [kɔmyn] *adj f, nf voir* **commun**

communément [kɔmynemɑ̃] *adv* commonly
Communes [kɔmyn] *nfpl (en Grande-Bretagne: parlement)* Commons
communiant, e [kɔmynjɑ̃, -ɑ̃t] *nm/f* communicant; **premier ~** child taking his first communion
communicant, e [kɔmynikɑ̃, -ɑ̃t] *adj* communicating
communicatif, -ive [kɔmynikatif, -iv] *adj (personne)* communicative; *(rire)* infectious
communication [kɔmynikɑsjɔ̃] *nf* communication; **~ (téléphonique)** (telephone) call; **avoir la ~ (avec)** to get *ou* be through (to); **vous avez la ~** you're through; **donnez-moi la ~ avec** put me through to; **mettre qn en ~ avec qn** *(en contact)* to put sb in touch with sb; *(au téléphone)* to connect sb with sb; **~ interurbaine** long-distance call; **~ en PCV** reverse charge *(Brit) ou* collect *(US)* call; **~ avec préavis** personal call
communier [kɔmynje] *vi (Rel)* to receive communion; *(fig)* to be united
communion [kɔmynjɔ̃] *nf* communion
communiqué [kɔmynike] *nm* communiqué; **~ de presse** press release
communiquer [kɔmynike] *vt (nouvelle, dossier)* to pass on, convey; *(maladie)* to pass on; *(peur etc)* to communicate; *(chaleur, mouvement)* to transmit ▷ *vi* to communicate; **~ avec** *(salle)* to communicate with; **se ~ à** *(se propager)* to spread to
communisme [kɔmynism(ə)] *nm* communism
communiste [kɔmynist(ə)] *adj, nm/f* communist
commutateur [kɔmytatœʀ] *nm (Élec)* (change-over) switch, commutator
commutation [kɔmytɑsjɔ̃] *nf (Inform)*: **~ de messages** message switching; **~ de paquets** packet switching
Comores [kɔmɔʀ] *nfpl*: **les (îles) ~** the Comoros (Islands)
comorien, ne [kɔmɔʀjɛ̃, -ɛn] *adj* of *ou* from the Comoros
compact, e [kɔ̃pakt] *adj* dense; compact
compagne [kɔ̃paɲ] *nf* companion
compagnie [kɔ̃paɲi] *nf (firme, Mil)* company; *(groupe)* gathering; *(présence)*: **la ~ de qn** sb's company; **homme/femme de ~** escort; **tenir ~ à qn** to keep sb company; **fausser ~ à qn** to give sb the slip, slip *ou* sneak away from sb; **en ~ de** in the company of; **Dupont et ~, Dupont et Cie** Dupont and Company, Dupont and Co; **~ aérienne** airline (company)
compagnon [kɔ̃paɲɔ̃] *nm* companion; *(autrefois: ouvrier)* craftsman; journeyman
comparable [kɔ̃paʀabl(ə)] *adj*: **~ (à)** comparable (to)
comparaison [kɔ̃paʀɛzɔ̃] *nf* comparison; *(métaphore)* simile; **en ~ (de)** in comparison (with); **par ~ (à)** by comparison (with)
comparaître [kɔ̃paʀɛtʀ(ə)] *vi*: **~ (devant)** to appear (before)
comparatif, -ive [kɔ̃paʀatif, -iv] *adj, nm* comparative
comparativement [kɔ̃paʀativmɑ̃] *adv* comparatively; **~ à** by comparison with
comparé, e [kɔ̃paʀe] *adj*: **littérature** *etc* **~e** comparative literature *etc*
comparer [kɔ̃paʀe] *vt* to compare; **~ qch/qn à** *ou* **et** *(pour choisir)* to compare sth/sb with *ou* and; *(pour établir une similitude)* to compare sth/sb to *ou* and
comparse [kɔ̃paʀs(ə)] *nm/f (péj)* associate, stooge
compartiment [kɔ̃paʀtimɑ̃] *nm* compartment
compartimenté, e [kɔ̃paʀtimɑ̃te] *adj* partitioned; *(fig)* compartmentalized
comparu, e [kɔ̃paʀy] *pp de* **comparaître**
comparution [kɔ̃paʀysjɔ̃] *nf* appearance
compas [kɔ̃pa] *nm (Géom)* (pair of) compasses *pl*; *(Navig)* compass
compassé, e [kɔ̃pɑse] *adj* starchy, formal
compassion [kɔ̃pɑsjɔ̃] *nf* compassion
compatibilité [kɔ̃patibilite] *nf* compatibility
compatible [kɔ̃patibl(ə)] *adj*: **~ (avec)** compatible (with)
compatir [kɔ̃patiʀ] *vi*: **~ (à)** to sympathize (with)
compatissant, e [kɔ̃patisɑ̃, -ɑ̃t] *adj* sympathetic
compatriote [kɔ̃patʀijɔt] *nm/f* compatriot, fellow countryman/woman
compensateur, -trice [kɔ̃pɑ̃satœʀ, -tʀis] *adj* compensatory
compensation [kɔ̃pɑ̃sasjɔ̃] *nf* compensation; *(Banque)* clearing; **en ~** in *ou* as compensation
compensé, e [kɔ̃pɑ̃se] *adj*: **semelle ~e** platform sole
compenser [kɔ̃pɑ̃se] *vt* to compensate for, make up for
compère [kɔ̃pɛʀ] *nm* accomplice; fellow musician *ou* comedian *etc*
compétence [kɔ̃petɑ̃s] *nf* competence
compétent, e [kɔ̃petɑ̃, -ɑ̃t] *adj (apte)* competent, capable; *(Jur)* competent
compétitif, -ive [kɔ̃petitif, -iv] *adj* competitive
compétition [kɔ̃petisjɔ̃] *nf (gén)* competition; *(Sport: épreuve)* event; **la ~** competitive sport; **être en ~ avec** to be competing with; **la ~ automobile** motor racing
compétitivité [kɔ̃petitivite] *nf* competitiveness
compilateur [kɔ̃pilatœʀ] *nm (Inform)* compiler
compiler [kɔ̃pile] *vt* to compile
complainte [kɔ̃plɛ̃t] *nf* lament
complaire [kɔ̃plɛʀ]: **se complaire** *vi*: **se ~ dans/parmi** to take pleasure in/in being among
complaisais *etc* [kɔ̃plɛzɛ] *vb voir* **complaire**
complaisamment [kɔ̃plɛzamɑ̃] *adv* kindly; complacently
complaisance [kɔ̃plɛzɑ̃s] *nf* kindness; *(péj)* indulgence; *(: fatuité)* complacency; **attestation de ~** *certificate produced to oblige a patient etc*; **pavillon de ~** flag of convenience
complaisant, e [kɔ̃plɛzɑ̃, -ɑ̃t] *vb voir* **complaire**

C

▷ *adj* (*aimable*) kind; obliging; (*péj*) accommodating; (: *fat*) complacent
complaît [kɔ̃plɛ] *vb voir* **complaire**
complément [kɔ̃plemɑ̃] *nm* complement; (*reste*) remainder; (*Ling*) complement; **~ d'information** (*Admin*) supplementary *ou* further information; **~ d'agent** agent; **~ (d'objet) direct/indirect** direct/indirect object; **~ (circonstanciel) de lieu/temps** adverbial phrase of place/time; **~ de nom** possessive phrase
complémentaire [kɔ̃plemɑ̃tɛʀ] *adj* complementary; (*additionnel*) supplementary
complet, -ète [kɔ̃plɛ, -ɛt] *adj* complete; (*plein: hôtel etc*) full ▷ *nm* (*aussi*: **complet-veston**) suit; **au (grand) ~** all together
complètement [kɔ̃plɛtmɑ̃] *adv* (*en entier*) completely; (*absolument: fou, faux etc*) absolutely; (*à fond: étudier etc*) fully, in depth
compléter [kɔ̃plete] *vt* (*porter à la quantité voulue*) to complete; (*augmenter*) to complement, supplement; to add to; **se compléter** *vi* (*personnes*) to complement one another; (*collection etc*) to become complete
complexe [kɔ̃plɛks(ə)] *adj* complex ▷ *nm* (*Psych*) complex, hang-up; (*bâtiments*): **~ hospitalier/industriel** hospital/industrial complex
complexé, e [kɔ̃plɛkse] *adj* mixed-up, hung-up
complexité [kɔ̃plɛksite] *nf* complexity
complication [kɔ̃plikasjɔ̃] *nf* complexity, intricacy; (*difficulté, ennui*) complication; **complications** *nfpl* (*Méd*) complications
complice [kɔ̃plis] *nm* accomplice
complicité [kɔ̃plisite] *nf* complicity
compliment [kɔ̃plimɑ̃] *nm* (*louange*) compliment; **compliments** *nmpl* (*félicitations*) congratulations
complimenter [kɔ̃plimɑ̃te] *vt*: **~ qn (sur** *ou* **de)** to congratulate *ou* compliment sb (on)
compliqué, e [kɔ̃plike] *adj* complicated, complex, intricate; (*personne*) complicated
compliquer [kɔ̃plike] *vt* to complicate; **se compliquer** *vi* (*situation*) to become complicated; **se ~ la vie** to make life difficult *ou* complicated for o.s
complot [kɔ̃plo] *nm* plot
comploter [kɔ̃plɔte] *vi, vt* to plot
complu, e [kɔ̃ply] *pp de* **complaire**
comportement [kɔ̃pɔʀtəmɑ̃] *nm* behaviour (*Brit*), behavior (*US*); (*Tech: d'une pièce, d'un véhicule*) behavio(u)r, performance
comporter [kɔ̃pɔʀte] *vt* to be composed of, consist of, comprise; (*être équipé de*) to have; (*impliquer*) to entail, involve; **se comporter** *vi* to behave; (*Tech*) to behave, perform
composant [kɔ̃pozɑ̃] *nm* component, constituent
composante [kɔ̃pozɑ̃t] *nf* component
composé, e [kɔ̃poze] *adj* (*visage, air*) studied; (*Bio, Chimie, Ling*) compound ▷ *nm* (*Chimie, Ling*) compound; **~ de** made up of
composer [kɔ̃poze] *vt* (*musique, texte*) to compose; (*mélange, équipe*) to make up; (*faire partie de*) to make up, form; (*Typo*) to (type)set ▷ *vi* (*Scol*) to sit *ou* do a test; (*transiger*) to come to terms; **se ~ de** to be composed of, be made up of; **~ un numéro** (*au téléphone*) to dial a number
composite [kɔ̃pozit] *adj* heterogeneous
compositeur, -trice [kɔ̃pozitœʀ, -tʀis] *nm/f* (*Mus*) composer; (*Typo*) compositor, typesetter
composition [kɔ̃pozisjɔ̃] *nf* composition; (*Scol*) test; (*Typo*) (type)setting, composition; **de bonne ~** (*accommodant*) easy to deal with; **amener qn à ~** to get sb to come to terms; **~ française** (*Scol*) French essay
compost [kɔ̃pɔst] *nm* compost
composter [kɔ̃pɔste] *vt* to date-stamp; to punch
composteur [kɔ̃pɔstœʀ] *nm* date stamp; punch; (*Typo*) composing stick
compote [kɔ̃pɔt] *nf* stewed fruit *no pl*; **~ de pommes** stewed apples
compotier [kɔ̃pɔtje] *nm* fruit dish *ou* bowl
compréhensible [kɔ̃pʀeɑ̃sibl(ə)] *adj* comprehensible; (*attitude*) understandable
compréhensif, -ive [kɔ̃pʀeɑ̃sif, -iv] *adj* understanding
compréhension [kɔ̃pʀeɑ̃sjɔ̃] *nf* understanding; comprehension
comprendre [kɔ̃pʀɑ̃dʀ(ə)] *vt* to understand; (*se composer de*) to comprise, consist of; (*inclure*) to include; **se faire ~** to make o.s. understood; to get one's ideas across; **mal ~** to misunderstand
compresse [kɔ̃pʀɛs] *nf* compress
compresser [kɔ̃pʀese] *vt* to squash in, crush together; (*Inform*) to zip
compresseur [kɔ̃pʀɛsœʀ] *adj m voir* **rouleau**
compressible [kɔ̃pʀesibl(ə)] *adj* (*Physique*) compressible; (*dépenses*) reducible
compression [kɔ̃pʀɛsjɔ̃] *nf* compression; (*d'un crédit etc*) reduction
comprimé, e [kɔ̃pʀime] *adj*: **air ~** compressed air ▷ *nm* tablet
comprimer [kɔ̃pʀime] *vt* to compress; (*fig: crédit etc*) to reduce, cut down
compris, e [kɔ̃pʀi, -iz] *pp de* **comprendre** ▷ *adj* (*inclus*) included; **~?** understood?, is that clear?; **~ entre** (*situé*) contained between; **la maison ~e/non ~e, y/non ~ la maison** including/excluding the house; **service ~** service (charge) included; **100 euros tout ~** 100 euros all inclusive *ou* all-in
compromettant, e [kɔ̃pʀɔmetɑ̃, -ɑ̃t] *adj* compromising
compromettre [kɔ̃pʀɔmɛtʀ(ə)] *vt* to compromise
compromis [kɔ̃pʀɔmi] *vb voir* **compromettre** ▷ *nm* compromise
compromission [kɔ̃pʀɔmisjɔ̃] *nf* compromise, deal
comptabiliser [kɔ̃tabilize] *vt* (*valeur*) to post; (*fig*) to evaluate
comptabilité [kɔ̃tabilite] *nf* (*activité, technique*) accounting, accountancy; (*d'une société: comptes*)

accounts *pl*, books *pl*; (*: service*) accounts office *ou* department; **~ à partie double** double-entry book-keeping

comptable [kɔ̃tabl(ə)] *nm/f* accountant ▷ *adj* accounts *cpd*, accounting

comptant [kɔ̃tɑ̃] *adv*: **payer ~** to pay cash; **acheter ~** to buy for cash

compte [kɔ̃t] *nm* count, counting; (*total, montant*) count, (right) number; (*bancaire, facture*) account; **comptes** *nmpl* accounts, books; (*fig*) explanation *sg*; **ouvrir un ~** to open an account; **rendre des ~s à qn** (*fig*) to be answerable to sb; **faire le ~ de** to count up, make a count of; **tout ~ fait** on the whole; **à ce ~-là** (*dans ce cas*) in that case; (*à ce train-là*) at that rate; **en fin de ~** (*fig*) all things considered, weighing it all up; **au bout du ~** in the final analysis; **à bon ~** at a favourable price; (*fig*) lightly; **avoir son ~** (*fig: fam*) to have had it; **pour le ~ de** on behalf of; **pour son propre ~** for one's own benefit; **sur le ~ de qn** (*à son sujet*) about sb; **travailler à son ~** to work for oneself; **mettre qch sur le ~ de qn** (*le rendre responsable*) to attribute sth to sb; **prendre qch à son ~** to take responsibility for sth; **trouver son ~ à qch** to do well out of sth; **régler un ~** (*s'acquitter de qch*) to settle an account; (*se venger*) to get one's own back; **rendre ~ (à qn) de qch** to give (sb) an account of sth; **tenir ~ de qch** to take sth into account; **~ tenu de** taking into account; **~ en banque** bank account; **~ chèque(s)** current account; **~ chèque postal (CCP)** Post Office account; **~ client** (*sur bilan*) accounts receivable; **~ courant (CC)** current account; **~ de dépôt** deposit account; **~ d'exploitation** operating account; **~ fournisseur** (*sur bilan*) accounts payable; **~ à rebours** countdown; **~ rendu** account, report; (*de film, livre*) review; *voir aussi* **rendre**

compte-gouttes [kɔ̃tgut] *nm inv* dropper

compter [kɔ̃te] *vt* to count; (*facturer*) to charge for; (*avoir à son actif, comporter*) to have; (*prévoir*) to allow, reckon; (*tenir compte de, inclure*) to include; (*penser, espérer*): **~ réussir/revenir** to expect to succeed/return ▷ *vi* to count; (*être économe*) to economize; (*être non négligeable*) to count, matter; (*valoir*): **~ pour** to count for; (*figurer*): **~ parmi** to be *ou* rank among; **~ sur** to count (up)on; **~ avec qch/qn** to reckon with *ou* take account of sth/sb; **~ sans qch/qn** to reckon without sth/sb; **sans ~ que** besides which; **à ~ du 10 janvier** (*Comm*) (as) from 10th January

compte-tours [kɔ̃ttuʀ] *nm inv* rev(olution) counter

compteur [kɔ̃tœʀ] *nm* meter; **~ de vitesse** speedometer

comptine [kɔ̃tin] *nf* nursery rhyme

comptoir [kɔ̃twaʀ] *nm* (*de magasin*) counter; (*de café*) counter, bar; (*colonial*) trading post

compulser [kɔ̃pylse] *vt* to consult

comte, comtesse [kɔ̃t, kɔ̃tɛs] *nm/f* count/countess

con, ne [kɔ̃, kɔn] *adj* (*fam!*) bloody (*Brit*) *ou* damned stupid (*!*)

concasser [kɔ̃kɑse] *vt* (*pierre, sucre*) to crush; (*poivre*) to grind

concave [kɔ̃kav] *adj* concave

concéder [kɔ̃sede] *vt* to grant; (*défaite, point*) to concede; **~ que** to concede that

concentration [kɔ̃sɑ̃tʀasjɔ̃] *nf* concentration

concentrationnaire [kɔ̃sɑ̃tʀasjɔnɛʀ] *adj* of *ou* in concentration camps

concentré [kɔ̃sɑ̃tʀe] *nm* concentrate; **~ de tomates** tomato purée

concentrer [kɔ̃sɑ̃tʀe] *vt* to concentrate; **se concentrer** to concentrate

concentrique [kɔ̃sɑ̃tʀik] *adj* concentric

concept [kɔ̃sɛpt] *nm* concept

concepteur, -trice [kɔ̃sɛptœʀ, -tʀis] *nm/f* designer

conception [kɔ̃sɛpsjɔ̃] *nf* conception; (*d'une machine etc*) design

concernant [kɔ̃sɛʀnɑ̃] *prép* (*se rapportant à*) concerning; (*en ce qui concerne*) as regards

concerner [kɔ̃sɛʀne] *vt* to concern; **en ce qui me concerne** as far as I am concerned; **en ce qui concerne ceci** as far as this is concerned, with regard to this

concert [kɔ̃sɛʀ] *nm* concert; **de ~** *adv* in unison; together

concertation [kɔ̃sɛʀtasjɔ̃] *nf* (*échange de vues*) dialogue; (*rencontre*) meeting

concerter [kɔ̃sɛʀte] *vt* to devise; **se concerter** *vi* (*collaborateurs etc*) to put our (*ou* their *etc*) heads together, consult (each other)

concertiste [kɔ̃sɛʀtist(ə)] *nm/f* concert artist

concerto [kɔ̃sɛʀto] *nm* concerto

concession [kɔ̃sesjɔ̃] *nf* concession

concessionnaire [kɔ̃sesjɔnɛʀ] *nm/f* agent, dealer

concevable [kɔ̃svabl(ə)] *adj* conceivable

concevoir [kɔ̃svwaʀ] *vt* (*idée, projet*) to conceive (of); (*méthode, plan d'appartement, décoration etc*) to plan, design; (*enfant*) to conceive; **maison bien/mal conçue** well-/badly-designed *ou* -planned house

concierge [kɔ̃sjɛʀʒ(ə)] *nm/f* caretaker; (*d'hôtel*) head porter

conciergerie [kɔ̃sjɛʀʒəʀi] *nf* caretaker's lodge

concile [kɔ̃sil] *nm* council, synod

conciliable [kɔ̃siljabl(ə)] *adj* (*opinions etc*) reconcilable

conciliabules [kɔ̃siljabyl] *nmpl* (private) discussions, confabulations (*Brit*)

conciliant, e [kɔ̃siljɑ̃, -ɑ̃t] *adj* conciliatory

conciliateur, -trice [kɔ̃siljatœʀ, -tʀis] *nm/f* mediator, go-between

conciliation [kɔ̃siljasjɔ̃] *nf* conciliation

concilier [kɔ̃silje] *vt* to reconcile; **se concilier qn/l'appui de qn** to win sb over/sb's support

concis, e [kɔ̃si, -iz] *adj* concise

concision [kɔ̃sizjɔ̃] *nf* concision, conciseness

concitoyen, ne [kɔ̃sitwajɛ̃, -ɛn] *nm/f* fellow citizen

conclave [kɔ̃klav] *nm* conclave
concluant, e [kɔ̃klyɑ̃, -ɑ̃t] *vb voir* **conclure** ▷ *adj* conclusive
conclure [kɔ̃klyʀ] *vt* to conclude; (*signer: accord, pacte*) to enter into; (*déduire*): **~ qch de qch** to deduce sth from sth; **~ à l'acquittement** to decide in favour of an acquittal; **~ au suicide** to come to the conclusion (*ou* (*Jur*) to pronounce) that it is a case of suicide; **~ un marché** to clinch a deal; **j'en conclus que** from that I conclude that
conclusion [kɔ̃klyzjɔ̃] *nf* conclusion; **conclusions** *nfpl* (*Jur*) submissions; findings; **en ~** in conclusion
concocter [kɔ̃kɔkte] *vt* to concoct
conçois [kɔ̃swa], **conçoive** *etc* [kɔ̃swav] *vb voir* **concevoir**
concombre [kɔ̃kɔ̃bʀ(ə)] *nm* cucumber
concomitant, e [kɔ̃kɔmitɑ̃, -ɑ̃t] *adj* concomitant
concordance [kɔ̃kɔʀdɑ̃s] *nf* concordance; **la ~ des temps** (*Ling*) the sequence of tenses
concordant, e [kɔ̃kɔʀdɑ̃, -ɑ̃t] *adj* (*témoignages, versions*) corroborating
concorde [kɔ̃kɔʀd(ə)] *nf* concord
concorder [kɔ̃kɔʀde] *vi* to tally, agree
concourir [kɔ̃kuʀiʀ] *vi* (*Sport*) to compete; **~ à** *vt* (*effet etc*) to work towards
concours [kɔ̃kuʀ] *vb voir* **concourir** ▷ *nm* competition; (*Scol*) competitive examination; (*assistance*) aid, help; **recrutement par voie de ~** recruitment by (competitive) examination; **apporter son ~ à** to give one's support to; **~ de circonstances** combination of circumstances; **~ hippique** horse show; *voir* **hors-concours**
concret, -ète [kɔ̃kʀɛ, -ɛt] *adj* concrete
concrètement [kɔ̃kʀɛtmɑ̃] *adv* in concrete terms
concrétisation [kɔ̃kʀetizɑsjɔ̃] *nf* realization
concrétiser [kɔ̃kʀetize] *vt* to realize; **se concrétiser** *vi* to materialize
conçu, e [kɔ̃sy] *pp de* **concevoir**
concubin, e [kɔ̃kybɛ̃, -in] *nm/f* (*Jur*) cohabitant
concubinage [kɔ̃kybinaʒ] *nm* (*Jur*) cohabitation
concupiscence [kɔ̃kypisɑ̃s] *nf* concupiscence
concurremment [kɔ̃kyʀamɑ̃] *adv* concurrently; jointly
concurrence [kɔ̃kyʀɑ̃s] *nf* competition; **jusqu'à ~ de** up to; **~ déloyale** unfair competition
concurrencer [kɔ̃kyʀɑ̃se] *vt* to compete with; **ils nous concurrencent dangereusement** they are a serious threat to us
concurrent, e [kɔ̃kyʀɑ̃, -ɑ̃t] *adj* competing ▷ *nm/f* (*Sport, Écon etc*) competitor; (*Scol*) candidate
concurrentiel, le [kɔ̃kyʀɑ̃sjɛl] *adj* competitive
conçus [kɔ̃sy] *vb voir* **concevoir**
condamnable [kɔ̃dɑnabl(ə)] *adj* (*action, opinion*) reprehensible
condamnation [kɔ̃dɑnɑsjɔ̃] *nf* (*action*) condemnation; sentencing; (*peine*) sentence; conviction; **~ à mort** death sentence
condamné, e [kɔ̃dane] *nm/f* (*Jur*) convict
condamner [kɔ̃dane] *vt* (*blâmer*) to condemn; (*Jur*) to sentence; (*porte, ouverture*) to fill in, block up; (*malade*) to give up (hope for); (*obliger*): **~ qn à qch/à faire** to condemn sb to sth/to do; **~ qn à deux ans de prison** to sentence sb to two years' imprisonment; **~ qn à une amende** to impose a fine on sb
condensateur [kɔ̃dɑ̃satœʀ] *nm* condenser
condensation [kɔ̃dɑ̃sɑsjɔ̃] *nf* condensation
condensé [kɔ̃dɑ̃se] *nm* digest
condenser [kɔ̃dɑ̃se]: **se condenser** *vi* to condense
condescendance [kɔ̃desɑ̃dɑ̃s] *nf* condescension
condescendant, e [kɔ̃desɑ̃dɑ̃, -ɑ̃t] *adj* (*personne, attitude*) condescending
condescendre [kɔ̃desɑ̃dʀ(ə)] *vi*: **~ à** to condescend to
condiment [kɔ̃dimɑ̃] *nm* condiment
condisciple [kɔ̃disipl(ə)] *nm/f* school fellow, fellow student
condition [kɔ̃disjɔ̃] *nf* condition; **conditions** *nfpl* (*tarif, prix*) terms; (*circonstances*) conditions; **sans ~** *adj* unconditional ▷ *adv* unconditionally; **sous ~ que** on condition that; **à ~ de** *ou* **que** provided that; **en bonne ~** in good condition; **mettre en ~** (*Sport etc*) to get fit; (*Psych*) to condition (mentally); **~s de vie** living conditions
conditionnel, le [kɔ̃disjɔnɛl] *adj* conditional ▷ *nm* conditional (tense)
conditionnement [kɔ̃disjɔnmɑ̃] *nm* (*emballage*) packaging; (*fig*) conditioning
conditionner [kɔ̃disjɔne] *vt* (*déterminer*) to determine; (*Comm: produit*) to package; (*fig: personne*) to condition; **air conditionné** air conditioning; **réflexe conditionné** conditioned reflex
condoléances [kɔ̃dɔleɑ̃s] *nfpl* condolences
conducteur, -trice [kɔ̃dyktœʀ, -tʀis] *adj* (*Élec*) conducting ▷ *nm/f* (*Auto etc*) driver; (*d'une machine*) operator ▷ *nm* (*Élec etc*) conductor
conduire [kɔ̃dɥiʀ] *vt* (*véhicule, passager*) to drive; (*délégation, troupeau*) to lead; **se conduire** *vi* to behave; **~ vers/à** to lead towards/to; **~ qn quelque part** to take sb somewhere; to drive sb somewhere
conduit, e [kɔ̃dɥi, -it] *pp de* **conduire** ▷ *nm* (*Tech*) conduit, pipe; (*Anat*) duct, canal
conduite [kɔ̃dɥit] *nf* (*en auto*) driving; (*comportement*) behaviour (*Brit*), behavior (*US*); (*d'eau, de gaz*) pipe; **sous la ~ de** led by; **~ forcée** pressure pipe; **~ à gauche** left-hand drive; **~ intérieure** saloon (car)
cône [kon] *nm* cone; **en forme de ~** cone-shaped
conf. *abr* = **confort**; **tt ~** all mod cons (*Brit*)
confection [kɔ̃fɛksjɔ̃] *nf* (*fabrication*) making; (*Couture*): **la ~** the clothing industry, the rag trade (*fam*); **vêtement de ~** ready-to-wear *ou*

off-the-peg garment
confectionner [kɔ̃fɛksjɔne] *vt* to make
confédération [kɔ̃fedeʀasjɔ̃] *nf* confederation
conférence [kɔ̃feʀɑ̃s] *nf (exposé)* lecture; *(pourparlers)* conference; **~ de presse** press conference; **~ au sommet** summit (conference)
conférencier, -ière [kɔ̃feʀɑ̃sje, -jɛʀ] *nm/f* lecturer
conférer [kɔ̃feʀe] *vt*: **~ à qn** *(titre, grade)* to confer on sb; **~ à qch/qn** *(aspect etc)* to endow sth/sb with, give (to) sth/sb
confesser [kɔ̃fese] *vt* to confess; **se confesser** *vi (Rel)* to go to confession
confesseur [kɔ̃fesœʀ] *nm* confessor
confession [kɔ̃fɛsjɔ̃] *nf* confession; *(culte: catholique etc)* denomination
confessionnal, -aux [kɔ̃fesjɔnal, -o] *nm* confessional
confessionnel, le [kɔ̃fesjɔnɛl] *adj* denominational
confetti [kɔ̃feti] *nm* confetti *no pl*
confiance [kɔ̃fjɑ̃s] *nf* confidence, trust; faith; **avoir ~ en** to have confidence *ou* faith in, trust; **faire ~ à** to trust; **en toute ~** with complete confidence; **de ~** trustworthy, reliable; **mettre qn en ~** to win sb's trust; **vote de ~** *(Pol)* vote of confidence; **inspirer ~ à** to inspire confidence in; **~ en soi** self-confidence; *voir* **question**
confiant, e [kɔ̃fjɑ̃, -ɑ̃t] *adj* confident; trusting
confidence [kɔ̃fidɑ̃s] *nf* confidence
confident, e [kɔ̃fidɑ̃, -ɑ̃t] *nm/f* confidant/confidante
confidentiel, le [kɔ̃fidɑ̃sjɛl] *adj* confidential
confidentiellement [kɔfidɑ̃sjɛlmɑ̃] *adv* in confidence, confidentially
confier [kɔ̃fje] *vt*: **~ à qn** *(objet en dépôt, travail etc)* to entrust to sb; *(secret, pensée)* to confide to sb; **se confier à qn** to confide in sb
configuration [kɔ̃figyʀasjɔ̃] *nf* configuration, layout; *(Inform)* configuration
configurer [kɔ̃figyʀe] *vt* to configure
confiné, e [kɔ̃fine] *adj* enclosed; *(air)* stale
confiner [kɔ̃fine] *vt*: **~ à** to confine to; *(toucher)* to border on; **se ~ dans** *ou* **à** to confine o.s. to
confins [kɔ̃fɛ̃] *nmpl*: **aux ~ de** on the borders of
confirmation [kɔ̃fiʀmasjɔ̃] *nf* confirmation
confirmer [kɔ̃fiʀme] *vt* to confirm; **~ qn dans une croyance/ses fonctions** to strengthen sb in a belief/his duties
confiscation [kɔ̃fiskasjɔ̃] *nf* confiscation
confiserie [kɔ̃fizʀi] *nf (magasin)* confectioner's *ou* sweet shop *(Brit)*, candy store *(US)*; **confiseries** *nfpl (bonbons)* confectionery *sg*, sweets, candy *no pl*
confiseur, -euse [kɔ̃fizœʀ, -øz] *nm/f* confectioner
confisquer [kɔ̃fiske] *vt* to confiscate
confit, e [kɔ̃fi, -it] *adj*: **fruits ~s** crystallized fruits ▷ *nm*: **~ d'oie** potted goose
confiture [kɔ̃fityʀ] *nf* jam; **~ d'oranges** (orange) marmalade
conflagration [kɔ̃flagʀasjɔ̃] *nf* cataclysm
conflictuel, le [kɔ̃fliktɥɛl] *adj* full of clashes *ou* conflicts
conflit [kɔ̃fli] *nm* conflict
confluent [kɔ̃flyɑ̃] *nm* confluence
confondre [kɔ̃fɔ̃dʀ(ə)] *vt (jumeaux, faits)* to confuse, mix up; *(témoin, menteur)* to confound; **se confondre** *vi* to merge; **se ~ en excuses** to offer profuse apologies, apologize profusely; **~ qch/qn avec qch/qn d'autre** to mistake sth/sb for sth/sb else
confondu, e [kɔ̃fɔ̃dy] *pp de* **confondre** ▷ *adj (stupéfait)* speechless, overcome; **toutes catégories ~es** taking all categories together
conformation [kɔ̃fɔʀmasjɔ̃] *nf* conformation
conforme [kɔ̃fɔʀm(ə)] *adj*: **~ à** *(en accord avec)* in accordance with, in keeping with; *(identique à)* true to; **copie certifiée ~** *(Admin)* certified copy; **~ à la commande** as per order
conformé, e [kɔ̃fɔʀme] *adj*: **bien ~** well-formed
conformément [kɔ̃fɔʀmemɑ̃] *adv*: **~ à** in accordance with
conformer [kɔ̃fɔʀme] *vt*: **~ qch à** to model sth on; **se ~ à** to conform to
conformisme [kɔ̃fɔʀmism(ə)] *nm* conformity
conformiste [kɔ̃fɔʀmist(ə)] *adj, nm/f* conformist
conformité [kɔ̃fɔʀmite] *nf* conformity; agreement; **en ~ avec** in accordance with
confort [kɔ̃fɔʀ] *nm* comfort; **tout ~** *(Comm)* with all mod cons *(Brit) ou* modern conveniences
confortable [kɔ̃fɔʀtabl(ə)] *adj* comfortable
confortablement [kɔ̃fɔʀtabləmɑ̃] *adv* comfortably
conforter [kɔ̃fɔʀte] *vt* to reinforce, strengthen
confrère [kɔ̃fʀɛʀ] *nm* colleague; fellow member
confrérie [kɔ̃fʀeʀi] *nf* brotherhood
confrontation [kɔ̃fʀɔ̃tasjɔ̃] *nf* confrontation
confronté, e [kɔ̃fʀɔ̃te] *adj*: **~ à** confronted by, facing
confronter [kɔ̃fʀɔ̃te] *vt* to confront; *(textes)* to compare, collate
confus, e [kɔ̃fy, -yz] *adj (vague)* confused; *(embarrassé)* embarrassed
confusément [kɔ̃fyzemɑ̃] *adv (distinguer, ressentir)* vaguely; *(parler)* confusedly
confusion [kɔ̃fyzjɔ̃] *nf (voir confus)* confusion; embarrassment; *(voir confondre)* confusion; mixing up; *(erreur)* confusion; **~ des peines** *(Jur)* concurrency of sentences
congé [kɔ̃ʒe] *nm (vacances)* holiday; *(arrêt de travail)* time off *no pl*, leave *no pl*; *(Mil)* leave *no pl*; *(avis de départ)* notice; **en ~** on holiday; off (work); on leave; **semaine/jour de ~** week/day off; **prendre ~ de qn** to take one's leave of sb; **donner son ~ à** to hand *ou* give in one's notice to; **~ de maladie** sick leave; **~ de maternité** maternity leave; **~s payés** paid holiday *ou* leave
congédier [kɔ̃ʒedje] *vt* to dismiss
congélateur [kɔ̃ʒelatœʀ] *nm* freezer, deep freeze
congélation [kɔ̃ʒelasjɔ̃] *nf* freezing; *(de l'huile)*

congealing
congeler [kɔ̃ʒle]: **se congeler** *vi* to freeze
congénère [kɔ̃ʒenɛʀ] *nm/f* fellow (bear *ou* lion *etc*), fellow creature
congénital, e, -aux [kɔ̃ʒenital, -o] *adj* congenital
congère [kɔ̃ʒɛʀ] *nf* snowdrift
congestion [kɔ̃ʒɛstjɔ̃] *nf* congestion; ~ **cérébrale** stroke; ~ **pulmonaire** congestion of the lungs
congestionner [kɔ̃ʒɛstjɔne] *vt* to congest; (*Méd*) to flush
conglomérat [kɔ̃glɔmeʀa] *nm* conglomerate
Congo [kɔ̃go] *nm*: **le** ~ (*pays, fleuve*) the Congo
congolais, e [kɔ̃gɔlɛ, -ɛz] *adj* Congolese ▷ *nm/f*: **Congolais, e** Congolese
congratuler [kɔ̃gʀatyle] *vt* to congratulate
congre [kɔ̃gʀ(ə)] *nm* conger (eel)
congrégation [kɔ̃gʀegɑsjɔ̃] *nf* (*Rel*) congregation; (*gén*) assembly; gathering
congrès [kɔ̃gʀɛ] *nm* congress
congressiste [kɔ̃gʀesist(ə)] *nm/f* delegate, participant (at a congress)
congru, e [kɔ̃gʀy] *adj*: **la portion ~e** the smallest *ou* meanest share
conifère [kɔnifɛʀ] *nm* conifer
conique [kɔnik] *adj* conical
conjecture [kɔ̃ʒɛktyʀ] *nf* conjecture, speculation *no pl*
conjecturer [kɔ̃ʒɛktyʀe] *vt, vi* to conjecture
conjoint, e [kɔ̃ʒwɛ̃, -wɛ̃t] *adj* joint ▷ *nm/f* spouse
conjointement [kɔ̃ʒwɛ̃tmɑ̃] *adv* jointly
conjonctif, -ive [kɔ̃ʒɔ̃ktif, -iv] *adj*: **tissu ~** connective tissue
conjonction [kɔ̃ʒɔ̃ksjɔ̃] *nf* (*Ling*) conjunction
conjonctivite [kɔ̃ʒɔ̃ktivit] *nf* conjunctivitis
conjoncture [kɔ̃ʒɔ̃ktyʀ] *nf* circumstances *pl*; **la ~ (économique)** the economic climate *ou* situation
conjoncturel, le [kɔ̃ʒɔ̃ktyʀɛl] *adj*: **variations/tendances ~les** economic fluctuations/trends
conjugaison [kɔ̃ʒygɛzɔ̃] *nf* (*Ling*) conjugation
conjugal, e, -aux [kɔ̃ʒygal, -o] *adj* conjugal; married
conjugué, e [kɔ̃ʒyge] *adj* combined
conjuguer [kɔ̃ʒyge] *vt* (*Ling*) to conjugate; (*efforts etc*) to combine
conjuration [kɔ̃ʒyʀɑsjɔ̃] *nf* conspiracy
conjuré, e [kɔ̃ʒyʀe] *nm/f* conspirator
conjurer [kɔ̃ʒyʀe] *vt* (*sort, maladie*) to avert; (*implorer*): **~ qn de faire qch** to beseech *ou* entreat sb to do sth
connais [kɔnɛ], **connaissais** *etc* [kɔnɛsɛ] *vb voir* **connaître**
connaissance [kɔnɛsɑ̃s] *nf* (*savoir*) knowledge *no pl*; (*personne connue*) acquaintance; (*conscience*) consciousness; **connaissances** *nfpl* knowledge *no pl*; **être sans ~** to be unconscious; **perdre/reprendre ~** to lose/regain consciousness; **à ma/sa ~** to (the best of) my/his knowledge; **faire ~ avec qn** *ou* **la ~ de qn** (*rencontrer*) to meet sb; (*apprendre à connaître*) to get to know sb; **avoir ~ de** to be aware of; **prendre ~ de** (*document etc*) to peruse; **en ~ de cause** with full knowledge of the facts; **de ~** (*personne, visage*) familiar
connaissant *etc* [kɔnɛsɑ̃] *vb voir* **connaître**
connaissement [kɔnɛsmɑ̃] *nm* bill of lading
connaisseur, -euse [kɔnɛsœʀ, -øz] *nm/f* connoisseur ▷ *adj* expert
connaître [kɔnɛtʀ(ə)] *vt* to know; (*éprouver*) to experience; (*avoir*) to have; to enjoy; **~ de nom/vue** to know by name/sight; **se connaître** *vi* to know each other; (*soi-même*) to know o.s.; **ils se sont connus à Genève** they (first) met in Geneva; **s'y ~ en qch** to know about sth
connasse [kɔnas] *nf* (*fam!*) stupid bitch (*!*) *ou* cow (*!*)
connecté, e [kɔnɛkte] *adj* (*Inform*) on line
connecter [kɔnɛkte] *vt* to connect; **se connecter à Internet** to log onto the internet
connerie [kɔnʀi] *nf* (*fam*) (bloody) stupid (*Brit*) *ou* damn-fool (*US*) thing to do *ou* say
connexe [kɔnɛks(ə)] *adj* closely related
connexion [kɔnɛksjɔ̃] *nf* connection
connivence [kɔnivɑ̃s] *nf* connivance
connotation [kɔnɔtɑsjɔ̃] *nf* connotation
connu, e [kɔny] *pp de* **connaître** ▷ *adj* (*célèbre*) well-known
conque [kɔ̃k] *nf* (*coquille*) conch (shell)
conquérant, e [kɔ̃keʀɑ̃, -ɑ̃t] *nm/f* conqueror
conquérir [kɔ̃keʀiʀ] *vt* to conquer, win
conquerrai *etc* [kɔ̃kɛʀʀe] *vb voir* **conquérir**
conquête [kɔ̃kɛt] *nf* conquest
conquière, conquiers *etc* [kɔ̃kjɛʀ] *vb voir* **conquérir**
conquis, e [kɔ̃ki, -iz] *pp de* **conquérir**
consacrer [kɔ̃sakʀe] *vt* (*Rel*): **~ qch (à)** to consecrate sth (to); (*fig: usage etc*) to sanction, establish; (*employer*): **~ qch à** to devote *ou* dedicate sth to; **se consacrer à qch/faire** to dedicate *ou* devote o.s. to sth/to doing
consanguin, e [kɔ̃sɑ̃gɛ̃, -in] *adj* between blood relations; **frère ~** half-brother (*on father's side*); **mariage ~** intermarriage
consciemment [kɔ̃sjamɑ̃] *adv* consciously
conscience [kɔ̃sjɑ̃s] *nf* conscience; (*perception*) consciousness; **avoir/prendre ~ de** to be/become aware of; **perdre/reprendre ~** to lose/regain consciousness; **avoir bonne/mauvaise ~** to have a clear/guilty conscience; **en (toute) ~** in all conscience
consciencieux, -euse [kɔ̃sjɑ̃sjø, -øz] *adj* conscientious
conscient, e [kɔ̃sjɑ̃, -ɑ̃t] *adj* conscious; **~ de** aware *ou* conscious of
conscription [kɔ̃skʀipsjɔ̃] *nf* conscription
conscrit [kɔ̃skʀi] *nm* conscript
consécration [kɔ̃sekʀɑsjɔ̃] *nf* consecration
consécutif, -ive [kɔ̃sekytif, -iv] *adj* consecutive; **~ à** following upon
consécutivement [kɔ̃sekytivmɑ̃] *adv* consecutively; **~ à** following on
conseil [kɔ̃sɛj] *nm* (*avis*) piece of advice, advice *no*

pl; (*assemblée*) council; (*expert*): **~ en recrutement** recruitment consultant ▷ *adj*: **ingénieur-~** engineering consultant; **tenir ~** to hold a meeting; to deliberate; **donner un ~** *ou* **des ~s à qn** to give sb (a piece of) advice; **demander ~ à qn** to ask sb's advice; **prendre ~ (auprès de qn)** to take advice (from sb); **~ d'administration (CA)** board (of directors); **~ de classe** (*Scol*) *meeting of teachers, parents and class representatives to discuss pupils' progress*; **~ de discipline** disciplinary committee; **~ général** regional council; *see note*; **~ de guerre** court-martial; **le ~ des ministres** ≈ the Cabinet; **~ municipal (CM)** town council; **~ régional** *regional board of elected representatives*; **~ de révision** recruitment *ou* draft (US) board

CONSEIL GÉNÉRAL

Each "département" of France is run by a *Conseil général*, whose remit covers personnel, transport infrastructure, housing, school grants and economic development. The council is made up of "conseillers généraux", each of whom represents a "canton" and is elected for a six-year term. Half of the council's membership are elected every three years.

conseiller[1] [kɔ̃seje] *vt* (*personne*) to advise; (*méthode, action*) to recommend, advise; **~ qch à qn** to recommend sth to sb; **~ à qn de faire qch** to advise sb to do sth

conseiller[2]**, -ière** [kɔ̃seje, -ɛʀ] *nm/f* adviser; **~ général** regional councillor; **~ matrimonial** marriage guidance counsellor; **~ municipal** town councillor; **~ d'orientation** (*Scol*) careers adviser (*Brit*), (school) counselor (US)

consensuel, le [kɔ̃sɑ̃sɥɛl] *adj* consensual

consensus [kɔ̃sɛ̃sys] *nm* consensus

consentement [kɔ̃sɑ̃tmɑ̃] *nm* consent

consentir [kɔ̃sɑ̃tiʀ] *vt*: **~ (à qch/faire)** to agree *ou* consent (to sth/to doing); **~ qch à qn** to grant sb sth

conséquence [kɔ̃sekɑ̃s] *nf* consequence, outcome; **conséquences** *nfpl* consequences, repercussions; **en ~** (*donc*) consequently; (*de façon appropriée*) accordingly; **ne pas tirer à ~** to be unlikely to have any repercussions; **sans ~** unimportant; **de ~** important

conséquent, e [kɔ̃sekɑ̃, -ɑ̃t] *adj* logical, rational; (*fam: important*) substantial; **par ~** consequently

conservateur, -trice [kɔ̃sɛʀvatœʀ, -tʀis] *adj* conservative ▷ *nm/f* (*Pol*) conservative; (*de musée*) curator

conservation [kɔ̃sɛʀvɑsjɔ̃] *nf* retention; keeping; preservation

conservatisme [kɔ̃sɛʀvatism(ə)] *nm* conservatism

conservatoire [kɔ̃sɛʀvatwaʀ] *nm* academy; (*Écologie*) conservation area

conserve [kɔ̃sɛʀv(ə)] *nf* (*gén pl*) canned *ou* tinned (*Brit*) food; **~s de poisson** canned *ou* tinned (*Brit*) fish; **en ~** canned, tinned (*Brit*); **de ~** (*ensemble*) in concert; (*naviguer*) in convoy

conservé, e [kɔ̃sɛʀve] *adj*: **bien ~** (*personne*) well-preserved

conserver [kɔ̃sɛʀve] *vt* (*faculté*) to retain, keep; (*habitude*) to keep up; (*amis, livres*) to keep; (*préserver, Culin*) to preserve; **se conserver** *vi* (*aliments*) to keep; (*aussi*: **"conserver au frais"**) "store in a cool place"

conserverie [kɔ̃sɛʀvəʀi] *nf* canning factory

considérable [kɔ̃sideʀabl(ə)] *adj* considerable, significant, extensive

considération [kɔ̃sideʀɑsjɔ̃] *nf* consideration; (*estime*) esteem, respect; **considérations** *nfpl* (*remarques*) reflections; **prendre en ~** to take into consideration *ou* account; **ceci mérite ~** this is worth considering; **en ~ de** given, because of

considéré, e [kɔ̃sideʀe] *adj* respected; **tout bien ~** all things considered

considérer [kɔ̃sideʀe] *vt* to consider; (*regarder*) to consider, study; **~ qch comme** to regard sth as

consigne [kɔ̃siɲ] *nf* (*Comm*) deposit; (*de gare*) left luggage (office) (*Brit*), checkroom (US); (*punition: Scol*) detention; (*: Mil*) confinement to barracks; (*ordre, instruction*) instructions *pl*; **~ automatique** left-luggage locker; **~s de sécurité** safety instructions

consigné, e [kɔ̃siɲe] *adj* (*Comm: bouteille, emballage*) returnable; **non ~** non-returnable

consigner [kɔ̃siɲe] *vt* (*note, pensée*) to record; (*marchandises*) to deposit; (*punir: Mil*) to confine to barracks; (*: élève*) to put in detention; (*Comm*) to put a deposit on

consistance [kɔ̃sistɑ̃s] *nf* consistency

consistant, e [kɔ̃sistɑ̃, -ɑ̃t] *adj* thick; solid

consister [kɔ̃siste] *vi*: **~ en/dans/à faire** to consist of/in/in doing

consœur [kɔ̃sœʀ] *nf* (lady) colleague; fellow member

consolation [kɔ̃sɔlɑsjɔ̃] *nf* consolation *no pl*, comfort *no pl*

console [kɔ̃sɔl] *nf* console; **~ graphique** *ou* **de visualisation** (*Inform*) visual display unit, VDU; **~ de jeux** games console

consoler [kɔ̃sɔle] *vt* to console; **se ~ (de qch)** to console o.s. (for sth)

consolider [kɔ̃sɔlide] *vt* to strengthen, reinforce; (*fig*) to consolidate; **bilan consolidé** consolidated balance sheet

consommateur, -trice [kɔ̃sɔmatœʀ, -tʀis] *nm/f* (*Écon*) consumer; (*dans un café*) customer

consommation [kɔ̃sɔmɑsjɔ̃] *nf* consumption; (*Jur*) consummation; (*boisson*) drink; **~ aux 100 km** (*Auto*) (fuel) consumption per 100 km, ≈ miles per gallon (mpg), ≈ gas mileage (US); **de ~** (*biens, société*) consumer *cpd*

consommé, e [kɔ̃sɔme] *adj* consummate ▷ *nm* consommé

consommer [kɔ̃sɔme] *vt* (*personne*) to eat *ou* drink, consume; (*voiture, usine, poêle*) to use, consume; (*Jur*) to consummate ▷ *vi* (*dans un café*) to (have a) drink
consonance [kɔ̃sɔnɑ̃s] *nf* consonance; **nom à ~ étrangère** foreign-sounding name
consonne [kɔ̃sɔn] *nf* consonant
consortium [kɔ̃sɔʀsjɔm] *nm* consortium
consorts [kɔ̃sɔʀ] *nmpl*: **et ~** (*péj*) and company, and his bunch *ou* like
conspirateur, -trice [kɔ̃spiʀatœʀ, -tʀis] *nm/f* conspirator, plotter
conspiration [kɔ̃spiʀasjɔ̃] *nf* conspiracy
conspirer [kɔ̃spiʀe] *vi* to conspire, plot; **~ à** (*tendre à*) to conspire to
conspuer [kɔ̃spɥe] *vt* to boo, shout down
constamment [kɔ̃stamɑ̃] *adv* constantly
constance [kɔ̃stɑ̃s] *nf* permanence, constancy; (*d'une amitié*) steadfastness; **travailler avec ~** to work steadily; **il faut de la ~ pour la supporter** (*fam*) you need a lot of patience to put up with her
constant, e [kɔ̃stɑ̃, -ɑ̃t] *adj* constant; (*personne*) steadfast ▷ *nf* constant
Constantinople [kɔ̃stɑ̃tinɔpl(ə)] *n* Constantinople
constat [kɔ̃sta] *nm* (*d'huissier*) certified report (*by bailiff*); (*de police*) report; (*observation*) (observed) fact, observation; (*affirmation*) statement; **~ (à l'amiable)** *(jointly agreed) statement for insurance purposes*
constatation [kɔ̃statasjɔ̃] *nf* noticing; certifying; (*remarque*) observation
constater [kɔ̃state] *vt* (*remarquer*) to note, notice; (*Admin, Jur: attester*) to certify; (*dégâts*) to note; **~ que** (*dire*) to state that
constellation [kɔ̃stelasjɔ̃] *nf* constellation
constellé, e [kɔ̃stele] *adj*: **~ de** (*étoiles*) studded *ou* spangled with; (*taches*) spotted with
consternant, e [kɔ̃stɛʀnɑ̃ -ɑ̃t] *adj* (*nouvelle*) dismaying; (*attristant, étonnant: bêtise*) appalling
consternation [kɔ̃stɛʀnasjɔ̃] *nf* consternation, dismay
consterner [kɔ̃stɛʀne] *vt* to dismay
constipation [kɔ̃stipasjɔ̃] *nf* constipation
constipé, e [kɔ̃stipe] *adj* constipated; (*fig*) stiff
constituant, e [kɔ̃stitɥɑ̃, -ɑ̃t] *adj* (*élément*) constituent; **assemblée ~e** (*Pol*) constituent assembly
constitué, e [kɔ̃stitɥe] *adj*: **~ de** made up *ou* composed of; **bien ~** of sound constitution; well-formed
constituer [kɔ̃stitɥe] *vt* (*comité, équipe*) to set up, form; (*dossier, collection*) to put together, build up; (*éléments, parties: composer*) to make up, constitute; (*représenter, être*) to constitute; **se ~ prisonnier** to give o.s. up; **se ~ partie civile** *to bring an independent action for damages*
constitution [kɔ̃stitysjɔ̃] *nf* setting up; building up; (*composition*) composition, make-up; (*santé, Pol*) constitution
constitutionnel, le [kɔ̃stitysjɔnɛl] *adj* constitutional
constructeur [kɔ̃stʀyktœʀ] *nm* manufacturer, builder
constructif, -ive [kɔ̃stʀyktif, -iv] *adj* (*positif*) constructive
construction [kɔ̃stʀyksjɔ̃] *nf* construction, building
construire [kɔ̃stʀɥiʀ] *vt* to build, construct; **se construire** *vi*: **l'immeuble s'est construit très vite** the building went up *ou* was built very quickly
consul [kɔ̃syl] *nm* consul
consulaire [kɔ̃sylɛʀ] *adj* consular
consulat [kɔ̃syla] *nm* consulate
consultant, e [kɔ̃syltɑ̃, -ɑ̃t] *adj* consultant
consultatif, -ive [kɔ̃syltatif, -iv] *adj* advisory
consultation [kɔ̃syltasjɔ̃] *nf* consultation; **consultations** *nfpl* (*Pol*) talks; **être en ~** (*délibération*) to be in consultation; (*médecin*) to be consulting; **aller à la ~** (*Méd*) to go to the surgery (*Brit*) *ou* doctor's office (*US*); **heures de ~** (*Méd*) surgery (*Brit*) *ou* office (*US*) hours
consulter [kɔ̃sylte] *vt* to consult ▷ *vi* (*médecin*) to hold surgery (*Brit*), be in (the office) (*US*); **se consulter** *vi* to confer
consumer [kɔ̃syme] *vt* to consume; **se consumer** *vi* to burn; **se ~ de chagrin/douleur** to be consumed with sorrow/grief
consumérisme [kɔ̃symeʀism(ə)] *nm* consumerism
contact [kɔ̃takt] *nm* contact; **au ~ de** (*air, peau*) on contact with; (*gens*) through contact with; **mettre/couper le ~** (*Auto*) to switch on/off the ignition; **entrer en ~** (*fils, objets*) to come into contact, make contact; **se mettre en ~ avec** (*Radio*) to make contact with; **prendre ~ avec** (*relation d'affaires, connaissance*) to get in touch *ou* contact with
contacter [kɔ̃takte] *vt* to contact, get in touch with
contagieux, -euse [kɔ̃taʒjø, -øz] *adj* contagious; infectious
contagion [kɔ̃taʒjɔ̃] *nf* contagion
container [kɔ̃tɛnɛʀ] *nm* container
contamination [kɔ̃taminasjɔ̃] *nf* infection; contamination
contaminer [kɔ̃tamine] *vt* (*par un virus*) to infect; (*par des radiations*) to contaminate
conte [kɔ̃t] *nm* tale; **~ de fées** fairy tale
contemplatif, -ive [kɔ̃tɑ̃platif, -iv] *adj* contemplative
contemplation [kɔ̃tɑ̃plasjɔ̃] *nf* contemplation; (*Rel, Philosophie*) meditation
contempler [kɔ̃tɑ̃ple] *vt* to contemplate, gaze at
contemporain, e [kɔ̃tɑ̃pɔʀɛ̃, -ɛn] *adj, nm/f* contemporary
contenance [kɔ̃tnɑ̃s] *nf* (*d'un récipient*) capacity; (*attitude*) bearing, attitude; **perdre ~** to lose one's composure; **se donner une ~** to give the impression of composure; **faire bonne ~ (devant)** to put on a bold front (in the face of)
conteneur [kɔ̃tnœʀ] *nm* container; **~ (de**

bouteilles) bottle bank
conteneurisation [kɔ̃tnœrizasjɔ̃] *nf* containerization
contenir [kɔ̃tniʀ] *vt* to contain; (*avoir une capacité de*) to hold; **se contenir** *vi* (*se retenir*) to control o.s. *ou* one's emotions, contain o.s.
content, e [kɔ̃tɑ̃, -ɑ̃t] *adj* pleased, glad; **~ de** pleased with; **je serais ~ que tu ...** I would be pleased if you ...
contentement [kɔ̃tɑ̃tmɑ̃] *nm* contentment, satisfaction
contenter [kɔ̃tɑ̃te] *vt* to satisfy, please; (*envie*) to satisfy; **se ~ de** to content o.s. with
contentieux [kɔ̃tɑ̃sjø] *nm* (*Comm*) litigation; (*: service*) litigation department; (*Pol etc*) contentious issues *pl*
contenu, e [kɔ̃tny] *pp de* **contenir** ▷ *nm* (*d'un bol*) contents *pl*; (*d'un texte*) content
conter [kɔ̃te] *vt* to recount, relate; **en ~ de belles à qn** to tell tall stories to sb
contestable [kɔ̃tɛstabl(ə)] *adj* questionable
contestataire [kɔ̃tɛstatɛʀ] *adj* (*journal, étudiant*) anti-establishment ▷ *nm/f* (anti-establishment) protester
contestation [kɔ̃tɛstasjɔ̃] *nf* questioning, contesting; (*Pol*): **la ~** anti-establishment activity, protest
conteste [kɔ̃tɛst(ə)]: **sans ~** *adv* unquestionably, indisputably
contesté, e [kɔ̃tɛste] *adj* (*roman, écrivain*) controversial
contester [kɔ̃tɛste] *vt* to question, contest ▷ *vi* (*Pol: gén*) to protest, rebel (against established authority)
conteur, -euse [kɔ̃tœʀ, -øz] *nm/f* story-teller
contexte [kɔ̃tɛkst(ə)] *nm* context
contiendrai [kɔ̃tjɛ̃dʀe], **contiens** *etc* [kɔ̃tjɛ̃] *vb voir* **contenir**
contigu, ë [kɔ̃tigy] *adj*: **~ (à)** adjacent (to)
continent [kɔ̃tinɑ̃] *nm* continent
continental, e, -aux [kɔ̃tinɑ̃tal, -o] *adj* continental
contingences [kɔ̃tɛ̃ʒɑ̃s] *nfpl* contingencies
contingent [kɔ̃tɛ̃ʒɑ̃] *nm* (*Mil*) contingent; (*Comm*) quota
contingenter [kɔ̃tɛ̃ʒɑ̃te] *vt* (*Comm*) to fix a quota on
contins *etc* [kɔ̃tɛ̃] *vb voir* **contenir**
continu, e [kɔ̃tiny] *adj* continuous; **(courant) ~** direct current, DC
continuation [kɔ̃tinɥasjɔ̃] *nf* continuation
continuel, le [kɔ̃tinɥɛl] *adj* (*qui se répète*) constant, continual; (*continu*) continuous
continuellement [kɔ̃tinɥɛlmɑ̃] *adv* continually; continuously
continuer [kɔ̃tinɥe] *vt* (*travail, voyage etc*) to continue (with), carry on (with), go on with; (*prolonger: alignement, rue*) to continue ▷ *vi* (*pluie, vie, bruit*) to continue, go on; (*voyageur*) to go on; **se continuer** *vi* to carry on; **~ à** *ou* **de faire** to go on *ou* continue doing
continuité [kɔ̃tinɥite] *nf* continuity; continuation
contondant, e [kɔ̃tɔ̃dɑ̃, -ɑ̃t] *adj*: **arme ~e** blunt instrument
contorsion [kɔ̃tɔʀsjɔ̃] *nf* contortion
contorsionner [kɔ̃tɔʀsjɔne]: **se contorsionner** *vi* to contort o.s., writhe about
contorsionniste [kɔ̃tɔʀsjɔnist(ə)] *nm/f* contortionist
contour [kɔ̃tuʀ] *nm* outline, contour; **contours** *nmpl* (*d'une rivière etc*) windings
contourner [kɔ̃tuʀne] *vt* to bypass, walk *ou* drive) round
contraceptif, -ive [kɔ̃tʀasɛptif, -iv] *adj, nm* contraceptive
contraception [kɔ̃tʀasɛpsjɔ̃] *nf* contraception
contracté, e [kɔ̃tʀakte] *adj* (*muscle*) tense, contracted; (*personne: tendu*) tense, tensed up; **article ~** (*Ling*) contracted article
contracter [kɔ̃tʀakte] *vt* (*muscle etc*) to tense, contract; (*maladie, dette, obligation*) to contract; (*assurance*) to take out; **se contracter** *vi* (*métal, muscles*) to contract
contraction [kɔ̃tʀaksjɔ̃] *nf* contraction
contractuel, le [kɔ̃tʀaktɥɛl] *adj* contractual ▷ *nm/f* (*agent*) traffic warden; (*employé*) contract employee
contradiction [kɔ̃tʀadiksjɔ̃] *nf* contradiction
contradictoire [kɔ̃tʀadiktwaʀ] *adj* contradictory, conflicting; **débat ~** (open) debate
contraignant, e [kɔ̃tʀɛɲɑ̃, -ɑ̃t] *vb voir* **contraindre** ▷ *adj* restricting
contraindre [kɔ̃tʀɛ̃dʀ(ə)] *vt*: **~ qn à faire** to force *ou* compel sb to do
contraint, e [kɔ̃tʀɛ̃, -ɛ̃t] *pp de* **contraindre** ▷ *adj* (*mine, air*) constrained, forced ▷ *nf* constraint; **sans ~e** unrestrainedly, unconstrainedly
contraire [kɔ̃tʀɛʀ] *adj, nm* opposite; **~ à** contrary to; **au ~** *adv* on the contrary
contrairement [kɔ̃tʀɛʀmɑ̃] *adv*: **~ à** contrary to, unlike
contralto [kɔ̃tʀalto] *nm* contralto
contrariant, e [kɔ̃tʀaʀjɑ̃, -ɑ̃t] *adj* (*personne*) contrary, perverse; (*incident*) annoying
contrarier [kɔ̃tʀaʀje] *vt* (*personne*) to annoy, bother; (*fig*) to impede; to thwart, frustrate
contrariété [kɔ̃tʀaʀjete] *nf* annoyance
contraste [kɔ̃tʀast(ə)] *nm* contrast
contraster [kɔ̃tʀaste] *vt, vi* to contrast
contrat [kɔ̃tʀa] *nm* contract; (*fig: accord, pacte*) agreement; **~ de travail** employment contract
contravention [kɔ̃tʀavɑ̃sjɔ̃] *nf* (*infraction*): **~ à** contravention of; (*amende*) fine; (*PV pour stationnement interdit*) parking ticket; **dresser ~ à** (*automobiliste*) to book; to write out a parking ticket for
contre [kɔ̃tʀ(ə)] *prép* against; (*en échange*) (in exchange) for; **par ~** on the other hand
contre-amiral, -aux [kɔ̃tʀamiʀal, -o] *nm* rear admiral
contre-attaque [kɔ̃tʀatak] *nf* counterattack
contre-attaquer [kɔ̃tʀatake] *vi* to

C

counterattack
contre-balancer [kɔ̃tʀəbalɑ̃se] *vt* to counterbalance; (*fig*) to offset
contrebande [kɔ̃tʀəbɑ̃d] *nf* (*trafic*) contraband, smuggling; (*marchandise*) contraband, smuggled goods *pl*; **faire la ~ de** to smuggle
contrebandier, -ière [kɔ̃tʀəbɑ̃dje, -jɛʀ] *nm/f* smuggler
contrebas [kɔ̃tʀəbɑ]: **en ~** *adv* (down) below
contrebasse [kɔ̃tʀəbɑs] *nf* (double) bass
contrebassiste [kɔ̃tʀəbɑsist(ə)] *nm/f* (double) bass player
contre-braquer [kɔ̃tʀəbʀake] *vi* to steer into a skid
contrecarrer [kɔ̃tʀəkaʀe] *vt* to thwart
contrechamp [kɔ̃tʀəʃɑ̃] *nm* (*Ciné*) reverse shot
contrecœur [kɔ̃tʀəkœʀ]: **à ~** *adv* (be)grudgingly, reluctantly
contrecoup [kɔ̃tʀəku] *nm* repercussions *pl*; **par ~** as an indirect consequence
contre-courant [kɔ̃tʀəkuʀɑ̃]: **à ~** *adv* against the current
contredire [kɔ̃tʀədiʀ] *vt* (*personne*) to contradict; (*témoignage, assertion, faits*) to refute; **se contredire** *vi* to contradict o.s.
contredit, e [kɔ̃tʀədi, -it] *pp de* **contredire** ▷ *nm*: **sans ~** without question
contrée [kɔ̃tʀe] *nf* region; land
contre-écrou [kɔ̃tʀekʀu] *nm* lock nut
contre-enquête [kɔ̃tʀɑ̃kɛt] *nf* counter-inquiry
contre-espionnage [kɔ̃tʀɛspjɔnaʒ] *nm* counter-espionage
contre-exemple [kɔ̃tʀɛgzɑ̃pl(ə)] *nf* counter-example
contre-expertise [kɔ̃tʀɛkspɛʀtiz] *nf* second (expert) assessment
contrefaçon [kɔ̃tʀəfasɔ̃] *nf* forgery; **~ de brevet** patent infringement
contrefaire [kɔ̃tʀəfɛʀ] *vt* (*document, signature*) to forge, counterfeit; (*personne, démarche*) to mimic; (*dénaturer: sa voix etc*) to disguise
contrefait, e [kɔ̃tʀəfɛ, -ɛt] *pp de* **contrefaire** ▷ *adj* misshapen, deformed
contrefasse [kɔ̃tʀəfas], **contreferai** *etc* [kɔ̃tʀəfʀe] *vb voir* **contrefaire**
contre-filet [kɔ̃tʀəfilɛ] *nm* (*Culin*) sirloin
contreforts [kɔ̃tʀəfɔʀ] *nmpl* foothills
contre-haut [kɔ̃tʀəo]: **en ~** *adv* (up) above
contre-indication [kɔ̃tʀɛ̃dikɑsjɔ̃] *nf* contraindication
contre-indiqué, e [kɔ̃tʀɛ̃dike] *adj* (*Méd*) contraindicated
contre-interrogatoire [kɔ̃tʀɛ̃teʀɔgatwaʀ] *nm*: **faire subir un ~ à qn** to cross-examine sb
contre-jour [kɔ̃tʀəʒuʀ]: **à ~** *adv* against the light
contremaître [kɔ̃tʀəmɛtʀ(ə)] *nm* foreman
contre-manifestant, e [kɔ̃tʀəmanifɛstɑ̃, -ɑ̃t] *nm/f* counter-demonstrator
contre-manifestation [kɔ̃tʀəmanifɛstɑsjɔ̃] *nf* counter-demonstration
contremarque [kɔ̃tʀəmaʀk(ə)] *nf* (*ticket*) pass-out ticket
contre-offensive [kɔ̃tʀɔfɑ̃siv] *nf* counteroffensive
contre-ordre [kɔ̃tʀɔʀdʀ(ə)] *nm* = **contrordre**
contrepartie [kɔ̃tʀəpaʀti] *nf* compensation; **en ~** in compensation; in return
contre-performance [kɔ̃tʀəpɛʀfɔʀmɑ̃s] *nf* below-average performance
contrepèterie [kɔ̃tʀəpetʀi] *nf* spoonerism
contre-pied [kɔ̃tʀəpje] *nm* (*inverse, opposé*): **le ~ de ...** the exact opposite of ...; **prendre le ~ de** to take the opposing view of; to take the opposite course to; **prendre qn à ~** (*Sport*) to wrong-foot sb
contre-plaqué [kɔ̃tʀəplake] *nm* plywood
contre-plongée [kɔ̃tʀəplɔ̃ʒe] *nf* low-angle shot
contrepoids [kɔ̃tʀəpwa] *nm* counterweight, counterbalance; **faire ~** to act as a counterbalance
contrepoil [kɔ̃tʀəpwal]: **à ~** *adv* the wrong way
contrepoint [kɔ̃tʀəpwɛ̃] *nm* counterpoint
contrepoison [kɔ̃tʀəpwazɔ̃] *nm* antidote
contrer [kɔ̃tʀe] *vt* to counter
contre-révolution [kɔ̃tʀəʀevɔlysjɔ̃] *nf* counter-revolution
contre-révolutionnaire [kɔ̃tʀəʀevɔlysjɔnɛʀ] *nm/f* counter-revolutionary
contresens [kɔ̃tʀəsɑ̃s] *nm* misinterpretation; (*mauvaise traduction*) mistranslation; (*absurdité*) nonsense *no pl*; **à ~** *adv* the wrong way
contresigner [kɔ̃tʀəsiɲe] *vt* to countersign
contretemps [kɔ̃tʀətɑ̃] *nm* hitch, contretemps; **à ~** *adv* (*Mus*) out of time; (*fig*) at an inopportune moment
contre-terrorisme [kɔ̃tʀətɛʀɔʀism(ə)] *nm* counter-terrorism
contre-terroriste [kɔ̃tʀətɛʀɔʀist(ə)] *nm/f* counter-terrorist
contre-torpilleur [kɔ̃tʀətɔʀpijœʀ] *nm* destroyer
contrevenant, e [kɔ̃tʀəvnɑ̃, -ɑ̃t] *vb voir* **contrevenir** ▷ *nm/f* offender
contrevenir [kɔ̃tʀəvniʀ]: **~ à** *vt* to contravene
contre-voie [kɔ̃tʀəvwa]: **à ~** *adv* (*en sens inverse*) on the wrong track; (*du mauvais côté*) on the wrong side
contribuable [kɔ̃tʀibɥabl(ə)] *nm/f* taxpayer
contribuer [kɔ̃tʀibɥe]: **~ à** *vt* to contribute towards
contribution [kɔ̃tʀibysjɔ̃] *nf* contribution; **les ~s** (*bureaux*) the tax office; **mettre à ~** to call upon; **~s directes/indirectes** direct/indirect taxation
contrit, e [kɔ̃tʀi, -it] *adj* contrite
contrôlable [kɔ̃tʀolabl(ə)] *adj* (*maîtrisable: situation, débit*) controllable; (*alibi, déclarations*) verifiable
contrôle [kɔ̃tʀol] *nm* checking *no pl*, check; supervision; monitoring; (*test*) test, examination; **perdre le ~ de son véhicule** to lose control of one's vehicle; **~ des changes** (*Comm*) exchange controls; **~ continu** (*Scol*)

continuous assessment; **~ d'identité** identity check; **~ des naissances** birth control; **~ des prix** price control
contrôler [kɔ̃tʀole] *vt* (*vérifier*) to check; (*surveiller*) to supervise; to monitor, control; (*maîtriser, Comm: firme*) to control; **se contrôler** *vi* to control o.s.
contrôleur, -euse [kɔ̃tʀolœʀ, -øz] *nm/f* (*de train*) (ticket) inspector; (*de bus*) (bus) conductor/tress; **~ de la navigation aérienne, ~ aérien** air traffic controller; **~ financier** financial controller
contrordre [kɔ̃tʀɔʀdʀ(ə)] *nm* counter-order, countermand; **sauf ~** unless otherwise directed
controverse [kɔ̃tʀɔvɛʀs(ə)] *nf* controversy
controversé, e [kɔ̃tʀɔvɛʀse] *adj* (*personnage, question*) controversial
contumace [kɔ̃tymas]: **par ~** *adv* in absentia
contusion [kɔ̃tyzjɔ̃] *nf* bruise, contusion
contusionné, e [kɔ̃tyzjɔne] *adj* bruised
conurbation [kɔnyʀbɑsjɔ̃] *nf* conurbation
convaincant, e [kɔ̃vɛ̃kɑ̃, -ɑ̃t] *vb voir* **convaincre** ▷ *adj* convincing
convaincre [kɔ̃vɛ̃kʀ(ə)] *vt*: **~ qn (de qch)** to convince sb (of sth); **~ qn (de faire)** to persuade sb (to do); **~ qn de** (*Jur: délit*) to convict sb of
convaincu, e [kɔ̃vɛ̃ky] *pp de* **convaincre** ▷ *adj*: **d'un ton ~** with conviction
convainquais *etc* [kɔ̃vɛ̃kɛ] *vb voir* **convaincre**
convalescence [kɔ̃valesɑ̃s] *nf* convalescence; **maison de ~** convalescent home
convalescent, e [kɔ̃valesɑ̃, -ɑ̃t] *adj, nm/f* convalescent
convenable [kɔ̃vnabl(ə)] *adj* suitable; (*décent*) acceptable, proper; (*assez bon*) decent, acceptable; adequate, passable
convenablement [kɔ̃vnabləmɑ̃] *adv* (*placé, choisi*) suitably; (*s'habiller, s'exprimer*) properly; (*payé, logé*) decently
convenance [kɔ̃vnɑ̃s] *nf*: **à ma/votre ~** to my/your liking; **convenances** *nfpl* proprieties
convenir [kɔ̃vniʀ] *vt* to be suitable; **~ à** to suit; **il convient de** it is advisable to; (*bienséant*) it is right *ou* proper to; **~ de** (*bien-fondé de qch*) to admit (to), acknowledge; (*date, somme etc*) to agree upon; **~ que** (*admettre*) to admit that, acknowledge the fact that; **~ de faire qch** to agree to do sth; **il a été convenu que** it has been agreed that; **comme convenu** as agreed
convention [kɔ̃vɑ̃sjɔ̃] *nf* convention; **conventions** *nfpl* (*convenances*) convention *sg*, social conventions; **de ~** conventional; **~ collective** (*Écon*) collective agreement
conventionnalisme [kɔ̃vɑ̃sjɔnalism(ə)] *nm* (*des idées*) conventionality
conventionné, e [kɔ̃vɑ̃sjɔne] *adj* (*Admin*) *applying charges laid down by the state*
conventionnel, le [kɔ̃vɑ̃sjɔnɛl] *adj* conventional
conventionnellement [kɔ̃vɑ̃sjɔnɛlmɑ̃] *adv* conventionally
conventuel, le [kɔ̃vɑ̃tɥɛl] *adj* monastic; monastery *cpd*, conventual, convent *cpd*
convenu, e [kɔ̃vny] *pp de* **convenir** ▷ *adj* agreed
convergent, e [kɔ̃vɛʀʒɑ̃, -ɑ̃t] *adj* convergent
converger [kɔ̃vɛʀʒe] *vi* to converge; **~ vers** *ou* **sur** to converge on
conversation [kɔ̃vɛʀsɑsjɔ̃] *nf* conversation; **avoir de la ~** to be a good conversationalist
converser [kɔ̃vɛʀse] *vi* to converse
conversion [kɔ̃vɛʀsjɔ̃] *nf* conversion; (*Ski*) kick turn
convertible [kɔ̃vɛʀtibl(ə)] *adj* (*Écon*) convertible; **(canapé) ~** sofa bed
convertir [kɔ̃vɛʀtiʀ] *vt*: **~ qn (à)** to convert sb (to); **~ qch en** to convert sth into; **se ~ (à)** to be converted (to)
convertisseur [kɔ̃vɛʀtisœʀ] *nm* (*Élec*) converter
convexe [kɔ̃vɛks(ə)] *adj* convex
conviction [kɔ̃viksjɔ̃] *nf* conviction
conviendrai [kɔ̃vjɛ̃dʀe], **conviens** *etc* [kɔ̃vjɛ̃] *vb voir* **convenir**
convier [kɔ̃vje] *vt*: **~ qn à** (*dîner etc*) to (cordially) invite sb to; **~ qn à faire** to urge sb to do
convint *etc* [kɔ̃vɛ̃] *vb voir* **convenir**
convive [kɔ̃viv] *nm/f* guest (*at table*)
convivial, e [kɔ̃vivjal] *adj* (*Inform*) user-friendly
convocation [kɔ̃vɔkasjɔ̃] *nf* (*voir convoquer*) convening, convoking; summoning; invitation; (*document*) notification to attend; summons *sg*
convoi [kɔ̃vwa] *nm* (*de voitures, prisonniers*) convoy; (*train*) train; **~ (funèbre)** funeral procession
convoiter [kɔ̃vwate] *vt* to covet
convoitise [kɔ̃vwatiz] *nf* covetousness; (*sexuelle*) lust, desire
convoler [kɔ̃vɔle] *vi*: **~ (en justes noces)** to be wed
convoquer [kɔ̃vɔke] *vt* (*assemblée*) to convene, convoke; (*subordonné, témoin*) to summon; (*candidat*) to ask to attend; **~ qn (à)** (*réunion*) to invite sb (to attend)
convoyer [kɔ̃vwaje] *vt* to escort
convoyeur [kɔ̃vwajœʀ] *nm* (*Navig*) escort ship; **~ de fonds** security guard
convulsé, e [kɔ̃vylse] *adj* (*visage*) distorted
convulsif, -ive [kɔ̃vylsif, -iv] *adj* convulsive
convulsions [kɔ̃vylsjɔ̃] *nfpl* convulsions
cookie [kuki] *nm* (*Inform*) cookie
coopérant [kɔɔpeʀɑ̃] *nm* ≈ person doing Voluntary Service Overseas (Brit), ≈ member of the Peace Corps (US)
coopératif, -ive [kɔɔpeʀatif, -iv] *adj, nf* co-operative
coopération [kɔɔpeʀɑsjɔ̃] *nf* co-operation; (*Admin*): **la C~** ≈ Voluntary Service Overseas (Brit) *ou* the Peace Corps (US) (*done as alternative to military service*)
coopérer [kɔɔpeʀe] *vi*: **~ (à)** to co-operate (in)
coordination [kɔɔʀdinɑsjɔ̃] *nf* coordination
coordonnateur, -trice [kɔɔʀdɔnatœʀ, -tʀis] *adj* coordinating ▷ *nm/f* coordinator
coordonné, e [kɔɔʀdɔne] *adj* coordinated ▷ *nf* (*Ling*) coordinate clause; **coordonnés** *nmpl*

(*vêtements*) coordinates; **coordonnées** *nfpl* (*Math*) coordinates; (*détails personnels*) address, phone number, schedule *etc*; whereabouts; **donnez-moi vos ~** (*fam*) can I have your details please?
coordonner [kɔɔʀdɔne] *vt* to coordinate
copain, copine [kɔpɛ̃, kɔpin] *nm/f* mate (*Brit*), pal ▷ *adj*: **être ~ avec** to be pally with
copeau, x [kɔpo] *nm* shaving; (*de métal*) turning
Copenhague [kɔpənag] *n* Copenhagen
copie [kɔpi] *nf* copy; (*Scol*) script, paper; exercise; **~ certifiée conforme** certified copy; **~ papier** (*Inform*) hard copy
copier [kɔpje] *vt, vi* to copy; **~ sur** to copy from
copieur [kɔpjœʀ] *nm* (photo)copier
copieusement [kɔpjøzmɑ̃] *adv* copiously
copieux, -euse [kɔpjø, -øz] *adj* copious, hearty
copilote [kɔpilɔt] *nm* (*Aviat*) co-pilot; (*Auto*) co-driver, navigator
copinage [kɔpinaʒ] *nm*: **obtenir qch par ~** to get sth through contacts
copine [kɔpin] *nf voir* **copain**
copiste [kɔpist(ə)] *nm/f* copyist, transcriber
coproduction [kɔpʀɔdyksjɔ̃] *nf* coproduction, joint production
copropriétaire [kɔpʀɔpʀijetɛʀ] *nm/f* co-owner
copropriété [kɔpʀɔpʀijete] *nf* co-ownership, joint ownership; **acheter en ~** to buy on a co-ownership basis
copulation [kɔpylɑsjɔ̃] *nf* copulation
copyright [kɔpiʀajt] *nm* copyright
coq [kɔk] *nm* cockerel, rooster ▷ *adj inv* (*Boxe*): **poids ~** bantamweight; **~ de bruyère** grouse; **~ du village** (*fig: péj*) ladykiller; **~ au vin** coq au vin
coq-à-l'âne [kɔkalɑn] *nm inv* abrupt change of subject
coque [kɔk] *nf* (*de noix, mollusque*) shell; (*de bateau*) hull; **à la ~** (*Culin*) (soft-)boiled
coquelet [kɔklɛ] *nm* (*Culin*) cockerel
coquelicot [kɔkliko] *nm* poppy
coqueluche [kɔklyʃ] *nf* whooping-cough; (*fig*): **être la ~ de qn** to be sb's flavour of the month
coquet, te [kɔkɛ, -ɛt] *adj* appearance-conscious; (*joli*) pretty
coquetier [kɔktje] *nm* egg-cup
coquettement [kɔkɛtmɑ̃] *adv* (*s'habiller*) attractively; (*meubler*) prettily
coquetterie [kɔkɛtʀi] *nf* appearance-consciousness
coquillage [kɔkijaʒ] *nm* (*mollusque*) shellfish *inv*; (*coquille*) shell
coquille [kɔkij] *nf* shell; (*Typo*) misprint; **~ de beurre** shell of butter; **~ d'œuf** *adj* (*couleur*) eggshell; **~ de noix** nutshell; **~ St Jacques** scallop
coquillettes [kɔkijɛt] *nfpl* pasta shells
coquin, e [kɔkɛ̃, -in] *adj* mischievous, roguish; (*polisson*) naughty ▷ *nm/f* (*péj*) rascal
cor [kɔʀ] *nm* (*Mus*) horn; (*Méd*): **~ (au pied)** corn; **réclamer à ~ et à cri** to clamour for; **~ anglais** cor anglais; **~ de chasse** hunting horn
corail, -aux [kɔʀaj, -o] *nm* coral *no pl*
Coran [kɔʀɑ̃] *nm*: **le ~** the Koran
coraux [kɔʀo] *nmpl de* **corail**
corbeau, x [kɔʀbo] *nm* crow
corbeille [kɔʀbɛj] *nf* basket; (*Inform*) recycle bin; (*Bourse*): **la ~** ≈ the floor (of the Stock Exchange); **~ de mariage** (*fig*) wedding presents *pl*; **~ à ouvrage** work-basket; **~ à pain** breadbasket; **~ à papier** waste paper basket *ou* bin
corbillard [kɔʀbijaʀ] *nm* hearse
cordage [kɔʀdaʒ] *nm* rope; **cordages** *nmpl* (*de voilure*) rigging *sg*
corde [kɔʀd(ə)] *nf* rope; (*de violon, raquette, d'arc*) string; (*trame*): **la ~** the thread; (*Athlétisme, Auto*): **la ~** the rails *pl*; **les ~s** (*Boxe*) the ropes; **les (instruments à) ~s** (*Mus*) the strings, the stringed instruments; **semelles de ~** rope soles; **tenir la ~** (*Athlétisme, Auto*) to be in the inside lane; **tomber des ~s** to rain cats and dogs; **tirer sur la ~** to go too far; **la ~ sensible** the right chord; **usé jusqu'à la ~** threadbare; **~ à linge** washing *ou* clothes line; **~ lisse** (climbing) rope; **~ à nœuds** knotted climbing rope; **~ raide** tightrope; **~ à sauter** skipping rope; **~s vocales** vocal cords
cordeau, x [kɔʀdo] *nm* string, line; **tracé au ~** as straight as a die
cordée [kɔʀde] *nf* (*d'alpinistes*) rope, roped party
cordelière [kɔʀdəljɛʀ] *nf* cord (belt)
cordial, e, aux [kɔʀdjal, -o] *adj* warm, cordial ▷ *nm* cordial, pick-me-up
cordialement [kɔʀdjalmɑ̃] *adv* cordially, heartily; (*formule épistolaire*) (kind) regards
cordialité [kɔʀdjalite] *nf* warmth, cordiality
cordillère [kɔʀdijɛʀ] *nf*: **la ~ des Andes** the Andes cordillera *ou* range
cordon [kɔʀdɔ̃] *nm* cord, string; **~ sanitaire/de police** sanitary/police cordon; **~ littoral** sandbank, sandbar; **~ ombilical** umbilical cord
cordon-bleu [kɔʀdɔ̃blø] *adj, nm/f* cordon bleu
cordonnerie [kɔʀdɔnʀi] *nf* shoe repairer's *ou* mender's (shop)
cordonnier [kɔʀdɔnje] *nm* shoe repairer *ou* mender, cobbler
cordouan, e [kɔʀduɑ̃, -an] *adj* Cordovan
Cordoue [kɔʀdu] *n* Cordoba
Corée [kɔʀe] *nf*: **la ~** Korea; **la ~ du Sud/du Nord** South/North Korea; **la République (démocratique populaire) de ~** the (Democratic People's) Republic of Korea
coréen, ne [kɔʀeɛ̃, -ɛn] *adj* Korean ▷ *nm* (*Ling*) Korean ▷ *nm/f*: **Coréen, ne** Korean
coreligionnaire [kɔʀəliʒjɔnɛʀ] *nm/f* fellow Christian/Muslim/Jew *etc*
Corfou [kɔʀfu] *n* Corfu
coriace [kɔʀjas] *adj* tough
coriandre [kɔʀjɑ̃dʀ(ə)] *nf* coriander
Corinthe [kɔʀɛ̃t] *n* Corinth
cormoran [kɔʀmɔʀɑ̃] *nm* cormorant
cornac [kɔʀnak] *nm* elephant driver
corne [kɔʀn(ə)] *nf* horn; (*de cerf*) antler; (*de la peau*) callus; **~ d'abondance** horn of plenty; **~**

de brume (*Navig*) foghorn
cornée [kɔʀne] *nf* cornea
corneille [kɔʀnɛj] *nf* crow
cornélien, ne [kɔʀneljɛ̃, -ɛn] *adj* (*débat etc*) where love and duty conflict
cornemuse [kɔʀnəmyz] *nf* bagpipes *pl*; **joueur de ~** piper
corner[1] [kɔʀnɛʀ] *nm* (*Football*) corner (kick)
corner[2] [kɔʀne] *vt* (*pages*) to make dog-eared ▷ *vi* (*klaxonner*) to blare out
cornet [kɔʀnɛ] *nm* (paper) cone; (*de glace*) cornet, cone; **~ à pistons** cornet
cornette [kɔʀnɛt] *nf* cornet (*headgear*)
corniaud [kɔʀnjo] *nm* (*chien*) mongrel; (*péj*) twit, clot
corniche [kɔʀniʃ] *nf* (*de meuble, neigeuse*) cornice; (*route*) coast road
cornichon [kɔʀniʃɔ̃] *nm* gherkin
Cornouailles [kɔʀnwaj] *nf(pl)* Cornwall
cornue [kɔʀny] *nf* retort
corollaire [kɔʀɔlɛʀ] *nm* corollary
corolle [kɔʀɔl] *nf* corolla
coron [kɔʀɔ̃] *nm* mining cottage; mining village
coronaire [kɔʀɔnɛʀ] *adj* coronary
corporation [kɔʀpɔʀɑsjɔ̃] *nf* corporate body; (*au Moyen-Âge*) guild
corporel, le [kɔʀpɔʀɛl] *adj* bodily; (*punition*) corporal; **soins ~s** care *sg* of the body
corps [kɔʀ] *nm* (*gén*) body; (*cadavre*) (dead) body; **à son ~ défendant** against one's will; **à ~ perdu** headlong; **perdu ~ et biens** lost with all hands; **prendre ~** to take shape; **faire ~ avec** to be joined to; to form one body with; **~ d'armée (CA)** army corps; **~ de ballet** corps de ballet; **~ constitués** (*Pol*) constitutional bodies; **le ~ consulaire (CC)** the consular corps; **~ à ~** *adv* hand-to-hand ▷ *nm* clinch; **le ~ du délit** (*Jur*) corpus delicti; **le ~ diplomatique (CD)** the diplomatic corps; **le ~ électoral** the electorate; **le ~ enseignant** the teaching profession; **~ étranger** (*Méd*) foreign body; **~ expéditionnaire** task force; **~ de garde** guardroom; **~ législatif** legislative body; **le ~ médical** the medical profession
corpulence [kɔʀpylɑ̃s] *nf* build; (*embonpoint*) stoutness (*Brit*), corpulence; **de forte ~** of large build
corpulent, e [kɔʀpylɑ̃, -ɑ̃t] *adj* stout (*Brit*), corpulent
corpus [kɔʀpys] *nm* (*Ling*) corpus
correct, e [kɔʀɛkt] *adj* (*exact*) accurate, correct; (*bienséant, honnête*) correct; (*passable*) adequate
correctement [kɔʀɛktəmɑ̃] *adv* accurately; correctly; adequately
correcteur, -trice [kɔʀɛktœʀ, -tʀis] *nm/f* (*Scol*) examiner, marker; (*Typo*) proofreader
correctif, -ive [kɔʀɛktif, -iv] *adj* corrective ▷ *nm* (*mise au point*) rider, qualification
correction [kɔʀɛksjɔ̃] *nf* (*voir corriger*) correction; marking; (*voir correct*) correctness; (*rature, surcharge*) correction, emendation; (*coups*) thrashing; **~ sur écran** (*Inform*) screen editing; **~ (des épreuves)** proofreading
correctionnel, le [kɔʀɛksjɔnɛl] *adj* (*Jur*): **tribunal ~** ≈ criminal court
corrélation [kɔʀelɑsjɔ̃] *nf* correlation
correspondance [kɔʀɛspɔ̃dɑ̃s] *nf* correspondence; (*de train, d'avion*) connection; **ce train assure la ~ avec l'avion de 10 heures** this train connects with the 10 o'clock plane; **cours par ~** correspondence course; **vente par ~** mail-order business
correspondancier, -ière [kɔʀɛspɔ̃dɑ̃sje, -jɛʀ] *nm/f* correspondence clerk
correspondant, e [kɔʀɛspɔ̃dɑ̃, -ɑ̃t] *nm/f* correspondent; (*Tél*) person phoning (*ou* being phoned)
correspondre [kɔʀɛspɔ̃dʀ(ə)] *vi* (*données, témoignages*) to correspond, tally; (*chambres*) to communicate; **~ à** to correspond to; **~ avec qn** to correspond with sb
Corrèze [kɔʀɛz] *nf*: **la ~** the Corrèze
corrézien, ne [kɔʀezjɛ̃, -ɛn] *adj* of *ou* from the Corrèze
corrida [kɔʀida] *nf* bullfight
corridor [kɔʀidɔʀ] *nm* corridor, passage
corrigé [kɔʀiʒe] *nm* (*Scol*) correct version; fair copy
corriger [kɔʀiʒe] *vt* (*devoir*) to correct, mark; (*texte*) to correct, emend; (*erreur, défaut*) to correct, put right; (*punir*) to thrash; **~ qn de** (*défaut*) to cure sb of; **se ~ de** to cure o.s. of
corroborer [kɔʀɔbɔʀe] *vt* to corroborate
corroder [kɔʀɔde] *vt* to corrode
corrompre [kɔʀɔ̃pʀ(ə)] *vt* (*dépraver*) to corrupt; (*acheter: témoin etc*) to bribe
corrompu, e [kɔʀɔ̃py] *adj* corrupt
corrosif, -ive [kɔʀozif, -iv] *adj* corrosive
corrosion [kɔʀozjɔ̃] *nf* corrosion
corruption [kɔʀypsjɔ̃] *nf* corruption; bribery
corsage [kɔʀsaʒ] *nm* (*d'une robe*) bodice; (*chemisier*) blouse
corsaire [kɔʀsɛʀ] *nm* pirate, corsair; privateer
corse [kɔʀs(ə)] *adj* Corsican ▷ *nm/f*: **Corse** Corsican ▷ *nf*: **la C~** Corsica
corsé, e [kɔʀse] *adj* vigorous; (*café etc*) full-flavoured (*Brit*) *ou* -flavored (*US*); (*goût*) full; (*fig*) spicy; tricky
corselet [kɔʀsəlɛ] *nm* corselet
corser [kɔʀse] *vt* (*difficulté*) to aggravate; (*intrigue*) to liven up; (*sauce*) to add spice to
corset [kɔʀsɛ] *nm* corset; (*d'une robe*) bodice; **~ orthopédique** surgical corset
corso [kɔʀso] *nm*: **~ fleuri** procession of floral floats
cortège [kɔʀtɛʒ] *nm* procession
cortisone [kɔʀtizɔn] *nf* (*Méd*) cortisone
corvée [kɔʀve] *nf* chore, drudgery *no pl*; (*Mil*) fatigue (duty)
cosaque [kɔzak] *nm* cossack
cosignataire [kɔsiɲatɛʀ] *adj, nm/f* co-signatory
cosinus [kɔsinys] *nm* (*Math*) cosine
cosmétique [kɔsmetik] *nm* (*pour les cheveux*) hair-oil; (*produit de beauté*) beauty care product

C

cosmétologie [kɔsmetɔlɔʒi] *nf* beauty care
cosmique [kɔsmik] *adj* cosmic
cosmonaute [kɔsmɔnot] *nm/f* cosmonaut, astronaut
cosmopolite [kɔsmɔpɔlit] *adj* cosmopolitan
cosmos [kɔsmɔs] *nm* outer space; cosmos
cosse [kɔs] *nf* (*Bot*) pod, hull
cossu, e [kɔsy] *adj* opulent-looking, well-to-do
Costa Rica [kɔstaʀika] *nm*: **le** ~ Costa Rica
costaricien, ne [kɔstaʀisjɛ̃, -ɛn] *adj* Costa Rican ▷ *nm/f*: **Costaricien, ne** Costa Rican
costaud, e [kɔsto, -od] *adj* strong, sturdy
costume [kɔstym] *nm* (*d'homme*) suit; (*de théâtre*) costume
costumé, e [kɔstyme] *adj* dressed up
costumier, -ière [kɔstymje, -jɛʀ] *nm/f* (*fabricant, loueur*) costumier; (*Théât*) wardrobe master/mistress
cotangente [kɔtɑ̃ʒɑ̃t] *nf* (*Math*) cotangent
cotation [kɔtɑsjɔ̃] *nf* quoted value
cote [kɔt] *nf* (*en Bourse etc*) quotation; quoted value; (*d'un cheval*): **la ~ de** the odds *pl* on; (*d'un candidat etc*) rating; (*mesure: sur une carte*) spot height; (*: sur un croquis*) dimension; (*de classement*) (classification) mark; reference number; **avoir la** ~ to be very popular; **inscrit à la** ~ quoted on the Stock Exchange; **~ d'alerte** danger *ou* flood level; **~ mal taillée** (*fig*) compromise; **~ de popularité** popularity rating
coté, e [kɔte] *adj*: **être** ~ to be listed *ou* quoted; **être ~ en Bourse** to be quoted on the Stock Exchange; **être bien/mal** ~ to be highly/poorly rated
côte [kot] *nf* (*rivage*) coast(line); (*pente*) slope; (*: sur une route*) hill; (*Anat*) rib; (*d'un tricot, tissu*) rib, ribbing *no pl*; **~ à ~** *adv* side by side; **la C~ (d'Azur)** the (French) Riviera; **la C~ d'Ivoire** the Ivory Coast; **~ de porc** pork chop
côté [kote] *nm* (*gén*) side; (*direction*) way, direction; **de chaque ~ (de)** on each side of; **de tous les ~s** from all directions; **de quel ~ est-il parti?** which way *ou* in which direction did he go?; **de ce/de l'autre** ~ this/the other way; **d'un ~ ... de l'autre ~ ...** (*alternative*) on (the) one hand ... on the other (hand) ...; **du ~ de** (*provenance*) from; (*direction*) towards; **du ~ de Lyon** (*proximité*) near Lyons; **du ~ gauche** on the left-hand side; **de** ~ *adv* sideways; on one side; to one side; aside; **laisser de** ~ to leave on one side; **mettre de** ~ to put on one side, put aside; **de mon** ~ (*quant à moi*) for my part; **à** ~ *adv* (right) nearby; beside next door; (*d'autre part*) besides; **à ~ de** beside; next to; (*fig*) in comparison to; **à ~ (de la cible)** off target, wide (of the mark); **être aux ~s de** to be by the side of
coteau, x [kɔto] *nm* hill
côtelé, e [kotle] *adj* ribbed; **pantalon en velours** ~ corduroy trousers *pl*
côtelette [kotlɛt] *nf* chop
coter [kɔte] *vt* (*Bourse*) to quote
coterie [kɔtʀi] *nf* set
côtier, -ière [kotje, -jɛʀ] *adj* coastal
cotisation [kɔtizɑsjɔ̃] *nf* subscription, dues *pl*; (*pour une pension*) contributions *pl*
cotiser [kɔtize] *vi*: **~ (à)** to pay contributions (to); (*à une association*) to subscribe (to); **se cotiser** to club together
coton [kɔtɔ̃] *nm* cotton; **~ hydrophile** cotton wool (*Brit*), absorbent cotton (*US*)
cotonnade [kɔtɔnad] *nf* cotton (fabric)
Coton-Tige® [kɔtɔ̃tiʒ] *nm* cotton bud®
côtoyer [kotwaje] *vt* to be close to; (*rencontrer*) to rub shoulders with; (*longer*) to run alongside; (*fig: friser*) to be bordering *ou* verging on
cotte [kɔt] *nf*: **~ de mailles** coat of mail
cou [ku] *nm* neck
couac [kwak] *nm* (*fam*) bum note
couard, e [kwaʀ, -aʀd(ə)] *adj* cowardly
couchage [kuʃaʒ] *nm voir* **sac**
couchant [kuʃɑ̃] *adj*: **soleil** ~ setting sun
couche [kuʃ] *nf* (*strate: gén, Géo*) layer, stratum (*pl* -a); (*de peinture, vernis*) coat; (*de poussière, crème*) layer; (*de bébé*) nappy (*Brit*), diaper (*US*); **~ d'ozone** ozone layer; **couches** *nfpl* (*Méd*) confinement *sg*; **~s sociales** social levels *ou* strata
couché, e [kuʃe] *adj* (*étendu*) lying down; (*au lit*) in bed
couche-culotte [kuʃkylɔt] (*pl* **couches-culottes**) *nf* (plastic-coated) disposable nappy (*Brit*) *ou* diaper (*US*)
coucher [kuʃe] *nm* (*du soleil*) setting ▷ *vt* (*personne*) to put to bed; (*: loger*) to put up; (*objet*) to lay on its side; (*écrire*) to inscribe, couch ▷ *vi* (*dormir*) to sleep, spend the night; **~ avec qn** to sleep with sb, go to bed with sb; **se coucher** *vi* (*pour dormir*) to go to bed; (*pour se reposer*) to lie down; (*soleil*) to set, go down; **à prendre avant le** ~ (*Méd*) take at night *ou* before going to bed; **~ de soleil** sunset
couchette [kuʃɛt] *nf* couchette; (*de marin*) bunk
coucheur [kuʃœʀ] *nm*: **mauvais** ~ awkward customer
couci-couça [kusikusa] *adv* (*fam*) so-so
coucou [kuku] *nm* cuckoo ▷ *excl* peek-a-boo
coude [kud] *nm* (*Anat*) elbow; (*de tuyau, de la route*) bend; **~ à ~** *adv* shoulder to shoulder, side by side
coudée [kude] *nf*: **avoir ses ~s franches** (*fig*) to have a free rein
cou-de-pied [kudpje] (*pl* **cous-de-pied**) *nm* instep
coudoyer [kudwaje] *vt* to brush past *ou* against; (*fig*) to rub shoulders with
coudre [kudʀ(ə)] *vt* (*bouton*) to sew on; (*robe*) to sew (up) ▷ *vi* to sew
couenne [kwan] *nf* (*de lard*) rind
couette [kwɛt] *nf* duvet, (continental) quilt; **couettes** *nfpl* (*cheveux*) bunches
couffin [kufɛ̃] *nm* Moses basket; (straw) basket
couilles [kuj] *nfpl* (*fam!*) balls (*!*)
couiner [kwine] *vi* to squeal

coulage [kulaʒ] *nm* (*Comm*) loss of stock (*due to theft or negligence*)
coulant, e [kulɑ̃, -ɑ̃t] *adj* (*indulgent*) easy-going; (*fromage etc*) runny
coulée [kule] *nf* (*de lave, métal en fusion*) flow; **~ de neige** snowslide
couler [kule] *vi* to flow, run; (*fuir: stylo, récipient*) to leak; (*sombrer: bateau*) to sink ▷ *vt* (*cloche, sculpture*) to cast; (*bateau*) to sink; (*fig*) to ruin, bring down; (*: passer*): **~ une vie heureuse** to enjoy a happy life; **se ~ dans** (*interstice etc*) to slip into; **faire ~** (*eau*) to run; **faire ~ un bain** to run a bath; **il a coulé une bielle** (*Auto*) his big end went; **~ de source** to follow on naturally; **~ à pic** to sink *ou* go straight to the bottom
couleur [kulœʀ] *nf* colour (*Brit*), color (*US*); (*Cartes*) suit; **couleurs** *nfpl* (*du teint*) colo(u)r *sg*; **les ~s** (*Mil*) the colo(u)rs; **en ~s** (*film*) in colo(u)r; **télévision en ~s** colo(u)r television; **de ~** (*homme, femme*) colo(u)red; **sous ~ de** on the pretext of; **de quelle ~** of what colo(u)r
couleuvre [kulœvʀ(ə)] *nf* grass snake
coulisse [kulis] *nf* (*Tech*) runner; **coulisses** *nfpl* (*Théât*) wings; (*fig*): **dans les ~s** behind the scenes; **porte à ~** sliding door
coulisser [kulise] *vi* to slide, run
couloir [kulwaʀ] *nm* corridor, passage; (*d'avion*) aisle; (*de bus*) gangway; (*: sur la route*) bus lane; (*Sport: de piste*) lane; (*Géo*) gully; **~ aérien** air corridor *ou* lane; **~ de navigation** shipping lane
coulpe [kulp(ə)] *nf*: **battre sa ~** to repent openly
coup [ku] *nm* (*heurt, choc*) knock; (*affectif*) blow, shock; (*agressif*) blow; (*avec arme à feu*) shot; (*de l'horloge*) chime; stroke; (*Sport*) stroke; shot; blow; (*fam: fois*) time; (*Échecs*) move; **~ de coude/genou** nudge (with the elbow)/ with the knee; **à ~s de hache/marteau** (hitting) with an axe/a hammer; **~ de tonnerre** clap of thunder; **~ de sonnette** ring of the bell; **~ de crayon/pinceau** stroke of the pencil/brush; **donner un ~ de balai** to sweep up, give the floor a sweep; **donner un ~ de chiffon** to go round with the duster; **avoir le ~** (*fig*) to have the knack; **être dans le/hors du ~** to be/not to be in on it; **boire un ~** to have a drink; **d'un seul ~** (*subitement*) suddenly; (*à la fois*) at one go; in one blow; **du ~** so (you see); **du premier ~** first time *ou* go, at the first attempt; **du même ~** at the same time; **à ~ sûr** definitely, without fail; **après ~** afterwards; **~ sur ~** in quick succession; **être sur un ~** to be on to something; **sur le ~** outright; **sous le ~ de** (*surprise etc*) under the influence of; **tomber sous le ~ de la loi** to constitute a statutory offence; **à tous les ~s** every time; **il a raté son ~** he missed his turn; **pour le ~** for once; **~ bas** (*fig*): **donner un ~ bas à qn** to hit sb below the belt; **~ de chance** stroke of luck; **~ de chapeau** (*fig*) pat on the back; **~ de couteau** stab (of a knife); **~ dur** hard blow; **~ d'éclat** (great) feat; **~ d'envoi** kick-off; **~ d'essai** first attempt; **~ d'état** coup d'état; **~ de feu** shot; **~ de filet** (*Police*) haul; **~ de foudre** (*fig*) love at first sight; **~ fourré** stab in the back; **~ franc** free kick; **~ de frein** (sharp) braking *no pl*; **~ de fusil** rifle shot; **~ de grâce** coup de grâce; **~ du lapin** (*Auto*) whiplash; **~ de main**: **donner un ~ de main à qn** to give sb a (helping) hand; **~ de maître** master stroke; **~ d'œil** glance; **~ de pied** kick; **~ de poing** punch; **~ de soleil** sunburn *no pl*; **~ de téléphone** phone call; **~ de tête** (*fig*) (sudden) impulse; **~ de théâtre** (*fig*) dramatic turn of events; **~ de vent** gust of wind; **en ~ de vent** (*rapidement*) in a tearing hurry
coupable [kupabl(ə)] *adj* guilty; (*pensée*) guilty, culpable ▷ *nm/f* (*gén*) culprit; (*Jur*) guilty party; **~ de** guilty of
coupant, e [kupɑ̃, -ɑ̃t] *adj* (*lame*) sharp; (*fig: voix, ton*) cutting
coupe [kup] *nf* (*verre*) goblet; (*à fruits*) dish; (*Sport*) cup; (*de cheveux, de vêtement*) cut; (*graphique, plan*) (cross) section; **être sous la ~ de** to be under the control of; **faire des ~s sombres dans** to make drastic cuts in
coupé, e [kupe] *adj* (*communications, route*) cut, blocked; (*vêtement*): **bien/mal ~** well/badly cut ▷ *nm* (*Auto*) coupé ▷ *nf* (*Navig*) gangway
coupe-circuit [kupsiʀkɥi] *nm inv* cutout, circuit breaker
coupe-feu [kupfø] *nm inv* firebreak
coupe-gorge [kupgɔʀʒ(ə)] *nm inv* cut-throats' den
coupe-ongles [kupɔ̃gl(ə)] *nm inv* (*pince*) nail clippers; (*ciseaux*) nail scissors
coupe-papier [kuppapje] *nm inv* paper knife
couper [kupe] *vt* to cut; (*retrancher*) to cut (out), take out; (*route, courant*) to cut off; (*appétit*) to take away; (*fièvre*) to take down, reduce; (*vin, cidre*) to blend; (*: à table*) to dilute (with water) ▷ *vi* to cut; (*prendre un raccourci*) to take a short-cut; (*Cartes: diviser le paquet*) to cut; (*: avec l'atout*) to trump; **se couper** *vi* (*se blesser*) to cut o.s.; (*en témoignant etc*) to give o.s. away; **~ l'appétit à qn** to spoil sb's appetite; **~ la parole à qn** to cut sb short; **~ les vivres à qn** to cut off sb's vital supplies; **~ le contact** *ou* **l'allumage** (*Auto*) to turn off the ignition; **~ les ponts avec qn** to break with sb; **se faire ~ les cheveux** to have *ou* get one's hair cut
couperet [kupʀɛ] *nm* cleaver, chopper
couperosé, e [kupʀoze] *adj* blotchy
couple [kupl(ə)] *nm* couple; **~ de torsion** torque
coupler [kuple] *vt* to couple (together)
couplet [kuplɛ] *nm* verse
coupleur [kuplœʀ] *nm*: **~ acoustique** acoustic coupler
coupole [kupɔl] *nf* dome; cupola
coupon [kupɔ̃] *nm* (*ticket*) coupon; (*de tissu*) remnant; roll
coupon-réponse [kupɔ̃ʀepɔ̃s] (*pl* **coupons-réponses**) *nm* reply coupon
coupure [kupyʀ] *nf* cut; (*billet de banque*) note; (*de journal*) cutting; **~ de courant** power cut

C

cour [kuʀ] *nf* (*de ferme, jardin*) (court)yard; (*d'immeuble*) back yard; (*Jur, royale*) court; **faire la ~ à qn** to court sb; **~ d'appel** appeal court (*Brit*), appellate court (*US*); **~ d'assises** court of assizes, ≈ Crown Court (*Brit*); **~ de cassation** final court of appeal; **~ des comptes** (*Admin*) revenue court; **~ martiale** court-martial; **~ de récréation** (*Scol*) schoolyard, playground
courage [kuʀaʒ] *nm* courage, bravery
courageusement [kuʀaʒøzmɑ̃] *adv* bravely, courageously
courageux, -euse [kuʀaʒø, -øz] *adj* brave, courageous
couramment [kuʀamɑ̃] *adv* commonly; (*parler*) fluently
courant, e [kuʀɑ̃, -ɑ̃t] *adj* (*fréquent*) common; (*Comm, gén: normal*) standard; (*en cours*) current ▷ *nm* current; (*fig*) movement; trend; **être au ~ (de)** (*fait, nouvelle*) to know (about); **mettre qn au ~ (de)** (*fait, nouvelle*) to tell sb (about); (*nouveau travail etc*) to teach sb the basics (of), brief sb (about); **se tenir au ~ (de)** (*techniques etc*) to keep o.s. up-to-date (on); **dans le ~ de** (*pendant*) in the course of; **~ octobre** *etc* in the course of October *etc*; **le 10 ~** (*Comm*) the 10th inst.; **~ d'air** draught (*Brit*), draft (*US*); **~ électrique** (electric) current, power
courbature [kuʀbatyʀ] *nf* ache
courbaturé, e [kuʀbatyʀe] *adj* aching
courbe [kuʀb(ə)] *adj* curved ▷ *nf* curve; **~ de niveau** contour line
courber [kuʀbe] *vt* to bend; **~ la tête** to bow one's head; **se courber** *vi* (*branche etc*) to bend, curve; (*personne*) to bend (down)
courbette [kuʀbɛt] *nf* low bow
coure *etc* [kuʀ] *vb voir* **courir**
coureur, -euse [kuʀœʀ, -øz] *nm/f* (*Sport*) runner (*ou* driver); (*péj*) womanizer/manhunter; **~ cycliste/automobile** racing cyclist/driver
courge [kuʀʒ(ə)] *nf* (*Bot*) gourd; (*Culin*) marrow
courgette [kuʀʒɛt] *nf* courgette (*Brit*), zucchini (*US*)
courir [kuʀiʀ] *vi* (*gén*) to run; (*se dépêcher*) to rush; (*fig: rumeurs*) to go round; (*Comm: intérêt*) to accrue ▷ *vt* (*Sport: épreuve*) to compete in; (*risque*) to run; (*danger*) to face; **~ les cafés/bals** to do the rounds of the cafés/ dances; **le bruit court que** the rumour is going round that; **par les temps qui courent** at the present time; **~ après qn** to run after sb, chase (after) sb; **laisser ~** to let things alone; **faire ~ qn** to make sb run around (all over the place); **tu peux (toujours) ~!** you've got a hope!
couronne [kuʀɔn] *nf* crown; (*de fleurs*) wreath, circlet; **~ (funéraire** *ou* **mortuaire)** (funeral) wreath
couronnement [kuʀɔnmɑ̃] *nm* coronation, crowning; (*fig*) crowning achievement
couronner [kuʀɔne] *vt* to crown
courons [kuʀɔ̃], **courrai** *etc* [kuʀe] *vb voir* **courir**
courre [kuʀ] *vb voir* **chasse**
courriel [kuʀjɛl] *nm* email; **envoyer qch par ~** to email sth
courrier [kuʀje] *nm* mail, post; (*lettres à écrire*) letters *pl*; (*rubrique*) column; **qualité ~** letter quality; **long/moyen ~** *adj* (*Aviat*) long-/ medium-haul; **~ du cœur** problem page; **~ électronique** electronic mail, E-mail
courroie [kuʀwa] *nf* strap; (*Tech*) belt; **~ de transmission/de ventilateur** driving/fan belt
courrons *etc* [kuʀɔ̃] *vb voir* **courir**
courroucé, e [kuʀuse] *adj* wrathful
cours [kuʀ] *vb voir* **courir** ▷ *nm* (*leçon*) lesson; class; (*série de leçons*) course; (*cheminement*) course; (*écoulement*) flow; (*avenue*) walk; (*Comm*) rate; price; (*Bourse*) quotation; **donner libre ~ à** to give free expression to; **avoir ~** (*monnaie*) to be legal tender; (*fig*) to be current; (*Scol*) to have a class *ou* lecture; **en ~** (*année*) current; (*travaux*) in progress; **en ~ de route** on the way; **au ~ de** in the course of, during; **le ~ du change** the exchange rate; **~ d'eau** waterway; **~ élémentaire (CE)** *2nd and 3rd years of primary school*; **~ moyen (CM)** *4th and 5th years of primary school*; **~ préparatoire** ≈ infants' class (*Brit*), ≈ 1st grade (*US*); **~ du soir** night school
course [kuʀs(ə)] *nf* running; (*Sport: épreuve*) race; (*trajet: du soleil*) course; (*: d'un projectile*) flight; (*: d'une pièce mécanique*) travel; (*excursion*) outing; climb; (*d'un taxi, autocar*) journey, trip; (*petite mission*) errand; **courses** *nfpl* (*achats*) shopping *sg*; (*Hippisme*) races; **faire les** *ou* **ses ~s** to go shopping; **jouer aux ~s** to bet on the races; **à bout de ~** (*épuisé*) exhausted; **~ automobile** car race; **~ de côte** (*Auto*) hill climb; **~ par étapes** *ou* **d'étapes** race in stages; **~ d'obstacles** obstacle race; **~ à pied** walking race; **~ de vitesse** sprint; **~s de chevaux** horse racing
coursier, -ière [kuʀsje, -jɛʀ] *nm/f* courier
court, e [kuʀ, kuʀt(ə)] *adj* short ▷ *adv* short ▷ *nm*: **~ (de tennis)** (tennis) court; **tourner ~** to come to a sudden end; **couper ~ à** to cut short; **à ~ de** short of; **prendre qn de ~** to catch sb unawares; **pour faire ~** briefly, to cut a long story short; **ça fait ~** that's not very long; **tirer à la ~e paille** to draw lots; **faire la ~e échelle à qn** to give sb a leg up; **~ métrage** (*Ciné*) short (film)
court-bouillon [kuʀbujɔ̃] (*pl* **courts-bouillons**) *nm* court-bouillon
court-circuit [kuʀsiʀkɥi] (*pl* **courts-circuits**) *nm* short-circuit
court-circuiter [kuʀsiʀkɥite] *vt* (*fig*) to bypass
courtier, -ière [kuʀtje, -jɛʀ] *nm/f* broker
courtisan [kuʀtizɑ̃] *nm* courtier
courtisane [kuʀtizan] *nf* courtesan
courtiser [kuʀtize] *vt* to court, woo
courtois, e [kuʀtwa, -waz] *adj* courteous
courtoisement [kuʀtwazmɑ̃] *adv* courteously
courtoisie [kuʀtwazi] *nf* courtesy
couru, e [kuʀy] *pp de* **courir** ▷ *adj* (*spectacle etc*) popular; **c'est ~ (d'avance)!** (*fam*) it's a safe bet!
cousais *etc* [kuzɛ] *vb voir* **coudre**
couscous [kuskus] *nm* couscous

cousin, e [kuzɛ̃, -in] *nm/f* cousin ▷ *nm* (*Zool*) mosquito; **~ germain** first cousin
cousons *etc* [kuzɔ̃] *vb voir* **coudre**
coussin [kusɛ̃] *nm* cushion; **~ d'air** (*Tech*) air cushion
cousu, e [kuzy] *pp de* **coudre** ▷ *adj*: **~ d'or** rolling in riches
coût [ku] *nm* cost; **le ~ de la vie** the cost of living
coûtant [kutɑ̃] *adj m*: **au prix ~** at cost price
couteau, x [kuto] *nm* knife; **~ à cran d'arrêt** flick-knife; **~ de cuisine** kitchen knife; **~ à pain** bread knife; **~ de poche** pocket knife
couteau-scie [kutosi] (*pl* **couteaux-scies**) *nm* serrated(-edged) knife
coutelier, -ière [kutəlje, -jɛʀ] *adj*: **l'industrie coutelière** the cutlery industry ▷ *nm/f* cutler
coutellerie [kutɛlʀi] *nf* cutlery shop; cutlery
coûter [kute] *vt* to cost ▷ *vi*: **~ à qn** to cost sb a lot; **~ cher** to be expensive; **~ cher à qn** (*fig*) to cost sb dear *ou* dearly; **combien ça coûte?** how much is it?, what does it cost?; **coûte que coûte** at all costs
coûteux, -euse [kutø, -øz] *adj* costly, expensive
coutume [kutym] *nf* custom; **de ~** usual, customary
coutumier, -ière [kutymje, -jɛʀ] *adj* customary; **elle est coutumière du fait** that's her usual trick
couture [kutyʀ] *nf* sewing; dress-making; (*points*) seam
couturier [kutyʀje] *nm* fashion designer, couturier
couturière [kutyʀjɛʀ] *nf* dressmaker
couvée [kuve] *nf* brood, clutch
couvent [kuvɑ̃] *nm* (*de sœurs*) convent; (*de frères*) monastery; (*établissement scolaire*) convent (school)
couver [kuve] *vt* to hatch; (*maladie*) to be sickening for ▷ *vi* (*feu*) to smoulder (Brit), smolder (US); (*révolte*) to be brewing; **~ qn/qch des yeux** to look lovingly at sb/sth; (*convoiter*) to look longingly at sb/sth
couvercle [kuvɛʀkl(ə)] *nm* lid; (*de bombe aérosol etc, qui se visse*) cap, top
couvert, e [kuvɛʀ, -ɛʀt(ə)] *pp de* **couvrir** ▷ *adj* (*ciel*) overcast; (*coiffé d'un chapeau*) wearing a hat ▷ *nm* place setting; (*place à table*) place; (*au restaurant*) cover charge; **couverts** *nmpl* place settings; cutlery *sg*; **~ de** covered with *ou* in; **bien ~** (*habillé*) well wrapped up; **mettre le ~** to lay the table; **à ~** under cover; **sous le ~ de** under the shelter of; (*fig*) under cover of
couverture [kuvɛʀtyʀ] *nf* (*de lit*) blanket; (*de bâtiment*) roofing; (*de livre, fig: d'un espion etc, Assurances*) cover; (*Presse*) coverage; **de ~** (*lettre etc*) covering; **~ chauffante** electric blanket
couveuse [kuvøz] *nf* (*à poules*) sitter, brooder; (*de maternité*) incubator
couvre *etc* [kuvʀ(ə)] *vb voir* **couvrir**
couvre-chef [kuvʀəʃɛf] *nm* hat
couvre-feu, x [kuvʀəfø] *nm* curfew
couvre-lit [kuvʀəli] *nm* bedspread
couvre-pieds [kuvʀəpje] *nm inv* quilt
couvreur [kuvʀœʀ] *nm* roofer
couvrir [kuvʀiʀ] *vt* to cover; (*dominer, étouffer: voix, pas*) to drown out; (*erreur*) to cover up; (*Zool: s'accoupler à*) to cover; **se couvrir** *vi* (*ciel*) to cloud over; (*s'habiller*) to cover up, wrap up; (*se coiffer*) to put on one's hat; (*par une assurance*) to cover o.s.; **se ~ de** (*fleurs, boutons*) to become covered in
cover-girl [kɔvœʀg[w]oeʀl] *nf* model
cow-boy [kobɔj] *nm* cowboy
coyote [kɔjɔt] *nm* coyote
CP *sigle m* = **cours préparatoire**
CPAM *sigle f* (= *Caisse primaire d'assurances maladie*) *health insurance office*
cps *abr* (= *caractères par seconde*) cps
cpt *abr* = **comptant**
CQFD *abr* (= *ce qu'il fallait démontrer*) QED = **quod erat demonstrandum**
CR *sigle m* = **compte rendu**
crabe [kʀɑb] *nm* crab
crachat [kʀaʃa] *nm* spittle *no pl*, spit *no pl*
craché, e [kʀaʃe] *adj*: **son père tout ~** the spitting image of his (*ou* her) father
cracher [kʀaʃe] *vi* to spit ▷ *vt* to spit out; (*fig: lave etc*) to belch (out); **~ du sang** to spit blood
crachin [kʀaʃɛ̃] *nm* drizzle
crachiner [kʀaʃine] *vi* to drizzle
crachoir [kʀaʃwaʀ] *nm* spittoon; (*de dentiste*) bowl
crachotement [kʀaʃɔtmɑ̃] *nm* crackling *no pl*
crachoter [kʀaʃɔte] *vi* (*haut-parleur, radio*) to crackle
crack [kʀak] *nm* (*intellectuel*) whiz kid; (*sportif*) ace; (*poulain*) hot favourite (Brit) *ou* favorite (US)
Cracovie [kʀakɔvi] *n* Cracow
cradingue [kʀadɛ̃g] *adj* (*fam*) disgustingly dirty, filthy-dirty
craie [kʀɛ] *nf* chalk
craignais *etc* [kʀɛɲɛ] *vb voir* **craindre**
craindre [kʀɛ̃dʀ(ə)] *vt* to fear, be afraid of; (*être sensible à: chaleur, froid*) to be easily damaged by; **~ de/que** to be afraid of/that; **je crains qu'il (ne) vienne** I am afraid he may come
crainte [kʀɛ̃t] *nf* fear; **de ~ de/que** for fear of/ that
craintif, -ive [kʀɛ̃tif, -iv] *adj* timid
craintivement [kʀɛ̃tivmɑ̃] *adv* timidly
cramer [kʀame] *vi* (*fam*) to burn
cramoisi, e [kʀamwazi] *adj* crimson
crampe [kʀɑ̃p] *nf* cramp; **~ d'estomac** stomach cramp
crampon [kʀɑ̃pɔ̃] *nm* (*de semelle*) stud; (*Alpinisme*) crampon
cramponner [kʀɑ̃pɔne]: **se cramponner** *vi*: **se ~ (à)** to hang *ou* cling on (to)
cran [kʀɑ̃] *nm* (*entaille*) notch; (*de courroie*) hole; (*courage*) guts *pl*; **~ d'arrêt/de sûreté** safety catch; **~ de mire** bead
crâne [kʀɑn] *nm* skull
crâner [kʀɑne] *vi* (*fam*) to swank, show off
crânien, ne [kʀɑnjɛ̃, -ɛn] *adj* cranial, skull *cpd*,

C

brain *cpd*
crapaud [kʀapo] *nm* toad
crapule [kʀapyl] *nf* villain
crapuleux, -euse [kʀapylø, -øz] *adj*: **crime ~** villainous crime
craquelure [kʀaklyʀ] *nf* crack; crackle *no pl*
craquement [kʀakmɑ̃] *nm* crack, snap; (*du plancher*) creak, creaking *no pl*
craquer [kʀake] *vi* (*bois, plancher*) to creak; (*fil, branche*) to snap; (*couture*) to come apart, burst; (*fig*) to break down, fall apart; (*: être enthousiasmé*) to go wild ▷ *vt*: **~ une allumette** to strike a match
crasse [kʀas] *nf* grime, filth ▷ *adj* (*fig: ignorance*) crass
crasseux, -euse [kʀasø, øz] *adj* filthy
crassier [kʀasje] *nm* slag heap
cratère [kʀatɛʀ] *nm* crater
cravache [kʀavaʃ] *nf* (riding) crop
cravacher [kʀavaʃe] *vt* to use the crop on
cravate [kʀavat] *nf* tie
cravater [kʀavate] *vt* to put a tie on; (*fig*) to grab round the neck
crawl [kʀol] *nm* crawl
crawlé, e [kʀole] *adj*: **dos ~** backstroke
crayeux, -euse [kʀɛjø, -øz] *adj* chalky
crayon [kʀɛjɔ̃] *nm* pencil; (*de rouge à lèvres etc*) stick, pencil; **écrire au ~** to write in pencil; **~ à bille** ball-point pen; **~ de couleur** crayon; **~ optique** light pen
crayon-feutre [kʀɛjɔ̃føtʀ(ə)] (*pl* **crayons-feutres**) *nm* felt(-tip) pen
crayonner [kʀɛjɔne] *vt* to scribble, sketch
CRDP *sigle m* (*= Centre régional de documentation pédagogique*) *teachers' resource centre*
créance [kʀeɑ̃s] *nf* (*Comm*) (financial) claim, (recoverable) debt; **donner ~ à qch** to lend credence to sth
créancier, -ière [kʀeɑ̃sje, -jɛʀ] *nm/f* creditor
créateur, -trice [kʀeatœʀ, -tʀis] *adj* creative ▷ *nm/f* creator; **le C~** (*Rel*) the Creator
créatif, -ive [kʀeatif, -iv] *adj* creative
création [kʀeɑsjɔ̃] *nf* creation
créativité [kʀeativite] *nf* creativity
créature [kʀeatyʀ] *nf* creature
crécelle [kʀesɛl] *nf* rattle
crèche [kʀɛʃ] *nf* (*de Noël*) crib; *see note*; (*garderie*) crèche, day nursery

CRÈCHE

In France the Christmas crib (*crèche*) usually contains figurines representing a miller, a wood-cutter and other villagers as well as the Holy Family and the traditional cow, donkey and shepherds. The Three Wise Men are added to the nativity scene at Epiphany (6 January, Twelfth Night).

crédence [kʀedɑ̃s] *nf* (small) sideboard
crédibilité [kʀedibilite] *nf* credibility
crédible [kʀedibl(ə)] *adj* credible
crédit [kʀedi] *nm* (*gén*) credit; **crédits** *nmpl* funds; **acheter à ~** to buy on credit *ou* on easy terms; **faire ~ à qn** to give sb credit; **~ municipal** pawnshop; **~ relais** bridging loan
crédit-bail [kʀedibɑj] (*pl* **crédits-bails**) *nm* (*Écon*) leasing
créditer [kʀedite] *vt*: **~ un compte (de)** to credit an account (with)
créditeur, -trice [kʀeditœʀ, -tʀis] *adj* in credit, credit *cpd* ▷ *nm/f* customer in credit
credo [kʀedo] *nm* credo, creed
crédule [kʀedyl] *adj* credulous, gullible
crédulité [kʀedylite] *nf* credulity, gullibility
créer [kʀee] *vt* to create; (*Théât: pièce*) to produce (for the first time); (*: rôle*) to create
crémaillère [kʀemajɛʀ] *nf* (*Rail*) rack; (*tige crantée*) trammel; **direction à ~** (*Auto*) rack and pinion steering; **pendre la ~** to have a house-warming party
crémation [kʀemɑsjɔ̃] *nf* cremation
crématoire [kʀematwaʀ] *adj*: **four ~** crematorium
crématorium [kʀematɔʀjɔm] *nm* crematorium
crème [kʀɛm] *nf* cream; (*entremets*) cream dessert ▷ *adj inv* cream; **un (café) ~** ≈ a white coffee; **~ chantilly** whipped cream, crème Chantilly; **~ fouettée** whipped cream; **~ glacée** ice cream; **~ à raser** shaving cream; **~ solaire** sun cream
crémerie [kʀɛmʀi] *nf* dairy; (*tearoom*) teashop
crémeux, -euse [kʀemø, -øz] *adj* creamy
crémier, -ière [kʀemje, -jɛʀ] *nm/f* dairyman/-woman
créneau, x [kʀeno] *nm* (*de fortification*) crenel(le); (*fig, aussi Comm*) gap, slot; (*Auto*): **faire un ~** to reverse into a parking space (*between cars alongside the kerb*)
créole [kʀeɔl] *adj, nm/f* Creole
crêpe [kʀɛp] *nf* (*galette*) pancake ▷ *nm* (*tissu*) crêpe; (*de deuil*) black mourning crêpe; (*ruban*) black armband (*ou* hatband *ou* ribbon); **semelle (de) ~** crêpe sole; **~ de Chine** crêpe de Chine
crêpé, e [kʀepe] *adj* (*cheveux*) backcombed
crêperie [kʀɛpʀi] *nf* pancake shop *ou* restaurant
crépi [kʀepi] *nm* roughcast
crépir [kʀepiʀ] *vt* to roughcast
crépitement [kʀepitmɑ̃] *nm* (*du feu*) crackling *no pl*; (*d'une arme automatique*) rattle *no pl*
crépiter [kʀepite] *vi* to sputter, splutter, crackle
crépon [kʀepɔ̃] *nm* seersucker
CREPS [kʀɛps] *sigle m* (*= Centre régional d'éducation physique et sportive*) ≈ sports *ou* leisure centre
crépu, e [kʀepy] *adj* frizzy, fuzzy
crépuscule [kʀepyskyl] *nm* twilight, dusk
crescendo [kʀeʃendo] *nm, adv* (*Mus*) crescendo; **aller ~** (*fig*) to rise higher and higher, grow ever greater
cresson [kʀesɔ̃] *nm* watercress
Crète [kʀɛt] *nf*: **la ~** Crete
crête [kʀɛt] *nf* (*de coq*) comb; (*de vague, montagne*) crest
crétin, e [kʀetɛ̃, -in] *nm/f* cretin

crétois, e [kretwa, -waz] *adj* Cretan
cretonne [kʀətɔn] *nf* cretonne
creuser [kʀøze] *vt* (*trou, tunnel*) to dig; (*sol*) to dig a hole in; (*bois*) to hollow out; (*fig*) to go (deeply) into; **ça creuse** that gives you a real appetite; **se ~ (la cervelle)** to rack one's brains
creuset [kʀøzɛ] *nm* crucible; (*fig*) melting pot, (severe) test
creux, -euse [kʀø, -øz] *adj* hollow ▷ *nm* hollow; (*fig: sur graphique etc*) trough; **heures creuses** slack periods; off-peak periods; **le ~ de l'estomac** the pit of the stomach
crevaison [kʀəvɛzɔ̃] *nf* puncture, flat
crevant, e [kʀəvɑ, -ɑ̃t] *adj* (*fam: fatigant*) knackering; (*: très drôle*) priceless
crevasse [kʀəvas] *nf* (*dans le sol*) crack, fissure; (*de glacier*) crevasse; (*de la peau*) crack
crevé, e [kʀəve] *adj* (*fam: fatigué*) worn out, dead beat
crève-cœur [kʀɛvkœʀ] *nm inv* heartbreak
crever [kʀəve] *vt* (*papier*) to tear, break; (*tambour, ballon*) to burst ▷ *vi* (*pneu*) to burst; (*automobiliste*) to have a puncture (*Brit*) *ou* a flat (tire) (*US*); (*abcès, outre, nuage*) to burst (open); (*fam*) to die; **cela lui a crevé un œil** it blinded him in one eye; **~ l'écran** to have real screen presence
crevette [kʀəvɛt] *nf*: **~ (rose)** prawn; **~ grise** shrimp
CRF *sigle f* (= *Croix-Rouge française*) French Red Cross
cri [kʀi] *nm* cry, shout; (*d'animal: spécifique*) cry, call; **à grands ~s** at the top of one's voice; **c'est le dernier ~** (*fig*) it's the latest fashion
criant, e [kʀijɑ̃, -ɑ̃t] *adj* (*injustice*) glaring
criard, e [kʀijaʀ, -aʀd(ə)] *adj* (*couleur*) garish, loud; (*voix*) yelling
crible [kʀibl(ə)] *nm* riddle; (*mécanique*) screen, jig; **passer qch au ~** to put sth through a riddle; (*fig*) to go over sth with a fine-tooth comb
criblé, e [kʀible] *adj*: **~ de** riddled with
cric [kʀik] *nm* (*Auto*) jack
cricket [kʀikɛt] *nm* cricket
criée [kʀije] *nf*: **(vente à la) ~** (sale by) auction
crier [kʀije] *vi* (*pour appeler*) to shout, cry (out); (*de peur, de douleur etc*) to scream, yell; (*fig: grincer*) to squeal, screech ▷ *vt* (*ordre, injure*) to shout (out), yell (out); **sans ~ gare** without warning; **~ grâce** to cry for mercy; **~ au secours** to shout for help
crieur, -euse [kʀijœʀ, -øz] *nm/f*: **~ de journaux** newspaper seller
crime [kʀim] *nm* crime; (*meurtre*) murder
Crimée [kʀime] *nf*: **la ~** the Crimea
criminalité [kʀiminalite] *nf* criminality, crime
criminel, le [kʀiminɛl] *adj* criminal ▷ *nm/f* criminal; murderer; **~ de guerre** war criminal
criminologie [kʀiminɔlɔʒi] *nf* criminology
criminologiste [kʀiminɔlɔʒist(ə)] *nm/f* criminologist
criminologue [kʀiminɔlɔg] *nm/f* criminologist
crin [kʀɛ̃] *nm* hair *no pl*; (*fibre*) horsehair; **à tous ~s, à tout ~** diehard, out-and-out
crinière [kʀinjɛʀ] *nf* mane
crique [kʀik] *nf* creek, inlet
criquet [kʀikɛ] *nm* grasshopper
crise [kʀiz] *nf* crisis (*pl* crises); (*Méd*) attack; fit; **~ cardiaque** heart attack; **~ de foi** crisis of belief; **~ de foie** bilious attack; **~ de nerfs** attack of nerves
crispant, e [kʀispɑ̃, -ɑ̃t] *adj* annoying, irritating
crispation [kʀispasjɔ̃] *nf* (*spasme*) twitch; (*contraction*) contraction; tenseness
crispé, e [kʀispe] *adj* tense, nervous
crisper [kʀispe] *vt* to tense; (*poings*) to clench; **se crisper** to tense; to clench; (*personne*) to get tense
crissement [kʀismɑ̃] *nm* crunch; rustle; screech
crisser [kʀise] *vi* (*neige*) to crunch; (*tissu*) to rustle; (*pneu*) to screech
cristal, -aux [kʀistal, -o] *nm* crystal; **crystaux** *nmpl* (*objets*) crystal(ware) *sg*; **~ de plomb** (lead) crystal; **~ de roche** rock-crystal; **cristaux de soude** washing soda *sg*
cristallin, e [kʀistalɛ̃, -in] *adj* crystal-clear ▷ *nm* (*Anat*) crystalline lens
cristalliser [kʀistalize] *vi, vt*, **se cristalliser** *vi* to crystallize
critère [kʀitɛʀ] *nm* criterion (*pl* -ia)
critiquable [kʀitikabl(ə)] *adj* open to criticism
critique [kʀitik] *adj* critical ▷ *nm/f* (*de théâtre, musique*) critic ▷ *nf* criticism; (*Théât etc: article*) review; **la ~** (*activité*) criticism; (*personnes*) the critics *pl*
critiquer [kʀitike] *vt* (*dénigrer*) to criticize; (*évaluer, juger*) to assess, examine (critically)
croasser [kʀɔase] *vi* to caw
croate [kʀɔat] *adj* Croatian ▷ *nm* (*Ling*) Croat, Croatian
Croatie [kʀɔasi] *nf*: **la ~** Croatia
croc [kʀo] *nm* (*dent*) fang; (*de boucher*) hook
croc-en-jambe [kʀɔkɑ̃ʒɑ̃b] (*pl* **crocs-en-jambe**) *nm*: **faire un ~ à qn** to trip sb up
croche [kʀɔʃ] *nf* (*Mus*) quaver (*Brit*), eighth note (*US*); **double ~** semiquaver (*Brit*), sixteenth note (*US*)
croche-pied [kʀɔʃpje] *nm* = **croc-en-jambe**
crochet [kʀɔʃɛ] *nm* hook; (*clef*) picklock; (*détour*) detour; (*Boxe*): **~ du gauche** left hook; (*Tricot: aiguille*) crochet hook; (*: technique*) crochet; **crochets** *nmpl* (*Typo*) square brackets; **vivre aux ~s de qn** to live *ou* sponge off sb
crocheter [kʀɔʃte] *vt* (*serrure*) to pick
crochu, e [kʀɔʃy] *adj* hooked; claw-like
crocodile [kʀɔkɔdil] *nm* crocodile
crocus [kʀɔkys] *nm* crocus
croire [kʀwaʀ] *vt* to believe; **~ qn honnête** to believe sb (to be) honest; **se ~ fort** to think one is strong; **~ que** to believe *ou* think that; **vous croyez?** do you think so?; **~ être/faire** to think one is/does; **~ à, ~ en** to believe in
croîs *etc* [kʀwa] *vb voir* **croître**
croisade [kʀwazad] *nf* crusade

croisé, e [kRwaze] *adj* (*veston*) double-breasted ▷ *nm* (*guerrier*) crusader ▷ *nf* (*fenêtre*) window, casement; **~e d'ogives** intersecting ribs; **à la ~e des chemins** at the crossroads
croisement [kRwazmɑ̃] *nm* (*carrefour*) crossroads *sg*; (*Bio*) crossing; crossbreed
croiser [kRwaze] *vt* (*personne, voiture*) to pass; (*route*) to cross, cut across; (*Bio*) to cross ▷ *vi* (*Navig*) to cruise; **~ les jambes/bras** to cross one's legs/ fold one's arms; **se croiser** *vi* (*personnes, véhicules*) to pass each other; (*routes*) to cross, intersect; (*lettres*) to cross (in the post); (*regards*) to meet; **se ~ les bras** (*fig*) to twiddle one's thumbs
croiseur [kRwazœR] *nm* cruiser (*warship*)
croisière [kRwazjɛR] *nf* cruise; **vitesse de ~** (*Auto etc*) cruising speed
croisillon [kRwazijɔ̃] *nm*: **motif/fenêtre à ~s** lattice pattern/window
croissais *etc* [kRwasɛ] *vb voir* **croître**
croissance [kRwasɑ̃s] *nf* growing, growth; **troubles de la ~** growing pains; **maladie de ~** growth disease; **~ économique** economic growth
croissant, e [kRwasɑ̃, -ɑ̃t] *vb voir* **croître** ▷ *adj* growing; rising ▷ *nm* (*à manger*) croissant; (*motif*) crescent; **~ de lune** crescent moon
croître [kRwatR(ə)] *vi* to grow; (*lune*) to wax
croix [kRwa] *nf* cross; **en ~** *adj, adv* in the form of a cross; **la C~ Rouge** the Red Cross
croquant, e [kRɔkɑ̃, -ɑ̃t] *adj* crisp, crunchy ▷ *nm/f* (*péj*) yokel, (country) bumpkin
croque-madame [kRɔkmadam] *nm inv toasted cheese sandwich with a fried egg on top*
croque-mitaine [kRɔkmitɛn] *nm* bog(e)y-man (*pl* -men)
croque-monsieur [kRɔkməsjø] *nm inv toasted ham and cheese sandwich*
croque-mort [kRɔkmɔR] *nm* (*péj*) pallbearer
croquer [kRɔke] *vt* (*manger*) to crunch; to munch; (*dessiner*) to sketch ▷ *vi* to be crisp *ou* crunchy; **chocolat à ~** plain dessert chocolate
croquet [kRɔkɛ] *nm* croquet
croquette [kRɔkɛt] *nf* croquette
croquis [kRɔki] *nm* sketch
cross [kRɔs], **cross-country** [kRɔskuntRi] (*pl* **-(-countries)**) *nm* cross-country race *ou* run; cross-country racing *ou* running
crosse [kRɔs] *nf* (*de fusil*) butt; (*de revolver*) grip; (*d'évêque*) crook, crosier; (*de hockey*) hockey stick
crotale [kRɔtal] *nm* rattlesnake
crotte [kRɔt] *nf* droppings *pl*; **~!** (*fam*) damn!
crotté, e [kRɔte] *adj* muddy, mucky
crottin [kRɔtɛ̃] *nm*: **~ (de cheval)** (horse) dung *ou* manure
croulant, e [kRulɑ̃, -ɑ̃t] *nm/f* (*fam*) old fogey
crouler [kRule] *vi* (*s'effondrer*) to collapse; (*être délabré*) to be crumbling
croupe [kRup] *nf* croup, rump; **en ~** pillion
croupier [kRupje] *nm* croupier
croupion [kRupjɔ̃] *nm* (*d'un oiseau*) rump; (*Culin*) parson's nose
croupir [kRupiR] *vi* to stagnate
CROUS [kRus] *sigle m* (= *Centre régional des œuvres universitaires et scolaires*) *students' representative body*
croustade [kRustad] *nf* (*Culin*) croustade
croustillant, e [kRustijɑ̃, -ɑ̃t] *adj* crisp; (*fig*) spicy
croustiller [kRustije] *vi* to be crisp *ou* crusty
croûte [kRut] *nf* crust; (*du fromage*) rind; (*de vol-au-vent*) case; (*Méd*) scab; **en ~** (*Culin*) in pastry, in a pie; **~ aux champignons** mushrooms on toast; **~ au fromage** cheese on toast *no pl*; **~ de pain** (*morceau*) crust (of bread); **~ terrestre** earth's crust
croûton [kRutɔ̃] *nm* (*Culin*) crouton; (*bout du pain*) crust, heel
croyable [kRwajabl(ə)] *adj* believable, credible
croyais *etc* [kRwajɛ] *vb voir* **croire**
croyance [kRwajɑ̃s] *nf* belief
croyant, e [kRwajɑ̃, -ɑ̃t] *vb voir* **croire** ▷ *adj*: **être/ne pas être ~** to be/not to be a believer ▷ *nm/f* believer
Crozet [kRɔzɛ] *n*: **les îles ~** the Crozet Islands
CRS *sigle fpl* (= *Compagnies républicaines de sécurité*) *state security police force* ▷ *sigle m member of the CRS*
cru, e [kRy] *pp de* **croire** ▷ *adj* (*non cuit*) raw; (*lumière, couleur*) harsh; (*description*) crude; (*paroles, langage: franc*) blunt; (*: grossier*) crude ▷ *nm* (*vignoble*) vineyard; (*vin*) wine ▷ *nf* (*d'un cours d'eau*) swelling, rising; **de son (propre) ~** (*fig*) of his own devising; **monter à ~** to ride bareback; **du ~** local; **en ~e** in spate
crû [kRy] *pp de* **croître**
cruauté [kRyote] *nf* cruelty
cruche [kRyʃ] *nf* pitcher, (earthenware) jug
crucial, e, -aux [kRysjal, -o] *adj* crucial
crucifier [kRysifje] *vt* to crucify
crucifix [kRysifi] *nm* crucifix
crucifixion [kRysifiksjɔ̃] *nf* crucifixion
cruciforme [kRysifɔRm(ə)] *adj* cruciform, cross-shaped
cruciverbiste [kRysivɛRbist(ə)] *nm/f* crossword puzzle enthusiast
crudité [kRydite] *nf* crudeness *no pl*; harshness *no pl*; **crudités** *nfpl* (*Culin*) mixed salads (*as hors-d'œuvre*)
crue [kRy] *nf voir* **cru**
cruel, le [kRyɛl] *adj* cruel
cruellement [kRyɛlmɑ̃] *adv* cruelly
crûment [kRymɑ̃] *adv* (*voir cru*) harshly; bluntly; crudely
crus, crûs *etc* [kRy] *vb voir* **croire; croître**
crustacés [kRystase] *nmpl* shellfish
crypte [kRipt(ə)] *nf* crypt
CSA *sigle f* (= *Conseil supérieur de l'audiovisuel*) *French broadcasting regulatory body*, ≈ IBA (*Brit*), ≈ FCC (*US*)
cse *abr* = **cause**
CSEN *sigle f* (= *Confédération syndicale de l'éducation nationale*) *group of teachers' unions*
CSG *sigle f* (= *contribution sociale généralisée*) *supplementary social security contribution in aid of the underprivileged*
CSM *sigle m* (= *Conseil supérieur de la magistrature*)

French magistrates' council
Cte *abr* = **Comtesse**
CU *sigle f* = **communauté urbaine**
Cuba [kyba] *nm*: **le ~** Cuba
cubage [kybaʒ] *nm* cubage, cubic content
cubain, e [kybɛ̃, -ɛn] *adj* Cuban ▷ *nm/f*: **Cubain, e** Cuban
cube [kyb] *nm* cube; *(jouet)* brick, building block; **gros ~** powerful motorbike; **mètre ~** cubic metre; **2 au ~ = 8** 2 cubed is 8; **élever au ~** to cube
cubique [kybik] *adj* cubic
cubisme [kybism(ə)] *nm* cubism
cubiste [kybist(ə)] *adj, nm/f* cubist
cubitus [kybitys] *nm* ulna
cueillette [kœjɛt] *nf* picking, gathering; harvest *ou* crop (of fruit)
cueillir [kœjiʀ] *vt* *(fruits, fleurs)* to pick, gather; *(fig)* to catch
cuiller, cuillère [kɥijɛʀ] *nf* spoon; **~ à café** coffee spoon; *(Culin)* ≈ teaspoonful; **~ à soupe** soup spoon; *(Culin)* ≈ tablespoonful
cuillerée [kɥijʀe] *nf* spoonful; *(Culin)*: **~ à soupe/café** tablespoonful/teaspoonful
cuir [kɥiʀ] *nm* leather; *(avant tannage)* hide; **~ chevelu** scalp
cuirasse [kɥiʀas] *nf* breastplate
cuirassé [kɥiʀase] *nm* *(Navig)* battleship
cuire [kɥiʀ] *vt*: **(faire) ~** *(aliments)* to cook; *(au four)* to bake; *(poterie)* to fire ▷ *vi* to cook; *(picoter)* to smart, sting, burn; **bien cuit** *(viande)* well done; **trop cuit** overdone; **pas assez cuit** underdone; **cuit à point** medium done; done to a turn
cuisant, e [kɥizɑ̃, -ɑ̃t] *vb voir* **cuire** ▷ *adj* *(douleur)* smarting, burning; *(fig: souvenir, échec)* bitter
cuisine [kɥizin] *nf* *(pièce)* kitchen; *(art culinaire)* cookery, cooking; *(nourriture)* cooking, food; **faire la ~** to cook
cuisiné, e [kɥizine] *adj*: **plat ~** ready-made meal *ou* dish
cuisiner [kɥizine] *vt* to cook; *(fam)* to grill ▷ *vi* to cook
cuisinette [kɥizinɛt] *nf* kitchenette
cuisinier, -ière [kɥizinje, -jɛʀ] *nm/f* cook ▷ *nf* *(poêle)* cooker; **cuisinière électrique/à gaz** electric/gas cooker
cuisis *etc* [kɥizi] *vb voir* **cuire**
cuissardes [kɥisaʀd] *nfpl* *(de pêcheur)* waders; *(de femme)* thigh boots
cuisse [kɥis] *nf* *(Anat)* thigh; *(Culin)* leg
cuisson [kɥisɔ̃] *nf* cooking; *(de poterie)* firing
cuissot [kɥiso] *nm* haunch
cuistre [kɥistʀ(ə)] *nm* prig
cuit, e [kɥi, -it] *pp de* **cuire** ▷ *nf* *(fam)*: **prendre une ~** to get plastered *ou* smashed
cuivre [kɥivʀ(ə)] *nm* copper; **les ~s** *(Mus)* the brass; **~ rouge** copper; **~ jaune** brass
cuivré, e [kɥivʀe] *adj* coppery; *(peau)* bronzed
cul [ky] *nm* *(fam!)* arse *(Brit !)*, ass *(US !)*, bum *(Brit)*; **~ de bouteille** bottom of a bottle
culasse [kylas] *nf* *(Auto)* cylinder-head; *(de fusil)* breech
culbute [kylbyt] *nf* somersault; *(accidentelle)* tumble, fall
culbuter [kylbyte] *vi* to (take a) tumble, fall (head over heels)
culbuteur [kylbytœʀ] *nm* *(Auto)* rocker arm
cul-de-jatte [kydʒat] *(pl* **culs-de-jatte***)* *nm/f* legless cripple
cul-de-sac [kydsak] *(pl* **culs-de-sac***)* *nm* cul-de-sac
culinaire [kylinɛʀ] *adj* culinary
culminant, e [kylminɑ̃, -ɑ̃t] *adj*: **point ~** highest point; *(fig)* height, climax
culminer [kylmine] *vi* to reach its highest point; to tower
culot [kylo] *nm* *(d'ampoule)* cap; *(effronterie)* cheek, nerve
culotte [kylɔt] *nf* *(de femme)* panties *pl*, knickers *pl* *(Brit)*; *(d'homme)* underpants *pl*; *(pantalon)* trousers *pl* *(Brit)*, pants *pl* *(US)*; **~ de cheval** riding breeches *pl*
culotté, e [kylɔte] *adj* *(pipe)* seasoned; *(cuir)* mellowed; *(effronté)* cheeky
culpabiliser [kylpabilize] *vt*: **~ qn** to make sb feel guilty
culpabilité [kylpabilite] *nf* guilt
culte [kylt(ə)] *adj*: **livre/film ~** cult film/book ▷ *nm* *(religion)* religion; *(hommage, vénération)* worship; *(protestant)* service
cultivable [kyltivabl(ə)] *adj* cultivable
cultivateur, -trice [kyltivatœʀ, -tʀis] *nm/f* farmer
cultivé, e [kyltive] *adj* *(personne)* cultured, cultivated
cultiver [kyltive] *vt* to cultivate; *(légumes)* to grow, cultivate
culture [kyltyʀ] *nf* cultivation; growing; *(connaissances etc)* culture; **(champs de) ~s** land(s) under cultivation; **~ physique** physical training
culturel, le [kyltyʀɛl] *adj* cultural
culturisme [kyltyʀism(ə)] *nm* body-building
culturiste [kyltyʀist(ə)] *nm/f* body-builder
cumin [kymɛ̃] *nm* *(Culin)* cumin
cumul [kymyl] *nm* *(voir cumuler)* holding *(ou* drawing) concurrently; **~ de peines** sentences to run consecutively
cumulable [kymylabl(ə)] *adj* *(fonctions)* which may be held concurrently
cumuler [kymyle] *vt* *(emplois, honneurs)* to hold concurrently; *(salaires)* to draw concurrently; *(Jur: droits)* to accumulate
cupide [kypid] *adj* greedy, grasping
cupidité [kypidite] *nf* greed
curable [kyʀabl(ə)] *adj* curable
Curaçao [kyʀaso] *n* Curaçao ▷ *nm*: **curaçao** curaçao
curare [kyʀaʀ] *nm* curare
curatif, -ive [kyʀatif, -iv] *adj* curative
cure [kyʀ] *nf* *(Méd)* course of treatment; *(Rel)* cure, ≈ living; presbytery, ≈ vicarage; **faire une ~ de fruits** to go on a fruit cure *ou* diet; **faire**

une ~ thermale to take the waters; **n'avoir ~ de** to pay no attention to; **~ d'amaigrissement** slimming course; **~ de repos** rest cure; **~ de sommeil** sleep therapy *no pl*
curé [kyʀe] *nm* parish priest; **M le ~** ≈ Vicar
cure-dent [kyʀdɑ̃] *nm* toothpick
curée [kyʀe] *nf (fig)* scramble for the pickings
cure-ongles [kyʀɔ̃gl(ə)] *nm inv* nail cleaner
cure-pipe [kyʀpip] *nm* pipe cleaner
curer [kyʀe] *vt* to clean out; **se ~ les dents** to pick one's teeth
curetage [kyʀtaʒ] *nm (Méd)* curettage
curieusement [kyʀjøzmɑ̃] *adv* oddly
curieux, -euse [kyʀjø, -øz] *adj (étrange)* strange, curious; *(indiscret)* curious, inquisitive; *(intéressé)* inquiring, curious ▷ *nmpl (badauds)* onlookers, bystanders
curiosité [kyʀjozite] *nf* curiosity, inquisitiveness; *(objet)* curio(sity); *(site)* unusual feature *ou* sight
curiste [kyʀist(ə)] *nm/f person taking the waters at a spa*
curriculum vitae [kyʀikylɔmvite] *nm inv* curriculum vitae
curry [kyʀi] *nm* curry; **poulet au ~** curried chicken, chicken curry
curseur [kyʀsœʀ] *nm (Inform)* cursor; *(de règle)* slide; *(de fermeture-éclair)* slider
cursif, -ive [kyʀsif, -iv] *adj*: **écriture cursive** cursive script
cursus [kyʀsys] *nm* degree course
curviligne [kyʀviliɲ] *adj* curvilinear
cutané, e [kytane] *adj* cutaneous, skin *cpd*
cuti-réaction [kytiʀeaksjɔ̃] *nf (Méd)* skin-test
cuve [kyv] *nf* vat; *(à mazout etc)* tank
cuvée [kyve] *nf* vintage
cuvette [kyvɛt] *nf (récipient)* bowl, basin; *(du lavabo)* (wash)basin; *(des w.-c.)* pan; *(Géo)* basin
CV *sigle m (Auto)* = **cheval vapeur**; *(Admin)* = **curriculum vitae**
CVS *sigle adj (= corrigées des variations saisonnières)* seasonally adjusted
cx *abr (= coefficient de pénétration dans l'air)* drag coefficient
cyanure [sjanyʀ] *nm* cyanide
cybercafé [sibɛʀkafe] *nm* cybercafé
cyberculture [sibɛʀkyltyʀ] *nf* cyberculture
cyberespace [sibɛʀɛspas] *nm* cyberspace
cybernaute [sibɛʀnot] *nm/f* Internet user
cybernétique [sibɛʀnetik] *nf* cybernetics *sg*
cyclable [siklabl(ə)] *adj*: **piste ~** cycle track
cyclamen [siklamɛn] *nm* cyclamen
cycle [sikl(ə)] *nm* cycle; *(Scol)*: **premier/second ~** ≈ middle/upper school *(Brit)*, ≈ junior/senior high school *(US)*
cyclique [siklik] *adj* cyclic(al)
cyclisme [siklism(ə)] *nm* cycling
cycliste [siklist(ə)] *nm/f* cyclist ▷ *adj* cycle *cpd*; **coureur ~** racing cyclist
cyclo-cross [siklɔkʀɔs] *nm (Sport)* cyclo-cross; *(épreuve)* cyclo-cross race
cyclomoteur [siklɔmɔtœʀ] *nm* moped
cyclomotoriste [siklɔmɔtɔʀist(ə)] *nm/f* moped rider
cyclone [siklon] *nm* hurricane
cyclotourisme [siklɔtuʀism(ə)] *nm* (bi)cycle touring
cygne [siɲ] *nm* swan
cylindre [silɛ̃dʀ(ə)] *nm* cylinder; **moteur à 4 ~s en ligne** straight-4 engine
cylindrée [silɛ̃dʀe] *nf (Auto)* (cubic) capacity; **une (voiture de) grosse ~** a big-engined car
cylindrique [silɛ̃dʀik] *adj* cylindrical
cymbale [sɛ̃bal] *nf* cymbal
cynique [sinik] *adj* cynical
cyniquement [sinikmɑ̃] *adv* cynically
cynisme [sinism(ə)] *nm* cynicism
cyprès [sipʀɛ] *nm* cypress
cypriote [sipʀijɔt] *adj* Cypriot ▷ *nm/f*: **Cypriote** Cypriot
cyrillique [siʀilik] *adj* Cyrillic
cystite [sistit] *nf* cystitis
cytise [sitiz] *nm* laburnum
cytologie [sitɔlɔʒi] *nf* cytology

Dd

D, d [de] *nm inv* D, d ▷ *abr*: **D** (*Météorologie*: = *dépression*) low, depression; **D comme Désiré** D for David (*Brit*) *ou* Dog (*US*); *voir* **système**
d' *prép, art voir* **de**
Dacca [daka] *n* Dacca
dactylo [daktilo] *nf* (*aussi*: **dactylographe**) typist; (*aussi*: **dactylographie**) typing, typewriting
dactylographier [daktilɔgʀafje] *vt* to type (out)
dada [dada] *nm* hobby-horse
dadais [dadɛ] *nm* ninny, lump
dague [dag] *nf* dagger
dahlia [dalja] *nm* dahlia
dahoméen, ne [daɔmeɛ̃, -ɛn] *adj* Dahomean
Dahomey [daɔme] *nm*: **le ~** Dahomey
daigner [deɲe] *vt* to deign
daim [dɛ̃] *nm* (fallow) deer *inv*; (*peau*) buckskin; (*imitation*) suede
dais [dɛ] *nm* (*tenture*) canopy
Dakar [dakaʀ] *n* Dakar
dal. *abr* (= *décalitre*) dal.
dallage [dalaʒ] *nm* paving
dalle [dal] *nf* slab; (*au sol*) paving stone, flag(stone); **que ~** nothing at all, damn all (*Brit*)
daller [dale] *vt* to pave
dalmatien, ne [dalmasjɛ̃, -ɛn] *nm/f* (*chien*) Dalmatian
daltonien, ne [daltɔnjɛ̃, -ɛn] *adj* colour-blind (*Brit*), color-blind (*US*)
daltonisme [daltɔnism(ə)] *nm* colour (*Brit*) *ou* color (*US*) blindness
dam [dam] *nm*: **au grand ~ de** much to the detriment (*ou* annoyance) of
Damas [dama] *n* Damascus
damas [dama] *nm* (*étoffe*) damask
damassé, e [damase] *adj* damask *cpd*
dame [dam] *nf* lady; (*Cartes, Échecs*) queen; **dames** *nfpl* (*jeu*) draughts *sg* (*Brit*), checkers *sg* (*US*); **les (toilettes des) ~s** the ladies' (toilets); **~ de charité** benefactress; **~ de compagnie** lady's companion
dame-jeanne [damʒan] (*pl* **dames-jeannes**) *nf* demijohn
damer [dame] *vt* to ram *ou* pack down; **~ le pion à** (*fig*) to get the better of
damier [damje] *nm* draughts board (*Brit*), checkerboard (*US*); (*dessin*) check (pattern); **en ~** check
damner [dane] *vt* to damn
dancing [dɑ̃siŋ] *nm* dance hall
dandiner [dɑ̃dine]: **se dandiner** *vi* to sway about; (*en marchant*) to waddle along
Danemark [danmaʀk] *nm*: **le ~** Denmark
danger [dɑ̃ʒe] *nm* danger; **mettre en ~** to endanger, put in danger; **être en ~ de mort** to be in peril of one's life; **être hors de ~** to be out of danger
dangereusement [dɑ̃ʒʀøzmɑ̃] *adv* dangerously
dangereux, -euse [dɑ̃ʒʀø, -øz] *adj* dangerous
danois, e [danwa, -waz] *adj* Danish ▷ *nm* (*Ling*) Danish ▷ *nm/f*: **Danois, e** Dane

 **MOT-CLÉ**

dans [dɑ̃] *prép* **1** (*position*) in; (*à l'intérieur de*) inside; **c'est dans le tiroir/le salon** it's in the drawer/lounge; **dans la boîte** in *ou* inside the box; **marcher dans la ville/la rue** to walk about the town/along the street; **je l'ai lu dans le journal** I read it in the newspaper; **être dans les meilleurs** to be among *ou* one of the best
2 (*direction*) into; **elle a couru dans le salon** she ran into the lounge
3 (*provenance*) out of, from; **je l'ai pris dans le tiroir/salon** I took it out of *ou* from the drawer/lounge; **boire dans un verre** to drink out of *ou* from a glass
4 (*temps*) in; **dans deux mois** in two months, in two months' time
5 (*approximation*) about; **dans les 20 euros** about 20 euros

dansant, e [dɑ̃sɑ̃, -ɑ̃t] *adj*: **soirée ~e** evening of dancing; (*bal*) dinner dance
danse [dɑ̃s] *nf*: **la ~** dancing; (*classique*) (ballet) dancing; **une ~** a dance; **~ du ventre** belly dancing
danser [dɑ̃se] *vi, vt* to dance
danseur, -euse [dɑ̃sœʀ, -øz] *nm/f* ballet dancer; (*au bal etc*) dancer; (: *cavalier*) partner; **~ de claquettes** tap-dancer; **en danseuse** (*à vélo*)

standing on the pedals
Danube [danyb] *nm*: **le ~** the Danube
DAO *sigle m* (= *dessin assisté par ordinateur*) CAD
dard [daʀ] *nm* sting (*organ*)
darder [daʀde] *vt* to shoot, send forth
dare-dare [daʀdaʀ] *adv* in double quick time
Dar-es-Salaam, Dar-es-Salam [daʀɛsalam] *n* Dar-es-Salaam
darne [daʀn] *nf* steak (*of fish*)
darse [daʀs(ə)] *nf* sheltered dock (*in a Mediterranean port*)
dartre [daʀtʀ(ə)] *nf* (*Méd*) sore
datation [datɑsjɔ̃] *nf* dating
date [dat] *nf* date; **faire ~** to mark a milestone; **de longue ~** *adj* longstanding; **~ de naissance** date of birth; **~ limite** deadline; (*d'un aliment*: *aussi*: **date limite de vente**) sell-by date
dater [date] *vt*, *vi* to date; **~ de** to date from, go back to; **à ~ de** (as) from
dateur [datœʀ] *nm* (*de montre*) date indicator; **timbre ~** date stamp
datif [datif] *nm* dative
datte [dat] *nf* date
dattier [datje] *nm* date palm
daube [dob] *nf*: **bœuf en ~** beef casserole
dauphin [dofɛ̃] *nm* (*Zool*) dolphin; (*du roi*) dauphin; (*fig*) heir apparent
Dauphiné [dofine] *nm*: **le ~** the Dauphiné
dauphinois, e [dofinwa, -waz] *adj* of *ou* from the Dauphiné
daurade [dɔʀad] *nf* sea bream
davantage [davɑ̃taʒ] *adv* more; (*plus longtemps*) longer; **~ de** more; **~ que** more than
DB *sigle f* (*Mil*) = **division blindée**
DCA *sigle f* (= *défense contre avions*) anti-aircraft defence
DCT *sigle m* (= *diphtérie coqueluche tétanos*) DPT
DDASS [das] *sigle f* (= *Direction départementale d'action sanitaire et sociale*) ≈ DWP (= *Department of Work and Pensions* (*Brit*)), ≈ SSA (= *Social Security Administration* (*US*))
DDT *sigle m* (= *dichloro-diphénol-trichloréthane*) DDT

 MOT-CLÉ

de, d' (*de + le* = **du**, *de + les* = **des**) *prép* **1** (*appartenance*) of; **le toit de la maison** the roof of the house; **la voiture d'Elisabeth/de mes parents** Elizabeth's/my parents' car
2 (*provenance*) from; **il vient de Londres** he comes from London; **de Londres à Paris** from London to Paris; **elle est sortie du cinéma** she came out of the cinema
3 (*moyen*) with; **je l'ai fait de mes propres mains** I did it with my own two hands
4 (*caractérisation, mesure*): **un mur de brique/bureau d'acajou** a brick wall/mahogany desk; **un billet de 10 euros** a 10 euro note; **une pièce de 2 m de large** *ou* **large de 2 m** a room 2 m wide, a 2m-wide room; **un bébé de 10 mois** a 10-month-old baby; **12 mois de crédit/travail** 12 months' credit/work; **elle est payée 20 euros de l'heure** she's paid 20 euros an hour *ou* per hour; **augmenter de 10 euros** to increase by 10 euros; **trois jours de libres** three free days, three days free; **un verre d'eau** a glass of water; **il mange de tout** he'll eat anything
5 (*rapport*) from; **de quatre à six** from four to six
6 (*de la part de*): **estimé de ses collègues** respected by his colleagues
7 (*cause*): **mourir de faim** to die of hunger; **rouge de colère** red with fury
8 (*vb + de + infin*) to; **il m'a dit de rester** he told me to stay
9 (*en apposition*): **cet imbécile de Paul** that idiot Paul; **le terme de franglais** the term "franglais"
▷ *art* **1** (*phrases affirmatives*) some (*souvent omis*); **du vin, de l'eau, des pommes** (some) wine, (some) water, (some) apples; **des enfants sont venus** some children came; **pendant des mois** for months
2 (*phrases interrogatives et négatives*) any; **a-t-il du vin?** has he got any wine?; **il n'a pas de pommes/d'enfants** he hasn't (got) any apples/children, he has no apples/children

dé [de] *nm* (*à jouer*) die *ou* dice; (*aussi*: **dé à coudre**) thimble; **dés** *nmpl* (*jeu*) (game of) dice; **un coup de dés** a throw of the dice; **couper en dés** (*Culin*) to dice
DEA *sigle m* (= *Diplôme d'études approfondies*) *post-graduate diploma*
dealer [dilœʀ] *nm* (*fam*) (drug) pusher
déambulateur [deɑ̃bylatœʀ] *nm* zimmer®
déambuler [deɑ̃byle] *vi* to stroll about
déb. *abr* = **débutant**; (*Comm*) = **à débattre**
débâcle [debɑkl(ə)] *nf* rout
déballage [debalaʒ] *nm* (*de marchandises*) display (*of loose goods*); (*fig*: *fam*) outpourings *pl*
déballer [debale] *vt* to unpack
débandade [debɑ̃dad] *nf* scattering; (*déroute*) rout
débander [debɑ̃de] *vt* to unbandage
débaptiser [debatize] *vt* (*rue*) to rename
débarbouiller [debaʀbuje] *vt* to wash; **se débarbouiller** *vi* to wash (one's face)
débarcadère [debaʀkadɛʀ] *nm* landing stage (*Brit*), wharf
débardeur [debaʀdœʀ] *nm* docker, stevedore; (*maillot*) slipover, tank top
débarquement [debaʀkəmɑ̃] *nm* unloading, landing; disembarkation; (*Mil*) landing; **le D~** the Normandy landings
débarquer [debaʀke] *vt* to unload, land ▷ *vi* to disembark; (*fig*) to turn up
débarras [debaʀa] *nm* lumber room; (*placard*) junk cupboard; (*remise*) outhouse; **bon ~!** good riddance!
débarrasser [debaʀase] *vt* to clear ▷ *vi* (*enlever le couvert*) to clear away; **~ qn de** (*vêtements, paquets*) to relieve sb of; (*habitude, ennemi*) to rid sb of; **~ qch de** (*fouillis etc*) to clear sth of; **se débarrasser**

de *vt* to get rid of; to rid o.s. of
débat [deba] *vb voir* **débattre** ▷ *nm* discussion, debate; **débats** *nmpl* (*Pol*) proceedings, debates
débattre [debatʀ(ə)] *vt* to discuss, debate; **se débattre** *vi* to struggle
débauchage [deboʃaʒ] *nm* (*licenciement*) laying off (of staff); (*par un concurrent*) poaching
débauche [deboʃ] *nf* debauchery; **une ~ de** (*fig*) a profusion of; (: *de couleurs*) a riot of
débauché, e [deboʃe] *adj* debauched ▷ *nm/f* profligate
débaucher [deboʃe] *vt* (*licencier*) to lay off, dismiss; (*salarié d'une autre entreprise*) to poach; (*entraîner*) to lead astray, debauch; (*inciter à la grève*) to incite
débile [debil] *adj* weak, feeble; (*fam: idiot*) dim-witted ▷ *nm/f*: **~ mental, e** mental defective
débilitant, e [debilitɑ̃, -ɑ̃t] *adj* debilitating
débilité [debilite] *nf* debility; (*fam: idiotie*) stupidity; **~ mentale** mental debility
débiner [debine]: **se débiner** *vi* to do a bunk (*Brit*), clear out
débit [debi] *nm* (*d'un liquide, fleuve*) (rate of) flow; (*d'un magasin*) turnover (of goods); (*élocution*) delivery; (*bancaire*) debit; **avoir un ~ de 10 euros** to be 10 euros in debit; **~ de boissons** drinking establishment; **~ de tabac** tobacconist's (shop) (*Brit*), tobacco *ou* smoke shop (*US*)
débiter [debite] *vt* (*compte*) to debit; (*liquide, gaz*) to yield, produce, give out; (*couper: bois, viande*) to cut up; (*vendre*) to retail; (*péj: paroles etc*) to come out with, churn out
débiteur, -trice [debitœʀ, -tʀis] *nm/f* debtor ▷ *adj* in debit; (*compte*) debit *cpd*
déblai [deblɛ] *nm* (*nettoyage*) clearing; **déblais** *nmpl* (*terre*) earth; (*décombres*) rubble
déblaiement [deblɛmɑ̃] *nm* clearing; **travaux de ~** earth moving *sg*
déblatérer [deblateʀe] *vi*: **~ contre** to go on about
déblayer [debleje] *vt* to clear; **~ le terrain** (*fig*) to clear the ground
déblocage [deblɔkaʒ] *nm* (*des prix, cours*) unfreezing
débloquer [deblɔke] *vt* (*frein, fonds*) to release; (*prix*) to unfreeze ▷ *vi* (*fam*) to talk rubbish
débobiner [debɔbine] *vt* to unwind
déboires [debwaʀ] *nmpl* setbacks
déboisement [debwazmɑ̃] *nm* deforestation
déboiser [debwaze] *vt* to clear of trees; (*région*) to deforest; **se déboiser** *vi* (*colline, montagne*) to become bare of trees
déboîter [debwate] *vt* (*Auto*) to pull out; **se ~ le genou** *etc* to dislocate one's knee *etc*
débonnaire [debɔnɛʀ] *adj* easy-going, good-natured
débordant, e [debɔʀdɑ̃, -ɑ̃t] *adj* (*joie*) unbounded; (*activité*) exuberant
débordé, e [debɔʀde] *adj*: **être ~ de** (*travail, demandes*) to be snowed under with
débordement [debɔʀdəmɑ̃] *nm* overflowing
déborder [debɔʀde] *vi* to overflow; (*lait etc*) to boil over ▷ *vt* (*Mil, Sport*) to outflank; **~ (de) qch** (*dépasser*) to extend beyond sth; **~ de** (*joie, zèle*) to be brimming over with *ou* bursting with
débouché [debuʃe] *nm* (*pour vendre*) outlet; (*perspective d'emploi*) opening; (*sortie*): **au ~ de la vallée** where the valley opens out (onto the plain)
déboucher [debuʃe] *vt* (*évier, tuyau etc*) to unblock; (*bouteille*) to uncork, open ▷ *vi*: **~ de** to emerge from, come out of; **~ sur** to come out onto; to open out onto; (*fig*) to arrive at, lead up to
débouler [debule] *vi* to go (*ou* come) tumbling down; (*sans tomber*) to come careering down ▷ *vt*: **~ l'escalier** to belt down the stairs
déboulonner [debulɔne] *vt* to dismantle; (*fig: renvoyer*) to dismiss; (: *détruire le prestige de*) to discredit
débours [debuʀ] *nmpl* outlay
débourser [debuʀse] *vt* to pay out, lay out
déboussoler [debusɔle] *vt* to disorientate, disorient
debout [dəbu] *adv*: **être ~** (*personne*) to be standing, stand; (: *levé, éveillé*) to be up (and about); (*chose*) to be upright; **être encore ~** (*fig: en état*) to be still going; to be still standing; to be still up; **mettre qn ~** to get sb to his feet; **mettre qch ~** to stand sth up; **se mettre ~** to get up (on one's feet); **se tenir ~** to stand; **~!** get up!; **cette histoire ne tient pas ~** this story doesn't hold water
débouter [debute] *vt* (*Jur*) to dismiss; **~ qn de sa demande** to dismiss sb's petition
déboutonner [debutɔne] *vt* to undo, unbutton; **se déboutonner** *vi* to come undone *ou* unbuttoned
débraillé, e [debʀɑje] *adj* slovenly, untidy
débrancher [debʀɑ̃ʃe] *vt* (*appareil électrique*) to unplug; (*téléphone, courant électrique*) to disconnect, cut off
débrayage [debʀejaʒ] *nm* (*Auto*) clutch; (: *action*) disengaging the clutch; (*grève*) stoppage; **faire un double ~** to double-declutch
débrayer [debʀeje] *vi* (*Auto*) to declutch, disengage the clutch; (*cesser le travail*) to stop work
débridé, e [debʀide] *adj* unbridled, unrestrained
débrider [debʀide] *vt* (*cheval*) to unbridle; (*Culin: volaille*) to untruss
débris [debʀi] *nm* (*fragment*) fragment ▷ *nmpl* (*déchets*) pieces, debris *sg*; rubbish *sg* (*Brit*), garbage *sg* (*US*)
débrouillard, e [debʀujaʀ, -aʀd(ə)] *adj* smart, resourceful
débrouillardise [debʀujaʀdiz] *nf* smartness, resourcefulness
débrouiller [debʀuje] *vt* to disentangle, untangle; (*fig*) to sort out, unravel; **se débrouiller** *vi* to manage
débroussailler [debʀusɑje] *vt* to clear (of

brushwood)
débusquer [debyske] *vt* to drive out (from cover)
début [deby] *nm* beginning, start; **débuts** *nmpl* beginnings; (*de carrière*) début *sg*; **faire ses ~s** to start out; **au ~** in *ou* at the beginning, at first; **au ~ de** at the beginning *ou* start of; **dès le ~** from the start
débutant, e [debytɑ̃, -ɑ̃t] *nm/f* beginner, novice
débuter [debyte] *vi* to begin, start; (*faire ses débuts*) to start out
deçà [dəsa]: **en ~ de** *prép* this side of; **en ~** *adv* on this side
décacheter [dekaʃte] *vt* to unseal, open
décade [dekad] *nf* (*10 jours*) (period of) ten days; (*10 ans*) decade
décadence [dekadɑ̃s] *nf* decadence; decline
décadent, e [dekadɑ̃, -ɑ̃t] *adj* decadent
décaféiné, e [dekafeine] *adj* decaffeinated, caffeine-free
décalage [dekalaʒ] *nm* move forward *ou* back; shift forward *ou* back; (*écart*) gap; (*désaccord*) discrepancy; **~ horaire** time difference (between time zones), time-lag
décalaminer [dekalamine] *vt* to decoke
décalcification [dekalsifikɑsjɔ̃] *nf* decalcification
décalcifier [dekalsifje]: **se décalcifier** *vr* to decalcify
décalcomanie [dekalkɔmani] *nf* transfer
décaler [dekale] *vt* (*dans le temps: avancer*) to bring forward; (*: retarder*) to put back; (*changer de position*) to shift forward *ou* back; **~ de 10 cm** to move forward *ou* back by 10 cm; **~ de deux heures** to bring *ou* move forward two hours; to put back two hours
décalitre [dekalitʀ(ə)] *nm* decalitre (*Brit*), decaliter (*US*)
décalogue [dekalɔg] *nm* Decalogue
décalquer [dekalke] *vt* to trace; (*par pression*) to transfer
décamètre [dekamɛtʀ(ə)] *nm* decametre (*Brit*), decameter (*US*)
décamper [dekɑ̃pe] *vi* to clear out *ou* off
décan [dekɑ̃] *nm* (*Astrologie*) decan
décanter [dekɑ̃te] *vt* to (allow to) settle (and decant); **se décanter** *vi* to settle
décapage [dekapaʒ] *nm* stripping; scouring; sanding
décapant [dekapɑ̃] *nm* acid solution; scouring agent; paint stripper
décaper [dekape] *vt* to strip; (*avec abrasif*) to scour; (*avec papier de verre*) to sand
décapiter [dekapite] *vt* to behead; (*par accident*) to decapitate; (*fig*) to cut the top off; (*: organisation*) to remove the top people from
décapotable [dekapɔtabl(ə)] *adj* convertible
décapoter [dekapɔte] *vt* to put down the top of
décapsuler [dekapsyle] *vt* to take the cap *ou* top off
décapsuleur [dekapsylœʀ] *nm* bottle-opener
décarcasser [dekaʀkase] *vt*: **se ~ pour qn/pour faire qch** (*fam*) to slog one's guts out for sb/to do sth
décathlon [dekatlɔ̃] *nm* decathlon
décati, e [dekati] *adj* faded, aged
décédé, e [desede] *adj* deceased
décéder [desede] *vi* to die
décelable [des(ə)labl(ə)] *adj* discernible
déceler [desle] *vt* to discover, detect; (*révéler*) to indicate, reveal
décélération [deseleʀɑsjɔ̃] *nf* deceleration
décélérer [deseleʀe] *vi* to decelerate, slow down
décembre [desɑ̃bʀ(ə)] *nm* December; *voir aussi* **juillet**
décemment [desamɑ̃] *adv* decently
décence [desɑ̃s] *nf* decency
décennal, e, -aux [desenal, -o] *adj* (*qui dure dix ans*) having a term of ten years, ten-year; (*qui revient tous les dix ans*) ten-yearly
décennie [desni] *nf* decade
décent, e [desɑ̃, -ɑ̃t] *adj* decent
décentralisation [desɑ̃tʀalizɑsjɔ̃] *nf* decentralization
décentraliser [desɑ̃tʀalize] *vt* to decentralize
décentrer [desɑ̃tʀe] *vt* to throw off centre; **se décentrer** *vi* to move off-centre
déception [desɛpsjɔ̃] *nf* disappointment
décerner [desɛʀne] *vt* to award
décès [desɛ] *nm* death, decease; **acte de ~** death certificate
décevant, e [dɛsvɑ̃, -ɑ̃t] *adj* disappointing
décevoir [dɛsvwaʀ] *vt* to disappoint
déchaîné, e [deʃene] *adj* unbridled, raging
déchaînement [deʃɛnmɑ̃] *nm* (*de haine, violence*) outbreak, outburst
déchaîner [deʃene] *vt* (*passions, colère*) to unleash; (*rires etc*) to give rise to, arouse; **se déchaîner** *vi* to be unleashed; (*rires*) to burst out; (*se mettre en colère*) to fly into a rage; **se ~ contre qn** to unleash one's fury on sb
déchanter [deʃɑ̃te] *vi* to become disillusioned
décharge [deʃaʀʒ(ə)] *nf* (*dépôt d'ordures*) rubbish tip *ou* dump; (*électrique*) electrical discharge; (*salve*) volley of shots; **à la ~ de** in defence of
déchargement [deʃaʀʒəmɑ̃] *nm* unloading
décharger [deʃaʀʒe] *vt* (*marchandise, véhicule*) to unload; (*Élec*) to discharge; (*arme: neutraliser*) to unload; (*: faire feu*) to discharge, fire; **~ qn de** (*responsabilité*) to relieve sb of, release sb from; **~ sa colère (sur)** to vent one's anger (on); **~ sa conscience** to unburden one's conscience; **se ~ dans** (*se déverser*) to flow into; **se ~ d'une affaire sur qn** to hand a matter over to sb
décharné, e [deʃaʀne] *adj* bony, emaciated, fleshless
déchaussé, e [deʃose] *adj* (*dent*) loose
déchausser [deʃose] *vt* (*personne*) to take the shoes off; (*skis*) to take off; **se déchausser** *vi* to take off one's shoes; (*dent*) to come *ou* work loose
dèche [dɛʃ] *nf* (*fam*): **être dans la ~** to be flat broke
déchéance [deʃeɑ̃s] *nf* (*déclin*) degeneration,

decay, decline; (*chute*) fall
déchet [deʃɛ] *nm* (*de bois, tissu etc*) scrap; (*perte: gén Comm*) wastage, waste; **déchets** *nmpl* (*ordures*) refuse *sg*, rubbish *sg* (*Brit*), garbage *sg* (*US*); **~s radioactifs** radioactive waste
déchiffrage [deʃifʀaʒ] *nm* sight-reading
déchiffrer [deʃifʀe] *vt* to decipher
déchiqueté, e [deʃikte] *adj* jagged(-edged), ragged
déchiqueter [deʃikte] *vt* to tear *ou* pull to pieces
déchirant, e [deʃiʀɑ̃, -ɑ̃t] *adj* heart-breaking, heart-rending
déchiré, e [deʃiʀe] *adj* torn; (*fig*) heart-broken
déchirement [deʃiʀmɑ̃] *nm* (*chagrin*) wrench, heartbreak; (*gén pl: conflit*) rift, split
déchirer [deʃiʀe] *vt* to tear, rip; (*mettre en morceaux*) to tear up; (*pour ouvrir*) to tear off; (*arracher*) to tear out; (*fig*) to tear apart; **se déchirer** *vi* to tear, rip; **se ~ un muscle/tendon** to tear a muscle/ tendon
déchirure [deʃiʀyʀ] *nf* (*accroc*) tear, rip; **~ musculaire** torn muscle
déchoir [deʃwaʀ] *vi* (*personne*) to lower o.s., demean o.s.; **~ de** to fall from
déchu, e [deʃy] *pp de* **déchoir** ▷ *adj* fallen; (*roi*) deposed
décibel [desibɛl] *nm* decibel
décidé, e [deside] *adj* (*personne, air*) determined; **c'est ~** it's decided; **être ~ à faire** to be determined to do
décidément [desidemɑ̃] *adv* undoubtedly; really
décider [deside] *vt*: **~ qch** to decide on sth; **~ de faire/que** to decide to do/that; **~ qn (à faire qch)** to persuade *ou* induce sb (to do sth); **~ de qch** to decide upon sth; (*chose*) to determine sth; **se décider** *vi* (*personne*) to decide, make up one's mind; (*problème, affaire*) to be resolved; **se ~ à qch** to decide on sth; **se ~ à faire** to decide *ou* make up one's mind to do; **se ~ pour qch** to decide on *ou* in favour of sth
décideur [desidœʀ] *nm* decision-maker
décilitre [desilitʀ(ə)] *nm* decilitre (*Brit*), deciliter (*US*)
décimal, e, -aux [desimal, -o] *adj, nf* decimal
décimalisation [desimalizɑsjɔ̃] *nf* decimalization
décimaliser [desimalize] *vt* to decimalize
décimer [desime] *vt* to decimate
décimètre [desimɛtʀ(ə)] *nm* decimetre (*Brit*), decimeter (*US*); **double ~** (20 cm) ruler
décisif, -ive [desizif, -iv] *adj* decisive; (*qui l'emporte*): **le facteur/l'argument ~** the deciding factor/argument
décision [desizjɔ̃] *nf* decision; (*fermeté*) decisiveness, decision; **prendre une ~** to make a decision; **prendre la ~ de faire** to take the decision to do; **emporter** *ou* **faire la ~** to be decisive
déclamation [deklamɑsjɔ̃] *nf* declamation; (*péj*) ranting, spouting
déclamatoire [deklamatwaʀ] *adj* declamatory
déclamer [deklame] *vt* to declaim; (*péj*) to spout ▷ *vi*: **~ contre** to rail against
déclarable [deklaʀabl(ə)] *adj* (*marchandise*) dutiable; (*revenus*) declarable
déclaration [deklaʀɑsjɔ̃] *nf* declaration; registration; (*discours: Pol etc*) statement; (*compte rendu*) report; **fausse ~** misrepresentation; **~ (d'amour)** declaration; **~ de décès** registration of death; **~ de guerre** declaration of war; **~ (d'impôts)** statement of income, tax declaration, ≈ tax return; **~ (de sinistre)** (insurance) claim; **~ de revenus** statement of income
déclaré, e [deklaʀe] *adj* (*juré*) avowed
déclarer [deklaʀe] *vt* to declare, announce; (*revenus, employés, marchandises*) to declare; (*décès, naissance*) to register; (*vol etc: à la police*) to report; **rien à ~** nothing to declare; **se déclarer** *vi* (*feu, maladie*) to break out; **~ la guerre** to declare war
déclassé, e [deklɑse] *adj* relegated, downgraded; (*matériel*) (to be) sold off
déclassement [deklɑsmɑ̃] *nm* relegation, downgrading; (*Rail etc*) change of class
déclasser [deklɑse] *vt* to relegate, downgrade; (*déranger: fiches, livres*) to get out of order
déclenchement [deklɑ̃ʃmɑ̃] *nm* release; setting off
déclencher [deklɑ̃ʃe] *vt* (*mécanisme etc*) to release; (*sonnerie*) to set off, activate; (*attaque, grève*) to launch; (*provoquer*) to trigger off; **se déclencher** *vi* to release itself; to go off
déclencheur [deklɑ̃ʃœʀ] *nm* release mechanism
déclic [deklik] *nm* trigger mechanism; (*bruit*) click
déclin [deklɛ̃] *nm* decline
déclinaison [deklinɛzɔ̃] *nf* declension
décliner [dekline] *vi* to decline ▷ *vt* (*invitation*) to decline, refuse; (*responsabilité*) to refuse to accept; (*nom, adresse*) to state; (*Ling*) to decline; **se décliner** (*Ling*) to decline
déclivité [deklivite] *nf* slope, incline; **en ~** sloping, on the incline
décloisonner [deklwazɔne] *vt* to decompartmentalize
déclouer [deklue] *vt* to unnail
décocher [dekɔʃe] *vt* to hurl; (*flèche, regard*) to shoot
décoction [dekɔksjɔ̃] *nf* decoction
décodage [dekɔdaʒ] *nm* deciphering, decoding
décoder [dekɔde] *vt* to decipher, decode
décodeur [dekɔdœʀ] *nm* decoder
décoiffé, e [dekwafe] *adj*: **elle est toute ~e** her hair is in a mess
décoiffer [dekwafe] *vt*: **~ qn** to disarrange *ou* mess up sb's hair; to take sb's hat off; **se décoiffer** *vi* to take off one's hat
décoincer [dekwɛ̃se] *vt* to unjam, loosen
déçois *etc* [deswa], **déçoive** *etc* [deswav] *vb voir* **décevoir**
décolérer [dekɔleʀe] *vi*: **il ne décolère pas** he's still angry, he hasn't calmed down

d

décollage [dekɔlaʒ] *nm (Aviat, Écon)* takeoff
décollé, e [dekɔle] *adj*: **oreilles ~es** sticking-out ears
décollement [dekɔlmɑ̃] *nm (Méd)*: **~ de la rétine** retinal detachment
décoller [dekɔle] *vt* to unstick ▷ *vi* to take off; *(projet, entreprise)* to take off, get off the ground; **se décoller** *vi* to come unstuck
décolleté, e [dekɔlte] *adj* low-necked, low-cut; *(femme)* wearing a low-cut dress ▷ *nm* low neck(line); *(épaules)* (bare) neck and shoulders; *(plongeant)* cleavage
décolleter [dekɔlte] *vt (vêtement)* to give a low neckline to; *(Tech)* to cut
décolonisation [dekɔlɔnizɑsjɔ̃] *nf* decolonization
décoloniser [dekɔlɔnize] *vt* to decolonize
décolorant [dekɔlɔʀɑ̃] *nm* decolorant, bleaching agent
décoloration [dekɔlɔʀɑsjɔ̃] *nf*: **se faire faire une ~** *(chez le coiffeur)* to have one's hair bleached *ou* lightened
décoloré, e [dekɔlɔʀe] *adj (vêtement)* faded; *(cheveux)* bleached
décolorer [dekɔlɔʀe] *vt (tissu)* to fade; *(cheveux)* to bleach, lighten; **se décolorer** *vi* to fade
décombres [dekɔ̃bʀ(ə)] *nmpl* rubble *sg*, debris *sg*
décommander [dekɔmɑ̃de] *vt* to cancel; *(invités)* to put off; **se décommander** *vi* to cancel, cry off
décomposé, e [dekɔ̃poze] *adj (pourri)* decomposed; *(visage)* haggard, distorted
décomposer [dekɔ̃poze] *vt* to break up; *(Chimie)* to decompose; *(Math)* to factorize; **se décomposer** *vi* to decompose
décomposition [dekɔ̃pozisjɔ̃] *nf* breaking up; decomposition; factorization; **en ~** *(organisme)* in a state of decay, decomposing
décompresser [dekɔ̃pʀese] *vi (fam: se détendre)* to unwind
décompresseur [dekɔ̃pʀesœʀ] *nm* decompressor
décompression [dekɔ̃pʀesjɔ̃] *nf* decompression
décomprimer [dekɔ̃pʀime] *vt* to decompress
décompte [dekɔ̃t] *nm* deduction; *(facture)* breakdown (of an account), detailed account
décompter [dekɔ̃te] *vt* to deduct
déconcentration [dekɔ̃sɑ̃tʀɑsjɔ̃] *nf (des industries etc)* dispersal; **~ des pouvoirs** devolution
déconcentré, e [dekɔ̃sɑ̃tʀe] *adj (sportif etc)* who has lost (his/her) concentration
déconcentrer [dekɔ̃sɑ̃tʀe] *vt (Admin)* to disperse; **se déconcentrer** *vi* to lose (one's) concentration
déconcertant, e [dekɔ̃sɛʀtɑ̃, -ɑ̃t] *adj* disconcerting
déconcerter [dekɔ̃sɛʀte] *vt* to disconcert, confound
déconditionner [dekɔ̃disjɔne] *vt*: **~ l'opinion américaine** to change the way the Americans have been forced to think
déconfit, e [dekɔ̃fi, -it] *adj* crestfallen, downcast
déconfiture [dekɔ̃fityʀ] *nf* collapse, ruin; *(morale)* defeat
décongélation [dekɔ̃ʒelɑsjɔ̃] *nf* defrosting, thawing
décongeler [dekɔ̃ʒle] *vt* to thaw (out)
décongestionner [dekɔ̃ʒɛstjɔne] *vt (Méd)* to decongest; *(rues)* to relieve congestion in
déconnecter [dekɔnɛkte] *vt* to disconnect
déconner [dekɔne] *vi (fam!: en parlant)* to talk (a load of) rubbish *(Brit) ou* garbage *(US)*; *(: faire des bêtises)* to muck about; **sans ~** no kidding
déconseiller [dekɔ̃seje] *vt*: **~ qch (à qn)** to advise (sb) against sth; **~ à qn de faire** to advise sb against doing; **c'est déconseillé** it's not advised *ou* advisable
déconsidérer [dekɔ̃sideʀe] *vt* to discredit
décontamination [dekɔ̃taminɑsjɔ̃] *nf* decontamination
décontaminer [dekɔ̃tamine] *vt* to decontaminate
décontenancer [dekɔ̃tnɑ̃se] *vt* to disconcert, discountenance
décontracté, e [dekɔ̃tʀakte] *adj* relaxed
décontracter [dekɔ̃tʀakte] *vt*, **se décontracter** *vi* to relax
décontraction [dekɔ̃tʀaksjɔ̃] *nf* relaxation
déconvenue [dekɔ̃vny] *nf* disappointment
décor [dekɔʀ] *nm* décor; *(paysage)* scenery; **décors** *nmpl (Théât)* scenery *sg*, decor *sg*; *(Ciné)* set *sg*; **changement de ~** *(fig)* change of scene; **entrer dans le ~** *(fig)* to run off the road; **en ~ naturel** *(Ciné)* on location
décorateur, -trice [dekɔʀatœʀ, -tʀis] *nm/f* (interior) decorator; *(Ciné)* set designer
décoratif, -ive [dekɔʀatif, -iv] *adj* decorative
décoration [dekɔʀɑsjɔ̃] *nf* decoration
décorer [dekɔʀe] *vt* to decorate
décortiqué, e [dekɔʀtike] *adj* shelled; hulled
décortiquer [dekɔʀtike] *vt* to shell; *(riz)* to hull; *(fig)* to dissect
décorum [dekɔʀɔm] *nm* decorum; etiquette
décote [dekɔt] *nf* tax relief
découcher [dekuʃe] *vi* to spend the night away
découdre [dekudʀ(ə)] *vt (vêtement, couture)* to unpick, take the stitching out of; *(bouton)* to take off; **se découdre** *vi* to come unstitched; *(bouton)* to come off; **en ~** *(fig)* to fight, do battle
découler [dekule] *vi*: **~ de** to ensue *ou* follow from
découpage [dekupaʒ] *nm* cutting up; carving; *(image)* cut-out (figure); **~ électoral** division into constituencies
découper [dekupe] *vt (papier, tissu etc)* to cut up; *(volaille, viande)* to carve; *(détacher: manche, article)* to cut out; **se ~ sur** *(ciel, fond)* to stand out against
découplé, e [dekuple] *adj*: **bien ~** well-built, well-proportioned
découpure [dekupyʀ] *nf*: **~s** *(morceaux)* cut-out bits; *(d'une côte, arête)* indentations, jagged

outline *sg*
décourageant, e [dekuʀaʒɑ̃, ɑ̃t] *adj* discouraging; (*personne, attitude*) discouraging, negative
découragement [dekuʀaʒmɑ̃] *nm* discouragement, despondency
décourager [dekuʀaʒe] *vt* to discourage, dishearten; (*dissuader*) to discourage, put off; **se décourager** *vi* to lose heart, become discouraged; **~ qn de faire/de qch** to discourage sb from doing/from sth, put sb off doing/sth
décousu, e [dekuzy] *pp de* **découdre** ▷ *adj* unstitched; (*fig*) disjointed, disconnected
découvert, e [dekuvɛʀ, -ɛʀt(ə)] *pp de* **découvrir** ▷ *adj* (*tête*) bare, uncovered; (*lieu*) open, exposed ▷ *nm* (*bancaire*) overdraft ▷ *nf* discovery; **à ~** *adv* (*Mil*) exposed, without cover; (*fig*) openly ▷ *adj* (*Comm*) overdrawn; **à visage ~** openly; **aller à la ~e de** to go in search of
découvrir [dekuvʀiʀ] *vt* to discover; (*apercevoir*) to see; (*enlever ce qui couvre ou protège*) to uncover; (*montrer, dévoiler*) to reveal; **se découvrir** *vi* to take off one's hat; (*se déshabiller*) to take something off; (*au lit*) to uncover o.s.; (*ciel*) to clear; **se ~ des talents** to find hidden talents in o.s.
décrasser [dekʀase] *vt* to clean
décrêper [dekʀepe] *vt* (*cheveux*) to straighten
décrépi, e [dekʀepi] *adj* peeling; with roughcast rendering removed
décrépit, e [dekʀepi, -it] *adj* decrepit
décrépitude [dekʀepityd] *nf* decrepitude; decay
decrescendo [dekʀeʃɛndo] *nm* (*Mus*) decrescendo; **aller ~** (*fig*) to decline, be on the wane
décret [dekʀɛ] *nm* decree
décréter [dekʀete] *vt* to decree; (*ordonner*) to order
décret-loi [dekʀɛlwa] *nm* statutory order
décrié, e [dekʀije] *adj* disparaged
décrire [dekʀiʀ] *vt* to describe; (*courbe, cercle*) to follow, describe
décrisper [dekʀispe] *vt* to defuse
décrit, e [dekʀi, -it] *pp de* **décrire**
décrivais *etc* [dekʀivɛ] *vb voir* **décrire**
décrochage [dekʀɔʃaʒ] *nm*: **~ scolaire** (*Scol*) ≈ truancy
décrochement [dekʀɔʃmɑ̃] *nm* (*d'un mur etc*) recess
décrocher [dekʀɔʃe] *vt* (*dépendre*) to take down; (*téléphone*) to take off the hook; (*: pour répondre*): **~ (le téléphone)** to pick up *ou* lift the receiver; (*fig: contrat etc*) to get, land ▷ *vi* to drop out; to switch off; **se décrocher** *vi* (*tableau, rideau*) to fall down
décroîs *etc* [dekʀwa] *vb voir* **décroître**
décroiser [dekʀwaze] *vt* (*bras*) to unfold; (*jambes*) to uncross
décroissant, e [dekʀwasɑ̃, -ɑ̃t] *vb voir* **décroître** ▷ *adj* decreasing, declining, diminishing; **par ordre ~** in descending order
décroître [dekʀwatʀ(ə)] *vi* to decrease, decline diminish
décrotter [dekʀɔte] *vt* (*chaussures*) to clean the mud from; **se ~ le nez** to pick one's nose
décru, e [dekʀy] *pp de* **décroître**
décrue [dekʀy] *nf* drop in level (of the waters)
décrypter [dekʀipte] *vt* to decipher
déçu, e [desy] *pp de* **décevoir** ▷ *adj* disappointed
déculotter [dekylɔte] *vt*: **~ qn** to take off *ou* down sb's trousers; **se déculotter** *vi* to take off *ou* down one's trousers
déculpabiliser [dekylpabilize] *vt* (*personne*) to relieve of guilt; (*chose*) to decriminalize
décuple [dekypl(ə)] *nm*: **le ~ de** ten times; **au ~** tenfold
décupler [dekyple] *vt, vi* to increase tenfold
déçut *etc* [desy] *vb voir* **décevoir**
dédaignable [dedɛɲabl(ə)] *adj*: **pas ~** not to be despised
dédaigner [dedeɲe] *vt* to despise, scorn; (*négliger*) to disregard, spurn; **~ de faire** to consider it beneath one to do, not deign to do
dédaigneusement [dedɛɲøzmɑ̃] *adv* scornfully, disdainfully
dédaigneux, -euse [dedɛɲø, -øz] *adj* scornful, disdainful
dédain [dedɛ̃] *nm* scorn, disdain
dédale [dedal] *nm* maze
dedans [dədɑ̃] *adv* inside; (*pas en plein air*) indoors, inside ▷ *nm* inside; **au ~** on the inside; inside; **en ~** (*vers l'intérieur*) inwards; *voir aussi* **là**
dédicace [dedikas] *nf* (*imprimée*) dedication; (*manuscrite, sur une photo etc*) inscription
dédicacer [dedikase] *vt*: **~ (à qn)** to sign (for sb), autograph (for sb), inscribe (to sb)
dédié, e [dedje] *adj*: **ordinateur ~** dedicated computer
dédier [dedje] *vt* to dedicate
dédire [dediʀ]: **se dédire** *vi* to go back on one's word; (*se rétracter*) to retract, recant
dédit, e [dedi, -it] *pp de* **dédire** ▷ *nm* (*Comm*) forfeit, penalty
dédommagement [dedɔmaʒmɑ̃] *nm* compensation
dédommager [dedɔmaʒe] *vt*: **~ qn (de)** to compensate sb (for); (*fig*) to repay sb (for)
dédouaner [dedwane] *vt* to clear through customs
dédoublement [dedubləmɑ̃] *nm* splitting; (*Psych*): **~ de la personnalité** split *ou* dual personality
dédoubler [deduble] *vt* (*classe, effectifs*) to split (into two); (*couverture etc*) to unfold; (*manteau*) to remove the lining of; **~ un train/les trains** to run a relief train/additional trains; **se dédoubler** *vi* (*Psych*) to have a split personality
dédramatiser [dedʀamatize] *vt* (*situation*) to defuse; (*événement*) to play down
déductible [dedyktibl(ə)] *adj* deductible
déduction [dedyksjɔ̃] *nf* (*d'argent*) deduction; (*raisonnement*) deduction, inference
déduire [dedɥiʀ] *vt*: **~ qch (de)** (*ôter*) to deduct sth (from); (*conclure*) to deduce *ou* infer sth (from)

d

déesse [deɛs] *nf* goddess
DEFA *sigle m (= Diplôme d'État relatif aux fonctions d'animation) diploma for senior youth leaders*
défaillance [defajɑ̃s] *nf (syncope)* blackout; *(fatigue)* (sudden) weakness *no pl*; *(technique)* fault, failure; *(morale etc)* weakness; **~ cardiaque** heart failure
défaillant, e [defajɑ̃, -ɑ̃t] *adj* defective; *(Jur: témoin)* defaulting
défaillir [defajiʀ] *vi* to faint; to feel faint; *(mémoire etc)* to fail
défaire [defɛʀ] *vt (installation, échafaudage)* to take down, dismantle; *(paquet etc, nœud, vêtement)* to undo; *(bagages)* to unpack; *(ouvrage)* to undo, unpick; *(cheveux)* to take out; **se défaire** *vi* to come undone; **se ~ de** *vt (se débarrasser de)* to get rid of; *(se séparer de)* to part with; **~ le lit** *(pour changer les draps)* to strip the bed; *(pour se coucher)* to turn back the bedclothes
défait, e [defɛ, -ɛt] *pp de* **défaire** ▷ *adj (visage)* haggard, ravaged ▷ *nf* defeat
défaites [defɛt] *vb voir* **défaire**
défaitisme [defetism(ə)] *nm* defeatism
défaitiste [defetist(ə)] *adj, nm/f* defeatist
défalcation [defalkɑsjɔ̃] *nf* deduction
défalquer [defalke] *vt* to deduct
défasse *etc* [defas] *vb voir* **défaire**
défausser [defose] *vt* to get rid of; **se défausser** *vi (Cartes)* to discard
défaut [defo] *nm (moral)* fault, failing, defect; *(d'étoffe, métal)* fault, flaw, defect; *(manque, carence)*: **~ de** lack of; shortage of; *(Inform)* bug; **~ de la cuirasse** *(fig)* chink in the armour *(Brit) ou* armor *(US)*; **en ~** at fault; in the wrong; **faire ~** *(manquer)* to be lacking; **à ~** *adv* failing that; **à ~ de** for lack *ou* want of; **par ~** *(Jur)* in his *(ou* her *etc)* absence
défaveur [defavœʀ] *nf* disfavour *(Brit)*, disfavor *(US)*
défavorable [defavɔʀabl(ə)] *adj* unfavourable *(Brit)*, unfavorable *(US)*
défavoriser [defavɔʀize] *vt* to put at a disadvantage
défectif, -ive [defɛktif, -iv] *adj*: **verbe ~** defective verb
défection [defɛksjɔ̃] *nf* defection, failure to give support *ou* assistance; failure to appear; **faire ~** *(d'un parti etc)* to withdraw one's support, leave
défectueux, -euse [defɛktɥø, -øz] *adj* faulty, defective
défectuosité [defɛktɥozite] *nf* defectiveness *no pl*; *(défaut)* defect, fault
défendable [defɑ̃dabl(ə)] *adj* defensible
défendeur, -eresse [defɑ̃dœʀ, -dʀɛs] *nm/f (Jur)* defendant
défendre [defɑ̃dʀ(ə)] *vt* to defend; *(interdire)* to forbid; **~ à qn qch/de faire** to forbid sb sth/to do; **il est défendu de cracher** spitting (is) prohibited *ou* is not allowed; **c'est défendu** it is forbidden; **se défendre** *vi* to defend o.s.; **il se défend** *(fig)* he can hold his own; **ça se défend** *(fig)* it holds together; **se ~ de/contre** *(se protéger)* to protect o.s. from/against; **se ~ de** *(se garder de)* to refrain from; *(nier)*: **se ~ de vouloir** to deny wanting
défenestrer [defənɛstʀe] *vt* to throw out of the window
défense [defɑ̃s] *nf* defence *(Brit)*, defense *(US)*; *(d'éléphant etc)* tusk; **ministre de la ~** Minister of Defence *(Brit)*, Defence Secretary; **la ~ nationale** defence, the defence of the realm *(Brit)*; **la ~ contre avions** anti-aircraft defence; **"~ de fumer/cracher"** "no smoking/spitting", "smoking/spitting prohibited"; **prendre la ~ de qn** to stand up for sb; **~ des consommateurs** consumerism
défenseur [defɑ̃sœʀ] *nm* defender; *(Jur)* counsel for the defence
défensif, -ive [defɑ̃sif, -iv] *adj, nf* defensive; **être sur la défensive** to be on the defensive
déféquer [defeke] *vi* to defecate
déferai *etc* [defʀe] *vb voir* **défaire**
déférence [defeʀɑ̃s] *nf* deference
déférent, e [defeʀɑ̃, -ɑ̃t] *adj (poli)* deferential, deferent
déférer [defeʀe] *vt (Jur)* to refer; **~ à** *vt (requête, décision)* to defer to; **~ qn à la justice** to hand sb over to justice
déferlant, e [defɛʀlɑ̃, -ɑ̃t] *adj*: **vague ~e** breaker
déferlement [defɛʀləmɑ̃] *nm* breaking; surge
déferler [defɛʀle] *vi (vagues)* to break; *(fig)* to surge
défi [defi] *nm (provocation)* challenge; *(bravade)* defiance; **mettre qn au ~ de faire qch** to challenge sb to do sth; **relever un ~** to take up *ou* accept a challenge
défiance [defjɑ̃s] *nf* mistrust, distrust
déficeler [defisle] *vt (paquet)* to undo, untie
déficience [defisjɑ̃s] *nf* deficiency
déficient, e [defisjɑ̃, -ɑ̃t] *adj* deficient
déficit [defisit] *nm (Comm)* deficit; *(Psych etc: manque)* defect; **~ budgétaire** budget deficit; **être en ~** to be in deficit
déficitaire [defisitɛʀ] *adj (année, récolte)* bad; **entreprise/budget ~** business/budget in deficit
défier [defje] *vt (provoquer)* to challenge; *(fig)* to defy, brave; **se ~ de** *(se méfier de)* to distrust, mistrust; **~ qn de faire** to challenge *ou* defy sb to do; **~ qn à** to challenge sb to; **~ toute comparaison/concurrence** to be incomparable/unbeatable
défigurer [defigyʀe] *vt* to disfigure; *(boutons etc)* to mar *ou* spoil (the looks of); *(fig: œuvre)* to mutilate, deface
défilé [defile] *nm (Géo)* (narrow) gorge *ou* pass; *(soldats)* parade; *(manifestants)* procession, march; **un ~ de** *(voitures, visiteurs etc)* a stream of
défiler [defile] *vi (troupes)* to march past; *(sportifs)* to parade; *(manifestants)* to march; *(visiteurs)* to pour, stream; **se défiler** *vi (se dérober)* to slip away, sneak off; **faire ~** *(bande, film)* to put on; *(Inform)* to scroll

défini, e [defini] *adj* definite
définir [definiʀ] *vt* to define
définissable [definisabl(ə)] *adj* definable
définitif, -ive [definitif, -iv] *adj* (*final*) final, definitive; (*pour longtemps*) permanent, definitive; (*sans appel*) final, definite ▷ *nf*: **en définitive** eventually; (*somme toute*) when all is said and done
définition [definisjɔ̃] *nf* definition; (*de mots croisés*) clue; (*TV*) (picture) resolution
définitivement [definitivmɑ̃] *adv* definitively; permanently; definitely
défit *etc* [defi] *vb voir* **défaire**
déflagration [deflagʀɑsjɔ̃] *nf* explosion
déflation [deflɑsjɔ̃] *nf* deflation
déflationniste [deflɑsjɔnist(ə)] *adj* deflationist, deflationary
déflecteur [deflɛktœʀ] *nm* (*Auto*) quarterlight (*Brit*), deflector (*US*)
déflorer [deflɔʀe] *vt* (*jeune fille*) to deflower; (*fig*) to spoil the charm of
défoncé, e [defɔ̃se] *adj* smashed in; broken down; (*route*) full of potholes ▷ *nm/f* addict
défoncer [defɔ̃se] *vt* (*caisse*) to stave in; (*porte*) to smash in *ou* down; (*lit, fauteuil*) to burst (the springs of); (*terrain, route*) to rip *ou* plough up; **se défoncer** *vi* (*se donner à fond*) to give it all one's got
défont [defɔ̃] *vb voir* **défaire**
déformant, e [defɔʀmɑ̃, -ɑ̃t] *adj*: **glace ~e** *ou* **miroir ~** distorting mirror
déformation [defɔʀmɑsjɔ̃] *nf* loss of shape; deformation; distortion; **~ professionnelle** conditioning by one's job
déformer [defɔʀme] *vt* to put out of shape; (*corps*) to deform; (*pensée, fait*) to distort; **se déformer** *vi* to lose its shape
défoulement [defulmɑ̃] *nm* release of tension; unwinding
défouler [defule]: **se défouler** *vi* (*Psych*) to work off one's tensions, release one's pent-up feelings; (*gén*) to unwind, let off steam
défraîchi, e [defʀeʃi] *adj* faded; (*article à vendre*) shop-soiled
défraîchir [defʀeʃiʀ]: **se défraîchir** *vi* to fade; to become shop-soiled
défrayer [defʀeje] *vt*: **~ qn** to pay sb's expenses; **~ la chronique** to be in the news; **~ la conversation** to be the main topic of conversation
défrichement [defʀiʃmɑ̃] *nm* clearance
défricher [defʀiʃe] *vt* to clear (for cultivation)
défriser [defʀize] *vt* (*cheveux*) to straighten; (*fig*) to annoy
défroisser [defʀwase] *vt* to smooth out
défroque [defʀɔk] *nf* cast-off
défroqué [defʀɔke] *nm* former monk (*ou* priest)
défroquer [defʀɔke] *vi* (*aussi*: **se défroquer**) to give up the cloth, renounce one's vows
défunt, e [defœ̃, -œ̃t] *adj*: **son ~ père** his late father ▷ *nm/f* deceased
dégagé, e [degaʒe] *adj* clear; (*ton, air*) casual, jaunty
dégagement [degaʒmɑ̃] *nm* emission; freeing; clearing; (*espace libre*) clearing; passage; clearance; (*Football*) clearance; **voie de ~** slip road; **itinéraire de ~** alternative route (*to relieve traffic congestion*)
dégager [degaʒe] *vt* (*exhaler*) to give off, emit; (*délivrer*) to free, extricate; (*Mil: troupes*) to relieve; (*désencombrer*) to clear; (*isoler, mettre en valeur*) to bring out; (*crédits*) to release; **se dégager** *vi* (*odeur*) to emanate, be given off; (*passage, ciel*) to clear; **~ qn de** (*engagement, parole etc*) to release *ou* free sb from; **se ~ de** (*fig: engagement etc*) to get out of; (*: promesse*) to go back on
dégaine [degɛn] *nf* awkward way of walking
dégainer [degene] *vt* to draw
dégarni, e [degaʀni] *adj* bald
dégarnir [degaʀniʀ] *vt* (*vider*) to empty, clear; **se dégarnir** *vi* to empty; to be cleaned out *ou* cleared; (*tempes, crâne*) to go bald
dégâts [degɑ] *nmpl* damage *sg*; **faire des ~** to damage
dégauchir [degoʃiʀ] *vt* (*Tech*) to surface
dégazer [degɑze] *vi* (*pétrolier*) to clean its tanks
dégel [deʒɛl] *nm* thaw; (*fig: des prix etc*) unfreezing
dégeler [deʒle] *vt* to thaw (out); (*fig*) to unfreeze ▷ *vi* to thaw (out); **se dégeler** *vi* (*fig*) to thaw out
dégénéré, e [deʒeneʀe] *adj, nm/f* degenerate
dégénérer [deʒeneʀe] *vi* to degenerate; (*empirer*) to go from bad to worse; (*devenir*): **~ en** to degenerate into
dégénérescence [deʒeneʀesɑ̃s] *nf* degeneration
dégingandé, e [deʒɛ̃gɑ̃de] *adj* gangling, lanky
dégivrage [deʒivʀaʒ] *nm* defrosting; de-icing
dégivrer [deʒivʀe] *vt* (*frigo*) to defrost; (*vitres*) to de-ice
dégivreur [deʒivʀœʀ] *nm* defroster; de-icer
déglinguer [deglɛ̃ge] *vt* to bust
déglutir [deglytiʀ] *vt, vi* to swallow
déglutition [deglytisjɔ̃] *nf* swallowing
dégonflé, e [degɔ̃fle] *adj* (*pneu*) flat; (*fam*) chicken ▷ *nm/f* (*fam*) chicken
dégonfler [degɔ̃fle] *vt* (*pneu, ballon*) to let down, deflate ▷ *vi* (*désenfler*) to go down; **se dégonfler** *vi* (*fam*) to chicken out
dégorger [degɔʀʒe] *vi* (*Culin*): **faire ~** to leave to sweat; (*aussi*: **se dégorger**: *rivière*): **~ dans** to flow into ▷ *vt* to disgorge
dégoter [degɔte] *vt* (*fam*) to dig up, find
dégouliner [deguline] *vi* to trickle, drip; **~ de** to be dripping with
dégoupiller [degupije] *vt* (*grenade*) to take the pin out of
dégourdi, e [deguʀdi] *adj* smart, resourceful
dégourdir [deguʀdiʀ] *vt* to warm (up); **se ~ (les jambes)** to stretch one's legs
dégoût [degu] *nm* disgust, distaste
dégoûtant, e [degutɑ̃, -ɑ̃t] *adj* disgusting
dégoûté, e [degute] *adj* disgusted; **~ de** sick of
dégoûter [degute] *vt* to disgust; **cela me**

dégoûte I find this disgusting *ou* revolting; **~ qn de qch** to put sb off sth; **se ~ de** to get *ou* become sick of
dégoutter [degute] *vi* to drip; **~ de** to be dripping with
dégradant, e [degʀadɑ̃, -ɑ̃t] *adj* degrading
dégradation [degʀadɑsjɔ̃] *nf* reduction in rank; defacement; degradation, debasement; deterioration; (*aussi*: **dégradations**: *dégâts*) damage *no pl*
dégradé, e [degʀade] *adj* (*couleur*) shaded off; (*teintes*) faded; (*cheveux*) layered ▷ *nm* (*Peinture*) gradation
dégrader [degʀade] *vt* (*Mil: officier*) to degrade; (*abîmer*) to damage, deface; (*avilir*) to degrade, debase; **se dégrader** *vi* (*relations, situation*) to deteriorate
dégrafer [degʀafe] *vt* to unclip, unhook, unfasten
dégraissage [degʀɛsaʒ] *nm* (*Écon*) cutbacks *pl*; **~ et nettoyage à sec** dry cleaning
dégraissant [degʀɛsɑ̃] *nm* spot remover
dégraisser [degʀese] *vt* (*soupe*) to skim; (*vêtement*) to take the grease marks out of; (*Écon*) to cut back; (*: entreprise*) to slim down
degré [dəgʀe] *nm* degree; (*d'escalier*) step; **brûlure au 1er/2ème ~** 1st/2nd degree burn; **équation du 1er/2ème ~** linear/quadratic equation; **le premier ~** (*Scol*) primary level; **alcool à 90 ~s** surgical spirit; **vin de 10 ~s** 10° wine (*on Gay-Lussac scale*); **par ~(s)** *adv* by degrees, gradually
dégressif, -ive [degʀesif, -iv] *adj* on a decreasing scale, degressive; **tarif ~** decreasing rate of charge
dégrèvement [degʀɛvmɑ̃] *nm* tax relief
dégrever [degʀəve] *vt* to grant tax relief to; to reduce the tax burden on
dégriffé, e [degʀife] *adj* (*vêtement*) sold without the designer's label; **voyage ~** discount holiday
dégringolade [degʀɛ̃gɔlad] *nf* tumble; (*fig*) collapse
dégringoler [degʀɛ̃gɔle] *vi* to tumble (down); (*fig: prix, monnaie etc*) to collapse
dégriser [degʀize] *vt* to sober up
dégrossir [degʀosiʀ] *vt* (*bois*) to trim; (*fig*) to work out roughly; (*: personne*) to knock the rough edges off
déguenillé, e [degnije] *adj* ragged, tattered
déguerpir [degɛʀpiʀ] *vi* to clear off
dégueulasse [degœlas] *adj* (*fam*) disgusting
dégueuler [degœle] *vi* (*fam*) to puke, throw up
déguisé, e [degize] *adj* disguised; dressed up; **~ en** disguised (*ou* dressed up) as
déguisement [degizmɑ̃] *nm* disguise; (*habits: pour s'amuser*) dressing-up clothes; (*: pour tromper*) disguise
déguiser [degize] *vt* to disguise; **se déguiser (en)** *vi* (*se costumer*) to dress up (as); (*pour tromper*) to disguise o.s. (as)
dégustation [degystɑsjɔ̃] *nf* tasting; sampling; savouring (*Brit*), savoring (*US*); (*séance*): **~ de vin(s)** wine-tasting
déguster [degyste] *vt* (*vins*) to taste; (*fromages etc*) to sample; (*savourer*) to enjoy, savour (*Brit*), savor (*US*)
déhancher [deɑ̃ʃe]: **se déhancher** *vi* to sway one's hips; to lean (one's weight) on one hip
dehors [dəɔʀ] *adv* outside; (*en plein air*) outdoors, outside ▷ *nm* outside ▷ *nmpl* (*apparences*) appearances, exterior *sg*; **mettre** *ou* **jeter ~** to throw out; **au ~** outside; (*en apparence*) outwardly; **au ~ de** outside; **de ~** from outside; **en ~** outside; outwards; **en ~ de** apart from
déifier [deifje] *vt* to deify
déjà [deʒa] *adv* already; (*auparavant*) before, already; **as-tu ~ été en France?** have you been to France before?; **c'est ~ pas mal** that's not too bad (at all); **c'est ~ quelque chose** (at least) it's better than nothing; **quel nom, ~?** what was the name again?
déjanter [deʒɑ̃te]: **se déjanter** *vi* (*pneu*) to come off the rim
déjà-vu [deʒavy] *nm*: **c'est du ~** there's nothing new in that
déjeté, e [dɛʒte] *adj* lop-sided, crooked
déjeuner [deʒœne] *vi* to (have) lunch; (*le matin*) to have breakfast ▷ *nm* lunch; (*petit déjeuner*) breakfast; **~ d'affaires** business lunch
déjouer [deʒwe] *vt* to elude, to foil, thwart
déjuger [deʒyʒe]: **se déjuger** *vi* to go back on one's opinion
delà [dəla] *adv*: **par ~, en ~ (de), au ~ (de)** beyond
délabré, e [delɑbʀe] *adj* dilapidated, broken-down
délabrement [delɑbʀəmɑ̃] *nm* decay, dilapidation
délabrer [delɑbʀe]: **se délabrer** *vi* to fall into decay, become dilapidated
délacer [delase] *vt* to unlace, undo
délai [delɛ] *nm* (*attente*) waiting period; (*sursis*) extension (of time); (*temps accordé: aussi*: **délais**) time limit; **sans ~** without delay; **à bref ~** shortly, very soon; at short notice; **dans les ~s** within the time limit; **un ~ de 30 jours** a period of 30 days; **comptez un ~ de livraison de 10 jours** allow 10 days for delivery
délaissé, e [delese] *adj* abandoned, deserted; neglected
délaisser [delese] *vt* (*abandonner*) to abandon, desert; (*négliger*) to neglect
délassant, e [delɑsɑ̃, -ɑ̃t] *adj* relaxing
délassement [delɑsmɑ̃] *nm* relaxation
délasser [delɑse] *vt* (*reposer*) to relax; (*divertir*) to divert, entertain; **se délasser** *vi* to relax
délateur, -trice [delatœʀ, -tʀis] *nm/f* informer
délation [delɑsjɔ̃] *nf* denouncement, informing
délavé, e [delave] *adj* faded
délayage [delɛjaʒ] *nm* mixing; thinning down
délayer [deleje] *vt* (*Culin*) to mix (with water *etc*); (*peinture*) to thin down; (*fig*) to pad out, spin out
delco® [dɛlko] *nm* (*Auto*) distributor; **tête de delco** distributor cap
délectation [delɛktɑsjɔ̃] *nf* delight

délecter [delɛkte]: **se délecter** *vi*: **se ~ de** to revel *ou* delight in
délégation [delegasjɔ̃] *nf* delegation; **~ de pouvoir** delegation of power
délégué, e [delege] *adj* delegated ▷ *nm/f* delegate; representative; **ministre ~ à** minister with special responsibility for
déléguer [delege] *vt* to delegate
délestage [delɛstaʒ] *nm*: **itinéraire de ~** alternative route (*to relieve traffic congestion*)
délester [delɛste] *vt* (*navire*) to unballast; **~ une route** to relieve traffic congestion on a road by diverting traffic
Delhi [dɛli] *n* Delhi
délibérant, e [delibeʀɑ̃, -ɑ̃t] *adj*: **assemblée ~e** deliberative assembly
délibératif, -ive [delibeʀatif, -iv] *adj*: **avoir voix délibérative** to have voting rights
délibération [delibeʀasjɔ̃] *nf* deliberation
délibéré, e [delibeʀe] *adj* (*conscient*) deliberate; (*déterminé*) determined, resolute; **de propos ~** (*à dessein, exprès*) intentionally
délibérément [delibeʀemɑ̃] *adv* deliberately; (*résolument*) resolutely
délibérer [delibeʀe] *vi* to deliberate
délicat, e [delika, -at] *adj* delicate; (*plein de tact*) tactful; (*attentionné*) thoughtful; (*exigeant*) fussy, particular; **procédés peu ~s** unscrupulous methods
délicatement [delikatmɑ̃] *adv* delicately; (*avec douceur*) gently
délicatesse [delikatɛs] *nf* delicacy; tactfulness; thoughtfulness; **délicatesses** *nfpl* attentions, consideration *sg*
délice [delis] *nm* delight
délicieusement [delisjøzmɑ̃] *adv* deliciously; delightfully
délicieux, -euse [delisjø, -øz] *adj* (*au goût*) delicious; (*sensation, impression*) delightful
délictueux, -euse [deliktɥø, -øz] *adj* criminal
délié, e [delje] *adj* nimble, agile; (*mince*) slender, fine ▷ *nm*: **les ~s** the upstrokes (*in handwriting*)
délier [delje] *vt* to untie; **~ qn de** (*serment etc*) to free *ou* release sb from
délimitation [delimitasjɔ̃] *nf* delimitation
délimiter [delimite] *vt* to delimit
délinquance [delɛ̃kɑ̃s] *nf* criminality; **~ juvénile** juvenile delinquency
délinquant, e [delɛ̃kɑ̃, -ɑ̃t] *adj, nm/f* delinquent
déliquescence [delikesɑ̃s] *nf*: **en ~** in a state of decay
déliquescent, e [delikesɑ̃, -ɑ̃t] *adj* decaying
délirant, e [deliʀɑ̃, -ɑ̃t] *adj* (*Méd: fièvre*) delirious; (*imagination*) frenzied; (*fam: déraisonnable*) crazy
délire [deliʀ] *nm* (*fièvre*) delirium; (*fig*) frenzy; (*: folie*) lunacy
délirer [deliʀe] *vi* to be delirious; (*fig*) to be raving
délit [deli] *nm* (criminal) offence; **~ de droit commun** violation of common law; **~ de fuite** failure to stop after an accident; **~ d'initiés** insider dealing *ou* trading; **~ de presse** violation of the press laws
délivrance [delivʀɑ̃s] *nf* freeing, release; (*sentiment*) relief
délivrer [delivʀe] *vt* (*prisonnier*) to (set) free, release; (*passeport, certificat*) to issue; **~ qn de** (*ennemis*) to set sb free from, deliver *ou* free sb from; (*fig*) to rid sb of
délocalisation [delɔkalizasjɔ̃] *nf* relocation
délocaliser [delɔkalize] *vt* (*entreprise, emplois*) relocate
déloger [delɔʒe] *vt* (*locataire*) to turn out; (*objet coincé, ennemi*) to dislodge
déloyal, e, -aux [delwajal, -o] *adj* (*personne, conduite*) disloyal; (*procédé*) unfair
Delphes [dɛlf] *n* Delphi
delta [dɛlta] *nm* (*Géo*) delta
deltaplane® [dɛltaplan] *nm* hang-glider
déluge [dølyʒ] *nm* (*biblique*) Flood, Deluge; (*grosse pluie*) downpour, deluge; (*grand nombre*): **~ de** flood of
déluré, e [delyʀe] *adj* smart, resourceful; (*péj*) forward, pert
démagnétiser [demaɲetize] *vt* to demagnetize
démagogie [demagɔʒi] *nf* demagogy
démagogique [demagɔʒik] *adj* demagogic, popularity-seeking; (*Pol*) vote-catching
démagogue [demagɔg] *adj* demagogic ▷ *nm* demagogue
démaillé, e [demaje] *adj* (*bas*) laddered (*Brit*), with a run (*ou* runs)
demain [dəmɛ̃] *adv* tomorrow; **~ matin/soir** tomorrow morning/evening; **~ midi** tomorrow at midday; **à ~!** see you tomorrow!
demande [dəmɑ̃d] *nf* (*requête*) request; (*revendication*) demand; (*Admin, formulaire*) application; (*Écon*): **la ~** demand; **"~s d'emploi"** "situations wanted"; **à la ~ générale** by popular request; **~ en mariage** (marriage) proposal; **faire sa ~ (en mariage)** to propose (marriage); **~ de naturalisation** application for naturalization; **~ de poste** job application
demandé, e [dəmɑ̃de] *adj* (*article etc*): **très ~** (very) much in demand
demander [dəmɑ̃de] *vt* to ask for; (*question: date, heure, chemin*) to ask; (*requérir, nécessiter*) to require, demand; **~ qch à qn** to ask sb for sth, ask sb sth; **ils demandent deux secrétaires et un ingénieur** they're looking for two secretaries and an engineer; **~ la main de qn** to ask for sb's hand (in marriage); **~ pardon à qn** to apologize to sb; **~ à** *ou* **de voir/faire** to ask to see/ask if one can do; **~ à qn de faire** to ask sb to do; **~ que/pourquoi** to ask that/why; **se ~ si/pourquoi** *etc* to wonder if/why *etc*; (*sens purement réfléchi*) to ask o.s. if/why *etc*; **on vous demande au téléphone** you're wanted on the phone, there's someone for you on the phone; **il ne demande que ça** that's all he wants; **je ne demande pas mieux** I'm asking nothing more; **il ne demande qu'à faire** all he wants is to do
demandeur, -euse [dəmɑ̃dœʀ, -øz] *nm/f*: ~

d'emploi job-seeker
démangeaison [demɑ̃ʒɛzɔ̃] *nf* itching
démanger [demɑ̃ʒe] *vi* to itch; **la main me démange** my hand is itching; **l'envie** *ou* **ça me démange de faire** I'm itching to do
démantèlement [demɑ̃tɛlmɑ̃] *nm* breaking up
démanteler [demɑ̃tle] *vt* to break up; to demolish
démaquillant [demakijɑ̃] *nm* make-up remover
démaquiller [demakije] *vt*: **se démaquiller** to remove one's make-up
démarcage [demaʀkaʒ] *nm* = **démarquage**
démarcation [demaʀkasjɔ̃] *nf* demarcation
démarchage [demaʀʃaʒ] *nm* (*Comm*) door-to-door selling
démarche [demaʀʃ(ə)] *nf* (*allure*) gait, walk; (*intervention*) step; approach; (*fig: intellectuelle*) thought processes *pl*; approach; **faire** *ou* **entreprendre des ~s** to take action; **faire des ~s auprès de qn** to approach sb
démarcheur, -euse [demaʀʃœʀ, -øz] *nm/f* (*Comm*) door-to-door salesman/woman; (*Pol etc*) canvasser
démarquage [demaʀkaʒ] *nm* marking down
démarque [demaʀk(ə)] *nf* (*Comm: d'un article*) mark-down
démarqué, e [demaʀke] *adj* (*Football*) unmarked; (*Comm*) reduced; **prix ~s** marked-down prices
démarquer [demaʀke] *vt* (*prix*) to mark down; (*joueur*) to stop marking; **se démarquer** *vi* (*Sport*) to shake off one's marker
démarrage [demaʀaʒ] *nm* starting *no pl*, start; **~ en côte** hill start
démarrer [demaʀe] *vt* to start up ▷ *vi* (*conducteur*) to start (up); (*véhicule*) to move off; (*travaux, affaire*) to get moving; (*coureur: accélérer*) to pull away
démarreur [demaʀœʀ] *nm* (*Auto*) starter
démasquer [demaske] *vt* to unmask; **se démasquer** to unmask; (*fig*) to drop one's mask
démâter [demɑte] *vt* to dismast ▷ *vi* to be dismasted
démêlant, e [demelɑ̃, -ɑ̃t] *adj*: **baume ~, crème ~e** (hair) conditioner
démêler [demele] *vt* to untangle, disentangle
démêlés [demele] *nmpl* problems
démembrement [demɑ̃bʀəmɑ̃] *nm* dismemberment
démembrer [demɑ̃bʀe] *vt* to dismember
déménagement [demenaʒmɑ̃] *nm* (*du point de vue du locataire etc*) move; (*: du déménageur*) removal (*Brit*), moving (*US*); **entreprise/camion de ~** removal (*Brit*) *ou* moving (*US*) firm/van
déménager [demenaʒe] *vt* (*meubles*) to (re)move ▷ *vi* to move (house)
déménageur [demenaʒœʀ] *nm* removal man (*Brit*), (furniture) mover (*US*); (*entrepreneur*) furniture remover
démence [demɑ̃s] *nf* madness, insanity; (*Méd*) dementia
démener [demne]: **se démener** *vi* to thrash about; (*fig*) to exert o.s.
dément, e [demɑ̃, -ɑ̃t] *vb voir* **dementir** ▷ *adj* (*fou*) mad (*Brit*), crazy; (*fam*) brilliant, fantastic
démenti [demɑ̃ti] *nm* refutation
démentiel, le [demɑ̃sjɛl] *adj* insane
démentir [demɑ̃tiʀ] *vt* (*nouvelle, témoin*) to refute; (*faits etc*) to belie, refute; **~ que** to deny that; **ne pas se ~** not to fail, keep up
démerder [demɛʀde]: **se démerder** *vi* (*fam!*) to bloody well manage for o.s.
démériter [demeʀite] *vi*: **~ auprès de qn** to come down in sb's esteem
démesure [deməzyʀ] *nf* immoderation, immoderateness
démesuré, e [deməzyʀe] *adj* immoderate, disproportionate
démesurément [deməzyʀemɑ̃] *adv* disproportionately
démettre [demɛtʀ(ə)] *vt*: **~ qn de** (*fonction, poste*) to dismiss sb from; **se ~ (de ses fonctions)** to resign (from) one's duties; **se ~ l'épaule** *etc* to dislocate one's shoulder *etc*
demeurant [dəmœʀɑ̃]: **au ~** *adv* for all that
demeure [dəmœʀ] *nf* residence; **dernière ~** (*fig*) last resting place; **mettre qn en ~ de faire** to enjoin *ou* order sb to do; **à ~** *adv* permanently
demeuré, e [dəmœʀe] *adj* backward ▷ *nm/f* backward person
demeurer [dəmœʀe] *vi* (*habiter*) to live; (*séjourner*) to stay; (*rester*) to remain; **en ~ là** (*personne*) to leave it at that; (*: choses*) to be left at that
demi, e [dəmi] *adj*: **et ~, trois heures/bouteilles et ~es** three and a half hours/bottles, three hours/bottles and a half ▷ *nm* (*bière: = 0.25 litre*) ≈ half-pint; (*Football*) half-back; **il est 2 heures et ~e** it's half past 2; **il est midi et ~** it's half past 12; **~ de mêlée/d'ouverture** (*Rugby*) scrum/fly half; **à ~** *adv* half-; **ouvrir à ~** to half-open; **faire les choses à ~** to do things by halves; **à la ~e** (*heure*) on the half-hour
demi... [dəmi] *préfixe* half-, semi..., demi-
demi-bas [dəmibɑ] *nm inv* (*chaussette*) knee-sock
demi-bouteille [dəmibutɛj] *nf* half-bottle
demi-cercle [dəmisɛʀkl(ə)] *nm* semicircle; **en ~** *adj* semicircular ▷ *adv* in a semicircle
demi-douzaine [dəmiduzɛn] *nf* half-dozen, half a dozen
demi-finale [dəmifinal] *nf* semifinal
demi-finaliste [dəmifinalist(ə)] *nm/f* semifinalist
demi-fond [dəmifɔ̃] *nm* (*Sport*) medium-distance running
demi-frère [dəmifʀɛʀ] *nm* half-brother
demi-gros [dəmigʀo] *nm inv* wholesale trade
demi-heure [dəmijœʀ] *nf*: **une ~** a half-hour, half an hour
demi-jour [dəmiʒuʀ] *nm* half-light
demi-journée [dəmiʒuʀne] *nf* half-day, half a day

démilitariser [demilitaʀize] *vt* to demilitarize
demi-litre [dəmilitʀ(ə)] *nm* half-litre (*Brit*), half-liter (*US*), half a litre *ou* liter
demi-livre [dəmilivʀ(ə)] *nf* half-pound, half a pound
demi-longueur [dəmilɔ̃gœʀ] *nf* (*Sport*) half-length, half a length
demi-lune [dəmilyn]: **en ~** *adj inv* semicircular
demi-mal [dəmimal] *nm*: **il n'y a que ~** there's not much harm done
demi-mesure [dəmimzyʀ] *nf* half-measure
demi-mot [dəmimo]: **à ~** *adv* without having to spell things out
déminer [demine] *vt* to clear of mines
démineur [deminœʀ] *nm* bomb disposal expert
demi-pension [dəmipɑ̃sjɔ̃] *nf* half-board; **être en ~** (*Scol*) to take school meals
demi-pensionnaire [dəmipɑ̃sjɔnɛʀ] *nm/f* (*Scol*) half-boarder
demi-place [dəmiplas] *nf* half-price; (*Transports*) half-fare
démis, e [demi, -iz] *pp de* **démettre** ▷ *adj* (*épaule etc*) dislocated
demi-saison [dəmisɛzɔ̃] *nf*: **vêtements de ~** spring *ou* autumn clothing
demi-sel [dəmisɛl] *adj inv* slightly salted
demi-sœur [dəmisœʀ] *nf* half-sister
demi-sommeil [dəmisɔmɛj] *nm* doze
demi-soupir [dəmisupiʀ] *nm* (*Mus*) quaver (*Brit*) *ou* eighth note (*US*) rest
démission [demisjɔ̃] *nf* resignation; **donner sa ~** to give *ou* hand in one's notice, hand in one's resignation
démissionnaire [demisjɔnɛʀ] *adj* outgoing ▷ *nm/f* person resigning
démissionner [demisjɔne] *vi* (*de son poste*) to resign, give *ou* hand in one's notice
demi-tarif [dəmitaʀif] *nm* half-price; (*Transports*) half-fare
demi-ton [dəmitɔ̃] *nm* (*Mus*) semitone
demi-tour [dəmituʀ] *nm* about-turn; **faire un ~** (*Mil etc*) to make an about-turn; **faire ~** to turn (and go) back; (*Auto*) to do a U-turn
démobilisation [demɔbilizɑsjɔ̃] *nf* demobilization; (*fig*) demotivation, demoralization
démobiliser [demɔbilize] *vt* to demobilize; (*fig*) to demotivate, demoralize
démocrate [demɔkʀat] *adj* democratic ▷ *nm/f* democrat
démocrate-chrétien, ne [demɔkʀatkʀetjɛ̃, -ɛn] *nm/f* Christian Democrat
démocratie [demɔkʀasi] *nf* democracy; **~ populaire/libérale** people's/liberal democracy
démocratique [demɔkʀatik] *adj* democratic
démocratiquement [demɔkʀatikmɑ̃] *adv* democratically
démocratisation [demɔkʀatizɑsjɔ̃] *nf* democratization
démocratiser [demɔkʀatize] *vt* to democratize
démodé, e [demɔde] *adj* old-fashioned
démoder [demɔde]: **se démoder** *vi* to go out of fashion
démographe [demɔgʀaf] *nm/f* demographer
démographie [demɔgʀafi] *nf* demography
démographique [demɔgʀafik] *adj* demographic; **poussée ~** increase in population
demoiselle [dəmwazɛl] *nf* (*jeune fille*) young lady; (*célibataire*) single lady, maiden lady; **~ d'honneur** bridesmaid
démolir [demɔliʀ] *vt* to demolish; (*fig: personne*) to do for
démolisseur [demɔlisœʀ] *nm* demolition worker
démolition [demɔlisjɔ̃] *nf* demolition
démon [demɔ̃] *nm* demon, fiend; evil spirit; (*enfant turbulent*) devil, demon; **le ~ du jeu/des femmes** a mania for gambling/women; **le D~** the Devil
démonétiser [demɔnetize] *vt* to demonetize
démoniaque [demɔnjak] *adj* fiendish
démonstrateur, -trice [demɔ̃stʀatœʀ, -tʀis] *nm/f* demonstrator
démonstratif, -ive [demɔ̃stʀatif, -iv] *adj, nm* (*aussi Ling*) demonstrative
démonstration [demɔ̃stʀɑsjɔ̃] *nf* demonstration; (*aérienne, navale*) display
démontable [demɔ̃tabl(ə)] *adj* folding
démontage [demɔ̃taʒ] *nm* dismantling
démonté, e [demɔ̃te] *adj* (*fig*) raging, wild
démonte-pneu [demɔ̃tәpnø] *nm* tyre lever (*Brit*), tire iron (*US*)
démonter [demɔ̃te] *vt* (*machine etc*) to take down, dismantle; (*pneu, porte*) to take off; (*cavalier*) to throw, unseat; (*fig: personne*) to disconcert; **se démonter** *vi* (*personne*) to lose countenance
démontrable [demɔ̃tʀabl(ə)] *adj* demonstrable
démontrer [demɔ̃tʀe] *vt* to demonstrate, show
démoralisant, e [demɔʀalizɑ̃, -ɑ̃t] *adj* demoralizing
démoralisateur, -trice [demɔʀalizatœʀ, -tʀis] *adj* demoralizing
démoraliser [demɔʀalize] *vt* to demoralize
démordre [demɔʀdʀ] *vi* (*aussi*: **ne pas démordre de**) to refuse to give up, stick to
démouler [demule] *vt* (*gâteau*) to turn out
démultiplication [demyltiplikɑsjɔ̃] *nf* reduction; reduction ratio
démuni, e [demyni] *adj* (*sans argent*) impoverished; **~ de** without, lacking in
démunir [demyniʀ] *vt*: **~ qn de** to deprive sb of; **se ~ de** to part with, give up
démuseler [demyzle] *vt* to unmuzzle
démystifier [demistifje] *vt* to demystify
démythifier [demitifje] *vt* to demythologize
dénatalité [denatalite] *nf* fall in the birth rate
dénationalisation [denasjɔnalizɑsjɔ̃] *nf* denationalization
dénationaliser [denasjɔnalize] *vt* to denationalize
dénaturé, e [denatyʀe] *adj* (*alcool*) denaturized; (*goûts*) unnatural

dénaturer [denatyʀe] *vt* (*goût*) to alter (completely); (*pensée, fait*) to distort, misrepresent
dénégations [denegɑsjɔ̃] *nfpl* denials
déneigement [denɛʒmɑ̃] *nm* snow clearance
déneiger [deneʒe] *vt* to clear snow from
déni [deni] *nm*: **~ (de justice)** denial of justice
déniaiser [denjeze] *vt*: **~ qn** to teach sb about life
dénicher [deniʃe] *vt* to unearth
dénicotinisé, e [denikɔtinize] *adj* nicotine-free
denier [dənje] *nm* (*monnaie*) *formerly, a coin of small value*; (*de bas*) denier; **~ du culte** contribution to parish upkeep; **~s publics** public money; **de ses (propres) ~s** out of one's own pocket
dénier [denje] *vt* to deny; **~ qch à qn** to deny sb sth
dénigrement [denigʀəmɑ̃] *nm* denigration; **campagne de ~** smear campaign
dénigrer [denigʀe] *vt* to denigrate, run down
dénivelé, e [denivle] *adj* (*chaussée*) on a lower level ▷ *nm* difference in height
déniveler [denivle] *vt* to make uneven; to put on a lower level
dénivellation [denivɛlɑsjɔ̃] *nf*, **dénivellement** [denivɛlmɑ̃] ▷ *nm* difference in level; (*pente*) ramp; (*creux*) dip
dénombrer [denɔ̃bʀe] *vt* (*compter*) to count; (*énumérer*) to enumerate, list
dénominateur [denɔminatœʀ] *nm* denominator; **~ commun** common denominator
dénomination [denɔminɑsjɔ̃] *nf* designation, appellation
dénommé, e [denɔme] *adj*: **le ~ Dupont** the man by the name of Dupont
dénommer [denɔme] *vt* to name
dénoncer [denɔ̃se] *vt* to denounce; **se dénoncer** *vi* to give o.s. up, come forward
dénonciation [denɔ̃sjɑsjɔ̃] *nf* denunciation
dénoter [denɔte] *vt* to denote
dénouement [denumɑ̃] *nm* outcome, conclusion; (*Théât*) dénouement
dénouer [denwe] *vt* to unknot, undo
dénoyauter [denwajote] *vt* to stone; **appareil à ~** stoner
dénoyauteur [denwajotœʀ] *nm* stoner
denrée [dɑ̃ʀe] *nf* commodity; (*aussi*: **denrée alimentaire**) food(stuff)
dense [dɑ̃s] *adj* dense
densité [dɑ̃site] *nf* denseness; (*Physique*) density
dent [dɑ̃] *nf* tooth; **avoir/garder une ~ contre qn** to have/hold a grudge against sb; **se mettre qch sous la ~** to eat sth; **être sur les ~s** to be on one's last legs; **faire ses ~s** to teethe, cut (one's) teeth; **en ~s de scie** serrated; (*irrégulier*) jagged; **avoir les ~s longues** (*fig*) to be ruthlessly ambitious; **~ de lait/sagesse** milk/wisdom tooth
dentaire [dɑ̃tɛʀ] *adj* dental; **cabinet ~** dental surgery; **école ~** dental school
denté, e [dɑ̃te] *adj*: **roue ~e** cog wheel
dentelé, e [dɑ̃tle] *adj* jagged, indented
dentelle [dɑ̃tɛl] *nf* lace *no pl*
dentelure [dɑ̃tlyʀ] *nf* (*aussi*: **dentelures**) jagged outline
dentier [dɑ̃tje] *nm* denture
dentifrice [dɑ̃tifʀis] *adj, nm*: **(pâte) ~** toothpaste; **eau ~** mouthwash
dentiste [dɑ̃tist(ə)] *nm/f* dentist
dentition [dɑ̃tisjɔ̃] *nf* teeth *pl*, dentition
dénucléariser [denykleaʀize] *vt* to make nuclear-free
dénudé, e [denyde] *adj* bare
dénuder [denyde] *vt* to bare; **se dénuder** (*personne*) to strip
dénué, e [denɥe] *adj*: **~ de** lacking in; (*intérêt*) devoid of
dénuement [denymɑ̃] *nm* destitution
dénutrition [denytʀisjɔ̃] *nf* undernourishment
déodorant [deɔdɔʀɑ̃] *nm* deodorant
déodoriser [deɔdɔʀize] *vt* to deodorize
déontologie [deɔ̃tɔlɔʒi] *nf* code of ethics; (*professionnelle*) (professional) code of practice
dép. *abr* (= *département*) dept; (= *départ*) dep.
dépannage [depanaʒ] *nm*: **service/camion de ~** (*Auto*) breakdown service/truck
dépanner [depane] *vt* (*voiture, télévision*) to fix, repair; (*fig*) to bail out, help out
dépanneur [depanœʀ] *nm* (*Auto*) breakdown mechanic; (*TV*) television engineer
dépanneuse [depanøz] *nf* breakdown lorry (*Brit*), tow truck (*US*)
dépareillé, e [depaʀeje] *adj* (*collection, service*) incomplete; (*gant, volume, objet*) odd
déparer [depaʀe] *vt* to spoil, mar
départ [depaʀ] *nm* leaving *no pl*, departure; (*Sport*) start; (*sur un horaire*) departure; **à son ~** when he left; **au ~** (*au début*) initially, at the start; **courrier au ~** outgoing mail
départager [depaʀtaʒe] *vt* to decide between
département [depaʀtəmɑ̃] *nm* department; *see note*

DÉPARTEMENTS

France is divided into 96 administrative units called *départements*. These local government divisions are headed by a state-appointed 'préfet', and administered by an elected 'Conseil général'. *Départements* are usually named after prominent geographical features such as rivers or mountain ranges.

départemental, e, -aux [depaʀtəmɑ̃tal, -o] *adj* departmental
départementaliser [depaʀtəmɑ̃talize] *vt* to devolve authority to
départir [depaʀtiʀ]: **se ~ de** *vt* to abandon, depart from
dépassé, e [depɑse] *adj* superseded, outmoded; (*fig*) out of one's depth
dépassement [depɑsmɑ̃] *nm* (*Auto*)

overtaking *no pl*
dépasser [depase] *vt* (*véhicule, concurrent*) to overtake; (*endroit*) to pass, go past; (*somme, limite*) to exceed; (*fig: en beauté etc*) to surpass, outshine; (*être en saillie sur*) to jut out above (*ou* in front of); (*dérouter*): **cela me dépasse** it's beyond me ▷ *vi* (*Auto*) to overtake; (*jupon*) to show; **se dépasser** *vi* to excel o.s.
dépassionner [depasjɔne] *vt* (*débat etc*) to take the heat out of
dépaver [depave] *vt* to remove the cobblestones from
dépaysé, e [depeize] *adj* disorientated
dépaysement [depeizmɑ̃] *nm* disorientation; change of scenery
dépayser [depeize] *vt* (*désorienter*) to disorientate; (*changer agréablement*) to provide with a change of scenery.
dépecer [depəse] *vt* (*boucher*) to joint, cut up; (*animal*) to dismember
dépêche [depɛʃ] *nf* dispatch; **~ (télégraphique)** telegram, wire
dépêcher [depeʃe] *vt* to dispatch; **se dépêcher** *vi* to hurry; **se ~ de faire qch** to hasten to do sth, hurry (in order) to do sth
dépeindre [depɛ̃dʀ(ə)] *vt* to depict
dépénalisation [depenalizɑsjɔ̃] *nf* decriminalization
dépendance [depɑ̃dɑ̃s] *nf* (*interdépendance*) dependence *no pl*, dependency; (*bâtiment*) outbuilding
dépendant, e [depɑ̃dɑ̃, -ɑ̃t] *vb voir* **dépendre** ▷ *adj* (*financièrement*) dependent
dépendre [depɑ̃dʀ(ə)] *vt* (*tableau*) to take down; **~ de** *vt* to depend on, to be dependent on; (*appartenir*) to belong to; **ça dépend** it depends
dépens [depɑ̃] *nmpl*: **aux ~ de** at the expense of
dépense [depɑ̃s] *nf* spending *no pl*, expense, expenditure *no pl*; (*fig*) consumption; (*: de temps, de forces*) expenditure; **pousser qn à la ~** to make sb incur an expense; **~ physique** (physical) exertion; **~s de fonctionnement** revenue expenditure; **~s d'investissement** capital expenditure; **~s publiques** public expenditure
dépenser [depɑ̃se] *vt* to spend; (*gaz, eau*) to use; (*fig*) to expend, use up; **se dépenser** *vi* (*se fatiguer*) to exert o.s.
dépensier, -ière [depɑ̃sje, -jɛʀ] *adj*: **il est ~** he's a spendthrift
déperdition [depɛʀdisjɔ̃] *nf* loss
dépérir [depeʀiʀ] *vi* (*personne*) to waste away; (*plante*) to wither
dépersonnaliser [depɛʀsɔnalize] *vt* to depersonalize
dépêtrer [depetʀe] *vt*: **se ~ de** (*situation*) to extricate o.s. from
dépeuplé, e [depœple] *adj* depopulated
dépeuplement [depœpləmɑ̃] *nm* depopulation
dépeupler [depœple] *vt* to depopulate; **se dépeupler** *vi* to be depopulated
déphasage [defɑzaʒ] *nm* (*fig*) being out of touch
déphasé, e [defɑze] *adj* (*Élec*) out of phase; (*fig*) out of touch
déphaser [defɑze] *vt* (*fig*) to put out of touch
dépilation [depilasjɔ̃] *nf* hair loss; hair removal
dépilatoire [depilatwaʀ] *adj* depilatory, hair-removing
dépiler [depile] *vt* (*épiler*) to depilate, remove hair from
dépistage [depistaʒ] *nm* (*Méd*) screening
dépister [depiste] *vt* to detect; (*Méd*) to screen; (*voleur*) to track down; (*poursuivants*) to throw off the scent
dépit [depi] *nm* vexation, frustration; **en ~ de** *prép* in spite of; **en ~ du bon sens** contrary to all good sense
dépité, e [depite] *adj* vexed, frustrated
dépiter [depite] *vt* to vex, frustrate
déplacé, e [deplase] *adj* (*propos*) out of place, uncalled-for; **personne ~e** displaced person
déplacement [deplasmɑ̃] *nm* moving; shifting; transfer; (*voyage*) trip, travelling *no pl* (*Brit*), traveling *no pl* (*US*); **en ~** away (on a trip); **~ d'air** displacement of air; **~ de vertèbre** slipped disc
déplacer [deplase] *vt* (*table, voiture*) to move, shift; (*employé*) to transfer, move; **se déplacer** *vi* (*objet*) to move; (*organe*) to become displaced; (*personne: bouger*) to move, walk; (*: voyager*) to travel ▷ *vt* (*vertèbre etc*) to displace
déplaire [deplɛʀ] *vi*: **ceci me déplaît** I don't like this, I dislike this; **il cherche à nous ~** he's trying to displease us *ou* be disagreeable to us; **se ~ quelque part** to dislike it *ou* be unhappy somewhere
déplaisant, e [deplɛzɑ̃, -ɑ̃t] *vb voir* **déplaire** ▷ *adj* disagreeable, unpleasant
déplaisir [deplezir] *nm* displeasure, annoyance
déplaît [deplɛ] *vb voir* **déplaire**
dépliant [deplijɑ̃] *nm* leaflet
déplier [deplije] *vt* to unfold; **se déplier** *vi* (*parachute*) to open
déplisser [deplise] *vt* to smooth out
déploiement [deplwamɑ̃] *nm* (*voir déployer*) deployment; display
déplomber [deplɔ̃be] *vt* (*caisse, compteur*) to break (open) the seal of; (*Inform*) to hack into
déplorable [deplɔʀabl(ə)] *adj* deplorable; lamentable
déplorer [deplɔʀe] *vt* (*regretter*) to deplore; (*pleurer sur*) to lament
déployer [deplwaje] *vt* to open out, spread; (*Mil*) to deploy; (*montrer*) to display, exhibit
déplu [deply] *pp de* **déplaire**
dépointer [depwɛ̃te] *vi* to clock out
dépoli, e [depɔli] *adj*: **verre ~** frosted glass
dépolitiser [depɔlitize] *vt* to depoliticize
dépopulation [depɔpylasjɔ̃] *nf* depopulation
déportation [depɔʀtɑsjɔ̃] *nf* deportation
déporté, e [depɔʀte] *nm/f* deportee; (*1939–45*) concentration camp prisoner
déporter [depɔʀte] *vt* (*Pol*) to deport; (*dévier*) to carry off course; **se déporter** *vi* (*voiture*) to swerve

déposant, e [depozɑ̃, -ɑ̃t] *nm/f* (*épargnant*) depositor
dépose [depoz] *nf* taking out; taking down
déposé, e [depoze] *adj* registered; *voir aussi* **marque**
déposer [depoze] *vt* (*gén: mettre, poser*) to lay down, put down, set down; (*à la banque, à la consigne*) to deposit; (*caution*) to put down; (*passager*) to drop (off), set down; (*démonter: serrure, moteur*) to take out; (*: rideau*) to take down; (*roi*) to depose; (*Admin: faire enregistrer*) to file; to register ▷ *vi* to form a sediment *ou* deposit; (*Jur*): **~ (contre)** to testify *ou* give evidence (against); **se déposer** *vi* to settle; **~ son bilan** (*Comm*) to go into (voluntary) liquidation
dépositaire [depɔzitɛʀ] *nm/f* (*Jur*) depository; (*Comm*) agent; **~ agréé** authorized agent
déposition [depozisjɔ̃] *nf* (*Jur*) deposition
déposséder [depɔsede] *vt* to dispossess
dépôt [depo] *nm* (*à la banque, sédiment*) deposit; (*entrepôt, réserve*) warehouse, store; (*gare*) depot; (*prison*) cells *pl*; **~ d'ordures** rubbish (*Brit*) *ou* garbage (*US*) dump, tip (*Brit*); **~ de bilan** (voluntary) liquidation; **~ légal** registration of copyright
dépoter [depɔte] *vt* (*plante*) to take from the pot, transplant
dépotoir [depɔtwaʀ] *nm* dumping ground, rubbish (*Brit*) *ou* garbage (*US*) dump; **~ nucléaire** nuclear (waste) dump
dépouille [depuj] *nf* (*d'animal*) skin, hide; (*humaine*): **~ (mortelle)** mortal remains *pl*
dépouillé, e [depuje] *adj* (*fig*) bare, bald; **~ de** stripped of; lacking in
dépouillement [depujmɑ̃] *nm* (*de scrutin*) count, counting *no pl*
dépouiller [depuje] *vt* (*animal*) to skin; (*spolier*) to deprive of one's possessions; (*documents*) to go through, peruse; **~ qn/qch de** to strip sb/sth of; **~ le scrutin** to count the votes
dépourvu, e [depuʀvy] *adj*: **~ de** lacking in, without; **au ~** *adv*: **prendre qn au ~** to catch sb unawares
dépoussiérer [depusjeʀe] *vt* to remove dust from
dépravation [depʀavɑsjɔ̃] *nf* depravity
dépravé, e [depʀave] *adj* depraved
dépraver [depʀave] *vt* to deprave
dépréciation [depʀesjɑsjɔ̃] *nf* depreciation
déprécier [depʀesje] *vt* to reduce the value of; **se déprécier** *vi* to depreciate
déprédations [depʀedɑsjɔ̃] *nfpl* damage *sg*
dépressif, -ive [depʀesif, -iv] *adj* depressive
dépression [depʀɛsjɔ̃] *nf* depression; **~ (nerveuse)** (nervous) breakdown
déprimant, e [depʀimɑ̃, -ɑ̃t] *adj* depressing
déprime [depʀim] *nf* (*fam*): **la ~** depression
déprimé, e [depʀime] *adj* (*découragé*) depressed
déprimer [depʀime] *vt* to depress
déprogrammer [depʀɔgʀame] *vt* (*supprimer*) to cancel
DEPS *sigle* (= *dernier entré premier sorti*) LIFO (= *last in first out*)
dépt *abr* (= *département*) dept
dépuceler [depysle] *vt* (*fam*) to take the virginity of

MOT-CLÉ

depuis [dəpɥi] *prép* **1** (*point de départ dans le temps*) since; **il habite Paris depuis 1983/l'an dernier** he has been living in Paris since 1983/last year; **depuis quand?** since when?; **depuis quand le connaissez-vous?** how long have you known him?; **depuis lors** since then
2 (*temps écoulé*) for; **il habite Paris depuis cinq ans** he has been living in Paris for five years; **je le connais depuis trois ans** I've known him for three years; **depuis combien de temps êtes-vous ici?** how long have you been here?
3 (*lieu*): **il a plu depuis Metz** it's been raining since Metz; **elle a téléphoné depuis Valence** she rang from Valence
4 (*quantité, rang*) from; **depuis les plus petits jusqu'aux plus grands** from the youngest to the oldest
▷ *adv* (*temps*) since (then); **je ne lui ai pas parlé depuis** I haven't spoken to him since (then); **depuis que** *conj* (ever) since; **depuis qu'il m'a dit ça** (ever) since he said that to me

dépuratif, -ive [depyʀatif, -iv] *adj* depurative, purgative
députation [depytɑsjɔ̃] *nf* deputation; (*fonction*) position of deputy, ≈ parliamentary seat (*Brit*), ≈ seat in Congress (*US*)
député, e [depyte] *nm/f* (*Pol*) deputy, ≈ Member of Parliament (*Brit*), ≈ Congressman/woman (*US*)
députer [depyte] *vt* to delegate; **~ qn auprès de** to send sb (as a representative) to
déracinement [deʀasinmɑ̃] *nm* (*gén*) uprooting; (*d'un préjugé*) eradication
déraciner [deʀasine] *vt* to uproot
déraillement [deʀɑjmɑ̃] *nm* derailment
dérailler [deʀɑje] *vi* (*train*) to be derailed, go off *ou* jump the rails; (*fam*) to be completely off the track; **faire ~** to derail
dérailleur [deʀɑjœʀ] *nm* (*de vélo*) dérailleur gears *pl*
déraison [deʀɛzɔ̃] *nf* unreasonableness
déraisonnable [deʀɛzɔnabl(ə)] *adj* unreasonable
déraisonner [deʀɛzɔne] *vi* to talk nonsense, rave
dérangement [deʀɑ̃ʒmɑ̃] *nm* (*gêne, déplacement*) trouble; (*gastrique etc*) disorder; (*mécanique*) breakdown; **en ~** (*téléphone*) out of order
déranger [deʀɑ̃ʒe] *vt* (*personne*) to trouble, bother, disturb; (*projets*) to disrupt, upset; (*objets, vêtements*) to disarrange; **se déranger** to put o.s. out; (*se déplacer*) to (take the trouble to) come (*ou* go) out; **est-ce que cela vous dérange si ...?** do you mind if ...?; **ça te**

dérangerait de faire ...? would you mind doing ...?; **ne vous dérangez pas** don't go to any trouble; don't disturb yourself
dérapage [deʀapaʒ] *nm* skid, skidding *no pl*; going out of control
déraper [deʀape] *vi* (*voiture*) to skid; (*personne, semelles, couteau*) to slip; (*fig: économie etc*) to go out of control
dératé, e [deʀate] *nm/f*: **courir comme un ~** to run like the clappers
dératiser [deʀatize] *vt* to rid of rats
déréglé, e [deʀegle] *adj* (*mœurs*) dissolute
dérèglement [deʀɛgləmɑ̃] *nm* upsetting *no pl*, upset
déréglementation [deʀɛgləmɑ̃tasjɔ̃] *nf* deregulation
dérégler [deʀegle] *vt* (*mécanisme*) to put out of order, cause to break down; (*estomac*) to upset; **se dérégler** *vi* to break down, go wrong
dérider [deʀide] *vt*, **se dérider** *vi* to cheer up
dérision [deʀizjɔ̃] *nf* derision; **tourner en ~** to deride; **par ~** in mockery
dérisoire [deʀizwaʀ] *adj* derisory
dérivatif [deʀivatif] *nm* distraction
dérivation [deʀivasjɔ̃] *nf* derivation; diversion
dérive [deʀiv] *nf* (*de dériveur*) centre-board; **aller à la ~** (*Navig, fig*) to drift; **~ des continents** (*Géo*) continental drift
dérivé, e [deʀive] *adj* derived ▷ *nm* (*Ling*) derivative; (*Tech*) by-product ▷ *nf* (*Math*) derivative
dériver [deʀive] *vt* (*Math*) to derive; (*cours d'eau etc*) to divert ▷ *vi* (*bateau*) to drift; **~ de** to derive from
dériveur [deʀivœʀ] *nm* sailing dinghy
dermatite [dɛʀmatit] *nf* dermatitis
dermato [dɛʀmato] *nm/f* (*fam: = dermatologue*) dermatologist
dermatologie [dɛʀmatɔlɔʒi] *nf* dermatology
dermatologue [dɛʀmatɔlɔg] *nm/f* dermatologist
dermatose [dɛʀmatoz] *nf* dermatosis
dermite [dɛʀmit] *nf* = **dermatite**
dernier, -ière [dɛʀnje, -jɛʀ] *adj* (*dans le temps, l'espace*) last; (*le plus récent: gén avant n*) latest, last; (*final, ultime: effort*) final; (*échelon, grade*) top, highest ▷ *nm* (*étage*) top floor; **lundi/le mois ~** last Monday/month; **du ~ chic** extremely smart; **le ~ cri** the last word (in fashion); **les ~s honneurs** the last tribute; **le ~ soupir, rendre le ~ soupir** to breathe one's last; **en ~** *adv* last; **ce ~, cette dernière** the latter
dernièrement [dɛʀnjɛʀmɑ̃] *adv* recently
dernier-né, dernière-née [dɛʀnjene, dɛʀnjɛʀne] *nm/f* (*enfant*) last-born
dérobade [deʀɔbad] *nf* side-stepping *no pl*
dérobé, e [deʀɔbe] *adj* (*porte*) secret, hidden; **à la ~e** surreptitiously
dérober [deʀɔbe] *vt* to steal; (*cacher*): **~ qch à (la vue de) qn** to conceal *ou* hide sth from sb('s view); **se dérober** *vi* (*s'esquiver*) to slip away; (*fig*) to shy away; **se ~ sous** (*s'effondrer*) to give way beneath; **se ~ à** (*justice, regards*) to hide from; (*obligation*) to shirk
dérogation [deʀɔgasjɔ̃] *nf* (special) dispensation
déroger [deʀɔʒe]: **~ à** *vt* to go against, depart from
dérouiller [deʀuje] *vt*: **se ~ les jambes** to stretch one's legs
déroulement [deʀulmɑ̃] *nm* (*d'une opération etc*) progress
dérouler [deʀule] *vt* (*ficelle*) to unwind; (*papier*) to unroll; **se dérouler** *vi* to unwind; to unroll, come unrolled; (*avoir lieu*) to take place; (*se passer*) to go
déroutant, e [deʀutɑ̃, -ɑ̃t] *adj* disconcerting
déroute [deʀut] *nf* (*Mil*) rout; (*fig*) total collapse; **mettre en ~** to rout; **en ~** routed
dérouter [deʀute] *vt* (*avion, train*) to reroute, divert; (*étonner*) to disconcert, throw (out)
derrick [deʀik] *nm* derrick (*over oil well*)
derrière [dɛʀjɛʀ] *adv, prép* behind ▷ *nm* (*d'une maison*) back; (*postérieur*) behind, bottom; **les pattes de ~** the back legs, the hind legs; **par ~** from behind; (*fig*) in an underhand way, behind one's back
derviche [dɛʀviʃ] *nm* dervish
DES *sigle m* (*= diplôme d'études supérieures*) *university post-graduate degree*
des [de] *art voir* **de**
dès [dɛ] *prép* from; **~ que** *conj* as soon as; **~ à présent** here and now; **~ son retour** as soon as he was (*ou* is) back; **~ réception** upon receipt; **~ lors** *adv* from then on; **~ lors que** *conj* from the moment (that)
désabusé, e [dezabyze] *adj* disillusioned
désaccord [dezakɔʀ] *nm* disagreement
désaccordé, e [dezakɔʀde] *adj* (*Mus*) out of tune
désacraliser [desakʀalize] *vt* to deconsecrate; (*fig: profession, institution*) to take the mystique out of
désaffecté, e [dezafɛkte] *adj* disused
désaffection [dezafɛksjɔ̃] *nf*: **~ pour** estrangement from
désagréable [dezagʀeabl(ə)] *adj* unpleasant, disagreeable
désagréablement [dezagʀeabləmɑ̃] *adv* disagreeably, unpleasantly
désagrégation [dezagʀegasjɔ̃] *nf* disintegration
désagréger [dezagʀeʒe]: **se désagréger** *vi* to disintegrate, break up
désagrément [dezagʀemɑ̃] *nm* annoyance, trouble *no pl*
désaltérant, e [dezalteʀɑ̃, -ɑ̃t] *adj* thirst-quenching
désaltérer [dezalteʀe] *vt*: **se désaltérer** to quench one's thirst; **ça désaltère** it's thirst-quenching, it quenches your thirst
désamorcer [dezamɔʀse] *vt* to remove the primer from; (*fig*) to defuse; (*: prévenir*) to forestall
désappointé, e [dezapwɛ̃te] *adj* disappointed

désapprobateur, -trice [dezapʀɔbatœʀ, -tʀis] *adj* disapproving
désapprobation [dezapʀɔbɑsjɔ̃] *nf* disapproval
désapprouver [dezapʀuve] *vt* to disapprove of
désarçonner [dezaʀsɔne] *vt* to unseat, throw; (*fig*) to throw, nonplus (*Brit*), disconcert
désargenté, e [dezaʀʒɑ̃te] *adj* impoverished
désarmant, e [dezaʀmɑ̃, -ɑ̃t] *adj* disarming
désarmé, e [dezaʀme] *adj* (*fig*) disarmed
désarmement [dezaʀməmɑ̃] *nm* disarmament
désarmer [dezaʀme] *vt* (*Mil, aussi fig*) to disarm; (*Navig*) to lay up; (*fusil*) to unload; (*: mettre le cran de sûreté*) to put the safety catch on ▷ *vi* (*pays*) to disarm; (*haine*) to wane; (*personne*) to give up
désarroi [dezaʀwa] *nm* helplessness, disarray
désarticulé, e [dezaʀtikyle] *adj* (*pantin, corps*) dislocated
désarticuler [dezaʀtikyle] *vt*: **se désarticuler** to contort (o.s.)
désassorti, e [dezasɔʀti] *adj* non-matching, unmatched; (*magasin, marchand*) sold out
désastre [dezastʀ(ə)] *nm* disaster
désastreux, -euse [dezastʀø, -øz] *adj* disastrous
désavantage [dezavɑ̃taʒ] *nm* disadvantage; (*inconvénient*) drawback, disadvantage
désavantager [dezavɑ̃taʒe] *vt* to put at a disadvantage
désavantageux, -euse [dezavɑ̃taʒø, -øz] *adj* unfavourable, disadvantageous
désaveu [dezavø] *nm* repudiation; (*déni*) disclaimer
désavouer [dezavwe] *vt* to disown, repudiate, disclaim
désaxé, e [dezakse] *adj* (*fig*) unbalanced
désaxer [dezakse] *vt* (*roue*) to put out of true; (*personne*) to throw off balance
desceller [desele] *vt* (*pierre*) to pull free
descendance [desɑ̃dɑ̃s] *nf* (*famille*) descendants *pl*, issue; (*origine*) descent
descendant, e [desɑ̃dɑ̃, -ɑ̃t] *vb voir* **descendre** ▷ *nm/f* descendant
descendeur, -euse [desɑ̃dœʀ, -øz] *nm/f* (*Sport*) downhiller
descendre [desɑ̃dʀ(ə)] *vt* (*escalier, montagne*) to go (*ou* come) down; (*valise, paquet*) to take *ou* get down; (*étagère etc*) to lower; (*fam: abattre*) to shoot down; (*: boire*) to knock back ▷ *vi* to go (*ou* come) down; (*passager: s'arrêter*) to get out, alight; (*niveau, température*) to go *ou* come down, fall, drop; (*marée*) to go out; **~ à pied/en voiture** to walk/drive down, go down on foot/by car; **~ de** (*famille*) to be descended from; **~ du train** to get out of *ou* off the train; **~ d'un arbre** to climb down from a tree; **~ de cheval** to dismount, get off one's horse; **~ à l'hôtel** to stay at a hotel; **~ dans la rue** (*manifester*) to take to the streets; **~ en ville** to go into town, go down town
descente [desɑ̃t] *nf* descent, going down; (*chemin*) way down; (*Ski*) downhill (race); **au milieu de la ~** halfway down; **freinez dans les ~s** use the brakes going downhill; **~ de lit** bedside rug; **~ (de police)** (police) raid
descriptif, -ive [dɛskʀiptif, -iv] *adj* descriptive ▷ *nm* explanatory leaflet
description [dɛskʀipsjɔ̃] *nf* description
désembourber [dezɑ̃buʀbe] *vt* to pull out of the mud
désembourgeoiser [dezɑ̃buʀʒwaze] *vt*: **~ qn** to get sb out of his (*ou* her) middle-class attitudes
désembuer [dezɑ̃bɥe] *vt* to demist
désemparé, e [dezɑ̃paʀe] *adj* bewildered, distraught; (*bateau, avion*) crippled
désemparer [dezɑ̃paʀe] *vi*: **sans ~** without stopping
désemplir [dezɑ̃pliʀ] *vi*: **ne pas ~** to be always full
désenchanté, e [dezɑ̃ʃɑ̃te] *adj* disenchanted, disillusioned
désenchantement [dezɑ̃ʃɑ̃tmɑ̃] *nm* disenchantment, disillusion
désenclaver [dezɑ̃klave] *vt* to open up
désencombrer [dezɑ̃kɔ̃bʀe] *vt* to clear
désenfler [dezɑ̃fle] *vi* to become less swollen
désengagement [dezɑ̃gaʒmɑ̃] *nm* (*Pol*) disengagement
désensabler [dezɑ̃sɑble] *vt* to pull out of the sand
désensibiliser [desɑ̃sibilize] *vt* (*Méd*) to desensitize
désenvenimer [dezɑ̃vnime] *vt* (*plaie*) to remove the poison from; (*fig*) to take the sting out of
désépaissir [dezepesiʀ] *vt* to thin (out)
déséquilibre [dezekilibʀ(ə)] *nm* (*position*): **être en ~** to be unsteady; (*fig: des forces, du budget*) imbalance; (*Psych*) unbalance
déséquilibré, e [dezekilibʀe] *nm/f* (*Psych*) unbalanced person
déséquilibrer [dezekilibʀe] *vt* to throw off balance
désert, e [dezɛʀ, -ɛʀt(ə)] *adj* deserted ▷ *nm* desert
déserter [dezɛʀte] *vi, vt* to desert
déserteur [dezɛʀtœʀ] *nm* deserter
désertion [dezɛʀsjɔ̃] *nf* desertion
désertique [dezɛʀtik] *adj* desert *cpd*; (*inculte*) barren, empty
désescalade [dezɛskalad] *nf* (*Mil*) de-escalation
désespérant, e [dezɛspeʀɑ̃, -ɑ̃t] *adj* hopeless, despairing
désespéré, e [dezɛspeʀe] *adj* desperate; (*regard*) despairing; **état ~** (*Méd*) hopeless condition
désespérément [dezɛspeʀemɑ̃] *adv* desperately
désespérer [dezɛspeʀe] *vt* to drive to despair ▷ *vi*, **se désespérer** *vi* to despair; **~ de** to despair of
désespoir [dezɛspwaʀ] *nm* despair; **être** *ou* **faire le ~ de qn** to be the despair of sb; **en ~ de cause** in desperation
déshabillé, e [dezabije] *adj* undressed ▷ *nm* négligée
déshabiller [dezabije] *vt* to undress; **se déshabiller** *vi* to undress (o.s.)
déshabituer [dezabitɥe] *vt*: **se ~ de** to get out of

the habit of
désherbant [dezɛʀbɑ̃] *nm* weed-killer
désherber [dezɛʀbe] *vt* to weed
déshérité, e [dezeʀite] *adj* disinherited ▷ *nm/f*: **les ~s** (*pauvres*) the underprivileged, the deprived
déshériter [dezeʀite] *vt* to disinherit
déshonneur [dezɔnœʀ] *nm* dishonour (*Brit*), dishonor (*US*), disgrace
déshonorer [dezɔnɔʀe] *vt* to dishonour (*Brit*), dishonor (*US*), bring disgrace upon; **se déshonorer** *vi* to bring dishono(u)r on o.s.
déshumaniser [dezymanize] *vt* to dehumanize
déshydratation [dezidʀatɑsjɔ̃] *nf* dehydration
déshydraté, e [dezidʀate] *adj* dehydrated
déshydrater [dezidʀate] *vt* to dehydrate
desiderata [dezideʀata] *nmpl* requirements
design [dizajn] *adj* (*mobilier*) designer *cpd* ▷ *nm* (industrial) design
désignation [deziɲɑsjɔ̃] *nf* naming, appointment; (*signe, mot*) name, designation
designer [dizajnɛʀ] *nm* designer
désigner [deziɲe] *vt* (*montrer*) to point out, indicate; (*dénommer*) to denote, refer to; (*nommer: candidat etc*) to name, appoint
désillusion [dezilyzjɔ̃] *nf* disillusion(ment)
désillusionner [dezilyzjɔne] *vt* to disillusion
désincarné, e [dezɛ̃kaʀne] *adj* disembodied
désinence [dezinɑ̃s] *nf* ending, inflexion
désinfectant, e [dezɛ̃fɛktɑ̃, -ɑ̃t] *adj, nm* disinfectant
désinfecter [dezɛ̃fɛkte] *vt* to disinfect
désinfection [dezɛ̃fɛksjɔ̃] *nf* disinfection
désinformation [dezɛ̃fɔʀmɑsjɔ̃] *nf* disinformation
désintégration [dezɛ̃tegʀɑsjɔ̃] *nf* disintegration
désintégrer [dezɛ̃tegʀe] *vt* to break up; **se désintégrer** *vi* to disintegrate
désintéressé, e [dezɛ̃teʀese] *adj* (*généreux, bénévole*) disinterested, unselfish
désintéressement [dezɛ̃teʀɛsmɑ̃] *nm* (*générosité*) disinterestedness
désintéresser [dezɛ̃teʀese] *vt*: **se désintéresser (de)** to lose interest (in)
désintérêt [dezɛ̃teʀɛ] *nm* (*indifférence*) disinterest
désintoxication [dezɛ̃tɔksikɑsjɔ̃] *nf* treatment for alcoholism (*ou* drug addiction); **faire une cure de ~** to have *ou* undergo treatment for alcoholism (*ou* drug addiction)
désintoxiquer [dezɛ̃tɔksike] *vt* to treat for alcoholism (*ou* drug addiction)
désinvolte [dezɛ̃vɔlt(ə)] *adj* casual, off-hand
désinvolture [dezɛ̃vɔltyʀ] *nf* casualness
désir [deziʀ] *nm* wish; (*fort, sensuel*) desire
désirable [deziʀabl(ə)] *adj* desirable
désirer [deziʀe] *vt* to want, wish for; (*sexuellement*) to desire; **je désire …** (*formule de politesse*) I would like …; **il désire que tu l'aides** he would like *ou* he wants you to help him; **~ faire** to want *ou* wish to do; **ça laisse à ~** it leaves something to be desired
désireux, -euse [deziʀø, -øz] *adj*: **~ de faire** anxious to do
désistement [dezistəmɑ̃] *nm* withdrawal
désister [deziste]: **se désister** *vi* to stand down, withdraw
désobéir [dezɔbeiʀ] *vi*: **~ (à qn/qch)** to disobey (sb/sth)
désobéissance [dezɔbeisɑ̃s] *nf* disobedience
désobéissant, e [dezɔbeisɑ̃, -ɑ̃t] *adj* disobedient
désobligeant, e [dezɔbliʒɑ̃, -ɑ̃t] *adj* disagreeable, unpleasant
désobliger [dezɔbliʒe] *vt* to offend
désodorisant [dezɔdɔʀizɑ̃] *nm* air freshener, deodorizer
désodoriser [dezɔdɔʀize] *vt* to deodorize
désœuvré, e [dezœvʀe] *adj* idle
désœuvrement [dezœvʀəmɑ̃] *nm* idleness
désolant, e [dezɔlɑ̃, -ɑ̃t] *adj* distressing
désolation [dezɔlɑsjɔ̃] *nf* (*affliction*) distress, grief; (*d'un paysage etc*) desolation, devastation
désolé, e [dezɔle] *adj* (*paysage*) desolate; **je suis ~** I'm sorry
désoler [dezɔle] *vt* to distress, grieve; **se désoler** *vi* to be upset
désolidariser [desɔlidaʀize] *vt*: **se ~ de** *ou* **d'avec** to dissociate o.s. from
désopilant, e [dezɔpilɑ̃, -ɑ̃t] *adj* screamingly funny, hilarious
désordonné, e [dezɔʀdɔne] *adj* untidy, disorderly
désordre [dezɔʀdʀ(ə)] *nm* disorder(liness), untidiness; (*anarchie*) disorder; **désordres** *nmpl* (*Pol*) disturbances, disorder *sg*; **en ~** in a mess, untidy
désorganiser [dezɔʀganize] *vt* to disorganize
désorienté, e [dezɔʀjɑ̃te] *adj* disorientated; (*fig*) bewildered
désorienter [dezɔʀjɑ̃te] *vt* (*fig*) to confuse
désormais [dezɔʀmɛ] *adv* in future, from now on
désosser [dezɔse] *vt* to bone
despote [dɛspɔt] *nm* despot; (*fig*) tyrant
despotique [dɛspɔtik] *adj* despotic
despotisme [dɛspɔtism(ə)] *nm* despotism
desquamer [dɛskwame]: **se desquamer** *vi* to flake off
desquels, desquelles [dekɛl] *prép + pron voir* **lequel**
DESS *sigle m* (*= Diplôme d'études supérieures spécialisées*) *post-graduate diploma*
dessaisir [desezirʀ] *vt*: **~ un tribunal d'une affaire** to remove a case from a court; **se ~ de** *vt* to give up, part with
dessaler [desale] *vt* (*eau de mer*) to desalinate; (*Culin: morue etc*) to soak; (*fig fam: délurer*): **~ qn** to teach sb a thing or two ▷ *vi* (*voilier*) to capsize
Desse *abr* = **duchesse**
desséché, e [deseʃe] *adj* dried up
dessèchement [desɛʃmɑ̃] *nm* drying out; dryness; hardness
dessécher [deseʃe] *vt* (*terre, plante*) to dry out,

parch; (*peau*) to dry out; (*volontairement: aliments etc*) to dry, dehydrate; (*fig: cœur*) to harden; **se dessécher** *vi* to dry out; (*peau, lèvres*) to go dry
dessein [desɛ̃] *nm* design; **dans le ~ de** with the intention of; **à ~** intentionally, deliberately
desseller [desele] *vt* to unsaddle
desserrer [deseʀe] *vt* to loosen; (*frein*) to release; (*poing, dents*) to unclench; (*objets alignés*) to space out; **ne pas ~ les dents** not to open one's mouth
dessert [desɛʀ] *vb voir* **desservir** ▷ *nm* dessert, pudding
desserte [desɛʀt(ə)] *nf* (*table*) side table; (*transport*): **la ~ du village est assurée par autocar** there is a coach service to the village; **chemin** *ou* **voie de ~** service road
desservir [desɛʀviʀ] *vt* (*ville, quartier*) to serve; (: *voie de communication*) to lead into; (*vicaire: paroisse*) to serve; (*nuire à: personne*) to do a disservice to; (*débarrasser*): **~ (la table)** to clear the table
dessiller [desije] *vt* (*fig*): **~ les yeux à qn** to open sb's eyes
dessin [desɛ̃] *nm* (*œuvre, art*) drawing; (*motif*) pattern, design; (*contour*) (out)line; **le ~ industriel** draughtsmanship (*Brit*), draftsmanship (US); **~ animé** cartoon (film); **~ humoristique** cartoon
dessinateur, -trice [desinatœʀ, -tʀis] *nm/f* drawer; (*de bandes dessinées*) cartoonist; (*industriel*) draughtsman (*Brit*), draftsman (US); **dessinatrice de mode** fashion designer
dessiner [desine] *vt* to draw; (*concevoir: carrosserie, maison*) to design; (*robe: taille*) to show off; **se dessiner** *vi* (*forme*) to be outlined; (*fig: solution*) to emerge
dessoûler [desule] *vt, vi* to sober up
dessous [dəsu] *adv* underneath, beneath ▷ *nm* underside; (*étage inférieur*): **les voisins du ~** the downstairs neighbours ▷ *nmpl* (*sous-vêtements*) underwear *sg*; (*fig*) hidden aspects; **en ~** underneath; below; (*fig: en catimini*) slyly, on the sly; **par ~** underneath; below; **de ~ le lit** from under the bed; **au-~** *adv* below; **au-~ de** *prép* below; (*peu digne de*) beneath; **au-~ de tout** the (absolute) limit; **avoir le ~** to get the worst of it
dessous-de-bouteille [dəsudbutɛj] *nm* bottle mat
dessous-de-plat [dəsudpla] *nm inv* tablemat
dessous-de-table [dəsudtabl(ə)] *nm* (*fig*) bribe, under-the-counter payment
dessus [dəsy] *adv* on top; (*collé, écrit*) on it ▷ *nm* top; (*étage supérieur*): **les voisins/ l'appartement du ~** the upstairs neighbours/ flat; **en ~** above; **par ~** *adv* over it ▷ *prép* over; **au-~** above; **au-~ de** above; **avoir/prendre le ~** to have/get the upper hand; **reprendre le ~** to get over it; **bras ~ bras dessous** arm in arm; **sens ~ dessous** upside down; *voir* **ci-**; **là-**
dessus-de-lit [dəsydli] *nm inv* bedspread
déstabiliser [destabilize] *vt* (*Pol*) to destabilize
destin [dɛstɛ̃] *nm* fate; (*avenir*) destiny
destinataire [dɛstinatɛʀ] *nm/f* (*Postes*) addressee; (*d'un colis*) consignee; (*d'un mandat*) payee; **aux risques et périls du ~** at owner's risk
destination [dɛstinɑsjɔ̃] *nf* (*lieu*) destination; (*usage*) purpose; **à ~ de** (*avion etc*) bound for; (*voyageur*) bound for, travelling to
destinée [dɛstine] *nf* fate; (*existence, avenir*) destiny
destiner [dɛstine] *vt*: **~ qn à** (*poste, sort*) to destine sb for; **~ qn/qch à** (*prédestiner*) to mark sb/sth out for; **~ qch à** (*envisager d'affecter*) to intend to use sth for; **~ qch à qn** (*envisager de donner*) to intend to give sth to sb, intend sb to have sth; (*adresser*) to intend sth for sb; **se ~ à l'enseignement** to intend to become a teacher; **être destiné à** (*sort*) to be destined to + *verbe*; (*usage*) to be intended *ou* meant for; (*sort*) to be in store for
destituer [dɛstitɥe] *vt* to depose; **~ qn de ses fonctions** to relieve sb of his duties
destitution [dɛstitysjɔ̃] *nf* deposition
destructeur, -trice [dɛstʀyktœʀ, -tʀis] *adj* destructive
destructif, -ive [dɛstʀyktif, -iv] *adj* destructive
destruction [dɛstʀyksjɔ̃] *nf* destruction
déstructuré, e [destʀyktyʀe] *adj*: **vêtements ~s** casual clothes
déstructurer [destʀyktyʀe] *vt* to break down, take to pieces
désuet, -ète [desɥɛ, -ɛt] *adj* outdated, outmoded
désuétude [desɥetyd] *nf*: **tomber en ~** to fall into disuse, become obsolete
désuni, e [dezyni] *adj* divided, disunited
désunion [dezynjɔ̃] *nf* disunity
désunir [dezyniʀ] *vt* to disunite; **se désunir** *vi* (*athlète*) to get out of one's stride
détachable [detaʃabl(ə)] *adj* (*coupon etc*) tear-off *cpd*; (*capuche etc*) detachable
détachant [detaʃɑ̃] *nm* stain remover
détaché, e [detaʃe] *adj* (*fig*) detached ▷ *nm/f* (*représentant*) person on secondment (*Brit*) *ou* a posting
détachement [detaʃmɑ̃] *nm* detachment; (*fonctionnaire, employé*): **être en ~** to be on secondment (*Brit*) *ou* a posting
détacher [detaʃe] *vt* (*enlever*) to detach, remove; (*délier*) to untie; (*Admin*): **~ qn (auprès de** *ou* **à)** to send sb on secondment (to) (*Brit*), post sb (to); (*Mil*) to detail; (*vêtement: nettoyer*) to remove the stains from; **se détacher** *vi* (*tomber*) to come off; to come out; (*se défaire*) to come undone; (*Sport*) to pull *ou* break away; (*se délier: chien, prisonnier*) to break loose; **se ~ sur** to stand out against; **se ~ de** (*se désintéresser*) to grow away from
détail [detaj] *nm* detail; (*Comm*): **le ~** retail; **prix de ~** retail price; **au ~** *adv* (*Comm*) retail; (: *individuellement*) separately; **donner le ~ de** to give a detailed account of; (*compte*) to give a breakdown of; **en ~** in detail
détaillant, e [detajɑ̃, -ɑ̃t] *nm/f* retailer

détaillé, e [detaje] *adj* (*récit*) detailed
détailler [detaje] *vt* (*Comm*) to sell retail; to sell separately; (*expliquer*) to explain in detail; to detail; (*examiner*) to look over, examine
détaler [detale] *vi* (*lapin*) to scamper off; (*fam: personne*) to make off, scarper (*fam*)
détartrant [detaʀtʀɑ̃] *nm* descaling agent (*Brit*), scale remover
détartrer [detaʀtʀe] *vt* to descale; (*dents*) to scale
détaxe [detaks(ə)] *nf* (*réduction*) reduction in tax; (*suppression*) removal of tax; (*remboursement*) tax refund
détaxer [detakse] *vt* (*réduire*) to reduce the tax on; (*ôter*) to remove the tax on
détecter [detɛkte] *vt* to detect
détecteur [detɛktœʀ] *nm* detector, sensor; **~ de mensonges** lie detector; **~ (de mines)** mine detector
détection [detɛksjɔ̃] *nf* detection
détective [detɛktiv] *nm* detective; **~ (privé)** private detective *ou* investigator
déteindre [detɛ̃dʀ(ə)] *vi* to fade; (*fig*): **~ sur** to rub off on
déteint, e [detɛ̃, -ɛ̃t] *pp de* **déteindre**
dételer [dɛtle] *vt* to unharness; (*voiture, wagon*) to unhitch ▷ *vi* (*fig: s'arrêter*) to leave off (working)
détendeur [detɑ̃dœʀ] *nm* (*de bouteille à gaz*) regulator
détendre [detɑ̃dʀ(ə)] *vt* (*fil*) to slacken, loosen; (*personne, atmosphère*) to relax; (*: situation*) to relieve; **se détendre** *vi* to lose its tension; to relax
détendu, e [detɑ̃dy] *adj* relaxed
détenir [detniʀ] *vt* (*fortune, objet, secret*) to be in possession of; (*prisonnier*) to detain; (*record*) to hold; **~ le pouvoir** to be in power
détente [detɑ̃t] *nf* relaxation; (*Pol*) détente; (*d'une arme*) trigger; (*d'un athlète qui saute*) spring
détenteur, -trice [detɑ̃tœʀ, -tʀis] *nm/f* holder
détention [detɑ̃sjɔ̃] *nf* (*voir détenir*) possession; detention; holding; **~ préventive** (pre-trial) custody
détenu, e [detny] *pp de* **détenir** ▷ *nm/f* prisoner
détergent [detɛʀʒɑ̃] *nm* detergent
détérioration [deteʀjɔʀɑsjɔ̃] *nf* damaging; deterioration
détériorer [deteʀjɔʀe] *vt* to damage; **se détériorer** *vi* to deteriorate
déterminant, e [detɛʀminɑ̃, -ɑ̃t] *adj*: **un facteur ~** a determining factor ▷ *nm* (*Ling*) determiner
détermination [detɛʀminɑsjɔ̃] *nf* determining; (*résolution*) decision; (*fermeté*) determination
déterminé, e [detɛʀmine] *adj* (*résolu*) determined; (*précis*) specific, definite
déterminer [detɛʀmine] *vt* (*fixer*) to determine; (*décider*): **~ qn à faire** to decide sb to do; **se ~ à faire** to make up one's mind to do
déterminisme [detɛʀminism(ə)] *nm* determinism
déterré, e [deteʀe] *nm/f*: **avoir une mine de ~** to look like death warmed up (*Brit*) *ou* warmed over (*US*)
déterrer [deteʀe] *vt* to dig up
détersif, -ive [detɛʀsif, -iv] *adj, nm* detergent
détestable [detɛstabl(ə)] *adj* foul, detestable
détester [detɛste] *vt* to hate, detest
détiendrai [detjɛ̃dʀe], **détiens** *etc* [detjɛ̃] *vb voir* **détenir**
détonant, e [detɔnɑ̃, -ɑ̃t] *adj*: **mélange ~** explosive mixture
détonateur [detɔnatœʀ] *nm* detonator
détonation [detɔnɑsjɔ̃] *nf* detonation, bang, report (of a gun)
détoner [detɔne] *vi* to detonate, explode
détonner [detɔne] *vi* (*Mus*) to go out of tune; (*fig*) to clash
détordre [detɔʀdʀ(ə)] *vt* to untwist, unwind
détour [detuʀ] *nm* detour; (*tournant*) bend, curve; (*fig: subterfuge*) roundabout means; **sans ~** (*fig*) plainly
détourné, e [detuʀne] *adj* (*sentier, chemin, moyen*) roundabout
détournement [detuʀnəmɑ̃] *nm* diversion, rerouting; **~ d'avion** hijacking; **~ (de fonds)** embezzlement *ou* misappropriation (of funds); **~ de mineur** corruption of a minor
détourner [detuʀne] *vt* to divert; (*avion*) to divert, reroute; (*: par la force*) to hijack; (*yeux, tête*) to turn away; (*de l'argent*) to embezzle, misappropriate; **se détourner** to turn away; **~ la conversation** to change the subject; **~ qn de son devoir** to divert sb from his duty; **~ l'attention (de qn)** to distract *ou* divert (sb's) attention
détracteur, -trice [detʀaktœʀ, -tʀis] *nm/f* disparager, critic
détraqué, e [detʀake] *adj* (*machine, santé*) broken-down ▷ *nm/f* (*fam*): **c'est un ~** he's unhinged
détraquer [detʀake] *vt* to put out of order; (*estomac*) to upset; **se détraquer** *vi* to go wrong
détrempe [detʀɑ̃p] *nf* (*Art*) tempera
détrempé, e [detʀɑ̃pe] *adj* (*sol*) sodden, waterlogged
détremper [detʀɑ̃pe] *vt* (*peinture*) to water down
détresse [detʀɛs] *nf* distress; **en ~** (*avion etc*) in distress; **appel/signal de ~** distress call/signal
détriment [detʀimɑ̃] *nm*: **au ~ de** to the detriment of
détritus [detʀitys] *nmpl* rubbish *sg*, refuse *sg*, garbage *sg* (*US*)
détroit [detʀwa] *nm* strait; **le ~ de Bering** *ou* **Behring** the Bering Strait; **le ~ de Gibraltar** the Straits of Gibraltar; **le ~ du Bosphore** the Bosphorus; **le ~ de Magellan** the Strait of Magellan, the Magellan Strait
détromper [detʀɔ̃pe] *vt* to disabuse; **se détromper** *vi*: **détrompez-vous** don't believe it
détrôner [detʀone] *vt* to dethrone, depose; (*fig*) to oust, dethrone
détrousser [detʀuse] *vt* to rob

d

détruire [detʀɥiʀ] *vt* to destroy; (*fig: santé, réputation*) to ruin; (*documents*) to shred
détruit, e [detʀɥi, -it] *pp de* **détruire**
dette [dɛt] *nf* debt; **~ publique** *ou* **de l'État** national debt
DEUG [døg] *sigle m* = **Diplôme d'études universitaires générales**; *see note*

DEUG

French students sit their DEUG ('diplôme d'études universitaires générales') after two years at university. They can then choose to leave university altogether, or go on to study for their 'licence'. The certificate specifies the student's major subject and may be awarded with distinction.

deuil [dœj] *nm* (*perte*) bereavement; (*période*) mourning; (*chagrin*) grief; **porter le ~** to wear mourning; **prendre le/être en ~** to go into/be in mourning
DEUST [dœst] *sigle m* = **Diplôme d'études universitaires scientifiques et techniques**
deux [dø] *num* two; **les ~** both; **ses ~ mains** both his hands, his two hands; **à ~ pas** a short distance away; **tous les ~ mois** every two months, every other month; **~ points** colon *sg*
deuxième [døzjɛm] *num* second
deuxièmement [døzjɛmmɑ̃] *adv* secondly, in the second place
deux-pièces [døpjɛs] *nm inv* (*tailleur*) two-piece (suit); (*de bain*) two-piece (swimsuit); (*appartement*) two-roomed flat (*Brit*) *ou* apartment (*US*)
deux-roues [døʀu] *nm* two-wheeled vehicle
deux-temps [døtɑ̃] *adj* two-stroke
devais *etc* [dəvɛ] *vb voir* **devoir**
dévaler [devale] *vt* to hurtle down
dévaliser [devalize] *vt* to rob, burgle
dévalorisant, e [devalɔʀizɑ̃, -ɑ̃t] *adj* depreciatory
dévalorisation [devalɔʀizɑsjɔ̃] *nf* depreciation
dévaloriser [devalɔʀize] *vt* to reduce the value of; **se dévaloriser** *vi* to depreciate
dévaluation [devalɥɑsjɔ̃] *nf* depreciation; (*Écon: mesure*) devaluation
dévaluer [devalɥe] *vt*, **se dévaluer** *vi* to devalue
devancer [dəvɑ̃se] *vt* to be ahead of; (*distancer*) to get ahead of; (*arriver avant*) to arrive before; (*prévenir*) to anticipate; **~ l'appel** (*Mil*) to enlist before call-up
devancier, -ière [dəvɑ̃sje, -jɛʀ] *nm/f* precursor
devant [dəvɑ̃] *vb voir* **devoir** ▷ *adv* in front; (*à distance: en avant*) ahead ▷ *prép* in front of; ahead of; (*avec mouvement: passer*) past; (*fig*) before, in front of; (*: face à*) faced with, in the face of; (*: vu*) in view of ▷ *nm* front; **prendre les ~s** to make the first move; **de ~** (*roue, porte*) front; **les pattes de ~** the front legs, the forelegs; **par ~** (*boutonner*) at the front; (*entrer*) the front way; **par-~ notaire** in the presence of a notary; **aller au-~ de qn** to go out to meet sb; **aller au-~ de** (*désirs de qn*) to anticipate; **aller au-~ des ennuis** *ou* **difficultés** to be asking for trouble
devanture [dəvɑ̃tyʀ] *nf* (*façade*) (shop) front; (*étalage*) display; (shop) window
dévastateur, -trice [devastatœʀ, -tʀis] *adj* devastating
dévastation [devastɑsjɔ̃] *nf* devastation
dévaster [devaste] *vt* to devastate
déveine [devɛn] *nf* rotten luck *no pl*
développement [devlɔpmɑ̃] *nm* development
développer [devlɔpe] *vt*, **se développer** *vi* to develop
devenir [dəvniʀ] *vi* to become; **~ instituteur** to become a teacher; **que sont-ils devenus?** what has become of them?
devenu, e [dəvny] *pp de* **devenir**
dévergondé, e [devɛʀgɔ̃de] *adj* wild, shameless
dévergonder [devɛʀgɔ̃de] *vt*, **se dévergonder** *vi* to get into bad ways
déverrouiller [devɛʀuje] *vt* to unbolt
devers [dəvɛʀ] *adv*: **par ~ soi** to oneself
déverser [devɛʀse] *vt* (*liquide*) to pour (out); (*ordures*) to tip (out); **se ~ dans** (*fleuve, mer*) to flow into
déversoir [devɛʀswaʀ] *nm* overflow
dévêtir [devetiʀ] *vt*, **se dévêtir** *vi* to undress
devez [dəve] *vb voir* **devoir**
déviation [devjɑsjɔ̃] *nf* deviation; (*Auto*) diversion (*Brit*), detour (*US*); **~ de la colonne (vertébrale)** curvature of the spine
dévider [devide] *vt* to unwind
dévidoir [devidwaʀ] *nm* reel
deviendrai [dəvjɛ̃dʀe], **deviens** *etc* [dəvjɛ̃] *vb voir* **devenir**
dévier [devje] *vt* (*fleuve, circulation*) to divert; (*coup*) to deflect ▷ *vi* to veer (off course); **(faire) ~** (*projectile*) to deflect; (*véhicule*) to push off course
devin [dəvɛ̃] *nm* soothsayer, seer
deviner [dəvine] *vt* to guess; (*prévoir*) to foretell, foresee; (*apercevoir*) to distinguish
devinette [dəvinɛt] *nf* riddle
devint *etc* [dəvɛ̃] *vb voir* **devenir**
devis [dəvi] *nm* estimate, quotation; **~ descriptif/estimatif** detailed/preliminary estimate
dévisager [devizaʒe] *vt* to stare at
devise [dəviz] *nf* (*formule*) motto, watchword; (*Écon: monnaie*) currency; **devises** *nfpl* (*argent*) currency *sg*
deviser [dəvize] *vi* to converse
dévisser [devise] *vt* to unscrew, undo; **se dévisser** *vi* to come unscrewed
de visu [devizy] *adv*: **se rendre compte de qch ~** to see sth for o.s.
dévitaliser [devitalize] *vt* (*dent*) to remove the nerve from
dévoiler [devwale] *vt* to unveil
devoir [dəvwaʀ] *nm* duty; (*Scol*) piece of homework, homework *no pl*; (*: en classe*) exercise ▷ *vt* (*argent, respect*): **~ qch (à qn)** to owe (sb) sth;

(*suivi de l'infinitif: obligation*): **il doit le faire** he has to do it, he must do it; (*: fatalité*): **cela devait arriver un jour** it was bound to happen; (*: intention*): **il doit partir demain** he is (due) to leave tomorrow; (*: probabilité*): **il doit être tard** it must be late; **se faire un ~ de faire qch** to make it one's duty to do sth; **~s de vacances** homework set for the holidays; **se ~ de faire qch** to be duty bound to do sth; **je devrais faire** I ought to *ou* should do; **tu n'aurais pas dû** you ought not to have *ou* shouldn't have; **comme il se doit** (*comme il faut*) as is right and proper

dévolu, e [devɔly] *adj*: **~ à** allotted to ▷ *nm*: **jeter son ~ sur** to fix one's choice on

devons [dəvɔ̃] *vb voir* **devoir**

dévorant, e [devɔʀɑ̃, -ɑ̃t] *adj* (*faim, passion*) raging

dévorer [devɔʀe] *vt* to devour; (*feu, soucis*) to consume; **~ qn/qch des yeux** *ou* **du regard** (*fig*) to eye sb/sth intently; (*: convoitise*) to eye sb/sth greedily

dévot, e [devo, -ɔt] *adj* devout, pious ▷ *nm/f* devout person; **un faux ~** a falsely pious person

dévotion [devosjɔ̃] *nf* devoutness; **être à la ~ de qn** to be totally devoted to sb; **avoir une ~ pour qn** to worship sb

dévoué, e [devwe] *adj* devoted

dévouement [devumɑ̃] *nm* devotion, dedication

dévouer [devwe]: **se dévouer** *vi* (*se sacrifier*): **se ~ (pour)** to sacrifice o.s. (for); (*se consacrer*): **se ~ à** to devote *ou* dedicate o.s. to

dévoyé, e [devwaje] *adj* delinquent

dévoyer [devwaje] *vt* to lead astray; **se dévoyer** *vi* to go off the rails; **~ l'opinion publique** to influence public opinion

devrai *etc* [dəvʀe] *vb voir* **devoir**

dextérité [dɛksteʀite] *nf* skill, dexterity

dézipper [dezipe] *vt* (*Inform*) to unzip

dfc *abr* (*= désire faire connaissance*) *in personal column of newspaper*

DG *sigle m* = **directeur général**

dg. *abr* (*= décigramme*) dg.

DGE *sigle f* (*= Dotation globale d'équipement*) *state contribution to local government budget*

DGSE *sigle f* (*= Direction générale de la sécurité extérieure*) ≈ MI6 (Brit), ≈ CIA (US)

diabète [djabɛt] *nm* diabetes *sg*

diabétique [djabetik] *nm/f* diabetic

diable [djɑbl(ə)] *nm* devil; **une musique du ~** an unholy racket; **il fait une chaleur du ~** it's fiendishly hot; **avoir le ~ au corps** to be the very devil

diablement [djɑbləmɑ̃] *adv* fiendishly

diableries [djɑbləʀi] *nfpl* (*d'enfant*) devilment *sg*, mischief *sg*

diablesse [djɑblɛs] *nf* (*petite fille*) little devil

diablotin [djɑblɔtɛ̃] *nm* imp; (*pétard*) cracker

diabolique [djabɔlik] *adj* diabolical

diabolo [djabɔlo] *nm* (*jeu*) diabolo; (*boisson*) lemonade and fruit cordial; **~(-menthe)** lemonade and mint cordial

diacre [djakʀ(ə)] *nm* deacon

diadème [djadɛm] *nm* diadem

diagnostic [djagnɔstik] *nm* diagnosis *sg*

diagnostiquer [djagnɔstike] *vt* to diagnose

diagonal, e, -aux [djagɔnal, -o] *adj*, *nf* diagonal; **en ~e** diagonally; **lire en ~e** (*fig*) to skim through

diagramme [djagʀam] *nm* chart, graph

dialecte [djalɛkt(ə)] *nm* dialect

dialectique [djalɛktik] *adj* dialectic(al)

dialogue [djalɔg] *nm* dialogue; **~ de sourds** dialogue of the deaf

dialoguer [djalɔge] *vi* to converse; (*Pol*) to have a dialogue

dialoguiste [djalɔgist(ə)] *nm/f* dialogue writer

dialyse [djaliz] *nf* dialysis

diamant [djamɑ̃] *nm* diamond

diamantaire [djamɑ̃tɛʀ] *nm* diamond dealer

diamétralement [djametʀalmɑ̃] *adv* diametrically; **~ opposés** (*opinions*) diametrically opposed

diamètre [djamɛtʀ(ə)] *nm* diameter

diapason [djapazɔ̃] *nm* tuning fork; (*fig*): **être/se mettre au ~ (de)** to be/get in tune (with)

diaphane [djafan] *adj* diaphanous

diaphragme [djafʀagm(ə)] *nm* (*Anat, Photo*) diaphragm; (*contraceptif*) diaphragm, cap; **ouverture du ~** (*Photo*) aperture

diapo [djapo], **diapositive** [djapozitiv] *nf* transparency, slide

diaporama [djapɔʀama] *nm* slide show

diapré, e [djapʀe] *adj* many-coloured (Brit), many-colored (US)

diarrhée [djaʀe] *nf* diarrhoea (Brit), diarrhea (US)

diatribe [djatʀib] *nf* diatribe

dichotomie [dikɔtɔmi] *nf* dichotomy

dictaphone [diktafɔn] *nm* Dictaphone®

dictateur [diktatœʀ] *nm* dictator

dictatorial, e, -aux [diktatɔʀjal, -o] *adj* dictatorial

dictature [diktatyʀ] *nf* dictatorship

dictée [dikte] *nf* dictation; **prendre sous ~** to take down (*sth dictated*)

dicter [dikte] *vt* to dictate

diction [diksjɔ̃] *nf* diction, delivery; **cours de ~** speech production lesson(s)

dictionnaire [diksjɔnɛʀ] *nm* dictionary; **~ géographique** gazetteer

dicton [diktɔ̃] *nm* saying, dictum

didacticiel [didaktisjɛl] *nm* educational software

didactique [didaktik] *adj* didactic

dièse [djɛz] *nm* (*Mus*) sharp

diesel [djezɛl] *nm*, *adj inv* diesel

diète [djɛt] *nf* diet; **être à la ~** to be on a diet

diététicien, ne [djetetisjɛ̃, -ɛn] *nm/f* dietician

diététique [djetetik] *nf* dietetics *sg* ▷ *adj*: **magasin ~** health food shop (Brit) *ou* store (US)

dieu, x [djø] *nm* god; **D~** God; **le bon D~** the good Lord; **mon D~!** good heavens!

diffamant, e [difamɑ̃, -ɑ̃t] *adj* slanderous, defamatory; libellous
diffamation [difamɑsjɔ̃] *nf* slander; (*écrite*) libel; **attaquer qn en ~** to sue sb for slander (*ou* libel)
diffamatoire [difamatwaʀ] *adj* slanderous, defamatory; libellous
diffamer [difame] *vt* to slander, defame; to libel
différé [difeʀe] *adj* (*Inform*): **traitement ~** batch processing; **crédit ~** deferred credit ▷ *nm* (TV): **en ~** (pre-)recorded
différemment [difeʀamɑ̃] *adv* differently
différence [difeʀɑ̃s] *nf* difference; **à la ~ de** unlike
différenciation [difeʀɑ̃sjɑsjɔ̃] *nf* differentiation
différencier [difeʀɑ̃sje] *vt* to differentiate; **se différencier** *vi* (*organisme*) to become differentiated; **se ~ de** to differentiate o.s. from; (*être différent*) to differ from
différend [difeʀɑ̃] *nm* difference (of opinion), disagreement
différent, e [difeʀɑ̃, -ɑ̃t] *adj*: **~ (de)** different (from); **~s objets** different *ou* various objects; **à ~es reprises** on various occasions
différentiel, le [difeʀɑ̃sjɛl] *adj, nm* differential
différer [difeʀe] *vt* to postpone, put off ▷ *vi*: **~ (de)** to differ (from); **~ de faire** (*tarder*) to delay doing
difficile [difisil] *adj* difficult; (*exigeant*) hard to please, difficult (to please); **faire le** *ou* **la ~** to be hard to please, be difficult
difficilement [difisilmɑ̃] *adv* (*marcher, s'expliquer etc*) with difficulty; **~ lisible/compréhensible** difficult *ou* hard to read/understand
difficulté [difikylte] *nf* difficulty; **en ~** (*bateau, alpiniste*) in trouble *ou* difficulties; **avoir de la ~ à faire** to have difficulty (in) doing
difforme [difɔʀm(ə)] *adj* deformed, misshapen
difformité [difɔʀmite] *nf* deformity
diffracter [difʀakte] *vt* to diffract
diffus, e [dify, -yz] *adj* diffuse
diffuser [difyze] *vt* (*chaleur, bruit, lumière*) to diffuse; (*émission, musique*) to broadcast; (*nouvelle, idée*) to circulate; (*Comm: livres, journaux*) to distribute
diffuseur [difyzœʀ] *nm* diffuser; distributor
diffusion [difyzjɔ̃] *nf* diffusion, broadcast(ing); circulation; distribution
digérer [diʒeʀe] *vt* (*personne*) to digest; (*: machine*) to process; (*fig: accepter*) to stomach, put up with
digeste [diʒɛst(ə)] *adj* easily digestible
digestible [diʒɛstibl(ə)] *adj* digestible
digestif, -ive [diʒɛstif, -iv] *adj* digestive ▷ *nm* (after-dinner) liqueur
digestion [diʒɛstjɔ̃] *nf* digestion
digit [didʒit] *nm*: **~ binaire** binary digit
digital, e, -aux [diʒital, -o] *adj* digital
digitale [diʒital] *nf* digitalis, foxglove
digne [diɲ] *adj* dignified; **~ de** worthy of; **~ de foi** trustworthy
dignitaire [diɲitɛʀ] *nm* dignitary
dignité [diɲite] *nf* dignity
digression [digʀesjɔ̃] *nf* digression
digue [dig] *nf* dike, dyke; (*pour protéger la côte*) sea wall
dijonnais, e [diʒɔnɛ, -ɛz] *adj* of *ou* from Dijon ▷ *nm/f*: **Dijonnais, e** inhabitant *ou* native of Dijon
diktat [diktat] *nm* diktat
dilapidation [dilapidɑsjɔ̃] *nf* (*voir vb*) squandering; embezzlement, misappropriation
dilapider [dilapide] *vt* to squander, waste; (*détourner: biens, fonds publics*) to embezzle, misappropriate
dilater [dilate] *vt* to dilate; (*gaz, métal*) to cause to expand; (*ballon*) to distend; **se dilater** *vi* to expand
dilemme [dilɛm] *nm* dilemma
dilettante [diletɑ̃t] *nm/f* dilettante; **en ~** in a dilettantish way
dilettantisme [diletɑ̃tism(ə)] *nm* dilettant(e)ism
diligence [diliʒɑ̃s] *nf* stagecoach, diligence; (*empressement*) despatch; **faire ~** to make haste
diligent, e [diliʒɑ̃, -ɑ̃t] *adj* prompt and efficient; diligent
diluant [dilɥɑ̃] *nm* thinner(s)
diluer [dilɥe] *vt* to dilute
dilution [dilysjɔ̃] *nf* dilution
diluvien, ne [dilyvjɛ̃, -ɛn] *adj*: **pluie ~ne** torrential rain
dimanche [dimɑ̃ʃ] *nm* Sunday; **le ~ des Rameaux/de Pâques** Palm/Easter Sunday; *voir aussi* **lundi**
dîme [dim] *nf* tithe
dimension [dimɑ̃sjɔ̃] *nf* (*grandeur*) size; (*gén pl: cotes, Math: de l'espace*) dimension
diminué, e [diminɥe] *adj* (*personne: physiquement*) run-down; (*: mentalement*) less alert
diminuer [diminɥe] *vt* to reduce, decrease; (*ardeur etc*) to lessen; (*personne: physiquement*) to undermine; (*dénigrer*) to belittle ▷ *vi* to decrease, diminish
diminutif [diminytif] *nm* (*Ling*) diminutive; (*surnom*) pet name
diminution [diminysjɔ̃] *nf* decreasing, diminishing
dînatoire [dinatwaʀ] *adj*: **goûter ~** ≈ high tea (*Brit*); **apéritif ~** ≈ evening buffet
dinde [dɛ̃d] *nf* turkey; (*femme stupide*) goose
dindon [dɛ̃dɔ̃] *nm* turkey
dindonneau, x [dɛ̃dɔno] *nm* turkey poult
dîner [dine] *nm* dinner ▷ *vi* to have dinner; **~ d'affaires/de famille** business/family dinner
dînette [dinɛt] *nf* (*jeu*): **jouer à la ~** to play at tea parties
dingue [dɛ̃g] *adj* (*fam*) crazy
dinosaure [dinozɔʀ] *nm* dinosaur
diocèse [djɔsɛz] *nm* diocese
diode [djɔd] *nf* diode
diphasé, e [difɑze] *adj* (*Élec*) two-phase
diphtérie [difteʀi] *nf* diphtheria
diphtongue [diftɔ̃g] *nf* diphthong

diplomate [diplɔmat] *adj* diplomatic ▷ *nm* diplomat; (*fig: personne habile*) diplomatist; (*Culin: gâteau*) *dessert made of sponge cake, candied fruit and custard*, ≈ trifle (Brit)
diplomatie [diplɔmasi] *nf* diplomacy
diplomatique [diplɔmatik] *adj* diplomatic
diplôme [diplom] *nm* diploma certificate; (*examen*) (diploma) examination
diplômé, e [diplome] *adj* qualified
dire [diʀ] *nm*: **au ~ de** according to; **leurs ~s** what they say ▷ *vt* to say; (*secret, mensonge*) to tell; **~ l'heure/la vérité** to tell the time/the truth; **dis pardon/merci** say sorry/thank you; **~ qch à qn** to tell sb sth; **~ à qn qu'il fasse** *ou* **de faire** to tell sb to do; **~ que** to say that; **on dit que** they say that; **comme on dit** as they say; **on dirait que** it looks (*ou* sounds *etc*) as though; **on dirait du vin** you'd *ou* one would think it was wine; **que dites-vous de** (*penser*) what do you think of; **si cela lui dit** if he feels like it, if he fancies it; **cela ne me dit rien** that doesn't appeal to me; **à vrai ~** truth to tell; **pour ainsi ~** so to speak; **cela va sans ~** that goes without saying; **dis donc!, dites donc!** (*pour attirer l'attention*) hey!; (*au fait*) by the way; **et ~ que ...** and to think that ...; **ceci** *ou* **cela dit** that being said; (*à ces mots*) whereupon; **c'est dit, voilà qui est dit** so that's settled; **il n'y a pas à ~** there's no getting away from it; **c'est ~ si ...** that just shows that ...; **c'est beaucoup/peu ~** that's saying a lot/not saying much; **se dire** *vi* (*à soi-même*) to say to oneself; (*se prétendre*): **se ~ malade** *etc* to say (that) one is ill *etc*; **ça se dit ... en anglais** that is ... in English; **cela ne se dit pas comme ça** you don't say it like that; **se ~ au revoir** to say goodbye (to each other)
direct, e [diʀɛkt] *adj* direct ▷ *nm* (*train*) through train; **en ~** (*émission*) live; **train/bus ~** express train/bus
directement [diʀɛktəmɑ̃] *adv* directly
directeur, -trice [diʀɛktœʀ, -tʀis] *nm/f* (*d'entreprise*) director; (*de service*) manager/eress; (*d'école*) head(teacher) (Brit), principal (US); **comité ~** management *ou* steering committee; **~ général** general manager; **~ de thèse** ≈ PhD supervisor
direction [diʀɛksjɔ̃] *nf* management; conducting; supervision; (*Auto*) steering; (*sens*) direction; **sous la ~ de** (*Mus*) conducted by; **en ~ de** (*avion, train, bateau*) for; **"toutes ~s"** (*Auto*) "all routes"
directive [diʀɛktiv] *nf* directive, instruction
directorial, e, -aux [diʀɛktɔʀjal, -o] *adj* (*bureau*) director's; manager's; head teacher's
directrice [diʀɛktʀis] *adj f, nf voir* **directeur**
dirent [diʀ] *vb voir* **dire**
dirigeable [diʀiʒabl(ə)] *adj, nm*: **(ballon) ~** dirigible
dirigeant, e [diʀiʒɑ̃, -ɑ̃t] *adj* managerial; (*classes*) ruling ▷ *nm/f* (*d'un parti etc*) leader; (*d'entreprise*) manager, member of the management
diriger [diʀiʒe] *vt* (*entreprise*) to manage, run; (*véhicule*) to steer; (*orchestre*) to conduct; (*recherches, travaux*) to supervise, be in charge of; (*braquer: regard, arme*): **~ sur** to point *ou* level *ou* aim at; (*fig: critiques*): **~ contre** to aim at; **se diriger** *vi* (*s'orienter*) to find one's way; **se ~ vers** *ou* **sur** to make *ou* head for
dirigisme [diʀiʒism(ə)] *nm* (*Écon*) state intervention, interventionism
dirigiste [diʀiʒist(ə)] *adj* interventionist
dis [di], **disais** *etc* [dizɛ] *vb voir* **dire**
discal, e, -aux [diskal, -o] *adj* (*Méd*): **hernie ~e** slipped disc
discernement [disɛʀnəmɑ̃] *nm* discernment, judgment
discerner [disɛʀne] *vt* to discern, make out
disciple [disipl(ə)] *nm/f* disciple
disciplinaire [disiplinɛʀ] *adj* disciplinary
discipline [disiplin] *nf* discipline
discipliné, e [disipline] *adj* (well-)disciplined
discipliner [disipline] *vt* to discipline; (*cheveux*) to control
discobole [diskɔbɔl] *nm/f* discus thrower
discographie [diskɔgʀafi] *nf* discography
discontinu, e [diskɔ̃tiny] *adj* intermittent; (*bande: sur la route*) broken
discontinuer [diskɔ̃tinɥe] *vi*: **sans ~** without stopping, without a break
disconvenir [diskɔ̃vniʀ] *vi*: **ne pas ~ de qch/que** not to deny sth/that
discophile [diskɔfil] *nm/f* record enthusiast
discordance [diskɔʀdɑ̃s] *nf* discordance; conflict
discordant, e [diskɔʀdɑ̃, -ɑ̃t] *adj* discordant; conflicting
discorde [diskɔʀd(ə)] *nf* discord, dissension
discothèque [diskɔtɛk] *nf* (*disques*) record collection; (*: dans une bibliothèque*): **~ (de prêt)** record library; (*boîte de nuit*) disco(thèque)
discourais *etc* [diskuʀɛ] *vb voir* **discourir**
discourir [diskuʀiʀ] *vi* to discourse, hold forth
discours [diskuʀ] *vb voir* **discourir** ▷ *nm* speech; **~ direct/indirect** (*Ling*) direct/indirect *ou* reported speech
discourtois, e [diskuʀtwa, waz] *adj* discourteous
discrédit [diskʀedi] *nm*: **jeter le ~ sur** to discredit
discréditer [diskʀedite] *vt* to discredit
discret, -ète [diskʀɛ, -ɛt] *adj* discreet; (*fig: musique, style*) unobtrusive; (*: endroit*) quiet
discrètement [diskʀɛtmɑ̃] *adv* discreetly
discrétion [diskʀesjɔ̃] *nf* discretion; **à la ~ de qn** at sb's discretion; in sb's hands; **à ~** (*boisson etc*) unlimited, as much as one wants
discrétionnaire [diskʀesjɔnɛʀ] *adj* discretionary
discrimination [diskʀiminasjɔ̃] *nf* discrimination; **sans ~** indiscriminately
discriminatoire [diskʀiminatwaʀ] *adj* discriminatory
disculper [diskylpe] *vt* to exonerate

discussion [diskysjɔ̃] *nf* discussion
discutable [diskytabl(ə)] *adj* (*contestable*) doubtful; (*à débattre*) debatable
discuté, e [diskyte] *adj* controversial
discuter [diskyte] *vt* (*contester*) to question, dispute; (*débattre: prix*) to discuss ▷ *vi* to talk; (*ergoter*) to argue; **~ de** to discuss
dise *etc* [diz] *vb voir* **dire**
disert, e [dizɛʀ, -ɛʀt(ə)] *adj* loquacious
disette [dizɛt] *nf* food shortage
diseuse [dizøz] *nf*: **~ de bonne aventure** fortune-teller
disgrâce [disgʀɑs] *nf* disgrace; **être en ~** to be in disgrace
disgracié, e [disgʀasje] *adj* (*en disgrâce*) disgraced
disgracieux, -euse [disgʀasjø, -øz] *adj* ungainly, awkward
disjoindre [disʒwɛ̃dʀ(ə)] *vt* to take apart; **se disjoindre** *vi* to come apart
disjoint, e [disʒwɛ̃, -wɛ̃t] *pp de* **disjoindre** ▷ *adj* loose
disjoncteur [disʒɔ̃ktœʀ] *nm* (*Élec*) circuit breaker
dislocation [dislɔkɑsjɔ̃] *nf* dislocation
disloquer [dislɔke] *vt* (*membre*) to dislocate; (*chaise*) to dismantle; (*troupe*) to disperse; **se disloquer** *vi* (*parti, empire*) to break up; **se ~ l'épaule** to dislocate one's shoulder
disons *etc* [dizɔ̃] *vb voir* **dire**
disparaître [dispaʀɛtʀ(ə)] *vi* to disappear; (*à la vue*) to vanish, disappear; to be hidden *ou* concealed; (*être manquant*) to go missing, disappear; (*se perdre: traditions etc*) to die out; (*personne: mourir*) to die; **faire ~** (*objet, tache, trace*) to remove; (*personne*) to get rid of
disparate [dispaʀat] *adj* disparate; (*couleurs*) ill-assorted
disparité [dispaʀite] *nf* disparity
disparition [dispaʀisjɔ̃] *nf* disappearance
disparu, e [dispaʀy] *pp de* **disparaître** ▷ *nm/f* missing person; (*défunt*) departed; **être porté ~** to be reported missing
dispendieux, -euse [dispɑ̃djø, -øz] *adj* extravagant, expensive
dispensaire [dispɑ̃sɛʀ] *nm* community clinic
dispense [dispɑ̃s] *nf* exemption; (*permission*) special permission; **~ d'âge** special exemption from age limit
dispenser [dispɑ̃se] *vt* (*donner*) to lavish, bestow; (*exempter*): **~ qn de** to exempt sb from; **se ~ de** *vt* to avoid, get out of
disperser [dispɛʀse] *vt* to scatter; (*fig: son attention*) to dissipate; **se disperser** *vi* to scatter; (*fig*) to dissipate one's efforts
dispersion [dispɛʀsjɔ̃] *nf* scattering; (*des efforts*) dissipation
disponibilité [dispɔnibilite] *nf* availability; (*Admin*): **être en ~** to be on leave of absence; **disponibilités** *nfpl* (*Comm*) liquid assets
disponible [dispɔnibl(ə)] *adj* available
dispos [dispo] *adj m*: **(frais et) ~** fresh (as a daisy)
disposé, e [dispoze] *adj* (*d'une certaine manière*) arranged, laid-out; **bien/mal ~** (*humeur*) in a good/bad mood; **bien/mal ~ pour** *ou* **envers qn** well/badly disposed towards sb; **~ à** (*prêt à*) willing *ou* prepared to
disposer [dispoze] *vt* (*arranger, placer*) to arrange; (*inciter*): **~ qn à qch/faire qch** to dispose *ou* incline sb towards sth/to do sth ▷ *vi*: **vous pouvez ~** you may leave; **~ de** *vt* to have (at one's disposal); **se ~ à faire** to prepare to do, be about to do
dispositif [dispozitif] *nm* device; (*fig*) system, plan of action; set-up; (*d'un texte de loi*) operative part; **~ de sûreté** safety device
disposition [dispozisjɔ̃] *nf* (*arrangement*) arrangement, layout; (*humeur*) mood; (*tendance*) tendency; **dispositions** *nfpl* (*mesures*) steps, measures; (*préparatifs*) arrangements; (*de loi, testament*) provisions; (*aptitudes*) bent *sg*, aptitude *sg*; **à la ~ de qn** at sb's disposal
disproportion [dispʀɔpɔʀsjɔ̃] *nf* disproportion
disproportionné, e [dispʀɔpɔʀsjɔne] *adj* disproportionate, out of all proportion
dispute [dispyt] *nf* quarrel, argument
disputer [dispyte] *vt* (*match*) to play; (*combat*) to fight; (*course*) to run; **se disputer** *vi* to quarrel, have a quarrel; (*match, combat, course*) to take place; **~ qch à qn** to fight with sb for *ou* over sth
disquaire [diskɛʀ] *nm/f* record dealer
disqualification [diskalifikɑsjɔ̃] *nf* disqualification
disqualifier [diskalifje] *vt* to disqualify; **se disqualifier** *vi* to bring discredit on o.s.
disque [disk(ə)] *nm* (*Mus*) record; (*Inform*) disk, disc; (*forme, pièce*) disc; (*Sport*) discus; **~ compact** compact disc; **~ compact interactif** CD-I®; **~ dur** hard disk; **~ d'embrayage** (*Auto*) clutch plate; **~ laser** compact disc; **~ de stationnement** parking disc; **~ système** system disk
disquette [diskɛt] *nf* diskette, floppy (disk)
dissection [disɛksjɔ̃] *nf* dissection
dissemblable [disɑ̃blabl(ə)] *adj* dissimilar
dissemblance [disɑ̃blɑ̃s] *nf* dissimilarity, difference
dissémination [diseminɑsjɔ̃] *nf* (*voir vb*) scattering; dispersal; (*des armes*) proliferation
disséminer [disemine] *vt* to scatter; (*troupes: sur un territoire*) to disperse
dissension [disɑ̃sjɔ̃] *nf* dissension; **dissensions** *nfpl* dissension
disséquer [diseke] *vt* to dissect
dissertation [disɛʀtɑsjɔ̃] *nf* (*Scol*) essay
disserter [disɛʀte] *vi*: **~ sur** to discourse upon
dissidence [disidɑ̃s] *nf* (*concept*) dissidence; **rejoindre la ~** to join the dissidents
dissident, e [disidɑ̃, -ɑ̃t] *adj, nm/f* dissident
dissimilitude [disimilityd] *nf* dissimilarity
dissimulateur, -trice [disimyltœʀ, -tʀis] *adj* dissembling ▷ *nm/f* dissembler
dissimulation [disimylɑsjɔ̃] *nf* concealing; (*duplicité*) dissimulation; **~ de bénéfices/de**

revenus concealment of profits/income
dissimulé, e [disimyle] *adj* (*personne: secret*) secretive; (: *fourbe, hypocrite*) deceitful
dissimuler [disimyle] *vt* to conceal; **se dissimuler** *vi* to conceal o.s.; to be concealed
dissipation [disipɑsjɔ̃] *nf* squandering; unruliness; (*débauche*) dissipation
dissipé, e [disipe] *adj* (*indiscipliné*) unruly
dissiper [disipe] *vt* to dissipate; (*fortune*) to squander, fritter away; **se dissiper** *vi* (*brouillard*) to clear, disperse; (*doutes*) to disappear, melt away; (*élève*) to become undisciplined *ou* unruly
dissociable [disɔsjabl(ə)] *adj* separable
dissocier [disɔsje] *vt* to dissociate; **se dissocier** *vi* (*éléments, groupe*) to break up, split up; **se ~ de** (*groupe, point de vue*) to dissociate o.s. from
dissolu, e [disɔly] *adj* dissolute
dissoluble [disɔlybl(ə)] *adj* (*Pol: assemblée*) dissolvable
dissolution [disɔlysjɔ̃] *nf* dissolving; (*Pol, Jur*) dissolution
dissolvant, e [disɔlvɑ̃, -ɑ̃t] *vb voir* **dissoudre** ▷ *nm* (*Chimie*) solvent; **~ (gras)** nail polish remover
dissonant, e [disɔnɑ̃, -ɑ̃t] *adj* discordant
dissoudre [disudʀ(ə)] *vt*, **se dissoudre** *vi* to dissolve
dissous, -oute [disu, -ut] *pp de* **dissoudre**
dissuader [disɥade] *vt*: **~ qn de faire/de qch** to dissuade sb from doing/from sth
dissuasif, -ive [disɥazif, iv] *adj* dissuasive
dissuasion [disɥɑzjɔ̃] *nf* dissuasion; **force de ~** deterrent power
distance [distɑ̃s] *nf* distance; (*fig: écart*) gap; **à ~** at *ou* from a distance; (*mettre en marche, commander*) by remote control; **(situé) à ~** (*Inform*) remote; **tenir qn à ~** to keep sb at a distance; **se tenir à ~** to keep one's distance; **à une ~ de 10 km, à 10 km de ~** 10 km away, at a distance of 10 km; **à deux ans de ~** with a gap of two years; **prendre ses ~s** to space out; **garder ses ~s** to keep one's distance; **tenir la ~** (*Sport*) to cover the distance, last the course; **~ focale** (*Photo*) focal length
distancer [distɑ̃se] *vt* to outdistance, leave behind
distancier [distɑ̃sje]: **se distancier** *vi* to distance o.s.
distant, e [distɑ̃, -ɑ̃t] *adj* (*réservé*) distant, aloof; (*éloigné*) distant, far away; **~ de** (*lieu*) far away *ou* a long way from; **~ de 5 km (d'un lieu)** 5 km away (from a place)
distendre [distɑ̃dʀ(ə)] *vt*, **se distendre** *vi* to distend
distillation [distilɑsjɔ̃] *nf* distillation, distilling
distillé, e [distile] *adj*: **eau ~e** distilled water
distiller [distile] *vt* to distil; (*fig*) to exude; to elaborate
distillerie [distilʀi] *nf* distillery
distinct, e [distɛ̃(kt), distɛ̃kt(ə)] *adj* distinct
distinctement [distɛ̃ktəmɑ̃] *adv* distinctly
distinctif, -ive [distɛ̃ktif, -iv] *adj* distinctive
distinction [distɛ̃ksjɔ̃] *nf* distinction
distingué, e [distɛ̃ge] *adj* distinguished
distinguer [distɛ̃ge] *vt* to distinguish; **se distinguer** *vi* (*s'illustrer*) to distinguish o.s.; (*différer*): **se ~ (de)** to distinguish o.s. *ou* be distinguished (from)
distinguo [distɛ̃go] *nm* distinction
distorsion [distɔʀsjɔ̃] *nf* (*gén*) distortion; (*fig: déséquilibre*) disparity, imbalance
distraction [distʀaksjɔ̃] *nf* (*manque d'attention*) absent-mindedness; (*oubli*) lapse (in concentration *ou* attention); (*détente*) diversion, recreation; (*passe-temps*) distraction, entertainment
distraire [distʀɛʀ] *vt* (*déranger*) to distract; (*divertir*) to entertain, divert; (*détourner: somme d'argent*) to divert, misappropriate; **se distraire** *vi* to amuse *ou* enjoy o.s.
distrait, e [distʀɛ, -ɛt] *pp de* **distraire** ▷ *adj* absent-minded
distraitement [distʀɛtmɑ̃] *adv* absent-mindedly
distrayant, e [distʀɛjɑ̃, -ɑ̃t] *vb voir* **distraire** ▷ *adj* entertaining
distribuer [distʀibɥe] *vt* to distribute; to hand out; (*Cartes*) to deal (out); (*courrier*) to deliver
distributeur [distʀibytœʀ] *nm* (*Auto, Comm*) distributor; (*automatique*) (vending) machine; **~ de billets** (*Rail*) ticket machine; (*Banque*) cash dispenser
distribution [distʀibysjɔ̃] *nf* distribution; (*postale*) delivery; (*choix d'acteurs*) casting; **circuits de ~** (*Comm*) distribution network; **~ des prix** (*Scol*) prize giving
district [distʀik(t)] *nm* district
dit, e [di, dit] *pp de* **dire** ▷ *adj* (*fixé*): **le jour ~** the arranged day; (*surnommé*): **X, ~ Pierrot** X, known as *ou* called Pierrot
dites [dit] *vb voir* **dire**
dithyrambique [ditiʀɑ̃bik] *adj* eulogistic
DIU *sigle m* (= *dispositif intra-utérin*) IUD
diurétique [djyʀetik] *adj, nm* diuretic
diurne [djyʀn(ə)] *adj* diurnal, daytime *cpd*
divagations [divagɑsjɔ̃] *nfpl* ramblings; ravings
divaguer [divage] *vi* to ramble; (*malade*) to rave
divan [divɑ̃] *nm* divan
divan-lit [divɑ̃li] *nm* divan (bed)
divergence [divɛʀʒɑ̃s] *nf* divergence; **des ~s d'opinion au sein de ...** differences of opinion within ...
divergent, e [divɛʀʒɑ̃, -ɑ̃t] *adj* divergent
diverger [divɛʀʒe] *vi* to diverge
divers, e [divɛʀ, -ɛʀs(ə)] *adj* (*varié*) diverse, varied; (*différent*) different, various; **(frais) ~** (*Comm*) sundries, miscellaneous (expenses); **"~"** (*rubrique*) "miscellaneous"
diversement [divɛʀsəmɑ̃] *adv* in various *ou* diverse ways
diversification [divɛʀsifikɑsjɔ̃] *nf* diversification
diversifier [divɛʀsifje] *vt*, **se diversifier** *vi* to

diversify
diversion [divɛʀsjɔ̃] *nf* diversion; **faire ~** to create a diversion
diversité [divɛʀsite] *nf* diversity, variety
divertir [divɛʀtiʀ] *vt* to amuse, entertain; **se divertir** *vi* to amuse *ou* enjoy o.s.
divertissant, e [divɛʀtisɑ̃, -ɑ̃t] *adj* entertaining
divertissement [divɛʀtismɑ̃] *nm* entertainment; (*Mus*) divertimento, divertissement
dividende [dividɑ̃d] *nm* (*Math, Comm*) dividend
divin, e [divɛ̃, -in] *adj* divine; (*fig: excellent*) heavenly, divine
divinateur, -trice [divinatœʀ, -tʀis] *adj* perspicacious
divinatoire [divinatwaʀ] *adj* (*art, science*) divinatory; **baguette ~** divining rod
diviniser [divinize] *vt* to deify
divinité [divinite] *nf* divinity
divisé, e [divize] *adj* divided
diviser [divize] *vt* (*gén, Math*) to divide; (*morceler, subdiviser*) to divide (up), split (up); **se ~ en** to divide into; **~ par** to divide by
diviseur [divizœʀ] *nm* (*Math*) divisor
divisible [divizibl(ə)] *adj* divisible
division [divizjɔ̃] *nf* (*gén*) division; **~ du travail** (*Écon*) division of labour
divisionnaire [divisjɔnɛʀ] *adj*: **commissaire ~** ≈ chief superintendent (*Brit*), ≈ police chief (*US*)
divorce [divɔʀs(ə)] *nm* divorce
divorcé, e [divɔʀse] *nm/f* divorcee
divorcer [divɔʀse] *vi* to get a divorce, get divorced; **~ de** *ou* **d'avec qn** to divorce sb
divulgation [divylgɑsjɔ̃] *nf* disclosure
divulguer [divylge] *vt* to divulge, disclose
dix [di, dis, diz] *num* ten
dix-huit [dizɥit] *num* eighteen
dix-huitième [dizɥitjɛm] *num* eighteenth
dixième [dizjɛm] *num* tenth
dix-neuf [diznœf] *num* nineteen
dix-neuvième [diznœvjɛm] *num* nineteenth
dix-sept [disɛt] *num* seventeen
dix-septième [disɛtjɛm] *num* seventeenth
dizaine [dizɛn] *nf* (10) ten; (*environ 10*): **une ~ (de)** about ten, ten or so
Djakarta [dʒakaʀta] *n* Djakarta
Djibouti [dʒibuti] *n* Djibouti
dl *abr* (= *décilitre*) dl
DM *abr* (= *Deutschmark*) DM
dm. *abr* (= *décimètre*) dm.
do [do] *nm* (*note*) C; (*en chantant la gamme*) do(h)
docile [dɔsil] *adj* docile
docilement [dɔsilmɑ̃] *adv* docilely
docilité [dɔsilite] *nf* docility
dock [dɔk] *nm* dock; (*hangar, bâtiment*) warehouse
docker [dɔkɛʀ] *nm* docker
docte [dɔkt(ə)] *adj* (*péj*) learned
docteur, e [dɔktœʀ] *nm/f* doctor; **~ en médecine** doctor of medicine
doctoral, e, -aux [dɔktɔʀal, -o] *adj* pompous, bombastic
doctorat [dɔktɔʀa] *nm*: **~ (d'Université)** ≈ doctorate; **~ d'État** ≈ PhD; **~ de troisième cycle** ≈ doctorate
doctoresse [dɔktɔʀɛs] *nf* lady doctor
doctrinaire [dɔktʀinɛʀ] *adj* doctrinaire; (*sentencieux*) pompous, sententious
doctrinal, e, -aux [dɔktʀinal, o] *adj* doctrinal
doctrine [dɔktʀin] *nf* doctrine
document [dɔkymɑ̃] *nm* document
documentaire [dɔkymɑ̃tɛʀ] *adj, nm* documentary
documentaliste [dɔkymɑ̃talist(ə)] *nm/f* archivist; (*Presse, TV*) researcher
documentation [dɔkymɑ̃tɑsjɔ̃] *nf* documentation, literature; (*Presse, TV: service*) research
documenté, e [dɔkymɑ̃te] *adj* well-informed, well-documented; well-researched
documenter [dɔkymɑ̃te] *vt*: **se ~ (sur)** to gather information *ou* material (on *ou* about)
Dodécanèse [dɔdekanɛz] *nm* Dodecanese (Islands)
dodeliner [dɔdline] *vi*: **~ de la tête** to nod one's head gently
dodo [dɔdo] *nm*: **aller faire ~** to go to beddy-byes
dodu, e [dɔdy] *adj* plump
dogmatique [dɔgmatik] *adj* dogmatic
dogmatisme [dɔgmatism(ə)] *nm* dogmatism
dogme [dɔgm(ə)] *nm* dogma
dogue [dɔg] *nm* mastiff
doigt [dwa] *nm* finger; **à deux ~s de** within an ace (*Brit*) *ou* an inch of; **un ~ de lait/whisky** a drop of milk/whisky; **désigner** *ou* **montrer du ~** to point at; **au ~ et à l'œil** to the letter; **connaître qch sur le bout du ~** to know sth backwards; **mettre le ~ sur la plaie** (*fig*) to find the sensitive spot; **~ de pied** toe
doigté [dwate] *nm* (*Mus*) fingering; (*fig: habileté*) diplomacy, tact
doigtier [dwatje] *nm* fingerstall
dois *etc* [dwa] *vb voir* **devoir**
doit *etc* [dwa] *vb voir* **devoir**
doive *etc* [dwav] *vb voir* **devoir**
doléances [dɔleɑ̃s] *nfpl* complaints; (*réclamations*) grievances
dolent, e [dɔlɑ̃, -ɑ̃t] *adj* doleful, mournful
dollar [dɔlaʀ] *nm* dollar
dolmen [dɔlmɛn] *nm* dolmen
DOM [dɔm] *sigle m ou mpl* = **Département(s) d'outre-mer**
domaine [dɔmɛn] *nm* estate, property; (*fig*) domain, field; **tomber dans le ~ public** (*livre etc*) to be out of copyright; **dans tous les ~s** in all areas
domanial, e, -aux [dɔmanjal, -o] *adj* national, state *cpd*
dôme [dom] *nm* dome
domestication [dɔmɛstikɑsjɔ̃] *nf* (*voir domestiquer*) domestication; harnessing
domesticité [dɔmɛstisite] *nf* (domestic) staff
domestique [dɔmɛstik] *adj* domestic ▷ *nm/f* servant, domestic

domestiquer [dɔmɛstike] *vt* to domesticate; (*vent, marées*) to harness
domicile [dɔmisil] *nm* home, place of residence; **à ~** at home; **élire ~ à** to take up residence in; **sans ~ fixe** of no fixed abode; **~ conjugal** marital home; **~ légal** domicile
domicilié, e [dɔmisilje] *adj*: **être ~ à** to have one's home in *ou* at
dominant, e [dɔminɑ̃, -ɑ̃t] *adj* dominant; (*plus important*) predominant ▷ *nf* (*caractéristique*) dominant characteristic; (*couleur*) dominant colour
dominateur, -trice [dɔminatœʀ, -tʀis] *adj* dominating; (*qui aime à dominer*) domineering
domination [dɔminɑsjɔ̃] *nf* domination
dominer [dɔmine] *vt* to dominate; (*passions etc*) to control, master; (*surpasser*) to outclass, surpass; (*surplomber*) to tower above, dominate ▷ *vi* to be in the dominant position; **se dominer** *vi* to control o.s.
dominicain, e [dɔminikɛ̃, -ɛn] *adj* Dominican
dominical, e, -aux [dɔminikal, -o] *adj* Sunday *cpd*, dominical
Dominique [dɔminik] *nf*: **la ~** Dominica
domino [dɔmino] *nm* domino; **dominos** *nmpl* (*jeu*) dominoes *sg*
dommage [dɔmaʒ] *nm* (*préjudice*) harm, injury; (*dégâts, pertes*) damage *no pl*; **c'est ~ de faire/que** it's a shame *ou* pity to do/that; **quel ~!** what a pity *ou* shame!; **~s corporels** physical injury
dommages-intérêts [dɔmaʒ(əz)ɛ̃teʀɛ] *nmpl* damages
dompter [dɔ̃te] *vt* to tame
dompteur, -euse [dɔ̃tœʀ, -øz] *nm/f* trainer; (*de lion*) lion tamer
DOM-ROM [dɔmʀɔm], **DOM-TOM** [dɔmtɔm] *sigle m ou mpl (= Département(s) et Régions/Territoire(s) d'outre-mer) French overseas departments and regions; see note*

DOM-TOM, ROM ET COM

There are four "Départements d'outre-mer" or *DOMs*: Guadeloupe, Martinique, La Réunion and French Guyana. They are run in the same way as metropolitan "départements" and their inhabitants are French citizens. In administrative terms they are also "Régions", and in this regard are also referred to as "ROM" (Régions d'outre-mer").The term "*DOM-TOM*" is still commonly used, but the term "Territoire d'outre-mer" has been superseded by that of "Collectivité d'outre-mer" (*COM*). The COMs include French Polynesia, Wallis-and-Futuna, New Caledonia and polar territories. They are independent, but each is supervised by a representative of the French government.

don [dɔ̃] *nm* (*cadeau*) gift; (*charité*) donation; (*aptitude*) gift, talent; **avoir des ~s pour** to have a gift *ou* talent for; **faire ~ de** to make a gift of; **~ en argent** cash donation
donateur, -trice [dɔnatœʀ, -tʀis] *nm/f* donor
donation [dɔnɑsjɔ̃] *nf* donation
donc [dɔ̃k] *conj* therefore, so; (*après une digression*) so, then; (*intensif*): **voilà ~ la solution** so there's the solution; **je disais ~ que ...** as I was saying, ...; **venez ~ dîner à la maison** do come for dinner; **allons ~!** come now!; **faites ~** go ahead
donjon [dɔ̃ʒɔ̃] *nm* keep
don Juan [dɔ̃ʒɥɑ̃] *nm* Don Juan
donnant, e [dɔnɑ̃, -ɑ̃t] *adj*: **~, ~** fair's fair
donne [dɔn] *nf* (*Cartes*): **il y a mauvaise** *ou* **fausse ~** there's been a misdeal
donné, e [dɔne] *adj* (*convenu*) given; (*pas cher*) very cheap ▷ *nf* (*Math, Inform, gén*) datum; **c'est ~** it's a gift; **étant ~ ...** given ...
données [dɔne] *nfpl* data
donner [dɔne] *vt* to give; (*vieux habits etc*) to give away; (*spectacle*) to put on; (*film*) to show; **~ qch à qn** to give sb sth, give sth to sb; **~ sur** (*fenêtre, chambre*) to look (out) onto; **~ dans** (*piège etc*) to fall into; **faire ~ l'infanterie** (*Mil*) to send in the infantry; **~ l'heure à qn** to tell sb the time; **~ le ton** (*fig*) to set the tone; **~ à penser/entendre que ...** to make one think/give one to understand that ...; **se ~ à fond (à son travail)** to give one's all (to one's work); **se ~ du mal** *ou* **de la peine (pour faire qch)** to go to a lot of trouble (to do sth); **s'en ~ à cœur joie** (*fam*) to have a great time (of it)
donneur, -euse [dɔnœʀ, -øz] *nm/f* (*Méd*) donor; (*Cartes*) dealer; **~ de sang** blood donor

 **MOT-CLÉ**

dont [dɔ̃] *pron relatif* **1** (*appartenance: objets*) whose, of which; (*: êtres animés*) whose; **la maison dont le toit est rouge** the house the roof of which is red, the house whose roof is red; **l'homme dont je connais la sœur** the man whose sister I know
2 (*parmi lesquel(le)s*): **deux livres, dont l'un est ...** two books, one of which is ...; **il y avait plusieurs personnes, dont Gabrielle** there were several people, among them Gabrielle; **10 blessés, dont 2 grièvement** 10 injured, 2 of them seriously
3 (*complément d'adjectif, de verbe*): **le fils dont il est si fier** the son he's so proud of; **ce dont je parle** what I'm talking about; **la façon dont il l'a fait** the way (in which) he did it

donzelle [dɔ̃zɛl] *nf* (*péj*) young madam
dopage [dɔpaʒ] *nm* doping
dopant [dɔpɑ̃] *nm* dope
doper [dɔpe] *vt* to dope; **se doper** *vi* to take dope
doping [dɔpiŋ] *nm* doping; (*excitant*) dope
dorade [dɔʀad] *nf* = **daurade**
doré, e [dɔʀe] *adj* golden; (*avec dorure*) gilt, gilded
dorénavant [dɔʀenavɑ̃] *adv* from now on, henceforth

dorer [dɔʀe] *vt* (*cadre*) to gild; **(faire) ~** (*Culin*) to brown; (: *gâteau*) to glaze; **se ~ au soleil** to sunbathe; **~ la pilule à qn** to sugar the pill for sb
dorloter [dɔʀlɔte] *vt* to pamper, cosset (*Brit*); **se faire ~** to be pampered *ou* cosseted
dormant, e [dɔʀmɑ̃, -ɑ̃t] *adj*: **eau ~e** still water
dorme *etc* [dɔʀm(ə)] *vb voir* **dormir**
dormeur, -euse [dɔʀmœʀ, -øz] *nm/f* sleeper
dormir [dɔʀmiʀ] *vi* to sleep; (*être endormi*) to be asleep; **~ à poings fermés** to sleep very soundly
dorsal, e, -aux [dɔʀsal, -o] *adj* dorsal; *voir* **rouleau**
dortoir [dɔʀtwaʀ] *nm* dormitory
dorure [dɔʀyʀ] *nf* gilding
doryphore [dɔʀifɔʀ] *nm* Colorado beetle
dos [do] *nm* back; (*de livre*) spine; **"voir au ~"** "see over"; **robe décolletée dans le ~** low-backed dress; **de ~** from the back, from behind; **~ à ~** back to back; **sur le ~** on one's back; **à ~ de chameau** riding on a camel; **avoir bon ~** to be a good excuse; **se mettre qn à ~** to turn sb against one
dosage [dozaʒ] *nm* mixture
dos-d'âne [dodɑn] *nm* humpback; **pont en dos-d'âne** humpbacked bridge
dose [doz] *nf* (*Méd*) dose; **forcer la ~** (*fig*) to overstep the mark
doser [doze] *vt* to measure out; (*mélanger*) to mix in the correct proportions; (*fig*) to expend in the right amounts *ou* proportions; to strike a balance between
doseur [dozœʀ] *nm* measure; **bouchon ~** measuring cap
dossard [dosaʀ] *nm* number (*worn by competitor*)
dossier [dosje] *nm* (*renseignements, fichier*) file; (*enveloppe*) folder, file; (*de chaise*) back; (*Presse*) feature; **le ~ social/monétaire** (*fig*) the social/financial question; **~ suspendu** suspension file
dot [dɔt] *nf* dowry
dotation [dɔtɑsjɔ̃] *nf* block grant; endowment
doté, e [dɔte] *adj*: **~ de** equipped with
doter [dɔte] *vt*: **~ qn/qch de** to equip sb/sth with
douairière [dwɛʀjɛʀ] *nf* dowager
douane [dwan] *nf* (*poste, bureau*) customs *pl*; (*taxes*) (customs) duty; **passer la ~** to go through customs; **en ~** (*marchandises, entrepôt*) bonded
douanier, -ière [dwanje, -jɛʀ] *adj* customs *cpd* ▷ *nm* customs officer
doublage [dublaʒ] *nm* (*Ciné*) dubbing
double [dubl(ə)] *adj, adv* double ▷ *nm* (*2 fois plus*): **le ~ (de)** twice as much (*ou* many) (as), double the amount (*ou* number) (of); (*autre exemplaire*) duplicate, copy; (*sosie*) double; (*Tennis*) doubles *sg*; **voir ~** to see double; **en ~ (exemplaire)** in duplicate; **faire ~ emploi** to be redundant; **à ~ sens** with a double meaning; **à ~ tranchant** two-edged; **~ carburateur** twin carburettor; **à ~s commandes** dual-control; **~ messieurs/mixte** men's/mixed doubles *sg*; **~ toit** (*de tente*) fly sheet; **~ vue** second sight
doublé, e [duble] *adj* (*vêtement*): **~ (de)** lined (with)
double-cliquer [dubl(ə)klike] *vi* (*Inform*) to double-click
doublement [dubləmɑ̃] *nm* doubling; twofold increase ▷ *adv* doubly; (*pour deux raisons*) in two ways, on two counts
doubler [duble] *vt* (*multiplier par 2*) to double; (*vêtement*) to line; (*dépasser*) to overtake, pass; (*film*) to dub; (*acteur*) to stand in for ▷ *vi* to double, increase twofold; **se ~ de** to be coupled with; **~ (la classe)** (*Scol*) to repeat a year; **~ un cap** (*Navig*) to round a cape; (*fig*) to get over a hurdle
doublure [dublyʀ] *nf* lining; (*Ciné*) stand-in
douce [dus] *adj f voir* **doux**
douceâtre [dusɑtʀ(ə)] *adj* sickly sweet
doucement [dusmɑ̃] *adv* gently; (*à voix basse*) softly; (*lentement*) slowly
doucereux, -euse [dusʀø, -øz] *adj* (*péj*) sugary
douceur [dusœʀ] *nf* softness; sweetness; mildness; gentleness; **douceurs** *nfpl* (*friandises*) sweets (*Brit*), candy *sg* (*US*); **en ~** gently
douche [duʃ] *nf* shower; **douches** *nfpl* shower room *sg*; **prendre une ~** to have *ou* take a shower; **~ écossaise** (*fig*): **~ froide** (*fig*) let-down
doucher [duʃe] *vt*: **~ qn** to give sb a shower; (*mouiller*) to drench sb; (*fig*) to give sb a telling-off; **se doucher** *vi* to have *ou* take a shower
doudoune [dudun] *nf* padded jacket; (*fam*) boob
doué, e [dwe] *adj* gifted, talented; **~ de** endowed with; **être ~ pour** to have a gift for
douille [duj] *nf* (*Élec*) socket; (*de projectile*) case
douillet, te [dujɛ, -ɛt] *adj* cosy; (*péj*) soft
douleur [dulœʀ] *nf* pain; (*chagrin*) grief, distress; **ressentir des ~s** to feel pain; **il a eu la ~ de perdre son père** he suffered the grief of losing his father
douloureux, -euse [duluʀø, -øz] *adj* painful
doute [dut] *nm* doubt; **sans ~** *adv* no doubt; (*probablement*) probably; **sans nul** *ou* **aucun ~** without (a) doubt; **hors de ~** beyond doubt; **nul ~ que** there's no doubt that; **mettre en ~** to call into question; **mettre en ~ que** to question whether
douter [dute] *vt* to doubt; **~ de** *vt* (*allié*) to doubt, have (one's) doubts about; (*résultat*) to be doubtful of; **~ que** to doubt whether *ou* if; **j'en doute** I have my doubts; **se ~ de qch/que** to suspect sth/that; **je m'en doutais** I suspected as much; **il ne se doutait de rien** he didn't suspect a thing
douteux, -euse [dutø, -øz] *adj* (*incertain*) doubtful; (*discutable*) dubious, questionable; (*péj*) dubious-looking
douve [duv] *nf* (*de château*) moat; (*de tonneau*) stave
Douvres [duvʀ(ə)] *n* Dover
doux, douce [du, dus] *adj* (*lisse, moelleux, pas vif*: *couleur, non calcaire*: *eau*) soft; (*sucré, agréable*) sweet; (*peu fort*: *moutarde etc, clément*: *climat*) mild;

(*pas brusque*) gentle; **en douce** (*partir etc*) on the quiet
douzaine [duzɛn] *nf* (12) dozen; (*environ 12*): **une ~ (de)** a dozen or so, twelve or so
douze [duz] *num* twelve; **les D~** (*membres de la CEE*) the Twelve
douzième [duzjɛm] *num* twelfth
doyen, ne [dwajɛ̃, -ɛn] *nm/f* (*en âge, ancienneté*) most senior member; (*de faculté*) dean
DPLG *sigle* (= *diplômé par le gouvernement*) *extra certificate for architects, engineers etc*
Dr *abr* (= *docteur*) Dr
dr. *abr* (= *droit(e)*) R, r
draconien, ne [dʀakɔnjɛ̃, -ɛn] *adj* draconian, stringent
dragage [dʀagaʒ] *nm* dredging
dragée [dʀaʒe] *nf* sugared almond; (*Méd*) (sugar-coated) pill
dragéifié, e [dʀaʒeifje] *adj* (*Méd*) sugar-coated
dragon [dʀagɔ̃] *nm* dragon
drague [dʀag] *nf* (*filet*) dragnet; (*bateau*) dredger
draguer [dʀage] *vt* (*rivière: pour nettoyer*) to dredge; (*: pour trouver qch*) to drag; (*fam*) to try and pick up, chat up (*Brit*) ▷ *vi* (*fam*) to try and pick sb up, chat sb up (*Brit*)
dragueur [dʀagœʀ] *nm* (*aussi*: **dragueur de mines**) minesweeper; (*fam*): **quel ~!** he's a great one for picking up girls!
drain [dʀɛ̃] *nm* (*Méd*) drain
drainage [dʀɛnaʒ] *nm* drainage
drainer [dʀene] *vt* to drain; (*fig: visiteurs, région*) to drain off
dramatique [dʀamatik] *adj* dramatic; (*tragique*) tragic ▷ *nf* (*TV*) (television) drama
dramatisation [dʀamatizɑsjɔ̃] *nf* dramatization
dramatiser [dʀamatize] *vt* to dramatize
dramaturge [dʀamatyʀʒ(ə)] *nm* dramatist, playwright
drame [dʀam] *nm* (*Théât*) drama; (*catastrophe*) drama, tragedy; **~ familial** family drama
drap [dʀa] *nm* (*de lit*) sheet; (*tissu*) woollen fabric; **~ de plage** beach towel
drapé [dʀape] *nm* (*d'un vêtement*) hang
drapeau, x [dʀapo] *nm* flag; **sous les ~x** with the colours (*Brit*) *ou* colors (*US*), in the army
draper [dʀape] *vt* to drape; (*robe, jupe*) to arrange
draperies [dʀapʀi] *nfpl* hangings
drap-housse [dʀaus] (*pl* **draps-housses**) *nm* fitted sheet
drapier [dʀapje] *nm* (woollen) cloth manufacturer; (*marchand*) clothier
drastique [dʀastik] *adj* drastic
dressage [dʀɛsaʒ] *nm* training
dresser [dʀese] *vt* (*mettre vertical, monter: tente*) to put up, erect; (*fig: liste, bilan, contrat*) to draw up; (*animal*) to train; **se dresser** *vi* (*falaise, obstacle*) to stand; (*avec grandeur, menace*) to tower (up); (*personne*) to draw o.s. up; **~ l'oreille** to prick up one's ears; **~ la table** to set *ou* lay the table; **~ qn contre qn d'autre** to set sb against sb else; **~ un procès-verbal** *ou* **une contravention à qn** to book sb
dresseur, -euse [dʀɛsœʀ, -øz] *nm/f* trainer
dressoir [dʀɛswaʀ] *nm* dresser
dribbler [dʀible] *vt, vi* (*Sport*) to dribble
drille [dʀij] *nm*: **joyeux ~** cheerful sort
drogue [dʀɔg] *nf* drug; **la ~** drugs *pl*; **~ dure/douce** hard/soft drugs *pl*
drogué, e [dʀɔge] *nm/f* drug addict
droguer [dʀɔge] *vt* (*victime*) to drug; (*malade*) to give drugs to; **se droguer** *vi* (*aux stupéfiants*) to take drugs; (*péj: de médicaments*) to dose o.s. up
droguerie [dʀɔgʀi] *nf* ≈ hardware shop (*Brit*) *ou* store (*US*)
droguiste [dʀɔgist(ə)] *nm* ≈ keeper (*ou* owner) of a hardware shop *ou* store
droit, e [dʀwa, dʀwat] *adj* (*non courbe*) straight; (*vertical*) upright, straight; (*fig: loyal, franc*) upright, straight(forward); (*opposé à gauche*) right, right-hand ▷ *adv* straight ▷ *nm* (*prérogative, Boxe*) right; (*taxe*) duty, tax; (*: d'inscription*) fee; (*lois, branche*): **le ~** law ▷ *nf* (*Pol*) right (wing); (*ligne*) straight line; **~ au but** *ou* **au fait/cœur** straight to the point/heart; **avoir le ~ de** to be allowed to; **avoir ~ à** to be entitled to; **être en ~ de** to have a *ou* the right to; **faire ~ à** to grant, accede to; **être dans son ~** to be within one's rights; **à bon ~** (*justement*) with good reason; **de quel ~?** by what right?; **à qui de ~** to whom it may concern; **à ~e** on the right; (*direction*) (to the) right; **à ~e de** to the right of; **de ~e, sur votre ~e** on your right; (*Pol*) right-wing; **~ d'auteur** copyright; **avoir ~ de cité (dans)** (*fig*) to belong (to); **~ coutumier** common law; **~ de regard** right of access *ou* inspection; **~ de réponse** right to reply; **~ de visite** (right of) access; **~ de vote** (right to) vote; **~s d'auteur** royalties; **~s de douane** customs duties; **~s de l'homme** human rights; **~s d'inscription** enrolment *ou* registration fees
droitement [dʀwatmɑ̃] *adv* (*agir*) uprightly
droitier, -ière [dʀwatje, -jɛʀ] *nm/f* right-handed person
droiture [dʀwatyʀ] *nf* uprightness, straightness
drôle [dʀol] *adj* (*amusant*) funny, amusing; (*bizarre*) funny, peculiar; **un ~ de ...** (*bizarre*) a strange *ou* funny ...; (*intensif*) an incredible ..., a terrific ...
drôlement [dʀolmɑ̃] *adv* funnily; peculiarly; (*très*) terribly, awfully; **il fait ~ froid** it's awfully cold
drôlerie [dʀolʀi] *nf* funniness; funny thing
dromadaire [dʀɔmadɛʀ] *nm* dromedary
dru, e [dʀy] *adj* (*cheveux*) thick, bushy; (*pluie*) heavy ▷ *adv* (*pousser*) thickly; (*tomber*) heavily
drugstore [dʀœgstɔʀ] *nm* drugstore
druide [dʀɥid] *nm* Druid
ds *abr* = **dans**
DST *sigle f* (= *Direction de la surveillance du territoire*) *internal security service*, ≈ MI5 (*Brit*)
DT *sigle m* (= *diphtérie tétanos*) *vaccine*

DTCP *sigle m* (= *diphtérie tétanos coqueluche polio*) *vaccine*
DTP *sigle m* (= *diphtérie tétanos polio*) *vaccine*
DTTAB *sigle m* (= *diphtérie tétanos typhoïde A et B*) *vaccine*
du [dy] *art voir* **de**
dû, due [dy] *pp de* **devoir** ▷ *adj* (*somme*) owing, owed; (*: venant à échéance*) due; (*causé par*): **dû à** due to ▷ *nm* due; (*somme*) dues *pl*
dualisme [dɥalism(ə)] *nm* dualism
Dubaï, Dubay [dybaj] *n* Dubai
dubitatif, -ive [dybitatif, -iv] *adj* doubtful, dubious
Dublin [dyblɛ̃] *n* Dublin
duc [dyk] *nm* duke
duché [dyʃe] *nm* dukedom, duchy
duchesse [dyʃɛs] *nf* duchess
duel [dɥɛl] *nm* duel
duettiste [dɥetist(ə)] *nm/f* duettist
duffel-coat [dœfœlkot] *nm* duffel coat
dûment [dymɑ̃] *adv* duly
dumping [dœmpiŋ] *nm* dumping
dune [dyn] *nf* dune
Dunkerque [dœ̃kɛʀk] *n* Dunkirk
duo [dɥo] *nm* (*Mus*) duet; (*fig: couple*) duo, pair
dupe [dyp] *nf* dupe ▷ *adj*: **(ne pas) être ~ de** (not) to be taken in by
duper [dype] *vt* to dupe, deceive
duperie [dypʀi] *nf* deception, dupery
duplex [dyplɛks] *nm* (*appartement*) split-level apartment, duplex; (TV): **émission en ~** link-up
duplicata [dyplikata] *nm* duplicate
duplicateur [dyplikatœʀ] *nm* duplicator; **~ à alcool** spirit duplicator
duplicité [dyplisite] *nf* duplicity
duquel [dykɛl] *prép + pron voir* **lequel**
dur, e [dyʀ] *adj* (*pierre, siège, travail, problème*) hard; (*lumière, voix, climat*) harsh; (*sévère*) hard, harsh; (*cruel*) hard(-hearted); (*porte, col*) stiff; (*viande*) tough ▷ *adv* hard ▷ *nf*: **à la ~e** rough; **mener la vie ~e à qn** to give sb a hard time; **~ d'oreille** hard of hearing
durabilité [dyʀabilite] *nf* durability
durable [dyʀabl(ə)] *adj* lasting
durablement [dyʀabləmɑ̃] *adv* for the long term
durant [dyʀɑ̃] *prép* (*au cours de*) during; (*pendant*) for; **~ des mois, des mois ~** for months
durcir [dyʀsiʀ] *vt, vi*, **se durcir** *vi* to harden
durcissement [dyʀsismɑ̃] *nm* hardening
durée [dyʀe] *nf* length; (*d'une pile etc*) life; (*déroulement: des opérations etc*) duration; **pour une ~ illimitée** for an unlimited length of time; **de courte ~** (*séjour, répit*) brief, short-term; **de longue ~** (*effet*) long-term; **pile de longue ~** long-life battery
durement [dyʀmɑ̃] *adv* harshly
durent [dyʀ] *vb voir* **devoir**
durer [dyʀe] *vi* to last
dureté [dyʀte] *nf* (*voir dur*) hardness; harshness; stiffness; toughness
durillon [dyʀijɔ̃] *nm* callus
durit® [dyʀit] *nf* (car radiator) hose
DUT *sigle m* = **Diplôme universitaire de technologie**
dut *etc* [dy] *vb voir* **devoir**
duvet [dyvɛ] *nm* down; **(sac de couchage en) ~** down-filled sleeping bag
duveteux, -euse [dyvtø, -øz] *adj* downy
DVD *sigle m* (= *digital versatile disc*) DVD
dynamique [dinamik] *adj* dynamic
dynamiser [dinamize] *vt* to pep up, enliven; (*équipe, service*) to inject some dynamism into
dynamisme [dinamism(ə)] *nm* dynamism
dynamite [dinamit] *nf* dynamite
dynamiter [dinamite] *vt* to (blow up with) dynamite
dynamo [dinamo] *nf* dynamo
dynastie [dinasti] *nf* dynasty
dysenterie [disɑ̃tʀi] *nf* dysentery
dyslexie [dislɛksi] *nf* dyslexia, word blindness
dyslexique [dislɛksik] *adj* dyslexic
dyspepsie [dispɛpsi] *nf* dyspepsia

Ee

E, e [ə] *nm inv* E, e ▷ *abr* (= *Est*) E; **E comme Eugène** E for Edward (*Brit*) *ou* Easy (*US*)
EAO *sigle m* (= *enseignement assisté par ordinateur*) CAL (= *computer-aided learning*)
EAU *sigle mpl* (= *Émirats arabes unis*) UAE (= *United Arab Emirates*)
eau, x [o] *nf* water ▷ *nfpl* waters; **prendre l'~** (*chaussure etc*) to leak, let in water; **prendre les ~x** to take the waters; **faire ~** to leak; **tomber à l'~** (*fig*) to fall through; **à l'~ de rose** slushy, sentimental; **~ bénite** holy water; **~ de Cologne** eau de Cologne; **~ courante** running water; **~ distillée** distilled water; **~ douce** fresh water; **~ de Javel** bleach; **~ lourde** heavy water; **~ minérale** mineral water; **~ oxygénée** hydrogen peroxide; **~ plate** still water; **~ de pluie** rainwater; **~ salée** salt water; **~ de toilette** toilet water; **~x ménagères** dirty water (*from washing up etc*); **~x territoriales** territorial waters; **~x usées** liquid waste
eau-de-vie [odvi] (*pl* **eaux-de-vie**) *nf* brandy
eau-forte [ofɔʀt(ə)] (*pl* **eaux-fortes**) *nf* etching
ébahi, e [ebai] *adj* dumbfounded, flabbergasted
ébahir [ebaiʀ] *vt* to astonish, astound
ébats [eba] *vb voir* **ébattre** ▷ *nmpl* frolics, gambols
ébattre [ebatʀ(ə)]: **s'ébattre** *vi* to frolic
ébauche [eboʃ] *nf* (rough) outline, sketch
ébaucher [eboʃe] *vt* to sketch out, outline; (*fig*): **~ un sourire/geste** to give a hint of a smile/ make a slight gesture; **s'ébaucher** *vi* to take shape
ébène [ebɛn] *nf* ebony
ébéniste [ebenist(ə)] *nm* cabinetmaker
ébénisterie [ebenistʀi] *nf* cabinetmaking; (*bâti*) cabinetwork
éberlué, e [ebɛʀlɥe] *adj* astounded, flabbergasted
éblouir [ebluiʀ] *vt* to dazzle
éblouissant, e [ebluisɑ̃, -ɑ̃t] *adj* dazzling
éblouissement [ebluismɑ̃] *nm* dazzle; (*faiblesse*) dizzy turn
ébonite [ebɔnit] *nf* vulcanite
éborgner [ebɔʀɲe] *vt*: **~ qn** to blind sb in one eye
éboueur [ebwœʀ] *nm* dustman (*Brit*), garbage man (*US*)
ébouillanter [ebujɑ̃te] *vt* to scald; (*Culin*) to blanch; **s'ébouillanter** *vi* to scald o.s
éboulement [ebulmɑ̃] *nm* falling rocks *pl*, rock fall; (*amas*) heap of boulders *etc*
ébouler [ebule]: **s'ébouler** *vi* to crumble, collapse
éboulis [ebuli] *nmpl* fallen rocks
ébouriffé, e [ebuʀife] *adj* tousled, ruffled
ébouriffer [ebuʀife] *vt* to tousle, ruffle
ébranlement [ebʀɑ̃lmɑ̃] *nm* shaking
ébranler [ebʀɑ̃le] *vt* to shake; (*rendre instable: mur, santé*) to weaken; **s'ébranler** *vi* (*partir*) to move off
ébrécher [ebʀeʃe] *vt* to chip
ébriété [ebʀijete] *nf*: **en état d'~** in a state of intoxication
ébrouer [ebʀue]: **s'ébrouer** *vi* (*souffler*) to snort; (*s'agiter*) to shake o.s.
ébruiter [ebʀɥite] *vt*, **s'ébruiter** *vi* to spread
ébullition [ebylisjɔ̃] *nf* boiling point; **en ~** boiling; (*fig*) in an uproar
écaille [ekaj] *nf* (*de poisson*) scale; (*de coquillage*) shell; (*matière*) tortoiseshell; (*de roc etc*) flake
écaillé, e [ekaje] *adj* (*peinture*) flaking
écailler [ekaje] *vt* (*poisson*) to scale; (*huître*) to open; **s'écailler** *vi* to flake *ou* peel (off)
écarlate [ekaʀlat] *adj* scarlet
écarquiller [ekaʀkije] *vt*: **~ les yeux** to stare wide-eyed
écart [ekaʀ] *nm* gap; (*embardée*) swerve; (*saut*) sideways leap; (*fig*) departure, deviation; **à l'~** *adv* out of the way; **à l'~ de** *prép* away from; (*fig*) out of; **faire le grand ~** (*Danse, Gymnastique*) to do the splits; **~ de conduite** misdemeanour
écarté, e [ekaʀte] *adj* (*lieu*) out-of-the-way, remote; (*ouvert*): **les jambes ~es** legs apart; **les bras ~s** arms outstretched
écarteler [ekaʀtəle] *vt* to quarter; (*fig*) to tear
écartement [ekaʀtəmɑ̃] *nm* space, gap; (*Rail*) gauge
écarter [ekaʀte] *vt* (*séparer*) to move apart, separate; (*éloigner*) to push back, move away; (*ouvrir: bras, jambes*) to spread, open; (*: rideau*) to draw (back); (*éliminer: candidat, possibilité*) to dismiss; (*Cartes*) to discard; **s'écarter** *vi* to part; (*personne*) to move away; **s'~ de** to wander from

ecchymose [ekimoz] *nf* bruise
ecclésiastique [eklezjastik] *adj* ecclesiastical ▷ *nm* ecclesiastic
écervelé, e [esɛʀvəle] *adj* scatterbrained, featherbrained
ECG *sigle m* (= *électrocardiogramme*) ECG
échafaud [eʃafo] *nm* scaffold
échafaudage [eʃafodaʒ] *nm* scaffolding; (*fig*) heap, pile
échafauder [eʃafode] *vt* (*plan*) to construct
échalas [eʃala] *nm* stake, pole; (*personne*) beanpole
échalote [eʃalɔt] *nf* shallot
échancré, e [eʃɑ̃kʀe] *adj* (*robe, corsage*) low-necked; (*côte*) indented
échancrure [eʃɑ̃kʀyʀ] *nf* (*de robe*) scoop neckline; (*de côte, arête rocheuse*) indentation
échange [eʃɑ̃ʒ] *nm* exchange; **en ~** in exchange; **en ~ de** in exchange *ou* return for; **libre ~** free trade; **~ de lettres/politesses/vues** exchange of letters/civilities/views; **~s commerciaux** trade; **~s culturels** cultural exchanges
échangeable [eʃɑ̃ʒabl(ə)] *adj* exchangeable
échanger [eʃɑ̃ʒe] *vt*: **~ qch (contre)** to exchange sth (for)
échangeur [eʃɑ̃ʒœʀ] *nm* (*Auto*) interchange
échantillon [eʃɑ̃tijɔ̃] *nm* sample
échantillonnage [eʃɑ̃tijɔnaʒ] *nm* selection of samples
échappatoire [eʃapatwaʀ] *nf* way out
échappée [eʃape] *nf* (*vue*) vista; (*Cyclisme*) breakaway
échappement [eʃapmɑ̃] *nm* (*Auto*) exhaust; **~ libre** cutout
échapper [eʃape]: **~ à** *vt* (*gardien*) to escape (from); (*punition, péril*) to escape; **~ à qn** (*détail, sens*) to escape sb; (*objet qu'on tient: aussi:* **échapper des mains de qn**) to slip out of sb's hands; **laisser ~** to let fall; (*cri etc*) to let out; **s'échapper** *vi* to escape; **l'~ belle** to have a narrow escape
écharde [eʃaʀd(ə)] *nf* splinter (of wood)
écharpe [eʃaʀp(ə)] *nf* scarf; (*de maire*) sash; (*Méd*) sling; **prendre en ~** (*dans une collision*) to hit sideways on
écharper [eʃaʀpe] *vt* to tear to pieces
échasse [eʃɑs] *nf* stilt
échassier [eʃɑsje] *nm* wader
échauder [eʃode] *vt*: **se faire ~** (*fig*) to get one's fingers burnt
échauffement [eʃofmɑ̃] *nm* overheating; (*Sport*) warm-up
échauffer [eʃofe] *vt* (*métal, moteur*) to overheat; (*fig: exciter*) to fire, excite; **s'échauffer** *vi* (*Sport*) to warm up; (*discussion*) to become heated
échauffourée [eʃofuʀe] *nf* clash, brawl; (*Mil*) skirmish
échéance [eʃeɑ̃s] *nf* (*d'un paiement: date*) settlement date; (*: somme due*) financial commitment(s); (*fig*) deadline; **à brève/longue ~** *adj* short-/long-term ▷ *adv* in the short/long term
échéancier [eʃeɑ̃sje] *nm* schedule
échéant [eʃeɑ̃]: **le cas ~** *adv* if the case arises
échec [eʃɛk] *nm* failure; (*Échecs*): **~ et mat/au roi** checkmate/check; **échecs** *nmpl* (*jeu*) chess *sg*; **mettre en ~** to put in check; **tenir en ~** to hold in check; **faire ~ à** to foil, thwart
échelle [eʃɛl] *nf* ladder; (*fig, d'une carte*) scale; **à l'~ de** on the scale of; **sur une grande/petite ~** on a large/small scale; **faire la courte ~ à qn** to give sb a leg up; **~ de corde** rope ladder
échelon [eʃlɔ̃] *nm* (*d'échelle*) rung; (*Admin*) grade
échelonner [eʃlɔne] *vt* to space out, spread out; **(versement) échelonné** (payment) by instalments
écheveau, x [ɛʃvo] *nm* skein, hank
échevelé, e [eʃəvle] *adj* tousled, dishevelled; (*fig*) wild, frenzied
échine [eʃin] *nf* backbone, spine
échiner [eʃine]: **s'échiner** *vi* (*se fatiguer*) to work o.s. to the bone
échiquier [eʃikje] *nm* chessboard
écho [eko] *nm* echo; **échos** *nmpl* (*potins*) gossip *sg*, rumours; (*Presse: rubrique*) "news in brief"; **rester sans ~** (*suggestion etc*) to come to nothing; **se faire l'~ de** to repeat, spread about
échographie [ekɔgʀafi] *nf* ultrasound (scan)
échoir [eʃwaʀ] *vi* (*dette*) to fall due; (*délais*) to expire; **~ à** *vt* to fall to
échoppe [eʃɔp] *nf* stall, booth
échouer [eʃwe] *vi* to fail; (*débris etc: sur la plage*) to be washed up; (*aboutir: personne dans un café etc*) to arrive ▷ *vt* (*bateau*) to ground; **s'échouer** *vi* to run aground
échu, e [eʃy] *pp de* **échoir** ▷ *adj* due, mature
échut *etc* [eʃy] *vb voir* **échoir**
éclabousser [eklabuse] *vt* to splash; (*fig*) to tarnish
éclaboussure [eklabusyʀ] *nf* splash; (*fig*) stain
éclair [eklɛʀ] *nm* (*d'orage*) flash of lightning, lightning *no pl*; (*Photo: de flash*) flash; (*fig*) flash, spark; (*gâteau*) éclair
éclairage [eklɛʀaʒ] *nm* lighting
éclairagiste [eklɛʀaʒist(ə)] *nm/f* lighting engineer
éclaircie [eklɛʀsi] *nf* bright *ou* sunny interval
éclaircir [eklɛʀsiʀ] *vt* to lighten; (*fig*) to clear up, clarify; (*Culin*) to thin (down); **s'éclaircir** *vi* (*ciel*) to brighten up, clear; (*cheveux*) to go thin; (*situation etc*) to become clearer; **s'~ la voix** to clear one's throat
éclaircissement [eklɛʀsismɑ̃] *nm* clearing up, clarification
éclairer [ekleʀe] *vt* (*lieu*) to light (up); (*personne: avec une lampe de poche etc*) to light the way for; (*fig: instruire*) to enlighten; (*: rendre compréhensible*) to shed light on ▷ *vi*: **~ mal/bien** to give a poor/good light; **s'éclairer** *vi* (*phare, rue*) to light up; (*situation etc*) to become clearer; **s'~ à la bougie/l'électricité** to use candlelight/have electric lighting
éclaireur, -euse [eklɛʀœʀ, -øz] *nm/f* (*scout*) (boy) scout/(girl) guide ▷ *nm* (*Mil*) scout; **partir en ~**

to go off to reconnoitre
éclat [ekla] *nm* (*de bombe, de verre*) fragment; (*du soleil, d'une couleur etc*) brightness, brilliance; (*d'une cérémonie*) splendour; (*scandale*): **faire un ~** to cause a commotion; **action d'~** outstanding action; **voler en ~s** to shatter; **des ~s de verre** broken glass; flying glass; **~ de rire** burst *ou* roar of laughter; **~ de voix** shout
éclatant, e [eklatɑ̃, -ɑ̃t] *adj* brilliant, bright; (*succès*) resounding; (*revanche*) devastating
éclater [eklate] *vi* (*pneu*) to burst; (*bombe*) to explode; (*guerre, épidémie*) to break out; (*groupe, parti*) to break up; **~ de rire/en sanglots** to burst out laughing/sobbing
éclectique [eklɛktik] *adj* eclectic
éclipse [eklips(ə)] *nf* eclipse
éclipser [eklipse] *vt* to eclipse; **s'éclipser** *vi* to slip away
éclopé, e [eklɔpe] *adj* lame
éclore [eklɔʀ] *vi* (*œuf*) to hatch; (*fleur*) to open (out)
éclosion [eklozjɔ̃] *nf* blossoming
écluse [eklyz] *nf* lock
éclusier [eklyzje] *nm* lock keeper
éco- [eko] *préfixe* eco-
écœurant, e [ekœʀɑ̃, -ɑ̃t] *adj* sickening; (*gâteau etc*) sickly
écœurement [ekœʀmɑ̃] *nm* disgust
écœurer [ekœʀe] *vt*: **~ qn** to make sb feel sick; (*fig: démoraliser*) to disgust sb
école [ekɔl] *nf* school; **aller à l'~** to go to school; **faire ~** to collect a following; **les grandes ~s** *prestige university-level colleges with competitive entrance examinations*; **~ maternelle** nursery school; *see note*; **~ primaire** primary (*Brit*) *ou* grade (*US*) school; **~ secondaire** secondary (*Brit*) *ou* high (*US*) school; **~ privée/publique/élémentaire** private/state/elementary school; **~ de dessin/danse/musique** art/dancing/music school; **~ hôtelière** catering college; **~ normale (d'instituteurs) (ENI)** *primary school teachers' training college*; **~ normale supérieure (ENS)** *grande école for training secondary school teachers*; **~ de secrétariat** secretarial college

ÉCOLE MATERNELLE

Nursery school (kindergarten) (*l'école maternelle*) is publicly funded in France and, though not compulsory, is attended by most children between the ages of three and six. Statutory education begins with primary (grade) school (*l'école primaire*) and is attended by children between the ages of six and 10 or 11.

écolier, -ière [ekɔlje, -jɛʀ] *nm/f* schoolboy/girl
écolo [ekɔlo] *nm/f* (*fam*) ecologist ▷ *adj* ecological
écologie [ekɔlɔʒi] *nf* ecology; (*sujet scolaire*) environmental studies *pl*
écologique [ekɔlɔʒik] *adj* ecological; environmental
écologiste [ekɔlɔʒist(ə)] *nm/f* ecologist; environmentalist
éconduire [ekɔ̃dɥiʀ] *vt* to dismiss
économat [ekɔnɔma] *nm* (*fonction*) bursarship (*Brit*), treasurership (*US*); (*bureau*) bursar's office (*Brit*), treasury (*US*)
économe [ekɔnɔm] *adj* thrifty ▷ *nm/f* (*de lycée etc*) bursar (*Brit*), treasurer (*US*)
économétrie [ekɔnɔmetʀi] *nf* econometrics *sg*
économie [ekɔnɔmi] *nf* (*vertu*) economy, thrift; (*gain: d'argent, de temps etc*) saving; (*science*) economics *sg*; (*situation économique*) economy; **économies** *nfpl* (*pécule*) savings; **faire des ~s** to save up; **une ~ de temps/d'argent** a saving in time/of money; **~ dirigée** planned economy; **~ de marché** market economy
économique [ekɔnɔmik] *adj* (*avantageux*) economical; (*Écon*) economic
économiquement [ekɔnɔmikmɑ̃] *adv* economically; **les ~ faibles** (*Admin*) the low-paid, people on low incomes
économiser [ekɔnɔmize] *vt, vi* to save
économiseur [ekɔnɔmizœʀ] *nm*: **~ d'écran** (*Inform*) screen saver
économiste [ekɔnɔmist(ə)] *nm/f* economist
écoper [ekɔpe] *vi* to bale out; (*fig*) to cop it; **~ (de)** *vt* to get
écorce [ekɔʀs(ə)] *nf* bark; (*de fruit*) peel
écorcer [ekɔʀse] *vt* to bark
écorché, e [ekɔʀʃe] *adj*: **~ vif** flayed alive ▷ *nm* cut-away drawing
écorcher [ekɔʀʃe] *vt* (*animal*) to skin; (*égratigner*) to graze; **~ une langue** to speak a language brokenly; **s'~ le genou** *etc* to scrape *ou* graze one's knee *etc*
écorchure [ekɔʀʃyʀ] *nf* graze
écorner [ekɔʀne] *vt* (*taureau*) to dehorn; (*livre*) to make dog-eared
écossais, e [ekɔsɛ, -ɛz] *adj* Scottish, Scots; (*whisky, confiture*) Scotch; (*écharpe, tissu*) tartan ▷ *nm* (*Ling*) Scots; (*: gaélique*) Gaelic; (*tissu*) tartan (cloth) ▷ *nm/f*: **Écossais, e** Scot, Scotsman/woman; **les É~** the Scots
Écosse [ekɔs] *nf*: **l'~** Scotland
écosser [ekɔse] *vt* to shell
écosystème [ekɔsistɛm] *nm* ecosystem
écot [eko] *nm*: **payer son ~** to pay one's share
écoulement [ekulmɑ̃] *nm* (*de faux billets*) circulation; (*de stock*) selling
écouler [ekule] *vt* to dispose of; **s'écouler** *vi* (*eau*) to flow (out); (*foule*) to drift away; (*jours, temps*) to pass (by)
écourter [ekuʀte] *vt* to curtail, cut short
écoute [ekut] *nf* (*Navig: cordage*) sheet; (*Radio, TV*): **temps d'~** (listening *ou* viewing) time; **heure de grande ~** peak listening *ou* viewing time; **prendre l'~** to tune in; **rester à l'~ (de)** to stay tuned in (to); **~s téléphoniques** phone tapping *sg*
écouter [ekute] *vt* to listen to
écouteur [ekutœʀ] *nm* (*Tél*) (additional)

e

earpiece; **écouteurs** *nmpl* (*Radio*) headphones, headset *sg*
écoutille [ekutij] *nf* hatch
écr. *abr* = **écrire**
écrabouiller [ekʀabuje] *vt* to squash, crush
écran [ekʀɑ̃] *nm* screen; (*Inform*) screen, VDU; ~ **de fumée/d'eau** curtain of smoke/water; **porter à l'~** (*Ciné*) to adapt for the screen; **le petit ~** television, the small screen
écrasant, e [ekʀɑzɑ̃, -ɑ̃t] *adj* overwhelming
écraser [ekʀɑze] *vt* to crush; (*piéton*) to run over; (*Inform*) to overwrite; **se faire ~** to be run over; **écrase(-toi)!** shut up!; **s'~ (au sol)** to crash; **s'~ contre** to crash into
écrémé, e [ekʀeme] *adj* (*lait*) skimmed
écrémer [ekʀeme] *vt* to skim
écrevisse [ekʀəvis] *nf* crayfish *inv*
écrier [ekʀije]: **s'écrier** *vi* to exclaim
écrin [ekʀɛ̃] *nm* case, box
écrire [ekʀiʀ] *vt, vi* to write ▷ *vi*: **ça s'écrit comment?** how is it spelt?; **~ à qn que** to write and tell sb that; **s'écrire** *vi* to write to one another
écrit, e [ekʀi, -it] *pp de* **écrire** ▷ *adj*: **bien/mal ~** well/badly written ▷ *nm* document; (*examen*) written paper; **par ~** in writing
écriteau, x [ekʀito] *nm* notice, sign
écritoire [ekʀitwaʀ] *nf* writing case
écriture [ekʀityʀ] *nf* writing; (*Comm*) entry; **écritures** *nfpl* (*Comm*) accounts, books; **l'É~ (sainte), les É~s** the Scriptures
écrivain [ekʀivɛ̃] *nm* writer
écrivais *etc* [ekʀivɛ] *vb voir* **écrire**
écrou [ekʀu] *nm* nut
écrouer [ekʀue] *vt* to imprison; (*provisoirement*) to remand in custody
écroulé, e [ekʀule] *adj* (*de fatigue*) exhausted; (*par un malheur*) overwhelmed; **~ (de rire)** in stitches
écroulement [ekʀulmɑ̃] *nm* collapse
écrouler [ekʀule]: **s'écrouler** *vi* to collapse
écru, e [ekʀy] *adj* (*toile*) raw, unbleached; (*couleur*) off-white, écru
écu [eky] *nm* (*bouclier*) shield; (*monnaie: ancienne*) crown; (*: de la CEE*) ecu
écueil [ekœj] *nm* reef; (*fig*) pitfall; stumbling block
écuelle [ekɥɛl] *nf* bowl
éculé, e [ekyle] *adj* (*chaussure*) down-at-heel; (*fig: péj*) hackneyed
écume [ekym] *nf* foam; (*Culin*) scum; **~ de mer** meerschaum
écumer [ekyme] *vt* (*Culin*) to skim; (*fig*) to plunder ▷ *vi* (*mer*) to foam; (*fig*) to boil with rage
écumoire [ekymwaʀ] *nf* skimmer
écureuil [ekyʀœj] *nm* squirrel
écurie [ekyʀi] *nf* stable
écusson [ekysɔ̃] *nm* badge
écuyer, -ère [ekɥije, -ɛʀ] *nm/f* rider
eczéma [ɛgzema] *nm* eczema
éd. *abr* = **édition**
édam [edam] *nm* (*fromage*) edam
edelweiss [edɛlvajs] *nm inv* edelweiss
éden [edɛn] *nm* Eden
édenté, e [edɑ̃te] *adj* toothless
EDF *sigle f* (= *Électricité de France*) *national electricity company*
édifiant, e [edifjɑ̃, -ɑ̃t] *adj* edifying
édification [edifikɑsjɔ̃] *nf* (*d'un bâtiment*) building, erection
édifice [edifis] *nm* building, edifice
édifier [edifje] *vt* to build, erect; (*fig*) to edify
édiles [edil] *nmpl* city fathers
Édimbourg [edɛ̃buʀ] *n* Edinburgh
édit [edi] *nm* edict
édit. *abr* = **éditeur**
éditer [edite] *vt* (*publier*) to publish; (*: disque*) to produce; (*préparer: texte, Inform*) to edit
éditeur, -trice [editœʀ, -tʀis] *nm/f* publisher; editor; **~ de textes** (*Inform*) text editor
édition [edisjɔ̃] *nf* editing *no pl*; (*série d'exemplaires*) edition; (*industrie du livre*): **l'~** publishing; **~ sur écran** (*Inform*) screen editing
édito [edito] *nm* (*fam: éditorial*) editorial, leader
éditorial, -aux [editɔʀjal, -o] *nm* editorial, leader
éditorialiste [editɔʀjalist(ə)] *nm/f* editorial *ou* leader writer
édredon [edʀədɔ̃] *nm* eiderdown, comforter (*US*)
éducateur, -trice [edykatœʀ, -tʀis] *nm/f* teacher; **~ spécialisé** specialist teacher
éducatif, -ive [edykatif, -iv] *adj* educational
éducation [edykɑsjɔ̃] *nf* education; (*familiale*) upbringing; (*manières*) (good) manners *pl*; **bonne/mauvaise ~** good/bad upbringing; **sans ~** bad-mannered, ill-bred; **l'É~ (nationale)** ≈ the Department for Education; **~ permanente** continuing education; **~ physique** physical education
édulcorant [edylkɔʀɑ̃] *nm* sweetener
édulcorer [edylkɔʀe] *vt* to sweeten; (*fig*) to tone down
éduquer [edyke] *vt* to educate; (*élever*) to bring up; (*faculté*) to train; **bien/mal éduqué** well/badly brought up
EEG *sigle m* (= *électroencéphalogramme*) EEG
effacé, e [efase] *adj* (*fig*) retiring, unassuming
effacer [efase] *vt* to erase, rub out; (*bande magnétique*) to erase; (*Inform: fichier, fiche*) to delete; **s'effacer** *vi* (*inscription etc*) to wear off; (*pour laisser passer*) to step aside; **~ le ventre** to pull one's stomach in
effarant, e [efaʀɑ̃, -ɑ̃t] *adj* alarming
effaré, e [efaʀe] *adj* alarmed
effarement [efaʀmɑ̃] *nm* alarm
effarer [efaʀe] *vt* to alarm
effarouchement [efaʀuʃmɑ̃] *nm* alarm
effaroucher [efaʀuʃe] *vt* to frighten *ou* scare away; (*personne*) to alarm
effectif, -ive [efɛktif, -iv] *adj* real; effective ▷ *nm* (*Mil*) strength; (*Scol*) total number of pupils, size; **~s** numbers, strength *sg*; (*Comm*) manpower *sg*; **réduire l'~ de** to downsize
effectivement [efɛktivmɑ̃] *adv* effectively;

(*réellement*) actually, really; (*en effet*) indeed
effectuer [efɛktɥe] *vt* (*opération, mission*) to carry out; (*déplacement, trajet*) to make, complete; (*mouvement*) to execute, make; **s'effectuer** *vi* to be carried out
efféminé, e [efemine] *adj* effeminate
effervescence [efɛʀvesɑ̃s] *nf* (*fig*): **en ~** in a turmoil
effervescent, e [efɛʀvesɑ̃, -ɑ̃t] *adj* (*cachet, boisson*) effervescent; (*fig*) agitated, in a turmoil
effet [efɛ] *nm* (*résultat, artifice*) effect; (*impression*) impression; (*Comm*) bill; (*Jur: d'une loi, d'un jugement*): **avec ~ rétroactif** applied retrospectively; **effets** *nmpl* (*vêtements etc*) things; **~ de style/couleur/lumière** stylistic/colour/lighting effect; **~s de voix** dramatic effects with one's voice; **faire de l'~** (*médicament, menace*) to have an effect, be effective; **sous l'~ de** under the effect of; **donner de l'~ à une balle** (*Tennis*) to put some spin on a ball; **à cet ~** to that end; **en ~** *adv* indeed; **~ (de commerce)** bill of exchange; **~ de serre** greenhouse effect; **~s spéciaux** (*Ciné*) special effects
effeuiller [efœje] *vt* to remove the leaves (*ou* petals) from
efficace [efikas] *adj* (*personne*) efficient; (*action, médicament*) effective
efficacité [efikasite] *nf* efficiency; effectiveness
effigie [efiʒi] *nf* effigy; **brûler qn en ~** to burn an effigy of sb
effilé, e [efile] *adj* slender; (*pointe*) sharp; (*carrosserie*) streamlined
effiler [efile] *vt* (*cheveux*) to thin (out); (*tissu*) to fray
effilocher [efilɔʃe]: **s'effilocher** *vi* to fray
efflanqué, e [eflɑ̃ke] *adj* emaciated
effleurement [eflœʀmɑ̃] *nm*: **touche à ~** touch-sensitive control *ou* key
effleurer [eflœʀe] *vt* to brush (against); (*sujet*) to touch upon; (*idée, pensée*): **~ qn** to cross sb's mind
effluves [eflyv] *nmpl* exhalation(s)
effondré, e [efɔ̃dʀe] *adj* (*abattu: par un malheur, échec*) overwhelmed
effondrement [efɔ̃dʀəmɑ̃] *nm* collapse
effondrer [efɔ̃dʀe]: **s'effondrer** *vi* to collapse
efforcer [efɔʀse]: **s'efforcer de** *vt*: **s'~ de faire** to try hard to do
effort [efɔʀ] *nm* effort; **faire un ~** to make an effort; **faire tous ses ~s** to try one's hardest; **faire l'~ de ...** to make the effort to ...; **sans ~** *adj* effortless ▷ *adv* effortlessly; **~ de mémoire** attempt to remember; **~ de volonté** effort of will
effraction [efʀaksjɔ̃] *nf* breaking-in; **s'introduire par ~ dans** to break into
effrangé, e [efʀɑ̃ʒe] *adj* fringed; (*effiloché*) frayed
effrayant, e [efʀɛjɑ̃, -ɑ̃t] *adj* frightening, fearsome; (*sens affaibli*) dreadful
effrayer [efʀeje] *vt* to frighten, scare; (*rebuter*) to put off; **s'effrayer (de)** *vi* to be frightened *ou* scared (by)
effréné, e [efʀene] *adj* wild
effritement [efʀitmɑ̃] *nm* crumbling; erosion; slackening off
effriter [efʀite]: **s'effriter** *vi* to crumble; (*monnaie*) to be eroded; (*valeurs*) to slacken off
effroi [efʀwɑ] *nm* terror, dread *no pl*
effronté, e [efʀɔ̃te] *adj* insolent
effrontément [efʀɔ̃temɑ̃] *adv* insolently
effronterie [efʀɔ̃tʀi] *nf* insolence
effroyable [efʀwajabl(ə)] *adj* horrifying, appalling
effusion [efyzjɔ̃] *nf* effusion; **sans ~ de sang** without bloodshed
égailler [egaje]: **s'égailler** *vi* to scatter, disperse
égal, e, -aux [egal, -o] *adj* (*identique, ayant les mêmes droits*) equal; (*plan: surface*) even, level; (*constant: vitesse*) steady; (*équitable*) even ▷ *nm/f* equal; **être ~ à** (*prix, nombre*) to be equal to; **ça m'est ~** it's all the same to me, it doesn't matter to me, I don't mind; **c'est ~, ...** all the same, ...; **sans ~** matchless, unequalled; **à l'~ de** (*comme*) just like; **d'~ à ~** as equals
également [egalmɑ̃] *adv* equally; evenly; steadily; (*aussi*) too, as well
égaler [egale] *vt* to equal
égalisateur, -trice [egalizatœʀ, -tʀis] *adj* (*Sport*): **but ~** equalizing goal, equalizer
égalisation [egalizɑsjɔ̃] *nf* (*Sport*) equalization
égaliser [egalize] *vt* (*sol, salaires*) to level (out); (*chances*) to equalize ▷ *vi* (*Sport*) to equalize
égalitaire [egalitɛʀ] *adj* egalitarian
égalitarisme [egalitaʀism(ə)] *nm* egalitarianism
égalité [egalite] *nf* equality; evenness; steadiness; (*Math*) identity; **être à ~ (de points)** to be level; **~ de droits** equality of rights; **~ d'humeur** evenness of temper
égard [egaʀ] *nm*: **~s** *nmpl* consideration *sg*; **à cet ~** in this respect; **à certains ~s/tous ~s** in certain respects/all respects; **eu ~ à** in view of; **par ~ pour** out of consideration for; **sans ~ pour** without regard for; **à l'~ de** *prép* towards; (*en ce qui concerne*) concerning, as regards
égaré, e [egaʀe] *adj* lost
égarement [egaʀmɑ̃] *nm* distraction; aberration
égarer [egaʀe] *vt* (*objet*) to mislay; (*moralement*) to lead astray; **s'égarer** *vi* to get lost, lose one's way; (*objet*) to go astray; (*fig: dans une discussion*) to wander
égayer [egeje] *vt* (*personne*) to amuse; (*: remonter*) to cheer up; (*récit, endroit*) to brighten up, liven up
Égée [eʒe] *adj*: **la mer ~** the Aegean (Sea)
égéen, ne [eʒeɛ̃, -ɛn] *adj* Aegean
égérie [eʒeʀi] *nf*: **l'~ de qn/qch** the brains behind sb/sth
égide [eʒid] *nf*: **sous l'~ de** under the aegis of
églantier [eglɑ̃tje] *nm* wild *ou* dog rose(-bush)
églantine [eglɑ̃tin] *nf* wild *ou* dog rose
églefin [egləfɛ̃] *nm* haddock

église [egliz] *nf* church
égocentrique [egɔsɑ̃tʀik] *adj* egocentric, self-centred
égocentrisme [egɔsɑ̃tʀism(ə)] *nm* egocentricity
égoïne [egɔin] *nf* handsaw
égoïsme [egɔism(ə)] *nm* selfishness, egoism
égoïste [egɔist(ə)] *adj* selfish, egoistic ▷ *nm/f* egoist
égoïstement [egɔistəmɑ̃] *adv* selfishly
égorger [egɔʀʒe] *vt* to cut the throat of
égosiller [egozije]: **s'égosiller** *vi* to shout o.s. hoarse
égotisme [egɔtism(ə)] *nm* egotism, egoism
égout [egu] *nm* sewer; **eaux d'~** sewage
égoutier [egutje] *nm* sewer worker
égoutter [egute] *vt* (*linge*) to wring out; (*vaisselle, fromage*) to drain ▷ *vi*, **s'égoutter** *vi* to drip
égouttoir [egutwaʀ] *nm* draining board; (*mobile*) draining rack
égratigner [egʀatiɲe] *vt* to scratch; **s'égratigner** *vi* to scratch o.s.
égratignure [egʀatiɲyʀ] *nf* scratch
égrener [egʀəne] *vt*: **~ une grappe, ~ des raisins** to pick grapes off a bunch; **s'égrener** *vi* (*fig: heures etc*) to pass by; (*: notes*) to chime out
égrillard, e [egʀijaʀ, -aʀd(ə)] *adj* ribald, bawdy
Égypte [eʒipt] *nf*: **l'~** Egypt
égyptien, ne [eʒipsjɛ̃, -ɛn] *adj* Egyptian ▷ *nm/f*: **Égyptien, ne** Egyptian
égyptologue [eʒiptɔlɔg] *nm/f* Egyptologist
eh [e] *excl* hey!; **eh bien** well
éhonté, e [eɔ̃te] *adj* shameless, brazen (*Brit*)
éjaculation [eʒakylɑsjɔ̃] *nf* ejaculation
éjaculer [eʒakyle] *vi* to ejaculate
éjectable [eʒɛktabl(ə)] *adj*: **siège ~** ejector seat
éjecter [eʒɛkte] *vt* (*Tech*) to eject; (*fam*) to kick *ou* chuck out
éjection [eʒɛksjɔ̃] *nf* ejection
élaboration [elabɔʀɑsjɔ̃] *nf* elaboration
élaboré, e [elabɔʀe] *adj* (*complexe*) elaborate
élaborer [elabɔʀe] *vt* to elaborate; (*projet, stratégie*) to work out; (*rapport*) to draft
élagage [elagaʒ] *nm* pruning
élaguer [elage] *vt* to prune
élan [elɑ̃] *nm* (*Zool*) elk, moose; (*Sport: avant le saut*) run up; (*de véhicule*) momentum; (*fig: de tendresse etc*) surge; **prendre son ~/de l'~** to take a run up/gather speed; **perdre son ~** to lose one's momentum
élancé, e [elɑ̃se] *adj* slender
élancement [elɑ̃smɑ̃] *nm* shooting pain
élancer [elɑ̃se]: **s'élancer** *vi* to dash, hurl o.s.; (*fig: arbre, clocher*) to soar (upwards)
élargir [elaʀʒiʀ] *vt* to widen; (*vêtement*) to let out; (*Jur*) to release; **s'élargir** *vi* to widen; (*vêtement*) to stretch
élargissement [elaʀʒismɑ̃] *nm* widening; letting out
élasticité [elastisite] *nf* (*aussi Écon*) elasticity; **~ de l'offre/de la demande** flexibility of supply/demand
élastique [elastik] *adj* elastic ▷ *nm* (*de bureau*) rubber band; (*pour la couture*) elastic *no pl*
élastomère [elastɔmɛʀ] *nm* elastomer
Elbe [ɛlb] *nf*: **l'île d'~** (the Island of) Elba; (*fleuve*): **l'~** the Elbe
eldorado [ɛldɔʀado] *nm* Eldorado
électeur, -trice [elɛktœʀ, -tʀis] *nm/f* elector, voter
électif, -ive [elɛktif, -iv] *adj* elective
élection [elɛksjɔ̃] *nf* election; **élections** *nfpl* (*Pol*) election(s); **sa terre/patrie d'~** the land/country of one's choice; **~ partielle** ≈ by-election; **~s législatives/présidentielles** general/presidential election *sg*; *see note*

ÉLECTIONS LÉGISLATIVES

Élections législatives are held in France every five years to elect "députés" to the "Assemblée nationale". The president is chosen in the "élection présidentielle", which also comes round every five years. Voting is by direct universal suffrage and is divided into two rounds. The ballots always take place on a Sunday.

électoral, e, -aux [elɛktɔʀal, -o] *adj* electoral, election *cpd*
électoralisme [elɛktɔʀalism(ə)] *nm* electioneering
électorat [elɛktɔʀa] *nm* electorate
électricien, ne [elɛktʀisjɛ̃, -ɛn] *nm/f* electrician
électricité [elɛktʀisite] *nf* electricity; **allumer/éteindre l'~** to put on/off the light; **~ statique** static electricity
électrification [elɛktʀifikɑsjɔ̃] *nf* (*Rail*) electrification; (*d'un village etc*) laying on of electricity
électrifier [elɛktʀifje] *vt* (*Rail*) to electrify
électrique [elɛktʀik] *adj* electric(al)
électriser [elɛktʀize] *vt* to electrify
électro... [elɛktʀɔ] *préfixe* electro...
électro-aimant [elɛktʀɔɛmɑ̃] *nm* electromagnet
électrocardiogramme [elɛktʀɔkaʀdjɔgʀam] *nm* electrocardiogram
électrocardiographe [elɛktʀɔkaʀdjɔgʀaf] *nm* electrocardiograph
électrochoc [elɛktʀɔʃɔk] *nm* electric shock treatment
électrocuter [elɛktʀɔkyte] *vt* to electrocute
électrocution [elɛktʀɔkysjɔ̃] *nf* electrocution
électrode [elɛktʀɔd] *nf* electrode
électro-encéphalogramme [elɛktʀɔ-ɑ̃sefalɔgʀam] *nm* electroencephalogram
électrogène [elɛktʀɔʒɛn] *adj*: **groupe ~** generating set
électrolyse [elɛktʀɔliz] *nf* electrolysis *sg*
électromagnétique [elɛktʀɔmaɲetik] *adj* electromagnetic
électroménager [elɛktʀɔmenaʒe] *adj*:

appareils ~s domestic (electrical) appliances ▷ *nm*: **l'~** household appliances
électron [elɛktʀɔ̃] *nm* electron
électronicien, ne [elɛktʀɔnisjɛ̃, -ɛn] *nm/f* electronics (*Brit*) *ou* electrical (*US*) engineer
électronique [elɛktʀɔnik] *adj* electronic ▷ *nf* (*science*) electronics *sg*
électronucléaire [elɛktʀɔnykleɛʀ] *adj* nuclear power *cpd* ▷ *nm*: **l'~** nuclear power
électrophone [elɛktʀɔfɔn] *nm* record player
électrostatique [elɛktʀɔstatik] *adj* electrostatic ▷ *nf* electrostatics *sg*
élégamment [elegamɑ̃] *adv* elegantly
élégance [elegɑ̃s] *nf* elegance
élégant, e [elegɑ̃, -ɑ̃t] *adj* elegant; (*solution*) neat, elegant; (*attitude, procédé*) courteous, civilized
élément [elemɑ̃] *nm* element; (*pièce*) component, part; **éléments** *nmpl* elements
élémentaire [elemɑ̃tɛʀ] *adj* elementary; (*Chimie*) elemental
éléphant [elefɑ̃] *nm* elephant; **~ de mer** elephant seal
éléphanteau, x [elefɑ̃to] *nm* baby elephant
éléphantesque [elefɑ̃tɛsk(ə)] *adj* elephantine
élevage [ɛlvaʒ] *nm* breeding; (*de bovins*) cattle breeding *ou* rearing; (*ferme*) cattle farm
élévateur [elevatœʀ] *nm* elevator
élévation [elevɑsjɔ̃] *nf* (*gén*) elevation; (*voir élever*) raising; (*voir s'élever*) rise
élevé, e [ɛlve] *adj* (*prix, sommet*) high; (*fig: noble*) elevated; **bien/mal ~** well-/ill-mannered
élève [elɛv] *nm/f* pupil; **~ infirmière** student nurse
élever [ɛlve] *vt* (*enfant*) to bring up, raise; (*bétail, volaille*) to breed; (*abeilles*) to keep; (*hausser: taux, niveau*) to raise; (*fig: âme, esprit*) to elevate; (*édifier: monument*) to put up, erect; **s'élever** *vi* (*avion, alpiniste*) to go up; (*niveau, température, aussi: cri etc*) to rise; (*survenir: difficultés*) to arise; **s'~ à** (*frais, dégâts*) to amount to, add up to; **s'~ contre** to rise up against; **~ une protestation/critique** to raise a protest/make a criticism; **~ qn au rang de** to raise *ou* elevate sb to the rank of; **~ un nombre au carré/au cube** to square/cube a number
éleveur, -euse [elvœʀ, -øz] *nm/f* stock breeder
elfe [ɛlf(ə)] *nm* elf
élidé, e [elide] *adj* elided
élider [elide] *vt* to elide
éligibilité [eliʒibilite] *nf* eligibility
éligible [eliʒibl(ə)] *adj* eligible
élimé, e [elime] *adj* worn (thin), threadbare
élimination [eliminɑsjɔ̃] *nf* elimination
éliminatoire [eliminatwaʀ] *adj* eliminatory; (*Sport*) disqualifying ▷ *nf* (*Sport*) heat
éliminer [elimine] *vt* to eliminate
élire [eliʀ] *vt* to elect; **~ domicile à** to take up residence in *ou* at
élision [elizjɔ̃] *nf* elision
élite [elit] *nf* elite; **tireur d'~** crack rifleman; **chercheur d'~** top-notch researcher
élitisme [elitism(ə)] *nm* elitism
élitiste [elitist(ə)] *adj* elitist
élixir [eliksiʀ] *nm* elixir
elle [ɛl] *pron* (*sujet*) she; (*: chose*) it; (*complément*) her; it; **~s** (*sujet*) they; (*complément*) them; **~-même** herself; itself; **~s-mêmes** themselves; *voir* **il**
ellipse [elips(ə)] *nf* ellipse; (*Ling*) ellipsis *sg*
elliptique [eliptik] *adj* elliptical
élocution [elɔkysjɔ̃] *nf* delivery; **défaut d'~** speech impediment
éloge [elɔʒ] *nm* praise *gen no pl*; **faire l'~ de** to praise
élogieusement [elɔʒjøzmɑ̃] *adv* very favourably
élogieux, -euse [elɔʒjø, -øz] *adj* laudatory, full of praise
éloigné, e [elwaɲe] *adj* distant, far-off
éloignement [elwaɲmɑ̃] *nm* removal; putting off; estrangement; (*fig: distance*) distance
éloigner [elwaɲe] *vt* (*objet*): **~ qch (de)** to move *ou* take sth away (from); (*personne*): **~ qn (de)** to take sb away *ou* remove sb (from); (*échéance*) to put off, postpone; (*soupçons, danger*) to ward off; **s'éloigner (de)** *vi* (*personne*) to go away (from); (*véhicule*) to move away (from); (*affectivement*) to become estranged (from)
élongation [elɔ̃gɑsjɔ̃] *nf* strained muscle
éloquence [elɔkɑ̃s] *nf* eloquence
éloquent, e [elɔkɑ̃, -ɑ̃t] *adj* eloquent
élu, e [ely] *pp de* **élire** ▷ *nm/f* (*Pol*) elected representative
élucider [elyside] *vt* to elucidate
élucubrations [elykybʀɑsjɔ̃] *nfpl* wild imaginings
éluder [elyde] *vt* to evade
élus *etc* [ely] *vb voir* **élire**
élusif, -ive [elyzif, -iv] *adj* elusive
Élysée [elize] *nm*: **(le palais de) l'~** the Élysée palace; *see note*; **les Champs ~s** the Champs Élysées

L'ÉLYSÉE

The *palais de l'Élysée*, situated in the heart of Paris just off the Champs Élysées, is the official residence of the French President. Built in the eighteenth century, it has performed its present function since 1876. A shorter form of its name, "l'Élysée" is frequently used to refer to the presidency itself.

émacié, e [emasje] *adj* emaciated
émail, -aux [emaj, -o] *nm* enamel
e-mail [imɛl] *nm* email; **envoyer qch par ~** to email sth
émaillé, e [emaje] *adj* enamelled; (*fig*): **~ de** dotted with
émailler [emaje] *vt* to enamel
émanation [emanɑsjɔ̃] *nf* emanation
émancipation [emɑ̃sipɑsjɔ̃] *nf* emancipation

émancipé, e [emɑ̃sipe] *adj* emancipated
émanciper [emɑ̃sipe] *vt* to emancipate; **s'émanciper** (*fig*) to become emancipated *ou* liberated
émaner [emane]: **~ de** *vt* to emanate from; (*Admin*) to proceed from
émarger [emaʀʒe] *vt* to sign; **~ de 1000 euros à un budget** to receive 1000 euros out of a budget
émasculer [emaskyle] *vt* to emasculate
emballage [ɑ̃balaʒ] *nm* wrapping; packing; (*papier*) wrapping; (*carton*) packaging
emballer [ɑ̃bale] *vt* to wrap (up); (*dans un carton*) to pack (up); (*fig: fam*) to thrill (to bits); **s'emballer** *vi* (*moteur*) to race; (*cheval*) to bolt; (*fig: personne*) to get carried away
emballeur, -euse [ɑ̃balœʀ, -øz] *nm/f* packer
embarcadère [ɑ̃baʀkadɛʀ] *nm* landing stage (*Brit*), pier
embarcation [ɑ̃baʀkasjɔ̃] *nf* (small) boat, (small) craft *inv*
embardée [ɑ̃baʀde] *nf* swerve; **faire une ~** to swerve
embargo [ɑ̃baʀgo] *nm* embargo; **mettre l'~ sur** to put an embargo on, embargo
embarquement [ɑ̃baʀkəmɑ̃] *nm* embarkation; loading; boarding
embarquer [ɑ̃baʀke] *vt* (*personne*) to embark; (*marchandise*) to load; (*fam*) to cart off; (*: arrêter*) to nick ▷ *vi* (*passager*) to board; (*Navig*) to ship water; **s'embarquer** *vi* to board; **s'~ dans** (*affaire, aventure*) to embark upon
embarras [ɑ̃baʀa] *nm* (*obstacle*) hindrance; (*confusion*) embarrassment; (*ennuis*): **être dans l'~** to be in a predicament *ou* an awkward position; (*gêne financière*) to be in difficulties; **~ gastrique** stomach upset
embarrassant, e [ɑ̃baʀasɑ̃, -ɑ̃t] *adj* cumbersome; embarrassing; awkward
embarrassé, e [ɑ̃baʀase] *adj* (*encombré*) encumbered; (*gêné*) embarrassed; (*explications etc*) awkward
embarrasser [ɑ̃baʀase] *vt* (*encombrer*) to clutter (up); (*gêner*) to hinder, hamper; (*fig*) to cause embarrassment to; to put in an awkward position; **s'embarrasser de** *vi* to burden o.s. with
embauche [ɑ̃boʃ] *nf* hiring; **bureau d'~** labour office
embaucher [ɑ̃boʃe] *vt* to take on, hire; **s'embaucher comme** *vi* to get (o.s.) a job as
embauchoir [ɑ̃boʃwaʀ] *nm* shoetree
embaumer [ɑ̃bome] *vt* to embalm; (*parfumer*) to fill with its fragrance; **~ la lavande** to be fragrant with (the scent of) lavender
embellie [ɑ̃beli] *nf* bright spell, brighter period
embellir [ɑ̃beliʀ] *vt* to make more attractive; (*une histoire*) to embellish ▷ *vi* to grow lovelier *ou* more attractive
embellissement [ɑ̃belismɑ̃] *nm* embellishment
embêtant, e [ɑ̃bɛtɑ̃, -ɑ̃t] *adj* annoying
embêtement [ɑ̃bɛtmɑ̃] *nm* problem, difficulty; **embêtements** *nmpl* trouble *sg*
embêter [ɑ̃bete] *vt* to bother; **s'embêter** *vi* (*s'ennuyer*) to be bored; **ça m'embête** it bothers me; **il ne s'embête pas!** (*ironique*) he does all right for himself!
emblée [ɑ̃ble]: **d'~** *adv* straightaway
emblème [ɑ̃blɛm] *nm* emblem
embobiner [ɑ̃bɔbine] *vt* (*enjôler*): **~ qn** to get round sb
emboîtable [ɑ̃bwatabl(ə)] *adj* interlocking
emboîter [ɑ̃bwate] *vt* to fit together; **s'emboîter dans** to fit into; **s'~ (l'un dans l'autre)** to fit together; **~ le pas à qn** to follow in sb's footsteps
embolie [ɑ̃bɔli] *nf* embolism
embonpoint [ɑ̃bɔ̃pwɛ̃] *nm* stoutness (*Brit*), corpulence; **prendre de l'~** to grow stout (*Brit*) *ou* corpulent
embouché, e [ɑ̃buʃe] *adj*: **mal ~** foul-mouthed
embouchure [ɑ̃buʃyʀ] *nf* (*Géo*) mouth; (*Mus*) mouthpiece
embourber [ɑ̃buʀbe]: **s'embourber** *vi* to get stuck in the mud; (*fig*): **s'~ dans** to sink into
embourgeoiser [ɑ̃buʀʒwaze]: **s'embourgeoiser** *vi* to adopt a middle-class outlook
embout [ɑ̃bu] *nm* (*de canne*) tip; (*de tuyau*) nozzle
embouteillage [ɑ̃butɛjaʒ] *nm* traffic jam, (traffic) holdup (*Brit*)
embouteiller [ɑ̃buteje] *vt* (*véhicules etc*) to block
emboutir [ɑ̃butiʀ] *vt* (*Tech*) to stamp; (*heurter*) to crash into, ram
embranchement [ɑ̃bʀɑ̃ʃmɑ̃] *nm* (*routier*) junction; (*classification*) branch
embrancher [ɑ̃bʀɑ̃ʃe] *vt* (*tuyaux*) to join; **~ qch sur** to join sth to
embraser [ɑ̃bʀɑze]: **s'embraser** *vi* to flare up
embrassade [ɑ̃bʀasad] *nf* (*gén pl*) hugging and kissing *no pl*
embrasse [ɑ̃bʀas] *nf* (*de rideau*) tie-back, loop
embrasser [ɑ̃bʀase] *vt* to kiss; (*sujet, période*) to embrace, encompass; (*carrière*) to embark on; (*métier*) to go in for, take up; **~ du regard** to take in (*with eyes*); **s'embrasser** *vi* to kiss (each other)
embrasure [ɑ̃bʀɑzyʀ] *nf*: **dans l'~ de la porte** in the door(way)
embrayage [ɑ̃bʀɛjaʒ] *nm* clutch
embrayer [ɑ̃bʀeje] *vi* (*Auto*) to let in the clutch ▷ *vt* (*fig: affaire*) to set in motion; **~ sur qch** to begin on sth
embrigader [ɑ̃bʀigade] *vt* to recruit
embrocher [ɑ̃bʀɔʃe] *vt* to (put on a) spit (*ou* skewer)
embrouillamini [ɑ̃bʀujamini] *nm* (*fam*) muddle
embrouillé, e [ɑ̃bʀuje] *adj* (*affaire*) confused, muddled
embrouiller [ɑ̃bʀuje] *vt* (*fils*) to tangle (up); (*fiches, idées, personne*) to muddle up; **s'embrouiller** *vi* to get in a muddle
embroussaillé, e [ɑ̃bʀusaje] *adj* overgrown,

scrubby; *(cheveux)* bushy, shaggy
embruns [ɑ̃bʀœ̃] *nmpl* sea spray *sg*
embryologie [ɑ̃bʀijɔlɔʒi] *nf* embryology
embryon [ɑ̃bʀijɔ̃] *nm* embryo
embryonnaire [ɑ̃bʀijɔnɛʀ] *adj* embryonic
embûches [ɑ̃byʃ] *nfpl* pitfalls, traps
embué, e [ɑ̃bɥe] *adj* misted up; **yeux ~s de larmes** eyes misty with tears
embuscade [ɑ̃byskad] *nf* ambush; **tendre une ~ à** to lay an ambush for
embusqué, e [ɑ̃byske] *adj* in ambush ▷ *nm (péj)* shirker, skiver *(Brit)*
embusquer [ɑ̃byske]: **s'embusquer** *vi* to take up position (for an ambush)
éméché, e [emeʃe] *adj* tipsy, merry
émeraude [ɛmʀod] *nf* emerald ▷ *adj inv* emerald-green
émergence [emɛʀʒɑ̃s] *nf (fig)* emergence
émerger [emɛʀʒe] *vi* to emerge; *(faire saillie, aussi fig)* to stand out
émeri [ɛmʀi] *nm*: **toile** *ou* **papier ~** emery paper
émérite [emeʀit] *adj* highly skilled
émerveillement [emɛʀvɛjmɑ̃] *nm* wonderment
émerveiller [emɛʀveje] *vt* to fill with wonder; **s'émerveiller de** *vi* to marvel at
émet *etc* [emɛ] *vb voir* **émettre**
émétique [emetik] *nm* emetic
émetteur, -trice [emɛtœʀ, -tʀis] *adj* transmitting; **(poste) ~** transmitter
émetteur-récepteur [emetœʀʀesɛptœʀ] *(pl* **émetteurs-récepteurs**) *nm* transceiver
émettre [emɛtʀ(ə)] *vt (son, lumière)* to give out, emit; *(message etc: Radio)* to transmit; *(billet, timbre, emprunt, chèque)* to issue; *(hypothèse, avis)* to voice, put forward; *(vœu)* to express ▷ *vi*: **~ sur ondes courtes** to broadcast on short wave
émeus *etc* [emø] *vb voir* **émouvoir**
émeute [emøt] *nf* riot
émeutier, -ière [emøtje, -jɛʀ] *nm/f* rioter
émeuve *etc* [emœv] *vb voir* **émouvoir**
émietter [emjete] *vt (pain, terre)* to crumble; *(fig)* to split up, disperse; **s'émietter** *vi (pain, terre)* to crumble
émigrant, e [emigʀɑ̃, -ɑ̃t] *nm/f* emigrant
émigration [emigʀasjɔ̃] *nf* emigration
émigré, e [emigʀe] *nm/f* expatriate
émigrer [emigʀe] *vi* to emigrate
émincer [emɛ̃se] *vt (Culin)* to slice thinly
éminemment [eminamɑ̃] *adv* eminently
éminence [eminɑ̃s] *nf* distinction; *(colline)* knoll, hill; **Son É~** His Eminence; **~ grise** éminence grise
éminent, e [eminɑ̃, -ɑ̃t] *adj* distinguished
émir [emiʀ] *nm* emir
émirat [emiʀa] *nm* emirate; **les É~s arabes unis (EAU)** the United Arab Emirates (UAE)
émis, e [emi, -iz] *pp de* **émettre**
émissaire [emisɛʀ] *nm* emissary
émission [emisjɔ̃] *nf (voir émettre)* emission; transmission; issue; *(Radio, TV)* programme, broadcast
émit *etc* [emi] *vb voir* **émettre**
emmagasinage [ɑ̃magazinaʒ] *nm* storage; storing away
emmagasiner [ɑ̃magazine] *vt* to (put into) store; *(fig)* to store up
emmailloter [ɑ̃majɔte] *vt* to wrap up
emmanchure [ɑ̃mɑ̃ʃyʀ] *nf* armhole
emmêlement [ɑ̃mɛlmɑ̃] *nm (état)* tangle
emmêler [ɑ̃mele] *vt* to tangle (up); *(fig)* to muddle up; **s'emmêler** *vi* to get into a tangle
emménagement [ɑ̃menaʒmɑ̃] *nm* settling in
emménager [ɑ̃menaʒe] *vi* to move in; **~ dans** to move into
emmener [ɑ̃mne] *vt* to take (with one); *(comme otage, capture)* to take away; **~ qn au concert** to take sb to a concert
emmental, emmenthal [emɛ̃tal] *nm (fromage)* Emmenthal
emmerder [ɑ̃mɛʀde] *(fam!) vt* to bug, bother; **s'emmerder** *vi (s'ennuyer)* to be bored stiff; **je t'emmerde!** to hell with you!
emmitoufler [ɑ̃mitufle] *vt* to wrap up (warmly); **s'emmitoufler** to wrap (o.s.) up (warmly)
emmurer [ɑ̃myʀe] *vt* to wall up, immure
émoi [emwa] *nm (agitation, effervescence)* commotion; *(trouble)* agitation; **en ~** *(sens)* excited, stirred
émollient, e [emɔljɑ̃, -ɑ̃t] *adj (Méd)* emollient
émoluments [emɔlymɑ̃] *nmpl* remuneration *sg*, fee *sg*
émonder [emɔ̃de] *vt (arbre etc)* to prune; *(amande etc)* to blanch
émoticone [emɔticon] *nm (Inform)* smiley
émotif, -ive [emɔtif, -iv] *adj* emotional
émotion [emosjɔ̃] *nf* emotion; **avoir des ~s** *(fig)* to get a fright; **donner des ~s à** to give a fright to; **sans ~** without emotion, coldly
émotionnant, e [emosjɔnɑ̃, -ɑ̃t] *adj* upsetting
émotionnel, le [emosjɔnɛl] *adj* emotional
émotionner [emosjɔne] *vt* to upset
émoulu, e [emuly] *adj*: **frais ~ de** fresh from, just out of
émoussé, e [emuse] *adj* blunt
émousser [emuse] *vt* to blunt; *(fig)* to dull
émoustiller [emustije] *vt* to titillate, arouse
émouvant, e [emuvɑ̃, -ɑ̃t] *adj* moving
émouvoir [emuvwaʀ] *vt (troubler)* to stir, affect; *(toucher, attendrir)* to move; *(indigner)* to rouse; *(effrayer)* to disturb, worry; **s'émouvoir** *vi* to be affected; to be moved; to be roused; to be disturbed *ou* worried
empailler [ɑ̃paje] *vt* to stuff
empailleur, -euse [ɑ̃pajœʀ, -øz] *nm/f (d'animaux)* taxidermist
empaler [ɑ̃pale] *vt* to impale
empaquetage [ɑ̃paktaʒ] *nm* packing, packaging
empaqueter [ɑ̃pakte] *vt* to pack up
emparer [ɑ̃paʀe]: **s'emparer de** *vt (objet)* to seize, grab; *(comme otage, Mil)* to seize; *(peur etc)*

to take hold of
empâter [ɑ̃pɑte]: **s'empâter** *vi* to thicken out
empattement [ɑ̃patmɑ̃] *nm* (*Auto*) wheelbase; (*Typo*) serif
empêché, e [ɑ̃peʃe] *adj* detained
empêchement [ɑ̃pɛʃmɑ̃] *nm* (unexpected) obstacle, hitch
empêcher [ɑ̃peʃe] *vt* to prevent; **~ qn de faire** to prevent *ou* stop sb (from) doing; **~ que qch (n')arrive/qn (ne) fasse** to prevent sth from happening/sb from doing; **il n'empêche que** nevertheless, be that as it may; **il n'a pas pu s'~ de rire** he couldn't help laughing
empêcheur [ɑ̃pɛʃœʀ] *nm*: **~ de danser en rond** spoilsport, killjoy (*Brit*)
empeigne [ɑ̃pɛɲ] *nf* upper (*of shoe*)
empennage [ɑ̃pɛnaʒ] *nm* (*Aviat*) tailplane
empereur [ɑ̃pʀœʀ] *nm* emperor
empesé, e [ɑ̃pəze] *adj* (*fig*) stiff, starchy
empeser [ɑ̃pəze] *vt* to starch
empester [ɑ̃pɛste] *vt* (*lieu*) to stink out ▷ *vi* to stink, reek; **~ le tabac/le vin** to stink *ou* reek of tobacco/wine
empêtrer [ɑ̃petʀe] *vt*: **s'empêtrer dans** (*fils etc, aussi fig*) to get tangled up in
emphase [ɑ̃fɑz] *nf* pomposity, bombast; **avec ~** pompously
emphatique [ɑ̃fatik] *adj* emphatic
empiècement [ɑ̃pjɛsmɑ̃] *nm* (*Couture*) yoke
empierrer [ɑ̃pjeʀe] *vt* (*route*) to metal
empiéter [ɑ̃pjete]: **~ sur** *vt* to encroach upon
empiffrer [ɑ̃pifʀe]: **s'empiffrer** *vi* (*péj*) to stuff o.s.
empiler [ɑ̃pile] *vt* to pile (up), stack (up); **s'empiler** *vi* to pile up
empire [ɑ̃piʀ] *nm* empire; (*fig*) influence; **style E~** Empire style; **sous l'~ de** in the grip of
empirer [ɑ̃piʀe] *vi* to worsen, deteriorate
empirique [ɑ̃piʀik] *adj* empirical
empirisme [ɑ̃piʀism(ə)] *nm* empiricism
emplacement [ɑ̃plasmɑ̃] *nm* site; **sur l'~ de** on the site of
emplâtre [ɑ̃plɑtʀ(ə)] *nm* plaster; (*fam*) twit
emplette [ɑ̃plɛt] *nf*: **faire l'~ de** to purchase; **emplettes** shopping *sg*; **faire des ~s** to go shopping
emplir [ɑ̃pliʀ] *vt* to fill; **s'emplir (de)** *vi* to fill (with)
emploi [ɑ̃plwa] *nm* use; (*Comm, Écon*): **l'~** employment; (*poste*) job, situation; **d'~ facile** easy to use; **le plein ~** full employment; **~ du temps** timetable, schedule
emploie *etc* [ɑ̃plwa] *vb voir* **employer**
employé, e [ɑ̃plwaje] *nm/f* employee; **~ de bureau/banque** office/bank employee *ou* clerk; **~ de maison** domestic (servant)
employer [ɑ̃plwaje] *vt* (*outil, moyen, méthode, mot*) to use; (*ouvrier, main-d'œuvre*) to employ; **s'~ à qch/à faire** to apply *ou* devote o.s. to sth/to doing
employeur, -euse [ɑ̃plwajœʀ, -øz] *nm/f* employer
empocher [ɑ̃pɔʃe] *vt* to pocket
empoignade [ɑ̃pwaɲad] *nf* row, set-to
empoigne [ɑ̃pwaɲ] *nf*: **foire d'~** free-for-all
empoigner [ɑ̃pwaɲe] *vt* to grab; **s'empoigner** *vi* (*fig*) to have a row *ou* set-to
empois [ɑ̃pwa] *nm* starch
empoisonnement [ɑ̃pwazɔnmɑ̃] *nm* poisoning; (*fam: ennui*) annoyance, irritation
empoisonner [ɑ̃pwazɔne] *vt* to poison; (*empester: air, pièce*) to stink out; (*fam*): **~ qn** to drive sb mad; **s'empoisonner** *vi* to poison o.s.; **~ l'atmosphère** (*aussi fig*) to poison the atmosphere; (*aussi*: **il nous empoisonne l'existence**) he's the bane of our life
empoissonner [ɑ̃pwasɔne] *vt* (*étang, rivière*) to stock with fish
emporté, e [ɑ̃pɔʀte] *adj* (*personne, caractère*) fiery
emportement [ɑ̃pɔʀtəmɑ̃] *nm* fit of rage, anger *no pl*
emporte-pièce [ɑ̃pɔʀtəpjɛs] *nm inv* (*Tech*) punch; **à l'~** *adj* (*fig*) incisive
emporter [ɑ̃pɔʀte] *vt* to take (with one); (*en dérobant ou enlevant, emmener: blessés, voyageurs*) to take away; (*entraîner*) to carry away *ou* along; (*arracher*) to tear off; (*rivière, vent*) to carry away; (*Mil: position*) to take; (*avantage, approbation*) to win; **s'emporter** *vi* (*de colère*) to fly into a rage, lose one's temper; **la maladie qui l'a emporté** the illness which caused his death; **l'~** to gain victory; **l'~ (sur)** to get the upper hand (of); (*méthode etc*) to prevail (over); **boissons à ~** take-away drinks
empoté, e [ɑ̃pɔte] *adj* (*maladroit*) clumsy
empourpré, e [ɑ̃puʀpʀe] *adj* crimson
empreint, e [ɑ̃pʀɛ̃, -ɛ̃t] *adj*: **~ de** marked with; tinged with ▷ *nf* (*de pied, main*) print; (*fig*) stamp, mark; **~e (digitale)** fingerprint; **~e écologique** carbon footprint
empressé, e [ɑ̃pʀese] *adj* attentive; (*péj*) overanxious to please, overattentive
empressement [ɑ̃pʀɛsmɑ̃] *nm* eagerness
empresser [ɑ̃pʀese]: **s'empresser** *vi*: **s'~ auprès de qn** to surround sb with attentions; **s'~ de faire** to hasten to do
emprise [ɑ̃pʀiz] *nf* hold, ascendancy; **sous l'~ de** under the influence of
emprisonnement [ɑ̃pʀizɔnmɑ̃] *nm* imprisonment
emprisonner [ɑ̃pʀizɔne] *vt* to imprison, jail
emprunt [ɑ̃pʀœ̃] *nm* borrowing *no pl*, loan (*from debtor's point of view*); (*Ling etc*) borrowing; **nom d'~** assumed name; **~ d'État** government *ou* state loan; **~ public à 5%** 5% public loan
emprunté, e [ɑ̃pʀœ̃te] *adj* (*fig*) ill-at-ease, awkward
emprunter [ɑ̃pʀœ̃te] *vt* to borrow; (*itinéraire*) to take, follow; (*style, manière*) to adopt, assume
emprunteur, -euse [ɑ̃pʀœ̃tœʀ, -øz] *nm/f* borrower
empuantir [ɑ̃pɥɑ̃tiʀ] *vt* to stink out
EMT *sigle f* (= *éducation manuelle et technique*) *handwork as a school subject*

ému, e [emy] *pp de* **émouvoir** ▷ *adj* excited; touched; moved
émulation [emylasjɔ̃] *nf* emulation
émule [emyl] *nm/f* imitator
émulsion [emylsjɔ̃] *nf* emulsion; (*cosmétique*) (water-based) lotion
émut *etc* [emy] *vb voir* **émouvoir**
EN *sigle f* = **Éducation nationale**; *voir* **éducation**

 **MOT-CLÉ**

en [ã] *prép* **1** (*endroit, pays*) in; (*direction*) to; **habiter en France/ville** to live in France/town; **aller en France/ville** to go to France/town
2 (*moment, temps*) in; **en été/juin** in summer/June; **en 3 jours/20 ans** in 3 days/20 years
3 (*moyen*) by; **en avion/taxi** by plane/taxi
4 (*composition*) made of; **c'est en verre/coton/laine** it's (made of) glass/cotton/wool; **en métal/plastique** made of metal/plastic; **un collier en argent** a silver necklace; **en deux volumes/une pièce** in two volumes/one piece
5 (*description, état*): **une femme (habillée) en rouge** a woman (dressed) in red; **peindre qch en rouge** to paint sth red; **en T/étoile** T-/star-shaped; **en chemise/chaussettes** in one's shirt sleeves/socks; **en soldat** as a soldier; **en civil** in civilian clothes; **cassé en plusieurs morceaux** broken into several pieces; **en réparation** being repaired, under repair; **en vacances** on holiday; **en bonne santé** healthy, in good health; **en deuil** in mourning; **le même en plus grand** the same but *ou* only bigger
6 (*avec gérondif*) while; on; **en dormant** while sleeping, as one sleeps; **en sortant** on going out, as he *etc* went out; **sortir en courant** to run out; **en apprenant la nouvelle, il s'est évanoui** he fainted at the news *ou* when he heard the news
7 (*matière*): **fort en math** good at maths; **expert en** expert in
8 (*conformité*): **en tant que** as; **en bon politicien, il ...** good politician that he is, he ..., like a good *ou* true politician, he ...; **je te parle en ami** I'm talking to you as a friend
▷ *pron* **1** (*indéfini*): **j'en ai/veux** I have/want some; **en as-tu?** have you got any?; **il n'y en a pas** there isn't *ou* aren't any; **je n'en veux pas** I don't want any; **j'en ai deux** I've got two; **combien y en a-t-il?** how many (of them) are there?; **j'en ai assez** I've got enough (of it *ou* them); (*j'en ai marre*) I've had enough; **où en étais-je?** where was I?
2 (*provenance*) from there; **j'en viens** I've come from there
3 (*cause*): **il en est malade/perd le sommeil** he is ill/can't sleep because of it
4 (*de la part de*): **elle en est aimée** she is loved by him (*ou* them *etc*)
5 (*complément de nom, d'adjectif, de verbe*): **j'en connais les dangers** I know its *ou* the dangers; **j'en suis fier/ai besoin** I am proud of it/need it; **il en est ainsi** *ou* **de même pour moi** it's the same for me, same here

ENA [ena] *sigle f* (= *École nationale d'administration*) *grande école for training civil servants*
énarque [enaʀk(ə)] *nm/f* former ENA student
encablure [ãkablyʀ] *nf* (*Navig*) cable's length
encadrement [ãkadʀəmã] *nm* framing; training; (*de porte*) frame; **~ du crédit** credit restrictions
encadrer [ãkadʀe] *vt* (*tableau, image*) to frame; (*fig: entourer*) to surround; (*personnel, soldats etc*) to train; (*Comm: crédit*) to restrict
encadreur [ãkadʀœʀ] *nm* (picture) framer
encaisse [ãkɛs] *nf* cash in hand; **~ or/métallique** gold/gold and silver reserves
encaissé, e [ãkese] *adj* (*vallée*) steep-sided; (*rivière*) with steep banks
encaisser [ãkese] *vt* (*chèque*) to cash; (*argent*) to collect; (*fig: coup, défaite*) to take
encaisseur [ãkɛsœʀ] *nm* collector (*of debts etc*)
encan [ãkã]: **à l'~** *adv* by auction
encanailler [ãkanaje]: **s'encanailler** *vi* to become vulgar *ou* common; to mix with the riff-raff
encart [ãkaʀ] *nm* insert; **~ publicitaire** publicity insert
encarter [ãkaʀte] *vt* to insert
en-cas [ãka] *nm inv* snack
encastrable [ãkastʀabl(ə)] *adj* (*four, élément*) that can be built in
encastré, e [ãkastʀe] *adj* (*four, baignoire*) built-in
encastrer [ãkastʀe] *vt*: **~ qch dans** (*mur*) to embed sth in(to); (*boîtier*) to fit sth into; **s'encastrer dans** *vi* to fit into; (*heurter*) to crash into
encaustique [ãkɔstik] *nf* polish, wax
encaustiquer [ãkɔstike] *vt* to polish, wax
enceinte [ãsɛ̃t] *adj f*: **~ (de six mois)** (six months) pregnant ▷ *nf* (*mur*) wall; (*espace*) enclosure; **~ (acoustique)** speaker
encens [ãsã] *nm* incense
encenser [ãsãse] *vt* to (in)cense; (*fig*) to praise to the skies
encensoir [ãsãswaʀ] *nm* thurible (*Brit*), censer
encéphalogramme [ãsefalɔgʀam] *nm* encephalogram
encercler [ãsɛʀkle] *vt* to surround
enchaîné [ãʃene] *nm* (*Ciné*) link shot
enchaînement [ãʃɛnmã] *nm* (*fig*) linking
enchaîner [ãʃene] *vt* to chain up; (*mouvements, séquences*) to link (together) ▷ *vi* to carry on
enchanté, e [ãʃãte] *adj* (*ravi*) delighted; (*ensorcelé*) enchanted; **~ (de faire votre connaissance)** pleased to meet you, how do you do?
enchantement [ãʃãtmã] *nm* delight; (*magie*) enchantment; **comme par ~** as if by magic
enchanter [ãʃãte] *vt* to delight
enchanteur, -teresse [ãʃãtœʀ, -tʀɛs] *adj* enchanting

enchâsser [ɑ̃ʃɑse] *vt*: **~ qch (dans)** to set sth (in)
enchère [ɑ̃ʃɛʀ] *nf* bid; **faire une ~** to (make a) bid; **mettre/vendre aux ~s** to put up for (sale by)/sell by auction; **les ~s montent** the bids are rising; **faire monter les ~s** (*fig*) to raise the bidding
enchérir [ɑ̃ʃeʀiʀ] *vi*: **~ sur qn** (*aux enchères, aussi fig*) to outbid sb
enchérisseur, -euse [ɑ̃ʃeʀisœʀ, -øz] *nm/f* bidder
enchevêtrement [ɑ̃ʃvɛtʀəmɑ̃] *nm* tangle
enchevêtrer [ɑ̃ʃvetʀe] *vt* to tangle (up)
enclave [ɑ̃klav] *nf* enclave
enclaver [ɑ̃klave] *vt* to enclose, hem in
enclencher [ɑ̃klɑ̃ʃe] *vt* (*mécanisme*) to engage; (*fig: affaire*) to set in motion; **s'enclencher** *vi* to engage
enclin, e [ɑ̃klɛ̃, -in] *adj*: **~ à qch/à faire** inclined *ou* prone to sth/to do
enclore [ɑ̃klɔʀ] *vt* to enclose
enclos [ɑ̃klo] *nm* enclosure; (*clôture*) fence
enclume [ɑ̃klym] *nf* anvil
encoche [ɑ̃kɔʃ] *nf* notch
encoder [ɑ̃kɔde] *vt* to encode
encodeur [ɑ̃kɔdœʀ] *nm* encoder
encoignure [ɑ̃kɔɲyʀ] *nf* corner
encoller [ɑ̃kɔle] *vt* to paste
encolure [ɑ̃kɔlyʀ] *nf* (*tour de cou*) collar size; (*col, cou*) neck
encombrant, e [ɑ̃kɔ̃bʀɑ̃, -ɑ̃t] *adj* cumbersome, bulky
encombre [ɑ̃kɔ̃bʀ(ə)]: **sans ~** *adv* without mishap *ou* incident
encombré, e [ɑ̃kɔ̃bʀe] *adj* (*pièce, passage*) cluttered; (*lignes téléphoniques*) engaged; (*marché*) saturated
encombrement [ɑ̃kɔ̃bʀəmɑ̃] *nm* (*d'un lieu*) cluttering (up); (*d'un objet: dimensions*) bulk
encombrer [ɑ̃kɔ̃bʀe] *vt* to clutter (up); (*gêner*) to hamper; **s'encombrer de** *vi* (*bagages etc*) to load *ou* burden o.s. with; **~ le passage** to block *ou* obstruct the way
encontre [ɑ̃kɔ̃tʀ(ə)]: **à l'~ de** *prép* against, counter to
encorbellement [ɑ̃kɔʀbɛlmɑ̃] *nm*: **fenêtre en ~** oriel window
encorder [ɑ̃kɔʀde] *vt*: **s'encorder** (*Alpinisme*) to rope up

 MOT-CLÉ

encore [ɑ̃kɔʀ] *adv* **1** (*continuation*) still; **il y travaille encore** he's still working on it; **pas encore** not yet
2 (*de nouveau*) again; **j'irai encore demain** I'll go again tomorrow; **encore une fois** (once) again; **encore un effort** one last effort; **encore deux jours** two more days
3 (*intensif*) even, still; **encore plus fort/mieux** even louder/better, louder/better still; **hier encore** even yesterday; **non seulement ..., mais encore ...** not only ..., but also ...; **encore!** (*insatisfaction*) not again!; **quoi encore?** what now?
4 (*restriction*) even so *ou* then, only; **encore pourrais-je le faire si ...** even so, I might be able to do it if ...; **si encore** if only; **encore que** *conj* although

encourageant, e [ɑ̃kuʀaʒɑ̃, -ɑ̃t] *adj* encouraging
encouragement [ɑ̃kuʀaʒmɑ̃] *nm* encouragement; (*récompense*) incentive
encourager [ɑ̃kuʀaʒe] *vt* to encourage; **~ qn à faire qch** to encourage sb to do sth
encourir [ɑ̃kuʀiʀ] *vt* to incur
encrasser [ɑ̃kʀase] *vt* to foul up; (*Auto etc*) to soot up
encre [ɑ̃kʀ(ə)] *nf* ink; **~ de Chine** Indian ink; **~ indélébile** indelible ink; **~ sympathique** invisible ink
encrer [ɑ̃kʀe] *vt* to ink
encreur [ɑ̃kʀœʀ] *adj m*: **rouleau ~** inking roller
encrier [ɑ̃kʀije] *nm* inkwell
encroûter [ɑ̃kʀute]: **s'encroûter** *vi* (*fig*) to get into a rut, get set in one's ways
encyclique [ɑ̃siklik] *nf* encyclical
encyclopédie [ɑ̃siklɔpedi] *nf* encyclopaedia (*Brit*), encyclopedia (*US*)
encyclopédique [ɑ̃siklɔpedik] *adj* encyclopaedic (*Brit*), encyclopedic (*US*)
endémique [ɑ̃demik] *adj* endemic
endetté, e [ɑ̃dete] *adj* in debt; (*fig*): **très ~ envers qn** deeply indebted to sb
endettement [ɑ̃dɛtmɑ̃] *nm* debts *pl*
endetter [ɑ̃dete] *vt*, **s'endetter** *vi* to get into debt
endeuiller [ɑ̃dœje] *vt* to plunge into mourning; **manifestation endeuillée par** event over which a tragic shadow was cast by
endiablé, e [ɑ̃djɑble] *adj* furious; (*enfant*) boisterous
endiguer [ɑ̃dige] *vt* to dyke (up); (*fig*) to check, hold back
endimanché, e [ɑ̃dimɑ̃ʃe] *adj* in one's Sunday best
endimancher [ɑ̃dimɑ̃ʃe] *vt*: **s'endimancher** to put on one's Sunday best; **avoir l'air endimanché** to be all done up to the nines (*fam*)
endive [ɑ̃div] *nf* chicory *no pl*
endocrine [ɑ̃dɔkʀin] *adj f*: **glande ~** endocrine (gland)
endoctrinement [ɑ̃dɔktʀinmɑ̃] *nm* indoctrination
endoctriner [ɑ̃dɔktʀine] *vt* to indoctrinate
endolori, e [ɑ̃dɔlɔʀi] *adj* painful
endommager [ɑ̃dɔmaʒe] *vt* to damage
endormant, e [ɑ̃dɔʀmɑ̃, -ɑ̃t] *adj* dull, boring
endormi, e [ɑ̃dɔʀmi] *pp de* **endormir** ▷ *adj* (*personne*) asleep; (*fig: indolent, lent*) sluggish; (*engourdi: main, pied*) numb
endormir [ɑ̃dɔʀmiʀ] *vt* to put to sleep; (*chaleur etc*) to send to sleep; (*Méd: dent, nerf*) to anaesthetize; (*fig: soupçons*) to allay; **s'endormir**

vi to fall asleep, go to sleep
endoscope [ɑ̃dɔskɔp] *nm* (*Méd*) endoscope
endoscopie [ɑ̃dɔskɔpi] *nf* endoscopy
endosser [ɑ̃dose] *vt* (*responsabilité*) to take, shoulder; (*chèque*) to endorse; (*uniforme, tenue*) to put on, don
endroit [ɑ̃dʀwa] *nm* place; (*localité*): **les gens de l'~** the local people; (*opposé à l'envers*) right side; **à cet ~** in this place; **à l'~** right side out; the right way up; (*vêtement*) the right way out; **à l'~ de** *prép* regarding, with regard to; **par ~s** in places
enduire [ɑ̃dɥiʀ] *vt* to coat; **~ qch de** to coat sth with
enduit, e [ɑ̃dɥi, -it] *pp de* **enduire** ▷ *nm* coating
endurance [ɑ̃dyʀɑ̃s] *nf* endurance
endurant, e [ɑ̃dyʀɑ̃, -ɑ̃t] *adj* tough, hardy
endurcir [ɑ̃dyʀsiʀ] *vt* (*physiquement*) to toughen; (*moralement*) to harden; **s'endurcir** *vi* to become tougher; to become hardened
endurer [ɑ̃dyʀe] *vt* to endure, bear
énergétique [enɛʀʒetik] *adj* (*ressources etc*) energy *cpd*; (*aliment*) energizing
énergie [enɛʀʒi] *nf* (*Physique*) energy; (*Tech*) power; (*fig: physique*) energy; (*: morale*) vigour, spirit; **~ éolienne/solaire** wind/solar power
énergique [enɛʀʒik] *adj* energetic; vigorous; (*mesures*) drastic, stringent
énergiquement [enɛʀʒikmɑ̃] *adv* energetically; drastically
énergisant, e [enɛʀʒizɑ̃, -ɑ̃t] *adj* energizing
énergumène [enɛʀgymɛn] *nm* rowdy character *ou* customer
énervant, e [enɛʀvɑ̃, -ɑ̃t] *adj* irritating
énervé, e [enɛʀve] *adj* nervy, on edge; (*agacé*) irritated
énervement [enɛʀvəmɑ̃] *nm* nerviness; irritation
énerver [enɛʀve] *vt* to irritate, annoy; **s'énerver** *vi* to get excited, get worked up
enfance [ɑ̃fɑ̃s] *nf* (*âge*) childhood; (*fig*) infancy; (*enfants*) children *pl*; **c'est l'~ de l'art** it's child's play; **petite ~** infancy; **souvenir/ami d'~** childhood memory/friend; **retomber en ~** to lapse into one's second childhood
enfant [ɑ̃fɑ̃] *nm/f* child; **~ adoptif/naturel** adopted/natural child; **bon ~** *adj* good-natured, easy-going; **~ de chœur** *nm* (*Rel*) altar boy; **~ prodige** child prodigy; **~ unique** only child
enfanter [ɑ̃fɑ̃te] *vi* to give birth ▷ *vt* to give birth to
enfantillage [ɑ̃fɑ̃tijaʒ] *nm* (*péj*) childish behaviour *no pl*
enfantin, e [ɑ̃fɑ̃tɛ̃, -in] *adj* childlike; (*péj*) childish; (*langage*) child *cpd*
enfer [ɑ̃fɛʀ] *nm* hell; **allure/bruit d'~** horrendous speed/noise
enfermer [ɑ̃fɛʀme] *vt* to shut up; (*à clef, interner*) to lock up; **s'enfermer** to shut o.s. away; **s'~ à clé** to lock o.s. in; **s'~ dans la solitude/le mutisme** to retreat into solitude/silence
enferrer [ɑ̃feʀe]: **s'enferrer** *vi*: **s'~ dans** to tangle o.s. up in
enfiévré, e [ɑ̃fjevʀe] *adj* (*fig*) feverish
enfilade [ɑ̃filad] *nf*: **une ~ de** a series *ou* line of; **prendre des rues en ~** to cross directly from one street into the next
enfiler [ɑ̃file] *vt* (*vêtement*): **~ qch** to slip sth on, slip into sth; (*insérer*): **~ qch dans** to stick sth into; (*rue, couloir*) to take; (*perles*) to string; (*aiguille*) to thread; **s'enfiler dans** *vi* to disappear into
enfin [ɑ̃fɛ̃] *adv* at last; (*en énumérant*) lastly; (*de restriction, résignation*) still; (*eh bien*) well; (*pour conclure*) in a word
enflammé, e [ɑ̃flame] *adj* (*torche, allumette*) burning; (*Méd: plaie*) inflamed; (*fig: nature, discours, déclaration*) fiery
enflammer [ɑ̃flame] *vt* to set fire to; (*Méd*) to inflame; **s'enflammer** *vi* to catch fire; to become inflamed
enflé, e [ɑ̃fle] *adj* swollen; (*péj: style*) bombastic, turgid
enfler [ɑ̃fle] *vi* to swell (up); **s'enfler** *vi* to swell
enflure [ɑ̃flyʀ] *nf* swelling
enfoncé, e [ɑ̃fɔ̃se] *adj* staved-in, smashed-in; (*yeux*) deep-set
enfoncement [ɑ̃fɔ̃smɑ̃] *nm* (*recoin*) nook
enfoncer [ɑ̃fɔ̃se] *vt* (*clou*) to drive in; (*faire pénétrer*): **~ qch dans** to push (*ou* drive) sth into; (*forcer: porte*) to break open; (*: plancher*) to cause to cave in; (*défoncer: côtes etc*) to smash; (*fam: surpasser*) to lick, beat (hollow) ▷ *vi* (*dans la vase etc*) to sink in; (*sol, surface porteuse*) to give way; **s'enfoncer** *vi* to sink; **s'~ dans** to sink into; (*forêt, ville*) to disappear into; **~ un chapeau sur la tête** to cram *ou* jam a hat on one's head; **~ qn dans la dette** to drag sb into debt
enfouir [ɑ̃fwiʀ] *vt* (*dans le sol*) to bury; (*dans un tiroir etc*) to tuck away; **s'enfouir dans/sous** to bury o.s. in/under
enfourcher [ɑ̃fuʀʃe] *vt* to mount; **~ son dada** (*fig*) to get on one's hobby-horse
enfourner [ɑ̃fuʀne] *vt* to put in the oven; (*poterie*) to put in the kiln; **~ qch dans** to shove *ou* stuff sth into; **s'enfourner dans** (*personne*) to dive into
enfreignais *etc* [ɑ̃fʀeɲɛ] *vb voir* **enfreindre**
enfreindre [ɑ̃fʀɛ̃dʀ(ə)] *vt* to infringe, break
enfuir [ɑ̃fɥiʀ]: **s'enfuir** *vi* to run away *ou* off
enfumer [ɑ̃fyme] *vt* to smoke out
enfuyais *etc* [ɑ̃fɥijɛ] *vb voir* **enfuir**
engagé, e [ɑ̃gaʒe] *adj* (*littérature etc*) engagé, committed
engageant, e [ɑ̃gaʒɑ̃, -ɑ̃t] *adj* attractive, appealing
engagement [ɑ̃gaʒmɑ̃] *nm* taking on, engaging; starting; investing; (*promesse*) commitment; (*Mil: combat*) engagement; (*: recrutement*) enlistment; (*Sport*) entry; **prendre l'~ de faire** to undertake to do; **sans ~** (*Comm*) without obligation
engager [ɑ̃gaʒe] *vt* (*embaucher*) to take on,

engage; (*commencer*) to start; (*lier*) to bind, commit; (*impliquer, entraîner*) to involve; (*investir*) to invest, lay out; (*faire intervenir*) to engage; (*Sport: concurrents, chevaux*) to enter; (*inciter*): **~ qn à faire** to urge sb to do; (*faire pénétrer*): **~ qch dans** to insert sth into; **~ qn à qch** to urge sth on sb; **s'engager** *vi* to get taken on; (*Mil*) to enlist; (*promettre, politiquement*) to commit o.s.; (*débuter*) to start (up); **s'~ à faire** to undertake to do; **s'~ dans** (*rue, passage*) to enter, turn into; (*s'emboîter*) to engage *ou* fit into; (*fig: affaire, discussion*) to enter into, embark on

engazonner [ɑ̃gazɔne] *vt* to turf

engeance [ɑ̃ʒɑ̃s] *nf* mob

engelures [ɑ̃ʒlyʀ] *nfpl* chilblains

engendrer [ɑ̃ʒɑ̃dʀe] *vt* to father; (*fig*) to create, breed

engin [ɑ̃ʒɛ̃] *nm* machine instrument; vehicle; (*péj*) gadget; (*Aviat: avion*) aircraft *inv*; (*: missile*) missile; **~ blindé** armoured vehicle; **~ (explosif)** (explosive) device; **~s (spéciaux)** missiles

englober [ɑ̃glɔbe] *vt* to include

engloutir [ɑ̃glutiʀ] *vt* to swallow up; (*fig: dépenses*) to devour; **s'engloutir** *vi* to be engulfed

englué, e [ɑ̃glye] *adj* sticky

engoncé, e [ɑ̃gɔ̃se] *adj*: **~ dans** cramped in

engorgement [ɑ̃gɔʀʒəmɑ̃] *nm* blocking; (*Méd*) engorgement

engorger [ɑ̃gɔʀʒe] *vt* to obstruct, block; **s'engorger** *vi* to become blocked

engouement [ɑ̃gumɑ̃] *nm* (sudden) passion

engouffrer [ɑ̃gufʀe] *vt* to swallow up, devour; **s'engouffrer dans** to rush into

engourdi, e [ɑ̃guʀdi] *adj* numb

engourdir [ɑ̃guʀdiʀ] *vt* to numb; (*fig*) to dull, blunt; **s'engourdir** *vi* to go numb

engrais [ɑ̃gʀɛ] *nm* manure; **~ (chimique)** (chemical) fertilizer; **~ organique/ inorganique** organic/inorganic fertilizer

engraisser [ɑ̃gʀese] *vt* to fatten (up); (*terre: fertiliser*) to fertilize ▷ *vi* (*péj*) to get fat(ter)

engranger [ɑ̃gʀɑ̃ʒe] *vt* (*foin*) to bring in; (*fig*) to store away

engrenage [ɑ̃gʀənaʒ] *nm* gears *pl*, gearing; (*fig*) chain

engueuler [ɑ̃gœle] *vt* (*fam*) to bawl at *ou* out

enguirlander [ɑ̃giʀlɑ̃de] *vt* (*fam*) to give sb a bawling out, bawl at

enhardir [ɑ̃aʀdiʀ]: **s'enhardir** *vi* to grow bolder

ENI [eni] *sigle f* = **école normale (d'instituteurs)**

énième [enjɛm] *adj* = **nième**

énigmatique [enigmatik] *adj* enigmatic

énigmatiquement [enigmatikmɑ̃] *adv* enigmatically

énigme [enigm(ə)] *nf* riddle

enivrant, e [ɑ̃nivʀɑ̃, -ɑ̃t] *adj* intoxicating

enivrer [ɑ̃nivʀe] *vt*: **s'enivrer** to get drunk; **s'~ de** (*fig*) to become intoxicated with

enjambée [ɑ̃ʒɑ̃be] *nf* stride; **d'une ~** with one stride

enjamber [ɑ̃ʒɑ̃be] *vt* to stride over; (*pont etc*) to span, straddle

enjeu, x [ɑ̃ʒø] *nm* stakes *pl*

enjoindre [ɑ̃ʒwɛ̃dʀ(ə)] *vt*: **~ à qn de faire** to enjoin *ou* order sb to do

enjôler [ɑ̃ʒole] *vt* to coax, wheedle

enjôleur, -euse [ɑ̃ʒolœʀ, -øz] *adj* (*sourire, paroles*) winning

enjolivement [ɑ̃ʒɔlivmɑ̃] *nm* embellishment

enjoliver [ɑ̃ʒɔlive] *vt* to embellish

enjoliveur [ɑ̃ʒɔlivœʀ] *nm* (*Auto*) hub cap

enjoué, e [ɑ̃ʒwe] *adj* playful

enlacer [ɑ̃lase] *vt* (*étreindre*) to embrace, hug; (*lianes*) to wind round, entwine

enlaidir [ɑ̃lediʀ] *vt* to make ugly ▷ *vi* to become ugly

enlevé, e [ɑ̃lve] *adj* (*morceau de musique*) played brightly

enlèvement [ɑ̃lɛvmɑ̃] *nm* removal; (*rapt*) abduction, kidnapping; **l'~ des ordures ménagères** refuse collection

enlever [ɑ̃lve] *vt* (*ôter: gén*) to remove; (*: vêtement, lunettes*) to take off; (*: Méd: organe*) to remove; (*emporter: ordures etc*) to collect, take away; (*kidnapper*) to abduct, kidnap; (*obtenir: prix, contrat*) to win; (*Mil: position*) to take; (*morceau de piano etc*) to execute with spirit *ou* brio; (*prendre*): **~ qch à qn** to take sth (away) from sb; **s'enlever** *vi* (*tache*) to come out *ou* off; **la maladie qui nous l'a enlevé** (*euphémisme*) the illness which took him from us

enliser [ɑ̃lize]: **s'enliser** *vi* to sink, get stuck; (*dialogue etc*) to get bogged down

enluminure [ɑ̃lyminyʀ] *nf* illumination

ENM *sigle f* (*= École nationale de la magistrature*) *grande école for law students*

enneigé, e [ɑ̃neʒe] *adj* snowy; (*col*) snowed-up; (*maison*) snowed-in

enneigement [ɑ̃nɛʒmɑ̃] *nm* depth of snow, snowfall; **bulletin d'~** snow report

ennemi, e [ɛnmi] *adj* hostile; (*Mil*) enemy *cpd* ▷ *nm/f* enemy; **être ~ de** to be strongly averse *ou* opposed to

ennième [ɛnjɛm] *adj* = **nième**

ennoblir [ɑ̃nɔbliʀ] *vt* to ennoble

ennui [ɑ̃nɥi] *nm* (*lassitude*) boredom; (*difficulté*) trouble *no pl*; **avoir des ~s** to have problems; **s'attirer des ~s** to cause problems for o.s.

ennuie *etc* [ɑ̃nɥi] *vb voir* **ennuyer**

ennuyé, e [ɑ̃nɥije] *adj* (*air, personne*) preoccupied, worried

ennuyer [ɑ̃nɥije] *vt* to bother; (*lasser*) to bore; **s'ennuyer** *vi* to be bored; (*s'ennuyer de: regretter*) to miss; **si cela ne vous ennuie pas** if it's no trouble to you

ennuyeux, -euse [ɑ̃nɥijø, -øz] *adj* boring, tedious; (*agaçant*) annoying

énoncé [enɔ̃se] *nm* terms *pl*; wording; (*Ling*) utterance

énoncer [enɔ̃se] *vt* to say, express; (*conditions*) to set out, lay down, state

énonciation [enɔ̃sjasjɔ̃] *nf* statement

enorgueillir [ɑ̃nɔʀgœjiʀ]: **s'enorgueillir de** *vt* to

pride o.s. on; to boast
énorme [enɔʀm(ə)] *adj* enormous, huge
énormément [enɔʀmemɑ̃] *adv* enormously, tremendously; **~ de neige/gens** an enormous amount of snow/number of people
énormité [enɔʀmite] *nf* enormity, hugeness; (*propos*) outrageous remark
en part. *abr* (= *en particulier*) esp.
enquérir [ɑ̃keʀiʀ]: **s'enquérir de** *vt* to inquire about
enquête [ɑ̃kɛt] *nf* (*de journaliste, de police*) investigation; (*judiciaire, administrative*) inquiry; (*sondage d'opinion*) survey
enquêter [ɑ̃kete] *vi* to investigate; to hold an inquiry; (*faire un sondage*): **~ (sur)** to do a survey (on), carry out an opinion poll (on)
enquêteur, -euse *ou* **-trice** [ɑ̃kɛtœʀ, -øz, -tʀis] *nm/f* officer in charge of an investigation; person conducting a survey; pollster
enquiers, enquière *etc* [ɑ̃kjɛʀ] *vb voir* **enquérir**
enquiquiner [ɑ̃kikine] *vt* to rile, irritate
enquis, e [ɑ̃ki, -iz] *pp de* **enquérir**
enraciné, e [ɑ̃ʀasine] *adj* deep-rooted
enragé, e [ɑ̃ʀaʒe] *adj* (*Méd*) rabid, with rabies; (*furieux*) furiously angry; (*fig*) fanatical; **~ de** wild about
enrageant, e [ɑ̃ʀaʒɑ̃, -ɑ̃t] *adj* infuriating
enrager [ɑ̃ʀaʒe] *vi* to be furious, be in a rage; **faire ~ qn** to make sb wild with anger
enrayer [ɑ̃ʀeje] *vt* to check, stop; **s'enrayer** *vi* (*arme à feu*) to jam
enrégimenter [ɑ̃ʀeʒimɑ̃te] *vt* (*péj*) to enlist
enregistrement [ɑ̃ʀʒistʀəmɑ̃] *nm* recording; (*Admin*) registration; **~ des bagages** (*à l'aéroport*) baggage check-in; **~ magnétique** tape-recording
enregistrer [ɑ̃ʀʒistʀe] *vt* (*Mus*) to record; (*Inform*) to save; (*remarquer, noter*) to note, record; (*Comm: commande*) to note, enter; (*fig: mémoriser*) to make a mental note of; (*Admin*) to register; (*aussi:* **faire enregistrer**: *bagages: par train*) to register; (*: à l'aéroport*) to check in
enregistreur, -euse [ɑ̃ʀʒistʀœʀ, -øz] *adj* (*machine*) recording *cpd* ▷ *nm* (*appareil*): **~ de vol** (*Aviat*) flight recorder
enrhumé, e [ɑ̃ʀyme] *adj*: **il est ~** he has a cold
enrhumer [ɑ̃ʀyme]: **s'enrhumer** *vi* to catch a cold
enrichir [ɑ̃ʀiʃiʀ] *vt* to make rich(er); (*fig*) to enrich; **s'enrichir** *vi* to get rich(er)
enrichissant, e [ɑ̃ʀiʃisɑ̃, -ɑ̃t] *adj* instructive
enrichissement [ɑ̃ʀiʃismɑ̃] *nm* enrichment
enrober [ɑ̃ʀɔbe] *vt*: **~ qch de** to coat sth with; (*fig*) to wrap sth up in
enrôlement [ɑ̃ʀolmɑ̃] *nm* enlistment
enrôler [ɑ̃ʀole] *vt* to enlist; **s'enrôler (dans)** *vi* to enlist (in)
enroué, e [ɑ̃ʀwe] *adj* hoarse
enrouer [ɑ̃ʀwe]: **s'enrouer** *vi* to go hoarse
enrouler [ɑ̃ʀule] *vt* (*fil, corde*) to wind (up); **s'enrouler** to coil up; **~ qch autour de** to wind sth (a)round
enrouleur, -euse [ɑ̃ʀulœʀ, -øz] *adj* (*Tech*) winding ▷ *nm voir* **ceinture**
enrubanné, e [ɑ̃ʀybane] *adj* trimmed with ribbon
ENS *sigle f* = **école normale supérieure**
ensabler [ɑ̃sable] *vt* (*port, canal*) to silt up, sand up; (*embarcation*) to strand (on a sandbank); **s'ensabler** *vi* to silt up; to get stranded
ensacher [ɑ̃saʃe] *vt* to pack into bags
ENSAM *sigle f* (= *École nationale supérieure des arts et métiers*) *grande école for engineering students*
ensanglanté, e [ɑ̃sɑ̃glɑ̃te] *adj* covered with blood
enseignant, e [ɑ̃sɛɲɑ̃, -ɑ̃t] *adj* teaching ▷ *nm/f* teacher
enseigne [ɑ̃sɛɲ] *nf* sign ▷ *nm*: **~ de vaisseau** lieutenant; **à telle ~ que** so much so that; **être logés à la même ~** (*fig*) to be in the same boat; **~ lumineuse** neon sign
enseignement [ɑ̃sɛɲmɑ̃] *nm* teaching; **~ ménager** home economics; **~ primaire** primary (*Brit*) *ou* grade school (*US*) education; **~ secondaire** secondary (*Brit*) *ou* high school (*US*) education
enseigner [ɑ̃seɲe] *vt, vi* to teach; **~ qch à qn/à qn que** to teach sb sth/sb that
ensemble [ɑ̃sɑ̃bl(ə)] *adv* together ▷ *nm* (*assemblage, Math*) set; (*totalité*): **l'~ du/de la** the whole *ou* entire; (*vêtement féminin*) ensemble, suit; (*unité, harmonie*) unity; (*résidentiel*) housing development; **aller ~** to go together; **impression/idée d'~** overall *ou* general impression/idea; **dans l'~** (*en gros*) on the whole; **dans son ~** overall, in general; **~ vocal/musical** vocal/musical ensemble
ensemblier [ɑ̃sɑ̃blije] *nm* interior designer
ensemencer [ɑ̃smɑ̃se] *vt* to sow
enserrer [ɑ̃seʀe] *vt* to hug (tightly)
ENSET [ɛnsɛt] *sigle f* (= *École normale supérieure de l'enseignement technique*) *grande école for training technical teachers*
ensevelir [ɑ̃səvliʀ] *vt* to bury
ensilage [ɑ̃silaʒ] *nm* (*aliment*) silage
ensoleillé, e [ɑ̃sɔleje] *adj* sunny
ensoleillement [ɑ̃sɔlɛjmɑ̃] *nm* period *ou* hours *pl* of sunshine
ensommeillé, e [ɑ̃sɔmeje] *adj* sleepy, drowsy
ensorceler [ɑ̃sɔʀsəle] *vt* to enchant, bewitch
ensuite [ɑ̃sɥit] *adv* then, next; (*plus tard*) afterwards, later; **~ de quoi** after which
ensuivre [ɑ̃sɥivʀ(ə)]: **s'ensuivre** *vi* to follow, ensue; **il s'ensuit que ...** it follows that ...; **et tout ce qui s'ensuit** and all that goes with it
entaché, e [ɑ̃taʃe] *adj*: **~ de** marred by; **~ de nullité** null and void
entacher [ɑ̃taʃe] *vt* to soil
entaille [ɑ̃taj] *nf* (*encoche*) notch; (*blessure*) cut; **se faire une ~** to cut o.s.
entailler [ɑ̃taje] *vt* to notch; to cut; **s'~ le doigt** to cut one's finger
entamer [ɑ̃tame] *vt* to start; (*hostilités, pourparlers*) to open; (*fig: altérer*) to make a dent

in; to damage
entartrer [ɑ̃taʀtʀe]: **s'entartrer** *vi* to fur up; (*dents*) to become covered with plaque
entassement [ɑ̃tɑsmɑ̃] *nm* (*tas*) pile, heap
entasser [ɑ̃tɑse] *vt* (*empiler*) to pile up, heap up; (*tenir à l'étroit*) to cram together; **s'entasser** *vi* to pile up; to cram; **s'~ dans** to cram into
entendement [ɑ̃tɑ̃dmɑ̃] *nm* understanding
entendre [ɑ̃tɑ̃dʀ(ə)] *vt* to hear; (*comprendre*) to understand; (*vouloir dire*) to mean; (*vouloir*): **~ être obéi/que** to intend *ou* mean to be obeyed/that; **j'ai entendu dire que** I've heard (it said) that; **je suis heureux de vous l'~ dire** I'm pleased to hear you say it; **~ parler de** to hear of; **laisser ~ que, donner à ~ que** to let it be understood that; **~ raison** to see sense, listen to reason; **qu'est-ce qu'il ne faut pas ~!** whatever next!; **j'ai mal entendu** I didn't catch what was said; **je vous entends très mal** I can hardly hear you; **s'entendre** *vi* (*sympathiser*) to get on; (*se mettre d'accord*) to agree; **s'~ à qch/à faire** (*être compétent*) to be good at sth/doing; **ça s'entend** (*est audible*) it's audible; **je m'entends** I mean; **entendons-nous!** let's be clear what we mean
entendu, e [ɑ̃tɑ̃dy] *pp de* **entendre** ▷ *adj* (*réglé*) agreed; (*au courant: air*) knowing; **étant ~ que** since (it's understood *ou* agreed that); **(c'est) ~** all right, agreed; **c'est ~** (*concession*) all right, granted; **bien ~** of course
entente [ɑ̃tɑ̃t] *nf* (*entre amis, pays*) understanding, harmony; (*accord, traité*) agreement, understanding; **à double ~** (*sens*) with a double meaning
entériner [ɑ̃teʀine] *vt* to ratify, confirm
entérite [ɑ̃teʀit] *nf* enteritis *no pl*
enterrement [ɑ̃tɛʀmɑ̃] *nm* burying; (*cérémonie*) funeral, burial; (*cortège funèbre*) funeral procession
enterrer [ɑ̃teʀe] *vt* to bury
entêtant, e [ɑ̃tɛtɑ̃, -ɑ̃t] *adj* heady
en-tête [ɑ̃tɛt] *nm* heading; (*de papier à lettres*) letterhead; **papier à ~** headed notepaper
entêté, e [ɑ̃tete] *adj* stubborn
entêtement [ɑ̃tɛtmɑ̃] *nm* stubbornness
entêter [ɑ̃tete]: **s'entêter** *vi*: **s'~ (à faire)** to persist (in doing)
enthousiasmant, e [ɑ̃tuzjasmɑ̃, -ɑ̃t] *adj* exciting
enthousiasme [ɑ̃tuzjasm(ə)] *nm* enthusiasm; **avec ~** enthusiastically
enthousiasmé, e [ɑ̃tuzjasme] *adj* filled with enthusiasm
enthousiasmer [ɑ̃tuzjasme] *vt* to fill with enthusiasm; **s'~ (pour qch)** to get enthusiastic (about sth)
enthousiaste [ɑ̃tuzjast(ə)] *adj* enthusiastic
enticher [ɑ̃tiʃe]: **s'enticher de** *vt* to become infatuated with
entier, -ière [ɑ̃tje, -jɛʀ] *adj* (*non entamé, en totalité*) whole; (*total, complet*) complete; (*fig: caractère*) unbending, averse to compromise ▷ *nm* (*Math*) whole; **en ~** totally; in its entirety; **se donner tout ~ à qch** to devote o.s. completely to sth; **lait ~** full-cream milk; **pain ~** wholemeal bread; **nombre ~** whole number
entièrement [ɑ̃tjɛʀmɑ̃] *adv* entirely, completely, wholly
entité [ɑ̃tite] *nf* entity
entomologie [ɑ̃tɔmɔlɔʒi] *nf* entomology
entonner [ɑ̃tɔne] *vt* (*chanson*) to strike up
entonnoir [ɑ̃tɔnwaʀ] *nm* (*ustensile*) funnel; (*trou*) shell-hole, crater
entorse [ɑ̃tɔʀs(ə)] *nf* (*Méd*) sprain; (*fig*): **~ à la loi/au règlement** infringement of the law/rule; **se faire une ~ à la cheville/au poignet** to sprain one's ankle/wrist
entortiller [ɑ̃tɔʀtije] *vt* (*envelopper*): **~ qch dans/avec** to wrap sth in/with; (*enrouler*): **~ qch autour de** to twist *ou* wind sth (a)round; (*fam*): **~ qn** to get (a)round sb; (*: duper*) to hoodwink sb (*Brit*), trick sb; **s'entortiller dans** *vi* (*draps*) to roll o.s. up in; (*fig: réponses*) to get tangled up in
entourage [ɑ̃tuʀaʒ] *nm* circle; family (circle); (*d'une vedette etc*) entourage; (*ce qui enclôt*) surround
entouré, e [ɑ̃tuʀe] *adj* (*recherché, admiré*) popular; **~ de** surrounded by
entourer [ɑ̃tuʀe] *vt* to surround; (*apporter son soutien à*) to rally round; **~ de** to surround with; (*trait*) to encircle with; **s'entourer de** *vi* to surround o.s. with; **s'~ de précautions** to take all possible precautions
entourloupette [ɑ̃tuʀlupɛt] *nf* mean trick
entournures [ɑ̃tuʀnyʀ] *nfpl*: **gêné aux ~** in financial difficulties; (*fig*) a bit awkward
entracte [ɑ̃tʀakt(ə)] *nm* interval
entraide [ɑ̃tʀɛd] *nf* mutual aid *ou* assistance
entraider [ɑ̃tʀede]: **s'entraider** *vi* to help each other
entrailles [ɑ̃tʀɑj] *nfpl* entrails; (*humaines*) bowels
entrain [ɑ̃tʀɛ̃] *nm* spirit; **avec ~** (*répondre, travailler*) energetically; **faire qch sans ~** to do sth half-heartedly *ou* without enthusiasm
entraînant, e [ɑ̃tʀɛnɑ̃, -ɑ̃t] *adj* (*musique*) stirring, rousing
entraînement [ɑ̃tʀɛnmɑ̃] *nm* training; (*Tech*): **~ à chaîne/galet** chain/wheel drive; **manquer d'~** to be unfit; **~ par ergots/friction** (*Inform*) tractor/friction feed
entraîner [ɑ̃tʀene] *vt* (*tirer: wagons*) to pull; (*charrier*) to carry *ou* drag along; (*Tech*) to drive; (*emmener: personne*) to take (off); (*mener à l'assaut, influencer*) to lead; (*Sport*) to train; (*impliquer*) to entail; (*causer*) to lead to, bring about; **~ qn à faire** (*inciter*) to lead sb to do; **s'entraîner** *vi* (*Sport*) to train; **s'~ à qch/à faire** to train o.s. for sth/to do
entraîneur [ɑ̃tʀɛnœʀ] *nm* (*Sport*) coach, trainer; (*Hippisme*) trainer
entraîneuse [ɑ̃tʀɛnøz] *nf* (*de bar*) hostess
entrapercevoir [ɑ̃tʀapɛʀsəvwaʀ] *vt* to catch a glimpse of

entrave [ɑ̃tʀav] *nf* hindrance
entraver [ɑ̃tʀave] *vt* (*circulation*) to hold up; (*action, progrès*) to hinder, hamper
entre [ɑ̃tʀ(ə)] *prép* between; (*parmi*) among(st); **l'un d'~ eux/nous** one of them/us; **le meilleur d'~ eux/nous** the best of them/us; **ils préfèrent rester ~ eux** they prefer to keep to themselves; **~ autres (choses)** among other things; **~ nous, ...** between ourselves ..., between you and me ...; **ils se battent ~ eux** they are fighting among(st) themselves
entrebâillé, e [ɑ̃tʀəbɑje] *adj* half-open, ajar
entrebâillement [ɑ̃tʀəbɑjmɑ̃] *nm*: **dans l'~ (de la porte)** in the half-open door
entrebâiller [ɑ̃tʀəbɑje] *vt* to half open
entrechat [ɑ̃tʀəʃa] *nm* leap
entrechoquer [ɑ̃tʀəʃɔke]: **s'entrechoquer** *vi* to knock *ou* bang together
entrecôte [ɑ̃tʀəkot] *nf* entrecôte *ou* rib steak
entrecoupé, e [ɑ̃tʀəkupe] *adj* (*paroles, voix*) broken
entrecouper [ɑ̃tʀəkupe] *vt*: **~ qch de** to intersperse sth with; **~ un récit/voyage de** to interrupt a story/journey with; **s'entrecouper** *vi* (*traits, lignes*) to cut across each other
entrecroiser [ɑ̃tʀəkʀwaze] *vt*, **s'entrecroiser** *vi* to intertwine
entrée [ɑ̃tʀe] *nf* entrance; (*accès: au cinéma etc*) admission; (*billet*) (admission) ticket; (*Culin*) first course; (*Comm: de marchandises*) entry; (*Inform*) entry, input; **entrées** *nfpl*: **avoir ses ~s chez** *ou* **auprès de** to be a welcome visitor to; **d'~** *adv* from the outset; **erreur d'~** input error; **"~ interdite"** "no admittance *ou* entry"; **~ des artistes** stage door; **~ en matière** introduction; **~ principale** main entrance; **~ en scène** entrance; **~ de service** service entrance
entrefaites [ɑ̃tʀəfɛt]: **sur ces ~** *adv* at this juncture
entrefilet [ɑ̃tʀəfilɛ] *nm* (*article*) paragraph, short report
entregent [ɑ̃tʀəʒɑ̃] *nm*: **avoir de l'~** to have an easy manner
entrejambes [ɑ̃tʀəʒɑ̃b] *nm inv* crotch
entrelacement [ɑ̃tʀəlasmɑ̃] *nm*: **un ~ de ...** a network of ...
entrelacer [ɑ̃tʀəlase] *vt*, **s'entrelacer** *vi* to intertwine
entrelarder [ɑ̃tʀəlaʀde] *vt* to lard; (*fig*): **entrelardé de** interspersed with
entremêler [ɑ̃tʀəmele] *vt*: **~ qch de** to (inter)mingle sth with
entremets [ɑ̃tʀəmɛ] *nm* (cream) dessert
entremetteur, -euse [ɑ̃tʀəmɛtœʀ, -øz] *nm/f* go-between
entremettre [ɑ̃tʀəmɛtʀ(ə)]: **s'entremettre** *vi* to intervene
entremise [ɑ̃tʀəmiz] *nf* intervention; **par l'~ de** through
entrepont [ɑ̃tʀəpɔ̃] *nm* steerage; **dans l'~** in steerage
entreposer [ɑ̃tʀəpoze] *vt* to store, put into storage
entrepôt [ɑ̃tʀəpo] *nm* warehouse
entreprenant, e [ɑ̃tʀəpʀənɑ̃, -ɑ̃t] *vb voir* **entreprendre** ▷ *adj* (*actif*) enterprising; (*trop galant*) forward
entreprendre [ɑ̃tʀəpʀɑ̃dʀ(ə)] *vt* (*se lancer dans*) to undertake; (*commencer*) to begin *ou* start (upon); (*personne*) to buttonhole; **~ qn sur un sujet** to tackle sb on a subject; **~ de faire** to undertake to do
entrepreneur [ɑ̃tʀəpʀənœʀ] *nm*: **~ (en bâtiment)** (building) contractor; **~ de pompes funèbres** funeral director, undertaker
entreprenne *etc* [ɑ̃tʀəpʀɛn] *vb voir* **entreprendre**
entrepris, e [ɑ̃tʀəpʀi, -iz] *pp de* **entreprendre** ▷ *nf* (*société*) firm, business; (*action*) undertaking, venture
entrer [ɑ̃tʀe] *vi* to go (*ou* come) in, enter ▷ *vt* (*Inform*) to input, enter; **(faire) ~ qch dans** to get sth into; **~ dans** (*gén*) to enter; (*pièce*) to go (*ou* come) into, enter; (*club*) to join; (*heurter*) to run into; (*partager: vues, craintes de qn*) to share; (*être une composante de*) to go into; (*faire partie de*) to form part of; **~ au couvent** to enter a convent; **~ à l'hôpital** to go into hospital; **~ dans le système** (*Inform*) to log in; **~ en fureur** to become angry; **~ en ébullition** to start to boil; **~ en scène** to come on stage; **laisser ~ qn/qch** to let sb/sth in; **faire ~** (*visiteur*) to show in
entresol [ɑ̃tʀəsɔl] *nm* entresol, mezzanine
entre-temps [ɑ̃tʀətɑ̃] *adv* meanwhile, (in the) meantime
entretenir [ɑ̃tʀətniʀ] *vt* to maintain; (*amitié*) to keep alive; (*famille, maîtresse*) to support, keep; **~ qn (de)** to speak to sb (about); **s'entretenir (de)** to converse (about); **~ qn dans l'erreur** to let sb remain in ignorance
entretenu, e [ɑ̃tʀətny] *pp de* **entretenir** ▷ *adj* (*femme*) kept; **bien/mal ~** (*maison, jardin*) well/badly kept
entretien [ɑ̃tʀətjɛ̃] *nm* maintenance; (*discussion*) discussion, talk; (*audience*) interview; **frais d'~** maintenance charges
entretiendrai [ɑ̃tʀətjɛ̃dʀe], **entretiens** *etc* [ɑ̃tʀətjɛ̃] *vb voir* **entretenir**
entretuer [ɑ̃tʀətɥe]: **s'entretuer** *vi* to kill one another
entreverrai [ɑ̃tʀəvɛʀe], **entrevit** *etc* [ɑ̃tʀəvi] *vb voir* **entrevoir**
entrevoir [ɑ̃tʀəvwaʀ] *vt* (*à peine*) to make out; (*brièvement*) to catch a glimpse of
entrevu, e [ɑ̃tʀəvy] *pp de* **entrevoir** ▷ *nf* meeting; (*audience*) interview
entrouvert, e [ɑ̃tʀuvɛʀ, -ɛʀt(ə)] *pp de* **entrouvrir** ▷ *adj* half-open
entrouvrir [ɑ̃tʀuvʀiʀ] *vt*, **s'entrouvrir** *vi* to half open
énumération [enymeʀɑsjɔ̃] *nf* enumeration
énumérer [enymeʀe] *vt* to list, enumerate
envahir [ɑ̃vaiʀ] *vt* to invade; (*inquiétude, peur*) to

come over
envahissant, e [ɑ̃vaisɑ̃, -ɑ̃t] *adj* (*péj: personne*) interfering, intrusive
envahissement [ɑ̃vaismɑ̃] *nm* invasion
envahisseur [ɑ̃vaisœʀ] *nm* (*Mil*) invader
envasement [ɑ̃vɑzmɑ̃] *nm* silting up
envaser [ɑ̃vɑze]: **s'envaser** *vi* to get bogged down (in the mud)
enveloppe [ɑ̃vlɔp] *nf* (*de lettre*) envelope; (*Tech*) casing; outer layer; **mettre sous ~** to put in an envelope; **~ autocollante** self-seal envelope; **~ budgétaire** budget; **~ à fenêtre** window envelope
envelopper [ɑ̃vlɔpe] *vt* to wrap; (*fig*) to envelop, shroud; **s'~ dans un châle/une couverture** to wrap o.s. in a shawl/blanket
envenimer [ɑ̃vnime] *vt* to aggravate; **s'envenimer** *vi* (*plaie*) to fester; (*situation, relations*) to worsen
envergure [ɑ̃vɛʀgyʀ] *nf* (*d'un oiseau, avion*) wingspan; (*fig: étendue*) scope; (*: valeur*) calibre
enverrai *etc* [ɑ̃vɛʀe] *vb voir* **envoyer**
envers [ɑ̃vɛʀ] *prép* towards, to ▷ *nm* other side; (*d'une étoffe*) wrong side; **à l'~** upside down; back to front; (*vêtement*) inside out; **~ et contre tous** *ou* **tout** against all opposition
enviable [ɑ̃vjabl(ə)] *adj* enviable; **peu ~** unenviable
envie [ɑ̃vi] *nf* (*sentiment*) envy; (*souhait*) desire, wish; (*tache sur la peau*) birthmark; (*filet de peau*) hangnail; **avoir ~ de** to feel like; (*désir plus fort*) to want; **avoir ~ de faire** to feel like doing; to want to do; **avoir ~ que** to wish that; **donner à qn l'~ de faire** to make sb want to do; **ça lui fait ~** he would like that
envier [ɑ̃vje] *vt* to envy; **~ qch à qn** to envy sb sth; **n'avoir rien à ~ à** to have no cause to be envious of
envieux, -euse [ɑ̃vjø, -øz] *adj* envious
environ [ɑ̃viʀɔ̃] *adv*: **~ 3 h/2 km, 3 h/2km ~** (around) about 3 o'clock/2 km, 3 o'clock/2 km or so
environnant, e [ɑ̃viʀɔnɑ̃, -ɑ̃t] *adj* surrounding
environnement [ɑ̃viʀɔnmɑ̃] *nm* environment
environnementaliste [ɑ̃viʀɔnmɑ̃talist(ə)] *nm/f* environmentalist
environner [ɑ̃viʀɔne] *vt* to surround
environs [ɑ̃viʀɔ̃] *nmpl* surroundings; **aux ~ de** around
envisageable [ɑ̃vizaʒabl(ə)] *adj* conceivable
envisager [ɑ̃vizaʒe] *vt* (*examiner, considérer*) to view, contemplate; (*avoir en vue*) to envisage; **~ de faire** to consider doing
envoi [ɑ̃vwa] *nm* sending; (*paquet*) parcel, consignment; **~ contre remboursement** (*Comm*) cash on delivery
envoie *etc* [ɑ̃vwa] *vb voir* **envoyer**
envol [ɑ̃vɔl] *nm* takeoff
envolée [ɑ̃vɔle] *nf* (*fig*) flight
envoler [ɑ̃vɔle]: **s'envoler** *vi* (*oiseau*) to fly away *ou* off; (*avion*) to take off; (*papier, feuille*) to blow away; (*fig*) to vanish (into thin air)
envoûtant, e [ɑ̃vutɑ̃, -ɑ̃t] *adj* enchanting
envoûtement [ɑ̃vutmɑ̃] *nm* bewitchment
envoûter [ɑ̃vute] *vt* to bewitch
envoyé, e [ɑ̃vwaje] *nm/f* (*Pol*) envoy; (*Presse*) correspondent ▷ *adj*: **bien ~** (*remarque, réponse*) well-aimed
envoyer [ɑ̃vwaje] *vt* to send; (*lancer*) to hurl, throw; **~ une gifle/un sourire à qn** to aim a blow/flash a smile at sb; **~ les couleurs** to run up the colours; **~ chercher** to send for; **~ par le fond** (*bateau*) to send to the bottom
envoyeur, -euse [ɑ̃vwajœʀ, -øz] *nm/f* sender
enzyme [ɑ̃zim] *nf ou m* enzyme
éolien, ne [eɔljɛ̃, -ɛn] *adj* wind *cpd* ▷ *nf* wind turbine; **pompe ~ne** windpump
EOR *sigle m* (= *élève officier de réserve*) ≈ military cadet
éosine [eɔzin] *nf* eosin (*antiseptic used in France to treat skin ailments*)
épagneul, e [epaɲœl] *nm/f* spaniel
épais, se [epɛ, -ɛs] *adj* thick
épaisseur [epɛsœʀ] *nf* thickness
épaissir [epesiʀ] *vt*, **s'épaissir** *vi* to thicken
épaississement [epesismɑ̃] *nm* thickening
épanchement [epɑ̃ʃmɑ̃] *nm*: **un ~ de synovie** water on the knee; **épanchements** *nmpl* (*fig*) (sentimental) outpourings
épancher [epɑ̃ʃe] *vt* to give vent to; **s'épancher** *vi* to open one's heart; (*liquide*) to pour out
épandage [epɑ̃daʒ] *nm* manure spreading
épanoui, e [epanwi] *adj* (*éclos, ouvert, développé*) blooming; (*radieux*) radiant
épanouir [epanwiʀ]: **s'épanouir** *vi* (*fleur*) to bloom, open out; (*visage*) to light up; (*fig: se développer*) to blossom (out); (*: mentalement*) to open up
épanouissement [epanwismɑ̃] *nm* blossoming; opening up
épargnant, e [epaʀɲɑ̃, -ɑ̃t] *nm/f* saver, investor
épargne [epaʀɲ(ə)] *nf* saving; **l'~-logement** property investment
épargner [epaʀɲe] *vt* to save; (*ne pas tuer ou endommager*) to spare ▷ *vi* to save; **~ qch à qn** to spare sb sth
éparpillement [epaʀpijmɑ̃] *nm* (*de papier*) scattering; (*des efforts*) dissipation
éparpiller [epaʀpije] *vt* to scatter; (*pour répartir*) to disperse; (*fig: efforts*) to dissipate; **s'éparpiller** *vi* to scatter; (*fig*) to dissipate one's efforts
épars, e [epaʀ, -aʀs(ə)] *adj* (*maisons*) scattered; (*cheveux*) sparse
épatant, e [epatɑ̃, -ɑ̃t] *adj* (*fam*) super, splendid
épaté, e [epate] *adj*: **nez ~** flat nose (with wide nostrils)
épater [epate] *vt* to amaze; (*impressionner*) to impress
épaule [epol] *nf* shoulder
épaulé-jeté [epoleʒəte] (*pl* **épaulés-jetés**) *nm* (*Sport*) clean-and-jerk
épaulement [epolmɑ̃] *nm* escarpment; (*mur*) retaining wall
épauler [epole] *vt* (*aider*) to back up, support;

(*arme*) to raise (to one's shoulder) ▷ *vi* to (take) aim
épaulette [epolɛt] *nf* (*Mil, d'un veston*) epaulette; (*de combinaison*) shoulder strap
épave [epav] *nf* wreck
épée [epe] *nf* sword
épeler [eple] *vt* to spell
éperdu, e [epɛʀdy] *adj* (*personne*) overcome; (*sentiment*) passionate; (*fuite*) frantic
éperdument [epɛʀdymɑ̃] *adv* (*aimer*) wildly; (*espérer*) fervently
éperlan [epɛʀlɑ̃] *nm* (*Zool*) smelt
éperon [epʀɔ̃] *nm* spur
éperonner [epʀɔne] *vt* to spur (on); (*navire*) to ram
épervier [epɛʀvje] *nm* (*Zool*) sparrowhawk; (*Pêche*) casting net
éphèbe [efɛb] *nm* beautiful young man
éphémère [efemɛʀ] *adj* ephemeral, fleeting
éphéméride [efemeʀid] *nf* block *ou* tear-off calendar
épi [epi] *nm* (*de blé, d'orge*) ear; **~ de cheveux** tuft of hair; **stationnement/se garer en ~** parking/to park at an angle to the kerb
épice [epis] *nf* spice
épicé, e [epise] *adj* highly spiced, spicy; (*fig*) spicy
épicéa [episea] *nm* spruce
épicentre [episɑ̃tʀ(ə)] *nm* epicentre
épicer [epise] *vt* to spice; (*fig*) to add spice to
épicerie [episʀi] *nf* (*magasin*) grocer's shop; (*denrées*) groceries *pl*; **~ fine** delicatessen (shop)
épicier, -ière [episje, -jɛʀ] *nm/f* grocer
épicurien, ne [epikyʀjɛ̃, -ɛn] *adj* epicurean
épidémie [epidemi] *nf* epidemic
épidémique [epidemik] *adj* epidemic
épiderme [epidɛʀm(ə)] *nm* skin, epidermis
épidermique [epidɛʀmik] *adj* skin *cpd*, epidermic
épier [epje] *vt* to spy on, watch closely; (*occasion*) to look out for
épieu, x [epjø] *nm* (hunting-)spear
épigramme [epigʀam] *nf* epigram
épigraphe [epigʀaf] *nf* epigraph
épilation [epilɑsjɔ̃] *nf* removal of unwanted hair
épilatoire [epilatwaʀ] *adj* depilatory, hair-removing
épilepsie [epilɛpsi] *nf* epilepsy
épileptique [epilɛptik] *adj, nm/f* epileptic
épiler [epile] *vt* (*jambes*) to remove the hair from; (*sourcils*) to pluck; **s'~ les jambes** to remove the hair from one's legs; **s'~ les sourcils** to pluck one's eyebrows; **se faire ~** to get unwanted hair removed; **crème à ~** hair-removing *ou* depilatory cream; **pince à ~** eyebrow tweezers
épilogue [epilɔg] *nm* (*fig*) conclusion, dénouement
épiloguer [epilɔge] *vi*: **~ sur** to hold forth on
épinards [epinaʀ] *nmpl* spinach *sg*
épine [epin] *nf* thorn, prickle; (*d'oursin etc*) spine, prickle; **~ dorsale** backbone
épineux, -euse [epinø, -øz] *adj* thorny, prickly
épinglage [epɛ̃glaʒ] *nm* pinning
épingle [epɛ̃gl(ə)] *nf* pin; **tirer son ~ du jeu** to play one's game well; **tiré à quatre ~s** well turned-out; **monter qch en ~** to build sth up, make a thing of sth (*fam*); **~ à chapeau** hatpin; **~ à cheveux** hairpin; **virage en ~ à cheveux** hairpin bend; **~ de cravate** tie pin; **~ de nourrice** *ou* **de sûreté** *ou* **double** safety pin, nappy (*Brit*) *ou* diaper (*US*) pin
épingler [epɛ̃gle] *vt* (*badge, décoration*): **~ qch sur** to pin sth on(to); (*Couture: tissu, robe*) to pin together; (*fam*) to catch, nick
épinière [epinjɛʀ] *adj f voir* **moelle**
Épiphanie [epifani] *nf* Epiphany
épique [epik] *adj* epic
épiscopal, e, -aux [episkɔpal, -o] *adj* episcopal
épiscopat [episkɔpa] *nm* bishopric, episcopate
épisiotomie [epizjɔtomi] *nf* (*Méd*) episiotomy
épisode [epizɔd] *nm* episode; **film/roman à ~s** serialized film/novel, serial
épisodique [epizɔdik] *adj* occasional
épisodiquement [epizɔdikmɑ̃] *adv* occasionally
épissure [episyʀ] *nf* splice
épistémologie [epistemɔlɔʒi] *nf* epistemology
épistolaire [epistɔlɛʀ] *adj* epistolary; **être en relations ~s avec qn** to correspond with sb
épitaphe [epitaf] *nf* epitaph
épithète [epitɛt] *nf* (*nom, surnom*) epithet; **adjectif ~** attributive adjective
épître [epitʀ(ə)] *nf* epistle
éploré, e [eplɔʀe] *adj* in tears, tearful
épluchage [eplyʃaʒ] *nm* peeling; (*de dossier etc*) careful reading *ou* analysis
épluche-légumes [eplyʃlegym] *nm inv* potato peeler
éplucher [eplyʃe] *vt* (*fruit, légumes*) to peel; (*comptes, dossier*) to go over with a fine-tooth comb
éplucheur [eplyʃœʀ] *nm* (automatic) peeler
épluchures [eplyʃyʀ] *nfpl* peelings
épointer [epwɛ̃te] *vt* to blunt
éponge [epɔ̃ʒ] *nf* sponge; **passer l'~ (sur)** (*fig*) to let bygones be bygones (with regard to); **jeter l'~** (*fig*) to throw in the towel; **~ métallique** scourer
éponger [epɔ̃ʒe] *vt* (*liquide*) to mop *ou* sponge up; (*surface*) to sponge; (*fig: déficit*) to soak up, absorb; **s'~ le front** to mop one's brow
épopée [epɔpe] *nf* epic
époque [epɔk] *nf* (*de l'histoire*) age, era; (*de l'année, la vie*) time; **d'~** *adj* (*meuble*) period *cpd*; **à cette ~** at this (*ou* that) time *ou* period; **faire ~** to make history
épouiller [epuje] *vt* to pick lice off; (*avec un produit*) to delouse
époumoner [epumɔne]: **s'époumoner** *vi* to shout (*ou* sing) o.s. hoarse
épouse [epuz] *nf* wife
épouser [epuze] *vt* to marry; (*fig: idées*) to espouse; (*: forme*) to fit

époussetage [epustaʒ] *nm* dusting
épousseter [epuste] *vt* to dust
époustouflant, e [epustuflɑ̃, -ɑ̃t] *adj* staggering, mind-boggling
époustoufler [epustufle] *vt* to flabbergast, astound
épouvantable [epuvɑ̃tabl(ə)] *adj* appalling, dreadful
épouvantablement [epuvɑ̃tabləmɑ̃] *adj* terribly, dreadfully
épouvantail [epuvɑ̃taj] *nm* (*à moineaux*) scarecrow; (*fig*) bog(e)y; bugbear
épouvante [epuvɑ̃t] *nf* terror; **film d'~** horror film
épouvanter [epuvɑ̃te] *vt* to terrify
époux [epu] *nm* husband ▷ *nmpl*: **les ~** the (married) couple, the husband and wife
éprendre [epʀɑ̃dʀ(ə)]: **s'éprendre de** *vt* to fall in love with
épreuve [epʀœv] *nf* (*d'examen*) test; (*malheur, difficulté*) trial, ordeal; (*Photo*) print; (*Typo*) proof; (*Sport*) event; **à l'~ des balles/du feu** (*vêtement*) bulletproof/fireproof; **à toute ~** unfailing; **mettre à l'~** to put to the test; **~ de force** trial of strength; (*fig*) showdown; **~ de résistance** test of resistance; **~ de sélection** (*Sport*) heat
épris, e [epʀi, -iz] *vb voir* **éprendre** ▷ *adj*: **~ de** in love with
éprouvant, e [epʀuvɑ̃, -ɑ̃t] *adj* trying
éprouvé, e [epʀuve] *adj* tested, proven
éprouver [epʀuve] *vt* (*tester*) to test; (*mettre à l'épreuve*) to put to the test; (*marquer, faire souffrir*) to afflict, distress; (*ressentir*) to experience
éprouvette [epʀuvɛt] *nf* test tube
EPS *sigle f* (= *Éducation physique et sportive*) ≈ PE
épuisant, e [epɥizɑ̃, -ɑ̃t] *adj* exhausting
épuisé, e [epɥize] *adj* exhausted; (*livre*) out of print
épuisement [epɥizmɑ̃] *nm* exhaustion; **jusqu'à ~ des stocks** while stocks last
épuiser [epɥize] *vt* (*fatiguer*) to exhaust, wear *ou* tire out; (*stock, sujet*) to exhaust; **s'épuiser** *vi* to wear *ou* tire o.s. out, exhaust o.s.; (*stock*) to run out
épuisette [epɥizɛt] *nf* landing net; shrimping net
épuration [epyʀasjɔ̃] *nf* purification; purging; refinement
épure [epyʀ] *nf* working drawing
épurer [epyʀe] *vt* (*liquide*) to purify; (*parti, administration*) to purge; (*langue, texte*) to refine
équarrir [ekaʀiʀ] *vt* (*pierre, arbre*) to square (off); (*animal*) to quarter
équateur [ekwatœʀ] *nm* equator; **(la république de) l'É~** Ecuador
équation [ekwasjɔ̃] *nf* equation; **mettre en ~** to equate; **~ du premier/second degré** simple/quadratic equation
équatorial, e, -aux [ekwatɔʀjal, -o] *adj* equatorial
équatorien, ne [ekwatɔʀjɛ̃, -ɛn] *adj* Ecuadorian ▷ *nm/f*: **Équatorien, ne** Ecuadorian
équerre [ekɛʀ] *nf* (*à dessin*) (set) square; (*pour fixer*) brace; **en ~** at right angles; **à l'~, d'~** straight; **double ~** T-square
équestre [ekɛstʀ(ə)] *adj* equestrian
équeuter [ekøte] *vt* (*Culin*) to remove the stalk(s) from
équidé [ekide] *nm* (*Zool*) member of the horse family
équidistance [ekɥidistɑ̃s] *nf*: **à ~ (de)** equidistant (from)
équidistant, e [ekɥidistɑ̃, -ɑ̃t] *adj*: **~ (de)** equidistant (from)
équilatéral, e, -aux [ekɥilateʀal, -o] *adj* equilateral
équilibrage [ekilibʀaʒ] *nm* (*Auto*): **~ des roues** wheel balancing
équilibre [ekilibʀ(ə)] *nm* balance; (*d'une balance*) equilibrium; **~ budgétaire** balanced budget; **garder/perdre l'~** to keep/lose one's balance; **être en ~** to be balanced; **mettre en ~** to make steady; **avoir le sens de l'~** to be well-balanced
équilibré, e [ekilibʀe] *adj* (*fig*) well-balanced, stable
équilibrer [ekilibʀe] *vt* to balance; **s'équilibrer** *vi* (*poids*) to balance; (*fig: défauts etc*) to balance each other out
équilibriste [ekilibʀist(ə)] *nm/f* tightrope walker
équinoxe [ekinɔks] *nm* equinox
équipage [ekipaʒ] *nm* crew; **en grand ~** in great array
équipe [ekip] *nf* team; (*bande: parfois péj*) bunch; **travailler par ~s** to work in shifts; **travailler en ~** to work as a team; **faire ~ avec** to team up with; **~ de chercheurs** research team; **~ de secours** *ou* **de sauvetage** rescue team
équipé, e [ekipe] *adj* (*cuisine etc*) equipped, fitted(-out) ▷ *nf* escapade
équipement [ekipmɑ̃] *nm* equipment; **équipements** *nmpl* amenities, facilities; installations; **biens/dépenses d'~** capital goods/expenditure; **ministère de l'É~** department of public works; **~s sportifs/collectifs** sports/community facilities *ou* resources
équiper [ekipe] *vt* to equip; (*voiture, cuisine*) to equip, fit out; **~ qn/qch de** to equip sb/sth with; **s'équiper** *vi* (*sportif*) to equip o.s., kit o.s. out
équipier, -ière [ekipje, -jɛʀ] *nm/f* team member
équitable [ekitabl(ə)] *adj* fair
équitablement [ekitabləmɑ̃] *adv* fairly, equitably
équitation [ekitasjɔ̃] *nf* (horse-)riding; **faire de l'~** to go (horse-)riding
équité [ekite] *nf* equity
équivaille *etc* [ekivaj] *vb voir* **équivaloir**
équivalence [ekivalɑ̃s] *nf* equivalence
équivalent, e [ekivalɑ̃, -ɑ̃t] *adj, nm* equivalent
équivaloir [ekivalwaʀ]: **~ à** *vt* to be equivalent to; (*représenter*) to amount to
équivaut *etc* [ekivo] *vb voir* **équivaloir**
équivoque [ekivɔk] *adj* equivocal, ambiguous;

(*louche*) dubious ▷ *nf* ambiguity
érable [eʀabl(ə)] *nm* maple
éradication [eʀadikɑsjɔ̃] *nf* eradication
éradiquer [eʀadike] *vt* to eradicate
érafler [eʀɑfle] *vt* to scratch; **s'~ la main/les jambes** to scrape *ou* scratch one's hand/legs
éraflure [eʀɑflyʀ] *nf* scratch
éraillé, e [eʀɑje] *adj* (*voix*) rasping, hoarse
ère [ɛʀ] *nf* era; **en l'an 1050 de notre ~** in the year 1050 A.D.
érection [eʀɛksjɔ̃] *nf* erection
éreintant, e [eʀɛ̃tɑ̃, -ɑ̃t] *adj* exhausting
éreinté, e [eʀɛ̃te] *adj* exhausted
éreintement [eʀɛ̃tmɑ̃] *nm* exhaustion
éreinter [eʀɛ̃te] *vt* to exhaust, wear out; (*fig: critiquer*) to slate; **s'~ (à faire qch/à qch)** to wear o.s. out (doing sth/with sth)
ergonomie [ɛʀgɔnɔmi] *nf* ergonomics *sg*
ergonomique [ɛʀgɔnɔmik] *adj* ergonomic
ergot [ɛʀgo] *nm* (*de coq*) spur; (*Tech*) lug
ergoter [ɛʀgɔte] *vi* to split hairs, argue over details
ergoteur, -euse [ɛʀgɔtœʀ, -øz] *nm/f* hairsplitter
ériger [eʀiʒe] *vt* (*monument*) to erect; **~ qch en principe/loi** to make sth a principle/law; **s'~ en critique (de)** to set o.s. up as a critic (of)
ermitage [ɛʀmitaʒ] *nm* retreat
ermite [ɛʀmit] *nm* hermit
éroder [eʀɔde] *vt* to erode
érogène [eʀɔʒɛn] *adj* erogenous
érosion [eʀozjɔ̃] *nf* erosion
érotique [eʀɔtik] *adj* erotic
érotiquement [eʀɔtikmɑ̃] *adv* erotically
érotisme [eʀɔtism(ə)] *nm* eroticism
errance [ɛʀɑ̃s] *nf* wandering
errant, e [ɛʀɑ̃, -ɑ̃t] *adj*: **un chien ~** a stray dog
erratum [ɛʀatɔm, -a] (*pl* **errata**) *nm* erratum
errements [ɛʀmɑ̃] *nmpl* misguided ways
errer [ɛʀe] *vi* to wander
erreur [ɛʀœʀ] *nf* mistake, error; (*Inform*) error; (*morale*): **~s** *nfpl* errors; **être dans l'~** to be wrong; **induire qn en ~** to mislead sb; **par ~** by mistake; **sauf ~** unless I'm mistaken; **faire ~** to be mistaken; **~ de date** mistake in the date; **~ de fait** error of fact; **~ d'impression** (*Typo*) misprint; **~ judiciaire** miscarriage of justice; **~ de jugement** error of judgment; **~ matérielle** *ou* **d'écriture** clerical error; **~ tactique** tactical error
erroné, e [ɛʀɔne] *adj* wrong, erroneous
ersatz [ɛʀzats] *nm* substitute, ersatz; **~ de café** coffee substitute
éructer [eʀykte] *vi* to belch
érudit, e [eʀydi, -it] *adj* erudite, learned ▷ *nm/f* scholar
érudition [eʀydisjɔ̃] *nf* erudition, scholarship
éruptif, -ive [eʀyptif, -iv] *adj* eruptive
éruption [eʀypsjɔ̃] *nf* eruption; (*cutanée*) outbreak; (*: boutons*) rash; (*fig: de joie, colère, folie*) outburst
E/S *abr* (= *entrée/sortie*) I/O (= *in/out*)
es [ɛ] *vb voir* **être**
ès [ɛs] *prép*: **licencié ès lettres/sciences** ≈ Bachelor of Arts/Science; **docteur ès lettres** ≈ doctor of philosophy, ≈ PhD
esbroufe [ɛsbʀuf] *nf*: **faire de l'~** to have people on
escabeau, x [ɛskabo] *nm* (*tabouret*) stool; (*échelle*) stepladder
escadre [ɛskadʀ(ə)] *nf* (*Navig*) squadron; (*Aviat*) wing
escadrille [ɛskadʀij] *nf* (*Aviat*) flight
escadron [ɛskadʀɔ̃] *nm* squadron
escalade [ɛskalad] *nf* climbing *no pl*; (*Pol etc*) escalation
escalader [ɛskalade] *vt* to climb, scale
escalator [ɛskalatɔʀ] *nm* escalator
escale [ɛskal] *nf* (*Navig*) call; (*: port*) port of call; (*Aviat*) stop(over); **faire ~ à** to put in at, call in at; to stop over at; **~ technique** (*Aviat*) refuelling stop
escalier [ɛskalje] *nm* stairs *pl*; **dans l'~** *ou* **les ~s** on the stairs; **descendre l'~** *ou* **les ~s** to go downstairs; **~ mécanique** *ou* **roulant** escalator; **~ de secours** fire escape; **~ de service** backstairs; **~ à vis** *ou* **en colimaçon** spiral staircase
escalope [ɛskalɔp] *nf* escalope
escamotable [ɛskamɔtabl(ə)] *adj* (*train d'atterrissage, antenne*) retractable; (*table, lit*) fold-away
escamoter [ɛskamɔte] *vt* (*esquiver*) to get round, evade; (*faire disparaître*) to conjure away; (*dérober: portefeuille etc*) to snatch; (*train d'atterrissage*) to retract; (*mots*) to miss out
escapade [ɛskapad] *nf*: **faire une ~** to go on a jaunt; (*s'enfuir*) to run away *ou* off
escarbille [ɛskaʀbij] *nf* bit of grit
escarcelle [ɛskaʀsɛl] *nf*: **faire tomber dans l'~** (*argent*) to bring in
escargot [ɛskaʀgo] *nm* snail
escarmouche [ɛskaʀmuʃ] *nf* (*Mil*) skirmish; (*fig: propos hostiles*) angry exchange
escarpé, e [ɛskaʀpe] *adj* steep
escarpement [ɛskaʀpəmɑ̃] *nm* steep slope
escarpin [ɛskaʀpɛ̃] *nm* flat(-heeled) shoe
escarre [ɛskaʀ] *nf* bedsore
Escaut [ɛsko] *nm*: **l'~** the Scheldt
escient [esjɑ̃] *nm*: **à bon ~** advisedly
esclaffer [ɛsklafe]: **s'esclaffer** *vi* to guffaw
esclandre [ɛsklɑ̃dʀ(ə)] *nm* scene, fracas
esclavage [ɛsklavaʒ] *nm* slavery
esclavagiste [ɛsklavaʒist(ə)] *adj* pro-slavery ▷ *nm/f* supporter of slavery
esclave [ɛsklav] *nm/f* slave; **être ~ de** (*fig*) to be a slave of
escogriffe [ɛskɔgʀif] *nm* (*péj*) beanpole
escompte [ɛskɔ̃t] *nm* discount
escompter [ɛskɔ̃te] *vt* (*Comm*) to discount; (*espérer*) to expect, reckon upon; **~ que** to reckon *ou* expect that
escorte [ɛskɔʀt(ə)] *nf* escort; **faire ~ à** to escort
escorter [ɛskɔʀte] *vt* to escort
escorteur [ɛskɔʀtœʀ] *nm* (*Navig*) escort (ship)

escouade [ɛskwad] *nf* squad; (*fig: groupe de personnes*) group
escrime [ɛskʀim] *nf* fencing; **faire de l'~** to fence
escrimer [ɛskʀime]: **s'escrimer** *vi*: **s'~ à faire** to wear o.s. out doing
escrimeur, -euse [ɛskʀimœʀ, -øz] *nm/f* fencer
escroc [ɛskʀo] *nm* swindler, con-man
escroquer [ɛskʀɔke] *vt*: **~ qn (de qch)/qch à qn** to swindle sb (out of sth)/sth out of sb
escroquerie [ɛskʀɔkʀi] *nf* swindle
ésotérique [ezɔteʀik] *adj* esoteric
espace [ɛspas] *nm* space; **~ publicitaire** advertising space; **~ vital** living space
espacé, e [ɛspase] *adj* spaced out
espacement [ɛspasmɑ̃] *nm*: **~ proportionnel** proportional spacing (*on printer*)
espacer [ɛspase] *vt* to space out; **s'espacer** *vi* (*visites etc*) to become less frequent
espadon [ɛspadɔ̃] *nm* swordfish *inv*
espadrille [ɛspadʀij] *nf* rope-soled sandal
Espagne [ɛspaɲ(ə)] *nf*: **l'~** Spain
espagnol, e [ɛspaɲɔl] *adj* Spanish ▷ *nm* (*Ling*) Spanish ▷ *nm/f*: **Espagnol, e** Spaniard
espagnolette [ɛspaɲɔlɛt] *nf* (window) catch; **fermé à l'~** resting on the catch
espalier [ɛspalje] *nm* (*arbre fruitier*) espalier
espèce [ɛspɛs] *nf* (*Bio, Bot, Zool*) species *inv*; (*gén: sorte*) sort, kind, type; (*péj*): **~ de maladroit/de brute!** you clumsy oaf/you brute!; **espèces** *nfpl* (*Comm*) cash *sg*; (*Rel*) species; **de toute ~** of all kinds *ou* sorts; **en l'~** *adv* in the case in point; **payer en ~s** to pay (in) cash; **cas d'~** individual case; **l'~ humaine** humankind
espérance [ɛspeʀɑ̃s] *nf* hope; **~ de vie** life expectancy
espéranto [ɛspeʀɑ̃to] *nm* Esperanto
espérer [ɛspeʀe] *vt* to hope for; **j'espère (bien)** I hope so; **~ que/faire** to hope that/to do; **~ en** to trust in
espiègle [ɛspjɛgl(ə)] *adj* mischievous
espièglerie [ɛspjɛgləʀi] *nf* mischievousness; (*tour, farce*) piece of mischief, prank
espion, ne [ɛspjɔ̃, -ɔn] *nm/f* spy; **avion ~** spy plane
espionnage [ɛspjɔnaʒ] *nm* espionage, spying; **film/roman d'~** spy film/novel
espionner [ɛspjɔne] *vt* to spy (up)on
esplanade [ɛsplanad] *nf* esplanade
espoir [ɛspwaʀ] *nm* hope; **l'~ de qch/de faire qch** the hope of sth/of doing sth; **avoir bon ~ que ...** to have high hopes that ...; **garder l'~ que ...** to remain hopeful that ...; **un ~ de la boxe/du ski** one of boxing's/skiing's hopefuls, one of the hopes of boxing/skiing; **sans ~** *adj* hopeless
esprit [ɛspʀi] *nm* (*pensée, intellect*) mind; (*humour, ironie*) wit; (*mentalité, d'une loi etc, fantôme etc*) spirit; **l'~ d'équipe/de compétition** team/competitive spirit; **faire de l'~** to try to be witty; **reprendre ses ~s** to come to; **perdre l'~** to lose one's mind; **avoir bon/mauvais ~** to be of a good/bad disposition; **avoir l'~ à faire qch** to have a mind to do sth; **avoir l'~ critique** to be critical; **~ de contradiction** contrariness; **~ de corps** esprit de corps; **~ de famille** family loyalty; **l'~ malin** (*le diable*) the Evil One; **~s chagrins** fault-finders
esquif [ɛskif] *nm* skiff
esquimau, de, -x [ɛskimo, -od] *adj* Eskimo ▷ *nm* (*Ling*) Eskimo; (*glace*): **E~®** ice lolly (*Brit*), popsicle (*US*) ▷ *nm/f*: **Esquimau, de** Eskimo; **chien ~** husky
esquinter [ɛskɛ̃te] *vt* (*fam*) to mess up; **s'esquinter** *vi*: **s'~ à faire qch** to knock o.s. out doing sth
esquisse [ɛskis] *nf* sketch; **l'~ d'un sourire/changement** a hint of a smile/of change
esquisser [ɛskise] *vt* to sketch; **s'esquisser** *vi* (*amélioration*) to begin to be detectable; **~ un sourire** to give a hint of a smile
esquive [ɛskiv] *nf* (*Boxe*) dodging; (*fig*) sidestepping
esquiver [ɛskive] *vt* to dodge; **s'esquiver** *vi* to slip away
essai [esɛ] *nm* trying; (*tentative*) attempt, try; (*Rugby*) try; (*Littérature*) essay; **essais** *nmpl* (*Auto*) trials; **à l'~** on a trial basis; **~ gratuit** (*Comm*) free trial
essaim [esɛ̃] *nm* swarm
essaimer [eseme] *vi* to swarm; (*fig*) to spread, expand
essayage [esɛjaʒ] *nm* (*d'un vêtement*) trying on, fitting; **salon d'~** fitting room; **cabine d'~** fitting room (*cubicle*)
essayer [eseje] *vt* (*gén*) to try; (*vêtement, chaussures*) to try (on); (*restaurant, méthode, voiture*) to try (out) ▷ *vi* to try; **~ de faire** to try *ou* attempt to do; **s'~ à faire** to try one's hand at doing; **essayez un peu!** (*menace*) just you try!
essayeur, -euse [esɛjœʀ, -øz] *nm/f* (*chez un tailleur etc*) fitter
essayiste [esejist(ə)] *nm/f* essayist
ESSEC [esɛk] *sigle f* (= *École supérieure des sciences économiques et sociales*) *grande école for management and business studies*
essence [esɑ̃s] *nf* (*de voiture*) petrol (*Brit*), gas(oline) (*US*); (*extrait de plante, Philosophie*) essence; (*espèce: d'arbre*) species *inv*; **prendre de l'~** to get (some) petrol *ou* gas; **par ~** (*essentiellement*) essentially; **~ de citron/rose** lemon/rose oil; **~ sans plomb** unleaded petrol; **~ de térébenthine** turpentine
essentiel, le [esɑ̃sjɛl] *adj* essential ▷ *nm*: **l'~ d'un discours/d'une œuvre** the essence of a speech/work of art; **emporter l'~** to take the essentials; **c'est l'~** (*ce qui importe*) that's the main thing; **l'~ de** (*la majeure partie*) the main part of
essentiellement [esɑ̃sjɛlmɑ̃] *adv* essentially
esseulé, e [esœle] *adj* forlorn
essieu, x [esjø] *nm* axle
essor [esɔʀ] *nm* (*de l'économie etc*) rapid expansion; **prendre son ~** (*oiseau*) to fly off

essorage [esɔʀaʒ] *nm* wringing out; spin-drying; spinning; shaking
essorer [esɔʀe] *vt* (*en tordant*) to wring (out); (*par la force centrifuge*) to spin-dry; (*salade*) to spin; (*: en secouant*) to shake dry
essoreuse [esɔʀøz] *nf* mangle, wringer; (*à tambour*) spin-dryer
essoufflé, e [esufle] *adj* out of breath, breathless
essouffler [esufle] *vt* to make breathless; **s'essouffler** *vi* to get out of breath; (*fig: économie*) to run out of steam
essuie *etc* [esɥi] *vb voir* **essuyer**
essuie-glace [esɥiglas] *nm* windscreen (*Brit*) *ou* windshield (US) wiper
essuie-mains [esɥimɛ̃] *nm inv* hand towel
essuierai *etc* [esɥiʀe] *vb voir* **essuyer**
essuie-tout [esɥitu] *nm inv* kitchen paper
essuyer [esɥije] *vt* to wipe; (*fig: subir*) to suffer; **s'essuyer** (*après le bain*) to dry o.s.; **~ la vaisselle** to dry up, dry the dishes
est [ɛ] *vb voir* **être** ▷ *nm* [ɛst]: **l'~** the east ▷ *adj inv* east; (*région*) east(ern); **à l'~** in the east; (*direction*) to the east, east(wards); **à l'~ de** (to the) east of; **les pays de l'E~** the eastern countries
estafette [ɛstafɛt] *nf* (*Mil*) dispatch rider
estafilade [ɛstafilad] *nf* gash, slash
est-allemand, e [ɛstalmɑ̃, -ɑ̃d] *adj* East German
estaminet [ɛstaminɛ] *nm* tavern
estampe [ɛstɑ̃p] *nf* print, engraving
estamper [ɛstɑ̃pe] *vt* (*monnaies etc*) to stamp; (*fam: escroquer*) to swindle
estampille [ɛstɑ̃pij] *nf* stamp
est-ce que [ɛskə] *adv*: **~ c'est cher/c'était bon?** is it expensive/was it good?; **quand est-ce qu'il part?** when does he leave?, when is he leaving?; **où est-ce qu'il va?** where's he going?; *voir aussi* **que**
este [ɛst(ə)] *adj* Estonian ▷ *nm/f*: **Este** Estonian
esthète [ɛstɛt] *nm/f* aesthete
esthéticienne [ɛstetisjɛn] *nf* beautician
esthétique [ɛstetik] *adj* (*sens, jugement*) aesthetic; (*beau*) attractive, aesthetically pleasing ▷ *nf* aesthetics *sg*; **l'~ industrielle** industrial design
esthétiquement [ɛstetikmɑ̃] *adv* aesthetically
estimable [ɛstimabl(ə)] *adj* respected
estimatif, -ive [ɛstimatif, -iv] *adj* estimated
estimation [ɛstimasjɔ̃] *nf* valuation; assessment; **d'après mes ~s** according to my calculations
estime [ɛstim] *nf* esteem, regard; **avoir de l'~ pour qn** to think highly of sb
estimer [ɛstime] *vt* (*respecter*) to esteem, hold in high regard; (*expertiser*) to value; (*évaluer*) to assess, estimate; (*penser*): **~ que/être** to consider that/o.s. to be; **s'estimer satisfait/heureux** *vi* to feel satisfied/happy; **j'estime la distance à 10 km** I reckon the distance to be 10 km
estival, e, -aux [ɛstival, -o] *adj* summer *cpd*; **station ~e** (summer) holiday resort
estivant, e [ɛstivɑ̃, -ɑ̃t] *nm/f* (summer) holiday-maker
estoc [ɛstɔk] *nm*: **frapper d'~ et de taille** to cut and thrust
estocade [ɛstɔkad] *nf* death-blow
estomac [ɛstɔma] *nm* stomach; **avoir mal à l'~** to have stomach ache; **avoir l'~ creux** to have an empty stomach
estomaqué, e [ɛstɔmake] *adj* flabbergasted
estompe [ɛstɔ̃p] *nf* stump; (*dessin*) stump drawing
estompé, e [ɛstɔ̃pe] *adj* blurred
estomper [ɛstɔ̃mpe] *vt* (*Art*) to shade off; (*fig*) to blur, dim; **s'estomper** *vi* (*sentiments*) to soften; (*contour*) to become blurred
Estonie [ɛstɔni] *nf*: **l'~** Estonia
estonien, ne [ɛstɔnjɛ̃, -ɛn] *adj* Estonian ▷ *nm* (*Ling*) Estonian ▷ *nm/f*: **Estonien, ne** Estonian
estrade [ɛstʀad] *nf* platform, rostrum
estragon [ɛstʀagɔ̃] *nm* tarragon
estropié, e [ɛstʀɔpje] *nm/f* cripple
estropier [ɛstʀɔpje] *vt* to cripple, maim; (*fig*) to twist, distort
estuaire [ɛstɥɛʀ] *nm* estuary
estudiantin, e [ɛstydjɑ̃tɛ̃, -in] *adj* student *cpd*
esturgeon [ɛstyʀʒɔ̃] *nm* sturgeon
et [e] *conj* and; **et lui?** what about him?; **et alors?**, **et (puis) après?** so what?; (*ensuite*) and then?
ét. *abr* = **étage**
ETA [eta] *sigle m* (*Pol*) ETA
étable [etabl(ə)] *nf* cowshed
établi, e [etabli] *adj* established ▷ *nm* (work)bench
établir [etabliʀ] *vt* (*papiers d'identité, facture*) to make out; (*liste, programme*) to draw up; (*gouvernement, artisan etc: aider à s'installer*) to set up, establish; (*entreprise, atelier, camp*) to set up; (*réputation, usage, fait, culpabilité, relations*) to establish; (*Sport: record*) to set; **s'établir** *vi* (*se faire: entente etc*) to be established; **s'~ (à son compte)** to set up in business; **s'~ à/près de** to settle in/near
établissement [etablismɑ̃] *nm* making out; drawing up; setting up, establishing; (*entreprise, institution*) establishment; **~ de crédit** credit institution; **~ hospitalier** hospital complex; **~ industriel** industrial plant, factory; **~ scolaire** school, educational establishment
étage [etaʒ] *nm* (*d'immeuble*) storey (*Brit*), story (US), floor; (*de fusée*) stage; (*Géo: de culture, végétation*) level; **au 2ème ~** on the 2nd (*Brit*) *ou* 3rd (US) floor; **à l'~** upstairs; **maison à deux ~s** two-storey *ou* -story house; **de bas ~** *adj* low-born; (*médiocre*) inferior
étager [etaʒe] *vt* (*cultures*) to lay out in tiers; **s'étager** *vi* (*prix*) to range; (*zones, cultures*) to lie on different levels
étagère [etaʒɛʀ] *nf* (*rayon*) shelf; (*meuble*) shelves *pl*, set of shelves
étai [etɛ] *nm* stay, prop

étain [etɛ̃] *nm* tin; (*Orfèvrerie*) pewter *no pl*
étais *etc* [etɛ] *vb voir* **être**
étal [etal] *nm* stall
étalage [etalaʒ] *nm* display; (*vitrine*) display window; **faire ~ de** to show off, parade
étalagiste [etalaʒist(ə)] *nm/f* window-dresser
étale [etal] *adj* (*mer*) slack
étalement [etalmɑ̃] *nm* spreading; (*échelonnement*) staggering
étaler [etale] *vt* (*carte, nappe*) to spread (out); (*peinture, liquide*) to spread; (*échelonner: paiements, dates, vacances*) to spread, stagger; (*exposer: marchandises*) to display; (*richesses, connaissances*) to parade; **s'étaler** *vi* (*liquide*) to spread out; (*fam*) to come a cropper (*Brit*), fall flat on one's face; **s'~ sur** (*paiements etc*) to be spread over
étalon [etalɔ̃] *nm* (*mesure*) standard; (*cheval*) stallion; **l'~-or** the gold standard
étalonner [etalɔne] *vt* to calibrate
étamer [etame] *vt* (*casserole*) to tin(plate); (*glace*) to silver
étamine [etamin] *nf* (*Bot*) stamen; (*tissu*) butter muslin
étanche [etɑ̃ʃ] *adj* (*récipient, aussi fig*) watertight; (*montre, vêtement*) waterproof; **~ à l'air** airtight
étanchéité [etɑ̃ʃeite] *nf* watertightness; airtightness
étancher [etɑ̃ʃe] *vt* (*liquide*) to stop (flowing); **~ sa soif** to quench *ou* slake one's thirst
étançon [etɑ̃sɔ̃] *nm* (*Tech*) prop
étançonner [etɑ̃sɔne] *vt* to prop up
étang [etɑ̃] *nm* pond
étant [etɑ̃] *vb voir* **être; donné**
étape [etap] *nf* stage; (*lieu d'arrivée*) stopping place; (*Cyclisme*) staging point; **faire ~ à** to stop off at; **brûler les ~s** (*fig*) to cut corners
état [eta] *nm* (*Pol, condition*) state; (*d'un article d'occasion etc*) condition, state; (*liste*) inventory, statement; (*condition: professionnelle*) profession, trade; (*: sociale*) status; **en bon/mauvais ~** in good/poor condition; **en ~ (de marche)** in (working) order; **remettre en ~** to repair; **hors d'~** out of order; **être en ~/hors d'~ de faire** to be in a state/in no fit state to do; **en tout ~ de cause** in any event; **être dans tous ses ~s** to be in a state; **faire ~ de** (*alléguer*) to put forward; **en ~ d'arrestation** under arrest; **~ de grâce** (*Rel*) state of grace; (*fig*) honeymoon period; **en ~ de grâce** (*fig*) inspired; **en ~ d'ivresse** under the influence of drink; **~ de choses** (*situation*) state of affairs; **~ civil** civil status; (*bureau*) registry office (*Brit*); **~ d'esprit** frame of mind; **~ des lieux** inventory of fixtures; **~ de santé** state of health; **~ de siège/d'urgence** state of siege/emergency; **~ de veille** (*Psych*) waking state; **~s d'âme** moods; **les É~s barbaresques** the Barbary States; **les É~s du Golfe** the Gulf States; **~s de service** service record *sg*
étatique [etatik] *adj* state *cpd*, State *cpd*
étatisation [etatizɑsjɔ̃] *nf* nationalization
étatiser [etatize] *vt* to bring under state control
étatisme [etatism(ə)] *nm* state control
étatiste [etatist(ə)] *adj* (*doctrine etc*) of state control ▷ *nm/f* partisan of state control
état-major [etamaʒɔʀ] (*pl* **états-majors**) *nm* (*Mil*) staff; (*d'un parti etc*) top advisers *pl*; (*d'une entreprise*) top management
État-providence [etapʀɔvidɑ̃s] *nm* welfare state
États-Unis [etazyni] *nmpl*: **les ~ (d'Amérique)** the United States (of America)
étau, x [eto] *nm* vice (*Brit*), vise (*US*)
étayer [eteje] *vt* to prop *ou* shore up; (*fig*) to back up
et cætera, et cetera [ɛtseteʀa], **etc.** *adv* et cetera, and so on, etc
été [ete] *pp de* **être** ▷ *nm* summer; **en ~** in summer
éteignais *etc* [etɛɲɛ] *vb voir* **éteindre**
éteignoir [etɛɲwaʀ] *nm* (candle) snuffer; (*péj*) killjoy, wet blanket
éteindre [etɛ̃dʀ(ə)] *vt* (*lampe, lumière, radio, chauffage*) to turn *ou* switch off; (*cigarette, incendie, bougie*) to put out, extinguish; (*Jur: dette*) to extinguish; **s'éteindre** *vi* to go off; to go out; (*mourir*) to pass away
éteint, e [etɛ̃, -ɛ̃t] *pp de* **éteindre** ▷ *adj* (*fig*) lacklustre, dull; (*volcan*) extinct; **tous feux ~s** (*Auto: rouler*) without lights
étendard [etɑ̃daʀ] *nm* standard
étendre [etɑ̃dʀ(ə)] *vt* (*appliquer: pâte, liquide*) to spread; (*déployer: carte etc*) to spread out; (*sur un fil: lessive, linge*) to hang up *ou* out; (*bras, jambes, par terre: blessé*) to stretch out; (*diluer*) to dilute, thin; (*fig: agrandir*) to extend; (*fam: adversaire*) to floor; **s'étendre** *vi* (*augmenter, se propager*) to spread; (*terrain, forêt etc*): **s'~ jusqu'à/de ... à** to stretch as far as/from ... to; **s'~ (sur)** (*s'allonger*) to stretch out (upon); (*se coucher*) to lie down (on); (*fig: expliquer*) to elaborate *ou* enlarge (upon)
étendu, e [etɑ̃dy] *adj* extensive ▷ *nf* (*d'eau, de sable*) stretch, expanse; (*importance*) extent
éternel, le [etɛʀnɛl] *adj* eternal; **les neiges ~les** perpetual snow
éternellement [etɛʀnɛlmɑ̃] *adv* eternally
éterniser [etɛʀnize]: **s'éterniser** *vi* to last for ages; (*personne*) to stay for ages
éternité [etɛʀnite] *nf* eternity; **il y a** *ou* **ça fait une ~ que** it's ages since; **de toute ~** from time immemorial
éternuement [etɛʀnymɑ̃] *nm* sneeze
éternuer [etɛʀnɥe] *vi* to sneeze
êtes [ɛt] *vb voir* **être**
étêter [etete] *vt* (*arbre*) to poll(ard); (*clou, poisson*) to cut the head off
éther [etɛʀ] *nm* ether
éthéré, e [eteʀe] *adj* ethereal
Éthiopie [etjɔpi] *nf*: **l'~** Ethiopia
éthiopien, ne [etjɔpjɛ̃, -ɛn] *adj* Ethiopian
éthique [etik] *adj* ethical ▷ *nf* ethics *sg*
ethnie [ɛtni] *nf* ethnic group
ethnique [ɛtnik] *adj* ethnic
ethnographe [ɛtnɔgʀaf] *nm/f* ethnographer
ethnographie [ɛtnɔgʀafi] *nf* ethnography

ethnographique [ɛtnɔgʀafik] *adj* ethnographic(al)
ethnologie [ɛtnɔlɔʒi] *nf* ethnology
ethnologique [ɛtnɔlɔʒik] *adj* ethnological
ethnologue [ɛtnɔlɔg] *nm/f* ethnologist
éthylique [etilik] *adj* alcoholic
éthylisme [etilism(ə)] *nm* alcoholism
étiage [etjaʒ] *nm* low water
étiez [etje] *vb voir* **être**
étincelant, e [etɛ̃slɑ̃, -ɑ̃t] *adj* sparkling
étinceler [etɛ̃sle] *vi* to sparkle
étincelle [etɛ̃sɛl] *nf* spark
étioler [etjɔle]: **s'étioler** *vi* to wilt
étions [etjɔ̃] *vb voir* **être**
étique [etik] *adj* skinny, bony
étiquetage [etiktaʒ] *nm* labelling
étiqueter [etikte] *vt* to label
étiquette [etikɛt] *vb voir* **étiqueter** ▷ *nf* label; (*protocole*): **l'~** etiquette
étirer [etiʀe] *vt* to stretch; (*ressort*) to stretch out; **s'étirer** *vi* (*personne*) to stretch; (*convoi, route*): **s'~ sur** to stretch out over
étoffe [etɔf] *nf* material, fabric; **avoir l'~ d'un chef** *etc* to be cut out to be a leader *etc*; **avoir de l'~** to be a forceful personality
étoffer [etɔfe] *vt* to flesh out; **s'étoffer** *vi* to fill out
étoile [etwal] *nf* star ▷ *adj*: **danseuse** *ou* **danseur ~** leading dancer; **la bonne/mauvaise ~ de qn** sb's lucky/unlucky star; **à la belle ~** (out) in the open; **~ filante** shooting star; **~ de mer** starfish; **~ polaire** pole star
étoilé, e [etwale] *adj* starry
étole [etɔl] *nf* stole
étonnamment [etɔnamɑ̃] *adv* amazingly
étonnant, e [etɔnɑ̃, -ɑ̃t] *adj* surprising
étonné, e [etɔne] *adj* surprised
étonnement [etɔnmɑ̃] *nm* surprise; **à mon grand ~ ...** to my great surprise *ou* amazement ...
étonner [etɔne] *vt* to surprise; **s'étonner que/de** to be surprised that/at; **cela m'~ait (que)** (*j'en doute*) I'd be (very) surprised (if)
étouffant, e [etufɑ̃, -ɑ̃t] *adj* stifling
étouffé, e [etufe] *adj* (*asphyxié*) suffocated; (*assourdi: cris, rires*) smothered ▷ *nf*: **à l'~e** (*Culin: poisson, légumes*) steamed; (*: viande*) braised
étouffement [etufmɑ̃] *nm* suffocation
étouffer [etufe] *vt* to suffocate; (*bruit*) to muffle; (*scandale*) to hush up ▷ *vi* to suffocate; (*avoir trop chaud; aussi fig*) to feel stifled; **s'étouffer** *vi* (*en mangeant etc*) to choke
étouffoir [etufwaʀ] *nm* (*Mus*) damper
étourderie [etuʀdəʀi] *nf* heedlessness *no pl*; thoughtless blunder; **faute d'~** careless mistake
étourdi, e [etuʀdi] *adj* (*distrait*) scatterbrained, heedless
étourdiment [etuʀdimɑ̃] *adv* rashly
étourdir [etuʀdiʀ] *vt* (*assommer*) to stun, daze; (*griser*) to make dizzy *ou* giddy
étourdissant, e [etuʀdisɑ̃, -ɑ̃t] *adj* staggering
étourdissement [etuʀdismɑ̃] *nm* dizzy spell
étourneau, x [etuʀno] *nm* starling
étrange [etʀɑ̃ʒ] *adj* strange
étrangement [etʀɑ̃ʒmɑ̃] *adv* strangely
étranger, -ère [etʀɑ̃ʒe, -ɛʀ] *adj* foreign; (*pas de la famille, non familier*) strange ▷ *nm/f* foreigner; stranger ▷ *nm*: **l'~** foreign countries; **à l'~** abroad; **de l'~** from abroad; **~ à** (*mal connu*) unfamiliar to; (*sans rapport*) irrelevant to
étrangeté [etʀɑ̃ʒte] *nf* strangeness
étranglé, e [etʀɑ̃gle] *adj*: **d'une voix ~e** in a strangled voice
étranglement [etʀɑ̃gləmɑ̃] *nm* (*d'une vallée etc*) constriction, narrow passage
étrangler [etʀɑ̃gle] *vt* to strangle; (*fig: presse, libertés*) to stifle; **s'étrangler** *vi* (*en mangeant etc*) to choke; (*se resserrer*) to make a bottleneck
étrave [etʀav] *nf* stem

 MOT-CLÉ

être [ɛtʀ(ə)] *nm* being; **être humain** human being
▷ *vb copule* **1** (*état, description*) to be; **il est instituteur** he is *ou* he's a teacher; **vous êtes grand/intelligent/fatigué** you are *ou* you're tall/clever/tired
2 (*+à: appartenir*) to be; **le livre est à Paul** the book is Paul's *ou* belongs to Paul; **c'est à moi/eux** it is *ou* it's mine/theirs
3 (*+de: provenance*): **il est de Paris** he is from Paris; (*appartenance;*): **il est des nôtres** he is one of us
4 (*date*): **nous sommes le 10 janvier** it's the 10th of January (today)
▷ *vi* to be; **je ne serai pas ici demain** I won't be here tomorrow
▷ *vb aux* **1** to have; to be; **être arrivé/allé** to have arrived/gone; **il est parti** he has left, he has gone
2 (*forme passive*) to be; **être fait par** to be made by; **il a été promu** he has been promoted
3 (*+à +inf: obligation, but*): **c'est à réparer** it needs repairing; **c'est à essayer** it should be tried; **il est à espérer que ...** it is *ou* it's to be hoped that ...
▷ *vb impers* **1**: **il est** (*avec adjectif*) it is; **il est impossible de le faire** it's impossible to do it
2 (*heure, date*): **il est 10 heures** it is *ou* it's 10 o'clock
3 (*emphatique*): **c'est moi** it's me; **c'est à lui de le faire** it's up to him to do it; *voir aussi* **est-ce que; n'est-ce pas; c'est-à-dire; ce**

étreindre [etʀɛ̃dʀ(ə)] *vt* to clutch, grip; (*amoureusement, amicalement*) to embrace; **s'étreindre** to embrace
étreinte [etʀɛ̃t] *nf* clutch, grip; embrace; **resserrer son ~ autour de** (*fig*) to tighten one's grip on *ou* around
étrenner [etʀene] *vt* to use (*ou* wear) for the first time

étrennes [etʀɛn] *nfpl* (*cadeaux*) New Year's present; (*gratifications*) ≈ Christmas box *sg*, ≈ Christmas bonus
étrier [etʀije] *nm* stirrup
étriller [etʀije] *vt* (*cheval*) to curry; (*fam: battre*) to slaughter (*fig*)
étriper [etʀipe] *vt* to gut; (*fam*): **~ qn** to tear sb's guts out
étriqué, e [etʀike] *adj* skimpy
étroit, e [etʀwa, -wat] *adj* narrow; (*vêtement*) tight; (*fig: serré*) close, tight; **à l'~** cramped; **~ d'esprit** narrow-minded
étroitement [etʀwatmɑ̃] *adv* closely
étroitesse [etʀwatɛs] *nf* narrowness; **~ d'esprit** narrow-mindedness
étrusque [etʀysk(ə)] *adj* Etruscan
étude [etyd] *nf* studying; (*ouvrage, rapport, Mus*) study; (*de notaire: bureau*) office; (*: charge*) practice; (*Scol: salle de travail*) study room; **études** *nfpl* (*Scol*) studies; **être à l'~** (*projet etc*) to be under consideration; **faire des ~s (de droit/médecine)** to study (law/medicine); **~s secondaires/supérieures** secondary/higher education; **~ de cas** case study; **~ de faisabilité** feasibility study; **~ de marché** (*Écon*) market research
étudiant, e [etydjɑ̃, -ɑ̃t] *adj, nm/f* student
étudié, e [etydje] *adj* (*démarche*) studied; (*système*) carefully designed; (*prix*) keen
étudier [etydje] *vt, vi* to study
étui [etɥi] *nm* case
étuve [etyv] *nf* steamroom; (*appareil*) sterilizer
étuvée [etyve]: **à l'~** *adv* braised
étymologie [etimɔlɔʒi] *nf* etymology
étymologique [etimɔlɔʒik] *adj* etymological
eu, eue [y] *pp de* **avoir**
EU *sigle mpl* (= *États-Unis*) US
EUA *sigle mpl* (= *États-Unis d'Amérique*) USA
eucalyptus [økaliptys] *nm* eucalyptus
Eucharistie [økaʀisti] *nf*: **l'~** the Eucharist, the Lord's Supper
eucharistique [økaʀistik] *adj* eucharistic
euclidien, ne [øklidjɛ̃, -ɛn] *adj* Euclidian
eugénique [øʒenik] *adj* eugenic ▷ *nf* eugenics *sg*
eugénisme [øʒenism(ə)] *nm* eugenics *sg*
euh [ø] *excl* er
eunuque [ønyk] *nm* eunuch
euphémique [øfemik] *adj* euphemistic
euphémisme [øfemism(ə)] *nm* euphemism
euphonie [øfɔni] *nf* euphony
euphorbe [øfɔʀb(ə)] *nf* (*Bot*) spurge
euphorie [øfɔʀi] *nf* euphoria
euphorique [øfɔʀik] *adj* euphoric
euphorisant, e [øfɔʀizɑ̃, -ɑ̃t] *adj* exhilarating
eurafricain, e [øʀafʀikɛ̃, -ɛn] *adj* Eurafrican
eurasiatique [øʀazjatik] *adj* Eurasiatic
Eurasie [øʀazi] *nf*: **l'~** Eurasia
eurasien, ne [øʀazjɛ̃, -ɛn] *adj* Eurasian
EURATOM [øʀatɔm] *sigle f* Euratom
eurent [yʀ(ə)] *vb voir* **avoir**
euro [øʀo] *nm* euro
euro- [øʀo] *préfixe* Euro-
eurocrate [øʀɔkʀat] *nm/f* (*péj*) Eurocrat
eurodevise [øʀɔdəviz] *nf* Eurocurrency
eurodollar [øʀodɔlaʀ] *nm* Eurodollar
Euroland [øʀɔlɑ̃d] *nm* Euroland
euromonnaie [øʀɔmɔnɛ] *nf* Eurocurrency
Europe [øʀɔp] *nf*: **l'~** Europe; **l'~ centrale** Central Europe; **l'~ verte** European agriculture
européanisation [øʀɔpeanizɑsjɔ̃] *nf* Europeanization
européaniser [øʀɔpeanize] *vt* to Europeanize
européen, ne [øʀɔpeɛ̃, -ɛn] *adj* European ▷ *nm/f*: **Européen, ne** European
eurosceptique [øʀosɛptik] *nm/f* Eurosceptic
Eurovision [øʀovizjɔ̃] *nf* Eurovision; **émission en ~** Eurovision broadcast
eus *etc* [y] *vb voir* **avoir**
euthanasie [øtanazi] *nf* euthanasia
eux [ø] *pron* (*sujet*) they; (*objet*) them; **~, ils ont fait ...** THEY did ...
évacuation [evakɥɑsjɔ̃] *nf* evacuation
évacué, e [evakɥe] *nm/f* evacuee
évacuer [evakɥe] *vt* (*salle, région*) to evacuate, clear; (*occupants, population*) to evacuate; (*toxine etc*) to evacuate, discharge
évadé, e [evade] *adj* escaped ▷ *nm/f* escapee
évader [evade]: **s'évader** *vi* to escape
évaluation [evalɥɑsjɔ̃] *nf* assessment, evaluation
évaluer [evalɥe] *vt* to assess, evaluate
évanescent, e [evanesɑ̃, -ɑ̃t] *adj* evanescent
évangélique [evɑ̃ʒelik] *adj* evangelical
évangélisation [evɑ̃gelizɑsjɔ̃] *nf* evangelization
évangéliser [evɑ̃ʒelize] *vt* to evangelize
évangéliste [evɑ̃ʒelist(ə)] *nm* evangelist
évangile [evɑ̃ʒil] *nm* gospel; (*texte de la Bible*): **É~** Gospel; **ce n'est pas l'É~** (*fig*) it's not gospel
évanoui, e [evanwi] *adj* in a faint; **tomber ~** to faint
évanouir [evanwiʀ]: **s'évanouir** *vi* to faint, pass out; (*disparaître*) to vanish, disappear
évanouissement [evanwismɑ̃] *nm* (*syncope*) fainting fit; (*Méd*) loss of consciousness
évaporation [evapɔʀɑsjɔ̃] *nf* evaporation
évaporé, e [evapɔʀe] *adj* giddy, scatterbrained
évaporer [evapɔʀe]: **s'évaporer** *vi* to evaporate
évasé, e [evɑze] *adj* (*jupe etc*) flared
évaser [evɑze] *vt* (*tuyau*) to widen, open out; (*jupe, pantalon*) to flare; **s'évaser** *vi* to widen, open out
évasif, -ive [evazif, -iv] *adj* evasive
évasion [evazjɔ̃] *nf* escape; **littérature d'~** escapist literature; **~ des capitaux** (*Écon*) flight of capital; **~ fiscale** tax avoidance
évasivement [evazivmɑ̃] *adv* evasively
évêché [eveʃe] *nm* (*fonction*) bishopric; (*palais*) bishop's palace
éveil [evɛj] *nm* awakening; **être en ~** to be alert; **mettre qn en ~, donner l'~ à qn** to arouse sb's suspicions; **activités d'~** early-learning activities

éveillé, e [eveje] *adj* awake; (*vif*) alert, sharp
éveiller [eveje] *vt* to (a)waken; **s'éveiller** *vi* to (a)waken; (*fig*) to be aroused
événement [evɛnmɑ̃] *nm* event
éventail [evɑ̃taj] *nm* fan; (*choix*) range; **en ~** fanned out; fan-shaped
éventaire [evɑ̃tɛʀ] *nm* stall, stand
éventé, e [evɑ̃te] *adj* (*parfum, vin*) stale
éventer [evɑ̃te] *vt* (*secret, complot*) to uncover; (*avec un éventail*) to fan; **s'éventer** *vi* (*parfum, vin*) to go stale
éventrer [evɑ̃tʀe] *vt* to disembowel; (*fig*) to tear *ou* rip open
éventualité [evɑ̃tɥalite] *nf* eventuality; possibility; **dans l'~ de** in the event of; **parer à toute ~** to guard against all eventualities
éventuel, le [evɑ̃tɥɛl] *adj* possible
éventuellement [evɑ̃tɥɛlmɑ̃] *adv* possibly
évêque [evɛk] *nm* bishop
Everest [ɛvʀɛst] *nm*: **(mont) ~** (Mount) Everest
évertuer [evɛʀtɥe]: **s'évertuer** *vi*: **s'~ à faire** to try very hard to do
éviction [eviksjɔ̃] *nf* ousting, supplanting; (*de locataire*) eviction
évidemment [evidamɑ̃] *adv* obviously
évidence [evidɑ̃s] *nf* obviousness; (*fait*) obvious fact; **se rendre à l'~** to bow before the evidence; **nier l'~** to deny the evidence; **à l'~** evidently; **de toute ~** quite obviously *ou* evidently; **en ~** conspicuous; **mettre en ~** to bring to the fore
évident, e [evidɑ̃, -ɑ̃t] *adj* obvious, evident; **ce n'est pas ~** (*cela pose des problèmes*) it's not (all that) straightforward, it's not as simple as all that
évider [evide] *vt* to scoop out
évier [evje] *nm* (kitchen) sink
évincer [evɛ̃se] *vt* to oust, supplant
évitable [evitabl(ə)] *adj* avoidable
évitement [evitmɑ̃] *nm*: **place d'~** (*Auto*) passing place
éviter [evite] *vt* to avoid; **~ de faire/que qch ne se passe** to avoid doing/sth happening; **~ qch à qn** to spare sb sth
évocateur, -trice [evɔkatœʀ, -tʀis] *adj* evocative, suggestive
évocation [evɔkɑsjɔ̃] *nf* evocation
évolué, e [evɔlɥe] *adj* advanced; (*personne*) broad-minded
évoluer [evɔlɥe] *vi* (*enfant, maladie*) to develop; (*situation, moralement*) to evolve, develop; (*aller et venir: danseur etc*) to move about, circle
évolutif, -ive [evɔlytif, -iv] *adj* evolving
évolution [evɔlysjɔ̃] *nf* development; evolution; **évolutions** *nfpl* movements
évolutionnisme [evɔlysjɔnism(ə)] *nm* evolutionism
évoquer [evɔke] *vt* to call to mind, evoke; (*mentionner*) to mention
ex. *abr* (= *exemple*) ex.
ex- [ɛks] *préfixe* ex-
exacerbé, e [ɛgzasɛʀbe] *adj* (*orgueil, sensibilité*) exaggerated
exacerber [ɛgzasɛʀbe] *vt* to exacerbate
exact, e [ɛgzakt] *adj* (*précis*) exact, accurate, precise; (*correct*) correct; (*ponctuel*) punctual; **l'heure ~e** the right *ou* exact time
exactement [ɛgzaktəmɑ̃] *adv* exactly, accurately, precisely; correctly; (*c'est cela même*) exactly
exaction [ɛgzaksjɔ̃] *nf* (*d'argent*) exaction; (*gén pl: actes de violence*) abuse(s)
exactitude [ɛgzaktityd] *nf* exactitude, accurateness, precision
ex aequo [ɛgzeko] *adj* equally placed; **classé 1er ~** placed equal first
exagération [ɛgzaʒeʀɑsjɔ̃] *nf* exaggeration
exagéré, e [ɛgzaʒeʀe] *adj* (*prix etc*) excessive
exagérément [ɛgzaʒeʀemɑ̃] *adv* excessively
exagérer [ɛgzaʒeʀe] *vt* to exaggerate ▷ *vi* (*abuser*) to go too far; (*dépasser les bornes*) to overstep the mark; (*déformer les faits*) to exaggerate; **s'exagérer qch** to exaggerate sth
exaltant, e [ɛgzaltɑ̃, -ɑ̃t] *adj* exhilarating
exaltation [ɛgzaltɑsjɔ̃] *nf* exaltation
exalté, e [ɛgzalte] *adj* (over)excited ▷ *nm/f* (*péj*) fanatic
exalter [ɛgzalte] *vt* (*enthousiasmer*) to excite, elate; (*glorifier*) to exalt
examen [ɛgzamɛ̃] *nm* examination; (*Scol*) exam, examination; **à l'~** (*dossier, projet*) under consideration; (*Comm*) on approval; **~ blanc** mock exam(ination); **~ de la vue** sight test
examinateur, -trice [ɛgzaminatœʀ, -tʀis] *nm/f* examiner
examiner [ɛgzamine] *vt* to examine
exaspérant, e [ɛgzaspeʀɑ̃, -ɑ̃t] *adj* exasperating
exaspération [ɛgzaspeʀɑsjɔ̃] *nf* exasperation
exaspéré, e [egzaspeʀe] *adj* exasperated
exaspérer [ɛgzaspeʀe] *vt* to exasperate; (*aggraver*) to exacerbate
exaucer [ɛgzose] *vt* (*vœu*) to grant, fulfil; **~ qn** to grant sb's wishes
ex cathedra [ɛkskatedʀa] *adj, adv* ex cathedra
excavateur [ɛkskavatœʀ] *nm* excavator, mechanical digger
excavation [ɛkskavɑsjɔ̃] *nf* excavation
excavatrice [ɛkskavatʀis] *nf* = **excavateur**
excédent [ɛksedɑ̃] *nm* surplus; **en ~** surplus; **payer 60 euros d'~** (*de bagages*) to pay 60 euros excess baggage; **~ de bagages** excess baggage; **~ commercial** trade surplus
excédentaire [ɛksedɑ̃tɛʀ] *adj* surplus, excess
excéder [ɛksede] *vt* (*dépasser*) to exceed; (*agacer*) to exasperate; **excédé de fatigue** exhausted; **excédé de travail** worn out with work
excellence [ɛksɛlɑ̃s] *nf* excellence; (*titre*) Excellency; **par ~** par excellence
excellent, e [ɛksɛlɑ̃, -ɑ̃t] *adj* excellent
exceller [ɛksele] *vi*: **~ (dans)** to excel (in)
excentricité [ɛksɑ̃tʀisite] *nf* eccentricity
excentrique [ɛksɑ̃tʀik] *adj* eccentric; (*quartier*) outlying ▷ *nm/f* eccentric
excentriquement [ɛksɑ̃tʀikmɑ̃] *adv* eccentrically

excepté, e [ɛksɛpte] *adj, prép*: **les élèves ~s, ~ les élèves** except for *ou* apart from the pupils; **~ si/quand** except if/when; **~ que** except that
excepter [ɛksɛpte] *vt* to except
exception [ɛksɛpsjɔ̃] *nf* exception; **faire ~** to be an exception; **faire une ~** to make an exception; **sans ~** without exception; **à l'~ de** except for, with the exception of; **d'~** (*mesure, loi*) special, exceptional
exceptionnel, le [ɛksɛpsjɔnɛl] *adj* exceptional; (*prix*) special
exceptionnellement [ɛksɛpsjɔnɛlmɑ̃] *adv* exceptionally; (*par exception*) by way of an exception, on this occasion
excès [ɛksɛ] *nm* surplus ▷ *nmpl* excesses; **à l'~** (*méticuleux, généreux*) to excess; **avec ~** to excess; **sans ~** in moderation; **tomber dans l'~ inverse** to go to the opposite extreme; **~ de langage** immoderate language; **~ de pouvoir** abuse of power; **~ de vitesse** speeding *no pl*, exceeding the speed limit; **~ de zèle** overzealousness *no pl*
excessif, -ive [ɛksesif, -iv] *adj* excessive
excessivement [ɛksesivmɑ̃] *adv* (*trop: cher*) excessively, inordinately; (*très: riche, laid*) extremely, incredibly; **manger/boire ~** to eat/drink to excess
exciper [ɛksipe]: **~ de** *vt* to plead
excipient [ɛksipjɑ̃] *nm* (*Méd*) inert base, excipient
exciser [ɛksize] *vt* (*Méd*) to excise
excision [ɛksizjɔ̃] *nf* (*Méd*) excision; (*rituelle*) circumcision
excitant, e [ɛksitɑ̃, -ɑ̃t] *adj* exciting ▷ *nm* stimulant
excitation [ɛksitɑsjɔ̃] *nf* (*état*) excitement
excité, e [ɛksite] *adj* excited
exciter [ɛksite] *vt* to excite; (*café etc*) to stimulate; **s'exciter** *vi* to get excited; **~ qn à** (*révolte etc*) to incite sb to
exclamation [ɛksklamɑsjɔ̃] *nf* exclamation
exclamer [ɛksklame]: **s'exclamer** *vi* to exclaim
exclu, e [ɛkskly] *pp de* **exclure** ▷ *adj*: **il est/n'est pas ~ que ...** it's out of the question/not impossible that ...; **ce n'est pas ~** it's not impossible, I don't rule that out
exclure [ɛksklyʀ] *vt* (*faire sortir*) to expel; (*ne pas compter*) to exclude, leave out; (*rendre impossible*) to exclude, rule out
exclusif, -ive [ɛksklyzif, -iv] *adj* exclusive; **avec la mission exclusive/dans le but ~ de ...** with the sole mission/aim of ...; **agent ~** sole agent
exclusion [ɛksklyzjɔ̃] *nf* expulsion; **à l'~ de** with the exclusion *ou* exception of
exclusivement [ɛksklyzivmɑ̃] *adv* exclusively
exclusivité [ɛksklyzivite] *nf* exclusiveness; (*Comm*) exclusive rights *pl*; **passer en ~** (*film*) to go on general release
excommunier [ɛkskɔmynje] *vt* to excommunicate
excréments [ɛkskʀemɑ̃] *nmpl* excrement *sg*, faeces
excréter [ɛkskʀete] *vt* to excrete
excroissance [ɛkskʀwasɑ̃s] *nf* excrescence, outgrowth
excursion [ɛkskyʀsjɔ̃] *nf* (*en autocar*) excursion, trip; (*à pied*) walk, hike; **faire une ~** to go on an excursion *ou* a trip; to go on a walk *ou* hike
excursionniste [ɛkskyʀsjɔnist(ə)] *nm/f* tripper; hiker
excusable [ɛkskyzabl(ə)] *adj* excusable
excuse [ɛkskyz] *nf* excuse; **excuses** *nfpl* apology *sg*, apologies; **faire des ~s** to apologize; **faire ses ~s** to offer one's apologies; **mot d'~** (*Scol*) note from one's parent(s) (*to explain absence etc*); **lettre d'~s** letter of apology
excuser [ɛkskyze] *vt* to excuse; **~ qn de qch** (*dispenser*) to excuse sb from sth; **s'excuser (de)** to apologize (for); **"excusez-moi"** "I'm sorry"; (*pour attirer l'attention*) "excuse me"; **se faire ~** to ask to be excused
exécrable [ɛgzekʀabl(ə)] *adj* atrocious
exécrer [ɛgzekʀe] *vt* to loathe, abhor
exécutant, e [ɛgzekytɑ̃, -ɑ̃t] *nm/f* performer
exécuter [ɛgzekyte] *vt* (*prisonnier*) to execute; (*tâche etc*) to execute, carry out; (*Mus: jouer*) to perform, execute; (*Inform*) to run; **s'exécuter** *vi* to comply
exécuteur, -trice [ɛgzekytœʀ, -tʀis] *nm/f* (*testamentaire*) executor ▷ *nm* (*bourreau*) executioner
exécutif, -ive [ɛgzekytif, -iv] *adj, nm* (*Pol*) executive
exécution [ɛgzekysjɔ̃] *nf* execution; carrying out; **mettre à ~** to carry out
exécutoire [ɛgzekytwaʀ] *adj* (*Jur*) (legally) binding
exégèse [ɛgzeʒɛz] *nf* exegesis
exégète [ɛgzeʒɛt] *nm* exegete
exemplaire [ɛgzɑ̃plɛʀ] *adj* exemplary ▷ *nm* copy
exemple [ɛgzɑ̃pl(ə)] *nm* example; **par ~** for instance, for example; (*valeur intensive*) really!; **sans ~** (*bêtise, gourmandise etc*) unparalleled; **donner l'~** to set an example; **prendre ~ sur** to take as a model; **à l'~ de** just like; **pour l'~** (*punir*) as an example
exempt, e [ɛgzɑ̃, -ɑ̃t] *adj*: **~ de** (*dispensé de*) exempt from; (*sans*) free from; **~ de taxes** tax-free
exempter [ɛgzɑ̃te] *vt*: **~ de** to exempt from
exercé, e [ɛgzɛʀse] *adj* trained
exercer [ɛgzɛʀse] *vt* (*pratiquer*) to exercise, practise; (*faire usage de: prérogative*) to exercise; (*effectuer: influence, contrôle, pression*) to exert; (*former*) to exercise, train ▷ *vi* (*médecin*) to be in practice; **s'exercer** (*sportif, musicien*) to practise; (*se faire sentir: pression etc*): **s'~ (sur *ou* contre)** to be exerted (on); **s'~ à faire qch** to train o.s. to do sth
exercice [ɛgzɛʀsis] *nm* practice; exercising; (*tâche, travail*) exercise; (*Comm, Admin: période*) accounting period; **l'~** (*sportive etc*) exercise; (*Mil*) drill; **en ~** (*juge*) in office; (*médecin*)

practising; **dans l'~ de ses fonctions** in the discharge of his duties; **~s d'assouplissement** limbering-up (exercises)
exergue [ɛgzɛʀg(ə)] *nm*: **mettre en ~** (*inscription*) to inscribe; **porter en ~** to be inscribed with
exhalaison [ɛgzalɛzɔ̃] *nf* exhalation
exhaler [ɛgzale] *vt* (*parfum*) to exhale; (*souffle, son, soupir*) to utter, breathe; **s'exhaler** *vi* to rise (up)
exhausser [ɛgzose] *vt* to raise (up)
exhausteur [ɛgzostœʀ] *nm* extractor fan
exhaustif, -ive [ɛgzostif, -iv] *adj* exhaustive
exhiber [ɛgzibe] *vt* (*montrer: papiers, certificat*) to present, produce; (*péj*) to display, flaunt; **s'exhiber** (*personne*) to parade; (*exhibitionniste*) to expose o.s.
exhibitionnisme [ɛgzibisjɔnism(ə)] *nm* exhibitionism
exhibitionniste [ɛgzibisjɔnist(ə)] *nm/f* exhibitionist
exhortation [ɛgzɔʀtɑsjɔ̃] *nf* exhortation
exhorter [ɛgzɔʀte] *vt*: **~ qn à faire** to urge sb to do
exhumer [ɛgzyme] *vt* to exhume
exigeant, e [ɛgziʒɑ̃, -ɑ̃t] *adj* demanding; (*péj*) hard to please
exigence [ɛgziʒɑ̃s] *nf* demand, requirement
exiger [ɛgziʒe] *vt* to demand, require
exigible [ɛgziʒibl(ə)] *adj* (*Comm, Jur*) payable
exigu, ë [ɛgzigy] *adj* cramped, tiny
exiguïté [ɛgzigɥite] *nf* (*d'un lieu*) cramped nature
exil [ɛgzil] *nm* exile; **en ~** in exile
exilé, e [ɛgzile] *nm/f* exile
exiler [ɛgzile] *vt* to exile; **s'exiler** to go into exile
existant, e [ɛgzistɑ̃, -ɑ̃t] *adj* (*actuel, présent*) existing
existence [ɛgzistɑ̃s] *nf* existence; **dans l'~** in life
existentialisme [ɛgzistɑ̃sjalism(ə)] *nm* existentialism
existentiel, le [ɛgzistɑ̃sjɛl] *adj* existential
exister [ɛgziste] *vi* to exist; **il existe un/des** there is a/are (some)
exode [ɛgzɔd] *nm* exodus
exonération [ɛgzɔneʀɑsjɔ̃] *nf* exemption
exonéré, e [ɛgzɔneʀe] *adj*: **~ de TVA** zero-rated (for VAT)
exonérer [ɛgzɔneʀe] *vt*: **~ de** to exempt from
exorbitant, e [ɛgzɔʀbitɑ̃, -ɑ̃t] *adj* exorbitant
exorbité, e [ɛgzɔʀbite] *adj*: **yeux ~s** bulging eyes
exorciser [ɛgzɔʀsize] *vt* to exorcize
exorde [ɛgzɔʀd(ə)] *nm* introduction
exotique [ɛgzɔtik] *adj* exotic
exotisme [ɛgzɔtism(ə)] *nm* exoticism
expansif, -ive [ɛkspɑ̃sif, -iv] *adj* expansive, communicative
expansion [ɛkspɑ̃sjɔ̃] *nf* expansion
expansionniste [ɛkspɑ̃sjɔnist(ə)] *adj* expansionist
expansivité [ɛkspɑ̃sivite] *nf* expansiveness
expatrié, e [ɛkspatʀije] *nm/f* expatriate
expatrier [ɛkspatʀije] *vt* (*argent*) to take *ou* send out of the country; **s'expatrier** to leave one's country
expectative [ɛkspɛktativ] *nf*: **être dans l'~** to be waiting to see
expectorant, e [ɛkspɛktɔʀɑ̃, -ɑ̃t] *adj*: **sirop ~** expectorant (syrup)
expectorer [ɛkspɛktɔʀe] *vi* to expectorate
expédient [ɛkspedjɑ̃] *nm* (*parfois péj*) expedient; **vivre d'~s** to live by one's wits
expédier [ɛkspedje] *vt* (*lettre, paquet*) to send; (*troupes, renfort*) to dispatch; (*péj: travail etc*) to dispose of, dispatch
expéditeur, -trice [ɛkspeditœʀ, -tʀis] *nm/f* (*Postes*) sender
expéditif, -ive [ɛkspeditif, -iv] *adj* quick, expeditious
expédition [ɛkspedisjɔ̃] *nf* sending; (*scientifique, sportive, Mil*) expedition; **~ punitive** punitive raid
expéditionnaire [ɛkspedisjɔnɛʀ] *adj*: **corps ~** (*Mil*) task force
expérience [ɛkspeʀjɑ̃s] *nf* (*de la vie, des choses*) experience; (*scientifique*) experiment; **avoir de l'~** to have experience, be experienced; **avoir l'~ de** to have experience of; **faire l'~ de qch** to experience sth; **~ de chimie/d'électricité** chemical/electrical experiment
expérimental, e, -aux [ɛkspeʀimɑ̃tal, -o] *adj* experimental
expérimentalement [ɛkspeʀimɑ̃talmɑ̃] *adv* experimentally
expérimenté, e [ɛkspeʀimɑ̃te] *adj* experienced
expérimenter [ɛkspeʀimɑ̃te] *vt* (*machine, technique*) to test out, experiment with
expert, e [ɛkspɛʀ, -ɛʀt(ə)] *adj*: **~ en** expert in ▷ *nm* (*spécialiste*) expert; **~ en assurances** insurance valuer
expert-comptable [ɛkspɛʀkɔ̃tabl(ə)] (*pl* **experts-comptables**) *nm* ≈ chartered (*Brit*) *ou* certified public (*US*) accountant
expertise [ɛkspɛʀtiz] *nf* valuation; assessment; valuer's (*ou* assessor's) report; (*Jur*) (forensic) examination
expertiser [ɛkspɛʀtize] *vt* (*objet de valeur*) to value; (*voiture accidentée etc*) to assess damage to
expier [ɛkspje] *vt* to expiate, atone for
expiration [ɛkspiʀɑsjɔ̃] *nf* expiry (*Brit*), expiration; breathing out *no pl*
expirer [ɛkspiʀe] *vi* (*prendre fin, littéraire: mourir*) to expire; (*respirer*) to breathe out
explétif, -ive [ɛkspletif, -iv] *adj* (*Ling*) expletive
explicable [ɛksplikabl(ə)] *adj*: **pas ~** inexplicable
explicatif, -ive [ɛksplikatif, -iv] *adj* (*mot, texte, note*) explanatory
explication [ɛksplikɑsjɔ̃] *nf* explanation; (*discussion*) discussion; **~ de texte** (*Scol*) critical analysis (of a text)
explicite [ɛksplisit] *adj* explicit
explicitement [ɛksplisitmɑ̃] *adv* explicitly
expliciter [ɛksplisite] *vt* to make explicit
expliquer [ɛksplike] *vt* to explain; **~ (à qn)**

e

comment/que to point out *ou* explain (to sb) how/that; **s'expliquer** (*se faire comprendre: personne*) to explain o.s.; (*discuter*) to discuss things; (*se disputer*) to have it out; (*comprendre*): **je m'explique son retard/absence** I understand his lateness/absence; **son erreur s'explique** one can understand his mistake
exploit [ɛksplwa] *nm* exploit, feat
exploitable [ɛskplwatabl(ə)] *adj* (*gisement etc*) that can be exploited; **~ par une machine** machine-readable
exploitant [ɛksplwatɑ̃] *nm* farmer
exploitation [ɛksplwatɑsjɔ̃] *nf* exploitation; running; (*entreprise*): **~ agricole** farming concern
exploiter [ɛksplwate] *vt* to exploit; (*entreprise, ferme*) to run, operate
exploiteur, -euse [ɛksplwatœʀ, -øz] *nm/f* (*péj*) exploiter
explorateur, -trice [ɛksplɔʀatœʀ, -tʀis] *nm/f* explorer
exploration [ɛksplɔʀɑsjɔ̃] *nf* exploration
explorer [ɛksplɔʀe] *vt* to explore
exploser [ɛksploze] *vi* to explode, blow up; (*engin explosif*) to go off; (*fig: joie, colère*) to burst out, explode; (*: personne: de colère*) to explode, flare up; **faire ~** (*bombe*) to explode, detonate; (*bâtiment, véhicule*) to blow up
explosif, -ive [ɛksplozif, -iv] *adj, nm* explosive
explosion [ɛksplozjɔ̃] *nf* explosion; **~ de joie/ colère** outburst of joy/rage; **~ démographique** population explosion
exponentiel, le [ɛkspɔnɑ̃sjɛl] *adj* exponential
exportateur, -trice [ɛkspɔʀtatœʀ, -tʀis] *adj* exporting ▷ *nm* exporter
exportation [ɛkspɔʀtɑsjɔ̃] *nf* export
exporter [ɛkspɔʀte] *vt* to export
exposant [ɛkspozɑ̃] *nm* exhibitor; (*Math*) exponent
exposé, e [ɛkspoze] *nm* (*écrit*) exposé; (*oral*) talk ▷ *adj*: **~ au sud** facing south, with a southern aspect; **bien ~** well situated; **très ~** very exposed
exposer [ɛkspoze] *vt* (*montrer: marchandise*) to display; (*: peinture*) to exhibit, show; (*parler de: problème, situation*) to explain, expose, set out; (*mettre en danger, orienter: maison etc*) to expose; **~ qn/qch à** to expose sb/sth to; **~ sa vie** to risk one's life; **s'exposer à** (*soleil, danger*) to expose o.s. to; (*critiques, punition*) to lay o.s. open to
exposition [ɛkspozisjɔ̃] *nf* (*voir exposer*) displaying; exhibiting; explanation, exposition; exposure; (*voir exposé*) aspect, situation; (*manifestation*) exhibition; (*Photo*) exposure; (*introduction*) exposition
exprès[1] [ɛkspʀɛ] *adv* (*délibérément*) on purpose; (*spécialement*) specially; **faire ~ de faire qch** to do sth on purpose
exprès[2]**, -esse** [ɛkspʀɛs] *adj* (*ordre, défense*) express, formal ▷ *adj inv, adv* (*Postes*) express; **envoyer qch en ~** to send sth express
express [ɛkspʀɛs] *adj, nm*: **(café) ~** espresso; **(train) ~** fast train
expressément [ɛkspʀesemɑ̃] *adv* expressly, specifically
expressif, -ive [ɛkspʀesif, -iv] *adj* expressive
expression [ɛkspʀɛsjɔ̃] *nf* expression; **réduit à sa plus simple ~** reduced to its simplest terms; **liberté/moyens d'~** freedom/means of expression; **~ toute faite** set phrase
expressionnisme [ɛkspʀɛsjɔnism(ə)] *nm* expressionism
expressivité [ɛkspʀɛsivite] *nf* expressiveness
exprimer [ɛkspʀime] *vt* (*sentiment, idée*) to express; (*faire sortir: jus, liquide*) to press out; **s'exprimer** *vi* (*personne*) to express o.s.
expropriation [ɛkspʀɔpʀijɑsjɔ̃] *nf* expropriation; **frapper d'~** to put a compulsory purchase order on
exproprier [ɛkspʀɔpʀije] *vt* to buy up (*ou* buy the property of) by compulsory purchase, expropriate
expulser [ɛkspylse] *vt* (*d'une salle, d'un groupe*) to expel; (*locataire*) to evict; (*Football*) to send off
expulsion [ɛkspylsjɔ̃] *nf* expulsion; eviction; sending off
expurger [ɛkspyʀʒe] *vt* to expurgate, bowdlerize
exquis, e [ɛkski, -iz] *adj* (*gâteau, parfum, élégance*) exquisite; (*personne, temps*) delightful
exsangue [ɛksɑ̃g] *adj* bloodless, drained of blood
exsuder [ɛksyde] *vt* to exude
extase [ɛkstɑz] *nf* ecstasy; **être en ~** to be in raptures
extasier [ɛkstɑzje]: **s'extasier** *vi*: **s'~ sur** to go into raptures over
extatique [ɛkstatik] *adj* ecstatic
extenseur [ɛkstɑ̃sœʀ] *nm* (*Sport*) chest expander
extensible [ɛkstɑ̃sibl(ə)] *adj* extensible
extensif, -ive [ɛkstɑ̃sif, -iv] *adj* extensive
extension [ɛkstɑ̃sjɔ̃] *nf* (*d'un muscle, ressort*) stretching; (*Méd*): **à l'~** in traction; (*fig*) extension; expansion
exténuant, e [ɛkstenɥɑ̃, -ɑ̃t] *adj* exhausting
exténuer [ɛkstenɥe] *vt* to exhaust
extérieur, e [ɛksteʀjœʀ] *adj* (*de dehors: porte, mur etc*) outer, outside; (*: commerce, politique*) foreign; (*: influences, pressions*) external; (*au dehors: escalier, w.-c.*) outside; (*apparent: calme, gaieté etc*) outer ▷ *nm* (*d'une maison, d'un récipient etc*) outside, exterior; (*d'une personne: apparence*) exterior; (*d'un pays, d'un groupe social*): **l'~** the outside world; **à l'~** (*dehors*) outside; (*fig: à l'étranger*) abroad
extérieurement [ɛksteʀjœʀmɑ̃] *adv* (*de dehors*) on the outside; (*en apparence*) on the surface
extérioriser [ɛksteʀjɔʀize] *vt* to exteriorize
extermination [ɛkstɛʀminɑsjɔ̃] *nf* extermination, wiping out
exterminer [ɛkstɛʀmine] *vt* to exterminate, wipe out
externat [ɛkstɛʀna] *nm* day school
externe [ɛkstɛʀn(ə)] *adj* external, outer ▷ *nm/f* (*Méd*) non-resident medical student, extern

(US); (Scol) day pupil
extincteur [ɛkstɛ̃ktœʀ] *nm* (fire) extinguisher
extinction [ɛkstɛ̃ksjɔ̃] *nf* extinction; (*Jur: d'une dette*) extinguishment; **~ de voix** (*Méd*) loss of voice
extirper [ɛkstiʀpe] *vt* (*tumeur*) to extirpate; (*plante*) to root out, pull up; (*préjugés*) to eradicate
extorquer [ɛkstɔʀke] *vt* (*de l'argent, un renseignement*): **~ qch à qn** to extort sth from sb
extorsion [ɛkstɔʀsjɔ̃] *nf*: **~ de fonds** extortion of money
extra [ɛkstʀa] *adj inv* first-rate; (*marchandises*) top-quality ▷ *nm inv* extra help ▷ *préfixe* extra(-)
extraction [ɛkstʀaksjɔ̃] *nf* extraction
extrader [ɛkstʀade] *vt* to extradite
extradition [ɛkstʀadisjɔ̃] *nf* extradition
extra-fin, e [ɛkstʀafɛ̃, -in] *adj* extra-fine
extra-fort, e [ɛkstʀafɔʀ] *adj* extra strong
extraire [ɛkstʀɛʀ] *vt* to extract
extrait, e [ɛkstʀɛ, -ɛt] *pp de* **extraire** ▷ *nm* (*de plante*) extract; (*de film, livre*) extract, excerpt; **~ de naissance** birth certificate
extra-lucide [ɛkstʀalysid] *adj*: **voyante ~** clairvoyant
extraordinaire [ɛkstʀaɔʀdinɛʀ] *adj* extraordinary; (*Pol, Admin*) special; **ambassadeur ~** ambassador extraordinary; **assemblée ~** extraordinary meeting; **par ~** by some unlikely chance
extraordinairement [ɛkstʀaɔʀdinɛʀmɑ̃] *adv* extraordinarily
extrapoler [ɛkstʀapɔle] *vt, vi* to extrapolate
extra-sensoriel, le [ɛkstʀasɑ̃sɔʀjɛl] *adj* extrasensory
extra-terrestre [ɛkstʀatɛʀɛstʀ(ə)] *nm/f* extraterrestrial
extra-utérin, e [ɛkstʀayteʀɛ̃, -in] *adj* extrauterine
extravagance [ɛkstʀavagɑ̃s] *nf* extravagance *no pl*; extravagant behaviour *no pl*
extravagant, e [ɛkstʀavagɑ̃, -ɑ̃t] *adj* (*personne, attitude*) extravagant; (*idée*) wild
extraverti, e [ɛkstʀavɛʀti] *adj* extrovert
extrayais *etc* [ɛkstʀɛjɛ] *vb voir* **extraire**
extrême [ɛkstʀɛm] *adj, nm* extreme; (*intensif*): **d'une ~ simplicité/brutalité** extremely simple/brutal; **d'un ~ à l'autre** from one extreme to another; **à l'~** in the extreme; **à l'~ rigueur** in the absolute extreme
extrêmement [ɛkstʀɛmmɑ̃] *adv* extremely
extrême-onction [ɛkstʀɛmɔ̃ksjɔ̃] (*pl* **extrêmes-onctions**) *nf* (*Rel*) last rites *pl*, Extreme Unction
Extrême-Orient [ɛkstʀɛmɔʀjɑ̃] *nm*: **l'~** the Far East
extrême-oriental, e, -aux [ɛkstʀɛmɔʀjɑ̃tal, -o] *adj* Far Eastern
extrémisme [ɛkstʀemism(ə)] *nm* extremism
extrémiste [ɛkstʀemist(ə)] *adj, nm/f* extremist
extrémité [ɛkstʀemite] *nf* (*bout*) end; (*situation*) straits *pl*, plight; (*geste désespéré*) extreme action; **extrémités** *nfpl* (*pieds et mains*) extremities; **à la dernière ~** (*à l'agonie*) on the point of death
extroverti, e [ɛkstʀɔvɛʀti] *adj* = **extraverti**
exubérance [ɛgzybeʀɑ̃s] *nf* exuberance
exubérant, e [ɛgzybeʀɑ̃, -ɑ̃t] *adj* exuberant
exulter [ɛgzylte] *vi* to exult
exutoire [ɛgzytwaʀ] *nm* outlet, release
ex-voto [ɛksvɔto] *nm inv* ex-voto
eye-liner [ajlajnœʀ] *nm* eyeliner

e

Ff

F, f [ɛf] *nm inv* F, f ▷ *abr* = **féminin**; (= *franc*) fr.; (= *Fahrenheit*) F; (= *frère*) Br(o).; (= *femme*) W; (*appartement*): **un F2/F3** a 2-/3-roomed flat (*Brit*) *ou* apartment (*US*); **F comme François** F for Frederick (*Brit*) *ou* Fox (*US*)
fa [fɑ] *nm inv* (*Mus*) F; (*en chantant la gamme*) fa
fable [fɑbl(ə)] *nf* fable; (*mensonge*) story, tale
fabricant [fabʀikɑ̃] *nm* manufacturer, maker
fabrication [fabʀikɑsjɔ̃] *nf* manufacture, making
fabrique [fabʀik] *nf* factory
fabriquer [fabʀike] *vt* to make; (*industriellement*) to manufacture, make; (*construire: voiture*) to manufacture, build; (*: maison*) to build; (*fig: inventer: histoire, alibi*) to make up; (*fam*): **qu'est-ce qu'il fabrique?** what is he up to?; **~ en série** to mass-produce
fabulateur, -trice [fabylatœʀ, -tʀis] *nm/f*: **c'est un ~** he fantasizes, he makes up stories
fabulation [fabylɑsjɔ̃] *nf* (*Psych*) fantasizing
fabuleusement [fabyløzmɑ̃] *adv* fabulously, fantastically
fabuleux, -euse [fabylø, -øz] *adj* fabulous, fantastic
fac [fak] *abr f* (*fam*: = *faculté*) Uni (*Brit: fam*) ≈ college (*US*)
façade [fasad] *nf* front, façade; (*fig*) façade
face [fas] *nf* face; (*fig: aspect*) side ▷ *adj*: **le côté ~** heads; **perdre/sauver la ~** to lose/save face; **regarder qn en ~** to look sb in the face; **la maison/le trottoir d'en ~** the house/pavement opposite; **en ~ de** *prép* opposite; (*fig*) in front of; **de ~** *adv* from the front; face on; **~ à** *prép* facing; (*fig*) faced with, in the face of; **faire ~ à** to face; **faire ~ à la demande** (*Comm*) to meet the demand; **~ à ~** *adv* facing each other ▷ *nm inv* encounter
face-à-main [fasamɛ̃] (*pl* **faces-à-main**) *nm* lorgnette
facéties [fasesi] *nfpl* jokes, pranks
facétieux, -euse [fasesjø, -øz] *adj* mischievous
facette [fasɛt] *nf* facet
fâché, e [fɑʃe] *adj* angry; (*désolé*) sorry
fâcher [fɑʃe] *vt* to anger; **se fâcher** *vi* to get angry; **se ~ avec** (*se brouiller*) to fall out with
fâcherie [fɑʃʀi] *nf* quarrel
fâcheusement [fɑʃøzmɑ̃] *adv* unpleasantly; (*impressionné etc*) badly; **avoir ~ tendance à** to have an irritating tendency to
fâcheux, -euse [fɑʃø, -øz] *adj* unfortunate, regrettable
facho [faʃo] *adj, nm/f* (*fam*: = *fasciste*) fascist
facial, e, -aux [fasjal, -o] *adj* facial
faciès [fasjɛs] *nm* (*visage*) features *pl*
facile [fasil] *adj* easy; (*accommodant*) easy-going
facilement [fasilmɑ̃] *adv* easily
facilité [fasilite] *nf* easiness; (*disposition, don*) aptitude; (*moyen, occasion, possibilité*): **il a la ~ de rencontrer les gens** he has every opportunity to meet people; **facilités** *nfpl* facilities; (*Comm*) terms; **~s de crédit** credit terms; **~s de paiement** easy terms
faciliter [fasilite] *vt* to make easier
façon [fasɔ̃] *nf* (*manière*) way; (*d'une robe etc*) making-up; cut; (*: main-d'œuvre*) labour (*Brit*), labor (*US*); (*imitation*): **châle ~ cachemire** cashmere-style shawl; **façons** *nfpl* (*péj*) fuss *sg*; **faire des ~s** (*péj: être affecté*) to be affected; (*: faire des histoires*) to make a fuss; **de quelle ~?** (in) what way?; **sans ~** *adv* without fuss ▷ *adj* unaffected; **d'une autre ~** in another way; **en aucune ~** in no way; **de ~ à** so as to; **de ~ à ce que, de (telle) ~ que** so that; **de toute ~** anyway, in any case; **(c'est une) ~ de parler** it's a way of putting it; **travail à ~** tailoring
façonner [fasɔne] *vt* (*fabriquer*) to manufacture; (*travailler: matière*) to shape, fashion; (*fig*) to mould, shape
fac-similé [faksimile] *nm* facsimile
facteur, -trice [faktœʀ, -tʀis] *nm/f* postman/woman (*Brit*), mailman/woman (*US*) ▷ *nm* (*Math, gén*) factor; **~ d'orgues** organ builder; **~ de pianos** piano maker; **~ rhésus** rhesus factor
factice [faktis] *adj* artificial
faction [faksjɔ̃] *nf* (*groupe*) faction; (*Mil*) guard *ou* sentry (duty); watch; **en ~** on guard; standing watch
factionnaire [faksjɔnɛʀ] *nm* guard, sentry
factoriel, le [faktɔʀjɛl] *adj, nf* factorial
factotum [faktɔtɔm] *nm* odd-job man, dogsbody (*Brit*)
factuel, le [faktɥɛl] *adj* factual

facturation [faktyʀasjɔ̃] *nf* invoicing; (*bureau*) invoicing (office)
facture [faktyʀ] *nf* (*à payer: gén*) bill; (*: Comm*) invoice; (*d'un artisan, artiste*) technique, workmanship
facturer [faktyʀe] *vt* to invoice
facturier, -ière [faktyʀje, -jɛʀ] *nm/f* invoice clerk
facultatif, -ive [fakyltatif, -iv] *adj* optional; (*arrêt de bus*) request *cpd*
faculté [fakylte] *nf* (*intellectuelle, d'université*) faculty; (*pouvoir, possibilité*) power
fadaises [fadɛz] *nfpl* twaddle *sg*
fade [fad] *adj* insipid
fading [fadiŋ] *nm* (*Radio*) fading
fagot [fago] *nm* (*de bois*) bundle of sticks
fagoté, e [fagɔte] *adj* (*fam*): **drôlement ~** oddly dressed
faible [fɛbl(ə)] *adj* weak; (*voix, lumière, vent*) faint; (*élève, copie*) poor; (*rendement, intensité, revenu etc*) low ▷ *nm* weak point; (*pour quelqu'un*) weakness, soft spot; **~ d'esprit** feeble-minded
faiblement [fɛbləmɑ̃] *adv* weakly; (*peu: éclairer etc*) faintly
faiblesse [fɛblɛs] *nf* weakness
faiblir [febliʀ] *vi* to weaken; (*lumière*) to dim; (*vent*) to drop
faïence [fajɑ̃s] *nf* earthenware *no pl*; (*objet*) piece of earthenware
faignant, e [fɛɲɑ̃, -ɑ̃t] *nm/f* = **fainéant, e**
faille [faj] *vb voir* **falloir** ▷ *nf* (*Géo*) fault; (*fig*) flaw, weakness
failli, e [faji] *adj, nm/f* bankrupt
faillible [fajibl(ə)] *adj* fallible
faillir [fajiʀ] *vi*: **j'ai failli tomber/lui dire** I almost *ou* nearly fell/told him; **~ à une promesse/un engagement** to break a promise/an agreement
faillite [fajit] *nf* bankruptcy; (*échec: d'une politique etc*) collapse; **être en ~** to be bankrupt; **faire ~** to go bankrupt
faim [fɛ̃] *nf* hunger; (*fig*): **~ d'amour/de richesse** hunger *ou* yearning for love/wealth; **avoir ~** to be hungry; **rester sur sa ~** (*aussi fig*) to be left wanting more
fainéant, e [fɛneɑ̃, -ɑ̃t] *nm/f* idler, loafer
fainéantise [feneɑ̃tiz] *nf* idleness, laziness

MOT-CLÉ

faire [fɛʀ] *vt* **1** (*fabriquer, être l'auteur de*) to make; (*produire*) to produce; (*construire: maison, bateau*) to build; **faire du vin/une offre/un film** to make wine/an offer/a film; **faire du bruit** to make a noise
2 (*effectuer: travail, opération*) to do; **que faites-vous?** (*quel métier etc*) what do you do?; (*quelle activité: au moment de la question*) what are you doing?; **que faire?** what are we going to do?, what can be done (about it)?; **faire la lessive/le ménage** to do the washing/the housework
3 (*études*) to do; (*sport, musique*) to play; **faire du droit/du français** to do law/French; **faire du rugby/piano** to play rugby/the piano; **faire du cheval/du ski** to go riding/skiing
4 (*visiter*): **faire les magasins** to go shopping; **faire l'Europe** to tour *ou* do Europe
5 (*simuler*): **faire le malade/l'ignorant** to act the invalid/the fool
6 (*transformer, avoir un effet sur*): **faire de qn un frustré/avocat** to make sb frustrated/a lawyer; **ça ne me fait rien** (*m'est égal*) I don't care *ou* mind; (*me laisse froid*) it has no effect on me; **ça ne fait rien** it doesn't matter; **faire que** (*impliquer*) to mean that
7 (*calculs, prix, mesures*): **deux et deux font quatre** two and two are *ou* make four; **ça fait 10 m/15 euros** it's 10 m/15 euros; **je vous le fais 10 euros** I'll let you have it for 10 euros
8 (*vb+de*): **qu'a-t-il fait de sa valise/de sa sœur?** what has he done with his case/his sister?
9: **ne faire que: il ne fait que critiquer** (*sans cesse*) all he (ever) does is criticize; (*seulement*) he's only criticizing
10 (*dire*) to say; **vraiment? fit-il** really? he said
11 (*maladie*) to have; **faire du diabète/de la tension** to have diabetes *sg*/high blood pressure
▷ *vi* **1** (*agir, s'y prendre*) to act, do; **il faut faire vite** we (*ou* you *etc*) must act quickly; **comment a-t-il fait pour?** how did he manage to?; **faites comme chez vous** make yourself at home; **je n'ai pas pu faire autrement** there was nothing else I could do
2 (*paraître*) to look; **faire vieux/démodé** to look old/old-fashioned; **ça fait bien** it looks good; **tu fais jeune dans cette robe** that dress makes you look young(er)
3 (*remplaçant un autre verbe*) to do; **ne le casse pas comme je l'ai fait** don't break it as I did; **je peux le voir? — faites!** can I see it? — please do!; **remets-le en place — je viens de le faire** put it back in its place — I just have (done)
▷ *vb impers* **1**: **il fait beau** *etc* the weather is fine *etc*; *voir aussi* **jour**; **froid** *etc*
2 (*temps écoulé, durée*): **ça fait deux ans qu'il est parti** it's two years since he left; **ça fait deux ans qu'il y est** he's been there for two years
▷ *vb aux* **1**: **faire** (*+infinitif: action directe*) to make; **faire tomber/bouger qch** to make sth fall/move; **faire démarrer un moteur/chauffer de l'eau** to start up an engine/heat some water; **cela fait dormir** it makes you sleep; **faire travailler les enfants** to make the children work *ou* get the children to work; **il m'a fait traverser la rue** he helped me to cross the road
2 (*indirectement, par un intermédiaire*): **faire réparer qch** to get *ou* have sth repaired; **faire punir les enfants** to have the children punished; **il m'a fait ouvrir la porte** he got me to open the door
se faire *vi* **1** (*vin, fromage*) to mature
2: **cela se fait beaucoup/ne se fait pas** it's

done a lot/not done
3 (*+nom ou pron*): **se faire une jupe** to make o.s. a skirt; **se faire des amis** to make friends; **se faire du souci** to worry; **se faire des illusions** to delude o.s.; **se faire beaucoup d'argent** to make a lot of money; **il ne s'en fait pas** he doesn't worry
4 (*+adj: devenir*): **se faire vieux** to be getting old; (*délibérément*): **se faire beau** to do o.s. up
5: **se faire à** (*s'habituer*) to get used to; **je n'arrive pas à me faire à la nourriture/au climat** I can't get used to the food/climate
6 (*+infinitif*): **se faire examiner la vue/opérer** to have one's eyes tested/have an operation; **se faire couper les cheveux** to get one's hair cut; **il va se faire tuer/punir** he's going to get himself killed/get (himself) punished; **il s'est fait aider** he got somebody to help him; **il s'est fait aider par Simon** he got Simon to help him; **se faire faire un vêtement** to get a garment made for o.s.
7 (*impersonnel*): **comment se fait-il/faisait-il que?** how is it/was it that?; **il peut se faire que nous utilisions ...** it's possible that we could use ...

faire-part [fɛʀpaʀ] *nm inv* announcement (*of birth, marriage etc*)
fair-play [fɛʀplɛ] *adj inv* fair play
fais [fɛ] *vb voir* **faire**
faisabilité [fəzabilite] *nf* feasibility
faisable [fəzabl(ə)] *adj* feasible
faisais *etc* [fəzɛ] *vb voir* **faire**
faisan, e [fəzɑ̃, -an] *nm/f* pheasant
faisandé, e [fəzɑ̃de] *adj* high (*bad*); (*fig péj*) corrupt, decadent
faisceau, x [fɛso] *nm* (*de lumière etc*) beam; (*de branches etc*) bundle
faiseur, -euse [fəzœʀ, -øz] *nm/f* (*gén: péj*): **~ de** maker of ▷ *nm* (bespoke) tailor; **~ d'embarras** fusspot; **~ de projets** schemer
faisons *etc* [fəzɔ̃] *vb voir* **faire**
faisselle [fɛsɛl] *nf* cheese strainer
fait[1] [fɛ] *vb voir* **faire** ▷ *nm* (*événement*) event, occurrence; (*réalité, donnée*) fact; **le ~ que/de manger** the fact that/of eating; **être le ~ de** (*causé par*) to be the work of; **être au ~ (de)** to be informed (of); **mettre qn au ~** to inform sb, put sb in the picture; **au ~** (*à propos*) by the way; **en venir au ~** to get to the point; **de ~** *adj* (*opposé à: de droit*) de facto ▷ *adv* in fact; **du ~ de ceci/qu'il a menti** because of *ou* on account of this/his having lied; **de ce ~** therefore, for this reason; **en ~** in fact; **en ~ de repas** by way of a meal; **prendre ~ et cause pour qn** to support sb, side with sb; **prendre qn sur le ~** to catch sb in the act; **dire à qn son ~** to give sb a piece of one's mind; **hauts ~s** (*exploits*) exploits; **~ d'armes** feat of arms; **~ divers** (short) news item; **les ~s et gestes de qn** sb's actions *ou* doings
fait[2]**, e** [fɛ, fɛt] *pp de* **faire** ▷ *adj* (*mûr: fromage, melon*) ripe; (*maquillé: yeux*) made-up; (*vernis: ongles*) painted, polished; **un homme ~** a grown man; **tout(e) ~(e)** (*préparé à l'avance*) ready-made; **c'en est ~ de notre tranquillité** that's the end of our peace; **c'est bien ~ (pour lui** *ou* **eux** *etc*) it serves him (*ou* them *etc*) right
faîte [fɛt] *nm* top; (*fig*) pinnacle, height
faites [fɛt] *vb voir* **faire**
faîtière [fɛtjɛʀ] *nf* (*de tente*) ridge pole
faitout [fɛtu] *nm* stewpot
fakir [fakiʀ] *nm* (*Théât*) wizard
falaise [falɛz] *nf* cliff
falbalas [falbala] *nmpl* fripperies, frills
fallacieux, -euse [falasjø, -øz] *adj* (*raisonnement*) fallacious; (*apparences*) deceptive; (*espoir*) illusory
falloir [falwaʀ] *vb impers*: **il faut faire les lits** we (*ou* you *etc*) have to *ou* must make the beds; **il faut que je fasse les lits** I have to *ou* must make the beds; **il a fallu qu'il parte** he had to leave; **il faudrait qu'elle rentre** she ought to go home; **il va ~ 10 euros** we'll (*ou* I'll *etc*) need 10 euros; **il doit ~ du temps** that must take time; **il vous faut tourner à gauche après l'église** you have to turn left past the church; **nous avons ce qu'il (nous) faut** we have what we need; **il faut qu'il ait oublié** he must have forgotten; **il a fallu qu'il l'apprenne** he would have to hear about it; **il ne fallait pas** (*pour remercier*) you shouldn't have (done); **faut le faire!** (it) takes some doing! ▷ *vi*: **s'en falloir**: **il s'en est fallu de 10 euros/5 minutes** we (*ou* they *etc*) were 10 euros short/5 minutes late (*ou* early); **il s'en faut de beaucoup qu'il soit ...** he is far from being ...; **il s'en est fallu de peu que cela n'arrive** it very nearly happened; **ou peu s'en faut** or just about, or as good as; **comme il faut** *adj* proper ▷ *adv* properly
fallu [faly] *pp de* **falloir**
falot, e [falo, -ɔt] *adj* dreary, colourless (*Brit*), colorless (*US*) ▷ *nm* lantern
falsification [falsifikɑsjɔ̃] *nf* falsification
falsifier [falsifje] *vt* to falsify
famé, e [fame] *adj*: **mal ~** disreputable, of ill repute
famélique [famelik] *adj* half-starved
fameux, -euse [famø, -øz] *adj* (*illustre: parfois péj*) famous; (*bon: repas, plat etc*) first-rate, first-class; (*intensif*): **un ~ problème** *etc* a real problem *etc*; **pas ~** not great, not much good
familial, e, -aux [familjal, -o] *adj* family *cpd* ▷ *nf* (*Auto*) family estate car (*Brit*), station wagon (*US*)
familiariser [familjaʀize] *vt*: **~ qn avec** to familiarize sb with; **se ~ avec** to familiarize o.s. with
familiarité [familjaʀite] *nf* familiarity; informality; **familiarités** *nfpl* familiarities; **~ avec** (*sujet, science*) familiarity with
familier, -ière [familje, -jɛʀ] *adj* (*connu, impertinent*) familiar; (*dénotant une certaine intimité*) informal, friendly; (*Ling*) informal,

colloquial ▷ *nm* regular (visitor)
familièrement [familjɛʀmɑ̃] *adv* (*sans façon: s'entretenir*) informally; (*cavalièrement*) familiarly
famille [famij] *nf* family; **il a de la ~ à Paris** he has relatives in Paris
famine [famin] *nf* famine
fan [fan] *nm/f* fan
fana [fana] *adj, nm/f* (*fam*) = **fanatique**
fanal, -aux [fanal, -o] *nm* beacon; lantern
fanatique [fanatik] *adj*: **~ (de)** fanatical (about) ▷ *nm/f* fanatic
fanatisme [fanatism(ə)] *nm* fanaticism
fane [fan] *nf* top
fané, e [fane] *adj* faded
faner [fane]: **se faner** *vi* to fade
faneur, -euse [fanœʀ, -øz] *nm/f* haymaker ▷ *nf* (*Tech*) tedder
fanfare [fɑ̃faʀ] *nf* (*orchestre*) brass band; (*musique*) fanfare; **en ~** (*avec bruit*) noisily
fanfaron, ne [fɑ̃faʀɔ̃, -ɔn] *nm/f* braggart
fanfaronnades [fɑ̃faʀɔnad] *nfpl* bragging *no pl*
fanfreluches [fɑ̃fʀəlyʃ] *nfpl* trimming *no pl*
fange [fɑ̃ʒ] *nf* mire
fanion [fanjɔ̃] *nm* pennant
fanon [fanɔ̃] *nm* (*de baleine*) plate of baleen; (*repli de peau*) dewlap, wattle
fantaisie [fɑ̃tezi] *nf* (*spontanéité*) fancy, imagination; (*caprice*) whim; extravagance; (*Mus*) fantasia ▷ *adj*: **bijou (de) ~** (piece of) costume jewellery (*Brit*) *ou* jewelry (*US*); **pain (de) ~** fancy bread
fantaisiste [fɑ̃tezist(ə)] *adj* (*péj*) unorthodox, eccentric ▷ *nm/f* (*de music-hall*) variety artist *ou* entertainer
fantasmagorique [fɑ̃tasmagɔʀik] *adj* phantasmagorical
fantasme [fɑ̃tasm(ə)] *nm* fantasy
fantasmer [fɑ̃tasme] *vi* to fantasize
fantasque [fɑ̃task(ə)] *adj* whimsical, capricious; fantastic
fantassin [fɑ̃tasɛ̃] *nm* infantryman
fantastique [fɑ̃tastik] *adj* fantastic
fantoche [fɑ̃tɔʃ] *nm* (*péj*) puppet
fantomatique [fɑ̃tɔmatik] *adj* ghostly
fantôme [fɑ̃tom] *nm* ghost, phantom
FAO *sigle f* (= *Food and Agricultural Organization*) FAO
faon [fɑ̃] *nm* fawn (*deer*)
FAQ *abr f* (= *foire aux questions*) FAQ *pl* (= *frequently asked questions*)
faramineux, -euse [faʀaminø, -øz] *adj* (*fam*) fantastic
farandole [faʀɑ̃dɔl] *nf* farandole
farce [faʀs(ə)] *nf* (*viande*) stuffing; (*blague*) (practical) joke; (*Théât*) farce; **faire une ~ à qn** to play a (practical) joke on sb; **~s et attrapes** jokes and novelties
farceur, -euse [faʀsœʀ, -øz] *nm/f* practical joker; (*fumiste*) clown
farci, e [faʀsi] *adj* (*Culin*) stuffed
farcir [faʀsiʀ] *vt* (*viande*) to stuff; (*fig*): **~ qch de** to stuff sth with; **se farcir** (*fam*): **je me suis farci la vaisselle** I've got stuck *ou* landed with the washing-up
fard [faʀ] *nm* make-up; **~ à joues** blusher
fardeau, x [faʀdo] *nm* burden
farder [faʀde] *vt* to make up; (*vérité*) to disguise; **se farder** to make o.s. up
farfelu, e [faʀfəly] *adj* wacky (*fam*), hare-brained
farfouiller [faʀfuje] *vi* (*péj*) to rummage around
fariboles [faʀibɔl] *nfpl* nonsense *no pl*
farine [faʀin] *nf* flour; **~ de blé** wheatflour; **~ de maïs** cornflour (*Brit*), cornstarch (*US*); **~ lactée** (*pour bouillie*) baby cereal
fariner [faʀine] *vt* to flour
farineux, -euse [faʀinø, -øz] *adj* (*sauce, pomme*) floury ▷ *nmpl* (*aliments*) starchy foods
farniente [faʀnjɛnte] *nm* idleness
farouche [faʀuʃ] *adj* shy, timid; (*sauvage*) savage, wild; (*violent*) fierce
farouchement [faʀuʃmɑ̃] *adv* fiercely
fart [faʀ(t)] *nm* (ski) wax
farter [faʀte] *vt* to wax
fascicule [fasikyl] *nm* volume
fascinant, e [fasinɑ̃, -ɑ̃t] *adj* fascinating
fascination [fasinɑsjɔ̃] *nf* fascination
fasciner [fasine] *vt* to fascinate
fascisant, e [faʃizɑ̃, -ɑ̃t] *adj* fascistic
fascisme [faʃism(ə)] *nm* fascism
fasciste [faʃist(ə)] *adj, nm/f* fascist
fasse *etc* [fas] *vb voir* **faire**
faste [fast(ə)] *nm* splendour (*Brit*), splendor (*US*) ▷ *adj*: **c'est un jour ~** it's his (*ou our etc*) lucky day
fastidieux, -euse [fastidjø, -øz] *adj* tedious, tiresome
fastueux, -euse [fastɥø, -øz] *adj* sumptuous, luxurious
fat [fa] *adj m* conceited, smug
fatal, e [fatal] *adj* fatal; (*inévitable*) inevitable
fatalement [fatalmɑ̃] *adv* inevitably
fatalisme [fatalism(ə)] *nm* fatalism
fataliste [fatalist(ə)] *adj* fatalistic
fatalité [fatalite] *nf* (*destin*) fate; (*coïncidence*) fateful coincidence; (*caractère inévitable*) inevitability
fatidique [fatidik] *adj* fateful
fatigant, e [fatigɑ̃, -ɑ̃t] *adj* tiring; (*agaçant*) tiresome
fatigue [fatig] *nf* tiredness, fatigue; (*détérioration*) fatigue; **les ~s du voyage** the wear and tear of the journey
fatigué, e [fatige] *adj* tired
fatiguer [fatige] *vt* to tire, make tired; (*Tech*) to put a strain on, strain; (*fig: importuner*) to wear out ▷ *vi* (*moteur*) to labour (*Brit*), labor (*US*), strain; **se fatiguer** *vi* to get tired; to tire o.s. (out); **se ~ à faire qch** to tire o.s. out doing sth
fatras [fatʀa] *nm* jumble, hotchpotch
fatuité [fatɥite] *nf* conceitedness, smugness
faubourg [fobuʀ] *nm* suburb
faubourien, ne [fobuʀjɛ̃, -ɛn] *adj* (*accent*) working-class
fauché, e [foʃe] *adj* (*fam*) broke

f

faucher [foʃe] *vt* (*herbe*) to cut; (*champs, blés*) to reap; (*fig*) to cut down; to mow down; (*fam: voler*) to pinch, nick
faucheur, -euse [foʃœʀ, -øz] *nm/f* reaper, mower
faucille [fosij] *nf* sickle
faucon [fokɔ̃] *nm* falcon, hawk
faudra *etc* [fodʀa] *vb voir* **falloir**
faufil [fofil] *nm* (*Couture*) tacking thread
faufilage [fofilaʒ] *nm* (*Couture*) tacking
faufiler [fofile] *vt* to tack, baste; **se faufiler** *vi*: **se ~ dans** to edge one's way into; **se ~ parmi/entre** to thread one's way among/between
faune [fon] *nf* (*Zool*) wildlife, fauna; (*fig péj*) set, crowd ▷ *nm* faun; **~ marine** marine (animal) life
faussaire [fosɛʀ] *nm/f* forger
fausse [fos] *adj f voir* **faux**
faussement [fosmɑ̃] *adv* (*accuser*) wrongly, wrongfully; (*croire*) falsely, erroneously
fausser [fose] *vt* (*objet*) to bend, buckle; (*fig*) to distort; **~ compagnie à qn** to give sb the slip
fausset [fosɛ] *nm*: **voix de ~** falsetto voice
fausseté [foste] *nf* wrongness; falseness
faut [fo] *vb voir* **falloir**
faute [fot] *nf* (*erreur*) mistake, error; (*péché, manquement*) misdemeanour; (*Football etc*) offence; (*Tennis*) fault; (*responsabilité*): **par la ~ de** through the fault of, because of; **c'est de sa/ma ~** it's his/my fault; **être en ~** to be in the wrong; **prendre qn en ~** to catch sb out; **~ de** (*temps, argent*) for *ou* through lack of; **~ de mieux** for want of anything *ou* something better; **sans ~** *adv* without fail; **~ de frappe** typing error; **~ d'inattention** careless mistake; **~ d'orthographe** spelling mistake; **~ professionnelle** professional misconduct *no pl*
fauteuil [fotœj] *nm* armchair; **~ à bascule** rocking chair; **~ club** (big) easy chair; **~ d'orchestre** seat in the front stalls (*Brit*) *ou* the orchestra (*US*); **~ roulant** wheelchair
fauteur [fotœʀ] *nm*: **~ de troubles** trouble-maker
fautif, -ive [fotif, -iv] *adj* (*incorrect*) incorrect, inaccurate; (*responsable*) at fault, in the wrong; (*coupable*) guilty ▷ *nm/f* culprit
fauve [fov] *nm* wildcat; (*peintre*) Fauve ▷ *adj* (*couleur*) fawn
fauvette [fovɛt] *nf* warbler
fauvisme [fovism(ə)] *nm* (*Art*) Fauvism
faux[1] [fo] *nf* scythe
faux[2]**, fausse** [fo, fos] *adj* (*inexact*) wrong; (*piano, voix*) out of tune; (*falsifié*) fake, forged; (*sournois, postiche*) false ▷ *adv* (*Mus*) out of tune ▷ *nm* (*copie*) fake, forgery; (*opposé au vrai*): **le ~** falsehood; **le ~ numéro/la fausse clé** the wrong number/key; **faire fausse route** to go the wrong way; **faire ~ bond à qn** to let sb down; **~ ami** (*Ling*) faux ami; **~ col** detachable collar; **~ départ** (*Sport, fig*) false start; **~ frais** *nmpl* extras, incidental expenses; **~ frère** (*fig péj*) false friend; **~ mouvement** awkward movement; **~ nez** false nose; **~ nom** assumed name; **~ pas** tripping *no pl*; (*fig*) faux pas; **~ témoignage** (*délit*) perjury; **fausse alerte** false alarm; **fausse clé** skeleton key; **fausse couche** (*Méd*) miscarriage; **fausse joie** vain joy; **fausse note** wrong note
faux-filet [fofilɛ] *nm* sirloin
faux-fuyant [fofɥijɑ̃] *nm* equivocation
faux-monnayeur [fomɔnɛjœʀ] *nm* counterfeiter, forger
faux-semblant [fosɑ̃blɑ̃] *nm* pretence (*Brit*), pretense (*US*)
faux-sens [fosɑ̃s] *nm* mistranslation
faveur [favœʀ] *nf* favour (*Brit*), favor (*US*); **traitement de ~** preferential treatment; **à la ~ de** under cover of; (*grâce à*) thanks to; **en ~ de** in favo(u)r of
favorable [favɔʀabl(ə)] *adj* favo(u)rable
favori, te [favɔʀi, -it] *adj, nm/f* favo(u)rite
favoris [favɔʀi] *nmpl* (*barbe*) sideboards (*Brit*), sideburns
favoriser [favɔʀize] *vt* to favour (*Brit*), favor (*US*)
favoritisme [favɔʀitism(ə)] *nm* (*péj*) favo(u)ritism
fax [faks] *nm* fax
faxer *vt* to fax
fayot [fajo] *nm* (*fam*) crawler
FB *abr* (= *franc belge*) BF, FB
FBI *sigle m* FBI
FC *sigle m* (= *Football Club*) FC
fébrile [febʀil] *adj* feverish, febrile; **capitaux ~s** (*Écon*) hot money
fébrilement [febʀilmɑ̃] *adv* feverishly
fécal, e, -aux [fekal, -o] *adj voir* **matière**
fécond, e [fekɔ̃, -ɔ̃d] *adj* fertile
fécondation [fekɔ̃dɑsjɔ̃] *nf* fertilization
féconder [fekɔ̃de] *vt* to fertilize
fécondité [fekɔ̃dite] *nf* fertility
fécule [fekyl] *nf* potato flour
féculent [fekylɑ̃] *nm* starchy food
fédéral, e, -aux [fedeʀal, -o] *adj* federal
fédéralisme [fedeʀalism(ə)] *nm* federalism
fédéraliste [fedeʀalist(ə)] *adj* federalist
fédération [fedeʀɑsjɔ̃] *nf* federation; **la F~ française de football** the French football association
fée [fe] *nf* fairy
féerie [feʀi] *nf* enchantment
féerique [feʀik] *adj* magical, fairytale *cpd*
feignant, e [fɛɲɑ̃, -ɑ̃t] *nm/f* = **fainéant, e**
feindre [fɛ̃dʀ(ə)] *vt* to feign ▷ *vi* to dissemble; **~ de faire** to pretend to do
feint, e [fɛ̃, fɛ̃t] *pp de* **feindre** ▷ *adj* feigned ▷ *nf* (*Sport: escrime*) feint; (*: Football, Rugby*) dummy (*Brit*), fake (*US*); (*fam: ruse*) sham
feinter [fɛ̃te] *vi* (*Sport: escrime*) to feint; (*: Football, Rugby*) to dummy (*Brit*), fake (*US*) ▷ *vt* (*fam: tromper*) to fool
fêlé, e [fele] *adj* (*aussi fig*) cracked
fêler [fele] *vt* to crack
félicitations [felisitɑsjɔ̃] *nfpl* congratulations
félicité [felisite] *nf* bliss

féliciter [felisite] *vt*: **~ qn (de)** to congratulate sb (on)
félin, e [felɛ̃, -in] *adj* feline ▷ *nm* (big) cat
félon, ne [felɔ̃, -ɔn] *adj* perfidious, treacherous
félonie [felɔni] *nf* treachery
fêlure [felyʀ] *nf* crack
femelle [fəmɛl] *adj* (*aussi Élec, Tech*) female ▷ *nf* female
féminin, e [feminɛ̃, -in] *adj* feminine; (*sexe*) female; (*équipe, vêtements etc*) women's; (*parfois péj: homme*) effeminate ▷ *nm* (*Ling*) feminine
féminiser [feminize] *vt* to feminize; (*rendre efféminé*) to make effeminate; **se féminiser** *vi*: **cette profession se féminise** this profession is attracting more women
féminisme [feminism(ə)] *nm* feminism
féministe [feminist(ə)] *adj, nf* feminist
féminité [feminite] *nf* femininity
femme [fam] *nf* woman; (*épouse*) wife; **être très ~** to be very much a woman; **devenir ~** to attain womanhood; **~ d'affaires** businesswoman; **~ de chambre** chambermaid; **~ fatale** femme fatale; **~ au foyer** housewife; **~ d'intérieur** (real) homemaker; **~ de ménage** domestic help, cleaning lady; **~ du monde** society woman; **~-objet** sex object; **~ de tête** determined, intellectual woman
fémoral, e, -aux [femɔʀal, -o] *adj* femoral
fémur [femyʀ] *nm* femur, thighbone
FEN [fɛn] *sigle f* (*= Fédération de l'Éducation nationale*) *teachers' trades union*
fenaison [fənɛzɔ̃] *nf* haymaking
fendillé, e [fɑ̃dije] *adj* (*terre etc*) crazed
fendre [fɑ̃dʀ(ə)] *vt* (*couper en deux*) to split; (*fissurer*) to crack; (*fig: traverser*) to cut through; to push one's way through; **se fendre** *vi* to crack
fendu, e [fɑ̃dy] *adj* (*sol, mur*) cracked; (*jupe*) slit
fenêtre [fənɛtʀ(ə)] *nf* window; **~ à guillotine** sash window
fennec [fenɛk] *nm* fennec
fenouil [fənuj] *nm* fennel
fente [fɑ̃t] *nf* slit; (*fissure*) crack
féodal, e, -aux [feɔdal, -o] *adj* feudal
féodalisme [feɔdalism(ə)] *nm* feudalism
féodalité [feɔdalite] *nf* feudalism
fer [fɛʀ] *nm* iron; (*de cheval*) shoe; **fers** *nmpl* (*Méd*) forceps; **mettre aux ~s** (*enchaîner*) to put in chains; **au ~ rouge** with a red-hot iron; **santé/main de ~** iron constitution/hand; **~ à cheval** horseshoe; **en ~ à cheval** (*fig*) horseshoe-shaped; **~ forgé** wrought iron; **~ à friser** curling tongs; **~ de lance** spearhead; **~ (à repasser)** iron; **~ à souder** soldering iron
ferai *etc* [fəʀe] *vb voir* **faire**
fer-blanc [fɛʀblɑ̃] *nm* tin(plate)
ferblanterie [fɛʀblɑ̃tʀi] *nf* tinplate making; (*produit*) tinware
ferblantier [fɛʀblɑ̃tje] *nm* tinsmith
férié, e [feʀje] *adj*: **jour ~** public holiday
ferions *etc* [fəʀjɔ̃] *vb voir* **faire**
férir [feʀiʀ]: **sans coup ~** *adv* without meeting any opposition
fermage [fɛʀmaʒ] *nm* tenant farming
ferme [fɛʀm(ə)] *adj* firm ▷ *adv* (*travailler etc*) hard; (*discuter*) ardently ▷ *nf* (*exploitation*) farm; (*maison*) farmhouse; **tenir ~** to stand firm
fermé, e [fɛʀme] *adj* closed, shut; (*gaz, eau etc*) off; (*fig: personne*) uncommunicative; (*: milieu*) exclusive
fermement [fɛʀməmɑ̃] *adv* firmly
ferment [fɛʀmɑ̃] *nm* ferment
fermentation [fɛʀmɑ̃tasjɔ̃] *nf* fermentation
fermenter [fɛʀmɑ̃te] *vi* to ferment
fermer [fɛʀme] *vt* to close, shut; (*cesser l'exploitation de*) to close down, shut down; (*eau, lumière, électricité, robinet*) to put off, turn off; (*aéroport, route*) to close ▷ *vi* to close, shut; to close down, shut down; **se fermer** *vi* (*yeux*) to close, shut; (*fleur, blessure*) to close up; **~ à clef** to lock; **~ au verrou** to bolt; **~ les yeux (sur qch)** (*fig*) to close one's eyes (to sth); **se ~ à** (*pitié, amour*) to close one's heart *ou* mind to
fermeté [fɛʀməte] *nf* firmness
fermette [fɛʀmɛt] *nf* farmhouse
fermeture [fɛʀmətyʀ] *nf* closing; shutting; closing *ou* shutting down; putting *ou* turning off; (*dispositif*) catch; fastening, fastener; **heure de ~** (*Comm*) closing time; **jour de ~** (*Comm*) day on which the shop (*etc*) is closed; **~ éclair®** *ou* **à glissière** zip (fastener) (*Brit*), zipper; *voir* **fermer**
fermier, -ière [fɛʀmje, -jɛʀ] *nm/f* farmer ▷ *nf* (*femme de fermier*) farmer's wife ▷ *adj*: **beurre/cidre ~** farm butter/cider
fermoir [fɛʀmwaʀ] *nm* clasp
féroce [feʀɔs] *adj* ferocious, fierce
férocement [feʀɔsmɑ̃] *adv* ferociously
férocité [feʀɔsite] *nf* ferocity, ferociousness
ferons *etc* [fəʀɔ̃] *vb voir* **faire**
ferraille [fɛʀɑj] *nf* scrap iron; **mettre à la ~** to scrap; **bruit de ~** clanking
ferrailler [fɛʀɑje] *vi* to clank
ferrailleur [fɛʀɑjœʀ] *nm* scrap merchant
ferrant [fɛʀɑ̃] *adj m voir* **maréchal-ferrant**
ferré, e [fɛʀe] *adj* (*chaussure*) hobnailed; (*canne*) steel-tipped; **~ sur** (*fam: savant*) well up on
ferrer [fɛʀe] *vt* (*cheval*) to shoe; (*chaussure*) to nail; (*canne*) to tip; (*poisson*) to strike
ferreux, -euse [fɛʀø, -øz] *adj* ferrous
ferronnerie [fɛʀɔnʀi] *nf* ironwork; **~ d'art** wrought iron work
ferronnier [fɛʀɔnje] *nm* craftsman in wrought iron; (*marchand*) ironware merchant
ferroviaire [fɛʀɔvjɛʀ] *adj* rail *cpd*, railway *cpd* (*Brit*), railroad *cpd* (*US*)
ferrugineux, -euse [fɛʀyʒinø, -øz] *adj* ferruginous
ferrure [fɛʀyʀ] *nf* (ornamental) hinge
ferry [fɛʀe], **ferry-boat** [fɛʀebot] *nm* ferry
fertile [fɛʀtil] *adj* fertile; **~ en incidents** eventful, packed with incidents
fertilisant [fɛʀtilizɑ̃] *nm* fertilizer
fertilisation [fɛʀtilizasjɔ̃] *nf* fertilization
fertiliser [fɛʀtilize] *vt* to fertilize
fertilité [fɛʀtilite] *nf* fertility

féru, e [feʀy] *adj*: **~ de** with a keen interest in
férule [feʀyl] *nf*: **être sous la ~ de qn** to be under sb's (iron) rule
fervent, e [fɛʀvɑ̃, -ɑ̃t] *adj* fervent
ferveur [fɛʀvœʀ] *nf* fervour (*Brit*), fervor (*US*)
fesse [fɛs] *nf* buttock; **les ~s** the bottom *sg*, the buttocks
fessée [fese] *nf* spanking
fessier [fesje] *nm* (*fam*) behind
festin [fɛstɛ̃] *nm* feast
festival [fɛstival] *nm* festival
festivalier [fɛstivalje] *nm* festival-goer
festivités [fɛstivite] *nfpl* festivities, merrymaking *sg*
feston [fɛstɔ̃] *nm* (*Archit*) festoon; (*Couture*) scallop
festoyer [fɛstwaje] *vi* to feast
fêtard [fɛtaʀ] *nm* (*péj*) high liver, merrymaker
fête [fɛt] *nf* (*religieuse*) feast; (*publique*) holiday; (*en famille etc*) celebration; (*kermesse*) fête, fair, festival; (*du nom*) feast day, name day; **faire la ~** to live it up; **faire ~ à qn** to give sb a warm welcome; **se faire une ~ de** to look forward to; to enjoy; **ça va être sa ~!** (*fam*) he's going to get it!; **jour de ~** holiday; **les ~s (de fin d'année)** the festive season; **la salle/le comité des ~s** the village hall/festival committee; **la ~ des Mères/Pères** Mother's/Father's Day; **~ de charité** charity fair *ou* fête; **~ foraine** (fun)fair; **la ~ de la musique**; *see note*; **~ mobile** movable feast (day); **la F~ Nationale** the national holiday

FÊTE DE LA MUSIQUE

The *fête de la musique* is a music festival which has taken place every year since 1981. On 21 June throughout France local musicians perform free of charge in parks, streets and squares.

Fête-Dieu [fɛtdjø] *nf*: **la ~** Corpus Christi
fêter [fete] *vt* to celebrate; (*personne*) to have a celebration for
fétiche [fetiʃ] *nm* fetish; **animal ~, objet ~** mascot
fétichisme [fetiʃism(ə)] *nm* fetishism
fétichiste [fetiʃist(ə)] *adj* fetishist
fétide [fetid] *adj* fetid
fétu [fety] *nm*: **~ de paille** wisp of straw
feu[1] [fø] *adj inv*: **~ son père** his late father
feu[2], x [fø] *nm* (*gén*) fire; (*signal lumineux*) light; (*de cuisinière*) ring; (*sensation de brûlure*) burning (sensation); **feux** *nmpl* fire *sg*; (*Auto*) (traffic) lights; **tous ~x éteints** (*Navig, Auto*) without lights; **au ~!** (*incendie*) fire!; **à ~ doux/vif** over a slow/brisk heat; **à petit ~** (*Culin*) over a gentle heat; (*fig*) slowly; **faire ~** to fire; **ne pas faire long ~** (*fig*) not to last long; **commander le ~** (*Mil*) to give the order to (open) fire; **tué au ~** (*Mil*) killed in action; **mettre à ~** (*fusée*) to fire off; **pris entre deux ~x** caught in the crossfire; **en ~** on fire; **être tout ~ tout flamme (pour)** (*passion*) to be aflame with passion (for); (*enthousiasme*) to be fired with enthusiasm (for); **prendre ~** to catch fire; **mettre le ~ à** to set fire to, set on fire; **faire du ~** to make a fire; **avez-vous du ~?** (*pour cigarette*) have you (got) a light?; **~ rouge/vert/orange** (*Auto*) red/green/amber (*Brit*) *ou* yellow (*US*) light; **donner le ~ vert à qch/qn** (*fig*) to give sth/sb the go-ahead *ou* green light; **~ arrière** (*Auto*) rear light; **~ d'artifice** firework; (*spectacle*) fireworks *pl*; **~ de camp** campfire; **~ de cheminée** chimney fire; **~ de joie** bonfire; **~ de paille** (*fig*) flash in the pan; **~x de brouillard** (*Auto*) fog lights *ou* lamps; **~x de croisement** (*Auto*) dipped (*Brit*) *ou* dimmed (*US*) headlights; **~x de position** (*Auto*) sidelights; **~x de route** (*Auto*) headlights (on full (*Brit*) *ou* high (*US*) beam); **~x de stationnement** parking lights
feuillage [fœjaʒ] *nm* foliage, leaves *pl*
feuille [fœj] *nf* (*d'arbre*) leaf; **~ (de papier)** sheet (of paper); **rendre ~ blanche** (*Scol*) to give in a blank paper; **~ d'or/de métal** gold/metal leaf; **~ de chou** (*péj: journal*) rag; **~ d'impôts** tax form; **~ de maladie** medical expenses claim form; **~ morte** dead leaf; **~ de paye** pay slip; **~ de présence** attendance sheet; **~ de température** temperature chart; **~ de vigne** (*Bot*) vine leaf; (*sur statue*) fig leaf; **~ volante** loose sheet
feuillet [fœjɛ] *nm* leaf, page
feuilletage [fœjtaʒ] *nm* (*aspect feuilleté*) flakiness
feuilleté, e [fœjte] *adj* (*Culin*) flaky; (*verre*) laminated
feuilleter [fœjte] *vt* (*livre*) to leaf through
feuilleton [fœjtɔ̃] *nm* serial
feuillette *etc* [fœjɛt] *vb voir* **feuilleter**
feuillu, e [fœjy] *adj* leafy ▷ *nm* broad-leaved tree
feulement [følmɑ̃] *nm* growl
feutre [føtʀ(ə)] *nm* felt; (*chapeau*) felt hat; (*stylo*) felt-tip(ped pen)
feutré, e [føtʀe] *adj* feltlike; (*pas, voix*) muffled
feutrer [føtʀe] *vt* to felt; (*fig: bruits*) to muffle ▷ *vi*, **se feutrer** *vi* (*tissu*) to felt
feutrine [føtʀin] *nf* (lightweight) felt
fève [fɛv] *nf* broad bean; (*dans la galette des Rois*) charm (*hidden in cake eaten on Twelfth Night*)
février [fevʀije] *nm* February; *voir aussi* **juillet**
fez [fɛz] *nm* fez
FF *abr* (= *franc français*) FF
FFA *sigle fpl* (= *Forces françaises en Allemagne*) *French forces in Germany*
FFF *abr* = **Fédération française de football**
FFI *sigle fpl* = **Forces françaises de l'intérieur (1942–45)** ▷ *sigle m member of the FFI*
FFL *sigle fpl* (= *Forces françaises libres*) Free French Army
Fg *abr* = **faubourg**
FGA *sigle m* (= *Fonds de garantie automobile*) *fund financed through insurance premiums, to compensate victims of uninsured losses*
FGEN *sigle f* (= *Fédération générale de l'éducation nationale*) *teachers' trade union*

fi [fi] *excl*: **faire fi de** to snap one's fingers at
fiabilité [fjabilite] *nf* reliability
fiable [fjabl(ə)] *adj* reliable
fiacre [fjakʀ(ə)] *nm* (hackney) cab *ou* carriage
fiançailles [fjɑ̃sɑj] *nfpl* engagement *sg*
fiancé, e [fjɑ̃se] *nm/f* fiancé (fiancée) ▷ *adj*: **être ~ (à)** to be engaged (to)
fiancer [fjɑ̃se]: **se fiancer** *vi*: **se ~ (avec)** to become engaged (to)
fiasco [fjasko] *nm* fiasco
fibranne [fibʀan] *nf* bonded fibre *ou* fiber (US)
fibre [fibʀ(ə)] *nf* fibre, fiber (US); **avoir la ~ paternelle/militaire** to be a born father/soldier; **~ optique** optical fibre *ou* fiber; **~ de verre** fibreglass (*Brit*), fiberglass (US), glass fibre *ou* fiber
fibreux, -euse [fibʀø, -øz] *adj* fibrous; (*viande*) stringy
fibrome [fibʀom] *nm* (*Méd*) fibroma
ficelage [fislaʒ] *nm* tying (up)
ficelé, e [fisle] *adj* (*fam*): **être mal ~** (*habillé*) to be badly got up; **bien/mal ~** (*conçu: roman, projet*) well/badly put together
ficeler [fisle] *vt* to tie up
ficelle [fisɛl] *nf* string *no pl*; (*morceau*) piece *ou* length of string; (*pain*) stick of French bread; **ficelles** *nfpl* (*fig*) strings; **tirer sur la ~** (*fig*) to go too far
fiche [fiʃ] *nf* (*carte*) (index) card; (*formulaire*) form; (*Élec*) plug; **~ de paye** pay slip; **~ signalétique** (*Police*) identification card; **~ technique** data sheet, specification *ou* spec sheet
ficher [fiʃe] *vt* (*dans un fichier*) to file; (*: Police*) to put on file; (*fam*) to do; (*: donner*) to give; (*: mettre*) to stick *ou* shove; (*planter*): **~ qch dans** to stick *ou* drive sth into; **~ qn à la porte** (*fam*) to chuck sb out; **fiche(-moi) le camp** (*fam*) clear off; **fiche-moi la paix** (*fam*) leave me alone; **se ~ dans** (*s'enfoncer*) to get stuck in, embed itself in; **se ~ de** (*fam*) to make fun of; not to care about
fichier [fiʃje] *nm* (*gén, Inform*) file; (*à cartes*) card index; **~ actif** *ou* **en cours d'utilisation** (*Inform*) active file; **~ d'adresses** mailing list; **~ d'archives** (*Inform*) archive file
fichu, e [fiʃy] *pp de* **ficher** (*fam*) ▷ *adj* (*fam: fini, inutilisable*) bust, done for; (*: intensif*) wretched, darned ▷ *nm* (*foulard*) (head)scarf; **être ~ de** to be capable of; **mal ~** feeling lousy; useless; **bien ~** great
fictif, -ive [fiktif, -iv] *adj* fictitious
fiction [fiksjɔ̃] *nf* fiction; (*fait imaginé*) invention
fictivement [fiktivmɑ̃] *adv* fictitiously
fidèle [fidɛl] *adj*: **~ (à)** faithful (to) ▷ *nm/f* (*Rel*): **les ~s** the faithful; (*à l'église*) the congregation
fidèlement [fidɛlmɑ̃] *adv* faithfully
fidélité [fidelite] *nf* faithfulness
Fidji [fidʒi] *nfpl*: **(les îles) ~** Fiji
fiduciaire [fidysjɛʀ] *adj* fiduciary; **héritier ~** heir, trustee; **monnaie ~** flat money
fief [fjɛf] *nm* fief; (*fig*) preserve; stronghold
fieffé, e [fjefe] *adj* (*ivrogne, menteur*) arrant, out-and-out
fiel [fjɛl] *nm* gall
fiente [fjɑ̃t] *nf* (bird) droppings *pl*
fier[1] [fje]: **se ~ à** *vt* to trust
fier[2]**, fière** [fjɛʀ] *adj* proud; **~ de** proud of; **avoir fière allure** to cut a fine figure
fièrement [fjɛʀmɑ̃] *adv* proudly
fierté [fjɛʀte] *nf* pride
fièvre [fjɛvʀ(ə)] *nf* fever; **avoir de la ~/39 de ~** to have a high temperature/a temperature of 39° C; **~ typhoïde** typhoid fever
fiévreusement [fjevʀøzmɑ̃] *adv* (*fig*) feverishly
fiévreux, -euse [fjevʀø, -øz] *adj* feverish
FIFA [fifa] *sigle f* (= *Fédération internationale de Football association*) FIFA
fifre [fifʀ(ə)] *nm* fife; (*personne*) fife-player
fig *abr* (= *figure*) fig
figé, e [fiʒe] *adj* (*manières*) stiff; (*société*) rigid; (*sourire*) set
figer [fiʒe] *vt* to congeal; (*fig: personne*) to freeze, root to the spot; **se figer** *vi* to congeal; to freeze; (*institutions etc*) to become set, stop evolving
fignoler [fiɲɔle] *vt* to put the finishing touches to
figue [fig] *nf* fig
figuier [figje] *nm* fig tree
figurant, e [figyʀɑ̃, -ɑ̃t] *nm/f* (*Théât*) walk-on; (*Ciné*) extra
figuratif, -ive [figyʀatif, -iv] *adj* representational, figurative
figuration [figyʀɑsjɔ̃] *nf* walk-on parts *pl*; extras *pl*
figure [figyʀ] *nf* (*visage*) face; (*image, tracé, forme, personnage*) figure; (*illustration*) picture, diagram; **faire ~ de** to look like; **faire bonne ~** to put up a good show; **faire triste ~** to be a sorry sight; **~ de rhétorique** figure of speech
figuré, e [figyʀe] *adj* (*sens*) figurative
figurer [figyʀe] *vi* to appear ▷ *vt* to represent; **se ~ que** to imagine that; **figurez-vous que ...** would you believe that ...?
figurine [figyʀin] *nf* figurine
fil [fil] *nm* (*brin, fig: d'une histoire*) thread; (*du téléphone*) cable, wire; (*textile de lin*) linen; (*d'un couteau: tranchant*) edge; **au ~ des années** with the passing of the years; **au ~ de l'eau** with the stream *ou* current; **de ~ en aiguille** one thing leading to another; **ne tenir qu'à un ~** (*vie, réussite etc*) to hang by a thread; **donner du ~ à retordre à qn** to make life difficult for sb; **donner/recevoir un coup de ~** to make/get a phone call; **~ à coudre** (sewing) thread *ou* yarn; **~ dentaire** dental floss; **~ électrique** electric wire; **~ de fer** wire; **~ de fer barbelé** barbed wire; **~ à pêche** fishing line; **~ à plomb** plumb line; **~ à souder** soldering wire
filament [filamɑ̃] *nm* (*Élec*) filament; (*de liquide*) trickle, thread
filandreux, -euse [filɑ̃dʀø, -øz] *adj* stringy
filant, e [filɑ̃, -ɑ̃t] *adj*: **étoile ~e** shooting star
filasse [filas] *adj inv* white blond
filature [filatyʀ] *nf* (*fabrique*) mill; (*policière*)

shadowing *no pl*, tailing *no pl*; **prendre qn en ~** to shadow *ou* tail sb

file [fil] *nf* line; **~ (d'attente)** queue (*Brit*), line (*US*); **prendre la ~** to join the (end of the) queue *ou* line; **prendre la ~ de droite** (*Auto*) to move into the right-hand lane; **se mettre en ~** to form a line; (*Auto*) to get into lane; **stationner en double ~** (*Auto*) to double-park; **à la ~** *adv* (*d'affilée*) in succession; (*à la suite*) one after another; **à la** *ou* **en ~ indienne** in single file

filer [file] *vt* (*tissu, toile, verre*) to spin; (*dérouler: câble etc*) to pay *ou* let out; (*prendre en filature*) to shadow, tail; (*fam: donner*): **~ qch à qn** to slip sb sth ▷ *vi* (*bas, maille, liquide, pâte*) to run; (*aller vite*) to fly past *ou* by; (*fam: partir*) to make off; **~ à l'anglaise** to take French leave; **~ doux** to behave o.s., toe the line; **~ un mauvais coton** to be in a bad way

filet [filɛ] *nm* net; (*Culin*) fillet; (*d'eau, de sang*) trickle; **tendre un ~** (*police*) to set a trap; **~ (à bagages)** (*Rail*) luggage rack; **~ (à provisions)** string bag

filetage [filtaʒ] *nm* threading; thread

fileter [filte] *vt* to thread

filial, e, -aux [filjal, -o] *adj* filial ▷ *nf* (*Comm*) subsidiary; affiliate

filiation [filjɑsjɔ̃] *nf* filiation

filière [filjɛʀ] *nf*: **passer par la ~** to go through the (administrative) channels; **suivre la ~** to work one's way up (through the hierarchy)

filiforme [filifɔʀm(ə)] *adj* spindly; threadlike

filigrane [filigʀan] *nm* (*d'un billet, timbre*) watermark; **en ~** (*fig*) showing just beneath the surface

filin [filɛ̃] *nm* (*Navig*) rope

fille [fij] *nf* girl; (*opposé à fils*) daughter; **vieille ~** old maid; **~ de joie** prostitute; **~ de salle** waitress

fille-mère [fijmɛʀ] (*pl* **filles-mères**) *nf* unmarried mother

fillette [fijɛt] *nf* (little) girl

filleul, e [fijœl] *nm/f* godchild, godson (goddaughter)

film [film] *nm* (*pour photo*) (roll of) film; (*œuvre*) film, picture, movie; (*couche*) film; **~ muet/parlant** silent/talking picture *ou* movie; **~ alimentaire** clingfilm; **~ d'amour/d'animation/d'horreur** romantic/animated/horror film; **~ comique** comedy; **~ policier** thriller

filmer [filme] *vt* to film

filon [filɔ̃] *nm* vein, lode; (*fig*) lucrative line, money-spinner

filou [filu] *nm* (*escroc*) swindler

fils [fis] *nm* son; **~ de famille** moneyed young man; **~ à papa** (*péj*) daddy's boy

filtrage [filtʀaʒ] *nm* filtering

filtrant, e [filtʀɑ̃, -ɑ̃t] *adj* (*huile solaire etc*) filtering

filtre [filtʀ(ə)] *nm* filter; **"~ ou sans ~?"** (*cigarettes*) "tipped or plain?"; **~ à air** air filter

filtrer [filtʀe] *vt* to filter; (*fig: candidats, visiteurs*) to screen ▷ *vi* to filter (through)

fin¹ [fɛ̃] *nf* end; **fins** *nfpl* (*but*) ends; **à (la) ~ mai, ~ mai** at the end of May; **en ~ de semaine** at the end of the week; **prendre ~** to come to an end; **toucher à sa ~** to be drawing to a close; **mettre ~ à** to put an end to; **mener à bonne ~** to bring to a successful conclusion; **à cette ~** to this end; **à toutes ~s utiles** for your information; **à la ~** in the end, eventually; **sans ~** *adj* endless ▷ *adv* endlessly; **~ de non-recevoir** (*Jur, Admin*) objection; **~ de section** (*de ligne d'autobus*) (fare) stage

fin², e [fɛ̃, fin] *adj* (*papier, couche, fil*) thin; (*cheveux, poudre, pointe, visage*) fine; (*taille*) neat, slim; (*esprit, remarque*) subtle; shrewd ▷ *adv* (*moudre, couper*) finely ▷ *nm*: **vouloir jouer au plus ~ (avec qn)** to try to outsmart sb ▷ *nf* (*alcool*) liqueur brandy; **c'est ~!** (*ironique*) how clever!; **~ prêt/soûl** quite ready/drunk; **un ~ gourmet** a gourmet; **un ~ tireur** a crack shot; **avoir la vue/l'ouïe ~e** to have sharp eyes/ears, have keen eyesight/hearing; **or/linge/vin ~** fine gold/linen/wine; **le ~ fond de** the very depths of; **le ~ mot de** the real story behind; **la ~e fleur de** the flower of; **une ~e mouche** (*fig*) a sly customer; **~es herbes** mixed herbs

final, e [final] *adj, nf* final ▷ *nm* (*Mus*) finale; **quarts de ~e** quarter finals; **8èmes/16èmes de ~e** 2nd/1st round (*in 5 round knock-out competition*)

finalement [finalmɑ̃] *adv* finally, in the end; (*après tout*) after all

finaliste [finalist(ə)] *nm/f* finalist

finalité [finalite] *nf* (*but*) aim, goal; (*fonction*) purpose

finance [finɑ̃s] *nf* finance; **finances** *nfpl* (*situation financière*) finances; (*activités financières*) finance *sg*; **moyennant ~** for a fee *ou* consideration

financement [finɑ̃smɑ̃] *nm* financing

financer [finɑ̃se] *vt* to finance

financier, -ière [finɑ̃sje, -jɛʀ] *adj* financial ▷ *nm* financier

financièrement [finɑ̃sjɛʀmɑ̃] *adv* financially

finasser [finase] *vi* (*péj*) to wheel and deal

finaud, e [fino, -od] *adj* wily

fine [fin] *adj f, nf voir* **fin, e**

finement [finmɑ̃] *adv* thinly; finely; neatly, slimly; subtly; shrewdly

finesse [finɛs] *nf* thinness; fineness; neatness, slimness; subtlety; shrewdness; **finesses** *nfpl* (*subtilités*) niceties; finer points

fini, e [fini] *adj* finished; (*Math*) finite; (*intensif*): **un menteur ~** a liar through and through ▷ *nm* (*d'un objet manufacturé*) finish

finir [finiʀ] *vt* to finish ▷ *vi* to finish, end; **~ quelque part** to end *ou* finish up somewhere; **~ de faire** to finish doing; (*cesser*) to stop doing; **~ par faire** to end *ou* finish up doing; **il finit par m'agacer** he's beginning to get on my nerves; **~ en pointe/tragédie** to end in a point/in tragedy; **en ~ avec** to be *ou* have done with; **à n'en plus ~** (*route, discussions*) never-ending; **il**

va mal ~ he will come to a bad end; **c'est bientôt fini?** (*reproche*) have you quite finished?
finish [finiʃ] *nm* (*Sport*) finish
finissage [finisaʒ] *nm* finishing
finisseur, -euse [finisœʀ, -øz] *nm/f* (*Sport*) strong finisher
finition [finisjɔ̃] *nf* finishing; finish
finlandais, e [fɛ̃lɑ̃dɛ, -ɛz] *adj* Finnish ▷ *nm/f*: **Finlandais, e** Finn
Finlande [fɛ̃lɑ̃d] *nf*: **la ~** Finland
finnois, e [finwa, -waz] *adj* Finnish ▷ *nm* (*Ling*) Finnish
fiole [fjɔl] *nf* phial
fiord [fjɔʀ(d)] *nm* = **fjord**
fioriture [fjɔʀityʀ] *nf* embellishment, flourish
fioul [fjul] *nm* fuel oil
firent [fiʀ] *vb voir* **faire**
firmament [fiʀmamɑ̃] *nm* firmament, skies *pl*
firme [fiʀm(ə)] *nf* firm
fis [fi] *vb voir* **faire**
fisc [fisk] *nm* tax authorities *pl*, ≈ Inland Revenue (*Brit*), ≈ Internal Revenue Service (*US*)
fiscal, e, -aux [fiskal, -o] *adj* tax *cpd*, fiscal
fiscaliser [fiskalize] *vt* to subject to tax
fiscaliste [fiskalist(ə)] *nm/f* tax specialist
fiscalité [fiskalite] *nf* tax system; (*charges*) taxation
fissible [fisibl(ə)] *adj* fissile
fission [fisjɔ̃] *nf* fission
fissure [fisyʀ] *nf* crack
fissurer [fisyʀe] *vt*, **se fissurer** *vi* to crack
fiston [fistɔ̃] *nm* (*fam*) son, lad
fit [fi] *vb voir* **faire**
FIV *sigle f* (= *fécondation in vitro*) IVF
fixage [fiksaʒ] *nm* (*Photo*) fixing
fixateur [fiksatœʀ] *nm* (*Photo*) fixer; (*pour cheveux*) hair cream
fixatif [fiksatif] *nm* fixative
fixation [fiksɑsjɔ̃] *nf* fixing; fastening; setting; (*de ski*) binding; (*Psych*) fixation
fixe [fiks(ə)] *adj* fixed; (*emploi*) steady, regular ▷ *nm* (*salaire*) basic salary; **à heure ~** at a set time; **menu à prix ~** set menu
fixé, e [fikse] *adj* (*heure, jour*) appointed; **être ~ (sur)** to have made up one's mind (about); to know for certain (about)
fixement [fiksəmɑ̃] *adv* fixedly, steadily
fixer [fikse] *vt* (*attacher*): **~ qch (à/sur)** to fix *ou* fasten sth (to/onto); (*déterminer*) to fix, set; (*Chimie, Photo*) to fix; (*poser son regard sur*) to look hard at, stare at; **se fixer** (*s'établir*) to settle down; **~ son choix sur qch** to decide on sth; **se ~ sur** (*attention*) to focus on
fixité [fiksite] *nf* fixedness
fjord [fjɔʀ(d)] *nm* fjord, fiord
fl. *abr* (= *fleuve*) r, R; (= *florin*) fl
flacon [flakɔ̃] *nm* bottle
flagada [flagada] *adj inv* (*fam: fatigué*) shattered
flagellation [flaʒɛlasjɔ̃] *nf* flogging
flageller [flaʒele] *vt* to flog, scourge
flageoler [flaʒɔle] *vi* to have knees like jelly
flageolet [flaʒɔlɛ] *nm* (*Mus*) flageolet; (*Culin*) dwarf kidney bean
flagornerie [flagɔʀnəʀi] *nf* toadying, fawning
flagorneur, -euse [flagɔʀnœʀ, -øz] *nm/f* toady, fawner
flagrant, e [flagʀɑ̃, -ɑ̃t] *adj* flagrant, blatant; **en ~ délit** in the act, in flagrante delicto
flair [flɛʀ] *nm* sense of smell; (*fig*) intuition
flairer [fleʀe] *vt* (*humer*) to sniff (at); (*détecter*) to scent
flamand, e [flamɑ̃, -ɑ̃d] *adj* Flemish ▷ *nm* (*Ling*) Flemish ▷ *nm/f*: **Flamand, e** Fleming; **les F~s** the Flemish
flamant [flamɑ̃] *nm* flamingo
flambant [flɑ̃bɑ̃] *adv*: **~ neuf** brand new
flambé, e [flɑ̃be] *adj* (*Culin*) flambé ▷ *nf* blaze; (*fig*) flaring-up, explosion
flambeau, x [flɑ̃bo] *nm* (flaming) torch; **se passer le ~** (*fig*) to hand down the (*ou* a) tradition
flambée [flɑ̃be] *nf* (*feu*) blaze; (*Comm*): **~ des prix** (sudden) shooting up of prices
flamber [flɑ̃be] *vi* to blaze (up) ▷ *vt* (*poulet*) to singe; (*aiguille*) to sterilize
flambeur, -euse [flɑ̃bœʀ, -øz] *nm/f* big-time gambler
flamboyant, e [flɑ̃bwajɑ̃, -ɑ̃t] *adj* blazing; flaming
flamboyer [flɑ̃bwaje] *vi* to blaze (up); (*fig*) to flame
flamenco [flamɛnko] *nm* flamenco
flamingant, e [flamɛ̃gɑ̃, -ɑ̃t] *adj* Flemish-speaking ▷ *nm/f*: **Flamingant, e** Flemish speaker; (*Pol*) Flemish nationalist
flamme [flam] *nf* flame; (*fig*) fire, fervour; **en ~s** on fire, ablaze
flammèche [flamɛʃ] *nf* (flying) spark
flammerole [flamʀɔl] *nf* will-o'-the-wisp
flan [flɑ̃] *nm* (*Culin*) custard tart *ou* pie
flanc [flɑ̃] *nm* side; (*Mil*) flank; **à ~ de colline** on the hillside; **prêter le ~ à** (*fig*) to lay o.s. open to
flancher [flɑ̃ʃe] *vi* (*cesser de fonctionner*) to fail, pack up; (*armée*) to quit
Flandre [flɑ̃dʀ(ə)] *nf*: **la ~** (*aussi*: **les Flandres**) Flanders
flanelle [flanɛl] *nf* flannel
flâner [flɑne] *vi* to stroll
flânerie [flɑnʀi] *nf* stroll
flâneur, -euse [flɑnœʀ, -øz] *adj* idle ▷ *nm/f* stroller
flanquer [flɑ̃ke] *vt* to flank; (*fam: jeter*): **~ par terre/à la porte** to fling to the ground/chuck out; (*: donner*): **~ la frousse à qn** to put the wind up sb, give sb an awful fright
flapi, e [flapi] *adj* dog-tired
flaque [flak] *nf* (*d'eau*) puddle; (*d'huile, de sang etc*) pool
flash [flaʃ] (*pl* **-es**) *nm* (*Photo*) flash; **~ (d'information)** newsflash
flasque [flask(ə)] *adj* flabby ▷ *nf* (*flacon*) flask
flatter [flate] *vt* to flatter; (*caresser*) to stroke; **se ~ de qch** to pride o.s. on sth
flatterie [flatʀi] *nf* flattery

flatteur, -euse [flatœʀ, -øz] *adj* flattering ▷ *nm/f* flatterer
flatulence [flatylɑ̃s], **flatuosité** [flatɥozite] *nf* (*Méd*) flatulence, wind
FLB *abr* (= *franco long du bord*) FAS ▷ *sigle m* (*Pol*) = **Front de libération de la Bretagne**
FLC *sigle m* = **Front de libération de la Corse**
fléau, x [fleo] *nm* scourge, curse; (*de balance*) beam; (*pour le blé*) flail
fléchage [fleʃaʒ] *nm* (*d'un itinéraire*) signposting
flèche [flɛʃ] *nf* arrow; (*de clocher*) spire; (*de grue*) jib; (*trait d'esprit, critique*) shaft; **monter en ~** (*fig*) to soar, rocket; **partir en ~** (*fig*) to be off like a shot; **à ~ variable** (*avion*) swing-wing *cpd*
flécher [fleʃe] *vt* to arrow, mark with arrows
fléchette [fleʃɛt] *nf* dart; **fléchettes** *nfpl* (*jeu*) darts *sg*
fléchir [fleʃiʀ] *vt* (*corps, genou*) to bend; (*fig*) to sway, weaken ▷ *vi* (*poutre*) to sag, bend; (*fig*) to weaken, flag; (: *baisser: prix*) to fall off
fléchissement [fleʃismɑ̃] *nm* bending; sagging; flagging; (*de l'économie*) dullness
flegmatique [flɛgmatik] *adj* phlegmatic
flegme [flɛgm(ə)] *nm* composure
flemmard, e [flemaʀ, -aʀd(ə)] *nm/f* lazybones *sg*, loafer
flemme [flɛm] *nf* (*fam*): **j'ai la ~ de le faire** I can't be bothered
flétan [fletɑ̃] *nm* (*Zool*) halibut
flétrir [fletʀiʀ] *vt* to wither; (*stigmatiser*) to condemn (in the most severe terms); **se flétrir** *vi* to wither
fleur [flœʀ] *nf* flower; (*d'un arbre*) blossom; **être en ~** (*arbre*) to be in blossom; **tissu à ~s** flowered *ou* flowery fabric; **la (fine) ~ de** (*fig*) the flower of; **être ~ bleue** to be soppy *ou* sentimental; **à ~ de terre** just above the ground; **faire une ~ à qn** to do sb a favour (*Brit*) *ou* favor (*US*); **~ de lis** fleur-de-lis
fleurer [flœʀe] *vt*: **~ la lavande** to have the scent of lavender
fleuret [flœʀɛ] *nm* (*arme*) foil; (*sport*) fencing
fleurette [flœʀɛt] *nf*: **conter ~ à qn** to whisper sweet nothings to sb
fleuri, e [flœʀi] *adj* in flower *ou* bloom; surrounded by flowers; (*fig: style*) flowery; (: *teint*) glowing
fleurir [flœʀiʀ] *vi* (*rose*) to flower; (*arbre*) to blossom; (*fig*) to flourish ▷ *vt* (*tombe*) to put flowers on; (*chambre*) to decorate with flowers
fleuriste [flœʀist(ə)] *nm/f* florist
fleuron [flœʀɔ̃] *nm* jewel (*fig*)
fleuve [flœv] *nm* river; **roman-~** saga; **discours-~** interminable speech
flexibilité [flɛksibilite] *nf* flexibility
flexible [flɛksibl(ə)] *adj* flexible
flexion [flɛksjɔ̃] *nf* flexing, bending; (*Ling*) inflection
flibustier [flibystje] *nm* buccaneer
flic [flik] *nm* (*fam: péj*) cop
flingue [flɛ̃g] *nm* (*fam*) shooter
flipper *nm* [flipœʀ] pinball (machine) ▷ *vi* [flipe] (*fam: être déprimé*) to feel down, be on a downer; (: *être exalté*) to freak out
flirt [flœʀt] *nm* flirting; (*personne*) boyfriend, girlfriend
flirter [flœʀte] *vi* to flirt
FLN *sigle m* = **Front de libération nationale (during the Algerian war)**
FLNKS *sigle m* (= *Front de libération nationale kanak et socialiste*) *political movement in New Caledonia*
flocon [flɔkɔ̃] *nm* flake; (*de laine etc: boulette*) flock; **~s d'avoine** oat flakes, porridge oats
floconneux, -euse [flɔkɔnø, -øz] *adj* fluffy, fleecy
flonflons [flɔ̃flɔ̃] *nmpl* blare *sg*
flopée [flɔpe] *nf*: **une ~ de** loads of
floraison [flɔʀɛzɔ̃] *nf* flowering; blossoming; flourishing; *voir* **fleurir**
floral, e, -aux [flɔʀal, -o] *adj* floral, flower *cpd*
floralies [flɔʀali] *nfpl* flower show *sg*
flore [flɔʀ] *nf* flora
Florence [flɔʀɑ̃s] *n* (*ville*) Florence
florentin, e [flɔʀɑ̃tɛ̃, -in] *adj* Florentine
floriculture [flɔʀikyltyʀ] *nf* flower-growing
florissant, e [flɔʀisɑ̃, -ɑ̃t] *vb voir* **fleurir** ▷ *adj* flourishing; (*santé, teint, mine*) blooming
flot [flo] *nm* flood, stream; (*marée*) flood tide; **flots** *nmpl* (*de la mer*) waves; **être à ~** (*Navig*) to be afloat; (*fig*) to be on an even keel; **à ~s** (*couler*) in torrents; **entrer à ~s** to stream *ou* pour in
flottage [flɔtaʒ] *nm* (*du bois*) floating
flottaison [flɔtɛzɔ̃] *nf*: **ligne de ~** waterline
flottant, e [flɔtɑ̃, -ɑ̃t] *adj* (*vêtement*) loose(-fitting); (*cours, barême*) floating
flotte [flɔt] *nf* (*Navig*) fleet; (*fam*) water; rain
flottement [flɔtmɑ̃] *nm* (*fig*) wavering, hesitation; (*Écon*) floating
flotter [flɔte] *vi* to float; (*nuage, odeur*) to drift; (*drapeau*) to fly; (*vêtements*) to hang loose ▷ *vb impers* (*fam: pleuvoir*): **il flotte** it's raining ▷ *vt* to float; **faire ~** to float
flotteur [flɔtœʀ] *nm* float
flottille [flɔtij] *nf* flotilla
flou, e [flu] *adj* fuzzy, blurred; (*fig*) woolly (*Brit*), vague; (*non ajusté: robe*) loose(-fitting)
flouer [flue] *vt* to swindle
FLQ *abr* (= *franco long du quai*) FAQ
fluctuant, e [flyktɥɑ̃, -ɑ̃t] *adj* (*prix, cours*) fluctuating; (*opinions*) changing
fluctuation [flyktɥasjɔ̃] *nf* fluctuation
fluctuer [flyktɥe] *vi* to fluctuate
fluet, te [flyɛ, -ɛt] *adj* thin, slight; (*voix*) thin
fluide [flyid] *adj* fluid; (*circulation etc*) flowing freely ▷ *nm* fluid; (*force*) (mysterious) power
fluidifier [flyidifje] *vt* to make fluid
fluidité [flyidite] *nf* fluidity; free flow
fluor [flyɔʀ] *nm* fluorine
fluoré, e [flyɔʀe] *adj* fluoridated
fluorescent, e [flyɔʀesɑ̃, -ɑ̃t] *adj* fluorescent
flûte [flyt] *nf* (*aussi:* **flûte traversière**) flute; (*verre*) flute glass; (*pain*) long loaf; **petite ~** piccolo; **~!** drat it!; **~ (à bec)** recorder; **~ de Pan** panpipes *pl*

flûtiste [flytist(ə)] *nm/f* flautist, flute player
fluvial, e, -aux [flyvjal, -o] *adj* river *cpd*, fluvial
flux [fly] *nm* incoming tide; (*écoulement*) flow; **le ~ et le re~** the ebb and flow
fluxion [flyksjɔ̃] *nf*: **~ de poitrine** pneumonia
FM *sigle f* (= *frequency modulation*) FM
Fme *abr* (= *femme*) W
FMI *sigle m* (= *Fonds monétaire international*) IMF
FN *sigle m* (= *Front national*) ≈ NF (= *National Front*)
FNAC [fnak] *sigle f* (= *Fédération nationale des achats des cadres*) *chain of discount shops (hi-fi, photo etc)*
FNSEA *sigle f* (= *Fédération nationale des syndicats d'exploitants agricoles*) *farmers' union*
FO *sigle f* (= *Force ouvrière*) *trades union*
foc [fɔk] *nm* jib
focal, e, -aux [fɔkal, -o] *adj* focal ▷ *nf* focal length
focaliser [fɔkalize] *vt* to focus
foehn [føn] *nm* foehn, föhn
fœtal, e, -aux [fetal, -o] *adj* fetal, foetal (*Brit*)
fœtus [fetys] *nm* fetus, foetus (*Brit*)
foi [fwa] *nf* faith; **sous la ~ du serment** under *ou* on oath; **ajouter ~ à** to lend credence to; **faire ~** (*prouver*) to be evidence; **digne de ~** reliable; **sur la ~ de** on the word *ou* strength of; **être de bonne/mauvaise ~** to be in good faith/ not to be in good faith; **ma ~!** well!
foie [fwa] *nm* liver; **~ gras** foie gras
foin [fwɛ̃] *nm* hay; **faire les ~s** to make hay; **faire du ~** (*fam*) to kick up a row
foire [fwaʀ] *nf* fair; (*fête foraine*) (fun) fair; (*fig: désordre, confusion*) bear garden; **~ aux questions** (*Internet*) frequently asked questions; **faire la ~** to whoop it up; **~ (exposition)** trade fair
fois [fwa] *nf* time; **une/deux ~** once/twice; **trois/vingt ~** three/twenty times; **deux ~ deux** twice two; **deux/quatre ~ plus grand (que)** twice/four times as big (as); **une ~** (*passé*) once; (*futur*) sometime; **une (bonne) ~ pour toutes** once and for all; **encore une ~** again, once more; **il était une ~** once upon a time; **une ~ que c'est fait** once it's done; **une ~ parti** once he (*ou I etc*) had left; **des ~** (*parfois*) sometimes; **si des ~ ...** (*fam*) if ever ...; **non mais des ~!** (*fam*) (now) look here!; **à la ~** (*ensemble*) (all) at once; **à la ~ grand et beau** both tall and handsome
foison [fwazɔ̃] *nf*: **une ~ de** an abundance of; **à ~** *adv* in plenty
foisonnant, e [fwazɔnɑ̃, -ɑ̃t] *adj* teeming
foisonnement [fwazɔnmɑ̃] *nm* profusion, abundance
foisonner [fwazɔne] *vi* to abound; **~ en** *ou* **de** to abound in
fol [fɔl] *adj m voir* **fou**
folâtre [fɔlɑtʀ(ə)] *adj* playful
folâtrer [fɔlɑtʀe] *vi* to frolic (about)
folichon, ne [fɔliʃɔ̃, -ɔn] *adj*: **ça n'a rien de ~** it's not a lot of fun
folie [fɔli] *nf* (*d'une décision, d'un acte*) madness, folly; (*état*) madness, insanity; (*acte*) folly; **la ~ des grandeurs** delusions of grandeur; **faire des ~s** (*en dépenses*) to be extravagant
folklore [fɔlklɔʀ] *nm* folklore
folklorique [fɔlklɔʀik] *adj* folk *cpd*; (*fam*) weird
folle [fɔl] *adj f, nf voir* **fou**
follement [fɔlmɑ̃] *adv* (*très*) madly, wildly
follet [fɔlɛ] *adj m*: **feu ~** will-o'-the-wisp
fomentateur, -trice [fɔmɑ̃tatœʀ, -tʀis] *nm/f* agitator
fomenter [fɔmɑ̃te] *vt* to stir up, foment
foncé, e [fɔ̃se] *adj* dark; **bleu ~** dark blue
foncer [fɔ̃se] *vt* to make darker; (*Culin: moule etc*) to line ▷ *vi* to go darker; (*fam: aller vite*) to tear *ou* belt along; **~ sur** to charge at
fonceur, -euse [fɔ̃sœʀ, -øz] *nm/f* whizz kid
foncier, -ière [fɔ̃sje, -jɛʀ] *adj* (*honnêteté etc*) basic, fundamental; (*malhonnêteté*) deep-rooted; (*Comm*) real estate *cpd*
foncièrement [fɔ̃sjɛʀmɑ̃] *adv* basically; (*absolument*) thoroughly
fonction [fɔ̃ksjɔ̃] *nf* (*rôle, Math, Ling*) function; (*emploi, poste*) post, position; **fonctions** *nfpl* (*professionnelles*) duties; **entrer en ~s** to take up one's post *ou* duties; to take up office; **voiture de ~** company car; **être ~ de** (*dépendre de*) to depend on; **en ~ de** (*par rapport à*) according to; **faire ~ de** to serve as; **la ~ publique** the state *ou* civil (*Brit*) service
fonctionnaire [fɔ̃ksjɔnɛʀ] *nm/f* state employee *ou* official; (*dans l'administration*) ≈ civil servant (*Brit*)
fonctionnariser [fɔ̃ksjɔnaʀize] *vt* (*Admin: personne*) to give the status of a state employee to
fonctionnel, le [fɔ̃ksjɔnɛl] *adj* functional
fonctionnellement [fɔ̃ksjɔnɛlmɑ̃] *adv* functionally
fonctionnement [fɔ̃ksjɔnmɑ̃] *nm* working; functioning; operation
fonctionner [fɔ̃ksjɔne] *vi* to work, function; (*entreprise*) to operate, function; **faire ~** to work, operate
fond [fɔ̃] *nm voir aussi* **fonds**; (*d'un récipient, trou*) bottom; (*d'une salle, scène*) back; (*d'un tableau, décor*) background; (*opposé à la forme*) content; (*petite quantité*): **un ~ de verre** a drop; (*Sport*): **le ~** long distance (running); **course/épreuve de ~** long-distance race/trial; **au ~ de** at the bottom of; at the back of; **aller au ~ des choses** to get to the root of things; **le ~ de sa pensée** his (*ou* her) true thoughts *ou* feelings; **sans ~** *adj* bottomless; **envoyer par le ~** (*Navig: couler*) to sink, scuttle; **à ~** *adv* (*connaître, soutenir*) thoroughly; (*appuyer, visser*) right down *ou* home; **à ~ (de train)** *adv* (*fam*) full tilt; **dans le ~, au ~** *adv* (*en somme*) basically, really; **de ~ en comble** *adv* from top to bottom; **~ sonore** background noise; background music; **~ de teint** foundation
fondamental, e, -aux [fɔ̃damɑ̃tal, -o] *adj* fundamental
fondamentalement [fɔ̃damɑ̃talmɑ̃] *adv* fundamentally
fondamentalisme [fɔ̃damɑ̃talism(ə)] *nm* fundamentalism

fondamentaliste [fɔ̃damɑ̃talist(ə)] *adj, nm/f* fundamentalist
fondant, e [fɔ̃dɑ̃, -ɑ̃t] *adj (neige)* melting; *(poire)* that melts in the mouth; *(chocolat)* fondant
fondateur, -trice [fɔ̃datœʀ, -tʀis] *nm/f* founder; **membre ~** founder *(Brit)* *ou* founding *(US)* member
fondation [fɔ̃dɑsjɔ̃] *nf* founding; *(établissement)* foundation; **fondations** *nfpl (d'une maison)* foundations; **travail de ~** foundation works *pl*
fondé, e [fɔ̃de] *adj (accusation etc)* well-founded ▷ *nm*: **~ de pouvoir** authorized representative; **mal ~** unfounded; **être ~ à croire** to have grounds for believing *ou* good reason to believe
fondement [fɔ̃dmɑ̃] *nm (derrière)* behind; **fondements** *nmpl* foundations; **sans ~** *adj (rumeur etc)* groundless, unfounded
fonder [fɔ̃de] *vt* to found; *(fig)*: **~ qch sur** to base sth on; **se ~ sur** *(personne)* to base o.s. on; **~ un foyer** *(se marier)* to set up home
fonderie [fɔ̃dʀi] *nf* smelting works *sg*
fondeur, -euse [fɔ̃dœʀ, -øz] *nm/f (skieur)* long-distance skier ▷ *nm*: **(ouvrier)** ~ caster
fondre [fɔ̃dʀ(ə)] *vt* to melt; *(dans l'eau: sucre, sel)* to dissolve; *(fig: mélanger)* to merge, blend ▷ *vi* to melt; to dissolve; *(fig)* to melt away; *(se précipiter)*: **~ sur** to swoop down on; **se fondre** *vi (se combiner, se confondre)* to merge into each other; to dissolve; **~ en larmes** to dissolve into tears
fondrière [fɔ̃dʀijɛʀ] *nf* rut
fonds [fɔ̃] *nm (de bibliothèque)* collection; *(Comm)*: **~ (de commerce)** business; *(fig)*: **~ de probité** *etc* fund of integrity *etc* ▷ *nmpl (argent)* funds; **à ~ perdus** *adv* with little or no hope of getting the money back; **être en ~** to be in funds; **mise de ~** investment, (capital) outlay; **F~ monétaire international (FMI)** International Monetary Fund (IMF); **~ de roulement** *nm* float
fondu, e [fɔ̃dy] *adj (beurre, neige)* melted; *(métal)* molten ▷ *nm (Ciné)*: **~ (enchaîné)** dissolve ▷ *nf (Culin)* fondue
fongicide [fɔ̃ʒisid] *nm* fungicide
font [fɔ̃] *vb voir* **faire**
fontaine [fɔ̃tɛn] *nf* fountain; *(source)* spring
fontanelle [fɔ̃tanɛl] *nf* fontanelle
fonte [fɔ̃t] *nf* melting; *(métal)* cast iron; **la ~ des neiges** the (spring) thaw
fonts baptismaux [fɔ̃batismo] *nmpl* (baptismal) font *sg*
foot [fut], **football** [futbol] *nm* football, soccer
footballeur, -euse [futbolœʀ, -øz] *nm/f* footballer *(Brit)*, football *ou* soccer player
footing [futiŋ] *nm* jogging; **faire du ~** to go jogging
for [fɔʀ] *nm*: **dans** *ou* **en son ~ intérieur** in one's heart of hearts
forage [fɔʀaʒ] *nm* drilling, boring
forain, e [fɔʀɛ̃, -ɛn] *adj* fairground *cpd* ▷ *nm (marchand)* stallholder; *(acteur etc)* fairground entertainer
forban [fɔʀbɑ̃] *nm (pirate)* pirate; *(escroc)* crook
forçat [fɔʀsa] *nm* convict
force [fɔʀs(ə)] *nf* strength; *(puissance: surnaturelle etc)* power; *(Physique, Mécanique)* force; **forces** *nfpl (physiques)* strength *sg*; *(Mil)* forces; *(effectifs)*: **d'importantes ~s de police** large contingents of police; **avoir de la ~** to be strong; **être à bout de ~** to have no strength left; **à la ~ du poignet** *(fig)* by the sweat of one's brow; **à ~ de faire** by dint of doing; **arriver en ~** *(nombreux)* to arrive in force; **cas de ~ majeure** case of absolute necessity; *(Assurances)* act of God; **~ de la nature** natural force; **de ~** *adv* forcibly, by force; **de toutes mes/ses ~s** with all my/his strength; **par la ~** using force; **par la ~ des choses/ d'habitude** by force of circumstances/habit; **à toute ~** *(absolument)* at all costs; **faire ~ de rames/voiles** to ply the oars/cram on sail; **être de ~ à faire** to be up to doing; **de première ~** first class; **la ~ armée** *(les troupes)* the army; **~ d'âme** fortitude; **~ de frappe** strike force; **~ d'inertie** force of inertia; **la ~ publique** the authorities responsible for public order; **~s d'intervention** *(Mil, Police)* peace-keeping force *sg*; **les ~s de l'ordre** the police
forcé, e [fɔʀse] *adj* forced; *(bain)* unintended; *(inévitable)*: **c'est ~!** it's inevitable!, it HAS to be!
forcément [fɔʀsemɑ̃] *adv* necessarily; inevitably; *(bien sûr)* of course
forcené, e [fɔʀsəne] *adj* frenzied ▷ *nm/f* maniac
forceps [fɔʀsɛps] *nm* forceps *pl*
forcer [fɔʀse] *vt (contraindre)*: **~ qn à faire** to force sb to do; *(porte, serrure, plante)* to force; *(moteur, voix)* to strain ▷ *vi (Sport)* to overtax o.s.; **se ~ à faire qch** to force o.s. to do sth; **~ la dose/ l'allure** to overdo it/increase the pace; **~ l'attention/le respect** to command attention/ respect; **~ la consigne** to bypass orders
forcing [fɔʀsiŋ] *nm (Sport)*: **faire le ~** to pile on the pressure
forcir [fɔʀsiʀ] *vi (grossir)* to broaden out; *(vent)* to freshen
forclore [fɔʀklɔʀ] *vt (Jur: personne)* to debar
forclusion [fɔʀklyzjɔ̃] *nf (Jur)* debarment
forer [fɔʀe] *vt* to drill, bore
forestier, -ière [fɔʀɛstje, -jɛʀ] *adj* forest *cpd*
foret [fɔʀɛ] *nm* drill
forêt [fɔʀɛ] *nf* forest; **Office National des F~s** *(Admin)* ≈ Forestry Commission *(Brit)*, ≈ National Forest Service *(US)*; **la F~ Noire** the Black Forest
foreuse [fɔʀøz] *nf* (electric) drill
forfait [fɔʀfɛ] *nm (Comm)* fixed *ou* set price; all-in deal *ou* price; *(crime)* infamy; **déclarer ~** to withdraw; **gagner par ~** to win by a walkover; **travailler à ~** to work for a lump sum
forfaitaire [fɔʀfɛtɛʀ] *adj* set; inclusive
forfait-vacances [fɔʀfɛvakɑ̃s] *(pl* **forfaits-vacances**) *nm* package holiday
forfanterie [fɔʀfɑ̃tʀi] *nf* boastfulness *no pl*
forge [fɔʀʒ(ə)] *nf* forge, smithy
forgé, e [fɔʀʒe] *adj*: **~ de toutes pièces** *(histoire)* completely fabricated

forger [fɔʀʒe] *vt* to forge; (*fig: personnalité*) to form; (*: prétexte*) to contrive, make up
forgeron [fɔʀʒəʀɔ̃] *nm* (black)smith
formaliser [fɔʀmalize]: **se formaliser** *vi*: **se ~ (de)** to take offence (at)
formalisme [fɔʀmalism(ə)] *nm* formality
formalité [fɔʀmalite] *nf* formality
format [fɔʀma] *nm* size; **petit ~** small size; (*Photo*) 35 mm (film)
formater [fɔʀmate] *vt* (*disque*) to format; **non formaté** unformatted
formateur, -trice [fɔʀmatœʀ, -tʀis] *adj* formative
formation [fɔʀmɑsjɔ̃] *nf* forming; (*éducation*) training; (*Mus*) group; (*Mil, Aviat, Géo*) formation; **la ~ permanente** *ou* **continue** continuing education; **la ~ professionnelle** vocational training
forme [fɔʀm(ə)] *nf* (*gén*) form; (*d'un objet*) shape, form; **formes** *nfpl* (*bonnes manières*) proprieties; (*d'une femme*) figure *sg*; **en ~ de poire** pear-shaped, in the shape of a pear; **sous ~ de** in the form of; in the guise of; **sous ~ de cachets** in the form of tablets; **être en (bonne** *ou* **pleine) ~, avoir la ~** (*Sport etc*) to be on form; **en bonne et due ~** in due form; **pour la ~** for the sake of form; **sans autre ~ de procès** (*fig*) without further ado; **prendre ~** to take shape
formel, le [fɔʀmɛl] *adj* (*preuve, décision*) definite, positive; (*logique*) formal
formellement [fɔʀmɛlmɑ̃] *adv* (*interdit*) strictly
former [fɔʀme] *vt* (*gén*) to form; (*éduquer: soldat, ingénieur etc*) to train; **se former** to form; to train
formidable [fɔʀmidabl(ə)] *adj* tremendous
formidablement [fɔʀmidabləmɑ̃] *adv* tremendously
formol [fɔʀmɔl] *nm* formalin, formol
formosan, e [fɔʀmozɑ̃, -an] *adj* Formosan
Formose [fɔʀmoz] *nm* Formosa
formulaire [fɔʀmylɛʀ] *nm* form
formulation [fɔʀmylɑsjɔ̃] *nf* formulation; expression; *voir* **formuler**
formule [fɔʀmyl] *nf* (*gén*) formula; (*formulaire*) form; **selon la ~ consacrée** as one says; **~ de politesse** polite phrase; (*en fin de lettre*) letter ending
formuler [fɔʀmyle] *vt* (*émettre: réponse, vœux*) to formulate; (*expliciter: sa pensée*) to express
forniquer [fɔʀnike] *vi* to fornicate
fort, e [fɔʀ, fɔʀt(ə)] *adj* strong; (*intensité, rendement*) high, great; (*corpulent*) large; (*doué*): **être ~ (en)** to be good (at) ▷ *adv* (*serrer, frapper*) hard; (*sonner*) loud(ly); (*beaucoup*) greatly, very much; (*très*) very ▷ *nm* (*édifice*) fort; (*point fort*) strong point, forte; (*gén pl: personne, pays*): **le ~, les ~s** the strong; **c'est un peu ~!** it's a bit much!; **à plus ~e raison** even more so, all the more reason; **avoir ~ à faire avec qn** to have a hard job with sb; **se faire ~ de faire** to claim one can do; **~ bien/peu** very well/few; **au plus ~ de** (*au milieu de*) in the thick of, at the height of; **~e tête** rebel
fortement [fɔʀtəmɑ̃] *adv* strongly; (*s'intéresser*) deeply
forteresse [fɔʀtəʀɛs] *nf* fortress
fortifiant [fɔʀtifjɑ̃] *nm* tonic
fortifications [fɔʀtifikɑsjɔ̃] *nfpl* fortifications
fortifier [fɔʀtifje] *vt* to strengthen, fortify; (*Mil*) to fortify; **se fortifier** *vi* (*personne, santé*) to grow stronger
fortin [fɔʀtɛ̃] *nm* (small) fort
fortiori [fɔʀtjɔʀi]: **à ~** *adv* all the more so
FORTRAN [fɔʀtʀɑ̃] *nm* FORTRAN
fortuit, e [fɔʀtɥi, -it] *adj* fortuitous, chance *cpd*
fortuitement [fɔʀtɥitmɑ̃] *adv* fortuitously
fortune [fɔʀtyn] *nf* fortune; **faire ~** to make one's fortune; **de ~** *adj* makeshift; (*compagnon*) chance *cpd*
fortuné, e [fɔʀtyne] *adj* wealthy, well-off
forum [fɔʀɔm] *nm* forum
fosse [fos] *nf* (*grand trou*) pit; (*tombe*) grave; **la ~ aux lions/ours** the lions' den/bear pit; **~ commune** common *ou* communal grave; **~ (d'orchestre)** (orchestra) pit; **~ à purin** cesspit; **~ septique** septic tank; **~s nasales** nasal fossae
fossé [fose] *nm* ditch; (*fig*) gulf, gap
fossette [fosɛt] *nf* dimple
fossile [fosil] *nm* fossil ▷ *adj* fossilized, fossil *cpd*
fossilisé, e [fosilize] *adj* fossilized
fossoyeur [foswajœʀ] *nm* gravedigger
fou, fol, folle [fu, fɔl] *adj* mad, crazy; (*déréglé etc*) wild, erratic; (*mèche*) stray; (*herbe*) wild; (*fam: extrême, très grand*) terrific, tremendous ▷ *nm/f* madman/woman ▷ *nm* (*du roi*) jester, fool; (*Échecs*) bishop; **~ à lier, ~ furieux (folle furieuse)** raving mad; **être ~ de** to be mad *ou* crazy about; (*chagrin, joie, colère*) to be wild with; **faire le ~** to play *ou* act the fool; **avoir le ~ rire** to have the giggles
foucade [fukad] *nf* caprice
foudre [fudʀ(ə)] *nf* lightning; **foudres** *nfpl* (*fig: colère*) wrath *sg*
foudroyant, e [fudʀwajɑ̃, -ɑ̃t] *adj* devastating; (*maladie, poison*) violent
foudroyer [fudʀwaje] *vt* to strike down; **~ qn du regard** to look daggers at sb; **il a été foudroyé** he was struck by lightning
fouet [fwɛ] *nm* whip; (*Culin*) whisk; **de plein ~** *adv* head on
fouettement [fwɛtmɑ̃] *nm* lashing *no pl*
fouetter [fwete] *vt* to whip; to whisk
fougasse [fugas] *nf* *type of flat pastry*
fougère [fuʒɛʀ] *nf* fern
fougue [fug] *nf* ardour (*Brit*), ardor (*US*), spirit
fougueusement [fugøzmɑ̃] *adv* ardently
fougueux, -euse [fugø, -øz] *adj* fiery, ardent
fouille [fuj] *nf* search; **fouilles** *nfpl* (*archéologiques*) excavations; **passer à la ~** to be searched
fouillé, e [fuje] *adj* detailed
fouiller [fuje] *vt* to search; (*creuser*) to dig; (*: archéologue*) to excavate; (*approfondir: étude etc*) to go into ▷ *vi* (*archéologue*) to excavate; **~ dans/parmi** to rummage in/among

fouillis [fuji] *nm* jumble, muddle
fouine [fwin] *nf* stone marten
fouiner [fwine] *vi (péj)*: **~ dans** to nose around *ou* about in
fouineur, -euse [fwinœʀ, -øz] *adj* nosey ▷ *nm/f* nosey parker, snooper
fouir [fwiʀ] *vt* to dig
fouisseur, -euse [fwisœʀ, -øz] *adj* burrowing
foulage [fulaʒ] *nm* pressing
foulante [fulɑ̃t] *adj f*: **pompe ~** force pump
foulard [fulaʀ] *nm* scarf
foule [ful] *nf* crowd; **une ~ de** masses of; **venir en ~** to come in droves
foulée [fule] *nf* stride; **dans la ~ de** on the heels of
fouler [fule] *vt* to press; *(sol)* to tread upon; **se fouler** *vi (fam)* to overexert o.s.; **se ~ la cheville** to sprain one's ankle; **~ aux pieds** to trample underfoot
foulure [fulyʀ] *nf* sprain
four [fuʀ] *nm* oven; *(de potier)* kiln; *(Théât: échec)* flop; **allant au ~** ovenproof
fourbe [fuʀb(ə)] *adj* deceitful
fourberie [fuʀbəʀi] *nf* deceit
fourbi [fuʀbi] *nm (fam)* gear, junk
fourbir [fuʀbiʀ] *vt*: **~ ses armes** *(fig)* to get ready for the fray
fourbu, e [fuʀby] *adj* exhausted
fourche [fuʀʃ(ə)] *nf* pitchfork; *(de bicyclette)* fork
fourcher [fuʀʃe] *vi*: **ma langue a fourché** it was a slip of the tongue
fourchette [fuʀʃɛt] *nf* fork; *(Statistique)* bracket, margin
fourchu, e [fuʀʃy] *adj* split; *(arbre etc)* forked
fourgon [fuʀgɔ̃] *nm* van; *(Rail)* wag(g)on; **~ mortuaire** hearse
fourgonnette [fuʀgɔnɛt] *nf* (delivery) van
fourmi [fuʀmi] *nf* ant; **avoir des ~s** *(fig)* to have pins and needles
fourmilière [fuʀmiljɛʀ] *nf* ant-hill; *(fig)* hive of activity
fourmillement [fuʀmijmɑ̃] *nm (démangeaison)* pins and needles *pl*; *(grouillement)* swarming *no pl*
fourmiller [fuʀmije] *vi* to swarm; **~ de** to be teeming with, be swarming with
fournaise [fuʀnɛz] *nf* blaze; *(fig)* furnace, oven
fourneau, x [fuʀno] *nm* stove
fournée [fuʀne] *nf* batch
fourni, e [fuʀni] *adj (barbe, cheveux)* thick; *(magasin)*: **bien ~ (en)** well stocked (with)
fournil [fuʀni] *nm* bakehouse
fournir [fuʀniʀ] *vt* to supply; *(preuve, exemple)* to provide, supply; *(effort)* to put in; **~ qch à qn** to supply sth to sb, supply *ou* provide sb with sth; **~ qn en** *(Comm)* to supply sb with; **se ~ chez** to shop at
fournisseur, -euse [fuʀnisœʀ, -øz] *nm/f* supplier; *(Internet)*: **~ d'accès à Internet** (Internet) service provider
fourniture [fuʀnityʀ] *nf* supply(ing); **fournitures** *nfpl* supplies; **~s de bureau** office supplies, stationery; **~s scolaires** school stationery
fourrage [fuʀaʒ] *nm* fodder
fourrager[1] [fuʀaʒe] *vi*: **~ dans/parmi** to rummage through/among
fourrager[2]**, -ère** [fuʀaʒe, -ɛʀ] *adj* fodder *cpd* ▷ *nf (Mil)* fourragère
fourré, e [fuʀe] *adj (bonbon, chocolat)* filled; *(manteau, botte)* fur-lined ▷ *nm* thicket
fourreau, x [fuʀo] *nm* sheath; *(de parapluie)* cover; **robe ~** figure-hugging dress
fourrer [fuʀe] *vt (fam)*: **~ qch dans** to stick *ou* shove sth into; **se ~ dans/sous** to get into/ under; **se ~ dans** *(une mauvaise situation)* to land o.s. in
fourre-tout [fuʀtu] *nm inv (sac)* holdall; *(péj)* junk room (*ou* cupboard); *(fig)* rag-bag
fourreur [fuʀœʀ] *nm* furrier
fourrière [fuʀjɛʀ] *nf* pound
fourrure [fuʀyʀ] *nf* fur; *(sur l'animal)* coat; **manteau/col de ~** fur coat/collar
fourvoyer [fuʀvwaje]: **se fourvoyer** *vi* to go astray, stray; **se ~ dans** to stray into
foutre [futʀ(ə)] *vt (fam!)* = **ficher**; *(fam)*
foutu, e [futy] *adj (fam!)* = **fichu**
foyer [fwaje] *nm (de cheminée)* hearth; *(fig)* seat, centre; *(famille)* family; *(domicile)* home; *(local de réunion)* (social) club; *(résidence)* hostel; *(salon)* foyer; *(Optique, Photo)* focus; **lunettes à double ~** bi-focal glasses
FP *sigle f (= franchise postale) exemption from postage*
FPA *sigle f (= Formation professionnelle pour adultes)* adult education
FPLP *sigle m (= Front populaire de la libération de la Palestine)* PFLP *(= Popular Front for the Liberation of Palestine)*
fracas [fʀaka] *nm* din; crash
fracassant, e [fʀakasɑ̃, -ɑ̃t] *adj* sensational, staggering
fracasser [fʀakase] *vt* to smash; **se fracasser contre** *ou* **sur** to crash against
fraction [fʀaksjɔ̃] *nf* fraction
fractionnement [fʀaksjɔnmɑ̃] *nm* division
fractionner [fʀaksjɔne] *vt* to divide (up), split (up)
fracture [fʀaktyʀ] *nf* fracture; **~ du crâne** fractured skull; **~ de la jambe** broken leg
fracturer [fʀaktyʀe] *vt (coffre, serrure)* to break open; *(os, membre)* to fracture
fragile [fʀaʒil] *adj* fragile, delicate; *(fig)* frail
fragiliser [fʀaʒilize] *vt* to weaken, make fragile
fragilité [fʀaʒilite] *nf* fragility
fragment [fʀagmɑ̃] *nm (d'un objet)* fragment, piece; *(d'un texte)* passage, extract
fragmentaire [fʀagmɑ̃tɛʀ] *adj* sketchy
fragmenter [fʀagmɑ̃te] *vt* to split up
frai [fʀɛ] *nm* spawn; *(ponte)* spawning
fraîche [fʀɛʃ] *adj f voir* **frais**
fraîchement [fʀɛʃmɑ̃] *adv (sans enthousiasme)* coolly; *(récemment)* freshly, newly
fraîcheur [fʀɛʃœʀ] *nf* coolness; freshness; *voir* **frais**

fraîchir [fʀeʃiʀ] *vi* to get cooler; (*vent*) to freshen
frais, fraîche [fʀɛ, fʀɛʃ] *adj* (*air, eau, accueil*) cool; (*petit pois, œufs, nouvelles, couleur, troupes*) fresh; **le voilà ~!** he's in a (right) mess! ▷ *adv* (*récemment*) newly, fresh(ly); **il fait ~** it's cool; **servir ~** chill before serving, serve chilled ▷ *nm*: **mettre au ~** to put in a cool place; **prendre le ~** to take a breath of cool air ▷ *nmpl* (*débours*) expenses; (*Comm*) costs; charges; **faire des ~** to spend; to go to a lot of expense; **faire les ~ de** to bear the brunt of; **faire les ~ de la conversation** (*parler*) to do most of the talking; (*en être le sujet*) to be the topic of conversation; **il en a été pour ses ~** he could have spared himself the trouble; **rentrer dans ses ~** to recover one's expenses; **~ de déplacement** travel(ling) expenses; **~ d'entretien** upkeep; **~ généraux** overheads; **~ de scolarité** school fees, tuition (*US*)
fraise [fʀɛz] *nf* strawberry; (*Tech*) countersink (bit); (*de dentiste*) drill; **~ des bois** wild strawberry
fraiser [fʀeze] *vt* to countersink; (*Culin: pâte*) to knead
fraiseuse [fʀɛzøz] *nf* (*Tech*) milling machine
fraisier [fʀezje] *nm* strawberry plant
framboise [fʀɑ̃bwaz] *nf* raspberry
framboisier [fʀɑ̃bwazje] *nm* raspberry bush
franc, franche [fʀɑ̃, fʀɑ̃ʃ] *adj* (*personne*) frank, straightforward; (*visage*) open; (*net: refus, couleur*) clear; (*: coupure*) clean; (*intensif*) downright; (*exempt*): **~ de port** post free, postage paid; (*zone, port*) free; (*boutique*) duty-free ▷ *adv*: **parler ~** to be frank *ou* candid ▷ *nm* franc
français, e [fʀɑ̃sɛ, -ɛz] *adj* French ▷ *nm* (*Ling*) French ▷ *nm/f*: **Français, e** Frenchman/woman; **les F~** the French
franc-comtois, e (*mpl* **francs-comtois**) [fʀɑ̃kɔ̃twa, -waz] *adj* of *ou* from (the) Franche-Comté
France [fʀɑ̃s] *nf*: **la ~** France; **en ~** in France; **~ 2, ~ 3** *public-sector television channels; see note*

France télévision

France 2 and *France3* are public-sector television channels. France 2 is a national general interest and entertainment channel; France 3 provides regional news and information as well as programmes for the national network.

Francfort [fʀɑ̃kfɔʀ] *n* Frankfurt
franche [fʀɑ̃ʃ] *adj f voir* **franc**
Franche-Comté [fʀɑ̃ʃkɔ̃te] *nf* Franche-Comté
franchement [fʀɑ̃ʃmɑ̃] *adv* frankly; clearly; (*tout à fait*) downright ▷ *excl* well, really!; *voir* **franc**
franchir [fʀɑ̃ʃiʀ] *vt* (*obstacle*) to clear, get over; (*seuil, ligne, rivière*) to cross; (*distance*) to cover
franchisage [fʀɑ̃ʃizaʒ] *nm* (*Comm*) franchising
franchise [fʀɑ̃ʃiz] *nf* frankness; (*douanière, d'impôt*) exemption; (*Assurances*) excess; (*Comm*) franchise; **~ de bagages** baggage allowance
franchissable [fʀɑ̃ʃisabl(ə)] *adj* (*obstacle*) surmountable
francilien, ne [fʀɑ̃siljɛ̃, -ɛn] *adj* of *ou* from the Île-de-France region ▷ *nm/f*: **Francilien, ne** person from the Île-de-France region
franciscain, e [fʀɑ̃siskɛ̃, -ɛn] *adj* Franciscan
franciser [fʀɑ̃size] *vt* to gallicize, Frenchify
franc-jeu [fʀɑ̃ʒø] *nm*: **jouer ~** to play fair
franc-maçon [fʀɑ̃masɔ̃] (*pl* **francs-maçons**) *nm* Freemason
franc-maçonnerie [fʀɑ̃masɔnʀi] *nf* Freemasonry
franco [fʀɑ̃ko] *adv* (*Comm*): **~ (de port)** postage paid
franco... [fʀɑ̃ko] *préfixe* franco-
franco-canadien [fʀɑ̃kɔkanadjɛ̃] *nm* (*Ling*) Canadian French
francophile [fʀɑ̃kɔfil] *adj* Francophile
francophobe [fʀɑ̃kɔfɔb] *adj* Francophobe
francophone [fʀɑ̃kɔfɔn] *adj* French-speaking ▷ *nm/f* French speaker
francophonie [fʀɑ̃kɔfɔni] *nf* French-speaking communities *pl*
franco-québécois [fʀɑ̃kɔkebekwa] *nm* (*Ling*) Quebec French
franc-parler [fʀɑ̃paʀle] *nm inv* outspokenness
franc-tireur [fʀɑ̃tiʀœʀ] *nm* (*Mil*) irregular; (*fig*) freelance
frange [fʀɑ̃ʒ] *nf* fringe; (*cheveux*) fringe (*Brit*), bangs (*US*)
frangé, e [fʀɑ̃ʒe] *adj* (*tapis, nappe*): **~ de** trimmed with
frangin [fʀɑ̃ʒɛ̃] *nm* (*fam*) brother
frangine [fʀɑ̃ʒin] *nf* (*fam*) sis, sister
frangipane [fʀɑ̃ʒipan] *nf* almond paste
franglais [fʀɑ̃glɛ] *nm* Franglais
franquette [fʀɑ̃kɛt]: **à la bonne ~** *adv* without any fuss
frappant, e [fʀapɑ̃, -ɑ̃t] *adj* striking
frappe [fʀap] *nf* (*d'une dactylo, pianiste, machine à écrire*) touch; (*Boxe*) punch; (*péj*) hood, thug
frappé, e [fʀape] *adj* (*Culin*) iced; **~ de panique** panic-stricken; **~ de stupeur** thunderstruck, dumbfounded
frapper [fʀape] *vt* to hit, strike; (*étonner*) to strike; (*monnaie*) to strike, stamp; **se frapper** *vi* (*s'inquiéter*) to get worked up; **~ à la porte** to knock at the door; **~ dans ses mains** to clap one's hands; **~ du poing sur** to bang one's fist on; **~ un grand coup** (*fig*) to strike a blow
frasques [fʀask(ə)] *nfpl* escapades; **faire des ~** to get up to mischief
fraternel, le [fʀatɛʀnɛl] *adj* brotherly, fraternal
fraternellement [fʀatɛʀnɛlmɑ̃] *adv* in a brotherly way
fraterniser [fʀatɛʀnize] *vi* to fraternize
fraternité [fʀatɛʀnite] *nf* brotherhood
fratricide [fʀatʀisid] *adj* fratricidal
fraude [fʀod] *nf* fraud; (*Scol*) cheating; **passer qch en ~** to smuggle sth in (*ou* out); **~ fiscale** tax evasion

frauder [fRode] *vi, vt* to cheat; **~ le fisc** to evade paying tax(es)
fraudeur, -euse [fRodœR, -øz] *nm/f* person guilty of fraud; (*candidat*) candidate who cheats; (*au fisc*) tax evader
frauduleusement [fRodyløzmɑ̃] *adv* fraudulently
frauduleux, -euse [fRodylø, -øz] *adj* fraudulent
frayer [fReje] *vt* to open up, clear ▷ *vi* to spawn; (*fréquenter*): **~ avec** to mix *ou* associate with; **se ~ un passage dans** to clear o.s. a path through, force one's way through
frayeur [fRɛjœR] *nf* fright
fredaines [fRədɛn] *nfpl* mischief *sg*, escapades
fredonner [fRədɔne] *vt* to hum
freezer [fRizœR] *nm* freezing compartment
frégate [fRegat] *nf* frigate
frein [fRɛ̃] *nm* brake; **mettre un ~ à** (*fig*) to put a brake on, check; **sans ~** (*sans limites*) unchecked; **~ à main** handbrake; **~ moteur** engine braking; **~s à disques** disc brakes; **~s à tambour** drum brakes
freinage [fRɛnaʒ] *nm* braking; **distance de ~** braking distance; **traces de ~** tyre (*Brit*) *ou* tire (*US*) marks
freiner [fRene] *vi* to brake ▷ *vt* (*progrès etc*) to check
frelaté, e [fRəlate] *adj* adulterated; (*fig*) tainted
frêle [fRɛl] *adj* frail, fragile
frelon [fRəlɔ̃] *nm* hornet
freluquet [fRəlykɛ] *nm* (*péj*) whippersnapper
frémir [fRemiR] *vi* (*de froid, de peur*) to tremble, shiver; (*de joie*) to quiver; (*eau*) to (begin to) bubble
frémissement [fRemismɑ̃] *nm* shiver; quiver; bubbling *no pl*
frêne [fRɛn] *nm* ash (tree)
frénésie [fRenezi] *nf* frenzy
frénétique [fRenetik] *adj* frenzied, frenetic
frénétiquement [fRenetikmɑ̃] *adv* frenetically
fréon® [fReɔ̃] *nm* Freon®
fréquemment [fRekamɑ̃] *adv* frequently
fréquence [fRekɑ̃s] *nf* frequency
fréquent, e [fRekɑ̃, -ɑ̃t] *adj* frequent
fréquentable [fRekɑ̃tabl(ə)] *adj*: **il est peu ~** he's not the type one can associate oneself with
fréquentation [fRekɑ̃tɑsjɔ̃] *nf* frequenting; seeing; **fréquentations** *nfpl* company *sg*
fréquenté, e [fRekɑ̃te] *adj*: **très ~** (very) busy; **mal ~** patronized by disreputable elements
fréquenter [fRekɑ̃te] *vt* (*lieu*) to frequent; (*personne*) to see; **se fréquenter** to see a lot of each other
frère [fRɛR] *nm* brother ▷ *adj*: **partis/pays ~s** sister parties/countries
fresque [fRɛsk(ə)] *nf* (*Art*) fresco
fret [fRɛ] *nm* freight
fréter [fRete] *vt* to charter
frétiller [fRetije] *vi* to wriggle; to quiver; **~ de la queue** to wag its tail
fretin [fRətɛ̃] *nm*: **le menu ~** the small fry
freudien, ne [fRødjɛ̃, -ɛn] *adj* Freudian
freux [fRø] *nm* (*Zool*) rook
friable [fRijabl(ə)] *adj* crumbly
friand, e [fRijɑ̃, -ɑ̃d] *adj*: **~ de** very fond of ▷ *nm* (*Culin*) small minced-meat (*Brit*) *ou* ground-meat (*US*) pie; (: *sucré*) small almond cake
friandise [fRijɑ̃diz] *nf* sweet
fric [fRik] *nm* (*fam*) cash, bread
fricassée [fRikase] *nf* fricassee
fric-frac [fRikfRak] *nm* break-in
friche [fRiʃ]: **en ~** *adj, adv* (lying) fallow
friction [fRiksjɔ̃] *nf* (*massage*) rub, rub-down; (*chez le coiffeur*) scalp massage; (*Tech, fig*) friction
frictionner [fRiksjɔne] *vt* to rub (down); to massage
frigidaire® [fRiʒidɛR] *nm* refrigerator
frigide [fRiʒid] *adj* frigid
frigidité [fRiʒidite] *nf* frigidity
frigo [fRigo] *nm* (= *frigidaire*) fridge
frigorifier [fRigɔRifje] *vt* to refrigerate; (*fig: personne*) to freeze
frigorifique [fRigɔRifik] *adj* refrigerating
frileusement [fRiløzmɑ̃] *adv* with a shiver
frileux, -euse [fRilø, -øz] *adj* sensitive to (the) cold; (*fig*) overcautious
frimas [fRimɑ] *nmpl* wintry weather *sg*
frime [fRim] *nf* (*fam*): **c'est de la ~** it's all put on; **pour la ~** just for show
frimer [fRime] *vi* to put on an act
frimeur, -euse [fRimœR, -øz] *nm/f* poser
frimousse [fRimus] *nf* (sweet) little face
fringale [fRɛ̃gal] *nf*: **avoir la ~** to be ravenous
fringant, e [fRɛ̃gɑ̃, -ɑ̃t] *adj* dashing
fringues [fRɛ̃g] *nfpl* (*fam*) clothes, gear *no pl*
fripé, e [fRipe] *adj* crumpled
friperie [fRipRi] *nf* (*commerce*) secondhand clothes shop; (*vêtements*) secondhand clothes
fripes [fRip] *nfpl* secondhand clothes
fripier, -ière [fRipje, -jɛR] *nm/f* secondhand clothes dealer
fripon, ne [fRipɔ̃, -ɔn] *adj* roguish, mischievous ▷ *nm/f* rascal, rogue
fripouille [fRipuj] *nf* scoundrel
frire [fRiR] *vt* (*aussi*: **faire frire**) ▷ *vi* to fry
Frisbee® [frizbi] *nm* Frisbee®
frise [fRiz] *nf* frieze
frisé, e [fRize] *adj* curly, curly-haired ▷ *nf*: **(chicorée) ~e** curly endive
friser [fRize] *vt* to curl; (*fig: surface*) to skim, graze; (: *mort*) to come within a hair's breadth of; (: *hérésie*) to verge on ▷ *vi* (*cheveux*) to curl; (*personne*) to have curly hair; **se faire ~** to have one's hair curled
frisette [fRizɛt] *nf* little curl
frisotter [fRizɔte] *vi* (*cheveux*) to curl tightly
frisquet [fRiskɛ] *adj m* chilly
frisson [fRisɔ̃], **frissonnement** [fRisɔnmɑ̃] *nm* shudder, shiver; quiver
frissonner [fRisɔne] *vi* (*personne*) to shudder, shiver; (*feuilles*) to quiver
frit, e [fRi, fRit] *pp de* **frire** ▷ *adj* fried ▷ *nf*: **(pommes) ~es** chips (*Brit*), French fries
friterie [fRitRi] *nf* ≈ chip shop (*Brit*),

≈ hamburger stand (US)
friteuse [fritøz] *nf* chip pan (*Brit*), deep (fat) fryer
friture [frityr] *nf* (*huile*) (deep) fat; (*plat*): **~ (de poissons)** fried fish; (*Radio*) crackle, crackling *no pl*; **fritures** *nfpl* (*aliments frits*) fried food *sg*
frivole [frivɔl] *adj* frivolous
frivolité [frivɔlite] *nf* frivolity
froc [frɔk] *nm* (*Rel*) habit; (*fam: pantalon*) trousers *pl*, pants *pl*
froid, e [frwa, frwad] *adj* cold ▷ *nm* cold; (*absence de sympathie*) coolness *no pl*; **il fait ~** it's cold; **avoir ~** to be cold; **prendre ~** to catch a chill *ou* cold; **à ~** *adv* (*démarrer*) (from) cold; **(pendant) les grands ~s** (in) the depths of winter, (during) the cold season; **jeter un ~** (*fig*) to cast a chill; **être en ~ avec** to be on bad terms with; **battre ~ à qn** to give sb the cold shoulder
froidement [frwadmɑ̃] *adv* (*accueillir*) coldly; (*décider*) coolly
froideur [frwadœr] *nf* coolness *no pl*
froisser [frwase] *vt* to crumple (up), crease; (*fig*) to hurt, offend; **se froisser** *vi* to crumple, crease; to take offence (*Brit*) *ou* offense (*US*); **se ~ un muscle** to strain a muscle
frôlement [frolmɑ̃] *nm* (*contact*) light touch
frôler [frole] *vt* to brush against; (*projectile*) to skim past; (*fig*) to come within a hair's breadth of, come very close to
fromage [frɔmaʒ] *nm* cheese; **~ blanc** soft white cheese; **~ de tête** pork brawn
fromager, -ère [frɔmaʒe, -ɛr] *nm/f* cheese merchant ▷ *adj* (*industrie*) cheese *cpd*
fromagerie [frɔmaʒri] *nf* cheese dairy
froment [frɔmɑ̃] *nm* wheat
fronce [frɔ̃s] *nf* (*de tissu*) gather
froncement [frɔ̃smɑ̃] *nm*: **~ de sourcils** frown
froncer [frɔ̃se] *vt* to gather; **~ les sourcils** to frown
frondaisons [frɔ̃dɛzɔ̃] *nfpl* foliage *sg*
fronde [frɔ̃d] *nf* sling; (*fig*) rebellion, rebelliousness
frondeur, -euse [frɔ̃dœr, -øz] *adj* rebellious
front [frɔ̃] *nm* forehead, brow; (*Mil, Météorologie, Pol*) front; **avoir le ~ de faire** to have the effrontery to do; **de ~** *adv* (*se heurter*) head-on; (*rouler*) together (*2 or 3 abreast*); (*simultanément*) at once; **faire ~ à** to face up to; **~ de mer** (sea) front
frontal, e, -aux [frɔ̃tal, -o] *adj* frontal
frontalier, -ière [frɔ̃talje, -jɛr] *adj* border *cpd*, frontier *cpd* ▷ *nm/f*: **(travailleurs) ~s** workers who cross the border to go to work, commuters from across the border
frontière [frɔ̃tjɛr] *nf* (*Géo, Pol*) frontier, border; (*fig*) frontier, boundary
frontispice [frɔ̃tispis] *nm* frontispiece
fronton [frɔ̃tɔ̃] *nm* pediment; (*de pelote basque*) (front) wall
frottement [frɔtmɑ̃] *nm* rubbing, scraping; **frottements** *nmpl* (*fig: difficultés*) friction *sg*
frotter [frɔte] *vi* to rub, scrape ▷ *vt* to rub; (*pour nettoyer*) to rub (up); (*: avec une brosse*) to scrub; **~ une allumette** to strike a match; **se ~ à qn** to cross swords with sb; **se ~ à qch** to come up against sth; **se ~ les mains** (*fig*) to rub one's hands (gleefully)
frottis [frɔti] *nm* (*Méd*) smear
frottoir [frɔtwar] *nm* (*d'allumettes*) friction strip; (*pour encaustiquer*) (long-handled) brush
frou-frou [frufru] (*pl* **frous-frous**) *nm* rustle
frousse [frus] *nf* (*fam: peur*): **avoir la ~** to be in a blue funk
fructifier [fryktifje] *vi* to yield a profit; **faire ~** to turn to good account
fructueux, -euse [fryktɥø, -øz] *adj* fruitful; profitable
frugal, e, -aux [frygal, -o] *adj* frugal
frugalement [frygalmɑ̃] *adv* frugally
frugalité [frygalite] *nf* frugality
fruit [frɥi] *nm* fruit *gen no pl*; **~s de mer** (*Culin*) seafood(s); **~s secs** dried fruit *sg*
fruité, e [frɥite] *adj* (*vin*) fruity
fruiterie [frɥitri] *nf* (*boutique*) greengrocer's (*Brit*), fruit (and vegetable) store (*US*)
fruitier, -ière [frɥitje, -jɛr] *adj*: **arbre ~** fruit tree ▷ *nm/f* fruiterer (*Brit*), fruit merchant (*US*)
fruste [fryst(ə)] *adj* unpolished, uncultivated
frustrant, e [frystrɑ̃, -ɑ̃t] *adj* frustrating
frustration [frystrɑsjɔ̃] *nf* frustration
frustré, e [frystre] *adj* frustrated
frustrer [frystre] *vt* to frustrate; (*priver*): **~ qn de qch** to deprive sb of sth
FS *abr* (*= franc suisse*) FS, SF
FSE *sigle m* (*= foyer socio-éducatif*) community home
FTP *sigle mpl* (*= Francs-tireurs et partisans*) *Communist Resistance in 1940–45*
fuchsia [fyʃja] *nm* fuchsia
fuel [fjul], **fuel-oil** [fjulɔjl] *nm* fuel oil; (*pour chauffer*) heating oil
fugace [fygas] *adj* fleeting
fugitif, -ive [fyʒitif, -iv] *adj* (*lueur, amour*) fleeting; (*prisonnier etc*) runaway ▷ *nm/f* fugitive, runaway
fugue [fyg] *nf* (*d'un enfant*) running away *no pl*; (*Mus*) fugue; **faire une ~** to run away, abscond
fuir [fɥir] *vt* to flee from; (*éviter*) to shun ▷ *vi* to run away; (*gaz, robinet*) to leak
fuite [fɥit] *nf* flight; (*écoulement*) leak, leakage; (*divulgation*) leak; **être en ~** to be on the run; **mettre en ~** to put to flight; **prendre la ~** to take flight
fulgurant, e [fylgyrɑ̃, -ɑ̃t] *adj* lightning *cpd*, dazzling
fulminant, e [fylminɑ̃, -ɑ̃t] *adj* (*lettre, regard*) furious; **~ de colère** raging with anger
fulminer [fylmine] *vi*: **~ (contre)** to thunder forth (against)
fumant, e [fymɑ̃, -ɑ̃t] *adj* smoking; (*liquide*) steaming; **un coup ~** (*fam*) a master stroke
fumé, e [fyme] *adj* (*Culin*) smoked; (*verre*) tinted ▷ *nf* smoke; **partir en ~e** to go up in smoke
fume-cigarette [fymsigarɛt] *nm inv* cigarette

holder
fumer [fyme] *vi* to smoke; (*liquide*) to steam ▷ *vt* to smoke; (*terre, champ*) to manure
fumerie [fymʀi] *nf*: **~ d'opium** opium den
fumerolles [fymʀɔl] *nfpl* gas and smoke (*from volcano*)
fûmes [fym] *vb voir* **être**
fumet [fymɛ] *nm* aroma
fumeur, -euse [fymœʀ, -øz] *nm/f* smoker; **(compartiment) ~s** smoking compartment
fumeux, -euse [fymø, -øz] *adj* (*péj*) woolly (*Brit*), hazy
fumier [fymje] *nm* manure
fumigation [fymigɑsjɔ̃] *nf* fumigation
fumigène [fymiʒɛn] *adj* smoke *cpd*
fumiste [fymist(ə)] *nm* (*ramoneur*) chimney sweep ▷ *nm/f* (*péj: paresseux*) shirker; (*charlatan*) phoney
fumisterie [fymistəʀi] *nf* (*péj*) fraud, con
fumoir [fymwaʀ] *nm* smoking room
funambule [fynɑ̃byl] *nm* tightrope walker
funèbre [fynɛbʀ(ə)] *adj* funeral *cpd*; (*fig*) doleful; funereal
funérailles [fyneʀɑj] *nfpl* funeral *sg*
funéraire [fyneʀɛʀ] *adj* funeral *cpd*, funerary
funeste [fynɛst(ə)] *adj* disastrous; deathly
funiculaire [fynikylɛʀ] *nm* funicular (railway)
FUNU [fyny] *sigle f* (= *Force d'urgence des Nations unies*) UNEF (= *United Nations Emergency Forces*)
fur [fyʀ]: **au ~ et à mesure** *adv* as one goes along; **au ~ et à mesure que** as; **au ~ et à mesure de leur progression** as they advance (*ou* advanced)
furax [fyʀaks] *adj inv* (*fam*) livid
furent [fyʀ] *vb voir* **être**
furet [fyʀɛ] *nm* ferret
fureter [fyʀte] *vi* (*péj*) to nose about
fureur [fyʀœʀ] *nf* fury; (*passion*): **~ de** passion for; **faire ~** to be all the rage
furibard, e [fyʀibaʀ, -aʀd(ə)] *adj* (*fam*) livid, absolutely furious
furibond, e [fyʀibɔ̃, -ɔ̃d] *adj* livid, absolutely furious
furie [fyʀi] *nf* fury; (*femme*) shrew, vixen; **en ~** (*mer*) raging
furieusement [fyʀjøzmɑ̃] *adv* furiously
furieux, -euse [fyʀjø, -øz] *adj* furious
furoncle [fyʀɔ̃kl(ə)] *nm* boil
furtif, -ive [fyʀtif, -iv] *adj* furtive
furtivement [fyʀtivmɑ̃] *adv* furtively
fus [fy] *vb voir* **être**
fusain [fyzɛ̃] *nm* (*Bot*) spindle-tree; (*Art*) charcoal
fuseau, x [fyzo] *nm* (*pantalon*) (ski-)pants *pl*; (*pour filer*) spindle; **en ~** (*jambes*) tapering; (*colonne*) bulging; **~ horaire** time zone
fusée [fyze] *nf* rocket; **~ éclairante** flare
fuselage [fyzlaʒ] *nm* fuselage
fuselé, e [fyzle] *adj* slender; (*galbé*) tapering
fuser [fyze] *vi* (*rires etc*) to burst forth
fusible [fyzibl(ə)] *nm* (*Élec: fil*) fuse wire; (*: fiche*) fuse
fusil [fyzi] *nm* (*de guerre, à canon rayé*) rifle, gun; (*de chasse, à canon lisse*) shotgun, gun; **~ à deux coups** double-barrelled rifle *ou* shotgun; **~ sous-marin** spear-gun
fusilier [fyzilje] *nm* (*Mil*) rifleman
fusillade [fyzijad] *nf* gunfire *no pl*, shooting *no pl*; (*combat*) gun battle
fusiller [fyzije] *vt* to shoot; **~ qn du regard** to look daggers at sb
fusil-mitrailleur [fyzimitʀɑjœʀ] (*pl* **fusils-mitrailleurs**) *nm* machine gun
fusion [fyzjɔ̃] *nf* fusion, melting; (*fig*) merging; (*Comm*) merger; **en ~** (*métal, roches*) molten
fusionnement [fyzjɔnmɑ̃] *nm* merger
fusionner [fyzjɔne] *vi* to merge
fustiger [fystiʒe] *vt* to denounce
fut [fy] *vb voir* **être**
fût [fy] *vb voir* **être** ▷ *nm* (*tonneau*) barrel, cask; (*de canon*) stock; (*d'arbre*) bole, trunk; (*de colonne*) shaft
futaie [fytɛ] *nf* forest, plantation
futé, e [fyte] *adj* crafty
fûtes [fyt] *vb voir* **être**
futile [fytil] *adj* (*inutile*) futile; (*frivole*) frivolous
futilement [fytilmɑ̃] *adv* frivolously
futilité [fytilite] *nf* futility; frivolousness; (*chose futile*) futile pursuit (*ou* thing *etc*)
futon [fytɔ̃] *nm* futon
futur, e [fytyʀ] *adj, nm* future; **son ~ époux** her husband-to-be; **au ~** (*Ling*) in the future
futuriste [fytyʀist(ə)] *adj* futuristic
futurologie [fytyʀɔlɔʒi] *nf* futurology
fuyant, e [fɥijɑ̃, -ɑ̃t] *vb voir* **fuir** ▷ *adj* (*regard etc*) evasive; (*lignes etc*) receding; (*perspective*) vanishing
fuyard, e [fɥijaʀ, -aʀd(ə)] *nm/f* runaway
fuyons *etc* [fɥijɔ̃] *vb voir* **fuir**

Gg

G, g [ʒe] *nm inv* G, g ▷ *abr* (= *gramme*) g; (= *gauche*) L, l; **G comme Gaston** G for George; **le G8** (*Pol*) the G8 nations, the Group of Eight
gabardine [gabaʀdin] *nf* gabardine
gabarit [gabaʀi] *nm* (*fig: dimension, taille*) size; (*: valeur*) calibre; (*Tech*) template; **du même ~** (*fig*) of the same type, of that ilk
gabegie [gabʒi] *nf* (*péj*) chaos
Gabon [gabɔ̃] *nm*: **le ~** Gabon
gabonais, e [gabɔnɛ, -ɛz] *adj* Gabonese
gâcher [gɑʃe] *vt* (*gâter*) to spoil, ruin; (*gaspiller*) to waste; (*plâtre*) to temper; (*mortier*) to mix
gâchette [gɑʃɛt] *nf* trigger
gâchis [gɑʃi] *nm* (*désordre*) mess; (*gaspillage*) waste *no pl*
gadget [gadʒɛt] *nm* thingumajig; (*nouveauté*) gimmick
gadin [gadɛ̃] *nm* (*fam*): **prendre un ~** to come a cropper (*Brit*)
gadoue [gadu] *nf* sludge
gaélique [gaelik] *adj* Gaelic ▷ *nm* (*Ling*) Gaelic
gaffe [gaf] *nf* (*instrument*) boat hook; (*fam: erreur*) blunder; **faire ~** (*fam*) to watch out
gaffer [gafe] *vi* to blunder
gaffeur, -euse [gafœʀ, -øz] *nm/f* blunderer
gag [gag] *nm* gag
gaga [gaga] *adj* (*fam*) gaga
gage [gaʒ] *nm* (*dans un jeu*) forfeit; (*fig: de fidélité*) token; **gages** *nmpl* (*salaire*) wages; (*garantie*) guarantee *sg*; **mettre en ~** to pawn; **laisser en ~** to leave as security
gager [gaʒe] *vt*: **~ que** to bet *ou* wager that
gageure [gaʒyʀ] *nf*: **c'est une ~** it's attempting the impossible
gagnant, e [gaɲɑ̃, -ɑ̃t] *adj*: **billet/numéro ~** winning ticket/number ▷ *adv*: **jouer ~** (*aux courses*) to be bound to win ▷ *nm/f* winner
gagne-pain [gaɲpɛ̃] *nm inv* job
gagne-petit [gaɲpəti] *nm inv* low wage earner
gagner [gaɲe] *vt* (*concours, procès, pari*) to win; (*somme d'argent, revenu*) to earn; (*aller vers, atteindre*) to reach; (*s'emparer de*) to overcome; (*envahir*) to spread to; (*se concilier*): **~ qn** to win sb over ▷ *vi* to win; (*fig*) to gain; **~ du temps/de la place** to gain time/save space; **~ sa vie** to earn one's living; **~ du terrain** (*aussi fig*) to gain ground; **~ qn de vitesse** to outstrip sb; (*aussi fig*): **~ à faire** (*s'en trouver bien*) to be better off doing; **il y gagne** it's in his interest, it's to his advantage
gagneur [gaɲœʀ] *nm* winner
gai, e [ge] *adj* cheerful; (*livre, pièce de théâtre*) light-hearted; (*un peu ivre*) merry
gaiement [gemɑ̃] *adv* cheerfully
gaieté [gete] *nf* cheerfulness; **gaietés** *nfpl* (*souvent ironique*) delights; **de ~ de cœur** with a light heart
gaillard, e [gajaʀ, -aʀd(ə)] *adj* (*robuste*) sprightly; (*grivois*) bawdy, ribald ▷ *nm/f* (strapping) fellow/wench
gaillardement [gajaʀdəmɑ̃] *adv* cheerfully
gain [gɛ̃] *nm* (*revenu*) earnings *pl*; (*bénéfice: gén pl*) profits *pl*; (*au jeu: gén pl*) winnings *pl*; (*fig: de temps, place*) saving; (*: avantage*) benefit; (*: lucre*) gain; **avoir ~ de cause** to win the case; (*fig*) to be proved right; **obtenir ~ de cause** (*fig*) to win out
gaine [gɛn] *nf* (*corset*) girdle; (*fourreau*) sheath; (*de fil électrique etc*) outer covering
gaine-culotte [gɛnkylɔt] (*pl* **gaines-culottes**) *nf* pantie girdle
gainer [gene] *vt* to cover
gala [gala] *nm* official reception; **soirée de ~** gala evening
galamment [galamɑ̃] *adv* courteously
galant, e [galɑ̃, -ɑ̃t] *adj* (*courtois*) courteous, gentlemanly; (*entreprenant*) flirtatious, gallant; (*aventure, poésie*) amorous; **en ~e compagnie** (*homme*) with a lady friend; (*femme*) with a gentleman friend
galanterie [galɑ̃tʀi] *nf* gallantry
galantine [galɑ̃tin] *nf* galantine
Galapagos [galapagɔs] *nfpl*: **les (îles) ~** the Galapagos Islands
galaxie [galaksi] *nf* galaxy
galbe [galb(ə)] *nm* curve(s); shapeliness
galbé, e [galbe] *adj* (*jambes*) (well-)rounded; **bien ~** shapely
gale [gal] *nf* (*Méd*) scabies *sg*; (*de chien*) mange
galéjade [galeʒad] *nf* tall story
galère [galɛʀ] *nf* galley
galérer [galeʀe] *vi* (*fam*) to work hard, slave (away)

galerie [galʀi] *nf* gallery; (*Théât*) circle; (*de voiture*) roof rack; (*fig: spectateurs*) audience; **~ marchande** shopping mall; **~ de peinture** (private) art gallery
galérien [galeʀjɛ̃] *nm* galley slave
galet [galɛ] *nm* pebble; (*Tech*) wheel; **galets** *nmpl* pebbles, shingle *sg*
galette [galɛt] *nf* (*gâteau*) flat pastry cake; (*crêpe*) savoury pancake; **la ~ des Rois** *cake traditionally eaten on Twelfth Night*
galeux, -euse [galø, -øz] *adj*: **un chien ~** a mangy dog
Galice [galis] *nf*: **la ~** Galicia (*in Spain*)
Galicie [galisi] *nf*: **la ~** Galicia; (*in Central Europe*)
galiléen, ne [galileɛ̃, -ɛn] *adj* Galilean
galimatias [galimatja] *nm* (*péj*) gibberish
galipette [galipɛt] *nf*: **faire des ~s** to turn somersaults
Galles [gal] *nfpl*: **le pays de ~** Wales
gallicisme [galisism(ə)] *nm* French idiom; (*tournure fautive*) gallicism
gallois, e [galwa, -waz] *adj* Welsh ▷ *nm* (*Ling*) Welsh ▷ *nm/f*: **Gallois, e** Welshman(-woman)
gallo-romain, e [galoʀɔmɛ̃, -ɛn] *adj* Gallo-Roman
galoche [galɔʃ] *nf* clog
galon [galɔ̃] *nm* (*Mil*) stripe; (*décoratif*) piece of braid; **prendre du ~** to be promoted
galop [galo] *nm* gallop; **au ~** at a gallop; **~ d'essai** (*fig*) trial run
galopade [galɔpad] *nf* stampede
galopant, e [galɔpɑ̃, -ɑ̃t] *adj*: **inflation ~e** galloping inflation; **démographie ~e** exploding population
galoper [galɔpe] *vi* to gallop
galopin [galɔpɛ̃] *nm* urchin, ragamuffin
galvaniser [galvanize] *vt* to galvanize
galvaudé, e [galvode] *adj* (*expression*) hackneyed; (*mot*) clichéd
galvauder [galvode] *vt* to debase
gambade [gɑ̃bad] *nf*: **faire des ~s** to skip *ou* frisk about
gambader [gɑ̃bade] *vi* to skip *ou* frisk about
gamberger [gɑ̃bɛʀʒe] (*fam*) *vi* to (have a) think ▷ *vt* to dream up
Gambie [gɑ̃bi] *nf*: **la ~** (*pays*) Gambia; (*fleuve*) the Gambia
gamelle [gamɛl] *nf* mess tin; billy can; (*fam*): **ramasser une ~** to fall flat on one's face
gamin, e [gamɛ̃, -in] *nm/f* kid ▷ *adj* mischievous, playful
gaminerie [gaminʀi] *nf* mischievousness, playfulness
gamme [gam] *nf* (*Mus*) scale; (*fig*) range
gammé, e [game] *adj*: **croix ~e** swastika
Gand [gɑ̃] *n* Ghent
Gange [gɑ̃ʒ] *nm*: **le ~** the Ganges
gang [gɑ̃g] *nm* gang
ganglion [gɑ̃glijɔ̃] *nm* ganglion; (*lymphatique*) gland; **avoir des ~s** to have swollen glands
gangrène [gɑ̃gʀɛn] *nf* gangrene; (*fig*) corruption; corrupting influence
gangster [gɑ̃gstɛʀ] *nm* gangster
gangstérisme [gɑ̃gsteʀism(ə)] *nm* gangsterism
gangue [gɑ̃g] *nf* coating
ganse [gɑ̃s] *nf* braid
gant [gɑ̃] *nm* glove; **prendre des ~s** (*fig*) to handle the situation with kid gloves; **relever le ~** (*fig*) to take up the gauntlet; **~ de crin** massage glove; **~ de toilette** (face) flannel (*Brit*), face cloth; **~s de boxe** boxing gloves; **~s de caoutchouc** rubber gloves
ganté, e [gɑ̃te] *adj*: **~ de blanc** wearing white gloves
ganterie [gɑ̃tʀi] *nf* glove trade; (*magasin*) glove shop
garage [gaʀaʒ] *nm* garage; **~ à vélos** bicycle shed
garagiste [gaʀaʒist(ə)] *nm/f* (*propriétaire*) garage owner; (*mécanicien*) garage mechanic
garant, e [gaʀɑ̃, -ɑ̃t] *nm/f* guarantor ▷ *nm* guarantee; **se porter ~ de** to vouch for; to be answerable for
garantie [gaʀɑ̃ti] *nf* guarantee, warranty; (*gage*) security, surety; **(bon de) ~** guarantee *ou* warranty slip; **~ de bonne exécution** performance bond
garantir [gaʀɑ̃tiʀ] *vt* to guarantee; (*protéger*): **~ de** to protect from; **je vous garantis que** I can assure you that; **garanti pure laine/2 ans** guaranteed pure wool/for 2 years
garce [gaʀs(ə)] *nf* (*péj*) bitch
garçon [gaʀsɔ̃] *nm* boy; (*célibataire*) bachelor; (*jeune homme*) boy, lad; (*aussi*: **garçon de café**) waiter; **~ boucher/coiffeur** butcher's/hairdresser's assistant; **~ de courses** messenger; **~ d'écurie** stable lad; **~ manqué** tomboy
garçonnet [gaʀsɔnɛ] *nm* small boy
garçonnière [gaʀsɔnjɛʀ] *nf* bachelor flat
garde [gaʀd(ə)] *nm* (*de prisonnier*) guard; (*de domaine etc*) warden; (*soldat, sentinelle*) guardsman ▷ *nf* guarding; looking after; (*soldats, Boxe, Escrime*) guard; (*faction*) watch; (*d'une arme*) hilt; (*Typo: aussi*: **page** *ou* **feuille de garde**) flyleaf; (: *collée*) endpaper; **de ~** *adj, adv* on duty; **monter la ~** to stand guard; **être sur ses ~s** to be on one's guard; **mettre en ~** to warn; **mise en ~** warning; **prendre ~ (à)** to be careful (of); **avoir la ~ des enfants** (*après divorce*) to have custody of the children; **~ champêtre** *nm* rural policeman; **~ du corps** *nm* bodyguard; **~ d'enfants** *nf* child minder; **~ forestier** *nm* forest warden; **~ mobile** *nm, nf* mobile guard; **~ des Sceaux** *nm* ≈ Lord Chancellor (*Brit*), ≈ Attorney General (*US*); **~ à vue** *nf* (*Jur*) ≈ police custody
garde-à-vous [gaʀdavu] *nm inv*: **être/se mettre au ~** to be at/stand to attention; **~ (fixe)!** (*Mil*) attention!
garde-barrière [gaʀdəbaʀjɛʀ] (*pl* **gardes-barrière(s)**) *nm/f* level-crossing keeper
garde-boue [gaʀdəbu] *nm inv* mudguard
garde-chasse [gaʀdəʃas] (*pl* **gardes-chasse(s)**)

nm gamekeeper
garde-côte [gaʀdəkot] *nm* (*vaisseau*) coastguard boat
garde-feu [gaʀdəfø] *nm inv* fender
garde-fou [gaʀdəfu] *nm* railing, parapet
garde-malade [gaʀdəmalad] (*pl* **gardes-malade(s)**) *nf* home nurse
garde-manger [gaʀdmɑ̃ʒe] *nm inv* (*boîte*) meat safe; (*placard*) pantry, larder
garde-meuble [gaʀdəmœbl(ə)] *nm* furniture depository
garde-pêche [gaʀdəpɛʃ] *nm inv* (*personne*) water bailiff; (*navire*) fisheries protection ship
garder [gaʀde] *vt* (*conserver*) to keep; (*: sur soi: vêtement, chapeau*) to keep on; (*surveiller: enfants*) to look after; (*: immeuble, lieu, prisonnier*) to guard; **se garder** *vi* (*aliment: se conserver*) to keep; **se ~ de faire** to be careful not to do; **~ le lit/la chambre** to stay in bed/indoors; **~ le silence** to keep silent *ou* quiet; **~ la ligne** to keep one's figure; **~ à vue** to keep in custody; **pêche/chasse gardée** private fishing/hunting (ground)
garderie [gaʀdəʀi] *nf* day nursery, crèche
garde-robe [gaʀdəʀɔb] *nf* wardrobe
gardeur, -euse [gaʀdœʀ, -øz] *nm/f* (*de vaches*) cowherd; (*de chèvres*) goatherd
gardian [gaʀdjɑ̃] *nm* cowboy (*in the Camargue*)
gardien, ne [gaʀdjɛ̃, -ɛn] *nm/f* (*garde*) guard; (*de prison*) warder; (*de domaine, réserve*) warden; (*de musée etc*) attendant; (*de phare, cimetière*) keeper; (*d'immeuble*) caretaker; (*fig*) guardian; **~ de but** goalkeeper; **~ de nuit** night watchman; **~ de la paix** policeman
gardiennage [gaʀdjɛnaʒ] *nm* (*emploi*) caretaking; **société de ~** security firm
gardon [gaʀdɔ̃] *nm* roach
gare [gaʀ] *nf* (railway) station, train station (US) ▷ *excl*: **~ à ...** mind ...!, watch out for ...!; **~ à ne pas ...** mind you don't ...; **~ à toi!** watch out!; **sans crier ~** without warning; **~ maritime** harbour station; **~ routière** coach (*Brit*) *ou* bus station; (*de camions*) haulage (*Brit*) *ou* trucking (*US*) depot; **~ de triage** marshalling yard
garenne [gaʀɛn] *nf voir* **lapin**
garer [gaʀe] *vt* to park; **se garer** to park; (*pour laisser passer*) to draw into the side
gargantuesque [gaʀgɑ̃tɥɛsk(ə)] *adj* gargantuan
gargariser [gaʀgaʀize]: **se gargariser** *vi* to gargle; **se ~ de** (*fig*) to revel in
gargarisme [gaʀgaʀism(ə)] *nm* gargling *no pl*; (*produit*) gargle
gargote [gaʀgɔt] *nf* cheap restaurant, greasy spoon (*fam*)
gargouille [gaʀguj] *nf* gargoyle
gargouillement [gaʀgujmɑ̃] *nm* = **gargouillis**
gargouiller [gaʀguje] *vi* (*estomac*) to rumble; (*eau*) to gurgle
gargouillis [gaʀguji] *nm* (*gén pl: voir vb*) rumbling; gurgling
garnement [gaʀnəmɑ̃] *nm* rascal, scallywag
garni, e [gaʀni] *adj* (*plat*) served with vegetables (*and chips, pasta or rice*) ▷ *nm* (*appartement*) furnished accommodation *no pl* (*Brit*) *ou* accommodations *pl* (*US*)
garnir [gaʀniʀ] *vt* to decorate; (*remplir*) to fill; (*recouvrir*) to cover; **se garnir** *vi* (*pièce, salle*) to fill up; **~ qch de** (*orner*) to decorate sth with; to trim sth with; (*approvisionner*) to fill *ou* stock sth with; (*protéger*) to fit sth with; (*Culin*) to garnish sth with
garnison [gaʀnizɔ̃] *nf* garrison
garniture [gaʀnityʀ] *nf* (*Culin: légumes*) vegetables *pl*; (*: persil etc*) garnish; (*: farce*) filling; (*décoration*) trimming; (*protection*) fittings *pl*; **~ de cheminée** mantelpiece ornaments *pl*; **~ de frein** (*Auto*) brake lining; **~ intérieure** (*Auto*) interior trim; **~ périodique** sanitary towel (*Brit*) *ou* napkin (*US*)
garrigue [gaʀig] *nf* scrubland
garrot [gaʀo] *nm* (*Méd*) tourniquet; (*torture*) garrotte
garrotter [gaʀɔte] *vt* to tie up; (*fig*) to muzzle
gars [gɑ] *nm* lad; (*type*) guy
Gascogne [gaskɔɲ] *nf*: **la ~** Gascony
gascon, ne [gaskɔ̃, -ɔn] *adj* Gascon ▷ *nm*: **G~** (*hâbleur*) braggart
gas-oil [gɑzɔjl] *nm* diesel oil
gaspillage [gaspijaʒ] *nm* waste
gaspiller [gaspije] *vt* to waste
gaspilleur, -euse [gaspijœʀ, -øz] *adj* wasteful
gastrique [gastʀik] *adj* gastric, stomach *cpd*
gastro-entérite [gastʀoɑ̃teʀit] *nf* (*Méd*) gastroenteritis
gastro-intestinal, e, -aux [gastʀoɛ̃tɛstinal, -o] *adj* gastrointestinal
gastronome [gastʀɔnɔm] *nm/f* gourmet
gastronomie [gastʀɔnɔmi] *nf* gastronomy
gastronomique [gastʀɔnɔmik] *adj*: **menu ~** gourmet menu
gâteau, x [gɑto] *nm* cake ▷ *adj inv* (*fam: trop indulgent*): **papa-/maman-~** doting father/mother; **~ d'anniversaire** birthday cake; **~ de riz** ≈ rice pudding; **~ sec** biscuit
gâter [gɑte] *vt* to spoil; **se gâter** *vi* (*dent, fruit*) to go bad; (*temps, situation*) to change for the worse
gâterie [gɑtʀi] *nf* little treat
gâteux, -euse [gɑtø, -øz] *adj* senile
gâtisme [gɑtism(ə)] *nm* senility
GATT [gat] *sigle m* (= *General Agreement on Tariffs and Trade*) GATT
gauche [goʃ] *adj* left, left-hand; (*maladroit*) awkward, clumsy ▷ *nf* (*Pol*) left (wing); (*Boxe*) left; **à ~** on the left; (*direction*) (to the) left; **à ~ de** (on *ou* to the) left of; **à la ~ de** to the left of; **sur votre ~** on your left; **de ~** (*Pol*) left-wing
gauchement [goʃmɑ̃] *adv* awkwardly, clumsily
gaucher, -ère [goʃe, -ɛʀ] *adj* left-handed
gaucherie [goʃʀi] *nf* awkwardness, clumsiness
gauchir [goʃiʀ] *vt* (*planche, objet*) to warp; (*fig: fait, idée*) to distort
gauchisant, e [goʃizɑ̃, -ɑ̃t] *adj* with left-wing tendencies

gauchisme [goʃism(ə)] *nm* leftism
gauchiste [goʃist(ə)] *adj, nm/f* leftist
gaufre [gofʀ(ə)] *nf (pâtisserie)* waffle; *(de cire)* honeycomb
gaufrer [gofʀe] *vt (papier)* to emboss; *(tissu)* to goffer
gaufrette [gofʀɛt] *nf* wafer
gaufrier [gofʀije] *nm (moule)* waffle iron
Gaule [gol] *nf*: **la ~** Gaul
gaule [gol] *nf (perche)* (long) pole; *(canne à pêche)* fishing rod
gauler [gole] *vt (arbre)* to beat *(using a long pole to bring down fruit)*; *(fruits)* to beat down *(with a pole)*
gaullisme [golism(ə)] *nm* Gaullism
gaulliste [golist(ə)] *adj, nm/f* Gaullist
gaulois, e [golwa, -waz] *adj* Gallic; *(grivois)* bawdy ▷ *nm/f*: **Gaulois, e** Gaul
gauloiserie [golwazʀi] *nf* bawdiness
gausser [gose]: **se ~ de** *vt* to deride
gaver [gave] *vt* to force-feed; *(fig)*: **~ de** to cram with, fill up with; *(personne)*: **se ~ de** to stuff o.s. with
gay [gɛ] *adj, nm (fam)* gay
gaz [gɑz] *nm inv* gas; **mettre les ~** *(Auto)* to put one's foot down; **chambre/masque à ~** gas chamber/mask; **~ en bouteille** bottled gas; **~ butane** Calor gas® *(Brit)*, butane gas; **~ carbonique** carbon dioxide; **~ hilarant** laughing gas; **~ lacrymogène** tear gas; **~ naturel** natural gas; **~ de ville** town gas *(Brit)*, manufactured domestic gas
gaze [gɑz] *nf* gauze
gazéifié, e [gazeifje] *adj* carbonated, aerated
gazelle [gazɛl] *nf* gazelle
gazer [gɑze] *vt* to gas ▷ *vi (fam)* to be going *ou* working well
gazette [gazɛt] *nf* news sheet
gazeux, -euse [gɑzø, -øz] *adj* gaseous; *(eau)* sparkling; *(boisson)* fizzy
gazoduc [gɑzɔdyk] *nm* gas pipeline
gazole [gɑzɔl] *nm* = **gas-oil**
gazomètre [gɑzɔmɛtʀ(ə)] *nm* gasometer
gazon [gɑzɔ̃] *nm (herbe)* turf, grass; *(pelouse)* lawn
gazonner [gɑzɔne] *vt (terrain)* to grass over
gazouillement [gazujmɑ̃] *nm (voir vb)* chirping; babbling
gazouiller [gazuje] *vi (oiseau)* to chirp; *(enfant)* to babble
gazouillis [gazuji] *nmpl* chirp *sg*
GB *sigle f (= Grande Bretagne)* GB
gd *abr (= grand)* L
GDF *sigle m (= Gaz de France) national gas company*
geai [ʒɛ] *nm* jay
géant, e [ʒeɑ̃, -ɑ̃t] *adj* gigantic, giant; *(Comm)* giant-size ▷ *nm/f* giant
geignement [ʒɛɲmɑ̃] *nm* groaning, moaning
geindre [ʒɛ̃dʀ(ə)] *vi* to groan, moan
gel [ʒɛl] *nm* frost; *(de l'eau)* freezing; *(fig: des salaires, prix)* freeze; freezing; *(produit de beauté)* gel; **~ douche** shower gel
gélatine [ʒelatin] *nf* gelatine
gélatineux, -euse [ʒelatinø, -øz] *adj* jelly-like, gelatinous
gelé, e [ʒəle] *adj* frozen ▷ *nf* jelly; *(gel)* frost; **~ blanche** hoarfrost, white frost
geler [ʒəle] *vt, vi* to freeze; **il gèle** it's freezing
gélule [ʒelyl] *nf* capsule
gelures [ʒəlyʀ] *nfpl* frostbite *sg*
Gémeaux [ʒemo] *nmpl*: **les ~** Gemini, the Twins; **être des ~** to be Gemini
gémir [ʒemiʀ] *vi* to groan, moan
gémissement [ʒemismɑ̃] *nm* groan, moan
gemme [ʒɛm] *nf* gem(stone)
gémonies [ʒemɔni] *nfpl*: **vouer qn aux ~** to subject sb to public scorn
gén. *abr (= généralement)* gen.
gênant, e [ʒɛnɑ̃, -ɑ̃t] *adj (objet)* awkward, in the way; *(histoire, personne)* embarrassing
gencive [ʒɑ̃siv] *nf* gum
gendarme [ʒɑ̃daʀm(ə)] *nm* gendarme
gendarmer [ʒɑ̃daʀme]: **se gendarmer** *vi* to kick up a fuss
gendarmerie [ʒɑ̃daʀməʀi] *nf military police force in countryside and small towns; their police station or barracks*
gendre [ʒɑ̃dʀ(ə)] *nm* son-in-law
gène [ʒɛn] *nm (Bio)* gene
gêne [ʒɛn] *nf (à respirer, bouger)* discomfort, difficulty; *(dérangement)* bother, trouble; *(manque d'argent)* financial difficulties *pl ou* straits *pl*; *(confusion)* embarrassment; **sans ~** *adj* inconsiderate
gêné, e [ʒene] *adj* embarrassed; *(dépourvu d'argent)* short (of money)
généalogie [ʒenealɔʒi] *nf* genealogy
généalogique [ʒenealɔʒik] *adj* genealogical
gêner [ʒene] *vt (incommoder)* to bother; *(encombrer)* to hamper; *(bloquer le passage)* to be in the way of; *(déranger)* to bother; *(embarrasser)*: **~ qn** to make sb feel ill-at-ease; **se gêner** to put o.s. out; **ne vous gênez pas!** *(ironique)* go right ahead!, don't mind me!; **je vais me ~!** *(ironique)* why should I care?
général, e, -aux [ʒeneʀal, -o] *adj, nm* general ▷ *nf*: **(répétition) ~e** final dress rehearsal; **en ~** usually, in general; **à la satisfaction ~e** to everyone's satisfaction
généralement [ʒeneʀalmɑ̃] *adv* generally
généralisable [ʒeneʀalizabl(ə)] *adj* generally applicable
généralisation [ʒeneʀalizɑsjɔ̃] *nf* generalization
généraliser [ʒeneʀalize] *vt, vi* to generalize; **se généraliser** *vi* to become widespread
généraliste [ʒeneʀalist(ə)] *nm/f (Méd)* general practitioner, GP
généralité [ʒeneʀalite] *nf*: **la ~ des ...** the majority of ...; **généralités** *nfpl* generalities; *(introduction)* general points
générateur, -trice [ʒeneʀatœʀ, -tʀis] *adj*: **~ de** which causes *ou* brings about ▷ *nf (Élec)* generator
génération [ʒeneʀɑsjɔ̃] *nf* generation

généreusement [ʒeneʀøzmɑ̃] *adv* generously
généreux, -euse [ʒeneʀø, -øz] *adj* generous
générique [ʒeneʀik] *adj* generic ▷ *nm* (*Ciné, TV*) credits *pl*, credit titles *pl*
générosité [ʒeneʀozite] *nf* generosity
Gênes [ʒɛn] *n* Genoa
genèse [ʒənɛz] *nf* genesis
genêt [ʒənɛ] *nm* (*Bot*) broom *no pl*
généticien, ne [ʒenetisjɛ̃, -ɛn] *nm/f* geneticist
génétique [ʒenetik] *adj* genetic ▷ *nf* genetics *sg*
génétiquement [ʒenetikmɑ̃] *adv* genetically
gêneur, -euse [ʒɛnœʀ, -øz] *nm/f* (*personne qui gêne*) obstacle; (*importun*) intruder
Genève [ʒənɛv] *n* Geneva
genevois, e [ʒənəvwa, -waz] *adj* Genevan
genévrier [ʒənevʀije] *nm* juniper
génial, e, -aux [ʒenjal, -o] *adj* of genius; (*fam*) fantastic, brilliant
génie [ʒeni] *nm* genius; (*Mil*): **le ~** ≈ the Engineers *pl*; **avoir du ~** to have genius; **~ civil** civil engineering; **~ génétique** genetic engineering
genièvre [ʒənjɛvʀ(ə)] *nm* (*Bot*) juniper (tree); (*boisson*) Dutch gin; **grain de ~** juniper berry
génisse [ʒenis] *nf* heifer; **foie de ~** ox liver
génital, e, -aux [ʒenital, -o] *adj* genital
génitif [ʒenitif] *nm* genitive
génocide [ʒenɔsid] *nm* genocide
génois, e [ʒenwa, -waz] *adj* Genoese ▷ *nf* (*gâteau*) ≈ sponge cake
genou, x [ʒnu] *nm* knee; **à ~x** on one's knees; **se mettre à ~x** to kneel down
genouillère [ʒənujɛʀ] *nf* (*Sport*) kneepad
genre [ʒɑ̃ʀ] *nm* (*espèce, sorte*) kind, type, sort; (*allure*) manner; (*Ling*) gender; (*Art*) genre; (*Zool etc*) genus; **se donner du ~** to give o.s. airs; **avoir bon ~** to have style; **avoir mauvais ~** to be ill-mannered
gens [ʒɑ̃] *nmpl* (*f in some phrases*) people *pl*; **les ~ d'Église** the clergy; **les ~ du monde** society people; **~ de maison** domestics
gentiane [ʒɑ̃sjan] *nf* gentian
gentil, le [ʒɑ̃ti, -ij] *adj* kind; (*enfant: sage*) good; (*sympa: endroit etc*) nice; **c'est très ~ à vous** it's very kind *ou* good *ou* nice of you
gentilhommière [ʒɑ̃tijɔmjɛʀ] *nf* (small) manor house *ou* country seat
gentillesse [ʒɑ̃tijɛs] *nf* kindness
gentillet, te [ʒɑ̃tijɛ, -ɛt] *adj* nice little
gentiment [ʒɑ̃timɑ̃] *adv* kindly
génuflexion [ʒenyflɛksjɔ̃] *nf* genuflexion
géo *abr* (= *géographie*) geography
géodésique [ʒeɔdezik] *adj* geodesic
géographe [ʒeɔgʀaf] *nm/f* geographer
géographie [ʒeɔgʀafi] *nf* geography
géographique [ʒeɔgʀafik] *adj* geographical
geôlier [ʒolje] *nm* jailer
géologie [ʒeɔlɔʒi] *nf* geology
géologique [ʒeɔlɔʒik] *adj* geological
géologiquement [ʒeɔlɔʒikmɑ̃] *adv* geologically
géologue [ʒeɔlɔg] *nm/f* geologist
géomètre [ʒeɔmɛtʀ(ə)] *nm*: **(arpenteur-)~** (land) surveyor
géométrie [ʒeɔmetʀi] *nf* geometry; **à ~ variable** (*Aviat*) swing-wing
géométrique [ʒeɔmetʀik] *adj* geometric
géophysique [ʒeɔfizik] *nf* geophysics *sg*
géopolitique [ʒeɔpɔlitik] *nf* geopolitics *sg*
Géorgie [geɔʀʒi] *nf*: **la ~** (*URSS, USA*) Georgia; **la ~ du Sud** South Georgia
géorgien, ne [geɔʀʒjɛ̃, -ɛn] *adj* Georgian
géostationnaire [ʒeɔstasjɔnɛʀ] *adj* geostationary
géothermique [ʒeɔtɛʀmik] *adj*: **énergie ~** geothermal energy
gérance [ʒeʀɑ̃s] *nf* management; **mettre en ~** to appoint a manager for; **prendre en ~** to take over (the management of)
géranium [ʒeʀanjɔm] *nm* geranium
gérant, e [ʒeʀɑ̃, -ɑ̃t] *nm/f* manager/manageress; **~ d'immeuble** managing agent
gerbe [ʒɛʀb(ə)] *nf* (*de fleurs, d'eau*) spray; (*de blé*) sheaf; (*fig*) shower, burst
gercé, e [ʒɛʀse] *adj* chapped
gercer [ʒɛʀse] *vi*, **se gercer** *vi* to chap
gerçure [ʒɛʀsyʀ] *nf* crack
gérer [ʒeʀe] *vt* to manage
gériatrie [ʒeʀjatʀi] *nf* geriatrics *sg*
gériatrique [ʒeʀjatʀik] *adj* geriatric
germain, e [ʒɛʀmɛ̃, -ɛn] *adj*: **cousin ~** first cousin
germanique [ʒɛʀmanik] *adj* Germanic
germaniste [ʒɛʀmanist(ə)] *nm/f* German scholar
germe [ʒɛʀm(ə)] *nm* germ
germer [ʒɛʀme] *vi* to sprout; (*semence, aussi fig*) to germinate
gérondif [ʒeʀɔ̃dif] *nm* gerund; (*en latin*) gerundive
gérontologie [ʒɛʀɔ̃tɔlɔʒi] *nf* gerontology
gérontologue [ʒɛʀɔ̃tɔlɔg] *nm/f* gerontologist
gésier [ʒezje] *nm* gizzard
gésir [ʒeziʀ] *vi* to be lying (down); *voir aussi* **ci-gît**
gestation [ʒɛstasjɔ̃] *nf* gestation
geste [ʒɛst(ə)] *nm* gesture; move; motion; **il fit un ~ de la main pour m'appeler** he signed to me to come over, he waved me over; **ne faites pas un ~** (*ne bougez pas*) don't move
gesticuler [ʒɛstikyle] *vi* to gesticulate
gestion [ʒɛstjɔ̃] *nf* management; **~ des disques** (*Inform*) housekeeping; **~ de fichier(s)** (*Inform*) file management
gestionnaire [ʒɛstjɔnɛʀ] *nm/f* administrator; **~ de fichiers** (*Inform*) file manager
geyser [ʒɛzɛʀ] *nm* geyser
Ghana [gana] *nm*: **le ~** Ghana
ghetto [gɛto] *nm* ghetto
gibecière [ʒibsjɛʀ] *nf* (*de chasseur*) gamebag; (*sac en bandoulière*) shoulder bag
gibelotte [ʒiblɔt] *nf* *rabbit fricassee in white wine*
gibet [ʒibɛ] *nm* gallows *pl*
gibier [ʒibje] *nm* (*animaux*) game; (*fig*) prey
giboulée [ʒibule] *nf* sudden shower
giboyeux, -euse [ʒibwajø, -øz] *adj* well-stocked

with game
Gibraltar [ʒibʀaltaʀ] *nm* Gibraltar
gibus [ʒibys] *nm* opera hat
giclée [ʒikle] *nf* spurt, squirt
gicler [ʒikle] *vi* to spurt, squirt
gicleur [ʒiklœʀ] *nm* (*Auto*) jet
GIE *sigle m* = **groupement d'intérêt économique**
gifle [ʒifl(ə)] *nf* slap (in the face)
gifler [ʒifle] *vt* to slap (in the face)
gigantesque [ʒigɑ̃tɛsk(ə)] *adj* gigantic
gigantisme [ʒigɑ̃tism(ə)] *nm* (*Méd*) gigantism; (*des mégalopoles*) vastness
gigaoctet [ʒigaɔktɛ] *nm* gigabyte
GIGN *sigle m* (= *Groupe d'intervention de la gendarmerie nationale*) *special crack force of the gendarmerie*, ≈ SAS (*Brit*)
gigogne [ʒigɔɲ] *adj*: **lits ~s** truckle (*Brit*) *ou* trundle (*US*) beds; **tables/poupées ~s** nest of tables/dolls
gigolo [ʒigɔlo] *nm* gigolo
gigot [ʒigo] *nm* leg (of mutton *ou* lamb)
gigoter [ʒigɔte] *vi* to wriggle (about)
gilet [ʒilɛ] *nm* waistcoat; (*pull*) cardigan; (*de corps*) vest; **~ pare-balles** bulletproof jacket; **~ de sauvetage** life jacket
gin [dʒin] *nm* gin
gingembre [ʒɛ̃ʒɑ̃bʀ(ə)] *nm* ginger
gingivite [ʒɛ̃ʒivit] *nf* inflammation of the gums, gingivitis
ginseng [ʒinsɛŋ] *nm* ginseng
girafe [ʒiʀaf] *nf* giraffe
giratoire [ʒiʀatwaʀ] *adj*: **sens ~** roundabout
girofle [ʒiʀɔfl(ə)] *nm*: **clou de ~** clove
giroflée [ʒiʀɔfle] *nf* wallflower
girolle [ʒiʀɔl] *nf* chanterelle
giron [ʒiʀɔ̃] *nm* (*genoux*) lap; (*fig: sein*) bosom
Gironde [ʒiʀɔ̃d] *nf*: **la ~** the Gironde
girophare [ʒiʀɔfaʀ] *nm* revolving (flashing) light
girouette [ʒiʀwɛt] *nf* weather vane *ou* cock
gis [ʒi], **gisais** *etc* [ʒizɛ] *vb voir* **gésir**
gisement [ʒizmɑ̃] *nm* deposit
gît [ʒi] *vb voir* **gésir**
gitan, e [ʒitɑ̃, -an] *nm/f* gipsy
gîte [ʒit] *nm* home; shelter; (*du lièvre*) form; **~ (rural)** (country) holiday cottage *ou* apartment
gîter [ʒite] *vi* (*Navig*) to list
givrage [ʒivʀaʒ] *nm* icing
givrant, e [ʒivʀɑ̃, -ɑ̃t] *adj*: **brouillard ~** freezing fog
givre [ʒivʀ(ə)] *nm* (hoar)frost
givré, e [ʒivʀe] *adj*: **citron ~/orange ~e** lemon/orange sorbet (*served in fruit skin*)
glabre [glɑbʀ(ə)] *adj* hairless; (*menton*) clean-shaven
glaçage [glasaʒ] *nm* (*au sucre*) icing; (*au blanc d'œuf, de la viande*) glazing
glace [glas] *nf* ice; (*crème glacée*) ice cream; (*verre*) sheet of glass; (*miroir*) mirror; (*de voiture*) window; **glaces** *nfpl* (*Géo*) ice sheets, ice *sg*; **de ~** (*fig: accueil, visage*) frosty, icy; **rester de ~** to remain unmoved
glacé, e [glase] *adj* icy; (*boisson*) iced
glacer [glase] *vt* to freeze; (*boisson*) to chill, ice; (*gâteau*) to ice (*Brit*), frost (*US*); (*papier, tissu*) to glaze; (*fig*): **~ qn** to chill sb; (*fig*) to make sb's blood run cold
glaciaire [glasjɛʀ] *adj* (*période*) ice *cpd*; (*relief*) glacial
glacial, e [glasjal] *adj* icy
glacier [glasje] *nm* (*Géo*) glacier; (*marchand*) ice-cream maker
glacière [glasjɛʀ] *nf* icebox
glaçon [glasɔ̃] *nm* icicle; (*pour boisson*) ice cube
gladiateur [gladjatœʀ] *nm* gladiator
glaïeul [glajœl] *nm* gladiola
glaire [glɛʀ] *nf* (*Méd*) phlegm *no pl*
glaise [glɛz] *nf* clay
glaive [glɛv] *nm* two-edged sword
gland [glɑ̃] *nm* (*de chêne*) acorn; (*décoration*) tassel; (*Anat*) glans
glande [glɑ̃d] *nf* gland
glander [glɑ̃de] *vi* (*fam*) to fart around (*Brit*) (*!*), screw around (*US*) (*!*)
glaner [glane] *vt, vi* to glean
glapir [glapiʀ] *vi* to yelp
glapissement [glapismɑ̃] *nm* yelping
glas [glɑ] *nm* knell, toll
glauque [glok] *adj* dull blue-green
glissade [glisad] *nf* (*par jeu*) slide; (*chute*) slip; (*dérapage*) skid; **faire des ~s** to slide
glissant, e [glisɑ̃, -ɑ̃t] *adj* slippery
glisse [glis] *nf*: **sports de ~** *sports involving sliding or gliding (eg skiing, surfing, windsurfing)*
glissement [glismɑ̃] *nm* sliding; (*fig*) shift; **~ de terrain** landslide
glisser [glise] *vi* (*avancer*) to glide *ou* slide along; (*coulisser, tomber*) to slide; (*déraper*) to slip; (*être glissant*) to be slippery ▷ *vt*: **~ qch sous/dans/à** to slip sth under/into/to; **~ sur** (*fig: détail etc*) to skate over; **se ~ dans/entre** to slip into/between
glissière [glisjɛʀ] *nf* slide channel; **à ~** (*porte, fenêtre*) sliding; **~ de sécurité** (*Auto*) crash barrier
glissoire [gliswaʀ] *nf* slide
global, e, -aux [glɔbal, -o] *adj* overall
globalement [glɔbalmɑ̃] *adv* taken as a whole
globe [glɔb] *nm* globe; **sous ~** under glass; **~ oculaire** eyeball; **le ~ terrestre** the globe
globe-trotter [glɔbtʀɔtœʀ] *nm* globe-trotter
globule [glɔbyl] *nm* (*du sang*): **~ blanc/rouge** white/red corpuscle
globuleux, -euse [glɔbylø, -øz] *adj*: **yeux ~** protruding eyes
gloire [glwaʀ] *nf* glory; (*mérite*) distinction, credit; (*personne*) celebrity
glorieux, -euse [glɔʀjø, -øz] *adj* glorious
glorifier [glɔʀifje] *vt* to glorify, extol; **se ~ de** to glory in
gloriole [glɔʀjɔl] *nf* vainglory
glose [gloz] *nf* gloss
glossaire [glɔsɛʀ] *nm* glossary
glotte [glɔt] *nf* (*Anat*) glottis
glouglouter [gluglute] *vi* to gurgle

gloussement [glusmɑ̃] *nm* (*de poule*) cluck; (*rire*) chuckle
glousser [gluse] *vi* to cluck; (*rire*) to chuckle
glouton, ne [glutɔ̃, -ɔn] *adj* gluttonous, greedy
gloutonnerie [glutɔnʀi] *nf* gluttony
glu [gly] *nf* birdlime
gluant, e [glyɑ̃, -ɑ̃t] *adj* sticky, gummy
glucide [glysid] *nm* carbohydrate
glucose [glykoz] *nm* glucose
gluten [glytɛn] *nm* gluten
glycérine [gliseʀin] *nf* glycerine
glycine [glisin] *nf* wisteria
GMT *sigle adj* (*= Greenwich Mean Time*) GMT
gnangnan [ɲɑ̃ɲɑ̃] *adj inv* (*fam: livre, film*) soppy
GNL *sigle m* (*= gaz naturel liquéfié*) LNG (*= liquefied natural gas*)
gnôle [njol] *nf* (*fam*) booze *no pl*; **un petit verre de ~** a drop of the hard stuff
gnome [gnom] *nm* gnome
gnon [ɲɔ̃] *nm* (*fam: coup de poing*) bash; (*: marque*) dent
GO *sigle fpl* (*= grandes ondes*) LW ▷ *sigle m* (*= gentil organisateur*) *title given to leaders on Club Méditerranée holidays; extended to refer to easy-going leader of any group*
Go *abr* (*= gigaoctet*) GB
go [go]: **tout de go** *adv* straight out
goal [gol] *nm* goalkeeper
gobelet [gɔblɛ] *nm* (*en métal*) tumbler; (*en plastique*) beaker; (*à dés*) cup
gober [gɔbe] *vt* to swallow
goberger [gɔbɛʀʒe]: **se goberger** *vi* to cosset o.s.
Gobi [gɔbi] *n*: **désert de ~** Gobi Desert
godasse [gɔdas] *nf* (*fam*) shoe
godet [gɔdɛ] *nm* pot; (*Couture*) unpressed pleat
godiller [gɔdije] *vi* (*Navig*) to scull; (*Ski*) to wedeln
goéland [gɔelɑ̃] *nm* (sea)gull
goélette [gɔelɛt] *nf* schooner
goémon [gɔemɔ̃] *nm* wrack
gogo [gɔgo] *nm* (*péj*) mug, sucker; **à ~** *adv* galore
goguenard, e [gɔgnaʀ, -aʀd(ə)] *adj* mocking
goguette [gɔgɛt] *nf*: **en ~** on the binge
goinfre [gwɛ̃fʀ(ə)] *nm* glutton
goinfrer [gwɛ̃fʀe]: **se goinfrer** *vi* to make a pig of o.s.; **se ~ de** to guzzle
goitre [gwatʀ(ə)] *nm* goitre
golf [gɔlf] *nm* (*jeu*) golf; (*terrain*) golf course; **~ miniature** crazy *ou* miniature golf
golfe [gɔlf(ə)] *nm* gulf; bay; **le ~ d'Aden** the Gulf of Aden; **le ~ de Gascogne** the Bay of Biscay; **le ~ du Lion** the Gulf of Lions; **le ~ Persique** the Persian Gulf
golfeur, -euse [gɔlfœʀ, -øz] *nm/f* golfer
gominé, e [gɔmine] *adj* slicked down
gomme [gɔm] *nf* (*à effacer*) rubber (*Brit*), eraser; (*résine*) gum; **boule** *ou* **pastille de ~** throat pastille
gommé, e [gɔme] *adj*: **papier ~** gummed paper
gommer [gɔme] *vt* (*effacer*) to rub out (*Brit*), erase; (*enduire de gomme*) to gum
gond [gɔ̃] *nm* hinge; **sortir de ses ~s** (*fig*) to fly off the handle
gondole [gɔ̃dɔl] *nf* gondola; (*pour l'étalage*) shelves *pl*, gondola
gondoler [gɔ̃dɔle]: **se gondoler** *vi* to warp, buckle; (*fam: rire*) to hoot with laughter; to be in stitches
gondolier [gɔ̃dɔlje] *nm* gondolier
gonflable [gɔ̃flabl(ə)] *adj* inflatable
gonflage [gɔ̃flaʒ] *nm* inflating, blowing up
gonflé, e [gɔ̃fle] *adj* swollen; (*ventre*) bloated; (*fam: culotté*): **être ~** to have a nerve
gonflement [gɔ̃fləmɑ̃] *nm* inflation; (*Méd*) swelling
gonfler [gɔ̃fle] *vt* (*pneu, ballon*) to inflate, blow up; (*nombre, importance*) to inflate ▷ *vi* (*pied etc*) to swell (up); (*Culin: pâte*) to rise
gonfleur [gɔ̃flœʀ] *nm* air pump
gong [gɔ̃g] *nm* gong
gonzesse [gɔ̃zɛs] *nf* (*fam*) chick, bird (*Brit*)
goret [gɔʀɛ] *nm* piglet
gorge [gɔʀʒ(ə)] *nf* (*Anat*) throat; (*poitrine*) breast; (*Géo*) gorge; (*rainure*) groove; **avoir mal à la ~** to have a sore throat; **avoir la ~ serrée** to have a lump in one's throat
gorgé, e [gɔʀʒe] *adj*: **~ de** filled with; (*eau*) saturated with ▷ *nf* mouthful; sip; gulp; **boire à petites/grandes ~es** to take little sips/big gulps
gorille [gɔʀij] *nm* gorilla; (*fam*) bodyguard
gosier [gozje] *nm* throat
gosse [gɔs] *nm/f* kid
gothique [gɔtik] *adj* gothic
gouache [gwaʃ] *nf* gouache
gouaille [gwɑj] *nf* street wit, cocky humour (*Brit*) *ou* humor (*US*)
goudron [gudʀɔ̃] *nm* (*asphalte*) tar(mac) (*Brit*), asphalt; (*du tabac*) tar
goudronner [gudʀɔne] *vt* to tar(mac) (*Brit*), asphalt
gouffre [gufʀ(ə)] *nm* abyss, gulf
goujat [guʒa] *nm* boor
goujon [guʒɔ̃] *nm* gudgeon
goulée [gule] *nf* gulp
goulet [gulɛ] *nm* bottleneck
goulot [gulo] *nm* neck; **boire au ~** to drink from the bottle
goulu, e [guly] *adj* greedy
goulûment [gulymɑ̃] *adv* greedily
goupille [gupij] *nf* (metal) pin
goupiller [gupije] *vt* to pin (together)
goupillon [gupijɔ̃] *nm* (*Rel*) sprinkler; (*brosse*) bottle brush; **le ~** (*fig*) the cloth, the clergy
gourd, e [guʀ, guʀd(ə)] *adj* numb (with cold); (*fam*) oafish
gourde [guʀd(ə)] *nf* (*récipient*) flask; (*fam*) (clumsy) clot *ou* oaf
gourdin [guʀdɛ̃] *nm* club, bludgeon
gourer [guʀe] (*fam*): **se gourer** *vi* to boob
gourmand, e [guʀmɑ̃, -ɑ̃d] *adj* greedy
gourmandise [guʀmɑ̃diz] *nf* greed; (*bonbon*) sweet (*Brit*), piece of candy (*US*)
gourmet [guʀmɛ] *nm* epicure
gourmette [guʀmɛt] *nf* chain bracelet
gourou [guʀu] *nm* guru

g

gousse [gus] *nf (de vanille etc)* pod; **~ d'ail** clove of garlic
gousset [gusɛ] *nm (de gilet)* fob
goût [gu] *nm* taste; *(fig: appréciation)* taste, liking; **le (bon) ~** good taste; **de bon ~** in good taste, tasteful; **de mauvais ~** in bad taste, tasteless; **avoir bon/mauvais ~** *(aliment)* to taste nice/nasty; *(personne)* to have good/bad taste; **avoir du/manquer de ~** to have/lack taste; **avoir du ~ pour** to have a liking for; **prendre ~ à** to develop a taste *ou* a liking for
goûter [gute] *vt (essayer)* to taste; *(apprécier)* to enjoy ▷ *vi* to have (afternoon) tea ▷ *nm* (afternoon) tea; **~ à** to taste, sample; **~ de** to have a taste of; **~ d'enfants/d'anniversaire** children's tea/birthday party
goutte [gut] *nf* drop; *(Méd)* gout; *(alcool)* nip *(Brit)*, tot *(Brit)*, drop *(US)*; **gouttes** *nfpl (Méd)* drops; **~ à ~** *adv* a drop at a time; **tomber ~ à ~** to drip
goutte-à-goutte [gutagut] *nm inv (Méd)* drip; **alimenter au ~** to drip-feed
gouttelette [gutlɛt] *nf* droplet
goutter [gute] *vi* to drip
gouttière [gutjɛʀ] *nf* gutter
gouvernail [guvɛʀnaj] *nm* rudder; *(barre)* helm, tiller
gouvernant, e [guvɛʀnɑ̃, -ɑ̃t] *adj* ruling *cpd* ▷ *nf* housekeeper; *(d'un enfant)* governess
gouverne [guvɛʀn(ə)] *nf*: **pour sa ~** for his guidance
gouvernement [guvɛʀnəmɑ̃] *nm* government
gouvernemental, e, -aux [guvɛʀnəmɑ̃tal, -o] *adj (politique)* government *cpd*; *(journal, parti)* pro-government
gouverner [guvɛʀne] *vt* to govern; *(diriger)* to steer; *(fig)* to control
gouverneur [guvɛʀnœʀ] *nm* governor; *(Mil)* commanding officer
goyave [gɔjav] *nf* guava
GPL *sigle m (= gaz de pétrole liquéfié)* LPG (= *liquefied petroleum gas*)
GQG *sigle m (= grand quartier général)* GHQ
grabataire [gʀabatɛʀ] *adj* bedridden ▷ *nm/f* bedridden invalid
grâce [gʀɑs] *nf* grace; *(faveur)* favour; *(Jur)* pardon; **grâces** *nfpl (Rel)* grace *sg*; **de bonne/mauvaise ~** with (a) good/bad grace; **dans les bonnes ~s de qn** in favour with sb; **faire ~ à qn de qch** to spare sb sth; **rendre ~(s) à** to give thanks to; **demander ~** to beg for mercy; **droit de ~** right of reprieve; **recours en ~** plea for pardon; **~ à** *prép* thanks to
gracier [gʀasje] *vt* to pardon
gracieusement [gʀasjøzmɑ̃] *adv* graciously, kindly; *(gratuitement)* freely; *(avec grâce)* gracefully
gracieux, -euse [gʀasjø, -øz] *adj (charmant, élégant)* graceful; *(aimable)* gracious, kind; **à titre ~** free of charge
gracile [gʀasil] *adj* slender
gradation [gʀadɑsjɔ̃] *nf* gradation
grade [gʀad] *nm (Mil)* rank; *(Scol)* degree; **monter en ~** to be promoted
gradé [gʀade] *nm (Mil)* officer
gradin [gʀadɛ̃] *nm (dans un théâtre)* tier; *(de stade)* step; **gradins** *nmpl (de stade)* terracing *no pl (Brit)*, standing area; **en ~s** terraced
graduation [gʀadɥɑsjɔ̃] *nf* graduation
gradué, e [gʀadɥe] *adj (exercices)* graded (for difficulty); *(thermomètre, verre)* graduated
graduel, le [gʀadɥɛl] *adj* gradual; progressive
graduer [gʀadɥe] *vt (effort etc)* to increase gradually; *(règle, verre)* to graduate
graffiti [gʀafiti] *nmpl* graffiti
grain [gʀɛ̃] *nm (gén)* grain; *(de chapelet)* bead; *(Navig)* squall; *(averse)* heavy shower; *(fig: petite quantité)*: **un ~ de** a touch of; **~ de beauté** beauty spot; **~ de café** coffee bean; **~ de poivre** peppercorn; **~ de poussière** speck of dust; **~ de raisin** grape
graine [gʀɛn] *nf* seed; **mauvaise ~** *(mauvais sujet)* bad lot; **une ~ de voyou** a hooligan in the making
graineterie [gʀɛntʀi] *nf* seed merchant's (shop)
grainetier, -ière [gʀɛntje, -jɛʀ] *nm/f* seed merchant
graissage [gʀɛsaʒ] *nm* lubrication, greasing
graisse [gʀɛs] *nf* fat; *(lubrifiant)* grease; **~ saturée** saturated fat
graisser [gʀese] *vt* to lubricate, grease; *(tacher)* to make greasy
graisseux, -euse [gʀɛsø, -øz] *adj* greasy; *(Anat)* fatty
grammaire [gʀamɛʀ] *nf* grammar
grammatical, e, -aux [gʀamatikal, -o] *adj* grammatical
gramme [gʀam] *nm* gramme
grand, e [gʀɑ̃, gʀɑ̃d] *adj (haut)* tall; *(gros, vaste, large)* big, large; *(long)* long; *(sens abstraits)* great ▷ *adv*: **~ ouvert** wide open; **un ~ buveur** a heavy drinker; **un ~ homme** a great man; **son ~ frère** his big *ou* older brother; **avoir ~ besoin de** to be in dire *ou* desperate need of; **il est ~ temps de** it's high time to; **il est assez ~ pour** he's big *ou* old enough to; **voir ~** to think big; **en ~** on a large scale; **au ~ air** in the open (air); **les ~s blessés/brûlés** the severely injured/burned; **de ~ matin** at the crack of dawn; **~ écart** splits *pl*; **~ ensemble** housing scheme; **~ jour** broad daylight; **~ livre** *(Comm)* ledger; **~ magasin** department store; **~ malade** very sick person; **~ public** general public; **~e personne** grown-up; **~e surface** hypermarket, superstore; **~es écoles** *prestige university-level colleges with competitive entrance examinations*; *see note*; **~es lignes** *(Rail)* main lines; **~es vacances** summer holidays

GRANDES ÉCOLES

The *grandes écoles* are highly-respected institutes of higher education which train students for specific careers. Students who have spent two years after the "baccalauréat" in the "classes préparatoires" are recruited by competitive entry examination. The prestigious *grandes écoles* have a strong corporate identity and tend to furnish France with its intellectual, administrative and political élite.

grand-angle [gʀɑ̃tɑ̃gl(ə)] (*pl* **grands-angles**) *nm* (*Photo*) wide-angle lens
grand-angulaire [gʀɑ̃tɑ̃gylɛʀ] (*pl* **grands-angulaires**) *nm* (*Photo*) wide-angle lens
grand-chose [gʀɑ̃ʃoz] *nm/f inv*: **pas ~** not much
Grande-Bretagne [gʀɑ̃dbʀətaɲ] *nf*: **la ~** (Great) Britain; **en ~** in (Great) Britain
grandement [gʀɑ̃dmɑ̃] *adv* (*tout à fait*) greatly; (*largement*) easily; (*généreusement*) lavishly
grandeur [gʀɑ̃dœʀ] *nf* (*dimension*) size; (*fig: ampleur, importance*) magnitude; (*: gloire, puissance*) greatness; **~ nature** *adj* life-size
grand-guignolesque [gʀɑ̃giɲɔlɛsk(ə)] *adj* gruesome
grandiloquent, e [gʀɑ̃dilɔkɑ̃, -ɑ̃t] *adj* bombastic, grandiloquent
grandiose [gʀɑ̃djoz] *adj* (*paysage, spectacle*) imposing
grandir [gʀɑ̃diʀ] *vi* (*enfant, arbre*) to grow; (*bruit, hostilité*) to increase, grow ▷ *vt*: **~ qn** (*vêtement, chaussure*) to make sb look taller; (*fig*) to make sb grow in stature
grandissant, e [gʀɑ̃disɑ̃, -ɑ̃t] *adj* growing
grand-mère [gʀɑ̃mɛʀ] (*pl* **grand(s)-mères**) *nf* grandmother
grand-messe [gʀɑ̃mɛs] *nf* high mass
grand-oncle [gʀɑ̃tɔ̃kl(ə), gʀɑ̃zɔ̃kl(ə)] (*pl* **grands-oncles**) *nm* great-uncle
grand-peine [gʀɑ̃pɛn]: **à ~** *adv* with (great) difficulty
grand-père [gʀɑ̃pɛʀ] (*pl* **grands-pères**) *nm* grandfather
grand-route [gʀɑ̃ʀut] *nf* main road
grand-rue [gʀɑ̃ʀy] *nf* high street
grands-parents [gʀɑ̃paʀɑ̃] *nmpl* grandparents
grand-tante [gʀɑ̃tɑ̃t] (*pl* **grand(s)-tantes**) *nf* great-aunt
grand-voile [gʀɑ̃vwal] *nf* mainsail
grange [gʀɑ̃ʒ] *nf* barn
granit, granite [gʀanit] *nm* granite
granitique [gʀanitik] *adj* granite; (*terrain*) granitic
granule [gʀanyl] *nm* small pill
granulé [gʀanyle] *nm* granule
granuleux, -euse [gʀanylø, -øz] *adj* granular
graphe [gʀaf] *nm* graph
graphie [gʀafi] *nf* written form
graphique [gʀafik] *adj* graphic ▷ *nm* graph
graphisme [gʀafism(ə)] *nm* graphic arts *pl*; graphics *sg*; (*écriture*) handwriting
graphiste [gʀafist(ə)] *nm/f* graphic designer
graphologie [gʀafɔlɔʒi] *nf* graphology
graphologue [gʀafɔlɔg] *nm/f* graphologist
grappe [gʀap] *nf* cluster; **~ de raisin** bunch of grapes
grappiller [gʀapije] *vt* to glean
grappin [gʀapɛ̃] *nm* grapnel; **mettre le ~ sur** (*fig*) to get one's claws on
gras, se [gʀɑ, gʀɑs] *adj* (*viande, soupe*) fatty; (*personne*) fat; (*surface, main, cheveux*) greasy; (*terre*) sticky; (*toux*) loose, phlegmy; (*rire*) throaty; (*plaisanterie*) coarse; (*crayon*) soft-lead; (*Typo*) bold ▷ *nm* (*Culin*) fat; **faire la ~se matinée** to have a lie-in (*Brit*), sleep late; **matière ~se** fat (content)
gras-double [gʀɑdubl(ə)] *nm* (*Culin*) tripe
grassement [gʀɑsmɑ̃] *adv* (*généreusement*): **~ payé** handsomely paid; (*grossièrement: rire*) coarsely
grassouillet, te [gʀɑsujɛ, -ɛt] *adj* podgy, plump
gratifiant, e [gʀatifjɑ̃, -ɑ̃t] *adj* gratifying, rewarding
gratification [gʀatifikasjɔ̃] *nf* bonus
gratifier [gʀatifje] *vt*: **~ qn de** to favour (*Brit*) *ou* favor (*US*) sb with; to reward sb with; (*sourire etc*) to favo(u)r sb with
gratin [gʀatɛ̃] *nm* (*Culin*) cheese- (*ou* crumb-)topped dish; (*: croûte*) topping; **au ~** au gratin; **tout le ~ parisien** all the best people of Paris
gratiné [gʀatine] *adj* (*Culin*) au gratin; (*fam*) hellish ▷ *nf* (*soupe*) onion soup au gratin
gratis [gʀatis] *adv, adj* free
gratitude [gʀatityd] *nf* gratitude
gratte-ciel [gʀatsjɛl] *nm inv* skyscraper
grattement [gʀatmɑ̃] *nm* (*bruit*) scratching (noise)
gratte-papier [gʀatpapje] *nm inv* (*péj*) penpusher
gratter [gʀate] *vt* (*frotter*) to scrape; (*enlever*) to scrape off; (*bras, bouton*) to scratch; **se gratter** to scratch o.s.
grattoir [gʀatwaʀ] *nm* scraper
gratuit, e [gʀatɥi, -ɥit] *adj* (*entrée*) free; (*billet*) free, complimentary; (*fig*) gratuitous
gratuité [gʀatɥite] *nf* being free (of charge); gratuitousness
gratuitement [gʀatɥitmɑ̃] *adv* (*sans payer*) free; (*sans preuve, motif*) gratuitously
gravats [gʀava] *nmpl* rubble *sg*
grave [gʀav] *adj* (*dangereux: maladie, accident*) serious, bad; (*sérieux: sujet, problème*) serious, grave; (*personne, air*) grave, solemn; (*voix, son*) deep, low-pitched ▷ *nm* (*Mus*) low register; **ce n'est pas ~!** it's all right, don't worry; **blessé ~** seriously injured person
graveleux, -euse [gʀavlø, -øz] *adj* (*terre*) gravelly; (*fruit*) gritty; (*contes, propos*) smutty
gravement [gʀavmɑ̃] *adv* seriously; badly; gravely
graver [gʀave] *vt* (*plaque, nom*) to engrave; (*CD, DVD*) to burn; (*fig*): **~ qch dans son esprit/sa mémoire** to etch sth in one's mind/memory
graveur [gʀavœʀ] *nm* engraver; **~ de CD/DVD** CD/DVD burner *or* writer
gravier [gʀavje] *nm* (loose) gravel *no pl*
gravillons [gʀavijɔ̃] *nmpl* gravel *sg*, loose

g

chippings *ou* gravel
gravir [gʀaviʀ] *vt* to climb (up)
gravitation [gʀavitasjɔ̃] *nf* gravitation
gravité [gʀavite] *nf* (*voir grave*) seriousness; gravity; (*Physique*) gravity
graviter [gʀavite] *vi*: **~ autour de** to revolve around
gravure [gʀavyʀ] *nf* engraving; (*reproduction*) print; plate
gré [gʀe] *nm*: **à son ~** *adj* to his liking ▷ *adv* as he pleases; **au ~ de** according to, following; **contre le ~ de qn** against sb's will; **de son (plein) ~** of one's own free will; **de ~ ou de force** whether one likes it or not; **de bon ~** willingly; **bon ~ mal ~** like it or not; willy-nilly; **de ~ à ~** (*Comm*) by mutual agreement; **savoir (bien) ~ à qn de qch** to be (most) grateful to sb for sth
grec, grecque [gʀɛk] *adj* Greek; (*classique: vase etc*) Grecian ▷ *nm* (*Ling*) Greek ▷ *nm/f*: **Grec, Grecque** Greek
Grèce [gʀɛs] *nf*: **la ~** Greece
gredin, e [gʀədɛ̃, -in] *nm/f* rogue, rascal
gréement [gʀemɑ̃] *nm* rigging
greffe [gʀɛf] *nf* graft; transplant ▷ *nm* (*Jur*) office
greffer [gʀefe] *vt* (*Bot, Méd: tissu*) to graft; (*Méd: organe*) to transplant
greffier [gʀefje] *nm* clerk of the court
grégaire [gʀegɛʀ] *adj* gregarious
grège [gʀɛʒ] *adj*: **soie ~** raw silk
grêle [gʀɛl] *adj* (very) thin ▷ *nf* hail
grêlé, e [gʀele] *adj* pockmarked
grêler [gʀele] *vb impers*: **il grêle** it's hailing ▷ *vt*: **la région a été grêlée** the region was damaged by hail
grêlon [gʀɛlɔ̃] *nm* hailstone
grelot [gʀəlo] *nm* little bell
grelottant, e [gʀəlɔtɑ̃, -ɑ̃t] *adj* shivering, shivery
grelotter [gʀəlɔte] *vi* (*trembler*) to shiver
Grenade [gʀənad] *n* Granada ▷ *nf* (*île*) Grenada
grenade [gʀənad] *nf* (*explosive*) grenade; (*Bot*) pomegranate; **~ lacrymogène** teargas grenade
grenadier [gʀənadje] *nm* (*Mil*) grenadier; (*Bot*) pomegranate tree
grenadine [gʀənadin] *nf* grenadine
grenat [gʀəna] *adj inv* dark red
grenier [gʀənje] *nm* (*de maison*) attic; (*de ferme*) loft
grenouille [gʀənuj] *nf* frog
grenouillère [gʀənujɛʀ] *nf* (*de bébé*) leggings; (*: combinaison*) sleepsuit
grenu, e [gʀəny] *adj* grainy, grained
grès [gʀɛ] *nm* (*roche*) sandstone; (*poterie*) stoneware
grésil [gʀezi] *nm* (fine) hail
grésillement [gʀezijmɑ̃] *nm* sizzling; crackling
grésiller [gʀezije] *vi* to sizzle; (*Radio*) to crackle
grève [gʀɛv] *nf* (*d'ouvriers*) strike; (*plage*) shore; **se mettre en/faire ~** to go on/be on strike; **~ bouchon** partial strike (*in key areas of a company*); **~ de la faim** hunger strike; **~ perlée** go-slow (*Brit*), slowdown (*US*); **~ sauvage** wildcat strike; **~ de solidarité** sympathy strike; **~ surprise** lightning strike; **~ sur le tas** sit down strike; **~ tournante** strike by rota; **~ du zèle** work-to-rule (*Brit*), slowdown (*US*)
grever [gʀəve] *vt* (*budget, économie*) to put a strain on; **grevé d'impôts** crippled by taxes; **grevé d'hypothèques** heavily mortgaged
gréviste [gʀevist(ə)] *nm/f* striker
gribouillage [gʀibujaʒ] *nm* scribble, scrawl
gribouiller [gʀibuje] *vt* to scribble, scrawl ▷ *vi* to doodle
gribouillis [gʀibuji] *nm* (*dessin*) doodle; (*action*) doodling *no pl*; (*écriture*) scribble
grief [gʀijɛf] *nm* grievance; **faire ~ à qn de** to reproach sb for
grièvement [gʀijɛvmɑ̃] *adv* seriously
griffe [gʀif] *nf* claw; (*fig*) signature; (*: d'un couturier, parfumeur*) label, signature
griffé, e [gʀife] *adj* designer(-label) *cpd*
griffer [gʀife] *vt* to scratch
griffon [gʀifɔ̃] *nm* (*chien*) griffon
griffonnage [gʀifɔnaʒ] *nm* scribble
griffonner [gʀifɔne] *vt* to scribble
griffure [gʀifyʀ] *nf* scratch
grignoter [gʀiɲɔte] *vt, vi* to nibble
gril [gʀil] *nm* steak *ou* grill pan
grillade [gʀijad] *nf* grill
grillage [gʀijaʒ] *nm* (*treillis*) wire netting; (*clôture*) wire fencing
grillager [gʀijaʒe] *vt* (*objet*) to put wire netting on; (*périmètre, jardin*) to put wire fencing around
grille [gʀij] *nf* (*portail*) (metal) gate; (*clôture*) railings *pl*; (*d'égout*) (metal) grate; (*fig*) grid
grille-pain [gʀijpɛ̃] *nm inv* toaster
griller [gʀije] *vt* (*aussi*: **faire griller**: *pain*) to toast; (*: viande*) to grill (*Brit*), broil (*US*); (*: café*) to roast; (*fig: ampoule etc*) to burn out, blow; **~ un feu rouge** to jump the lights (*Brit*), run a stoplight (*US*) ▷ *vi* (*brûler*) to be roasting
grillon [gʀijɔ̃] *nm* (*Zool*) cricket
grimace [gʀimas] *nf* grimace; (*pour faire rire*): **faire des ~s** to pull *ou* make faces
grimacer [gʀimase] *vi* to grimace
grimacier, -ière [gʀimasje, -jɛʀ] *adj*: **c'est un enfant ~** that child is always pulling faces
grimer [gʀime] *vt* to make up
grimoire [gʀimwaʀ] *nm* (*illisible*) unreadable scribble; (*livre de magie*) book of magic spells
grimpant, e [gʀɛ̃pɑ̃, -ɑ̃t] *adj*: **plante ~e** climbing plant, climber
grimper [gʀɛ̃pe] *vi, vt* to climb ▷ *nm*: **le ~** (*Sport*) rope-climbing; **~ à/sur** to climb (up)/climb onto
grimpeur, -euse [gʀɛ̃pœʀ, -øz] *nm/f* climber
grinçant, e [gʀɛ̃sɑ̃, -ɑ̃t] *adj* grating
grincement [gʀɛ̃smɑ̃] *nm* grating (noise); creaking (noise)
grincer [gʀɛ̃se] *vi* (*porte, roue*) to grate; (*plancher*) to creak; **~ des dents** to grind one's teeth
grincheux, -euse [gʀɛ̃ʃø, -øz] *adj* grumpy

gringalet [gʀɛ̃galɛ] *adj m* puny ▷ *nm* weakling
griotte [gʀijɔt] *nf* Morello cherry
grippal, e, -aux [gʀipal, -o] *adj* (*état*) flu-like
grippe [gʀip] *nf* flu, influenza; **avoir la ~** to have (the) flu; **prendre qn/qch en ~** (*fig*) to take a sudden dislike to sb/sth; **~ aviaire** bird flu; **~ porcine** swine flu
grippé, e [gʀipe] *adj*: **être ~** to have (the) flu; (*moteur*) to have seized up (*Brit*) *ou* jammed
gripper [gʀipe] *vt, vi* to jam
grippe-sou [gʀipsu] *nm/f* penny pincher
gris, e [gʀi, gʀiz] *adj* grey (*Brit*), gray (*US*); (*ivre*) tipsy ▷ *nm* (*couleur*) grey (*Brit*), gray (*US*); **il fait ~** it's a dull *ou* grey day; **faire ~e mine** to look miserable *ou* morose; **faire ~e mine à qn** to give sb a cool reception
grisaille [gʀizaj] *nf* greyness (*Brit*), grayness (*US*), dullness
grisant, e [gʀizɑ̃, -ɑ̃t] *adj* intoxicating, exhilarating
grisâtre [gʀizɑtʀ(ə)] *adj* greyish (*Brit*), grayish (*US*)
griser [gʀize] *vt* to intoxicate; **se ~ de** (*fig*) to become intoxicated with
griserie [gʀizʀi] *nf* intoxication
grisonnant, e [gʀizɔnɑ̃, -ɑ̃t] *adj* greying (*Brit*), graying (*US*)
grisonner [gʀizɔne] *vi* to be going grey (*Brit*) *ou* gray (*US*)
Grisons [gʀizɔ̃] *nmpl*: **les ~** Graubünden
grisou [gʀizu] *nm* firedamp
gris-vert [gʀivɛʀ] *adj* grey-green
grive [gʀiv] *nf* (*Zool*) thrush
grivois, e [gʀivwa, -waz] *adj* saucy
grivoiserie [gʀivwazʀi] *nf* sauciness
Groenland [gʀɔɛnlɑ̃d] *nm*: **le ~** Greenland
grog [gʀɔg] *nm* grog
groggy [gʀɔgi] *adj inv* dazed
grogne [gʀɔɲ] *nf* grumble
grognement [gʀɔɲmɑ̃] *nm* grunt; growl
grogner [gʀɔɲe] *vi* to growl; (*fig*) to grumble
grognon, ne [gʀɔ̃ɲɔ̃, -ɔn] *adj* grumpy, grouchy
groin [gʀwɛ̃] *nm* snout
grommeler [gʀɔmle] *vi* to mutter to o.s.
grondement [gʀɔ̃dmɑ̃] *nm* rumble; growl
gronder [gʀɔ̃de] *vi* (*canon, moteur, tonnerre*) to rumble; (*animal*) to growl; (*fig: révolte*) to be brewing ▷ *vt* to scold
groom [gʀum] *nm* page, bellhop (*US*)
gros, se [gʀo, gʀos] *adj* big, large; (*obèse*) fat; (*problème, quantité*) great; (*travaux, dégâts*) extensive; (*large: trait, fil*) thick, heavy ▷ *adv*: **risquer/gagner ~** to risk/win a lot ▷ *nm* (*Comm*): **le ~** the wholesale business; **écrire ~** to write in big letters; **prix de ~** wholesale price; **par ~ temps/~se mer** in rough weather/heavy seas; **le ~ de** the main body of; (*du travail etc*) the bulk of; **en avoir ~ sur le cœur** to be upset; **en ~** roughly; (*Comm*) wholesale; **~ lot** jackpot; **~ mot** coarse word, vulgarity; **~ œuvre** shell (of building); **~ plan** (*Photo*) close-up; **~ porteur** wide-bodied aircraft, jumbo (jet); **~ sel** cooking salt; **~ titre** headline; **~se caisse** big drum
groseille [gʀozɛj] *nf*: **~ (rouge)/(blanche)** red/white currant; **~ à maquereau** gooseberry
groseillier [gʀozeje] *nm* red *ou* white currant bush; gooseberry bush
grosse [gʀos] *adj f voir* **gros** ▷ *nf* (*Comm*) gross
grossesse [gʀosɛs] *nf* pregnancy; **~ nerveuse** phantom pregnancy
grosseur [gʀosœʀ] *nf* size; fatness; (*tumeur*) lump
grossier, -ière [gʀosje, -jɛʀ] *adj* coarse; (*travail*) rough; crude; (*évident: erreur*) gross
grossièrement [gʀosjɛʀmɑ̃] *adv* coarsely; roughly; crudely; (*en gros*) roughly
grossièreté [gʀosjɛʀte] *nf* coarseness; rudeness
grossir [gʀosiʀ] *vi* (*personne*) to put on weight; (*fig*) to grow, get bigger; (*rivière*) to swell ▷ *vt* to increase; (*exagérer*) to exaggerate; (*au microscope*) to magnify, enlarge; (*vêtement*): **~ qn** to make sb look fatter
grossissant, e [gʀosisɑ̃, -ɑ̃t] *adj* magnifying, enlarging
grossissement [gʀosismɑ̃] *nm* (*optique*) magnification
grossiste [gʀosist(ə)] *nm/f* wholesaler
grosso modo [gʀosomɔdo] *adv* roughly
grotesque [gʀɔtɛsk(ə)] *adj* grotesque
grotte [gʀɔt] *nf* cave
grouiller [gʀuje] *vi* (*foule*) to mill about; (*fourmis*) to swarm about; **~ de** to be swarming with
groupe [gʀup] *nm* group; **cabinet de ~** group practice; **médecine de ~** group practice; **~ électrogène** generator; **~ de parole** support group; **~ de pression** pressure group; **~ sanguin** blood group; **~ scolaire** school complex
groupement [gʀupmɑ̃] *nm* grouping; (*groupe*) group; **~ d'intérêt économique (GIE)** ≈ trade association
grouper [gʀupe] *vt* to group; (*ressources, moyens*) to pool; **se grouper** to get together
groupuscule [gʀupyskyl] *nm* clique
gruau [gʀyo] *nm*: **pain de ~** wheaten bread
grue [gʀy] *nf* crane; **faire le pied de ~** (*fam*) to hang around (waiting), kick one's heels (*Brit*)
gruger [gʀyʒe] *vt* to cheat, dupe
grumeaux [gʀymo] *nmpl* (*Culin*) lumps
grumeleux, -euse [gʀymlø, -øz] *adj* (*sauce etc*) lumpy; (*peau etc*) bumpy
grutier [gʀytje] *nm* crane driver
gruyère [gʀyjɛʀ] *nm* gruyère (*Brit*) *ou* Swiss cheese
Guadeloupe [gwadlup] *nf*: **la ~** Guadeloupe
guadeloupéen, ne [gwadlupeɛ̃, -ɛn] *adj* Guadelupian
Guatémala [gwatemala] *nm*: **le ~** Guatemala
guatémalien, ne [gwatemaljɛ̃, -ɛn] *adj* Guatemalan
guatémaltèque [gwatemaltɛk] *adj* Guatemalan
gué [ge] *nm* ford; **passer à ~** to ford
guenilles [gənij] *nfpl* rags

g

guenon [gənɔ̃] *nf* female monkey
guépard [gepaʀ] *nm* cheetah
guêpe [gɛp] *nf* wasp
guêpier [gepje] *nm* (*fig*) trap
guère [gɛʀ] *adv* (*avec adjectif, adverbe*): **ne ... ~** hardly; (*avec verbe*): **ne ... ~** (*tournure négative*) much; hardly ever; (very) long; **il n'y a ~ que/de** there's hardly anybody (*ou* anything) but/hardly any
guéridon [geʀidɔ̃] *nm* pedestal table
guérilla [geʀija] *nf* guerrilla warfare
guérillero [geʀijeʀo] *nm* guerrilla
guérir [geʀiʀ] *vt* (*personne, maladie*) to cure; (*membre, plaie*) to heal ▷ *vi* (*personne*) to recover, be cured; (*plaie, chagrin*) to heal; **~ de** to be cured of, recover from; **~ qn de** to cure sb of
guérison [geʀizɔ̃] *nf* curing; healing; recovery
guérissable [geʀisabl(ə)] *adj* curable
guérisseur, -euse [geʀisœʀ, -øz] *nm/f* healer
guérite [geʀit] *nf* (*Mil*) sentry box; (*sur un chantier*) (workman's) hut
Guernesey [gɛʀnəzɛ] *nf* Guernsey
guernesiais, e [gɛʀnəzjɛ, -ɛz] *adj* of *ou* from Guernsey
guerre [gɛʀ] *nf* war; (*méthode*): **~ atomique/de tranchées** atomic/trench warfare *no pl*; **en ~** at war; **faire la ~ à** to wage war against; **de ~ lasse** (*fig*) tired of fighting *ou* resisting; **de bonne ~** fair and square; **~ civile/mondiale** civil/world war; **~ froide/sainte** cold/holy war; **~ d'usure** war of attrition
guerrier, -ière [gɛʀje, -jɛʀ] *adj* warlike ▷ *nm/f* warrior
guerroyer [gɛʀwaje] *vi* to wage war
guet [gɛ] *nm*: **faire le ~** to be on the watch *ou* look-out
guet-apens [gɛtapɑ̃] (*pl* **guets-apens**) *nm* ambush
guêtre [gɛtʀ(ə)] *nf* gaiter
guetter [gete] *vt* (*épier*) to watch (intently); (*attendre*) to watch (out) for; (*: pour surprendre*) to be lying in wait for
guetteur [gɛtœʀ] *nm* look-out
gueule [gœl] *nf* mouth; (*fam: visage*) mug; (*: bouche*) gob (!), mouth; **ta ~!** (*fam*) shut up!; **~ de bois** (*fam*) hangover
gueule-de-loup [gœldəlu] (*pl* **gueules-de-loup**) *nf* snapdragon
gueuler [gœle] *vi* (*fam*) to bawl
gueuleton [gœltɔ̃] *nm* (*fam*) blowout (*Brit*), big meal
gueux [gø] *nm* beggar; (*coquin*) rogue
gui [gi] *nm* mistletoe
guibole [gibɔl] *nf* (*fam*) leg
guichet [giʃɛ] *nm* (*de bureau, banque*) counter, window; (*d'une porte*) wicket, hatch; **les ~s** (*à la gare, au théâtre*) the ticket office; **jouer à ~s fermés** to play to a full house
guichetier, -ière [giʃtje, -jɛʀ] *nm/f* counter clerk
guide [gid] *nm* guide; (*livre*) guide(book) ▷ *nf* (*fille scout*) (girl) guide (*Brit*), girl scout (*US*); **guides** *nfpl* (*d'un cheval*) reins
guider [gide] *vt* to guide
guidon [gidɔ̃] *nm* handlebars *pl*
guigne [giɲ] *nf* (*fam*): **avoir la ~** to be jinxed
guignol [giɲɔl] *nm* ≈ Punch and Judy show; (*fig*) clown
guillemets [gijmɛ] *nmpl*: **entre ~** in inverted commas *ou* quotation marks; **~ de répétition** ditto marks
guilleret, te [gijʀɛ, -ɛt] *adj* perky, bright
guillotine [gijɔtin] *nf* guillotine
guillotiner [gijɔtine] *vt* to guillotine
guimauve [gimov] *nf* (*Bot*) marshmallow; (*fig*) sentimentality, sloppiness
guimbarde [gɛ̃baʀd(ə)] *nf* old banger (*Brit*), jalopy
guindé, e [gɛ̃de] *adj* stiff, starchy
Guinée [gine] *nf*: **la (République de) ~** (the Republic of) Guinea; **la ~ équatoriale** Equatorial Guinea
Guinée-Bissau [ginebiso] *nf*: **la ~** Guinea-Bissau
guinéen, ne [gineɛ̃, -ɛn] *adj* Guinean
guingois [gɛ̃gwa]: **de ~** *adv* askew
guinguette [gɛ̃gɛt] *nf* *open-air café or dance hall*
guirlande [giʀlɑ̃d] *nf* garland; (*de papier*) paper chain; **~ lumineuse** lights *pl*, fairy lights *pl* (*Brit*); **~ de Noël** tinsel *no pl*
guise [giz] *nf*: **à votre ~** as you wish *ou* please; **en ~ de** by way of
guitare [gitaʀ] *nf* guitar
guitariste [gitaʀist(ə)] *nm/f* guitarist, guitar player
gustatif, -ive [gystatif, -iv] *adj* gustatory; *voir* **papille**
guttural, e, -aux [gytyʀal, -o] *adj* guttural
guyanais, e [gɥijanɛ, -ɛz] *adj* Guyanese, Guyanan; (*français*) Guianese, Guianan
Guyane [gɥijan] *nf*: **la ~** Guyana; **la ~ (française)** (French) Guiana
gvt *abr* (*= gouvernement*) govt
gym [ʒim] *nf* (*exercices*) gym
gymkhana [ʒimkana] *nm* rally; **~ motocycliste** (motorbike) scramble (*Brit*), motocross
gymnase [ʒimnɑz] *nm* gym(nasium)
gymnaste [ʒimnast(ə)] *nm/f* gymnast
gymnastique [ʒimnastik] *nf* gymnastics *sg*; (*au réveil etc*) keep-fit exercises *pl*; **~ corrective** remedial gymnastics
gynécologie [ʒinekɔlɔʒi] *nf* gynaecology (*Brit*), gynecology (*US*)
gynécologique [ʒinekɔlɔʒik] *adj* gynaecological (*Brit*), gynecological (*US*)
gynécologue [ʒinekɔlɔg] *nm/f* gynaecologist (*Brit*), gynecologist (*US*)
gypse [ʒips(ə)] *nm* gypsum
gyrophare [ʒiʀɔfaʀ] *nm* (*sur une voiture*) revolving (flashing) light

H, h [aʃ] *nm inv* H, h ▷ *abr* (= *homme*) M; (= *hydrogène*) H = **heure**; **à l'heure H** at zero hour; **bombe H** H bomb; **H comme Henri** H for Harry (*Brit*) *ou* How (*US*)
ha. *abr* (= *hectare*) ha.
hab. *abr* = **habitant**
habile [abil] *adj* skilful; (*malin*) clever
habilement [abilmɑ̃] *adv* skilfully; cleverly
habileté [abilte] *nf* skill, skilfulness; cleverness
habilité, e [abilite] *adj*: **~ à faire** entitled to do, empowered to do
habiliter [abilite] *vt* to empower, entitle
habillage [abijaʒ] *nm* dressing
habillé, e [abije] *adj* dressed; (*chic*) dressy; (*Tech*): **~ de** covered with; encased in
habillement [abijmɑ̃] *nm* clothes *pl*; (*profession*) clothing industry
habiller [abije] *vt* to dress; (*fournir en vêtements*) to clothe; **s'habiller** to dress (o.s.); (*se déguiser, mettre des vêtements chic*) to dress up; **s'~ de/en** to dress in/dress up as; **s'~ chez/à** to buy one's clothes from/at
habilleuse [abijøz] *nf* (*Ciné, Théât*) dresser
habit [abi] *nm* outfit; **habits** *nmpl* (*vêtements*) clothes; **~ (de soirée)** tails *pl*; evening dress; **prendre l'~** (*Rel: entrer en religion*) to enter (holy) orders
habitable [abitabl(ə)] *adj* (in)habitable
habitacle [abitakl(ə)] *nm* cockpit; (*Auto*) passenger cell
habitant, e [abitɑ̃, -ɑ̃t] *nm/f* inhabitant; (*d'une maison*) occupant, occupier; **loger chez l'~** to stay with the locals
habitat [abita] *nm* housing conditions *pl*; (*Bot, Zool*) habitat
habitation [abitɑsjɔ̃] *nf* living; (*demeure*) residence, home; (*maison*) house; **~s à loyer modéré (HLM)** *low-rent, state-owned housing*, ≈ council housing *sg* (*Brit*), ≈ public housing units (*US*)
habité, e [abite] *adj* inhabited; lived in
habiter [abite] *vt* to live in; (*sentiment*) to dwell in ▷ *vi*: **~ à/dans** to live in *ou* at/in; **~ chez** *ou* **avec qn** to live with sb; **~ 16 rue Montmartre** to live at number 16 rue Montmartre; **~ rue Montmartre** to live in rue Montmartre
habitude [abityd] *nf* habit; **avoir l'~ de faire** to be in the habit of doing; **avoir l'~ des enfants** to be used to children; **prendre l'~ de faire qch** to get into the habit of doing sth; **perdre une ~** to get out of a habit; **d'~** usually; **comme d'~** as usual; **par ~** out of habit
habitué, e [abitɥe] *adj*: **être ~ à** to be used *ou* accustomed to ▷ *nm/f* regular visitor; (*client*) regular (customer)
habituel, le [abitɥɛl] *adj* usual
habituellement [abitɥɛlmɑ̃] *adv* usually
habituer [abitɥe] *vt*: **~ qn à** to get sb used to; **s'habituer à** to get used to
'hâbleur, -euse ['ɑblœʀ, -øz] *adj* boastful
'hache ['aʃ] *nf* axe
'haché, e ['aʃe] *adj* minced (*Brit*), ground (*US*); (*persil*) chopped; (*fig*) jerky
'hache-légumes ['aʃlegym] *nm inv* vegetable chopper
'hacher ['aʃe] *vt* (*viande*) to mince (*Brit*), grind (*US*); (*persil*) to chop; **~ menu** to mince *ou* grind finely; to chop finely
'hachette ['aʃɛt] *nf* hatchet
'hache-viande ['aʃvjɑ̃d] *nm inv* (meat) mincer (*Brit*) *ou* grinder (*US*); (*couteau*) (meat) cleaver
'hachis ['aʃi] *nm* mince *no pl* (*Brit*), hamburger meat (*US*); **~ de viande** minced (*Brit*) *ou* ground (*US*) meat
'hachisch ['aʃiʃ] *nm* hashish
'hachoir ['aʃwaʀ] *nm* chopper; (meat) mincer (*Brit*) *ou* grinder (*US*); (*planche*) chopping board
'hachurer ['aʃyʀe] *vt* to hatch
'hachures ['aʃyʀ] *nfpl* hatching *sg*
'hagard, e ['agaʀ, -aʀd(ə)] *adj* wild, distraught
'haie ['ɛ] *nf* hedge; (*Sport*) hurdle; (*fig: rang*) line, row; **200 m ~s** 200 m hurdles; **~ d'honneur** guard of honour
'haillons ['ajɔ̃] *nmpl* rags
'haine ['ɛn] *nf* hatred
'haineux, -euse ['ɛnø, -øz] *adj* full of hatred
'haïr ['aiʀ] *vt* to detest, hate; **se 'haïr** to hate each other
'hais ['ɛ], **'haïs** *etc* ['ai] *vb voir* **'haïr**
'haïssable ['aisabl(ə)] *adj* detestable
Haïti [aiti] *n* Haiti
haïtien, ne [aisjɛ̃, -ɛn] *adj* Haitian

'halage ['alaʒ] *nm*: **chemin de ~** towpath
'hâle ['ɑl] *nm* (sun)tan
'hâlé, e ['ɑle] *adj* (sun)tanned, sunburnt
haleine [alɛn] *nf* breath; **perdre ~** to get out of breath; **à perdre ~** until one is gasping for breath; **avoir mauvaise ~** to have bad breath; **reprendre ~** to get one's breath back; **hors d'~** out of breath; **tenir en ~** to hold spellbound; (*en attente*) to keep in suspense; **de longue ~** *adj* long-term
'haler ['ale] *vt* to haul in; (*remorquer*) to tow
'haleter ['alte] *vi* to pant
'hall ['ol] *nm* hall
hallali [alali] *nm* kill
'halle ['al] *nf* (covered) market; **'halles** *nfpl* central food market *sg*
'hallebarde ['albaʀd] *nf* halberd; **il pleut des ~s** (*fam*) it's bucketing down
hallucinant, e [alysinɑ̃, -ɑ̃t] *adj* staggering
hallucination [alysinɑsjɔ̃] *nf* hallucination
hallucinatoire [alysinatwaʀ] *adj* hallucinatory
halluciné, e [alysine] *nm/f* person suffering from hallucinations; (*fou*) (raving) lunatic
hallucinogène [a(l)lysinɔʒɛn] *adj* hallucinogenic ▷ *nm* hallucinogen
'halo ['alo] *nm* halo
halogène [alɔʒɛn] *nm*: **lampe (à) ~** halogen lamp
'halte ['alt(ə)] *nf* stop, break; (*escale*) stopping place; (*Rail*) halt ▷ *excl* stop!; **faire ~** to stop
'halte-garderie ['altgaʀdəʀi] (*pl* **'haltes-garderies**) *nf* crèche
haltère [altɛʀ] *nm* (*à boules, disques*) dumbbell, barbell; **(poids et) ~s** weightlifting
haltérophile [alteʀɔfil] *nm/f* weightlifter
haltérophilie [alteʀɔfili] *nf* weightlifting
'hamac ['amak] *nm* hammock
'Hambourg ['ɑ̃buʀ] *n* Hamburg
'hamburger ['ɑ̃buʀgœʀ] *nm* hamburger
'hameau, x ['amo] *nm* hamlet
hameçon [amsɔ̃] *nm* (fish) hook
'hampe ['ɑ̃p] *nf* (*de drapeau etc*) pole; (*de lance*) shaft
'hamster ['amstɛʀ] *nm* hamster
'hanche ['ɑ̃ʃ] *nf* hip
'hand-ball ['ɑ̃dbal] *nm* handball
'handballeur, -euse ['ɑ̃dbalœʀ, -øz] *nm/f* handball player
'handicap ['ɑ̃dikap] *nm* handicap
'handicapé, e ['ɑ̃dikape] *adj* handicapped ▷ *nm/f* physically (*ou* mentally) handicapped person; **~ moteur** spastic
'handicaper ['ɑ̃dikape] *vt* to handicap
'hangar ['ɑ̃gaʀ] *nm* shed; (*Aviat*) hangar
'hanneton ['antɔ̃] *nm* cockchafer
'Hanovre ['anɔvʀ(ə)] *n* Hanover
'hanter ['ɑ̃te] *vt* to haunt
'hantise ['ɑ̃tiz] *nf* obsessive fear
'happer ['ape] *vt* to snatch; (*train etc*) to hit
'harangue ['aʀɑ̃g] *nf* harangue
'haranguer ['aʀɑ̃ge] *vt* to harangue
'haras ['aʀɑ] *nm* stud farm
'harassant, e ['aʀasɑ̃, -ɑ̃t] *adj* exhausting
'harcèlement ['aʀsɛlmɑ̃] *nm* harassment; **~ sexuel** sexual harassment
'harceler ['aʀsəle] *vt* (*Mil, Chasse*) to harass, harry; (*importuner*) to plague
'hardes ['aʀd(ə)] *nfpl* rags
'hardi, e ['aʀdi] *adj* bold, daring
'hardiesse ['aʀdjɛs] *nf* audacity; **avoir la ~ de** to have the audacity *ou* effrontery to
'harem ['aʀɛm] *nm* harem
'hareng ['aʀɑ̃] *nm* herring
'hargne ['aʀɲ(ə)] *nf* aggressivity, aggressiveness
'hargneusement ['aʀɲøzmɑ̃] *adv* belligerently, aggressively
'hargneux, -euse ['aʀɲø, -øz] *adj* (*propos, personne*) belligerent, aggressive; (*chien*) fierce
'haricot ['aʀiko] *nm* bean; **~ blanc/rouge** haricot/kidney bean; **~ vert** French (*Brit*) *ou* green bean
harmonica [aʀmɔnika] *nm* mouth organ
harmonie [aʀmɔni] *nf* harmony
harmonieux, -euse [aʀmɔnjø, -øz] *adj* harmonious
harmonique [aʀmɔnik] *adj, nm ou f* harmonic
harmoniser [aʀmɔnize] *vt* to harmonize; **s'harmoniser** (*couleurs, teintes*) to go well together
harmonium [aʀmɔnjɔm] *nm* harmonium
'harnaché, e ['aʀnaʃe] *adj* (*fig*) rigged out
'harnachement ['aʀnaʃmɑ̃] *nm* (*habillement*) rig-out; (*équipement*) harness, equipment
'harnacher ['aʀnaʃe] *vt* to harness
'harnais ['aʀnɛ] *nm* harness
'haro ['aʀo] *nm*: **crier ~ sur qn/qch** to inveigh against sb/sth
'harpe ['aʀp(ə)] *nf* harp
'harpie ['aʀpi] *nf* harpy
'harpiste ['aʀpist(ə)] *nm/f* harpist
'harpon ['aʀpɔ̃] *nm* harpoon
'harponner ['aʀpɔne] *vt* to harpoon; (*fam*) to collar
'hasard ['azaʀ] *nm*: **le ~** chance, fate; **un ~** a coincidence; (*aubaine, chance*) a stroke of luck; **au ~** (*sans but*) aimlessly; (*à l'aveuglette*) at random, haphazardly; **par ~** by chance; **comme par ~** as if by chance; **à tout ~** on the off chance; (*en cas de besoin*) just in case
'hasarder ['azaʀde] *vt* (*mot*) to venture; (*fortune*) to risk; **se ~ à faire** to risk doing, venture to do
'hasardeux, -euse ['azaʀdø, -øz] *adj* hazardous, risky; (*hypothèse*) rash
'haschisch ['aʃiʃ] *nm* hashish
'hâte ['ɑt] *nf* haste; **à la ~** hurriedly, hastily; **en ~** posthaste, with all possible speed; **avoir ~ de** to be eager *ou* anxious to
'hâter ['ɑte] *vt* to hasten; **se 'hâter** to hurry; **se ~ de** to hurry *ou* hasten to
'hâtif, -ive ['ɑtif, -iv] *adj* (*travail*) hurried; (*décision*) hasty; (*légume*) early
'hâtivement ['ɑtivmɑ̃] *adv* hurriedly; hastily
'hauban ['obɑ̃] *nm* (*Navig*) shroud
'hausse ['os] *nf* rise, increase; (*de fusil*) backsight

adjuster; **à la ~** upwards; **en ~** rising
'hausser ['ose] *vt* to raise; **~ les épaules** to shrug (one's shoulders); **se ~ sur la pointe des pieds** to stand (up) on tiptoe *ou* tippy-toe (*US*)
'haut, e ['o, 'ot] *adj* high; (*grand*) tall; (*son, voix*) high(-pitched) ▷ *adv* high ▷ *nm* top (part); **de 3 m de ~, ~ de 3 m** 3 m high, 3 m in height; **en ~e montagne** high up in the mountains; **en ~ lieu** in high places; **à ~e voix, (tout) ~** aloud, out loud; **des ~s et des bas** ups and downs; **du ~ de** from the top of; **tomber de ~** to fall from a height; (*fig*) to have one's hopes dashed; **dire qch bien ~** to say sth plainly; **prendre qch de (très) ~** to react haughtily to sth; **traiter qn de ~** to treat sb with disdain; **de ~ en bas** from top to bottom; downwards; **~ en couleur** (*chose*) highly coloured; (*personne*): **un personnage ~ en couleur** a colourful character; **plus ~** higher up, further up; (*dans un texte*) above; (*parler*) louder; **en ~** up above; at (*ou* to) the top; (*dans une maison*) upstairs; **en ~ de** at the top of; **~ les mains!** hands up!, stick 'em up!; **la ~e couture/coiffure** haute couture/coiffure; **~ débit** (*Inform*) broadband; **~e fidélité** hi-fi, high fidelity; **la ~e finance** high finance; **~e trahison** high treason
'hautain, e ['otɛ̃, -ɛn] *adj* (*personne, regard*) haughty
'hautbois ['obwɑ] *nm* oboe
'hautboïste ['obɔist(ə)] *nm/f* oboist
'haut-de-forme ['odfɔʀm(ə)] (*pl* **'hauts-de-forme**) *nm* top hat
'haute-contre ['otkɔ̃tʀ(ə)] (*pl* **'hautes-contre**) *nf* counter-tenor
'hautement ['otmɑ̃] *adv* (*ouvertement*) openly; (*supérieurement*): **~ qualifié** highly qualified
'hauteur ['otœʀ] *nf* height; (*Géo*) height, hill; (*fig*) loftiness; haughtiness; **à ~ de** up to (the level of); **à ~ des yeux** at eye level; **à la ~ de** (*sur la même ligne*) level with; by; (*fig*) equal to; **à la ~** (*fig*) up to it, equal to the task
'Haute-Volta ['otvɔlta] *nf*: **la ~** Upper Volta
'haut-fond ['ofɔ̃] (*pl* **'hauts-fonds**) *nm* shallow
'haut-fourneau ['ofuʀno] (*pl* **'hauts-fourneaux**) *nm* blast *ou* smelting furnace
'haut-le-cœur ['olkœʀ] *nm inv* retch, heave
'haut-le-corps ['olkɔʀ] *nm inv* start, jump
'haut-parleur ['opaʀlœʀ] (*pl* **-s**) *nm* (loud)speaker
'hauturier, -ière ['otyʀje, -jɛʀ] *adj* (*Navig*) deep-sea
'havanais, e ['avanɛ, -ɛz] *adj* of *ou* from Havana
'Havane ['avan] *nf*: **la ~** Havana ▷ *nm*: **'havane** (*cigare*) Havana
'hâve ['ɑv] *adj* gaunt
'havrais, e ['ɑvʀɛ, -ɛz] *adj* of *ou* from Le Havre
'havre ['ɑvʀ(ə)] *nm* haven
'havresac ['ɑvʀəsak] *nm* haversack
Hawaï [awai] *n* Hawaii; **les îles ~** the Hawaiian Islands
hawaïen, ne [awajɛ̃, -ɛn] *adj* Hawaiian ▷ *nm* (*Ling*) Hawaiian
'Haye ['ɛ] *n*: **la ~** the Hague
'hayon ['ɛjɔ̃] *nm* tailgate
HCR *sigle m* (= *Haut-Commissariat des Nations unies pour les réfugiés*) UNHCR
hdb. *abr* (= *heures de bureau*) o.h. = **office hours**
'hé ['e] *excl* hey!
hebdo [ɛbdo] *nm* (*fam*) weekly
hebdomadaire [ɛbdɔmadɛʀ] *adj, nm* weekly
hébergement [ebɛʀʒəmɑ̃] *nm* accommodation, lodging; taking in
héberger [ebɛʀʒe] *vt* to accommodate, lodge; (*réfugiés*) to take in
hébergeur [ebɛʀʒœʀ] *nm* (*Internet*) host
hébété, e [ebete] *adj* dazed
hébétude [ebetyd] *nf* stupor
hébraïque [ebʀaik] *adj* Hebrew, Hebraic
hébreu, x [ebʀø] *adj m, nm* Hebrew
Hébrides [ebʀid] *nf*: **les ~** the Hebrides
HEC *sigle fpl* (= *École des hautes études commerciales*) *grande école for management and business studies*
hécatombe [ekatɔ̃b] *nf* slaughter
hectare [ɛktaʀ] *nm* hectare, 10,000 square metres
hecto... [ɛkto] *préfixe* hecto...
hectolitre [ɛktɔlitʀ(ə)] *nm* hectolitre
hédoniste [edɔnist(ə)] *adj* hedonistic
hégémonie [eʒemɔni] *nf* hegemony
'hein ['ɛ̃] *excl* eh?; (*sollicitant l'approbation*): **tu m'approuves, ~?** so I did the right thing then?; **Paul est venu, ~?** Paul came, did he?; **que fais-tu, ~?** hey! what are you doing?
'hélas ['elɑs] *excl* alas! ▷ *adv* unfortunately
'héler ['ele] *vt* to hail
hélice [elis] *nf* propeller
hélicoïdal, e, -aux [elikɔidal, -o] *adj* helical; helicoid
hélicoptère [elikɔptɛʀ] *nm* helicopter
héliogravure [eljɔgʀavyʀ] *nf* heliogravure
héliomarin, e [eljɔmaʀɛ̃, -in] *adj*: **centre ~** *centre offering sea and sun therapy*
héliotrope [eljɔtʀɔp] *nm* (*Bot*) heliotrope
héliport [elipɔʀ] *nm* heliport
héliporté, e [elipɔʀte] *adj* transported by helicopter
hélium [eljɔm] *nm* helium
hellénique [elenik] *adj* Hellenic
hellénisant, e [elenizɑ̃, -ɑ̃t], **helléniste** [elenist(ə)] *nm/f* hellenist
Helsinki [ɛlzinki] *n* Helsinki
helvète [ɛlvɛt] *adj* Helvetian ▷ *nm/f*: **Helvète** Helvetian
Helvétie [ɛlvesi] *nf*: **la ~** Helvetia
helvétique [ɛlvetik] *adj* Swiss
hématologie [ematɔlɔʒi] *nf* (*Méd*) haematology.
hématome [ematom] *nm* haematoma
hémicycle [emisikl(ə)] *nm* semicircle; (*Pol*): **l'~** *the benches (in French parliament)*
hémiplégie [emipleʒi] *nf* paralysis of one side, hemiplegia
hémisphère [emisfɛʀ] *nf*: **~ nord/sud** northern/southern hemisphere
hémisphérique [emisfeʀik] *adj* hemispherical

h

hémoglobine [emɔglɔbin] *nf* haemoglobin (*Brit*), hemoglobin (*US*)
hémophile [emɔfil] *adj* haemophiliac (*Brit*), hemophiliac (*US*)
hémophilie [emɔfili] *nf* haemophilia (*Brit*), hemophilia (*US*)
hémorragie [emɔʀaʒi] *nf* bleeding *no pl*, haemorrhage (*Brit*), hemorrhage (*US*); **~ cérébrale** cerebral haemorrhage; **~ interne** internal bleeding *ou* haemorrhage
hémorroïdes [emɔʀɔid] *nfpl* piles, haemorrhoids (*Brit*), hemorrhoids (*US*)
hémostatique [emɔstatik] *adj* haemostatic (*Brit*), hemostatic (*US*)
'henné ['ene] *nm* henna
'hennir ['eniʀ] *vi* to neigh, whinny
'hennissement ['enismɑ̃] *nm* neighing, whinnying
'hep ['ɛp] *excl* hey!
hépatite [epatit] *nf* hepatitis, liver infection
héraldique [eʀaldik] *adj* heraldry
herbacé, e [ɛʀbase] *adj* herbaceous
herbage [ɛʀbaʒ] *nm* pasture
herbe [ɛʀb(ə)] *nf* grass; (*Culin, Méd*) herb; **en ~** unripe; (*fig*) budding; **touffe/brin d'~** clump/blade of grass
herbeux, -euse [ɛʀbø, -øz] *adj* grassy
herbicide [ɛʀbisid] *nm* weed-killer
herbier [ɛʀbje] *nm* herbarium
herbivore [ɛʀbivɔʀ] *nm* herbivore
herboriser [ɛʀbɔʀize] *vi* to collect plants
herboriste [ɛʀbɔʀist(ə)] *nm/f* herbalist
herboristerie [ɛʀbɔʀistʀi] *nf* (*magasin*) herbalist's shop; (*commerce*) herb trade
herculéen, ne [ɛʀkyleɛ̃, -ɛn] *adj* (*fig*) herculean
'hère ['ɛʀ] *nm*: **pauvre ~** poor wretch
héréditaire [eʀeditɛʀ] *adj* hereditary
hérédité [eʀedite] *nf* heredity
hérésie [eʀezi] *nf* heresy
hérétique [eʀetik] *nm/f* heretic
'hérissé, e ['eʀise] *adj* bristling; **~ de** spiked with; (*fig*) bristling with
'hérisser ['eʀise] *vt*: **~ qn** (*fig*) to ruffle sb; **se 'hérisser** *vi* to bristle, bristle up
'hérisson ['eʀisɔ̃] *nm* hedgehog
héritage [eʀitaʒ] *nm* inheritance; (*fig*) heritage; (*: legs*) legacy; **faire un (petit) ~** to come into (a little) money
hériter [eʀite] *vi*: **~ de qch (de qn)** to inherit sth (from sb); **~ de qn** to inherit sb's property
héritier, -ière [eʀitje, -jɛʀ] *nm/f* heir/heiress
hermaphrodite [ɛʀmafʀɔdit] *adj* (*Bot, Zool*) hermaphrodite
hermétique [ɛʀmetik] *adj* (*à l'air*) airtight; (*à l'eau*) watertight; (*fig: écrivain, style*) abstruse; (*: visage*) impenetrable
hermétiquement [ɛʀmetikmɑ̃] *adv* hermetically
hermine [ɛʀmin] *nf* ermine
'hernie ['ɛʀni] *nf* hernia
héroïne [eʀɔin] *nf* heroine; (*drogue*) heroin
héroïnomane [eʀɔinɔman] *nm/f* heroin addict
héroïque [eʀɔik] *adj* heroic
héroïquement [eʀɔikmɑ̃] *adv* heroically
héroïsme [eʀɔism(ə)] *nm* heroism
'héron ['eʀɔ̃] *nm* heron
'héros ['eʀo] *nm* hero
herpès [ɛʀpɛs] *nm* herpes
'herse ['ɛʀs(ə)] *nf* harrow; (*de château*) portcullis
hertz [ɛʀts] *nm* (*Élec*) hertz
hertzien, ne [ɛʀtsjɛ̃, -ɛn] *adj* (*Élec*) Hertzian
hésitant, e [ezitɑ̃, -ɑ̃t] *adj* hesitant
hésitation [ezitɑsjɔ̃] *nf* hesitation
hésiter [ezite] *vi*: **~ (à faire)** to hesitate (to do); **~ sur qch** to hesitate over sth
hétéro [eteʀo] *adj inv* (*hétérosexuel(le)*) hetero
hétéroclite [eteʀɔklit] *adj* heterogeneous; (*objets*) sundry
hétérogène [eteʀɔʒɛn] *adj* heterogeneous
hétérosexuel, le [eteʀɔsɛksɥɛl] *adj* heterosexual
'hêtre ['ɛtʀ(ə)] *nm* beech
heure [œʀ] *nf* hour; (*Scol*) period; (*moment, moment fixé*) time; **c'est l'~** it's time; **pourriez-vous me donner l'~, s'il vous plaît?** could you tell me the time, please?; **quelle ~ est-il?** what time is it?; **2 ~s (du matin)** 2 o'clock (in the morning); **à la bonne ~!** (*parfois ironique*) splendid!; **être à l'~** to be on time; (*montre*) to be right; **le bus passe à l'~** the bus runs on the hour; **mettre à l'~** to set right; **100 km à l'~** ≈ 60 miles an *ou* per hour; **à toute ~** at any time; **24 ~s sur 24** round the clock, 24 hours a day; **à l'~ qu'il est** at this time (of day); (*fig*) now; **à l'~ actuelle** at the present time; **sur l'~** at once; **pour l'~** for the time being; **d'~ en ~** from one hour to the next; (*régulièrement*) hourly; **d'une ~ à l'autre** from hour to hour; **de bonne ~** early; **deux ~s de marche/travail** two hours' walking/work; **une ~ d'arrêt** an hour's break *ou* stop; **~ d'été** summer time (*Brit*), daylight saving time (*US*); **~ de pointe** rush hour; **~s de bureau** office hours; **~s supplémentaires** overtime *sg*
heureusement [œʀøzmɑ̃] *adv* (*par bonheur*) fortunately, luckily; **~ que ...** it's a good job that ..., fortunately ...
heureux, -euse [œʀø, -øz] *adj* happy; (*chanceux*) lucky, fortunate; (*judicieux*) felicitous, fortunate; **être ~ de qch** to be pleased *ou* happy about sth; **être ~ de faire/que** to be pleased *ou* happy to do/that; **s'estimer ~ de qch/que** to consider o.s. fortunate with sth/that; **encore ~ que ...** just as well that ...
'heurt ['œʀ] *nm* (*choc*) collision; **'heurts** *nmpl* (*fig*) clashes
'heurté, e ['œʀte] *adj* (*fig*) jerky, uneven; (*: couleurs*) clashing
'heurter ['œʀte] *vt* (*mur*) to strike, hit; (*personne*) to collide with; (*fig*) to go against, upset; **se 'heurter** (*couleurs, tons*) to clash; **se ~ à** to collide with; (*fig*) to come up against; **~ qn de front** to clash head-on with sb
'heurtoir ['œʀtwaʀ] *nm* door knocker
hévéa [evea] *nm* rubber tree

hexagonal, e, -aux [ɛgzagɔnal, -o] *adj* hexagonal; (*français*) French (*see note at hexagone*)
hexagone [ɛgzagɔn] *nm* hexagon; (*la France*) France (*because of its roughly hexagonal shape*)
HF *sigle f* (= *haute fréquence*) HF
hiatus [jatys] *nm* hiatus
hibernation [ibɛʀnɑsjɔ̃] *nf* hibernation
hiberner [ibɛʀne] *vi* to hibernate
hibiscus [ibiskys] *nm* hibiscus
'hibou, x ['ibu] *nm* owl
'hic ['ik] *nm* (*fam*) snag
'hideusement ['idøzmɑ̃] *adv* hideously
'hideux, -euse ['idø, -øz] *adj* hideous
hier [jɛʀ] *adv* yesterday; **~ matin/soir/midi** yesterday morning/evening/at midday; **toute la journée d'~** all day yesterday; **toute la matinée d'~** all yesterday morning
'hiérarchie ['jeʀaʀʃi] *nf* hierarchy
'hiérarchique ['jeʀaʀʃik] *adj* hierarchic
'hiérarchiquement ['jeʀaʀʃikmɑ̃] *adv* hierarchically
'hiérarchiser ['jeʀaʀʃize] *vt* to organize into a hierarchy
'hiéroglyphe ['jeʀɔglif] *nm* hieroglyphic
'hiéroglyphique ['jeʀɔglifik] *adj* hieroglyphic
'hi-fi ['ifi] *nf inv* hi-fi
hilarant, e [ilaʀɑ̃, -ɑ̃t] *adj* hilarious
hilare [ilaʀ] *adj* mirthful
hilarité [ilaʀite] *nf* hilarity, mirth
Himalaya [imalaja] *nm*: **l'~** the Himalayas *pl*
himalayen, ne [imalajɛ̃, -ɛn] *adj* Himalayan
hindou, e [ɛ̃du] *adj, nm/f* Hindu; (*Indien*) Indian
hindouisme [ɛ̃duism(ə)] *nm* Hinduism
Hindoustan [ɛ̃dustɑ̃] *nm*: **l'~** Hindustan
'hippie ['ipi] *nm/f* hippy
hippique [ipik] *adj* equestrian, horse *cpd*
hippisme [ipism(ə)] *nm* (horse-)riding
hippocampe [ipɔkɑ̃p] *nm* sea horse
hippodrome [ipɔdʀom] *nm* racecourse
hippophagique [ipɔfaʒik] *adj*: **boucherie ~** horse butcher's
hippopotame [ipɔpɔtam] *nm* hippopotamus
hirondelle [iʀɔ̃dɛl] *nf* swallow
hirsute [iʀsyt] *adj* (*personne*) hairy; (*barbe*) shaggy; (*tête*) tousled
hispanique [ispanik] *adj* Hispanic
hispanisant, e [ispanizɑ̃, -ɑ̃t], **hispaniste** [ispanist(ə)] *nm/f* Hispanist
hispano-américain, e [ispanɔameʀikɛ̃, -ɛn] *adj* Spanish-American
hispano-arabe [ispanɔaʀab] *adj* Hispano-Moresque
'hisser ['ise] *vt* to hoist, haul up; **se 'hisser sur** to haul o.s. up onto
histoire [istwaʀ] *nf* (*science, événements*) history; (*anecdote, récit, mensonge*) story; (*affaire*) business *no pl*; (*chichis: gén pl*) fuss *no pl*; **histoires** *nfpl* (*ennuis*) trouble *sg*; **l'~ de France** French history, the history of France; **l'~ sainte** biblical history; **~ géo** humanities *pl*; **une ~ de** (*fig*) a question of
histologie [istɔlɔʒi] *nf* histology
historien, ne [istɔʀjɛ̃, -ɛn] *nm/f* historian
historique [istɔʀik] *adj* historical; (*important*) historic ▷ *nm* (*exposé, récit*): **faire l'~ de** to give the background to
historiquement [istɔʀikmɑ̃] *adv* historically
'hit-parade ['itpaʀad] *nm*: **le ~** the charts
HIV *sigle m* (= *human immunodeficiency virus*) HIV
hiver [ivɛʀ] *nm* winter; **en ~** in winter
hivernal, e, -aux [ivɛʀnal, -o] *adj* (*de l'hiver*) winter *cpd*; (*comme en hiver*) wintry
hivernant, e [ivɛʀnɑ̃, -ɑ̃t] *nm/f* winter holiday-maker
hiverner [ivɛʀne] *vi* to winter
HLM *sigle m ou f* (= *habitations à loyer modéré*) *low-rent, state-owned housing*; **un(e) ~** ≈ a council flat (*ou* house) (*Brit*), ≈ a public housing unit (*US*)
Hme *abr* (= *homme*) M
HO *abr* (= *hors œuvre*) labour not included (*on invoices*)
'hobby ['ɔbi] *nm* hobby
'hochement ['ɔʃmɑ̃] *nm*: **~ de tête** nod; shake of the head
'hocher ['ɔʃe] *vt*: **~ la tête** to nod; (*signe négatif ou dubitatif*) to shake one's head
'hochet ['ɔʃɛ] *nm* rattle
'hockey ['ɔkɛ] *nm*: **~ (sur glace/gazon)** (ice/field) hockey
'hockeyeur, -euse ['ɔkɛjœʀ, -øz] *nm/f* hockey player
'holà ['ɔla] *nm*: **mettre le ~ à qch** to put a stop to sth
'holding ['ɔldiŋ] *nm* holding company
'hold-up ['ɔldœp] *nm inv* hold-up
'hollandais, e ['ɔlɑ̃dɛ, -ɛz] *adj* Dutch ▷ *nm* (*Ling*) Dutch ▷ *nm/f*: **'Hollandais, e** Dutchman/woman; **les 'Hollandais** the Dutch
'Hollande ['ɔlɑ̃d] *nf*: **la ~** Holland ▷ *nm*: **'hollande** (*fromage*) Dutch cheese
holocauste [ɔlɔkost(ə)] *nm* holocaust
hologramme [ɔlɔgʀam] *nm* hologram
'homard ['ɔmaʀ] *nm* lobster
homéopathe [ɔmeɔpat] *n* homoeopath
homéopathie [ɔmeɔpati] *nf* homoeopathy
homéopathique [ɔmeɔpatik] *adj* homoeopathic
homérique [ɔmeʀik] *adj* Homeric
homicide [ɔmisid] *nm* murder ▷ *nm/f* murderer/eress; **~ involontaire** manslaughter
hommage [ɔmaʒ] *nm* tribute; **hommages** *nmpl*: **présenter ses ~s** to pay one's respects; **rendre ~ à** to pay tribute *ou* homage to; **en ~ de** as a token of; **faire ~ de qch à qn** to present sb with sth
homme [ɔm] *nm* man; (*espèce humaine*): **l'~** man, mankind; **~ d'affaires** businessman; **~ des cavernes** caveman; **~ d'Église** churchman, clergyman; **~ d'État** statesman; **~ de loi** lawyer; **~ de main** hired man; **~ de paille** stooge; **~ politique** politician; **l'~ de la rue** the man in the street; **~ à tout faire** odd-job man
homme-grenouille [ɔmgʀənuj] (*pl* **hommes-grenouilles**) *nm* frogman
homme-orchestre [ɔmɔʀkɛstʀ(ə)] (*pl* **hommes-**

h

orchestres) *nm* one-man band
homme-sandwich [ɔmsɑ̃dwitʃ] (*pl* **hommes-sandwichs**) *nm* sandwich (board) man
homo [ɔmo] *adj, nm/f* = **homosexuel**
homogène [ɔmɔʒɛn] *adj* homogeneous
homogénéisé, e [ɔmɔʒeneize] *adj*: **lait ~** homogenized milk
homogénéité [ɔmɔʒeneite] *nf* homogeneity
homologation [ɔmɔlɔgɑsjɔ̃] *nf* ratification; official recognition
homologue [ɔmɔlɔg] *nm/f* counterpart, opposite number
homologué, e [ɔmɔlɔge] *adj* (*Sport*) officially recognized, ratified; (*tarif*) authorized
homologuer [ɔmɔlɔge] *vt* (*Jur*) to ratify; (*Sport*) to recognize officially, ratify
homonyme [ɔmɔnim] *nm* (*Ling*) homonym; (*d'une personne*) namesake
homosexualité [ɔmɔsɛksɥalite] *nf* homosexuality
homosexuel, le [ɔmɔsɛksɥɛl] *adj* homosexual
'Honduras ['ɔ̃dyʀas] *nm*: **le ~** Honduras
'hondurien, ne ['ɔ̃dyʀjɛ̃, -ɛn] *adj* Honduran
'Hong-Kong ['ɔ̃gkɔ̃g] *n* Hong Kong
'hongre ['ɔ̃gʀ(ə)] *adj* (*cheval*) gelded ▷ *nm* gelding
'Hongrie ['ɔ̃gʀi] *nf*: **la ~** Hungary
'hongrois, e ['ɔ̃gʀwa, -waz] *adj* Hungarian ▷ *nm* (*Ling*) Hungarian ▷ *nm/f*: **'Hongrois, e** Hungarian
honnête [ɔnɛt] *adj* (*intègre*) honest; (*juste, satisfaisant*) fair
honnêtement [ɔnɛtmɑ̃] *adv* honestly
honnêteté [ɔnɛtte] *nf* honesty
honneur [ɔnœʀ] *nm* honour; (*mérite*): **l'~ lui revient** the credit is his; **à qui ai-je l'~?** to whom have I the pleasure of speaking?; **"j'ai l'~ de ..."** "I have the honour of ..."; **en l'~ de** (*personne*) in honour of; (*événement*) on the occasion of; **faire ~ à** (*engagements*) to honour; (*famille, professeur*) to be a credit to; (*fig: repas etc*) to do justice to; **être à l'~** to be in the place of honour; **être en ~** to be in favour; **membre d'~** honorary member; **table d'~** top table
Honolulu [ɔnɔlyly] *n* Honolulu
honorable [ɔnɔʀabl(ə)] *adj* worthy, honourable; (*suffisant*) decent
honorablement [ɔnɔʀabləmɑ̃] *adv* honourably; decently
honoraire [ɔnɔʀɛʀ] *adj* honorary; **honoraires** *nmpl* fees; **professeur ~** professor emeritus
honorer [ɔnɔʀe] *vt* to honour; (*estimer*) to hold in high regard; (*faire honneur à*) to do credit to; **~ qn de** to honour sb with; **s'honorer de** to pride o.s. upon
honorifique [ɔnɔʀifik] *adj* honorary
'honte ['ɔ̃t] *nf* shame; **avoir ~ de** to be ashamed of; **faire ~ à qn** to make sb (feel) ashamed
'honteusement ['ɔ̃tøzmɑ̃] *adv* ashamedly; shamefully
'honteux, -euse ['ɔ̃tø, -øz] *adj* ashamed; (*conduite, acte*) shameful, disgraceful
hôpital, -aux [ɔpital, -o] *nm* hospital
'hoquet ['ɔkɛ] *nm* hiccough; **avoir le ~** to have (the) hiccoughs
'hoqueter ['ɔkte] *vi* to hiccough
horaire [ɔʀɛʀ] *adj* hourly ▷ *nm* timetable, schedule; **horaires** *nmpl* (*heures de travail*) hours; **~ flexible** *ou* **mobile** *ou* **à la carte** *ou* **souple** flex(i)time
'horde ['ɔʀd(ə)] *nf* horde
'horions ['ɔʀjɔ̃] *nmpl* blows
horizon [ɔʀizɔ̃] *nm* horizon; (*paysage*) landscape, view; **sur l'~** on the skyline *ou* horizon
horizontal, e, -aux [ɔʀizɔ̃tal, -o] *adj* horizontal ▷ *nf*: **à l'~e** on the horizontal
horizontalement [ɔʀizɔ̃talmɑ̃] *adv* horizontally
horloge [ɔʀlɔʒ] *nf* clock; **l'~ parlante** the speaking clock; **~ normande** grandfather clock; **~ physiologique** biological clock
horloger, -ère [ɔʀlɔʒe, -ɛʀ] *nm/f* watchmaker; clockmaker
horlogerie [ɔʀlɔʒʀi] *nf* watchmaking; watchmaker's (shop); clockmaker's (shop); **pièces d'~** watch parts *ou* components
'hormis ['ɔʀmi] *prép* save
hormonal, e, -aux [ɔʀmɔnal, -o] *adj* hormonal
hormone [ɔʀmɔn] *nf* hormone
horodaté, e [ɔʀɔdate] *adj* (*ticket*) time- and date-stamped; (*stationnement*) pay and display
horodateur, -trice [ɔʀɔdatœʀ, -tʀis] *adj* (*appareil*) for stamping the time and date ▷ *nm/f* (parking) ticket machine
horoscope [ɔʀɔskɔp] *nm* horoscope
horreur [ɔʀœʀ] *nf* horror; **avoir ~ de** to loathe, detest; **quelle ~!** how awful!; **cela me fait ~** I find that awful
horrible [ɔʀibl(ə)] *adj* horrible
horriblement [ɔʀibləmɑ̃] *adv* horribly
horrifiant, e [ɔʀifjɑ̃, -ɑ̃t] *adj* horrifying
horrifier [ɔʀifje] *vt* to horrify
horrifique [ɔʀifik] *adj* horrific
horripilant, e [ɔʀipilɑ̃, -ɑ̃t] *adj* exasperating
horripiler [ɔʀipile] *vt* to exasperate
'hors ['ɔʀ] *prép* except (for); **~ de** out of; **~ ligne** (*Inform*) off line; **~ pair** outstanding; **~ de propos** inopportune; **~ série** (*sur mesure*) made-to-order; (*exceptionnel*) exceptional; **~ service (HS)**, **~ d'usage** out of service; **être ~ de soi** to be beside o.s.
'hors-bord ['ɔʀbɔʀ] *nm inv* outboard motor; (*canot*) speedboat (with outboard motor)
'hors-concours ['ɔʀkɔ̃kuʀ] *adj inv* ineligible to compete; (*fig*) in a class of one's own
'hors-d'œuvre ['ɔʀdœvʀ(ə)] *nm inv* hors d'œuvre
'hors-jeu ['ɔʀʒø] *nm inv* being offside *no pl*
'hors-la-loi ['ɔʀlalwa] *nm inv* outlaw
'hors-piste, 'hors-pistes ['ɔʀpist] *nm inv* (*Ski*) cross-country
hors-taxe [ɔʀtaks] *adj* (*sur une facture, prix*) excluding VAT; (*boutique, marchandises*) duty-free
'hors-texte ['ɔʀtɛkst(ə)] *nm inv* plate

hortensia [ɔʀtɑ̃sja] *nm* hydrangea
horticole [ɔʀtikɔl] *adj* horticultural
horticulteur, -trice [ɔʀtikyltœʀ, -tʀis] *nm/f* horticulturalist (*Brit*), horticulturist (*US*)
horticulture [ɔʀtikyltyʀ] *nf* horticulture
hospice [ɔspis] *nm* (*de vieillards*) home; (*asile*) hospice
hospitalier, -ière [ɔspitalje, -jɛʀ] *adj* (*accueillant*) hospitable; (*Méd: service, centre*) hospital *cpd*
hospitalisation [ɔspitalizɑsjɔ̃] *nf* hospitalization
hospitaliser [ɔspitalize] *vt* to take (*ou* send) to hospital, hospitalize
hospitalité [ɔspitalite] *nf* hospitality
hospitalo-universitaire [ɔspitalɔynivɛʀsitɛʀ] *adj*: **centre ~ (CHU)** ≈ (teaching) hospital
hostie [ɔsti] *nf* host; (*Rel*)
hostile [ɔstil] *adj* hostile
hostilité [ɔstilite] *nf* hostility; **hostilités** *nfpl* hostilities
hôte [ot] *nm* (*maître de maison*) host; (*client*) patron; (*fig*) inhabitant, occupant ▷ *nm/f* (*invité*) guest; **~ payant** paying guest
hôtel [otɛl] *nm* hotel; **aller à l'~** to stay in a hotel; **~ (particulier)** (private) mansion; **~ de ville** town hall
hôtelier, -ière [otəlje, -jɛʀ] *adj* hotel *cpd* ▷ *nm/f* hotelier, hotel-keeper
hôtellerie [otɛlʀi] *nf* (*profession*) hotel business; (*auberge*) inn
hôtesse [otɛs] *nf* hostess; **~ de l'air** flight attendant; **~ (d'accueil)** receptionist
'hotte ['ɔt] *nf* (*panier*) basket (*carried on the back*); (*de cheminée*) hood; **~ aspirante** cooker hood
'houblon ['ublɔ̃] *nm* (*Bot*) hop; (*pour la bière*) hops *pl*
'houe ['u] *nf* hoe
'houille ['uj] *nf* coal; **~ blanche** hydroelectric power
'houiller, -ère ['uje, -ɛʀ] *adj* coal *cpd*; (*terrain*) coal-bearing ▷ *nf* coal mine
'houle ['ul] *nf* swell
'houlette ['ulɛt] *nf*: **sous la ~ de** under the guidance of
'houleux, -euse ['ulø, -øz] *adj* heavy, swelling; (*fig*) stormy, turbulent
'houppe ['up], **'houppette** ['upɛt] *nf* powder puff; (*cheveux*) tuft
'hourra ['uʀa] *nm* cheer ▷ *excl* hurrah!
'houspiller ['uspije] *vt* to scold
'housse ['us] *nf* cover; (*pour protéger provisoirement*) dust cover; (*pour recouvrir à neuf*) loose *ou* stretch cover; **~ (penderie)** hanging wardrobe
'houx ['u] *nm* holly
hovercraft [ɔvœʀkʀaft] *nm* hovercraft
HS *abr* = **hors service**
HT *abr* = **'hors taxe**
'hublot ['yblo] *nm* porthole
'huche ['yʃ] *nf*: **~ à pain** bread bin
'huées ['ɥe] *nfpl* boos
'huer ['ɥe] *vt* to boo; (*hibou, chouette*) to hoot
huile [ɥil] *nf* oil; (*Art*) oil painting; (*fam*) bigwig; **mer d'~** (*très calme*) glassy sea, sea of glass; **faire tache d'~** (*fig*) to spread; **~ d'arachide** groundnut oil; **~ essentielle** essential oil; **~ de foie de morue** cod-liver oil; **~ de ricin** castor oil; **~ solaire** suntan oil; **~ de table** salad oil
huiler [ɥile] *vt* to oil
huilerie [ɥilʀi] *nf* (*usine*) oil-works
huileux, -euse [ɥilø, -øz] *adj* oily
huilier [ɥilje] *nm* (oil and vinegar) cruet
huis [ɥi] *nm*: **à ~ clos** in camera
huissier [ɥisje] *nm* usher; (*Jur*) ≈ bailiff
'huit ['ɥi(t)] *num* eight; **samedi en ~** a week on Saturday; **dans ~ jours** in a week('s time)
'huitaine ['ɥitɛn] *nf*: **une ~ de** about eight, eight or so; **une ~ de jours** a week or so
'huitante ['ɥitɑ̃t] *num* (*Suisse*) eighty
'huitième ['ɥitjɛm] *num* eighth
huître [ɥitʀ(ə)] *nf* oyster
'hululement ['ylylmɑ̃] *nm* hooting
'hululer ['ylyle] *vi* to hoot
humain, e [ymɛ̃, -ɛn] *adj* human; (*compatissant*) humane ▷ *nm* human (being)
humainement [ymɛnmɑ̃] *adv* humanly; humanely
humanisation [ymanizɑsjɔ̃] *nf* humanization
humaniser [ymanize] *vt* to humanize
humaniste [ymanist(ə)] *nm/f* (*Ling*) classicist; humanist
humanitaire [ymanitɛʀ] *adj* humanitarian
humanitarisme [ymanitaʀism(ə)] *nm* humanitarianism
humanité [ymanite] *nf* humanity
humanoïde [ymanɔid] *nm/f* humanoid
humble [œ̃bl(ə)] *adj* humble
humblement [œ̃bləmɑ̃] *adv* humbly
humecter [ymɛkte] *vt* to dampen; **s'~ les lèvres** to moisten one's lips
'humer ['yme] *vt* to inhale; (*pour sentir*) to smell
humérus [ymeʀys] *nm* (*Anat*) humerus
humeur [ymœʀ] *nf* mood; (*tempérament*) temper; (*irritation*) bad temper; **de bonne/mauvaise ~** in a good/bad mood; **être d'~ à faire qch** to be in the mood for doing sth
humide [ymid] *adj* (*linge*) damp; (*main, yeux*) moist; (*climat, chaleur*) humid; (*saison, route*) wet
humidificateur [ymidifikatœʀ] *nm* humidifier
humidifier [ymidifje] *vt* to humidify
humidité [ymidite] *nf* humidity; dampness; **traces d'~** traces of moisture *ou* damp
humiliant, e [ymiljɑ̃, -ɑ̃t] *adj* humiliating
humiliation [ymiljɑsjɔ̃] *nf* humiliation
humilier [ymilje] *vt* to humiliate; **s'~ devant qn** to humble o.s. before sb
humilité [ymilite] *nf* humility
humoriste [ymɔʀist(ə)] *nm/f* humorist
humoristique [ymɔʀistik] *adj* humorous; humoristic
humour [ymuʀ] *nm* humour; **avoir de l'~** to have a sense of humour; **~ noir** sick humour
humus [ymys] *nm* humus
'huppé, e ['ype] *adj* crested; (*fam*) posh
'hurlement ['yʀləmɑ̃] *nm* howling *no pl*, howl;

h

yelling *no pl*, yell
'hurler ['yʀle] *vi* to howl, yell; (*fig: vent*) to howl; (*: couleurs etc*) to clash; **~ à la mort** (*chien*) to bay at the moon
hurluberlu [yʀlybɛʀly] *nm* (*péj*) crank ▷ *adj* cranky
'hutte ['yt] *nf* hut
hybride [ibʀid] *adj* hybrid
hydratant, e [idʀatɑ̃, -ɑ̃t] *adj* (*crème*) moisturizing
hydrate [idʀat] *nm*: **~s de carbone** carbohydrates
hydrater [idʀate] *vt* to hydrate
hydraulique [idʀolik] *adj* hydraulic
hydravion [idʀavjɔ̃] *nm* seaplane, hydroplane
hydro... [idʀɔ] *préfixe* hydro...
hydrocarbure [idʀɔkaʀbyʀ] *nm* hydrocarbon
hydrocution [idʀɔkysjɔ̃] *nf* immersion syncope
hydro-électrique [idʀɔelɛktʀik] *adj* hydroelectric
hydrogène [idʀɔʒɛn] *nm* hydrogen
hydroglisseur [idʀɔglisœʀ] *nm* hydroplane
hydrographie [idʀɔgʀafi] *nf* (*fleuves*) hydrography
hydrophile [idʀɔfil] *adj voir* **coton**
hyène [jɛn] *nf* hyena
hygiène [iʒjɛn] *nf* hygiene; **~ intime** personal hygiene
hygiénique [iʒenik] *adj* hygienic
hymne [imn(ə)] *nm* hymn; **~ national** national anthem
hyper... [ipɛʀ] *préfixe* hyper...
hyperlien [ipɛʀljɛ̃] *nm* (*Inform*) hyperlink
hypermarché [ipɛʀmaʀʃe] *nm* hypermarket
hypermétrope [ipɛʀmetʀɔp] *adj* long-sighted
hypernerveux, -euse [ipɛʀnɛʀvø, -øz] *adj* highly-strung
hypersensible [ipɛʀsɑ̃sibl(ə)] *adj* hypersensitive
hypertendu, e [ipɛʀtɑ̃dy] *adj* having high blood pressure, hypertensive
hypertension [ipɛʀtɑ̃sjɔ̃] *nf* high blood pressure, hypertension
hypertexte [ipɛʀtɛkst] *nm* (*Inform*) hypertext
hypertrophié, e [ipɛʀtʀɔfje] *adj* hypertrophic
hypnose [ipnoz] *nf* hypnosis
hypnotique [ipnɔtik] *adj* hypnotic
hypnotiser [ipnɔtize] *vt* to hypnotize
hypnotiseur [ipnɔtizœʀ] *nm* hypnotist
hypnotisme [ipnɔtism(ə)] *nm* hypnotism
hypocondriaque [ipɔkɔ̃dʀijak] *adj* hypochondriac
hypocrisie [ipɔkʀizi] *nf* hypocrisy
hypocrite [ipɔkʀit] *adj* hypocritical ▷ *nm/f* hypocrite
hypocritement [ipɔkʀitmɑ̃] *adv* hypocritically
hypotendu, e [ipɔtɑ̃dy] *adj* having low blood pressure, hypotensive
hypotension [ipɔtɑ̃sjɔ̃] *nf* low blood pressure, hypotension
hypoténuse [ipɔtenyz] *nf* hypotenuse
hypothécaire [ipɔtekɛʀ] *adj* mortgage; **garantie/prêt ~** mortgage security/loan
hypothèque [ipɔtɛk] *nf* mortgage
hypothéquer [ipɔteke] *vt* to mortgage
hypothermie [ipɔtɛʀmi] *nf* hypothermia
hypothèse [ipɔtɛz] *nf* hypothesis; **dans l'~ où** assuming that
hypothétique [ipɔtetik] *adj* hypothetical
hypothétiquement [ipɔtetikmɑ̃] *adv* hypothetically
hystérectomie [isteʀɛktɔmi] *nf* hysterectomy
hystérie [isteʀi] *nf* hysteria; **~ collective** mass hysteria
hystérique [isteʀik] *adj* hysterical
Hz *abr* (= *Hertz*) Hz

I, i [i] *nm inv* I, i; **I comme Irma** I for Isaac (*Brit*) *ou* Item (*US*)
IAC *sigle f* (= *insémination artificielle entre conjoints*) AIH
IAD *sigle f* (= *insémination artificielle par donneur extérieur*) AID
ibère [ibɛʀ] *adj* Iberian ▷ *nm/f*: **Ibère** Iberian
ibérique [ibeʀik] *adj*: **la péninsule ~** the Iberian peninsula
ibid. [ibid] *abr* (= *ibidem*) ibid., ib.
iceberg [isbɛʀg] *nm* iceberg
ici [isi] *adv* here; **jusqu'~** as far as this; (*temporel*) until now; **d'~ là** by then; (*en attendant*) in the meantime; **d'~ peu** before long
icône [ikon] *nf* (*aussi Inform*) icon
iconoclaste [ikɔnɔklast(ə)] *nm/f* iconoclast
iconographie [ikɔnɔgʀafi] *nf* iconography; (*illustrations*) (collection of) illustrations
id. [id] *abr* (=*idem*) id.
idéal, e, -aux [ideal, -o] *adj* ideal ▷ *nm* ideal; (*système de valeurs*) ideals *pl*
idéalement [idealmɑ̃] *adv* ideally
idéalisation [idealizɑsjɔ̃] *nf* idealization
idéaliser [idealize] *vt* to idealize
idéalisme [idealism(ə)] *nm* idealism
idéaliste [idealist(ə)] *adj* idealistic ▷ *nm/f* idealist
idée [ide] *nf* idea; (*illusion*): **se faire des ~s** to imagine things, get ideas into one's head; **avoir dans l'~ que** to have an idea that; **mon ~, c'est que ...** I suggest that ..., I think that ...; **à l'~ de/que** at the idea of/that, at the thought of/that; **je n'ai pas la moindre ~** I haven't the faintest idea; **avoir ~ que** to have an idea that; **avoir des ~s larges/étroites** to be broad-/narrow-minded; **venir à l'~ de qn** to occur to sb; **en voilà des ~s!** the very idea!; **~ fixe** idée fixe, obsession; **~s noires** black *ou* dark thoughts; **~s reçues** accepted ideas *ou* wisdom
identifiable [idɑ̃tifjabl(ə)] *adj* identifiable
identifiant [idɑ̃tifjɑ̃] *nm* (*Inform*) login
identification [idɑ̃tifikɑsjɔ̃] *nf* identification
identifier [idɑ̃tifje] *vt* to identify; **~ qch/qn à** to identify sth/sb with; **s'~ avec** *ou* **à qn/qch** (*héros etc*) to identify with sb/sth
identique [idɑ̃tik] *adj*: **~ (à)** identical (to)
identité [idɑ̃tite] *nf* identity; **~ judiciaire** (*Police*) ≈ Criminal Records Office
idéogramme [ideɔgʀam] *nm* ideogram
idéologie [ideɔlɔʒi] *nf* ideology
idéologique [ideɔlɔʒik] *adj* ideological
idiomatique [idjɔmatik] *adj*: **expression ~** idiom, idiomatic expression
idiome [idjom] *nm* (*Ling*) idiom
idiot, e [idjo, idjɔt] *adj* idiotic ▷ *nm/f* idiot
idiotie [idjɔsi] *nf* idiocy; (*propos*) idiotic remark
idiotisme [idjɔtism(ə)] *nm* idiom, idiomatic phrase
idoine [idwan] *adj* fitting
idolâtrer [idɔlatʀe] *vt* to idolize
idolâtrie [idɔlatʀi] *nf* idolatry
idole [idɔl] *nf* idol
idylle [idil] *nf* idyll
idyllique [idilik] *adj* idyllic
if [if] *nm* yew
IFOP [ifɔp] *sigle m* (= *Institut français d'opinion publique*) *French market research institute*
IGH *sigle m* = **immeuble de grande hauteur**
igloo [iglu] *nm* igloo
IGN *sigle m* = **Institut géographique national**
ignare [iɲaʀ] *adj* ignorant
ignifuge [ignifyʒ] *adj* fireproofing ▷ *nm* fireproofing (substance)
ignifuger [ignifyʒe] *vt* to fireproof
ignoble [iɲɔbl(ə)] *adj* vile
ignominie [iɲɔmini] *nf* ignominy; (*acte*) ignominious *ou* base act
ignominieux, -euse [iɲɔminjø, øz] *adj* ignominious
ignorance [iɲɔʀɑ̃s] *nf* ignorance; **dans l'~ de** in ignorance of, ignorant of
ignorant, e [iɲɔʀɑ̃, -ɑ̃t] *adj* ignorant ▷ *nm/f*: **faire l'~** to pretend one doesn't know; **~ de** ignorant of, not aware of; **~ en** ignorant of, knowing nothing of
ignoré, e [iɲɔʀe] *adj* unknown
ignorer [iɲɔʀe] *vt* (*ne pas connaître*) not to know, be unaware *ou* ignorant of; (*être sans expérience de: plaisir, guerre etc*) not to know about, have no experience of; (*bouder: personne*) to ignore; **j'ignore comment/si** I do not know how/if; **~ que** to be unaware that, not to know that; **je**

i

n'ignore pas que ... I'm not forgetting that ..., I'm not unaware that ...; **je l'ignore** I don't know
IGPN *sigle f (= Inspection générale de la police nationale) police disciplinary body*
IGS *sigle f (= Inspection générale des services) police disciplinary body for Paris*
iguane [igwan] *nm* iguana
il [il] *pron* he; (*animal, chose, en tournure impersonnelle*) it; NB: *en anglais les navires et les pays sont en général assimilés aux femelles, et les bébés aux choses, si le sexe n'est pas spécifié*; **ils** they; **il neige** it's snowing; *voir aussi* **avoir**
île [il] *nf* island; **les Î~s** the West Indies; **l'~ de Beauté** Corsica; **l'~ Maurice** Mauritius; **les ~s anglo-normandes** the Channel Islands; **les ~s Britanniques** the British Isles; **les ~s Cocos** *ou* **Keeling** the Cocos *ou* Keeling Islands; **les ~s Cook** the Cook Islands; **les ~s Scilly** the Scilly Isles, the Scillies; **les ~s Shetland** the Shetland Islands, Shetland; **les ~s Sorlingues**; = **les îles Scilly**; **les ~s Vierges** the Virgin Islands
iliaque [iljak] *adj* (*Anat*): **os/artère ~** iliac bone/artery
illégal, e, -aux [ilegal, -o] *adj* illegal, unlawful (*Admin*)
illégalement [ilegalmɑ̃] *adv* illegally
illégalité [ilegalite] *nf* illegality; unlawfulness; **être dans l'~** to be outside the law
illégitime [ileʒitim] *adj* illegitimate; (*optimisme, sévérité*) unjustified, unwarranted
illégitimement [ileʒitimmɑ̃] *adv* illegitimately
illégitimité [ileʒitimite] *nf* illegitimacy; **gouverner dans l'~** to rule illegally
illettré, e [iletʀe] *adj, nm/f* illiterate
illicite [ilisit] *adj* illicit
illicitement [ilisitmɑ̃] *adv* illicitly
illico [iliko] *adv* (*fam*) pronto
illimité, e [ilimite] *adj* (*immense*) boundless, unlimited; (*congé, durée*) indefinite, unlimited
illisible [ilizibl(ə)] *adj* illegible; (*roman*) unreadable
illisiblement [ilizibləmɑ̃] *adv* illegibly
illogique [ilɔʒik] *adj* illogical
illogisme [ilɔʒism(ə)] *nm* illogicality
illumination [ilyminɑsjɔ̃] *nf* illumination, floodlighting; (*inspiration*) flash of inspiration; **illuminations** *nfpl* illuminations, lights
illuminé, e [ilymine] *adj* lit up; illuminated, floodlit ▷ *nm/f* (*fig: péj*) crank
illuminer [ilymine] *vt* to light up; (*monument, rue: pour une fête*) to illuminate, floodlight; **s'illuminer** *vi* to light up
illusion [ilyzjɔ̃] *nf* illusion; **se faire des ~s** to delude o.s.; **faire ~** to delude *ou* fool people; **~ d'optique** optical illusion
illusionner [ilyzjɔne] *vt* to delude; **s'~ (sur qn/qch)** to delude o.s. (about sb/sth)
illusionnisme [ilyzjɔnism(ə)] *nm* conjuring
illusionniste [ilyzjɔnist(ə)] *nm/f* conjuror
illusoire [ilyzwaʀ] *adj* illusory, illusive
illustrateur [ilystʀatœʀ] *nm* illustrator
illustratif, -ive [ilystʀatif, -iv] *adj* illustrative
illustration [ilystʀɑsjɔ̃] *nf* illustration; (*d'un ouvrage: photos*) illustrations *pl*
illustre [ilystʀ(ə)] *adj* illustrious, renowned
illustré, e [ilystʀe] *adj* illustrated ▷ *nm* illustrated magazine; (*pour enfants*) comic
illustrer [ilystʀe] *vt* to illustrate; **s'illustrer** to become famous, win fame
îlot [ilo] *nm* small island, islet; (*de maisons*) block; (*petite zone*): **un ~ de verdure** an island of greenery, a patch of green
ils [il] *pron voir* **il**
image [imaʒ] *nf* (*gén*) picture; (*comparaison, ressemblance, Optique*) image; **~ de** picture *ou* image of; **~ d'Épinal** (social) stereotype; **~ de marque** brand image; (*d'une personne*) (public) image; (*d'une entreprise*) corporate image; **~ pieuse** holy picture
imagé, e [imaʒe] *adj* full of imagery
imaginable [imaʒinabl(ə)] *adj* imaginable; **difficilement ~** hard to imagine
imaginaire [imaʒinɛʀ] *adj* imaginary
imaginatif, -ive [imaʒinatif, -iv] *adj* imaginative
imagination [imaʒinɑsjɔ̃] *nf* imagination; (*chimère*) fancy, imagining; **avoir de l'~** to be imaginative, have a good imagination
imaginer [imaʒine] *vt* to imagine; (*croire*): **qu'allez-vous ~ là?** what on earth are you thinking of?; (*inventer: expédient, mesure*) to devise, think up; **s'imaginer** *vt* (*se figurer: scène etc*) to imagine, picture; **s'~ à 60 ans** to picture *ou* imagine o.s. at 60; **s'~ que** to imagine that; **s'~ pouvoir faire qch** to think one can do sth; **j'imagine qu'il a voulu plaisanter** I suppose he was joking; **~ de faire** (*se mettre dans l'idée de*) to dream up the idea of doing
imbattable [ɛ̃batabl(ə)] *adj* unbeatable
imbécile [ɛ̃besil] *adj* idiotic ▷ *nm/f* idiot; (*Méd*) imbecile
imbécillité [ɛ̃besilite] *nf* idiocy; imbecility; idiotic action (*ou* remark *etc*)
imberbe [ɛ̃bɛʀb(ə)] *adj* beardless
imbiber [ɛ̃bibe] *vt*: **~ qch de** to moisten *ou* wet sth with; **s'imbiber de** to become saturated with; **imbibé(e) d'eau** (*chaussures, étoffe*) saturated; (*terre*) waterlogged
imbriqué, e [ɛ̃bʀike] *adj* overlapping
imbriquer [ɛ̃bʀike]: **s'imbriquer** *vi* to overlap (each other); (*fig*) to become interlinked *ou* interwoven
imbroglio [ɛ̃bʀɔljo] *nm* imbroglio
imbu, e [ɛ̃by] *adj*: **~ de** full of; **~ de soi-même/sa supériorité** full of oneself/one's superiority
imbuvable [ɛ̃byvabl(ə)] *adj* undrinkable
imitable [imitabl(ə)] *adj* imitable; **facilement ~** easily imitated
imitateur, -trice [imitatœʀ, -tʀis] *nm/f* (*gén*) imitator; (*Music-Hall: d'une personnalité*) impersonator
imitation [imitɑsjɔ̃] *nf* imitation; impersonation; **sac ~ cuir** bag in imitation *ou*

simulated leather; **à l'~ de** in imitation of
imiter [imite] *vt* to imitate; (*personne*) to imitate, impersonate; (*contrefaire: signature, document*) to forge, copy; (*ressembler à*) to look like; **il se leva et je l'imitai** he got up and I did likewise
imm. *abr* = **immeuble**
immaculé, e [imakyle] *adj* spotless, immaculate; **l'I~e Conception** (*Rel*) the Immaculate Conception
immanent, e [imanɑ̃, -ɑ̃t] *adj* immanent
immangeable [ɛ̃mɑ̃ʒabl(ə)] *adj* inedible, uneatable
immanquable [ɛ̃mɑ̃kabl(ə)] *adj* (*cible*) impossible to miss; (*fatal, inévitable*) bound to happen, inevitable
immanquablement [ɛ̃mɑ̃kabləmɑ̃] *adv* inevitably
immatériel, le [imateʀjɛl] *adj* ethereal; (*Philosophie*) immaterial
immatriculation [imatʀikylɑsjɔ̃] *nf* registration
immatriculer [imatʀikyle] *vt* to register; **faire/se faire ~** to register; **voiture immatriculée dans la Seine** car with a Seine registration (number)
immature [imatyʀ] *adj* immature
immaturité [imatyʀite] *nf* immaturity
immédiat, e [imedja, -at] *adj* immediate ▷ *nm*: **dans l'~** for the time being; **dans le voisinage ~ de** in the immediate vicinity of
immédiatement [imedjatmɑ̃] *adv* immediately
immémorial, e, -aux [imemɔʀjal, -o] *adj* ancient, age-old
immense [imɑ̃s] *adj* immense
immensément [imɑ̃semɑ̃] *adv* immensely
immensité [imɑ̃site] *nf* immensity
immerger [imɛʀʒe] *vt* to immerse, submerge; (*câble etc*) to lay under water; (*déchets*) to dump at sea; **s'immerger** *vi* (*sous-marin*) to dive, submerge
immérité, e [imeʀite] *adj* undeserved
immersion [imɛʀsjɔ̃] *nf* immersion
immettable [ɛ̃mɛtabl(ə)] *adj* unwearable
immeuble [imœbl(ə)] *nm* building ▷ *adj* (*Jur*) immovable, real; **~ locatif** block of rented flats (*Brit*), rental building (*US*); **~ de rapport** investment property
immigrant, e [imigʀɑ̃, -ɑ̃t] *nm/f* immigrant
immigration [imigʀɑsjɔ̃] *nf* immigration
immigré, e [imigʀe] *nm/f* immigrant
immigrer [imigʀe] *vi* to immigrate
imminence [iminɑ̃s] *nf* imminence
imminent, e [iminɑ̃, -ɑ̃t] *adj* imminent, impending
immiscer [imise]: **s'immiscer** *vi*: **s'~ dans** to interfere in *ou* with
immixtion [imiksjɔ̃] *nf* interference
immobile [imɔbil] *adj* still, motionless; (*pièce de machine*) fixed; (*fig*) unchanging; **rester/se tenir ~** to stay/keep still
immobilier, -ière [imɔbilje, -jɛʀ] *adj* property *cpd*, in real property ▷ *nm*: **l'~** the property *ou* the real estate business
immobilisation [imɔbilizɑsjɔ̃] *nf* immobilization; **immobilisations** *nfpl* (*Jur*) fixed assets
immobiliser [imɔbilize] *vt* (*gén*) to immobilize; (*circulation, véhicule, affaires*) to bring to a standstill; **s'immobiliser** (*personne*) to stand still; (*machine, véhicule*) to come to a halt *ou* a standstill
immobilisme [imɔbilism(ə)] *nm* strong resistance *ou* opposition to change
immobilité [imɔbilite] *nf* immobility
immodéré, e [imɔdeʀe] *adj* immoderate, inordinate
immodérément [imɔdeʀemɑ̃] *adv* immoderately
immoler [imɔle] *vt* to sacrifice
immonde [imɔ̃d] *adj* foul; (*sale: ruelle, taudis*) squalid
immondices [imɔ̃dis] *nfpl* (*ordures*) refuse *sg*; (*saletés*) filth *sg*
immoral, e, -aux [imɔʀal, -o] *adj* immoral
immoralisme [imɔʀalism(ə)] *nm* immoralism
immoralité [imɔʀalite] *nf* immorality
immortaliser [imɔʀtalize] *vt* to immortalize
immortel, le [imɔʀtɛl] *adj* immortal ▷ *nf* (*Bot*) everlasting (flower)
immuable [imɥabl(ə)] *adj* (*inébranlable*) immutable; (*qui ne change pas*) unchanging; (*personne*): **~ dans ses convictions** immoveable (in one's convictions)
immunisation [imynizɑsjɔ̃] *nf* immunization
immunisé, e [im(m)ynize] *adj*: **~ contre** immune to
immuniser [imynize] *vt* (*Méd*) to immunize; **~ qn contre** to immunize sb against; (*fig*) to make sb immune to
immunitaire [imynitɛʀ] *adj* immune
immunité [imynite] *nf* immunity; **~ diplomatique** diplomatic immunity; **~ parlementaire** parliamentary privilege
immunologie [imynɔlɔʒi] *nf* immunology
immutabilité [imytabilite] *nf* immutability
impact [ɛ̃pakt] *nm* impact; **point d'~** point of impact
impair, e [ɛ̃pɛʀ] *adj* odd ▷ *nm* faux pas, blunder; **numéros ~s** odd numbers
impalpable [ɛ̃palpabl(ə)] *adj* impalpable
impaludation [ɛ̃palydɑsjɔ̃] *nf* inoculation against malaria
imparable [ɛ̃paʀabl(ə)] *adj* unstoppable
impardonnable [ɛ̃paʀdɔnabl(ə)] *adj* unpardonable, unforgivable; **vous êtes ~ d'avoir fait cela** it's unforgivable of you to have done that
imparfait, e [ɛ̃paʀfɛ, -ɛt] *adj* imperfect ▷ *nm* (*Ling*) imperfect (tense)
imparfaitement [ɛ̃paʀfɛtmɑ̃] *adv* imperfectly
impartial, e, -aux [ɛ̃paʀsjal, -o] *adj* impartial, unbiased
impartialité [ɛ̃paʀsjalite] *nf* impartiality

i

impartir [ɛ̃paʀtiʀ] *vt*: **~ qch à qn** to assign sth to sb; *(dons)* to bestow sth upon sb; **dans les délais impartis** in the time allowed
impasse [ɛ̃pɑs] *nf* dead-end, cul-de-sac; *(fig)* deadlock; **être dans l'~** *(négociations)* to have reached deadlock; **~ budgétaire** budget deficit
impassibilité [ɛ̃pasibilite] *nf* impassiveness
impassible [ɛ̃pasibl(ə)] *adj* impassive
impassiblement [ɛ̃pasibləmɑ̃] *adv* impassively
impatiemment [ɛ̃pasjamɑ̃] *adv* impatiently
impatience [ɛ̃pasjɑ̃s] *nf* impatience
impatient, e [ɛ̃pasjɑ̃, -ɑ̃t] *adj* impatient; **~ de faire qch** keen *ou* impatient to do sth
impatienter [ɛ̃pasjɑ̃te] *vt* to irritate, annoy; **s'impatienter** *vi* to get impatient; **s'~ de/contre** to lose patience at/with, grow impatient at/with
impayable [ɛ̃pɛjabl(ə)] *adj* *(drôle)* priceless
impayé, e [ɛ̃peje] *adj* unpaid, outstanding
impeccable [ɛ̃pekabl(ə)] *adj* faultless, impeccable; *(propre)* spotlessly clean; *(chic)* impeccably dressed; *(fam)* smashing
impeccablement [ɛ̃pekabləmɑ̃] *adv* impeccably
impénétrable [ɛ̃penetʀabl(ə)] *adj* impenetrable
impénitent, e [ɛ̃penitɑ̃, -ɑ̃t] *adj* unrepentant
impensable [ɛ̃pɑ̃sabl(ə)] *adj* unthinkable, unbelievable
imper [ɛ̃pɛʀ] *nm* *(imperméable)* mac
impératif, -ive [ɛ̃peʀatif, -iv] *adj* imperative; *(Jur)* mandatory ▷ *nm* *(Ling)* imperative; **impératifs** *nmpl* requirements; demands
impérativement [ɛ̃peʀativmɑ̃] *adv* imperatively
impératrice [ɛ̃peʀatʀis] *nf* empress
imperceptible [ɛ̃pɛʀsɛptibl(ə)] *adj* imperceptible
imperceptiblement [ɛ̃pɛʀsɛptibləmɑ̃] *adv* imperceptibly
imperdable [ɛ̃pɛʀdabl(ə)] *adj* that cannot be lost
imperfectible [ɛ̃pɛʀfɛktibl(ə)] *adj* which cannot be perfected
imperfection [ɛ̃pɛʀfɛksjɔ̃] *nf* imperfection
impérial, e, -aux [ɛ̃peʀjal, -o] *adj* imperial ▷ *nf* upper deck; **autobus à ~e** double-decker bus
impérialisme [ɛ̃peʀjalism(ə)] *nm* imperialism
impérialiste [ɛ̃peʀjalist(ə)] *adj* imperialist
impérieusement [ɛ̃peʀjøzmɑ̃] *adv*: **avoir ~ besoin de qch** to have urgent need of sth
impérieux, -euse [ɛ̃peʀjø, -øz] *adj* *(caractère, ton)* imperious; *(obligation, besoin)* pressing, urgent
impérissable [ɛ̃peʀisabl(ə)] *adj* undying, imperishable
imperméabilisation [ɛ̃pɛʀmeabilizɑsjɔ̃] *nf* waterproofing
imperméabiliser [ɛ̃pɛʀmeabilize] *vt* to waterproof
imperméable [ɛ̃pɛʀmeabl(ə)] *adj* waterproof; *(Géo)* impermeable; *(fig)*: **~ à** impervious to ▷ *nm* raincoat; **~ à l'air** airtight
impersonnel, le [ɛ̃pɛʀsɔnɛl] *adj* impersonal
impertinemment [ɛ̃pɛʀtinamɑ̃] *adv* impertinently
impertinence [ɛ̃pɛʀtinɑ̃s] *nf* impertinence
impertinent, e [ɛ̃pɛʀtinɑ̃, -ɑ̃t] *adj* impertinent
imperturbable [ɛ̃pɛʀtyʀbabl(ə)] *adj* *(personne)* imperturbable; *(sang-froid)* unshakeable; **rester ~** to remain unruffled
imperturbablement [ɛ̃pɛʀtyʀbabləmɑ̃] *adv* imperturbably; unshakeably
impétrant, e [ɛ̃petʀɑ̃, -ɑ̃t] *nm/f* *(Jur)* applicant
impétueux, -euse [ɛ̃petɥø, -øz] *adj* fiery
impétuosité [ɛ̃petɥozite] *nf* fieriness
impie [ɛ̃pi] *adj* impious, ungodly
impiété [ɛ̃pjete] *nf* impiety
impitoyable [ɛ̃pitwajabl(ə)] *adj* pitiless, merciless
impitoyablement [ɛ̃pitwajabləmɑ̃] *adv* mercilessly
implacable [ɛ̃plakabl(ə)] *adj* implacable
implacablement [ɛ̃plakabləmɑ̃] *adv* implacably
implant [ɛ̃plɑ̃] *nm* *(Méd)* implant
implantation [ɛ̃plɑ̃tɑsjɔ̃] *nf* establishment; settling; implantation
implanter [ɛ̃plɑ̃te] *vt* *(usine, industrie, usage)* to establish; *(colons etc)* to settle; *(idée, préjugé)* to implant; **s'implanter dans** *vi* to be established in; to settle in; to become implanted in
implémenter [ɛ̃plemɑ̃te] *vt* *(aussi Inform)* to implement
implication [ɛ̃plikɑsjɔ̃] *nf* implication
implicite [ɛ̃plisit] *adj* implicit
implicitement [ɛ̃plisitmɑ̃] *adv* implicitly
impliquer [ɛ̃plike] *vt* to imply; **~ qn (dans)** to implicate sb (in)
implorant, e [ɛ̃plɔʀɑ̃, -ɑ̃t] *adj* imploring
implorer [ɛ̃plɔʀe] *vt* to implore
imploser [ɛ̃ploze] *vi* to implode
implosion [ɛ̃plozjɔ̃] *nf* implosion
impoli, e [ɛ̃pɔli] *adj* impolite, rude
impoliment [ɛ̃pɔlimɑ̃] *adv* impolitely
impolitesse [ɛ̃pɔlitɛs] *nf* impoliteness, rudeness; *(propos)* impolite *ou* rude remark
impondérable [ɛ̃pɔ̃deʀabl(ə)] *nm* imponderable
impopulaire [ɛ̃pɔpylɛʀ] *adj* unpopular
impopularité [ɛ̃pɔpylaʀite] *nf* unpopularity
importable [ɛ̃pɔʀtabl(ə)] *adj* *(Comm: marchandise)* importable; *(vêtement: immettable)* unwearable
importance [ɛ̃pɔʀtɑ̃s] *nf* importance; **avoir de l'~** to be important; **sans ~** unimportant; **d'~** important, considerable; **quelle ~?** what does it matter?
important, e [ɛ̃pɔʀtɑ̃, -ɑ̃t] *adj* important; *(en quantité)* considerable, sizeable; *(: gamme, dégâts)* extensive; *(péj: airs, ton)* self-important ▷ *nm*: **l'~** the important thing
importateur, -trice [ɛ̃pɔʀtatœʀ, -tʀis] *adj* importing ▷ *nm/f* importer; **pays ~ de blé** wheat-importing country
importation [ɛ̃pɔʀtɑsjɔ̃] *nf* import; introduction; *(produit)* import
importer [ɛ̃pɔʀte] *vt* *(Comm)* to import;

(*maladies, plantes*) to introduce ▷ *vi* (*être important*) to matter; **~ à qn** to matter to sb; **il importe de** it is important to; **il importe qu'il fasse** he must do, it is important that he should do; **peu m'importe** I don't mind, I don't care; **peu importe** it doesn't matter; **peu importe (que)** it doesn't matter (if); **peu importe le prix** never mind the price; *voir aussi* **n'importe**

import-export [ɛ̃pɔʀɛkspɔʀ] *nm* import-export business

importun, e [ɛ̃pɔʀtœ̃, -yn] *adj* irksome, importunate; (*arrivée, visite*) inopportune, ill-timed ▷ *nm* intruder

importuner [ɛ̃pɔʀtyne] *vt* to bother

imposable [ɛ̃pozabl(ə)] *adj* taxable

imposant, e [ɛ̃pozɑ̃, -ɑ̃t] *adj* imposing

imposé, e [ɛ̃poze] *adj* (*soumis à l'impôt*) taxed; (*Gym etc: figures*) set

imposer [ɛ̃poze] *vt* (*taxer*) to tax; (*Rel*): **~ les mains** to lay on hands; **~ qch à qn** to impose sth on sb; **s'imposer** *vi* (*être nécessaire*) to be imperative; (*montrer sa proéminence*) to stand out, emerge; (*artiste: se faire connaître*) to win recognition, come to the fore; **en ~** to be imposing; **en ~ à** to impress; **ça s'impose** it's essential, it's vital

imposition [ɛ̃pozisjɔ̃] *nf* (*Admin*) taxation

impossibilité [ɛ̃pɔsibilite] *nf* impossibility; **être dans l'~ de faire** to be unable to do, find it impossible to do

impossible [ɛ̃pɔsibl(ə)] *adj* impossible ▷ *nm*: **l'~** the impossible; **~ à faire** impossible to do; **il m'est ~ de le faire** it is impossible for me to do it, I can't possibly do it; **faire l'~ (pour que)** to do one's utmost (so that); **si, par ~ ...** if, by some miracle ...

imposteur [ɛ̃pɔstœʀ] *nm* impostor

imposture [ɛ̃pɔstyʀ] *nf* imposture, deception

impôt [ɛ̃po] *nm* tax; (*taxes*) taxation, taxes *pl*; **impôts** *nmpl* (*contributions*) (income) tax *sg*; **payer 1000 euros d'~s** to pay 1,000 euros in tax; **~ direct/indirect** direct/indirect tax; **~ sur le chiffre d'affaires** tax on turnover; **~ foncier** land tax; **~ sur la fortune** wealth tax; **~ sur les plus-values** capital gains tax; **~ sur le revenu** income tax; **~ sur le RPP** personal income tax; **~ sur les sociétés** tax on companies; **~s locaux** rates, local taxes (US), ≈ council tax (*Brit*)

impotence [ɛ̃pɔtɑ̃s] *nf* disability

impotent, e [ɛ̃pɔtɑ̃, -ɑ̃t] *adj* disabled

impraticable [ɛ̃pʀatikabl(ə)] *adj* (*projet*) impracticable, unworkable; (*piste*) impassable

imprécation [ɛ̃pʀekɑsjɔ̃] *nf* imprecation

imprécis, e [ɛ̃pʀesi, -iz] *adj* (*contours, souvenir*) imprecise, vague; (*tir*) inaccurate, imprecise

imprécision [ɛ̃pʀesizjɔ̃] *nf* imprecision

imprégner [ɛ̃pʀeɲe] *vt* (*tissu, tampon*): **~ (de)** to soak *ou* impregnate (with); (*lieu, air*): **~ (de)** to fill (with); (*amertume, ironie*) to pervade; **s'imprégner de** *vi* to become impregnated with; to be filled with; (*fig*) to absorb

imprenable [ɛ̃pʀənabl(ə)] *adj* (*forteresse*) impregnable; **vue ~** unimpeded outlook

impresario [ɛ̃pʀesaʀjo] *nm* manager, impresario

impression [ɛ̃pʀesjɔ̃] *nf* impression; (*d'un ouvrage, tissu*) printing; (*Photo*) exposure; **faire bonne ~** to make a good impression; **donner une ~ de/l'~ que** to give the impression of/that; **avoir l'~ de/que** to have the impression of/that; **faire ~** to make an impression; **~s de voyage** impressions of one's journey

impressionnable [ɛ̃pʀesjɔnabl(ə)] *adj* impressionable

impressionnant, e [ɛ̃pʀesjɔnɑ̃, -ɑ̃t] *adj* impressive; upsetting

impressionner [ɛ̃pʀesjɔne] *vt* (*frapper*) to impress; (*troubler*) to upset; (*Photo*) to expose

impressionnisme [ɛ̃pʀesjɔnism(ə)] *nm* impressionism

impressionniste [ɛ̃pʀesjɔnist(ə)] *adj, nm/f* impressionist

imprévisible [ɛ̃pʀevizibl(ə)] *adj* unforeseeable; (*réaction, personne*) unpredictable

imprévoyance [ɛ̃pʀevwajɑ̃s] *nf* lack of foresight

imprévoyant, e [ɛ̃pʀevwajɑ̃, -ɑ̃t] *adj* lacking in foresight; (*en matière d'argent*) improvident

imprévu, e [ɛ̃pʀevy] *adj* unforeseen, unexpected ▷ *nm* unexpected incident; **l'~** the unexpected; **en cas d'~** if anything unexpected happens; **sauf ~** barring anything unexpected

imprimante [ɛ̃pʀimɑ̃t] *nf* (*Inform*) printer; **~ à bulle d'encre** bubblejet printer; **~ à jet d'encre** ink-jet printer; **~ à laser** laser printer; **~ (ligne par) ligne** line printer; **~ à marguerite** daisy-wheel printer

imprimé [ɛ̃pʀime] *nm* (*formulaire*) printed form; (*Postes*) printed matter *no pl*; (*tissu*) printed fabric; **un ~ à fleurs/pois** (*tissu*) a floral/polka-dot print

imprimer [ɛ̃pʀime] *vt* to print; (*Inform*) to print (out); (*apposer: visa, cachet*) to stamp; (*empreinte etc*) to imprint; (*publier*) to publish; (*communiquer: mouvement, impulsion*) to impart, transmit

imprimerie [ɛ̃pʀimʀi] *nf* printing; (*établissement*) printing works *sg*; (*atelier*) printing house, printery

imprimeur [ɛ̃pʀimœʀ] *nm* printer; **~-éditeur/-libraire** printer and publisher/bookseller

improbable [ɛ̃pʀɔbabl(ə)] *adj* unlikely, improbable

improductif, -ive [ɛ̃pʀɔdyktif, -iv] *adj* unproductive

impromptu, e [ɛ̃pʀɔ̃pty] *adj* impromptu; (*départ*) sudden

imprononçable [ɛ̃pʀɔnɔ̃sabl(ə)] *adj* unpronounceable

impropre [ɛ̃pʀɔpʀ(ə)] *adj* inappropriate; **~ à** unsuitable for

improprement [ɛ̃pʀɔpʀəmɑ̃] *adv* improperly

impropriété [ɛ̃pʀɔpʀijete] *nf*: **~ (de langage)** incorrect usage *no pl*

improvisation [ɛ̃pʀɔvizɑsjɔ̃] *nf* improvization

improvisé, e [ɛ̃pʀɔvize] *adj* makeshift, improvized; (*jeu etc*) scratch, improvized; **avec des moyens ~s** using whatever comes to hand
improviser [ɛ̃pʀɔvize] *vt, vi* to improvize; **s'improviser** (*secours, réunion*) to be improvized; **s'~ cuisinier** to (decide to) act as cook; **~ qn cuisinier** to get sb to act as cook
improviste [ɛ̃pʀɔvist(ə)]: **à l'~** *adv* unexpectedly, without warning
imprudemment [ɛ̃pʀydamɑ̃] *adv* carelessly; unwisely, imprudently
imprudence [ɛ̃pʀydɑ̃s] *nf* carelessness *no pl*; imprudence *no pl*; act of carelessness; (:) foolish *ou* unwise action
imprudent, e [ɛ̃pʀydɑ̃, -ɑ̃t] *adj* (*conducteur, geste, action*) careless; (*remarque*) unwise, imprudent; (*projet*) foolhardy
impubère [ɛ̃pybɛʀ] *adj* below the age of puberty
impubliable [ɛ̃pyblijabl(ə)] *adj* unpublishable
impudemment [ɛ̃pydamɑ̃] *adv* impudently
impudence [ɛ̃pydɑ̃s] *nf* impudence
impudent, e [ɛ̃pydɑ̃, -ɑ̃t] *adj* impudent
impudeur [ɛ̃pydœʀ] *nf* shamelessness
impudique [ɛ̃pydik] *adj* shameless
impuissance [ɛ̃pɥisɑ̃s] *nf* helplessness; ineffectualness; impotence
impuissant, e [ɛ̃pɥisɑ̃, -ɑ̃t] *adj* helpless; (*sans effet*) ineffectual; (*sexuellement*) impotent ▷ *nm* impotent man; **~ à faire qch** powerless to do sth
impulsif, -ive [ɛ̃pylsif, -iv] *adj* impulsive
impulsion [ɛ̃pylsjɔ̃] *nf* (*Élec, instinct*) impulse; (*élan, influence*) impetus
impulsivement [ɛ̃pylsivmɑ̃] *adv* impulsively
impulsivité [ɛ̃pylsivite] *nf* impulsiveness
impunément [ɛ̃pynemɑ̃] *adv* with impunity
impuni, e [ɛ̃pyni] *adj* unpunished
impunité [ɛ̃pynite] *nf* impunity
impur, e [ɛ̃pyʀ] *adj* impure
impureté [ɛ̃pyʀte] *nf* impurity
imputable [ɛ̃pytabl(ə)] *adj* (*attribuable*): **~ à** imputable to, ascribable to; (*Comm: somme*): **~ sur** chargeable to
imputation [ɛ̃pytɑsjɔ̃] *nf* imputation, charge
imputer [ɛ̃pyte] *vt* (*attribuer*): **~ qch à** to ascribe *ou* impute sth to; (*Comm*): **~ qch à** *ou* **sur** to charge sth to
imputrescible [ɛ̃pytʀesibl(ə)] *adj* rotproof
in [in] *adj inv* in, trendy
INA [ina] *sigle m* (= *Institut national de l'audio-visuel*) *library of television archives*
inabordable [inabɔʀdabl(ə)] *adj* (*lieu*) inaccessible; (*cher*) prohibitive
inaccentué, e [inaksɑ̃tɥe] *adj* (*Ling*) unstressed
inacceptable [inaksɛptabl(ə)] *adj* unacceptable
inaccessible [inaksesibl(ə)] *adj* inaccessible; (*objectif*) unattainable; (*insensible*): **~ à** impervious to
inaccoutumé, e [inakutyme] *adj* unaccustomed
inachevé, e [inaʃve] *adj* unfinished
inactif, -ive [inaktif, -iv] *adj* inactive, idle
inaction [inaksjɔ̃] *nf* inactivity
inactivité [inaktivite] *nf* (*Admin*): **en ~** out of active service
inadaptation [inadaptɑsjɔ̃] *nf* (*Psych*) maladjustment
inadapté, e [inadapte] *adj* (*Psych: adulte, enfant*) maladjusted ▷ *nm/f* (*péj: adulte: asocial*) misfit; **~ à** not adapted to, unsuited to
inadéquat, e [inadekwa, wat] *adj* inadequate
inadéquation [inadekwɑsjɔ̃] *nf* inadequacy
inadmissible [inadmisibl(ə)] *adj* inadmissible
inadvertance [inadvɛʀtɑ̃s]: **par ~** *adv* inadvertently
inaliénable [inaljenabl(ə)] *adj* inalienable
inaltérable [inalteʀabl(ə)] *adj* (*matière*) stable; (*fig*) unchanging; **~ à** unaffected by; **couleur ~ (au lavage/à la lumière)** fast colour/fade-resistant colour
inamovible [inamɔvibl(ə)] *adj* fixed; (*Jur*) irremovable
inanimé, e [inanime] *adj* (*matière*) inanimate; (*évanoui*) unconscious; (*sans vie*) lifeless
inanité [inanite] *nf* futility
inanition [inanisjɔ̃] *nf*: **tomber d'~** to faint with hunger (and exhaustion)
inaperçu, e [inapɛʀsy] *adj*: **passer ~** to go unnoticed
inappétence [inapetɑ̃s] *nf* lack of appetite
inapplicable [inaplikabl(ə)] *adj* inapplicable
inapplication [inaplikɑsjɔ̃] *nf* lack of application
inappliqué, e [inaplike] *adj* lacking in application
inappréciable [inapʀesjabl(ə)] *adj* (*service*) invaluable; (*différence, nuance*) inappreciable
inapte [inapt(ə)] *adj*: **~ à** incapable of; (*Mil*) unfit for
inaptitude [inaptityd] *nf* inaptitude; unfitness
inarticulé, e [inaʀtikyle] *adj* inarticulate
inassimilable [inasimilabl(ə)] *adj* that cannot be assimilated
inassouvi, e [inasuvi] *adj* unsatisfied, unfulfilled
inattaquable [inatakabl(ə)] *adj* (*Mil*) unassailable; (*texte, preuve*) irrefutable
inattendu, e [inatɑ̃dy] *adj* unexpected ▷ *nm*: **l'~** the unexpected
inattentif, -ive [inatɑ̃tif, -iv] *adj* inattentive; **~ à** (*dangers, détails*) heedless of
inattention [inatɑ̃sjɔ̃] *nf* inattention; (*inadvertance*): **une minute d'~** a minute of inattention, a minute's carelessness; **par ~** inadvertently; **faute d'~** careless mistake
inaudible [inodibl(ə)] *adj* inaudible
inaugural, e, -aux [inɔgyʀal, -o] *adj* (*cérémonie*) inaugural, opening; (*vol, voyage*) maiden
inauguration [inɔgyʀɑsjɔ̃] *nf* unveiling; opening; **discours/cérémonie d'~** inaugural speech/ceremony
inaugurer [inɔgyʀe] *vt* (*monument*) to unveil; (*exposition, usine*) to open; (*fig*) to inaugurate
inauthenticité [inotɑ̃tisite] *nf* inauthenticity

inavouable [inavwabl(ə)] *adj* undisclosable; (*honteux*) shameful
inavoué, e [inavwe] *adj* unavowed
INC *sigle m* (= *Institut national de la consommation*) *consumer research organization*
inca [ɛ̃ka] *adj inv* Inca ▷ *nm/f*: **Inca** Inca
incalculable [ɛ̃kalkylabl(ə)] *adj* incalculable; **un nombre ~ de** countless numbers of
incandescence [ɛ̃kɑ̃desɑ̃s] *nf* incandescence; **en ~** incandescent, white-hot; **porter à ~** to heat white-hot; **lampe/manchon à ~** incandescent lamp/(gas) mantle
incandescent, e [ɛ̃kɑ̃desɑ̃, -ɑ̃t] *adj* incandescent, white-hot
incantation [ɛ̃kɑ̃tɑsjɔ̃] *nf* incantation
incantatoire [ɛ̃kɑ̃tatwaʀ] *adj*: **formule ~** incantation
incapable [ɛ̃kapabl(ə)] *adj* incapable; **~ de faire** incapable of doing; (*empêché*) unable to do
incapacitant, e [ɛ̃kapasitɑ̃, -ɑ̃t] *adj* (*Mil*) incapacitating
incapacité [ɛ̃kapasite] *nf* incapability; (*Jur*) incapacity; **être dans l'~ de faire** to be unable to do; **~ permanente/de travail** permanent/ industrial disablement; **~ électorale** ineligibility to vote
incarcération [ɛ̃kaʀseʀɑsjɔ̃] *nf* incarceration
incarcérer [ɛ̃kaʀseʀe] *vt* to incarcerate
incarnat, e [ɛ̃kaʀna, -at] *adj* (rosy) pink
incarnation [ɛ̃kaʀnɑsjɔ̃] *nf* incarnation
incarné, e [ɛ̃kaʀne] *adj* incarnate; (*ongle*) ingrown
incarner [ɛ̃kaʀne] *vt* to embody, personify; (*Théât*) to play; (*Rel*) to incarnate; **s'incarner dans** *vi* (*Rel*) to be incarnate in
incartade [ɛ̃kaʀtad] *nf* prank, escapade
incassable [ɛ̃kɑsabl(ə)] *adj* unbreakable
incendiaire [ɛ̃sɑ̃djɛʀ] *adj* incendiary; (*fig*: *discours*) inflammatory ▷ *nm/f* fire-raiser, arsonist
incendie [ɛ̃sɑ̃di] *nm* fire; **~ criminel** arson *no pl*; **~ de forêt** forest fire
incendier [ɛ̃sɑ̃dje] *vt* (*mettre le feu à*) to set fire to, set alight; (*brûler complètement*) to burn down
incertain, e [ɛ̃sɛʀtɛ̃, -ɛn] *adj* uncertain; (*temps*) uncertain, unsettled; (*imprécis*: *contours*) indistinct, blurred
incertitude [ɛ̃sɛʀtityd] *nf* uncertainty
incessamment [ɛ̃sɛsamɑ̃] *adv* very shortly
incessant, e [ɛ̃sɛsɑ̃, -ɑ̃t] *adj* incessant, unceasing
incessible [ɛ̃sesibl(ə)] *adj* (*Jur*) non-transferable
inceste [ɛ̃sɛst(ə)] *nm* incest
incestueux, -euse [ɛ̃sɛstɥø, -øz] *adj* incestuous
inchangé, e [ɛ̃ʃɑ̃ʒe] *adj* unchanged, unaltered
inchantable [ɛ̃ʃɑ̃tabl(ə)] *adj* unsingable
inchauffable [ɛ̃ʃofabl(ə)] *adj* impossible to heat
incidemment [ɛ̃sidamɑ̃] *adv* in passing
incidence [ɛ̃sidɑ̃s] *nf* (*effet, influence*) effect; (*Physique*) incidence
incident [ɛ̃sidɑ̃] *nm* incident; **~ de frontière** border incident; **~ de parcours** minor hitch *ou* setback; **~ technique** technical difficulties *pl*, technical hitch
incinérateur [ɛ̃sineʀatœʀ] *nm* incinerator
incinération [ɛ̃sineʀɑsjɔ̃] *nf* (*d'ordures*) incineration; (*crémation*) cremation
incinérer [ɛ̃sineʀe] *vt* (*ordures*) to incinerate; (*mort*) to cremate
incise [ɛ̃siz] *nf* (*Ling*) interpolated clause
inciser [ɛ̃size] *vt* to make an incision in; (*abcès*) to lance
incisif, -ive [ɛ̃sizif, -iv] *adj* incisive, cutting ▷ *nf* incisor
incision [ɛ̃sizjɔ̃] *nf* incision; (*d'un abcès*) lancing
incitation [ɛ̃sitɑsjɔ̃] *nf* (*encouragement*) incentive; (*provocation*) incitement
inciter [ɛ̃site] *vt*: **~ qn à (faire) qch** to prompt *ou* encourage sb to do sth; (*à la révolte etc*) to incite sb to do sth
incivil, e [ɛ̃sivil] *adj* uncivil
incivilité [ɛ̃sivilite] *nf* (*grossièreté*) incivility; **incivilités** *nfpl* antisocial behaviour *sg*
inclinable [ɛ̃klinabl(ə)] *adj* (*dossier etc*) tilting; **siège à dossier ~** reclining seat
inclinaison [ɛ̃klinɛzɔ̃] *nf* (*déclivité*: *d'une route etc*) incline; (: *d'un toit*) slope; (*état penché*: *d'un mur*) lean; (: *de la tête*) tilt; (: *d'un navire*) list
inclination [ɛ̃klinɑsjɔ̃] *nf* (*penchant*) inclination, tendency; **montrer de l'~ pour les sciences** *etc* to show an inclination for the sciences *etc*; **~s égoïstes/altruistes** egoistic/altruistic tendencies; **~ de (la) tête** nod (of the head); **~ (de buste)** bow
incliner [ɛ̃kline] *vt* (*bouteille*) to tilt; (*tête*) to incline; (*inciter*): **~ qn à qch/à faire** to encourage sb towards sth/to do ▷ *vi*: **~ à qch/à faire** (*tendre à, pencher pour*) to incline towards sth/doing, tend towards sth/to do; **s'incliner** *vi* (*route*) to slope; (*toit*) to be sloping; **s'~ (devant)** to bow (before)
inclure [ɛ̃klyʀ] *vt* to include; (*joindre à un envoi*) to enclose; **jusqu'au 10 mars inclus** until 10th March inclusive
inclus, e [ɛ̃kly, -yz] *pp de* **inclure** ▷ *adj* (*joint à un envoi*) enclosed; (*compris*: *frais, dépense*) included; (*Math*: *ensemble*): **~ dans** included in; **jusqu'au troisième chapitre ~** up to and including the third chapter
inclusion [ɛ̃klyzjɔ̃] *nf* (*voir inclure*) inclusion; enclosing
inclusivement [ɛ̃klyzivmɑ̃] *adv* inclusively
inclut [ɛ̃kly] *vb voir* **inclure**
incoercible [ɛ̃kɔɛʀsibl(ə)] *adj* uncontrollable
incognito [ɛ̃kɔɲito] *adv* incognito ▷ *nm*: **garder l'~** to remain incognito
incohérence [ɛ̃kɔeʀɑ̃s] *nf* inconsistency; incoherence
incohérent, e [ɛ̃kɔeʀɑ̃, -ɑ̃t] *adj* inconsistent; incoherent
incollable [ɛ̃kɔlabl(ə)] *adj* (*riz*) that does not stick; (*fam*: *personne*): **il est ~** he's got all the answers
incolore [ɛ̃kɔlɔʀ] *adj* colourless

incomber [ɛ̃kɔ̃be]: **~ à** *vt* (*devoirs, responsabilité*) to rest *ou* be incumbent upon; (*: frais, travail*) to be the responsibility of
incombustible [ɛ̃kɔ̃bystibl(ə)] *adj* incombustible
incommensurable [ɛ̃kɔmɑ̃syʀabl(ə)] *adj* immeasurable
incommodant, e [ɛ̃kɔmɔdɑ̃, -ɑ̃t] *adj* (*bruit*) annoying; (*chaleur*) uncomfortable
incommode [ɛ̃kɔmɔd] *adj* inconvenient; (*posture, siège*) uncomfortable
incommodément [ɛ̃kɔmɔdemɑ̃] *adv* (*installé, assis*) uncomfortably; (*logé, situé*) inconveniently
incommoder [ɛ̃kɔmɔde] *vt*: **~ qn** to bother *ou* inconvenience sb; (*embarrasser*) to make sb feel uncomfortable *ou* ill at ease
incommodité [ɛ̃kɔmɔdite] *nf* inconvenience
incommunicable [ɛ̃kɔmynikabl(ə)] *adj* (*Jur: droits, privilèges*) non-transferable; (*pensée*) incommunicable
incomparable [ɛ̃kɔ̃paʀabl(ə)] *adj* not comparable; (*inégalable*) incomparable, matchless
incomparablement [ɛ̃kɔ̃paʀabləmɑ̃] *adv* incomparably
incompatibilité [ɛ̃kɔ̃patibilite] *nf* incompatibility; **~ d'humeur** (mutual) incompatibility
incompatible [ɛ̃kɔ̃patibl(ə)] *adj* incompatible
incompétence [ɛ̃kɔ̃petɑ̃s] *nf* lack of expertise; incompetence
incompétent, e [ɛ̃kɔ̃petɑ̃, -ɑ̃t] *adj* (*ignorant*) inexpert; (*incapable*) incompetent, not competent
incomplet, -ète [ɛ̃kɔ̃plɛ, -ɛt] *adj* incomplete
incomplètement [ɛ̃kɔ̃plɛtmɑ̃] *adv* not completely, incompletely
incompréhensible [ɛ̃kɔ̃pʀeɑ̃sibl(ə)] *adj* incomprehensible
incompréhensif, -ive [ɛ̃kɔ̃pʀeɑ̃sif, -iv] *adj* lacking in understanding, unsympathetic
incompréhension [ɛ̃kɔ̃pʀeɑ̃sjɔ̃] *nf* lack of understanding
incompressible [ɛ̃kɔ̃pʀesibl(ə)] *adj* (*Physique*) incompressible; (*fig: dépenses*) that cannot be reduced; (*Jur: peine*) irreducible
incompris, e [ɛ̃kɔ̃pʀi, -iz] *adj* misunderstood
inconcevable [ɛ̃kɔ̃svabl(ə)] *adj* (*conduite etc*) inconceivable; (*mystère*) incredible
inconciliable [ɛ̃kɔ̃siljabl(ə)] *adj* irreconcilable
inconditionnel, le [ɛ̃kɔ̃disjɔnɛl] *adj* unconditional; (*partisan*) unquestioning ▷ *nm/f* (*partisan*) unquestioning supporter
inconditionnellement [ɛ̃kɔ̃disjɔnɛlmɑ̃] *adv* unconditionally
inconduite [ɛ̃kɔ̃dɥit] *nf* bad *ou* unsuitable behaviour *no pl*
inconfort [ɛ̃kɔ̃fɔʀ] *nm* lack of comfort, discomfort
inconfortable [ɛ̃kɔ̃fɔʀtabl(ə)] *adj* uncomfortable
inconfortablement [ɛ̃kɔ̃fɔʀtabləmɑ̃] *adv* uncomfortably
incongru, e [ɛ̃kɔ̃gʀy] *adj* unseemly; (*remarque*) ill-chosen, incongruous
incongruité [ɛ̃kɔ̃gʀyite] *nf* unseemliness; incongruity; (*parole incongrue*) ill-chosen remark
inconnu, e [ɛ̃kɔny] *adj* unknown; (*sentiment, plaisir*) new, strange ▷ *nm/f* stranger; unknown person (*ou* artist *etc*) ▷ *nm*: **l'~** the unknown ▷ *nf* (*Math*) unknown; (*fig*) unknown factor
inconsciemment [ɛ̃kɔ̃sjamɑ̃] *adv* unconsciously
inconscience [ɛ̃kɔ̃sjɑ̃s] *nf* unconsciousness; recklessness
inconscient, e [ɛ̃kɔ̃sjɑ̃, -ɑ̃t] *adj* unconscious; (*irréfléchi*) reckless ▷ *nm* (*Psych*): **l'~** the subconscious, the unconscious; **~ de** unaware of
inconséquence [ɛ̃kɔ̃sekɑ̃s] *nf* inconsistency; thoughtlessness; (*action, parole*) thoughtless thing to do (*ou* say)
inconséquent, e [ɛ̃kɔ̃sekɑ̃, -ɑ̃t] *adj* (*illogique*) inconsistent; (*irréfléchi*) thoughtless
inconsidéré, e [ɛ̃kɔ̃sideʀe] *adj* ill-considered
inconsidérément [ɛ̃kɔ̃sideʀemɑ̃] *adv* thoughtlessly
inconsistant, e [ɛ̃kɔ̃sistɑ̃, -ɑ̃t] *adj* flimsy, weak; (*crème etc*) runny
inconsolable [ɛ̃kɔ̃sɔlabl(ə)] *adj* inconsolable
inconstance [ɛ̃kɔ̃stɑ̃s] *nf* inconstancy, fickleness
inconstant, e [ɛ̃kɔ̃stɑ̃, -ɑ̃t] *adj* inconstant, fickle
inconstitutionnel, le [ɛ̃kɔ̃stitysjɔnɛl] *adj* unconstitutional
incontestable [ɛ̃kɔ̃tɛstabl(ə)] *adj* unquestionable, indisputable
incontestablement [ɛ̃kɔ̃tɛstabləmɑ̃] *adv* unquestionably, indisputably
incontesté, e [ɛ̃kɔ̃tɛste] *adj* undisputed
incontinence [ɛ̃kɔ̃tinɑ̃s] *nf* (*Méd*) incontinence
incontinent, e [ɛ̃kɔ̃tinɑ̃, -ɑ̃t] *adj* (*Méd*) incontinent ▷ *adv* (*tout de suite*) forthwith
incontournable [ɛ̃kɔ̃tuʀnabl(ə)] *adj* unavoidable
incontrôlable [ɛ̃kɔ̃tʀolabl(ə)] *adj* unverifiable
incontrôlé, e [ɛ̃kɔ̃tʀole] *adj* uncontrolled
inconvenance [ɛ̃kɔ̃vnɑ̃s] *nf* (*parole, action*) impropriety
inconvenant, e [ɛ̃kɔ̃vnɑ̃, -ɑ̃t] *adj* unseemly, improper
inconvénient [ɛ̃kɔ̃venjɑ̃] *nm* (*d'une situation, d'un projet*) disadvantage, drawback; (*d'un remède, changement etc*) risk, inconvenience; **si vous n'y voyez pas d'~** if you have no objections; **y a-t-il un ~ à ...?** (*risque*) isn't there a risk in ...?; (*objection*) is there any objection to ...?
inconvertible [ɛ̃kɔ̃vɛʀtibl(ə)] *adj* inconvertible
incorporation [ɛ̃kɔʀpɔʀasjɔ̃] *nf* (*Mil*) call-up
incorporé, e [ɛ̃kɔʀpɔʀe] *adj* (*micro etc*) built-in
incorporel, le [ɛ̃kɔʀpɔʀɛl] *adj* (*Jur*): **biens ~s** intangible property
incorporer [ɛ̃kɔʀpɔʀe] *vt*: **~ (à)** to mix in (with); (*paragraphe etc*): **~ (dans)** to incorporate (in);

(*territoire, immigrants*): ~ **(dans)** to incorporate (into); (*Mil: appeler*) to recruit, call up; (: *affecter*): ~ **qn dans** to enlist sb into
incorrect, e [ɛ̃kɔʀɛkt] *adj* (*impropre, inconvenant*) improper; (*défectueux*) faulty; (*inexact*) incorrect; (*impoli*) impolite; (*déloyal*) underhand
incorrectement [ɛ̃kɔʀɛktəmɑ̃] *adv* improperly; faultily; incorrectly; impolitely; in an underhand way
incorrection [ɛ̃kɔʀɛksjɔ̃] *nf* impropriety; incorrectness; underhand nature; (*terme impropre*) impropriety; (*action, remarque*) improper behaviour (*ou* remark)
incorrigible [ɛ̃kɔʀiʒibl(ə)] *adj* incorrigible
incorruptible [ɛ̃kɔʀyptibl(ə)] *adj* incorruptible
incrédibilité [ɛ̃kʀedibilite] *nf* incredibility
incrédule [ɛ̃kʀedyl] *adj* incredulous; (*Rel*) unbelieving
incrédulité [ɛ̃kʀedylite] *nf* incredulity; **avec** ~ incredulously
increvable [ɛ̃kʀəvabl(ə)] *adj* (*pneu*) puncture-proof; (*fam*) tireless
incriminer [ɛ̃kʀimine] *vt* (*personne*) to incriminate; (*action, conduite*) to bring under attack; (*bonne foi, honnêteté*) to call into question; **livre/article incriminé** offending book/article
incrochetable [ɛ̃kʀɔʃtabl(ə)] *adj* (*serrure*) that can't be picked, burglarproof
incroyable [ɛ̃kʀwajabl(ə)] *adj* incredible, unbelievable
incroyablement [ɛ̃kʀwajabləmɑ̃] *adv* incredibly, unbelievably
incroyant, e [ɛ̃kʀwajɑ̃, -ɑ̃t] *nm/f* non-believer
incrustation [ɛ̃kʀystɑsjɔ̃] *nf* inlaying *no pl*; inlay; (*dans une chaudière etc*) fur *no pl*, scale *no pl*
incruster [ɛ̃kʀyste] *vt* (*Art*): ~ **qch dans/qch de** to inlay sth into/sth with; (*radiateur etc*) to coat with scale *ou* fur; **s'incruster** *vi* (*invité*) to take root; (*radiateur etc*) to become coated with scale *ou* fur; **s'~ dans** (*corps étranger, caillou*) to become embedded in
incubateur [ɛ̃kybatœʀ] *nm* incubator
incubation [ɛ̃kybɑsjɔ̃] *nf* incubation
inculpation [ɛ̃kylpɑsjɔ̃] *nf* charging *no pl*; charge; **sous l'~ de** on a charge of
inculpé, e [ɛ̃kylpe] *nm/f* accused
inculper [ɛ̃kylpe] *vt*: ~ **(de)** to charge (with)
inculquer [ɛ̃kylke] *vt*: ~ **qch à** to inculcate sth in, instil sth into
inculte [ɛ̃kylt(ə)] *adj* uncultivated; (*esprit, peuple*) uncultured; (*barbe*) unkempt
incultivable [ɛ̃kyltivabl(ə)] *adj* (*terrain*) unworkable
inculture [ɛ̃kyltyʀ] *nf* lack of education
incurable [ɛ̃kyʀabl(ə)] *adj* incurable
incurie [ɛ̃kyʀi] *nf* carelessness
incursion [ɛ̃kyʀsjɔ̃] *nf* incursion, foray
incurvé, e [ɛ̃kyʀve] *adj* curved
incurver [ɛ̃kyʀve] *vt* (*barre de fer*) to bend into a curve; **s'incurver** *vi* (*planche, route*) to bend
Inde [ɛ̃d] *nf*: **l'~** India
indécemment [ɛ̃desamɑ̃] *adv* indecently
indécence [ɛ̃desɑ̃s] *nf* indecency; (*propos, acte*) indecent remark (*ou* act *etc*)
indécent, e [ɛ̃desɑ̃, -ɑ̃t] *adj* indecent
indéchiffrable [ɛ̃deʃifʀabl(ə)] *adj* indecipherable
indéchirable [ɛ̃deʃiʀabl(ə)] *adj* tear-proof
indécis, e [ɛ̃desi, -iz] *adj* indecisive; (*perplexe*) undecided
indécision [ɛ̃desizjɔ̃] *nf* indecision, indecisiveness
indéclinable [ɛ̃deklinabl(ə)] *adj* (*Ling: mot*) indeclinable
indécomposable [ɛ̃dekɔ̃pozabl(ə)] *adj* that cannot be broken down
indécrottable [ɛ̃dekʀɔtabl(ə)] *adj* (*fam*) hopeless
indéfectible [ɛ̃defɛktibl(ə)] *adj* (*attachement*) indestructible
indéfendable [ɛ̃defɑ̃dabl(ə)] *adj* indefensible
indéfini, e [ɛ̃defini] *adj* (*imprécis, incertain*) undefined; (*illimité, Ling*) indefinite
indéfiniment [ɛ̃definimɑ̃] *adv* indefinitely
indéfinissable [ɛ̃definisabl(ə)] *adj* indefinable
indéformable [ɛ̃defɔʀmabl(ə)] *adj* that keeps its shape
indélébile [ɛ̃delebil] *adj* indelible
indélicat, e [ɛ̃delika, -at] *adj* tactless; (*malhonnête*) dishonest
indélicatesse [ɛ̃delikatɛs] *nf* tactlessness; dishonesty
indémaillable [ɛ̃demɑjabl(ə)] *adj* run-resist
indemne [ɛ̃dɛmn(ə)] *adj* unharmed
indemnisable [ɛ̃dɛmnizabl(ə)] *adj* entitled to compensation
indemnisation [ɛ̃dɛmnizɑsjɔ̃] *nf* (*somme*) indemnity, compensation
indemniser [ɛ̃dɛmnize] *vt*: ~ **qn (de)** to compensate sb (for); **se faire ~** to get compensation
indemnité [ɛ̃dɛmnite] *nf* (*dédommagement*) compensation *no pl*; (*allocation*) allowance; ~ **de licenciement** redundancy payment; ~ **de logement** housing allowance; ~ **parlementaire** ≈ MP's (*Brit*) *ou* Congressman's (*US*) salary
indémontable [ɛ̃demɔ̃tabl(ə)] *adj* (*meuble etc*) that cannot be dismantled, in one piece
indéniable [ɛ̃denjabl(ə)] *adj* undeniable, indisputable
indéniablement [ɛ̃denjabləmɑ̃] *adv* undeniably
indépendamment [ɛ̃depɑ̃damɑ̃] *adv* independently; ~ **de** independently of; (*abstraction faite de*) irrespective of; (*en plus de*) over and above
indépendance [ɛ̃depɑ̃dɑ̃s] *nf* independence; ~ **matérielle** financial independence
indépendant, e [ɛ̃depɑ̃dɑ̃, -ɑ̃t] *adj* independent; ~ **de** independent of; **chambre ~e** room with private entrance; **travailleur** ~ self-employed worker
indépendantiste [ɛ̃depɑ̃dɑ̃tist(ə)] *adj, nm/f* separatist

indéracinable [ɛ̃deʀasinabl(ə)] *adj* (*fig: croyance etc*) ineradicable
indéréglable [ɛ̃deʀeglabl(ə)] *adj* which will not break down
indescriptible [ɛ̃dɛskʀiptibl(ə)] *adj* indescribable
indésirable [ɛ̃deziʀabl(ə)] *adj* undesirable
indestructible [ɛ̃dɛstʀyktibl(ə)] *adj* indestructible; (*marque, impression*) indelible
indéterminable [ɛ̃detɛʀminabl(ə)] *adj* indeterminable
indétermination [ɛ̃detɛʀminɑsjɔ̃] *nf* indecision, indecisiveness
indéterminé, e [ɛ̃detɛʀmine] *adj* unspecified; indeterminate; indeterminable
index [ɛ̃dɛks] *nm* (*doigt*) index finger; (*d'un livre etc*) index; **mettre à l'~** to blacklist
indexation [ɛ̃dɛksɑsjɔ̃] *nf* indexing
indexé, e [ɛ̃dɛkse] *adj* (*Écon*): **~ (sur)** index-linked (to)
indexer [ɛ̃dɛkse] *vt* (*salaire, emprunt*): **~ (sur)** to index (on)
indicateur [ɛ̃dikatœʀ] *nm* (*Police*) informer; (*livre*) guide; (*: liste*) directory; (*Tech*) gauge; indicator; (*Écon*) indicator ▷ *adj*: **poteau ~** signpost; **tableau ~** indicator (board); **~ des chemins de fer** railway timetable; **~ de direction** (*Auto*) indicator; **~ immobilier** property gazette; **~ de niveau** level, gauge; **~ de pression** pressure gauge; **~ de rues** street directory; **~ de vitesse** speedometer
indicatif, -ive [ɛ̃dikatif, -iv] *adj*: **à titre ~** for (your) information ▷ *nm* (*Ling*) indicative; (*d'une émission*) theme *ou* signature tune; (*Tél*) dialling code; **~ d'appel** (*Radio*) call sign
indication [ɛ̃dikɑsjɔ̃] *nf* indication; (*renseignement*) information *no pl*; **indications** *nfpl* (*directives*) instructions; **~ d'origine** (*Comm*) place of origin
indice [ɛ̃dis] *nm* (*marque, signe*) indication, sign; (*Police: lors d'une enquête*) clue; (*Jur: présomption*) piece of evidence; (*Science, Écon, Tech*) index; (*Admin*) grading; rating; **~ du coût de la vie** cost-of-living index; **~ inférieur** subscript; **~ d'octane** octane rating; **~ des prix** price index; **~ de traitement** salary grading
indicible [ɛ̃disibl(ə)] *adj* inexpressible
indien, ne [ɛ̃djɛ̃, -ɛn] *adj* Indian ▷ *nm/f*: **Indien, ne** (*d'Amérique*) Native American; (*d'Inde*) Indian
indifféremment [ɛ̃difeʀamɑ̃] *adv* (*sans distinction*) equally; indiscriminately
indifférence [ɛ̃difeʀɑ̃s] *nf* indifference
indifférencié, e [ɛ̃difeʀɑ̃sje] *adj* undifferentiated
indifférent, e [ɛ̃difeʀɑ̃, -ɑ̃t] *adj* (*peu intéressé*) indifferent; **~ à** (*insensible à*) indifferent to, unconcerned about; (*peu intéressant pour*) indifferent to; immaterial to; **ça m'est ~ (que ...)** it doesn't matter to me (whether ...)
indifférer [ɛ̃difeʀe] *vt*: **cela m'indiffère** I'm indifferent about it
indigence [ɛ̃diʒɑ̃s] *nf* poverty; **être dans l'~** to be destitute
indigène [ɛ̃diʒɛn] *adj* native, indigenous; (*de la région*) local ▷ *nm/f* native
indigent, e [ɛ̃diʒɑ̃, -ɑ̃t] *adj* destitute, poverty-stricken; (*fig*) poor
indigeste [ɛ̃diʒɛst(ə)] *adj* indigestible
indigestion [ɛ̃diʒɛstjɔ̃] *nf* indigestion *no pl*; **avoir une ~** to have indigestion
indignation [ɛ̃diɲɑsjɔ̃] *nf* indignation; **avec ~** indignantly
indigne [ɛ̃diɲ] *adj*: **~ (de)** unworthy (of)
indigné, e [ɛ̃diɲe] *adj* indignant
indignement [ɛ̃diɲmɑ̃] *adv* shamefully
indigner [ɛ̃diɲe] *vt* to make indignant; **s'indigner (de/contre)** *vi* to be (*ou* become) indignant (at)
indignité [ɛ̃diɲite] *nf* unworthiness *no pl*; (*acte*) shameful act
indigo [ɛ̃digo] *nm* indigo
indiqué, e [ɛ̃dike] *adj* (*date, lieu*) given, appointed; (*adéquat*) appropriate, suitable; (*conseillé*) advisable; (*remède, traitement*) appropriate
indiquer [ɛ̃dike] *vt* (*désigner*): **~ qch/qn à qn** to point sth/sb out to sb; (*pendule, aiguille*) to show; (*étiquette, plan*) to show, indicate; (*faire connaître: médecin, lieu*): **~ qch/qn à qn** to tell sb of sth/sb; (*renseigner sur*) to point out, tell; (*déterminer: date, lieu*) to give, state; (*dénoter*) to indicate, point to; **~ du doigt** to point out; **~ de la main** to indicate with one's hand; **~ du regard** to glance towards *ou* in the direction of; **pourriez-vous m'~ les toilettes/l'heure?** could you direct me to the toilets/tell me the time?
indirect, e [ɛ̃diʀɛkt] *adj* indirect
indirectement [ɛ̃diʀɛktəmɑ̃] *adv* indirectly; (*apprendre*) in a roundabout way
indiscernable [ɛ̃disɛʀnabl(ə)] *adj* undiscernable
indiscipline [ɛ̃disiplin] *nf* lack of discipline
indiscipliné, e [ɛ̃disipline] *adj* undisciplined; (*fig*) unmanageable
indiscret, -ète [ɛ̃diskʀɛ, -ɛt] *adj* indiscreet
indiscrétion [ɛ̃diskʀesjɔ̃] *nf* indiscretion; **sans ~, ...** without wishing to be indiscreet, ...
indiscutable [ɛ̃diskytabl(ə)] *adj* indisputable
indiscutablement [ɛ̃diskytabləmɑ̃] *adv* indisputably
indiscuté, e [ɛ̃dispyte] *adj* (*incontesté: droit, chef*) undisputed
indispensable [ɛ̃dispɑ̃sabl(ə)] *adj* indispensable, essential; **~ à qn/pour faire qch** essential for sb/to do sth
indisponibilité [ɛ̃dispɔnibilite] *nf* unavailability
indisponible [ɛ̃dispɔnibl(ə)] *adj* unavailable
indisposé, e [ɛ̃dispoze] *adj* indisposed, unwell
indisposer [ɛ̃dispoze] *vt* (*incommoder*) to upset; (*déplaire à*) to antagonize
indisposition [ɛ̃dispozisjɔ̃] *nf* (slight) illness, indisposition

indissociable [ɛ̃disɔsjabl(ə)] *adj* indissociable
indissoluble [ɛ̃disɔlybl(ə)] *adj* indissoluble
indissolublement [ɛ̃disɔlybləmɑ̃] *adv* indissolubly
indistinct, e [ɛ̃distɛ̃, -ɛ̃kt(ə)] *adj* indistinct
indistinctement [ɛ̃distɛ̃ktəmɑ̃] *adv* (*voir, prononcer*) indistinctly; (*sans distinction*) without distinction, indiscriminately
individu [ɛ̃dividy] *nm* individual
individualiser [ɛ̃dividɥalize] *vt* to individualize; (*personnaliser*) to tailor to individual requirements; **s'individualiser** *vi* to develop one's own identity
individualisme [ɛ̃dividɥalism(ə)] *nm* individualism
individualiste [ɛ̃dividɥalist(ə)] *nm/f* individualist
individualité [ɛ̃dividɥalite] *nf* individuality
individuel, le [ɛ̃dividɥɛl] *adj* (*gén*) individual; (*opinion, livret, contrôle, avantages*) personal; **chambre ~le** single room; **maison ~le** detached house; **propriété ~le** personal *ou* private property
individuellement [ɛ̃dividɥɛlmɑ̃] *adv* individually
indivis, e [ɛ̃divi, -iz] *adj* (*Jur: bien, succession*) indivisible; (*: cohéritiers, propriétaires*) joint
indivisible [ɛ̃divizibl(ə)] *adj* indivisible
Indochine [ɛ̃dɔʃin] *nf*: **l'~** Indochina
indochinois, e [ɛ̃dɔʃinwa, -waz] *adj* Indochinese
indocile [ɛ̃dɔsil] *adj* unruly
indo-européen, ne [ɛ̃dɔøʀɔpeɛ̃, -ɛn] *adj* Indo-European ▷ *nm* (*Ling*) Indo-European
indolence [ɛ̃dɔlɑ̃s] *nf* indolence
indolent, e [ɛ̃dɔlɑ̃, -ɑ̃t] *adj* indolent
indolore [ɛ̃dɔlɔʀ] *adj* painless
indomptable [ɛ̃dɔ̃tabl(ə)] *adj* untameable; (*fig*) invincible, indomitable
indompté, e [ɛ̃dɔ̃te] *adj* (*cheval*) unbroken
Indonésie [ɛ̃donezi] *nf*: **l'~** Indonesia
indonésien, ne [ɛ̃dɔnezjɛ̃, -ɛn] *adj* Indonesian ▷ *nm/f*: **Indonésien, ne** Indonesian
indu, e [ɛ̃dy] *adj*: **à des heures ~es** at an ungodly hour
indubitable [ɛ̃dybitabl(ə)] *adj* indubitable
indubitablement [ɛ̃dybitabləmɑ̃] *adv* indubitably
induction [ɛ̃dyksjɔ̃] *nf* induction
induire [ɛ̃dɥiʀ] *vt*: **~ qch de** to induce sth from; **~ qn en erreur** to lead sb astray, mislead sb
indulgence [ɛ̃dylʒɑ̃s] *nf* indulgence; leniency; **avec ~** indulgently; leniently
indulgent, e [ɛ̃dylʒɑ̃, -ɑ̃t] *adj* (*parent, regard*) indulgent; (*juge, examinateur*) lenient
indûment [ɛ̃dymɑ̃] *adv* without due cause; (*illégitimement*) wrongfully
industrialisation [ɛ̃dystʀijalizasjɔ̃] *nf* industrialization
industrialisé, e [ɛ̃dystʀijalize] *adj* industrialized
industrialiser [ɛ̃dystʀijalize] *vt* to industrialize; **s'industrialiser** *vi* to become industrialized
industrie [ɛ̃dystʀi] *nf* industry; **~ automobile/textile** car/textile industry; **~ du spectacle** entertainment business
industriel, le [ɛ̃dystʀijɛl] *adj* industrial; (*produit industriellement: pain etc*) mass-produced, factory-produced ▷ *nm* industrialist; (*fabricant*) manufacturer
industriellement [ɛ̃dystʀijɛlmɑ̃] *adv* industrially
industrieux, -euse [ɛ̃dystʀijø, -øz] *adj* industrious
inébranlable [inebʀɑ̃labl(ə)] *adj* (*masse, colonne*) solid; (*personne, certitude, foi*) steadfast, unwavering
inédit, e [inedi, -it] *adj* (*correspondance etc*) (hitherto) unpublished; (*spectacle, moyen*) novel, original
ineffable [inefabl(ə)] *adj* inexpressible, ineffable
ineffaçable [inefasabl(ə)] *adj* indelible
inefficace [inefikas] *adj* (*remède, moyen*) ineffective; (*machine, employé*) inefficient
inefficacité [inefikasite] *nf* ineffectiveness; inefficiency
inégal, e, -aux [inegal, -o] *adj* unequal; (*irrégulier*) uneven
inégalable [inegalabl(e)] *adj* matchless
inégalé, e [inegale] *adj* unmatched, unequalled
inégalement [inegalmɑ̃] *adv* unequally
inégalité [inegalite] *nf* inequality; unevenness *no pl*; **~ de deux hauteurs** difference *ou* disparity between two heights; **~s de terrain** uneven ground
inélégance [inelegɑ̃s] *nf* inelegance
inélégant, e [inelegɑ̃, -ɑ̃t] *adj* inelegant; (*indélicat*) discourteous
inéligible [ineliʒibl(ə)] *adj* ineligible
inéluctable [inelyktabl(ə)] *adj* inescapable
inéluctablement [inelyktabləmɑ̃] *adv* inescapably
inemployable [inɑ̃plwajabl(ə)] *adj* unusable
inemployé, e [inɑ̃plwaje] *adj* unused
inénarrable [inenaʀabl(ə)] *adj* hilarious
inepte [inɛpt(ə)] *adj* inept
ineptie [inɛpsi] *nf* ineptitude; (*propos*) nonsense *no pl*
inépuisable [inepɥizabl(ə)] *adj* inexhaustible
inéquitable [inekitabl(ə)] *adj* inequitable
inerte [inɛʀt(ə)] *adj* lifeless; (*apathique*) passive, inert; (*Physique, Chimie*) inert
inertie [inɛʀsi] *nf* inertia
inescompté, e [inɛskɔ̃te] *adj* unexpected, unhoped-for
inespéré, e [inɛspeʀe] *adj* unhoped-for, unexpected
inesthétique [inɛstetik] *adj* unsightly
inestimable [inɛstimabl(e)] *adj* priceless; (*fig: bienfait*) invaluable
inévitable [inevitabl(ə)] *adj* unavoidable; (*fatal, habituel*) inevitable

inévitablement [inevitabləmɑ̃] *adv* inevitably
inexact, e [inɛgzakt] *adj* inaccurate, inexact; (*non ponctuel*) unpunctual
inexactement [inɛgzaktəmɑ̃] *adv* inaccurately
inexactitude [inɛgzaktityd] *nf* inaccuracy
inexcusable [inɛkskyzabl(ə)] *adj* inexcusable, unforgivable
inexécutable [inɛgzekytabl(ə)] *adj* impracticable, unworkable; (*Mus*) unplayable
inexistant, e [inɛgzistɑ̃, -ɑ̃t] *adj* non-existent
inexorable [inɛgzɔʀabl(ə)] *adj* inexorable; (*personne: dur*): **~ (à)** unmoved (by)
inexorablement [inɛgzɔʀabləmɑ̃] *adv* inexorably
inexpérience [inɛkspeʀjɑ̃s] *nf* inexperience, lack of experience
inexpérimenté, e [inɛkspeʀimɑ̃te] *adj* inexperienced; (*arme, procédé*) untested
inexplicable [inɛksplikabl(ə)] *adj* inexplicable
inexplicablement [inɛksplikabləmɑ̃] *adv* inexplicably
inexpliqué, e [inɛksplike] *adj* unexplained
inexploitable [inɛksplwatabl(ə)] *adj* (*gisement, richesse*) unexploitable; (*données, renseignements*) unusable
inexploité, e [inɛksplwate] *adj* unexploited, untapped
inexploré, e [inɛksplɔʀe] *adj* unexplored
inexpressif, -ive [inɛkspʀesif, -iv] *adj* inexpressive; (*regard etc*) expressionless
inexpressivité [inɛkspʀesivite] *nf* expressionlessness
inexprimable [inɛkspʀimabl(ə)] *adj* inexpressible
inexprimé, e [inɛkspʀime] *adj* unspoken, unexpressed
inexpugnable [inɛkspygnabl(ə)] *adj* impregnable
inextensible [inɛkstɑ̃sibl(ə)] *adj* (*tissu*) non-stretch
in extenso [inɛkstɛ̃so] *adv* in full
inextinguible [inɛkstɛ̃gibl(ə)] *adj* (*soif*) unquenchable; (*rire*) uncontrollable
in extremis [inɛkstʀemis] *adv* at the last minute ▷ *adj* last-minute; (*testament*) death bed *cpd*
inextricable [inɛkstʀikabl(ə)] *adj* inextricable
inextricablement [inɛkstʀikabləmɑ̃] *adv* inextricably
infaillibilité [ɛ̃fajibilite] *nf* infallibility
infaillible [ɛ̃fajibl(ə)] *adj* infallible; (*instinct*) infallible, unerring
infailliblement [ɛ̃fajibləmɑ̃] *adv* (*certainement*) without fail
infaisable [ɛ̃fəzabl(ə)] *adj* (*travail etc*) impossible, impractical
infamant, e [ɛ̃famɑ̃, -ɑ̃t] *adj* libellous, defamatory
infâme [ɛ̃fɑm] *adj* vile
infamie [ɛ̃fami] *nf* infamy
infanterie [ɛ̃fɑ̃tʀi] *nf* infantry
infanticide [ɛ̃fɑ̃tisid] *nm/f* child-murderer, murderess ▷ *nm* (*meurtre*) infanticide
infantile [ɛ̃fɑ̃til] *adj* (*Méd*) infantile, child *cpd*; (*péj: ton, réaction*) infantile, childish
infantilisme [ɛ̃fɑ̃tilism(ə)] *nm* infantilism
infarctus [ɛ̃faʀktys] *nm*: **~ (du myocarde)** coronary (thrombosis)
infatigable [ɛ̃fatigabl(ə)] *adj* tireless, indefatigable
infatigablement [ɛ̃fatigabləmɑ̃] *adv* tirelessly, indefatigably
infatué, e [ɛ̃fatɥe] *adj* conceited; **~ de** full of
infécond, e [ɛ̃fekɔ̃, -ɔ̃d] *adj* infertile, barren
infect, e [ɛ̃fɛkt] *adj* vile, foul; (*repas, vin*) revolting, foul
infecter [ɛ̃fɛkte] *vt* (*atmosphère, eau*) to contaminate; (*Méd*) to infect; **s'infecter** *vi* to become infected *ou* septic
infectieux, -euse [ɛ̃fɛksjø, -øz] *adj* infectious
infection [ɛ̃fɛksjɔ̃] *nf* infection
inféoder [ɛ̃feɔde] *vt*: **s'inféoder à** to pledge allegiance to
inférer [ɛ̃feʀe] *vt*: **~ qch de** to infer sth from
inférieur, e [ɛ̃feʀjœʀ] *adj* lower; (*en qualité, intelligence*) inferior ▷ *nm/f* inferior; **~ à** (*somme, quantité*) less *ou* smaller than; (*moins bon que*) inferior to; (*tâche: pas à la hauteur de*) unequal to
infériorité [ɛ̃feʀjɔʀite] *nf* inferiority; **~ en nombre** inferiority in numbers
infernal, e, -aux [ɛ̃fɛʀnal, -o] *adj* (*chaleur, rythme*) infernal; (*méchanceté, complot*) diabolical
infester [ɛ̃fɛste] *vt* to infest; **infesté de moustiques** infested with mosquitoes, mosquito-ridden
infidèle [ɛ̃fidɛl] *adj* unfaithful; (*Rel*) infidel
infidélité [ɛ̃fidelite] *nf* unfaithfulness *no pl*
infiltration [ɛ̃filtʀɑsjɔ̃] *nf* infiltration
infiltrer [ɛ̃filtʀe]: **s'infiltrer** *vi*: **s'~ dans** to penetrate into; (*liquide*) to seep into; (*fig: noyauter*) to infiltrate
infime [ɛ̃fim] *adj* minute, tiny; (*inférieur*) lowly
infini, e [ɛ̃fini] *adj* infinite ▷ *nm* infinity; **à l'~** (*Math*) to infinity; (*discourir*) ad infinitum, endlessly; (*agrandir, varier*) infinitely; (*à perte de vue*) endlessly (into the distance)
infiniment [ɛ̃finimɑ̃] *adv* infinitely; **~ grand/petit** (*Math*) infinitely great/infinitesimal
infinité [ɛ̃finite] *nf*: **une ~ de** an infinite number of
infinitésimal, e, -aux [ɛ̃finitezimal, -o] *adj* infinitesimal
infinitif, -ive [ɛ̃finitif, -iv] *adj, nm* infinitive
infirme [ɛ̃fiʀm(ə)] *adj* disabled ▷ *nm/f* disabled person; **~ de guerre** war cripple; **~ du travail** industrially disabled person
infirmer [ɛ̃fiʀme] *vt* to invalidate
infirmerie [ɛ̃fiʀməʀi] *nf* sick bay
infirmier, -ière [ɛ̃fiʀmje, -jɛʀ] *nm/f* nurse ▷ *adj*: **élève ~** student nurse; **infirmière chef** sister; **infirmière diplômée** registered nurse; **infirmière visiteuse** visiting nurse, ≈ district nurse (*Brit*)
infirmité [ɛ̃fiʀmite] *nf* disability

inflammable [ɛ̃flamabl(ə)] *adj* (in)flammable
inflammation [ɛ̃flamɑsjɔ̃] *nf* inflammation
inflammatoire [ɛ̃flamatwaʀ] *adj* (*Méd*) inflammatory
inflation [ɛ̃flɑsjɔ̃] *nf* inflation; **~ rampante/galopante** creeping/galloping inflation
inflationniste [ɛ̃flɑsjɔnist(ə)] *adj* inflationist
infléchir [ɛ̃fleʃiʀ] *vt* (*fig: politique*) to reorientate, redirect; **s'infléchir** *vi* (*poutre, tringle*) to bend, sag
inflexibilité [ɛ̃flɛksibilite] *nf* inflexibility
inflexible [ɛ̃flɛksibl(ə)] *adj* inflexible
inflexion [ɛ̃flɛksjɔ̃] *nf* inflexion; **~ de la tête** slight nod (of the head)
infliger [ɛ̃fliʒe] *vt*: **~ qch (à qn)** to inflict sth (on sb); (*amende, sanction*) to impose sth (on sb)
influençable [ɛ̃flyɑ̃sabl(ə)] *adj* easily influenced
influence [ɛ̃flyɑ̃s] *nf* influence; (*d'un médicament*) effect
influencer [ɛ̃flyɑ̃se] *vt* to influence
influent, e [ɛ̃flyɑ̃, -ɑ̃t] *adj* influential
influer [ɛ̃flye]: **~ sur** *vt* to have an influence upon
influx [ɛ̃fly] *nm*: **~ nerveux** (nervous) impulse
infobulle [ɛ̃fobyl] *nf* (*Inform*) help bubble
infographie [ɛ̃fɔgʀafi] *nf* computer graphics *sg*
informateur, -trice [ɛ̃fɔʀmatœʀ, -tʀis] *nm/f* informant
informaticien, ne [ɛ̃fɔʀmatisjɛ̃, -ɛn] *nm/f* computer scientist
informatif, -ive [ɛ̃fɔʀmatif, -iv] *adj* informative
information [ɛ̃fɔʀmɑsjɔ̃] *nf* (*renseignement*) piece of information; (*Presse, TV: nouvelle*) item of news; (*diffusion de renseignements, Inform*) information; (*Jur*) inquiry, investigation; **informations** *nfpl* (TV) news *sg*; **voyage d'~** fact-finding trip; **agence d'~** news agency; **journal d'~** quality (*Brit*) *ou* serious newspaper
informatique [ɛ̃fɔʀmatik] *nf* (*technique*) data processing; (*science*) computer science ▷ *adj* computer *cpd*
informatisation [ɛ̃fɔʀmatizɑsjɔ̃] *nf* computerization
informatiser [ɛ̃fɔʀmatize] *vt* to computerize
informe [ɛ̃fɔʀm(ə)] *adj* shapeless
informé, e [ɛ̃fɔʀme] *adj*: **jusqu'à plus ample ~** until further information is available
informel, le [ɛ̃fɔʀmɛl] *adj* informal
informer [ɛ̃fɔʀme] *vt*: **~ qn (de)** to inform sb (of) ▷ *vi* (*Jur*): **~ contre qn/sur qch** to initiate inquiries about sb/sth; **s'informer (sur)** to inform o.s. (about); **s'~ (de qch/si)** to inquire *ou* find out (about sth/whether *ou* if)
informulé, e [ɛ̃fɔʀmyle] *adj* unformulated
infortune [ɛ̃fɔʀtyn] *nf* misfortune
infos [ɛ̃fo] *nfpl* (= *informations*) news
infraction [ɛ̃fʀaksjɔ̃] *nf* offence; **~ à** violation *ou* breach of; **être en ~** to be in breach of the law
infranchissable [ɛ̃fʀɑ̃ʃisabl(ə)] *adj* impassable; (*fig*) insuperable
infrarouge [ɛ̃fʀaʀuʒ] *adj, nm* infrared
infrason [ɛ̃fʀasɔ̃] *nm* infrasonic vibration
infrastructure [ɛ̃fʀastʀyktyʀ] *nf* (*d'une route etc*) substructure; (*Aviat, Mil*) ground installations *pl*; (*touristique etc*) facilities *pl*
infréquentable [ɛ̃fʀekɑ̃tabl(ə)] *adj* not to be associated with
infroissable [ɛ̃fʀwasabl(ə)] *adj* crease-resistant
infructueux, -euse [ɛ̃fʀyktɥø, -øz] *adj* fruitless, unfruitful
infus, e [ɛ̃fy, -yz] *adj*: **avoir la science ~e** to have innate knowledge
infuser [ɛ̃fyze] *vt* (*aussi*: **faire infuser**: *thé*) to brew; (*: tisane*) to infuse ▷ *vi* to brew; to infuse; **laisser ~** (to leave) to brew
infusion [ɛ̃fyzjɔ̃] *nf* (*tisane*) infusion, herb tea
ingambe [ɛ̃gɑ̃b] *adj* spry, nimble
ingénier [ɛ̃ʒenje]: **s'ingénier** *vi*: **s'~ à faire** to strive to do
ingénierie [ɛ̃ʒeniʀi] *nf* engineering
ingénieur [ɛ̃ʒenjœʀ] *nm* engineer; **~ agronome/chimiste** agricultural/chemical engineer; **~ conseil** consulting engineer; **~ du son** sound engineer
ingénieusement [ɛ̃ʒenjøzmɑ̃] *adv* ingeniously
ingénieux, -euse [ɛ̃ʒenjø, -øz] *adj* ingenious, clever
ingéniosité [ɛ̃ʒenjozite] *nf* ingenuity
ingénu, e [ɛ̃ʒeny] *adj* ingenuous, artless ▷ *nf* (*Théât*) ingénue
ingénuité [ɛ̃ʒenɥite] *nf* ingenuousness
ingénument [ɛ̃ʒenymɑ̃] *adv* ingenuously
ingérence [ɛ̃ʒeʀɑ̃s] *nf* interference
ingérer [ɛ̃ʒeʀe]: **s'ingérer** *vi*: **s'~ dans** to interfere in
ingouvernable [ɛ̃guvɛʀnabl(ə)] *adj* ungovernable
ingrat, e [ɛ̃gʀa, -at] *adj* (*personne*) ungrateful; (*sol*) poor; (*travail, sujet*) arid, thankless; (*visage*) unprepossessing
ingratitude [ɛ̃gʀatityd] *nf* ingratitude
ingrédient [ɛ̃gʀedjɑ̃] *nm* ingredient
inguérissable [ɛ̃geʀisabl(ə)] *adj* incurable
ingurgiter [ɛ̃gyʀʒite] *vt* to swallow; **faire ~ qch à qn** to make sb swallow sth; (*fig: connaissances*) to force sth into sb
inhabile [inabil] *adj* clumsy; (*fig*) inept
inhabitable [inabitabl(ə)] *adj* uninhabitable
inhabité, e [inabite] *adj* (*régions*) uninhabited; (*maison*) unoccupied
inhabituel, le [inabitɥɛl] *adj* unusual
inhalateur [inalatœʀ] *nm* inhaler; **~ d'oxygène** oxygen mask
inhalation [inalɑsjɔ̃] *nf* (*Méd*) inhalation; **faire des ~s** to use an inhalation bath
inhaler [inale] *vt* to inhale
inhérent, e [ineʀɑ̃, -ɑ̃t] *adj*: **~ à** inherent in
inhiber [inibe] *vt* to inhibit
inhibition [inibisjɔ̃] *nf* inhibition
inhospitalier, -ière [inɔspitalje, -jɛʀ] *adj* inhospitable
inhumain, e [inymɛ̃, -ɛn] *adj* inhuman
inhumation [inymɑsjɔ̃] *nf* interment, burial
inhumer [inyme] *vt* to inter, bury

inimaginable [inimaʒinabl(ə)] *adj* unimaginable
inimitable [inimitabl(ə)] *adj* inimitable
inimitié [inimitje] *nf* enmity
ininflammable [inɛ̃flamabl(ə)] *adj* non-flammable
inintelligent, e [inɛ̃teliʒɑ̃, -ɑ̃t] *adj* unintelligent
inintelligible [inɛ̃teliʒibl(ə)] *adj* unintelligible
inintelligiblement [inɛ̃teliʒibləmɑ̃] *adv* unintelligibly
inintéressant, e [inɛ̃teʀɛsɑ̃, -ɑ̃t] *adj* uninteresting
ininterrompu, e [inɛ̃tɛʀɔ̃py] *adj* (*file, série*) unbroken; (*flot, vacarme*) uninterrupted, non-stop; (*effort*) unremitting, continuous
iniquité [inikite] *nf* iniquity
initial, e, -aux [inisjal, -o] *adj, nf* initial; **initiales** *nfpl* initials
initialement [inisjalmɑ̃] *adv* initially
initialiser [inisjalize] *vt* to initialize
initiateur, -trice [inisjatœʀ, -tʀis] *nm/f* initiator; (*d'une mode, technique*) innovator, pioneer
initiation [inisjɑsjɔ̃] *nf* initiation
initiatique [inisjatik] *adj* (*rites, épreuves*) initiatory
initiative [inisjativ] *nf* initiative; **prendre l'~ de qch/de faire** to take the initiative for sth/of doing; **avoir de l'~** to have initiative, show enterprise; **esprit/qualités d'~** spirit/qualities of initiative; **à** *ou* **sur l'~ de qn** on sb's initiative; **de sa propre ~** on one's own initiative
initié, e [inisje] *adj* initiated ▷ *nm/f* initiate
initier [inisje] *vt* to initiate; **~ qn à** to initiate sb into; (*faire découvrir: art, jeu*) to introduce sb to; **s'initier à** *vi* (*métier, profession, technique*) to become initiated into
injectable [ɛ̃ʒɛktabl(ə)] *adj* injectable
injecté, e [ɛ̃ʒɛkte] *adj*: **yeux ~s de sang** bloodshot eyes
injecter [ɛ̃ʒɛkte] *vt* to inject
injection [ɛ̃ʒɛksjɔ̃] *nf* injection; **à ~** (*Auto*) fuel injection *cpd*
injonction [ɛ̃ʒɔ̃ksjɔ̃] *nf* injunction, order; **~ de payer** (*Jur*) order to pay
injouable [ɛ̃jwabl(ə)] *adj* unplayable
injure [ɛ̃ʒyʀ] *nf* insult, abuse *no pl*
injurier [ɛ̃ʒyʀje] *vt* to insult, abuse
injurieux, -euse [ɛ̃ʒyʀjø, -øz] *adj* abusive, insulting
injuste [ɛ̃ʒyst(ə)] *adj* unjust, unfair
injustement [ɛ̃jystəmɑ̃] *adv* unjustly, unfairly
injustice [ɛ̃ʒystis] *nf* injustice
injustifiable [ɛ̃jystifjabl(ə)] *adj* unjustifiable
injustifié, e [ɛ̃jystifje] *adj* unjustified, unwarranted
inlassable [ɛ̃lɑsabl(ə)] *adj* tireless, indefatigable
inlassablement [ɛ̃lasabləmɑ̃] *adv* tirelessly
inné, e [ine] *adj* innate, inborn
innocemment [inɔsamɑ̃] *adv* innocently
innocence [inɔsɑ̃s] *nf* innocence
innocent, e [inɔsɑ̃, -ɑ̃t] *adj* innocent ▷ *nm/f* innocent person; **faire l'~** to play *ou* come the innocent
innocenter [inɔsɑ̃te] *vt* to clear, prove innocent
innocuité [inɔkɥite] *nf* innocuousness
innombrable [inɔ̃bʀabl(ə)] *adj* innumerable
innommable [inɔmabl(ə)] *adj* unspeakable
innovateur, -trice [inɔvatœʀ, -tʀis] *adj* innovatory
innovation [inɔvɑsjɔ̃] *nf* innovation
innover [inɔve] *vi*: **~ en matière d'art** to break new ground in the field of art
inobservance [inɔpsɛʀvɑ̃s] *nf* non-observance
inobservation [inɔpsɛʀvɑsjɔ̃] *nf* non-observation, inobservance
inoccupé, e [inɔkype] *adj* unoccupied
inoculer [inɔkyle] *vt*: **~ qch à qn** (*volontairement*) to inoculate sb with sth; (*accidentellement*) to infect sb with sth; **~ qn contre** to inoculate sb against
inodore [inɔdɔʀ] *adj* (*gaz*) odourless; (*fleur*) scentless
inoffensif, -ive [inɔfɑ̃sif, -iv] *adj* harmless, innocuous
inondable [inɔ̃dabl(ə)] *adj* (*zone etc*) liable to flooding
inondation [inɔ̃dɑsjɔ̃] *nf* flooding *no pl*; (*torrent, eau*) flood
inonder [inɔ̃de] *vt* to flood; (*fig*) to inundate, overrun; **~ de** (*fig*) to flood *ou* swamp with
inopérable [inɔpeʀabl(ə)] *adj* inoperable
inopérant, e [inɔpeʀɑ̃, -ɑ̃t] *adj* inoperative, ineffective
inopiné, e [inɔpine] *adj* unexpected, sudden
inopinément [inɔpinemɑ̃] *adv* unexpectedly
inopportun, e [inɔpɔʀtœ̃, -yn] *adj* ill-timed, untimely; inappropriate; (*moment*) inopportune
inorganisation [inɔʀganizɑsjɔ̃] *nf* lack of organization
inorganisé, e [inɔʀganize] *adj* (*travailleurs*) non-organized
inoubliable [inublijabl(ə)] *adj* unforgettable
inouï, e [inwi] *adj* unheard-of, extraordinary
inox [inɔks] *adj, nm* (*= inoxydable*) stainless (steel)
inoxydable [inɔksidabl(ə)] *adj* stainless; (*couverts*) stainless steel *cpd*
inqualifiable [ɛ̃kalifjabl(ə)] *adj* unspeakable
inquiet, -ète [ɛ̃kjɛ, -ɛt] *adj* (*par nature*) anxious; (*momentanément*) worried; **~ de qch/au sujet de qn** worried about sth/sb
inquiétant, e [ɛ̃kjetɑ̃, -ɑ̃t] *adj* worrying, disturbing
inquiéter [ɛ̃kjete] *vt* to worry, disturb; (*harceler*) to harass; **s'inquiéter** to worry, become anxious; **s'~ de** to worry about; (*s'enquérir de*) to inquire about
inquiétude [ɛ̃kjetyd] *nf* anxiety; **donner de l'~** *ou* **des ~s à** to worry; **avoir de l'~** *ou* **des ~s au sujet de** to feel anxious *ou* worried about
inquisiteur, -trice [ɛ̃kizitœʀ, -tʀis] *adj* (*regards, questions*) inquisitive, prying

inquisition [ɛ̃kizisjɔ̃] *nf* inquisition
INRA [inʀa] *sigle m* = **Institut national de la recherche agronomique**
inracontable [ɛ̃ʀakɔ̃tabl(ə)] *adj (trop osé)* unrepeatable; *(trop compliqué)*: **l'histoire est ~** the story is too complicated to relate
insaisissable [ɛ̃sezisabl(ə)] *adj* elusive
insalubre [ɛ̃salybʀ(ə)] *adj* unhealthy, insalubrious
insalubrité [ɛ̃salybʀite] *nf* unhealthiness, insalubrity
insanité [ɛ̃sanite] *nf* madness *no pl*, insanity *no pl*
insatiable [ɛ̃sasjabl(ə)] *adj* insatiable
insatisfaction [ɛ̃satisfaksjɔ̃] *nf* dissatisfaction
insatisfait, e [ɛ̃satisfɛ, -ɛt] *adj (non comblé)* unsatisfied; *(: passion, envie)* unfulfilled; *(mécontent)* dissatisfied
inscription [ɛ̃skʀipsjɔ̃] *nf (sur un mur, écriteau etc)* inscription; *(à une institution: voir s'inscrire)* enrolment; registration
inscrire [ɛ̃skʀiʀ] *vt (marquer: sur son calepin etc)* to note *ou* write down; *(: sur un mur, une affiche etc)* to write; *(: dans la pierre, le métal)* to inscribe; *(mettre: sur une liste, un budget etc)* to put down; *(enrôler: soldat)* to enlist; **~ qn à** *(club, école etc)* to enrol sb at; **s'inscrire** *vi (pour une excursion etc)* to put one's name down; **s'~ (à)** *(club, parti)* to join; *(université)* to register *ou* enrol (at); *(examen, concours)* to register *ou* enter (for); **s'~ dans** *(se situer: négociations etc)* to come within the scope of; **s'~ en faux contre** to deny (strongly); *(Jur)* to challenge
inscrit, e [ɛ̃skʀi, it] *pp de* **inscrire** ▷ *adj (étudiant, électeur etc)* registered
insécable [ɛ̃sekabl(ə)] *adj (Inform)* indivisible; **espace ~** hard space
insecte [ɛ̃sɛkt(ə)] *nm* insect
insecticide [ɛ̃sɛktisid] *nm* insecticide
insécurité [ɛ̃sekyʀite] *nf* insecurity, lack of security
INSEE [inse] *sigle m (= Institut national de la statistique et des études économiques) national institute of statistical and economic information*
insémination [ɛ̃seminasjɔ̃] *nf* insemination
insensé, e [ɛ̃sɑ̃se] *adj* insane, mad
insensibiliser [ɛ̃sɑ̃sibilize] *vt* to anaesthetize; *(à une allergie)* to desensitize; **~ à qch** *(fig)* to cause to become insensitive to sth
insensibilité [ɛ̃sɑ̃sibilite] *nf* insensitivity
insensible [ɛ̃sɑ̃sibl(ə)] *adj (nerf, membre)* numb; *(dur, indifférent)* insensitive; *(imperceptible)* imperceptible
insensiblement [ɛ̃sɑ̃sibləmɑ̃] *adv (doucement, peu à peu)* imperceptibly
inséparable [ɛ̃sepaʀabl(ə)] *adj*: **~ (de)** inseparable (from) ▷ *nmpl*: **~s** *(oiseaux)* lovebirds
insérer [ɛ̃seʀe] *vt* to insert; **s'~ dans** to fit into; *(fig)* to come within
INSERM [ɛ̃sɛʀm] *sigle m (= Institut national de la santé et de la recherche médicale) national institute for medical research*
insert [ɛ̃sɛʀ] *nm enclosed fireplace burning solid fuel*
insertion [ɛ̃sɛʀsjɔ̃] *nf (d'une personne)* integration
insidieusement [ɛ̃sidjøzmɑ̃] *adv* insidiously
insidieux, -euse [ɛ̃sidjø, -øz] *adj* insidious
insigne [ɛ̃siɲ] *nm (d'un parti, club)* badge ▷ *adj* distinguished; **insignes** *nmpl (d'une fonction)* insignia *pl*
insignifiant, e [ɛ̃siɲifjɑ̃, -ɑ̃t] *adj* insignificant; *(somme, affaire, détail)* trivial, insignificant
insinuant, e [ɛ̃sinɥɑ̃, -ɑ̃t] *adj* ingratiating
insinuation [ɛ̃sinɥasjɔ̃] *nf* innuendo, insinuation
insinuer [ɛ̃sinɥe] *vt* to insinuate, imply; **s'insinuer dans** *vi* to seep into; *(fig)* to worm one's way into, creep into
insipide [ɛ̃sipid] *adj* insipid
insistance [ɛ̃sistɑ̃s] *nf* insistence; **avec ~** insistently
insistant, e [ɛ̃sistɑ̃, -ɑ̃t] *adj* insistent
insister [ɛ̃siste] *vi* to insist; *(s'obstiner)* to keep on; **~ sur** *(détail, note)* to stress; **~ pour qch/ pour faire qch** to be insistent about sth/about doing sth
insociable [ɛ̃sɔsjabl(ə)] *adj* unsociable
insolation [ɛ̃sɔlasjɔ̃] *nf (Méd)* sunstroke *no pl*; *(ensoleillement)* period of sunshine
insolence [ɛ̃sɔlɑ̃s] *nf* insolence *no pl*; **avec ~** insolently
insolent, e [ɛ̃sɔlɑ̃, -ɑ̃t] *adj* insolent
insolite [ɛ̃sɔlit] *adj* strange, unusual
insoluble [ɛ̃sɔlybl(ə)] *adj* insoluble
insolvable [ɛ̃sɔlvabl(ə)] *adj* insolvent
insomniaque [ɛ̃sɔmnjak] *adj, nm/f* insomniac
insomnie [ɛ̃sɔmni] *nf* insomnia *no pl*, sleeplessness *no pl*; **avoir des ~s** to suffer from insomnia
insondable [ɛ̃sɔ̃dabl(ə)] *adj* unfathomable
insonore [ɛ̃sɔnɔʀ] *adj* soundproof
insonorisation [ɛ̃sɔnɔʀizasjɔ̃] *nf* soundproofing
insonoriser [ɛ̃sɔnɔʀize] *vt* to soundproof
insouciance [ɛ̃susjɑ̃s] *nf* carefree attitude; heedless attitude
insouciant, e [ɛ̃susjɑ̃, -ɑ̃t] *adj* carefree; *(imprévoyant)* heedless
insoumis, e [ɛ̃sumi, -iz] *adj (caractère, enfant)* rebellious, refractory; *(contrée, tribu)* unsubdued; *(Mil: soldat)* absent without leave ▷ *nm (Mil: soldat)* absentee
insoumission [ɛ̃sumisjɔ̃] *nf* rebelliousness; *(Mil)* absence without leave
insoupçonnable [ɛ̃supsɔnabl(ə)] *adj* above suspicion
insoupçonné, e [ɛ̃supsɔne] *adj* unsuspected
insoutenable [ɛ̃sutnabl(ə)] *adj (argument)* untenable; *(chaleur)* unbearable
inspecter [ɛ̃spɛkte] *vt* to inspect
inspecteur, -trice [ɛ̃spɛktœʀ, -tʀis] *nm/f* inspector; *(des assurances)* assessor; **~ d'Académie** (regional) director of education; **~ (de l'enseignement) primaire** primary school inspector; **~ des finances** ≈ tax inspector (Brit),

i

≈ Internal Revenue Service agent (*US*); **~ (de police)** (police) inspector
inspection [ɛ̃spɛksjɔ̃] *nf* inspection
inspirateur, -trice [ɛ̃spiʀatœʀ, -tʀis] *nm/f* (*instigateur*) instigator; (*animateur*) inspirer
inspiration [ɛ̃spiʀɑsjɔ̃] *nf* inspiration; breathing in *no pl*; (*idée*) flash of inspiration, brainwave; **sous l'~ de** prompted by
inspiré, e [ɛ̃spiʀe] *adj*: **être bien/mal ~ de faire qch** to be well-advised/ill-advised to do sth
inspirer [ɛ̃spiʀe] *vt* (*gén*) to inspire ▷ *vi* (*aspirer*) to breathe in; **s'inspirer de** (*artiste*) to draw one's inspiration from; (*tableau*) to be inspired by; **~ qch à qn** (*œuvre, projet, action*) to inspire sb with sth; (*dégoût, crainte, horreur*) to fill sb with sth; **ça ne m'inspire pas** I'm not keen on the idea
instabilité [ɛ̃stabilite] *nf* instability
instable [ɛ̃stabl(ə)] *adj* (*meuble, équilibre*) unsteady; (*population, temps*) unsettled; (*paix, régime, caractère*) unstable
installateur [ɛ̃stalatœʀ] *nm* fitter
installation [ɛ̃stalɑsjɔ̃] *nf* installation; putting in *ou* up; fitting out; settling in; (*appareils etc*) fittings *pl*, installations *pl*; **installations** *nfpl* installations; (*industrielles*) plant *sg*; (*de loisirs*) facilities
installé, e [ɛ̃stale] *adj*: **bien/mal ~** well/poorly equipped; (*personne*) well/not very well set up *ou* organized
installer [ɛ̃stale] *vt* (*loger*): **~ qn** to get sb settled, install sb; (*asseoir, coucher*) to settle (down); (*placer*) to put, place; (*meuble*) to put in; (*rideau, étagère, tente*) to put up; (*gaz, électricité etc*) to put in, install; (*appartement*) to fit out; (*aménager*): **~ une salle de bains dans une pièce** to fit out a room with a bathroom suite; **s'installer** *vi* (*s'établir: artisan, dentiste etc*) to set o.s. up; (*se loger*): **s'~ à l'hôtel/chez qn** to move into a hotel/in with sb; (*emménager*) to settle in; (*sur un siège, à un emplacement*) to settle (down); (*fig: maladie, grève*) to take a firm hold *ou* grip
instamment [ɛ̃stamɑ̃] *adv* urgently
instance [ɛ̃stɑ̃s] *nf* (*Jur: procédure*) (legal) proceedings *pl*; (*Admin: autorité*) authority; **instances** *nfpl* (*prières*) entreaties; **affaire en ~** matter pending; **courrier en ~** mail ready for posting; **être en ~ de divorce** to be awaiting a divorce; **train en ~ de départ** train on the point of departure; **tribunal de première ~** court of first instance; **en seconde ~** on appeal
instant [ɛ̃stɑ̃] *nm* moment, instant; **dans un ~** in a moment; **à l'~** this instant; **je l'ai vu à l'~** I've just this minute seen him, I saw him a moment ago; **à l'~ (même) où** at the (very) moment that *ou* when, (just) as; **à chaque ~, à tout ~** at any moment; constantly; **pour l'~** for the moment, for the time being; **par ~s** at times; **de tous les ~s** perpetual; **dès l'~ où** *ou* **que ...** from the moment when ..., since that moment when ...
instantané, e [ɛ̃stɑ̃tane] *adj* (*lait, café*) instant; (*explosion, mort*) instantaneous ▷ *nm* snapshot
instantanément [ɛ̃stɑ̃tanemɑ̃] *adv* instantaneously
instar [ɛ̃staʀ]: **à l'~ de** *prép* following the example of, like
instaurer [ɛ̃stɔʀe] *vt* to institute; **s'instaurer** *vi* to set o.s. up; (*collaboration etc*) to be established
instigateur, -trice [ɛ̃stigatœʀ, -tʀis] *nm/f* instigator
instigation [ɛ̃stigɑsjɔ̃] *nf*: **à l'~ de qn** at sb's instigation
instiller [ɛ̃stile] *vt* to instil, apply
instinct [ɛ̃stɛ̃] *nm* instinct; **d'~** (*spontanément*) instinctively; **~ grégaire** herd instinct; **~ de conservation** instinct of self-preservation
instinctif, -ive [ɛ̃stɛ̃ktif, -iv] *adj* instinctive
instinctivement [ɛ̃stɛ̃ktivmɑ̃] *adv* instinctively
instit [ɛ̃stit] (*fam*) *nm/f* (primary school) teacher
instituer [ɛ̃stitɥe] *vt* to institute, set up; **s'~ défenseur d'une cause** to set o.s up as defender of a cause
institut [ɛ̃stity] *nm* institute; **~ de beauté** beauty salon; **~ médico-légal** mortuary; **I~ universitaire de technologie (IUT)** technical college
instituteur, -trice [ɛ̃stitytœʀ, -tʀis] *nm/f* (primary (*Brit*) *ou* grade (*US*) school) teacher
institution [ɛ̃stitysjɔ̃] *nf* institution; (*collège*) private school
institutionnaliser [ɛ̃stitysjɔnalize] *vt* to institutionalize
instructeur, -trice [ɛ̃stʀyktœʀ, -tʀis] *adj* (*Mil*): **sergent ~** drill sergeant; (*Jur*): **juge ~** examining (*Brit*) *ou* committing (*US*) magistrate ▷ *nm/f* instructor
instructif, -ive [ɛ̃stʀyktif, -iv] *adj* instructive
instruction [ɛ̃stʀyksjɔ̃] *nf* (*enseignement, savoir*) education; (*Jur*) (preliminary) investigation and hearing; (*directive*) instruction; (*Admin: document*) directive; **instructions** *nfpl* instructions; (*mode d'emploi*) directions, instructions; **~ civique** civics *sg*; **~ primaire/publique** primary/public education; **~ religieuse** religious education; **~ professionnelle** vocational training
instruire [ɛ̃stʀɥiʀ] *vt* (*élèves*) to teach; (*recrues*) to train; (*Jur: affaire*) to conduct the investigation for; **s'instruire** to educate o.s.; **s'~ auprès de qn de qch** (*s'informer*) to find sth out from sb; **~ qn de qch** (*informer*) to inform *ou* advise sb of sth; **~ contre qn** (*Jur*) to investigate sb
instruit, e [ɛ̃stʀɥi, -it] *pp de* **instruire** ▷ *adj* educated
instrument [ɛ̃stʀymɑ̃] *nm* instrument; **~ à cordes/vent** stringed/wind instrument; **~ de mesure** measuring instrument; **~ de musique** musical instrument; **~ de travail** (working) tool
instrumental, e, -aux [ɛ̃stʀymɑ̃tal, -o] *adj* instrumental
instrumentation [ɛ̃stʀymɑ̃tɑsjɔ̃] *nf* instrumentation

instrumentiste [ɛ̃stʀymɑ̃tist(ə)] *nm/f* instrumentalist
insu [ɛ̃sy] *nm*: **à l'~ de qn** without sb knowing
insubmersible [ɛ̃sybmɛʀsibl(ə)] *adj* unsinkable
insubordination [ɛ̃sybɔʀdinasjɔ̃] *nf* rebelliousness; (*Mil*) insubordination
insubordonné, e [ɛ̃sybɔʀdɔne] *adj* insubordinate
insuccès [ɛ̃syksɛ] *nm* failure
insuffisamment [ɛ̃syfizamɑ̃] *adv* insufficiently
insuffisance [ɛ̃syfizɑ̃s] *nf* insufficiency; inadequacy; **insuffisances** *nfpl* (*lacunes*) inadequacies; **~ cardiaque** cardiac insufficiency *no pl*; **~ hépatique** liver deficiency
insuffisant, e [ɛ̃syfizɑ̃, -ɑ̃t] *adj* insufficient; (*élève, travail*) inadequate
insuffler [ɛ̃syfle] *vt*: **~ qch dans** to blow sth into; **~ qch à qn** to inspire sb with sth
insulaire [ɛ̃sylɛʀ] *adj* island *cpd*; (*attitude*) insular
insularité [ɛ̃sylaʀite] *nf* insularity
insuline [ɛ̃sylin] *nf* insulin
insultant, e [ɛ̃syltɑ̃, -ɑ̃t] *adj* insulting
insulte [ɛ̃sylt(ə)] *nf* insult
insulter [ɛ̃sylte] *vt* to insult
insupportable [ɛ̃sypɔʀtabl(ə)] *adj* unbearable
insurgé, e [ɛ̃syʀʒe] *adj, nm/f* insurgent, rebel
insurger [ɛ̃syʀʒe]: **s'insurger** *vi*: **s'~ (contre)** to rise up *ou* rebel (against)
insurmontable [ɛ̃syʀmɔ̃tabl(ə)] *adj* (*difficulté*) insuperable; (*aversion*) unconquerable
insurpassable [ɛ̃syʀpasabl(ə)] *adj* unsurpassable, unsurpassed
insurrection [ɛ̃syʀɛksjɔ̃] *nf* insurrection, revolt
insurrectionnel, le [ɛ̃syʀɛksjɔnɛl] *adj* insurrectionary
intact, e [ɛ̃takt] *adj* intact
intangible [ɛ̃tɑ̃ʒibl(ə)] *adj* intangible; (*principe*) inviolable
intarissable [ɛ̃taʀisabl(ə)] *adj* inexhaustible
intégral, e, -aux [ɛ̃tegʀal, -o] *adj* complete ▷ *nf* (*Math*) integral; (*œuvres complètes*) complete works
intégralement [ɛ̃tegʀalmɑ̃] *adv* in full, fully
intégralité [ɛ̃tegʀalite] *nf* (*d'une somme, d'un revenu*) whole (*ou* full) amount; **dans son ~** in its entirety
intégrant, e [ɛ̃tegʀɑ̃, -ɑ̃t] *adj*: **faire partie ~e de** to be an integral part of, be part and parcel of
intégration [ɛ̃tegʀasjɔ̃] *nf* integration
intégrationniste [ɛ̃tegʀasjɔnist(ə)] *adj, nm/f* integrationist
intégré, e [ɛ̃tegʀe] *adj*: **circuit ~** integrated circuit
intègre [ɛ̃tɛgʀ(ə)] *adj* perfectly honest, upright
intégrer [ɛ̃tegʀe] *vt*: **~ qch à** *ou* **dans** to integrate sth into; **s'~ à** *ou* **dans** to become integrated into
intégrisme [ɛ̃tegʀism(ə)] *nm* fundamentalism
intégriste [ɛ̃tegʀist(ə)] *adj, nm/f* fundamentalist
intégrité [ɛ̃tegʀite] *nf* integrity
intellect [ɛ̃telɛkt] *nm* intellect
intellectuel, le [ɛ̃telɛktɥɛl] *adj, nm/f* intellectual; (*péj*) highbrow
intellectuellement [ɛ̃telɛktɥɛlmɑ̃] *adv* intellectually
intelligemment [ɛ̃teliʒamɑ̃] *adv* intelligently
intelligence [ɛ̃teliʒɑ̃s] *nf* intelligence; (*compréhension*): **l'~ de** the understanding of; (*complicité*): **regard d'~** glance of complicity, meaningful *ou* knowing look; (*accord*): **vivre en bonne ~ avec qn** to be on good terms with sb; **intelligences** *nfpl* (*Mil, fig*) secret contacts; **être d'~** to have an understanding; **~ artificielle** artificial intelligence (A.I.)
intelligent, e [ɛ̃teliʒɑ̃, -ɑ̃t] *adj* intelligent; (*capable*): **~ en affaires** competent in business
intelligentsia [ɛ̃telidʒɛnsja] *nf* intelligentsia
intelligible [ɛ̃teliʒibl(ə)] *adj* intelligible
intello [ɛ̃telo] *adj, nm/f* (*fam*) highbrow
intempérance [ɛ̃tɑ̃peʀɑ̃s] *nf* overindulgence *no pl*; intemperance *no pl*
intempérant, e [ɛ̃tɑ̃peʀɑ̃, -ɑ̃t] *adj* overindulgent; (*moralement*) intemperate
intempéries [ɛ̃tɑ̃peʀi] *nfpl* bad weather *sg*
intempestif, -ive [ɛ̃tɑ̃pɛstif, -iv] *adj* untimely
intenable [ɛ̃tnabl(ə)] *adj* unbearable
intendance [ɛ̃tɑ̃dɑ̃s] *nf* (*Mil*) supply corps; (*: bureau*) supplies office; (*Scol*) bursar's office
intendant, e [ɛ̃tɑ̃dɑ̃, -ɑ̃t] *nm/f* (*Mil*) quartermaster; (*Scol*) bursar; (*d'une propriété*) steward
intense [ɛ̃tɑ̃s] *adj* intense
intensément [ɛ̃tɑ̃semɑ̃] *adv* intensely
intensif, -ive [ɛ̃tɑ̃sif, -iv] *adj* intensive; **cours ~** crash course; **~ en main-d'œuvre** labour-intensive; **~ en capital** capital-intensive
intensification [ɛ̃tɑ̃sifikasjɔ̃] *nf* intensification
intensifier [ɛ̃tɑ̃sifje] *vt*, **s'intensifier** *vi* to intensify
intensité [ɛ̃tɑ̃site] *nf* intensity
intensivement [ɛ̃tɑ̃sivmɑ̃] *adv* intensively
intenter [ɛ̃tɑ̃te] *vt*: **~ un procès contre** *ou* **à qn** to start proceedings against sb
intention [ɛ̃tɑ̃sjɔ̃] *nf* intention; (*Jur*) intent; **avoir l'~ de faire** to intend to do, have the intention of doing; **dans l'~ de faire qch** with a view to doing sth; **à l'~ de** *prép* for; (*renseignement*) for the benefit *ou* information of; (*film, ouvrage*) aimed at; **à cette ~** with this aim in view; **sans ~** unintentionally; **faire qch sans mauvaise ~** to do sth without ill intent; **agir dans une bonne ~** to act with good intentions
intentionné, e [ɛ̃tɑ̃sjɔne] *adj*: **bien ~** well-meaning *ou* -intentioned; **mal ~** ill-intentioned
intentionnel, le [ɛ̃tɑ̃sjɔnɛl] *adj* intentional, deliberate
intentionnellement [ɛ̃tɑ̃sjɔnɛlmɑ̃] *adv* intentionally, deliberately
inter [ɛ̃tɛʀ] *nm* (*Tél: interurbain*) long-distance call service; (*Sport*): **~ gauche/droit** inside-

left/-right
interactif, -ive [ɛ̃tɛʀaktif, -iv] *adj* (*aussi Inform*) interactive
interaction [ɛ̃tɛʀaksjɔ̃] *nf* interaction
interbancaire [ɛ̃tɛʀbɑ̃kɛʀ] *adj* interbank
intercalaire [ɛ̃tɛʀkalɛʀ] *adj, nm*: **(feuillet) ~** insert; **(fiche) ~** divider
intercaler [ɛ̃tɛʀkale] *vt* to insert; **s'intercaler entre** *vi* to come in between; to slip in between
intercéder [ɛ̃tɛʀsede] *vi*: **~ (pour qn)** to intercede (on behalf of sb)
intercepter [ɛ̃tɛʀsɛpte] *vt* to intercept; (*lumière, chaleur*) to cut off
intercepteur [ɛ̃tɛʀsɛptœʀ] *nm* (*Aviat*) interceptor
interception [ɛ̃tɛʀsɛpsjɔ̃] *nf* interception; **avion d'~** interceptor
intercession [ɛ̃tɛʀsesjɔ̃] *nf* intercession
interchangeable [ɛ̃tɛʀʃɑ̃ʒabl(ə)] *adj* interchangeable
interclasse [ɛ̃tɛʀklɑs] *nm* (*Scol*) break (between classes)
interclubs [ɛ̃tɛʀklœb] *adj inv* interclub
intercommunal, e, -aux [ɛ̃tɛʀkɔmynal, -o] *adj* intervillage, intercommunity
intercommunautaire [ɛ̃tɛʀkɔmynotɛʀ] *adj* intercommunity
intercontinental, e, -aux [ɛ̃tɛʀkɔ̃tinɑ̃tal, -o] *adj* intercontinental
intercostal, e, -aux [ɛ̃tɛʀkɔstal, -o] *adj* intercostal, between the ribs
interdépartemental, e, -aux [ɛ̃tɛʀdepaʀtəmɑ̃tal, -o] *adj* interdepartmental
interdépendance [ɛ̃tɛʀdepɑ̃dɑ̃s] *nf* interdependence
interdépendant, e [ɛ̃tɛʀdepɑ̃dɑ̃, -ɑ̃t] *adj* interdependent
interdiction [ɛ̃tɛʀdiksjɔ̃] *nf* ban; **~ de faire qch** ban on doing sth; **~ de séjour** (*Jur*) *order banning ex-prisoner from frequenting specified places*
interdire [ɛ̃tɛʀdiʀ] *vt* to forbid; (*Admin: stationnement, meeting, passage*) to ban, prohibit; (*: journal, livre*) to ban; **~ qch à qn** to forbid sb sth; **~ à qn de faire** to forbid sb to do, prohibit sb from doing; (*empêchement*) to prevent *ou* preclude sb from doing; **s'interdire qch** *vi* (*éviter*) to refrain *ou* abstain from sth; (*se refuser*): **il s'interdit d'y penser** he doesn't allow himself to think about it
interdisciplinaire [ɛ̃tɛʀdisiplinɛʀ] *adj* interdisciplinary
interdit, e [ɛ̃tɛʀdi, -it] *pp de* **interdire** ▷ *adj* (*stupéfait*) taken aback; (*défendu*) forbidden, prohibited ▷ *nm* interdict, prohibition; **film ~ aux moins de 18/13 ans** ≈ 18-/PG-rated film; **sens ~** one way; **stationnement ~** no parking; **~ de chéquier** having cheque book facilities suspended; **~ de séjour** subject to an "interdiction de séjour"
intéressant, e [ɛ̃teʀesɑ̃, -ɑ̃t] *adj* interesting; **faire l'~** to draw attention to o.s.
intéressé, e [ɛ̃teʀese] *adj* (*parties*) involved, concerned; (*amitié, motifs*) self-interested ▷ *nm*: **l'~** the interested party; **les ~s** those concerned *ou* involved
intéressement [ɛ̃teʀɛsmɑ̃] *nm* (*Comm*) profit-sharing
intéresser [ɛ̃teʀese] *vt* to interest; (*toucher*) to be of interest *ou* concern to; (*Admin: concerner*) to affect, concern; (*Comm: travailleur*) to give a share in the profits to; (*: partenaire*) to interest (in the business); **s'intéresser à** *vi* to take an interest in, be interested in; **~ qn à qch** to get sb interested in sth
intérêt [ɛ̃teʀɛ] *nm* (*aussi Comm*) interest; (*égoïsme*) self-interest; **porter de l'~ à qn** to take an interest in sb; **agir par ~** to act out of self-interest; **avoir des ~s dans** (*Comm*) to have a financial interest *ou* a stake in; **avoir ~ à faire** to do well to do; **il y a ~ à ...** it would be a good thing to ...; **~ composé** compound interest
interface [ɛ̃tɛʀfas] *nf* (*Inform*) interface
interférence [ɛ̃tɛʀfeʀɑ̃s] *nf* interference
interférer [ɛ̃tɛʀfeʀe] *vi*: **~ (avec)** to interfere (with)
intergouvernemental, e, -aux [ɛ̃tɛʀguvɛʀnəmɑ̃tal, -o] *adj* intergovernmental
intérieur, e [ɛ̃teʀjœʀ] *adj* (*mur, escalier, poche*) inside; (*commerce, politique*) domestic; (*cour, calme, vie*) inner; (*navigation*) inland ▷ *nm* (*d'une maison, d'un récipient etc*) inside; (*d'un pays, aussi: décor, mobilier*) interior; (*Pol*): **l'I~** (the Department of) the Interior, ≈ the Home Office (*Brit*); **à l'~ (de)** inside; (*fig*) within; **de l'~** (*fig*) from the inside; **en ~** (*Ciné*) in the studio; **vêtement d'~** indoor garment
intérieurement [ɛ̃teʀjœʀmɑ̃] *adv* inwardly
intérim [ɛ̃teʀim] *nm* (*période*) interim period; (*travail*) temping; **agence d'~** temping agency; **assurer l'~ (de)** to deputize (for); **président par ~** interim president; **travailler en ~** to temp
intérimaire [ɛ̃teʀimɛʀ] *adj* temporary, interim ▷ *nm/f* (*secrétaire etc*) temporary, temp (*Brit*); (*suppléant*) deputy
intérioriser [ɛ̃teʀjɔʀize] *vt* to internalize
interjection [ɛ̃tɛʀʒɛksjɔ̃] *nf* interjection
interjeter [ɛ̃tɛʀʒəte] *vt* (*Jur*): **~ appel** to lodge an appeal
interligne [ɛ̃tɛʀliɲ] *nm* inter-line space ▷ *nf* (*Typo*) lead, leading; **simple/double ~** single/double spacing
interlocuteur, -trice [ɛ̃tɛʀlɔkytœʀ, -tʀis] *nm/f* speaker; (*Pol*): **~ valable** valid representative; **son ~** the person he *ou* she was speaking to
interlope [ɛ̃tɛʀlɔp] *adj* illicit; (*milieu, bar*) shady
interloquer [ɛ̃tɛʀlɔke] *vt* to take aback
interlude [ɛ̃tɛʀlyd] *nm* interlude
intermède [ɛ̃tɛʀmɛd] *nm* interlude
intermédiaire [ɛ̃tɛʀmedjɛʀ] *adj* intermediate; middle; half-way ▷ *nm/f* intermediary; (*Comm*) middleman; **sans ~** directly; **par l'~ de** through
interminable [ɛ̃tɛʀminabl(ə)] *adj* never-ending

interminablement [ɛ̃tɛʀminabləmɑ̃] *adv* interminably
interministériel, le [ɛ̃tɛʀministeʀjɛl] *adj*: **comité ~** interdepartmental committee
intermittence [ɛ̃tɛʀmitɑ̃s] *nf*: **par ~** intermittently, sporadically
intermittent, e [ɛ̃tɛʀmitɑ̃, -ɑ̃t] *adj* intermittent, sporadic
internat [ɛ̃tɛʀna] *nm* (*Scol*) boarding school
international, e, -aux [ɛ̃tɛʀnasjɔnal, -o] *adj, nm/f* international
internationalisation [ɛ̃tɛʀnasjɔnalizɑsjɔ̃] *nf* internationalization
internationaliser [ɛ̃tɛʀnasjɔnalize] *vt* to internationalize
internationalisme [ɛ̃tɛʀnasjɔnalism(ə)] *nm* internationalism
internaute [ɛ̃tɛʀnot] *nm/f* Internet user
interne [ɛ̃tɛʀn(ə)] *adj* internal ▷ *nm/f* (*Scol*) boarder; (*Méd*) houseman (*Brit*), intern (*US*)
internement [ɛ̃tɛʀnəmɑ̃] *nm* (*Pol*) internment; (*Méd*) confinement
interner [ɛ̃tɛʀne] *vt* (*Pol*) to intern; (*Méd*) to confine to a mental institution
Internet [ɛ̃tɛʀnɛt] *nm*: **l'~** the Internet
interparlementaire [ɛ̃tɛʀparləmɑ̃tɛʀ] *adj* interparliamentary
interpellation [ɛ̃tɛʀpelɑsjɔ̃] *nf* interpellation; (*Pol*) question
interpeller [ɛ̃tɛʀpele] *vt* (*appeler*) to call out to; (*apostropher*) to shout at; (*Police*) to take in for questioning; (*Pol*) to question; **s'interpeller** *vi* to exchange insults
interphone [ɛ̃tɛʀfɔn] *nm* intercom
interplanétaire [ɛ̃tɛʀplanetɛʀ] *adj* interplanetary
Interpol [ɛ̃tɛʀpɔl] *sigle m* Interpol
interpoler [ɛ̃tɛʀpɔle] *vt* to interpolate
interposer [ɛ̃tɛʀpoze] *vt* to interpose; **s'interposer** *vi* to intervene; **par personnes interposées** through a third party
interprétariat [ɛ̃tɛʀpʀetaʀja] *nm* interpreting
interprétation [ɛ̃tɛʀpʀetɑsjɔ̃] *nf* interpretation
interprète [ɛ̃tɛʀpʀɛt] *nm/f* interpreter; (*porte-parole*) spokesman
interpréter [ɛ̃tɛʀpʀete] *vt* to interpret
interprofessionnel, le [ɛ̃tɛʀpʀɔfesjɔnɛl] *adj* interprofessional
interrogateur, -trice [ɛ̃teʀɔgatœʀ, -tʀis] *adj* questioning, inquiring ▷ *nm/f* (*Scol*) (oral) examiner
interrogatif, -ive [ɛ̃teʀɔgatif, -iv] *adj* (*Ling*) interrogative
interrogation [ɛ̃teʀɔgɑsjɔ̃] *nf* question; (*Scol*) (written *ou* oral) test
interrogatoire [ɛ̃teʀɔgatwaʀ] *nm* (*Police*) questioning *no pl*; (*Jur*) cross-examination, interrogation
interroger [ɛ̃teʀɔʒe] *vt* to question; (*Inform*) to search; (*Scol: candidat*) to test; **~ qn (sur qch)** to question sb (about sth); **~ qn du regard** to look questioningly at sb, give sb a questioning look; **s'~ sur qch** to ask o.s. about sth, ponder (about) sth
interrompre [ɛ̃teʀɔ̃pʀ(ə)] *vt* (*gén*) to interrupt; (*travail, voyage*) to break off, interrupt; **s'interrompre** *vi* to break off
interrupteur [ɛ̃teʀyptœʀ] *nm* switch
interruption [ɛ̃teʀypsjɔ̃] *nf* interruption; **sans ~** without a break; **~ de grossesse** termination of pregnancy; **~ volontaire de grossesse** voluntary termination of pregnancy, abortion
interscolaire [ɛ̃tɛʀskɔlɛʀ] *adj* interschool(s)
intersection [ɛ̃tɛʀsɛksjɔ̃] *nf* intersection
intersidéral, e, -aux [ɛ̃tɛʀsideʀal, -o] *adj* interstellar
interstice [ɛ̃tɛʀstis] *nm* crack, slit
intersyndical, e, -aux [ɛ̃tɛʀsɛ̃dikal, -o] *adj* interunion
interurbain [ɛ̃teʀyʀbɛ̃] (*Tél*) *nm* long-distance call service ▷ *adj* long-distance
intervalle [ɛ̃tɛʀval] *nm* (*espace*) space; (*de temps*) interval; **dans l'~** in the meantime; **à deux mois d'~** after a space of two months; **à ~s rapprochés** at close intervals; **par ~s** at intervals
intervenant, e [ɛ̃tɛʀvənɑ̃, -ɑ̃t] *vb voir* **intervenir** ▷ *nm/f* speaker (*at conference*)
intervenir [ɛ̃tɛʀvəniʀ] *vi* (*gén*) to intervene; (*survenir*) to take place; (*faire une conférence*) to give a talk *ou* lecture; **~ auprès de/en faveur de qn** to intervene with/on behalf of sb; **la police a dû ~** police had to step in *ou* intervene; **les médecins ont dû ~** the doctors had to operate
intervention [ɛ̃tɛʀvɑ̃sjɔ̃] *nf* intervention; (*conférence*) talk, paper; **~ (chirurgicale)** operation
interventionnisme [ɛ̃tɛʀvɑ̃sjɔnism(ə)] *nm* interventionism
interventionniste [ɛ̃tɛʀvɑ̃sjɔnist(ə)] *adj* interventionist
intervenu, e [ɛ̃tɛʀv(ə)ny] *pp de* **intervenir**
intervertible [ɛ̃tɛʀvɛʀtibl(ə)] *adj* interchangeable
intervertir [ɛ̃tɛʀvɛʀtiʀ] *vt* to invert (the order of), reverse
interviendrai [ɛ̃tɛʀvjɛ̃dʀe], **interviens** *etc* [ɛ̃tɛʀvjɛ̃] *vb voir* **intervenir**
interview [ɛ̃tɛʀvju] *nf* interview
interviewer [ɛ̃tɛʀvjuve] *vt* to interview ▷ *nm* [ɛ̃tɛʀvjuvœʀ] (*journaliste*) interviewer
intervins *etc* [ɛ̃tɛʀvɛ̃] *vb voir* **intervenir**
intestat [ɛ̃tɛsta] *adj* (*Jur*): **décéder ~** to die intestate
intestin, e [ɛ̃tɛstɛ̃, -in] *adj* internal ▷ *nm* intestine; **~ grêle** small intestine
intestinal, e, -aux [ɛ̃tɛstinal, -o] *adj* intestinal
intime [ɛ̃tim] *adj* intimate; (*vie, journal*) private; (*convictions*) inmost; (*dîner, cérémonie*) held among friends, quiet ▷ *nm/f* close friend
intimement [ɛ̃timmɑ̃] *adv* (*profondément*) deeply, firmly; (*étroitement*) intimately
intimer [ɛ̃time] *vt* (*Jur*) to notify; **~ à qn l'ordre de faire** to order sb to do

intimidant, e [ɛ̃timidɑ̃, -ɑ̃t] *adj* intimidating
intimidation [ɛ̃timidɑsjɔ̃] *nf* intimidation; **manœuvres d'~** *(action)* acts of intimidation; *(stratégie)* intimidatory tactics
intimider [ɛ̃timide] *vt* to intimidate
intimité [ɛ̃timite] *nf* intimacy; *(vie privée)* privacy; private life; **dans l'~** in private; *(sans formalités)* with only a few friends, quietly
intitulé [ɛ̃tityle] *nm* title
intituler [ɛ̃tityle] *vt*: **comment a-t-il intitulé son livre?** what title did he give his book?; **s'intituler** *vi* to be entitled; *(personne)* to call o.s.
intolérable [ɛ̃tɔleʀabl(ə)] *adj* intolerable
intolérance [ɛ̃tɔleʀɑ̃s] *nf* intolerance; **~ aux antibiotiques** intolerance to antibiotics
intolérant, e [ɛ̃tɔleʀɑ̃, -ɑ̃t] *adj* intolerant
intonation [ɛ̃tɔnɑsjɔ̃] *nf* intonation
intouchable [ɛ̃tuʃabl(ə)] *adj (fig)* above the law, sacrosanct; *(Rel)* untouchable
intox [ɛ̃tɔks] *(fam) nf* brainwashing
intoxication [ɛ̃tɔksikɑsjɔ̃] *nf* poisoning *no pl*; *(toxicomanie)* drug addiction; *(fig)* brainwashing; **~ alimentaire** food poisoning
intoxiqué, e [ɛ̃tɔksike] *nm/f* addict
intoxiquer [ɛ̃tɔksike] *vt* to poison; *(fig)* to brainwash; **s'intoxiquer** to poison o.s.
intradermique [ɛ̃tʀadɛʀmik] *adj, nf*: **(injection) ~** intradermal *ou* intracutaneous injection
intraduisible [ɛ̃tʀadɥizibl(ə)] *adj* untranslatable; *(fig)* inexpressible
intraitable [ɛ̃tʀɛtabl(ə)] *adj* inflexible, uncompromising
intramusculaire [ɛ̃tʀamyskylɛʀ] *adj, nf*: **(injection) ~** intramuscular injection
intranet [ɛ̃tʀanɛt] *nm* intranet
intransigeance [ɛ̃tʀɑ̃ziʒɑ̃s] *nf* intransigence
intransigeant, e [ɛ̃tʀɑ̃ziʒɑ̃, -ɑ̃t] *adj* intransigent; *(morale, passion)* uncompromising
intransitif, -ive [ɛ̃tʀɑ̃zitif, -iv] *adj (Ling)* intransitive
intransportable [ɛ̃tʀɑ̃spɔʀtabl(ə)] *adj (blessé)* unable to travel
intraveineux, -euse [ɛ̃tʀavɛnø, -øz] *adj* intravenous
intrépide [ɛ̃tʀepid] *adj* dauntless, intrepid
intrépidité [ɛ̃tʀepidite] *nf* dauntlessness
intrigant, e [ɛ̃tʀigɑ̃, -ɑ̃t] *nm/f* schemer
intrigue [ɛ̃tʀig] *nf* intrigue; *(scénario)* plot
intriguer [ɛ̃tʀige] *vi* to scheme ▷ *vt* to puzzle, intrigue
intrinsèque [ɛ̃tʀɛ̃sɛk] *adj* intrinsic
introductif, -ive [ɛ̃tʀɔdyktif, -iv] *adj* introductory
introduction [ɛ̃tʀɔdyksjɔ̃] *nf* introduction; **paroles/chapitre d'~** introductory words/chapter; **lettre/mot d'~** letter/note of introduction
introduire [ɛ̃tʀɔdɥiʀ] *vt* to introduce; *(visiteur)* to show in; *(aiguille, clef)*: **~ qch dans** to insert *ou* introduce sth into; *(personne)*: **~ à qch** to introduce to sth; *(: présenter)*: **~ qn à qn/dans un club** to introduce sb to sb/to a club; **s'introduire** *vi (techniques, usages)* to be introduced; **s'~ dans** to gain entry into; to get o.s. accepted into; *(eau, fumée)* to get into; **~ au clavier** to key in
introduit, e [ɛ̃tʀɔdɥi, -it] *pp de* **introduire** ▷ *adj*: **bien ~** *(personne)* well-received
introniser [ɛ̃tʀɔnize] *vt* to enthrone
introspection [ɛ̃tʀɔspɛksjɔ̃] *nf* introspection
introuvable [ɛ̃tʀuvabl(ə)] *adj* which cannot be found; *(Comm)* unobtainable
introverti, e [ɛ̃tʀɔvɛʀti] *nm/f* introvert
intrus, e [ɛ̃tʀy, -yz] *nm/f* intruder
intrusion [ɛ̃tʀyzjɔ̃] *nf* intrusion; *(ingérence)* interference
intuitif, -ive [ɛ̃tɥitif, -iv] *adj* intuitive
intuition [ɛ̃tɥisjɔ̃] *nf* intuition; **avoir une ~** to have a feeling; **avoir l'~ de qch** to have an intuition of sth; **avoir de l'~** to have intuition
intuitivement [ɛ̃tɥitivmɑ̃] *adv* intuitively
inusable [inyzabl(ə)] *adj* hard-wearing
inusité, e [inyzite] *adj* rarely used
inutile [inytil] *adj* useless; *(superflu)* unnecessary
inutilement [inytilmɑ̃] *adv* needlessly
inutilisable [inytilizabl(ə)] *adj* unusable
inutilisé, e [inytilize] *adj* unused
inutilité [inytilite] *nf* uselessness
invaincu, e [ɛ̃vɛ̃ky] *adj* unbeaten; *(armée, peuple)* unconquered
invalide [ɛ̃valid] *adj* disabled ▷ *nm/f*: **~ de guerre** disabled ex-serviceman; **~ du travail** industrially disabled person
invalider [ɛ̃valide] *vt* to invalidate
invalidité [ɛ̃validite] *nf* disability
invariable [ɛ̃vaʀjabl(ə)] *adj* invariable
invariablement [ɛ̃vaʀjabləmɑ̃] *adv* invariably
invasion [ɛ̃vɑzjɔ̃] *nf* invasion
invective [ɛ̃vɛktiv] *nf* invective
invectiver [ɛ̃vɛktive] *vt* to hurl abuse at ▷ *vi*: **~ contre** to rail against
invendable [ɛ̃vɑ̃dabl(ə)] *adj* unsaleable, unmarketable
invendu, e [ɛ̃vɑ̃dy] *adj* unsold ▷ *nm* return; **invendus** *nmpl* unsold goods
inventaire [ɛ̃vɑ̃tɛʀ] *nm* inventory; *(Comm: liste)* stocklist; *(: opération)* stocktaking *no pl*; *(fig)* survey; **faire un ~** to make an inventory; *(Comm)* to take stock; **faire** *ou* **procéder à l'~** to take stock
inventer [ɛ̃vɑ̃te] *vt* to invent; *(subterfuge)* to devise, invent; *(histoire, excuse)* to make up, invent; **~ de faire** to hit on the idea of doing
inventeur, -trice [ɛ̃vɑ̃tœʀ, -tʀis] *nm/f* inventor
inventif, -ive [ɛ̃vɑ̃tif, -iv] *adj* inventive
invention [ɛ̃vɑ̃sjɔ̃] *nf* invention; *(imagination, inspiration)* inventiveness
inventivité [ɛ̃vɑ̃tivite] *nf* inventiveness
inventorier [ɛ̃vɑ̃tɔʀje] *vt* to make an inventory of
invérifiable [ɛ̃veʀifjabl(ə)] *adj* unverifiable
inverse [ɛ̃vɛʀs(ə)] *adj (ordre)* reverse; *(sens)* opposite; *(rapport)* inverse ▷ *nm* reverse; inverse;

en proportion ~ in inverse proportion; **dans le sens ~ des aiguilles d'une montre** anti-clockwise; **en sens** ~ in (*ou* from) the opposite direction; **à l'~** conversely
inversement [ɛ̃vɛʀsəmɑ̃] *adv* conversely
inverser [ɛ̃vɛʀse] *vt* to reverse, invert; (*Élec*) to reverse
inversion [ɛ̃vɛʀsjɔ̃] *nf* reversal; inversion
invertébré, e [ɛ̃vɛʀtebʀe] *adj, nm* invertebrate
inverti, e [ɛ̃vɛʀti] *nm/f* homosexual
investigation [ɛ̃vɛstigɑsjɔ̃] *nf* investigation, inquiry
investir [ɛ̃vɛstiʀ] *vt* to invest; **s'investir** *vi* (*Psych*) to involve o.s.; **~ qn de** to vest *ou* invest sb with
investissement [ɛ̃vɛstismɑ̃] *nm* investment; (*Psych*) involvement
investisseur [ɛ̃vɛstisœʀ] *nm* investor
investiture [ɛ̃vɛstityʀ] *nf* investiture; (*à une élection*) nomination
invétéré, e [ɛ̃veteʀe] *adj* (*habitude*) ingrained; (*bavard, buveur*) inveterate
invincible [ɛ̃vɛ̃sibl(ə)] *adj* invincible, unconquerable
invinciblement [ɛ̃vɛ̃sibləmɑ̃] *adv* (*fig*) invincibly
inviolabilité [ɛ̃vjɔlabilite] *nf*: **~ parlementaire** parliamentary immunity
inviolable [ɛ̃vjɔlabl(ə)] *adj* inviolable
invisible [ɛ̃vizibl(ə)] *adj* invisible; (*fig: personne*) not available
invitation [ɛ̃vitɑsjɔ̃] *nf* invitation; **à/sur l'~ de qn** at/on sb's invitation; **carte/lettre d'~** invitation card/letter
invite [ɛ̃vit] *nf* invitation
invité, e [ɛ̃vite] *nm/f* guest
inviter [ɛ̃vite] *vt* to invite; **~ qn à faire qch** to invite sb to do sth; (*chose*) to induce *ou* tempt sb to do sth
invivable [ɛ̃vivabl(ə)] *adj* unbearable, impossible
involontaire [ɛ̃vɔlɔ̃tɛʀ] *adj* (*mouvement*) involuntary; (*insulte*) unintentional; (*complice*) unwitting
involontairement [ɛ̃vɔlɔ̃tɛʀmɑ̃] *adv* involuntarily
invoquer [ɛ̃vɔke] *vt* (*Dieu, muse*) to call upon, invoke; (*prétexte*) to put forward (as an excuse); (*témoignage*) to call upon; (*loi, texte*) to refer to; **~ la clémence de qn** to beg sb *ou* appeal to sb for clemency
invraisemblable [ɛ̃vʀɛsɑ̃blabl(ə)] *adj* unlikely, improbable; (*bizarre*) incredible
invraisemblance [ɛ̃vʀɛsɑ̃blɑ̃s] *nf* unlikelihood *no pl*, improbability
invulnérable [ɛ̃vylneʀabl(ə)] *adj* invulnerable
iode [jɔd] *nm* iodine
iodé, e [jɔde] *adj* iodized
ion [jɔ̃] *nm* ion
ionique [jɔnik] *adj* (*Archit*) Ionic; (*Science*) ionic
ioniseur [jɔnizœʀ] *nm* ionizer
iota [jɔta] *nm*: **sans changer un ~** without changing one iota *ou* the tiniest bit

IPC *sigle m* (= *Indice des prix à la consommation*) CPI
iPod® [aɪpɔd] *nm* iPod®
IR. *abr* = **infrarouge**
IRA *sigle f* (= *Irish Republican Army*) IRA
irai *etc* [iʀe] *vb voir* **aller**
Irak [iʀɑk] *nm*: **l'~** Iraq *ou* Irak
irakien, ne [iʀakjɛ̃, -ɛn] *adj* Iraqi ▷ *nm/f*: **Irakien, ne** Iraqi
Iran [iʀɑ̃] *nm*: **l'~** Iran
iranien, ne [iʀanjɛ̃, -ɛn] *adj* Iranian ▷ *nm* (*Ling*) Iranian ▷ *nm/f*: **Iranien, ne** Iranian
Iraq [iʀɑk] *nm* = **Irak**
iraquien, ne [iʀakjɛ̃, -ɛn] *adj, nm/f* = **irakien, ne**
irascible [iʀasibl(ə)] *adj* short-tempered, irascible
irions *etc* [iʀjɔ̃] *vb voir* **aller**
iris [iʀis] *nm* iris
irisé, e [iʀize] *adj* iridescent
irlandais, e [iʀlɑ̃dɛ, -ɛz] *adj, nm* (*Ling*) Irish ▷ *nm/f*: **Irlandais, e** Irishman/woman; **les I~** the Irish
Irlande [iʀlɑ̃d] *nf*: **l'~** (*pays*) Ireland; (*état*) the Irish Republic, the Republic of Ireland, Eire; **~ du Nord** Northern Ireland, Ulster; **~ du Sud** Southern Ireland, Irish Republic, Eire; **la mer d'~** the Irish Sea
ironie [iʀɔni] *nf* irony
ironique [iʀɔnik] *adj* ironical
ironiquement [iʀɔnikmɑ̃] *adv* ironically
ironiser [iʀɔnize] *vi* to be ironical
irons *etc* [iʀɔ̃] *vb voir* **aller**
IRPP *sigle m* (= *impôt sur le revenu des personnes physiques*) income tax
irradiation [iʀadjɑsjɔ̃] *nf* irradiation
irradier [iʀadje] *vi* to radiate ▷ *vt* to irradiate
irraisonné, e [iʀɛzɔne] *adj* irrational, unreasoned
irrationnel, le [iʀasjɔnɛl] *adj* irrational
irrattrapable [iʀatʀapabl(ə)] *adj* (*retard*) that cannot be made up; (*bévue*) that cannot be made good
irréalisable [iʀealizabl(ə)] *adj* unrealizable; (*projet*) impracticable
irréalisme [iʀealism(ə)] *nm* lack of realism
irréaliste [iʀealist(ə)] *adj* unrealistic
irréalité [iʀealite] *nf* unreality
irrecevable [iʀsəvabl(ə)] *adj* unacceptable
irréconciliable [iʀekɔ̃siljabl(ə)] *adj* irreconcilable
irrécouvrable [iʀekuvʀabl(ə)] *adj* irrecoverable
irrécupérable [iʀekypeʀabl(ə)] *adj* unreclaimable, beyond repair; (*personne*) beyond redemption *ou* recall
irrécusable [iʀekyzabl(ə)] *adj* (*témoignage*) unimpeachable; (*preuve*) incontestable, indisputable
irréductible [iʀedyktibl(ə)] *adj* indomitable, implacable; (*Math: fraction, équation*) irreducible
irréductiblement [iʀedyktibləmɑ̃] *adv* implacably
irréel, le [iʀeɛl] *adj* unreal
irréfléchi, e [iʀefleʃi] *adj* thoughtless
irréfutable [iʀefytabl(ə)] *adj* irrefutable

irréfutablement [iʀefytabləmɑ̃] *adv* irrefutably
irrégularité [iʀegylaʀite] *nf* irregularity; unevenness *no pl*
irrégulier, -ière [iʀegylje, -jɛʀ] *adj* irregular; (*surface, rythme, écriture*) uneven, irregular; (*élève, athlète*) erratic
irrégulièrement [iʀegyljɛʀmɑ̃] *adv* irregularly
irrémédiable [iʀemedjabl(ə)] *adj* irreparable
irrémédiablement [iʀemedjabləmɑ̃] *adv* irreparably
irremplaçable [iʀɑ̃plasabl(ə)] *adj* irreplaceable
irréparable [iʀepaʀabl(ə)] *adj* beyond repair, irreparable; (*fig*) irreparable
irrépréhensible [iʀepʀeɑ̃sibl(ə)] *adj* irreproachable
irrépressible [iʀepʀesibl(ə)] *adj* irrepressible
irréprochable [iʀepʀɔʃabl(ə)] *adj* irreproachable, beyond reproach; (*tenue, toilette*) impeccable
irrésistible [iʀezistibl(ə)] *adj* irresistible; (*preuve, logique*) compelling
irrésistiblement [iʀezistibləmɑ̃] *adv* irresistibly
irrésolu, e [iʀezɔly] *adj* irresolute
irrésolution [iʀezɔlysjɔ̃] *nf* irresoluteness
irrespectueux, -euse [iʀɛspɛktɥø, -øz] *adj* disrespectful
irrespirable [iʀɛspiʀabl(ə)] *adj* unbreathable; (*fig*) oppressive, stifling
irresponsabilité [iʀɛspɔ̃sabilite] *nf* irresponsibility
irresponsable [iʀɛspɔ̃sabl(ə)] *adj* irresponsible
irrévérencieux, -euse [iʀeveʀɑ̃sjø, -øz] *adj* irreverent
irréversible [iʀevɛʀsibl(ə)] *adj* irreversible
irréversiblement [iʀevɛʀsibləmɑ̃] *adv* irreversibly
irrévocable [iʀevɔkabl(ə)] *adj* irrevocable
irrévocablement [iʀevɔkabləmɑ̃] *adv* irrevocably
irrigation [iʀigɑsjɔ̃] *nf* irrigation
irriguer [iʀige] *vt* to irrigate
irritabilité [iʀitabilite] *nf* irritability
irritable [iʀitabl(ə)] *adj* irritable
irritant, e [iʀitɑ̃, -ɑ̃t] *adj* irritating; (*Méd*) irritant
irritation [iʀitɑsjɔ̃] *nf* irritation
irrité, e [iʀite] *adj* irritated
irriter [iʀite] *vt* (*agacer*) to irritate, annoy; (*Méd: enflammer*) to irritate; **s'~ contre qn/de qch** to get annoyed *ou* irritated with sb/at sth
irruption [iʀypsjɔ̃] *nf* irruption *no pl*; **faire ~ dans** to burst into
ISBN *sigle m* (*= International Standard Book Number*) ISBN
ISF *sigle m* (*= impôt de solidarité sur la fortune*) *wealth tax*
Islam [islam] *nm* Islam
islamique [islamik] *adj* Islamic
islamiste [islamist(ə)] *adj, nm/f* Islamic
islandais, e [islɑ̃dɛ, -ɛz] *adj* Icelandic ▷ *nm* (*Ling*) Icelandic ▷ *nm/f*: **I~, e** Icelander
Islande [islɑ̃d] *nf*: **l'~** Iceland
ISMH *sigle m* = **Inventaire supplémentaire des monuments historiques**; **monument inscrit à l'~** ≈ listed building
isocèle [izɔsɛl] *adj* isoceles
isolant, e [izɔlɑ̃, -ɑ̃t] *adj* insulating; (*insonorisant*) soundproofing ▷ *nm* insulator
isolateur [izɔlatœʀ] *nm* (*Élec*) insulator
isolation [izɔlɑsjɔ̃] *nf* insulation; **~ acoustique/thermique** sound/thermal insulation
isolationnisme [izɔlɑsjɔnism(ə)] *nm* isolationism
isolé, e [izɔle] *adj* isolated; (*Élec*) insulated
isolement [izɔlmɑ̃] *nm* isolation; solitary confinement
isolément [izɔlemɑ̃] *adv* in isolation
isoler [izɔle] *vt* to isolate; (*prisonnier*) to put in solitary confinement; (*ville*) to cut off, isolate; (*Élec*) to insulate
isoloir [izɔlwaʀ] *nm* polling booth
isorel® [izɔʀɛl] *nm* hardboard
isotherme [izɔtɛʀm(ə)] *adj* (*camion*) refrigerated
Israël [isʀaɛl] *nm*: **l'~** Israel
israélien, ne [isʀaeljɛ̃, -ɛn] *adj* Israeli ▷ *nm/f*: **Israélien, ne** Israeli
israélite [isʀaelit] *adj* Jewish; (*dans l'Ancien Testament*) Israelite ▷ *nm/f*: **Israélite** Jew/Jewess; Israelite
issu, e [isy] *adj*: **~ de** descended from; (*fig*) stemming from ▷ *nf* (*ouverture, sortie*) exit; (*solution*) way out, solution; (*dénouement*) outcome; **à l'~e de** at the conclusion *ou* close of; **rue sans ~e** dead end, no through road (*Brit*), no outlet (*US*); **~e de secours** emergency exit
Istamboul, Istanbul [istɑ̃bul] *n* Istanbul
isthme [ism(ə)] *nm* isthmus
Italie [itali] *nf*: **l'~** Italy
italien, ne [italjɛ̃, -ɛn] *adj* Italian ▷ *nm* (*Ling*) Italian ▷ *nm/f*: **Italien, ne** Italian
italique [italik] *nm*: **en ~(s)** in italics
item [itɛm] *nm* item; (*question*) question, test
itinéraire [itineʀɛʀ] *nm* itinerary, route
itinérant, e [itineʀɑ̃, -ɑ̃t] *adj* itinerant, travelling
ITP *sigle m* (*= ingénieur des travaux publics*) civil engineer
IUT *sigle m* = **Institut universitaire de technologie**
IVG *sigle f* (*= interruption volontaire de grossesse*) abortion
ivoire [ivwaʀ] *nm* ivory
ivoirien, ne [ivwaʀjɛ̃, -ɛn] *adj* of *ou* from the Ivory Coast
ivraie [ivʀɛ] *nf*: **séparer le bon grain de l'~** (*fig*) to separate the wheat from the chaff
ivre [ivʀ(ə)] *adj* drunk; **~ de** (*colère*) wild with; (*bonheur*) drunk *ou* intoxicated with; **~ mort** dead drunk
ivresse [ivʀɛs] *nf* drunkenness; (*euphorie*) intoxication
ivrogne [ivʀɔɲ] *nm/f* drunkard

Jj

J, j [ʒi] *nm inv* J, j ▷ *abr* = **jour**; **jour J** D-day; (= *Joule*) J; **J comme Joseph** J for Jack (*Brit*) *ou* Jig (*US*)
j' [ʒ] *pron voir* **je**
jabot [ʒabo] *nm* (*Zool*) crop; (*de vêtement*) jabot
jacasser [ʒakase] *vi* to chatter
jachère [ʒaʃɛʀ] *nf*: **(être) en ~** (to lie) fallow
jacinthe [ʒasɛ̃t] *nf* hyacinth; **~ des bois** bluebell
jack [dʒak] *nm* jack plug
jacquard [ʒakaʀ] *adj inv* Fair Isle
jacquerie [ʒakʀi] *nf* riot
jade [ʒad] *nm* jade
jadis [ʒadis] *adv* in times past, formerly
jaguar [ʒagwaʀ] *nm* (*Zool*) jaguar
jaillir [ʒajiʀ] *vi* (*liquide*) to spurt out, gush out; (*lumière*) to flood out; (*fig*) to rear up; to burst out
jaillissement [ʒajismɑ̃] *nm* spurt, gush
jais [ʒɛ] *nm* jet; **(d'un noir) de ~** jet-black
jalon [ʒalɔ̃] *nm* range pole; (*fig*) milestone; **poser des ~s** (*fig*) to pave the way
jalonner [ʒalɔne] *vt* to mark out; (*fig*) to mark, punctuate
jalousement [ʒaluzmɑ̃] *adv* jealously
jalouser [ʒaluze] *vt* to be jealous of
jalousie [ʒaluzi] *nf* jealousy; (*store*) (venetian) blind
jaloux, -ouse [ʒalu, -uz] *adj* jealous; **être ~ de qn/qch** to be jealous of sb/sth
jamaïquain, e [ʒamaikɛ̃, -ɛn] *adj* Jamaican
Jamaïque [ʒamaik] *nf*: **la ~** Jamaica
jamais [ʒamɛ] *adv* never; (*sans négation*) ever; **ne ... ~** never; **~ de la vie!** never!; **si ~ ...** if ever ...; **à (tout) ~, pour ~** for ever, for ever and ever
jambage [ʒɑ̃baʒ] *nm* (*de lettre*) downstroke; (*de porte*) jamb
jambe [ʒɑ̃b] *nf* leg; **à toutes ~s** as fast as one's legs can carry one
jambières [ʒɑ̃bjɛʀ] *nfpl* legwarmers; (*Sport*) shin pads
jambon [ʒɑ̃bɔ̃] *nm* ham
jambonneau, x [ʒɑ̃bɔno] *nm* knuckle of ham
jante [ʒɑ̃t] *nf* (wheel) rim
janvier [ʒɑ̃vje] *nm* January; *voir aussi* **juillet**
Japon [ʒapɔ̃] *nm*: **le ~** Japan
japonais, e [ʒapɔnɛ, -ɛz] *adj* Japanese ▷ *nm* (*Ling*) Japanese ▷ *nm/f*: **Japonais, e** Japanese
japonaiserie [ʒapɔnɛzʀi] *nf* (*bibelot*) Japanese curio
jappement [ʒapmɑ̃] *nm* yap, yelp
japper [ʒape] *vi* to yap, yelp
jaquette [ʒakɛt] *nf* (*de cérémonie*) morning coat; (*de femme*) jacket; (*de livre*) dust cover, (dust) jacket
jardin [ʒaʀdɛ̃] *nm* garden; **~ d'acclimatation** zoological gardens *pl*; **~ botanique** botanical gardens *pl*; **~ d'enfants** nursery school; **~ potager** vegetable garden; **~ public** (public) park, public gardens *pl*; **~s suspendus** hanging gardens; **~ zoologique** zoological gardens
jardinage [ʒaʀdinaʒ] *nm* gardening
jardiner [ʒaʀdine] *vi* to garden, do some gardening
jardinet [ʒaʀdinɛ] *nm* little garden
jardinier, -ière [ʒaʀdinje, -jɛʀ] *nm/f* gardener ▷ *nf* (*de fenêtre*) window box; **jardinière d'enfants** nursery school teacher; **jardinière (de légumes)** (*Culin*) mixed vegetables
jargon [ʒaʀgɔ̃] *nm* (*charabia*) gibberish; (*publicitaire, scientifique etc*) jargon
jarre [ʒaʀ] *nf* (earthenware) jar
jarret [ʒaʀɛ] *nm* back of knee; (*Culin*) knuckle, shin
jarretelle [ʒaʀtɛl] *nf* suspender (*Brit*), garter (*US*)
jarretière [ʒaʀtjɛʀ] *nf* garter
jars [ʒaʀ] *nm* (*Zool*) gander
jaser [ʒɑze] *vi* to chatter, prattle; (*indiscrètement*) to gossip
jasmin [ʒasmɛ̃] *nm* jasmine
jaspe [ʒasp(ə)] *nm* jasper
jaspé, e [ʒaspe] *adj* marbled, mottled
jatte [ʒat] *nf* basin, bowl
jauge [ʒoʒ] *nf* (*capacité*) capacity, tonnage; (*instrument*) gauge; **~ (de niveau) d'huile** dipstick
jauger [ʒoʒe] *vt* to gauge the capacity of; (*fig*) to size up; **~ 3 000 tonneaux** to measure 3,000 tons
jaunâtre [ʒonɑtʀ(ə)] *adj* (*couleur, teint*) yellowish
jaune [ʒon] *adj, nm* yellow ▷ *nm/f* Asiatic; (*briseur de grève*) blackleg ▷ *adv* (*fam*): **rire ~** to laugh on the other side of one's face; **~ d'œuf** (egg) yolk

jaunir [ʒoniʀ] *vi, vt* to turn yellow
jaunisse [ʒonis] *nf* jaundice
Java [ʒava] *nf* Java
java [ʒava] *nf (fam)*: **faire la ~** to live it up, have a real party
javanais, e [ʒavanɛ, -ɛz] *adj* Javanese
Javel [ʒavɛl] *nf voir* **eau**
javelliser [ʒavelise] *vt (eau)* to chlorinate
javelot [ʒavlo] *nm* javelin; *(Sport)*: **faire du ~** to throw the javelin
jazz [dʒaz] *nm* jazz
J.-C. *abr* = **Jésus-Christ**
je, j' [ʒ(ə)] *pron* I
jean [dʒin] *nm* jeans *pl*
jeannette [ʒanɛt] *nf (planchette)* sleeve board; *(petite fille scout)* Brownie
jeep® [(d)ʒip] *nf (Auto)* Jeep®
jérémiades [ʒeʀemjad] *nfpl* moaning *sg*
jerrycan [ʒeʀikan] *nm* jerry can
Jersey [ʒɛʀzɛ] *nf* Jersey
jersey [ʒɛʀzɛ] *nm* jersey; *(Tricot)*: **pointe de ~** stocking stitch
jersiais, e [ʒɛʀzjɛ, -ɛz] *adj* Jersey *cpd*, of *ou* from Jersey
Jérusalem [ʒeʀyzalɛm] *n* Jerusalem
jésuite [ʒezɥit] *nm* Jesuit
Jésus-Christ [ʒezykʀi(st)] *n* Jesus Christ; **600 avant/après ~** *ou* **J.-C.** 600 B.C./A.D.
jet[1] [ʒɛ] *nm (lancer)* throwing *no pl*, throw; *(jaillissement)* jet; spurt; *(de tuyau)* nozzle; *(fig)*: **premier ~** *(ébauche)* rough outline; **arroser au ~** to hose; **d'un (seul) ~** *(d'un seul coup)* at (*ou* in) one go; **du premier ~** at the first attempt *ou* shot; **~ d'eau** spray; *(fontaine)* fountain
jet[2] [dʒɛt] *nm (avion)* jet
jetable [ʒətabl(ə)] *adj* disposable
jeté [ʒəte] *nm (Tricot)*: **un ~** make one; **~ de table** (table) runner; **~ de lit** bedspread
jetée [ʒəte] *nf* jetty; pier
jeter [ʒəte] *vt (gén)* to throw; *(se défaire de)* to throw away *ou* out; *(son, lueur etc)* to give out; **~ qch à qn** to throw sth to sb; *(de façon agressive)* to throw sth at sb; *(Navig)*: **~ l'ancre** to cast anchor; **~ un coup d'œil (à)** to take a look (at); **~ les bras en avant/la tête en arrière** to throw one's arms forward/one's head back(ward); **~ l'effroi parmi** to spread fear among; **~ un sort à qn** to cast a spell on sb; **~ qn dans la misère** to reduce sb to poverty; **~ qn dehors/en prison** to throw sb out/into prison; **~ l'éponge** *(fig)* to throw in the towel; **~ des fleurs à qn** *(fig)* to say lovely things to sb; **~ la pierre à qn** *(accuser, blâmer)* to accuse sb; **se ~ sur** to throw o.s. onto; **se ~ dans** *(fleuve)* to flow into; **se ~ par la fenêtre** to throw o.s. out of the window; **se ~ à l'eau** *(fig)* to take the plunge
jeton [ʒətɔ̃] *nm (au jeu)* counter; *(de téléphone)* token; **~s de présence** (director's) fees
jette *etc* [ʒɛt] *vb voir* **jeter**
jeu, x [ʒø] *nm (divertissement, Tech: d'une pièce)* play; *(défini par des règles, Tennis: partie, Football etc: façon de jouer)* game; *(Théât etc)* acting; *(fonctionnement)* working, interplay; *(série d'objets, jouet)* set; *(Cartes)* hand; *(au casino)*: **le ~** gambling; **cacher son ~** *(fig)* to keep one's cards hidden, conceal one's hand; **c'est un ~ d'enfant!** *(fig)* it's child's play!; **en ~** at stake; at work; *(Football)* in play; **remettre en ~** to throw in; **entrer/mettre en ~** to come/bring into play; **par ~** *(pour s'amuser)* for fun; **d'entrée de ~** *(tout de suite, dès le début)* from the outset; **entrer dans le ~/le ~ de qn** *(fig)* to play the game/sb's game; **jouer gros ~** to play for high stakes; **se piquer/se prendre au ~** to get excited over/get caught up in the game; **~ d'arcade** video game; **~ de boules** game of bowls; *(endroit)* bowling pitch; *(boules)* set of bowls; **~ de cartes** card game; *(paquet)* pack of cards; **~ de construction** building set; **~ d'échecs** chess set; **~ d'écritures** *(Comm)* paper transaction; **~ électronique** electronic game; **~ de hasard** game of chance; **~ de mots** pun; **le ~ de l'oie** snakes and ladders *sg*; **~ d'orgue(s)** organ stop; **~ de patience** puzzle; **~ de physionomie** facial expressions *pl*; **~ de société** parlour game; **~ télévisé** television game; **~ vidéo** computer game; **~x de lumière** lighting effects; **J~x olympiques (JO)** Olympic Games
jeu-concours [jøkɔ̃kuʀ] *(pl* **jeux-concours***)* *nm* competition
jeudi [ʒødi] *nm* Thursday; **~ saint** Maundy Thursday; *voir aussi* **lundi**
jeun [ʒœ̃]: **à ~** *adv* on an empty stomach
jeune [ʒœn] *adj* young ▷ *adv*: **faire/s'habiller ~** to look/dress young; **les ~s** young people, the young; **~ fille** *nf* girl; **~ homme** *nm* young man; **~ loup** *nm (Pol, Écon)* young go-getter; **~ premier** leading man; **~s gens** *nmpl* young people; **~s mariés** *nmpl* newly weds
jeûne [ʒøn] *nm* fast
jeûner [ʒøne] *vt* to fast, go without food
jeunesse [ʒœnɛs] *nf* youth; *(aspect)* youthfulness; *(jeunes)* young people *pl*, youth
jf *sigle f* = **jeune fille**
jh *sigle m* = **jeune homme**
JI *sigle m* = **juge d'instruction**
jiu-jitsu [ʒyʒitsy] *nm inv (Sport)* jujitsu
JMF *sigle f (= Jeunesses musicales de France) association to promote music among the young*
JO *sigle m* = **Journal officiel** ▷ *sigle mpl* = **Jeux olympiques**
joaillerie [ʒɔajʀi] *nf* jewel trade; jewellery *(Brit)*, jewelry *(US)*
joaillier, -ière [ʒɔaje, -jɛʀ] *nm/f* jeweller *(Brit)*, jeweler *(US)*
job [dʒɔb] *nm* job
jobard [ʒɔbaʀ] *nm (péj)* sucker, mug
jockey [ʒɔkɛ] *nm* jockey
jodler [ʒɔdle] *vi* to yodel
jogging [dʒɔgiŋ] *nm* tracksuit *(Brit)*, sweatsuit *(US)*; **faire du ~** to jog, go jogging
joie [ʒwa] *nf* joy
joignais *etc* [ʒwaɲɛ] *vb voir* **joindre**
joindre [ʒwɛ̃dʀ(ə)] *vt* to join; **~ qch à** *(à une lettre)*

to enclose sth with; (*à un mail*) to attach sth to; (*contacter*) to contact, get in touch with; **~ les mains/talons** to put one's hands/heels together; **~ les deux bouts** (*fig: du mois*) to make ends meet; **se joindre** (*mains etc*) to come together; **se ~ à qn** to join sb; **se ~ à qch** to join in sth

joint, e [ʒwɛ̃, -ɛ̃t] *pp de* **joindre** ▷ *adj*: **~ (à)** (*lettre, paquet*) attached (to), enclosed (with); **pièce ~e** (*de lettre*) enclosure; (*de mail*) attachment ▷ *nm* joint; (*ligne*) join; (*de ciment etc*) pointing *no pl*; **chercher/trouver le ~** (*fig*) to look for/come up with the answer; **~ de cardan** cardan joint; **~ de culasse** cylinder head gasket; **~ de robinet** washer; **~ universel** universal joint

jointure [ʒwɛ̃tyʀ] *nf* (*Anat: articulation*) joint; (*Tech: assemblage*) joint; (*: ligne*) join

joker [ʒɔkɛʀ] *nm* (*Cartes*) joker; (*Inform*): **(caractère) ~** wild card

joli, e [ʒɔli] *adj* pretty, attractive; **une ~e somme/situation** a nice little sum/situation; **un ~ gâchis** *etc* a nice mess *etc*; **c'est du ~!** that's very nice!; **tout ça, c'est bien ~ mais ...** that's all very well but ...

joliment [ʒɔlimɑ̃] *adv* prettily, attractively; (*fam: très*) pretty

jonc [ʒɔ̃] *nm* (bul)rush; (*bague, bracelet*) band

joncher [ʒɔ̃ʃe] *vt* (*choses*) to be strewed on; **jonché de** strewn with

jonction [ʒɔ̃ksjɔ̃] *nf* joining; **(point de) ~** (*de routes*) junction; (*de fleuves*) confluence; **opérer une ~** (*Mil etc*) to rendez-vous

jongler [ʒɔ̃gle] *vi* to juggle; (*fig*): **~ avec** to juggle with, play with

jongleur, -euse [ʒɔ̃glœʀ, -øz] *nm/f* juggler

jonquille [ʒɔ̃kij] *nf* daffodil

Jordanie [ʒɔʀdani] *nf*: **la ~** Jordan

jordanien, ne [ʒɔʀdanjɛ̃, -ɛn] *adj* Jordanian ▷ *nm/f*: **Jordanien, ne** Jordanian

jouable [ʒwabl(ə)] *adj* playable

joue [ʒu] *nf* cheek; **mettre en ~** to take aim at

jouer [ʒwe] *vt* (*partie, carte, coup, Mus: morceau*) to play; (*somme d'argent, réputation*) to stake, wager; (*pièce, rôle*) to perform; (*film*) to show; (*simuler: sentiment*) to affect, feign ▷ *vi* to play; (*Théât, Ciné*) to act, perform; (*bois, porte: se voiler*) to warp; (*clef, pièce: avoir du jeu*) to be loose; (*entrer ou être en jeu*) to come into play, come into it; **~ sur** (*miser*) to gamble on; **~ de** (*Mus*) to play; **~ du couteau/des coudes** to use knives/one's elbows; **~ à** (*jeu, sport, roulette*) to play; **~ au héros** to act *ou* play the hero; **~ avec** (*risquer*) to gamble with; **se ~ de** (*difficultés*) to make light of; **se ~ de qn** to deceive *ou* dupe sb; **~ un tour à qn** to play a trick on sb; **~ la comédie** (*fig*) to put on an act, put it on; **~ aux courses** to back horses, bet on horses; **~ à la baisse/hausse** (*Bourse*) to play for a fall/rise; **~ serré** to play a close game; **~ de malchance** to be dogged with ill-luck; **~ sur les mots** to play with words; **à toi/nous de ~** it's your/our go *ou* turn

jouet [ʒwɛ] *nm* toy; **être le ~ de** (*illusion etc*) to be the victim of

joueur, -euse [ʒwœʀ, -øz] *nm/f* player ▷ *adj* (*enfant, chat*) playful; **être beau/mauvais ~** to be a good/bad loser

joufflu, e [ʒufly] *adj* chubby(-cheeked)

joug [ʒu] *nm* yoke

jouir [ʒwiʀ]: **~ de** *vt* to enjoy

jouissance [ʒwisɑ̃s] *nf* pleasure; (*Jur*) use

jouisseur, -euse [ʒwisœʀ, -øz] *nm/f* sensualist

joujou [ʒuʒu] *nm* (*fam*) toy

jour [ʒuʀ] *nm* day; (*opposé à la nuit*) day, daytime; (*clarté*) daylight; (*fig: aspect*): **sous un ~ favorable/nouveau** in a favourable/new light; (*ouverture*) opening; (*Couture*) openwork *no pl*; **au ~ le ~** from day to day; **de nos ~s** these days, nowadays; **tous les ~s** every day; **de ~ en ~** day by day; **d'un ~ à l'autre** from one day to the next; **du ~ au lendemain** overnight; **il fait ~** it's daylight; **en plein ~** in broad daylight; **au ~** in daylight; **au petit ~** at daybreak; **au grand ~** (*fig*) in the open; **mettre au ~** to uncover, disclose; **être à ~** to be up to date; **mettre à ~** to bring up to date, update; **mise à ~** updating; **donner le ~ à** to give birth to; **voir le ~** to be born; **se faire ~** (*fig*) to become clear; **~ férié** public holiday; **le ~ J** D-day; **~ ouvrable** working day

Jourdain [ʒuʀdɛ̃] *nm*: **le ~** the (River) Jordan

journal, -aux [ʒuʀnal, -o] *nm* (news)paper; (*personnel*) journal, diary; **~ de bord** log; **~ de mode** fashion magazine; **le J~ officiel (de la République française) (JO)** *bulletin giving details of laws and official announcements*; **~ parlé/télévisé** radio/television news *sg*

journalier, -ière [ʒuʀnalje, -jɛʀ] *adj* daily; (*banal*) everyday ▷ *nm* day labourer

journalisme [ʒuʀnalism(ə)] *nm* journalism

journaliste [ʒuʀnalist(ə)] *nm/f* journalist

journalistique [ʒuʀnalistik] *adj* journalistic

journée [ʒuʀne] *nf* day; **la ~ continue** the 9 to 5 working day (*with short lunch break*)

journellement [ʒuʀnɛlmɑ̃] *adv* (*tous les jours*) daily; (*souvent*) every day

joute [ʒut] *nf* (*tournoi*) duel; (*verbale*) duel, battle of words

jouvence [ʒuvɑ̃s] *nf*: **bain de ~** rejuvenating experience

jouxter [ʒukste] *vt* to adjoin

jovial [ʒɔvjal] *adj* jovial, jolly

jovialité [ʒɔvjalite] *nf* joviality

joyau, x [ʒwajo] *nm* gem, jewel

joyeusement [ʒwajøzmɑ̃] *adv* joyfully, gladly

joyeux, -euse [ʒwajø, -øz] *adj* joyful, merry; **~ Noël!** Merry *ou* Happy Christmas!; **joyeuses Pâques!** Happy Easter!; **~ anniversaire!** many happy returns!

JT *sigle m* = **journal télévisé**

jubilation [ʒybilasjɔ̃] *nf* jubilation

jubilé [ʒybile] *nm* jubilee

jubiler [ʒybile] *vi* to be jubilant, exult

jucher [ʒyʃe] *vt*: **~ qch sur** to perch sth (up)on ▷ *vi* (*oiseau*): **~ sur** to perch (up)on; **se ~ sur** to

perch o.s. (up)on
judaïque [ʒydaik] *adj (loi)* Judaic; *(religion)* Jewish
judaïsme [ʒydaism(ə)] *nm* Judaism
judas [ʒyda] *nm (trou)* spy-hole
Judée [ʒyde] *nf*: **la ~** Jud(a)ea
judéo- [ʒydeɔ] *préfixe* Judeo-
judéo-allemand, e [ʒydeɔalmɑ̃, -ɑ̃d] *adj, nm* Yiddish
judéo-chrétien, ne [ʒydeɔkʀetjɛ̃, -ɛn] *adj* Judeo-Christian
judiciaire [ʒydisjɛʀ] *adj* judicial
judicieusement [ʒydisjøzmɑ̃] *adv* judiciously
judicieux, -euse [ʒydisjø, -øz] *adj* judicious
judo [ʒydo] *nm* judo
judoka [ʒydɔka] *nm/f* judoka
juge [ʒyʒ] *nm* judge; **~ d'instruction** examining *(Brit) ou* committing *(US)* magistrate; **~ de paix** justice of the peace; **~ de touche** linesman
jugé [ʒyʒe]: **au ~** *adv* by guesswork
jugement [ʒyʒmɑ̃] *nm* judgment; *(Jur: au pénal)* sentence; (: *au civil*) decision; **~ de valeur** value judgment
jugeote [ʒyʒɔt] *nf (fam)* gumption
juger [ʒyʒe] *vt* to judge ▷ *nm*: **au ~** by guesswork; **~ qn/qch satisfaisant** to consider sb/sth (to be) satisfactory; **~ que** to think *ou* consider that; **~ bon de faire** to consider it a good idea to do, see fit to do; **~ de** *vt* to judge; **jugez de ma surprise** imagine my surprise
jugulaire [ʒygylɛʀ] *adj* jugular ▷ *nf (Mil)* chinstrap
juguler [ʒygyle] *vt (maladie)* to halt; *(révolte)* to suppress; *(inflation etc)* to control, curb
juif, -ive [ʒɥif, -iv] *adj* Jewish ▷ *nm/f*: **Juif, ive** Jew/Jewess *ou* Jewish woman
juillet [ʒɥijɛ] *nm* July; **le premier ~** the first of July *(Brit)*, July first *(US)*; **le deux/onze ~** the second/eleventh of July, July second/eleventh; **il est venu le 5 ~** he came on 5th July *ou* July 5th; **en ~** in July; **début/fin ~** at the beginning/end of July; *see note*

LE 14 JUILLET

Le 14 juillet is a national holiday in France and commemorates the storming of the Bastille during the French Revolution. Throughout the country there are celebrations, which feature parades, music, dancing and firework displays. In Paris a military parade along the Champs-Élysées is attended by the President.

juin [ʒɥɛ̃] *nm* June; *voir aussi* **juillet**
juive [ʒwiv] *adj, nf voir* **juif**
jumeau, -elle, -x [ʒymo, -ɛl] *adj, nm/f* twin; **maisons jumelles** semidetached houses
jumelage [ʒymlaʒ] *nm* twinning
jumeler [ʒymle] *vt* to twin; **roues jumelées** double wheels; **billets de loterie jumelés** double series lottery tickets; **pari jumelé** double bet
jumelle [ʒymɛl] *adj f, nf voir* **jumeau** ▷ *vb voir* **jumeler**
jumelles [ʒymɛl] *nfpl* binoculars
jument [ʒymɑ̃] *nf* mare
jungle [ʒɔ̃gl(ə)] *nf* jungle
junior [ʒynjɔʀ] *adj* junior
junte [ʒœ̃t] *nf* junta
jupe [ʒyp] *nf* skirt
jupe-culotte [ʒypkylɔt] *(pl* **jupes-culottes***) nf* divided skirt, culotte(s)
jupette [ʒypɛt] *nf* short skirt
jupon [ʒypɔ̃] *nm* waist slip *ou* petticoat
Jura [ʒyʀa] *nm*: **le ~** the Jura (Mountains)
jurassien, ne [ʒyʀasjɛ̃, -ɛn] *adj* of *ou* from the Jura Mountains
juré, e [ʒyʀe] *nm/f* juror ▷ *adj*: **ennemi ~** sworn *ou* avowed enemy
jurer [ʒyʀe] *vt (obéissance etc)* to swear, vow ▷ *vi (dire des jurons)* to swear, curse; *(dissoner)*: **~ (avec)** to clash (with); *(s'engager)*: **~ de faire/que** to swear *ou* vow to do/that; *(affirmer)*: **~ que** to swear *ou* vouch that; **~ de qch** *(s'en porter garant)* to swear to sth; **ils ne jurent que par lui** they swear by him; **je vous jure!** honestly!
juridiction [ʒyʀidiksjɔ̃] *nf* jurisdiction; *(tribunal, tribunaux)* court(s) of law
juridique [ʒyʀidik] *adj* legal
juridiquement [ʒyʀidikmɑ̃] *adv (devant la justice)* juridically; *(du point de vue du droit)* legally
jurisconsulte [ʒyʀikɔ̃sylt(ə)] *nm* jurisconsult
jurisprudence [ʒyʀispʀydɑ̃s] *nf (Jur: décisions)* (legal) precedents; *(principes juridiques)* jurisprudence; **faire ~** *(faire autorité)* to set a precedent
juriste [ʒyʀist(ə)] *nm/f* jurist; lawyer
juron [ʒyʀɔ̃] *nm* curse, swearword
jury [ʒyʀi] *nm (Jur)* jury; *(Scol)* board (of examiners), jury
jus [ʒy] *nm* juice; *(de viande)* gravy, (meat) juice; **~ de fruits** fruit juice; **~ de raisin/tomates** grape/tomato juice
jusant [ʒyzɑ̃] *nm* ebb (tide)
jusqu'au-boutiste [ʒyskobutist(ə)] *nm/f* extremist, hardliner
jusque [ʒysk(ə)]: **jusqu'à** *prép (endroit)* as far as, (up) to; *(moment)* until, till; *(limite)* up to; **~ sur/dans** up to, as far as; *(y compris)* even on/in; **~ vers** until about; **jusqu'à ce que** *conj* until; **~-là** *(temps)* until then; *(espace)* up to there; **jusqu'ici** *(temps)* until now; *(espace)* up to here; **jusqu'à présent** until now, so far
justaucorps [ʒystokɔʀ] *nm inv (Danse, Sport)* leotard
juste [ʒyst(ə)] *adj (équitable)* just, fair; *(légitime)* just, justified; *(exact, vrai)* right; *(étroit, insuffisant)* tight ▷ *adv* right; tight; *(chanter)* in tune; *(seulement)* just; **~ assez/au-dessus** just enough/above; **pouvoir tout ~ faire** to be only just able to do; **au ~** exactly, actually; **comme de ~** of course, naturally; **le ~ milieu** the happy

medium; **à ~ titre** rightfully
justement [ʒystəmɑ̃] *adv* rightly; justly; (*précisément*): **c'est ~ ce qu'il fallait faire** that's just *ou* precisely what needed doing
justesse [ʒystɛs] *nf* (*précision*) accuracy; (*d'une remarque*) aptness; (*d'une opinion*) soundness; **de ~** just, by a narrow margin
justice [ʒystis] *nf* (*équité*) fairness, justice; (*Admin*) justice; **rendre la ~** to dispense justice; **traduire en ~** to bring before the courts; **obtenir ~** to obtain justice; **rendre ~ à qn** to do sb justice; **se faire ~** to take the law into one's own hands; (*se suicider*) to take one's life
justiciable [ʒystisjabl(ə)] *adj*: **~ de** (*Jur*) answerable to
justicier, -ière [ʒystisje, -jɛʀ] *nm/f* judge, righter of wrongs
justifiable [ʒystifjabl(ə)] *adj* justifiable
justificatif, -ive [ʒystifikatif, -iv] *adj* (*document etc*) supporting ▷ *nm* supporting proof
justification [ʒystifikɑsjɔ̃] *nf* justification
justifier [ʒystifje] *vt* to justify; **~ de** *vt* to prove; **non justifié** unjustified; **justifié à droite/gauche** ranged right/left
jute [ʒyt] *nm* jute
juteux, -euse [ʒytø, -øz] *adj* juicy
juvénile [ʒyvenil] *adj* young, youthful
juxtaposer [ʒykstapoze] *vt* to juxtapose
juxtaposition [ʒykstapozisjɔ̃] *nf* juxtaposition

K, k [kɑ] *nm inv* K, k ▷ *abr* (= *kilo*) kg; **K comme Kléber** K for King
K 7 [kasɛt] *nf* cassette
Kaboul, Kabul [kabul] *n* Kabul
kabyle [kabil] *adj* Kabyle ▷ *nm* (*Ling*) Kabyle ▷ *nm/f*: **Kabyle** Kabyle
Kabylie [kabili] *nf*: **la ~** Kabylia
kafkaïen, ne [kafkajɛ̃, -ɛn] *adj* Kafkaesque
kaki [kaki] *adj inv* khaki
Kalahari [kalaaʀi] *n*: **désert de ~** Kalahari Desert
kaléidoscope [kaleidɔskɔp] *nm* kaleidoscope
Kampala [kɑ̃pala] *n* Kampala
Kampuchéa [kɑ̃putʃea] *nm*: **le ~ (démocratique)** (the People's Republic of) Kampuchea
kangourou [kɑ̃guʀu] *nm* kangaroo
kaolin [kaɔlɛ̃] *nm* kaolin
kapok [kapɔk] *nm* kapok
karaoke [kaʀaoke] *nm* karaoke
karaté [kaʀate] *nm* karate
kart [kaʀt] *nm* go-cart
karting [kaʀtiŋ] *nm* go-carting, karting
kascher [kaʃɛʀ] *adj inv* kosher
kayak [kajak] *nm* kayak
Kazakhstan [kaʒakstɑ̃] *nm* Kazakhstan
Kenya [kenja] *nm*: **le ~** Kenya
kenyan, e [kenjɑ̃, -an] *adj* Kenyan ▷ *nm/f*: **Kenyan, e** Kenyan
képi [kepi] *nm* kepi
Kerguelen [kɛʀgelɛn] *nfpl*: **les (îles) ~** Kerguelen
kermesse [kɛʀmɛs] *nf* bazaar, (charity) fête; village fair
kérosène [keʀozɛn] *nm* jet fuel; rocket fuel
kg *abr* (= *kilogramme*) kg
KGB *sigle m* KGB
khmer, -ère [kmɛʀ] *adj* Khmer ▷ *nm* (*Ling*) Khmer
khôl [kol] *nm* khol
kibboutz [kibuts] *nm* kibbutz
kidnapper [kidnape] *vt* to kidnap
kidnappeur, -euse [kidnapœʀ, -øz] *nm/f* kidnapper
kidnapping [kidnapiŋ] *nm* kidnapping
Kilimandjaro [kilimɑ̃dʒaʀo] *nm*: **le ~** Mount Kilimanjaro
kilo [kilo] *nm* kilo
kilogramme [kilɔgʀam] *nm* kilogramme (*Brit*), kilogram (*US*)
kilométrage [kilɔmetʀaʒ] *nm* number of kilometres travelled, ≈ mileage
kilomètre [kilɔmɛtʀ(ə)] *nm* kilometre (*Brit*), kilometer (*US*); **~s-heure** kilometres per hour
kilométrique [kilɔmetʀik] *adj* (*distance*) in kilometres; **compteur ~** ≈ mileage indicator
kilooctet [kilɔɔktɛ] *nm* kilobyte
kilowatt [kilɔwat] *nm* kilowatt
kinésithérapeute [kineziteʀapøt] *nm/f* physiotherapist
kinésithérapie [kineziteʀapi] *nf* physiotherapy
kiosque [kjɔsk(ə)] *nm* kiosk, stall; (*Tél etc*) *telephone and/or videotext information service*; **~ à journaux** newspaper kiosk
kir [kiʀ] *nm* kir (*white wine with blackcurrant liqueur*)
Kirghizistan [kiʀgizistɑ̃] *nm* Kirghizia
kirsch [kiʀʃ] *nm* kirsch
kit [kit] *nm* kit; **~ piéton** *ou* **mains libres** hands-free kit; **en ~** in kit form
kitchenette [kitʃ(ə)nɛt] *nf* kitchenette
kiwi [kiwi] *nm* (*Zool*) kiwi; (*Bot*) kiwi (fruit)
klaxon [klaksɔn] *nm* horn
klaxonner [klaksɔne] *vi, vt* to hoot (*Brit*), honk (one's horn) (*US*)
kleptomane [klɛptɔman] *nm/f* kleptomaniac
km *abr* (= *kilomètre*) km
km/h *abr* = **kilomètres/heure**
knock-out [nɔkawt] *nm* knock-out
Ko *abr* (*Inform*: = *kilooctet*) kB
K.-O. [kao] *adj inv* (knocked) out, out for the count
koala [kɔala] *nm* koala (bear)
kolkhoze [kɔlkoz] *nm* kolkhoz
Kosovo [kɔsɔvo] *nm*: **le ~** Kosovo
Koweït [kɔwɛt] *nm*: **le ~** Kuwait, Koweit
koweïtien, ne [kɔwɛtjɛ̃, -ɛn] *adj* Kuwaiti ▷ *nm/f*: **Koweïtien, ne** Kuwaiti
krach [kʀak] *nm* (*Écon*) crash
kraft [kʀaft] *nm* brown *ou* kraft paper
Kremlin [kʀɛmlɛ̃] *nm*: **le ~** the Kremlin
Kuala Lumpur [kwalalympuʀ] *n* Kuala

Lumpur

kurde [kyʀd(ə)] *adj* Kurdish ▷ *nm* (*Ling*) Kurdish ▷ *nm/f*: **Kurde** Kurd

Kurdistan [kyʀdistɑ̃] *nm*: **le ~** Kurdistan

Kuweit [kɔwɛt] *nm* = **Koweit**

kW *abr* (= *kilowatt*) kW

k-way® [kawɛ] *nm* (lightweight nylon) cagoule

kW/h *abr* (= *kilowatt/heure*) kW/h

kyrielle [kiʀjɛl] *nf*: **une ~ de** a stream of

kyste [kist(ə)] *nm* cyst

k

Ll

L, l [ɛl] *nm inv* L, l ▷ *abr* (= *litre*) l; (*Scol*): **L ès L** = **Licence ès Lettres**; **L en D** = **Licence en Droit**; **L comme Louis** L for Lucy (*Brit*) *ou* Love (*US*)
l' [l] *art déf voir* **le**
la [la] *art déf, pron voir* **le** ▷ *nm* (*Mus*) A; (*en chantant la gamme*) la
là [la] *adv voir aussi* **-ci; celui** there; (*ici*) here; (*dans le temps*) then; **est-ce que Catherine est là?** is Catherine there (*ou* here)?; **c'est là que** this is where; **là où** where; **de là** (*fig*) hence; **par là** (*fig*) by that; **tout est là** (*fig*) that's what it's all about
là-bas [labɑ] *adv* there
label [labɛl] *nm* stamp, seal
labeur [labœʀ] *nm* toil *no pl*, toiling *no pl*
labo [labo] *nm* (= *laboratoire*) lab
laborantin, e [labɔʀɑ̃tɛ̃, -in] *nm/f* laboratory assistant
laboratoire [labɔʀatwaʀ] *nm* laboratory; **~ de langues/d'analyses** language/(medical) analysis laboratory
laborieusement [labɔʀjøzmɑ̃] *adv* laboriously
laborieux, -euse [labɔʀjø, -øz] *adj* (*tâche*) laborious; **classes laborieuses** working classes
labour [labuʀ] *nm* ploughing *no pl* (*Brit*), plowing *no pl* (*US*); **labours** *nmpl* (*champs*) ploughed fields; **cheval de ~** plough- *ou* cart-horse; **bœuf de ~** ox
labourage [labuʀaʒ] *nm* ploughing (*Brit*), plowing (*US*)
labourer [labuʀe] *vt* to plough (*Brit*), plow (*US*); (*fig*) to make deep gashes *ou* furrows in
laboureur [labuʀœʀ] *nm* ploughman (*Brit*), plowman (*US*)
labrador [labʀadɔʀ] *nm* (*chien*) labrador; (*Géo*): **le L~** Labrador
labyrinthe [labiʀɛ̃t] *nm* labyrinth, maze
lac [lak] *nm* lake; **le ~ Léman** Lake Geneva; **les Grands L~s** the Great Lakes; *voir aussi* **lacs**
lacer [lase] *vt* to lace *ou* do up
lacérer [laseʀe] *vt* to tear to shreds
lacet [lasɛ] *nm* (*de chaussure*) lace; (*de route*) sharp bend; (*piège*) snare; **chaussures à ~s** lace-up *ou* lacing shoes
lâche [lɑʃ] *adj* (*poltron*) cowardly; (*desserré*) loose, slack; (*morale, mœurs*) lax ▷ *nm/f* coward
lâchement [lɑʃmɑ̃] *adv* (*par peur*) like a coward; (*par bassesse*) despicably
lâcher [lɑʃe] *nm* (*de ballons, oiseaux*) release ▷ *vt* to let go of; (*ce qui tombe, abandonner*) to drop; (*oiseau, animal: libérer*) to release, set free; (*fig: mot, remarque*) to let slip, come out with; (*Sport: distancer*) to leave behind ▷ *vi* (*fil, amarres*) to break, give way; (*freins*) to fail; **~ les amarres** (*Navig*) to cast off (the moorings); **~ prise** to let go
lâcheté [lɑʃte] *nf* cowardice; (*bassesse*) lowness
lacis [lasi] *nm* (*de ruelles*) maze
laconique [lakɔnik] *adj* laconic
laconiquement [lakɔnikmɑ̃] *adv* laconically
lacrymal, e, aux [lakʀimal, -o] *adj* (*canal, glande*) tear *cpd*
lacrymogène [lakʀimɔʒɛn] *adj*: **grenade/gaz ~** tear gas grenade/tear gas
lacs [lɑ] *nm* (*piège*) snare
lactation [laktɑsjɔ̃] *nf* lactation
lacté, e [lakte] *adj* milk *cpd*
lactique [laktik] *adj*: **acide/ferment ~** lactic acid/ferment
lactose [laktoz] *nm* lactose, milk sugar
lacune [lakyn] *nf* gap
lacustre [lakystʀ(ə)] *adj* lake *cpd*, lakeside *cpd*
lad [lad] *nm* stable-lad
là-dedans [ladədɑ̃] *adv* inside (there), in it; (*fig*) in that
là-dehors [ladəɔʀ] *adv* out there
là-derrière [ladɛʀjɛʀ] *adv* behind there; (*fig*) behind that
là-dessous [ladsu] *adv* underneath, under there; (*fig*) behind that
là-dessus [ladsy] *adv* on there; (*fig*) at that point; (*: à ce sujet*) about that
là-devant [ladvɑ̃] *adv* there (in front)
ladite [ladit] *adj voir* **ledit**
ladre [lɑdʀ(ə)] *adj* miserly
lagon [lagɔ̃] *nm* lagoon
Lagos [lagɔs] *n* Lagos
lagune [lagyn] *nf* lagoon
là-haut [lao] *adv* up there
laïc [laik] *adj, nm/f* = **laïque**
laïciser [laisize] *vt* to secularize

laïcité [laisite] *nf* secularity, secularism
laid, e [lɛ, lɛd] *adj* ugly; (*fig: acte*) mean, cheap
laideron [lɛdʀɔ̃] *nm* ugly girl
laideur [lɛdœʀ] *nf* ugliness *no pl*; meanness *no pl*
laie [lɛ] *nf* wild sow
lainage [lɛnaʒ] *nm* woollen garment; (*étoffe*) woollen material
laine [lɛn] *nf* wool; **~ peignée** worsted (wool); **~ à tricoter** knitting wool; **~ de verre** glass wool; **~ vierge** new wool
laineux, -euse [lɛnø, -øz] *adj* woolly
lainier, -ière [lenje, -jɛʀ] *adj* (*industrie etc*) woollen
laïque [laik] *adj* lay, civil; (*Scol*) state *cpd* (*as opposed to private and Roman Catholic*) ▷ *nm/f* layman(-woman)
laisse [lɛs] *nf* (*de chien*) lead, leash; **tenir en ~** to keep on a lead *ou* leash
laissé-pour-compte, laissée-, laissés- [lesepuʀkɔ̃t] *adj* (*Comm*) unsold; (*: refusé*) returned ▷ *nm/f* (*fig*) reject; **les laissés-pour-compte de la reprise économique** those who are left out of the economic upturn
laisser [lese] *vt* to leave ▷ *vb aux*: **~ qn faire** to let sb do; **se ~ exploiter** to let o.s. be exploited; **se ~ aller** to let o.s. go; **~ qn tranquille** to let *ou* leave sb alone; **laisse-toi faire** let me (*ou* him) do it; **rien ne laisse penser que ...** there is no reason to think that ...; **cela ne laisse pas de surprendre** nonetheless it is surprising
laisser-aller [leseale] *nm* carelessness, slovenliness
laisser-faire [lesefɛʀ] *nm* laissez-faire
laissez-passer [lesepɑse] *nm inv* pass
lait [lɛ] *nm* milk; **frère/sœur de ~** foster brother/sister; **~ écrémé/concentré/condensé** skimmed/condensed/evaporated milk; **~ en poudre** powdered milk, milk powder; **~ de chèvre/vache** goat's/cow's milk; **~ maternel** mother's milk; **~ démaquillant/de beauté** cleansing/beauty lotion
laitage [lɛtaʒ] *nm* milk product
laiterie [lɛtʀi] *nf* dairy
laiteux, -euse [lɛtø, -øz] *adj* milky
laitier, -ière [letje, -jɛʀ] *adj* dairy ▷ *nm/f* milkman (dairywoman)
laiton [lɛtɔ̃] *nm* brass
laitue [lety] *nf* lettuce
laïus [lajys] *nm* (*péj*) spiel
lama [lama] *nm* llama
lambeau, x [lɑ̃bo] *nm* scrap; **en ~x** in tatters, tattered
lambin, e [lɑ̃bɛ̃, -in] *adj* (*péj*) slow
lambiner [lɑ̃bine] *vi* (*péj*) to dawdle
lambris [lɑ̃bʀi] *nm* panelling *no pl*
lambrissé, e [lɑ̃bʀise] *adj* panelled
lame [lam] *nf* blade; (*vague*) wave; (*lamelle*) strip; **~ de fond** ground swell *no pl*; **~ de rasoir** razor blade
lamé [lame] *nm* lamé
lamelle [lamɛl] *nf* (*lame*) small blade; (*morceau*) sliver; (*de champignon*) gill; **couper en ~s** to slice thinly
lamentable [lamɑ̃tabl(ə)] *adj* (*déplorable*) appalling; (*pitoyable*) pitiful
lamentablement [lamɑ̃tabləmɑ̃] *adv* (*échouer*) miserably; (*se conduire*) appallingly
lamentation [lamɑ̃tɑsjɔ̃] *nf* wailing *no pl*, lamentation; moaning *no pl*
lamenter [lamɑ̃te]: **se lamenter** *vi*: **se ~ (sur)** to moan (over)
laminage [laminaʒ] *nm* lamination
laminer [lamine] *vt* to laminate; (*fig: écraser*) to wipe out
laminoir [laminwaʀ] *nm* rolling mill; **passer au ~** (*fig*) to go (*ou* put) through the mill
lampadaire [lɑ̃padɛʀ] *nm* (*de salon*) standard lamp; (*dans la rue*) street lamp
lampe [lɑ̃p(ə)] *nf* lamp; (*Tech*) valve; **~ à alcool** spirit lamp; **~ à bronzer** sunlamp; **~ de poche** torch (*Brit*), flashlight (*US*); **~ à souder** blowlamp; **~ témoin** warning light
lampée [lɑ̃pe] *nf* gulp, swig
lampe-tempête [lɑ̃ptɑ̃pɛt] (*pl* **lampes-tempête**) *nf* storm lantern
lampion [lɑ̃pjɔ̃] *nm* Chinese lantern
lampiste [lɑ̃pist(ə)] *nm* light (maintenance) man; (*fig*) underling
lamproie [lɑ̃pʀwa] *nf* lamprey
lance [lɑ̃s] *nf* spear; **~ d'arrosage** garden hose; **~ à eau** water hose; **~ d'incendie** fire hose
lancée [lɑ̃se] *nf*: **être/continuer sur sa ~** to be under way/keep going
lance-flammes [lɑ̃sflam] *nm inv* flamethrower
lance-fusées [lɑ̃sfyze] *nm inv* rocket launcher
lance-grenades [lɑ̃sgʀənad] *nm inv* grenade launcher
lancement [lɑ̃smɑ̃] *nm* launching *no pl*, launch; **offre de ~** introductory offer
lance-missiles [lɑ̃smisil] *nm inv* missile launcher
lance-pierres [lɑ̃spjɛʀ] *nm inv* catapult
lancer [lɑ̃se] *nm* (*Sport*) throwing *no pl*, throw; (*Pêche*) rod and reel fishing ▷ *vt* to throw; (*émettre, projeter*) to throw out, send out; (*produit, fusée, bateau, artiste*) to launch; (*injure*) to hurl, fling; (*proclamation, mandat d'arrêt*) to issue; (*emprunt*) to float; (*moteur*) to send roaring away; **~ qch à qn** to throw sth to sb; (*de façon agressive*) to throw sth at sb; **~ un cri** *ou* **un appel** to shout *ou* call out; **se lancer** *vi* (*prendre de l'élan*) to build up speed; (*se précipiter*): **se ~ sur** *ou* **contre** to rush at; **se ~ dans** (*discussion*) to launch into; (*aventure*) to embark on; (*les affaires, la politique*) to go into; **~ du poids** *nm* putting the shot
lance-roquettes [lɑ̃sʀɔkɛt] *nm inv* rocket launcher
lance-torpilles [lɑ̃stɔʀpij] *nm inv* torpedo tube
lanceur, -euse [lɑ̃sœʀ, -øz] *nm/f* bowler; (*Baseball*) pitcher ▷ *nm* (*Espace*) launcher
lancinant, e [lɑ̃sinɑ̃, -ɑ̃t] *adj* (*regrets etc*) haunting; (*douleur*) shooting
lanciner [lɑ̃sine] *vi* to throb; (*fig*) to nag

landais, e [lɑ̃dɛ, -ɛz] *adj* of *ou* from the Landes
landau [lɑ̃do] *nm* pram (*Brit*), baby carriage (*US*)
lande [lɑ̃d] *nf* moor
Landes [lɑ̃d] *nfpl*: **les ~** the Landes
langage [lɑ̃gaʒ] *nm* language; **~ d'assemblage** (*Inform*) assembly language; **~ du corps** body language; **~ évolué/machine** (*Inform*) high-level/machine language; **~ de programmation** (*Inform*) programming language
lange [lɑ̃ʒ] *nm* flannel blanket; **langes** *nmpl* swaddling clothes
langer [lɑ̃ʒe] *vt* to change (the nappy (*Brit*) *ou* diaper (*US*) of); **table à ~** changing table
langoureusement [lɑ̃guʀøzmɑ̃] *adv* languorously
langoureux, -euse [lɑ̃guʀø, -øz] *adj* languorous
langouste [lɑ̃gust(ə)] *nf* crayfish *inv*
langoustine [lɑ̃gustin] *nf* Dublin Bay prawn
langue [lɑ̃g] *nf* (*Anat, Culin*) tongue; (*Ling*) language; (*bande*): **~ de terre** spit of land; **tirer la ~ (à)** to stick out one's tongue (at); **donner sa ~ au chat** to give up, give in; **de ~ française** French-speaking; **~ de bois** officialese; **~ maternelle** native language, mother tongue; **~ verte** slang; **~ vivante** modern language
langue-de-chat [lɑ̃gdəʃa] *nf* finger biscuit
languedocien, ne [lɑ̃gdɔsjɛ̃, -ɛn] *adj* of *ou* from the Languedoc
languette [lɑ̃gɛt] *nf* tongue
langueur [lɑ̃gœʀ] *nf* languidness
languir [lɑ̃giʀ] *vi* to languish; (*conversation*) to flag; **se languir** *vi* to be languishing; **faire ~ qn** to keep sb waiting
languissant, e [lɑ̃gisɑ̃, -ɑ̃t] *adj* languid
lanière [lanjɛʀ] *nf* (*de fouet*) lash; (*de valise, bretelle*) strap
lanoline [lanɔlin] *nf* lanolin
lanterne [lɑ̃tɛʀn(ə)] *nf* (*portable*) lantern; (*électrique*) light, lamp; (*de voiture*) (side)light; **~ rouge** (*fig*) tail-ender; **~ vénitienne** Chinese lantern
lanterneau, x [lɑ̃tɛʀno] *nm* skylight
lanterner [lɑ̃tɛʀne] *vi*: **faire ~ qn** to keep sb hanging around
Laos [laɔs] *nm*: **le ~** Laos
laotien, ne [laɔsjɛ̃, -ɛn] *adj* Laotian
lapalissade [lapalisad] *nf* statement of the obvious
La Paz [lapaz] *n* La Paz
laper [lape] *vt* to lap up
lapereau, x [lapʀo] *nm* young rabbit
lapidaire [lapidɛʀ] *adj* stone *cpd*; (*fig*) terse
lapider [lapide] *vt* to stone
lapin [lapɛ̃] *nm* rabbit; (*fourrure*) cony; **coup du ~** rabbit punch; **poser un ~ à qn** to stand sb up; **~ de garenne** wild rabbit
lapis [lapis], **lapis-lazuli** [lapislazyli] *nm inv* lapis lazuli
lapon, e [lapɔ̃, -ɔn] *adj* Lapp, Lappish ▷ *nm* (*Ling*) Lapp, Lappish ▷ *nm/f*: **Lapon, e** Lapp, Laplander
Laponie [lapɔni] *nf*: **la ~** Lapland
laps [laps] *nm*: **~ de temps** space of time, time *no pl*
lapsus [lapsys] *nm* slip
laquais [lakɛ] *nm* lackey
laque [lak] *nf* lacquer; (*brute*) shellac; (*pour cheveux*) hair spray ▷ *nm* lacquer; piece of lacquer ware
laqué, e [lake] *adj* lacquered
laquelle [lakɛl] *pron voir* **lequel**
larbin [laʀbɛ̃] *nm* (*péj*) flunkey
larcin [laʀsɛ̃] *nm* theft
lard [laʀ] *nm* (*graisse*) fat; (*bacon*) (streaky) bacon
larder [laʀde] *vt* (*Culin*) to lard
lardon [laʀdɔ̃] *nm* (*Culin*) piece of chopped bacon; (*fam: enfant*) kid
large [laʀʒ(ə)] *adj* wide; broad; (*fig*) generous ▷ *adv*: **calculer/voir ~** to allow extra/think big ▷ *nm* (*largeur*): **5 m de ~** 5 m wide *ou* in width; (*mer*): **le ~** the open sea; **en ~** *adv* sideways; **au ~ de** off; **~ d'esprit** broad-minded; **ne pas en mener ~** to have one's heart in one's boots
largement [laʀʒəmɑ̃] *adv* widely; (*de loin*) greatly; (*amplement, au minimum*) easily; (*sans compter: donner etc*) generously
largesse [laʀʒɛs] *nf* generosity; **largesses** *nfpl* liberalities
largeur [laʀʒœʀ] *nf* (*qu'on mesure*) width; (*impression visuelle*) wideness, width; breadth; broadness
larguer [laʀge] *vt* to drop; (*fam: se débarrasser de*) to get rid of; **~ les amarres** to cast off (the moorings)
larme [laʀm(ə)] *nf* tear; (*fig*): **une ~ de** a drop of; **en ~s** in tears; **pleurer à chaudes ~s** to cry one's eyes out, cry bitterly
larmoyant, e [laʀmwajɑ̃, -ɑ̃t] *adj* tearful
larmoyer [laʀmwaje] *vi* (*yeux*) to water; (*se plaindre*) to whimper
larron [laʀɔ̃] *nm* thief
larve [laʀv(ə)] *nf* (*Zool*) larva; (*fig*) worm
larvé, e [laʀve] *adj* (*fig*) latent
laryngite [laʀɛ̃ʒit] *nf* laryngitis
laryngologiste [laʀɛ̃gɔlɔʒist(ə)] *nm/f* throat specialist
larynx [laʀɛ̃ks] *nm* larynx
las, lasse [lɑ, lɑs] *adj* weary
lasagne [lazaɲ] *nf* lasagne
lascar [laskaʀ] *nm* character; (*malin*) rogue
lascif, -ive [lasif, -iv] *adj* lascivious
laser [lazɛʀ] *nm*: **(rayon) ~** laser (beam); **chaîne** *ou* **platine ~** compact disc (player); **disque ~** compact disc
lassant, e [lɑsɑ̃, -ɑ̃t] *adj* tiresome, wearisome
lasse [lɑs] *adj f voir* **las**
lasser [lɑse] *vt* to weary, tire; **se ~ de** to grow weary *ou* tired of
lassitude [lɑsityd] *nf* lassitude, weariness
lasso [laso] *nm* lasso; **prendre au ~** to lasso
latent, e [latɑ̃, -ɑ̃t] *adj* latent

latéral, e, aux [lateʀal, -o] *adj* side *cpd*, lateral
latéralement [lateʀalmɑ̃] *adv* edgeways; (*arriver, souffler*) from the side
latex [latɛks] *nm inv* latex
latin, e [latɛ̃, -in] *adj* Latin ▷ *nm* (*Ling*) Latin ▷ *nm/f*: **Latin, e** Latin; **j'y perds mon ~** it's all Greek to me
latiniste [latinist(ə)] *nm/f* Latin scholar (*ou* student)
latino-américain, e [latinɔameʀikɛ̃, -ɛn] *adj* Latin-American
latitude [latityd] *nf* latitude; (*fig*): **avoir la ~ de faire** to be left free *ou* be at liberty to do; **à 48° de ~ Nord** at latitude 48° North; **sous toutes les ~s** (*fig*) world-wide, throughout the world
latrines [latʀin] *nfpl* latrines
latte [lat] *nf* lath, slat; (*de plancher*) board
lattis [lati] *nm* lathwork
laudanum [lodanɔm] *nm* laudanum
laudatif, -ive [lodatif, -iv] *adj* laudatory
lauréat, e [lɔʀea, -at] *nm/f* winner
laurier [lɔʀje] *nm* (*Bot*) laurel; (*Culin*) bay leaves *pl*; **lauriers** *nmpl* (*fig*) laurels
laurier-rose [lɔʀjeʀoz] (*pl* **lauriers-roses**) *nm* oleander
laurier-tin [lɔʀjetɛ̃] (*pl* **lauriers-tins**) *nm* laurustinus
lavable [lavabl(ə)] *adj* washable
lavabo [lavabo] *nm* washbasin; **lavabos** *nmpl* toilet *sg*
lavage [lavaʒ] *nm* washing *no pl*, wash; **~ d'estomac/d'intestin** stomach/intestinal wash; **~ de cerveau** brainwashing *no pl*
lavande [lavɑ̃d] *nf* lavender
lavandière [lavɑ̃djɛʀ] *nf* washerwoman
lave [lav] *nf* lava *no pl*
lave-glace [lavglas] *nm* (*Auto*) windscreen (*Brit*) *ou* windshield (*US*) washer
lave-linge [lavlɛ̃ʒ] *nm inv* washing machine
lavement [lavmɑ̃] *nm* (*Méd*) enema
laver [lave] *vt* to wash; (*tache*) to wash off; (*fig: affront*) to avenge; **se laver** to have a wash, wash; **se ~ les mains/dents** to wash one's hands/clean one's teeth; **~ la vaisselle/le linge** to wash the dishes/clothes; **~ qn de** (*accusation*) to clear sb of
laverie [lavʀi] *nf*: **~ (automatique)** launderette
lavette [lavɛt] *nf* (*chiffon*) dish cloth; (*brosse*) dish mop; (*fam: homme*) wimp, drip
laveur, -euse [lavœʀ, -øz] *nm/f* cleaner
lave-vaisselle [lavvɛsɛl] *nm inv* dishwasher
lavis [lavi] *nm* (*technique*) washing; (*dessin*) wash drawing
lavoir [lavwaʀ] *nm* wash house; (*bac*) washtub
laxatif, -ive [laksatif, -iv] *adj, nm* laxative
laxisme [laksism(ə)] *nm* laxity
laxiste [laksist(ə)] *adj* lax
layette [lɛjɛt] *nf* layette
layon [lɛjɔ̃] *nm* trail
lazaret [lazaʀɛ] *nm* quarantine area
lazzi [ladzi] *nm* gibe

LCR *sigle f* (= *Ligue communiste révolutionnaire*) *political party*

 **MOT-CLÉ**

le, l', la [l(ə)] (*pl* **les**) *art déf* **1** the; **le livre/la pomme/l'arbre** the book/the apple/the tree; **les étudiants** the students
2 (*noms abstraits*): **le courage/l'amour/la jeunesse** courage/love/youth
3 (*indiquant la possession*): **se casser la jambe** *etc* to break one's leg *etc*; **levez la main** put your hand up; **avoir les yeux gris/le nez rouge** to have grey eyes/a red nose
4 (*temps*): **le matin/soir** in the morning/ evening; mornings/evenings; **le jeudi** *etc* (*d'habitude*) on Thursdays *etc*; (*ce jeudi-là etc*) on (the) Thursday; **nous venons le 3 décembre** (*parlé*) we're coming on the 3rd of December *ou* on December the 3rd; (*écrit*) we're coming (on) 3rd *ou* 3 December
5 (*distribution, évaluation*) a, an; **trois euros le mètre/kilo** three euros a *ou* per metre/kilo; **le tiers/quart de** a third/quarter of
▷ *pron* **1** (*personne: mâle*) him; (*: femelle*) her; (*: pluriel*) them; **je le/la/les vois** I can see him/ her/them
2 (*animal, chose: singulier*) it; (*: pluriel*) them; **je le (ou la) vois** I can see it; **je les vois** I can see them
3 (*remplaçant une phrase*): **je ne le savais pas** I didn't know (about it); **il était riche et ne l'est plus** he was once rich but no longer is

lé [le] *nm* (*de tissu*) width; (*de papier peint*) strip, length
leader [lidœʀ] *nm* leader
leadership [lidœʀʃip] *nm* (*Pol*) leadership
leasing [liziŋ] *nm* leasing
lèche-bottes [lɛʃbɔt] *nm inv* bootlicker
lèchefrite [lɛʃfʀit] *nf* dripping pan *ou* tray
lécher [leʃe] *vt* to lick; (*laper: lait, eau*) to lick *ou* lap up; (*finir, polir*) to over-refine; **~ les vitrines** to go window-shopping; **se ~ les doigts/lèvres** to lick one's fingers/lips
lèche-vitrines [lɛʃvitʀin] *nm inv*: **faire du ~** to go window-shopping
leçon [ləsɔ̃] *nf* lesson; **faire la ~** to teach; **faire la ~ à** (*fig*) to give a lecture to; **~s de conduite** driving lessons; **~s particulières** private lessons *ou* tuition *sg* (*Brit*)
lecteur, -trice [lɛktœʀ, -tʀis] *nm/f* reader; (*d'université*) (foreign language) assistant (*Brit*), (foreign) teaching assistant (*US*) ▷ *nm* (*Tech*): **~ de cassettes** cassette player; **~ de CD/DVD** (*Inform: d'ordinateur*) CD/DVD drive; (*de salon*) CD/ DVD player; **~ MP3** MP3 player
lectorat [lɛktɔʀa] *nm* (foreign language *ou* teaching) assistantship
lecture [lɛktyʀ] *nf* reading
LED [lɛd] *sigle f* (= *light emitting diode*) LED
ledit [lədi], **ladite** [ladit] (*mpl* **lesdits** [ledi]) (*fpl*

lesdites [ledit]) *adj* the aforesaid
légal, e, -aux [legal, -o] *adj* legal
légalement [legalmɑ̃] *adv* legally
légalisation [legalizɑsjɔ̃] *nf* legalization
légaliser [legalize] *vt* to legalize
légalité [legalite] *nf* legality, lawfulness; **être dans/sortir de la ~** to be within/step outside the law
légat [lega] *nm* (*Rel*) legate
légataire [legatɛʀ] *nm* legatee
légendaire [leʒɑ̃dɛʀ] *adj* legendary
légende [leʒɑ̃d] *nf* (*mythe*) legend; (*de carte, plan*) key, legend; (*de dessin*) caption
léger, -ère [leʒe, -ɛʀ] *adj* light; (*bruit, retard*) slight; (*boisson, parfum*) weak; (*couche, étoffe*) thin; (*superficiel*) thoughtless; (*volage*) free and easy; flighty; (*peu sérieux*) lightweight; **blessé ~** slightly injured person; **à la légère** *adv* (*parler, agir*) rashly, thoughtlessly
légèrement [leʒɛʀmɑ̃] *adv* lightly; thoughtlessly, rashly; **~ plus grand** slightly bigger
légèreté [leʒɛʀte] *nf* lightness; thoughtlessness
légiférer [leʒifeʀe] *vi* to legislate
légion [leʒjɔ̃] *nf* legion; **la L~ étrangère** the Foreign Legion; **la L~ d'honneur** the Legion of Honour; *see note*

LÉGION D'HONNEUR

Created by Napoleon in 1802 to reward services to the French nation, the *Légion d'honneur* is a prestigious group of men and women headed by the President of the Republic, "the Grand Maître". Members receive a nominal tax-free payment each year.

légionnaire [leʒjɔnɛʀ] *nm* (*Mil*) legionnaire; (*de la Légion d'honneur*) holder of the Legion of Honour
législateur [leʒislatœʀ] *nm* legislator, lawmaker
législatif, -ive [leʒislatif, -iv] *adj* legislative; **législatives** *nfpl* general election *sg*
législation [leʒislɑsjɔ̃] *nf* legislation
législature [leʒislatyʀ] *nf* legislature; (*période*) term (of office)
légiste [leʒist(ə)] *nm* jurist ▷ *adj*: **médecin ~** forensic scientist (*Brit*), medical examiner (*US*)
légitime [leʒitim] *adj* (*Jur*) lawful, legitimate; (*enfant*) legitimate; (*fig*) rightful, legitimate; **en état de ~ défense** in self-defence
légitimement [leʒitimmɑ̃] *adv* lawfully; legitimately; rightfully
légitimer [leʒitime] *vt* (*enfant*) to legitimize; (*justifier: conduite etc*) to justify
légitimité [leʒitimite] *nf* (*Jur*) legitimacy
legs [lɛg] *nm* legacy
léguer [lege] *vt*: **~ qch à qn** (*Jur*) to bequeath sth to sb; (*fig*) to hand sth down *ou* pass sth on to sb
légume [legym] *nm* vegetable; **~s verts** green vegetables; **~s secs** pulses
légumier [legymje] *nm* vegetable dish
leitmotiv [lejtmɔtiv] *nm* leitmotiv, leitmotif
Léman [lemɑ̃] *nm voir* **lac**
lendemain [lɑ̃dmɛ̃] *nm*: **le ~** the next *ou* following day; **le ~ matin/soir** the next *ou* following morning/evening; **le ~ de** the day after; **au ~ de** in the days following; in the wake of; **penser au ~** to think of the future; **sans ~** short-lived; **de beaux ~s** bright prospects; **des ~s qui chantent** a rosy future
lénifiant, e [lenifjɑ̃, -ɑ̃t] *adj* soothing
léniniste [leninist(ə)] *adj, nm/f* Leninist
lent, e [lɑ̃, lɑ̃t] *adj* slow
lente [lɑ̃t] *nf* nit
lentement [lɑ̃tmɑ̃] *adv* slowly
lenteur [lɑ̃tœʀ] *nf* slowness *no pl*; **lenteurs** *nfpl* (*actions, décisions lentes*) slowness *sg*
lentille [lɑ̃tij] *nf* (*Optique*) lens *sg*; (*Bot*) lentil; **~ d'eau** duckweed; **~s de contact** contact lenses
léonin, e [leɔnɛ̃, -in] *adj* (*fig: contrat etc*) one-sided
léopard [leɔpaʀ] *nm* leopard
LEP [lɛp] *sigle m* (*= lycée d'enseignement professionnel*) *secondary school for vocational training, pre-1986*
lèpre [lɛpʀ(ə)] *nf* leprosy
lépreux, -euse [lepʀø, -øz] *nm/f* leper ▷ *adj* (*fig*) flaking, peeling

 **MOT-CLÉ**

lequel, laquelle [ləkɛl, lakɛl] (*mpl* **lesquels**, *fpl* **lesquelles**) (*à + lequel =* **auquel**, *de + lequel =* **duquel**) *pron* **1** (*interrogatif*) which, which one
2 (*relatif: personne: sujet*) who; (*: objet, après préposition*) whom; (*sujet: possessif*) whose; (*: chose*) which; **je l'ai proposé au directeur, lequel est d'accord** I suggested it to the director, who agrees; **la femme à laquelle j'ai acheté mon chien** the woman from whom I bought my dog; **le pont sur lequel nous sommes passés** the bridge (over) which we crossed; **un homme sur la compétence duquel on peut compter** a man whose competence one can count on
▷ *adj*: **auquel cas** in which case

les [le] *art déf, pron voir* **le**
lesbienne [lɛsbjɛn] *nf* lesbian
lesdits [ledi], **lesdites** [ledit] *adj voir* **ledit**
lèse-majesté [lɛzmaʒɛste] *nf inv*: **crime de ~** crime of lese-majesty
léser [leze] *vt* to wrong; (*Méd*) to injure
lésiner [lezine] *vt*: **~ (sur)** to skimp (on)
lésion [lezjɔ̃] *nf* lesion, damage *no pl*; **~s cérébrales** brain damage
Lesotho [lezɔto] *nm*: **le ~** Lesotho
lesquels, lesquelles [lekɛl] *pron voir* **lequel**
lessivable [lesivabl(ə)] *adj* washable
lessive [lesiv] *nf* (*poudre*) washing powder; (*linge*) washing *no pl*, wash; (*opération*) washing *no pl*; **faire la ~** to do the washing
lessivé, e [lesive] *adj* (*fam*) washed out
lessiver [lesive] *vt* to wash

lessiveuse [lesivøz] *nf* (*récipient*) washtub
lessiviel [lesivjɛl] *adj* detergent
lest [lɛst] *nm* ballast; **jeter** *ou* **lâcher du ~** (*fig*) to make concessions
leste [lɛst(ə)] *adj* (*personne, mouvement*) sprightly, nimble; (*désinvolte: manières*) offhand; (*osé: plaisanterie*) risqué
lestement [lɛstəmɑ̃] *adv* nimbly
lester [lɛste] *vt* to ballast
letchi [lɛtʃi] *nm* = **litchi**
léthargie [letaʀʒi] *nf* lethargy
léthargique [letaʀʒik] *adj* lethargic
letton, ne [lɛtɔ̃, -ɔn] *adj* Latvian, Lett
Lettonie [lɛtɔni] *nf*: **la ~** Latvia
lettre [lɛtʀ(ə)] *nf* letter; **lettres** *nfpl* (*étude, culture*) literature *sg*; (*Scol*) arts (subjects); **à la ~** (*au sens propre*) literally; (*ponctuellement*) to the letter; **en ~s majuscules** *ou* **capitales** in capital letters, in capitals; **en toutes ~s** in words, in full; **~ de change** bill of exchange; **~ piégée** letter bomb; **~ de voiture (aérienne)** (air) waybill, (air) bill of lading; **~s de noblesse** pedigree
lettré, e [letʀe] *adj* well-read, scholarly
lettre-transfert [lɛtʀətʀɑ̃sfɛʀ] (*pl* **lettres-transferts**) *nf* (pressure) transfer
leu [lø] *nm voir* **queue**
leucémie [løsemi] *nf* leukaemia

MOT-CLÉ

leur [lœʀ] *adj poss* their; **leur maison** their house; **leurs amis** their friends; **à leur approche** as they came near; **à leur vue** at the sight of them
▷ *pron* **1** (*objet indirect*) (to) them; **je leur ai dit la vérité** I told them the truth; **je le leur ai donné** I gave it to them, I gave them it
2 (*possessif*): **le (la) leur, les leurs** theirs

leurre [lœʀ] *nm* (*appât*) lure; (*fig*) delusion; (*: piège*) snare
leurrer [lœʀe] *vt* to delude, deceive
leurs [lœʀ] *adj voir* **leur**
levain [ləvɛ̃] *nm* leaven; **sans ~** unleavened
levant, e [ləvɑ̃, -ɑ̃t] *adj*: **soleil ~** rising sun ▷ *nm*: **le L~** the Levant; **au soleil ~** at sunrise
levantin, e [ləvɑ̃tɛ̃, -in] *adj* Levantine ▷ *nm/f*: **Levantin, e** Levantine
levé, e [ləve] *adj*: **être ~** to be up ▷ *nm*: **~ de terrain** land survey; **à mains ~es** (*vote*) by a show of hands; **au pied ~** at a moment's notice
levée [ləve] *nf* (*Postes*) collection; (*Cartes*) trick; **~ de boucliers** general outcry; **~ du corps** *collection of the body from house of the deceased, before funeral*; **~ d'écrou** release from custody; **~ de terre** levee; **~ de troupes** levy
lever [ləve] *vt* (*vitre, bras etc*) to raise; (*soulever de terre, supprimer: interdiction, siège*) to lift; (*: difficulté*) to remove; (*séance*) to close; (*impôts, armée*) to levy; (*Chasse: lièvre*) to start; (*: perdrix*) to flush; (*fam: fille*) to pick up ▷ *vi* (*Culin*) to rise ▷ *nm*: **au ~** on getting up; **se lever** *vi* to get up; (*soleil*) to rise; (*jour*) to break; (*brouillard*) to lift; **levez-vous!, lève-toi!** stand up!, get up!; **ça va se ~** the weather will clear; **~ du jour** daybreak; **~ du rideau** (*Théât*) curtain; **~ de rideau** (*pièce*) curtain raiser; **~ de soleil** sunrise
lève-tard [lɛvtaʀ] *nm/f inv* late riser
lève-tôt [lɛvto] *nm/f inv* early riser, early bird
levier [ləvje] *nm* lever; **faire ~ sur** to lever up (*ou* off); **~ de changement de vitesse** gear lever
lévitation [levitasjɔ̃] *nf* levitation
levraut [ləvʀo] *nm* (*Zool*) leveret
lèvre [lɛvʀ(ə)] *nf* lip; **lèvres** *nfpl* (*d'une plaie*) edges; **petites/grandes ~s** labia minora/majora; **du bout des ~s** half-heartedly
lévrier [levʀije] *nm* greyhound
levure [ləvyʀ] *nf* yeast; **~ chimique** baking powder
lexical, e, -aux [lɛksikal, -o] *adj* lexical
lexicographe [lɛksikɔgʀaf] *nm/f* lexicographer
lexicographie [lɛksikɔgʀafi] *nf* lexicography, dictionary writing
lexicologie [lɛksikɔlɔʒi] *nf* lexicology
lexique [lɛksik] *nm* vocabulary, lexicon; (*glossaire*) vocabulary
lézard [lezaʀ] *nm* lizard; (*peau*) lizard skin
lézarde [lezaʀd(ə)] *nf* crack
lézarder [lezaʀde]: **se lézarder** *vi* to crack
liaison [ljɛzɔ̃] *nf* (*rapport*) connection, link; (*Rail, Aviat etc*) link; (*relation: d'amitié*) friendship; (*: d'affaires*) relationship; (*: amoureuse*) affair; (*Culin, Phonétique*) liaison; **entrer/être en ~ avec** to get/be in contact with; **~ radio** radio contact; **~ (de transmission de données)** (*Inform*) data link
liane [ljan] *nf* creeper
liant, e [ljɑ̃, -ɑ̃t] *adj* sociable
liasse [ljas] *nf* wad, bundle
Liban [libɑ̃] *nm*: **le ~** (the) Lebanon
libanais [libanɛ, -ɛz] *adj* Lebanese ▷ *nm/f*: **Libanais, e** Lebanese
libations [libasjɔ̃] *nfpl* libations
libelle [libɛl] *nm* lampoon
libellé [libele] *nm* wording
libeller [libele] *vt* (*chèque, mandat*): **~ (au nom de)** to make out (to); (*lettre*) to word
libellule [libelyl] *nf* dragonfly
libéral, e, -aux [libeʀal, -o] *adj, nm/f* liberal; **les professions ~es** the professions
libéralement [libeʀalmɑ̃] *adv* liberally
libéralisation [libeʀalizasjɔ̃] *nf* liberalization; **~ du commerce** easing of trade restrictions
libéraliser [libeʀalize] *vt* to liberalize
libéralisme [libeʀalism(ə)] *nm* liberalism
libéralité [libeʀalite] *nf* liberality *no pl*, generosity *no pl*
libérateur, -trice [libeʀatœʀ, -tʀis] *adj* liberating ▷ *nm/f* liberator
libération [libeʀasjɔ̃] *nf* liberation, freeing; release; discharge; **~ conditionnelle** release on

parole
libéré, e [libeʀe] *adj* liberated; **~ de** freed from; **être ~ sous caution/sur parole** to be released on bail/on parole
libérer [libeʀe] *vt* (*délivrer*) to free, liberate; (*: moralement, Psych*) to liberate; (*relâcher: prisonnier*) to release; (*: soldat*) to discharge; (*dégager: gaz, cran d'arrêt*) to release; (*Écon: échanges commerciaux*) to ease restrictions on; **se libérer** (*de rendez-vous*) to try and be free, get out of previous engagements; **~ qn de** (*liens, dette*) to free sb from; (*promesse*) to release sb from
Libéria [libeʀja] *nm*: **le ~** Liberia
libérien, ne [libeʀjɛ̃, -ɛn] *adj* Liberian ▷ *nm/f*: **Libérien, ne** Liberian
libéro [libeʀo] *nm* (*Football*) sweeper
libertaire [libɛʀtɛʀ] *adj* libertarian
liberté [libɛʀte] *nf* freedom; (*loisir*) free time; **libertés** *nfpl* (*privautés*) liberties; **mettre/être en ~** to set/be free; **en ~ provisoire/surveillée/conditionnelle** on bail/probation/parole; **~ d'association** right of association; **~ de conscience** freedom of conscience; **~ du culte** freedom of worship; **~ d'esprit** independence of mind; **~ d'opinion** freedom of thought; **~ de la presse** freedom of the press; **~ de réunion** right to hold meetings; **~ syndicale** union rights *pl*; **~s individuelles** personal freedom *sg*; **~s publiques** civil rights
libertin, e [libɛʀtɛ̃, -in] *adj* libertine, licentious
libertinage [libɛʀtinaʒ] *nm* licentiousness
libidineux, -euse [libidinø, -øz] *adj* lustful
libido [libido] *nf* libido
libraire [libʀɛʀ] *nm/f* bookseller
libraire-éditeur [libʀɛʀeditœʀ] (*pl* **libraires-éditeurs**) *nm* publisher and bookseller
librairie [libʀeʀi] *nf* bookshop
librairie-papeterie [libʀeʀipapetʀi] (*pl* **librairies-papeteries**) *nf* bookseller's and stationer's
libre [libʀ(ə)] *adj* free; (*route*) clear; (*place etc*) vacant, free; (*fig: propos, manières*) open; (*Scol*) private and Roman Catholic (*as opposed to "laïque"*); **de ~** (*place*) free; **~ de qch/de faire** free from sth/to do; **vente ~** (*Comm*) unrestricted sale; **~ arbitre** free will; **~ concurrence** free-market economy; **~ entreprise** free enterprise
libre-échange [libʀeʃɑ̃ʒ] *nm* free trade
librement [libʀəmɑ̃] *adv* freely
libre-penseur, -euse [libʀəpɑ̃sœʀ, -øz] *nm/f* free thinker
libre-service [libʀəsɛʀvis] *nm inv* (*magasin*) self-service store; (*restaurant*) self-service restaurant
librettiste [libʀetist(ə)] *nm/f* librettist
Libye [libi] *nf*: **la ~** Libya
libyen, ne [libjɛ̃, -ɛn] *adj* Libyan ▷ *nm/f*: **Libyen, ne** Libyan
lice [lis] *nf*: **entrer en ~** (*fig*) to enter the lists
licence [lisɑ̃s] *nf* (*permis*) permit; (*diplôme*) (first) degree; *see note*; (*liberté*) liberty; (*poétique, orthographique*) licence (*Brit*), license (*US*); (*des mœurs*) licentiousness; **~ ès lettres/en droit** arts/law degree

LICENCE

After the "DEUG", French university students undertake a third year of study to complete their *licence*. This is roughly equivalent to a bachelor's degree in Britain.

licencié, e [lisɑ̃sje] *nm/f* (*Scol*): **~ ès lettres/en droit** ≈ Bachelor of Arts/Law, arts/law graduate; (*Sport*) permit-holder
licenciement [lisɑ̃simɑ̃] *nm* dismissal; redundancy; laying off *no pl*
licencier [lisɑ̃sje] *vt* (*renvoyer*) to dismiss; (*débaucher*) to make redundant; to lay off
licencieux, -euse [lisɑ̃sjø, -øz] *adj* licentious
lichen [likɛn] *nm* lichen
licite [lisit] *adj* lawful
licorne [likɔʀn(ə)] *nf* unicorn
licou [liku] *nm* halter
lie [li] *nf* dregs *pl*, sediment
lié, e [lje] *adj*: **très ~ avec** (*fig*) very friendly with *ou* close to; **~ par** (*serment, promesse*) bound by; **avoir partie ~e (avec qn)** to be involved (with sb)
Liechtenstein [liʃtɛnʃtajn] *nm*: **le ~** Liechtenstein
lie-de-vin [lidvɛ̃] *adj inv* wine(-coloured)
liège [ljɛʒ] *nm* cork
liégeois, e [ljeʒwa, -waz] *adj* of *ou* from Liège ▷ *nm/f*: **Liégeois, e** inhabitant *ou* native of Liège; **café/chocolat ~** *coffee/chocolate ice cream topped with whipped cream*
lien [ljɛ̃] *nm* (*corde, fig: affectif, culturel*) bond; (*rapport*) link, connection; (*analogie*) link; **~ de parenté** family tie
lier [lje] *vt* (*attacher*) to tie up; (*joindre*) to link up; (*fig: unir, engager*) to bind; (*Culin*) to thicken; **~ qch à** (*attacher*) to tie sth to; (*associer*) to link sth to; **~ conversation (avec)** to strike up a conversation (with); **se lier avec** to make friends with
lierre [ljɛʀ] *nm* ivy
liesse [ljɛs] *nf*: **être en ~** to be jubilant
lieu, x [ljø] *nm* place; **lieux** *nmpl* (*locaux*) premises; (*endroit: d'un accident etc*) scene *sg*; **en ~ sûr** in a safe place; **en haut ~** in high places; **vider** *ou* **quitter les ~x** to leave the premises; **arriver/être sur les ~x** to arrive/be on the scene; **en premier ~** in the first place; **en dernier ~** lastly; **avoir ~** to take place; **avoir ~ de faire** to have grounds *ou* good reason for doing; **tenir ~ de** to take the place of; (*servir de*) to serve as; **donner ~ à** to give rise to, give cause for; **au ~ de** instead of; **au ~ qu'il y aille** instead of him going; **~ commun** commonplace; **~ géométrique** locus; **~ de naissance** place of birth
lieu-dit [ljødi] (*pl* **lieux-dits**) *nm* locality
lieue [ljø] *nf* league

lieutenant [ljøtnɑ̃] *nm* lieutenant; **~ de vaisseau** (*Navig*) lieutenant
lieutenant-colonel [ljøtnɑ̃kɔlɔnɛl] (*pl* **lieutenants-colonels**) *nm* (*armée de terre*) lieutenant colonel; (*armée de l'air*) wing commander (*Brit*), lieutenant colonel (*US*)
lièvre [ljɛvʀ(ə)] *nm* hare; (*coureur*) pacemaker; **lever un ~** (*fig*) to bring up a prickly subject
liftier, -ière [liftje, -jɛʀ] *nm,f* lift (*Brit*) *ou* elevator (*US*) attendant
lifting [liftiŋ] *nm* face lift
ligament [ligamɑ̃] *nm* ligament
ligature [ligatyʀ] *nf* ligature
lige [liʒ] *adj*: **homme ~** (*péj*) henchman
ligne [liɲ] *nf* (*gén*) line; (*Transports: liaison*) service; (*: trajet*) route; (*silhouette*): **garder la ~** to keep one's figure; **en ~** (*Inform*) on line; **en ~ droite** as the crow flies; **"à la ~"** "new paragraph"; **entrer en ~ de compte** to be taken into account; to come into it; **~ de but/médiane** goal/halfway line; **~ d'arrivée/de départ** finishing/starting line; **~ de conduite** course of action; **~ directrice** guiding line; **~ fixe** (*Tél*) fixed line (phone); **~ d'horizon** skyline; **~ de mire** line of sight; **~ de touche** touchline
ligné, e [liɲe] *adj*: **papier ~** ruled paper ▷ *nf* (*race, famille*) line, lineage; (*postérité*) descendants *pl*
ligneux, -euse [liɲø, -øz] *adj* ligneous, woody
lignite [liɲit] *nm* lignite
ligoter [ligɔte] *vt* to tie up
ligue [lig] *nf* league
liguer [lige]: **se liguer** *vi* to form a league; **se ~ contre** (*fig*) to combine against
lilas [lilɑ] *nm* lilac
lillois, e [lilwa, -waz] *adj* of *ou* from Lille
Lima [lima] *n* Lima
limace [limas] *nf* slug
limaille [limɑj] *nf*: **~ de fer** iron filings *pl*
limande [limɑ̃d] *nf* dab
limande-sole [limɑ̃dsol] *nf* lemon sole
limbes [lɛ̃b] *nmpl* limbo *sg*; **être dans les ~** (*fig: projet etc*) to be up in the air
lime [lim] *nf* (*Tech*) file; (*Bot*) lime; **~ à ongles** nail file
limer [lime] *vt* (*bois, métal*) to file (down); (*ongles*) to file; (*fig: prix*) to pare down
limier [limje] *nm* (*Zool*) bloodhound; (*détective*) sleuth
liminaire [liminɛʀ] *adj* (*propos*) introductory
limitatif, -ive [limitatif, -iv] *adj* restrictive
limitation [limitɑsjɔ̃] *nf* limitation, restriction; **sans ~ de temps** with no time limit; **~ des naissances** birth control; **~ de vitesse** speed limit
limite [limit] *nf* (*de terrain*) boundary; (*partie ou point extrême*) limit; **dans la ~ de** within the limits of; **à la ~** (*au pire*) if the worst comes (*ou* came) to the worst; **sans ~s** (*bêtise, richesse, pouvoir*) limitless, boundless; **vitesse/charge ~** maximum speed/load; **cas ~** borderline case; **date ~** deadline; **date ~ de vente/consommation** sell-by/best-before date; **prix ~** upper price limit; **~ d'âge** maximum age, age limit
limiter [limite] *vt* (*restreindre*) to limit, restrict; (*délimiter*) to border, form the boundary of; **se ~ (à qch/à faire)** (*personne*) to limit *ou* confine o.s. (to sth/to doing sth); **se ~ à** (*chose*) to be limited to
limitrophe [limitʀɔf] *adj* border *cpd*; **~ de** bordering on
limogeage [limɔʒaʒ] *nm* dismissal
limoger [limɔʒe] *vt* to dismiss
limon [limɔ̃] *nm* silt
limonade [limɔnad] *nf* lemonade (*Brit*), (lemon) soda (*US*)
limonadier, -ière [limɔnadje, -jɛʀ] *nm/f* (*commerçant*) café owner; (*fabricant de limonade*) soft drinks manufacturer
limoneux, -euse [limɔnø, -øz] *adj* muddy
limousin, e [limuzɛ̃, -in] *adj* of *ou* from Limousin ▷ *nm* (*région*): **le L~** the Limousin ▷ *nf* limousine
limpide [lɛ̃pid] *adj* limpid
lin [lɛ̃] *nm* (*Bot*) flax; (*tissu, toile*) linen
linceul [lɛ̃sœl] *nm* shroud
linéaire [lineɛʀ] *adj* linear ▷ *nm*: **~ (de vente)** shelves *pl*
linéament [lineamɑ̃] *nm* outline
linge [lɛ̃ʒ] *nm* (*serviettes etc*) linen; (*pièce de tissu*) cloth; (*aussi*: **linge de corps**) underwear; (*aussi*: **linge de toilette**) towel; (*lessive*) washing; **~ sale** dirty linen
lingère [lɛ̃ʒɛʀ] *nf* linen maid
lingerie [lɛ̃ʒʀi] *nf* lingerie, underwear
lingot [lɛ̃go] *nm* ingot
linguiste [lɛ̃gɥist(ə)] *nm/f* linguist
linguistique [lɛ̃gɥistik] *adj* linguistic ▷ *nf* linguistics *sg*
lino [linɔ], **linoléum** [linɔleɔm] *nm* lino(leum)
linotte [linɔt] *nf*: **tête de ~** bird brain
linteau, x [lɛ̃to] *nm* lintel
lion, ne [ljɔ̃, ljɔn] *nm/f* lion (lioness); (*signe*): **le L~** Leo, the Lion; **être du L~** to be Leo; **~ de mer** sea lion
lionceau, x [ljɔ̃so] *nm* lion cub
liposuccion [liposyksjɔ̃] *nf* liposuction
lippu, e [lipy] *adj* thick-lipped
liquéfier [likefje] *vt* to liquefy; **se liquéfier** *vi* (*gaz etc*) to liquefy; (*fig: personne*) to succumb
liqueur [likœʀ] *nf* liqueur
liquidateur, -trice [likidatœʀ, -tʀis] *nm/f* (*Jur*) receiver; **~ judiciaire** official liquidator
liquidation [likidɑsjɔ̃] *nf* liquidation; (*Comm*) clearance (sale); **~ judiciaire** compulsory liquidation
liquide [likid] *adj* liquid ▷ *nm* liquid; (*Comm*): **en ~** in ready money *ou* cash
liquider [likide] *vt* (*société, biens, témoin gênant*) to liquidate; (*compte, problème*) to settle; (*Comm: articles*) to clear, sell off
liquidités [likidite] *nfpl* (*Comm*) liquid assets
liquoreux, -euse [likɔʀø, -øz] *adj* syrupy

l

lire [liʀ] *nf (monnaie)* lira ▷ *vt, vi* to read; **~ qch à qn** to read sth (out) to sb
lis *vb* [li] *voir* **lire** ▷ *nm* [lis] = **lys**
lisais *etc* [lizɛ] *vb voir* **lire**
Lisbonne [lizbɔn] *n* Lisbon
lise *etc* [liz] *vb voir* **lire**
liseré [lizʀe] *nm* border, edging
liseron [lizʀɔ̃] *nm* bindweed
liseuse [lizøz] *nf* book-cover; *(veste)* bed jacket
lisible [lizibl(ə)] *adj* legible; *(digne d'être lu)* readable
lisiblement [liziblәmɑ̃] *adv* legibly
lisière [lizjɛʀ] *nf (de forêt)* edge; *(de tissu)* selvage
lisons [lizɔ̃] *vb voir* **lire**
lisse [lis] *adj* smooth
lisser [lise] *vt* to smooth
lisseur [lisœʀ] *nm* straighteners *pl*
listage [listaʒ] *nm (Inform)* listing
liste [list(ə)] *nf* list; *(Inform)* listing; **faire la ~ de** to list, make out a list of; **~ d'attente** waiting list; **~ civile** civil list; **~ électorale** electoral roll; **~ de mariage** wedding (present) list; **~ noire** hit list
lister [liste] *vt* to list
listéria [listeʀja] *nf* listeria
listing [listiŋ] *nm (Inform)* listing; **qualité ~** draft quality
lit [li] *nm (gén)* bed; **faire son ~** to make one's bed; **aller/se mettre au ~** to go to/get into bed; **chambre avec un grand ~** room with a double bed; **prendre le ~** to take to one's bed; **d'un premier ~** *(Jur)* of a first marriage; **~ de camp** camp bed *(Brit)*, cot *(US)*; **~ d'enfant** cot *(Brit)*, crib *(US)*
litanie [litani] *nf* litany
lit-cage [likaʒ] *(pl* **lits-cages***) nm* folding bed
litchi [litʃi] *nm* lychee
literie [litʀi] *nf* bedding; *(linge)* bedding, bedclothes *pl*
litho [lito], **lithographie** [litɔgʀafi] *nf* litho(graphy); *(épreuve)* litho(graph)
litière [litjɛʀ] *nf* litter
litige [litiʒ] *nm* dispute; **en ~** in contention
litigieux, -euse [litiʒjø, -øz] *adj* litigious, contentious
litote [litɔt] *nf* understatement
litre [litʀ(ə)] *nm* litre; *(récipient)* litre measure
littéraire [liteʀɛʀ] *adj* literary
littéral, e, -aux [liteʀal, -o] *adj* literal
littéralement [liteʀalmɑ̃] *adv* literally
littérature [liteʀatyʀ] *nf* literature
littoral, e, -aux [litɔʀal, -o] *adj* coastal ▷ *nm* coast
Lituanie [litɥani] *nf*: **la ~** Lithuania
lituanien, ne [litɥanjɛ̃, -ɛn] *adj* Lithuanian ▷ *nm (Ling)* Lithuanian ▷ *nm/f*: **Lituanien, ne** Lithuanian
liturgie [lityʀʒi] *nf* liturgy
liturgique [lityʀʒik] *adj* liturgical
livide [livid] *adj* livid, pallid
living [liviŋ], **living-room** [liviŋʀum] *nm* living room
livrable [livʀabl(ə)] *adj (Comm)* that can be delivered
livraison [livʀɛzɔ̃] *nf* delivery; **~ à domicile** home delivery (service)
livre [livʀ(ə)] *nm* book; *(imprimerie etc)*: **le ~** the book industry ▷ *nf (poids, monnaie)* pound; **traduire qch à ~ ouvert** to translate sth off the cuff *ou* at sight; **~ blanc** official report *(on war, natural disaster etc, prepared by independent body)*; **~ de bord** *(Navig)* logbook; **~ de comptes** account(s) book; **~ de cuisine** cookery book *(Brit)*, cookbook; **~ de messe** mass *ou* prayer book; **~ d'or** visitors' book; **~ de poche** paperback *(small and cheap)*; **~ sterling** pound sterling; **~ verte** green pound
livré, e [livʀe] *nf* livery ▷ *adj*: **~ à** *(l'anarchie etc)* given over to; **~ à soi-même** left to oneself *ou* one's own devices
livrer [livʀe] *vt (Comm)* to deliver; *(otage, coupable)* to hand over; *(secret, information)* to give away; **se ~ à** *(se confier)* to confide in; *(se rendre)* to give o.s. up to; *(s'abandonner à: débauche etc)* to give o.s. up *ou* over to; *(faire: pratiques, actes)* to indulge in; *(travail)* to be engaged in, engage in; *(: sport)* to practise; *(: enquête)* to carry out; **~ bataille** to give battle
livresque [livʀɛsk(ə)] *adj (péj)* bookish
livret [livʀɛ] *nm* booklet; *(d'opéra)* libretto; **~ de caisse d'épargne** (savings) bank-book; **~ de famille** (official) family record book; **~ scolaire** (school) report book
livreur, -euse [livʀœʀ, -øz] *nm/f* delivery boy *ou* man/girl *ou* woman
LO *sigle f (= Lutte ouvrière) political party*
lob [lɔb] *nm* lob
lobe [lɔb] *nm*: **~ de l'oreille** ear lobe
lober [lɔbe] *vt* to lob
local, e, -aux [lɔkal, -o] *adj* local ▷ *nm (salle)* premises *pl* ▷ *nmpl* premises
localement [lɔkalmɑ̃] *adv* locally
localisé, e [lɔkalize] *adj* localized
localiser [lɔkalize] *vt (repérer)* to locate, place; *(limiter)* to localize, confine
localité [lɔkalite] *nf* locality
locataire [lɔkatɛʀ] *nm/f* tenant; *(de chambre)* lodger
locatif, -ive [lɔkatif, -iv] *adj (charges, réparations)* incumbent upon the tenant; *(valeur)* rental; *(immeuble)* with rented flats, used as a letting *ou* rental (US) concern
location [lɔkɑsjɔ̃] *nf (par le locataire)* renting; *(par l'usager: de voiture etc)* hiring *(Brit)*, renting *(US)*; *(par le propriétaire)* renting out, letting; hiring out *(Brit)*; *(de billets, places)* booking; *(bureau)* booking office; **"~ de voitures"** "car hire *(Brit) ou* rental *(US)*"
location-vente [lɔkɑsjɔ̃vɑ̃t] *nf* form of hire purchase *(Brit)* ou installment plan *(US)*
lock-out [lɔkawt] *nm inv* lockout
locomoteur, -trice [lɔkɔmɔtœʀ, -tʀis] *adj, nf* locomotive
locomotion [lɔkɔmosjɔ̃] *nf* locomotion

locomotive [lɔkɔmɔtiv] *nf* locomotive, engine; (*fig*) pacesetter, pacemaker
locuteur, -trice [lɔkytœʀ, -tʀis] *nm/f* (*Ling*) speaker
locution [lɔkysjɔ̃] *nf* phrase
loden [lɔdɛn] *nm* loden
lofer [lɔfe] *vi* (*Navig*) to luff
logarithme [lɔgaʀitm(ə)] *nm* logarithm
loge [lɔʒ] *nf* (*Théât: d'artiste*) dressing room; (*: de spectateurs*) box; (*de concierge, franc-maçon*) lodge
logeable [lɔʒabl(ə)] *adj* habitable; (*spacieux*) roomy
logement [lɔʒmɑ̃] *nm* flat (*Brit*), apartment (*US*); accommodation *no pl* (*Brit*), accommodations *pl* (*US*); **le ~** housing; **chercher un ~** to look for a flat *ou* apartment, look for accommodation(s); **construire des ~s bon marché** to build cheap housing *sg*; **crise du ~** housing shortage; **~ de fonction** (*Admin*) company flat *ou* apartment, accommodation(s) provided with one's job
loger [lɔʒe] *vt* to accommodate ▷ *vi* to live; **se loger**: **trouver à se ~** to find accommodation; **se ~ dans** (*balle, flèche*) to lodge itself in
logeur, -euse [lɔʒœʀ, -øz] *nm/f* landlord (landlady)
loggia [lɔdʒja] *nf* loggia
logiciel [lɔʒisjɛl] *nm* (*Inform*) piece of software
logicien, ne [lɔʒisjɛ̃, -ɛn] *nm/f* logician
logique [lɔʒik] *adj* logical ▷ *nf* logic; **c'est ~** it stands to reason
logiquement [lɔʒikmɑ̃] *adv* logically
logis [lɔʒi] *nm* home; abode, dwelling
logisticien, ne [lɔʒistisjɛ̃, -ɛn] *nm/f* logistician
logistique [lɔʒistik] *nf* logistics *sg* ▷ *adj* logistic
logo [lɔgo], **logotype** [lɔgɔtip] *nm* logo
loi [lwa] *nf* law; **faire la ~** to lay down the law; **les ~s de la mode** (*fig*) the dictates of fashion; **proposition de ~** (private member's) bill; **projet de ~** (government) bill
loi-cadre [lwakadʀ(ə)] (*pl* **lois-cadres**) *nf* (*Pol*) blueprint law
loin [lwɛ̃] *adv* far; (*dans le temps: futur*) a long way off; (*: passé*) a long time ago; **plus ~** further; **moins ~ (que)** not as far (as); **~ de** far from; **~ d'ici** a long way from here; **pas ~ de 100 euros** not far off 100 euros; **au ~** far off; **de ~** *adv* from a distance; (*fig: de beaucoup*) by far; **il vient de ~** he's come a long way; he comes from a long way away; **de ~ en ~** here and there; (*de temps en temps*) (every) now and then; **~ de là** (*au contraire*) far from it
lointain, e [lwɛ̃tɛ̃, -ɛn] *adj* faraway, distant; (*dans le futur, passé*) distant, far-off; (*cause, parent*) remote, distant ▷ *nm*: **dans le ~** in the distance
loi-programme [lwapʀɔgʀam] (*pl* **lois-programmes**) *nf* (*Pol*) *act providing framework for government programme*
loir [lwaʀ] *nm* dormouse
Loire [lwaʀ] *nf*: **la ~** the Loire
loisible [lwazibl(ə)] *adj*: **il vous est ~ de ...** you are free to ...
loisir [lwaziʀ] *nm*: **heures de ~** spare time; **loisirs** *nmpl* leisure *sg*; (*activités*) leisure activities; **avoir le ~ de faire** to have the time *ou* opportunity to do; **(tout) à ~** (*en prenant son temps*) at leisure; (*autant qu'on le désire*) at one's pleasure
lombaire [lɔ̃bɛʀ] *adj* lumbar
lombalgie [lɔ̃balʒi] *nf* back pain
londonien, ne [lɔ̃dɔnjɛ̃, -ɛn] *adj* London *cpd*, of London ▷ *nm/f*: **Londonien, ne** Londoner
Londres [lɔ̃dʀ(ə)] *n* London
long, longue [lɔ̃, lɔ̃g] *adj* long ▷ *adv*: **en savoir ~** to know a great deal ▷ *nm*: **de 3 m de ~** 3 m long, 3 m in length ▷ *nf*: **à la longue** in the end; **faire ~ feu** to fizzle out; **ne pas faire ~ feu** not to last long; **au ~ cours** (*Navig*) ocean *cpd*, ocean-going; **de longue date** *adj* long-standing; **longue durée** *adj* long-term; **de longue haleine** *adj* long-term; **être ~ à faire** to take a long time to do; **en ~** *adv* lengthwise, lengthways; **(tout) le ~ de** (all) along; **tout au ~ de** (*année, vie*) throughout; **de ~ en large** (*marcher*) to and fro, up and down; **en ~ et en large** (*fig*) in every detail
longanimité [lɔ̃ganimite] *nf* forbearance
long-courrier [lɔ̃kuʀje] *nm* (*Aviat*) long-haul aircraft
longe [lɔ̃ʒ] *nf* (*corde: pour attacher*) tether; (*pour mener*) lead; (*Culin*) loin
longer [lɔ̃ʒe] *vt* to go (*ou* walk *ou* drive) along(side); (*mur, route*) to border
longévité [lɔ̃ʒevite] *nf* longevity
longiligne [lɔ̃ʒiliɲ] *adj* long-limbed
longitude [lɔ̃ʒityd] *nf* longitude; **à 45° de ~ ouest** at 45° longitude west
longitudinal, e, -aux [lɔ̃ʒitydinal, -o] *adj* longitudinal, lengthways; (*entaille, vallée*) running lengthways
longtemps [lɔ̃tɑ̃] *adv* (for) a long time, (for) long; **ça ne va pas durer ~** it won't last long; **avant ~** before long; **pour/pendant ~** for a long time; **je n'en ai pas pour ~** I shan't be long; **mettre ~ à faire** to take a long time to do; **il en a pour ~** he'll be a long time; **il y a ~ que je travaille** I have been working (for) a long time; **il n'y a pas ~ que je l'ai rencontré** it's not long since I met him
longue [lɔ̃g] *adj f voir* **long**
longuement [lɔ̃gmɑ̃] *adv* (*longtemps: parler, regarder*) for a long time; (*en détail: expliquer, raconter*) at length
longueur [lɔ̃gœʀ] *nf* length; **longueurs** *nfpl* (*fig: d'un film etc*) tedious parts; **sur une ~ de 10 km** for *ou* over 10 km; **en ~** *adv* lengthwise, lengthways; **tirer en ~** to drag on; **à ~ de journée** all day long; **d'une ~** (*gagner*) by a length; **~ d'onde** wavelength
longue-vue [lɔ̃gvy] *nf* telescope
look [luk] (*fam*) *nm* look, image
looping [lupiŋ] *nm* (*Aviat*): **faire des ~s** to loop the loop
lopin [lɔpɛ̃] *nm*: **~ de terre** patch of land
loquace [lɔkas] *adj* talkative, loquacious

l

loque [lɔk] *nf (personne)* wreck; **loques** *nfpl (habits)* rags; **être** *ou* **tomber en ~s** to be in rags
loquet [lɔkɛ] *nm* latch
lorgner [lɔʀɲe] *vt* to eye; *(convoiter)* to have one's eye on
lorgnette [lɔʀɲɛt] *nf* opera glasses *pl*
lorgnon [lɔʀɲɔ̃] *nm (face-à-main)* lorgnette; *(pince-nez)* pince-nez
loriot [lɔʀjo] *nm* (golden) oriole
lorrain, e [lɔʀɛ̃, -ɛn] *adj* of *ou* from Lorraine; **quiche ~e** quiche
lors [lɔʀ]: **~ de** *prép (au moment de)* at the time of; *(pendant)* during; **~ même que** even though
lorsque [lɔʀsk(ə)] *conj* when, as
losange [lɔzɑ̃ʒ] *nm* diamond; *(Géom)* lozenge; **en ~** diamond-shaped
lot [lo] *nm (part)* share; *(de loterie)* prize; *(fig: destin)* fate, lot; *(Comm, Inform)* batch; **~ de consolation** consolation prize
loterie [lɔtʀi] *nf* lottery; *(tombola)* raffle; **L~ nationale** *French national lottery*
loti, e [lɔti] *adj*: **bien/mal ~** well-/badly off, lucky/unlucky
lotion [losjɔ̃] *nf* lotion; **~ après rasage** after-shave (lotion); **~ capillaire** hair lotion
lotir [lɔtiʀ] *vt (terrain: diviser)* to divide into plots; *(: vendre)* to sell by lots
lotissement [lɔtismɑ̃] *nm (groupe de maisons, d'immeubles)* housing development; *(parcelle)* (building) plot, lot
loto [lɔto] *nm* lotto
lotte [lɔt] *nf (Zool: de rivière)* burbot; *(: de mer)* monkfish
louable [lwabl(ə)] *adj (appartement, garage)* rentable; *(action, personne)* praiseworthy, commendable
louage [lwaʒ] *nm*: **voiture de ~** hired *(Brit) ou* rented *(US)* car; *(à louer)* hire *(Brit) ou* rental *(US)* car
louange [lwɑ̃ʒ] *nf*: **à la ~ de** in praise of; **louanges** *nfpl* praise *sg*
loubar, loubard [lubaʀ] *nm (fam)* lout
louche [luʃ] *adj* shady, dubious ▷ *nf* ladle
loucher [luʃe] *vi* to squint; *(fig)*: **~ sur** to have one's (beady) eye on
louer [lwe] *vt (maison: propriétaire)* to let, rent (out); *(: locataire)* to rent; *(voiture etc)* to hire out *(Brit)*, rent (out); to hire *(Brit)*, rent; *(réserver)* to book; *(faire l'éloge de)* to praise; **"à ~"** "to let" *(Brit)*, "for rent" *(US)*; **~ qn de** to praise sb for; **se ~ de** to congratulate o.s. on
loufoque [lufɔk] *adj (fam)* crazy, zany
loukoum [lukum] *nm* Turkish delight
loulou [lulu] *nm (chien)* spitz; **~ de Poméranie** Pomeranian (dog)
loup [lu] *nm* wolf; *(poisson)* bass; *(masque)* (eye) mask; **jeune ~** young go-getter; **~ de mer** *(marin)* old seadog
loupe [lup] *nf* magnifying glass; **~ de noyer** burr walnut; **à la ~** *(fig)* in minute detail
louper [lupe] *vt (fam: manquer)* to miss; *(: gâcher)* to mess up, bungle
lourd, e [luʀ, luʀd(ə)] *adj* heavy; *(chaleur, temps)* sultry; *(fig: personne, style)* heavy-handed ▷ *adv*: **peser ~** to be heavy; **~ de** *(menaces)* charged with; *(conséquences)* fraught with; **artillerie/industrie ~e** heavy artillery/industry
lourdaud, e [luʀdo, -od] *adj* oafish
lourdement [luʀdəmɑ̃] *adv* heavily; **se tromper ~** to make a big mistake
lourdeur [luʀdœʀ] *nf* heaviness; **~ d'estomac** indigestion *no pl*
loustic [lustik] *nm (fam péj)* joker
loutre [lutʀ(ə)] *nf* otter; *(fourrure)* otter skin
louve [luv] *nf* she-wolf
louveteau, x [luvto] *nm (Zool)* wolf-cub; *(scout)* cub (scout)
louvoyer [luvwaje] *vi (Navig)* to tack; *(fig)* to hedge, evade the issue
lover [lɔve]: **se lover** *vi* to coil up
loyal, e, -aux [lwajal, -o] *adj (fidèle)* loyal, faithful; *(fair-play)* fair
loyalement [lwajalmɑ̃] *adv* loyally, faithfully; fairly
loyalisme [lwajalism(ə)] *nm* loyalty
loyauté [lwajote] *nf* loyalty, faithfulness; fairness
loyer [lwaje] *nm* rent; **~ de l'argent** interest rate
LP *sigle m (= lycée professionnel) secondary school for vocational training*
LPO *sigle f (= Ligue pour la protection des oiseaux) bird protection society*
LSD *sigle m (= Lyserg Säure Diäthylamid)* LSD
lu, e [ly] *pp de* **lire**
lubie [lybi] *nf* whim, craze
lubricité [lybʀisite] *nf* lust
lubrifiant [lybʀifjɑ̃] *nm* lubricant
lubrifier [lybʀifje] *vt* to lubricate
lubrique [lybʀik] *adj* lecherous
lucarne [lykaʀn(ə)] *nf* skylight
lucide [lysid] *adj (conscient)* lucid, conscious; *(perspicace)* clear-headed
lucidité [lysidite] *nf* lucidity
luciole [lysjɔl] *nf* firefly
lucratif, -ive [lykʀatif, -iv] *adj* lucrative; profitable; **à but non ~** non profit-making
ludique [lydik] *adj* play *cpd*, playing
ludothèque [lydɔtɛk] *nf* toy library
luette [lɥɛt] *nf* uvula
lueur [lɥœʀ] *nf (chatoyante)* glimmer *no pl*; *(métallique, mouillée)* gleam *no pl*; *(rougeoyante)* glow *no pl*; *(pâle)* (faint) light; *(fig)* spark; *(: d'espérance)* glimmer, gleam
luge [lyʒ] *nf* sledge *(Brit)*, sled *(US)*; **faire de la ~** to sledge *(Brit)*, sled *(US)*, toboggan
lugubre [lygybʀ(ə)] *adj* gloomy; dismal

 MOT-CLÉ

lui [lɥi] *pp de* **luire**
▷ *pron* **1** *(objet indirect: mâle)* (to) him; *(: femelle)* (to) her; *(: chose, animal)* (to) it; **je lui ai parlé** I have spoken to him *(ou* to her); **il lui a offert**

un cadeau he gave him (*ou* her) a present; **je le lui ai donné** I gave it to him (*ou* her)
2 (*après préposition, comparatif: personne*) him; (*: chose, animal*) it; **elle est contente de lui** she is pleased with him; **je la connais mieux que lui** I know her better than he does; **cette voiture est à lui** this car belongs to him, this is HIS car
3 (*sujet, forme emphatique*) he; **lui, il est à Paris** HE is in Paris; **c'est lui qui l'a fait** HE did it

lui-même [lɥimɛm] *pron* (*personne*) himself; (*chose*) itself
luire [lɥiʀ] *vi* (*gén*) to shine, gleam; (*surface mouillée*) to glisten; (*reflets chauds, cuivrés*) to glow
luisant, e [lɥizɑ̃, -ɑ̃t] *vb voir* **luire** ▷ *adj* shining, gleaming
lumbago [lɔ̃bago] *nm* lumbago
lumière [lymjɛʀ] *nf* light; **lumières** *nfpl* (*d'une personne*) knowledge *sg*, wisdom *sg*; **à la ~ de** by the light of; (*fig: événements*) in the light of; **fais de la ~** let's have some light, give us some light; **faire (toute) la ~ sur** (*fig*) to clarify (completely); **mettre en ~** (*fig*) to highlight; **~ du jour/soleil** day/sunlight
luminaire [lyminɛʀ] *nm* lamp, light
lumineux, -euse [lyminø, -øz] *adj* (*émettant de la lumière*) luminous; (*éclairé*) illuminated; (*ciel, journée, couleur*) bright; (*relatif à la lumière: rayon etc*) of light, light *cpd*; (*fig: regard*) radiant
luminosité [lyminɔzite] *nf* (*Tech*) luminosity
lump [lœ̃p] *nm*: **œufs de ~** lump-fish roe
lunaire [lynɛʀ] *adj* lunar, moon *cpd*
lunatique [lynatik] *adj* whimsical, temperamental
lunch [lœntʃ] *nm* (*réception*) buffet lunch
lundi [lœ̃di] *nm* Monday; **on est ~** it's Monday; **le ~ 20 août** Monday 20th August; **il est venu ~** he came on Monday; **le(s) ~(s)** on Mondays; **à ~!** see you (on) Monday!; **~ de Pâques** Easter Monday; **~ de Pentecôte** Whit Monday (*Brit*)
lune [lyn] *nf* moon; **pleine/nouvelle ~** full/new moon; **être dans la ~** (*distrait*) to have one's head in the clouds; **~ de miel** honeymoon
luné, e [lyne] *adj*: **bien/mal ~** in a good/bad mood
lunette [lynɛt] *nf*: **~s** *nfpl* glasses, spectacles; (*protectrices*) goggles; **~ d'approche** telescope; **~ arrière** (*Auto*) rear window; **~s noires** dark glasses; **~s de soleil** sunglasses
lurent [lyʀ] *vb voir* **lire**
lurette [lyʀɛt] *nf*: **il y a belle ~** ages ago
luron, ne [lyʀɔ̃, -ɔn] *nm/f* lad/lass; **joyeux** *ou* **gai ~** gay dog
lus *etc* [ly] *vb voir* **lire**
lustre [lystʀ(ə)] *nm* (*de plafond*) chandelier; (*fig: éclat*) lustre
lustrer [lystʀe] *vt*: **~ qch** (*faire briller*) to make sth shine; (*user*) to make sth shiny
lut [ly] *vb voir* **lire**
luth [lyt] *nm* lute
luthier [lytje] *nm* (stringed-)instrument maker
lutin [lytɛ̃] *nm* imp, goblin
lutrin [lytʀɛ̃] *nm* lectern
lutte [lyt] *nf* (*conflit*) struggle; (*Sport*): **la ~** wrestling; **de haute ~** after a hard-fought struggle; **~ des classes** class struggle; **~ libre** (*Sport*) all-in wrestling
lutter [lyte] *vi* to fight, struggle; (*Sport*) to wrestle
lutteur, -euse [lytœʀ, -øz] *nm/f* (*Sport*) wrestler; (*fig*) battler, fighter
luxation [lyksɑsjɔ̃] *nf* dislocation
luxe [lyks(ə)] *nm* luxury; **un ~ de** (*détails, précautions*) a wealth of; **de ~** *adj* luxury *cpd*
Luxembourg [lyksɑ̃buʀ] *nm*: **le ~** Luxembourg
luxembourgeois, e [lyksɑ̃buʀʒwa, -waz] *adj* of *ou* from Luxembourg ▷ *nm/f*: **Luxembourgeois, e** inhabitant *ou* native of Luxembourg
luxer [lykse] *vt*: **se ~ l'épaule** to dislocate one's shoulder
luxueusement [lyksɥøzmɑ̃] *adv* luxuriously
luxueux, -euse [lyksɥø, -øz] *adj* luxurious
luxure [lyksyʀ] *nf* lust
luxuriant, e [lyksyʀjɑ̃, -ɑ̃t] *adj* luxuriant, lush
luzerne [lyzɛʀn(ə)] *nf* lucerne, alfalfa
lycée [lise] *nm* (state) secondary (*Brit*) *ou* high (*US*) school; **~ technique** technical secondary *ou* high school; *see note*

LYCÉE

French pupils spend the last three years of their secondary education at a *lycée*, where they sit their "baccalauréat" before leaving school or going on to higher education. There are various types of *lycée*, including the "lycées d'enseignement technologique", providing technical courses, and "lycées d'enseignement professionnel", providing vocational courses. Some *lycées*, particularly those with a wide catchment area or those which run specialist courses, have boarding facilities.

lycéen, ne [liseɛ̃, -ɛn] *nm/f* secondary school pupil
Lycra® [likʀa] *nm* Lycra®
lymphatique [lɛ̃fatik] *adj* (*fig*) lethargic, sluggish
lymphe [lɛ̃f] *nf* lymph
lyncher [lɛ̃ʃe] *vt* to lynch
lynx [lɛ̃ks] *nm* lynx
Lyon [ljɔ̃] *n* Lyons
lyonnais, e [ljɔnɛ, -ɛz] *adj* of *ou* from Lyons; (*Culin*) Lyonnaise
lyophilisé, e [ljɔfilize] *adj* freeze-dried
lyre [liʀ] *nf* lyre
lyrique [liʀik] *adj* lyrical; (*Opéra*) lyric; **artiste ~** opera singer; **comédie ~** comic opera; **théâtre ~** opera house (*for light opera*)
lyrisme [liʀism(ə)] *nm* lyricism
lys [lis] *nm* lily

Mm

M, m [ɛm] *nm inv* M, m ▷ *abr* = **majeur; masculin; mètre; Monsieur**; (= *million*) M; **M comme Marcel** M for Mike
m' [m] *pron voir* **me**
MA *sigle m* = **maître auxiliaire**
ma [ma] *adj poss voir* **mon**
maboul, e [mabul] *adj* (*fam*) loony
macabre [makɑbʀ(ə)] *adj* macabre, gruesome
macadam [makadam] *nm* tarmac (*Brit*), asphalt
macaron [makaʀɔ̃] *nm* (*gâteau*) macaroon; (*insigne*) (round) badge
macaroni [makaʀɔni] *nm*, **macaronis** *nmpl* macaroni *sg*; **~(s) au gratin** macaroni cheese (*Brit*), macaroni and cheese (*US*)
Macédoine [masedwan] *nf* Macedonia
macédoine [masedwan] *nf*: **~ de fruits** fruit salad; **~ de légumes** mixed vegetables *pl*
macérer [maseʀe] *vi, vt* to macerate
mâchefer [mɑʃfɛʀ] *nm* clinker, cinders *pl*
mâcher [mɑʃe] *vt* to chew; **ne pas ~ ses mots** not to mince one's words; **~ le travail à qn** (*fig*) to spoon-feed sb, do half sb's work for him
machiavélique [makjavelik] *adj* Machiavellian
machin [maʃɛ̃] *nm* (*fam*) thingamajig, thing; (*personne*): **M~** what's-his-name
machinal, e, -aux [maʃinal, -o] *adj* mechanical, automatic
machinalement [maʃinalmmɑ̃] *adv* mechanically, automatically
machination [maʃinɑsjɔ̃] *nf* scheming, frame-up
machine [maʃin] *nf* machine; (*locomotive; de navire etc*) engine; (*fig: rouages*) machinery; (*fam: personne*): **M~** what's-her-name; **faire ~ arrière** (*Navig*) to go astern; (*fig*) to back-pedal; **~ à laver/coudre/tricoter** washing/sewing/knitting machine; **~ à écrire** typewriter; **~ à sous** fruit machine; **~ à vapeur** steam engine
machine-outil [maʃinuti] (*pl* **machines-outils**) *nf* machine tool
machinerie [maʃinʀi] *nf* machinery, plant; (*d'un navire*) engine room
machinisme [maʃinism(ə)] *nm* mechanization
machiniste [maʃinist(ə)] *nm* (*Théât*) scene shifter; (*de bus, métro*) driver
macho [matʃo] (*fam*) *nm* male chauvinist
mâchoire [mɑʃwaʀ] *nf* jaw; **~ de frein** brake shoe
mâchonner [mɑʃɔne] *vt* to chew (at)
maçon [masɔ̃] *nm* bricklayer; (*constructeur*) builder
mâcon [mɑkɔ̃] *nm* Mâcon wine
maçonner [masɔne] *vt* (*revêtir*) to face, render (with cement); (*boucher*) to brick up
maçonnerie [masɔnʀi] *nf* (*murs: de brique*) brickwork; (*: de pierre*) masonry, stonework; (*activité*) bricklaying; building; **~ de béton** concrete
maçonnique [masɔnik] *adj* masonic
macramé [makʀame] *nm* macramé
macrobiotique [makʀɔbjɔtik] *adj* macrobiotic
macrocosme [makʀɔkɔsm(ə)] *nm* macrocosm
macro-économie [makʀɔekɔnɔmi] *nf* macroeconomics *sg*
maculer [makyle] *vt* to stain; (*Typo*) to mackle
Madagascar [madagaskaʀ] *nf* Madagascar
Madame [madam] (*pl* **Mesdames** [medam]) *nf*: **~ X** Mrs X; **occupez-vous de ~/Monsieur/Mademoiselle** please serve this lady/gentleman/(young) lady; **bonjour ~/Monsieur/Mademoiselle** good morning; (*ton déférent*) good morning Madam/Sir/Madam; (*le nom est connu*) good morning Mrs X/Mr X/Miss X; **~/Monsieur/Mademoiselle!** (*pour appeler*) excuse me!; (*ton déférent*) Madam/Sir/Miss!; **~/Monsieur/Mademoiselle** (*sur lettre*) Dear Madam/Sir/Madam; **chère ~/cher Monsieur/chère Mademoiselle** Dear Mrs X/Mr X/Miss X; **~ la Directrice** the director; the manageress; the head teacher; **Mesdames** Ladies
Madeleine [madlɛn]: **îles de la ~** *nfpl* Magdalen Islands
madeleine [madlɛn] *nf* madeleine, ≈ sponge finger cake
Mademoiselle [madmwazɛl] (*pl* **Mesdemoiselles** [medmwazɛl]) *nf* Miss; *voir aussi* **Madame**
Madère [madɛʀ] *nf* Madeira ▷ *nm*: **madère** Madeira (wine)
madone [madɔn] *nf* Madonna
madré, e [madʀe] *adj* crafty, wily
Madrid [madʀid] *n* Madrid

madrier [madʀije] *nm* beam
madrigal, -aux [madʀigal, -o] *nm* madrigal
madrilène [madʀilɛn] *adj* of *ou* from Madrid
maestria [maɛstʀija] *nf* (masterly) skill
maestro [maɛstʀo] *nm* maestro
mafia, maffia [mafja] *nf* Maf(f)ia
magasin [magazɛ̃] *nm* (*boutique*) shop; (*entrepôt*) warehouse; (*d'arme, appareil-photo*) magazine; **en ~** (*Comm*) in stock; **faire les ~s** to go (a)round the shops, do the shops; **~ d'alimentation** grocer's (shop) (*Brit*), grocery store (*US*)
magasinier [magazinje] *nm* warehouseman
magazine [magazin] *nm* magazine
mage [maʒ] *nm*: **les Rois M~s** the Magi, the (Three) Wise Men
Maghreb [magʀɛb] *nm*: **le ~** the Maghreb, North(-West) Africa
maghrébin, e [magʀebɛ̃, -in] *adj* of *ou* from the Maghreb ▷ *nm/f*: **Maghrébin, e** North African, Maghrebi
magicien, ne [maʒisjɛ̃, -ɛn] *nm/f* magician
magie [maʒi] *nf* magic; **~ noire** black magic
magique [maʒik] *adj* (*occulte*) magic; (*fig*) magical
magistral, e, -aux [maʒistʀal, -o] *adj* (*œuvre, adresse*) masterly; (*ton*) authoritative; (*gifle etc*) sound, resounding; (*ex cathedra*): **enseignement ~** lecturing, lectures *pl*; **cours ~** lecture
magistrat [maʒistʀa] *nm* magistrate
magistrature [maʒistʀatyʀ] *nf* magistracy, magistrature; **~ assise** judges *pl*, bench; **~ debout** state prosecutors *pl*
magma [magma] *nm* (*Géo*) magma; (*fig*) jumble
magnanime [maɲanim] *adj* magnanimous
magnanimité [maɲanimite] *nf* magnanimity
magnat [magna] *nm* tycoon, magnate
magner [maɲe]: **se magner** *vi* (*fam*) to get a move on
magnésie [maɲezi] *nf* magnesia
magnésium [maɲezjɔm] *nm* magnesium
magnétique [maɲetik] *adj* magnetic
magnétiser [maɲetize] *vt* to magnetize; (*fig*) to mesmerize, hypnotize
magnétiseur, -euse [maɲetizœʀ, -øz] *nm/f* hypnotist
magnétisme [maɲetism(ə)] *nm* magnetism
magnéto [maɲeto] *nm* (*à cassette*) cassette deck; (*magnétophone*) tape recorder
magnétophone [maɲetɔfɔn] *nm* tape recorder; **~ à cassettes** cassette recorder
magnétoscope [maɲetɔskɔp] *nm*: **~ (à cassette)** video (recorder)
magnificence [maɲifisɑ̃s] *nf* (*faste*) magnificence, splendour (*Brit*), splendor (*US*); (*générosité*) munificence, lavishness
magnifier [maɲifje] *vt* (*glorifier*) to glorify; (*idéaliser*) to idealize
magnifique [maɲifik] *adj* magnificent
magnifiquement [maɲifikmɑ̃] *adv* magnificently
magnolia [maɲɔlja] *nm* magnolia
magnum [magnɔm] *nm* magnum
magot [mago] *nm* (*argent*) pile (of money); (*économies*) nest egg
magouille [maguj] *nf* (*fam*) scheming
magret [magʀɛ] *nm*: **~ de canard** duck breast
mahométan, e [maɔmetɑ̃, -an] *adj* Mohammedan, Mahometan
mai [mɛ] *nm* May; *see note*; *voir aussi* **juillet**

LE PREMIER MAI

Le premier mai is a public holiday in France and commemorates the trades union demonstrations in the United States in 1886 when workers demanded the right to an eight-hour working day. Sprigs of lily of the valley are traditionally exchanged. *Le 8 mai* is also a public holiday and commemorates the surrender of the German army to Eisenhower on 7 May, 1945. It is marked by parades of ex-servicemen and ex-servicewomen in most towns. The social upheavals of May and June 1968, with their student demonstrations, workers' strikes and general rioting, are usually referred to as "les événements de mai 68". De Gaulle's Government survived, but reforms in education and a move towards decentralization ensued.

maigre [mɛgʀ(ə)] *adj* (very) thin, skinny; (*viande*) lean; (*fromage*) low-fat; (*végétation*) thin, sparse; (*fig*) poor, meagre, skimpy ▷ *adv*: **faire ~** not to eat meat; **jours ~s** days of abstinence, fish days
maigrelet, te [mɛgʀəlɛ, -ɛt] *adj* skinny, scrawny
maigreur [mɛgʀœʀ] *nf* thinness
maigrichon, ne [megʀiʃɔ̃, -ɔn] *adj* = **maigrelet, te**
maigrir [megʀiʀ] *vi* to get thinner, lose weight ▷ *vt*: **~ qn** (*vêtement*) to make sb look slim(mer)
mail [mɛl] *nm* email
mailing [mɛliŋ] *nm* direct mail *no pl*; **un ~** a mailshot
maille [mɑj] *nf* (*boucle*) stitch; (*ouverture*) hole (in the mesh); **avoir ~ à partir avec qn** to have a brush with sb; **~ à l'endroit/à l'envers** knit one/purl one; (*boucle*) plain/purl stitch
maillechort [majʃɔʀ] *nm* nickel silver
maillet [majɛ] *nm* mallet
maillon [mɑjɔ̃] *nm* link
maillot [majo] *nm* (*aussi*: **maillot de corps**) vest; (*de danseur*) leotard; (*de sportif*) jersey; **~ de bain** bathing costume (*Brit*), swimsuit; (*d'homme*) bathing trunks *pl*; **~ deux pièces** two-piece swimsuit, bikini; **~ jaune** yellow jersey
main [mɛ̃] *nf* hand; **la ~ dans la ~** hand in hand; **à deux ~s** with both hands; **à une ~** with one hand; **à la ~** (*tenir, avoir*) in one's hand; (*faire, tricoter etc*) by hand; **se donner la ~** to hold hands; **donner** *ou* **tendre la ~ à qn** to hold out one's hand to sb; **se serrer la ~** to shake hands;

m

serrer la ~ à qn to shake hands with sb; **sous la ~** to *ou* at hand; **haut les ~s!** hands up!; **à ~ levée** (*Art*) freehand; **à ~s levées** (*voter*) with a show of hands; **attaque à ~ armée** armed attack; **à ~ droite/gauche** to the right/left; **à remettre en ~s propres** to be delivered personally; **de première ~** (*renseignement*) first-hand; (*Comm: voiture etc*) with only one previous owner; **faire ~ basse sur** to help o.s. to; **mettre la dernière ~ à** to put the finishing touches to; **mettre la ~ à la pâte** (*fig*) to lend a hand; **avoir/passer la ~** (*Cartes*) to lead/hand over the lead; **s'en laver les ~s** (*fig*) to wash one's hands of it; **se faire/perdre la ~** to get one's hand in/lose one's touch; **avoir qch bien en ~** to have got the hang of sth; **en un tour de ~** (*fig*) in the twinkling of an eye; **~ courante** handrail

mainate [mɛnat] *nm* myna(h) bird

main-d'œuvre [mɛ̃dœvʀ(ə)] *nf* manpower, labour (*Brit*), labor (*US*)

main-forte [mɛ̃fɔʀt(ə)] *nf*: **prêter ~ à qn** to come to sb's assistance

mainmise [mɛ̃miz] *nf* seizure; (*fig*): **avoir la ~ sur** to have a grip *ou* stranglehold on

mains-libres [mɛ̃libʀ] *adj inv* (*téléphone, kit*) hands-free

maint, e [mɛ̃, mɛ̃t] *adj* many a; **~s** many; **à ~es reprises** time and (time) again

maintenance [mɛ̃tnɑ̃s] *nf* maintenance, servicing

maintenant [mɛ̃tnɑ̃] *adv* now; (*actuellement*) nowadays

maintenir [mɛ̃tniʀ] *vt* (*retenir, soutenir*) to support; (*contenir: foule etc*) to keep in check, hold back; (*conserver*) to maintain, uphold; (*affirmer*) to maintain; **se maintenir** *vi* (*paix, temps*) to hold; (*préjugé*) to persist; (*malade*) to remain stable

maintien [mɛ̃tjɛ̃] *nm* maintaining, upholding; (*attitude*) bearing; **~ de l'ordre** maintenance of law and order

maintiendrai [mɛ̃tjɛ̃dʀe], **maintiens** *etc* [mɛ̃tjɛ̃] *vb voir* **maintenir**

maire [mɛʀ] *nm* mayor

mairie [meʀi] *nf* (*endroit*) town hall; (*administration*) town council

mais [mɛ] *conj* but; **~ non!** of course not!; **~ enfin** but after all; (*indignation*) look here!; **~ encore?** is that all?

maïs [mais] *nm* maize (*Brit*), corn (*US*)

maison [mɛzɔ̃] *nf* (*bâtiment*) house; (*chez-soi*) home; (*Comm*) firm; (*famille*): **ami de la ~** friend of the family ▷ *adj inv* (*Culin*) home-made; (*: au restaurant*) made by the chef; (*Comm*) in-house, own; (*fam*) first-rate; **à la ~** at home; (*direction*) home; **~ d'arrêt** (short-stay) prison; **~ centrale** prison; **~ close** brothel; **~ de correction** ≈ remand home (*Brit*), ≈ reformatory (*US*); **~ de la culture** ≈ arts centre; **~ des jeunes** ≈ youth club; **~ mère** parent company; **~ de passe**; = **maison close**; **~ de repos** convalescent home; **~ de retraite** old people's home; **~ de santé** mental home

Maison-Blanche [mɛzɔ̃blɑ̃ʃ] *nf*: **la ~** the White House

maisonnée [mɛzɔne] *nf* household, family

maisonnette [mɛzɔnɛt] *nf* small house

maître, -esse [mɛtʀ(ə), mɛtʀɛs] *nm/f* master (mistress); (*Scol*) teacher, schoolmaster(-mistress) ▷ *nm* (*peintre etc*) master; (*titre*): **M~ (Me)** Maître, *term of address for lawyers etc* ▷ *nf* (*amante*) mistress ▷ *adj* (*principal, essentiel*) main; **maison de ~** family seat; **être ~ de** (*soi-même, situation*) to be in control of; **se rendre ~ de** (*pays, ville*) to gain control of; (*situation, incendie*) to bring under control; **être passé ~ dans l'art de** to be a (past) master in the art of; **une maîtresse femme** a forceful woman; **~ d'armes** fencing master; **~ auxiliaire (MA)** (*Scol*) temporary teacher; **~ chanteur** blackmailer; **~ de chapelle** choirmaster; **~ de conférences** ≈ senior lecturer (*Brit*), ≈ assistant professor (*US*); **~/maîtresse d'école** teacher, schoolmaster/-mistress; **~ d'hôtel** (*domestique*) butler; (*d'hôtel*) head waiter; **~ de maison** host; **~ nageur** lifeguard; **~ d'œuvre** (*Constr*) project manager; **~ d'ouvrage** (*Constr*) client; **~ queux** chef; **maîtresse de maison** hostess; (*ménagère*) housewife

maître-assistant, e [mɛtʀasistɑ̃, -ɑ̃t] (*pl* **maîtres-assistants, es**) *nm/f* ≈ lecturer

maîtrise [metʀiz] *nf* (*aussi*: **maîtrise de soi**) self-control; (*habileté*) skill, mastery; (*suprématie*) mastery, command; (*diplôme*) ≈ master's degree; *see note*; (*chefs d'équipe*) supervisory staff

MAÎTRISE

The *maîtrise* is a French degree which is awarded to university students if they successfully complete two more years' study after the "DEUG". Students wishing to go on to do research or to take the "agrégation" must hold a *maîtrise*.

maîtriser [metʀize] *vt* (*cheval, incendie*) to (bring under) control; (*sujet*) to master; (*émotion*) to control; **se maîtriser** to control o.s.

majesté [maʒɛste] *nf* majesty

majestueux, -euse [maʒɛstɥø, -øz] *adj* majestic

majeur, e [maʒœʀ] *adj* (*important*) major; (*Jur*) of age; (*fig*) adult ▷ *nm/f* (*Jur*) person who has come of age *ou* attained his (*ou* her) majority ▷ *nm* (*doigt*) middle finger; **en ~e partie** for the most part; **la ~e partie de** the major part of

major [maʒɔʀ] *nm* adjutant; (*Scol*): **~ de la promotion** first in one's year

majoration [maʒɔʀasjɔ̃] *nf* increase

majordome [maʒɔʀdɔm] *nm* major-domo

majorer [maʒɔʀe] *vt* to increase

majorette [maʒɔʀɛt] *nf* majorette

majoritaire [maʒɔʀitɛʀ] *adj* majority *cpd*;

système/scrutin ~ majority system/ballot
majorité [maʒɔʀite] *nf* (*gén*) majority; (*parti*) party in power; **en ~** (*composé etc*) mainly
Majorque [maʒɔʀk(ə)] *nf* Majorca
majuscule [maʒyskyl] *adj, nf*: **(lettre) ~** capital (letter)
mal, maux [mal, mo] *nm* (*opposé au bien*) evil; (*tort, dommage*) harm; (*douleur physique*) pain, ache; (*maladie*) illness, sickness *no pl*; (*difficulté, peine*) trouble; (*souffrance morale*) pain ▷ *adv* badly ▷ *adj*: **c'est ~ (de faire)** it's bad *ou* wrong (to do); **être ~** to be uncomfortable; **être ~ avec qn** to be on bad terms with sb; **être au plus ~** (*malade*) to be very bad; (*brouillé*) to be at daggers drawn; **il comprend ~** he has difficulty in understanding; **il a ~ compris** he misunderstood; **~ tourner** to go wrong; **dire/penser du ~ de** to speak/think ill of; **ne vouloir de ~ à personne** to wish nobody any ill; **il n'a rien fait de ~** he has done nothing wrong; **avoir du ~ à faire qch** to have trouble doing sth; **se donner du ~ pour faire qch** to go to a lot of trouble to do sth; **ne voir aucun ~ à** to see no harm in, see nothing wrong in; **craignant ~ faire** fearing he *etc* was doing the wrong thing; **sans penser** *ou* **songer à ~** without meaning any harm; **faire du ~ à qn** to hurt sb; to harm sb; **se faire ~** to hurt o.s.; **se faire ~ au pied** to hurt one's foot; **ça fait ~** it hurts; **j'ai ~ (ici)** it hurts (here); **j'ai ~ au dos** my back aches, I've got a pain in my back; **avoir ~ à la tête/à la gorge** to have a headache/a sore throat; **avoir ~ aux dents/à l'oreille** to have toothache/earache; **avoir le ~ de l'air** to be airsick; **avoir le ~ du pays** to be homesick; **~ de mer** seasickness; **~ de la route** carsickness; **~ en point** *adj inv* in a bad state; **maux de ventre** stomach ache *sg*; *voir aussi* **cœur**
malabar [malabaʀ] *nm* (*fam*) muscle man
malade [malad] *adj* ill, sick; (*poitrine, jambe*) bad; (*plante*) diseased; (*fig: entreprise, monde*) ailing ▷ *nm/f* invalid, sick person; (*à l'hôpital etc*) patient; **tomber ~** to fall ill; **être ~ du cœur** to have heart trouble *ou* a bad heart; **grand ~** seriously ill person; **~ mental** mentally sick *ou* ill person
maladie [maladi] *nf* (*spécifique*) disease, illness; (*mauvaise santé*) illness, sickness; (*fig: manie*) mania; **être rongé par la ~** to be wasting away (through illness); **~ d'Alzheimer** Alzheimer's disease; **~ de peau** skin disease
maladif, -ive [maladif, -iv] *adj* sickly; (*curiosité, besoin*) pathological
maladresse [maladʀɛs] *nf* clumsiness *no pl*; (*gaffe*) blunder
maladroit, e [maladʀwa, -wat] *adj* clumsy
maladroitement [maladʀwatmɑ̃] *adv* clumsily
mal-aimé, e [maleme] *nm/f* unpopular person; (*de la scène politique, de la société*) persona non grata
malais, e [malɛ, -ɛz] *adj* Malay, Malayan ▷ *nm* (*Ling*) Malay ▷ *nm/f*: **Malais, e** Malay, Malayan
malaise [malɛz] *nm* (*Méd*) feeling of faintness; feeling of discomfort; (*fig*) uneasiness, malaise; **avoir un ~** to feel faint *ou* dizzy
malaisé, e [maleze] *adj* difficult
Malaisie [malɛzi] *nf*: **la ~** Malaya, West Malaysia; **la péninsule de ~** the Malay Peninsula
malappris, e [malapʀi, -iz] *nm/f* ill-mannered *ou* boorish person
malaria [malaʀja] *nf* malaria
malavisé, e [malavize] *adj* ill-advised, unwise
Malawi [malawi] *nm*: **le ~** Malawi
malaxer [malakse] *vt* (*pétrir*) to knead; (*mêler*) to mix
Malaysia [malɛzja] *nf*: **la ~** Malaysia
malbouffe [malbuf] *nf* (*fam*): **la ~** junk food
malchance [malʃɑ̃s] *nf* misfortune, ill luck *no pl*; **par ~** unfortunately; **quelle ~!** what bad luck!
malchanceux, -euse [malʃɑ̃sø, -øz] *adj* unlucky
malcommode [malkɔmɔd] *adj* impractical, inconvenient
Maldives [maldiv] *nfpl*: **les ~** the Maldive Islands
maldonne [maldɔn] *nf* (*Cartes*) misdeal; **il y a ~** (*fig*) there's been a misunderstanding
mâle [mɑl] *adj* (*Élec, Tech*) male; (*viril: voix, traits*) manly ▷ *nm* male
malédiction [malediksjɔ̃] *nf* curse
maléfice [malefis] *nm* evil spell
maléfique [malefik] *adj* evil, baleful
malencontreusement [malɑ̃kɔ̃tʀøzmɑ̃] *adv* (*arriver*) at the wrong moment; (*rappeler, mentionner*) inopportunely
malencontreux, -euse [malɑ̃kɔ̃tʀø, -øz] *adj* unfortunate, untoward
malentendant, e [malɑ̃tɑ̃dɑ̃, -ɑ̃t] *nm/f*: **les ~s** the hard of hearing
malentendu [malɑ̃tɑ̃dy] *nm* misunderstanding
malfaçon [malfasɔ̃] *nf* fault
malfaisant, e [malfəzɑ̃, -ɑ̃t] *adj* evil, harmful
malfaiteur [malfɛtœʀ] *nm* lawbreaker, criminal; (*voleur*) thief
malfamé, e [malfame] *adj* disreputable, of ill repute
malfrat [malfʀɑ] *nm* villain, crook
malgache [malgaʃ] *adj* Malagasy, Madagascan ▷ *nm* (*Ling*) Malagasy ▷ *nm/f*: **Malgache** Malagasy, Madagascan
malgré [malgʀe] *prép* in spite of, despite; **~ tout** *adv* in spite of everything
malhabile [malabil] *adj* clumsy
malheur [malœʀ] *nm* (*situation*) adversity, misfortune; (*événement*) misfortune; (*: plus fort*) disaster, tragedy; **par ~** unfortunately; **quel ~!** what a shame *ou* pity!; **faire un ~** (*fam: un éclat*) to do something desperate; (*: avoir du succès*) to be a smash hit
malheureusement [malœʀøzmɑ̃] *adv* unfortunately
malheureux, -euse [malœʀø, -øz] *adj* (*triste*) unhappy, miserable; (*infortuné, regrettable*) unfortunate; (*malchanceux*) unlucky; (*insignifiant*) wretched ▷ *nm/f* (*infortuné, misérable*) poor soul; (*indigent, miséreux*) unfortunate

m

creature; **les ~** the destitute; **avoir la main malheureuse** (*au jeu*) to be unlucky; (*tout casser*) to be ham-fisted
malhonnête [malɔnɛt] *adj* dishonest
malhonnêtement [malɔnɛtmɑ̃] *adv* dishonestly
malhonnêteté [malɔnɛtte] *nf* dishonesty; rudeness *no pl*
Mali [mali] *nm*: **le ~** Mali
malice [malis] *nf* mischievousness; (*méchanceté*): **par ~** out of malice *ou* spite; **sans ~** guileless
malicieusement [malisjøzmɑ̃] *adv* mischievously
malicieux, -euse [malisjø, -øz] *adj* mischievous
malien, ne [maljɛ̃, -ɛn] *adj* Malian
malignité [maliɲite] *nf* (*d'une tumeur, d'un mal*) malignancy
malin, -igne [malɛ̃, -iɲ] *adj* (*futé*: *f gén*: **maline**) smart, shrewd; (*: sourire*) knowing; (*Méd, influence*) malignant; **faire le ~** to show off; **éprouver un ~ plaisir à** to take malicious pleasure in
malingre [malɛ̃gʀ(ə)] *adj* puny
malintentionné, e [malɛ̃tɑ̃sjɔne] *adj* ill-intentioned, malicious
malle [mal] *nf* trunk; (*Auto*): **~ (arrière)** boot (*Brit*), trunk (*US*)
malléable [maleabl(ə)] *adj* malleable
malle-poste [malpɔst(ə)] (*pl* **malles-poste**) *nf* mail coach
mallette [malɛt] *nf* (*valise*) (small) suitcase; (*aussi*: **mallette de voyage**) overnight case; (*pour documents*) attaché case
malmener [malməne] *vt* to manhandle; (*fig*) to give a rough ride to
malnutrition [malnytʀisjɔ̃] *nf* malnutrition
malodorant, e [malɔdɔʀɑ̃, -ɑ̃t] *adj* foul-smelling
malotru [malɔtʀy] *nm* lout, boor
Malouines [malwin] *nfpl*: **les ~** the Falklands, the Falkland Islands
malpoli, e [malpɔli] *nm/f* rude individual
malpropre [malpʀɔpʀ(ə)] *adj* (*personne, vêtement*) dirty; (*travail*) slovenly; (*histoire, plaisanterie*) unsavoury (*Brit*), unsavory (*US*), smutty; (*malhonnête*) dishonest
malpropreté [malpʀɔpʀəte] *nf* dirtiness
malsain, e [malsɛ̃, -ɛn] *adj* unhealthy
malséant, e [malseɑ̃, -ɑ̃t] *adj* unseemly, unbecoming
malsonnant, e [malsɔnɑ̃, -ɑ̃t] *adj* offensive
malt [malt] *nm* malt; **pur ~** (*whisky*) malt (whisky)
maltais, e [maltɛ, -ɛz] *adj* Maltese
Malte [malt(ə)] *nf* Malta
malté, e [malte] *adj* (*lait etc*) malted
maltraiter [maltʀete] *vt* (*brutaliser*) to manhandle, ill-treat; (*critiquer, éreinter*) to slate (*Brit*), roast
malus [malys] *nm* (*Assurances*) car insurance weighting, penalty
malveillance [malvɛjɑ̃s] *nf* (*animosité*) ill will; (*intention de nuire*) malevolence; (*Jur*) malicious intent *no pl*
malveillant, e [malvɛjɑ̃, -ɑ̃t] *adj* malevolent, malicious
malvenu, e [malvəny] *adj*: **être ~ de** *ou* **à faire qch** not to be in a position to do sth
malversation [malvɛʀsɑsjɔ̃] *nf* embezzlement, misappropriation (of funds)
mal-vivre [malvivʀ] *nm inv* malaise
maman [mamɑ̃] *nf* mum(my) (*Brit*), mom (*US*)
mamelle [mamɛl] *nf* teat
mamelon [mamlɔ̃] *nm* (*Anat*) nipple; (*colline*) knoll, hillock
mamie [mami] *nf* (*fam*) granny
mammifère [mamifɛʀ] *nm* mammal
mammouth [mamut] *nm* mammoth
manager [manadʒɛʀ] *nm* (*Sport*) manager; (*Comm*): **~ commercial** commercial director
manche [mɑ̃ʃ] *nf* (*de vêtement*) sleeve; (*d'un jeu, tournoi*) round; (*Géo*): **la M~** the (English) Channel ▷ *nm* (*d'outil, casserole*) handle; (*de pelle, pioche etc*) shaft; (*de violon, guitare*) neck; (*fam*) clumsy oaf; **faire la ~** to pass the hat; **~ à air** *nf* (*Aviat*) wind-sock; **~ à balai** *nm* broomstick; (*Aviat, Inform*) joystick
manchette [mɑ̃ʃɛt] *nf* (*de chemise*) cuff; (*coup*) forearm blow; (*titre*) headline
manchon [mɑ̃ʃɔ̃] *nm* (*de fourrure*) muff; **~ à incandescence** incandescent (gas) mantle
manchot [mɑ̃ʃo] *nm* one-armed man; armless man; (*Zool*) penguin
mandarine [mɑ̃daʀin] *nf* mandarin (orange), tangerine
mandat [mɑ̃da] *nm* (*postal*) postal *ou* money order; (*d'un député etc*) mandate; (*procuration*) power of attorney, proxy; (*Police*) warrant; **~ d'amener** summons *sg*; **~ d'arrêt** warrant for arrest; **~ de dépôt** committal order; **~ de perquisition** (*Police*) search warrant
mandataire [mɑ̃datɛʀ] *nm/f* (*représentant, délégué*) representative; (*Jur*) proxy
mandat-carte [mɑ̃dakaʀt(ə)] (*pl* **mandats-cartes**) *nm* money order (*in postcard form*)
mandater [mɑ̃date] *vt* (*personne*) to appoint; (*Pol: député*) to elect
mandat-lettre [mɑ̃dalɛtʀ(ə)] (*pl* **mandats-lettres**) *nm* money order (*with space for correspondence*)
mandchou, e [mɑ̃tʃu] *adj* Manchu, Manchurian ▷ *nm* (*Ling*) Manchu ▷ *nm/f*: **Mandchou, e** Manchu
Mandchourie [mɑ̃tʃuʀi] *nf*: **la ~** Manchuria
mander [mɑ̃de] *vt* to summon
mandibule [mɑ̃dibyl] *nf* mandible
mandoline [mɑ̃dɔlin] *nf* mandolin(e)
manège [manɛʒ] *nm* riding school; (*à la foire*) roundabout (*Brit*), merry-go-round; (*fig*) game, ploy; **faire un tour de ~** to go for a ride on a *ou* the roundabout *etc*; **~ (de chevaux de bois)** roundabout (*Brit*), merry-go-round
manette [manɛt] *nf* lever, tap; **~ de jeu** (*Inform*)

joystick
manganèse [mɑ̃ganɛz] *nm* manganese
mangeable [mɑ̃ʒabl(ə)] *adj* edible, eatable
mangeaille [mɑ̃ʒɑj] *nf (péj)* grub
mangeoire [mɑ̃ʒwaʀ] *nf* trough, manger
manger [mɑ̃ʒe] *vt* to eat; *(ronger: rouille etc)* to eat into *ou* away; *(utiliser, consommer)* to eat up ▷ *vi* to eat
mange-tout [mɑ̃ʒtu] *nm inv* mange-tout
mangeur, -euse [mɑ̃ʒœʀ, -øz] *nm/f* eater
mangouste [mɑ̃gust(ə)] *nf* mongoose
mangue [mɑ̃g] *nf* mango
maniabilité [manjabilite] *nf (d'un outil)* handiness; *(d'un véhicule, voilier)* manoeuvrability
maniable [manjabl(ə)] *adj (outil)* handy; *(voiture, voilier)* easy to handle; manoeuvrable *(Brit)*, maneuverable *(US)*; *(fig: personne)* easily influenced, manipulable
maniaque [manjak] *adj (pointilleux, méticuleux)* finicky, fussy; *(atteint de manie)* suffering from a mania ▷ *nm/f* maniac
manie [mani] *nf* mania; *(tic)* odd habit
maniement [manimɑ̃] *nm* handling; **~ d'armes** arms drill
manier [manje] *vt* to handle; **se manier** *vi (fam)* to get a move on
maniéré, e [manjeʀe] *adj* affected
manière [manjɛʀ] *nf (façon)* way, manner; *(genre, style)* style; **manières** *nfpl (attitude)* manners; *(chichis)* fuss *sg*; **de ~ à** so as to; **de telle ~ que** in such a way that; **de cette ~** in this way *ou* manner; **d'une ~ générale** generally speaking, as a general rule; **de toute ~** in any case; **d'une certaine ~** in a (certain) way; **faire des ~s** to put on airs; **employer la ~ forte** to use strong-arm tactics
manif [manif] *nf (manifestation)* demo
manifestant, e [manifɛstɑ̃, -ɑ̃t] *nm/f* demonstrator
manifestation [manifɛstɑsjɔ̃] *nf (de joie, mécontentement)* expression, demonstration; *(symptôme)* outward sign; *(fête etc)* event; *(Pol)* demonstration
manifeste [manifɛst(ə)] *adj* obvious, evident ▷ *nm* manifesto
manifestement [manifɛstəmɑ̃] *adv* obviously
manifester [manifɛste] *vt (volonté, intentions)* to show, indicate; *(joie, peur)* to express, show ▷ *vi (Pol)* to demonstrate; **se manifester** *vi (émotion)* to show *ou* express itself; *(difficultés)* to arise; *(symptômes)* to appear; *(témoin etc)* to come forward
manigance [manigɑ̃s] *nf* scheme
manigancer [manigɑ̃se] *vt* to plot, devise
Manille [manij] *n* Manila
manioc [manjɔk] *nm* cassava, manioc
manipulateur, -trice [manipylatœʀ, -tʀis] *nm/f (technicien)* technician, operator; *(prestidigitateur)* conjurer; *(péj)* manipulator
manipulation [manipylɑsjɔ̃] *nf* handling; manipulation
manipuler [manipyle] *vt* to handle; *(fig)* to manipulate
manivelle [manivɛl] *nf* crank
manne [man] *nf (Rel)* manna; *(fig)* godsend
mannequin [mankɛ̃] *nm (Couture)* dummy; *(Mode)* model
manœuvrable [manœvʀabl(ə)] *adj (bateau, véhicule)* manoeuvrable *(Brit)*, maneuverable *(US)*
manœuvre [manœvʀ(ə)] *nf (gén)* manoeuvre *(Brit)*, maneuver *(US)* ▷ *nm (ouvrier)* labourer *(Brit)*, laborer *(US)*
manœuvrer [manœvʀe] *vt* to manoeuvre *(Brit)*, maneuver *(US)*; *(levier, machine)* to operate; *(personne)* to manipulate ▷ *vi* to manoeuvre *ou* maneuver
manoir [manwaʀ] *nm* manor *ou* country house
manomètre [manɔmɛtʀ(ə)] *nm* gauge, manometer
manquant, e [mɑ̃kɑ̃, -ɑ̃t] *adj* missing
manque [mɑ̃k] *nm (insuffisance)*: **~ de** lack of; *(vide)* emptiness, gap; *(Méd)* withdrawal; **manques** *nmpl (lacunes)* faults, defects; **par ~ de** for want of; **~ à gagner** loss of profit *ou* earnings
manqué [mɑ̃ke] *adj* failed; **garçon ~** tomboy
manquement [mɑ̃kmɑ̃] *nm*: **~ à** *(discipline, règle)* breach of
manquer [mɑ̃ke] *vi (faire défaut)* to be lacking; *(être absent)* to be missing; *(échouer)* to fail ▷ *vt* to miss ▷ *vb impers*: **il (nous) manque encore 10 euros** we are still 10 euros short; **il manque des pages (au livre)** there are some pages missing *ou* some pages are missing (from the book); **l'argent qui leur manque** the money they need *ou* are short of; **le pied/la voix lui manqua** he missed his footing/his voice failed him; **~ à qn** *(absent etc)*: **il/cela me manque** I miss him/that; **~ à** *vt (règles etc)* to be in breach of, fail to observe; **~ de** *vt* to lack; *(Comm)* to be out of (stock of); **ne pas ~ de faire**: **il n'a pas manqué de le dire** he certainly said it; **~ (de) faire**: **il a manqué (de) se tuer** he very nearly got killed; **il ne manquerait plus qu'il fasse** all we need now is for him to do; **je n'y manquerai pas** leave it to me, I'll definitely do it
mansarde [mɑ̃saʀd(ə)] *nf* attic
mansardé, e [mɑ̃saʀde] *adj* attic *cpd*
mansuétude [mɑ̃sɥetyd] *nf* leniency
mante [mɑ̃t] *nf*: **~ religieuse** praying mantis
manteau, x [mɑ̃to] *nm* coat; **~ de cheminée** mantelpiece; **sous le ~** *(fig)* under cover
mantille [mɑ̃tij] *nf* mantilla
manucure [manykyʀ] *nf* manicurist
manuel, le [manɥɛl] *adj* manual ▷ *nm/f* manually gifted pupil *(as opposed to intellectually gifted)* ▷ *nm (ouvrage)* manual, handbook
manuellement [manɥɛlmɑ̃] *adv* manually
manufacture [manyfaktyʀ] *nf (établissement)* factory; *(fabrication)* manufacture
manufacturé, e [manyfaktyʀe] *adj* manufactured

m

manufacturier, -ière [manyfaktyʀje, -jɛʀ] *nm/f* factory owner
manuscrit, e [manyskʀi, -it] *adj* handwritten ▷ *nm* manuscript
manutention [manytɑ̃sjɔ̃] *nf* (*Comm*) handling; (*local*) storehouse
manutentionnaire [manytɑ̃sjɔnɛʀ] *nm/f* warehouseman(-woman), packer
manutentionner [manytɑ̃sjɔne] *vt* to handle
mappemonde [mapmɔ̃d] *nf* (*plane*) map of the world; (*sphère*) globe
maquereau, x [makʀo] *nm* mackerel *inv*; (*fam: proxénète*) pimp
maquerelle [makʀɛl] *nf* (*fam*) madam
maquette [makɛt] *nf* (*d'un décor, bâtiment, véhicule*) (scale) model; (*Typo*) mockup; (*: d'une page illustrée, affiche*) paste-up; (*: prêt à la reproduction*) artwork
maquignon [makiɲɔ̃] *nm* horse-dealer
maquillage [makijaʒ] *nm* making up; faking; (*produits*) make-up
maquiller [makije] *vt* (*personne, visage*) to make up; (*truquer: passeport, statistique*) to fake; (*: voiture volée*) to do over (*respray etc*); **se maquiller** to make o.s. up
maquilleur, -euse [makijœʀ, -øz] *nm/f* make-up artist
maquis [maki] *nm* (*Géo*) scrub; (*fig*) tangle; (*Mil*) maquis, underground fighting *no pl*
maquisard, e [makizaʀ, -aʀd(ə)] *nm/f* maquis, member of the Resistance
marabout [maʀabu] *nm* (*Zool*) marabou(t)
maraîcher, -ère [maʀeʃe, maʀɛʃɛʀ] *adj*: **cultures maraîchères** market gardening *sg* ▷ *nm/f* market gardener
marais [maʀɛ] *nm* marsh, swamp; **~ salant** saltworks
marasme [maʀasm(ə)] *nm* (*Pol, Écon*) stagnation, sluggishness; (*accablement*) dejection, depression
marathon [maʀatɔ̃] *nm* marathon
marâtre [maʀɑtʀ(ə)] *nf* cruel mother
maraude [maʀod] *nf* pilfering, thieving (*of poultry, crops*); (*dans un verger*) scrumping; (*vagabondage*) prowling; **en ~** on the prowl; (*taxi*) cruising
maraudeur, -euse [maʀodœʀ, -øz] *nm/f* marauder; prowler
marbre [maʀbʀ(ə)] *nm* (*pierre, statue*) marble; (*d'une table, commode*) marble top; (*Typo*) stone, bed; **rester de ~** to remain stonily indifferent
marbrer [maʀbʀe] *vt* to mottle, blotch; (*Tech: papier*) to marble
marbrerie [maʀbʀəʀi] *nf* (*atelier*) marble mason's workshop; (*industrie*) marble industry
marbrures [maʀbʀyʀ] *nfpl* blotches *pl*; (*Tech*) marbling *sg*
marc [maʀ] *nm* (*de raisin, pommes*) marc; **~ de café** coffee grounds *pl ou* dregs *pl*
marcassin [maʀkasɛ̃] *nm* young wild boar
marchand, e [maʀʃɑ̃, -ɑ̃d] *nm/f* shopkeeper, tradesman(-woman); (*au marché*) stallholder; (*spécifique*): **~ de cycles/tapis** bicycle/carpet dealer; **~ de charbon/vins** coal/wine merchant ▷ *adj*: **prix/valeur ~(e)** market price/value; **qualité ~e** standard quality; **~ en gros/au détail** wholesaler/retailer; **~ de biens** real estate agent; **~ de canons** (*péj*) arms dealer; **~ de couleurs** ironmonger (*Brit*), hardware dealer (*US*); **~/e de fruits** fruiterer (*Brit*), fruit seller (*US*); **~/e de journaux** newsagent; **~/e de légumes** greengrocer (*Brit*), produce dealer (*US*); **~/e de poisson** fishmonger (*Brit*), fish seller (*US*); **~/e de(s) quatre-saisons** costermonger (*Brit*), street vendor (selling fresh fruit and vegetables); **~ de sable** (*fig*) sandman; **~ de tableaux** art dealer
marchandage [maʀʃɑ̃daʒ] *nm* bargaining; (*péj: électoral*) bargaining, manoeuvring
marchander [maʀʃɑ̃de] *vt* (*article*) to bargain *ou* haggle over; (*éloges*) to be sparing with ▷ *vi* to bargain, haggle
marchandisage [maʀʃɑ̃dizaʒ] *nm* merchandizing
marchandise [maʀʃɑ̃diz] *nf* goods *pl*, merchandise *no pl*
marche [maʀʃ(ə)] *nf* (*d'escalier*) step; (*activité*) walking; (*promenade, trajet, allure*) walk; (*démarche*) walk, gait; (*Mil etc, Mus*) march; (*fonctionnement*) running; (*progression*) progress; course; **à une heure de ~** an hour's walk (away); **ouvrir/fermer la ~** to lead the way/ bring up the rear; **dans le sens de la ~** (*Rail*) facing the engine; **en ~** (*monter etc*) while the vehicle is moving *ou* in motion; **mettre en ~** to start; **remettre qch en ~** to set *ou* start sth going again; **se mettre en ~** (*personne*) to get moving; (*machine*) to start; **~ arrière** (*Auto*) reverse (gear); **faire ~ arrière** (*Auto*) to reverse; (*fig*) to backtrack, back-pedal; **~ à suivre** (correct) procedure; (*sur notice*) (step by step) instructions *pl*
marché [maʀʃe] *nm* (*lieu, Comm, Écon*) market; (*ville*) trading centre; (*transaction*) bargain, deal; **par-dessus le ~** into the bargain; **faire son ~** to do one's shopping; **mettre le ~ en main à qn** to tell sb to take it or leave it; **~ au comptant** (*Bourse*) spot market; **~ aux fleurs** flower market; **~ noir** black market; **faire du ~ noir** to buy and sell on the black market; **~ aux puces** flea market; **~ à terme** (*Bourse*) forward market; **~ du travail** labour market
marchepied [maʀʃəpje] *nm* (*Rail*) step; (*Auto*) running board; (*fig*) stepping stone
marcher [maʀʃe] *vi* to walk; (*Mil*) to march; (*aller: voiture, train, affaires*) to go; (*prospérer*) to go well; (*fonctionner*) to work, run; (*fam*) to go along, agree; (*: croire naïvement*) to be taken in; **~ sur** to walk on; (*mettre le pied sur*) to step on *ou* in; (*Mil*) to march upon; **~ dans** (*herbe etc*) to walk in *ou* on; (*flaque*) to step in; **faire ~ qn** (*pour rire*) to pull sb's leg; (*pour tromper*) to lead sb up the garden path
marcheur, -euse [maʀʃœʀ, -øz] *nm/f* walker

mardi [maʀdi] *nm* Tuesday; **M~ gras** Shrove Tuesday; *voir aussi* **lundi**
mare [maʀ] *nf* pond; **~ de sang** pool of blood
marécage [maʀekaʒ] *nm* marsh, swamp
marécageux, -euse [maʀekaʒø, -øz] *adj* marshy, swampy
maréchal, -aux [maʀeʃal, -o] *nm* marshal; **~ des logis** (*Mil*) sergeant
maréchal-ferrant [maʀeʃalfɛʀɑ̃, maʀeʃo-] (*pl* **maréchaux-ferrants**) *nm* blacksmith
maréchaussée [maʀeʃose] *nf* (*humoristique: gendarmes*) constabulary (*Brit*), police
marée [maʀe] *nf* tide; (*poissons*) fresh (sea) fish; **~ haute/basse** high/low tide; **~ montante/descendante** rising/ebb tide; **~ noire** oil slick
marelle [maʀɛl] *nf*: **(jouer à) la ~** (to play) hopscotch
marémotrice [maʀemɔtʀis] *adj f* tidal
mareyeur, -euse [maʀɛjœʀ, -øz] *nm/f* wholesale (sea) fish merchant
margarine [maʀgaʀin] *nf* margarine
marge [maʀʒ(ə)] *nf* margin; **en ~** in the margin; **en ~ de** (*fig*) on the fringe of; (*en dehors de*) cut off from; (*qui se rapporte à*) connected with; **~ bénéficiaire** profit margin, mark-up; **~ de sécurité** safety margin
margelle [maʀʒɛl] *nf* coping
margeur [maʀʒœʀ] *nm* margin stop
marginal, e, -aux [maʀʒinal, -o] *adj* marginal ▷ *nm/f* dropout
marguerite [maʀgəʀit] *nf* marguerite, (oxeye) daisy
marguillier [maʀgije] *nm* churchwarden
mari [maʀi] *nm* husband
mariage [maʀjaʒ] *nm* (*union, état, fig*) marriage; (*noce*) wedding; **~ civil/religieux** registry office (*Brit*) *ou* civil/church wedding; **un ~ de raison/d'amour** a marriage of convenience/a love match; **~ blanc** unconsummated marriage; **~ en blanc** white wedding
marié, e [maʀje] *adj* married ▷ *nm/f* (bride)groom/bride; **les ~s** the bride and groom; **les (jeunes) ~s** the newly-weds
marier [maʀje] *vt* to marry; (*fig*) to blend; **se ~ (avec)** to marry, get married (to); (*fig*) to blend (with)
marijuana [maʀiʒwana] *nf* marijuana
marin, e [maʀɛ̃, -in] *adj* sea *cpd*, marine ▷ *nm* sailor ▷ *nf* navy; (*Art*) seascape; (*couleur*) navy (blue); **avoir le pied ~** to be a good sailor; (*garder son équilibre*) to have one's sea legs; **~e de guerre** navy; **~e marchande** merchant navy; **~e à voiles** sailing ships *pl*
marina [maʀina] *nf* marina
marinade [maʀinad] *nf* marinade
marine [maʀin] *adj f, nf voir* **marin** ▷ *adj inv* navy (blue) ▷ *nm* (*Mil*) marine
mariner [maʀine] *vi, vt* to marinate, marinade
marinier [maʀinje] *nm* bargee
marinière [maʀinjɛʀ] *nf* (*blouse*) smock ▷ *adj inv*: **moules ~** (*Culin*) mussels in white wine
marionnette [maʀjɔnɛt] *nf* puppet
marital, e, -aux [maʀital, -o] *adj*: **autorisation ~e** husband's permission
maritalement [maʀitalmɑ̃] *adv*: **vivre ~** to live together (as husband and wife)
maritime [maʀitim] *adj* sea *cpd*, maritime; (*ville*) coastal, seaside; (*droit*) shipping, maritime
marjolaine [maʀʒɔlɛn] *nf* marjoram
marketing [maʀkətiŋ] *nm* (*Comm*) marketing
marmaille [maʀmɑj] *nf* (*péj*) (gang of) brats *pl*
marmelade [maʀməlad] *nf* (*compote*) stewed fruit, compote; **~ d'oranges** (orange) marmalade; **en ~** (*fig*) crushed (to a pulp)
marmite [maʀmit] *nf* (cooking-)pot
marmiton [maʀmitɔ̃] *nm* kitchen boy
marmonner [maʀmɔne] *vt, vi* to mumble, mutter
marmot [maʀmo] *nm* (*fam*) brat
marmotte [maʀmɔt] *nf* marmot
marmotter [maʀmɔte] *vt* (*prière*) to mumble, mutter
marne [maʀn(ə)] *nf* (*Géo*) marl
Maroc [maʀɔk] *nm*: **le ~** Morocco
marocain, e [maʀɔkɛ̃, -ɛn] *adj* Moroccan ▷ *nm/f*: **Marocain, e** Moroccan
maroquin [maʀɔkɛ̃] *nm* (*peau*) morocco (leather); (*fig*) (minister's) portfolio
maroquinerie [maʀɔkinʀi] *nf* (*industrie*) leather craft; (*commerce*) leather shop; (*articles*) fine leather goods *pl*
maroquinier [maʀɔkinje] *nm* (*fabricant*) leather craftsman; (*marchand*) leather dealer
marotte [maʀɔt] *nf* fad
marquant, e [maʀkɑ̃, -ɑ̃t] *adj* outstanding
marque [maʀk(ə)] *nf* mark; (*Sport, Jeu*) score; (*Comm: de produits*) brand, make; (*: de disques*) label; (*insigne: d'une fonction*) badge; (*fig*): **~ d'affection** token of affection; **~ de joie** sign of joy; **à vos ~s!** (*Sport*) on your marks!; **de ~** *adj* (*Comm*) brand-name *cpd*; proprietary; (*fig*) high-class; (*: personnage, hôte*) distinguished; **produit de ~** quality product; **~ déposée** registered trademark; **~ de fabrique** trademark
marqué, e [maʀke] *adj* marked
marquer [maʀke] *vt* to mark; (*inscrire*) to write down; (*bétail*) to brand; (*Sport: but etc*) to score; (*: joueur*) to mark; (*accentuer: taille etc*) to emphasize; (*manifester: refus, intérêt*) to show ▷ *vi* (*événement, personnalité*) to stand out, be outstanding; (*Sport*) to score; **~ qn de son influence/empreinte** to have an influence/leave its impression on sb; **~ un temps d'arrêt** to pause momentarily; **~ le pas** (*fig*) to mark time; **il a marqué ce jour-là d'une pierre blanche** that was a red-letter day for him; **~ les points** (*tenir la marque*) to keep the score
marqueté, e [maʀkəte] *adj* inlaid
marqueterie [maʀkətʀi] *nf* inlaid work, marquetry
marqueur, -euse [maʀkœʀ, -øz] *nm/f* (*Sport: de but*) scorer ▷ *nm* (*crayon feutre*) marker pen
marquis, e [maʀki, -iz] *nm/f* marquis *ou* marquess (marchioness) ▷ *nf* (*auvent*) glass

m

canopy *ou* awning
Marquises [maʀkiz] *nfpl*: **les (îles) ~** the Marquesas Islands
marraine [maʀɛn] *nf* godmother; *(d'un navire, d'une rose etc)* namer
Marrakech [maʀakɛʃ] *n* Marrakech *ou* Marrakesh
marrant, e [maʀɑ̃, -ɑ̃t] *adj (fam)* funny
marre [maʀ] *adv (fam)*: **en avoir ~ de** to be fed up with
marrer [maʀe]: **se marrer** *vi (fam)* to have a (good) laugh
marron, ne [maʀɔ̃, -ɔn] *nm (fruit)* chestnut ▷ *adj inv* brown ▷ *adj (péj)* crooked; (: *faux*) bogus; **~s glacés** marrons glacés
marronnier [maʀɔnje] *nm* chestnut (tree)
Mars [maʀs] *nm ou f* Mars
mars [maʀs] *nm* March; *voir aussi* **juillet**
marseillais, e [maʀsɛjɛ, -ɛz] *adj* of *ou* from Marseilles ▷ *nf*: **la M~e** *the French national anthem*; *see note*

LA MARSEILLAISE

The *Marseillaise* has been France's national anthem since 1879. The words of the "Chant de guerre de l'armée du Rhin", as the song was originally called, were written to an anonymous tune by an army captain called Rouget de Lisle in 1792. Adopted as a marching song by the Marseille battalion, it was finally popularized as the *Marseillaise*.

Marseille [maʀsɛj] *n* Marseilles
marsouin [maʀswɛ̃] *nm* porpoise
marsupiaux [maʀsypjo] *nmpl* marsupials
marteau, x [maʀto] *nm* hammer; *(de porte)* knocker; **~ pneumatique** pneumatic drill
marteau-pilon [maʀtopilɔ̃] *(pl* **marteaux-pilons**) *nm* power hammer
marteau-piqueur [maʀtopikœʀ] *(pl* **marteaux-piqueurs**) *nm* pneumatic drill
martel [maʀtɛl] *nm*: **se mettre ~ en tête** to worry o.s.
martèlement [maʀtɛlmɑ̃] *nm* hammering
marteler [maʀtəle] *vt* to hammer; *(mots, phrases)* to rap out
martial, e, -aux [maʀsjal, -o] *adj* martial; **cour ~e** court-martial
martien, ne [maʀsjɛ̃, -ɛn] *adj* Martian, of *ou* from Mars
martinet [maʀtinɛ] *nm (fouet)* small whip; *(Zool)* swift
martingale [maʀtɛ̃gal] *nf (Couture)* half-belt; *(Jeu)* winning formula
martiniquais, e [maʀtinikɛ, -ɛz] *adj* of *ou* from Martinique
Martinique [maʀtinik] *nf*: **la ~** Martinique
martin-pêcheur *(pl* **martins-pêcheurs**) [maʀtɛ̃pɛʃœʀ] *nm* kingfisher
martre [maʀtʀ(ə)] *nf* marten; **~ zibeline** sable
martyr, e [maʀtiʀ] *nm/f* martyr ▷ *adj* martyred; **enfants ~s** battered children
martyre [maʀtiʀ] *nm* martyrdom; *(fig: sens affaibli)* agony, torture; **souffrir le ~** to suffer agonies
martyriser [maʀtiʀize] *vt (Rel)* to martyr; *(fig)* to bully; (: *enfant*) to batter
mas [mɑ(s)] *nm traditional house or farm in Provence*
mascara [maskaʀa] *nm* mascara
mascarade [maskaʀad] *nf* masquerade
mascotte [maskɔt] *nf* mascot
masculin, e [maskylɛ̃, -in] *adj* masculine; *(sexe, population)* male; *(équipe, vêtements)* men's; *(viril)* manly ▷ *nm* masculine
masochisme [mazɔʃism(ə)] *nm* masochism
masochiste [mazɔʃist(ə)] *adj* masochistic ▷ *nm/f* masochist
masque [mask(ə)] *nm* mask; **~ de beauté** face pack; **~ à gaz** gas mask; **~ de plongée** diving mask
masqué, e [maske] *adj* masked
masquer [maske] *vt (cacher: porte, goût)* to hide, conceal; *(dissimuler: vérité, projet)* to mask, obscure
massacrant, e [masakʀɑ̃, -ɑ̃t] *adj*: **humeur ~e** foul temper
massacre [masakʀ(ə)] *nm* massacre, slaughter; **jeu de ~** *(fig)* wholesale slaughter
massacrer [masakʀe] *vt* to massacre, slaughter; *(fig: adversaire)* to slaughter; (: *texte etc*) to murder
massage [masaʒ] *nm* massage
masse [mas] *nf* mass; *(péj)*: **la ~** the masses *pl*; *(Élec)* earth; *(maillet)* sledgehammer; **masses** *nfpl* masses; **une ~ de, des ~s de** *(fam)* masses *ou* loads of; **en ~** *adv (en bloc)* in bulk; *(en foule)* en masse ▷ *adj (exécutions, production)* mass *cpd*; **~ monétaire** *(Écon)* money supply; **~ salariale** *(Comm)* wage(s) bill
massepain [maspɛ̃] *nm* marzipan
masser [mase] *vt (assembler)* to gather; *(pétrir)* to massage; **se masser** *vi* to gather
masseur, -euse [masœʀ, -øz] *nm/f (personne)* masseur(-euse) ▷ *nm (appareil)* massager
massicot [masiko] *nm (Typo)* guillotine
massif, -ive [masif, -iv] *adj (porte)* solid, massive; *(visage)* heavy, large; *(bois, or)* solid; *(dose)* massive; *(déportations etc)* mass *cpd* ▷ *nm (montagneux)* massif; *(de fleurs)* clump, bank
massivement [masivmɑ̃] *adv (répondre)* en masse; *(administrer, injecter)* in massive doses
massue [masy] *nf* club, bludgeon ▷ *adj inv*: **argument ~** sledgehammer argument
mastectomie [mastɛktɔmi] *nf* mastectomy
mastic [mastik] *nm (pour vitres)* putty; *(pour fentes)* filler
masticage [mastikaʒ] *nm (d'une fente)* filling; *(d'une vitre)* puttying
mastication [mastikɑsjɔ̃] *nf* chewing, mastication
mastiquer [mastike] *vt (aliment)* to chew, masticate; *(fente)* to fill; *(vitre)* to putty
mastoc [mastɔk] *adj inv* hefty
mastodonte [mastɔdɔ̃t] *nm* monster *(fig)*

masturbation [mastyʀbɑsjɔ̃] *nf* masturbation
masturber [mastyʀbe] *vt*: **se masturber** to masturbate
m'as-tu-vu [matyvy] *nm/f inv* show-off
masure [mazyʀ] *nf* tumbledown cottage
mat, e [mat] *adj* (*couleur, métal*) mat(t); (*bruit, son*) dull ▷ *adj inv* (*Échecs*): **être ~** to be checkmate
mât [mɑ] *nm* (*Navig*) mast; (*poteau*) pole, post
matamore [matamɔʀ] *nm* braggart, blusterer
match [matʃ] *nm* match; **~ nul** draw, tie (*US*); **faire ~ nul** to draw (*Brit*), tie (*US*); **~ aller** first leg; **~ retour** second leg, return match
matelas [matla] *nm* mattress; **~ pneumatique** air bed *ou* mattress; **~ à ressorts** spring *ou* interior-sprung mattress
matelassé, e *adj* padded; (*tissu*) quilted
matelasser [matlase] *vt* to pad
matelot [matlo] *nm* sailor, seaman
mater [mate] *vt* (*personne*) to bring to heel, subdue; (*révolte*) to put down; (*fam*) to watch, look at
matérialisation [mateʀjalizɑsjɔ̃] *nf* materialization
matérialiser [mateʀjalize]: **se matérialiser** *vi* to materialize
matérialisme [mateʀjalism(ə)] *nm* materialism
matérialiste [mateʀjalist(ə)] *adj* materialistic ▷ *nm/f* materialist
matériau, x [mateʀjo] *nm* material; **matériaux** *nmpl* material(s); **~x de construction** building materials
matériel, le [mateʀjɛl] *adj* material; (*organisation, aide, obstacle*) practical; (*fig: péj: personne*) materialistic ▷ *nm* equipment *no pl*; (*de camping etc*) gear *no pl*; (*Inform*) hardware; **il n'a pas le temps ~ de le faire** he doesn't have the time (needed) to do it; **~ d'exploitation** (*Comm*) plant; **~ roulant** rolling stock
matériellement [mateʀjɛlmɑ̃] *adv* (*financièrement*) materially; **~ à l'aise** comfortably off; **je n'en ai ~ pas le temps** I simply do not have the time
maternel, le [matɛʀnɛl] *adj* (*amour, geste*) motherly, maternal; (*grand-père, oncle*) maternal ▷ *nf* (*aussi*: **école maternelle**) (state) nursery school
materner [matɛʀne] *vt* (*personne*) to mother
maternisé, e [matɛʀnize] *adj*: **lait ~** (infant) formula
maternité [matɛʀnite] *nf* (*établissement*) maternity hospital; (*état de mère*) motherhood, maternity; (*grossesse*) pregnancy
math [mat] *nfpl* maths (*Brit*), math (*US*)
mathématicien, ne [matematisjɛ̃, -ɛn] *nm/f* mathematician
mathématique [matematik] *adj* mathematical
mathématiques [matematik] *nfpl* mathematics *sg*
matheux, -euse [matø, -øz] *nm/f* (*fam*) maths (*Brit*) *ou* math (*US*) student; (*fort en math*) mathematical genius
maths [mat] *nfpl* maths (*Brit*), math (*US*)
matière [matjɛʀ] *nf* (*Physique*) matter; (*Comm, Tech*) material; matter *no pl*; (*fig: d'un livre etc*) subject matter; (*Scol*) subject; **en ~ de** as regards; **donner ~ à** to give cause to; **~ plastique** plastic; **~s fécales** faeces; **~s grasses** fat (content) *sg*; **~s premières** raw materials
MATIF [matif] *sigle m* (*= Marché à terme des instruments financiers*) *body which regulates the activities of the French Stock Exchange*
Matignon [matiɲɔ̃] *nm*: **(l'hôtel) ~** *the French Prime Minister's residence*; *see note*

HÔTEL MATIGNON

The *hôtel Matignon* is the Paris office and residence of the French Prime Minister. By extension, the term "Matignon" is often used to refer to the Prime Minister and his or her staff.

matin [matɛ̃] *nm, adv* morning; **le ~** (*pendant le matin*) in the morning; **demain ~** tomorrow morning; **le lendemain ~** (the) next morning; **du ~ au soir** from morning till night; **une heure du ~** one o'clock in the morning; **de grand** *ou* **bon ~** early in the morning
matinal, e, -aux [matinal, -o] *adj* (*toilette, gymnastique*) morning *cpd*; (*de bonne heure*) early; **être ~** (*personne*) to be up early; (*: habituellement*) to be an early riser
matinée [matine] *nf* morning; (*spectacle*) matinée, afternoon performance
matois, e [matwa, -waz] *adj* wily
matou [matu] *nm* tom(cat)
matraquage [matʀakaʒ] *nm* beating up; **~ publicitaire** plug, plugging
matraque [matʀak] *nf* (*de malfaiteur*) cosh (*Brit*), club; (*de policier*) truncheon (*Brit*), billy (*US*)
matraquer [matʀake] *vt* to beat up (with a truncheon *ou* billy); to cosh (*Brit*), club; (*fig: touristes etc*) to rip off; (*: disque*) to plug
matriarcal, e, -aux [matʀijaʀkal, -o] *adj* matriarchal
matrice [matʀis] *nf* (*Anat*) womb; (*Tech*) mould; (*Math etc*) matrix
matricule [matʀikyl] *nf* (*aussi*: **registre matricule**) roll, register ▷ *nm* (*aussi*: **numéro matricule**: *Mil*) regimental number; (*: Admin*) reference number
matrimonial, e, -aux [matʀimɔnjal, -o] *adj* marital, marriage *cpd*
matrone [matʀɔn] *nf* matron
mâture [mɑtyʀ] *nf* masts *pl*
maturité [matyʀite] *nf* maturity; (*d'un fruit*) ripeness, maturity
maudire [modiʀ] *vt* to curse
maudit, e [modi, -it] *adj* (*fam: satané*) blasted, confounded
maugréer [mogʀee] *vi* to grumble
mauresque [mɔʀɛsk(ə)] *adj* Moorish
Maurice [mɔʀis] *nf*: **(l'île) ~** Mauritius

m

mauricien, ne [mɔʀisjɛ̃, -ɛn] *adj* Mauritian
Mauritanie [mɔʀitani] *nf*: **la ~** Mauritania
mauritanien, ne [mɔʀitanjɛ̃, -ɛn] *adj* Mauritanian
mausolée [mozɔle] *nm* mausoleum
maussade [mosad] *adj* (*air, personne*) sullen; (*ciel, temps*) dismal
mauvais, e [mɔvɛ, -ɛz] *adj* bad; (*méchant, malveillant*) malicious, spiteful; (*faux*): **le ~ numéro** the wrong number ▷ *nm*: **le ~** the bad side ▷ *adv*: **il fait ~** the weather is bad; **sentir ~** to have a nasty smell, smell bad *ou* nasty; **la mer est ~e** the sea is rough; **~ coucheur** awkward customer; **~ coup** (*fig*) criminal venture; **~ garçon** tough; **~ pas** tight spot; **~ plaisant** hoaxer; **~ traitements** ill treatment *sg*; **~e herbe** weed; **~e langue** gossip, scandalmonger (*Brit*); **~e passe** difficult situation; (*période*) bad patch; **~e tête** rebellious *ou* headstrong customer
mauve [mov] *adj* (*couleur*) mauve ▷ *nf* (*Bot*) mallow
mauviette [movjɛt] *nf* (*péj*) weakling
maux [mo] *nmpl voir* **mal**
max. *abr* (*= maximum*) max
maximal, e, -aux [maksimal, -o] *adj* maximal
maxime [maksim] *nf* maxim
maximum [maksimɔm] *adj, nm* maximum; **atteindre un/son ~** to reach a/his peak; **au ~** *adv* (*le plus possible*) to the full; as much as one can; (*tout au plus*) at the (very) most *ou* maximum
Mayence [majɑ̃s] *n* Mainz
mayonnaise [majɔnɛz] *nf* mayonnaise
Mayotte [majɔt] *nf* Mayotte
mazout [mazut] *nm* (fuel) oil; **chaudière/poêle à ~** oil-fired boiler/stove
mazouté, e [mazute] *adj* oil-polluted
MDM *sigle mpl* (*= Médecins du Monde*) *medical association for aid to Third World countries*
M^e^ *abr* = **Maître**
me, m' [m(ə)] *pron* me; (*réfléchi*) myself
méandres [meɑ̃dʀ(ə)] *nmpl* meanderings
mec [mɛk] *nm* (*fam*) guy, bloke (*Brit*)
mécanicien, ne [mekanisjɛ̃, -ɛn] *nm/f* mechanic; (*Rail*) (train *ou* engine) driver; **~ navigant** *ou* **de bord** (*Aviat*) flight engineer
mécanique [mekanik] *adj* mechanical ▷ *nf* (*science*) mechanics *sg*; (*technologie*) mechanical engineering; (*mécanisme*) mechanism; engineering; works *pl*; **ennui ~** engine trouble *no pl*; **s'y connaître en ~** to be mechanically minded; **~ hydraulique** hydraulics *sg*; **~ ondulatoire** wave mechanics *sg*
mécaniquement [mekanikmɑ̃] *adv* mechanically
mécanisation [mekanizɑsjɔ̃] *nf* mechanization
mécaniser [mekanize] *vt* to mechanize
mécanisme [mekanism(ə)] *nm* mechanism; **~ des taux de change** exchange rate mechanism
mécano [mekano] *nm* (*fam*) mechanic
mécène [mesɛn] *nm* patron
méchamment [meʃamɑ̃] *adv* nastily, maliciously; spitefully; viciously
méchanceté [meʃɑ̃ste] *nf* (*d'une personne, d'une parole*) nastiness, maliciousness, spitefulness; (*parole, action*) nasty *ou* spiteful *ou* malicious remark (*ou* action)
méchant, e [meʃɑ̃, -ɑ̃t] *adj* nasty, malicious, spiteful; (*enfant: pas sage*) naughty; (*animal*) vicious; (*avant le nom: péjorative*) nasty
mèche [mɛʃ] *nf* (*de lampe, bougie*) wick; (*d'un explosif*) fuse; (*Méd*) pack, dressing; (*de vilebrequin, perceuse*) bit; (*de dentiste*) drill; (*de fouet*) lash; (*de cheveux*) lock; **se faire faire des ~s** (*chez le coiffeur*) to have one's hair streaked, have highlights put in one's hair; **vendre la ~** to give the game away; **de ~ avec** in league with
méchoui [meʃwi] *nm whole sheep barbecue*
mécompte [mekɔ̃t] *nm* (*erreur*) miscalculation; (*déception*) disappointment
méconnais *etc* [mekɔnɛ] *vb voir* **méconnaître**
méconnaissable [mekɔnɛsabl(ə)] *adj* unrecognizable
méconnaissais *etc* [mekɔnɛsɛ] *vb voir* **méconnaître**
méconnaissance [mekɔnɛsɑ̃s] *nf* ignorance
méconnaître [mekɔnɛtʀ(ə)] *vt* (*ignorer*) to be unaware of; (*mésestimer*) to misjudge
méconnu, e [mekɔny] *pp de* **méconnaître** ▷ *adj* (*génie etc*) unrecognized
mécontent, e [mekɔ̃tɑ̃, -ɑ̃t] *adj*: **~ (de)** (*insatisfait*) discontented *ou* dissatisfied *ou* displeased (with); (*contrarié*) annoyed (at) ▷ *nm/f* malcontent, dissatisfied person
mécontentement [mekɔ̃tɑ̃tmɑ̃] *nm* dissatisfaction, discontent, displeasure; annoyance
mécontenter [mekɔ̃tɑ̃te] *vt* to displease
Mecque [mɛk] *nf*: **la ~** Mecca
mécréant, e [mekʀeɑ̃, -ɑ̃t] *adj* (*peuple*) infidel; (*personne*) atheistic
méd. *abr* = **médecin**
médaille [medaj] *nf* medal
médaillé, e [medaje] *nm/f* (*Sport*) medal-holder
médaillon [medajɔ̃] *nm* (*portrait*) medallion; (*bijou*) locket; (*Culin*) médaillon; **en ~** *adj* (*carte etc*) inset
médecin [medsɛ̃] *nm* doctor; **~ du bord** (*Navig*) ship's doctor; **~ généraliste** general practitioner, GP; **~ légiste** forensic scientist (*Brit*), medical examiner (*US*); **~ traitant** family doctor, GP
médecine [medsin] *nf* medicine; **~ générale** general medicine; **~ infantile** paediatrics *sg* (*Brit*), pediatrics *sg* (*US*); **~ légale** forensic medicine; **~ préventive** preventive medicine; **~ du travail** occupational *ou* industrial medicine; **~s parallèles** *ou* **douces** alternative medicine
MEDEF [medɛf] *sigle m* (*= Mouvement des entreprises de France*) *French employers' confederation*
médian, e [medjɑ̃, -an] *adj* median
médias [medja] *nmpl*: **les ~** the media
médiateur, -trice [medjatœʀ, -tʀis] *nm/f voir*

médiation mediator; arbitrator
médiathèque [medjatɛk] *nf* media library
médiation [medjɑsjɔ̃] *nf* mediation; (*dans conflit social etc*) arbitration
médiatique [medjatik] *adj* media *cpd*
médiatisé, e [medjatize] *adj* reported in the media; **ce procès a été très ~** (*péj*) this trial was turned into a media event
médiator [medjatɔʀ] *nm* plectrum
médical, e, -aux [medikal, -o] *adj* medical; **visiteur** *ou* **délégué ~** medical rep *ou* representative
médicalement [medikalmɑ̃] *adv* medically
médicament [medikamɑ̃] *nm* medicine, drug
médicamenteux, -euse [medikamɑ̃tø, -øz] *adj* medicinal
médication [medikɑsjɔ̃] *nf* medication
médicinal, e, -aux [medisinal, -o] *adj* medicinal
médico-légal, e, -aux [medikɔlegal, -o] *adj* forensic
médico-social, e, -aux [medikɔsɔsjal, -o] *adj*: **assistance ~e** medical and social assistance
médiéval, e, -aux [medjeval, -o] *adj* medieval
médiocre [medjɔkʀ(ə)] *adj* mediocre, poor
médiocrité [medjɔkʀite] *nf* mediocrity
médire [mediʀ] *vi*: **~ de** to speak ill of
médisance [medizɑ̃s] *nf* scandalmongering *no pl* (*Brit*), mud-slinging *no pl*; (*propos*) piece of scandal *ou* malicious gossip
médisant, e [medizɑ̃, -ɑ̃t] *vb voir* **médire** ▹ *adj* slanderous, malicious
médit, e [medi, -it] *pp de* **médire**
méditatif, -ive [meditatif, -iv] *adj* thoughtful
méditation [meditɑsjɔ̃] *nf* meditation
méditer [medite] *vt* (*approfondir*) to meditate on, ponder (over); (*combiner*) to meditate ▹ *vi* to meditate; **~ de faire** to contemplate doing, plan to do
Méditerranée [mediteʀane] *nf*: **la (mer) ~** the Mediterranean (Sea)
méditerranéen, ne [mediteʀaneɛ̃, -ɛn] *adj* Mediterranean ▹ *nm/f*: **Méditerranéen, ne** Mediterranean
médium [medjɔm] *nm* medium (*spiritualist*)
médius [medjys] *nm* middle finger
méduse [medyz] *nf* jellyfish
méduser [medyze] *vt* to dumbfound
meeting [mitiŋ] *nm* (*Pol, Sport*) rally, meeting; **~ d'aviation** air show
méfait [mefɛ] *nm* (*faute*) misdemeanour, wrongdoing; **méfaits** *nmpl* (*ravages*) ravages
méfiance [mefjɑ̃s] *nf* mistrust, distrust
méfiant, e [mefjɑ̃, -ɑ̃t] *adj* mistrustful, distrustful
méfier [mefje]: **se méfier** *vi* to be wary; (*faire attention*) to be careful; **se ~ de** *vt* to mistrust, distrust, be wary of; to be careful about
mégalomane [megalɔman] *adj* megalomaniac
mégalomanie [megalɔmani] *nf* megalomania
mégalopole [megalɔpɔl] *nf* megalopolis
méga-octet [megaɔktɛ] *nm* megabyte
mégarde [megaʀd(ə)] *nf*: **par ~** accidentally; (*par erreur*) by mistake
mégatonne [megatɔn] *nf* megaton
mégère [meʒɛʀ] *nf* (*péj: femme*) shrew
mégot [mego] *nm* cigarette end *ou* butt
mégoter [megɔte] *vi* to nitpick
meilleur, e [mɛjœʀ] *adj, adv* better; (*valeur superlative*) best ▹ *nm*: **le ~** (*celui qui ...*) the best (one); (*ce qui ...*) the best ▹ *nf*: **la ~e** the best (one); **le ~ des deux** the better of the two; **de ~e heure** earlier; **~ marché** cheaper
méjuger [meʒyʒe] *vt* to misjudge
mél [mɛl] *nm* email
mélancolie [melɑ̃kɔli] *nf* melancholy, gloom
mélancolique [melɑ̃kɔlik] *adj* melancholy, gloomy
mélange [melɑ̃ʒ] *nm* (*opération*) mixing; blending; (*résultat*) mixture; blend; **sans ~** unadulterated
mélanger [melɑ̃ʒe] *vt* (*substances*) to mix; (*vins, couleurs*) to blend; (*mettre en désordre, confondre*) to mix up, muddle (up); **se mélanger** (*liquides, couleurs*) to blend, mix
mélanine [melanin] *nf* melanin
mélasse [melas] *nf* treacle, molasses *sg*
mêlée [mele] *nf* (*bataille, cohue*) mêlée, scramble; (*lutte, conflit*) tussle, scuffle; (*Rugby*) scrum(mage)
mêler [mele] *vt* (*substances, odeurs, races*) to mix; (*embrouiller*) to muddle (up), mix up; **se mêler** to mix; (*se joindre, s'allier*) to mingle; **se ~ à** (*personne*) to join; to mix with; (*: odeurs etc*) to mingle with; **se ~ de** (*personne*) to meddle with, interfere in; **mêle-toi de tes affaires!** mind your own business!; **~ à** *ou* **avec** *ou* **de** to mix with; to mingle with; **~ qn à** (*affaire*) to get sb mixed up *ou* involved in
mélo [melo] *nm adj* = **mélodrame**; **mélodramatique**
mélodie [melɔdi] *nf* melody
mélodieux, -euse [melɔdjø, -øz] *adj* melodious, tuneful
mélodique [melɔdik] *adj* melodic
mélodramatique [melɔdʀamatik] *adj* melodramatic
mélodrame [melɔdʀam] *nm* melodrama
mélomane [melɔman] *nm/f* music lover
melon [məlɔ̃] *nm* (*Bot*) (honeydew) melon; (*aussi*: **chapeau melon**) bowler (hat); **~ d'eau** watermelon
mélopée [melɔpe] *nf* monotonous chant
membrane [mɑ̃bʀan] *nf* membrane
membre [mɑ̃bʀ(ə)] *nm* (*Anat*) limb; (*personne, pays, élément*) member ▹ *adj* member; **être ~ de** to be a member of; **~ (viril)** (male) organ
mémé [meme] *nf* (*fam*) granny; (*: vieille femme*) old dear

 MOT-CLÉ

même [mɛm] *adj* **1** (*avant le nom*) same; **en même temps** at the same time; **ils ont les mêmes goûts** they have the same *ou* similar

m

tastes
2 (*après le nom: renforcement*): **il est la loyauté même** he is loyalty itself; **ce sont ses paroles/celles-là même** they are his very words/the very ones
▷ *pron*: **le (la) même** the same one
▷ *adv* **1** (*renforcement*): **il n'a même pas pleuré** he didn't even cry; **même lui l'a dit** even HE said it; **ici même** at this very place; **même si** even if
2: **à même**: **à même la bouteille** straight from the bottle; **à même la peau** next to the skin; **être à même de faire** to be in a position to do, be able to do; **mettre qn à même de faire** to enable sb to do
3: **de même** likewise; **faire de même** to do likewise *ou* the same; **lui de même** so does (*ou* did *ou* is) he; **de même que** just as; **il en va de même pour** the same goes for

mémento [memɛ̃to] *nm* (*agenda*) appointments diary; (*ouvrage*) summary
mémo [memo] (*fam*) *nm* memo
mémoire [memwaʀ] *nf* memory ▷ *nm* (*Admin, Jur*) memorandum; (*Scol*) dissertation, paper; **avoir la ~ des visages/chiffres** to have a (good) memory for faces/figures; **n'avoir aucune ~** to have a terrible memory; **avoir de la ~** to have a good memory; **à la ~ de** to the *ou* in memory of; **pour ~** *adv* for the record; **de ~** *adv* from memory; **de ~ d'homme** in living memory; **mettre en ~** (*Inform*) to store; **~ morte** ROM; **~ vive** RAM
mémoires [memwaʀ] *nmpl* memoirs
mémorable [memɔʀabl(ə)] *adj* memorable
mémorandum [memɔʀɑ̃dɔm] *nm* memorandum; (*carnet*) notebook
mémorial, -aux [memɔʀjal, -o] *nm* memorial
mémoriser [memɔʀize] *vt* to memorize; (*Inform*) to store
menaçant, e [mənasɑ̃, -ɑ̃t] *adj* threatening, menacing
menace [mənas] *nf* threat; **~ en l'air** empty threat
menacer [mənase] *vt* to threaten; **~ qn de qch/de faire qch** to threaten sb with sth/to do sth
ménage [menaʒ] *nm* (*travail*) housekeeping, housework; (*couple*) (married) couple; (*famille, Admin*) household; **faire le ~** to do the housework; **faire des ~s** to work as a cleaner (*in private homes*); **monter son ~** to set up house; **se mettre en ~ (avec)** to set up house (with); **heureux en ~** happily married; **faire bon ~ avec** to get on well with; **~ de poupée** doll's kitchen set; **~ à trois** love triangle
ménagement [menaʒmɑ̃] *nm* care and attention; **ménagements** *nmpl* (*égards*) consideration *sg*, attention *sg*
ménager[1] [menaʒe] *vt* (*traiter avec mesure*) to handle with tact; to treat considerately; (*utiliser*) to use with care; (*: avec économie*) to use sparingly; (*prendre soin de*) to take (great) care of, look after; (*organiser*) to arrange; (*installer*) to put in; to make; **se ménager** to look after o.s.; **~ qch à qn** (*réserver*) to have sth in store for sb
ménager[2]**, -ère** [menaʒe, -ɛʀ] *adj* household *cpd*, domestic ▷ *nf* (*femme*) housewife; (*couverts*) canteen (of cutlery)
ménagerie [menaʒʀi] *nf* menagerie
mendiant, e [mɑ̃djɑ̃, -ɑ̃t] *nm/f* beggar
mendicité [mɑ̃disite] *nf* begging
mendier [mɑ̃dje] *vi* to beg ▷ *vt* to beg (for); (*fig: éloges, compliments*) to fish for
menées [məne] *nfpl* intrigues, manœuvres (*Brit*), maneuvers (*US*); (*Comm*) activities
mener [məne] *vt* to lead; (*enquête*) to conduct; (*affaires*) to manage, conduct, run ▷ *vi*: **~ (à la marque)** to lead, be in the lead; **~ à/dans** (*emmener*) to take to/into; **~ qch à bonne fin** *ou* **à terme** *ou* **à bien** to see sth through (to a successful conclusion), complete sth successfully
meneur, -euse [mənœʀ, -øz] *nm/f* leader; (*péj: agitateur*) ringleader; **~ d'hommes** born leader; **~ de jeu** host, quizmaster (*Brit*)
menhir [meniʀ] *nm* standing stone
méningite [menɛ̃ʒit] *nf* meningitis *no pl*
ménisque [menisk] *nm* (*Anat*) meniscus
ménopause [menɔpoz] *nf* menopause
menotte [mənɔt] *nf* (*langage enfantin*) handie; **menottes** *nfpl* handcuffs; **passer les ~s à** to handcuff
mens [mɑ̃] *vb voir* **mentir**
mensonge [mɑ̃sɔ̃ʒ] *nm*: **le ~** lying *no pl*; **un ~** a lie
mensonger, -ère [mɑ̃sɔ̃ʒe, -ɛʀ] *adj* false
menstruation [mɑ̃stʀyasjɔ̃] *nf* menstruation
menstruel, le [mɑ̃stʀyɛl] *adj* menstrual
mensualiser [mɑ̃sɥalize] *vt* to pay monthly
mensualité [mɑ̃sɥalite] *nf* (*somme payée*) monthly payment; (*somme perçue*) monthly salary
mensuel, le [mɑ̃sɥɛl] *adj* monthly ▷ *nm/f* (*employé*) employee paid monthly ▷ *nm* (*Presse*) monthly
mensuellement [mɑ̃sɥɛlmɑ̃] *adv* monthly
mensurations [mɑ̃syʀasjɔ̃] *nfpl* measurements
mentais *etc* [mɑ̃tɛ] *vb voir* **mentir**
mental, e, -aux [mɑ̃tal, -o] *adj* mental
mentalement [mɑ̃talmɑ̃] *adv* in one's head, mentally
mentalité [mɑ̃talite] *nf* mentality
menteur, -euse [mɑ̃tœʀ, -øz] *nm/f* liar
menthe [mɑ̃t] *nf* mint; **~ (à l'eau)** peppermint cordial
mentholé, e [mɑ̃tɔle] *adj* menthol *cpd*, mentholated
mention [mɑ̃sjɔ̃] *nf* (*note*) note, comment; (*Scol*): **~ (très) bien/passable** (*very*) *good/satisfactory pass*; **faire ~ de** to mention; **"rayer la ~ inutile"** "delete as appropriate"
mentionner [mɑ̃sjɔne] *vt* to mention
mentir [mɑ̃tiʀ] *vi* to lie
menton [mɑ̃tɔ̃] *nm* chin

mentonnière [mɑ̃tɔnjɛʀ] *nf* chin strap
menu, e [məny] *adj* (*mince*) thin; (*petit*) tiny; (*frais, difficulté*) minor ▷ *adv* (*couper, hacher*) very fine ▷ *nm* menu; **par le ~** (*raconter*) in minute detail; **~ touristique** popular *ou* tourist menu; **~e monnaie** small change
menuet [mənɥɛ] *nm* minuet
menuiserie [mənɥizʀi] *nf* (*travail*) joinery, carpentry; (*d'amateur*) woodwork; (*local*) joiner's workshop; (*ouvrages*) woodwork *no pl*
menuisier [mənɥizje] *nm* joiner, carpenter
méprendre [mepʀɑ̃dʀ(ə)]: **se méprendre** *vi*: **se méprendre sur** to be mistaken about
mépris, e [mepʀi, -iz] *pp de* **méprendre** ▷ *nm* (*dédain*) contempt, scorn; (*indifférence*): **le ~ de** contempt *ou* disregard for; **au ~ de** regardless of, in defiance of
méprisable [mepʀizabl(ə)] *adj* contemptible, despicable
méprisant, e [mepʀizɑ̃, -ɑ̃t] *adj* contemptuous, scornful
méprise [mepʀiz] *nf* mistake, error; (*malentendu*) misunderstanding
mépriser [mepʀize] *vt* to scorn, despise; (*gloire, danger*) to scorn, spurn
mer [mɛʀ] *nf* sea; (*marée*) tide; **~ fermée** inland sea; **en ~** at sea; **prendre la ~** to put out to sea; **en haute** *ou* **pleine ~** off shore, on the open sea; **la ~ Adriatique** the Adriatic (Sea); **la ~ des Antilles** *ou* **des Caraïbes** the Caribbean (Sea); **la ~ Baltique** the Baltic (Sea); **la ~ Caspienne** the Caspian Sea; **la ~ de Corail** the Coral Sea; **la ~ Égée** the Aegean (Sea); **la ~ Ionienne** the Ionian Sea; **la ~ Morte** the Dead Sea; **la ~ Noire** the Black Sea; **la ~ du Nord** the North Sea; **la ~ Rouge** the Red Sea; **la ~ des Sargasses** the Sargasso Sea; **les ~s du Sud** the South Seas; **la ~ Tyrrhénienne** the Tyrrhenian Sea
mercantile [mɛʀkɑ̃til] *adj* (*péj*) mercenary
mercantilisme [mɛʀkɑ̃tilism(ə)] *nm* (*esprit mercantile*) mercenary attitude
mercenaire [mɛʀsənɛʀ] *nm* mercenary
mercerie [mɛʀsəʀi] *nf* (*Couture*) haberdashery (*Brit*), notions *pl* (*US*); (*boutique*) haberdasher's (shop) (*Brit*), notions store (*US*)
merci [mɛʀsi] *excl* thank you ▷ *nf*: **à la ~ de qn/qch** at sb's mercy/the mercy of sth; **~ beaucoup** thank you very much; **~ de** *ou* **pour** thank you for; **sans ~** *adj* merciless ▷ *adv* mercilessly
mercier, -ière [mɛʀsje, -jɛʀ] *nm/f* haberdasher
mercredi [mɛʀkʀədi] *nm* Wednesday; **~ des Cendres** Ash Wednesday; *voir aussi* **lundi**
mercure [mɛʀkyʀ] *nm* mercury
merde [mɛʀd(ə)] (*fam!*) *nf* shit (!) ▷ *excl* (bloody) hell (!)
merdeux, -euse [mɛʀdø, -øz] *nm/f* (*fam!*) little bugger (*Brit*) (!), little devil
mère [mɛʀ] *nf* mother ▷ *adj inv* mother *cpd*; **~ célibataire** single parent, unmarried mother
merguez [mɛʀgɛz] *nf* *spicy North African sausage*
méridien [meʀidjɛ̃] *nm* meridian
méridional, e, -aux [meʀidjɔnal, -o] *adj* southern; (*du midi de la France*) Southern (French) ▷ *nm/f* Southerner
meringue [məʀɛ̃g] *nf* meringue
mérinos [meʀinos] *nm* merino
merisier [məʀizje] *nm* wild cherry (tree)
méritant, e [meʀitɑ̃, -ɑ̃t] *adj* deserving
mérite [meʀit] *nm* merit; **le ~ (de ceci) lui revient** the credit (for this) is his
mériter [meʀite] *vt* to deserve; **~ de réussir** to deserve to succeed; **il mérite qu'on fasse ...** he deserves people to do ...
méritocratie [meʀitɔkʀasi] *nf* meritocracy
méritoire [meʀitwaʀ] *adj* praiseworthy, commendable
merlan [mɛʀlɑ̃] *nm* whiting
merle [mɛʀl(ə)] *nm* blackbird
mérou [meʀu] *nm* grouper (*fish*)
merveille [mɛʀvɛj] *nf* marvel, wonder; **faire ~** *ou* **des ~s** to work wonders; **à ~** perfectly, wonderfully
merveilleux, -euse [mɛʀvɛjø, -øz] *adj* marvellous, wonderful
mes [me] *adj poss voir* **mon**
mésalliance [mezaljɑ̃s] *nf* misalliance, mismatch
mésallier [mezalje]: **se mésallier** *vi* to marry beneath (*ou* above) o.s.
mésange [mezɑ̃ʒ] *nf* tit(mouse); **~ bleue** bluetit
mésaventure [mezavɑ̃tyʀ] *nf* misadventure, misfortune
Mesdames [medam] *nfpl voir* **Madame**
Mesdemoiselles [medmwazɛl] *nfpl voir* **Mademoiselle**
mésentente [mezɑ̃tɑ̃t] *nf* dissension, disagreement
mésestimer [mezɛstime] *vt* to underestimate, underrate
Mésopotamie [mezɔpɔtami] *nf*: **la ~** Mesopotamia
mesquin, e [mɛskɛ̃, -in] *adj* mean, petty
mesquinerie [mɛskinʀi] *nf* meanness *no pl*, pettiness *no pl*
mess [mɛs] *nm* mess
message [mesaʒ] *nm* message; **~ d'erreur** (*Inform*) error message; **~ électronique** (*Inform*) email; **~ publicitaire** ad, advertisement; **~ téléphoné** telegram dictated by telephone
messager, -ère [mesaʒe, -ɛʀ] *nm/f* messenger
messagerie [mesaʒʀi] *nf*: **~ électronique** electronic mail, email; **~ instantanée** instant messaging, IM; **~ rose** *lonely hearts and contact service on videotext*; **~s aériennes/maritimes** air freight/shipping service *sg*; **~s de presse** press distribution service; **~ vocale** voice mail
messe [mɛs] *nf* mass; **aller à la ~** to go to mass; **~ de minuit** midnight mass; **faire des ~s basses** (*fig, péj*) to mutter
messie [mesi] *nm*: **le M~** the Messiah
Messieurs [mesjø] *nmpl voir* **Monsieur**
mesure [məzyʀ] *nf* (*évaluation, dimension*) measurement; (*étalon, récipient, contenu*) measure; (*Mus: cadence*) time, tempo; (*: division*)

m

bar; *(retenue)* moderation; *(disposition)* measure, step; **unité/système de ~** unit/system of measurement; **sur ~** *(costume)* made-to-measure; *(fig)* personally adapted; **à la ~ de** *(fig: personne)* worthy of; *(chambre etc)* on the same scale as; **dans la ~ où** insofar as, inasmuch as; **dans une certaine ~** to some *ou* a certain extent; **à ~ que** as; **en ~** *(Mus)* in time *ou* tempo; **être en ~ de** to be in a position to; **dépasser la ~** *(fig)* to overstep the mark

mesuré, e [məzyʀe] *adj (ton, effort)* measured; *(personne)* restrained

mesurer [məzyʀe] *vt* to measure; *(juger)* to weigh up, assess; *(limiter)* to limit, ration; *(modérer)* to moderate; *(proportionner)*: **~ qch à** to match sth to, gear sth to; **se ~ avec** to have a confrontation with; to tackle; **il mesure 1 m 80** he's 1 m 80 tall

met [mɛ] *vb voir* **mettre**

métabolisme [metabɔlism(ə)] *nm* metabolism

métairie [meteʀi] *nf* smallholding

métal, -aux [metal, -o] *nm* metal

métalangage [metalɑ̃gaʒ] *nm* metalanguage

métallique [metalik] *adj* metallic

métallisé, e [metalize] *adj* metallic

métallurgie [metalyʀʒi] *nf* metallurgy

métallurgique [metalyʀʒik] *adj* steel *cpd*, metal *cpd*

métallurgiste [metalyʀʒist(ə)] *nm/f (ouvrier)* steel *ou* metal worker; *(industriel)* metallurgist

métamorphose [metamɔʀfoz] *nf* metamorphosis

métamorphoser [metamɔʀfoze] *vt* to transform

métaphore [metafɔʀ] *nf* metaphor

métaphorique [metafɔʀik] *adj* metaphorical, figurative

métaphoriquement [metafɔʀikmɑ̃] *adv* metaphorically

métaphysique [metafizik] *nf* metaphysics *sg* ▷ *adj* metaphysical

métapsychique [metapsiʃik] *adj* psychic, parapsychological

métayer, -ère [meteje, metɛjɛʀ] *nm/f* (tenant) farmer

météo [meteo] *nf (bulletin)* (weather) forecast; *(service)* ≈ Met Office *(Brit)*, ≈ National Weather Service *(US)*

météore [meteɔʀ] *nm* meteor

météorite [meteɔʀit] *nm ou f* meteorite

météorologie [meteɔʀɔlɔʒi] *nf (étude)* meteorology; *(service)* ≈ Meteorological Office *(Brit)*, ≈ National Weather Service *(US)*

météorologique [meteɔʀɔlɔʒik] *adj* meteorological, weather *cpd*

météorologue [meteɔʀɔlɔg], **météorologiste** [meteɔʀɔlɔʒist(ə)] *nm/f* meteorologist, weather forecaster

métèque [metɛk] *nm (péj)* wop *(!)*

méthane [metan] *nm* methane

méthanier [metanje] *nm (bateau)* (liquefied) gas carrier *ou* tanker

méthode [metɔd] *nf* method; *(livre, ouvrage)* manual, tutor

méthodique [metɔdik] *adj* methodical

méthodiquement [metɔdikmɑ̃] *adv* methodically

méthodiste [metɔdist(ə)] *adj, nm/f (Rel)* Methodist

méthylène [metilɛn] *nm*: **bleu de ~** *nm* methylene blue

méticuleux, -euse [metikylø, -øz] *adj* meticulous

métier [metje] *nm (profession: gén)* job; *(: manuel)* trade; *(: artisanal)* craft; *(technique, expérience)* (acquired) skill *ou* technique; *(aussi:* **métier à tisser**) (weaving) loom; **être du ~** to be in the trade *ou* profession

métis, se [metis] *adj, nm/f* half-caste, half-breed

métisser [metise] *vt* to cross(breed)

métrage [metʀaʒ] *nm (de tissu)* length; *(Ciné)* footage, length; **long/moyen/court ~** feature *ou* full-length/medium-length/short film

mètre [mɛtʀ(ə)] *nm* metre *(Brit)*, meter *(US)*; *(règle)* (metre *ou* meter) rule; *(ruban)* tape measure; **~ carré/cube** square/cubic metre *ou* meter

métrer [metʀe] *vt (Tech)* to measure (in metres *ou* meters); *(Constr)* to survey

métreur, -euse [metʀœʀ, -øz] *nm/f*: **~ (vérificateur), métreuse (vérificatrice)** (quantity) surveyor

métrique [metʀik] *adj* metric ▷ *nf* metrics *sg*

métro [metʀo] *nm* underground *(Brit)*, subway *(US)*

métronome [metʀɔnɔm] *nm* metronome

métropole [metʀɔpɔl] *nf (capitale)* metropolis; *(pays)* home country

métropolitain, e [metʀɔpɔlitɛ̃, -ɛn] *adj* metropolitan

mets [mɛ] *nm* dish ▷ *vb voir* **mettre**

mettable [mɛtabl(ə)] *adj* fit to be worn, decent

metteur [mɛtœʀ] *nm*: **~ en scène** *(Théât)* producer; *(Ciné)* director; **~ en ondes** *(Radio)* producer

MOT-CLÉ

mettre [mɛtʀ(ə)] *vt* **1** *(placer)* to put; **mettre en bouteille/en sac** to bottle/put in bags *ou* sacks; **mettre qch à la poste** to post sth *(Brit)*, mail sth *(US)*; **mettre en examen (pour)** to charge (with) *(Brit)*, indict (for) *(US)*; **mettre une note gaie/amusante** to inject a cheerful/an amusing note; **mettre qn debout/assis** to help sb up *ou* to their feet/help sb to sit down

2 *(vêtements: revêtir)* to put on; *(: porter)* to wear; **mets ton gilet** put your cardigan on; **je ne mets plus mon manteau** I no longer wear my coat

3 *(faire fonctionner: chauffage, électricité)* to put on; *(: réveil, minuteur)* to set; *(installer: gaz, eau)* to put in, lay on; **mettre en marche** to start up

4 *(consacrer)*: **mettre du temps/deux heures à**

faire qch to take time/two hours to do sth; **y mettre du sien** to pull one's weight
5 (*noter, écrire*) to say, put (down); **qu'est-ce qu'il a mis sur la carte?** what did he say *ou* write on the card?; **mettez au pluriel ...** put ... into the plural
6 (*supposer*): **mettons que ...** let's suppose *ou* say that ...
7 (*faire + vb*): **faire mettre le gaz/l'électricité** to have gas/electricity put in *ou* installed
se mettre *vi* **1** (*se placer*): **vous pouvez vous mettre là** you can sit (*ou* stand) there; **où ça se met?** where does it go?; **se mettre au lit** to get into bed; **se mettre au piano** to sit down at the piano; **se mettre à l'eau** to get into the water; **se mettre de l'encre sur les doigts** to get ink on one's fingers
2 (*s'habiller*): **se mettre en maillot de bain** to get into *ou* put on a swimsuit; **n'avoir rien à se mettre** to have nothing to wear
3 (*dans rapports*): **se mettre bien/mal avec qn** to get on the right/wrong side of sb; **se mettre qn à dos** to get on sb's bad side; **se mettre avec qn** (*prendre parti*) to side with sb; (*faire équipe*) to team up with sb; (*en ménage*) to move in with sb
4: **se mettre à** to begin, start; **se mettre à faire** to begin *ou* start doing *ou* to do; **se mettre au piano** to start learning the piano; **se mettre au régime** to go on a diet; **se mettre au travail/à l'étude** to get down to work/one's studies; **il est temps de s'y mettre** it's time we got down to it *ou* got on with it

meublant, e [mœblɑ̃, -ɑ̃t] *adj* (*tissus etc*) effective (in the room)
meuble [mœbl(ə)] *nm* (*objet*) piece of furniture; (*ameublement*) furniture *no pl* ▷ *adj* (*terre*) loose, friable; (*Jur*): **biens ~s** movables
meublé [mœble] *nm* (*pièce*) furnished room; (*appartement*) furnished flat (*Brit*) *ou* apartment (*US*)
meubler [mœble] *vt* to furnish; (*fig*): **~ qch (de)** to fill sth (with); **se meubler** to furnish one's house
meuf [mœf] *nf* (*fam*) woman
meugler [møgle] *vi* to low, moo
meule [møl] *nf* (*à broyer*) millstone; (*à aiguiser*) grindstone; (*à polir*) buff wheel; (*de foin, blé*) stack; (*de fromage*) round
meunerie [mønʀi] *nf* (*industrie*) flour trade; (*métier*) milling
meunier, -ière [mønje, -jɛʀ] *nm* miller ▷ *nf* miller's wife ▷ *adj f* (*Culin*) meunière
meurs *etc* [mœʀ] *vb voir* **mourir**
meurtre [mœʀtʀ(ə)] *nm* murder
meurtrier, -ière [mœʀtʀije, -jɛʀ] *adj* (*arme, épidémie, combat*) deadly; (*accident*) fatal; (*carrefour, route*) lethal; (*fureur, instincts*) murderous ▷ *nm/f* murderer(-ess) ▷ *nf* (*ouverture*) loophole
meurtrir [mœʀtʀiʀ] *vt* to bruise; (*fig*) to wound
meurtrissure [mœʀtʀisyʀ] *nf* bruise; (*fig*) scar
meus *etc* [mœ] *vb voir* **mouvoir**
Meuse [møz] *nf*: **la ~** the Meuse
meute [møt] *nf* pack
meuve *etc* [mœv] *vb voir* **mouvoir**
mévente [mevɑ̃t] *nf* slump (in sales)
mexicain, e [mɛksikɛ̃, -ɛn] *adj* Mexican ▷ *nm/f*: **Mexicain, e** Mexican
Mexico [mɛksiko] *n* Mexico City
Mexique [mɛksik] *nm*: **le ~** Mexico
mezzanine [mɛdzanin] *nf* mezzanine (floor)
MF *sigle mpl* = **millions de francs** ▷ *sigle f* (*Radio: = modulation de fréquence*) FM
Mgr *abr* = **Monseigneur**
mi [mi] *nm* (*Mus*) E; (*en chantant la gamme*) mi
mi... [mi] *préfixe* half(-), mid-; **à la mi-janvier** in mid-January; **mi-bureau, mi-chambre** half office, half bedroom; **à mi-jambes/-corps** (up *ou* down) to the knees/waist; **à mi-hauteur/-pente** halfway up (*ou* down)/up (*ou* down) the hill
miaou [mjau] *nm* miaow
miaulement [mjolmɑ̃] *nm* (*cri*) miaow; (*continu*) miaowing *no pl*
miauler [mjole] *vi* to miaow
mi-bas [mibɑ] *nm inv* knee-length sock
mica [mika] *nm* mica
mi-carême [mikaʀɛm] *nf*: **la ~** the third Thursday in Lent
miche [miʃ] *nf* round *ou* cob loaf
mi-chemin [miʃmɛ̃]: **à ~** *adv* halfway, midway
mi-clos, e [miklo, -kloz] *adj* half-closed
micmac [mikmak] *nm* (*péj*) carry-on
mi-côte [mikot]: **à ~** *adv* halfway up (*ou* down) the hill
mi-course [mikuʀs]: **à ~** *adv* halfway through the race
micro [mikʀo] *nm* mike, microphone; **~ cravate** lapel mike
microbe [mikʀɔb] *nm* germ, microbe
microbiologie [mikʀɔbjɔlɔʒi] *nf* microbiology
microchirurgie [mikʀɔʃiʀyʀʒi] *nf* microsurgery
microclimat [mikʀoklima] *nm* microclimate
microcosme [mikʀɔkɔsm(ə)] *nm* microcosm
micro-édition [mikʀɔedisjɔ̃] *nf* desk-top publishing
micro-électronique [mikʀɔelɛktʀɔnik] *nf* microelectronics *sg*
microfiche [mikʀɔfiʃ] *nf* microfiche
microfilm [mikʀɔfilm] *nm* microfilm
micro-onde [mikʀɔɔ̃d] *nf*: **four à ~s** microwave oven
micro-ordinateur [mikʀɔɔʀdinatœʀ] *nm* microcomputer
micro-organisme [mikʀɔɔʀganism(ə)] *nm* micro-organism
microphone [mikʀɔfɔn] *nm* microphone
microplaquette [mikʀɔplakɛt] *nf* microchip
microprocesseur [mikʀɔpʀɔsɛsœʀ] *nm* microprocessor
microscope [mikʀɔskɔp] *nm* microscope; **au ~** under *ou* through the microscope
microscopique [mikʀɔskɔpik] *adj* microscopic
microsillon [mikʀɔsijɔ̃] *nm* long-playing record

m

MIDEM [midɛm] *sigle m (= Marché international du disque et de l'édition musicale) music industry trade fair*
midi [midi] *nm (milieu du jour)* midday, noon; *(moment du déjeuner)* lunchtime; *(sud)* south; *(: de la France)*: **le M~** the South (of France), the Midi; **à ~** at 12 (o'clock) *ou* midday *ou* noon; **tous les ~s** every lunchtime; **le repas de ~** lunch; **en plein ~** (right) in the middle of the day; *(sud)* facing south
midinette [midinɛt] *nf* silly young townie
mie [mi] *nf* inside (of the loaf)
miel [mjɛl] *nm* honey; **être tout ~** *(fig)* to be all sweetness and light
mielleux, -euse [mjɛlø, -øz] *adj (péj)* sugary, honeyed
mien, ne [mjɛ̃, mjɛn] *adj, pron*: **le (la) ~(ne), les ~s** mine; **les ~s** *(ma famille)* my family
miette [mjɛt] *nf (de pain, gâteau)* crumb; *(fig: de la conversation etc)* scrap; **en ~s** *(fig)* in pieces *ou* bits

 **MOT-CLÉ**

mieux [mjø] *adv* **1** *(d'une meilleure façon)*: **mieux (que)** better (than); **elle travaille/mange mieux** she works/eats better; **aimer mieux** to prefer; **j'attendais mieux de vous** I expected better of you; **elle va mieux** she is better; **de mieux en mieux** better and better
2 *(de la meilleure façon)* best; **ce que je sais le mieux** what I know best; **les livres les mieux faits** the best made books
3 *(intensif)*: **vous feriez mieux de faire ...** you would be better to do ...; **crier à qui mieux mieux** to try to shout each other down
▷ *adj* **1** *(plus à l'aise, en meilleure forme)* better; **se sentir mieux** to feel better
2 *(plus satisfaisant)* better; **c'est mieux ainsi** it's better like this; **c'est le mieux des deux** it's the better of the two; **le/la mieux, les mieux** the best; **demandez-lui, c'est le mieux** ask him, it's the best thing
3 *(plus joli)* better-looking; *(plus gentil)* nicer; **il est mieux que son frère** *(plus beau)* he's better-looking than his brother; *(plus gentil)* he's nicer than his brother; **il est mieux sans moustache** he looks better without a moustache
4: **au mieux** at best; **au mieux avec** on the best of terms with; **pour le mieux** for the best; **qui mieux est** even better, better still
▷ *nm* **1** *(progrès)* improvement
2: **de mon/ton mieux** as best I/you can *(ou* could); **faire de son mieux** to do one's best; **du mieux qu'il peut** the best he can; **faute de mieux** for lack *ou* want of anything better, failing anything better

mieux-être [mjøzɛtʀ(ə)] *nm* greater well-being; *(financier)* improved standard of living
mièvre [mjɛvʀ(ə)] *adj* sickly sentimental
mignon, ne [miɲɔ̃, -ɔn] *adj* sweet, cute
migraine [migʀɛn] *nf* headache; migraine
migrant, e [migʀɑ̃, -ɑ̃t] *adj, nm/f* migrant
migrateur, -trice [migʀatœʀ, -tʀis] *adj* migratory
migration [migʀasjɔ̃] *nf* migration
mijaurée [miʒɔʀe] *nf* pretentious (young) madam
mijoter [miʒɔte] *vt* to simmer; *(préparer avec soin)* to cook lovingly; *(affaire, projet)* to plot, cook up ▷ *vi* to simmer
mil [mil] *num* = **mille**
Milan [milɑ̃] *n* Milan
milanais, e [milanɛ, -ɛz] *adj* Milanese
mildiou [mildju] *nm* mildew
milice [milis] *nf* militia
milicien, ne [milisjɛ̃, -ɛn] *nm/f* militiaman(-woman)
milieu, x [miljø] *nm (centre)* middle; *(fig)* middle course *ou* way; *(aussi:* **juste milieu***)* happy medium; *(Bio, Géo)* environment; *(entourage social)* milieu; *(familial)* background; circle; *(pègre)*: **le ~** the underworld; **au ~ de** in the middle of; **au beau** *ou* **en plein ~ (de)** right in the middle (of); **~ de terrain** *(Football: joueur)* midfield player; *(: joueurs)* midfield
militaire [militɛʀ] *adj* military ▷ *nm* serviceman; **service ~** military service
militant, e [militɑ̃, -ɑ̃t] *adj, nm/f* militant
militantisme [militɑ̃tism(ə)] *nm* militancy
militariser [militaʀize] *vt* to militarize
militarisme [militaʀism(ə)] *nm (péj)* militarism
militer [milite] *vi* to be a militant; **~ pour/contre** to militate in favour of/against
milk-shake [milkʃɛk] *nm* milk shake
mille [mil] *num* a *ou* one thousand ▷ *nm (mesure)*: **~ (marin)** nautical mile; **mettre dans le ~** to hit the bull's-eye; *(fig)* to be bang on (target)
millefeuille [milfœj] *nm* cream *ou* vanilla slice
millénaire [milenɛʀ] *nm* millennium ▷ *adj* thousand-year-old; *(fig)* ancient
mille-pattes [milpat] *nm inv* centipede
millésime [milezim] *nm* year
millésimé, e [milezime] *adj* vintage *cpd*
millet [mijɛ] *nm* millet
milliard [miljaʀ] *nm* milliard, thousand million *(Brit)*, billion *(US)*
milliardaire [miljaʀdɛʀ] *nm/f* multimillionaire *(Brit)*, billionaire *(US)*
millième [miljɛm] *num* thousandth
millier [milje] *nm* thousand; **un ~ (de)** a thousand or so, about a thousand; **par ~s** in (their) thousands, by the thousand
milligramme [miligʀam] *nm* milligramme *(Brit)*, milligram *(US)*
millimétré, e [milimetʀe] *adj*: **papier ~** graph paper
millimètre [milimɛtʀ(ə)] *nm* millimetre *(Brit)*, millimeter *(US)*
million [miljɔ̃] *nm* million; **deux ~s de** two million; **riche à ~s** worth millions
millionième [miljɔnjɛm] *num* millionth
millionnaire [miljɔnɛʀ] *nm/f* millionaire
mi-lourd [miluʀ] *adj m, nm* light heavyweight

mime [mim] *nm/f (acteur)* mime(r); *(imitateur)* mimic ▷ *nm (art)* mime, miming
mimer [mime] *vt* to mime; *(singer)* to mimic, take off
mimétisme [mimetism(ə)] *nm (Bio)* mimicry
mimique [mimik] *nf* (funny) face; *(signes)* gesticulations *pl*, sign language *no pl*
mimosa [mimoza] *nm* mimosa
mi-moyen [mimwajɛ̃] *adj m, nm* welterweight
MIN *sigle m (= Marché d'intérêt national) wholesale market for fruit, vegetables and agricultural produce*
min. *abr (= minimum)* min
minable [minabl(ə)] *adj (personne)* shabby (-looking); *(travail)* pathetic
minaret [minaʀɛ] *nm* minaret
minauder [minode] *vi* to mince, simper
minauderies [minodʀi] *nfpl* simpering *sg*
mince [mɛ̃s] *adj* thin; *(personne, taille)* slim; *(fig: profit, connaissances)* slight, small; *(: prétexte)* weak ▷ *excl*: **~ (alors)!** darn it!
minceur [mɛ̃sœʀ] *nf* thinness slimness, slenderness
mincir [mɛ̃siʀ] *vi* to get slimmer *ou* thinner
mine [min] *nf (physionomie)* expression, look; *(extérieur)* exterior, appearance; *(de crayon)* lead; *(gisement, exploitation, explosif)* mine; **mines** *nfpl (péj)* simpering airs; **les M~s** *(Admin) the national mining and geological service, the government vehicle testing department*; **avoir bonne ~** *(personne)* to look well; *(ironique)* to look an utter idiot; **avoir mauvaise ~** to look unwell; **faire ~ de faire** to make a pretence of doing; **ne pas payer de ~** to be not much to look at; **~ de rien** *adv* with a casual air; although you wouldn't think so; **~ de charbon** coal mine; **~ à ciel ouvert** opencast *(Brit) ou* open-air *(US)* mine
miner [mine] *vt (saper)* to undermine, erode; *(Mil)* to mine
minerai [minʀɛ] *nm* ore
minéral, e, -aux [mineʀal, -o] *adj* mineral; *(Chimie)* inorganic ▷ *nm* mineral
minéralier [mineʀalje] *nm (bateau)* ore tanker
minéralisé, e [mineʀalize] *adj* mineralized
minéralogie [mineʀalɔʒi] *nf* mineralogy
minéralogique [mineʀalɔʒik] *adj* mineralogical; **plaque ~** number *(Brit) ou* license *(US)* plate; **numéro ~** registration *(Brit) ou* license *(US)* number
minet, te [minɛ, -ɛt] *nm/f (chat)* pussy-cat; *(péj)* young trendy
mineur, e [minœʀ] *adj* minor ▷ *nm/f (Jur)* minor ▷ *nm (travailleur)* miner; *(Mil)* sapper; **~ de fond** face worker
miniature [minjatyʀ] *adj, nf* miniature
miniaturisation [minjatyʀizɑsjɔ̃] *nf* miniaturization
miniaturiser [minjatyʀize] *vt* to miniaturize
minibus [minibys] *nm* minibus
mini-cassette [minikasɛt] *nf* cassette (recorder)
minichaîne [miniʃɛn] *nf* mini system
minier, -ière [minje, -jɛʀ] *adj* mining
mini-jupe [miniʒyp] *nf* mini-skirt
minimal, e, -aux [minimal, -o] *adj* minimum
minimaliste [minimalist(ə)] *adj (Art)* minimalist
minime [minim] *adj* minor, minimal ▷ *nm/f (Sport)* junior
minimiser [minimize] *vt* to minimize; *(fig)* to play down
minimum [minimɔm] *adj, nm* minimum; **au ~** at the very least; **~ vital** *(salaire)* living wage; *(niveau de vie)* subsistence level
mini-ordinateur [miniɔʀdinatœʀ] *nm* minicomputer
ministère [ministɛʀ] *nm (cabinet)* government; *(département)* ministry *(Brit)*, department; *(Rel)* ministry; **~ public** *(Jur)* Prosecution, State Prosecutor
ministériel, le [ministeʀjɛl] *adj* government *cpd*; ministerial, departmental; *(partisan)* pro-government
ministrable [ministʀabl(ə)] *adj (Pol)*: **il est ~** he's a potential minister
ministre [ministʀ(ə)] *nm* minister *(Brit)*, secretary; *(Rel)* minister; **~ d'État** senior minister *ou* secretary
Minitel® [minitɛl] *nm videotext terminal and service*
minium [minjɔm] *nm* red lead paint
minois [minwa] *nm* little face
minorer [minɔʀe] *vt* to cut, reduce
minoritaire [minɔʀitɛʀ] *adj* minority *cpd*
minorité [minɔʀite] *nf* minority; **être en ~** to be in the *ou* a minority; **mettre en ~** *(Pol)* to defeat
Minorque [minɔʀk] *nf* Minorca
minorquin, e [minɔʀkɛ̃, -in] *adj* Minorcan
minoterie [minɔtʀi] *nf* flour-mill
minuit [minɥi] *nm* midnight
minuscule [minyskyl] *adj* minute, tiny ▷ *nf*: **(lettre) ~** small letter
minutage [minytaʒ] *nm* timing
minute [minyt] *nf* minute; *(Jur: original)* minute, draft ▷ *excl* just a minute!, hang on!; **à la ~** *(présent)* (just) this instant; *(passé)* there and then; **entrecôte** *ou* **steak ~** minute steak
minuter [minyte] *vt* to time
minuterie [minytʀi] *nf* time switch
minuteur [minytœʀ] *nm* timer
minutie [minysi] *nf* meticulousness; minute detail; **avec ~** meticulously; in minute detail
minutieusement [minysjøzmɑ̃] *adv (organiser, travailler)* meticulously; *(examiner)* minutely
minutieux, -euse [minysjø, -øz] *adj (personne)* meticulous; *(inspection)* minutely detailed; *(travail)* requiring painstaking attention to detail
mioche [mjɔʃ] *nm (fam)* nipper, brat
mirabelle [miʀabɛl] *nf (fruit)* (cherry) plum; *(eau-de-vie)* plum brandy
miracle [miʀɑkl(ə)] *nm* miracle
miraculé, e [miʀakyle] *adj* who has been miraculously cured *(ou* rescued)
miraculeux, -euse [miʀakylø, -øz] *adj*

miraculous
mirador [miʀadɔʀ] *nm* (*Mil*) watchtower
mirage [miʀaʒ] *nm* mirage
mire [miʀ] *nf* (*d'un fusil*) sight; (*TV*) test card; **point de ~** target; (*fig*) focal point; **ligne de ~** line of sight
mirent [miʀ] *vb voir* **mettre**
mirer [miʀe] *vt* (*œufs*) to candle; **se mirer** *vi*: **se ~ dans** (*personne*) to gaze at one's reflection in; (*: chose*) to be mirrored in
mirifique [miʀifik] *adj* wonderful
mirobolant, e [miʀɔbɔlɑ̃, -ɑ̃t] *adj* fantastic
miroir [miʀwaʀ] *nm* mirror
miroiter [miʀwate] *vi* to sparkle, shimmer; **faire ~ qch à qn** to paint sth in glowing colours for sb, dangle sth in front of sb's eyes
miroiterie [miʀwatʀi] *nf* (*usine*) mirror factory; (*magasin*) mirror dealer's (shop)
Mis *abr* = **marquis**
mis, e [mi, miz] *pp de* **mettre** ▷ *adj* (*couvert, table*) set, laid; (*personne*): **bien ~** well dressed ▷ *nf* (*argent: au jeu*) stake; (*tenue*) clothing; attire; **être de ~e** to be acceptable *ou* in season; **~e en bouteilles** bottling; **~e en examen** charging, indictment; **~e à feu** blast-off; **~e de fonds** capital outlay; **~e à jour** (*Inform*) update; **~e à mort** kill; **~e à pied** (*d'un employé*) suspension; lay-off; **~e sur pied** (*d'une affaire, entreprise*) setting up; **~e en plis** set; **~e au point** (*Photo*) focusing; (*fig*) clarification; **~e à prix** reserve (*Brit*) *ou* upset price; **~e en scène** production
misaine [mizɛn] *nf*: **mât de ~** foremast
misanthrope [mizɑ̃tʀɔp] *nm/f* misanthropist
Mise *abr* = **marquise**
mise [miz] *adj f, nf voir* **mis**
miser [mize] *vt* (*enjeu*) to stake, bet; **~ sur** *vt* (*cheval, numéro*) to bet on; (*fig*) to bank *ou* count on
misérable [mizeʀabl(ə)] *adj* (*lamentable, malheureux*) pitiful, wretched; (*pauvre*) poverty-stricken; (*insignifiant, mesquin*) miserable ▷ *nm/f* wretch; (*miséreux*) poor wretch
misère [mizɛʀ] *nf* (*pauvreté*) (extreme) poverty, destitution; **misères** *nfpl* (*malheurs*) woes, miseries; (*ennuis*) little troubles; **être dans la ~** to be destitute *ou* poverty-stricken; **salaire de ~** starvation wage; **faire des ~s à qn** to torment sb; **~ noire** utter destitution, abject poverty
miséreux, -euse [mizeʀø, -øz] *adj* poverty-stricken ▷ *nm/f* down-and-out
miséricorde [mizeʀikɔʀd(ə)] *nf* mercy, forgiveness
miséricordieux, -euse [mizeʀikɔʀdjø, -øz] *adj* merciful, forgiving
misogyne [mizɔʒin] *adj* misogynous ▷ *nm/f* misogynist
missel [misɛl] *nm* missal
missile [misil] *nm* missile
mission [misjɔ̃] *nf* mission; **partir en ~** (*Admin, Pol*) to go on an assignment
missionnaire [misjɔnɛʀ] *nm/f* missionary
missive [misiv] *nf* missive
mistral [mistʀal] *nm* mistral (wind)
mit [mi] *vb voir* **mettre**
mitaine [mitɛn] *nf* mitt(en)
mite [mit] *nf* clothes moth
mité, e [mite] *adj* moth-eaten
mi-temps [mitɑ̃] *nf inv* (*Sport: période*) half; (*: pause*) half-time; **à ~** *adj, adv* part-time
miteux, -euse [mitø, -øz] *adj* seedy, shabby
mitigé, e [mitiʒe] *adj* (*conviction, ardeur*) lukewarm; (*sentiments*) mixed
mitonner [mitɔne] *vt* (*préparer*) to cook with loving care; (*fig*) to cook up quietly
mitoyen, ne [mitwajɛ̃, -ɛn] *adj* common, party *cpd*; **maisons ~nes** semi-detached houses; (*plus de deux*) terraced (*Brit*) *ou* row (*US*) houses
mitraille [mitʀɑj] *nf* (*balles de fonte*) grapeshot; (*décharge d'obus*) shellfire
mitrailler [mitʀɑje] *vt* to machine-gun; (*fig: photographier*) to snap away at; **~ qn de** to pelt *ou* bombard sb with
mitraillette [mitʀɑjɛt] *nf* submachine gun
mitrailleur [mitʀɑjœʀ] *nm* machine gunner ▷ *adj m*: **fusil ~** machine gun
mitrailleuse [mitʀɑjøz] *nf* machine gun
mitre [mitʀ(ə)] *nf* mitre
mitron [mitʀɔ̃] *nm* baker's boy
mi-voix [mivwa]: **à ~** *adv* in a low *ou* hushed voice
mixage [miksaʒ] *nm* (*Ciné*) (sound) mixing
mixer, mixeur [miksœʀ] *nm* (*Culin*) (food) mixer
mixité [miksite] *nf* (*Scol*) coeducation
mixte [mikst(ə)] *adj* (*gén*) mixed; (*Scol*) mixed, coeducational; **à usage ~** dual-purpose; **cuisinière ~** combined gas and electric cooker; **équipe ~** combined team
mixture [mikstyʀ] *nf* mixture; (*fig*) concoction
MJC *sigle f* (*= maison des jeunes et de la culture*) *community arts centre and youth club*
ml *abr* (*= millilitre*) ml
MLF *sigle m* (*= Mouvement de libération de la femme*) Women's Movement
Mlle (*pl* **-s**) *abr* = **Mademoiselle**
MM *abr* = **Messieurs**; *voir* **Monsieur**
Mme (*pl* **-s**) *abr* = **Madame**
MMS *sigle m* (*= Multimedia messaging service*) MMS
mn. *abr* (*= minute*) min
mnémotechnique [mnemɔtɛknik] *adj* mnemonic
MNS *sigle m* (*= maître nageur sauveteur*) ≈ lifeguard
MO *sigle f* (*= main-d'œuvre*) *labour costs (on invoices)*
Mo *abr* = **méga-octet**; **métro**
mobile [mɔbil] *adj* mobile; (*amovible*) loose, removable; (*pièce de machine*) moving; (*élément de meuble etc*) movable ▷ *nm* (*motif*) motive; (*œuvre d'art*) mobile; (*Physique*) moving object *ou* body; **(téléphone) ~** mobile (phone) (*Brit*), cell (phone) (*US*)
mobilier, -ière [mɔbilje, -jɛʀ] *adj* (*Jur*) personal ▷ *nm* (*meubles*) furniture; **valeurs mobilières** transferable securities; **vente mobilière** sale of personal property *ou* chattels

mobilisation [mɔbilizɑsjɔ̃] *nf* mobilization
mobiliser [mɔbilize] *vt* (*Mil, gén*) to mobilize
mobilité [mɔbilite] *nf* mobility
mobylette® [mɔbilɛt] *nf* moped
mocassin [mɔkasɛ̃] *nm* moccasin
moche [mɔʃ] *adj* (*fam: laid*) ugly; (*: mauvais, méprisable*) rotten
modalité [mɔdalite] *nf* form, mode; **modalités** *nfpl* (*d'un accord etc*) clauses, terms; **~s de paiement** methods of payment
mode [mɔd] *nf* fashion; (*commerce*) fashion trade *ou* industry ▷ *nm* (*manière*) form, mode, method; (*Ling*) mood; (*Inform, Mus*) mode; **travailler dans la ~** to be in the fashion business; **à la ~** fashionable, in fashion; **~ dialogué** (*Inform*) interactive *ou* conversational mode; **~ d'emploi** directions *pl* (for use); **~ de vie** way of life
modelage [mɔdlaʒ] *nm* modelling
modelé [mɔdle] *nm* (*Géo*) relief; (*du corps etc*) contours *pl*
modèle [mɔdɛl] *adj* model ▷ *nm* model; (*qui pose: de peintre*) sitter; (*type*) type; (*gabarit, patron*) pattern; **~ courant** *ou* **de série** (*Comm*) production model; **~ déposé** registered design; **~ réduit** small-scale model
modeler [mɔdle] *vt* (*Art*) to model, mould; (*vêtement, érosion*) to mould, shape; **~ qch sur/d'après** to model sth on
modélisation [mɔdelizɑsjɔ̃] *nf* (*Math*) modelling
modéliste [mɔdelist(ə)] *nm/f* (*Couture*) designer; (*de modèles réduits*) model maker
modem [mɔdɛm] *nm* (*Inform*) modem
modérateur, -trice [mɔderatœr, -tris] *adj* moderating ▷ *nm/f* moderator
modération [mɔderɑsjɔ̃] *nf* moderation; **~ de peine** reduction of sentence
modéré, e [mɔdere] *adj, nm/f* moderate
modérément [mɔderemɑ̃] *adv* moderately, in moderation
modérer [mɔdere] *vt* to moderate; **se modérer** *vi* to restrain o.s
moderne [mɔdɛrn(ə)] *adj* modern ▷ *nm* (*Art*) modern style; (*ameublement*) modern furniture
modernisation [mɔdɛrnizɑsjɔ̃] *nf* modernization
moderniser [mɔdɛrnize] *vt* to modernize
modernisme [mɔdɛrnism(ə)] *nm* modernism
modernité [mɔdɛrnite] *nf* modernity
modeste [mɔdɛst(ə)] *adj* modest; (*origine*) humble, lowly
modestement [mɔdɛstəmɑ̃] *adv* modestly
modestie [mɔdɛsti] *nf* modesty; **fausse ~** false modesty
modicité [mɔdisite] *nf*: **la ~ des prix** *etc* the low prices *etc*
modificatif, -ive [mɔdifikatif, -iv] *adj* modifying
modification [mɔdifikɑsjɔ̃] *nf* modification
modifier [mɔdifje] *vt* to modify, alter; (*Ling*) to modify; **se modifier** *vi* to alter
modique [mɔdik] *adj* (*salaire, somme*) modest
modiste [mɔdist(ə)] *nf* milliner
modulaire [mɔdylɛr] *adj* modular
modulation [mɔdylɑsjɔ̃] *nf* modulation; **~ de fréquence (FM** *ou* **MF)** frequency modulation (FM)
module [mɔdyl] *nm* module
moduler [mɔdyle] *vt* to modulate; (*air*) to warble
moelle [mwal] *nf* marrow; (*fig*) pith, core; **~ épinière** spinal chord
moelleux, -euse [mwalø, -øz] *adj* soft; (*au goût, à l'ouïe*) mellow; (*gracieux, souple*) smooth
moellon [mwalɔ̃] *nm* rubble stone
mœurs [mœr] *nfpl* (*conduite*) morals; (*manières*) manners; (*pratiques sociales*) habits; (*mode de vie*) life style *sg*; (*d'une espèce animale*) behaviour *sg* (*Brit*), behavior *sg* (*US*); **femme de mauvaises ~** loose woman; **passer dans les ~** to become the custom; **contraire aux bonnes ~** contrary to proprieties
mohair [mɔɛr] *nm* mohair
moi [mwa] *pron* me; (*emphatique*): **~, je ...** for my part, I ..., I myself ... ▷ *nm inv* (*Psych*) ego, self; **à ~!** (*à l'aide*) help (me)!
moignon [mwaɲɔ̃] *nm* stump
moi-même [mwamɛm] *pron* myself; (*emphatique*) I myself
moindre [mwɛ̃dr(ə)] *adj* lesser; lower; **le (la) ~, les ~s** the least; the slightest; **le (la) ~ de** the least of; **c'est la ~ des choses** it's nothing at all
moindrement [mwɛ̃drəmɑ̃] *adv*: **pas le ~** not in the least
moine [mwan] *nm* monk, friar
moineau, x [mwano] *nm* sparrow

MOT-CLÉ

moins [mwɛ̃] *adv* **1** (*comparatif*): **moins (que)** less (than); **moins grand que** less tall than, not as tall as; **il a trois ans de moins que moi** he's three years younger than me; **il est moins intelligent que moi** he's not as clever as me, he's less clever than me; **moins je travaille, mieux je me porte** the less I work, the better I feel
2 (*superlatif*): **le moins** (the) least; **c'est ce que j'aime le moins** it's what I like (the) least; **le(la) moins doué(e)** the least gifted; **au moins, du moins** at least; **pour le moins** at the very least
3: **moins de** (*quantité*) less (than); (*nombre*) fewer (than); **moins de sable/d'eau** less sand/water; **moins de livres/gens** fewer books/people; **moins de deux ans** less than two years; **moins de midi** not yet midday
4: **de moins, en moins: 100 euros/3 jours de moins** 100 euros/3 days less; **trois livres en moins** three books fewer; three books too few; **de l'argent en moins** less money; **le soleil en moins** but for the sun, minus the sun; **de moins en moins** less and less; **en moins de**

m

deux in a flash *ou* a trice
5: **à moins de, à moins que** unless; **à moins de faire** unless we do (*ou* he does *etc*); **à moins que tu ne fasses** unless you do; **à moins d'un accident** barring any accident
▷ *prép*: **quatre moins deux** four minus two; **dix heures moins cinq** five to ten; **il fait moins cinq** it's five (degrees) below (freezing), it's minus five; **il est moins cinq** it's five to
▷ *nm* (*signe*) minus sign

moins-value [mwɛ̃valy] *nf* (*Écon, Comm*) depreciation
moire [mwaʀ] *nf* moiré
moiré, e [mwaʀe] *adj* (*tissu, papier*) moiré, watered; (*reflets*) shimmering
mois [mwa] *nm* month; (*salaire, somme dû*) (monthly) pay *ou* salary; **treizième ~, double ~** extra month's salary
moïse [mɔiz] *nm* Moses basket
moisi, e [mwazi] *adj* mouldy (*Brit*), moldy (*US*), mildewed ▷ *nm* mould, mold, mildew; **odeur de ~** musty smell
moisir [mwaziʀ] *vi* to go mouldy (*Brit*) *ou* moldy (*US*); (*fig*) to rot; (*personne*) to hang about ▷ *vt* to make mouldy *ou* moldy
moisissure [mwazisyʀ] *nf* mould *no pl* (*Brit*), mold *no pl* (*US*)
moisson [mwasɔ̃] *nf* harvest; (*époque*) harvest (time); (*fig*): **faire une ~ de** to gather a wealth of
moissonner [mwasɔne] *vt* to harvest, reap; (*fig*) to collect
moissonneur, -euse [mwasɔnœʀ, -øz] *nm/f* harvester, reaper ▷ *nf* (*machine*) harvester
moissonneuse-batteuse [mwasɔnøzbatøz] (*pl* **moissonneuses-batteuses**) *nf* combine harvester
moite [mwat] *adj* (*peau, mains*) sweaty, sticky; (*atmosphère*) muggy
moitié [mwatje] *nf* half; (*épouse*): **sa ~** his better half; **la ~** half; **la ~ de** half (of), half the amount (*ou* number) of; **la ~ du temps/des gens** half the time/the people; **à la ~ de** halfway through; **~ moins grand** half as tall; **~ plus long** half as long again, longer by half; **à ~** half (*avant le verbe*), half- (*avant l'adjectif*); **à ~ prix** (at) half price, half-price; **de ~** by half; **~ ~** half-and-half
moka [mɔka] *nm* (*café*) mocha coffee; (*gâteau*) mocha cake
mol [mɔl] *adj m voir* **mou**
molaire [mɔlɛʀ] *nf* molar
moldave [mɔldav] *adj* Moldavian
Moldavie [mɔldavi] *nf*: **la ~** Moldavia
môle [mol] *nm* jetty
moléculaire [mɔlekylɛʀ] *adj* molecular
molécule [mɔlekyl] *nf* molecule
moleskine [mɔlɛskin] *nf* imitation leather
molester [mɔlɛste] *vt* to manhandle, maul (about)
molette [mɔlɛt] *nf* toothed *ou* cutting wheel
mollasse [mɔlas] *adj* (*péj: sans énergie*) sluggish; (*: flasque*) flabby
molle [mɔl] *adj f voir* **mou**
mollement [mɔlmɑ̃] *adv* softly; (*péj*) sluggishly; (*protester*) feebly
mollesse [mɔlɛs] *nf* (*voir mou*) softness; flabbiness; limpness; sluggishness; feebleness
mollet [mɔlɛ] *nm* calf ▷ *adj m*: **œuf ~** soft-boiled egg
molletière [mɔltjɛʀ] *adj f*: **bande ~** puttee
molleton [mɔltɔ̃] *nm* (*Textiles*) felt
molletonné, e [mɔltɔne] *adj* (*gants etc*) fleece-lined
mollir [mɔliʀ] *vi* (*jambes*) to give way; (*Navig: vent*) to drop, die down; (*fig: personne*) to relent; (*: courage*) to fail, flag
mollusque [mɔlysk(ə)] *nm* (*Zool*) mollusc; (*fig: personne*) lazy lump
molosse [mɔlɔs] *nm* big ferocious dog
môme [mom] *nm/f* (*fam: enfant*) brat; (*: fille*) bird (*Brit*), chick
moment [mɔmɑ̃] *nm* moment; (*occasion*): **profiter du ~** to take (advantage of) the opportunity; **ce n'est pas le ~** this is not the right time; **à un certain ~** at some point; **à un ~ donné** at a certain point; **à quel ~?** when exactly?; **au même ~** at the same time; (*instant*) at the same moment; **pour un bon ~** for a good while; **pour le ~** for the moment, for the time being; **au ~ de** at the time of; **au ~ où** as; at a time when; **à tout ~** at any time *ou* moment; (*continuellement*) constantly, continually; **en ce ~** at the moment; (*aujourd'hui*) at present; **sur le ~** at the time; **par ~s** now and then, at times; **d'un ~ à l'autre** any time (now); **du ~ où** *ou* **que** seeing that, since; **n'avoir pas un ~ à soi** not to have a minute to oneself
momentané, e [mɔmɑ̃tane] *adj* temporary, momentary
momentanément [mɔmɑ̃tanemɑ̃] *adv* for a moment, for a while
momie [mɔmi] *nf* mummy
mon [mɔ̃], **ma** [ma] (*pl* **mes** [me]) *adj poss* my
monacal, e, -aux [mɔnakal, -o] *adj* monastic
Monaco [mɔnako] *nm*: **le ~** Monaco
monarchie [mɔnaʀʃi] *nf* monarchy
monarchiste [mɔnaʀʃist(ə)] *adj, nm/f* monarchist
monarque [mɔnaʀk(ə)] *nm* monarch
monastère [mɔnastɛʀ] *nm* monastery
monastique [mɔnastik] *adj* monastic
monceau, x [mɔ̃so] *nm* heap
mondain, e [mɔ̃dɛ̃, -ɛn] *adj* (*soirée, vie*) society *cpd*; (*obligations*) social; (*peintre, écrivain*) fashionable; (*personne*) society *cpd* ▷ *nm/f* society man/woman, socialite ▷ *nf*: **la Mondaine, la police ~e** ≈ the vice squad
mondanités [mɔ̃danite] *nfpl* (*vie mondaine*) society life *sg*; (*paroles*) (society) small talk *sg*; (*Presse*) (society) gossip column *sg*
monde [mɔ̃d] *nm* world; (*personnes mondaines*): **le ~** (high) society; (*milieu*): **être du même ~** to move in the same circles; (*gens*): **il y a du ~**

(*beaucoup de gens*) there are a lot of people; (*quelques personnes*) there are some people; **y a-t-il du ~ dans le salon?** is there anybody in the lounge?; **beaucoup/peu de ~** many/few people; **le meilleur** *etc* **du ~** the best *etc* in the world; **mettre au ~** to bring into the world; **pas le moins du ~** not in the least; **se faire un ~ de qch** to make a great deal of fuss about sth; **tour du ~** round-the-world trip; **homme/femme du ~** society man/woman

mondial, e, -aux [mɔ̃djal, -o] *adj* (*population*) world *cpd*; (*influence*) world-wide

mondialement [mɔ̃djalmɑ̃] *adv* throughout the world

mondialisation [mɔ̃djalizɑsjɔ̃] *nf* (*d'une technique*) global application; (*d'un conflit*) global spread

mondovision [mɔ̃dɔvizjɔ̃] *nf* (world coverage by) satellite television

monégasque [mɔnegask(ə)] *adj* Monegasque, of *ou* from Monaco ▷ *nm/f*: **Monégasque** Monegasque

monétaire [mɔneteʀ] *adj* monetary

monétarisme [mɔnetaʀism(ə)] *nm* monetarism

monétique [mɔnetik] *nf* electronic money

mongol, e [mɔ̃gɔl] *adj* Mongol, Mongolian ▷ *nm* (*Ling*) Mongolian ▷ *nm/f*: **Mongol, e** (*Méd*) Mongol, Mongoloid; (*de la Mongolie*) Mongolian

Mongolie [mɔ̃gɔli] *nf*: **la ~** Mongolia

mongolien, ne [mɔ̃gɔljɛ̃, -ɛn] *adj, nm/f* mongol

mongolisme [mɔ̃gɔlism(ə)] *nm* mongolism, Down's syndrome

moniteur, -trice [mɔnitœʀ, -tʀis] *nm/f* (*Sport*) instructor (instructress); (*de colonie de vacances*) supervisor ▷ *nm* (*écran*) monitor; **~ cardiaque** cardiac monitor; **~ d'auto-école** driving instructor

monitorage [mɔnitɔʀaʒ] *nm* monitoring

monitorat [mɔnitɔʀa] *nm* (*formation*) instructor's training (course); (*fonction*) instructorship

monnaie [mɔnɛ] *nf* (*pièce*) coin; (*Écon: gén: moyen d'échange*) currency; (*petites pièces*): **avoir de la ~** to have (some) change; **faire de la ~** to get (some) change; **avoir/faire la ~ de 20 euros** to have change of/get change for 20 euros; **faire** *ou* **donner à qn la ~ de 20 euros** to give sb change for 20 euros, change 20 euros for sb; **rendre à qn la ~ (sur 20 euros)** to give sb the change (from *ou* out of 20 euros); **servir de ~ d'échange** (*fig*) to be used as a bargaining counter *ou* as bargaining counters; **payer en ~ de singe** to fob (sb) off with empty promises; **c'est ~ courante** it's a common occurrence; **~ légale** legal tender

monnayable [mɔnɛjabl(ə)] *adj* (*vendable*) convertible into cash; **mes services sont ~s** my services are worth money

monnayer [mɔneje] *vt* to convert into cash; (*talent*) to capitalize on

monnayeur [mɔnɛjœʀ] *nm voir* **faux**

mono [mɔno] *nf* (*monophonie*) mono ▷ *nm* (*monoski*) monoski

monochrome [mɔnɔkʀom] *adj* monochrome

monocle [mɔnɔkl(ə)] *nm* monocle, eyeglass

monocoque [mɔnɔkɔk] *adj* (*voiture*) monocoque ▷ *nm* (*voilier*) monohull

monocorde [mɔnɔkɔʀd(ə)] *adj* monotonous

monoculture [mɔnɔkyltyʀ] *nf* single-crop farming, monoculture

monogamie [mɔnɔgami] *nf* monogamy

monogramme [mɔnɔgʀam] *nm* monogram

monokini [mɔnɔkini] *nm* one-piece bikini, bikini pants *pl*

monolingue [mɔnɔlɛ̃g] *adj* monolingual

monolithique [mɔnɔlitik] *adj* (*lit, fig*) monolithic

monologue [mɔnɔlɔg] *nm* monologue, soliloquy; **~ intérieur** stream of consciousness

monologuer [mɔnɔlɔge] *vi* to soliloquize

monôme [mɔnom] *nm* (*Math*) monomial; (*d'étudiants*) students' rag procession

monoparental, e, -aux [mɔnɔpaʀɑ̃tal, -o] *adj*: **famille ~e** single-parent *ou* one-parent family

monophasé, e [mɔnɔfɑze] *adj* single-phase *cpd*

monophonie [mɔnɔfɔni] *nf* monophony

monoplace [mɔnɔplas] *adj, nm, nf* single-seater, one-seater

monoplan [mɔnɔplɑ̃] *nm* monoplane

monopole [mɔnɔpɔl] *nm* monopoly

monopolisation [mɔnɔpɔlizɑsjɔ̃] *nf* monopolization

monopoliser [mɔnɔpɔlize] *vt* to monopolize

monorail [mɔnɔʀaj] *nm* monorail; monorail train

monoski [mɔnɔski] *nm* monoski

monosyllabe [mɔnɔsilab] *nm* monosyllable, word of one syllable

monosyllabique [mɔnɔsilabik] *adj* monosyllabic

monotone [mɔnɔtɔn] *adj* monotonous

monotonie [mɔnɔtɔni] *nf* monotony

monseigneur [mɔ̃sɛɲœʀ] *nm* (*archevêque, évêque*) Your (*ou* His) Grace; (*cardinal*) Your (*ou* His) Eminence; **M~ Thomas** Bishop Thomas; Cardinal Thomas

Monsieur [məsjø] (*pl* **Messieurs** [mesjø]) *nm* (*titre*) Mr; (*homme quelconque*): **un/le monsieur** a/the gentleman; *voir aussi* **Madame**

monstre [mɔ̃stʀ(ə)] *nm* monster ▷ *adj* (*fam: effet, publicité*) massive; **un travail ~** a fantastic amount of work; an enormous job; **~ sacré** superstar

monstrueux, -euse [mɔ̃stʀyø, -øz] *adj* monstrous

monstruosité [mɔ̃stʀyozite] *nf* monstrosity

mont [mɔ̃] *nm*: **par ~s et par vaux** up hill and down dale; **le M~ Blanc** Mont Blanc; **~ de Vénus** mons veneris

montage [mɔ̃taʒ] *nm* putting up; (*d'un bijou*) mounting, setting; (*d'une machine etc*) assembly; (*Photo*) photomontage; (*Ciné*) editing; **~ sonore** sound editing

montagnard, e [mɔ̃taɲaʀ, -aʀd(ə)] *adj* mountain *cpd* ▷ *nm/f* mountain-dweller
montagne [mɔ̃taɲ] *nf* (*cime*) mountain; (*région*): **la ~** the mountains *pl*; **la haute ~** the high mountains; **les ~s Rocheuses** the Rocky Mountains, the Rockies; **~s russes** big dipper *sg*, switchback *sg*
montagneux, -euse [mɔ̃taɲø, -øz] *adj* mountainous; hilly
montant, e [mɔ̃tɑ̃, -ɑ̃t] *adj* (*mouvement, marée*) rising; (*chemin*) uphill; (*robe, corsage*) high-necked ▷ *nm* (*somme, total*) (sum) total, (total) amount; (*de fenêtre*) upright; (*de lit*) post
mont-de-piété [mɔ̃dpjete] (*pl* **monts-de-piété**) *nm* pawnshop
monte [mɔ̃t] *nf* (*accouplement*): **la ~** stud; (*d'un jockey*) seat
monté, e [mɔ̃te] *adj*: **être ~ contre qn** to be angry with sb; (*fourni, équipé*): **~ en** equipped with
monte-charge [mɔ̃tʃaʀʒ(ə)] *nm inv* goods lift, hoist
montée [mɔ̃te] *nf* rising, rise; (*escalade*) ascent, climb; (*chemin*) way up; (*côte*) hill; **au milieu de la ~** halfway up; **le moteur chauffe dans les ~s** the engine overheats going uphill
Monténégro [mɔ̃tenegʀo] *nm*: **le ~** Montenegro
monte-plats [mɔ̃tpla] *nm inv* service lift
monter [mɔ̃te] *vt* (*escalier, côte*) to go (*ou* come) up; (*valise, paquet*) to take (*ou* bring) up; (*cheval*) to mount; (*femelle*) to cover, serve; (*tente, échafaudage*) to put up; (*machine*) to assemble; (*bijou*) to mount, set; (*Couture*) to sew on; (*: manche*) to set in; (*Ciné*) to edit; (*Théât*) to put on, stage; (*société, coup etc*) to set up; (*fournir, équiper*) to equip ▷ *vi* to go (*ou* come) up; (*avion, voiture*) to climb, go up; (*chemin, niveau, température, voix, prix*) to go up, rise; (*brouillard, bruit*) to rise, come up; (*passager*) to get on; (*à cheval*): **~ bien/mal** to ride well/badly; **~ à cheval/bicyclette** to get on *ou* mount a horse/bicycle; (*faire du cheval etc*) to ride (a horse), to (ride a) bicycle; **~ à pied/en voiture** to walk/drive up, go up on foot/by car; **~ dans le train/l'avion** to get into the train/plane, board the train/plane; **~ sur** to climb up onto; **~ sur** *ou* **à un arbre/une échelle** to climb (up) a tree/ladder; **~ à bord** to (get on) board; **~ à la tête de qn** to go to sb's head; **~ sur les planches** to go on the stage; **~ en grade** to be promoted; **se monter** (*s'équiper*) to equip o.s., get kitted out (*Brit*); **se ~ à** (*frais etc*) to add up to, come to; **~ qn contre qn** to set sb against sb; **~ la tête à qn** to give sb ideas
monteur, -euse [mɔ̃tœʀ, -øz] *nm/f* (*Tech*) fitter; (*Ciné*) (film) editor
montgolfière [mɔ̃gɔlfjɛʀ] *nf* hot-air balloon
monticule [mɔ̃tikyl] *nm* mound
montmartrois, e [mɔ̃maʀtʀwa, -waz] *adj* of *ou* from Montmartre
montre [mɔ̃tʀ(ə)] *nf* watch; (*ostentation*): **pour la ~** for show; **~ en main** exactly, to the minute; **faire ~ de** to show, display; **contre la ~** (*Sport*) against the clock; **~ de plongée** diver's watch
montréalais, e [mɔ̃ʀealɛ, -ɛz] *adj* of *ou* from Montreal ▷ *nm/f*: **Montréalais, e** Montrealer
montre-bracelet [mɔ̃tʀəbʀaslɛ] (*pl* **montres-bracelets**) *nf* wrist watch
montrer [mɔ̃tʀe] *vt* to show; **se montrer** to appear; **~ qch à qn** to show sb sth; **~ qch du doigt** to point to sth, point one's finger at sth; **se ~ intelligent** to prove (to be) intelligent
montreur, -euse [mɔ̃tʀœʀ, -øz] *nm/f*: **~ de marionnettes** puppeteer
monture [mɔ̃tyʀ] *nf* (*bête*) mount; (*d'une bague*) setting; (*de lunettes*) frame
monument [mɔnymɑ̃] *nm* monument; **~ aux morts** war memorial
monumental, e, -aux [mɔnymɑ̃tal, -o] *adj* monumental
moquer [mɔke]: **se ~ de** *vt* to make fun of, laugh at; (*fam: se désintéresser de*) not to care about; (*tromper*): **se ~ de qn** to take sb for a ride
moquerie [mɔkʀi] *nf* mockery *no pl*
moquette [mɔkɛt] *nf* fitted carpet, wall-to-wall carpeting *no pl*
moquetter [mɔkete] *vt* to carpet
moqueur, -euse [mɔkœʀ, -øz] *adj* mocking
moral, e, -aux [mɔʀal, -o] *adj* moral ▷ *nm* morale ▷ *nf* (*conduite*) morals *pl* (*règles*), moral code, ethic; (*valeurs*) moral standards *pl*, morality; (*science*) ethics *sg*, moral philosophy; (*conclusion: d'une fable etc*) moral; **au ~, sur le plan ~** morally; **avoir le ~ à zéro** to be really down; **faire la ~e à** to lecture, preach at
moralement [mɔʀalmɑ̃] *adv* morally
moralisateur, -trice [mɔʀalizatœʀ, -tʀis] *adj* moralizing, sanctimonious ▷ *nm/f* moralizer
moraliser [mɔʀalize] *vt* (*sermonner*) to lecture, preach at
moraliste [mɔʀalist(ə)] *nm/f* moralist ▷ *adj* moralistic
moralité [mɔʀalite] *nf* (*d'une action, attitude*) morality; (*conduite*) morals *pl*; (*conclusion, enseignement*) moral
moratoire [mɔʀatwaʀ] *adj m*: **intérêts ~s** (*Écon*) interest on arrears
morbide [mɔʀbid] *adj* morbid
morceau, x [mɔʀso] *nm* piece, bit; (*d'une œuvre*) passage, extract; (*Mus*) piece; (*Culin: de viande*) cut; **mettre en ~x** to pull to pieces *ou* bits
morceler [mɔʀsəle] *vt* to break up, divide up
morcellement [mɔʀsɛlmɑ̃] *nm* breaking up
mordant, e [mɔʀdɑ̃, -ɑ̃t] *adj* scathing, cutting; (*froid*) biting ▷ *nm* (*dynamisme, énergie*) spirit; (*fougue*) bite, punch
mordicus [mɔʀdikys] *adv* (*fam*) obstinately, stubbornly
mordiller [mɔʀdije] *vt* to nibble at, chew at
mordoré, e [mɔʀdɔʀe] *adj* lustrous bronze
mordre [mɔʀdʀ(ə)] *vt* to bite; (*lime, vis*) to bite into ▷ *vi* (*poisson*) to bite; **~ dans** to bite into; **~ sur** (*fig*) to go over into, overlap into; **~ à qch** (*comprendre, aimer*) to take to; **~ à l'hameçon** to

bite, rise to the bait

mordu, e [mɔʀdy] *pp de* **mordre** ▷ *adj (amoureux)* smitten ▷ *nm/f*: **un ~ du jazz/de la voile** a jazz/sailing fanatic *ou* buff

morfondre [mɔʀfɔ̃dʀ(ə)]: **se morfondre** *vi* to mope

morgue [mɔʀg(ə)] *nf (arrogance)* haughtiness; *(lieu: de la police)* morgue; *(: à l'hôpital)* mortuary

moribond, e [mɔʀibɔ̃, -ɔ̃d] *adj* dying, moribund

morille [mɔʀij] *nf* morel *(mushroom)*

mormon, e [mɔʀmɔ̃, -ɔn] *adj, nm/f* Mormon

morne [mɔʀn(ə)] *adj (personne, visage)* glum, gloomy; *(temps, vie)* dismal, dreary

morose [mɔʀoz] *adj* sullen, morose; *(marché)* sluggish

morphine [mɔʀfin] *nf* morphine

morphinomane [mɔʀfinɔman] *nm/f* morphine addict

morphologie [mɔʀfɔlɔʒi] *nf* morphology

morphologique [mɔʀfɔlɔʒik] *adj* morphological

mors [mɔʀ] *nm* bit

morse [mɔʀs(ə)] *nm (Zool)* walrus; *(Tél)* Morse (code)

morsure [mɔʀsyʀ] *nf* bite

mort[1] [mɔʀ] *nf* death; **se donner la ~** to take one's own life; **de ~** *(silence, pâleur)* deathly; **blessé à ~** fatally wounded *ou* injured; **à la vie, à la ~** for better, for worse; **~ clinique** brain death; **~ subite du nourrisson, ~ au berceau** cot death

mort[2] [mɔʀ, mɔʀt(ə)] *pp de* **mourir** ▷ *adj* dead ▷ *nm/f (défunt)* dead man/woman; *(victime)*: **il y a eu plusieurs ~s** several people were killed, there were several killed ▷ *nm (Cartes)* dummy; **~ ou vif** dead or alive; **~ de peur/fatigue** frightened to death/dead tired; **~s et blessés** casualties; **faire le ~** to play dead; *(fig)* to lie low

mortadelle [mɔʀtadɛl] *nf* mortadella

mortalité [mɔʀtalite] *nf* mortality, death rate

mort-aux-rats [mɔʀtoʀa] *nf inv* rat poison

mortel, le [mɔʀtɛl] *adj (poison etc)* deadly, lethal; *(accident, blessure)* fatal; *(Rel: danger, frayeur)* mortal; *(fig: froid)* deathly; *(: ennui, soirée)* deadly (boring) ▷ *nm/f* mortal

mortellement [mɔʀtɛlmɑ̃] *adv (blessé etc)* fatally, mortally; *(pâle etc)* deathly; *(fig: ennuyeux etc)* deadly

morte-saison [mɔʀtəsɛzɔ̃] *(pl* **mortes-saisons***)* *nf* slack *ou* off season

mortier [mɔʀtje] *nm (gén)* mortar

mortifier [mɔʀtifje] *vt* to mortify

mort-né, e [mɔʀne] *adj (enfant)* stillborn; *(fig)* abortive

mortuaire [mɔʀtɥɛʀ] *adj* funeral *cpd*; **avis ~s** death announcements, intimations; **chapelle ~** mortuary chapel; **couronne ~** (funeral) wreath; **domicile ~** house of the deceased; **drap ~** pall

morue [mɔʀy] *nf (Zool)* cod *inv*; *(Culin: salée)* salt-cod

morvandeau, -elle, x [mɔʀvɑ̃do, -ɛl] *adj* of *ou* from the Morvan region

morveux, -euse [mɔʀvø, -øz] *adj (fam)* snotty-nosed

mosaïque [mɔzaik] *nf (Art)* mosaic; *(fig)* patchwork

Moscou [mɔsku] *n* Moscow

moscovite [mɔskɔvit] *adj* of *ou* from Moscow, Moscow *cpd* ▷ *nm/f*: **Moscovite** Muscovite

mosquée [mɔske] *nf* mosque

mot [mo] *nm* word; *(message)* line, note; *(bon mot etc)* saying; **le ~ de la fin** the last word; **~ à ~** *adj, adv* word for word; **~ pour ~** word for word, verbatim; **sur** *ou* **à ces ~s** with these words; **en un ~** in a word; **à ~s couverts** in veiled terms; **prendre qn au ~** to take sb at his word; **se donner le ~** to send the word round; **avoir son ~ à dire** to have a say; **~ d'ordre** watchword; **~ de passe** password; **~s croisés** crossword (puzzle) *sg*

motard [mɔtaʀ] *nm* biker; *(policier)* motorcycle cop

motel [mɔtɛl] *nm* motel

moteur, -trice [mɔtœʀ, -tʀis] *adj (Anat, Physiol)* motor; *(Tech)* driving; *(Auto)*: **à 4 roues motrices** 4-wheel drive ▷ *nm* engine, motor; *(fig)* mover, mainspring; **à ~** power-driven, motor *cpd*; **~ à deux temps** two-stroke engine; **~ à explosion** internal combustion engine; **~ à réaction** jet engine; **~ de recherche** search engine; **~ thermique** heat engine

motif [mɔtif] *nm (cause)* motive; *(décoratif)* design, pattern, motif; *(d'un tableau)* subject, motif; *(Mus)* figure, motif; **motifs** *nmpl (Jur)* grounds *pl*; **sans ~** *adj* groundless

motion [mosjɔ̃] *nf* motion; **~ de censure** motion of censure, vote of no confidence

motivation [mɔtivasjɔ̃] *nf* motivation

motivé, e [mɔtive] *adj (acte)* justified; *(personne)* motivated

motiver [mɔtive] *vt (justifier)* to justify, account for; *(Admin, Jur, Psych)* to motivate

moto [mɔto] *nf* (motor)bike; **~ verte** *ou* **de trial** trail (Brit) *ou* dirt (US) bike

moto-cross [mɔtɔkʀɔs] *nm* motocross

motoculteur [mɔtɔkyltœʀ] *nm* (motorized) cultivator

motocyclette [mɔtɔsiklɛt] *nf* motorbike, motorcycle

motocyclisme [mɔtɔsiklism(ə)] *nm* motorcycle racing

motocycliste [mɔtɔsiklist(ə)] *nm/f* motorcyclist

motoneige [mɔtɔnɛʒ] *nf* snow bike

motorisé, e [mɔtɔʀize] *adj (troupe)* motorized; *(personne)* having one's own transport

motrice [mɔtʀis] *adj f voir* **moteur**

motte [mɔt] *nf*: **~ de terre** lump of earth, clod (of earth); **~ de gazon** turf, sod; **~ de beurre** lump of butter

motus [mɔtys] *excl*: **~ (et bouche cousue)!** mum's the word!

mou, mol, molle [mu, mɔl] *adj* soft; *(péj: visage,*

m

traits) flabby; (: *geste*) limp; (: *personne*) sluggish; (: *résistance, protestations*) feeble ▷ *nm* (*homme mou*) wimp; (*abats*) lights *pl*, lungs *pl*; (*de la corde*): **avoir du ~** to be slack; **donner du ~** to slacken, loosen; **avoir les jambes molles** to be weak at the knees

mouchard, e [muʃaʀ, -aʀd(ə)] *nm/f* (*péj*: *Scol*) sneak; (: *Police*) stool pigeon, grass (*Brit*) ▷ *nm* (*appareil*) control device; (: *de camion*) tachograph

mouche [muʃ] *nf* fly; (*Escrime*) button; (*de taffetas*) patch; **prendre la ~** to go into a huff; **faire ~** to score a bull's-eye

moucher [muʃe] *vt* (*enfant*) to blow the nose of; (*chandelle*) to snuff (out); **se moucher** to blow one's nose

moucheron [muʃʀɔ̃] *nm* midge

moucheté, e [muʃte] *adj* (*cheval*) dappled; (*laine*) flecked; (*Escrime*) buttoned

mouchoir [muʃwaʀ] *nm* handkerchief, hanky; **~ en papier** tissue, paper hanky

moudre [mudʀ(ə)] *vt* to grind

moue [mu] *nf* pout; **faire la ~** to pout; (*fig*) to pull a face

mouette [mwɛt] *nf* (sea)gull

moufette, mouffette [mufɛt] *nf* skunk

moufle [mufl(ə)] *nf* (*gant*) mitt(en); (*Tech*) pulley block

mouflon [muflɔ̃] *nm* mouf(f)lon

mouillage [mujaʒ] *nm* (*Navig*: *lieu*) anchorage, moorings *pl*

mouillé, e [muje] *adj* wet

mouiller [muje] *vt* (*humecter*) to wet, moisten; (*tremper*): **~ qn/qch** to make sb/sth wet; (*Culin*: *ragoût*) to add stock *ou* wine to; (*couper, diluer*) to water down; (*mine etc*) to lay ▷ *vi* (*Navig*) to lie *ou* be at anchor; **se mouiller** to get wet; (*fam*) to commit o.s; to get (o.s.) involved; **~ l'ancre** to drop *ou* cast anchor

mouillette [mujɛt] *nf* (bread) finger

mouillure [mujyʀ] *nf* wet *no pl*; (*tache*) wet patch

moulage [mulaʒ] *nm* moulding (*Brit*), molding (*US*); casting; (*objet*) cast

moulais *etc* [mulɛ] *vb voir* **moudre**

moulant, e [mulɑ̃, -ɑ̃t] *adj* figure-hugging

moule [mul] *vb voir* **moudre** ▷ *nf* (*mollusque*) mussel ▷ *nm* (*creux, Culin*) mould (*Brit*), mold (*US*); (*modèle plein*) cast; **~ à gâteau** *nm* cake tin (*Brit*) *ou* pan (*US*); **~ à gaufre** *nm* waffle iron; **~ à tarte** *nm* pie *ou* flan dish

moulent [mul] *vb voir* **moudre; mouler**

mouler [mule] *vt* (*brique*) to mould (*Brit*), mold (*US*); (*statue*) to cast; (*visage, bas-relief*) to make a cast of; (*lettre*) to shape with care; (*vêtement*) to hug, fit closely round; **~ qch sur** (*fig*) to model sth on

moulin [mulɛ̃] *nm* mill; (*fam*) engine; **~ à café** coffee mill; **~ à eau** watermill; **~ à légumes** (vegetable) shredder; **~ à paroles** (*fig*) chatterbox; **~ à poivre** pepper mill; **~ à prières** prayer wheel; **~ à vent** windmill

mouliner [muline] *vt* to shred

moulinet [mulinɛ] *nm* (*de treuil*) winch; (*de canne à pêche*) reel; (*mouvement*): **faire des ~s avec qch** to whirl sth around

moulinette® [mulinɛt] *nf* (vegetable) shredder

moulons *etc* [mulɔ̃] *vb voir* **moudre**

moulu, e [muly] *pp de* **moudre** ▷ *adj* (*café*) ground

moulure [mulyʀ] *nf* (*ornement*) moulding (*Brit*), molding (*US*)

mourant, e [muʀɑ̃, -ɑ̃t] *vb voir* **mourir** ▷ *adj* dying ▷ *nm/f* dying man/woman

mourir [muʀiʀ] *vi* to die; (*civilisation*) to die out; **~ assassiné** to be murdered; **~ de froid/faim/vieillesse** to die of exposure/hunger/old age; **~ de faim/d'ennui** (*fig*) to be starving/be bored to death; **~ d'envie de faire** to be dying to do; **s'ennuyer à ~** to be bored to death

mousquetaire [muskətɛʀ] *nm* musketeer

mousqueton [muskətɔ̃] *nm* (*fusil*) carbine; (*anneau*) snap-link, karabiner

moussant, e [musɑ̃, -ɑ̃t] *adj* foaming; **bain ~** foam *ou* bubble bath, bath foam

mousse [mus] *nf* (*Bot*) moss; (*écume*: *sur eau, bière*) froth, foam; (: *shampooing*) lather; (*de champagne*) bubbles *pl*; (*Culin*) mousse; (*en caoutchouc etc*) foam ▷ *nm* (*Navig*) ship's boy; **bain de ~** bubble bath; **bas ~** stretch stockings; **balle ~** rubber ball; **~ carbonique** (fire-fighting) foam; **~ de nylon** nylon foam; (*tissu*) stretch nylon; **~ à raser** shaving foam

mousseline [muslin] *nf* (*Textiles*) muslin; chiffon; **pommes ~** (*Culin*) creamed potatoes

mousser [muse] *vi* to foam; to lather

mousseux, -euse [musø, -øz] *adj* (*chocolat*) frothy; (*eau*) foamy, frothy; (*vin*) sparkling ▷ *nm*: **(vin) ~** sparkling wine

mousson [musɔ̃] *nf* monsoon

moussu, e [musy] *adj* mossy

moustache [mustaʃ] *nf* moustache; **moustaches** *nfpl* (*d'animal*) whiskers *pl*

moustachu, e [mustaʃy] *adj* wearing a moustache

moustiquaire [mustikɛʀ] *nf* (*rideau*) mosquito net; (*chassis*) mosquito screen

moustique [mustik] *nm* mosquito

moutarde [mutaʀd(ə)] *nf* mustard ▷ *adj inv* mustard(-coloured)

moutardier [mutaʀdje] *nm* mustard jar

mouton [mutɔ̃] *nm* (*Zool, péj*) sheep *inv*; (*peau*) sheepskin; (*Culin*) mutton

mouture [mutyʀ] *nf* grinding; (*péj*) rehash

mouvant, e [muvɑ̃, -ɑ̃t] *adj* unsettled; changing; shifting

mouvement [muvmɑ̃] *nm* (*gen, aussi*: *mécanisme*) movement; (*ligne courbe*) contours *pl*; (*fig*: *tumulte, agitation*) activity, bustle; (: *impulsion*) impulse; reaction; (*geste*) gesture; (*Mus*: *rythme*) tempo; **en ~** in motion; on the move; **mettre qch en ~** to set sth in motion, set sth going; **~ d'humeur** fit *ou* burst of temper; **~ d'opinion** trend of (public) opinion; **le ~ perpétuel** perpetual motion

mouvementé, e [muvmɑ̃te] *adj* (*vie, poursuite*)

eventful; (*réunion*) turbulent
mouvoir [muvwaʀ] *vt* (*levier, membre*) to move; (*machine*) to drive; **se mouvoir** to move
moyen, ne [mwajɛ̃, -ɛn] *adj* average; (*tailles, prix*) medium; (*de grandeur moyenne*) medium-sized ▷ *nm* (*façon*) means *sg*, way ▷ *nf* average; (*Statistique*) mean; (*Scol: à l'examen*) pass mark; (*Auto*) average speed; **moyens** *nmpl* (*capacités*) means; **au ~ de** by means of; **y a-t-il ~ de ...?** is it possible to ...?, can one ...?; **par quel ~?** how?, which way?, by which means?; **par tous les ~s** by every possible means, every possible way; **avec les ~s du bord** (*fig*) with what's available *ou* what comes to hand; **employer les grands ~s** to resort to drastic measures; **par ses propres ~s** all by oneself; **en ~ne** on (an) average; **faire la ~ne** to work out the average; **~ de locomotion/d'expression** means of transport/expression; **~ âge** Middle Ages; **~ de transport** means of transport; **~ne d'âge** average age; **~ne entreprise** (*Comm*) medium-sized firm
moyenâgeux, -euse [mwajɛnaʒø, -øz] *adj* medieval
moyen-courrier [mwajɛ̃kuʀje] *nm* (*Aviat*) medium-haul aircraft
moyennant [mwajɛnɑ̃] *prép* (*somme*) for; (*service, conditions*) in return for; (*travail, effort*) with
moyennement [mwajɛnmɑ̃] *adv* fairly, moderately; (*faire*) fairly *ou* moderately well
Moyen-Orient [mwajɛnɔʀjɑ̃] *nm*: **le ~** the Middle East
moyeu, x [mwajø] *nm* hub
mozambicain, e [mɔzɑ̃bikɛ̃, -ɛn] *adj* Mozambican
Mozambique [mɔzɑ̃bik] *nm*: **le ~** Mozambique
MRAP *sigle m* = **Mouvement contre le racisme et pour l'amitié entre les peuples**
MRG *sigle m* (= *Mouvement des radicaux de gauche*) *political party*
ms *abr* (= *manuscrit*) MS., ms
MSF *sigle mpl* = **Médecins sans frontières**
MST *sigle f* (= *maladie sexuellement transmissible*) STD (= *sexually transmitted disease*)
mû, mue [my] *pp de* **mouvoir**
mucosité [mykozite] *nf* mucus *no pl*
mucus [mykys] *nm* mucus *no pl*
mue [my] *pp de* **mouvoir** ▷ *nf* moulting (*Brit*), molting (*US*); sloughing; breaking of the voice
muer [mɥe] *vi* (*oiseau, mammifère*) to moult (*Brit*), molt (*US*); (*serpent*) to slough (its skin); (*jeune garçon*): **il mue** his voice is breaking; **se ~ en** to transform into
muet, te [mɥɛ, -ɛt] *adj* dumb; (*fig*): **~ d'admiration** *etc* speechless with admiration *etc*; (*joie, douleur, Ciné*) silent; (*Ling: lettre*) silent, mute; (*carte*) blank ▷ *nm/f* mute ▷ *nm*: **le ~** (*Ciné*) the silent cinema *ou* (*esp US*) movies
mufle [myfl(ə)] *nm* muzzle; (*goujat*) boor ▷ *adj* boorish
mugir [myʒiʀ] *vi* (*bœuf*) to bellow; (*vache*) to low, moo; (*fig*) to howl
mugissement [myʒismɑ̃] *nm* (*voir mugir*) bellowing; lowing, mooing; howling
muguet [mygɛ] *nm* (*Bot*) lily of the valley; (*Méd*) thrush
mulâtre, tresse [mylɑtʀ(ə), -tʀɛs] *nm/f* mulatto
mule [myl] *nf* (*Zool*) (she-)mule
mules [myl] *nfpl* (*pantoufles*) mules
mulet [mylɛ] *nm* (*Zool*) (he-)mule; (*poisson*) mullet
muletier, -ière [myltje, -jɛʀ] *adj*: **sentier** *ou* **chemin ~** mule track
mulot [mylo] *nm* fieldmouse
multicolore [myltikɔlɔʀ] *adj* multicoloured (*Brit*), multicolored (*US*)
multicoque [myltikɔk] *nm* multihull
multidisciplinaire [myltidisiplinɛʀ] *adj* multidisciplinary
multiforme [myltifɔʀm(ə)] *adj* many-sided
multilatéral, e, -aux [myltilateʀal, -o] *adj* multilateral
multimilliardaire [myltimiljaʀdɛʀ], **multimillionnaire** [myltimiljɔnɛʀ] *adj, nm/f* multimillionaire
multinational, e, -aux [myltinasjɔnal, -o] *adj*, *nf* multinational
multiple [myltipl(ə)] *adj* multiple, numerous; (*varié*) many, manifold ▷ *nm* (*Math*) multiple
multiplex [myltiplɛks] *nm* (*Radio*) live link-up
multiplicateur [myltiplikatœʀ] *nm* multiplier
multiplication [myltiplikɑsjɔ̃] *nf* multiplication
multiplicité [myltiplisite] *nf* multiplicity
multiplier [myltiplije] *vt* to multiply; **se multiplier** *vi* to multiply; (*fig: personne*) to be everywhere at once
multiprogrammation [myltipʀɔgʀamɑsjɔ̃] *nf* (*Inform*) multiprogramming
multipropriété [myltipʀɔpʀijete] *nf* timesharing *no pl*
multirisque [myltiʀisk] *adj*: **assurance ~** multiple-risk insurance
multisalles [myltisal] *adj*: **(cinéma) ~** multiplex (cinema)
multitraitement [myltitʀɛtmɑ̃] *nm* (*Inform*) multiprocessing
multitude [myltityd] *nf* multitude; mass; **une ~ de** a vast number of, a multitude of
Munich [mynik] *n* Munich
munichois, e [mynikwa, -waz] *adj* of *ou* from Munich
municipal, e, -aux [mynisipal, -o] *adj* municipal; town *cpd*
municipalité [mynisipalite] *nf* (*corps municipal*) town council, corporation; (*commune*) town, municipality
munificence [mynifisɑ̃s] *nf* munificence
munir [myniʀ] *vt*: **~ qn/qch de** to equip sb/sth with; **se ~ de** to provide o.s. with
munitions [mynisjɔ̃] *nfpl* ammunition *sg*
muqueuse [mykøz] *nf* mucous membrane
mur [myʀ] *nm* wall; (*fig*) stone *ou* brick wall;

m

faire le ~ (*interne, soldat*) to jump the wall; **~ du son** sound barrier
mûr, e [myʀ] *adj* ripe; (*personne*) mature ▷ *nf* (*de la ronce*) blackberry; (*du mûrier*) mulberry
muraille [myʀɑj] *nf* (high) wall
mural, e, -aux [myʀal, -o] *adj* wall *cpd* ▷ *nm* (*Art*) mural
mûre [myʀ] *nf voir* **mûr**
mûrement [myʀmɑ̃] *adv*: **ayant ~ réfléchi** having given the matter much thought
murène [myʀɛn] *nf* moray (eel)
murer [myʀe] *vt* (*enclos*) to wall (in); (*porte, issue*) to wall up; (*personne*) to wall up *ou* in
muret [myʀɛ] *nm* low wall
mûrier [myʀje] *nm* mulberry tree; (*ronce*) blackberry bush
mûrir [myʀiʀ] *vi* (*fruit, blé*) to ripen; (*abcès, furoncle*) to come to a head; (*fig: idée, personne*) to mature; (*projet*) to develop ▷ *vt* (*fruit, blé*) to ripen; (*personne*) to (make) mature; (*pensée, projet*) to nurture
murmure [myʀmyʀ] *nm* murmur; **murmures** *nmpl* (*plaintes*) murmurings, mutterings
murmurer [myʀmyʀe] *vi* to murmur; (*se plaindre*) to mutter, grumble
mus *etc* [my] *vb voir* **mouvoir**
musaraigne [myzaʀɛɲ] *nf* shrew
musarder [myzaʀde] *vi* to idle (about); (*en marchant*) to dawdle (along)
musc [mysk] *nm* musk
muscade [myskad] *nf* (*aussi*: **noix muscade**) nutmeg
muscat [myska] *nm* (*raisin*) muscat grape; (*vin*) muscatel (wine)
muscle [myskl(ə)] *nm* muscle
musclé, e [myskle] *adj* (*personne, corps*) muscular; (*fig: politique, régime etc*) strong-arm *cpd*
muscler [myskle] *vt* to develop the muscles of
musculaire [myskylɛʀ] *adj* muscular
musculation [myskylɑsjɔ̃] *nf*: **exercices de ~** muscle-developing exercises
musculature [myskylatyʀ] *nf* muscle structure, muscles *pl*, musculature
muse [myz] *nf* muse
museau, x [myzo] *nm* muzzle
musée [myze] *nm* museum; (*de peinture*) art gallery
museler [myzle] *vt* to muzzle
muselière [myzəljɛʀ] *nf* muzzle
musette [myzɛt] *nf* (*sac*) lunch bag ▷ *adj inv* (*orchestre etc*) accordion *cpd*
muséum [myzeɔm] *nm* museum
musical, e, -aux [myzikal, -o] *adj* musical
music-hall [myzikol] *nm* variety theatre; (*genre*) variety
musicien, ne [myzisjɛ̃, -ɛn] *adj* musical ▷ *nm/f* musician
musique [myzik] *nf* music; (*fanfare*) band; **faire de la ~** to make music; (*jouer d'un instrument*) to play an instrument; **~ de chambre** chamber music; **~ de fond** background music
musqué, e [myske] *adj* musky
must [mœst] *nm* must
musulman, e [myzylmɑ̃, -an] *adj, nm/f* Moslem, Muslim
mutant, e [mytɑ̃, -ɑ̃t] *nm/f* mutant
mutation [mytɑsjɔ̃] *nf* (*Admin*) transfer; (*Bio*) mutation
muter [myte] *vt* (*Admin*) to transfer
mutilation [mytilɑsjɔ̃] *nf* mutilation
mutilé, e [mytile] *nm/f* disabled person (*through loss of limbs*); **~ de guerre** disabled ex-serviceman; **grand ~** severely disabled person
mutiler [mytile] *vt* to mutilate, maim; (*fig*) to mutilate, deface
mutin, e [mytɛ̃, -in] *adj* (*enfant, air, ton*) mischievous, impish ▷ *nm/f* (*Mil, Navig*) mutineer
mutiner [mytine]: **se mutiner** *vi* to mutiny
mutinerie [mytinʀi] *nf* mutiny
mutisme [mytism(ə)] *nm* silence
mutualiste [mytɥalist(ə)] *adj*: **société ~** mutual benefit society, ≈ Friendly Society
mutualité [mytɥalite] *nf* (*assurance*) mutual (benefit) insurance scheme
mutuel, le [mytɥɛl] *adj* mutual ▷ *nf* mutual benefit society
mutuellement [mytɥɛlmɑ̃] *adv* each other, one another
Myanmar [mjanmaʀ] *nm* Myanmar
myocarde [mjɔkaʀd(ə)] *nm voir* **infarctus**
myope [mjɔp] *adj* short-sighted
myopie [mjɔpi] *nf* short-sightedness, myopia
myosotis [mjozɔtis] *nm* forget-me-not
myriade [miʀjad] *nf* myriad
myrtille [miʀtij] *nf* bilberry (*Brit*), blueberry (*US*), whortleberry
mystère [mistɛʀ] *nm* mystery
mystérieusement [misteʀjøzmɑ̃] *adv* mysteriously
mystérieux, -euse [misteʀjø, -øz] *adj* mysterious
mysticisme [mistisism(ə)] *nm* mysticism
mystificateur, -trice [mistifikatœʀ, -tʀis] *nm/f* hoaxer, practical joker
mystification [mistifikɑsjɔ̃] *nf* (*tromperie, mensonge*) hoax; (*mythe*) mystification
mystifier [mistifje] *vt* to fool, take in; (*tromper*) to mystify
mystique [mistik] *adj* mystic, mystical ▷ *nm/f* mystic
mythe [mit] *nm* myth
mythifier [mitifje] *vt* to turn into a myth, mythologize
mythique [mitik] *adj* mythical
mythologie [mitɔlɔʒi] *nf* mythology
mythologique [mitɔlɔʒik] *adj* mythological
mythomane [mitɔman] *adj, nm/f* mythomaniac

N n

N, n [ɛn] *nm inv* N, n ▷ *abr* (= *nord*) N; **N comme Nicolas** N for Nelly (*Brit*) *ou* Nan (*US*)
n' [n] *adv voir* **ne**
nabot [nabo] *nm* dwarf
nacelle [nasɛl] *nf* (*de ballon*) basket
nacre [nakʀ(ə)] *nf* mother-of-pearl
nacré, e [nakʀe] *adj* pearly
nage [naʒ] *nf* swimming; (*manière*) style of swimming, stroke; **traverser/s'éloigner à la ~** to swim across/away; **en ~** bathed in perspiration; **~ indienne** sidestroke; **~ libre** freestyle; **~ papillon** butterfly
nageoire [naʒwaʀ] *nf* fin
nager [naʒe] *vi* to swim; (*fig: ne rien comprendre*) to be all at sea; **~ dans** to be swimming in; (*vêtements*) to be lost in; **~ dans le bonheur** to be overjoyed
nageur, -euse [naʒœʀ, -øz] *nm/f* swimmer
naguère [nagɛʀ] *adv* (*il y a peu de temps*) not long ago; (*autrefois*) formerly
naïf, -ïve [naif, naiv] *adj* naïve
nain, e [nɛ̃, nɛn] *adj, nm/f* dwarf
Nairobi [naiʀɔbi] *n* Nairobi
nais [nɛ], **naissais** *etc* [nɛsɛ] *vb voir* **naître**
naissance [nɛsɑ̃s] *nf* birth; **donner ~ à** to give birth to; (*fig*) to give rise to; **prendre ~** to originate; **aveugle de ~** born blind; **Français de ~** French by birth; **à la ~ des cheveux** at the roots of the hair; **lieu de ~** place of birth
naissant, e [nɛsɑ̃, -ɑ̃t] *vb voir* **naître** ▷ *adj* budding, incipient; (*jour*) dawning
naît [nɛ] *vb voir* **naître**
naître [nɛtʀ(ə)] *vi* to be born; (*conflit, complications*): **~ de** to arise from, be born out of; **~ à** (*amour, poésie*) to awaken to; **je suis né en 1960** I was born in 1960; **il naît plus de filles que de garçons** there are more girls born than boys; **faire ~** (*fig*) to give rise to, arouse
naïvement [naivmɑ̃] *adv* naïvely
naïveté [naivte] *nf* naivety
nana [nana] *nf* (*fam: fille*) bird (*Brit*), chick
nantais, e [nɑ̃tɛ, -ɛz] *adj* of *ou* from Nantes
nantir [nɑ̃tiʀ] *vt*: **~ qn de** to provide sb with; **les nantis** (*péj*) the well-to-do
napalm [napalm] *nm* napalm
naphtaline [naftalin] *nf*: **boules de ~** mothballs
Naples [napl(ə)] *n* Naples
napolitain, e [napɔlitɛ̃, -ɛn] *adj* Neapolitan; **tranche ~e** Neapolitan ice cream
nappe [nap] *nf* tablecloth; (*fig*) sheet; layer; **~ de mazout** oil slick; **~ (phréatique)** water table
napper [nape] *vt*: **~ qch de** to coat sth with
napperon [napʀɔ̃] *nm* table-mat; **~ individuel** place mat
naquis *etc* [naki] *vb voir* **naître**
narcisse [naʀsis] *nm* narcissus
narcissique [naʀsisik] *adj* narcissistic
narcissisme [naʀsisism(ə)] *nm* narcissism
narcodollars [naʀkodɔlaʀ] *nmpl* drug money *no pl*
narcotique [naʀkɔtik] *adj, nm* narcotic
narguer [naʀge] *vt* to taunt
narine [naʀin] *nf* nostril
narquois, e [naʀkwa, -waz] *adj* derisive, mocking
narrateur, -trice [naʀatœʀ, -tʀis] *nm/f* narrator
narration [naʀɑsjɔ̃] *nf* narration, narrative; (*Scol*) essay
narrer [naʀe] *vt* to tell the story of, recount
NASA [nasa] *sigle f* (= *National Aeronautics and Space Administration*) NASA
nasal, e, -aux [nazal, -o] *adj* nasal
naseau, x [nazo] *nm* nostril
nasillard, e [nazijaʀ, -aʀd(ə)] *adj* nasal
nasiller [nazije] *vi* to speak with a (nasal) twang
nasse [nas] *nf* fish-trap
natal, e [natal] *adj* native
nataliste [natalist(ə)] *adj* supporting a rising birth rate
natalité [natalite] *nf* birth rate
natation [natɑsjɔ̃] *nf* swimming; **faire de la ~** to go swimming (*regularly*)
natif, -ive [natif, -iv] *adj* native
nation [nɑsjɔ̃] *nf* nation; **les N~s unies (NU)** the United Nations (UN)
national, e, -aux [nasjɔnal, -o] *adj* national ▷ *nf*: **(route) ~e** ≈ A road (*Brit*), ≈ state highway (*US*); **obsèques ~es** state funeral
nationalisation [nasjɔnalizɑsjɔ̃] *nf* nationalization
nationaliser [nasjɔnalize] *vt* to nationalize
nationalisme [nasjɔnalism(ə)] *nm* nationalism
nationaliste [nasjɔnalist(ə)] *adj, nm/f* nationalist

nationalité [nasjɔnalite] *nf* nationality; **de ~ française** of French nationality
natte [nat] *nf* (*tapis*) mat; (*cheveux*) plait
natter [nate] *vt* (*cheveux*) to plait
naturalisation [natyʀalizɑsjɔ̃] *nf* naturalization
naturaliser [natyʀalize] *vt* to naturalize; (*empailler*) to stuff
naturaliste [natyʀalist(ə)] *nm/f* naturalist; (*empailleur*) taxidermist
nature [natyʀ] *nf* nature ▷ *adj, adv* (*Culin*) plain, without seasoning or sweetening; (*café, thé: sans lait*) black; (*: sans sucre*) without sugar; **payer en ~** to pay in kind; **peint d'après ~** painted from life; **être de ~ à faire qch** (*propre à*) to be the sort of thing (*ou* person) to do sth; **~ morte** still-life
naturel, le [natyʀɛl] *adj* natural ▷ *nm* naturalness; (*caractère*) disposition, nature; (*autochtone*) native; (*aussi*: **au naturel**: *Culin*) in water; in its own juices
naturellement [natyʀɛlmɑ̃] *adv* naturally; (*bien sûr*) of course
naturisme [natyʀism(ə)] *nm* naturism
naturiste [natyʀist(ə)] *nm/f* naturist
naufrage [nofʀaʒ] *nm* (ship)wreck; (*fig*) wreck; **faire ~** to be shipwrecked
naufragé, e [nofʀaʒe] *nm/f* shipwreck victim, castaway
nauséabond, e [nozeabɔ̃, -ɔ̃d] *adj* foul, nauseous
nausée [noze] *nf* nausea; **avoir la ~** to feel sick; **avoir des ~s** to have waves of nausea, feel nauseous *ou* sick
nautique [notik] *adj* nautical, water *cpd*; **sports ~s** water sports
nautisme [notism(ə)] *nm* water sports *pl*
naval, e [naval] *adj* naval
navarrais, e [navaʀɛ, -ɛz] *adj* Navarrese
navet [navɛ] *nm* turnip; (*péj*) third-rate film
navette [navɛt] *nf* shuttle; (*en car etc*) shuttle (service); **faire la ~ (entre)** to go to and fro (between), shuttle (between); **~ spatiale** space shuttle
navigabilité [navigabilite] *nf* (*d'un navire*) seaworthiness; (*d'un avion*) airworthiness
navigable [navigabl(ə)] *adj* navigable
navigant, e [navigɑ̃, -ɑ̃t] *adj* (*Aviat: personnel*) flying ▷ *nm/f*: **les ~s** the flying staff *ou* personnel
navigateur [navigatœʀ] *nm* (*Navig*) seafarer, sailor; (*Aviat*) navigator; (*Inform*) browser
navigation [navigɑsjɔ̃] *nf* navigation, sailing; (*Comm*) shipping; **compagnie de ~** shipping company; **~ spatiale** space navigation
naviguer [navige] *vi* to navigate, sail
navire [naviʀ] *nm* ship; **~ de guerre** warship; **~ marchand** merchantman
navire-citerne [naviʀsitɛʀn(ə)] (*pl* **navires-citernes**) *nm* tanker
navire-hôpital [naviʀɔpital, -to] (*pl* **navires-hôpitaux**) *nm* hospital ship
navrant, e [navʀɑ̃, -ɑ̃t] *adj* (*affligeant*) upsetting; (*consternant*) annoying
navrer [navʀe] *vt* to upset, distress; **je suis navré (de/de faire/que)** I'm so sorry (for/for doing/that)
NB *abr* (= *nota bene*) NB
nbr. *abr* = **nombreux**
nbses *abr* = **nombreuses**
ND *sigle f* = **Notre Dame**
NDA *sigle f* = **note de l'auteur**
NDE *sigle f* = **note de l'éditeur**
NDLR *sigle f* = **note de la rédaction**
NDT *sigle f* = **note du traducteur**
ne, n' [n(ə)] *adv voir* **pas**; **plus**; **jamais** *etc*; (*explétif*) *non traduit*
né, e [ne] *pp de* **naître**; **né en 1960** born in 1960; **née Scott** née Scott; **né(e) de ... et de ...** son/daughter of ... and of ...; **né d'une mère française** having a French mother; **né pour commander** born to lead ▷ *adj*: **un comédien né** a born comedian
néanmoins [neɑ̃mwɛ̃] *adv* nevertheless, yet
néant [neɑ̃] *nm* nothingness; **réduire à ~** to bring to nought; (*espoir*) to dash
nébuleux, -euse [nebylø, -øz] *adj* (*ciel*) cloudy; (*fig*) nebulous ▷ *nf* (*Astronomie*) nebula
nébuliser [nebylize] *vt* (*liquide*) to spray
nébulosité [nebylozite] *nf* cloud cover; **~ variable** cloudy in places
nécessaire [nesesɛʀ] *adj* necessary ▷ *nm* necessary; (*sac*) kit; **faire le ~** to do the necessary; **n'emporter que le strict ~** to take only what is strictly necessary; **~ de couture** sewing kit; **~ de toilette** toilet bag; **~ de voyage** overnight bag
nécessairement [nesesɛʀmɑ̃] *adv* necessarily
nécessité [nesesite] *nf* necessity; **se trouver dans la ~ de faire qch** to find it necessary to do sth; **par ~** out of necessity
nécessiter [nesesite] *vt* to require
nécessiteux, -euse [nesesitø, -øz] *adj* needy
nec plus ultra [nekplysyltʀa] *nm*: **le ~ de** the last word in
nécrologie [nekʀɔlɔʒi] *nf* obituary
nécrologique [nekʀɔlɔʒik] *adj*: **article ~** obituary; **rubrique ~** obituary column
nécromancie [nekʀɔmɑ̃si] *nf* necromancy
nécrose [nekʀoz] *nf* necrosis
nectar [nɛktaʀ] *nm* nectar
nectarine [nɛktaʀin] *nf* nectarine
néerlandais, e [neɛʀlɑ̃dɛ, -ɛz] *adj* Dutch, of the Netherlands ▷ *nm* (*Ling*) Dutch ▷ *nm/f*: **Néerlandais, e** Dutchman/woman; **les N~** the Dutch
nef [nɛf] *nf* (*d'église*) nave
néfaste [nefast(ə)] *adj* baneful; ill-fated
négatif, -ive [negatif, iv] *adj* negative ▷ *nm* (*Photo*) negative
négation [negɑsjɔ̃] *nf* denial; (*Ling*) negation
négativement [negativmɑ̃] *adv*: **répondre ~** to give a negative response
négligé, e [negliʒe] *adj* (*en désordre*) slovenly ▷ *nm* (*tenue*) negligee
négligeable [negliʒabl(ə)] *adj* insignificant,

negligible
négligemment [negliʒamɑ̃] *adv* carelessly
négligence [negliʒɑ̃s] *nf* carelessness *no pl*; (*faute*) careless omission
négligent, e [negliʒɑ̃, -ɑ̃t] *adj* careless; (*Jur etc*) negligent
négliger [negliʒe] *vt* (*épouse, jardin*) to neglect; (*tenue*) to be careless about; (*avis, précautions*) to disregard, overlook; **~ de faire** to fail to do, not bother to do; **se négliger** to neglect o.s
négoce [negɔs] *nm* trade
négociable [negɔsjabl(ə)] *adj* negotiable
négociant [negɔsjɑ̃] *nm* merchant
négociateur [negɔsjatœʀ] *nm* negotiator
négociation [negɔsjɑsjɔ̃] *nf* negotiation; **~s collectives** collective bargaining *sg*
négocier [negɔsje] *vi, vt* to negotiate
nègre [nɛgʀ(ə)] *nm* (*péj*) Negro; (*péj: écrivain*) ghost writer ▷ *adj* (*péj*) Negro
négresse [negʀɛs] *nf* (*péj*) Negress
négrier [negʀije] *nm* (*fig*) slave driver
neige [nɛʒ] *nf* snow; **battre les œufs en ~** (*Culin*) to whip *ou* beat the egg whites until stiff; **~ carbonique** dry ice; **~ fondue** (*par terre*) slush; (*qui tombe*) sleet; **~ poudreuse** powdery snow
neiger [neʒe] *vi* to snow
neigeux, -euse [nɛʒø, -øz] *adj* snowy, snow-covered
nénuphar [nenyfaʀ] *nm* water-lily
néo-calédonien, ne [neɔkaledɔnjɛ̃, -ɛn] *adj* New Caledonian ▷ *nm/f*: **Néo-calédonien, ne** native of New Caledonia
néocapitalisme [neokapitalism(ə)] *nm* neocapitalism
néo-colonialisme [neokɔlɔnjalism(ə)] *nm* neocolonialism
néologisme [neɔlɔʒism(ə)] *nm* neologism
néon [neɔ̃] *nm* neon
néo-natal, e [neonatal] *adj* neonatal
néophyte [neɔfit] *nm/f* novice
néo-zélandais, e [neɔzelɑ̃dɛ, -ɛz] *adj* New Zealand *cpd* ▷ *nm/f*: **Néo-zélandais, e** New Zealander
Népal [nepal] *nm*: **le ~** Nepal
népalais, e [nepalɛ, -ɛz] *adj* Nepalese, Nepali ▷ *nm* (*Ling*) Nepalese, Nepali ▷ *nm/f*: **Népalais, e** Nepalese, Nepali
néphrétique [nefʀetik] *adj* (*Méd: colique*) nephritic
néphrite [nefʀit] *nf* (*Méd*) nephritis
népotisme [nepɔtism(ə)] *nm* nepotism
nerf [nɛʀ] *nm* nerve; (*fig*) spirit; (*: forces*) stamina; **nerfs** *nmpl* nerves; **être** *ou* **vivre sur les ~s** to live on one's nerves; **être à bout de ~s** to be at the end of one's tether; **passer ses ~s sur qn** to take it out on sb
nerveusement [nɛʀvøzmɑ̃] *adv* nervously
nerveux, -euse [nɛʀvø, -øz] *adj* nervous; (*cheval*) highly-strung; (*voiture*) nippy, responsive; (*tendineux*) sinewy
nervosité [nɛʀvozite] *nf* nervousness; (*émotivité*) excitability
nervure [nɛʀvyʀ] *nf* (*de feuille*) vein; (*Archit, Tech*) rib
n'est-ce pas [nɛspɑ] *adv* isn't it?, won't you? *etc* (*selon le verbe qui précède*); **c'est bon, n'est-ce pas?** it's good, isn't it?; **il a peur, n'est-ce pas?** he's afraid, isn't he?; **n'est-ce pas que c'est bon?** don't you think it's good?; **lui, n'est-ce pas, il peut se le permettre** he, of course, can afford to do that, can't he?
net, nette [nɛt] *adj* (*sans équivoque, distinct*) clear; (*photo*) sharp; (*évident*) definite; (*propre*) neat, clean; (*Comm: prix, salaire, poids*) net ▷ *adv* (*refuser*) flatly ▷ *nm*: **mettre au ~** to copy out; **s'arrêter ~** to stop dead; **la lame a cassé ~** the blade snapped clean through; **faire place nette** to make a clean sweep; **~ d'impôt** tax free
Net [nɛt] *nm* (*Internet*): **le ~** the Net
netiquette [nɛtikɛt] *nf* netiquette
nettement [nɛtmɑ̃] *adv* (*distinctement*) clearly; (*évidemment*) definitely; (*avec comparatif, superlatif*): **~ mieux** definitely *ou* clearly better
netteté [nɛtte] *nf* clearness
nettoie *etc* [nɛtwa] *vb voir* **nettoyer**
nettoiement [netwamɑ̃] *nm* (*Admin*) cleaning; **service du ~** refuse collection
nettoierai *etc* [nɛtwaʀe] *vb voir* **nettoyer**
nettoyage [nɛtwajaʒ] *nm* cleaning; **~ à sec** dry cleaning
nettoyant [netwajɑ̃] *nm* (*produit*) cleaning agent
nettoyer [nɛtwaje] *vt* to clean; (*fig*) to clean out
neuf[1] [nœf] *num* nine
neuf[2]**, neuve** [nœf, nœv] *adj* new ▷ *nm*: **repeindre à ~** to redecorate; **remettre à ~** to do up (as good as new), refurbish; **n'acheter que du ~** to buy everything new; **quoi de ~?** what's new?
neurasthénique [nøʀastenik] *adj* neurasthenic
neurochirurgie [nøʀoʃiʀyʀʒi] *nf* neurosurgery
neurochirurgien [nøʀoʃiʀyʀʒjɛ̃] *nm* neurosurgeon
neuroleptique [nøʀɔlɛptik] *adj* neuroleptic
neurologie [nøʀɔlɔʒi] *nf* neurology
neurologique [nøʀɔlɔʒik] *adj* neurological
neurologue [nøʀɔlɔg] *nm/f* neurologist
neurone [nøʀɔn] *nm* neuron(e)
neuropsychiatre [nøʀopsikjatʀ(ə)] *nm/f* neuropsychiatrist
neutralisation [nøtʀalizɑsjɔ̃] *nf* neutralization
neutraliser [nøtʀalize] *vt* to neutralize
neutralisme [nøtʀalism(ə)] *nm* neutralism
neutralité [nøtʀalite] *nf* neutrality
neutre [nøtʀ(ə)] *adj, nm* (*Ling*) neutral
neutron [nøtʀɔ̃] *nm* neutron
neuve [nœv] *adj f voir* **neuf**
neuvième [nœvjɛm] *num* ninth
neveu, x [nəvø] *nm* nephew
névralgie [nevʀalʒi] *nf* neuralgia
névralgique [nevʀalʒik] *adj* (*fig: sensible*) sensitive; **centre ~** nerve centre
névrite [nevʀit] *nf* neuritis
névrose [nevʀoz] *nf* neurosis
névrosé, e [nevʀoze] *adj, nm/f* neurotic
névrotique [nevʀɔtik] *adj* neurotic

n

New York [njujɔʀk] *n* New York
new-yorkais, e [njujɔʀkɛ, -ɛz] *adj* of *ou* from New York, New York *cpd* ▷ *nm/f*: **New-Yorkais, e** New Yorker
nez [ne] *nm* nose; **rire au ~ de qn** to laugh in sb's face; **avoir du ~** to have flair; **avoir le ~ fin** to have foresight; **~ à ~ avec** face to face with; **à vue de ~** roughly
NF *sigle mpl* = **nouveaux francs** ▷ *sigle f* (*Industrie*: = *norme française*) *industrial standard*
ni [ni] *conj*: **ni l'un ni l'autre ne sont** *ou* **n'est** neither one nor the other is; **il n'a rien dit ni fait** he hasn't said or done anything
Niagara [njagaʀa] *nm*: **les chutes du ~** the Niagara Falls
niais, e [njɛ, -ɛz] *adj* silly, thick
niaiserie [njɛzʀi] *nf* gullibility; (*action, propos, futilité*) silliness
Nicaragua [nikaʀagwa] *nm*: **le ~** Nicaragua
nicaraguayen, ne [nikaʀagwajɛ̃, -ɛn] *adj* Nicaraguan ▷ *nm/f*: **Nicaraguayen, ne** Nicaraguan
Nice [nis] *n* Nice
niche [niʃ] *nf* (*du chien*) kennel; (*de mur*) recess, niche; (*farce*) trick
nichée [niʃe] *nf* brood, nest
nicher [niʃe] *vi* to nest; **se ~ dans** (*personne*: *se blottir*) to snuggle into; (: *se cacher*) to hide in; (*objet*) to lodge itself in
nichon [niʃɔ̃] *nm* (*fam*) boob, tit
nickel [nikɛl] *nm* nickel
niçois, e [niswa, -waz] *adj* of *ou* from Nice; (*Culin*) Nicoise
nicotine [nikɔtin] *nf* nicotine
nid [ni] *nm* nest; (*fig*: *repaire etc*) den, lair; **~ d'abeilles** (*Couture, Textile*) honeycomb stitch; **~ de poule** pothole
nièce [njɛs] *nf* niece
nième [ɛnjɛm] *adj*: **la ~ fois** the nth *ou* umpteenth time
nier [nje] *vt* to deny
nigaud, e [nigo, -od] *nm/f* booby, fool
Niger [niʒɛʀ] *nm*: **le ~** Niger; (*fleuve*) the Niger
Nigéria [niʒeʀja] *nm ou f* Nigeria
nigérian, e [niʒeʀjɑ̃, -an] *adj* Nigerian ▷ *nm/f*: **Nigérian, e** Nigerian
nigérien, ne [niʒeʀjɛ̃, -ɛn] *adj* of *ou* from Niger
night-club [najtklœb] *nm* nightclub
nihilisme [niilism(ə)] *nm* nihilism
nihiliste [niilist(ə)] *adj* nihilist, nihilistic
Nil [nil] *nm*: **le ~** the Nile
n'importe [nɛ̃pɔʀt(ə)] *adv*: **n'importe!** no matter!; **n'importe qui/quoi/où** anybody/anything/anywhere; **n'importe quoi!** (*fam*: *désapprobation*) what rubbish!; **n'importe quand** any time; **n'importe quel/quelle** any; **n'importe lequel/laquelle** any (one); **n'importe comment** (*sans soin*) carelessly; **n'importe comment, il part ce soir** he's leaving tonight in any case
nippes [nip] *nfpl* (*fam*) togs
nippon, e *ou* **ne** [nipɔ̃, -ɔn] *adj* Japanese
nique [nik] *nf*: **faire la ~ à** to thumb one's nose at (*fig*)
nitouche [nituʃ] *nf* (*péj*): **c'est une sainte ~** she looks as if butter wouldn't melt in her mouth
nitrate [nitʀat] *nm* nitrate
nitrique [nitʀik] *adj*: **acide ~** nitric acid
nitroglycérine [nitʀɔgliseʀin] *nf* nitroglycerin(e)
niveau, x [nivo] *nm* level; (*des élèves, études*) standard; **au ~ de** at the level of; (*personne*) on a level with; **de ~ (avec)** level (with); **le ~ de la mer** sea level; **~ (à bulle)** spirit level; **~ (d'eau)** water level; **~ de vie** standard of living
niveler [nivle] *vt* to level
niveleuse [nivløz] *nf* (*Tech*) grader
nivellement [nivɛlmɑ̃] *nm* levelling
nivernais, e [nivɛʀnɛ, -ɛz] *adj* of *ou* from Nevers (and region) ▷ *nm/f*: **Nivernais, e** inhabitant *ou* native of Nevers (and region)
NL *sigle f* = **nouvelle lune**
NN *abr* (= *nouvelle norme*) *revised standard of hotel classification*
n° *abr* (*numéro*) no
nobiliaire [nɔbiljɛʀ] *adj f voir* **particule**
noble [nɔbl(ə)] *adj* noble; (*de qualité*: *métal etc*) precious ▷ *nm/f* noble(man/-woman)
noblesse [nɔblɛs] *nf* (*classe sociale*) nobility; (*d'une action etc*) nobleness
noce [nɔs] *nf* wedding; (*gens*) wedding party (*ou* guests *pl*); **il l'a épousée en secondes ~s** she was his second wife; **faire la ~** (*fam*) to go on a binge; **~s d'or/d'argent/de diamant** golden/silver/diamond wedding
noceur [nɔsœʀ] *nm* (*fam*): **c'est un sacré ~** he's a real party animal
nocif, -ive [nɔsif, -iv] *adj* harmful, noxious
noctambule [nɔktɑ̃byl] *nm* night-bird
nocturne [nɔktyʀn(ə)] *adj* nocturnal ▷ *nf* (*Sport*) floodlit fixture; (*d'un magasin*) late opening
Noël [nɔɛl] *nm* Christmas; **la (fête de) ~** Christmas time
nœud [nø] *nm* (*de corde, du bois, Navig*) knot; (*ruban*) bow; (*fig*: *liens*) bond, tie; (: *d'une question*) crux; (*Théât etc*): **le ~ de l'action** the web of events; **~ coulant** noose; **~ gordien** Gordian knot; **~ papillon** bow tie
noie *etc* [nwa] *vb voir* **noyer**
noir, e [nwaʀ] *adj* black; (*obscur, sombre*) dark ▷ *nm/f* black man/woman ▷ *nm*: **dans le ~** in the dark ▷ *nf* (*Mus*) crotchet (*Brit*), quarter note (*US*); **il fait ~** it is dark; **au ~** *adv* (*acheter, vendre*) on the black market; **travail au ~** moonlighting
noirâtre [nwaʀɑtʀ(ə)] *adj* (*teinte*) blackish
noirceur [nwaʀsœʀ] *nf* blackness; darkness
noircir [nwaʀsiʀ] *vt, vi* to blacken
noise [nwaz] *nf*: **chercher ~ à** to try and pick a quarrel with
noisetier [nwaztje] *nm* hazel (tree)
noisette [nwazɛt] *nf* hazelnut; (*morceau*: *de beurre etc*) small knob ▷ *adj* (*yeux*) hazel
noix [nwa] *nf* walnut; (*fam*) twit; (*Culin*): **une ~**

de beurre a knob of butter; **à la ~** (*fam*) worthless; **~ de cajou** cashew nut; **~ de coco** coconut; **~ muscade** nutmeg; **~ de veau** (*Culin*) round fillet of veal
nom [nɔ̃] *nm* name; (*Ling*) noun; **connaître qn de ~** to know sb by name; **au ~ de** in the name of; **~ d'une pipe** *ou* **d'un chien!** (*fam*) for goodness' sake!; **~ de Dieu!** (*fam!*) bloody hell! (*Brit*), my God!; **~ commun/propre** common/ proper noun; **~ composé** (*Ling*) compound noun; **~ déposé** trade name; **~ d'emprunt** assumed name; **~ de famille** surname; **~ de fichier** file name; **~ de jeune fille** maiden name
nomade [nɔmad] *adj* nomadic ▷ *nm/f* nomad
nombre [nɔ̃bʀ(ə)] *nm* number; **venir en ~** to come in large numbers; **depuis ~ d'années** for many years; **ils sont au ~ de trois** there are three of them; **au ~ de mes amis** among my friends; **sans ~** countless; **(bon) ~ de** (*beaucoup, plusieurs*) a (large) number of; **~ premier/entier** prime/whole number
nombreux, -euse [nɔ̃bʀø, -øz] *adj* many, numerous; (*avec nom sg: foule etc*) large; **peu ~** few; small; **de ~ cas** many cases
nombril [nɔ̃bʀi] *nm* navel
nomenclature [nɔmɑ̃klatyʀ] *nf* wordlist; list of items
nominal, e, -aux [nɔminal, -o] *adj* nominal; (*appel, liste*) of names
nominatif, -ive [nɔminatif, -iv] *nm* (*Ling*) nominative ▷ *adj*: **liste nominative** list of names; **carte nominative** calling card; **titre ~** registered name
nomination [nɔminɑsjɔ̃] *nf* nomination
nommément [nɔmemɑ̃] *adv* (*désigner*) by name
nommer [nɔme] *vt* (*baptiser*) to name, give a name to; (*qualifier*) to call; (*mentionner*) to name, give the name of; (*élire*) to appoint, nominate; **se nommer**: **il se nomme Pascal** his name's Pascal, he's called Pascal
non [nɔ̃] *adv* (*réponse*) no; (*suivi d'un adjectif, adverbe*) not; **Paul est venu, ~?** Paul came, didn't he?; **répondre** *ou* **dire que ~** to say no; **~ pas que** not that; **~ plus**: **moi ~ plus** neither do I, I don't either; **je préférerais que ~** I would prefer not; **il se trouve que ~** perhaps not; **je pense que ~** I don't think so; **~ mais!** well really!; **~ mais des fois!** you must be joking!; **~ alcoolisé** non-alcoholic; **~ loin/seulement** not far/only
nonagénaire [nɔnaʒenɛʀ] *nm/f* nonagenarian
non-agression [nɔnagʀesjɔ̃] *nf*: **pacte de ~** non-aggression pact
nonante [nɔnɑ̃t] *num* (*Belgique, Suisse*) ninety
non-assistance [nɔnasistɑ̃s] *nf* (*Jur*): **~ à personne en danger** *failure to render assistance to a person in danger*
nonce [nɔ̃s] *nm* (*Rel*) nuncio
nonchalamment [nɔ̃ʃalamɑ̃] *adv* nonchalantly
nonchalance [nɔ̃ʃalɑ̃s] *nf* nonchalance, casualness
nonchalant, e [nɔ̃ʃalɑ̃, -ɑ̃t] *adj* nonchalant, casual
non-conformisme [nɔ̃kɔ̃fɔʀmism(ə)] *nm* nonconformism
non-conformiste [nɔ̃kɔ̃fɔʀmist(ə)] *adj, nm/f* non-conformist
non-conformité [nɔ̃kɔ̃fɔʀmite] *nf* nonconformity
non-croyant, e [nɔ̃kʀwajɑ̃, -ɑ̃t] *nm/f* (*Rel*) non-believer
non-engagé, e [nɔnɑ̃gaʒe] *adj* non-aligned
non-fumeur [nɔ̃fymœʀ] *nm* non-smoker
non-ingérence [nɔnɛ̃ʒeʀɑ̃s] *nf* non-interference
non-initié, e [nɔ̃ninisje] *nm/f* lay person; **les ~s** the uninitiated
non-inscrit, e [nɔnɛ̃skʀi, -it] *nm/f* (*Pol: député*) independent
non-intervention [nɔnɛ̃tɛʀvɑ̃sjɔ̃] *nf* non-intervention
non-lieu [nɔ̃ljø] *nm*: **il y a eu ~** the case was dismissed
nonne [nɔn] *nf* nun
nonobstant [nɔnɔpstɑ̃] *prép* notwithstanding
non-paiement [nɔ̃pɛmɑ̃] *nm* non-payment
non-prolifération [nɔ̃pʀɔlifeʀɑsjɔ̃] *nf* non-proliferation
non-résident [nɔ̃ʀesidɑ̃] *nm* (*Écon*) non-resident
non-retour [nɔ̃ʀətuʀ] *nm*: **point de ~** point of no return
non-sens [nɔ̃sɑ̃s] *nm* absurdity
non-spécialiste [nɔ̃spesjalist(ə)] *nm/f* non-specialist
non-stop [nɔnstɔp] *adj inv* nonstop
non-syndiqué, e [nɔ̃sɛ̃dike] *nm/f* non-union member
non-violence [nɔ̃vjɔlɑ̃s] *nf* nonviolence
non-violent, e [nɔ̃vjɔlɑ̃, -ɑ̃t] *adj* non-violent
nord [nɔʀ] *nm* North ▷ *adj* northern; north; **au ~** (*situation*) in the north; (*direction*) to the north; **au ~ de** north of, to the north of; **perdre le ~** to lose one's way (*fig*)
nord-africain, e [nɔʀafʀikɛ̃, -ɛn] *adj* North-African ▷ *nm/f*: **Nord-Africain, e** North African
nord-américain, e [nɔʀameʀikɛ̃, -ɛn] *adj* North American ▷ *nm/f*: **Nord-Américain, e** North American
nord-coréen, ne [nɔʀkɔʀeɛ̃, -ɛn] *adj* North Korean ▷ *nm/f*: **Nord-Coréen, ne** North Korean
nord-est [nɔʀɛst] *nm* North-East
nordique [nɔʀdik] *adj* (*pays, race*) Nordic; (*langues*) Scandinavian, Nordic ▷ *nm/f*: **Nordique** Scandinavian
nord-ouest [nɔʀwɛst] *nm* North-West
nord-vietnamien, ne [nɔʀvjɛtnamjɛ̃, -ɛn] *adj* North Vietnamese ▷ *nm/f*: **Nord-Vietnamien, ne** North Vietnamese
normal, e, -aux [nɔʀmal, -o] *adj* normal ▷ *nf*: **la ~e** the norm, the average
normalement [nɔʀmalmɑ̃] *adv* (*en général*) normally; (*comme prévu*): **~, il le fera demain** he should be doing it tomorrow, he's supposed to do it tomorrow

n

normalien, ne [nɔʀmaljɛ̃, -ɛn] *nm/f student of École normale supérieure*
normalisation [nɔʀmalizasjɔ̃] *nf* standardization; normalization
normaliser [nɔʀmalize] *vt* (*Comm, Tech*) to standardize; (*Pol*) to normalize
normand, e [nɔʀmɑ̃, -ɑ̃d] *adj* (*de Normandie*) Norman ▷ *nm/f*: **Normand, e** (*de Normandie*) Norman
Normandie [nɔʀmɑ̃di] *nf*: **la ~** Normandy
norme [nɔʀm(ə)] *nf* norm; (*Tech*) standard
Norvège [nɔʀvɛʒ] *nf*: **la ~** Norway
norvégien, ne [nɔʀveʒjɛ̃, -ɛn] *adj* Norwegian ▷ *nm* (*Ling*) Norwegian ▷ *nm/f*: **Norvégien, ne** Norwegian
nos [no] *adj poss voir* **notre**
nostalgie [nɔstalʒi] *nf* nostalgia
nostalgique [nɔstalʒik] *adj* nostalgic
notable [nɔtabl(ə)] *adj* notable, noteworthy; (*marqué*) noticeable, marked ▷ *nm* prominent citizen
notablement [nɔtabləmɑ̃] *adv* notably; (*sensiblement*) noticeably
notaire [nɔtɛʀ] *nm* notary; solicitor
notamment [nɔtamɑ̃] *adv* in particular, among others
notariat [nɔtaʀja] *nm* profession of notary (*ou* solicitor)
notarié, e [nɔtaʀje] *adj*: **acte ~** deed drawn up by a notary (*ou* solicitor)
notation [nɔtasjɔ̃] *nf* notation
note [nɔt] *nf* (*écrite, Mus*) note; (*Scol*) mark (*Brit*), grade; (*facture*) bill; **prendre des ~s** to take notes; **prendre ~ de** to note; (*par écrit*) to note, write down; **dans la ~** exactly right; **forcer la ~** to exaggerate; **une ~ de tristesse/de gaieté** a sad/happy note; **~ de service** memorandum
noté, e [nɔte] *adj*: **être bien/mal ~** (*employé etc*) to have a good/bad record
noter [nɔte] *vt* (*écrire*) to write down, note; (*remarquer*) to note, notice; (*Scol, Admin: donner une appréciation*) to mark, give a grade to; **notez bien que ...** (please) note that ...
notice [nɔtis] *nf* summary, short article; (*brochure*): **~ explicative** explanatory leaflet, instruction booklet
notification [nɔtifikasjɔ̃] *nf* notification
notifier [nɔtifje] *vt*: **~ qch à qn** to notify sb of sth, notify sth to sb
notion [nosjɔ̃] *nf* notion, idea; **notions** *nfpl* (*rudiments*) rudiments
notoire [nɔtwaʀ] *adj* widely known; (*en mal*) notorious; **le fait est ~** the fact is common knowledge
notoriété [nɔtɔʀjete] *nf*: **c'est de ~ publique** it's common knowledge
notre, nos [nɔtʀ(ə), no] *adj poss* our
nôtre [notʀ(ə)] *adj* ours ▷ *pron*: **le/la ~** ours; **les ~s** ours; (*alliés etc*) our own people; **soyez des ~s** join us
nouba [nuba] *nf* (*fam*): **faire la ~** to live it up
nouer [nwe] *vt* to tie, knot; (*fig: alliance etc*) to strike up; **~ la conversation** to start a conversation; **se nouer** *vi*: **c'est là où l'intrigue se noue** it's at that point that the strands of the plot come together; **ma gorge se noua** a lump came to my throat
noueux, -euse [nwø, -øz] *adj* gnarled
nougat [nuga] *nm* nougat
nougatine [nugatin] *nf kind of nougat*
nouille [nuj] *nf* (*fam*) noodle (*Brit*), fathead; **nouilles** *nfpl* (*pâtes*) noodles; pasta *sg*
nounou [nunu] *nf* nanny
nounours [nunuʀs] *nm* teddy (bear)
nourri, e [nuʀi] *adj* (*feu etc*) sustained
nourrice [nuʀis] *nf* ≈ baby-minder; (*autrefois*) wet-nurse
nourrir [nuʀiʀ] *vt* to feed; (*fig: espoir*) to harbour, nurse; **logé nourri** with board and lodging; **~ au sein** to breast-feed; **se ~ de légumes** to live on vegetables
nourrissant, e [nuʀisɑ̃, -ɑ̃t] *adj* nourishing, nutritious
nourrisson [nuʀisɔ̃] *nm* (unweaned) infant
nourriture [nuʀityʀ] *nf* food
nous [nu] *pron* (*sujet*) we; (*objet*) us
nous-mêmes [numɛm] *pron* ourselves
nouveau, nouvel, -elle, x [nuvo, -ɛl] *adj* new; (*original*) novel ▷ *nm/f* new pupil (*ou* employee) ▷ *nm*: **il y a du ~** there's something new ▷ *nf* (piece of) news *sg*; (*Littérature*) short story; **nouvelles** *nfpl* (*Presse, TV*) news; **de ~ à ~** again; **je suis sans nouvelles de lui** I haven't heard from him; **Nouvel An** New Year; **~ venu, nouvelle venue** newcomer; **~x mariés** newly-weds; **nouvelle vague** new wave
nouveau-né, e [nuvone] *nm/f* newborn (baby)
nouveauté [nuvote] *nf* novelty; (*chose nouvelle*) innovation, something new; (*Comm*) new film (*ou* book *ou* creation *etc*)
nouvel *adj m*, **nouvelle** *adj f, nf* [nuvɛl] *voir* **nouveau**
Nouvelle-Angleterre [nuvɛlɑ̃glətɛʀ] *nf*: **la ~** New England
Nouvelle-Calédonie [nuvɛlkaledɔni] *nf*: **la ~** New Caledonia
Nouvelle-Écosse [nuvɛlekɔs] *nf*: **la ~** Nova Scotia
Nouvelle-Galles du Sud [nuvɛlgaldysyd] *nf*: **la ~** New South Wales
Nouvelle-Guinée [nuvɛlgine] *nf*: **la ~** New Guinea
nouvellement [nuvɛlmɑ̃] *adv* (*arrivé etc*) recently, newly
Nouvelle-Orléans [nuvɛlɔʀleɑ̃] *nf*: **la ~** New Orleans
Nouvelles-Hébrides [nuvɛlsebʀid] *nfpl*: **les ~** the New Hebrides
Nouvelle-Zélande [nuvɛlzelɑ̃d] *nf*: **la ~** New Zealand
nouvelliste [nuvelist(ə)] *nm/f* editor *ou* writer of short stories
novateur, -trice [nɔvatœʀ, -tʀis] *adj* innovative ▷ *nm/f* innovator

novembre [nɔvɑ̃bʀ(ə)] *nm* November; *see note*; *voir aussi* **juillet**

LE 11 NOVEMBRE

Le 11 novembre is a public holiday in France and commemorates the signing of the armistice, near Compiègne, at the end of the First World War.

novice [nɔvis] *adj* inexperienced ▷ *nm/f* novice
noviciat [nɔvisja] *nm* (*Rel*) noviciate
noyade [nwajad] *nf* drowning *no pl*
noyau, x [nwajo] *nm* (*de fruit*) stone; (*Bio, Physique*) nucleus; (*Élec, Géo, fig: centre*) core; (*fig: d'artistes etc*) group; (*: de résistants etc*) cell
noyautage [nwajotaʒ] *nm* (*Pol*) infiltration
noyauter [nwajote] *vt* (*Pol*) to infiltrate
noyé, e [nwaje] *nm/f* drowning (*ou* drowned) man/woman ▷ *adj* (*fig: dépassé*) out of one's depth
noyer [nwaje] *nm* walnut (tree); (*bois*) walnut ▷ *vt* to drown; (*fig*) to flood; to submerge; (*Auto: moteur*) to flood; **se noyer** to be drowned, drown; (*suicide*) to drown o.s.; **~ son chagrin** to drown one's sorrows; **~ le poisson** to duck the issue
NSP *sigle m* (*Rel*) = **Notre Saint Père**; (*dans les sondages: = ne sais pas*) don't know
NT *sigle m* (= *Nouveau Testament*) NT
NU *sigle fpl* (= *Nations unies*) UN
nu, e [ny] *adj* naked; (*membres*) naked, bare; (*chambre, fil, plaine*) bare ▷ *nm* (*Art*) nude; **le nu intégral** total nudity; **se mettre nu** to strip; **mettre à nu** to bare
nuage [nɥaʒ] *nm* cloud; **être dans les ~s** (*distrait*) to have one's head in the clouds; **~ de lait** drop of milk
nuageux, -euse [nɥaʒø, -øz] *adj* cloudy
nuance [nɥɑ̃s] *nf* (*de couleur, sens*) shade; **il y a une ~ (entre)** there's a slight difference (between); **une ~ de tristesse** a tinge of sadness
nuancé, e [nɥɑ̃se] *adj* (*opinion*) finely-shaded, subtly differing; **être ~ dans ses opinions** to have finely-shaded opinions
nuancer [nɥɑ̃se] *vt* (*pensée, opinion*) to qualify
nubile [nybil] *adj* nubile
nucléaire [nykleɛʀ] *adj* nuclear ▷ *nm* nuclear power
nudisme [nydism(ə)] *nm* nudism
nudiste [nydist(ə)] *adj, nm/f* nudist
nudité [nydite] *nf voir* **nu** nudity, nakedness; bareness
nuée [nɥe] *nf*: **une ~ de** a cloud *ou* host *ou* swarm of
nues [ny] *nfpl*: **tomber des ~** to be taken aback; **porter qn aux ~** to praise sb to the skies
nui [nɥi] *pp de* **nuire**
nuire [nɥiʀ] *vi* to be harmful; **~ à** to harm, do damage to
nuisance [nɥizɑ̃s] *nf* nuisance; **nuisances** *nfpl* pollution *sg*
nuisible [nɥizibl(ə)] *adj* harmful; **(animal) ~** pest
nuisis *etc* [nɥizi] *vb voir* **nuire**
nuit [nɥi] *nf* night; **payer sa ~** to pay for one's overnight accommodation; **il fait ~** it's dark; **cette ~** (*hier*) last night; (*aujourd'hui*) tonight; **de ~** (*vol, service*) night *cpd*; **~ blanche** sleepless night; **~ de noces** wedding night; **~ de Noël** Christmas Eve
nuitamment [nɥitamɑ̃] *adv* by night
nuitées [nɥite] *nfpl* overnight stays, beds occupied (*in statistics*)
nul, nulle [nyl] *adj* (*aucun*) no; (*minime*) nil, non-existent; (*non valable*) null; (*péj*) useless, hopeless ▷ *pron* none, no one; **résultat ~**, **match ~** draw; **nulle part** *adv* nowhere
nullement [nylmɑ̃] *adv* by no means
nullité [nylite] *nf* nullity; (*péj*) hopelessness; (*: personne*) hopeless individual, nonentity
numéraire [nymeʀɛʀ] *nm* cash; metal currency
numéral, e, -aux [nymeʀal, -o] *adj* numeral
numérateur [nymeʀatœʀ] *nm* numerator
numération [nymeʀɑsjɔ̃] *nf*: **~ décimale/binaire** decimal/binary notation; **~ globulaire** blood count
numérique [nymeʀik] *adj* numerical; (*Inform*) digital
numériquement [nymeʀikmɑ̃] *adv* numerically; (*Inform*) digitally
numériser [nymeʀize] *vt* (*Inform*) to digitize
numéro [nymeʀo] *nm* number; (*spectacle*) act, turn; **faire** *ou* **composer un ~** to dial a number; **~ d'identification personnel** personal identification number (PIN); **~ d'immatriculation** *ou* **minéralogique** *ou* **de police** registration (*Brit*) *ou* license (*US*) number; **~ de téléphone** (tele)phone number; **~ vert** ≈ Freefone® number (*Brit*), ≈ toll-free number (*US*)
numérotage [nymeʀɔtaʒ] *nm* numbering
numérotation [nymeʀɔtɑsjɔ̃] *nf* numeration
numéroter [nymeʀɔte] *vt* to number
numerus clausus [nymeʀysklozys] *nm inv* restriction *ou* limitation of numbers
numismate [nymismat] *nm/f* numismatist, coin collector
nu-pieds [nypje] *nm inv* sandal ▷ *adj inv* barefoot
nuptial, e, -aux [nypsjal, -o] *adj* nuptial; wedding *cpd*
nuptialité [nypsjalite] *nf*: **taux de ~** marriage rate
nuque [nyk] *nf* nape of the neck
nu-tête [nytɛt] *adj inv* bareheaded
nutritif, -ive [nytʀitif, -iv] *adj* nutritional; (*aliment*) nutritious, nourishing
nutrition [nytʀisjɔ̃] *nf* nutrition
nutritionnel, le [nytʀisjɔnɛl] *adj* nutritional
nutritionniste [nytʀisjɔnist(ə)] *nm/f* nutritionist
nylon [nilɔ̃] *nm* nylon
nymphomane [nɛ̃fɔman] *adj, nf* nymphomaniac

n

Oo

O, o [o] *nm inv* O, o ▷ *abr* (= *ouest*) W; **O comme Oscar** O for Oliver (*Brit*) *ou* Oboe (*US*)
OAS *sigle f* (= *Organisation de l'armée secrète*) *organization opposed to Algerian independence (1961–63)*
oasis [ɔazis] *nf ou m* oasis
obédience [ɔbedjɑ̃s] *nf* allegiance
obéir [ɔbeiʀ] *vi* to obey; **~ à** to obey; (*moteur, véhicule*) to respond to
obéissance [ɔbeisɑ̃s] *nf* obedience
obéissant, e [ɔbeisɑ̃, -ɑ̃t] *adj* obedient
obélisque [ɔbelisk(ə)] *nm* obelisk
obèse [ɔbɛz] *adj* obese
obésité [ɔbezite] *nf* obesity
objecter [ɔbʒɛkte] *vt* (*prétexter*) to plead, put forward as an excuse; **~ qch à** (*argument*) to put forward sth against; **~ (à qn) que** to object (to sb) that
objecteur [ɔbʒɛktœʀ] *nm*: **~ de conscience** conscientious objector
objectif, -ive [ɔbʒɛktif, -iv] *adj* objective ▷ *nm* (*Optique, Photo*) lens *sg*; (*Mil: fig*) objective; **~ grand angulaire/à focale variable** wide-angle/zoom lens
objection [ɔbʒɛksjɔ̃] *nf* objection; **~ de conscience** conscientious objection
objectivement [ɔbʒɛktivmɑ̃] *adv* objectively
objectivité [ɔbʒɛktivite] *nf* objectivity
objet [ɔbʒɛ] *nm* (*chose*) object; (*d'une discussion, recherche*) subject; **être** *ou* **faire l'~ de** (*discussion*) to be the subject of; (*soins*) to be given *ou* shown; **sans ~** *adj* purposeless; (*sans fondement*) groundless; **~ d'art** objet d'art; **~s personnels** personal items; **~s de toilette** toiletries; **~s trouvés** lost property *sg* (*Brit*), lost-and-found *sg* (*US*); **~s de valeur** valuables
obligataire [ɔbligatɛʀ] *adj* bond *cpd* ▷ *nm/f* bondholder, debenture holder
obligation [ɔbligɑsjɔ̃] *nf* obligation; (*gén pl: devoir*) duty; (*Comm*) bond, debenture; **sans ~ d'achat** with no obligation (to buy); **être dans l'~ de faire** to be obliged to do; **avoir l'~ de faire** to be under an obligation to do; **~s familiales** family obligations *ou* responsibilities; **~s militaires** military obligations *ou* duties
obligatoire [ɔbligatwaʀ] *adj* compulsory, obligatory
obligatoirement [ɔbligatwaʀmɑ̃] *adv* compulsorily; (*fatalement*) necessarily
obligé, e [ɔbliʒe] *adj* (*redevable*): **être très ~ à qn** to be most obliged to sb; (*contraint*): **je suis (bien) ~ (de le faire)** I have to (do it); (*nécessaire: conséquence*) necessary; **c'est ~!** it's inevitable!
obligeamment [ɔbliʒamɑ̃] *adv* obligingly
obligeance [ɔbliʒɑ̃s] *nf*: **avoir l'~ de** to be kind *ou* good enough to
obligeant, e [ɔbliʒɑ̃, -ɑ̃t] *adj* obliging; kind
obliger [ɔbliʒe] *vt* (*contraindre*): **~ qn à faire** to force *ou* oblige sb to do; (*Jur: engager*) to bind; (*rendre service à*) to oblige
oblique [ɔblik] *adj* oblique; **regard ~** sidelong glance; **en ~** *adv* diagonally
obliquer [ɔblike] *vi*: **~ vers** to turn off towards
oblitération [ɔbliteʀɑsjɔ̃] *nf* cancelling *no pl*, cancellation; obstruction
oblitérer [ɔbliteʀe] *vt* (*timbre-poste*) to cancel; (*Méd: canal, vaisseau*) to obstruct
oblong, oblongue [ɔblɔ̃, ɔblɔ̃g] *adj* oblong
obnubiler [ɔbnybile] *vt* to obsess
obole [ɔbɔl] *nf* offering
obscène [ɔpsɛn] *adj* obscene
obscénité [ɔpsenite] *nf* obscenity
obscur, e [ɔpskyʀ] *adj* (*sombre*) dark; (*fig: raisons*) obscure; (*: sentiment, malaise*) vague; (*: personne, vie*) humble, lowly
obscurcir [ɔpskyʀsiʀ] *vt* to darken; (*fig*) to obscure; **s'obscurcir** *vi* to grow dark
obscurité [ɔpskyʀite] *nf* darkness; **dans l'~** in the dark, in darkness; (*anonymat, médiocrité*) in obscurity
obsédant, e [ɔpsedɑ̃, -ɑ̃t] *adj* obsessive
obsédé, e [ɔpsede] *nm/f* fanatic; **~(e) sexuel(le)** sex maniac
obséder [ɔpsede] *vt* to obsess, haunt
obsèques [ɔpsɛk] *nfpl* funeral *sg*
obséquieux, -euse [ɔpsekjø, -øz] *adj* obsequious
observance [ɔpsɛʀvɑ̃s] *nf* observance
observateur, -trice [ɔpsɛʀvatœʀ, -tʀis] *adj* observant, perceptive ▷ *nm/f* observer
observation [ɔpsɛʀvɑsjɔ̃] *nf* observation; (*d'un règlement etc*) observance; (*commentaire*)

observation, remark; (*reproche*) reproof; **en ~** (*Méd*) under observation
observatoire [ɔpsɛʀvatwaʀ] *nm* observatory; (*lieu élevé*) observation post, vantage point
observer [ɔpsɛʀve] *vt* (*regarder*) to observe, watch; (*examiner*) to examine; (*scientifiquement, aussi: règlement, jeûne etc*) to observe; (*surveiller*) to watch; (*remarquer*) to observe, notice; **faire ~ qch à qn** (*dire*) to point out sth to sb; **s'observer** *vi* (*se surveiller*) to keep a check on o.s.
obsession [ɔpsesjɔ̃] *nf* obsession; **avoir l'~ de** to have an obsession with
obsessionnel, le [ɔpsesjɔnɛl] *adj* obsessive
obsolescent, e [ɔpsɔlesɑ̃, -ɑ̃t] *adj* obsolescent
obstacle [ɔpstakl(ə)] *nm* obstacle; (*Équitation*) jump, hurdle; **faire ~ à** (*lumière*) to block out; (*projet*) to hinder, put obstacles in the path of; **~s antichars** tank defences
obstétricien, ne [ɔpstetʀisjɛ̃, -ɛn] *nm/f* obstetrician
obstétrique [ɔpstetʀik] *nf* obstetrics *sg*
obstination [ɔpstinɑsjɔ̃] *nf* obstinacy
obstiné, e [ɔpstine] *adj* obstinate
obstinément [ɔpstinemɑ̃] *adv* obstinately
obstiner [ɔpstine]: **s'obstiner** *vi* to insist, dig one's heels in; **s'~ à faire** to persist (obstinately) in doing; **s'~ sur qch** to keep working at sth, labour away at sth
obstruction [ɔpstʀyksjɔ̃] *nf* obstruction, blockage; (*Sport*) obstruction; **faire de l'~** (*fig*) to be obstructive
obstruer [ɔpstʀye] *vt* to block, obstruct; **s'obstruer** *vi* to become blocked
obtempérer [ɔptɑ̃peʀe] *vi* to obey; **~ à** to obey, comply with
obtenir [ɔptəniʀ] *vt* to obtain, get; (*total*) to arrive at, reach; (*résultat*) to achieve, obtain; **~ de pouvoir faire** to obtain permission to do; **~ qch à qn** to obtain sth for sb; **~ de qn qu'il fasse** to get sb to agree to do(ing)
obtention [ɔptɑ̃sjɔ̃] *nf* obtaining
obtenu, e [ɔpt(ə)ny] *pp de* **obtenir**
obtiendrai [ɔptjɛ̃dʀe], **obtiens** [ɔptjɛ̃], **obtint** *etc* [ɔptɛ̃] *vb voir* **obtenir**
obturateur [ɔptyʀatœʀ] *nm* (*Photo*) shutter; **~ à rideau** focal plane shutter
obturation [ɔptyʀɑsjɔ̃] *nf* closing (up); **~ (dentaire)** filling; **vitesse d'~** (*Photo*) shutter speed
obturer [ɔptyʀe] *vt* to close (up); (*dent*) to fill
obtus, e [ɔpty, -yz] *adj* obtuse
obus [ɔby] *nm* shell; **~ explosif** high-explosive shell; **~ incendiaire** incendiary device, fire bomb
obvier [ɔbvje]: **~ à** *vt* to obviate
OC *sigle fpl* (= *ondes courtes*) SW
occasion [ɔkazjɔ̃] *nf* (*aubaine, possibilité*) opportunity; (*circonstance*) occasion; (*Comm: article non neuf*) secondhand buy; (*: acquisition avantageuse*) bargain; **à plusieurs ~s** on several occasions; **à la première ~** at the first *ou* earliest opportunity; **avoir l'~ de faire** to have the opportunity to do; **être l'~ de** to occasion, give rise to; **à l'~** *adv* sometimes, on occasions; (*un jour*) some time; **à l'~ de** on the occasion of; **d'~** *adj, adv* secondhand
occasionnel, le [ɔkazjɔnɛl] *adj* (*fortuit*) chance *cpd*; (*non régulier*) occasional; (*: travail*) casual
occasionnellement [ɔkazjɔnɛlmɑ̃] *adv* occasionally, from time to time
occasionner [ɔkazjɔne] *vt* to cause, bring about; **~ qch à qn** to cause sb sth
occident [ɔksidɑ̃] *nm*: **l'O~** the West
occidental, e, -aux [ɔksidɑ̃tal, -o] *adj* western; (*Pol*) Western ▷ *nm/f* Westerner
occidentaliser [ɔksidɑ̃talize] *vt* (*coutumes, mœurs*) to westernize
occiput [ɔksipyt] *nm* back of the head, occiput
occire [ɔksiʀ] *vt* to slay
occitan, e [ɔksitɑ̃, -an] *adj* of the langue d'oc, of Provençal French
occlusion [ɔklyzjɔ̃] *nf*: **~ intestinale** obstruction of the bowel
occulte [ɔkylt(ə)] *adj* occult, supernatural
occulter [ɔkylte] *vt* (*fig*) to overshadow
occupant, e [ɔkypɑ̃, -ɑ̃t] *adj* occupying ▷ *nm/f* (*d'un appartement*) occupier, occupant; (*d'un véhicule*) occupant ▷ *nm* (*Mil*) occupying forces *pl*; (*Pol: d'usine etc*) occupier
occupation [ɔkypɑsjɔ̃] *nf* occupation; **l'O~** the Occupation (of France)
occupationnel, le [ɔkypɑsjɔnɛl] *adj*: **thérapie ~le** occupational therapy
occupé, e [ɔkype] *adj* (*Mil, Pol*) occupied; (*personne: affairé, pris*) busy; (*esprit: absorbé*) occupied; (*place, sièges*) taken; (*toilettes, ligne*) engaged
occuper [ɔkype] *vt* to occupy; (*poste, fonction*) to hold; (*main-d'œuvre*) to employ; **s'~ (à qch)** to occupy o.s *ou* keep o.s. busy (with sth); **s'~ de** (*être responsable de*) to be in charge of; (*se charger de: affaire*) to take charge of, deal with; (*: clients etc*) to attend to; (*s'intéresser à, pratiquer: politique etc*) to be involved in; **ça occupe trop de place** it takes up too much room
occurrence [ɔkyʀɑ̃s] *nf*: **en l'~** in this case
OCDE *sigle f* (= *Organisation de coopération et de développement économique*) OECD
océan [ɔseɑ̃] *nm* ocean; **l'~ Indien** the Indian Ocean
Océanie [ɔseani] *nf*: **l'~** Oceania, South Sea Islands
océanique [ɔseanik] *adj* oceanic
océanographe [ɔseanɔgʀaf] *nm/f* oceanographer
océanographie [ɔseanɔgʀafi] *nf* oceanography
océanologie [ɔseanɔlɔʒi] *nf* oceanology
ocelot [ɔslo] *nm* (*Zool*) ocelot; (*fourrure*) ocelot fur
ocre [ɔkʀ(ə)] *adj inv* ochre
octane [ɔktan] *nm* octane
octante [ɔktɑ̃t] *num* (*Belgique, Suisse*) eighty
octave [ɔktav] *nf* octave
octet [ɔktɛ] *nm* byte
octobre [ɔktɔbʀ(ə)] *nm* October; *voir aussi* **juillet**

O

octogénaire [ɔktɔʒenɛʀ] *adj, nm/f* octogenarian
octogonal, e, -aux [ɔktɔgɔnal, -o] *adj* octagonal
octogone [ɔktɔgɔn] *nm* octagon
octroi [ɔktʀwa] *nm* granting
octroyer [ɔktʀwaje] *vt*: **~ qch à qn** to grant sth to sb, grant sb sth
oculaire [ɔkylɛʀ] *adj* ocular, eye *cpd* ▷ *nm* (*de microscope*) eyepiece
oculiste [ɔkylist(ə)] *nm/f* eye specialist, oculist
ode [ɔd] *nf* ode
odeur [ɔdœʀ] *nf* smell
odieusement [ɔdjøzmɑ̃] *adv* odiously
odieux, -euse [ɔdjø, -øz] *adj* odious, hateful
odontologie [ɔdɔ̃tɔlɔʒi] *nf* odontology
odorant, e [ɔdɔʀɑ̃, -ɑ̃t] *adj* sweet-smelling, fragrant
odorat [ɔdɔʀa] *nm* (sense of) smell; **avoir l'~ fin** to have a keen sense of smell
odoriférant, e [ɔdɔʀifeʀɑ̃, -ɑ̃t] *adj* sweet-smelling, fragrant
odyssée [ɔdise] *nf* odyssey
OEA *sigle f* (= *Organisation des États américains*) OAS
œcuménique [ekymenik] *adj* ecumenical
œdème [edɛm] *nm* oedema (*Brit*), edema (*US*)
œil [œj] (*pl* **yeux** [jø]) *nm* eye; **avoir un ~ poché** *ou* **au beurre noir** to have a black eye; **à l'~** (*fam*) for free; **à l'~ nu** with the naked eye; **tenir qn à l'~** to keep an eye *ou* a watch on sb; **avoir l'~ à** to keep an eye on; **faire de l'~ à qn** to make eyes at sb; **voir qch d'un bon/mauvais ~** to view sth in a favourable/an unfavourable light; **à l'~ vif** with a lively expression; **à mes/ses yeux** in my/his eyes; **de ses propres yeux** with his own eyes; **fermer les yeux (sur)** (*fig*) to turn a blind eye (to); **les yeux fermés** (*aussi fig*) with one's eyes shut; **fermer l'~** to get a moment's sleep; **~ pour ~, dent pour dent** an eye for an eye, a tooth for a tooth; **pour les beaux yeux de qn** (*fig*) for love of sb; **~ de verre** glass eye
œil-de-bœuf [œjdəbœf] (*pl* **œils-de-bœuf**) *nm* bull's-eye (window)
œillade [œjad] *nf*: **lancer une ~ à qn** to wink at sb, give sb a wink; **faire des ~s à** to make eyes at
œillères [œjɛʀ] *nfpl* blinkers (*Brit*), blinders (*US*); **avoir des ~** (*fig*) to be blinkered, wear blinders
œillet [œjɛ] *nm* (*Bot*) carnation; (*trou*) eyelet
œnologue [enɔlɔg] *nm/f* wine expert
œsophage [ezɔfaʒ] *nm* oesophagus (*Brit*), esophagus (*US*)
œstrogène [ɛstʀɔʒɛn] *adj* oestrogen (*Brit*), estrogen (*US*)
œuf [œf] *nm* egg; **étouffer dans l'~** to nip in the bud; **~ à la coque/dur/mollet** boiled/hard-boiled/soft-boiled egg; **~ au plat/poché** fried/poached egg; **~s brouillés** scrambled eggs; **~ de Pâques** Easter egg; **~ à repriser** darning egg
œuvre [œvʀ(ə)] *nf* (*tâche*) task, undertaking; (*ouvrage achevé, livre, tableau etc*) work; (*ensemble de la production artistique*) works *pl*; (*organisation charitable*) charity ▷ *nm* (*d'un artiste*) works *pl*; (*Constr*): **le gros ~** the shell; **œuvres** *nfpl* (*actes*) deeds, works; **être/se mettre à l'~** to be at/get (down) to work; **mettre en ~** (*moyens*) to make use of; (*plan, loi, projet etc*) to implement; **~ d'art** work of art; **bonnes ~s** good works *ou* deeds; **~s de bienfaisance** charitable works
OFCE *sigle m* (= *Observatoire français des conjonctures économiques*) *economic research institute*
offensant, e [ɔfɑ̃sɑ̃, -ɑ̃t] *adj* offensive, insulting
offense [ɔfɑ̃s] *nf* (*affront*) insult; (*Rel*: *péché*) transgression, trespass
offenser [ɔfɑ̃se] *vt* to offend, hurt; (*principes, Dieu*) to offend against; **s'offenser de** *vi* to take offence (*Brit*) *ou* offense (*US*) at
offensif, -ive [ɔfɑ̃sif, -iv] *adj* (*armes, guerre*) offensive ▷ *nf* offensive; (*fig*: *du froid, de l'hiver*) onslaught; **passer à l'offensive** to go into the attack *ou* offensive
offert, e [ɔfɛʀ, -ɛʀt(ə)] *pp de* **offrir**
offertoire [ɔfɛʀtwaʀ] *nm* offertory
office [ɔfis] *nm* (*charge*) office; (*agence*) bureau, agency; (*Rel*) service ▷ *nm ou f* (*pièce*) pantry; **faire ~ de** to act as; to do duty as; **d'~** *adv* automatically; **bons ~s** (*Pol*) good offices; **~ du tourisme** tourist bureau
officialiser [ɔfisjalize] *vt* to make official
officiel, le [ɔfisjɛl] *adj, nm/f* official
officiellement [ɔfisjɛlmɑ̃] *adv* officially
officier [ɔfisje] *nm* officer ▷ *vi* (*Rel*) to officiate; **~ de l'état-civil** registrar; **~ ministériel** member of the legal profession; **~ de police** ≈ police officer
officieusement [ɔfisjøzmɑ̃] *adv* unofficially
officieux, -euse [ɔfisjø, -øz] *adj* unofficial
officinal, e, -aux [ɔfisinal, -o] *adj*: **plantes ~es** medicinal plants
officine [ɔfisin] *nf* (*de pharmacie*) dispensary; (*Admin*: *pharmacie*) pharmacy; (*gén péj*: *bureau*) agency, office
offrais *etc* [ɔfʀɛ] *vb voir* **offrir**
offrande [ɔfʀɑ̃d] *nf* offering
offrant [ɔfʀɑ̃] *nm*: **au plus ~** to the highest bidder
offre [ɔfʀ(ə)] *vb voir* **offrir** ▷ *nf* offer; (*aux enchères*) bid; (*Admin*: *soumission*) tender; (*Écon*): **l'~** supply; **~ d'emploi** job advertised; **"~s d'emploi"** "situations vacant"; **~ publique d'achat (OPA)** takeover bid; **~s de service** offer of service
offrir [ɔfʀiʀ] *vt*: **~ (à qn)** to offer (to sb); (*faire cadeau*) to give to (sb); **s'offrir** *vi* (*se présenter*: *occasion, paysage*) to present itself ▷ *vt* (*se payer*: *vacances, voiture*) to treat o.s. to; **~ (à qn) de faire qch** to offer to do sth (for sb); **~ à boire à qn** to offer sb a drink; **s'~ à faire qch** to offer *ou* volunteer to do sth; **s'~ comme guide/en otage** to offer one's services as (a) guide/offer o.s. as (a) hostage; **s'~ aux regards** (*personne*) to expose o.s. to the public gaze
offset [ɔfsɛt] *nm* offset (printing)
offusquer [ɔfyske] *vt* to offend; **s'offusquer de** to take offence (*Brit*) *ou* offense (*US*) at, be offended by

ogive [ɔʒiv] *nf* (*Archit*) diagonal rib; (*d'obus, de missile*) nose cone; **voûte en ~** rib vault; **arc en ~** lancet arch; **~ nucléaire** nuclear warhead
OGM *sigle m* GMO
ogre [ɔgʀ(ə)] *nm* ogre
oh [o] *excl* oh!; **oh la la!** oh (dear)!; **pousser des oh! et des ah!** to gasp with admiration
oie [wa] *nf* (*Zool*) goose; **~ blanche** (*fig*) young innocent
oignon [ɔɲɔ̃] *nm* (*Culin*) onion; (*de tulipe etc: bulbe*) bulb; (*Méd*) bunion; **ce ne sont pas tes ~s** (*fam*) that's none of your business
oindre [wɛ̃dʀ(ə)] *vt* to anoint
oiseau, x [wazo] *nm* bird; **~ de proie** bird of prey
oiseau-mouche [wazomuʃ] (*pl* **oiseaux-mouches**) *nm* hummingbird
oiseleur [wazlœʀ] *nm* bird-catcher
oiselier, -ière [wazəlje, -jɛʀ] *nm/f* bird-seller
oisellerie [wazɛlʀi] *nf* bird shop
oiseux, -euse [wazø, -øz] *adj* pointless, idle; (*sans valeur, importance*) trivial
oisif, -ive [wazif, -iv] *adj* idle ▷ *nm/f* (*péj*) man/lady of leisure
oisillon [wazijɔ̃] *nm* little *ou* baby bird
oisiveté [wazivte] *nf* idleness
OIT *sigle f* (= *Organisation internationale du travail*) ILO
OK [okɛ] *excl* OK!, all right!
OL *sigle fpl* (= *ondes longues*) LW
oléagineux, -euse [ɔleaʒinø, -øz] *adj* oleaginous, oil-producing
oléiculture [ɔleikyltyʀ] *nm* olive growing
oléoduc [ɔleɔdyk] *nm* (oil) pipeline
olfactif, -ive [ɔlfaktif, -iv] *adj* olfactory
olibrius [ɔlibʀijys] *nm* oddball
oligarchie [ɔligaʀʃi] *nf* oligarchy
oligo-élément [ɔligɔelemɑ̃] *nm* trace element
oligopole [ɔligɔpɔl] *nm* oligopoly
olivâtre [ɔlivɑtʀ(ə)] *adj* olive-greenish; (*teint*) sallow
olive [ɔliv] *nf* (*Bot*) olive ▷ *adj inv* olive-green
oliveraie [ɔlivʀɛ] *nf* olive grove
olivier [ɔlivje] *nm* olive (tree); (*bois*) olive (wood)
olographe [ɔlɔgʀaf] *adj*: **testament ~** *will written, dated and signed by the testator*
OLP *sigle f* (= *Organisation de libération de la Palestine*) PLO
olympiade [ɔlɛ̃pjad] *nf* (*période*) Olympiad; **les ~s** (*jeux*) the Olympiad *sg*
olympien, ne [ɔlɛ̃pjɛ̃, -ɛn] *adj* Olympian, of Olympian aloofness
olympique [ɔlɛ̃pik] *adj* Olympic
OM *sigle fpl* (= *ondes moyennes*) MW
Oman [ɔman] *nm*: **l'~, le sultanat d'~** (the Sultanate of) Oman
ombilical, e, -aux [ɔ̃bilikal, -o] *adj* umbilical
ombrage [ɔ̃bʀaʒ] *nm* (*ombre*) (leafy) shade; (*fig*): **prendre ~ de** to take umbrage at; **faire** *ou* **porter ~ à qn** to offend sb
ombragé, e [ɔ̃bʀaʒe] *adj* shaded, shady
ombrageux, -euse [ɔ̃bʀaʒø, -øz] *adj* (*cheval*) skittish, nervous; (*personne*) touchy, easily offended
ombre [ɔ̃bʀ(ə)] *nf* (*espace non ensoleillé*) shade; (*ombre portée, tache*) shadow; **à l'~** in the shade; (*fam: en prison*) behind bars; **à l'~ de** in the shade of; (*tout près de, fig*) in the shadow of; **tu me fais de l'~** you're in my light; **ça nous donne de l'~** it gives us (some) shade; **il n'y a pas l'~ d'un doute** there's not the shadow of a doubt; **dans l'~** in the shade; **vivre dans l'~** (*fig*) to live in obscurity; **laisser dans l'~** (*fig*) to leave in the dark; **~ à paupières** eye shadow; **~ portée** shadow; **~s chinoises** (*spectacle*) shadow show *sg*
ombrelle [ɔ̃bʀɛl] *nf* parasol, sunshade
ombrer [ɔ̃bʀe] *vt* to shade
OMC *sigle f* (= *organisation mondiale du commerce*) WTO
omelette [ɔmlɛt] *nf* omelette; **~ baveuse** runny omelette; **~ au fromage/au jambon** cheese/ham omelette; **~ aux herbes** omelette with herbs; **~ norvégienne** baked Alaska
omettre [ɔmɛtʀ(ə)] *vt* to omit, leave out; **~ de faire** to fail *ou* omit to do
omis, e [ɔmi, -iz] *pp de* **omettre**
omission [ɔmisjɔ̃] *nf* omission
omnibus [ɔmnibys] *nm* slow *ou* stopping train
omnipotent, e [ɔmnipɔtɑ̃, -ɑ̃t] *adj* omnipotent
omnipraticien, ne [ɔmnipʀatisjɛ̃, -ɛn] *nm/f* (*Méd*) general practitioner
omniprésent, e [ɔmnipʀezɑ̃, -ɑ̃t] *adj* omnipresent
omniscient, e [ɔmnisjɑ̃, -ɑ̃t] *adj* omniscient
omnisports [ɔmnispɔʀ] *adj inv* (*club*) general sports *cpd*; (*salle*) multi-purpose *cpd*; (*terrain*) all-purpose *cpd*
omnium [ɔmnjɔm] *nm* (*Comm*) corporation; (*Cyclisme*) omnium; (*Courses*) open handicap
omnivore [ɔmnivɔʀ] *adj* omnivorous
omoplate [ɔmɔplat] *nf* shoulder blade
OMS *sigle f* (= *Organisation mondiale de la santé*) WHO

 **MOT-CLÉ**

on [ɔ̃] *pron* **1** (*indéterminé*) you, one; **on peut le faire ainsi** you *ou* one can do it like this, it can be done like this; **on dit que ...** they say that ..., it is said that ..
2 (*quelqu'un*): **on les a attaqués** they were attacked; **on vous demande au téléphone** there's a phone call for you, you're wanted on the phone; **on frappe à la porte** someone's knocking at the door
3 (*nous*) we; **on va y aller demain** we're going tomorrow
4 (*les gens*) they; **autrefois, on croyait ...** they used to believe ..
5: **on ne peut plus** *adv*: **on ne peut plus stupide** as stupid as can be

once [ɔ̃s] *nf*: **une ~ de** an ounce of

O

oncle [ɔ̃kl(ə)] *nm* uncle
onction [ɔ̃ksjɔ̃] *nf voir* **extrême-onction**
onctueux, -euse [ɔ̃ktɥø, -øz] *adj* creamy, smooth; (*fig*) smooth, unctuous
onde [ɔ̃d] *nf* (*Physique*) wave; **sur l'~** on the waters; **sur les ~s** on the radio; **mettre en ~s** to produce for the radio; **~ de choc** shock wave; **~s courtes (OC)** short wave *sg*; **petites ~s (PO)**, **~s moyennes (OM)** medium wave *sg*; **grandes ~s (GO), ~s longues (OL)** long wave *sg*; **~s sonores** sound waves
ondée [ɔ̃de] *nf* shower
on-dit [ɔ̃di] *nm inv* rumour
ondoyer [ɔ̃dwaje] *vi* to ripple, wave ▷ *vt* (*Rel*) to baptize (*in an emergency*)
ondulant, e [ɔ̃dylɑ̃, -ɑ̃t] *adj* (*démarche*) swaying; (*ligne*) undulating
ondulation [ɔ̃dylɑsjɔ̃] *nf* undulation; wave
ondulé, e [ɔ̃dyle] *adj* undulating; wavy
onduler [ɔ̃dyle] *vi* to undulate; (*cheveux*) to wave
onéreux, -euse [ɔneʀø, -øz] *adj* costly; **à titre ~** in return for payment
ONF *sigle m* (= *Office national des forêts*) ≈ Forestry Commission (*Brit*), ≈ National Forest Service (*US*)
ONG *sigle f* (= *organisation non-gouvernemental*) NGO
ongle [ɔ̃gl(ə)] *nm* (*Anat*) nail; **manger** *ou* **ronger ses ~s** to bite one's nails; **se faire les ~s** to do one's nails
onglet [ɔ̃glɛ] *nm* (*rainure*) (thumbnail) groove; (*bande de papier*) tab
onguent [ɔ̃gɑ̃] *nm* ointment
onirique [ɔniʀik] *adj* dreamlike, dream *cpd*
onirisme [ɔniʀism(ə)] *nm* dreams *pl*
onomatopée [ɔnɔmatɔpe] *nf* onomatopoeia
ont [ɔ̃] *vb voir* **avoir**
ontarien, ne [ɔ̃taʀjɛ̃, -ɛn] *adj* Ontarian
ONU [ɔny] *sigle f* (= *Organisation des Nations unies*) UN(O)
onusien, ne [ɔnyzjɛ̃, -ɛn] *adj* of the UN(O), of the United Nations (Organization)
onyx [ɔniks] *nm* onyx
onze [ɔ̃z] *num* eleven
onzième [ɔ̃zjɛm] *num* eleventh
op [ɔp] *nf* (*opération*): **salle d'op** (operating) theatre
OPA *sigle f* = **offre publique d'achat**
opacité [ɔpasite] *nf* opaqueness
opale [ɔpal] *nf* opal
opalescent, e [ɔpalesɑ̃, -ɑ̃t] *adj* opalescent
opalin, e [ɔpalɛ̃, -in] *adj, nf* opaline
opaque [ɔpak] *adj* (*vitre, verre*) opaque; (*brouillard, nuit*) impenetrable
OPE *sigle f* (= *offre publique d'échange*) *take-over bid where bidder offers shares in his company in exchange for shares in target company*
OPEP [ɔpɛp] *sigle f* (= *Organisation des pays exportateurs de pétrole*) OPEC
opéra [ɔpeʀa] *nm* opera; (*édifice*) opera house
opérable [ɔpeʀabl(ə)] *adj* operable
opéra-comique [ɔpeʀakɔmik] (*pl* **opéras-comiques**) *nm* light opera, opéra comique
opérant, e [ɔpeʀɑ̃, -ɑ̃t] *adj* (*mesure*) effective
opérateur, -trice [ɔpeʀatœʀ, -tʀis] *nm/f* operator; **~ (de prise de vues)** cameraman
opération [ɔpeʀɑsjɔ̃] *nf* operation; (*Comm*) dealing; **salle/table d'~** operating theatre/ table; **~ de sauvetage** rescue operation; **~ à cœur ouvert** open-heart surgery *no pl*
opérationnel, le [ɔpeʀasjɔnel] *adj* operational
opératoire [ɔpeʀatwaʀ] *adj* (*manœuvre, méthode*) operating; (*choc etc*) post-operative
opéré, e [ɔpeʀe] *nm/f* post-operative patient
opérer [ɔpeʀe] *vt* (*Méd*) to operate on; (*faire, exécuter*) to carry out, make ▷ *vi* (*remède: faire effet*) to act, work; (*procéder*) to proceed; (*Méd*) to operate; **s'opérer** *vi* (*avoir lieu*) to occur, take place; **se faire ~** to have an operation; **se faire ~ des amygdales/du cœur** to have one's tonsils out/have a heart operation
opérette [ɔpeʀɛt] *nf* operetta, light opera
ophtalmique [ɔftalmik] *adj* ophthalmic
ophtalmologie [ɔftalmɔlɔʒi] *nf* ophthalmology
ophtalmologue [ɔftalmɔlɔg] *nm/f* ophthalmologist
opiacé, e [ɔpjase] *adj* opiate
opiner [ɔpine] *vi*: **~ de la tête** to nod assent ▷ *vt*: **~ à** to consent to
opiniâtre [ɔpinjɑtʀ(ə)] *adj* stubborn
opiniâtreté [ɔpinjɑtʀəte] *nf* stubbornness
opinion [ɔpinjɔ̃] *nf* opinion; **l'~ (publique)** public opinion; **avoir bonne/mauvaise ~ de** to have a high/low opinion of
opiomane [ɔpjɔman] *nm/f* opium addict
opium [ɔpjɔm] *nm* opium
OPJ *sigle m* (= *officier de police judiciaire*) ≈ DC (= *Detective Constable*)
opportun, e [ɔpɔʀtœ̃, -yn] *adj* timely, opportune; **en temps ~** at the appropriate time
opportunément [ɔpɔʀtynemɑ̃] *adv* opportunely
opportunisme [ɔpɔʀtynism(ə)] *nm* opportunism
opportuniste [ɔpɔʀtynist(ə)] *adj, nm/f* opportunist
opportunité [ɔpɔʀtynite] *nf* timeliness, opportuneness
opposant, e [ɔpozɑ̃, -ɑ̃t] *adj* opposing ▷ *nm/f* opponent
opposé, e [ɔpoze] *adj* (*direction, rive*) opposite; (*faction*) opposing; (*couleurs*) contrasting; (*opinions, intérêts*) conflicting; (*contre*): **~ à** opposed to, against ▷ *nm*: **l'~** the other *ou* opposite side (*ou* direction); (*contraire*) the opposite; **être ~ à** to be opposed to; **à l'~** (*fig*) on the other hand; **à l'~ de** on the other *ou* opposite side from; (*fig*) contrary to, unlike
opposer [ɔpoze] *vt* (*meubles, objets*) to place opposite each other; (*personnes, armées, équipes*) to oppose; (*couleurs, termes, tons*) to contrast; (*comparer: livres, avantages*) to contrast; **~ qch à** (*comme obstacle, défense*) to set sth against; (*comme objection*) to put sth forward against; (*en contraste*) to set sth opposite; to match sth with;

s'opposer *vi* (*sens réciproque*) to conflict; to clash; to face each other; to contrast; **s'~ à** (*interdire, empêcher*) to oppose; (*tenir tête à*) to rebel against; **sa religion s'y oppose** it's against his religion; **s'~ à ce que qn fasse** to be opposed to sb's doing

opposition [ɔpozisjɔ̃] *nf* opposition; **par ~** in contrast; **par ~ à** as opposed to, in contrast with; **entrer en ~ avec** to come into conflict with; **être en ~ avec** (*idées, conduite*) to be at variance with; **faire ~ à un chèque** to stop a cheque

oppressant, e [ɔpʀesɑ̃, -ɑ̃t] *adj* oppressive

oppresser [ɔpʀese] *vt* to oppress; **se sentir oppressé** to feel breathless

oppresseur [ɔpʀesœʀ] *nm* oppressor

oppressif, -ive [ɔpʀesif, -iv] *adj* oppressive

oppression [ɔpʀesjɔ̃] *nf* oppression; (*malaise*) feeling of suffocation

opprimer [ɔpʀime] *vt* (*asservir: peuple, faibles*) to oppress; (*étouffer: liberté, opinion*) to suppress, stifle; (*chaleur etc*) to suffocate, oppress

opprobre [ɔpʀɔbʀ(ə)] *nm* disgrace

opter [ɔpte] *vi*: **~ pour** to opt for; **~ entre** to choose between

opticien, ne [ɔptisjɛ̃, -ɛn] *nm/f* optician

optimal, e, -aux [ɔptimal, -o] *adj* optimal

optimisation [ɔptimizɑsjɔ̃] *nf* optimization

optimiser [ɔptimize] *vt* to optimize

optimisme [ɔptimism(ə)] *nm* optimism

optimiste [ɔptimist(ə)] *adj* optimistic ▷ *nm/f* optimist

optimum [ɔptimɔm] *adj, nm* optimum

option [ɔpsjɔ̃] *nf* option; (*Auto: supplément*) optional extra; **matière à ~** (*Scol*) optional subject (*Brit*), elective (*US*); **prendre une ~ sur** to take (out) an option on; **~ par défaut** (*Inform*) default (option)

optionnel, le [ɔpsjɔnɛl] *adj* optional

optique [ɔptik] *adj* (*nerf*) optic; (*verres*) optical ▷ *nf* (*Photo: lentilles etc*) optics *pl*; (*science, industrie*) optics *sg*; (*fig: manière de voir*) perspective

opulence [ɔpylɑ̃s] *nf* wealth, opulence

opulent, e [ɔpylɑ̃, -ɑ̃t] *adj* wealthy, opulent; (*formes, poitrine*) ample, generous

OPV *sigle f* (= *offre publique de vente*) public offer of sale

or [ɔʀ] *nm* gold ▷ *conj* now, but; **d'or** (*fig*) golden; **en or** gold *cpd*; (*occasion*) golden; **un mari/enfant en or** a treasure; **une affaire en or** (*achat*) a real bargain; (*commerce*) a gold mine; **plaqué or** gold-plated; **or noir** black gold

oracle [ɔʀɑkl(ə)] *nm* oracle

orage [ɔʀaʒ] *nm* (thunder)storm

orageux, -euse [ɔʀaʒø, -øz] *adj* stormy

oraison [ɔʀɛzɔ̃] *nf* orison, prayer; **~ funèbre** funeral oration

oral, e, -aux [ɔʀal, -o] *adj* (*déposition, promesse*) oral, verbal; (*Méd*): **par voie ~e** by mouth, orally ▷ *nm* (*Scol*) oral

oralement [ɔʀalmɑ̃] *adv* orally

orange [ɔʀɑ̃ʒ] *adj inv, nf* orange; **~ sanguine** blood orange; **~ pressée** freshly-squeezed orange juice

orangé, e [ɔʀɑ̃ʒe] *adj* orangey, orange-coloured

orangeade [ɔʀɑ̃ʒad] *nf* orangeade

oranger [ɔʀɑ̃ʒe] *nm* orange tree

orangeraie [ɔʀɑ̃ʒʀɛ] *nf* orange grove

orangerie [ɔʀɑ̃ʒʀi] *nf* orangery

orang-outan, orang-outang [ɔʀɑ̃utɑ̃] *nm* orang-utan

orateur [ɔʀatœʀ] *nm* speaker; orator

oratoire [ɔʀatwaʀ] *nm* (*lieu, chapelle*) oratory; (*au bord du chemin*) wayside shrine ▷ *adj* oratorical

oratorio [ɔʀatɔʀjo] *nm* oratorio

orbital, e, -aux [ɔʀbital, -o] *adj* orbital; **station ~e** space station

orbite [ɔʀbit] *nf* (*Anat*) (eye-)socket; (*Physique*) orbit; **mettre sur ~** to put into orbit; (*fig*) to launch; **dans l'~ de** (*fig*) within the sphere of influence of

Orcades [ɔʀkad] *nfpl*: **les ~** the Orkneys, the Orkney Islands

orchestral, e, -aux [ɔʀkɛstʀal, -o] *adj* orchestral

orchestrateur, -trice [ɔʀkɛstʀatœʀ, -tʀis] *nm/f* orchestrator

orchestration [ɔʀkɛstʀɑsjɔ̃] *nf* orchestration

orchestre [ɔʀkɛstʀ(ə)] *nm* orchestra; (*de jazz, danse*) band; (*places*) stalls *pl* (*Brit*), orchestra (*US*)

orchestrer [ɔʀkɛstʀe] *vt* (*Mus*) to orchestrate; (*fig*) to mount, stage-manage

orchidée [ɔʀkide] *nf* orchid

ordinaire [ɔʀdinɛʀ] *adj* ordinary; (*coutumier: maladresse etc*) usual; (*de tous les jours*) everyday; (*modèle, qualité*) standard ▷ *nm* ordinary; (*menus*) everyday fare ▷ *nf* (*essence*) ≈ two-star (petrol) (*Brit*), ≈ regular (gas) (*US*); **d'~** usually, normally; **à l'~** usually, ordinarily

ordinairement [ɔʀdinɛʀmɑ̃] *adv* ordinarily, usually

ordinal, e, -aux [ɔʀdinal, -o] *adj* ordinal

ordinateur [ɔʀdinatœʀ] *nm* computer; **mettre sur ~** to computerize, put on computer; **~ de bureau** desktop computer; **~ individuel** *ou* **personnel** personal computer; **~ portable** laptop (computer)

ordination [ɔʀdinɑsjɔ̃] *nf* ordination

ordonnance [ɔʀdɔnɑ̃s] *nf* organization; (*groupement, disposition*) layout; (*Méd*) prescription; (*Jur*) order; (*Mil*) orderly, batman (*Brit*); **d'~** (*Mil*) regulation *cpd*; **officier d'~** aide-de-camp

ordonnateur, -trice [ɔʀdɔnatœʀ, -tʀis] *nm/f* (*d'une cérémonie, fête*) organizer; **~ des pompes funèbres** funeral director

ordonné, e [ɔʀdɔne] *adj* tidy, orderly; (*Math*) ordered ▷ *nf* (*Math*) Y-axis, ordinate

ordonner [ɔʀdɔne] *vt* (*agencer*) to organize, arrange; (*: meubles, appartement*) to lay out, arrange; (*donner un ordre*): **~ à qn de faire** to order sb to do; (*Math*) to (arrange in) order; (*Rel*) to ordain; (*Méd*) to prescribe; (*Jur*) to order; **s'ordonner** *vi* (*faits*) to organize themselves

O

ordre [ɔʀdʀ(ə)] *nm* (*gén*) order; (*propreté et soin*) orderliness, tidiness; (*association professionnelle, honorifique*) association; (*Comm*): **à l'~ de** payable to; (*nature*): **d'~ pratique** of a practical nature; **ordres** *nmpl* (*Rel*) holy orders; **avoir de l'~** to be tidy *ou* orderly; **mettre en ~** to tidy (up), put in order; **mettre bon ~ à** to put to rights, sort out; **procéder par ~** to take things one at a time; **être aux ~s de qn/sous les ~s de qn** to be at sb's disposal/under sb's command; **rappeler qn à l'~** to call sb to order; **jusqu'à nouvel ~** until further notice; **dans le même ~ d'idées** in this connection; **par ~ d'entrée en scène** in order of appearance; **un ~ de grandeur** some idea of the size (*ou* amount); **de premier ~** first-rate; **~ de grève** strike call; **~ du jour** (*d'une réunion*) agenda; (*Mil*) order of the day; **à l'~ du jour** on the agenda; (*fig*) topical; (*Mil: citer*) in dispatches; **~ de mission** (*Mil*) orders *pl*; **~ public** law and order; **~ de route** marching orders *pl*

ordure [ɔʀdyʀ] *nf* filth *no pl*; (*propos, écrit*) obscenity, (piece of) filth; **ordures** *nfpl* (*balayures, déchets*) rubbish *sg*, refuse *sg*; **~s ménagères** household refuse

ordurier, -ière [ɔʀdyʀje, -jɛʀ] *adj* lewd, filthy

oreille [ɔʀɛj] *nf* (*Anat*) ear; (*de marmite, tasse*) handle; (*Tech: d'un écrou*) wing; **avoir de l'~** to have a good ear (for music); **avoir l'~ fine** to have good *ou* sharp ears; **l'~ basse** crestfallen, dejected; **se faire tirer l'~** to take a lot of persuading; **dire qch à l'~ de qn** to have a word in sb's ear (about sth)

oreiller [ɔʀeje] *nm* pillow

oreillette [ɔʀɛjɛt] *nf* (*Anat*) auricle

oreillons [ɔʀɛjɔ̃] *nmpl* mumps *sg*

ores [ɔʀ]: **d'~ et déjà** *adv* already

orfèvre [ɔʀfɛvʀ(ə)] *nm* goldsmith; silversmith

orfèvrerie [ɔʀfɛvʀəʀi] *nf* (*art, métier*) goldsmith's (*ou* silversmith's) trade; (*ouvrage*) (silver *ou* gold) plate

orfraie [ɔʀfʀɛ] *nm* white-tailed eagle; **pousser des cris d'~** to yell at the top of one's voice

organe [ɔʀgan] *nm* organ; (*véhicule, instrument*) instrument; (*voix*) voice; (*porte-parole*) representative, mouthpiece; **~s de commande** (*Tech*) controls; **~s de transmission** (*Tech*) transmission system *sg*

organigramme [ɔʀganigʀam] *nm* (*hiérarchique, structure*) organization chart; (*des opérations*) flow chart

organique [ɔʀganik] *adj* organic

organisateur, -trice [ɔʀganizatœʀ, -tʀis] *nm/f* organizer

organisation [ɔʀganizɑsjɔ̃] *nf* organization; **O~ des Nations unies (ONU)** United Nations (Organization) (UN, UNO); **O~ mondiale de la santé (OMS)** World Health Organization (WHO); **O~ du traité de l'Atlantique Nord (OTAN)** North Atlantic Treaty Organization (NATO)

organisationnel, le [ɔʀganizasjɔnɛl] *adj* organizational

organiser [ɔʀganize] *vt* to organize; (*mettre sur pied: service etc*) to set up; **s'organiser** *vi* to get organized

organisme [ɔʀganism(ə)] *nm* (*Bio*) organism; (*corps humain*) body; (*Admin, Pol etc*) body, organism

organiste [ɔʀganist(ə)] *nm/f* organist

orgasme [ɔʀgasm(ə)] *nm* orgasm, climax

orge [ɔʀʒ(ə)] *nf* barley

orgeat [ɔʀʒa] *nm*: **sirop d'~** barley water

orgelet [ɔʀʒəlɛ] *nm* sty(e)

orgie [ɔʀʒi] *nf* orgy

orgue [ɔʀg(ə)] *nm* organ; **orgues** *nfpl* organ *sg*; **~ de Barbarie** barrel *ou* street organ

orgueil [ɔʀgœj] *nm* pride

orgueilleux, -euse [ɔʀgœjø, -øz] *adj* proud

Orient [ɔʀjɑ̃] *nm*: **l'~** the East, the Orient

orientable [ɔʀjɑ̃tabl(ə)] *adj* (*phare, lampe etc*) adjustable

oriental, e, -aux [ɔʀjɑ̃tal, -o] *adj* oriental, eastern; (*frontière*) eastern ▷ *nm/f*: **Oriental, e** Oriental

orientation [ɔʀjɑ̃tɑsjɔ̃] *nf* positioning; adjustment; orientation; direction; (*d'une maison etc*) aspect; (*d'un journal*) leanings *pl*; **avoir le sens de l'~** to have a (good) sense of direction; **course d'~** orienteering exercise; **~ professionnelle** careers advice *ou* guidance; (*service*) careers advisory service

orienté, e [ɔʀjɑ̃te] *adj* (*fig: article, journal*) slanted; **bien/mal ~** (*appartement*) well/badly positioned; **~ au sud** facing south, with a southern aspect

orienter [ɔʀjɑ̃te] *vt* (*situer*) to position; (*placer, disposer: pièce mobile*) to adjust, position; (*tourner*) to direct, turn; (*voyageur, touriste, recherches*) to direct; (*fig: élève*) to orientate; **s'orienter** *vi* (*se repérer*) to find one's bearings; **s'~ vers** (*fig*) to turn towards

orienteur, -euse [ɔʀjɑ̃tœʀ, -øz] *nm/f* (*Scol*) careers adviser

orifice [ɔʀifis] *nm* opening, orifice

oriflamme [ɔʀiflam] *nf* banner, standard

origan [ɔʀigɑ̃] *nm* oregano

originaire [ɔʀiʒinɛʀ] *adj* original; **être ~ de** (*pays, lieu*) to be a native of; (*provenir de*) to originate from; to be native to

original, e, -aux [ɔʀiʒinal, -o] *adj* original; (*bizarre*) eccentric ▷ *nm/f* (*fam: excentrique*) eccentric; (*: fantaisiste*) joker ▷ *nm* (*document etc, Art*) original; (*dactylographie*) top copy

originalité [ɔʀiʒinalite] *nf* (*d'un nouveau modèle*) originality *no pl*; (*excentricité, bizarrerie*) eccentricity

origine [ɔʀiʒin] *nf* origin; (*d'un message, appel téléphonique*) source; (*d'une révolution, réussite*) root; **origines** *nfpl* (*d'une personne*) origins; **d'~** of origin; (*pneus etc*) original; (*bureau postal*) dispatching; **d'~ française** of French origin; **dès l'~** at *ou* from the outset; **à l'~** originally; **avoir son ~ dans** to have its origins in, originate in

originel, le [ɔʀiʒinɛl] *adj* original
originellement [ɔʀiʒinɛlmɑ̃] *adv* (*à l'origine*) originally; (*dès l'origine*) from the beginning
oripeaux [ɔʀipo] *nmpl* rags
ORL *sigle f* (*= oto-rhino-laryngologie*) ENT ▷ *sigle m/f* (*= oto-rhino-laryngologiste*) ENT specialist; **être en ~** (*malade*) to be in the ENT hospital *ou* department
orme [ɔʀm(ə)] *nm* elm
orné, e [ɔʀne] *adj* ornate; **~ de** adorned *ou* decorated with
ornement [ɔʀnəmɑ̃] *nm* ornament; (*fig*) embellishment, adornment; **~s sacerdotaux** vestments
ornemental, e, -aux [ɔʀnəmɑ̃tal, -o] *adj* ornamental
ornementer [ɔʀnəmɑ̃te] *vt* to ornament
orner [ɔʀne] *vt* to decorate, adorn; **~ qch de** to decorate sth with
ornière [ɔʀnjɛʀ] *nf* rut; (*fig*): **sortir de l'~** (*routine*) to get out of the rut; (*impasse*) to get out of a spot
ornithologie [ɔʀnitɔlɔʒi] *nf* ornithology
ornithologue [ɔʀnitɔlɔg] *nm/f* ornithologist; **~ amateur** birdwatcher
orphelin, e [ɔʀfəlɛ̃, -in] *adj* orphan(ed) ▷ *nm/f* orphan; **~ de père/mère** fatherless/motherless
orphelinat [ɔʀfəlina] *nm* orphanage
ORSEC [ɔʀsɛk] *sigle f* = **Organisation des secours; le plan ~** *disaster contingency plan*
ORSECRAD [ɔʀsɛkʀad] *sigle m* = **ORSEC en cas d'accident nucléaire**
orteil [ɔʀtɛj] *nm* toe; **gros ~** big toe
ORTF *sigle m* (*= Office de radio-diffusion télévision française*) (*former*) *French broadcasting corporation*
orthodontiste [ɔʀtɔdɔ̃tist(ə)] *nm/f* orthodontist
orthodoxe [ɔʀtɔdɔks(ə)] *adj* orthodox
orthodoxie [ɔʀtɔdɔksi] *nf* orthodoxy
orthogénie [ɔʀtɔʒeni] *nf* family planning
orthographe [ɔʀtɔgʀaf] *nf* spelling
orthographier [ɔʀtɔgʀafje] *vt* to spell; **mal orthographié** misspelt
orthopédie [ɔʀtɔpedi] *nf* orthopaedics *sg* (*Brit*), orthopedics *sg* (*US*)
orthopédique [ɔʀtɔpedik] *adj* orthopaedic (*Brit*), orthopedic (*US*)
orthopédiste [ɔʀtɔpedist(ə)] *nm/f* orthopaedic (*Brit*) *ou* orthopedic (*US*) specialist
orthophonie [ɔʀtɔfɔni] *nf* (*Méd*) speech therapy; (*Ling*) correct pronunciation
orthophoniste [ɔʀtɔfɔnist(ə)] *nm/f* speech therapist
ortie [ɔʀti] *nf* (stinging) nettle; **~ blanche** white dead-nettle
OS *sigle m* = **ouvrier spécialisé**
os [ɔs] *nm* bone; **sans os** (*Boucherie*) off the bone, boned; **os à moelle** marrowbone
oscillation [ɔsilɑsjɔ̃] *nf* oscillation; **oscillations** *nfpl* (*fig*) fluctuations
osciller [ɔsile] *vi* (*pendule*) to swing; (*au vent etc*) to rock; (*Tech*) to oscillate; (*fig*): **~ entre** to waver *ou* fluctuate between
osé, e [oze] *adj* daring, bold
oseille [ozɛj] *nf* sorrel
oser [oze] *vi, vt* to dare; **~ faire** to dare (to) do
osier [ozje] *nm* (*Bot*) willow; **d'~, en ~** wicker(work) *cpd*
Oslo [ɔslo] *n* Oslo
osmose [ɔsmoz] *nf* osmosis
ossature [ɔsatyʀ] *nf* (*Anat: squelette*) frame, skeletal structure; (*: du visage*) bone structure; (*fig*) framework
osselet [ɔslɛ] *nm* (*Anat*) ossicle; **jouer aux ~s** to play jacks
ossements [ɔsmɑ̃] *nmpl* bones
osseux, -euse [ɔsø, -øz] *adj* bony; (*tissu, maladie, greffe*) bone *cpd*
ossifier [ɔsifje]: **s'ossifier** *vi* to ossify
ossuaire [ɔsɥɛʀ] *nm* ossuary
Ostende [ɔstɑ̃d] *n* Ostend
ostensible [ɔstɑ̃sibl(ə)] *adj* conspicuous
ostensiblement [ɔstɑ̃sibləmɑ̃] *adv* conspicuously
ostensoir [ɔstɑ̃swaʀ] *nm* monstrance
ostentation [ɔstɑ̃tɑsjɔ̃] *nf* ostentation; **faire ~ de** to parade, make a display of
ostentatoire [ɔstɑ̃tatwaʀ] *adj* ostentatious
ostracisme [ɔstʀasism(ə)] *nm* ostracism; **frapper d'~** to ostracize
ostréicole [ɔstʀeikɔl] *adj* oyster *cpd*
ostréiculture [ɔstʀeikyltyʀ] *nf* oyster-farming
otage [ɔtaʒ] *nm* hostage; **prendre qn comme ~** to take sb hostage
OTAN [ɔtɑ̃] *sigle f* (*= Organisation du traité de l'Atlantique Nord*) NATO
otarie [ɔtaʀi] *nf* sea-lion
ôter [ote] *vt* to remove; (*soustraire*) to take away; **~ qch à qn** to take sth (away) from sb; **~ qch de** to remove sth from; **six ôté de dix égale quatre** six from ten equals *ou* is four
otite [ɔtit] *nf* ear infection
oto-rhino [ɔtɔʀinɔ(-)], **oto-rhino-laryngologiste** *nm/f* ear, nose and throat specialist.
ottomane [ɔtɔman] *nf* ottoman
ou [u] *conj* or; **ou ... ou** either ... or; **ou bien** or (else)

 MOT-CLÉ

où [u] *pron relatif* **1** (*position, situation*) where, that (*souvent omis*); **la chambre où il était** the room (that) he was in, the room where he was; **la ville où je l'ai rencontré** the town where I met him; **la pièce d'où il est sorti** the room he came out of; **le village d'où je viens** the village I come from; **les villes par où il est passé** the towns he went through
2 (*temps, état*) that (*souvent omis*); **le jour où il est parti** the day (that) he left; **au prix où c'est** at the price it is
▷ *adv* **1** (*interrogation*) where; **où est-il/va-t-il?** where is he/is he going?; **par où?** which way?;

d'où vient que ...? how come ...?
2 (*position*) where; **je sais où il est** I know where he is; **où que l'on aille** wherever you go

OUA *sigle f* (= *Organisation de l'unité africaine*) OAU (= *Organization of African Unity*)
ouais [wɛ] *excl* yeah
ouate [wat] *nf* cotton wool (*Brit*), cotton (*US*); (*bourre*) padding, wadding; **~ (hydrophile)** cotton wool (*Brit*), (absorbent) cotton (*US*)
ouaté, e [wate] *adj* cotton-wool; (*doublé*) padded; (*fig: atmosphère*) cocoon-like; (*: pas, bruit*) muffled
oubli [ubli] *nm* (*acte*): **l'~ de** forgetting; (*étourderie*) forgetfulness *no pl*; (*négligence*) omission, oversight; (*absence de souvenirs*) oblivion; **~ de soi** self-effacement, self-negation
oublier [ublije] *vt* (*gén*) to forget; (*ne pas voir: erreurs etc*) to miss; (*ne pas mettre: virgule, nom*) to leave out, forget; (*laisser quelque part: chapeau etc*) to leave behind; **s'oublier** *vi* to forget o.s.; (*enfant, animal*) to have an accident (*euphemism*); **~ l'heure** to forget (about) the time
oubliettes [ublijɛt] *nfpl* dungeon *sg*; **(jeter) aux ~** (*fig*) (to put) completely out of mind
oublieux, -euse [ublijø, -øz] *adj* forgetful
oued [wɛd] *nm* wadi
ouest [wɛst] *nm* west ▷ *adj inv* west; (*région*) western; **à l'~** in the west, (to the) west, westwards; **à l'~ de** (to the) west of; **vent d'~** westerly wind
ouest-allemand, e [wɛstalmɑ̃, -ɑ̃d] *adj* West German
ouf [uf] *excl* phew!
Ouganda [ugɑ̃da] *nm*: **l'~** Uganda
ougandais, e [ugɑ̃dɛ, -ɛz] *adj* Ugandan
oui [wi] *adv* yes; **répondre (par) ~** to answer yes; **mais ~, bien sûr** yes, of course; **je pense que ~** I think so; **pour un ~ ou pour un non** for no apparent reason
ouï-dire [widiʀ]: **par ~** *adv* by hearsay
ouïe [wi] *nf* hearing; **ouïes** *nfpl* (*de poisson*) gills; (*de violon*) sound-hole *sg*
ouïr [wiʀ] *vt* to hear; **avoir ouï dire que** to have heard it said that
ouistiti [wistiti] *nm* marmoset
ouragan [uʀagɑ̃] *nm* hurricane; (*fig*) storm
Oural [uʀal] *nm*: **l'~** (*fleuve*) the Ural; (*aussi*: **les monts Oural**) the Urals, the Ural Mountains
ourdir [uʀdiʀ] *vt* (*complot*) to hatch
ourdou [uʀdu] *adj inv* Urdu ▷ *nm* (*Ling*) Urdu
ourlé, e [uʀle] *adj* hemmed; (*fig*) rimmed
ourler [uʀle] *vt* to hem
ourlet [uʀlɛ] *nm* hem; (*de l'oreille*) rim; **faire un ~ à** to hem
ours [uʀs] *nm* bear; **~ brun/blanc** brown/polar bear; **~ marin** fur seal; **~ mal léché** uncouth fellow; **~ (en peluche)** teddy (bear)
ourse [uʀs(ə)] *nf* (*Zool*) she-bear; **la Grande/Petite O~** the Great/Little Bear, Ursa Major/Minor
oursin [uʀsɛ̃] *nm* sea urchin
ourson [uʀsɔ̃] *nm* (bear-)cub
ouste [ust(ə)] *excl* hop it!
outil [uti] *nm* tool
outillage [utijaʒ] *nm* set of tools; (*d'atelier*) equipment *no pl*
outiller [utije] *vt* (*ouvrier, usine*) to equip
outrage [utʀaʒ] *nm* insult; **faire subir les derniers ~s à** (*femme*) to ravish; **~ aux bonnes mœurs** (*Jur*) outrage to public decency; **~ à magistrat** (*Jur*) contempt of court; **~ à la pudeur** (*Jur*) indecent behaviour *no pl*
outragé, e [utʀaʒe] *adj* offended; outraged
outrageant, e [utʀaʒɑ̃, -ɑ̃t] *adj* offensive
outrager [utʀaʒe] *vt* to offend gravely; (*fig: contrevenir à*) to outrage, insult
outrageusement [utʀaʒøzmɑ̃] *adv* outrageously
outrance [utʀɑ̃s] *nf* excessiveness *no pl*, excess; **à ~** *adv* excessively, to excess
outrancier, -ière [utʀɑ̃sje, -jɛʀ] *adj* extreme
outre [utʀ(ə)] *nf* goatskin, water skin ▷ *prép* besides ▷ *adv*: **passer ~** to carry on regardless; **passer ~ à** to disregard, take no notice of; **en ~** besides, moreover; **~ que** apart from the fact that; **~ mesure** immoderately; unduly
outré, e [utʀe] *adj* (*flatterie, éloge*) excessive, exaggerated; (*indigné, scandalisé*) outraged
outre-Atlantique [utʀatlɑ̃tik] *adv* across the Atlantic
outrecuidance [utʀəkɥidɑ̃s] *nf* presumptuousness *no pl*
outre-Manche [utʀəmɑ̃ʃ] *adv* across the Channel
outremer [utʀəmɛʀ] *adj inv* ultramarine
outre-mer [utʀəmɛʀ] *adv* overseas; **d'~** overseas
outrepasser [utʀəpɑse] *vt* to go beyond, exceed
outrer [utʀe] *vt* (*pensée, attitude*) to exaggerate; (*indigner: personne*) to outrage
outre-Rhin [utʀəʀɛ̃] *adv* across the Rhine, in Germany
outsider [awtsajdœʀ] *nm* outsider
ouvert, e [uvɛʀ, -ɛʀt(ə)] *pp de* **ouvrir** ▷ *adj* open; (*robinet, gaz etc*) on; **à bras ~s** with open arms
ouvertement [uvɛʀtəmɑ̃] *adv* openly
ouverture [uvɛʀtyʀ] *nf* opening; (*Mus*) overture; (*Pol*): **l'~** the widening of the political spectrum; (*Photo*): **~ (du diaphragme)** aperture; **ouvertures** *nfpl* (*propositions*) overtures; **~ d'esprit** open-mindedness; **heures d'~** (*Comm*) opening hours; **jours d'~** (*Comm*) days of opening
ouvrable [uvʀabl(ə)] *adj*: **jour ~** working day, weekday; **heures ~s** business hours
ouvrage [uvʀaʒ] *nm* (*tâche, de tricot etc, Mil*) work *no pl*; (*objet: Couture, Art*) (piece of) work; (*texte, livre*) work; **panier** *ou* **corbeille à ~** work basket; **~ d'art** (*Génie Civil*) *bridge or tunnel etc*
ouvragé, e [uvʀaʒe] *adj* finely embroidered (*ou* worked *ou* carved)
ouvrant, e [uvʀɑ̃, -ɑ̃t] *vb voir* **ouvrir** ▷ *adj*: **toit ~**

sunroof
ouvré, e [uvʀe] *adj* finely-worked; **jour ~** working day
ouvre-boîte, ouvre-boîtes [uvʀəbwat] *nm inv* tin (*Brit*) *ou* can opener
ouvre-bouteille, ouvre-bouteilles [uvʀəbutɛj] *nm inv* bottle-opener
ouvreuse [uvʀøz] *nf* usherette
ouvrier, -ière [uvʀije, -jɛʀ] *nm/f* worker ▷ *nf* (*Zool*) worker (bee) ▷ *adj* working-class; (*problèmes, conflit*) industrial, labour *cpd* (*Brit*), labor *cpd* (*US*); (*revendications*) workers'; **classe ouvrière** working class; **~ agricole** farmworker; **~ qualifié** skilled worker; **~ spécialisé (OS)** semiskilled worker; **~ d'usine** factory worker
ouvrir [uvʀiʀ] *vt* (*gén*) to open; (*brèche, passage*) to open up; (*commencer l'exploitation de, créer*) to open (up); (*eau, électricité, chauffage, robinet*) to turn on; (*Méd: abcès*) to open up, cut open ▷ *vi* to open; to open up; (*Cartes*): **~ à trèfle** to open in clubs; **s'ouvrir** *vi* to open; **s'~ à** (*art etc*) to open one's mind to; **s'~ à qn (de qch)** to open one's heart to sb (about sth); **s'~ les veines** to slash *ou* cut one's wrists; **~ sur** to open onto; **~ l'appétit à qn** to whet sb's appetite; **~ des horizons** to open up new horizons; **~ l'esprit** to broaden one's horizons; **~ une session** (*Inform*) to log in
ouvroir [uvʀwaʀ] *nm* workroom, sewing room
ovaire [ɔvɛʀ] *nm* ovary
ovale [ɔval] *adj* oval
ovation [ɔvasjɔ̃] *nf* ovation
ovationner [ɔvasjɔne] *vt*: **~ qn** to give sb an ovation
ovin, e [ɔvɛ̃, -in] *adj* ovine
OVNI [ɔvni] *sigle m* (= *objet volant non identifié*) UFO
ovoïde [ɔvɔid] *adj* egg-shaped
ovulation [ɔvylasjɔ̃] *nf* (*Physiol*) ovulation
ovule [ɔvyl] *nm* (*Physiol*) ovum; (*Méd*) pessary
oxfordien, ne [ɔksfɔʀdjɛ̃, -ɛn] *adj* Oxonian ▷ *nm/f*: **Oxfordien, ne** Oxonian
oxydable [ɔksidabl(ə)] *adj* liable to rust
oxyde [ɔksid] *nm* oxide; **~ de carbone** carbon monoxide
oxyder [ɔkside]: **s'oxyder** *vi* to become oxidized
oxygéné, e [ɔksiʒene] *adj*: **eau ~e** hydrogen peroxide; **cheveux ~s** bleached hair
oxygène [ɔksiʒɛn] *nm* oxygen; (*fig*): **cure d'~** fresh air cure
ozone [ozɔn] *nm* ozone; **trou dans la couche d'~** hole in the ozone layer

O

Pp

P, p [pe] *nm inv* P, p ▷ *abr* (= *Père*) Fr; (= *page*) p; **P comme Pierre** P for Peter
PA *sigle fpl* = **petites annonces**
PAC *sigle f* (= *Politique agricole commune*) CAP
pacage [pakaʒ] *nm* grazing, pasture
pacemaker [pɛsmɛkœʀ] *nm* pacemaker
pachyderme [paʃidɛʀm(ə)] *nm* pachyderm; elephant
pacificateur, -trice [pasifikatœʀ, -tʀis] *adj* pacificatory
pacification [pasifikɑsjɔ̃] *nf* pacification
pacifier [pasifje] *vt* to pacify
pacifique [pasifik] *adj* (*personne*) peaceable; (*intentions, coexistence*) peaceful ▷ *nm*: **le P~, l'océan P~** the Pacific (Ocean)
pacifiquement [pasifikmɑ̃] *adv* peaceably; peacefully
pacifisme [pasifism(ə)] *nm* pacifism
pacifiste [pasifist(ə)] *nm/f* pacifist
pack [pak] *nm* pack
pacotille [pakɔtij] *nf* (*péj*) cheap goods *pl*; **de ~** cheap
PACS [paks] *sigle m* (= *pacte civil de solidarité*) ≈ civil partnership
pacser [pakse]: **se pacser** *vi* ≈ to form a civil partnership
pacte [pakt(ə)] *nm* pact, treaty
pactiser [paktize] *vi*: **~ avec** to come to terms with
pactole [paktɔl] *nm* gold mine (*fig*)
paddock [padɔk] *nm* paddock
Padoue [padu] *n* Padua
PAF *sigle f* (= *Police de l'air et des frontières*) *police authority responsible for civil aviation, border control etc* ▷ *sigle m* (= *paysage audiovisuel français*) *French broadcasting scene*
pagaie [pagɛ] *nf* paddle
pagaille [pagaj] *nf* mess, shambles *sg*; **il y en a en ~** there are loads *ou* heaps of them
paganisme [paganism(ə)] *nm* paganism
pagayer [pageje] *vi* to paddle
page [paʒ] *nf* page; (*passage: d'un roman*) passage ▷ *nm* page (boy); **mettre en ~s** to make up (into pages); **mise en ~** layout; **à la ~** (*fig*) up-to-date; **~ d'accueil** (*Inform*) home page; **~ blanche** blank page; **~ de garde** endpaper; **~ Web** (*Inform*) web page
page-écran [paʒekʀɑ̃] (*pl* **pages-écrans**) *nf* (*Inform*) screen page
pagination [paʒinɑsjɔ̃] *nf* pagination
paginer [paʒine] *vt* to paginate
pagne [paɲ] *nm* loincloth
pagode [pagɔd] *nf* pagoda
paie [pɛ] *nf* = **paye**
paiement [pɛmɑ̃] *nm* = **payement**
païen, ne [pajɛ̃, -ɛn] *adj, nm/f* pagan, heathen
paillard, e [pajaʀ, -aʀd(ə)] *adj* bawdy
paillasse [pajas] *nf* (*matelas*) straw mattress; (*d'un évier*) draining board
paillasson [pajasɔ̃] *nm* doormat
paille [pɑj] *nf* straw; (*défaut*) flaw; **être sur la ~** to be ruined; **~ de fer** steel wool
paillé, e [pɑje] *adj* with a straw seat
pailleté, e [pajte] *adj* sequined
paillette [pajɛt] *nf* speck, flake; **paillettes** *nfpl* (*décoratives*) sequins, spangles; **lessive en ~s** soapflakes *pl*
pain [pɛ̃] *nm* (*substance*) bread; (*unité*) loaf (of bread); (*morceau*): **~ de cire** *etc* bar of wax *etc*; (*Culin*): **~ de poisson/légumes** fish/vegetable loaf; **petit ~** (bread) roll; **~ bis/complet** brown/ wholemeal (*Brit*) *ou* wholewheat (*US*) bread; **~ de campagne** farmhouse bread; **~ d'épice** ≈ gingerbread; **~ grillé** toast; **~ de mie** sandwich loaf; **~ perdu** French toast; **~ de seigle** rye bread; **~ de sucre** sugar loaf
pair, e [pɛʀ] *adj* (*nombre*) even ▷ *nm* peer; **aller de ~ (avec)** to go hand in hand *ou* together (with); **au ~** (*Finance*) at par; **valeur au ~** par value; **jeune fille au ~** au pair
paire [pɛʀ] *nf* pair; **une ~ de lunettes/tenailles** a pair of glasses/pincers; **faire la ~: les deux font la ~** they are two of a kind
pais [pɛ] *vb voir* **paître**
paisible [pezibl(ə)] *adj* peaceful, quiet
paisiblement [pezibləmɑ̃] *adv* peacefully, quietly
paître [pɛtʀ(ə)] *vi* to graze
paix [pɛ] *nf* peace; (*fig*) peacefulness, peace; **faire la ~ avec** to make peace with; **avoir la ~** to have peace (and quiet)
Pakistan [pakistɑ̃] *nm*: **le ~** Pakistan

pakistanais, e [pakistanɛ, -ɛz] *adj* Pakistani
PAL *sigle m* (= *Phase Alternation Line*) PAL
palabrer [palabʀe] *vi* to argue endlessly
palabres [palabʀ(ə)] *nfpl ou mpl* endless discussions
palace [palas] *nm* luxury hotel
palais [palɛ] *nm* palace; (*Anat*) palate; **le P~ Bourbon** *the seat of the French National Assembly*; **le P~ de l'Élysée** the Élysée Palace; **~ des expositions** exhibition centre; **le P~ de Justice** the Law Courts *pl*
palan [palɑ̃] *nm* hoist
pale [pal] *nf* (*d'hélice*) blade; (*de roue*) paddle
pâle [pɑl] *adj* pale; (*fig*): **une ~ imitation** a pale imitation; **bleu ~** pale blue; **~ de colère** white *ou* pale with anger
palefrenier [palfʀənje] *nm* groom (*for horses*)
paléontologie [paleɔ̃tɔlɔʒi] *nf* paleontology
paléontologiste [paleɔ̃tɔlɔʒist(ə)], **paléontologue** [paleɔ̃tɔlɔg] *nm/f* paleontologist
Palerme [palɛʀm(ə)] *n* Palermo
Palestine [palɛstin] *nf*: **la ~** Palestine
palestinien, ne [palɛstinjɛ̃, -ɛn] *adj* Palestinian ▷ *nm/f*: **Palestinien, ne** Palestinian
palet [palɛ] *nm* disc; (*Hockey*) puck
paletot [palto] *nm* (short) coat
palette [palɛt] *nf* palette; (*de produits*) range
palétuvier [paletyvje] *nm* mangrove
pâleur [pɑlœʀ] *nf* paleness
palier [palje] *nm* (*d'escalier*) landing; (*fig*) level, plateau; (*: phase stable*) levelling (*Brit*) *ou* leveling (*US*) off, new level; (*Tech*) bearing; **nos voisins de ~** our neighbo(u)rs across the landing (*Brit*) *ou* the hall (*US*); **en ~** *adv* level; **par ~s** in stages
palière [paljɛʀ] *adj f* landing *cpd*
pâlir [pɑliʀ] *vi* to turn *ou* go pale; (*couleur*) to fade; **faire ~ qn** (*de jalousie*) to make sb green (with envy)
palissade [palisad] *nf* fence
palissandre [palisɑ̃dʀ(ə)] *nm* rosewood
palliatif [paljatif] *nm* palliative; (*expédient*) stopgap measure
pallier [palje] *vt*: **~ à** *vt* to offset, make up for
palmarès [palmaʀɛs] *nm* record (of achievements); (*Scol*) prize list; (*Sport*) list of winners
palme [palm(ə)] *nf* (*Bot*) palm leaf; (*symbole*) palm; (*de plongeur*) flipper; **~s (académiques)** *decoration for services to education*
palmé, e [palme] *adj* (*pattes*) webbed
palmeraie [palməʀɛ] *nf* palm grove
palmier [palmje] *nm* palm tree
palmipède [palmipɛd] *nm* palmiped, webfooted bird
palois, e [palwa, -waz] *adj* of *ou* from Pau ▷ *nm/f*: **Palois, e** inhabitant *ou* native of Pau
palombe [palɔ̃b] *nf* woodpigeon, ringdove
pâlot, te [pɑlo, -ɔt] *adj* pale, peaky
palourde [paluʀd(ə)] *nf* clam
palpable [palpabl(ə)] *adj* tangible, palpable
palper [palpe] *vt* to feel, finger
palpitant, e [palpitɑ̃, -ɑ̃t] *adj* thrilling, gripping
palpitation [palpitɑsjɔ̃] *nf* palpitation
palpiter [palpite] *vi* (*cœur, pouls*) to beat; (*: plus fort*) to pound, throb; (*narines, chair*) to quiver
paludisme [palydism(ə)] *nm* malaria
palustre [palystʀ(ə)] *adj* (*coquillage etc*) marsh *cpd*; (*fièvre*) malarial
pâmer [pɑme]: **se pâmer** *vi* to swoon; (*fig*): **se ~ devant** to go into raptures over
pâmoison [pɑmwazɔ̃] *nf*: **tomber en ~** to swoon
pampa [pɑ̃pa] *nf* pampas *pl*
pamphlet [pɑ̃flɛ] *nm* lampoon, satirical tract
pamphlétaire [pɑ̃fletɛʀ] *nm/f* lampoonist
pamplemousse [pɑ̃pləmus] *nm* grapefruit
pan [pɑ̃] *nm* section, piece; (*côté: d'un prisme, d'une tour*) side, face ▷ *excl* bang!; **~ de chemise** shirt tail; **~ de mur** section of wall
panacée [panase] *nf* panacea
panachage [panaʃaʒ] *nm* blend, mix; (*Pol*) *voting for candidates from different parties instead of for the set list of one party*
panache [panaʃ] *nm* plume; (*fig*) spirit, panache
panaché, e [panaʃe] *adj*: **œillet ~** variegated carnation; **glace ~e** mixed ice cream; **salade ~e** mixed salad; **bière ~e** shandy
panais [panɛ] *nm* parsnip
Panama [panama] *nm*: **le ~** Panama
panaméen, ne [panameɛ̃, -ɛn] *adj* Panamanian ▷ *nm/f*: **Panaméen, ne** Panamanian
panaris [panaʀi] *nm* whitlow
pancarte [pɑ̃kaʀt(ə)] *nf* sign, notice; (*dans un défilé*) placard
pancréas [pɑ̃kʀeɑs] *nm* pancreas
panda [pɑ̃da] *nm* panda
pandémie [pɑ̃demi] *nf* pandemic
pané, e [pane] *adj* fried in breadcrumbs
panégyrique [paneʒiʀik] *nm*: **faire le ~ de qn** to extol sb's merits *ou* virtues
panier [panje] *nm* basket; (*à diapositives*) magazine; **mettre au ~** to chuck away; **~ de crabes**: **c'est un ~ de crabes** (*fig*) they're constantly at one another's throats; **~ percé** (*fig*) spendthrift; **~ à provisions** shopping basket; **~ à salade** (*Culin*) salad shaker; (*Police*) paddy wagon, police van
panier-repas [panjeʀ(ə)pɑ] (*pl* **paniers-repas**) *nm* packed lunch
panification [panifikɑsjɔ̃] *nf* bread-making
panique [panik] *adj* panicky ▷ *nf* panic
paniquer [panike] *vi* to panic
panne [pan] *nf* (*d'un mécanisme, moteur*) breakdown; **être/tomber en ~** to have broken down/break down; **être en ~ d'essence** *ou* **en ~ sèche** to have run out of petrol (*Brit*) *ou* gas (*US*); **mettre en ~** (*Navig*) to bring to; **~ d'électricité** *ou* **de courant** power *ou* electrical failure
panneau, x [pano] *nm* (*écriteau*) sign, notice; (*de boiserie, de tapisserie etc*) panel; **tomber dans le ~** (*fig*) to walk into the trap; **~ d'affichage** notice (*Brit*) *ou* bulletin (*US*) board; **~ électoral** board for election poster; **~ indicateur** signpost; **~**

P

publicitaire hoarding (*Brit*), billboard (*US*); ~ **de signalisation** roadsign; ~ **solaire** solar panel
panonceau, x [panɔ̃so] *nm* (*de magasin etc*) sign; (*de médecin etc*) plaque
panoplie [panɔpli] *nf* (*jouet*) outfit; (*d'armes*) display; (*fig*) array
panorama [panɔʀama] *nm* (*vue*) all-round view, panorama; (*peinture*) panorama; (*fig: étude complète*) complete overview
panoramique [panɔʀamik] *adj* panoramic; (*carrosserie*) with panoramic windows ▷ *nm* (*Ciné, TV*) panoramic shot
panse [pɑ̃s] *nf* paunch
pansement [pɑ̃smɑ̃] *nm* dressing, bandage; ~ **adhésif** sticking plaster (*Brit*), bandaid® (*US*)
panser [pɑ̃se] *vt* (*plaie*) to dress, bandage; (*bras*) to put a dressing on, bandage; (*cheval*) to groom
pantacourt [pɑ̃takuʀ] *nm* cropped trousers *pl*
pantalon [pɑ̃talɔ̃] *nm* trousers *pl* (*Brit*), pants *pl* (*US*), pair of trousers *ou* pants; ~ **de ski** ski pants *pl*
pantalonnade [pɑ̃talɔnad] *nf* slapstick (comedy)
pantelant, e [pɑ̃tlɑ̃, -ɑ̃t] *adj* gasping for breath, panting
panthère [pɑ̃tɛʀ] *nf* panther
pantin [pɑ̃tɛ̃] *nm* (*jouet*) jumping jack; (*péj: personne*) puppet
pantois [pɑ̃twa] *adj m*: **rester** ~ to be flabbergasted
pantomime [pɑ̃tɔmim] *nf* mime; (*pièce*) mime show; (*péj*) fuss, carry-on
pantouflard, e [pɑ̃tuflaʀ, -aʀd(ə)] *adj* (*péj*) stay-at-home
pantoufle [pɑ̃tufl(ə)] *nf* slipper
panure [panyʀ] *nf* breadcrumbs *pl*
PAO *sigle f* (= *publication assistée par ordinateur*) DTP
paon [pɑ̃] *nm* peacock
papa [papa] *nm* dad(dy)
papauté [papote] *nf* papacy
papaye [papaj] *nf* pawpaw
pape [pap] *nm* pope
paperasse [papʀas] *nf* (*péj*) bumf *no pl*, papers *pl*; forms *pl*
paperasserie [papʀasʀi] *nf* (*péj*) red tape *no pl*; paperwork *no pl*
papeterie [papetʀi] *nf* (*fabrication du papier*) paper-making (industry); (*usine*) paper mill; (*magasin*) stationer's (shop (Brit)); (*articles*) stationery
papetier, -ière [paptje, -jɛʀ] *nm/f* paper-maker; stationer
papetier-libraire [paptjelibʀɛʀ] (*pl* **papetiers-libraires**) *nm* bookseller and stationer
papi [papi] *nm* (*fam*) granddad
papier [papje] *nm* paper; (*feuille*) sheet *ou* piece of paper; (*article*) article; (*écrit officiel*) document; **papiers** *nmpl* (*aussi*: **papiers d'identité**) (identity) papers; **sur le** ~ (*théoriquement*) on paper; **noircir du** ~ to write page after page; ~ **couché/glacé** art/glazed paper; ~ **(d')aluminium** aluminium (*Brit*) *ou* aluminum (*US*) foil, tinfoil; ~ **d'Arménie** incense paper; ~ **bible** India *ou* bible paper; ~ **de brouillon** rough *ou* scrap paper; ~ **bulle** manil(l)a paper; ~ **buvard** blotting paper; ~ **calque** tracing paper; ~ **carbone** carbon paper; ~ **collant** Sellotape® (*Brit*), Scotch tape® (*US*), sticky tape; ~ **en continu** continuous stationery; ~ **à dessin** drawing paper; ~ **d'emballage** wrapping paper; ~ **gommé** gummed paper; ~ **hygiénique** toilet paper; ~ **journal** newsprint; (*pour emballer*) newspaper; ~ **à lettres** writing paper, notepaper; ~ **mâché** papier-mâché; ~ **machine** typing paper; ~ **peint** wallpaper; ~ **pelure** India paper; ~ **à pliage accordéon** fanfold paper; ~ **de soie** tissue paper; ~ **thermique** thermal paper; ~ **de tournesol** litmus paper; ~ **de verre** sandpaper
papier-filtre [papjefiltʀ(ə)] (*pl* **papiers-filtres**) *nm* filter paper
papier-monnaie [papjemɔnɛ] (*pl* **papiers-monnaies**) *nm* paper money
papille [papij] *nf*: ~**s gustatives** taste buds
papillon [papijɔ̃] *nm* butterfly; (*fam: contravention*) (parking) ticket; (*Tech: écrou*) wing *ou* butterfly nut; ~ **de nuit** moth
papillonner [papijɔne] *vi* to flit from one thing (*ou* person) to another
papillote [papijɔt] *nf* (*pour cheveux*) curlpaper; (*de gigot*) (paper) frill
papilloter [papijɔte] *vi* (*yeux*) to blink; (*paupières*) to flutter; (*lumière*) to flicker
papotage [papɔtaʒ] *nm* chitchat
papoter [papɔte] *vi* to chatter
papou, e [papu] *adj* Papuan
Papouasie-Nouvelle-Guinée [papwazinuvɛlgine] *nf*: **la** ~ Papua-New-Guinea
paprika [papʀika] *nm* paprika
papyrus [papiʀys] *nm* papyrus
pâque [pɑk] *nf*: **la** ~ Passover; *voir aussi* **Pâques**
paquebot [pakbo] *nm* liner
pâquerette [pɑkʀɛt] *nf* daisy
Pâques [pɑk] *nm, nfpl*: **faire ses** ~ to do one's Easter duties; **l'île de** ~ Easter Island
paquet [pakɛ] *nm* packet; (*colis*) parcel; (*ballot*) bundle; (*dans négociations*) package (deal); (*fig: tas*): ~ **de** pile *ou* heap of; **paquets** *nmpl* (*bagages*) bags; **mettre le** ~ (*fam*) to give one's all; ~ **de mer** big wave
paquetage [paktaʒ] *nm* (*Mil*) kit, pack
paquet-cadeau [pakɛkado] (*pl* **paquets-cadeaux**) *nm* gift-wrapped parcel
par [paʀ] *prép* by; **finir** *etc* ~ to end *etc* with; ~ **amour** out of love; **passer ~ Lyon/la côte** to go via *ou* through Lyons/along by the coast; ~ **la fenêtre** (*jeter, regarder*) out of the window; **trois ~ jour/personne** three a *ou* per day/head; **deux ~ deux** two at a time; (*marcher etc*) in twos; ~ **où?** which way?; ~ **ici** this way; (*dans le coin*) round here; ~**-ci**, ~**-là** here and there
para [paʀa] *nm* (*parachutiste*) para
parabole [paʀabɔl] *nf* (*Rel*) parable; (*Géom*)

parabola
parabolique [paʀabɔlik] *adj* parabolic; **antenne ~** satellite dish
parachever [paʀaʃve] *vt* to perfect
parachutage [paʀaʃytaʒ] *nm* (*de soldats, vivres*) parachuting-in; **nous sommes contre le ~ d'un candidat parisien dans notre circonscription** (*Pol, fig*) we are against a Parisian candidate being landed on us
parachute [paʀaʃyt] *nm* parachute
parachuter [paʀaʃyte] *vt* (*soldat etc*) to parachute; (*fig*) to pitchfork; **il a été parachuté à la tête de l'entreprise** he was brought in from outside as head of the company
parachutisme [paʀaʃytism(ə)] *nm* parachuting
parachutiste [paʀaʃytist(ə)] *nm/f* parachutist; (*Mil*) paratrooper
parade [paʀad] *nf* (*spectacle, défilé*) parade; (*Escrime, Boxe*) parry; (*ostentation*): **faire ~ de** to display, show off; (*défense, riposte*): **trouver la ~ à une attaque** to find the answer to an attack; **de ~** *adj* ceremonial; (*superficiel*) superficial, outward
parader [paʀade] *vi* to swagger (around), show off
paradis [paʀadi] *nm* heaven, paradise; **P~ terrestre** (*Rel*) Garden of Eden; (*fig*) heaven on earth
paradisiaque [paʀadizjak] *adj* heavenly, divine
paradoxal, e, -aux [paʀadɔksal, -o] *adj* paradoxical
paradoxalement [paʀadɔksalmɑ̃] *adv* paradoxically
paradoxe [paʀadɔks(ə)] *nm* paradox
parafe [paʀaf] *nm*, **parafer** [paʀafe] ▷ *vt* = **paraphe; parapher**
paraffine [paʀafin] *nf* paraffin; paraffin wax
paraffiné, e [paʀafine] *adj*: **papier ~** wax(ed) paper
parafoudre [paʀafudʀ(ə)] *nm* (*Élec*) lightning conductor
parages [paʀaʒ] *nmpl* (*Navig*) waters; **dans les ~ (de)** in the area *ou* vicinity (of)
paragraphe [paʀagʀaf] *nm* paragraph
Paraguay [paʀagwɛ] *nm*: **le ~** Paraguay
paraguayen, ne [paʀagwajɛ̃, -ɛn] *adj* Paraguayan ▷ *nm/f*: **Paraguayen, ne** Paraguayan
paraître [paʀɛtʀ(ə)] *vb copule* to seem, look, appear ▷ *vi* to appear; (*être visible*) to show; (*Presse, Édition*) to be published, come out, appear; (*briller*) to show off; **laisser ~ qch** to let (sth) show ▷ *vb impers*: **il paraît que** it seems *ou* appears that; **il me paraît que** it seems to me that; **il paraît absurde de** it seems absurd to; **il ne paraît pas son âge** he doesn't look his age; **~ en justice** to appear before the court(s); **~ en scène/en public/à l'écran** to appear on stage/in public/on the screen
parallèle [paʀalɛl] *adj* parallel; (*police, marché*) unofficial; (*société, énergie*) alternative ▷ *nm* (*comparaison*): **faire un ~ entre** to draw a parallel between; (*Géo*) parallel ▷ *nf* parallel (line); **en ~** in parallel; **mettre en ~** (*choses opposées*) to compare; (*choses semblables*) to parallel
parallèlement [paʀalɛlmɑ̃] *adv* in parallel; (*fig: en même temps*) at the same time
parallélépipède [paʀalelepipɛd] *nm* parallelepiped
parallélisme [paʀalelism(ə)] *nm* parallelism; (*Auto*) wheel alignment
parallélogramme [paʀalelɔgʀam] *nm* parallelogram
paralyser [paʀalize] *vt* to paralyze
paralysie [paʀalizi] *nf* paralysis
paralytique [paʀalitik] *adj, nm/f* paralytic
paramédical, e, -aux [paʀamedikal, -o] *adj* paramedical
paramètre [paʀamɛtʀ(ə)] *nm* parameter
paramilitaire [paʀamilitɛʀ] *adj* paramilitary
paranoïa [paʀanɔja] *nf* paranoia
paranoïaque [paʀanɔjak] *nm/f* paranoiac
paranormal, e, -aux [paʀanɔʀmal, -o] *adj* paranormal
parapet [paʀapɛ] *nm* parapet
paraphe [paʀaf] *nm* (*trait*) flourish; (*signature*) initials *pl*; signature
parapher [paʀafe] *vt* to initial; to sign
paraphrase [paʀafʀɑz] *nf* paraphrase
paraphraser [paʀafʀɑze] *vt* to paraphrase
paraplégie [paʀapleʒi] *nf* paraplegia
paraplégique [paʀapleʒik] *adj, nm/f* paraplegic
parapluie [paʀaplɥi] *nm* umbrella; **~ atomique** *ou* **nucléaire** nuclear umbrella; **~ pliant** telescopic umbrella
parapsychique [paʀapsiʃik] *adj* parapsychological
parapsychologie [paʀapsikɔlɔʒi] *nf* parapsychology
parapublic, -ique [paʀapyblik] *adj partly state-controlled*
parascolaire [paʀaskɔlɛʀ] *adj* extracurricular
parasitaire [paʀazitɛʀ] *adj* parasitic(al)
parasite [paʀazit] *nm* parasite ▷ *adj* (*Bot, Bio*) parasitic(al); **parasites** *nmpl* (*Tél*) interference *sg*
parasitisme [paʀasitism(ə)] *nm* parasitism
parasol [paʀasɔl] *nm* parasol, sunshade
paratonnerre [paʀatɔnɛʀ] *nm* lightning conductor
paravent [paʀavɑ̃] *nm* folding screen; (*fig*) screen
parc [paʀk] *nm* (public) park, gardens *pl*; (*de château etc*) grounds *pl*; (*pour le bétail*) pen, enclosure; (*d'enfant*) playpen; (*Mil: entrepôt*) depot; (*ensemble d'unités*) stock; (*de voitures etc*) fleet; **~ d'attractions** amusement park; **~ automobile** (*d'un pays*) number of cars on the roads; **~ à huîtres** oyster bed; **~ à thème** theme park; **~ national** national park; **~ naturel** nature reserve; **~ de stationnement** car park; **~ zoologique** zoological gardens *pl*

parcelle [paʀsɛl] *nf* fragment, scrap; (*de terrain*) plot, parcel
parcelliser [paʀselize] *vt* to divide *ou* split up
parce que [paʀsk(ə)] *conj* because
parchemin [paʀʃəmɛ̃] *nm* parchment
parcheminé, e [paʀʃəmine] *adj* wrinkled; (*papier*) with a parchment finish
parcimonie [paʀsimɔni] *nf* parsimony, parsimoniousness
parcimonieux, -euse [paʀsimɔnjø, -øz] *adj* parsimonious, miserly
parcmètre [paʀkmɛtʀ(ə)], **parcomètre** [paʀkɔmɛtʀ(ə)] *nm* parking meter
parcotrain [paʀkɔtʀɛ̃] *nm* station car park (*Brit*) *ou* parking lot (*US*), park-and-ride car park (*Brit*)
parcourir [paʀkuʀiʀ] *vt* (*trajet, distance*) to cover; (*article, livre*) to skim *ou* glance through; (*lieu*) to go all over, travel up and down; (*frisson, vibration*) to run through; **~ des yeux** to run one's eye over
parcours [paʀkuʀ] *vb voir* **parcourir** ▷ *nm* (*trajet*) journey; (*itinéraire*) route; (*Sport: terrain*) course; (*: tour*) round; run; lap; **~ du combattant** assault course
parcouru, e [paʀkuʀy] *pp de* **parcourir**
par-delà [paʀdəla] *prép* beyond
par-dessous [paʀdəsu] *prép, adv* under(neath)
pardessus [paʀdəsy] *nm* overcoat
par-dessus [paʀdəsy] *prép* over (the top of) ▷ *adv* over (the top); **~ le marché** on top of it all
par-devant [paʀdəvɑ̃] *prép* in the presence of, before ▷ *adv* at the front; round the front
pardon [paʀdɔ̃] *nm* forgiveness *no pl* ▷ *excl* (*excuses*) (I'm) sorry; (*pour interpeller etc*) excuse me; (*demander de répéter*) (I beg your) pardon? (*Brit*), pardon me? (*US*)
pardonnable [paʀdɔnabl(ə)] *adj* forgivable, excusable
pardonner [paʀdɔne] *vt* to forgive; **~ qch à qn** to forgive sb for sth; **qui ne pardonne pas** (*maladie, erreur*) fatal
paré, e [paʀe] *adj* ready, prepared
pare-balles [paʀbal] *adj inv* bulletproof
pare-boue [paʀbu] *nm inv* mudflap
pare-brise [paʀbʀiz] *nm inv* windscreen (*Brit*), windshield (*US*)
pare-chocs [paʀʃɔk] *nm inv* bumper (*Brit*), fender (*US*)
pare-étincelles [paʀetɛ̃sɛl] *nm inv* fireguard
pare-feu [paʀfø] *nm inv* firebreak ▷ *adj inv*: **portes ~** fire (resistant) doors
pareil, le [paʀɛj] *adj* (*identique*) the same, alike; (*similaire*) similar; (*tel*): **un courage/livre ~** such courage/a book, courage/a book like this; **de ~s livres** such books ▷ *adv*: **habillés ~** dressed the same (way), dressed alike; **faire ~** to do the same (thing); **j'en veux un ~** I'd like one just like it; **rien de ~** no (*ou* any) such thing, nothing (*ou* anything) like it; **ses ~s** one's fellow men; one's peers; **ne pas avoir son (sa) ~(le)** to be second to none; **~ à** the same as; similar to; **sans ~** unparalleled, unequalled; **c'est du ~ au même** it comes to the same thing, it's six (of one) and half-a-dozen (of the other); **en ~ cas** in such a case; **rendre la ~le à qn** to pay sb back in his own coin
pareillement [paʀɛjmɑ̃] *adv* the same, alike; in such a way; (*également*) likewise
parement [paʀmɑ̃] *nm* (*Constr: revers d'un col, d'une manche*) facing; (*Rel*): **~ d'autel** antependium
parent, e [paʀɑ̃, -ɑ̃t] *nm/f*: **un/une ~/e** a relative *ou* relation ▷ *adj*: **être ~ de** to be related to; **parents** *nmpl* (*père et mère*) parents; (*famille, proches*) relatives, relations; **~ unique** lone parent; **~s par alliance** relatives *ou* relations by marriage; **~s en ligne directe** blood relations
parental, e, -aux [paʀɑ̃tal, -o] *adj* parental
parenté [paʀɑ̃te] *nf* (*lien*) relationship; (*personnes*) relatives *pl*, relations *pl*
parenthèse [paʀɑ̃tɛz] *nf* (*ponctuation*) bracket, parenthesis; (*Math*) bracket; (*digression*) parenthesis, digression; **ouvrir/fermer la ~** to open/close brackets; **entre ~s** in brackets; (*fig*) incidentally
parer [paʀe] *vt* to adorn; (*Culin*) to dress, trim; (*éviter*) to ward off; **~ à** (*danger*) to ward off; (*inconvénient*) to deal with; **se ~ de** (*fig: qualité, titre*) to assume; **~ à toute éventualité** to be ready for every eventuality; **~ au plus pressé** to attend to what's most urgent
pare-soleil [paʀsɔlɛj] *nm inv* sun visor
paresse [paʀɛs] *nf* laziness
paresser [paʀese] *vi* to laze around
paresseusement [paʀɛsøzmɑ̃] *adv* lazily; sluggishly
paresseux, -euse [paʀɛsø, -øz] *adj* lazy; (*fig*) slow, sluggish ▷ *nm* (*Zool*) sloth
parfaire [paʀfɛʀ] *vt* to perfect, complete
parfait, e [paʀfɛ, -ɛt] *pp de* **parfaire** ▷ *adj* perfect ▷ *nm* (*Ling*) perfect (tense); (*Culin*) parfait ▷ *excl* fine, excellent
parfaitement [paʀfɛtmɑ̃] *adv* perfectly ▷ *excl* (most) certainly
parfaites [paʀfɛt], **parfasse** [paʀfas], **parferai** *etc* [paʀfʀe] *vb voir* **parfaire**
parfois [paʀfwa] *adv* sometimes
parfum [paʀfœ̃] *nm* (*produit*) perfume, scent; (*odeur: de fleur*) scent, fragrance; (*: de tabac, vin*) aroma; (*goût: de glace, milk-shake*) flavour (*Brit*), flavor (*US*)
parfumé, e [paʀfyme] *adj* (*fleur, fruit*) fragrant; (*papier à lettres etc*) scented; (*femme*) wearing perfume *ou* scent, perfumed; (*aromatisé*): **~ au café** coffee-flavoured (*Brit*) *ou* -flavored (*US*)
parfumer [paʀfyme] *vt* (*odeur, bouquet*) to perfume; (*mouchoir*) to put scent *ou* perfume on; (*crème, gâteau*) to flavour (*Brit*), flavor (*US*); **se parfumer** to put on (some) perfume *ou* scent; (*d'habitude*) to use perfume *ou* scent
parfumerie [paʀfymʀi] *nf* (*commerce*) perfumery; (*produits*) perfumes; (*boutique*) perfume shop (*Brit*) *ou* store (*US*)
pari [paʀi] *nm* bet, wager; (*Sport*) bet; **~ mutuel urbain (PMU)** *system of betting on horses*

paria [paRja] *nm* outcast
parier [paRje] *vt* to bet; **j'aurais parié que si/non** I'd have said he (*ou* you *etc*) would/wouldn't
parieur [paRjœR] *nm* (*turfiste etc*) punter
Paris [paRi] *n* Paris
parisien, ne [paRizjɛ̃, -ɛn] *adj* Parisian; (*Géo, Admin*) Paris *cpd* ▷ *nm/f*: **Parisien, ne** Parisian
paritaire [paRitɛR] *adj*: **commission ~** joint commission
parité [paRite] *nf* parity; **~ de change** (*Écon*) exchange parity
parjure [paRʒyR] *nm* (*faux serment*) false oath, perjury; (*violation de serment*) breach of oath, perjury ▷ *nm/f* perjurer
parjurer [paRʒyRe]: **se parjurer** *vi* to perjure o.s
parka [paRka] *nf* parka
parking [paRkiŋ] *nm* (*lieu*) car park (*Brit*), parking lot (US)
parlant, e [paRlɑ̃, -ɑ̃t] *adj* (*fig*) graphic, vivid; (*: comparaison, preuve*) eloquent; (*Ciné*) talking ▷ *adv*: **généralement ~** generally speaking
parlé, e [paRle] *adj*: **langue ~e** spoken language
parlement [paRləmɑ̃] *nm* parliament; **le P~ européen** the European Parliament
parlementaire [paRləmɑ̃tɛR] *adj* parliamentary ▷ *nm/f* (*député*) ≈ Member of Parliament (*Brit*) *ou* Congress (US); parliamentarian; (*négociateur*) negotiator, mediator
parlementarisme [paRləmɑ̃taRism(ə)] *nm* parliamentary government
parlementer [paRləmɑ̃te] *vi* (*ennemis*) to negotiate, parley; (*s'entretenir, discuter*) to argue at length, have lengthy talks
parler [paRle] *nm* speech; dialect ▷ *vi* to speak, talk; (*avouer*) to talk; **~ (à qn) de** to talk *ou* speak (to sb) about; **~ pour qn** (*intercéder*) to speak for sb; **~ en l'air** to say the first thing that comes into one's head; **~ le/en français** to speak French/in French; **~ affaires** to talk business; **~ en dormant/du nez** to talk in one's sleep/through one's nose; **sans ~ de** (*fig*) not to mention, to say nothing of; **tu parles!** you must be joking!; **n'en parlons plus!** let's forget it!
parleur [paRlœR] *nm*: **beau ~** fine talker
parloir [paRlwaR] *nm* (*d'une prison, d'un hôpital*) visiting room; (*Rel*) parlour (*Brit*), parlor (US)
parlote [paRlɔt] *nf* chitchat
Parme [paRm(ə)] *n* Parma
parme [paRm(ə)] *adj* violet (blue)
parmesan [paRməzɑ̃] *nm* Parmesan (cheese)
parmi [paRmi] *prép* among(st)
parodie [paRɔdi] *nf* parody
parodier [paRɔdje] *vt* (*œuvre, auteur*) to parody
paroi [paRwa] *nf* wall; (*cloison*) partition; **~ rocheuse** rock face
paroisse [paRwas] *nf* parish
paroissial, e, -aux [paRwasjal, -o] *adj* parish *cpd*
paroissien, ne [paRwasjɛ̃, -ɛn] *nm/f* parishioner ▷ *nm* prayer book
parole [paRɔl] *nf* (*faculté*): **la ~** speech; (*mot, promesse*) word; (*Rel*): **la bonne ~** the word of God; **paroles** *nfpl* (*Mus*) words, lyrics; **tenir ~** to keep one's word; **avoir la ~** to have the floor; **n'avoir qu'une ~** to be true to one's word; **donner la ~ à qn** to hand over to sb; **prendre la ~** to speak; **demander la ~** to ask for permission to speak; **perdre la ~** to lose the power of speech; (*fig*) to lose one's tongue; **je le crois sur ~** I'll take his word for it, I'll take him at his word; **temps de ~** (*TV, Radio etc*) discussion time; **ma ~!** my word!, good heavens!; **~ d'honneur** word of honour (*Brit*) *ou* honor (US)
parolier, -ière [paRɔlje, -jɛR] *nm/f* lyricist; (*Opéra*) librettist
paroxysme [paRɔksism(ə)] *nm* height, paroxysm
parpaing [paRpɛ̃] *nm* bond-stone, parpen
parquer [paRke] *vt* (*voiture, matériel*) to park; (*bestiaux*) to pen (in *ou* up); (*prisonniers*) to pack in
parquet [paRkɛ] *nm* (parquet) floor; (*Jur: bureau*) public prosecutor's office; **le ~ (général)** (*magistrats*) ≈ the Bench
parqueter [paRkəte] *vt* to lay a parquet floor in
parrain [paRɛ̃] *nm* godfather; (*d'un navire*) namer; (*d'un nouvel adhérent*) sponsor, proposer
parrainage [paRɛnaʒ] *nm* sponsorship
parrainer [paRene] *vt* (*nouvel adhérent*) to sponsor, propose; (*entreprise*) to promote, sponsor
parricide [paRisid] *nm, nf* parricide
pars [paR] *vb voir* **partir**
parsemer [paRsəme] *vt* (*feuilles, papiers*) to be scattered over; **~ qch de** to scatter sth with
parsi, e [paRsi] *adj* Parsee
part [paR] *vb voir* **partir** ▷ *nf* (*qui revient à qn*) share; (*fraction, partie*) part; (*de gâteau, fromage*) portion; (*Finance*) (non-voting) share; **prendre ~ à** (*débat etc*) to take part in; (*soucis, douleur de qn*) to share in; **faire ~ de qch à qn** to announce sth to sb, inform sb of sth; **pour ma ~** as for me, as far as I'm concerned; **à ~ entière** *adj* full; **de la ~ de** (*au nom de*) on behalf of; (*donné par*) from; **c'est de la ~ de qui?** (*au téléphone*) who's calling *ou* speaking (please)?; **de toute(s) ~(s)** from all sides *ou* quarters; **de ~ et d'autre** on both sides, on either side; **de ~ en ~** right through; **d'une ~ ... d'autre ~** on the one hand ... on the other hand; **nulle/autre/quelque ~** nowhere/elsewhere/somewhere; **à ~** *adv* separately; (*de côté*) aside ▷ *prép* apart from, except for ▷ *adj* exceptional, special; **pour une large** *ou* **bonne ~** to a great extent; **prendre qch en bonne/mauvaise ~** to take sth well/badly; **faire la ~ des choses** to make allowances; **faire la ~ du feu** (*fig*) to cut one's losses; **faire la ~ (trop) belle à qn** to give sb more than his (*ou* her) share
part. *abr* = **particulier**
partage [paRtaʒ] *nm voir* **partager** sharing (out) *no pl*, share-out; sharing; dividing up; (*Pol: de suffrages*) share; **recevoir qch en ~** to receive sth as one's share (*ou* lot); **sans ~** undivided

P

partagé, e [paʀtaʒe] *adj (opinions etc)* divided; *(amour)* shared; **être ~ entre** to be shared between; **être ~ sur** to be divided about
partager [paʀtaʒe] *vt* to share; *(distribuer, répartir)* to share (out); *(morceler, diviser)* to divide (up); **se partager** *vt (héritage etc)* to share between themselves *(ou* ourselves *etc)*
partance [paʀtɑ̃s]: **en ~** *adv* outbound, due to leave; **en ~ pour** (bound) for
partant, e [paʀtɑ̃, -ɑ̃t] *vb voir* **partir** ▷ *adj*: **être ~ pour qch** *(d'accord pour)* to be quite ready for sth ▷ *nm (Sport)* starter; *(Hippisme)* runner
partenaire [paʀtənɛʀ] *nm/f* partner; **~s sociaux** management and workforce
parterre [paʀtɛʀ] *nm (de fleurs)* (flower) bed, border; *(Théât)* stalls *pl*
parti [paʀti] *nm (Pol)* party; *(décision)* course of action; *(personne à marier)* match; **tirer ~ de** to take advantage of, turn to good account; **prendre le ~ de faire** to make up one's mind to do, resolve to do; **prendre le ~ de qn** to stand up for sb, side with sb; **prendre ~ (pour/ contre)** to take sides *ou* a stand (for/against); **prendre son ~ de** to come to terms with; **~ pris** bias
partial, e, -aux [paʀsjal, -o] *adj* biased, partial
partialement [paʀsjalmɑ̃] *adv* in a biased way
partialité [paʀsjalite] *nf* bias, partiality
participant, e [paʀtisipɑ̃, -ɑ̃t] *nm/f* participant; *(à un concours)* entrant; *(d'une société)* member
participation [paʀtisipɑsjɔ̃] *nf* participation; sharing; *(Comm)* interest; **la ~ aux bénéfices** profit-sharing; **la ~ ouvrière** worker participation; **"avec la ~ de ..."** "featuring ..."
participe [paʀtisip] *nm* participle; **~ passé/ présent** past/present participle
participer [paʀtisipe]: **~ à** *vt (course, réunion)* to take part in; *(profits etc)* to share in; *(frais etc)* to contribute to; *(entreprise: financièrement)* to cooperate in; *(chagrin, succès de qn)* to share (in); **~ de** *vt* to partake of.
particulariser [paʀtikylaʀize] *vt*: **se particulariser** to mark o.s. *(ou* itself) out
particularisme [paʀtikylaʀism(ə)] *nm* sense of identity
particularité [paʀtikylaʀite] *nf* particularity; *(distinctive)* characteristic, feature
particule [paʀtikyl] *nf* particle; **~ (nobiliaire)** nobiliary particle
particulier, -ière [paʀtikylje, -jɛʀ] *adj (personnel, privé)* private; *(spécial)* special, particular; *(caractéristique)* characteristic, distinctive; *(spécifique)* particular ▷ *nm (individu: Admin)* private individual; **"~ vend ..."** *(Comm)* "for sale privately ...", "for sale by owner ..." *(US)*; **~ à** peculiar to; **en ~** *adv (surtout)* in particular, particularly; *(à part)* separately; *(en privé)* in private
particulièrement [paʀtikyljɛʀmɑ̃] *adv* particularly
partie [paʀti] *nf (gén)* part; *(profession, spécialité)* field, subject; *(Jur etc: protagonistes)* party; *(de cartes, tennis etc)* game; *(fig: lutte, combat)* struggle, fight; **une ~ de campagne/de pêche** an outing in the country/a fishing party *ou* trip; **en ~** *adv* partly, in part; **faire ~ de** to belong to; *(chose)* to be part of; **prendre qn à ~** to take sb to task; *(malmener)* to set on sb; **en grande ~** largely, in the main; **ce n'est que ~ remise** it will be for another time *ou* the next time; **avoir ~ liée avec qn** to be in league with sb; **~ civile** *(Jur)* *party claiming damages in a criminal case*
partiel, le [paʀsjɛl] *adj* partial ▷ *nm (Scol)* class exam
partiellement [paʀsjɛlmɑ̃] *adv* partially, partly
partir [paʀtiʀ] *vi (gén)* to go; *(quitter)* to go, leave; *(s'éloigner)* to go (*ou* drive *etc*) away *ou* off; *(moteur)* to start; *(pétard)* to go off; *(bouchon)* to come out; *(bouton)* to come off; **~ de** *(lieu: quitter)* to leave; *(: commencer à)* to start from; *(date)* to run *ou* start from; **~ pour/à** *(lieu, pays etc)* to leave for/go off to; **à ~ de** from
partisan, e [paʀtizɑ̃, -an] *nm/f* partisan; *(d'un parti, régime etc)* supporter ▷ *adj (lutte, querelle)* partisan, one-sided; **être ~ de qch/faire** to be in favour *(Brit) ou* favor *(US)* of sth/doing
partitif, -ive [paʀtitif, -iv] *adj*: **article ~** partitive article
partition [paʀtisjɔ̃] *nf (Mus)* score
partout [paʀtu] *adv* everywhere; **~ où il allait** everywhere *ou* wherever he went; **trente ~** *(Tennis)* thirty all
paru [paʀy] *pp de* **paraître**
parure [paʀyʀ] *nf (bijoux etc)* finery *no pl*; jewellery *no pl (Brit)*, jewelry *no pl (US)*; *(assortiment)* set
parus *etc* [paʀy] *vb voir* **paraître**
parution [paʀysjɔ̃] *nf* publication, appearance
parvenir [paʀvəniʀ]: **~ à** *vt (atteindre)* to reach; *(obtenir, arriver à)* to attain; *(réussir)*: **~ à faire** to manage to do, succeed in doing; **faire ~ qch à qn** to have sth sent to sb
parvenu, e [paʀvəny] *pp de* **parvenir** ▷ *nm/f (péj)* parvenu, upstart
parviendrai [paʀvjɛ̃dʀe], **parviens** *etc* [paʀvjɛ̃] *vb voir* **parvenir**
parvis [paʀvi] *nm* square *(in front of a church)*

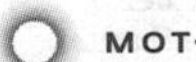

MOT-CLÉ

pas[1] [pɑ] *adv* **1** *(en corrélation avec ne, non etc)* not; **il ne pleure pas** *(habituellement)* he does not *ou* doesn't cry; *(maintenant)* he's not *ou* isn't crying; **je ne mange pas de viande** I don't *ou* do not eat meat; **il n'a pas pleuré/ne pleurera pas** he did not *ou* didn't/will not *ou* won't cry; **ils n'ont pas de voiture/d'enfants** they haven't got a car/any children, they have no car/children; **il m'a dit de ne pas le faire** he told me not to do it; **non pas que ...** not that ..
2 *(employé sans ne etc)*: **pas moi** not me, not I, I don't *(ou* can't *etc)*; **elle travaille, (mais) lui pas** *ou* **pas lui** she works but he doesn't *ou* does not; **une pomme pas mûre** an apple which

isn't ripe; **pas plus tard qu'hier** only yesterday; **pas du tout** not at all; **pas de sucre, merci** no sugar, thanks; **ceci est à vous ou pas?** is this yours or not?, is this yours or isn't it?

3: **pas mal** (*joli: personne, maison*) not bad; **pas mal fait** not badly done *ou* made; **comment ça va? — pas mal** how are things? — not bad; **pas mal de** quite a lot of

pas[2] [pɑ] *nm* (*allure, mesure*) pace; (*démarche*) tread; (*enjambée, Danse, fig: étape*) step; (*bruit*) (foot)step; (*trace*) footprint; (*allure*) pace; (*d'un cheval*) walk; (*mesure*) pace; (*Tech: de vis, d'écrou*) thread; **~ à ~** step by step; **au ~** at a walking pace; **de ce ~** (*à l'instant même*) straightaway, at once; **marcher à grands ~** to stride along; **mettre qn au ~** to bring sb to heel; **au ~ de gymnastique/de course** at a jog trot/at a run; **à ~ de loup** stealthily; **faire les cent ~** to pace up and down; **faire les premiers ~** to make the first move; **retourner** *ou* **revenir sur ses ~** to retrace one's steps; **se tirer d'un mauvais ~** to get o.s. out of a tight spot; **sur le ~ de la porte** on the doorstep; **le ~ de Calais** (*détroit*) the Straits *pl* of Dover; **~ de porte** (*fig*) key money

pascal, e, -aux [paskal, -o] *adj* Easter *cpd*

passable [pɑsabl(ə)] *adj* passable, tolerable

passablement [pɑsabləmɑ̃] *adv* (*pas trop mal*) reasonably well; (*beaucoup*) quite a lot

passade [pɑsad] *nf* passing fancy, whim

passage [pɑsaʒ] *nm* (*fait de passer*) *voir* **passer**; (*lieu, prix de la traversée, extrait de livre etc*) passage; (*chemin*) way; (*itinéraire*): **sur le ~ du cortège** along the route of the procession; **"laissez/n'obstruez pas le ~"** "keep clear/do not obstruct"; **au ~** (*en passant*) as I (*ou* he *etc*) went by; **de ~** (*touristes*) passing through; (*amants etc*) casual; **~ clouté** pedestrian crossing; **"~ interdit"** "no entry"; **~ à niveau** level (*Brit*) *ou* grade (*US*) crossing; **"~ protégé"** *right of way over secondary road(s) on your right*; **~ souterrain** subway (*Brit*), underpass; **~ à tabac** beating-up; **~ à vide** (*fig*) bad patch

passager, -ère [pasaʒe, -ɛʀ] *adj* passing; (*hôte*) short-stay *cpd*; (*oiseau*) migratory ▷ *nm/f* passenger; **~ clandestin** stowaway

passagèrement [pɑsaʒɛʀmɑ̃] *adv* temporarily, for a short time

passant, e [pɑsɑ̃, -ɑ̃t] *adj* (*rue, endroit*) busy ▷ *nm/f* passer-by ▷ *nm* (*pour ceinture etc*) loop; **en ~**: **remarquer qch en ~** to notice sth in passing

passation [pɑsasjɔ̃] *nf* (*Jur: d'un acte*) signing; **~ des pouvoirs** transfer *ou* handover of power

passe [pɑs] *nf* (*Sport, magnétique*) pass; (*Navig*) channel ▷ *nm* (*passe-partout*) master *ou* skeleton key; **être en ~ de faire** to be on the way to doing; **être dans une mauvaise ~** (*fig*) to be going through a bad patch; **être dans une bonne ~** (*fig*) to be in a healthy situation; **~ d'armes** (*fig*) heated exchange

passé, e [pɑse] *adj* (*événement, temps*) past; (*couleur, tapisserie*) faded; (*précédent*): **dimanche ~** last Sunday ▷ *prép* after ▷ *nm* past; (*Ling*) past (tense); **il est ~ midi** *ou* **midi ~** it's gone (*Brit*) *ou* past twelve; **~ de mode** out of fashion; **~ composé** perfect (tense); **~ simple** past historic

passe-droit [pɑsdʀwa] *nm* special privilege

passéiste [pɑseist(ə)] *adj* backward-looking

passementerie [pɑsmɑ̃tʀi] *nf* trimmings *pl*

passe-montagne [pɑsmɔ̃taɲ] *nm* balaclava

passe-partout [pɑspaʀtu] *nm inv* master *ou* skeleton key ▷ *adj inv* all-purpose

passe-passe [pɑspɑs] *nm*: **tour de ~** trick, sleight of hand *no pl*

passe-plat [pɑspla] *nm* serving hatch

passeport [pɑspɔʀ] *nm* passport

passer [pɑse] *vi* (*se rendre, aller*) to go; (*voiture, piétons: défiler*) to pass (by), go by; (*faire une halte rapide: facteur, laitier etc*) to come, call; (*: pour rendre visite*) to call *ou* drop in; (*courant, air, lumière, franchir un obstacle etc*) to get through; (*accusé, projet de loi*): **~ devant** to come before; (*film, émission*) to be on; (*temps, jours*) to pass, go by; (*liquide, café*) to go through; (*être digéré, avalé*) to go down; (*couleur, papier*) to fade; (*mode*) to die out; (*douleur*) to pass, go away; (*Cartes*) to pass; (*Scol*) to go up (to the next class); (*devenir*): **~ président** to be appointed *ou* become president ▷ *vt* (*frontière, rivière etc*) to cross; (*douane*) to go through; (*examen*) to sit, take; (*visite médicale etc*) to have; (*journée, temps*) to spend; (*donner*): **~ qch à qn** to pass sth to sb; to give sb sth; (*transmettre*): **~ qch à qn** to pass sth on to sb; (*enfiler: vêtement*) to slip on; (*faire entrer, mettre*): **(faire) ~ qch dans/par** to get sth into/through; (*café*) to pour the water on; (*thé, soupe*) to strain; (*film, pièce*) to show, put on; (*disque*) to play, put on; (*marché, accord*) to agree on; (*tolérer*): **~ qch à qn** to let sb get away with sth; **se passer** *vi* (*avoir lieu: scène, action*) to take place; (*se dérouler: entretien etc*) to go; (*arriver*): **que s'est-il passé?** what happened?; (*s'écouler: semaine etc*) to pass, go by; **se ~ de** *vt* to go *ou* do without; **se ~ les mains sous l'eau/de l'eau sur le visage** to put one's hands under the tap/run water over one's face; **en passant** in passing; **~ par** to go through; **passez devant/par ici** go in front/this way; **~ sur** *vt* (*faute, détail inutile*) to pass over; **~ dans les mœurs/l'usage** to become the custom/normal usage; **~ avant qch/qn** (*fig*) to come before sth/sb; **laisser ~** (*air, lumière, personne*) to let through; (*occasion*) to let slip, miss; (*erreur*) to overlook; **faire ~** (*message*) to get over *ou* across; **faire ~ à qn le goût de qch** to cure sb of his (*ou* her) taste for sth; **~ à la radio/fouille** to be X-rayed/searched; **~ à la radio/télévision** to be on the radio/on television; **~ à table** to sit down to eat; **~ au salon** to go through to *ou* into the sitting room; **~ à l'opposition** to go over to the opposition; **~ aux aveux** to confess, make a confession; **~ à l'action** to go into action; **~ pour riche** to be

P

taken for a rich man; **il passait pour avoir** he was said to have; **faire ~ qn/qch pour** to make sb/sth out to be; **passe encore de le penser, mais de le dire!** it's one thing to think it, but to say it!; **passons!** let's say no more (about it); **et j'en passe!** and that's not all!; **~ en seconde, ~ la seconde** (*Auto*) to change into second; **~ qch en fraude** to smuggle sth in (*ou* out); **~ la main par la portière** to stick one's hand out of the door; **~ le balai/l'aspirateur** to sweep up/ hoover; **~ commande/la parole à qn** to hand over to sb; **je vous passe M. X** (*je vous mets en communication avec lui*) I'm putting you through to Mr X; (*je lui passe l'appareil*) here is Mr X, I'll hand you over to Mr X; **~ prendre** to (come and) collect

passereau, x [pasʀo] *nm* sparrow

passerelle [pasʀɛl] *nf* footbridge; (*de navire, avion*) gangway; (*Navig*): **~ (de commandement)** bridge

passe-temps [pastɑ̃] *nm inv* pastime

passette [pasɛt] *nf* (tea-)strainer

passeur, -euse [pasœʀ, -øz] *nm/f* smuggler

passible [pasibl(ə)] *adj*: **~ de** liable to

passif, -ive [pasif, -iv] *adj* passive ▷ *nm* (*Ling*) passive; (*Comm*) liabilities *pl*

passion [pasjɔ̃] *nf* passion; **avoir la ~ de** to have a passion for; **fruit de la ~** passion fruit

passionnant, e [pasjɔnɑ̃, -ɑ̃t] *adj* fascinating

passionné, e [pasjɔne] *adj* (*personne, tempérament*) passionate; (*description*) impassioned ▷ *nm/f*: **c'est un ~ d'échecs** he's a chess fanatic; **être ~ de** *ou* **pour qch** to have a passion for sth

passionnel, le [pasjɔnɛl] *adj* of passion

passionnément [pasjɔnemɑ̃] *adv* passionately

passionner [pasjɔne] *vt* (*personne*) to fascinate, grip; (*débat, discussion*) to inflame; **se ~ pour** to take an avid interest in; to have a passion for

passivement [pasivmɑ̃] *adv* passively

passivité [pasivite] *nf* passivity, passiveness

passoire [paswaʀ] *nf* sieve; (*à légumes*) colander; (*à thé*) strainer

pastel [pastɛl] *nm, adj inv* (*Art*) pastel

pastèque [pastɛk] *nf* watermelon

pasteur [pastœʀ] *nm* (*protestant*) minister, pastor

pasteurisation [pastœʀizasjɔ̃] *nf* pasteurization

pasteurisé, e [pastœʀize] *adj* pasteurized

pasteuriser [pastœʀize] *vt* to pasteurize

pastiche [pastiʃ] *nm* pastiche

pastille [pastij] *nf* (*à sucer*) lozenge, pastille; (*de papier etc*) (small) disc; **~s pour la toux** cough drops *ou* lozenges

pastis [pastis] *nm anise-flavoured alcoholic drink*

pastoral, e, -aux [pastɔʀal, -o] *adj* pastoral

patagon, ne [patagɔ̃, -ɔn] *adj* Patagonian

Patagonie [patagɔni] *nf*: **la ~** Patagonia

patate [patat] *nf* spud; **~ douce** sweet potato

pataud, e [pato, -od] *adj* lumbering

patauger [patoʒe] *vi* (*pour s'amuser*) to splash about; (*avec effort*) to wade about; (*fig*) to flounder; **~ dans** (*en marchant*) to wade through

patch [patʃ] *nm* nicotine patch

patchouli [patʃuli] *nm* patchouli

patchwork [patʃwœʀk] *nm* patchwork

pâte [pɑt] *nf* (*à tarte*) pastry; (*à pain*) dough; (*à frire*) batter; (*substance molle*) paste; cream; **pâtes** *nfpl* (*macaroni etc*) pasta *sg*; **fromage à ~ dure/ molle** hard/soft cheese; **~ d'amandes** almond paste; **~ brisée** shortcrust (*Brit*) *ou* pie crust (*US*) pastry; **~ à choux/feuilletée** choux/puff *ou* flaky (*Brit*) pastry; **~ de fruits** crystallized fruit *no pl*; **~ à modeler** modelling clay, Plasticine® (*Brit*); **~ à papier** paper pulp

pâté [pɑte] *nm* (*charcuterie: terrine*) pâté; (*tache*) ink blot; (*de sable*) sandpie; **~ (en croûte)** ≈ meat pie; **~ de foie** liver pâté; **~ de maisons** block (of houses)

pâtée [pɑte] *nf* mash, feed

patelin [patlɛ̃] *nm* little place

patente [patɑ̃t] *nf* (*Comm*) trading licence (*Brit*) *ou* license (*US*)

patenté, e [patɑ̃te] *adj* (*Comm*) licensed; (*fig: attitré*) registered, (officially) recognized

patère [patɛʀ] *nf* (coat-)peg

paternalisme [patɛʀnalism(ə)] *nm* paternalism

paternaliste [patɛʀnalist(ə)] *adj* paternalistic

paternel, le [patɛʀnɛl] *adj* (*amour, soins*) fatherly; (*ligne, autorité*) paternal

paternité [patɛʀnite] *nf* paternity, fatherhood

pâteux, -euse [pɑtø, -øz] *adj* thick; pasty; **avoir la bouche** *ou* **langue pâteuse** to have a furred (*Brit*) *ou* coated tongue

pathétique [patetik] *adj* pathetic, moving

pathologie [patɔlɔʒi] *nf* pathology

pathologique [patɔlɔʒik] *adj* pathological

patibulaire [patibylɛʀ] *adj* sinister

patiemment [pasjamɑ̃] *adv* patiently

patience [pasjɑ̃s] *nf* patience; **être à bout de ~** to have run out of patience; **perdre/prendre ~** to lose (one's)/have patience

patient, e [pasjɑ̃, -ɑ̃t] *adj, nm/f* patient

patienter [pasjɑ̃te] *vi* to wait

patin [patɛ̃] *nm* skate; (*sport*) skating; (*de traîneau, luge*) runner; (*pièce de tissu*) cloth pad (*used as slippers to protect polished floor*); **~ (de frein)** brake block; **~s (à glace)** (ice) skates; **~s à roulettes** roller skates

patinage [patinaʒ] *nm* skating; **~ artistique/ de vitesse** figure/speed skating

patine [patin] *nf* sheen

patiner [patine] *vi* to skate; (*embrayage*) to slip; (*roue, voiture*) to spin; **se patiner** *vi* (*meuble, cuir*) to acquire a sheen, become polished

patineur, -euse [patinœʀ, -øz] *nm/f* skater

patinoire [patinwaʀ] *nf* skating rink, (ice) rink

patio [patjo] *nm* patio

pâtir [pɑtiʀ]: **~ de** *vt* to suffer because of

pâtisserie [pɑtisʀi] *nf* (*boutique*) cake shop; (*métier*) confectionery; (*à la maison*) pastry- *ou* cake-making, baking; **pâtisseries** *nfpl* (*gâteaux*)

pastries, cakes
pâtissier, -ière [patisje, -jɛʀ] *nm/f* pastrycook; confectioner
patois [patwa] *nm* dialect, patois
patraque [patʀak] (*fam*) *adj* peaky, off-colour
patriarche [patʀijaʀʃ(ə)] *nm* patriarch
patrie [patʀi] *nf* homeland
patrimoine [patʀimwan] *nm* inheritance, patrimony; (*culture*) heritage; **~ génétique** *ou* **héréditaire** genetic inheritance
patriote [patʀijɔt] *adj* patriotic ▷ *nm/f* patriot
patriotique [patʀijɔtik] *adj* patriotic
patriotisme [patʀijɔtism(ə)] *nm* patriotism
patron, ne [patʀɔ̃, -ɔn] *nm/f* (*chef*) boss, manager(-ess); (*propriétaire*) owner, proprietor(-tress); (*employeur*) employer; (*Méd*) ≈ senior consultant; (*Rel*) patron saint ▷ *nm* (*Couture*) pattern; **~ de thèse** supervisor (of postgraduate thesis)
patronage [patʀɔnaʒ] *nm* patronage; (*organisation, club*) (parish) youth club; (parish) children's club
patronal, e, -aux [patʀɔnal, -o] *adj* (*syndicat, intérêts*) employers'
patronat [patʀɔna] *nm* employers *pl*
patronner [patʀɔne] *vt* to sponsor, support
patronnesse [patʀɔnɛs] *adj f*: **dame ~** patroness
patronyme [patʀɔnim] *nm* name
patronymique [patʀɔnimik] *adj*: **nom ~** patronymic (name)
patrouille [patʀuj] *nf* patrol
patrouiller [patʀuje] *vi* to patrol, be on patrol
patrouilleur [patʀujœʀ] *nm* (*Aviat*) scout (plane); (*Navig*) patrol boat
patte [pat] *nf* (*jambe*) leg; (*pied: de chien, chat*) paw; (*: d'oiseau*) foot; (*languette*) strap; (*: de poche*) flap; (*favoris*): **~s (de lapin)** (short) sideburns; **à ~s d'éléphant** *adj* (*pantalon*) flared; **~s de mouche** (*fig*) spidery scrawl *sg*; **~s d'oie** (*fig*) crow's feet
pattemouille [patmuj] *nf* damp cloth (*for ironing*)
pâturage [patyʀaʒ] *nm* pasture
pâture [patyʀ] *nf* food
paume [pom] *nf* palm
paumé, e [pome] *nm/f* (*fam*) drop-out
paumer [pome] *vt* (*fam*) to lose
paupérisation [popeʀizasjɔ̃] *nf* pauperization
paupérisme [popeʀism(ə)] *nm* pauperism
paupière [popjɛʀ] *nf* eyelid
paupiette [popjɛt] *nf*: **~s de veau** veal olives
pause [poz] *nf* (*arrêt*) break; (*en parlant, Mus*) pause; **~ de midi** lunch break
pause-café [pozkafe] (*pl* **pauses-café**) *nf* coffee-break
pauvre [povʀ(ə)] *adj* poor ▷ *nm/f* poor man/woman; **les ~s** the poor; **~ en calcium** low in calcium
pauvrement [povʀəmɑ̃] *adv* poorly
pauvreté [povʀəte] *nf* (*état*) poverty; **pauvreté énergétique** fuel poverty
pavage [pavaʒ] *nm* paving; cobbles *pl*
pavaner [pavane]: **se pavaner** *vi* to strut about
pavé, e [pave] *adj* (*cour*) paved; (*rue*) cobbled ▷ *nm* (*bloc*) paving stone; cobblestone; (*pavage*) paving; (*bifteck*) slab of steak; (*fam: livre*) hefty tome; **être sur le ~** (*sans domicile*) to be on the streets; (*sans emploi*) to be out of a job; **~ numérique** (*Inform*) keypad
pavillon [pavijɔ̃] *nm* (*de banlieue*) small (detached) house; (*kiosque*) lodge; pavilion; (*d'hôpital*) ward; (*Mus: de cor etc*) bell; (*Anat: de l'oreille*) pavilion, pinna; (*Navig*) flag; **~ de complaisance** flag of convenience
pavoiser [pavwaze] *vt* to deck with flags ▷ *vi* to put out flags; (*fig*) to rejoice, exult
pavot [pavo] *nm* poppy
payable [pɛjabl(ə)] *adj* payable
payant, e [pɛjɑ̃, -ɑ̃t] *adj* (*spectateurs etc*) paying; (*billet*) that you pay for, to be paid for; (*fig: entreprise*) profitable; **c'est ~** you have to pay, there is a charge
paye [pɛj] *nf* pay, wages *pl*
payement [pɛjmɑ̃] *nm* payment
payer [peje] *vt* (*créancier, employé, loyer*) to pay; (*achat, réparations, fig: faute*) to pay for ▷ *vi* to pay; (*métier*) to pay, be well-paid; (*effort, tactique etc*) to pay off; **être bien/mal payé** to be well/badly paid; **il me l'a fait ~ 10 euros** he charged me 10 euros for it; **~ qn de** (*ses efforts, peines*) to reward sb for; **~ qch à qn** to buy sth for sb, buy sb sth; **ils nous ont payé le voyage** they paid for our trip; **~ de sa personne** to give of oneself; **~ d'audace** to act with great daring; **~ cher qch** to pay dear(ly) for sth; **cela ne paie pas de mine** it doesn't look much; **se ~ qch** to buy o.s. sth; **se ~ de mots** to shoot one's mouth off; **se ~ la tête de qn** to take the mickey out of sb (*Brit*), make a fool of sb; (*duper*) to take sb for a ride
payeur, -euse [pɛjœʀ, -øz] *adj* (*organisme, bureau*) payments *cpd* ▷ *nm/f* payer
pays [pei] *nm* (*territoire, habitants*) country, land; (*région*) region; (*village*) village; **du ~** *adj* local; **le ~ de Galles** Wales
paysage [peizaʒ] *nm* landscape
paysager, -ère [peizaʒe, -ɛʀ] *adj* (*jardin, parc*) landscaped
paysagiste [peizaʒist(ə)] *nm/f* (*de jardin*) landscape gardener; (*Art*) landscapist, landscape painter
paysan, ne [peizɑ̃, -an] *nm/f* countryman/-woman; farmer; (*péj*) peasant ▷ *adj* country *cpd*, farming, farmers'
paysannat [peizana] *nm* peasantry
Pays-Bas [peiba] *nmpl*: **les ~** the Netherlands
PC *sigle m* (*Pol*) = **parti communiste**; (*Inform: = personal computer*) PC; (*= prêt conventionné*) *type of loan for house purchase*; (*Constr*) = **permis de construire**; (*Mil*) = **poste de commandement**
pcc *abr* (*= pour copie conforme*) c.c
Pce *abr* = **prince**
Pcesse *abr* = **princesse**
PCV *abr* = **percevoir**; *voir* **communication**
PDA *sigle m* (*= personal digital assistant*) PDA
p de p *abr* = **pas de porte**

P

PDG *sigle m* = **président directeur général**
p.-ê. *abr* = **peut-être**
PEA *sigle m (= plan d'épargne en actions) building society savings plan*
péage [peaʒ] *nm* toll; *(endroit)* tollgate; **pont à ~** toll bridge
peau, x [po] *nf* skin; *(cuir)*: **gants de ~** leather gloves; **être bien/mal dans sa ~** to be at ease/ odds with oneself; **se mettre dans la ~ de qn** to put o.s. in sb's place *ou* shoes; **faire ~ neuve** *(se renouveler)* to change one's image; **~ de chamois** *(chiffon)* chamois leather, shammy; **~ d'orange** orange peel
peaufiner [pofine] *vt* to polish (up)
Peau-Rouge [poʀuʒ] *nm/f* Red Indian, red skin
peccadille [pekadij] *nf* trifle, peccadillo
péché [peʃe] *nm* sin; **~ mignon** weakness
pêche [pɛʃ] *nf (sport, activité)* fishing; *(poissons pêchés)* catch; *(fruit)* peach; **aller à la ~** to go fishing; **avoir la ~** *(fam)* to be on (top) form; **~ à la ligne** *(en rivière)* angling; **~ sous-marine** deep-sea fishing
pêche-abricot [pɛʃabʀiko] *(pl* **pêches-abricots***) nf* yellow peach
pécher [peʃe] *vi (Rel)* to sin; *(fig: personne)* to err; *(: chose)* to be flawed; **~ contre la bienséance** to break the rules of good behaviour
pêcher [peʃe] *nm* peach tree ▷ *vi* to go fishing; *(en rivière)* to go angling ▷ *vt (attraper)* to catch, land; *(chercher)* to fish for; **~ au chalut** to trawl
pécheur, -eresse [peʃœʀ, peʃʀɛs] *nm/f* sinner
pêcheur [pɛʃœʀ] *nm voir* **pêcher** fisherman; angler; **~ de perles** pearl diver
pectine [pɛktin] *nf* pectin
pectoral, e, -aux [pɛktɔʀal, -o] *adj (Anat)* pectoral; *(sirop)* throat *cpd*, cough *cpd* ▷ *nmpl* pectoral muscles
pécule [pekyl] *nm* savings *pl*, nest egg; *(d'un détenu)* earnings *pl (paid on release)*
pécuniaire [pekynjɛʀ] *adj* financial
pédagogie [pedagɔʒi] *nf* educational methods *pl*, pedagogy
pédagogique [pedagɔʒik] *adj* educational; **formation ~** teacher training
pédagogue [pedagɔg] *nm/f* teacher, education(al)ist
pédale [pedal] *nf* pedal; **mettre la ~ douce** to soft-pedal
pédaler [pedale] *vi* to pedal
pédalier [pedalje] *nm* pedal and gear mechanism
pédalo [pedalo] *nm* pedalo, pedal-boat
pédant, e [pedɑ̃, -ɑ̃t] *adj (péj)* pedantic ▷ *nm/f* pedant
pédantisme [pedɑ̃tism(ə)] *nm* pedantry
pédéraste [pedeʀast(ə)] *nm* homosexual, pederast
pédérastie [pedeʀasti] *nf* homosexuality, pederasty
pédestre [pedɛstʀ(ə)] *adj*: **tourisme ~** hiking; **randonnée ~** *(activité)* rambling; *(excursion)* ramble
pédiatre [pedjatʀ(ə)] *nm/f* paediatrician *(Brit)*, pediatrician *ou* pediatrist *(US)*, child specialist
pédiatrie [pedjatʀi] *nf* paediatrics *sg (Brit)*, pediatrics *sg (US)*
pédicure [pedikyʀ] *nm/f* chiropodist
pedigree [pedigʀe] *nm* pedigree
peeling [piliŋ] *nm* exfoliation treatment
PEEP *sigle f* = **Fédération des parents d'élèves de l'enseignement public**
pègre [pɛgʀ(ə)] *nf* underworld
peignais *etc* [peɲɛ] *vb voir* **peindre**
peigne [pɛɲ] *vb voir* **peindre; peigner** ▷ *nm* comb
peigné, e [peɲe] *adj*: **laine ~e** wool worsted; combed wool
peigner [peɲe] *vt* to comb (the hair of); **se peigner** to comb one's hair
peignez *etc* [pɛɲe] *vb voir* **peindre**
peignoir [pɛɲwaʀ] *nm* dressing gown; **~ de bain** bathrobe; **~ de plage** beach robe
peignons [pɛɲɔ̃] *vb voir* **peindre**
peinard, e [pɛnaʀ, -aʀd(ə)] *adj (emploi)* cushy *(Brit)*, easy; *(personne)*: **on est ~ ici** we're left in peace here
peindre [pɛ̃dʀ(ə)] *vt* to paint; *(fig)* to portray, depict
peine [pɛn] *nf (affliction)* sorrow, sadness *no pl*; *(mal, effort)* trouble *no pl*, effort; *(difficulté)* difficulty; *(punition, châtiment)* punishment; *(Jur)* sentence; **faire de la ~ à qn** to distress *ou* upset sb; **prendre la ~ de faire** to go to the trouble of doing; **se donner de la ~** to make an effort; **ce n'est pas la ~ de faire** there's no point in doing, it's not worth doing; **ce n'est pas la ~ que vous fassiez** there's no point (in) you doing; **avoir de la ~ à faire** to have difficulty doing; **donnez-vous** *ou* **veuillez-vous donner la ~ d'entrer** please do come in; **c'est ~ perdue** it's a waste of time (and effort); **à ~** *adv* scarcely, hardly, barely; **à ~ ... que** hardly ... than; **c'est à ~ si ...** it's *(ou* it was) a job to ...; **sous ~**: **sous ~ d'être puni** for fear of being punished; **défense d'afficher sous ~ d'amende** billposters will be fined; **~ capitale** capital punishment; **~ de mort** death sentence *ou* penalty
peiner [pene] *vi* to work hard; to struggle; *(moteur, voiture)* to labour *(Brit)*, labor *(US)* ▷ *vt* to grieve, sadden
peint, e [pɛ̃, pɛ̃t] *pp de* **peindre**
peintre [pɛ̃tʀ(ə)] *nm* painter; **~ en bâtiment** house painter, painter and decorator; **~ d'enseignes** signwriter
peinture [pɛ̃tyʀ] *nf* painting; *(couche de couleur, couleur)* paint; *(surfaces peintes: aussi:* **peintures***)* paintwork; **je ne peux pas le voir en ~** I can't stand the sight of him; **~ mate/brillante** matt/ gloss paint; **"~ fraîche"** "wet paint"
péjoratif, -ive [peʒɔʀatif, -iv] *adj* pejorative, derogatory
Pékin [pekɛ̃] *n* Peking
pékinois, e [pekinwa, -waz] *adj* Pekin(g)ese ▷ *nm (chien)* peke, pekin(g)ese; *(Ling)* Mandarin,

Pekin(g)ese ▷ *nm/f*: **Pékinois, e** Pekin(g)ese
PEL *sigle m (= plan d'épargne logement) savings scheme providing lower-interest mortgages*
pelade [pəlad] *nf* alopecia
pelage [pəlaʒ] *nm* coat, fur
pelé, e [pəle] *adj (chien)* hairless; *(vêtement)* threadbare; *(terrain)* bare
pêle-mêle [pɛlmɛl] *adv* higgledy-piggledy
peler [pəle] *vt, vi* to peel
pèlerin [pɛlʀɛ̃] *nm* pilgrim
pèlerinage [pɛlʀinaʒ] *nm (voyage)* pilgrimage; *(lieu)* place of pilgrimage, shrine
pèlerine [pɛlʀin] *nf* cape
pélican [pelikɑ̃] *nm* pelican
pelisse [pəlis] *nf* fur-lined cloak
pelle [pɛl] *nf* shovel; *(d'enfant, de terrassier)* spade; **~ à gâteau** cake slice; **~ mécanique** mechanical digger
pelletée [pɛlte] *nf* shovelful; spadeful
pelleter [pɛlte] *vt* to shovel (up)
pelleteuse [pɛltøz] *nf* mechanical digger, excavator
pelletier [pɛltje] *nm* furrier
pellicule [pelikyl] *nf* film; **pellicules** *nfpl (Méd)* dandruff *sg*
Péloponnèse [pelɔpɔnɛz] *nm*: **le ~** the Peloponnese
pelote [pəlɔt] *nf (de fil, laine)* ball; *(d'épingles)* pin cushion; **~ basque** pelota
peloter [pəlɔte] *vt (fam)* to feel (up); **se peloter** *vi* to pet
peloton [pəlɔtɔ̃] *nm (groupe: de personnes)* group; *(: de pompiers, gendarmes)* squad; *(: Sport)* pack; *(de laine)* ball; **~ d'exécution** firing squad
pelotonner [pəlɔtɔne]: **se pelotonner** *vi* to curl (o.s.) up
pelouse [pəluz] *nf* lawn; *(Hippisme) spectating area inside racetrack*
peluche [pəlyʃ] *nf* (bit of) fluff; **animal en ~** soft toy, fluffy animal
pelucher [p(ə)lyʃe] *vi* to become fluffy, fluff up
pelucheux, -euse [p(ə)lyʃø, -øz] *adj* fluffy
pelure [pəlyʀ] *nf* peeling, peel *no pl*; **~ d'oignon** onion skin
pénal, e, -aux [penal, -o] *adj* penal
pénalisation [penalizasjɔ̃] *nf (Sport)* sanction, penalty
pénaliser [penalize] *vt* to penalize
pénalité [penalite] *nf* penalty
penalty, ies [penalti, -z] *nm (Sport)* penalty (kick)
pénard, e [penaʀ, -aʀd(ə)] *adj* = **peinard**
pénates [penat] *nmpl*: **regagner ses ~** to return to the bosom of one's family
penaud, e [pəno, -od] *adj* sheepish, contrite
penchant [pɑ̃ʃɑ̃] *nm*: **un ~ à faire/à qch** a tendency to do/to sth; **un ~ pour qch** a liking *ou* fondness for sth
penché, e [pɑ̃ʃe] *adj* slanting
pencher [pɑ̃ʃe] *vi* to tilt, lean over ▷ *vt* to tilt; **se pencher** *vi* to lean over; *(se baisser)* to bend down; **se ~ sur** to bend over; *(fig: problème)* to look into; **se ~ au dehors** to lean out; **~ pour** to be inclined to favour *(Brit) ou* favor *(US)*
pendable [pɑ̃dabl(ə)] *adj*: **tour ~** rotten trick; **c'est un cas ~!** he *(ou* she) deserves to be shot!
pendaison [pɑ̃dɛzɔ̃] *nf* hanging
pendant, e [pɑ̃dɑ̃, -ɑ̃t] *adj* hanging (out); *(Admin, Jur)* pending ▷ *nm* counterpart; matching piece ▷ *prép* during; **faire ~ à** to match; to be the counterpart of; **~ que** while; **~s d'oreilles** drop *ou* pendant earrings
pendeloque [pɑ̃dlɔk] *nf* pendant
pendentif [pɑ̃dɑ̃tif] *nm* pendant
penderie [pɑ̃dʀi] *nf* wardrobe; *(placard)* walk-in cupboard
pendiller [pɑ̃dije] *vi* to flap (about)
pendre [pɑ̃dʀ(ə)] *vt, vi* to hang; **se ~ (à)** *(se suicider)* to hang o.s. (on); **~ à** to hang (down) from; **~ qch à** *(mur)* to hang sth (up) on; *(plafond)* to hang sth (up) from; **se ~ à** *(se suspendre)* to hang from
pendu, e [pɑ̃dy] *pp de* **pendre** ▷ *nm/f* hanged man *(ou* woman)
pendulaire [pɑ̃dylɛʀ] *adj* pendular, of a pendulum
pendule [pɑ̃dyl] *nf* clock ▷ *nm* pendulum
pendulette [pɑ̃dylɛt] *nf* small clock
pêne [pɛn] *nm* bolt
pénétrant, e [penetʀɑ̃, -ɑ̃t] *adj (air, froid)* biting; *(pluie)* that soaks right through you; *(fig: odeur)* noticeable; *(œil, regard)* piercing; *(clairvoyant, perspicace)* perceptive ▷ *nf (route)* expressway
pénétration [penetʀasjɔ̃] *nf (fig: d'idées etc)* penetration; *(perspicacité)* perception
pénétré, e [penetʀe] *adj (air, ton)* earnest; **être ~ de soi-même/son importance** to be full of oneself/one's own importance
pénétrer [penetʀe] *vi* to come *ou* get in ▷ *vt* to penetrate; **~ dans** to enter; *(froid, projectile)* to penetrate; *(: air, eau)* to come into, get into; *(mystère, secret)* to fathom; **se ~ de qch** to get sth firmly set in one's mind
pénible [penibl(ə)] *adj (astreignant)* hard; *(affligeant)* painful; *(personne, caractère)* tiresome; **il m'est ~ de ...** I'm sorry to ...
péniblement [penibləmɑ̃] *adv* with difficulty
péniche [peniʃ] *nf* barge; **~ de débarquement** landing craft *inv*
pénicilline [penisilin] *nf* penicillin
péninsulaire [penɛ̃sylɛʀ] *adj* peninsular
péninsule [penɛ̃syl] *nf* peninsula
pénis [penis] *nm* penis
pénitence [penitɑ̃s] *nf (repentir)* penitence; *(peine)* penance; *(punition, châtiment)* punishment; **mettre un enfant en ~** ≈ to make a child stand in the corner; **faire ~** to do a penance
pénitencier [penitɑ̃sje] *nm* prison, penitentiary (US)
pénitent, e [penitɑ̃, -ɑ̃t] *adj* penitent
pénitentiaire [penitɑ̃sjɛʀ] *adj* prison *cpd*, penitentiary (US)
pénombre [penɔ̃bʀ(ə)] *nf* half-light

P

pensable [pɑ̃sabl(ə)] *adj*: **ce n'est pas ~** it's unthinkable
pensant, e [pɑ̃sɑ̃, -ɑ̃t] *adj*: **bien ~** right-thinking
pense-bête [pɑ̃sbɛt] *nm* aide-mémoire, mnemonic device
pensée [pɑ̃se] *nf* thought; (*démarche, doctrine*) thinking *no pl*; (*Bot*) pansy; **se représenter qch par la ~** to conjure up a mental picture of sth; **en ~** in one's mind
penser [pɑ̃se] *vi* to think ▷ *vt* to think; (*concevoir: problème, machine*) to think out; **~ à** to think of; (*songer à: ami, vacances*) to think of *ou* about; (*réfléchir à: problème, offre*): **~ à qch** to think about sth, think sth over; **~ à faire qch** to think of doing sth; **~ faire qch** to be thinking of doing sth, intend to do sth; **faire ~ à** to remind one of; **n'y pensons plus** let's forget it; **vous n'y pensez pas!** don't let it bother you!; **sans ~ à mal** without meaning any harm; **je le pense aussi** I think so too; **je pense que oui/non** I think so/don't think so
penseur [pɑ̃sœʀ] *nm* thinker; **libre ~** free-thinker
pensif, -ive [pɑ̃sif, -iv] *adj* pensive, thoughtful
pension [pɑ̃sjɔ̃] *nf* (*allocation*) pension; (*prix du logement*) board and lodging, bed and board; (*maison particulière*) boarding house; (*hôtel*) guesthouse, hotel; (*école*) boarding school; **prendre ~ chez** to take board and lodging at; **prendre qn en ~** to take sb (in) as a lodger; **mettre en ~** to send to boarding school; **~ alimentaire** (*d'étudiant*) living allowance; (*de divorcée*) maintenance allowance; alimony; **~ complète** full board; **~ de famille** boarding house, guesthouse; **~ de guerre/d'invalidité** war/disablement pension
pensionnaire [pɑ̃sjɔnɛʀ] *nm/f* boarder; guest
pensionnat [pɑ̃sjɔna] *nm* boarding school
pensionné, e [pɑ̃sjɔne] *nm/f* pensioner
pensivement [pɑ̃sivmɑ̃] *adv* pensively, thoughtfully
pensum [pɛ̃sɔm] *nm* (*Scol*) punishment exercise; (*fig*) chore
pentagone [pɛ̃tagɔn] *nm* pentagon; **le P~** the Pentagon
pentathlon [pɛ̃tatlɔ̃] *nm* pentathlon
pente [pɑ̃t] *nf* slope; **en ~** *adj* sloping
Pentecôte [pɑ̃tkot] *nf*: **la ~** Whitsun (*Brit*), Pentecost; (*dimanche*) Whitsunday (*Brit*); **lundi de ~** Whit Monday (*Brit*)
pénurie [penyʀi] *nf* shortage; **~ de main-d'œuvre** undermanning
PEP [pɛp] *sigle m* (*= plan d'épargne populaire*) *individual savings plan*
pépé [pepe] *nm* (*fam*) grandad
pépère [pepɛʀ] *adj* (*fam*) cushy; (*fam*) quiet ▷ *nm* (*fam*) grandad
pépier [pepje] *vi* to chirp, tweet
pépin [pepɛ̃] *nm* (*Bot: graine*) pip; (*fam: ennui*) snag, hitch; (*: parapluie*) brolly (*Brit*), umbrella
pépinière [pepinjɛʀ] *nf* nursery; (*fig*) nest, breeding-ground
pépiniériste [pepinjeʀist(ə)] *nm* nurseryman
pépite [pepit] *nf* nugget
PEPS *abr* (*= premier entré premier sorti*) first in first out
PER [pɛʀ] *sigle m* (*= plan d'épargne retraite*) *type of personal pension plan*
perçant, e [pɛʀsɑ̃, -ɑ̃t] *adj* (*vue, regard, yeux*) sharp, keen; (*cri, voix*) piercing, shrill
percée [pɛʀse] *nf* (*trouée*) opening; (*Mil, Comm: fig*) breakthrough; (*Sport*) break
perce-neige [pɛʀsənɛʒ] *nm ou f inv* snowdrop
perce-oreille [pɛʀsɔʀɛj] *nm* earwig
percepteur [pɛʀsɛptœʀ] *nm* tax collector
perceptible [pɛʀsɛptibl(ə)] *adj* (*son, différence*) perceptible; (*impôt*) payable, collectable
perception [pɛʀsɛpsjɔ̃] *nf* perception; (*d'impôts etc*) collection; (*bureau*) tax (collector's) office
percer [pɛʀse] *vt* to pierce; (*ouverture etc*) to make; (*mystère, énigme*) to penetrate ▷ *vi* to come through; (*réussir*) to break through; **~ une dent** to cut a tooth
perceuse [pɛʀsøz] *nf* drill; **~ à percussion** hammer drill
percevable [pɛʀsəvabl(ə)] *adj* collectable, payable
percevoir [pɛʀsəvwaʀ] *vt* (*distinguer*) to perceive, detect; (*taxe, impôt*) to collect; (*revenu, indemnité*) to receive
perche [pɛʀʃ(ə)] *nf* (*Zool*) perch; (*bâton*) pole; **~ à son** (sound) boom
percher [pɛʀʃe] *vt*: **~ qch sur** to perch sth on ▷ *vi*, **se percher** *vi* (*oiseau*) to perch
perchiste [pɛʀʃist(ə)] *nm/f* (*Sport*) pole vaulter; (*TV etc*) boom operator
perchoir [pɛʀʃwaʀ] *nm* perch; (*fig*) *presidency of the French National Assembly*
perclus, e [pɛʀkly, -yz] *adj*: **~ de** (*rhumatismes*) crippled with
perçois *etc* [pɛʀswa] *vb voir* **percevoir**
percolateur [pɛʀkɔlatœʀ] *nm* percolator
perçu, e [pɛʀsy] *pp de* **percevoir**
percussion [pɛʀkysjɔ̃] *nf* percussion
percussionniste [pɛʀkysjɔnist(ə)] *nm/f* percussionist
percutant, e [pɛʀkytɑ̃, -ɑ̃t] *adj* (*article etc*) resounding, forceful
percuter [pɛʀkyte] *vt* to strike; (*véhicule*) to crash into ▷ *vi*: **~ contre** to crash into
percuteur [pɛʀkytœʀ] *nm* firing pin, hammer
perdant, e [pɛʀdɑ̃, -ɑ̃t] *nm/f* loser ▷ *adj* losing
perdition [pɛʀdisjɔ̃] *nf* (*morale*) ruin; **en ~** (*Navig*) in distress; **lieu de ~** den of vice
perdre [pɛʀdʀ(ə)] *vt* to lose; (*gaspiller: temps, argent*) to waste; (*: occasion*) to waste, miss; (*personne: moralement etc*) to ruin ▷ *vi* to lose; (*sur une vente etc*) to lose out; (*récipient*) to leak; **se perdre** *vi* (*s'égarer*) to get lost, lose one's way; (*fig: se gâter*) to go to waste; (*disparaître*) to disappear, vanish; **il ne perd rien pour attendre** it can wait, it'll keep
perdreau, x [pɛʀdʀo] *nm* (young) partridge
perdrix [pɛʀdʀi] *nf* partridge

perdu, e [pɛrdy] *pp de* **perdre** ▷ *adj* (*enfant, cause, objet*) lost; (*isolé*) out-of-the-way; (*Comm: emballage*) non-returnable; (*récolte etc*) ruined; (*malade*): **il est ~** there's no hope left for him; **à vos moments ~s** in your spare time
père [pɛr] *nm* father; **pères** *nmpl* (*ancêtres*) forefathers; **de ~ en fils** from father to son; **~ de famille** father; family man; **mon ~** (*Rel*) Father; **le ~ Noël** Father Christmas
pérégrinations [peregrinasjɔ̃] *nfpl* travels
péremption [perɑ̃psjɔ̃] *nf*: **date de ~** expiry date
péremptoire [perɑ̃ptwar] *adj* peremptory
pérennité [perenite] *nf* durability, lasting quality
péréquation [perekwasjɔ̃] *nf* (*des salaires*) realignment; (*des prix, impôts*) equalization
perfectible [pɛrfɛktibl(ə)] *adj* perfectible
perfection [pɛrfɛksjɔ̃] *nf* perfection; **à la ~** *adv* to perfection
perfectionné, e [pɛrfɛksjɔne] *adj* sophisticated
perfectionnement [pɛrfɛksjɔnmɑ̃] *nm* improvement
perfectionner [pɛrfɛksjɔne] *vt* to improve, perfect; **se ~ en anglais** to improve one's English
perfectionniste [pɛrfɛksjɔnist(ə)] *nm/f* perfectionist
perfide [pɛrfid] *adj* perfidious, treacherous
perfidie [pɛrfidi] *nf* treachery
perforant, e [pɛrfɔrɑ̃, -ɑ̃t] *adj* (*balle*) armour-piercing (*Brit*), armor-piercing (*US*)
perforateur, -trice [pɛrfɔratœr, -tris] *nm/f* punch-card operator ▷ *nm* (*perceuse*) borer; drill ▷ *nf* (*perceuse*) borer; drill; (*pour cartes*) card-punch; (*de bureau*) punch
perforation [pɛrfɔrasjɔ̃] *nf* perforation; punching; (*trou*) hole
perforatrice [pɛrfɔratris] *nf voir* **perforateur**
perforé, e [pɛrfɔre] *adj*: **bande ~** punched tape; **carte ~** punch card
perforer [pɛrfɔre] *vt* to perforate, punch a hole *ou* holes) in; (*ticket, bande, carte*) to punch
perforeuse [pɛrfɔrøz] *nf* (*machine*) (card) punch; (*personne*) card punch operator
performance [pɛrfɔrmɑ̃s] *nf* performance
performant, e [pɛrfɔrmɑ̃, -ɑ̃t] *adj* (*Écon: produit, entreprise*) high-return *cpd*; (*Tech: appareil, machine*) high-performance *cpd*
perfusion [pɛrfyzjɔ̃] *nf* perfusion; **faire une ~ à qn** to put sb on a drip
péricliter [periklite] *vi* to go downhill
péridurale [peridyral] *nf* epidural
périgourdin, e [perigurdɛ̃, -in] *adj* of *ou* from the Perigord
péril [peril] *nm* peril; **au ~ de sa vie** at the risk of his life; **à ses risques et ~s** at his (*ou* her) own risk
périlleux, -euse [perijø, -øz] *adj* perilous
périmé, e [perime] *adj* (out)dated; (*Admin*) out-of-date, expired
périmètre [perimɛtr(ə)] *nm* perimeter
périnatal, e [perinatal] *adj* perinatal
période [perjɔd] *nf* period
périodique [perjɔdik] *adj* (*phases*) periodic; (*publication*) periodical; (*Math: fraction*) recurring ▷ *nm* periodical; **garniture** *ou* **serviette ~** sanitary towel (*Brit*) *ou* napkin (*US*)
périodiquement [perjɔdikmɑ̃] *adv* periodically
péripéties [peripesi] *nfpl* events, episodes
périphérie [periferi] *nf* periphery; (*d'une ville*) outskirts *pl*
périphérique [periferik] *adj* (*quartiers*) outlying; (*Anat, Tech*) peripheral; (*station de radio*) operating from a neighbouring country ▷ *nm* (*Inform*) peripheral; (*Auto*): **(boulevard) ~** ring road (*Brit*), beltway (*US*)
périphrase [perifraz] *nf* circumlocution
périple [peripl(ə)] *nm* journey
périr [perir] *vi* to die, perish
périscolaire [periskɔlɛr] *adj* extracurricular
périscope [periskɔp] *nm* periscope
périssable [perisabl(ə)] *adj* perishable
péristyle [peristil] *nm* peristyle
péritonite [peritɔnit] *nf* peritonitis
perle [pɛrl(ə)] *nf* pearl; (*de plastique, métal, sueur*) bead; (*personne, chose*) gem, treasure; (*erreur*) gem, howler
perlé, e [pɛrle] *adj* (*rire*) rippling, tinkling; (*travail*) exquisite; (*orge*) pearl *cpd*; **grève ~e** go-slow, selective strike (action)
perler [pɛrle] *vi* to form in droplets
perlier, -ière [pɛrlje, -jɛr] *adj* pearl *cpd*
permanence [pɛrmanɑ̃s] *nf* permanence; (*local*) (duty) office, strike headquarters; (*service des urgences*) emergency service; (*Scol*) study room; **assurer une ~** (*service public, bureaux*) to operate *ou* maintain a basic service; **être de ~** to be on call *ou* duty; **en ~** *adv* (*toujours*) permanently; (*continûment*) continuously
permanent, e [pɛrmanɑ̃, -ɑ̃t] *adj* permanent; (*spectacle*) continuous; (*armée, comité*) standing ▷ *nf* perm ▷ *nm/f* (*d'un syndicat, parti*) paid official
perméable [pɛrmeabl(ə)] *adj* (*terrain*) permeable; **~ à** (*fig*) receptive *ou* open to
permettre [pɛrmɛtr(ə)] *vt* to allow, permit; **~ à qn de faire/qch** to allow sb to do/sth; **se ~ de faire qch** to take the liberty of doing sth; **permettez!** excuse me!
permis, e [pɛrmi, -iz] *pp de* **permettre** ▷ *nm* permit, licence (*Brit*), license (*US*); **~ de chasse** hunting permit; **~ (de conduire)** (driving) licence (*Brit*), (driver's) license (*US*); **~ de construire** planning permission (*Brit*), building permit (*US*); **~ d'inhumer** burial certificate; **~ poids lourds** ≈ HGV (driving) licence (*Brit*), ≈ class E (driver's) license (*US*); **~ de séjour** residence permit; **~ de travail** work permit
permissif, -ive [pɛrmisif, -iv] *adj* permissive
permission [pɛrmisjɔ̃] *nf* permission; (*Mil*) leave; (*: papier*) pass; **en ~** on leave; **avoir la ~ de faire** to have permission to do, be allowed to do
permissionnaire [pɛrmisjɔnɛr] *nm* soldier on leave

P

permutable [pɛʀmytabl(ə)] *adj* which can be changed *ou* switched around
permuter [pɛʀmyte] *vt* to change around, permutate ▷ *vi* to change, swap
pernicieux, -euse [pɛʀnisjø, -øz] *adj* pernicious
péroné [peʀɔne] *nm* fibula
pérorer [peʀɔʀe] *vi* to hold forth
Pérou [peʀu] *nm*: **le ~** Peru
perpendiculaire [pɛʀpɑ̃dikylɛʀ] *adj, nf* perpendicular
perpendiculairement [pɛʀpɑ̃dikylɛʀmɑ̃] *adv* perpendicularly
perpète [pɛʀpɛt] *nf*: **à ~** (*fam: loin*) miles away; (*: longtemps*) forever
perpétrer [pɛʀpetʀe] *vt* to perpetrate
perpétuel, le [pɛʀpetɥɛl] *adj* perpetual; (*Admin etc*) permanent; for life
perpétuellement [pɛʀpetɥɛlmɑ̃] *adv* perpetually, constantly
perpétuer [pɛʀpetɥe] *vt* to perpetuate; **se perpétuer** (*usage, injustice*) to be perpetuated; (*espèces*) to survive
perpétuité [pɛʀpetɥite] *nf*: **à ~** *adj, adv* for life; **être condamné à ~** to be sentenced to life imprisonment, receive a life sentence
perplexe [pɛʀplɛks(ə)] *adj* perplexed, puzzled
perplexité [pɛʀplɛksite] *nf* perplexity
perquisition [pɛʀkizisjɔ̃] *nf* (police) search
perquisitionner [pɛʀkizisjɔne] *vi* to carry out a search
perron [peʀɔ̃] *nm* steps *pl* (*in front of mansion etc*)
perroquet [peʀɔkɛ] *nm* parrot
perruche [peʀyʃ] *nf* budgerigar (*Brit*), budgie (*Brit*), parakeet (*US*)
perruque [peʀyk] *nf* wig
persan, e [pɛʀsɑ̃, -an] *adj* Persian ▷ *nm* (*Ling*) Persian
perse [pɛʀs(ə)] *adj* Persian ▷ *nm* (*Ling*) Persian ▷ *nm/f*: **Perse** Persian ▷ *nf*: **la P~** Persia
persécuter [pɛʀsekyte] *vt* to persecute
persécution [pɛʀsekysjɔ̃] *nf* persecution
persévérance [pɛʀseveʀɑ̃s] *nf* perseverance
persévérant, e [pɛʀseveʀɑ̃, -ɑ̃t] *adj* persevering
persévérer [pɛʀseveʀe] *vi* to persevere; **~ à croire que** to continue to believe that
persiennes [pɛʀsjɛn] *nfpl* (slatted) shutters
persiflage [pɛʀsiflaʒ] *nm* mockery *no pl*
persifleur, -euse [pɛʀsiflœʀ, -øz] *adj* mocking
persil [pɛʀsi] *nm* parsley
persillé, e [pɛʀsije] *adj* (sprinkled) with parsley; (*fromage*) veined; (*viande*) marbled, with fat running through
Persique [pɛʀsik] *adj*: **le golfe ~** the (Persian) Gulf
persistance [pɛʀsistɑ̃s] *nf* persistence
persistant, e [pɛʀsistɑ̃, -ɑ̃t] *adj* persistent; (*feuilles*) evergreen; **à feuillage ~** evergreen
persister [pɛʀsiste] *vi* to persist; **~ à faire qch** to persist in doing sth
personnage [pɛʀsɔnaʒ] *nm* (*notable*) personality; figure; (*individu*) character, individual; (*Théât*) character; (*Peinture*) figure
personnaliser [pɛʀsɔnalize] *vt* to personalize; (*appartement*) to give a personal touch to
personnalité [pɛʀsɔnalite] *nf* personality; (*personnage*) prominent figure
personne [pɛʀsɔn] *nf* person ▷ *pron* nobody, no one; (*quelqu'un*) anybody, anyone; **personnes** *nfpl* people *pl*; **il n'y a ~** there's nobody in *ou* there, there isn't anybody in *ou* there; **10 euros par ~** 10 euros per person *ou* a head; **en ~** personally, in person; **~ âgée** elderly person; **~ à charge** (*Jur*) dependent; **~ morale** *ou* **civile** (*Jur*) legal entity
personnel, le [pɛʀsɔnɛl] *adj* personal; (*égoïste: personne*) selfish, self-centred; (*idée, opinion*): **j'ai des idées ~les à ce sujet** I have my own ideas about that ▷ *nm* personnel, staff; **service du ~** personnel department
personnellement [pɛʀsɔnɛlmɑ̃] *adv* personally
personnification [pɛʀsɔnifikasjɔ̃] *nf* personification; **c'est la ~ de la cruauté** he's cruelty personified
personnifier [pɛʀsɔnifje] *vt* to personify; to typify; **c'est l'honnêteté personnifiée** he (*ou* she *etc*) is honesty personified
perspective [pɛʀspɛktiv] *nf* (*Art*) perspective; (*vue, coup d'œil*) view; (*point de vue*) viewpoint, angle; (*chose escomptée, envisagée*) prospect; **en ~** in prospect
perspicace [pɛʀspikas] *adj* clear-sighted, gifted with *ou* showing) insight
perspicacité [pɛʀspikasite] *nf* insight, perspicacity
persuader [pɛʀsɥade] *vt*: **~ qn (de/de faire)** to persuade sb (of/to do); **j'en suis persuadé** I'm quite sure *ou* convinced (of it)
persuasif, -ive [pɛʀsɥazif, -iv] *adj* persuasive
persuasion [pɛʀsɥazjɔ̃] *nf* persuasion
perte [pɛʀt(ə)] *nf* loss; (*de temps*) waste; (*fig: morale*) ruin; **pertes** *nfpl* losses; **à ~** (*Comm*) at a loss; **à ~ de vue** as far as the eye can (*ou* could) see; (*fig*) interminably; **en pure ~** for absolutely nothing; **courir à sa ~** to be on the road to ruin; **être en ~ de vitesse** (*fig*) to be losing momentum; **avec ~ et fracas** forcibly; **~ de chaleur** heat loss; **~ sèche** dead loss; **~s blanches** (vaginal) discharge *sg*
pertinemment [pɛʀtinamɑ̃] *adv* to the point; (*savoir*) perfectly well, full well
pertinence [pɛʀtinɑ̃s] *nf* pertinence, relevance; discernment
pertinent, e [pɛʀtinɑ̃, -ɑ̃t] *adj* (*remarque*) apt, pertinent, relevant; (*analyse*) discerning, judicious
perturbateur, -trice [pɛʀtyʀbatœʀ, -tʀis] *adj* disruptive
perturbation [pɛʀtyʀbasjɔ̃] *nf* (*dans un service public*) disruption; (*agitation, trouble*) perturbation; **~ (atmosphérique)** atmospheric disturbance
perturber [pɛʀtyʀbe] *vt* to disrupt; (*Psych*) to perturb, disturb
péruvien, ne [peʀyvjɛ̃, -ɛn] *adj* Peruvian ▷ *nm/f*:

Péruvien, ne Peruvian
pervenche [pɛʀvɑ̃ʃ] *nf* periwinkle; (*fam*) traffic warden (*Brit*), meter maid (*US*)
pervers, e [pɛʀvɛʀ, -ɛʀs(ə)] *adj* perverted, depraved; (*malfaisant*) perverse
perversion [pɛʀvɛʀsjɔ̃] *nf* perversion
perversité [pɛʀvɛʀsite] *nf* depravity; perversity
perverti, e [pɛʀvɛʀti] *nm/f* pervert
pervertir [pɛʀvɛʀtiʀ] *vt* to pervert
pesage [pəzaʒ] *nm* weighing; (*Hippisme: action*) weigh-in; (*: salle*) weighing room; (*: enceinte*) enclosure
pesamment [pəzamɑ̃] *adv* heavily
pesant, e [pəzɑ̃, -ɑ̃t] *adj* heavy; (*fig*) burdensome ▹ *nm*: **valoir son ~ de** to be worth one's weight in
pesanteur [pəzɑ̃tœʀ] *nf* gravity
pèse-bébé [pɛzbebe] *nm* (baby) scales *pl*
pesée [pəze] *nf* weighing; (*Boxe*) weigh-in; (*pression*) pressure
pèse-lettre [pɛzlɛtʀ(ə)] *nm* letter scales *pl*
pèse-personne [pɛzpɛʀsɔn] *nm* (bathroom) scales *pl*
peser [pəze] *vt* to weigh; (*considérer, comparer*) to weigh up ▹ *vi* to be heavy; (*fig*) to carry weight; **~ sur** (*levier, bouton*) to press, push; (*fig: accabler*) to lie heavy on; (*: influencer*) to influence; **~ à qn** to weigh heavy on sb
pessaire [pesɛʀ] *nm* pessary
pessimisme [pesimism(ə)] *nm* pessimism
pessimiste [pesimist(ə)] *adj* pessimistic ▹ *nm/f* pessimist
peste [pɛst(ə)] *nf* plague; (*fig*) pest, nuisance
pester [pɛste] *vi*: **~ contre** to curse
pesticide [pɛstisid] *nm* pesticide
pestiféré, e [pɛstifeʀe] *nm/f* plague victim
pestilentiel, le [pɛstilɑ̃sjɛl] *adj* foul
pet [pɛ] *nm* (*fam!*) fart (*!*)
pétale [petal] *nm* petal
pétanque [petɑ̃k] *nf* *type of bowls*; *see note*

PÉTANQUE

Pétanque is a version of the game of "boules", played on a variety of hard surfaces. Standing with their feet together, players throw steel bowls at a wooden jack. *Pétanque* originated in the South of France and is still very much associated with that area.

pétarade [petaʀad] *nf* backfiring *no pl*
pétarader [petaʀade] *vi* to backfire
pétard [petaʀ] *nm* (*feu d'artifice*) banger (*Brit*), firecracker; (*de cotillon*) cracker; (*Rail*) detonator
pet-de-nonne [pɛdnɔn] (*pl* **pets-de-nonne**) *nm* ≈ choux bun
péter [pete] *vi* (*fam: casser, sauter*) to burst; to bust; (*fam!*) to fart (*!*)
pète-sec [pɛtsɛk] *adj inv* abrupt, sharp (-tongued)
pétillant, e [petijɑ̃, -ɑ̃t] *adj* sparkling
pétiller [petije] *vi* (*flamme, bois*) to crackle; (*mousse, champagne*) to bubble; (*pierre, métal*) to glisten; (*yeux*) to sparkle; (*fig*): **~ d'esprit** to sparkle with wit
petit, e [pəti, -it] *adj* (*gén*) small; (*main, objet, colline, en âge: enfant*) small, little; (*mince, fin: personne, taille, pluie*) slight; (*voyage*) short, little; (*bruit etc*) faint, slight; (*mesquin*) mean; (*peu important*) minor ▹ *nm/f* (*petit enfant*) little one, child; **petits** *nmpl* (*d'un animal*) young *pl*; **faire des ~s** to have kittens (*ou* puppies *etc*); **en ~** in miniature; **mon ~** son; little one; **ma ~e** dear; little one; **pauvre ~** poor little thing; **la classe des ~s** the infant class; **pour ~s et grands** for children and adults; **les tout-~s** the little ones, the tiny tots; **~ à ~** bit by bit, gradually; **~(e) ami/e** boyfriend/girlfriend; **les ~es annonces** the small ads; **~ déjeuner** breakfast; **~ doigt** little finger; **le ~ écran** the small screen; **~ four** petit four; **~ pain** (bread) roll; **~e monnaie** small change; **~e vérole** smallpox; **~s pois** petit pois *pl*, garden peas; **~es gens** people of modest means
petit-beurre [pətibœʀ] (*pl* **petits-beurre**) *nm* sweet butter biscuit (*Brit*) ou cookie (*US*)
petit-bourgeois, petite-bourgeoise [pətibuʀʒwa, pətitbuʀʒwaz] (*pl* **petit(e)s-bourgeois(es)**) *adj* (*péj*) petit-bourgeois, middle-class
petite-fille [pətitfij] (*pl* **petites-filles**) *nf* granddaughter
petitement [pətitmɑ̃] *adv* poorly; meanly; **être logé ~** to be in cramped accommodation
petitesse [pətitɛs] *nf* smallness; (*d'un salaire, de revenus*) modestness; (*mesquinerie*) meanness
petit-fils [pətifis] (*pl* **petits-fils**) *nm* grandson
pétition [petisjɔ̃] *nf* petition; **faire signer une ~** to get up a petition
pétitionnaire [petisjɔnɛʀ] *nm/f* petitioner
pétitionner [petisjɔne] *vi* to petition
petit-lait [pətilɛ] (*pl* **petits-laits**) *nm* whey *no pl*
petit-nègre [pətinɛgʀ(ə)] *nm* (*péj*) pidgin French
petits-enfants [pətizɑ̃fɑ̃] *nmpl* grandchildren
petit-suisse [pətisɥis] (*pl* **petits-suisses**) *nm* *small individual pot of cream cheese*
pétoche [petɔʃ] *nf* (*fam*): **avoir la ~** to be scared out of one's wits
pétri, e [petʀi] *adj*: **~ d'orgueil** filled with pride
pétrifier [petʀifje] *vt* to petrify; (*fig*) to paralyze, transfix
pétrin [petʀɛ̃] *nm* kneading-trough; (*fig*): **dans le ~** in a jam *ou* fix
pétrir [petʀiʀ] *vt* to knead
pétrochimie [petʀɔʃimi] *nf* petrochemistry
pétrochimique [petʀɔʃimik] *adj* petrochemical
pétrodollar [petʀodɔlaʀ] *nm* petrodollar
pétrole [petʀɔl] *nm* oil; (*aussi*: **pétrole lampant**) paraffin (*Brit*), kerosene (*US*)
pétrolier, -ière [petʀɔlje, -jɛʀ] *adj* oil *cpd*; (*pays*) oil-producing ▹ *nm* (*navire*) oil tanker; (*financier*) oilman; (*technicien*) petroleum engineer
pétrolifère [petʀɔlifɛʀ] *adj* oil(-bearing)
P et T *sigle fpl* = **postes et télécommunications**

P

pétulant, e [petylɑ̃, -ɑ̃t] *adj* exuberant

 MOT-CLÉ

peu [pø] *adv* **1** (*modifiant verbe, adjectif, adverbe*): **il boit peu** he doesn't drink (very) much; **il est peu bavard** he's not very talkative; **peu avant/après** shortly before/afterwards; **pour peu qu'il fasse** if he should do, if by any chance he does
2 (*modifiant nom*): **peu de: peu de gens/d'arbres** few *ou* not (very) many people/trees; **il a peu d'espoir** he hasn't (got) much hope, he has little hope; **pour peu de temps** for (only) a short while; **à peu de frais** for very little cost
3: **peu à peu** little by little; **à peu près** just about, more or less; **à peu près 10 kg/10 euros** approximately 10 kg/10 euros
▷ *nm* **1**: **le peu de gens qui** the few people who; **le peu de sable qui** what little sand, the little sand which
2: **un peu** a little; **un petit peu** a little bit; **un peu d'espoir** a little hope; **elle est un peu bavarde** she's rather talkative; **un peu plus/moins de** slightly more/less (*ou* fewer) than; **pour un peu il ..., un peu plus et il ...** he very nearly *ou* all but ...; **essayez un peu!** have a go!, just try it!
▷ *pron*: **peu le savent** few know (it); **avant** *ou* **sous peu** shortly, before long; **depuis peu** for a short *ou* little while; (*au passé*) a short *ou* little while ago; **de peu** (only) just; **c'est peu de chose** it's nothing; **il est de peu mon cadet** he's just a little *ou* bit younger than me

peuplade [pœplad] *nf* (*horde, tribu*) tribe, people
peuple [pœpl(ə)] *nm* people; (*masse*): **un ~ de vacanciers** a crowd of holiday-makers; **il y a du ~** there are a lot of people
peuplé, e [pœple] *adj*: **très/peu ~** densely/sparsely populated
peupler [pœple] *vt* (*pays, région*) to populate; (*étang*) to stock; (*hommes, poissons*) to inhabit; (*fig: imagination, rêves*) to fill; **se peupler** *vi* (*ville, région*) to become populated; (*fig: s'animer*) to fill (up), be filled
peuplier [pøplije] *nm* poplar (tree)
peur [pœʀ] *nf* fear; **avoir ~ (de/de faire/que)** to be frightened *ou* afraid (of/of doing/that); **prendre ~** to take fright; **faire ~ à** to frighten; **de ~ de/que** for fear of/that; **j'ai ~ qu'il ne soit trop tard** I'm afraid it might be too late; **j'ai ~ qu'il (ne) vienne (pas)** I'm afraid he may (not) come
peureux, -euse [pœʀø, -øz] *adj* fearful, timorous
peut [pø] *vb voir* **pouvoir**
peut-être [pøtɛtʀ(ə)] *adv* perhaps, maybe; **~ que** perhaps, maybe; **~ bien qu'il fera/est** he may well do/be
peuvent [pœv], **peux** *etc* [pø] *vb voir* **pouvoir**
p. ex. *abr* (= *par exemple*) e.g.

phalange [falɑ̃ʒ] *nf* (*Anat*) phalanx; (*Mil: fig*) phalanx
phallique [falik] *adj* phallic
phallocrate [falɔkʀat] *nm* male chauvinist
phallocratie [falɔkʀasi] *nf* male chauvinism
phallus [falys] *nm* phallus
pharaon [faʀaɔ̃] *nm* Pharaoh
phare [faʀ] *nm* (*en mer*) lighthouse; (*d'aéroport*) beacon; (*de véhicule*) headlight, headlamp (*Brit*) ▷ *adj*: **produit ~** leading product; **se mettre en ~s, mettre ses ~s** to put on one's headlights; **~s de recul** reversing (*Brit*) *ou* back-up (*US*) lights
pharmaceutique [faʀmasøtik] *adj* pharmaceutic(al)
pharmacie [faʀmasi] *nf* (*science*) pharmacology; (*magasin*) chemist's (*Brit*), pharmacy; (*officine*) dispensary; (*produits*) pharmaceuticals *pl*; (*armoire*) medicine chest *ou* cupboard, first-aid cupboard
pharmacien, ne [faʀmasjɛ̃, -ɛn] *nm/f* pharmacist, chemist (*Brit*)
pharmacologie [faʀmakɔlɔʒi] *nf* pharmacology
pharyngite [faʀɛ̃ʒit] *nf* pharyngitis *no pl*
pharynx [faʀɛ̃ks] *nm* pharynx
phase [fɑz] *nf* phase
phénoménal, e, -aux [fenɔmenal, -o] *adj* phenomenal
phénomène [fenɔmɛn] *nm* phenomenon; (*monstre*) freak
philanthrope [filɑ̃tʀɔp] *nm/f* philanthropist
philanthropie [filɑ̃tʀɔpi] *nf* philanthropy
philanthropique [filɑ̃tʀɔpik] *adj* philanthropic
philatélie [filateli] *nf* philately, stamp collecting
philatélique [filatelik] *adj* philatelic
philatéliste [filatelist(ə)] *nm/f* philatelist, stamp collector
philharmonique [filaʀmɔnik] *adj* philharmonic
philippin, e [filipɛ̃, -in] *adj* Filipino
Philippines [filipin] *nfpl*: **les ~** the Philippines
philistin [filistɛ̃] *nm* philistine
philo [filo] *nf* (*fam:* = *philosophie*) philosophy
philosophe [filɔzɔf] *nm/f* philosopher ▷ *adj* philosophical
philosopher [filɔzɔfe] *vi* to philosophize
philosophie [filɔzɔfi] *nf* philosophy
philosophique [filɔzɔfik] *adj* philosophical
philosophiquement [filɔzɔfikmɑ̃] *adv* philosophically
philtre [filtʀ(ə)] *nm* philtre, love potion
phlébite [flebit] *nf* phlebitis
phlébologue [flebɔlɔg] *nm/f* vein specialist
phobie [fɔbi] *nf* phobia
phonétique [fɔnetik] *adj* phonetic ▷ *nf* phonetics *sg*
phonétiquement [fɔnetikmɑ̃] *adv* phonetically
phonographe [fɔnɔgʀaf] *nm* (wind-up) gramophone
phoque [fɔk] *nm* seal; (*fourrure*) sealskin

phosphate [fɔsfat] *nm* phosphate
phosphaté, e [fɔsfate] *adj* phosphate-enriched
phosphore [fɔsfɔʀ] *nm* phosphorus
phosphoré, e [fɔsfɔʀe] *adj* phosphorous
phosphorescent, e [fɔsfɔʀesɑ̃, -ɑ̃t] *adj* luminous
phosphorique [fɔsfɔʀik] *adj*: **acide ~** phosphoric acid
photo [fɔto] *nf* (*photographie*) photo ▷ *adj*: **appareil/pellicule ~** camera/film; **en ~** in *ou* on a photo; **prendre en ~** to take a photo of; **aimer la/faire de la ~** to like taking/take photos; **~ en couleurs** colour photo; **~ d'identité** passport photo
photo... [fɔtɔ] *préfixe* photo...
photocopie [fɔtɔkɔpi] *nf* (*procédé*) photocopying; (*document*) photocopy
photocopier [fɔtɔkɔpje] *vt* to photocopy
photocopieur [fɔtɔkɔpjœʀ] *nm*, **photocopieuse** [fɔtɔkɔpjøz] *nf* (photo)copier
photo-électrique [fɔtɔelɛktʀik] *adj* photo-electric
photo-finish [fɔtofiniʃ] (*pl* **photos-finish**) *nf* (*appareil*) photo finish camera; (*photo*) photo finish picture; **il y a eu ~ pour la troisième place** there was a photo finish for third place
photogénique [fɔtɔʒenik] *adj* photogenic
photographe [fɔtɔgʀaf] *nm/f* photographer
photographie [fɔtɔgʀafi] *nf* (*procédé, technique*) photography; (*cliché*) photograph; **faire de la ~** to do photography as a hobby; (*comme métier*) to be a photographer
photographier [fɔtɔgʀafje] *vt* to photograph, take
photographique [fɔtɔgʀafik] *adj* photographic
photogravure [fɔtɔgʀavyʀ] *nf* photoengraving
photomaton® [fɔtɔmatɔ̃] *nm* photo-booth, photomat
photomontage [fɔtɔmɔ̃taʒ] *nm* photomontage
photophone [fɔtɔfɔn] *nm* camera phone
photo-robot [fɔtɔʀɔbo] *nf* Identikit® (picture)
photosensible [fɔtɔsɑ̃sibl(ə)] *adj* photosensitive
photostat [fɔtɔsta] *nm* photostat
phrase [fʀɑz] *nf* (*Ling*) sentence; (*propos, Mus*) phrase; **phrases** *nfpl* (*péj*) flowery language *sg*
phraséologie [fʀazeɔlɔʒi] *nf* phraseology; (*rhétorique*) flowery language
phraseur, -euse [fʀazœʀ, -øz] *nm/f*: **c'est un ~** he uses such flowery language
phrygien, ne [fʀiʒjɛ̃, -ɛn] *adj*: **bonnet ~** Phrygian cap
phtisie [ftizi] *nf* consumption
phylloxéra [filɔkseʀa] *nm* phylloxera
physicien, ne [fizisjɛ̃, -ɛn] *nm/f* physicist
physiologie [fizjɔlɔʒi] *nf* physiology
physiologique [fizjɔlɔʒik] *adj* physiological
physiologiquement [fizjɔlɔʒikmɑ̃] *adv* physiologically
physionomie [fizjɔnɔmi] *nf* face; (*d'un paysage etc*) physiognomy
physionomiste [fizjɔnɔmist(ə)] *nm/f* good judge of faces; person who has a good memory for faces
physiothérapie [fizjɔteʀapi] *nf* natural medicine, alternative medicine
physique [fizik] *adj* physical ▷ *nm* physique ▷ *nf* physics *sg*; **au ~** physically
physiquement [fizikmɑ̃] *adv* physically
phytothérapie [fitɔteʀapi] *nf* herbal medicine
p.i. *abr* = **par intérim**; *voir* **intérim**
piaffer [pjafe] *vi* to stamp
piaillement [pjɑjmɑ̃] *nm* squawking *no pl*
piailler [pjɑje] *vi* to squawk
pianiste [pjanist(ə)] *nm/f* pianist
piano [pjano] *nm* piano; **~ à queue** grand piano
pianoter [pjanɔte] *vi* to tinkle away (at the piano); (*tapoter*): **~ sur** to drum one's fingers on
piaule [pjol] *nf* (*fam*) pad
piauler [pjole] *vi* (*enfant*) to whimper; (*oiseau*) to cheep
PIB *sigle m* (= *produit intérieur brut*) GDP
pic [pik] *nm* (*instrument*) pick(axe); (*montagne*) peak; (*Zool*) woodpecker; **à ~** *adv* vertically; (*fig*) just at the right time; **couler à ~** (*bateau*) to go straight down; **~ à glace** ice pick
picard, e [pikaʀ, -aʀd(ə)] *adj* of *ou* from Picardy
Picardie [pikaʀdi] *nf*: **la ~** Picardy
picaresque [pikaʀɛsk(ə)] *adj* picaresque
piccolo [pikɔlo] *nm* piccolo
pichenette [piʃnɛt] *nf* flick
pichet [piʃɛ] *nm* jug
pickpocket [pikpɔkɛt] *nm* pickpocket
pick-up [pikœp] *nm inv* record player
picorer [pikɔʀe] *vt* to peck
picot [piko] *nm* sprocket; **entraînement par roue à ~s** sprocket feed
picotement [pikɔtmɑ̃] *nm* smarting *no pl*, prickling *no pl*
picoter [pikɔte] *vt* (*oiseau*) to peck ▷ *vi* (*irriter*) to smart, prickle
pictural, e, -aux [piktyʀal, -o] *adj* pictorial
pie [pi] *nf* magpie; (*fig*) chatterbox ▷ *adj inv*: **cheval ~** piebald; **vache ~** black and white cow
pièce [pjɛs] *nf* (*d'un logement*) room; (*Théât*) play; (*de mécanisme, machine*) part; (*de monnaie*) coin; (*Couture*) patch; (*document*) document; (*de drap, fragment, d'une collection*) piece; (*de bétail*) head; **mettre en ~s** to smash to pieces; **deux euros ~** two euros each; **vendre à la ~** to sell separately *ou* individually; **travailler/payer à la ~** to do piecework/pay piece rate; **de toutes ~s: c'est inventé de toutes ~s** it's a complete fabrication; **un maillot une ~** a one-piece swimsuit; **un deux-~s cuisine** a two-room(ed) flat (*Brit*) *ou* apartment (*US*) with kitchen; **tout d'une ~** (*personne: franc*) blunt; (*: sans souplesse*) inflexible; **~ à conviction** exhibit; **~ d'eau** ornamental lake *ou* pond; **~ d'identité: avez-vous une ~ d'identité?** have you got any (means of) identification?; **~ jointe** (*Inform*) attachment; **~ montée** tiered cake; **~ de rechange** spare (part); **~ de résistance** pièce de

P

résistance; (*plat*) main dish; **~s détachées** spares, (spare) parts; **en ~s détachées** (*à monter*) in kit form; **~s justificatives** supporting documents

pied [pje] *nm* foot; (*de verre*) stem; (*de table*) leg; (*de lampe*) base; (*plante*) plant; **~s nus** barefoot; **à ~** on foot; **à ~ sec** without getting one's feet wet; **à ~ d'œuvre** ready to start (work); **au ~ de la lettre** literally; **au ~ levé** at a moment's notice; **de ~ en cap** from head to foot; **en ~** (*portrait*) full-length; **avoir ~** to be able to touch the bottom, not to be out of one's depth; **avoir le ~ marin** to be a good sailor; **perdre ~** to lose one's footing; (*fig*) to get out of one's depth; **sur ~** (*Agr*) on the stalk, uncut; (*debout, rétabli*) up and about; **mettre sur ~** (*entreprise*) to set up; **mettre à ~** to suspend; to lay off; **mettre qn au ~ du mur** to get sb with his (*ou* her) back to the wall; **sur le ~ de guerre** ready for action; **sur un ~ d'égalité** on an equal footing; **sur ~ d'intervention** on stand-by; **faire du ~ à qn** (*prévenir*) to give sb a (warning) kick; (*galamment*) to play footsie with sb; **mettre les ~s quelque part** to set foot somewhere; **faire des ~s et des mains** (*fig*) to move heaven and earth, pull out all the stops; **c'est le ~!** (*fam*) it's terrific!; **se lever du bon ~/du ~ gauche** to get out of bed on the right/wrong side; **~ de lit** footboard; **~ de nez: faire un ~ de nez à** to thumb one's nose at; **~ de vigne** vine

pied-à-terre [pjetatɛʀ] *nm inv* pied-à-terre

pied-bot [pjebo] (*pl* **pieds-bots**) *nm* person with a club foot

pied-de-biche [pjedbiʃ] (*pl* **pieds-de-biche**) *nm* claw; (*Couture*) presser foot

pied-de-poule [pjedpul] *adj inv* hound's-tooth

piédestal, -aux [pjedɛstal, -o] *nm* pedestal

pied-noir [pjenwaʀ] (*pl* **pieds-noirs**) *nm* Algerian-born Frenchman

piège [pjɛʒ] *nm* trap; **prendre au ~** to trap

piéger [pjeʒe] *vt* (*animal, fig*) to trap; (*avec une bombe*) to booby-trap; **lettre/voiture piégée** letter-/car-bomb

piercing [pjɛʀsiŋ] *nm* piercing

pierraille [pjɛʀɑj] *nf* loose stones *pl*

pierre [pjɛʀ] *nf* stone; **première ~** (*d'un édifice*) foundation stone; **mur de ~s sèches** drystone wall; **faire d'une ~ deux coups** to kill two birds with one stone; **~ à briquet** flint; **~ fine** semiprecious stone; **~ ponce** pumice stone; **~ de taille** freestone *no pl*; **~ tombale** tombstone, gravestone; **~ de touche** touchstone

pierreries [pjɛʀʀi] *nfpl* gems, precious stones

pierreux, -euse [pjɛʀø, -øz] *adj* stony

piété [pjete] *nf* piety

piétinement [pjetinmɑ̃] *nm* stamping *no pl*

piétiner [pjetine] *vi* (*trépigner*) to stamp (one's foot); (*marquer le pas*) to stand about; (*fig*) to be at a standstill ▷ *vt* to trample on

piéton, ne [pjetɔ̃, -ɔn] *nm/f* pedestrian ▷ *adj* pedestrian *cpd*

piétonnier, -ière [pjetɔnje, -jɛʀ] *adj* pedestrian *cpd*

piètre [pjɛtʀ(ə)] *adj* poor, mediocre

pieu, x [pjø] *nm* (*piquet*) post; (*pointu*) stake; (*fam: lit*) bed

pieusement [pjøzmɑ̃] *adv* piously

pieuvre [pjœvʀ(ə)] *nf* octopus

pieux, -euse [pjø, -øz] *adj* pious

pif [pif] *nm* (*fam*) conk (*Brit*), beak; **au ~** = **au pifomètre**

piffer [pife] *vt* (*fam*): **je ne peux pas le ~** I can't stand him

pifomètre [pifɔmɛtʀ(ə)] *nm* (*fam*): **choisir** *etc* **au ~** to follow one's nose when choosing *etc*

pige [piʒ] *nf* piecework rate

pigeon [piʒɔ̃] *nm* pigeon; **~ voyageur** homing pigeon

pigeonnant, e [piʒɔnɑ̃, -ɑ̃t] *adj* full, well-developed

pigeonneau, x [piʒɔno] *nm* young pigeon

pigeonnier [piʒɔnje] *nm* pigeon loft, dovecot(e)

piger [piʒe] *vi* (*fam*) to get it ▷ *vt* (*fam*) to get, understand

pigiste [piʒist(ə)] *nm/f* (*typographe*) typesetter on piecework; (*journaliste*) freelance journalist (*paid by the line*)

pigment [pigmɑ̃] *nm* pigment

pignon [piɲɔ̃] *nm* (*de mur*) gable; (*d'engrenage*) cog(wheel), gearwheel; (*graine*) pine kernel; **avoir ~ sur rue** (*fig*) to have a prosperous business

pile [pil] *nf* (*tas, pilier*) pile; (*Élec*) battery ▷ *adj*: **le côté ~** tails ▷ *adv* (*net, brusquement*) dead; (*à temps, à point nommé*) just at the right time; **à deux heures ~** at two on the dot; **jouer à ~ ou face** to toss up (for it); **~ ou face?** heads or tails?

piler [pile] *vt* to crush, pound

pileux, -euse [pilø, -øz] *adj*: **système ~** (body) hair

pilier [pilje] *nm* (*colonne, support*) pillar; (*personne*) mainstay; (*Rugby*) prop (forward)

pillage [pijaʒ] *nm* pillaging, plundering, looting

pillard, e [pijaʀ, -aʀd(ə)] *nm/f* looter; plunderer

piller [pije] *vt* to pillage, plunder, loot

pilleur, -euse [pijœʀ, -øz] *nm/f* looter

pilon [pilɔ̃] *nm* (*instrument*) pestle; (*de volaille*) drumstick; **mettre un livre au ~** to pulp a book

pilonner [pilɔne] *vt* to pound

pilori [pilɔʀi] *nm*: **mettre** *ou* **clouer au ~** to pillory

pilotage [pilɔtaʒ] *nm* piloting; flying; **~ automatique** automatic piloting; **~ sans visibilité** blind flying

pilote [pilɔt] *nm* pilot; (*de char, voiture*) driver ▷ *adj* pilot *cpd*; **usine/ferme ~** experimental factory/farm; **~ de chasse/d'essai/de ligne** fighter/test/airline pilot; **~ de course** racing driver

piloter [pilɔte] *vt* (*navire*) to pilot; (*avion*) to fly; (*automobile*) to drive; (*fig*): **~ qn** to guide sb round

pilotis [pilɔti] *nm* pile; stilt

pilule [pilyl] *nf* pill; **prendre la ~** to be on the

pill; **~ du lendemain** morning-after pill
pimbêche [pɛ̃bɛʃ] *nf (péj)* stuck-up girl
piment [pimɑ̃] *nm (Bot)* pepper, capsicum; *(fig)* spice, piquancy; **~ rouge** *(Culin)* chilli
pimenté, e [pimɑ̃te] *adj* hot and spicy
pimenter [pimɑ̃te] *vt (plat)* to season (with peppers *ou* chillis); *(fig)* to add *ou* give spice to
pimpant, e [pɛ̃pɑ̃, -ɑ̃t] *adj* spruce
pin [pɛ̃] *nm* pine (tree); *(bois)* pine(wood)
pinacle [pinakl(ə)] *nm*: **porter qn au ~** *(fig)* to praise sb to the skies
pinard [pinaʀ] *nm (fam)* (cheap) wine, plonk *(Brit)*
pince [pɛ̃s] *nf (outil)* pliers *pl*; *(de homard, crabe)* pincer, claw; *(Couture: pli)* dart; **~ à sucre/glace** sugar/ice tongs *pl*; **~ à épiler** tweezers *pl*; **~ à linge** clothes peg *(Brit) ou* pin *(US)*; **~ universelle** (universal) pliers *pl*; **~s de cycliste** bicycle clips
pincé, e [pɛ̃se] *adj (air)* stiff; *(mince: bouche)* pinched ▷ *nf*: **une ~e de** a pinch of
pinceau, x [pɛ̃so] *nm* (paint)brush
pincement [pɛ̃smɑ̃] *nm*: **~ au cœur** twinge of regret
pince-monseigneur [pɛ̃smɔ̃sɛɲœʀ] *(pl* **pinces-monseigneur***) nf* crowbar
pince-nez [pɛ̃sne] *nm inv* pince-nez
pincer [pɛ̃se] *vt* to pinch; *(Mus: cordes)* to pluck; *(Couture)* to dart, put darts in; *(fam)* to nab; **se ~ le doigt** to squeeze *ou* nip one's finger; **se ~ le nez** to hold one's nose
pince-sans-rire [pɛ̃ssɑ̃ʀiʀ] *adj inv* deadpan
pincettes [pɛ̃sɛt] *nfpl* tweezers; *(pour le feu)* (fire) tongs
pinçon [pɛ̃sɔ̃] *nm* pinch mark
pinède [pinɛd] *nf* pinewood, pine forest
pingouin [pɛ̃gwɛ̃] *nm* penguin
ping-pong [piŋpɔ̃g] *nm* table tennis
pingre [pɛ̃gʀ(ə)] *adj* niggardly
pinson [pɛ̃sɔ̃] *nm* chaffinch
pintade [pɛ̃tad] *nf* guinea-fowl
pin up [pinœp] *nf inv* pin-up (girl)
pioche [pjɔʃ] *nf* pickaxe
piocher [pjɔʃe] *vt* to dig up (with a pickaxe); *(fam)* to swot *(Brit) ou* grind *(US)* at; **~ dans** to dig into
piolet [pjɔlɛ] *nm* ice axe
pion, ne [pjɔ̃, pjɔn] *nm/f (Scol: péj) student paid to supervise schoolchildren* ▷ *nm (Échecs)* pawn; *(Dames)* piece, draught *(Brit)*, checker *(US)*
pionnier [pjɔnje] *nm* pioneer
pipe [pip] *nf* pipe; **fumer la** *ou* **une ~** to smoke a pipe; **~ de bruyère** briar pipe
pipeau, x [pipo] *nm* (reed-)pipe
pipe-line [piplin] *nm* pipeline
piper [pipe] *vt (dé)* to load; *(carte)* to mark; **sans ~ mot** *(fam)* without a squeak; **les dés sont pipés** *(fig)* the dice are loaded
pipette [pipɛt] *nf* pipette
pipi [pipi] *nm (fam)*: **faire ~** to have a wee
piquant, e [pikɑ̃, -ɑ̃t] *adj (barbe, rosier etc)* prickly; *(saveur, sauce)* hot, pungent; *(fig: description, style)* racy; *(: mordant, caustique)* biting ▷ *nm (épine)* thorn, prickle; *(de hérisson)* quill, spine; *(fig)* spiciness, spice
pique [pik] *nf (arme)* pike; *(fig)*: **envoyer** *ou* **lancer des ~s à qn** to make cutting remarks to sb ▷ *nm (Cartes: couleur)* spades *pl*; *(: carte)* spade
piqué, e [pike] *adj (Couture)* (machine-)stitched; quilted; *(livre, glace)* mildewed; *(vin)* sour; *(Mus: note)* staccato; *(fam: personne)* nuts ▷ *nm (Aviat)* dive; *(Textiles)* piqué
pique-assiette [pikasjɛt] *nm/f inv (péj)* scrounger, sponger
pique-fleurs [pikflœʀ] *nm inv* flower holder
pique-nique [piknik] *nm* picnic
pique-niquer [piknike] *vi* to (have a) picnic
pique-niqueur, -euse [piknikœʀ, -øz] *nm/f* picnicker
piquer [pike] *vt (percer)* to prick; *(Méd)* to give an injection to; *(: animal blessé etc)* to put to sleep; *(insecte, fumée, ortie)* to sting; *(: poivre)* to burn; *(: froid)* to bite; *(Couture)* to machine (stitch); *(intérêt etc)* to arouse; *(fam: prendre)* to pick up; *(: voler)* to pinch; *(: arrêter)* to nab; *(planter)*: **~ qch dans** to stick sth into; *(fixer)*: **~ qch à** *ou* **sur** to pin sth onto ▷ *vi (oiseau, avion)* to go into a dive; *(saveur)* to be pungent; to be sour; **se piquer** *(avec une aiguille)* to prick o.s.; *(se faire une piqûre)* to inject o.s.; *(se vexer)* to get annoyed; **se ~ de faire** to pride o.s. on doing; **~ sur** to swoop down on; to head straight for; **~ du nez** *(avion)* to go into a nose-dive; **~ une tête** *(plonger)* to dive headfirst; **~ un galop/un cent mètres** to break into a gallop/put on a sprint; **~ une crise** to throw a fit; **~ au vif** *(fig)* to sting
piquet [pikɛ] *nm (pieu)* post, stake; *(de tente)* peg; **mettre un élève au ~** to make a pupil stand in the corner; **~ de grève** (strike) picket; **~ d'incendie** fire-fighting squad
piqueté, e [pikte] *adj*: **~ de** dotted with
piquette [pikɛt] *nf (fam)* cheap wine, plonk *(Brit)*
piqûre [pikyʀ] *nf (d'épingle)* prick; *(d'ortie)* sting; *(de moustique)* bite; *(Méd)* injection, shot *(US)*; *(Couture)* (straight) stitch; straight stitching; *(de ver)* hole; *(tache)* (spot of) mildew; **faire une ~ à qn** to give sb an injection
piranha [piʀana] *nm* piranha
piratage [piʀataʒ] *nm (Inform)* piracy
pirate [piʀat] *adj* pirate *cpd* ▷ *nm* pirate; *(fig: escroc)* crook, shark; *(Inform)* hacker; **~ de l'air** hijacker
pirater [piʀate] *vi (Inform)* to hack ▷ *vt (Inform)* to hack into
piraterie [piʀatʀi] *nf* (act of) piracy; **~ aérienne** hijacking
pire [piʀ] *adj (comparatif)* worse; *(superlatif)*: **le (la) ~ ...** the worst ... ▷ *nm*: **le ~ (de)** the worst (of)
Pirée [piʀe] *n* Piraeus
pirogue [piʀɔg] *nf* dugout (canoe)
pirouette [piʀwɛt] *nf* pirouette; *(fig: volte-face)* about-turn
pis [pi] *nm (de vache)* udder; *(pire)*: **le ~** the worst

P

▷ *adj, adv* worse; **qui ~ est** what is worse; **au ~ aller** if the worst comes to the worst, at worst
pis-aller [pizale] *nm inv* stopgap
pisciculture [pisikyltyʀ] *nf* fish farming
piscine [pisin] *nf* (swimming) pool; **~ couverte** indoor (swimming) pool
Pise [piz] *n* Pisa
pissenlit [pisɑ̃li] *nm* dandelion
pisser [pise] *vi* (*fam!*) to pee
pissotière [pisɔtjɛʀ] *nf* (*fam*) public urinal
pistache [pistaʃ] *nf* pistachio (nut)
pistard [pistaʀ] *nm* (*Cyclisme*) track cyclist
piste [pist(ə)] *nf* (*d'un animal, sentier*) track, trail; (*indice*) lead; (*de stade, de magnétophone: de cirque*) ring; (*de danse*) floor; (*de patinage*) rink; (*de ski*) run; (*Aviat*) runway; **~ cavalière** bridle path; **~ cyclable** cycle track, bikeway (US); **~ sonore** sound track
pister [piste] *vt* to track, trail
pisteur [pistœʀ] *nm* (*Ski*) member of the ski patrol
pistil [pistil] *nm* pistil
pistolet [pistɔlɛ] *nm* (*arme*) pistol, gun; (*à peinture*) spray gun; **~ à bouchon/air comprimé** popgun/airgun; **~ à eau** water pistol
pistolet-mitrailleur [pistɔlɛmitʀajœʀ] (*pl* **pistolets-mitrailleurs**) *nm* submachine gun
piston [pistɔ̃] *nm* (*Tech*) piston; (*Mus*) valve; (*fig: appui*) string-pulling
pistonner [pistɔne] *vt* (*candidat*) to pull strings for
pitance [pitɑ̃s] *nf* (*péj*) (means of) sustenance
piteusement [pitøzmɑ̃] *adv* (*échouer*) miserably
piteux, -euse [pitø, -øz] *adj* pitiful, sorry (*avant le nom*); **en ~ état** in a sorry state
pitié [pitje] *nf* pity; **sans ~** *adj* pitiless, merciless; **faire ~** to inspire pity; **il me fait ~** I pity him, I feel sorry for him; **avoir ~ de** (*compassion*) to pity, feel sorry for; (*merci*) to have pity *ou* mercy on; **par ~!** for pity's sake!
piton [pitɔ̃] *nm* (*clou*) peg, bolt; **~ rocheux** rocky outcrop
pitoyable [pitwajabl(ə)] *adj* pitiful
pitre [pitʀ(ə)] *nm* clown
pitrerie [pitʀəʀi] *nf* tomfoolery *no pl*
pittoresque [pitɔʀɛsk(ə)] *adj* picturesque; (*expression, détail*) colourful (*Brit*), colorful (US)
pivert [pivɛʀ] *nm* green woodpecker
pivoine [pivwan] *nf* peony
pivot [pivo] *nm* pivot; (*d'une dent*) post
pivoter [pivɔte] *vi* (*fauteuil*) to swivel; (*porte*) to revolve; **~ sur ses talons** to swing round
pixel [piksɛl] *nm* pixel
pizza [pidza] *nf* pizza
PJ *sigle f* = **police judiciaire** ▷ *sigle fpl* (= *pièces jointes*) encl
PL *sigle m* (*Auto*) = **poids lourd**
Pl. *abr* = **place**
placage [plakaʒ] *nm* (*bois*) veneer
placard [plakaʀ] *nm* (*armoire*) cupboard; (*affiche*) poster, notice; (*Typo*) galley; **~ publicitaire** display advertisement
placarder [plakaʀde] *vt* (*affiche*) to put up; (*mur*) to stick posters on
place [plas] *nf* (*emplacement, situation, classement*) place; (*de ville, village*) square; (*Écon*): **~ financière/boursière** money/stock market; (*espace libre*) room, space; (*de parking*) space; (*siège: de train, cinéma, voiture*) seat; (*prix: au cinéma etc*) price; (*: dans un bus, taxi*) fare; (*emploi*) job; **en ~** (*mettre*) in its place; **de ~ en ~, par ~s** here and there, in places; **sur ~** on the spot; **faire ~ à** to give way to; **faire de la ~ à** to make room for; **ça prend de la ~** it takes up a lot of room *ou* space; **prendre ~** to take one's place; **remettre qn à sa ~** to put sb in his (*ou* her) place; **ne pas rester** *ou* **tenir en ~** to be always on the go; **à la ~ de** in place of, instead of; **une quatre ~s** (*Auto*) a four-seater; **il y a 20 ~s assises/debout** there are 20 seats/there is standing room for 20; **~ forte** fortified town; **~ d'honneur** place (*ou* seat) of honour (*Brit*) *ou* honor (US)
placé, e [plase] *adj* (*Hippisme*) placed; **haut ~** (*fig*) high-ranking; **être bien/mal ~** to be well/badly placed; (*spectateur*) to have a good/bad seat; **être bien/mal ~ pour faire** to be in/not to be in a position to do
placebo [plasebo] *nm* placebo
placement [plasmɑ̃] *nm* placing; (*Finance*) investment; **agence** *ou* **bureau de ~** employment agency
placenta [plasɑ̃ta] *nm* placenta
placer [plase] *vt* to place, put; (*convive, spectateur*) to seat; (*capital, argent*) to place, invest; (*dans la conversation*) to put *ou* get in; **~ qn chez** to get sb a job at (*ou* with); **se ~ au premier rang** to go and stand (*ou* sit) in the first row
placide [plasid] *adj* placid
placidité [plasidite] *nf* placidity
placier, -ière [plasje, -jɛʀ] *nm/f* commercial rep(resentative), salesman/woman
Placoplâtre® [plakoplatʀ] *nm* plasterboard
plafond [plafɔ̃] *nm* ceiling
plafonner [plafɔne] *vt* (*pièce*) to put a ceiling (up) in ▷ *vi* to reach one's (*ou* a) ceiling
plafonnier [plafɔnje] *nm* ceiling light; (*Auto*) interior light
plage [plaʒ] *nf* beach; (*station*) (seaside) resort; (*fig*) band, bracket; (*de disque*) track, band; **~ arrière** (*Auto*) parcel *ou* back shelf
plagiaire [plaʒjɛʀ] *nm/f* plagiarist
plagiat [plaʒja] *nm* plagiarism
plagier [plaʒje] *vt* to plagiarize
plagiste [plaʒist(ə)] *nm/f* beach attendant
plaid [plɛd] *nm* (tartan) car rug, lap robe (US)
plaidant, e [plɛdɑ̃, -ɑ̃t] *adj* litigant
plaider [plede] *vi* (*avocat*) to plead; (*plaignant*) to go to court, litigate ▷ *vt* to plead; **~ pour** (*fig*) to speak for
plaideur, -euse [plɛdœʀ, -øz] *nm/f* litigant
plaidoirie [plɛdwaʀi] *nf* (*Jur*) speech for the defence (*Brit*) *ou* defense (US)
plaidoyer [plɛdwaje] *nm* (*Jur*) speech for the defence (*Brit*) *ou* defense (US); (*fig*) plea

plaie [plɛ] *nf* wound
plaignant, e [plɛɲɑ̃, -ɑ̃t] *vb voir* **plaindre** ▷ *nm/f* plaintiff
plaindre [plɛ̃dʀ(ə)] *vt* to pity, feel sorry for; **se plaindre** *vi* (*gémir*) to moan; (*protester, rouspéter*): **se ~ (à qn) (de)** to complain (to sb) (about); (*souffrir*): **se ~ de** to complain of
plaine [plɛn] *nf* plain
plain-pied [plɛ̃pje]: **de ~** *adv* at street-level; (*fig*) straight; **de ~ (avec)** on the same level (as)
plaint, e [plɛ̃, -ɛ̃t] *pp de* **plaindre** ▷ *nf* (*gémissement*) moan, groan; (*doléance*) complaint; **porter ~e** to lodge a complaint
plaintif, -ive [plɛ̃tif, -iv] *adj* plaintive
plaire [plɛʀ] *vi* to be a success, be successful; to please; **~ à: cela me plaît** I like it; **essayer de ~ à qn** (*en étant serviable etc*) to try and please sb; **elle plaît aux hommes** she's a success with men, men like her; **se ~ quelque part** to like being somewhere, like it somewhere; **se ~ à faire** to take pleasure in doing; **ce qu'il vous plaira** what(ever) you like *ou* wish; **s'il vous/te plaît** please
plaisamment [plɛzamɑ̃] *adv* pleasantly
plaisance [plɛzɑ̃s] *nf* (*aussi*: **navigation de plaisance**) (pleasure) sailing, yachting
plaisancier [plɛzɑ̃sje] *nm* amateur sailor, yachting enthusiast
plaisant, e [plɛzɑ̃, -ɑ̃t] *adj* pleasant; (*histoire, anecdote*) amusing
plaisanter [plɛzɑ̃te] *vi* to joke ▷ *vt* (*personne*) to tease, make fun of; **pour ~** for a joke; **on ne plaisante pas avec cela** that's no joking matter; **tu plaisantes!** you're joking *ou* kidding!
plaisanterie [plɛzɑ̃tʀi] *nf* joke; joking *no pl*
plaisantin [plɛzɑ̃tɛ̃] *nm* joker; (*fumiste*) fly-by-night
plaise *etc* [plɛz] *vb voir* **plaire**
plaisir [plezir] *nm* pleasure; **faire ~ à qn** (*délibérément*) to be nice to sb, please sb; (*cadeau, nouvelle etc*): **ceci me fait ~** I'm delighted *ou* very pleased with this; **prendre ~ à/à faire** to take pleasure in/in doing; **j'ai le ~ de ...** it is with great pleasure that I ...; **M. et Mme X ont le ~ de vous faire part de ...** M. and Mme X are pleased to announce ...; **se faire un ~ de faire qch** to be (only too) pleased to do sth; **faites-moi le ~ de ...** would you mind ..., would you be kind enough to ...; **à ~** freely; for the sake of it; **au ~ (de vous revoir)** (I hope to) see you again; **pour le** *ou* **pour son** *ou* **par ~** for pleasure
plaît [plɛ] *vb voir* **plaire**
plan, e [plɑ̃, -an] *adj* flat ▷ *nm* plan; (*Géom*) plane; (*fig*) level, plane; (*Ciné*) shot; **au premier/second ~** in the foreground/middle distance; **à l'arrière ~** in the background; **mettre qch au premier ~** (*fig*) to consider sth to be of primary importance; **sur le ~ sexuel** sexually, as far as sex is concerned; **laisser/rester en ~** to abandon/be abandoned; **~ d'action** plan of action; **~ directeur** (*Écon*) master plan; **~ d'eau** lake; pond; **~ de travail** work-top, work surface; **~ de vol** (*Aviat*) flight plan
planche [plɑ̃ʃ] *nf* (*pièce de bois*) plank, (wooden) board; (*illustration*) plate; (*de salades, radis, poireaux*) bed; (*d'un plongeoir*) (diving) board; **les ~s** (*Théât*) the boards; **en ~s** *adj* wooden; **faire la ~** (*dans l'eau*) to float on one's back; **avoir du pain sur la ~** to have one's work cut out; **~ à découper** chopping board; **~ à dessin** drawing board; **~ à pain** breadboard; **~ à repasser** ironing board; **~ (à roulettes)** (*planche*) skateboard; (*sport*) skateboarding; **~ de salut** (*fig*) sheet anchor; **~ à voile** (*planche*) windsurfer, sailboard; (*sport*) windsurfing
plancher [plɑ̃ʃe] *nm* floor; (*planches*) floorboards *pl*; (*fig*) minimum level ▷ *vi* to work hard
planchiste [plɑ̃ʃist(ə)] *nm/f* windsurfer
plancton [plɑ̃ktɔ̃] *nm* plankton
planer [plane] *vi* (*oiseau, avion*) to glide; (*fumée, vapeur*) to float, hover; (*drogué*) to be (on a) high; **~ sur** (*fig*) to hang over; to hover above
planétaire [planetɛʀ] *adj* planetary
planétarium [planetaʀjɔm] *nm* planetarium
planète [planɛt] *nf* planet
planeur [planœʀ] *nm* glider
planification [planifikɑsjɔ̃] *nf* (economic) planning
planifier [planifje] *vt* to plan
planisphère [planisfɛʀ] *nm* planisphere
planning [planiŋ] *nm* programme (*Brit*), program (*US*), schedule; **~ familial** family planning
planque [plɑ̃k] *nf* (*fam: combine, filon*) cushy (*Brit*) *ou* easy number; (*: cachette*) hideout
planquer [plɑ̃ke] *vt* (*fam*) to hide (away), stash away; **se planquer** to hide
plant [plɑ̃] *nm* seedling, young plant
plantage [plɑ̃taʒ] *nm* (*d'ordinateur*) crash
plantaire [plɑ̃tɛʀ] *adj voir* **voûte**
plantation [plɑ̃tɑsjɔ̃] *nf* planting; (*de fleurs, légumes*) bed; (*exploitation*) plantation
plante [plɑ̃t] *nf* plant; **~ d'appartement** house *ou* pot plant; **~ du pied** sole (of the foot); **~ verte** house plant
planter [plɑ̃te] *vt* (*plante*) to plant; (*enfoncer*) to hammer *ou* drive in; (*tente*) to put up, pitch; (*drapeau, échelle, décors*) to put up; (*fam: mettre*) to dump; (*: abandonner*): **~ là** to ditch; **se planter** *vi* (*fam: se tromper*) to get it wrong; (*ordinateur*) to crash; **~ qch dans** to hammer *ou* drive sth into; to stick sth into; **se ~ dans** to sink into; to get stuck in; **se ~ devant** to plant o.s. in front of
planteur [plɑ̃tœʀ] *nm* planter
planton [plɑ̃tɔ̃] *nm* orderly
plantureux, -euse [plɑ̃tyʀø, -øz] *adj* (*repas*) copious, lavish; (*femme*) buxom
plaquage [plakaʒ] *nm* (*Rugby*) tackle
plaque [plak] *nf* plate; (*de verre*) sheet; (*de verglas, d'eczéma*) patch; (*dentaire*) plaque; (*avec inscription*) plaque; **~ (minéralogique** *ou* **de police** *ou* **d'immatriculation)** number (*Brit*) *ou* license

(*US*) plate; **~ de beurre** slab of butter; **~ chauffante** hotplate; **~ de chocolat** bar of chocolate; **~ de cuisson** hob; **~ d'identité** identity disc; **~ tournante** (*fig*) centre (*Brit*), center (*US*)
plaqué, e [plake] *adj*: **~ or/argent** gold-/silver-plated ▷ *nm*: **~ or/argent** gold/silver plate; **~ acajou** with a mahogany veneer
plaquer [plake] *vt* (*bijou*) to plate; (*bois*) to veneer; (*aplatir*): **~ qch sur/contre** to make sth stick *ou* cling to; (*Rugby*) to bring down; (*fam: laisser tomber*) to drop, ditch; **se ~ contre** to flatten o.s. against; **~ qn contre** to pin sb to
plaquette [plakɛt] *nf* tablet; (*de chocolat*) bar; (*de beurre*) slab, packet; (*livre*) small volume; (*Méd: de pilules, gélules*) pack, packet; **~ de frein** (*Auto*) brake pad
plasma [plasma] *nm* plasma
plastic [plastik] *nm* plastic explosive
plastifié, e [plastifje] *adj* plastic-coated
plastifier [plastifje] *vt* (*document, photo*) to laminate
plastiquage [plastikaʒ] *nm* bombing, bomb attack
plastique [plastik] *adj* plastic ▷ *nm* plastic ▷ *nf* plastic arts *pl*; (*d'une statue*) modelling
plastiquer [plastike] *vt* to blow up
plastiqueur [plastikœʀ] *nm* terrorist (*planting a plastic bomb*)
plastron [plastʀɔ̃] *nm* shirt front
plastronner [plastʀɔne] *vi* to swagger
plat, e [pla, -at] *adj* flat; (*fade: vin*) flat-tasting, insipid; (*personne, livre*) dull ▷ *nm* (*récipient, Culin*) dish; (*d'un repas*): **le premier ~** the first course; (*partie plate*): **le ~ de la main** the flat of the hand; (*: d'une route*) flat (part); **à ~ ventre** *adv* face down; (*tomber*) flat on one's face; **à ~** *adj* (*pneu, batterie*) flat; (*fam: fatigué*) dead beat, tired out; **~ cuisiné** pre-cooked meal (*ou* dish); **~ du jour** dish of the day; **~ principal** *ou* **de résistance** main course; **~s préparés** convenience food(s)
platane [platan] *nm* plane tree
plateau, x [plato] *nm* (*support*) tray; (*d'une table*) top; (*d'une balance*) pan; (*Géo*) plateau; (*de tourne-disques*) turntable; (*Ciné*) set; (*TV*): **nous avons deux journalistes sur le ~ ce soir** we have two journalists with us tonight; **~ à fromages** cheeseboard
plateau-repas [platoʀəpɑ] (*pl* **plateaux-repas**) *nm* tray meal, TV dinner (*US*)
plate-bande [platbɑ̃d] (*pl* **plates-bandes**) *nf* flower bed
platée [plate] *nf* dish(ful)
plate-forme [platfɔʀm(ə)] (*pl* **plates-formes**) *nf* platform; **~ de forage/pétrolière** drilling/oil rig
platine [platin] *nm* platinum ▷ *nf* (*d'un tourne-disque*) turntable; **~ disque/cassette** record/cassette deck; **~ laser** *ou* **compact-disc** compact disc (player)
platitude [platityd] *nf* platitude
platonique [platɔnik] *adj* platonic
plâtras [plɑtʀɑ] *nm* rubble *no pl*
plâtre [plɑtʀ(ə)] *nm* (*matériau*) plaster; (*statue*) plaster statue; (*Méd*) (plaster) cast; **plâtres** *nmpl* plasterwork *sg*; **avoir un bras dans le ~** to have an arm in plaster
plâtrer [plɑtʀe] *vt* to plaster; (*Méd*) to set *ou* put in a (plaster) cast
plâtrier [plɑtʀije] *nm* plasterer
plausible [plozibl(ə)] *adj* plausible
play-back [plɛbak] *nm* miming
play-boy [plɛbɔj] *nm* playboy
plébiscite [plebisit] *nm* plebiscite
plébisciter [plebisite] *vt* (*approuver*) to give overwhelming support to; (*élire*) to elect by an overwhelming majority
plectre [plɛktʀ(ə)] *nm* plectrum
plein, e [plɛ̃, -ɛn] *adj* full; (*porte, roue*) solid; (*chienne, jument*) big (with young) ▷ *nm*: **faire le ~ (d'essence)** to fill up (with petrol (*Brit*) *ou* gas (*US*)) ▷ *prép*: **avoir de l'argent ~ les poches** to have loads of money; **~ de** full of; **avoir les mains ~es** to have one's hands full; **à ~es mains** (*ramasser*) in handfuls; (*empoigner*) firmly; **à ~ régime** at maximum revs; (*fig*) at full speed; **à ~ temps** full-time; **en ~ air** in the open air; **jeux en ~ air** outdoor games; **en ~e mer** on the open sea; **en ~ soleil** in direct sunlight; **en ~e nuit/rue** in the middle of the night/street; **en ~ milieu** right in the middle; **en ~ jour** in broad daylight; **les ~s** the downstrokes (*in handwriting*); **faire le ~ des voix** to get the maximum number of votes possible; **en ~ sur** right on; **en avoir ~ le dos** (*fam*) to have had it up to here
pleinement [plɛnmɑ̃] *adv* fully; to the full
plein-emploi [plɛnɑ̃plwa] *nm* full employment
plénière [plenjɛʀ] *adj f*: **assemblée ~** plenary assembly
plénipotentiaire [plenipɔtɑ̃sjɛʀ] *nm* plenipotentiary
plénitude [plenityd] *nf* fullness
pléthore [pletɔʀ] *nf*: **~ de** overabundance *ou* plethora of
pléthorique [pletɔʀik] *adj* (*classes*) overcrowded; (*documentation*) excessive
pleurer [plœʀe] *vi* to cry; (*yeux*) to water ▷ *vt* to mourn (for); **~ sur** *vt* to lament (over), bemoan; **~ de rire** to laugh till one cries
pleurésie [plœʀezi] *nf* pleurisy
pleureuse [plœʀøz] *nf* professional mourner
pleurnicher [plœʀniʃe] *vi* to snivel, whine
pleurs [plœʀ] *nmpl*: **en ~** in tears
pleut [plø] *vb voir* **pleuvoir**
pleutre [pløtʀ(ə)] *adj* cowardly
pleuvait *etc* [pløvɛ] *vb voir* **pleuvoir**
pleuviner [pløvine] *vb impers* to drizzle
pleuvoir [pløvwaʀ] *vb impers* to rain ▷ *vi* (*fig*): **~ (sur)** to shower down (upon), be showered upon; **il pleut** it's raining; **il pleut des cordes** *ou* **à verse** *ou* **à torrents** it's pouring (down), it's raining cats and dogs

pleuvra *etc* [pløvʀa] *vb voir* **pleuvoir**
plexiglas® [plɛksiglɑs] *nm* Plexiglas® (US)
pli [pli] *nm* fold; (*de jupe*) pleat; (*de pantalon*) crease; (*aussi*: **faux pli**) crease; (*enveloppe*) envelope; (*lettre*) letter; (*Cartes*) trick; **prendre le ~ de faire** to get into the habit of doing; **ça ne fait pas un ~!** don't you worry!; **~ d'aisance** inverted pleat
pliable [plijabl(ə)] *adj* pliable, flexible
pliage [plijaʒ] *nm* folding; (*Art*) origami
pliant, e [plijɑ̃, -ɑ̃t] *adj* folding ▷ *nm* folding stool, campstool
plier [plije] *vt* to fold; (*pour ranger*) to fold up; (*table pliante*) to fold down; (*genou, bras*) to bend ▷ *vi* to bend; (*fig*) to yield; **se ~ à** to submit to; **~ bagages** (*fig*) to pack up (and go)
plinthe [plɛ̃t] *nf* skirting board
plissé, e [plise] *adj* (*jupe, robe*) pleated; (*peau*) wrinkled; (*Géo*) folded ▷ *nm* (*Couture*) pleats *pl*
plissement [plismɑ̃] *nm* (*Géo*) fold
plisser [plise] *vt* (*chiffonner: papier, étoffe*) to crease; (*rider: front*) to furrow, wrinkle; (*: bouche*) to pucker; (*jupe*) to put pleats in; **se plisser** *vi* (*vêtement, étoffe*) to crease
pliure [plijyʀ] *nf* (*du bras, genou*) bend; (*d'un ourlet*) fold
plomb [plɔ̃] *nm* (*métal*) lead; (*d'une cartouche*) (lead) shot; (*Pêche*) sinker; (*sceau*) (lead) seal; (*Élec*) fuse; **de ~** (*soleil*) blazing; **sans ~** (*essence*) unleaded; **sommeil de ~** heavy *ou* very deep sleep; **mettre à ~** to plumb
plombage [plɔ̃baʒ] *nm* (*de dent*) filling
plomber [plɔ̃be] *vt* (*canne, ligne*) to weight (with lead); (*colis, wagon*) to put a lead seal on; (*Tech: mur*) to plumb; (*dent*) to fill (*Brit*), stop (US); (*Inform*) to protect
plomberie [plɔ̃bʀi] *nf* plumbing
plombier [plɔ̃bje] *nm* plumber
plonge [plɔ̃ʒ] *nf*: **faire la ~** to be a washer-up (*Brit*) *ou* dishwasher (*person*)
plongeant, e [plɔ̃ʒɑ̃, -ɑ̃t] *adj* (*vue*) from above; (*tir, décolleté*) plunging
plongée [plɔ̃ʒe] *nf* (*Sport*) diving *no pl*; (*: sans scaphandre*) skin diving; (*de sous-marin*) submersion, dive; **en ~** (*sous-marin*) submerged; (*prise de vue*) high angle
plongeoir [plɔ̃ʒwaʀ] *nm* diving board
plongeon [plɔ̃ʒɔ̃] *nm* dive
plonger [plɔ̃ʒe] *vi* to dive ▷ *vt*: **~ qch dans** to plunge sth into; **~ dans un sommeil profond** to sink straight into a deep sleep; **~ qn dans l'embarras** to throw sb into a state of confusion
plongeur, -euse [plɔ̃ʒœʀ, -øz] *nm/f* diver; (*de café*) washer-up (*Brit*), dishwasher (*person*)
plot [plo] *nm* (*Élec*) contact
ploutocratie [plutɔkʀasi] *nf* plutocracy
ploutocratique [plutɔkʀatik] *adj* plutocratic
ployer [plwaje] *vt* to bend ▷ *vi* to bend; (*plancher*) to sag
plu [ply] *pp de* **plaire; pleuvoir**
pluie [plɥi] *nf* rain; (*averse, ondée*): **une ~ brève** a shower; (*fig*): **~ de** shower of; **une ~ fine** fine rain; **retomber en ~** to shower down; **sous la ~** in the rain
plumage [plymaʒ] *nm* plumage *no pl*, feathers *pl*
plume [plym] *nf* feather; (*pour écrire*) (pen) nib; (*fig*) pen; **dessin à la ~** pen and ink drawing
plumeau, x [plymo] *nm* feather duster
plumer [plyme] *vt* to pluck
plumet [plymɛ] *nm* plume
plumier [plymje] *nm* pencil box
plupart [plypaʀ]: **la ~** *pron* the majority, most (of them); **la ~ des** most, the majority of; **la ~ du temps/d'entre nous** most of the time/of us; **pour la ~** *adv* for the most part, mostly
pluralisme [plyʀalism(ə)] *nm* pluralism
pluralité [plyʀalite] *nf* plurality
pluridisciplinaire [plyʀidisiplinɛʀ] *adj* multidisciplinary
pluriel [plyʀjɛl] *nm* plural; **au ~** in the plural
plus¹ [ply] *vb voir* **plaire**

 MOT-CLÉ

plus² [ply] *adv* **1** (*forme négative*): **ne ... plus** no more, no longer; **je n'ai plus d'argent** I've got no more money *ou* no money left; **il ne travaille plus** he's no longer working, he doesn't work any more
2 [ply, plyz] (*+voyelle: comparatif*) more, ...+er; (*superlatif*): **le plus** the most, the ...+est; **plus grand/intelligent (que)** bigger/more intelligent (than); **le plus grand/intelligent** the biggest/most intelligent; **tout au plus** at the very most
3 [plys] (*davantage*) more; **il travaille plus (que)** he works more (than); **plus il travaille, plus il est heureux** the more he works, the happier he is; **plus de pain** more bread; **plus de 10 personnes/trois heures/quatre kilos** more than *ou* over 10 people/three hours/four kilos; **trois heures de plus que** three hours more than; **plus de minuit** after *ou* past midnight; **de plus** what's more, moreover; **il a trois ans de plus que moi** he's three years older than me; **trois kilos en plus** three kilos more; **en plus de** in addition to; **de plus en plus** more and more; **en plus de cela ...** what is more ...; **plus ou moins** more or less; **ni plus ni moins** no more, no less; **sans plus** (but) no more than that, (but) that's all; **qui plus est** what is more
▷ *prép* [plys]: **quatre plus deux** four plus two

plusieurs [plyzjœʀ] *adj, pron* several; **ils sont ~** there are several of them
plus-que-parfait [plyskəpaʀfɛ] *nm* pluperfect, past perfect
plus-value [plyvaly] *nf* (*d'un bien*) appreciation; (*bénéfice*) capital gain; (*budgétaire*) surplus
plut [ply] *vb voir* **plaire; pleuvoir**
plutonium [plytɔnjɔm] *nm* plutonium
plutôt [plyto] *adv* rather; **je ferais ~ ceci** I'd rather *ou* sooner do this; **fais ~ comme ça** try

P

this way instead; **~ que (de) faire** rather than *ou* instead of doing
pluvial, e, -aux [plyvjal, -o] *adj (eaux)* rain *cpd*
pluvieux, -euse [plyvjø, -øz] *adj* rainy, wet
pluviosité [plyvjɔzite] *nf* rainfall
PM *sigle f* = **Police militaire**
p.m. *abr (= pour mémoire)* for the record
PME *sigle fpl* = **petites et moyennes entreprises**
PMI *sigle fpl* = **petites et moyennes industries** ▷ *sigle f* = **protection maternelle et infantile**
PMU *sigle m* = **pari mutuel urbain**; *(café)* betting agency; *see note*

PMU

The *PMU* ("pari mutuel urbain") is a Government-regulated network of betting counters run from bars displaying the PMU sign. Punters buy fixed-price tickets predicting winners or finishing positions in horse races. The traditional bet is the "tiercé", a triple bet, although other multiple bets ("quarté" and so on) are becoming increasingly popular.

PNB *sigle m (= produit national brut)* GNP
pneu [pnø] *nm (de roue)* tyre *(Brit)*, tire *(US)*; *(message)* letter sent by pneumatic tube
pneumatique [pnømatik] *adj* pneumatic; *(gonflable)* inflatable ▷ *nm* tyre *(Brit)*, tire *(US)*
pneumonie [pnømɔni] *nf* pneumonia
PO *sigle fpl (= petites ondes)* MW
po [po] *abr voir* **science**
p.o. *abr (= par ordre)* p.p. *(on letters etc)*
Pô [po] *nm*: **le Pô** the Po
poche [pɔʃ] *nf* pocket; *(déformation)*: **faire une/des ~(s)** to bag; *(sous les yeux)* bag, pouch; *(Zool)* pouch ▷ *nm (livre de poche)* (pocket-size) paperback; **de ~** pocket *cpd*; **en être de sa ~** to be out of pocket; **c'est dans la ~** it's in the bag
poché, e [pɔʃe] *adj*: **œuf ~** poached egg; **œil ~** black eye
pocher [pɔʃe] *vt (Culin)* to poach; *(Art)* to sketch ▷ *vi (vêtement)* to bag
poche-revolver [pɔʃʀəvɔlvɛʀ] *(pl* **poches-revolver**) *nf* hip pocket
pochette [pɔʃɛt] *nf (de timbres)* wallet, envelope; *(d'aiguilles etc)* case; *(sac: de femme)* clutch bag, purse; *(: d'homme)* bag; *(sur veston)* breast pocket; *(mouchoir)* breast pocket handkerchief; **~ d'allumettes** book of matches; **~ de disque** record sleeve; **~ surprise** lucky bag
pochoir [pɔʃwaʀ] *nm (Art: cache)* stencil; *(: tampon)* transfer
podcast [pɔdkast] *nm (Inform)* podcast
podcaster [pɔdkaste] *vi (Inform)* to podcast
podium [pɔdjɔm] *nm* podium
poêle [pwal] *nm* stove ▷ *nf*: **~ (à frire)** frying pan
poêlon [pwalɔ̃] *nm* casserole
poème [pɔɛm] *nm* poem
poésie [pɔezi] *nf (poème)* poem; *(art)*: **la ~** poetry
poète [pɔɛt] *nm* poet; *(fig)* dreamer ▷ *adj* poetic
poétique [pɔetik] *adj* poetic
pognon [pɔɲɔ̃] *nm (fam: argent)* dough
poids [pwa] *nm* weight; *(Sport)* shot; **vendre au ~** to sell by weight; **de ~** *adj (argument etc)* weighty; **prendre du ~** to put on weight; **faire le ~** *(fig)* to measure up; **~ plume/mouche/coq/moyen** *(Boxe)* feather/fly/bantam/middleweight; **~ et haltères** weight lifting *sg*; **~ lourd** *(Boxe)* heavyweight; *(camion: aussi:* **PL***)* (big) lorry *(Brit)*, truck *(US)*; *(: Admin)* large goods vehicle *(Brit)*, truck *(US)*; **~ mort** dead weight; **~ utile** net weight
poignant, e [pwaɲɑ̃, -ɑ̃t] *adj* poignant, harrowing
poignard [pwaɲaʀ] *nm* dagger
poignarder [pwaɲaʀde] *vt* to stab, knife
poigne [pwaɲ] *nf* grip; *(fig)* firm-handedness; **à ~** firm-handed
poignée [pwaɲe] *nf (de sel etc, fig)* handful; *(de couvercle, porte)* handle; **~ de main** handshake
poignet [pwaɲɛ] *nm (Anat)* wrist; *(de chemise)* cuff
poil [pwal] *nm (Anat)* hair; *(de pinceau, brosse)* bristle; *(de tapis, tissu)* strand; *(pelage)* coat; *(ensemble des poils)*: **avoir du ~ sur la poitrine** to have hair(s) on one's chest, have a hairy chest; **à ~** *adj (fam)* starkers; **au ~** *adj (fam)* hunky-dory; **de tout ~** of all kinds; **être de bon/mauvais ~** to be in a good/bad mood; **~ à gratter** itching powder
poilu, e [pwaly] *adj* hairy
poinçon [pwɛ̃sɔ̃] *nm* awl; bodkin; *(marque)* hallmark
poinçonner [pwɛ̃sɔne] *vt (marchandise)* to stamp; *(bijou etc)* to hallmark; *(billet, ticket)* to clip, punch
poinçonneuse [pwɛ̃sɔnøz] *nf (outil)* punch
poindre [pwɛ̃dʀ(ə)] *vi (fleur)* to come up; *(aube)* to break; *(jour)* to dawn
poing [pwɛ̃] *nm* fist; **dormir à ~s fermés** to sleep soundly
point [pwɛ̃] *vb voir* **poindre** ▷ *nm (marque, signe)* dot; *(: de ponctuation)* full stop, period *(US)*; *(moment, de score etc, fig: question)* point; *(endroit)* spot; *(Couture, Tricot)* stitch ▷ *adv* = **pas**; **ne ... ~** not (at all); **faire le ~** *(Navig)* to take a bearing; *(fig)* to take stock (of the situation); **faire le ~ sur** to review; **en tout ~** in every respect; **sur le ~ de faire** (just) about to do; **au ~ que, à tel ~ que** so much so that; **mettre au ~** *(mécanisme, procédé)* to develop; *(appareil photo)* to focus; *(affaire)* to settle; **à ~** *(Culin)* just right; *(: viande)* medium; **à ~ (nommé)** just at the right time; **~ de croix/tige/chaînette** *(Couture)* cross/stem/chain stitch; **~ mousse/jersey** *(Tricot)* garter/stocking stitch; **~ de départ/d'arrivée/d'arrêt** departure/arrival/stopping point; **~ chaud** *(Mil, Pol)* hot spot; **~ de chute** landing place; *(fig)* stopping-off point; **~ (de côté)** stitch *(pain)*; **~ culminant** summit; *(fig)* height, climax; **~ d'eau** spring, water point; **~ d'exclamation**

exclamation mark; **~ faible** weak spot; **~ final** full stop, period (US); **~ d'interrogation** question mark; **~ mort** (*Finance*) break-even point; **au ~ mort** (*Auto*) in neutral; (*affaire, entreprise*) at a standstill; **~ noir** (*sur le visage*) blackhead; (*Auto*) accident black spot; **~ de non-retour** point of no return; **~ de repère** landmark; (*dans le temps*) point of reference; **~ de vente** retail outlet; **~ de vue** viewpoint; (*fig: opinion*) point of view; **du ~ de vue de** from the point of view of; **~s cardinaux** points of the compass, cardinal points; **~s de suspension** suspension points
pointage [pwɛ̃taʒ] *nm* ticking off; checking in
pointe [pwɛ̃t] *nf* point; (*de la côte*) headland; (*allusion*) dig; sally; (*fig*): **une ~ d'ail/d'accent** a touch *ou* hint of garlic/of an accent; **pointes** *nfpl* (*Danse*) points, point shoes; **être à la ~ de** (*fig*) to be in the forefront of; **faire** *ou* **pousser une ~ jusqu'à ...** to press on as far as ...; **sur la ~ des pieds** on tiptoe; **en ~** *adv* (*tailler*) into a point ▷ *adj* pointed, tapered; **de ~** *adj* (*technique etc*) leading; (*vitesse*) maximum, top; **heures/jours de ~** peak hours/days; **faire du 180 en ~** (*Auto*) to have a top *ou* maximum speed of 180; **faire des ~s** (*Danse*) to dance on points; **~ d'asperge** asparagus tip; **~ de courant** surge (of current); **~ de vitesse** burst of speed
pointer [pwɛ̃te] *vt* (*cocher*) to tick off; (*employés etc*) to check in; (*diriger: canon, longue-vue, doigt*): **~ vers qch** to point at sth; (*Mus: note*) to dot ▷ *vi* (*employé*) to clock in *ou* on; (*pousses*) to come through; (*jour*) to break; **~ les oreilles** (*chien*) to prick up its ears
pointeur, -euse [pwɛ̃tœʀ, -øz] *nm/f* timekeeper ▷ *nf* timeclock ▷ *nm* (*Inform*) cursor
pointillé [pwɛ̃tije] *nm* (*trait*) dotted line; (*Art*) stippling *no pl*
pointilleux, -euse [pwɛ̃tijø, -øz] *adj* particular, pernickety
pointu, e [pwɛ̃ty] *adj* pointed; (*clou*) sharp; (*voix*) shrill; (*analyse*) precise
pointure [pwɛ̃tyʀ] *nf* size
point-virgule [pwɛ̃viʀgyl] (*pl* **points-virgules**) *nm* semi-colon
poire [pwaʀ] *nf* pear; (*fam: péj*) mug; **~ électrique** (*pear-shaped*) switch; **~ à injections** syringe
poireau, x [pwaʀo] *nm* leek
poireauter [pwaʀote] *vi* (*fam*) to hang about (waiting)
poirier [pwaʀje] *nm* pear tree; (*Sport*): **faire le ~** to do a headstand
pois [pwa] *nm* (*Bot*) pea; (*sur une étoffe*) dot, spot; **à ~** (*cravate etc*) spotted, polka-dot *cpd*; **~ chiche** chickpea; **~ de senteur** sweet pea; **~ cassés** split peas
poison [pwazɔ̃] *nm* poison
poisse [pwas] *nf* rotten luck
poisser [pwase] *vt* to make sticky
poisseux, -euse [pwasø, -øz] *adj* sticky
poisson [pwasɔ̃] *nm* fish *gen inv*; **les P~s** (*signe*) Pisces, the Fish; **être des P~s** to be Pisces; **pêcher** *ou* **prendre du ~** *ou* **des ~s** to fish; **~ d'avril** April fool; (*blague*) April fool's day trick; *see note*; **~ rouge** goldfish

POISSON D'AVRIL

The traditional April Fools' Day prank in France involves attaching a cut-out paper fish, known as a "poisson d'avril", to the back of one's victim, without being caught.

poisson-chat [pwasɔ̃ʃa] (*pl* **poissons-chats**) *nm* catfish
poissonnerie [pwasɔnʀi] *nf* fishmonger's (*Brit*), fish store (US)
poissonneux, -euse [pwasɔnø, -øz] *adj* abounding in fish
poissonnier, -ière [pwasɔnje, -jɛʀ] *nm/f* fishmonger (*Brit*), fish merchant (US) ▷ *nf* (*ustensile*) fish kettle
poisson-scie [pwasɔ̃si] (*pl* **poissons-scies**) *nm* sawfish
poitevin, e [pwatvɛ̃, -in] *adj* (*région*) of *ou* from Poitou; (*ville*) of *ou* from Poitiers
poitrail [pwatʀaj] *nm* (*d'un cheval etc*) breast
poitrine [pwatʀin] *nf* (*Anat*) chest; (*seins*) bust, bosom; (*Culin*) breast; **~ de bœuf** brisket
poivre [pwavʀ(ə)] *nm* pepper; **~ en grains/moulu** whole/ground pepper; **~ de cayenne** cayenne (pepper); **~ et sel** *adj* (*cheveux*) pepper-and-salt
poivré, e [pwavʀe] *adj* peppery
poivrer [pwavʀe] *vt* to pepper
poivrier [pwavʀije] *nm* (*Bot*) pepper plant
poivrière [pwavʀijɛʀ] *nf* pepperpot, pepper shaker (US)
poivron [pwavʀɔ̃] *nm* pepper, capsicum; **~ vert/rouge** green/red pepper
poix [pwa] *nf* pitch (*tar*)
poker [pɔkɛʀ] *nm*: **le ~** poker; **partie de ~** (*fig*) gamble; **~ d'as** four aces
polaire [pɔlɛʀ] *adj* polar
polar [pɔlaʀ] (*fam*) *nm* detective novel
polarisation [pɔlaʀizɑsjɔ̃] *nf* (*Physique, Élec*) polarization; (*fig*) focusing
polariser [pɔlaʀize] *vt* to polarize; (*fig: attirer*) to attract; (*: réunir, concentrer*) to focus; **être polarisé sur** (*personne*) to be completely bound up with *ou* absorbed by
pôle [pol] *nm* (*Géo, Élec*) pole; **le ~ Nord/Sud** the North/South Pole; **~ d'attraction** (*fig*) centre of attraction
polémique [pɔlemik] *adj* controversial, polemic(al) ▷ *nf* controversy
polémiquer [pɔlemike] *vi* to be involved in controversy
polémiste [pɔlemist(ə)] *nm/f* polemist, polemicist
poli, e [pɔli] *adj* polite; (*lisse*) smooth; polished
police [pɔlis] *nf* police; (*discipline*): **assurer la ~ de** *ou* **dans** to keep order in; **peine de simple ~**

P

sentence given by a magistrates' or police court; **~ (d'assurance)** (insurance) policy; **~ (de caractères)** (*Typo, Inform*) font, typeface; **~ judiciaire (PJ)** ≈ Criminal Investigation Department (CID) (*Brit*), ≈ Federal Bureau of Investigation (FBI) (*US*); **~ des mœurs** ≈ vice squad; **~ secours** ≈ emergency services *pl*

polichinelle [pɔliʃinɛl] *nm* Punch; (*péj*) buffoon; **secret de ~** open secret

policier, -ière [pɔlisje, -jɛʀ] *adj* police *cpd* ▷ *nm* policeman; (*aussi*: **roman policier**) detective novel

policlinique [pɔliklinik] *nf* ≈ outpatients *sg* (clinic)

poliment [pɔlimɑ̃] *adv* politely

polio [pɔljɔ] *nf* (*aussi*: **poliomyélite**) polio ▷ *nm/f* (*aussi*: **poliomyélitique**) polio patient *ou* case

poliomyélite [pɔljɔmjelit] *nf* poliomyelitis

poliomyélitique [pɔljɔmjelitik] *nm/f* polio patient *ou* case

polir [pɔliʀ] *vt* to polish

polisson, ne [pɔlisɔ̃, -ɔn] *adj* naughty

politesse [pɔlitɛs] *nf* politeness; **politesses** *nfpl* (exchange of) courtesies; **rendre une ~ à qn** to return sb's favour (*Brit*) *ou* favor (*US*)

politicard [pɔlitikaʀ] *nm* (*péj*) politico, political schemer

politicien, ne [pɔlitisjɛ̃, -ɛn] *adj* political ▷ *nm/f* politician

politique [pɔlitik] *adj* political ▷ *nf* (*science, activité*) politics *sg*; (*principes, tactique*) policy, policies *pl* ▷ *nm* (*politicien*) politician; **~ étrangère/intérieure** foreign/domestic policy

politique-fiction [pɔlitikfiksjɔ̃] *nf* political fiction

politiquement [pɔlitikmɑ̃] *adv* politically

politisation [pɔlitizɑsjɔ̃] *nf* politicization

politiser [pɔlitize] *vt* to politicize; **~ qn** to make sb politically aware

pollen [pɔlɛn] *nm* pollen

polluant, e [pɔlɥɑ̃, -ɑ̃t] *adj* polluting ▷ *nm* polluting agent, pollutant

polluer [pɔlɥe] *vt* to pollute

pollueur, -euse [pɔlɥœʀ, -øz] *nm/f* polluter

pollution [pɔlysjɔ̃] *nf* pollution

polo [pɔlo] *nm* (*sport*) polo; (*tricot*) polo shirt

Pologne [pɔlɔɲ] *nf*: **la ~** Poland

polonais, e [pɔlɔnɛ, -ɛz] *adj* Polish ▷ *nm* (*Ling*) Polish ▷ *nm/f*: **Polonais, e** Pole

poltron, ne [pɔltʀɔ̃, -ɔn] *adj* cowardly

poly... [pɔli] *préfixe* poly...

polyamide [pɔliamid] *nf* polyamide

polychrome [pɔlikʀom] *adj* polychrome, polychromatic

polyclinique [pɔliklinik] *nf* (private) clinic (*treating different illnesses*)

polycopie [pɔlikɔpi] *nf* (*procédé*) duplicating; (*reproduction*) duplicated copy

polycopié, e [pɔlikɔpje] *adj* duplicated ▷ *nm* handout, duplicated notes *pl*

polycopier [pɔlikɔpje] *vt* to duplicate

polyculture [pɔlikyltyʀ] *nf* mixed farming

polyester [pɔliɛstɛʀ] *nm* polyester

polyéthylène [pɔlietilɛn] *nm* polyethylene

polygame [pɔligam] *adj* polygamous

polygamie [pɔligami] *nf* polygamy

polyglotte [pɔliglɔt] *adj* polyglot

polygone [pɔligɔn] *nm* polygon

Polynésie [pɔlinezi] *nf*: **la ~** Polynesia; **la ~ française** French Polynesia

polynésien, ne [pɔlinezjɛ̃, -ɛn] *adj* Polynesian

polynôme [pɔlinom] *nm* polynomial

polype [pɔlip] *nm* polyp

polystyrène [pɔlistiʀɛn] *nm* polystyrene

polytechnicien, ne [pɔlitɛknisjɛ̃, -ɛn] *nm/f* *student or former student of the École polytechnique*

Polytechnique [pɔlitɛknik] *nf*: **(École) ~** *prestigious military academy producing high-ranking officers and engineers*

polyvalent, e [pɔlivalɑ̃, -ɑ̃t] *adj* (*vaccin*) polyvalent; (*personne*) versatile; (*salle*) multi-purpose ▷ *nm* ≈ tax inspector

pomélo [pɔmelo] *nm* pomelo, grapefruit

pommade [pɔmad] *nf* ointment, cream

pomme [pɔm] *nf* (*Bot*) apple; (*boule décorative*) knob; (*pomme de terre*): **steak ~s (frites)** steak and chips (*Brit*) *ou* (French) fries (*US*); **tomber dans les ~s** (*fam*) to pass out; **~ d'Adam** Adam's apple; **~s allumettes** French fries (*thin-cut*); **~ d'arrosoir** (sprinkler) rose; **~ de pin** pine *ou* fir cone; **~ de terre** potato; **~s vapeur** boiled potatoes

pommé, e [pɔme] *adj* (*chou etc*) firm

pommeau, x [pɔmo] *nm* (*boule*) knob; (*de selle*) pommel

pommelé, e [pɔmle] *adj*: **gris ~** dapple grey

pommette [pɔmɛt] *nf* cheekbone

pommier [pɔmje] *nm* apple tree

pompe [pɔ̃p] *nf* pump; (*faste*) pomp (and ceremony); **~ à eau/essence** water/petrol pump; **~ à huile** oil pump; **~ à incendie** fire engine (*apparatus*); **~s funèbres** undertaker's *sg*, funeral parlour *sg* (*Brit*), mortician's *sg* (*US*)

Pompéi [pɔ̃pei] *n* Pompeii

pompéien, ne [pɔ̃pejɛ̃, -ɛn] *adj* Pompeiian

pomper [pɔ̃pe] *vt* to pump; (*évacuer*) to pump out; (*aspirer*) to pump up; (*absorber*) to soak up ▷ *vi* to pump

pompeusement [pɔ̃pøzmɑ̃] *adv* pompously

pompeux, -euse [pɔ̃pø, -øz] *adj* pompous

pompier [pɔ̃pje] *nm* fireman ▷ *adj m* (*style*) pretentious, pompous

pompiste [pɔ̃pist(ə)] *nm/f* petrol (*Brit*) *ou* gas (*US*) pump attendant

pompon [pɔ̃pɔ̃] *nm* pompom, bobble

pomponner [pɔ̃pɔne] *vt* to titivate (*Brit*), dress up

ponce [pɔ̃s] *nf*: **pierre ~** pumice stone

poncer [pɔ̃se] *vt* to sand (down)

ponceuse [pɔ̃søz] *nf* sander

poncif [pɔ̃sif] *nm* cliché

ponction [pɔ̃ksjɔ̃] *nf* (*d'argent etc*) withdrawal; **~ lombaire** lumbar puncture

ponctualité [pɔ̃ktɥalite] *nf* punctuality

ponctuation [pɔ̃ktɥasjɔ̃] *nf* punctuation
ponctuel, le [pɔ̃ktɥɛl] *adj* (*à l'heure, Tech*) punctual; (*fig: opération etc*) one-off, single; (*scrupuleux*) punctilious, meticulous
ponctuellement [pɔ̃ktɥɛlmɑ̃] *adv* punctually; punctiliously, meticulously
ponctuer [pɔ̃ktɥe] *vt* to punctuate; (*Mus*) to phrase
pondéré, e [pɔ̃deʀe] *adj* level-headed, composed
pondérer [pɔ̃deʀe] *vt* to balance
pondeuse [pɔ̃døz] *nf* layer, laying hen
pondre [pɔ̃dʀ(ə)] *vt* to lay; (*fig*) to produce ▷ *vi* to lay
poney [pɔnɛ] *nm* pony
pongiste [pɔ̃ʒist(ə)] *nm/f* table tennis player
pont [pɔ̃] *nm* bridge; (*Auto*): **~ arrière/avant** rear/front axle; (*Navig*) deck; **faire le ~** to take the extra day off; *see note*; **faire un ~ d'or à qn** to offer sb a fortune to take a job; **~ aérien** airlift; **~ basculant** bascule bridge; **~ d'envol** flight deck; **~ élévateur** hydraulic ramp; **~ de graissage** ramp (*in garage*); **~ à péage** tollbridge; **~ roulant** travelling crane; **~ suspendu** suspension bridge; **~ tournant** swing bridge; **P~s et Chaussées** highways department

FAIRE LE PONT

The expression "faire le pont" refers to the practice of taking a Monday or Friday off to make a long weekend if a public holiday falls on a Tuesday or Thursday. The French commonly take an extra day off work to give four consecutive days' holiday at "l'Ascension", "le 14 juillet" and le "15 août".

ponte [pɔ̃t] *nf* laying; (*œufs pondus*) clutch ▷ *nm* (*fam*) big shot
pontife [pɔ̃tif] *nm* pontiff
pontifier [pɔ̃tifje] *vi* to pontificate
pont-levis [pɔ̃lvi] (*pl* **ponts-levis**) *nm* drawbridge
ponton [pɔ̃tɔ̃] *nm* pontoon (*on water*)
pop [pɔp] *adj inv* pop ▷ *nm*: **le ~** pop (music)
pop-corn [pɔpkɔʀn] *nm* popcorn
popeline [pɔplin] *nf* poplin
populace [pɔpylas] *nf* (*péj*) rabble
populaire [pɔpylɛʀ] *adj* popular; (*manifestation*) mass *cpd*, of the people; (*milieux, clientèle*) working-class; (*Ling: mot etc*) used by the lower classes (of society)
populariser [pɔpylaʀize] *vt* to popularize
popularité [pɔpylaʀite] *nf* popularity
population [pɔpylasjɔ̃] *nf* population; **~ active/agricole** working/farming population
populeux, -euse [pɔpylø, -øz] *adj* densely populated
porc [pɔʀ] *nm* (*Zool*) pig; (*Culin*) pork; (*peau*) pigskin
porcelaine [pɔʀsəlɛn] *nf* (*substance*) porcelain, china; (*objet*) piece of china(ware)
porcelet [pɔʀsəlɛ] *nm* piglet
porc-épic [pɔʀkepik] (*pl* **porcs-épics**) *nm* porcupine
porche [pɔʀʃ(ə)] *nm* porch
porcher, -ère [pɔʀʃe, -ɛʀ] *nm/f* pig-keeper
porcherie [pɔʀʃəʀi] *nf* pigsty
porcin, e [pɔʀsɛ̃, -in] *adj* (*race*) porcine; (*élevage*) pig *cpd*; (*fig*) piglike
pore [pɔʀ] *nm* pore
poreux, -euse [pɔʀø, -øz] *adj* porous
porno [pɔʀno] *adj* porno ▷ *nm* porn
pornographie [pɔʀnɔgʀafi] *nf* pornography
pornographique [pɔʀnɔgʀafik] *adj* pornographic
port [pɔʀ] *nm* (*Navig*) harbour (*Brit*), harbor (*US*), port; (*ville, Inform*) port; (*de l'uniforme etc*) wearing; (*pour lettre*) postage; (*pour colis, aussi: posture*) carriage; **~ de commerce/de pêche** commercial/fishing port; **arriver à bon ~** to arrive safe and sound; **~ d'arme** (*Jur*) carrying of a firearm; **~ d'attache** (*Navig*) port of registry; (*fig*) home base; **~ d'escale** port of call; **~ franc** free port
portable [pɔʀtabl(ə)] *adj* (*vêtement*) wearable; (*portatif*) portable; (*téléphone*) mobile (*Brit*), cell (*US*) ▷ *nm* (*Inform*) laptop (computer); (*téléphone*) mobile (phone) (*Brit*), cell (phone) (*US*)
portail [pɔʀtaj] *nm* gate; (*de cathédrale*) portal
portant, e [pɔʀtɑ̃, -ɑ̃t] *adj* (*murs*) structural, supporting; (*roues*) running; **bien/mal ~** in good/poor health
portatif, -ive [pɔʀtatif, -iv] *adj* portable
porte [pɔʀt(ə)] *nf* door; (*de ville, forteresse, Ski*) gate; **mettre à la ~** to throw out; **prendre la ~** to leave, go away; **à ma/sa ~** (*tout près*) on my/his (*ou* her) doorstep; **~ (d'embarquement)** (*Aviat*) (departure) gate; **~ d'entrée** front door; **~ à ~** *nm* door-to-door selling; **~ de secours** emergency exit; **~ de service** service entrance
porté, e [pɔʀte] *adj*: **être ~ à faire qch** to be apt to do sth, tend to do sth; **être ~ sur qch** to be partial to sth
porte-à-faux [pɔʀtafo] *nm*: **en ~** cantilevered; (*fig*) in an awkward position
porte-aiguilles [pɔʀtegɥij] *nm inv* needle case
porte-avions [pɔʀtavjɔ̃] *nm inv* aircraft carrier
porte-bagages [pɔʀtbagaʒ] *nm inv* luggage rack (*ou* basket *etc*)
porte-bébé [pɔʀtbebe] *nm* baby sling *ou* carrier
porte-bonheur [pɔʀtbɔnœʀ] *nm inv* lucky charm
porte-bouteilles [pɔʀtbutɛj] *nm inv* bottle carrier; (*à casiers*) wine rack
porte-cartes [pɔʀtəkaʀt(ə)] *nm inv* (*de cartes d'identité*) card holder; (*de cartes géographiques*) map wallet
porte-cigarettes [pɔʀtsigaʀɛt] *nm inv* cigarette case
porte-clefs [pɔʀtəkle] *nm inv* key ring
porte-conteneurs [pɔʀtəkɔ̃tnœʀ] *nm inv* container ship
porte-couteau, x [pɔʀtkuto] *nm* knife rest

P

porte-crayon [pɔʀtkʀɛjɔ̃] *nm* pencil holder
porte-documents [pɔʀtdɔkymɑ̃] *nm inv* attaché *ou* document case
porte-drapeau, x [pɔʀtdʀapo] *nm* standard bearer
portée [pɔʀte] *nf* (*d'une arme*) range; (*fig: importance*) impact, import; (*: capacités*) scope, capability; (*de chatte etc*) litter; (*Mus*) stave, staff; **à/hors de ~ (de)** within/out of reach (of); **à ~ de (la) main** within (arm's) reach; **à ~ de voix** within earshot; **à la ~ de qn** (*fig*) at sb's level, within sb's capabilities; **à la ~ de toutes les bourses** to suit every pocket, within everyone's means
portefaix [pɔʀtəfɛ] *nm inv* porter
porte-fenêtre [pɔʀtfənɛtʀ(ə)] (*pl* **portes-fenêtres**) *nf* French window
portefeuille [pɔʀtəfœj] *nm* wallet; (*Pol, Bourse*) portfolio; **faire un lit en ~** to make an apple-pie bed
porte-jarretelles [pɔʀtʒaʀtɛl] *nm inv* suspender belt (*Brit*), garter belt (*US*)
porte-jupe [pɔʀtəʒyp] *nm* skirt hanger
portemanteau, x [pɔʀtmɑ̃to] *nm* coat rack
porte-mine [pɔʀtəmin] *nm* propelling (*Brit*) *ou* mechanical (*US*) pencil
porte-monnaie [pɔʀtmɔnɛ] *nm inv* purse
porte-parapluies [pɔʀtpaʀaplɥi] *nm inv* umbrella stand
porte-parole [pɔʀtpaʀɔl] *nm inv* spokesperson
porte-plume [pɔʀtəplym] *nm inv* penholder
porter [pɔʀte] *vt* (*charge ou sac etc, aussi: fœtus*) to carry; (*sur soi: vêtement, barbe, bague*) to wear; (*fig: responsabilité etc*) to bear, carry; (*inscription, marque, titre, patronyme: arbre: fruits, fleurs*) to bear; (*jugement*) to pass; (*apporter*): **~ qch quelque part/à qn** to take sth somewhere/to sb; (*inscrire*): **~ qch sur** to put sth down on; to enter sth in ▷ *vi* (*voix, regard, canon*) to carry; (*coup, argument*) to hit home; **se porter** *vi* (*se sentir*): **se ~ bien/mal** to be well/unwell; (*aller*): **se ~ vers** to go towards; **~ sur** (*peser*) to rest on; (*accent*) to fall on; (*conférence etc*) to concern; (*heurter*) to strike; **être porté à faire** to be apt *ou* inclined to do; **elle portait le nom de Rosalie** she was called Rosalie; **~ qn au pouvoir** to bring sb to power; **~ bonheur à qn** to bring sb luck; **~ qn à croire** to lead sb to believe; **~ son âge** to look one's age; **~ un toast** to drink a toast; **~ de l'argent au crédit d'un compte** to credit an account with some money; **se ~ partie civile** *to associate in a court action with the public prosecutor*; **se ~ garant de qch** to guarantee sth, vouch for sth; **se ~ candidat à la députation** ≈ to stand for Parliament (*Brit*), ≈ run for Congress (*US*); **se faire ~ malade** to report sick; **~ la main à son chapeau** to raise one's hand to one's hat; **~ son effort sur** to direct one's efforts towards; **~ un fait à la connaissance de qn** to bring a fact to sb's attention *ou* notice
porte-savon [pɔʀtsavɔ̃] *nm* soap dish
porte-serviettes [pɔʀtsɛʀvjɛt] *nm inv* towel rail
portes-ouvertes [pɔʀtuvɛʀt(ə)] *adj inv*: **journée ~** open day
porteur, -euse [pɔʀtœʀ, -øz] *adj* (*Comm*) strong, promising; (*nouvelle, chèque etc*): **être ~ de** to be the bearer of ▷ *nm/f* (*de messages*) bearer ▷ *nm* (*de bagages*) porter; (*Comm: de chèque*) bearer; (*: d'actions*) holder; **(avion) gros ~** wide-bodied aircraft, jumbo (jet)
porte-voix [pɔʀtəvwa] *nm inv* megaphone, loudhailer (*Brit*)
portier [pɔʀtje] *nm* doorman, commissionnaire (*Brit*)
portière [pɔʀtjɛʀ] *nf* door
portillon [pɔʀtijɔ̃] *nm* gate
portion [pɔʀsjɔ̃] *nf* (*part*) portion, share; (*partie*) portion, section
portique [pɔʀtik] *nm* (*Sport*) crossbar; (*Archit*) portico; (*Rail*) gantry
porto [pɔʀto] *nm* port (wine)
portoricain, e [pɔʀtɔʀikɛ̃, -ɛn] *adj* Puerto Rican
Porto Rico [pɔʀtɔʀiko] *nf* Puerto Rico
portrait [pɔʀtʀɛ] *nm* portrait; (*photographie*) photograph; (*fig*): **elle est le ~ de sa mère** she's the image of her mother
portraitiste [pɔʀtʀetist(ə)] *nm/f* portrait painter
portrait-robot [pɔʀtʀɛʀɔbo] *nm* Identikit® *ou* Photo-fit ® (*Brit*) picture
portuaire [pɔʀtɥɛʀ] *adj* port *cpd*, harbour *cpd* (*Brit*), harbor *cpd* (*US*)
portugais, e [pɔʀtygɛ, -ɛz] *adj* Portuguese ▷ *nm* (*Ling*) Portuguese ▷ *nm/f*: **Portugais, e** Portuguese
Portugal [pɔʀtygal] *nm*: **le ~** Portugal
POS *sigle m* (*= plan d'occupation des sols*) zoning ordinances *ou* regulations
pose [poz] *nf* (*de moquette*) laying; (*de rideaux, papier peint*) hanging; (*attitude, d'un modèle*) pose; (*Photo*) exposure
posé, e [poze] *adj* calm, unruffled
posément [pozemɑ̃] *adv* calmly
posemètre [pozmɛtʀ(ə)] *nm* exposure meter
poser [poze] *vt* (*déposer*): **~ qch (sur)/qn à** to put sth down (on)/drop sb at; (*placer*): **~ qch sur/quelque part** to put sth on/somewhere; (*installer: moquette, carrelage*) to lay; (*rideaux, papier peint*) to hang; (*Math: chiffre*) to put (down); (*question*) to ask; (*principe, conditions*) to lay *ou* set down; (*problème*) to formulate; (*difficulté*) to pose; (*personne: mettre en valeur*) to give standing to ▷ *vi* (*modèle*) to pose; to sit; **se poser** (*oiseau, avion*) to land; (*question*) to arise; **se ~ en** to pass o.s off as, pose as; **~ son** *ou* **un regard sur qn/qch** to turn one's gaze on sb/sth; **~ sa candidature** to apply; (*Pol*) to put o.s. up for election
poseur, -euse [pozœʀ, -øz] *nm/f* (*péj*) show-off, poseur; **~ de parquets/carrelages** floor/tile layer
positif, -ive [pozitif, -iv] *adj* positive
position [pozisjɔ̃] *nf* position; **prendre ~** (*fig*) to take a stand

positionner [pozisjɔne] *vt* to position; (*compte en banque*) to calculate the balance of
positivement [pozitivmɑ̃] *adv* positively
posologie [pɔsɔlɔʒi] *nf* directions *pl* for use, dosage
possédant, e [pɔsedɑ̃, -ɑ̃t] *adj* (*classe*) wealthy ▷ *nm/f*: **les ~s** the haves, the wealthy
possédé, e [pɔsede] *nm/f* person possessed
posséder [pɔsede] *vt* to own, possess; (*qualité, talent*) to have, possess; (*bien connaître: métier, langue*) to have mastered, have a thorough knowledge of; (*sexuellement, aussi: suj: colère*) to possess; (*fam: duper*) to take in
possesseur [pɔsesœʀ] *nm* owner
possessif, -ive [pɔsesif, -iv] *adj, nm* (*Ling*) possessive
possession [pɔsesjɔ̃] *nf* ownership *no pl*; possession; (*aussi*: **être/entrer en possession de qch**) to be in/take possession of sth
possibilité [pɔsibilite] *nf* possibility; **possibilités** *nfpl* (*moyens*) means; (*potentiel*) potential *sg*; **avoir la ~ de faire** to be in a position to do; to have the opportunity to do
possible [pɔsibl(ə)] *adj* possible; (*projet, entreprise*) feasible ▷ *nm*: **faire son ~** to do all one can, do one's utmost; **(ce n'est) pas ~!** impossible!; **le plus/moins de livres ~** as many/few books as possible; **dès que ~** as soon as possible; **gentil** *etc* **au ~** as nice *etc* as it is possible to be
postal, e, -aux [pɔstal, -o] *adj* postal, post office *cpd*; **sac ~** mailbag, postbag
postdater [pɔstdate] *vt* to postdate
poste [pɔst(ə)] *nf* (*service*) post, postal service; (*administration, bureau*) post office ▷ *nm* (*fonction, Mil*) post; (*Tél*) extension; (*de radio etc*) set; (*de budget*) item; **postes** *nfpl* post office *sg*; **P~s télécommunications et télédiffusion (PTT)** *postal and telecommunications service*; **agent** *ou* **employé des ~s** post office worker; **mettre à la ~** to post; **~ de commandement (PC)** *nm* (*Mil etc*) headquarters; **~ de contrôle** *nm* checkpoint; **~ de douane** *nm* customs post; **~ émetteur** *nm* transmitting set; **~ d'essence** *nm* filling station; **~ d'incendie** *nm* fire point; **~ de péage** *nm* tollgate; **~ de pilotage** *nm* cockpit; **~ (de police)** *nm* police station; **~ de radio** *nm* radio set; **~ restante (PR)** *nf* poste restante (*Brit*), general delivery (*US*); **~ de secours** *nm* first-aid post; **~ de télévision** *nm* television set; **~ de travail** *nm* work station
poster *vt* [pɔste] to post ▷ *nm* [pɔstɛʀ] poster; **se poster** to position o.s
postérieur, e [pɔsteʀjœʀ] *adj* (*date*) later; (*partie*) back ▷ *nm* (*fam*) behind
postérieurement [pɔsteʀjœʀmɑ̃] *adv* later, subsequently; **~ à** after
posteriori [pɔsteʀjɔʀi]: **a ~** *adv* with hindsight, a posteriori
postérité [pɔsteʀite] *nf* posterity
postface [pɔstfas] *nf* appendix
posthume [pɔstym] *adj* posthumous
postiche [pɔstiʃ] *adj* false ▷ *nm* hairpiece
postier, -ière [pɔstje, -jɛʀ] *nm/f* post office worker
postillon [pɔstijɔ̃] *nm*: **envoyer des ~s** to splutter
postillonner [pɔstijɔne] *vi* to splutter
post-natal, e [pɔstnatal] *adj* postnatal
postopératoire [pɔstɔpeʀatwaʀ] *adj* post-operative
postscolaire [pɔstskɔlɛʀ] *adj* further, continuing
post-scriptum [pɔstskʀiptɔm] *nm inv* postscript
postsynchronisation [pɔstsɛ̃kʀɔnizasjɔ̃] *nf* dubbing
postsynchroniser [pɔstsɛ̃kʀɔnize] *vt* to dub
postulant, e [pɔstylɑ̃, -ɑ̃t] *nm/f* (*candidat*) applicant; (*Rel*) postulant
postulat [pɔstyla] *nm* postulate
postuler [pɔstyle] *vt* (*emploi*) to apply for, put in for
posture [pɔstyʀ] *nf* posture, position; (*fig*) position
pot [po] *nm* jar, pot; (*en plastique, carton*) carton; (*en métal*) tin; (*fam*): **avoir du ~** to be lucky; **boire** *ou* **prendre un ~** (*fam*) to have a drink; **découvrir le ~ aux roses** to find out what's been going on; **~ catalytique** catalytic converter; **~ (de chambre)** (chamber)pot; **~ d'échappement** exhaust pipe; **~ de fleurs** plant pot, flowerpot; (*plante*) pot plant; **~ à tabac** tobacco jar
potable [pɔtabl(ə)] *adj* (*fig: boisson*) drinkable; (*: travail, devoir*) decent; **eau (non) ~** (not) drinking water
potache [pɔtaʃ] *nm* schoolboy
potage [pɔtaʒ] *nm* soup
potager, -ère [pɔtaʒe, -ɛʀ] *adj* (*plante*) edible, vegetable *cpd*; **(jardin) ~** kitchen *ou* vegetable garden
potasse [pɔtas] *nf* potassium hydroxide; (*engrais*) potash
potasser [pɔtase] *vt* (*fam*) to swot up (*Brit*), cram
potassium [pɔtasjɔm] *nm* potassium
pot-au-feu [pɔtofø] *nm inv* (beef) stew; (*viande*) stewing beef ▷ *adj* (*fam: personne*) stay-at-home
pot-de-vin [podvɛ̃] (*pl* **pots-de-vin**) *nm* bribe
pote [pɔt] *nm* (*fam*) mate (*Brit*), pal
poteau, x [pɔto] *nm* post; **~ de départ/arrivée** starting/finishing post; **~ (d'exécution)** execution post, stake; **~ indicateur** signpost; **~ télégraphique** telegraph pole; **~x (de but)** goal-posts
potée [pɔte] *nf* hotpot (*of pork and cabbage*)
potelé, e [pɔtle] *adj* plump, chubby
potence [pɔtɑ̃s] *nf* gallows *sg*; **en ~** T-shaped
potentat [pɔtɑ̃ta] *nm* potentate; (*fig: péj*) despot
potentiel, le [pɔtɑ̃sjɛl] *adj, nm* potential
potentiellement [pɔtɑ̃sjɛlmɑ̃] *adv* potentially
poterie [pɔtʀi] *nf* (*fabrication*) pottery; (*objet*) piece of pottery
potiche [pɔtiʃ] *nf* large vase
potier [pɔtje] *nm* potter
potins [pɔtɛ̃] *nmpl* gossip *sg*

P

potion [posjɔ̃] *nf* potion
potiron [pɔtiʀɔ̃] *nm* pumpkin
pot-pourri [popuʀi] (*pl* **pots-pourris**) *nm* (*Mus*) medley
pou, x [pu] *nm* louse
pouah [pwa] *excl* ugh!, yuk!
poubelle [pubɛl] *nf* (dust)bin
pouce [pus] *nm* thumb; **se tourner** *ou* **se rouler les ~s** (*fig*) to twiddle one's thumbs; **manger sur le ~** to eat on the run, snatch something to eat
poudre [pudʀ(ə)] *nf* powder; (*fard*) (face) powder; (*explosif*) gunpowder; **en ~: café en ~** instant coffee; **savon en ~** soap powder; **lait en ~** dried *ou* powdered milk; **~ à canon** gunpowder; **~ à éternuer** sneezing powder; **~ à récurer** scouring powder; **~ de riz** face powder
poudrer [pudʀe] *vt* to powder
poudreux, -euse [pudʀø, -øz] *adj* dusty; (*neige*) powdery, powder *cpd*
poudrier [pudʀije] *nm* (powder) compact
poudrière [pudʀijɛʀ] *nf* powder magazine; (*fig*) powder keg
pouf [puf] *nm* pouffe
pouffer [pufe] *vi*: **~ (de rire)** to snigger; to giggle
pouffiasse [pufjas] *nf* (*fam*) fat cow; (*prostituée*) tart
pouilleux, -euse [pujø, -øz] *adj* flea-ridden; (*fig*) seedy
poulailler [pulaje] *nm* henhouse; (*Théât*): **le ~** the gods *sg*
poulain [pulɛ̃] *nm* foal; (*fig*) protégé
poularde [pulaʀd(ə)] *nf* fatted chicken
poule [pul] *nf* (*Zool*) hen; (*Culin*) (boiling) fowl; (*Sport*) (round-robin) tournament; (*Rugby*) group; (*fam*) bird (*Brit*), chick, broad (*US*); (*prostituée*) tart; **~ d'eau** moorhen; **~ mouillée** coward; **~ pondeuse** laying hen, layer; **~ au riz** chicken and rice
poulet [pulɛ] *nm* chicken; (*fam*) cop
poulette [pulɛt] *nf* (*jeune poule*) pullet
pouliche [puliʃ] *nf* filly
poulie [puli] *nf* pulley
poulpe [pulp(ə)] *nm* octopus
pouls [pu] *nm* pulse; (*Anat*): **prendre le ~ de qn** to take sb's pulse
poumon [pumɔ̃] *nm* lung; **~ d'acier** *ou* **artificiel** iron *ou* artificial lung
poupe [pup] *nf* stern; **en ~** astern
poupée [pupe] *nf* doll; **jouer à la ~** to play with one's doll (*ou* dolls); **de ~** (*très petit*): **jardin de ~** doll's garden, pocket-handkerchief-sized garden
poupin, e [pupɛ̃, -in] *adj* chubby
poupon [pupɔ̃] *nm* babe-in-arms
pouponner [pupɔne] *vi* to fuss (around)
pouponnière [pupɔnjɛʀ] *nf* crèche, day nursery
pour [puʀ] *prép* for ▷ *nm*: **le ~ et le contre** the pros and cons; **~ faire** (so as) to do, in order to do; **~ avoir fait** for having done; **~ que** so that, in order that; **~ moi** (*à mon avis, pour ma part*) for my part, personally; **~ riche qu'il soit** rich though he may be; **~ 20 euros d'essence** 20 euros' worth of petrol; **~ cent** per cent; **~ ce qui est de** as for; **y être ~ quelque chose** to have something to do with it
pourboire [puʀbwaʀ] *nm* tip
pourcentage [puʀsɑ̃taʒ] *nm* percentage; **travailler au ~** to work on commission
pourchasser [puʀʃase] *vt* to pursue
pourfendeur [puʀfɑ̃dœʀ] *nm* sworn opponent
pourfendre [puʀfɑ̃dʀ(ə)] *vt* to assail
pourlécher [puʀleʃe]: **se pourlécher** *vi* to lick one's lips
pourparlers [puʀpaʀle] *nmpl* talks, negotiations; **être en ~ avec** to be having talks with
pourpre [puʀpʀ(ə)] *adj* crimson
pourquoi [puʀkwa] *adv, conj* why ▷ *nm inv*: **le ~ (de)** the reason (for)
pourrai *etc* [puʀe] *vb voir* **pouvoir**
pourri, e [puʀi] *adj* rotten; (*roche, pierre*) crumbling; (*temps, climat*) filthy, foul ▷ *nm*: **sentir le ~** to smell rotten
pourriel [puʀjɛl] *nm* (*Inform*) spam
pourrir [puʀiʀ] *vi* to rot; (*fruit*) to go rotten *ou* bad; (*fig: situation*) to deteriorate ▷ *vt* to rot; (*fig: corrompre: personne*) to corrupt; (*: gâter: enfant*) to spoil thoroughly
pourrissement [puʀismɑ̃] *nm* deterioration
pourriture [puʀityʀ] *nf* rot
pourrons *etc* [puʀɔ̃] *vb voir* **pouvoir**
poursuis *etc* [puʀsɥi] *vb voir* **poursuivre**
poursuite [puʀsɥit] *nf* pursuit, chase; **poursuites** *nfpl* (*Jur*) legal proceedings; **(course) ~** track race; (*fig*) chase
poursuivant, e [puʀsɥivɑ̃, -ɑ̃t] *vb voir* **poursuivre** ▷ *nm/f* pursuer; (*Jur*) plaintiff
poursuivre [puʀsɥivʀ(ə)] *vt* to pursue, chase (after); (*relancer*) to hound, harry; (*obséder*) to haunt; (*Jur*) to bring proceedings against, prosecute; (*: au civil*) to sue; (*but*) to strive towards; (*voyage, études*) to carry on with, continue ▷ *vi* to carry on, go on; **se poursuivre** *vi* to go on, continue
pourtant [puʀtɑ̃] *adv* yet; **mais ~** but nevertheless, but even so; **c'est ~ facile** (and) yet it's easy
pourtour [puʀtuʀ] *nm* perimeter
pourvoi [puʀvwa] *nm* appeal
pourvoir [puʀvwaʀ] *nm* (*Comm*) supply ▷ *vt*: **~ qch/qn de** to equip sth/sb with ▷ *vi*: **~ à** to provide for; (*emploi*) to fill; **se pourvoir** *vi* (*Jur*): **se ~ en cassation** to take one's case to the Court of Appeal
pourvoyeur, -euse [puʀvwajœʀ, -øz] *nm/f* supplier
pourvu, e [puʀvy] *pp de* **pourvoir** ▷ *adj*: **~ de** equipped with; **~ que** *conj* (*si*) provided that, so long as; (*espérons que*) let's hope (that)
pousse [pus] *nf* growth; (*bourgeon*) shoot
poussé, e [puse] *adj* sophisticated, advanced; (*moteur*) souped-up
pousse-café [puskafe] *nm inv* (after-dinner)

liqueur
poussée [puse] *nf* thrust; (*coup*) push; (*Méd*) eruption; (*fig*) upsurge
pousse-pousse [puspus] *nm inv* rickshaw
pousser [puse] *vt* to push; (*acculer*) to drive sb to do sth; (*moteur, voiture*) to drive hard; (*émettre: cri etc*) to give; (*stimuler*) to urge on; to drive hard; (*poursuivre*) to carry on; (*inciter*): **~ qn à faire qch** to urge *ou* press sb to do sth ▷ *vi* to push; (*croître*) to grow; (*aller*): **~ plus loin** to push on a bit further; **se pousser** *vi* to move over; **faire ~** (*plante*) to grow; **~ le dévouement** *etc* **jusqu'à ...** to take devotion *etc* as far as ...
poussette [pusɛt] *nf* (*voiture d'enfant*) pushchair (*Brit*), stroller (*US*)
poussette-canne [pusɛtkan] (*pl* **poussettes-cannes**) *nf* baby buggy (*Brit*), (folding) stroller (*US*)
poussier [pusje] *nm* coaldust
poussière [pusjɛʀ] *nf* dust; (*grain*) speck of dust; **et des ~s** (*fig*) and a bit; **~ de charbon** coaldust
poussiéreux, -euse [pusjeʀø, -øz] *adj* dusty
poussif, -ive [pusif, -iv] *adj* wheezy, wheezing
poussin [pusɛ̃] *nm* chick
poussoir [puswaʀ] *nm* button
poutre [putʀ(ə)] *nf* beam; (*en fer, ciment armé*) girder; **~s apparentes** exposed beams
poutrelle [putʀɛl] *nf* (*petite poutre*) small beam; (*barre d'acier*) girder

 **MOT-CLÉ**

pouvoir [puvwaʀ] *nm* power; (*Pol: dirigeants*): **le pouvoir** those in power; **les pouvoirs publics** the authorities; **avoir pouvoir de faire** (*autorisation*) to have (the) authority to do; (*droit*) to have the right to do; **pouvoir absolu** absolute power; **pouvoir absorbant** absorbency; **pouvoir d'achat** purchasing power; **pouvoir calorifique** calorific value
▷ *vb semi-aux* **1** (*être en état de*) can, be able to; **je ne peux pas le réparer** I can't *ou* I am not able to repair it; **déçu de ne pas pouvoir le faire** disappointed not to be able to do it
2 (*avoir la permission*) can, may, be allowed to; **vous pouvez aller au cinéma** you can *ou* may go to the pictures
3 (*probabilité, hypothèse*) may, might, could; **il a pu avoir un accident** he may *ou* might *ou* could have had an accident; **il aurait pu le dire!** he might *ou* could have said (so)!
4 (*expressions*): **tu ne peux pas savoir!** you have no idea!; **tu peux le dire!** you can say that again!
▷ *vb impers* may, might, could; **il peut arriver que** it may *ou* might *ou* could happen that; **il pourrait pleuvoir** it might rain
▷ *vt* **1** can, be able to; **j'ai fait tout ce que j'ai pu** I did all I could; **je n'en peux plus** (*épuisé*) I'm exhausted; (*à bout*) I can't take any more
2 (*vb+adj ou adv comparatif*): **je me porte on ne peut mieux** I'm absolutely fine, I couldn't be better; **elle est on ne peut plus gentille** she couldn't be nicer, she's as nice as can be
se pouvoir *vi*: **il se peut que** it may *ou* might be that; **cela se pourrait** that's quite possible

PP *sigle f* (= *préventive de la pellagre: vitamine*) niacin ▷ *abr* (= *pages*) pp
p.p. *abr* (= *par procuration*) p.p.
p.p.c.m. *sigle m* (*Math: = plus petit commun multiple*) LCM (= *lowest common multiple*)
PQ *sigle f* (*Canada: = province de Québec*) PQ
PR *sigle m* = **parti républicain** ▷ *sigle f* = **poste restante**
pr *abr* = **pour**
pragmatique [pʀagmatik] *adj* pragmatic
pragmatisme [pʀagmatism(ə)] *nm* pragmatism
Prague [pʀag] *n* Prague
prairie [pʀeʀi] *nf* meadow
praline [pʀalin] *nf* (*bonbon*) sugared almond; (*au chocolat*) praline
praliné, e [pʀaline] *adj* (*amande*) sugared; (*chocolat, glace*) praline *cpd*
praticable [pʀatikabl(ə)] *adj* (*route etc*) passable, practicable; (*projet*) practicable
praticien, ne [pʀatisjɛ̃, -ɛn] *nm/f* practitioner
pratiquant, e [pʀatikɑ̃, -ɑ̃t] *adj* practising (*Brit*), practicing (*US*)
pratique [pʀatik] *nf* practice ▷ *adj* practical; (*commode: horaire etc*) convenient; (*: outil*) handy, useful; **dans la ~** in (actual) practice; **mettre en ~** to put into practice
pratiquement [pʀatikmɑ̃] *adv* (*dans la pratique*) in practice; (*pour ainsi dire*) practically, virtually
pratiquer [pʀatike] *vt* to practise (*Brit*), practice (*US*); (*Sport etc*) to go in for, play; (*appliquer: méthode, théorie*) to apply; (*intervention, opération*) to carry out; (*ouverture, abri*) to make ▷ *vi* (*Rel*) to be a churchgoer
pré [pʀe] *nm* meadow
préados [pʀeado] *nmpl* pre-teens
préalable [pʀealabl(ə)] *adj* preliminary; **condition ~ (de)** precondition (for), prerequisite (for); **sans avis ~** without prior *ou* previous notice; **au ~** first, beforehand
préalablement [pʀealabləmɑ̃] *adv* first, beforehand
Préalpes [pʀealp(ə)] *nfpl*: **les ~** the Pre-Alps
préalpin, e [pʀealpɛ̃, -in] *adj* of the Pre-Alps
préambule [pʀeɑ̃byl] *nm* preamble; (*fig*) prelude; **sans ~** straight away
préau, x [pʀeo] *nm* (*d'une cour d'école*) covered playground; (*d'un monastère, d'une prison*) inner courtyard
préavis [pʀeavi] *nm* notice; **~ de congé** notice; **communication avec ~** (*Tél*) personal *ou* person-to-person call
prébende [pʀebɑ̃d] *nf* (*péj*) remuneration
précaire [pʀekɛʀ] *adj* precarious
précaution [pʀekosjɔ̃] *nf* precaution; **avec ~** cautiously; **prendre des** *ou* **ses ~s** to take precautions; **par ~** as a precaution; **pour plus**

P

de ~ to be on the safe side; **~s oratoires** carefully phrased remarks
précautionneux, -euse [prekosjɔnø, -øz] *adj* cautious, careful
précédemment [presedamɑ̃] *adv* before, previously
précédent, e [presedɑ̃, -ɑ̃t] *adj* previous ▷ *nm* precedent; **sans ~** unprecedented; **le jour ~** the day before, the previous day
précéder [presede] *vt* to precede; *(marcher ou rouler devant)* to be in front of; *(arriver avant)* to get ahead of
précepte [presɛpt(ə)] *nm* precept
précepteur, -trice [presɛptœr, -tris] *nm/f* (private) tutor
préchauffer [preʃofe] *vt* to preheat
prêcher [preʃe] *vt, vi* to preach
prêcheur, -euse [prɛʃœr, -øz] *adj* moralizing ▷ *nm/f (Rel)* preacher; *(fig)* moralizer
précieusement [presjøzmɑ̃] *adv (avec soin)* carefully; *(avec préciosité)* preciously
précieux, -euse [presjø, -øz] *adj* precious; *(collaborateur, conseils)* invaluable; *(style, écrivain)* précieux, precious
préciosité [presjozite] *nf* preciosity, preciousness
précipice [presipis] *nm* drop, chasm; *(fig)* abyss; **au bord du ~** at the edge of the precipice
précipitamment [presipitamɑ̃] *adv* hurriedly, hastily
précipitation [presipitasjɔ̃] *nf (hâte)* haste; **~s (atmosphériques)** precipitation *sg*
précipité, e [presipite] *adj (respiration)* fast; *(pas)* hurried; *(départ)* hasty
précipiter [presipite] *vt (faire tomber)*: **~ qn/qch du haut de** to throw *ou* hurl sb/sth off *ou* from; *(hâter: marche)* to quicken; *(: départ)* to hasten; **se précipiter** *vi (événements)* to move faster; *(respiration)* to speed up; **se ~ sur/vers** to rush at/ towards; **se ~ au-devant de qn** to throw o.s. before sb
précis, e [presi, -iz] *adj* precise; *(tir, mesures)* accurate, precise ▷ *nm* handbook
précisément [presizemɑ̃] *adv* precisely; **ma vie n'est pas ~ distrayante** my life is not exactly entertaining
préciser [presize] *vt (expliquer)* to be more specific about, clarify; *(spécifier)* to state, specify; **se préciser** *vi* to become clear(er)
précision [presizjɔ̃] *nf* precision; accuracy; *(détail)* point *ou* detail *(made clear or to be clarified)*; **précisions** *nfpl* further details
précoce [prekɔs] *adj* early; *(enfant)* precocious; *(calvitie)* premature
précocité [prekɔsite] *nf* earliness; precociousness
préconçu, e [prekɔ̃sy] *adj* preconceived
préconiser [prekɔnize] *vt* to advocate
précuit, e [prekɥi, -it] *adj* precooked
précurseur [prekyrsœr] *adj m* precursory ▷ *nm* forerunner, precursor
prédateur [predatœr] *nm* predator
prédécesseur [predesesœr] *nm* predecessor
prédécoupé, e [predekupe] *adj* pre-cut
prédestiner [predɛstine] *vt*: **~ qn à qch/à faire** to predestine sb for sth/to do
prédicateur [predikatœr] *nm* preacher
prédiction [prediksjɔ̃] *nf* prediction
prédilection [predilɛksjɔ̃] *nf*: **avoir une ~ pour** to be partial to; **de ~** favourite *(Brit)*, favorite *(US)*
prédire [predir] *vt* to predict
prédisposer [predispoze] *vt*: **~ qn à qch/à faire** to predispose sb to sth/to do
prédisposition [predispozisjɔ̃] *nf* predisposition
prédit, e [predi, -it] *pp de* **prédire**
prédominance [predɔminɑ̃s] *nf* predominance
prédominant, e [predɔminɑ̃, -ɑ̃t] *adj* predominant; prevailing
prédominer [predɔmine] *vi* to predominate; *(avis)* to prevail
pré-électoral, e, -aux [preelɛktɔral, -o] *adj* pre-election *cpd*
pré-emballé, e [preɑ̃bale] *adj* pre-packed
prééminent, e [preeminɑ̃, -ɑ̃t] *adj* pre-eminent
préemption [preɑ̃psjɔ̃] *nf*: **droit de ~** *(Jur)* pre-emptive right
pré-encollé, e [preɑ̃kɔle] *adj* pre-pasted
préétabli, e [preetabli] *adj* pre-established
préexistant, e [preɛgzistɑ̃, -ɑ̃t] *adj* pre-existing
préfabriqué, e [prefabrike] *adj* prefabricated; *(péj: sourire)* artificial ▷ *nm* prefabricated material
préface [prefas] *nf* preface
préfacer [prefase] *vt* to write a preface for
préfectoral, e, -aux [prefɛktɔral, -o] *adj* prefectorial
préfecture [prefɛktyr] *nf* prefecture; *see note*; **~ de police** police headquarters

PRÉFECTURE

The *préfecture* is the administrative headquarters of the "département". The "préfet", a senior civil servant appointed by the government, is responsible for putting government policy into practice. France's 22 regions, each comprising a number of "départements", also have a "préfet de région".

préférable [preferabl(ə)] *adj* preferable
préféré, e [prefere] *adj, nm/f* favourite *(Brit)*, favorite *(US)*
préférence [preferɑ̃s] *nf* preference; **de ~** preferably; **de** *ou* **par ~ à** in preference to, rather than; **donner la ~ à qn** to give preference to sb; **par ordre de ~** in order of preference; **obtenir la ~ sur** to have preference over
préférentiel, le [preferɑ̃sjɛl] *adj* preferential
préférer [prefere] *vt*: **~ qn/qch (à)** to prefer sb/ sth (to), like sb/sth better (than); **~ faire** to

prefer to do; **je préférerais du thé** I would rather have tea, I'd prefer tea
préfet [pRefɛ] *nm* prefect; **~ de police** ≈ Chief Constable (Brit), ≈ Police Commissioner (US)
préfigurer [pRefigyRe] *vt* to prefigure
préfixe [pRefiks(ə)] *nm* prefix
préhistoire [pReistwaR] *nf* prehistory
préhistorique [pReistɔRik] *adj* prehistoric
préjudice [pReʒydis] *nm* (*matériel*) loss; (*moral*) harm *no pl*; **porter ~ à** to harm, be detrimental to; **au ~ de** at the expense of
préjudiciable [pReʒydisjabl(ə)] *adj*: **~ à** prejudicial *ou* harmful to
préjugé [pReʒyʒe] *nm* prejudice; **avoir un ~ contre** to be prejudiced against; **bénéficier d'un ~ favorable** to be viewed favourably
préjuger [pReʒyʒe]: **~ de** *vt* to prejudge
prélasser [pRelɑse]: **se prélasser** *vi* to lounge
prélat [pRela] *nm* prelate
prélavage [pRelavaʒ] *nm* pre-wash
prélèvement [pRelɛvmɑ̃] *nm* deduction; withdrawal; **faire un ~ de sang** to take a blood sample
prélever [pRelve] *vt* (*échantillon*) to take; **~ (sur)** (*argent*) to deduct (from); (*: sur son compte*) to withdraw (from)
préliminaire [pRelimin ɛR] *adj* preliminary; **préliminaires** *nmpl* preliminaries; (*négociations*) preliminary talks
prélude [pRelyd] *nm* prelude; (*avant le concert*) warm-up
prématuré, e [pRematyRe] *adj* premature; (*retraite*) early ▷ *nm* premature baby
prématurément [pRematyRemɑ̃] *adv* prematurely
préméditation [pRemeditɑsjɔ̃] *nf*: **avec ~** *adj* premeditated ▷ *adv* with intent
préméditer [pRemedite] *vt* to premeditate, plan
prémices [pRemis] *nfpl* beginnings
premier, -ière [pRəmje, -jɛR] *adj* first; (*branche, marche, grade*) bottom; (*fig: fondamental*) basic; prime; (*en importance*) first, foremost ▷ *nm* (*premier étage*) first (Brit) *ou* second (US) floor ▷ *nf* (*Auto*) first (gear); (*Rail, Aviat etc*) first class; (*Scol: classe*) *penultimate school year (age 16–17)*; (*Théât*) first night; (*Ciné*) première; (*exploit*) first; **au ~ abord** at first sight; **au** *ou* **du ~ coup** at the first attempt *ou* go; **de ~ ordre** first-class, first-rate; **de première qualité, de ~ choix** best *ou* top quality; **de première importance** of the highest importance; **de première nécessité** absolutely essential; **le ~ venu** the first person to come along; **jeune ~** leading man; **le ~ de l'an** New Year's Day; **enfant du ~ lit** child of a first marriage; **en ~ lieu** in the first place; **~ âge** (*d'un enfant*) the first three months (of life); **P~ Ministre** Prime Minister
premièrement [pRəmjɛRmɑ̃] *adv* firstly
première-née [pRəmjɛRne] (*pl* **premières-nées**) *nf* first-born
premier-né [pRəmjene] (*pl* **premiers-nés**) *nm* first-born
prémisse [pRemis] *nf* premise
prémolaire [pRemɔlɛR] *nf* premolar
prémonition [pRemɔnisjɔ̃] *nf* premonition
prémonitoire [pRemɔnitwaR] *adj* premonitory
prémunir [pRemyniR]: **se prémunir** *vi*: **se ~ contre** to protect o.s. from, guard against
prenant, e [pRənɑ̃, -ɑ̃t] *vb voir* **prendre** ▷ *adj* absorbing, engrossing
prénatal, e [pRenatal] *adj* (*Méd*) antenatal; (*allocation*) maternity *cpd*
prendre [pRɑ̃dR(ə)] *vt* to take; (*aller chercher*) to get, fetch; (*se procurer*) to get; (*réserver: place*) to book; (*acquérir: du poids, de la valeur*) to put on, gain; (*malfaiteur, poisson*) to catch; (*passager*) to pick up; (*personnel, aussi: couleur, goût*) to take on; (*locataire*) to take in; (*traiter: enfant, problème*) to handle; (*voix, ton*) to put on; (*prélever: pourcentage, argent*) to take off; (*ôter*): **~ qch à** to take sth from; (*coincer*): **se ~ les doigts dans** to get one's fingers caught in ▷ *vi* (*liquide, ciment*) to set; (*greffe, vaccin*) to take; (*mensonge*) to be successful; (*feu: foyer*) to go; (*: incendie*) to start; (*allumette*) to light; (*se diriger*): **~ à gauche** to turn (to the) left; **~ son origine** *ou* **sa source** (*mot, rivière*) to have its source; **~ qn pour** to take sb for; **se ~ pour** to think one is; **~ sur soi de faire qch** to take it upon o.s. to do sth; **~ qn en sympathie/ horreur** to get to like/loathe sb; **à tout ~** all things considered; **s'en ~ à** (*agresser*) to set about; (*passer sa colère sur*) to take it out on; (*critiquer*) to attack; (*remettre en question*) to challenge; **se ~ d'amitié/d'affection pour** to befriend/become fond of; **s'y ~** (*procéder*) to set about it; **s'y ~ à l'avance** to see to it in advance; **s'y ~ à deux fois** to try twice, make two attempts
preneur [pRənœR] *nm*: **être ~** to be willing to buy; **trouver ~** to find a buyer
preniez [pRənje] *vb voir* **prendre**
prenne *etc* [pRɛn] *vb voir* **prendre**
prénom [pRenɔ̃] *nm* first name
prénommer [pRenɔme] *vt*: **elle se prénomme Claude** her (first) name is Claude
prénuptial, e, -aux [pRenypsjal, -o] *adj* premarital
préoccupant, e [pReɔkypɑ̃, -ɑ̃t] *adj* worrying
préoccupation [pReɔkypɑsjɔ̃] *nf* (*souci*) concern; (*idée fixe*) preoccupation
préoccupé, e [pReɔkype] *adj* concerned; preoccupied
préoccuper [pReɔkype] *vt* (*tourmenter, tracasser*) to concern; (*absorber, obséder*) to preoccupy; **se ~ de qch** to be concerned about sth; to show concern about sth
préparateur, -trice [pRepaRatœR, -tRis] *nm/f* assistant
préparatifs [pRepaRatif] *nmpl* preparations
préparation [pRepaRɑsjɔ̃] *nf* preparation; (*Scol*) piece of homework
préparatoire [pRepaRatwaR] *adj* preparatory
préparer [pRepaRe] *vt* to prepare; (*café, repas*) to

P

make; (*examen*) to prepare for; (*voyage, entreprise*) to plan; **se préparer** *vi* (*orage, tragédie*) to brew, be in the air; **se ~ (à qch/à faire)** to prepare (o.s.) *ou* get ready (for sth/to do); **~ qch à qn** (*surprise etc*) to have sth in store for sb; **~ qn à qch** (*nouvelle etc*) to prepare sb for sth

prépondérance [pʀepɔ̃deʀɑ̃s] *nf*: **~ (sur)** predominance (over)

prépondérant, e [pʀepɔ̃deʀɑ̃, -ɑ̃t] *adj* major, dominating; **voix ~e** casting vote

préposé, e [pʀepoze] *adj*: **~ à** in charge of ▷ *nm/f* (*gén: employé*) employee; (*Admin: facteur*) postman/woman (*Brit*), mailman/woman (*US*); (*de la douane etc*) official; (*de vestiaire*) attendant

préposer [pʀepoze] *vt*: **~ qn à qch** to appoint sb to sth

préposition [pʀepozisjɔ̃] *nf* preposition

prérentrée [pʀeʀɑ̃tʀe] *nf in-service training period before start of school term*

préretraite [pʀeʀətʀɛt] *nf* early retirement

prérogative [pʀeʀɔgativ] *nf* prerogative

près [pʀɛ] *adv* near, close; **~ de** *prép* near (to), close to; (*environ*) nearly, almost; **~ d'ici** near here; **de ~** *adv* closely; **à cinq kg ~** to within about five kg; **à cela ~ que** apart from the fact that; **je ne suis pas ~ de lui pardonner** I'm nowhere near ready to forgive him; **on n'est pas à un jour ~** one day (either way) won't make any difference, we're not going to quibble over the odd day

présage [pʀezaʒ] *nm* omen

présager [pʀezaʒe] *vt* (*prévoir*) to foresee; (*annoncer*) to portend

pré-salé [pʀesale] (*pl* **prés-salés**) *nm* (*Culin*) salt-meadow lamb

presbyte [pʀɛsbit] *adj* long-sighted (*Brit*), far-sighted (*US*)

presbytère [pʀɛsbitɛʀ] *nm* presbytery

presbytérien, ne [pʀɛsbiteʀjɛ̃, -ɛn] *adj, nm/f* Presbyterian

presbytie [pʀɛsbisi] *nf* long-sightedness (*Brit*), far-sightedness (*US*)

prescience [pʀesjɑ̃s] *nf* prescience, foresight

préscolaire [pʀeskɔlɛʀ] *adj* preschool *cpd*

prescription [pʀɛskʀipsjɔ̃] *nf* (*instruction*) order, instruction; (*Méd, Jur*) prescription

prescrire [pʀɛskʀiʀ] *vt* to prescribe; **se prescrire** *vi* (*Jur*) to lapse

prescrit, e [pʀɛskʀi, -it] *pp de* **prescrire** ▷ *adj* (*date etc*) stipulated

préséance [pʀeseɑ̃s] *nf* precedence *no pl*

présélection [pʀeselɛksjɔ̃] *nf* (*de candidats*) short-listing; **effectuer une ~** to draw up a shortlist

présélectionner [pʀeselɛksjɔne] *vt* to preselect; (*dispositif*) to preset; (*candidats*) to make an initial selection from among, short-list (*Brit*)

présence [pʀezɑ̃s] *nf* presence; (*au bureau etc*) attendance; **en ~** face to face; **en ~ de** in (the) presence of; (*fig*) in the face of; **faire acte de ~** to put in a token appearance; **~ d'esprit** presence of mind

présent, e [pʀezɑ̃, -ɑ̃t] *adj, nm* present; (*Admin, Comm*): **la ~e lettre/loi** this letter/law ▷ *nm/f*: **les ~s** (*personnes*) those present ▷ *nf* (*Comm: lettre*): **la ~e** this letter; **à ~** now, at present; **dès à ~** here and now; **jusqu'à ~** up till now, until now; **à ~ que** now that

présentable [pʀezɑ̃tabl(ə)] *adj* presentable

présentateur, -trice [pʀezɑ̃tatœʀ, -tʀis] *nm/f* presenter

présentation [pʀezɑ̃tɑsjɔ̃] *nf* presentation; introduction; (*allure*) appearance

présenter [pʀezɑ̃te] *vt* to present; (*invité, candidat*) to introduce; (*félicitations, condoléances*) to offer; (*montrer: billet, pièce d'identité*) to show, produce; (*faire inscrire: candidat*) to put forward; (*soumettre*) to submit ▷ *vi*: **~ mal/bien** to have an unattractive/a pleasing appearance; **se présenter** *vi* (*sur convocation*) to report, come; (*se faire connaître*) to come forward; (*à une élection*) to stand; (*occasion*) to arise; **se ~ à un examen** to sit an exam; **se ~ bien/mal** to look good/not too good

présentoir [pʀesɑ̃twaʀ] *nm* (*étagère*) display shelf; (*vitrine*) showcase; (*étal*) display stand

préservatif [pʀezɛʀvatif] *nm* condom, sheath

préservation [pʀezɛʀvɑsjɔ̃] *nf* protection, preservation

préserver [pʀezɛʀve] *vt*: **~ de** (*protéger*) to protect from; (*sauver*) to save from

présidence [pʀezidɑ̃s] *nf* presidency; chairmanship

président [pʀezidɑ̃] *nm* (*Pol*) president; (*d'une assemblée, Comm*) chairman; **~ directeur général (PDG)** chairman and managing director (*Brit*), chairman and president (*US*); **~ du jury** (*Jur*) foreman of the jury; (*d'examen*) chief examiner

présidente [pʀezidɑ̃t] *nf* president; (*femme du président*) president's wife; (*d'une réunion*) chairwoman

présidentiable [pʀezidɑ̃sjabl(ə)] *adj, nm/f* potential president

présidentiel, le [pʀezidɑ̃sjɛl] *adj* presidential; **présidentielles** *nfpl* presidential election(s)

présider [pʀezide] *vt* to preside over; (*dîner*) to be the guest of honour (*Brit*) *ou* honor (*US*) at; **~ à** *vt* to direct; to govern

présomption [pʀezɔ̃psjɔ̃] *nf* presumption

présomptueux, -euse [pʀezɔ̃ptɥø, -øz] *adj* presumptuous

presque [pʀɛsk(ə)] *adv* almost, nearly; **~ rien** hardly anything; **~ pas** hardly (at all); **~ pas de** hardly any; **personne, ou ~** next to nobody, hardly anyone; **la ~ totalité (de)** almost *ou* nearly all

presqu'île [pʀɛskil] *nf* peninsula

pressant, e [pʀɛsɑ̃, -ɑ̃t] *adj* urgent; (*personne*) insistent; **se faire ~** to become insistent

presse [pʀɛs] *nf* press; (*affluence*): **heures de ~** busy times; **sous ~** gone to press; **mettre sous ~** to send to press; **avoir une bonne/mauvaise ~** to have a good/bad press; **~ féminine**

women's magazines *pl*; **~ d'information** quality newspapers *pl*
pressé, e [pRese] *adj* in a hurry; (*air*) hurried; (*besogne*) urgent ▷ *nm*: **aller au plus ~** to see to first things first; **être ~ de faire qch** to be in a hurry to do sth; **orange ~e** freshly squeezed orange juice
presse-citron [pRɛssitRɔ̃] *nm inv* lemon squeezer
presse-fruits [pRɛsfRɥi] *nm inv* lemon squeezer
pressentiment [pRɛsɑ̃timɑ̃] *nm* foreboding, premonition
pressentir [pRɛsɑ̃tiR] *vt* to sense; (*prendre contact avec*) to approach
presse-papiers [pRɛspapje] *nm inv* paperweight
presse-purée [pRɛspyRe] *nm inv* potato masher
presser [pRese] *vt* (*fruit, éponge*) to squeeze; (*interrupteur, bouton*) to press, push; (*allure, affaire*) to speed up; (*débiteur etc*) to press; (*inciter*): **~ qn de faire** to urge *ou* press sb to do ▷ *vi* to be urgent; **se presser** (*se hâter*) to hurry (up); (*se grouper*) to crowd; **rien ne presse** there's no hurry; **se ~ contre qn** to squeeze up against sb; **~ le pas** to quicken one's step; **~ qn entre ses bras** to squeeze sb tight
pressing [pResiŋ] *nm* (*repassage*) steam-pressing; (*magasin*) dry-cleaner's
pression [pRɛsjɔ̃] *nf* pressure; (*bouton*) press stud (*Brit*), snap fastener; **faire ~ sur** to put pressure on; **sous ~** pressurized, under pressure; (*fig*) keyed up; **~ artérielle** blood pressure
pressoir [pRɛswaR] *nm* (wine *ou* oil *etc*) press
pressurer [pResyRe] *vt* (*fig*) to squeeze
pressurisé, e [pResyRize] *adj* pressurized
prestance [pRɛstɑ̃s] *nf* presence, imposing bearing
prestataire [pRɛstatɛR] *nm/f* person receiving benefits; (*Comm*): **~ de services** provider of services
prestation [pRɛstasjɔ̃] *nf* (*allocation*) benefit; (*d'une assurance*) cover *no pl*; (*d'une entreprise*) service provided; (*d'un joueur, artiste*) performance; **~ de serment** taking the oath; **~ de service** provision of a service; **~s familiales** ≈ child benefit
preste [pRɛst(ə)] *adj* nimble
prestement [pRɛstəmɑ̃] *adv* nimbly
prestidigitateur, -trice [pRɛstidiʒitatœR, -tRis] *nm/f* conjurer
prestidigitation [pRɛstidiʒitɑsjɔ̃] *nf* conjuring
prestige [pRɛstiʒ] *nm* prestige
prestigieux, -euse [pRɛstiʒjø, -øz] *adj* prestigious
présumer [pRezyme] *vt*: **~ que** to presume *ou* assume that; **~ de** to overrate; **~ qn coupable** to presume sb guilty
présupposé [pResypoze] *nm* presupposition
présupposer [pResypoze] *vt* to presuppose
présupposition [pResypozisjɔ̃] *nf* presupposition
présure [pRezyR] *nf* rennet
prêt, e [pRɛ, pRɛt] *adj* ready ▷ *nm* lending *no pl*; (*somme prêtée*) loan; **~ à faire** ready to do; **~ à tout** ready for anything; **~ sur gages** pawnbroking *no pl*
prêt-à-porter [pRɛtapɔRte] (*pl* **prêts-à-porter**) *nm* ready-to-wear *ou* off-the-peg (*Brit*) clothes *pl*
prétendant [pRetɑ̃dɑ̃] *nm* pretender; (*d'une femme*) suitor
prétendre [pRetɑ̃dR(ə)] *vt* (*affirmer*): **~ que** to claim that; (*avoir l'intention de*): **~ faire qch** to mean *ou* intend to do sth; **~ à** *vt* (*droit, titre*) to lay claim to
prétendu, e [pRetɑ̃dy] *adj* (*supposé*) so-called
prétendument [pRetɑ̃dymɑ̃] *adv* allegedly
prête-nom [pRɛtnɔ̃] *nm* (*péj*) figurehead; (*Comm etc*) dummy
prétentieux, -euse [pRetɑ̃sjø, -øz] *adj* pretentious
prétention [pRetɑ̃sjɔ̃] *nf* pretentiousness; (*exigence, ambition*) claim; **sans ~** unpretentious
prêter [pRete] *vt* (*livres, argent*): **~ qch (à)** to lend sth (to); (*supposer*): **~ à qn** (*caractère, propos*) to attribute to sb ▷ *vi*: **se prêter** (*tissu, cuir*) to give; **~ à** (*commentaires etc*) to be open to, give rise to; **se ~ à** to lend o.s. (*ou* itself) to; (*manigances etc*) to go along with; **~ assistance à** to give help to; **~ attention** to pay attention; **~ serment** to take the oath; **~ l'oreille** to listen
prêteur, -euse [pRɛtœR, -øz] *nm/f* moneylender; **~ sur gages** pawnbroker
prétexte [pRetɛkst(ə)] *nm* pretext, excuse; **sous aucun ~** on no account; **sous (le) ~ que/de** on the pretext that/of
prétexter [pRetɛkste] *vt* to give as a pretext *ou* an excuse
prêtre [pRɛtR(ə)] *nm* priest
prêtre-ouvrier [pRɛtRuvRije] (*pl* **prêtres-ouvriers**) *nm* worker-priest
prêtrise [pRɛtRiz] *nf* priesthood
preuve [pRœv] *nf* proof; (*indice*) proof, evidence *no pl*; **jusqu'à ~ du contraire** until proved otherwise; **faire ~ de** to show; **faire ses ~s** to prove o.s. (*ou* itself); **~ matérielle** material evidence
prévaloir [pRevalwaR] *vi* to prevail; **se ~ de** *vt* to take advantage of; (*tirer vanité de*) to pride o.s. on
prévarication [pRevaRikɑsjɔ̃] *nf* maladministration
prévaut *etc* [pRevo] *vb voir* **prévaloir**
prévenances [pRɛvnɑ̃s] *nfpl* thoughtfulness *sg*, kindness *sg*
prévenant, e [pRɛvnɑ̃, -ɑ̃t] *adj* thoughtful, kind
prévenir [pRɛvniR] *vt* (*éviter*) to avoid, prevent; (*anticiper*) to anticipate; **~ qn (de)** (*avertir*) to warn sb (about); (*informer*) to tell *ou* inform sb (about); **~ qn contre** (*influencer*) to prejudice sb against
préventif, -ive [pRevɑ̃tif, -iv] *adj* preventive
prévention [pRevɑ̃sjɔ̃] *nf* prevention; (*préjugé*) prejudice; (*Jur*) custody, detention; **~ routière** road safety

prévenu, e [pRevny] *nm/f* (*Jur*) defendant, accused
prévisible [pRevizibl(ə)] *adj* foreseeable
prévision [pRevizjɔ̃] *nf*: **~s** predictions; (*météorologiques, économiques*) forecast *sg*; **en ~ de** in anticipation of; **~s météorologiques** *ou* **du temps** weather forecast *sg*
prévisionnel, le [pRevizjɔnɛl] *adj* concerned with future requirements
prévit *etc* [pRevi] *vb voir* **prévoir**
prévoir [pRevwaR] *vt* (*deviner*) to foresee; (*s'attendre à*) to expect, reckon on; (*prévenir*) to anticipate; (*organiser*) to plan; (*préparer, réserver*) to allow; **prévu pour quatre personnes** designed for four people; **prévu pour 10 h** scheduled for 10 o'clock
prévoyance [pRevwajɑ̃s] *nf* foresight; **société/caisse de ~** provident society/contingency fund
prévoyant, e [pRevwajɑ̃, -ɑ̃t] *vb voir* **prévoir** ▷ *adj* gifted with (*ou* showing) foresight, far-sighted
prévu, e [pRevy] *pp de* **prévoir**
prier [pRije] *vi* to pray ▷ *vt* (*Dieu*) to pray to; (*implorer*) to beg; (*demander*): **~ qn de faire** to ask sb to do; (*inviter*): **~ qn à dîner** to invite sb to dinner; **se faire ~** to need coaxing *ou* persuading; **je vous en prie** (*allez-y*) please do; (*de rien*) don't mention it; **je vous prie de faire** please (would you) do
prière [pRijɛR] *nf* prayer; (*demande instante*) plea, entreaty; **"~ de faire ..."** "please do ..."
primaire [pRimɛR] *adj* primary; (*péj: personne*) simple-minded; (*: idées*) simplistic ▷ *nm* (*Scol*) primary education
primauté [pRimote] *nf* (*fig*) primacy
prime [pRim] *nf* (*bonification*) bonus; (*subside*) allowance; (*Comm: cadeau*) free gift; (*Assurances, Bourse*) premium ▷ *adj*: **de ~ abord** at first glance; **~ de risque** danger money *no pl*; **~ de transport** travel allowance
primer [pRime] *vt* (*l'emporter sur*) to prevail over; (*récompenser*) to award a prize to ▷ *vi* to dominate, prevail
primesautier, -ière [pRimsotje, -jɛR] *adj* impulsive
primeur [pRimœR] *nf*: **avoir la ~ de** to be the first to hear (*ou see etc*); **primeurs** *nfpl* (*fruits, légumes*) early fruits and vegetables; **marchand de ~** greengrocer (*Brit*), produce dealer (*US*)
primevère [pRimvɛR] *nf* primrose
primitif, -ive [pRimitif, -iv] *adj* primitive; (*originel*) original ▷ *nm/f* primitive
primo [pRimo] *adv* first (of all), firstly
primordial, e, -aux [pRimɔRdjal, -o] *adj* essential, primordial
prince [pRɛ̃s] *nm* prince; **~ charmant** Prince Charming; **~ de Galles** *nm inv* (*tissu*) check cloth; **~ héritier** crown prince
princesse [pRɛ̃sɛs] *nf* princess
princier, -ière [pRɛ̃sje, -jɛR] *adj* princely
principal, e, -aux [pRɛ̃sipal, -o] *adj* principal, main ▷ *nm* (*Scol*) head (teacher) (*Brit*), principal (*US*); (*essentiel*) main thing ▷ *nf* (*Ling*): **(proposition) ~e** main clause
principalement [pRɛ̃sipalmɑ̃] *adv* principally, mainly
principauté [pRɛ̃sipote] *nf* principality
principe [pRɛ̃sip] *nm* principle; **partir du ~ que** to work on the principle *ou* assumption that; **pour le ~** on principle, for the sake of it; **de ~** *adj* (*hostilité*) automatic; (*accord*) in principle; **par ~** on principle; **en ~** (*habituellement*) as a rule; (*théoriquement*) in principle
printanier, -ière [pRɛ̃tanje, -jɛR] *adj* spring, spring-like
printemps [pRɛ̃tɑ̃] *nm* spring; **au ~** in spring
priori [pRijɔRi]: **a ~** *adv* at first glance, initially; a priori
prioritaire [pRijɔRitɛR] *adj* having priority; (*Auto*) having right of way; (*Inform*) foreground
priorité [pRijɔRite] *nf* (*Auto*): **avoir la ~ (sur)** to have right of way (over); **~ à droite** right of way to vehicles coming from the right; **en ~** as a (matter of) priority
pris, e [pRi, pRiz] *pp de* **prendre** ▷ *adj* (*place*) taken; (*billets*) sold; (*journée, mains*) full; (*personne*) busy; (*crème, ciment*) set; (*Méd: enflammé*): **avoir le nez/la gorge ~(e)** to have a stuffy nose/a bad throat; (*saisi*): **être ~ de peur/de fatigue** to be stricken with fear/overcome with fatigue
prise [pRiz] *nf* (*d'une ville*) capture; (*Pêche, Chasse*) catch; (*de judo ou catch, point d'appui ou pour empoigner*) hold; (*Élec: fiche*) plug; (*: femelle*) socket; (*: au mur*) point; **en ~** (*Auto*) in gear; **être aux ~s avec** to be grappling with; to be battling with; **lâcher ~** to let go; **donner ~ à** (*fig*) to give rise to; **avoir ~ sur qn** to have a hold over sb; **~ en charge** (*taxe*) pick-up charge; (*par la sécurité sociale*) *undertaking to reimburse costs*; **~ de contact** initial meeting, first contact; **~ de courant** power point; **~ d'eau** water (supply) point; tap; **~ multiple** adaptor; **~ d'otages** hostage-taking; **~ à partie** (*Jur*) *action against a judge*; **~ de sang** blood test; **~ de son** sound recording; **~ de tabac** pinch of snuff; **~ de terre** earth; **~ de vue** (*photo*) shot; (*action*): **~ de vue(s)** filming, shooting
priser [pRize] *vt* (*tabac, héroïne*) to take; (*estimer*) to prize, value ▷ *vi* to take snuff
prisme [pRism(ə)] *nm* prism
prison [pRizɔ̃] *nf* prison; **aller/être en ~** to go to/be in prison *ou* jail; **faire de la ~** to serve time; **être condamné à cinq ans de ~** to be sentenced to five years' imprisonment *ou* five years in prison
prisonnier, -ière [pRizɔnje, -jɛR] *nm/f* prisoner ▷ *adj* captive; **faire qn ~** to take sb prisoner
prit [pRi] *vb voir* **prendre**
privatif, -ive [pRivatif, -iv] *adj* (*jardin etc*) private; (*peine*) which deprives one of one's liberties
privations [pRivɑsjɔ̃] *nfpl* privations, hardships
privatisation [pRivatizɑsjɔ̃] *nf* privatization
privatiser [pRivatize] *vt* to privatize

privautés [pʀivote] *nfpl* liberties
privé, e [pʀive] *adj* private; (*dépourvu*): **~ de** without, lacking; **en ~, dans le ~** in private
priver [pʀive] *vt*: **~ qn de** to deprive sb of; **se ~ de** to go *ou* do without; **ne pas se ~ de faire** not to refrain from doing
privilège [pʀivilɛʒ] *nm* privilege
privilégié, e [pʀivileʒje] *adj* privileged
privilégier [pʀivileʒje] *vt* to favour (*Brit*), favor (*US*)
prix [pʀi] *nm* (*valeur*) price; (*récompense, Scol*) prize; **mettre à ~** to set a reserve (*Brit*) *ou* an upset (*US*) price on; **au ~ fort** at a very high price; **acheter qch à ~ d'or** to pay a (small) fortune for sth; **hors de ~** exorbitantly priced; **à aucun ~** not at any price; **à tout ~** at all costs; **grand ~** (*Sport*) Grand Prix; **~ d'achat/de vente/de revient** purchasing/selling/cost price; **~ conseillé** manufacturer's recommended price (MRP)
pro [pʀo] *nm* (= *professionnel*) pro
probabilité [pʀɔbabilite] *nf* probability; **selon toute ~** in all probability
probable [pʀɔbabl(ə)] *adj* likely, probable
probablement [pʀɔbabləmɑ̃] *adv* probably
probant, e [pʀɔbɑ̃, -ɑ̃t] *adj* convincing
probatoire [pʀɔbatwaʀ] *adj* (*examen, test*) preliminary; (*stage*) probationary, trial *cpd*
probité [pʀɔbite] *nf* integrity, probity
problématique [pʀɔblematik] *adj* problematic(al) ▷ *nf* problematics *sg*; (*problème*) problem
problème [pʀɔblɛm] *nm* problem
procédé [pʀɔsede] *nm* (*méthode*) process; (*comportement*) behaviour *no pl* (*Brit*), behavior *no pl* (*US*)
procéder [pʀɔsede] *vi* to proceed; to behave; **~ à** *vt* to carry out
procédure [pʀɔsedyʀ] *nf* (*Admin, Jur*) procedure
procès [pʀɔsɛ] *nm* (*Jur*) trial; (*: poursuites*) proceedings *pl*; **être en ~ avec** to be involved in a lawsuit with; **faire le ~ de qn/qch** (*fig*) to put sb/sth on trial; **sans autre forme de ~** without further ado
processeur [pʀɔsesœʀ] *nm* processor
procession [pʀɔsesjɔ̃] *nf* procession
processus [pʀɔsesys] *nm* process
procès-verbal, -aux [pʀɔsɛvɛʀbal, -o] *nm* (*constat*) statement; (*aussi*: **PV**): **avoir un ~** to get a parking ticket; to be booked; (*de réunion*) minutes *pl*
prochain, e [pʀɔʃɛ̃, -ɛn] *adj* next; (*proche*) impending; near ▷ *nm* fellow man; **la ~e fois/semaine ~e** next time/week; **à la ~e!** (*fam*): **à la ~e fois** see you!, till the next time!; **un ~ jour** (some day) soon
prochainement [pʀɔʃɛnmɑ̃] *adv* soon, shortly
proche [pʀɔʃ] *adj* nearby; (*dans le temps*) imminent; close at hand; (*parent, ami*) close; **proches** *nmpl* (*parents*) close relatives, next of kin; (*amis*): **l'un de ses ~s** one of those close to him (*ou* her); **être ~ (de)** to be near, be close (to); **de ~ en ~** gradually
Proche-Orient [pʀɔʃɔʀjɑ̃] *nm*: **le ~** the Near East
proclamation [pʀɔklamasjɔ̃] *nf* proclamation
proclamer [pʀɔklame] *vt* to proclaim; (*résultat d'un examen*) to announce
procréer [pʀɔkʀee] *vt* to procreate
procuration [pʀɔkyʀasjɔ̃] *nf* proxy; power of attorney; **voter par ~** to vote by proxy
procurer [pʀɔkyʀe] *vt* (*fournir*): **~ qch à qn** to get *ou* obtain sth for sb; (*causer: plaisir etc*): **~ qch à qn** to bring *ou* give sb sth; **se procurer** *vt* to get
procureur [pʀɔkyʀœʀ] *nm* public prosecutor; **~ général** public prosecutor (*in appeal court*)
prodigalité [pʀɔdigalite] *nf* (*générosité*) generosity; (*extravagance*) extravagance, wastefulness
prodige [pʀɔdiʒ] *nm* (*miracle, merveille*) marvel, wonder; (*personne*) prodigy
prodigieusement [pʀɔdiʒjøzmɑ̃] *adv* tremendously
prodigieux, -euse [pʀɔdiʒjø, -øz] *adj* prodigious; phenomenal
prodigue [pʀɔdig] *adj* (*généreux*) generous; (*dépensier*) extravagant, wasteful; **fils ~** prodigal son
prodiguer [pʀɔdige] *vt* (*argent, biens*) to be lavish with; (*soins, attentions*): **~ qch à qn** to lavish sth on sb
producteur, -trice [pʀɔdyktœʀ, -tʀis] *adj*: **~ de blé** wheat-producing; (*Ciné*): **société productrice** film *ou* movie company ▷ *nm/f* producer
productif, -ive [pʀɔdyktif, -iv] *adj* productive
production [pʀɔdyksjɔ̃] *nf* (*gén*) production; (*rendement*) output; (*produits*) products *pl*, goods *pl*; (*œuvres*): **la ~ dramatique du XVIIe siècle** the plays of the 17th century
productivité [pʀɔdyktivite] *nf* productivity
produire [pʀɔdɥiʀ] *vt, vi* to produce; **se produire** *vi* (*acteur*) to perform, appear; (*événement*) to happen, occur
produit, e [pʀɔdɥi, -it] *pp de* **produire** ▷ *nm* (*gén*) product; **~ d'entretien** cleaning product; **~ national brut (PNB)** gross national product (GNP); **~ net** net profit; **~ pour la vaisselle** washing-up (*Brit*) *ou* dish-washing (*US*) liquid; **~ des ventes** income from sales; **~s agricoles** farm produce *sg*; **~s alimentaires** foodstuffs; **~s de beauté** beauty products, cosmetics
proéminent, e [pʀɔeminɑ̃, -ɑ̃t] *adj* prominent
prof [pʀɔf] *nm* (*fam*: = *professeur*) teacher; professor; lecturer
prof. [pʀɔf] *abr* = **professeur**; **professionnel**
profane [pʀɔfan] *adj* (*Rel*) secular; (*ignorant, non initié*) uninitiated ▷ *nm/f* layman
profaner [pʀɔfane] *vt* to desecrate; (*fig: sentiment*) to defile; (*: talent*) to debase
proférer [pʀɔfeʀe] *vt* to utter
professer [pʀɔfese] *vt* to profess
professeur, e [pʀɔfɛsœʀ] *nm/f* teacher; (*titulaire d'une chaire*) professor; **~ (de faculté)** (university) lecturer

P

profession [pʀɔfɛsjɔ̃] *nf* (*libérale*) profession; (*gén*) occupation; **faire ~ de** (*opinion, religion*) to profess; **de ~** by profession; **"sans ~"** "unemployed"; (*femme mariée*) "housewife"
professionnel, le [pʀɔfɛsjɔnɛl] *adj* professional ▷ *nm/f* professional; (*ouvrier qualifié*) skilled worker
professoral, e, -aux [pʀɔfɛsɔʀal, -o] *adj* professorial; **le corps ~** the teaching profession
professorat [pʀɔfɛsɔʀa] *nm*: **le ~** the teaching profession
profil [pʀɔfil] *nm* profile; (*d'une voiture*) line, contour; **de ~** in profile
profilé, e [pʀɔfile] *adj* shaped; (*aile etc*) streamlined
profiler [pʀɔfile] *vt* to streamline; **se profiler** *vi* (*arbre, tour*) to stand out, be silhouetted
profit [pʀɔfi] *nm* (*avantage*) benefit, advantage; (*Comm, Finance*) profit; **au ~ de** in aid of; **tirer** *ou* **retirer ~ de** to profit from; **mettre à ~** to take advantage of; to turn to good account; **~s et pertes** (*Comm*) profit and loss(es)
profitable [pʀɔfitabl(ə)] *adj* beneficial; profitable
profiter [pʀɔfite] *vi*: **~ de** to take advantage of; to make the most of; **~ de ce que ...** to take advantage of the fact that ...; **~ à** to be of benefit to, benefit; to be profitable to
profiteur, -euse [pʀɔfitœʀ, -øz] *nm/f* (*péj*) profiteer
profond, e [pʀɔfɔ̃, -ɔ̃d] *adj* deep; (*méditation, mépris*) profound; **peu ~** (*eau, vallée, puits*) shallow; (*coupure*) superficial; **au plus ~ de** in the depths of, at the (very) bottom of; **la France ~e** the heartlands of France
profondément [pʀɔfɔ̃demɑ̃] *adv* deeply; profoundly
profondeur [pʀɔfɔ̃dœʀ] *nf* depth
profusément [pʀɔfyzemɑ̃] *adv* profusely
profusion [pʀɔfyzjɔ̃] *nf* profusion; **à ~** in plenty
progéniture [pʀɔʒenityʀ] *nf* offspring *inv*
progiciel [pʀɔʒisjɛl] *nm* (*Inform*) (software) package; **~ d'application** applications package, applications software *no pl*
progouvernemental, e, -aux [pʀɔguvɛʀnəmɑ̃tal, -o] *adj* pro-government *cpd*
programmable [pʀɔgʀamabl(ə)] *adj* programmable
programmateur, -trice [pʀɔgʀamatœʀ, -tʀis] *nm/f* (*Ciné, TV*) programme (*Brit*) *ou* program (*US*) planner ▷ *nm* (*de machine à laver etc*) timer
programmation [pʀɔgʀamɑsjɔ̃] *nf* programming
programme [pʀɔgʀam] *nm* programme (*Brit*), program (*US*); (*TV, Radio*) program(me)s *pl*; (*Scol*) syllabus, curriculum; (*Inform*) program; **au ~ de ce soir** (*TV*) among tonight's program(me)s
programmé, e [pʀɔgʀame] *adj*: **enseignement ~** programmed learning
programmer [pʀɔgʀame] *vt* (*TV, Radio*) to put on, show; (*organiser, prévoir*) to schedule; (*Inform*) to program
programmeur, -euse [pʀɔgʀamœʀ, -øz] *nm/f* (computer) programmer
progrès [pʀɔgʀɛ] *nm* progress *no pl*; **faire des/être en ~** to make/be making progress
progresser [pʀɔgʀese] *vi* to progress; (*troupes etc*) to make headway *ou* progress
progressif, -ive [pʀɔgʀesif, -iv] *adj* progressive
progression [pʀɔgʀesjɔ̃] *nf* progression; (*d'une troupe etc*) advance, progress
progressiste [pʀɔgʀesist(ə)] *adj* progressive
progressivement [pʀɔgʀesivmɑ̃] *adv* progressively
prohiber [pʀɔibe] *vt* to prohibit, ban
prohibitif, -ive [pʀɔibitif, -iv] *adj* prohibitive
prohibition [pʀɔibisjɔ̃] *nf* ban, prohibition; (*Hist*) Prohibition
proie [pʀwa] *nf* prey *no pl*; **être la ~ de** to fall prey to; **être en ~ à** (*doutes, sentiment*) to be prey to; (*douleur, mal*) to be suffering
projecteur [pʀɔʒɛktœʀ] *nm* projector; (*de théâtre, cirque*) spotlight
projectile [pʀɔʒɛktil] *nm* missile; (*d'arme*) projectile, bullet (*ou* shell *etc*)
projection [pʀɔʒɛksjɔ̃] *nf* projection; showing; **conférence avec ~s** lecture with slides (*ou* a film)
projectionniste [pʀɔʒɛksjɔnist(ə)] *nm/f* (*Ciné*) projectionist
projet [pʀɔʒɛ] *nm* plan; (*ébauche*) draft; **faire des ~s** to make plans; **~ de loi** bill
projeter [pʀɔʒte] *vt* (*envisager*) to plan; (*film, photos*) to project; (*passer*) to show; (*ombre, lueur*) to throw, cast, project; (*jeter*) to throw up (*ou* off *ou* out); **~ de faire qch** to plan to do sth
prolétaire [pʀɔletɛʀ] *adj, nm/f* proletarian
prolétariat [pʀɔletaʀja] *nm* proletariat
prolétarien, -ne [pʀɔletaʀjɛ̃, -ɛn] *adj* proletarian
prolifération [pʀɔlifeʀɑsjɔ̃] *nf* proliferation
proliférer [pʀɔlifeʀe] *vi* to proliferate
prolifique [pʀɔlifik] *adj* prolific
prolixe [pʀɔliks(ə)] *adj* verbose
prolo [pʀɔlo] *nm/f* (*fam*: *= prolétaire*) prole (*péj*)
prologue [pʀɔlɔg] *nm* prologue
prolongateur [pʀɔlɔ̃gatœʀ] *nm* (*Élec*) extension cable
prolongation [pʀɔlɔ̃gɑsjɔ̃] *nf* prolongation; extension; **prolongations** *nfpl* (*Football*) extra time *sg*
prolongement [pʀɔlɔ̃ʒmɑ̃] *nm* extension; **prolongements** *nmpl* (*fig*) repercussions, effects; **dans le ~ de** running on from
prolonger [pʀɔlɔ̃ʒe] *vt* (*débat, séjour*) to prolong; (*délai, billet, rue*) to extend; (*chose*) to be a continuation *ou* an extension of; **se prolonger** *vi* to go on
promenade [pʀɔmnad] *nf* walk (*ou* drive *ou* ride); **faire une ~** to go for a walk; **une ~ (à pied)/en voiture/à vélo** a walk/drive/(bicycle) ride
promener [pʀɔmne] *vt* (*personne, chien*) to take out for a walk; (*fig*) to carry around; to trail

round; *(doigts, regard)*: **~ qch sur** to run sth over; **se promener** *vi (à pied)* to go for (*ou* be out for) a walk; *(en voiture)* to go for (*ou* be out for) a drive; *(fig)*: **se ~ sur** to wander over

promeneur, -euse [pʀɔmnœʀ, -øz] *nm/f* walker, stroller

promenoir [pʀɔmənwaʀ] *nm* gallery, (covered) walkway

promesse [pʀɔmɛs] *nf* promise; **~ d'achat** commitment to buy

prometteur, -euse [pʀɔmɛtœʀ, -øz] *adj* promising

promettre [pʀɔmɛtʀ(ə)] *vt* to promise ▷ *vi (récolte, arbre)* to look promising; *(enfant, musicien)* to be promising; **se ~ de faire** to resolve *ou* mean to do; **~ à qn de faire** to promise sb that one will do

promeus *etc* [pʀɔmø] *vb voir* **promouvoir**

promis, e [pʀɔmi, -iz] *pp de* **promettre** ▷ *adj*: **être ~ à qch** *(destiné)* to be destined for sth

promiscuité [pʀɔmiskɥite] *nf* crowding; lack of privacy

promit [pʀɔmi] *vb voir* **promettre**

promontoire [pʀɔmɔ̃twaʀ] *nm* headland

promoteur, -trice [pʀɔmɔtœʀ, -tʀis] *nm/f (instigateur)* instigator, promoter; **~ (immobilier)** property developer *(Brit)*, real estate promoter *(US)*

promotion [pʀɔmɔsjɔ̃] *nf (avancement)* promotion; *(Scol)* year *(Brit)*, class; **en ~** *(Comm)* on promotion, on (special) offer

promotionnel, le [pʀɔmɔsjɔnɛl] *adj (article)* on promotion, on (special) offer; *(vente)* promotional

promouvoir [pʀɔmuvwaʀ] *vt* to promote

prompt, e [pʀɔ̃, pʀɔ̃t] *adj* swift, rapid; *(intervention, changement)* sudden; **~ à faire qch** quick to do sth

promptement [pʀɔ̃ptəmɑ̃] *adv* swiftly

prompteur® [pʀɔ̃tœʀ] *nm* Autocue® *(Brit)*, Teleprompter® *(US)*

promptitude [pʀɔ̃tityd] *nf* swiftness, rapidity

promu, e [pʀɔmy] *pp de* **promouvoir**

promulguer [pʀɔmylge] *vt* to promulgate

prôner [pʀone] *vt (louer)* to laud, extol; *(préconiser)* to advocate, commend

pronom [pʀɔnɔ̃] *nm* pronoun

pronominal, e, -aux [pʀɔnɔminal, -o] *adj* pronominal; *(verbe)* reflexive, pronominal

prononcé, e [pʀɔnɔ̃se] *adj* pronounced, marked

prononcer [pʀɔnɔ̃se] *vt (son, mot, jugement)* to pronounce; *(dire)* to utter; *(allocution)* to deliver ▷ *vi (Jur)* to deliver *ou* give a verdict; **~ bien/mal** to have good/poor pronunciation; **se prononcer** *vi* to reach a decision, give a verdict; **se ~ sur** to give an opinion on; **se ~ contre** to come down against; **ça se prononce comment?** how do you pronounce this?

prononciation [pʀɔnɔ̃sjɑsjɔ̃] *nf* pronunciation

pronostic [pʀɔnɔstik] *nm (Méd)* prognosis; *(fig: aussi:* **pronostics**) forecast

pronostiquer [pʀɔnɔstike] *vt (Méd)* to prognosticate; *(annoncer, prévoir)* to forecast, foretell

pronostiqueur, -euse [pʀɔnɔstikœʀ, -øz] *nm/f* forecaster

propagande [pʀɔpagɑ̃d] *nf* propaganda; **faire de la ~ pour qch** to plug *ou* push sth

propagandiste [pʀɔpagɑ̃dist(ə)] *nm/f* propagandist

propagation [pʀɔpagɑsjɔ̃] *nf* propagation

propager [pʀɔpaʒe] *vt* to spread; **se propager** *vi* to spread; *(Physique)* to be propagated

propane [pʀɔpan] *nm* propane

propension [pʀɔpɑ̃sjɔ̃] *nf*: **~ à (faire) qch** propensity to (do) sth

prophète [pʀɔfɛt], **prophétesse** [pʀɔfetɛs] *nm/f* prophet(ess)

prophétie [pʀɔfesi] *nf* prophecy

prophétique [pʀɔfetik] *adj* prophetic

prophétiser [pʀɔfetize] *vt* to prophesy

prophylactique [pʀɔfilaktik] *adj* prophylactic

propice [pʀɔpis] *adj* favourable *(Brit)*, favorable (US)

proportion [pʀɔpɔʀsjɔ̃] *nf* proportion; **il n'y a aucune ~ entre le prix demandé et le prix réel** the asking price bears no relation to the real price; **à ~ de** proportionally to, in proportion to; **en ~ (de)** in proportion (to); **hors de ~** out of proportion; **toute(s) ~(s) gardée(s)** making due allowance(s)

proportionné, e [pʀɔpɔʀsjɔne] *adj*: **bien ~** well-proportioned; **~ à** proportionate to

proportionnel, le [pʀɔpɔʀsjɔnɛl] *adj* proportional; **~ à** proportional to ▷ *nf* proportional representation

proportionnellement [pʀɔpɔʀsjɔnɛlmɑ̃] *adv* proportionally, proportionately

proportionner [pʀɔpɔʀsjɔne] *vt*: **~ qch à** to proportion *ou* adjust sth to

propos [pʀɔpo] *nm (paroles)* talk *no pl*, remark; *(intention, but)* intention, aim; *(sujet)*: **à quel ~?** what about?; **à ~ de** about, regarding; **à tout ~** for no reason at all; **à ce ~** on that subject, in this connection; **à ~** *adv* by the way; *(opportunément)* (just) at the right moment; **hors de ~, mal à ~** *adv* at the wrong moment

proposer [pʀɔpoze] *vt (suggérer)*: **~ qch (à qn)/de faire** to suggest sth (to sb)/doing, propose sth (to sb)/(to) do; *(offrir)*: **~ qch à qn/de faire** to offer sb sth/to do; *(candidat)* to nominate, put forward; *(loi, motion)* to propose; **se ~ (pour faire)** to offer one's services (to do); **se ~ de faire** to intend *ou* propose to do

proposition [pʀɔpozisjɔ̃] *nf* suggestion; proposal; offer; *(Ling)* clause; **sur la ~ de** at the suggestion of; **~ de loi** private bill

propre [pʀɔpʀ(ə)] *adj* clean; *(net)* neat, tidy; *(qui ne salit pas: chien, chat)* house-trained; *(: enfant)* toilet-trained; *(fig: honnête)* honest; *(possessif)* own; *(sens)* literal; *(particulier)*: **~ à** peculiar to, characteristic of; *(approprié)*: **~ à** suitable *ou* appropriate for; *(de nature à)*: **~ à faire** likely to do, that will do ▷ *nm*: **recopier au ~** to make a

P

fair copy of; (*particularité*): **le ~ de** the peculiarity of, the distinctive feature of; **au ~** (*Ling*) literally; **appartenir à qn en ~** to belong to sb (exclusively); **~ à rien** *nm/f* (*péj*) good-for-nothing

proprement [pʀɔpʀəmɑ̃] *adv* cleanly; neatly, tidily; **à ~ parler** strictly speaking; **le village ~ dit** the actual village, the village itself

propret, te [pʀɔpʀɛ, -ɛt] *adj* neat and tidy, spick-and-span

propreté [pʀɔpʀəte] *nf* cleanliness, cleanness; neatness, tidiness

propriétaire [pʀɔpʀijetɛʀ] *nm/f* owner; (*d'hôtel etc*) proprietor(-tress), owner; (*pour le locataire*) landlord(-lady); **~ (immobilier)** house-owner; householder; **~ récoltant** grower; **~ (terrien)** landowner

propriété [pʀɔpʀijete] *nf* (*droit*) ownership; (*objet, immeuble etc*) property *gen no pl*; (*villa*) residence, property; (*terres*) property *gen no pl*, land *gen no pl*; (*qualité, Chimie, Math*) property; (*correction*) appropriateness, suitability; **~ artistique et littéraire** artistic and literary copyright; **~ industrielle** patent rights *pl*

propulser [pʀɔpylse] *vt* (*missile*) to propel; (*projeter*) to hurl, fling

propulsion [pʀɔpylsjɔ̃] *nf* propulsion

prorata [pʀɔʀata] *nm inv*: **au ~ de** in proportion to, on the basis of

prorogation [pʀɔʀɔɡɑsjɔ̃] *nf* deferment; extension; adjournment

proroger [pʀɔʀɔʒe] *vt* to put back, defer; (*prolonger*) to extend; (*assemblée*) to adjourn, prorogue

prosaïque [pʀozaik] *adj* mundane, prosaic

proscription [pʀɔskʀipsjɔ̃] *nf* banishment; (*interdiction*) banning; prohibition

proscrire [pʀɔskʀiʀ] *vt* (*bannir*) to banish; (*interdire*) to ban, prohibit

prose [pʀoz] *nf* prose (*style*)

prosélyte [pʀɔzelit] *nm/f* proselyte, convert

prospecter [pʀɔspɛkte] *vt* to prospect; (*Comm*) to canvass

prospecteur-placier [pʀɔspɛktœʀplasje] (*pl* **prospecteurs-placiers**) *nm* placement officer

prospectif, -ive [pʀɔspɛktif, -iv] *adj* prospective

prospectus [pʀɔspɛktys] *nm* (*feuille*) leaflet; (*dépliant*) brochure, leaflet

prospère [pʀɔspɛʀ] *adj* prosperous; (*santé, entreprise*) thriving, flourishing

prospérer [pʀɔspeʀe] *vi* to thrive

prospérité [pʀɔspeʀite] *nf* prosperity

prostate [pʀɔstat] *nf* prostate (gland)

prosterner [pʀɔstɛʀne]: **se prosterner** *vi* to bow low, prostrate o.s

prostituée [pʀɔstitɥe] *nf* prostitute

prostitution [pʀɔstitysjɔ̃] *nf* prostitution

prostré, e [pʀɔstʀe] *adj* prostrate

protagoniste [pʀɔtaɡɔnist(ə)] *nm* protagonist

protecteur, -trice [pʀɔtɛktœʀ, -tʀis] *adj* protective; (*air, ton: péj*) patronizing ▷ *nm/f* (*défenseur*) protector; (*des arts*) patron

protection [pʀɔtɛksjɔ̃] *nf* protection; (*d'un personnage influent: aide*) patronage; **écran de ~** protective screen; **~ civile** *state-financed civilian rescue service*; **~ maternelle et infantile (PMI)** *social service concerned with child welfare*

protectionnisme [pʀɔtɛksjɔnism(ə)] *nm* protectionism

protectionniste [pʀɔtɛksjɔnist(ə)] *adj* protectionist

protégé, e [pʀɔteʒe] *nm/f* protégé(e)

protège-cahier [pʀɔtɛʒkaje] *nm* exercise book cover

protéger [pʀɔteʒe] *vt* to protect; (*aider, patronner: personne, arts*) to be a patron of; (*: carrière*) to further; **se ~ de/contre** to protect o.s. from

protège-slip [pʀɔtɛʒslip] *nm* panty liner

protéine [pʀɔtein] *nf* protein

protestant, e [pʀɔtɛstɑ̃, -ɑ̃t] *adj, nm/f* Protestant

protestantisme [pʀɔtɛstɑ̃tism(ə)] *nm* Protestantism

protestataire [pʀɔtɛstatɛʀ] *nm/f* protestor

protestation [pʀɔtɛstɑsjɔ̃] *nf* (*plainte*) protest; (*déclaration*) protestation, profession

protester [pʀɔtɛste] *vi*: **~ (contre)** to protest (against *ou* about); **~ de** (*son innocence, sa loyauté*) to protest

prothèse [pʀɔtɛz] *nf* artificial limb, prosthesis; **~ dentaire** (*appareil*) denture; (*science*) dental engineering

protocolaire [pʀɔtɔkɔlɛʀ] *adj* formal; (*questions, règles*) of protocol

protocole [pʀɔtɔkɔl] *nm* protocol; (*fig*) etiquette; **~ d'accord** draft treaty; **~ opératoire** (*Méd*) operating procedure

prototype [pʀɔtɔtip] *nm* prototype

protubérance [pʀɔtybeʀɑ̃s] *nf* bulge, protuberance

protubérant, e [pʀɔtybeʀɑ̃, -ɑ̃t] *adj* protruding, bulging, protuberant

proue [pʀu] *nf* bow(s *pl*), prow

prouesse [pʀuɛs] *nf* feat

prouver [pʀuve] *vt* to prove

provenance [pʀɔvnɑ̃s] *nf* origin; (*de mot, coutume*) source; **avion en ~ de** plane (arriving) from

provençal, e, -aux [pʀɔvɑ̃sal, -o] *adj* Provençal ▷ *nm* (*Ling*) Provençal

Provence [pʀɔvɑ̃s] *nf*: **la ~** Provence

provenir [pʀɔvniʀ]: **~ de** *vt* to come from; (*résulter de*) to be due to, be the result of

proverbe [pʀɔvɛʀb(ə)] *nm* proverb

proverbial, e, -aux [pʀɔvɛʀbjal, -o] *adj* proverbial

providence [pʀɔvidɑ̃s] *nf*: **la ~** providence

providentiel, le [pʀɔvidɑ̃sjɛl] *adj* providential

province [pʀɔvɛ̃s] *nf* province

provincial, e, -aux [pʀɔvɛ̃sjal, -o] *adj, nm/f* provincial

proviseur [pʀɔvizœʀ] *nm* ≈ head (teacher) (*Brit*), ≈ principal (*US*)

provision [pʀɔvizjɔ̃] *nf* (*réserve*) stock, supply; (*avance: à un avocat, avoué*) retainer, retaining fee;

(*Comm*) funds *pl* (in account); reserve; **provisions** *nfpl* (*vivres*) provisions, food *no pl*; **faire ~ de** to stock up with; **placard** *ou* **armoire à ~s** food cupboard

provisoire [pʀɔvizwaʀ] *adj* temporary; (*Jur*) provisional; **mise en liberté ~** release on bail

provisoirement [pʀɔvizwaʀmɑ̃] *adv* temporarily, for the time being

provocant, e [pʀɔvɔkɑ̃, -ɑ̃t] *adj* provocative

provocateur, -trice [pʀɔvɔkatœʀ, -tʀis] *adj* provocative ▷ *nm* (*meneur*) agitator

provocation [pʀɔvɔkasjɔ̃] *nf* provocation

provoquer [pʀɔvɔke] *vt* (*défier*) to provoke; (*causer*) to cause, bring about; (*: curiosité*) to arouse, give rise to; (*: aveux*) to prompt, elicit; (*inciter*): **~ qn à** to incite sb to

prox. *abr* = **proximité**

proxénète [pʀɔksenɛt] *nm* procurer

proxénétisme [pʀɔksenetism(ə)] *nm* procuring

proximité [pʀɔksimite] *nf* nearness, closeness, proximity; (*dans le temps*) imminence, closeness; **à ~** near *ou* close by; **à ~ de** near (to), close to

prude [pʀyd] *adj* prudish

prudemment [pʀydamɑ̃] *adv* (*voir prudent*) carefully; cautiously; prudently; wisely, sensibly

prudence [pʀydɑ̃s] *nf* carefulness; caution; prudence; **avec ~** carefully; cautiously; wisely; **par (mesure de) ~** as a precaution

prudent, e [pʀydɑ̃, -ɑ̃t] *adj* (*pas téméraire*) careful, cautious, prudent; (*: en général*) safety-conscious; (*sage, conseillé*) wise, sensible; (*réservé*) cautious; **ce n'est pas ~** it's risky; it's not sensible; **soyez ~** take care, be careful

prune [pʀyn] *nf* plum

pruneau, x [pʀyno] *nm* prune

prunelle [pʀynɛl] *nf* pupil; (*œil*) eye; (*Bot*) sloe; (*eau de vie*) sloe gin

prunier [pʀynje] *nm* plum tree

Prusse [pʀys] *nf*: **la ~** Prussia

PS *sigle m* = **parti socialiste**; (= *post-scriptum*) PS

psalmodier [psalmɔdje] *vt* to chant; (*fig*) to drone out

psaume [psom] *nm* psalm

pseudonyme [psødɔnim] *nm* (*gén*) fictitious name; (*d'écrivain*) pseudonym, pen name; (*de comédien*) stage name

PSIG *sigle m* (= *Peloton de surveillance et d'intervention de gendarmerie*) *type of police commando squad*

PSU *sigle m* = **parti socialiste unifié**

psy [psi] *nm/f* (*fam*: = *psychiatre, psychologue*) shrink

psychanalyse [psikanaliz] *nf* psychoanalysis

psychanalyser [psikanalize] *vt* to psychoanalyze; **se faire ~** to undergo (psycho)analysis

psychanalyste [psikanalist(ə)] *nm/f* psychoanalyst

psychanalytique [psikanalitik] *adj* psychoanalytical

psychédélique [psikedelik] *adj* psychedelic

psychiatre [psikjatʀ(ə)] *nm/f* psychiatrist

psychiatrie [psikjatʀi] *nf* psychiatry

psychiatrique [psikjatʀik] *adj* psychiatric; (*hôpital*) mental, psychiatric

psychique [psiʃik] *adj* psychological

psychisme [psiʃism(ə)] *nm* psyche

psychologie [psikɔlɔʒi] *nf* psychology

psychologique [psikɔlɔʒik] *adj* psychological

psychologiquement [psikɔlɔʒikmɑ̃] *adv* psychologically

psychologue [psikɔlɔg] *nm/f* psychologist; **être ~** (*fig*) to be a good psychologist

psychomoteur, -trice [psikɔmɔtœʀ, -tʀis] *adj* psychomotor

psychopathe [psikɔpat] *nm/f* psychopath

psychopédagogie [psikɔpedagɔʒi] *nf* educational psychology

psychose [psikoz] *nf* (*Méd*) psychosis; (*obsession, idée fixe*) obsessive fear

psychosomatique [psikɔsɔmatik] *adj* psychosomatic

psychothérapie [psikɔteʀapi] *nf* psychotherapy

psychotique [psikɔtik] *adj* psychotic

PTCA *sigle m* = **poids total en charge autorisé**

Pte *abr* = **Porte**

pte *abr* (= *pointe*) pt

PTMA *sigle m* (= *poids total maximum autorisé*) maximum loaded weight

PTT *sigle fpl* = **poste**

pu [py] *pp de* **pouvoir**

puanteur [pɥɑ̃tœʀ] *nf* stink, stench

pub [pyb] *nf* (*fam*) = **publicité**; **la ~** advertising

pubère [pybɛʀ] *adj* pubescent

puberté [pybɛʀte] *nf* puberty

pubis [pybis] *nm* (*bas-ventre*) pubes *pl*; (*os*) pubis

public, -ique [pyblik] *adj* public; (*école, instruction*) state *cpd*; (*scrutin*) open ▷ *nm* public; (*assistance*) audience; **en ~** in public; **le grand ~** the general public

publication [pyblikasjɔ̃] *nf* publication

publiciste [pyblisist(ə)] *nm/f* adman

publicitaire [pyblisitɛʀ] *adj* advertising *cpd*; (*film, voiture*) publicity *cpd*; (*vente*) promotional ▷ *nm* adman; **rédacteur ~** copywriter

publicité [pyblisite] *nf* (*méthode, profession*) advertising; (*annonce*) advertisement; (*révélations*) publicity

publier [pyblije] *vt* to publish; (*nouvelle*) to publicize, make public

publipostage [pyblipɔstaʒ] *nm* mailshot, (mass) mailing

publique [pyblik] *adj f voir* **public**

publiquement [pyblikmɑ̃] *adv* publicly

puce [pys] *nf* flea; (*Inform*) chip; **(marché aux) ~s** flea market *sg*; **mettre la ~ à l'oreille de qn** to give sb something to think about

puceau, x [pyso] *adj m*: **être ~** to be a virgin

pucelle [pysɛl] *adj f*: **être ~** to be a virgin

puceron [pysʀɔ̃] *nm* aphid

pudeur [pydœʀ] *nf* modesty

pudibond, e [pydibɔ̃, -ɔ̃d] *adj* prudish

pudique [pydik] *adj* (*chaste*) modest; (*discret*) discreet

pudiquement [pydikmɑ̃] *adv* modestly

p

puer [pɥe] (*péj*) *vi* to stink ▷ *vt* to stink of, reek of
puéricultrice [pɥeʀikyltʀis] *nf* ≈ nursery nurse
puériculture [pɥeʀikyltyʀ] *nf* infant care
puéril, e [pɥeʀil] *adj* childish
puérilement [pɥeʀilmɑ̃] *adv* childishly
puérilité [pɥeʀilite] *nf* childishness; (*acte, idée*) childish thing
pugilat [pyʒila] *nm* (fist) fight
puis [pɥi] *vb voir* **pouvoir** ▷ *adv* (*ensuite*) then; (*dans une énumération*) next; (*en outre*): **et ~** and (then); **et ~ (après** *ou* **quoi)?** so (what)?
puisard [pɥizaʀ] *nm* (*égout*) cesspool
puiser [pɥize] *vt*: **~ (dans)** to draw (from); **~ dans qch** to dip into sth
puisque [pɥisk(ə)] *conj* since; (*valeur intensive*): **~ je te le dis!** I'm telling you!
puissamment [pɥisamɑ̃] *adv* powerfully
puissance [pɥisɑ̃s] *nf* power; **en ~** *adj* potential; **deux (à la) ~ cinq** two to the power (of) five
puissant, e [pɥisɑ̃, -ɑ̃t] *adj* powerful
puisse *etc* [pɥis] *vb voir* **pouvoir**
puits [pɥi] *nm* well; **~ artésien** artesian well; **~ de mine** mine shaft; **~ de science** fount of knowledge
pull [pyl], **pull-over** [pylɔvœʀ] *nm* sweater, jumper (*Brit*)
pulluler [pylyle] *vi* to swarm; (*fig: erreurs*) to abound, proliferate
pulmonaire [pylmɔnɛʀ] *adj* lung *cpd*; (*artère*) pulmonary
pulpe [pylp(ə)] *nf* pulp
pulsation [pylsɑsjɔ̃] *nf* (*Méd*) beat
pulsé [pylse] *adj m*: **chauffage à air ~** warm air heating
pulsion [pylsjɔ̃] *nf* (*Psych*) drive, urge
pulvérisateur [pylveʀizatœʀ] *nm* spray
pulvérisation [pylveʀizɑsjɔ̃] *nf* spraying
pulvériser [pylveʀize] *vt* (*solide*) to pulverize; (*liquide*) to spray; (*fig: anéantir: adversaire*) to pulverize; (*: record*) to smash, shatter; (*: argument*) to demolish
puma [pyma] *nm* puma, cougar
punaise [pynɛz] *nf* (*Zool*) bug; (*clou*) drawing pin (*Brit*), thumb tack (*US*)
punch [pɔ̃ʃ] *nm* (*boisson*) punch [pœnʃ] (*Boxe*) punching ability; (*fig*) punch
punching-ball [pœnʃiŋbol] *nm* punchball
punir [pyniʀ] *vt* to punish; **~ qn de qch** to punish sb for sth
punitif, -ive [pynitif, -iv] *adj* punitive
punition [pynisjɔ̃] *nf* punishment
pupille [pypij] *nf* (*Anat*) pupil ▷ *nm/f* (*enfant*) ward; **~ de l'État** child in care; **~ de la Nation** war orphan
pupitre [pypitʀ(ə)] *nm* (*Scol*) desk; (*Rel*) lectern; (*de chef d'orchestre*) rostrum; **~ de commande** control panel
pur, e [pyʀ] *adj* pure; (*vin*) undiluted; (*whisky*) neat; (*intentions*) honourable (*Brit*), honorable (*US*) ▷ *nm* (*personne*) hard-liner; **en ~e perte** fruitlessly, to no avail
purée [pyʀe] *nf*: **~ (de pommes de terre)** ≈ mashed potatoes *pl*; **~ de marrons** chestnut purée; **~ de pois** (*fig*) peasoup(er)
purement [pyʀmɑ̃] *adv* purely
pureté [pyʀte] *nf* purity
purgatif [pyʀgatif] *nm* purgative, purge
purgatoire [pyʀgatwaʀ] *nm* purgatory
purge [pyʀʒ(ə)] *nf* (*Pol*) purge; (*Méd*) purging *no pl*; purge
purger [pyʀʒe] *vt* (*radiateur*) to flush (out), drain; (*circuit hydraulique*) to bleed; (*Méd, Pol*) to purge; (*Jur: peine*) to serve
purification [pyʀifikɑsjɔ̃] *nf* (*de l'eau*) purification; **~ ethnique** ethnic cleansing
purifier [pyʀifje] *vt* to purify; (*Tech: métal*) to refine
purin [pyʀɛ̃] *nm* liquid manure
puriste [pyʀist(ə)] *nm/f* purist
puritain, e [pyʀitɛ̃, -ɛn] *adj, nm/f* Puritan
puritanisme [pyʀitanism(ə)] *nm* Puritanism
pur-sang [pyʀsɑ̃] *nm inv* thoroughbred, pure-bred
purulent, e [pyʀylɑ̃, -ɑ̃t] *adj* purulent
pus [py] *vb voir* **pouvoir** ▷ *nm* pus
pusillanime [pyzilanim] *adj* fainthearted
pustule [pystyl] *nf* pustule
putain [pytɛ̃] *nf* (*fam!*) whore (*!*); **ce/cette ~ de ...** this bloody (*Brit*) *ou* goddamn (*US*) ... (*!*)
putois [pytwa] *nm* polecat; **crier comme un ~** to yell one's head off
putréfaction [pytʀefaksjɔ̃] *nf* putrefaction
putréfier [pytʀefje] *vt*, **se putréfier** *vi* to putrefy, rot
putride [pytʀid] *adj* putrid
putsch [putʃ] *nm* (*Pol*) putsch
puzzle [pœzl(ə)] *nm* jigsaw (puzzle)
PV *sigle m* = **procès-verbal**
PVC *sigle f* (= *polychlorure de vinyle*) PVC
PVD *sigle mpl* (= *pays en voie de développement*) developing countries
Px *abr* = **prix**
pygmée [pigme] *nm* pygmy
pyjama [piʒama] *nm* pyjamas *pl*, pair of pyjamas
pylône [pilon] *nm* pylon
pyramide [piʀamid] *nf* pyramid
pyrénéen, ne [piʀeneɛ̃, -ɛn] *adj* Pyrenean
Pyrénées [piʀene] *nfpl*: **les ~** the Pyrenees
pyrex® [piʀɛks] *nm* Pyrex®
pyrogravure [piʀɔgʀavyʀ] *nf* poker-work
pyromane [piʀɔman] *nm/f* arsonist
python [pitɔ̃] *nm* python

Qq

Q, q [ky] *nm inv* Q, q ▷ *abr* (= *quintal*) q; **Q comme Quintal** Q for Queen
Qatar [kataʀ] *nm*: **le ~** Qatar
QCM *sigle m* (= *questionnaire à choix multiples*) multiple-choice test
QG *sigle m* (= *quartier général*) HQ
QHS *sigle m* (= *quartier de haute sécurité*) high-security wing *ou* prison
QI *sigle m* (= *quotient intellectuel*) IQ
qqch. *abr* (= *quelque chose*) sth
qqe *abr* = **quelque**
qqes *abr* = **quelques**
qqn *abr* (= *quelqu'un*) sb, s.o.
quadra [k(w)adʀa] (*fam*) *nm/f* (= *quadragénaire*) person in his (*ou* her) forties; **les ~s** forty somethings (*fam*)
quadragénaire [kadʀaʒenɛʀ] *nm/f* (*de quarante ans*) forty-year-old; (*de quarante à cinquante ans*) man/woman in his/her forties
quadrangulaire [kwadʀɑ̃gylɛʀ] *adj* quadrangular
quadrature [kwadʀatyʀ] *nf*: **c'est la ~ du cercle** it's like trying to square the circle
quadrichromie [kwadʀikʀɔmi] *nf* four-colour (*Brit*) *ou* -color (*US*) printing
quadrilatère [k(w)adʀilatɛʀ] *nm* (*Géom, Mil*) quadrilateral; (*terrain*) four-sided area
quadrillage [kadʀijaʒ] *nm* (*lignes etc*) square pattern, criss-cross pattern
quadrillé, e [kadʀije] *adj* (*papier*) squared
quadriller [kadʀije] *vt* (*papier*) to mark out in squares; (*Police: ville, région etc*) to keep under tight control, be positioned throughout
quadrimoteur [k(w)adʀimɔtœʀ] *nm* four-engined plane
quadripartite [kwadʀipaʀtit] *adj* (*entre pays*) four-power; (*entre partis*) four-party
quadriphonie [kadʀifɔni] *nf* quadraphony
quadriréacteur [k(w)adʀiʀeaktœʀ] *nm* four-engined jet
quadrupède [k(w)adʀypɛd] *nm* quadruped
quadruple [k(w)adʀypl(ə)] *nm*: **le ~ de** four times as much as
quadrupler [k(w)adʀyple] *vt, vi* to quadruple, increase fourfold
quadruplés, -ées [k(w)adʀyple] *nm/fpl* quadruplets, quads
quai [ke] *nm* (*de port*) quay; (*de gare*) platform; (*de cours d'eau, canal*) embankment; **être à ~** (*navire*) to be alongside; (*train*) to be in the station; **le Q~ d'Orsay** *offices of the French Ministry for Foreign Affairs*; **le Q~ des Orfèvres** *central police headquarters*
qualifiable [kalifjabl(ə)] *adj*: **ce n'est pas ~** it defies description
qualificatif, -ive [kalifikatif, -iv] *adj* (*Ling*) qualifying ▷ *nm* (*terme*) term; (*Ling*) qualifier
qualification [kalifikɑsjɔ̃] *nf* qualification
qualifié, e [kalifje] *adj* qualified; (*main d'œuvre*) skilled
qualifier [kalifje] *vt* to qualify; (*appeler*): **~ qch/qn de** to describe sth/sb as; **se qualifier** *vi* (*Sport*) to qualify; **être qualifié pour** to be qualified for
qualitatif, -ive [kalitatif, -iv] *adj* qualitative
qualité [kalite] *nf* quality; (*titre, fonction*) position; **en ~ de** in one's capacity as; **ès ~s** in an official capacity; **avoir ~ pour** to have authority to; **de ~** *adj* quality *cpd*; **rapport ~-prix** value (for money)
quand [kɑ̃] *conj, adv* when; **~ je serai riche** when I'm rich; **~ même** (*cependant, pourtant*) nevertheless; (*tout de même*) all the same; really; **~ bien même** even though
quant [kɑ̃]: **~ à** *prép* (*pour ce qui est de*) as for, as to; (*au sujet de*) regarding
quant-à-soi [kɑ̃taswa] *nm*: **rester sur son ~** to remain aloof
quantième [kɑ̃tjɛm] *nm* date, day (of the month)
quantifiable [kɑ̃tifjabl(ə)] *adj* quantifiable
quantifier [kɑ̃tifje] *vt* to quantify
quantitatif, -ive [kɑ̃titatif, -iv] *adj* quantitative
quantitativement [kɑ̃titativmɑ̃] *adv* quantitatively
quantité [kɑ̃tite] *nf* quantity, amount; (*Science*) quantity; (*grand nombre*): **une** *ou* **des ~(s) de** a great deal of; a lot of; **en grande ~** in large quantities; **en ~s industrielles** in vast amounts; **du travail en ~** a great deal of work; **~ de** many
quarantaine [kaʀɑ̃tɛn] *nf* (*isolement*)

q

quarantine; (*âge*): **avoir la ~** to be around forty; (*nombre*): **une ~ (de)** forty or so, about forty; **mettre en ~** to put into quarantine; (*fig*) to send to Coventry (*Brit*), ostracize
quarante [kaʀɑ̃t] *num* forty
quarantième [kaʀɑ̃tjɛm] *num* fortieth
quark [kwaʀk] *nm* quark
quart [kaʀ] *nm* (*fraction*) quarter; (*surveillance*) watch; (*partie*): **un ~ de poulet/fromage** a chicken quarter/a quarter of a cheese; **un ~ de beurre** a quarter kilo of butter, ≈ a half pound of butter; **un ~ de vin** a quarter litre of wine; **une livre un ~** *ou* **et ~** one and a quarter pounds; **le ~ de** a quarter of; **~ d'heure** quarter of an hour; **deux heures et** *ou* **un ~** (a) quarter past two, (a) quarter after two (*US*); **il est le ~** it's (a) quarter past *ou* after (*US*); **une heure moins le ~** (a) quarter to one, (a) quarter of one (*US*); **il est moins le ~** it's (a) quarter to; **être de/prendre le ~** to keep/take the watch; **~ de tour** quarter turn; **au ~ de tour** (*fig*) straight off; **~s de finale** (*Sport*) quarter finals
quarté [kaʀte] *nm* (*Courses*) *system of forecast betting giving first four horses*
quarteron [kaʀtəʀɔ̃] *nm* (*péj*) small bunch, handful
quartette [kwaʀtɛt] *nm* quartet(te)
quartier [kaʀtje] *nm* (*de ville*) district, area; (*de bœuf, de la lune*) quarter; (*de fruit, fromage*) piece; **quartiers** *nmpl* (*Mil, Blason*) quarters; **cinéma/salle de ~** local cinema/hall; **avoir ~ libre** to be free; (*Mil*) to have leave from barracks; **ne pas faire de ~** to spare no one, give no quarter; **~ commerçant/résidentiel** shopping/residential area; **~ général (QG)** headquarters (HQ)
quartier-maître [kaʀtjemɛtʀ(ə)] *nm* ≈ leading seaman
quartz [kwaʀts] *nm* quartz
quasi [kazi] *adv* almost, nearly ▷ *préfixe*: **~-certitude** near certainty
quasiment [kazimɑ̃] *adv* almost, very nearly
quaternaire [kwatɛʀnɛʀ] *adj* (*Géo*) Quaternary
quatorze [katɔʀz(ə)] *num* fourteen
quatorzième [katɔʀzjɛm] *num* fourteenth
quatrain [katʀɛ̃] *nm* quatrain
quatre [katʀ(ə)] *num* four; **à ~ pattes** on all fours; **tiré à ~ épingles** dressed up to the nines; **faire les ~ cent coups** to be a bit wild; **se mettre en ~ pour qn** to go out of one's way for sb; **~ à ~** (*monter, descendre*) four at a time; **à ~ mains** (*jouer*) four-handed
quatre-vingt-dix [katʀəvɛ̃dis] *num* ninety
quatre-vingts [katʀəvɛ̃] *num* eighty
quatre-vingt-un *num* eighty-one
quatrième [katʀijɛm] *num* fourth
quatuor [kwatɥɔʀ] *nm* quartet(te)

MOT-CLÉ

que [kə] *conj* **1** (*introduisant complétive*) that; **il sait que tu es là** he knows (that) you're here; **je veux que tu acceptes** I want you to accept; **il a dit que oui** he said he would (*ou* it was *etc*)
2 (*reprise d'autres conjonctions*): **quand il rentrera et qu'il aura mangé** when he gets back and (when) he has eaten; **si vous y allez ou que vous ...** if you go there or if you ...
3 (*en tête de phrase: hypothèse, souhait etc*): **qu'il le veuille ou non** whether he likes it or not; **qu'il fasse ce qu'il voudra!** let him do as he pleases!
4 (*but*): **tenez-le qu'il ne tombe pas** hold it so (that) it doesn't fall
5 (*après comparatif*) than; as; *voir aussi* **plus; aussi; autant** *etc*
6 (*seulement*): **ne ... que** only; **il ne boit que de l'eau** he only drinks water
7 (*temps*): **elle venait à peine de sortir qu'il se mit à pleuvoir** she had just gone out when it started to rain, no sooner had she gone out than it started to rain; **il y a quatre ans qu'il est parti** it is four years since he left, he left four years ago
▷ *adv* (*exclamation*): **qu'il** *ou* **qu'est-ce qu'il est bête/court vite!** he's so silly!/he runs so fast!; **que de livres!** what a lot of books!
▷ *pron* **1** (*relatif: personne*) whom; (*: chose*) that, which; **l'homme que je vois** the man (whom) I see; **le livre que tu vois** the book (that *ou* which) you see; **un jour que j'étais ...** a day when I was ..
2 (*interrogatif*) what; **que fais-tu?, qu'est-ce que tu fais?** what are you doing?; **qu'est-ce que c'est?** what is it?, what's that?; **que faire?** what can one do?; **que préfères-tu, celui-ci ou celui-là?** which (one) do you prefer, this one or that one?

Québec [kebɛk] *n* (*ville*) Quebec ▷ *nm*: **le ~** Quebec (Province)
québécois, e [kebekwa, -waz] *adj* Quebec *cpd* ▷ *nm* (*Ling*) Quebec French ▷ *nm/f*: **Québécois, e** Quebecois, Quebec(k)er

MOT-CLÉ

quel, quelle [kɛl] *adj* **1** (*interrogatif: personne*) who; (*: chose*) what; which; **quel est cet homme?** who is this man?; **quel est ce livre?** what is this book?; **quel livre/homme?** what book/man?; (*parmi un certain choix*) which book/man?; **quels acteurs préférez-vous?** which actors do you prefer?; **dans quels pays êtes-vous allé?** which *ou* what countries did you go to?
2 (*exclamatif*): **quelle surprise/coïncidence!** what a surprise/coincidence!
3: **quel(le) que soit le coupable** whoever is guilty; **quel que soit votre avis** whatever your opinion (may be)

quelconque [kɛlkɔ̃k] *adj* (*médiocre*) indifferent, poor; (*sans attrait*) ordinary, plain; (*indéfini*): **un ami/prétexte ~** some friend/pretext or other;

un livre ~ suffira any book will do; **pour une raison ~** for some reason (or other)

MOT-CLÉ

quelque [kɛlkə] *adj* **1** some; a few; (*tournure interrogative*) any; **quelque espoir** some hope; **il a quelques amis** he has a few *ou* some friends; **a-t-il quelques amis?** has he any friends?; **les quelques livres qui** the few books which; **20 kg et quelque(s)** a bit over 20 kg; **il habite à quelque distance d'ici** he lives some distance *ou* way (away) from here
2: **quelque ... que** whatever, whichever; **quelque livre qu'il choisisse** whatever (*ou* whichever) book he chooses; **par quelque temps qu'il fasse** whatever the weather
3: **quelque chose** something; (*tournure interrogative*) anything; **quelque chose d'autre** something else; anything else; **y être pour quelque chose** to have something to do with it; **faire quelque chose à qn** to have an effect on sb, do something to sb; **quelque part** somewhere; anywhere; **en quelque sorte** as it were
▷ *adv* **1** (*environ*): **quelque 100 mètres** some 100 metres
2: **quelque peu** rather, somewhat

quelquefois [kɛlkəfwa] *adv* sometimes
quelques-uns, -unes [kɛlkəzœ̃, -yn] *pron* some, a few; **~ des lecteurs** some of the readers
quelqu'un [kɛlkœ̃] *pron* someone, somebody; (*tournure interrogative ou négative +*) anyone *ou* anybody; **quelqu'un d'autre** someone *ou* somebody else; anybody else
quémander [kemɑ̃de] *vt* to beg for
qu'en dira-t-on [kɑ̃diʀatɔ̃] *nm inv*: **le qu'en dira-t-on** gossip, what people say
quenelle [kənɛl] *nf* quenelle
quenouille [kənuj] *nf* distaff
querelle [kəʀɛl] *nf* quarrel; **chercher ~ à qn** to pick a quarrel with sb
quereller [kəʀele]: **se quereller** *vi* to quarrel
querelleur, -euse [kəʀɛlœʀ, -øz] *adj* quarrelsome
qu'est-ce que [kɛskə] *voir* **que**
qu'est-ce qui [kɛski] *voir* **qui**
question [kɛstjɔ̃] *nf* (*gén*) question; (*fig*) matter; issue; **il a été ~ de** we (*ou* they) spoke about; **il est ~ de les emprisonner** there's talk of them being jailed; **c'est une ~ de temps** it's a matter *ou* question of time; **de quoi est-il ~?** what is it about?; **il n'en est pas ~** there's no question of it; **en ~** in question; **hors de ~** out of the question; **je ne me suis jamais posé la ~** I've never thought about it; **(re)mettre en ~** (*autorité, science*) to question; **poser la ~ de confiance** (*Pol*) to ask for a vote of confidence; **~ piège** (*d'apparence facile*) trick question; (*pour nuire*) loaded question; **~ subsidiaire** tiebreaker
questionnaire [kɛstjɔnɛʀ] *nm* questionnaire
questionner [kɛstjɔne] *vt* to question
quête [kɛt] *nf* (*collecte*) collection; (*recherche*) quest, search; **faire la ~** (*à l'église*) to take the collection; (*artiste*) to pass the hat round; **se mettre en ~ de qch** to go in search of sth
quêter [kete] *vi* (*à l'église*) to take the collection; (*dans la rue*) to collect money (for charity) ▷ *vt* to seek
quetsche [kwɛtʃ(ə)] *nf* damson
queue [kø] *nf* tail; (*fig: du classement*) bottom; (*: de poêle*) handle; (*: de fruit, feuille*) stalk; (*: de train, colonne, file*) rear; (*file: de personnes*) queue (*Brit*), line (*US*); **en ~ (de train)** at the rear (of the train); **faire la ~** to queue (up) (*Brit*), line up (*US*); **se mettre à la ~** to join the queue *ou* line; **histoire sans ~ ni tête** cock and bull story; **à la ~ leu leu** in single file; (*fig*) one after the other; **~ de cheval** ponytail; **~ de poisson**: **faire une ~ de poisson à qn** (*Auto*) to cut in front of sb; **finir en ~ de poisson** (*film*) to come to an abrupt end
queue-de-pie [kødpi] (*pl* **queues-de-pie**) *nf* (*habit*) tails *pl*, tail coat
queux [kø] *adj m voir* **maître**
qui [ki] *pron* (*personne*) who; (*avec préposition*) whom; (*chose, animal*) which, that; (*interrogatif indirect: sujet*): **je me demande ~ est là?** I wonder who is there?; (*: objet*): **elle ne sait à ~ se plaindre** she doesn't know who to complain to *ou* to whom to complain; **qu'est-ce ~ est sur la table?** what is on the table?; **à ~ est ce sac?** whose bag is this?; **à ~ parlais-tu?** who were you talking to?, to whom were you talking?; **chez ~ allez-vous?** whose house are you going to?; **amenez ~ vous voulez** bring who(ever) you like; **~ est-ce ~ ...?** who?; **~ est-ce que ...?** who?; whom?; **~ que ce soit** whoever it may be
quiche [kiʃ] *nf* quiche; **~ lorraine** quiche Lorraine
quiconque [kikɔ̃k] *pron* (*celui qui*) whoever, anyone who; (*n'importe qui, personne*) anyone, anybody
quidam [kɥidam] *nm* (*hum*) fellow
quiétude [kjetyd] *nf* (*d'un lieu*) quiet, tranquillity; (*d'une personne*) peace (of mind), serenity; **en toute ~** in complete peace; (*mentale*) with complete peace of mind
quignon [kiɲɔ̃] *nm*: **~ de pain** (*croûton*) crust of bread; (*morceau*) hunk of bread
quille [kij] *nf* ninepin, skittle (*Brit*); (*Navig: d'un bateau*) keel; **(jeu de) ~s** ninepins *sg*, skittles *sg* (*Brit*)
quincaillerie [kɛ̃kajʀi] *nf* (*ustensiles, métier*) hardware, ironmongery (*Brit*); (*magasin*) hardware shop *ou* store (*US*), ironmonger's (*Brit*)
quincaillier, -ière [kɛ̃kaje, -jɛʀ] *nm/f* hardware dealer, ironmonger (*Brit*)
quinconce [kɛ̃kɔ̃s] *nm*: **en ~** in staggered rows
quinine [kinin] *nf* quinine
quinqua [kɛ̃ka] (*fam*) *nm/f* (= *quinquagénaire*) person in his (*ou* her) fifties; **les ~s** fifty somethings (*fam*)

quinquagénaire [kɛ̃kaʒenɛʀ] *nm/f* (*de cinquante ans*) fifty-year old; (*de cinquante à soixante ans*) man/woman in his/her fifties
quinquennal, e, -aux [kɛ̃kenal, -o] *adj* five-year, quinquennial
quinquennat [kɛ̃kena] *nm five year term of office (of French President)*
quintal, -aux [kɛ̃tal, -o] *nm* quintal (*100 kg*)
quinte [kɛ̃t] *nf*: **~ (de toux)** coughing fit
quintessence [kɛ̃tesɑ̃s] *nf* quintessence, very essence
quintette [kɛ̃tɛt] *nm* quintet(te)
quintuple [kɛ̃typl(ə)] *nm*: **le ~ de** five times as much as
quintupler [kɛ̃typle] *vt, vi* to increase fivefold
quintuplés, -ées [kɛ̃typle] *nm/fpl* quintuplets, quins
quinzaine [kɛ̃zɛn] *nf*: **une ~ (de)** about fifteen, fifteen or so; **une ~ (de jours)** (*deux semaines*) a fortnight (*Brit*), two weeks; **~ publicitaire** *ou* **commerciale** (two-week) sale
quinze [kɛ̃z] *num* fifteen; **demain en ~** a fortnight (*Brit*) *ou* two weeks tomorrow; **dans ~ jours** in a fortnight('s time) (*Brit*), in two weeks(' time)
quinzième [kɛ̃zjɛm] *num* fifteenth
quiproquo [kipʀɔko] *nm* (*méprise sur une personne*) mistake; (*malentendu sur un sujet*) misunderstanding; (*Théât*) (case of) mistaken identity
Quito [kito] *n* Quito
quittance [kitɑ̃s] *nf* (*reçu*) receipt; (*facture*) bill
quitte [kit] *adj*: **être ~ envers qn** to be no longer in sb's debt; (*fig*) to be quits with sb; **être ~ de** (*obligation*) to be clear of; **en être ~ à bon compte** to have got off lightly; **~ à faire** even if it means doing; **~ ou double** (*jeu*) double or quits; (*fig*): **c'est du ~ ou double** it's a big risk
quitter [kite] *vt* to leave; (*espoir, illusion*) to give up; (*vêtement*) to take off; **se quitter** (*couples, interlocuteurs*) to part; **ne quittez pas** (*au téléphone*) hold the line; **ne pas ~ qn d'une semelle** to stick to sb like glue
quitus [kitys] *nm* final discharge; **donner ~ à** to discharge
qui-vive [kiviv] *nm inv*: **être sur le ~** to be on the alert
quoi [kwa] *pron* (*interrogatif*) what; **~ de neuf** *ou* **de nouveau?** what's new *ou* the news?; **as-tu de ~ écrire?** have you anything to write with?; **il n'a pas de ~ se l'acheter** he can't afford it, he hasn't got the money to buy it; **il y a de ~ être fier** that's something to be proud of; **"il n'y a pas de ~"** "(please) don't mention it", "not at all"; **~ qu'il arrive** whatever happens; **~ qu'il en soit** be that as it may; **~ que ce soit** anything at all; **en ~ puis-je vous aider?** how can I help you?; **à ~ bon?** what's the use *ou* point?; **et puis ~ encore!** what(ever) next!; **~ faire?** what's to be done?; **sans ~** (*ou sinon*) otherwise
quoique [kwak(ə)] *conj* (al)though
quolibet [kɔlibɛ] *nm* gibe, jeer
quorum [kɔʀɔm] *nm* quorum
quota [kwɔta] *nm* quota
quote-part [kɔtpaʀ] *nf* share
quotidien, ne [kɔtidjɛ̃, -ɛn] *adj* (*journalier*) daily; (*banal*) ordinary, everyday ▷ *nm* (*journal*) daily (paper); (*vie quotidienne*) daily life, day-to-day existence; **les grands ~s** the big (national) dailies
quotidiennement [kɔtidjɛnmɑ̃] *adv* daily, every day
quotient [kɔsjɑ̃] *nm* (*Math*) quotient; **~ intellectuel (QI)** intelligence quotient (IQ)
quotité [kɔtite] *nf* (*Finance*) quota

Rr

R, r [ɛʀ] *nm inv* R, r ▷ *abr* = **route; rue; R comme Raoul** R for Robert (*Brit*) *ou* Roger (*US*)
rab [ʀab] (*fam*), **rabiot** [ʀabjo] *nm* extra, more
rabâcher [ʀabɑʃe] *vi* to harp on ▷ *vt* keep on repeating
rabais [ʀabɛ] *nm* reduction, discount; **au ~** at a reduction *ou* discount
rabaisser [ʀabese] *vt* (*rabattre*) to reduce; (*dénigrer*) to belittle
rabane [ʀaban] *nf* raffia (matting)
Rabat [ʀaba(t)] *n* Rabat
rabat [ʀaba] *vb voir* **rabattre** ▷ *nm* flap
rabat-joie [ʀabaʒwa] *nm/f inv* killjoy (*Brit*), spoilsport
rabatteur, -euse [ʀabatœʀ, -øz] *nm/f* (*de gibier*) beater; (*péj*) tout
rabattre [ʀabatʀ(ə)] *vt* (*couvercle, siège*) to pull down; (*col*) to turn down; (*couture*) to stitch down; (*gibier*) to drive; (*somme d'un prix*) to deduct, take off; (*orgueil, prétentions*) to humble; (*Tricot*) to decrease; **se rabattre** *vi* (*bords, couvercle*) to fall shut; (*véhicule, coureur*) to cut in; **se ~ sur** (*accepter*) to fall back on
rabattu, e [ʀabaty] *pp de* **rabattre** ▷ *adj* turned down
rabbin [ʀabɛ̃] *nm* rabbi
rabique [ʀabik] *adj* rabies *cpd*
râble [ʀɑbl(ə)] *nm* back; (*Culin*) saddle
râblé, e [ʀɑble] *adj* broad-backed, stocky
rabot [ʀabo] *nm* plane
raboter [ʀabɔte] *vt* to plane (down)
raboteux, -euse [ʀabɔtø, -øz] *adj* uneven, rough
rabougri, e [ʀabugʀi] *adj* stunted
rabrouer [ʀabʀue] *vt* to snub, rebuff
racaille [ʀakɑj] *nf* (*péj*) rabble, riffraff
raccommodage [ʀakɔmɔdaʒ] *nm* mending *no pl*, repairing *no pl*; darning *no pl*
raccommoder [ʀakɔmɔde] *vt* to mend, repair; (*chaussette etc*) to darn; (*fam: réconcilier: amis, ménage*) to bring together again; **se ~ (avec)** (*fam*) to patch it up (with)
raccompagner [ʀakɔ̃paɲe] *vt* to take *ou* see back
raccord [ʀakɔʀ] *nm* link; **~ de maçonnerie** pointing *no pl*; **~ de peinture** join; touch-up
raccordement [ʀakɔʀdəmɑ̃] *nm* joining up; connection
raccorder [ʀakɔʀde] *vt* to join (up), link up; (*pont etc*) to connect, link; **se ~ à** to join up with; (*fig: se rattacher à*) to tie in with; **~ au réseau du téléphone** to connect to the telephone service
raccourci [ʀakuʀsi] *nm* short cut; **en ~** in brief
raccourcir [ʀakuʀsiʀ] *vt* to shorten ▷ *vi* (*vêtement*) to shrink
raccroc [ʀakʀo]: **par ~** *adv* by chance
raccrocher [ʀakʀɔʃe] *vt* (*tableau, vêtement*) to hang back up; (*récepteur*) to put down; (*fig: affaire*) to save ▷ *vi* (*Tél*) to hang up, ring off; **se ~ à** *vt* to cling to, hang on to; **ne raccrochez pas** (*Tél*) hold on, don't hang up
race [ʀas] *nf* race; (*d'animaux, fig: espèce*) breed; (*ascendance, origine*) stock, race; **de ~** *adj* purebred, pedigree
racé, e [ʀase] *adj* thoroughbred
rachat [ʀaʃa] *nm* buying; buying back; redemption; atonement
racheter [ʀaʃte] *vt* (*article perdu*) to buy another; (*davantage*): **~ du lait/trois œufs** to buy more milk/another three eggs *ou* three more eggs; (*après avoir vendu*) to buy back; (*d'occasion*) to buy; (*Comm: part, firme*) to buy up; (*: pension, rente*) to redeem; (*Rel: pécheur*) to redeem; (*: péché*) to atone for, expiate; (*mauvaise conduite, oubli, défaut*) to make up for; **se racheter** (*Rel*) to redeem o.s.; (*gén*) to make amends, make up for it
rachitique [ʀaʃitik] *adj* suffering from rickets; (*fig*) scraggy, scrawny
rachitisme [ʀaʃitism(ə)] *nm* rickets *sg*
racial, e, -aux [ʀasjal, -o] *adj* racial
racine [ʀasin] *nf* root; (*fig: attache*) roots *pl*; **~ carrée/cubique** square/cube root; **prendre ~** (*fig*) to take root; to put down roots
racisme [ʀasism(ə)] *nm* racism, racialism
raciste [ʀasist(ə)] *adj, nm/f* racist, racialist
racket [ʀakɛt] *nm* racketeering *no pl*
racketteur [ʀakɛtœʀ] *nm* racketeer
raclée [ʀɑkle] *nf* (*fam*) hiding, thrashing
raclement [ʀɑkləmɑ̃] *nm* (*bruit*) scraping (noise)
racler [ʀɑkle] *vt* (*os, plat*) to scrape; (*tache, boue*) to scrape off; (*fig: instrument*) to scrape on; (*chose: frotter contre*) to scrape (against)

raclette [Raklɛt] *nf* (*Culin*) raclette (*Swiss cheese dish*)
racloir [RaklwaR] *nm* (*outil*) scraper
racolage [Rakɔlaʒ] *nm* soliciting; touting
racoler [Rakɔle] *vt* (*attirer: prostituée*) to solicit; (*: parti, marchand*) to tout for; (*attraper*) to pick up
racoleur, -euse [RakɔlœR, -øz] *adj* (*péj*) cheap and alluring ▷ *nm* (*péj: de clients etc*) tout ▷ *nf* streetwalker
racontars [Rakɔ̃taR] *nmpl* stories, gossip *sg*
raconter [Rakɔ̃te] *vt*: **~ (à qn)** (*décrire*) to relate (to sb), tell (sb) about; (*dire*) to tell (sb)
racorni, e [RakɔRni] *adj* hard(ened)
racornir [RakɔRniR] *vt* to harden
radar [RadaR] *nm* radar; **système ~** radar system; **écran ~** radar screen
rade [Rad] *nf* (natural) harbour; **en ~ de Toulon** in Toulon harbour; **rester en ~** (*fig*) to be left stranded
radeau, x [Rado] *nm* raft; **~ de sauvetage** life raft
radial, e, -aux [Radjal, -o] *adj* radial
radiant, e [Radjɑ̃, -ɑ̃t] *adj* radiant
radiateur [RadjatœR] *nm* radiator, heater; (*Auto*) radiator; **~ électrique/à gaz** electric/gas heater *ou* fire
radiation [Radjɑsjɔ̃] *nf* (*d'un nom etc*) striking off *no pl*; (*Physique*) radiation
radical, e, -aux [Radikal, -o] *adj* radical ▷ *nm* (*Ling*) stem; (*Math*) root sign; (*Pol*) radical
radicalement [Radikalmɑ̃] *adv* radically, completely
radicaliser [Radikalize] *vt* (*durcir: opinions etc*) to harden; **se radicaliser** *vi* (*mouvement etc*) to become more radical
radicalisme [Radikalism(ə)] *nm* (*Pol*) radicalism
radier [Radje] *vt* to strike off
radiesthésie [Radjɛstezi] *nf* divination (by radiation)
radiesthésiste [Radjɛstezist(ə)] *nm/f* diviner
radieux, -euse [Radjø, -øz] *adj* (*visage, personne*) radiant; (*journée, soleil*) brilliant, glorious
radin, e [Radɛ̃, -in] *adj* (*fam*) stingy
radio [Radjo] *nf* radio; (*Méd*) X-ray ▷ *nm* (*personne*) radio operator; **à la ~** on the radio; **avoir la ~** to have a radio; **passer à la ~** to be on the radio; **se faire faire une ~/une ~ des poumons** to have an X-ray/a chest X-ray
radio... [Radjɔ] *préfixe* radio...
radioactif, -ive [Radjɔaktif, -iv] *adj* radioactive
radioactivité [Radjɔaktivite] *nf* radioactivity
radioamateur [RadjɔamatœR] *nm* (radio) ham
radiobalise [Radjɔbaliz] *nf* radio beacon
radiocassette [Radjɔkasɛt] *nf* cassette radio
radiodiffuser [Radjɔdifyze] *vt* to broadcast
radiodiffusion [Radjɔdifyzjɔ̃] *nf* (radio) broadcasting
radioélectrique [RadjɔelɛktRik] *adj* radio *cpd*
radiographie [RadjɔgRafi] *nf* radiography; (*photo*) X-ray photograph, radiograph
radiographier [RadjɔgRafje] *vt* to X-ray; **se faire ~** to have an X-ray
radioguidage [Radjɔgidaʒ] *nm* (*Navig, Aviat*) radio control; (*Auto*) (broadcast of) traffic information
radioguider [Radjɔgide] *vt* (*Navig, Aviat*) to guide by radio, control by radio
radiologie [Radjɔlɔʒi] *nf* radiology
radiologique [Radjɔlɔʒik] *adj* radiological
radiologue [Radjɔlɔg] *nm/f* radiologist
radiophonique [Radjɔfɔnik] *adj*: **programme/émission/jeu ~** radio programme/broadcast/game
radio-réveil [RadjɔRevɛj] *nm* clock radio
radioscopie [Radjɔskɔpi] *nf* radioscopy
radio-taxi [Radjɔtaksi] *nm* radiotaxi
radiotélescope [Radjɔtelɛskɔp] *nm* radiotelescope
radiotélévisé, e [Radjɔtelevize] *adj* broadcast on radio and television
radiothérapie [RadjɔteRapi] *nf* radiotherapy
radis [Radi] *nm* radish; **~ noir** horseradish *no pl*
radium [Radjɔm] *nm* radium
radoter [Radɔte] *vi* to ramble on
radoub [Radu] *nm*: **bassin** *ou* **cale de ~** dry dock
radouber [Radube] *vt* to repair, refit
radoucir [RadusiR]: **se radoucir** *vi* (*se réchauffer*) to become milder; (*se calmer*) to calm down; to soften
radoucissement [Radusismɑ̃] *nm* milder period, better weather
rafale [Rafal] *nf* (*vent*) gust (of wind); (*de balles, d'applaudissements*) burst; **~ de mitrailleuse** burst of machine-gun fire
raffermir [RafɛRmiR] *vt*, **se raffermir** *vi* (*tissus, muscle*) to firm up; (*fig*) to strengthen
raffermissement [RafɛRmismɑ̃] *nm* (*fig*) strengthening
raffinage [Rafinaʒ] *nm* refining
raffiné, e [Rafine] *adj* refined
raffinement [Rafinmɑ̃] *nm* refinement
raffiner [Rafine] *vt* to refine
raffinerie [RafinRi] *nf* refinery
raffoler [Rafɔle]: **~ de** *vt* to be very keen on
raffut [Rafy] *nm* (*fam*) row, racket
rafiot [Rafjo] *nm* tub
rafistoler [Rafistɔle] *vt* (*fam*) to patch up
rafle [Rɑfl(ə)] *nf* (*de police*) roundup, raid
rafler [Rɑfle] *vt* (*fam*) to swipe, nick
rafraîchir [RafReʃiR] *vt* (*atmosphère, température*) to cool (down); (*aussi*: **mettre à rafraîchir**) to chill; (*air, eau*) to freshen up; (*: boisson*) to refresh; (*fig: rénover*) to brighten up ▷ *vi*: **mettre du vin/une boisson à ~** to chill wine/a drink; **se rafraîchir** to grow cooler; to freshen up; (*personne: en buvant etc*) to refresh o.s.; **~ la mémoire à qn** to refresh sb's memory
rafraîchissant, e [RafReʃisɑ̃, -ɑ̃t] *adj* refreshing
rafraîchissement [RafReʃismɑ̃] *nm* cooling; (*boisson*) cool drink; **rafraîchissements** *nmpl* (*boissons, fruits etc*) refreshments
ragaillardir [RagajaRdiR] *vt* (*fam*) to perk *ou* buck up
rage [Raʒ] *nf* (*Méd*): **la ~** rabies; (*fureur*) rage,

fury; **faire ~** to rage; **~ de dents** (raging) toothache

rager [ʀaʒe] *vi* to fume (with rage); **faire ~ qn** to enrage sb, get sb mad

rageur, -euse [ʀaʒœʀ, -øz] *adj* snarling; ill-tempered

raglan [ʀaglɑ̃] *adj inv* raglan

ragot [ʀago] *nm* (*fam*) malicious gossip *no pl*

ragoût [ʀagu] *nm* (*plat*) stew

ragoûtant, e [ʀagutɑ̃, -ɑ̃t] *adj*: **peu ~** unpalatable

rai [ʀɛ] *nm*: **un ~ de soleil/lumière** a shaft of sunlight/light

raid [ʀɛd] *nm* (*Mil*) raid; (*attaque aérienne*) air raid; (*Sport*) long-distance trek

raide [ʀɛd] *adj* (*tendu*) taut, tight; (*escarpé*) steep; (*droit: cheveux*) straight; (*ankylosé, dur, guindé*) stiff; (*fam: cher*) steep, stiff; (*: sans argent*) flat broke; (*osé, licencieux*) daring ▷ *adv* (*en pente*) steeply; **~ mort** stone dead

raideur [ʀɛdœʀ] *nf* steepness; stiffness

raidir [ʀediʀ] *vt* (*muscles*) to stiffen; (*câble*) to pull taut, tighten; **se raidir** *vi* to stiffen; to become taut; (*personne: se crisper*) to tense up; (*: devenir intransigeant*) to harden

raidissement [ʀedismɑ̃] *nm* stiffening; tightening; hardening

raie [ʀɛ] *nf* (*Zool*) skate, ray; (*rayure*) stripe; (*des cheveux*) parting

raifort [ʀɛfɔʀ] *nm* horseradish

rail [ʀɑj] *nm* (*barre d'acier*) rail; (*chemins de fer*) railways *pl* (*Brit*), railroads *pl* (*US*); **les ~s** (*la voie ferrée*) the rails, the track *sg*; **par ~** by rail; **~ conducteur** live *ou* conductor rail

railler [ʀɑje] *vt* to scoff at, jeer at

raillerie [ʀɑjʀi] *nf* mockery

railleur, -euse [ʀɑjœʀ, -øz] *adj* mocking

rainurage [ʀenyʀaʒ] *nm* (*Auto*) uneven road surface

rainure [ʀenyʀ] *nf* groove; slot

rais [ʀɛ] *nm inv* = **rai**

raisin [ʀɛzɛ̃] *nm* (*aussi:* **raisins**) grapes *pl*; (*variété*): **~ blanc/noir** white (*ou* green)/black grape; **~ muscat** muscat grape; **~s secs** raisins

raison [ʀɛzɔ̃] *nf* reason; **avoir ~** to be right; **donner ~ à qn** (*personne*) to agree with sb; (*fait*) to prove sb right; **avoir ~ de qn/qch** to get the better of sb/sth; **se faire une ~** to learn to live with it; **perdre la ~** to become insane; (*fig*) to take leave of one's senses; **recouvrer la ~** to come to one's senses; **ramener qn à la ~** to make sb see sense; **demander ~ à qn de** (*affront etc*) to demand satisfaction from sb for; **entendre ~** to listen to reason, see reason; **plus que de ~** too much, more than is reasonable; **~ de plus** all the more reason; **à plus forte ~** all the more so; **en ~ de** (*à cause de*) because of; (*à proportion de*) in proportion to; **à ~ de** at the rate of; **~ d'État** reason of state; **~ d'être** raison d'être; **~ sociale** corporate name

raisonnable [ʀɛzɔnabl(ə)] *adj* reasonable, sensible

raisonnablement [ʀɛzɔnabləmɑ̃] *adv* reasonably

raisonné, e [ʀɛzɔne] *adj* reasoned

raisonnement [ʀɛzɔnmɑ̃] *nm* reasoning; arguing; argument

raisonner [ʀɛzɔne] *vi* (*penser*) to reason; (*argumenter, discuter*) to argue ▷ *vt* (*personne*) to reason with; (*attitude: justifier*) to reason out; **se raisonner** to reason with oneself

raisonneur, -euse [ʀɛzɔnœʀ, -øz] *adj* (*péj*) quibbling

rajeunir [ʀaʒœniʀ] *vt* (*coiffure, robe*): **~ qn** to make sb look younger; (*cure etc*) to rejuvenate; (*fig: rafraîchir*) to brighten up; (*: moderniser*) to give a new look to; (*: en recrutant*) to inject new blood into ▷ *vi* (*personne*) to become (*ou* look) younger; (*entreprise, quartier*) to be modernized

rajout [ʀaʒu] *nm* addition

rajouter [ʀaʒute] *vt* (*commentaire*) to add; **~ du sel/un œuf** to add some more salt/another egg; **~ que** to add that; **en ~** to lay it on thick

rajustement [ʀaʒystəmɑ̃] *nm* adjustment

rajuster [ʀaʒyste] *vt* (*vêtement*) to straighten, tidy; (*salaires*) to adjust; (*machine*) to readjust; **se rajuster** to tidy *ou* straighten o.s. up

râle [ʀɑl] *nm* groan; **~ d'agonie** death rattle

ralenti [ʀalɑ̃ti] *nm*: **au ~** (*Ciné*) in slow motion; (*fig*) at a slower pace; **tourner au ~** (*Auto*) to tick over, idle

ralentir [ʀalɑ̃tiʀ] *vt, vi,* **se ralentir** *vi* to slow down

ralentissement [ʀalɑ̃tismɑ̃] *nm* slowing down

râler [ʀɑle] *vi* to groan; (*fam*) to grouse, moan (and groan)

ralliement [ʀalimɑ̃] *nm* (*rassemblement*) rallying; (*adhésion: à une cause, une opinion*) winning over; **point/signe de ~** rallying point/sign

rallier [ʀalje] *vt* (*rassembler*) to rally; (*rejoindre*) to rejoin; (*gagner à sa cause*) to win over; **se ~ à** (*avis*) to come over *ou* round to

rallonge [ʀalɔ̃ʒ] *nf* (*de table*) (extra) leaf; (*argent etc*) extra *no pl*; (*Élec*) extension (cable *ou* flex); (*fig: de crédit etc*) extension

rallonger [ʀalɔ̃ʒe] *vt* to lengthen

rallumer [ʀalyme] *vt* to light up again, relight; (*fig*) to revive; **se rallumer** *vi* (*lumière*) to come on again

rallye [ʀali] *nm* rally; (*Pol*) march

ramages [ʀamaʒ] *nmpl* (*dessin*) leaf pattern *sg*; (*chants*) songs

ramassage [ʀamɑsaʒ] *nm*: **~ scolaire** school bus service

ramassé, e [ʀamɑse] *adj* (*trapu*) squat, stocky; (*concis: expression etc*) compact

ramasse-miettes [ʀamɑsmjɛt] *nm inv* table-tidy

ramasser [ʀamɑse] *vt* (*objet tombé ou par terre: fam*) to pick up; (*recueillir*) to collect; (*récolter*) to gather; (*: pommes de terre*) to lift; **se ramasser** *vi* (*sur soi-même*) to huddle up; to crouch

ramasseur, -euse [ʀamɑsœʀ, -øz] *nm/f*: **~ de balles** ballboy/girl

r

ramassis [ʀamɑsi] *nm (péj: de gens)* bunch; *(: de choses)* jumble
rambarde [ʀɑ̃baʀd(ə)] *nf* guardrail
rame [ʀam] *nf (aviron)* oar; *(de métro)* train; *(de papier)* ream; **~ de haricots** bean support; **faire force de ~s** to row hard
rameau, x [ʀamo] *nm* (small) branch; *(fig)* branch; **les R~x** *(Rel)* Palm Sunday *sg*
ramener [ʀamne] *vt* to bring back; *(reconduire)* to take back; *(rabattre: couverture, visière)*: **~ qch sur** to pull sth back over; **~ qch à** *(réduire à, Math)* to reduce sth to; **~ qn à la vie/raison** to bring sb back to life/bring sb to his *(ou* her) senses; **se ramener** *vi (fam)* to roll *ou* turn up; **se ~ à** *(se réduire à)* to come *ou* boil down to
ramequin [ʀamkɛ̃] *nm* ramekin
ramer [ʀame] *vi* to row
rameur, -euse [ʀamœʀ, -øz] *nm/f* rower
rameuter [ʀamøte] *vt* to gather together
ramier [ʀamje] *nm*: **(pigeon) ~** woodpigeon
ramification [ʀamifikɑsjɔ̃] *nf* ramification
ramifier [ʀamifje]: **se ramifier** *vi (tige, secte, réseau)*: **se ~ (en)** to branch out (into); *(veines, nerfs)* to ramify
ramolli, e [ʀamɔli] *adj* soft
ramollir [ʀamɔliʀ] *vt* to soften; **se ramollir** *vi (os, tissus)* to get *(ou* go) soft; *(beurre, asphalte)* to soften
ramonage [ʀamɔnaʒ] *nm* (chimney-)sweeping
ramoner [ʀamɔne] *vt (cheminée)* to sweep; *(pipe)* to clean
ramoneur [ʀamɔnœʀ] *nm* (chimney) sweep
rampe [ʀɑ̃p] *nf (d'escalier)* banister(s *pl*); *(dans un garage, d'un terrain)* ramp; *(Théât)*: **la ~** the footlights *pl*; *(lampes: lumineuse, de balisage)* floodlights *pl*; **passer la ~** *(toucher le public)* to get across to the audience; **~ de lancement** launching pad
ramper [ʀɑ̃pe] *vi (reptile, animal)* to crawl; *(plante)* to creep
rancard [ʀɑ̃kaʀ] *nm (fam)* date; tip
rancart [ʀɑ̃kaʀ] *nm*: **mettre au ~** *(article, projet)* to scrap; *(personne)* to put on the scrapheap
rance [ʀɑ̃s] *adj* rancid
rancir [ʀɑ̃siʀ] *vi* to go off, go rancid
rancœur [ʀɑ̃kœʀ] *nf* rancour (Brit), rancor (US), resentment
rançon [ʀɑ̃sɔ̃] *nf* ransom; *(fig)*: **la ~ du succès** *etc* the price of success *etc*
rançonner [ʀɑ̃sɔne] *vt* to hold to ransom
rancune [ʀɑ̃kyn] *nf* grudge, rancour *(Brit)*, rancor *(US)*; **garder ~ à qn (de qch)** to bear sb a grudge (for sth); **sans ~!** no hard feelings!
rancunier, -ière [ʀɑ̃kynje, -jɛʀ] *adj* vindictive, spiteful
randonnée [ʀɑ̃dɔne] *nf* ride; *(à pied)* walk, ramble; hike, hiking *no pl*
randonneur, -euse [ʀɑ̃dɔnœʀ, -øz] *nm/f* hiker
rang [ʀɑ̃] *nm (rangée)* row; *(de perles)* row, string, rope; *(grade, condition sociale, classement)* rank; **rangs** *nmpl (Mil)* ranks; **se mettre en ~s/sur un ~** to get into *ou* form rows/a line; **sur trois ~s** (lined up) three deep; **se mettre en ~s par quatre** to form fours *ou* rows of four; **se mettre sur les ~s** *(fig)* to get into the running; **au premier ~** in the first row; *(fig)* ranking first; **rentrer dans le ~** to get into line; **au ~ de** *(au nombre de)* among (the ranks of); **avoir ~ de** to hold the rank of
rangé, e [ʀɑ̃ʒe] *adj (sérieux)* orderly, steady
rangée [ʀɑ̃ʒe] *nf* row
rangement [ʀɑ̃ʒmɑ̃] *nm* tidying-up, putting-away; **faire des ~s** to tidy up
ranger [ʀɑ̃ʒe] *vt (classer, grouper)* to order, arrange; *(mettre à sa place)* to put away; *(voiture dans la rue)* to park; *(mettre de l'ordre dans)* to tidy up; *(arranger, disposer: en cercle etc)* to arrange; *(fig: classer)*: **~ qn/qch parmi** to rank sb/sth among; **se ranger** *vi (se placer, se disposer: autour d'une table etc)* to take one's place, sit round; *(véhicule, conducteur: s'écarter)* to pull over; *(: s'arrêter)* to pull in; *(piéton)* to step aside; *(s'assagir)* to settle down; **se ~ à** *(avis)* to come round to, fall in with
ranimer [ʀanime] *vt (personne évanouie)* to bring round; *(revigorer: forces, courage)* to restore; *(réconforter: troupes etc)* to kindle new life in; *(douleur, souvenir)* to revive; *(feu)* to rekindle
rap [ʀap] *nm* rap (music)
rapace [ʀapas] *nm* bird of prey ▷ *adj (péj)* rapacious, grasping; **~ diurne/nocturne** diurnal/nocturnal bird of prey
rapatrié, e [ʀapatʀije] *nm/f* repatriate *(esp French North African settler)*
rapatriement [ʀapatʀimɑ̃] *nm* repatriation
rapatrier [ʀapatʀije] *vt* to repatriate; *(capitaux)* to bring (back) into the country
râpe [ʀɑp] *nf (Culin)* grater; *(à bois)* rasp
râpé, e [ʀɑpe] *adj (tissu)* threadbare; *(Culin)* grated
râper [ʀɑpe] *vt (Culin)* to grate; *(gratter, râcler)* to rasp
rapetasser [ʀaptase] *vt (fam)* to patch up
rapetisser [ʀaptise] *vt*: **~ qch** to shorten sth; to make sth look smaller ▷ *vi*, **se rapetisser** *vi* to shrink
râpeux, -euse [ʀɑpø, -øz] *adj* rough
raphia [ʀafja] *nm* raffia
rapide [ʀapid] *adj* fast; *(prompt)* quick; *(intelligence)* quick ▷ *nm* express (train); *(de cours d'eau)* rapid
rapidement [ʀapidmɑ̃] *adv* fast; quickly
rapidité [ʀapidite] *nf* speed; quickness
rapiécer [ʀapjese] *vt* to patch
rappel [ʀapɛl] *nm (d'un ambassadeur, Mil)* recall; *(Théât)* curtain call; *(Méd: vaccination)* booster; *(Admin: de salaire)* back pay *no pl*; *(d'une aventure, d'un nom)* reminder; *(de limitation de vitesse: sur écriteau)* speed limit sign *(reminder)*; *(Tech)* return; *(Navig)* sitting out; *(Alpinisme: aussi:* **rappel de corde***)* abseiling *no pl*, roping down *no pl*; abseil; **~ à l'ordre** call to order
rappeler [ʀaple] *vt (pour faire revenir, retéléphoner)* to call back; *(ambassadeur, Mil)* to recall; *(acteur)* to call back (onto the stage); *(faire se souvenir)*: **~**

qch à qn to remind sb of sth; **se rappeler** *vt* (*se souvenir de*) to remember, recall; **~ qn à la vie** to bring sb back to life; **~ qn à la décence** to recall sb to a sense of decency; **ça rappelle la Provence** it's reminiscent of Provence, it reminds you of Provence; **se ~ que...** to remember that...

rappelle *etc* [Rapɛl] *vb voir* **rappeler**

rappliquer [Raplike] *vi* (*fam*) to turn up

rapport [RapɔR] *nm* (*compte rendu*) report; (*profit*) yield, return; revenue; (*lien, analogie*) relationship; (*corrélation*) connection; (*proportion: Math, Tech*) ratio; **rapports** *nmpl* (*entre personnes, pays*) relations; **avoir ~ à** to have something to do with, concern; **être en ~ avec** (*idée de corrélation*) to be related to; **être/se mettre en ~ avec qn** to be/get in touch with sb; **par ~ à** (*comparé à*) in relation to; (*à propos de*) with regard to; **sous le ~ de** from the point of view of; **sous tous (les) ~s** in all respects; **~s (sexuels)** (sexual) intercourse *sg*; **~ qualité-prix** value (for money)

rapporté, e [RapɔRte] *adj*: **pièce ~e** (*Couture*) patch

rapporter [RapɔRte] *vt* (*rendre, ramener*) to bring back; (*apporter davantage*) to bring more; (*Couture*) to sew on; (*investissement*) to yield; (*: activité*) to bring in; (*relater*) to report; (*Jur: annuler*) to revoke ▷ *vi* (*investissement*) to give a good return *ou* yield; (*activité*) to be very profitable; (*péj: moucharder*) to tell; **~ qch à** (*fig: rattacher*) to relate sth to; **se ~ à** (*correspondre à*) to relate to; **s'en ~ à** to rely on

rapporteur, -euse [RapɔRtœR, -øz] *nm/f* (*de procès, commission*) reporter; (*péj*) telltale ▷ *nm* (*Géom*) protractor

rapproché, e [RapRɔʃe] *adj* (*proche*) near, close at hand; **~s** (*l'un de l'autre*) at close intervals

rapprochement [RapRɔʃmɑ̃] *nm* (*réconciliation: de nations, familles*) reconciliation; (*analogie, rapport*) parallel

rapprocher [RapRɔʃe] *vt* (*chaise d'une table*): **~ qch (de)** to bring sth closer (to); (*deux objets*) to bring closer together; (*réunir*) to bring together; (*comparer*) to establish a parallel between; **se rapprocher** *vi* to draw closer *ou* nearer; (*fig: familles, pays*) to come together; to come closer together; **se ~ de** to come closer to; (*présenter une analogie avec*) to be close to

rapt [Rapt] *nm* abduction

raquette [Rakɛt] *nf* (*de tennis*) racket; (*de ping-pong*) bat; (*à neige*) snowshoe

rare [RaR] *adj* rare; (*main-d'œuvre, denrées*) scarce; (*cheveux, herbe*) sparse; **il est ~ que** it's rare that, it's unusual that; **se faire ~** to become scarce; (*fig: personne*) to make oneself scarce

raréfaction [RaRefaksjɔ̃] *nf* scarcity; (*de l'air*) rarefaction

raréfier [RaRefje]: **se raréfier** *vi* to grow scarce; (*air*) to rarefy

rarement [RaRmɑ̃] *adv* rarely, seldom

rareté [RaRte] *nf voir* **rare** rarity; scarcity

rarissime [RaRisim] *adj* extremely rare

RAS *abr* = **rien à signaler**

ras, e [Rɑ, Rɑz] *adj* (*tête, cheveux*) close-cropped; (*poil, herbe*) short; (*mesure, cuillère*) level ▷ *adv* short; **faire table ~e** to make a clean sweep; **en ~e campagne** in open country; **à ~ bords** to the brim; **au ~ de** level with; **en avoir ~ le bol** (*fam*) to be fed up; **~ du cou** *adj* (*pull, robe*) crew-neck

rasade [Rɑzad] *nf* glassful

rasant, e [Rɑzɑ̃, ɑ̃t] *adj* (*Mil: balle, tir*) grazing; (*fam*) boring

rascasse [Raskas] *nf* (*Zool*) scorpion fish

rasé, e [Rɑze] *adj*: **~ de frais** freshly shaven; **~ de près** close-shaven

rase-mottes [Rɑzmɔt] *nm inv*: **faire du ~** to hedgehop; **vol en ~** hedgehopping

raser [Rɑze] *vt* (*barbe, cheveux*) to shave off; (*menton, personne*) to shave; (*fam: ennuyer*) to bore; (*démolir*) to raze (to the ground); (*frôler*) to graze, skim; **se raser** to shave; (*fam*) to be bored (to tears)

rasoir [RɑzwaR] *nm* razor; **~ électrique** electric shaver *ou* razor; **~ mécanique** *ou* **de sûreté** safety razor

rassasier [Rasazje] *vt* to satisfy; **être rassasié** (*dégoûté*) to be sated; to have had more than enough

rassemblement [Rasɑ̃bləmɑ̃] *nm* (*groupe*) gathering; (*Pol*) union; association; (*Mil*): **le ~** parade

rassembler [Rasɑ̃ble] *vt* (*réunir*) to assemble, gather; (*regrouper, amasser*) to gather together, collect; **se rassembler** *vi* to gather; **~ ses idées/ses esprits/son courage** to collect one's thoughts/gather one's wits/screw up one's courage

rasseoir [RaswaR]: **se rasseoir** *vi* to sit down again

rassir [RasiR] *vi* to go stale

rassis, e [Rasi, -iz] *adj* (*pain*) stale

rassurant, e [RasyRɑ̃, -ɑ̃t] *adj* (*nouvelles etc*) reassuring

rassuré, e [RasyRe] *adj*: **ne pas être très ~** to be rather ill at ease

rassurer [RasyRe] *vt* to reassure; **se rassurer** to be reassured; **rassure-toi** don't worry

rat [Ra] *nm* rat; **~ d'hôtel** hotel thief; **~ musqué** muskrat

ratatiné, e [Ratatine] *adj* shrivelled (up), wrinkled

ratatiner [Ratatine] *vt* to shrivel; (*peau*) to wrinkle; **se ratatiner** *vi* to shrivel; to become wrinkled

ratatouille [Ratatuj] *nf* (*Culin*) ratatouille

rate [Rat] *nf* female rat; (*Anat*) spleen

raté, e [Rate] *adj* (*tentative*) unsuccessful, failed ▷ *nm/f* failure ▷ *nm* misfiring *no pl*

râteau, x [Rɑto] *nm* rake

râtelier [Rɑtəlje] *nm* rack; (*fam*) false teeth *pl*

rater [Rate] *vi* (*ne pas partir: coup de feu*) to fail to go off; (*affaire, projet etc*) to go wrong, fail ▷ *vt* (*cible, train, occasion*) to miss; (*démonstration, plat*) to

r

spoil; (*examen*) to fail; **~ son coup** to fail, not to bring it off

raticide [ʀatisid] *nm* rat poison

ratification [ʀatifikɑsjɔ̃] *nf* ratification

ratifier [ʀatifje] *vt* to ratify

ratio [ʀasjo] *nm* ratio

ration [ʀɑsjɔ̃] *nf* ration; (*fig*) share; **~ alimentaire** food intake

rationalisation [ʀasjɔnalizɑsjɔ̃] *nf* rationalization

rationaliser [ʀasjɔnalize] *vt* to rationalize

rationnel, le [ʀasjɔnɛl] *adj* rational

rationnellement [ʀasjɔnɛlmɑ̃] *adv* rationally

rationnement [ʀasjɔnmɑ̃] *nm* rationing; **ticket de ~** ration coupon

rationner [ʀasjɔne] *vt* to ration; (*personne*) to put on rations; **se rationner** to ration o.s.

ratisser [ʀatise] *vt* (*allée*) to rake; (*feuilles*) to rake up; (*armée, police*) to comb; **~ large** to cast one's net wide

raton [ʀatɔ̃] *nm*: **~ laveur** raccoon

RATP *sigle f* (= *Régie autonome des transports parisiens*) *Paris transport authority*

rattacher [ʀataʃe] *vt* (*animal, cheveux*) to tie up again; (*incorporer: Admin etc*): **~ qch à** to join sth to, unite sth with; (*fig: relier*): **~ qch à** to link sth with, relate sth to; (*: lier*): **~ qn à** to bind *ou* tie sb to; **se ~ à** (*fig: avoir un lien avec*) to be linked (*ou* connected) with

rattrapage [ʀatʀapaʒ] *nm* (*Scol*) remedial classes *pl*; (*Écon*) catching up

rattraper [ʀatʀape] *vt* (*fugitif*) to recapture; (*retenir, empêcher de tomber*) to catch (hold of); (*atteindre, rejoindre*) to catch up with; (*réparer: erreur*) to make up for; **se rattraper** *vi* (*regagner: du temps*) to make up for lost time; (*: de l'argent etc*) to make good one's losses; (*réparer une gaffe etc*) to make up for it; **se ~ (à)** (*se raccrocher*) to stop o.s. falling (by catching hold of); **~ son retard/le temps perdu** to make up (for) lost time

rature [ʀatyʀ] *nf* deletion, erasure

raturer [ʀatyʀe] *vt* to cross out, delete, erase

rauque [ʀok] *adj* raucous; hoarse

ravagé, e [ʀavaʒe] *adj* (*visage*) harrowed

ravager [ʀavaʒe] *vt* to devastate, ravage

ravages [ʀavaʒ] *nmpl* ravages; **faire des ~** to wreak havoc; (*fig: séducteur*) to break hearts

ravalement [ʀavalmɑ̃] *nm* restoration

ravaler [ʀavale] *vt* (*mur, façade*) to restore; (*déprécier*) to lower; (*avaler de nouveau*) to swallow again; **~ sa colère/son dégoût** to stifle one's anger/swallow one's distaste

ravauder [ʀavode] *vt* to repair, mend

rave [ʀav] *nf* (*Bot*) rape

ravi, e [ʀavi] *adj* delighted; **être ~ de/que** to be delighted with/that

ravier [ʀavje] *nm* hors d'œuvre dish

ravigote [ʀavigɔt] *adj*: **sauce ~** *oil and vinegar dressing with shallots*

ravigoter [ʀavigɔte] *vt* (*fam*) to buck up

ravin [ʀavɛ̃] *nm* gully, ravine

raviner [ʀavine] *vt* to furrow, gully

ravioli [ʀavjɔli] *nmpl* ravioli *sg*

ravir [ʀaviʀ] *vt* (*enchanter*) to delight; (*enlever*): **~ qch à qn** to rob sb of sth; **à ~** *adv* delightfully, beautifully; **être beau à ~** to be ravishingly beautiful

raviser [ʀavize]: **se raviser** *vi* to change one's mind

ravissant, e [ʀavisɑ̃, -ɑ̃t] *adj* delightful

ravissement [ʀavismɑ̃] *nm* (*enchantement, délice*) rapture

ravisseur, -euse [ʀavisœʀ, -øz] *nm/f* abductor, kidnapper

ravitaillement [ʀavitɑjmɑ̃] *nm* resupplying; refuelling; (*provisions*) supplies *pl*; **aller au ~** to go for fresh supplies; **~ en vol** (*Aviat*) in-flight refuelling

ravitailler [ʀavitɑje] *vt* to resupply; (*véhicule*) to refuel; **se ravitailler** *vi* to get fresh supplies

raviver [ʀavive] *vt* (*feu*) to rekindle, revive; (*douleur*) to revive; (*couleurs*) to brighten up

ravoir [ʀavwaʀ] *vt* to get back

rayé, e [ʀeje] *adj* (*à rayures*) striped; (*éraflé*) scratched

rayer [ʀeje] *vt* (*érafler*) to scratch; (*barrer*) to cross *ou* score out; (*d'une liste: radier*) to cross *ou* strike off

rayon [ʀɛjɔ̃] *nm* (*de soleil etc*) ray; (*Géom*) radius; (*de roue*) spoke; (*étagère*) shelf; (*de grand magasin*) department; (*fig: domaine*) responsibility, concern; (*de ruche*) (honey)comb; **dans un ~ de** within a radius of; **rayons** *nmpl* (*radiothérapie*) radiation; **~ d'action** range; **~ de braquage** (*Auto*) turning circle; **~ laser** laser beam; **~ de soleil** sunbeam, ray of sunlight *ou* sunshine; **~s X** X-rays

rayonnage [ʀɛjɔnaʒ] *nm* set of shelves

rayonnant, e [ʀɛjɔnɑ̃, -ɑ̃t] *adj* radiant

rayonne [ʀɛjɔn] *nf* rayon

rayonnement [ʀɛjɔnmɑ̃] *nm* radiation; (*fig: éclat*) radiance; (*: influence*) influence

rayonner [ʀɛjɔne] *vi* (*chaleur, énergie*) to radiate; (*fig: émotion*) to shine forth; (*: visage*) to be radiant; (*avenues, axes*) to radiate; (*touriste*) to go touring (*from one base*)

rayure [ʀejyʀ] *nf* (*motif*) stripe; (*éraflure*) scratch; (*rainure, d'un fusil*) groove; **à ~s** striped

raz-de-marée [ʀɑdmaʀe] *nm inv* tidal wave

razzia [ʀazja] *nf* raid, foray

RBE *sigle m* (= *revenu brut d'exploitation*) gross profit (*of a farm*)

R-D *sigle f* (= *Recherche-Développement*) R & D

RDA *sigle f* (= *République démocratique allemande*) GDR

rdc *abr* = **rez-de-chaussée**

ré [ʀe] *nm* (*Mus*) D; (*en chantant la gamme*) re

réabonnement [ʀeabɔnmɑ̃] *nm* renewal of subscription

réabonner [ʀeabɔne] *vt*: **~ qn à** to renew sb's subscription to; **se ~ (à)** to renew one's subscription (to)

réac [ʀeak] *adj, nm/f* (*fam*: = *réactionnaire*)

reactionary
réacteur [ReaktœR] *nm* jet engine; **~ nucléaire** nuclear reactor
réactif [Reaktif] *nm* reagent
réaction [Reaksjɔ̃] *nf* reaction; **par ~** jet-propelled; **avion/moteur à ~** jet (plane)/jet engine; **~ en chaîne** chain reaction
réactionnaire [ReaksjɔnɛR] *adj, nm/f* reactionary
réactualiser [Reaktɥalize] *vt* to update, bring up to date
réadaptation [Readaptɑsjɔ̃] *nf* readjustment; rehabilitation
réadapter [Readapte] *vt* to readjust; (*Méd*) to rehabilitate; **se ~ (à)** to readjust (to)
réaffirmer [ReafiRme] *vt* to reaffirm, reassert
réagir [ReaʒiR] *vi* to react
réajuster [Reaʒyste] *vt* = **rajuster**
réalisable [Realizabl(ə)] *adj* (*projet, plan*) feasible; (*Comm: valeur*) realizable
réalisateur, -trice [RealizatœR, -tRis] *nm/f* (*TV, Ciné*) director
réalisation [Realizɑsjɔ̃] *nf* carrying out; realization; fulfilment; achievement; production; (*œuvre*) production, work; (*création*) creation
réaliser [Realize] *vt* (*projet, opération*) to carry out, realize; (*rêve, souhait*) to realize, fulfil; (*exploit*) to achieve; (*achat, vente*) to make; (*film*) to produce; (*se rendre compte de, Comm: bien, capital*) to realize; **se réaliser** *vi* to be realized
réalisme [Realism(ə)] *nm* realism
réaliste [Realist(ə)] *adj* realistic; (*peintre, roman*) realist ▷ *nm/f* realist
réalité [Realite] *nf* reality; **en ~** in (actual) fact; **dans la ~** in reality; **~ virtuelle** virtual reality
réanimation [Reanimɑsjɔ̃] *nf* resuscitation; **service de ~** intensive care unit
réanimer [Reanime] *vt* (*Méd*) to resuscitate
réapparaître [ReapaRɛtR(ə)] *vi* to reappear
réapparition [ReapaRisjɔ̃] *nf* reappearance
réapprovisionner [ReapRɔvizjɔne] *vt* (*magasin*) to restock; **se ~ (en)** to restock (with)
réarmement [ReaRməmɑ̃] *nm* rearmament
réarmer [ReaRme] *vt* (*arme*) to reload ▷ *vi* (*état*) to rearm
réassortiment [ReasɔRtimɑ̃] *nm* (*Comm*) restocking
réassortir [ReasɔRtiR] *vt* to match up
réassurance [ReasyRɑ̃s] *nf* reinsurance
réassurer [ReasyRe] *vt* to reinsure
rebaptiser [Rəbatize] *vt* (*rue*) to rename
rébarbatif, -ive [RebaRbatif, -iv] *adj* forbidding; (*style*) off-putting (*Brit*), crabbed
rebattre [RəbatR(ə)] *vt*: **~ les oreilles à qn de qch** to keep harping on to sb about sth
rebattu, e [Rəbaty] *pp de* **rebattre** ▷ *adj* hackneyed
rebelle [Rəbɛl] *nm/f* rebel ▷ *adj* (*troupes*) rebel; (*enfant*) rebellious; (*mèche etc*) unruly; **~ à qch** unamenable to sth; **~ à faire** unwilling to do
rebeller [Rəbele]: **se rebeller** *vi* to rebel
rébellion [Rebeljɔ̃] *nf* rebellion; (*rebelles*) rebel forces *pl*
rebiffer [Rəbife]: **se rebiffer** *vr* to fight back
reboisement [Rəbwɑzmɑ̃] *nm* reafforestation
reboiser [Rəbwɑze] *vt* to replant with trees, reafforest
rebond [Rəbɔ̃] *nm* (*voir rebondir*) bounce; rebound
rebondi, e [Rəbɔ̃di] *adj* (*ventre*) rounded; (*joues*) chubby, well-rounded
rebondir [Rəbɔ̃diR] *vi* (*ballon: au sol*) to bounce; (*: contre un mur*) to rebound; (*fig: procès, action, conversation*) to get moving again, be suddenly revived
rebondissement [Rəbɔ̃dismɑ̃] *nm* new development
rebord [RəbɔR] *nm* edge
reboucher [Rəbuʃe] *vt* (*flacon*) to put the stopper (*ou* top) back on, recork; (*trou*) to stop up
rebours [RəbuR]: **à ~** *adv* the wrong way
rebouteux, -euse [Rəbutø, -øz] *nm/f* (*péj*) bonesetter
reboutonner [Rəbutɔne] *vt* (*vêtement*) to button up (again)
rebrousse-poil [RəbRuspwal]: **à ~** *adv* the wrong way
rebrousser [RəbRuse] *vt* (*cheveux, poils*) to brush back, brush up; **~ chemin** to turn back
rebuffade [Rəbyfad] *nf* rebuff
rébus [Rebys] *nm inv* (*jeu d'esprit*) rebus; (*fig*) puzzle
rebut [Rəby] *nm*: **mettre au ~** to scrap, discard
rebutant, e [Rəbytɑ̃, -ɑ̃t] *adj* (*travail, démarche*) off-putting, disagreeable
rebuter [Rəbyte] *vt* to put off
récalcitrant, e [RekalsitRɑ̃, -ɑ̃t] *adj* refractory, recalcitrant
recaler [Rəkale] *vt* (*Scol*) to fail
récapitulatif, -ive [Rekapitylatif, -iv] *adj* (*liste, tableau*) summary *cpd*, that sums up
récapituler [Rekapityle] *vt* to recapitulate; (*résumer*) to sum up
recel [Rəsɛl] *nm* receiving (stolen goods)
receler [Rəsəle] *vt* (*produit d'un vol*) to receive; (*malfaiteur*) to harbour; (*fig*) to conceal
receleur, -euse [RəsəlœR, -øz] *nm/f* receiver
récemment [Resamɑ̃] *adv* recently
recensement [Rəsɑ̃smɑ̃] *nm* census; inventory
recenser [Rəsɑ̃se] *vt* (*population*) to take a census of; (*inventorier*) to make an inventory of; (*dénombrer*) to list
récent, e [Resɑ̃, -ɑ̃t] *adj* recent
récépissé [Resepise] *nm* receipt
réceptacle [Resɛptakl(ə)] *nm* (*où les choses aboutissent*) recipient; (*où les choses sont stockées*) repository; (*Bot*) receptacle
récepteur, -trice [ResɛptœR, -tRis] *adj* receiving ▷ *nm* receiver; **~ (de radio)** radio set *ou* receiver
réceptif, -ive [Resɛptif, -iv] *adj*: **~ (à)** receptive (to)
réception [Resɛpsjɔ̃] *nf* receiving *no pl*; (*d'une marchandise, commande*) receipt; (*accueil*) reception, welcome; (*bureau*) reception (desk);

(*réunion mondaine*) reception, party; (*pièces*) reception rooms *pl*; (*Sport: après un saut*) landing; (*du ballon*) catching *no pl*; **jour/heures de ~** day/hours for receiving visitors (*ou* students *etc*)
réceptionner [resɛpsjɔne] *vt* (*Comm*) to take delivery of; (*Sport: ballon*) to catch (and control)
réceptionniste [resɛpsjɔnist(ə)] *nm/f* receptionist
réceptivité [resɛptivite] *nf* (*à une influence*) receptiveness; (*à une maladie*) susceptibility
récessif, -ive [resesif, -iv] *adj* (*Biol*) recessive
récession [resesjɔ̃] *nf* recession
recette [rəsɛt] *nf* (*Culin*) recipe; (*fig*) formula, recipe; (*Comm*) takings *pl*; (*Admin: bureau*) tax *ou* revenue office; **recettes** *nfpl* (*Comm: rentrées*) receipts; **faire ~** (*spectacle, exposition*) to be a winner
receveur, -euse [rəsvœr, -øz] *nm/f* (*des contributions*) tax collector; (*des postes*) postmaster/mistress; (*d'autobus*) conductor/conductress; (*Méd: de sang, organe*) recipient
recevoir [rəsvwar] *vt* to receive; (*lettre, prime*) to receive, get; (*client, patient, représentant*) to see; (*jour, soleil: pièce*) to get; (*Scol: candidat*) to pass ▷ *vi* to receive visitors; to give parties; to see patients *etc*; **se recevoir** *vi* (*athlète*) to land; **~ qn à dîner** to invite sb to dinner; **il reçoit de huit à 10** he's at home from eight to 10, he will see visitors from eight to 10; (*docteur, dentiste etc*) he sees patients from eight to 10; **être reçu** (*à un examen*) to pass; **être bien/mal reçu** to be well/badly received
rechange [rəʃɑ̃ʒ]: **de ~** *adj* (*pièces, roue*) spare; (*fig: solution*) alternative; **des vêtements de ~** a change of clothes
rechaper [rəʃape] *vt* to remould (*Brit*), remold (*US*), retread
réchapper [reʃape]: **~ de** *ou* **à** *vt* (*accident, maladie*) to come through; **va-t-il en ~?** is he going to get over it?, is he going to come through (it)?
recharge [rəʃarʒ(ə)] *nf* refill
rechargeable [rəʃarʒabl(ə)] *adj* refillable; rechargeable
recharger [rəʃarʒe] *vt* (*camion, fusil, appareil photo*) to reload; (*briquet, stylo*) to refill; (*batterie*) to recharge
réchaud [reʃo] *nm* (portable) stove, plate-warmer
réchauffé [reʃofe] *nm* (*nourriture*) reheated food; (*fig*) stale news (*ou* joke *etc*)
réchauffement [reʃofmɑ̃] *nm* warming (up); **le ~ de la planète** global warming
réchauffer [reʃofe] *vt* (*plat*) to reheat; (*mains, personne*) to warm; **se réchauffer** *vi* to get warmer; **se ~ les doigts** to warm (up) one's fingers
rêche [rɛʃ] *adj* rough
recherche [rəʃɛrʃ(ə)] *nf* (*action*): **la ~ de** the search for; (*raffinement*) affectedness, studied elegance; (*scientifique etc*): **la ~** research; **recherches** *nfpl* (*de la police*) investigations; (*scientifiques*) research *sg*; **être/se mettre à la ~ de** to be/go in search of
recherché, e [rəʃɛrʃe] *adj* (*rare, demandé*) much sought-after; (*entouré: acteur, femme*) in demand; (*raffiné*) studied, affected
rechercher [rəʃɛrʃe] *vt* (*objet égaré, personne*) to look for, search for; (*témoins, coupable, main-d'œuvre*) to look for; (*causes d'un phénomène, nouveau procédé*) to try to find; (*bonheur etc, l'amitié de qn*) to seek; **"~ et remplacer"** (*Inform*) "find and replace"
rechigner [rəʃiɲe] *vi*: **~ (à)** to balk (at)
rechute [rəʃyt] *nf* (*Méd*) relapse; (*dans le péché, le vice*) lapse; **faire une ~** to have a relapse
rechuter [rəʃyte] *vi* (*Méd*) to relapse
récidive [residiv] *nf* (*Jur*) second (*ou* subsequent) offence; (*fig*) repetition; (*Méd*) recurrence
récidiver [residive] *vi* to commit a second (*ou* subsequent) offence; (*fig*) to do it again
récidiviste [residivist(ə)] *nm/f* second (*ou* habitual) offender, recidivist
récif [resif] *nm* reef
récipiendaire [resipjɑ̃dɛr] *nm* recipient (*of diploma etc*); (*d'une société*) newly elected member
récipient [resipjɑ̃] *nm* container
réciproque [resiprɔk] *adj* reciprocal ▷ *nf*: **la ~** (*l'inverse*) the converse
réciproquement [resiprɔkmɑ̃] *adv* reciprocally; **et ~** and vice versa
récit [resi] *nm* (*action de narrer*) telling; (*conte, histoire*) story
récital [resital] *nm* recital
récitant, e [resitɑ̃, -ɑ̃t] *nm/f* narrator
récitation [resitɑsjɔ̃] *nf* recitation
réciter [resite] *vt* to recite
réclamation [reklamɑsjɔ̃] *nf* complaint; **réclamations** *nfpl* (*bureau*) complaints department *sg*
réclame [reklam] *nf*: **la ~** advertising; **une ~** an ad(vertisement), an advert (*Brit*); **faire de la ~ (pour qch/qn)** to advertise (sth/sb); **article en ~** special offer
réclamer [reklame] *vt* (*aide, nourriture etc*) to ask for; (*revendiquer: dû, part, indemnité*) to claim, demand; (*nécessiter*) to demand, require ▷ *vi* to complain; **se ~ de** to give as one's authority; to claim filiation with
reclassement [rəklɑsmɑ̃] *nm* reclassifying; regrading; rehabilitation
reclasser [rəklɑse] *vt* (*fiches, dossiers*) to reclassify; (*fig: fonctionnaire etc*) to regrade; (*: ouvrier licencié*) to place, rehabilitate
reclus, e [rəkly, -yz] *nm/f* recluse
réclusion [reklyzjɔ̃] *nf* imprisonment; **~ à perpétuité** life imprisonment
recoiffer [rəkwafe] *vt*: **~ un enfant** to do a child's hair again; **se recoiffer** to do one's hair again
recoin [rəkwɛ̃] *nm* nook, corner; (*fig*) hidden recess
reçois *etc* [rəswa] *vb voir* **recevoir**
reçoive *etc* [rəswav] *vb voir* **recevoir**

recoller [ʀəkɔle] *vt* (*enveloppe*) to stick back down
récolte [ʀekɔlt(ə)] *nf* harvesting, gathering; (*produits*) harvest, crop; (*fig*) crop, collection; (*: d'observations*) findings
récolter [ʀekɔlte] *vt* to harvest, gather (in); (*fig*) to get
recommandable [ʀəkɔmɑ̃dabl(ə)] *adj* commendable; **peu ~** not very commendable
recommandation [ʀəkɔmɑ̃dɑsjɔ̃] *nf* recommendation
recommandé [ʀəkɔmɑ̃de] *nm* (*méthode etc*) recommended; (*Postes*): **en ~** by registered mail
recommander [ʀəkɔmɑ̃de] *vt* to recommend; (*qualités etc*) to commend; (*Postes*) to register; **~ qch à qn** to recommend sth to sb; **~ à qn de faire** to recommend sb to do; **~ qn auprès de qn** *ou* **à qn** to recommend sb to sb; **il est recommandé de faire ...** it is recommended that one does ...; **se ~ à qn** to commend o.s. to sb; **se ~ de qn** to give sb's name as a reference
recommencer [ʀəkɔmɑ̃se] *vt* (*reprendre: lutte, séance*) to resume, start again; (*refaire: travail, explications*) to start afresh, start (over) again; (*récidiver: erreur*) to make again ▷ *vi* to start again; (*récidiver*) to do it again; **~ à faire** to start doing again; **ne recommence pas!** don't do that again!
récompense [ʀekɔ̃pɑ̃s] *nf* reward; (*prix*) award; **recevoir qch en ~** to get sth as a reward, be rewarded with sth
récompenser [ʀekɔ̃pɑ̃se] *vt*: **~ qn (de** *ou* **pour)** to reward sb (for)
réconciliation [ʀekɔ̃siljɑsjɔ̃] *nf* reconciliation
réconcilier [ʀekɔ̃silje] *vt* to reconcile; **~ qn avec qn** to reconcile sb with sb; **~ qn avec qch** to reconcile sb to sth; **se réconcilier (avec)** to be reconciled (with)
reconductible [ʀəkɔ̃dyktibl(ə)] *adj* (*Jur: contrat, bail*) renewable
reconduction [ʀəkɔ̃dyksjɔ̃] *nf* renewal; (*Pol: d'une politique*) continuation
reconduire [ʀəkɔ̃dɥiʀ] *vt* (*raccompagner*) to take *ou* see back; (*: à la porte*) to show out; (*: à son domicile*) to see home, take home; (*Jur, Pol: renouveler*) to renew
réconfort [ʀekɔ̃fɔʀ] *nm* comfort
réconfortant, e [ʀekɔ̃fɔʀtɑ̃, -ɑ̃t] *adj* (*idée, paroles*) comforting; (*boisson*) fortifying
réconforter [ʀekɔ̃fɔʀte] *vt* (*consoler*) to comfort; (*revigorer*) to fortify
reconnais *etc* [ʀ(ə)kɔnɛ] *vb voir* **reconnaître**
reconnaissable [ʀəkɔnɛsabl(ə)] *adj* recognizable
reconnaissance [ʀəkɔnɛsɑ̃s] *nf* recognition; acknowledgement; (*gratitude*) gratitude, gratefulness; (*Mil*) reconnaissance, recce; **en ~** (*Mil*) on reconnaissance; **~ de dette** acknowledgement of a debt, IOU
reconnaissant, e [ʀəkɔnɛsɑ̃, -ɑ̃t] *vb voir* **reconnaître** ▷ *adj* grateful; **je vous serais ~ de bien vouloir** I should be most grateful if you would (kindly)
reconnaître [ʀəkɔnɛtʀ(ə)] *vt* to recognize; (*Mil: lieu*) to reconnoitre; (*Jur: enfant, dette, droit*) to acknowledge; **~ que** to admit *ou* acknowledge that; **~ qn/qch à** (*l'identifier grâce à*) to recognize sb/sth by; **~ à qn: je lui reconnais certaines qualités** I recognize certain qualities in him; **se ~ quelque part** (*s'y retrouver*) to find one's way around (a place)
reconnu, e [ʀ(ə)kɔny] *pp de* **reconnaître** ▷ *adj* (*indiscuté, connu*) recognized
reconquérir [ʀəkɔ̃keʀiʀ] *vt* to reconquer, recapture; (*sa dignité etc*) to recover
reconquête [ʀəkɔ̃kɛt] *nf* recapture; recovery
reconsidérer [ʀəkɔ̃sideʀe] *vt* to reconsider
reconstituant, e [ʀəkɔ̃stitɥɑ̃, -ɑ̃t] *adj* (*régime*) strength-building ▷ *nm* tonic, pick-me-up
reconstituer [ʀəkɔ̃stitɥe] *vt* (*monument ancien*) to recreate, build a replica of; (*fresque, vase brisé*) to piece together, reconstitute; (*événement, accident*) to reconstruct; (*fortune, patrimoine*) to rebuild; (*Bio: tissus etc*) to regenerate
reconstitution [ʀəkɔ̃stitysjɔ̃] *nf* (*d'un accident etc*) reconstruction
reconstruction [ʀəkɔ̃stʀyksjɔ̃] *nf* rebuilding, reconstruction
reconstruire [ʀəkɔ̃stʀɥiʀ] *vt* to rebuild, reconstruct
reconversion [ʀəkɔ̃vɛʀsjɔ̃] *nf* (*du personnel*) redeployment
reconvertir [ʀəkɔ̃vɛʀtiʀ] *vt* (*usine*) to reconvert; (*personnel, troupes etc*) to redeploy; **se ~ dans** (*un métier, une branche*) to move into, be redeployed into
recopier [ʀəkɔpje] *vt* (*transcrire*) to copy out again, write out again; (*mettre au propre: devoir*) to make a clean *ou* fair copy of
record [ʀəkɔʀ] *nm, adj* record; **~ du monde** world record
recoucher [ʀəkuʃe] *vt* (*enfant*) to put back to bed
recoudre [ʀəkudʀ(ə)] *vt* (*bouton*) to sew back on; (*plaie, incision*) to sew (back) up, stitch up
recoupement [ʀəkupmɑ̃] *nm*: **faire un ~** *ou* **des ~s** to cross-check; **par ~** by cross-checking
recouper [ʀəkupe] *vt* (*tranche*) to cut again; (*vêtement*) to recut ▷ *vi* (*Cartes*) to cut again; **se recouper** *vi* (*témoignages*) to tie *ou* match up
recourais *etc* [ʀəkuʀɛ] *vb voir* **recourir**
recourbé, e [ʀəkuʀbe] *adj* curved; hooked; bent
recourber [ʀəkuʀbe] *vt* (*branche, tige de métal*) to bend
recourir [ʀəkuʀiʀ] *vi* (*courir de nouveau*) to run again; (*refaire une course*) to race again; **~ à** *vt* (*ami, agence*) to turn *ou* appeal to; (*force, ruse, emprunt*) to resort to, have recourse to
recours [ʀəkuʀ] *vb voir* **recourir** ▷ *nm* (*Jur*) appeal; **avoir ~ à**; = **recourir à**; **dernier ~** as a last resort; **sans ~** final; with no way out; **~ en grâce** plea for clemency (*ou* pardon)
recouru, e [ʀəkuʀy] *pp de* **recourir**
recousu, e [ʀəkuzy] *pp de* **recoudre**
recouvert, e [ʀəkuvɛʀ, -ɛʀt(ə)] *pp de* **recouvrir**
recouvrable [ʀəkuvʀabl(ə)] *adj* (*somme*)

r

recoverable

recouvrais *etc* [ʀəkuvʀɛ] *vb voir* **recouvrer**; **recouvrir**

recouvrement [ʀəkuvʀəmɑ̃] *nm* recovery

recouvrer [ʀəkuvʀe] *vt* (*vue, santé etc*) to recover, regain; (*impôts*) to collect; (*créance*) to recover

recouvrir [ʀəkuvʀiʀ] *vt* (*couvrir à nouveau*) to recover; (*couvrir entièrement: aussi fig*) to cover; (*cacher, masquer*) to conceal, hide; **se recouvrir** (*se superposer*) to overlap

recracher [ʀəkʀaʃe] *vt* to spit out

récréatif, -ive [ʀekʀeatif, -iv] *adj* of entertainment; recreational

récréation [ʀekʀeasjɔ̃] *nf* recreation, entertainment; (*Scol*) break

recréer [ʀəkʀee] *vt* to recreate

récrier [ʀekʀije]: **se récrier** *vi* to exclaim

récriminations [ʀekʀiminasjɔ̃] *nfpl* remonstrations, complaints

récriminer [ʀekʀimine] *vi*: **~ contre qn/qch** to remonstrate against sb/sth

recroqueviller [ʀəkʀɔkvije]: **se recroqueviller** *vi* (*feuilles*) to curl *ou* shrivel up; (*personne*) to huddle up

recru, e [ʀəkʀy] *adj*: **~ de fatigue** exhausted ▷ *nf* recruit

recrudescence [ʀəkʀydesɑ̃s] *nf* fresh outbreak

recrutement [ʀəkʀytmɑ̃] *nm* recruiting, recruitment

recruter [ʀəkʀyte] *vt* to recruit

rectal, e, -aux [ʀɛktal, -o] *adj*: **par voie ~e** rectally

rectangle [ʀɛktɑ̃gl(ə)] *nm* rectangle

rectangulaire [ʀɛktɑ̃gylɛʀ] *adj* rectangular

recteur [ʀɛktœʀ] *nm* ≈ (regional) director of education (*Brit*), ≈ state superintendent of education (*US*)

rectificatif, -ive [ʀɛktifikatif, -iv] *adj* corrected ▷ *nm* correction

rectification [ʀɛktifikasjɔ̃] *nf* correction

rectifier [ʀɛktifje] *vt* (*tracé, virage*) to straighten; (*calcul, adresse*) to correct; (*erreur, faute*) to rectify, put right

rectiligne [ʀɛktiliɲ] *adj* straight; (*Géom*) rectilinear

rectitude [ʀɛktityd] *nf* rectitude, uprightness

recto [ʀɛkto] *nm* front (*of a sheet of paper*)

rectorat [ʀɛktɔʀa] *nm* (*fonction*) *position of recteur*; (*bureau*) *recteur's office*; *voir aussi* **recteur**

rectum [ʀɛktɔm] *nm* rectum

reçu, e [ʀəsy] *pp de* **recevoir** ▷ *adj* (*admis, consacré*) accepted ▷ *nm* (*Comm*) receipt

recueil [ʀəkœj] *nm* collection

recueillement [ʀəkœjmɑ̃] *nm* meditation, contemplation

recueilli, e [ʀəkœji] *adj* contemplative

recueillir [ʀəkœjiʀ] *vt* to collect; (*voix, suffrages*) to win; (*accueillir: réfugiés, chat*) to take in; **se recueillir** *vi* to gather one's thoughts; to meditate

recuire [ʀəkɥiʀ] *vi*: **faire ~** to recook

recul [ʀəkyl] *nm* retreat; recession; decline; (*d'arme à feu*) recoil, kick; **avoir un mouvement de ~** to recoil, start back; **prendre du ~** to stand back; **avec le ~** with the passing of time, in retrospect

reculade [ʀəkylad] *nf* (*péj*) climb-down

reculé, e [ʀəkyle] *adj* remote

reculer [ʀəkyle] *vi* to move back, back away; (*Auto*) to reverse, back (up); (*fig: civilisation, épidémie*) to (be on the) decline; (*: se dérober*) to shrink back ▷ *vt* to move back; to reverse, back (up); (*fig: possibilités, limites*) to extend; (*: date, décision*) to postpone; **~ devant** (*danger, difficulté*) to shrink from; **~ pour mieux sauter** (*fig*) to postpone the evil day

reculons [ʀəkylɔ̃]: **à ~** *adv* backwards

récupérable [ʀekypeʀabl(ə)] *adj* (*créance*) recoverable; (*heures*) which can be made up; (*ferraille*) salvageable

récupération [ʀekypeʀasjɔ̃] *nf* (*de métaux etc*) salvage, reprocessing; (*Pol*) bringing into line

récupérer [ʀekypeʀe] *vt* (*rentrer en possession de*) to recover, get back; (*: forces*) to recover; (*déchets etc*) to salvage (for reprocessing); (*remplacer: journée, heures de travail*) to make up; (*délinquant etc*) to rehabilitate; (*Pol*) to bring into line ▷ *vi* to recover

récurer [ʀekyʀe] *vt* to scour; **poudre à ~** scouring powder

reçus *etc* [ʀəsy] *vb voir* **recevoir**

récusable [ʀekyzabl(ə)] *adj* (*témoin*) challengeable; (*témoignage*) impugnable

récuser [ʀekyze] *vt* to challenge; **se récuser** to decline to give an opinion

recyclage [ʀəsiklaʒ] *nm* reorientation; retraining; recycling; **cours de ~** retraining course

recycler [ʀəsikle] *vt* (*Scol*) to reorientate; (*employés*) to retrain; (*matériau*) to recycle; **se recycler** to retrain; to go on a retraining course

rédacteur, -trice [ʀedaktœʀ, -tʀis] *nm/f* (*journaliste*) writer; subeditor; (*d'ouvrage de référence*) editor, compiler; **~ en chef** chief editor; **~ publicitaire** copywriter

rédaction [ʀedaksjɔ̃] *nf* writing; (*rédacteurs*) editorial staff; (*bureau*) editorial office(s); (*Scol: devoir*) essay, composition

reddition [ʀedisjɔ̃] *nf* surrender

redéfinir [ʀədefiniʀ] *vt* to redefine

redemander [ʀədmɑ̃de] *vt* (*renseignement*) to ask again for; (*nourriture*): **~ de** to ask for more (*ou* another); (*objet prêté*): **~ qch** to ask for sth back

redémarrer [ʀədemaʀe] *vi* (*véhicule*) to start again, get going again; (*fig: industrie etc*) to get going again

rédemption [ʀedɑ̃psjɔ̃] *nf* redemption

redéploiement [ʀədeplwamɑ̃] *nm* redeployment

redescendre [ʀədesɑ̃dʀ(ə)] *vi* (*à nouveau*) to go back down; (*après la montée*) to go down (again) ▷ *vt* (*pente etc*) to go down

redevable [ʀədvabl(ə)] *adj*: **être ~ de qch à qn** (*somme*) to owe sb sth; (*fig*) to be indebted to sb

for sth
redevance [Rədvɑ̃s] *nf* (*Tél*) rental charge; (*TV*) licence (*Brit*) *ou* license (*US*) fee
redevenir [Rədvənir] *vi* to become again
rédhibitoire [Redibitwar] *adj*: **vice ~** (*Jur*) *latent defect in merchandise that renders the sales contract void*; (*fig: défaut*) crippling
rediffuser [Rədifyze] *vt* (*Radio, TV*) to repeat, broadcast again
rediffusion [Rədifyzjɔ̃] *nf* repeat (programme)
rédiger [Rediʒe] *vt* to write; (*contrat*) to draw up
redire [Rədir] *vt* to repeat; **trouver à ~ à** to find fault with
redistribuer [Rədistribɥe] *vt* (*cartes etc*) to deal again; (*richesses, tâches, revenus*) to redistribute
redite [Rədit] *nf* (needless) repetition
redondance [Rədɔ̃dɑ̃s] *nf* redundancy
redonner [Rədɔne] *vt* (*restituer*) to give back, return; (*du courage, des forces*) to restore
redoublé, e [Rəduble] *adj*: **à coups ~s** even harder, twice as hard
redoubler [Rəduble] *vi* (*tempête, violence*) to intensify, get even stronger *ou* fiercer *etc*; (*Scol*) to repeat a year ▷ *vt* (*Scol: classe*) to repeat; (*Ling: lettre*) to double; **le vent redouble de violence** the wind is blowing twice as hard
redoutable [Rədutabl(ə)] *adj* formidable, fearsome
redouter [Rədute] *vt* to fear; (*appréhender*) to dread; **~ de faire** to dread doing
redoux [Rədu] *nm* milder spell
redressement [RədRɛsmɑ̃] *nm* (*de l'économie etc*) putting right; **maison de ~** reformatory; **~ fiscal** repayment of back taxes
redresser [RədRese] *vt* (*arbre, mât*) to set upright, right; (*pièce tordue*) to straighten out; (*Aviat, Auto*) to straighten up; (*situation, économie*) to put right; **se redresser** *vi* (*objet penché*) to right itself; to straighten up; (*personne*) to sit (*ou* stand) up; to sit (*ou* stand) up straight; (*fig: pays, situation*) to recover; **~ (les roues)** (*Auto*) to straighten up
redresseur [RədRɛsœR] *nm*: **~ de torts** righter of wrongs
réducteur, -trice [Redyktœr, -tRis] *adj* simplistic
réduction [Redyksjɔ̃] *nf* reduction; **en ~** *adv* in miniature, scaled-down
réduire [Redɥir] *vt* (*gén, Culin, Math*) to reduce; (*prix, dépenses*) to cut, reduce; (*carte*) to scale down, reduce; (*Méd: fracture*) to set; **~ qn/qch à** to reduce sb/sth to; **se ~ à** (*revenir à*) to boil down to; **se ~ en** (*se transformer en*) to be reduced to; **en être réduit à** to be reduced to
réduit, e [Redɥi, -it] *pp de* **réduire** ▷ *adj* (*prix, tarif, échelle*) reduced; (*mécanisme*) scaled-down; (*vitesse*) reduced ▷ *nm* tiny room; recess
rééditer [Reedite] *vt* to republish
réédition [Reedisjɔ̃] *nf* new edition
rééducation [Reedykasjɔ̃] *nf* (*d'un membre*) re-education; (*de délinquants, d'un blessé*) rehabilitation; **~ de la parole** speech therapy; **centre de ~** physiotherapy *ou* physical therapy (*US*) centre
rééduquer [Reedyke] *vt* to reeducate; to rehabilitate
réel, le [Reɛl] *adj* real ▷ *nm*: **le ~** reality
réélection [Reelɛksjɔ̃] *nf* re-election
rééligible [Reeliʒibl(ə)] *adj* re-eligible
réélire [Reelir] *vt* to re-elect
réellement [Reɛlmɑ̃] *adv* really
réembaucher [Reɑ̃boʃe] *vt* to take on again
réemploi [Reɑ̃plwa] *nm* = **remploi**
réemployer [Reɑ̃plwaje] *vt* (*méthode, produit*) to re-use; (*argent*) to reinvest; (*personnel, employé*) to re-employ
rééquilibrer [Reekilibre] *vt* (*budget*) to balance (again)
réescompte [Reɛskɔ̃t] *nm* rediscount
réessayer [Reeseje] *vt* to try on again
réévaluation [Reevalɥasjɔ̃] *nf* revaluation
réévaluer [Reevalɥe] *vt* to revalue
réexaminer [Reɛgzamine] *vt* to re-examine
réexpédier [Reɛkspedje] *vt* (*à l'envoyeur*) to return, send back; (*au destinataire*) to send on, forward
réexporter [Reɛkspɔrte] *vt* to re-export
réf. *abr* = **référence(s)**; **V/~.** Your ref
refaire [Rəfɛr] *vt* (*faire de nouveau, recommencer*) to do again; (*réparer, restaurer*) to do up; **se refaire** *vi* (*en argent*) to make up one's losses; **se ~ une santé** to recuperate; **se ~ à qch** (*se réhabituer à*) to get used to sth again
refasse *etc* [Rəfas] *vb voir* **refaire**
réfection [Refɛksjɔ̃] *nf* repair; **en ~** under repair
réfectoire [Refɛktwar] *nm* refectory
referai *etc* [R(ə)fRe] *vb voir* **refaire**
référé [Refere] *nm* (*Jur*) *emergency interim proceedings ou ruling*
référence [Referɑ̃s] *nf* reference; **références** *nfpl* (*recommandations*) reference *sg*; **faire ~ à** to refer to; **ouvrage de ~** reference work; **ce n'est pas une ~** (*fig*) that's no recommendation
référendum [Referɑ̃dɔm] *nm* referendum
référer [Refere]: **se ~ à** *vt* to refer to; **en ~ à qn** to refer the matter to sb
refermer [Rəfɛrme] *vt* to close again, shut again
refiler [Rəfile] *vt* (*fam*): **~ qch à qn** to palm (*Brit*) *ou* fob sth off on sb; to pass sth on to sb
refit *etc* [Rəfi] *vb voir* **refaire**
réfléchi, e [Refleʃi] *adj* (*caractère*) thoughtful; (*action*) well-thought-out; (*Ling*) reflexive
réfléchir [Refleʃir] *vt* to reflect ▷ *vi* to think; **~ à** *ou* **sur** to think about; **c'est tout réfléchi** my mind's made up
réflecteur [Reflɛktœr] *nm* (*Auto*) reflector
reflet [Rəflɛ] *nm* reflection; (*sur l'eau etc*) sheen *no pl*, glint; **reflets** *nmpl* gleam *sg*
refléter [Rəflete] *vt* to reflect; **se refléter** *vi* to be reflected
réflex [Reflɛks] *adj inv* (*Photo*) reflex
réflexe [Reflɛks(ə)] *adj, nm* reflex; **~ conditionné** conditioned reflex

r

réflexion [Reflɛksjɔ̃] *nf* (*de la lumière etc, pensée*) reflection; (*fait de penser*) thought; (*remarque*) remark; **réflexions** *nfpl* (*méditations*) thought *sg*, reflection *sg*; **sans ~** without thinking; **~ faite, à la ~** après réflexion, on reflection; **délai de ~** cooling-off period; **groupe de ~** think tank
réflexologie [Reflɛksɔlɔʒi] *nf* reflexology
refluer [Rəflye] *vi* to flow back; (*foule*) to surge back
reflux [Rəfly] *nm* (*de la mer*) ebb; (*fig*) backward surge
refondre [Rəfɔ̃dR(ə)] *vt* (*texte*) to recast
refont [R(ə)fɔ̃] *vb voir* **refaire**
reformater [Rəfɔrmate] *vt* to reformat
réformateur, -trice [RefɔRmatœR, -tRis] *nm/f* reformer ▷ *adj* (*mesures*) reforming
Réformation [RefɔRmɑsjɔ̃] *nf*: **la ~** the Reformation
réforme [RefɔRm(ə)] *nf* reform; (*Mil*) declaration of unfitness for service; discharge (*on health grounds*); (*Rel*): **la R~** the Reformation
réformé, e [RefɔRme] *adj, nm/f* (*Rel*) Protestant
reformer [RəfɔRme] *vt*, **se reformer** *vi* to reform; **~ les rangs** (*Mil*) to fall in again
réformer [RefɔRme] *vt* to reform; (*Mil: recrue*) to declare unfit for service; (*: soldat*) to discharge, invalid out; (*matériel*) to scrap
réformisme [RefɔRmism(ə)] *nm* reformism, policy of reform
réformiste [RefɔRmist(ə)] *adj, nm/f* (*Pol*) reformist
refoulé, e [Rəfule] *adj* (*Psych*) repressed
refoulement [Rəfulmɑ̃] *nm* (*d'une armée*) driving back; (*Psych*) repression
refouler [Rəfule] *vt* (*envahisseurs*) to drive back, repulse; (*liquide*) to force back; (*fig*) to suppress; (*Psych*) to repress
réfractaire [RefRaktɛR] *adj* (*minerai*) refractory; (*brique*) fire *cpd*; (*maladie*) which is resistant to treatment; (*prêtre*) non-juring; **soldat ~** draft evader; **être ~ à** to resist
réfracter [RefRakte] *vt* to refract
réfraction [RefRaksjɔ̃] *nf* refraction
refrain [RəfRɛ̃] *nm* (*Mus*) refrain, chorus; (*air, fig*) tune
refréner, réfréner [RəfRene, RefRene] *vt* to curb, check
réfrigérant, e [RefRiʒeRɑ̃, -ɑ̃t] *adj* refrigerant, cooling
réfrigérateur [RefRiʒeRatœR] *nm* refrigerator; **~-congélateur** fridge-freezer
réfrigération [RefRiʒeRɑsjɔ̃] *nf* refrigeration
réfrigéré, e [RefRiʒeRe] *adj* (*camion, wagon*) refrigerated
réfrigérer [RefRiʒeRe] *vt* to refrigerate; (*fam: glacer: aussi fig*) to cool
refroidir [RəfRwadiR] *vt* to cool; (*fig*) to have a cooling effect on ▷ *vi* to cool (down); **se refroidir** *vi* (*prendre froid*) to catch a chill; (*temps*) to get cooler *ou* colder; (*fig*) to cool (off)
refroidissement [RəfRwadismɑ̃] *nm* cooling; (*grippe etc*) chill
refuge [Rəfyʒ] *nm* refuge; (*pour piétons*) (traffic) island; **demander ~ à qn** to ask sb for refuge
réfugié, e [Refyʒje] *adj, nm/f* refugee
réfugier [Refyʒje]: **se réfugier** *vi* to take refuge
refus [Rəfy] *nm* refusal; **ce n'est pas de ~** I won't say no, it's very welcome
refuser [Rəfyze] *vt* to refuse; (*Scol: candidat*) to fail ▷ *vi* to refuse; **~ qch à qn/de faire** to refuse sb sth/to do; **~ du monde** to have to turn people away; **se ~ à qch** *ou* **à faire qch** to refuse to do sth; **il ne se refuse rien** he doesn't stint himself; **se ~ à qn** to refuse sb
réfutable [Refytabl(ə)] *adj* refutable
réfuter [Refyte] *vt* to refute
regagner [Rəgaɲe] *vt* (*argent, faveur*) to win back; (*lieu*) to get back to; **~ le temps perdu** to make up for lost time; **~ du terrain** to regain ground
regain [Rəgɛ̃] *nm* (*herbe*) second crop of hay; (*renouveau*): **~ de qch** renewed sth
régal [Regal] *nm* treat; **un ~ pour les yeux** a pleasure *ou* delight to look at
régalade [Regalad] *adv*: **à la ~** from the bottle (held away from the lips)
régaler [Regale] *vt*: **~ qn** to treat sb to a delicious meal; **~ qn de** to treat sb to; **se régaler** *vi* to have a delicious meal; (*fig*) to enjoy o.s
regard [RəgaR] *nm* (*coup d'œil*) look, glance; (*expression*) look (in one's eye); **parcourir/menacer du ~** to cast an eye over/look threateningly at; **au ~ de** (*loi, morale*) from the point of view of; **en ~** (*vis à vis*) opposite; **en ~ de** in comparison with
regardant, e [RəgaRdɑ̃, -ɑ̃t] *adj*: **très/peu ~ (sur)** quite fussy/very free (about); (*économe*) very tight-fisted/quite generous (with)
regarder [RəgaRde] *vt* (*examiner, observer, lire*) to look at; (*film, télévision, match*) to watch; (*envisager: situation, avenir*) to view; (*considérer: son intérêt etc*) to be concerned with; (*être orienté vers*): **~ (vers)** to face; (*concerner*) to concern ▷ *vi* to look; **~ à** *vt* (*dépense, qualité, détails*) to be fussy with *ou* over; **~ à faire** to hesitate to do; **dépenser sans ~** to spend freely; **~ qn/qch comme** to regard sb/sth as; **~ (qch) dans le dictionnaire** to look (sth up) in the dictionary; **~ par la fenêtre** to look out of the window; **cela me regarde** it concerns me, it's my business
régate [Regat], **régates** *nf(pl)* regatta
régénérer [ReʒeneRe] *vt* to regenerate; (*fig*) to revive
régent [Reʒɑ̃] *nm* regent
régenter [Reʒɑ̃te] *vt* to rule over; to dictate to
régie [Reʒi] *nf* (*Comm, Industrie*) state-owned company; (*Théât, Ciné*) production; (*Radio, TV*) control room; **la ~ de l'État** state control
regimber [Rəʒɛ̃be] *vi* to balk, jib
régime [Reʒim] *nm* (*Pol Géo*) régime; (*Admin: carcéral, fiscal etc*) system; (*Méd*) diet; (*Tech*) (engine) speed; (*fig*) rate, pace; (*de bananes, dattes*) bunch; **se mettre au/suivre un ~** to go on/be on a diet; **~ sans sel** salt-free diet; **à bas/**

haut ~ (*Auto*) at low/high revs; **à plein ~** flat out, at full speed; **~ matrimonial** marriage settlement
régiment [reʒimɑ̃] *nm* (*Mil: unité*) regiment; (*fig: fam*): **un ~ de** an army of; **un copain de ~** a pal from military service *ou* (one's) army days
région [reʒjɔ̃] *nf* region; **la ~ parisienne** the Paris area
régional, e, -aux [reʒjɔnal, -o] *adj* regional
régionalisation [reʒjɔnalizɑsjɔ̃] *nf* regionalization
régionalisme [reʒjɔnalism(ə)] *nm* regionalism
régir [reʒiʀ] *vt* to govern
régisseur [reʒisœʀ] *nm* (*d'un domaine*) steward; (*Ciné, TV*) assistant director; (*Théât*) stage manager
registre [ʀəʒistʀ(ə)] *nm* (*livre*) register; logbook; ledger; (*Mus, Ling*) register; (*d'orgue*) stop; **~ de comptabilité** ledger; **~ de l'état civil** register of births, marriages and deaths
réglable [reglabl(ə)] *adj* (*siège, flamme etc*) adjustable; (*achat*) payable
réglage [reglaʒ] *nm* (*d'une machine*) adjustment; (*d'un moteur*) tuning
réglé, e [regle] *adj* well-ordered; stable, steady; (*papier*) ruled; (*arrangé*) settled
règle [ʀɛgl(ə)] *nf* (*instrument*) ruler; (*loi, prescription*) rule; **règles** *nfpl* (*Physiol*) period *sg*; **avoir pour ~ de** to make it a rule that *ou* to; **en ~** (*papiers d'identité*) in order; **être/se mettre en ~** to be/put o.s. straight with the authorities; **en ~ générale** as a (general) rule; **être la ~** to be the rule; **être de ~** to be usual; **~ à calcul** slide rule; **~ de trois** (*Math*) rule of three
règlement [ʀɛgləmɑ̃] *nm* settling; (*paiement*) settlement; (*arrêté*) regulation; (*règles, statuts*) regulations *pl*, rules *pl*; **~ à la commande** cash with order; **~ de compte(s)** settling of scores; **~ en espèces/par chèque** payment in cash/by cheque; **~ intérieur** (*Scol*) school rules *pl*; (*Admin*) by-laws *pl*; **~ judiciaire** compulsory liquidation
réglementaire [ʀɛgləmɑ̃tɛʀ] *adj* conforming to the regulations; (*tenue, uniforme*) regulation *cpd*
réglementation [ʀɛgləmɑ̃tɑsjɔ̃] *nf* regulation, control; (*règlements*) regulations *pl*
réglementer [ʀɛgləmɑ̃te] *vt* to regulate, control
régler [regle] *vt* (*mécanisme, machine*) to regulate, adjust; (*moteur*) to tune; (*thermostat etc*) to set, adjust; (*emploi du temps etc*) to organize, plan; (*question, conflit, facture, dette*) to settle; (*fournisseur*) to settle up with, pay; (*papier*) to rule; **~ qch sur** to model sth on; **~ son compte** to sort sb out, settle sb; **~ un compte** to settle a score with sb
réglisse [reglis] *nf ou m* liquorice; **bâton de ~** liquorice stick
règne [ʀɛɲ] *nm* (*d'un roi etc, fig*) reign; (*Bio*): **le ~ végétal/animal** the vegetable/animal kingdom
régner [reɲe] *vi* (*roi*) to rule, reign; (*fig*) to reign
regonfler [ʀ(ə)gɔ̃fle] *vt* (*ballon, pneu*) to reinflate, blow up again
regorger [ʀəgɔʀʒe] *vi* to overflow; **~ de** to overflow with, be bursting with
régresser [ʀegʀese] *vi* (*phénomène*) to decline; (*enfant, malade*) to regress
régressif, -ive [ʀegʀesif, -iv] *adj* regressive
régression [ʀegʀesjɔ̃] *nf* decline; regression; **être en ~** to be on the decline
regret [ʀəgʀɛ] *nm* regret; **à ~** with regret; **avec ~** regretfully; **être au ~ de devoir/ne pas pouvoir faire** to regret to have to/that one is unable to do; **j'ai le ~ de vous informer que …** I regret to inform you that …
regrettable [ʀəgʀɛtabl(ə)] *adj* regrettable
regretter [ʀəgʀete] *vt* to regret; (*personne*) to miss; **~ d'avoir fait** to regret doing; **~ que** to regret that, be sorry that; **non, je regrette** no, I'm sorry
regroupement [ʀ(ə)gʀupmɑ̃] *nm* grouping together; (*groupe*) group
regrouper [ʀəgʀupe] *vt* (*grouper*) to group together; (*contenir*) to include, comprise; **se regrouper** *vi* to gather (together)
régularisation [ʀegylaʀizɑsjɔ̃] *nf* (*de papiers, passeport*) putting in order; (*de sa situation: par le mariage*) regularization; (*d'un mécanisme*) regulation
régulariser [ʀegylaʀize] *vt* (*fonctionnement, trafic*) to regulate; (*passeport, papiers*) to put in order; (*sa situation*) to straighten out, regularize
régularité [ʀegylaʀite] *nf* regularity
régulateur, -trice [ʀegylatœʀ, -tʀis] *adj* regulating ▷ *nm* (*Tech*): **~ de vitesse/de température** speed/temperature regulator
régulation [ʀegylɑsjɔ̃] *nf* (*du trafic*) regulation; **~ des naissances** birth control
régulier, -ière [ʀegylje, -jɛʀ] *adj* (*gén*) regular; (*vitesse, qualité*) steady; (*répartition, pression*) even; (*Transports: ligne, service*) scheduled, regular; (*légal, réglementaire*) lawful, in order; (*fam: correct*) straight, on the level
régulièrement [ʀegyljɛʀmɑ̃] *adv* regularly; steadily; evenly; normally
régurgiter [ʀegyʀʒite] *vt* to regurgitate
réhabiliter [ʀeabilite] *vt* to rehabilitate; (*fig*) to restore to favour (*Brit*) *ou* favor (*US*)
réhabituer [ʀeabitɥe] *vt*: **se ~ à qch/à faire qch** to get used to sth again/to doing sth again
rehausser [ʀəose] *vt* to heighten, raise; (*fig*) to set off, enhance
réimporter [ʀeɛ̃pɔʀte] *vt* to reimport
réimposer [ʀeɛ̃poze] *vt* (*Finance*) to reimpose; to tax again
réimpression [ʀeɛ̃pʀɛsjɔ̃] *nf* reprinting; (*ouvrage*) reprint
réimprimer [ʀeɛ̃pʀime] *vt* to reprint
Reims [ʀɛ̃s] *n* Rheims
rein [ʀɛ̃] *nm* kidney; **reins** *nmpl* (*dos*) back *sg*; **avoir mal aux ~s** to have backache; **~ artificiel** kidney machine
réincarnation [ʀeɛ̃kaʀnɑsjɔ̃] *nf* reincarnation
réincarner [ʀeɛ̃kaʀne]: **se réincarner** *vr* to be reincarnated

r

reine [ʀɛn] *nf* queen
reine-claude [ʀɛnklod] *nf* greengage
reinette [ʀɛnɛt] *nf* rennet, pippin
réinitialisation [ʀeinisjalizasjɔ̃] *nf* (*Inform*) reset
réinscriptible [ʀeɛ̃skʀiptibl] *adj* (*CD, DVD*) rewritable
réinsérer [ʀeɛ̃seʀe] *vt* (*délinquant, handicapé etc*) to rehabilitate
réinsertion [ʀeɛ̃sɛʀsjɔ̃] *nf* rehabilitation
réintégrer [ʀeɛ̃tegʀe] *vt* (*lieu*) to return to; (*fonctionnaire*) to reinstate
réitérer [ʀeiteʀe] *vt* to repeat, reiterate
rejaillir [ʀəʒajiʀ] *vi* to splash up; **~ sur** to splash up onto; (*fig*) to rebound on; to fall upon
rejet [ʀəʒɛ] *nm* (*action, aussi Méd*) rejection; (*Poésie*) enjambement, rejet; (*Bot*) shoot
rejeter [ʀəʒte] *vt* (*relancer*) to throw back; (*vomir*) to bring *ou* throw up; (*écarter*) to reject; (*déverser*) to throw out, discharge; (*reporter*): **~ un mot à la fin d'une phrase** to transpose a word to the end of a sentence; **se ~ sur qch** (*accepter faute de mieux*) to fall back on sth; **~ la tête/les épaules en arrière** to throw one's head/pull one's shoulders back; **~ la responsabilité de qch sur qn** to lay the responsibility for sth at sb's door
rejeton [ʀəʒtɔ̃] *nm* offspring
rejette *etc* [ʀ(ə)ʒɛt] *vb voir* **rejeter**
rejoignais *etc* [ʀ(ə)ʒwaɲɛ] *vb voir* **rejoindre**
rejoindre [ʀəʒwɛ̃dʀ(ə)] *vt* (*famille, régiment*) to rejoin, return to; (*lieu*) to get (back) to; (*route etc*) to meet, join; (*rattraper*) to catch up (with); **se rejoindre** *vi* to meet; **je te rejoins au café** I'll see *ou* meet you at the café
réjoui, e [ʀeʒwi] *adj* joyous
réjouir [ʀeʒwiʀ] *vt* to delight; **se réjouir** *vi* to be delighted; **se ~ de qch/de faire** to be delighted about sth/to do; **se ~ que** to be delighted that
réjouissances [ʀeʒwisɑ̃s] *nfpl* (*joie*) rejoicing *sg*; (*fête*) festivities, merry-making *sg*
réjouissant, e [ʀeʒwisɑ̃, -ɑ̃t] *adj* heartening, delightful
relâche [ʀəlɑʃ]: **faire ~** *vi* (*navire*) to put into port; (*Ciné*) to be closed; **c'est le jour de ~** (*Ciné*) it's closed today; **sans ~** *adv* without respite *ou* a break
relâché, e [ʀəlɑʃe] *adj* loose, lax
relâchement [ʀəlɑʃmɑ̃] *nm* (*d'un prisonnier*) release; (*de la discipline, musculaire*) relaxation
relâcher [ʀəlɑʃe] *vt* (*ressort, prisonnier*) to release; (*étreinte, cordes*) to loosen; (*discipline*) to relax ▷ *vi* (*Navig*) to put into port; **se relâcher** *vi* to loosen; (*discipline*) to become slack *ou* lax; (*élève etc*) to slacken off
relais [ʀəlɛ] *nm* (*Sport*): **(course de) ~** relay (race); (*Radio, TV*) relay; (*intermédiaire*) go-between; **équipe de ~** shift team; (*Sport*) relay team; **prendre le ~ (de)** to take over (from); **~ de poste** post house, coaching inn; **~ routier** ≈ transport café (*Brit*), ≈ truck stop (*US*)
relance [ʀəlɑ̃s] *nf* boosting, revival; (*Écon*) reflation
relancer [ʀəlɑ̃se] *vt* (*balle*) to throw back (again); (*moteur*) to restart; (*fig*) to boost, revive; (*personne*): **~ qn** to pester sb; to get on to sb again
relater [ʀəlate] *vt* to relate, recount
relatif, -ive [ʀəlatif, -iv] *adj* relative
relation [ʀəlasjɔ̃] *nf* (*récit*) account, report; (*rapport*) relation(ship); **relations** *nfpl* (*rapports*) relations; relationship; (*connaissances*) connections; **être/entrer en ~(s) avec** to be in contact *ou* be dealing/get in contact with; **mettre qn en ~(s) avec** to put sb in touch with; **~s internationales** international relations; **~s publiques** public relations; **~s (sexuelles)** sexual relations, (sexual) intercourse *sg*
relativement [ʀəlativmɑ̃] *adv* relatively; **~ à** in relation to
relativiser [ʀəlativize] *vt* to see in relation to; to put into context
relativité [ʀəlativite] *nf* relativity
relax [ʀəlaks] *adj inv*, **relaxe** [ʀəlaks(ə)] ▷ *adj* relaxed, informal, casual; easy-going; **(fauteuil-)~** *nm* reclining chair
relaxant, e [ʀəlaksɑ̃, -ɑ̃t] *adj* (*cure, médicament*) relaxant; (*ambiance*) relaxing
relaxation [ʀ(ə)laksasjɔ̃] *nf* relaxation
relaxer [ʀəlakse] *vt* to relax; (*Jur*) to discharge; **se relaxer** *vi* to relax
relayer [ʀəleje] *vt* (*collaborateur, coureur etc*) to relieve, take over from; (*Radio, TV*) to relay; **se relayer** (*dans une activité*) to take it in turns
relecture [ʀ(ə)lɛktyʀ] *nf* rereading
relégation [ʀəlegasjɔ̃] *nf* (*Sport*) relegation
reléguer [ʀəlege] *vt* to relegate; **~ au second plan** to push into the background
relent [ʀəlɑ̃], **relents** *nm(pl)* stench *sg*
relevé, e [ʀəlve] *adj* (*bord de chapeau*) turned-up; (*manches*) rolled-up; (*fig: style*) elevated; (*: sauce*) highly-seasoned ▷ *nm* (*lecture*) reading; (*de cotes*) plotting; (*liste*) statement; list; (*facture*) account; **~ de compte** bank statement; **~ d'identité bancaire (RIB)** (bank) account number
relève [ʀəlɛv] *nf* relief; (*équipe*) relief team (*ou* troops *pl*); **prendre la ~** to take over
relèvement [ʀəlɛvmɑ̃] *nm* (*d'un taux, niveau*) raising
relever [ʀəlve] *vt* (*statue, meuble*) to stand up again; (*personne tombée*) to help up; (*vitre, plafond, niveau de vie*) to raise; (*pays, économie, entreprise*) to put back on its feet; (*col*) to turn up; (*style, conversation*) to elevate; (*plat, sauce*) to season; (*sentinelle, équipe*) to relieve; (*souligner: fautes, points*) to pick out; (*constater: traces etc*) to find, pick up; (*répliquer à: remarque*) to react to, reply to; (*: défi*) to accept, take up; (*noter: adresse etc*) to take down, note; (*: plan*) to sketch; (*: cotes etc*) to plot; (*compteur*) to read; (*ramasser: cahiers, copies*) to collect, take in ▷ *vi* (*jupe, bord*) to ride up; **~ de** *vt* (*maladie*) to be recovering from; (*être du ressort de*) to be a matter for; (*Admin: dépendre de*) to come under; (*fig*) to pertain to; **se relever** *vi* (*se*

remettre debout) to get up; (*fig*): **se ~ (de)** to recover (from); **~ qn de** (*vœux*) to release sb from; (*fonctions*) to relieve sb of; **~ la tête** to look up; to hold up one's head

relief [Rəljɛf] *nm* relief; (*de pneu*) tread pattern; **reliefs** *nmpl* (*restes*) remains; **en ~** in relief; (*photographie*) three-dimensional; **mettre en ~** (*fig*) to bring out, highlight

relier [Rəlje] *vt* to link up; (*livre*) to bind; **~ qch à** to link sth to; **livre relié cuir** leather-bound book

relieur, -euse [RəljœR, -øz] *nm/f* (book)binder

religieusement [R(ə)liʒjøzmɑ̃] *adv* religiously; (*enterré, mariés*) in church; **vivre ~** to lead a religious life

religieux, -euse [Rəliʒjø, -øz] *adj* religious ▷ *nm* monk ▷ *nf* nun; (*gâteau*) cream bun

religion [Rəliʒjɔ̃] *nf* religion; (*piété, dévotion*) faith; **entrer en ~** to take one's vows

reliquaire [RəlikɛR] *nm* reliquary

reliquat [Rəlika] *nm* (*d'une somme*) balance; (*Jur: de succession*) residue

relique [Rəlik] *nf* relic

relire [RəliR] *vt* (*à nouveau*) to reread, read again; (*vérifier*) to read over; **se relire** to read through what one has written

reliure [RəljyR] *nf* binding; (*art, métier*): **la ~** book-binding

reloger [R(ə)lɔʒe] *vt* (*locataires, sinistrés*) to rehouse

relooker [Rəluke] *vt*: ~ qn to give sb a makeover

relu, e [Rəly] *pp de* **relire**

reluire [RəlɥiR] *vi* to gleam

reluisant, e [Rəlɥizɑ̃, -ɑ̃t] *vb voir* **reluire** ▷ *adj* gleaming; **peu ~** (*fig*) unattractive; unsavoury (*Brit*), unsavory (*US*)

reluquer [R(ə)lyke] *vt* (*fam*) to eye (up), ogle

remâcher [Rəmɑʃe] *vt* to chew *ou* ruminate over

remailler [Rəmaje] *vt* (*tricot*) to darn; (*filet*) to mend

remaniement [Rəmanimɑ̃] *nm*: **~ ministériel** Cabinet reshuffle

remanier [Rəmanje] *vt* to reshape, recast; (*Pol*) to reshuffle

remarier [R(ə)maRje]: **se remarier** *vi* to remarry, get married again

remarquable [RəmaRkabl(ə)] *adj* remarkable

remarquablement [R(ə)maRkabləmɑ̃] *adv* remarkably

remarque [RəmaRk(ə)] *nf* remark; (*écrite*) note

remarquer [RəmaRke] *vt* (*voir*) to notice; (*dire*): **~ que** to remark that; **se ~** to be noticeable; **se faire ~** to draw attention to o.s.; **faire ~ (à qn) que** to point out (to sb) that; **faire ~ qch (à qn)** to point sth out (to sb); **remarquez, ...** mark you, ..., mind you, ...

remballer [Rɑ̃bale] *vt* to wrap up (again); (*dans un carton*) to pack up (again)

rembarrer [Rɑ̃baRe] *vt*: **~ qn** (*repousser*) to rebuff sb; (*remettre à sa place*) to put sb in his (*ou* her) place

remblai [Rɑ̃blɛ] *nm* embankment

remblayer [Rɑ̃bleje] *vt* to bank up; (*fossé*) to fill in

rembobiner [Rɑ̃bɔbine] *vt* to rewind

rembourrage [Rɑ̃buRaʒ] *nm* stuffing; padding

rembourré, e [Rɑ̃buRe] *adj* padded

rembourrer [Rɑ̃buRe] *vt* to stuff; (*dossier, vêtement, souliers*) to pad

remboursable [Rɑ̃buRsabl(ə)] *adj* repayable

remboursement [Rɑ̃buRsəmɑ̃] *nm* repayment; **envoi contre ~** cash on delivery

rembourser [Rɑ̃buRse] *vt* to pay back, repay

rembrunir [Rɑ̃bRyniR]: **se rembrunir** *vi* to grow sombre (*Brit*) *ou* somber (*US*)

remède [Rəmɛd] *nm* (*médicament*) medicine; (*traitement, fig*) remedy, cure; **trouver un ~ à** (*Méd, fig*) to find a cure for

remédier [Rəmedje]: **~ à** *vt* to remedy

remembrement [Rəmɑ̃bRəmɑ̃] *nm* (*Agr*) regrouping of lands

remémorer [RəmemɔRe]: **se remémorer** *vt* to recall, recollect

remerciements [RəmɛRsimɑ̃] *nmpl* thanks; **(avec) tous mes ~** (with) grateful *ou* many thanks

remercier [RəmɛRsje] *vt* to thank; (*congédier*) to dismiss; **~ qn de/d'avoir fait** to thank sb for/for having done; **non, je vous remercie** no thank you

remettre [RəmɛtR(ə)] *vt* (*vêtement*): **~ qch** to put sth back on, put sth on again; (*replacer*): **~ qch quelque part** to put sth back somewhere; (*ajouter*): **~ du sel/un sucre** to add more salt/another lump of sugar; (*rétablir: personne*): **~ qn** to set sb back on his (*ou* her) feet; (*rendre, restituer*): **~ qch à qn** to give sth back to sb, return sth to sb; (*donner, confier: paquet, argent*): **~ qch à qn** to hand sth over to sb, deliver sth to sb; (*prix, décoration*): **~ qch à qn** to present sb with sth; (*ajourner*): **~ qch (à)** to postpone sth *ou* put sth off (until); **se remettre** *vi* to get better, recover; **se ~ de** to recover from, get over; **s'en ~ à** to leave it (up) to; **se ~ à faire/qch** to start doing/sth again; **~ un moteur/une machine en marche** to get an engine/a machine going again; **~ en état/en ordre** to repair/sort out; **~ en cause/question** to challenge/question again; **~ sa démission** to hand in one's notice; **~ qch à neuf** to make sth as good as new; **~ qn à sa place** (*fig*) to put sb in his (*ou* her) place

réminiscence [Reminisɑ̃s] *nf* reminiscence

remis, e [Rəmi, -iz] *pp de* **remettre** ▷ *nf* delivery; presentation; (*rabais*) discount; (*local*) shed; **~ en marche/en ordre** starting up again/sorting out; **~ en cause/question** calling into question/challenging; **~ de fonds** remittance; **~ en jeu** (*Football*) throw-in; **~ à neuf** restoration; **~ de peine** remission of sentence

remiser [Rəmize] *vt* to put away

rémission [Remisjɔ̃]: **sans ~** *adj* irremediable *adv* unremittingly

remodeler [Rəmɔdle] *vt* to remodel; (*fig: restructurer*) to restructure

rémois, e [ʀemwa, -waz] *adj* of *ou* from Rheims ▷ *nm/f*: **Rémois, e** inhabitant *ou* native of Rheims

remontant [ʀəmɔ̃tɑ̃] *nm* tonic, pick-me-up

remontée [ʀəmɔ̃te] *nf* rising; ascent; **~s mécaniques** (*Ski*) ski lifts, ski tows

remonte-pente [ʀəmɔ̃tpɑ̃t] *nm* ski lift, (ski) tow

remonter [ʀəmɔ̃te] *vi* (*à nouveau*) to go back up; (*à cheval*) to remount; (*après une descente*) to go up (again); (*en voiture*) to get back in; (*jupe*) to ride up ▷ *vt* (*pente*) to go up; (*fleuve*) to sail (*ou* swim *etc*) up; up; (*manches, pantalon*) to roll up; (*col*) to turn up; (*niveau, limite*) to raise; (*fig: personne*) to buck up; (*moteur, meuble*) to put back together, reassemble; (*garde-robe etc*) to renew, replenish; (*montre, mécanisme*) to wind up; **~ le moral à qn** to raise sb's spirits; **~ à** (*dater de*) to date *ou* go back to; **~ en voiture** to get back into the car

remontoir [ʀəmɔ̃twaʀ] *nm* winding mechanism, winder

remontrance [ʀəmɔ̃tʀɑ̃s] *nf* reproof, reprimand

remontrer [ʀəmɔ̃tʀe] *vt* (*montrer de nouveau*): **~ qch (à qn)** to show sth again (to sb); (*fig*): **en ~ à** to prove one's superiority over

remords [ʀəmɔʀ] *nm* remorse *no pl*; **avoir des ~** to feel remorse, be conscience-stricken

remorque [ʀəmɔʀk(ə)] *nf* trailer; **prendre/être en ~** to tow/be on tow; **être à la ~** (*fig*) to tag along (behind)

remorquer [ʀəmɔʀke] *vt* to tow

remorqueur [ʀəmɔʀkœʀ] *nm* tug(boat)

rémoulade [ʀemulad] *nf dressing with mustard and herbs*

rémouleur [ʀemulœʀ] *nm* (knife- *ou* scissor-) grinder

remous [ʀəmu] *nm* (*d'un navire*) (back)wash *no pl*; (*de rivière*) swirl, eddy *pl*; (*fig*) stir *sg*

rempailler [ʀɑ̃paje] *vt* to reseat (*with straw*)

rempart [ʀɑ̃paʀ] *nm* rampart; **faire à qn un ~ de son corps** to shield sb with one's (own) body

remparts [ʀɑ̃paʀ] *nmpl* walls, ramparts

rempiler [ʀɑ̃pile] *vt* (*dossiers, livres etc*) to pile up again ▷ *vi* (*Mil: fam*) to join up again

remplaçant, e [ʀɑ̃plasɑ̃, -ɑ̃t] *nm/f* replacement, substitute, stand-in; (*Théât*) understudy; (*Scol*) supply (*Brit*) *ou* substitute (*US*) teacher

remplacement [ʀɑ̃plasmɑ̃] *nm* replacement; (*job*) replacement work *no pl*; (*suppléance: Scol*) supply (*Brit*) *ou* substitute (*US*) teacher; **assurer le ~ de qn** (*remplaçant*) to stand in *ou* substitute for sb; **faire des ~s** (*professeur*) to do supply *ou* substitute teaching; (*médecin*) to do locum work

remplacer [ʀɑ̃plase] *vt* to replace; (*prendre temporairement la place de*) to stand in for; (*tenir lieu de*) to take the place of, act as a substitute for; **~ qch/qn par** to replace sth/sb with

rempli, e [ʀɑ̃pli] *adj* (*emploi du temps*) full, busy; **~ de** full of, filled with

remplir [ʀɑ̃pliʀ] *vt* to fill (up); (*questionnaire*) to fill out *ou* up; (*obligations, fonction, condition*) to fulfil; **se remplir** *vi* to fill up; **~ qch de** to fill sth with

remplissage [ʀɑ̃plisaʒ] *nm* (*fig: péj*) padding

remploi [ʀɑ̃plwa] *nm* re-use

rempocher [ʀɑ̃pɔʃe] *vt* to put back into one's pocket

remporter [ʀɑ̃pɔʀte] *vt* (*marchandise*) to take away; (*fig*) to win, achieve

rempoter [ʀɑ̃pɔte] *vt* to repot

remuant, e [ʀəmɥɑ̃, -ɑ̃t] *adj* restless

remue-ménage [ʀəmymenaʒ] *nm inv* commotion

remuer [ʀəmɥe] *vt* to move; (*café, sauce*) to stir ▷ *vi* to move; (*fig: opposants*) to show signs of unrest; **se remuer** *vi* to move; (*se démener*) to stir o.s.; (*fam*) to get a move on

rémunérateur, -trice [ʀemyneʀatœʀ, -tʀis] *adj* remunerative, lucrative

rémunération [ʀemyneʀɑsjɔ̃] *nf* remuneration

rémunérer [ʀemyneʀe] *vt* to remunerate, pay

renâcler [ʀənɑkle] *vi* to snort; (*fig*) to grumble, balk

renaissance [ʀənɛsɑ̃s] *nf* rebirth, revival; **la R~** the Renaissance

renaître [ʀənɛtʀ(ə)] *vi* to be revived; **~ à la vie** to take on a new lease of life; **~ à l'espoir** to find fresh hope

rénal, e, -aux [ʀenal, -o] *adj* renal, kidney *cpd*

renard [ʀənaʀ] *nm* fox

renardeau [ʀənaʀdo] *nm* fox cub

rencard [ʀɑ̃kaʀ] *nm* = **rancard**

rencart [ʀɑ̃kaʀ] *nm* = **rancart**

renchérir [ʀɑ̃ʃeʀiʀ] *vi* to become more expensive; (*fig*): **~ (sur)** to add something (to)

renchérissement [ʀɑ̃ʃeʀismɑ̃] *nm* increase (in the cost *ou* price of)

rencontre [ʀɑ̃kɔ̃tʀ(ə)] *nf* (*de cours d'eau*) confluence; (*de véhicules*) collision; (*entrevue, congrès, match etc*) meeting; (*imprévue*) encounter; **faire la ~ de qn** to meet sb; **aller à la ~ de qn** to go and meet sb; **amours de ~** casual love affairs

rencontrer [ʀɑ̃kɔ̃tʀe] *vt* to meet; (*mot, expression*) to come across; (*difficultés*) to meet with; **se rencontrer** to meet; (*véhicules*) to collide

rendement [ʀɑ̃dmɑ̃] *nm* (*d'un travailleur, d'une machine*) output; (*d'une culture*) yield; (*d'un investissement*) return; **à plein ~** at full capacity

rendez-vous [ʀɑ̃devu] *nm* (*rencontre*) appointment; (*: d'amoureux*) date; (*lieu*) meeting place; **donner ~ à qn** to arrange to meet sb; **recevoir sur ~** to have an appointment system; **fixer un ~ à qn** to give sb an appointment; **avoir/prendre ~ (avec)** to have/make an appointment (with); **prendre ~ chez le médecin** to make an appointment with the doctor; **~ spatial** *ou* **orbital** docking (in space)

rendormir [ʀɑ̃dɔʀmiʀ]: **se rendormir** *vr* to go back to sleep

rendre [ʀɑ̃dʀ(ə)] *vt* (*livre, argent etc*) to give back, return; (*otages, visite, politesse, Jur: verdict*) to return; (*honneurs*) to pay; (*sang, aliments*) to bring up; (*sons: instrument*) to produce, make; (*exprimer, traduire*) to render; (*jugement*) to pronounce, render; (*faire devenir*): **~ qn célèbre/qch possible** to make sb famous/sth possible; **se rendre** *vi* (*capituler*) to surrender, give o.s. up; (*aller*): **se ~ quelque part** to go somewhere; **se ~ à** (*arguments etc*) to bow to; (*ordres*) to comply with; **se ~ compte de qch** to realize sth; **~ la vue/la santé à qn** to restore sb's sight/health; **~ la liberté à qn** to set sb free; **~ la monnaie** to give change; **se ~ insupportable/malade** to become unbearable/make o.s. ill

rendu, e [Rɑ̃dy] *pp de* **rendre** ▷ *adj* (*fatigué*) exhausted

renégat, e [Rənega, -at] *nm/f* renegade

renégocier [Rənegɔsje] *vt* to renegociate

rênes [Rɛn] *nfpl* reins

renfermé, e [Rɑ̃fɛRme] *adj* (*fig*) withdrawn ▷ *nm*: **sentir le ~** to smell stuffy

renfermer [Rɑ̃fɛRme] *vt* to contain; **se renfermer (sur soi-même)** to withdraw into o.s

renfiler [Rɑ̃file] *vt* (*collier*) to rethread; (*pull*) to slip on

renflé, e [Rɑ̃fle] *adj* bulging, bulbous

renflement [Rɑ̃fləmɑ̃] *nm* bulge

renflouer [Rɑ̃flue] *vt* to refloat; (*fig*) to set back on its (*ou* his/her *etc*) feet (again)

renfoncement [Rɑ̃fɔ̃smɑ̃] *nm* recess

renforcer [Rɑ̃fɔRse] *vt* to reinforce; **~ qn dans ses opinions** to confirm sb's opinion

renfort [Rɑ̃fɔR]: **~s** *nmpl* reinforcements; **en ~** as a back-up; **à grand ~ de** with a great deal of

renfrogné, e [Rɑ̃fRɔɲe] *adj* sullen, scowling

renfrogner [Rɑ̃fRɔɲe]: **se renfrogner** *vi* to scowl

rengager [Rɑ̃gaʒe] *vt* (*personnel*) to take on again; **se rengager** (*Mil*) to re-enlist

rengaine [Rɑ̃gɛn] *nf* (*péj*) old tune

rengainer [Rɑ̃gene] *vt* (*revolver*) to put back in its holster; (*épée*) to sheathe; (*fam: compliment, discours*) to save, withhold

rengorger [Rɑ̃gɔRʒe]: **se rengorger** *vi* (*fig*) to puff o.s. up

renier [Rənje] *vt* (*parents*) to disown, repudiate; (*engagements*) to go back on; (*foi*) to renounce

renifler [Rənifle] *vi* to sniff ▷ *vt* (*tabac*) to sniff up; (*odeur*) to sniff

rennais, e [Rɛnɛ, -ɛz] *adj* of *ou* from Rennes ▷ *nm/f*: **Rennais, e** inhabitant *ou* native of Rennes

renne [Rɛn] *nm* reindeer *inv*

renom [Rənɔ̃] *nm* reputation; (*célébrité*) renown; **vin de grand ~** highly renowned wine

renommé, e [R(ə)nɔme] *adj* celebrated, renowned ▷ *nf* fame

renoncement [Rənɔ̃smɑ̃] *nm* abnegation, renunciation

renoncer [Rənɔ̃se] *vi*: **~ à** *vt* to give up; **~ à faire** to give up the idea of doing; **j'y renonce!** I give up!

renouer [Rənwe] *vt* (*cravate etc*) to retie; (*fig: conversation, liaison*) to renew, resume; **~ avec** (*tradition*) to revive; (*habitude*) to take up again; **~ avec qn** to take up with sb again

renouveau, x [Rənuvo] *nm* revival; **~ de succès** renewed success

renouvelable [R(ə)nuvlabl(ə)] *adj* (*contrat, bail, énergie*) renewable; (*expérience*) which can be renewed

renouveler [Rənuvle] *vt* to renew; (*exploit, méfait*) to repeat; **se renouveler** *vi* (*incident*) to recur, happen again, be repeated; (*cellules etc*) to be renewed *ou* replaced; (*artiste, écrivain*) to try something new

renouvellement [R(ə)nuvɛlmɑ̃] *nm* renewal; recurrence

rénovation [Renɔvasjɔ̃] *nf* renovation; restoration; reform(ing); redevelopment

rénover [Renɔve] *vt* (*immeuble*) to renovate, do up; (*meuble*) to restore; (*enseignement*) to reform; (*quartier*) to redevelop

renseignement [Rɑ̃sɛɲmɑ̃] *nm* information *no pl*, piece of information; (*Mil*) intelligence *no pl*; **prendre des ~s sur** to make inquiries about, ask for information about; **(guichet des) ~s** information desk; **(service des) ~s** (*Tél*) directory inquiries (*Brit*), information (*US*); **service de ~s** (*Mil*) intelligence service; **les ~s généraux** ≈ the secret police

renseigner [Rɑ̃seɲe] *vt*: **~ qn (sur)** to give information to sb (about); **se renseigner** *vi* to ask for information, make inquiries

rentabiliser [Rɑ̃tabilize] *vt* (*capitaux, production*) to make profitable

rentabilité [Rɑ̃tabilite] *nf* profitability; cost-effectiveness; (*d'un investissement*) return; **seuil de ~** break-even point

rentable [Rɑ̃tabl(ə)] *adj* profitable; cost-effective

rente [Rɑ̃t] *nf* income; (*pension*) pension; (*titre*) government stock *ou* bond; **~ viagère** life annuity

rentier, -ière [Rɑ̃tje, -jɛR] *nm/f* person of private *ou* independent means

rentrée [Rɑ̃tRe] *nf*: **~ (d'argent)** cash *no pl* coming in; **la ~ (des classes** *ou* **scolaire)** the start of the new school year; **la ~ (parlementaire)** the reopening *ou* reassembly of parliament; **faire sa ~** (*artiste, acteur*) to make a comeback

rentrer [Rɑ̃tRe] *vi* (*entrer de nouveau*) to go (*ou* come) back in; (*entrer*) to go (*ou* come) in; (*revenir chez soi*) to go (*ou* come) (back) home; (*air, clou: pénétrer*) to go in; (*revenu, argent*) to come in ▷ *vt* (*foins*) to bring in; (*véhicule*) to put away; (*chemise dans pantalon etc*) to tuck in; (*griffes*) to draw in; (*train d'atterrissage*) to raise; (*fig: larmes, colère etc*) to hold back; **~ le ventre** to pull in one's stomach; **~ dans** to go (*ou* come) back into; to go (*ou* come) into; (*famille, patrie*) to go back *ou* return to; (*heurter*) to crash into; (*appartenir à*) to be included in; (*: catégorie etc*) to fall into; **~ dans l'ordre** to get back to normal; **~ dans ses frais** to recover one's expenses (*ou* initial outlay)

renverrai *etc* [Rɑ̃vɛRe] *vb voir* **renvoyer**

renversant, e [Rɑ̃vɛRsɑ̃, -ɑ̃t] *adj* amazing, astounding

renverse [Rɑ̃vɛRs(ə)]: **à la ~** *adv* backwards

r

renversé, e [ʀɑ̃vɛʀse] *adj (écriture)* backhand; *(image)* reversed; *(stupéfait)* staggered
renversement [ʀɑ̃vɛʀsəmɑ̃] *nm (d'un régime, des traditions)* overthrow; **~ de la situation** reversal of the situation
renverser [ʀɑ̃vɛʀse] *vt (faire tomber: chaise, verre)* to knock over, overturn; *(piéton)* to knock down; *(liquide, contenu)* to spill, upset; *(retourner: verre, image)* to turn upside down, invert; *(: ordre des mots etc)* to reverse; *(fig: gouvernement etc)* to overthrow; *(stupéfier)* to bowl over, stagger; **se renverser** *vi* to fall over; to overturn; to spill; **se ~ (en arrière)** to lean back; **~ la tête/le corps (en arrière)** to tip one's head back/throw oneself back; **~ la vapeur** *(fig)* to change course
renvoi [ʀɑ̃vwa] *nm* dismissal; return; reflection; postponement; *(référence)* cross-reference; *(éructation)* belch
renvoyer [ʀɑ̃vwaje] *vt* to send back; *(congédier)* to dismiss; *(Tennis)* to return; *(lumière)* to reflect; *(son)* to echo; *(ajourner)*: **~ qch (à)** to postpone sth (until); **~ qch à qn** *(rendre)* to return sth to sb; **~ qn à** *(fig)* to refer sb to
réorganisation [ʀeɔʀganizɑsjɔ̃] *nf* reorganization
réorganiser [ʀeɔʀganize] *vt* to reorganize
réorienter [ʀeɔʀjɑ̃te] *vt* to reorient(ate), redirect
réouverture [ʀeuvɛʀtyʀ] *nf* reopening
repaire [ʀəpɛʀ] *nm* den
repaître [ʀəpɛtʀ(ə)] *vt* to feast; to feed; **se ~ de** *vt (animal)* to feed on; *(fig)* to wallow *ou* revel in
répandre [ʀepɑ̃dʀ(ə)] *vt (renverser)* to spill; *(étaler, diffuser)* to spread; *(lumière)* to shed; *(chaleur, odeur)* to give off; **se répandre** *vi* to spill; to spread; **se ~ en** *(injures etc)* to pour out
répandu, e [ʀepɑ̃dy] *pp de* **répandre** ▷ *adj (opinion, usage)* widespread
réparable [ʀepaʀabl(ə)] *adj (montre etc)* repairable; *(perte etc)* which can be made up for
reparaître [ʀəpaʀɛtʀ(ə)] *vi* to reappear
réparateur, -trice [ʀepaʀatœʀ, -tʀis] *nm/f* repairer
réparation [ʀepaʀɑsjɔ̃] *nf* repairing *no pl*, repair; **en ~** *(machine etc)* under repair; **demander à qn ~ de** *(offense etc)* to ask sb to make amends for
réparer [ʀepaʀe] *vt* to repair; *(fig: offense)* to make up for, atone for; *(: oubli, erreur)* to put right
reparler [ʀəpaʀle] *vi*: **~ de qn/qch** to talk about sb/sth again; **~ à qn** to speak to sb again
repars *etc* [ʀəpaʀ] *vb voir* **repartir**
repartie [ʀəpaʀti] *nf* retort; **avoir de la ~** to be quick at repartee
repartir [ʀəpaʀtiʀ] *vi* to set off again; to leave again; *(fig)* to get going again, pick up again; **~ à zéro** to start from scratch (again)
répartir [ʀepaʀtiʀ] *vt (pour attribuer)* to share out; *(pour disperser, disposer)* to divide up; *(poids, chaleur)* to distribute; *(étaler: dans le temps)*: **~ sur** to spread over; *(classer, diviser)*: **~ en** to divide into, split up into; **se répartir** *vt (travail, rôles)* to share out between themselves
répartition [ʀepaʀtisjɔ̃] *nf* sharing out; dividing up; distribution
repas [ʀəpɑ] *nm* meal; **à l'heure des ~** at mealtimes
repassage [ʀəpɑsaʒ] *nm* ironing
repasser [ʀəpɑse] *vi* to come (*ou* go) back ▷ *vt (vêtement, tissu)* to iron; *(examen)* to retake, resit; *(film)* to show again; *(lame)* to sharpen; *(leçon, rôle: revoir)* to go over (again); *(plat, pain)*: **~ qch à qn** to pass sth back to sb
repasseuse [ʀəpɑsøz] *nf (machine)* ironing machine
repayer [ʀəpeje] *vt* to pay again
repêchage [ʀəpɛʃaʒ] *nm (Scol)*: **question de ~** question to give candidates a second chance
repêcher [ʀəpeʃe] *vt (noyé)* to recover the body of, fish out; *(fam: candidat)* to pass *(by inflating marks)*; to give a second chance to
repeindre [ʀəpɛ̃dʀ(ə)] *vt* to repaint
repentir [ʀəpɑ̃tiʀ] *nm* repentance; **se repentir** *vi*: **se ~ (de)** to repent (of)
répercussions [ʀepɛʀkysjɔ̃] *nfpl* repercussions
répercuter [ʀepɛʀkyte] *vt (réfléchir, renvoyer: son, voix)* to reflect; *(faire transmettre: consignes, charges etc)* to pass on; **se répercuter** *vi (bruit)* to reverberate; *(fig)*: **se ~ sur** to have repercussions on
repère [ʀəpɛʀ] *nm* mark; *(monument etc)* landmark; **(point de) ~** point of reference
repérer [ʀəpeʀe] *vt (erreur, connaissance)* to spot; *(abri, ennemi)* to locate; **se repérer** *vi* to get one's bearings; **se faire ~** to be spotted
répertoire [ʀepɛʀtwaʀ] *nm (liste)* (alphabetical) list; *(carnet)* index notebook; *(Inform)* directory; *(de carnet)* thumb index; *(indicateur)* directory, index; *(d'un théâtre, artiste)* repertoire
répertorier [ʀepɛʀtɔʀje] *vt* to itemize, list
répéter [ʀepete] *vt* to repeat; *(préparer: leçon)* ▷ *aussi vi* to learn, go over; *(Théât)* to rehearse; **se répéter** *(redire)* to repeat o.s.; *(se reproduire)* to be repeated, recur
répéteur [ʀepetœʀ] *nm (Tél)* repeater
répétitif, -ive [ʀepetitif, -iv] *adj* repetitive
répétition [ʀepetisjɔ̃] *nf* repetition; *(Théât)* rehearsal; **répétitions** *nfpl (leçons)* private coaching *sg*; **armes à ~** repeater weapons; **~ générale** final dress rehearsal
repeupler [ʀəpœple] *vt* to repopulate; *(forêt, rivière)* to restock
repiquage [ʀəpikaʒ] *nm* pricking out, planting out; re-recording
repiquer [ʀəpike] *vt (plants)* to prick out, plant out; *(enregistrement)* to re-record
répit [ʀepi] *nm* respite; **sans ~** without letting up
replacer [ʀəplase] *vt* to replace, put back
replanter [ʀəplɑ̃te] *vt* to replant
replat [ʀəpla] *nm* ledge
replâtrer [ʀəplɑtʀe] *vt (mur)* to replaster
replet, -ète [ʀəplɛ, -ɛt] *adj* chubby, fat

repli [Rəpli] *nm* (*d'une étoffe*) fold; (*Mil, fig*) withdrawal
replier [Rəplije] *vt* (*rabattre*) to fold down *ou* over; **se replier** *vi* (*armée*) to withdraw, fall back; **se ~ sur soi-même** to withdraw into oneself
réplique [Replik] *nf* (*repartie, fig*) reply; (*objection*) retort; (*Théât*) line; (*copie*) replica; **donner la ~ à** to play opposite; **sans ~** *adj* no-nonsense; irrefutable
répliquer [Replike] *vi* to reply; (*avec impertinence*) to answer back; (*riposter*) to retaliate
replonger [Rəplɔ̃ʒe] *vt*: **~ qch dans** to plunge sth back into; **se ~ dans** (*journal etc*) to immerse o.s. in again
répondant, e [Repɔ̃dɑ̃, -ɑ̃t] *nm/f* (*garant*) guarantor, surety
répondeur [Repɔ̃dœR] *nm* answering machine
répondre [Repɔ̃dR(ə)] *vi* to answer, reply; (*freins, mécanisme*) to respond; **~ à** *vt* to reply to, answer; (*avec impertinence*): **~ à qn** to answer sb back; (*invitation, convocation*) to reply to; (*affection, salut*) to return; (*provocation: mécanisme etc*) to respond to; (*correspondre à: besoin*) to answer; (*: conditions*) to meet; (*: description*) to match; **~ que** to answer *ou* reply that; **~ de** to answer for
réponse [Repɔ̃s] *nf* answer, reply; **avec ~ payée** (*Postes*) reply-paid, post-paid (US); **avoir ~ à tout** to have an answer for everything; **en ~ à** in reply to; **carte-/bulletin-~** reply card/slip
report [RəpɔR] *nm* postponement; transfer; **~ d'incorporation** (*Mil*) deferment
reportage [RəpɔRtaʒ] *nm* (*bref*) report; (*écrit: documentaire*) story; article; (*en direct*) commentary; (*genre, activité*): **le ~** reporting
reporter *nm* [RəpɔRtɛR] reporter ▷ *vt* [RəpɔRte] (*total*): **~ qch sur** to carry sth forward *ou* over to; (*ajourner*): **~ qch (à)** to postpone sth (until); (*transférer*): **~ qch sur** to transfer sth to; **se ~ à** (*époque*) to think back to; (*document*) to refer to
repos [Rəpo] *nm* rest; (*fig*) peace (and quiet); (*mental*) peace of mind; (*Mil*): **~!** (stand) at ease!; **en ~** at rest; **au ~** at rest; (*soldat*) at ease; **de tout ~** safe
reposant, e [R(ə)pozɑ̃, -ɑ̃t] *adj* restful; (*sommeil*) refreshing
repose [Rəpoz] *nf* refitting
reposé, e [Rəpoze] *adj* fresh, rested; **à tête ~e** in a leisurely way, taking time to think
repose-pied [Rəpozpje] *nm inv* footrest
reposer [Rəpoze] *vt* (*verre, livre*) to put down; (*rideaux, carreaux*) to put back; (*délasser*) to rest; (*problème*) to reformulate ▷ *vi* (*liquide, pâte*) to settle, rest; (*personne*): **ici repose ...** here lies ...; **~ sur** to be built on; (*fig*) to rest on; **se reposer** *vi* to rest; **se ~ sur qn** to rely on sb
repoussant, e [Rəpusɑ̃, -ɑ̃t] *adj* repulsive
repoussé, e [Rəpuse] *adj* (*cuir*) embossed (by hand)
repousser [Rəpuse] *vi* to grow again ▷ *vt* to repel, repulse; (*offre*) to turn down, reject; (*tiroir, personne*) to push back; (*différer*) to put back
répréhensible [RepReɑ̃sibl(ə)] *adj* reprehensible
reprendre [RəpRɑ̃dR(ə)] *vt* (*prisonnier, ville*) to recapture; (*objet prêté, donné*) to take back; (*chercher*): **je viendrai te ~ à 4 h** I'll come and fetch you *ou* I'll come back for you at 4; (*se resservir de*): **~ du pain/un œuf** to take (*ou* eat) more bread/another egg; (*Comm: article usagé*) to take back; to take in part exchange; (*firme, entreprise*) to take over; (*travail, promenade*) to resume; (*emprunter: argument, idée*) to take up, use; (*refaire: article etc*) to go over again; (*jupe etc*) to alter; (*émission, pièce*) to put on again; (*réprimander*) to tell off; (*corriger*) to correct ▷ *vi* (*classes, pluie*) to start (up) again; (*activités, travaux, combats*) to resume, start (up) again; (*affaires, industrie*) to pick up; (*dire*): **reprit-il** he went on; **se reprendre** (*se ressaisir*) to recover, pull o.s. together; **s'y ~** to make another attempt; **~ des forces** to recover one's strength; **~ courage** to take new heart; **~ ses habitudes/sa liberté** to get back into one's old habits/regain one's freedom; **~ la route** to resume one's journey, set off again; **~ connaissance** to come to, regain consciousness; **~ haleine** *ou* **son souffle** to get one's breath back; **~ la parole** to speak again
repreneur [RəpRənœR] *nm* company fixer *ou* doctor
reprenne *etc* [RəpRɛn] *vb voir* **reprendre**
représailles [RəpRezɑj] *nfpl* reprisals, retaliation *sg*
représentant, e [RəpRezɑ̃tɑ̃, -ɑ̃t] *nm/f* representative
représentatif, -ive [RəpRezɑ̃tatif, -iv] *adj* representative
représentation [RəpRezɑ̃tɑsjɔ̃] *nf* representation; performing; (*symbole, image*) representation; (*spectacle*) performance; (*Comm*): **la ~** commercial travelling; sales representation; **frais de ~** (*d'un diplomate*) entertainment allowance
représenter [RəpRezɑ̃te] *vt* to represent; (*donner: pièce, opéra*) to perform; **se représenter** *vt* (*se figurer*) to imagine; to visualize ▷ *vi*: **se ~ à** (*Pol*) to stand *ou* run again at; (*Scol*) to resit
répressif, -ive [RepResif, -iv] *adj* repressive
répression [RepResjɔ̃] *nf voir* **réprimer** suppression; repression; (*Pol*): **la ~** repression; **mesures de ~** repressive measures
réprimande [RepRimɑ̃d] *nf* reprimand, rebuke
réprimander [RepRimɑ̃de] *vt* to reprimand, rebuke
réprimer [RepRime] *vt* (*émotions*) to suppress; (*peuple etc*) repress
repris, e [RəpRi, -iz] *pp de* **reprendre** ▷ *nm*: **~ de justice** ex-prisoner, ex-convict
reprise [RəpRiz] *nf* (*recommencement*) resumption; (*économique*) recovery; (*TV*) repeat; (*Ciné*) rerun; (*Boxe etc*) round; (*Auto*) acceleration *no pl*; (*Comm*) trade-in, part exchange; (*de location*) *sum asked for any extras or improvements made to the property*; (*raccommodage*) darn; mend; **la ~ des hostilités** the resumption of hostilities; **à**

r

plusieurs ~s on several occasions, several times
repriser [ʀəpʀize] *vt* to darn; to mend; **aiguille/coton à ~** darning needle/thread
réprobateur, -trice [ʀepʀɔbatœʀ, -tʀis] *adj* reproving
réprobation [ʀepʀɔbasjɔ̃] *nf* reprobation
reproche [ʀəpʀɔʃ] *nm* (*remontrance*) reproach; **ton/air de ~** reproachful tone/look; **faire des ~s à qn** to reproach sb; **faire ~ à qn de qch** to reproach sb for sth; **sans ~(s)** beyond *ou* above reproach
reprocher [ʀəpʀɔʃe] *vt*: **~ qch à qn** to reproach *ou* blame sb for sth; **~ qch à** (*machine, théorie*) to have sth against; **se ~ qch/d'avoir fait qch** to blame o.s for sth/for doing sth
reproducteur, -trice [ʀəpʀɔdyktœʀ, -tʀis] *adj* reproductive
reproduction [ʀəpʀɔdyksjɔ̃] *nf* reproduction; **~ interdite** all rights (of reproduction) reserved
reproduire [ʀəpʀɔdɥiʀ] *vt* to reproduce; **se reproduire** *vi* (*Bio*) to reproduce; (*recommencer*) to recur, re-occur
reprographie [ʀəpʀɔgʀafi] *nf* (photo)copying
réprouvé, e [ʀepʀuve] *nm/f* reprobate
réprouver [ʀepʀuve] *vt* to reprove
reptation [ʀɛptasjɔ̃] *nf* crawling
reptile [ʀɛptil] *nm* reptile
repu, e [ʀəpy] *pp de* **repaître** ▷ *adj* satisfied, sated
républicain, e [ʀepyblikɛ̃, -ɛn] *adj, nm/f* republican
république [ʀepyblik] *nf* republic; **R~ arabe du Yémen** Yemen Arab Republic; **R~ Centrafricaine** Central African Republic; **R~ de Corée** South Korea; **R~ dominicaine** Dominican Republic; **R~ d'Irlande** Irish Republic, Eire; **R~ populaire de Chine** People's Republic of China; **R~ populaire démocratique de Corée** Democratic People's Republic of Korea; **R~ populaire du Yémen** People's Democratic Republic of Yemen
répudier [ʀepydje] *vt* (*femme*) to repudiate; (*doctrine*) to renounce
répugnance [ʀepyɲɑ̃s] *nf* repugnance, loathing; **avoir** *ou* **éprouver de la ~ pour** (*médicament, comportement, travail etc*) to have an aversion to; **avoir** *ou* **éprouver de la ~ à faire qch** to be reluctant to do sth
répugnant, e [ʀepyɲɑ̃, -ɑ̃t] *adj* repulsive, loathsome
répugner [ʀepyɲe]: **~ à** *vt*: **~ à qn** to repel *ou* disgust sb; **~ à faire** to be loath *ou* reluctant to do
répulsion [ʀepylsjɔ̃] *nf* repulsion
réputation [ʀepytasjɔ̃] *nf* reputation; **avoir la ~ d'être ...** to have a reputation for being ...; **connaître qn/qch de ~** to know sb/sth by repute; **de ~ mondiale** world-renowned
réputé, e [ʀepyte] *adj* renowned; **être ~ pour** to have a reputation for, be renowned for
requérir [ʀəkeʀiʀ] *vt* (*nécessiter*) to require, call for; (*au nom de la loi*) to call upon; (*Jur: peine*) to call for, demand
requête [ʀəkɛt] *nf* request, petition; (*Jur*) petition
requiem [ʀekɥijɛm] *nm* requiem
requiers *etc* [ʀəkjɛʀ] *vb voir* **requérir**
requin [ʀəkɛ̃] *nm* shark
requinquer [ʀəkɛ̃ke] *vt* to set up, pep up
requis, e [ʀəki, -iz] *pp de* **requérir** ▷ *adj* required
réquisition [ʀekizisjɔ̃] *nf* requisition
réquisitionner [ʀekizisjɔne] *vt* to requisition
réquisitoire [ʀekizitwaʀ] *nm* (*Jur*) closing speech for the prosecution; (*fig*): **~ contre** indictment of
RER *sigle m* (*= Réseau express régional*) *Greater Paris high speed train service*
rescapé, e [ʀɛskape] *nm/f* survivor
rescousse [ʀɛskus] *nf*: **aller à la ~ de qn** to go to sb's aid *ou* rescue; **appeler qn à la ~** to call on sb for help
réseau, x [ʀezo] *nm* network
réséda [ʀezeda] *nm* (*Bot*) reseda, mignonette
réservation [ʀezɛʀvasjɔ̃] *nf* reservation; booking
réserve [ʀezɛʀv(ə)] *nf* (*retenue*) reserve; (*entrepôt*) storeroom; (*restriction, aussi: d'Indiens*) reservation; (*de pêche, chasse*) preserve; (*restrictions*): **faire des ~s** to have reservations; **officier de ~** reserve officer; **sous toutes ~s** with all reserve; (*dire*) with reservations; **sous ~ de** subject to; **sans ~** *adv* unreservedly; **en ~** in reserve; **de ~** (*provisions etc*) in reserve
réservé, e [ʀezɛʀve] *adj* (*discret*) reserved; (*chasse, pêche*) private; **~ à** *ou* **pour** reserved for
réserver [ʀezɛʀve] *vt* (*gén*) to reserve; (*chambre, billet etc*) to book, reserve; (*mettre de côté, garder*): **~ qch pour** *ou* **à** to keep *ou* save sth for; **~ qch à qn** to reserve (*ou* book) sth for sb; (*fig: destiner*) to have sth in store for sb; **se ~ le droit de faire** to reserve the right to do
réserviste [ʀezɛʀvist(ə)] *nm* reservist
réservoir [ʀezɛʀvwaʀ] *nm* tank
résidence [ʀezidɑ̃s] *nf* residence; **~ principale/secondaire** main/second home; **~ universitaire** hall of residence; **(en) ~ surveillée** (under) house arrest
résident, e [ʀezidɑ̃, -ɑ̃t] *nm/f* (*ressortissant*) foreign resident; (*d'un immeuble*) resident ▷ *adj* (*Inform*) resident
résidentiel, le [ʀezidɑ̃sjɛl] *adj* residential
résider [ʀezide] *vi*: **~ à** *ou* **dans** *ou* **en** to reside in; **~ dans** (*fig*) to lie in
résidu [ʀezidy] *nm* residue *no pl*
résiduel, le [ʀezidɥɛl] *adj* residual
résignation [ʀeziɲasjɔ̃] *nf* resignation
résigné, e [ʀeziɲe] *adj* resigned
résigner [ʀeziɲe] *vt* to relinquish, resign; **se résigner** *vi*: **se ~ (à qch/à faire)** to resign o.s. (to sth/to doing)
résiliable [ʀeziljabl(ə)] *adj* which can be terminated
résilier [ʀezilje] *vt* to terminate

résille [ʀezij] *nf* (hair)net
résine [ʀezin] *nf* resin
résiné, e [ʀezine] *adj*: **vin ~** retsina
résineux, -euse [ʀezinø, -øz] *adj* resinous ▷ *nm* coniferous tree
résistance [ʀezistɑ̃s] *nf* resistance; (*de réchaud, bouilloire: fil*) element
résistant, e [ʀezistɑ̃, -ɑ̃t] *adj* (*personne*) robust, tough; (*matériau*) strong, hard-wearing ▷ *nm/f* (*patriote*) Resistance worker *ou* fighter
résister [ʀeziste] *vi* to resist; **~ à** *vt* (*assaut, tentation*) to resist; (*effort, souffrance*) to withstand; (*matériau, plante*) to stand up to, withstand; (*personne: désobéir à*) to stand up to, oppose
résolu, e [ʀezɔly] *pp de* **résoudre** ▷ *adj* (*ferme*) resolute; **être ~ à qch/faire** to be set upon sth/doing
résolument [ʀezɔlymɑ̃] *adv* resolutely, steadfastly; **~ contre qch** firmly against sth
résolution [ʀezɔlysjɔ̃] *nf* solving; (*fermeté, décision, Inform*) resolution; **prendre la ~ de** to make a resolution to
résolvais *etc* [ʀezɔlvɛ] *vb voir* **résoudre**
résonance [ʀezɔnɑ̃s] *nf* resonance
résonner [ʀezɔne] *vi* (*cloche, pas*) to reverberate, resound; (*salle*) to be resonant; **~ de** to resound with
résorber [ʀezɔʀbe]: **se résorber** *vi* (*Méd*) to be resorbed; (*fig*) to be absorbed
résoudre [ʀezudʀ(ə)] *vt* to solve; **~ qn à faire qch** to get sb to make up his (*ou* her) mind to do sth; **~ de faire** to resolve to do; **se ~ à faire** to bring o.s. to do
respect [ʀɛspɛ] *nm* respect; **tenir en ~** to keep at bay
respectabilité [ʀɛspɛktabilite] *nf* respectability
respectable [ʀɛspɛktabl(ə)] *adj* respectable
respecter [ʀɛspɛkte] *vt* to respect; **faire ~** to enforce; **le lexicographe qui se respecte** (*fig*) any self-respecting lexicographer
respectif, -ive [ʀɛspɛktif, -iv] *adj* respective
respectivement [ʀɛspɛktivmɑ̃] *adv* respectively
respectueusement [ʀɛspɛktɥøzmɑ̃] *adv* respectfully
respectueux, -euse [ʀɛspɛktɥø, -øz] *adj* respectful; **~ de** respectful of
respirable [ʀɛspiʀabl(ə)] *adj*: **peu ~** unbreathable
respiration [ʀɛspiʀɑsjɔ̃] *nf* breathing *no pl*; **faire une ~ complète** to breathe in and out; **retenir sa ~** to hold one's breath; **~ artificielle** artificial respiration
respiratoire [ʀɛspiʀatwaʀ] *adj* respiratory
respirer [ʀɛspiʀe] *vi* to breathe; (*fig: se reposer*) to get one's breath, have a break; (*: être soulagé*) to breathe again ▷ *vt* to breathe (in), inhale; (*manifester: santé, calme etc*) to exude
resplendir [ʀɛsplɑ̃diʀ] *vi* to shine; (*fig*): **~ (de)** to be radiant (with)
resplendissant, e [ʀɛsplɑ̃disɑ̃, -ɑ̃t] *adj* radiant
responsabilité [ʀɛspɔ̃sabilite] *nf* responsibility; (*légale*) liability; **refuser la ~ de** to deny responsibility (*ou* liability) for; **prendre ses ~s** to assume responsibility for one's actions; **~ civile** civil liability; **~ pénale/morale/collective** criminal/moral/collective responsibility
responsable [ʀɛspɔ̃sabl(ə)] *adj* responsible ▷ *nm/f* (*du ravitaillement etc*) person in charge; (*de parti, syndicat*) official; **~ de** responsible for; (*légalement: de dégâts etc*) liable for; (*chargé de*) in charge of, responsible for
resquiller [ʀɛskije] *vi* (*au cinéma, au stade*) to get in on the sly; (*dans le train*) to fiddle a free ride
resquilleur, -euse [ʀɛskijœʀ, -øz] *nm/f* (*qui n'est pas invité*) gatecrasher; (*qui ne paie pas*) fare dodger
ressac [ʀəsak] *nm* backwash
ressaisir [ʀəseziʀ]: **se ressaisir** *vi* to regain one's self-control; (*équipe sportive*) to rally
ressasser [ʀəsase] *vt* (*remâcher*) to keep turning over; (*redire*) to keep trotting out
ressemblance [ʀəsɑ̃blɑ̃s] *nf* (*visuelle*) resemblance, similarity, likeness; (*: Art*) likeness; (*analogie, trait commun*) similarity
ressemblant, e [ʀəsɑ̃blɑ̃, -ɑ̃t] *adj* (*portrait*) lifelike, true to life
ressembler [ʀəsɑ̃ble]: **~ à** *vt* to be like, resemble; (*visuellement*) to look like; **se ressembler** *vi* to be (*ou* look) alike
ressemeler [ʀəsəmle] *vt* to (re)sole
ressens *etc* [ʀ(ə)sɑ̃] *vb voir* **ressentir**
ressentiment [ʀəsɑ̃timɑ̃] *nm* resentment
ressentir [ʀəsɑ̃tiʀ] *vt* to feel; **se ~ de** to feel (*ou* show) the effects of
resserre [ʀəsɛʀ] *nf* shed
resserrement [ʀ(ə)sɛʀmɑ̃] *nm* narrowing; strengthening; (*goulet*) narrow part
resserrer [ʀəseʀe] *vt* (*pores*) to close; (*nœud, boulon*) to tighten (up); (*fig: liens*) to strengthen; **se resserrer** *vi* (*route, vallée*) to narrow; (*liens*) to strengthen; **se ~ (autour de)** to draw closer (around), to close in (on)
ressers *etc* [ʀ(ə)sɛʀ] *vb voir* **resservir**
resservir [ʀəsɛʀviʀ] *vi* to do *ou* serve again ▷ *vt*: **~ qch (à qn)** to serve sth up again (to sb); **~ de qch (à qn)** to give (sb) a second helping of sth; **~ qn (d'un plat)** to give sb a second helping (of a dish); **se ~ de** (*plat*) to take a second helping of; (*outil etc*) to use again
ressort [ʀəsɔʀ] *vb voir* **ressortir** ▷ *nm* (*pièce*) spring; (*force morale*) spirit; (*recours*): **en dernier ~** as a last resort; (*compétence*): **être du ~ de** to fall within the competence of
ressortir [ʀəsɔʀtiʀ] *vi* to go (*ou* come) out (again); (*contraster*) to stand out; **~ de** (*résulter de*): **il ressort de ceci que** it emerges from this that; **~ à** (*Jur*) to come under the jurisdiction of; (*Admin*) to be the concern of; **faire ~** (*fig: souligner*) to bring out
ressortissant, e [ʀəsɔʀtisɑ̃, -ɑ̃t] *nm/f* national
ressouder [ʀəsude] *vt* to solder together again
ressource [ʀəsuʀs(ə)] *nf*: **avoir la ~ de** to have

the possibility of; **ressources** *nfpl* resources; (*fig*) possibilities; **leur seule ~ était de** the only course open to them was to; **~s d'énergie** energy resources
ressusciter [resysite] *vt* to resuscitate, restore to life; (*fig*) to revive, bring back ▷ *vi* to rise (from the dead); (*fig: pays*) to come back to life
restant, e [ʀɛstɑ̃, -ɑ̃t] *adj* remaining ▷ *nm*: **le ~ (de)** the remainder (of); **un ~ de** (*de trop*) some leftover; (*fig: vestige*) a remnant *ou* last trace of
restaurant [ʀɛstɔʀɑ̃] *nm* restaurant; **manger au ~** to eat out; **~ d'entreprise** staff canteen *ou* cafeteria (*US*); **~ universitaire (RU)** university refectory *ou* cafeteria (*US*)
restaurateur, -trice [ʀɛstɔʀatœʀ, -tʀis] *nm/f* restaurant owner, restaurateur; (*de tableaux*) restorer
restauration [ʀɛstɔʀɑsjɔ̃] *nf* restoration; (*hôtellerie*) catering; **~ rapide** fast food
restaurer [ʀɛstɔʀe] *vt* to restore; **se restaurer** *vi* to have something to eat
restauroute [ʀɛstɔʀut] *nm* = **restoroute**
reste [ʀɛst(ə)] *nm* (*restant*): **le ~ (de)** the rest (of); (*de trop*): **un ~ (de)** some leftover; (*vestige*): **un ~ de** a remnant *ou* last trace of; (*Math*) remainder; **restes** *nmpl* leftovers; (*d'une cité etc, dépouille mortelle*) remains; **avoir du temps de ~** to have time to spare; **ne voulant pas être en ~** not wishing to be outdone; **partir sans attendre** *ou* **demander son ~** (*fig*) to leave without waiting to hear more; **du ~, au ~** *adv* besides, moreover; **pour le ~, quant au ~** *adv* as for the rest
rester [ʀɛste] *vi* (*dans un lieu, un état, une position*) to stay, remain; (*subsister*) to remain, be left; (*durer*) to last, live on ▷ *vb impers*: **il reste du pain/deux œufs** there's some bread/there are two eggs left (over); **il reste du temps/10 minutes** there's some time/there are 10 minutes left; **il me reste assez de temps** I have enough time left; **voilà tout ce qui (me) reste** that's all I've got left; **ce qui reste à faire** what remains to be done; **ce qui me reste à faire** what remains for me to do; **(il) reste à savoir/établir si ...** it remains to be seen/established if *ou* whether ...; **il n'en reste pas moins que ...** the fact remains that ..., it's nevertheless a fact that ...; **en ~ à** (*stade, menaces*) to go no further than, only go as far as; **restons-en là** let's leave it at that; **~ sur une impression** to retain an impression; **y ~: il a failli y ~** he nearly met his end
restituer [ʀɛstitɥe] *vt* (*objet, somme*): **~ qch (à qn)** to return *ou* restore sth (to sb); (*énergie*) to release; (*son*) to reproduce
restitution [ʀɛstitysjɔ̃] *nf* restoration
restoroute [ʀɛstɔʀut] *nm* motorway (*Brit*) *ou* highway (*US*) restaurant
restreindre [ʀɛstʀɛ̃dʀ(ə)] *vt* to restrict, limit; **se restreindre** (*dans ses dépenses etc*) to cut down; (*champ de recherches*) to narrow
restreint, e [ʀɛstʀɛ̃, -ɛ̃t] *pp de* **restreindre** ▷ *adj* restricted, limited
restrictif, -ive [ʀɛstʀiktif, -iv] *adj* restrictive, limiting
restriction [ʀɛstʀiksjɔ̃] *nf* restriction; (*condition*) qualification; **restrictions** *nfpl* (*mentales*) reservations; **sans ~** *adv* unreservedly
restructuration [ʀəstʀyktyʀɑsjɔ̃] *nf* restructuring
restructurer [ʀəstʀyktyʀe] *vt* to restructure
résultante [ʀezyltɑ̃t] *nf* (*conséquence*) result, consequence
résultat [ʀezylta] *nm* result; (*conséquence*) outcome *no pl*, result; (*d'élection etc*) results *pl*; **résultats** *nmpl* (*d'une enquête*) findings; **~s sportifs** sports results
résulter [ʀezylte]: **~ de** *vt* to result from, be the result of; **il résulte de ceci que ...** the result of this is that ...
résumé [ʀezyme] *nm* summary, résumé; **faire le ~ de** to summarize; **en ~** *adv* in brief; (*pour conclure*) to sum up
résumer [ʀezyme] *vt* (*texte*) to summarize; (*récapituler*) to sum up; (*fig*) to epitomize, typify; **se résumer** *vi* (*personne*) to sum up (one's ideas); **se ~ à** to come down to
resurgir [ʀəsyʀʒiʀ] *vi* to reappear, re-emerge
résurrection [ʀezyʀɛksjɔ̃] *nf* resurrection; (*fig*) revival
rétablir [ʀetabliʀ] *vt* to restore, re-establish; (*personne: traitement*): **~ qn** to restore sb to health, help sb recover; (*Admin*): **~ qn dans son emploi/ses droits** to reinstate sb in his post/restore sb's rights; **se rétablir** *vi* (*guérir*) to recover; (*silence, calme*) to return, be restored; (*Gym etc*): **se ~ (sur)** to pull o.s. up (onto)
rétablissement [ʀetablismɑ̃] *nm* restoring; recovery; pull-up
rétamer [ʀetame] *vt* to re-coat, re-tin
rétameur [ʀetamœʀ] *nm* tinker
retaper [ʀətape] *vt* (*maison, voiture etc*) to do up; (*fam: revigorer*) to buck up; (*redactylographier*) to retype
retard [ʀətaʀ] *nm* (*d'une personne attendue*) lateness *no pl*; (*sur l'horaire, un programme, une échéance*) delay; (*fig: scolaire, mental etc*) backwardness; **être en ~** (*pays*) to be backward; (*dans paiement, travail*) to be behind; **en ~ (de deux heures)** (two hours) late; **avoir un ~ de deux km** (*Sport*) to be two km behind; **rattraper son ~** to catch up; **avoir du ~** to be late; (*sur un programme*) to be behind (schedule); **prendre du ~** (*train, avion*) to be delayed; (*montre*) to lose (time); **sans ~** *adv* without delay; **~ à l'allumage** (*Auto*) retarded spark; **~ scolaire** backwardness at school
retardataire [ʀətaʀdatɛʀ] *adj* late; (*enfant, idées*) backward ▷ *nm/f* latecomer; backward child
retardé, e [ʀətaʀde] *adj* backward
retardement [ʀətaʀdəmɑ̃]: **à ~** *adj* delayed action *cpd*; **bombe à ~** time bomb
retarder [ʀətaʀde] *vt* (*sur un horaire*): **~ qn (d'une heure)** to delay sb (an hour); (*sur un programme*): **~ qn (de trois mois)** to set sb back *ou* delay sb

(three months); (*départ, date*): **~ qch (de deux jours)** to put sth back (two days), delay sth (for *ou* by two days); (*horloge*) to put back ▷ *vi* (*montre*) to be slow; (*: habituellement*) to lose (time); **je retarde (d'une heure)** I'm (an hour) slow

retendre [ʀətɑ̃dʀ(ə)] *vt* (*câble etc*) to stretch again; (*Mus: cordes*) to retighten

retenir [ʀətniʀ] *vt* (*garder, retarder*) to keep, detain; (*maintenir: objet qui glisse, fig: colère, larmes, rire*) to hold back; (*: objet suspendu*) to hold; (*: chaleur, odeur*) to retain; (*fig: empêcher d'agir*): **~ qn (de faire)** to hold sb back (from doing); (*se rappeler*) to retain; (*réserver*) to reserve; (*accepter*) to accept; (*prélever*): **~ qch (sur)** to deduct sth (from); **se retenir** (*euphémisme*) to hold on; (*se raccrocher*): **se ~ à** to hold onto; (*se contenir*): **se ~ de faire** to restrain o.s. from doing; **~ son souffle** *ou* **haleine** to hold one's breath; **~ qn à dîner** to ask sb to stay for dinner; **je pose trois et je retiens deux** put down three and carry two

rétention [ʀetɑ̃sjɔ̃] *nf*: **~ d'urine** urine retention

retentir [ʀətɑ̃tiʀ] *vi* to ring out; (*salle*): **~ de** to ring *ou* resound with; **~ sur** *vt* (*fig*) to have an effect upon

retentissant, e [ʀətɑ̃tisɑ̃, -ɑ̃t] *adj* resounding; (*fig*) impact-making

retentissement [ʀətɑ̃tismɑ̃] *nm* (*retombées*) repercussions *pl*; effect, impact

retenu, e [ʀətny] *pp de* **retenir** ▷ *adj* (*place*) reserved; (*personne: empêché*) held up; (*propos: contenu, discret*) restrained ▷ *nf* (*prélèvement*) deduction; (*Math*) number to carry over; (*Scol*) detention; (*modération*) (self-)restraint; (*réserve*) reserve, reticence; (*Auto*) tailback

réticence [ʀetisɑ̃s] *nf* reticence *no pl*, reluctance *no pl*; **sans ~** without hesitation

réticent, e [ʀetisɑ̃, -ɑ̃t] *adj* reticent, reluctant

retiendrai [ʀətjɛ̃dʀe], **retiens** *etc* [ʀətjɛ̃] *vb voir* **retenir**

rétif, -ive [ʀetif, -iv] *adj* restive

rétine [ʀetin] *nf* retina

retint *etc* [ʀətɛ̃] *vb voir* **retenir**

retiré, e [ʀətiʀe] *adj* (*solitaire*) secluded; (*éloigné*) remote

retirer [ʀətiʀe] *vt* to withdraw; (*vêtement, lunettes*) to take off, remove; (*enlever*): **~ qch à qn** to take sth from sb; (*extraire*): **~ qn/qch de** to take sb away from/sth out of, remove sb/sth from; (*reprendre: bagages, billets*) to collect, pick up; **~ des avantages de** to derive advantages from; **se retirer** *vi* (*partir, reculer*) to withdraw; (*prendre sa retraite*) to retire; **se ~ de** to withdraw from; to retire from

retombées [ʀətɔ̃be] *nfpl* (*radioactives*) fallout *sg*; (*fig*) fallout; spin-offs

retomber [ʀətɔ̃be] *vi* (*à nouveau*) to fall again; (*rechuter*): **~ malade/dans l'erreur** to fall ill again/fall back into error; (*atterrir: après un saut etc*) to land; (*tomber, redescendre*) to fall back; (*pendre*) to fall, hang (down); (*échoir*): **~ sur qn** to fall on sb

retordre [ʀətɔʀdʀ(ə)] *vt*: **donner du fil à ~ à qn** to make life difficult for sb

rétorquer [ʀetɔʀke] *vt*: **~ (à qn) que** to retort (to sb) that

retors, e [ʀətɔʀ, -ɔʀs(ə)] *adj* wily

rétorsion [ʀetɔʀsjɔ̃] *nf*: **mesures de ~** reprisals

retouche [ʀətuʃ] *nf* touching up *no pl*; alteration; **faire une ~** *ou* **des ~s à** to touch up

retoucher [ʀətuʃe] *vt* (*photographie, tableau*) to touch up; (*texte, vêtement*) to alter

retour [ʀətuʀ] *nm* return; **au ~** (*en arrivant*) when we (*ou* they *etc*) get (*ou* got) back; (*en route*) on the way back; **pendant le ~** on the way *ou* journey back; **à mon/ton ~** on my/your return; **au ~ de** on the return of; **être de ~ (de)** to be back (from); **de ~ à .../chez moi** back at .../back home; **en ~** *adv* in return; **par ~ du courrier** by return of post; **par un juste ~ des choses** by a favourable twist of fate; **match ~** return match; **~ en arrière** (*Ciné*) flashback; (*mesure*) backward step; **~ de bâton** kickback; **~ de chariot** carriage return; **~ à l'envoyeur** (*Postes*) return to sender; **~ de flamme** backfire; **~ (automatique) à la ligne** (*Inform*) wordwrap; **~ de manivelle** (*fig*) backfire; **~ offensif** renewed attack; **~ aux sources** (*fig*) return to basics

retournement [ʀətuʀnəmɑ̃] *nm* (*d'une personne: revirement*) turning (round); **~ de la situation** reversal of the situation

retourner [ʀətuʀne] *vt* (*dans l'autre sens: matelas, crêpe*) to turn (over); (*: caisse*) to turn upside down; (*: sac, vêtement*) to turn inside out; (*fig: argument*) to turn back; (*en remuant: terre, sol, foin*) to turn over; (*émouvoir: personne*) to shake; (*renvoyer, restituer*): **~ qch à qn** to return sth to sb ▷ *vi* (*aller, revenir*): **~ quelque part/à** to go back *ou* return somewhere/to; **~ à** (*état, activité*) to return to, go back to; **se retourner** *vi* to turn over; (*tourner la tête*) to turn round; **s'en ~** to go back; **se retourner contre** (*fig*) to turn against; **savoir de quoi il retourne** to know what it is all about; **~ sa veste** (*fig*) to turn one's coat; **~ en arrière** *ou* **sur ses pas** to turn back, retrace one's steps; **~ aux sources** to go back to basics

retracer [ʀətʀase] *vt* to relate, recount

rétracter [ʀetʀakte] *vt*, **se rétracter** *vi* to retract

retraduire [ʀətʀadɥiʀ] *vt* to translate again; (*dans la langue de départ*) to translate back

retrait [ʀətʀɛ] *nm voir* **retirer** withdrawal; collection; *voir* **se retirer** withdrawal; (*rétrécissement*) shrinkage; **en ~** *adj* set back; **écrire en ~** to indent; **~ du permis (de conduire)** disqualification from driving (*Brit*), revocation of driver's license (*US*)

retraite [ʀətʀɛt] *nf* (*d'une armée, Rel, refuge*) retreat; (*d'un employé*) retirement; (*revenu*) (retirement) pension; **être/mettre à la ~** to be retired/pension off *ou* retire; **prendre sa ~** to retire; **~ anticipée** early retirement; **~ aux flambeaux** torchlight tattoo

retraité, e [Rətʀete] *adj* retired ▷ *nm/f* (old age) pensioner
retraitement [Rətʀɛtmɑ̃] *nm* reprocessing
retraiter [Rətʀɛte] *vt* to reprocess
retranchement [Rətʀɑ̃ʃmɑ̃] *nm* entrenchment; **poursuivre qn dans ses derniers ~s** to drive sb into a corner
retrancher [Rətʀɑ̃ʃe] *vt* (*passage, détails*) to take out, remove; (*nombre, somme*): **~ qch de** to take *ou* deduct sth from; (*couper*) to cut off; **se ~ derrière/dans** to entrench o.s. behind/in; (*fig*) to take refuge behind/in
retranscrire [Rətʀɑ̃skʀiʀ] *vt* to retranscribe
retransmettre [Rətʀɑ̃smɛtʀ(ə)] *vt* (*Radio*) to broadcast, relay; (*TV*) to show
retransmission [Rətʀɑ̃smisjɔ̃] *nf* broadcast; showing
retravailler [Rətʀavaje] *vi* to start work again ▷ *vt* to work on again
retraverser [Rətʀavɛʀse] *vt* (*dans l'autre sens*) to cross back over
rétréci, e [Retʀesi] *adj* (*idées, esprit*) narrow
rétrécir [Retʀesiʀ] *vt* (*vêtement*) to take in ▷ *vi* to shrink; **se rétrécir** *vi* to narrow
rétrécissement [Retʀesismɑ̃] *nm* narrowing
retremper [Rətʀɑ̃pe] *vt*: **se ~ dans** (*fig*) to reimmerse o.s. in
rétribuer [Retʀibɥe] *vt* (*travail*) to pay for; (*personne*) to pay
rétribution [Retʀibysjɔ̃] *nf* payment
rétro [Retʀo] *adj inv* old-style ▷ *nm* (*rétroviseur*) (rear-view) mirror; **la mode ~** the nostalgia vogue
rétroactif, -ive [Retʀɔaktif, -iv] *adj* retroactive
rétrocéder [Retʀɔsede] *vt* to retrocede
rétrocession [Retʀɔsesjɔ̃] *nf* retrocession
rétrofusée [Retʀɔfyze] *nf* retrorocket
rétrograde [Retʀɔgʀad] *adj* reactionary, backward-looking
rétrograder [Retʀɔgʀade] *vi* (*élève*) to fall back; (*économie*) to regress; (*Auto*) to change down
rétroprojecteur [Retʀɔpʀɔʒɛktœʀ] *nm* overhead projector
rétrospectif, -ive [Retʀɔspɛktif, -iv] *adj, nf* retrospective
rétrospectivement [Retʀɔspɛktivmɑ̃] *adv* in retrospect
retroussé, e [Rətʀuse] *adj*: **nez ~** turned-up nose
retrousser [Rətʀuse] *vt* to roll up; (*fig: nez*) to wrinkle; (*: lèvres*) to curl
retrouvailles [Rətʀuvɑj] *nfpl* reunion *sg*
retrouver [Rətʀuve] *vt* (*fugitif, objet perdu*) to find; (*occasion*) to find again; (*calme, santé*) to regain; (*reconnaître: expression, style*) to recognize; (*revoir*) to see again; (*rejoindre*) to meet (again), join; **se retrouver** *vi* to meet; (*s'orienter*) to find one's way; **se ~ quelque part** to find o.s. somewhere; to end up somewhere; **se ~ seul/sans argent** to find o.s. alone/with no money; **se ~ dans** (*calculs, dossiers, désordre*) to make sense of; **s'y ~** (*rentrer dans ses frais*) to break even
rétroviseur [Retʀɔvizœʀ] *nm* (rear-view) mirror
réunifier [Reynifje] *vt* to reunify
Réunion [Reynjɔ̃] *nf*: **la ~, l'île de la ~** Réunion
réunion [Reynjɔ̃] *nf* bringing together; joining; (*séance*) meeting
réunionnais, e [Reynjɔnɛ, -ɛz] *adj* of *ou* from Réunion
réunir [Reyniʀ] *vt* (*convoquer*) to call together; (*rassembler*) to gather together; (*cumuler*) to combine; (*rapprocher*) to bring together (again), reunite; (*rattacher*) to join (together); **se réunir** *vi* (*se rencontrer*) to meet; (*s'allier*) to unite
réussi, e [Reysi] *adj* successful
réussir [Reysiʀ] *vi* to succeed, be successful; (*à un examen*) to pass; (*plante, culture*) to thrive, do well ▷ *vt* to make a success of; to bring off; **~ à faire** to succeed in doing; **~ à qn** to go right for sb; (*aliment*) to agree with sb; **le travail/le mariage lui réussit** work/married life agrees with him
réussite [Reysit] *nf* success; (*Cartes*) patience
réutiliser [Reytilize] *vt* to re-use
revaloir [Rəvalwaʀ] *vt*: **je vous revaudrai cela** I'll repay you some day; (*en mal*) I'll pay you back for this
revalorisation [Rəvalɔʀizɑsjɔ̃] *nf* revaluation; raising
revaloriser [Rəvalɔʀize] *vt* (*monnaie*) to revalue; (*salaires, pensions*) to raise the level of; (*institution, tradition*) to reassert the value of
revanche [Rəvɑ̃ʃ] *nf* revenge; **prendre sa ~ (sur)** to take one's revenge (on); **en ~** (*par contre*) on the other hand; (*en compensation*) in return
rêvasser [Rɛvase] *vi* to daydream
rêve [Rɛv] *nm* dream; (*activité psychique*): **le ~** dreaming; **paysage/silence de ~** dreamlike landscape/silence; **~ éveillé** daydreaming *no pl*, daydream
rêvé, e [Reve] *adj* (*endroit, mari etc*) ideal
revêche [Rəvɛʃ] *adj* surly, sour-tempered
réveil [Revɛj] *nm* (*d'un dormeur*) waking up *no pl*; (*fig*) awakening; (*pendule*) alarm (clock); **au ~** when I (*ou* you *etc*) wake (*ou* woke) up, on waking (up); **sonner le ~** (*Mil*) to sound the reveille
réveille-matin [Revɛjmatɛ̃] *nm inv* alarm clock
réveiller [Reveje] *vt* (*personne*) to wake up; (*fig*) to awaken, revive; **se réveiller** *vi* to wake up; (*fig*) to be revived, reawaken
réveillon [Revɛjɔ̃] *nm* Christmas Eve; (*de la Saint-Sylvestre*) New Year's Eve; Christmas Eve (*ou* New Year's Eve) party *ou* dinner
réveillonner [Revɛjɔne] *vi* to celebrate Christmas Eve (*ou* New Year's Eve)
révélateur, -trice [RevelatœR, -tRis] *adj*: **~ (de qch)** revealing (sth) ▷ *nm* (*Photo*) developer
révélation [Revelɑsjɔ̃] *nf* revelation
révéler [Revele] *vt* (*gén*) to reveal; (*divulguer*) to disclose, reveal; (*dénoter*) to reveal, show; (*faire connaître au public*): **~ qn/qch** to make sb/sth widely known, bring sb/sth to the public's notice; **se révéler** *vi* to be revealed, reveal

itself; **se ~ facile/faux** to prove (to be) easy/ false; **se ~ cruel/un allié sûr** to show o.s. to be cruel/a trustworthy ally

revenant, e [Rəvnɑ̃, -ɑ̃t] *nm/f* ghost

revendeur, -euse [Rəvɑ̃dœR, -øz] *nm/f* (*détaillant*) retailer; (*d'occasions*) secondhand dealer

revendicatif, -ive [Rəvɑ̃dikatif, -iv] *adj* (*mouvement*) protest *cpd*

revendication [Rəvɑ̃dikɑsjɔ̃] *nf* claim, demand; **journée de ~** day of action (in support of one's claims)

revendiquer [Rəvɑ̃dike] *vt* to claim, demand; (*responsabilité*) to claim ▷ *vi* to agitate in favour of one's claims

revendre [Rəvɑ̃dR(ə)] *vt* (*d'occasion*) to resell; (*détailler*) to sell; (*vendre davantage de*): **~ du sucre/ un foulard/deux bagues** to sell more sugar/ another scarf/another two rings; **à ~** *adv* (*en abondance*) to spare

revenir [RəvniR] *vi* to come back; (*Culin*): **faire ~** to brown; (*coûter*): **~ cher/à 100 euros (à qn)** to cost (sb) a lot/100 euros; **~ à** (*études, projet*) to return to, go back to; (*équivaloir à*) to amount to; **~ à qn** (*rumeur, nouvelle*) to get back to sb, reach sb's ears; (*part, honneur*) to go to sb, be sb's; (*souvenir, nom*) to come back to sb; **~ de** (*fig: maladie, étonnement*) to recover from; **~ sur** (*question, sujet*) to go back over; (*engagement*) to go back on; **~ à la charge** to return to the attack; **~ à soi** to come round; **n'en pas ~**: **je n'en reviens** I can't get over it; **~ sur ses pas** to retrace one's steps; **cela revient à dire que/au même** it amounts to saying that/to the same thing; **~ de loin** (*fig*) to have been at death's door

revente [Rəvɑ̃t] *nf* resale

revenu, e [Rəvny] *pp de* **revenir** ▷ *nm* income; (*de l'État*) revenue; (*d'un capital*) yield; **revenus** *nmpl* income *sg*; **~ national brut** gross national income

rêver [Reve] *vi, vt* to dream; (*rêvasser*) to (day)dream; **~ de** (*voir en rêve*) to dream of *ou* about; **~ de qch/de faire** to dream of sth/of doing; **~ à** to dream of

réverbération [ReveRbeRɑsjɔ̃] *nf* reflection

réverbère [ReveRbɛR] *nm* street lamp *ou* light

réverbérer [ReveRbeRe] *vt* to reflect

reverdir [RəveRdiR] *vi* (*arbre etc*) to turn green again

révérence [ReveRɑ̃s] *nf* (*vénération*) reverence; (*salut: d'homme*) bow; (*: de femme*) curtsey

révérencieux, -euse [ReveRɑ̃sjø, -øz] *adj* reverent

révérend, e [ReveRɑ̃, -ɑ̃d] *adj*: **le ~ père Pascal** the Reverend Father Pascal

révérer [ReveRe] *vt* to revere

rêverie [RɛvRi] *nf* daydreaming *no pl*, daydream

reverrai *etc* [RəvɛRe] *vb voir* **revoir**

revers [RəvɛR] *nm* (*de feuille, main*) back; (*d'étoffe*) wrong side; (*de pièce, médaille*) back, reverse; (*Tennis, Ping-Pong*) backhand; (*de veston*) lapel; (*de pantalon*) turn-up; (*fig: échec*) setback; **~ de fortune** reverse of fortune; **d'un ~ de main** with the back of one's hand; **le ~ de la médaille** (*fig*) the other side of the coin; **prendre à ~** (*Mil*) to take from the rear

reverser [RəvɛRse] *vt* (*reporter: somme etc*): **~ sur** to put back into; (*liquide*): **~ (dans)** to pour some more (into)

réversible [RevɛRsibl(ə)] *adj* reversible

revêtement [Rəvɛtmɑ̃] *nm* (*de paroi*) facing; (*des sols*) flooring; (*de chaussée*) surface; (*de tuyau etc: enduit*) coating

revêtir [RəvetiR] *vt* (*habit*) to don, put on; (*fig*) to take on; **~ qn de** to dress sb in; (*fig*) to endow *ou* invest sb with; **~ qch de** to cover sth with; (*fig*) to cloak sth in; **~ d'un visa** to append a visa to

rêveur, -euse [RɛvœR, -øz] *adj* dreamy ▷ *nm/f* dreamer

reviendrai *etc* [Rəvjɛ̃dRe] *vb voir* **revenir**

revienne *etc* [Rəvjɛn] *vb voir* **revenir**

revient [Rəvjɛ̃] *vb voir* **revenir** ▷ *nm*: **prix de ~** cost price

revigorer [RəvigɔRe] *vt* to invigorate, revive, buck up

revint *etc* [Rəvɛ̃] *vb voir* **revenir**

revirement [RəviRmɑ̃] *nm* change of mind; (*d'une situation*) reversal

revis *etc* [Rəvi] *vb voir* **revoir**

révisable [Revizabl(ə)] *adj* (*procès, taux etc*) reviewable, subject to review

réviser [Revize] *vt* (*texte, Scol: matière*) to revise; (*comptes*) to audit; (*machine, installation, moteur*) to overhaul, service; (*Jur: procès*) to review

révision [Revizjɔ̃] *nf* revision; auditing *no pl*; overhaul, servicing *no pl*; review; **conseil de ~** (*Mil*) recruiting board; **faire ses ~s** (*Scol*) to do one's revision (*Brit*), revise (*Brit*), review (*US*); **la ~ des 10 000 km** (*Auto*) the 10,000 km service

révisionnisme [Revizjɔnism(ə)] *nm* revisionism

revisser [Rəvise] *vt* to screw back again

revit [Rəvi] *vb voir* **revoir**

revitaliser [Rəvitalize] *vt* to revitalize

revivifier [Rəvivifje] *vt* to revitalize

revivre [RəvivR(ə)] *vi* (*reprendre des forces*) to come alive again; (*traditions*) to be revived ▷ *vt* (*épreuve, moment*) to relive; **faire ~** (*mode, institution, usage*) to bring back to life

révocable [Revɔkabl(ə)] *adj* (*délégué*) dismissible; (*contrat*) revocable

révocation [Revɔkɑsjɔ̃] *nf* dismissal; revocation

revoir [RəvwaR] *vt* to see again; (*réviser*) to revise (*Brit*), review (*US*) ▷ *nm*: **au ~** goodbye; **dire au ~ à qn** to say goodbye to sb; **se revoir** (*amis*) to meet (again), see each other again

révoltant, e [Revɔltɑ̃, -ɑ̃t] *adj* revolting

révolte [Revɔlt(ə)] *nf* rebellion, revolt

révolter [Revɔlte] *vt* to revolt, outrage; **se révolter** *vi*: **se ~ (contre)** to rebel (against); **se ~ (à)** to be outraged (by)

révolu, e [Revɔly] *adj* past; (*Admin*): **âgé de 18 ans ~s** over 18 years of age; **après trois ans ~s**

when three full years have passed
révolution [ʀevɔlysjɔ̃] *nf* revolution; **être en ~** (*pays etc*) to be in revolt; **la ~ industrielle** the industrial revolution
révolutionnaire [ʀevɔlysjɔnɛʀ] *adj, nm/f* revolutionary
révolutionner [ʀevɔlysjɔne] *vt* to revolutionize; (*fig*) to stir up
revolver [ʀevɔlvɛʀ] *nm* gun; (*à barillet*) revolver
révoquer [ʀevɔke] *vt* (*fonctionnaire*) to dismiss, remove from office; (*arrêt, contrat*) to revoke
revoyais *etc* [ʀəvwajɛ] *vb voir* **revoir**
revu, e [ʀəvy] *pp de* **revoir** ▷ *nf* (*inventaire, examen*) review; (*Mil: défilé*) review, march past; (*: inspection*) inspection, review; (*périodique*) review, magazine; (*pièce satirique*) revue; (*de music-hall*) variety show; **passer en ~** to review, inspect; (*fig*) to review; **~ de (la) presse** press review
révulsé, e [ʀevylse] *adj* (*yeux*) rolled upwards; (*visage*) contorted
Reykjavik [ʀekjavik] *n* Reykjavik
rez-de-chaussée [ʀedʃose] *nm inv* ground floor
rez-de-jardin [ʀedʒaʀdɛ̃] *nm inv* garden level
RF *sigle f* = **République française**
RFA *sigle f* (= *République fédérale d'Allemagne*) FRG
RFO *sigle f* (= *Radio-Télévision Française d'Outre-mer*) *French overseas broadcasting service*
RG *sigle mpl* (= *renseignements généraux*) *security section of the police force*
rhabiller [ʀabije] *vt*: **se rhabiller** to get dressed again, put one's clothes on again
rhapsodie [ʀapsɔdi] *nf* rhapsody
rhéostat [ʀeɔsta] *nm* rheostat
rhésus [ʀezys] *adj, nm* rhesus; **~ positif/négatif** rhesus positive/negative
rhétorique [ʀetɔʀik] *nf* rhetoric ▷ *adj* rhetorical
Rhin [ʀɛ̃] *nm*: **le ~** the Rhine
rhinite [ʀinit] *nf* rhinitis
rhinocéros [ʀinɔseʀɔs] *nm* rhinoceros
rhinopharyngite [ʀinɔfaʀɛ̃ʒit] *nf* throat infection
rhodanien, ne [ʀɔdanjɛ̃, -ɛn] *adj* Rhône *cpd*, of the Rhône
Rhodes [ʀɔd] *n*: **(l'île de) ~** (the island of) Rhodes
Rhodésie [ʀɔdezi] *nf*: **la ~** Rhodesia
rhodésien, ne [ʀɔdezjɛ̃, -ɛn] *adj* Rhodesian
rhododendron [ʀɔdɔdɛ̃dʀɔ̃] *nm* rhododendron
Rhône [ʀon] *nm*: **le ~** the Rhone
rhubarbe [ʀybaʀb(ə)] *nf* rhubarb
rhum [ʀɔm] *nm* rum
rhumatisant, e [ʀymatizɑ̃, -ɑ̃t] *adj, nm/f* rheumatic
rhumatismal, e, -aux [ʀymatismal, -o] *adj* rheumatic
rhumatisme [ʀymatism(ə)] *nm* rheumatism *no pl*
rhumatologie [ʀymatɔlɔʒi] *nf* rheumatology
rhumatologue [ʀymatɔlɔg] *nm/f* rheumatologist
rhume [ʀym] *nm* cold; **~ de cerveau** head cold; **le ~ des foins** hay fever
rhumerie [ʀɔmʀi] *nf* (*distillerie*) rum distillery
RI *sigle m* (*Mil*) = **régiment d'infanterie**
ri [ʀi] *pp de* **rire**
riant, e [ʀjɑ̃, -ɑ̃t] *vb voir* **rire** ▷ *adj* smiling, cheerful; (*campagne, paysage*) pleasant
RIB *sigle m* = **relevé d'identité bancaire**
ribambelle [ʀibɑ̃bɛl] *nf*: **une ~ de** a herd *ou* swarm of
ricain, e [ʀikɛ̃, -ɛn] *adj* (*fam*) Yank, Yankee
ricanement [ʀikanmɑ̃] *nm* snigger; giggle
ricaner [ʀikane] *vi* (*avec méchanceté*) to snigger; (*bêtement, avec gêne*) to giggle
riche [ʀiʃ] *adj* (*gén*) rich; (*personne, pays*) rich, wealthy; **~ en** rich in; **~ de** full of; rich in
richement [ʀiʃmɑ̃] *adv* richly
richesse [ʀiʃɛs] *nf* wealth; (*fig*) richness; **richesses** *nfpl* wealth *sg*; treasures; **~ en vitamines** high vitamin content
richissime [ʀiʃisim] *adj* extremely rich *ou* wealthy
ricin [ʀisɛ̃] *nm*: **huile de ~** castor oil
ricocher [ʀikɔʃe] *vi*: **~ (sur)** to rebound (off); (*sur l'eau*) to bounce (on *ou* off); **faire ~** (*galet*) to skim
ricochet [ʀikɔʃɛ] *nm* rebound; bounce; **faire ~** to rebound, bounce; (*fig*) to rebound; **faire des ~s** to skip stones; **par ~** *adv* on the rebound; (*fig*) as an indirect result
rictus [ʀiktys] *nm* grin, (snarling) grimace
ride [ʀid] *nf* wrinkle; (*fig*) ripple
ridé, e [ʀide] *adj* wrinkled
rideau, x [ʀido] *nm* curtain; **tirer/ouvrir les ~x** to draw/open the curtains; **~ de fer** metal shutter; (*Pol*): **le ~ de fer** the Iron Curtain
ridelle [ʀidɛl] *nf* slatted side (*of truck*)
rider [ʀide] *vt* to wrinkle; (*fig*) to ripple, ruffle the surface of; **se rider** *vi* to become wrinkled
ridicule [ʀidikyl] *adj* ridiculous ▷ *nm* ridiculousness *no pl*; **le ~** ridicule; (*travers: gén pl*) absurdities *pl*; **tourner en ~** to ridicule
ridiculement [ʀidikylmɑ̃] *adv* ridiculously
ridiculiser [ridikylize] *vt* to ridicule; **se ridiculiser** to make a fool of o.s
ridule [ʀidyl] *nf* (*euph: ride*) little wrinkle
rie *etc* [ʀi] *vb voir* **rire**

MOT-CLÉ

rien [ʀjɛ̃] *pron* **1**: **(ne) ... rien** nothing; (*tournure négative*) anything; **qu'est-ce que vous avez? — rien** what have you got? — nothing; **il n'a rien dit/fait** he said/did nothing, he hasn't said/done anything; **il n'a rien** (*n'est pas blessé*) he's all right; **ça ne fait rien** it doesn't matter; **il n'y est pour rien** he's got nothing to do with it
2 (*quelque chose*): **a-t-il jamais rien fait pour nous?** has he ever done anything for us?
3: **rien de: rien d'intéressant** nothing interesting; **rien d'autre** nothing else; **rien du tout** nothing at all; **il n'a rien d'un champion** he's no champion, there's nothing of the champion about him

4: **rien que** just, only; nothing but; **rien que pour lui faire plaisir** only *ou* just to please him; **rien que la vérité** nothing but the truth; **rien que cela** that alone
▷ *excl*: **de rien!** not at all!, don't mention it!; **il n'en est rien!** nothing of the sort!; **rien à faire!** it's no good!, it's no use!
▷ *nm*: **un petit rien** (*cadeau*) a little something; **des riens** trivia *pl*; **un rien de** a hint of; **en un rien de temps** in no time at all; **avoir peur d'un rien** to be frightened of the slightest thing

rieur, -euse [ʀjœʀ, -øz] *adj* cheerful
rigide [ʀiʒid] *adj* stiff; (*fig*) rigid; (*moralement*) strict
rigidité [ʀiʒidite] *nf* stiffness; **la ~ cadavérique** rigor mortis
rigolade [ʀigɔlad] *nf*: **la ~** fun; (*fig*): **c'est de la ~** it's a big farce; (*c'est facile*) it's a cinch
rigole [ʀigɔl] *nf* (*conduit*) channel; (*filet d'eau*) rivulet
rigoler [ʀigɔle] *vi* (*rire*) to laugh; (*s'amuser*) to have (some) fun; (*plaisanter*) to be joking *ou* kidding
rigolo, ote [ʀigɔlo, -ɔt] *adj* (*fam*) funny ▷ *nm/f* comic; (*péj*) fraud, phoney
rigorisme [ʀigɔʀism(ə)] *nm* (moral) rigorism
rigoriste [ʀigɔʀist(ə)] *adj* rigorist
rigoureusement [ʀiguʀøzmɑ̃] *adv* rigorously; **~ vrai/interdit** strictly true/forbidden
rigoureux, -euse [ʀiguʀø, -øz] *adj* (*morale*) rigorous, strict; (*personne*) stern, strict; (*climat, châtiment*) rigorous, harsh, severe; (*interdiction, neutralité*) strict; (*preuves, analyse, méthode*) rigorous
rigueur [ʀigœʀ] *nf* rigour (*Brit*), rigor (*US*); strictness; harshness; **"tenue de soirée de ~"** "evening dress (to be worn)"; **être de ~** to be the usual thing, be the rule; **à la ~** at a pinch; possibly; **tenir ~ à qn de qch** to hold sth against sb
riions *etc* [ʀijɔ̃] *vb voir* **rire**
rillettes [ʀijɛt] *nfpl* ≈ potted meat *sg*
rime [ʀim] *nf* rhyme; **n'avoir ni ~ ni raison** to have neither rhyme nor reason
rimer [ʀime] *vi*: **~ (avec)** to rhyme (with); **ne ~ à rien** not to make sense
Rimmel® [ʀimɛl] *nm* mascara
rinçage [ʀɛ̃saʒ] *nm* rinsing (out); (*opération*) rinse
rince-doigts [ʀɛ̃sdwa] *nm inv* finger-bowl
rincer [ʀɛ̃se] *vt* to rinse; (*récipient*) to rinse out; **se ~ la bouche** to rinse one's mouth out
ring [ʀiŋ] *nm* (boxing) ring; **monter sur le ~** (*aussi fig*) to enter the ring; (*: faire carrière de boxeur*) to take up boxing
ringard, e [ʀɛ̃gaʀ, -aʀd(ə)] *adj* (*péj*) old-fashioned
Rio de Janeiro [ʀiodʒanɛʀ(o)] *n* Rio de Janeiro
rions [ʀiɔ̃] *vb voir* **rire**
ripaille [ʀipɑj] *nf*: **faire ~** to feast
riper [ʀipe] *vi* to slip, slide
ripoliné, e [ʀipɔline] *adj* enamel-painted
riposte [ʀipɔst(ə)] *nf* retort, riposte; (*fig*) counter-attack, reprisal
riposter [ʀipɔste] *vi* to retaliate ▷ *vt*: **~ que** to retort that; **~ à** *vt* to counter; to reply to
ripper [ʀipe] *vt* (*Inform*) to rip
rire [ʀiʀ] *vi* to laugh; (*se divertir*) to have fun; (*plaisanter*) to joke ▷ *nm* laugh; **le ~** laughter; **~ de** *vt* to laugh at; **se ~ de** to make light of; **tu veux ~!** you must be joking!; **~ aux éclats/aux larmes** to roar with laughter/laugh until one cries; **~ jaune** to force oneself to laugh; **~ sous cape** to laugh up one's sleeve; **~ au nez de qn** to laugh in sb's face; **pour ~** (*pas sérieusement*) for a joke *ou* a laugh
ris [ʀi] *vb voir* **rire** ▷ *nm*: **~ de veau** (calf) sweetbread
risée [ʀize] *nf*: **être la ~ de** to be the laughing stock of
risette [ʀizɛt] *nf*: **faire ~ (à)** to give a nice little smile (to)
risible [ʀizibl(ə)] *adj* laughable, ridiculous
risque [ʀisk(ə)] *nm* risk; **l'attrait du ~** the lure of danger; **prendre des ~s** to take risks; **à ses ~s et périls** at his own risk; **au ~ de** at the risk of; **~ d'incendie** fire risk; **~ calculé** calculated risk
risqué, e [ʀiske] *adj* risky; (*plaisanterie*) risqué, daring
risquer [ʀiske] *vt* to risk; (*allusion, question*) to venture, hazard; **tu risques qu'on te renvoie** you risk being dismissed; **ça ne risque rien** it's quite safe; **~ de**: **il risque de se tuer** he could get *ou* risks getting himself killed; **il a risqué de se tuer** he almost got himself killed; **ce qui risque de se produire** what might *ou* could well happen; **il ne risque pas de recommencer** there's no chance of him doing that again; **se risquer dans** (*s'aventurer*) to venture into; **se risquer à faire** (*tenter*) to dare to do; **~ le tout pour le tout** to risk the lot
risque-tout [ʀiskətu] *nm/f inv* daredevil
rissoler [ʀisɔle] *vi, vt*: **(faire) ~** to brown
ristourne [ʀistuʀn(ə)] *nf* rebate; discount
rit *etc* [ʀi] *vb voir* **rire**
rite [ʀit] *nm* rite; (*fig*) ritual
ritournelle [ʀituʀnɛl] *nf* (*fig*) tune; **c'est toujours la même ~** (*fam*) it's always the same old story
rituel, le [ʀitɥɛl] *adj, nm* ritual
rituellement [ʀitɥɛlmɑ̃] *adv* religiously
riv. *abr* (= *rivière*) R
rivage [ʀivaʒ] *nm* shore
rival, e, -aux [ʀival, -o] *adj, nm/f* rival; **sans ~** *adj* unrivalled
rivaliser [ʀivalize] *vi*: **~ avec** to rival, vie with; (*être comparable*) to hold its own against, compare with; **~ avec qn de** (*élégance etc*) to vie with *ou* rival sb in
rivalité [ʀivalite] *nf* rivalry
rive [ʀiv] *nf* shore; (*de fleuve*) bank
river [ʀive] *vt* (*clou, pointe*) to clinch; (*plaques*) to

r

rivet together; **être rivé sur/à** to be riveted on/to
riverain, e [rivʀɛ̃, -ɛn] *adj* riverside *cpd*; lakeside *cpd*; roadside *cpd* ▹ *nm/f* riverside (*ou* lakeside) resident; local *ou* roadside resident
rivet [rivɛ] *nm* rivet
riveter [rivte] *vt* to rivet (together)
Riviera [rivjɛʀa] *nf*: **la ~ (italienne)** the Italian Riviera
rivière [rivjɛʀ] *nf* river; **~ de diamants** diamond rivière
rixe [riks(ə)] *nf* brawl, scuffle
Riyad [rijad] *n* Riyadh
riz [ri] *nm* rice; **~ au lait** ≈ rice pudding
rizière [rizjɛʀ] *nf* paddy field
RMC *sigle f* = **Radio Monte Carlo**
RMI *sigle m* (= *revenu minimum d'insertion*) ≈ income support (*Brit*), ≈ welfare (*US*)
RN *sigle f* = **route nationale**
robe [ʀɔb] *nf* dress; (*de juge, d'ecclésiastique*) robe; (*de professeur*) gown; (*pelage*) coat; **~ de soirée/de mariée** evening/wedding dress; **~ de baptême** christening robe; **~ de chambre** dressing gown; **~ de grossesse** maternity dress
robinet [ʀɔbinɛ] *nm* tap, faucet (*US*); **~ du gaz** gas tap; **~ mélangeur** mixer tap
robinetterie [ʀɔbinɛtʀi] *nf* taps *pl*, plumbing
roboratif, -ive [ʀɔbɔʀatif, -iv] *adj* bracing, invigorating
robot [ʀɔbo] *nm* robot; **~ de cuisine** food processor
robotique [ʀɔbɔtik] *nf* robotics *sg*
robotiser [ʀɔbɔtize] *vt* (*personne, travailleur*) to turn into a robot; (*monde, vie*) to automate
robuste [ʀɔbyst(ə)] *adj* robust, sturdy
robustesse [ʀɔbystɛs] *nf* robustness, sturdiness
roc [ʀɔk] *nm* rock
rocade [ʀɔkad] *nf* (*Auto*) bypass
rocaille [ʀɔkaj] *nf* (*pierres*) loose stones *pl*; (*terrain*) rocky *ou* stony ground; (*jardin*) rockery, rock garden ▹ *adj* (*style*) rocaille
rocailleux, -euse [ʀɔkajø, -øz] *adj* rocky, stony; (*voix*) harsh
rocambolesque [ʀɔkɑ̃bɔlɛsk(ə)] *adj* fantastic, incredible
roche [ʀɔʃ] *nf* rock
rocher [ʀɔʃe] *nm* rock; (*Anat*) petrosal bone
rochet [ʀɔʃɛ] *nm*: **roue à ~** ratchet wheel
rocheux, -euse [ʀɔʃø, -øz] *adj* rocky; **les (montagnes) Rocheuses** the Rockies, the Rocky Mountains
rock [ʀɔk], **rock and roll** [ʀɔkɛnʀɔl] *nm* (*musique*) rock(-'n'-roll); (*danse*) rock
rocker [ʀɔkœʀ] *nm* (*chanteur*) rock musician; (*adepte*) rock fan
rocking-chair [ʀɔkiŋ(t)ʃɛʀ] *nm* rocking chair
rococo [ʀɔkɔko] *nm* rococo ▹ *adj* rococo
rodage [ʀɔdaʒ] *nm* running in (*Brit*), breaking in (*US*); **en ~** (*Auto*) running *ou* breaking in
rodé, e [ʀɔde] *adj* run in (*Brit*), broken in (*US*); (*personne*): **~ à qch** having got the hang of sth
rodéo [ʀɔdeo] *nm* rodeo
roder [ʀɔde] *vt* (*moteur, voiture*) to run in (*Brit*), break in (*US*); **~ un spectacle** to iron out the initial problems of a show
rôder [ʀode] *vi* to roam *ou* wander about; (*de façon suspecte*) to lurk (about *ou* around)
rôdeur, -euse [ʀodœʀ, -øz] *nm/f* prowler
rodomontades [ʀɔdɔmɔ̃tad] *nfpl* bragging *sg*; sabre rattling *sg*
rogatoire [ʀɔgatwaʀ] *adj*: **commission ~** letters rogatory
rogne [ʀɔɲ] *nf*: **être en ~** to be mad *ou* in a temper; **se mettre en ~** to get mad *ou* in a temper
rogner [ʀɔɲe] *vt* to trim; (*fig*) to whittle down; **~ sur** (*fig*) to cut down *ou* back on
rognons [ʀɔɲɔ̃] *nmpl* kidneys
rognures [ʀɔɲyʀ] *nfpl* trimmings
rogue [ʀɔg] *adj* arrogant
roi [ʀwa] *nm* king; **les R~s mages** the Three Wise Men, the Magi; **le jour** *ou* **la fête des R~s, les R~s** Twelfth Night; *see note*

FÊTE DES ROIS

The '*fête des Rois*' is celebrated on 6 January. Figurines representing the Three Wise Men are traditionally added to the Christmas crib ('crèche') and people eat 'galette des Rois', a flat cake in which a porcelain charm ('la fève') is hidden. Whoever finds the charm is king or queen for the day and can choose a partner.

roitelet [ʀwatlɛ] *nm* wren; (*péj*) kinglet
rôle [ʀol] *nm* role; (*contribution*) part
rollers [ʀɔlœʀ] *nmpl* Rollerblades®
rollmops [ʀɔlmɔps] *nm* rollmop
romain, e [ʀɔmɛ̃, -ɛn] *adj* Roman ▹ *nm/f*: **Romain, e** Roman ▹ *nf* (*Culin*) cos (lettuce)
roman, e [ʀɔmɑ̃, -an] *adj* (*Archit*) Romanesque; (*Ling*) Romance *cpd*, Romanic ▹ *nm* novel; **~ d'amour** love story; **~ d'espionnage** spy novel *ou* story; **~ noir** thriller; **~ policier** detective novel
romance [ʀɔmɑ̃s] *nf* ballad
romancer [ʀɔmɑ̃se] *vt* to romanticize
romanche [ʀɔmɑ̃ʃ] *adj, nm* Romansh
romancier, -ière [ʀɔmɑ̃sje, -jɛʀ] *nm/f* novelist
romand, e [ʀɔmɑ̃, -ɑ̃d] *adj* of *ou* from French-speaking Switzerland ▹ *nm/f*: **Romand, e** French-speaking Swiss
romanesque [ʀɔmanɛsk(ə)] *adj* (*fantastique*) fantastic; storybook *cpd*; (*sentimental*) romantic; (*Littérature*) novelistic
roman-feuilleton [ʀɔmɑ̃fœjtɔ̃] (*pl* **romans-feuilletons**) *nm* serialized novel
roman-fleuve [ʀɔmɑ̃flœv] (*pl* **romans-fleuves**) *nm* saga, roman-fleuve
romanichel, le [ʀɔmaniʃɛl] *nm/f* gipsy
roman-photo [ʀɔmɑ̃fɔto] (*pl* **romans-photos**) *nm* (romantic) picture story
romantique [ʀɔmɑ̃tik] *adj* romantic
romantisme [ʀɔmɑ̃tism(ə)] *nm* romanticism

romarin [ʀɔmaʀɛ̃] *nm* rosemary
rombière [ʀɔ̃bjɛʀ] *nf (péj)* old bag
Rome [ʀɔm] *n* Rome
rompre [ʀɔ̃pʀ(ə)] *vt* to break; *(entretien, fiançailles)* to break off ▷ *vi (fiancés)* to break it off; **se rompre** *vi* to break; *(Méd)* to burst, rupture; **se ~ les os** *ou* **le cou** to break one's neck; **~ avec** to break with; **à tout ~** *adv* wildly; **applaudir à tout ~** to bring down the house, applaud wildly; **~ la glace** *(fig)* to break the ice; **rompez (les rangs)!** *(Mil)* dismiss!, fall out!
rompu, e [ʀɔ̃py] *pp de* **rompre** ▷ *adj (fourbu)* exhausted, worn out; **~ à** with wide experience of; inured to
romsteck [ʀɔ̃mstɛk] *nm* rump steak *no pl*
ronce [ʀɔ̃s] *nf (Bot)* bramble branch; *(Menuiserie)*: **~ de noyer** burr walnut; **ronces** *nfpl* brambles, thorns
ronchonner [ʀɔ̃ʃɔne] *vi (fam)* to grouse, grouch
rond, e [ʀɔ̃, ʀɔ̃d] *adj* round; *(joues, mollets)* well-rounded; *(fam: ivre)* tight; *(sincère, décidé)*: **être ~ en affaires** to be on the level in business, do an honest deal ▷ *nm (cercle)* ring; *(fam: sou)*: **je n'ai plus un ~** I haven't a penny left ▷ *nf (gén: de surveillance)* rounds *pl*, patrol; *(danse)* round (dance); *(Mus)* semibreve *(Brit)*, whole note *(US)* ▷ *adv*: **tourner ~** *(moteur)* to run smoothly; **ça ne tourne pas ~** *(fig)* there's something not quite right about it; **pour faire un compte ~** to make (it) a round figure, to round (it) off; **avoir le dos ~** to be round-shouldered; **en ~** *(s'asseoir, danser)* in a ring; **à la ~e** *(alentour)*: **à 10 km à la ~e** for 10 km round; *(à chacun son tour)*: **passer qch à la ~e** to pass sth (a)round; **faire des ~s de jambe** to bow and scrape; **~ de serviette** napkin ring
rond-de-cuir [ʀɔ̃dkɥiʀ] *(pl* **ronds-de-cuir***) nm (péj)* penpusher
rondelet, te [ʀɔ̃dlɛ, -ɛt] *adj* plump; *(fig: somme)* tidy; *(: bourse)* well-lined, fat
rondelle [ʀɔ̃dɛl] *nf (Tech)* washer; *(tranche)* slice, round
rondement [ʀɔ̃dmɑ̃] *adv (avec décision)* briskly; *(loyalement)* frankly
rondeur [ʀɔ̃dœʀ] *nf (d'un bras, des formes)* plumpness; *(bonhomie)* friendly straightforwardness; **rondeurs** *nfpl (d'une femme)* curves
rondin [ʀɔ̃dɛ̃] *nm* log
rond-point [ʀɔ̃pwɛ̃] *(pl* **ronds-points***) nm* roundabout *(Brit)*, traffic circle *(US)*
ronflant, e [ʀɔ̃flɑ̃, -ɑ̃t] *adj (péj)* high-flown, grand
ronflement [ʀɔ̃fləmɑ̃] *nm* snore, snoring *no pl*
ronfler [ʀɔ̃fle] *vi* to snore; *(moteur, poêle)* to hum; *(: plus fort)* to roar
ronger [ʀɔ̃ʒe] *vt* to gnaw (at); *(vers, rouille)* to eat into; **~ son frein** to champ (at) the bit; *(fig)*: **se ~ de souci, se ~ les sangs** to worry o.s. sick, fret; **se ~ les ongles** to bite one's nails
rongeur, -euse [ʀɔ̃ʒœʀ, -øz] *nm/f* rodent
ronronnement [ʀɔ̃ʀɔnmɑ̃] *nm* purring; *(bruit)* purr
ronronner [ʀɔ̃ʀɔne] *vi* to purr
roque [ʀɔk] *nm (Échecs)* castling
roquefort [ʀɔkfɔʀ] *nm* Roquefort
roquer [ʀɔke] *vi* to castle
roquet [ʀɔkɛ] *nm* nasty little lap-dog
roquette [ʀɔkɛt] *nf* rocket; **~ antichar** antitank rocket
rosace [ʀozas] *nf (vitrail)* rose window, rosace; *(motif: de plafond etc)* rose
rosaire [ʀozɛʀ] *nm* rosary
rosbif [ʀɔsbif] *nm*: **du ~** roasting beef; *(cuit)* roast beef; **un ~** a joint of (roasting) beef
rose [ʀoz] *nf* rose; *(vitrail)* rose window ▷ *adj* pink; **~ bonbon** *adj inv* candy pink; **~ des vents** compass card
rosé, e [ʀoze] *adj* pinkish; **(vin) ~** rosé (wine)
roseau, x [ʀozo] *nm* reed
rosée [ʀoze] *adj f voir* **rosé** ▷ *nf*: **goutte de ~** dewdrop
roseraie [ʀozʀɛ] *nf* rose garden; *(plantation)* rose nursery
rosette [ʀozɛt] *nf* rosette *(gen of the Légion d'honneur)*
rosier [ʀozje] *nm* rosebush, rose tree
rosir [ʀoziʀ] *vi* to go pink
rosse [ʀɔs] *nf (péj: cheval)* nag ▷ *adj* nasty, vicious
rosser [ʀɔse] *vt (fam)* to thrash
rossignol [ʀɔsiɲɔl] *nm (Zool)* nightingale; *(crochet)* picklock
rot [ʀo] *nm* belch; *(de bébé)* burp
rotatif, -ive [ʀɔtatif, -iv] *adj* rotary ▷ *nf* rotary press
rotation [ʀɔtɑsjɔ̃] *nf* rotation; *(fig)* rotation, swap-around; *(renouvellement)* turnover; **par ~** on a rota *(Brit) ou* rotation *(US)* basis; **~ des cultures** crop rotation; **~ des stocks** stock turnover
rotatoire [ʀɔtatwaʀ] *adj*: **mouvement ~** rotary movement
roter [ʀɔte] *vi (fam)* to burp, belch
rôti [ʀoti] *nm*: **du ~** roasting meat; *(cuit)* roast meat; **un ~ de bœuf/porc** a joint of (roasting) beef/pork
rotin [ʀɔtɛ̃] *nm* rattan (cane); **fauteuil en ~** cane (arm)chair
rôtir [ʀotiʀ] *vt (aussi:* **faire rôtir***)* to roast ▷ *vi* to roast; **se ~ au soleil** to bask in the sun
rôtisserie [ʀotisʀi] *nf (restaurant)* steakhouse; *(comptoir, magasin)* roast meat counter *(ou* shop)
rôtissoire [ʀotiswaʀ] *nf* (roasting) spit
rotonde [ʀɔtɔ̃d] *nf (Archit)* rotunda; *(Rail)* engine shed
rotondité [ʀɔtɔ̃dite] *nf* roundness
rotor [ʀɔtɔʀ] *nm* rotor
Rotterdam [ʀɔtɛʀdam] *n* Rotterdam
rotule [ʀɔtyl] *nf* kneecap, patella
roturier, -ière [ʀɔtyʀje, -jɛʀ] *nm/f* commoner
rouage [ʀwaʒ] *nm* cog(wheel), gearwheel; *(de montre)* part; *(fig)* cog; **rouages** *nmpl (fig)* internal structure *sg*
Rouanda [ʀwɑ̃da] *nm*: **le ~** Rwanda

r

roubaisien, ne [Rubezjɛ̃, -ɛn] *adj* of *ou* from Roubaix

roublard, e [RublaR, -aRd(ə)] *adj (péj)* crafty, wily

rouble [Rubl(ə)] *nm* rouble

roucoulement [Rukulmɑ̃] *nm (de pigeons, fig)* coo, cooing

roucouler [Rukule] *vi* to coo; *(fig: péj)* to warble; (: *amoureux*) to bill and coo

roue [Ru] *nf* wheel; **faire la ~** *(paon)* to spread *ou* fan its tail; *(Gym)* to do a cartwheel; **descendre en ~ libre** to freewheel *ou* coast down; **pousser à la ~** to put one's shoulder to the wheel; **grande ~** *(à la foire)* big wheel; **~ à aubes** paddle wheel; **~ dentée** cogwheel; **~ de secours** spare wheel

roué, e [Rwe] *adj* wily

rouennais, e [Rwanɛ, -ɛz] *adj* of *ou* from Rouen

rouer [Rwe] *vt*: **~ qn de coups** to give sb a thrashing

rouet [Rwɛ] *nm* spinning wheel

rouge [Ruʒ] *adj, nm/f* red ▷ *nm* red; *(fard)* rouge; **(vin) ~** red wine; **passer au ~** *(signal)* to go red; *(automobiliste)* to go through a red light; **porter au ~** *(métal)* to bring to red heat; **sur la liste ~** *(Tél)* ex-directory *(Brit)*, unlisted *(US)*; **~ de honte/colère** red with shame/anger; **se fâcher tout/voir ~** to blow one's top/see red; **~ (à lèvres)** lipstick

rougeâtre [Ruʒɑtʀ(ə)] *adj* reddish

rougeaud, e [Ruʒo, -od] *adj (teint)* red; *(personne)* red-faced

rouge-gorge [Ruʒgɔʀʒ(ə)] *nm* robin (redbreast)

rougeoiement [Ruʒwamɑ̃] *nm* reddish glow

rougeole [Ruʒɔl] *nf* measles *sg*

rougeoyant, e [Ruʒwajɑ̃, -ɑ̃t] *adj (ciel, braises)* glowing; *(aube, reflets)* glowing red

rougeoyer [Ruʒwaje] *vi* to glow red

rouget [Ruʒɛ] *nm* mullet

rougeur [Ruʒœʀ] *nf* redness; *(du visage)* red face; **rougeurs** *nfpl (Méd)* red blotches

rougir [Ruʒiʀ] *vi (de honte, timidité)* to blush, flush; *(de plaisir, colère)* to flush; *(fraise, tomate)* to go *ou* turn red; *(ciel)* to redden

rouille [Ruj] *adj inv* rust-coloured, rusty ▷ *nf* rust; *(Culin) spicy (Provençal) sauce served with fish dishes*

rouillé, e [Ruje] *adj* rusty

rouiller [Ruje] *vt* to rust ▷ *vi* to rust, go rusty; **se rouiller** *vi* to rust; *(fig: mentalement)* to become rusty; (: *physiquement*) to grow stiff

roulade [Rulad] *nf (Gym)* roll; *(Culin)* rolled meat *no pl*; *(Mus)* roulade, run

roulage [Rulaʒ] *nm (transport)* haulage

roulant, e [Rulɑ̃, -ɑ̃t] *adj (meuble)* on wheels; *(surface, trottoir)* moving; **matériel ~** *(Rail)* rolling stock; **personnel ~** *(Rail)* train crews *pl*

roulé, e [Rule] *adj*: **bien ~e** *(fam: femme)* shapely, curvy

rouleau, x [Rulo] *nm (de papier, tissu, pièces de monnaie, Sport)* roll; *(de machine à écrire)* roller, platen; *(à mise en plis, à peinture, vague)* roller; **être au bout du ~** *(fig)* to be at the end of the line; **~ compresseur** steamroller; **~ à pâtisserie** rolling pin; **~ de pellicule** roll of film

roulé-boulé [Rulebule] *(pl* **roulés-boulés**) *(Sport)* roll

roulement [Rulmɑ̃] *nm (bruit)* rumbling *no pl*, rumble; *(rotation)* rotation; turnover; (: *de capitaux*) circulation; **par ~** on a rota *(Brit) ou* rotation *(US)* basis; **~ (à billes)** ball bearings *pl*; **~ de tambour** drum roll; **~ d'yeux** roll(ing) of the eyes

rouler [Rule] *vt* to roll; *(papier, tapis)* to roll up; *(Culin: pâte)* to roll out; *(fam)* to do, con ▷ *vi (bille, boule)* to roll; *(voiture, train)* to go, run; *(automobiliste)* to drive; *(cycliste)* to ride; *(bateau)* to roll; *(tonnerre)* to rumble, roll; *(dégringoler)*: **~ en bas de** to roll down; **~ sur** *(conversation)* to turn on; **se ~ dans** *(boue)* to roll in; *(couverture)* to roll o.s. (up) in; **~ dans la farine** *(fam)* to con; **~ les épaules/hanches** to sway one's shoulders/wiggle one's hips; **~ les "r"** to roll one's r's; **~ sur l'or** to be rolling in money, be rolling in it; **~ (sa bosse)** to go places

roulette [Rulɛt] *nf (de table, fauteuil)* castor; *(de pâtissier)* pastry wheel; *(jeu)*: **la ~** roulette; **à ~s** on castors; **la ~ russe** Russian roulette

roulis [Ruli] *nm* roll(ing)

roulotte [Rulɔt] *nf* caravan

roumain, e [Rumɛ̃, -ɛn] *adj* Rumanian, Romanian ▷ *nm (Ling)* Rumanian, Romanian ▷ *nm/f*: **Roumain, e** Rumanian, Romanian

Roumanie [Rumani] *nf*: **la ~** Rumania, Romania

roupiller [Rupije] *vi (fam)* to sleep

rouquin, e [Rukɛ̃, -in] *nm/f (péj)* redhead

rouspéter [Ruspete] *vi (fam)* to moan, grouse

rousse [Rus] *adj f voir* **roux**

rousseur [Rusœʀ] *nf*: **tache de ~** freckle

roussi [Rusi] *nm*: **ça sent le ~** there's a smell of burning; *(fig)* I can smell trouble

roussir [RusiR] *vt* to scorch ▷ *vi (feuilles)* to go *ou* turn brown; *(Culin)*: **faire ~** to brown

routage [Rutaʒ] *nm* (collective) mailing

routard, e [RutaR, -aRd(ə)] *nm/f* traveller

route [Rut] *nf* road; *(fig: chemin)* way; *(itinéraire, parcours)* route; *(fig: voie)* road, path; **par (la) ~** by road; **il y a trois heures de ~** it's a three-hour ride *ou* journey; **en ~** *adv* on the way; **en ~!** let's go!; **en cours de ~** en route; **mettre en ~** to start up; **se mettre en ~** to set off; **faire ~ vers** to head towards; **faire fausse ~** *(fig)* to be on the wrong track; **~ nationale (RN)** ≈ A-road *(Brit)*, ≈ state highway *(US)*

routier, -ière [Rutje, -jɛR] *adj* road *cpd* ▷ *nm (camionneur)* (long-distance) lorry *(Brit) ou* truck driver; *(restaurant)* ≈ transport café *(Brit)*, ≈ truck stop *(US)*; *(scout)* ≈ rover; *(cycliste)* road racer ▷ *nf (voiture)* touring car; **vieux ~** old stager; **carte routière** road map

routine [Rutin] *nf* routine; **visite/contrôle de ~** routine visit/check

routinier, -ière [Rutinje, -jɛR] *adj (péj: travail)* humdrum, routine; (: *personne*) addicted to routine

rouvert, e [ruvɛr, -ɛrt(ə)] *pp de* **rouvrir**
rouvrir [ruvrir] *vt, vi* to reopen, open again; **se rouvrir** *vi (blessure)* to open up again
roux, rousse [ru, rus] *adj* red; *(personne)* red-haired ▷ *nm/f* redhead ▷ *nm (Culin)* roux
royal, e, -aux [rwajal, -o] *adj* royal; *(fig)* fit for a king, princely; blissful; thorough
royalement [rwajalmɑ̃] *adv* royally
royaliste [rwajalist(ə)] *adj, nm/f* royalist
royaume [rwajom] *nm* kingdom; *(fig)* realm; **le ~ des cieux** the kingdom of heaven
Royaume-Uni [rwajomyni] *nm*: **le ~** the United Kingdom
royauté [rwajote] *nf (dignité)* kingship; *(régime)* monarchy
RP *sigle f (= recette principale)* ≈ main post office = **région parisienne** ▷ *sigle fpl (= relations publiques)* PR
RPR *sigle m (= Rassemblement pour la République) political party*
R.S.V.P. *abr (= répondez s'il vous plaît)* R.S.V.P
RTB *sigle f* = **Radio-Télévision belge**
Rte *abr* = **route**
RTL *sigle f* = **Radio-Télévision Luxembourg**
RU [ry] *sigle m* = **restaurant universitaire**
ruade [ryad] *nf* kick
Ruanda [rwɑ̃da] *nm*: **le ~** Rwanda
ruban [rybɑ̃] *nm (gén)* ribbon; *(pour ourlet, couture)* binding; *(de téléscripteur etc)* tape; *(d'acier)* strip; **~ adhésif** adhesive tape; **~ carbone** carbon ribbon
rubéole [rybeɔl] *nf* German measles *sg*, rubella
rubicond, e [rybikɔ̃, -ɔ̃d] *adj* rubicund, ruddy
rubis [rybi] *nm* ruby; *(Horlogerie)* jewel; **payer ~ sur l'ongle** to pay cash on the nail
rubrique [rybrik] *nf (titre, catégorie)* heading, rubric; *(Presse: article)* column
ruche [ryʃ] *nf* hive
rucher [ryʃe] *nm* apiary
rude [ryd] *adj (barbe, toile)* rough; *(métier, tâche)* hard, tough; *(climat)* severe, harsh; *(bourru)* harsh, rough; *(fruste)* rugged, tough; *(fam)* jolly good; **être mis à ~ épreuve** to be put through the mill
rudement [rydmɑ̃] *adv (tomber, frapper)* hard; *(traiter, reprocher)* harshly; *(fam: très)* terribly; *(: beaucoup)* terribly hard
rudesse [rydɛs] *nf* roughness; toughness; severity; harshness
rudimentaire [rydimɑ̃tɛr] *adj* rudimentary, basic
rudiments [rydimɑ̃] *nmpl* rudiments; basic knowledge *sg*; basic principles
rudoyer [rydwaje] *vt* to treat harshly
rue [ry] *nf* street; **être/jeter qn à la ~** to be on the streets/throw sb out onto the street
ruée [rɥe] *nf* rush; **la ~ vers l'or** the gold rush
ruelle [rɥɛl] *nf* alley(way)
ruer [rɥe] *vi (cheval)* to kick out; **se ruer** *vi*: **se ~ sur** to pounce on; **se ~ vers/dans/hors de** to rush *ou* dash towards/into/out of; **~ dans les brancards** to become rebellious
rugby [rygbi] *nm* rugby (football); **~ à treize/quinze** rugby league/union
rugir [ryʒir] *vi* to roar
rugissement [ryʒismɑ̃] *nm* roar, roaring *no pl*
rugosité [rygozite] *nf* roughness; *(aspérité)* rough patch
rugueux, -euse [rygø, -øz] *adj* rough
ruine [rɥin] *nf* ruin; **ruines** *nfpl* ruins; **tomber en ~** to fall into ruin(s)
ruiner [rɥine] *vt* to ruin
ruineux, -euse [rɥinø, -øz] *adj* terribly expensive to buy *(ou* run), ruinous; extravagant
ruisseau, x [rɥiso] *nm* stream, brook; *(caniveau)* gutter; *(fig)*: **~x de larmes/sang** floods of tears/streams of blood
ruisselant, e [rɥislɑ̃, -ɑ̃t] *adj* streaming
ruisseler [rɥisle] *vi* to stream; **~ (d'eau)** to be streaming (with water); **~ de lumière** to stream with light
ruissellement [rɥisɛlmɑ̃] *nm* streaming; **~ de lumière** stream of light
rumeur [rymœr] *nf (bruit confus)* rumbling; hubbub *no pl*; *(protestation)* murmur(ing); *(nouvelle)* rumour *(Brit)*, rumor *(US)*
ruminer [rymine] *vt (herbe)* to ruminate; *(fig)* to ruminate on *ou* over, chew over ▷ *vi (vache)* to chew the cud, ruminate
rumsteck [rɔ̃mstɛk] *nm* = **romsteck**
rupestre [rypɛstr(ə)] *adj (plante)* rock *cpd*; *(art)* wall *cpd*
rupture [ryptyr] *nf (de câble, digue)* breaking; *(de tendon)* rupture, tearing; *(de négociations etc)* breakdown; *(de contrat)* breach; *(séparation, désunion)* break-up, split; **en ~ de ban** at odds with authority; **en ~ de stock** *(Comm)* out of stock
rural, e, -aux [ryral, -o] *adj* rural, country *cpd* ▷ *nmpl*: **les ruraux** country people
ruse [ryz] *nf*: **la ~** cunning, craftiness; trickery; **une ~** a trick, a ruse; **par ~** by trickery
rusé, e [ryze] *adj* cunning, crafty
russe [rys] *adj* Russian ▷ *nm (Ling)* Russian ▷ *nm/f*: **Russe** Russian
Russie [rysi] *nf*: **la ~** Russia; **la ~ blanche** White Russia; **la ~ soviétique** Soviet Russia
rustine [rystin] *nf* repair patch *(for bicycle inner tube)*
rustique [rystik] *adj* rustic; *(plante)* hardy
rustre [rystr(ə)] *nm* boor
rut [ryt] *nm*: **être en ~** *(animal domestique)* to be in *ou* on heat; *(animal sauvage)* to be rutting
rutabaga [rytabaga] *nm* swede
rutilant, e [rytilɑ̃, -ɑ̃t] *adj* gleaming
RV *sigle m* = **rendez-vous**
Rwanda [rwɑ̃da] *nm*: **le ~** Rwanda
rythme [ritm(ə)] *nm* rhythm; *(vitesse)* rate; *(: de la vie)* pace, tempo; **au ~ de 10 par jour** at the rate of 10 a day
rythmé, e [ritme] *adj* rhythmic(al)
rythmer [ritme] *vt* to give rhythm to
rythmique [ritmik] *adj* rhythmic(al) ▷ *nf* rhythmics *sg*

r

Ss

S, s [ɛs] *nm inv* S, s ▷ *abr* (= *sud*) S; (= *seconde*) sec; (= *siècle*) c., century; **S comme Suzanne** S for Sugar
s' [s] *pron voir* **se**
s/ *abr* = **sur**
SA *sigle f* = **société anonyme**; (= *Son Altesse*) HH
sa [sa] *adj possessif voir* **son**
sabbatique [sabatik] *adj*: **année ~** sabbatical year
sable [sɑbl(ə)] *nm* sand; **~s mouvants** quicksand(s)
sablé [sɑble] *adj* (*allée*) sandy ▷ *nm* shortbread biscuit; **pâte ~e** (*Culin*) shortbread dough
sabler [sɑble] *vt* to sand; (*contre le verglas*) to grit; **~ le champagne** to drink champagne
sableux, -euse [sɑblø, -øz] *adj* sandy
sablier [sɑblije] *nm* hourglass; (*de cuisine*) egg timer
sablière [sɑblijɛʀ] *nf* sand quarry
sablonneux, -euse [sɑblɔnø, -øz] *adj* sandy
saborder [sabɔʀde] *vt* (*navire*) to scuttle; (*fig*) to wind up, shut down
sabot [sabo] *nm* clog; (*de cheval, bœuf*) hoof; **~ (de Denver)** (wheel) clamp; **~ de frein** brake shoe
sabotage [sabɔtaʒ] *nm* sabotage
saboter [sabɔte] *vt* (*travail, morceau de musique*) to botch, make a mess of; (*machine, installation, négociation etc*) to sabotage
saboteur, -euse [sabɔtœʀ, -øz] *nm/f* saboteur
sabre [sɑbʀ(ə)] *nm* sabre; **le ~** (*fig*) the sword, the army
sabrer [sɑbʀe] *vt* to cut down
sac [sak] *nm* bag; (*à charbon etc*) sack; (*pillage*) sack(ing); **mettre à ~** to sack; **~ à provisions/de voyage** shopping/travelling bag; **~ de couchage** sleeping bag; **~ à dos** rucksack; **~ à main** handbag; **~ de plage** beach bag
saccade [sakad] *nf* jerk; **par ~s** jerkily; haltingly
saccadé, e [sakade] *adj* jerky
saccage [sakaʒ] *nm* havoc
saccager [sakaʒe] *vt* (*piller*) to sack, lay waste; (*dévaster*) to create havoc in, wreck
saccharine [sakaʀin] *nf* saccharin(e)
saccharose [sakaʀoz] *nm* sucrose
SACEM [sasɛm] *sigle f* (= *Société des auteurs, compositeurs et éditeurs de musique*) *body responsible for collecting and distributing royalties*
sacerdoce [sasɛʀdɔs] *nm* priesthood; (*fig*) calling, vocation
sacerdotal, e, -aux [sasɛʀdɔtal, -o] *adj* priestly, sacerdotal
sachant *etc* [saʃɑ̃] *vb voir* **savoir**
sache *etc* [saʃ] *vb voir* **savoir**
sachet [saʃɛ] *nm* (small) bag; (*de lavande, poudre, shampooing*) sachet; **thé en ~s** tea bags; **~ de thé** tea bag
sacoche [sakɔʃ] *nf* (*gén*) bag; (*de bicyclette*) saddlebag; (*du facteur*) (post)bag; (*d'outils*) toolbag
sacquer [sake] *vt* (*fam: candidat, employé*) to sack; (*: réprimander, mal noter*) to plough
sacraliser [sakʀalize] *vt* to make sacred
sacre [sakʀ(ə)] *nm* coronation; consecration
sacré, e [sakʀe] *adj* sacred; (*fam: satané*) blasted; (*: fameux*): **un ~ ...** a heck of a ...; (*Anat*) sacral
sacrement [sakʀəmɑ̃] *nm* sacrament; **les derniers ~s** the last rites
sacrer [sakʀe] *vt* (*roi*) to crown; (*évêque*) to consecrate ▷ *vi* to curse, swear
sacrifice [sakʀifis] *nm* sacrifice; **faire le ~ de** to sacrifice
sacrificiel, le [sakʀifisjɛl] *adj* sacrificial
sacrifier [sakʀifje] *vt* to sacrifice; **~ à** *vt* to conform to; **se sacrifier** to sacrifice o.s; **articles sacrifiés** (*Comm*) items sold at rock-bottom *ou* give-away prices
sacrilège [sakʀilɛʒ] *nm* sacrilege ▷ *adj* sacrilegious
sacristain [sakʀistɛ̃] *nm* sexton; sacristan
sacristie [sakʀisti] *nf* sacristy; (*culte protestant*) vestry
sacro-saint, e [sakʀɔsɛ̃, -ɛ̃t] *adj* sacrosanct
sadique [sadik] *adj* sadistic ▷ *nm/f* sadist
sadisme [sadism(ə)] *nm* sadism
sadomasochisme [sadɔmazɔʃism(ə)] *nm* sadomasochism
sadomasochiste [sadɔmazɔʃist(ə)] *nm/f* sadomasochist
safari [safaʀi] *nm* safari; **faire un ~** to go on safari
safari-photo [safaʀifɔto] *nm* photographic

safari
SAFER [safɛʀ] *sigle f (= Société d'aménagement foncier et d'établissement rural) organization with the right to buy land in order to retain it for agricultural use*
safran [safʀɑ̃] *nm* saffron
saga [saga] *nf* saga
sagace [sagas] *adj* sagacious, shrewd
sagacité [sagasite] *nf* sagacity, shrewdness
sagaie [sagɛ] *nf* assegai
sage [saʒ] *adj* wise; (*enfant*) good ▷ *nm* wise man; sage
sage-femme [saʒfam] *nf* midwife
sagement [saʒmɑ̃] *adv* (*raisonnablement*) wisely, sensibly; (*tranquillement*) quietly
sagesse [saʒɛs] *nf* wisdom
Sagittaire [saʒitɛʀ] *nm*: **le ~** Sagittarius, the Archer; **être du ~** to be Sagittarius
Sahara [saaʀa] *nm*: **le ~** the Sahara (Desert); **le ~ occidental** (*pays*) Western Sahara
saharien, ne [saaʀjɛ̃, -ɛn] *adj* Saharan ▷ *nf* safari jacket
Sahel [saɛl] *nm*: **le ~** the Sahel
sahélien, ne [saeljɛ̃, -ɛn] *adj* Sahelian
saignant, e [sɛɲɑ̃, -ɑ̃t] *adj* (*viande*) rare; (*blessure, plaie*) bleeding
saignée [seɲe] *nf* (*Méd*) bleeding *no pl*, bloodletting *no pl*; (*Anat*): **la ~ du bras** the bend of the arm; (*fig: Mil*) heavy losses *pl*; (*: prélèvement*) savage cut
saignement [sɛɲmɑ̃] *nm* bleeding; **~ de nez** nosebleed
saigner [seɲe] *vi* to bleed ▷ *vt* to bleed; (*animal*) to bleed to death; **~ qn à blanc** (*fig*) to bleed sb white; **~ du nez** to have a nosebleed
Saigon [sajgɔ̃] *n* Saigon
saillant, e [sajɑ̃, -ɑ̃t] *adj* (*pommettes, menton*) prominent; (*corniche etc*) projecting; (*fig*) salient, outstanding
saillie [saji] *nf* (*sur un mur etc*) projection; (*trait d'esprit*) witticism; (*accouplement*) covering, serving; **faire ~** to project, stick out; **en ~, formant ~** projecting, overhanging
saillir [sajiʀ] *vi* to project, stick out; (*veine, muscle*) to bulge ▷ *vt* (*Élevage*) to cover, serve
sain, e [sɛ̃, sɛn] *adj* healthy; (*dents, constitution*) healthy, sound; (*lectures*) wholesome; **~ et sauf** safe and sound, unharmed; **~ d'esprit** sound in mind, sane
saindoux [sɛ̃du] *nm* lard
sainement [sɛnmɑ̃] *adv* (*vivre*) healthily; (*raisonner*) soundly
saint, e [sɛ̃, sɛ̃t] *adj* holy; (*fig*) saintly ▷ *nm/f* saint; **la S~e Vierge** the Blessed Virgin
saint-bernard [sɛ̃bɛʀnaʀ] *nm inv* (*chien*) St Bernard
Sainte-Hélène [sɛ̃telɛn] *nf* St Helena
Sainte-Lucie [sɛ̃tlysi] *nf* Saint Lucia
Saint-Esprit [sɛ̃tɛspʀi] *nm*: **le ~** the Holy Spirit *ou* Ghost
sainteté [sɛ̃tte] *nf* holiness; saintliness
Saint-Laurent [sɛ̃lɔʀɑ̃] *nm*: **le ~** the St Lawrence
Saint-Marin [sɛ̃maʀɛ̃] *nm*: **le ~** San Marino
Saint-Père [sɛ̃pɛʀ] *nm*: **le ~** the Holy Father, the Pontiff
Saint-Pierre [sɛ̃pjɛʀ] *nm* Saint Peter; (*église*) Saint Peter's
Saint-Pierre-et-Miquelon [sɛ̃pjɛʀemiklɔ̃] *nm* Saint Pierre and Miquelon
Saint-Siège [sɛ̃sjɛʒ] *nm*: **le ~** the Holy See
Saint-Sylvestre [sɛ̃silvɛstʀ(ə)] *nf*: **la ~** New Year's Eve
Saint-Thomas [sɛ̃tɔma] *nf* Saint Thomas
Saint-Vincent et les Grenadines [sɛ̃vɛ̃sɑ̃elegʀənadin] *nm* St Vincent and the Grenadines
sais *etc* [sɛ] *vb voir* **savoir**
saisie [sezi] *nf* seizure; **à la ~** (*texte*) being keyed; **~ (de données)** (data) capture
saisine [sezin] *nf* (*Jur*) *submission of a case to the court*
saisir [seziʀ] *vt* to take hold of, grab; (*fig: occasion*) to seize; (*comprendre*) to grasp; (*entendre*) to get, catch; (*émotions*) to take hold of, come over; (*Inform*) to capture, keyboard; (*Culin*) to fry quickly; (*Jur: biens, publication*) to seize; (*: juridiction*): **~ un tribunal d'une affaire** to submit *ou* refer a case to a court; **se ~ de** *vt* to seize; **être saisi** (*frappé de*) to be overcome
saisissant, e [sezisɑ̃, -ɑ̃t] *adj* startling, striking; (*froid*) biting
saisissement [sezismɑ̃] *nm*: **muet/figé de ~** speechless/frozen with emotion
saison [sɛzɔ̃] *nf* season; **la belle/mauvaise ~** the summer/winter months; **être de ~** to be in season; **en/hors ~** in/out of season; **haute/basse/morte ~** high/low/slack season; **la ~ des pluies/des amours** the rainy/mating season
saisonnier, -ière [sɛzɔnje, -jɛʀ] *adj* seasonal ▷ *nm* (*travailleur*) seasonal worker; (*vacancier*) seasonal holidaymaker
sait [sɛ] *vb voir* **savoir**
salace [salas] *adj* salacious
salade [salad] *nf* (*Bot*) lettuce *etc* (*generic term*); (*Culin*) (green) salad; (*fam*) tangle, muddle; **salades** *nfpl* (*fam*): **raconter des ~s** to tell tales (*fam*); **haricots en ~** bean salad; **~ de concombres** cucumber salad; **~ de fruits** fruit salad; **~ niçoise** salade niçoise; **~ russe** Russian salad; **~ de tomates** tomato salad; **~ verte** green salad
saladier [saladje] *nm* (salad) bowl
salaire [salɛʀ] *nm* (*annuel, mensuel*) salary; (*hebdomadaire, journalier*) pay, wages *pl*; (*fig*) reward; **~ de base** basic salary (*ou* wage); **~ de misère** starvation wage; **~ minimum interprofessionnel de croissance (SMIC)** *index-linked guaranteed minimum wage*
salaison [salɛzɔ̃] *nf* salting; **salaisons** *nfpl* salt meat *sg*
salamandre [salamɑ̃dʀ(ə)] *nf* salamander
salami [salami] *nm* salami *no pl*, salami sausage
salant [salɑ̃] *adj m*: **marais ~** salt pan
salarial, e, -aux [salaʀjal, -o] *adj* salary *cpd*, wage(s) *cpd*

S

salariat [salaʀja] *nm* salaried staff
salarié, e [salaʀje] *adj* salaried; wage-earning ▷ *nm/f* salaried employee; wage-earner
salaud [salo] *nm* (*fam!*) sod (*!*), bastard (*!*)
sale [sal] *adj* dirty; (*fig: avant le nom*) nasty
salé, e [sale] *adj* (*liquide, saveur*) salty; (*Culin*) salted, salt *cpd*; (*fig*) spicy, juicy; (*: note, facture*) steep, stiff ▷ *nm* (*porc salé*) salt pork; **petit ~** ≈ boiling bacon
salement [salmɑ̃] *adv* (*manger etc*) dirtily, messily
saler [sale] *vt* to salt
saleté [salte] *nf* (*état*) dirtiness; (*crasse*) dirt, filth; (*tache etc*) dirt *no pl*, something dirty, dirty mark; (*fig: tour*) filthy trick; (*: chose sans valeur*) rubbish *no pl*; (*: obscénité*) filth *no pl*; (*: microbe etc*) bug; **vivre dans la ~** to live in squalor
salière [saljɛʀ] *nf* saltcellar
saligaud [saligo] *nm* (*fam!*) bastard (*!*), sod (*!*)
salin, e [salɛ̃, -in] *adj* saline ▷ *nf* saltworks *sg*
salinité [salinite] *nf* salinity, salt-content
salir [saliʀ] *vt* to (make) dirty; (*fig*) to soil the reputation of; **se salir** to get dirty
salissant, e [salisɑ̃, -ɑ̃t] *adj* (*tissu*) which shows the dirt; (*métier*) dirty, messy
salissure [salisyʀ] *nf* dirt *no pl*; (*tache*) dirty mark
salive [saliv] *nf* saliva
saliver [salive] *vi* to salivate
salle [sal] *nf* room; (*d'hôpital*) ward; (*de restaurant*) dining room; (*d'un cinéma*) auditorium; (*: public*) audience; **faire ~ comble** to have a full house; **~ d'armes** (*pour l'escrime*) arms room; **~ d'attente** waiting room; **~ de bain(s)** bathroom; **~ de bal** ballroom; **~ de cinéma** cinema; **~ de classe** classroom; **~ commune** (*d'hôpital*) ward; **~ de concert** concert hall; **~ de consultation** consulting room (*Brit*), office (*US*); **~ de danse** dance hall; **~ de douches** shower-room; **~ d'eau** shower-room; **~ d'embarquement** (*à l'aéroport*) departure lounge; **~ d'exposition** showroom; **~ de jeux** games room; playroom; **~ des machines** engine room; **~ à manger** dining room; (*mobilier*) dining room suite; **~ obscure** cinema (*Brit*), movie theater (*US*); **~ d'opération** (*d'hôpital*) operating theatre; **~ des professeurs** staffroom; **~ de projection** film theatre; **~ de séjour** living room; **~ de spectacle** theatre; cinema; **~ des ventes** saleroom
salmonellose [salmɔneloz] *nf* (*Méd*) salmonella poisoning
Salomon [salɔmɔ̃]: **les îles ~** the Solomon Islands
salon [salɔ̃] *nm* lounge, sitting room; (*mobilier*) lounge suite; (*exposition*) exhibition, show; (*mondain, littéraire*) salon; **~ de coiffure** hairdressing salon; **~ de discussion** (*Inform*) chatroom; **~ de thé** tearoom
salopard [salɔpaʀ] *nm* (*fam!*) bastard (*!*)
salope [salɔp] *nf* (*fam!*) bitch (*!*)
saloper [salɔpe] *vt* (*fam!*) to muck up, mess up
saloperie [salɔpʀi] *nf* (*fam!*) filth *no pl*; dirty trick, rubbish *no pl*
salopette [salɔpɛt] *nf* dungarees *pl*; (*d'ouvrier*) overall(s)
salpêtre [salpɛtʀ(ə)] *nm* saltpetre
salsifis [salsifi] *nm* salsify, oyster plant
SALT [salt] *sigle* (*= Strategic Arms Limitation Talks ou Treaty*) SALT
saltimbanque [saltɛ̃bɑ̃k] *nm/f* (travelling) acrobat
salubre [salybʀ(ə)] *adj* healthy, salubrious
salubrité [salybʀite] *nf* healthiness, salubrity; **~ publique** public health
saluer [salɥe] *vt* (*pour dire bonjour, fig*) to greet; (*pour dire au revoir*) to take one's leave; (*Mil*) to salute
salut [saly] *nm* (*sauvegarde*) safety; (*Rel*) salvation; (*geste*) wave; (*parole*) greeting; (*Mil*) salute ▷ *excl* (*fam: pour dire bonjour*) hi (there); (*: pour dire au revoir*) see you!, bye!
salutaire [salytɛʀ] *adj* (*remède*) beneficial; (*conseils*) salutary
salutations [salytasjɔ̃] *nfpl* greetings; **recevez mes ~ distinguées** *ou* **respectueuses** yours faithfully
salutiste [salytist(ə)] *nm/f* Salvationist
Salvador [salvadɔʀ] *nm*: **le ~** El Salvador
salve [salv(ə)] *nf* salvo; volley of shots; **~ d'applaudissements** burst of applause
Samarie [samaʀi] *nf*: **la ~** Samaria
samaritain [samaʀitɛ̃] *nm*: **le bon S~** the Good Samaritan
samedi [samdi] *nm* Saturday; *voir aussi* **lundi**
Samoa [samɔa] *nfpl*: **les (îles) ~** Samoa, the Samoa Islands
SAMU [samy] *sigle m* (*= service d'assistance médicale d'urgence*) ≈ ambulance (service) (*Brit*), ≈ paramedics (*US*)
sanatorium [sanatɔʀjɔm] *nm* sanatorium
sanctifier [sɑ̃ktifje] *vt* to sanctify
sanction [sɑ̃ksjɔ̃] *nf* sanction; (*fig*) penalty; **prendre des ~s contre** to impose sanctions on
sanctionner [sɑ̃ksjɔne] *vt* (*loi, usage*) to sanction; (*punir*) to punish
sanctuaire [sɑ̃ktɥɛʀ] *nm* sanctuary
sandale [sɑ̃dal] *nf* sandal; **~s à lanières** strappy sandals
sandalette [sɑ̃dalɛt] *nf* sandal
sandwich [sɑ̃dwitʃ] *nm* sandwich; **pris en ~** sandwiched
sang [sɑ̃] *nm* blood; **en ~** covered in blood; **jusqu'au ~** (*mordre, pincer*) till the blood comes; **se faire du mauvais ~** to fret, get in a state
sang-froid [sɑ̃fʀwa] *nm* calm, sangfroid; **garder/perdre/reprendre son ~** to keep/lose/ regain one's cool; **de ~** in cold blood
sanglant, e [sɑ̃glɑ̃, -ɑ̃t] *adj* bloody, covered in blood; (*combat*) bloody; (*fig: reproche, affront*) cruel
sangle [sɑ̃gl(ə)] *nf* strap; **sangles** *nfpl* (*pour lit etc*) webbing *sg*
sangler [sɑ̃gle] *vt* to strap up; (*animal*) to girth
sanglier [sɑ̃glije] *nm* (wild) boar

sanglot [sɑ̃glo] *nm* sob
sangloter [sɑ̃glɔte] *vi* to sob
sangsue [sɑ̃sy] *nf* leech
sanguin, e [sɑ̃gɛ̃, -in] *adj* blood *cpd*; (*fig*) fiery ▷ *nf* blood orange; (*Art*) red pencil drawing
sanguinaire [sɑ̃ginɛʀ] *adj* (*animal, personne*) bloodthirsty; (*lutte*) bloody
sanguinolent, e [sɑ̃ginɔlɑ̃, -ɑ̃t] *adj* streaked with blood
Sanisette® [sanizɛt] *nf* coin-operated public lavatory
sanitaire [sanitɛʀ] *adj* health *cpd*; **sanitaires** *nmpl* (*salle de bain et w.-c.*) bathroom *sg*; **installation/appareil ~** bathroom plumbing/ appliance
sans [sɑ̃] *prép* without; **~ qu'il s'en aperçoive** without him *ou* his noticing; **~ scrupules** unscrupulous; **~ manches** sleeveless
sans-abri [sɑ̃zabʀi] *nmpl* homeless
sans-emploi [sɑ̃zɑ̃plwa] *nmpl* jobless
sans-façon [sɑ̃fasɔ̃] *adj inv* fuss-free; free and easy
sans-gêne [sɑ̃ʒɛn] *adj inv* inconsiderate ▷ *nm inv* (*attitude*) lack of consideration
sans-logis [sɑ̃lɔʒi] *nmpl* homeless
sans-souci [sɑ̃susi] *adj inv* carefree
sans-travail [sɑ̃tʀavaj] *nmpl* unemployed, jobless
santal [sɑ̃tal] *nm* sandal(wood)
santé [sɑ̃te] *nf* health; **avoir une ~ de fer** to be bursting with health; **être en bonne ~** to be in good health, be healthy; **boire à la ~ de qn** to drink (to) sb's health; **"à la ~ de"** "here's to"; **à ta** *ou* **votre ~!** cheers!; **service de ~** (*dans un port etc*) quarantine service; **la ~ publique** public health
Santiago [sɑ̃tjago], **Santiago du Chili** [sɑ̃tjagodyʃili] *n* Santiago (de Chile)
santon [sɑ̃tɔ̃] *nm ornamental figure at a Christmas crib*
saoudien, ne [saudjɛ̃, -ɛn] *adj* Saudi (Arabian) ▷ *nm/f*: **Saoudien, ne** Saudi (Arabian)
saoul, e [su, sul] *adj* = **soûl, e**
sape [sap] *nf*: **travail de ~** (*Mil*) sap; (*fig*) insidious undermining process *ou* work; **sapes** *nfpl* (*fam*) gear *sg*, togs
saper [sape] *vt* to undermine, sap; **se saper** *vi* (*fam*) to dress
sapeur [sapœʀ] *nm* sapper
sapeur-pompier [sapœʀpɔ̃pje] *nm* fireman
saphir [safiʀ] *nm* sapphire; (*d'électrophone*) needle, sapphire
sapin [sapɛ̃] *nm* fir (tree); (*bois*) fir; **~ de Noël** Christmas tree
sapinière [sapinjɛʀ] *nf* fir plantation *ou* forest
SAR *sigle f* (= *Son Altesse Royale*) HRH
sarabande [saʀabɑ̃d] *nf* saraband; (*fig*) hullabaloo; whirl
sarbacane [saʀbakan] *nf* blowpipe, blowgun; (*jouet*) peashooter
sarcasme [saʀkasm(ə)] *nm* sarcasm *no pl*; (*propos*) piece of sarcasm
sarcastique [saʀkastik] *adj* sarcastic
sarcastiquement [saʀkastikmɑ̃] *adv* sarcastically
sarclage [saʀklaʒ] *nm* weeding
sarcler [saʀkle] *vt* to weed
sarcloir [saʀklwaʀ] *nm* (weeding) hoe, spud
sarcophage [saʀkɔfaʒ] *nm* sarcophagus
Sardaigne [saʀdɛɲ] *nf*: **la ~** Sardinia
sarde [saʀd(ə)] *adj* Sardinian
sardine [saʀdin] *nf* sardine; **~s à l'huile** sardines in oil
sardinerie [saʀdinʀi] *nf* sardine cannery
sardinier, -ière [saʀdinje, -jɛʀ] *adj* (*pêche, industrie*) sardine *cpd* ▷ *nm* (*bateau*) sardine boat
sardonique [saʀdɔnik] *adj* sardonic
sari [saʀi] *nm* sari
SARL [saʀl] *sigle f* = **société à responsabilité limitée**
sarment [saʀmɑ̃] *nm*: **~ (de vigne)** vine shoot
sarrasin [saʀazɛ̃] *nm* buckwheat
sarrau [saʀo] *nm* smock
Sarre [saʀ] *nf*: **la ~** the Saar
sarriette [saʀjɛt] *nf* savory
sarrois, e [saʀwa, -waz] *adj* Saar *cpd* ▷ *nm/f*: **Sarrois, e** inhabitant *ou* native of the Saar
sas [sas] *nm* (*de sous-marin, d'engin spatial*) airlock; (*d'écluse*) lock
satané, e [satane] *adj* (*fam*) confounded
satanique [satanik] *adj* satanic, fiendish
satelliser [satelize] *vt* (*fusée*) to put into orbit; (*fig: pays*) to make into a satellite
satellite [satelit] *nm* satellite; **pays ~** satellite country
satellite-espion [satelitɛspjɔ̃] (*pl* **satellites-espions**) *nm* spy satellite
satellite-observatoire [satelitɔpsɛʀvatwaʀ] (*pl* **satellites-observatoires**) *nm* observation satellite
satellite-relais [satelitʀəlɛ] (*pl* **satellites-relais**) *nm* (TV) relay satellite
satiété [sasjete]: **à ~** *adv* to satiety *ou* satiation; (*répéter*) ad nauseam
satin [satɛ̃] *nm* satin
satiné, e [satine] *adj* satiny; (*peau*) satin-smooth
satinette [satinɛt] *nf* satinet, sateen
satire [satiʀ] *nf* satire; **faire la ~** to satirize
satirique [satiʀik] *adj* satirical
satiriser [satiʀize] *vt* to satirize
satiriste [satiʀist(ə)] *nm/f* satirist
satisfaction [satisfaksjɔ̃] *nf* satisfaction; **à ma grande ~** to my great satisfaction; **obtenir ~** to obtain *ou* get satisfaction; **donner ~ (à)** to give satisfaction (to)
satisfaire [satisfɛʀ] *vt* to satisfy; **se satisfaire de** to be satisfied *ou* content with; **~ à** *vt* (*engagement*) to fulfil; (*revendications, conditions*) to satisfy, meet
satisfaisant, e [satisfəzɑ̃, -ɑ̃t] *vb voir* **satisfaire** ▷ *adj* satisfactory; (*qui fait plaisir*) satisfying
satisfait, e [satisfɛ, -ɛt] *pp de* **satisfaire** ▷ *adj* satisfied; **~ de** happy *ou* satisfied with

S

satisfasse [satisfas], **satisferai** *etc* [satisfʀe] *vb voir* **satisfaire**
saturation [satyʀɑsjɔ̃] *nf* saturation; **arriver à ~** to reach saturation point
saturer [satyʀe] *vt* to saturate; **~ qn/qch de** to saturate sb/sth with
saturnisme [satyʀnism(ə)] *nm* (*Méd*) lead poisoning
satyre [satiʀ] *nm* satyr; (*péj*) lecher
sauce [sos] *nf* sauce; (*avec un rôti*) gravy; **en ~** in a sauce; **~ blanche** white sauce; **~ chasseur** sauce chasseur; **~ tomate** tomato sauce
saucer [sose] *vt* (*assiette*) to soak up the sauce from
saucière [sosjɛʀ] *nf* sauceboat; gravy boat
saucisse [sosis] *nf* sausage
saucisson [sosisɔ̃] *nm* (slicing) sausage; **~ à l'ail** garlic sausage
saucissonner [sosisɔne] *vt* to cut up, slice ▷ *vi* to picnic
sauf[1] [sof] *prép* except; **~ si** (*à moins que*) unless; **~ avis contraire** unless you hear to the contrary; **~ empêchement** barring (any) problems; **~ erreur** if I'm not mistaken; **~ imprévu** unless anything unforeseen arises, barring accidents
sauf[2], **sauve** [sof, sov] *adj* unharmed, unhurt; (*fig: honneur*) intact, saved; **laisser la vie sauve à qn** to spare sb's life
sauf-conduit [sofkɔ̃dɥi] *nm* safe-conduct
sauge [soʒ] *nf* sage
saugrenu, e [sogʀəny] *adj* preposterous, ludicrous
saule [sol] *nm* willow (tree); **~ pleureur** weeping willow
saumâtre [somɑtʀ(ə)] *adj* briny; (*désagréable: plaisanterie*) unsavoury (*Brit*), unsavory (*US*)
saumon [somɔ̃] *nm* salmon *inv* ▷ *adj inv* salmon (pink)
saumoné, e [somɔne] *adj*: **truite ~e** salmon trout
saumure [somyʀ] *nf* brine
sauna [sona] *nm* sauna
saupoudrer [sopudʀe] *vt*: **~ qch de** to sprinkle sth with
saupoudreuse [sopudʀøz] *nf* dredger
saur [sɔʀ] *adj m*: **hareng ~** smoked *ou* red herring, kipper
saurai *etc* [sɔʀe] *vb voir* **savoir**
saut [so] *nm* jump; (*discipline sportive*) jumping; **faire un ~** to (make a) jump *ou* leap; **faire un ~ chez qn** to pop over to sb's (place); **au ~ du lit** on getting out of bed; **~ en hauteur/longueur** high/long jump; **~ à la corde** skipping; **~ de page/ligne** (*Inform*) page/line break; **~ en parachute** parachuting *no pl*; **~ à la perche** pole vaulting; **~ à l'élastique** bungee jumping; **~ périlleux** somersault
saute [sot] *nf*: **~ de vent/température** sudden change of wind direction/in the temperature; **avoir des ~s d'humeur** to have sudden changes of mood
sauté, e [sote] *adj* (*Culin*) sauté ▷ *nm*: **~ de veau** sauté of veal
saute-mouton [sotmutɔ̃] *nm*: **jouer à ~** to play leapfrog
sauter [sote] *vi* to jump, leap; (*exploser*) to blow up, explode; (*: fusibles*) to blow; (*se rompre*) to snap, burst; (*se détacher*) to pop out (*ou* off) ▷ *vt* to jump (over), leap (over); (*fig: omettre*) to skip, miss (out); **faire ~** to blow up; to burst open; (*Culin*) to sauté; **~ à pieds joints/à cloche-pied** to make a standing jump/to hop; **~ en parachute** to make a parachute jump; **~ à la corde** to skip; **~ de joie** to jump for joy; **~ de colère** to be hopping with rage *ou* hopping mad; **~ au cou de qn** to fly into sb's arms; **~ aux yeux** to be quite obvious; **~ au plafond** (*fig*) to hit the roof
sauterelle [sotʀɛl] *nf* grasshopper
sauterie [sotʀi] *nf* party, hop
sauteur, -euse [sotœʀ, -øz] *nm/f* (*athlète*) jumper ▷ *nf* (*casserole*) shallow pan, frying pan; **~ à la perche** pole vaulter; **~ à skis** skijumper
sautillement [sotijmɑ̃] *nm* hopping; skipping
sautiller [sotije] *vi* to hop; to skip
sautoir [sotwaʀ] *nm* chain; (*Sport: emplacement*) jumping pit; **~ (de perles)** string of pearls
sauvage [sovaʒ] *adj* (*gén*) wild; (*peuplade*) savage; (*farouche*) unsociable; (*barbare*) wild, savage; (*non officiel*) unauthorized, unofficial ▷ *nm/f* savage; (*timide*) unsociable type, recluse
sauvagement [sovaʒmɑ̃] *adv* savagely
sauvageon, ne [sovaʒɔ̃, -ɔn] *nm/f* little savage
sauvagerie [sovaʒʀi] *nf* wildness; savagery; unsociability
sauve [sov] *adj f voir* **sauf**
sauvegarde [sovgaʀd(ə)] *nf* safeguard; **sous la ~ de** under the protection of; **disquette/fichier de ~** (*Inform*) backup disk/file
sauvegarder [sovgaʀde] *vt* to safeguard; (*Inform: enregistrer*) to save; (*: copier*) to back up
sauve-qui-peut [sovkipø] *nm inv* stampede, mad rush ▷ *excl* run for your life!
sauver [sove] *vt* to save; (*porter secours à*) to rescue; (*récupérer*) to salvage, rescue; **se sauver** *vi* (*s'enfuir*) to run away; (*fam: partir*) to be off; **~ qn de** to save sb from; **~ la vie à qn** to save sb's life; **~ les apparences** to keep up appearances
sauvetage [sovtaʒ] *nm* rescue; **~ en montagne** mountain rescue; **ceinture de ~** lifebelt (*Brit*), life preserver (*US*); **brassière** *ou* **gilet de ~** lifejacket (*Brit*), life preserver (*US*)
sauveteur [sovtœʀ] *nm* rescuer
sauvette [sovɛt]: **à la ~** *adv* (*vendre*) without authorization; (*se marier etc*) hastily, hurriedly; **vente à la ~** (unauthorized) street trading, (street) peddling
sauveur [sovœʀ] *nm* saviour (*Brit*), savior (*US*)
SAV *sigle m* = **service après-vente**
savais *etc* [save] *vb voir* **savoir**
savamment [savamɑ̃] *adv* (*avec érudition*) learnedly; (*habilement*) skilfully, cleverly
savane [savan] *nf* savannah
savant, e [savɑ̃, -ɑ̃t] *adj* scholarly, learned; (*calé*)

clever ▷ *nm* scientist; **animal ~** performing animal
savate [savat] *nf* worn-out shoe; (*Sport*) French boxing
saveur [savœʀ] *nf* flavour (*Brit*), flavor (*US*); (*fig*) savour (*Brit*), savor (*US*)
Savoie [savwa] *nf*: **la ~** Savoy
savoir [savwaʀ] *vt* to know; (*être capable de*): **il sait nager** he knows how to swim, he can swim ▷ *nm* knowledge; **se savoir** (*être connu*) to be known; **se savoir malade/incurable** to know that one is ill/incurably ill; **il est petit: tu ne peux pas ~!** you won't believe how small he is!; **vous n'êtes pas sans ~ que** you are not *ou* will not be unaware of the fact that; **je crois ~ que ...** I believe that ..., I think I know that ...; **je n'en sais rien** I (really) don't know; **à ~ (que)** that is, namely; **faire ~ qch à qn** to inform sb about sth, let sb know sth; **pas que je sache** not as far as I know; **sans le ~** *adv* unknowingly, unwittingly; **en ~ long** to know a lot
savoir-faire [savwaʀfɛʀ] *nm inv* savoir-faire, know-how
savoir-vivre [savwaʀvivʀ(ə)] *nm inv*: **le ~** savoir-faire, good manners *pl*
savon [savɔ̃] *nm* (*produit*) soap; (*morceau*) bar *ou* tablet of soap; (*fam*): **passer un ~ à qn** to give sb a good dressing-down
savonner [savɔne] *vt* to soap
savonnerie [savɔnʀi] *nf* soap factory
savonnette [savɔnɛt] *nf* bar *ou* tablet of soap
savonneux, -euse [savɔnø, -øz] *adj* soapy
savons [savɔ̃] *vb voir* **savoir**
savourer [savuʀe] *vt* to savour (*Brit*), savor (*US*)
savoureux, -euse [savuʀø, -øz] *adj* tasty; (*fig*) spicy, juicy
savoyard, e [savwajaʀ, -aʀd(ə)] *adj* Savoyard
Saxe [saks(ə)] *nf*: **la ~** Saxony
saxo [saksɔ], **saxophone** [saksɔfɔn] *nm* sax(ophone)
saxophoniste [saksɔfɔnist(ə)] *nm/f* saxophonist, sax(ophone) player
saynète [sɛnɛt] *nf* playlet
SBB *sigle f* (*= Schweizerische Bundesbahn*) *Swiss federal railways*
sbire [sbiʀ] *nm* (*péj*) henchman
sc. *abr* = **scène**
s/c *abr* (*= sous couvert de*) ≈ c/o
scabreux, -euse [skabʀø, -øz] *adj* risky; (*indécent*) improper, shocking
scalpel [skalpɛl] *nm* scalpel
scalper [skalpe] *vt* to scalp
scampi [skɑ̃pi] *nmpl* scampi
scandale [skɑ̃dal] *nm* scandal; (*tapage*): **faire du ~** to make a scene, create a disturbance; **faire ~** to scandalize people; **au grand ~ de ...** to the great indignation of ...
scandaleusement [skɑ̃daløzmɑ̃] *adv* scandalously, outrageously
scandaleux, -euse [skɑ̃dalø, -øz] *adj* scandalous, outrageous
scandaliser [skɑ̃dalize] *vt* to scandalize; **se ~ (de)** to be scandalized (by)
scander [skɑ̃de] *vt* (*vers*) to scan; (*mots, syllabes*) to stress separately; (*slogans*) to chant
scandinave [skɑ̃dinav] *adj* Scandinavian ▷ *nm/f*: **Scandinave** Scandinavian
Scandinavie [skɑ̃dinavi] *nf*: **la ~** Scandinavia
scanner [skanɛʀ] *nm* (*Méd*) scanner
scanographie [skanɔgʀafi] *nf* (*Méd*) scanning; (*image*) scan
scaphandre [skafɑ̃dʀ(ə)] *nm* (*de plongeur*) diving suit; (*de cosmonaute*) spacesuit; **~ autonome** aqualung
scaphandrier [skafɑ̃dʀije] *nm* diver
scarabée [skaʀabe] *nm* beetle
scarlatine [skaʀlatin] *nf* scarlet fever
scarole [skaʀɔl] *nf* endive
scatologique [skatɔlɔʒik] *adj* scatological, lavatorial
sceau, x [so] *nm* seal; (*fig*) stamp, mark; **sous le ~ du secret** under the seal of secrecy
scélérat, e [seleʀa, -at] *nm/f* villain, blackguard ▷ *adj* villainous, blackguardly
sceller [sele] *vt* to seal
scellés [sele] *nmpl* seals
scénario [senaʀjo] *nm* (*Ciné*) screenplay, script; (*: idée, plan*) scenario; (*fig*) pattern; scenario
scénariste [senaʀist(ə)] *nm/f* scriptwriter
scène [sɛn] *nf* (*gén*) scene; (*estrade, fig: théâtre*) stage; **entrer en ~** to come on stage; **mettre en ~** (*Théât*) to stage; (*Ciné*) to direct; (*fig*) to present, introduce; **sur le devant de la ~** (*en pleine actualité*) in the forefront; **porter à la ~** to adapt for the stage; **faire une ~ (à qn)** to make a scene (with sb); **~ de ménage** domestic fight *ou* scene
scénique [senik] *adj* (*effets*) theatrical; (*art*) scenic
scepticisme [sɛptisism(ə)] *nm* scepticism
sceptique [sɛptik] *adj* sceptical ▷ *nm/f* sceptic
sceptre [sɛptʀ(ə)] *nm* sceptre
schéma [ʃema] *nm* (*diagramme*) diagram, sketch; (*fig*) outline
schématique [ʃematik] *adj* diagrammatic(al), schematic; (*fig*) oversimplified
schématiquement [ʃematikmɑ̃] *adv* schematically, diagrammatically
schématisation [ʃematizɑsjɔ̃] *nf* schematization; oversimplification
schématiser [ʃematize] *vt* to schematize; to (over)simplify
schismatique [ʃismatik] *adj* schismatic
schisme [ʃism(ə)] *nm* schism; rift, split
schiste [ʃist(ə)] *nm* schist
schizophrène [skizɔfʀɛn] *nm/f* schizophrenic
schizophrénie [skizɔfʀeni] *nf* schizophrenia
sciatique [sjatik] *adj*: **nerf ~** sciatic nerve ▷ *nf* sciatica
scie [si] *nf* saw; (*fam: rengaine*) catch-tune; (*: personne*) bore; **~ à bois** wood saw; **~ circulaire** circular saw; **~ à découper** fretsaw; **~ à métaux** hacksaw; **~ sauteuse** jigsaw

S

sciemment [sjamɑ̃] *adv* knowingly, wittingly
science [sjɑ̃s] *nf* science; (*savoir*) knowledge; (*savoir-faire*) art, skill; **~s économiques** economics; **~s humaines/sociales** social sciences; **~s naturelles** natural science *sg*, biology *sg*; **~s po** political studies
science-fiction [sjɑ̃sfiksjɔ̃] *nf* science fiction
scientifique [sjɑ̃tifik] *adj* scientific ▷ *nm/f* (*savant*) scientist; (*étudiant*) science student
scientifiquement [sjɑ̃tifikmɑ̃] *adv* scientifically
scier [sje] *vt* to saw; (*retrancher*) to saw off
scierie [siʀi] *nf* sawmill
scieur [sjœʀ] *nm*: **~ de long** pit sawyer
Scilly [sili]: **les îles ~** the Scilly Isles, the Scillies, the Isles of Scilly
scinder [sɛ̃de] *vt*, **se scinder** *vi* to split (up)
scintillant, e [sɛ̃tijɑ̃, -ɑ̃t] *adj* sparkling
scintillement [sɛ̃tijmɑ̃] *nm* sparkling *no pl*
scintiller [sɛ̃tije] *vi* to sparkle
scission [sisjɔ̃] *nf* split
sciure [sjyʀ] *nf*: **~ (de bois)** sawdust
sclérose [skleʀoz] *nf* sclerosis; (*fig*) ossification; **~ en plaques (SEP)** multiple sclerosis (MS)
sclérosé, e [skleʀoze] *adj* sclerosed, sclerotic; ossified
scléroser [skleʀoze]: **se scléroser** *vi* to become sclerosed; (*fig*) to become ossified
scolaire [skɔlɛʀ] *adj* school *cpd*; (*péj*) schoolish; **l'année ~** the school year; (*à l'université*) the academic year; **en âge ~** of school age
scolarisation [skɔlaʀizɑsjɔ̃] *nf* (*d'un enfant*) schooling; **la ~ d'une région** the provision of schooling in a region; **le taux de ~** the proportion of children in full-time education
scolariser [skɔlaʀize] *vt* to provide with schooling (*ou* schools)
scolarité [skɔlaʀite] *nf* schooling; **frais de ~** school fees (*Brit*), tuition (*US*)
scolastique [skɔlastik] *adj* (*péj*) scholastic
scoliose [skɔljoz] *nf* curvature of the spine, scoliosis
scoop [skup] *nm* (*Presse*) scoop, exclusive
scooter [skutœʀ] *nm* (motor) scooter
scorbut [skɔʀbyt] *nm* scurvy
score [skɔʀ] *nm* score; (*électoral etc*) result
scories [skɔʀi] *nfpl* scoria *pl*
scorpion [skɔʀpjɔ̃] *nm* (*signe*): **le S~** Scorpio, the Scorpion; **être du S~** to be Scorpio
scotch [skɔtʃ] *nm* (*whisky*) scotch, whisky; (*adhésif*) Sellotape® (*Brit*), Scotch tape® (*US*)
scotcher [skɔtʃe] *vt* to sellotape® (*Brit*), scotchtape® (*US*)
scout, e [skut] *adj, nm* scout
scoutisme [skutism(ə)] *nm* (boy) scout movement; (*activités*) scouting
scribe [skʀib] *nm* scribe; (*péj*) penpusher
scribouillard [skʀibujaʀ] *nm* penpusher
script [skʀipt(ə)] *nm* printing; (*Ciné*) (shooting) script
scripte [skʀipt(ə)] *nf* continuity girl
script-girl [skʀiptgœʀl] *nf* continuity girl
scriptural, e, -aux [skʀiptyʀal, -o] *adj*: **monnaie ~e** bank money
scrupule [skʀypyl] *nm* scruple; **être sans ~s** to be unscrupulous; **se faire un ~ de qch** to have scruples *ou* qualms about doing sth
scrupuleusement [skʀypyløzmɑ̃] *adv* scrupulously
scrupuleux, -euse [skʀypylø, -øz] *adj* scrupulous
scrutateur, -trice [skʀytatœʀ, -tʀis] *adj* searching ▷ *nm/f* scrutineer
scruter [skʀyte] *vt* to search, scrutinize; (*l'obscurité*) to peer into; (*motifs, comportement*) to examine, scrutinize
scrutin [skʀytɛ̃] *nm* (*vote*) ballot; (*ensemble des opérations*) poll; **~ proportionnel/majoritaire** election on a proportional/majority basis; **~ à deux tours** poll with two ballots *ou* rounds; **~ de liste** list system
sculpter [skylte] *vt* to sculpt; (*érosion*) to carve
sculpteur [skyltœʀ] *nm* sculptor
sculptural, e, -aux [skyltyʀal, -o] *adj* sculptural; (*fig*) statuesque
sculpture [skyltyʀ] *nf* sculpture; **~ sur bois** wood carving
sdb. *abr* = **salle de bain**
SDF *sigle m* (= *sans domicile fixe*) homeless person; **les ~** the homeless
SDN *sigle f* (= *Société des Nations*) League of Nations
SE *sigle f* (= *Son Excellence*) HE

MOT-CLÉ

se, s' [s(ə)] *pron* **1** (*emploi réfléchi*) oneself; (*: masc*) himself; (*: fém*) herself; (*: sujet non humain*) itself; (*: pl*) themselves; **se voir comme l'on est** to see o.s. as one is
2 (*réciproque*) one another, each other; **ils s'aiment** they love one another *ou* each other
3 (*passif*): **cela se répare facilement** it is easily repaired
4 (*possessif*): **se casser la jambe/laver les mains** to break one's leg/wash one's hands

séance [seɑ̃s] *nf* (*d'assemblée, récréative*) meeting, session; (*de tribunal*) sitting, session; (*musicale, Ciné, Théât*) performance; **ouvrir/lever la ~** to open/close the meeting; **~ tenante** forthwith
séant, e [seɑ̃, -ɑ̃t] *adj* seemly, fitting ▷ *nm* posterior
seau, x [so] *nm* bucket, pail; **~ à glace** ice bucket
sébum [sebɔm] *nm* sebum
sec, sèche [sɛk, sɛʃ] *adj* dry; (*raisins, figues*) dried; (*cœur, personne: insensible*) hard, cold; (*maigre, décharné*) spare, lean; (*réponse, ton*) sharp, curt; (*démarrage*) sharp, sudden ▷ *nm*: **tenir au ~** to keep in a dry place ▷ *adv* hard; (*démarrer*) sharply; **boire ~** to be a heavy drinker; **je le bois ~** I drink it straight *ou* neat; **à pied ~** without getting one's feet wet; **à ~** *adj* dried up; (*à court d'argent*) broke
SECAM [sekam] *sigle m* (= *procédé séquentiel à*

mémoire) SECAM

sécante [sekɑ̃t] *nf* secant

sécateur [sekatœʀ] *nm* secateurs *pl* (*Brit*), shears *pl*, pair of secateurs *ou* shears

sécession [sesesjɔ̃] *nf*: **faire ~** to secede; **la guerre de S~** the American Civil War

séchage [seʃaʒ] *nm* drying; (*de bois*) seasoning

sèche [sɛʃ] *adj f voir* **sec** ▷ *nf* (*fam*) cigarette, fag (*Brit*)

sèche-cheveux [sɛʃʃəvø] *nm inv* hair-drier

sèche-linge [sɛʃlɛ̃ʒ] *nm inv* drying cabinet

sèche-mains [sɛʃmɛ̃] *nm inv* hand drier

sèchement [sɛʃmɑ̃] *adv* (*frapper etc*) sharply; (*répliquer etc*) drily, sharply

sécher [seʃe] *vt* to dry; (*dessécher: peau, blé*) to dry (out); (: *étang*) to dry up; (*bois*) to season; (*fam: classe, cours*) to skip, miss ▷ *vi* to dry; to dry out; to dry up; (*fam: candidat*) to be stumped; **se sécher** (*après le bain*) to dry o.s.

sécheresse [sɛʃʀɛs] *nf* dryness; (*absence de pluie*) drought

séchoir [seʃwaʀ] *nm* drier

second, e [səgɔ̃, -ɔ̃d] *adj* second ▷ *nm* (*assistant*) second in command; (*étage*) second floor (*Brit*), third floor (*US*); (*Navig*) first mate ▷ *nf* second; (*Scol*) ≈ fifth form (*Brit*), ≈ tenth grade (*US*); **en ~** (*en second rang*) in second place; **voyager en ~e** to travel second-class; **doué de ~e vue** having (the gift of) second sight; **trouver son ~ souffle** (*Sport, fig*) to get one's second wind; **être dans un état ~** to be in a daze (*ou* trance); **de ~e main** second-hand

secondaire [səgɔ̃dɛʀ] *adj* secondary

seconder [səgɔ̃de] *vt* to assist; (*favoriser*) to back

secouer [səkwe] *vt* to shake; (*passagers*) to rock; (*traumatiser*) to shake (up); **se secouer** (*chien*) to shake itself; (*fam: se démener*) to shake o.s. up; **~ la poussière d'un tapis** to shake the dust off a carpet; **~ la tête** to shake one's head

secourable [səkuʀabl(ə)] *adj* helpful

secourir [səkuʀiʀ] *vt* (*aller sauver*) to (go and) rescue; (*prodiguer des soins à*) to help, assist; (*venir en aide à*) to assist, aid

secourisme [səkuʀism(ə)] *nm* (*premiers soins*) first aid; (*sauvetage*) life saving

secouriste [səkuʀist(ə)] *nm/f* first-aid worker

secourons *etc* [səkuʀɔ̃] *vb voir* **secourir**

secours [səkuʀ] *vb voir* **secourir** ▷ *nm* help, aid, assistance ▷ *nmpl* aid *sg*; **cela lui a été d'un grand ~** this was a great help to him; **au ~!** help!; **appeler au ~** to shout *ou* call for help; **appeler qn à son ~** to call sb to one's assistance; **porter ~ à qn** to give sb assistance, help sb; **les premiers ~** first aid *sg*; **le ~ en montagne** mountain rescue

secouru, e [səkuʀy] *pp de* **secourir**

secousse [səkus] *nf* jolt, bump; (*électrique*) shock; (*fig: psychologique*) jolt, shock; **~ sismique** *ou* **tellurique** earth tremor

secret, -ète [səkʀɛ, -ɛt] *adj* secret; (*fig: renfermé*) reticent, reserved ▷ *nm* secret; (*discrétion absolue*): **le ~** secrecy; **en ~** in secret, secretly; **au ~** in solitary confinement; **~ de fabrication** trade secret; **~ professionnel** professional secrecy

secrétaire [səkʀetɛʀ] *nm/f* secretary ▷ *nm* (*meuble*) writing desk, secretaire; **~ d'ambassade** embassy secretary; **~ de direction** private *ou* personal secretary; **~ d'État** ≈ junior minister; **~ général (SG)** Secretary-General; (*Comm*) company secretary; **~ de mairie** town clerk; **~ médicale** medical secretary; **~ de rédaction** sub-editor

secrétariat [s(ə)kʀetaʀja] *nm* (*profession*) secretarial work; (*bureau: d'entreprise, d'école*) (secretary's) office; (: *d'organisation internationale*) secretariat; (*Pol etc: fonction*) secretaryship, office of Secretary

secrètement [səkʀɛtmɑ̃] *adv* secretly

sécréter [sekʀete] *vt* to secrete

sécrétion [sekʀesjɔ̃] *nf* secretion

sectaire [sɛktɛʀ] *adj* sectarian, bigoted

sectarisme [sɛktaʀism(ə)] *nm* sectarianism

secte [sɛkt(ə)] *nf* sect

secteur [sɛktœʀ] *nm* sector; (*Admin*) district; (*Élec*): **branché sur le ~** plugged into the mains (supply); **fonctionne sur pile et ~** battery or mains operated; **le ~ privé/public** (*Écon*) the private/public sector; **le ~ primaire/tertiaire** the primary/tertiary sector

section [sɛksjɔ̃] *nf* section; (*de parcours d'autobus*) fare stage; (*Mil: unité*) platoon; **~ rythmique** rhythm section

sectionner [sɛksjɔne] *vt* to sever; **se sectionner** *vi* to be severed

sectionneur [sɛksjɔnœʀ] *nm* (*Élec*) isolation switch

sectoriel, le [sɛktɔʀjɛl] *adj* sector-based

sectorisation [sɛktɔʀizɑsjɔ̃] *nf* division into sectors

sectoriser [sɛktɔʀize] *vt* to divide into sectors

sécu [seky] *nf* (*fam: = sécurité sociale*) ≈ dole (*Brit*), ≈ Welfare (*US*)

séculaire [sekylɛʀ] *adj* secular; (*très vieux*) age-old

séculariser [sekylaʀize] *vt* to secularize

séculier, -ière [sekylje, -jɛʀ] *adj* secular

sécurisant, e [sekyʀizɑ̃, -ɑ̃t] *adj* secure, giving a sense of security

sécuriser [sekyʀize] *vt* to give a sense of security to

sécurité [sekyʀite] *nf* security; (*absence de danger*) safety; **impression de ~** sense of security; **la ~ internationale** international security; **système de ~** security (*ou* safety) system; **être en ~** to be safe; **la ~ de l'emploi** job security; **la ~ routière** road safety; **la ~ sociale** ≈ (the) Social Security (*Brit*), ≈ (the) Welfare (*US*)

sédatif, -ive [sedatif, -iv] *adj, nm* sedative

sédentaire [sedɑ̃tɛʀ] *adj* sedentary

sédiment [sedimɑ̃] *nm* sediment; **sédiments** *nmpl* (*alluvions*) sediment *sg*

sédimentaire [sedimɑ̃tɛʀ] *adj* sedimentary

sédimentation [sedimɑ̃tɑsjɔ̃] *nf*

S

sedimentation
séditieux, -euse [sedisjø, -øz] *adj* insurgent; seditious
sédition [sedisjɔ̃] *nf* insurrection; sedition
séducteur, -trice [sedyktœʀ, -tʀis] *adj* seductive ▷ *nm/f* seducer (seductress)
séduction [sedyksjɔ̃] *nf* seduction; (*charme, attrait*) appeal, charm
séduire [sedɥiʀ] *vt* to charm; (*femme: abuser de*) to seduce; (*chose*) to appeal to
séduisant, e [sedɥizɑ̃, -ɑ̃t] *vb voir* **séduire** ▷ *adj* (*femme*) seductive; (*homme, offre*) very attractive
séduit, e [sedɥi, -it] *pp de* **séduire**
segment [sɛgmɑ̃] *nm* segment; (*Auto*): **~ (de piston)** piston ring; **~ de frein** brake shoe
segmenter [sɛgmɑ̃te] *vt*, **se segmenter** *vi* to segment
ségrégation [segʀegasjɔ̃] *nf* segregation
ségrégationnisme [segʀegasjɔnism(ə)] *nm* segregationism
ségrégationniste [segʀegasjɔnist(ə)] *adj* segregationist
seiche [sɛʃ] *nf* cuttlefish
séide [seid] *nm* (*péj*) henchman
seigle [sɛgl(ə)] *nm* rye
seigneur [sɛɲœʀ] *nm* lord; **le S~** the Lord
seigneurial, e, -aux [sɛɲœʀjal, -o] *adj* lordly, stately
sein [sɛ̃] *nm* breast; (*entrailles*) womb; **au ~ de** *prép* (*équipe, institution*) within; (*flots, bonheur*) in the midst of; **donner le ~ à** (*bébé*) to feed (at the breast); to breast-feed; **nourrir au ~** to breast-feed
Seine [sɛn] *nf*: **la ~** the Seine
séisme [seism(ə)] *nm* earthquake
séismique *etc* [seismik] *voir* **sismique** *etc*
SEITA [seita] *sigle f* = **Société d'exploitation industrielle des tabacs et allumettes**
seize [sɛz] *num* sixteen
seizième [sɛzjɛm] *num* sixteenth
séjour [seʒuʀ] *nm* stay; (*pièce*) living room
séjourner [seʒuʀne] *vi* to stay
sel [sɛl] *nm* salt; (*fig*) wit; spice; **~ de cuisine/de table** cooking/table salt; **~ gemme** rock salt; **~s de bain** bathsalts
sélect, e [selɛkt] *adj* select
sélectif, -ive [selɛktif, -iv] *adj* selective
sélection [selɛksjɔ̃] *nf* selection; **faire/opérer une ~ parmi** to make a selection from among; **épreuve de ~** (*Sport*) trial (for selection); **~ naturelle** natural selection; **~ professionnelle** professional recruitment
sélectionné, e [selɛksjɔne] *adj* (*joueur*) selected; (*produit*) specially selected
sélectionner [selɛksjɔne] *vt* to select
sélectionneur, -euse [selɛksjɔnœʀ, -øz] *nm/f* selector
sélectivement [selɛktivmɑ̃] *adv* selectively
sélectivité [selɛktivite] *nf* selectivity
self [sɛlf] *nm* (*fam*) self-service
self-service [sɛlfsɛʀvis] *adj* self-service ▷ *nm* self-service (restaurant); (*magasin*) self-service shop
selle [sɛl] *nf* saddle; **selles** *nfpl* (*Méd*) stools; **aller à la ~** (*Méd*) to have a bowel movement; **se mettre en ~** to mount, get into the saddle
seller [sele] *vt* to saddle
sellette [sɛlɛt] *nf*: **être sur la ~** to be on the carpet (*fig*)
sellier [selje] *nm* saddler
selon [səlɔ̃] *prép* according to; (*en se conformant à*) in accordance with; **~ moi** as I see it; **~ que** according to, depending on whether
SEm *sigle f* (= *Son Éminence*) HE
semailles [səmaj] *nfpl* sowing *sg*
semaine [səmɛn] *nf* week; (*salaire*) week's wages *ou* pay, weekly wages *ou* pay; **en ~** during the week, on weekdays; **à la petite ~** from day to day; **la ~ sainte** Holy Week
semainier [səmenje] *nm* (*bracelet*) bracelet made up of seven bands; (*calendrier*) desk diary; (*meuble*) chest of (seven) drawers
sémantique [semɑ̃tik] *adj* semantic ▷ *nf* semantics *sg*
sémaphore [semafɔʀ] *nm* (*Rail*) semaphore signal
semblable [sɑ̃blabl(ə)] *adj* similar; (*de ce genre*): **de ~s mésaventures** such mishaps ▷ *nm* fellow creature *ou* man; **~ à** similar to, like
semblant [sɑ̃blɑ̃] *nm*: **un ~ de vérité** a semblance of truth; **faire ~ (de faire)** to pretend (to do)
sembler [sɑ̃ble] *vb copule* to seem ▷ *vb impers*: **il semble (bien) que/inutile de** it (really) seems *ou* appears that/useless to; **il me semble (bien) que** it (really) seems to me that, I (really) think that; **il me semble le connaître** I think *ou* I've a feeling I know him; **~ être** to seem to be; **comme bon lui semble** as he sees fit; **me semble-t-il, à ce qu'il me semble** it seems to me, to my mind
semelle [səmɛl] *nf* sole; (*intérieure*) insole, inner sole; **battre la ~** to stamp one's feet (to keep them warm); (*fig*) to hang around (waiting); **~s compensées** platform soles
semence [səmɑ̃s] *nf* (*graine*) seed; (*clou*) tack
semer [səme] *vt* to sow; (*fig: éparpiller*) to scatter; (*confusion*) to spread; (*: poursuivants*) to lose, shake off; **~ la discorde parmi** to sow discord among; **semé de** (*difficultés*) riddled with
semestre [səmɛstʀ(ə)] *nm* half-year; (*Scol*) semester
semestriel, le [səmɛstʀijɛl] *adj* half-yearly; semestral
semeur, -euse [səmœʀ, -øz] *nm/f* sower
semi-automatique [səmiɔtɔmatik] *adj* semiautomatic
semiconducteur [səmikɔ̃dyktœʀ] *nm* (*Inform*) semiconductor
semi-conserve [səmikɔ̃sɛʀv(ə)] *nf* semi-perishable foodstuff
semi-fini [səmifini] *adj m* (*produit*) semi-finished
semi-liberté [səmilibɛʀte] *nf* (*Jur*) partial release from prison (*in order to follow a profession or*

undergo medical treatment)
sémillant, e [semijɑ̃, -ɑ̃t] *adj* vivacious; dashing
séminaire [seminɛʀ] *nm* seminar; (*Rel*) seminary
séminariste [seminaʀist(ə)] *nm* seminarist
sémiologie [semjɔlɔʒi] *nf* semiology
semi-public, -ique [səmipyblik] *adj* (*Jur*) semipublic
semi-remorque [səmiʀəmɔʀk(ə)] *nf* trailer ▷ *nm* articulated lorry (*Brit*), semi(trailer) (*US*)
semis [səmi] *nm* (*terrain*) seedbed, seed plot; (*plante*) seedling
sémite [semit] *adj* Semitic
sémitique [semitik] *adj* Semitic
semoir [səmwaʀ] *nm* seed-bag; seeder
semonce [səmɔ̃s] *nf*: **un coup de ~** a shot across the bows
semoule [səmul] *nf* semolina; **~ de riz** ground rice
sempiternel, le [sɛ̃pitɛʀnɛl] *adj* eternal, never-ending
sénat [sena] *nm* senate; *see note*

SÉNAT

The *Sénat* is the upper house of the French parliament and is housed in the Palais du Luxembourg in Paris. One-third of its members, "sénateurs" are elected for a nine-year term every three years by an electoral college consisting of the "députés" and other elected representatives. The *Sénat* has a wide range of powers but can be overridden by the lower house, the "Assemblée nationale" in case of dispute.

sénateur [senatœʀ] *nm* senator
sénatorial, e, -aux [senatɔʀjal, -o] *adj* senatorial, Senate *cpd*
Sénégal [senegal] *nm*: **le ~** Senegal
sénégalais, e [senegalɛ, -ɛz] *adj* Senegalese
sénevé [sɛnve] *nm* (*Bot*) mustard; (*graine*) mustard seed
sénile [senil] *adj* senile
sénilité [senilite] *nf* senility
senior [senjɔʀ] *nm/f* (*Sport*) senior
sens [sɑ̃] *vb voir* **sentir** ▷ *nm* [sɑ̃s] (*Physiol, instinct*) sense; (*signification*) meaning, sense; (*direction*) direction, way ▷ *nmpl* (*sensualité*) senses; **reprendre ses ~** to regain consciousness; **avoir le ~ des affaires/de la mesure** to have business sense/a sense of moderation; **ça n'a pas de ~** that doesn't make (any) sense; **en dépit du bon ~** contrary to all good sense; **tomber sous le ~** to stand to reason, be perfectly obvious; **en un ~, dans un ~** in a way; **en ce ~ que** in the sense that; **à mon ~** to my mind; **dans le ~ des aiguilles d'une montre** clockwise; **dans le ~ de la longueur/largeur** lengthways/widthways; **dans le mauvais ~** the wrong way; in the wrong direction; **bon ~** good sense; **~ commun** common sense; **~ dessus dessous** upside down; **~ interdit, ~ unique** one-way street
sensass [sɑ̃sas] *adj* (*fam*) fantastic
sensation [sɑ̃sɑsjɔ̃] *nf* sensation; **faire ~** to cause a sensation, create a stir; **à ~** (*péj*) sensational
sensationnel, le [sɑ̃sɑsjɔnɛl] *adj* sensational
sensé, e [sɑ̃se] *adj* sensible
sensibilisation [sɑ̃sibilizɑsjɔ̃] *nf* consciousness-raising; **une campagne de ~ de l'opinion** a campaign to raise public awareness
sensibiliser [sɑ̃sibilize] *vt* to sensitize; **~ qn (à)** to make sb sensitive (to)
sensibilité [sɑ̃sibilite] *nf* sensitivity; (*affectivité, émotivité*) sensitivity, sensibility
sensible [sɑ̃sibl(ə)] *adj* sensitive; (*aux sens*) perceptible; (*appréciable: différence, progrès*) appreciable, noticeable; (*quartier*) problem *cpd*; **~ à** sensitive to
sensiblement [sɑ̃sibləmɑ̃] *adv* (*notablement*) appreciably, noticeably; (*à peu près*): **ils ont ~ le même poids** they weigh approximately the same
sensiblerie [sɑ̃sibləʀi] *nf* sentimentality; squeamishness
sensitif, -ive [sɑ̃sitif, -iv] *adj* (*nerf*) sensory; (*personne*) oversensitive
sensoriel, le [sɑ̃sɔʀjɛl] *adj* sensory, sensorial
sensualité [sɑ̃sɥalite] *nf* sensuality, sensuousness
sensuel, le [sɑ̃sɥɛl] *adj* sensual; sensuous
sent [sɑ̃] *vb voir* **sentir**
sente [sɑ̃t] *nf* path
sentence [sɑ̃tɑ̃s] *nf* (*jugement*) sentence; (*adage*) maxim
sentencieusement [sɑ̃tɑ̃sjøzmɑ̃] *adv* sententiously
sentencieux, -euse [sɑ̃tɑ̃sjø, -øz] *adj* sententious
senteur [sɑ̃tœʀ] *nf* scent, perfume
senti, e [sɑ̃ti] *adj*: **bien ~** (*mots etc*) well-chosen
sentier [sɑ̃tje] *nm* path
sentiment [sɑ̃timɑ̃] *nm* feeling; (*conscience, impression*): **avoir le ~ de/que** to be aware of/have the feeling that; **recevez mes ~s respectueux** yours faithfully; **faire du ~** (*péj*) to be sentimental; **si vous me prenez par les ~s** if you appeal to my feelings
sentimental, e, -aux [sɑ̃timɑ̃tal, -o] *adj* sentimental; (*vie, aventure*) love *cpd*
sentimentalisme [sɑ̃timɑ̃talism(ə)] *nm* sentimentalism
sentimentalité [sɑ̃timɑ̃talite] *nf* sentimentality
sentinelle [sɑ̃tinɛl] *nf* sentry; **en ~** standing guard; (*soldat: en faction*) on sentry duty
sentir [sɑ̃tiʀ] *vt* (*par l'odorat*) to smell; (*par le goût*) to taste; (*au toucher, fig*) to feel; (*répandre une odeur de*) to smell of; (*: ressemblance*) to smell like; (*avoir la saveur de*) to taste of; to taste like; (*fig: dénoter, annoncer*) to be indicative of; to smack of; to

S

foreshadow ▷ *vi* to smell; **~ mauvais** to smell bad; **se ~ bien** to feel good; **se ~ mal** (*être indisposé*) to feel unwell *ou* ill; **se ~ le courage/la force de faire** to feel brave/strong enough to do; **ne plus se ~ de joie** to be beside o.s. with joy; **il ne peut pas le ~** (*fam*) he can't stand him

seoir [swaʀ]: **~ à** *vt* to become, befit; **comme il (leur) sied** as it is fitting (to them)

Séoul [seul] *n* Seoul

SEP *sigle f* (= *sclérose en plaques*) MS

séparation [sepaʀɑsjɔ̃] *nf* separation; (*cloison*) division, partition; **~ de biens** division of property (*in marriage settlement*); **~ de corps** legal separation

séparatisme [sepaʀatism(ə)] *nm* separatism

séparatiste [sepaʀatist(ə)] *adj, nm/f* (*Pol*) separatist

séparé, e [sepaʀe] *adj* (*appartements, pouvoirs*) separate; (*époux*) separated; **~ de** separate from; separated from

séparément [sepaʀemɑ̃] *adv* separately

séparer [sepaʀe] *vt* (*gén*) to separate; (*divergences etc*) to divide; to drive apart; (: *différences, obstacles*) to stand between; (*détacher*): **~ qch de** to pull sth (off) from; (*dissocier*) to distinguish between; (*diviser*): **~ qch par** to divide sth (up) with; **~ une pièce en deux** to divide a room into two; **se séparer** (*époux*) to separate, part; (*prendre congé: amis etc*) to part, leave each other; (*adversaires*) to separate; (*se diviser: route, tige etc*) to divide; (*se détacher*): **se ~ (de)** to split off (from); to come off; **se ~ de** (*époux*) to separate *ou* part from; (*employé, objet personnel*) to part with

sépia [sepja] *nf* sepia

sept [sɛt] *num* seven

septante [sɛptɑ̃t] *num* (*Belgique, Suisse*) seventy

septembre [sɛptɑ̃bʀ(ə)] *nm* September; *voir aussi* **juillet**

septennal, e, -aux [sɛptenal, -o] *adj* seven-year; (*festival*) seven-year, septennial

septennat [sɛptena] *nm* seven-year term (of office)

septentrional, e, -aux [sɛptɑ̃tʀijɔnal, -o] *adj* northern

septicémie [sɛptisemi] *nf* blood poisoning, septicaemia

septième [sɛtjɛm] *num* seventh; **être au ~ ciel** to be on cloud nine

septique [sɛptik] *adj*: **fosse ~** septic tank

septuagénaire [sɛptɥaʒenɛʀ] *adj, nm/f* septuagenarian

sépulcral, e, -aux [sepylkʀal, -o] *adj* (*voix*) sepulchral

sépulcre [sepylkʀ(ə)] *nm* sepulchre

sépulture [sepyltyʀ] *nf* burial; (*tombeau*) burial place, grave

séquelles [sekɛl] *nfpl* after-effects; (*fig*) aftermath *sg*; consequences

séquence [sekɑ̃s] *nf* sequence

séquentiel, le [sekɑ̃sjɛl] *adj* sequential

séquestration [sekɛstʀɑsjɔ̃] *nf* illegal confinement; impounding

séquestre [sekɛstʀ(ə)] *nm* impoundment; **mettre sous ~** to impound

séquestrer [sekɛstʀe] *vt* (*personne*) to confine illegally; (*biens*) to impound

serai *etc* [səʀe] *vb voir* **être**

sérail [seʀaj] *nm* seraglio; harem; **rentrer au ~** to return to the fold

serbe [sɛʀb(ə)] *adj* Serbian ▷ *nm* (*Ling*) Serbian ▷ *nm/f*: **Serbe** Serb

Serbie [sɛʀbi] *nf*: **la ~** Serbia

serbo-croate [sɛʀbɔkʀɔat] *adj* Serbo-Croat, Serbo-Croatian ▷ *nm* (*Ling*) Serbo-Croat

serein, e [səʀɛ̃, -ɛn] *adj* serene; (*jugement*) dispassionate

sereinement [səʀɛnmɑ̃] *adv* serenely

sérénade [seʀenad] *nf* serenade; (*fam*) hullabaloo

sérénité [seʀenite] *nf* serenity

serez [səʀe] *vb voir* **être**

serf, serve [sɛʀ, sɛʀv(ə)] *nm/f* serf

serfouette [sɛʀfwɛt] *nf* weeding hoe

serge [sɛʀʒ(ə)] *nf* serge

sergent [sɛʀʒɑ̃] *nm* sergeant

sergent-chef [sɛʀʒɑ̃ʃɛf] *nm* staff sergeant

sergent-major [sɛʀʒɑ̃maʒɔʀ] *nm* ≈ quartermaster sergeant

sériciculture [seʀisikyltyʀ] *nf* silkworm breeding, sericulture

série [seʀi] *nf* (*de questions, d'accidents, TV*) series *inv*; (*de clés, casseroles, outils*) set; (*catégorie: Sport*) rank; class; **en ~** in quick succession; (*Comm*) mass *cpd*; **de ~** *adj* standard; **hors ~** (*Comm*) custom-built; (*fig*) outstanding; **imprimante ~** (*Inform*) serial printer; **soldes de fin de ~s** end of line special offers; **~ noire** *nm* (crime) thriller ▷ *nf* (*suite de malheurs*) run of bad luck

sérier [seʀje] *vt* to classify, sort out

sérieusement [seʀjøzmɑ̃] *adv* seriously; reliably; responsibly; **il parle ~** he's serious, he means it; **~?** are you serious?, do you mean it?

sérieux, -euse [seʀjø, -øz] *adj* serious; (*élève, employé*) reliable, responsible; (*client, maison*) reliable, dependable; (*offre, proposition*) genuine, serious; (*grave, sévère*) serious, solemn; (*maladie, situation*) serious, grave; (*important*) considerable ▷ *nm* seriousness; reliability; **ce n'est pas ~** (*raisonnable*) that's not on; **garder son ~** to keep a straight face; **manquer de ~** not to be very responsible (*ou* reliable); **prendre qch/qn au ~** to take sth/sb seriously

sérigraphie [seʀigʀafi] *nf* silk screen printing

serin [səʀɛ̃] *nm* canary

seriner [səʀine] *vt*: **~ qch à qn** to drum sth into sb

seringue [səʀɛ̃g] *nf* syringe

serions *etc* [səʀjɔ̃] *vb voir* **être**

serment [sɛʀmɑ̃] *nm* (*juré*) oath; (*promesse*) pledge, vow; **prêter ~** to take the *ou* an oath; **faire le ~ de** to take a vow to, swear to; **sous ~** on *ou* under oath

sermon [sɛʀmɔ̃] *nm* sermon; (*péj*) sermon, lecture

sermonner [sɛʀmɔne] *vt* to lecture
SERNAM [sɛʀnam] *sigle m* (= *Service national de messageries*) *rail delivery service*
sérologie [seʀɔlɔʒi] *nf* serology
séronégatif, -ive [seʀonegatif, -iv] *adj* HIV negative
séropositif, -ive [seʀopozitif, -iv] *adj* HIV positive
serpe [sɛʀp(ə)] *nf* billhook
serpent [sɛʀpɑ̃] *nm* snake; **~ à sonnettes** rattlesnake; **~ monétaire (européen)** (European) monetary snake
serpenter [sɛʀpɑ̃te] *vi* to wind
serpentin [sɛʀpɑ̃tɛ̃] *nm* (*tube*) coil; (*ruban*) streamer
serpillière [sɛʀpijɛʀ] *nf* floorcloth
serrage [sɛʀaʒ] *nm* tightening; **collier de ~** clamp
serre [sɛʀ] *nf* (*Agr*) greenhouse; **~ chaude** hothouse; **~ froide** unheated greenhouse
serré, e [seʀe] *adj* (*tissu*) closely woven; (*réseau*) dense; (*écriture*) close; (*habits*) tight; (*fig: lutte, match*) tight, close-fought; (*passagers etc*) (tightly) packed; (*café*) strong ▷ *adv*: **jouer ~** to play it close, play a close game; **écrire ~** to write a cramped hand; **avoir la gorge ~e** to have a lump in one's throat
serre-livres [sɛʀlivʀ(ə)] *nm inv* book ends *pl*
serrement [sɛʀmɑ̃] *nm*: **~ de main** handshake; **~ de cœur** pang of anguish
serrer [seʀe] *vt* (*tenir*) to grip *ou* hold tight; (*comprimer, coincer*) to squeeze; (*poings, mâchoires*) to clench; (*vêtement*) to be too tight for; to fit tightly; (*rapprocher*) to close up, move closer together; (*ceinture, nœud, frein, vis*) to tighten ▷ *vi*: **~ à droite** to keep to the right; to move into the right-hand lane; **se serrer** (*se rapprocher*) to squeeze up; **se ~ contre qn** to huddle up to sb; **se ~ les coudes** to stick together, back one another up; **se ~ la ceinture** to tighten one's belt; **~ la main à qn** to shake sb's hand; **~ qn dans ses bras** to hug sb, clasp sb in one's arms; **~ la gorge à qn** (*chagrin*) to bring a lump to sb's throat; **~ les dents** to clench *ou* grit one's teeth; **~ qn de près** to follow close behind sb; **~ le trottoir** to hug the kerb; **~ sa droite** to keep well to the right; **~ la vis à qn** to crack down harder on sb; **~ les rangs** to close ranks
serres [sɛʀ] *nfpl* (*griffes*) claws, talons
serre-tête [sɛʀtɛt] *nm inv* (*bandeau*) headband; (*bonnet*) skullcap
serrure [seʀyʀ] *nf* lock
serrurerie [seʀyʀʀi] *nf* (*métier*) locksmith's trade; (*ferronnerie*) ironwork; **~ d'art** ornamental ironwork
serrurier [seʀyʀje] *nm* locksmith
sers, sert [sɛʀ] *vb voir* **servir**
sertir [sɛʀtiʀ] *vt* (*pierre*) to set; (*pièces métalliques*) to crimp
sérum [seʀɔm] *nm* serum; **~ antivenimeux** snakebite serum; **~ sanguin** (blood) serum
servage [sɛʀvaʒ] *nm* serfdom
servant [sɛʀvɑ̃] *nm* server
servante [sɛʀvɑ̃t] *nf* (maid)servant
serve [sɛʀv] *nf voir* **serf** ▷ *vb voir* **servir**
serveur, -euse [sɛʀvœʀ, -øz] *nm/f* waiter (waitress) ▷ *nm* (*Inform*) server ▷ *adj*: **centre ~** (*Inform*) service centre
servi, e [sɛʀvi] *adj*: **être bien ~** to get a large helping (*ou* helpings); **vous êtes ~?** are you being served?
serviable [sɛʀvjabl(ə)] *adj* obliging, willing to help
service [sɛʀvis] *nm* (*gén*) service; (*série de repas*): **premier ~** first sitting; (*pourboire*) service (charge); (*assortiment de vaisselle*) set, service; (*linge de table*) set; (*bureau: de la vente etc*) department, section; (*travail*): **pendant le ~** on duty; **services** *nmpl* (*travail, Écon*) services, inclusive/exclusive of service; **faire le ~** to serve; **être en ~ chez qn** (*domestique*) to be in sb's service; **être au ~ de** (*patron, patrie*) to be in the service of; **être au ~ de qn** (*collaborateur, voiture*) to be at sb's service; **porte de ~** tradesman's entrance; **rendre ~ à** to help; **il aime rendre ~** he likes to help; **rendre un ~ à qn** to do sb a favour; **heures de ~** hours of duty; **être de ~** to be on duty; **reprendre du ~** to get back into action; **avoir 25 ans de ~** to have completed 25 years' service; **être/mettre en ~** to be in/put into service *ou* operation; **hors ~** not in use; out of order; **~ à thé/café** tea/coffee set *ou* service; **~ après-vente (SAV)** after-sales service; **en ~ commandé** on an official assignment; **~ funèbre** funeral service; **~ militaire** military service; *see note*; **~ d'ordre** police (*ou* stewards) in charge of maintaining order; **~s publics** public services, (public) utilities; **~s secrets** secret service *sg*; **~s sociaux** social services

SERVICE MILITAIRE

Until 1997, French men over the age of 18 who were passed as fit, and who were not in full-time higher education, were required to do ten months' "service militaire". Conscientious objectors were required to do two years' community service.Since 1997, military service has been suspended in France. However, all sixteen-year-olds, both male and female, are required to register for a compulsory one-day training course, the "JAPD" ("journée d'appel de préparation à la défense"), which covers basic information on the principles and organization of defence in France, and also advises on career opportunities in the military and in the voluntary sector. Young people must attend the training day before their eighteenth birthday.

serviette [sɛʀvjɛt] *nf* (*de table*) (table) napkin, serviette; (*de toilette*) towel; (*porte-documents*)

briefcase; **~ éponge** terry towel; **~ hygiénique** sanitary towel
servile [sɛʀvil] *adj* servile
servir [sɛʀviʀ] *vt* (*gén*) to serve; (*dîneur: au restaurant*) to wait on; (*client: au magasin*) to serve, attend to; (*fig: aider*): **~ qn** to aid sb; to serve sb's interests; to stand sb in good stead; (*Comm: rente*) to pay ▷ *vi* (*Tennis*) to serve; (*Cartes*) to deal; (*être militaire*) to serve; **~ qch à qn** to serve sb with sth, help sb to sth; **qu'est-ce que je vous sers?** what can I get you?; **se servir** (*prendre d'un plat*) to help o.s.; (*s'approvisionner*): **se ~ chez** to shop at; **se ~ de** (*plat*) to help o.s. to; (*voiture, outil, relations*) to use; **~ à qn** (*diplôme, livre*) to be of use to sb; **ça m'a servi pour faire** it was useful to me when I did; I used it to do; **~ à qch/à faire** (*outil etc*) to be used for sth/for doing; **ça peut ~** it may come in handy; **à quoi cela sert-il (de faire)?** what's the use (of doing)?; **cela ne sert à rien** it's no use; **~ (à qn) de ...** to serve as ... (for sb); **~ à dîner (à qn)** to serve dinner (to sb)
serviteur [sɛʀvitœʀ] *nm* servant
servitude [sɛʀvityd] *nf* servitude; (*fig*) constraint; (*Jur*) easement
servofrein [sɛʀvɔfʀɛ̃] *nm* servo(-assisted) brake
servomécanisme [sɛʀvɔmekanism(ə)] *nm* servo system
ses [se] *adj possessif voir* **son**
sésame [sezam] *nm* (*Bot*) sesame; (*graine*) sesame seed
session [sesjɔ̃] *nf* session
set [sɛt] *nm* set; (*napperon*) placemat; **~ de table** set of placemats
seuil [sœj] *nm* doorstep; (*fig*) threshold; **sur le ~ de la maison** in the doorway of his house, on his doorstep; **au ~ de** (*fig*) on the threshold *ou* brink *ou* edge of; **~ de rentabilité** (*Comm*) breakeven point
seul, e [sœl] *adj* (*sans compagnie*) alone; (*avec nuance affective: isolé*) lonely; (*unique*): **un ~ livre** only one book, a single book; **le ~ livre** the only book; **~ ce livre, ce livre ~** this book alone, only this book; **d'un ~ coup** (*soudainement*) all at once; (*à la fois*) at one blow ▷ *adv* (*vivre*) alone, on one's own; **parler tout ~** to talk to oneself; **faire qch (tout) ~** to do sth (all) on one's own *ou* (all) by oneself ▷ *nm, nf*: **il en reste un(e) ~(e)** there's only one left; **pas un(e) ~(e)** not a single; **à lui (tout) ~** single-handed, on his own; **~ à ~** in private
seulement [sœlmɑ̃] *adv* (*pas davantage*): **~ cinq, cinq ~** only five; (*exclusivement*): **~ eux** only them, them alone; (*pas avant*): **~ hier/à 10h** only yesterday/at 10 o'clock; (*mais, toutefois*): **il consent, ~ il demande des garanties** he agrees, only he wants guarantees; **non ~ ... mais aussi** *ou* **encore** not only ... but also
sève [sɛv] *nf* sap
sévère [sevɛʀ] *adj* severe
sévèrement [sevɛʀmɑ̃] *adv* severely
sévérité [seveʀite] *nf* severity
sévices [sevis] *nmpl* (physical) cruelty *sg*, ill treatment *sg*
Séville [sevil] *n* Seville
sévir [seviʀ] *vi* (*punir*) to use harsh measures, crack down; (*fléau*) to rage, be rampant; **~ contre** (*abus*) to deal ruthlessly with, crack down on
sevrage [səvʀaʒ] *nm* weaning; deprivation; (*d'un toxicomane*) withdrawal
sevrer [səvʀe] *vt* to wean; (*fig*): **~ qn de** to deprive sb of
sexagénaire [sɛgzaʒenɛʀ] *adj, nm/f* sexagenarian
SExc *sigle f* (*= Son Excellence*) HE
sexe [sɛks(ə)] *nm* sex; (*organe mâle*) member
sexisme [sɛksism(ə)] *nm* sexism
sexiste [sɛksist(ə)] *adj, nm* sexist
sexologie [sɛksɔlɔʒi] *nf* sexology
sexologue [sɛksɔlɔg] *nm/f* sexologist, sex specialist
sextant [sɛkstɑ̃] *nm* sextant
sexualité [sɛksɥalite] *nf* sexuality
sexué, e [sɛksɥe] *adj* sexual
sexuel, le [sɛksɥɛl] *adj* sexual; **acte ~** sex act
sexuellement [sɛksɥɛlmɑ̃] *adv* sexually
seyait [sejɛ] *vb voir* **seoir**
seyant, e [sɛjɑ̃, -ɑ̃t] *vb voir* **seoir** ▷ *adj* becoming
Seychelles [seʃɛl] *nfpl*: **les ~** the Seychelles
SG *sigle m* = **secrétaire général**
SGEN *sigle m* (*= Syndicat général de l'éducation nationale*) *trades union*
shaker [ʃɛkœʀ] *nm* (cocktail) shaker
shampooiner [ʃɑ̃pwine] *vt* to shampoo
shampooineur, -euse [ʃɑ̃pwinœʀ, -øz] *nm/f* (*personne*) junior (*who does the shampooing*)
shampooing [ʃɑ̃pwɛ̃] *nm* shampoo; **se faire un ~** to shampoo one's hair; **~ colorant** (colour) rinse; **~ traitant** medicated shampoo
Shetland [ʃɛtlɑ̃d] *n*: **les îles ~** the Shetland Islands, Shetland
shoot [ʃut] *nm* (*Football*) shot
shooter [ʃute] *vi* (*Football*) to shoot; **se shooter** (*drogué*) to mainline
shopping [ʃɔpiŋ] *nm*: **faire du ~** to go shopping
short [ʃɔʀt] *nm* (pair of) shorts *pl*
SI *sigle m* = **syndicat d'initiative**

 MOT-CLÉ

si [si] *nm* (*Mus*) B; (*en chantant la gamme*) ti ▷ *adv* **1** (*oui*) yes; **"Paul n'est pas venu" — "si!"** "Paul hasn't come" — "Yes he has!"; **je vous assure que si** I assure you he did/she is *etc*
2 (*tellement*) so; **si gentil/rapidement** so kind/fast; **(tant et) si bien que** so much so that; **si rapide qu'il soit** however fast he may be ▷ *conj* if; **si tu veux** if you want; **je me demande si** I wonder if *ou* whether; **si j'étais toi** if I were you; **si seulement** if only; **si ce n'est que** apart from; **une des plus belles, si**

ce n'est la plus belle one of the most beautiful, if not THE most beautiful; **s'il est aimable, eux par contre ...** while *ou* whereas he's nice, they (on the other hand) ...

siamois, e [sjamwa, -waz] *adj* Siamese; **frères/sœurs ~(es)** Siamese twins
Sibérie [sibeʀi] *nf*: **la ~** Siberia
sibérien, ne [sibeʀjɛ̃, -ɛn] *adj* Siberian ▷ *nm/f*: **Sibérien, ne** Siberian
sibyllin, e [sibilɛ̃, -in] *adj* sibylline
SICAV [sikav] *sigle f* (= *société d'investissement à capital variable*) *open-ended investment trust, share in such a trust*
Sicile [sisil] *nf*: **la ~** Sicily
sicilien, ne [sisiljɛ̃, -ɛn] *adj* Sicilian
sida [sida] *nm* (= *syndrome immuno-déficitaire acquis*) AIDS *sg*
sidéral, e, -aux [sideʀal, -o] *adj* sideral
sidérant, e [sideʀɑ̃, -ɑ̃t] *adj* staggering
sidéré, e [sideʀe] *adj* staggered
sidérurgie [sideʀyʀʒi] *nf* steel industry
sidérurgique [sideʀyʀʒik] *adj* steel *cpd*
sidérurgiste [sideʀyʀʒist(ə)] *nm/f* steel worker
siècle [sjɛkl(ə)] *nm* century; (*époque*): **le ~ des lumières/de l'atome** the age of enlightenment/atomic age; (*Rel*): **le ~** the world
sied [sje] *vb voir* **seoir**
siège [sjɛʒ] *nm* seat; (*d'entreprise*) head office; (*d'organisation*) headquarters *pl*; (*Mil*) siege; **lever le ~** to raise the siege; **mettre le ~ devant** to besiege; **présentation par le ~** (*Méd*) breech presentation; **~ avant/arrière** (*Auto*) front/back seat; **~ baquet** bucket seat; **~ social** registered office
siéger [sjeʒe] *vi* (*assemblée, tribunal*) to sit; (*résider, se trouver*) to lie, be located
sien, ne [sjɛ̃, sjɛn] *pron*: **le(la) ~(ne), les ~s(~nes)**; his; hers; (*d'une chose*) its; **y mettre du ~** to pull one's weight; **faire des ~nes** (*fam*) to be up to one's (usual) tricks; **les ~s** (*sa famille*) one's family
siérait *etc* [sjeʀɛ] *vb voir* **seoir**
Sierra Leone [sjɛʀaleɔne] *nf*: **la ~** Sierra Leone
sieste [sjɛst(ə)] *nf* (afternoon) snooze *ou* nap, siesta; **faire la ~** to have a snooze *ou* nap
sieur [sjœʀ] *nm*: **le ~ Thomas** Mr Thomas; (*en plaisantant*) Master Thomas
sifflant, e [siflɑ̃, -ɑ̃t] *adj* (*bruit*) whistling; (*toux*) wheezing; **(consonne) ~e** sibilant
sifflement [sifləmɑ̃] *nm* whistle, whistling *no pl*; wheezing *no pl*; hissing *no pl*
siffler [sifle] *vi* (*gén*) to whistle; (*avec un sifflet*) to blow (on) one's whistle; (*en respirant*) to wheeze; (*serpent, vapeur*) to hiss ▷ *vt* (*chanson*) to whistle; (*chien etc*) to whistle for; (*fille*) to whistle at; (*pièce, orateur*) to hiss, boo; (*faute*) to blow one's whistle at; (*fin du match, départ*) to blow one's whistle for; (*fam: verre, bouteille*) to guzzle, knock back (Brit)
sifflet [siflɛ] *nm* whistle; **sifflets** *nmpl* (*de mécontentement*) whistles, boos; **coup de ~** whistle
siffloter [siflɔte] *vi, vt* to whistle
sigle [sigl(ə)] *nm* acronym, (set of) initials *pl*
signal, -aux [siɲal, -o] *nm* (*signe convenu, appareil*) signal; (*indice, écriteau*) sign; **donner le ~ de** to give the signal for; **~ d'alarme** alarm signal; **~ d'alerte/de détresse** warning/distress signal; **~ horaire** time signal; **~ optique/sonore** warning light/sound; visual/acoustic signal; **signaux (lumineux)** (*Auto*) traffic signals; **signaux routiers** road signs; (*lumineux*) traffic lights
signalement [siɲalmɑ̃] *nm* description, particulars *pl*
signaler [siɲale] *vt* to indicate; to announce; to report; (*être l'indice de*) to indicate; (*faire remarquer*): **~ qch à qn/à qn que** to point out sth to sb/to sb that; (*appeler l'attention sur*): **~ qn à la police** to bring sb to the notice of the police; **se ~ par** to distinguish o.s. by; **se ~ à l'attention de qn** to attract sb's attention
signalétique [siɲaletik] *adj*: **fiche ~** identification sheet
signalisation [siɲalizɑsjɔ̃] *nf* signalling, signposting; signals *pl*; roadsigns *pl*; **panneau de ~** roadsign
signaliser [siɲalize] *vt* to put up roadsigns on; to put signals on
signataire [siɲatɛʀ] *nm/f* signatory
signature [siɲatyʀ] *nf* signature; (*action*) signing
signe [siɲ] *nm* sign; (*Typo*) mark; **ne pas donner ~ de vie** to give no sign of life; **c'est bon ~** it's a good sign; **c'est ~ que** it's a sign that; **faire un ~ de la main/tête** to give a sign with one's hand/shake one's head; **faire ~ à qn** (*fig*) to get in touch with sb; **faire ~ à qn d'entrer** to motion (to) sb to come in; **en ~ de** as a sign *ou* mark of; **le ~ de la croix** the sign of the Cross; **~ de ponctuation** punctuation mark; **~ du zodiaque** sign of the zodiac; **~s particuliers** distinguishing marks
signer [siɲe] *vt* to sign; **se signer** *vi* to cross o.s
signet [siɲɛ] *nm* bookmark
significatif, -ive [siɲifikatif, -iv] *adj* significant
signification [siɲifikɑsjɔ̃] *nf* meaning
signifier [siɲifje] *vt* (*vouloir dire*) to mean, signify; (*faire connaître*): **~ qch (à qn)** to make sth known (to sb); (*Jur*): **~ qch à qn** to serve notice of sth on sb
silence [silɑ̃s] *nm* silence; (*Mus*) rest; **garder le ~ (sur qch)** to keep silent (about sth), say nothing (about sth); **passer sous ~** to pass over (in silence); **réduire au ~** to silence
silencieusement [silɑ̃sjøzmɑ̃] *adv* silently
silencieux, -euse [silɑ̃sjø, -øz] *adj* quiet, silent ▷ *nm* silencer (Brit), muffler (US)
silex [silɛks] *nm* flint
silhouette [silwɛt] *nf* outline, silhouette;

S

(*lignes, contour*) outline; (*figure*) figure
silice [silis] *nf* silica
siliceux, -euse [silisø, -øz] *adj* (*terrain*) chalky
silicium [silisjɔm] *nm* silicon; **plaquette de ~** silicon chip
silicone [silikon] *nf* silicone
silicose [silikoz] *nf* silicosis, dust disease
sillage [sijaʒ] *nm* wake; (*fig*) trail; **dans le ~ de** (*fig*) in the wake of
sillon [sijɔ̃] *nm* (*d'un champ*) furrow; (*de disque*) groove
sillonner [sijɔne] *vt* (*creuser*) to furrow; (*traverser*) to cross, criss-cross
silo [silo] *nm* silo
simagrées [simagʀe] *nfpl* fuss *sg*; airs and graces
simiesque [simjɛsk(ə)] *adj* monkey-like, ape-like
similaire [similɛʀ] *adj* similar
similarité [similaʀite] *nf* similarity
simili [simili] *nm* imitation; (*Typo*) half-tone ▷ *nf* half-tone engraving
simili... [simili] *préfixe* imitation *cpd*, artificial
similicuir [similikɥiʀ] *nm* imitation leather
similigravure [similigʀavyʀ] *nf* half-tone engraving
similitude [similityd] *nf* similarity
simple [sɛ̃pl(ə)] *adj* (*gén*) simple; (*non multiple*) single; **simples** *nmpl* (*Méd*) medicinal plants; **~ messieurs** *nm* (*Tennis*) men's singles *sg*; **un ~ particulier** an ordinary citizen; **une ~ formalité** a mere formality; **cela varie du ~ au double** it can double, it can double the price *etc*; **dans le plus ~ appareil** in one's birthday suit; **~ course** *adj* single; **~ d'esprit** *nm/f* simpleton; **~ soldat** private
simplement [sɛ̃pləmɑ̃] *adv* simply
simplet, te [sɛ̃plɛ, -ɛt] *adj* (*personne*) simple-minded
simplicité [sɛ̃plisite] *nf* simplicity; **en toute ~** quite simply
simplification [sɛ̃plifikɑsjɔ̃] *nf* simplification
simplifier [sɛ̃plifje] *vt* to simplify
simpliste [sɛ̃plist(ə)] *adj* simplistic
simulacre [simylakʀ(ə)] *nm* enactment; (*péj*): **un ~ de** a pretence of, a sham
simulateur, -trice [simylatœʀ, -tʀis] *nm/f* shammer, pretender; (*qui se prétend malade*) malingerer ▷ *nm*: **~ de vol** flight simulator
simulation [simylɑsjɔ̃] *nf* shamming, simulation; malingering
simuler [simyle] *vt* to sham, simulate
simultané, e [simyltane] *adj* simultaneous
simultanéité [simyltaneite] *nf* simultaneity
simultanément [simyltanemɑ̃] *adv* simultaneously
Sinaï [sinai] *nm*: **le ~** Sinai
sinapisme [sinapism(ə)] *nm* (*Méd*) mustard poultice
sincère [sɛ̃sɛʀ] *adj* sincere; genuine; heartfelt; **mes ~s condoléances** my deepest sympathy
sincèrement [sɛ̃sɛʀmɑ̃] *adv* sincerely; genuinely
sincérité [sɛ̃seʀite] *nf* sincerity; **en toute ~** in all sincerity
sinécure [sinekyʀ] *nf* sinecure
sine die [sinedje] *adv* sine die, indefinitely
sine qua non [sinekwanɔn] *adj*: **condition ~** indispensable condition
Singapour [sɛ̃gapuʀ] *nm*: **le ~** Singapore
singe [sɛ̃ʒ] *nm* monkey; (*de grande taille*) ape
singer [sɛ̃ʒe] *vt* to ape, mimic
singeries [sɛ̃ʒʀi] *nfpl* antics; (*simagrées*) airs and graces
singulariser [sɛ̃gylaʀize] *vt* to mark out; **se singulariser** to call attention to o.s.
singularité [sɛ̃gylaʀite] *nf* peculiarity
singulier, -ière [sɛ̃gylje, -jɛʀ] *adj* remarkable, singular; (*Ling*) singular ▷ *nm* singular
singulièrement [sɛ̃gyljɛʀmɑ̃] *adv* singularly, remarkably
sinistre [sinistʀ(ə)] *adj* sinister; (*intensif*): **un ~ imbécile** an incredible idiot ▷ *nm* (*incendie*) blaze; (*catastrophe*) disaster; (*Assurances*) damage (*giving rise to a claim*)
sinistré, e [sinistʀe] *adj* disaster-stricken ▷ *nm/f* disaster victim
sinistrose [sinistʀoz] *nf* pessimism
sino... [sino] *préfixe*: **sino-indien** Sino-Indian, Chinese-Indian
sinon [sinɔ̃] *conj* (*autrement, sans quoi*) otherwise, or else; (*sauf*) except, other than; (*si ce n'est*) if not
sinueux, -euse [sinɥø, -øz] *adj* winding; (*fig*) tortuous
sinuosités [sinɥozite] *nfpl* winding *sg*, curves
sinus [sinys] *nm* (*Anat*) sinus; (*Géom*) sine
sinusite [sinyzit] *nf* sinusitis, sinus infection
sinusoïdal, e, -aux [sinyzɔidal, -o] *adj* sinusoidal
sinusoïde [sinyzɔid] *nf* sinusoid
sionisme [sjɔnism(ə)] *nm* Zionism
sioniste [sjɔnist(ə)] *adj, nm/f* Zionist
siphon [sifɔ̃] *nm* (*tube, d'eau gazeuse*) siphon; (*d'évier etc*) U-bend
siphonner [sifɔne] *vt* to siphon
sire [siʀ] *nm* (*titre*): **S~** Sire; **un triste ~** an unsavoury individual
sirène [siʀɛn] *nf* siren; **~ d'alarme** fire alarm; (*pendant la guerre*) air-raid siren
sirop [siʀo] *nm* (*à diluer: de fruit etc*) syrup, cordial (*Brit*); (*boisson*) fruit drink; (*pharmaceutique*) syrup, mixture; **~ de menthe** mint syrup *ou* cordial; **~ contre la toux** cough syrup *ou* mixture
siroter [siʀɔte] *vt* to sip
sirupeux, -euse [siʀypø, -øz] *adj* syrupy
sis, e [si, siz] *adj*: **~ rue de la Paix** located in the rue de la Paix
sisal [sizal] *nm* (*Bot*) sisal
sismique [sismik] *adj* seismic
sismographe [sismɔgʀaf] *nm* seismograph
sismologie [sismɔlɔʒi] *nf* seismology
site [sit] *nm* (*paysage, environnement*) setting;

(*d'une ville etc: emplacement*) site; **~ (pittoresque)** beauty spot; **~s touristiques** places of interest; **~s naturels/historiques** natural/historic sites; **~ web** (*Inform*) website

sitôt [sito] *adv*: **~ parti** as soon as he *etc* had left; **~ après** straight after; **pas de ~** not for a long time; **~ (après) que** as soon as

situation [sitɥasjɔ̃] *nf* (*gén*) situation; (*d'un édifice, d'une ville*) situation, position; (*emplacement*) location; **être en ~ de faire qch** to be in a position to do sth; **~ de famille** marital status

situé, e [sitɥe] *adj*: **bien ~** well situated, in a good location; **~ à/près de** situated at/near

situer [sitɥe] *vt* to site, situate; (*en pensée*) to set, place; **se situer** *vi*: **se ~ à/près de** to be situated at/near

SIVOM [sivɔm] *sigle m* (= *Syndicat intercommunal à vocation multiple*) *association of "communes"*

six [sis] *num* six

sixième [sizjɛm] *num* sixth; **en ~** (*Scol: classe*) first form (Brit), sixth grade (US)

skaï® [skaj] *nm* ≈ Leatherette®

skate [skɛt], **skate-board** [skɛtbɔʀd] *nm* (*sport*) skateboarding; (*planche*) skateboard

sketch [skɛtʃ] *nm* (variety) sketch

ski [ski] *nm* (*objet*) ski; (*sport*) skiing; **faire du ~** to ski; **~ alpin** Alpine skiing; **~ court** short ski; **~ évolutif** short ski method; **~ de fond** cross-country skiing; **~ nautique** water-skiing; **~ de piste** downhill skiing; **~ de randonnée** cross-country skiing

ski-bob [skibɔb] *nm* skibob

skier [skje] *vi* to ski

skieur, -euse [skjœʀ, -øz] *nm/f* skier

skif, skiff [skif] *nm* skiff

slalom [slalɔm] *nm* slalom; **faire du ~ entre** to slalom between

slalomer [slalɔme] *vi* (*entre des obstacles*) to weave in and out; (*Ski*) to slalom

slalomeur, -euse [slalɔmœʀ, -øz] *nm/f* (*Ski*) slalom skier

slave [slav] *adj* Slav(onic), Slavic ▷ *nm* (*Ling*) Slavonic ▷ *nm/f*: **Slave** Slav

slip [slip] *nm* (*sous-vêtement*) underpants *pl*, pants *pl* (Brit), briefs *pl*; (*de bain: d'homme*) (bathing *ou* swimming) trunks *pl*; (*: du bikini*) (bikini) briefs *pl ou* bottoms *pl*

slogan [slɔgɑ̃] *nm* slogan

slovaque [slɔvak] *adj* Slovak ▷ *nm* (*Ling*) Slovak ▷ *nm/f*: **Slovaque** Slovak

Slovaquie [slɔvaki] *nf*: **la ~** Slovakia

slovène [slɔvɛn] *adj* Slovene ▷ *nm* (*Ling*) Slovene ▷ *nm/f*: **Slovène** Slovene

Slovénie [slɔveni] *nf*: **la ~** Slovenia

slow [slo] *nm* (*danse*) slow number

SM *sigle f* (= *Sa Majesté*) HM

SMAG [smag] *sigle m* = **salaire minimum agricole garanti**

smasher [smaʃe] *vi* to smash the ball ▷ *vt* (*balle*) to smash

SMIC [smik] *sigle m* = **salaire minimum interprofessionnel de croissance**; *see note*

SMIC

In France, the *SMIC* ("salaire minimum interprofessionnel de croissance") is the minimum hourly rate which workers over the age of 18 must legally be paid. It is index-linked and is raised each time the cost of living rises by 2 per cent.

smicard, e [smikaʀ, -aʀd(ə)] *nm/f* minimum wage earner

smocks [smɔk] *nmpl* (*Couture*) smocking *no pl*

smoking [smɔkiŋ] *nm* dinner *ou* evening suit

SMS *sigle m* = **short message service**; (*message*) text (message)

SMUR [smyʀ] *sigle m* (= *service médical d'urgence et de réanimation*) *specialist mobile emergency unit*

snack [snak] *nm* snack bar

SNC *abr* = **service non compris**

SNCB *sigle f* (= *Société nationale des chemins de fer belges*) *Belgian railways*

SNCF *sigle f* (= *Société nationale des chemins de fer français*) *French railways*

SNES [snɛs] *sigle m* (= *Syndicat national de l'enseignement secondaire*) *secondary teachers' union*

SNE-sup [ɛsɛnəsyp] *sigle m* (= *Syndicat national de l'enseignement supérieur*) *university teachers' union*

SNJ *sigle m* (= *Syndicat national des journalistes*) *journalists' union*

snob [snɔb] *adj* snobbish ▷ *nm/f* snob

snober [snɔbe] *vt*: **~ qn** to give sb the cold shoulder, treat sb with disdain

snobinard, e [snɔbinaʀ, -aʀd(ə)] *nm/f* snooty *ou* stuck-up person

snobisme [snɔbism(ə)] *nm* snobbery

SNSM *sigle f* (= *Société nationale de sauvetage en mer*) *national sea-rescue association*

s.o. *abr* (= *sans objet*) no longer applicable

sobre [sɔbʀ(ə)] *adj* temperate, abstemious; (*élégance, style*) restrained, sober; **~ de** (*gestes, compliments*) sparing of

sobrement [sɔbʀəmɑ̃] *adv* in moderation, abstemiously; soberly

sobriété [sɔbʀijete] *nf* temperance, abstemiousness; sobriety

sobriquet [sɔbʀikɛ] *nm* nickname

soc [sɔk] *nm* ploughshare

sociabilité [sɔsjabilite] *nf* sociability

sociable [sɔsjabl(ə)] *adj* sociable

social, e, -aux [sɔsjal, -o] *adj* social

socialisant, e [sɔsjalizɑ̃, -ɑ̃t] *adj* with socialist tendencies

socialisation [sɔsjalizasjɔ̃] *nf* socialisation

socialiser [sɔsjalize] *vt* to socialize

socialisme [sɔsjalism(ə)] *nm* socialism

socialiste [sɔsjalist(ə)] *adj, nm/f* socialist

sociétaire [sɔsjetɛʀ] *nm/f* member

société [sɔsjete] *nf* society; (*d'abeilles, de fourmis*) colony; (*sportive*) club; (*Comm*) company; **la bonne ~** polite society; **se plaire dans la ~ de**

to enjoy the society of; **l'archipel de la S~** the Society Islands; **la ~ d'abondance/de consommation** the affluent/consumer society; **~ par actions** joint stock company; **~ anonyme (SA)** ≈ limited company (Ltd) (Brit), ≈ incorporated company (Inc.) (US); **~ d'investissement à capital variable (SICAV)** ≈ investment trust (Brit), ≈ mutual fund (US); **~ à responsabilité limitée (SARL)** *type of limited liability company (with non-negotiable shares)*; **~ savante** learned society; **~ de services** service company

socioculturel, le [sɔsjokyltyʀɛl] *adj* sociocultural

socio-économique [sɔsjoekɔnɔmik] *adj* socioeconomic

socio-éducatif, --ive [sɔsjoedykatif, -iv] *adj* socioeducational

sociolinguistique [sɔsjolɛ̃gɥistik] *adj* sociolinguistic

sociologie [sɔsjɔlɔʒi] *nf* sociology

sociologique [sɔsjɔlɔʒik] *adj* sociological

sociologue [sɔsjɔlɔg] *nm/f* sociologist

socio-professionnel, le [sɔsjopʀɔfɛsjɔnɛl] *adj* socioprofessional

socle [sɔkl(ə)] *nm* (*de colonne, statue*) plinth, pedestal; (*de lampe*) base

socquette [sɔkɛt] *nf* ankle sock

soda [sɔda] *nm* (*boisson*) fizzy drink, soda (US)

sodium [sɔdjɔm] *nm* sodium

sodomie [sɔdɔmi] *nf* sodomy; buggery

sodomiser [sɔdɔmize] *vt* to sodomize; to bugger

sœur [sœʀ] *nf* sister; (*religieuse*) nun, sister; **~ Élisabeth** (*Rel*) Sister Elizabeth; **~ de lait** foster sister

sofa [sɔfa] *nm* sofa

Sofia [sɔfja] *n* Sofia

SOFRES [sɔfʀɛs] *sigle f* (= *Société française d'enquête par sondage*) *company which conducts opinion polls*

soi [swa] *pron* oneself; **cela va de ~** that *ou* it goes without saying, it stands to reason

soi-disant [swadizɑ̃] *adj inv* so-called ▷ *adv* supposedly

soie [swa] *nf* silk; (*de porc, sanglier: poil*) bristle

soient [swa] *vb voir* **être**

soierie [swaʀi] *nf* (*industrie*) silk trade; (*tissu*) silk

soif [swaf] *nf* thirst; (*fig*): **~ de** thirst *ou* craving for; **avoir ~** to be thirsty; **donner ~ à qn** to make sb thirsty

soigné, e [swaɲe] *adj* (*tenue*) well-groomed, neat; (*travail*) careful, meticulous; (*fam*) whopping; stiff

soigner [swaɲe] *vt* (*malade, maladie: docteur*) to treat; (*: infirmière, mère*) to nurse, look after; (*blessé*) to tend; (*travail, détails*) to take care over; (*jardin, chevelure, invités*) to look after

soigneur [swaɲœʀ] *nm* (*Cyclisme, Football*) trainer; (*Boxe*) second

soigneusement [swaɲøzmɑ̃] *adv* carefully

soigneux, -euse [swaɲø, -øz] *adj* (*propre*) tidy, neat; (*méticuleux*) painstaking, careful; **~ de** careful with

soi-même [swamɛm] *pron* oneself

soin [swɛ̃] *nm* (*application*) care; (*propreté, ordre*) tidiness, neatness; (*responsabilité*): **le ~ de qch** the care of sth; **soins** *nmpl* (*à un malade, blessé*) treatment *sg*, medical attention *sg*; (*attentions, prévenance*) care and attention *sg*; (*hygiène*) care *sg*; **~s de la chevelure/de beauté** hair/beauty care; **~s du corps/ménage** care of one's body/the home; **avoir** *ou* **prendre ~ de** to take care of, look after; **avoir** *ou* **prendre ~ de faire** to take care to do; **faire qch avec (grand) ~** to do sth (very) carefully; **sans ~** *adj* careless; untidy; **les premiers ~s** first aid *sg*; **aux bons ~s de** c/o, care of; **être aux petits ~s pour qn** to wait on sb hand and foot, see to sb's every need; **confier qn aux ~s de qn** to hand sb over to sb's care

soir [swaʀ] *nm, adv* evening; **le ~** in the evening(s); **ce ~** this evening, tonight; **à ce ~!** see you this evening (*ou* tonight)!; **la veille au ~** the previous evening; **sept/dix heures du ~** seven in the evening/ten at night; **le repas/journal du ~** the evening meal/newspaper; **dimanche ~** Sunday evening; **hier ~** yesterday evening; **demain ~** tomorrow evening, tomorrow night

soirée [swaʀe] *nf* evening; (*réception*) party; **donner en ~** (*film, pièce*) to give an evening performance of

soit [swa] *vb voir* **être** ▷ *conj* (*à savoir*) namely, to wit; (*ou*): **~ ... ~** either ... or ▷ *adv* so be it, very well; **~ un triangle ABC** let ABC be a triangle; **~ que ... ~ que** *ou* **ou que** whether ... or whether

soixantaine [swasɑ̃tɛn] *nf*: **une ~ (de)** sixty or so, about sixty; **avoir la ~** to be around sixty

soixante [swasɑ̃t] *num* sixty

soixante-dix [swasɑ̃tdis] *num* seventy

soixante-dixième [swasɑ̃tdizjɛm] *num* seventieth

soixante-huitard, e [swazɑ̃tɥitaʀ, -aʀd(ə)] *adj* relating to the demonstrations of May 1968 ▷ *nm/f* participant in the demonstrations of May 1968

soixantième [swasɑ̃tjɛm] *num* sixtieth

soja [sɔʒa] *nm* soya; (*graines*) soya beans *pl*; **germes de ~** beansprouts

sol [sɔl] *nm* ground; (*de logement*) floor; (*revêtement*) flooring *no pl*; (*territoire, Agr, Géo*) soil; (*Mus*) G; (*: en chantant la gamme*) so(h)

solaire [sɔlɛʀ] *adj* solar, sun *cpd*

solarium [sɔlaʀjɔm] *nm* solarium

soldat [sɔlda] *nm* soldier; **S~ inconnu** Unknown Warrior *ou* Soldier; **~ de plomb** tin *ou* toy soldier

solde [sɔld(ə)] *nf* pay ▷ *nm* (*Comm*) balance; **soldes** *nmpl ou nfpl* (*Comm*) sales; (*articles*) sale goods; **à la ~ de qn** (*péj*) in sb's pay; **~ créditeur/débiteur** credit/debit balance; **~ à payer** balance outstanding; **en ~** at sale price; **aux ~s** at the sales

solder [sɔlde] *vt* (*compte*) to settle; (*marchandise*) to sell at sale price, sell off; **se ~ par** (*fig*) to end

in; **article soldé (à) 10 euros** item reduced to 10 euros
soldeur, -euse [sɔldœʀ, -øz] *nm/f* (*Comm*) discounter
sole [sɔl] *nf* sole *inv* (*fish*)
soleil [sɔlɛj] *nm* sun; (*lumière*) sun(light); (*temps ensoleillé*) sun(shine); (*feu d'artifice*) Catherine wheel; (*d'acrobate*) grand circle; (*Bot*) sunflower; **il y a** *ou* **il fait du ~** it's sunny; **au ~** in the sun; **en plein ~** in full sun; **le ~ levant/couchant** the rising/setting sun; **le ~ de minuit** the midnight sun
solennel, le [sɔlanɛl] *adj* solemn; ceremonial
solennellement [sɔlanɛlmɑ̃] *adv* solemnly
solennité [sɔlanite] *nf* (*d'une fête*) solemnity; **solennités** *nfpl* (*formalités*) formalities
solénoïde [sɔlenɔid] *nm* (*Élec*) solenoid
solfège [sɔlfɛʒ] *nm* rudiments *pl* of music; (*exercices*) ear training *no pl*
solfier [sɔlfje] *vt*: **~ un morceau** to sing a piece using the sol-fa
soli [sɔli] *nmpl de* **solo**
solidaire [sɔlidɛʀ] *adj* (*personnes*) who stand together, who show solidarity; (*pièces mécaniques*) interdependent; (*Jur: engagement*) binding on all parties; (*: débiteurs*) jointly liable; **être ~ de** (*collègues*) to stand by; (*mécanisme*) to be bound up with, be dependent on
solidairement [sɔlidɛʀmɑ̃] *adv* jointly
solidariser [sɔlidaʀize]: **se ~ avec** *vt* to show solidarity with
solidarité [sɔlidaʀite] *nf* (*entre personnes*) solidarity; (*de mécanisme, phénomènes*) interdependence; **par ~ (avec)** (*cesser le travail etc*) in sympathy (with)
solide [sɔlid] *adj* solid; (*mur, maison, meuble*) solid, sturdy; (*connaissances, argument*) sound; (*personne*) robust, sturdy; (*estomac*) strong ▷ *nm* solid; **avoir les reins ~s** (*fig*) to be in a good financial position; to have sound financial backing
solidement [sɔlidmɑ̃] *adv* solidly; (*fermement*) firmly
solidifier [sɔlidifje] *vt*, **se solidifier** *vi* to solidify
solidité [sɔlidite] *nf* solidity; sturdiness
soliloque [sɔlilɔk] *nm* soliloquy
soliste [sɔlist(ə)] *nm/f* soloist
solitaire [sɔlitɛʀ] *adj* (*sans compagnie*) solitary, lonely; (*isolé*) solitary, isolated, lone; (*lieu*) lonely ▷ *nm/f* recluse; loner ▷ *nm* (*diamant, jeu*) solitaire
solitude [sɔlityd] *nf* loneliness; (*paix*) solitude
solive [sɔliv] *nf* joist
sollicitations [sɔlisitɑsjɔ̃] *nfpl* (*requêtes*) entreaties, appeals; (*attractions*) enticements; (*Tech*) stress *sg*
solliciter [sɔlisite] *vt* (*personne*) to appeal to; (*emploi, faveur*) to seek; (*moteur*) to prompt; (*occupations, attractions etc*): **~ qn** to appeal to sb's curiosity *etc*; to entice sb; to make demands on sb's time; **~ qn de faire** to appeal to sb *ou* request sb to do
sollicitude [sɔlisityd] *nf* concern
solo [sɔlo] *nm* (*pl* **soli** [sɔli]) (*Mus*) solo
sol-sol [sɔlsɔl] *adj inv* surface-to-surface
solstice [sɔlstis] *nm* solstice; **~ d'hiver/d'été** winter/summer solstice
solubilisé, e [sɔlybilize] *adj* soluble
solubilité [sɔlybilite] *nf* solubility
soluble [sɔlybl(ə)] *adj* (*sucre, cachet*) soluble; (*problème etc*) soluble, solvable
soluté [sɔlyte] *nm* solution
solution [sɔlysjɔ̃] *nf* solution; **~ de continuité** gap, break; **~ de facilité** easy way out
solutionner [sɔlysjɔne] *vt* to solve, find a solution for
solvabilité [sɔlvabilite] *nf* solvency
solvable [sɔlvabl(ə)] *adj* solvent
solvant [sɔlvɑ̃] *nm* solvent
Somalie [sɔmali] *nf*: **la ~** Somalia
somalien, ne [sɔmaljɛ̃, -ɛn] *adj* Somalian
somatique [sɔmatik] *adj* somatic
sombre [sɔ̃bʀ(ə)] *adj* dark; (*fig*) sombre, gloomy; (*sinistre*) awful, dreadful
sombrer [sɔ̃bʀe] *vi* (*bateau*) to sink, go down; **~ corps et biens** to go down with all hands; **~ dans** (*misère, désespoir*) to sink into
sommaire [sɔmɛʀ] *adj* (*simple*) basic; (*expéditif*) summary ▷ *nm* summary; **faire le ~ de** to make a summary of, summarize; **exécution ~** summary execution
sommairement [sɔmɛʀmɑ̃] *adv* basically; summarily
sommation [sɔmɑsjɔ̃] *nf* (*Jur*) summons *sg*; (*avant de faire feu*) warning
somme [sɔm] *nf* (*Math*) sum; (*fig*) amount; (*argent*) sum, amount ▷ *nm*: **faire un ~** to have a (short) nap; **faire la ~ de** to add up; **en ~, ~ toute** *adv* all in all
sommeil [sɔmɛj] *nm* sleep; **avoir ~** to be sleepy; **avoir le ~ léger** to be a light sleeper; **en ~** (*fig*) dormant
sommeiller [sɔmeje] *vi* to doze; (*fig*) to lie dormant
sommelier [sɔməlje] *nm* wine waiter
sommer [sɔme] *vt*: **~ qn de faire** to command *ou* order sb to do; (*Jur*) to summon sb to do
sommes [sɔm] *vb voir* **être**; *voir aussi* **somme**
sommet [sɔmɛ] *nm* top; (*d'une montagne*) summit, top; (*fig: de la perfection, gloire*) height; (*Géom: d'angle*) vertex; (*conférence*) summit (conference)
sommier [sɔmje] *nm* bed base, bedspring (*US*); (*Admin: registre*) register; **~ à ressorts** (interior sprung) divan base (*Brit*), box spring (*US*); **~ à lattes** slatted bed base
sommité [sɔmite] *nf* prominent person, leading light
somnambule [sɔmnɑ̃byl] *nm/f* sleepwalker
somnambulisme [sɔmnɑ̃bylism(ə)] *nm* sleepwalking
somnifère [sɔmnifɛʀ] *nm* sleeping drug; (*comprimé*) sleeping pill *ou* tablet
somnolence [sɔmnɔlɑ̃s] *nf* drowsiness
somnolent, e [sɔmnɔlɑ̃, -ɑ̃t] *adj* sleepy, drowsy

S

somnoler [sɔmnɔle] *vi* to doze
somptuaire [sɔ̃ptɥɛʀ] *adj*: **lois ~s** sumptuary laws; **dépenses ~s** extravagant expenditure *sg*
somptueusement [sɔ̃ptɥøzmɑ̃] *adv* sumptuously
somptueux, -euse [sɔ̃ptɥø, -øz] *adj* sumptuous; (*cadeau*) lavish
somptuosité [sɔ̃ptɥozite] *nf* sumptuousness; (*d'un cadeau*) lavishness
son[1] [sɔ̃], **sa** [sa] (*pl* **ses** [se]) *adj possessif* (*antécédent humain mâle*) his; (: *femelle*) her; (: *valeur indéfinie*) one's, his (her); (: *non humain*) its; *voir* **il**
son[2] [sɔ̃] *nm* sound; (*de blé etc*) bran; **~ et lumière** *adj inv* son et lumière
sonar [sɔnaʀ] *nm* (*Navig*) sonar
sonate [sɔnat] *nf* sonata
sondage [sɔ̃daʒ] *nm* (*de terrain*) boring, drilling; (*de mer, atmosphère*) sounding; probe; (*enquête*) survey, sounding out of opinion; **~ (d'opinion)** (opinion) poll
sonde [sɔ̃d] *nf* (*Navig*) lead *ou* sounding line; (*Météorologie*) sonde; (*Méd*) probe; catheter; (*d'alimentation*) feeding tube; (*Tech*) borer, driller; (*de forage, sondage*) drill; (*pour fouiller etc*) probe; **~ à avalanche** pole (*for probing snow and locating victims*); **~ spatiale** probe
sonder [sɔ̃de] *vt* (*Navig*) to sound; (*atmosphère, plaie, bagages etc*) to probe; (*Tech*) to bore, drill; (*fig: personne*) to sound out; (: *opinion*) to probe; **~ le terrain** (*fig*) to see how the land lies
songe [sɔ̃ʒ] *nm* dream
songer [sɔ̃ʒe] *vi* to dream; **~ à** (*rêver à*) to muse over, think over; (*penser à*) to think of; (*envisager*) to contemplate, think of, consider; **~ que** to consider that; to think that
songerie [sɔ̃ʒʀi] *nf* reverie
songeur, -euse [sɔ̃ʒœʀ, -øz] *adj* pensive; **ça me laisse ~** that makes me wonder
sonnailles [sɔnaj] *nfpl* jingle of bells
sonnant, e [sɔnɑ̃, -ɑ̃t] *adj*: **en espèces ~es et trébuchantes** in coin of the realm; **à huit heures ~es** on the stroke of eight
sonné, e [sɔne] *adj* (*fam*) cracked; (*passé*): **il est midi ~** it's gone twelve; **il a quarante ans bien ~s** he's well into his forties
sonner [sɔne] *vi* (*retentir*) to ring; (*donner une impression*) to sound ▷ *vt* (*cloche*) to ring; (*glas, tocsin*) to sound; (*portier, infirmière*) to ring for; (*messe*) to ring the bell for; (*fam: choc, coup*) to knock out; **~ du clairon** to sound the bugle; **~ bien/mal/creux** to sound good/bad/hollow; **~ faux** (*instrument*) to sound out of tune; (*rire*) to ring false; **~ les heures** to strike the hours; **minuit vient de ~** midnight has just struck; **~ chez qn** to ring sb's doorbell, ring at sb's door
sonnerie [sɔnʀi] *nf* (*son*) ringing; (*sonnette*) bell; (*mécanisme d'horloge*) striking mechanism; (*de téléphone portable*) ringtone; **~ d'alarme** alarm bell; **~ de clairon** bugle call
sonnet [sɔnɛ] *nm* sonnet
sonnette [sɔnɛt] *nf* bell; **~ d'alarme** alarm bell; **~ de nuit** night-bell
sono [sɔno] *nf* (= *sonorisation*) PA (system); (*d'une discothèque*) sound system
sonore [sɔnɔʀ] *adj* (*voix*) sonorous, ringing; (*salle, métal*) resonant; (*ondes, film, signal*) sound *cpd*; (*Ling*) voiced; **effets ~s** sound effects
sonorisation [sɔnɔʀizasjɔ̃] *nf* (*installations*) public address system; (*d'une discothèque*) sound system
sonoriser [sɔnɔʀize] *vt* (*film, spectacle*) to add the sound track to; (*salle*) to fit with a public address system
sonorité [sɔnɔʀite] *nf* (*de piano, violon*) tone; (*de voix, mot*) sonority; (*d'une salle*) resonance; acoustics *pl*
sonothèque [sɔnɔtɛk] *nf* sound library
sont [sɔ̃] *vb voir* **être**
sophisme [sɔfism(ə)] *nm* sophism
sophiste [sɔfist(ə)] *nm/f* sophist
sophistication [sɔfistikɑsjɔ̃] *nf* sophistication
sophistiqué, e [sɔfistike] *adj* sophisticated
soporifique [sɔpɔʀifik] *adj* soporific
soprano [sɔpʀano] *nm/f* soprano
sorbet [sɔʀbɛ] *nm* water ice, sorbet
sorbetière [sɔʀbətjɛʀ] *nf* ice-cream maker
sorbier [sɔʀbje] *nm* service tree
sorcellerie [sɔʀsɛlʀi] *nf* witchcraft *no pl*, sorcery *no pl*
sorcier, -ière [sɔʀsje, -jɛʀ] *nm/f* sorcerer (witch *ou* sorceress) ▷ *adj*: **ce n'est pas ~** (*fam*) it's as easy as pie
sordide [sɔʀdid] *adj* sordid; squalid
Sorlingues [sɔʀlɛ̃g] *nfpl*: **les (îles) ~** the Scilly Isles, the Isles of Scilly, the Scillies
sornettes [sɔʀnɛt] *nfpl* twaddle *sg*
sort [sɔʀ] *vb voir* **sortir** ▷ *nm* (*fortune, destinée*) fate; (*condition, situation*) lot; (*magique*): **jeter un ~** to cast a spell; **un coup du ~** a blow dealt by fate; **le ~ en est jeté** the die is cast; **tirer au ~** to draw lots; **tirer qch au ~** to draw lots for sth
sortable [sɔʀtabl(ə)] *adj*: **il n'est pas ~** you can't take him anywhere
sortant, e [sɔʀtɑ̃, -ɑ̃t] *vb voir* **sortir** ▷ *adj* (*numéro*) which comes up (*in a draw etc*); (*député, président*) outgoing
sorte [sɔʀt(ə)] *vb voir* **sortir** ▷ *nf* sort, kind; **une ~ de** a sort of; **de la ~** *adv* in that way; **en quelque ~** in a way; **de ~ à** so as to, in order to; **de (telle) ~ que, en ~ que** (*de manière que*) so that; (*si bien que*) so much so that; **faire en ~ que** to see to it that
sortie [sɔʀti] *nf* (*issue*) way out, exit; (*Mil*) sortie; (*fig: verbale*) outburst; sally; (: *parole incongrue*) odd remark; (*d'un gaz, de l'eau*) outlet; (*promenade*) outing; (*le soir: au restaurant etc*) night out; (*de produits*) export; (*de capitaux*) outflow; (*Comm: somme*): **~s** items of expenditure; outgoings; (*Inform*) output; (*d'imprimante*) printout; **à sa ~** as he went out *ou* left; **à la ~ de l'école/l'usine** (*moment*) after school/work; when school/the factory comes out; (*lieu*) at the school/factory gates; **à la ~ de ce nouveau modèle** when this

new model comes (*ou* came) out, when they bring (*ou* brought) out this new model; **~ de bain** (*vêtement*) bathrobe; **"~ de camions"** "vehicle exit"; **~ papier** hard copy; **~ de secours** emergency exit
sortilège [sɔRtilɛʒ] *nm* (magic) spell
sortir [sɔRtiR] *vi* (*gén*) to come out; (*partir, se promener, aller au spectacle etc*) to go out; (*bourgeon, plante, numéro gagnant*) to come up ▷ *vt* (*gén*) to take out; (*produit, ouvrage, modèle*) to bring out; (*boniments, incongruités*) to come out with; (*Inform*) to output; (*: sur papier*) to print out; (*fam: expulser*) to throw out ▷ *nm*: **au ~ de l'hiver/l'enfance** as winter/childhood nears its end; **~ qch de** to take sth out of; **~ qn d'embarras** to get sb out of trouble; **~ de** (*gén*) to leave; (*endroit*) to go (*ou* come) out of, leave; (*rainure etc*) to come out of; (*maladie*) to get over; (*époque*) to get through; (*cadre, compétence*) to be outside; (*provenir de: famille etc*) to come from; **~ de table** to leave the table; **~ du système** (*Inform*) to log out; **~ de ses gonds** (*fig*) to fly off the handle; **se ~ de** (*affaire, situation*) to get out of; **s'en ~** (*malade*) to pull through; (*d'une difficulté etc*) to come through all right; to get through, be able to manage
SOS *sigle m* mayday, SOS
sosie [sɔzi] *nm* double
sot, sotte [so, sɔt] *adj* silly, foolish ▷ *nm/f* fool
sottement [sɔtmɑ̃] *adv* foolishly
sottise [sɔtiz] *nf* silliness *no pl*, foolishness *no pl*; (*propos, acte*) silly *ou* foolish thing (to do *ou* say)
sou [su] *nm*: **près de ses ~s** tight-fisted; **sans le ~** penniless; **~ à ~** penny by penny; **pas un ~ de bon sens** not a scrap *ou* an ounce of good sense; **de quatre ~s** worthless
souahéli, e [swaeli] *adj* Swahili ▷ *nm* (*Ling*) Swahili
soubassement [subɑsmɑ̃] *nm* base
soubresaut [subRəso] *nm* (*de peur etc*) start; (*cahot: d'un véhicule*) jolt
soubrette [subRɛt] *nf* soubrette, maidservant
souche [suʃ] *nf* (*d'arbre*) stump; (*de carnet*) counterfoil (*Brit*), stub; **dormir comme une ~** to sleep like a log; **de vieille ~** of old stock
souci [susi] *nm* (*inquiétude*) worry; (*préoccupation*) concern; (*Bot*) marigold; **se faire du ~** to worry; **avoir (le) ~ de** to have concern for; **par ~ de** for the sake of, out of concern for
soucier [susje]: **se ~ de** *vt* to care about
soucieux, -euse [susjø, -øz] *adj* concerned, worried; **~ de** concerned about; **peu ~ de/que** caring little about/whether
soucoupe [sukup] *nf* saucer; **~ volante** flying saucer
soudain, e [sudɛ̃, -ɛn] *adj* (*douleur, mort*) sudden ▷ *adv* suddenly, all of a sudden
soudainement [sudɛnmɑ̃] *adv* suddenly
soudaineté [sudɛnte] *nf* suddenness
Soudan [sudɑ̃] *nm*: **le ~** the Sudan
soudanais, e [sudanɛ, -ɛz] *adj* Sudanese
soude [sud] *nf* soda
soudé, e [sude] *adj* (*fig: pétales, organes*) joined (together)
souder [sude] *vt* (*avec fil à souder*) to solder; (*par soudure autogène*) to weld; (*fig*) to bind *ou* knit together; to fuse (together); **se souder** *vi* (*os*) to knit (together)
soudeur, -euse [sudœR, -øz] *nm/f* (*ouvrier*) welder
soudoyer [sudwaje] *vt* (*péj*) to bribe, buy over
soudure [sudyR] *nf* soldering; welding; (*joint*) soldered joint; weld; **faire la ~** (*Comm*) to fill a gap; (*fig: assurer une transition*) to bridge the gap
souffert, e [sufɛR, -ɛRt(ə)] *pp de* **souffrir**
soufflage [suflaʒ] *nm* (*du verre*) glass-blowing
souffle [sufl(ə)] *nm* (*en expirant*) breath; (*en soufflant*) puff, blow; (*respiration*) breathing; (*d'explosion, de ventilateur*) blast; (*du vent*) blowing; (*fig*) inspiration; **retenir son ~** to hold one's breath; **avoir du/manquer de ~** to have a lot of puff/be short of breath; **être à bout de ~** to be out of breath; **avoir le ~ court** to be short-winded; **un ~ d'air** *ou* **de vent** a breath of air, a puff of wind; **~ au cœur** (*Méd*) heart murmur
soufflé, e [sufle] *adj* (*Culin*) soufflé; (*fam: ahuri, stupéfié*) staggered ▷ *nm* (*Culin*) soufflé
souffler [sufle] *vi* (*gén*) to blow; (*haleter*) to puff (and blow) ▷ *vt* (*feu, bougie*) to blow out; (*chasser: poussière etc*) to blow away; (*Tech: verre*) to blow; (*explosion*) to destroy (with its blast); (*dire*): **~ qch à qn** to whisper sth to sb; (*fam: voler*): **~ qch à qn** to pinch sth from sb; **~ son rôle à qn** to prompt sb; **ne pas ~ mot** not to breathe a word; **laisser ~ qn** (*fig*) to give sb a breather
soufflet [suflɛ] *nm* (*instrument*) bellows *pl*; (*entre wagons*) vestibule; (*Couture*) gusset; (*gifle*) slap (in the face)
souffleur, -euse [suflœR, -øz] *nm/f* (*Théât*) prompter; (*Tech*) glass-blower
souffrance [sufRɑ̃s] *nf* suffering; **en ~** (*marchandise*) awaiting delivery; (*affaire*) pending
souffrant, e [sufRɑ̃, -ɑ̃t] *adj* unwell
souffre-douleur [sufRədulœR] *nm inv* whipping boy (*Brit*), butt, underdog
souffreteux, -euse [sufRətø, -øz] *adj* sickly
souffrir [sufRiR] *vi* to suffer; (*éprouver des douleurs*) to be in pain ▷ *vt* to suffer, endure; (*supporter*) to bear, stand; (*admettre: exception etc*) to allow *ou* admit of; **~ de** (*maladie, froid*) to suffer from; **~ des dents** to have trouble with one's teeth; **ne pas pouvoir ~ qch/que ...** not to be able to endure *ou* bear sth/that ...; **faire ~ qn** (*personne*) to make sb suffer; (*: dents, blessure etc*) to hurt sb
soufre [sufR(ə)] *nm* sulphur (*Brit*), sulfur (*US*)
soufrer [sufRe] *vt* (*vignes*) to treat with sulphur *ou* sulfur
souhait [swɛ] *nm* wish; **tous nos ~s de** good wishes *ou* our best wishes for; **riche** *etc* **à ~** as rich *etc* as one could wish; **à vos ~s!** bless you!
souhaitable [swɛtabl(ə)] *adj* desirable
souhaiter [swete] *vt* to wish for; **~ le bonjour à qn** to bid sb good day; **~ la bonne année à qn** to wish sb a happy New Year; **il est à ~ que** it is to

S

be hoped that
souiller [suje] *vt* to dirty, soil; (*fig*) to sully, tarnish
souillure [sujyʀ] *nf* stain
soûl, e [su, sul] *adj* drunk; (*fig*): **~ de musique/plaisirs** drunk with music/pleasure ▷ *nm*: **tout son ~** to one's heart's content
soulagement [sulaʒmɑ̃] *nm* relief
soulager [sulaʒe] *vt* to relieve; **~ qn de** to relieve sb of
soûler [sule] *vt*: **~ qn** to get sb drunk; (*boisson*) to make sb drunk; (*fig*) to make sb's head spin *ou* reel; **se soûler** to get drunk; **se ~ de** (*fig*) to intoxicate o.s with
soûlerie [sulʀi] *nf* (*péj*) drunken binge
soulèvement [sulɛvmɑ̃] *nm* uprising; (*Géo*) upthrust
soulever [sulve] *vt* to lift; (*vagues, poussière*) to send up; (*peuple*) to stir up (to revolt); (*enthousiasme*) to arouse; (*question, débat, protestations, difficultés*) to raise; **se soulever** *vi* (*peuple*) to rise up; (*personne couchée*) to lift o.s. up; (*couvercle etc*) to lift; **cela me soulève le cœur** it makes me feel sick
soulier [sulje] *nm* shoe; **~s bas** low-heeled shoes; **~s plats/à talons** flat/heeled shoes
souligner [suliɲe] *vt* to underline; (*fig*) to emphasize, stress
soumettre [sumɛtʀ(ə)] *vt* (*pays*) to subject, subjugate; (*rebelles*) to put down, subdue; **~ qn/qch à** to subject sb/sth to; **~ qch à qn** (*projet etc*) to submit sth to sb; **se ~ (à)** (*se rendre, obéir*) to submit (to); **se ~ à** (*formalités etc*) to submit to; (*régime etc*) to submit o.s. to
soumis, e [sumi, -iz] *pp de* **soumettre** ▷ *adj* submissive; **revenus ~ à l'impôt** taxable income
soumission [sumisjɔ̃] *nf* (*voir se soumettre*) submission; (*docilité*) submissiveness; (*Comm*) tender
soumissionner [sumisjɔne] *vt* (*Comm: travaux*) to bid for, tender for
soupape [supap] *nf* valve; **~ de sûreté** safety valve
soupçon [supsɔ̃] *nm* suspicion; (*petite quantité*): **un ~ de** a hint *ou* touch of; **avoir ~ de** to suspect; **au dessus de tout ~** above (all) suspicion
soupçonner [supsɔne] *vt* to suspect; **~ qn de qch/d'être** to suspect sb of sth/of being
soupçonneux, -euse [supsɔnø, -øz] *adj* suspicious
soupe [sup] *nf* soup; **~ au lait** *adj inv* quick-tempered; **~ à l'oignon/de poisson** onion/fish soup; **~ populaire** soup kitchen
soupente [supɑ̃t] *nf* (*mansarde*) attic; (*placard*) cupboard (*Brit*) *ou* closet (*US*) under the stairs
souper [supe] *vi* to have supper ▷ *nm* supper; **avoir soupé de** (*fam*) to be sick and tired of
soupeser [supəze] *vt* to weigh in one's hand(s), feel the weight of; (*fig*) to weigh up
soupière [supjɛʀ] *nf* (soup) tureen
soupir [supiʀ] *nm* sigh; (*Mus*) crotchet rest (*Brit*), quarter note rest (*US*); **rendre le dernier ~** to breathe one's last
soupirail, -aux [supiʀaj, -o] *nm* (small) basement window
soupirant [supiʀɑ̃] *nm* (*péj*) suitor, wooer
soupirer [supiʀe] *vi* to sigh; **~ après qch** to yearn for sth
souple [supl(ə)] *adj* supple; (*col*) soft; (*fig: règlement, caractère*) flexible; (*: démarche, taille*) lithe, supple
souplesse [suplɛs] *nf* suppleness; flexibility
source [suʀs(ə)] *nf* (*point d'eau*) spring; (*d'un cours d'eau, fig*) source; **prendre sa ~ à/dans** (*cours d'eau*) to have its source at/in; **tenir qch de bonne ~/de ~ sûre** to have sth on good authority/from a reliable source; **~ thermale/d'eau minérale** hot *ou* thermal/mineral spring
sourcier, -ière [suʀsje, -jɛʀ] *nm* water diviner
sourcil [suʀsij] *nm* (eye)brow
sourcilière [suʀsiljɛʀ] *adj f voir* **arcade**
sourciller [suʀsije] *vi*: **sans ~** without turning a hair *ou* batting an eyelid
sourcilleux, -euse [suʀsijø, -øz] *adj* (*hautain, sévère*) haughty, supercilious; (*pointilleux*) finicky, pernickety
sourd, e [suʀ, suʀd(ə)] *adj* deaf; (*bruit, voix*) muffled; (*couleur*) muted; (*douleur*) dull; (*lutte*) silent, hidden; (*Ling*) voiceless ▷ *nm/f* deaf person; **être ~ à** to be deaf to
sourdement [suʀdəmɑ̃] *adv* (*avec un bruit sourd*) dully; (*secrètement*) silently
sourdine [suʀdin] *nf* (*Mus*) mute; **en ~** *adv* softly, quietly; **mettre une ~ à** (*fig*) to tone down
sourd-muet, sourde-muette [suʀmyɛ, suʀdmyɛt] *adj* deaf-and-dumb ▷ *nm/f* deaf-mute
sourdre [suʀdʀ(ə)] *vi* (*eau*) to spring up; (*fig*) to rise
souriant, e [suʀjɑ̃, -ɑ̃t] *vb voir* **sourire** ▷ *adj* cheerful
souricière [suʀisjɛʀ] *nf* mousetrap; (*fig*) trap
sourie *etc* [suʀi] *vb voir* **sourire**
sourire [suʀiʀ] *nm* smile ▷ *vi* to smile; **~ à qn** to smile at sb; (*fig*) to appeal to sb; (*: chance*) to smile on sb; **faire un ~ à qn** to give sb a smile; **garder le ~** to keep smiling
souris [suʀi] *nf* (*aussi Inform*) mouse
sournois, e [suʀnwa, -waz] *adj* deceitful, underhand
sournoisement [suʀnwazmɑ̃] *adv* deceitfully
sournoiserie [suʀnwazʀi] *nf* deceitfulness, underhandedness
sous [su] *prép* (*gén*) under; **~ la pluie/le soleil** in the rain/sunshine; **~ mes yeux** before my eyes; **~ terre** *adj, adv* underground; **~ vide** *adj, adv* vacuum-packed; **~ l'influence/l'action de** under the influence of/by the action of; **~ antibiotiques/perfusion** on antibiotics/a drip; **~ cet angle/ce rapport** from this angle/in this respect; **~ peu** *adv* shortly, before long
sous... [su, suz + *vowel*] *préfixe* sub-; under...

sous-alimentation [suzalimɑ̃tɑsjɔ̃] *nf* undernourishment
sous-alimenté, e [suzalimɑ̃te] *adj* undernourished
sous-bois [subwa] *nm inv* undergrowth
sous-catégorie [sukategɔʀi] *nf* subcategory
sous-chef [suʃɛf] *nm* deputy chief, second in command; **~ de bureau** deputy head clerk
sous-comité [sukɔmite] *nm* subcommittee
sous-commission [sukɔmisjɔ̃] *nf* subcommittee
sous-continent [sukɔ̃tinɑ̃] *nm* subcontinent
sous-couche [sukuʃ] *nf* (*de peinture*) undercoat
souscripteur, -trice [suskʀiptœʀ, -tʀis] *nm/f* subscriber
souscription [suskʀipsjɔ̃] *nf* subscription; **offert en ~** available on subscription
souscrire [suskʀiʀ]: **~ à** *vt* to subscribe to
sous-cutané, e [sukytane] *adj* subcutaneous
sous-développé, e [sudevlɔpe] *adj* underdeveloped
sous-développement [sudevlɔpmɑ̃] *nm* underdevelopment
sous-directeur, -trice [sudiʀɛktœʀ, -tʀis] *nm/f* assistant manager/manageress, submanager/manageress
sous-emploi [suzɑ̃plwa] *nm* underemployment
sous-employé, e [suzɑ̃plwaje] *adj* underemployed
sous-ensemble [suzɑ̃sɑ̃bl(ə)] *nm* subset
sous-entendre [suzɑ̃tɑ̃dʀ(ə)] *vt* to imply, infer
sous-entendu, e [suzɑ̃tɑ̃dy] *adj* implied; (*Ling*) understood ▷ *nm* innuendo, insinuation
sous-équipé, e [suzekipe] *adj* under-equipped; **~ en infrastructures industrielles** (*Écon: pays, région*) with an insufficient industrial infrastructure
sous-estimer [suzɛstime] *vt* to underestimate
sous-exploiter [suzeksplwate] *vt* to underexploit
sous-exposer [suzɛkspoze] *vt* to underexpose
sous-fifre [sufifʀ(ə)] *nm* (*péj*) underling
sous-groupe [sugʀup] *nm* subgroup
sous-homme [suzɔm] *nm* sub-human
sous-jacent, e [suʒasɑ̃, -ɑ̃t] *adj* underlying
sous-lieutenant [suljøtnɑ̃] *nm* sub-lieutenant
sous-locataire [sulɔkatɛʀ] *nm/f* subtenant
sous-location [sulɔkɑsjɔ̃] *nf* subletting
sous-louer [sulwe] *vt* to sublet
sous-main [sumɛ̃] *nm inv* desk blotter; **en ~** *adv* secretly
sous-marin, e [sumaʀɛ̃, -in] *adj* (*flore, volcan*) submarine; (*navigation, pêche, explosif*) underwater ▷ *nm* submarine
sous-médicalisé, e [sumedikalize] *adj* lacking adequate medical care
sous-nappe [sunap] *nf* undercloth
sous-officier [suzɔfisje] *nm* ≈ non-commissioned officer (NCO)
sous-ordre [suzɔʀdʀ(ə)] *nm* subordinate; **créancier en ~** creditor's creditor
sous-payé, e [supeje] *adj* underpaid
sous-préfecture [supʀefɛktyʀ] *nf* sub-prefecture
sous-préfet [supʀefɛ] *nm* sub-prefect
sous-production [supʀɔdyksjɔ̃] *nf* underproduction
sous-produit [supʀɔdɥi] *nm* by-product; (*fig: péj*) pale imitation
sous-programme [supʀɔgʀam] *nm* (*Inform*) subroutine
sous-pull [supul] *nm* thin poloneck sweater
sous-secrétaire [susəkʀetɛʀ] *nm*: **~ d'État** Under-Secretary of State
soussigné, e [susiɲe] *adj*: **je ~** I the undersigned
sous-sol [susɔl] *nm* basement; (*Géo*) subsoil
sous-tasse [sutas] *nf* saucer
sous-tendre [sutɑ̃dʀ(ə)] *vt* to underlie
sous-titre [sutitʀ(ə)] *nm* subtitle
sous-titré, e [sutitʀe] *adj* with subtitles
soustraction [sustʀaksjɔ̃] *nf* subtraction
soustraire [sustʀɛʀ] *vt* to subtract, take away; (*dérober*): **~ qch à qn** to remove sth from sb; **~ qn à** (*danger*) to shield sb from; **se ~ à** (*autorité, obligation, devoir*) to elude, escape from
sous-traitance [sutʀetɑ̃s(ə)] *nf* subcontracting
sous-traitant [sutʀetɑ̃] *nm* subcontractor
sous-traiter [sutʀete] *vt, vi* to subcontract
soustrayais *etc* [sustʀɛjɛ] *vb voir* **soustraire**
sous-verre [suvɛʀ] *nm inv* glass mount
sous-vêtement [suvɛtmɑ̃] *nm* undergarment, item of underwear; **sous-vêtements** *nmpl* underwear *sg*
soutane [sutan] *nf* cassock, soutane
soute [sut] *nf* hold; **~ à bagages** baggage hold
soutenable [sutnabl(ə)] *adj* (*opinion*) tenable, defensible
soutenance [sutnɑ̃s] *nf*: **~ de thèse** ≈ viva (voce)
soutènement [sutɛnmɑ̃] *nm*: **mur de ~** retaining wall
souteneur [sutnœʀ] *nm* procurer
soutenir [sutniʀ] *vt* to support; (*assaut, choc, regard*) to stand up to, withstand; (*intérêt, effort*) to keep up; (*assurer*): **~ que** to maintain that; **se soutenir** (*dans l'eau etc*) to hold o.s. up; (*être soutenable: point de vue*) to be tenable; (*s'aider mutuellement*) to stand by each other; **~ la comparaison avec** to bear *ou* stand comparison with; **~ le regard de qn** to be able to look sb in the face
soutenu, e [sutny] *pp de* **soutenir** ▷ *adj* (*efforts*) sustained, unflagging; (*style*) elevated; (*couleur*) strong
souterrain, e [sutɛʀɛ̃, -ɛn] *adj* underground; (*fig*) subterranean ▷ *nm* underground passage
soutien [sutjɛ̃] *nm* support; **apporter son ~ à** to lend one's support to; **~ de famille** breadwinner
soutiendrai *etc* [sutjɛ̃dʀe] *vb voir* **soutenir**
soutien-gorge [sutjɛ̃gɔʀʒ(ə)] (*pl* **soutiens-gorge**) *nm* bra; (*de maillot de bain*) top
soutiens [sutjɛ̃], **soutint** *etc* [sutɛ̃] *vb voir* **soutenir**
soutirer [sutiʀe] *vt*: **~ qch à qn** to squeeze *ou* get

sth out of sb
souvenance [suvnɑ̃s] *nf*: **avoir ~ de** to recollect
souvenir [suvniʀ] *nm* (*réminiscence*) memory; (*cadeau*) souvenir, keepsake; (*de voyage*) souvenir ▷ *vb*: **se ~ de** *vt* to remember; **se ~ que** to remember that; **garder le ~ de** to retain the memory of; **en ~ de** in memory *ou* remembrance of; **avec mes affectueux/ meilleurs ~s, ...** with love from, .../regards, ...
souvent [suvɑ̃] *adv* often; **peu ~** seldom, infrequently; **le plus ~** more often than not, most often
souvenu, e [suvəny] *pp de* **se souvenir**
souverain, e [suvʀɛ̃, -ɛn] *adj* sovereign; (*fig: mépris*) supreme ▷ *nm/f* sovereign, monarch
souverainement [suvʀɛnmɑ̃] *adv* (*sans appel*) with sovereign power; (*extrêmement*) supremely, intensely
souveraineté [suvʀɛnte] *nf* sovereignty
souviendrai [suvjɛ̃dʀe], **souviens** [suvjɛ̃], **souvint** *etc* [suvɛ̃] *vb voir* **se souvenir**
soviétique [sɔvjetik] *adj* Soviet ▷ *nm/f*: **Soviétique** Soviet citizen
soviétologue [sɔvjetɔlɔg] *nm/f* Kremlinologist
soyeux, -euse [swajø, -øz] *adj* silky
soyez *etc* [swaje] *vb voir* **être**
soyons *etc* [swajɔ̃] *vb voir* **être**
SPA *sigle f* (= *Société protectrice des animaux*) ≈ RSPCA (*Brit*), ≈ SPCA (*US*)
spacieux, -euse [spasjø, -øz] *adj* spacious; roomy
spaciosité [spasjɔzite] *nf* spaciousness
spaghettis [spageti] *nmpl* spaghetti *sg*
sparadrap [spaʀadʀa] *nm* adhesive *ou* sticking (*Brit*) plaster, bandaid® (*US*)
Sparte [spaʀt(ə)] *nf* Sparta
spartiate [spaʀsjat] *adj* Spartan; **spartiates** *nfpl* (*sandales*) Roman sandals
spasme [spazm(ə)] *nm* spasm
spasmodique [spazmɔdik] *adj* spasmodic
spatial, e, -aux [spasjal, -o] *adj* (*Aviat*) space *cpd*; (*Psych*) spatial
spatule [spatyl] *nf* (*ustensile*) slice; spatula; (*bout*) tip
speaker, ine [spikœʀ, -kʀin] *nm/f* announcer
spécial, e, -aux [spesjal, -o] *adj* special; (*bizarre*) peculiar
spécialement [spesjalmɑ̃] *adv* especially, particularly; (*tout exprès*) specially; **pas ~** not particularly
spécialisation [spesjalizɑsjɔ̃] *nf* specialization
spécialisé, e [spesjalize] *adj* specialised; **ordinateur ~** dedicated computer
spécialiser [spesjalize]: **se spécialiser** *vi* to specialize
spécialiste [spesjalist(ə)] *nm/f* specialist
spécialité [spesjalite] *nf* speciality; (*Scol*) special field; **~ pharmaceutique** patent medicine
spécieux, -euse [spesjø, -øz] *adj* specious
spécification [spesifikɑsjɔ̃] *nf* specification
spécificité [spesifisite] *nf* specificity
spécifier [spesifje] *vt* to specify, state
spécifique [spesifik] *adj* specific
spécifiquement [spesifikmɑ̃] *adv* (*typiquement*) typically; (*tout exprès*) specifically
spécimen [spesimɛn] *nm* specimen; (*revue etc*) specimen *ou* sample copy
spectacle [spɛktakl(ə)] *nm* (*tableau, scène*) sight; (*représentation*) show; (*industrie*) show business, entertainment; **se donner en ~** (*péj*) to make a spectacle *ou* an exhibition of o.s; **pièce/revue à grand ~** spectacular (play/revue); **au ~ de ...** at the sight of ...
spectaculaire [spɛktakylɛʀ] *adj* spectacular
spectateur, -trice [spɛktatœʀ, -tʀis] *nm/f* (*Ciné etc*) member of the audience; (*Sport*) spectator; (*d'un événement*) onlooker, witness
spectre [spɛktʀ(ə)] *nm* (*fantôme, fig*) spectre; (*Physique*) spectrum; **~ solaire** solar spectrum
spéculateur, -trice [spekylatœʀ, -tʀis] *nm/f* speculator
spéculatif, -ive [spekylatif, -iv] *adj* speculative
spéculation [spekylɑsjɔ̃] *nf* speculation
spéculer [spekyle] *vi* to speculate; **~ sur** (*Comm*) to speculate in; (*réfléchir*) to speculate on; (*tabler sur*) to bank *ou* rely on
spéléologie [speleɔlɔʒi] *nf* (*étude*) speleology; (*activité*) potholing
spéléologue [speleɔlɔg] *nm/f* speleologist; potholer
spermatozoïde [spɛʀmatozɔid] *nm* sperm, spermatozoon
sperme [spɛʀm(ə)] *nm* semen, sperm
spermicide [spɛʀmisid] *adj, nm* spermicide
sphère [sfɛʀ] *nf* sphere
sphérique [sfeʀik] *adj* spherical
sphincter [sfɛ̃ktɛʀ] *nm* sphincter
sphinx [sfɛ̃ks] *nm inv* sphinx; (*Zool*) hawkmoth
spiral, -aux [spiʀal, -o] *nm* hairspring
spirale [spiʀal] *nf* spiral; **en ~** in a spiral
spire [spiʀ] *nf* (*d'une spirale*) turn; (*d'une coquille*) whorl
spiritisme [spiʀitism(ə)] *nm* spiritualism, spiritism
spirituel, le [spiʀitɥɛl] *adj* spiritual; (*fin, piquant*) witty; **musique ~le** sacred music; **concert ~** concert of sacred music
spirituellement [spiʀitɥɛlmɑ̃] *adv* spiritually; wittily
spiritueux [spiʀitɥø] *nm* spirit
splendeur [splɑ̃dœʀ] *nf* splendour (*Brit*), splendor (*US*)
splendide [splɑ̃did] *adj* splendid, magnificent
spolier [spɔlje] *vt*: **~ qn (de)** to despoil sb (of)
spongieux, -euse [spɔ̃ʒjø, -øz] *adj* spongy
sponsor [spɔ̃sɔʀ] *nm* sponsor
sponsoriser [spɔ̃sɔʀize] *vt* to sponsor
spontané, e [spɔ̃tane] *adj* spontaneous
spontanéité [spɔ̃taneite] *nf* spontaneity
spontanément [spɔ̃tanemɑ̃] *adv* spontaneously
sporadique [spɔʀadik] *adj* sporadic
sporadiquement [spɔʀadikmɑ̃] *adv*

sporadically
sport [spɔʀ] *nm* sport ▷ *adj inv* (*vêtement*) casual; (*fair-play*) sporting; **faire du ~** to do sport; **~ individuel/d'équipe** individual/team sport; **~ de combat** combative sport; **~s d'hiver** winter sports
sportif, -ive [spɔʀtif, -iv] *adj* (*journal, association, épreuve*) sports *cpd*; (*allure, démarche*) athletic; (*attitude, esprit*) sporting; **les résultats ~s** the sports results
sportivement [spɔʀtivmɑ̃] *adv* sportingly
sportivité [spɔʀtivite] *nf* sportsmanship
spot [spɔt] *nm* (*lampe*) spot(light); (*annonce*): **~ (publicitaire)** commercial (break)
spray [spʀɛ] *nm* spray, aerosol
sprint [spʀint] *nm* sprint; **piquer un ~** to put on a (final) spurt
sprinter *nm* [spʀintœʀ] sprinter ▷ *vi* [spʀinte] to sprint
squale [skwal] *nm* (*type of*) shark
square [skwaʀ] *nm* public garden(s)
squash [skwaʃ] *nm* squash
squat [skwat] *nm* (*lieu*) squat
squatter *nm* [skwatœʀ] squatter ▷ *vt* [skwate] to squat
squelette [skəlɛt] *nm* skeleton
squelettique [skəletik] *adj* scrawny; (*fig*) skimpy
SRAS *sigle m* (= *syndrome respiratoire aigu sévère*) SARS
Sri Lanka [sʀilɑ̃ka] *nm* Sri Lanka
sri-lankais, e [sʀilɑ̃kɛ, -ɛz] *adj* Sri-Lankan
SS *sigle f* = **sécurité sociale**; (= *Sa Sainteté*) HH
ss *abr* = **sous**
SSR *sigle f* (= *Société suisse romande*) *the Swiss French-language broadcasting company*
St, Ste *abr* (= *Saint(e)*) St
stabilisateur, -trice [stabilizatœʀ, -tʀis] *adj* stabilizing ▷ *nm* stabilizer; (*d'un véhicule*) anti-roll device; (*d'un avion*) tailplane
stabiliser [stabilize] *vt* to stabilize; (*terrain*) to consolidate
stabilité [stabilite] *nf* stability
stable [stabl(ə)] *adj* stable, steady
stade [stad] *nm* (*Sport*) stadium; (*phase, niveau*) stage
stadier [stadje] *nm* steward (*working in a stadium*), stage
stage [staʒ] *nm* training period; training course; (*d'avocat stagiaire*) articles *pl*; **~ en entreprise** work experience placement
stagiaire [staʒjɛʀ] *nm/f, adj* trainee (*cpd*)
stagnant, e [stagnɑ̃, -ɑ̃t] *adj* stagnant
stagnation [stagnɑsjɔ̃] *nf* stagnation
stagner [stagne] *vi* to stagnate
stalactite [stalaktit] *nf* stalactite
stalagmite [stalagmit] *nf* stalagmite
stalle [stal] *nf* stall, box
stand [stɑ̃d] *nm* (*d'exposition*) stand; (*de foire*) stall; **~ de tir** (*à la foire, Sport*) shooting range; **~ de ravitaillement** pit
standard [stɑ̃daʀ] *adj inv* standard ▷ *nm* (*type, norme*) standard; (*téléphonique*) switchboard
standardisation [stɑ̃daʀdizɑsjɔ̃] *nf* standardization
standardiser [stɑ̃daʀdize] *vt* to standardize
standardiste [stɑ̃daʀdist(ə)] *nm/f* switchboard operator
standing [stɑ̃diŋ] *nm* standing; **immeuble de grand ~** block of luxury flats (*Brit*), condo(minium) (*US*)
star [staʀ] *nf* star
starlette [staʀlɛt] *nf* starlet
starter [staʀtɛʀ] *nm* (*Auto*) choke; (*Sport: personne*) starter; **mettre le ~** to pull out the choke
station [stɑsjɔ̃] *nf* station; (*de bus*) stop; (*de villégiature*) resort; (*posture*): **la ~ debout** standing, an upright posture; **~ balnéaire** seaside resort; **~ de graissage** lubrication bay; **~ de lavage** carwash; **~ de ski** ski resort; **~ de sports d'hiver** winter sports resort; **~ de taxis** taxi rank (*Brit*) *ou* stand (*US*); **~ thermale** thermal spa; **~ de travail** workstation
stationnaire [stasjɔnɛʀ] *adj* stationary
stationnement [stasjɔnmɑ̃] *nm* parking; **zone de ~ interdit** no parking area; **~ alterné** parking on alternate sides
stationner [stasjɔne] *vi* to park
station-service [stasjɔ̃sɛʀvis] *nf* service station
statique [statik] *adj* static
statisticien, ne [statistisjɛ̃, -ɛn] *nm/f* statistician
statistique [statistik] *nf* (*science*) statistics *sg*; (*rapport, étude*) statistic ▷ *adj* statistical; **statistiques** *nfpl* (*données*) statistics *pl*
statistiquement [statistikmɑ̃] *adv* statistically
statue [staty] *nf* statue
statuer [statɥe] *vi*: **~ sur** to rule on, give a ruling on
statuette [statɥɛt] *nf* statuette
statu quo [statykwo] *nm* status quo
stature [statyʀ] *nf* stature; **de haute ~** of great stature
statut [staty] *nm* status; **statuts** *nmpl* (*Jur, Admin*) statutes
statutaire [statytɛʀ] *adj* statutory
Sté *abr* (= *société*) soc
steak [stɛk] *nm* steak
stèle [stɛl] *nf* stela, stele
stellaire [stelɛʀ] *adj* stellar
stencil [stɛnsil] *nm* stencil
sténo [stenɔ] *nm/f* (*aussi*: **sténographe**) shorthand typist (*Brit*), stenographer (*US*) ▷ *nf* (*aussi*: **sténographie**) shorthand; **prendre en ~** to take down in shorthand
sténodactylo [stenɔdaktilo] *nm/f* shorthand typist (*Brit*), stenographer (*US*)
sténodactylographie [stenɔdaktilɔgʀafi] *nf* shorthand typing (*Brit*), stenography (*US*)
sténographe [stenɔgʀaf] *nm/f* shorthand typist (*Brit*), stenographer (*US*)
sténographie [stenɔgʀafi] *nf* shorthand; **prendre en ~** to take down in shorthand

S

sténographier [stenɔgʀafje] *vt* to take down in shorthand
sténographique [stenɔgʀafik] *adj* shorthand *cpd*
stentor [stɑ̃tɔʀ] *nm*: **voix de ~** stentorian voice
step® [stɛp] *nm* step aerobics *sg*®, step Reebok®
stéphanois, e [stefanwa, -waz] *adj* of *ou* from Saint-Étienne
steppe [stɛp] *nf* steppe
stère [stɛʀ] *nm* stere
stéréo *nf* (*aussi*: **stéréophonie**) stereo; **émission en ~** stereo broadcast ▷ *adj* (*aussi*: **stéréophonique**) stereo
stéréophonie [steʀeɔfɔni] *nf* stereo(phony); **émission en ~** stereo broadcast
stéréophonique [steʀeɔfɔnik] *adj* stereo(phonic)
stéréoscope [steʀeɔskɔp] *nm* stereoscope
stéréoscopique [steʀeɔskɔpik] *adj* stereoscopic
stéréotype [steʀeɔtip] *nm* stereotype
stéréotypé, e [steʀeɔtipe] *adj* stereotyped
stérile [steʀil] *adj* sterile; (*terre*) barren; (*fig*) fruitless, futile
stérilement [steʀilmɑ̃] *adv* fruitlessly
stérilet [steʀilɛ] *nm* coil, loop
stérilisateur [steʀilizatœʀ] *nm* sterilizer
stérilisation [steʀilizɑsjɔ̃] *nf* sterilization
stériliser [steʀilize] *vt* to sterilize
stérilité [steʀilite] *nf* sterility
sternum [stɛʀnɔm] *nm* breastbone, sternum
stéthoscope [stetɔskɔp] *nm* stethoscope
stick [stik] *nm* stick
stigmates [stigmat] *nmpl* scars, marks; (*Rel*) stigmata *pl*
stigmatiser [stigmatize] *vt* to denounce, stigmatize
stimulant, e [stimylɑ̃, -ɑ̃t] *adj* stimulating ▷ *nm* (*Méd*) stimulant; (*fig*) stimulus, incentive
stimulateur [stimylatœʀ] *nm*: **~ cardiaque** pacemaker
stimulation [stimylɑsjɔ̃] *nf* stimulation
stimuler [stimyle] *vt* to stimulate
stimulus [stimylys] *nm* (*pl* **stimuli** [stimyli]) stimulus
stipulation [stipylɑsjɔ̃] *nf* stipulation
stipuler [stipyle] *vt* to stipulate, specify
stock [stɔk] *nm* stock; **en ~** in stock
stockage [stɔkaʒ] *nm* stocking; storage
stocker [stɔke] *vt* to stock; (*déchets*) to store
Stockholm [stɔkɔlm] *n* Stockholm
stockiste [stɔkist(ə)] *nm* stockist
stoïcisme [stɔisism(ə)] *nm* stoicism
stoïque [stɔik] *adj* stoic, stoical
stoïquement [stɔikmɑ̃] *adv* stoically
stomacal, e, -aux [stɔmakal, -o] *adj* gastric, stomach *cpd*
stomatologie [stɔmatɔlɔʒi] *nf* stomatology
stomatologue [stɔmatɔlɔg] *nm/f* stomatologist
stop [stɔp] *nm* (*Auto*: *écriteau*) stop sign; (*: signal*) brake-light; (*dans un télégramme*) stop ▷ *excl* stop!
stoppage [stɔpaʒ] *nm* invisible mending
stopper [stɔpe] *vt* to stop, halt; (*Couture*) to mend ▷ *vi* to stop, halt
store [stɔʀ] *nm* blind; (*de magasin*) shade, awning
strabisme [stʀabism(ə)] *nm* squint(ing)
strangulation [stʀɑ̃gylɑsjɔ̃] *nf* strangulation
strapontin [stʀapɔ̃tɛ̃] *nm* jump *ou* foldaway seat
Strasbourg [stʀazbuʀ] *n* Strasbourg
strass [stʀas] *nm* paste, strass
stratagème [stʀataʒɛm] *nm* stratagem
strate [stʀat] *nf* (*Géo*) stratum, layer
stratège [stʀatɛʒ] *nm* strategist
stratégie [stʀateʒi] *nf* strategy
stratégique [stʀateʒik] *adj* strategic
stratégiquement [stʀateʒikmɑ̃] *adv* strategically
stratifié, e [stʀatifje] *adj* (*Géo*) stratified; (*Tech*) laminated
stratosphère [stʀatɔsfɛʀ] *nf* stratosphere
stress [stʀɛs] *nm inv* stress
stressant, e [stʀɛsɑ̃, -ɑ̃t] *adj* stressful
stresser [stʀɛse] *vt* to stress, cause stress in
strict, e [stʀikt(ə)] *adj* strict; (*tenue, décor*) severe, plain; **son droit le plus ~** his most basic right; **dans la plus ~e intimité** strictly in private; **le ~ nécessaire/minimum** the bare essentials/ minimum
strictement [stʀiktəmɑ̃] *adv* strictly; plainly
strident, e [stʀidɑ̃, -ɑ̃t] *adj* shrill, strident
stridulations [stʀidylɑsjɔ̃] *nfpl* stridulations, chirrings
strie [stʀi] *nf* streak; (*Anat, Géo*) stria
strier [stʀije] *vt* to streak; to striate
strip-tease [stʀiptiz] *nm* striptease
strip-teaseuse [stʀiptizøz] *nf* stripper, striptease artist
striures [stʀijyʀ] *nfpl* streaking *sg*
strophe [stʀɔf] *nf* verse, stanza
structure [stʀyktyʀ] *nf* structure; **~s d'accueil/ touristiques** reception/tourist facilities
structurer [stʀyktyʀe] *vt* to structure
strychnine [stʀiknin] *nf* strychnine
stuc [styk] *nm* stucco
studieusement [stydjøzmɑ̃] *adv* studiously
studieux, -euse [stydjø, -øz] *adj* (*élève*) studious; (*vacances*) study *cpd*
studio [stydjo] *nm* (*logement*) studio flat (*Brit*) *ou* apartment (*US*); (*d'artiste, TV etc*) studio
stupéfaction [stypefaksjɔ̃] *nf* stupefaction, astonishment
stupéfait, e [stypefɛ, -ɛt] *adj* astonished
stupéfiant, e [stypefjɑ̃, -ɑ̃t] *adj* stunning, astonishing ▷ *nm* (*Méd*) drug, narcotic
stupéfier [stypefje] *vt* to stupefy; (*étonner*) to stun, astonish
stupeur [stypœʀ] *nf* (*inertie, insensibilité*) stupor; (*étonnement*) astonishment, amazement
stupide [stypid] *adj* stupid; (*hébété*) stunned
stupidement [stypidmɑ̃] *adv* stupidly
stupidité [stypidite] *nf* stupidity *no pl*; (*propos, action*) stupid thing (to say *ou* do)

stups [styp] *nmpl* = **stupéfiants**; **brigade des ~** narcotics bureau *ou* squad
style [stil] *nm* style; **meuble/robe de ~** piece of period furniture/period dress; **~ de vie** lifestyle
stylé, e [stile] *adj* well-trained
stylet [stilɛ] *nm* (*poignard*) stiletto; (*Chirurgie*) stylet
stylisé, e [stilize] *adj* stylized
styliste [stilist(ə)] *nm/f* designer; stylist
stylistique [stilistik] *nf* stylistics *sg* ▷ *adj* stylistic
stylo [stilo] *nm*: **~ (à encre)** (fountain) pen; **~ (à) bille** ballpoint pen
stylo-feutre [stilɔføtʀ(ə)] *nm* felt-tip pen
su, e [sy] *pp de* **savoir** ▷ *nm*: **au su de** with the knowledge of
suaire [sɥɛʀ] *nm* shroud
suant, e [sɥɑ̃, -ɑ̃t] *adj* sweaty
suave [sɥav] *adj* (*odeur*) sweet; (*voix*) suave, smooth; (*coloris*) soft, mellow
subalterne [sybaltɛʀn(ə)] *adj* (*employé, officier*) junior; (*rôle*) subordinate, subsidiary ▷ *nm/f* subordinate, inferior
subconscient [sypkɔ̃sjɑ̃] *nm* subconscious
subdiviser [sybdivize] *vt* to subdivide
subdivision [sybdivizjɔ̃] *nf* subdivision
subir [sybiʀ] *vt* (*affront, dégâts, mauvais traitements*) to suffer; (*influence, charme*) to be under, be subjected to; (*traitement, opération, châtiment*) to undergo; (*personne*) to suffer, be subjected to
subit, e [sybi, -it] *adj* sudden
subitement [sybitmɑ̃] *adv* suddenly, all of a sudden
subjectif, -ive [sybʒɛktif, -iv] *adj* subjective
subjectivement [sybʒɛktivmɑ̃] *adv* subjectively
subjectivité [sybʒɛktivite] *nf* subjectivity
subjonctif [sybʒɔ̃ktif] *nm* subjunctive
subjuguer [sybʒyge] *vt* to subjugate
sublime [syblim] *adj* sublime
sublimer [syblime] *vt* to sublimate
submergé, e [sybmɛʀʒe] *adj* submerged; (*fig*): **~ de** snowed under with; overwhelmed with
submerger [sybmɛʀʒe] *vt* to submerge; (*foule*) to engulf; (*fig*) to overwhelm
submersible [sybmɛʀsibl(ə)] *nm* submarine
subordination [sybɔʀdinɑsjɔ̃] *nf* subordination
subordonné, e [sybɔʀdɔne] *adj, nm/f* subordinate; **~ à** (*personne*) subordinate to; (*résultats etc*) subject to, depending on
subordonner [sybɔʀdɔne] *vt*: **~ qn/qch à** to subordinate sb/sth to
subornation [sybɔʀnɑsjɔ̃] *nf* bribing
suborner [sybɔʀne] *vt* to bribe
subrepticement [sybʀɛptismɑ̃] *adv* surreptitiously
subroger [sybʀɔʒe] *vt* (*Jur*) to subrogate
subside [sypsid] *nm* grant
subsidiaire [sypsidjɛʀ] *adj* subsidiary; **question ~** deciding question
subsistance [sybzistɑ̃s] *nf* subsistence; **pourvoir à la ~ de qn** to keep sb, provide for sb's subsistence *ou* keep
subsister [sybziste] *vi* (*rester*) to remain, subsist; (*vivre*) to live; (*survivre*) to live on
subsonique [sybsɔnik] *adj* subsonic
substance [sypstɑ̃s] *nf* substance; **en ~** in substance
substantiel, le [sypstɑ̃sjɛl] *adj* substantial
substantif [sypstɑ̃tif] *nm* noun, substantive
substantiver [sypstɑ̃tive] *vt* to nominalize
substituer [sypstitɥe] *vt*: **~ qn/qch à** to substitute sb/sth for; **se ~ à qn** (*représenter*) to substitute for sb; (*évincer*) to substitute o.s. for sb
substitut [sypstity] *nm* (*Jur*) deputy public prosecutor; (*succédané*) substitute
substitution [sypstitysjɔ̃] *nf* substitution
subterfuge [syptɛʀfyʒ] *nm* subterfuge
subtil, e [syptil] *adj* subtle
subtilement [syptilmɑ̃] *adv* subtly
subtiliser [syptilize] *vt*: **~ qch (à qn)** to spirit sth away (from sb)
subtilité [syptilite] *nf* subtlety
subtropical, e, -aux [sybtʀɔpikal, -o] *adj* subtropical
suburbain, e [sybyʀbɛ̃, -ɛn] *adj* suburban
subvenir [sybvəniʀ]: **~ à** *vt* to meet
subvention [sybvɑ̃sjɔ̃] *nf* subsidy, grant
subventionner [sybvɑ̃sjɔne] *vt* to subsidize
subversif, -ive [sybvɛʀsif, -iv] *adj* subversive
subversion [sybvɛʀsjɔ̃] *nf* subversion
suc [syk] *nm* (*Bot*) sap; (*de viande, fruit*) juice; **~s gastriques** gastric juices
succédané [syksedane] *nm* substitute
succéder [syksede]: **~ à** *vt* (*directeur, roi etc*) to succeed; (*venir après: dans une série*) to follow, succeed; **se succéder** *vi* (*accidents, années*) to follow one another
succès [syksɛ] *nm* success; **avec ~** successfully; **sans ~** unsuccessfully; **avoir du ~** to be a success, be successful; **à ~** successful; **livre à ~** bestseller; **~ de librairie** bestseller; **~ (féminins)** conquests
successeur [syksesœʀ] *nm* successor
successif, -ive [syksesif, -iv] *adj* successive
succession [syksesjɔ̃] *nf* (*série, Pol*) succession; (*Jur: patrimoine*) estate, inheritance; **prendre la ~ de** (*directeur*) to succeed, take over from; (*entreprise*) to take over
successivement [syksesivmɑ̃] *adv* successively
succinct, e [syksɛ̃, -ɛ̃t] *adj* succinct
succinctement [syksɛ̃tmɑ̃] *adv* succinctly
succion [syksjɔ̃] *nf*: **bruit de ~** sucking noise
succomber [sykɔ̃be] *vi* to die, succumb; (*fig*): **~ à** to give way to, succumb to
succulent, e [sykylɑ̃, -ɑ̃t] *adj* succulent
succursale [sykyʀsal] *nf* branch; **magasin à ~s multiples** chain *ou* multiple store
sucer [syse] *vt* to suck
sucette [sysɛt] *nf* (*bonbon*) lollipop; (*de bébé*) dummy (*Brit*), comforter, pacifier (*US*)
suçoter [sysɔte] *vt* to suck
sucre [sykʀ(ə)] *nm* (*substance*) sugar; (*morceau*) lump of sugar, sugar lump *ou* cube; **~ de canne/**

S

betterave cane/beet sugar; **~ en morceaux/ cristallisé/en poudre** lump *ou* cube/ granulated/caster sugar; **~ glace** icing sugar; **~ d'orge** barley sugar

sucré, e [sykʀe] *adj* (*produit alimentaire*) sweetened; (*au goût*) sweet; (*péj*) sugary, honeyed

sucrer [sykʀe] *vt* (*thé, café*) to sweeten, put sugar in; **~ qn** to put sugar in sb's tea (*ou* coffee *etc*); **se sucrer** to help o.s. to sugar, have some sugar; (*fam*) to line one's pocket(s)

sucrerie [sykʀəʀi] *nf* (*usine*) sugar refinery; **sucreries** *nfpl* (*bonbons*) sweets, sweet things

sucrier, -ière [sykʀije, -jɛʀ] *adj* (*industrie*) sugar *cpd*; (*région*) sugar-producing ▷ *nm* (*fabricant*) sugar producer; (*récipient*) sugar bowl *ou* basin

sud [syd] *nm*: **le ~** the south ▷ *adj inv* south; (*côte*) south, southern; **au ~** (*situation*) in the south; (*direction*) to the south; **au ~ de** (to the) south of

sud-africain, e [sydafʀikɛ̃, -ɛn] *adj* South African ▷ *nm/f*: **Sud-Africain, e** South African

sud-américain, e [sydameʀikɛ̃, -ɛn] *adj* South American ▷ *nm/f*: **Sud-Américain, e** South American

sudation [sydɑsjɔ̃] *nf* sweating, sudation

sud-coréen, ne [sydkɔʀeɛ̃, -ɛn] *adj* South Korean ▷ *nm/f*: **Sud-Coréen, ne** South Korean

sud-est [sydɛst] *nm, adj inv* south-east

sud-ouest [sydwɛst] *nm, adj inv* south-west

sud-vietnamien, ne [sydvjɛtnamjɛ̃, -ɛn] *adj* South Vietnamese ▷ *nm/f*: **Sud-Vietnamien, ne** South Vietnamese

Suède [sɥɛd] *nf*: **la ~** Sweden

suédois, e [sɥedwa, -waz] *adj* Swedish ▷ *nm* (*Ling*) Swedish ▷ *nm/f*: **Suédois, e** Swede

suer [sɥe] *vi* to sweat; (*suinter*) to ooze ▷ *vt* (*fig*) to exude; **~ à grosses gouttes** to sweat profusely

sueur [sɥœʀ] *nf* sweat; **en ~** sweating, in a sweat; **avoir des ~s froides** to be in a cold sweat

suffire [syfiʀ] *vi* (*être assez*): **~ (à qn/pour qch/ pour faire)** to be enough *ou* sufficient (for sb/ for sth/to do); (*satisfaire*): **cela lui suffit** he's content with this, this is enough for him; **se suffire** *vi* to be self-sufficient; **cela suffit pour les irriter/qu'ils se fâchent** it's enough to annoy them/for them to get angry; **il suffit d'une négligence/qu'on oublie pour que ...** it only takes one act of carelessness/one only needs to forget for ...; **ça suffit!** that's enough!, that'll do!

suffisamment [syfizamɑ̃] *adv* sufficiently, enough; **~ de** sufficient, enough

suffisance [syfizɑ̃s] *nf* (*vanité*) self-importance, bumptiousness; (*quantité*): **en ~** in plenty

suffisant, e [syfizɑ̃, -ɑ̃t] *adj* (*temps, ressources*) sufficient; (*résultats*) satisfactory; (*vaniteux*) self-important, bumptious

suffisons *etc* [syfizɔ̃] *vb voir* **suffire**

suffixe [syfiks(ə)] *nm* suffix

suffocant, e [syfɔkɑ̃, -ɑ̃t] *adj* (*étouffant*) suffocating; (*stupéfiant*) staggering

suffocation [syfɔkɑsjɔ̃] *nf* suffocation

suffoquer [syfɔke] *vt* to choke, suffocate; (*stupéfier*) to stagger, astound ▷ *vi* to choke, suffocate; **~ de colère/d'indignation** to choke with anger/indignation

suffrage [syfʀaʒ] *nm* (*Pol: voix*) vote; (*: méthode*): **~ universel/direct/indirect** universal/direct/ indirect suffrage; (*du public etc*) approval *no pl*; **~s exprimés** valid votes

suggérer [sygʒeʀe] *vt* to suggest; **~ que/de faire** to suggest that/doing

suggestif, -ive [sygʒɛstif, -iv] *adj* suggestive

suggestion [sygʒɛstjɔ̃] *nf* suggestion

suggestivité [sygʒɛstivite] *nf* suggestiveness, suggestive nature

suicidaire [sɥisidɛʀ] *adj* suicidal

suicide [sɥisid] *nm* suicide ▷ *adj*: **opération ~** suicide mission

suicidé, e [sɥiside] *nm/f* suicide

suicider [sɥiside]: **se suicider** *vi* to commit suicide

suie [sɥi] *nf* soot

suif [sɥif] *nm* tallow

suinter [sɥɛ̃te] *vi* to ooze

suis [sɥi] *vb voir* **être**; **suivre**

suisse [sɥis] *adj* Swiss ▷ *nm* (*bedeau*) ≈ verger ▷ *nm/f*: **Suisse** Swiss *pl inv* ▷ *nf*: **la S~** Switzerland; **la S~ romande/allemande** French-speaking/German-speaking Switzerland; **~ romand** Swiss French

suisse-allemand, e [sɥisalmɑ̃, -ɑ̃d] *adj, nm/f* Swiss German

Suissesse [sɥisɛs] *nf* Swiss (woman *ou* girl)

suit [sɥi] *vb voir* **suivre**

suite [sɥit] *nf* (*continuation: d'énumération etc*) rest, remainder; (*: de feuilleton*) continuation; (*: second film etc sur le même thème*) sequel; (*série: de maisons, succès*): **une ~ de** a series *ou* succession of; (*Math*) series *sg*; (*conséquence*) result; (*ordre, liaison logique*) coherence; (*appartement, Mus*) suite; (*escorte*) retinue, suite; **suites** *nfpl* (*d'une maladie etc*) effects; **prendre la ~ de** (*directeur etc*) to succeed, take over from; **donner ~ à** (*requête, projet*) to follow up; **faire ~ à** to follow; **(faisant) ~ à votre lettre du** further to your letter of the; **sans ~** *adj* incoherent, disjointed ▷ *adv* incoherently, disjointedly; **de ~** *adv* (*d'affilée*) in succession; (*immédiatement*) at once; **par la ~** afterwards, subsequently; **à la ~** *adv* one after the other; **à la ~ de** (*derrière*) behind; (*en conséquence de*) following; **par ~ de** owing to, as a result of; **avoir de la ~ dans les idées** to show great singleness of purpose; **attendre la ~ des événements** to (wait and see) what happens

suivant, e [sɥivɑ̃, -ɑ̃t] *vb voir* **suivre** ▷ *adj* next, following; (*ci-après*): **l'exercice ~** the following exercise ▷ *prép* (*selon*) according to; **~ que** according to whether; **au ~!** next!

suive *etc* [sɥiv] *vb voir* **suivre**

suiveur [sɥivœʀ] *nm* (*Cyclisme*) (official) follower; (*péj*) (camp) follower

suivi, e [sɥivi] *pp de* **suivre** ▷ *adj* (*régulier*) regular; (*Comm: article*) in general production; (*cohérent*) consistent; coherent ▷ *nm* follow-up; **très/peu ~** (*cours*) well-/poorly-attended; (*mode*) widely/not widely adopted; (*feuilleton etc*) widely/not widely followed
suivre [sɥivʀ(ə)] *vt* (*gén*) to follow; (*Scol: cours*) to attend; (*: leçon*) to follow, attend to; (*: programme*) to keep up with; (*Comm: article*) to continue to stock ▷ *vi* to follow; (*élève: écouter*) to attend, pay attention; (*: assimiler le programme*) to keep up, follow; **se suivre** (*accidents, personnes, voitures etc*) to follow one after the other; (*raisonnement*) to be coherent; **~ des yeux** to follow with one's eyes; **faire ~** (*lettre*) to forward; **~ son cours** (*enquête etc*) to run *ou* take its course; **"à ~"** "to be continued"
sujet, te [syʒɛ, -ɛt] *adj*: **être ~ à** (*accidents*) to be prone to; (*vertige etc*) to be liable *ou* subject to ▷ *nm/f* (*d'un souverain*) subject ▷ *nm* subject; **un ~ de dispute/discorde/mécontentement** a cause for argument/dissension/dissatisfaction; **c'est à quel ~?** what is it about?; **avoir ~ de se plaindre** to have cause for complaint; **au ~ de** *prép* about; **~ à caution** *adj* questionable; **~ de conversation** topic *ou* subject of conversation; **~ d'examen** (*Scol*) examination question; examination paper; **~ d'expérience** (*Bio etc*) experimental subject
sujétion [syʒesjɔ̃] *nf* subjection; (*fig*) constraint
sulfater [sylfate] *vt* to spray with copper sulphate
sulfureux, -euse [sylfyʀø, -øz] *adj* sulphurous (*Brit*), sulfurous (*US*)
sulfurique [sylfyʀik] *adj*: **acide ~** sulphuric (*Brit*) *ou* sulfuric (*US*) acid
sulfurisé, e [sylfyʀize] *adj*: **papier ~** greaseproof (*Brit*) *ou* wax (*US*) paper
Sumatra [symatʀa] *nf* Sumatra
summum [sɔmɔm] *nm*: **le ~ de** the height of
super [sypɛʀ] *adj inv* great, fantastic ▷ *nm* (= *supercarburant*) ≈ 4-star (*Brit*), ≈ premium (*US*)
superbe [sypɛʀb(ə)] *adj* magnificent, superb ▷ *nf* arrogance
superbement [sypɛʀbəmɑ̃] *adv* superbly
supercarburant [sypɛʀkaʀbyʀɑ̃] *nm* ≈ 4-star petrol (*Brit*), ≈ premium gas (*US*)
supercherie [sypɛʀʃəʀi] *nf* trick, trickery *no pl*; (*fraude*) fraud
supérette [sypeʀɛt] *nf* minimarket
superfétatoire [sypɛʀfetatwaʀ] *adj* superfluous
superficie [sypɛʀfisi] *nf* (surface) area; (*fig*) surface
superficiel, le [sypɛʀfisjɛl] *adj* superficial
superficiellement [sypɛʀfisjɛlmɑ̃] *adv* superficially
superflu, e [sypɛʀfly] *adj* superfluous ▷ *nm*: **le ~** the superfluous
superforme [sypɛʀfɔʀm(ə)] *nf* (*fam*) top form, excellent shape
super-grand [sypɛʀgʀɑ̃] *nm* superpower
super-huit [sypɛʀɥit] *adj*: **camera/film ~** super-eight camera/film
supérieur, e [sypeʀjœʀ] *adj* (*lèvre, étages, classes*) upper; (*plus élevé: température, niveau*): **~ (à)** higher (than); (*meilleur: qualité, produit*): **~ (à)** superior (to); (*excellent, hautain*) superior ▷ *nm/f* superior; **Mère ~e** Mother Superior; **à l'étage ~** on the next floor up; **~ en nombre** superior in number
supérieurement [sypeʀjœʀmɑ̃] *adv* exceptionally well; (*avec adjectif*) exceptionally
supériorité [sypeʀjɔʀite] *nf* superiority
superlatif [sypɛʀlatif] *nm* superlative
supermarché [sypɛʀmaʀʃe] *nm* supermarket
supernova [sypɛʀnɔva] *nf* supernova
superposable [sypɛʀpozabl(ə)] *adj* (*figures*) that may be superimposed; (*lits*) stackable
superposer [sypɛʀpoze] *vt* to superpose; (*meubles, caisses*) to stack; (*faire chevaucher*) to superimpose; **se superposer** (*images, souvenirs*) to be superimposed; **lits superposés** bunk beds
superposition [sypɛʀpozisjɔ̃] *nf* superposition; superimposition
superpréfet [sypɛʀpʀefɛ] *nm* *prefect in charge of a region*
superproduction [sypɛʀpʀɔdyksjɔ̃] *nf* (*film*) spectacular
superpuissance [sypɛʀpɥisɑ̃s] *nf* superpower
supersonique [sypɛʀsɔnik] *adj* supersonic
superstitieux, -euse [sypɛʀstisjø, -øz] *adj* superstitious
superstition [sypɛʀstisjɔ̃] *nf* superstition
superstructure [sypɛʀstʀyktyʀ] *nf* superstructure
supertanker [sypɛʀtɑ̃kœʀ] *nm* supertanker
superviser [sypɛʀvize] *vt* to supervise
supervision [sypɛʀvizjɔ̃] *nf* supervision
suppl. *abr* = **supplément**
supplanter [syplɑ̃te] *vt* to supplant
suppléance [sypleɑ̃s] *nf* (*poste*) supply post (*Brit*), substitute teacher's post (*US*)
suppléant, e [sypleɑ̃, -ɑ̃t] *adj* (*juge, fonctionnaire*) deputy *cpd*; (*professeur*) supply *cpd* (*Brit*), substitute *cpd* (*US*) ▷ *nm/f* deputy; supply *ou* substitute teacher; **médecin ~** locum
suppléer [syplee] *vt* (*ajouter: mot manquant etc*) to supply, provide; (*compenser: lacune*) to fill in; (*: défaut*) to make up for; (*remplacer: professeur*) to stand in for; (*: juge*) to deputize for; **~ à** *vt* to make up for; to substitute for
supplément [syplemɑ̃] *nm* supplement; **un ~ de travail** extra *ou* additional work; **un ~ de frites** *etc* an extra portion of chips *etc*; **un ~ de 10 euros** a supplement of 10 euros, an extra *ou* additional 10 euros; **ceci est en ~** (*au menu etc*) this is extra, there is an extra charge for this; **~ d'information** additional information
supplémentaire [syplemɑ̃tɛʀ] *adj* additional, further; (*train, bus*) relief *cpd*, extra
supplétif, -ive [sypletif, -iv] *adj* (*Mil*) auxiliary
suppliant, e [sypliјɑ̃, -ɑ̃t] *adj* imploring

S

supplication [syplikɑsjɔ̃] *nf* (*Rel*) supplication; **supplications** *nfpl* (*adjurations*) pleas, entreaties
supplice [syplis] *nm* (*peine corporelle*) torture *no pl*; form of torture; (*douleur physique, morale*) torture, agony; **être au ~** to be in agony
supplier [syplije] *vt* to implore, beseech
supplique [syplik] *nf* petition
support [sypɔʀ] *nm* support; (*pour livre, outils*) stand; **~ audio-visuel** audio-visual aid; **~ publicitaire** advertising medium
supportable [sypɔʀtabl(ə)] *adj* (*douleur, température*) bearable; (*procédé, conduite*) tolerable
supporter *nm* [sypɔʀtɛʀ] supporter, fan ▷ *vt* [sypɔʀte] (*poids, poussée, Sport: concurrent, équipe*) to support; (*conséquences, épreuve*) to bear, endure; (*défauts, personne*) to tolerate, put up with; (*chose: chaleur etc*) to withstand; (*personne: chaleur, vin*) to take
supposé, e [sypoze] *adj* (*nombre*) estimated; (*auteur*) supposed
supposer [sypoze] *vt* to suppose; (*impliquer*) to presuppose; **en supposant** *ou* **à ~ que** supposing (that)
supposition [sypozisjɔ̃] *nf* supposition
suppositoire [sypozitwaʀ] *nm* suppository
suppôt [sypo] *nm* (*péj*) henchman
suppression [sypʀesjɔ̃] *nf* (*voir supprimer*) removal; deletion; cancellation; suppression
supprimer [sypʀime] *vt* (*cloison, cause, anxiété*) to remove; (*clause, mot*) to delete; (*congés, service d'autobus etc*) to cancel; (*publication, article*) to suppress; (*emplois, privilèges, témoin gênant*) to do away with; **~ qch à qn** to deprive sb of sth
suppurer [sypyʀe] *vi* to suppurate
supputations [sypytɑsjɔ̃] *nfpl* calculations, reckonings
supputer [sypyte] *vt* to calculate, reckon
supranational, e, -aux [sypʀanasjɔnal, -o] *adj* supranational
suprématie [sypʀemasi] *nf* supremacy
suprême [sypʀɛm] *adj* supreme
suprêmement [sypʀɛmmɑ̃] *adv* supremely

MOT-CLÉ

sur[1] [syʀ] *prép* **1** (*position*) on; (*pardessus*) over; (*au-dessus*) above; **pose-le sur la table** put it on the table; **je n'ai pas d'argent sur moi** I haven't any money on me
2 (*direction*) towards; **en allant sur Paris** going towards Paris; **sur votre droite** on *ou* to your right
3 (*à propos de*) on, about; **un livre/une conférence sur Balzac** a book/lecture on *ou* about Balzac
4 (*proportion, mesures*) out of; by; **un sur 10** one in 10; (*Scol*) one out of 10; **sur 20, deux sont venus** out of 20, two came; **4 m sur 2** 4 m by 2; **avoir accident sur accident** to have one accident after another
5 (*cause*): **sur sa recommandation** on *ou* at his recommendation; **sur son invitation** at his invitation
6: **sur ce** *adv* whereupon; **sur ce, il faut que je vous quitte** and now I must leave you

sur[2]**, e** [syʀ] *adj* sour
sûr, e [syʀ] *adj* sure, certain; (*digne de confiance*) reliable; (*sans danger*) safe; **peu ~** unreliable; **~ de qch** sure *ou* certain of sth; **être ~ de qn** to be sure of sb; **~ et certain** absolutely certain; **~ de soi** self-assured, self-confident; **le plus ~ est de** the safest thing is to
surabondance [syʀabɔ̃dɑ̃s] *nf* overabundance
surabondant, e [syʀabɔ̃dɑ̃, -ɑ̃t] *adj* overabundant
surabonder [syʀabɔ̃de] *vi* to be overabundant; **~ de** to abound with, have an overabundance of
suractivité [syʀaktivite] *nf* hyperactivity
suraigu, ë [syʀegy] *adj* very shrill
surajouter [syʀaʒute] *vt*: **~ qch à** to add sth to
suralimentation [syʀalimɑ̃tɑsjɔ̃] *nf* overfeeding; (*Tech: d'un moteur*) supercharging
suralimenté, e [syʀalimɑ̃te] *adj* (*personne*) overfed; (*moteur*) supercharged
suranné, e [syʀane] *adj* outdated, outmoded
surarmement [syʀaʀməmɑ̃] *nm* (excess) stockpiling of arms (*ou* weapons)
surbaissé, e [syʀbese] *adj* lowered, low
surcapacité [syʀkapasite] *nf* overcapacity
surcharge [syʀʃaʀʒ(ə)] *nf* (*de passagers, marchandises*) excess load; (*de détails, d'ornements*) overabundance, excess; (*correction*) alteration; (*Postes*) surcharge; **prendre des passagers en ~** to take on excess *ou* extra passengers; **~ de bagages** excess luggage; **~ de travail** extra work
surchargé, e [syʀʃaʀʒe] *adj* (*décoration, style*) over-elaborate, overfussy; (*voiture, emploi du temps*) overloaded
surcharger [syʀʃaʀʒe] *vt* to overload; (*timbre-poste*) to surcharge; (*décoration*) to overdo
surchauffe [syʀʃof] *nf* overheating
surchauffé, e [syʀʃofe] *adj* overheated; (*fig: imagination*) overactive
surchoix [syʀʃwa] *adj inv* top-quality
surclasser [syʀklɑse] *vt* to outclass
surconsommation [syʀkɔ̃sɔmɑsjɔ̃] *nf* (*Écon*) overconsumption
surcoté, e [syʀkɔte] *adj* overpriced
surcouper [syʀkupe] *vt* to overtrump
surcroît [syʀkʀwa] *nm*: **~ de qch** additional sth; **par** *ou* **de ~** moreover; **en ~** in addition
surdi-mutité [syʀdimytite] *nf*: **atteint de ~** deaf and dumb
surdité [syʀdite] *nf* deafness; **atteint de ~ totale** profoundly deaf
surdoué, e [syʀdwe] *adj* gifted
sureau, x [syʀo] *nm* elder (tree)
sureffectif [syʀefɛktif] *nm* overmanning
surélever [syʀɛlve] *vt* to raise, heighten
sûrement [syʀmɑ̃] *adv* reliably; safely, securely; (*certainement*) certainly; **~ pas** certainly not

suremploi [syrɑ̃plwa] *nm (Écon)* overemployment
surenchère [syrɑ̃ʃɛr] *nf (aux enchères)* higher bid; *(sur prix fixe)* overbid; *(fig)* overstatement; outbidding tactics *pl*; **~ de violence** build-up of violence; **~ électorale** political *(ou* electoral) one-upmanship
surenchérir [syrɑ̃ʃerir] *vi* to bid higher; to raise one's bid; *(fig)* to try and outbid each other
surendettement [syrɑ̃dɛtmɑ̃] *nm* excessive debt
surent [syr] *vb voir* **savoir**
surentraîné, e [syrɑ̃trene] *adj* overtrained
suréquipé, e [syrekipe] *adj* overequipped
surestimer [syrɛstime] *vt (tableau)* to overvalue; *(possibilité, personne)* to overestimate
sûreté [syrte] *nf (voir sûr)* reliability; safety; *(Jur)* guaranty; surety; **mettre en ~** to put in a safe place; **pour plus de ~** as an extra precaution; to be on the safe side; **la ~ de l'État** State security; **la S~ (nationale)** *division of the Ministère de l'Intérieur heading all police forces except the gendarmerie and the Paris préfecture de police*
surexcité, e [syrɛksite] *adj* overexcited
surexciter [syrɛksite] *vt (personne)* to overexcite; **cela surexcite ma curiosité** it really rouses my curiosity
surexploiter [syrɛksplwate] *vt* to overexploit
surexposer [syrɛkspoze] *vt* to overexpose
surf [sœrf] *nm* surfing; **faire du ~** to go surfing
surface [syrfas] *nf* surface; *(superficie)* surface area; **faire ~** to surface; **en ~** *adv* near the surface; *(fig)* superficially; **la pièce fait 100 m² de ~** the room has a surface area of 100m²; **~ de réparation** *(Sport)* penalty area; **~ porteuse** *ou* **de sustentation** *(Aviat)* aerofoil
surfait, e [syrfɛ, -ɛt] *adj* overrated
surfer [sœrfe] *vi* to surf; **~ sur Internet** to surf the Internet
surfeur, -euse [sœrf r, -øz] *nm/f* surfer
surfiler [syrfile] *vt (Couture)* to oversew
surfin, e [syrfɛ̃, -in] *adj* superfine
surgélateur [syrʒelatœr] *nm* deep freeze
surgélation [syrʒelɑsjɔ̃] *nf* deep-freezing
surgelé, e [syrʒəle] *adj* (deep-)frozen
surgeler [syrʒəle] *vt* to (deep-)freeze
surgir [syrʒir] *vi (personne, véhicule)* to appear suddenly; *(jaillir)* to shoot up; *(montagne etc)* to rise up, loom up; *(fig: problème, conflit)* to arise
surhomme [syrɔm] *nm* superman
surhumain, e [syrymɛ̃, -ɛn] *adj* superhuman
surimposer [syrɛ̃poze] *vt* to overtax
surimpression [syrɛ̃presjɔ̃] *nf (Photo)* double exposure; **en ~** superimposed
surimprimer [syrɛ̃prime] *vt* to overstrike, overprint
Surinam [syrinam] *nm*: **le ~** Surinam
surinfection [syrɛ̃fɛksjɔ̃] *nf (Méd)* secondary infection
surjet [syrʒɛ] *nm (Couture)* overcast seam
sur-le-champ [syrləʃɑ̃] *adv* immediately
surlendemain [syrlɑ̃dmɛ̃] *nm*: **le ~ (soir)** two days later (in the evening); **le ~ de** two days after
surligneur [syrliɲœr] *nm (feutre)* highlighter (pen)
surmenage [syrmənaʒ] *nm* overwork; **le ~ intellectuel** mental fatigue
surmené, e [syrməne] *adj* overworked
surmener [syrməne] *vt*, **se surmener** *vi* to overwork
surmonter [syrmɔ̃te] *vt (coupole etc)* to surmount, top; *(vaincre)* to overcome, surmount
surmultiplié, e [syrmyltiplije] *adj, nf*: **(vitesse) ~e** overdrive
surnager [syrnaʒe] *vi* to float
surnaturel, le [syrnatyrɛl] *adj, nm* supernatural
surnom [syrnɔ̃] *nm* nickname
surnombre [syrnɔ̃br(ə)] *nm*: **être en ~** to be too many *(ou* one too many)
surnommer [syrnɔme] *vt* to nickname
surnuméraire [syrnymerɛr] *nm/f* supernumerary
suroît [syrwa] *nm* sou'wester
surpasser [syrpɑse] *vt* to surpass; **se surpasser** *vi* to surpass o.s., excel o.s.
surpayer [syrpeje] *vt (personne)* to overpay; *(article etc)* to pay too much for
surpeuplé, e [syrpœple] *adj* overpopulated
surpeuplement [syrpœpləmɑ̃] *nm* overpopulation
surpiquer [syrpike] *vt (Couture)* to overstitch
surpiqûre [syrpikyr] *nf (Couture)* overstitching
surplace [syrplas] *nm*: **faire du ~** to mark time
surplis [syrpli] *nm* surplice
surplomb [syrplɔ̃] *nm* overhang; **en ~** overhanging
surplomber [syrplɔ̃be] *vi* to be overhanging ▷ *vt* to overhang; *(dominer)* to tower above
surplus [syrply] *nm (Comm)* surplus; *(reste)*: **~ de bois** wood left over; **au ~** moreover; **~ américains** American army surplus *sg*
surpopulation [syrpɔpylɑsjɔ̃] *nf* overpopulation
surprenant, e [syrprənɑ̃, -ɑ̃t] *vb voir* **surprendre** ▷ *adj* amazing
surprendre [syrprɑ̃dr(ə)] *vt (étonner, prendre à l'improviste)* to amaze, surprise; *(secret)* to discover; *(tomber sur: intrus etc)* to catch; *(fig)* to detect; to chance *ou* happen upon; *(clin d'œil)* to intercept; *(conversation)* to overhear; *(orage, nuit etc)* to catch out, take by surprise; **~ la vigilance/bonne foi de qn** to catch sb out/ betray sb's good faith; **se ~ à faire** to catch *ou* find o.s. doing
surprime [syrprim] *nf* additional premium
surpris, e [syrpri, -iz] *pp de* **surprendre** ▷ *adj*: **~ (de/que)** amazed *ou* surprised (at/that)
surprise [syrpriz] *nf* surprise; **faire une ~ à qn** to give sb a surprise; **voyage sans ~s** uneventful journey; **par ~** *adv* by surprise
surprise-partie [syrprizparti] *nf* party
surprit [syrpri] *vb voir* **surprendre**

S

surproduction [syʀpʀɔdyksjɔ̃] *nf* overproduction
surréaliste [syʀʀealist(ə)] *adj, nm/f* surrealist
sursaut [syʀso] *nm* start, jump; **~ de** *(énergie, indignation)* sudden fit *ou* burst of; **en ~** *adv* with a start
sursauter [syʀsote] *vi* to (give a) start, jump
surseoir [syʀswaʀ]: **~ à** *vt* to defer; *(Jur)* to stay
sursis [syʀsi] *nm (Jur: gén)* suspended sentence; *(à l'exécution capitale, aussi fig)* reprieve; *(Mil)*: **~ (d'appel** *ou* **d'incorporation)** deferment; **condamné à cinq mois (de prison) avec ~** given a five-month suspended (prison) sentence
sursitaire [syʀsitɛʀ] *nm (Mil)* deferred conscript
sursois [syʀswa], **sursoyais** *etc* [syʀswajе] *vb voir* **surseoir**
surtaxe [syʀtaks(ə)] *nf* surcharge
surtension [syʀtɑ̃sjɔ̃] *nf (Élec)* overvoltage
surtout [syʀtu] *adv (avant tout, d'abord)* above all; *(spécialement, particulièrement)* especially; **il aime le sport, ~ le football** he likes sport, especially football; **cet été, il a ~ fait de la pêche** this summer he went fishing more than anything (else); **~ pas d'histoires!** no fuss now!; **~, ne dites rien!** whatever you do – don't say anything!; **~ pas!** certainly *ou* definitely not!; **~ que ...** especially as ...
survécu, e [syʀveky] *pp de* **survivre**
surveillance [syʀvɛjɑ̃s] *nf* watch; *(Police, Mil)* surveillance; **sous ~ médicale** under medical supervision; **la ~ du territoire** internal security; *voir aussi* **DST**
surveillant, e [syʀvɛjɑ̃, -ɑ̃t] *nm/f (de prison)* warder; *(Scol)* monitor; *(de travaux)* supervisor, overseer
surveiller [syʀveje] *vt (enfant, élèves, bagages)* to watch, keep an eye on; *(malade)* to watch over; *(prisonnier, suspect)* to keep (a) watch on; *(territoire, bâtiment)* to (keep) watch over; *(travaux, cuisson)* to supervise; *(Scol: examen)* to invigilate; **se surveiller** to keep a check *ou* watch on o.s.; **~ son langage/sa ligne** to watch one's language/figure
survenir [syʀvəniʀ] *vi (incident, retards)* to occur, arise; *(événement)* to take place; *(personne)* to appear, arrive
survenu, e [syʀv(ə)ny] *pp de* **survenir**
survêt [syʀvɛt], **survêtement** [syʀvɛtmɑ̃] *nm* tracksuit *(Brit)*, sweat suit *(US)*
survie [syʀvi] *nf* survival; *(Rel)* afterlife; **équipement de ~** survival equipment; **une ~ de quelques mois** a few more months of life
surviens [syʀvjɛ̃], **survint** *etc* [syʀvɛ̃] *vb voir* **survenir**
survit *etc* [syʀvi] *vb voir* **survivre**
survitrage [syʀvitʀaʒ] *nm* double-glazing
survivance [syʀvivɑ̃s] *nf* relic
survivant, e [syʀvivɑ̃, -ɑ̃t] *vb voir* **survivre** ▷ *nm/f* survivor
survivre [syʀvivʀ(ə)] *vi* to survive; **~ à** *vt (accident etc)* to survive; *(personne)* to outlive; **la victime a peu de chance de ~** the victim has little hope of survival
survol [syʀvɔl] *nm* flying over
survoler [syʀvɔle] *vt* to fly over; *(fig: livre)* to skim through; *(: question, problèmes)* to skim over
survolté, e [syʀvɔlte] *adj (Élec)* stepped up, boosted; *(fig)* worked up
sus [sy(s)]: **en ~ de** *prép* in addition to, over and above; **en ~** *adv* in addition; **~ à** *excl*: **~ au tyran!** at the tyrant! *vb* [sy] *voir* **savoir**
susceptibilité [sysɛptibilite] *nf* sensitivity *no pl*
susceptible [sysɛptibl(ə)] *adj* touchy, sensitive; **~ d'amélioration** *ou* **d'être amélioré** that can be improved, open to improvement; **~ de faire** *(capacité)* able to do; *(probabilité)* liable to do
susciter [sysite] *vt (admiration)* to arouse; *(obstacles, ennuis)*: **~ (à qn)** to create (for sb)
susdit, e [sysdi, -dit] *adj* foresaid
susmentionné, e [sysmɑ̃sjɔne] *adj* above-mentioned
susnommé, e [sysnɔme] *adj* above-named
suspect, e [syspɛ(kt), -ɛkt(ə)] *adj* suspicious; *(témoignage, opinions, vin etc)* suspect ▷ *nm/f* suspect; **peu ~ de** most unlikely to be suspected of
suspecter [syspɛkte] *vt* to suspect; *(honnêteté de qn)* to question, have one's suspicions about; **~ qn d'être/d'avoir fait qch** to suspect sb of being/having done sth
suspendre [syspɑ̃dʀ(ə)] *vt (accrocher: vêtement)*: **~ qch (à)** to hang sth up (on); *(fixer: lustre etc)*: **~ qch à** to hang sth from; *(interrompre, démettre)* to suspend; *(remettre)* to defer; **se ~ à** to hang from
suspendu, e [syspɑ̃dy] *pp de* **suspendre** ▷ *adj (accroché)*: **~ à** hanging on (*ou* from); *(perché)*: **~ au-dessus de** suspended over; *(Auto)*: **bien/mal ~** with good/poor suspension; **être ~ aux lèvres de qn** to hang upon sb's every word
suspens [syspɑ̃]: **en ~** *adv (affaire)* in abeyance; **tenir en ~** to keep in suspense
suspense [syspɑ̃s] *nm* suspense
suspension [syspɑ̃sjɔ̃] *nf* suspension; deferment; *(Auto)* suspension; *(lustre)* pendant light fitting; **en ~** in suspension, suspended; **~ d'audience** adjournment
suspicieux, -euse [syspisjø, -øz] *adj* suspicious
suspicion [syspisjɔ̃] *nf* suspicion
sustentation [systɑ̃tasjɔ̃] *nf (Aviat)* lift; **base** *ou* **polygone de ~** support polygon
sustenter [systɑ̃te]: **se sustenter** *vi* to take sustenance
susurrer [sysyʀe] *vt* to whisper
sut [sy] *vb voir* **savoir**
suture [sytyʀ] *nf*: **point de ~** stitch
suturer [sytyʀe] *vt* to stitch up, suture
suzeraineté [syzʀɛnte] *nf* suzerainty
svelte [svɛlt(ə)] *adj* slender, svelte
SVP *sigle (= s'il vous plaît)* please
Swaziland [swazilɑ̃d] *nm*: **le ~** Swaziland
sweat [swit] *nm (fam)* sweatshirt
sweat-shirt [switʃœʀt] *(pl* **-s***) nm* sweatshirt
syllabe [silab] *nf* syllable

sylphide [silfid] *nf* (*fig*): **sa taille de ~** her sylph-like figure
sylvestre [silvɛstʀ(ə)] *adj*: **pin ~** Scots pine, Scotch fir
sylvicole [silvikɔl] *adj* forestry *cpd*
sylviculteur [silvikyltœʀ] *nm* forester
sylviculture [silvikyltyʀ] *nf* forestry, sylviculture
symbole [sɛ̃bɔl] *nm* symbol
symbolique [sɛ̃bɔlik] *adj* symbolic; (*geste, offrande*) token *cpd*; (*salaire, dommages-intérêts*) nominal
symboliquement [sɛ̃bɔlikmɑ̃] *adv* symbolically
symboliser [sɛ̃bɔlize] *vt* to symbolize
symétrie [simetʀi] *nf* symmetry
symétrique [simetʀik] *adj* symmetrical
symétriquement [simetʀikmɑ̃] *adv* symmetrically
sympa [sɛ̃pa] *adj inv* (= *sympathique*) nice; friendly; good
sympathie [sɛ̃pati] *nf* (*inclination*) liking; (*affinité*) fellow feeling; (*condoléances*) sympathy; **accueillir avec ~** (*projet*) to receive favourably; **avoir de la ~ pour qn** to like sb, have a liking for sb; **témoignages de ~** expressions of sympathy; **croyez à toute ma ~** you have my deepest sympathy
sympathique [sɛ̃patik] *adj* (*personne, figure*) nice, friendly, likeable; (*geste*) friendly; (*livre*) good; (*déjeuner*) nice; (*réunion, endroit*) pleasant, nice
sympathisant, e [sɛ̃patizɑ̃, -ɑ̃t] *nm/f* sympathizer
sympathiser [sɛ̃patize] *vi* (*voisins etc: s'entendre*) to get on (*Brit*) *ou* along (*US*) (well); (*: se fréquenter*) to socialize, see each other; **~ avec** to get on *ou* along (well) with, to see, socialize with
symphonie [sɛ̃fɔni] *nf* symphony
symphonique [sɛ̃fɔnik] *adj* (*orchestre, concert*) symphony *cpd*; (*musique*) symphonic
symposium [sɛ̃pozjɔm] *nm* symposium
symptomatique [sɛ̃ptɔmatik] *adj* symptomatic
symptôme [sɛ̃ptom] *nm* symptom
synagogue [sinagɔg] *nf* synagogue
synchrone [sɛ̃kʀɔn] *adj* synchronous
synchronique [sɛ̃kʀɔnik] *adj*: **tableau ~** synchronic table of events
synchronisation [sɛ̃kʀɔnizɑsjɔ̃] *nf* synchronization; (*Auto*): **~ des vitesses** synchromesh
synchronisé, e [sɛ̃kʀɔnize] *adj* synchronized
synchroniser [sɛ̃kʀɔnize] *vt* to synchronize
syncope [sɛ̃kɔp] *nf* (*Méd*) blackout; (*Mus*) syncopation; **tomber en ~** to faint, pass out
syncopé, e [sɛ̃kɔpe] *adj* syncopated
syndic [sɛ̃dik] *nm* managing agent
syndical, e, -aux [sɛ̃dikal, -o] *adj* (trade-)union *cpd*; **centrale ~e** group of affiliated trade unions
syndicalisme [sɛ̃dikalism(ə)] *nm* (*mouvement*) trade unionism; (*activités*) union(ist) activities *pl*
syndicaliste [sɛ̃dikalist(ə)] *nm/f* trade unionist
syndicat [sɛ̃dika] *nm* (*d'ouvriers, employés*) (trade(s)) union; (*autre association d'intérêts*) union, association; **~ d'initiative (SI)** tourist office *ou* bureau; **~ patronal** employers' syndicate, federation of employers; **~ de propriétaires** association of property owners
syndiqué, e [sɛ̃dike] *adj* belonging to a (trade) union; **non ~** non-union
syndiquer [sɛ̃dike]: **se syndiquer** *vi* to form a trade union; (*adhérer*) to join a trade union
syndrome [sɛ̃dʀom] *nm* syndrome; **~ prémenstruel** premenstrual syndrome (PMS)
synergie [sinɛʀʒi] *nf* synergy
synode [sinɔd] *nm* synod
synonyme [sinɔnim] *adj* synonymous ▷ *nm* synonym; **~ de** synonymous with
synopsis [sinɔpsis] *nm ou nf* synopsis
synoptique [sinɔptik] *adj*: **tableau ~** synoptic table
synovie [sinɔvi] *nf* synovia; **épanchement de ~** water on the knee
syntaxe [sɛ̃taks(ə)] *nf* syntax
synthèse [sɛ̃tɛz] *nf* synthesis; **faire la ~ de** to synthesize
synthétique [sɛ̃tetik] *adj* synthetic
synthétiser [sɛ̃tetize] *vt* to synthesize
synthétiseur [sɛ̃tetizœʀ] *nm* (*Mus*) synthesizer
syphilis [sifilis] *nf* syphilis
Syrie [siʀi] *nf*: **la ~** Syria
syrien, ne [siʀjɛ̃, -ɛn] *adj* Syrian ▷ *nm/f*: **Syrien, ne** Syrian
systématique [sistematik] *adj* systematic
systématiquement [sistematikmɑ̃] *adv* systematically
systématiser [sistematize] *vt* to systematize
système [sistɛm] *nm* system; **le ~ D** resourcefulness; **~ décimal** decimal system; **~ expert** expert system; **~ d'exploitation** (*Inform*) operating system; **~ immunitaire** immune system; **~ métrique** metric system; **~ solaire** solar system

Tt

T, t [te] *nm inv* T, t ▷ *abr* (= *tonne*) t; **T comme Thérèse** T for Tommy
t' [t(ə)] *pron voir* **te**
ta [ta] *adj poss voir* **ton**
tabac [taba] *nm* tobacco; (*aussi*: **débit** *ou* **bureau de tabac**) tobacconist's (shop) ▷ *adj inv*: **(couleur)** ~ buff, tobacco *cpd*; **passer qn à ~** to beat sb up; **faire un ~** (*fam*) to be a big hit; **~ blond/brun** light/dark tobacco; **~ gris** shag; **~ à priser** snuff
tabagie [tabaʒi] *nf* smoke den
tabagisme [tabaʒism(ə)] *nm* nicotine addiction; **~ passif** passive smoking
tabasser [tabase] *vt* to beat up
tabatière [tabatjɛʀ] *nf* snuffbox
tabernacle [tabɛʀnakl(ə)] *nm* tabernacle
table [tabl(ə)] *nf* table; **avoir une bonne ~** to keep a good table; **à ~!** dinner *etc* is ready!; **se mettre à ~** to sit down to eat; (*fig*: *fam*) to come clean; **mettre** *ou* **dresser/desservir la ~** to lay *ou* set/clear the table; **faire ~ rase de** to make a clean sweep of; **~ basse** coffee table; **~ de cuisson** (*à l'électricité*) hotplate; (*au gaz*) gas ring; **~ d'écoute** wire-tapping set; **~ d'harmonie** sounding board; **~ d'hôte** set menu; **~ de lecture** turntable; **~ des matières** (table of) contents *pl*; **~ de multiplication** multiplication table; **~ des négociations** negotiating table; **~ de nuit** *ou* **de chevet** bedside table; **~ ronde** (*débat*) round table; **~ roulante** (tea) trolley; **~ de toilette** washstand; **~ traçante** (*Inform*) plotter
tableau, x [tablo] *nm* (*Art*) painting; (*reproduction, fig*) picture; (*panneau*) board; (*schéma*) table, chart; **~ d'affichage** notice board; **~ de bord** dashboard; (*Aviat*) instrument panel; **~ de chasse** tally; **~ de contrôle** console, control panel; **~ de maître** masterpiece; **~ noir** blackboard
tablée [table] *nf* (*personnes*) table
tabler [table] *vi*: **~ sur** to count *ou* bank on
tablette [tablɛt] *nf* (*planche*) shelf; **~ de chocolat** bar of chocolate
tableur [tablœʀ] *nm* (*Inform*) spreadsheet
tablier [tablije] *nm* apron; (*de pont*) roadway; (*de cheminée*) (flue-)shutter
tabou, e [tabu] *adj, nm* taboo
tabouret [tabuʀɛ] *nm* stool
tabulateur [tabylatœʀ] *nm* (*Tech*) tabulator
tac [tak] *nm*: **du ~ au ~** tit for tat
tache [taʃ] *nf* (*saleté*) stain, mark; (*Art*: *de couleur, lumière*) spot; splash, patch; **faire ~ d'huile** to spread, gain ground; **~ de rousseur** *ou* **de son** freckle; **~ de vin** (*sur la peau*) strawberry mark
tâche [tɑʃ] *nf* task; **travailler à la ~** to do piecework
tacher [taʃe] *vt* to stain, mark; (*fig*) to sully, stain; **se tacher** *vi* (*fruits*) to become marked
tâcher [tɑʃe] *vi*: **~ de faire** to try to do, endeavour (*Brit*) *ou* endeavor (*US*) to do
tâcheron [tɑʃʀɔ̃] *nm* (*fig*) drudge
tacheté, e [taʃte] *adj*: **~ de** speckled *ou* spotted with
tachisme [taʃism(ə)] *nm* (*Peinture*) tachisme
tachygraphe [takigʀaf] *nm* tachograph
tachymètre [takimɛtʀ(ə)] *nm* tachometer
tacite [tasit] *adj* tacit
tacitement [tasitmɑ̃] *adv* tacitly
taciturne [tasityʀn(ə)] *adj* taciturn
tacot [tako] *nm* (*péj*: *voiture*) banger (*Brit*), clunker (*US*)
tact [takt] *nm* tact; **avoir du ~** to be tactful, have tact
tacticien, ne [taktisjɛ̃, -ɛn] *nm/f* tactician
tactile [taktil] *adj* tactile
tactique [taktik] *adj* tactical ▷ *nf* (*technique*) tactics *nsg*; (*plan*) tactic
Tadjikistan [tadʒikistɑ̃] *nm* Tajikistan
taffetas [tafta] *nm* taffeta
Tage [tɑʒ] *nm*: **le ~** the (river) Tagus
Tahiti [taiti] *nf* Tahiti
tahitien, ne [taisjɛ̃, -ɛn] *adj* Tahitian
taie [tɛ] *nf*: **~ (d'oreiller)** pillowslip, pillowcase
taillader [tɑjade] *vt* to gash
taille [tɑj] *nf* cutting; pruning; (*milieu du corps*) waist; (*hauteur*) height; (*grandeur*) size; **de ~ à faire** capable of doing; **de ~** *adj* sizeable; **quelle ~ faites- vous?** what size are you?
taillé, e [tɑje] *adj* (*moustache, ongles, arbre*) trimmed; **~ pour** (*fait pour, apte à*) cut out for; tailor-made for; **~ en pointe** sharpened to a point

taille-crayon, taille-crayons [tajkʀɛjɔ̃] *nm inv* pencil sharpener
tailler [taje] *vt* (*pierre, diamant*) to cut; (*arbre, plante*) to prune; (*vêtement*) to cut out; (*crayon*) to sharpen; **se tailler** *vt* (*ongles, barbe*) to trim, cut; (*fig: réputation*) to gain, win ▷ *vi* (*fam: s'enfuir*) to beat it; **~ dans** (*chair, bois*) to cut into; **~ grand/petit** to be on the large/small side
tailleur [tajœʀ] *nm* (*couturier*) tailor; (*vêtement*) suit, costume; **en ~** (*assis*) cross-legged; **~ de diamants** diamond-cutter
taillis [taji] *nm* copse
tain [tɛ̃] *nm* silvering; **glace sans ~** two-way mirror
taire [tɛʀ] *vt* to keep to o.s., conceal ▷ *vi*: **faire ~ qn** to make sb be quiet; (*fig*) to silence sb; **se taire** *vi* (*s'arrêter de parler*) to fall silent, stop talking; (*ne pas parler*) to be silent *ou* quiet; (*s'abstenir de s'exprimer*) to keep quiet; (*bruit, voix*) to disappear; **tais-toi!, taisez-vous!** be quiet!
Taiwan [tajwan] *nf* Taiwan
talc [talk] *nm* talc, talcum powder
talé, e [tale] *adj* (*fruit*) bruised
talent [talɑ̃] *nm* talent; **avoir du ~** to be talented, have talent
talentueux, -euse [talɑ̃tɥø, -øz] *adj* talented
talion [taljɔ̃] *nm*: **la loi du ~** an eye for an eye
talisman [talismɑ̃] *nm* talisman
talkie-walkie [tɔkiwɔki] *nm* walkie-talkie
taloche [talɔʃ] *nf* (*fam: claque*) slap; (*Tech*) plaster float
talon [talɔ̃] *nm* heel; (*de chèque, billet*) stub, counterfoil (*Brit*); **~s plats/aiguilles** flat/stiletto heels; **être sur les ~s de qn** to be on sb's heels; **tourner les ~s** to turn on one's heel; **montrer les ~s** (*fig*) to show a clean pair of heels
talonner [talɔne] *vt* to follow hard behind; (*fig*) to hound; (*Rugby*) to heel
talonnette [talɔnɛt] *nf* (*de chaussure*) heelpiece; (*de pantalon*) stirrup
talquer [talke] *vt* to put talc(um powder) on
talus [taly] *nm* embankment; **~ de remblai/déblai** embankment/excavation slope
tamarin [tamaʀɛ̃] *nm* (*Bot*) tamarind
tambour [tɑ̃buʀ] *nm* (*Mus, also Tech*) drum; (*musicien*) drummer; (*porte*) revolving door(s *pl*); **sans ~ ni trompette** unobtrusively
tambourin [tɑ̃buʀɛ̃] *nm* tambourine
tambouriner [tɑ̃buʀine] *vi*: **~ contre** to drum against *ou* on
tambour-major [tɑ̃buʀmaʒɔʀ] (*pl* **tambours-majors**) *nm* drum major
tamis [tami] *nm* sieve
Tamise [tamiz] *nf*: **la ~** the Thames
tamisé, e [tamize] *adj* (*fig*) subdued, soft
tamiser [tamize] *vt* to sieve, sift
tampon [tɑ̃pɔ̃] *nm* (*de coton, d'ouate*) pad; (*aussi*: **tampon hygiénique** *ou* **périodique**) tampon; (*amortisseur, Inform: aussi*: **mémoire tampon**) buffer; (*bouchon*) plug, stopper; (*cachet, timbre*) stamp; (*Chimie*) buffer; **~ encreur** inking pad; **~ (à récurer)** scouring pad
tamponné, e [tɑ̃pɔne] *adj*: **solution ~e** buffer solution
tamponner [tɑ̃pɔne] *vt* (*timbres*) to stamp; (*heurter*) to crash *ou* ram into; (*essuyer*) to mop up; **se tamponner** (*voitures*) to crash (into each other)
tamponneuse [tɑ̃pɔnøz] *adj f*: **autos ~s** dodgems, bumper cars
tam-tam [tamtam] *nm* tomtom
tancer [tɑ̃se] *vt* to scold
tanche [tɑ̃ʃ] *nf* tench
tandem [tɑ̃dɛm] *nm* tandem; (*fig*) duo, pair
tandis [tɑ̃di]: **~ que** *conj* while
tangage [tɑ̃gaʒ] *nm* pitching (and tossing)
tangent, e [tɑ̃ʒɑ̃, -ɑ̃t] *adj* (*Math*): **~ à** tangential to; (*fam: de justesse*) close ▷ *nf* (*Math*) tangent
Tanger [tɑ̃ʒe] *n* Tangier
tango [tɑ̃go] *nm* (*Mus*) tango ▷ *adj inv* (*couleur*) dark orange
tanguer [tɑ̃ge] *vi* to pitch (and toss)
tanière [tanjɛʀ] *nf* lair, den
tanin [tanɛ̃] *nm* tannin
tank [tɑ̃k] *nm* tank
tanker [tɑ̃kɛʀ] *nm* tanker
tankini [tɑ̃kini] *nm* tankini
tanné, e [tane] *adj* weather-beaten
tanner [tane] *vt* to tan
tannerie [tanʀi] *nf* tannery
tanneur [tanœʀ] *nm* tanner
tant [tɑ̃] *adv* so much; **~ de** (*sable, eau*) so much; (*gens, livres*) so many; **~ que** *conj* as long as; **~ que** (*comparatif*) as much as; **~ mieux** that's great; so much the better; **~ mieux pour lui** good for him; **~ pis** too bad; **un ~ soit peu** (*un peu*) a little bit; (*même un peu*) (even) remotely; **~ bien que mal** as well as can be expected; **~ s'en faut** far from it, not by a long way
tante [tɑ̃t] *nf* aunt
tantinet [tɑ̃tinɛ]: **un ~** *adv* a tiny bit
tantôt [tɑ̃to] *adv* (*parfois*): **~ … ~** now … now; (*cet après-midi*) this afternoon
Tanzanie [tɑ̃zani] *nf*: **la ~** Tanzania
tanzanien, ne [tɑ̃zanjɛ̃, -ɛn] *adj* Tanzanian
TAO *sigle f* (= *traduction assistée par ordinateur*) MAT (= *machine-aided translation*)
taon [tɑ̃] *nm* horsefly, gadfly
tapage [tapaʒ] *nm* uproar, din; (*fig*) fuss, row; **~ nocturne** (*Jur*) disturbance of the peace (*at night*)
tapageur, -euse [tapaʒœʀ, -øz] *adj* (*bruyant: enfants etc*) noisy; (*toilette*) loud, flashy; (*publicité*) obtrusive
tape [tap] *nf* slap
tape-à-l'œil [tapalœj] *adj inv* flashy, showy
taper [tape] *vt* (*personne*) to clout; (*porte*) to bang, slam; (*dactylographier*) to type (out); (*Inform*) to key(board); (*fam: emprunter*): **~ qn de 10 euros** to touch sb for 10 euros, cadge 10 euros off sb ▷ *vi* (*soleil*) to beat down; **se taper** *vt* (*fam: travail*) to get landed with; (*: boire, manger*) to down; **~ sur qn** to thump sb; (*fig*) to run sb down; **~ sur qch**

t

(*clou etc*) to hit sth; (*table etc*) to bang on sth; **~ à** (*porte etc*) to knock on; **~ dans** (*se servir*) to dig into; **~ des mains/pieds** to clap one's hands/ stamp one's feet; **~ (à la machine)** to type

tapi, e [tapi] *adj*: **~ dans/derrière** (*blotti*) crouching *ou* cowering in/behind; (*caché*) hidden away in/behind

tapinois [tapinwa]: **en ~** *adv* stealthily

tapioca [tapjɔka] *nm* tapioca

tapir [tapiʀ]: **se tapir** *vi* to hide away

tapis [tapi] *nm* carpet; (*de table*) cloth; **mettre sur le ~** (*fig*) to bring up for discussion; **aller au ~** (*Boxe*) to go down; **envoyer au ~** (*Boxe*) to floor; **~ roulant** conveyor belt; **~ de sol** (*de tente*) groundsheet; **~ de souris** (*Inform*) mouse mat

tapis-brosse [tapibʀɔs] *nm* doormat

tapisser [tapise] *vt* (*avec du papier peint*) to paper; (*recouvrir*): **~ qch (de)** to cover sth (with)

tapisserie [tapisʀi] *nf* (*tenture, broderie*) tapestry; (*: travail*) tapestry-making; (*: ouvrage*) tapestry work; (*papier peint*) wallpaper; (*fig*): **faire ~** to sit out, be a wallflower

tapissier, -ière [tapisje, -jɛʀ] *nm/f*: **~-décorateur** upholsterer and decorator

tapoter [tapɔte] *vt* to pat, tap

taquet [takɛ] *nm* (*cale*) wedge; (*cheville*) peg

taquin, e [takɛ̃, -in] *adj* teasing

taquiner [takine] *vt* to tease

taquinerie [takinʀi] *nf* teasing *no pl*

tarabiscoté, e [taʀabiskɔte] *adj* over-ornate, fussy

tarabuster [taʀabyste] *vt* to bother, worry

tarama [taʀama] *nm* (*Culin*) taramasalata

tarauder [taʀode] *vt* (*Tech*) to tap; to thread; (*fig*) to pierce

tard [taʀ] *adv* late; **au plus ~** at the latest; **plus ~** later (on) ▷ *nm*: **sur le ~** (*à une heure avancée*) late in the day; (*vers la fin de la vie*) late in life

tarder [taʀde] *vi* (*chose*) to be a long time coming; (*personne*): **~ à faire** to delay doing; **il me tarde d'être** I am longing to be; **sans (plus) ~** without (further) delay

tardif, -ive [taʀdif, -iv] *adj* (*heure, repas, fruit*) late; (*talent, goût*) late in developing

tardivement [taʀdivmɑ̃] *adv* late

tare [taʀ] *nf* (*Comm*) tare; (*fig*) defect; blemish

taré, e [taʀe] *nm/f* cretin

targette [taʀʒɛt] *nf* (*verrou*) bolt

targuer [taʀge]: **se ~ de** *vt* to boast about

tarif [taʀif] *nm* (*liste*) price list, tariff (*Brit*); (*barème*) rate, rates *pl*, tariff (*Brit*); (*: de taxis etc*) fares *pl*; **voyager à plein ~/à ~ réduit** to travel at full/reduced fare

tarifaire [taʀifɛʀ] *adj* (*voir tarif*) relating to price lists *etc*

tarifé, e [taʀife] *adj*: **~ 10 euros** priced at 10 euros

tarifer [taʀife] *vt* to fix the price *ou* rate for

tarification [taʀifikɑsjɔ̃] *nf fixing of a price scale*

tarir [taʀiʀ] *vi* to dry up, run dry ▷ *vt* to dry up

tarot [taʀo], **tarots** *nm(pl)* tarot cards

tartare [taʀtaʀ] *adj* (*Culin*) tartar(e)

tarte [taʀt(ə)] *nf* tart; **~ aux pommes/à la crème** apple/custard tart

tartelette [taʀtəlɛt] *nf* tartlet

tartine [taʀtin] *nf* slice of bread (and butter (*ou* jam)); **~ de miel** slice of bread and honey; **~ beurrée** slice of bread and butter

tartiner [taʀtine] *vt* to spread; **fromage à ~** cheese spread

tartre [taʀtʀ(ə)] *nm* (*des dents*) tartar; (*de chaudière*) fur, scale

tas [tɑ] *nm* heap, pile; (*fig*): **un ~ de** heaps of, lots of; **en ~** in a heap *ou* pile; **dans le ~** (*fig*) in the crowd; among them; **formé sur le ~** trained on the job

Tasmanie [tasmani] *nf*: **la ~** Tasmania

tasmanien, ne [tasmanjɛ̃, -ɛn] *adj* Tasmanian

tasse [tɑs] *nf* cup; **boire la ~** (*en se baignant*) to swallow a mouthful; **~ à café/thé** coffee/ teacup

tassé, e [tɑse] *adj*: **bien ~** (*café etc*) strong

tasseau, x [tɑso] *nm* length of wood

tassement [tɑsmɑ̃] *nm* (*de vertèbres*) compression; (*Écon, Pol: ralentissement*) fall-off, slowdown; (*Bourse*) dullness

tasser [tɑse] *vt* (*terre, neige*) to pack down; (*entasser*): **~ qch dans** to cram sth into; **se tasser** *vi* (*terrain*) to settle; (*personne: avec l'âge*) to shrink; (*fig*) to sort itself out, settle down

tâter [tɑte] *vt* to feel; (*fig*) to sound out; **~ de** (*prison etc*) to have a taste of; **se tâter** (*hésiter*) to be in two minds; **~ le terrain** (*fig*) to test the ground

tatillon, ne [tatijɔ̃, -ɔn] *adj* pernickety

tâtonnement [tɑtɔnmɑ̃] *nm*: **par ~s** (*fig*) by trial and error

tâtonner [tɑtɔne] *vi* to grope one's way along; (*fig*) to grope around (in the dark)

tâtons [tɑtɔ̃]: **à ~** *adv*: **chercher/avancer à ~** to grope around for/grope one's way forward

tatouage [tatwaʒ] *nm* tattooing; (*dessin*) tattoo

tatouer [tatwe] *vt* to tattoo

taudis [todi] *nm* hovel, slum

taule [tol] *nf* (*fam*) nick (*Brit*), jail

taupe [top] *nf* mole; (*peau*) moleskin

taupinière [topinjɛʀ] *nf* molehill

taureau, x [tɔʀo] *nm* bull; (*signe*): **le T~** Taurus, the Bull; **être du T~** to be Taurus

taurillon [tɔʀijɔ̃] *nm* bull-calf

tauromachie [tɔʀɔmaʃi] *nf* bullfighting

taux [to] *nm* rate; (*d'alcool*) level; **~ d'escompte** discount rate; **~ d'intérêt** interest rate; **~ de mortalité** mortality rate

tavelé, e [tavle] *adj* marked

taverne [tavɛʀn(ə)] *nf* inn, tavern

taxable [taksabl(ə)] *adj* taxable

taxation [taksɑsjɔ̃] *nf* taxation; (*Tél*) charges *pl*

taxe [taks(ə)] *nf* tax; (*douanière*) duty; **toutes ~s comprises (TTC)** inclusive of tax; **~ de base** (*Tél*) unit charge; **~ de séjour** tourist tax; **~ à** *ou* **sur la valeur ajoutée (TVA)** value added tax (VAT)

taxer [takse] *vt* (*personne*) to tax; (*produit*) to put a

tax on, tax; ~ **qn de qch** (*qualifier*) to call sb sth; (*accuser*) to accuse sb of sth, tax sb with sth
taxi [taksi] *nm* taxi
taxidermie [taksidɛʀmi] *nf* taxidermy
taxidermiste [taksidɛʀmist(ə)] *nm/f* taxidermist
taximètre [taksimɛtʀ(ə)] *nm* (taxi)meter
taxiphone [taksifɔn] *nm* pay phone
TB *abr* = **très bien, très bon**
tbe *abr* (= *très bon état*) VGC, vgc
TCF *sigle m* (= *Touring Club de France*) ≈ AA *ou* RAC (*Brit*), ≈ AAA (*US*)
Tchad [tʃad] *nm*: **le** ~ Chad
tchadien, ne [tʃadjɛ̃, -ɛn] *adj* Chad(ian), of *ou* from Chad
tchao [tʃao] *excl* (*fam*) bye(-bye)!
tchécoslovaque [tʃekɔslɔvak] *adj* Czechoslovak(ian) ▷ *nm/f*: **Tchécoslovaque** Czechoslovak(ian)
Tchécoslovaquie [tʃekɔslɔvaki] *nf*: **la** ~ Czechoslovakia
tchèque [tʃɛk] *adj* Czech ▷ *nm* (*Ling*) Czech ▷ *nm/f*: **Tchèque** Czech; **la République** ~ the Czech Republic
Tchétchénie [tʃetʃeni] *nf*: **la** ~ Chechnya
TCS *sigle m* (= *Touring Club de Suisse*) ≈ AA *ou* RAC (*Brit*), ≈ AAA (*US*)
TD *sigle mpl* = **travaux dirigés**
te, t' [t(ə)] *pron* you; (*réfléchi*) yourself
té [te] *nm* T-square
technicien, ne [tɛknisjɛ̃, -ɛn] *nm/f* technician
technicité [tɛknisite] *nf* technical nature
technico-commercial, e, -aux [tɛknikokɔmɛʀsjal, -o] *adj*: **agent** ~ sales technician
technique [tɛknik] *adj* technical ▷ *nf* technique
techniquement [tɛknikmɑ̃] *adv* technically
techno [tɛkno] *nf* (*fam: Mus*): **la (musique)** ~ techno (music); (*fam*) = **technologie**
technocrate [tɛknɔkʀat] *nm/f* technocrat
technocratie [tɛknɔkʀasi] *nf* technocracy
technologie [tɛknɔlɔʒi] *nf* technology
technologique [tɛknɔlɔʒik] *adj* technological
technologue [tɛknɔlɔg] *nm/f* technologist
teck [tɛk] *nm* teak
teckel [tekɛl] *nm* dachshund
tee-shirt [tiʃœʀt] *nm* T-shirt, tee-shirt
Téhéran [teeʀɑ̃] *n* Teheran
teigne [tɛɲ] *vb voir* **teindre** ▷ *nf* (*Zool*) moth; (*Méd*) ringworm
teigneux, -euse [tɛɲø, -øz] *adj* (*péj*) nasty, scabby
teindre [tɛ̃dʀ(ə)] *vt* to dye; **se ~ (les cheveux)** to dye one's hair
teint, e [tɛ̃, tɛ̃t] *pp de* **teindre** ▷ *adj* dyed ▷ *nm* (*du visage: permanent*) complexion, colouring (*Brit*), coloring (*US*); (*momentané*) colour (*Brit*), color (*US*) ▷ *nf* shade, colour, color; (*fig: petite dose*): **une ~e de** a hint of; **grand** ~ *adj inv* colourfast; **bon** ~ *adj inv* (*couleur*) fast; (*tissu*) colourfast; (*personne*) staunch, firm
teinté, e [tɛ̃te] *adj* (*verres*) tinted; (*bois*) stained; ~ **acajou** mahogany-stained; **~ de** (*fig*) tinged with
teinter [tɛ̃te] *vt* to tint; (*bois*) to stain; (*fig: d'ironie etc*) to tinge
teinture [tɛ̃tyʀ] *nf* dyeing; (*substance*) dye; (*Méd*): **~ d'iode** tincture of iodine
teinturerie [tɛ̃tyʀʀi] *nf* dry cleaner's
teinturier, -ière [tɛ̃tyʀje, -jɛʀ] *nm/f* dry cleaner
tel, telle [tɛl] *adj* (*pareil*) such; (*indéfini*) such-and-such a, a given; (*comme*): **~ un/des ...** like a/like ...; (*intensif*): **un ~/de ~s ...** such (a)/such ...; **rien de** ~ nothing like it, no such thing; **~ que** *conj* like, such as; **~ quel** as it is *ou* stands (*ou* was *etc*)
tél. *abr* = **téléphone**
Tel Aviv [tɛlaviv] *n* Tel Aviv
télé [tele] *nf* (*télévision*) TV, telly (*Brit*); **à la** ~ on TV *ou* telly
télébenne [telebɛn] *nm, nf* telecabine, gondola
télécabine [telekabin] *nm, nf* telecabine, gondola
télécarte [telekaʀt(ə)] *nf* phonecard
téléchargeable [teleʃaʀʒabl] *adj* downloadable
téléchargement [teleʃaʀʒəmɑ̃] *nm* (*action*) downloading; (*fichier*) download
télécharger [teleʃaʀʒe] *vt* (*Inform*) to download
TELECOM [telekɔm] *abr* (= *Télécommunications*) ≈ Telecom.
télécommande [telekɔmɑ̃d] *nf* remote control
télécommander [telekɔmɑ̃de] *vt* to operate by remote control, radio-control
télécommunications [telekɔmynikɑsjɔ̃] *nfpl* telecommunications
télécopie [telekɔpi] *nf* fax, telefax
télécopieur [telekɔpjœʀ] *nm* fax (machine)
télédétection [teledetɛksjɔ̃] *nf* remote sensing
télédiffuser [teledifyze] *vt* to broadcast (on television)
télédiffusion [teledifyzjɔ̃] *nf* television broadcasting
télédistribution [teledistʀibysjɔ̃] *nf* cable TV
téléenseignement [teleɑ̃sɛɲmɑ̃] *nm* distance teaching (*ou* learning)
téléférique [telefeʀik] *nm* = **téléphérique**
téléfilm [telefilm] *nm* film made for TV, TV film
télégramme [telegʀam] *nm* telegram
télégraphe [telegʀaf] *nm* telegraph
télégraphie [telegʀafi] *nf* telegraphy
télégraphier [telegʀafje] *vt* to telegraph, cable
télégraphique [telegʀafik] *adj* telegraph *cpd*, telegraphic; (*fig*) telegraphic
télégraphiste [telegʀafist(ə)] *nm/f* telegraphist
téléguider [telegide] *vt* to operate by remote control, radio-control
téléinformatique [teleɛ̃fɔʀmatik] *nf* remote access computing
téléjournal, -aux [teleʒuʀnal, -o] *nm* television news magazine programme
télématique [telematik] *nf* telematics *nsg* ▷ *adj* telematic
téléobjectif [teleɔbʒɛktif] *nm* telephoto lens *nsg*

t

téléopérateur, trice [teleɔperatœʀ, tʀis] *nm/f* call-centre operator
télépathie [telepati] *nf* telepathy
téléphérique [telefeʀik] *nm* cable-car
téléphone [telefɔn] *nm* telephone; **avoir le ~** to be on the (tele)phone; **au ~** on the phone; **~ arabe** bush telegraph; **~ à carte** cardphone; **~ avec appareil photo** cameraphone; **~ mobile** *ou* **portable** mobile (phone) (*Brit*), cell (phone) (*US*); **~ rouge** hotline; **~ sans fil** cordless (tele)phone
téléphoner [telefɔne] *vt* to telephone ▷ *vi* to telephone; to make a phone call; **~ à** to phone up, ring up, call up
téléphonie [telefɔni] *nf* telephony
téléphonique [telefɔnik] *adj* telephone *cpd*, phone *cpd*; **cabine ~** call box (*Brit*), (tele)phone box (*Brit*) *ou* booth; **conversation/appel ~** (tele)phone conversation/call
téléphoniste [telefɔnist(ə)] *nm/f* telephonist, telephone operator; (*d'entreprise*) switchboard operator
téléport [telepɔʀ] *nm* teleport
téléprospection [telepʀɔspɛksjɔ̃] *nf* telesales
téléréalité [teleʀealite] *nf* reality TV
télescopage [telɛskɔpaʒ] *nm* crash
télescope [telɛskɔp] *nm* telescope
télescoper [telɛskɔpe] *vt* to smash up; **se télescoper** (*véhicules*) to collide, crash into each other
télescopique [telɛskɔpik] *adj* telescopic
téléscripteur [teleskʀiptœʀ] *nm* teleprinter
télésiège [telesjɛʒ] *nm* chairlift
téléski [teleski] *nm* ski-tow; **~ à archets** T-bar tow; **~ à perche** button lift
téléspectateur, -trice [telespɛktatœʀ, -tʀis] *nm/f* (television) viewer
télétexte® [teletɛkst] *nm* Teletext®
téléthon [teletɔ̃] *nm* telethon
télétransmission [teletʀɑ̃smisjɔ̃] *nf* remote transmission
télétype [teletip] *nm* teleprinter
télévente [televɑ̃t] *nf* telesales
téléviser [televize] *vt* to televise
téléviseur [televizœʀ] *nm* television set
télévision [televizjɔ̃] *nf* television; **(poste de) ~** television (set); **avoir la ~** to have a television; **à la ~** on television; **~ par câble/satellite** cable/ satellite television
télex [telɛks] *nm* telex
télexer [telɛkse] *vt* to telex
télexiste [telɛksist(ə)] *nm/f* telex operator
telle [tɛl] *adj f voir* **tel**
tellement [tɛlmɑ̃] *adv* (*tant*) so much; (*si*) so; **~ plus grand (que)** so much bigger (than); **~ de** (*sable, eau*) so much; (*gens, livres*) so many; **il s'est endormi ~ il était fatigué** he was so tired (that) he fell asleep; **pas ~** not really; **pas ~ fort/lentement** not (all) that strong/slowly; **il ne mange pas ~** he doesn't eat (all that) much
tellurique [telyʀik] *adj*: **secousse ~** earth tremor
téméraire [temeʀɛʀ] *adj* reckless, rash
témérité [temeʀite] *nf* recklessness, rashness
témoignage [temwaɲaʒ] *nm* (*Jur: déclaration*) testimony *no pl*, evidence *no pl*; (*: faits*) evidence *no pl*; (*gén: rapport, récit*) account; (*fig: d'affection etc*) token, mark; expression
témoigner [temwaɲe] *vt* (*manifester: intérêt, gratitude*) to show ▷ *vi* (*Jur*) to testify, give evidence; **~ que** to testify that; (*fig: démontrer*) to reveal that, testify to the fact that; **~ de** *vt* (*confirmer*) to bear witness to, testify to
témoin [temwɛ̃] *nm* witness; (*fig*) testimony; (*Sport*) baton; (*Constr*) telltale ▷ *adj* control *cpd*, test *cpd*; **~ le fait que ...** (as) witness the fact that ...; **appartement-~** show flat (*Brit*), model apartment (*US*); **être ~ de** (*voir*) to witness; **prendre à ~** to call to witness; **~ à charge** witness for the prosecution; **~ de connexion** (*Inform*) cookie; **T~ de Jehovah** Jehovah's Witness; **~ de moralité** character reference; **~ oculaire** eyewitness
tempe [tɑ̃p] *nf* (*Anat*) temple
tempérament [tɑ̃peʀamɑ̃] *nm* temperament, disposition; (*santé*) constitution; **à ~** (*vente*) on deferred (payment) terms; (*achat*) by instalments, hire purchase *cpd*; **avoir du ~** to be hot-blooded
tempérance [tɑ̃peʀɑ̃s] *nf* temperance; **société de ~** temperance society
tempérant, e [tɑ̃peʀɑ̃, -ɑ̃t] *adj* temperate
température [tɑ̃peʀatyʀ] *nf* temperature; **prendre la ~ de** to take the temperature of; (*fig*) to gauge the feeling of; **avoir** *ou* **faire de la ~** to be running *ou* have a temperature
tempéré, e [tɑ̃peʀe] *adj* temperate
tempérer [tɑ̃peʀe] *vt* to temper
tempête [tɑ̃pɛt] *nf* storm; **~ de sable/neige** sand/snowstorm; **vent de ~** gale
tempêter [tɑ̃pete] *vi* to rant and rave
temple [tɑ̃pl(ə)] *nm* temple; (*protestant*) church
tempo [tɛmpo] *nm* tempo
temporaire [tɑ̃pɔʀɛʀ] *adj* temporary
temporairement [tɑ̃pɔʀɛʀmɑ̃] *adv* temporarily
temporel, le [tɑ̃pɔʀɛl] *adj* temporal
temporisateur, -trice [tɑ̃pɔʀizatœʀ, -tʀis] *adj* temporizing, delaying
temporisation [tɑ̃pɔʀizasjɔ̃] *nf* temporizing, playing for time
temporiser [tɑ̃pɔʀize] *vi* to temporize, play for time
temps [tɑ̃] *nm* (*atmosphérique*) weather; (*durée*) time; (*époque*) time, times *pl*; (*Ling*) tense; (*Mus*) beat; (*Tech*) stroke; **les ~ changent/sont durs** times are changing/hard; **il fait beau/ mauvais ~** the weather is fine/bad; **avoir le ~/ tout le ~/juste le ~** to have time/plenty of time/ just enough time; **avoir fait son ~** (*fig*) to have had its (*ou* his *etc*) day; **en ~ de paix/guerre** in peacetime/wartime; **en ~ utile** *ou* **voulu** in due time *ou* course; **de ~ en ~, de ~ à autre** from time to time, now and again; **en même ~** at the same time; **à ~** (*partir, arriver*) in time; **à plein/ mi-~** *adv, adj* full-/part-time; **à ~ partiel** *adv, adj*

part-time; **dans le ~** at one time; **de tout ~** always; **du ~ que** at the time when, in the days when; **dans le** *ou* **du** *ou* **au ~ où** at the time when; **pendant ce ~** in the meantime; **~ d'accès** (*Inform*) access time; **~ d'arrêt** pause, halt; **~ mort** (*Sport*) stoppage (time); (*Comm*) slack period; **~ partagé** (*Inform*) time-sharing; **~ réel** (*Inform*) real time

tenable [tənabl(ə)] *adj* bearable

tenace [tənas] *adj* tenacious, persistent

ténacité [tenasite] *nf* tenacity, persistence

tenailler [tənɑje] *vt* (*fig*) to torment, torture

tenailles [tənɑj] *nfpl* pincers

tenais *etc* [t(ə)nɛ] *vb voir* **tenir**

tenancier, -ière [tənɑ̃sje, -jɛʀ] *nm/f* (*d'hôtel, de bistro*) manager (manageress)

tenant, e [tənɑ̃, -ɑ̃t] *adj f voir* **séance** ▷ *nm/f* (*Sport*): **~ du titre** title-holder ▷ *nm*: **d'un seul ~** in one piece; **les ~s et les aboutissants** (*fig*) the ins and outs

tendance [tɑ̃dɑ̃s] *nf* (*opinions*) leanings *pl*, sympathies *pl*; (*inclination*) tendency; (*évolution*) trend; **~ à la hausse/baisse** upward/downward trend; **avoir ~ à** to have a tendency to, tend to

tendancieux, -euse [tɑ̃dɑ̃sjø, -øz] *adj* tendentious

tendeur [tɑ̃dœʀ] *nm* (*de vélo*) chain-adjuster; (*de câble*) wire-strainer; (*de tente*) runner; (*attache*) elastic strap

tendinite [tɑ̃dinit] *nf* tendinitis, tendonitis

tendon [tɑ̃dɔ̃] *nm* tendon, sinew; **~ d'Achille** Achilles' tendon

tendre [tɑ̃dʀ(ə)] *adj* (*viande, légumes*) tender; (*bois, roche, couleur*) soft; (*affectueux*) tender, loving ▷ *vt* (*élastique, peau*) to stretch, draw tight; (*muscle*) to tense; (*donner*): **~ qch à qn** to hold sth out to sb; to offer sb sth; (*fig: piège*) to set, lay; (*tapisserie*): **tendu de soie** hung with silk, with silk hangings; **se tendre** *vi* (*corde*) to tighten; (*relations*) to become strained; **~ à qch/à faire** to tend towards sth/to do; **~ l'oreille** to prick up one's ears; **~ la main/le bras** to hold out one's hand/stretch out one's arm; **~ la perche à qn** (*fig*) to throw sb a line

tendrement [tɑ̃dʀəmɑ̃] *adv* tenderly, lovingly

tendresse [tɑ̃dʀɛs] *nf* tenderness; **tendresses** *nfpl* (*caresses etc*) tenderness *no pl*, caresses

tendu, e [tɑ̃dy] *pp de* **tendre** ▷ *adj* tight; tensed; strained

ténèbres [tenɛbʀ(ə)] *nfpl* darkness *nsg*

ténébreux, -euse [tenebʀø, -øz] *adj* obscure, mysterious; (*personne*) saturnine

Ténérife [teneʀif] *nf* Tenerife

teneur [tənœʀ] *nf* content, substance; (*d'une lettre*) terms *pl*, content; **~ en cuivre** copper content

ténia [tenja] *nm* tapeworm

tenir [təniʀ] *vt* to hold; (*magasin, hôtel*) to run; (*promesse*) to keep ▷ *vi* to hold; (*neige, gel*) to last; (*survivre*) to survive; **se tenir** *vi* (*avoir lieu*) to be held, take place; (*être: personne*) to stand; **se ~ droit** to stand up (*ou* sit up) straight; **bien se ~** to behave well; **se ~ à qch** to hold on to sth; **s'en ~ à qch** to confine o.s. to sth; to stick to sth; **~ à** *vt* to be attached to, care about (*ou* for); (*avoir pour cause*) to be due to, stem from; **~ à faire** to want to do, be keen to do; **~ à ce que qn fasse qch** to be anxious that sb should do sth; **~ de** *vt* to partake of; (*ressembler à*) to take after; **ça ne tient qu'à lui** it is entirely up to him; **~ qn pour** to take sb for; **~ qch de qn** (*histoire*) to have heard *ou* learnt sth from sb; (*qualité, défaut*) to have inherited *ou* got sth from sb; **~ les comptes** to keep the books; **~ un rôle** to play a part; **~ de la place** to take up space *ou* room; **~ l'alcool** to be able to hold a drink; **~ le coup** to hold out; **~ bon** to stand *ou* hold fast; **~ trois jours/deux mois** (*résister*) to hold out *ou* last three days/two months; **~ au chaud/à l'abri** to keep hot/under shelter *ou* cover; **~ prêt** to have ready; **~ sa langue** (*fig*) to hold one's tongue; **tiens (*ou* tenez), voilà le stylo** there's the pen!; **tiens, Alain!** look, here's Alain!; **tiens?** (*surprise*) really?; **tiens-toi bien!** (*pour informer*) brace yourself!, take a deep breath!

tennis [tenis] *nm* tennis; (*aussi*: **court de tennis**) tennis court ▷ *nmpl ou fpl* (*aussi*: **chaussures de tennis**) tennis *ou* gym shoes; **~ de table** table tennis

tennisman [tenisman] *nm* tennis player

ténor [tenɔʀ] *nm* tenor

tension [tɑ̃sjɔ̃] *nf* tension; (*fig: des relations, de la situation*) tension; (*: concentration, effort*) strain; (*Méd*) blood pressure; **faire** *ou* **avoir de la ~** to have high blood pressure; **~ nerveuse/raciale** nervous/racial tension

tentaculaire [tɑ̃takylɛʀ] *adj* (*fig*) sprawling

tentacule [tɑ̃takyl] *nm* tentacle

tentant, e [tɑ̃tɑ̃, -ɑ̃t] *adj* tempting

tentateur, -trice [tɑ̃tatœʀ, -tʀis] *adj* tempting ▷ *nm* (*Rel*) tempter

tentation [tɑ̃tɑsjɔ̃] *nf* temptation

tentative [tɑ̃tativ] *nf* attempt, bid; **~ d'évasion** escape bid; **~ de suicide** suicide attempt

tente [tɑ̃t] *nf* tent; **~ à oxygène** oxygen tent

tenter [tɑ̃te] *vt* (*éprouver, attirer*) to tempt; (*essayer*): **~ qch/de faire** to attempt *ou* try sth/to do; **être tenté de** to be tempted to; **~ sa chance** to try one's luck

tenture [tɑ̃tyʀ] *nf* hanging

tenu, e [təny] *pp de* **tenir** ▷ *adj* (*maison, comptes*): **bien ~** well-kept; (*obligé*): **~ de faire** under an obligation to do ▷ *nf* (*action de tenir*) running; keeping; holding; (*vêtements*) clothes *pl*, gear; (*allure*) dress *no pl*, appearance; (*comportement*) manners *pl*, behaviour (Brit), behavior (US); **être en ~e** to be dressed (up); **se mettre en ~e** to dress (up); **en grande ~e** in full dress; **en petite ~e** scantily dressed *ou* clad; **avoir de la ~e** to have good manners; (*journal*) to have a high standard; **~e de combat** combat gear *ou* dress; **~e de pompier** fireman's uniform; **~e de route** (*Auto*) road-holding; **~e de soirée** evening dress; **~e de sport/voyage** sports/

t

travelling clothes *pl ou* gear *no pl*
ténu, e [teny] *adj (indice, nuance)* tenuous, subtle; *(fil, objet)* fine; *(voix)* thin
TER *abr m (= Train Régional Express) local train*
ter [tɛʀ] *adj*: **16 ~** 16b *ou* B
térébenthine [teʀebɑ̃tin] *nf*: **(essence de) ~** (oil of) turpentine
tergal® [tɛʀgal] *nm* Terylene®
tergiversations [tɛʀʒivɛʀsɑsjɔ̃] *nfpl* shilly-shallying *no pl*
tergiverser [tɛʀʒivɛʀse] *vi* to shilly-shally
terme [tɛʀm(ə)] *nm* term; *(fin)* end; **être en bons/mauvais ~s avec qn** to be on good/bad terms with sb; **vente/achat à ~** *(Comm)* forward sale/purchase; **au ~ de** at the end of; **en d'autres ~s** in other words; **moyen ~** *(solution intermédiaire)* middle course; **à court/long ~** *adj* short-/long-term *ou* -range ▷ *adv* in the short/long term; **à ~** *adj (Méd)* full-term ▷ *adv* sooner or later, eventually; *(Méd)* at term; **avant ~** *(Méd)* ▷ *adj* premature ▷ *adv* prematurely; **mettre un ~ à** to put an end *ou* a stop to; **toucher à son ~** to be nearing its end
terminaison [tɛʀminɛzɔ̃] *nf (Ling)* ending
terminal, e, -aux [tɛʀminal, -o] *adj (partie, phase)* final; *(Méd)* terminal ▷ *nm* terminal ▷ *nf (Scol)* ≈ sixth form *ou* year *(Brit)*, ≈ twelfth grade *(US)*
terminer [tɛʀmine] *vt* to end; *(travail, repas)* to finish; **se terminer** *vi* to end; **se ~ par** to end with
terminologie [tɛʀminɔlɔʒi] *nf* terminology
terminus [tɛʀminys] *nm* terminus; **~!** all change!
termite [tɛʀmit] *nm* termite, white ant
termitière [tɛʀmitjɛʀ] *nf* ant-hill
ternaire [tɛʀnɛʀ] *adj* compound
terne [tɛʀn(ə)] *adj* dull
ternir [tɛʀniʀ] *vt* to dull; *(fig)* to sully, tarnish; **se ternir** *vi* to become dull
terrain [tɛʀɛ̃] *nm (sol, fig)* ground; *(Comm)* land *no pl*, plot (of land); *(: à bâtir)* site; **sur le ~** *(fig)* on the field; **~ de football/rugby** football/rugby pitch *(Brit) ou* field *(US)*; **~ d'atterrissage** landing strip; **~ d'aviation** airfield; **~ de camping** campsite; **un ~ d'entente** an area of agreement; **~ de golf** golf course; **~ de jeu** playground; *(Sport)* games field; **~ de sport** sports ground; **~ vague** waste ground *no pl*
terrasse [tɛʀas] *nf* terrace; *(de café)* pavement area, terrasse; **à la ~** *(café)* outside
terrassement [tɛʀasmɑ̃] *nm* earth-moving, earthworks *pl*; embankment
terrasser [tɛʀase] *vt (adversaire)* to floor, bring down; *(maladie etc)* to lay low
terrassier [tɛʀasje] *nm* navvy, roadworker
terre [tɛʀ] *nf (gén, aussi Élec)* earth; *(substance)* soil, earth; *(opposé à mer)* land *no pl*; *(contrée)* land; **terres** *nfpl (terrains)* lands, land *nsg*; **travail de la ~** work on the land; **en ~** *(pipe, poterie)* clay *cpd*; **mettre en ~** *(plante etc)* to plant; *(personne: enterrer)* to bury; **à** *ou* **par ~** *(mettre, être)* on the ground *(ou* floor); *(jeter, tomber)* to the ground, down; **~ à ~** *adj inv* down-to-earth, matter-of-fact; **la T~ Adélie** Adélie Coast *ou* Land; **~ de bruyère** (heath-)peat; **~ cuite** earthenware; terracotta; **la ~ ferme** dry land, terra firma; **la T~ de Feu** Tierra del Fuego; **~ glaise** clay; **la T~ promise** the Promised Land; **la T~ Sainte** the Holy Land
terreau [tɛʀo] *nm* compost
Terre-Neuve [tɛʀnœv] *nf*: **la ~** *(aussi*: **l'île de Terre-Neuve**) Newfoundland
terre-plein [tɛʀplɛ̃] *nm* platform
terrer [tɛʀe]: **se terrer** *vi* to hide away; to go to ground
terrestre [tɛʀɛstʀ(ə)] *adj (surface)* earth's, of the earth; *(Bot, Zool, Mil)* land *cpd*; *(Rel)* earthly, worldly
terreur [tɛʀœʀ] *nf* terror *no pl*, fear
terreux, -euse [tɛʀø, -øz] *adj* muddy; *(goût)* earthy
terrible [tɛʀibl(ə)] *adj* terrible, dreadful; *(fam: fantastique)* terrific
terriblement [tɛʀibləmɑ̃] *adv (très)* terribly, awfully
terrien, ne [tɛʀjɛ̃, -ɛn] *adj*: **propriétaire ~** landowner ▷ *nm/f* countryman/woman, man/woman of the soil; *(non martien etc)* earthling; *(non marin)* landsman
terrier [tɛʀje] *nm* burrow, hole; *(chien)* terrier
terrifiant, e [tɛʀifjɑ̃, -ɑ̃t] *adj (effrayant)* terrifying; *(extraordinaire)* terrible, awful
terrifier [tɛʀifje] *vt* to terrify
terril [tɛʀil] *nm* slag heap
terrine [tɛʀin] *nf (récipient)* terrine; *(Culin)* pâté
territoire [tɛʀitwaʀ] *nm* territory; **T~ des Afars et des Issas** French Territory of Afars and Issas
territorial, e, -aux [tɛʀitɔʀjal, -o] *adj* territorial; **eaux ~es** territorial waters; **armée ~e** regional defence force, ≈ Territorial Army *(Brit)*; **collectivités ~es** local and regional authorities
terroir [tɛʀwaʀ] *nm (Agr)* soil; *(région)* region; **accent du ~** country *ou* rural accent
terroriser [tɛʀɔʀize] *vt* to terrorize
terrorisme [tɛʀɔʀism(ə)] *nm* terrorism
terroriste [tɛʀɔʀist(ə)] *nm/f* terrorist
tertiaire [tɛʀsjɛʀ] *adj* tertiary ▷ *nm (Écon)* tertiary sector, service industries *pl*
tertiarisation [tɛʀsjaʀizɑsjɔ̃] *nf expansion or development of the service sector*
tertre [tɛʀtʀ(ə)] *nm* hillock, mound
tes [te] *adj poss voir* **ton**
tesson [tesɔ̃] *nm*: **~ de bouteille** piece of broken bottle
test [tɛst] *nm* test; **~ de grossesse** pregnancy test
testament [testamɑ̃] *nm (Jur)* will; *(fig)* legacy; *(Rel)*: **T~** Testament; **faire son ~** to make one's will
testamentaire [testamɑ̃tɛʀ] *adj* of a will
tester [tɛste] *vt* to test
testicule [tɛstikyl] *nm* testicle
tétanie [tetani] *nf* tetany

tétanos [tetanos] *nm* tetanus
têtard [tɛtaʀ] *nm* tadpole
tête [tɛt] *nf* head; (*cheveux*) hair *no pl*; (*visage*) face; (*longueur*): **gagner d'une (courte) ~** to win by a (short) head; (*Football*) header; **de ~** *adj* (*wagon etc*) front *cpd*; (*concurrent*) leading ▷ *adv* (*calculer*) in one's head, mentally; **par ~** (*par personne*) per head; **se mettre en ~ que** to get it into one's head that; **se mettre en ~ de faire** to take it into one's head to do; **prendre la ~ de qch** to take the lead in sth; **perdre la ~** (*fig: s'affoler*) to lose one's head; (*: devenir fou*) to go off one's head; **ça ne va pas, la ~?** (*fam*) are you crazy?; **tenir ~ à qn** to stand up to *ou* defy sb; **la ~ en bas** with one's head down; **la ~ la première** (*tomber*) head-first; **la ~ basse** hanging one's head; **avoir la ~ dure** (*fig*) to be thickheaded; **faire une ~** (*Football*) to head the ball; **faire la ~** (*fig*) to sulk; **en ~** (*Sport*) in the lead; at the front *ou* head; **de la ~ aux pieds** from head to toe; **~ d'affiche** (*Théât etc*) top of the bill; **~ de bétail** head *inv* of cattle; **~ brûlée** desperado; **~ chercheuse** homing device; **~ d'enregistrement** recording head; **~ d'impression** printhead; **~ de lecture** (playback) head; **~ de ligne** (*Transports*) start of the line; **~ de liste** (*Pol*) chief candidate; **~ de mort** skull and crossbones; **~ de pont** (*Mil*) bridge- *ou* beachhead; **~ de série** (*Tennis*) seeded player, seed; **~ de Turc** (*fig*) whipping boy (*Brit*), butt; **~ de veau** (*Culin*) calf's head
tête-à-queue [tɛtakø] *nm inv*: **faire un ~** to spin round
tête-à-tête [tɛtatɛt] *nm inv* tête- à-tête; (*service*) breakfast set for two; **en ~** in private, alone together
tête-bêche [tɛtbɛʃ] *adv* head to tail
tétée [tete] *nf* (*action*) sucking; (*repas*) feed
téter [tete] *vt*: **~ (sa mère)** to suck at one's mother's breast, feed
tétine [tetin] *nf* teat; (*sucette*) dummy (*Brit*), pacifier (*US*)
téton [tetɔ̃] *nm* breast
têtu, e [tety] *adj* stubborn, pigheaded
texte [tɛkst(ə)] *nm* text; (*Scol: d'un devoir*) subject, topic; **apprendre son ~** (*Théât*) to learn one's lines; **un ~ de loi** the wording of a law
textile [tɛkstil] *adj* textile *cpd* ▷ *nm* textile; (*industrie*) textile industry
Texto® [tɛksto] *nm* text (message)
texto [tɛksto] (*fam*) *adj* word for word
textuel, le [tɛkstɥɛl] *adj* literal, word for word
textuellement [tɛkstɥɛlmɑ̃] *adv* literally
texture [tɛkstyʀ] *nf* texture; (*fig: d'un texte, livre*) feel
TF1 *sigle f (= Télévision française 1) TV channel*
TG *sigle f* = **Trésorerie générale**
TGI *sigle m* = **tribunal de grande instance**
TGV *sigle m* = **train à grande vitesse**
thaï, e [tai] *adj* Thai ▷ *nm* (*Ling*) Thai
thaïlandais, e [tailɑ̃dɛ, -ɛz] *adj* Thai
Thaïlande [tailɑ̃d] *nf*: **la ~** Thailand
thalassothérapie [talasɔteʀapi] *nf* sea-water therapy
thé [te] *nm* tea; (*réunion*) tea party; **prendre le ~** to have tea; **~ au lait/citron** tea with milk/ lemon
théâtral, e, -aux [teɑtʀal, -o] *adj* theatrical
théâtre [teɑtʀ(ə)] *nm* theatre; (*techniques, genre*) drama, theatre; (*activité*) stage, theatre; (*œuvres*) plays *pl*, dramatic works *pl*; (*fig: lieu*): **le ~ de** the scene of; (*péj*) histrionics *pl*, playacting; **faire du ~** (*en professionnel*) to be on the stage; (*en amateur*) to do some acting; **~ filmé** filmed stage productions *pl*
thébain, e [tebɛ̃, -ɛn] *adj* Theban
Thèbes [tɛb] *n* Thebes
théière [tejɛʀ] *nf* teapot
théine [tein] *nf* theine
théisme [teism(ə)] *nm* theism
thématique [tematik] *adj* thematic
thème [tɛm] *nm* theme; (*Scol: traduction*) prose (composition); **~ astral** birth chart
théocratie [teɔkʀasi] *nf* theocracy
théologie [teɔlɔʒi] *nf* theology
théologien, ne [teɔlɔʒjɛ̃, -ɛn] *nm* theologian
théologique [teɔlɔʒik] *adj* theological
théorème [teɔʀɛm] *nm* theorem
théoricien, ne [teɔʀisjɛ̃, -ɛn] *nm/f* theoretician, theorist
théorie [teɔʀi] *nf* theory; **en ~** in theory
théorique [teɔʀik] *adj* theoretical
théoriquement [teɔʀikmɑ̃] *adv* theoretically
théoriser [teɔʀize] *vi* to theorize
thérapeutique [teʀapøtik] *adj* therapeutic ▷ *nf* (*Méd: branche*) therapeutics *nsg*; (*: traitement*) therapy
thérapie [teʀapi] *nf* therapy; **~ de groupe** group therapy
thermal, e, -aux [tɛʀmal, -o] *adj* thermal; **station ~e** spa; **cure ~e** water cure
thermes [tɛʀm(ə)] *nmpl* thermal baths; (*romains*) thermae *pl*
thermique [tɛʀmik] *adj* (*énergie*) thermic; (*unité*) thermal
thermodynamique [tɛʀmɔdinamik] *nf* thermodynamics *nsg*
thermoélectrique [tɛʀmoelɛktʀik] *adj* thermoelectric
thermomètre [tɛʀmɔmɛtʀ(ə)] *nm* thermometer
thermonucléaire [tɛʀmɔnykleɛʀ] *adj* thermonuclear
thermos® [tɛʀmos] *nm ou nf*: **(bouteille) thermos** vacuum *ou* Thermos® flask (*Brit*) *ou* bottle (*US*)
thermostat [tɛʀmɔsta] *nm* thermostat
thésauriser [tezɔʀize] *vi* to hoard money
thèse [tɛz] *nf* thesis
Thessalie [tɛsali] *nf*: **la ~** Thessaly
thibaude [tibod] *nf* carpet underlay
thon [tɔ̃] *nm* tuna (fish)
thonier [tɔnje] *nm* tuna boat
thoracique [tɔʀasik] *adj* thoracic

t

thorax [tɔʀaks] *nm* thorax
thrombose [tʀɔ̃boz] *nf* thrombosis
thym [tɛ̃] *nm* thyme
thyroïde [tiʀɔid] *nf* thyroid (gland)
TI *sigle m* = **tribunal d'instance**
tiare [tjaʀ] *nf* tiara
Tibet [tibɛ] *nm*: **le ~** Tibet
tibétain, e [tibetɛ̃, -ɛn] *adj* Tibetan
tibia [tibja] *nm* shin; (*os*) shinbone, tibia
Tibre [tibʀ(ə)] *nm*: **le ~** the Tiber
TIC *sigle fpl* (= *technologies de l'information et de la communication*) ICT *sg*
tic [tik] *nm* tic, (nervous) twitch; (*de langage etc*) mannerism
ticket [tikɛ] *nm* ticket; **~ de caisse** till receipt; **~ modérateur** *patient's contribution towards medical costs*; **~ de quai** platform ticket; **~ repas** luncheon voucher
tic-tac [tiktak] *nm inv* tick-tock
tictaquer [tiktake] *vi* to tick (away)
tiède [tjɛd] *adj* (*bière etc*) lukewarm; (*thé, café etc*) tepid; (*bain, accueil, sentiment*) lukewarm; (*vent, air*) mild, warm ▷ *adv*: **boire ~** to drink things lukewarm
tièdement [tjɛdmɑ̃] *adv* coolly, half-heartedly
tiédeur [tjedœʀ] *nf* lukewarmness; (*du vent, de l'air*) mildness
tiédir [tjediʀ] *vi* (*se réchauffer*) to grow warmer; (*refroidir*) to cool
tien, tienne [tjɛ̃, tjɛn] *pron*: **le ~ (la ~ne), les ~s (~nes)** yours; **à la ~ne!** cheers!
tiendrai *etc* [tjɛ̃dʀe] *vb voir* **tenir**
tienne [tjɛn] *vb voir* **tenir** ▷ *pron voir* **tien**
tiens [tjɛ̃] *vb, excl voir* **tenir**
tierce [tjɛʀs(ə)] *adj f, nf voir* **tiers**
tiercé [tjɛʀse] *nm system of forecast betting giving first three horses*
tiers, tierce [tjɛʀ, tjɛʀs(ə)] *adj* third ▷ *nm* (*Jur*) third party; (*fraction*) third ▷ *nf* (*Mus*) third; (*Cartes*) tierce; **une tierce personne** a third party; **assurance au ~** third-party insurance; **le ~ monde** the third world; **~ payant** *direct payment by insurers of medical expenses*; **~ provisionnel** *interim payment of tax*
tifs [tif] (*fam*) *nmpl* hair
TIG *sigle m* = **travail d'intérêt général**
tige [tiʒ] *nf* stem; (*baguette*) rod
tignasse [tiɲas] *nf* (*péj*) shock *ou* mop of hair
Tigre [tigʀ(ə)] *nm*: **le ~** the Tigris
tigre [tigʀ(ə)] *nm* tiger
tigré, e [tigʀe] *adj* (*rayé*) striped; (*tacheté*) spotted
tigresse [tigʀɛs] *nf* tigress
tilleul [tijœl] *nm* lime (tree), linden (tree); (*boisson*) lime(-blossom) tea
tilt [tilt(ə)] *nm*: **faire ~** (*fig: échouer*) to miss the target; (*: inspirer*) to ring a bell
timbale [tɛ̃bal] *nf* (metal) tumbler; **timbales** *nfpl* (*Mus*) timpani, kettledrums
timbrage [tɛ̃bʀaʒ] *nm*: **dispensé de ~** post(age) paid
timbre [tɛ̃bʀ(ə)] *nm* (*tampon*) stamp; (*aussi*: **timbre-poste**) (postage) stamp; (*cachet de la poste*) postmark; (*sonnette*) bell; (*Mus: de voix, instrument*) timbre, tone; **~ anti-tabac** nicotine patch; **~ dateur** date stamp
timbré, e [tɛ̃bʀe] *adj* (*enveloppe*) stamped; (*voix*) resonant; (*fam: fou*) cracked, nuts
timbrer [tɛ̃bʀe] *vt* to stamp
timide [timid] *adj* (*emprunté*) shy, timid; (*timoré*) timid, timorous
timidement [timidmɑ̃] *adv* shyly; timidly
timidité [timidite] *nf* shyness; timidity
timonerie [timɔnʀi] *nf* wheelhouse
timonier [timɔnje] *nm* helmsman
timoré, e [timɔʀe] *adj* timorous
tint *etc* [tɛ̃] *vb voir* **tenir**
tintamarre [tɛ̃tamaʀ] *nm* din, uproar
tintement [tɛ̃tmɑ̃] *nm* ringing, chiming; **~s d'oreilles** ringing in the ears
tinter [tɛ̃te] *vi* to ring, chime; (*argent, clés*) to jingle
Tipp-Ex® [tipɛks] *nm* Tipp-Ex®
tique [tik] *nf* tick (*insect*)
tiquer [tike] *vi* (*personne*) to make a face
TIR *sigle mpl* (= *Transports internationaux routiers*) TIR
tir [tiʀ] *nm* (*sport*) shooting; (*fait ou manière de tirer*) firing *no pl*; (*Football*) shot; (*stand*) shooting gallery; **~ d'obus/de mitraillette** shell/ machine gun fire; **~ à l'arc** archery; **~ de barrage** barrage fire; **~ au fusil** (rifle) shooting; **~ au pigeon** (*d'argile*) clay pigeon shooting
tirade [tiʀad] *nf* tirade
tirage [tiʀaʒ] *nm* (*action*) printing; (*Photo*) print; (*Inform*) printout; (*de journal*) circulation; (*de livre*) (print-)run; edition; (*de cheminée*) draught (*Brit*), draft (*US*); (*de loterie*) draw; (*fig: désaccord*) friction; **~ au sort** drawing lots
tiraillement [tiʀɑjmɑ̃] *nm* (*douleur*) sharp pain; (*fig: doutes*) agony *no pl* of indecision; (*conflits*) friction *no pl*
tirailler [tiʀɑje] *vt* to pull at, tug at; (*fig*) to gnaw at ▷ *vi* to fire at random
tirailleur [tiʀɑjœʀ] *nm* skirmisher
tirant [tiʀɑ̃] *nm*: **~ d'eau** draught (*Brit*), draft (*US*)
tire [tiʀ] *nf*: **vol à la ~** pickpocketing
tiré [tiʀe] *adj* (*visage, traits*) drawn ▷ *nm* (*Comm*) drawee; **~ par les cheveux** far-fetched; **~ à part** off-print
tire-au-flanc [tiʀoflɑ̃] *nm inv* (*péj*) skiver
tire-bouchon [tiʀbuʃɔ̃] *nm* corkscrew
tire-bouchonner [tiʀbuʃɔne] *vt* to twirl
tire-d'aile [tiʀdɛl]: **à tire-d'aile** *adv* swiftly
tire-fesses [tiʀfɛs] *nm inv* ski-tow
tire-lait [tiʀlɛ] *nm inv* breast-pump
tire-larigot [tiʀlaʀigo]: **à ~** *adv* as much as one likes, to one's heart's content
tirelire [tiʀliʀ] *nf* moneybox
tirer [tiʀe] *vt* (*gén*) to pull; (*extraire*): **~ qch de** to take *ou* pull sth out of; to get sth out of; to extract sth from; (*tracer: ligne, trait*) to draw, trace; (*fermer: volet, porte, trappe*) to pull to, close; (*: rideau*) to draw; (*choisir: carte, conclusion, aussi*

Comm: chèque) to draw; (*en faisant feu: balle, coup*) to fire; (*: animal*) to shoot; (*journal, livre, photo*) to print; (*Football: corner etc*) to take ▷ *vi* (*faire feu*) to fire; (*faire du tir, Football*) to shoot; (*cheminée*) to draw; **se tirer** *vi* (*fam*) to push off; (*aussi:* **s'en tirer**) to pull through; **~ sur** (*corde, poignée*) to pull on *ou* at; (*faire feu sur*) to shoot *ou* fire at; (*pipe*) to draw on; (*fig: avoisiner*) to verge *ou* border on; **~ six mètres** (*Navig*) to draw six metres of water; **~ son nom de** to take *ou* get its name from; **~ la langue** to stick out one's tongue; **~ qn de** (*embarras etc*) to help *ou* get sb out of; **~ à l'arc/la carabine** to shoot with a bow and arrow/with a rifle; **~ en longueur** to drag on; **~ à sa fin** to be drawing to an end; **~ les cartes** to read *ou* tell the cards

tiret [tiʀɛ] *nm* dash; (*en fin de ligne*) hyphen

tireur [tiʀœʀ] *nm* gunman; (*Comm*) drawer; **bon ~** good shot; **~ d'élite** marksman; **~ de cartes** fortuneteller

tiroir [tiʀwaʀ] *nm* drawer

tiroir-caisse [tiʀwaʀkɛs] *nm* till

tisane [tizan] *nf* herb tea

tison [tizɔ̃] *nm* brand

tisonner [tizɔne] *vt* to poke

tisonnier [tizɔnje] *nm* poker

tissage [tisaʒ] *nm* weaving *no pl*

tisser [tise] *vt* to weave

tisserand, e [tisʀɑ̃, -ɑ̃d] *nm/f* weaver

tissu[1] [tisy] *nm* fabric, material, cloth *no pl*; (*fig*) fabric; (*Anat, Bio*) tissue; **~ de mensonges** web of lies

tissu[2], e [tisy] *adj*: **~ de** woven through with

tissu-éponge [tisyepɔ̃ʒ] *nm* (terry) towelling *no pl*

titane [titan] *nm* titanium

titanesque [titanɛsk(ə)] *adj* titanic

titiller [titile] *vt* to titillate

titrage [titʀaʒ] *nm* (*d'un film*) titling; (*d'un alcool*) *determination of alcohol content*

titre [titʀ(ə)] *nm* (*gén*) title; (*de journal*) headline; (*diplôme*) qualification; (*Comm*) security; (*Chimie*) titre; **en ~** (*champion, responsable*) official, recognized; **à juste ~** with just cause, rightly; **à quel ~?** on what grounds?; **à aucun ~** on no account; **au même ~ (que)** in the same way (as); **au ~ de la coopération** *etc* in the name of cooperation *etc*; **à ~ d'exemple** as an *ou* by way of an example; **à ~ exceptionnel** exceptionally; **à ~ d'information** for (your) information; **à ~ gracieux** free of charge; **à ~ d'essai** on a trial basis; **à ~ privé** in a private capacity; **~ courant** running head; **~ de propriété** title deed; **~ de transport** ticket

titré, e [titʀe] *adj* (*livre, film*) entitled; (*personne*) titled

titrer [titʀe] *vt* (*Chimie*) to titrate; to assay; (*Presse*) to run as a headline; (*vin*): **~ 10°** to be 10° proof

titubant, e [titybɑ̃, -ɑ̃t] *adj* staggering, reeling

tituber [titybe] *vi* to stagger *ou* reel (along)

titulaire [tityləʀ] *adj* (*Admin*) appointed, with tenure ▷ *nm* (*Admin*) incumbent; **être ~ de** to hold

titularisation [titylaʀizɑsjɔ̃] *nf* granting of tenure

titulariser [titylaʀize] *vt* to give tenure to

TNP *sigle m* = **Théâtre national populaire**

TNT *sigle m* (= *Trinitrotoluène*) TNT ▷ *sigle f* (= *Télévision numérique terrestre*) digital television

toast [tost] *nm* slice *ou* piece of toast; (*de bienvenue*) (welcoming) toast; **porter un ~ à qn** to propose *ou* drink a toast to sb

toboggan [tɔbɔgɑ̃] *nm* toboggan; (*jeu*) slide; (*Auto*) flyover (*Brit*), overpass (*US*); **~ de secours** (*Aviat*) escape chute

toc [tɔk] *nm*: **en ~** imitation *cpd*

tocsin [tɔksɛ̃] *nm* alarm (bell)

toge [tɔʒ] *nf* toga; (*de juge*) gown

Togo [tɔgo] *nm*: **le ~** Togo

togolais, e [tɔgɔlɛ, -ɛz] *adj* Togolese

tohu-bohu [tɔybɔy] *nm* (*désordre*) confusion; (*tumulte*) commotion

toi [twa] *pron* you; **~, tu l'as fait?** did YOU do it?

toile [twal] *nf* (*matériau*) cloth *no pl*; (*bâche*) piece of canvas; (*tableau*) canvas; **grosse ~** canvas; **tisser sa ~** (*araignée*) to spin its web; **~ d'araignée** spider's web; (*au plafond etc: à enlever*) cobweb; **~ cirée** oilcloth; **~ émeri** emery cloth; **~ de fond** (*fig*) backdrop; **~ de jute** hessian; **~ de lin** linen; **~ de tente** canvas

toilettage [twalɛtaʒ] *nm* grooming *no pl*; (*d'un texte*) tidying up

toilette [twalɛt] *nf* wash; (*s'habiller et se préparer*) getting ready, washing and dressing; (*habits*) outfit; dress *no pl*; **toilettes** *nfpl* toilet *nsg*; **les ~s des dames/messieurs** the ladies'/gents' (toilets) (*Brit*), the ladies'/men's (rest)room (*US*); **faire sa ~** to have a wash, get washed; **faire la ~ de** (*animal*) to groom; (*voiture etc*) to clean, wash; (*texte*) to tidy up; **articles de ~** toiletries; **~ intime** personal hygiene

toi-même [twamɛm] *pron* yourself

toise [twaz] *nf*: **passer à la ~** to have one's height measured

toiser [twaze] *vt* to eye up and down

toison [twazɔ̃] *nf* (*de mouton*) fleece; (*cheveux*) mane

toit [twa] *nm* roof; **~ ouvrant** sun roof

toiture [twatyʀ] *nf* roof

Tokyo [tɔkjo] *n* Tokyo

tôle [tol] *nf* sheet metal *no pl*; (*plaque*) steel (*ou* iron) sheet; **tôles** *nfpl* (*carrosserie*) bodywork *nsg* (*Brit*), body *nsg*; panels; **~ d'acier** sheet steel *no pl*; **~ ondulée** corrugated iron

Tolède [tɔlɛd] *n* Toledo

tolérable [tɔleʀabl(ə)] *adj* tolerable, bearable

tolérance [tɔleʀɑ̃s] *nf* tolerance; (*hors taxe*) allowance

tolérant, e [tɔleʀɑ̃, -ɑ̃t] *adj* tolerant

tolérer [tɔleʀe] *vt* to tolerate; (*Admin: hors taxe etc*) to allow

tôlerie [tolʀi] *nf* sheet metal manufacture; (*atelier*) sheet metal workshop; (*ensemble des tôles*)

t

panels *pl*
tollé [tɔle] *nm*: **un ~ (de protestations)** a general outcry
TOM [tɔm] *sigle nm(pl)* = **territoire(s) d'outre-mer**
tomate [tɔmat] *nf* tomato
tombal, e [tɔ̃bal] *adj*: **pierre ~e** tombstone, gravestone
tombant, e [tɔ̃bɑ̃, -ɑ̃t] *adj* (*fig*) drooping, sloping
tombe [tɔ̃b] *nf* (*sépulture*) grave; (*avec monument*) tomb
tombeau, x [tɔ̃bo] *nm* tomb; **à ~ ouvert** at breakneck speed
tombée [tɔ̃be] *nf*: **à la ~ du jour** *ou* **de la nuit** at the close of day, at nightfall
tomber [tɔ̃be] *vi* to fall ▹ *vt*: **~ la veste** to slip off one's jacket; **laisser ~** to drop; **~ sur** *vt* (*rencontrer*) to come across; (*attaquer*) to set about; **~ de fatigue/sommeil** to drop from exhaustion/be falling asleep on one's feet; **~ à l'eau** (*fig: projet etc*) to fall through; **~ en panne** to break down; **~ juste** (*opération, calcul*) to come out right; **~ en ruine** to fall into ruins; **ça tombe bien/mal** (*fig*) that's come at the right/wrong time; **il est bien/mal tombé** (*fig*) he's been lucky/unlucky
tombereau, x [tɔ̃bʀo] *nm* tipcart
tombeur [tɔ̃bœʀ] *nm* (*péj*) Casanova
tombola [tɔ̃bɔla] *nf* tombola
Tombouctou [tɔ̃buktu] *n* Timbuktu
tome [tɔm] *nm* volume
tommette [tɔmɛt] *nf* hexagonal floor tile
ton[1], ta (*pl* **tes**) [tɔ̃, ta, te] *adj poss* your
ton[2] [tɔ̃] *nm* (*gén*) tone; (*Mus*) key; (*couleur*) shade, tone; (*de la voix: hauteur*) pitch; **donner le ~** to set the tone; **élever** *ou* **hausser le ~** to raise one's voice; **de bon ~** in good taste; **si vous le prenez sur ce ~** if you're going to take it like that; **~ sur ~** in matching shades
tonal, e [tɔnal] *adj* tonal
tonalité [tɔnalite] *nf* (*au téléphone*) dialling tone; (*Mus*) tonality; (*: ton*) key; (*fig*) tone
tondeuse [tɔ̃døz] *nf* (*à gazon*) (lawn)mower; (*du coiffeur*) clippers *pl*; (*pour la tonte*) shears *pl*
tondre [tɔ̃dʀ(ə)] *vt* (*pelouse, herbe*) to mow; (*haie*) to cut, clip; (*mouton, toison*) to shear; (*cheveux*) to crop
tondu, e [tɔ̃dy] *pp de* **tondre** ▹ *adj* (*cheveux*) cropped; (*mouton, crâne*) shorn
Tonga [tɔ̃ga]: **les îles ~** Tonga
tongs [tɔ̃g] *nfpl* flip-flops (*Brit*), thongs (*US*)
tonicité [tɔnisite] *nf* (*Méd: des tissus*) tone; (*fig: de l'air, la mer*) bracing effect
tonifiant, e [tɔnifjɑ̃, -ɑ̃t] *adj* invigorating, revivifying
tonifier [tɔnifje] *vt* (*air, eau*) to invigorate; (*peau, organisme*) to tone up
tonique [tɔnik] *adj* fortifying; (*personne*) dynamic ▹ *nm, nf* tonic
tonitruant, e [tɔnitʀyɑ̃, -ɑ̃t] *adj*: **voix ~e** thundering voice
Tonkin [tɔ̃kɛ̃] *nm*: **le ~** Tonkin, Tongking
tonkinois, e [tɔ̃kinwa, -waz] *adj* Tonkinese
tonnage [tɔnaʒ] *nm* tonnage
tonnant, e [tɔnɑ̃, -ɑ̃t] *adj* thunderous
tonne [tɔn] *nf* metric ton, tonne
tonneau, x [tɔno] *nm* (*à vin, cidre*) barrel; (*Navig*) ton; **faire des ~x** (*voiture, avion*) to roll over
tonnelet [tɔnlɛ] *nm* keg
tonnelier [tɔnəlje] *nm* cooper
tonnelle [tɔnɛl] *nf* bower, arbour (*Brit*), arbor (*US*)
tonner [tɔne] *vi* to thunder; (*parler avec véhémence*): **~ contre qn/qch** to inveigh against sb/sth; **il tonne** it is thundering, there's some thunder
tonnerre [tɔnɛʀ] *nm* thunder; **coup de ~** (*fig*) thunderbolt, bolt from the blue; **un ~ d'applaudissements** thunderous applause; **du ~** *adj* (*fam*) terrific
tonsure [tɔ̃syʀ] *nf* bald patch; (*de moine*) tonsure
tonte [tɔ̃t] *nf* shearing
tonton [tɔ̃tɔ̃] *nm* uncle
tonus [tɔnys] *nm* (*des muscles*) tone; (*d'une personne*) dynamism
top [tɔp] *nm*: **au troisième ~** at the third stroke ▹ *adj*: **~ secret** top secret ▹ *excl* go!
topaze [tɔpɑz] *nf* topaz
toper [tɔpe] *vi*: **tope-/topez-là** it's a deal!, you're on!
topinambour [tɔpinɑ̃buʀ] *nm* Jerusalem artichoke
topo [tɔpo] *nm* (*discours, exposé*) talk; (*fam*) spiel
topographie [tɔpɔgʀafi] *nf* topography
topographique [tɔpɔgʀafik] *adj* topographical
toponymie [tɔpɔnimi] *nf* study of place names, toponymy
toquade [tɔkad] *nf* fad, craze
toque [tɔk] *nf* (*de fourrure*) fur hat; **~ de jockey/juge** jockey's/judge's cap; **~ de cuisinier** chef's hat
toqué, e [tɔke] *adj* (*fam*) touched, cracked
torche [tɔʀʃ(ə)] *nf* torch; **se mettre en ~** (*parachute*) to candle
torcher [tɔʀʃe] *vt* (*fam*) to wipe
torchère [tɔʀʃɛʀ] *nf* flare
torchon [tɔʀʃɔ̃] *nm* cloth, duster; (*à vaisselle*) tea towel *ou* cloth
tordre [tɔʀdʀ(ə)] *vt* (*chiffon*) to wring; (*barre, fig: visage*) to twist; **se tordre** *vi* (*barre*) to bend; (*roue*) to twist, buckle; (*ver, serpent*) to writhe; **se ~ le pied/bras** to twist one's foot/arm; **se ~ de douleur/rire** to writhe in pain/be doubled up with laughter
tordu, e [tɔʀdy] *pp de* **tordre** ▹ *adj* (*fig*) warped, twisted
torero [tɔʀeʀo] *nm* bullfighter
tornade [tɔʀnad] *nf* tornado
toron [tɔʀɔ̃] *nm* strand (of rope)
Toronto [tɔʀɔ̃to] *n* Toronto
torontois, e [tɔʀɔ̃twa, -waz] *adj* Torontonian ▹ *nm/f*: **Torontois, e** Torontonian
torpeur [tɔʀpœʀ] *nf* torpor, drowsiness
torpille [tɔʀpij] *nf* torpedo

torpiller [tɔʀpije] *vt* to torpedo
torpilleur [tɔʀpijœʀ] *nm* torpedo boat
torréfaction [tɔʀefaksjɔ̃] *nf* roasting
torréfier [tɔʀefje] *vt* to roast
torrent [tɔʀɑ̃] *nm* torrent, mountain stream; (*fig*): **un ~ de** a torrent *ou* flood of; **il pleut à ~s** the rain is lashing down
torrentiel, le [tɔʀɑ̃sjɛl] *adj* torrential
torride [tɔʀid] *adj* torrid
tors, torse *ou* **torte** [tɔʀ, tɔʀs(ə) ɐouʰtɔʀt(ə)] *adj* twisted
torsade [tɔʀsad] *nf* twist; (*Archit*) cable moulding (*Brit*) *ou* molding (*US*)
torsader [tɔʀsade] *vt* to twist
torse [tɔʀs(ə)] *nm* torso; (*poitrine*) chest
torsion [tɔʀsjɔ̃] *nf* (*action*) twisting; (*Tech, Physique*) torsion
tort [tɔʀ] *nm* (*défaut*) fault; (*préjudice*) wrong *no pl*; **torts** *nmpl* (*Jur*) fault *nsg*; **avoir ~** to be wrong; **être dans son ~** to be in the wrong; **donner ~ à qn** to lay the blame on sb; (*fig*) to prove sb wrong; **causer du ~ à** to harm; to be harmful *ou* detrimental to; **en ~** in the wrong, at fault; **à ~** wrongly; **à ~ ou à raison** rightly or wrongly; **à ~ et à travers** wildly
torte [tɔʀt(ə)] *adj f voir* **tors**
torticolis [tɔʀtikɔli] *nm* stiff neck
tortiller [tɔʀtije] *vt* (*corde, mouchoir*) to twist; (*doigts*) to twiddle; **se tortiller** *vi* to wriggle, squirm
tortionnaire [tɔʀsjɔnɛʀ] *nm* torturer
tortue [tɔʀty] *nf* tortoise; (*fig*) slowcoach (*Brit*), slowpoke (*US*)
tortueux, -euse [tɔʀtɥø, -øz] *adj* (*rue*) twisting; (*fig*) tortuous
torture [tɔʀtyʀ] *nf* torture
torturer [tɔʀtyʀe] *vt* to torture; (*fig*) to torment
torve [tɔʀv(ə)] *adj*: **regard ~** menacing *ou* grim look
toscan, e [tɔskɑ̃, -an] *adj* Tuscan
Toscane [tɔskan] *nf*: **la ~** Tuscany
tôt [to] *adv* early; **~ ou tard** sooner or later; **si ~** so early; (*déjà*) so soon; **au plus ~** at the earliest, as soon as possible; **plus ~** earlier; **il eut ~ fait de faire ...** he soon did ...
total, e, -aux [tɔtal, -o] *adj, nm* total; **au ~** in total *ou* all; (*fig*) all in all; **faire le ~** to work out the total
totalement [tɔtalmɑ̃] *adv* totally, completely
totalisateur [tɔtalizatœʀ] *nm* adding machine
totaliser [tɔtalize] *vt* to total (up)
totalitaire [tɔtalitɛʀ] *adj* totalitarian
totalitarisme [tɔtalitaʀism(ə)] *nm* totalitarianism
totalité [tɔtalite] *nf*: **la ~ de**: **la ~ des élèves** all (of) the pupils; **la ~ de la population/classe** the whole population/class; **en ~** entirely
totem [tɔtɛm] *nm* totem
toubib [tubib] *nm* (*fam*) doctor
touchant, e [tuʃɑ̃, -ɑ̃t] *adj* touching
touche [tuʃ] *nf* (*de piano, de machine à écrire*) key; (*de violon*) fingerboard; (*de télécommande etc*) key, button; (*Peinture etc*) stroke, touch; (*fig: de couleur, nostalgie*) touch, hint; (*Rugby*) line-out; (*Football: aussi*: **remise en touche**) throw-in; (*aussi*: **ligne de touche**) touch-line; (*Escrime*) hit; **en ~** in (*ou* into) touch; **avoir une drôle de ~** to look a sight; **~ de commande/de fonction/de retour** (*Inform*) control/function/return key; **~ à effleurement** *ou* **sensitive** touch-sensitive control *ou* key
touche-à-tout [tuʃatu] *nm inv* (*péj*: *gén*: *enfant*) meddler; (: *fig*: *inventeur etc*) dabbler
toucher [tuʃe] *nm* touch ▷ *vt* to touch; (*palper*) to feel; (*atteindre*: *d'un coup de feu etc*) to hit; (*affecter*) to touch, affect; (*concerner*) to concern, affect; (*contacter*) to reach, contact; (*recevoir*: *récompense*) to receive, get; (: *salaire*) to draw, get; (*chèque*) to cash; (*aborder*: *problème, sujet*) to touch on; **au ~** to the touch; by the feel; **se toucher** (*être en contact*) to touch; **~ à** to touch; (*modifier*) to touch, tamper *ou* meddle with; (*traiter de, concerner*) to have to do with, concern; **je vais lui en ~ un mot** I'll have a word with him about it; **~ au but** (*fig*) to near one's goal; **~ à sa fin** to be drawing to a close
touffe [tuf] *nf* tuft
touffu, e [tufy] *adj* thick, dense; (*fig*) complex, involved
toujours [tuʒuʀ] *adv* always; (*encore*) still; (*constamment*) forever; **depuis ~** always; **essaie ~** (you can) try anyway; **pour ~** forever; **~ est-il que** the fact remains that; **~ plus** more and more
toulonnais, e [tulɔnɛ, -ɛz] *adj* of *ou* from Toulon
toulousain, e [tuluzɛ̃, -ɛn] *adj* of *ou* from Toulouse
toupet [tupɛ] *nm* quiff (*Brit*), tuft; (*fam*) nerve, cheek (*Brit*)
toupie [tupi] *nf* (spinning) top
tour [tuʀ] *nf* tower; (*immeuble*) high-rise block (*Brit*) *ou* building (*US*), tower block (*Brit*); (*Échecs*) castle, rook ▷ *nm* (*excursion*: *à pied*) stroll, walk; (: *en voiture etc*) run, ride; (: *plus long*) trip; (*Sport*: *aussi*: **tour de piste**) lap; (*d'être servi ou de jouer etc, tournure, de vis ou clef*) turn; (*de roue etc*) revolution; (*circonférence*): **de 3 m de ~** 3 m round, with a circumference *ou* girth of 3 m; (*Pol*: *aussi*: **tour de scrutin**) ballot; (*ruse, de prestidigitation, de cartes*) trick; (*de potier*) wheel; (*à bois, métaux*) lathe; **faire le ~ de** to go (a)round; (*à pied*) to walk (a)round; (*fig*) to review; **faire le ~ de l'Europe** to tour Europe; **faire un ~** to go for a walk; (*en voiture etc*) to go for a ride; **faire 2 ~s** to go (a)round twice; (*hélice etc*) to turn *ou* revolve twice; **fermer à double ~** *vi* to double-lock the door; **c'est au ~ de Renée** it's Renée's turn; **à ~ de rôle, ~ à ~** in turn; **à ~ de bras** with all one's strength; (*fig*) non-stop, relentlessly; **~ de taille/tête** waist/head measurement; **~ de chant** song recital; **~ de contrôle** *nf* control tower; **le T~ de France** the Tour de France; *see note*; **~ de garde** spell of duty; **~ d'horizon** (*fig*) general survey; **~ de lit** valance; **~ de main**

dexterity, knack; **en un ~ de main** (as) quick as a flash; **~ de passe-passe** trick, sleight of hand; **~ de reins** sprained back

Tour de France

The *Tour de France* is an annual road race for professional cyclists. It takes about three weeks to complete and is divided into daily stages, or "étapes" of approximately 175km (110 miles) over terrain of varying levels of difficulty. The leading cyclist wears a yellow jersey, the "maillot jaune". The route varies; it is not usually confined to France but always ends in Paris. In addition, there are a number of time trials.

tourangeau, elle, x [turɑ̃ʒo, -ɛl] *adj* (*de la région*) of *ou* from Touraine; (*de la ville*) of *ou* from Tours
tourbe [turb(ə)] *nf* peat
tourbière [turbjɛr] *nf* peat-bog
tourbillon [turbijɔ̃] *nm* whirlwind; (*d'eau*) whirlpool; (*fig*) whirl, swirl
tourbillonner [turbijɔne] *vi* to whirl, swirl; (*objet, personne*) to whirl *ou* twirl round
tourelle [turɛl] *nf* turret
tourisme [turism(ə)] *nm* tourism; **agence de ~** tourist agency; **avion/voiture de ~** private plane/car; **faire du ~** to do some sightseeing, go touring
touriste [turist(ə)] *nm/f* tourist
touristique [turistik] *adj* tourist *cpd*; (*région*) touristic (*péj*), with tourist appeal
tourment [turmɑ̃] *nm* torment
tourmente [turmɑ̃t] *nf* storm
tourmenté, e [turmɑ̃te] *adj* tormented, tortured; (*mer, période*) turbulent
tourmenter [turmɑ̃te] *vt* to torment; **se tourmenter** *vi* to fret, worry o.s.
tournage [turnaʒ] *nm* (*d'un film*) shooting
tournant, e [turnɑ̃, -ɑ̃t] *adj* (*feu, scène*) revolving; (*chemin*) winding; (*escalier*) spiral *cpd*; (*mouvement*) circling ▷ *nm* (*de route*) bend (*Brit*), curve (*US*); (*fig*) turning point; *voir* **plaque**; **grève**
tourné, e [turne] *adj* (*lait, vin*) sour, off; (*Menuiserie: bois*) turned; (*fig: compliment*) well-phrased; **bien ~** (*femme*) shapely; **mal ~** (*lettre*) badly expressed; **avoir l'esprit mal ~** to have a dirty mind
tournebroche [turnəbrɔʃ] *nm* roasting spit
tourne-disque [turnədisk(ə)] *nm* record player
tournedos [turnədo] *nm* tournedos
tournée [turne] *nf* (*du facteur etc*) round; (*d'artiste, politicien*) tour; (*au café*) round (of drinks); **faire la ~ de** to go (a)round
tournemain [turnəmɛ̃]: **en un ~** *adv* in a flash
tourner [turne] *vt* to turn; (*sauce, mélange*) to stir; (*contourner*) to get (a)round; (*Ciné*) to shoot; to make ▷ *vi* to turn; (*moteur*) to run; (*compteur*) to tick away; (*lait etc*) to turn (sour); (*fig: chance, vie*) to turn out; **se tourner** *vi* to turn (a)round; **se ~ vers** to turn to; to turn towards; **bien ~** to turn out well; **~ autour de** to go (a)round; (*planète*) to revolve (a)round; (*péj*) to hang (a)round; **~ autour du pot** (*fig*) to go (a)round in circles; **~ à/en** to turn into; **~ à la pluie/au rouge** to turn rainy/red; **~ en ridicule** to ridicule; **~ le dos à** (*mouvement*) to turn one's back on; (*position*) to have one's back to; **~ court** to come to a sudden end; **se ~ les pouces** to twiddle one's thumbs; **~ la tête** to look away; **~ la tête à qn** (*fig*) to go to sb's head; **~ de l'œil** to pass out; **~ la page** (*fig*) to turn the page
tournesol [turnəsɔl] *nm* sunflower
tourneur [turnœr] *nm* turner; lathe-operator
tournevis [turnəvis] *nm* screwdriver
tourniquer [turnike] *vi* to go (a)round in circles
tourniquet [turnikɛ] *nm* (*pour arroser*) sprinkler; (*portillon*) turnstile; (*présentoir*) revolving stand, spinner; (*Chirurgie*) tourniquet
tournis [turni] *nm*: **avoir/donner le ~** to feel/make dizzy
tournoi [turnwa] *nm* tournament
tournoyer [turnwaje] *vi* (*oiseau*) to wheel (a)round; (*fumée*) to swirl (a)round
tournure [turnyr] *nf* (*Ling: syntaxe*) turn of phrase; form; (*: d'une phrase*) phrasing; (*évolution*): **la ~ de qch** the way sth is developing; (*aspect*): **la ~ de** the look of; **la ~ des événements** the turn of events; **prendre ~** to take shape
tour-opérateur [turɔperatœr] *nm* tour operator
tourte [turt(ə)] *nf* pie
tourteau, x [turto] *nm* (*Agr*) oilcake, cattle-cake; (*Zool*) edible crab
tourtereaux [turtəro] *nmpl* lovebirds
tourterelle [turtərɛl] *nf* turtledove
tourtière [turtjɛr] *nf* pie dish *ou* plate
tous [tu] *adj* [tus] ▷ *pron voir* **tout**
Toussaint [tusɛ̃] *nf*: **la ~** All Saints' Day
tousser [tuse] *vi* to cough
toussoter [tusɔte] *vi* to have a slight cough; (*pour avertir*) to give a slight cough

MOT-CLÉ

tout, e [tu, tut] (*mpl* **tous**, *fpl* **toutes**) *adj* **1** (*avec article singulier*) all; **tout le lait** all the milk; **toute la nuit** all night, the whole night; **tout le livre** the whole book; **tout un pain** a whole loaf; **tout le temps** all the time, the whole time; **c'est tout le contraire** it's quite the opposite; **c'est toute une affaire** *ou* **histoire** it's quite a business, it's a whole rigmarole
2 (*avec article pluriel*) every; all; **tous les livres** all the books; **toutes les nuits** every night; **toutes les fois** every time; **toutes les trois/deux semaines** every third/other *ou* second week, every three/two weeks; **tous les deux** both *ou* each of us (*ou* them *ou* you); **toutes les trois** all three of us (*ou* them *ou* you)

3 (*sans article*): **à tout âge** at any age; **pour toute nourriture, il avait ...** his only food was ...; **de tous côtés, de toutes parts** from everywhere, from every side
▷ *pron* everything, all; **il a tout fait** he's done everything; **je les vois tous** I can see them all *ou* all of them; **nous y sommes tous allés** all of us went, we all went; **c'est tout** that's all; **en tout** in all; **en tout et pour tout** all in all; **tout ce qu'il sait** all he knows; **c'était tout ce qu'il y a de chic** it was the last word *ou* the ultimate in chic
▷ *nm* whole; **le tout** all of it (*ou* them); **le tout est de ...** the main thing is to ...; **pas du tout** not at all; **elle a tout d'une mère/d'une intrigante** she's a real *ou* true mother/ schemer; **du tout au tout** utterly
▷ *adv* **1** (*très, complètement*) very; **tout près** *ou* **à côté** very near; **le tout premier** the very first; **tout seul** all alone; **il était tout rouge** he was really *ou* all red; **parler tout bas** to speak very quietly; **le livre tout entier** the whole book; **tout en haut** right at the top; **tout droit** straight ahead
2: **tout en** while; **tout en travaillant** while working, as he *etc* works
3: **tout d'abord** first of all; **tout à coup** suddenly; **tout à fait** absolutely; **tout à fait!** exactly!; **tout à l'heure** a short while ago; (*futur*) in a short while, shortly; **à tout à l'heure!** see you later!; **il répondit tout court que non** he just answered no (and that was all); **tout de même** all the same; **tout le monde** everybody; **tout ou rien** all or nothing; **tout simplement** quite simply; **tout de suite** immediately, straight away

tout-à-l'égout [tutalegu] *nm inv* mains drainage
toutefois [tutfwa] *adv* however
toutou [tutu] *nm* (*fam*) doggie
tout-petit [tup(ə)ti] *nm* toddler
tout-puissant, toute-puissante [tupɥisɑ̃, tutpɥisɑ̃t] *adj* all-powerful, omnipotent
tout-venant [tuvnɑ̃] *nm*: **le** ~ everyday stuff
toux [tu] *nf* cough
toxémie [tɔksemi] *nf* toxaemia (*Brit*), toxemia (*US*)
toxicité [tɔksisite] *nf* toxicity
toxicologie [tɔksikɔlɔʒi] *nf* toxicology
toxicomane [tɔksikɔman] *nm/f* drug addict
toxicomanie [tɔksikɔmani] *nf* drug addiction
toxine [tɔksin] *nf* toxin
toxique [tɔksik] *adj* toxic, poisonous
toxoplasmose [tɔksoplasmoz] *nf* toxoplasmosis
TP *sigle mpl* = **travaux pratiques; travaux publics** ▷ *sigle m* = **trésor public**
TPG *sigle m* = **Trésorier-payeur général**
tps *abr* = **temps**
trac [tʀak] *nm* nerves *pl*; (*Théât*) stage fright; **avoir le** ~ to get an attack of nerves; to have stage fright; **tout à** ~ all of a sudden
traçant, e [tʀasɑ̃, -ɑ̃t] *adj*: **table ~e** (*Inform*) (graph) plotter
tracas [tʀaka] *nm* bother *no pl*, worry *no pl*
tracasser [tʀakase] *vt* to worry, bother; (*harceler*) to harass; **se tracasser** *vi* to worry o.s., fret
tracasserie [tʀakasʀi] *nf* annoyance *no pl*; harassment *no pl*
tracassier, -ière [tʀakasje, -jɛʀ] *adj* irksome
trace [tʀas] *nf* (*empreintes*) tracks *pl*; (*marques, aussi fig*) mark; (*restes, vestige*) trace; (*indice*) sign; (*aussi*: **suivre à la trace**) to track; **~s de pas** footprints
tracé [tʀase] *nm* (*contour*) line; (*plan*) layout
tracer [tʀase] *vt* to draw; (*mot*) to trace; (*piste*) to open up; (*fig: chemin*) to show
traceur [tʀasœʀ] *nm* (*Inform*) plotter
trachée [tʀaʃe], **trachée-artère** [tʀaʃeaʀtɛʀ] *nf* windpipe, trachea
trachéite [tʀakeit] *nf* tracheitis
tract [tʀakt] *nm* tract, pamphlet; (*publicitaire*) handout
tractations [tʀaktɑsjɔ̃] *nfpl* dealings, bargaining *nsg*
tracter [tʀakte] *vt* to tow
tracteur [tʀaktœʀ] *nm* tractor
traction [tʀaksjɔ̃] *nf* traction; (*Gym*) pull-up; ~ **avant/arrière** front-wheel/rear-wheel drive; ~ **électrique** electric(al) traction *ou* haulage
trad. *abr* (= *traduit*) translated; (= *traduction*) translation; (= *traducteur*) translator
tradition [tʀadisjɔ̃] *nf* tradition
traditionalisme [tʀadisjɔnalism(ə)] *nm* traditionalism
traditionaliste [tʀadisjɔnalist(ə)] *adj, nm/f* traditionalist
traditionnel, le [tʀadisjɔnɛl] *adj* traditional
traditionnellement [tʀadisjɔnɛlmɑ̃] *adv* traditionally
traducteur, -trice [tʀadyktœʀ, -tʀis] *nm/f* translator
traduction [tʀadyksjɔ̃] *nf* translation
traduire [tʀadɥiʀ] *vt* to translate; (*exprimer*) to render, convey; **se ~ par** to find expression in; ~ **en français** to translate into French; ~ **en justice** to bring before the courts
traduis *etc* [tʀadɥi] *vb voir* **traduire**
traduisible [tʀadɥizibl(ə)] *adj* translatable
traduit, e [tʀadɥi, -it] *pp de* **traduire**
trafic [tʀafik] *nm* traffic; ~ **d'armes** arms dealing; ~ **de drogue** drug peddling
trafiquant, e [tʀafikɑ̃, -ɑ̃t] *nm/f* trafficker; dealer
trafiquer [tʀafike] *vt* (*péj*) to doctor, tamper with ▷ *vi* to traffic, be engaged in trafficking
tragédie [tʀaʒedi] *nf* tragedy
tragédien, ne [tʀaʒedjɛ̃, -ɛn] *nm/f* tragedian/ tragedienne
tragi-comique [tʀaʒikɔmik] *adj* tragi-comic
tragique [tʀaʒik] *adj* tragic ▷ *nm*: **prendre qch au** ~ to make a tragedy out of sth

t

tragiquement [tʀaʒikmɑ̃] *adv* tragically
trahir [tʀaiʀ] *vt* to betray; (*fig*) to give away, reveal; **se trahir** to betray o.s., give o.s. away
trahison [tʀaizɔ̃] *nf* betrayal; (*Jur*) treason
traie *etc* [tʀɛ] *vb voir* **traire**
train [tʀɛ̃] *nm* (*Rail*) train; (*allure*) pace; (*fig: ensemble*) set; **être en ~ de faire qch** to be doing sth; **mettre qch en ~** to get sth under way; **mettre qn en ~** to put sb in good spirits; **se mettre en ~** (*commencer*) to get started; (*faire de la gymnastique*) to warm up; **se sentir en ~** to feel in good form; **aller bon ~** to make good progress; **~ avant/arrière** front-wheel/rear-wheel axle unit; **~ à grande vitesse (TGV)** high-speed train; **~ d'atterrissage** undercarriage; **~ autos-couchettes** car-sleeper train; **~ électrique** (*jouet*) (electric) train set; **~ de pneus** set of tyres *ou* tires; **~ de vie** style of living
traînailler [tʀɛnɑje] *vi* = **traînasser**
traînant, e [tʀɛnɑ̃, -ɑ̃t] *adj* (*voix, ton*) drawling
traînard, e [tʀɛnaʀ, -aʀd(ə)] *nm/f* (*péj*) slowcoach (*Brit*), slowpoke (*US*)
traînasser [tʀɛnase] *vi* to dawdle
traîne [tʀɛn] *nf* (*de robe*) train; **être à la ~** to be in tow; (*en arrière*) to lag behind; (*en désordre*) to be lying around
traîneau, x [tʀɛno] *nm* sleigh, sledge
traînée [tʀene] *nf* streak, trail; (*péj*) slut
traîner [tʀene] *vt* (*remorque*) to pull; (*enfant, chien*) to drag *ou* trail along; (*maladie*): **il traîne un rhume depuis l'hiver** he has a cold which has been dragging on since winter ▷ *vi* (*être en désordre*) to lie around; (*marcher lentement*) to dawdle (along); (*vagabonder*) to hang about; (*agir lentement*) to idle about; (*durer*) to drag on; **se traîner** *vi* (*ramper*) to crawl along; (*marcher avec difficulté*) to drag o.s. along; (*durer*) to drag on; **se ~ par terre** to crawl (on the ground); **~ qn au cinéma** to drag sb to the cinema; **~ les pieds** to drag one's feet; **~ par terre** to trail on the ground; **~ en longueur** to drag out
training [tʀeniŋ] *nm* (*pull*) tracksuit top; (*chaussure*) trainer (*Brit*), sneaker (*US*)
train-train [tʀɛ̃tʀɛ̃] *nm* humdrum routine
traire [tʀɛʀ] *vt* to milk
trait, e [tʀɛ, -ɛt] *pp de* **traire** ▷ *nm* (*ligne*) line; (*de dessin*) stroke; (*caractéristique*) feature, trait; (*flèche*) dart, arrow; shaft; **traits** *nmpl* (*du visage*) features; **d'un ~** (*boire*) in one gulp; **de ~** *adj* (*animal*) draught (*Brit*), draft (*US*); **avoir ~ à** to concern; **~ pour ~** line for line; **~ de caractère** characteristic, trait; **~ d'esprit** flash of wit; **~ de génie** brainwave; **~ d'union** hyphen; (*fig*) link
traitable [tʀɛtabl(ə)] *adj* (*personne*) accommodating; (*sujet*) manageable
traitant, e [tʀɛtɑ̃, -ɑ̃t] *adj*: **votre médecin ~** your usual *ou* family doctor; **shampooing ~** medicated shampoo; **crème ~e** conditioning cream, conditioner
traite [tʀɛt] *nf* (*Comm*) draft; (*Agr*) milking; (*trajet*) stretch; **d'une (seule) ~** without stopping (once); **la ~ des noirs** the slave trade; **la ~ des blanches** the white slave trade
traité [tʀete] *nm* treaty
traitement [tʀɛtmɑ̃] *nm* treatment; processing; (*salaire*) salary; **suivre un ~** to undergo treatment; **mauvais ~** ill-treatment; **~ de données** *ou* **de l'information** (*Inform*) data processing; **~ hormono-supplétif** hormone replacement therapy; **~ par lots** (*Inform*) batch processing; **~ de texte** (*Inform*) word processing
traiter [tʀete] *vt* (*gén*) to treat; (*Tech: matériaux*) to process, treat; (*Inform*) to process; (*affaire*) to deal with, handle; (*qualifier*): **~ qn d'idiot** to call sb a fool ▷ *vi* to deal; **~ de** *vt* to deal with; **bien/mal ~** to treat well/ill-treat
traiteur [tʀɛtœʀ] *nm* caterer
traître, -esse [tʀɛtʀ(ə), -tʀɛs] *adj* (*dangereux*) treacherous ▷ *nm* traitor; **prendre qn en ~** to make an insidious attack on sb
traîtrise [tʀetʀiz] *nf* treachery
trajectoire [tʀaʒɛktwaʀ] *nf* trajectory, path
trajet [tʀaʒɛ] *nm* journey; (*itinéraire*) route; (*fig*) path, course
tralala [tʀalala] *nm* (*péj*) fuss
tram [tʀam] *nm* tram (*Brit*), streetcar (*US*)
trame [tʀam] *nf* (*de tissu*) weft; (*fig*) framework; texture; (*Typo*) screen
tramer [tʀame] *vt* to plot, hatch
trampoline [tʀɑ̃pɔlin], **trampolino** [tʀɑ̃pɔlino] *nm* trampoline; (*Sport*) trampolining
tramway [tʀamwɛ] *nm* tram(way); (*voiture*) tram(car) (*Brit*), streetcar (*US*)
tranchant, e [tʀɑ̃ʃɑ̃, -ɑ̃t] *adj* sharp; (*fig: personne*) peremptory; (: *couleurs*) striking ▷ *nm* (*d'un couteau*) cutting edge; (*de la main*) edge; **à double ~** (*argument, procédé*) double-edged
tranche [tʀɑ̃ʃ] *nf* (*morceau*) slice; (*arête*) edge; (*partie*) section; (*série*) block; (*d'impôts, revenus etc*) bracket; (*loterie*) issue; **~ d'âge** age bracket; **~ (de silicium)** wafer
tranché, e [tʀɑ̃ʃe] *adj* (*couleurs*) distinct, sharply contrasted; (*opinions*) clear-cut, definite ▷ *nf* trench
trancher [tʀɑ̃ʃe] *vt* to cut, sever; (*fig: résoudre*) to settle ▷ *vi* to be decisive; (*entre deux choses*) to settle the argument; **~ avec** to contrast sharply with
tranchet [tʀɑ̃ʃɛ] *nm* knife
tranchoir [tʀɑ̃ʃwaʀ] *nm* chopper
tranquille [tʀɑ̃kil] *adj* calm, quiet; (*enfant, élève*) quiet; (*rassuré*) easy in one's mind, with one's mind at rest; **se tenir ~** (*enfant*) to be quiet; **avoir la conscience ~** to have an easy conscience; **laisse-moi/laisse-ça ~** leave me/it alone
tranquillement [tʀɑ̃kilmɑ̃] *adv* calmly
tranquillisant, e [tʀɑ̃kilizɑ̃, -ɑ̃t] *adj* (*nouvelle*) reassuring ▷ *nm* tranquillizer
tranquilliser [tʀɑ̃kilize] *vt* to reassure; **se tranquilliser** to calm (o.s.) down
tranquillité [tʀɑ̃kilite] *nf* quietness, peace (and

quiet); **en toute ~** with complete peace of mind; **~ d'esprit** peace of mind
transaction [tʀɑ̃zaksjɔ̃] *nf* (*Comm*) transaction, deal
transafricain, e [tʀɑ̃safʀikɛ̃, -ɛn] *adj* transafrican
transalpin, e [tʀɑ̃zalpɛ̃, -in] *adj* transalpine
transaméricain, e [tʀɑ̃zameʀikɛ̃, -ɛn] *adj* transamerican
transat [tʀɑ̃zat] *nm* deckchair ▷ *nf* = **course transatlantique**
transatlantique [tʀɑ̃zatlɑ̃tik] *adj* transatlantic ▷ *nm* transatlantic liner
transborder [tʀɑ̃sbɔʀde] *vt* to tran(s)ship
transcendant, e [tʀɑ̃sɑ̃dɑ̃, -ɑ̃t] *adj* (*Philosophie, Math*) transcendental; (*supérieur*) transcendent
transcodeur [tʀɑ̃skɔdœʀ] *nm* compiler
transcontinental, e, -aux [tʀɑ̃skɔ̃tinɑ̃tal, -o] *adj* transcontinental
transcription [tʀɑ̃skʀipsjɔ̃] *nf* transcription
transcrire [tʀɑ̃skʀiʀ] *vt* to transcribe
transe [tʀɑ̃s] *nf*: **entrer en ~** to go into a trance; **transes** *nfpl* agony *nsg*
transférable [tʀɑ̃sfeʀabl(ə)] *adj* transferable
transfèrement [tʀɑ̃sfɛʀmɑ̃] *nm* transfer
transférer [tʀɑ̃sfeʀe] *vt* to transfer
transfert [tʀɑ̃sfɛʀ] *nm* transfer
transfiguration [tʀɑ̃sfigyʀɑsjɔ̃] *nf* transformation, transfiguration
transfigurer [tʀɑ̃sfigyʀe] *vt* to transform
transfo [tʀɑ̃sfo] *nm* (= *transformateur*) transformer
transformable [tʀɑ̃sfɔʀmabl(ə)] *adj* convertible
transformateur [tʀɑ̃sfɔʀmatœʀ] *nm* transformer
transformation [tʀɑ̃sfɔʀmɑsjɔ̃] *nf* transformation; (*Rugby*) conversion; **industries de ~** processing industries
transformer [tʀɑ̃sfɔʀme] *vt* to transform, alter (*"alter" implique un changement moins radical*); (*matière première, appartement, Rugby*) to convert; **~ en** to transform into; to turn into; to convert into; **se transformer** *vi* to be transformed; to alter
transfuge [tʀɑ̃sfyʒ] *nm* renegade
transfuser [tʀɑ̃sfyze] *vt* to transfuse
transfusion [tʀɑ̃sfyzjɔ̃] *nf*: **~ sanguine** blood transfusion
transgénique [tʀɑ̃sʒenik] *adj* transgenic
transgresser [tʀɑ̃sgʀese] *vt* to contravene, disobey
transhumance [tʀɑ̃zymɑ̃s] *nf* transhumance, seasonal move to new pastures
transi, e [tʀɑ̃zi] *adj* numb (with cold), chilled to the bone
transiger [tʀɑ̃ziʒe] *vi* to compromise, come to an agreement; **~ sur** *ou* **avec qch** to compromise on sth
transistor [tʀɑ̃zistɔʀ] *nm* transistor
transistorisé, e [tʀɑ̃zistɔʀize] *adj* transistorized
transit [tʀɑ̃zit] *nm* transit; **de ~** transit *cpd*; **en ~** in transit
transitaire [tʀɑ̃zitɛʀ] *nm/f* forwarding agent
transiter [tʀɑ̃zite] *vi* to pass in transit
transitif, -ive [tʀɑ̃zitif, -iv] *adj* transitive
transition [tʀɑ̃zisjɔ̃] *nf* transition; **de ~** transitional
transitoire [tʀɑ̃zitwaʀ] *adj* (*mesure, gouvernement*) transitional, provisional; (*fugitif*) transient
translucide [tʀɑ̃slysid] *adj* translucent
transmet *etc* [tʀɑ̃smɛ] *vb voir* **transmettre**
transmettais *etc* [tʀɑ̃smɛtɛ] *vb voir* **transmettre**
transmetteur [tʀɑ̃smɛtœʀ] *nm* transmitter
transmettre [tʀɑ̃smɛtʀ(ə)] *vt* (*passer*): **~ qch à qn** to pass sth on to sb; (*Tech, Tél, Méd*) to transmit; (*TV, Radio: retransmettre*) to broadcast
transmis, e [tʀɑ̃smi, -iz] *pp de* **transmettre**
transmissible [tʀɑ̃smisibl(ə)] *adj* transmissible
transmission [tʀɑ̃smisjɔ̃] *nf* transmission, passing on; (*Auto*) transmission; **transmissions** *nfpl* (*Mil*) ≈ signals corps *nsg*; **~ de données** (*Inform*) data transmission; **~ de pensée** thought transmission
transocéanien, ne [tʀɑ̃zɔseanjɛ̃, -ɛn] **transocéanique** [tʀɑ̃zɔseanik] *adj* transoceanic
transparaître [tʀɑ̃sparɛtʀ(ə)] *vi* to show (through)
transparence [tʀɑ̃sparɑ̃s] *nf* transparence; **par ~** (*regarder*) against the light; (*voir*) showing through
transparent, e [tʀɑ̃sparɑ̃, -ɑ̃t] *adj* transparent
transpercer [tʀɑ̃spɛʀse] *vt* to go through, pierce
transpiration [tʀɑ̃spiʀɑsjɔ̃] *nf* perspiration
transpirer [tʀɑ̃spiʀe] *vi* to perspire; (*information, nouvelle*) to come to light
transplant [tʀɑ̃splɑ̃] *nm* transplant
transplantation [tʀɑ̃splɑ̃tɑsjɔ̃] *nf* transplant
transplanter [tʀɑ̃splɑ̃te] *vt* (*Méd, Bot*) to transplant; (*personne*) to uproot, move
transport [tʀɑ̃spɔʀ] *nm* transport; (*émotions*): **~ de colère** fit of rage; **~ de joie** transport of delight; **~ de voyageurs/marchandises** passenger/goods transportation; **~s en commun** public transport *nsg*; **~s routiers** haulage (*Brit*), trucking (*US*)
transportable [tʀɑ̃spɔʀtabl(ə)] *adj* (*marchandises*) transportable; (*malade*) fit (enough) to be moved
transporter [tʀɑ̃spɔʀte] *vt* to carry, move; (*Comm*) to transport, convey; (*fig*): **~ qn (de joie)** to send sb into raptures; **se ~ quelque part** (*fig*) to let one's imagination carry one away (somewhere)
transporteur [tʀɑ̃spɔʀtœʀ] *nm* haulage contractor (*Brit*), trucker (*US*)
transposer [tʀɑ̃spoze] *vt* to transpose
transposition [tʀɑ̃spozisjɔ̃] *nf* transposition
transrhénan, e [tʀɑ̃sʀenɑ̃, -an] *adj* transrhenane
transsaharien, ne [tʀɑ̃ssaaʀjɛ̃, -ɛn] *adj* trans-Saharan

transsexuel, le [tʀɑ̃ssɛksɥɛl] *adj, nm/f* transsexual
transsibérien, ne [tʀɑ̃ssibeʀjɛ̃, -ɛn] *adj* trans-Siberian
transvaser [tʀɑ̃svaze] *vt* to decant
transversal, e, -aux [tʀɑ̃svɛʀsal, -o] *adj* transverse, cross(-); *(route etc)* cross-country; *(mur, chemin, rue)* running at right angles; *(Auto)*: **axe ~** main cross-country road *(Brit) ou* highway *(US)*
transversalement [tʀɑ̃svɛʀsalmɑ̃] *adv* crosswise
trapèze [tʀapɛz] *nm (Géom)* trapezium; *(au cirque)* trapeze
trapéziste [tʀapezist(ə)] *nm/f* trapeze artist
trappe [tʀap] *nf (de cave, grenier)* trap door; *(piège)* trap
trappeur [tʀapœʀ] *nm* trapper, fur trader
trapu, e [tʀapy] *adj* squat, stocky
traquenard [tʀaknaʀ] *nm* trap
traquer [tʀake] *vt* to track down; *(harceler)* to hound
traumatisant, e [tʀomatizɑ̃, -ɑ̃t] *adj* traumatic
traumatiser [tʀomatize] *vt* to traumatize
traumatisme [tʀomatism(ə)] *nm* traumatism
traumatologie [tʀomatɔlɔʒi] *nf branch of medicine concerned with accidents*
travail, -aux [tʀavaj, -o] *nm (gén)* work; *(tâche, métier)* work *no pl*, job; *(Écon, Méd)* labour *(Brit)*, labor *(US)*; *(Inform)* job ▷ *nmpl (de réparation, agricoles etc)* work *nsg*; *(sur route)* roadworks; *(de construction)* building (work) *nsg*; **être/entrer en ~** *(Méd)* to be in/go into labour; **être sans ~** *(employé)* to be out of work, be unemployed; **~ d'intérêt général (TIG)** ≈ community service; **~ (au) noir** moonlighting; **~ posté** shiftwork; **travaux des champs** farmwork *nsg*; **travaux dirigés (TD)** *(Scol)* supervised practical work *nsg*; **travaux forcés** hard labour *nsg*; **travaux manuels** *(Scol)* handicrafts; **travaux ménagers** housework *nsg*; **travaux pratiques (TP)** *(gén)* practical work; *(en laboratoire)* lab work *(Brit)*, lab *(US)*; **travaux publics (TP)** ≈ public works *nsg*
travaillé, e [tʀavaje] *adj (style)* polished
travailler [tʀavaje] *vi* to work; *(bois)* to warp ▷ *vt (bois, métal)* to work; *(pâte)* to knead; *(objet d'art, discipline, fig: influencer)* to work on; **cela le travaille** it is on his mind; **~ la terre** to work the land; **~ son piano** to do one's piano practice; **~ à** to work on; *(fig: contribuer à)* to work towards; **~ à faire** to endeavour *(Brit) ou* endeavor *(US)* to do
travailleur, -euse [tʀavajœʀ, -øz] *adj* hard-working ▷ *nm/f* worker; **~ de force** labourer *(Brit)*, laborer *(US)*; **~ intellectuel** non-manual worker; **~ social** social worker; **travailleuse familiale** home help
travailliste [tʀavajist(ə)] *adj* ≈ Labour *cpd* ▷ *nm/f* member of the Labour party
travée [tʀave] *nf* row; *(Archit)* bay; span
traveller's [tʀavlœʀs], **traveller's chèque** [tʀavlœʀsʃɛk] *nm* traveller's cheque
travelling [tʀavliŋ] *nm (chariot)* dolly; *(technique)* tracking; **~ optique** zoom shots *pl*
travelo [tʀavlo] *nm (fam)* (drag) queen
travers [tʀavɛʀ] *nm* fault, failing; **en ~ (de)** across; **au ~ (de)** through; **de ~** *adj* askew ▷ *adv* sideways; *(fig)* the wrong way; **à ~** through; **regarder de ~** *(fig)* to look askance at
traverse [tʀavɛʀs(ə)] *nf (de voie ferrée)* sleeper; **chemin de ~** shortcut
traversée [tʀavɛʀse] *nf* crossing
traverser [tʀavɛʀse] *vt (gén)* to cross; *(ville, tunnel, aussi: percer, fig)* to go through; *(ligne, trait)* to run across
traversin [tʀavɛʀsɛ̃] *nm* bolster
travesti [tʀavɛsti] *nm (costume)* fancy dress; *(artiste de cabaret)* female impersonator, drag artist; *(comme mode de vie)* transvestite
travestir [tʀavɛstiʀ] *vt (vérité)* to misrepresent; **se travestir** *(se costumer)* to dress up; *(artiste)* to put on drag; *(Psych)* to dress as a woman
trayais *etc* [tʀɛjɛ] *vb voir* **traire**
trayeuse [tʀɛjøz] *nf* milking machine
trébucher [tʀebyʃe] *vi*: **~ (sur)** to stumble (over), trip (over)
trèfle [tʀɛfl(ə)] *nm (Bot)* clover; *(Cartes: couleur)* clubs *pl*; *(: carte)* club; **~ à quatre feuilles** four-leaf clover
treillage [tʀɛjaʒ] *nm* lattice work
treille [tʀɛj] *nf (tonnelle)* vine arbour *(Brit) ou* arbor *(US)*; *(vigne)* climbing vine
treillis [tʀeji] *nm (métallique)* wire-mesh; *(toile)* canvas; *(Mil: tenue)* combat uniform; *(pantalon)* combat trousers *pl*
treize [tʀɛz] *num* thirteen
treizième [tʀɛzjɛm] *num* thirteenth; *see note*

TREIZIÈME MOIS

The *treizième mois* is an end-of-year bonus roughly corresponding to one month's salary. For many employees it is a standard part of their salary package.

tréma [tʀema] *nm* diaeresis
tremblant, e [tʀɑ̃blɑ̃, -ɑ̃t] *adj* trembling, shaking
tremble [tʀɑ̃bl(ə)] *nm (Bot)* aspen
tremblé, e [tʀɑ̃ble] *adj* shaky
tremblement [tʀɑ̃bləmɑ̃] *nm* trembling *no pl*, shaking *no pl*, shivering *no pl*; **~ de terre** earthquake
trembler [tʀɑ̃ble] *vi* to tremble, shake; **~ de** *(froid, fièvre)* to shiver *ou* tremble with; *(peur)* to shake *ou* tremble with; **~ pour qn** to fear for sb
tremblotant, e [tʀɑ̃blɔtɑ̃, -ɑ̃t] *adj* trembling
trembloter [tʀɑ̃blɔte] *vi* to tremble *ou* shake slightly
trémolo [tʀemɔlo] *nm (d'un instrument)* tremolo; *(de la voix)* quaver
trémousser [tʀemuse]: **se trémousser** *vi* to jig about, wriggle about

trempe [tʀɑ̃p] *nf* (*fig*): **de cette/sa ~** of this/his calibre (*Brit*) *ou* caliber (*US*)
trempé, e [tʀɑ̃pe] *adj* soaking (wet), drenched; (*Tech*): **acier ~** tempered steel
tremper [tʀɑ̃pe] *vt* to soak, drench; (*aussi*: **faire tremper, mettre à tremper**) to soak; (*plonger*): **~ qch dans** to dip sth in(to) ▷ *vi* to soak; (*fig*): **~ dans** to be involved *ou* have a hand in; **se tremper** *vi* to have a quick dip; **se faire ~** to get soaked *ou* drenched
trempette [tʀɑ̃pɛt] *nf*: **faire ~** to go paddling
tremplin [tʀɑ̃plɛ̃] *nm* springboard; (*Ski*) ski jump
trentaine [tʀɑ̃tɛn] *nf* (*âge*): **avoir la ~** to be around thirty; **une ~ (de)** thirty or so, about thirty
trente [tʀɑ̃t] *num* thirty; **voir ~-six chandelles** (*fig*) to see stars; **être/se mettre sur son ~ et un** to be/get dressed to kill; **~-trois tours** *nm* long-playing record, LP
trentième [tʀɑ̃tjɛm] *num* thirtieth
trépanation [tʀepanasjɔ̃] *nf* trepan
trépaner [tʀepane] *vt* to trepan, trephine
trépasser [tʀepase] *vi* to pass away
trépidant, e [tʀepidɑ̃, -ɑ̃t] *adj* (*fig: rythme*) pulsating; (*: vie*) hectic
trépidation [tʀepidɑsjɔ̃] *nf* (*d'une machine, d'un moteur*) vibration; (*fig: de la vie*) whirl
trépider [tʀepide] *vi* to vibrate
trépied [tʀepje] *nm* (*d'appareil*) tripod; (*meuble*) trivet
trépignement [tʀepiɲmɑ̃] *nm* stamping (of feet)
trépigner [tʀepiɲe] *vi* to stamp (one's feet)
très [tʀɛ] *adv* very; **~ beau/bien** very beautiful/well; **~ critiqué** much criticized; **~ industrialisé** highly industrialized; **j'ai ~ faim** I'm very hungry
trésor [tʀezɔʀ] *nm* treasure; (*Admin*) finances *pl*; (*d'une organisation*) funds *pl*; **~ (public) (TP)** public revenue; (*service*) public revenue office
trésorerie [tʀezɔʀʀi] *nf* (*fonds*) funds *pl*; (*gestion*) accounts *pl*; (*bureaux*) accounts department; (*poste*) treasurership; **difficultés de ~** cash problems, shortage of cash *ou* funds; **~ générale (TG)** *local government finance office*
trésorier, -ière [tʀezɔʀje, -jɛʀ] *nm/f* treasurer
Trésorier-payeur [tʀezɔʀjepɛjœʀ] *nm*: **~ général (TPG)** paymaster
tressaillement [tʀesajmɑ̃] *nm* shiver, shudder; quiver
tressaillir [tʀesajiʀ] *vi* (*de peur etc*) to shiver, shudder; (*de joie*) to quiver
tressauter [tʀesote] *vi* to start, jump
tresse [tʀɛs] *nf* (*de cheveux*) braid, plait; (*cordon, galon*) braid
tresser [tʀese] *vt* (*cheveux*) to braid, plait; (*fil, jonc*) to plait; (*corbeille*) to weave; (*corde*) to twist
tréteau, x [tʀeto] *nm* trestle; **les ~x** (*fig: Théât*) the boards
treuil [tʀœj] *nm* winch
trêve [tʀɛv] *nf* (*Mil, Pol*) truce; (*fig*) respite; **sans ~** unremittingly; **~ de ...** enough of this ...; **les États de la T~** the Trucial States
tri [tʀi] *nm* (*voir trier*) sorting (out) *no pl*; selection; screening; (*Inform*) sort; (*Postes: action*) sorting; (*: bureau*) sorting office
triage [tʀijaʒ] *nm* (*Rail*) shunting; (*gare*) marshalling yard
trial [trijal] *nm* (*Sport*) scrambling
triangle [tʀijɑ̃gl(ə)] *nm* triangle; **~ isocèle/équilatéral** isosceles/equilateral triangle; **~ rectangle** right-angled triangle
triangulaire [tʀijɑ̃gylɛʀ] *adj* triangular
triathlon [tʀi(j)atlɔ̃] *nm* triathlon
tribal, e, -aux [tʀibal, -o] *adj* tribal
tribord [tʀibɔʀ] *nm*: **à ~** to starboard, on the starboard side
tribu [tʀiby] *nf* tribe
tribulations [tʀibylɑsjɔ̃] *nfpl* tribulations, trials
tribunal, -aux [tʀibynal, -o] *nm* (*Jur*) court; (*Mil*) tribunal; **~ de police/pour enfants** police/juvenile court; **~ d'instance (TI)** ≈ magistrates' court (*Brit*), ≈ district court (*US*); **~ de grande instance (TGI)** ≈ High Court (*Brit*), ≈ Supreme Court (*US*)
tribune [tʀibyn] *nf* (*estrade*) platform, rostrum; (*débat*) forum; (*d'église, de tribunal*) gallery; (*de stade*) stand; **~ libre** (*Presse*) opinion column
tribut [tʀiby] *nm* tribute
tributaire [tʀibytɛʀ] *adj*: **être ~ de** to be dependent on; (*Géo*) to be a tributary of
tricentenaire [tʀisɑ̃tnɛʀ] *nm* tercentenary, tricentennial
tricher [tʀiʃe] *vi* to cheat
tricherie [tʀiʃʀi] *nf* cheating *no pl*
tricheur, -euse [tʀiʃœʀ, -øz] *nm/f* cheat
trichromie [tʀikʀɔmi] *nf* three-colour (*Brit*) *ou* -color (*US*) printing
tricolore [tʀikɔlɔʀ] *adj* three-coloured (*Brit*), three-colored (*US*); (*français: drapeau*) red, white and blue; (*: équipe etc*) French
tricot [tʀiko] *nm* (*technique, ouvrage*) knitting *no pl*; (*tissu*) knitted fabric; (*vêtement*) jersey, sweater; **~ de corps** vest (*Brit*), undershirt (*US*)
tricoter [tʀikɔte] *vt* to knit; **machine/aiguille à ~** knitting machine/needle (*Brit*) *ou* pin (*US*)
trictrac [tʀiktʀak] *nm* backgammon
tricycle [tʀisikl(ə)] *nm* tricycle
tridimensionnel, le [tʀidimɑ̃sjɔnɛl] *adj* three-dimensional
triennal, e, -aux [tʀiɛnal, -o] *adj* (*prix, foire, élection*) three-yearly; (*charge, mandat, plan*) three-year
trier [tʀije] *vt* (*classer*) to sort (out); (*choisir*) to select; (*visiteurs*) to screen; (*Postes, Inform*) to sort
trieur, -euse [tʀijœʀ, -øz] *nm/f* sorter
trigonométrie [tʀigɔnɔmetʀi] *nf* trigonometry
trigonométrique [tʀigɔnɔmetʀik] *adj* trigonometric
trilingue [tʀilɛ̃g] *adj* trilingual
trilogie [tʀilɔʒi] *nf* trilogy
trimaran [tʀimaʀɑ̃] *nm* trimaran
trimbaler [tʀɛ̃bale] *vt* to cart around, trail

t

along
trimer [tʀime] *vi* to slave away
trimestre [tʀimɛstʀ(ə)] *nm* (*Scol*) term; (*Comm*) quarter
trimestriel, le [tʀimɛstʀijɛl] *adj* quarterly; (*Scol*) end-of-term
trimoteur [tʀimɔtœʀ] *nm* three-engined aircraft
tringle [tʀɛ̃gl(ə)] *nf* rod
Trinité [tʀinite] *nf* Trinity
Trinité et Tobago [tʀiniteetɔbago] *nf* Trinidad and Tobago
trinquer [tʀɛ̃ke] *vi* to clink glasses; (*fam*) to cop it; **~ à qch/la santé de qn** to drink to sth/sb
trio [tʀijo] *nm* trio
triolet [tʀijɔlɛ] *nm* (*Mus*) triplet
triomphal, e, -aux [tʀijɔ̃fal, -o] *adj* triumphant, triumphal
triomphalement [tʀijɔ̃falmɑ̃] *adv* triumphantly
triomphant, e [tʀijɔ̃fɑ̃, -ɑ̃t] *adj* triumphant
triomphateur, -trice [tʀijɔ̃fatœʀ, -tʀis] *nm/f* (triumphant) victor
triomphe [tʀijɔ̃f] *nm* triumph; **être reçu/porté en ~** to be given a triumphant welcome/be carried shoulder-high in triumph
triompher [tʀijɔ̃fe] *vi* to triumph; **~ de** to triumph over, overcome
triparti, e [tʀipaʀti] *adj* (*aussi*: **tripartite**: *réunion, assemblée*) tripartite, three-party
triperie [tʀipʀi] *nf* tripe shop
tripes [tʀip] *nfpl* (*Culin*) tripe *nsg*; (*fam*) guts
triplace [tʀiplas] *adj* three-seater *cpd*
triple [tʀipl(ə)] *adj* (*à trois éléments*) triple; (*trois fois plus grand*) treble ▷ *nm*: **le ~ (de)** (*comparaison*) three times as much (as); **en ~ exemplaire** in triplicate; **~ saut** (*Sport*) triple jump
triplé [tʀiple] *nm* hat-trick (*Brit*), triple success
triplement [tʀipləmɑ̃] *adv* (*à un degré triple*) three times over; (*de trois façons*) in three ways; (*pour trois raisons*) on three counts ▷ *nm* trebling, threefold increase
tripler [tʀiple] *vi, vt* to triple, treble, increase threefold
triplés, -ées [tʀiple] *nm/fpl* triplets
Tripoli [tʀipɔli] *n* Tripoli
triporteur [tʀipɔʀtœʀ] *nm* delivery tricycle
tripot [tʀipo] *nm* (*péj*) dive
tripotage [tʀipɔtaʒ] *nm* (*péj*) jiggery-pokery
tripoter [tʀipɔte] *vt* to fiddle with, finger ▷ *vi* (*fam*) to rummage about
trique [tʀik] *nf* cudgel
trisannuel, le [tʀizanɥɛl] *adj* triennial
trisomie [tʀizɔmi] *nf* Down's syndrome
triste [tʀist(ə)] *adj* sad; (*péj*): **~ personnage/affaire** sorry individual/affair; **c'est pas ~!** (*fam*) it's something else!
tristement [tʀistəmɑ̃] *adv* sadly
tristesse [tʀistɛs] *nf* sadness
triton [tʀitɔ̃] *nm* triton
triturer [tʀityʀe] *vt* (*pâte*) to knead; (*objets*) to manipulate
trivial, e, -aux [tʀivjal, -o] *adj* coarse, crude; (*commun*) mundane
trivialité [tʀivjalite] *nf* coarseness, crudeness; mundaneness
troc [tʀɔk] *nm* (*Écon*) barter; (*transaction*) exchange, swap
troène [tʀɔɛn] *nm* privet
troglodyte [tʀɔglɔdit] *nm/f* cave dweller, troglodyte
trognon [tʀɔɲɔ̃] *nm* (*de fruit*) core; (*de légume*) stalk
trois [tʀwɑ] *num* three
trois-huit [tʀwaɥit] *nmpl*: **faire les ~** to work eight-hour shifts (round the clock)
troisième [tʀwazjɛm] *num* third; **le ~ âge** the years of retirement
troisièmement [tʀwazjɛmmɑ̃] *adv* thirdly
trois quarts [tʀwakaʀ] *nmpl*: **les ~ de** three-quarters of
trolleybus [tʀɔlɛbys] *nm* trolley bus
trombe [tʀɔ̃b] *nf* waterspout; **des ~s d'eau** a downpour; **en ~** (*arriver, passer*) like a whirlwind
trombone [tʀɔ̃bɔn] *nm* (*Mus*) trombone; (*de bureau*) paper clip; **~ à coulisse** slide trombone
tromboniste [tʀɔ̃bɔnist(ə)] *nm/f* trombonist
trompe [tʀɔ̃p] *nf* (*d'éléphant*) trunk; (*Mus*) trumpet, horn; **~ d'Eustache** Eustachian tube; **~s utérines** Fallopian tubes
trompe-l'œil [tʀɔ̃plœj] *nm*: **en trompe-l'œil** in trompe-l'œil style
tromper [tʀɔ̃pe] *vt* to deceive; (*fig*: *espoir, attente*) to disappoint; (*vigilance, poursuivants*) to elude; **se tromper** *vi* to make a mistake, be mistaken; **se tromper de voiture/jour** to take the wrong car/get the day wrong; **se ~ de 3 cm/20 euros** to be out by 3 cm/20 euros
tromperie [tʀɔ̃pʀi] *nf* deception, trickery *no pl*
trompette [tʀɔ̃pɛt] *nf* trumpet; **en ~** (*nez*) turned-up
trompettiste [tʀɔ̃petist(ə)] *nm/f* trumpet player
trompeur, -euse [tʀɔ̃pœʀ, -øz] *adj* deceptive, misleading
tronc [tʀɔ̃] *nm* (*Bot, Anat*) trunk; (*d'église*) collection box; **~ d'arbre** tree trunk; **~ commun** (*Scol*) common-core syllabus; **~ de cône** truncated cone
tronche [tʀɔ̃ʃ] *nf* (*fam*) mug, face
tronçon [tʀɔ̃sɔ̃] *nm* section
tronçonner [tʀɔ̃sɔne] *vt* (*arbre*) to saw up; (*pierre*) to cut up
tronçonneuse [tʀɔ̃sɔnøz] *nf* chain saw
trône [tʀon] *nm* throne; **monter sur le ~** to ascend the throne
trôner [tʀone] *vi* (*fig*) to have (*ou* take) pride of place (*Brit*), have the place of honour (*Brit*) *ou* honor (*US*)
tronquer [tʀɔ̃ke] *vt* to truncate; (*fig*) to curtail
trop [tʀo] *adv* too; (*avec verbe*) too much; (*aussi*: **trop nombreux**) too many; (*aussi*: **trop souvent**) too often; **~ peu (nombreux)** too few; **~ longtemps** (for) too long; **~ de** (*nombre*) too

many; (*quantité*) too much; **de ~, en ~: des livres en ~** a few books too many, a few extra books; **du lait en ~** too much milk; **trois livres/cinq euros de ~** three books too many/ five euros too much

trophée [tʀɔfe] *nm* trophy

tropical, e, -aux [tʀɔpikal, -o] *adj* tropical

tropique [tʀɔpik] *nm* tropic; **tropiques** *nmpl* tropics; **~ du Cancer/Capricorne** Tropic of Cancer/Capricorn

trop-plein [tʀɔplɛ̃] *nm* (*tuyau*) overflow *ou* outlet (pipe); (*liquide*) overflow

troquer [tʀɔke] *vt*: **~ qch contre** to barter *ou* trade sth for; (*fig*) to swap sth for

trot [tʀo] *nm* trot; **aller au ~** to trot along; **partir au ~** to set off at a trot

trotter [tʀɔte] *vi* to trot; (*fig*) to scamper along (*ou* about)

trotteuse [tʀɔtøz] *nf* (*de montre*) second hand

trottiner [tʀɔtine] *vi* (*fig*) to scamper along (*ou* about)

trottinette [tʀɔtinɛt] *nf* (child's) scooter

trottoir [tʀɔtwaʀ] *nm* pavement (*Brit*), sidewalk (*US*); **faire le ~** (*péj*) to walk the streets; **~ roulant** moving pavement (*Brit*) *ou* walkway

trou [tʀu] *nm* hole; (*fig*) gap; (*Comm*) deficit; **~ d'aération** (air) vent; **~ d'air** air pocket; **~ de mémoire** blank, lapse of memory; **~ noir** black hole; **~ de la serrure** keyhole

troublant, e [tʀublɑ̃, -ɑ̃t] *adj* disturbing

trouble [tʀubl(ə)] *adj* (*liquide*) cloudy; (*image, mémoire*) indistinct, hazy; (*affaire*) shady, murky ▷ *adv* indistinctly ▷ *nm* (*désarroi*) distress, agitation; (*émoi sensuel*) turmoil, agitation; (*embarras*) confusion; (*zizanie*) unrest, discord; **troubles** *nmpl* (*Pol*) disturbances, troubles, unrest *nsg*; (*Méd*) trouble *nsg*, disorders; **~s de la personnalité** personality problems; **~s de la vision** eye trouble

trouble-fête [tʀubləfɛt] *nm/f inv* spoilsport

troubler [tʀuble] *vt* (*embarrasser*) to confuse, disconcert; (*émouvoir*) to agitate; to disturb; to perturb; (*perturber: ordre etc*) to disrupt, disturb; (*liquide*) to make cloudy; **se troubler** *vi* (*personne*) to become flustered *ou* confused; **~ l'ordre public** to cause a breach of the peace

troué, e [tʀue] *adj* with a hole (*ou* holes) in it ▷ *nf* gap; (*Mil*) breach

trouer [tʀue] *vt* to make a hole (*ou* holes) in; (*fig*) to pierce

trouille [tʀuj] *nf* (*fam*): **avoir la ~** to be scared stiff, be scared out of one's wits

troupe [tʀup] *nf* (*Mil*) troop; (*groupe*) troop, group; **la ~** (*Mil: l'armée*) the army; (*: les simples soldats*) the troops *pl*; **~ (de théâtre)** (theatrical) company; **~s de choc** shock troops

troupeau, x [tʀupo] *nm* (*de moutons*) flock; (*de vaches*) herd

trousse [tʀus] *nf* case, kit; (*d'écolier*) pencil case; (*de docteur*) instrument case; **aux ~s de** (*fig*) on the heels *ou* tail of; **~ à outils** toolkit; **~ de toilette** toilet *ou* sponge (*Brit*) bag

trousseau, x [tʀuso] *nm* (*de mariée*) trousseau; **~ de clefs** bunch of keys

trouvaille [tʀuvaj] *nf* find; (*fig: idée, expression etc*) brainwave

trouvé, e [tʀuve] *adj*: **tout ~** ready-made

trouver [tʀuve] *vt* to find; (*rendre visite*): **aller/ venir ~ qn** to go/come and see sb; **je trouve que** I find *ou* think that; **~ à boire/critiquer** to find something to drink/criticize; **~ asile/ refuge** to find refuge/shelter; **se trouver** *vi* (*être*) to be; (*être soudain*) to find o.s.; **se ~ être/ avoir** to happen to be/have; **il se trouve que** it happens that, it turns out that; **se ~ bien** to feel well; **se ~ mal** to pass out

truand [tʀyɑ̃] *nm* villain, crook

truander [tʀyɑ̃de] *vi* (*fam*) to cheat, do

trublion [tʀyblijɔ̃] *nm* troublemaker

truc [tʀyk] *nm* (*astuce*) way, device; (*de cinéma, prestidigitateur*) trick effect; (*chose*) thing; (*machin*) thingumajig, whatsit (*Brit*); **avoir le ~** to have the knack; **c'est pas son (*ou* mon *etc*) ~** (*fam*) it's not really his (*ou* my *etc*) thing

truchement [tʀyʃmɑ̃] *nm*: **par le ~ de qn** through (the intervention of) sb

trucider [tʀyside] *vt* (*fam*) to do in, bump off

truculence [tʀykylɑ̃s] *nf* colourfulness (*Brit*), colorfulness (*US*)

truculent, e [tʀykylɑ̃, -ɑ̃t] *adj* colourful (*Brit*), colorful (*US*)

truelle [tʀyɛl] *nf* trowel

truffe [tʀyf] *nf* truffle; (*nez*) nose

truffé, e [tʀyfe] *adj*: **~ de** (*fig*) peppered with; (*fautes*) riddled with; (*pièges*) bristling with

truffer [tʀyfe] *vt* (*Culin*) to garnish with truffles; **truffé de** (*fig: citations*) peppered with; (*: pièges*) bristling with

truie [tʀɥi] *nf* sow

truite [tʀɥit] *nf* trout *inv*

truquage [tʀykaʒ] *nm* fixing; (*Ciné*) special effects *pl*

truquer [tʀyke] *vt* (*élections, serrure, dés*) to fix; (*Ciné*) to use special effects in

trust [tʀœst] *nm* (*Comm*) trust

truster [tʀœste] *vt* (*Comm*) to monopolize

ts *abr* = **tous**

tsar [dzaʀ] *nm* tsar

tsé-tsé [tsetse] *nf*: **mouche ~** tsetse fly

TSF *sigle f* (= *télégraphie sans fil*) wireless

tsigane [tsigan] *adj, nm/f* = **tzigane**

TSVP *abr* (= *tournez s'il vous plaît*) PTO

tt *abr* = **tout**

TT, TTA *sigle m* (= *transit temporaire (autorisé)*) *vehicle registration for cars etc bought in France for export tax-free by non-residents*

TTC *abr* = **toutes taxes comprises**

ttes *abr* = **toutes**

TU *sigle m* = **temps universel**

tu[1] [ty] *pron* you ▷ *nm*: **employer le tu** to use the "tu" form

tu[2], e [ty] *pp de* **taire**

tuant, e [tɥɑ̃, -ɑ̃t] *adj* (*épuisant*) killing; (*énervant*) infuriating

t

tuba [tyba] *nm* (*Mus*) tuba; (*Sport*) snorkel
tubage [tybaʒ] *nm* (*Méd*) intubation
tube [tyb] *nm* tube; (*de canalisation, métallique etc*) pipe; (*chanson, disque*) hit song *ou* record; **~ digestif** alimentary canal, digestive tract; **~ à essai** test tube
tuberculeux, -euse [tybɛʀkylø, -øz] *adj* tubercular ▷ *nm/f* tuberculosis *ou* TB patient
tuberculose [tybɛʀkyloz] *nf* tuberculosis, TB
tubulaire [tybylɛʀ] *adj* tubular
tubulure [tybylyʀ] *nf* pipe; piping *no pl*; (*Auto*): **~ d'échappement/d'admission** exhaust/inlet manifold
TUC [tyk] *sigle m* (= *travail d'utilité collective*) *community work scheme for the young unemployed*
tuciste [tysist(ə)] *nm/f young person on a community work scheme*
tué, e [tɥe] *nm/f*: **cinq ~s** five killed *ou* dead
tue-mouche [tymuʃ] *adj*: **papier ~(s)** flypaper
tuer [tɥe] *vt* to kill; **se tuer** (*se suicider*) to kill o.s.; (*dans un accident*) to be killed; **se ~ au travail** (*fig*) to work o.s. to death
tuerie [tyʀi] *nf* slaughter *no pl*, massacre
tue-tête [tytɛt]: **à ~** *adv* at the top of one's voice
tueur [tɥœʀ] *nm* killer; **~ à gages** hired killer
tuile [tɥil] *nf* tile; (*fam*) spot of bad luck, blow
tulipe [tylip] *nf* tulip
tulle [tyl] *nm* tulle
tuméfié, e [tymefje] *adj* puffy, swollen
tumeur [tymœʀ] *nf* growth, tumour (*Brit*), tumor (*US*)
tumulte [tymylt(ə)] *nm* commotion, hubbub
tumultueux, -euse [tymyltɥø, -øz] *adj* stormy, turbulent
tuner [tynɛʀ] *nm* tuner
tungstène [tœ̃kstɛn] *nm* tungsten
tunique [tynik] *nf* tunic; (*de femme*) smock, tunic
Tunis [tynis] *n* Tunis
Tunisie [tynizi] *nf*: **la ~** Tunisia
tunisien, ne [tynizjɛ̃, -ɛn] *adj* Tunisian ▷ *nm/f*: **Tunisien, ne** Tunisian
tunisois, e [tynizwa, -waz] *adj* of *ou* from Tunis
tunnel [tynɛl] *nm* tunnel; **le ~ sous la Manche** the Channel Tunnel, the Chunnel
TUP *sigle m* (= *titre universel de paiement*) ≈ payment slip
turban [tyʀbɑ̃] *nm* turban
turbin [tyʀbɛ̃] *nm* (*fam*) work *no pl*
turbine [tyʀbin] *nf* turbine
turbo [tyʀbo] *nm* turbo; **un moteur ~** a turbo(-charged) engine
turbomoteur [tyʀbɔmɔtœʀ] *nm* turbo(-boosted) engine
turbopropulseur [tyʀbɔpʀɔpylsœʀ] *nm* turboprop
turboréacteur [tyʀbɔʀeaktœʀ] *nm* turbojet
turbot [tyʀbo] *nm* turbot
turbotrain [tyʀbɔtʀɛ̃] *nm* turbotrain
turbulences [tyʀbylɑ̃s] *nfpl* (*Aviat*) turbulence *sg*
turbulent, e [tyʀbylɑ̃, -ɑ̃t] *adj* boisterous, unruly
turc, turque [tyʀk(ə)] *adj* Turkish; (*w.-c.*) seatless ▷ *nm* (*Ling*) Turkish ▷ *nm/f*: **Turc, Turque** Turk/Turkish woman; **à la turque** *adv* (*assis*) cross-legged
turf [tyʀf] *nm* racing
turfiste [tyʀfist(ə)] *nm/f* racegoer
Turks et Caïques [tyʀkekaik], **Turks et Caicos** [tyʀkekaikɔs] *nfpl* Turks and Caicos Islands
turpitude [tyʀpityd] *nf* base act, baseness *no pl*
turque [tyʀk(ə)] *adj f, nf voir* **turc**
Turquie [tyʀki] *nf*: **la ~** Turkey
turquoise [tyʀkwaz] *nf, adj inv* turquoise
tus *etc* [ty] *vb voir* **taire**
tut *etc* [ty] *vb voir* **taire**
tutelle [tytɛl] *nf* (*Jur*) guardianship; (*Pol*) trusteeship; **sous la ~ de** (*fig*) under the supervision of
tuteur, -trice [tytœʀ, -tʀis] *nm/f* (*Jur*) guardian; (*de plante*) stake, support
tutoiement [tytwamɑ̃] *nm* use of familiar "tu" form
tutoyer [tytwaje] *vt*: **~ qn** to address sb as "tu"
tutti quanti [tutikwɑ̃ti] *nmpl*: **et ~** and all the rest (of them)
tutu [tyty] *nm* (*Danse*) tutu
tuyau, x [tɥijo] *nm* pipe; (*flexible*) tube; (*fam: conseil*) tip; (*: mise au courant*) gen *no pl*; **~ d'arrosage** hosepipe; **~ d'échappement** exhaust pipe; **~ d'incendie** fire hose
tuyauté, e [tɥijote] *adj* fluted
tuyauterie [tɥijotʀi] *nf* piping *no pl*
tuyère [tɥijɛʀ] *nf* nozzle
TV [teve] *nf* TV, telly (*Brit*)
TVA *sigle f* (= **taxe à**) *ou sur la valeur ajoutée*, VAT
TVHD *abr f* (= *télévision haute-définition*) HDTV
tweed [twid] *nm* tweed
tympan [tɛ̃pɑ̃] *nm* (*Anat*) eardrum
type [tip] *nm* type; (*personne, chose: représentant*) classic example, epitome; (*fam*) chap, guy ▷ *adj* typical, standard; **avoir le ~ nordique** to be Nordic-looking
typé, e [tipe] *adj* ethnic (*euph*)
typhoïde [tifɔid] *nf* typhoid (fever)
typhon [tifɔ̃] *nm* typhoon
typhus [tifys] *nm* typhus (fever)
typique [tipik] *adj* typical
typiquement [tipikmɑ̃] *adv* typically
typographe [tipɔgʀaf] *nm/f* typographer
typographie [tipɔgʀafi] *nf* typography; (*procédé*) letterpress (printing)
typographique [tipɔgʀafik] *adj* typographical; letterpress *cpd*
typologie [tipɔlɔʒi] *nf* typology
tyran [tiʀɑ̃] *nm* tyrant
tyrannie [tiʀani] *nf* tyranny
tyrannique [tiʀanik] *adj* tyrannical
tyranniser [tiʀanize] *vt* to tyrannize
Tyrol [tiʀɔl] *nm*: **le ~** the Tyrol
tyrolien, ne [tiʀɔljɛ̃, -ɛn] *adj* Tyrolean
tzar [dzaʀ] *nm* = **tsar**
tzigane [dzigan] *adj* gipsy, tzigane ▷ *nm/f* (Hungarian) gipsy, Tzigane

Uu

U, u [y] *nm inv* U, u; **U comme Ursule** U for Uncle
ubiquité [ybikɥite] *nf*: **avoir le don d'~** to be everywhere at once, be ubiquitous
UDF *sigle f (= Union pour la démocratie française) political party*
UE *sigle f (= Union européenne)* EU
UEFA [yefa] *sigle f (= Union of European Football Associations)* UEFA
UEM *sigle f (= Union économique et monétaire)* EMU
UER *sigle f (= unité d'enseignement et de recherche) old title of UFR; (= Union européenne de radiodiffusion)* EBU *(= European Broadcasting Union)*
UFC *sigle f (= Union fédérale des consommateurs) national consumer group*
UFR *sigle f (= unité de formation et de recherche)* ≈ university department
UHF *sigle f (= ultra-haute fréquence)* UHF
UHT *sigle (= ultra-haute température)* UHT
UIT *sigle f (= Union internationale des télécommunications)* ITU *(= International Telecommunications Union)*
Ukraine [ykʀɛn] *nf*: **l'~** the Ukraine
ukrainien, ne [ykʀɛnjɛ̃, -ɛn] *adj* Ukrainian ▷ *nm (Ling)* Ukrainian ▷ *nm/f*: **Ukrainien, ne** Ukrainian
ulcère [ylsɛʀ] *nm* ulcer; **~ à l'estomac** stomach ulcer
ulcérer [ylseʀe] *vt (Méd)* to ulcerate; *(fig)* to sicken, appal
ulcéreux, -euse [ylseʀø, -øz] *adj (plaie, lésion)* ulcerous; *(membre)* ulcerated
ULM *sigle m (= ultra léger motorisé)* microlight
ultérieur, e [ylteʀjœʀ] *adj* later, subsequent; **remis à une date ~e** postponed to a later date
ultérieurement [ylteʀjœʀmɑ̃] *adv* later
ultimatum [yltimatɔm] *nm* ultimatum
ultime [yltim] *adj* final
ultra... [yltʀa] *préfixe* ultra...
ultramoderne [yltʀamɔdɛʀn(ə)] *adj* ultra-modern
ultra-rapide [yltʀaʀapid] *adj* ultra-fast
ultra-sensible [yltʀasɑ̃sibl(ə)] *adj (Photo)* high-speed
ultrason, ultra-son [yltʀasɔ̃] *nm* ultrasound *no pl*; **ultra(-)sons** *nmpl* ultrasonics
ultraviolet, ultra-violet, te [yltʀavjɔlɛ, -ɛt] *adj* ultraviolet ▷ *nm*: **les ultra(-)violets** ultraviolet rays
ululer [ylyle] *vi* = **hululer**
UME *sigle f (= Union monétaire européenne)* EMU
UMP *sigle f (= Union pour un mouvement populaire) political party*

MOT-CLÉ

un, une [œ̃, yn] *art indéf* a; *(devant voyelle)* an; **un garçon/vieillard** a boy/an old man; **une fille** a girl
▷ *pron* one; **l'un des meilleurs** one of the best; **l'un ..., l'autre** (the) one ..., the other; **les uns ..., les autres** some ..., others; **l'un et l'autre** both (of them); **l'un ou l'autre** either (of them); **l'un l'autre, les uns les autres** each other, one another; **pas un seul** not a single one; **un par un** one by one
▷ *num* one; **une pomme seulement** one apple only
▷ *nf*: **la une** *(Presse)* the front page

unanime [ynanim] *adj* unanimous; **ils sont ~s (à penser que)** they are unanimous (in thinking that)
unanimement [ynanimmɑ̃] *adv (par tous)* unanimously; *(d'un commun accord)* with one accord
unanimité [ynanimite] *nf* unanimity; **à l'~** unanimously; **faire l'~** to be approved unanimously
UNEF [ynɛf] *sigle f* = **Union nationale des étudiants de France**
UNESCO [ynɛsko] *sigle f (= United Nations Educational, Scientific and Cultural Organization)* UNESCO
Unetelle [yntɛl] *nf voir* **Untel**
UNI *sigle f* = **Union nationale interuniversitaire**
uni, e [yni] *adj (ton, tissu)* plain; *(surface)* smooth, even; *(famille)* close(-knit); *(pays)* united
UNICEF [ynisɛf] *sigle m ou f (= United Nations International Children's Emergency Fund)* UNICEF
unidirectionnel, le [ynidiʀɛksjɔnɛl] *adj* unidirectional, one-way
unième [ynjɛm] *num*: **vingt/trente et ~**

twenty-/thirty-first; **cent ~** (one) hundred and first
unificateur, -trice [ynifikatœʀ, -tʀis] *adj* unifying
unification [ynifikɑsjɔ̃] *nf* uniting; unification; standardization
unifier [ynifje] *vt* to unite, unify; (*systèmes*) to standardize, unify; **s'unifier** *vi* to become united
uniforme [ynifɔʀm(ə)] *adj* (*mouvement*) regular, uniform; (*surface, ton*) even; (*objets, maisons*) uniform; (*fig: vie, conduite*) unchanging ▷ *nm* uniform; **être sous l'~** (*Mil*) to be serving
uniformément [ynifɔʀmemɑ̃] *adv* uniformly
uniformisation [ynifɔʀmizɑsjɔ̃] *nf* standardization
uniformiser [ynifɔʀmize] *vt* to make uniform; (*systèmes*) to standardize
uniformité [ynifɔʀmite] *nf* regularity; uniformity; evenness
unijambiste [yniʒɑ̃bist(ə)] *nm/f* one-legged man/woman
unilatéral, e, -aux [ynilateʀal, -o] *adj* unilateral; **stationnement ~** parking on one side only
unilatéralement [ynilateʀalmɑ̃] *adv* unilaterally
uninominal, e, -aux [yninɔminal, -o] *adj* uncontested
union [ynjɔ̃] *nf* union; **~ conjugale** union of marriage; **~ de consommateurs** consumers' association; **~ libre** free love; **l'U~ des Républiques socialistes soviétiques (URSS)** the Union of Soviet Socialist Republics (USSR); **l'U~ soviétique** the Soviet Union
unique [ynik] *adj* (*seul*) only; (*le même*): **un prix/système ~** a single price/system; (*exceptionnel*) unique; **ménage à salaire ~** one-salary family; **route à voie ~** single-lane road; **fils/fille ~** only son/daughter, only child; **~ en France** the only one of its kind in France
uniquement [ynikmɑ̃] *adv* only, solely; (*juste*) only, merely
unir [yniʀ] *vt* (*nations*) to unite; (*éléments, couleurs*) to combine; (*en mariage*) to unite, join together; **~ qch à** to unite sth with; to combine sth with; **s'unir** *vi* to unite; (*en mariage*) to be joined together; **s'~ à** *ou* **avec** to unite with
unisexe [ynisɛks] *adj* unisex
unisson [ynisɔ̃]: **à l'~** *adv* in unison
unitaire [ynitɛʀ] *adj* unitary; (*Pol*) unitarian; **prix ~** unit price
unité [ynite] *nf* (*harmonie, cohésion*) unity; (*Comm, Mil, de mesure, Math*) unit; **~ centrale** central processing unit; **~ de valeur** (university) course, credit
univers [ynivɛʀ] *nm* universe
universalisation [ynivɛʀsalizasjɔ̃] *nf* universalization
universaliser [ynivɛʀsalize] *vt* to universalize
universalité [ynivɛʀsalite] *nf* universality
universel, le [ynivɛʀsɛl] *adj* universal; (*esprit*) all-embracing
universellement [ynivɛʀsɛlmɑ̃] *adv* universally
universitaire [ynivɛʀsitɛʀ] *adj* university *cpd*; (*diplôme, études*) academic, university *cpd* ▷ *nm/f* academic
université [ynivɛʀsite] *nf* university
univoque [ynivɔk] *adj* unambiguous; (*Math*) one-to-one
UNR *sigle f* (= *Union pour la nouvelle république*) *former political party*
UNSS *sigle f* = **Union nationale du sport scolaire**
Untel, Unetelle [œ̃tɛl, yntɛl] *nm/f*: **Monsieur ~** Mr so-and-so
uranium [yʀanjɔm] *nm* uranium
urbain, e [yʀbɛ̃, -ɛn] *adj* urban, city *cpd*, town *cpd*; (*poli*) urbane
urbanisation [yʀbanizɑsjɔ̃] *nf* urbanization
urbaniser [yʀbanize] *vt* to urbanize
urbanisme [yʀbanism(ə)] *nm* town planning
urbaniste [yʀbanist(ə)] *nm/f* town planner
urbanité [yʀbanite] *nf* urbanity
urée [yʀe] *nf* urea
urémie [yʀemi] *nf* uraemia (*Brit*), uremia (*US*)
urgence [yʀʒɑ̃s] *nf* urgency; (*Méd etc*) emergency; **d'~** *adj* emergency *cpd* ▷ *adv* as a matter of urgency; **en cas d'~** in case of emergency; **service des ~s** emergency service
urgent, e [yʀʒɑ̃, -ɑ̃t] *adj* urgent
urinaire [yʀinɛʀ] *adj* urinary
urinal, -aux [yʀinal, -o] *nm* (bed) urinal
urine [yʀin] *nf* urine
uriner [yʀine] *vi* to urinate
urinoir [yʀinwaʀ] *nm* (public) urinal
urne [yʀn(ə)] *nf* (*électorale*) ballot box; (*vase*) urn; **aller aux ~s** (*voter*) to go to the polls
urologie [yʀɔlɔʒi] *nf* urology
URSS [parfois : yʀs] *sigle f* (= *Union des Républiques Socialistes Soviétiques*) USSR
URSSAF [yʀsaf] *sigle f* (= *Union pour le recouvrement de la sécurité sociale et des allocations familiales*) *administrative body responsible for social security funds and payments*
urticaire [yʀtikɛʀ] *nf* nettle rash, urticaria
Uruguay [yʀygwɛ] *nm*: **l'~** Uruguay
uruguayen, ne [yʀygwajɛ̃, -ɛn] *adj* Uruguayan ▷ *nm/f*: **Uruguayen, ne** Uruguayan
us [ys] *nmpl*: **us et coutumes** (habits and) customs
USA *sigle mpl* (= *United States of America*) USA
usage [yzaʒ] *nm* (*emploi, utilisation*) use; (*coutume*) custom; (*éducation*) (good) manners *pl*, (good) breeding; (*Ling*): **l'~** usage; **faire ~ de** (*pouvoir, droit*) to exercise; **avoir l'~ de** to have the use of; **à l'~** *adv* with use; **à l'~ de** (*pour*) for (use of); **en ~** in use; **hors d'~** out of service; **à ~ interne** to be taken; **à ~ externe** for external use only
usagé, e [yzaʒe] *adj* (*usé*) worn; (*d'occasion*) used
usager, -ère [yzaʒe, -ɛʀ] *nm/f* user
usé, e [yze] *adj* worn (down *ou* out *ou* away); ruined; (*banal*) hackneyed
user [yze] *vt* (*outil*) to wear down; (*vêtement*) to

wear out; (*matière*) to wear away; (*consommer*: *charbon etc*) to use; (*fig*: *santé*) to ruin; (: *personne*) to wear out; **s'user** *vi* to wear; to wear out; (*fig*) to decline; **s'~ à la tâche** to wear o.s. out with work; **~ de** *vt* (*moyen, procédé*) to use, employ; (*droit*) to exercise

usine [yzin] *nf* factory; **~ atomique** nuclear power plant; **~ à gaz** gasworks *sg*; **~ marémotrice** tidal power station

usiner [yzine] *vt* (*Tech*) to machine; (*fabriquer*) to manufacture

usité, e [yzite] *adj* in common use, common; **peu ~** rarely used

ustensile [ystɑ̃sil] *nm* implement; **~ de cuisine** kitchen utensil

usuel, le [yzɥɛl] *adj* everyday, common

usufruit [yzyfʀɥi] *nm* usufruct

usuraire [yzyʀɛʀ] *adj* usurious

usure [yzyʀ] *nf* wear; worn state; (*de l'usurier*) usury; **avoir qn à l'~** to wear sb down; **~ normale** fair wear and tear

usurier, -ière [yzyʀje, -jɛʀ] *nm/f* usurer

usurpateur, -trice [yzyʀpatœʀ, -tʀis] *nm/f* usurper

usurpation [yzyʀpɑsjɔ̃] *nf* usurpation

usurper [yzyʀpe] *vt* to usurp

ut [yt] *nm* (*Mus*) C

UTA *sigle f* = **Union des transporteurs aériens**

utérin, e [yteʀɛ̃, -in] *adj* uterine

utérus [yteʀys] *nm* uterus, womb

utile [ytil] *adj* useful; **~ à qn/qch** of use to sb/sth

utilement [ytilmɑ̃] *adv* usefully

utilisable [ytilizabl(ə)] *adj* usable

utilisateur, -trice [ytilizatœʀ, -tʀis] *nm/f* user

utilisation [ytilizɑsjɔ̃] *nf* use

utiliser [ytilize] *vt* to use

utilitaire [ytilitɛʀ] *adj* utilitarian; (*objets*) practical ▷ *nm* (*Inform*) utility

utilité [ytilite] *nf* usefulness *no pl*; use; **jouer les ~s** (*Théât*) to play bit parts; **reconnu d'~ publique** state-approved; **c'est d'une grande ~** it's extremely useful; **il n'y a aucune ~ à ...** there's no use in ...

utopie [ytɔpi] *nf* (*idée, conception*) utopian idea *ou* view; (*société etc idéale*) utopia

utopique [ytɔpik] *adj* utopian

utopiste [ytɔpist(ə)] *nm/f* utopian

UV *sigle f* (*Scol*) = **unité de valeur** ▷ *sigle mpl* (= *ultra-violets*) UV

uvule [yvyl] *nf* uvula

u

V, v [ve] *nm inv* V, v ▷ *abr* (= *voir, verset*) v = **vers**; (*de poésie*) l.; (: *en direction de*) toward(s); **V comme Victor** V for Victor; **en V** V-shaped; **encolure en V** V-neck; **décolleté en V** plunging neckline

va [va] *vb voir* **aller**

vacance [vakɑ̃s] *nf* (*Admin*) vacancy; **vacances** *nfpl* holiday(s) *pl* (*Brit*), vacation *sg* (*US*); **les grandes ~s** the summer holidays *ou* vacation; **prendre des/ses ~s** to take a holiday *ou* vacation/one's holiday(s) *ou* vacation; **aller en ~s** to go on holiday *ou* vacation

vacancier, -ière [vakɑ̃sje, -jɛʀ] *nm/f* holidaymaker (*Brit*), vacationer (*US*)

vacant, e [vakɑ̃, -ɑ̃t] *adj* vacant

vacarme [vakaʀm(ə)] *nm* row, din

vacataire [vakatɛʀ] *nm/f* temporary (employee); (*enseignement*) supply (*Brit*) *ou* substitute (*US*) teacher; (*Université*) part-time temporary lecturer

vaccin [vaksɛ̃] *nm* vaccine; (*opération*) vaccination

vaccination [vaksinɑsjɔ̃] *nf* vaccination

vacciner [vaksine] *vt* to vaccinate; (*fig*) to make immune; **être vacciné** (*fig*) to be immune

vache [vaʃ] *nf* (*Zool*) cow; (*cuir*) cowhide ▷ *adj* (*fam*) rotten, mean; **~ à eau** (canvas) water bag; **(manger de la) ~ enragée** (to go through) hard times; **~ à lait** (*péj*) mug, sucker; **~ laitière** dairy cow; **période des ~s maigres** lean times *pl*, lean period

vachement [vaʃmɑ̃] *adv* (*fam*) damned, really

vacher, -ère [vaʃe, -ɛʀ] *nm/f* cowherd

vacherie [vaʃʀi] *nf* (*fam*) meanness *no pl*; (*action*) dirty trick; (*propos*) nasty remark

vacherin [vaʃʀɛ̃] *nm* (*fromage*) vacherin cheese; (*gâteau*): **~ glacé** vacherin (*type of cream gâteau*)

vachette [vaʃɛt] *nf* calfskin

vacillant, e [vasijɑ̃, -ɑ̃t] *adj* wobbly; flickering; failing, faltering

vaciller [vasije] *vi* to sway, wobble; (*bougie, lumière*) to flicker; (*fig*) to be failing, falter; **~ dans ses réponses** to falter in one's replies; **~ dans ses résolutions** to waver in one's resolutions

vacuité [vakɥite] *nf* emptiness, vacuity

vade-mecum [vademekɔm] *nm inv* pocketbook

vadrouille [vadʀuj] *nf*: **être/partir en ~** to be on/go for a wander

vadrouiller [vadʀuje] *vi* to wander around *ou* about

va-et-vient [vaevjɛ̃] *nm inv* (*de pièce mobile*) to and fro (*ou* up and down) movement; (*de personnes, véhicules*) comings and goings *pl*, to-ings and fro-ings *pl*; (*Élec*) two-way switch

vagabond, e [vagabɔ̃, -ɔ̃d] *adj* wandering; (*imagination*) roaming, roving ▷ *nm* (*rôdeur*) tramp, vagrant; (*voyageur*) wanderer

vagabondage [vagabɔ̃daʒ] *nm* roaming, wandering; (*Jur*) vagrancy

vagabonder [vagabɔ̃de] *vi* to roam, wander

vagin [vaʒɛ̃] *nm* vagina

vaginal, e, -aux [vaʒinal, -o] *adj* vaginal

vagissement [vaʒismɑ̃] *nm* cry (*of newborn baby*)

vague [vag] *nf* wave ▷ *adj* vague; (*regard*) faraway; (*manteau, robe*) loose(-fitting); (*quelconque*): **un ~ bureau/cousin** some office/cousin or other ▷ *nm*: **être dans le ~** to be rather in the dark; **rester dans le ~** to keep things rather vague; **regarder dans le ~** to gaze into space; **~ à l'âme** *nm* vague melancholy; **~ d'assaut** *nf* (*Mil*) wave of assault; **~ de chaleur** *nf* heatwave; **~ de fond** *nf* ground swell; **~ de froid** *nf* cold spell

vaguelette [vaglɛt] *nf* ripple

vaguement [vagmɑ̃] *adv* vaguely

vaillamment [vajamɑ̃] *adv* bravely, gallantly

vaillant, e [vajɑ̃, -ɑ̃t] *adj* (*courageux*) brave, gallant; (*robuste*) vigorous, hale and hearty; **n'avoir plus un sou ~** to be penniless

vaille [vaj] *vb voir* **valoir**

vain, e [vɛ̃, vɛn] *adj* vain; **en ~** *adv* in vain

vaincre [vɛ̃kʀ(ə)] *vt* to defeat; (*fig*) to conquer, overcome

vaincu, e [vɛ̃ky] *pp de* **vaincre** ▷ *nm/f* defeated party

vainement [vɛnmɑ̃] *adv* vainly

vainquais *etc* [vɛ̃kɛ] *vb voir* **vaincre**

vainqueur [vɛ̃kœʀ] *nm* victor; (*Sport*) winner ▷ *adj m* victorious

vais [vɛ] *vb voir* **aller**

vaisseau, x [vɛso] *nm* (*Anat*) vessel; (*Navig*) ship,

vessel; **~ spatial** spaceship
vaisselier [vɛsəlje] *nm* dresser
vaisselle [vɛsɛl] *nf* (*service*) crockery; (*plats etc à laver*) (dirty) dishes *pl*; **faire la ~** to do the washing-up (*Brit*) *ou* the dishes
val (*pl* **vaux** *ou* **vals**) [val, vo] *nmpl* valley
valable [valabl(ə)] *adj* valid; (*acceptable*) decent, worthwhile
valablement [valabləmɑ̃] *adv* legitimately; (*de façon satisfaisante*) satisfactorily
Valence [valɑ̃s] *n* (*en Espagne*) Valencia; (*en France*) Valence
valent *etc* [val] *vb voir* **valoir**
valet [valɛ] *nm* valet; (*péj*) lackey; (*Cartes*) jack, knave (*Brit*); **~ de chambre** manservant, valet; **~ de ferme** farmhand; **~ de pied** footman
valeur [valœʀ] *nf* (*gén*) value; (*mérite*) worth, merit; (*Comm: titre*) security; **mettre en ~** (*bien*) to exploit; (*terrain, région*) to develop; (*fig*) to highlight; to show off to advantage; **avoir de la ~** to be valuable; **prendre de la ~** to go up *ou* gain in value; **sans ~** worthless; **~ absolue** absolute value; **~ d'échange** exchange value; **~ nominale** face value; **~s mobilières** transferable securities
valeureux, -euse [valœʀø, -øz] *adj* valorous
validation [validɑsjɔ̃] *nf* validation
valide [valid] *adj* (*en bonne santé*) fit, well; (*indemne*) able-bodied, fit; (*valable*) valid
valider [valide] *vt* to validate
validité [validite] *nf* validity
valions *etc* [valjɔ̃] *vb voir* **valoir**
valise [valiz] *nf* (suit)case; **faire sa ~** to pack one's (suit)case; **la ~ (diplomatique)** the diplomatic bag
vallée [vale] *nf* valley
vallon [valɔ̃] *nm* small valley
vallonné, e [valɔne] *adj* undulating
vallonnement [valɔnmɑ̃] *nm* undulation
valoir [valwaʀ] *vi* (*être valable*) to hold, apply ▷ *vt* (*prix, valeur, effort*) to be worth; (*causer*): **~ qch à qn** to earn sb sth; **se valoir** to be of equal merit; (*péj*) to be two of a kind; **faire ~** (*droits, prérogatives*) to assert; (*domaine, capitaux*) to exploit; **faire ~ que** to point out that; **se faire ~** to make the most of o.s.; **à ~** on account; **à ~ sur** to be deducted from; **vaille que vaille** somehow or other; **cela ne me dit rien qui vaille** I don't like the look of it at all; **ce climat ne me vaut rien** this climate doesn't suit me; **~ la peine** to be worth the trouble, be worth it; **~ mieux: il vaut mieux se taire** it's better to say nothing; **il vaut mieux que je fasse/comme ceci** it's better if I do/like this; **ça ne vaut rien** it's worthless; **que vaut ce candidat?** how good is this applicant?
valorisation [valɔʀizɑsjɔ̃] *nf* (economic) development; increased standing
valoriser [valɔʀize] *vt* (*Écon*) to develop (the economy of); (*produit*) to increase the value of; (*Psych*) to increase the standing of; (*fig*) to highlight, bring out
valse [vals(ə)] *nf* waltz; **c'est la ~ des étiquettes** the prices don't stay the same from one moment to the next
valser [valse] *vi* to waltz; (*fig*): **aller ~** to go flying
valu, e [valy] *pp de* **valoir**
valve [valv(ə)] *nf* valve
vamp [vɑ̃p] *nf* vamp
vampire [vɑ̃piʀ] *nm* vampire
van [vɑ̃] *nm* horse box (*Brit*) *ou* trailer (*US*)
vandale [vɑ̃dal] *nm/f* vandal
vandalisme [vɑ̃dalism(ə)] *nm* vandalism
vanille [vanij] *nf* vanilla; **glace à la ~** vanilla ice cream
vanillé, e [vanije] *adj* vanilla *cpd*
vanité [vanite] *nf* vanity
vaniteux, -euse [vanitø, -øz] *adj* vain, conceited
vanity-case [vaniti(e)kɛz] *nm* vanity case
vanne [van] *nf* gate; (*fam: remarque*) dig, (nasty) crack; **lancer une ~ à qn** to have a go at sb (*Brit*), knock sb
vanneau, x [vano] *nm* lapwing
vanner [vane] *vt* to winnow
vannerie [vanʀi] *nf* basketwork
vantail, -aux [vɑ̃taj, -o] *nm* door, leaf
vantard, e [vɑ̃taʀ, -aʀd(ə)] *adj* boastful
vantardise [vɑ̃taʀdiz] *nf* boastfulness *no pl*; boast
vanter [vɑ̃te] *vt* to speak highly of, vaunt; **se vanter** *vi* to boast, brag; **se ~ de** to pride o.s. on; (*péj*) to boast of
va-nu-pieds [vanypje] *nm/f inv* tramp, beggar
vapeur [vapœʀ] *nf* steam; (*émanation*) vapour (*Brit*), vapor (*US*), fumes *pl*; (*brouillard, buée*) haze; **vapeurs** *nfpl* (*bouffées*) vapours, vapors; **à ~** steam-powered, steam *cpd*; **à toute ~** full steam ahead; (*fig*) at full tilt; **renverser la ~** to reverse engines; (*fig*) to backtrack, backpedal; **cuit à la ~** steamed
vapocuiseur [vapɔkyizœʀ] *nm* pressure cooker
vaporeux, -euse [vapɔʀø, -øz] *adj* (*flou*) hazy, misty; (*léger*) filmy, gossamer *cpd*
vaporisateur [vapɔʀizatœʀ] *nm* spray
vaporiser [vapɔʀize] *vt* (*Chimie*) to vaporize; (*parfum etc*) to spray
vaquer [vake] *vi* (*Admin*) to be on vacation; **~ à ses occupations** to attend to one's affairs, go about one's business
varappe [vaʀap] *nf* rock climbing
varappeur, -euse [vaʀapœʀ, -øz] *nm/f* (rock) climber
varech [vaʀɛk] *nm* wrack, varec
vareuse [vaʀøz] *nf* (*blouson*) pea jacket; (*d'uniforme*) tunic
variable [vaʀjabl(ə)] *adj* variable; (*temps, humeur*) changeable; (*Tech: à plusieurs positions etc*) adaptable; (*Ling*) inflectional; (*divers: résultats*) varied, various ▷ *nf* (*Inform, Math*) variable
variante [vaʀjɑ̃t] *nf* variant
variation [vaʀjɑsjɔ̃] *nf* variation; changing *no pl*, change; (*Mus*) variation

V

varice [vaʀis] *nf* varicose vein
varicelle [vaʀisɛl] *nf* chickenpox
varié, e [vaʀje] *adj* varied; *(divers)* various; **hors-d'œuvre ~s** selection of hors d'œuvres
varier [vaʀje] *vi* to vary; *(temps, humeur)* to change ▷ *vt* to vary
variété [vaʀjete] *nf* variety; **spectacle de ~s** variety show
variole [vaʀjɔl] *nf* smallpox
variqueux, -euse [vaʀikø, -øz] *adj* varicose
Varsovie [vaʀsɔvi] *n* Warsaw
vas [va] *vb voir* **aller**; **~-y!** [vazi] go on!
vasculaire [vaskylɛʀ] *adj* vascular
vase [vɑz] *nm* vase ▷ *nf* silt, mud; **en ~ clos** in isolation; **~ de nuit** chamberpot; **~s communicants** communicating vessels
vasectomie [vazɛktɔmi] *nf* vasectomy
vaseline [vazlin] *nf* Vaseline®
vaseux, -euse [vɑzø, -øz] *adj* silty, muddy; *(fig: confus)* woolly, hazy; *(: fatigué)* peaky; *(: étourdi)* woozy
vasistas [vazistɑs] *nm* fanlight
vasque [vask(ə)] *nf (bassin)* basin; *(coupe)* bowl
vassal, e, -aux [vasal, -o] *nm/f* vassal
vaste [vast(ə)] *adj* vast, immense
Vatican [vatikɑ̃] *nm*: **le ~** the Vatican
vaticiner [vatisine] *vi (péj)* to make pompous predictions
va-tout [vatu] *nm*: **jouer son ~** to stake one's all
vaudeville [vodvil] *nm* vaudeville, light comedy
vaudrai *etc* [vodʀe] *vb voir* **valoir**
vau-l'eau [volo]: **à vau-l'eau** *adv* with the current; **s'en aller à vau-l'eau** *(fig: projets)* to be adrift
vaurien, ne [voʀjɛ̃, -ɛn] *nm/f* good-for-nothing, guttersnipe
vaut [vo] *vb voir* **valoir**
vautour [votuʀ] *nm* vulture
vautrer [votʀe]: **se vautrer** *vi*: **se ~ dans** to wallow in; **se ~ sur** to sprawl on
vaux [vo] *pl de* **val** ▷ *vb voir* **valoir**
va-vite [vavit]: **à la ~** *adv* in a rush
vd *abr* = **vend**
VDQS *sigle m (= vin délimité de qualité supérieure) label guaranteeing quality of wine*
vds *abr* = **vends**
veau, x [vo] *nm (Zool)* calf; *(Culin)* veal; *(peau)* calfskin; **tuer le ~ gras** to kill the fatted calf
vecteur [vɛktœʀ] *nm* vector; *(Mil, Bio)* carrier
vécu, e [veky] *pp de* **vivre** ▷ *adj* real(-life)
vedettariat [vədɛtaʀja] *nm* stardom; *(attitude)* acting like a star
vedette [vədɛt] *nf (artiste etc)* star; *(canot)* patrol boat; launch; **avoir la ~** to top the bill, get star billing; **mettre qn en ~** *(Ciné etc)* to give sb the starring role; *(fig)* to push sb into the limelight; **voler la ~ à qn** to steal the show from sb
végétal, e, -aux [veʒetal, -o] *adj* vegetable ▷ *nm* vegetable, plant
végétalien, ne [veʒetaljɛ̃, -ɛn] *adj, nm/f* vegan
végétalisme [veʒetalism(ə)] *nm* veganism
végétarien, ne [veʒetaʀjɛ̃, -ɛn] *adj, nm/f* vegetarian
végétarisme [veʒetaʀism(ə)] *nm* vegetarianism
végétatif, -ive [veʒetatif, -iv] *adj*: **une vie ~ive** a vegetable existence
végétation [veʒetɑsjɔ̃] *nf* vegetation; **végétations** *nfpl (Méd)* adenoids
végéter [veʒete] *vi (fig)* to vegetate
véhémence [veemɑ̃s] *nf* vehemence
véhément, e [veemɑ̃, -ɑ̃t] *adj* vehement
véhicule [veikyl] *nm* vehicle; **~ utilitaire** commercial vehicle
véhiculer [veikyle] *vt (personnes, marchandises)* to transport, convey; *(fig: idées, substances)* to convey, serve as a vehicle for
veille [vɛj] *nf (garde)* watch; *(Psych)* wakefulness; *(jour)*: **la ~** the day before, the previous day; **la ~ au soir** the previous evening; **la ~ de** the day before; **à la ~ de** on the eve of; **l'état de ~** the waking state
veillée [veje] *nf (soirée)* evening; *(réunion)* evening gathering; **~ d'armes** night before combat; *(fig)* vigil; **~ (mortuaire)** watch
veiller [veje] *vi (rester debout)* to stay *ou* sit up; *(ne pas dormir)* to be awake; *(être de garde)* to be on watch; *(être vigilant)* to be watchful ▷ *vt (malade, mort)* to watch over, sit up with; **~ à** *vt* to attend to, see to; **~ à ce que** to make sure that, see to it that; **~ sur** *vt* to keep a watch *ou* an eye on
veilleur [vɛjœʀ] *nm*: **~ de nuit** night watchman
veilleuse [vɛjøz] *nf (lampe)* night light; *(Auto)* sidelight; *(flamme)* pilot light; **en ~** *adj (lampe)* dimmed; *(fig: affaire)* shelved, set aside
veinard, e [vɛnaʀ, -aʀd(ə)] *nm/f (fam)* lucky devil
veine [vɛn] *nf (Anat, du bois etc)* vein; *(filon)* vein, seam; *(fam: chance)*: **avoir de la ~** to be lucky; *(inspiration)* inspiration
veiné, e [vene] *adj* veined; *(bois)* grained
veineux, -euse [venø, -øz] *adj* venous
Velcro® [vɛlkʀo] *nm* Velcro®
vêler [vele] *vi* to calve
vélin [velɛ̃] *nm*: **(papier) ~** vellum (paper)
véliplanchiste [veliplɑ̃ʃist(ə)] *nm/f* windsurfer
velléitaire [veleitɛʀ] *adj* irresolute, indecisive
velléités [veleite] *nfpl* vague impulses
vélo [velo] *nm* bike, cycle; **faire du ~** to go cycling
véloce [velɔs] *adj* swift
vélocité [velɔsite] *nf (Mus)* nimbleness, swiftness; *(vitesse)* velocity
vélodrome [velɔdʀɔm] *nm* velodrome
vélomoteur [velɔmɔtœʀ] *nm* moped
véloski [veloski] *nm* skibob
velours [vəluʀ] *nm* velvet; **~ côtelé** corduroy
velouté, e [vəlute] *adj (au toucher)* velvety; *(à la vue)* soft, mellow; *(au goût)* smooth, mellow ▷ *nm*: **~ d'asperges/de tomates** cream of asparagus/tomato soup
velouteux, -euse [vəlutø, -øz] *adj* velvety
velu, e [vəly] *adj* hairy
venais *etc* [vənɛ] *vb voir* **venir**
venaison [vənɛzɔ̃] *nf* venison

vénal, e, -aux [venal, -o] *adj* venal
vénalité [venalite] *nf* venality
venant [vənɑ̃]: **à tout ~** *adv* to all and sundry
vendable [vɑ̃dabl(ə)] *adj* saleable, marketable
vendange [vɑ̃dɑ̃ʒ] *nf* (*opération, période: aussi:* **vendanges**) grape harvest; (*raisins*) grape crop, grapes *pl*
vendanger [vɑ̃dɑ̃ʒe] *vi* to harvest the grapes
vendangeur, -euse [vɑ̃dɑ̃ʒœʀ, -øz] *nm/f* grape-picker
vendéen, ne [vɑ̃deɛ̃, -ɛn] *adj* of *ou* from the Vendée
vendeur, -euse [vɑ̃dœʀ, -øz] *nm/f* (*de magasin*) shop *ou* sales assistant (*Brit*), sales clerk (*US*); (*Comm*) salesman/woman ▷ *nm* (*Jur*) vendor, seller; **~ de journaux** newspaper seller
vendre [vɑ̃dʀ(ə)] *vt* to sell; **~ qch à qn** to sell sb sth; **cela se vend à la douzaine** these are sold by the dozen; **"à ~"** "for sale"
vendredi [vɑ̃dʀədi] *nm* Friday; **V~ saint** Good Friday; *voir aussi* **lundi**
vendu, e [vɑ̃dy] *pp de* **vendre** ▷ *adj* (*péj*) corrupt
venelle [vənɛl] *nf* alley
vénéneux, -euse [venenø, -øz] *adj* poisonous
vénérable [veneʀabl(ə)] *adj* venerable
vénération [veneʀasjɔ̃] *nf* veneration
vénérer [veneʀe] *vt* to venerate
vénerie [vɛnʀi] *nf* hunting
vénérien, ne [veneʀjɛ̃, -ɛn] *adj* venereal
Venezuela [venezɥela] *nm*: **le ~** Venezuela
vénézuélien, ne [venezɥeljɛ̃, -ɛn] *adj* Venezuelan ▷ *nm/f*: **Vénézuélien, ne** Venezuelan
vengeance [vɑ̃ʒɑ̃s] *nf* vengeance *no pl*, revenge *no pl*; (*acte*) act of vengeance *ou* revenge
venger [vɑ̃ʒe] *vt* to avenge; **se venger** *vi* to avenge o.s.; (*par rancune*) to take revenge; **se ~ de qch** to avenge o.s. for sth; to take one's revenge for sth; **se ~ de qn** to take revenge on sb; **se ~ sur** to wreak vengeance upon; to take revenge on *ou* through; to take it out on
vengeur, -eresse [vɑ̃ʒœʀ, -ʒʀɛs] *adj* vengeful ▷ *nm/f* avenger
véniel, le [venjɛl] *adj* venial
venimeux, -euse [vənimø, -øz] *adj* poisonous, venomous; (*fig: haineux*) venomous, vicious
venin [vənɛ̃] *nm* venom, poison; (*fig*) venom
venir [vəniʀ] *vi* to come; **~ de** to come from; **~ de faire: je viens d'y aller/de le voir** I've just been there/seen him; **s'il vient à pleuvoir** if it should rain, if it happens to rain; **en ~ à faire: j'en viens à croire que** I am coming to believe that; **où veux-tu en ~?** what are you getting at?; **il en est venu à mendier** he has been reduced to begging; **en ~ aux mains** to come to blows; **les années/générations à ~** the years/ generations to come; **il me vient une idée** an idea has just occurred to me; **il me vient des soupçons** I'm beginning to be suspicious; **je te vois ~** I know what you're after; **faire ~** (*docteur, plombier*) to call (out); **d'où vient que ...?** how is it that ...?; **~ au monde** to come into the world
Venise [vəniz] *n* Venice
vénitien, ne [venisjɛ̃, -ɛn] *adj* Venetian
vent [vɑ̃] *nm* wind; **il y a du ~** it's windy; **c'est du ~** it's all hot air; **au ~** to windward; **sous le ~** to leeward; **avoir le ~ debout/arrière** to head into the wind/have the wind astern; **dans le ~** (*fam*) trendy; **prendre le ~** (*fig*) to see which way the wind blows; **avoir ~ de** to get wind of; **contre ~s et marées** come hell or high water
vente [vɑ̃t] *nf* sale; **la ~** (*activité*) selling; (*secteur*) sales *pl*; **mettre en ~** to put on sale; (*objets personnels*) to put up for sale; **~ de charité** jumble (*Brit*) *ou* rummage (*US*) sale; **~ par correspondance (VPC)** mail-order selling; **~ aux enchères** auction sale
venté, e [vɑ̃te] *adj* windswept, windy
venter [vɑ̃te] *vb impers*: **il vente** the wind is blowing
venteux, -euse [vɑ̃tø, -øz] *adj* windswept, windy
ventilateur [vɑ̃tilatœʀ] *nm* fan
ventilation [vɑ̃tilasjɔ̃] *nf* ventilation
ventiler [vɑ̃tile] *vt* to ventilate; (*total, statistiques*) to break down
ventouse [vɑ̃tuz] *nf* (*ampoule*) cupping glass; (*de caoutchouc*) suction pad; (*Zool*) sucker
ventre [vɑ̃tʀ(ə)] *nm* (*Anat*) stomach; (*fig*) belly; **prendre du ~** to be getting a paunch; **avoir mal au ~** to have (a) stomach ache
ventricule [vɑ̃tʀikyl] *nm* ventricle
ventriloque [vɑ̃tʀilɔk] *nm/f* ventriloquist
ventripotent, e [vɑ̃tʀipɔtɑ̃, -ɑ̃t] *adj* potbellied
ventru, e [vɑ̃tʀy] *adj* potbellied
venu, e [vəny] *pp de* **venir** ▷ *adj*: **être mal ~ à** *ou* **de faire** to have no grounds for doing, be in no position to do; **mal ~** ill-timed, unwelcome; **bien ~** timely, welcome ▷ *nf* coming
vêpres [vɛpʀ(ə)] *nfpl* vespers
ver [vɛʀ] *nm* worm; (*des fruits etc*) maggot; (*du bois*) woodworm *no pl*; **~ blanc** May beetle grub; **~ luisant** glow-worm; **~ à soie** silkworm; **~ solitaire** tapeworm; **~ de terre** earthworm
véracité [veʀasite] *nf* veracity
véranda [veʀɑ̃da] *nf* veranda(h)
verbal, e, -aux [vɛʀbal, -o] *adj* verbal
verbalement [vɛʀbalmɑ̃] *adv* verbally
verbaliser [vɛʀbalize] *vi* (*Police*) to book *ou* report an offender; (*Psych*) to verbalize
verbe [vɛʀb(ə)] *nm* (*Ling*) verb; (*voix*): **avoir le ~ sonore** to have a sonorous tone (of voice); (*expression*): **la magie du ~** the magic of language *ou* the word; (*Rel*): **le V~** the Word
verbeux, -euse [vɛʀbø, -øz] *adj* verbose, wordy
verbiage [vɛʀbjaʒ] *nm* verbiage
verbosité [vɛʀbozite] *nf* verbosity
verdâtre [vɛʀdɑtʀ(ə)] *adj* greenish
verdeur [vɛʀdœʀ] *nf* (*vigueur*) vigour (*Brit*), vigor (*US*), vitality; (*crudité*) forthrightness; (*défaut de maturité*) tartness, sharpness
verdict [vɛʀdik(t)] *nm* verdict
verdir [vɛʀdiʀ] *vi, vt* to turn green
verdoyant, e [vɛʀdwajɑ̃, -ɑ̃t] *adj* green, verdant
verdure [vɛʀdyʀ] *nf* (*arbres, feuillages*) greenery;

V

(*légumes verts*) green vegetables *pl*, greens *pl*
véreux, -euse [veʀø, -øz] *adj* worm-eaten; (*malhonnête*) shady, corrupt
verge [vɛʀʒ(ə)] *nf* (*Anat*) penis; (*baguette*) stick, cane
verger [vɛʀʒe] *nm* orchard
vergeture [vɛʀʒətyʀ] *nf gén pl* stretch mark
verglacé, e [vɛʀglase] *adj* icy, iced-over
verglas [vɛʀgla] *nm* (black) ice
vergogne [vɛʀgɔɲ]: **sans ~** *adv* shamelessly
véridique [veʀidik] *adj* truthful
vérificateur, -trice [veʀifikatœʀ, -tʀis] *nm/f* controller, checker ▷ *nf* (*machine*) verifier; **~ des comptes** (*Finance*) auditor
vérification [veʀifikɑsjɔ̃] *nf* checking *no pl*, check; **~ d'identité** identity check
vérifier [veʀifje] *vt* to check; (*corroborer*) to confirm, bear out; **se vérifier** *vi* to be confirmed *ou* verified
vérin [veʀɛ̃] *nm* jack
véritable [veʀitabl(ə)] *adj* real; (*ami, amour*) true; **un ~ désastre** an absolute disaster
véritablement [veʀitabləmɑ̃] *adv* (*effectivement*) really; (*absolument*) absolutely
vérité [veʀite] *nf* truth; (*d'un portrait*) lifelikeness; (*sincérité*) truthfulness, sincerity; **en ~, à la ~** to tell the truth
verlan [vɛʀlɑ̃] *nm* (back) slang; *see note*

VERLAN

Verlan is a form of slang popularized in the 1950's. It consists of inverting a word's syllables, the term *verlan* itself coming from "l'envers" ("à l'envers" = back to front). Typical examples are "féca" ("café"), "ripou" ("pourri"), "meuf" ("femme"), and "beur" ("Arabe").

vermeil, le [vɛʀmɛj] *adj* bright red, ruby red ▷ *nm* (*substance*) vermeil
vermicelles [vɛʀmisɛl] *nmpl* vermicelli *sg*
vermifuge [vɛʀmifyʒ] *nm*: **poudre ~** worm powder
vermillon [vɛʀmijɔ̃] *adj inv* vermilion, scarlet
vermine [vɛʀmin] *nf* vermin *pl*
vermoulu, e [vɛʀmuly] *adj* worm-eaten, with woodworm
vermout, vermouth [vɛʀmut] *nm* vermouth
verni, e [vɛʀni] *adj* varnished; glazed; (*fam*) lucky; **cuir ~** patent leather; **souliers ~s** patent (leather) shoes
vernir [vɛʀniʀ] *vt* (*bois, tableau, ongles*) to varnish; (*poterie*) to glaze
vernis [vɛʀni] *nm* (*enduit*) varnish; glaze; (*fig*) veneer; **~ à ongles** nail varnish (*Brit*) *ou* polish
vernissage [vɛʀnisaʒ] *nm* varnishing; glazing; (*d'une exposition*) preview
vernisser [vɛʀnise] *vt* to glaze
vérole [veʀɔl] *nf* (*variole*) smallpox; (*fam: syphilis*) pox
Vérone [veʀɔn] *n* Verona
verrai *etc* [vɛʀe] *vb voir* **voir**
verre [vɛʀ] *nm* glass; (*de lunettes*) lens *sg*; **verres** *nmpl* (*lunettes*) glasses; **boire** *ou* **prendre un ~** to have a drink; **~ à vin/à liqueur** wine/liqueur glass; **~ à dents** tooth mug; **~ dépoli** frosted glass; **~ de lampe** lamp glass *ou* chimney; **~ de montre** watch glass; **~ à pied** stemmed glass; **~s de contact** contact lenses; **~s fumés** tinted lenses
verrerie [vɛʀʀi] *nf* (*fabrique*) glassworks *sg*; (*activité*) glass-making, glass-working; (*objets*) glassware
verrier [vɛʀje] *nm* glass-blower
verrière [vɛʀjɛʀ] *nf* (*grand vitrage*) window; (*toit vitré*) glass roof
verrons *etc* [vɛʀɔ̃] *vb voir* **voir**
verroterie [vɛʀɔtʀi] *nf* glass beads *pl*, glass jewellery (*Brit*) *ou* jewelry (*US*)
verrou [vɛʀu] *nm* (*targette*) bolt; (*fig*) constriction; **mettre le ~** to bolt the door; **mettre qn sous les ~s** to put sb behind bars
verrouillage [vɛʀujaʒ] *nm* (*dispositif*) locking mechanism; (*Auto*): **~ central** *ou* **centralisé** central locking
verrouiller [vɛʀuje] *vt* to bolt; to lock; (*Mil: brèche*) to close
verrue [vɛʀy] *nf* wart; (*plantaire*) verruca; (*fig*) eyesore
vers [vɛʀ] *nm* line ▷ *nmpl* (*poésie*) verse *sg* ▷ *prép* (*en direction de*) toward(s); (*près de*) around (about); (*temporel*) about, around
versant [vɛʀsɑ̃] *nm* slopes *pl*, side
versatile [vɛʀsatil] *adj* fickle, changeable
verse [vɛʀs(ə)]: **à ~** *adv*: **il pleut à ~** it's pouring (with rain)
versé, e [vɛʀse] *adj*: **être ~ dans** (*science*) to be (well-)versed in
Verseau [vɛʀso] *nm*: **le ~** Aquarius, the water-carrier; **être du ~** to be Aquarius
versement [vɛʀsəmɑ̃] *nm* payment; (*sur un compte*) deposit, remittance; **en trois ~s** in three instalments
verser [vɛʀse] *vt* (*liquide, grains*) to pour; (*larmes, sang*) to shed; (*argent*) to pay; (*soldat: affecter*): **~ qn dans** to assign sb to ▷ *vi* (*véhicule*) to overturn; (*fig*): **~ dans** to lapse into; **~ à un compte** to pay into an account
verset [vɛʀsɛ] *nm* verse; versicle
verseur [vɛʀsœʀ] *adj m voir* **bec**; **bouchon**
versification [vɛʀsifikɑsjɔ̃] *nf* versification
versifier [vɛʀsifje] *vt* to put into verse ▷ *vi* to versify, write verse
version [vɛʀsjɔ̃] *nf* version; (*Scol*) translation (*into the mother tongue*); **film en ~ originale** film in the original language
verso [vɛʀso] *nm* back; **voir au ~** see over(leaf)
vert, e [vɛʀ, vɛʀt(ə)] *adj* green; (*vin*) young; (*vigoureux*) sprightly; (*cru*) forthright ▷ *nm* green; **dire des ~es (et des pas mûres)** to say some pretty spicy things; **il en a vu des ~es** he's seen a thing or two; **~ bouteille** *adj inv* bottle-green; **~ d'eau** *adj inv* sea-green; **~**

pomme *adj inv* apple-green
vert-de-gris [vɛʀdəgʀi] *nm* verdigris ▷ *adj inv* grey(ish)-green
vertébral, e, aux [vɛʀtebʀal, -o] *adj* back *cpd*; *voir* **colonne**
vertébré, e [vɛʀtebʀe] *adj, nm* vertebrate
vertèbre [vɛʀtɛbʀ(ə)] *nf* vertebra
vertement [vɛʀtəmɑ̃] *adv* (*réprimander*) sharply
vertical, e, -aux [vɛʀtikal, -o] *adj, nf* vertical; **à la ~e** *adv* vertically
verticalement [vɛʀtikalmɑ̃] *adv* vertically
verticalité [vɛʀtikalite] *nf* verticalness, verticality
vertige [vɛʀtiʒ] *nm* (*peur du vide*) vertigo; (*étourdissement*) dizzy spell; (*fig*) fever; **ça me donne le ~** it makes me dizzy; (*fig*) it makes my head spin *ou* reel
vertigineux, -euse [vɛʀtiʒinø, -øz] *adj* (*hausse, vitesse*) breathtaking; (*altitude, gorge*) breathtakingly high (*ou* deep)
vertu [vɛʀty] *nf* virtue; **une ~** a saint, a paragon of virtue; **avoir la ~ de faire** to have the virtue of doing; **en ~ de** *prép* in accordance with
vertueusement [vɛʀtɥøzmɑ̃] *adv* virtuously
vertueux, -euse [vɛʀtɥø, -øz] *adj* virtuous
verve [vɛʀv(ə)] *nf* witty eloquence; **être en ~** to be in brilliant form
verveine [vɛʀvɛn] *nf* (*Bot*) verbena, vervain; (*infusion*) verbena tea
vésicule [vezikyl] *nf* vesicle; **~ biliaire** gall-bladder
vespasienne [vɛspazjɛn] *nf* urinal
vespéral, e, -aux [vɛspeʀal, -o] *adj* vespertine, evening *cpd*
vessie [vesi] *nf* bladder
veste [vɛst(ə)] *nf* jacket; **~ droite/croisée** single-/double-breasted jacket; **retourner sa ~** (*fig*) to change one's colours
vestiaire [vɛstjɛʀ] *nm* (*au théâtre etc*) cloakroom; (*de stade etc*) changing-room (*Brit*), locker-room (*US*); (*métallique*): **(armoire) ~** locker
vestibule [vɛstibyl] *nm* hall
vestige [vɛstiʒ] *nm* (*objet*) relic; (*fragment*) trace; (*fig*) remnant, vestige; **vestiges** *nmpl* (*d'une ville*) remains; (*d'une civilisation, du passé*) remnants, relics
vestimentaire [vɛstimɑ̃tɛʀ] *adj* (*dépenses*) clothing; (*détail*) of dress; (*élégance*) sartorial
veston [vɛstɔ̃] *nm* jacket
Vésuve [vezyv] *nm*: **le ~** Vesuvius
vêtais *etc* [vetɛ] *vb voir* **vêtir**
vêtement [vɛtmɑ̃] *nm* garment, item of clothing; (*Comm*): **le ~** the clothing industry; **vêtements** *nmpl* clothes; **~s de sport** sportswear *sg*, sports clothes
vétéran [veteʀɑ̃] *nm* veteran
vétérinaire [veteʀinɛʀ] *adj* veterinary ▷ *nm/f* vet, veterinary surgeon (*Brit*), veterinarian (*US*)
vétille [vetij] *nf* trifle, triviality
vétilleux, -euse [vetijø, -øz] *adj* punctilious
vêtir [vetiʀ] *vt* to clothe, dress; **se vêtir** to dress (o.s.)
vêtit *etc* [veti] *vb voir* **vêtir**
vétiver [vetivɛʀ] *nm* (*Bot*) vetiver
veto [veto] *nm* veto; **droit de ~** right of veto; **mettre** *ou* **opposer un ~ à** to veto
vêtu, e [vety] *pp de* **vêtir** ▷ *adj*: **~ de** dressed in, wearing; **chaudement ~** warmly dressed
vétuste [vetyst(ə)] *adj* ancient, timeworn
vétusté [vetyste] *nf* age, delapidation
veuf, veuve [vœf, vœv] *adj* widowed ▷ *nm* widower ▷ *nf* widow
veuille [vœj], **veuillez** *etc* [vœje] *vb voir* **vouloir**
veule [vøl] *adj* spineless
veulent *etc* [vœl] *vb voir* **vouloir**
veulerie [vølʀi] *nf* spinelessness
veut [vø] *vb voir* **vouloir**
veuvage [vœvaʒ] *nm* widowhood
veuve [vœv] *adj f, nf voir* **veuf**
veux [vø] *vb voir* **vouloir**
vexant, e [vɛksɑ̃, -ɑ̃t] *adj* (*contrariant*) annoying; (*blessant*) upsetting
vexations [vɛksɑsjɔ̃] *nfpl* humiliations
vexatoire [vɛksatwaʀ] *adj*: **mesures ~s** harassment *sg*
vexer [vɛkse] *vt* to hurt, upset; **se vexer** *vi* to be hurt, get upset
VF *sigle f* (*Ciné*) = **version française**
VHF *sigle f* (= *Very High Frequency*) VHF
via [vja] *prép* via
viabiliser [vjabilize] *vt* to provide with services (*water etc*)
viabilité [vjabilite] *nf* viability; (*d'un chemin*) practicability
viable [vjabl(ə)] *adj* viable
viaduc [vjadyk] *nm* viaduct
viager, -ère [vjaʒe, -ɛʀ] *adj*: **rente viagère** life annuity ▷ *nm*: **mettre en ~** to sell in return for a life annuity
viande [vjɑ̃d] *nf* meat
viatique [vjatik] *nm* (*Rel*) viaticum; (*fig*) provisions *pl ou* money for the journey
vibrant, e [vibʀɑ̃, -ɑ̃t] *adj* vibrating; (*voix*) vibrant; (*émouvant*) emotive
vibraphone [vibʀafɔn] *nm* vibraphone, vibes *pl*
vibraphoniste [vibʀafɔnist(ə)] *nm/f* vibraphone player
vibration [vibʀɑsjɔ̃] *nf* vibration
vibratoire [vibʀatwaʀ] *adj* vibratory
vibrer [vibʀe] *vi* to vibrate; (*son, voix*) to be vibrant; (*fig*) to be stirred; **faire ~** to (cause to) vibrate; to stir, thrill
vibromasseur [vibʀɔmasœʀ] *nm* vibrator
vicaire [vikɛʀ] *nm* curate
vice... [vis] *préfixe* vice-
vice [vis] *nm* vice; (*défaut*) fault; **~ caché** (*Comm*) latent *ou* inherent defect; **~ de forme** legal flaw *ou* irregularity
vice-consul [viskɔ̃syl] *nm* vice-consul
vice-présidence [vispʀezidɑ̃s] *nf* (*d'un pays*) vice-presidency; (*d'une société*) vice-presidency, vice-chairmanship (*Brit*)
vice-président, e [vispʀezidɑ̃, -ɑ̃t] *nm/f* vice-president; vice-chairman

V

vice-roi [visʀwa] *nm* viceroy
vice-versa [viseveʀsa] *adv* vice versa
vichy [viʃi] *nm* (*toile*) gingham; (*eau*) Vichy water; **carottes V~** boiled carrots
vichyssois, e [viʃiswa, -waz] *adj* of *ou* from Vichy, Vichy *cpd* ▷ *nf* (*soupe*) vichyssoise (soup), *cream of leek and potato soup* ▷ *nm/f*: **Vichyssois, e** native *ou* inhabitant of Vichy
vicié, e [visje] *adj* (*air*) polluted, tainted; (*Jur*) invalidated
vicier [visje] *vt* (*Jur*) to invalidate
vicieux, -euse [visjø, -øz] *adj* (*pervers*) dirty(-minded); (*méchant*) nasty; (*fautif*) incorrect, wrong
vicinal, e, -aux [visinal, -o] *adj*: **chemin ~** byroad, byway
vicissitudes [visisityd] *nfpl* (trials and) tribulations
vicomte [vikɔ̃t] *nm* viscount
vicomtesse [vikɔ̃tɛs] *nf* viscountess
victime [viktim] *nf* victim; (*d'accident*) casualty; **être (la) ~ de** to be the victim of; **être ~ d'une attaque/d'un accident** to suffer a stroke/be involved in an accident
victoire [viktwaʀ] *nf* victory
victorieusement [viktɔʀjøzmɑ̃] *adv* triumphantly, victoriously
victorieux, -euse [viktɔʀjø, -øz] *adj* victorious; (*sourire, attitude*) triumphant
victuailles [viktɥaj] *nfpl* provisions
vidange [vidɑ̃ʒ] *nf* (*d'un fossé, réservoir*) emptying; (*Auto*) oil change; (*de lavabo: bonde*) waste outlet; **vidanges** *nfpl* (*matières*) sewage *sg*; **faire la ~** (*Auto*) to change the oil, do an oil change; **tuyau de ~** drainage pipe
vidanger [vidɑ̃ʒe] *vt* to empty; **faire ~ la voiture** to have the oil changed in one's car
vide [vid] *adj* empty ▷ *nm* (*Physique*) vacuum; (*espace*) (empty) space, gap; (*sous soi: dans une falaise etc*) drop; (*futilité, néant*) void; **~ de** empty of; (*de sens etc*) devoid of; **sous ~** *adv* in a vacuum; **emballé sous ~** vacuum-packed; **regarder dans le ~** to stare into space; **avoir peur du ~** to be afraid of heights; **parler dans le ~** to waste one's breath; **faire le ~** (*dans son esprit*) to make one's mind go blank; **faire le ~ autour de qn** to isolate sb; **à ~** *adv* (*sans occupants*) empty; (*sans charge*) unladen; (*Tech*) without gripping *ou* being in gear
vidé, e [vide] *adj* (*épuisé*) done in, all in
vidéo [video] *nf, adj inv* video; **~ inverse** reverse video
vidéocassette [videɔkasɛt] *nf* video cassette
vidéoclip [videɔklip] *nm* music video
vidéoclub [videɔklœb] *nm* video club
vidéoconférence [videɔdc] *nf* videoconference
vidéodisque [videɔdisk] *nm* videodisc
vide-ordures [vidɔʀdyʀ] *nm inv* (rubbish) chute
vidéotex® [videɔtɛks] *nm* teletext
vidéothèque [videɔtɛk] *nf* video library
vide-poches [vidpɔʃ] *nm inv* tidy; (*Auto*) glove compartment
vide-pomme [vidpɔm] *nm inv* apple-corer
vider [vide] *vt* to empty; (*Culin: volaille, poisson*) to gut, clean out; (*régler: querelle*) to settle; (*fatiguer*) to wear out; (*fam: expulser*) to throw out, chuck out; **se vider** *vi* to empty; **~ les lieux** to quit *ou* vacate the premises
videur [vidœʀ] *nm* (*de boîte de nuit*) bouncer
vie [vi] *nf* life; **être en ~** to be alive; **sans ~** lifeless; **à ~** for life; **membre à ~** life member; **dans la ~ courante** in everyday life; **avoir la ~ dure** to have nine lives; to die hard; **mener la ~ dure à qn** to make life a misery for sb
vieil [vjɛj] *adj m voir* **vieux**
vieillard [vjɛjaʀ] *nm* old man; **les ~s** old people, the elderly
vieille [vjɛj] *adj f, nf voir* **vieux**
vieilleries [vjɛjʀi] *nfpl* old things *ou* stuff *sg*
vieillesse [vjɛjɛs] *nf* old age; (*vieillards*): **la ~** the old *pl*, the elderly *pl*
vieilli, e [vjeji] *adj* (*marqué par l'âge*) aged; (*suranné*) dated
vieillir [vjejiʀ] *vi* (*prendre de l'âge*) to grow old; (*population, vin*) to age; (*doctrine, auteur*) to become dated ▷ *vt* to age; **il a beaucoup vieilli** he has aged a lot; **se vieillir** to make o.s. older
vieillissement [vjejismɑ̃] *nm* growing old; ageing
vieillot, te [vjɛjo, -ɔt] *adj* antiquated, quaint
vielle [vjɛl] *nf* hurdy-gurdy
viendrai *etc* [vjɛ̃dʀe] *vb voir* **venir**
Vienne [vjɛn] *n* (*en Autriche*) Vienna
vienne [vjɛn], **viens** *etc* [vjɛ̃] *vb voir* **venir**
viennois, e [vjɛnwa, -waz] *adj* Viennese
viens [vjɛ̃] *vb voir* **venir**
vierge [vjɛʀʒ(ə)] *adj* virgin; (*film*) blank; (*page*) clean, blank; (*jeune fille*): **être ~** to be a virgin ▷ *nf* virgin; (*signe*): **la V~** Virgo, the Virgin; **être de la V~** to be Virgo; **~ de** (*sans*) free from, unsullied by
Viêtnam, Vietnam [vjɛtnam] *nm*: **le ~** Vietnam; **le ~ du Nord/du Sud** North/South Vietnam
vietnamien, ne [vjɛtnamjɛ̃, -ɛn] *adj* Vietnamese ▷ *nm* (*Ling*) Vietnamese ▷ *nm/f*: **Vietnamien, ne** Vietnamese; **V~, ne du Nord/Sud** North/South Vietnamese
vieux, vieil, vieille [vjø, vjɛj] *adj* old ▷ *nm/f* old man/woman ▷ *nmpl*: **les ~** the old, old people; (*fam: parents*) the old folk *ou* ones; **un petit ~** a little old man; **mon ~/ma vieille** (*fam*) old man/girl; **pauvre ~** poor old soul; **prendre un coup de ~** to put years on; **se faire ~** to make o.s. look older; **un ~ de la vieille** one of the old brigade; **~ garçon** *nm* bachelor; **~ jeu** *adj inv* old-fashioned; **~ rose** *adj inv* old rose; **vieil or** *adj inv* old gold; **vieille fille** *nf* spinster
vif, vive [vif, viv] *adj* (*animé*) lively; (*alerte*) sharp, quick; (*brusque*) sharp, brusque; (*aigu*) sharp; (*lumière, couleur*) brilliant; (*air*) crisp; (*vent, émotion*) keen; (*froid*) bitter; (*fort: regret, déception*) great, deep; (*vivant*): **brûlé ~** burnt alive; **eau vive** running water; **de vive voix** personally;

piquer qn au ~ to cut sb to the quick; **tailler dans le ~** to cut into the living flesh; **à ~** (*plaie*) open; **avoir les nerfs à ~** to be on edge; **sur le ~** (*Art*) from life; **entrer dans le ~ du sujet** to get to the very heart of the matter
vif-argent [vifaʀʒɑ̃] *nm inv* quicksilver
vigie [viʒi] *nf* (*matelot*) look-out; (*poste*) look-out post, crow's nest
vigilance [viʒilɑ̃s] *nf* vigilance
vigilant, e [viʒilɑ̃, -ɑ̃t] *adj* vigilant
vigile [viʒil] *nm* (*veilleur de nuit*) (night) watchman; (*police privée*) vigilante
vigne [viɲ] *nf* (*plante*) vine; (*plantation*) vineyard; **~ vierge** Virginia creeper
vigneron [viɲʀɔ̃] *nm* wine grower
vignette [viɲɛt] *nf* (*motif*) vignette; (*de marque*) manufacturer's label *ou* seal; (*petite illustration*) (small) illustration; (*Admin*) ≈ (road) tax disc (*Brit*), ≈ license plate sticker (*US*); (*: sur médicament*) price label (*on medicines for reimbursement by Social Security*)
vignoble [viɲɔbl(ə)] *nm* (*plantation*) vineyard; (*vignes d'une région*) vineyards *pl*
vigoureusement [viguʀøzmɑ̃] *adv* vigorously
vigoureux, -euse [viguʀø, -øz] *adj* vigorous, robust
vigueur [vigœʀ] *nf* vigour (*Brit*), vigor (*US*); **être/entrer en ~** to be in/come into force; **en ~** current
vil, e [vil] *adj* vile, base; **à ~ prix** at a very low price
vilain, e [vilɛ̃, -ɛn] *adj* (*laid*) ugly; (*affaire, blessure*) nasty; (*pas sage: enfant*) naughty ▷ *nm* (*paysan*) villein, villain; **ça va tourner au ~** things are going to turn nasty; **~ mot** bad word
vilainement [vilɛnmɑ̃] *adv* badly
vilebrequin [vilbʀəkɛ̃] *nm* (*outil*) (bit-)brace; (*Auto*) crankshaft
vilenie [vilni] *nf* vileness *no pl*, baseness *no pl*
vilipender [vilipɑ̃de] *vt* to revile, vilify
villa [vila] *nf* (detached) house
village [vilaʒ] *nm* village; **~ de toile** tent village; **~ de vacances** holiday village
villageois, e [vilaʒwa, -waz] *adj* village *cpd* ▷ *nm/f* villager
ville [vil] *nf* town; (*importante*) city; (*administration*): **la ~** ≈ the Corporation, ≈ the (town) council; **aller en ~** to go to town; **habiter en ~** to live in town; **~ jumelée** twin town; **~ nouvelle** new town
ville-champignon [vilʃɑ̃piɲɔ̃] (*pl* **villes-champignons**) *nf* boom town
ville-dortoir [vildɔʀtwaʀ] (*pl* **villes-dortoirs**) *nf* dormitory town
villégiature [vileʒjatyʀ] *nf* (*séjour*) holiday; (*lieu*) (holiday) resort
vin [vɛ̃] *nm* wine; **avoir le ~ gai/triste** to get happy/miserable after a few drinks; **~ blanc/rosé/rouge** white/rosé/red wine; **~ d'honneur** reception; (*with wine and snacks*): **~ de messe** altar wine; **~ ordinaire** *ou* **de table** table wine; **~ de pays** local wine; *voir aussi* **AOC**; **VDQS**
vinaigre [vinɛgʀ(ə)] *nm* vinegar; **tourner au ~** (*fig*) to turn sour; **~ de vin/d'alcool** wine/spirit vinegar
vinaigrette [vinɛgʀɛt] *nf* vinaigrette, French dressing
vinaigrier [vinɛgʀije] *nm* (*fabricant*) vinegar-maker; (*flacon*) vinegar cruet *ou* bottle
vinasse [vinas] *nf* (*péj*) cheap wine, plonk (*Brit*)
vindicatif, -ive [vɛ̃dikatif, -iv] *adj* vindictive
vindicte [vɛ̃dikt(ə)] *nf*: **désigner qn à la ~ publique** to expose sb to public condemnation
vineux, -euse [vinø, -øz] *adj* win(e)y
vingt [vɛ̃, vɛ̃t] (*+ voyelle following 2nd pron*) *num* twenty; **~-quatre heures sur ~-quatre** twenty-four hours a day, round the clock
vingtaine [vɛ̃tɛn] *nf*: **une ~ (de)** around twenty, twenty or so
vingtième [vɛ̃tjɛm] *num* twentieth
vinicole [vinikɔl] *adj* (*production*) wine *cpd*; (*région*) wine-growing
vinification [vinifikɑsjɔ̃] *nf* wine-making, wine production; (*des sucres*) vinification
vins *etc* [vɛ̃] *vb voir* **venir**
vinyle [vinil] *nm* vinyl
viol [vjɔl] *nm* (*d'une femme*) rape; (*d'un lieu sacré*) violation
violacé, e [vjɔlase] *adj* purplish, mauvish
violation [vjɔlɑsjɔ̃] *nf* desecration; violation; (*d'un droit*) breach
violemment [vjɔlamɑ̃] *adv* violently
violence [vjɔlɑ̃s] *nf* violence; **violences** *nfpl* acts of violence; **faire ~ à qn** to do violence to sb; **se faire ~** to force o.s
violent, e [vjɔlɑ̃, -ɑ̃t] *adj* violent; (*remède*) drastic; (*besoin, désir*) intense, urgent
violenter [vjɔlɑ̃te] *vt* to assault (sexually)
violer [vjɔle] *vt* (*femme*) to rape; (*sépulture*) to desecrate, violate; (*loi, traité*) to violate
violet, te [vjɔlɛ, -ɛt] *adj, nm* purple, mauve ▷ *nf* (*fleur*) violet
violeur [vjɔlœʀ] *nm* rapist
violine [vjɔlin] *nf* deep purple
violon [vjɔlɔ̃] *nm* violin; (*dans la musique folklorique etc*) fiddle; (*fam: prison*) lock-up; **premier ~** first violin; **~ d'Ingres** (artistic) hobby
violoncelle [vjɔlɔ̃sɛl] *nm* cello
violoncelliste [vjɔlɔ̃selist(ə)] *nm/f* cellist
violoniste [vjɔlɔnist(ə)] *nm/f* violinist, violin-player; (*folklorique etc*) fiddler
VIP *sigle m* (*= Very Important Person*) VIP
vipère [vipɛʀ] *nf* viper, adder
virage [viʀaʒ] *nm* (*d'un véhicule*) turn; (*d'une route, piste*) bend; (*Chimie*) change in colour (*Brit*) *ou* color (*US*); (*de cuti-réaction*) positive reaction; (*Photo*) toning; (*fig: Pol*) about-turn; **prendre un ~** to go into a bend, take a bend; **~ sans visibilité** blind bend
viral, e, -aux [viʀal, -o] *adj* viral
virée [viʀe] *nf* (*courte*) run; (*: à pied*) walk; (*longue*) trip; hike, walking tour
virement [viʀmɑ̃] *nm* (*Comm*) transfer; **~ bancaire** (bank) credit transfer, ≈ (bank) giro

transfer (*Brit*); **~ postal** Post office credit transfer, ≈ Girobank® transfer (*Brit*)
virent [viʀ] *vb voir* **voir**
virer [viʀe] *vt* (*Comm*): **~ qch (sur)** to transfer sth (into); (*Photo*) to tone; (*fam: renvoyer*) to sack, boot out ▷ *vi* to turn; (*Chimie*) to change colour (*Brit*) *ou* color (*US*); (*cuti-réaction*) to come up positive; (*Photo*) to tone; **~ au bleu** to turn blue; **~ de bord** to tack; (*fig*) to change tack; **~ sur l'aile** to bank
virevolte [viʀvɔlt(ə)] *nf* twirl; (*d'avis, d'opinion*) about-turn
virevolter [viʀvɔlte] *vi* to twirl around
virginal, e, -aux [viʀʒinal, -o] *adj* virginal
virginité [viʀʒinite] *nf* virginity; (*fig*) purity
virgule [viʀgyl] *nf* comma; (*Math*) point; **quatre ~ deux** four point two; **~ flottante** floating decimal
viril, e [viʀil] *adj* (*propre à l'homme*) masculine; (*énergique, courageux*) manly, virile
viriliser [viʀilize] *vt* to make (more) manly *ou* masculine
virilité [viʀilite] *nf* (*attributs masculins*) masculinity; (*fermeté, courage*) manliness; (*sexuelle*) virility
virologie [viʀɔlɔʒi] *nf* virology
virtualité [viʀtɥalite] *nf* virtuality; potentiality
virtuel, le [viʀtɥɛl] *adj* potential; (*théorique*) virtual
virtuellement [viʀtɥɛlmɑ̃] *adj* potentially; (*presque*) virtually
virtuose [viʀtɥoz] *nm/f* (*Mus*) virtuoso; (*gén*) master
virtuosité [viʀtɥozite] *nf* virtuosity; masterliness, masterful skills *pl*
virulence [viʀylɑ̃s] *nf* virulence
virulent, e [viʀylɑ̃, -ɑ̃t] *adj* virulent
virus [viʀys] *nm* virus
vis *vb* [vi] *voir* **voir**; **vivre** ▷ *nf* [vis] screw; **~ à tête plate/ronde** flat-headed/round-headed screw; **~ platinées** (*Auto*) (contact) points; **~ sans fin** worm, endless screw
visa [viza] *nm* (*sceau*) stamp; (*validation de passeport*) visa; **~ de censure** (censor's) certificate
visage [vizaʒ] *nm* face; **à ~ découvert** (*franchement*) openly
visagiste [vizaʒist(ə)] *nm/f* beautician
vis-à-vis [vizavi] *adv* face to face ▷ *nm* person opposite; house *etc* opposite; **~ de** *prép* opposite; (*fig*) towards, vis-à-vis; **en ~** facing *ou* opposite each other; **sans ~** (*immeuble*) with an open outlook
viscéral, e, -aux [viseʀal, -o] *adj* (*fig*) deep-seated, deep-rooted
viscères [visɛʀ] *nmpl* intestines, entrails
viscose [viskoz] *nf* viscose
viscosité [viskozite] *nf* viscosity
visée [vize] *nf* (*avec une arme*) aiming; (*Arpentage*) sighting; **visées** *nfpl* (*intentions*) designs; **avoir des ~s sur qn/qch** to have designs on sb/sth
viser [vize] *vi* to aim ▷ *vt* to aim at; (*concerner*) to be aimed *ou* directed at; (*apposer un visa sur*) to stamp, visa; **~ à qch/faire** to aim at sth/at doing *ou* to do
viseur [vizœʀ] *nm* (*d'arme*) sights *pl*; (*Photo*) viewfinder
visibilité [vizibilite] *nf* visibility; **sans ~** (*pilotage, virage*) blind *cpd*
visible [vizibl(ə)] *adj* visible; (*disponible*): **est-il ~?** can he see me?, will he see visitors?
visiblement [vizibləmɑ̃] *adv* visibly, obviously
visière [vizjɛʀ] *nf* (*de casquette*) peak; (*qui s'attache*) eyeshade
vision [vizjɔ̃] *nf* vision; (*sens*) (eye)sight, vision; (*fait de voir*): **la ~ de** the sight of; **première ~** (*Ciné*) first showing
visionnaire [vizjɔnɛʀ] *adj, nm/f* visionary
visionner [vizjɔne] *vt* to view
visionneuse [vizjɔnøz] *nf* viewer
visiophone [vizjɔfɔn] *nm* videophone
visite [vizit] *nf* visit; (*visiteur*) visitor; (*touristique: d'un musée etc*) tour; (*Comm: de représentant*) call; (*expertise, d'inspection*) inspection; (*médicale, à domicile*) visit, call; **la ~** (*Méd*) medical examination; (*Mil: d'entrée*) medicals *pl*; (*: quotidienne*) sick parade; **faire une ~ à qn** to call on sb, pay sb a visit; **rendre ~ à qn** to visit sb, pay sb a visit; **être en ~ (chez qn)** to be visiting (sb); **heures de ~** (*hôpital, prison*) visiting hours; **le droit de ~** (*Jur: aux enfants*) right of access, access; **~ de douane** customs inspection *ou* examination; **~ guidée** guided tour
visiter [vizite] *vt* to visit; (*musée, ville*) to visit, go round
visiteur, -euse [vizitœʀ, -øz] *nm/f* visitor; **~ des douanes** customs inspector; **~ médical** medical rep(resentative); **~ de prison** prison visitor
vison [vizɔ̃] *nm* mink
visqueux, -euse [viskø, -øz] *adj* viscous; (*péj*) gooey; (*: manières*) slimy
visser [vise] *vt*: **~ qch** (*fixer, serrer*) to screw sth on
visu [vizy]: **de ~** *adv* with one's own eyes
visualisation [vizɥalizasjɔ̃] *nf* (*Inform*) display; **écran de ~** visual display unit (VDU)
visualiser [vizɥalize] *vt* to visualize; (*Inform*) to display, bring up on screen
visuel, le [vizɥɛl] *adj* visual
visuellement [vizɥɛlmɑ̃] *adv* visually
vit [vi] *vb voir* **vivre**; **voir**
vital, e, -aux [vital, -o] *adj* vital
vitalité [vitalite] *nf* vitality
vitamine [vitamin] *nf* vitamin
vitaminé, e [vitamine] *adj* with (added) vitamins
vitaminique [vitaminik] *adj* vitamin *cpd*
vite [vit] *adv* (*rapidement*) quickly, fast; (*sans délai*) quickly; soon; **faire ~** (*agir rapidement*) to act fast; (*se dépêcher*) to be quick; **ce sera ~ fini** this will soon be finished; **viens ~** come quick(ly)
vitesse [vitɛs] *nf* speed; (*Auto: dispositif*) gear; **faire de la ~** to drive fast *ou* at speed; **prendre qn de ~** to outstrip sb, get ahead of sb; **prendre**

de la ~ to pick up *ou* gather speed; **à toute ~** at full *ou* top speed; **en perte de ~** *(avion)* losing lift; *(fig)* losing momentum; **changer de ~** *(Auto)* to change gear; **~ acquise** momentum; **~ de croisière** cruising speed; **~ de pointe** top speed; **~ du son** speed of sound

viticole [vitikɔl] *adj (industrie)* wine *cpd*; *(région)* wine-growing

viticulteur [vitikyltœʀ] *nm* wine grower

viticulture [vitikyltyʀ] *nf* wine growing

vitrage [vitʀaʒ] *nm (cloison)* glass partition; *(toit)* glass roof; *(rideau)* net curtain

vitrail, -aux [vitʀaj, -o] *nm* stained-glass window

vitre [vitʀ(ə)] *nf* (window) pane; *(de portière, voiture)* window

vitré, e [vitʀe] *adj* glass *cpd*

vitrer [vitʀe] *vt* to glaze

vitreux, -euse [vitʀø, -øz] *adj* vitreous; *(terne)* glassy

vitrier [vitʀije] *nm* glazier

vitrifier [vitʀifje] *vt* to vitrify; *(parquet)* to glaze

vitrine [vitʀin] *nf (devanture)* (shop) window; *(étalage)* display; *(petite armoire)* display cabinet; **en ~** in the window, on display; **~ publicitaire** display case, showcase

vitriol [vitʀijɔl] *nm* vitriol; **au ~** *(fig)* vitriolic

vitupérations [vitypeʀɑsjɔ̃] *nfpl* invective *sg*

vitupérer [vitypeʀe] *vi* to rant and rave; **~ contre** to rail against

vivable [vivabl(ə)] *adj (personne)* livable-with; *(endroit)* fit to live in

vivace *adj* [vivas] *(arbre, plante)* hardy; *(fig)* enduring ▷ *adv* [vivatʃe] *(Mus)* vivace

vivacité [vivasite] *nf (voir vif)* liveliness, vivacity; sharpness; brilliance

vivant, e [vivɑ̃, -ɑ̃t] *vb voir* **vivre** ▷ *adj (qui vit)* living, alive; *(animé)* lively; *(preuve, exemple)* living; *(langue)* modern ▷ *nm*: **du ~ de qn** in sb's lifetime; **les ~s et les morts** the living and the dead

vivarium [vivaʀjɔm] *nm* vivarium

vivats [viva] *nmpl* cheers

vive [viv] *adj f voir* **vif** ▷ *vb voir* **vivre** ▷ *excl*: **~ le roi!** long live the king!; **~ les vacances!** hurrah for the holidays!

vivement [vivmɑ̃] *adv* vivaciously; sharply ▷ *excl*: **~ les vacances!** I can't wait for the holidays!, roll on the holidays!

viveur [vivœʀ] *nm (péj)* high liver, pleasure-seeker

vivier [vivje] *nm (au restaurant etc)* fish tank; *(étang)* fishpond

vivifiant, e [vivifjɑ̃, -ɑ̃t] *adj* invigorating

vivifier [vivifje] *vt* to invigorate; *(fig: souvenirs, sentiments)* to liven up, enliven

vivions [vivjɔ̃] *vb voir* **vivre**

vivipare [vivipaʀ] *adj* viviparous

vivisection [vivisɛksjɔ̃] *nf* vivisection

vivoter [vivɔte] *vi (personne)* to scrape a living, get by; *(fig: affaire etc)* to struggle along

vivre [vivʀ(ə)] *vi, vt* to live ▷ *nm*: **le ~ et le logement** board and lodging; **vivres** *nmpl* provisions, food supplies; **il vit encore** he is still alive; **se laisser ~** to take life as it comes; **ne plus ~** *(être anxieux)* to live on one's nerves; **il a vécu** *(eu une vie aventureuse)* he has seen life; **ce régime a vécu** this regime has had its day; **être facile à ~** to be easy to get on with; **faire ~ qn** *(pourvoir à sa subsistance)* to provide (a living) for sb; **~ mal** *(chichement)* to have a meagre existence; **~ de** *(salaire etc)* to live on

vivrier, -ière [vivʀije, -jɛʀ] *adj* food-producing *cpd*

vlan [vlɑ̃] *excl* wham!, bang!

VO *sigle f (Ciné)* = **version originale**; **voir un film en VO** to see a film in its original language

v° *abr* = **verso**

vocable [vɔkabl(ə)] *nm* term

vocabulaire [vɔkabylɛʀ] *nm* vocabulary

vocal, e, -aux [vɔkal, -o] *adj* vocal

vocalique [vɔkalik] *adj* vocalic, vowel *cpd*

vocalise [vɔkaliz] *nf* singing exercise

vocaliser [vɔkalize] *vi (Ling)* to vocalize; *(Mus)* to do one's singing exercises

vocation [vɔkɑsjɔ̃] *nf* vocation, calling; **avoir la ~** to have a vocation

vociférations [vɔsifeʀɑsjɔ̃] *nfpl* cries of rage, screams

vociférer [vɔsifeʀe] *vi, vt* to scream

vodka [vɔdka] *nf* vodka

vœu, x [vø] *nm* wish; *(à Dieu)* vow; **faire ~ de** to take a vow of; **avec tous nos ~x** with every good wish *ou* our best wishes; **meilleurs ~x** best wishes; *(sur une carte)* "Season's Greetings"; **~x de bonheur** best wishes for your future happiness; **~x de bonne année** best wishes for the New Year

vogue [vɔg] *nf* fashion, vogue; **en ~** in fashion, in vogue

voguer [vɔge] *vi* to sail

voici [vwasi] *prép (pour introduire, désigner)* here is; *(+ sg)* here are; *(+ pl)*: **et ~ que ...** and now it *(ou* he) ...; **il est parti ~ trois ans** he left three years ago; **~ une semaine que je l'ai vue** it's a week since I've seen her; **me ~** here I am; *voir aussi* **voilà**

voie [vwa] *vb voir* **voir** ▷ *nf* way; *(Rail)* track, line; *(Auto)* lane; **par ~ buccale** *ou* **orale** orally; **par ~ rectale** rectally; **suivre la ~ hiérarchique** to go through official channels; **ouvrir/montrer la ~** to open up/show the way; **être en bonne ~** to be shaping *ou* going well; **mettre qn sur la ~** to put sb on the right track; **être en ~ d'achèvement/de rénovation** to be nearing completion/in the process of renovation; **à ~ étroite** narrow-gauge; **à ~ unique** single-track; **route à deux/trois ~s** two-/three-lane road; **par la ~ aérienne/maritime** by air/sea; **~ d'eau** *(Navig)* leak; **~ express** expressway; **~ de fait** *(Jur)* assault (and battery); **~ ferrée** track; railway line (Brit), railroad (US); **par ~ ferrée** by rail, by railroad; **~ de garage** *(Rail)* siding; **la ~ lactée** the Milky Way; **~ navigable** waterway;

~ **prioritaire** (*Auto*) road with right of way; ~ **privée** private road; **la ~ publique** the public highway

voilà [vwala] *prép* (*en désignant*) there is; (+*sg*) there are; (+*pl*): **les ~** *ou* **voici** here *ou* there they are; **en ~** *ou* **voici un** here's one, there's one; ~ *ou* **voici deux ans** two years ago; ~ *ou* **voici deux ans que** it's two years since; **et ~!** there we are!; ~ **tout** that's all; **"~** *ou* **voici"** (*en offrant etc*) "there *ou* here you are"

voilage [vwalaʒ] *nm* (*rideau*) net curtain; (*tissu*) net

voile [vwal] *nm* veil; (*tissu léger*) net ▷ *nf* sail; (*sport*) sailing; **prendre le ~** to take the veil; **mettre à la ~** to make way under sail; **~ du palais** *nm* soft palate, velum; **~ au poumon** *nm* shadow on the lung

voiler [vwale] *vt* to veil; (*Photo*) to fog; (*fausser: roue*) to buckle; (*: bois*) to warp; **se voiler** *vi* (*lune, regard*) to mist over; (*ciel*) to grow hazy; (*voix*) to become husky; (*roue, disque*) to buckle; (*planche*) to warp; **se ~ la face** to hide one's face

voilette [vwalɛt] *nf* (hat) veil

voilier [vwalje] *nm* sailing ship; (*de plaisance*) sailing boat

voilure [vwalyʀ] *nf* (*de voilier*) sails *pl*; (*d'avion*) aerofoils *pl* (*Brit*), airfoils *pl* (*US*); (*de parachute*) canopy

voir [vwaʀ] *vi, vt* to see; **se voir**: **se ~ critiquer/transformer** to be criticized/transformed; **cela se voit** (*cela arrive*) it happens; (*c'est visible*) that's obvious, it shows; **~ à faire qch** to see to it that sth is done; **~ loin** (*fig*) to be far-sighted; **~ venir** (*fig*) to wait and see; **faire ~ qch à qn** to show sb sth; **en faire ~ à qn** (*fig*) to give sb a hard time; **ne pas pouvoir ~ qn** (*fig*) not to be able to stand sb; **regardez ~** just look; **montrez ~** show (me); **dites ~** tell me; **voyons!** let's see now; (*indignation etc*) come (along) now!; **c'est à ~!** we'll see!; **c'est ce qu'on va ~!** we'll see about that!; **avoir quelque chose à ~ avec** to have something to do with; **ça n'a rien à ~ avec lui** that has nothing to do with him

voire [vwaʀ] *adv* indeed; nay; or even

voirie [vwaʀi] *nf* highway maintenance; (*administration*) highways department; (*enlèvement des ordures*) refuse (*Brit*) *ou* garbage (*US*) collection

vois [vwa] *vb voir* **voir**

voisin, e [vwazɛ̃, -in] *adj* (*proche*) neighbouring (*Brit*), neighboring (*US*); (*contigu*) next; (*ressemblant*) connected ▷ *nm/f* neighbo(u)r; (*de table, de dortoir etc*) person next to me (*ou* him *etc*); **~ de palier** neighbo(u)r across the landing (*Brit*) *ou* hall (*US*)

voisinage [vwazinaʒ] *nm* (*proximité*) proximity; (*environs*) vicinity; (*quartier, voisins*) neighbourhood (*Brit*), neighborhood (*US*); **relations de bon ~** neighbo(u)rly terms

voisiner [vwazine] *vi*: **~ avec** to be side by side with

voit [vwa] *vb voir* **voir**

voiture [vwatyʀ] *nf* car; (*wagon*) coach, carriage; **en ~!** all aboard!; **~ à bras** handcart; **~ d'enfant** pram (*Brit*), baby carriage (*US*); **~ d'infirme** invalid carriage; **~ de sport** sports car

voiture-lit [vwatyʀli] (*pl* **voitures-lits**) *nf* sleeper

voiture-restaurant [vwatyʀʀɛstɔʀɑ̃] (*pl* **voitures-restaurants**) *nf* dining car

voix [vwa] *nf* voice; (*Pol*) vote; **la ~ de la conscience/raison** the voice of conscience/reason; **à haute ~** aloud; **à ~ basse** in a low voice; **faire la grosse ~** to speak gruffly; **avoir de la ~** to have a good voice; **rester sans ~** to be speechless; **~ de basse/ténor** *etc* bass/tenor *etc* voice; **à deux/quatre ~** (*Mus*) in two/four parts; **avoir ~ au chapitre** to have a say in the matter; **mettre aux ~** to put to the vote; **~ off** voice-over

vol [vɔl] *nm* (*mode de locomotion*) flying; (*trajet, voyage, groupe d'oiseaux*) flight; (*mode d'appropriation*) theft, stealing; (*larcin*) theft; **à ~ d'oiseau** as the crow flies; **au ~: attraper qch au ~** to catch sth as it flies past; **saisir une remarque au ~** to pick up a passing remark; **prendre son ~** to take flight; **de haut ~** (*fig*) of the highest order; **en ~** in flight; **~ avec effraction** breaking and entering *no pl*, break-in; **~ à l'étalage** shoplifting *no pl*; **~ libre** hang-gliding; **~ à main armée** armed robbery; **~ de nuit** night flight; **~ plané** (*Aviat*) glide, gliding *no pl*; **~ à la tire** pickpocketing *no pl*; **~ à voile** gliding

vol. *abr* (= *volume*) vol

volage [vɔlaʒ] *adj* fickle

volaille [vɔlɑj] *nf* (*oiseaux*) poultry *pl*; (*viande*) poultry *no pl*; (*oiseau*) fowl

volailler [vɔlaje] *nm* poulterer

volant, e [vɔlɑ̃, -ɑ̃t] *adj voir* **feuille** *etc* ▷ *nm* (*d'automobile*) (steering) wheel; (*de commande*) wheel; (*objet lancé*) shuttlecock; (*jeu*) battledore and shuttlecock; (*bande de tissu*) flounce; (*feuillet détachable*) tear-off portion; **le personnel ~, les ~s** (*Aviat*) the flight staff; **~ de sécurité** (*fig*) reserve, margin, safeguard

volatil, e [vɔlatil] *adj* volatile

volatile [vɔlatil] *nm* (*volaille*) bird; (*tout oiseau*) winged creature

volatiliser [vɔlatilize]: **se volatiliser** *vi* (*Chimie*) to volatilize; (*fig*) to vanish into thin air

vol-au-vent [vɔlovɑ̃] *nm inv* vol-au-vent

volcan [vɔlkɑ̃] *nm* volcano; (*fig: personne*) hothead

volcanique [vɔlkanik] *adj* volcanic; (*fig: tempérament*) volatile

volcanologie [vɔlkanɔlɔʒi] *nf* vulcanology

volcanologue [vɔlkanɔlɔg] *nm/f* vulcanologist

volée [vɔle] *nf* (*groupe d'oiseaux*) flight, flock; (*Tennis*) volley; **~ de coups/de flèches** volley of blows/arrows; **à la ~: rattraper à la ~** to catch in midair; **lancer à la ~** to fling about; **semer à la ~** to (sow) broadcast; **à toute ~** (*sonner les cloches*) vigorously; (*lancer un projectile*) with full force; **de haute ~** (*fig*) of the highest order

voler [vɔle] *vi* (*avion, oiseau, fig*) to fly; (*voleur*) to steal ▷ *vt* (*objet*) to steal; (*personne*) to rob; **~ en éclats** to smash to smithereens; **~ de ses propres ailes** (*fig*) to stand on one's own two feet; **~ au vent** to fly in the wind; **~ qch à qn** to steal sth from sb
volet [vɔlɛ] *nm* (*de fenêtre*) shutter; (*Aviat*) flap; (*de feuillet, document*) section; (*fig: d'un plan*) facet; **trié sur le ~** hand-picked
voleter [vɔlte] *vi* to flutter (about)
voleur, -euse [vɔlœʀ, -øz] *nm/f* thief ▷ *adj* thieving; **"au ~!"** "stop thief!"
volière [vɔljɛʀ] *nf* aviary
volley [vɔlɛ], **volley-ball** [vɔlɛbol] *nm* volleyball
volleyeur, -euse [vɔlɛjœʀ, -øz] *nm/f* volleyball player
volontaire [vɔlɔ̃tɛʀ] *adj* (*acte, activité*) voluntary; (*délibéré*) deliberate; (*caractère, personne: décidé*) self-willed ▷ *nm/f* volunteer
volontairement [vɔlɔ̃tɛʀmɑ̃] *adv* voluntarily; deliberately
volontariat [vɔlɔ̃taʀja] *nm* voluntary service
volontarisme [vɔlɔ̃taʀism(ə)] *nm* voluntarism
volontariste [vɔlɔ̃taʀist(ə)] *adj, nm/f* voluntarist
volonté [vɔlɔ̃te] *nf* (*faculté de vouloir*) will; (*énergie, fermeté*) will(power); (*souhait, désir*) wish; **se servir/boire à ~** to take/drink as much as one likes; **bonne ~** goodwill, willingness; **mauvaise ~** lack of goodwill, unwillingness
volontiers [vɔlɔ̃tje] *adv* (*de bonne grâce*) willingly; (*avec plaisir*) willingly, gladly; (*habituellement, souvent*) readily, willingly; **"~"** "with pleasure", "I'd be glad to"
volt [vɔlt] *nm* volt
voltage [vɔltaʒ] *nm* voltage
volte-face [vɔltəfas] *nf inv* about-turn; (*fig*) about-turn, U-turn; **faire ~** to do an about-turn; to do a U-turn
voltige [vɔltiʒ] *nf* (*Équitation*) trick riding; (*au cirque*) acrobatics *sg*; (*Aviat*) (aerial) acrobatics *sg*; **numéro de haute ~** acrobatic act
voltiger [vɔltiʒe] *vi* to flutter (about)
voltigeur [vɔltiʒœʀ] *nm* (*au cirque*) acrobat; (*Mil*) light infantryman
voltmètre [vɔltmɛtʀ(ə)] *nm* voltmeter
volubile [vɔlybil] *adj* voluble
volubilis [vɔlybilis] *nm* convolvulus
volume [vɔlym] *nm* volume; (*Géom: solide*) solid
volumineux, -euse [vɔlyminø, -øz] *adj* voluminous, bulky
volupté [vɔlypte] *nf* sensual delight *ou* pleasure
voluptueusement [vɔlyptɥøzmɑ̃] *adv* voluptuously
voluptueux, -euse [vɔlyptɥø, -øz] *adj* voluptuous
volute [vɔlyt] *nf* (*Archit*) volute; **~ de fumée** curl of smoke
vomi [vɔmi] *nm* vomit
vomir [vɔmiʀ] *vi* to vomit, be sick ▷ *vt* to vomit, bring up; (*fig*) to belch out, spew out; (*exécrer*) to loathe, abhor
vomissements [vɔmismɑ̃] *nmpl* (*action*) vomiting *no pl*; **des ~** vomit *sg*
vomissure [vɔmisyʀ] *nf* vomit *no pl*
vomitif [vɔmitif] *nm* emetic
vont [vɔ̃] *vb voir* **aller**
vorace [vɔʀas] *adj* voracious
voracement [vɔʀasmɑ̃] *adv* voraciously
voracité [vɔʀasite] *nf* voracity
vos [vo] *adj poss voir* **votre**
Vosges [voʒ] *nfpl*: **les ~** the Vosges
vosgien, ne [voʒjɛ̃, -ɛn] *adj* of *ou* from the Vosges ▷ *nm/f* inhabitant *ou* native of the Vosges
VOST *sigle f* (*Ciné: = version originale sous-titrée*) *subtitled version*
votant, e [vɔtɑ̃, -ɑ̃t] *nm/f* voter
vote [vɔt] *nm* vote; **~ par correspondance/procuration** postal/proxy vote; **~ à main levée** vote by show of hands; **~ secret, ~ à bulletins secrets** secret ballot
voter [vɔte] *vi* to vote ▷ *vt* (*loi, décision*) to vote for
votre [vɔtʀ(ə)] (*pl* **vos** [vo]) *adj poss* your
vôtre [votʀ(ə)] *pron*: **le ~, la ~, les ~s** yours; **les ~s** (*fig*) your family *ou* folks; **à la ~** (*toast*) your (good) health!
voudrai *etc* [vudʀe] *vb voir* **vouloir**
voué, e [vwe] *adj*: **~ à** doomed to, destined for
vouer [vwe] *vt*: **~ qch à** (*Dieu/un saint*) to dedicate sth to; **~ sa vie/son temps à** (*étude, cause etc*) to devote one's life/time to; **~ une haine/amitié éternelle à qn** to vow undying hatred/friendship to sb

 MOT-CLÉ

vouloir [vulwaʀ] *nm*: **le bon vouloir de qn** sb's goodwill; sb's pleasure
▷ *vt* **1** (*exiger, désirer*) to want; **vouloir faire/que qn fasse** to want to do/sb to do; **voulez-vous du thé?** would you like *ou* do you want some tea?; **vouloir qch à qn** to wish sth for sb; **que me veut-il?** what does he want with me?; **que veux-tu que je te dise?** what do you want me to say?; **sans le vouloir** (*involontairement*) without meaning to, unintentionally; **je voudrais ceci/faire** I would *ou* I'd like this/to do; **le hasard a voulu que ...** as fate would have it, ...; **la tradition veut que ...** tradition demands that ...; **... qui se veut moderne ...** which purports to be modern
2 (*consentir*): **je veux bien** (*bonne volonté*) I'll be happy to; (*concession*) fair enough, that's fine; **oui, si on veut** (*en quelque sorte*) yes, if you like; **comme tu veux** as you wish; (*en quelque sorte*) if you like; **veuillez attendre** please wait; **veuillez agréer ...** (*formule épistolaire*) yours faithfully
3: **en vouloir** (*être ambitieux*) to be out to win; **en vouloir à qn** to bear sb a grudge; **je lui en veux d'avoir fait ça** I resent his having done that; **s'en vouloir (de)** to be annoyed with o.s. (for);

il en veut à mon argent he's after my money
4: **vouloir de** to want; **la compagnie ne veut plus de lui** the firm doesn't want him any more; **elle ne veut pas de son aide** she doesn't want his help
5: **vouloir dire** to mean

voulu, e [vuly] *pp de* **vouloir** ▷ *adj* (*requis*) required, requisite; (*délibéré*) deliberate, intentional
voulus *etc* [vuly] *vb voir* **vouloir**
vous [vu] *pron* you; (*objet indirect*) (to) you; (*réfléchi*) yourself; (*réciproque*) each other ▷ *nm*: **employer le ~** (*vouvoyer*) to use the "vous" form; **~-même** yourself; **~-mêmes** yourselves
voûte [vut] *nf* vault; **la ~ céleste** the vault of heaven; **~ du palais** (*Anat*) roof of the mouth; **~ plantaire** arch (of the foot)
voûté, e [vute] *adj* vaulted, arched; (*dos, personne*) bent, stooped
voûter [vute] *vt* (*Archit*) to arch, vault; **se voûter** *vi* (*dos, personne*) to become stooped
vouvoiement [vuvwamɑ̃] *nm* use of formal "vous" form
vouvoyer [vuvwaje] *vt*: **~ qn** to address sb as "vous"
voyage [vwajaʒ] *nm* journey, trip; (*fait de voyager*): **le ~** travel(ling); **partir/être en ~** to go off/be away on a journey *ou* trip; **faire un ~** to go on *ou* make a trip *ou* journey; **faire bon ~** to have a good journey; **les gens du ~** travelling people; **~ d'agrément/d'affaires** pleasure/business trip; **~ de noces** honeymoon; **~ organisé** package tour
voyager [vwajaʒe] *vi* to travel
voyageur, -euse [vwajaʒœʀ, -øz] *nm/f* traveller; (*passager*) passenger ▷ *adj* (*tempérament*) nomadic, wayfaring; **~ (de commerce)** commercial traveller
voyagiste [vwajaʒist(ə)] *nm* tour operator
voyais *etc* [vwajɛ] *vb voir* **voir**
voyance [vwajɑ̃s] *nf* clairvoyance
voyant, e [vwajɑ̃, -ɑ̃t] *adj* (*couleur*) loud, gaudy ▷ *nm/f* (*personne qui voit*) sighted person ▷ *nm* (*signal*) (warning) light ▷ *nf* clairvoyant
voyelle [vwajɛl] *nf* vowel
voyeur, -euse [vwajœʀ, -øz] *nm/f* voyeur; peeping Tom
voyeurisme [vwajœʀism(ə)] *nm* voyeurism
voyons *etc* [vwajɔ̃] *vb voir* **voir**
voyou [vwaju] *nm* lout, hoodlum; (*enfant*) guttersnipe
VPC *sigle f* (= *vente par correspondance*) mail order selling
vrac [vʀak]: **en ~** *adv* higgledy-piggledy; (*Comm*) in bulk
vrai, e [vʀɛ] *adj* (*véridique: récit, faits*) true; (*non factice, authentique*) real ▷ *nm*: **le ~** the truth; **à ~ dire** to tell the truth; **il est ~ que** it is true that; **être dans le ~** to be right
vraiment [vʀɛmɑ̃] *adv* really
vraisemblable [vʀɛsɑ̃blabl(ə)] *adj* (*plausible*) likely, plausible; (*probable*) likely, probable
vraisemblablement [vʀɛsɑ̃blabləmɑ̃] *adv* in all likelihood, very likely
vraisemblance [vʀɛsɑ̃blɑ̃s] *nf* likelihood, plausibility; (*romanesque*) verisimilitude; **selon toute ~** in all likelihood
vraquier [vʀakje] *nm* freighter
vrille [vʀij] *nf* (*de plante*) tendril; (*outil*) gimlet; (*spirale*) spiral; (*Aviat*) spin
vriller [vʀije] *vt* to bore into, pierce
vrombir [vʀɔ̃biʀ] *vi* to hum
vrombissant, e [vʀɔ̃bisɑ̃, -ɑ̃t] *adj* humming
vrombissement [vʀɔ̃bismɑ̃] *nm* hum(ming)
VRP *sigle m* (= *voyageur, représentant, placier*) (sales) rep
VTT *sigle m* (= *vélo tout-terrain*) mountain bike
vu[1] [vy] *prép* (*en raison de*) in view of; **vu que** in view of the fact that
vu[2]**, e**[1] [vy] *pp de* **voir** ▷ *adj*: **bien/mal vu** (*personne*) well/poorly thought of; (*conduite*) good/bad form ▷ *nm*: **au vu et au su de tous** openly and publicly; **ni vu ni connu** what the eye doesn't see ...!, no one will be any the wiser; **c'est tout vu** it's a foregone conclusion
vue[2] [vy] *nf* (*fait de voir*): **la ~ de** the sight of; (*sens, faculté*) (eye)sight; (*panorama, image, photo*) view; (*spectacle*) sight; **vues** *nfpl* (*idées*) views; (*dessein*) designs; **perdre la ~** to lose one's (eye)sight; **perdre de ~** to lose sight of; **à la ~ de tous** in full view of everybody; **hors de ~** out of sight; **à première ~** at first sight; **connaître de ~** to know by sight; **à ~** (*Comm*) at sight; **tirer à ~** to shoot on sight; **à ~ d'œil** *adv* visibly; (*à première vue*) at a quick glance; **avoir ~ sur** to have a view of; **en ~** (*visible*) in sight; (*Comm*) in the public eye; **avoir qch en ~** (*intentions*) to have one's sights on sth; **en ~ de faire** with the intention of doing, with a view to doing; **~ d'ensemble** overall view; **~ de l'esprit** theoretical view
vulcanisation [vylkanizɑsjɔ̃] *nf* vulcanization
vulcaniser [vylkanize] *vt* to vulcanize
vulcanologie [vylkanɔlɔʒi] *nf* = **volcanologie**
vulcanologue [vylkanɔlɔg] *nm/f* = **volcanologue**
vulgaire [vylgɛʀ] *adj* (*grossier*) vulgar, coarse; (*trivial*) commonplace, mundane; (*péj: quelconque*): **de ~s touristes/chaises de cuisine** common tourists/kitchen chairs; (*Bot, Zool: non latin*) common
vulgairement [vylgɛʀmɑ̃] *adv* vulgarly, coarsely; (*communément*) commonly
vulgariser [vylgaʀize] *vt* to popularize
vulgarité [vylgaʀite] *nf* vulgarity, coarseness
vulnérabilité [vylneʀabilite] *nf* vulnerability
vulnérable [vylneʀabl(ə)] *adj* vulnerable
vulve [vylv(ə)] *nf* vulva
Vve *abr* = **veuve**
VVF *sigle m* (= *village vacances famille*) *state-subsidized holiday village*
vx *abr* = **vieux**

W, w [dubləve] *nm inv* W, w ▷ *abr* (= *watt*) W; **W comme William** W for William
wagon [vagɔ̃] *nm* (*de voyageurs*) carriage; (*de marchandises*) truck, wagon
wagon-citerne [vagɔ̃sitɛʀn(ə)] (*pl* **wagons-citernes**) *nm* tanker
wagon-lit [vagɔ̃li] (*pl* **wagons-lits**) *nm* sleeper, sleeping car
wagonnet [vagɔnɛ] *nm* small truck
wagon-poste [vagɔ̃pɔst(ə)] (*pl* **wagons-postes**) *nm* mail van
wagon-restaurant [vagɔ̃ʀɛstɔʀɑ̃] (*pl* **wagons-restaurants**) *nm* restaurant *ou* dining car
Walkman® [wɔkman] *nm* Walkman®, personal stereo
Wallis et Futuna [walisefytyna]: **les îles ~** the Wallis and Futuna Islands
wallon, ne [walɔ̃, -ɔn] *adj* Walloon ▷ *nm* (*Ling*) Walloon ▷ *nm/f*: **Wallon, ne** Walloon
Wallonie [walɔni] *nf*: **la ~** French-speaking (part of) Belgium
water-polo [watɛʀpɔlo] *nm* water polo
waters [watɛʀ] *nmpl* toilet *sg*, loo *sg* (*Brit*)
watt [wat] *nm* watt
WC [vese] *nmpl* toilet *sg*, lavatory *sg*
Web [wɛb] *nm inv*: **le ~** the (World Wide) Web
webcam [wɛbkam] *nf* webcam
webmaster [-mastœʀ], **webmestre** [-mɛstʀ] *nm/f* webmaster
week-end [wikɛnd] *nm* weekend
western [wɛstɛʀn] *nm* western
Westphalie [vɛsfali] *nf*: **la ~** Westphalia
whisky [wiski] (*pl* **whiskies**) *nm* whisky
white-spirit [wajtspiʀit] *nm* white spirit
widget [widʒɛt] *nm* (*Inform*) widget
wifi, Wi-Fi [wifi] *nm inv* (= *wireless fidelity*) wifi, Wi-Fi
wok [wɔk] *nm* wok
WWW *sigle m*: **World Wide Web** WWW

X, x [iks] *nm inv* X, x ▷ *sigle m* = **(École) polytechnique**; **plainte contre X** (*Jur*) action against person or persons unknown; **X comme Xavier** X for Xmas

xénophobe [gzenɔfɔb] *adj* xenophobic ▷ *nm/f* xenophobe

xénophobie [gzenɔfɔbi] *nf* xenophobia

xérès [gzeʀɛs] *nm* sherry

xylographie [ksilɔgʀafi] *nf* xylography; (*image*) xylograph

xylophone [ksilɔfɔn] *nm* xylophone

Y, y [igʀɛk] *nm inv* Y, y; **Y comme Yvonne** Y for Yellow (*Brit*) *ou* Yoke (*US*)

y [i] *adv* (*à cet endroit*) there; (*dessus*) on it (*ou* them); (*dedans*) in it (*ou* them) ▷ *pron* (about *ou* on *ou* of) it (*vérifier la syntaxe du verbe employé*); **j'y pense** I'm thinking about it; *voir aussi* **aller**; **avoir**

yacht [jɔt] *nm* yacht

yaourt [jauʀt] *nm* yoghurt

yaourtière [jauʀtjɛʀ] *nf* yoghurt-maker

Yémen [jemɛn] *nm*: **le ~** Yemen

yéménite [jemenit] *adj* Yemeni

yeux [jø] *nmpl de* **œil**

yoga [jɔga] *nm* yoga

yoghourt [jɔguʀt] *nm* = **yaourt**

yole [jɔl] *nf* skiff

yougoslave [jugɔslav] *adj* Yugoslav(ian) ▷ *nm/f*: **Yougoslave** Yugoslav(ian)

Yougoslavie [jugɔslavi] *nf*: **la ~** Yugoslavia

youyou [juju] *nm* dinghy

yo-yo [jojo] *nm inv* yo-yo

yucca [juka] *nm* yucca (tree *ou* plant)

Zz

Z, z [zɛd] *nm inv* Z, z; **Z comme Zoé** Z for Zebra
ZAC [zak] *sigle f* (= *zone d'aménagement concerté*) urban development zone
ZAD [zad] *sigle f* (= *zone d'aménagement différé*) future development zone
Zaïre [zaiʀ] *nm*: **le ~** Zaïre
zaïrois, e [zaiʀwa, -waz] *adj* Zairian
Zambèze [zɑ̃bɛz] *nm*: **le ~** the Zambezi
Zambie [zɑ̃bi] *nf*: **la ~** Zambia
zambien, ne [zɑ̃bjɛ̃, -ɛn] *adj* Zambian
zapper [zape] *vi* to zap
zapping [zapiŋ] *nm*: **faire du ~** to flick through the channels
zébré, e [zebʀe] *adj* striped, streaked
zèbre [zɛbʀ(ə)] *nm* (*Zool*) zebra
zébrure [zebʀyʀ] *nf* stripe, streak
zélateur, -trice [zelatœʀ, -tʀis] *nm/f* partisan, zealot
zélé, e [zele] *adj* zealous
zèle [zɛl] *nm* diligence, assiduousness; **faire du ~** (*péj*) to be over-zealous
zénith [zenit] *nm* zenith
ZEP [zɛp] *sigle f* (= *zone d'éducation prioritaire) area targeted for special help in education*
zéro [zeʀo] *nm* zero, nought (*Brit*); **au-dessous de ~** below zero (Centigrade), below freezing; **partir de ~** to start from scratch; **réduire à ~** to reduce to nothing; **trois (buts) à ~** three (goals to) nil
zeste [zɛst(ə)] *nm* peel, zest; **un ~ de citron** a piece of lemon peel
zézaiement [zezɛmɑ̃] *nm* lisp
zézayer [zezeje] *vi* to have a lisp
ZI *sigle f* = **zone industrielle**
zibeline [ziblin] *nf* sable
ZIF [zif] *sigle f* (= *zone d'intervention foncière*) intervention zone
zigouiller [ziguje] *vt* (*fam*) to do in
zigzag [zigzag] *nm* zigzag
zigzaguer [zigzage] *vi* to zigzag (along)
Zimbabwe [zimbabwe] *nm*: **le ~** Zimbabwe
zimbabwéen, ne [zimbabweɛ̃, -ɛn] *adj* Zimbabwean
zinc [zɛ̃g] *nm* (*Chimie*) zinc; (*comptoir*) bar, counter
zinguer [zɛ̃ge] *vt* to cover with zinc
zipper [zipe] *vt* (*Inform*) to zip
zircon [ziʀkɔ̃] *nm* zircon
zizanie [zizani] *nf*: **semer la ~** to stir up ill-feeling
zizi [zizi] *nm* (*fam*) willy (*Brit*), peter (*US*)
zodiacal, e, -aux [zɔdjakal, -o] *adj* (*signe*) of the zodiac
zodiaque [zɔdjak] *nm* zodiac
zona [zona] *nm* shingles *sg*
zonage [zonaʒ] *nm* (*Admin*) zoning
zonard, e [zonaʀ, -aʀd] *nm/f* (*fam*) (young) hooligan *ou* thug
zone [zon] *nf* zone, area; (*quartiers*): **la ~** the slum belt; **de seconde ~** (*fig*) second-rate; **~ d'action** (*Mil*) sphere of activity; **~ bleue** ≈ restricted parking area; **~ d'extension** *ou* **d'urbanisation** urban development area; **~ franche** free zone; **~ industrielle (ZI)** industrial estate; **~ piétonne** pedestrian precinct; **~ résidentielle** residential area; **~ tampon** buffer zone
zoner [zɔne] *vi* (*fam*) to hang around
zoo [zoo] *nm* zoo
zoologie [zɔɔlɔʒi] *nf* zoology
zoologique [zɔɔlɔʒik] *adj* zoological
zoologiste [zɔɔlɔʒist(ə)] *nm/f* zoologist
zoom [zum] *nm* (*Photo*) zoom (lens)
ZUP [zyp] *sigle f* = **zone à urbaniser en priorité**; = **ZAC**
Zurich [zyʀik] *n* Zürich
zut [zyt] *excl* dash (it)! (*Brit*), nuts! (*US*)

Aa

A, a[1] [eɪ] *n* (*letter*) A, a *m*; (*Scol: mark*) A; (*Mus*) la *m*; **A for Andrew, A for Able** (*US*) A comme Anatole; **A shares** *npl* (*Brit Stock Exchange*) actions *fpl* prioritaires

KEYWORD

a[2] [eɪ, ə] (*before vowel and silent h* **an**) *indef art* **1** un(e); **a book** un livre; **an apple** une pomme; **she's a doctor** elle est médecin
2 (*instead of the number "one"*) un(e); **a year ago** il y a un an; **a hundred/thousand** *etc* **pounds** cent/mille *etc* livres
3 (*in expressing ratios, prices etc*): **three a day/week** trois par jour/semaine; **10 km an hour** 10 km à l'heure; **£5 a person** 5£ par personne; **30p a kilo** 30p le kilo

a. *abbr* = **acre**
A2 *n* (*Brit: Scol*) *deuxième partie de l'examen équivalent au baccalauréat*
A.A. *n abbr* (*Brit: = Automobile Association*) ≈ ACF *m*; (*US: = Associate in/of Arts*) *diplôme universitaire*; (= *Alcoholics Anonymous*) AA; (= *anti-aircraft*) AA
A.A.A. *n abbr* (= *American Automobile Association*) ≈ ACF *m*; (*Brit*) = **Amateur Athletics Association**
A & R *n abbr* (*Mus*) = **artists and repertoire**; **~ man** découvreur *m* de talent
AAUP *n abbr* (= *American Association of University Professors*) *syndicat universitaire*
AB *abbr* (*Brit*) = **able-bodied seaman**; (*Canada*) = **Alberta**
aback [ə'bæk] *adv*: **to be taken ~** être décontenancé(e)
abacus (*pl* **abaci**) ['æbəkəs, -saɪ] *n* boulier *m*
abandon [ə'bændən] *vt* abandonner ▷ *n* abandon *m*; **to ~ ship** évacuer le navire
abandoned [ə'bændənd] *adj* (*child, house etc*) abandonné(e); (*unrestrained*) sans retenue
abase [ə'beɪs] *vt*: **to ~ o.s. (so far as to do)** s'abaisser (à faire)
abashed [ə'bæʃt] *adj* confus(e), embarrassé(e)
abate [ə'beɪt] *vi* s'apaiser, se calmer
abatement [ə'beɪtmənt] *n*: **noise ~** lutte *f* contre le bruit
abattoir ['æbətwɑːʳ] *n* (*Brit*) abattoir *m*
abbey ['æbɪ] *n* abbaye *f*
abbot ['æbət] *n* père supérieur
abbreviate [ə'briːvɪeɪt] *vt* abréger
abbreviation [əbriːvɪ'eɪʃən] *n* abréviation *f*
ABC *n abbr* (= *American Broadcasting Company*) *chaîne de télévision*
abdicate ['æbdɪkeɪt] *vt, vi* abdiquer
abdication [æbdɪ'keɪʃən] *n* abdication *f*
abdomen ['æbdəmən] *n* abdomen *m*
abdominal [æb'dɔmɪnl] *adj* abdominal(e)
abduct [æb'dʌkt] *vt* enlever
abduction [æb'dʌkʃən] *n* enlèvement *m*
Aberdonian [æbə'dəunɪən] *adj* d'Aberdeen ▷ *n* habitant(e) d'Aberdeen, natif(-ive) d'Aberdeen
aberration [æbə'reɪʃən] *n* anomalie *f*; **in a moment of mental ~** dans un moment d'égarement
abet [ə'bɛt] *vt see* **aid**
abeyance [ə'beɪəns] *n*: **in ~** (*law*) en désuétude; (*matter*) en suspens
abhor [əb'hɔːʳ] *vt* abhorrer, exécrer
abhorrent [əb'hɔrənt] *adj* odieux(-euse), exécrable
abide [ə'baɪd] *vt* souffrir, supporter; **I can't ~ it/him** je ne le supporte pas
▸ **abide by** *vt fus* observer, respecter
abiding [ə'baɪdɪŋ] *adj* (*memory etc*) durable
ability [ə'bɪlɪtɪ] *n* compétence *f*; capacité *f*; (*skill*) talent *m*; **to the best of my ~** de mon mieux
abject ['æbdʒɛkt] *adj* (*poverty*) sordide; (*coward*) méprisable; **an ~ apology** les excuses les plus plates
ablaze [ə'bleɪz] *adj* en feu, en flammes; **~ with light** resplendissant de lumière
able ['eɪbl] *adj* compétent(e); **to be ~ to do sth** pouvoir faire qch, être capable de faire qch
able-bodied ['eɪbl'bɔdɪd] *adj* robuste; **~ seaman** (*Brit*) matelot breveté
ably ['eɪblɪ] *adv* avec compétence *or* talent, habilement
ABM *n abbr* = **anti-ballistic missile**
abnormal [æb'nɔːməl] *adj* anormal(e)
abnormality [æbnɔː'mælɪtɪ] *n* (*condition*) caractère anormal; (*instance*) anomalie *f*
aboard [ə'bɔːd] *adv* à bord ▷ *prep* à bord de; (*train*) dans

abode [ə'bəud] *n* (*old*) demeure *f*; (*Law*): **of no fixed ~** sans domicile fixe
abolish [ə'bɔlɪʃ] *vt* abolir
abolition [æbə'lɪʃən] *n* abolition *f*
abominable [ə'bɔmɪnəbl] *adj* abominable
aborigine [æbə'rɪdʒɪnɪ] *n* aborigène *m/f*
abort [ə'bɔːt] *vt* (*Med*) faire avorter; (*Comput, fig*) abandonner
abortion [ə'bɔːʃən] *n* avortement *m*; **to have an ~** se faire avorter
abortionist [ə'bɔːʃənɪst] *n* avorteur(-euse)
abortive [ə'bɔːtɪv] *adj* manqué(e)
abound [ə'baund] *vi* abonder; **to ~ in** abonder en, regorger de

KEYWORD

about [ə'baut] *adv* **1** (*approximately*) environ, à peu près; **about a hundred/thousand** *etc* environ cent/mille *etc*, une centaine (de)/un millier (de) *etc*; **it takes about 10 hours** ça prend environ *or* à peu près 10 heures; **at about 2 o'clock** vers 2 heures; **I've just about finished** j'ai presque fini
2 (*referring to place*) çà et là, de-ci de-là; **to run about** courir çà et là; **to walk about** se promener, aller et venir; **is Paul about?** (*Brit*) est-ce que Paul est là?; **it's about here** c'est par ici, c'est dans les parages; **they left all their things lying about** ils ont laissé traîner toutes leurs affaires
3: **to be about to do sth** être sur le point de faire qch; **I'm not about to do all that for nothing** (*inf*) je ne vais quand même pas faire tout ça pour rien
4 (*opposite*): **it's the other way about** (*Brit*) c'est l'inverse
▷ *prep* **1** (*relating to*) au sujet de, à propos de; **a book about London** un livre sur Londres; **what is it about?** de quoi s'agit-il?; **we talked about it** nous en avons parlé; **do something about it!** faites quelque chose!; **what** *or* **how about doing this?** et si nous faisions ceci?
2 (*referring to place*) dans; **to walk about the town** se promener dans la ville

above [ə'bʌv] *adv* au-dessus ▷ *prep* au-dessus de; (*more than*) plus de; **mentioned ~** mentionné ci-dessus; **costing ~ £10** coûtant plus de 10 livres; **~ all** par-dessus tout, surtout
aboveboard [ə'bʌv'bɔːd] *adj* franc (franche), loyal(e); honnête
abrasion [ə'breɪʒən] *n* frottement *m*; (*on skin*) écorchure *f*
abrasive [ə'breɪzɪv] *adj* abrasif(-ive); (*fig*) caustique, agressif(-ive)
abreast [ə'brɛst] *adv* de front; **to keep ~ of** se tenir au courant de
abridge [ə'brɪdʒ] *vt* abréger
abroad [ə'brɔːd] *adv* à l'étranger; **there is a rumour ~ that ...** (*fig*) le bruit court que ...
abrupt [ə'brʌpt] *adj* (*steep, blunt*) abrupt(e); (*sudden, gruff*) brusque
abruptly [ə'brʌptlɪ] *adv* (*speak, end*) brusquement
abscess ['æbsɪs] *n* abcès *m*
abscond [əb'skɔnd] *vi* disparaître, s'enfuir
absence ['æbsəns] *n* absence *f*; **in the ~ of** (*person*) en l'absence de; (*thing*) faute de
absent ['æbsənt] *adj* absent(e); **~ without leave (AWOL)** (*Mil*) en absence irrégulière
absentee [æbsən'tiː] *n* absent(e)
absenteeism [æbsən'tiːɪzəm] *n* absentéisme *m*
absent-minded ['æbsənt'maɪndɪd] *adj* distrait(e)
absent-mindedness ['æbsənt'maɪndɪdnɪs] *n* distraction *f*
absolute ['æbsəluːt] *adj* absolu(e)
absolutely [æbsə'luːtlɪ] *adv* absolument
absolve [əb'zɔlv] *vt*: **to ~ sb (from)** (*sin etc*) absoudre qn (de); **to ~ sb from** (*oath*) délier qn de
absorb [əb'zɔːb] *vt* absorber; **to be ~ed in a book** être plongé(e) dans un livre
absorbent [əb'zɔːbənt] *adj* absorbant(e)
absorbent cotton [əb'zɔːbənt-] *n* (*US*) coton *m* hydrophile
absorbing [əb'zɔːbɪŋ] *adj* absorbant(e); (*book, film etc*) captivant(e)
absorption [əb'sɔːpʃən] *n* absorption *f*
abstain [əb'steɪn] *vi*: **to ~ (from)** s'abstenir (de)
abstemious [əb'stiːmɪəs] *adj* sobre, frugal(e)
abstention [əb'stɛnʃən] *n* abstention *f*
abstinence ['æbstɪnəns] *n* abstinence *f*
abstract ['æbstrækt] *adj* abstrait(e) ▷ *n* (*summary*) résumé *m* ▷ *vt* [æb'strækt] extraire
absurd [əb'səːd] *adj* absurde
absurdity [əb'səːdɪtɪ] *n* absurdité *f*
ABTA ['æbtə] *n abbr* = **Association of British Travel Agents**
Abu Dhabi ['æbuː'dɑːbɪ] *n* Ab(o)u Dhabî *m*
abundance [ə'bʌndəns] *n* abondance *f*
abundant [ə'bʌndənt] *adj* abondant(e)
abuse *n* [ə'bjuːs] (*insults*) insultes *fpl*, injures *fpl*; (*ill-treatment*) mauvais traitements *mpl*; (*of power etc*) abus *m* ▷ *vt* [ə'bjuːz] (*insult*) insulter; (*ill-treat*) malmener; (*power etc*) abuser de; **to be open to ~** se prêter à des abus
abusive [ə'bjuːsɪv] *adj* grossier(-ière), injurieux(-euse)
abysmal [ə'bɪzməl] *adj* exécrable; (*ignorance etc*) sans bornes
abyss [ə'bɪs] *n* abîme *m*, gouffre *m*
AC *n abbr* (*US*) = **athletic club**
a/c *abbr* (*Banking etc*) = **account**; **account current**
academic [ækə'dɛmɪk] *adj* universitaire; (*person: scholarly*) intellectuel(-le); (*pej: issue*) oiseux(-euse), purement théorique ▷ *n* universitaire *m/f*; **~ freedom** liberté *f* académique
academic year *n* (*University*) année *f* universitaire; (*Scol*) année scolaire
academy [ə'kædəmɪ] *n* (*learned body*) académie *f*; (*school*) collège *m*; **military/naval ~** école militaire/navale; **~ of music** conservatoire *m*

ACAS ['eɪkæs] *n abbr (Brit: = Advisory, Conciliation and Arbitration Service) organisme de conciliation et d'arbitrage des conflits du travail*
accede [æk'si:d] *vi*: **to ~ to** *(request, throne)* accéder à
accelerate [æk'sɛləreɪt] *vt, vi* accélérer
acceleration [æksɛlə'reɪʃən] *n* accélération *f*
accelerator [æk'sɛləreɪtə^r] *n (Brit)* accélérateur *m*
accent ['æksɛnt] *n* accent *m*
accentuate [æk'sɛntjueɪt] *vt (syllable)* accentuer; *(need, difference etc)* souligner
accept [ək'sɛpt] *vt* accepter
acceptable [ək'sɛptəbl] *adj* acceptable
acceptance [ək'sɛptəns] *n* acceptation *f*; **to meet with general ~** être favorablement accueilli par tous
access ['æksɛs] *n* accès *m* ▷ *vt (Comput)* accéder à; **to have ~ to** *(information, library etc)* avoir accès à, pouvoir utiliser *or* consulter; *(person)* avoir accès auprès de; **the burglars gained ~ through a window** les cambrioleurs sont entrés par une fenêtre
accessible [æk'sɛsəbl] *adj* accessible
accession [æk'sɛʃən] *n* accession *f*; *(of king)* avènement *m*; *(to library)* acquisition *f*
accessory [æk'sɛsərɪ] *n* accessoire *m*; **toilet accessories** *(Brit)* articles *mpl* de toilette; **~ to** *(Law)* accessoire à
access road *n* voie *f* d'accès; *(to motorway)* bretelle *f* de raccordement
access time *n (Comput)* temps *m* d'accès
accident ['æksɪdənt] *n* accident *m*; *(chance)* hasard *m*; **to meet with** *or* **to have an ~** avoir un accident; **I've had an ~** j'ai eu un accident; **~s at work** accidents du travail; **by ~** *(by chance)* par hasard; *(not deliberately)* accidentellement
accidental [æksɪ'dɛntl] *adj* accidentel(le)
accidentally [æksɪ'dɛntəlɪ] *adv* accidentellement
Accident and Emergency Department *n (Brit)* service *m* des urgences
accident insurance *n* assurance *f* accident
accident-prone ['æksɪdənt'prəun] *adj* sujet(te) aux accidents
acclaim [ə'kleɪm] *vt* acclamer ▷ *n* acclamations *fpl*
acclamation [æklə'meɪʃən] *n (approval)* acclamation *f*; *(applause)* ovation *f*
acclimatize [ə'klaɪmətaɪz] *(US)*, **acclimate** [ə'klaɪmət] *vt*: **to become ~d** s'acclimater
accolade ['ækəleɪd] *n* accolade *f*; *(fig)* marque *f* d'honneur
accommodate [ə'kɔmədeɪt] *vt* loger, recevoir; *(oblige, help)* obliger; *(car etc)* contenir; *(adapt)*: **to ~ one's plans to** adapter ses projets à
accommodating [ə'kɔmədeɪtɪŋ] *adj* obligeant(e), arrangeant(e)
accommodation, *(US)* **accommodations** [əkɔmə'deɪʃən(z)] *n(pl)* logement *m*; **he's found ~** il a trouvé à se loger; **"~ to let"** *(Brit)* "appartement *or* studio *etc* à louer"; **they have ~ for 500** ils peuvent recevoir 500 personnes, il y a de la place pour 500 personnes; **the hall has seating ~ for 600** *(Brit)* la salle contient 600 places assises
accompaniment [ə'kʌmpənɪmənt] *n* accompagnement *m*
accompanist [ə'kʌmpənɪst] *n* accompagnateur(-trice)
accompany [ə'kʌmpənɪ] *vt* accompagner
accomplice [ə'kʌmplɪs] *n* complice *m/f*
accomplish [ə'kʌmplɪʃ] *vt* accomplir
accomplished [ə'kʌmplɪʃt] *adj* accompli(e)
accomplishment [ə'kʌmplɪʃmənt] *n (skill: gen pl)* talent *m*; *(completion)* accomplissement *m*; *(achievement)* réussite *f*
accord [ə'kɔ:d] *n* accord *m* ▷ *vt* accorder; **of his own ~** de son plein gré; **with one ~** d'un commun accord
accordance [ə'kɔ:dəns] *n*: **in ~ with** conformément à
according [ə'kɔ:dɪŋ]: **~ to** *(prep)* selon; **~ to plan** comme prévu
accordingly [ə'kɔ:dɪŋlɪ] *adv (appropriately)* en conséquence; *(as a result)* par conséquent
accordion [ə'kɔ:dɪən] *n* accordéon *m*
accost [ə'kɔst] *vt* accoster, aborder
account [ə'kaunt] *n (Comm)* compte *m*; *(report)* compte rendu, récit *m*; **accounts** *npl (Comm: records)* comptabilité *f*, comptes; **"~ payee only"** *(Brit)* "chèque non endossable"; **to keep an ~ of** noter; **to bring sb to ~ for sth/for having done sth** amener qn à rendre compte de qch/ d'avoir fait qch; **by all ~s** au dire de tous; **of little ~** de peu d'importance; **of no ~** sans importance; **on ~** en acompte; **to buy sth on ~** acheter qch à crédit; **on no ~** en aucun cas; **on ~ of** à cause de; **to take into ~, take ~ of** tenir compte de
▸ **account for** *vt fus (explain)* expliquer, rendre compte de; *(represent)* représenter; **all the children were ~ed for** aucun enfant ne manquait; **four people are still not ~ed for** on n'a toujours pas retrouvé quatre personnes
accountability [əkauntə'bɪlɪtɪ] *n* responsabilité *f*; *(financial, political)* transparence *f*
accountable [ə'kauntəbl] *adj*: **~ (for/to)** responsable (de/devant)
accountancy [ə'kauntənsɪ] *n* comptabilité *f*
accountant [ə'kauntənt] *n* comptable *m/f*
accounting [ə'kauntɪŋ] *n* comptabilité *f*
accounting period *n* exercice financier, période *f* comptable
account number *n* numéro *m* de compte
account payable *n* compte *m* fournisseurs
account receivable *n* compte *m* clients
accredited [ə'krɛdɪtɪd] *adj (person)* accrédité(e)
accretion [ə'kri:ʃən] *n* accroissement *m*
accrue [ə'kru:] *vi* s'accroître; *(mount up)* s'accumuler; **to ~ to** s'ajouter à; **~d interest** intérêt couru
accumulate [ə'kju:mjuleɪt] *vt* accumuler,

amasser ▷ *vi* s'accumuler, s'amasser
accumulation [əkju:mju'leɪʃən] *n* accumulation *f*
accuracy ['ækjurəsɪ] *n* exactitude *f*, précision *f*
accurate ['ækjurɪt] *adj* exact(e), précis(e); (*device*) précis
accurately ['ækjurɪtlɪ] *adv* avec précision
accusation [ækju'zeɪʃən] *n* accusation *f*
accusative [ə'kju:zətɪv] *n* (*Ling*) accusatif *m*
accuse [ə'kju:z] *vt*: **to ~ sb (of sth)** accuser qn (de qch)
accused [ə'kju:zd] *n* (*Law*) accusé(e)
accuser [ə'kju:zə^r] *n* accusateur(-trice)
accustom [ə'kʌstəm] *vt* accoutumer, habituer; **to ~ o.s. to sth** s'habituer à qch
accustomed [ə'kʌstəmd] *adj* (*usual*) habituel(le); **~ to** habitué(e) *or* accoutumé(e) à
AC/DC *abbr* = **alternating current/direct current**
ACE [eɪs] *n abbr* = **American Council on Education**
ace [eɪs] *n* as *m*; **within an ~ of** (*Brit*) à deux doigts *or* un cheveu de
acerbic [ə'sə:bɪk] *adj* (*also fig*) acerbe
acetate ['æsɪteɪt] *n* acétate *m*
ache [eɪk] *n* mal *m*, douleur *f* ▷ *vi* (*be sore*) faire mal, être douloureux(-euse); (*yearn*): **to ~ to do sth** mourir d'envie de faire qch; **I've got stomach ~** *or* (*US*) **a stomach ~** j'ai mal à l'estomac; **my head ~s** j'ai mal à la tête; **I'm aching all over** j'ai mal partout
achieve [ə'tʃi:v] *vt* (*aim*) atteindre; (*victory, success*) remporter, obtenir; (*task*) accomplir
achievement [ə'tʃi:vmənt] *n* exploit *m*, réussite *f*; (*of aims*) réalisation *f*
Achilles heel [ə'kɪli:z-] *n* talon *m* d'Achille
acid ['æsɪd] *adj, n* acide (*m*)
acidity [ə'sɪdɪtɪ] *n* acidité *f*
acid rain *n* pluies *fpl* acides
acid test *n* (*fig*) épreuve décisive
acknowledge [ək'nɔlɪdʒ] *vt* (*also*: **acknowledge receipt of**) accuser réception de; (*fact*) reconnaître
acknowledgement [ək'nɔlɪdʒmənt] *n* (*of letter*) accusé *m* de réception; **acknowledgements** (*in book*) remerciements *mpl*
ACLU *n abbr* (= *American Civil Liberties Union*) *ligue des droits de l'homme*
acme ['ækmɪ] *n* point culminant
acne ['æknɪ] *n* acné *m*
acorn ['eɪkɔ:n] *n* gland *m*
acoustic [ə'ku:stɪk] *adj* acoustique
acoustics [ə'ku:stɪks] *n, npl* acoustique *f*
acquaint [ə'kweɪnt] *vt*: **to ~ sb with sth** mettre qn au courant de qch; **to be ~ed with** (*person*) connaître; (*fact*) savoir
acquaintance [ə'kweɪntəns] *n* connaissance *f*; **to make sb's ~** faire la connaissance de qn
acquiesce [ækwɪ'ɛs] *vi* (*agree*): **to ~ (in)** acquiescer (à)
acquire [ə'kwaɪə^r] *vt* acquérir
acquired [ə'kwaɪəd] *adj* acquis(e); **an ~ taste** un goût acquis
acquisition [ækwɪ'zɪʃən] *n* acquisition *f*
acquisitive [ə'kwɪzɪtɪv] *adj* qui a l'instinct de possession *or* le goût de la propriété
acquit [ə'kwɪt] *vt* acquitter; **to ~ o.s. well** s'en tirer très honorablement
acquittal [ə'kwɪtl] *n* acquittement *m*
acre ['eɪkə^r] *n* acre *f* (= *4047 m²*)
acreage ['eɪkərɪdʒ] *n* superficie *f*
acrid ['ækrɪd] *adj* (*smell*) âcre; (*fig*) mordant(e)
acrimonious [ækrɪ'məunɪəs] *adj* acrimonieux(-euse), aigre
acrobat ['ækrəbæt] *n* acrobate *m/f*
acrobatic [ækrə'bætɪk] *adj* acrobatique
acrobatics [ækrə'bætɪks] *n, npl* acrobatie *f*
acronym ['ækrənɪm] *n* acronyme *m*
Acropolis [ə'krɔpəlɪs] *n*: **the ~** l'Acropole *f*
across [ə'krɔs] *prep* (*on the other side*) de l'autre côté de; (*crosswise*) en travers de ▷ *adv* de l'autre côté; en travers; **to walk ~ (the road)** traverser (la route); **to run/swim ~** traverser en courant/ à la nage; **to take sb ~ the road** faire traverser la route à qn; **a road ~ the wood** une route qui traverse le bois; **the lake is 12 km ~** le lac fait 12 km de large; **~ from** en face de; **to get sth ~ (to sb)** faire comprendre qch (à qn)
acrylic [ə'krɪlɪk] *adj, n* acrylique (*m*)
ACT *n abbr* (= *American College Test*) *examen de fin d'études secondaires*
act [ækt] *n* acte *m*, action *f*; (*Theat: part of play*) acte; (*: of performer*) numéro *m*; (*Law*) loi *f* ▷ *vi* agir; (*Theat*) jouer; (*pretend*) jouer la comédie ▷ *vt* (*role*) jouer, tenir; **~ of God** (*Law*) catastrophe naturelle; **to catch sb in the ~** prendre qn sur le fait *or* en flagrant délit; **it's only an ~** c'est du cinéma; **to ~ Hamlet** (*Brit*) tenir *or* jouer le rôle d'Hamlet; **to ~ as** servir de; **it ~s as a deterrent** cela a un effet dissuasif; **~ing in my capacity as chairman, I ...** en ma qualité de président, je ...
▸ **act on** *vt*: **to ~ on sth** agir sur la base de qch
▸ **act out** *vt* (*event*) raconter en mimant; (*fantasies*) réaliser
▸ **act up** (*inf*) *vi* (*person*) se conduire mal; (*knee, back, injury*) jouer des tours; (*machine*) être capricieux(-ieuse)
acting ['æktɪŋ] *adj* suppléant(e), par intérim ▷ *n* (*of actor*) jeu *m*; (*activity*): **to do some ~** faire du théâtre (*or* du cinéma); **he is the ~ manager** il remplace (provisoirement) le directeur
action ['ækʃən] *n* action *f*; (*Mil*) combat(s) *m(pl)*; (*Law*) procès *m*, action en justice ▷ *vt* (*Comm*) mettre en œuvre; **to bring an ~ against sb** (*Law*) poursuivre qn en justice, intenter un procès contre qn; **killed in ~** (*Mil*) tué au champ d'honneur; **out of ~** hors de combat; (*machine etc*) hors d'usage; **to take ~** agir, prendre des mesures; **to put a plan into ~** mettre un projet à exécution
action replay *n* (*Brit TV*) ralenti *m*
activate ['æktɪveɪt] *vt* (*mechanism*) actionner, faire fonctionner; (*Chem, Physics*) activer

active ['æktɪv] *adj* actif(-ive); (*volcano*) en activité; **to play an ~ part in** jouer un rôle actif dans
active duty *n* (*US Mil*) campagne *f*
actively ['æktɪvlɪ] *adv* activement; (*discourage*) vivement
active partner *n* (*Comm*) associé(e) *m/f*
active service *n* (*Brit Mil*) campagne *f*
activist ['æktɪvɪst] *n* activiste *m/f*
activity [æk'tɪvɪtɪ] *n* activité *f*
activity holiday *n* vacances actives
actor ['æktə^r] *n* acteur *m*
actress ['æktrɪs] *n* actrice *f*
actual ['æktjuəl] *adj* réel(le), véritable; (*emphatic use*) lui-même (elle-même)
actually ['æktjuəlɪ] *adv* réellement, véritablement; (*in fact*) en fait
actuary ['æktjuərɪ] *n* actuaire *m*
actuate ['æktjueɪt] *vt* déclencher, actionner
acuity [ə'kju:ɪtɪ] *n* acuité *f*
acumen ['ækjumən] *n* perspicacité *f*; **business ~** sens *m* des affaires
acupuncture ['ækjupʌŋktʃə^r] *n* acuponcture *f*
acute [ə'kju:t] *adj* aigu(ë); (*mind, observer*) pénétrant(e)
A.D. *adv abbr* (= *Anno Domini*) ap. J.-C. ▷ *n abbr* (*US Mil*) = **active duty**
ad [æd] *n abbr* = **advertisement**
adamant ['ædəmənt] *adj* inflexible
Adam's apple ['ædəmz-] *n* pomme *f* d'Adam
adapt [ə'dæpt] *vt* adapter ▷ *vi*: **to ~ (to)** s'adapter (à)
adaptability [ədæptə'bɪlɪtɪ] *n* faculté *f* d'adaptation
adaptable [ə'dæptəbl] *adj* (*device*) adaptable; (*person*) qui s'adapte facilement
adaptation [ædæp'teɪʃən] *n* adaptation *f*
adapter, adaptor [ə'dæptə^r] *n* (*Elec*) adaptateur *m*; (*for several plugs*) prise *f* multiple
ADC *n abbr* (*Mil*) = **aide-de-camp**; (*US*: = *Aid to Dependent Children*) *aide pour enfants assistés*
add [æd] *vt* ajouter; (*figures*: *also*: **to add up**) additionner ▷ *vi*: **to ~ to** (*increase*) ajouter à, accroître ▷ *n* (*Internet*) **thanks for the ~** merci pour l'ajout
▸ **add on** *vt* ajouter ▷ *vi* (*fig*): **it doesn't ~ up** cela ne rime à rien
▸ **add up to** *vt fus* (*Math*) s'élever à; (*fig*: *mean*) signifier; **it doesn't ~ up to much** ça n'est pas grand'chose
adder ['ædə^r] *n* vipère *f*
addict ['ædɪkt] *n* toxicomane *m/f*; (*fig*) fanatique *m/f*; **heroin ~** héroïnomane *m/f*; **drug ~** drogué(e) *m/f*
addicted [ə'dɪktɪd] *adj*: **to be ~ to** (*drink, drugs*) être adonné(e) à; (*fig*: *football etc*) être un(e) fanatique de
addiction [ə'dɪkʃən] *n* (*Med*) dépendance *f*
addictive [ə'dɪktɪv] *adj* qui crée une dépendance
adding machine ['ædɪŋ-] *n* machine *f* à calculer
Addis Ababa ['ædɪs'æbəbə] *n* Addis Abeba, Addis Ababa
addition [ə'dɪʃən] *n* (*adding up*) addition *f*; (*thing added*) ajout *m*; **in ~** de plus, de surcroît; **in ~ to** en plus de
additional [ə'dɪʃənl] *adj* supplémentaire
additive ['ædɪtɪv] *n* additif *m*
address [ə'drɛs] *n* adresse *f*; (*talk*) discours *m*, allocution *f* ▷ *vt* adresser; (*speak to*) s'adresser à; **my ~ is ...** mon adresse, c'est ...; **form of ~** titre *m*; **what form of ~ do you use for ...?** comment s'adresse-t-on à ...?; **to ~ (o.s. to) sth** (*problem, issue*) aborder qch; **absolute/relative ~** (*Comput*) adresse absolue/relative
address book *n* carnet *m* d'adresses
addressee [ædrɛ'si:] *n* destinataire *m/f*
Aden ['eɪdən] *n*: **Gulf of ~** Golfe *m* d'Aden
adenoids ['ædɪnɔɪdz] *npl* végétations *fpl*
adept ['ædɛpt] *adj*: **~ at** expert(e) à *or* en
adequate ['ædɪkwɪt] *adj* (*enough*) suffisant(e); (*satisfactory*) satisfaisant(e); **to feel ~ to the task** se sentir à la hauteur de la tâche
adequately ['ædɪkwɪtlɪ] *adv* de façon adéquate
adhere [əd'hɪə^r] *vi*: **to ~ to** adhérer à; (*fig*: *rule, decision*) se tenir à
adhesion [əd'hi:ʒən] *n* adhésion *f*
adhesive [əd'hi:zɪv] *adj* adhésif(-ive) ▷ *n* adhésif *m*
adhesive tape *n* (*Brit*) ruban *m* adhésif; (*US Med*) sparadrap *m*
ad hoc [æd'hɔk] *adj* (*decision*) de circonstance; (*committee*) ad hoc
ad infinitum ['ædɪnfɪ'naɪtəm] *adv* à l'infini
adjacent [ə'dʒeɪsənt] *adj* adjacent(e), contigu(ë); **~ to** adjacent à
adjective ['ædʒɛktɪv] *n* adjectif *m*
adjoin [ə'dʒɔɪn] *vt* jouxter
adjoining [ə'dʒɔɪnɪŋ] *adj* voisin(e), adjacent(e), attenant(e) ▷ *prep* voisin de, adjacent à
adjourn [ə'dʒə:n] *vt* ajourner ▷ *vi* suspendre la séance; lever la séance; clore la session; (*go*) se retirer; **to ~ a meeting till the following week** reporter une réunion à la semaine suivante; **they ~ed to the pub** (*Brit inf*) ils ont filé au pub
adjournment [ə'dʒə:nmənt] *n* (*period*) ajournement *m*
Adjt *abbr* (*Mil*: = *adjutant*) Adj
adjudicate [ə'dʒu:dɪkeɪt] *vt* (*contest*) juger; (*claim*) statuer (sur) ▷ *vi* se prononcer
adjudication [ədʒu:dɪ'keɪʃən] *n* (*Law*) jugement *m*
adjust [ə'dʒʌst] *vt* (*machine*) ajuster, régler; (*prices, wages*) rajuster ▷ *vi*: **to ~ (to)** s'adapter (à)
adjustable [ə'dʒʌstəbl] *adj* réglable
adjuster [ə'dʒʌstə^r] *n see* **loss**
adjustment [ə'dʒʌstmənt] *n* (*of machine*) ajustage *m*, réglage *m*; (*of prices, wages*) rajustement *m*; (*of person*) adaptation *f*
adjutant ['ædʒətənt] *n* adjudant *m*
ad-lib [æd'lɪb] *vt, vi* improviser ▷ *n* improvisation *f* ▷ *adv*: **ad lib** à volonté, à discrétion
adman ['ædmæn] (*irreg*) *n* (*inf*) publicitaire *m*
admin ['ædmɪn] *n abbr* (*inf*) = **administration**
administer [əd'mɪnɪstə^r] *vt* administrer; (*justice*) rendre

administration [ədmɪnɪs'treɪʃən] *n* (*management*) administration *f*; (*government*) gouvernement *m*
administrative [əd'mɪnɪstrətɪv] *adj* administratif(-ive)
administrator [əd'mɪnɪstreɪtəʳ] *n* administrateur(-trice)
admirable ['ædmərəbl] *adj* admirable
admiral ['ædmərəl] *n* amiral *m*
Admiralty ['ædmərəltɪ] *n* (*Brit: also:* **Admiralty Board**) ministère *m* de la Marine
admiration [ædmə'reɪʃən] *n* admiration *f*
admire [əd'maɪəʳ] *vt* admirer
admirer [əd'maɪərəʳ] *n* (*fan*) admirateur(-trice)
admiring [əd'maɪərɪŋ] *adj* admiratif(-ive)
admissible [əd'mɪsəbl] *adj* acceptable, admissible; (*evidence*) recevable
admission [əd'mɪʃən] *n* admission *f*; (*to exhibition, night club etc*) entrée *f*; (*confession*) aveu *m*; **"~ free", "free ~"** "entrée libre"; **by his own ~** de son propre aveu
admission charge *n* droits *mpl* d'admission
admit [əd'mɪt] *vt* laisser entrer; admettre; (*agree*) reconnaître, admettre; (*crime*) reconnaître avoir commis; **"children not ~ted"** "entrée interdite aux enfants"; **this ticket ~s two** ce billet est valable pour deux personnes; **I must ~ that ...** je dois admettre *or* reconnaître que ...
▸ **admit of** *vt fus* admettre, permettre
▸ **admit to** *vt fus* reconnaître, avouer
admittance [əd'mɪtəns] *n* admission *f*, (droit *m* d')entrée *f*; **"no ~"** "défense d'entrer"
admittedly [əd'mɪtɪdlɪ] *adv* il faut en convenir
admonish [əd'mɔnɪʃ] *vt* donner un avertissement à; réprimander
ad nauseam [æd'nɔːsɪæm] *adv* à satiété
ado [ə'duː] *n*: **without (any) more ~** sans plus de cérémonies
adolescence [ædəu'lɛsns] *n* adolescence *f*
adolescent [ædəu'lɛsnt] *adj, n* adolescent(e)
adopt [ə'dɔpt] *vt* adopter
adopted [ə'dɔptɪd] *adj* adoptif(-ive), adopté(e)
adoption [ə'dɔpʃən] *n* adoption *f*
adore [ə'dɔːʳ] *vt* adorer
adoring [ə'dɔːrɪŋ] *adj*: **his ~ wife** sa femme qui est en adoration devant lui
adoringly [ə'dɔːrɪŋlɪ] *adv* avec adoration
adorn [ə'dɔːn] *vt* orner
adornment [ə'dɔːnmənt] *n* ornement *m*
ADP *n abbr* = **automatic data processing**
adrenalin [ə'drɛnəlɪn] *n* adrénaline *f*; **to get the ~ going** faire monter le taux d'adrénaline
Adriatic [eɪdrɪ'ætɪk]
Adriatic Sea *n*: **the Adriatic (Sea)** la mer Adriatique, l'Adriatique *f*
adrift [ə'drɪft] *adv* à la dérive; **to come ~** (*boat*) aller à la dérive; (*wire, rope, fastening etc*) se défaire
adroit [ə'drɔɪt] *adj* adroit(e), habile
ADSL *n abbr* (*asymmetric digital subscriber line*) ADSL *m*
ADT *abbr* (US: = *Atlantic Daylight Time*) *heure d'été de New York*
adult ['ædʌlt] *n* adulte *m/f* ▹ *adj* (*grown-up*) adulte; (*for adults*) pour adultes
adult education *n* éducation *f* des adultes
adulterate [ə'dʌltəreɪt] *vt* frelater, falsifier
adulterer [ə'dʌltərəʳ] *n* homme *m* adultère
adulteress [ə'dʌltərɪs] *n* femme *f* adultère
adultery [ə'dʌltərɪ] *n* adultère *m*
adulthood ['ædʌlthud] *n* âge *m* adulte
advance [əd'vɑːns] *n* avance *f* ▹ *vt* avancer ▹ *vi* s'avancer; **in ~** en avance, d'avance; **to make ~s to sb** (*gen*) faire des propositions à qn; (*amorously*) faire des avances à qn; **~ booking** location *f*; **~ notice, ~ warning** préavis *m*; (*verbal*) avertissement *m*; **do I need to book in ~?** est-ce qu'il faut réserver à l'avance?
advanced [əd'vɑːnst] *adj* avancé(e); (*Scol: studies*) supérieur(e); **~ in years** d'un âge avancé
advancement [əd'vɑːnsmənt] *n* avancement *m*
advantage [əd'vɑːntɪdʒ] *n* (*also Tennis*) avantage *m*; **to take ~ of** (*person*) exploiter; (*opportunity*) profiter de; **it's to our ~** c'est notre intérêt; **it's to our ~ to ...** nous avons intérêt à ...
advantageous [ædvən'teɪdʒəs] *adj* avantageux(-euse)
advent ['ædvənt] *n* avènement *m*, venue *f*; **A~** (*Rel*) avent *m*
Advent calendar *n* calendrier *m* de l'avent
adventure [əd'vɛntʃəʳ] *n* aventure *f*
adventure playground *n* aire *f* de jeux
adventurous [əd'vɛntʃərəs] *adj* aventureux(-euse)
adverb ['ædvəːb] *n* adverbe *m*
adversary ['ædvəsərɪ] *n* adversaire *m/f*
adverse ['ædvəːs] *adj* adverse; (*effect*) négatif(-ive); (*weather, publicity*) mauvais(e); (*wind*) contraire; **~ to** hostile à; **in ~ circumstances** dans l'adversité
adversity [əd'vəːsɪtɪ] *n* adversité *f*
advert ['ædvəːt] *n abbr* (*Brit*) = **advertisement**
advertise ['ædvətaɪz] *vi* faire de la publicité *or* de la réclame; (*in classified ads etc*) mettre une annonce ▹ *vt* faire de la publicité *or* de la réclame pour; (*in classified ads etc*) mettre une annonce pour vendre; **to ~ for** (*staff*) recruter par (voie d')annonce
advertisement [əd'vəːtɪsmənt] *n* publicité *f*, réclame *f*; (*in classified ads etc*) annonce *f*
advertiser ['ædvətaɪzəʳ] *n* annonceur *m*
advertising ['ædvətaɪzɪŋ] *n* publicité *f*
advertising agency *n* agence *f* de publicité
advertising campaign *n* campagne *f* de publicité
advice [əd'vaɪs] *n* conseils *mpl*; (*notification*) avis *m*; **a piece of ~** un conseil; **to ask (sb) for ~** demander conseil (à qn); **to take legal ~** consulter un avocat
advice note *n* (*Brit*) avis *m* d'expédition
advisable [əd'vaɪzəbl] *adj* recommandable, indiqué(e)
advise [əd'vaɪz] *vt* conseiller; **to ~ sb of sth** aviser *or* informer qn de qch; **to ~ against sth/**

doing sth déconseiller qch/conseiller de ne pas faire qch; **you would be well/ill ~d to go** vous feriez mieux d'y aller/de ne pas y aller, vous auriez intérêt à y aller/à ne pas y aller
advisedly [əd'vaɪzɪdlɪ] *adv* (*deliberately*) délibérément
adviser, advisor [əd'vaɪzəʳ] *n* conseiller(-ère)
advisory [əd'vaɪzərɪ] *adj* consultatif(-ive); **in an ~ capacity** à titre consultatif
advocate *n* ['ædvəkɪt] (*lawyer*) avocat (plaidant); (*upholder*) défenseur *m*, avocat(e) ▷ *vt* ['ædvəkeɪt] recommander, prôner; **to be an ~ of** être partisan(e) de
advt. *abbr* = **advertisement**
AEA *n abbr* (*Brit: = Atomic Energy Authority*) ≈ AEN *f* (*= Agence pour l'énergie nucléaire*)
AEC *n abbr* (*US: = Atomic Energy Commission*) CEA *m* (*= Commissariat à l'énergie atomique*)
AEEU *n abbr* (*Brit: = Amalgamated Engineering and Electrical Union*) *syndicat de techniciens et d'électriciens*
Aegean [iː'dʒiːən] *n, adj*: **the ~ (Sea)** la mer Égée, l'Égée *f*
aegis ['iːdʒɪs] *n*: **under the ~ of** sous l'égide de
aeon ['iːən] *n* éternité *f*
aerial ['ɛərɪəl] *n* antenne *f* ▷ *adj* aérien(ne)
aerobatics ['ɛərəu'bætɪks] *npl* acrobaties aériennes
aerobics [ɛə'rəubɪks] *n* aérobic *m*
aerodrome ['ɛərədrəum] *n* (*Brit*) aérodrome *m*
aerodynamic ['ɛərəudaɪ'næmɪk] *adj* aérodynamique
aeronautics [ɛərə'nɔːtɪks] *n* aéronautique *f*
aeroplane ['ɛərəpleɪn] *n* (*Brit*) avion *m*
aerosol ['ɛərəsɔl] *n* aérosol *m*
aerospace industry ['ɛərəuspeɪs-] *n* (industrie) aérospatiale *f*
aesthetic [ɪs'θɛtɪk] *adj* esthétique
afar [ə'fɑːʳ] *adv*: **from ~** de loin
AFB *n abbr* (*US*) = **Air Force Base**
AFDC *n abbr* (*US: = Aid to Families with Dependent Children*) *aide pour enfants assistés*
affable ['æfəbl] *adj* affable
affair [ə'fɛəʳ] *n* affaire *f*; (*also*: **love affair**) liaison *f*; aventure *f*; **affairs** (*business*) affaires
affect [ə'fɛkt] *vt* affecter; (*subj: disease*) atteindre
affectation [æfɛk'teɪʃən] *n* affectation *f*
affected [ə'fɛktɪd] *adj* affecté(e)
affection [ə'fɛkʃən] *n* affection *f*
affectionate [ə'fɛkʃənɪt] *adj* affectueux(-euse)
affectionately [ə'fɛkʃənɪtlɪ] *adv* affectueusement
affidavit [æfɪ'deɪvɪt] *n* (*Law*) déclaration écrite sous serment
affiliated [ə'fɪlɪeɪtɪd] *adj* affilié(e); **~ company** filiale *f*
affinity [ə'fɪnɪtɪ] *n* affinité *f*
affirm [ə'fəːm] *vt* affirmer
affirmation [æfə'meɪʃən] *n* affirmation *f*, assertion *f*
affirmative [ə'fəːmətɪv] *adj* affirmatif(-ive) ▷ *n*: **in the ~** dans *or* par l'affirmative
affix [ə'fɪks] *vt* apposer, ajouter
afflict [ə'flɪkt] *vt* affliger
affliction [ə'flɪkʃən] *n* affliction *f*
affluence ['æfluəns] *n* aisance *f*, opulence *f*
affluent ['æfluənt] *adj* opulent(e); (*person, family, surroundings*) aisé(e), riche; **the ~ society** la société d'abondance
afford [ə'fɔːd] *vt* (*goods etc*) avoir les moyens d'acheter *or* d'entretenir; (*behaviour*) se permettre; (*provide*) fournir, procurer; **can we ~ a car?** avons-nous de quoi acheter *or* les moyens d'acheter une voiture?; **I can't ~ the time** je n'ai vraiment pas le temps
affordable [ə'fɔːdəbl] *adj* abordable
affray [ə'freɪ] *n* (*Brit Law*) échauffourée *f*, rixe *f*
affront [ə'frʌnt] *n* affront *m*
affronted [ə'frʌntɪd] *adj* insulté(e)
Afghan ['æfgæn] *adj* afghan(e) ▷ *n* Afghan(e)
Afghanistan [æf'gænɪstæn] *n* Afghanistan *m*
afield [ə'fiːld] *adv*: **far ~** loin
AFL-CIO *n abbr* (*= American Federation of Labor and Congress of Industrial Organizations*) *confédération syndicale*
afloat [ə'fləut] *adj* à flot ▷ *adv*: **to stay ~** surnager; **to keep/get a business ~** maintenir à flot/lancer une affaire
afoot [ə'fut] *adv*: **there is something ~** il se prépare quelque chose
aforementioned [ə'fɔːmɛnʃənd] *adj*, **aforesaid** [ə'fɔːsɛd] ▷ *adj* susdit(e), susmentionné(e)
afraid [ə'freɪd] *adj* effrayé(e); **to be ~ of** *or* **to** avoir peur de; **I am ~ that** je crains que + *sub*; **I'm ~ so/not** oui/non, malheureusement
afresh [ə'frɛʃ] *adv* de nouveau
Africa ['æfrɪkə] *n* Afrique *f*
African ['æfrɪkən] *adj* africain(e) ▷ *n* Africain(e)
African-American ['æfrɪkənə'mɛrɪkən] *adj* afro-américain(e) ▷ *n* Afro-Américain(e)
Afrikaans [æfrɪ'kɑːns] *n* afrikaans *m*
Afrikaner [æfrɪ'kɑːnəʳ] *n* Afrikaner *m/f*
Afro-American ['æfrəuə'mɛrɪkən] *adj* afro-américain(e)
AFT *n abbr* (*= American Federation of Teachers*) *syndicat enseignant*
aft [ɑːft] *adv* à l'arrière, vers l'arrière
after ['ɑːftəʳ] *prep, adv* après ▷ *conj* après que, après avoir *or* être + *pp*; **~ dinner** après (le) dîner; **the day ~ tomorrow** après demain; **it's quarter ~ two** (*US*) il est deux heures et quart; **~ having done/~ he left** après avoir fait/ après son départ; **to name sb ~ sb** donner à qn le nom de qn; **to ask ~ sb** demander des nouvelles de qn; **what/who are you ~?** que/qui cherchez-vous?; **the police are ~ him** la police est à ses trousses; **~ you!** après vous!; **~ all** après tout
afterbirth ['ɑːftəbəːθ] *n* placenta *m*
aftercare ['ɑːftəkɛəʳ] *n* (*Brit Med*) post-cure *f*
after-effects ['ɑːftərɪfɛkts] *npl* (*of disaster, radiation, drink etc*) répercussions *fpl*; (*of illness*) séquelles *fpl*, suites *fpl*
afterlife ['ɑːftəlaɪf] *n* vie future
aftermath ['ɑːftəmɑːθ] *n* conséquences *fpl*; **in the ~ of** dans les mois *or* années *etc* qui

suivirent, au lendemain de
afternoon ['ɑːftə'nuːn] *n* après-midi *m or f*; **good ~!** bonjour!; (*goodbye*) au revoir!
afters ['ɑːftəz] *n* (*Brit inf: dessert*) dessert *m*
after-sales service [ɑːftə'seɪlz-] *n* service *m* après-vente, SAV *m*
after-shave ['ɑːftəʃeɪv], **after-shave lotion** *n* lotion *f* après-rasage
aftershock ['ɑːftəʃɔk] *n* réplique *f* (sismique)
aftersun ['ɑːftəsʌn], **aftersun cream, aftersun lotion** *n* après-soleil *m inv*
aftertaste ['ɑːftəteɪst] *n* arrière-goût *m*
afterthought ['ɑːftəθɔːt] *n*: **I had an ~** il m'est venu une idée après coup
afterwards ['ɑːftəwədz], (*US*) **afterward** ['ɑːftəwəd] *adv* après
again [ə'gɛn] *adv* de nouveau, encore (une fois); **to do sth ~** refaire qch; **not ... ~** ne ... plus; **~ and ~** à plusieurs reprises; **he's opened it ~** il l'a rouvert, il l'a de nouveau *or* l'a encore ouvert; **now and ~** de temps à autre
against [ə'gɛnst] *prep* contre; (*compared to*) par rapport à; **~ a blue background** sur un fond bleu; **(as) ~** (*Brit*) contre
age [eɪdʒ] *n* âge *m* ▷ *vt, vi* vieillir; **what ~ is he?** quel âge a-t-il?; **he is 20 years of ~** il a 20 ans; **under ~** mineur(e); **to come of ~** atteindre sa majorité; **it's been ~s since I saw you** ça fait une éternité que je ne t'ai pas vu
aged ['eɪdʒd] *adj* âgé(e); **~ 10** âgé de 10 ans; **the ~** ['eɪdʒɪd] ▷ *npl* les personnes âgées
age group *n* tranche *f* d'âge; **the 40 to 50 ~** la tranche d'âge des 40 à 50 ans
ageing ['eɪdʒɪŋ] *adj* vieillissant(e)
ageless ['eɪdʒlɪs] *adj* sans âge
age limit *n* limite *f* d'âge
agency ['eɪdʒənsɪ] *n* agence *f*; **through** *or* **by the ~ of** par l'entremise *or* l'action de
agenda [ə'dʒɛndə] *n* ordre *m* du jour; **on the ~** à l'ordre du jour
agent ['eɪdʒənt] *n* agent *m*; (*firm*) concessionnaire *m*
aggravate ['ægrəveɪt] *vt* (*situation*) aggraver; (*annoy*) exaspérer, agacer
aggravation [ægrə'veɪʃən] *n* agacements *mpl*
aggregate ['ægrɪgɪt] *n* ensemble *m*, total *m*; **on ~** (*Sport*) au total des points
aggression [ə'grɛʃən] *n* agression *f*
aggressive [ə'grɛsɪv] *adj* agressif(-ive)
aggressiveness [ə'grɛsɪvnɪs] *n* agressivité *f*
aggressor [ə'grɛsə^r] *n* agresseur *m*
aggrieved [ə'griːvd] *adj* chagriné(e), affligé(e)
aggro ['ægrəu] *n* (*inf: physical*) grabuge *m*; (*: hassle*) embêtements *mpl*
aghast [ə'gɑːst] *adj* consterné(e), atterré(e)
agile ['ædʒaɪl] *adj* agile
agility [ə'dʒɪlɪtɪ] *n* agilité *f*, souplesse *f*
agitate ['ædʒɪteɪt] *vt* rendre inquiet(-ète) *or* agité(e) ▷ *vi* faire de l'agitation (politique); **to ~ for** faire campagne pour
agitator ['ædʒɪteɪtə^r] *n* agitateur(-trice) (politique)
AGM *n abbr* (= *annual general meeting*) AG *f*
ago [ə'gəu] *adv*: **two days ~** il y a deux jours; **not long ~** il n'y a pas longtemps; **as long ~ as 1960** déjà en 1960; **how long ~?** il y a combien de temps (de cela)?
agog [ə'gɔg] *adj*: **(all) ~** en émoi
agonize ['ægənaɪz] *vi*: **he ~d over the problem** ce problème lui a causé bien du tourment
agonizing ['ægənaɪzɪŋ] *adj* angoissant(e); (*cry*) déchirant(e)
agony ['ægənɪ] *n* (*pain*) douleur *f* atroce; (*distress*) angoisse *f*; **to be in ~** souffrir le martyre
agony aunt *n* (*Brit inf*) *journaliste qui tient la rubrique du courrier du cœur*
agony column *n* courrier *m* du cœur
agree [ə'griː] *vt* (*price*) convenir de ▷ *vi*: **to ~ with** (*person*) être d'accord avec; (*statements etc*) concorder avec; (*Ling*) s'accorder avec; **to ~ to do** accepter de *or* consentir à faire; **to ~ to sth** consentir à qch; **to ~ that** (*admit*) convenir *or* reconnaître que; **it was ~d that ...** il a été convenu que ...; **they ~ on this** ils sont d'accord sur ce point; **they ~d on going/a price** ils se mirent d'accord pour y aller/sur un prix; **garlic doesn't ~ with me** je ne supporte pas l'ail
agreeable [ə'griːəbl] *adj* (*pleasant*) agréable; (*willing*) consentant(e), d'accord; **are you ~ to this?** est-ce que vous êtes d'accord?
agreed [ə'griːd] *adj* (*time, place*) convenu(e); **to be ~** être d'accord
agreement [ə'griːmənt] *n* accord *m*; **in ~** d'accord; **by mutual ~** d'un commun accord
agricultural [ægrɪ'kʌltʃərəl] *adj* agricole
agriculture ['ægrɪkʌltʃə^r] *n* agriculture *f*
aground [ə'graund] *adv*: **to run ~** s'échouer
ahead [ə'hɛd] *adv* en avant; devant; **go right** *or* **straight ~** (*direction*) allez tout droit; **go ~!** (*permission*) allez-y!; **~ of** devant; (*fig: schedule etc*) en avance sur; **~ of time** en avance; **they were (right) ~ of us** ils nous précédaient (de peu), ils étaient (juste) devant nous
AI *n abbr* = **Amnesty International**; (*Comput*) = **artificial intelligence**
AIB *n abbr* (*Brit: = Accident Investigation Bureau*) *commission d'enquête sur les accidents*
AID *n abbr* (= *artificial insemination by donor*) IAD *f*; (*US: = Agency for International Development*) *agence pour le développement international*
aid [eɪd] *n* aide *f*; (*device*) appareil *m* ▷ *vt* aider; **with the ~ of** avec l'aide de; **in ~ of** en faveur de; **to ~ and abet** (*Law*) se faire le complice de
aide [eɪd] *n* (*person*) assistant(e)
AIDS [eɪdz] *n abbr* (= *acquired immune (or immuno-)deficiency syndrome*) SIDA *m*
AIH *n abbr* (= *artificial insemination by husband*) IAC *f*
ailing ['eɪlɪŋ] *adj* (*person*) souffreteux(euse); (*economy*) malade
ailment ['eɪlmənt] *n* affection *f*
aim [eɪm] *vt*: **to ~ sth (at)** (*gun, camera*) braquer *or* pointer qch (sur); (*missile*) lancer qch (à *or* contre *or* en direction de); (*remark, blow*) destiner *or* adresser qch (à) ▷ *vi* (*also*: **to take aim**) viser ▷ *n*

(*objective*) but *m*; (*skill*): **his ~ is bad** il vise mal; **to ~ at** viser; (*fig*) viser (à); avoir pour but *or* ambition; **to ~ to do** avoir l'intention de faire
aimless ['eɪmlɪs] *adj* sans but
aimlessly ['eɪmlɪslɪ] *adv* sans but
ain't [eɪnt] (*inf*) = **am not; aren't; isn't**
air [ɛəʳ] *n* air *m* ▷ *vt* aérer; (*idea, grievance, views*) mettre sur le tapis; (*knowledge*) faire étalage de ▷ *cpd* (*currents, attack etc*) aérien(ne); **to throw sth into the ~** (*ball etc*) jeter qch en l'air; **by ~** par avion; **to be on the ~** (*Radio, TV: programme*) être diffusé(e); (*: station*) émettre
airbag ['ɛəbæg] *n* airbag *m*
air base *n* base aérienne
airbed ['ɛəbɛd] *n* (*Brit*) matelas *m* pneumatique
airborne ['ɛəbɔːn] *adj* (*plane*) en vol; (*troops*) aeroporté(e); (*particles*) dans l'air; **as soon as the plane was ~** dès que l'avion eut décollé
air cargo *n* fret aérien
air-conditioned ['ɛəkən'dɪʃənd] *adj* climatisé(e), à air conditionné
air conditioning [-kən'dɪʃnɪŋ] *n* climatisation *f*
air-cooled ['ɛəkuːld] *adj* à refroidissement à air
aircraft ['ɛəkrɑːft] *n inv* avion *m*
aircraft carrier *n* porte-avions *m inv*
air cushion *n* coussin *m* d'air
airdrome ['ɛədrəum] *n* (*US*) aérodrome *m*
airfield ['ɛəfiːld] *n* terrain *m* d'aviation
Air Force *n* Armée *f* de l'air
air freight *n* fret aérien
air freshener [-'frɛʃnəʳ] *n* désodorisant *m*
airgun ['ɛəgʌn] *n* fusil *m* à air comprimé
air hostess *n* (*Brit*) hôtesse *f* de l'air
airily ['ɛərɪlɪ] *adv* d'un air dégagé
airing ['ɛərɪŋ] *n*: **to give an ~ to** aérer; (*fig: ideas, views etc*) mettre sur le tapis
airing cupboard *n* (*Brit*) *placard qui contient la chaudière et dans lequel on met le linge à sécher*
air letter *n* (*Brit*) aérogramme *m*
airlift ['ɛəlɪft] *n* pont aérien
airline ['ɛəlaɪn] *n* ligne aérienne, compagnie aérienne
airliner ['ɛəlaɪnəʳ] *n* avion *m* de ligne
airlock ['ɛəlɔk] *n* sas *m*
airmail ['ɛəmeɪl] *n*: **by ~** par avion
air mattress *n* matelas *m* pneumatique
air mile *n* air mile *m*
airplane ['ɛəpleɪn] *n* (*US*) avion *m*
air pocket *n* trou *m* d'air
airport ['ɛəpɔːt] *n* aéroport *m*
air raid *n* attaque aérienne
air rifle *n* carabine *f* à air comprimé
airsick ['ɛəsɪk] *adj*: **to be ~** avoir le mal de l'air
airspace ['ɛəspeɪs] *n* espace *m* aérien
airspeed ['ɛəspiːd] *n* vitesse relative
airstrip ['ɛəstrɪp] *n* terrain *m* d'atterrissage
air terminal *n* aérogare *f*
airtight ['ɛətaɪt] *adj* hermétique
air time *n* (*Radio, TV*) temps *m* d'antenne
air traffic control *n* contrôle *m* de la navigation aérienne
air-traffic controller *n* aiguilleur *m* du ciel
airway ['ɛəweɪ] *n* (*Aviat*) voie aérienne; **airways** (*Anat*) voies aériennes
airy ['ɛərɪ] *adj* bien aéré(e); (*manners*) dégagé(e)
aisle [aɪl] *n* (*of church: central*) allée *f* centrale; (*: side*) nef *f* latérale, bas-côté *m*; (*in theatre, supermarket*) allée; (*on plane*) couloir *m*
aisle seat *n* place *f* côté couloir
ajar [ə'dʒɑːʳ] *adj* entrouvert(e)
AK *abbr* (*US*) = **Alaska**
aka *abbr* (= *also known as*) alias
akin [ə'kɪn] *adj*: **~ to** semblable à, du même ordre que
AL *abbr* (*US*) = **Alabama**
ALA *n abbr* = **American Library Association**
Ala. *abbr* (*US*) = **Alabama**
à la carte [ælæ'kɑːt] *adv* à la carte
alacrity [ə'lækrɪtɪ] *n*: **with ~** avec empressement, promptement
alarm [ə'lɑːm] *n* alarme *f* ▷ *vt* alarmer
alarm call *n* coup *m* de fil pour réveiller; **could I have an ~ at 7 am, please?** pouvez-vous me réveiller à 7 heures, s'il vous plaît?
alarm clock *n* réveille-matin *m inv*, réveil *m*
alarmed [ə'lɑːmd] *adj* (*frightened*) alarmé(e); (*protected by an alarm*) protégé(e) par un système d'alarme; **to become ~** prendre peur
alarming [ə'lɑːmɪŋ] *adj* alarmant(e)
alarmingly [ə'lɑːmɪŋlɪ] *adv* d'une manière alarmante; **~ close** dangereusement proche; **~ quickly** à une vitesse inquiétante
alarmist [ə'lɑːmɪst] *n* alarmiste *m/f*
alas [ə'læs] *excl* hélas
Alas. *abbr* (*US*) = **Alaska**
Alaska [ə'læskə] *n* Alaska *m*
Albania [æl'beɪnɪə] *n* Albanie *f*
Albanian [æl'beɪnɪən] *adj* albanais(e) ▷ *n* Albanais(e); (*Ling*) albanais *m*
albatross ['ælbətrɔs] *n* albatros *m*
albeit [ɔːl'biːɪt] *conj* bien que + *sub*, encore que + *sub*
album ['ælbəm] *n* album *m*
albumen ['ælbjumɪn] *n* albumine *f*; (*of egg*) albumen *m*
alchemy ['ælkɪmɪ] *n* alchimie *f*
alcohol ['ælkəhɔl] *n* alcool *m*
alcohol-free ['ælkəhɔlfriː] *adj* sans alcool
alcoholic [ælkə'hɔlɪk] *adj, n* alcoolique (*m/f*)
alcoholism ['ælkəhɔlɪzəm] *n* alcoolisme *m*
alcove ['ælkəuv] *n* alcôve *f*
Ald. *abbr* = **alderman**
alderman ['ɔːldəmən] *n* conseiller municipal (*en Angleterre*)
ale [eɪl] *n* bière *f*
alert [ə'ləːt] *adj* alerte, vif (vive); (*watchful*) vigilant(e) ▷ *n* alerte *f* ▷ *vt* alerter; **to ~ sb (to sth)** attirer l'attention de qn (sur qch); **to ~ sb to the dangers of sth** avertir qn des dangers de qch; **on the ~** sur le qui-vive; (*Mil*) en état d'alerte
Aleutian Islands [ə'luːʃən-] *npl* îles Aléoutiennes
A levels *npl* ≈ baccalauréat *msg*

Alexandria [ælɪg'zɑ:ndrɪə] *n* Alexandrie
alfresco [æl'frɛskəu] *adj, adv* en plein air
algebra ['ældʒɪbrə] *n* algèbre *m*
Algeria [æl'dʒɪərɪə] *n* Algérie *f*
Algerian [æl'dʒɪərɪən] *adj* algérien(ne) ▷ *n* Algérien(ne)
Algiers [æl'dʒɪəz] *n* Alger
algorithm ['ælgərɪðəm] *n* algorithme *m*
alias ['eɪlɪəs] *adv* alias ▷ *n* faux nom, nom d'emprunt
alibi ['ælɪbaɪ] *n* alibi *m*
alien ['eɪlɪən] *n* (*from abroad*) étranger(-ère); (*from outer space*) extraterrestre ▷ *adj*: **~ (to)** étranger(-ère) (à)
alienate ['eɪlɪəneɪt] *vt* aliéner; (*subj: person*) s'aliéner
alienation [eɪlɪə'neɪʃən] *n* aliénation *f*
alight [ə'laɪt] *adj, adv* en feu ▷ *vi* mettre pied à terre; (*passenger*) descendre; (*bird*) se poser
align [ə'laɪn] *vt* aligner
alignment [ə'laɪnmənt] *n* alignement *m*; **it's out of ~ (with)** ce n'est pas aligné (avec)
alike [ə'laɪk] *adj* semblable, pareil(le) ▷ *adv* de même; **to look ~** se ressembler
alimony ['ælɪmənɪ] *n* (*payment*) pension *f* alimentaire
alive [ə'laɪv] *adj* vivant(e); (*active*) plein(e) de vie; **~ with** grouillant(e) de; **~ to** sensible à
alkali ['ælkəlaɪ] *n* alcali *m*

KEYWORD

all [ɔ:l] *adj* (*singular*) tout(e); (*plural*) tous (toutes); **all day** toute la journée; **all night** toute la nuit; **all men** tous les hommes; **all five** tous les cinq; **all the food** toute la nourriture; **all the books** tous les livres; **all the time** tout le temps; **all his life** toute sa vie
▷ *pron* **1** tout; **I ate it all, I ate all of it** j'ai tout mangé; **all of us went** nous y sommes tous allés; **all of the boys went** tous les garçons y sont allés; **is that all?** c'est tout?; (*in shop*) ce sera tout?
2 (*in phrases*): **above all** surtout, par-dessus tout; **after all** après tout; **at all**: **not at all** (*in answer to question*) pas du tout; (*in answer to thanks*) je vous en prie!; **I'm not at all tired** je ne suis pas du tout fatigué(e); **anything at all will do** n'importe quoi fera l'affaire; **all in all** tout bien considéré, en fin de compte
▷ *adv*: **all alone** tout(e) seul(e); **it's not as hard as all that** ce n'est pas si difficile que ça; **all the more/the better** d'autant plus/mieux; **all but** presque, pratiquement; **to be all in** (*Brit inf*) être complètement à plat; **the score is 2 all** le score est de 2 partout

Allah ['ælə] *n* Allah *m*
all-around [ɔ:lə'raund] *adj* (*US*) = **all-round**
allay [ə'leɪ] *vt* (*fears*) apaiser, calmer
all clear *n* (*also fig*) fin *f* d'alerte
allegation [ælɪ'geɪʃən] *n* allégation *f*
allege [ə'lɛdʒ] *vt* alléguer, prétendre; **he is ~d to have said** il aurait dit
alleged [ə'lɛdʒd] *adj* prétendu(e)
allegedly [ə'lɛdʒɪdlɪ] *adv* à ce que l'on prétend, paraît-il
allegiance [ə'li:dʒəns] *n* fidélité *f*, obéissance *f*
allegory ['ælɪgərɪ] *n* allégorie *f*
all-embracing ['ɔ:lɪm'breɪsɪŋ] *adj* universel(le)
allergic [ə'lə:dʒɪk] *adj*: **~ to** allergique à; **I'm ~ to penicillin** je suis allergique à la pénicilline
allergy ['ælədʒɪ] *n* allergie *f*
alleviate [ə'li:vɪeɪt] *vt* soulager, adoucir
alley ['ælɪ] *n* ruelle *f*; (*in garden*) allée *f*
alleyway ['ælɪweɪ] *n* ruelle *f*
alliance [ə'laɪəns] *n* alliance *f*
allied ['ælaɪd] *adj* allié(e)
alligator ['ælɪgeɪtə[r]] *n* alligator *m*
all-important ['ɔ:lɪm'pɔ:tənt] *adj* capital(e), crucial(e)
all-in ['ɔ:lɪn] *adj, adv* (*Brit: charge*) tout compris
all-in wrestling *n* (*Brit*) catch *m*
alliteration [əlɪtə'reɪʃən] *n* allitération *f*
all-night ['ɔ:l'naɪt] *adj* ouvert(e) *or* qui dure toute la nuit
allocate ['æləkeɪt] *vt* (*share out*) répartir, distribuer; **to ~ sth to** (*duties*) assigner *or* attribuer qch à; (*sum, time*) allouer qch à; **to ~ sth for** affecter qch à
allocation [æləu'keɪʃən] *n* (*see vb*) répartition *f*; attribution *f*; allocation *f*; affectation *f*; (*money*) crédit(s) *m(pl)*, somme(s) allouée(s)
allot [ə'lɔt] *vt* (*share out*) répartir, distribuer; **to ~ sth to** (*time*) allouer qch à; (*duties*) assigner qch à; **in the ~ted time** dans le temps imparti
allotment [ə'lɔtmənt] *n* (*share*) part *f*; (*garden*) lopin *m* de terre (*loué à la municipalité*)
all-out ['ɔ:laut] *adj* (*effort etc*) total(e)
allow [ə'lau] *vt* (*practice, behaviour*) permettre, autoriser; (*sum to spend etc*) accorder, allouer; (*sum, time estimated*) compter, prévoir; (*claim, goal*) admettre; (*concede*): **to ~ that** convenir que; **to ~ sb to do** permettre à qn de faire, autoriser qn à faire; **he is ~ed to ...** on lui permet de ...; **smoking is not ~ed** il est interdit de fumer; **we must ~ three days for the journey** il faut compter trois jours pour le voyage
▶ **allow for** *vt fus* tenir compte de
allowance [ə'lauəns] *n* (*money received*) allocation *f*; (*: from parent etc*) subside *m*; (*: for expenses*) indemnité *f*; (*US: pocket money*) argent *m* de poche; (*Tax*) somme *f* déductible du revenu imposable, abattement *m*; **to make ~s for** (*person*) essayer de comprendre; (*thing*) tenir compte de
alloy ['ælɔɪ] *n* alliage *m*
all right *adv* (*feel, work*) bien; (*as answer*) d'accord
all-round ['ɔ:l'raund] *adj* compétent(e) dans tous les domaines; (*athlete etc*) complet(-ète)
all-rounder [ɔ:l'raundə[r]] *n* (*Brit*): **to be a good ~** être doué(e) en tout
allspice ['ɔ:lspaɪs] *n* poivre *m* de la Jamaïque
all-time ['ɔ:l'taɪm] *adj* (*record*) sans précédent,

absolu(e)
allude [ə'lu:d] *vi*: **to ~ to** faire allusion à
alluring [ə'ljuərɪŋ] *adj* séduisant(e), alléchant(e)
allusion [ə'lu:ʒən] *n* allusion *f*
alluvium [ə'lu:vɪəm] *n* alluvions *fpl*
ally ['ælaɪ] *n* allié *m* ▷ *vt* [ə'laɪ]: **to ~ o.s. with** s'allier avec
almighty [ɔ:l'maɪtɪ] *adj* tout(e)-puissant(e); (*tremendous*) énorme
almond ['ɑ:mənd] *n* amande *f*
almost ['ɔ:lməust] *adv* presque; **he ~ fell** il a failli tomber
alms [ɑ:mz] *n* aumône(s) *f(pl)*
aloft [ə'lɔft] *adv* en haut, en l'air; (*Naut*) dans la mâture
alone [ə'ləun] *adj, adv* seul(e); **to leave sb ~** laisser qn tranquille; **to leave sth ~** ne pas toucher à qch; **let ~ ...** sans parler de ...; encore moins ...
along [ə'lɔŋ] *prep* le long de ▷ *adv*: **is he coming ~ with us?** vient-il avec nous?; **he was hopping/limping ~** il venait *or* avançait en sautillant/boitant; **~ with** avec, en plus de; (*person*) en compagnie de; **all ~** (*all the time*) depuis le début
alongside [ə'lɔŋ'saɪd] *prep* (*along*) le long de; (*beside*) à côté de ▷ *adv* bord à bord; côte à côte; **we brought our boat ~** (*of a pier, shore etc*) nous avons accosté
aloof [ə'lu:f] *adj* distant(e) ▷ *adv* à distance, à l'écart; **to stand ~** se tenir à l'écart *or* à distance
aloofness [ə'lu:fnɪs] *n* réserve (hautaine), attitude distante
aloud [ə'laud] *adv* à haute voix
alphabet ['ælfəbɛt] *n* alphabet *m*
alphabetical [ælfə'bɛtɪkl] *adj* alphabétique; **in ~ order** par ordre alphabétique
alphanumeric [ælfənju:'mɛrɪk] *adj* alphanumérique
alpine ['ælpaɪn] *adj* alpin(e), alpestre; **~ hut** cabane *f or* refuge *m* de montagne; **~ pasture** pâturage *m* (de montagne); **~ skiing** ski alpin
Alps [ælps] *npl*: **the ~** les Alpes *fpl*
already [ɔ:l'rɛdɪ] *adv* déjà
alright ['ɔ:l'raɪt] *adv* (*Brit*) = **all right**
Alsace [æl'sæs] *n* Alsace *f*
Alsatian [æl'seɪʃən] *adj* alsacien(ne), d'Alsace ▷ *n* Alsacien(ne); (*Brit: dog*) berger allemand
also ['ɔ:lsəu] *adv* aussi
Alta. *abbr* (*Canada*) = **Alberta**
altar ['ɔltə^r] *n* autel *m*
alter ['ɔltə^r] *vt, vi* changer
alteration [ɔltə'reɪʃən] *n* changement *m*, modification *f*; **alterations** *npl* (*Sewing*) retouches *fpl*; (*Archit*) modifications *fpl*; **timetable subject to ~** horaires sujets à modifications
altercation [ɔltə'keɪʃən] *n* altercation *f*
alternate *adj* [ɔl'tə:nɪt] alterné(e), alternant(e), alternatif(-ive); (*US*) = **alternative** ▷ *vi* ['ɔltə:neɪt] alterner; **to ~ with** alterner avec; **on ~ days** un jour sur deux, tous les deux jours
alternately [ɔl'tə:nɪtlɪ] *adv* alternativement, en alternant
alternating ['ɔltə:neɪtɪŋ] *adj* (*current*) alternatif(-ive)
alternative [ɔl'tə:nətɪv] *adj* (*solution, plan*) autre, de remplacement; (*energy*) doux (douce); (*lifestyle*) parallèle ▷ *n* (*choice*) alternative *f*; (*other possibility*) autre possibilité *f*; **~ medicine** médecine alternative, médecine douce
alternatively [ɔl'tə:nətɪvlɪ] *adv*: **~ one could ...** une autre *or* l'autre solution serait de ...
alternative medicine *n* médecines *fpl* parallèles *or* douces
alternator ['ɔltə:neɪtə^r] *n* (*Aut*) alternateur *m*
although [ɔ:l'ðəu] *conj* bien que + *sub*
altitude ['æltɪtju:d] *n* altitude *f*
alto ['æltəu] *n* (*female*) contralto *m*; (*male*) haute-contre *f*
altogether [ɔ:ltə'gɛðə^r] *adv* entièrement, tout à fait; (*on the whole*) tout compte fait; (*in all*) en tout; **how much is that ~?** ça fait combien en tout?
altruism ['æltruɪzəm] *n* altruisme *m*
altruistic [æltru'ɪstɪk] *adj* altruiste
aluminium [ælju'mɪnɪəm] (*US*), **aluminum** [ə'lu:mɪnəm] *n* aluminium *m*
alumna (*pl* **-e**) [ə'lʌmnə, -ni:] *n* (*US Scol*) ancienne élève; (*University*) ancienne étudiante
alumnus (*pl* **alumni**) [ə'lʌmnəs, -naɪ] *n* (*US Scol*) ancien élève; (*University*) ancien étudiant
always ['ɔ:lweɪz] *adv* toujours
Alzheimer's ['æltshaɪməz], **Alzheimer's disease** *n* maladie *f* d'Alzheimer
AM *abbr* = **amplitude modulation** ▷ *n abbr* (= *Assembly Member*) député *m* au Parlement gallois
am [æm] *vb see* **be**
a.m. *adv abbr* (= *ante meridiem*) du matin
AMA *n abbr* = **American Medical Association**
amalgam [ə'mælgəm] *n* amalgame *m*
amalgamate [ə'mælgəmeɪt] *vt, vi* fusionner
amalgamation [əmælgə'meɪʃən] *n* fusion *f*; (*Comm*) fusionnement *m*
amass [ə'mæs] *vt* amasser
amateur ['æmətə^r] *n* amateur *m* ▷ *adj* (*Sport*) amateur *inv*; **~ dramatics** le théâtre amateur
amateurish ['æmətərɪʃ] *adj* (*pej*) d'amateur, un peu amateur
amaze [ə'meɪz] *vt* stupéfier; **to be ~d (at)** être stupéfait(e) (de)
amazed [ə'meɪzd] *adj* stupéfait(e)
amazement [ə'meɪzmənt] *n* surprise *f*, étonnement *m*
amazing [ə'meɪzɪŋ] *adj* étonnant(e), incroyable; (*bargain, offer*) exceptionnel(le)
amazingly [ə'meɪzɪŋlɪ] *adv* incroyablement
Amazon ['æməzən] *n* (*Geo, Mythology*) Amazone *f* ▷ *cpd* amazonien(ne), de l'Amazone; **the ~ basin** le bassin de l'Amazone; **the ~ jungle** la forêt amazonienne
Amazonian [æmə'zəunɪən] *adj* amazonien(ne)

ambassador [æm'bæsədəʳ] *n* ambassadeur *m*
amber ['æmbəʳ] *n* ambre *m*; **at ~** (*Brit Aut*) à l'orange
ambidextrous [æmbɪ'dɛkstrəs] *adj* ambidextre
ambience ['æmbɪəns] *n* ambiance *f*
ambiguity [æmbɪ'gjuɪtɪ] *n* ambiguïté *f*
ambiguous [æm'bɪgjuəs] *adj* ambigu(ë)
ambition [æm'bɪʃən] *n* ambition *f*
ambitious [æm'bɪʃəs] *adj* ambitieux(-euse)
ambivalent [æm'bɪvələnt] *adj* (*attitude*) ambivalent(e)
amble ['æmbl] *vi* (*also*: **to amble along**) aller d'un pas tranquille
ambulance ['æmbjuləns] *n* ambulance *f*; **call an ~!** appelez une ambulance!
ambush ['æmbuʃ] *n* embuscade *f* ▷ *vt* tendre une embuscade à
ameba [ə'mi:bə] *n* (*US*) = **amoeba**
ameliorate [ə'mi:lɪəreɪt] *vt* améliorer
amen ['ɑ:'mɛn] *excl* amen
amenable [ə'mi:nəbl] *adj*: **~ to** (*advice etc*) disposé(e) à écouter *or* suivre; **~ to the law** responsable devant la loi
amend [ə'mɛnd] *vt* (*law*) amender; (*text*) corriger; (*habits*) réformer ▷ *vi* s'amender, se corriger; **to make ~s** réparer ses torts, faire amende honorable
amendment [ə'mɛndmənt] *n* (*to law*) amendement *m*; (*to text*) correction *f*
amenities [ə'mi:nɪtɪz] *npl* aménagements *mpl*, équipements *mpl*
amenity [ə'mi:nɪtɪ] *n* charme *m*, agrément *m*
America [ə'mɛrɪkə] *n* Amérique *f*
American [ə'mɛrɪkən] *adj* américain(e) ▷ *n* Américain(e)
American football *n* (*Brit*) football *m* américain
americanize [ə'mɛrɪkənaɪz] *vt* américaniser
amethyst ['æmɪθɪst] *n* améthyste *f*
Amex ['æmɛks] *n abbr* = **American Stock Exchange**
amiable ['eɪmɪəbl] *adj* aimable, affable
amicable ['æmɪkəbl] *adj* amical(e); (*Law*) à l'amiable
amicably ['æmɪkəblɪ] *adv* amicalement
amid [ə'mɪd], **amidst** [ə'mɪdst] *prep* parmi, au milieu de
amiss [ə'mɪs] *adj, adv*: **there's something ~** il y a quelque chose qui ne va pas *or* qui cloche; **to take sth ~** prendre qch mal *or* de travers
ammo ['æməu] *n abbr* (*inf*) = **ammunition**
ammonia [ə'məunɪə] *n* (*gas*) ammoniac *m*; (*liquid*) ammoniaque *f*
ammunition [æmju'nɪʃən] *n* munitions *fpl*; (*fig*) arguments *mpl*
ammunition dump *n* dépôt *m* de munitions
amnesia [æm'ni:zɪə] *n* amnésie *f*
amnesty ['æmnɪstɪ] *n* amnistie *f*; **to grant an ~ to** accorder une amnistie à
Amnesty International *n* Amnesty International
amoeba, (*US*) **ameba** [ə'mi:bə] *n* amibe *f*
amok [ə'mɔk] *adv*: **to run ~** être pris(e) d'un accès de folie furieuse
among [ə'mʌŋ], **amongst** [ə'mʌŋst] *prep* parmi, entre
amoral [æ'mɔrəl] *adj* amoral(e)
amorous ['æmərəs] *adj* amoureux(-euse)
amorphous [ə'mɔ:fəs] *adj* amorphe
amortization [əmɔ:taɪ'zeɪʃən] *n* (*Comm*) amortissement *m*
amount [ə'maunt] *n* (*sum of money*) somme *f*; (*total*) montant *m*; (*quantity*) quantité *f*; nombre *m* ▷ *vi*: **to ~ to** (*total*) s'élever à; (*be same as*) équivaloir à, revenir à; **this ~s to a refusal** cela équivaut à un refus; **the total ~** (*of money*) le montant total
amp ['æmp], **ampère** ['æmpɛəʳ] *n* ampère *m*; **a 13 ~ plug** une fiche de 13 A
ampersand ['æmpəsænd] *n* signe &, "et" commercial
amphetamine [æm'fɛtəmi:n] *n* amphétamine *f*
amphibian [æm'fɪbɪən] *n* batracien *m*
amphibious [æm'fɪbɪəs] *adj* amphibie
amphitheatre, (*US*) **amphitheater** ['æmfɪθɪətəʳ] *n* amphithéâtre *m*
ample ['æmpl] *adj* ample, spacieux(-euse); (*enough*): **this is ~** c'est largement suffisant; **to have ~ time/room** avoir bien assez de temps/place, avoir largement le temps/la place
amplifier ['æmplɪfaɪəʳ] *n* amplificateur *m*
amplify ['æmplɪfaɪ] *vt* amplifier
amply ['æmplɪ] *adv* amplement, largement
ampoule, (*US*) **ampule** ['æmpu:l] *n* (*Med*) ampoule *f*
amputate ['æmpjuteɪt] *vt* amputer
amputee [æmpju'ti:] *n* amputé(e)
Amsterdam ['æmstədæm] *n* Amsterdam
amt *abbr* = **amount**
Amtrak ['æmtræk] (*US*) *n société mixte de transports ferroviaires interurbains pour voyageurs*
amuck [ə'mʌk] *adv* = **amok**
amuse [ə'mju:z] *vt* amuser; **to ~ o.s. with sth/by doing sth** se divertir avec qch/à faire qch; **to be ~d at** être amusé par; **he was not ~d** il n'a pas apprécié
amusement [ə'mju:zmənt] *n* amusement *m*; (*pastime*) distraction *f*
amusement arcade *n* salle *f* de jeu
amusement park *n* parc *m* d'attractions
amusing [ə'mju:zɪŋ] *adj* amusant(e), divertissant(e)
an [æn, ən, n] *indef art see* **a**
ANA *n abbr* = **American Newspaper Association**; **American Nurses Association**
anachronism [ə'nækrənɪzəm] *n* anachronisme *m*
anaemia, (*US*) **anemia** [ə'ni:mɪə] *n* anémie *f*
anaemic, (*US*) **anemic** [ə'ni:mɪk] *adj* anémique
anaesthetic, (*US*) **anesthetic** [ænɪs'θɛtɪk] *adj, n* anesthésique *m*; **under the ~** sous anesthésie; **local/general ~** anesthésie locale/générale
anaesthetist [æ'ni:sθɪtɪst] *n* anesthésiste *m/f*
anagram ['ænəgræm] *n* anagramme *m*
anal ['eɪnl] *adj* anal(e)

analgesic [ænæl'dʒi:sɪk] *adj, n* analgésique (*m*)
analogous [ə'næləgəs] *adj*: ~ **(to** *or* **with)** analogue (à)
analogue, analog ['ænəlɔg] *adj* (*watch, computer*) analogique
analogy [ə'nælədʒɪ] *n* analogie *f*; **to draw an ~ between** établir une analogie entre
analyse, (*US*) **analyze** ['ænəlaɪz] *vt* analyser
analysis (*pl* **analyses**) [ə'næləsɪs, -si:z] *n* analyse *f*; **in the last ~** en dernière analyse
analyst ['ænəlɪst] *n* (*political analyst etc*) analyste *m/f*; (US) psychanalyste *m/f*
analytic [ænə'lɪtɪk], **analytical** [ænə'lɪtɪkəl] *adj* analytique
analyze ['ænəlaɪz] *vt* (US) = **analyse**
anarchic [æ'nɑ:kɪk] *adj* anarchique
anarchist ['ænəkɪst] *adj, n* anarchiste (*m/f*)
anarchy ['ænəkɪ] *n* anarchie *f*
anathema [ə'næθɪmə] *n*: **it is ~ to him** il a cela en abomination
anatomical [ænə'tɔmɪkəl] *adj* anatomique
anatomy [ə'nætəmɪ] *n* anatomie *f*
ANC *n abbr* (= *African National Congress*) ANC *m*
ancestor ['ænsɪstə[r]] *n* ancêtre *m*, aïeul *m*
ancestral [æn'sɛstrəl] *adj* ancestral(e)
ancestry ['ænsɪstrɪ] *n* ancêtres *mpl*; ascendance *f*
anchor ['æŋkə[r]] *n* ancre *f* ▷ *vi* (*also*: **to drop anchor**) jeter l'ancre, mouiller ▷ *vt* mettre à l'ancre; (*fig*): **to ~ sth to** fixer qch à; **to weigh ~** lever l'ancre
anchorage ['æŋkərɪdʒ] *n* mouillage *m*, ancrage *m*
anchor man, anchor woman (*irreg*) *n* (TV, *Radio*) présentateur(-trice)
anchovy ['æntʃəvɪ] *n* anchois *m*
ancient ['eɪnʃənt] *adj* ancien(ne), antique; (*person*) d'un âge vénérable; (*car*) antédiluvien(ne); **~ monument** monument *m* historique
ancillary [æn'sɪlərɪ] *adj* auxiliaire
and [ænd] *conj* et; **~ so on** et ainsi de suite; **try ~ come** tâchez de venir; **come ~ sit here** venez vous asseoir ici; **he talked ~ talked** il a parlé pendant des heures; **better ~ better** de mieux en mieux; **more ~ more** de plus en plus
Andes ['ændi:z] *npl*: **the ~** les Andes *fpl*
Andorra [æn'dɔ:rə] *n* (principauté *f* d')Andorre *f*
anecdote ['ænɪkdəut] *n* anecdote *f*
anemia *etc* [ə'ni:mɪə] *n* (US) = **anaemia** *etc*
anemic [ə'ni:mɪk] *adj* = **anaemic**
anemone [ə'nɛmənɪ] *n* (*Bot*) anémone *f*; **sea ~** anémone de mer
anesthesiologist [ænɪsθi:zɪ'ɔlədʒɪst] *n* (US) anesthésiste *m/f*
anesthetic [ænɪs'θɛtɪk] *n, adj* (US) = **anaesthetic**
anesthetist [æ'ni:sθɪtɪst] *n* = **anaesthetist**
anew [ə'nju:] *adv* à nouveau
angel ['eɪndʒəl] *n* ange *m*
angel dust *n* poussière *f* d'ange
anger ['æŋgə[r]] *n* colère *f* ▷ *vt* mettre en colère, irriter
angina [æn'dʒaɪnə] *n* angine *f* de poitrine
angle ['æŋgl] *n* angle *m* ▷ *vi*: **to ~ for** (*trout*) pêcher; (*compliments*) chercher, quêter; **from their ~** de leur point de vue
angler ['æŋglə[r]] *n* pêcheur(-euse) à la ligne
Anglican ['æŋglɪkən] *adj, n* anglican(e)
anglicize ['æŋglɪsaɪz] *vt* angliciser
angling ['æŋglɪŋ] *n* pêche *f* à la ligne
Anglo- ['æŋgləu] *prefix* anglo(-)
Anglo-French ['æŋgləu'frɛntʃ] *adj* anglo-français(e)
Anglo-Saxon ['æŋgləu'sæksən] *adj, n* anglo-saxon(ne)
Angola [æŋ'gəulə] *n* Angola *m*
Angolan [æŋ'gəulən] *adj* angolais(e) ▷ *n* Angolais(e)
angrily ['æŋgrɪlɪ] *adv* avec colère
angry ['æŋgrɪ] *adj* en colère, furieux(-euse); (*wound*) enflammé(e); **to be ~ with sb/at sth** être furieux contre qn/de qch; **to get ~** se fâcher, se mettre en colère; **to make sb ~** mettre qn en colère
anguish ['æŋgwɪʃ] *n* angoisse *f*
anguished ['æŋgwɪʃt] *adj* (*mentally*) angoissé(e); (*physically*) plein(e) de souffrance
angular ['æŋgjulə[r]] *adj* anguleux(-euse)
animal ['ænɪməl] *n* animal *m* ▷ *adj* animal(e)
animal rights *npl* droits *mpl* de l'animal
animate *vt* ['ænɪmeɪt] animer ▷ *adj* ['ænɪmɪt] animé(e), vivant(e)
animated ['ænɪmeɪtɪd] *adj* animé(e)
animation [ænɪ'meɪʃən] *n* (*of person*) entrain *m*; (*of street, Cine*) animation *f*
animosity [ænɪ'mɔsɪtɪ] *n* animosité *f*
aniseed ['ænɪsi:d] *n* anis *m*
Ankara ['æŋkərə] *n* Ankara
ankle ['æŋkl] *n* cheville *f*
ankle socks *npl* socquettes *fpl*
annex ['ænɛks] *n* (*Brit: also*: **annexe**) annexe *f* ▷ *vt* [ə'nɛks] annexer
annexation [ænɛks'eɪʃən] *n* annexion *f*
annihilate [ə'naɪəleɪt] *vt* annihiler, anéantir
annihilation [ənaɪə'leɪʃən] *n* anéantissement *m*
anniversary [ænɪ'və:sərɪ] *n* anniversaire *m*
anniversary dinner *n* dîner commémoratif *or* anniversaire
annotate ['ænəuteɪt] *vt* annoter
announce [ə'nauns] *vt* annoncer; (*birth, death*) faire part de; **he ~d that he wasn't going** il a déclaré qu'il n'irait pas
announcement [ə'naunsmənt] *n* annonce *f*; (*for births etc: in newspaper*) avis *m* de faire-part; (*: letter, card*) faire-part *m*; **I'd like to make an ~** j'ai une communication à faire
announcer [ə'naunsə[r]] *n* (*Radio, TV: between programmes*) speaker(ine); (*: in a programme*) présentateur(-trice)
annoy [ə'nɔɪ] *vt* agacer, ennuyer, contrarier; **to be ~ed (at sth/with sb)** être en colère *or* irrité (contre qch/qn); **don't get ~ed!** ne vous fâchez pas!

annoyance [ə'nɔɪəns] *n* mécontentement *m*, contrariété *f*
annoying [ə'nɔɪɪŋ] *adj* agaçant(e), contrariant(e)
annual ['ænjuəl] *adj* annuel(le) ▷ *n* (*Bot*) plante annuelle; (*book*) album *m*
annual general meeting *n* (*Brit*) assemblée générale annuelle
annually ['ænjuəlɪ] *adv* annuellement
annual report *n* rapport annuel
annuity [ə'nju:ɪtɪ] *n* rente *f*; **life ~** rente viagère
annul [ə'nʌl] *vt* annuler; (*law*) abroger
annulment [ə'nʌlmənt] *n* (*see vb*) annulation *f*; abrogation *f*
annum ['ænəm] *n see* **per**
Annunciation [ənʌnsɪ'eɪʃən] *n* Annonciation *f*
anode ['ænəud] *n* anode *f*
anoint [ə'nɔɪnt] *vt* oindre
anomalous [ə'nɔmələs] *adj* anormal(e)
anomaly [ə'nɔməlɪ] *n* anomalie *f*
anon. [ə'nɔn] *abbr* = **anonymous**
anonymity [ænə'nɪmɪtɪ] *n* anonymat *m*
anonymous [ə'nɔnɪməs] *adj* anonyme; **to remain ~** garder l'anonymat
anorak ['ænəræk] *n* anorak *m*
anorexia [ænə'rɛksɪə] *n* (*also*: **anorexia nervosa**) anorexie *f*
anorexic [ænə'rɛksɪk] *adj*, *n* anorexique (*m/f*)
another [ə'nʌðə[r]] *adj*: **~ book** (*one more*) un autre livre, encore un livre, un livre de plus; (*a different one*) un autre livre ▷ *pron* un(e) autre, encore un(e), un(e) de plus; **~ drink?** encore un verre?; **in ~ five years** dans cinq ans; *see also* **one**
ANSI ['ænsɪ] *n abbr* (= *American National Standards Institution*) ANSI *m* (= *Institut américain de normalisation*)
answer ['ɑ:nsə[r]] *n* réponse *f*; (*to problem*) solution *f* ▷ *vi* répondre ▷ *vt* (*reply to*) répondre à; (*problem*) résoudre; (*prayer*) exaucer; **in ~ to your letter** suite à *or* en réponse à votre lettre; **to ~ the phone** répondre (au téléphone); **to ~ the bell** *or* **the door** aller *or* venir ouvrir (la porte)
▸ **answer back** *vi* répondre, répliquer
▸ **answer for** *vt fus* répondre de, se porter garant de; (*crime, one's actions*) répondre de
▸ **answer to** *vt fus* (*description*) répondre *or* correspondre à
answerable ['ɑ:nsərəbl] *adj*: **~ (to sb/for sth)** responsable (devant qn/de qch); **I am ~ to no-one** je n'ai de comptes à rendre à personne
answering machine ['ɑ:nsərɪŋ-] *n* répondeur *m*
answerphone ['ɑ:nsərfəun] *n* (*esp Brit*) répondeur *m* (téléphonique)
ant [ænt] *n* fourmi *f*
ANTA *n abbr* = **American National Theater and Academy**
antagonism [æn'tægənɪzəm] *n* antagonisme *m*
antagonist [æn'tægənɪst] *n* antagoniste *m/f*, adversaire *m/f*
antagonistic [æntægə'nɪstɪk] *adj* (*attitude, feelings*) hostile
antagonize [æn'tægənaɪz] *vt* éveiller l'hostilité de, contrarier
Antarctic [ænt'ɑ:ktɪk] *adj* antarctique, austral(e) ▷ *n*: **the ~** l'Antarctique *m*
Antarctica [ænt'ɑ:ktɪkə] *n* Antarctique *m*, Terres Australes
Antarctic Circle *n* cercle *m* Antarctique
Antarctic Ocean *n* océan *m* Antarctique *or* Austral
ante ['æntɪ] *n*: **to up the ~** faire monter les enjeux
ante... ['æntɪ] *prefix* anté..., anti..., pré...
anteater ['ænti:tə[r]] *n* fourmilier *m*, tamanoir *m*
antecedent [æntɪ'si:dənt] *n* antécédent *m*
antechamber ['æntɪtʃeɪmbə[r]] *n* antichambre *f*
antelope ['æntɪləup] *n* antilope *f*
antenatal ['æntɪ'neɪtl] *adj* prénatal(e)
antenatal clinic *n* service *m* de consultation prénatale
antenna (*pl* **-e**) [æn'tɛnə, -ni:] *n* antenne *f*
anthem ['ænθəm] *n* motet *m*; **national ~** hymne national
ant-hill ['ænthɪl] *n* fourmilière *f*
anthology [æn'θɔlədʒɪ] *n* anthologie *f*
anthrax ['ænθræks] *n* anthrax *m*
anthropologist [ænθrə'pɔlədʒɪst] *n* anthropologue *m/f*
anthropology [ænθrə'pɔlədʒɪ] *n* anthropologie *f*
anti ['æntɪ] *prefix* anti-
anti-aircraft ['æntɪ'ɛəkrɑ:ft] *adj* antiaérien(ne)
anti-aircraft defence *n* défense *f* contre avions, DCA *f*
antiballistic ['æntɪbə'lɪstɪk] *adj* antibalistique
antibiotic ['æntɪbaɪ'ɔtɪk] *adj*, *n* antibiotique *m*
antibody ['æntɪbɔdɪ] *n* anticorps *m*
anticipate [æn'tɪsɪpeɪt] *vt* s'attendre à, prévoir; (*wishes, request*) aller au devant de, devancer; **this is worse than I ~d** c'est pire que je ne pensais; **as ~d** comme prévu
anticipation [æntɪsɪ'peɪʃən] *n* attente *f*; **thanking you in ~** en vous remerciant d'avance, avec mes remerciements anticipés
anticlimax ['æntɪ'klaɪmæks] *n* déception *f*
anticlockwise ['æntɪ'klɔkwaɪz] (*Brit*) *adv* dans le sens inverse des aiguilles d'une montre
antics ['æntɪks] *npl* singeries *fpl*
anticyclone ['æntɪ'saɪkləun] *n* anticyclone *m*
antidepressant ['æntɪdɪ'prɛsnt] *n* antidépresseur *m*
antidote ['æntɪdəut] *n* antidote *m*, contrepoison *m*
antifreeze ['æntɪfri:z] *n* antigel *m*
anti-globalization [æntɪgləubəlaɪ'zeɪʃən] *n* antimondialisation *f*
antihistamine [æntɪ'hɪstəmɪn] *n* antihistaminique *m*
Antilles [æn'tɪli:z] *npl*: **the ~** les Antilles *fpl*
antipathy [æn'tɪpəθɪ] *n* antipathie *f*
antiperspirant [æntɪ'pə:spɪrənt] *n* déodorant *m*
Antipodean [æntɪpə'di:ən] *adj* australien(ne) et néozélandais(e), d'Australie et de Nouvelle-Zélande
Antipodes [æn'tɪpədi:z] *npl*: **the ~** l'Australie *f*

et la Nouvelle-Zélande
antiquarian [æntɪ'kwɛərɪən] *adj*: **~ bookshop** librairie *f* d'ouvrages anciens ▷ *n* expert *m* en objets *or* livres anciens; amateur *m* d'antiquités
antiquated ['æntɪkweɪtɪd] *adj* vieilli(e), suranné(e), vieillot(te)
antique [æn'ti:k] *n* (*ornament*) objet *m* d'art ancien; (*furniture*) meuble ancien ▷ *adj* ancien(ne); (*pre-mediaeval*) antique
antique dealer *n* antiquaire *m/f*
antique shop *n* magasin *m* d'antiquités
antiquity [æn'tɪkwɪtɪ] *n* antiquité *f*
anti-Semitic ['æntɪsɪ'mɪtɪk] *adj* antisémite
anti-Semitism ['æntɪ'sɛmɪtɪzəm] *n* antisémitisme *m*
antiseptic [æntɪ'sɛptɪk] *adj, n* antiseptique (*m*)
antisocial ['æntɪ'səuʃəl] *adj* (*unfriendly*) peu liant(e), insociable; (*against society*) antisocial(e)
antitank [æntɪ'tæŋk] *adj* antichar
antithesis (*pl* **antitheses**) [æn'tɪθɪsɪs, -si:z] *n* antithèse *f*
antitrust [æntɪ'trʌst] *adj*: **~ legislation** loi *f* anti-trust
antiviral [æntɪ'vaɪərəl] *adj* (*Med*) antiviral
antivirus [æntɪ'vaɪərəs] *adj* antivirus *inv*; **~ software** (logiciel *m*) antivírus *m*
antlers ['æntləz] *npl* bois *mpl*, ramure *f*
Antwerp ['æntwə:p] *n* Anvers
anus ['eɪnəs] *n* anus *m*
anvil ['ænvɪl] *n* enclume *f*
anxiety [æŋ'zaɪətɪ] *n* anxiété *f*; (*keenness*): **~ to do** grand désir *or* impatience *f* de faire
anxious ['æŋkʃəs] *adj* (très) inquiet(-ète); (*always worried*) anxieux(-euse); (*worrying*) angoissant(e); (*keen*): **~ to do/that** qui tient beaucoup à faire/à ce que + *sub*; impatient(e) de faire/que + *sub*; **I'm very ~ about you** je me fais beaucoup de souci pour toi
anxiously ['æŋkʃəslɪ] *adv* anxieusement

 KEYWORD

any ['ɛnɪ] *adj* **1** (*in questions etc: singular*) du, de l', de la; (*: plural*) des; **do you have any butter/children/ink?** avez-vous du beurre/des enfants/de l'encre?
2 (*with negative*) de, d'; **I don't have any money/books** je n'ai pas d'argent/de livres; **without any difficulty** sans la moindre difficulté
3 (*no matter which*) n'importe quel(le); (*each and every*) tout(e), chaque; **choose any book you like** vous pouvez choisir n'importe quel livre; **any teacher you ask will tell you** n'importe quel professeur vous le dira
4 (*in phrases*): **in any case** de toute façon; **any day now** d'un jour à l'autre; **at any moment** à tout moment, d'un instant à l'autre; **at any rate** en tout cas; **any time** n'importe quand; **he might come (at) any time** il pourrait venir n'importe quand; **come (at) any time** venez quand vous voulez
▷ *pron* **1** (*in questions etc*) en; **have you got any?** est-ce que vous en avez?; **can any of you sing?** est-ce que parmi vous il y en a qui savent chanter?
2 (*with negative*) en; **I don't have any (of them)** je n'en ai pas, je n'en ai aucun
3 (*no matter which one(s)*) n'importe lequel (*or* laquelle); (*anybody*) n'importe qui; **take any of those books (you like)** vous pouvez prendre n'importe lequel de ces livres
▷ *adv* **1** (*in questions etc*): **do you want any more soup/sandwiches?** voulez-vous encore de la soupe/des sandwichs?; **are you feeling any better?** est-ce que vous vous sentez mieux?
2 (*with negative*): **I can't hear him any more** je ne l'entends plus; **don't wait any longer** n'attendez pas plus longtemps

anybody ['ɛnɪbɔdɪ] *pron* n'importe qui; (*in interrogative sentences*) quelqu'un; (*in negative sentences*): **I don't see ~** je ne vois personne; **if ~ should phone ...** si quelqu'un téléphone ...
anyhow ['ɛnɪhau] *adv* quoi qu'il en soit; (*haphazardly*) n'importe comment; **she leaves things just ~** elle laisse tout traîner; **I shall go ~** j'irai de toute façon
anyone ['ɛnɪwʌn] *pron* = **anybody**
anyplace ['ɛnɪpleɪs] *adv* (*US*) = **anywhere**
anything ['ɛnɪθɪŋ] *pron* (*no matter what*) n'importe quoi; (*in questions*) quelque chose; (*with negative*) ne ... rien; **I don't want ~** je ne veux rien; **can you see ~?** tu vois quelque chose?; **if ~ happens to me ...** s'il m'arrive quoi que ce soit ...; **you can say ~ you like** vous pouvez dire ce que vous voulez; **~ will do** n'importe quoi fera l'affaire; **he'll eat ~** il mange de tout; **~ else?** (*in shop*) avec ceci?; **it can cost ~ between £15 and £20** (*Brit*) ça peut coûter dans les 15 à 20 livres
anytime ['ɛnɪtaɪm] *adv* (*at any moment*) d'un moment à l'autre; (*whenever*) n'importe quand
anyway ['ɛnɪweɪ] *adv* de toute façon; **~, I couldn't come even if I wanted to** de toute façon, je ne pouvais pas venir même si je le voulais; **I shall go ~** j'irai quand même; **why are you phoning, ~?** au fait, pourquoi tu me téléphones?
anywhere ['ɛnɪwɛə^r] *adv* n'importe où; (*in interrogative sentences*) quelque part; (*in negative sentences*): **I can't see him ~** je ne le vois nulle part; **can you see him ~?** tu le vois quelque part?; **put the books down ~** pose les livres n'importe où; **~ in the world** (*no matter where*) n'importe où dans le monde
Anzac ['ænzæk] *n abbr* (= *Australia-New Zealand Army Corps*) *soldat du corps ANZAC*
Anzac Day *n voir article*

ANZAC DAY

Anzac Day est le 25 avril, jour férié en Australie et en Nouvelle-Zélande commémorant le débarquement des soldats du corps "ANZAC" à Gallipoli en 1915, pendant la Première Guerre mondiale. Ce fut la plus célèbre des campagnes du corps "ANZAC".

apart [ə'pɑ:t] *adv (to one side)* à part; de côté; à l'écart; *(separately)* séparément; **to take/pull ~** démonter; **10 miles/a long way ~** à 10 miles/ très éloignés l'un de l'autre; **they are living ~** ils sont séparés; **~ from** *(prep)* à part, excepté

apartheid [ə'pɑ:teɪt] *n* apartheid *m*

apartment [ə'pɑ:tmənt] *n (US)* appartement *m*, logement *m*; *(room)* chambre *f*

apartment building *n (US)* immeuble *m*; maison divisée en appartements

apathetic [æpə'θɛtɪk] *adj* apathique, indifférent(e)

apathy ['æpəθɪ] *n* apathie *f*, indifférence *f*

APB *n abbr (US: = all points bulletin) expression de la police signifiant "découvrir et appréhender le suspect"*

ape [eɪp] *n* (grand) singe ▷ *vt* singer

Apennines ['æpənaɪnz] *npl*: **the ~** les Apennins *mpl*

aperitif [ə'pɛrɪtɪf] *n* apéritif *m*

aperture ['æpətʃjuəʳ] *n* orifice *m*, ouverture *f*; *(Phot)* ouverture (du diaphragme)

APEX ['eɪpɛks] *n abbr (Aviat: = advance purchase excursion)* APEX *m*

apex ['eɪpɛks] *n* sommet *m*

aphid ['eɪfɪd] *n* puceron *m*

aphrodisiac [æfrəu'dɪzɪæk] *adj, n* aphrodisiaque (*m*)

API *n abbr* = **American Press Institute**

apiece [ə'pi:s] *adv (for each person)* chacun(e), par tête; *(for each item)* chacun(e), la pièce

aplomb [ə'plɔm] *n* sang-froid *m*, assurance *f*

APO *n abbr (US: = Army Post Office) service postal de l'armée*

apocalypse [ə'pɔkəlɪps] *n* apocalypse *f*

apolitical [eɪpə'lɪtɪkl] *adj* apolitique

apologetic [əpɔlə'dʒɛtɪk] *adj (tone, letter)* d'excuse; **to be very ~ about** s'excuser vivement de

apologetically [əpɔlə'dʒɛtɪkəlɪ] *adv (say)* en s'excusant

apologize [ə'pɔlədʒaɪz] *vi*: **to ~ (for sth to sb)** s'excuser (de qch auprès de qn), présenter des excuses (à qn pour qch)

apology [ə'pɔlədʒɪ] *n* excuses *fpl*; **to send one's apologies** envoyer une lettre *or* un mot d'excuse, s'excuser (de ne pas pouvoir venir); **please accept my apologies** vous voudrez bien m'excuser

apoplectic [æpə'plɛktɪk] *adj (Med)* apoplectique; *(inf)*: **~ with rage** fou (folle) de rage

apoplexy ['æpəplɛksɪ] *n* apoplexie *f*

apostle [ə'pɔsl] *n* apôtre *m*

apostrophe [ə'pɔstrəfɪ] *n* apostrophe *f*

app *n abbr (Comput)* = application

appal, *(US)* **appall** [ə'pɔ:l] *vt* consterner, atterrer; horrifier

Appalachian Mountains [æpə'leɪʃən-] *npl*: **the ~** les (monts *mpl*) Appalaches *mpl*

appalling [ə'pɔ:lɪŋ] *adj* épouvantable; *(stupidity)* consternant(e); **she's an ~ cook** c'est une très mauvaise cuisinière

apparatus [æpə'reɪtəs] *n* appareil *m*, dispositif *m*; *(in gymnasium)* agrès *mpl*

apparel [ə'pærl] *n (US)* habillement *m*, confection *f*

apparent [ə'pærənt] *adj* apparent(e); **it is ~ that** il est évident que

apparently [ə'pærəntlɪ] *adv* apparemment

apparition [æpə'rɪʃən] *n* apparition *f*

appeal [ə'pi:l] *vi (Law)* faire *or* interjeter appel ▷ *n (Law)* appel *m*; *(request)* appel; prière *f*; *(charm)* attrait *m*, charme *m*; **to ~ for** demander (instamment); implorer; **to ~ to** *(beg)* faire appel à; *(be attractive)* plaire à; **to ~ to sb for mercy** implorer la pitié de qn, prier *or* adjurer qn d'avoir pitié; **it doesn't ~ to me** cela ne m'attire pas; **right of ~** droit *m* de recours

appealing [ə'pi:lɪŋ] *adj (attractive)* attrayant(e); *(touching)* attendrissant(e)

appear [ə'pɪəʳ] *vi* apparaître, se montrer; *(Law)* comparaître; *(publication)* paraître, sortir, être publié(e); *(seem)* paraître, sembler; **it would ~ that** il semble que; **to ~ in Hamlet** jouer dans Hamlet; **to ~ on TV** passer à la télé

appearance [ə'pɪərəns] *n* apparition *f*; parution *f*; *(look, aspect)* apparence *f*, aspect *m*; **to put in** *or* **make an ~** faire acte de présence; *(Theat)*: **by order of ~** par ordre d'entrée en scène; **to keep up ~s** sauver les apparences; **to all ~s** selon toute apparence

appease [ə'pi:z] *vt* apaiser, calmer

appeasement [ə'pi:zmənt] *n (Pol)* apaisement *m*

append [ə'pɛnd] *vt (Comput)* ajouter (à la fin d'un fichier)

appendage [ə'pɛndɪdʒ] *n* appendice *m*

appendices [ə'pɛndɪsi:z] *npl of* **appendix**

appendicitis [əpɛndɪ'saɪtɪs] *n* appendicite *f*

appendix (*pl* **appendices**) [ə'pɛndɪks, -si:z] *n* appendice *m*; **to have one's ~ out** se faire opérer de l'appendicite

appetite ['æpɪtaɪt] *n* appétit *m*; **that walk has given me an ~** cette promenade m'a ouvert l'appétit

appetizer ['æpɪtaɪzəʳ] *n (food)* amuse-gueule *m*; *(drink)* apéritif *m*

appetizing ['æpɪtaɪzɪŋ] *adj* appétissant(e)

applaud [ə'plɔ:d] *vt, vi* applaudir

applause [ə'plɔ:z] *n* applaudissements *mpl*

apple ['æpl] *n* pomme *f*; *(also:* **apple tree**) pommier *m*; **it's the ~ of my eye** j'y tiens comme à la prunelle de mes yeux

apple pie *n* tarte *f* aux pommes

apple turnover *n* chausson *m* aux pommes

appliance [ə'plaɪəns] *n* appareil *m*; **electrical ~s** l'électroménager *m*

applicable [ə'plɪkəbl] *adj* applicable; **the law is ~ from January** la loi entre en vigueur au mois de janvier; **to be ~ to** *(relevant)* valoir pour

applicant ['æplɪkənt] *n*: **~ (for)** (*Admin: for benefit etc*) demandeur(-euse) (de); (*for post*) candidat(e) (à)
application [æplɪ'keɪʃən] *n* application *f*; (*for a job, a grant etc*) demande *f*; candidature *f*; (*Comput*) (logiciel *m*) applicatif *m*; **on ~** sur demande
application form *n* formulaire *m* de demande
application program *n* (*Comput*) (logiciel *m*) applicatif *m*
applications package *n* (*Comput*) progiciel *m* d'application
applied [ə'plaɪd] *adj* appliqué(e); **~ arts** *npl* arts décoratifs
apply [ə'plaɪ] *vt*: **to ~ (to)** (*paint, ointment*) appliquer (sur); (*law, etc*) appliquer (à) ▷ *vi*: **to ~ to** (*ask*) s'adresser à; (*be suitable for, relevant to*) s'appliquer à, être valable pour; **to ~ (for)** (*permit, grant*) faire une demande (en vue d'obtenir); (*job*) poser sa candidature (pour), faire une demande d'emploi (concernant); **to ~ the brakes** actionner les freins, freiner; **to ~ o.s. to** s'appliquer à
appoint [ə'pɔɪnt] *vt* (*to post*) nommer, engager; (*date, place*) fixer, désigner
appointee [əpɔɪn'tiː] *n* personne nommée; candidat retenu
appointment [ə'pɔɪntmənt] *n* (*to post*) nomination *f*; (*job*) poste *m*; (*arrangement to meet*) rendez-vous *m*; **to have an ~** avoir un rendez-vous; **to make an ~ (with)** prendre rendez-vous (avec); **I'd like to make an ~** je voudrais prendre rendez-vous; **"~s (vacant)"** (*Press*) "offres d'emploi"; **by ~** sur rendez-vous
apportion [ə'pɔːʃən] *vt* (*share out*) répartir, distribuer; **to ~ sth to sb** attribuer *or* assigner *or* allouer qch à qn
appraisal [ə'preɪzl] *n* évaluation *f*
appraise [ə'preɪz] *vt* (*value*) estimer; (*situation etc*) évaluer
appreciable [ə'priːʃəbl] *adj* appréciable
appreciably [ə'priːʃəblɪ] *adv* sensiblement, de façon appréciable
appreciate [ə'priːʃɪeɪt] *vt* (*like*) apprécier, faire cas de; (*be grateful for*) être reconnaissant(e) de; (*assess*) évaluer; (*be aware of*) comprendre, se rendre compte de ▷ *vi* (*Finance*) prendre de la valeur; **I ~ your help** je vous remercie pour votre aide
appreciation [əpriːʃɪ'eɪʃən] *n* appréciation *f*; (*gratitude*) reconnaissance *f*; (*Finance*) hausse *f*, valorisation *f*
appreciative [ə'priːʃɪətɪv] *adj* (*person*) sensible; (*comment*) élogieux(-euse)
apprehend [æprɪ'hɛnd] *vt* appréhender, arrêter; (*understand*) comprendre
apprehension [æprɪ'hɛnʃən] *n* appréhension *f*, inquiétude *f*
apprehensive [æprɪ'hɛnsɪv] *adj* inquiet(-ète), appréhensif(-ive)
apprentice [ə'prɛntɪs] *n* apprenti *m* ▷ *vt*: **to be ~d to** être en apprentissage chez
apprenticeship [ə'prɛntɪsʃɪp] *n* apprentissage *m*; **to serve one's ~** faire son apprentissage
appro. ['æprəu] *abbr* (*Brit Comm: inf*) = **approval**
approach [ə'prəutʃ] *vi* approcher ▷ *vt* (*come near*) approcher de; (*ask, apply to*) s'adresser à; (*subject, passer-by*) aborder ▷ *n* approche *f*; accès *m*, abord *m*; démarche *f* (*auprès de qn*); démarche *f* (*intellectuelle*); **to ~ sb about sth** aller *or* venir voir qn pour qch
approachable [ə'prəutʃəbl] *adj* accessible
approach road *n* voie *f* d'accès
approbation [æprə'beɪʃən] *n* approbation *f*
appropriate *adj* [ə'prəuprɪɪt] (*tool etc*) qui convient, approprié(e); (*moment, remark*) opportun(e) ▷ *vt* [ə'prəuprɪeɪt] (*take*) s'approprier; (*allot*): **to ~ sth for** affecter qch à; **~ for** *or* **to** approprié à; **it would not be ~ for me to comment** il ne me serait pas approprié de commenter
appropriately [ə'prəuprɪɪtlɪ] *adv* pertinemment, avec à-propos
appropriation [əprəuprɪ'eɪʃən] *n* dotation *f*, affectation *f*
approval [ə'pruːvəl] *n* approbation *f*; **to meet with sb's ~** (*proposal etc*) recueillir l'assentiment de qn; **on ~** (*Comm*) à l'examen
approve [ə'pruːv] *vt* approuver
▶ **approve of** *vt fus* (*thing*) approuver; (*person*): **they don't ~ of her** ils n'ont pas bonne opinion d'elle
approved school [ə'pruːvd-] *n* (*Brit*) centre *m* d'éducation surveillée
approvingly [ə'pruːvɪŋlɪ] *adv* d'un air approbateur
approx. *abbr* (= *approximately*) env
approximate [ə'prɔksɪmɪt] *adj* approximatif(-ive) ▷ *vt* [ə'prɔksɪmeɪt] se rapprocher de; être proche de
approximately [ə'prɔksɪmətlɪ] *adv* approximativement
approximation [ə'prɔksɪ'meɪʃən] *n* approximation *f*
Apr. *abbr* = **April**
apr *n abbr* (= *annual percentage rate*) taux (d'intérêt) annuel
apricot ['eɪprɪkɔt] *n* abricot *m*
April ['eɪprəl] *n* avril *m*; **~ fool!** poisson d'avril!; *for phrases see also* **July**
April Fools' Day *n* le premier avril; *voir article*

APRIL FOOLS' DAY

April Fools' Day est le 1er avril, à l'occasion duquel on fait des farces de toutes sortes. Les victimes de ces farces sont les "April fools". Traditionnellement, on n'est censé faire des farces que jusqu'à midi.

apron ['eɪprən] *n* tablier *m*; (*Aviat*) aire *f* de stationnement
apse [æps] *n* (*Archit*) abside *f*
APT *n abbr* (*Brit*: = *advanced passenger train*) ≈ TGV *m*
Apt. *abbr* (= *apartment*) appt

apt [æpt] *adj* (*suitable*) approprié(e); (*able*): **~ (at)** doué(e) (pour); apte (à); (*likely*): **~ to do** susceptible de faire; ayant tendance à faire
aptitude ['æptɪtjuːd] *n* aptitude *f*
aptitude test *n* test *m* d'aptitude
aptly ['æptlɪ] *adv* (fort) à propos
aqualung ['ækwəlʌŋ] *n* scaphandre *m* autonome
aquarium [ə'kwɛərɪəm] *n* aquarium *m*
Aquarius [ə'kwɛərɪəs] *n* le Verseau; **to be ~** être du Verseau
aquatic [ə'kwætɪk] *adj* aquatique; (*sport*) nautique
aqueduct ['ækwɪdʌkt] *n* aqueduc *m*
AR *abbr* (*US*) = **Arkansas**
ARA *n abbr* (*Brit*) = **Associate of the Royal Academy**
Arab ['ærəb] *n* Arabe *m/f* ▷ *adj* arabe
Arabia [ə'reɪbɪə] *n* Arabie *f*
Arabian [ə'reɪbɪən] *adj* arabe
Arabian Desert *n* désert *m* d'Arabie
Arabian Sea *n* mer *f* d'Arabie
Arabic ['ærəbɪk] *adj*, *n* arabe (*m*)
Arabic numerals *npl* chiffres *mpl* arabes
arable ['ærəbl] *adj* arable
ARAM *n abbr* (*Brit*) = **Associate of the Royal Academy of Music**
arbiter ['ɑːbɪtə^r] *n* arbitre *m*
arbitrary ['ɑːbɪtrərɪ] *adj* arbitraire
arbitrate ['ɑːbɪtreɪt] *vi* arbitrer; trancher
arbitration [ɑːbɪ'treɪʃən] *n* arbitrage *m*; **the dispute went to ~** le litige a été soumis à arbitrage
arbitrator ['ɑːbɪtreɪtə^r] *n* arbitre *m*, médiateur(-trice)
ARC *n abbr* = **American Red Cross**
arc [ɑːk] *n* arc *m*
arcade [ɑː'keɪd] *n* arcade *f*; (*passage with shops*) passage *m*, galerie *f*; (*with games*) salle *f* de jeu
arch [ɑːtʃ] *n* arche *f*; (*of foot*) cambrure *f*, voûte *f* plantaire ▷ *vt* arquer, cambrer ▷ *adj* malicieux(-euse) ▷ *prefix*: **~(-)** achevé(e); par excellence; **pointed ~** ogive *f*
archaeological [ɑːkɪə'lɔdʒɪkl] *adj* archéologique
archaeologist [ɑːkɪ'ɔlədʒɪst] *n* archéologue *m/f*
archaeology, (*US*) **archeology** [ɑːkɪ'ɔlədʒɪ] *n* archéologie *f*
archaic [ɑː'keɪɪk] *adj* archaïque
archangel ['ɑːkeɪndʒəl] *n* archange *m*
archbishop [ɑːtʃ'bɪʃəp] *n* archevêque *m*
archenemy ['ɑːtʃ'ɛnɪmɪ] *n* ennemi *m* de toujours *or* par excellence
archeology [ɑːkɪ'ɔlədʒɪ] (*US*) = **archaeology**
archer ['ɑːtʃə^r] *n* archer *m*
archery ['ɑːtʃərɪ] *n* tir *m* à l'arc
archetypal ['ɑːkɪtaɪpəl] *adj* archétype
archetype ['ɑːkɪtaɪp] *n* prototype *m*, archétype *m*
archipelago [ɑːkɪ'pɛlɪgəu] *n* archipel *m*
architect ['ɑːkɪtɛkt] *n* architecte *m*
architectural [ɑːkɪ'tɛktʃərəl] *adj* architectural(e)
architecture ['ɑːkɪtɛktʃə^r] *n* architecture *f*
archive ['ɑːkaɪv] *n* (*often pl*) archives *fpl*
archive file *n* (*Comput*) fichier *m* d'archives
archives ['ɑːkaɪvz] *npl* archives *fpl*
archivist ['ɑːkɪvɪst] *n* archiviste *m/f*
archway ['ɑːtʃweɪ] *n* voûte *f*, porche voûté *or* cintré
ARCM *n abbr* (*Brit*) = **Associate of the Royal College of Music**
Arctic ['ɑːktɪk] *adj* arctique ▷ *n*: **the ~** l'Arctique *m*
Arctic Circle *n* cercle *m* Arctique
Arctic Ocean *n* océan *m* Arctique
ARD *n abbr* (*US Med*) = **acute respiratory disease**
ardent ['ɑːdənt] *adj* fervent(e)
ardour, (*US*) **ardor** ['ɑːdə^r] *n* ardeur *f*
arduous ['ɑːdjuəs] *adj* ardu(e)
are [ɑː^r] *vb see* **be**
area ['ɛərɪə] *n* (*Geom*) superficie *f*; (*zone*) région *f*; (*: smaller*) secteur *m*; (*in room*) coin *m*; (*knowledge, research*) domaine *m*; **the London ~** la région Londonienne
area code (*US*) *n* (*Tel*) indicatif *m* de zone
arena [ə'riːnə] *n* arène *f*
aren't [ɑːnt] = **are not**
Argentina [ɑːdʒən'tiːnə] *n* Argentine *f*
Argentinian [ɑːdʒən'tɪnɪən] *adj* argentin(e) ▷ *n* Argentin(e)
arguable ['ɑːgjuəbl] *adj* discutable, contestable; **it is ~ whether** on peut se demander si
arguably ['ɑːgjuəblɪ] *adv*: **it is ~ ...** on peut soutenir que c'est ...
argue ['ɑːgjuː] *vi* (*quarrel*) se disputer; (*reason*) argumenter ▷ *vt* (*debate: case, matter*) débattre; **to ~ about sth (with sb)** se disputer (avec qn) au sujet de qch; **to ~ that** objecter *or* alléguer que, donner comme argument que
argument ['ɑːgjumənt] *n* (*quarrel*) dispute *f*, discussion *f*; (*reasons*) argument *m*; (*debate*) discussion, controverse *f*; **~ for/against** argument pour/contre
argumentative [ɑːgju'mɛntətɪv] *adj* ergoteur(-euse), raisonneur(-euse)
aria ['ɑːrɪə] *n* aria *f*
ARIBA [ə'riːbə] *n abbr* (*Brit*) = **Associate of the Royal Institute of British Architects**
arid ['ærɪd] *adj* aride
aridity [ə'rɪdɪtɪ] *n* aridité *f*
Aries ['ɛərɪz] *n* le Bélier; **to be ~** être du Bélier
arise (*pt* **arose**, *pp* **-n**) [ə'raɪz, ə'rəuz, ə'rɪzn] *vi* survenir, se présenter; **to ~ from** résulter de; **should the need ~** en cas de besoin
aristocracy [ærɪs'tɔkrəsɪ] *n* aristocratie *f*
aristocrat ['ærɪstəkræt] *n* aristocrate *m/f*
aristocratic [ærɪstə'krætɪk] *adj* aristocratique
arithmetic [ə'rɪθmətɪk] *n* arithmétique *f*
arithmetical [ærɪθ'mɛtɪkl] *adj* arithmétique
Ariz. *abbr* (*US*) = **Arizona**
ark [ɑːk] *n*: **Noah's A~** l'Arche *f* de Noé
Ark. *abbr* (*US*) = **Arkansas**

arm [ɑːm] *n* bras *m* ▷ *vt* armer; **arms** *npl* (*weapons, Heraldry*) armes *fpl*; **~ in ~** bras dessus bras dessous
armaments ['ɑːməmənts] *npl* (*weapons*) armement *m*
armband ['ɑːmbænd] *n* brassard *m*
armchair ['ɑːmtʃɛəʳ] *n* fauteuil *m*
armed [ɑːmd] *adj* armé(e)
armed forces *npl*: **the ~** les forces armées
armed robbery *n* vol *m* à main armée
Armenia [ɑː'miːnɪə] *n* Arménie *f*
Armenian [ɑː'miːnɪən] *adj* arménien(ne) ▷ *n* Arménien(ne); (*Ling*) arménien *m*
armful ['ɑːmful] *n* brassée *f*
armistice ['ɑːmɪstɪs] *n* armistice *m*
armour, (*US*) **armor** ['ɑːməʳ] *n* armure *f*; (*also*: **armour-plating**) blindage *m*; (*Mil: tanks*) blindés *mpl*
armoured car, (*US*) **armored car** ['ɑːməd-] *n* véhicule blindé
armoury, (*US*) **armory** ['ɑːmərɪ] *n* arsenal *m*
armpit ['ɑːmpɪt] *n* aisselle *f*
armrest ['ɑːmrɛst] *n* accoudoir *m*
arms control *n* contrôle *m* des armements
arms race *n* course *f* aux armements
army ['ɑːmɪ] *n* armée *f*
A road *n* (*Brit*) ≈ route nationale
aroma [ə'rəumə] *n* arôme *m*
aromatherapy [ərəumə'θɛrəpɪ] *n* aromathérapie *f*
aromatic [ærə'mætɪk] *adj* aromatique
arose [ə'rəuz] *pt of* **arise**
around [ə'raund] *adv* (tout) autour; (*nearby*) dans les parages ▷ *prep* autour de; (*near*) près de; (*fig: about*) environ; (*: date, time*) vers; **is he ~?** est-il dans les parages *or* là?
arousal [ə'rauzəl] *n* (*sexual*) excitation sexuelle, éveil *m*
arouse [ə'rauz] *vt* (*sleeper*) éveiller; (*curiosity, passions*) éveiller, susciter; (*anger*) exciter
arrange [ə'reɪndʒ] *vt* arranger; (*programme*) arrêter, convenir de ▷ *vi*: **we have ~d for a car to pick you up** nous avons prévu qu'une voiture vienne vous prendre; **it was ~d that ...** il a été convenu que ..., il a été décidé que ...; **to ~ to do sth** prévoir de faire qch
arrangement [ə'reɪndʒmənt] *n* arrangement *m*; **to come to an ~ (with sb)** se mettre d'accord (avec qn); **home deliveries by ~** livraison à domicile sur demande; **arrangements** *npl* (*plans etc*) arrangements *mpl*, dispositions *fpl*; **I'll make ~s for you to be met** je vous enverrai chercher
arrant ['ærənt] *adj*: **he's talking ~ nonsense** il raconte vraiment n'importe quoi
array [ə'reɪ] *n* (*of objects*) déploiement *m*, étalage *m*; (*Math, Comput*) tableau *m*
arrears [ə'rɪəz] *npl* arriéré *m*; **to be in ~ with one's rent** devoir un arriéré de loyer, être en retard pour le paiement de son loyer
arrest [ə'rɛst] *vt* arrêter; (*sb's attention*) retenir, attirer ▷ *n* arrestation *f*; **under ~** en état d'arrestation
arresting [ə'rɛstɪŋ] *adj* (*fig: beauty*) saisissant(e); (*: charm, candour*) désarmant(e)
arrival [ə'raɪvl] *n* arrivée *f*; (*Comm*) arrivage *m*; (*person*) arrivant(e); **new ~** nouveau venu/nouvelle venue; (*baby*) nouveau-né(e)
arrive [ə'raɪv] *vi* arriver
▸ **arrive at** *vt fus* (*decision, solution*) parvenir à
arrogance ['ærəgəns] *n* arrogance *f*
arrogant ['ærəgənt] *adj* arrogant(e)
arrow ['ærəu] *n* flèche *f*
arse [ɑːs] *n* (*Brit inf!*) cul *m* (*!*)
arsenal ['ɑːsɪnl] *n* arsenal *m*
arsenic ['ɑːsnɪk] *n* arsenic *m*
arson ['ɑːsn] *n* incendie criminel
art [ɑːt] *n* art *m*; (*craft*) métier *m*; **work of ~** œuvre *f* d'art; **Arts** *npl* (*Scol*) les lettres *fpl*
art college *n* école *f* des beaux-arts
artefact ['ɑːtɪfækt] *n* objet fabriqué
arterial [ɑː'tɪərɪəl] *adj* (*Anat*) artériel(le); (*road etc*) à grande circulation
artery ['ɑːtərɪ] *n* artère *f*
artful ['ɑːtful] *adj* rusé(e)
art gallery *n* musée *m* d'art; (*saleroom*) galerie *f* de peinture
arthritis [ɑː'θraɪtɪs] *n* arthrite *f*
artichoke ['ɑːtɪtʃəuk] *n* artichaut *m*; **Jerusalem ~** topinambour *m*
article ['ɑːtɪkl] *n* article *m*; (*Brit Law: training*): **articles** *npl* ≈ stage *m*; **~s of clothing** vêtements *mpl*
articles of association *npl* (*Comm*) statuts *mpl* d'une société
articulate [*adj* ɑː'tɪkjulɪt, *vb* ɑː'tɪkjuleɪt] *adj* (*person*) qui s'exprime clairement et aisément; (*speech*) bien articulé(e), prononcé(e) clairement ▷ *vi* articuler, parler distinctement ▷ *vt* articuler
articulated lorry [ɑː'tɪkjuleɪtɪd-] *n* (*Brit*) (camion *m*) semi-remorque *m*
artifact ['ɑːtɪfækt] *n* (*US*) objet fabriqué
artifice ['ɑːtɪfɪs] *n* ruse *f*
artificial [ɑːtɪ'fɪʃəl] *adj* artificiel(le)
artificial insemination [-ɪnsɛmɪ'neɪʃən] *n* insémination artificielle
artificial intelligence *n* intelligence artificielle
artificial respiration *n* respiration artificielle
artillery [ɑː'tɪlərɪ] *n* artillerie *f*
artisan ['ɑːtɪzæn] *n* artisan(e)
artist ['ɑːtɪst] *n* artiste *m/f*
artistic [ɑː'tɪstɪk] *adj* artistique
artistry ['ɑːtɪstrɪ] *n* art *m*, talent *m*
artless ['ɑːtlɪs] *adj* naïf (naïve), simple, ingénu(e)
arts [ɑːts] *npl* (*Scol*) lettres *fpl*
art school *n* ≈ école *f* des beaux-arts
artwork ['ɑːtwəːk] *n* maquette *f* (*prête pour la photogravure*)
ARV *n abbr* (*= American Revised Version*) *traduction américaine de la Bible*
AS *n abbr* (*US Scol: = Associate in/of Science*) *diplôme*

universitaire ▷ *abbr* (US) = **American Samoa**

 KEYWORD

as [æz] *conj* **1** (*time: moment*) comme, alors que; à mesure que; (: *duration*) tandis que; **he came in as I was leaving** il est arrivé comme je partais; **as the years went by** à mesure que les années passaient; **as from tomorrow** à partir de demain
2 (*since, because*) comme, puisque; **he left early as he had to be home by 10** comme il *or* puisqu'il devait être de retour avant 10h, il est parti de bonne heure
3 (*referring to manner, way*) comme; **do as you wish** faites comme vous voudrez; **as she said** comme elle disait
▷ *adv* **1** (*in comparisons*): **as big as** aussi grand que; **twice as big as** deux fois plus grand que; **big as it is** si grand que ce soit; **much as I like them, I ...** je les aime bien, mais je ...; **as much** *or* **many as** autant que; **as much money/many books as** autant d'argent/de livres que; **as soon as** dès que
2 (*concerning*): **as for** *or* **to that** quant à cela, pour ce qui est de cela
3: **as if** *or* **though** comme si; **he looked as if he was ill** il avait l'air d'être malade; *see also* **long**; **such**; **well**
▷ *prep* (*in the capacity of*) en tant que, en qualité de; **he works as a driver** il travaille comme chauffeur; **as chairman of the company, he ...** en tant que président de la société, il ...; **dressed up as a cowboy** déguisé en cowboy; **he gave me it as a present** il me l'a offert, il m'en a fait cadeau

ASA *n abbr* (= *American Standards Association*) *association de normalisation*
a.s.a.p. *abbr* = **as soon as possible**
asbestos [æz'bɛstəs] *n* asbeste *m*, amiante *m*
ascend [ə'sɛnd] *vt* gravir
ascendancy [ə'sɛndənsɪ] *n* ascendant *m*
ascendant [ə'sɛndənt] *n*: **to be in the ~** monter
ascension [ə'sɛnʃən] *n*: **the A~** (*Rel*) l'Ascension *f*
Ascension Island *n* île *f* de l'Ascension
ascent [ə'sɛnt] *n* (*climb*) ascension *f*
ascertain [æsə'teɪn] *vt* s'assurer de, vérifier; établir
ascetic [ə'sɛtɪk] *adj* ascétique
asceticism [ə'sɛtɪsɪzəm] *n* ascétisme *m*
ASCII ['æski:] *n abbr* (= *American Standard Code for Information Interchange*) ASCII
ascribe [ə'skraɪb] *vt*: **to ~ sth to** attribuer qch à; (*blame*) imputer qch à
ASCU *n abbr* (US) = **Association of State Colleges and Universities**
ASE *n abbr* = **American Stock Exchange**
ASH [æʃ] *n abbr* (*Brit*: = *Action on Smoking and Health*) *ligue anti-tabac*
ash [æʃ] *n* (*dust*) cendre *f*; (*also*: **ash tree**) frêne *m*
ashamed [ə'ʃeɪmd] *adj* honteux(-euse), confus(e); **to be ~ of** avoir honte de; **to be ~ (of o.s.) for having done** avoir honte d'avoir fait
ashen ['æʃən] *adj* (*pale*) cendreux(-euse), blême
ashore [ə'ʃɔːʳ] *adv* à terre; **to go ~** aller à terre, débarquer
ashtray ['æʃtreɪ] *n* cendrier *m*
Ash Wednesday *n* mercredi *m* des Cendres
Asia ['eɪʃə] *n* Asie *f*
Asia Minor *n* Asie Mineure
Asian ['eɪʃən] *n* (*from Asia*) Asiatique *m/f*; (*Brit*: *from Indian subcontinent*) Indo-Pakistanais(-e) ▷ *adj* asiatique; indo-pakistanais(-e)
Asiatic [eɪsɪ'ætɪk] *adj* asiatique
aside [ə'saɪd] *adv* de côté; à l'écart ▷ *n* aparté *m*; **~ from** *prep* à part, excepté
ask [ɑːsk] *vt* demander; (*invite*) inviter; **to ~ sb sth/to do sth** demander à qn qch/de faire qch; **to ~ sb the time** demander l'heure à qn; **to ~ sb about sth** questionner qn au sujet de qch; se renseigner auprès de qn au sujet de qch; **to ~ about the price** s'informer du prix, se renseigner au sujet du prix; **to ~ (sb) a question** poser une question (à qn); **to ~ sb out to dinner** inviter qn au restaurant
▸ **ask after** *vt fus* demander des nouvelles de
▸ **ask for** *vt fus* demander; **it's just ~ing for trouble** *or* **for it** ce serait chercher des ennuis
askance [ə'skɑːns] *adv*: **to look ~ at sb** regarder qn de travers *or* d'un œil désapprobateur
askew [ə'skjuː] *adv* de travers, de guingois
asking price ['ɑːskɪŋ-] *n* prix demandé
asleep [ə'sliːp] *adj* endormi(e); **to be ~** dormir, être endormi; **to fall ~** s'endormir
ASLEF ['æzlɛf] *n abbr* (*Brit*: = *Associated Society of Locomotive Engineers and Firemen*) *syndicat de cheminots*
AS level *n abbr* (= *Advanced Subsidiary level*) *première partie de l'examen équivalent au baccalauréat*
asp [æsp] *n* aspic *m*
asparagus [əs'pærəgəs] *n* asperges *fpl*
asparagus tips *npl* pointes *fpl* d'asperges
ASPCA *n abbr* (= *American Society for the Prevention of Cruelty to Animals*) ≈ SPA *f*
aspect ['æspɛkt] *n* aspect *m*; (*direction in which a building etc faces*) orientation *f*, exposition *f*
aspersions [əs'pəːʃənz] *npl*: **to cast ~ on** dénigrer
asphalt ['æsfælt] *n* asphalte *m*
asphyxiate [æs'fɪksɪeɪt] *vt* asphyxier
asphyxiation [æsfɪksɪ'eɪʃən] *n* asphyxie *f*
aspiration [æspə'reɪʃən] *n* aspiration *f*
aspire [əs'paɪəʳ] *vi*: **to ~ to** aspirer à
aspirin ['æsprɪn] *n* aspirine *f*
aspiring [əs'paɪərɪŋ] *adj* (*artist, writer*) en herbe; (*manager*) potentiel(le)
ass [æs] *n* âne *m*; (*inf*) imbécile *m/f*; (*US inf!*) cul *m* (!)
assail [ə'seɪl] *vt* assaillir
assailant [ə'seɪlənt] *n* agresseur *m*; assaillant *m*
assassin [ə'sæsɪn] *n* assassin *m*
assassinate [ə'sæsɪneɪt] *vt* assassiner

assassination [əsæsɪ'neɪʃən] *n* assassinat *m*
assault [ə'sɔːlt] *n* (*Mil*) assaut *m*; (*gen: attack*) agression *f*; (*Law*): **~ (and battery)** voies *fpl* de fait, coups *mpl* et blessures *fpl* ▷ *vt* attaquer; (*sexually*) violenter
assemble [ə'sɛmbl] *vt* assembler ▷ *vi* s'assembler, se rassembler
assembly [ə'sɛmblɪ] *n* (*meeting*) rassemblement *m*; (*parliament*) assemblée *f*; (*construction*) assemblage *m*
assembly language *n* (*Comput*) langage *m* d'assemblage
assembly line *n* chaîne *f* de montage
assent [ə'sɛnt] *n* assentiment *m*, consentement *m* ▷ *vi*: **to ~ (to sth)** donner son assentiment (à qch), consentir (à qch)
assert [ə'səːt] *vt* affirmer, déclarer; établir; (*authority*) faire valoir; (*innocence*) protester de; **to ~ o.s.** s'imposer
assertion [ə'səːʃən] *n* assertion *f*, affirmation *f*
assertive [ə'səːtɪv] *adj* assuré(e); péremptoire
assess [ə'sɛs] *vt* évaluer, estimer; (*tax, damages*) établir *or* fixer le montant de; (*property etc: for tax*) calculer la valeur imposable de; (*person*) juger la valeur de
assessment [ə'sɛsmənt] *n* évaluation *f*, estimation *f*; (*of tax*) fixation *f*; (*of property*) calcul *m* de la valeur imposable; (*judgment*): **~ (of)** jugement *m or* opinion *f* (sur)
assessor [ə'sɛsə^r] *n* expert *m* (*en matière d'impôt et d'assurance*)
asset ['æsɛt] *n* avantage *m*, atout *m*; (*person*) atout; **assets** *npl* (*Comm*) capital *m*; avoir(s) *m(pl)*; actif *m*
asset-stripping ['æsɛt'strɪpɪŋ] *n* (*Comm*) récupération *f* (et démantèlement *m*) d'une entreprise en difficulté
assiduous [ə'sɪdjuəs] *adj* assidu(e)
assign [ə'saɪn] *vt* (*date*) fixer, arrêter; **to ~ sth to** (*task*) assigner qch à; (*resources*) affecter qch à; (*cause, meaning*) attribuer qch à
assignment [ə'saɪnmənt] *n* (*task*) mission *f*; (*homework*) devoir *m*
assimilate [ə'sɪmɪleɪt] *vt* assimiler
assimilation [əsɪmɪ'leɪʃən] *n* assimilation *f*
assist [ə'sɪst] *vt* aider, assister; (*injured person etc*) secourir
assistance [ə'sɪstəns] *n* aide *f*, assistance *f*; secours *mpl*
assistant [ə'sɪstənt] *n* assistant(e), adjoint(e); (*Brit: also*: **shop assistant**) vendeur(-euse)
assistant manager *n* sous-directeur *m*
assizes [ə'saɪzɪz] *npl* assises *fpl*
associate [*adj, n* ə'səuʃɪɪt, *vb* ə'səuʃɪeɪt] *adj, n* associé(e) ▷ *vt* associer ▷ *vi*: **to ~ with sb** fréquenter qn; **~ director** directeur adjoint; **~d company** société affiliée
association [əsəusɪ'eɪʃən] *n* association *f*; **in ~ with** en collaboration avec
association football *n* (*Brit*) football *m*
assorted [ə'sɔːtɪd] *adj* assorti(e); **in ~ sizes** en plusieurs tailles
assortment [ə'sɔːtmənt] *n* assortiment *m*; (*of people*) mélange *m*
Asst. *abbr* = **assistant**
assuage [ə'sweɪdʒ] *vt* (*grief, pain*) soulager; (*thirst, appetite*) assouvir
assume [ə'sjuːm] *vt* supposer; (*responsibilities etc*) assumer; (*attitude, name*) prendre, adopter
assumed name [ə'sjuːmd-] *n* nom *m* d'emprunt
assumption [ə'sʌmpʃən] *n* supposition *f*, hypothèse *f*; (*of power*) assomption *f*, prise *f*; **on the ~ that** dans l'hypothèse où; (*on condition that*) à condition que
assurance [ə'ʃuərəns] *n* assurance *f*; **I can give you no ~s** je ne peux rien vous garantir
assure [ə'ʃuə^r] *vt* assurer
assured [ə'ʃuəd] *adj* assuré(e)
AST *abbr* (*US: = Atlantic Standard Time*) *heure d'hiver de New York*
asterisk ['æstərɪsk] *n* astérisque *m*
astern [ə'stəːn] *adv* à l'arrière
asteroid ['æstərɔɪd] *n* astéroïde *m*
asthma ['æsmə] *n* asthme *m*
asthmatic [æs'mætɪk] *adj, n* asthmatique *m/f*
astigmatism [ə'stɪgmətɪzəm] *n* astigmatisme *m*
astir [ə'stəː^r] *adv* en émoi
astonish [ə'stɔnɪʃ] *vt* étonner, stupéfier
astonished [ə'stɔnɪʃd] *adj* étonné(e); **to be ~ at** être étonné(e) de
astonishing [ə'stɔnɪʃɪŋ] *adj* étonnant(e), stupéfiant(e); **I find it ~ that ...** je trouve incroyable que ... + *sub*
astonishingly [ə'stɔnɪʃɪŋlɪ] *adv* incroyablement
astonishment [ə'stɔnɪʃmənt] *n* (grand) étonnement, stupéfaction *f*
astound [ə'staund] *vt* stupéfier, sidérer
astray [ə'streɪ] *adv*: **to go ~** s'égarer; (*fig*) quitter le droit chemin; **to lead ~** (*morally*) détourner du droit chemin; **to go ~ in one's calculations** faire fausse route dans ses calculs
astride [ə'straɪd] *adv* à cheval ▷ *prep* à cheval sur
astringent [əs'trɪndʒənt] *adj* astringent(e) ▷ *n* astringent *m*
astrologer [əs'trɔlədʒə^r] *n* astrologue *m*
astrology [əs'trɔlədʒɪ] *n* astrologie *f*
astronaut ['æstrənɔːt] *n* astronaute *m/f*
astronomer [əs'trɔnəmə^r] *n* astronome *m*
astronomical [æstrə'nɔmɪkl] *adj* astronomique
astronomy [əs'trɔnəmɪ] *n* astronomie *f*
astrophysics ['æstrəu'fɪzɪks] *n* astrophysique *f*
astute [əs'tjuːt] *adj* astucieux(-euse), malin(-igne)
asunder [ə'sʌndə^r] *adv*: **to tear ~** déchirer
ASV *n abbr* (*= American Standard Version*) *traduction de la Bible*
asylum [ə'saɪləm] *n* asile *m*; **to seek political ~** demander l'asile politique
asylum seeker [-siːkə^r] *n* demandeur(-euse) d'asile
asymmetric [eɪsɪ'mɛtrɪk], **asymmetrical**

a

[eɪsɪ'mɛtrɪkl] *adj* asymétrique

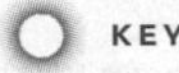 KEYWORD

at [æt] *prep* **1** (*referring to position, direction*) à; **at the top** au sommet; **at home/school** à la maison *or* chez soi/à l'école; **at the baker's** à la boulangerie, chez le boulanger; **to look at sth** regarder qch
2 (*referring to time*): **at 4 o'clock** à 4 heures; **at Christmas** à Noël; **at night** la nuit; **at times** par moments, parfois
3 (*referring to rates, speed etc*) à; **at £1 a kilo** une livre le kilo; **two at a time** deux à la fois; **at 50 km/h** à 50 km/h; **at full speed** à toute vitesse
4 (*referring to manner*): **at a stroke** d'un seul coup; **at peace** en paix
5 (*referring to activity*): **to be at work** (*in the office etc*) être au travail; (*working*) travailler; **to play at cowboys** jouer aux cowboys; **to be good at sth** être bon en qch
6 (*referring to cause*): **shocked/surprised/annoyed at sth** choqué par/étonné de/agacé par qch; **I went at his suggestion** j'y suis allé sur son conseil
7 (*@ symbol*) arobase *f*

ate [eɪt] *pt of* **eat**
atheism ['eɪθɪɪzəm] *n* athéisme *m*
atheist ['eɪθɪɪst] *n* athée *m/f*
Athenian [ə'θiːnɪən] *adj* athénien(ne) ▷ *n* Athénien(ne)
Athens ['æθɪnz] *n* Athènes
athlete ['æθliːt] *n* athlète *m/f*
athletic [æθ'lɛtɪk] *adj* athlétique
athletics [æθ'lɛtɪks] *n* athlétisme *m*
Atlantic [ət'læntɪk] *adj* atlantique ▷ *n*: **the ~ (Ocean)** l'(océan *m*) Atlantique *m*
atlas ['ætləs] *n* atlas *m*
Atlas Mountains *npl*: **the ~** les monts *mpl* de l'Atlas, l'Atlas *m*
A.T.M. *n abbr* (= *Automated Telling Machine*) guichet *m* automatique
atmosphere ['ætməsfɪə^r] *n* (*air*) atmosphère *f*; (*fig: of place etc*) atmosphère, ambiance *f*
atmospheric [ætməs'fɛrɪk] *adj* atmosphérique
atmospherics [ætməs'fɛrɪks] *n* (*Radio*) parasites *mpl*
atoll ['ætɔl] *n* atoll *m*
atom ['ætəm] *n* atome *m*
atom bomb *n* bombe *f* atomique
atomic [ə'tɔmɪk] *adj* atomique
atomic bomb *n* bombe *f* atomique
atomizer ['ætəmaɪzə^r] *n* atomiseur *m*
atone [ə'təun] *vi*: **to ~ for** expier, racheter
atonement [ə'təunmənt] *n* expiation *f*
ATP *n abbr* (= *Association of Tennis Professionals*) ATP *f* (= *Association des tennismen professionnels*)
atrocious [ə'trəuʃəs] *adj* (*very bad*) atroce, exécrable
atrocity [ə'trɔsɪtɪ] *n* atrocité *f*
atrophy ['ætrəfɪ] *n* atrophie *f* ▷ *vt* atrophier ▷ *vi* s'atrophier
attach [ə'tætʃ] *vt* (*gen*) attacher; (*document, letter, to email*) joindre; (*employee, troops*) affecter; **to be ~ed to sb/sth** (*to like*) être attaché à qn/qch; **the ~ed letter** la lettre ci-jointe
attaché [ə'tæʃeɪ] *n* attaché *m*
attaché case *n* mallette *f*, attaché-case *m*
attachment [ə'tætʃmənt] *n* (*tool*) accessoire *m*; (*Comput*) fichier *m* joint; (*love*): **~ (to)** affection *f* (pour), attachement *m* (à)
attack [ə'tæk] *vt* attaquer; (*task etc*) s'attaquer à ▷ *n* attaque *f*; **heart ~** crise *f* cardiaque
attacker [ə'tækə^r] *n* attaquant *m*; agresseur *m*
attain [ə'teɪn] *vt* (*also*: **to attain to**) parvenir à, atteindre; (*knowledge*) acquérir
attainments [ə'teɪnmənts] *npl* connaissances *fpl*, résultats *mpl*
attempt [ə'tɛmpt] *n* tentative *f* ▷ *vt* essayer, tenter; **~ed theft** *etc* (*Law*) tentative de vol *etc*; **to make an ~ on sb's life** attenter à la vie de qn; **he made no ~ to help** il n'a rien fait pour m'aider *or* l'aider *etc*
attempted [ə'tɛmptɪd] *adj*: **~ murder/suicide** tentative *f* de meurtre/suicide
attend [ə'tɛnd] *vt* (*course*) suivre; (*meeting, talk*) assister à; (*school, church*) aller à, fréquenter; (*patient*) soigner, s'occuper de; **to ~ (up)on** servir; être au service de
▸ **attend to** *vt fus* (*needs, affairs etc*) s'occuper de; (*customer*) s'occuper de, servir
attendance [ə'tɛndəns] *n* (*being present*) présence *f*; (*people present*) assistance *f*
attendant [ə'tɛndənt] *n* employé(e); gardien(ne) ▷ *adj* concomitant(e), qui accompagne *or* s'ensuit
attention [ə'tɛnʃən] *n* attention *f*; **attentions** attentions *fpl*, prévenances *fpl* ▷ *excl* (*Mil*) garde-à-vous!; **at ~** (*Mil*) au garde-à-vous; **for the ~ of** (*Admin*) à l'attention de; **it has come to my ~ that ...** je constate que ...
attentive [ə'tɛntɪv] *adj* attentif(-ive); (*kind*) prévenant(e)
attentively [ə'tɛntɪvlɪ] *adv* attentivement, avec attention
attenuate [ə'tɛnjueɪt] *vt* atténuer ▷ *vi* s'atténuer
attest [ə'tɛst] *vi*: **to ~ to** témoigner de attester (de)
attic ['ætɪk] *n* grenier *m*, combles *mpl*
attire [ə'taɪə^r] *n* habit *m*, atours *mpl*
attitude ['ætɪtjuːd] *n* (*behaviour*) attitude *f*, manière *f*; (*posture*) pose *f*, attitude; (*view*): **~ (to)** attitude (envers)
attorney [ə'təːnɪ] *n* (*US: lawyer*) avocat *m*; (*having proxy*) mandataire *m*; **power of ~** procuration *f*
Attorney General *n* (*Brit*) ≈ procureur général; (*US*) ≈ garde *m* des Sceaux, ministre *m* de la Justice
attract [ə'trækt] *vt* attirer
attraction [ə'trækʃən] *n* (*gen pl: pleasant things*) attraction *f*, attrait *m*; (*Physics*) attraction; (*fig: towards sb, sth*) attirance *f*

attractive [ə'træktɪv] *adj* séduisant(e), attrayant(e)
attribute ['ætrɪbjuːt] *n* attribut *m* ▷ *vt* [ə'trɪbjuːt]: **to ~ sth to** attribuer qch à
attrition [ə'trɪʃən] *n*: **war of ~** guerre *f* d'usure
Atty. Gen. *abbr* = **Attorney General**
ATV *n abbr* (= *all terrain vehicle*) véhicule *m* tout-terrain
atypical [eɪ'tɪpɪkl] *adj* atypique
aubergine ['əubəʒiːn] *n* aubergine *f*
auburn ['ɔːbən] *adj* auburn *inv*, châtain roux *inv*
auction ['ɔːkʃən] *n* (*also*: **sale by auction**) vente *f* aux enchères ▷ *vt* (*also*: **to sell by auction**) vendre aux enchères; (*also*: **to put up for auction**) mettre aux enchères
auctioneer [ɔːkʃə'nɪə^r^] *n* commissaire-priseur *m*
auction room *n* salle *f* des ventes
audacious [ɔː'deɪʃəs] *adj* impudent(e); audacieux(-euse), intrépide
audacity [ɔː'dæsɪtɪ] *n* impudence *f*; audace *f*
audible ['ɔːdɪbl] *adj* audible
audience ['ɔːdɪəns] *n* (*people*) assistance *f*, public *m*; (*on radio*) auditeurs *mpl*; (*at theatre*) spectateurs *mpl*; (*interview*) audience *f*
audiovisual [ɔːdɪəu'vɪzjuəl] *adj* audio-visuel(le); **~ aids** supports *or* moyens audiovisuels
audit ['ɔːdɪt] *n* vérification *f* des comptes, apurement *m* ▷ *vt* vérifier, apurer
audition [ɔː'dɪʃən] *n* audition *f* ▷ *vi* auditionner
auditor ['ɔːdɪtə^r^] *n* vérificateur *m* des comptes
auditorium [ɔːdɪ'tɔːrɪəm] *n* auditorium *m*, salle *f* de concert *or* de spectacle
Aug. *abbr* = **August**
augment [ɔːg'mɛnt] *vt*, *vi* augmenter
augur ['ɔːgə^r^] *vt* (*be a sign of*) présager, annoncer ▷ *vi*: **it ~s well** c'est bon signe *or* de bon augure, cela s'annonce bien
August ['ɔːgəst] *n* août *m*; *for phrases see also* **July**
august [ɔː'gʌst] *adj* majestueux(-euse), imposant(e)
aunt [ɑːnt] *n* tante *f*
auntie, aunty ['ɑːntɪ] *n diminutive of* **aunt**
au pair ['əu'pɛə^r^] *n* (*also*: **au pair girl**) jeune fille *f* au pair
aura ['ɔːrə] *n* atmosphère *f*; (*of person*) aura *f*
auspices ['ɔːspɪsɪz] *npl*: **under the ~ of** sous les auspices de
auspicious [ɔːs'pɪʃəs] *adj* de bon augure, propice
austere [ɔs'tɪə^r^] *adj* austère
austerity [ɔs'tɛrɪtɪ] *n* austérité *f*
Australasia [ɔːstrə'leɪzɪə] *n* Australasie *f*
Australia [ɔs'treɪlɪə] *n* Australie *f*
Australian [ɔs'treɪlɪən] *adj* australien(ne) ▷ *n* Australien(ne)
Austria ['ɔstrɪə] *n* Autriche *f*
Austrian ['ɔstrɪən] *adj* autrichien(ne) ▷ *n* Autrichien(ne)
AUT *n abbr* (*Brit*: = *Association of University Teachers*) *syndicat universitaire*
authentic [ɔː'θɛntɪk] *adj* authentique
authenticate [ɔː'θɛntɪkeɪt] *vt* établir l'authenticité de
authenticity [ɔːθɛn'tɪsɪtɪ] *n* authenticité *f*
author ['ɔːθə^r^] *n* auteur *m*
authoritarian [ɔːθɔrɪ'tɛərɪən] *adj* autoritaire
authoritative [ɔː'θɔrɪtətɪv] *adj* (*account*) digne de foi; (*study, treatise*) qui fait autorité; (*manner*) autoritaire
authority [ɔː'θɔrɪtɪ] *n* autorité *f*; (*permission*) autorisation (formelle); **the authorities** les autorités *fpl*, l'administration *f*; **to have ~ to do sth** être habilité à faire qch
authorization [ɔːθəraɪ'zeɪʃən] *n* autorisation *f*
authorize ['ɔːθəraɪz] *vt* autoriser
authorized capital ['ɔːθəraɪzd-] *n* (*Comm*) capital social
authorship ['ɔːθəʃɪp] *n* paternité *f* (*littéraire etc*)
autistic [ɔː'tɪstɪk] *adj* autistique
auto ['ɔːtəu] *n* (*US*) auto *f*, voiture *f*
autobiography [ɔːtəbaɪ'ɔgrəfɪ] *n* autobiographie *f*
autocratic [ɔːtə'krætɪk] *adj* autocratique
autograph ['ɔːtəgrɑːf] *n* autographe *m* ▷ *vt* signer, dédicacer
autoimmune [ɔːtəuɪ'mjuːn] *adj* auto-immune
automat ['ɔːtəmæt] *n* (*vending machine*) distributeur *m* (automatique); (*US*: *place*) cafétéria *f* avec distributeurs automatiques
automated ['ɔːtəmeɪtɪd] *adj* automatisé(e)
automatic [ɔːtə'mætɪk] *adj* automatique ▷ *n* (*gun*) automatique *m*; (*washing machine*) lave-linge *m* automatique; (*car*) voiture *f* à transmission automatique
automatically [ɔːtə'mætɪklɪ] *adv* automatiquement
automatic data processing *n* traitement *m* automatique des données
automation [ɔːtə'meɪʃən] *n* automatisation *f*
automaton (*pl* **automata**) [ɔː'tɔmətən, -tə] *n* automate *m*
automobile ['ɔːtəməbiːl] *n* (*US*) automobile *f*
autonomous [ɔː'tɔnəməs] *adj* autonome
autonomy [ɔː'tɔnəmɪ] *n* autonomie *f*
autopsy ['ɔːtɔpsɪ] *n* autopsie *f*
autumn ['ɔːtəm] *n* automne *m*
auxiliary [ɔːg'zɪlɪərɪ] *adj*, *n* auxiliaire (*m/f*)
AV *n abbr* (= *Authorized Version*) *traduction anglaise de la Bible* ▷ *abbr* = **audiovisual**
Av. *abbr* (= *avenue*) Av
avail [ə'veɪl] *vt*: **to ~ o.s. of** user de; profiter de ▷ *n*: **to no ~** sans résultat, en vain, en pure perte
availability [əveɪlə'bɪlɪtɪ] *n* disponibilité *f*
available [ə'veɪləbl] *adj* disponible; **every ~ means** tous les moyens possibles *or* à sa (*or* notre *etc*) disposition; **is the manager ~?** est-ce que le directeur peut (me) recevoir?; (*on phone*) pourrais-je parler au directeur?; **to make sth ~ to sb** mettre qch à la disposition de qn
avalanche ['ævəlɑːnʃ] *n* avalanche *f*
avant-garde ['ævɑ̃ŋ'gɑːd] *adj* d'avant-garde
avaricious [ævə'rɪʃəs] *adj* âpre au gain
avdp. *abbr* = **avoirdupoids**

Ave. *abbr* = **avenue**
avenge [ə'vɛndʒ] *vt* venger
avenue ['ævənjuː] *n* avenue *f*; (*fig*) moyen *m*
average ['ævərɪdʒ] *n* moyenne *f* ▷ *adj* moyen(ne) ▷ *vt* (*a certain figure*) atteindre *or* faire *etc* en moyenne; **on ~** en moyenne; **above/ below (the) ~** au-dessus/en-dessous de la moyenne
▸ **average out** *vi*: **to ~ out at** représenter en moyenne, donner une moyenne de
averse [ə'vəːs] *adj*: **to be ~ to sth/doing** éprouver une forte répugnance envers qch/à faire; **I wouldn't be ~ to a drink** un petit verre ne serait pas de refus, je ne dirais pas non à un petit verre
aversion [ə'vəːʃən] *n* aversion *f*, répugnance *f*
avert [ə'vəːt] *vt* (*danger*) prévenir, écarter; (*one's eyes*) détourner
aviary ['eɪvɪərɪ] *n* volière *f*
aviation [eɪvɪ'eɪʃən] *n* aviation *f*
avid ['ævɪd] *adj* avide
avidly ['ævɪdlɪ] *adv* avidement, avec avidité
avocado [ævə'kɑːdəu] *n* (*Brit*: *also*: **avocado pear**) avocat *m*
avoid [ə'vɔɪd] *vt* éviter
avoidable [ə'vɔɪdəbl] *adj* évitable
avoidance [ə'vɔɪdəns] *n* *le fait d'éviter*
avowed [ə'vaud] *adj* déclaré(e)
AVP *n abbr* (*US*) = **assistant vice-president**
AWACS ['eɪwæks] *n abbr* (= *airborne warning and control system*) AWACS (*système aéroporté d'alerte et de contrôle*)
await [ə'weɪt] *vt* attendre; **~ing attention/ delivery** (*Comm*) en souffrance; **long ~ed** tant attendu(e)
awake [ə'weɪk] (*pt* **awoke**) [ə'wəuk] (*pp* **awoken**) [ə'wəukən] *adj* éveillé(e); (*fig*) en éveil ▷ *vt* éveiller ▷ *vi* s'éveiller; **~ to** conscient de; **to be ~** être réveillé(e); **he was still ~** il ne dormait pas encore
awakening [ə'weɪknɪŋ] *n* réveil *m*
award [ə'wɔːd] *n* (*for bravery*) récompense *f*; (*prize*) prix *m*; (*Law*: *damages*) dommages-intérêts *mpl* ▷ *vt* (*prize*) décerner; (*Law*: *damages*) accorder
aware [ə'wɛə[r]] *adj*: **~ of** (*conscious*) conscient(e) de; (*informed*) au courant de; **to become ~ of/ that** prendre conscience de/que; se rendre compte de/que; **politically/socially ~** sensibilisé(e) aux *or* ayant pris conscience des problèmes politiques/sociaux; **I am fully ~ that** je me rends parfaitement compte que
awareness [ə'wɛənɪs] *n* conscience *f*, connaissance *f*; **to develop people's ~ (of)** sensibiliser le public (à)
awash [ə'wɔʃ] *adj* recouvert(e) (d'eau); **~ with** inondé(e) de
away [ə'weɪ] *adv* (au) loin; (*movement*): **she went ~** elle est partie ▷ *adj* (*not in, not here*) absent(e); **far ~** (au) loin; **two kilometres ~** à (une distance de) deux kilomètres, à deux kilomètres de distance; **two hours ~ by car** à deux heures de voiture *or* de route; **the holiday was two weeks ~** il restait deux semaines jusqu'aux vacances; **~ from** loin de; **he's ~ for a week** il est parti (pour) une semaine; **he's ~ in Milan** il est (parti) à Milan; **to take sth ~ from sb** prendre qch à qn; **to take sth ~ from sth** (*subtract*) ôter qch de qch; **to work/pedal ~** travailler/pédaler à cœur joie; **to fade ~** (*colour*) s'estomper; (*sound*) s'affaiblir
away game *n* (*Sport*) match *m* à l'extérieur
awe [ɔː] *n* respect mêlé de crainte, effroi mêlé d'admiration
awe-inspiring ['ɔːɪnspaɪərɪŋ], **awesome** ['ɔːsəm] *adj* impressionnant(e)
awesome ['ɔːsəm] (*US*) *adj* (*inf*: *excellent*) génial(e)
awestruck ['ɔːstrʌk] *adj* frappé(e) d'effroi
awful ['ɔːfəl] *adj* affreux(-euse); **an ~ lot of** énormément de
awfully ['ɔːfəlɪ] *adv* (*very*) terriblement, vraiment
awhile [ə'waɪl] *adv* un moment, quelque temps
awkward ['ɔːkwəd] *adj* (*clumsy*) gauche, maladroit(e); (*inconvenient*) peu pratique; (*embarrassing*) gênant; **I can't talk just now, it's a bit ~** je ne peux pas parler tout de suite, c'est un peu difficile
awkwardness ['ɔːkwədnɪs] *n* (*embarrassment*) gêne *f*
awl [ɔːl] *n* alêne *f*
awning ['ɔːnɪŋ] *n* (*of tent*) auvent *m*; (*of shop*) store *m*; (*of hotel etc*) marquise *f* (de toile)
awoke [ə'wəuk] *pt of* **awake**
awoken [ə'wəukən] *pp of* **awake**
AWOL ['eɪwɔl] *abbr* (*Mil*) = **absent without leave**
awry [ə'raɪ] *adv, adj* de travers; **to go ~** mal tourner
axe, (*US*) **ax** [æks] *n* hache *f* ▷ *vt* (*employee*) renvoyer; (*project etc*) abandonner; (*jobs*) supprimer; **to have an ~ to grind** (*fig*) prêcher pour son saint
axes ['æksiːz] *npl of* **axis**
axiom ['æksɪəm] *n* axiome *m*
axiomatic [æksɪəu'mætɪk] *adj* axiomatique
axis (*pl* **axes**) ['æksɪs, -siːz] *n* axe *m*
axle ['æksl] *n* (*also*: **axle-tree**) essieu *m*
ay, aye [aɪ] *excl* (*yes*) oui ▷ *n*: **the ay(e)s** les oui
AYH *n abbr* = **American Youth Hostels**
AZ *abbr* (*US*) = **Arizona**
azalea [ə'zeɪlɪə] *n* azalée *f*
Azerbaijan [æzəbaɪ'dʒɑːn] *n* Azerbaïdjan *m*
Azerbaijani, Azeri [æzəbaɪ'dʒɑːnɪ, ə'zɛərɪ] *adj* azerbaïdjanais(e) ▷ *n* Azerbaïdjanais(e)
Azores [ə'zɔːz] *npl*: **the ~** les Açores *fpl*
AZT *n abbr* (= *azidothymidine*) AZT *f*
Aztec ['æztɛk] *adj* aztèque ▷ *n* Aztèque *m/f*
azure ['eɪʒə[r]] *adj* azuré(e)

Bb

B, b [bi:] *n* (*letter*) B, b *m*; (*Scol*: *mark*) B; (*Mus*): **B** si *m*; **B for Benjamin**, (US) **B for Baker** B comme Berthe; **B road** *n* (*Brit Aut*) route départementale
b. *abbr* = **born**
B.A. *abbr* = **British Academy**; (*Scol*) = **Bachelor of Arts**
babble ['bæbl] *vi* babiller ▷ *n* babillage *m*
baboon [bə'bu:n] *n* babouin *m*
baby ['beɪbɪ] *n* bébé *m*
baby carriage *n* (*US*) voiture *f* d'enfant
baby food *n* aliments *mpl* pour bébé(s)
baby grand *n* (*also*: **baby grand piano**) (piano *m*) demi-queue *m*
babyish ['beɪbɪɪʃ] *adj* enfantin(e), de bébé
baby-minder ['beɪbɪmaɪndəʳ] *n* (*Brit*) gardienne *f* (d'enfants)
baby-sit ['beɪbɪsɪt] *vi* garder les enfants
baby-sitter ['beɪbɪsɪtəʳ] *n* baby-sitter *m/f*
baby wipe *n* lingette *f* (*pour bébé*)
bachelor ['bætʃələʳ] *n* célibataire *m*; **B~ of Arts/Science (BA/BSc)** ≈ licencié(e) ès *or* en lettres/sciences; **B~ of Arts/Science degree (BA/BSc)** *n* ≈ licence *f* ès *or* en lettres/sciences; *voir article*

BACHELOR'S DEGREE

Un *Bachelor's degree* est un diplôme accordé après trois ou quatre années d'université. Les *Bachelor's degrees* les plus courants sont le "BA" (Bachelor of Arts), le "BSc" (Bachelor of Science), le "BEd" (Bachelor of Education) et le "LLB" (Bachelor of Laws).

bachelor party *n* (*US*) enterrement *m* de vie de garçon
back [bæk] *n* (*of person, horse*) dos *m*; (*of hand*) dos, revers *m*; (*of house*) derrière *m*; (*of car, train*) arrière *m*; (*of chair*) dossier *m*; (*of page*) verso *m*; (*of crowd*): **can the people at the ~ hear me properly?** est-ce que les gens du fond peuvent m'entendre?; (*Football*) arrière *m*; **to have one's ~ to the wall** (*fig*) être au pied du mur; **to break the ~ of a job** (*Brit*) faire le gros d'un travail; **~ to front** à l'envers ▷ *vt* (*financially*) soutenir (financièrement); (*candidate*: *also*: **back up**) soutenir, appuyer; (*horse*: *at races*) parier *or* miser sur; (*car*) (faire) reculer ▷ *vi* reculer; (*car etc*) faire marche arrière ▷ *adj* (*in compounds*) de derrière, à l'arrière; **~ seat/wheel** (*Aut*) siège *m*/roue *f* arrière *inv*; **~ payments/rent** arriéré *m* de paiements/loyer; **~ garden/room** jardin/pièce sur l'arrière; **to take a ~ seat** (*fig*) se contenter d'un second rôle, être relégué(e) au second plan ▷ *adv* (*not forward*) en arrière; (*returned*): **he's ~** il est rentré, il est de retour; **when will you be ~?** quand seras-tu de retour?; **he ran ~** il est revenu en courant; (*restitution*): **throw the ball ~** renvoie la balle; **can I have it ~?** puis-je le ravoir?, peux-tu me le rendre?; (*again*): **he called ~** il a rappelé
▸ **back down** *vi* rabattre de ses prétentions
▸ **back on to** *vt fus*: **the house ~s on to the golf course** la maison donne derrière sur le terrain de golf
▸ **back out** *vi* (*of promise*) se dédire
▸ **back up** *vt* (*person*) soutenir; (*Comput*) faire une copie de sauvegarde de
backache ['bækeɪk] *n* mal *m* au dos
backbencher [bæk'bɛntʃəʳ] (*Brit*) *n* *membre du parlement sans portefeuille*
back benches *npl* (*Brit*) *voir article*

BACK BENCHES

Le terme *back benches* désigne les bancs les plus éloignés de l'allée centrale de la Chambre des communes. Les députés qui occupent ces bancs sont les "backbenchers" et ils n'ont pas de portefeuille ministériel.

backbiting ['bækbaɪtɪŋ] *n* médisance(s) *f(pl)*
backbone ['bækbəun] *n* colonne vertébrale, épine dorsale; **he's the ~ of the organization** c'est sur lui que repose l'organisation
backchat ['bæktʃæt] *n* (*Brit inf*) impertinences *fpl*
backcloth ['bækklɔθ] *n* (*Brit*) toile *f* de fond
backcomb ['bækkəum] *vt* (*Brit*) crêper
backdate [bæk'deɪt] *vt* (*letter*) antidater; **~d pay rise** augmentation *f* avec effet rétroactif
back door *n* porte *f* de derrière
backdrop ['bækdrɔp] *n* = **backcloth**

backer ['bækəʳ] *n* partisan *m*; (*Comm*) commanditaire *m*
backfire [bæk'faɪəʳ] *vi* (*Aut*) pétarader; (*plans*) mal tourner
backgammon ['bækgæmən] *n* trictrac *m*
background ['bækgraund] *n* arrière-plan *m*; (*of events*) situation *f*, conjoncture *f*; (*basic knowledge*) éléments *mpl* de base; (*experience*) formation *f* ▷ *cpd* (*noise, music*) de fond; ~ **reading** lecture(s) générale(s) (sur un sujet); **family** ~ milieu familial
backhand ['bækhænd] *n* (*Tennis: also:* **backhand stroke**) revers *m*
backhanded ['bæk'hændɪd] *adj* (*fig*) déloyal(e); équivoque
backhander ['bæk'hændəʳ] *n* (*Brit: bribe*) pot-de-vin *m*
backing ['bækɪŋ] *n* (*fig*) soutien *m*, appui *m*; (*Comm*) soutien (financier); (*Mus*) accompagnement *m*
backlash ['bæklæʃ] *n* contre-coup *m*, répercussion *f*
backlog ['bæklɔg] *n*: ~ **of work** travail *m* en retard
back number *n* (*of magazine etc*) vieux numéro
backpack ['bækpæk] *n* sac *m* à dos
backpacker ['bækpækəʳ] *n* randonneur(-euse)
back pain *n* mal *m* de dos
back pay *n* rappel *m* de salaire
backpedal ['bækpɛdl] *vi* (*fig*) faire marche arrière
backseat driver ['bæksi:t-] *n passager qui donne des conseils au conducteur*
backside ['bæksaɪd] *n* (*inf*) derrière *m*, postérieur *m*
backslash ['bækslæʃ] *n* barre oblique inversée
backslide ['bækslaɪd] *vi* retomber dans l'erreur
backspace ['bækspeɪs] *vi* (*in typing*) appuyer sur la touche retour
backstage [bæk'steɪdʒ] *adv* dans les coulisses
back-street ['bækstri:t] *adj* (*abortion*) clandestin(e); ~ **abortionist** avorteur(-euse) (*clandestin*)
backstroke ['bækstrəuk] *n* dos crawlé
backtrack ['bæktræk] *vi* (*fig*) = **backpedal**
backup ['bækʌp] *adj* (*train, plane*) supplémentaire, de réserve; (*Comput*) de sauvegarde ▷ *n* (*support*) appui *m*, soutien *m*; (*Comput: also:* **backup file**) sauvegarde *f*
backward ['bækwəd] *adj* (*movement*) en arrière; (*measure*) rétrograde; (*person, country*) arriéré(e), attardé(e); (*shy*) hésitant(e); ~ **and forward movement** mouvement de va-et-vient
backwards ['bækwədz] *adv* (*move, go*) en arrière; (*read a list*) à l'envers, à rebours; (*fall*) à la renverse; (*walk*) à reculons; (*in time*) en arrière, vers le passé; **to know sth** ~ *or* (*US*) ~ **and forwards** (*inf*) connaître qch sur le bout des doigts
backwater ['bækwɔ:təʳ] *n* (*fig*) coin reculé; bled perdu
backyard [bæk'jɑ:d] *n* arrière-cour *f*
bacon ['beɪkən] *n* bacon *m*, lard *m*
bacteria [bæk'tɪərɪə] *npl* bactéries *fpl*
bacteriology [bæktɪərɪ'ɔlədʒɪ] *n* bactériologie *f*
bad [bæd] *adj* mauvais(e); (*child*) vilain(e); (*mistake, accident*) grave; (*meat, food*) gâté(e), avarié(e); **his ~ leg** sa jambe malade; **to go ~** (*meat, food*) se gâter; (*milk*) tourner; **to have a ~ time of it** traverser une mauvaise passe; **I feel ~ about it** (*guilty*) j'ai un peu mauvaise conscience; ~ **debt** créance douteuse; **in ~ faith** de mauvaise foi
baddie, baddy ['bædɪ] *n* (*inf: Cine etc*) méchant *m*
bade [bæd] *pt of* **bid**
badge [bædʒ] *n* insigne *m*; (*of policeman*) plaque *f*; (*stick-on, sew-on*) badge *m*
badger ['bædʒəʳ] *n* blaireau *m* ▷ *vt* harceler
badly ['bædlɪ] *adv* (*work, dress etc*) mal; **to reflect ~ on sb** donner une mauvaise image de qn; ~ **wounded** grièvement blessé; **he needs it** ~ il en a absolument besoin; **things are going** ~ les choses vont mal; ~ **off** (*adj, adv*) dans la gêne
bad-mannered ['bæd'mænəd] *adj* mal élevé(e)
badminton ['bædmɪntən] *n* badminton *m*
bad-mouth ['bæd'mauθ] *vt* (*US inf*) débiner
bad-tempered ['bæd'tɛmpəd] *adj* (*by nature*) ayant mauvais caractère; (*on one occasion*) de mauvaise humeur
baffle ['bæfl] *vt* (*puzzle*) déconcerter
baffling ['bæflɪŋ] *adj* déroutant(e), déconcertant(e)
bag [bæg] *n* sac *m*; (*of hunter*) gibecière *f*, chasse *f* ▷ *vt* (*inf: take*) empocher; s'approprier; (*Tech*) mettre en sacs; **~s of** (*inf: lots of*) des tas de; **to pack one's ~s** faire ses valises *or* bagages; **~s under the eyes** poches *fpl* sous les yeux
bagful ['bægful] *n* plein sac
baggage ['bægɪdʒ] *n* bagages *mpl*
baggage allowance *n* franchise *f* de bagages
baggage reclaim *n* (*at airport*) livraison *f* des bagages
baggy ['bægɪ] *adj* avachi(e), qui fait des poches
Baghdad [bæg'dæd] *n* Baghdâd, Bagdad
bag lady *n* (*inf*) clocharde *f*
bagpipes ['bægpaɪps] *npl* cornemuse *f*
bag-snatcher ['bægsnætʃəʳ] *n* (*Brit*) voleur *m* à l'arraché
bag-snatching ['bægsnætʃɪŋ] *n* (*Brit*) vol *m* à l'arraché
Bahamas [bə'hɑ:məz] *npl*: **the** ~ les Bahamas *fpl*
Bahrain [bɑ:'reɪn] *n* Bahreïn *m*
bail [beɪl] *n* caution *f* ▷ *vt* (*prisoner: also:* **grant bail to**) mettre en liberté sous caution; (*boat: also:* **bail out**) écoper; **to be released on** ~ être libéré(e) sous caution; *see* **bale**
▶ **bail out** *vt* (*prisoner*) payer la caution de
bailiff ['beɪlɪf] *n* huissier *m*
bait [beɪt] *n* appât *m* ▷ *vt* appâter; (*fig: tease*) tourmenter
bake [beɪk] *vt* (faire) cuire au four ▷ *vi* (*bread etc*) cuire (au four); (*make cakes etc*) faire de la pâtisserie

baked beans [beɪkt-] *npl* haricots blancs à la sauce tomate
baked potato *n* pomme *f* de terre en robe des champs
baker ['beɪkəʳ] *n* boulanger *m*
bakery ['beɪkərɪ] *n* boulangerie *f*; boulangerie industrielle
baking ['beɪkɪŋ] *n* (*process*) cuisson *f*
baking powder *n* levure *f* (chimique)
baking tin *n* (*for cake*) moule *m* à gâteaux; (*for meat*) plat *m* pour le four
baking tray *n* plaque *f* à gâteaux
balaclava [bælə'klɑːvə] *n* (*also*: **balaclava helmet**) passe-montagne *m*
balance ['bæləns] *n* équilibre *m*; (*Comm*: *sum*) solde *m*; (*remainder*) reste *m*; (*scales*) balance *f* ▷ *vt* mettre *or* faire tenir en équilibre; (*pros and cons*) peser; (*budget*) équilibrer; (*account*) balancer; (*compensate*) compenser, contrebalancer; **~ of trade/payments** balance commerciale/des comptes *or* paiements; **~ carried forward** solde *m* à reporter; **~ brought forward** solde reporté; **to ~ the books** arrêter les comptes, dresser le bilan
balanced ['bælənst] *adj* (*personality, diet*) équilibré(e); (*report*) objectif(-ive)
balance sheet *n* bilan *m*
balcony ['bælkənɪ] *n* balcon *m*; **do you have a room with a ~?** avez-vous une chambre avec balcon?
bald [bɔːld] *adj* chauve; (*tyre*) lisse
baldness ['bɔːldnɪs] *n* calvitie *f*
bale [beɪl] *n* balle *f*, ballot *m*
▸ **bale out** *vi* (*of a plane*) sauter en parachute ▷ *vt* (*Naut*: *water, boat*) écoper
Balearic Islands [bælɪ'ærɪk-] *npl*: **the ~** les (îles *fpl*) Baléares *fpl*
baleful ['beɪlful] *adj* funeste, maléfique
balk [bɔːk] *vi*: **to ~ (at)** (*person*) regimber (contre); (*horse*) se dérober (devant)
Balkan ['bɔːlkən] *adj* balkanique ▷ *n*: **the ~s** les Balkans *mpl*
ball [bɔːl] *n* boule *f*; (*football*) ballon *m*; (*for tennis, golf*) balle *f*; (*dance*) bal *m*; **to play ~** jouer au ballon (*or* à la balle); (*fig*) coopérer; **to be on the ~** (*fig*: *competent*) être à la hauteur; (: *alert*) être éveillé(e), être vif (vive); **to start the ~ rolling** (*fig*) commencer; **the ~ is in their court** (*fig*) la balle est dans leur camp
ballad ['bæləd] *n* ballade *f*
ballast ['bæləst] *n* lest *m*
ball bearings *n* roulement *m* à billes
ball cock *n* robinet *m* à flotteur
ballerina [bælə'riːnə] *n* ballerine *f*
ballet ['bæleɪ] *n* ballet *m*; (*art*) danse *f* (classique)
ballet dancer *n* danseur(-euse) de ballet
ballet shoe *n* chausson *m* de danse
ballistic [bə'lɪstɪk] *adj* balistique
ballistics [bə'lɪstɪks] *n* balistique *f*
balloon [bə'luːn] *n* ballon *m*; (*in comic strip*) bulle *f* ▷ *vi* gonfler
balloonist [bə'luːnɪst] *n* aéronaute *m/f*
ballot ['bælət] *n* scrutin *m*
ballot box *n* urne (électorale)
ballot paper *n* bulletin *m* de vote
ballpark ['bɔːlpɑːk] *n* (*US*) stade *m* de base-ball
ballpark figure *n* (*inf*) chiffre approximatif
ballpoint ['bɔːlpɔɪnt], **ballpoint pen** *n* stylo *m* à bille
ballroom ['bɔːlrum] *n* salle *f* de bal
balls [bɔːlz] *npl* (*inf!*) couilles *fpl* (!)
balm [bɑːm] *n* baume *m*
balmy ['bɑːmɪ] *adj* (*breeze, air*) doux (douce); (*Brit inf*) = **barmy**
BALPA ['bælpə] *n abbr* (= *British Airline Pilots' Association*) *syndicat des pilotes de ligne*
balsa ['bɔːlsə], **balsa wood** *n* balsa *m*
balsam ['bɔːlsəm] *n* baume *m*
Baltic [bɔːltɪk] *adj, n*: **the ~ (Sea)** la (mer) Baltique
balustrade [bæləs'treɪd] *n* balustrade *f*
bamboo [bæm'buː] *n* bambou *m*
bamboozle [bæm'buːzl] *vt* (*inf*) embobiner
ban [bæn] *n* interdiction *f* ▷ *vt* interdire; **he was ~ned from driving** (*Brit*) on lui a retiré le permis (de conduire)
banal [bə'nɑːl] *adj* banal(e)
banana [bə'nɑːnə] *n* banane *f*
band [bænd] *n* bande *f*; (*at a dance*) orchestre *m*; (*Mil*) musique *f*, fanfare *f*
▸ **band together** *vi* se liguer
bandage ['bændɪdʒ] *n* bandage *m*, pansement *m* ▷ *vt* (*wound, leg*) mettre un pansement *or* un bandage sur; (*person*) mettre un pansement *or* un bandage à
Band-Aid® ['bændeɪd] *n* (*US*) pansement adhésif
B. & B. *n abbr* = **bed and breakfast**
bandit ['bændɪt] *n* bandit *m*
bandstand ['bændstænd] *n* kiosque *m* (à musique)
bandwagon ['bændwægən] *n*: **to jump on the ~** (*fig*) monter dans *or* prendre le train en marche
bandy ['bændɪ] *vt* (*jokes, insults*) échanger
▸ **bandy about** *vt* employer à tout bout de champ *or* à tort et à travers
bandy-legged ['bændɪ'lɛgɪd] *adj* aux jambes arquées
bane [beɪn] *n*: **it (*or* he *etc*) is the ~ of my life** c'est (*or* il est *etc*) le drame de ma vie
bang [bæŋ] *n* détonation *f*; (*of door*) claquement *m*; (*blow*) coup (violent) ▷ *vt* frapper (violemment); (*door*) claquer ▷ *vi* détoner; claquer ▷ *adv*: **to be ~ on time** (*Brit inf*) être à l'heure pile; **to ~ at the door** cogner à la porte; **to ~ into sth** se cogner contre qch
banger ['bæŋəʳ] *n* (*Brit*: *car*: *also*: **old banger**) (vieux) tacot; (*Brit inf*: *sausage*) saucisse *f*; (*firework*) pétard *m*
Bangkok [bæŋ'kɔk] *n* Bangkok
Bangladesh [bæŋglə'dɛʃ] *n* Bangladesh *m*
Bangladeshi [bæŋglə'dɛʃɪ] *adj* du Bangladesh ▷ *n* habitant(e) du Bangladesh

bangle ['bæŋgl] *n* bracelet *m*
bangs [bæŋz] *npl* (*US: fringe*) frange *f*
banish ['bænɪʃ] *vt* bannir
banister ['bænɪstəʳ] *n*, **banisters** ['bænɪstəz] *npl* rampe *f* (d'escalier)
banjo (*pl* **-es** *or* **-s**) ['bændʒəu] *n* banjo *m*
bank [bæŋk] *n* banque *f*; (*of river, lake*) bord *m*, rive *f*; (*of earth*) talus *m*, remblai *m* ▷ *vi* (*Aviat*) virer sur l'aile; (*Comm*): **they ~ with Pitt's** leur banque *or* banquier est Pitt's
▶ **bank on** *vt fus* miser *or* tabler sur
bank account *n* compte *m* en banque
bank balance *n* solde *m* bancaire
bank card (*Brit*) *n* carte *f* d'identité bancaire
bank charges *npl* (*Brit*) frais *mpl* de banque
bank draft *n* traite *f* bancaire
banker ['bæŋkəʳ] *n* banquier *m*; **~'s card** (*Brit*) carte *f* d'identité bancaire; **~'s order** (*Brit*) ordre *m* de virement
bank giro *n* paiement *m* par virement
bank holiday *n* (*Brit*) jour férié (*où les banques sont fermées*); *voir article*

BANK HOLIDAY

Le terme *bank holiday* s'applique au Royaume-Uni aux jours fériés pendant lesquels banques et commerces sont fermés. Les principaux *bank holidays* à part Noël et Pâques se situent au mois de mai et fin août, et contrairement aux pays de tradition catholique, ne coïncident pas nécessairement avec une fête religieuse.

banking ['bæŋkɪŋ] *n* opérations *fpl* bancaires; profession *f* de banquier
banking hours *npl* heures *fpl* d'ouverture des banques
bank loan *n* prêt *m* bancaire
bank manager *n* directeur *m* d'agence (bancaire)
banknote ['bæŋknəut] *n* billet *m* de banque
bank rate *n* taux *m* de l'escompte
bankrupt ['bæŋkrʌpt] *n* failli(e) ▷ *adj* en faillite; **to go ~** faire faillite
bankruptcy ['bæŋkrʌptsɪ] *n* faillite *f*
bank statement *n* relevé *m* de compte
banner ['bænəʳ] *n* bannière *f*
bannister ['bænɪstəʳ] *n*, **bannisters** ['bænɪstəz] *npl* = **banister; banisters**
banns [bænz] *npl* bans *mpl* (de mariage)
banquet ['bæŋkwɪt] *n* banquet *m*, festin *m*
bantam-weight ['bæntəmweɪt] *n* poids *m* coq *inv*
banter ['bæntəʳ] *n* badinage *m*
baptism ['bæptɪzəm] *n* baptême *m*
Baptist ['bæptɪst] *n* baptiste *m/f*
baptize [bæp'taɪz] *vt* baptiser
bar [bɑːʳ] *n* (*pub*) bar *m*; (*counter*) comptoir *m*, bar; (*rod: of metal etc*) barre *f*; (*of window etc*) barreau *m*; (*of chocolate*) tablette *f*, plaque *f*; (*fig: obstacle*) obstacle *m*; (*prohibition*) mesure *f* d'exclusion; (*Mus*) mesure *f* ▷ *vt* (*road*) barrer; (*window*) munir de barreaux; (*person*) exclure; (*activity*) interdire; **~ of soap** savonnette *f*; **behind ~s** (*prisoner*) derrière les barreaux; **the B~** (*Law*) le barreau; **~ none** sans exception
Barbados [bɑː'beɪdɔs] *n* Barbade *f*
barbaric [bɑː'bærɪk] *adj* barbare
barbarous ['bɑːbərəs] *adj* barbare, cruel(le)
barbecue ['bɑːbɪkjuː] *n* barbecue *m*
barbed wire ['bɑːbd-] *n* fil *m* de fer barbelé
barber ['bɑːbəʳ] *n* coiffeur *m* (pour hommes)
barber's ['bɑːbəʳz], **barber's shop**, (*US*) **barber shop** *n* salon *m* de coiffure (pour hommes); **to go to the barber's** aller chez le coiffeur
barbiturate [bɑː'bɪtjurɪt] *n* barbiturique *m*
Barcelona [bɑːsə'ləunə] *n* Barcelone
bar chart *n* diagramme *m* en bâtons
bar code *n* code *m* à barres, code-barre *m*
bare [bɛəʳ] *adj* nu(e) ▷ *vt* mettre à nu, dénuder; (*teeth*) montrer; **the ~ essentials** le strict nécessaire
bareback ['bɛəbæk] *adv* à cru, sans selle
barefaced ['bɛəfeɪst] *adj* impudent(e), effronté(e)
barefoot ['bɛəfut] *adj, adv* nu-pieds, (les) pieds nus
bareheaded [bɛə'hɛdɪd] *adj, adv* nu-tête, (la) tête nue
barely ['bɛəlɪ] *adv* à peine
Barents Sea ['bærənts-] *n*: **the ~** la mer de Barents
bargain ['bɑːgɪn] *n* (*transaction*) marché *m*; (*good buy*) affaire *f*, occasion *f* ▷ *vi* (*haggle*) marchander; (*negotiate*) négocier, traiter; **into the ~** par-dessus le marché
▶ **bargain for** *vt fus* (*inf*): **he got more than he ~ed for!** il en a eu pour son argent!
bargaining ['bɑːgənɪŋ] *n* marchandage *m*; négociations *fpl*
bargaining position *n*: **to be in a weak/strong ~** être en mauvaise/bonne position pour négocier
barge [bɑːdʒ] *n* péniche *f*
▶ **barge in** *vi* (*walk in*) faire irruption; (*interrupt talk*) intervenir mal à propos
▶ **barge into** *vt fus* rentrer dans
baritone ['bærɪtəun] *n* baryton *m*
barium meal ['bɛərɪəm-] *n* (bouillie *f* de) sulfate *m* de baryum
bark [bɑːk] *n* (*of tree*) écorce *f*; (*of dog*) aboiement *m* ▷ *vi* aboyer
barley ['bɑːlɪ] *n* orge *f*
barley sugar *n* sucre *m* d'orge
barmaid ['bɑːmeɪd] *n* serveuse *f* (de bar), barmaid *f*
barman ['bɑːmən] (*irreg*) *n* serveur *m* (de bar), barman *m*
bar meal *n* repas *m* de bistrot; **to go for a ~** aller manger au bistrot
barmy ['bɑːmɪ] *adj* (*Brit inf*) timbré(e), cinglé(e)
barn [bɑːn] *n* grange *f*
barnacle ['bɑːnəkl] *n* anatife *m*, bernache *f*
barn owl *n* chouette-effraie *f*, chat-huant *m*

barometer [bəˈrɔmɪtəʳ] *n* baromètre *m*
baron [ˈbærən] *n* baron *m*; **the press/oil ~s** les magnats *mpl or* barons *mpl* de la presse/du pétrole
baroness [ˈbærənɪs] *n* baronne *f*
barrack [ˈbærək] *vt* (*Brit*) chahuter
barracking [ˈbærəkɪŋ] *n* (*Brit*): **to give sb a ~** chahuter qn
barracks [ˈbærəks] *npl* caserne *f*
barrage [ˈbærɑːʒ] *n* (*Mil*) tir *m* de barrage; (*dam*) barrage *m*; (*of criticism*) feu *m*
barrel [ˈbærəl] *n* tonneau *m*; (*of gun*) canon *m*
barrel organ *n* orgue *m* de Barbarie
barren [ˈbærən] *adj* stérile; (*hills*) aride
barrette [bəˈrɛt] (*US*) *n* barrette *f*
barricade [bærɪˈkeɪd] *n* barricade *f* ▷ *vt* barricader
barrier [ˈbærɪəʳ] *n* barrière *f*; (*Brit*: *also*: **crash barrier**) rail *m* de sécurité
barrier cream *n* (*Brit*) crème protectrice
barring [ˈbɑːrɪŋ] *prep* sauf
barrister [ˈbærɪstəʳ] *n* (*Brit*) avocat (plaidant); *voir article*

BARRISTER

En Angleterre, un *barrister*, que l'on appelle également "barrister-at-law", est un avocat qui représente ses clients devant la cour et plaide pour eux. Le client doit d'abord passer par l'intermédiaire d'un "solicitor". On obtient le diplôme de *barrister* après avoir fait des études dans l'une des "Inns of Court", les quatre écoles de droit londoniennes.

barrow [ˈbærəu] *n* (*cart*) charrette *f* à bras
barstool [ˈbɑːstuːl] *n* tabouret *m* de bar
Bart. *abbr* (*Brit*) = **baronet**
bartender [ˈbɑːtɛndəʳ] *n* (*US*) serveur *m* (*de bar*), barman *m*
barter [ˈbɑːtəʳ] *n* échange *m*, troc *m* ▷ *vt*: **to ~ sth for** échanger qch contre
base [beɪs] *n* base *f* ▷ *vt* (*troops*): **to be ~d at** être basé(e) à; (*opinion, belief*): **to ~ sth on** baser *or* fonder qch sur ▷ *adj* vil(e), bas(se); **coffee-~d** à base de café; **a Paris-~d firm** une maison opérant de Paris *or* dont le siège est à Paris; **I'm ~d in London** je suis basé(e) à Londres
baseball [ˈbeɪsbɔːl] *n* base-ball *m*
baseball cap *n* casquette *f* de base-ball
baseboard [ˈbeɪsbɔːd] *n* (*US*) plinthe *f*
base camp *n* camp *m* de base
Basel [bɑːl] *n* = **Basle**
baseline [ˈbeɪslaɪn] *n* (*Tennis*) ligne *f* de fond
basement [ˈbeɪsmənt] *n* sous-sol *m*
base rate *n* taux *m* de base
bases [ˈbeɪsiːz] *npl of* **basis** [ˈbeɪsɪz] ▷ *npl of* **base**
bash [bæʃ] *vt* (*inf*) frapper, cogner ▷ *n*: **I'll have a ~ (at it)** (*Brit inf*) je vais essayer un coup; **~ed in** *adj* enfoncé(e), défoncé(e)
▸ **bash up** *vt* (*inf*: *car*) bousiller; (: *Brit*: *person*) tabasser
bashful [ˈbæʃful] *adj* timide; modeste
bashing [ˈbæʃɪŋ] *n* (*inf*) raclée *f*; **Paki-~** ≈ ratonnade *f*; **queer-~** chasse *f* aux pédés
BASIC [ˈbeɪsɪk] *n* (*Comput*) BASIC *m*
basic [ˈbeɪsɪk] *adj* (*precautions, rules*) élémentaire; (*principles, research*) fondamental(e); (*vocabulary, salary*) de base; (*minimal*) réduit(e) au minimum, rudimentaire
basically [ˈbeɪsɪklɪ] *adv* (*in fact*) en fait; (*essentially*) fondamentalement
basic rate *n* (*of tax*) première tranche d'imposition
basics [ˈbeɪsɪks] *npl*: **the ~** l'essentiel *m*
basil [ˈbæzl] *n* basilic *m*
basin [ˈbeɪsn] *n* (*vessel, also Geo*) cuvette *f*, bassin *m*; (*Brit*: *for food*) bol *m*; (: *bigger*) saladier *m*; (*also*: **washbasin**) lavabo *m*
basis (*pl* **bases**) [ˈbeɪsɪs, -siːz] *n* base *f*; **on a part-time/trial ~** à temps partiel/à l'essai; **on the ~ of what you've said** d'après *or* compte tenu de ce que vous dites
bask [bɑːsk] *vi*: **to ~ in the sun** se chauffer au soleil
basket [ˈbɑːskɪt] *n* corbeille *f*; (*with handle*) panier *m*
basketball [ˈbɑːskɪtbɔːl] *n* basket-ball *m*
basketball player *n* basketteur(-euse)
Basle [bɑːl] *n* Bâle
basmati rice [bəzˈmætɪ-] *n* riz *m* basmati
Basque [bæsk] *adj* basque ▷ *n* Basque *m/f*; **the ~ Country** le Pays basque
bass [beɪs] *n* (*Mus*) basse *f*
bass clef *n* clé *f* de fa
bass drum *n* grosse caisse *f*
bassoon [bəˈsuːn] *n* basson *m*
bastard [ˈbɑːstəd] *n* enfant naturel(le), bâtard(e); (*inf!*) salaud *m* (*!*)
baste [beɪst] *vt* (*Culin*) arroser; (*Sewing*) bâtir, faufiler
bat [bæt] *n* chauve-souris *f*; (*for baseball etc*) batte *f*; (*Brit*: *for table tennis*) raquette *f* ▷ *vt*: **he didn't ~ an eyelid** il n'a pas sourcillé *or* bronché; **off one's own ~** de sa propre initiative
batch [bætʃ] *n* (*of bread*) fournée *f*; (*of papers*) liasse *f*; (*of applicants, letters*) paquet *m*; (*of work*) monceau *m*; (*of goods*) lot *m*
bated [ˈbeɪtɪd] *adj*: **with ~ breath** en retenant son souffle
bath (*pl* **-s**) [bɑːθ, bɑːðz] *n* bain *m*; (*bathtub*) baignoire *f* ▷ *vt* baigner, donner un bain à; **to have a ~** prendre un bain; *see also* **baths**
bathe [beɪð] *vi* se baigner ▷ *vt* baigner; (*wound etc*) laver
bather [ˈbeɪðəʳ] *n* baigneur(-euse)
bathing [ˈbeɪðɪŋ] *n* baignade *f*
bathing cap *n* bonnet *m* de bain
bathing costume, (*US*) **bathing suit** *n* maillot *m* (de bain)
bathmat [ˈbɑːθmæt] *n* tapis *m* de bain
bathrobe [ˈbɑːθrəub] *n* peignoir *m* de bain
bathroom [ˈbɑːθrum] *n* salle *f* de bains
baths [bɑːðz] *npl* (*Brit*: *also*: **swimming baths**)

piscine *f*
bath towel *n* serviette *f* de bain
bathtub ['bɑːθtʌb] *n* baignoire *f*
batman ['bætmən] *(irreg) n (Brit Mil)* ordonnance *f*
baton ['bætən] *n* bâton *m*; *(Mus)* baguette *f*; *(club)* matraque *f*
battalion [bə'tælɪən] *n* bataillon *m*
batten ['bætn] *n (Carpentry)* latte *f*; *(Naut: on sail)* latte de voile
▸ **batten down** *vt (Naut)*: **to ~ down the hatches** fermer les écoutilles
batter ['bætə^r] *vt* battre ▷ *n* pâte *f* à frire
battered ['bætəd] *adj (hat, pan)* cabossé(e); **~ wife/child** épouse/enfant maltraité(e) *or* martyr(e)
battering ram ['bætərɪŋ-] *n* bélier *m*; *(fig)*
battery ['bætərɪ] *n (for torch, radio)* pile *f*; *(Aut, Mil)* batterie *f*
battery charger *n* chargeur *m*
battery farming *n* élevage *m* en batterie
battle ['bætl] *n* bataille *f*, combat *m* ▷ *vi* se battre, lutter; **that's half the ~** *(fig)* c'est déjà bien; **it's a** *or* **we're fighting a losing ~** *(fig)* c'est perdu d'avance, c'est peine perdue
battle dress *n* tenue *f* de campagne *or* d'assaut
battlefield ['bætlfiːld] *n* champ *m* de bataille
battlements ['bætlmənts] *npl* remparts *mpl*
battleship ['bætlʃɪp] *n* cuirassé *m*
batty ['bætɪ] *adj (inf: person)* toqué(e); *(: idea, behaviour)* loufoque
bauble ['bɔːbl] *n* babiole *f*
baulk [bɔːlk] *vi* = **balk**
bauxite ['bɔːksaɪt] *n* bauxite *f*
Bavaria [bə'vɛərɪə] *n* Bavière *f*
Bavarian [bə'vɛərɪən] *adj* bavarois(e) ▷ *n* Bavarois(e)
bawdy ['bɔːdɪ] *adj* paillard(e)
bawl [bɔːl] *vi* hurler, brailler
bay [beɪ] *n (of sea)* baie *f*; *(Brit: for parking)* place *f* de stationnement; *(: for loading)* aire *f* de chargement; *(horse)* bai(e) *m/f*; **B~ of Biscay** golfe *m* de Gascogne; **to hold sb at ~** tenir qn à distance *or* en échec
bay leaf *n* laurier *m*
bayonet ['beɪənɪt] *n* baïonnette *f*
bay tree *n* laurier *m*
bay window *n* baie vitrée
bazaar [bə'zɑː^r] *n (shop, market)* bazar *m*; *(sale)* vente *f* de charité
bazooka [bə'zuːkə] *n* bazooka *m*
BB *n abbr (Brit: = Boys' Brigade) mouvement de garçons*
BBB *n abbr (US: = Better Business Bureau) organisme de défense du consommateur*
BBC *n abbr (= British Broadcasting Corporation) office de la radiodiffusion et télévision britannique; voir article*

BBC

La BBC est un organisme centralisé dont les membres, nommés par l'État, gèrent les chaînes de télévision publiques (BBC1, qui présente des émissions d'intérêt général, et BBC2, qui est plutôt orientée vers les émissions plus culturelles, et les chaînes numériques) et les stations de radio publiques. Bien que non contrôlée par l'État, la BBC est responsable devant le "Parliament" quant au contenu des émissions qu'elle diffuse. Par ailleurs, la BBC offre un service mondial de diffusion d'émissions, en anglais et dans 43 autres langues, appelé "BBC World Service". La BBC est financée par la redevance télévision et par l'exportation d'émissions.

B.C. *adv abbr (= before Christ)* av. J.-C. ▷ *abbr (Canada)* = **British Columbia**
BCG *n abbr (= Bacillus Calmette-Guérin)* BCG *m*
BD *n abbr (= Bachelor of Divinity) diplôme universitaire*
B/D *abbr* = **bank draft**
BDS *n abbr (= Bachelor of Dental Surgery) diplôme universitaire*

 KEYWORD

be [biː] *(pt* **was, were**, *pp* **been**) *aux vb* **1** *(with present participle: forming continuous tenses)*: **what are you doing?** que faites-vous?; **they're coming tomorrow** ils viennent demain; **I've been waiting for you for 2 hours** je t'attends depuis 2 heures
2 *(with pp: forming passives)* être; **to be killed** être tué(e); **the box had been opened** la boîte avait été ouverte; **he was nowhere to be seen** on ne le voyait nulle part
3 *(in tag questions)*: **it was fun, wasn't it?** c'était drôle, n'est-ce pas?; **he's good-looking, isn't he?** il est beau, n'est-ce pas?; **she's back, is she?** elle est rentrée, n'est-ce pas *or* alors?
4 *(+to +infinitive)*: **the house is to be sold** *(necessity)* la maison doit être vendue; *(future)* la maison va être vendue; **he's not to open it** il ne doit pas l'ouvrir; **am I to understand that ...?** dois-je comprendre que ...?; **he was to have come yesterday** il devait venir hier
5 *(possibility, supposition)*: **if I were you, I ...** à votre place, je ..., si j'étais vous, je ...
▷ *vb + complement* **1** *(gen)* être; **I'm English** je suis anglais(e); **I'm tired** je suis fatigué(e); **I'm hot/cold** j'ai chaud/froid; **he's a doctor** il est médecin; **be careful/good/quiet!** faites attention/soyez sages/taisez-vous!; **2 and 2 are 4** 2 et 2 font 4
2 *(of health)* aller; **how are you?** comment allez-vous?; **I'm better now** je vais mieux maintenant; **he's fine now** il va bien maintenant; **he's very ill** il est très malade
3 *(of age)* avoir; **how old are you?** quel âge avez-vous?; **I'm sixteen (years old)** j'ai seize ans
4 *(cost)* coûter; **how much was the meal?** combien a coûté le repas?; **that'll be £5, please** ça fera 5 livres, s'il vous plaît; **this shirt is £17** cette chemise coûte 17 livres

▷ *vi* **1** (*exist, occur etc*) être, exister; **the prettiest girl that ever was** la fille la plus jolie qui ait jamais existé; **is there a God?** y a-t-il un dieu?; **be that as it may** quoi qu'il en soit; **so be it** soit
2 (*referring to place*) être, se trouver; **I won't be here tomorrow** je ne serai pas là demain; **Edinburgh is in Scotland** Édimbourg est *or* se trouve en Écosse
3 (*referring to movement*) aller; **where have you been?** où êtes-vous allé(s)?
▷ *impers vb* **1** (*referring to time*) être; **it's 5 o'clock** il est 5 heures; **it's the 28th of April** c'est le 28 avril
2 (*referring to distance*): **it's 10 km to the village** le village est à 10 km
3 (*referring to the weather*) faire; **it's too hot/cold** il fait trop chaud/froid; **it's windy today** il y a du vent aujourd'hui
4 (*emphatic*): **it's me/the postman** c'est moi/le facteur; **it was Maria who paid the bill** c'est Maria qui a payé la note

B/E *abbr* = **bill of exchange**
beach [bi:tʃ] *n* plage *f* ▷ *vt* échouer
beachcomber ['bi:tʃkəumə^r] *n* ramasseur *m* d'épaves; (*fig*) bon(-ne) *m/f* à rien
beachwear ['bi:tʃwεə^r] *n* tenues *fpl* de plage
beacon ['bi:kən] *n* (*lighthouse*) fanal *m*; (*marker*) balise *f*; (*also*: **radio beacon**) radiophare *m*
bead [bi:d] *n* perle *f*; (*of dew, sweat*) goutte *f*; **beads** *npl* (*necklace*) collier *m*
beady ['bi:dɪ] *adj*: **~ eyes** yeux *mpl* de fouine
beagle [bi:gl] *n* beagle *m*
beak [bi:k] *n* bec *m*
beaker ['bi:kə^r] *n* gobelet *m*
beam [bi:m] *n* (*Archit*) poutre *f*; (*of light*) rayon *m*; (*Radio*) faisceau *m* radio ▷ *vi* rayonner; **to drive on full** *or* **main** *or* (*US*) **high ~** rouler en pleins phares
beaming ['bi:mɪŋ] *adj* (*sun, smile*) radieux(-euse)
bean [bi:n] *n* haricot *m*; (*of coffee*) grain *m*
beanpole ['bi:npəul] *n* (*inf*) perche *f*
beansprouts ['bi:nsprauts] *npl* pousses *fpl or* germes *mpl* de soja
bear [bεə^r] (*pt* **bore**, *pp* **borne**) [bɔ:^r, bɔ:n] *n* ours *m*; (*Stock Exchange*) baissier *m* ▷ *vt* porter; (*endure*) supporter; (*traces, signs*) porter; (*Comm: interest*) rapporter ▷ *vi*: **to ~ right/left** obliquer à droite/gauche, se diriger vers la droite/gauche; **to ~ the responsibility of** assumer la responsabilité de; **to ~ comparison with** soutenir la comparaison avec; **I can't ~ him** je ne peux pas le supporter *or* souffrir; **to bring pressure to ~ on sb** faire pression sur qn
▶ **bear out** *vt* (*theory, suspicion*) confirmer
▶ **bear up** *vi* supporter, tenir le coup; **he bore up well** il a tenu le coup
▶ **bear with** *vt fus* (*sb's moods, temper*) supporter; **~ with me a minute** un moment, s'il vous plaît
bearable ['bεərəbl] *adj* supportable
beard [bɪəd] *n* barbe *f*
bearded ['bɪədɪd] *adj* barbu(e)
bearer ['bεərə^r] *n* porteur *m*; (*of passport etc*) titulaire *m/f*
bearing ['bεərɪŋ] *n* maintien *m*, allure *f*; (*connection*) rapport *m*; (*Tech*): **(ball) bearings** *npl* roulement *m* (à billes); **to take a ~** faire le point; **to find one's ~s** s'orienter
beast [bi:st] *n* bête *f*; (*inf: person*) brute *f*
beastly ['bi:stlɪ] *adj* infect(e)
beat [bi:t] *n* battement *m*; (*Mus*) temps *m*, mesure *f*; (*of policeman*) ronde *f* ▷ *vt, vi* (*pt* **-**, *pp* **-en**) battre; **off the ~en track** hors des chemins *or* sentiers battus; **to ~ it** (*inf*) ficher le camp; **to ~ about the bush** tourner autour du pot; **that ~s everything!** c'est le comble!
▶ **beat down** *vt* (*door*) enfoncer; (*price*) faire baisser; (*seller*) faire descendre ▷ *vi* (*rain*) tambouriner; (*sun*) taper
▶ **beat off** *vt* repousser
▶ **beat up** *vt* (*eggs*) battre; (*inf: person*) tabasser
beater ['bi:tə^r] *n* (*for eggs, cream*) fouet *m*, batteur *m*
beating ['bi:tɪŋ] *n* raclée *f*
beat-up ['bi:t'ʌp] *adj* (*inf*) déglingué(e)
beautician [bju:'tɪʃən] *n* esthéticien(ne)
beautiful ['bju:tɪful] *adj* beau (belle)
beautifully ['bju:tɪflɪ] *adv* admirablement
beautify ['bju:tɪfaɪ] *vt* embellir
beauty ['bju:tɪ] *n* beauté *f*; **the ~ of it is that ...** le plus beau, c'est que ...
beauty contest *n* concours *m* de beauté
beauty parlour, (*US*) **beauty parlor** [-'pɑ:lə^r] *n* institut *m* de beauté
beauty queen *n* reine *f* de beauté
beauty salon *n* institut *m* de beauté
beauty sleep *n*: **I need my ~** j'ai besoin de faire un gros dodo
beauty spot *n* (*on skin*) grain *m* de beauté; (*Brit Tourism*) site naturel (d'une grande beauté)
beaver ['bi:və^r] *n* castor *m*
becalmed [bɪ'kɑ:md] *adj* immobilisé(e) par le calme plat
became [bɪ'keɪm] *pt of* **become**
because [bɪ'kɔz] *conj* parce que; **~ of** (*prep*) à cause de
beck [bεk] *n*: **to be at sb's ~ and call** être à l'entière disposition de qn
beckon ['bεkən] *vt* (*also*: **beckon to**) faire signe (de venir) à
become [bɪ'kʌm] *vi* devenir; **to ~ fat/thin** grossir/maigrir; **to ~ angry** se mettre en colère; **it became known that** on apprit que; **what has ~ of him?** qu'est-il devenu?
becoming [bɪ'kʌmɪŋ] *adj* (*behaviour*) convenable, bienséant(e); (*clothes*) seyant(e)
BECTU ['bεktu] *n abbr* (*Brit*) = **Broadcasting, Entertainment, Cinematographic and Theatre Union**
BEd *n abbr* (= *Bachelor of Education*) *diplôme d'aptitude à l'enseignement*
bed [bεd] *n* lit *m*; (*of flowers*) parterre *m*; (*of coal, clay*) couche *f*; (*of sea, lake*) fond *m*; **to go to ~**

aller se coucher
▶ **bed down** *vi* se coucher
bed and breakfast *n* (*terms*) chambre et petit déjeuner; (*place*) ≈ chambre *f* d'hôte; *voir article*

BED AND BREAKFAST

Un *bed and breakfast* est une petite pension dans une maison particulière ou une ferme où l'on peut louer une chambre avec petit déjeuner compris pour un prix modique par rapport à ce que l'on paierait dans un hôtel. Ces établissements sont communément appelés "B & B", et sont signalés par une pancarte dans le jardin ou au-dessus de la porte.

bedbug ['bɛdbʌg] *n* punaise *f*
bedclothes ['bɛdkləuðz] *npl* couvertures *fpl* et draps *mpl*
bedcover ['bɛdkʌvə^r] *n* couvre-lit *m*, dessus-de-lit *m*
bedding ['bɛdɪŋ] *n* literie *f*
bedevil [bɪ'dɛvl] *vt* (*harass*) harceler; **to be ~led by** être victime de
bedfellow ['bɛdfɛləu] *n*: **they are strange ~s** (*fig*) ça fait un drôle de mélange
bedlam ['bɛdləm] *n* chahut *m*, cirque *m*
bed linen *n* draps *mpl* de lit (et taies *fpl* d'oreillers), literie *f*
bedpan ['bɛdpæn] *n* bassin *m* (hygiénique)
bedpost ['bɛdpəust] *n* colonne *f* de lit
bedraggled [bɪ'drægld] *adj* dépenaillé(e), les vêtements en désordre
bedridden ['bɛdrɪdn] *adj* cloué(e) au lit
bedrock ['bɛdrɔk] *n* (*fig*) principes essentiels *or* de base, essentiel *m*; (*Geo*) roche *f* en place, socle *m*
bedroom ['bɛdrum] *n* chambre *f* (à coucher)
Beds *abbr* (*Brit*) = **Bedfordshire**
bed settee *n* canapé-lit *m*
bedside ['bɛdsaɪd] *n*: **at sb's ~** au chevet de qn ▷ *cpd* (*book, lamp*) de chevet
bedside lamp *n* lampe *f* de chevet
bedside table *n* table *f* de chevet
bedsit ['bɛdsɪt], **bedsitter** ['bɛdsɪtə^r] *n* (*Brit*) chambre meublée, studio *m*
bedspread ['bɛdsprɛd] *n* couvre-lit *m*, dessus-de-lit *m*
bedtime ['bɛdtaɪm] *n*: **it's ~** c'est l'heure de se coucher
bee [bi:] *n* abeille *f*; **to have a ~ in one's bonnet (about sth)** être obnubilé(e) (par qch)
beech [bi:tʃ] *n* hêtre *m*
beef [bi:f] *n* bœuf *m*; **roast ~** rosbif *m*
▶ **beef up** *vt* (*inf: support*) renforcer; (*: essay*) étoffer
beefburger ['bi:fbə:gə^r] *n* hamburger *m*
beehive ['bi:haɪv] *n* ruche *f*
bee-keeping ['bi:ki:pɪŋ] *n* apiculture *f*
beeline ['bi:laɪn] *n*: **to make a ~ for** se diriger tout droit vers
been [bi:n] *pp of* **be**
beep [bi:p] *n* bip *m*
beeper ['bi:pə^r] *n* (*pager*) bip *m*
beer [bɪə^r] *n* bière *f*
beer belly *n* (*inf*) bedaine *f* (*de buveur de bière*)
beer can *n* canette *f* de bière
beer garden *n* (*Brit*) jardin *m* d'un pub (*où l'on peut emmener ses consommations*)
beet [bi:t] *n* (*vegetable*) betterave *f*; (*US: also:* **red beet**) betterave (potagère)
beetle ['bi:tl] *n* scarabée *m*, coléoptère *m*
beetroot ['bi:tru:t] *n* (*Brit*) betterave *f*
befall [bɪ'fɔ:l] *vi, vt* (*irreg: like* **fall**) advenir (à)
befit [bɪ'fɪt] *vt* seoir à
before [bɪ'fɔ:^r] *prep* (*of time*) avant; (*of space*) devant ▷ *conj* avant que +*sub*; avant de ▷ *adv* avant; **~ going** avant de partir; **~ she goes** avant qu'elle (ne) parte; **the week ~** la semaine précédente *or* d'avant; **I've seen it ~** je l'ai déjà vu; **I've never seen it ~** c'est la première fois que je le vois
beforehand [bɪ'fɔ:hænd] *adv* au préalable, à l'avance
befriend [bɪ'frɛnd] *vt* venir en aide à; traiter en ami
befuddled [bɪ'fʌdld] *adj*: **to be ~** avoir les idées brouillées
beg [bɛg] *vi* mendier ▷ *vt* mendier; (*favour*) quémander, solliciter; (*forgiveness, mercy etc*) demander; (*entreat*) supplier; **to ~ sb to do sth** supplier qn de faire qch; **I ~ your pardon** (*apologising*) excusez-moi; (*: not hearing*) pardon?; **that ~s the question of ...** cela soulève la question de ..., cela suppose réglée la question de ...; *see also* **pardon**
began [bɪ'gæn] *pt of* **begin**
beggar ['bɛgə^r] *n* (*also:* **beggarman, beggarwoman**) mendiant(e)
begin [bɪ'gɪn] (*pt* **began**, *pp* **begun** [bɪ'gɪn, -'gæn, -'gʌn]) *vt, vi* commencer; **to ~ doing** *or* **to do sth** commencer à faire qch; **~ning (from) Monday** à partir de lundi; **I can't ~ to thank you** je ne saurais vous remercier; **to ~ with** d'abord, pour commencer
beginner [bɪ'gɪnə^r] *n* débutant(e)
beginning [bɪ'gɪnɪŋ] *n* commencement *m*, début *m*; **right from the ~** dès le début
begrudge [bɪ'grʌdʒ] *vt*: **to ~ sb sth** envier qch à qn; donner qch à contrecœur *or* à regret à qn
beguile [bɪ'gaɪl] *vt* (*enchant*) enjôler
beguiling [bɪ'gaɪlɪŋ] *adj* (*charming*) séduisant(e), enchanteur(eresse)
begun [bɪ'gʌn] *pp of* **begin**
behalf [bɪ'hɑ:f] *n*: **on ~ of**, (*US*) **in ~ of** (*representing*) de la part de; au nom de; (*for benefit of*) pour le compte de; **on my/his ~** de ma/sa part
behave [bɪ'heɪv] *vi* se conduire, se comporter; (*well: also:* **behave o.s.**) se conduire bien *or* comme il faut
behaviour, (*US*) **behavior** [bɪ'heɪvjə^r] *n* comportement *m*, conduite *f*

behead [bɪ'hɛd] *vt* décapiter
beheld [bɪ'hɛld] *pt, pp of* **behold**
behind [bɪ'haɪnd] *prep* derrière; (*time*) en retard sur; (*supporting*): **to be ~ sb** soutenir qn ▷ *adv* derrière; en retard ▷ *n* derrière *m*; **~ the scenes** dans les coulisses; **to leave sth ~** (*forget*) oublier de prendre qch; **to be ~ (schedule) with sth** être en retard dans qch
behold [bɪ'həuld] *vt* (*irreg: like* **hold**) apercevoir, voir
beige [beɪʒ] *adj* beige
Beijing ['beɪ'dʒɪŋ] *n* Pékin
being ['bi:ɪŋ] *n* être *m*; **to come into ~** prendre naissance
Beirut [beɪ'ru:t] *n* Beyrouth
Belarus [bɛlə'rus] *n* Biélorussie *f*, Bélarus *m*
Belarussian [bɛlə'rʌʃən] *adj* biélorusse ▷ *n* Biélorusse *m/f*; (*Ling*) biélorusse *m*
belated [bɪ'leɪtɪd] *adj* tardif(-ive)
belch [bɛltʃ] *vi* avoir un renvoi, roter ▷ *vt* (*also*: **belch out**: *smoke etc*) vomir, cracher
beleaguered [bɪ'li:gɪd] *adj* (*city*) assiégé(e); (*army*) cerné(e); (*fig*) sollicité(e) de toutes parts
Belfast ['bɛlfɑ:st] *n* Belfast
belfry ['bɛlfrɪ] *n* beffroi *m*
Belgian ['bɛldʒən] *adj* belge, de Belgique ▷ *n* Belge *m/f*
Belgium ['bɛldʒəm] *n* Belgique *f*
Belgrade [bɛl'greɪd] *n* Belgrade
belie [bɪ'laɪ] *vt* démentir; (*give false impression of*) occulter
belief [bɪ'li:f] *n* (*opinion*) conviction *f*; (*trust, faith*) foi *f*; (*acceptance as true*) croyance *f*; **it's beyond ~** c'est incroyable; **in the ~ that** dans l'idée que
believable [bɪ'li:vəbl] *adj* croyable
believe [bɪ'li:v] *vt, vi* croire, estimer; **to ~ in** (*God*) croire en; (*ghosts, method*) croire à; **I don't ~ in corporal punishment** je ne suis pas partisan des châtiments corporels; **he is ~d to be abroad** il serait à l'étranger
believer [bɪ'li:vəʳ] *n* (*in idea, activity*) partisan(e); **~ in** partisan(e) de; (*Rel*) croyant(e)
belittle [bɪ'lɪtl] *vt* déprécier, rabaisser
Belize [bɛ'li:z] *n* Bélize *m*
bell [bɛl] *n* cloche *f*; (*small*) clochette *f*, grelot *m*; (*on door*) sonnette *f*; (*electric*) sonnerie *f*; **that rings a ~** (*fig*) cela me rappelle qch
bell-bottoms ['bɛlbɔtəmz] *npl* pantalon *m* à pattes d'éléphant
bellboy ['bɛlbɔɪ], (*US*) **bellhop** ['bɛlhɔp] *n* groom *m*, chasseur *m*
belligerent [bɪ'lɪdʒərənt] *adj* (*at war*) belligérant(e); (*fig*) agressif(-ive)
bellow ['bɛləu] *vi* (*bull*) meugler; (*person*) brailler ▷ *vt* (*orders*) hurler
bellows ['bɛləuz] *npl* soufflet *m*
bell pepper *n* (*esp US*) poivron *m*
bell push *n* (*Brit*) bouton *m* de sonnette
belly ['bɛlɪ] *n* ventre *m*
bellyache ['bɛlɪeɪk] (*inf*) *n* colique *f* ▷ *vi* ronchonner
belly button (*inf*) *n* nombril *m*
bellyful ['bɛlɪful] *n* (*inf*): **I've had a ~** j'en ai ras le bol
belong [bɪ'lɔŋ] *vi*: **to ~ to** appartenir à; (*club etc*) faire partie de; **this book ~s here** ce livre va ici, la place de ce livre est ici
belongings [bɪ'lɔŋɪŋz] *npl* affaires *fpl*, possessions *fpl*; **personal ~** effets personnels
Belorussia [bɛlə'rʌʃə] *n* Biélorussie *f*
Belorussian [bɛlə'rʌʃən] *adj, n* = **Belarussian**
beloved [bɪ'lʌvɪd] *adj* (bien-)aimé(e), chéri(e) ▷ *n* bien-aimé(e)
below [bɪ'ləu] *prep* sous, au-dessous de ▷ *adv* en dessous; en contre-bas; **see ~** voir plus bas *or* plus loin *or* ci-dessous; **temperatures ~ normal** températures inférieures à la normale
belt [bɛlt] *n* ceinture *f*; (*Tech*) courroie *f* ▷ *vt* (*thrash*) donner une raclée à ▷ *vi* (*Brit inf*) filer (à toutes jambes); **industrial ~** zone industrielle
▶ **belt out** *vt* (*song*) chanter à tue-tête *or* à pleins poumons
▶ **belt up** *vi* (*Brit inf*) la boucler
beltway ['bɛltweɪ] *n* (*US Aut*) route *f* de ceinture; (*: motorway*) périphérique *m*
bemoan [bɪ'məun] *vt* se lamenter sur
bemused [bɪ'mju:zd] *adj* médusé(e)
bench [bɛntʃ] *n* banc *m*; (*in workshop*) établi *m*; **the B~** (*Law: judges*) la magistrature, la Cour
bench mark *n* repère *m*
bend [bɛnd] (*pt, pp* **bent** [bɛnt]) *vt* courber; (*leg, arm*) plier ▷ *vi* se courber ▷ *n* (*Brit: in road*) virage *m*, tournant *m*; (*in pipe, river*) coude *m*
▶ **bend down** *vi* se baisser
▶ **bend over** *vi* se pencher
bends [bɛndz] *npl* (*Med*) maladie *f* des caissons
beneath [bɪ'ni:θ] *prep* sous, au-dessous de; (*unworthy of*) indigne de ▷ *adv* dessous, au-dessous, en bas
benefactor ['bɛnɪfæktəʳ] *n* bienfaiteur *m*
benefactress ['bɛnɪfæktrɪs] *n* bienfaitrice *f*
beneficial [bɛnɪ'fɪʃəl] *adj*: **~ (to)** salutaire (pour), bénéfique (à)
beneficiary [bɛnɪ'fɪʃərɪ] *n* (*Law*) bénéficiaire *m/f*
benefit ['bɛnɪfɪt] *n* avantage *m*, profit *m*; (*allowance of money*) allocation *f* ▷ *vt* faire du bien à, profiter à ▷ *vi*: **he'll ~ from it** cela lui fera du bien, il y gagnera *or* s'en trouvera bien
benefit performance *n* représentation *f or* gala *m* de bienfaisance
Benelux ['bɛnɪlʌks] *n* Bénélux *m*
benevolent [bɪ'nɛvələnt] *adj* bienveillant(e)
BEng *n abbr* (= *Bachelor of Engineering*) *diplôme universitaire*
benign [bɪ'naɪn] *adj* (*person, smile*) bienveillant(e), affable; (*Med*) bénin(-igne)
bent [bɛnt] *pt, pp of* **bend** ▷ *n* inclination *f*, penchant *m* ▷ *adj* (*wire, pipe*) coudé(e); (*inf: dishonest*) véreux(-euse); **to be ~ on** être résolu(e) à
bequeath [bɪ'kwi:ð] *vt* léguer
bequest [bɪ'kwɛst] *n* legs *m*
bereaved [bɪ'ri:vd] *n*: **the ~** la famille du disparu ▷ *adj* endeuillé(e)

bereavement [bɪ'ri:vmənt] *n* deuil *m*
beret ['bɛreɪ] *n* béret *m*
Bering Sea ['beɪrɪŋ-] *n*: **the ~** la mer de Béring
berk [bə:k] *n* (*Brit inf*) andouille *m/f*
Berks *abbr* (*Brit*) = **Berkshire**
Berlin [bə:'lɪn] *n* Berlin; **East/West ~** Berlin Est/Ouest
berm [bə:m] *n* (*US Aut*) accotement *m*
Bermuda [bə:'mju:də] *n* Bermudes *fpl*
Bermuda shorts *npl* bermuda *m*
Bern [bə:n] *n* Berne
berry ['bɛrɪ] *n* baie *f*
berserk [bə'sə:k] *adj*: **to go ~** être pris(e) d'une rage incontrôlable; se déchaîner
berth [bə:θ] *n* (*bed*) couchette *f*; (*for ship*) poste *m* d'amarrage, mouillage *m* ▷ *vi* (*in harbour*) venir à quai; (*at anchor*) mouiller; **to give sb a wide ~** (*fig*) éviter qn
beseech (*pt, pp* **besought**) [bɪ'si:tʃ, -'sɔ:t] *vt* implorer, supplier
beset (*pt, pp* **-**) [bɪ'sɛt] *vt* assaillir ▷ *adj*: **~ with** semé(e) de
besetting [bɪ'sɛtɪŋ] *adj*: **his ~ sin** son vice, son gros défaut
beside [bɪ'saɪd] *prep* à côté de; (*compared with*) par rapport à; **that's ~ the point** ça n'a rien à voir; **to be ~ o.s. (with anger)** être hors de soi
besides [bɪ'saɪdz] *adv* en outre, de plus ▷ *prep* en plus de; (*except*) excepté
besiege [bɪ'si:dʒ] *vt* (*town*) assiéger; (*fig*) assaillir
besotted [bɪ'sɔtɪd] *adj* (*Brit*): **~ with** entiché(e) de
besought [bɪ'sɔ:t] *pt, pp of* **beseech**
bespectacled [bɪ'spɛktɪkld] *adj* à lunettes
bespoke [bɪ'spəuk] *adj* (*Brit: garment*) fait(e) sur mesure; **~ tailor** tailleur *m* à façon
best [bɛst] *adj* meilleur(e) ▷ *adv* le mieux; **the ~ part of** (*quantity*) le plus clair de, la plus grande partie de; **at ~** au mieux; **to make the ~ of sth** s'accommoder de qch (du mieux que l'on peut); **to do one's ~** faire de son mieux; **to the ~ of my knowledge** pour autant que je sache; **to the ~ of my ability** du mieux que je pourrai; **he's not exactly patient at the ~ of times** il n'est jamais spécialement patient; **the ~ thing to do is ...** le mieux, c'est de ...
best-before date *n* date *f* de limite d'utilisation *or* de consommation
best man (*irreg*) *n* garçon *m* d'honneur
bestow [bɪ'stəu] *vt* accorder; (*title*) conférer
bestseller ['bɛst'sɛlə^r^] *n* best-seller *m*, succès *m* de librairie
bet [bɛt] *n* pari *m* ▷ *vt, vi* (*pt, pp* **-** *or* **-ted**) parier; **it's a safe ~** (*fig*) il y a de fortes chances; **to ~ sb sth** parier qch à qn
Bethlehem ['bɛθlɪhɛm] *n* Bethléem
betray [bɪ'treɪ] *vt* trahir
betrayal [bɪ'treɪəl] *n* trahison *f*
better ['bɛtə^r^] *adj* meilleur(e) ▷ *adv* mieux ▷ *vt* améliorer ▷ *n*: **to get the ~ of** triompher de, l'emporter sur; **a change for the ~** une amélioration; **I had ~ go** il faut que je m'en aille; **you had ~ do it** vous feriez mieux de le faire; **he thought ~ of it** il s'est ravisé; **to get ~** (*Med*) aller mieux; (*improve*) s'améliorer; **that's ~!** c'est mieux!; **~ off** *adj* plus à l'aise financièrement; (*fig*): **you'd be ~ off this way** vous vous en trouveriez mieux ainsi, ce serait mieux *or* plus pratique ainsi
betting ['bɛtɪŋ] *n* paris *mpl*
betting shop *n* (*Brit*) bureau *m* de paris
between [bɪ'twi:n] *prep* entre ▷ *adv* au milieu, dans l'intervalle; **the road ~ here and London** la route d'ici à Londres; **we only had 5 ~ us** nous n'en avions que 5 en tout
bevel ['bɛvəl] *n* (*also:* **bevel edge**) biseau *m*
beverage ['bɛvərɪdʒ] *n* boisson *f* (*gén sans alcool*)
bevy ['bɛvɪ] *n*: **a ~ of** un essaim *or* une volée de
bewail [bɪ'weɪl] *vt* se lamenter sur
beware [bɪ'wɛə^r^] *vt, vi*: **to ~ (of)** prendre garde (à); **"~ of the dog"** "(attention) chien méchant"
bewildered [bɪ'wɪldəd] *adj* dérouté(e), ahuri(e)
bewildering [bɪ'wɪldrɪŋ] *adj* déroutant(e), ahurissant(e)
bewitching [bɪ'wɪtʃɪŋ] *adj* enchanteur(-teresse)
beyond [bɪ'jɔnd] *prep* (*in space, time*) au-delà de; (*exceeding*) au-dessus de ▷ *adv* au-delà; **~ doubt** hors de doute; **~ repair** irréparable
b/f *abbr* = **brought forward**
BFPO *n abbr* (*= British Forces Post Office*) *service postal de l'armée*
bhp *n abbr* (*Aut: = brake horsepower*) puissance *f* aux freins
bi... [baɪ] *prefix* bi...
biannual [baɪ'ænjuəl] *adj* semestriel(le)
bias ['baɪəs] *n* (*prejudice*) préjugé *m*, parti pris; (*preference*) prévention *f*
biased, biassed ['baɪəst] *adj* partial(e), montrant un parti pris; **to be bias(s)ed against** avoir un préjugé contre
biathlon [baɪ'æθlən] *n* biathlon *m*
bib [bɪb] *n* bavoir *m*, bavette *f*
Bible ['baɪbl] *n* Bible *f*
bibliography [bɪblɪ'ɔgrəfɪ] *n* bibliographie *f*
bicarbonate of soda [baɪ'kɑ:bənɪt-] *n* bicarbonate *m* de soude
bicentenary [baɪsɛn'ti:nərɪ] *n*, **bicentennial** [baɪsɛn'tɛnɪəl] ▷ *n* bicentenaire *m*
biceps ['baɪsɛps] *n* biceps *m*
bicker ['bɪkə^r^] *vi* se chamailler
bicycle ['baɪsɪkl] *n* bicyclette *f*
bicycle path *n*, **bicycle track** *n* piste *f* cyclable
bicycle pump *n* pompe *f* à vélo
bid [bɪd] *n* offre *f*; (*at auction*) enchère *f*; (*attempt*) tentative *f* ▷ *vi* (*pt, pp* **-**) faire une enchère *or* offre ▷ *vt* (*pt* **bade**) [bæd] (*pp* **-den**) ['bɪdn] faire une enchère *or* offre de; **to ~ sb good day** souhaiter le bonjour à qn
bidden ['bɪdn] *pp of* **bid**
bidder ['bɪdə^r^] *n*: **the highest ~** le plus offrant
bidding ['bɪdɪŋ] *n* enchères *fpl*
bide [baɪd] *vt*: **to ~ one's time** attendre son heure

bidet ['bi:deɪ] *n* bidet *m*
bidirectional ['baɪdɪ'rɛkʃənl] *adj* bidirectionnel(le)
biennial [baɪ'ɛnɪəl] *adj* biennal(e), bisannuel(le) ▷ *n* biennale *f*; (*plant*) plante bisannuelle
bier [bɪəʳ] *n* bière *f* (*cercueil*)
bifocals [baɪ'fəuklz] *npl* lunettes *fpl* à double foyer
big [bɪg] *adj* (*in height: person, building, tree*) grand(e); (*in bulk, amount: person, parcel, book*) gros(se); **to do things in a ~ way** faire les choses en grand
bigamy ['bɪgəmɪ] *n* bigamie *f*
big dipper [-'dɪpəʳ] *n* montagnes *fpl* russes
big end *n* (*Aut*) tête *f* de bielle
biggish ['bɪgɪʃ] *adj* (*see big*) assez grand(e), assez gros(se)
bigheaded ['bɪg'hɛdɪd] *adj* prétentieux(-euse)
big-hearted ['bɪg'hɑ:tɪd] *adj* au grand cœur
bigot ['bɪgət] *n* fanatique *m/f*, sectaire *m/f*
bigoted ['bɪgətɪd] *adj* fanatique, sectaire
bigotry ['bɪgətrɪ] *n* fanatisme *m*, sectarisme *m*
big toe *n* gros orteil
big top *n* grand chapiteau
big wheel *n* (*at fair*) grande roue
bigwig ['bɪgwɪg] *n* (*inf*) grosse légume, huile *f*
bike [baɪk] *n* vélo *m*, bécane *f*
bike lane *n* piste *f* cyclable
bikini [bɪ'ki:nɪ] *n* bikini *m*
bilateral [baɪ'lætərl] *adj* bilatéral(e)
bile [baɪl] *n* bile *f*
bilingual [baɪ'lɪŋgwəl] *adj* bilingue
bilious ['bɪlɪəs] *adj* bilieux(-euse); (*fig*) maussade, irritable
bill [bɪl] *n* note *f*, facture *f*; (*in restaurant*) addition *f*, note *f*; (*Pol*) projet *m* de loi; (*US: banknote*) billet *m* (de banque); (*notice*) affiche *f*; (*of bird*) bec *m*; (*Theat*): **on the ~** à l'affiche ▷ *vt* (*item*) facturer; (*customer*) remettre la facture à; **may I have the ~ please?** (est-ce que je peux avoir) l'addition, s'il vous plaît?; **put it on my ~** mettez-le sur mon compte; **"post no ~s"** "défense d'afficher"; **to fit** *or* **fill the ~** (*fig*) faire l'affaire; **~ of exchange** lettre *f* de change; **~ of lading** connaissement *m*; **~ of sale** contrat *m* de vente
billboard ['bɪlbɔ:d] (US) *n* panneau *m* d'affichage
billet ['bɪlɪt] *n* cantonnement *m* (chez l'habitant) ▷ *vt* (*troops*) cantonner
billfold ['bɪlfəuld] *n* (*US*) portefeuille *m*
billiards ['bɪljədz] *n* (jeu *m* de) billard *m*
billion ['bɪljən] *n* (*Brit*) billion *m* (*million de millions*); (*US*) milliard *m*
billow ['bɪləu] *n* nuage *m* ▷ *vi* (*smoke*) s'élever en nuage; (*sail*) se gonfler
billy goat ['bɪlɪgəut] *n* bouc *m*
bimbo ['bɪmbəu] *n* (*inf*) ravissante idiote *f*
bin [bɪn] *n* boîte *f*; (*Brit: also:* **dustbin, litter bin**) poubelle *f*; (*for coal*) coffre *m*
binary ['baɪnərɪ] *adj* binaire
bind (*pt, pp* **bound**) [baɪnd, baund] *vt* attacher; (*book*) relier; (*oblige*) obliger, contraindre ▷ *n* (*inf: nuisance*) scie *f*
▶ **bind over** *vt* (*Law*) mettre en liberté conditionnelle
▶ **bind up** *vt* (*wound*) panser; **to be bound up in** (*work, research etc*) être complètement absorbé par, être accroché par; **to be bound up with** (*person*) être accroché à
binder ['baɪndəʳ] *n* (*file*) classeur *m*
binding ['baɪndɪŋ] *n* (*of book*) reliure *f* ▷ *adj* (*contract*) qui constitue une obligation
binge [bɪndʒ] *n* (*inf*): **to go on a ~** faire la bringue
bingo ['bɪŋgəu] *n sorte de jeu de loto pratiqué dans des établissements publics*
bin liner *n* sac *m* poubelle
binoculars [bɪ'nɔkjuləz] *npl* jumelles *fpl*
biochemistry [baɪə'kɛmɪstrɪ] *n* biochimie *f*
biodegradable ['baɪəudɪ'greɪdəbl] *adj* biodégradable
biodiversity ['baɪəudaɪ'və:sɪtɪ] *n* biodiversité *f*
biofuel ['baɪəufjuəl] *n* combustible *m* organique
biographer [baɪ'ɔgrəfəʳ] *n* biographe *m/f*
biographic [baɪə'græfɪk], **biographical** [baɪə'græfɪkl] *adj* biographique
biography [baɪ'ɔgrəfɪ] *n* biographie *f*
biological [baɪə'lɔdʒɪkl] *adj* biologique
biological clock *n* horloge *f* physiologique
biologist [baɪ'ɔlədʒɪst] *n* biologiste *m/f*
biology [baɪ'ɔlədʒɪ] *n* biologie *f*
biometric [baɪə'mɛtrɪk] *adj* biométrique
biophysics ['baɪəu'fɪzɪks] *n* biophysique *f*
biopic ['baɪəupɪk] *n* film *m* biographique
biopsy ['baɪɔpsɪ] *n* biopsie *f*
biosphere ['baɪəsfɪəʳ] *n* biosphère *f*
biotechnology ['baɪəutɛk'nɔlədʒɪ] *n* biotechnologie *f*
birch [bə:tʃ] *n* bouleau *m*
bird [bə:d] *n* oiseau *m*; (*Brit inf: girl*) nana *f*
bird flu *n* grippe *f* aviaire
bird of prey *n* oiseau *m* de proie
bird's-eye view ['bə:dzaɪ-] *n* vue *f* à vol d'oiseau; (*fig*) vue d'ensemble *or* générale
bird watcher [-wɔtʃəʳ] *n* ornithologue *m/f* amateur
birdwatching ['bə:dwɔtʃɪŋ] *n* ornithologie *f* (*d'amateur*)
Biro® ['baɪərəu] *n* stylo *m* à bille
birth [bə:θ] *n* naissance *f*; **to give ~ to** donner naissance à, mettre au monde; (*subj: animal*) mettre bas
birth certificate *n* acte *m* de naissance
birth control *n* (*policy*) limitation *f* des naissances; (*methods*) méthode(s) contraceptive(s)
birthday ['bə:θdeɪ] *n* anniversaire *m* ▷ *cpd* (*cake, card etc*) d'anniversaire
birthmark ['bə:θmɑ:k] *n* envie *f*, tache *f* de vin
birthplace ['bə:θpleɪs] *n* lieu *m* de naissance
birth rate *n* (taux *m* de) natalité *f*
Biscay ['bɪskeɪ] *n*: **the Bay of ~** le golfe de

Gascogne
biscuit ['bɪskɪt] *n* (*Brit*) biscuit *m*; (*US*) petit pain au lait
bisect [baɪ'sɛkt] *vt* couper *or* diviser en deux
bisexual ['baɪ'sɛksjuəl] *adj, n* bisexuel(le)
bishop ['bɪʃəp] *n* évêque *m*; (*Chess*) fou *m*
bistro ['bi:strəu] *n* petit restaurant *m*, bistrot *m*
bit [bɪt] *pt of* **bite** ▷ *n* morceau *m*; (*Comput*) bit *m*, élément *m* binaire; (*of tool*) mèche *f*; (*of horse*) mors *m*; **a ~ of** un peu de; **a ~ mad/dangerous** un peu fou/risqué; **~ by ~** petit à petit; **to come to ~s** (*break*) tomber en morceaux, se déglinguer; **bring all your ~s and pieces** apporte toutes tes affaires; **to do one's ~** y mettre du sien
bitch [bɪtʃ] *n* (*dog*) chienne *f*; (*inf!*) salope *f* (*!*), garce *f*
bite [baɪt] *vt, vi* (*pt* **bit**, *pp* **bitten** [bɪt, 'bɪtn]) mordre; (*insect*) piquer ▷ *n* morsure *f*; (*insect bite*) piqûre *f*; (*mouthful*) bouchée *f*; **let's have a ~ (to eat)** mangeons un morceau; **to ~ one's nails** se ronger les ongles
biting ['baɪtɪŋ] *adj* mordant(e)
bit part *n* (*Theat*) petit rôle
bitten ['bɪtn] *pp of* **bite**
bitter ['bɪtə^r] *adj* amer(-ère); (*criticism*) cinglant(e); (*icy: weather, wind*) glacial(e) ▷ *n* (*Brit: beer*) bière *f* (*à forte teneur en houblon*); **to the ~ end** jusqu'au bout
bitterly ['bɪtəlɪ] *adv* (*complain, weep*) amèrement; (*oppose, criticise*) durement, âprement; (*jealous, disappointed*) horriblement; **it's ~ cold** il fait un froid de loup
bitterness ['bɪtənɪs] *n* amertume *f*; goût amer
bittersweet ['bɪtəswi:t] *adj* aigre-doux (douce)
bitty ['bɪtɪ] *adj* (*Brit inf*) décousu(e)
bitumen ['bɪtjumɪn] *n* bitume *m*
bivouac ['bɪvuæk] *n* bivouac *m*
bizarre [bɪ'zɑ:^r] *adj* bizarre
bk *abbr* = **bank; book**
BL *n abbr* (= *Bachelor of Law(s), Bachelor of Letters*) *diplôme universitaire*; (*US:* = *Bachelor of Literature*) *diplôme universitaire*
bl *abbr* = **bill of lading**
blab [blæb] *vi* jaser, trop parler ▷ *vt* (*also:* **blab out**) laisser échapper, aller raconter
black [blæk] *adj* noir(e) ▷ *n* (*colour*) noir *m*; (*person*): **B~** noir(e) ▷ *vt* (*shoes*) cirer; (*Brit Industry*) boycotter; **to give sb a ~ eye** pocher l'œil à qn, faire un œil au beurre noir à qn; **there it is in ~ and white** (*fig*) c'est écrit noir sur blanc; **to be in the ~** (*in credit*) avoir un compte créditeur; **~ and blue** (*bruised*) couvert(e) de bleus
▶ **black out** *vi* (*faint*) s'évanouir
black belt *n* (*Judo etc*) ceinture noire; **he's a ~** il est ceinture noire
blackberry ['blækbərɪ] *n* mûre *f*
blackbird ['blækbə:d] *n* merle *m*
blackboard ['blækbɔ:d] *n* tableau noir
black box *n* (*Aviat*) boîte noire
black coffee *n* café noir
Black Country *n* (*Brit*): **the ~** le Pays Noir (*dans les Midlands*)
blackcurrant ['blæk'kʌrənt] *n* cassis *m*
black economy *n* (*Brit*) travail *m* au noir
blacken ['blækn] *vt* noircir
Black Forest *n*: **the ~** la Forêt Noire
blackhead ['blækhɛd] *n* point noir
black hole *n* (*Astronomy*) trou noir
black ice *n* verglas *m*
blackjack ['blækdʒæk] *n* (*Cards*) vingt-et-un *m*; (*US: truncheon*) matraque *f*
blackleg ['blæklɛg] *n* (*Brit*) briseur *m* de grève, jaune *m*
blacklist ['blæklɪst] *n* liste noire ▷ *vt* mettre sur la liste noire
blackmail ['blækmeɪl] *n* chantage *m* ▷ *vt* faire chanter, soumettre au chantage
blackmailer ['blækmeɪlə^r] *n* maître-chanteur *m*
black market *n* marché noir
blackout ['blækaut] *n* panne *f* d'électricité; (*in wartime*) black-out *m*; (*TV*) interruption *f* d'émission; (*fainting*) syncope *f*
black pepper *n* poivre noir
black pudding *n* boudin (noir)
Black Sea *n*: **the ~** la mer Noire
black sheep *n* brebis galeuse
blacksmith ['blæksmɪθ] *n* forgeron *m*
black spot *n* (*Aut*) point noir
bladder ['blædə^r] *n* vessie *f*
blade [bleɪd] *n* lame *f*; (*of oar*) plat *m*; (*of propeller*) pale *f*; **a ~ of grass** un brin d'herbe
blame [bleɪm] *n* faute *f*, blâme *m* ▷ *vt*: **to ~ sb/sth for sth** attribuer à qn/qch la responsabilité de qch; reprocher qch à qn/qch; **who's to ~?** qui est le fautif *or* coupable *or* responsable?; **I'm not to ~** ce n'est pas ma faute
blameless ['bleɪmlɪs] *adj* irréprochable
blanch [blɑ:ntʃ] *vi* (*person, face*) blêmir ▷ *vt* (*Culin*) blanchir
bland [blænd] *adj* affable; (*taste, food*) doux (douce), fade
blank [blæŋk] *adj* blanc (blanche); (*look*) sans expression, dénué(e) d'expression ▷ *n* espace *m* vide, blanc *m*; (*cartridge*) cartouche *f* à blanc; **his mind was a ~** il avait la tête vide; **we drew a ~** (*fig*) nous n'avons abouti à rien
blank cheque, (*US*) **blank check** *n* chèque *m* en blanc; **to give sb a ~ to do ...** (*fig*) donner carte blanche à qn pour faire ...
blanket ['blæŋkɪt] *n* couverture *f*; (*of snow, cloud*) couche *f* ▷ *adj* (*statement, agreement*) global(e), de portée générale; **to give ~ cover** (*insurance policy*) couvrir tous les risques
blare [blɛə^r] *vi* (*brass band, horns, radio*) beugler
blasé ['blɑ:zeɪ] *adj* blasé(e)
blasphemous ['blæsfɪməs] *adj* (*words*) blasphématoire; (*person*) blasphémateur(-trice)
blasphemy ['blæsfɪmɪ] *n* blasphème *m*
blast [blɑ:st] *n* explosion *f*; (*shock wave*) souffle *m*; (*of air, steam*) bouffée *f* ▷ *vt* faire sauter *or* exploser ▷ *excl* (*Brit inf*) zut!; **(at) full ~** (*play music etc*) à plein volume

▸ **blast off** *vi* (*Space*) décoller
blast-off ['blɑːstɔf] *n* (*Space*) lancement *m*
blatant ['bleɪtənt] *adj* flagrant(e), criant(e)
blatantly ['bleɪtəntlɪ] *adv* (*lie*) ouvertement; **it's ~ obvious** c'est l'évidence même
blaze [bleɪz] *n* (*fire*) incendie *m*; (*flames: of fire, sun etc*) embrasement *m*; (*: in hearth*) flamme *f*, flambée *f*; (*fig*) flamboiement *m* ▹ *vi* (*fire*) flamber; (*fig*) flamboyer, resplendir ▹ *vt*: **to ~ a trail** (*fig*) montrer la voie; **in a ~ of publicity** à grand renfort de publicité
blazer ['bleɪzə^r] *n* blazer *m*
bleach [bliːtʃ] *n* (*also*: **household bleach**) eau *f* de Javel ▹ *vt* (*linen*) blanchir
bleached [bliːtʃt] *adj* (*hair*) oxygéné(e), décoloré(e)
bleachers ['bliːtʃəz] *npl* (*US Sport*) gradins *mpl* (*en plein soleil*)
bleak [bliːk] *adj* morne, désolé(e); (*weather*) triste, maussade; (*smile*) lugubre; (*prospect, future*) morose
bleary-eyed ['blɪərɪ'aɪd] *adj* aux yeux pleins de sommeil
bleat [bliːt] *n* bêlement *m* ▹ *vi* bêler
bled [blɛd] *pt, pp of* **bleed**
bleed (*pt, pp* **bled**) [bliːd, blɛd] *vt* saigner; (*brakes, radiator*) purger ▹ *vi* saigner; **my nose is ~ing** je saigne du nez
bleep [bliːp] *n* (*Radio, TV*) top *m*; (*of pocket device*) bip *m* ▹ *vi* émettre des signaux ▹ *vt* (*doctor etc*) appeler (*au moyen d'un bip*)
bleeper ['bliːpə^r] *n* (*of doctor etc*) bip *m*
blemish ['blɛmɪʃ] *n* défaut *m*; (*on reputation*) tache *f*
blend [blɛnd] *n* mélange *m* ▹ *vt* mélanger ▹ *vi* (*colours etc: also*: **blend in**) se mélanger, se fondre, s'allier
blender ['blɛndə^r] *n* (*Culin*) mixeur *m*
bless (*pt, pp* **-ed** *or* **blest**) [blɛs, blɛst] *vt* bénir; **to be ~ed with** avoir le bonheur de jouir de *or* d'avoir; **~ you!** (*after sneeze*) à tes souhaits!
blessed ['blɛsɪd] *adj* (*Rel: holy*) béni(e); (*happy*) bienheureux(-euse); **it rains every ~ day** il ne se passe pas de jour sans qu'il ne pleuve
blessing ['blɛsɪŋ] *n* bénédiction *f*; (*godsend*) bienfait *m*; **to count one's ~s** s'estimer heureux; **it was a ~ in disguise** c'est un bien pour un mal
blew [bluː] *pt of* **blow**
blight [blaɪt] *n* (*of plants*) rouille *f* ▹ *vt* (*hopes etc*) anéantir, briser
blimey ['blaɪmɪ] *excl* (*Brit inf*) mince alors!
blind [blaɪnd] *adj* aveugle ▹ *n* (*for window*) store *m* ▹ *vt* aveugler; **to turn a ~ eye (on** *or* **to)** fermer les yeux (sur); **the blind** *npl* les aveugles *mpl*
blind alley *n* impasse *f*
blind corner *n* (*Brit*) virage *m* sans visibilité
blind date *n* rendez-vous galant (avec un(e) inconnu(e))
blindfold ['blaɪndfəuld] *n* bandeau *m* ▹ *adj, adv* les yeux bandés ▹ *vt* bander les yeux à
blindly ['blaɪndlɪ] *adv* aveuglément
blindness ['blaɪndnɪs] *n* cécité *f*; (*fig*) aveuglement *m*
blind spot *n* (*Aut etc*) angle *m* aveugle; (*fig*) angle mort
blink [blɪŋk] *vi* cligner des yeux; (*light*) clignoter ▹ *n*: **the TV's on the ~** (*inf*) la télé ne va pas tarder à nous lâcher
blinkers ['blɪŋkəz] *npl* œillères *fpl*
blinking ['blɪŋkɪŋ] *adj* (*Brit inf*): **this ~ ...** ce fichu *or* sacré ...
blip [blɪp] *n* (*on radar etc*) spot *m*; (*on graph*) petite aberration; (*fig*) petite anomalie (passagère)
bliss [blɪs] *n* félicité *f*, bonheur *m* sans mélange
blissful ['blɪsful] *adj* (*event, day*) merveilleux(-euse); (*smile*) de bonheur; **a ~ sigh** un soupir d'aise; **in ~ ignorance** dans une ignorance béate
blissfully ['blɪsfulɪ] *adv* (*smile*) béatement; (*happy*) merveilleusement
blister ['blɪstə^r] *n* (*on skin*) ampoule *f*, cloque *f*; (*on paintwork*) boursouflure *f* ▹ *vi* (*paint*) se boursoufler, se cloquer
BLit, BLitt *n abbr* (*= Bachelor of Literature*) *diplôme universitaire*
blithely ['blaɪðlɪ] *adv* (*unconcernedly*) tranquillement; (*joyfully*) gaiement
blithering ['blɪðərɪŋ] *adj* (*inf*): **this ~ idiot** cet espèce d'idiot
blitz [blɪts] *n* bombardement (aérien); **to have a ~ on sth** (*fig*) s'attaquer à qch
blizzard ['blɪzəd] *n* blizzard *m*, tempête *f* de neige
BLM *n abbr* (*US: = Bureau of Land Management*) ≈ les domaines
bloated ['bləutɪd] *adj* (*face*) bouffi(e); (*stomach, person*) gonflé(e)
blob [blɔb] *n* (*drop*) goutte *f*; (*stain, spot*) tache *f*
bloc [blɔk] *n* (*Pol*) bloc *m*
block [blɔk] *n* bloc *m*; (*in pipes*) obstruction *f*; (*toy*) cube *m*; (*of buildings*) pâté *m* (de maisons) ▹ *vt* bloquer; (*fig*) faire obstacle à; (*Comput*) grouper; **the sink is ~ed** l'évier est bouché; **~ of flats** (*Brit*) immeuble (locatif); **3 ~s from here** à trois rues d'ici; **mental ~** blocage *m*; **~ and tackle** (*Tech*) palan *m*
▸ **block up** *vt* boucher
blockade [blɔ'keɪd] *n* blocus *m* ▹ *vt* faire le blocus de
blockage ['blɔkɪdʒ] *n* obstruction *f*
block booking *n* réservation *f* en bloc
blockbuster ['blɔkbʌstə^r] *n* (*film, book*) grand succès
block capitals *npl* majuscules *fpl* d'imprimerie
blockhead ['blɔkhɛd] *n* imbécile *m/f*
block letters *npl* majuscules *fpl*
block release *n* (*Brit*) congé *m* de formation
block vote *n* (*Brit*) vote *m* de délégation
blog [blɔg] *n* blog *m*, blogue *m* ▹ *vi* bloguer
blogger ['blɔgə^r] (*inf*) *n* (*person*) blogueur(-euse) *m/f*
blogging [blɔgɪŋ] *n* blogging *m*
bloke [bləuk] *n* (*Brit inf*) type *m*
blond, blonde [blɔnd] *adj, n* blond(e)

blood [blʌd] *n* sang *m*
blood bank *n* banque *f* du sang
blood count *n* numération *f* globulaire
bloodcurdling ['blʌdkəːdlɪŋ] *adj* à vous glacer le sang
blood donor *n* donneur(-euse) de sang
blood group *n* groupe sanguin
bloodhound ['blʌdhaund] *n* limier *m*
bloodless ['blʌdlɪs] *adj* (*victory*) sans effusion de sang; (*pale*) anémié(e)
bloodletting ['blʌdlɛtɪŋ] *n* (*Med*) saignée *f*; (*fig*) effusion *f* de sang, représailles *fpl*
blood poisoning *n* empoisonnement *m* du sang
blood pressure *n* tension (artérielle); **to have high/low ~** faire de l'hypertension/ l'hypotension
bloodshed ['blʌdʃɛd] *n* effusion *f* de sang, carnage *m*
bloodshot ['blʌdʃɔt] *adj*: **~ eyes** yeux injectés de sang
blood sports *npl* sports *mpl* sanguinaires
bloodstained ['blʌdsteɪnd] *adj* taché(e) de sang
bloodstream ['blʌdstriːm] *n* sang *m*, système sanguin
blood test *n* analyse *f* de sang
bloodthirsty ['blʌdθəːstɪ] *adj* sanguinaire
blood transfusion *n* transfusion *f* de sang
blood type *n* groupe sanguin
blood vessel *n* vaisseau sanguin
bloody ['blʌdɪ] *adj* sanglant(e); (*Brit inf!*): **this ~ ...** ce foutu ..., ce putain de ... (*!*) ▷ *adv*: **~ strong/good** (*Brit: inf!*) vachement *or* sacrément fort/bon
bloody-minded ['blʌdɪ'maɪndɪd] *adj* (*Brit inf*) contrariant(e), obstiné(e)
bloom [bluːm] *n* fleur *f*; (*fig*) épanouissement *m* ▷ *vi* être en fleur; (*fig*) s'épanouir; être florissant(e)
blooming ['bluːmɪŋ] *adj* (*inf*): **this ~ ...** ce fichu *or* sacré ...
blossom ['blɔsəm] *n* fleur(s) *f(pl)* ▷ *vi* être en fleurs; (*fig*) s'épanouir; **to ~ into** (*fig*) devenir
blot [blɔt] *n* tache *f* ▷ *vt* tacher; (*ink*) sécher; **to be a ~ on the landscape** gâcher le paysage; **to ~ one's copy book** (*fig*) faire un impair
▸ **blot out** *vt* (*memories*) effacer; (*view*) cacher, masquer; (*nation, city*) annihiler
blotchy ['blɔtʃɪ] *adj* (*complexion*) couvert(e) de marbrures
blotting paper ['blɔtɪŋ-] *n* buvard *m*
blotto ['blɔtəu] *adj* (*inf*) bourré(e)
blouse [blauz] *n* (*feminine garment*) chemisier *m*, corsage *m*
blow [bləu] (*pt* **blew**, *pp* **-n**) [bluː, bləun] *n* coup *m* ▷ *vi* souffler ▷ *vt* (*glass*) souffler; (*instrument*) jouer de; (*fuse*) faire sauter; **to ~ one's nose** se moucher; **to ~ a whistle** siffler; **to come to ~s** en venir aux coups
▸ **blow away** *vi* s'envoler ▷ *vt* chasser, faire s'envoler
▸ **blow down** *vt* faire tomber, renverser
▸ **blow off** *vi* s'envoler ▷ *vt* (*hat*) emporter; (*ship*): **to ~ off course** faire dévier
▸ **blow out** *vi* (*fire, flame*) s'éteindre; (*tyre*) éclater; (*fuse*) sauter
▸ **blow over** *vi* s'apaiser
▸ **blow up** *vi* exploser, sauter ▷ *vt* faire sauter; (*tyre*) gonfler; (*Phot*) agrandir
blow-dry ['bləudraɪ] *n* (*hairstyle*) brushing *m* ▷ *vt* faire un brushing à
blowlamp ['bləulæmp] *n* (*Brit*) chalumeau *m*
blown [bləun] *pp of* **blow**
blow-out ['bləuaut] *n* (*of tyre*) éclatement *m*; (*Brit: inf: big meal*) gueuleton *m*
blowtorch ['bləutɔːtʃ] *n* chalumeau *m*
blowzy ['blauzɪ] *adj* (*Brit*) peu soigné(e)
BLS *n abbr* (*US*) = **Bureau of Labor Statistics**
blubber ['blʌbə^r] *n* blanc *m* de baleine ▷ *vi* (*pej*) pleurer comme un veau
bludgeon ['blʌdʒən] *n* gourdin *m*, trique *f*
blue [bluː] *adj* bleu(e); (*depressed*) triste; **~ film/joke** film *m*/histoire *f* pornographique; **(only) once in a ~ moon** tous les trente-six du mois; **out of the ~** (*fig*) à l'improviste, sans qu'on s'y attende
blue baby *n* enfant bleu(e)
bluebell ['bluːbɛl] *n* jacinthe *f* des bois
blueberry ['bluːbərɪ] *n* myrtille *f*, airelle *f*
bluebottle ['bluːbɔtl] *n* mouche *f* à viande
blue cheese *n* (fromage) bleu *m*
blue-chip ['bluːtʃɪp] *adj*: **~ investment** investissement *m* de premier ordre
blue-collar worker ['bluːkɔlə^r-] *n* ouvrier(-ère) col bleu
blue jeans *npl* blue-jeans *mpl*
blueprint ['bluːprɪnt] *n* bleu *m*; (*fig*) projet *m*, plan directeur
blues [bluːz] *npl*: **the ~** (*Mus*) le blues; **to have the ~** (*inf: feeling*) avoir le cafard
bluff [blʌf] *vi* bluffer ▷ *n* bluff *m*; (*cliff*) promontoire *m*, falaise *f* ▷ *adj* (*person*) bourru(e), brusque; **to call sb's ~** mettre qn au défi d'exécuter ses menaces
blunder ['blʌndə^r] *n* gaffe *f*, bévue *f* ▷ *vi* faire une gaffe *or* une bévue; **to ~ into sb/sth** buter contre qn/qch
blunt [blʌnt] *adj* (*knife*) émoussé(e), peu tranchant(e); (*pencil*) mal taillé(e); (*person*) brusque, ne mâchant pas ses mots ▷ *vt* émousser; **~ instrument** (*Law*) instrument contondant
bluntly ['blʌntlɪ] *adv* carrément, sans prendre de gants
bluntness ['blʌntnɪs] *n* (*of person*) brusquerie *f*, franchise brutale
blur [bləː^r] *n* (*shape*): **to become a ~** devenir flou ▷ *vt* brouiller, rendre flou(e)
blurb [bləːb] *n* (*for book*) texte *m* de présentation; (*pej*) baratin *m*
blurred [bləːd] *adj* flou(e)
blurt [bləːt]: **to ~ out** *vt* (*reveal*) lâcher; (*say*) balbutier, dire d'une voix entrecoupée
blush [blʌʃ] *vi* rougir ▷ *n* rougeur *f*
blusher ['blʌʃə^r] *n* rouge *m* à joues

bluster ['blʌstəʳ] *n* paroles *fpl* en l'air; (*boasting*) fanfaronnades *fpl*; (*threats*) menaces *fpl* en l'air ▷ *vi* parler en l'air; fanfaronner
blustering ['blʌstərɪŋ] *adj* fanfaron(ne)
blustery ['blʌstərɪ] *adj* (*weather*) à bourrasques
Blvd *abbr* (= *boulevard*) Bd
BM *n abbr* = **British Museum**; (*Scol*: = *Bachelor of Medicine*) *diplôme universitaire*
BMA *n abbr* = **British Medical Association**
BMJ *n abbr* = **British Medical Journal**
BMus *n abbr* (= *Bachelor of Music*) *diplôme universitaire*
BMX *n abbr* (= *bicycle motorcross*) BMX *m*
BO *n abbr* (*inf*: = *body odour*) odeurs corporelles; (*US*) = **box office**
boar [bɔːʳ] *n* sanglier *m*
board [bɔːd] *n* (*wooden*) planche *f*; (*on wall*) panneau *m*; (*for chess etc*) plateau *m*; (*cardboard*) carton *m*; (*committee*) conseil *m*, comité *m*; (*in firm*) conseil d'administration; (*Naut, Aviat*): **on ~** à bord ▷ *vt* (*ship*) monter à bord de; (*train*) monter dans; **full ~** (*Brit*) pension complète; **half ~** (*Brit*) demi-pension *f*; **~ and lodging** (*n*) chambre *f* avec pension; **with ~ and lodging** logé nourri; **above ~** (*fig*) régulier(-ère); **across the ~** (*fig*: *adv*) systématiquement; (: *adj*) de portée générale; **to go by the ~** (*hopes, principles*) être abandonné(e); (*be unimportant*) compter pour rien, n'avoir aucune importance
▸ **board up** *vt* (*door*) condamner (*au moyen de planches, de tôle*)
boarder ['bɔːdəʳ] *n* pensionnaire *m/f*; (*Scol*) interne *m/f*, pensionnaire
board game *n* jeu *m* de société
boarding card ['bɔːdɪŋ-] *n* (*Aviat, Naut*) carte *f* d'embarquement
boarding house ['bɔːdɪŋ-] *n* pension *f*
boarding party ['bɔːdɪŋ-] *n* section *f* d'abordage
boarding pass ['bɔːdɪŋ-] *n* (*Brit*) = **boarding card**
boarding school ['bɔːdɪŋ-] *n* internat *m*, pensionnat *m*
board meeting *n* réunion *f* du conseil d'administration
board room *n* salle *f* du conseil d'administration
boardwalk ['bɔːdwɔːk] *n* (*US*) cheminement *m* en planches
boast [bəust] *vi*: **to ~ (about** *or* **of)** se vanter (de) ▷ *vt* s'enorgueillir de ▷ *n* vantardise *f*; sujet *m* d'orgueil *or* de fierté
boastful ['bəustful] *adj* vantard(e)
boastfulness ['bəustfulnɪs] *n* vantardise *f*
boat [bəut] *n* bateau *m*; (*small*) canot *m*; barque *f*; **to go by ~** aller en bateau; **to be in the same ~** (*fig*) être logé à la même enseigne
boater ['bəutəʳ] *n* (*hat*) canotier *m*
boating ['bəutɪŋ] *n* canotage *m*
boat people *npl* boat people *mpl*
boatswain ['bəusn] *n* maître *m* d'équipage
bob [bɔb] *vi* (*boat, cork on water*: *also*: **bob up and down**) danser, se balancer ▷ *n* (*Brit inf*) = **shilling**
▸ **bob up** *vi* surgir *or* apparaître brusquement
bobbin ['bɔbɪn] *n* bobine *f*; (*of sewing machine*) navette *f*
bobby ['bɔbɪ] *n* (*Brit inf*) ≈ agent *m* (de police)
bobby pin ['bɔbɪ-] *n* (*US*) pince *f* à cheveux
bobsleigh ['bɔbsleɪ] *n* bob *m*
bode [bəud] *vi*: **to ~ well/ill (for)** être de bon/mauvais augure (pour)
bodice ['bɔdɪs] *n* corsage *m*
bodily ['bɔdɪlɪ] *adj* corporel(le); (*pain, comfort*) physique; (*needs*) matériel(le) ▷ *adv* (*carry, lift*) dans ses bras
body ['bɔdɪ] *n* corps *m*; (*of car*) carrosserie *f*; (*of plane*) fuselage *m*; (*also*: **body stocking**) body *m*, justaucorps *m*; (*fig*: *society*) organe *m*, organisme *m*; (: *quantity*) ensemble *m*, masse *f*; (*of wine*) corps; **ruling ~** organe directeur; **in a ~** en masse, ensemble; (*speak*) comme un seul et même homme
body blow *n* (*fig*) coup dur, choc *m*
body-building ['bɔdɪbɪldɪŋ] *n* body-building *m*, culturisme *m*
bodyguard ['bɔdɪgaːd] *n* garde *m* du corps
body language *n* langage *m* du corps
body repairs *npl* travaux *mpl* de carrosserie
body search *n* fouille *f* (corporelle); **to carry out a ~ on sb** fouiller qn; **to submit to** *or* **undergo a ~** se faire fouiller
bodywork ['bɔdɪwəːk] *n* carrosserie *f*
boffin ['bɔfɪn] *n* (*Brit*) savant *m*
bog [bɔg] *n* tourbière *f* ▷ *vt*: **to get ~ged down (in)** (*fig*) s'enliser (dans)
boggle ['bɔgl] *vi*: **the mind ~s** c'est incroyable, on en reste sidéré
bogie ['bəugɪ] *n* bogie *m*
Bogotá [bəugə'taː] *n* Bogotá
bogus ['bəugəs] *adj* bidon *inv*; fantôme
Bohemia [bəu'hiːmɪə] *n* Bohême *f*
Bohemian [bəu'hiːmɪən] *adj* bohémien(ne) ▷ *n* Bohémien(ne); (*gipsy*: *also*: **bohemian**) bohémien(ne)
boil [bɔɪl] *vt* (faire) bouillir ▷ *vi* bouillir ▷ *n* (*Med*) furoncle *m*; **to come to the** *or* (*US*) **a ~** bouillir; **to bring to the** *or* (*US*) **a ~** porter à ébullition
▸ **boil down** *vi* (*fig*): **to ~ down to** se réduire *or* ramener à
▸ **boil over** *vi* déborder
boiled egg *n* œuf *m* à la coque
boiler ['bɔɪləʳ] *n* chaudière *f*
boiler suit *n* (*Brit*) bleu *m* de travail, combinaison *f*
boiling ['bɔɪlɪŋ] *adj*: **I'm ~ (hot)** (*inf*) je crève de chaud
boiling point *n* point *m* d'ébullition
boil-in-the-bag [bɔɪlɪnðə'bæg] *adj* (*rice etc*) en sachet cuisson
boisterous ['bɔɪstərəs] *adj* bruyant(e), tapageur(-euse)
bold [bəuld] *adj* hardi(e), audacieux(-euse); (*pej*) effronté(e); (*outline, colour*) franc (franche), tranché(e), marqué(e)

b

boldness [ˈbəuldnɪs] *n* hardiesse *f*, audace *f*; aplomb *m*, effronterie *f*
bold type *n* (*Typ*) caractères *mpl* gras
Bolivia [bəˈlɪvɪə] *n* Bolivie *f*
Bolivian [bəˈlɪvɪən] *adj* bolivien(ne) ▷ *n* Bolivien(ne)
bollard [ˈbɔləd] *n* (*Naut*) bitte *f* d'amarrage; (*Brit Aut*) borne lumineuse *or* de signalisation
Bollywood [ˈbɔlɪwud] *n* Bollywood m
bolshy [ˈbɔlʃɪ] *adj* râleur(-euse); **to be in a ~ mood** être peu coopératif(-ive)
bolster [ˈbəulstəʳ] *n* traversin *m*
▸ **bolster up** *vt* soutenir
bolt [bəult] *n* verrou *m*; (*with nut*) boulon *m* ▷ *adv*: **~ upright** droit(e) comme un piquet ▷ *vt* (*door*) verrouiller; (*food*) engloutir ▷ *vi* se sauver, filer (comme une flèche); **a ~ from the blue** (*horse*) s'emballer; (*fig*) un coup de tonnerre dans un ciel bleu
bomb [bɔm] *n* bombe *f* ▷ *vt* bombarder
bombard [bɔmˈbɑːd] *vt* bombarder
bombardment [bɔmˈbɑːdmənt] *n* bombardement *m*
bombastic [bɔmˈbæstɪk] *adj* grandiloquent(e), pompeux(-euse)
bomb disposal *n*: **~ unit** section *f* de déminage; **~ expert** artificier *m*
bomber [ˈbɔməʳ] *n* caporal *m* d'artillerie; (*Aviat*) bombardier *m*; (*terrorist*) poseur *m* de bombes
bombing [ˈbɔmɪŋ] *n* bombardement *m*
bomb scare *n* alerte *f* à la bombe
bombshell [ˈbɔmʃɛl] *n* obus *m*; (*fig*) bombe *f*
bomb site *n* zone *f* de bombardement
bona fide [ˈbəunəˈfaɪdɪ] *adj* de bonne foi; (*offer*) sérieux(-euse)
bonanza [bəˈnænzə] *n* filon *m*
bond [bɔnd] *n* lien *m*; (*binding promise*) engagement *m*, obligation *f*; (*Finance*) obligation; **bonds** *npl* (*chains*) chaînes *fpl*; **in ~** (*of goods*) en entrepôt
bondage [ˈbɔndɪdʒ] *n* esclavage *m*
bonded warehouse [ˈbɔndɪd-] *n* entrepôt *m* sous douanes
bone [bəun] *n* os *m*; (*of fish*) arête *f* ▷ *vt* désosser; ôter les arêtes de
bone china *n* porcelaine *f* tendre
bone-dry [ˈbəunˈdraɪ] *adj* absolument sec (sèche)
bone idle *adj* fainéant(e)
bone marrow *n* moelle osseuse
boner [ˈbəunəʳ] *n* (*US*) gaffe *f*, bourde *f*
bonfire [ˈbɔnfaɪəʳ] *n* feu *m* (de joie); (*for rubbish*) feu
bonk [bɔŋk] (*inf!*) *vt* s'envoyer (*!*), sauter (*!*) ▷ *vi* s'envoyer en l'air (*!*)
bonkers [ˈbɔŋkəz] *adj* (*Brit inf*) cinglé(e), dingue
Bonn [bɔn] *n* Bonn
bonnet [ˈbɔnɪt] *n* bonnet *m*; (*Brit: of car*) capot *m*
bonny [bɔnɪ] *adj* (*Scottish*) joli(e)
bonus [ˈbəunəs] *n* (*money*) prime *f*; (*advantage*) avantage *m*
bony [ˈbəunɪ] *adj* (*arm, face: Med: tissue*) osseux(-euse); (*thin: person*) squelettique; (*meat*) plein(e) d'os; (*fish*) plein d'arêtes
boo [buː] *excl* hou!, peuh! ▷ *vt* huer ▷ *n* huée *f*
boob [buːb] *n* (*inf: breast*) nichon *m*; (*: Brit: mistake*) gaffe *f*
booby prize [ˈbuːbɪ-] *n* timbale *f* (*ironique*)
booby trap [ˈbuːbɪ-] *n* guet-apens *m*
booby-trapped [ˈbuːbɪtræpt] *adj* piégé(e)
book [buk] *n* livre *m*; (*of stamps, tickets etc*) carnet *m*; (*Comm*): **books** *npl* comptes *mpl*, comptabilité *f* ▷ *vt* (*ticket*) prendre; (*seat, room*) réserver; (*driver*) dresser un procès-verbal à; (*football player*) prendre le nom de, donner un carton à; **I ~ed a table in the name of ...** j'ai réservé une table au nom de ...; **to keep the ~s** tenir la comptabilité; **by the ~** à la lettre, selon les règles; **to throw the ~ at sb** passer un savon à qn
▸ **book in** *vi* (*Brit: at hotel*) prendre sa chambre
▸ **book up** *vt* réserver; **all seats are ~ed up** tout est pris, c'est complet
bookable [ˈbukəbl] *adj*: **seats are ~** on peut réserver ses places
bookcase [ˈbukkeɪs] *n* bibliothèque *f* (*meuble*)
book ends *npl* serre-livres *m inv*
booking [ˈbukɪŋ] *n* (*Brit*) réservation *f*; **I confirmed my ~ by fax/email** j'ai confirmé ma réservation par fax/e-mail
booking office *n* (*Brit*) bureau *m* de location
book-keeping [ˈbukˈkiːpɪŋ] *n* comptabilité *f*
booklet [ˈbuklɪt] *n* brochure *f*
bookmaker [ˈbukmeɪkəʳ] *n* bookmaker *m*
bookmark [ˈbukmɑːk] *n* (*for book*) marque-page *m*; (*Comput*) signet *m*
bookseller [ˈbuksɛləʳ] *n* libraire *m/f*
bookshelf [ˈbukʃɛlf] *n* (*single*) étagère *f* (à livres); (*bookcase*) bibliothèque *f*; **bookshelves** rayons *mpl* (de bibliothèque)
bookshop [ˈbukʃɔp], **bookstore** *n* librairie *f*
bookstall [ˈbukstɔːl] *n* kiosque *m* à journaux
book store [ˈbukstɔːʳ] *n* = **bookshop**
book token *n* bon-cadeau *m* (pour un livre)
book value *n* valeur *f* comptable
bookworm [ˈbukwəːm] *n* dévoreur(-euse) de livres
boom [buːm] *n* (*noise*) grondement *m*; (*in prices, population*) forte augmentation; (*busy period*) boom *m*, vague *f* de prospérité ▷ *vi* gronder; prospérer
boomerang [ˈbuːməræŋ] *n* boomerang *m*
boom town *n* ville *f* en plein essor
boon [buːn] *n* bénédiction *f*, grand avantage
boorish [ˈbuərɪʃ] *adj* grossier(-ère), rustre
boost [buːst] *n* stimulant *m*, remontant *m* ▷ *vt* stimuler; **to give a ~ to sb's spirits** *or* **to sb** remonter le moral à qn
booster [ˈbuːstəʳ] *n* (*TV*) amplificateur *m* (de signal); (*Elec*) survolteur *m*; (*also*: **booster rocket**) booster *m*; (*Med: vaccine*) rappel *m*
booster seat *n* (*Aut: for children*) siège *m* rehausseur
boot [buːt] *n* botte *f*; (*for hiking*) chaussure *f* (de

marche); *(ankle boot)* bottine *f*; *(Brit: of car)* coffre *m* ▷ *vt (Comput)* lancer, mettre en route; **to ~** *(in addition)* par-dessus le marché, en plus; **to give sb the ~** *(inf)* flanquer qn dehors, virer qn
booth [bu:ð] *n (at fair)* baraque (foraine); *(of telephone etc)* cabine *f*; *(also:* **voting booth***)* isoloir *m*
bootleg [ˈbu:tlɛg] *adj* de contrebande; **~ record** enregistrement *m* pirate
booty [ˈbu:tɪ] *n* butin *m*
booze [bu:z] *(inf) n* boissons *fpl* alcooliques, alcool *m* ▷ *vi* boire, picoler
boozer [ˈbu:zəʳ] *n (inf: person)*: **he's a ~** il picole pas mal; *(Brit inf: pub)* pub *m*
border [ˈbɔ:dəʳ] *n* bordure *f*; bord *m*; *(of a country)* frontière *f*; **the B~s** *la région frontière entre l'Écosse et l'Angleterre*
▸ **border on** *vt fus* être voisin(e) de, toucher à
borderline [ˈbɔ:dəlaɪn] *n (fig)* ligne *f* de démarcation ▷ *adj*: **~ case** cas *m* limite
bore [bɔ:ʳ] *pt of* **bear** ▷ *vt (person)* ennuyer, raser; *(hole)* percer; *(well, tunnel)* creuser ▷ *n (person)* raseur(-euse); *(boring thing)* barbe *f*; *(of gun)* calibre *m*
bored [ˈbɔ:d] *adj*: **to be ~** s'ennuyer; **he's ~ to tears** *or* **to death** *or* **stiff** il s'ennuie à mourir
boredom [ˈbɔ:dəm] *n* ennui *m*
boring [ˈbɔ:rɪŋ] *adj* ennuyeux(-euse)
born [bɔ:n] *adj*: **to be ~** naître; **I was ~ in 1960** je suis né en 1960; **~ blind** aveugle de naissance; **a ~ comedian** un comédien-né
born-again [bɔ:nəˈgɛn] *adj*: **~ Christian** ≈ évangéliste *m/f*
borne [bɔ:n] *pp of* **bear**
Borneo [ˈbɔ:nɪəu] *n* Bornéo *f*
borough [ˈbʌrə] *n* municipalité *f*
borrow [ˈbɔrəu] *vt*: **to ~ sth (from sb)** emprunter qch (à qn); **may I ~ your car?** est-ce que je peux vous emprunter votre voiture?
borrower [ˈbɔrəuəʳ] *n* emprunteur(-euse)
borrowing [ˈbɔrəuɪŋ] *n* emprunt(s) *mpl*
borstal [ˈbɔ:stl] *n (Brit)* ≈ maison *f* de correction
Bosnia [ˈbɔznɪə] *n* Bosnie *f*
Bosnia-Herzegovina [ˈbɔznɪə-hɛrzəˈgəuvi:nə] *n*, **Bosnia-Hercegovina** Bosnie-Herzégovine *f*
Bosnian [ˈbɔznɪən] *adj* bosniaque, bosnien(ne) ▷ *n* Bosniaque *m/f*, Bosnien(ne)
bosom [ˈbuzəm] *n* poitrine *f*; *(fig)* sein *m*
bosom friend *n* ami(e) intime
boss [bɔs] *n* patron(ne) ▷ *vt (also:* **boss about, boss around***)* mener à la baguette
bossy [ˈbɔsɪ] *adj* autoritaire
bosun [ˈbəusn] *n* maître *m* d'équipage
botanical [bəˈtænɪkl] *adj* botanique
botanist [ˈbɔtənɪst] *n* botaniste *m/f*
botany [ˈbɔtənɪ] *n* botanique *f*
botch [bɔtʃ] *vt (also:* **botch up***)* saboter, bâcler
both [bəuθ] *adj* les deux, l'un(e) et l'autre ▷ *pron*: **~ (of them)** les deux, tous (toutes) (les) deux, l'un(e) et l'autre; **~ of us went, we ~ went** nous y sommes allés tous les deux ▷ *adv*: **~ A and B** A et B; **they sell ~ the fabric and the finished curtains** ils vendent (et) le tissu et les rideaux (finis), ils vendent à la fois le tissu et les rideaux (finis)
bother [ˈbɔðəʳ] *vt (worry)* tracasser; *(needle, bait)* importuner, ennuyer; *(disturb)* déranger ▷ *vi (also:* **bother o.s.***)* se tracasser, se faire du souci ▷ *n (trouble)* ennuis *mpl*; **it is a ~ to have to do** c'est vraiment ennuyeux d'avoir à faire ▷ *excl* zut!; **to ~ doing** prendre la peine de faire; **I'm sorry to ~ you** excusez-moi de vous déranger; **please don't ~** ne vous dérangez pas; **don't ~** ce n'est pas la peine; **it's no ~** aucun problème
Botswana [bɔtˈswɑ:nə] *n* Botswana *m*
bottle [ˈbɔtl] *n* bouteille *f*; *(baby's)* biberon *m*; *(of perfume, medicine)* flacon *m* ▷ *vt* mettre en bouteille(s); **~ of wine/milk** bouteille de vin/ lait; **wine/milk ~** bouteille à vin/lait
▸ **bottle up** *vt* refouler, contenir
bottle bank *n* conteneur *m* (de bouteilles)
bottleneck [ˈbɔtlnɛk] *n (in traffic)* bouchon *m*; *(in production)* goulet *m* d'étranglement
bottle-opener [ˈbɔtləupnəʳ] *n* ouvre-bouteille *m*
bottom [ˈbɔtəm] *n (of container, sea etc)* fond *m*; *(buttocks)* derrière *m*; *(of page, list)* bas *m*; *(of chair)* siège *m*; *(of mountain, tree, hill)* pied *m* ▷ *adj (shelf, step)* du bas; **to get to the ~ of sth** *(fig)* découvrir le fin fond de qch
bottomless [ˈbɔtəmlɪs] *adj* sans fond, insondable
bottom line *n*: **the ~ is that ...** l'essentiel, c'est que ...
botulism [ˈbɔtjulɪzəm] *n* botulisme *m*
bough [bau] *n* branche *f*, rameau *m*
bought [bɔ:t] *pt, pp of* **buy**
boulder [ˈbəuldəʳ] *n* gros rocher *(gén lisse, arrondi)*
bounce [bauns] *vi (ball)* rebondir; *(cheque)* être refusé *(étant sans provision)*; *(also:* **to bounce forward/out etc***)* bondir, s'élancer ▷ *vt* faire rebondir ▷ *n (rebound)* rebond *m*; **he's got plenty of ~** *(fig)* il est plein d'entrain *or* d'allant
bouncer [ˈbaunsəʳ] *n (inf: at dance, club)* videur *m*
bound [baund] *pt, pp of* **bind** ▷ *n (gen pl)* limite *f*; *(leap)* bond *m* ▷ *vi (leap)* bondir ▷ *vt (limit)* borner ▷ *adj*: **to be ~ to do sth** *(obliged)* être obligé(e) *or* avoir obligation de faire qch; **he's ~ to fail** *(likely)* il est sûr d'échouer, son échec est inévitable *or* assuré; **~ by** *(law, regulation)* engagé(e) par; **~ for** à destination de; **out of ~s** dont l'accès est interdit
boundary [ˈbaundrɪ] *n* frontière *f*
boundless [ˈbaundlɪs] *adj* illimité(e), sans bornes
bountiful [ˈbauntɪful] *adj (person)* généreux(-euse); *(God)* bienfaiteur(-trice); *(supply)* ample
bounty [ˈbauntɪ] *n (generosity)* générosité *f*
bouquet [ˈbukeɪ] *n* bouquet *m*
bourbon [ˈbuəbən] *n (US: also:* **bourbon whiskey***)* bourbon *m*
bourgeois [ˈbuəʒwɑ:] *adj, n* bourgeois(e)
bout [baut] *n* période *f*; *(of malaria etc)* accès *m*,

crise *f*, attaque *f*; (*Boxing etc*) combat *m*, match *m*
boutique [bu:'ti:k] *n* boutique *f*
bow[1] [bəu] *n* nœud *m*; (*weapon*) arc *m*; (*Mus*) archet *m*
bow[2] [bau] *n* (*with body*) révérence *f*, inclination *f* (du buste *or* corps); (*Naut*: *also*: **bows**) proue *f* ▷ *vi* faire une révérence, s'incliner; (*yield*): **to ~ to** *or* **before** s'incliner devant, se soumettre à; **to ~ to the inevitable** accepter l'inévitable *or* l'inéluctable
bowels [bauəlz] *npl* intestins *mpl*; (*fig*) entrailles *fpl*
bowl [bəul] *n* (*for eating*) bol *m*; (*for washing*) cuvette *f*; (*ball*) boule *f*; (*of pipe*) fourneau *m* ▷ *vi* (*Cricket*) lancer (la balle)
▸ **bowl over** *vt* (*fig*) renverser
bow-legged ['bəu'lɛgɪd] *adj* aux jambes arquées
bowler ['bəuləʳ] *n* joueur *m* de boules; (*Cricket*) lanceur *m* (de la balle); (*Brit*: *also*: **bowler hat**) (chapeau *m*) melon *m*
bowling ['bəulɪŋ] *n* (*game*) jeu *m* de boules, jeu de quilles
bowling alley *n* bowling *m*
bowling green *n* terrain *m* de boules (*gazonné et carré*)
bowls [bəulz] *n* (jeu *m* de) boules *fpl*
bow tie [bəu-] *n* nœud *m* papillon
box [bɔks] *n* boîte *f*; (*also*: **cardboard box**) carton *m*; (*crate*) caisse *f*; (*Theat*) loge *f* ▷ *vt* mettre en boîte; (*Sport*) boxer avec ▷ *vi* boxer, faire de la boxe
boxer ['bɔksəʳ] *n* (*person*) boxeur *m*; (*dog*) boxer *m*
boxer shorts ['bɔksəʃɔ:ts] *npl* caleçon *m*
boxing ['bɔksɪŋ] *n* (*sport*) boxe *f*
Boxing Day *n* (*Brit*) *le lendemain de Noël*; *voir article*

BOXING DAY

Boxing Day est le lendemain de Noël, férié en Grande-Bretagne. Ce nom vient d'une coutume du XIXe siècle qui consistait à donner des cadeaux de Noël (dans des boîtes) à ses employés etc le 26 décembre.

boxing gloves *npl* gants *mpl* de boxe
boxing ring *n* ring *m*
box number *n* (*for advertisements*) numéro *m* d'annonce
box office *n* bureau *m* de location
box room *n* débarras *m*; chambrette *f*
boy [bɔɪ] *n* garçon *m*
boy band *n* boys band *m*
boycott ['bɔɪkɔt] *n* boycottage *m* ▷ *vt* boycotter
boyfriend ['bɔɪfrɛnd] *n* (petit) ami
boyish ['bɔɪɪʃ] *adj* d'enfant, de garçon; **to look ~** (*man*: *appear youthful*) faire jeune
Bp *abbr* = **bishop**
BR *abbr* = **British Rail**
Br. *abbr* (*Rel*) = **brother**
bra [brɑ:] *n* soutien-gorge *m*
brace [breɪs] *n* (*support*) attache *f*, agrafe *f*; (*Brit*: *also*: **braces**: *on teeth*) appareil *m* (dentaire); (*tool*) vilebrequin *m*; (*Typ*: *also*: **brace bracket**) accolade *f* ▷ *vt* (*support*) consolider, soutenir;
braces *npl* (*Brit*: *for trousers*) bretelles *fpl*; **to ~ o.s.** (*fig*) se préparer mentalement
bracelet ['breɪslɪt] *n* bracelet *m*
bracing ['breɪsɪŋ] *adj* tonifiant(e), tonique
bracken ['brækən] *n* fougère *f*
bracket ['brækɪt] *n* (*Tech*) tasseau *m*, support *m*; (*group*) classe *f*, tranche *f*; (*also*: **brace bracket**) accolade *f*; (*also*: **round bracket**) parenthèse *f*; (*also*: **square bracket**) crochet *m* ▷ *vt* mettre entre parenthèses; (*fig*: *also*: **bracket together**) regrouper; **income ~** tranche *f* des revenus; **in ~s** entre parenthèses *or* crochets
brackish ['brækɪʃ] *adj* (*water*) saumâtre
brag [bræg] *vi* se vanter
braid [breɪd] *n* (*trimming*) galon *m*; (*of hair*) tresse *f*, natte *f*
Braille [breɪl] *n* braille *m*
brain [breɪn] *n* cerveau *m*; **brains** *npl* (*intellect, food*) cervelle *f*; **he's got ~s** il est intelligent
brainchild ['breɪntʃaɪld] *n* trouvaille (personnelle), invention *f*
braindead ['breɪndɛd] *adj* (*Med*) dans un coma dépassé; (*inf*) demeuré(e)
brainless ['breɪnlɪs] *adj* sans cervelle, stupide
brainstorm ['breɪnstɔ:m] *n* (*fig*) moment *m* d'égarement; (*US*: *brainwave*) idée *f* de génie
brainwash ['breɪnwɔʃ] *vt* faire subir un lavage de cerveau à
brainwave ['breɪnweɪv] *n* idée *f* de génie
brainy ['breɪnɪ] *adj* intelligent(e), doué(e)
braise [breɪz] *vt* braiser
brake [breɪk] *n* frein *m* ▷ *vt, vi* freiner
brake light *n* feu *m* de stop
brake pedal *n* pédale *f* de frein
bramble ['bræmbl] *n* ronces *fpl*; (*fruit*) mûre *f*
bran [bræn] *n* son *m*
branch [brɑ:ntʃ] *n* branche *f*; (*Comm*) succursale *f*; (: *of bank*) agence *f*; (*of association*) section locale ▷ *vi* bifurquer
▸ **branch off** *vi* (*road*) bifurquer
▸ **branch out** *vi* diversifier ses activités; **to ~ out into** étendre ses activités à
branch line *n* (*Rail*) bifurcation *f*, embranchement *m*
branch manager *n* directeur(-trice) de succursale (*or* d'agence)
brand [brænd] *n* marque (commerciale) ▷ *vt* (*cattle*) marquer (au fer rouge); (*fig*: *pej*): **to ~ sb a communist** *etc* traiter *or* qualifier qn de communiste *etc*
brandish ['brændɪʃ] *vt* brandir
brand name *n* nom *m* de marque
brand-new ['brænd'nju:] *adj* tout(e) neuf (neuve), flambant neuf (neuve)
brandy ['brændɪ] *n* cognac *m*, fine *f*
brash [bræʃ] *adj* effronté(e)
Brasilia [brə'zɪlɪə] *n* Brasilia
brass [brɑ:s] *n* cuivre *m* (jaune), laiton *m*; **the ~** (*Mus*) les cuivres
brass band *n* fanfare *f*

brass tacks *npl*: **to get down to ~** en venir au fait
brat [bræt] *n* (*pej*) mioche *m/f*, môme *m/f*
bravado [brəˈvɑːdəu] *n* bravade *f*
brave [breɪv] *adj* courageux(-euse), brave ▷ *n* guerrier indien ▷ *vt* braver, affronter
bravery [ˈbreɪvərɪ] *n* bravoure *f*, courage *m*
brawl [brɔːl] *n* rixe *f*, bagarre *f* ▷ *vi* se bagarrer
brawn [brɔːn] *n* muscle *m*; (*meat*) fromage *m* de tête
brawny [ˈbrɔːnɪ] *adj* musclé(e), costaud(e)
bray [breɪ] *n* braiement *m* ▷ *vi* braire
brazen [ˈbreɪzn] *adj* impudent(e), effronté(e) ▷ *vt*: **to ~ it out** payer d'effronterie, crâner
brazier [ˈbreɪzɪə^r] *n* brasero *m*
Brazil [brəˈzɪl] *n* Brésil *m*
Brazilian [brəˈzɪljən] *adj* brésilien(ne) ▷ *n* Brésilien(ne)
Brazil nut *n* noix *f* du Brésil
breach [briːtʃ] *vt* ouvrir une brèche dans ▷ *n* (*gap*) brèche *f*; (*estrangement*) brouille *f*; (*breaking*): **~ of contract** rupture *f* de contrat; **~ of the peace** attentat *m* à l'ordre public; **~ of trust** abus *m* de confiance
bread [brɛd] *n* pain *m*; (*inf: money*) fric *m*; **~ and butter** (*n*) tartines (beurrées); (*fig*) subsistance *f*; **to earn one's daily ~** gagner son pain; **to know which side one's ~ is buttered (on)** savoir où est son avantage *or* intérêt
breadbin [ˈbrɛdbɪn] *n* (*Brit*) boîte *f or* huche *f* à pain
breadboard [ˈbrɛdbɔːd] *n* planche *f* à pain; (*Comput*) montage expérimental
breadbox [ˈbrɛdbɔks] *n* (*US*) boîte *f or* huche *f* à pain
breadcrumbs [ˈbrɛdkrʌmz] *npl* miettes *fpl* de pain; (*Culin*) chapelure *f*, panure *f*
breadline [ˈbrɛdlaɪn] *n*: **to be on the ~** être sans le sou *or* dans l'indigence
breadth [brɛtθ] *n* largeur *f*
breadwinner [ˈbrɛdwɪnə^r] *n* soutien *m* de famille
break [breɪk] (*pt* **broke**, *pp* **broken** [brəuk, ˈbrəukən]) *vt* casser, briser; (*promise*) rompre; (*law*) violer ▷ *vi* se casser, se briser; (*weather*) tourner; (*storm*) éclater; (*day*) se lever ▷ *n* (*gap*) brèche *f*; (*fracture*) cassure *f*; (*rest*) interruption *f*, arrêt *m*; (*: short*) pause *f*; (*: at school*) récréation *f*; (*chance*) chance *f*, occasion *f* favorable; **to ~ one's leg** *etc* se casser la jambe *etc*; **to ~ a record** battre un record; **to ~ the news to sb** annoncer la nouvelle à qn; **to ~ with sb** rompre avec qn; **to ~ even** *vi* rentrer dans ses frais; **to ~ free** *or* **loose** *vi* se dégager, s'échapper; **to take a ~** (*few minutes*) faire une pause, s'arrêter cinq minutes; (*holiday*) prendre un peu de repos; **without a ~** sans interruption, sans arrêt
▸ **break down** *vt* (*door etc*) enfoncer; (*resistance*) venir à bout de; (*figures, data*) décomposer, analyser ▷ *vi* s'effondrer; (*Med*) faire une dépression (nerveuse); (*Aut*) tomber en panne; **my car has broken down** ma voiture est en panne
▸ **break in** *vt* (*horse etc*) dresser ▷ *vi* (*burglar*) entrer par effraction; (*interrupt*) interrompre
▸ **break into** *vt fus* (*house*) s'introduire *or* pénétrer par effraction dans
▸ **break off** *vi* (*speaker*) s'interrompre; (*branch*) se rompre ▷ *vt* (*talks, engagement*) rompre
▸ **break open** *vt* (*door etc*) forcer, fracturer
▸ **break out** *vi* éclater, se déclarer; (*prisoner*) s'évader; **to ~ out in spots** se couvrir de boutons
▸ **break through** *vi*: **the sun broke through** le soleil a fait son apparition ▷ *vt fus* (*defences, barrier*) franchir; (*crowd*) se frayer un passage à travers
▸ **break up** *vi* (*partnership*) cesser, prendre fin; (*marriage*) se briser; (*crowd, meeting*) se séparer; (*ship*) se disloquer; (*Scol: pupils*) être en vacances; (*line*) couper; **the line's** *or* **you're ~ing up** ça coupe ▷ *vt* fracasser, casser; (*fight etc*) interrompre, faire cesser; (*marriage*) désunir
breakable [ˈbreɪkəbl] *adj* cassable, fragile ▷ *n*: **~s** objets *mpl* fragiles
breakage [ˈbreɪkɪdʒ] *n* casse *f*; **to pay for ~s** payer la casse
breakaway [ˈbreɪkəweɪ] *adj* (*group etc*) dissident(e)
breakdown [ˈbreɪkdaun] *n* (*Aut*) panne *f*; (*in communications, marriage*) rupture *f*; (*Med: also:* **nervous breakdown**) dépression (nerveuse); (*of figures*) ventilation *f*, répartition *f*
breakdown service *n* (*Brit*) service *m* de dépannage
breakdown truck, (*US*) **breakdown van** *n* dépanneuse *f*
breaker [ˈbreɪkə^r] *n* brisant *m*
breakeven [ˈbreɪkˈiːvn] *cpd*: **~ chart** graphique *m* de rentabilité; **~ point** seuil *m* de rentabilité
breakfast [ˈbrɛkfəst] *n* petit déjeuner *m*; **what time is ~?** le petit déjeuner est à quelle heure?
breakfast cereal *n* céréales *fpl*
break-in [ˈbreɪkɪn] *n* cambriolage *m*
breaking and entering *n* (*Law*) effraction *f*
breaking point [ˈbreɪkɪŋ-] *n* limites *fpl*
breakthrough [ˈbreɪkθruː] *n* percée *f*
break-up [ˈbreɪkʌp] *n* (*of partnership, marriage*) rupture *f*
break-up value *n* (*Comm*) valeur *f* de liquidation
breakwater [ˈbreɪkwɔːtə^r] *n* brise-lames *m inv*, digue *f*
breast [brɛst] *n* (*of woman*) sein *m*; (*chest*) poitrine *f*; (*of chicken, turkey*) blanc *m*
breast-feed [ˈbrɛstfiːd] *vt, vi* (*irreg: like* **feed**) allaiter
breast pocket *n* poche *f* (de) poitrine
breast-stroke [ˈbrɛststrəuk] *n* brasse *f*
breath [brɛθ] *n* haleine *f*, souffle *m*; **to go out for a ~ of air** sortir prendre l'air; **to take a deep ~** respirer à fond; **out of ~** à bout de souffle, essoufflé(e)
breathalyse [ˈbrɛθəlaɪz] *vt* faire subir l'alcootest à

b

Breathalyser® ['brεθəlaɪzə^r] (*Brit*) *n* alcootest *m*
breathe [bri:ð] *vt, vi* respirer; **I won't ~ a word about it** je n'en soufflerai pas mot, je n'en dirai rien à personne
▸ **breathe in** *vi* inspirer ▹ *vt* aspirer
▸ **breathe out** *vt, vi* expirer
breather ['bri:ðə^r] *n* moment *m* de repos *or* de répit
breathing ['bri:ðɪŋ] *n* respiration *f*
breathing space *n* (*fig*) (moment *m* de) répit *m*
breathless ['brεθlɪs] *adj* essoufflé(e), haletant(e), oppressé(e); **~ with excitement** le souffle coupé par l'émotion
breathtaking ['brεθteɪkɪŋ] *adj* stupéfiant(e), à vous couper le souffle
breath test *n* alcootest *m*
bred [brεd] *pt, pp of* **breed**
-bred [brεd] *suffix*: **well/ill~** bien/mal élevé(e)
breed [bri:d] (*pt, pp* **bred**) [brεd] *vt* élever, faire l'élevage de; (*fig: hate, suspicion*) engendrer ▹ *vi* se reproduire ▹ *n* race *f*, variété *f*
breeder ['bri:də^r] *n* (*person*) éleveur *m*; (*Physics: also*: **breeder reactor**) (réacteur *m*) surrégénérateur *m*
breeding ['bri:dɪŋ] *n* reproduction *f*; élevage *m*; (*upbringing*) éducation *f*
breeze [bri:z] *n* brise *f*
breeze-block ['bri:zblɔk] *n* (*Brit*) parpaing *m*
breezy ['bri:zɪ] *adj* (*day, weather*) venteux(-euse); (*manner*) désinvolte; (*person*) jovial(e)
Breton ['brεtən] *adj* breton(ne) ▹ *n* Breton(ne); (*Ling*) breton *m*
brevity ['brεvɪtɪ] *n* brièveté *f*
brew [bru:] *vt* (*tea*) faire infuser; (*beer*) brasser; (*plot*) tramer, préparer ▹ *vi* (*tea*) infuser; (*beer*) fermenter; (*fig*) se préparer, couver
brewer ['bru:ə^r] *n* brasseur *m*
brewery ['bru:ərɪ] *n* brasserie *f* (*fabrique*)
briar ['braɪə^r] *n* (*thorny bush*) ronces *fpl*; (*wild rose*) églantine *f*
bribe [braɪb] *n* pot-de-vin *m* ▹ *vt* acheter; soudoyer; **to ~ sb to do sth** soudoyer qn pour qu'il fasse qch
bribery ['braɪbərɪ] *n* corruption *f*
bric-a-brac ['brɪkəbræk] *n* bric-à-brac *m*
brick [brɪk] *n* brique *f*
bricklayer ['brɪkleɪə^r] *n* maçon *m*
brickwork ['brɪkwə:k] *n* briquetage *m*, maçonnerie *f*
brickworks ['brɪkwə:ks] *n* briqueterie *f*
bridal ['braɪdl] *adj* nuptial(e); **~ party** noce *f*
bride [braɪd] *n* mariée *f*, épouse *f*
bridegroom ['braɪdgru:m] *n* marié *m*, époux *m*
bridesmaid ['braɪdzmeɪd] *n* demoiselle *f* d'honneur
bridge [brɪdʒ] *n* pont *m*; (*Naut*) passerelle *f* (de commandement); (*of nose*) arête *f*; (*Cards, Dentistry*) bridge *m* ▹ *vt* (*river*) construire un pont sur; (*gap*) combler
bridging loan ['brɪdʒɪŋ-] *n* (*Brit*) prêt *m* relais
bridle ['braɪdl] *n* bride *f* ▹ *vt* refréner, mettre la bride à; (*horse*) brider
bridle path *n* piste *or* allée cavalière
brief [bri:f] *adj* bref (brève) ▹ *n* (*Law*) dossier *m*, cause *f*; (*gen*) tâche *f* ▹ *vt* mettre au courant; (*Mil*) donner des instructions à; **briefs** *npl* slip *m*; **in ~ ...** (en) bref ...
briefcase ['bri:fkeɪs] *n* serviette *f*; porte-documents *m inv*
briefing ['bri:fɪŋ] *n* instructions *fpl*; (*Press*) briefing *m*
briefly ['bri:flɪ] *adv* brièvement; (*visit*) en coup de vent; **to glimpse ~** entrevoir
briefness ['bri:fnɪs] *n* brièveté *f*
Brig. *abbr* = **brigadier**
brigade [brɪ'geɪd] *n* (*Mil*) brigade *f*
brigadier [brɪgə'dɪə^r] *n* brigadier général
bright [braɪt] *adj* brillant(e); (*room, weather*) clair(e); (*person: clever*) intelligent(e), doué(e); (*: cheerful*) gai(e); (*idea*) génial(e); (*colour*) vif (vive); **to look on the ~ side** regarder le bon côté des choses
brighten ['braɪtn] (*also*: **brighten up**) *vt* (*room*) éclaircir; égayer ▹ *vi* s'éclaircir; (*person*) retrouver un peu de sa gaieté
brightly ['braɪtlɪ] *adv* brillamment
brill [brɪl] *adj* (*Brit inf*) super *inv*
brilliance ['brɪljəns] *n* éclat *m*; (*fig: of person*) brio *m*
brilliant ['brɪljənt] *adj* brillant(e); (*light, sunshine*) éclatant(e); (*inf: great*) super
brim [brɪm] *n* bord *m*
brimful ['brɪm'ful] *adj* plein(e) à ras bord; (*fig*) débordant(e)
brine [braɪn] *n* eau salée; (*Culin*) saumure *f*
bring (*pt, pp* **brought**) [brɪŋ, brɔ:t] *vt* (*thing*) apporter; (*person*) amener; **to ~ sth to an end** mettre fin à qch; **I can't ~ myself to fire him** je ne peux me résoudre à le mettre à la porte
▸ **bring about** *vt* provoquer, entraîner
▸ **bring back** *vt* rapporter; (*person*) ramener
▸ **bring down** *vt* (*lower*) abaisser; (*shoot down*) abattre; (*government*) faire s'effondrer
▸ **bring forward** *vt* avancer; (*Book-Keeping*) reporter
▸ **bring in** *vt* (*person*) faire entrer; (*object*) rentrer; (*Pol: legislation*) introduire; (*Law: verdict*) rendre; (*produce: income*) rapporter
▸ **bring off** *vt* (*task, plan*) réussir, mener à bien; (*deal*) mener à bien
▸ **bring on** *vt* (*illness, attack*) provoquer; (*player, substitute*) amener
▸ **bring out** *vt* sortir; (*meaning*) faire ressortir, mettre en relief; (*new product, book*) sortir
▸ **bring round, bring to** *vt* (*unconscious person*) ranimer
▸ **bring up** *vt* élever; (*carry up*) monter; (*question*) soulever; (*food: vomit*) vomir, rendre
brink [brɪŋk] *n* bord *m*; **on the ~ of doing** sur le point de faire, à deux doigts de faire; **she was on the ~ of tears** elle était au bord des larmes
brisk [brɪsk] *adj* vif (vive); (*abrupt*) brusque; (*trade etc*) actif(-ive); **to go for a ~ walk** se promener d'un bon pas; **business is ~** les

affaires marchent (bien)
bristle ['brɪsl] *n* poil *m* ▷ *vi* se hérisser; **bristling with** hérissé(e) de
bristly ['brɪslɪ] *adj* (*beard, hair*) hérissé(e); **your chin's all ~** ton menton gratte
Brit [brɪt] *n abbr* (*inf*: = *British person*) Britannique *m/f*
Britain ['brɪtən] *n* (*also*: **Great Britain**) la Grande-Bretagne; **in ~** en Grande-Bretagne
British ['brɪtɪʃ] *adj* britannique ▷ *npl*: **the ~** les Britanniques *mpl*
British Isles *npl*: **the ~** les îles *fpl* Britanniques
British Rail *n compagnie ferroviaire britannique*, ≈ SNCF *f*
British Summer Time *n* heure *f* d'été britannique
Briton ['brɪtən] *n* Britannique *m/f*
Brittany ['brɪtənɪ] *n* Bretagne *f*
brittle ['brɪtl] *adj* cassant(e), fragile
Bro. *abbr* (*Rel*) = **brother**
broach [brəutʃ] *vt* (*subject*) aborder
B road *n* (*Brit*) ≈ route départementale
broad [brɔːd] *adj* large; (*distinction*) général(e); (*accent*) prononcé(e) ▷ *n* (*US inf*) nana *f*; **~ hint** allusion transparente; **in ~ daylight** en plein jour; **the ~ outlines** les grandes lignes
broadband ['brɔːdbænd] *n* transmission *f* à haut débit
broad bean *n* fève *f*
broadcast ['brɔːdkɑːst] (*pt, pp* **-**) *n* émission *f* ▷ *vt* (*Radio*) radiodiffuser; (*TV*) téléviser ▷ *vi* émettre
broadcaster ['brɔːdkɑːstə^r] *n* personnalité *f* de la radio *or* de la télévision
broadcasting ['brɔːdkɑːstɪŋ] *n* radiodiffusion *f*; télévision *f*
broadcasting station *n* station *f* de radio (*or* de télévision)
broaden ['brɔːdn] *vt* élargir; **to ~ one's mind** élargir ses horizons ▷ *vi* s'élargir
broadly ['brɔːdlɪ] *adv* en gros, généralement
broad-minded ['brɔːd'maɪndɪd] *adj* large d'esprit
broadsheet ['brɔːdʃiːt] *n* (*Brit*) journal *m* grand format
broccoli ['brɔkəlɪ] *n* brocoli *m*
brochure ['brəuʃjuə^r] *n* prospectus *m*, dépliant *m*
brogue [brəug] *n* (*accent*) accent régional; (*shoe*) *(sorte de) chaussure basse de cuir épais*
broil [brɔɪl] (*US*) *vt* rôtir
broke [brəuk] *pt of* **break** ▷ *adj* (*inf*) fauché(e); **to go ~** (*business*) faire faillite
broken ['brəukn] *pp of* **break** ▷ *adj* (*stick, leg etc*) cassé(e); (*machine*: *also*: **broken down**) fichu(e); (*promise, vow*) rompu(e); **a ~ marriage** un couple dissocié; **a ~ home** un foyer désuni; **in ~ French/English** dans un français/anglais approximatif *or* hésitant
broken-down ['brəukn'daun] *adj* (*car*) en panne; (*machine*) fichu(e); (*house*) en ruines
broken-hearted ['brəukn'hɑːtɪd] *adj* (ayant) le cœur brisé
broker ['brəukə^r] *n* courtier *m*
brokerage ['brəukrɪdʒ] *n* courtage *m*
brolly ['brɔlɪ] *n* (*Brit inf*) pépin *m*, parapluie *m*
bronchitis [brɔŋ'kaɪtɪs] *n* bronchite *f*
bronze [brɔnz] *n* bronze *m*
bronzed ['brɔnzd] *adj* bronzé(e), hâlé(e)
brooch [brəutʃ] *n* broche *f*
brood [bruːd] *n* couvée *f* ▷ *vi* (*hen, storm*) couver; (*person*) méditer (sombrement), ruminer
broody ['bruːdɪ] *adj* (*fig*) taciturne, mélancolique
brook [bruk] *n* ruisseau *m*
broom [brum] *n* balai *m*; (*Bot*) genêt *m*
broomstick ['brumstɪk] *n* manche *m* à balai
Bros. *abbr* (*Comm*: = *brothers*) Frères
broth [brɔθ] *n* bouillon *m* de viande et de légumes
brothel ['brɔθl] *n* maison close, bordel *m*
brother ['brʌðə^r] *n* frère *m*
brotherhood ['brʌðəhud] *n* fraternité *f*
brother-in-law ['brʌðərɪn'lɔː^r] *n* beau-frère *m*
brotherly ['brʌðəlɪ] *adj* fraternel(le)
brought [brɔːt] *pt, pp of* **bring**
brow [brau] *n* front *m*; (*rare*: *gen*: *eyebrow*) sourcil *m*; (*of hill*) sommet *m*
browbeat ['braubiːt] *vt* intimider, brusquer
brown [braun] *adj* brun(e), marron *inv*; (*hair*) châtain *inv*; (*tanned*) bronzé(e); (*rice, bread, flour*) complet(-ète) ▷ *n* (*colour*) brun *m*, marron *m* ▷ *vt* brunir; (*Culin*) faire dorer, faire roussir; **to go ~** (*person*) bronzer; (*leaves*) jaunir
brown bread *n* pain *m* bis
Brownie ['braunɪ] *n* jeannette *f* éclaireuse (cadette)
brown paper *n* papier *m* d'emballage, papier kraft
brown rice *n* riz *m* complet
brown sugar *n* cassonade *f*
browse [brauz] *vi* (*in shop*) regarder (*sans acheter*); (*among books*) bouquiner, feuilleter les livres; (*animal*) paître; **to ~ through a book** feuilleter un livre
browser [brauzə^r] *n* (*Comput*) navigateur *m*
bruise [bruːz] *n* bleu *m*, ecchymose *f*, contusion *f* ▷ *vt* contusionner, meurtrir ▷ *vi* (*fruit*) se taler, se meurtrir; **to ~ one's arm** se faire un bleu au bras
Brum [brʌm] *n abbr*, **Brummagem** ['brʌmədʒəm] *n* (*inf*) Birmingham
Brummie ['brʌmɪ] *n* (*inf*) habitant(e) de Birmingham; natif(-ive) de Birmingham
brunch [brʌntʃ] *n* brunch *m*
brunette [bruː'nɛt] *n* (femme) brune
brunt [brʌnt] *n*: **the ~ of** (*attack, criticism etc*) le plus gros de
brush [brʌʃ] *n* brosse *f*; (*for painting*) pinceau *m*; (*for shaving*) blaireau *m*; (*quarrel*) accrochage *m*, prise *f* de bec ▷ *vt* brosser; (*also*: **brush past, brush against**) effleurer, frôler; **to have a ~ with sb** s'accrocher avec qn; **to have a ~ with the police** avoir maille à partir avec la police
▸ **brush aside** *vt* écarter, balayer
▸ **brush up** *vt* (*knowledge*) rafraîchir, réviser

b

brushed [brʌʃt] *adj (Tech: steel, chrome etc)* brossé(e); *(nylon, denim etc)* gratté(e)
brush-off [ˈbrʌʃɔf] *n (inf)*: **to give sb the ~** envoyer qn promener
brushwood [ˈbrʌʃwud] *n* broussailles *fpl*, taillis *m*
brusque [bru:sk] *adj (person, manner)* brusque, cassant(e); *(tone)* sec (sèche), cassant(e)
Brussels [ˈbrʌslz] *n* Bruxelles
Brussels sprout [-spraut] *n* chou *m* de Bruxelles
brutal [ˈbru:tl] *adj* brutal(e)
brutality [bru:ˈtælɪtɪ] *n* brutalité *f*
brutalize [ˈbru:təlaɪz] *vt (harden)* rendre brutal(e); *(ill-treat)* brutaliser
brute [bru:t] *n* brute *f* ▷ *adj*: **by ~ force** par la force
brutish [ˈbru:tɪʃ] *adj* grossier(-ère), brutal(e)
BS *n abbr (US: = Bachelor of Science) diplôme universitaire*
bs *abbr* = **bill of sale**
BSA *n abbr* = **Boy Scouts of America**
B.Sc. *n abbr* = **Bachelor of Science**
BSE *n abbr (= bovine spongiform encephalopathy)* ESB *f*, BSE *f*
BSI *n abbr (= British Standards Institution) association de normalisation*
BST *abbr (= British Summer Time)* heure *f* d'été
Bt. *abbr (Brit)* = **baronet**
btu *n abbr (= British thermal unit)* btu *(= 1054,2 joules)*
bubble [ˈbʌbl] *n* bulle *f* ▷ *vi* bouillonner, faire des bulles; *(sparkle, fig)* pétiller
bubble bath *n* bain moussant
bubble gum *n* chewing-gum *m*
bubblejet printer [ˈbʌbldʒɛt-] *n* imprimante *f* à bulle d'encre
bubbly [ˈbʌblɪ] *adj (drink)* pétillant(e); *(person)* plein(e) de vitalité ▷ *n (inf)* champ *m*
Bucharest [bu:kəˈrɛst] *n* Bucarest
buck [bʌk] *n* mâle *m (d'un lapin, lièvre, daim etc)*; *(US inf)* dollar *m* ▷ *vi* ruer, lancer une ruade; **to pass the ~ (to sb)** se décharger de la responsabilité (sur qn)
▶ **buck up** *vi (cheer up)* reprendre du poil de la bête, se remonter ▷ *vt*: **to ~ one's ideas up** se reprendre
bucket [ˈbʌkɪt] *n* seau *m* ▷ *vi (Brit inf)*: **the rain is ~ing (down)** il pleut à verse
Buckingham Palace [ˈbʌkɪŋhəm-] *n* le palais de Buckingham; *voir article*

BUCKINGHAM PALACE

Buckingham Palace est la résidence officielle londonienne du souverain britannique depuis 1762. Construit en 1703, il fut à l'origine le palais du duc de Buckingham. Il a été partiellement reconstruit au début du XXe siècle.

buckle [ˈbʌkl] *n* boucle *f* ▷ *vt (belt etc)* boucler, attacher ▷ *vi (warp)* tordre, gauchir; *(: wheel)* se voiler
▶ **buckle down** *vi* s'y mettre
Bucks [bʌks] *abbr (Brit)* = **Buckinghamshire**
bud [bʌd] *n* bourgeon *m*; *(of flower)* bouton *m* ▷ *vi* bourgeonner; *(flower)* éclore
Buddha [ˈbudə] *n* Bouddha *m*
Buddhism [ˈbudɪzəm] *n* bouddhisme *m*
Buddhist [ˈbudɪst] *adj* bouddhiste ▷ *n* Bouddhiste *m/f*
budding [ˈbʌdɪŋ] *adj (flower)* en bouton; *(poet etc)* en herbe; *(passion etc)* naissant(e)
buddy [ˈbʌdɪ] *n (US)* copain *m*
budge [bʌdʒ] *vt* faire bouger ▷ *vi* bouger
budgerigar [ˈbʌdʒərɪgɑ:ʳ] *n* perruche *f*
budget [ˈbʌdʒɪt] *n* budget *m* ▷ *vi*: **to ~ for sth** inscrire qch au budget; **I'm on a tight ~** je dois faire attention à mon budget
budgie [ˈbʌdʒɪ] *n* = **budgerigar**
Buenos Aires [ˈbweɪnɔsˈaɪrɪz] *n* Buenos Aires
buff [bʌf] *adj* (couleur *f*) chamois *m* ▷ *n (inf: enthusiast)* mordu(e)
buffalo *(pl - or -es)* [ˈbʌfələu] *n (Brit)* buffle *m*; *(US)* bison *m*
buffer [ˈbʌfəʳ] *n* tampon *m*; *(Comput)* mémoire *f* tampon ▷ *vi* mettre en mémoire tampon
buffering [ˈbʌfərɪŋ] *n (Comput)* mise *f* en mémoire tampon
buffer state *n* état *m* tampon
buffer zone *n* zone *f* tampon
buffet *n* [ˈbufeɪ] *(food Brit: bar)* buffet *m* ▷ *vt* [ˈbʌfɪt] gifler, frapper; secouer, ébranler
buffet car *n (Brit Rail)* voiture-bar *f*
buffet lunch *n* lunch *m*
buffoon [bəˈfu:n] *n* buffon *m*, pitre *m*
bug [bʌg] *n (bedbug etc)* punaise *f*; *(esp US: any insect)* insecte *m*, bestiole *f*; *(fig: germ)* virus *m*, microbe *m*; *(spy device)* dispositif *m* d'écoute (électronique), micro clandestin; *(Comput: of program)* erreur *f*; *(: of equipment)* défaut *m* ▷ *vt (room)* poser des micros dans; *(inf: annoy)* embêter; **I've got the travel ~** *(fig)* j'ai le virus du voyage
bugbear [ˈbʌgbɛəʳ] *n* cauchemar *m*, bête noire
bugger [ˈbʌgəʳ] *(inf!) n* salaud *m (!)*, connard *m (!)* ▷ *vb*: **~ off!** tire-toi! *(!)*; **~ (it)!** merde! *(!)*
buggy [ˈbʌgɪ] *n* poussette *f*
bugle [ˈbju:gl] *n* clairon *m*
build [bɪld] *n (of person)* carrure *f*, charpente *f* ▷ *vt (pt, pp* **built***)* [bɪlt] construire, bâtir
▶ **build on** *vt fus (fig)* tirer parti de, partir de
▶ **build up** *vt* accumuler, amasser; *(business)* développer; *(reputation)* bâtir
builder [ˈbɪldəʳ] *n* entrepreneur *m*
building [ˈbɪldɪŋ] *n (trade)* construction *f*; *(structure)* bâtiment *m*, construction; *(: residential, offices)* immeuble *m*
building contractor *n* entrepreneur *m* (en bâtiment)
building industry *n* (industrie *f* du) bâtiment *m*
building site *n* chantier *m* (de construction)
building society *n (Brit)* société *f* de crédit

immobilier; *voir article*

BUILDING SOCIETY

Une *building society* est une mutuelle dont les épargnants et emprunteurs sont les propriétaires. Ces mutuelles offrent deux services principaux: on peut y avoir un compte d'épargne duquel on peut retirer son argent sur demande ou moyennant un court préavis et on peut également y faire des emprunts à long terme, par exemple pour acheter une maison. Les *building societies* ont eu jusqu'en 1985 le quasi-monopole des comptes d'épargne et des prêts immobiliers, mais les banques ont maintenant une part importante de ce marché.

building trade *n* = **building industry**
build-up ['bɪldʌp] *n* (*of gas etc*) accumulation *f*; (*publicity*): **to give sb/sth a good ~** faire de la pub pour qn/qch
built [bɪlt] *pt, pp of* **build**
built-in ['bɪlt'ɪn] *adj* (*cupboard*) encastré(e); (*device*) incorporé(e); intégré(e)
built-up ['bɪlt'ʌp] *adj*: **~ area** agglomération (urbaine); zone urbanisée
bulb [bʌlb] *n* (*Bot*) bulbe *m*, oignon *m*; (*Elec*) ampoule *f*
bulbous ['bʌlbəs] *adj* bulbeux(-euse)
Bulgaria [bʌl'gɛərɪə] *n* Bulgarie *f*
Bulgarian [bʌl'gɛərɪən] *adj* bulgare ▷ *n* Bulgare *m/f*; (*Ling*) bulgare *m*
bulge [bʌldʒ] *n* renflement *m*, gonflement *m*; (*in birth rate, sales*) brusque augmentation *f* ▷ *vi* faire saillie; présenter un renflement; (*pocket, file*): **to be bulging with** être plein(e) à craquer de
bulimia [bə'lɪmɪə] *n* boulimie *f*
bulimic [bju:'lɪmɪk] *adj, n* boulimique *m/f*
bulk [bʌlk] *n* masse *f*, volume *m*; **in ~** (*Comm*) en gros, en vrac; **the ~ of** la plus grande *or* grosse partie de
bulk buying [-'baɪɪŋ] *n* achat *m* en gros
bulk carrier *n* cargo *m*
bulkhead ['bʌlkhɛd] *n* cloison *f* (étanche)
bulky ['bʌlkɪ] *adj* volumineux(-euse), encombrant(e)
bull [bul] *n* taureau *m*; (*male elephant, whale*) mâle *m*; (*Stock Exchange*) haussier *m*; (*Rel*) bulle *f*
bulldog ['buldɔg] *n* bouledogue *m*
bulldoze ['buldəuz] *vt* passer *or* raser au bulldozer; **I was ~d into doing it** (*fig: inf*) on m'a forcé la main
bulldozer ['buldəuzə^r^] *n* bulldozer *m*
bullet ['bulɪt] *n* balle *f* (*de fusil etc*)
bulletin ['bulɪtɪn] *n* bulletin *m*, communiqué *m*; (*also*: **news bulletin**) (bulletin d')informations *fpl*
bulletin board *n* (*Comput*) messagerie *f* (électronique)
bulletproof ['bulɪtpru:f] *adj* à l'épreuve des balles; **~ vest** gilet *m* pare-balles
bullfight ['bulfaɪt] *n* corrida *f*, course *f* de taureaux
bullfighter ['bulfaɪtə^r^] *n* torero *m*
bullfighting ['bulfaɪtɪŋ] *n* tauromachie *f*
bullion ['buljən] *n* or *m or* argent *m* en lingots
bullock ['bulək] *n* bœuf *m*
bullring ['bulrɪŋ] *n* arène *f*
bull's-eye ['bulzaɪ] *n* centre *m* (*de la cible*)
bullshit ['bulʃɪt] (*inf!*) *n* connerie(s) *f(pl)* (*!*) ▷ *vt* raconter des conneries à (*!*) ▷ *vi* déconner (*!*)
bully ['bulɪ] *n* brute *f*, tyran *m* ▷ *vt* tyranniser, rudoyer; (*frighten*) intimider
bullying ['bulɪɪŋ] *n* brimades *fpl*
bum [bʌm] *n* (*inf: Brit: backside*) derrière *m*; (*: esp US: tramp*) vagabond(e), traîne-savates *m/f inv*; (*: idler*) glandeur *m*
▸ **bum around** *vi* (*inf*) vagabonder
bumblebee ['bʌmblbi:] *n* bourdon *m*
bumf [bʌmf] *n* (*inf: forms etc*) paperasses *fpl*
bump [bʌmp] *n* (*blow*) coup *m*, choc *m*; (*jolt*) cahot *m*; (*on road etc, on head*) bosse *f* ▷ *vt* heurter, cogner; (*car*) emboutir
▸ **bump along** *vi* avancer en cahotant
▸ **bump into** *vt fus* rentrer dans, tamponner; (*inf: meet*) tomber sur
bumper ['bʌmpə^r^] *n* pare-chocs *m inv* ▷ *adj*: **~ crop/harvest** récolte/moisson exceptionnelle
bumper cars *npl* (*US*) autos tamponneuses
bumph [bʌmf] *n* = **bumf**
bumptious ['bʌmpʃəs] *adj* suffisant(e), prétentieux(-euse)
bumpy ['bʌmpɪ] *adj* (*road*) cahoteux(-euse); **it was a ~ flight/ride** on a été secoués dans l'avion/la voiture
bun [bʌn] *n* (*cake*) petit gâteau; (*bread*) petit pain au lait; (*of hair*) chignon *m*
bunch [bʌntʃ] *n* (*of flowers*) bouquet *m*; (*of keys*) trousseau *m*; (*of bananas*) régime *m*; (*of people*) groupe *m*; **bunches** *npl* (*in hair*) couettes *fpl*; **~ of grapes** grappe *f* de raisin
bundle ['bʌndl] *n* paquet *m* ▷ *vt* (*also*: **bundle up**) faire un paquet de; (*put*): **to ~ sth/sb into** fourrer *or* enfourner qch/qn dans
▸ **bundle off** *vt* (*person*) faire sortir (en toute hâte); expédier
▸ **bundle out** *vt* éjecter, sortir (sans ménagements)
bun fight *n* (*Brit inf*) réception *f*; (*tea party*) thé *m*
bung [bʌŋ] *n* bonde *f*, bouchon *m* ▷ *vt* (*Brit: throw: also*: **bung into**) flanquer; (*also*: **bung up**: *pipe, hole*) boucher; **my nose is ~ed up** j'ai le nez bouché
bungalow ['bʌŋgələu] *n* bungalow *m*
bungee jumping ['bʌndʒi:'dʒʌmpɪŋ] *n* saut *m* à l'élastique
bungle ['bʌŋgl] *vt* bâcler, gâcher
bunion ['bʌnjən] *n* oignon *m* (*au pied*)
bunk [bʌŋk] *n* couchette *f*; (*Brit inf*): **to do a ~** mettre les bouts *or* les voiles
▸ **bunk off** *vi* (*Brit inf: Scol*) sécher (les cours); **I'll ~ off at 3 o'clock this afternoon** je vais mettre les bouts *or* les voiles à 3 heures cet après-midi

bunk beds *npl* lits superposés
bunker [ˈbʌŋkəʳ] *n* *(coal store)* soute *f* à charbon; *(Mil, Golf)* bunker *m*
bunny [ˈbʌnɪ] *n* *(also:* **bunny rabbit***)* lapin *m*
bunny girl *n* *(Brit) hôtesse de cabaret*
bunny hill *n* *(US Ski)* piste *f* pour débutants
bunting [ˈbʌntɪŋ] *n* pavoisement *m*, drapeaux *mpl*
buoy [bɔɪ] *n* bouée *f*
▸ **buoy up** *vt* faire flotter; *(fig)* soutenir, épauler
buoyancy [ˈbɔɪənsɪ] *n* *(of ship)* flottabilité *f*
buoyant [ˈbɔɪənt] *adj* *(ship)* flottable; *(carefree)* gai(e), plein(e) d'entrain; *(Comm: market, economy)* actif(-ive); *(: prices, currency)* soutenu(e)
burden [ˈbə:dn] *n* fardeau *m*, charge *f* ▹ *vt* charger; *(oppress)* accabler, surcharger; **to be a ~ to sb** être un fardeau pour qn
bureau *(pl* **-x***)* [ˈbjuərəu, -z] *n* *(Brit: writing desk)* bureau *m*, secrétaire *m*; *(US: chest of drawers)* commode *f*; *(office)* bureau, office *m*
bureaucracy [bjuəˈrɔkrəsɪ] *n* bureaucratie *f*
bureaucrat [ˈbjuərəkræt] *n* bureaucrate *m/f*, rond-de-cuir *m*
bureaucratic [bjuərəˈkrætɪk] *adj* bureaucratique
bureau de change [-dəˈʃɑ̃ʒ] *(pl* **bureaux de change***)* *n* bureau *m* de change
bureaux [ˈbjuərəuz] *npl of* **bureau**
burgeon [ˈbə:dʒən] *vi* *(fig)* être en expansion rapide
burger [ˈbə:gəʳ] *n* hamburger *m*
burglar [ˈbə:gləʳ] *n* cambrioleur *m*
burglar alarm *n* sonnerie *f* d'alarme
burglarize [ˈbə:gləraɪz] *vt* *(US)* cambrioler
burglary [ˈbə:glərɪ] *n* cambriolage *m*
burgle [ˈbə:gl] *vt* cambrioler
Burgundy [ˈbə:gəndɪ] *n* Bourgogne *f*
burial [ˈbɛrɪəl] *n* enterrement *m*
burial ground *n* cimetière *m*
burly [ˈbə:lɪ] *adj* de forte carrure, costaud(e)
Burma [ˈbə:mə] *n* Birmanie *f*; *see also* **Myanmar**
Burmese [bə:ˈmi:z] *adj* birman(e), de Birmanie ▹ *n* *(pl inv)* Birman(e); *(Ling)* birman *m*
burn [bə:n] *vt, vi* *(pt, pp* **-ed** *or* **-t***)* [bə:nt] brûler ▹ *n* brûlure *f*; **the cigarette ~t a hole in her dress** la cigarette a fait un trou dans sa robe; **I've ~t myself!** je me suis brûlé(e)!
▸ **burn down** *vt* incendier, détruire par le feu
▸ **burn out** *vt* *(writer etc)*: **to ~ o.s. out** s'user (à force de travailler)
burner [ˈbə:nəʳ] *n* brûleur *m*
burning [ˈbə:nɪŋ] *adj* *(building, forest)* en flammes; *(issue, question)* brûlant(e); *(ambition)* dévorant(e)
burnish [ˈbə:nɪʃ] *vt* polir
Burns' Night [bə:nz-] *n fête écossaise à la mémoire du poète Robert Burns; voir article*

Burns' Night

Burns' Night est une fête qui a lieu le 25 janvier, à la mémoire du poète écossais Robert Burns (1759–1796), à l'occasion de laquelle les Écossais partout dans le monde organisent un souper, en général arrosé de whisky. Le plat principal est toujours le haggis, servi avec de la purée de pommes de terre et de la purée de rutabagas. On apporte le haggis au son des cornemuses et au cours du repas on lit des poèmes de Burns et on chante ses chansons.

burnt [bə:nt] *pt, pp of* **burn**
burnt sugar *n* *(Brit)* caramel *m*
burp [bə:p] *(inf)* *n* rot *m* ▹ *vi* roter
burrow [ˈbʌrəu] *n* terrier *m* ▹ *vt* creuser ▹ *vi* *(rabbit)* creuser un terrier; *(rummage)* fouiller
bursar [ˈbə:səʳ] *n* économe *m/f*; *(Brit: student)* boursier(-ère)
bursary [ˈbə:sərɪ] *n* *(Brit)* bourse *f* (d'études)
burst [bə:st] *(pt, pp* **-***)* *vt* faire éclater; *(river: banks etc)* rompre ▹ *vi* éclater; *(tyre)* crever ▹ *n* explosion *f*; *(also:* **burst pipe***)* fuite *f* *(due à une rupture)*; **a ~ of enthusiasm/energy** un accès d'enthousiasme/d'énergie; **~ of laughter** éclat *m* de rire; **a ~ of applause** une salve d'applaudissement; **a ~ of gunfire** une rafale de tir; **a ~ of speed** une pointe de vitesse; **~ blood vessel** rupture *f* de vaisseau sanguin; **the river has ~ its banks** le cours d'eau est sorti de son lit; **to ~ into flames** s'enflammer soudainement; **to ~ out laughing** éclater de rire; **to ~ into tears** fondre en larmes; **to ~ open** *(vi)* s'ouvrir violemment *or* soudainement; **to be ~ing with** *(container)* être plein(e) (à craquer) de, regorger de; *(fig)* être débordant(e) de
▸ **burst into** *vt fus* *(room etc)* faire irruption dans
▸ **burst out of** *vt fus* sortir précipitamment de
bury [ˈbɛrɪ] *vt* enterrer; **to ~ one's face in one's hands** se couvrir le visage de ses mains; **to ~ one's head in the sand** *(fig)* pratiquer la politique de l'autruche; **to ~ the hatchet** *(fig)* enterrer la hache de guerre
bus *(pl* **-es***)* [bʌs, ˈbʌsɪz] *n* autobus *m*
busboy [ˈbʌsbɔɪ] *n* *(US)* aide-serveur *m*
bus conductor *n* receveur(-euse) *m/f* de bus
bush [buʃ] *n* buisson *m*; *(scrub land)* brousse *f*; **to beat about the ~** tourner autour du pot
bushed [buʃt] *adj* *(inf)* crevé(e), claqué(e)
bushel [ˈbuʃl] *n* boisseau *m*
bushfire [ˈbuʃfaɪəʳ] *n* feu *m* de brousse
bushy [ˈbuʃɪ] *adj* broussailleux(-euse), touffu(e)
busily [ˈbɪzɪlɪ] *adv*: **to be ~ doing sth** s'affairer à faire qch
business [ˈbɪznɪs] *n* *(matter, firm)* affaire *f*; *(trading)* affaires *fpl*; *(job, duty)* travail *m*; **to be away on ~** être en déplacement d'affaires; **I'm here on ~** je suis là pour affaires; **he's in the insurance ~** il est dans les assurances; **to do ~ with sb** traiter avec qn; **it's none of my ~** cela ne me regarde pas, ce ne sont pas mes affaires; **he means ~** il ne plaisante pas, il est sérieux
business address *n* adresse professionnelle *or* au bureau

business card *n* carte *f* de visite (professionnelle)
business class *n* (*on plane*) classe *f* affaires
businesslike ['bɪznɪslaɪk] *adj* sérieux(-euse), efficace
businessman ['bɪznɪsmən] (*irreg*) *n* homme *m* d'affaires
business trip *n* voyage *m* d'affaires
businesswoman ['bɪznɪswumən] (*irreg*) *n* femme *f* d'affaires
busker ['bʌskəʳ] *n* (*Brit*) artiste ambulant(e)
bus lane *n* (*Brit*) voie réservée aux autobus
bus pass *n* carte *f* de bus
bus shelter *n* abribus *m*
bus station *n* gare routière
bus stop *n* arrêt *m* d'autobus
bust [bʌst] *n* buste *m*; (*measurement*) tour *m* de poitrine ▷ *adj* (*inf: broken*) fichu(e), fini(e) ▷ *vt* (*inf: Police: arrest*) pincer; **to go ~** faire faillite
bustle ['bʌsl] *n* remue-ménage *m*, affairement *m* ▷ *vi* s'affairer, se démener
bustling ['bʌslɪŋ] *adj* (*person*) affairé(e); (*town*) très animé(e)
bust-up ['bʌstʌp] *n* (*Brit inf*) engueulade *f*
busty ['bʌstɪ] *adj* (*inf*) à la poitrine plantureuse
busy ['bɪzɪ] *adj* occupé(e); (*shop, street*) très fréquenté(e); (*US: telephone, line*) occupé ▷ *vt*: **to ~ o.s.** s'occuper; **he's a ~ man** (*normally*) c'est un homme très pris; (*temporarily*) il est très pris
busybody ['bɪzɪbɔdɪ] *n* mouche *f* du coche, âme *f* charitable
busy signal *n* (*US*) tonalité *f* occupé *inv*

 KEYWORD

but [bʌt] *conj* mais; **I'd love to come, but I'm busy** j'aimerais venir mais je suis occupé; **he's not English but French** il n'est pas anglais mais français; **but that's far too expensive!** mais c'est bien trop cher!
▷ *prep* (*apart from, except*) sauf, excepté; **nothing but** rien d'autre que; **we've had nothing but trouble** nous n'avons eu que des ennuis; **no-one but him can do it** lui seul peut le faire; **who but a lunatic would do such a thing?** qui sinon un fou ferait une chose pareille?; **but for you/your help** sans toi/ton aide; **anything but that** tout sauf *or* excepté ça, tout mais pas ça; **the last but one** (*Brit*) l'avant-dernier(-ère)
▷ *adv* (*just, only*) ne ... que; **she's but a child** elle n'est qu'une enfant; **had I but known** si seulement j'avais su; **I can but try** je peux toujours essayer; **all but finished** pratiquement terminé; **anything but finished** tout sauf fini, très loin d'être fini

butane ['bju:teɪn] *n* (*also*: **butane gas**) butane *m*
butch [butʃ] *adj* (*inf: man*) costaud, viril; (*: woman*) costaude, masculine
butcher ['butʃəʳ] *n* boucher *m* ▷ *vt* massacrer; (*cattle etc for meat*) tuer
butcher's ['butʃəʳz], **butcher's shop** *n* boucherie *f*
butler ['bʌtləʳ] *n* maître *m* d'hôtel
butt [bʌt] *n* (*cask*) gros tonneau; (*thick end*) (gros) bout; (*of gun*) crosse *f*; (*of cigarette*) mégot *m*; (*Brit fig: target*) cible *f* ▷ *vt* donner un coup de tête à
▶ **butt in** *vi* (*interrupt*) interrompre
butter ['bʌtəʳ] *n* beurre *m* ▷ *vt* beurrer
buttercup ['bʌtəkʌp] *n* bouton *m* d'or
butter dish *n* beurrier *m*
butterfingers ['bʌtəfɪŋgəz] *n* (*inf*) maladroit(e)
butterfly ['bʌtəflaɪ] *n* papillon *m*; (*Swimming: also*: **butterfly stroke**) brasse *f* papillon
buttocks ['bʌtəks] *npl* fesses *fpl*
button ['bʌtn] *n* bouton *m*; (*US: badge*) pin *m* ▷ *vt* (*also*: **button up**) boutonner ▷ *vi* se boutonner
buttonhole ['bʌtnhəul] *n* boutonnière *f* ▷ *vt* accrocher, arrêter, retenir
buttress ['bʌtrɪs] *n* contrefort *m*
buxom ['bʌksəm] *adj* aux formes avantageuses *or* épanouies, bien galbé(e)
buy [baɪ] (*pt, pp* **bought** [bɔ:t]) *vt* acheter; (*Comm: company*) (r)acheter ▷ *n* achat *m*; **that was a good/bad ~** c'était un bon/mauvais achat; **to ~ sb sth/sth from sb** acheter qch à qn; **to ~ sb a drink** offrir un verre *or* à boire à qn; **can I ~ you a drink?** je vous offre un verre?; **where can I ~ some postcards?** où est-ce que je peux acheter des cartes postales?
▶ **buy back** *vt* racheter
▶ **buy in** *vt* (*Brit: goods*) acheter, faire venir
▶ **buy into** *vt fus* (*Brit Comm*) acheter des actions de
▶ **buy off** *vt* (*bribe*) acheter
▶ **buy out** *vt* (*partner*) désintéresser; (*business*) racheter
▶ **buy up** *vt* acheter en bloc, rafler
buyer ['baɪəʳ] *n* acheteur(-euse) *m/f*; **~'s market** marché *m* favorable aux acheteurs
buy-out ['baɪaut] *n* (*Comm*) rachat *m* (*d'entreprise*)
buzz [bʌz] *n* bourdonnement *m*; (*inf: phone call*): **to give sb a ~** passer un coup de fil à qn ▷ *vi* bourdonner ▷ *vt* (*call on intercom*) appeler; (*with buzzer*) sonner; (*Aviat: plane, building*) raser; **my head is ~ing** j'ai la tête qui bourdonne
▶ **buzz off** *vi* (*inf*) s'en aller, ficher le camp
buzzard ['bʌzəd] *n* buse *f*
buzzer ['bʌzəʳ] *n* timbre *m* électrique
buzz word *n* (*inf*) mot *m* à la mode *or* dans le vent

 KEYWORD

by [baɪ] *prep* **1** (*referring to cause, agent*) par, de; **killed by lightning** tué par la foudre; **surrounded by a fence** entouré d'une barrière; **a painting by Picasso** un tableau de Picasso
2 (*referring to method, manner, means*): **by bus/car** en autobus/voiture; **by train** par le *or* en train; **to pay by cheque** payer par chèque; **by moonlight/candlelight** à la lueur de la lune/d'une bougie; **by saving hard, he ...** à force d'économiser, il ...

3 (*via, through*) par; **we came by Dover** nous sommes venus par Douvres
4 (*close to, past*) à côté de; **the house by the school** la maison à côté de l'école; **a holiday by the sea** des vacances au bord de la mer; **she sat by his bed** elle était assise à son chevet; **she went by me** elle est passée à côté de moi; **I go by the post office every day** je passe devant la poste tous les jours
5 (*with time: not later than*) avant; (*: during*): **by daylight** à la lumière du jour; **by night** la nuit, de nuit; **by 4 o'clock** avant 4 heures; **by this time tomorrow** d'ici demain à la même heure; **by the time I got here it was too late** lorsque je suis arrivé il était déjà trop tard
6 (*amount*) à; **by the kilo/metre** au kilo/au mètre; **paid by the hour** payé à l'heure; **to increase** *etc* **by the hour** augmenter *etc* d'heure en heure
7 (*Math: measure*): **to divide/multiply by 3** diviser/multiplier par 3; **a room 3 metres by 4** une pièce de 3 mètres sur 4; **it's broader by a metre** c'est plus large d'un mètre; **the bullet missed him by inches** la balle est passée à quelques centimètres de lui; **one by one** un à un; **little by little** petit à petit, peu à peu
8 (*according to*) d'après, selon; **it's 3 o'clock by my watch** il est 3 heures à ma montre; **it's all right by me** je n'ai rien contre
9: **(all) by oneself** *etc* tout(e) seul(e)
▷ *adv* **1** *see* **go; pass** *etc*
2: **by and by** un peu plus tard, bientôt; **by and large** dans l'ensemble

bye ['baɪ], **bye-bye** ['baɪ'baɪ] *excl* au revoir!, salut!
bye-law ['baɪlɔː] *n* = **by-law**
by-election ['baɪɪlɛkʃən] *n* (*Brit*) élection (législative) partielle
Byelorussia [bjɛləu'rʌʃə] *n* Biélorussie *f*
Byelorussian [bjɛləu'rʌʃən] *adj, n* = **Belorussian**
bygone ['baɪgɔn] *adj* passé(e) ▷ *n*: **let ~s be ~s** passons l'éponge, oublions le passé
by-law ['baɪlɔː] *n* arrêté municipal
bypass ['baɪpɑːs] *n* rocade *f*; (*Med*) pontage *m* ▷ *vt* éviter
by-product ['baɪprɔdʌkt] *n* sous-produit *m*, dérivé *m*; (*fig*) conséquence *f* secondaire, retombée *f*
byre ['baɪə^r] *n* (*Brit*) étable *f* (à vaches)
bystander ['baɪstændə^r] *n* spectateur(-trice), badaud(e)
byte [baɪt] *n* (*Comput*) octet *m*
byway ['baɪweɪ] *n* chemin détourné
byword ['baɪwəːd] *n*: **to be a ~ for** être synonyme de (*fig*)
by-your-leave ['baɪjɔː'liːv] *n*: **without so much as a ~** sans même demander la permission

Cc

C¹, c¹ [siː] *n* (*letter*) C, c *m*; (*Scol: mark*) C; (*Mus*): **C** do *m*; **C for Charlie** C comme Célestin
C² *abbr* (= *Celsius, centigrade*) C
c² *abbr* (= *century*) s.; (= *circa*) v.; (*US etc*) = **cent(s)**
CA *n abbr* = **Central America**; (*Brit*) = **chartered accountant** ▷ *abbr* (*US*) = **California**
ca. *abbr* (= *circa*) v
c/a *abbr* = **capital account**; **credit account**; **current account**
CAA *n abbr* (*Brit*) = **Civil Aviation Authority**; (*US*: = *Civil Aeronautics Authority*) *direction de l'aviation civile*
CAB *n abbr* (*Brit*) = **Citizens' Advice Bureau**
cab [kæb] *n* taxi *m*; (*of train, truck*) cabine *f*; (*horse-drawn*) fiacre *m*
cabaret ['kæbəreɪ] *n* attractions *fpl*; (*show*) spectacle *m* de cabaret
cabbage ['kæbɪdʒ] *n* chou *m*
cabbie, cabby ['kæbɪ], **cab driver** *n* (*inf*) taxi *m*, chauffeur *m* de taxi
cabin ['kæbɪn] *n* (*house*) cabane *f*, hutte *f*; (*on ship*) cabine *f*; (*on plane*) compartiment *m*
cabin crew *n* (*Aviat*) équipage *m*
cabin cruiser *n* yacht *m* (à moteur)
cabinet ['kæbɪnɪt] *n* (*Pol*) cabinet *m*; (*furniture*) petit meuble à tiroirs et rayons; (*also*: **display cabinet**) vitrine *f*, petite armoire vitrée
cabinet-maker ['kæbɪnɪt'meɪkə^r] *n* ébéniste *m*
cabinet minister *n* ministre *m* (*membre du cabinet*)
cable ['keɪbl] *n* câble *m* ▷ *vt* câbler, télégraphier
cable car ['keɪblkɑː^r] *n* téléphérique *m*
cablegram ['keɪblgræm] *n* câblogramme *m*
cable railway *n* (*Brit*) funiculaire *m*
cable television *n* télévision *f* par câble
cache [kæʃ] *n* cachette *f*; **a ~ of food** *etc* un dépôt secret de provisions *etc*, une cachette contenant des provisions *etc*
cackle ['kækl] *vi* caqueter
cactus (*pl* **cacti**) ['kæktəs, -taɪ] *n* cactus *m*
CAD *n abbr* (= *computer-aided design*) CAO *f*
caddie ['kædɪ] *n* caddie *m*
cadet [kə'dɛt] *n* (*Mil*) élève *m* officier; **police ~** élève agent de police
cadge [kædʒ] *vt* (*inf*) se faire donner; **to ~ a meal (off sb)** se faire inviter à manger (par qn)
cadre ['kædrɪ] *n* cadre *m*
Caesarean, (*US*) **Cesarean** [siː'zɛərɪən] *adj*: **~ (section)** césarienne *f*
CAF *abbr* (*Brit*: = *cost and freight*) C et F
café ['kæfeɪ] *n* ≈ café(-restaurant) *m* (*sans alcool*)
cafeteria [kæfɪ'tɪərɪə] *n* cafétéria *f*
caffeine ['kæfiːn] *n* caféine *f*
cage [keɪdʒ] *n* cage *f* ▷ *vt* mettre en cage
cagey ['keɪdʒɪ] *adj* (*inf*) réticent(e), méfiant(e)
cagoule [kə'guːl] *n* K-way® *m*
cahoots [kə'huːts] *n*: **to be in ~ (with)** être de mèche (avec)
CAI *n abbr* (= *computer-aided instruction*) EAO *m*
Cairo ['kaɪərəu] *n* le Caire
cajole [kə'dʒəul] *vt* couvrir de flatteries *or* de gentillesses
cake [keɪk] *n* gâteau *m*; **~ of soap** savonnette *f*; **it's a piece of ~** (*inf*) c'est un jeu d'enfant; **he wants to have his ~ and eat it (too)** (*fig*) il veut tout avoir
caked [keɪkt] *adj*: **~ with** raidi(e) par, couvert(e) d'une croûte de
cake shop *n* pâtisserie *f*
Cal. *abbr* (*US*) = **California**
calamitous [kə'læmɪtəs] *adj* catastrophique, désastreux(-euse)
calamity [kə'læmɪtɪ] *n* calamité *f*, désastre *m*
calcium ['kælsɪəm] *n* calcium *m*
calculate ['kælkjuleɪt] *vt* calculer; (*estimate*: *chances, effect*) évaluer
▸ **calculate on** *vt fus*: **to ~ on sth/on doing sth** compter sur qch/faire qch
calculated ['kælkjuleɪtɪd] *adj* (*insult, action*) délibéré(e); **a ~ risk** un risque pris en toute connaissance de cause
calculating ['kælkjuleɪtɪŋ] *adj* calculateur(-trice)
calculation [kælkju'leɪʃən] *n* calcul *m*
calculator ['kælkjuleɪtə^r] *n* machine *f* à calculer, calculatrice *f*
calculus ['kælkjuləs] *n* analyse *f* (mathématique), calcul infinitésimal; **integral/differential ~** calcul intégral/différentiel
calendar ['kæləndə^r] *n* calendrier *m*
calendar year *n* année civile

calf (*pl* **calves**) [kɑːf, kɑːvz] *n* (*of cow*) veau *m*; (*of other animals*) petit *m*; (*also*: **calfskin**) veau *m*, vachette *f*; (*Anat*) mollet *m*
caliber ['kælɪbəʳ] *n* (*US*) = **calibre**
calibrate ['kælɪbreɪt] *vt* (*gun etc*) calibrer; (*scale of measuring instrument*) étalonner
calibre, (*US*) **caliber** ['kælɪbəʳ] *n* calibre *m*
calico ['kælɪkəu] *n* (*Brit*) calicot *m*; (*US*) indienne *f*
Calif. *abbr* (*US*) = **California**
California [kælɪ'fɔːnɪə] *n* Californie *f*
calipers ['kælɪpəz] *npl* (*US*) = **callipers**
call [kɔːl] *vt* (*gen, also Tel*) appeler; (*announce*: *flight*) annoncer; (*meeting*) convoquer; (*strike*) lancer ▷ *vi* appeler; (*visit*: *also*: **call in, call round**) passer ▷ *n* (*shout*) appel *m*, cri *m*; (*summons*: *for flight etc, fig*: *lure*) appel; (*visit*) visite *f*; (*also*: **telephone call**) coup *m* de téléphone; communication *f*; **to be on ~** être de permanence; **to be ~ed** s'appeler; **she's ~ed Suzanne** elle s'appelle Suzanne; **who is ~ing?** (*Tel*) qui est à l'appareil?; **London ~ing** (*Radio*) ici Londres; **please give me a ~ at 7** appelez-moi à 7 heures; **to make a ~** téléphoner, passer un coup de fil; **can I make a ~ from here?** est-ce que je peux téléphoner d'ici?; **to pay a ~ on sb** rendre visite à qn, passer voir qn; **there's not much ~ for these items** ces articles ne sont pas très demandés
▸ **call at** *vt fus* (*ship*) faire escale à; (*train*) s'arrêter à
▸ **call back** *vi* (*return*) repasser; (*Tel*) rappeler ▷ *vt* (*Tel*) rappeler; **can you ~ back later?** pouvez-vous rappeler plus tard?
▸ **call for** *vt fus* (*demand*) demander; (*fetch*) passer prendre
▸ **call in** *vt* (*doctor, expert, police*) appeler, faire venir
▸ **call off** *vt* annuler; **the strike was ~ed off** l'ordre de grève a été rapporté
▸ **call on** *vt fus* (*visit*) rendre visite à, passer voir; (*request*): **to ~ on sb to do** inviter qn à faire
▸ **call out** *vi* pousser un cri *or* des cris ▷ *vt* (*doctor, police, troops*) appeler
▸ **call up** *vt* (*Mil*) appeler, mobiliser; (*Tel*) appeler
call box ['kɔːlbɔks] *n* (*Brit*) cabine *f* téléphonique
call centre, (*US*) **call center** *n* centre *m* d'appels
caller ['kɔːləʳ] *n* (*Tel*) personne *f* qui appelle; (*visitor*) visiteur *m*; **hold the line, ~!** (*Tel*) ne quittez pas, Monsieur (*or* Madame)!
call girl *n* call-girl *f*
call-in ['kɔːlɪn] *n* (*US Radio, TV*) programme *m* à ligne ouverte
calling ['kɔːlɪŋ] *n* vocation *f*; (*trade, occupation*) état *m*
calling card *n* (*US*) carte *f* de visite
callipers, (*US*) **calipers** ['kælɪpəz] *npl* (*Math*) compas *m*; (*Med*) appareil *m* orthopédique; gouttière *f*; étrier *m*
callous ['kæləs] *adj* dur(e), insensible
callousness ['kæləsnɪs] *n* dureté *f*, manque *m* de cœur, insensibilité *f*
callow ['kæləu] *adj* sans expérience (de la vie)
calm [kɑːm] *adj* calme ▷ *n* calme *m* ▷ *vt* calmer, apaiser
▸ **calm down** *vi* se calmer, s'apaiser ▷ *vt* calmer, apaiser
calmly ['kɑːmlɪ] *adv* calmement, avec calme
calmness ['kɑːmnɪs] *n* calme *m*
Calor gas® ['kæləʳ-] *n* (*Brit*) butane *m*, butagaz® *m*
calorie ['kælərɪ] *n* calorie *f*; **low ~ product** produit *m* pauvre en calories
calve [kɑːv] *vi* vêler, mettre bas
calves [kɑːvz] *npl of* **calf**
CAM *n abbr* (= *computer-aided manufacturing*) FAO *f*
camber ['kæmbəʳ] *n* (*of road*) bombement *m*
Cambodia [kæm'bəudɪə] *n* Cambodge *m*
Cambodian [kæm'bəudɪən] *adj* cambodgien(ne) ▷ *n* Cambodgien(ne)
Cambs *abbr* (*Brit*) = **Cambridgeshire**
camcorder ['kæmkɔːdəʳ] *n* caméscope *m*
came [keɪm] *pt of* **come**
camel ['kæməl] *n* chameau *m*
cameo ['kæmɪəu] *n* camée *m*
camera ['kæmərə] *n* appareil-photo *m*; (*Cine, TV*) caméra *f*; **digital ~** appareil numérique; **in ~** à huis clos, en privé
cameraman ['kæmərəmæn] (*irreg*) *n* caméraman *m*
camera phone *n* téléphone *m* avec appareil photo
Cameroon, Cameroun [kæmə'ruːn] *n* Cameroun *m*
camouflage ['kæməflɑːʒ] *n* camouflage *m* ▷ *vt* camoufler
camp [kæmp] *n* camp *m* ▷ *vi* camper ▷ *adj* (*man*) efféminé(e)
campaign [kæm'peɪn] *n* (*Mil, Pol*) campagne *f* ▷ *vi* (*also fig*) faire campagne; **to ~ for/against** militer pour/contre
campaigner [kæm'peɪnəʳ] *n*: **~ for** partisan(e) de; **~ against** opposant(e) à
camp bed ['kæmp'bɛd] *n* (*Brit*) lit *m* de camp
camper ['kæmpəʳ] *n* campeur(-euse); (*vehicle*) camping-car *m*
camping ['kæmpɪŋ] *n* camping *m*; **to go ~** faire du camping
camping gas® *n* butane *m*
campsite ['kæmpsaɪt] *n* (terrain *m* de) camping *m*
campus ['kæmpəs] *n* campus *m*
camshaft ['kæmʃɑːft] *n* arbre *m* à came
can[1] [kæn] *n* (*of milk, oil, water*) bidon *m*; (*tin*) boîte *f* (de conserve) ▷ *vt* mettre en conserve; **a ~ of beer** une canette de bière; **he had to carry the ~** (*Brit inf*) on lui a fait porter le chapeau; *see also* **keyword**

 KEYWORD

can[2] [kæn] (*negative* **cannot, can't**, *conditional and pt* **could**) *aux vb* **1** (*be able to*) pouvoir; **you can do**

it if you try vous pouvez le faire si vous essayez; **I can't hear you** je ne t'entends pas
2 (*know how to*) savoir; **I can swim/play tennis/ drive** je sais nager/jouer au tennis/conduire; **can you speak French?** parlez-vous français?
3 (*may*) pouvoir; **can I use your phone?** puis-je me servir de votre téléphone?
4 (*expressing disbelief, puzzlement etc*): **it can't be true!** ce n'est pas possible!; **what CAN he want?** qu'est-ce qu'il peut bien vouloir?
5 (*expressing possibility, suggestion etc*): **he could be in the library** il est peut-être dans la bibliothèque; **she could have been delayed** il se peut qu'elle ait été retardée; **they could have forgotten** ils ont pu oublier

Canada ['kænədə] *n* Canada *m*
Canadian [kə'neɪdɪən] *adj* canadien(ne) ▷ *n* Canadien(ne)
canal [kə'næl] *n* canal *m*
canary [kə'nɛərɪ] *n* canari *m*, serin *m*
Canary Islands, Canaries [kə'nɛərɪz] *npl*: **the ~** les (îles *fpl*) Canaries *fpl*
Canberra ['kænbərə] *n* Canberra
cancel ['kænsəl] *vt* annuler; (*train*) supprimer; (*party, appointment*) décommander; (*cross out*) barrer, rayer; (*stamp*) oblitérer; (*cheque*) faire opposition à; **I would like to ~ my booking** je voudrais annuler ma réservation
▸ **cancel out** *vt* annuler; **they ~ each other out** ils s'annulent
cancellation [kænsə'leɪʃən] *n* annulation *f*; suppression *f*; oblitération *f*; (*Tourism*) réservation annulée, client *etc* qui s'est décommandé
Cancer ['kænsə^r] *n* (*Astrology*) le Cancer; **to be ~** être du Cancer
cancer ['kænsə^r] *n* cancer *m*
cancerous ['kænsrəs] *adj* cancéreux(-euse)
cancer patient *n* cancéreux(-euse)
cancer research *n* recherche *f* contre le cancer
C and F *abbr* (*Brit*: = *cost and freight*) C et F
candid ['kændɪd] *adj* (très) franc (franche), sincère
candidacy ['kændɪdəsɪ] *n* candidature *f*
candidate ['kændɪdeɪt] *n* candidat(e)
candidature ['kændɪdətʃə^r] *n* (*Brit*) = **candidacy**
candied ['kændɪd] *adj* confit(e); **~ apple** (*US*) pomme caramélisée
candle ['kændl] *n* bougie *f*; (*of tallow*) chandelle *f*; (*in church*) cierge *m*
candlelight ['kændllaɪt] *n*: **by ~** à la lumière d'une bougie; (*dinner*) aux chandelles
candlestick ['kændlstɪk] *n* (*also*: **candle holder**) bougeoir *m*; (*bigger, ornate*) chandelier *m*
candour, (*US*) **candor** ['kændə^r] *n* (grande) franchise *or* sincérité
C & W *n abbr* = **country and western**
candy ['kændɪ] *n* sucre candi; (*US*) bonbon *m*
candy bar (*US*) *n* barre *f* chocolatée
candyfloss ['kændɪflɔs] *n* (*Brit*) barbe *f* à papa
candy store *n* (*US*) confiserie *f*
cane [keɪn] *n* canne *f*; (*for baskets, chairs etc*) rotin *m* ▷ *vt* (*Brit Scol*) administrer des coups de bâton à
canine ['kænaɪn] *adj* canin(e)
canister ['kænɪstə^r] *n* boîte *f* (*gén en métal*); (*of gas*) bombe *f*
cannabis ['kænəbɪs] *n* (*drug*) cannabis *m*; (*cannabis plant*) chanvre indien
canned ['kænd] *adj* (*food*) en boîte, en conserve; (*inf*: *music*) enregistré(e); (*Brit inf*: *drunk*) bourré(e); (*US inf*: *worker*) mis(e) à la porte
cannibal ['kænɪbəl] *n* cannibale *m/f*, anthropophage *m/f*
cannibalism ['kænɪbəlɪzəm] *n* cannibalisme *m*, anthropophagie *f*
cannon (*pl* - *or* **-s**) ['kænən] *n* (*gun*) canon *m*
cannonball ['kænənbɔːl] *n* boulet *m* de canon
cannon fodder *n* chair *f* à canon
cannot ['kænɔt] = **can not**
canny ['kænɪ] *adj* madré(e), finaud(e)
canoe [kə'nuː] *n* pirogue *f*; (*Sport*) canoë *m*
canoeing [kə'nuːɪŋ] *n* (*sport*) canoë *m*
canoeist [kə'nuːɪst] *n* canoéiste *m/f*
canon ['kænən] *n* (*clergyman*) chanoine *m*; (*standard*) canon *m*
canonize ['kænənaɪz] *vt* canoniser
can-opener [-'əupnə^r] *n* ouvre-boîte *m*
canopy ['kænəpɪ] *n* baldaquin *m*; dais *m*
cant [kænt] *n* jargon *m* ▷ *vt, vi* pencher
can't [kɑːnt] = **can not**
Cantab. *abbr* (*Brit*: = *cantabrigiensis*) *of Cambridge*
cantankerous [kæn'tæŋkərəs] *adj* querelleur(-euse), acariâtre
canteen [kæn'tiːn] *n* (*eating place*) cantine *f*; (*Brit*: *of cutlery*) ménagère *f*
canter ['kæntə^r] *n* petit galop ▷ *vi* aller au petit galop
cantilever ['kæntɪliːvə^r] *n* porte-à-faux *m inv*
canvas ['kænvəs] *n* (*gen*) toile *f*; **under ~** (*camping*) sous la tente; (*Naut*) toutes voiles dehors
canvass ['kænvəs] *vi* (*Pol*): **to ~ for** faire campagne pour ▷ *vt* (*Pol*: *district*) faire la tournée électorale dans; (: *person*) solliciter le suffrage de; (*Comm*: *district*) prospecter; (*citizens, opinions*) sonder
canvasser ['kænvəsə^r] *n* (*Pol*) agent électoral; (*Comm*) démarcheur *m*
canvassing ['kænvəsɪŋ] *n* (*Pol*) prospection électorale, démarchage électoral; (*Comm*) démarchage, prospection
canyon ['kænjən] *n* cañon *m*, gorge (profonde)
CAP *n abbr* (= *Common Agricultural Policy*) PAC *f*
cap [kæp] *n* casquette *f*; (*for swimming*) bonnet *m* de bain; (*of pen*) capuchon *m*; (*of bottle*) capsule *f*; (*Brit*: *contraceptive*: *also*: **Dutch cap**) diaphragme *m*; (*Football*) sélection *f* pour l'équipe nationale ▷ *vt* capsuler; (*outdo*) surpasser; (*put limit on*) plafonner; **~ped with** coiffé(e) de; **and to ~ it all, he ...** (*Brit*) pour couronner le tout, il ...
capability [keɪpə'bɪlɪtɪ] *n* aptitude *f*, capacité *f*
capable ['keɪpəbl] *adj* capable; **~ of** (*interpretation*

C

etc) susceptible de
capacious [kə'peɪʃəs] *adj* vaste
capacity [kə'pæsɪtɪ] *n* (*of container*) capacité *f*, contenance *f*; (*ability*) aptitude *f*; **filled to ~** plein(e); **in his ~ as** en sa qualité de; **in an advisory ~** à titre consultatif; **to work at full ~** travailler à plein rendement
cape [keɪp] *n* (*garment*) cape *f*; (*Geo*) cap *m*
Cape of Good Hope *n* cap *m* de Bonne Espérance
caper ['keɪpə^r] *n* (*Culin: gen pl*) câpre *f*; (*prank*) farce *f*
Cape Town *n* Le Cap
capita ['kæpɪtə] *see* **per capita**
capital ['kæpɪtl] *n* (*also*: **capital city**) capitale *f*; (*money*) capital *m*; (*also*: **capital letter**) majuscule *f*
capital account *n* balance *f* des capitaux; (*of country*) compte capital
capital allowance *n* provision *f* pour amortissement
capital assets *npl* immobilisations *fpl*
capital expenditure *n* dépenses *fpl* d'équipement
capital gains tax *n* impôt *m* sur les plus-values
capital goods *n* biens *mpl* d'équipement
capital-intensive ['kæpɪtlɪn'tɛnsɪv] *adj* à forte proportion de capitaux
capitalism ['kæpɪtəlɪzəm] *n* capitalisme *m*
capitalist ['kæpɪtəlɪst] *adj*, *n* capitaliste *m/f*
capitalize ['kæpɪtəlaɪz] *vt* (*provide with capital*) financer
▸ **capitalize on** *vt fus* (*fig*) profiter de
capital punishment *n* peine capitale
capital transfer tax *n* (*Brit*) impôt *m* sur le transfert de propriété
Capitol ['kæpɪtl] *n*: **the ~** le Capitole; *voir article*

CAPITOL

Le *Capitol* est le siège du "Congress", à Washington. Il est situé sur Capitol Hill.

capitulate [kə'pɪtjuleɪt] *vi* capituler
capitulation [kəpɪtju'leɪʃən] *n* capitulation *f*
capricious [kə'prɪʃəs] *adj* capricieux(-euse), fantasque
Capricorn ['kæprɪkɔːn] *n* le Capricorne; **to be ~** être du Capricorne
caps [kæps] *abbr* = **capital letters**
capsize [kæp'saɪz] *vt* faire chavirer ▹ *vi* chavirer
capsule ['kæpsjuːl] *n* capsule *f*
Capt. *abbr* (= *captain*) Cne
captain ['kæptɪn] *n* capitaine *m* ▹ *vt* commander, être le capitaine de
caption ['kæpʃən] *n* légende *f*
captivate ['kæptɪveɪt] *vt* captiver, fasciner
captive ['kæptɪv] *adj*, *n* captif(-ive)
captivity [kæp'tɪvɪtɪ] *n* captivité *f*
captor ['kæptə^r] *n* (*unlawful*) ravisseur *m*; (*lawful*): **his ~s** les gens (*or* ceux *etc*) qui l'ont arrêté
capture ['kæptʃə^r] *vt* (*prisoner, animal*) capturer; (*town*) prendre; (*attention*) capter; (*Comput*) saisir ▹ *n* capture *f*; (*of data*) saisie *f* de données
car [kɑː^r] *n* voiture *f*, auto *f*; (*US Rail*) wagon *m*, voiture; **by ~** en voiture
carafe [kə'ræf] *n* carafe *f*
carafe wine *n* (*in restaurant*) ≈ vin ouvert
caramel ['kærəməl] *n* caramel *m*
carat ['kærət] *n* carat *m*; **18 ~ gold** or *m* à 18 carats
caravan ['kærəvæn] *n* caravane *f*
caravan site *n* (*Brit*) camping *m* pour caravanes
caraway ['kærəweɪ] *n*: **~ seed** graine *f* de cumin, cumin *m*
carbohydrate [kɑːbəu'haɪdreɪt] *n* hydrate *m* de carbone; (*food*) féculent *m*
carbolic acid [kɑː'bɔlɪk-] *n* phénol *m*
car bomb *n* voiture piégée
carbon ['kɑːbən] *n* carbone *m*
carbonated ['kɑːbəneɪtɪd] *adj* (*drink*) gazeux(-euse)
carbon copy *n* carbone *m*
carbon dioxide [-daɪ'ɔksaɪd] *n* gaz *m* carbonique, dioxyde *m* de carbone
carbon footprint *n* empreinte *f* carbone
carbon monoxide [-mɔ'nɔksaɪd] *n* oxyde *m* de carbone
carbon paper *n* papier *m* carbone
carbon ribbon *n* ruban *m* carbone
car boot sale *n marché aux puces où des particuliers vendent des objets entreposés dans le coffre de leur voiture.*
carburettor, (US) **carburetor** [kɑːbju'rɛtə^r] *n* carburateur *m*
carcass ['kɑːkəs] *n* carcasse *f*
carcinogenic [kɑːsɪnə'dʒɛnɪk] *adj* cancérigène
card [kɑːd] *n* carte *f*; (*material*) carton *m*; (*membership card*) carte d'adhérent; **to play ~s** jouer aux cartes
cardamom ['kɑːdəməm] *n* cardamome *f*
cardboard ['kɑːdbɔːd] *n* carton *m*
cardboard box *n* (boîte *f* en) carton *m*
cardboard city *n endroit de la ville où dorment les SDF dans des boîtes en carton*
card-carrying member ['kɑːdkærɪɪŋ-] *n* membre actif
card game *n* jeu *m* de cartes
cardiac ['kɑːdɪæk] *adj* cardiaque
cardigan ['kɑːdɪgən] *n* cardigan *m*
cardinal ['kɑːdɪnl] *adj* cardinal(e); (*importance*) capital(e) ▹ *n* cardinal *m*
card index *n* fichier *m* (alphabétique)
cardphone ['kɑːdfəun] *n* téléphone *m* à carte (magnétique)
cardsharp ['kɑːdʃɑːp] *n* tricheur(-euse) professionnel(le)
card vote *n* (*Brit*) vote *m* de délégués
CARE [kɛə^r] *n abbr* (= *Cooperative for American Relief Everywhere*) *association charitable*
care [kɛə^r] *n* soin *m*, attention *f*; (*worry*) souci *m* ▹ *vi*: **to ~ about** (*feel interest for*) se soucier de, s'intéresser à; (*person: love*) être attaché(e) à; **in sb's ~** à la garde de qn, confié à qn; **~ of** (*on letter*)

chez; **"with ~"** "fragile"; **to take ~ (to do)** faire attention (à faire); **to take ~ of** (*vt*) s'occuper de; **the child has been taken into ~** l'enfant a été placé en institution; **would you ~ to/for ...?** voulez-vous ...?; **I wouldn't ~ to do it** je n'aimerais pas le faire; **I don't ~** ça m'est bien égal, peu m'importe; **I couldn't ~ less** cela m'est complètement égal, je m'en fiche complètement
▸ **care for** *vt fus* s'occuper de; (*like*) aimer
careen [kə'ri:n] *vi* (*ship*) donner de la bande ▹ *vt* caréner, mettre en carène
career [kə'rɪəʳ] *n* carrière *f* ▹ *vi* (*also*: **career along**) aller à toute allure
career girl *n* jeune fille *f or* femme *f* qui veut faire carrière
careers officer *n* conseiller(-ère) d'orientation (professionnelle)
career woman (*irreg*) *n* femme ambitieuse
carefree ['kɛəfri:] *adj* sans souci, insouciant(e)
careful ['kɛəful] *adj* soigneux(-euse); (*cautious*) prudent(e); **(be) ~!** (fais) attention!; **to be ~ with one's money** regarder à la dépense
carefully ['kɛəfəlɪ] *adv* avec soin, soigneusement; prudemment
caregiver ['kɛəgɪvəʳ] (US) *n* (*professional*) travailleur social; (*unpaid*) *personne qui s'occupe d'un proche qui est malade*
careless ['kɛəlɪs] *adj* négligent(e); (*heedless*) insouciant(e)
carelessly ['kɛəlɪslɪ] *adv* négligemment; avec insouciance
carelessness ['kɛəlɪsnɪs] *n* manque *m* de soin, négligence *f*; insouciance *f*
carer ['kɛərəʳ] *n* (*professional*) travailleur social; (*unpaid*) *personne qui s'occupe d'un proche qui est malade*
caress [kə'rɛs] *n* caresse *f* ▹ *vt* caresser
caretaker ['kɛəteɪkəʳ] *n* gardien(ne), concierge *m/f*
caretaker government *n* (*Brit*) gouvernement *m* intérimaire
car-ferry ['kɑ:fɛrɪ] *n* (*on sea*) ferry(-boat) *m*; (*on river*) bac *m*
cargo (*pl* **-es**) ['kɑ:gəu] *n* cargaison *f*, chargement *m*
cargo boat *n* cargo *m*
cargo plane *n* avion-cargo *m*
car hire *n* (*Brit*) location *f* de voitures
Caribbean [kærɪ'bi:ən] *adj*, *n*: **the ~ (Sea)** la mer des Antilles *or* des Caraïbes
caricature ['kærɪkətjuəʳ] *n* caricature *f*
caring ['kɛərɪŋ] *adj* (*person*) bienveillant(e); (*society, organization*) humanitaire
carnage ['kɑ:nɪdʒ] *n* carnage *m*
carnal ['kɑ:nl] *adj* charnel(le)
carnation [kɑ:'neɪʃən] *n* œillet *m*
carnival ['kɑ:nɪvl] *n* (*public celebration*) carnaval *m*; (*US: funfair*) fête foraine
carnivorous [kɑ:'nɪvərəs] *adj* carnivore, carnassier(-ière)
carol ['kærəl] *n*: **(Christmas) ~** chant *m* de Noël
carouse [kə'rauz] *vi* faire la bringue
carousel [kærə'sɛl] *n* (*for luggage*) carrousel *m*; (US) manège *m*
carp [kɑ:p] *n* (*fish*) carpe *f*
▸ **carp at** *vt fus* critiquer
car park (*Brit*) *n* parking *m*, parc *m* de stationnement
carpenter ['kɑ:pɪntəʳ] *n* charpentier *m*; (*joiner*) menuisier *m*
carpentry ['kɑ:pɪntrɪ] *n* charpenterie *f*, métier *m* de charpentier; (*woodwork: at school etc*) menuiserie *f*
carpet ['kɑ:pɪt] *n* tapis *m* ▹ *vt* recouvrir (d'un tapis); **fitted ~** (*Brit*) moquette *f*
carpet bombing *n* bombardement intensif
carpet slippers *npl* pantoufles *fpl*
carpet sweeper [-'swi:pəʳ] *n* balai *m* mécanique
car phone *n* téléphone *m* de voiture
car rental *n* (US) location *f* de voitures
carriage ['kærɪdʒ] *n* (*Brit Rail*) wagon *m*; (*horse-drawn*) voiture *f*; (*of goods*) transport *m*; (*: cost*) port *m*; (*of typewriter*) chariot *m*; (*bearing*) maintien *m*, port *m*; **~ forward** port dû; **~ free** franco de port; **~ paid** (en) port payé
carriage return *n* retour *m* à la ligne
carriageway ['kærɪdʒweɪ] *n* (*Brit: part of road*) chaussée *f*
carrier ['kærɪəʳ] *n* transporteur *m*, camionneur *m*; (*company*) entreprise *f* de transport; (*Med*) porteur(-euse); (*Naut*) porte-avions *m inv*
carrier bag *n* (*Brit*) sac *m* en papier *or* en plastique
carrier pigeon *n* pigeon voyageur
carrion ['kærɪən] *n* charogne *f*
carrot ['kærət] *n* carotte *f*
carry ['kærɪ] *vt* (*subj: person*) porter; (*: vehicle*) transporter; (*a motion, bill*) voter, adopter; (*Math: figure*) retenir; (*Comm: interest*) rapporter; (*involve: responsibilities etc*) comporter, impliquer; (*Med: disease*) être porteur de ▹ *vi* (*sound*) porter; **to get carried away** (*fig*) s'emballer, s'enthousiasmer; **this loan carries 10% interest** ce prêt est à 10% (d'intérêt)
▸ **carry forward** *vt* (*gen, Book-Keeping*) reporter
▸ **carry on** *vi* (*continue*) continuer; (*inf: make a fuss*) faire des histoires ▹ *vt* (*conduct: business*) diriger; (*: conversation*) entretenir; (*continue: business, conversation*) continuer; **to ~ on with sth/doing** continuer qch/à faire
▸ **carry out** *vt* (*orders*) exécuter; (*investigation*) effectuer; (*idea, threat*) mettre à exécution
carrycot ['kærɪkɔt] *n* (*Brit*) porte-bébé *m*
carry-on ['kærɪ'ɔn] *n* (*inf: fuss*) histoires *fpl*; (*: annoying behaviour*) cirque *m*, cinéma *m*
cart [kɑ:t] *n* charrette *f* ▹ *vt* (*inf*) transporter
carte blanche ['kɑ:t'blɔŋʃ] *n*: **to give sb ~** donner carte blanche à qn
cartel [kɑ:'tɛl] *n* (*Comm*) cartel *m*
cartilage ['kɑ:tɪlɪdʒ] *n* cartilage *m*
cartographer [kɑ:'tɔgrəfəʳ] *n* cartographe *m/f*
cartography [kɑ:'tɔgrəfɪ] *n* cartographie *f*
carton ['kɑ:tən] *n* (*box*) carton *m*; (*of yogurt*) pot *m* (en carton); (*of cigarettes*) cartouche *f*

cartoon [kɑːˈtuːn] *n* (*Press*) dessin *m* (humoristique); (*satirical*) caricature *f*; (*comic strip*) bande dessinée; (*Cine*) dessin animé
cartoonist [kɑːˈtuːnɪst] *n* dessinateur(-trice) humoristique; caricaturiste *m/f*; auteur *m* de dessins animés; auteur de bandes dessinées
cartridge [ˈkɑːtrɪdʒ] *n* (*for gun, pen*) cartouche *f*; (*for camera*) chargeur *m*; (*music tape*) cassette *f*; (*of record player*) cellule *f*
cartwheel [ˈkɑːtwiːl] *n* roue *f*; **to turn a ~** faire la roue
carve [kɑːv] *vt* (*meat: also:* **carve up**) découper; (*wood, stone*) tailler, sculpter
carving [ˈkɑːvɪŋ] *n* (*in wood etc*) sculpture *f*
carving knife *n* couteau *m* à découper
car wash *n* station *f* de lavage (de voitures)
Casablanca [kæsəˈblæŋkə] *n* Casablanca
cascade [kæsˈkeɪd] *n* cascade *f* ▷ *vi* tomber en cascade
case [keɪs] *n* cas *m*; (*Law*) affaire *f*, procès *m*; (*box*) caisse *f*, boîte *f*; (*for glasses*) étui *m*; (*Brit: also:* **suitcase**) valise *f*; (*Typ*): **lower/upper ~** minuscule *f*/majuscule *f*; **to have a good ~** avoir de bons arguments; **there's a strong ~ for reform** il y aurait lieu d'engager une réforme; **in ~ of** en cas de; **in ~ he** au cas où il; **just in ~** à tout hasard; **in any ~** en tout cas, de toute façon
case history *n* (*Med*) dossier médical, antécédents médicaux
case study *n* étude *f* de cas
cash [kæʃ] *n* argent *m*; (*Comm*) (argent *m*) liquide *m*, numéraire *m*; liquidités *fpl*; (*: in payment*) argent comptant, espèces *fpl* ▷ *vt* encaisser; **to pay (in) ~** payer (en argent) comptant *or* en espèces; **~ with order/on delivery** (*Comm*) payable *or* paiement à la commande/livraison; **to be short of ~** être à court d'argent; **I haven't got any ~** je n'ai pas de liquide
▸ **cash in** *vt* (*insurance policy etc*) toucher
▸ **cash in on** *vt fus* profiter de
cash account *n* compte *m* caisse
cash and carry *n* libre-service *m* de gros, cash and carry *m inv*
cashback [ˈkæʃbæk] *n* (*discount*) remise *f*; (*at supermarket etc*) retrait *m* (*à la caisse*)
cashbook [ˈkæʃbuk] *n* livre *m* de caisse
cash box *n* caisse *f*
cash card *n* carte *f* de retrait
cash desk *n* (*Brit*) caisse *f*
cash discount *n* escompte *m* de caisse (pour paiement au comptant), remise *f* au comptant
cash dispenser *n* distributeur *m* automatique de billets
cashew [kæˈʃuː] *n* (*also:* **cashew nut**) noix *f* de cajou
cash flow *n* cash-flow *m*, marge brute d'autofinancement
cashier [kæˈʃɪəʳ] *n* caissier(-ère) ▷ *vt* (*Mil*) destituer, casser
cashmere [ˈkæʃmɪəʳ] *n* cachemire *m*
cash payment *n* paiement comptant, versement *m* en espèces
cash point *n* distributeur *m* automatique de billets
cash price *n* prix comptant
cash register *n* caisse enregistreuse
cash sale *n* vente *f* au comptant
casing [ˈkeɪsɪŋ] *n* revêtement (protecteur), enveloppe (protectrice)
casino [kəˈsiːnəu] *n* casino *m*
cask [kɑːsk] *n* tonneau *m*
casket [ˈkɑːskɪt] *n* coffret *m*; (*US: coffin*) cercueil *m*
Caspian Sea [ˈkæspɪən-] *n*: **the ~** la mer Caspienne
casserole [ˈkæsərəul] *n* (*pot*) cocotte *f*; (*food*) ragoût *m* (en cocotte)
cassette [kæˈsɛt] *n* cassette *f*
cassette deck *n* platine *f* cassette
cassette player *n* lecteur *m* de cassettes
cassette recorder *n* magnétophone *m* à cassettes
cast [kɑːst] (*vb: pt, pp* -) *vt* (*throw*) jeter; (*shadow: lit*) projeter; (*: fig*) jeter; (*glance*) jeter; (*shed*) perdre; se dépouiller de; (*metal*) couler, fondre ▷ *n* (*Theat*) distribution *f*; (*mould*) moule *m*; (*also:* **plaster cast**) plâtre *m*; **to ~ sb as Hamlet** attribuer à qn le rôle d'Hamlet; **to ~ one's vote** voter, exprimer son suffrage; **to ~ doubt on** jeter un doute sur
▸ **cast aside** *vt* (*reject*) rejeter
▸ **cast off** *vi* (*Naut*) larguer les amarres; (*Knitting*) arrêter les mailles ▷ *vt* (*Knitting*) arrêter
▸ **cast on** (*Knitting*) *vt* monter ▷ *vi* monter les mailles
castanets [kæstəˈnɛts] *npl* castagnettes *fpl*
castaway [ˈkɑːstəweɪ] *n* naufragé(e)
caste [kɑːst] *n* caste *f*, classe sociale
caster sugar [ˈkɑːstə-] *n* (*Brit*) sucre *m* semoule
casting vote [ˈkɑːstɪŋ-] *n* (*Brit*) voix prépondérante (*pour départager*)
cast-iron [ˈkɑːstaɪən] *adj* (*lit*) de *or* en fonte; (*fig: will*) de fer; (*alibi*) en béton
cast iron *n* fonte *f*
castle [ˈkɑːsl] *n* château *m*; (*fortress*) château-fort *m*; (*Chess*) tour *f*
cast-offs [ˈkɑːstɔfs] *npl* vêtements *mpl* dont on ne veut plus
castor [ˈkɑːstəʳ] *n* (*wheel*) roulette *f*
castor oil *n* huile *f* de ricin
castrate [kæsˈtreɪt] *vt* châtrer
casual [ˈkæʒjul] *adj* (*by chance*) de hasard, fait(e) au hasard, fortuit(e); (*irregular: work etc*) temporaire; (*unconcerned*) désinvolte; **~ wear** vêtements *mpl* sport *inv*
casual labour *n* main-d'œuvre *f* temporaire
casually [ˈkæʒjulɪ] *adv* avec désinvolture, négligemment; (*by chance*) fortuitement
casualty [ˈkæʒjultɪ] *n* accidenté(e), blessé(e); (*dead*) victime *f*, mort(e); (*Brit: Med: department*) urgences *fpl*; **heavy casualties** lourdes pertes
casualty ward *n* (*Brit*) service *m* des urgences

cat [kæt] *n* chat *m*
catacombs ['kætəku:mz] *npl* catacombes *fpl*
Catalan ['kætəlæn] *adj* catalan(e)
catalogue, (US) **catalog** ['kætəlɔg] *n* catalogue *m* ▷ *vt* cataloguer
catalyst ['kætəlɪst] *n* catalyseur *m*
catalytic converter [kætə'lɪtɪkkən'və:tə^r] *n* pot *m* catalytique
catapult ['kætəpʌlt] *n* lance-pierres *m inv*, fronde *f*; *(History)* catapulte *f*
cataract ['kætərækt] *n* *(also Med)* cataracte *f*
catarrh [kə'ta:^r] *n* rhume *m* chronique, catarrhe *f*
catastrophe [kə'tæstrəfɪ] *n* catastrophe *f*
catastrophic [kætə'strɔfɪk] *adj* catastrophique
catcall ['kætkɔ:l] *n* *(at meeting etc)* sifflet *m*
catch [kætʃ] (*pt, pp* **caught** [kɔ:t]) *vt* *(ball, train, thief, cold)* attraper; *(person: by surprise)* prendre, surprendre; *(understand)* saisir; *(get entangled)* accrocher ▷ *vi* *(fire)* prendre; *(get entangled)* s'accrocher ▷ *n* *(fish etc)* prise *f*; *(thief etc)* capture *f*; *(hidden problem)* attrape *f*; *(Tech)* loquet *m*; cliquet *m*; **to ~ sb's attention** *or* **eye** attirer l'attention de qn; **to ~ fire** prendre feu; **to ~ sight of** apercevoir; **to play ~** jouer à chat; *(with ball)* jouer à attraper le ballon
▸ **catch on** *vi* *(become popular)* prendre; *(understand)*: **to ~ on (to sth)** saisir (qch)
▸ **catch out** *vt* *(Brit: fig: with trick question)* prendre en défaut
▸ **catch up** *vi* *(with work)* se rattraper, combler son retard ▷ *vt* *(also:* **catch up with**) rattraper
catch-22 ['kætʃtwentɪ'tu:] *n*: **it's a ~ situation** c'est (une situation) sans issue
catching ['kætʃɪŋ] *adj* *(Med)* contagieux(-euse)
catchment area ['kætʃmənt-] *n* *(Brit Scol)* aire *f* de recrutement; *(Geo)* bassin *m* hydrographique
catch phrase *n* slogan *m*, expression toute faite
catchy ['kætʃɪ] *adj* *(tune)* facile à retenir
catechism ['kætɪkɪzəm] *n* catéchisme *m*
categoric [kætɪ'gɔrɪk], **categorical** [kætɪ'gɔrɪkl] *adj* catégorique
categorize ['kætɪgəraɪz] *vt* classer par catégories
category ['kætɪgərɪ] *n* catégorie *f*
cater ['keɪtə^r] *vi*: **to ~ for** *(Brit: needs)* satisfaire, pourvoir à; *(: readers, consumers)* s'adresser à, pourvoir aux besoins de; *(Comm: parties etc)* préparer des repas pour
caterer ['keɪtərə^r] *n* traiteur *m*; fournisseur *m*
catering ['keɪtərɪŋ] *n* restauration *f*; approvisionnement *m*, ravitaillement *m*
caterpillar ['kætəpɪlə^r] *n* chenille *f* ▷ *cpd* *(vehicle)* à chenille; **~ track** *n* chenille *f*
cat flap *n* chatière *f*
cathedral [kə'θi:drəl] *n* cathédrale *f*
cathode ['kæθəud] *n* cathode *f*
cathode ray tube *n* tube *m* cathodique
Catholic ['kæθəlɪk] *(Rel)* *adj* catholique ▷ *n* catholique *m/f*
catholic ['kæθəlɪk] *adj* *(wide-ranging)* éclectique; universel(le); libéral(e)
catsup ['kætsəp] *n* *(US)* ketchup *m*
cattle ['kætl] *npl* bétail *m*, bestiaux *mpl*
catty ['kætɪ] *adj* méchant(e)
catwalk ['kætwɔ:k] *n* passerelle *f*; *(for models)* podium *m* *(de défilé de mode)*
Caucasian [kɔ:'keɪzɪən] *adj, n* caucasien(ne)
Caucasus ['kɔ:kəsəs] *n* Caucase *m*
caucus ['kɔ:kəs] *n* *(US Pol)* comité électoral (pour désigner des candidats); *voir article*; *(Brit Pol: group)* comité local *(d'un parti politique)*

CAUCUS

Un *caucus* aux États-Unis est une réunion restreinte des principaux dirigeants d'un parti politique, précédant souvent une assemblée générale, dans le but de choisir des candidats ou de définir une ligne d'action. Par extension, ce terme désigne également l'état-major d'un parti politique.

caught [kɔ:t] *pt, pp of* **catch**
cauliflower ['kɔlɪflauə^r] *n* chou-fleur *m*
cause [kɔ:z] *n* cause *f* ▷ *vt* causer; **there is no ~ for concern** il n'y a pas lieu de s'inquiéter; **to ~ sth to be done** faire faire qch; **to ~ sb to do sth** faire faire qch à qn
causeway ['kɔ:zweɪ] *n* chaussée (surélevée)
caustic ['kɔ:stɪk] *adj* caustique
caution ['kɔ:ʃən] *n* prudence *f*; *(warning)* avertissement *m* ▷ *vt* avertir, donner un avertissement à
cautious ['kɔ:ʃəs] *adj* prudent(e)
cautiously ['kɔ:ʃəslɪ] *adv* prudemment, avec prudence
cautiousness ['kɔ:ʃəsnɪs] *n* prudence *f*
cavalier [kævə'lɪə^r] *adj* cavalier(-ère), désinvolte ▷ *n* *(knight)* cavalier *m*
cavalry ['kævəlrɪ] *n* cavalerie *f*
cave [keɪv] *n* caverne *f*, grotte *f* ▷ *vi*: **to go caving** faire de la spéléo(logie)
▸ **cave in** *vi* *(roof etc)* s'effondrer
caveman ['keɪvmæn] *(irreg)* *n* homme *m* des cavernes
cavern ['kævən] *n* caverne *f*
caviar, caviare ['kævɪa:^r] *n* caviar *m*
cavity ['kævɪtɪ] *n* cavité *f*; *(Med)* carie *f*
cavity wall insulation *n* isolation *f* des murs creux
cavort [kə'vɔ:t] *vi* cabrioler, faire des cabrioles
cayenne [keɪ'ɛn] *n* *(also:* **cayenne pepper**) poivre *m* de cayenne
CB *n abbr (= Citizens' Band (Radio))* CB *f*; *(Brit: = Companion of (the Order of) the Bath) titre honorifique*
CBC *n abbr (= Canadian Broadcasting Corporation) organisme de radiodiffusion*
CBE *n abbr (= Companion of (the Order of) the British Empire) titre honorifique*
CBI *n abbr (= Confederation of British Industry)* ≈ MEDEF *m* *(= Mouvement des entreprises de France)*
CBS *n abbr (US: = Columbia Broadcasting System) chaîne de télévision*

CC *abbr* (*Brit*) = **county council**
cc *abbr* (= *cubic centimetre*) cm³; (*on letter etc*) = **carbon copy**
CCA *n abbr* (*US*: = *Circuit Court of Appeals*) cour d'appel itinérante
CCTV *n abbr* = **closed-circuit television**
CCU *n abbr* (*US*: = *coronary care unit*) unité *f* de soins cardiologiques
CD *n abbr* (= *compact disc*) CD *m*; (*Mil*: *Brit*) = **Civil Defence (Corps)**; (: *US*) = **Civil Defense** ▷ *abbr* (*Brit*: = *Corps Diplomatique*) CD
CD burner *n* graveur *m* de CD
CDC *n abbr* (*US*) = **center for disease control**
CD player *n* platine *f* laser
Cdr. *abbr* (= *commander*) Cdt
CD-ROM [si:di:'rɔm] *n abbr* (= *compact disc read-only memory*) CD-ROM *m inv*
CDT *abbr* (*US*: = *Central Daylight Time*) *heure d'été du centre*
CDW *n abbr* = **collision damage waiver**
CD writer *n* graveur *m* de CD
cease [si:s] *vt*, *vi* cesser
ceasefire ['si:sfaɪəʳ] *n* cessez-le-feu *m*
ceaseless ['si:slɪs] *adj* incessant(e), continuel(le)
CED *n abbr* (*US*) = **Committee for Economic Development**
cedar ['si:dəʳ] *n* cèdre *m*
cede [si:d] *vt* céder
cedilla [sɪ'dɪlə] *n* cédille *f*
CEEB *n abbr* (*US*: = *College Entrance Examination Board*) *commission d'admission dans l'enseignement supérieur*
ceilidh ['keɪlɪ] *n* bal *m* folklorique écossais *or* irlandais
ceiling ['si:lɪŋ] *n* (*also fig*) plafond *m*
celebrate ['sɛlɪbreɪt] *vt*, *vi* célébrer
celebrated ['sɛlɪbreɪtɪd] *adj* célèbre
celebration [sɛlɪ'breɪʃən] *n* célébration *f*
celebrity [sɪ'lɛbrɪtɪ] *n* célébrité *f*
celeriac [sə'lɛrɪæk] *n* céleri(-rave) *m*
celery ['sɛlərɪ] *n* céleri *m* (en branches)
celestial [sɪ'lɛstɪəl] *adj* céleste
celibacy ['sɛlɪbəsɪ] *n* célibat *m*
cell [sɛl] *n* (*gen*) cellule *f*; (*Elec*) élément *m* (*de pile*)
cellar ['sɛləʳ] *n* cave *f*
'cellist ['tʃɛlɪst] *n* violoncelliste *m/f*
cello ['tʃɛləu] *n* violoncelle *m*
Cellophane® ['sɛləfeɪn] *n* cellophane® *f*
cellphone ['sɛlfəun] *n* (téléphone *m*) portable *m*, mobile *m*
cellular ['sɛljuləʳ] *adj* cellulaire
cellulose ['sɛljuləus] *n* cellulose *f*
Celsius ['sɛlsɪəs] *adj* Celsius *inv*
Celt [kɛlt, sɛlt] *n* Celte *m/f*
Celtic ['kɛltɪk, 'sɛltɪk] *adj* celte, celtique ▷ *n* (*Ling*) celtique *m*
cement [sə'mɛnt] *n* ciment *m* ▷ *vt* cimenter
cement mixer *n* bétonnière *f*
cemetery ['sɛmɪtrɪ] *n* cimetière *m*
cenotaph ['sɛnətɑ:f] *n* cénotaphe *m*
censor ['sɛnsəʳ] *n* censeur *m* ▷ *vt* censurer
censorship ['sɛnsəʃɪp] *n* censure *f*
censure ['sɛnʃəʳ] *vt* blâmer, critiquer
census ['sɛnsəs] *n* recensement *m*
cent [sɛnt] *n* (*unit of dollar, euro*) cent *m* (= *un centième du dollar, de l'euro*); *see also* **per**
centenary [sɛn'ti:nərɪ], (*US*) **centennial** [sɛn'tɛnɪəl] *n* centenaire *m*
center ['sɛntəʳ] *n*, *vt* (*US*) = **centre** [sɛntɪ] *prefix*
centigrade ['sɛntɪgreɪd] *adj* centigrade
centilitre, (*US*) **centiliter** ['sɛntɪli:təʳ] *n* centilitre *m*
centimetre, (*US*) **centimeter** ['sɛntɪmi:təʳ] *n* centimètre *m*
centipede ['sɛntɪpi:d] *n* mille-pattes *m inv*
central ['sɛntrəl] *adj* central(e)
Central African Republic *n* République Centrafricaine
Central America *n* Amérique centrale
central heating *n* chauffage central
centralize ['sɛntrəlaɪz] *vt* centraliser
central processing unit *n* (*Comput*) unité centrale (de traitement)
central reservation *n* (*Brit Aut*) terre-plein central
centre, (*US*) **center** ['sɛntəʳ] *n* centre *m* ▷ *vt* centrer; (*Phot*) cadrer; (*concentrate*): **to ~ (on)** centrer (sur)
centrefold, (*US*) **centerfold** ['sɛntəfəuld] *n* (*Press*) pages centrales détachables (*avec photo de pin up*)
centre-forward ['sɛntə'fɔ:wəd] *n* (*Sport*) avant-centre *m*
centre-half ['sɛntə'hɑ:f] *n* (*Sport*) demi-centre *m*
centrepiece, (*US*) **centerpiece** ['sɛntəpi:s] *n* milieu *m* de table; (*fig*) pièce maîtresse
centre spread *n* (*Brit*) publicité *f* en double page
centre-stage [sɛntə'steɪdʒ] *n*: **to take ~** occuper le centre de la scène
centrifugal [sɛn'trɪfjugl] *adj* centrifuge
centrifuge ['sɛntrɪfju:ʒ] *n* centrifugeuse *f*
century ['sɛntjurɪ] *n* siècle *m*; **in the twentieth ~** au vingtième siècle
CEO *n abbr* (*US*) = **chief executive officer**
ceramic [sɪ'ræmɪk] *adj* céramique
cereal ['si:rɪəl] *n* céréale *f*
cerebral ['sɛrɪbrəl] *adj* cérébral(e)
ceremonial [sɛrɪ'məunɪəl] *n* cérémonial *m*; (*rite*) rituel *m*
ceremony ['sɛrɪmənɪ] *n* cérémonie *f*; **to stand on ~** faire des façons
cert [sə:t] *n* (*Brit inf*): **it's a dead ~** ça ne fait pas un pli
certain ['sə:tən] *adj* certain(e); **to make ~ of** s'assurer de; **for ~** certainement, sûrement
certainly ['sə:tənlɪ] *adv* certainement
certainty ['sə:təntɪ] *n* certitude *f*
certificate [sə'tɪfɪkɪt] *n* certificat *m*
certified letter ['sə:tɪfaɪd-] *n* (*US*) lettre recommandée
certified public accountant ['sə:tɪfaɪd-] *n* (*US*) expert-comptable *m*
certify ['sə:tɪfaɪ] *vt* certifier; (*award diploma to*)

conférer un diplôme *etc* à; (*declare insane*) déclarer malade mental(e) ▷ *vi*: **to ~ to** attester
cervical ['sə:vɪkl] *adj*: **~ cancer** cancer *m* du col de l'utérus; **~ smear** frottis vaginal
cervix ['sə:vɪks] *n* col *m* de l'utérus
Cesarean [si:'zɛərɪən] *adj, n* (*US*) = **Caesarean**
cessation [sə'seɪʃən] *n* cessation *f*, arrêt *m*
cesspit ['sɛspɪt] *n* fosse *f* d'aisance
CET *abbr* (= *Central European Time*) *heure d'Europe centrale*
Ceylon [sɪ'lɔn] *n* Ceylan *m*
cf. *abbr* (= *compare*) cf., voir
c/f *abbr* (*Comm*) = **carried forward**
CFC *n abbr* (= *chlorofluorocarbon*) CFC *m*
CG *n abbr* (*US*) = **coastguard**
cg *abbr* (= *centigram*) cg
CH *n abbr* (*Brit*: = *Companion of Honour*) *titre honorifique*
ch *abbr* (*Brit*: = *central heating*) cc
ch. *abbr* (= *chapter*) chap
Chad [tʃæd] *n* Tchad *m*
chafe [tʃeɪf] *vt* irriter, frotter contre ▷ *vi* (*fig*): **to ~ against** se rebiffer contre, regimber contre
chaffinch ['tʃæfɪntʃ] *n* pinson *m*
chagrin ['ʃægrɪn] *n* contrariété *f*, déception *f*
chain [tʃeɪn] *n* (*gen*) chaîne *f* ▷ *vt* (*also*: **chain up**) enchaîner, attacher (avec une chaîne)
chain reaction *n* réaction *f* en chaîne
chain-smoke ['tʃeɪnsməuk] *vi* fumer cigarette sur cigarette
chain store *n* magasin *m* à succursales multiples
chair [tʃɛə^r] *n* chaise *f*; (*armchair*) fauteuil *m*; (*of university*) chaire *f*; (*of meeting*) présidence *f* ▷ *vt* (*meeting*) présider; **the ~** (*US*: *electric chair*) la chaise électrique
chairlift ['tʃɛəlɪft] *n* télésiège *m*
chairman ['tʃɛəmən] (*irreg*) *n* président *m*
chairperson ['tʃɛəpə:sn] (*irreg*) *n* président(e)
chairwoman ['tʃɛəwumən] *n* présidente *f*
chalet ['ʃæleɪ] *n* chalet *m*
chalice ['tʃælɪs] *n* calice *m*
chalk [tʃɔ:k] *n* craie *f*
▸ **chalk up** *vt* écrire à la craie; (*fig*: *success etc*) remporter
challenge ['tʃælɪndʒ] *n* défi *m* ▷ *vt* défier; (*statement, right*) mettre en question, contester; **to ~ sb to a fight/game** inviter qn à se battre/à jouer (*sous forme d'un défi*); **to ~ sb to do** mettre qn au défi de faire
challenger ['tʃælɪndʒə^r] *n* (*Sport*) challenger *m*
challenging ['tʃælɪndʒɪŋ] *adj* (*task, career*) qui représente un défi *or* une gageure; (*tone, look*) de défi, provocateur(-trice)
chamber ['tʃeɪmbə^r] *n* chambre *f*; (*Brit Law*: *gen pl*) cabinet *m*; **~ of commerce** chambre de commerce
chambermaid ['tʃeɪmbəmeɪd] *n* femme *f* de chambre
chamber music *n* musique *f* de chambre
chamberpot ['tʃeɪmbəpɔt] *n* pot *m* de chambre
chameleon [kə'mi:lɪən] *n* caméléon *m*
chamois ['ʃæmwɑ:] *n* chamois *m*
chamois leather ['ʃæmɪ-] *n* peau *f* de chamois
champagne [ʃæm'peɪn] *n* champagne *m*
champers ['ʃæmpəz] *n* (*inf*) champ *m*
champion ['tʃæmpɪən] *n* (*also of cause*) champion(ne) ▷ *vt* défendre
championship ['tʃæmpɪənʃɪp] *n* championnat *m*
chance [tʃɑ:ns] *n* (*luck*) hasard *m*; (*opportunity*) occasion *f*, possibilité *f*; (*hope, likelihood*) chance *f*; (*risk*) risque *m* ▷ *vt* (*risk*) risquer; (*happen*): **to ~ to do** faire par hasard ▷ *adj* fortuit(e), de hasard; **there is little ~ of his coming** il est peu probable *or* il y a peu de chances qu'il vienne; **to take a ~** prendre un risque; **it's the ~ of a lifetime** c'est une occasion unique; **by ~** par hasard; **to ~ doing sth** se risquer à faire qch; **to ~ it** risquer le coup, essayer
▸ **chance on, chance upon** *vt fus* (*person*) tomber sur, rencontrer par hasard; (*thing*) trouver par hasard
chancel ['tʃɑ:nsəl] *n* chœur *m*
chancellor ['tʃɑ:nsələ^r] *n* chancelier *m*
Chancellor of the Exchequer [-ɪks'tʃɛkə^r] (*Brit*) *n* chancelier *m* de l'Échiquier
chandelier [ʃændə'lɪə^r] *n* lustre *m*
change [tʃeɪndʒ] *vt* (*alter, replace*: *Comm*: *money*) changer; (*switch, substitute*: *hands, trains, clothes, one's name etc*) changer de; (*transform*): **to ~ sb into** changer *or* transformer qn en ▷ *vi* (*gen*) changer; (*change clothes*) se changer; (*be transformed*): **to ~ into** se changer *or* transformer en ▷ *n* changement *m*; (*money*) monnaie *f*; **to ~ gear** (*Aut*) changer de vitesse; **to ~ one's mind** changer d'avis; **she ~d into an old skirt** elle (s'est changée et) a enfilé une vieille jupe; **a ~ of clothes** des vêtements de rechange; **for a ~** pour changer; **small ~** petite monnaie; **to give sb ~ for** *or* **of £10** faire à qn la monnaie de 10 livres; **do you have ~ for £10?** vous avez la monnaie de 10 livres?; **where can I ~ some money?** où est-ce que je peux changer de l'argent?; **keep the ~!** gardez la monnaie!
▸ **change over** *vi* (*swap*) échanger; (*change*: *drivers etc*) changer; (*change sides*: *players etc*) changer de côté; **to ~ over from sth to sth** passer de qch à qch
changeable ['tʃeɪndʒəbl] *adj* (*weather*) variable; (*person*) d'humeur changeante
change machine *n* distributeur *m* de monnaie
changeover ['tʃeɪndʒəuvə^r] *n* (*to new system*) changement *m*, passage *m*
changing ['tʃeɪndʒɪŋ] *adj* changeant(e)
changing room *n* (*Brit*: *in shop*) salon *m* d'essayage; (: *Sport*) vestiaire *m*
channel ['tʃænl] *n* (*TV*) chaîne *f*; (*waveband, groove, fig*: *medium*) canal *m*; (*of river, sea*) chenal *m* ▷ *vt* canaliser; (*fig*: *interest, energies*): **to ~ into** diriger vers; **through the usual ~s** en suivant la filière habituelle; **green/red ~** (*Customs*) couloir *m* *or* sortie *f* "rien à déclarer"/ "marchandises à déclarer"; **the (English) C~** la

Manche
channel-hopping ['tsʃænl'hɔpɪŋ] *n* (*TV*) zapping *m*
Channel Islands *npl*: **the ~** les îles *fpl* Anglo-Normandes
Channel Tunnel *n*: **the ~** le tunnel sous la Manche
chant [tʃɑːnt] *n* chant *m*; mélopée *f*; (*Rel*) psalmodie *f* ▷ *vt* chanter, scander; psalmodier
chaos ['keɪɔs] *n* chaos *m*
chaos theory *n* théorie *f* du chaos
chaotic [keɪ'ɔtɪk] *adj* chaotique
chap [tʃæp] *n* (*Brit inf: man*) type *m*; (*term of address*): **old ~** mon vieux ▷ *vt* (*skin*) gercer, crevasser
chapel ['tʃæpl] *n* chapelle *f*
chaperon ['ʃæpərəun] *n* chaperon *m* ▷ *vt* chaperonner
chaplain ['tʃæplɪn] *n* aumônier *m*
chapped [tʃæpt] *adj* (*skin, lips*) gercé(e)
chapter ['tʃæptəʳ] *n* chapitre *m*
char [tʃɑːʳ] *vt* (*burn*) carboniser ▷ *vi* (*Brit: cleaner*) faire des ménages ▷ *n* (*Brit*) = **charlady**
character ['kærɪktəʳ] *n* caractère *m*; (*in novel, film*) personnage *m*; (*eccentric person*) numéro *m*, phénomène *m*; **a person of good ~** une personne bien
character code *n* (*Comput*) code *m* de caractère
characteristic ['kærɪktə'rɪstɪk] *adj*, *n* caractéristique (*f*)
characterize ['kærɪktəraɪz] *vt* caractériser; **to ~ (as)** définir (comme)
charade [ʃə'rɑːd] *n* charade *f*
charcoal ['tʃɑːkəul] *n* charbon *m* de bois; (*Art*) charbon
charge [tʃɑːdʒ] *n* (*accusation*) accusation *f*; (*Law*) inculpation *f*; (*cost*) prix (demandé); (*of gun, battery, Mil: attack*) charge *f* ▷ *vt* (*gun, battery, Mil: enemy*) charger; (*customer, sum*) faire payer ▷ *vi* (*gen with: up, along etc*) foncer; **charges** *npl* (*costs*) frais *mpl*; (*Brit Tel*): **to reverse the ~s** téléphoner en PCV; **bank/labour ~s** frais *mpl* de banque/main-d'œuvre; **is there a ~?** doit-on payer?; **there's no ~** c'est gratuit, on ne fait pas payer; **extra ~** supplément *m*; **to take ~ of** se charger de; **to be in ~ of** être responsable de, s'occuper de; **to ~ in/out** entrer/sortir en trombe; **to ~ down/up** dévaler/ grimper à toute allure; **to ~ sb (with)** (*Law*) inculper qn (de); **to have ~ of sb** avoir la charge de qn; **they ~d us £10 for the meal** ils nous ont fait payer le repas 10 livres, ils nous ont compté 10 livres pour le repas; **how much do you ~ for this repair?** combien demandez-vous pour cette réparation?; **to ~ an expense (up) to sb** mettre une dépense sur le compte de qn; **~ it to my account** facturez-le sur mon compte
charge account *n* compte *m* client
charge card *n* carte *f* de client (*émise par un grand magasin*)
chargehand ['tʃɑːdʒhænd] *n* (*Brit*) chef *m* d'équipe
charger ['tʃɑːdʒəʳ] *n* (*also:* **battery charger**) chargeur *m*; (*old: warhorse*) cheval *m* de bataille
charismatic [kærɪz'mætɪk] *adj* charismatique
charitable ['tʃærɪtəbl] *adj* charitable
charity ['tʃærɪtɪ] *n* charité *f*; (*organization*) institution *f* charitable *or* de bienfaisance, œuvre *f* (de charité)
charity shop *n* (*Brit*) *boutique vendant des articles d'occasion au profit d'une organisation caritative*
charlady ['tʃɑːleɪdɪ] *n* (*Brit*) femme *f* de ménage
charm [tʃɑːm] *n* charme *m*; (*on bracelet*) breloque *f* ▷ *vt* charmer, enchanter
charm bracelet *n* bracelet *m* à breloques
charming ['tʃɑːmɪŋ] *adj* charmant(e)
chart [tʃɑːt] *n* tableau *m*, diagramme *m*; graphique *m*; (*map*) carte marine; (*weather chart*) carte *f* du temps ▷ *vt* dresser *or* établir la carte de; (*sales, progress*) établir la courbe de; **charts** *npl* (*Mus*) hit-parade *m*; **to be in the ~s** (*record, pop group*) figurer au hit-parade
charter ['tʃɑːtəʳ] *vt* (*plane*) affréter ▷ *n* (*document*) charte *f*; **on ~** (*plane*) affrété(e)
chartered accountant ['tʃɑːtəd-] *n* (*Brit*) expert-comptable *m*
charter flight *n* charter *m*
charwoman ['tʃɑːwumən] (*irreg*) *n* = **charlady**
chase [tʃeɪs] *vt* poursuivre, pourchasser; (*also:* **chase away**) chasser ▷ *n* poursuite *f*, chasse *f*
▸ **chase down** *vt* (*US*) = **chase up**
▸ **chase up** *vt* (*Brit: person*) relancer; (*: information*) rechercher
chasm ['kæzəm] *n* gouffre *m*, abîme *m*
chassis ['ʃæsɪ] *n* châssis *m*
chastened ['tʃeɪsnd] *adj* assagi(e), rappelé(e) à la raison
chastening ['tʃeɪsnɪŋ] *adj* qui fait réfléchir
chastise [tʃæs'taɪz] *vt* punir, châtier; corriger
chastity ['tʃæstɪtɪ] *n* chasteté *f*
chat [tʃæt] *vi* (*also:* **have a chat**) bavarder, causer; (*on Internet*) chatter ▷ *n* conversation *f*
▸ **chat up** *vt* (*Brit inf: girl*) baratiner
chatline ['tʃætlaɪn] *n numéro téléphonique qui permet de bavarder avec plusieurs personnes en même temps*
chat room *n* (*Internet*) salon *m* de discussion
chat show *n* (*Brit*) talk-show *m*
chattel ['tʃætl] *n see* **good**
chatter ['tʃætəʳ] *vi* (*person*) bavarder, papoter ▷ *n* bavardage *m*, papotage *m*; **my teeth are ~ing** je claque des dents
chatterbox ['tʃætəbɔks] *n* moulin *m* à paroles, babillard(e)
chattering classes ['tʃætərɪŋ-] *npl*: **the ~** (*inf, pej*) les intellos *mpl*
chatty ['tʃætɪ] *adj* (*style*) familier(-ière); (*person*) enclin(e) à bavarder *or* au papotage
chauffeur ['ʃəufəʳ] *n* chauffeur *m* (de maître)
chauvinism ['ʃəuvɪnɪzəm] *n* (*also:* **male chauvinism**) phallocratie *f*, machisme *m*; (*nationalism*) chauvinisme *m*
chauvinist ['ʃəuvɪnɪst] *n* (*also:* **male chauvinist**) phallocrate *m*, macho *m*; (*nationalist*) chauvin(e)

ChE *abbr* = **chemical engineer**
cheap [tʃi:p] *adj* bon marché *inv*, pas cher (chère); (*reduced: ticket*) à prix réduit; (*: fare*) réduit(e); (*joke*) facile, d'un goût douteux; (*poor quality*) à bon marché, de qualité médiocre ▷ *adv* à bon marché, pour pas cher; **~er** *adj* moins cher (chère); **can you recommend a ~ hotel/ restaurant, please?** pourriez-vous m'indiquer un hôtel/restaurant bon marché?
cheap day return *n* billet *m* d'aller et retour réduit (*valable pour la journée*)
cheapen ['tʃi:pn] *vt* rabaisser, déprécier
cheaply ['tʃi:plɪ] *adv* à bon marché, à bon compte
cheat [tʃi:t] *vi* tricher; (*in exam*) copier ▷ *vt* tromper, duper; (*rob*): **to ~ sb out of sth** escroquer qch à qn ▷ *n* tricheur(-euse) *m/f*; escroc *m*; (*trick*) duperie *f*, tromperie *f*
▸ **cheat on** *vt fus* tromper
cheating ['tʃi:tɪŋ] *n* tricherie *f*
Chechnya [tʃɪtʃ'nja:] *n* Tchétchénie *f*
check [tʃɛk] *vt* vérifier; (*passport, ticket*) contrôler; (*halt*) enrayer; (*restrain*) maîtriser ▷ *vi* (*official etc*) se renseigner ▷ *n* vérification *f*; contrôle *m*; (*curb*) frein *m*; (*Brit: bill*) addition *f*; (*US*) = **cheque**; (*pattern: gen pl*) carreaux *mpl* ▷ *adj* (*also:* **checked**: *pattern, cloth*) à carreaux; **to ~ with sb** demander à qn; **to keep a ~ on sb/sth** surveiller qn/qch
▸ **check in** *vi* (*in hotel*) remplir sa fiche (d'hôtel); (*at airport*) se présenter à l'enregistrement ▷ *vt* (*luggage*) (faire) enregistrer
▸ **check off** *vt* (*tick off*) cocher
▸ **check out** *vi* (*in hotel*) régler sa note ▷ *vt* (*luggage*) retirer; (*investigate: story*) vérifier; (*person*) prendre des renseignements sur
▸ **check up** *vi*: **to ~ up (on sth)** vérifier (qch); **to ~ up on sb** se renseigner sur le compte de qn
checkbook ['tʃɛkbuk] *n* (*US*) = **chequebook**
checked ['tʃɛkt] *adj* (*pattern, cloth*) à carreaux
checkered ['tʃɛkəd] *adj* (*US*) = **chequered**
checkers ['tʃɛkəz] *n* (*US*) jeu *m* de dames
check guarantee card *n* (*US*) carte *f* (d'identité) bancaire
check-in ['tʃɛkin] *n* (*also:* **check-in desk**: *at airport*) enregistrement *m*
checking account ['tʃɛkɪŋ-] *n* (*US*) compte courant
checklist ['tʃɛklɪst] *n* liste *f* de contrôle
checkmate ['tʃɛkmeɪt] *n* échec et mat *m*
checkout ['tʃɛkaut] *n* (*in supermarket*) caisse *f*
checkpoint ['tʃɛkpɔɪnt] *n* contrôle *m*
checkroom ['tʃɛkru:m] (*US*) *n* consigne *f*
checkup ['tʃɛkʌp] *n* (*Med*) examen médical, check-up *m*
cheddar ['tʃedəʳ] *n* (*also:* **cheddar cheese**) cheddar *m*
cheek [tʃi:k] *n* joue *f*; (*impudence*) toupet *m*, culot *m*; **what a ~!** quel toupet!
cheekbone ['tʃi:kbəun] *n* pommette *f*
cheeky ['tʃi:kɪ] *adj* effronté(e), culotté(e)
cheep [tʃi:p] *n* (*of bird*) piaulement *m* ▷ *vi* piauler
cheer [tʃɪəʳ] *vt* acclamer, applaudir; (*gladden*) réjouir, réconforter ▷ *vi* applaudir ▷ *n* (*gen pl*) acclamations *fpl*, applaudissements *mpl*; bravos *mpl*, hourras *mpl*; **~s!** à la vôtre!
▸ **cheer on** *vt* encourager (par des cris *etc*)
▸ **cheer up** *vi* se dérider, reprendre courage ▷ *vt* remonter le moral à *or* de, dérider, égayer
cheerful ['tʃɪəful] *adj* gai(e), joyeux(-euse)
cheerfulness ['tʃɪəfulnɪs] *n* gaieté *f*, bonne humeur
cheerio [tʃɪərɪ'əu] *excl* (*Brit*) salut!, au revoir!
cheerleader ['tʃɪəli:dəʳ] *n* *membre d'un groupe de majorettes qui chantent et dansent pour soutenir leur équipe pendant les matchs de football américain*
cheerless ['tʃɪəlɪs] *adj* sombre, triste
cheese [tʃi:z] *n* fromage *m*
cheeseboard ['tʃi:zbɔ:d] *n* plateau *m* à fromages; (*with cheese on it*) plateau *m* de fromages
cheeseburger ['tʃi:zbə:gəʳ] *n* cheeseburger *m*
cheesecake ['tʃi:zkeɪk] *n* tarte *f* au fromage
cheetah ['tʃi:tə] *n* guépard *m*
chef [ʃɛf] *n* chef (cuisinier)
chemical ['kɛmɪkl] *adj* chimique ▷ *n* produit *m* chimique
chemist ['kɛmɪst] *n* (*Brit: pharmacist*) pharmacien(ne); (*scientist*) chimiste *m/f*
chemistry ['kɛmɪstrɪ] *n* chimie *f*
chemist's ['kɛmɪsts], **chemist's shop** *n* (*Brit*) pharmacie *f*
chemotherapy [ki:məu'θɛrəpɪ] *n* chimiothérapie *f*
cheque, (*US*) **check** [tʃɛk] *n* chèque *m*; **to pay by ~** payer par chèque
chequebook, (*US*) **checkbook** ['tʃɛkbuk] *n* chéquier *m*, carnet *m* de chèques
cheque card *n* (*Brit*) carte *f* (d'identité) bancaire
chequered, (*US*) **checkered** ['tʃɛkəd] *adj* (*fig*) varié(e)
cherish ['tʃɛrɪʃ] *vt* chérir; (*hope etc*) entretenir
cheroot [ʃə'ru:t] *n* cigare *m* de Manille
cherry ['tʃɛrɪ] *n* cerise *f*; (*also:* **cherry tree**) cerisier *m*
Ches *abbr* (*Brit*) = **Cheshire**
chess [tʃɛs] *n* échecs *mpl*
chessboard ['tʃɛsbɔ:d] *n* échiquier *m*
chessman ['tʃɛsmən] (*irreg*) *n* pièce *f* (de jeu d'échecs)
chessplayer ['tʃɛspleɪəʳ] *n* joueur(-euse) d'échecs
chest [tʃɛst] *n* poitrine *f*; (*box*) coffre *m*, caisse *f*; **to get sth off one's ~** (*inf*) vider son sac
chest measurement *n* tour *m* de poitrine
chestnut ['tʃɛsnʌt] *n* châtaigne *f*; (*also:* **chestnut tree**) châtaignier *m*; (*colour*) châtain *m* ▷ *adj* (*hair*) châtain *inv*; (*horse*) alezan
chest of drawers *n* commode *f*
chesty ['tʃɛstɪ] *adj* (*cough*) de poitrine
chew [tʃu:] *vt* mâcher
chewing gum ['tʃu:ɪŋ-] *n* chewing-gum *m*
chic [ʃi:k] *adj* chic *inv*, élégant(e)
chick [tʃɪk] *n* poussin *m*; (*inf*) pépée *f*

C

chicken ['tʃɪkɪn] *n* poulet *m*; (*inf: coward*) poule mouillée
▸ **chicken out** *vi* (*inf*) se dégonfler
chicken feed *n* (*fig*) broutilles *fpl*, bagatelle *f*
chickenpox ['tʃɪkɪnpɔks] *n* varicelle *f*
chickpea ['tʃɪkpiː] *n* pois *m* chiche
chicory ['tʃɪkərɪ] *n* chicorée *f*; (*salad*) endive *f*
chide [tʃaɪd] *vt* réprimander, gronder
chief [tʃiːf] *n* chef *m* ▷ *adj* principal(e); **C~ of Staff** (*Mil*) chef d'État-major
chief constable *n* (*Brit*) ≈ préfet *m* de police
chief executive, (*US*) **chief executive officer** *n* directeur(-trice) général(e)
chiefly ['tʃiːflɪ] *adv* principalement, surtout
chilblain ['tʃɪlbleɪn] *n* engelure *f*
child (*pl* **children**) [tʃaɪld, 'tʃɪldrən] *n* enfant *m/f*
child abuse *n* maltraitance *f* d'enfants; (*sexual*) abus *mpl* sexuels sur des enfants
child benefit *n* (*Brit*) ≈ allocations familiales
childbirth ['tʃaɪldbəːθ] *n* accouchement *m*
childcare ['tʃaɪldkɛə^r] *n* (*for working parents*) garde *f* des enfants (*pour les parents qui travaillent*)
childhood ['tʃaɪldhud] *n* enfance *f*
childish ['tʃaɪldɪʃ] *adj* puéril(e), enfantin(e)
childless ['tʃaɪldlɪs] *adj* sans enfants
childlike ['tʃaɪldlaɪk] *adj* innocent(e), pur(e)
child minder *n* (*Brit*) garde *f* d'enfants
child prodigy *n* enfant *m/f* prodige
children ['tʃɪldrən] *npl of* **child**
children's home ['tʃɪldrənz-] *n* ≈ foyer *m* d'accueil (*pour enfants*)
Chile ['tʃɪlɪ] *n* Chili *m*
Chilean ['tʃɪlɪən] *adj* chilien(ne) ▷ *n* Chilien(ne)
chill [tʃɪl] *n* (*of water*) froid *m*; (*of air*) fraîcheur *f*; (*Med*) refroidissement *m*, coup *m* de froid ▷ *adj* froid(e), glacial(e) ▷ *vt* (*person*) faire frissonner; refroidir; (*Culin*) mettre au frais, rafraîchir; **"serve ~ed"** "à servir frais"
▸ **chill out** *vi* (*inf: esp US*) se relaxer
chilli, chili ['tʃɪlɪ] *n* piment *m* (rouge)
chilling ['tʃɪlɪŋ] *adj* (*wind*) frais (fraîche), froid(e); (*look, smile*) glacé(e); (*thought*) qui donne le frisson
chilly ['tʃɪlɪ] *adj* froid(e), glacé(e); (*sensitive to cold*) frileux(-euse); **to feel ~** avoir froid
chime [tʃaɪm] *n* carillon *m* ▷ *vi* carillonner, sonner
chimney ['tʃɪmnɪ] *n* cheminée *f*
chimney sweep *n* ramonneur *m*
chimpanzee [tʃɪmpæn'ziː] *n* chimpanzé *m*
chin [tʃɪn] *n* menton *m*
China ['tʃaɪnə] *n* Chine *f*
china ['tʃaɪnə] *n* (*material*) porcelaine *f*; (*crockery*) (vaisselle *f* en) porcelaine
Chinese [tʃaɪ'niːz] *adj* chinois(e) ▷ *n* (*pl inv*) Chinois(e); (*Ling*) chinois *m*
chink [tʃɪŋk] *n* (*opening*) fente *f*, fissure *f*; (*noise*) tintement *m*
chinwag ['tʃɪnwæg] *n* (*Brit inf*): **to have a ~** tailler une bavette
chip [tʃɪp] *n* (*gen pl: Culin: Brit*) frite *f*; (: *US: also:* **potato chip**) chip *m*; (*of wood*) copeau *m*; (*of glass, stone*) éclat *m*; (*also:* **microchip**) puce *f*; (*in gambling*) fiche *f* ▷ *vt* (*cup, plate*) ébrécher; **when the ~s are down** (*fig*) au moment critique
▸ **chip in** *vi* (*inf*) mettre son grain de sel
chip and PIN *n* carte *f* à puce; **chip and PIN machine** machine *f* à carte (à puce)
chipboard ['tʃɪpbɔːd] *n* aggloméré *m*, panneau *m* de particules
chipmunk ['tʃɪpmʌŋk] *n* suisse *m* (*animal*)
chippings ['tʃɪpɪŋz] *npl*: **loose ~** gravillons *mpl*
chip shop *n* (*Brit*) friterie *f*; *voir article*

CHIP SHOP

Un *chip shop*, que l'on appelle également un "fish-and-chip shop", est un magasin où l'on vend des plats à emporter. Les *chip shops* sont d'ailleurs à l'origine des "takeaways". On y achète en particulier du poisson frit et des frites, mais on y trouve également des plats traditionnels britanniques ("steak pies", saucisses, etc). Tous les plats étaient à l'origine emballés dans du papier journal. Dans certains de ces magasins, on peut s'asseoir pour consommer sur place.

chiropodist [kɪ'rɔpədɪst] *n* (*Brit*) pédicure *m/f*
chirp [tʃəːp] *n* pépiement *m*, gazouillis *m*; (*of crickets*) stridulation *f* ▷ *vi* pépier, gazouiller; chanter, striduler
chirpy ['tʃəːpɪ] *adj* (*inf*) plein(e) d'entrain, tout guilleret(te)
chisel ['tʃɪzl] *n* ciseau *m*
chit [tʃɪt] *n* mot *m*, note *f*
chitchat ['tʃɪttʃæt] *n* bavardage *m*, papotage *m*
chivalrous ['ʃɪvəlrəs] *adj* chevaleresque
chivalry ['ʃɪvəlrɪ] *n* chevalerie *f*; esprit *m* chevaleresque
chives [tʃaɪvz] *npl* ciboulette *f*, civette *f*
chloride ['klɔːraɪd] *n* chlorure *m*
chlorinate ['klɔrɪneɪt] *vt* chlorer
chlorine ['klɔːriːn] *n* chlore *m*
choc-ice ['tʃɔkaɪs] *n* (*Brit*) esquimau® *m*
chock [tʃɔk] *n* cale *f*
chock-a-block ['tʃɔkə'blɔk], **chock-full** [tʃɔk'ful] *adj* plein(e) à craquer
chocolate ['tʃɔklɪt] *n* chocolat *m*
choice [tʃɔɪs] *n* choix *m* ▷ *adj* de choix; **by** *or* **from ~** par choix; **a wide ~** un grand choix
choir ['kwaɪə^r] *n* chœur *m*, chorale *f*
choirboy ['kwaɪə'bɔɪ] *n* jeune choriste *m*
choke [tʃəuk] *vi* étouffer ▷ *vt* étrangler; étouffer; (*block*) boucher, obstruer ▷ *n* (*Aut*) starter *m*
cholera ['kɔlərə] *n* choléra *m*
cholesterol [kə'lɛstərɔl] *n* cholestérol *m*
choose (*pt* **chose**, *pp* **chosen**) [tʃuːz, tʃəuz, 'tʃəuzn] *vt* choisir ▷ *vi*: **to ~ between** choisir entre; **to ~ from** choisir parmi; **to ~ to do** décider de faire, juger bon de faire
choosy ['tʃuːzɪ] *adj*: **(to be) ~** (faire le) difficile
chop [tʃɔp] *vt* (*wood*) couper (à la hache); (*Culin:*

also: **chop up**) couper (fin), émincer, hacher (en morceaux) ▷ *n* coup *m* (*de hache, du tranchant de la main*); (*Culin*) côtelette *f*; **to get the ~** (*Brit inf*: *project*) tomber à l'eau; (: *person*: *be sacked*) se faire renvoyer
▶ **chop down** *vt* (*tree*) abattre
▶ **chop off** *vt* trancher
chopper ['tʃɔpəʳ] *n* (*helicopter*) hélicoptère *m*, hélico *m*
choppy ['tʃɔpɪ] *adj* (*sea*) un peu agité(e)
chops [tʃɔps] *npl* (*jaws*) mâchoires *fpl*; babines *fpl*
chopsticks ['tʃɔpstɪks] *npl* baguettes *fpl*
choral ['kɔːrəl] *adj* choral(e), chanté(e) en chœur
chord [kɔːd] *n* (*Mus*) accord *m*
chore [tʃɔːʳ] *n* travail *m* de routine; **household ~s** travaux *mpl* du ménage
choreographer [kɔrɪ'ɔgrəfəʳ] *n* chorégraphe *m/f*
choreography [kɔrɪ'ɔgrəfɪ] *n* chorégraphie *f*
chorister ['kɔrɪstəʳ] *n* choriste *m/f*
chortle ['tʃɔːtl] *vi* glousser
chorus ['kɔːrəs] *n* chœur *m*; (*repeated part of song, also fig*) refrain *m*
chose [tʃəuz] *pt of* **choose**
chosen ['tʃəuzn] *pp of* **choose**
chow [tʃau] *n* (*dog*) chow-chow *m*
chowder ['tʃaudəʳ] *n* soupe *f* de poisson
Christ [kraɪst] *n* Christ *m*
christen ['krɪsn] *vt* baptiser
christening ['krɪsnɪŋ] *n* baptême *m*
Christian ['krɪstɪən] *adj*, *n* chrétien(ne)
Christianity [krɪstɪ'ænɪtɪ] *n* christianisme *m*
Christian name *n* prénom *m*
Christmas ['krɪsməs] *n* Noël *m or f*; **happy** *or* **merry ~!** joyeux Noël!
Christmas card *n* carte *f* de Noël
Christmas carol *n* chant *m* de Noël
Christmas Day *n* le jour de Noël
Christmas Eve *n* la veille de Noël; la nuit de Noël
Christmas Island *n* île *f* Christmas
Christmas pudding *n* (*esp Brit*) Christmas *m* pudding
Christmas tree *n* arbre *m* de Noël
chrome [krəum] *n* chrome *m*
chromium ['krəumɪəm] *n* chrome *m*; (*also*: **chromium plating**) chromage *m*
chromosome ['krəuməsəum] *n* chromosome *m*
chronic ['krɔnɪk] *adj* chronique; (*fig*: *liar, smoker*) invétéré(e)
chronicle ['krɔnɪkl] *n* chronique *f*
chronological [krɔnə'lɔdʒɪkl] *adj* chronologique
chrysanthemum [krɪ'sænθəməm] *n* chrysanthème *m*
chubby ['tʃʌbɪ] *adj* potelé(e), rondelet(te)
chuck [tʃʌk] *vt* (*inf*) lancer, jeter; (*Brit*: *also*: **chuck up**: *job*) lâcher; (: *person*) plaquer
▶ **chuck out** *vt* (*inf*: *person*) flanquer dehors *or* à la porte; (: *rubbish etc*) jeter
chuckle ['tʃʌkl] *vi* glousser
chuffed [tʃʌft] *adj* (*Brit inf*): **to be ~ about sth** être content(e) de qch
chug [tʃʌg] *vi* faire teuf-teuf; souffler
chum [tʃʌm] *n* copain (copine)
chump ['tʃʌmp] *n* (*inf*) imbécile *m/f*, crétin(e)
chunk [tʃʌŋk] *n* gros morceau; (*of bread*) quignon *m*
chunky ['tʃʌŋkɪ] *adj* (*furniture etc*) massif(-ive); (*person*) trapu(e); (*knitwear*) en grosse laine
Chunnel ['tʃʌnəl] *n* = **Channel Tunnel**
church [tʃəːtʃ] *n* église *f*; **the C~ of England** l'Église anglicane
churchyard ['tʃəːtʃjɑːd] *n* cimetière *m*
churlish ['tʃəːlɪʃ] *adj* grossier(-ère); hargneux(-euse)
churn [tʃəːn] *n* (*for butter*) baratte *f*; (*also*: **milk churn**) (grand) bidon à lait
▶ **churn out** *vt* débiter
chute [ʃuːt] *n* goulotte *f*; (*also*: **rubbish chute**) vide-ordures *m inv*; (*Brit*: *children's slide*) toboggan *m*
chutney ['tʃʌtnɪ] *n* chutney *m*
CIA *n abbr* (= *Central Intelligence Agency*) CIA *f*
CID *n abbr* (= *Criminal Investigation Department*) ≈ P. J. *f*
cider ['saɪdəʳ] *n* cidre *m*
CIF *abbr* (= *cost, insurance and freight*) CAF
cigar [sɪ'gɑːʳ] *n* cigare *m*
cigarette [sɪgə'rɛt] *n* cigarette *f*
cigarette case *n* étui *m* à cigarettes
cigarette end *n* mégot *m*
cigarette holder *n* fume-cigarettes *m inv*
cigarette lighter *n* briquet *m*
C-in-C *abbr* = **commander-in-chief**
cinch [sɪntʃ] *n* (*inf*): **it's a ~** c'est du gâteau, c'est l'enfance de l'art
Cinderella [sɪndə'rɛlə] *n* Cendrillon
cine-camera ['sɪnɪ'kæmərə] *n* (*Brit*) caméra *f*
cine-film ['sɪnɪfɪlm] *n* (*Brit*) film *m*
cinema ['sɪnəmə] *n* cinéma *m*
cine-projector ['sɪnɪprə'dʒɛktəʳ] *n* (*Brit*) projecteur *m* de cinéma
cinnamon ['sɪnəmən] *n* cannelle *f*
cipher ['saɪfəʳ] *n* code secret; (*fig*: *faceless employee etc*) numéro *m*; **in ~** codé(e)
circa ['səːkə] *prep* circa, environ
circle ['səːkl] *n* cercle *m*; (*in cinema*) balcon *m* ▷ *vi* faire *or* décrire des cercles ▷ *vt* (*surround*) entourer, encercler; (*move round*) faire le tour de, tourner autour de
circuit ['səːkɪt] *n* circuit *m*; (*lap*) tour *m*
circuit board *n* plaquette *f*
circuitous [səː'kjuɪtəs] *adj* indirect(e), qui fait un détour
circular ['səːkjuləʳ] *adj* circulaire ▷ *n* circulaire *f*; (*as advertisement*) prospectus *m*
circulate ['səːkjuleɪt] *vi* circuler ▷ *vt* faire circuler
circulation [səːkju'leɪʃən] *n* circulation *f*; (*of newspaper*) tirage *m*
circumcise ['səːkəmsaɪz] *vt* circoncire
circumference [sə'kʌmfərəns] *n* circonférence *f*
circumflex ['səːkəmflɛks] *n* (*also*: **circumflex accent**) accent *m* circonflexe

circumscribe ['sə:kəmskraɪb] *vt* circonscrire
circumspect ['sə:kəmspɛkt] *adj* circonspect(e)
circumstances ['sə:kəmstənsɪz] *npl* circonstances *fpl*; (*financial condition*) moyens *mpl*, situation financière; **in** *or* **under the ~** dans ces conditions; **under no ~** en aucun cas, sous aucun prétexte
circumstantial [sə:kəm'stænʃl] *adj* (*report, statement*) circonstancié(e); **~ evidence** preuve indirecte
circumvent [sə:kəm'vɛnt] *vt* (*rule etc*) tourner
circus ['sə:kəs] *n* cirque *m*; (*also*: **Circus**: *in place names*) place *f*
cirrhosis [sɪ'rəusɪs] *n* (*also*: **cirrhosis of the liver**) cirrhose *f* (du foie)
CIS *n abbr* (= *Commonwealth of Independent States*) CEI *f*
cissy ['sɪsɪ] *n* = **sissy**
cistern ['sɪstən] *n* réservoir *m* (d'eau); (*in toilet*) réservoir de la chasse d'eau
citation [saɪ'teɪʃən] *n* citation *f*; (US) P.-V *m*
cite [saɪt] *vt* citer
citizen ['sɪtɪzn] *n* (*Pol*) citoyen(ne); (*resident*): **the ~s of this town** les habitants de cette ville
Citizens' Advice Bureau ['sɪtɪznz-] *n* (*Brit*) ≈ Bureau *m* d'aide sociale
citizenship ['sɪtɪznʃɪp] *n* citoyenneté *f*; (*Brit: Scol*) ≈ éducation *f* civique
citric ['sɪtrɪk] *adj*: **~ acid** acide *m* citrique
citrus fruits ['sɪtrəs-] *npl* agrumes *mpl*
city ['sɪtɪ] *n* (grande) ville *f*; **the C~** la Cité de Londres (*centre des affaires*)
city centre *n* centre ville *m*
City Hall *n* (US) ≈ hôtel *m* de ville
city technology college *n* (*Brit*) établissement *m* d'enseignement technologique (*situé dans un quartier défavorisé*)
civic ['sɪvɪk] *adj* civique; (*authorities*) municipal(e)
civic centre *n* (*Brit*) centre administratif (municipal)
civil ['sɪvɪl] *adj* civil(e); (*polite*) poli(e), civil(e)
civil engineer *n* ingénieur civil
civil engineering *n* génie civil, travaux publics
civilian [sɪ'vɪlɪən] *adj, n* civil(e)
civilization [sɪvɪlaɪ'zeɪʃən] *n* civilisation *f*
civilized ['sɪvɪlaɪzd] *adj* civilisé(e); (*fig*) où règnent les bonnes manières, empreint(e) d'une courtoisie de bon ton
civil law *n* code civil; (*study*) droit civil
civil liberties *npl* libertés *fpl* civiques
civil rights *npl* droits *mpl* civiques
civil servant *n* fonctionnaire *m/f*
Civil Service *n* fonction publique, administration *f*
civil war *n* guerre civile
civvies ['sɪvɪz] *npl*: **in ~** (*inf*) en civil
CJD *n abbr* (= *Creutzfeldt-Jakob disease*) MCJ *f*
cl *abbr* (= *centilitre*) cl
clad [klæd] *adj*: **~ (in)** habillé(e) de, vêtu(e) de
claim [kleɪm] *vt* (*rights etc*) revendiquer; (*compensation*) réclamer; (*assert*) déclarer, prétendre ▷ *vi* (*for insurance*) faire une déclaration de sinistre ▷ *n* revendication *f*; prétention *f*; (*right*) droit *m*; (*for expenses*) note *f* de frais; **(insurance) ~** demande *f* d'indemnisation, déclaration *f* de sinistre; **to put in a ~ for** (*pay rise etc*) demander
claimant ['kleɪmənt] *n* (*Admin, Law*) requérant(e)
claim form *n* (*gen*) formulaire *m* de demande
clairvoyant [klɛə'vɔɪənt] *n* voyant(e), extra-lucide *m/f*
clam [klæm] *n* palourde *f*
▶ **clam up** *vi* (*inf*) la boucler
clamber ['klæmbə^r] *vi* grimper, se hisser
clammy ['klæmɪ] *adj* humide et froid(e) (au toucher), moite
clamour, (US) **clamor** ['klæmə^r] *n* (*noise*) clameurs *fpl*; (*protest*) protestations bruyantes ▷ *vi*: **to ~ for sth** réclamer qch à grands cris
clamp [klæmp] *n* crampon *m*; (*on workbench*) valet *m*; (*on car*) sabot *m* de Denver ▷ *vt* attacher; (*car*) mettre un sabot à
▶ **clamp down on** *vt fus* sévir contre, prendre des mesures draconiennes à l'égard de
clampdown ['klæmpdaun] *n*: **there has been a ~ on ...** des mesures énergiques ont été prises contre ...
clan [klæn] *n* clan *m*
clandestine [klæn'dɛstɪn] *adj* clandestin(e)
clang [klæŋ] *n* bruit *m or* fracas *m* métallique ▷ *vi* émettre un bruit *or* fracas métallique
clanger ['klæŋə^r] *n*: **to drop a ~** (*Brit inf*) faire une boulette
clansman ['klænzmən] (*irreg*) *n* membre *m* d'un clan (écossais)
clap [klæp] *vi* applaudir ▷ *vt*: **to ~ (one's hands)** battre des mains ▷ *n* claquement *m*; tape *f*; **a ~ of thunder** un coup de tonnerre
clapping ['klæpɪŋ] *n* applaudissements *mpl*
claptrap ['klæptræp] *n* (*inf*) baratin *m*
claret ['klærət] *n* (vin *m* de) bordeaux *m* (rouge)
clarification [klærɪfɪ'keɪʃən] *n* (*fig*) clarification *f*, éclaircissement *m*
clarify ['klærɪfaɪ] *vt* clarifier
clarinet [klærɪ'nɛt] *n* clarinette *f*
clarity ['klærɪtɪ] *n* clarté *f*
clash [klæʃ] *n* (*sound*) choc *m*, fracas *m*; (*with police*) affrontement *m*; (*fig*) conflit *m* ▷ *vi* se heurter; être *or* entrer en conflit; (*colours*) jurer; (*dates, events*) tomber en même temps
clasp [klɑ:sp] *n* (*of necklace, bag*) fermoir *m* ▷ *vt* serrer, étreindre
class [klɑ:s] *n* (*gen*) classe *f*; (*group, category*) catégorie *f* ▷ *vt* classer, classifier
class-conscious ['klɑ:s'kɔnʃəs] *adj* conscient(e) de son appartenance sociale
class consciousness *n* conscience *f* de classe
classic ['klæsɪk] *adj* classique ▷ *n* (*author, work*) classique *m*; (*race etc*) classique *f*
classical ['klæsɪkl] *adj* classique
classics ['klæsɪks] *npl* (*Scol*) lettres *fpl* classiques
classification [klæsɪfɪ'keɪʃən] *n* classification *f*

classified ['klæsɪfaɪd] *adj* (*information*) secret(-ète); **~ ads** petites annonces
classify ['klæsɪfaɪ] *vt* classifier, classer
classless society ['klɑːslɪs-] *n* société *f* sans classes
classmate ['klɑːsmeɪt] *n* camarade *m/f* de classe
classroom ['klɑːsrum] *n* (salle *f* de) classe *f*
classroom assistant *n* assistant(-e) d'éducation
classy ['klɑːsɪ] (*inf*) *adj* classe (*inf*)
clatter ['klætəʳ] *n* cliquetis *m* ▷ *vi* cliqueter
clause [klɔːz] *n* clause *f*; (*Ling*) proposition *f*
claustrophobia [klɔːstrə'fəubɪə] *n* claustrophobie *f*
claustrophobic [klɔːstrə'fəubɪk] *adj* (*person*) claustrophobe; (*place*) où l'on se sent claustrophobe
claw [klɔː] *n* griffe *f*; (*of bird of prey*) serre *f*; (*of lobster*) pince *f* ▷ *vt* griffer; déchirer
clay [kleɪ] *n* argile *f*
clean [kliːn] *adj* propre; (*clear, smooth*) net(te); (*record, reputation*) sans tache; (*joke, story*) correct(e) ▷ *vt* nettoyer ▷ *adv*: **he ~ forgot** il a complètement oublié; **to come ~** (*inf*: *admit guilt*) se mettre à table; **to ~ one's teeth** se laver les dents; **~ driving licence** *or* (*US*) **record** *permis où n'est portée aucune indication de contravention*
▸ **clean off** *vt* enlever
▸ **clean out** *vt* nettoyer (à fond)
▸ **clean up** *vt* nettoyer; (*fig*) remettre de l'ordre dans ▷ *vi* (*fig*: *make profit*): **to ~ up on** faire son beurre avec
clean-cut ['kliːn'kʌt] *adj* (*man*) soigné; (*situation etc*) bien délimité(e), net(te), clair(e)
cleaner ['kliːnəʳ] *n* (*person*) nettoyeur(-euse), femme *f* de ménage; (*also*: **dry cleaner**) teinturier(-ière); (*product*) détachant *m*
cleaner's ['kliːnəʳz] *n* (*also*: **dry cleaner's**) teinturier *m*
cleaning ['kliːnɪŋ] *n* nettoyage *m*
cleaning lady *n* femme *f* de ménage
cleanliness ['klɛnlɪnɪs] *n* propreté *f*
cleanly ['kliːnlɪ] *adv* proprement; nettement
cleanse [klɛnz] *vt* nettoyer; purifier
cleanser ['klɛnzəʳ] *n* détergent *m*; (*for face*) démaquillant *m*
clean-shaven ['kliːn'ʃeɪvn] *adj* rasé(e) de près
cleansing department ['klɛnzɪŋ-] *n* (*Brit*) service *m* de voirie
clean sweep *n*: **to make a ~** (*Sport*) rafler tous les prix
clean-up ['kliːnʌp] *n* nettoyage *m*
clear [klɪəʳ] *adj* clair(e); (*glass, plastic*) transparent(e); (*road, way*) libre, dégagé(e); (*profit, majority*) net(te); (*conscience*) tranquille; (*skin*) frais (fraîche); (*sky*) dégagé(e) ▷ *vt* (*road*) dégager, déblayer; (*table*) débarrasser; (*room etc*: *of people*) faire évacuer; (*woodland*) défricher; (*cheque*) compenser; (*Comm*: *goods*) liquider; (*Law*: *suspect*) innocenter; (*obstacle*) franchir *or* sauter sans heurter ▷ *vi* (*weather*) s'éclaircir; (*fog*) se dissiper ▷ *adv*: **~ of** à distance de, à l'écart de ▷ *n*: **to be in the ~** (*out of debt*) être dégagé(e) de toute dette; (*out of suspicion*) être lavé(e) de tout soupçon; (*out of danger*) être hors de danger; **to ~ the table** débarrasser la table, desservir; **to ~ one's throat** s'éclaircir la gorge; **to ~ a profit** faire un bénéfice net; **to make o.s. ~** se faire bien comprendre; **to make it ~ to sb that ...** bien faire comprendre à qn que ...; **I have a ~ day tomorrow** (*Brit*) je n'ai rien de prévu demain; **to keep ~ of sb/sth** éviter qn/qch
▸ **clear away** *vt* (*things, clothes etc*) enlever, retirer; **to ~ away the dishes** débarrasser la table
▸ **clear off** *vi* (*inf*: *leave*) dégager
▸ **clear up** *vi* s'éclaircir, se dissiper ▷ *vt* ranger, mettre en ordre; (*mystery*) éclaircir, résoudre
clearance ['klɪərəns] *n* (*removal*) déblayage *m*; (*free space*) dégagement *m*; (*permission*) autorisation *f*
clearance sale *n* (*Comm*) liquidation *f*
clear-cut ['klɪə'kʌt] *adj* précis(e), nettement défini(e)
clearing ['klɪərɪŋ] *n* (*in forest*) clairière *f*; (*Brit Banking*) compensation *f*, clearing *m*
clearing bank *n* (*Brit*) banque *f* qui appartient à une chambre de compensation
clearly ['klɪəlɪ] *adv* clairement; (*obviously*) de toute évidence
clearway ['klɪəweɪ] *n* (*Brit*) route *f* à stationnement interdit
cleavage ['kliːvɪdʒ] *n* (*of dress*) décolleté *m*
cleaver ['kliːvəʳ] *n* fendoir *m*, couperet *m*
clef [klɛf] *n* (*Mus*) clé *f*
cleft [klɛft] *n* (*in rock*) crevasse *f*, fissure *f*
clemency ['klɛmənsɪ] *n* clémence *f*
clement ['klɛmənt] *adj* (*weather*) clément(e)
clementine ['klɛməntaɪn] *n* clémentine *f*
clench [klɛntʃ] *vt* serrer
clergy ['kləːdʒɪ] *n* clergé *m*
clergyman ['kləːdʒɪmən] (*irreg*) *n* ecclésiastique *m*
clerical ['klɛrɪkl] *adj* de bureau, d'employé de bureau; (*Rel*) clérical(e), du clergé
clerk [klɑːk] (*US*) [kləːrk] *n* (*Brit*) employé(e) de bureau; (*US*: *salesman/woman*) vendeur(-euse); **C~ of Court** (*Law*) greffier *m* (du tribunal)
clever ['klɛvəʳ] *adj* (*intelligent*) intelligent(e); (*skilful*) habile, adroit(e); (*device, arrangement*) ingénieux(-euse), astucieux(-euse)
cleverly ['klɛvəlɪ] *adv* (*skilfully*) habilement; (*craftily*) astucieusement
clew [kluː] *n* (*US*) = **clue**
cliché ['kliːʃeɪ] *n* cliché *m*
click [klɪk] *vi* faire un bruit sec *or* un déclic; (*Comput*) cliquer ▷ *vt*: **to ~ one's tongue** faire claquer sa langue; **to ~ one's heels** claquer des talons; **to ~ on an icon** cliquer sur une icône
client ['klaɪənt] *n* client(e)
clientele [kliːɑ̃ːn'tɛl] *n* clientèle *f*
cliff [klɪf] *n* falaise *f*
cliffhanger ['klɪfhæŋəʳ] *n* (*TV, fig*) histoire

C

pleine de suspense
climactic [klaɪ'mæktɪk] *adj* à son point culminant, culminant(e)
climate ['klaɪmɪt] *n* climat *m*
climate change *n* changement *m* climatique
climax ['klaɪmæks] *n* apogée *m*, point culminant; (*sexual*) orgasme *m*
climb [klaɪm] *vi* grimper, monter; (*plane*) prendre de l'altitude ▷ *vt* (*stairs*) monter; (*mountain*) escalader; (*tree*) grimper à ▷ *n* montée *f*, escalade *f*; **to ~ over a wall** passer par dessus un mur
▸ **climb down** *vi* (re)descendre; (*Brit fig*) rabattre de ses prétentions
climb-down ['klaɪmdaun] *n* (*Brit*) reculade *f*
climber ['klaɪmə^r] *n* (*also*: **rock climber**) grimpeur(-euse), varappeur(-euse); (*plant*) plante grimpante
climbing ['klaɪmɪŋ] *n* (*also*: **rock climbing**) escalade *f*, varappe *f*
clinch [klɪntʃ] *vt* (*deal*) conclure, sceller
clincher ['klɪntʃə^r] *n*: **that was the ~** c'est ce qui a fait pencher la balance
cling (*pt, pp* **clung**) [klɪŋ, klʌŋ] *vi*: **to ~ (to)** se cramponner (à), s'accrocher (à); (*clothes*) coller (à)
Clingfilm® ['klɪŋfɪlm] *n* film *m* alimentaire
clinic ['klɪnɪk] *n* clinique *f*; centre médical; (*session: Med*) consultation(s) *f(pl)*, séance(s) *f(pl)*; (*Sport*) séance(s) de perfectionnement
clinical ['klɪnɪkl] *adj* clinique; (*fig*) froid(e)
clink [klɪŋk] *vi* tinter, cliqueter
clip [klɪp] *n* (*for hair*) barrette *f*; (*also*: **paper clip**) trombone *m*; (*Brit*: *also*: **bulldog clip**) pince *f* de bureau; (*holding hose etc*) collier *m* or bague *f* (métallique) de serrage; (*TV, Cinema*) clip *m* ▷ *vt* (*also*: **clip together**: *papers*) attacher; (*hair, nails*) couper; (*hedge*) tailler
clippers ['klɪpəz] *npl* tondeuse *f*; (*also*: **nail clippers**) coupe-ongles *m inv*
clipping ['klɪpɪŋ] *n* (*from newspaper*) coupure *f* de journal
clique [kli:k] *n* clique *f*, coterie *f*
cloak [kləuk] *n* grande cape ▷ *vt* (*fig*) masquer, cacher
cloakroom ['kləukrum] *n* (*for coats etc*) vestiaire *m*; (*Brit*: *W.C.*) toilettes *fpl*
clock [klɔk] *n* (*large*) horloge *f*; (*small*) pendule *f*; **round the ~** (*work etc*) vingt-quatre heures sur vingt-quatre; **to sleep round the ~** *or* **the ~ round** faire le tour du cadran; **30,000 on the ~** (*Brit Aut*) 30 000 milles au compteur; **to work against the ~** faire la course contre la montre
▸ **clock in** *or* **on** (*Brit*) *vi* (*with card*) pointer (en arrivant); (*start work*) commencer à travailler
▸ **clock off** *or* **out** (*Brit*) *vi* (*with card*) pointer (en partant); (*leave work*) quitter le travail
▸ **clock up** *vt* (*miles, hours etc*) faire
clockwise ['klɔkwaɪz] *adv* dans le sens des aiguilles d'une montre
clockwork ['klɔkwə:k] *n* rouages *mpl*, mécanisme *m*; (*of clock*) mouvement *m* (d'horlogerie) ▷ *adj* (*toy, train*) mécanique
clog [klɔg] *n* sabot *m* ▷ *vt* boucher, encrasser ▷ *vi* (*also*: **clog up**) se boucher, s'encrasser
cloister ['klɔɪstə^r] *n* cloître *m*
clone [kləun] *n* clone *m* ▷ *vt* cloner
close¹ [kləus] *adj* (*near*): **~ (to)** près (de), proche (de); (*writing, texture*) serré(e); (*contact, link, watch*) étroit(e); (*examination*) attentif(-ive), minutieux(-euse); (*contest*) très serré(e); (*weather*) lourd(e), étouffant(e); (*room*) mal aéré(e) ▷ *adv* près, à proximité; **~ to** (*prep*) près de; **~ by**, **~ at hand** (*adj, adv*) tout(e) près; **how ~ is Edinburgh to Glasgow?** combien de kilomètres y-a-t-il entre Édimbourg et Glasgow?; **a ~ friend** un ami intime; **to have a ~ shave** (*fig*) l'échapper belle; **at ~ quarters** tout près, à côté
close² [kləuz] *vt* fermer; (*bargain, deal*) conclure ▷ *vi* (*shop etc*) fermer; (*lid, door etc*) se fermer; (*end*) se terminer, se conclure ▷ *n* (*end*) conclusion *f*; **to bring sth to a ~** mettre fin à qch; **what time do you ~?** à quelle heure fermez-vous?
▸ **close down** *vt, vi* fermer (*définitivement*)
▸ **close in** *vi* (*hunters*) approcher; (*night, fog*) tomber; **the days are closing in** les jours raccourcissent; **to ~ in on sb** cerner qn
▸ **close off** *vt* (*area*) boucler
closed [kləuzd] *adj* (*shop etc*) fermé(e); (*road*) fermé à la circulation
closed-circuit ['kləuzd'sə:kɪt] *adj*: **~ television** télévision *f* en circuit fermé
closed shop *n* organisation *f* qui n'admet que des travailleurs syndiqués
close-knit ['kləus'nɪt] *adj* (*family, community*) très uni(e)
closely ['kləuslɪ] *adv* (*examine, watch*) de près; **we are ~ related** nous sommes proches parents; **a ~ guarded secret** un secret bien gardé
close season [kləus-] *n* (*Brit*: *Hunting*) fermeture *f* de la chasse/pêche; (: *Football*) trêve *f*
closet ['klɔzɪt] *n* (*cupboard*) placard *m*, réduit *m*
close-up ['kləusʌp] *n* gros plan
closing ['kləuzɪŋ] *adj* (*stages, remarks*) final(e); **~ price** (*Stock Exchange*) cours *m* de clôture
closing time *n* heure *f* de fermeture
closure ['kləuʒə^r] *n* fermeture *f*
clot [klɔt] *n* (*of blood, milk*) caillot *m*; (*inf*: *person*) ballot *m* ▷ *vi* (*blood*) former des caillots; (: *external bleeding*) se coaguler
cloth [klɔθ] *n* (*material*) tissu *m*, étoffe *f*; (*Brit*: *also*: **tea cloth**) torchon *m*; lavette *f*; (*also*: **tablecloth**) nappe *f*
clothe [kləuð] *vt* habiller, vêtir
clothes [kləuðz] *npl* vêtements *mpl*, habits *mpl*; **to put one's ~ on** s'habiller; **to take one's ~ off** enlever ses vêtements
clothes brush *n* brosse *f* à habits
clothes line *n* corde *f* (à linge)
clothes peg, (*US*) **clothes pin** *n* pince *f* à linge
clothing ['kləuðɪŋ] *n* = **clothes**
clotted cream ['klɔtɪd-] *n* (*Brit*) crème caillée
cloud [klaud] *n* nuage *m* ▷ *vt* (*liquid*) troubler; **to**

~ **the issue** brouiller les cartes; **every ~ has a silver lining** *(proverb)* à quelque chose malheur est bon *(proverbe)*
▸ **cloud over** *vi* se couvrir; *(fig)* s'assombrir
cloudburst ['klaudbə:st] *n* violente averse
cloud-cuckoo-land ['klaud'kuku:lænd] *n* (*Brit*) monde *m* imaginaire
cloudy ['klaudɪ] *adj* nuageux(-euse), couvert(e); *(liquid)* trouble
clout [klaut] *n* *(blow)* taloche *f*; *(fig)* pouvoir *m* ▹ *vt* flanquer une taloche à
clove [kləuv] *n* clou *m* de girofle; **a ~ of garlic** une gousse d'ail
clover ['kləuvə^r] *n* trèfle *m*
cloverleaf ['kləuvəli:f] *n* feuille *f* de trèfle; *(Aut)* croisement *m* en trèfle
clown [klaun] *n* clown *m* ▹ *vi* (*also*: **clown about, clown around**) faire le clown
cloying ['klɔɪɪŋ] *adj* *(taste, smell)* écœurant(e)
club [klʌb] *n* *(society)* club *m*; *(weapon)* massue *f*, matraque *f*; (*also*: **golf club**) club ▹ *vt* matraquer ▹ *vi*: **to ~ together** s'associer; **clubs** *npl* *(Cards)* trèfle *m*
club car *n* (*US Rail*) wagon-restaurant *m*
club class *n* (*Aviat*) classe *f* club
clubhouse ['klʌbhaus] *n* pavillon *m*
club soda *n* (US) eau *f* de seltz
cluck [klʌk] *vi* glousser
clue [klu:] *n* indice *m*; *(in crosswords)* définition *f*; **I haven't a ~** je n'en ai pas la moindre idée
clued up, (US) **clued in** [klu:d-] *adj* *(inf)* (vachement) calé(e)
clump [klʌmp] *n*: **~ of trees** bouquet *m* d'arbres
clumsy ['klʌmzɪ] *adj* *(person)* gauche, maladroit(e); *(object)* malcommode, peu maniable
clung [klʌŋ] *pt, pp of* **cling**
cluster ['klʌstə^r] *n* (petit) groupe; *(of flowers)* grappe *f* ▹ *vi* se rassembler
clutch [klʌtʃ] *n* *(Aut)* embrayage *m*; *(grasp)*: **~es** étreinte *f*, prise *f* ▹ *vt* *(grasp)* agripper; *(hold tightly)* serrer fort; *(hold on to)* se cramponner à
clutter ['klʌtə^r] *vt* (*also*: **clutter up**) encombrer ▹ *n* désordre *m*, fouillis *m*
cm *abbr* (= *centimetre*) cm
CNAA *n abbr* (*Brit*: = *Council for National Academic Awards*) *organisme non universitaire délivrant des diplômes*
CND *n abbr* = **Campaign for Nuclear Disarmament**
CO *n abbr* (= *commanding officer*) Cdt; (*Brit*) = **Commonwealth Office** ▹ *abbr* (US) = **Colorado**
Co. *abbr* = **company, county**
c/o *abbr* (= *care of*) c/o, aux bons soins de
coach [kəutʃ] *n* *(bus)* autocar *m*; *(horse-drawn)* diligence *f*; *(of train)* voiture *f*, wagon *m*; *(Sport: trainer)* entraîneur(-euse); *(school: tutor)* répétiteur(-trice) ▹ *vt* *(Sport)* entraîner; *(student)* donner des leçons particulières à
coach station (Brit) *n* gare routière
coach trip *n* excursion *f* en car
coagulate [kəu'ægjuleɪt] *vt* coaguler ▹ *vi* se coaguler
coal [kəul] *n* charbon *m*
coal face *n* front *m* de taille
coalfield ['kəulfi:ld] *n* bassin houiller
coalition [kəuə'lɪʃən] *n* coalition *f*
coalman ['kəulmən] *(irreg)* *n* charbonnier *m*, marchand *m* de charbon
coal mine *n* mine *f* de charbon
coarse [kɔ:s] *adj* grossier(-ère), rude; *(vulgar)* vulgaire
coast [kəust] *n* côte *f* ▹ *vi* *(car, cycle)* descendre en roue libre
coastal ['kəustl] *adj* côtier(-ère)
coaster ['kəustə^r] *n* *(Naut)* caboteur *m*; *(for glass)* dessous *m* de verre
coastguard ['kəustgɑ:d] *n* garde-côte *m*
coastline ['kəustlaɪn] *n* côte *f*, littoral *m*
coat [kəut] *n* manteau *m*; *(of animal)* pelage *m*, poil *m*; *(of paint)* couche *f* ▹ *vt* couvrir, enduire; **~ of arms** *n* blason *m*, armoiries *fpl*
coat hanger *n* cintre *m*
coating ['kəutɪŋ] *n* couche *f*, enduit *m*
co-author ['kəu'ɔ:θə^r] *n* co-auteur *m*
coax [kəuks] *vt* persuader par des cajoleries
cob [kɔb] *n* *see* **corn**
cobbled ['kɔbld] *adj* pavé(e)
cobbler ['kɔblə^r] *n* cordonnier *m*
cobbles, cobblestones ['kɔblz, 'kɔblstəunz] *npl* pavés (ronds)
COBOL ['kəubɔl] *n* COBOL *m*
cobra ['kəubrə] *n* cobra *m*
cobweb ['kɔbwɛb] *n* toile *f* d'araignée
cocaine [kə'keɪn] *n* cocaïne *f*
cock [kɔk] *n* *(rooster)* coq *m*; *(male bird)* mâle *m* ▹ *vt* *(gun)* armer; **to ~ one's ears** *(fig)* dresser l'oreille
cock-a-hoop [kɔkə'hu:p] *adj* jubilant(e)
cockerel ['kɔkərl] *n* jeune coq *m*
cock-eyed ['kɔkaɪd] *adj* *(fig)* de travers; qui louche; qui ne tient pas debout *(fig)*
cockle ['kɔkl] *n* coque *f*
cockney ['kɔknɪ] *n* cockney *m/f* (*habitant des quartiers populaires de l'East End de Londres*), ≈ faubourien(ne)
cockpit ['kɔkpɪt] *n* *(in aircraft)* poste *m* de pilotage, cockpit *m*
cockroach ['kɔkrəutʃ] *n* cafard *m*, cancrelat *m*
cocktail ['kɔkteɪl] *n* cocktail *m*; **prawn ~,** (US) **shrimp ~** cocktail de crevettes
cocktail cabinet *n* (meuble-)bar *m*
cocktail party *n* cocktail *m*
cocktail shaker [-'ʃeɪkə^r] *n* shaker *m*
cocky ['kɔkɪ] *adj* trop sûr(e) de soi
cocoa ['kəukəu] *n* cacao *m*
coconut ['kəukənʌt] *n* noix *f* de coco
cocoon [kə'ku:n] *n* cocon *m*
C.O.D. *abbr* = **cash on delivery**; (US) = **collect on delivery**
cod [kɔd] *n* morue fraîche, cabillaud *m*
code [kəud] *n* code *m*; *(Tel: area code)* indicatif *m*; **~ of behaviour** règles *fpl* de conduite; **~ of practice** déontologie *f*

C

codeine ['kəudi:n] *n* codéine *f*
codger ['kɔdʒəʳ] *n*: **an old ~** (*Brit inf*) un drôle de vieux bonhomme
codicil ['kɔdɪsɪl] *n* codicille *m*
codify ['kəudɪfaɪ] *vt* codifier
cod-liver oil ['kɔdlɪvər-] *n* huile *f* de foie de morue
co-driver ['kəu'draɪvəʳ] *n* (*in race*) copilote *m*; (*of lorry*) deuxième chauffeur *m*
co-ed ['kəu'ɛd] *adj abbr* = **coeducational** ▷ *n abbr* (*US: female student*) *étudiante d'une université mixte*; (*Brit: school*) école *f* mixte
coeducational ['kəuɛdju'keɪʃənl] *adj* mixte
coerce [kəu'ə:s] *vt* contraindre
coercion [kəu'ə:ʃən] *n* contrainte *f*
coexistence ['kəuɪg'zɪstəns] *n* coexistence *f*
C. of C. *n abbr* = **chamber of commerce**
C of E *n abbr* = **Church of England**
coffee ['kɔfɪ] *n* café *m*; **white ~**, (*US*) **~ with cream** (café-)crème *m*
coffee bar *n* (*Brit*) café *m*
coffee bean *n* grain *m* de café
coffee break *n* pause-café *f*
coffee cake ['kɔfɪkeɪk] *n* (*US*) ≈ petit pain aux raisins
coffee cup *n* tasse *f* à café
coffee maker *n* cafetière *f*
coffeepot ['kɔfɪpɔt] *n* cafetière *f*
coffee shop *n* café *m*
coffee table *n* (petite) table basse
coffin ['kɔfɪn] *n* cercueil *m*
C of I *n abbr* = **Church of Ireland**
C of S *n abbr* = **Church of Scotland**
cog [kɔg] *n* (*wheel*) roue dentée; (*tooth*) dent *f* (d'engrenage)
cogent ['kəudʒənt] *adj* puissant(e), convaincant(e)
cognac ['kɔnjæk] *n* cognac *m*
cogwheel ['kɔgwi:l] *n* roue dentée
cohabit [kəu'hæbɪt] *vi* (*formal*): **to ~ (with sb)** cohabiter (avec qn)
coherent [kəu'hɪərənt] *adj* cohérent(e)
cohesion [kəu'hi:ʒən] *n* cohésion *f*
cohesive [kəu'hi:sɪv] *adj* (*fig*) cohésif(-ive)
COI *n abbr* (*Brit: = Central Office of Information*) *service d'information gouvernemental*
coil [kɔɪl] *n* rouleau *m*, bobine *f*; (*one loop*) anneau *m*, spire *f*; (*of smoke*) volute *f*; (*contraceptive*) stérilet *m* ▷ *vt* enrouler
coin [kɔɪn] *n* pièce *f* (de monnaie) ▷ *vt* (*word*) inventer
coinage ['kɔɪnɪdʒ] *n* monnaie *f*, système *m* monétaire
coinbox ['kɔɪnbɔks] *n* (*Brit*) cabine *f* téléphonique
coincide [kəuɪn'saɪd] *vi* coïncider
coincidence [kəu'ɪnsɪdəns] *n* coïncidence *f*
coin-operated ['kɔɪn'ɔpəreɪtɪd] *adj* (*machine, launderette*) automatique
Coke® [kəuk] *n* coca *m*
coke [kəuk] *n* (*coal*) coke *m*
Col. *abbr* (= *colonel*) Col; (*US*) = **Colorado**
COLA *n abbr* (*US: = cost-of-living adjustment*) *réajustement (des salaires, indemnités etc) en fonction du coût de la vie*
colander ['kɔləndəʳ] *n* passoire *f* (à légumes)
cold [kəuld] *adj* froid(e) ▷ *n* froid *m*; (*Med*) rhume *m*; **it's ~** il fait froid; **to be ~** (*person*) avoir froid; **to catch ~** prendre *or* attraper froid; **to catch a ~** s'enrhumer, attraper un rhume; **in ~ blood** de sang-froid; **to have ~ feet** avoir froid aux pieds; (*fig*) avoir la frousse *or* la trouille; **to give sb the ~ shoulder** battre froid à qn
cold-blooded ['kəuld'blʌdɪd] *adj* (*Zool*) à sang froid
cold cream *n* crème *f* de soins
coldly ['kəuldlɪ] *adv* froidement
cold sore *n* bouton *m* de fièvre
cold sweat *n*: **to be in a ~ (about sth)** avoir des sueurs froides (au sujet de qch)
cold turkey *n* (*inf*) manque *m*; **to go ~** être en manque
Cold War *n*: **the ~** la guerre froide
coleslaw ['kəulslɔ:] *n sorte de salade de chou cru*
colic ['kɔlɪk] *n* colique(s) *f(pl)*
colicky ['kɔlɪkɪ] *adj* qui souffre de coliques
collaborate [kə'læbəreɪt] *vi* collaborer
collaboration [kəlæbə'reɪʃən] *n* collaboration *f*
collaborator [kə'læbəreɪtəʳ] *n* collaborateur(-trice)
collage [kɔ'lɑ:ʒ] *n* (*Art*) collage *m*
collagen ['kɔlədʒən] *n* collagène *m*
collapse [kə'læps] *vi* s'effondrer, s'écrouler; (*Med*) avoir un malaise ▷ *n* effondrement *m*, écroulement *m*; (*of government*) chute *f*
collapsible [kə'læpsəbl] *adj* pliant(e), télescopique
collar ['kɔləʳ] *n* (*of coat, shirt*) col *m*; (*for dog*) collier *m*; (*Tech*) collier, bague *f* ▷ *vt* (*inf: person*) pincer
collarbone ['kɔləbəun] *n* clavicule *f*
collate [kɔ'leɪt] *vt* collationner
collateral [kə'lætərl] *n* nantissement *m*
collation [kə'leɪʃən] *n* collation *f*
colleague ['kɔli:g] *n* collègue *m/f*
collect [kə'lɛkt] *vt* rassembler; (*pick up*) ramasser; (*as a hobby*) collectionner; (*Brit: call for*) (passer) prendre; (*mail*) faire la levée de, ramasser; (*money owed*) encaisser; (*donations, subscriptions*) recueillir ▷ *vi* (*people*) se rassembler; (*dust, dirt*) s'amasser; **to ~ one's thoughts** réfléchir, réunir ses idées; **~ on delivery (COD)** (*US Comm*) payable *or* paiement à la livraison; **to call ~** (*US Tel*) téléphoner en PCV
collected [kə'lɛktɪd] *adj*: **~ works** œuvres complètes
collection [kə'lɛkʃən] *n* collection *f*; (*of mail*) levée *f*; (*for money*) collecte *f*, quête *f*
collective [kə'lɛktɪv] *adj* collectif(-ive) ▷ *n* collectif *m*
collective bargaining *n* convention collective
collector [kə'lɛktəʳ] *n* collectionneur *m*; (*of taxes*) percepteur *m*; (*of rent, cash*) encaisseur *m*; **~'s item** *or* **piece** pièce *f* de collection
college ['kɔlɪdʒ] *n* collège *m*; (*of technology,*

agriculture etc) institut *m*; **to go to ~** faire des études supérieures; **~ of education** ≈ école normale
collide [kə'laɪd] *vi*: **to ~ (with)** entrer en collision (avec)
collie ['kɔlɪ] *n (dog)* colley *m*
colliery ['kɔlɪərɪ] *n (Brit)* mine *f* de charbon, houillère *f*
collision [kə'lɪʒən] *n* collision *f*, heurt *m*; **to be on a ~ course** aller droit à la collision; *(fig)* aller vers l'affrontement
collision damage waiver *n (Insurance)* rachat *m* de franchise
colloquial [kə'ləukwɪəl] *adj* familier(-ère)
collusion [kə'lu:ʒən] *n* collusion *f*; **in ~ with** en complicité avec
Colo. *abbr (US)* = **Colorado**
cologne [kə'ləun] *n (also:* **eau de cologne***)* eau *f* de cologne
Colombia [kə'lɔmbɪə] *n* Colombie *f*
Colombian [kə'lɔmbɪən] *adj* colombien(ne) ▷ *n* Colombien(ne)
colon ['kəulən] *n (sign)* deux-points *mpl*; *(Med)* côlon *m*
colonel ['kə:nl] *n* colonel *m*
colonial [kə'ləunɪəl] *adj* colonial(e)
colonize ['kɔlənaɪz] *vt* coloniser
colony ['kɔlənɪ] *n* colonie *f*
color ['kʌlə^r] *n (US)* = **colour**
Colorado beetle [kɔlə'rɑ:dəu-] *n* doryphore *m*
colossal [kə'lɔsl] *adj* colossal(e)
colour, (US) **color** ['kʌlə^r] *n* couleur *f* ▷ *vt* colorer; *(dye)* teindre; *(paint)* peindre; *(with crayons)* colorier; *(news)* fausser, exagérer ▷ *vi (blush)* rougir ▷ *cpd (film, photograph, television)* en couleur; **colours** *npl (of party, club)* couleurs *fpl*; **I'd like a different ~** je le voudrais dans un autre coloris
▸ **colour in** *vt* colorier
colour bar, (US) **color bar** *n* discrimination raciale *(dans un établissement etc)*
colour-blind, (US) **color-blind** ['kʌləblaɪnd] *adj* daltonien(ne)
coloured, (US) **colored** ['kʌləd] *adj* coloré(e); *(photo)* en couleur
colour film, (US) **color film** *n (for camera)* pellicule *f* (en) couleur
colourful, (US) **colorful** ['kʌləful] *adj* coloré(e), vif (vive); *(personality)* pittoresque, haut(e) en couleurs
colouring, (US) **coloring** ['kʌlərɪŋ] *n* colorant *m*; *(complexion)* teint *m*
colour scheme, (US) **color scheme** *n* combinaison *f* de(s) couleur(s)
colour supplement *n (Brit Press)* supplément *m* magazine
colour television, (US) **color television** *n* télévision *f* (en) couleur
colt [kəult] *n* poulain *m*
column ['kɔləm] *n* colonne *f*; *(fashion column, sports column etc)* rubrique *f*; **the editorial ~** l'éditorial *m*
columnist ['kɔləmnɪst] *n* rédacteur(-trice) d'une rubrique
coma ['kəumə] *n* coma *m*
comb [kəum] *n* peigne *m* ▷ *vt (hair)* peigner; *(area)* ratisser, passer au peigne fin
combat ['kɔmbæt] *n* combat *m* ▷ *vt* combattre, lutter contre
combination [kɔmbɪ'neɪʃən] *n (gen)* combinaison *f*
combination lock *n* serrure *f* à combinaison
combine [kəm'baɪn] *vt* combiner ▷ *vi* s'associer; *(Chem)* se combiner ▷ *n* ['kɔmbaɪn] association *f*; *(Econ)* trust *m*; *(also:* **combine harvester***)* moissonneuse-batteuse(-lieuse) *f*; **to ~ sth with sth** *(one quality with another)* joindre *ou* allier qch à qch; **a ~d effort** un effort conjugué
combine harvester *n* moissonneuse-batteuse(-lieuse) *f*
combo ['kɔmbəu] *n (Jazz etc)* groupe *m* de musiciens
combustible [kəm'bʌstɪbl] *adj* combustible
combustion [kəm'bʌstʃən] *n* combustion *f*

 KEYWORD

come *(pt* **came**, *pp* **-**) [kʌm, keɪm] *vi* **1** *(movement towards)* venir; **to ~ running** arriver en courant; **he's ~ here to work** il est venu ici pour travailler; **~ with me** suivez-moi; **to ~ into sight** *or* **view** apparaître
2 *(arrive)* arriver; **to ~ home** rentrer (chez soi *or* à la maison); **we've just ~ from Paris** nous arrivons de Paris; **coming!** j'arrive!
3 *(reach)*: **to ~ to** *(decision etc)* parvenir à, arriver à; **the bill came to £40** la note s'est élevée à 40 livres; **if it ~s to it** s'il le faut, dans le pire des cas
4 *(occur)*: **an idea came to me** il m'est venu une idée; **what might ~ of it** ce qui pourrait en résulter, ce qui pourrait advenir *or* se produire
5 *(be, become)*: **to ~ loose/undone** se défaire/desserrer; **I've ~ to like him** j'ai fini par bien l'aimer
6 *(inf: sexually)* jouir
▸ **come about** *vi* se produire, arriver
▸ **come across** *vt fus* rencontrer par hasard, tomber sur ▷ *vi*: **to ~ across well/badly** faire une bonne/mauvaise impression
▸ **come along** *vi (Brit: pupil, work)* faire des progrès, avancer; **~ along!** viens!; allons!, allez!
▸ **come apart** *vi* s'en aller en morceaux; se détacher
▸ **come away** *vi* partir, s'en aller; *(become detached)* se détacher
▸ **come back** *vi* revenir; *(reply)*: **can I ~ back to you on that one?** est-ce qu'on peut revenir là-dessus plus tard?
▸ **come by** *vt fus (acquire)* obtenir, se procurer
▸ **come down** *vi* descendre; *(prices)* baisser; *(buildings)* s'écrouler; (: *be demolished*) être démoli(e)
▸ **come forward** *vi* s'avancer; *(make o.s. known)* se présenter, s'annoncer

▸ **come from** *vt fus* (*source*) venir de; (*place*) venir de, être originaire de
▸ **come in** *vi* entrer; (*train*) arriver; (*fashion*) entrer en vogue; (*on deal etc*) participer
▸ **come in for** *vt fus* (*criticism etc*) être l'objet de
▸ **come into** *vt fus* (*money*) hériter de
▸ **come off** *vi* (*button*) se détacher; (*attempt*) réussir
▸ **come on** *vi* (*lights, electricity*) s'allumer; (*central heating*) se mettre en marche; (*pupil, work, project*) faire des progrès, avancer; **~ on!** viens!; allons!, allez!
▸ **come out** *vi* sortir; (*sun*) se montrer; (*book*) paraître; (*stain*) s'enlever; (*strike*) cesser le travail, se mettre en grève
▸ **come over** *vt fus*: **I don't know what's ~ over him!** je ne sais pas ce qui lui a pris!
▸ **come round** *vi* (*after faint, operation*) revenir à soi, reprendre connaissance
▸ **come through** *vi* (*survive*) s'en sortir; (*telephone call*): **the call came through** l'appel est bien parvenu
▸ **come to** *vi* revenir à soi ▹ *vt* (*add up to: amount*): **how much does it ~ to?** ça fait combien?
▸ **come under** *vt fus* (*heading*) se trouver sous; (*influence*) subir
▸ **come up** *vi* monter; (*sun*) se lever; (*problem*) se poser; (*event*) survenir; (*in conversation*) être soulevé
▸ **come up against** *vt fus* (*resistance, difficulties*) rencontrer
▸ **come up to** *vt fus* arriver à; **the film didn't ~ up to our expectations** le film nous a déçu
▸ **come up with** *vt fus* (*money*) fournir; **he came up with an idea** il a eu une idée, il a proposé quelque chose
▸ **come upon** *vt fus* tomber sur

comeback ['kʌmbæk] *n* (*Theat*) rentrée *f*; (*reaction*) réaction *f*; (*response*) réponse *f*
Comecon ['kɔmɪkɔn] *n abbr* (= *Council for Mutual Economic Aid*) COMECON *m*
comedian [kə'mi:dɪən] *n* (*comic*) comique *m*; (*Theat*) comédien *m*
comedienne [kəmi:dɪ'ɛn] *n* comique *f*
comedown ['kʌmdaun] *n* déchéance *f*
comedy ['kɔmɪdɪ] *n* comédie *f*; (*humour*) comique *m*
comet ['kɔmɪt] *n* comète *f*
comeuppance [kʌm'ʌpəns] *n*: **to get one's ~** recevoir ce qu'on mérite
comfort ['kʌmfət] *n* confort *m*, bien-être *m*; (*solace*) consolation *f*, réconfort *m* ▹ *vt* consoler, réconforter
comfortable ['kʌmfətəbl] *adj* confortable; (*person*) à l'aise; (*financially*) aisé(e); (*patient*) dont l'état est stationnaire; **I don't feel very ~ about it** cela m'inquiète un peu
comfortably ['kʌmfətəblɪ] *adv* (*sit*) confortablement; (*live*) à l'aise
comforter ['kʌmfətə^r] *n* (*US*) édredon *m*
comforts ['kʌmfəts] *npl* aises *fpl*
comfort station *n* (*US*) toilettes *fpl*
comic ['kɔmɪk] *adj* (*also:* **comical**) comique ▹ *n* (*person*) comique *m*; (*Brit: magazine: for children*) magazine *m* de bandes dessinées *or* de BD; (*: for adults*) illustré *m*
comical ['kɔmɪkl] *adj* amusant(e)
comic book (*US*) *n* (*for children*) magazine *m* de bandes dessinées *or* de BD; (*for adults*) illustré *m*
comic strip *n* bande dessinée
coming ['kʌmɪŋ] *n* arrivée *f* ▹ *adj* (*next*) prochain(e); (*future*) à venir; **in the ~ weeks** dans les prochaines semaines
Comintern ['kɔmɪntə:n] *n* Comintern *m*
comma ['kɔmə] *n* virgule *f*
command [kə'mɑ:nd] *n* ordre *m*, commandement *m*; (*Mil: authority*) commandement; (*mastery*) maîtrise *f*; (*Comput*) commande *f* ▹ *vt* (*troops*) commander; (*be able to get*) (pouvoir) disposer de, avoir à sa disposition; (*deserve*) avoir droit à; **to ~ sb to do** donner l'ordre *or* commander à qn de faire; **to have/take ~ of** avoir/prendre le commandement de; **to have at one's ~** (*money, resources etc*) disposer de
command economy *n* économie planifiée
commandeer [kɔmən'dɪə^r] *vt* réquisitionner (par la force)
commander [kə'mɑ:ndə^r] *n* chef *m*; (*Mil*) commandant *m*
commander-in-chief [kə'mɑ:ndərɪn'tʃi:f] *n* (*Mil*) commandant *m* en chef
commanding [kə'mɑ:ndɪŋ] *adj* (*appearance*) imposant(e); (*voice, tone*) autoritaire; (*lead, position*) dominant(e)
commanding officer *n* commandant *m*
commandment [kə'mɑ:ndmənt] *n* (*Rel*) commandement *m*
command module *n* (*Space*) module *m* de commande
commando [kə'mɑ:ndəu] *n* commando *m*; membre *m* d'un commando
commemorate [kə'mɛməreɪt] *vt* commémorer
commemoration [kəmɛmə'reɪʃən] *n* commémoration *f*
commemorative [kə'mɛmərətɪv] *adj* commémoratif(-ive)
commence [kə'mɛns] *vt, vi* commencer
commend [kə'mɛnd] *vt* louer; (*recommend*) recommander
commendable [kə'mɛndəbl] *adj* louable
commendation [kɔmɛn'deɪʃən] *n* éloge *m*; recommandation *f*
commensurate [kə'mɛnʃərɪt] *adj*: **~ with/to** en rapport avec/selon
comment ['kɔmɛnt] *n* commentaire *m* ▹ *vi* faire des remarques *or* commentaires; **to ~ on** faire des remarques sur; **to ~ that** faire remarquer que; **"no ~"** "je n'ai rien à déclarer"
commentary ['kɔməntərɪ] *n* commentaire *m*; (*Sport*) reportage *m* (en direct)
commentator ['kɔmənteɪtə^r] *n* commentateur *m*; (*Sport*) reporter *m*
commerce ['kɔmə:s] *n* commerce *m*
commercial [kə'mə:ʃəl] *adj* commercial(e) ▹ *n*

(*Radio, TV*) annonce *f* publicitaire, spot *m* (publicitaire)
commercial bank *n* banque *f* d'affaires
commercial break *n* (*Radio, TV*) spot *m* (publicitaire)
commercial college *n* école *f* de commerce
commercialism [kə'mə:ʃəlɪzəm] *n* mercantilisme *m*
commercial television *n* publicité *f* à la télévision, chaînes privées (financées par la publicité)
commercial traveller *n* voyageur *m* de commerce
commercial vehicle *n* véhicule *m* utilitaire
commiserate [kə'mɪzəreɪt] *vi*: **to ~ with sb** témoigner de la sympathie pour qn
commission [kə'mɪʃən] *n* (*committee, fee*) commission *f*; (*order for work of art etc*) commande *f* ▷ *vt* (*Mil*) nommer (à un commandement); (*work of art*) commander, charger un artiste de l'exécution de; **out of ~** (*Naut*) hors de service; (*machine*) hors service; **I get 10% ~** je reçois une commission de 10%; **~ of inquiry** (*Brit*) commission d'enquête
commissionaire [kəmɪʃə'nɛəʳ] *n* (*Brit: at shop, cinema etc*) portier *m* (en uniforme)
commissioner [kə'mɪʃənəʳ] *n* membre *m* d'une commission; (*Police*) préfet *m* (de police)
commit [kə'mɪt] *vt* (*act*) commettre; (*resources*) consacrer; (*to sb's care*) confier (à); **to ~ o.s. (to do)** s'engager (à faire); **to ~ suicide** se suicider; **to ~ to writing** coucher par écrit; **to ~ sb for trial** traduire qn en justice
commitment [kə'mɪtmənt] *n* engagement *m*; (*obligation*) responsabilité(s) (*fpl*)
committed [kə'mɪtɪd] *adj* (*writer, politician etc*) engagé(e)
committee [kə'mɪtɪ] *n* comité *m*; commission *f*; **to be on a ~** siéger dans un comité *or* une commission)
committee meeting *n* réunion *f* de comité *or* commission
commodity [kə'mɔdɪtɪ] *n* produit *m*, marchandise *f*, article *m*; (*food*) denrée *f*
commodity exchange *n* bourse *f* de marchandises
common ['kɔmən] *adj* (*gen*) commun(e); (*usual*) courant(e) ▷ *n* terrain communal; **in ~** en commun; **in ~ use** d'un usage courant; **it's ~ knowledge that** il est bien connu *or* notoire que; **to the ~ good** pour le bien de tous, dans l'intérêt général
common cold *n*: **the ~** le rhume
common denominator *n* dénominateur commun
commoner ['kɔmənəʳ] *n* roturier(-ière)
common ground *n* (*fig*) terrain *m* d'entente
common land *n* terrain communal
common law *n* droit coutumier
common-law ['kɔmənlɔ:] *adj*: **~ wife** épouse *f* de facto
commonly ['kɔmənlɪ] *adv* communément, généralement; couramment
Common Market *n* Marché commun
commonplace ['kɔmənpleɪs] *adj* banal(e), ordinaire
commonroom ['kɔmənrum] *n* salle commune; (*Scol*) salle des professeurs
Commons ['kɔmənz] *npl* (*Brit Pol*): **the (House of) ~** la chambre des Communes
common sense *n* bon sens
Commonwealth ['kɔmənwɛlθ] *n*: **the ~** le Commonwealth; *voir article*

COMMONWEALTH

Le *Commonwealth* regroupe 50 États indépendants et plusieurs territoires qui reconnaissent tous le souverain britannique comme chef de cette association.

commotion [kə'məuʃən] *n* désordre *m*, tumulte *m*
communal ['kɔmju:nl] *adj* (*life*) communautaire; (*for common use*) commun(e)
commune ['kɔmju:n] *n* (*group*) communauté *f* ▷ *vi* [kə'mju:n]: **to ~ with** (*nature*) converser intimement avec; communier avec
communicate [kə'mju:nɪkeɪt] *vt* communiquer, transmettre ▷ *vi*: **to ~ (with)** communiquer (avec)
communication [kəmju:nɪ'keɪʃən] *n* communication *f*
communication cord *n* (*Brit*) sonnette *f* d'alarme
communications network *n* réseau *m* de communications
communications satellite *n* satellite *m* de télécommunications
communicative [kə'mju:nɪkətɪv] *adj* communicatif(-ive)
communion [kə'mju:nɪən] *n* (*also*: **Holy Communion**) communion *f*
communism ['kɔmjunɪzəm] *n* communisme *m*
communist ['kɔmjunɪst] *adj, n* communiste *m/f*
community [kə'mju:nɪtɪ] *n* communauté *f*
community centre, (*US*) **community center** *n* foyer socio-éducatif, centre *m* de loisirs
community chest *n* (*US*) fonds commun
community health centre *n* centre médico-social
community service *n* ≈ travail *m* d'intérêt général, TIG *m*
community spirit *n* solidarité *f*
commutation ticket [kɔmju'teɪʃən-] *n* (*US*) carte *f* d'abonnement
commute [kə'mju:t] *vi* faire le trajet journalier (*de son domicile à un lieu de travail assez éloigné*) ▷ *vt* (*Law*) commuer; (*Math: terms etc*) opérer la commutation de
commuter [kə'mju:təʳ] *n* banlieusard(e) (*qui fait un trajet journalier pour se rendre à son travail*)
compact *adj* [kəm'pækt] compact(e) ▷ *n* ['kɔmpækt] contrat *m*, entente *f*; (*also*: **powder**

compact) poudrier *m*
compact disc *n* disque compact
compact disc player *n* lecteur *m* de disques compacts
companion [kəm'pænjən] *n* compagnon (compagne)
companionship [kəm'pænjənʃɪp] *n* camaraderie *f*
companionway [kəm'pænjənweɪ] *n* (*Naut*) escalier *m* des cabines
company ['kʌmpənɪ] *n* (*also Comm, Mil, Theat*) compagnie *f*; **he's good ~** il est d'une compagnie agréable; **we have ~** nous avons de la visite; **to keep sb ~** tenir compagnie à qn; **to part ~ with** se séparer de; **Smith and C~** Smith et Compagnie
company car *n* voiture *f* de fonction
company director *n* administrateur(-trice)
company secretary *n* (*Brit Comm*) secrétaire général (*d'une société*)
comparable ['kɔmpərəbl] *adj* comparable
comparative [kəm'pærətɪv] *adj* (*study*) comparatif(-ive); (*relative*) relatif(-ive)
comparatively [kəm'pærətɪvlɪ] *adv* (*relatively*) relativement
compare [kəm'pɛəʳ] *vt*: **to ~ sth/sb with** *or* **to** comparer qch/qn avec *or* à ▷ *vi*: **to ~ (with)** se comparer (à); être comparable (à); **how do the prices ~?** comment sont les prix?, est-ce que les prix sont comparables?; **~d with** *or* **to** par rapport à
comparison [kəm'pærɪsn] *n* comparaison *f*; **in ~ (with)** en comparaison (de)
compartment [kəm'pɑːtmənt] *n* (*also Rail*) compartiment *m*; **a non-smoking ~** un compartiment non-fumeurs
compass ['kʌmpəs] *n* boussole *f*; **compasses** *npl* (*Math*) compas *m*; **within the ~ of** dans les limites de
compassion [kəm'pæʃən] *n* compassion *f*, humanité *f*
compassionate [kəm'pæʃənɪt] *adj* accessible à la compassion, au cœur charitable et bienveillant; **on ~ grounds** pour raisons personnelles *or* de famille
compassionate leave *n* congé exceptionnel (*pour raisons de famille*)
compatibility [kəmpætɪ'bɪlɪtɪ] *n* compatibilité *f*
compatible [kəm'pætɪbl] *adj* compatible
compel [kəm'pɛl] *vt* contraindre, obliger
compelling [kəm'pɛlɪŋ] *adj* (*fig: argument*) irrésistible
compendium [kəm'pɛndɪəm] *n* (*summary*) abrégé *m*
compensate ['kɔmpənseɪt] *vt* indemniser, dédommager ▷ *vi*: **to ~ for** compenser
compensation [kɔmpən'seɪʃən] *n* compensation *f*; (*money*) dédommagement *m*, indemnité *f*
compere ['kɔmpɛəʳ] *n* présentateur(-trice), animateur(-trice)
compete [kəm'piːt] *vi* (*take part*) concourir; (*vie*): **to ~ (with)** rivaliser (avec), faire concurrence (à)
competence ['kɔmpɪtəns] *n* compétence *f*, aptitude *f*
competent ['kɔmpɪtənt] *adj* compétent(e), capable
competing [kəm'piːtɪŋ] *adj* (*ideas, theories*) opposé(e); (*companies*) concurrent(e)
competition [kɔmpɪ'tɪʃən] *n* (*contest*) compétition *f*, concours *m*; (*Econ*) concurrence *f*; **in ~ with** en concurrence avec
competitive [kəm'pɛtɪtɪv] *adj* (*Econ*) concurrentiel(le); (*sports*) de compétition; (*person*) qui a l'esprit de compétition
competitive examination *n* concours *m*
competitor [kəm'pɛtɪtəʳ] *n* concurrent(e)
compile [kəm'paɪl] *vt* compiler
complacency [kəm'pleɪsnsɪ] *n* contentement *m* de soi, autosatisfaction *f*
complacent [kəm'pleɪsnt] *adj* (trop) content(e) de soi
complain [kəm'pleɪn] *vi*: **to ~ (about)** se plaindre (de); (*in shop etc*) réclamer (au sujet de)
▸ **complain of** *vt fus* (*Med*) se plaindre de
complaint [kəm'pleɪnt] *n* plainte *f*; (*in shop etc*) réclamation *f*; (*Med*) affection *f*
complement ['kɔmplɪmənt] *n* complément *m*; (*esp of ship's crew etc*) effectif complet ▷ *vt* (*enhance*) compléter
complementary [kɔmplɪ'mɛntərɪ] *adj* complémentaire
complete [kəm'pliːt] *adj* complet(-ète); (*finished*) achevé(e) ▷ *vt* achever, parachever; (*set, group*) compléter; (*a form*) remplir
completely [kəm'pliːtlɪ] *adv* complètement
completion [kəm'pliːʃən] *n* achèvement *m*; (*of contract*) exécution *f*; **to be nearing ~** être presque terminé
complex ['kɔmplɛks] *adj* complexe ▷ *n* (*Psych, buildings etc*) complexe *m*
complexion [kəm'plɛkʃən] *n* (*of face*) teint *m*; (*of event etc*) aspect *m*, caractère *m*
complexity [kəm'plɛksɪtɪ] *n* complexité *f*
compliance [kəm'plaɪəns] *n* (*submission*) docilité *f*; (*agreement*): **~ with** le fait de se conformer à; **in ~ with** en conformité avec, conformément à
compliant [kəm'plaɪənt] *adj* docile, très accommodant(e)
complicate ['kɔmplɪkeɪt] *vt* compliquer
complicated ['kɔmplɪkeɪtɪd] *adj* compliqué(e)
complication [kɔmplɪ'keɪʃən] *n* complication *f*
compliment *n* ['kɔmplɪmənt] compliment *m* ▷ *vt* ['kɔmplɪmɛnt] complimenter; **compliments** *npl* compliments *mpl*, hommages *mpl*; vœux *mpl*; **to pay sb a ~** faire *or* adresser un compliment à qn; **to ~ sb (on sth/on doing sth)** féliciter qn (pour qch/de faire qch)
complimentary [kɔmplɪ'mɛntərɪ] *adj* flatteur(-euse); (*free*) à titre gracieux
complimentary ticket *n* billet *m* de faveur
compliments slip *n* fiche *f* de transmission
comply [kəm'plaɪ] *vi*: **to ~ with** se soumettre à, se conformer à

component [kəm'pəunənt] *adj* composant(e), constituant(e) ▷ *n* composant *m*, élément *m*
compose [kəm'pəuz] *vt* composer; (*form*): **to be ~d of** se composer de; **to ~ o.s.** se calmer, se maîtriser; **to ~ one's features** prendre une contenance
composed [kəm'pəuzd] *adj* calme, posé(e)
composer [kəm'pəuzə^r] *n* (*Mus*) compositeur *m*
composite ['kɔmpəzɪt] *adj* composite; (*Bot, Math*) composé(e)
composition [kɔmpə'zɪʃən] *n* composition *f*
compost ['kɔmpɔst] *n* compost *m*
composure [kəm'pəuʒə^r] *n* calme *m*, maîtrise *f* de soi
compound ['kɔmpaund] *n* (*Chem, Ling*) composé *m*; (*enclosure*) enclos *m*, enceinte *f* ▷ *adj* composé(e); (*fracture*) compliqué(e) ▷ *vt* [kəm'paund] (*fig: problem etc*) aggraver
compound fracture *n* fracture compliquée
compound interest *n* intérêt composé
comprehend [kɔmprɪ'hɛnd] *vt* comprendre
comprehension [kɔmprɪ'hɛnʃən] *n* compréhension *f*
comprehensive [kɔmprɪ'hɛnsɪv] *adj* (très) complet(-ète); **~ policy** (*Insurance*) assurance *f* tous risques
comprehensive [kɔmprɪ'hɛnsɪv], **comprehensive school** *n* (*Brit*) *école secondaire non sélective avec libre circulation d'une section à l'autre*, ≈ CES *m*
compress *vt* [kəm'prɛs] comprimer; (*text, information*) condenser ▷ *n* ['kɔmprɛs] (*Med*) compresse *f*
compression [kəm'prɛʃən] *n* compression *f*
comprise [kəm'praɪz] *vt* (*also*: **be comprised of**) comprendre; (*constitute*) constituer, représenter
compromise ['kɔmprəmaɪz] *n* compromis *m* ▷ *vt* compromettre ▷ *vi* transiger, accepter un compromis ▷ *cpd* (*decision, solution*) de compromis
compulsion [kəm'pʌlʃən] *n* contrainte *f*, force *f*; **under ~** sous la contrainte
compulsive [kəm'pʌlsɪv] *adj* (*Psych*) compulsif(-ive); (*book, film etc*) captivant(e); **he's a ~ smoker** c'est un fumeur invétéré
compulsory [kəm'pʌlsərɪ] *adj* obligatoire
compulsory purchase *n* expropriation *f*
compunction [kəm'pʌŋkʃən] *n* scrupule *m*; **to have no ~ about doing sth** n'avoir aucun scrupule à faire qch
computer [kəm'pju:tə^r] *n* ordinateur *m*; (*mechanical*) calculatrice *f*
computer game *n* jeu *m* vidéo
computer-generated [kəm'pju:tə^rdʒɛnəreɪtɪd] *adj* de synthèse
computerize [kəm'pju:təraɪz] *vt* (*data*) traiter par ordinateur; (*system, office*) informatiser
computer language *n* langage *m* machine *or* informatique
computer literate *adj* initié(e) à l'informatique
computer peripheral *n* périphérique *m*
computer program *n* programme *m* informatique
computer programmer *n* programmeur(-euse)
computer programming *n* programmation *f*
computer science *n* informatique *f*
computer scientist *n* informaticien(ne)
computer studies *npl* informatique *f*
computing [kəm'pju:tɪŋ] *n* informatique *f*
comrade ['kɔmrɪd] *n* camarade *m/f*
comradeship ['kɔmrɪdʃɪp] *n* camaraderie *f*
Comsat ['kɔmsæt] *n abbr* = **communications satellite**
con [kɔn] *vt* duper; (*cheat*) escroquer ▷ *n* escroquerie *f*; **to ~ sb into doing sth** tromper qn pour lui faire faire qch
concave ['kɔn'keɪv] *adj* concave
conceal [kən'si:l] *vt* cacher, dissimuler
concede [kən'si:d] *vt* concéder ▷ *vi* céder
conceit [kən'si:t] *n* vanité *f*, suffisance *f*, prétention *f*
conceited [kən'si:tɪd] *adj* vaniteux(-euse), suffisant(e)
conceivable [kən'si:vəbl] *adj* concevable, imaginable; **it is ~ that** il est concevable que
conceivably [kən'si:vəblɪ] *adv*: **he may ~ be right** il n'est pas impossible qu'il ait raison
conceive [kən'si:v] *vt, vi* concevoir; **to ~ of sth/ of doing sth** imaginer qch/de faire qch
concentrate ['kɔnsəntreɪt] *vi* se concentrer ▷ *vt* concentrer
concentration [kɔnsən'treɪʃən] *n* concentration *f*
concentration camp *n* camp *m* de concentration
concentric [kɔn'sɛntrɪk] *adj* concentrique
concept ['kɔnsɛpt] *n* concept *m*
conception [kən'sɛpʃən] *n* conception *f*; (*idea*) idée *f*
concern [kən'sə:n] *n* affaire *f*; (*Comm*) entreprise *f*, firme *f*; (*anxiety*) inquiétude *f*, souci *m* ▷ *vt* (*worry*) inquiéter; (*involve*) concerner; (*relate to*) se rapporter à; **to be ~ed (about)** s'inquiéter (de), être inquiet(-ète) (au sujet de); **"to whom it may ~"** "à qui de droit"; **as far as I am ~ed** en ce qui me concerne; **to be ~ed with** (*person: involved with*) s'occuper de; **the department ~ed** (*under discussion*) le service en question; (*involved*) le service concerné
concerning [kən'sə:nɪŋ] *prep* en ce qui concerne, à propos de
concert ['kɔnsət] *n* concert *m*; **in ~** à l'unisson, en chœur; ensemble
concerted [kən'sə:tɪd] *adj* concerté(e)
concert hall *n* salle *f* de concert
concertina [kɔnsə'ti:nə] *n* concertina *m* ▷ *vi* se télescoper, se caramboler
concerto [kən'tʃə:təu] *n* concerto *m*
concession [kən'sɛʃən] *n* (*compromise*) concession *f*; (*reduced price*) réduction *f*; **tax ~** dégrèvement fiscal; **"~s"** tarif réduit
concessionaire [kənsɛʃə'nɛə^r] *n* concessionnaire *m/f*

concessionary [kən'sɛʃənrɪ] *adj* (*ticket, fare*) à tarif réduit
conciliation [kənsɪlɪ'eɪʃən] *n* conciliation *f*, apaisement *m*
conciliatory [kən'sɪlɪətrɪ] *adj* conciliateur(-trice); conciliant(e)
concise [kən'saɪs] *adj* concis(e)
conclave ['kɔnkleɪv] *n* assemblée secrète; (*Rel*) conclave *m*
conclude [kən'klu:d] *vt* conclure ▷ *vi* (*speaker*) conclure; (*events*): **to ~ (with)** se terminer (par)
concluding [kən'klu:dɪŋ] *adj* (*remarks etc*) final(e)
conclusion [kən'klu:ʒən] *n* conclusion *f*; **to come to the ~ that** (en) conclure que
conclusive [kən'klu:sɪv] *adj* concluant(e), définitif(-ive)
concoct [kən'kɔkt] *vt* confectionner, composer
concoction [kən'kɔkʃən] *n* (*food, drink*) mélange *m*
concord ['kɔŋkɔ:d] *n* (*harmony*) harmonie *f*; (*treaty*) accord *m*
concourse ['kɔŋkɔ:s] *n* (*hall*) hall *m*, salle *f* des pas perdus; (*crowd*) affluence *f*; multitude *f*
concrete ['kɔŋkri:t] *n* béton *m* ▷ *adj* concret(-ète); (*Constr*) en béton
concrete mixer *n* bétonnière *f*
concur [kən'kə:ʳ] *vi* être d'accord
concurrently [kən'kʌrntlɪ] *adv* simultanément
concussion [kən'kʌʃən] *n* (*Med*) commotion (cérébrale)
condemn [kən'dɛm] *vt* condamner
condemnation [kɔndɛm'neɪʃən] *n* condamnation *f*
condensation [kɔndɛn'seɪʃən] *n* condensation *f*
condense [kən'dɛns] *vi* se condenser ▷ *vt* condenser
condensed milk [kən'dɛnst-] *n* lait concentré (sucré)
condescend [kɔndɪ'sɛnd] *vi* condescendre, s'abaisser; **to ~ to do sth** daigner faire qch
condescending [kɔndɪ'sɛndɪŋ] *adj* condescendant(e)
condition [kən'dɪʃən] *n* condition *f*; (*disease*) maladie *f* ▷ *vt* déterminer, conditionner; **in good/poor ~** en bon/mauvais état; **a heart ~** une maladie cardiaque; **weather ~s** conditions *fpl* météorologiques; **on ~ that** à condition que *+sub*, à condition de
conditional [kən'dɪʃənl] *adj* conditionnel(le); **to be ~ upon** dépendre de
conditioner [kən'dɪʃənəʳ] *n* (*for hair*) baume démêlant; (*for fabrics*) assouplissant *m*
condo ['kɔndəu] *n* (*US inf*) = **condominium**
condolences [kən'dəulənsɪz] *npl* condoléances *fpl*
condom ['kɔndəm] *n* préservatif *m*
condominium [kɔndə'mɪnɪəm] *n* (*US: building*) immeuble *m* (en copropriété); (*: rooms*) appartement *m* (dans un immeuble en copropriété)
condone [kən'dəun] *vt* fermer les yeux sur, approuver (tacitement)
conducive [kən'dju:sɪv] *adj*: **~ to** favorable à, qui contribue à
conduct *n* ['kɔndʌkt] conduite *f* ▷ *vt* [kən'dʌkt] conduire; (*manage*) mener, diriger; (*Mus*) diriger; **to ~ o.s.** se conduire, se comporter
conductor [kən'dʌktəʳ] *n* (*of orchestra*) chef *m* d'orchestre; (*on bus*) receveur *m*; (*US: on train*) chef *m* de train; (*Elec*) conducteur *m*
conductress [kən'dʌktrɪs] *n* (*on bus*) receveuse *f*
conduit ['kɔndɪt] *n* conduit *m*, tuyau *m*; tube *m*
cone [kəun] *n* cône *m*; (*for ice-cream*) cornet *m*; (*Bot*) pomme *f* de pin, cône
confectioner [kən'fɛkʃənəʳ] *n* (*of cakes*) pâtissier(-ière); (*of sweets*) confiseur(-euse); **~'s (shop)** confiserie(-pâtisserie) *f*
confectionery [kən'fɛkʃənrɪ] *n* (*sweets*) confiserie *f*; (*cakes*) pâtisserie *f*
confederate [kən'fɛdrɪt] *adj* confédéré(e) ▷ *n* (*pej*) acolyte *m*; (*US History*) confédéré(e)
confederation [kənfɛdə'reɪʃən] *n* confédération *f*
confer [kən'fə:ʳ] *vt*: **to ~ sth on** conférer qch à ▷ *vi* conférer, s'entretenir; **to ~ (with sb about sth)** s'entretenir (de qch avec qn)
conference ['kɔnfərns] *n* conférence *f*; **to be in ~** être en réunion *or* en conférence
conference room *n* salle *f* de conférence
confess [kən'fɛs] *vt* confesser, avouer ▷ *vi* (*admit sth*) avouer; (*Rel*) se confesser
confession [kən'fɛʃən] *n* confession *f*
confessional [kən'fɛʃənl] *n* confessional *m*
confessor [kən'fɛsəʳ] *n* confesseur *m*
confetti [kən'fɛtɪ] *n* confettis *mpl*
confide [kən'faɪd] *vi*: **to ~ in** s'ouvrir à, se confier à
confidence ['kɔnfɪdns] *n* confiance *f*; (*also*: **self-confidence**) assurance *f*, confiance en soi; (*secret*) confidence *f*; **to have (every) ~ that** être certain que; **motion of no ~** motion *f* de censure; **in ~** (*speak, write*) en confidence, confidentiellement; **to tell sb sth in strict ~** dire qch à qn en toute confidence
confidence trick *n* escroquerie *f*
confident ['kɔnfɪdənt] *adj* (*self-assured*) sûr(e) de soi; (*sure*) sûr
confidential [kɔnfɪ'dɛnʃəl] *adj* confidentiel(le); (*secretary*) particulier(-ère)
confidentiality ['kɔnfɪdɛnʃɪ'ælɪtɪ] *n* confidentialité *f*
configuration [kən'fɪgju'reɪʃən] *n* (*also Comput*) configuration *f*
confine [kən'faɪn] *vt* limiter, borner; (*shut up*) confiner, enfermer; **to ~ o.s. to doing sth/to sth** se contenter de faire qch/se limiter à qch
confined [kən'faɪnd] *adj* (*space*) restreint(e), réduit(e)
confinement [kən'faɪnmənt] *n* emprisonnement *m*, détention *f*; (*Mil*) consigne *f* (au quartier); (*Med*) accouchement *m*
confines ['kɔnfaɪnz] *npl* confins *mpl*, bornes *fpl*
confirm [kən'fə:m] *vt* (*report, Rel*) confirmer; (*appointment*) ratifier

confirmation [kɔnfə'meɪʃən] *n* confirmation *f*; ratification *f*
confirmed [kən'fə:md] *adj* invétéré(e), incorrigible
confiscate ['kɔnfɪskeɪt] *vt* confisquer
confiscation [kɔnfɪs'keɪʃən] *n* confiscation *f*
conflagration [kɔnflə'greɪʃən] *n* incendie *m*; (*fig*) conflagration *f*
conflict *n* ['kɔnflɪkt] conflit *m*, lutte *f* ▷ *vi* [kən'flɪkt] être *or* entrer en conflit; (*opinions*) s'opposer, se heurter
conflicting [kən'flɪktɪŋ] *adj* contradictoire
conform [kən'fɔ:m] *vi*: **to ~ (to)** se conformer (à)
conformist [kən'fɔ:mɪst] *n* (*gen, Rel*) conformiste *m/f*
confound [kən'faund] *vt* confondre; (*amaze*) rendre perplexe
confounded [kən'faundɪd] *adj* maudit(e), sacré(e)
confront [kən'frʌnt] *vt* (*two people*) confronter; (*enemy, danger*) affronter, faire face à; (*problem*) faire face à
confrontation [kɔnfrən'teɪʃən] *n* confrontation *f*
confrontational [kɔnfrən'teɪʃənl] *adj* conflictuel(le)
confuse [kən'fju:z] *vt* (*person*) troubler; (*situation*) embrouiller; (*one thing with another*) confondre
confused [kən'fju:zd] *adj* (*person*) dérouté(e), désorienté(e); (*situation*) embrouillé(e)
confusing [kən'fju:zɪŋ] *adj* peu clair(e), déroutant(e)
confusion [kən'fju:ʒən] *n* confusion *f*
congeal [kən'dʒi:l] *vi* (*oil*) se figer; (*blood*) se coaguler
congenial [kən'dʒi:nɪəl] *adj* sympathique, agréable
congenital [kən'dʒɛnɪtl] *adj* congénital(e)
conger eel ['kɔŋgər-] *n* congre *m*, anguille *f* de roche
congested [kən'dʒɛstɪd] *adj* (*Med*) congestionné(e); (*fig*) surpeuplé(e); congestionné; bloqué(e); (*telephone lines*) encombré(e)
congestion [kən'dʒɛstʃən] *n* (*Med*) congestion *f*; (*fig: traffic*) encombrement *m*
conglomerate [kən'glɔmərɪt] *n* (*Comm*) conglomérat *m*
conglomeration [kənglɔmə'reɪʃən] *n* groupement *m*; agglomération *f*
Congo ['kɔŋgəu] *n* (*state*) (république *f* du) Congo
congratulate [kən'grætjuleɪt] *vt*: **to ~ sb (on)** féliciter qn (de)
congratulations [kəngrætju'leɪʃənz] *npl*: **~ (on)** félicitations *fpl* (pour) ▷ *excl*: **~!** (toutes mes) félicitations!
congregate ['kɔŋgrɪgeɪt] *vi* se rassembler, se réunir
congregation [kɔŋgrɪ'geɪʃən] *n* assemblée *f* (des fidèles)
congress ['kɔŋgrɛs] *n* congrès *m*; (*Pol*): **C~** Congrès *m*; *voir article*

CONGRESS

Le *Congress* est le parlement des États-Unis. Il comprend la "House of Representatives" et le "Senate". Représentants et sénateurs sont élus au suffrage universel direct. Le Congrès se réunit au "Capitol", à Washington.

congressman ['kɔŋgrɛsmən] (*irreg*) *n* membre *m* du Congrès
congresswoman ['kɔŋgrɛswumən] (*irreg*) *n* membre *m* du Congrès
conical ['kɔnɪkl] *adj* (de forme) conique
conifer ['kɔnɪfə^r] *n* conifère *m*
coniferous [kə'nɪfərəs] *adj* (*forest*) de conifères
conjecture [kən'dʒɛktʃə^r] *n* conjecture *f* ▷ *vt, vi* conjecturer
conjugal ['kɔndʒugl] *adj* conjugal(e)
conjugate ['kɔndʒugeɪt] *vt* conjuguer
conjugation [kɔndʒə'geɪʃən] *n* conjugaison *f*
conjunction [kən'dʒʌŋkʃən] *n* conjonction *f*; **in ~ with** (conjointement) avec
conjunctivitis [kəndʒʌŋktɪ'vaɪtɪs] *n* conjonctivite *f*
conjure ['kʌndʒə^r] *vt* faire apparaître (par la prestidigitation) [kən'dʒuə^r] conjurer, supplier ▷ *vi* faire des tours de passe-passe
▸ **conjure up** *vt* (*ghost, spirit*) faire apparaître; (*memories*) évoquer
conjurer ['kʌndʒərə^r] *n* prestidigitateur *m*, illusionniste *m/f*
conjuring trick ['kʌndʒərɪŋ-] *n* tour *m* de prestidigitation
conker ['kɔŋkə^r] *n* (*Brit*) marron *m* (d'Inde)
conk out [kɔŋk-] *vi* (*inf*) tomber *or* rester en panne
conman ['kɔnmæn] (*irreg*) *n* escroc *m*
Conn. *abbr* (*US*) = **Connecticut**
connect [kə'nɛkt] *vt* joindre, relier; (*Elec*) connecter; (*Tel: caller*) mettre en connexion; (*: subscriber*) brancher; (*fig*) établir un rapport entre, faire un rapprochement entre ▷ *vi* (*train*): **to ~ with** assurer la correspondance avec; **to be ~ed with** avoir un rapport avec; (*have dealings with*) avoir des rapports avec, être en relation avec; **I am trying to ~ you** (*Tel*) j'essaie d'obtenir votre communication
connecting flight *n* (vol *m* de) correspondance *f*
connection [kə'nɛkʃən] *n* relation *f*, lien *m*; (*Elec*) connexion *f*; (*Tel*) communication *f*; (*train etc*) correspondance *f*; **in ~ with** à propos de; **what is the ~ between them?** quel est le lien entre eux?; **business ~s** relations d'affaires; **to miss/get one's ~** (*train etc*) rater/avoir sa correspondance
connexion [kə'nɛkʃən] *n* (*Brit*) = **connection**
conning tower ['kɔnɪŋ-] *n* kiosque *m* (*de sous-marin*)
connive [kə'naɪv] *vi*: **to ~ at** se faire le complice de

connoisseur [kɔnɪ'səːʳ] *n* connaisseur *m*
connotation [kɔnə'teɪʃən] *n* connotation *f*, implication *f*
connubial [kə'njuːbɪəl] *adj* conjugal(e)
conquer ['kɔŋkəʳ] *vt* conquérir; (*feelings*) vaincre, surmonter
conqueror ['kɔŋkərəʳ] *n* conquérant *m*, vainqueur *m*
conquest ['kɔŋkwɛst] *n* conquête *f*
cons [kɔnz] *npl see* **convenience**; **pro**
conscience ['kɔnʃəns] *n* conscience *f*; **in all ~** en conscience
conscientious [kɔnʃɪ'ɛnʃəs] *adj* consciencieux(-euse); (*scruple, objection*) de conscience
conscientious objector *n* objecteur *m* de conscience
conscious ['kɔnʃəs] *adj* conscient(e); (*deliberate: insult, error*) délibéré(e); **to become ~ of sth/that** prendre conscience de qch/que
consciousness ['kɔnʃəsnɪs] *n* conscience *f*; (*Med*) connaissance *f*; **to lose/regain ~** perdre/reprendre connaissance
conscript ['kɔnskrɪpt] *n* conscrit *m*
conscription [kən'skrɪpʃən] *n* conscription *f*
consecrate ['kɔnsɪkreɪt] *vt* consacrer
consecutive [kən'sɛkjutɪv] *adj* consécutif(-ive); **on three ~ occasions** trois fois de suite
consensus [kən'sɛnsəs] *n* consensus *m*; **the ~ (of opinion)** le consensus (d'opinion)
consent [kən'sɛnt] *n* consentement *m* ▷ *vi*: **to ~ (to)** consentir (à); **age of ~** âge nubile (légal); **by common ~** d'un commun accord
consenting adults [kən'sɛntɪŋ-] *npl* personnes consentantes
consequence ['kɔnsɪkwəns] *n* suites *fpl*, conséquence *f*; (*significance*) importance *f*; **in ~** en conséquence, par conséquent
consequently ['kɔnsɪkwəntlɪ] *adv* par conséquent, donc
conservation [kɔnsə'veɪʃən] *n* préservation *f*, protection *f*; (*also*: **nature conservation**) défense *f* de l'environnement; **energy ~** économies *fpl* d'énergie
conservationist [kɔnsə'veɪʃnɪst] *n* protecteur(-trice) de la nature
conservative [kən'səːvətɪv] *adj* conservateur(-trice); (*cautious*) prudent(e)
Conservative [kən'səːvətɪv] *adj*, *n* (*Brit Pol*) conservateur(-trice); **the ~ Party** le parti conservateur
conservatory [kən'səːvətrɪ] *n* (*room*) jardin *m* d'hiver; (*Mus*) conservatoire *m*
conserve [kən'səːv] *vt* conserver, préserver; (*supplies, energy*) économiser ▷ *n* confiture *f*, conserve *f* (de fruits)
consider [kən'sɪdəʳ] *vt* (*study*) considérer, réfléchir à; (*take into account*) penser à, prendre en considération; (*regard, judge*) considérer, estimer; **to ~ doing sth** envisager de faire qch; **~ yourself lucky** estimez-vous heureux; **all things ~ed** (toute) réflexion faite
considerable [kən'sɪdərəbl] *adj* considérable
considerably [kən'sɪdərəblɪ] *adv* nettement
considerate [kən'sɪdərɪt] *adj* prévenant(e), plein(e) d'égards
consideration [kənsɪdə'reɪʃən] *n* considération *f*; (*reward*) rétribution *f*, rémunération *f*; **out of ~ for** par égard pour; **under ~** à l'étude; **my first ~ is my family** ma famille passe avant tout le reste
considered [kən'sɪdəd] *adj*: **it is my ~ opinion that ...** après avoir mûrement réfléchi, je pense que ...
considering [kən'sɪdərɪŋ] *prep*: **~ (that)** étant donné (que)
consign [kən'saɪn] *vt* expédier, livrer
consignee [kɔnsaɪ'niː] *n* destinataire *m/f*
consignment [kən'saɪnmənt] *n* arrivage *m*, envoi *m*
consignment note *n* (*Comm*) bordereau *m* d'expédition
consignor [kən'saɪnəʳ] *n* expéditeur(-trice)
consist [kən'sɪst] *vi*: **to ~ of** consister en, se composer de
consistency [kən'sɪstənsɪ] *n* (*thickness*) consistance *f*; (*fig*) cohérence *f*
consistent [kən'sɪstənt] *adj* logique, cohérent(e); **~ with** compatible avec, en accord avec
consolation [kɔnsə'leɪʃən] *n* consolation *f*
console[1] [kən'səul] *vt* consoler
console[2] ['kɔnsəul] *n* console *f*
consolidate [kən'sɔlɪdeɪt] *vt* consolider
consols ['kɔnsɔlz] *npl* (*Brit Stock Exchange*) rente *f* d'État
consommé [kən'sɔmeɪ] *n* consommé *m*
consonant ['kɔnsənənt] *n* consonne *f*
consort ['kɔnsɔːt] *n* époux (épouse); **prince ~** prince *m* consort ▷ *vi* [kən'sɔːt] (*often pej*): **to ~ with sb** frayer avec qn
consortium [kən'sɔːtɪəm] *n* consortium *m*, comptoir *m*
conspicuous [kən'spɪkjuəs] *adj* voyant(e), qui attire l'attention; **to make o.s. ~** se faire remarquer
conspiracy [kən'spɪrəsɪ] *n* conspiration *f*, complot *m*
conspiratorial [kən'spɪrə'tɔːrɪəl] *adj* (*behaviour*) de conspirateur; (*glance*) conspirateur(-trice)
conspire [kən'spaɪəʳ] *vi* conspirer, comploter
constable ['kʌnstəbl] *n* (*Brit*) ≈ agent *m* de police, gendarme *m*; **chief ~** ≈ préfet *m* de police
constabulary [kən'stæbjulərɪ] *n* ≈ police *f*, gendarmerie *f*
constant ['kɔnstənt] *adj* constant(e); incessant(e)
constantly ['kɔnstəntlɪ] *adv* constamment, sans cesse
constellation [kɔnstə'leɪʃən] *n* constellation *f*
consternation [kɔnstə'neɪʃən] *n* consternation *f*
constipated ['kɔnstɪpeɪtɪd] *adj* constipé(e)
constipation [kɔnstɪ'peɪʃən] *n* constipation *f*

constituency [kən'stɪtjuənsɪ] *n* (*Pol: area*) circonscription électorale; (*: electors*) électorat *m*; *voir article*

CONSTITUENCY

Une *constituency* est à la fois une région qui élit un député au parlement et l'ensemble des électeurs dans cette région. En Grande-Bretagne, les députés font régulièrement des "permanences" dans leur circonscription électorale lors desquelles les électeurs peuvent venir les voir pour parler de leurs problèmes de logement etc.

constituency party *n* section locale (d'un parti)
constituent [kən'stɪtjuənt] *n* électeur(-trice); (*part*) élément constitutif, composant *m*
constitute ['kɔnstɪtju:t] *vt* constituer
constitution [kɔnstɪ'tju:ʃən] *n* constitution *f*
constitutional [kɔnstɪ'tju:ʃənl] *adj* constitutionnel(le)
constitutional monarchy *n* monarchie constitutionnelle
constrain [kən'streɪn] *vt* contraindre, forcer
constrained [kən'streɪnd] *adj* contraint(e), gêné(e)
constraint [kən'streɪnt] *n* contrainte *f*; (*embarrassment*) gêne *f*
constrict [kən'strɪkt] *vt* rétrécir, resserrer; gêner, limiter
construct [kən'strʌkt] *vt* construire
construction [kən'strʌkʃən] *n* construction *f*; (*fig: interpretation*) interprétation *f*; **under ~** (*building etc*) en construction
construction industry *n* (industrie *f* du) bâtiment
constructive [kən'strʌktɪv] *adj* constructif(-ive)
construe [kən'stru:] *vt* analyser, expliquer
consul ['kɔnsl] *n* consul *m*
consulate ['kɔnsjulɪt] *n* consulat *m*
consult [kən'sʌlt] *vt* consulter; **to ~ sb (about sth)** consulter qn (à propos de qch)
consultancy [kən'sʌltənsɪ] *n* service *m* de conseils
consultancy fee *n* honoraires *mpl* d'expert
consultant [kən'sʌltənt] *n* (*Med*) médecin consultant; (*other specialist*) consultant *m*, (expert-)conseil *m* ▷ *cpd*: **~ engineer** *n* ingénieur-conseil *m*; **~ paediatrician** *n* pédiatre *m*; **legal/management ~** conseiller *m* juridique/en gestion
consultation [kɔnsəl'teɪʃən] *n* consultation *f*; **in ~ with** en consultation avec
consultative [kən'sʌltətɪv] *adj* consultatif(-ive)
consulting room [kən'sʌltɪŋ-] *n* (*Brit*) cabinet *m* de consultation
consume [kən'sju:m] *vt* consommer; (*subj: flames, hatred, desire*) consumer; **to be ~d with hatred** être dévoré par la haine; **to be ~d with desire** brûler de désir
consumer [kən'sju:mə^r] *n* consommateur(-trice); (*of electricity, gas etc*) usager *m*
consumer credit *n* crédit *m* aux consommateurs
consumer durables *npl* biens *mpl* de consommation durables
consumer goods *npl* biens *mpl* de consommation
consumerism [kən'sju:mərizəm] *n* (*consumer protection*) défense *f* du consommateur; (*Econ*) consumérisme *m*
consumer society *n* société *f* de consommation
consumer watchdog *n* organisme *m* pour la défense des consommateurs
consummate ['kɔnsʌmeɪt] *vt* consommer
consumption [kən'sʌmpʃən] *n* consommation *f*; **not fit for human ~** non comestible
cont. *abbr* (= *continued*) suite
contact ['kɔntækt] *n* contact *m*; (*person*) connaissance *f*, relation *f* ▷ *vt* se mettre en contact *or* en rapport avec; **to be in ~ with sb/sth** être en contact avec qn/qch; **business ~s** relations *fpl* d'affaires, contacts *mpl*
contact lenses *npl* verres *mpl* de contact
contagious [kən'teɪdʒəs] *adj* contagieux(-euse)
contain [kən'teɪn] *vt* contenir; **to ~ o.s.** se contenir, se maîtriser
container [kən'teɪnə^r] *n* récipient *m*; (*for shipping etc*) conteneur *m*
containerize [kən'teɪnəraɪz] *vt* conteneuriser
container ship *n* porte-conteneurs *m inv*
contaminate [kən'tæmɪneɪt] *vt* contaminer
contamination [kəntæmɪ'neɪʃən] *n* contamination *f*
cont'd *abbr* (= *continued*) suite
contemplate ['kɔntəmpleɪt] *vt* contempler; (*consider*) envisager
contemplation [kɔntəm'pleɪʃən] *n* contemplation *f*
contemporary [kən'tɛmpərərɪ] *adj* contemporain(e); (*design, wallpaper*) moderne ▷ *n* contemporain(e)
contempt [kən'tɛmpt] *n* mépris *m*, dédain *m*; **~ of court** (*Law*) outrage *m* à l'autorité de la justice
contemptible [kən'tɛmptəbl] *adj* méprisable, vil(e)
contemptuous [kən'tɛmptjuəs] *adj* dédaigneux(-euse), méprisant(e)
contend [kən'tɛnd] *vt*: **to ~ that** soutenir *or* prétendre que ▷ *vi*: **to ~ with** (*compete*) rivaliser avec; (*struggle*) lutter avec; **to have to ~ with** (*be faced with*) avoir affaire à, être aux prises avec
contender [kən'tɛndə^r] *n* prétendant(e); candidat(e)
content [kən'tɛnt] *adj* content(e), satisfait(e) ▷ *vt* contenter, satisfaire ▷ *n* ['kɔntɛnt] contenu *m*; (*of fat, moisture*) teneur *f*; **contents** *npl* (*of container etc*) contenu *m*; **(table of) ~s** table *f* des matières; **to be ~ with** se contenter de; **to ~ o.s. with sth/with doing sth** se contenter de

C

qch/de faire qch
contented [kən'tɛntɪd] *adj* content(e), satisfait(e)
contentedly [kən'tɛntɪdlɪ] *adv* avec un sentiment de (profonde) satisfaction
contention [kən'tɛnʃən] *n* dispute *f*, contestation *f*; (*argument*) assertion *f*, affirmation *f*; **bone of ~** sujet *m* de discorde
contentious [kən'tɛnʃəs] *adj* querelleur(-euse); litigieux(-euse)
contentment [kən'tɛntmənt] *n* contentement *m*, satisfaction *f*
contest *n* ['kɔntɛst] combat *m*, lutte *f*; (*competition*) concours *m* ▷ *vt* [kən'tɛst] contester, discuter; (*compete for*) disputer; (*Law*) attaquer
contestant [kən'tɛstənt] *n* concurrent(e); (*in fight*) adversaire *m/f*
context ['kɔntɛkst] *n* contexte *m*; **in/out of ~** dans le/hors contexte
continent ['kɔntɪnənt] *n* continent *m*; **the C~** (*Brit*) l'Europe continentale; **on the C~** en Europe (continentale)
continental [kɔntɪ'nɛntl] *adj* continental(e) ▷ *n* (*Brit*) Européen(ne) (continental(e))
continental breakfast *n* café (*or* thé) complet
continental quilt *n* (*Brit*) couette *f*
contingency [kən'tɪndʒənsɪ] *n* éventualité *f*, événement imprévu
contingency plan *n* plan *m* d'urgence
contingent [kən'tɪndʒənt] *adj* contingent(e) ▷ *n* contingent *m*; **to be ~ upon** dépendre de
continual [kən'tɪnjuəl] *adj* continuel(le)
continually [kən'tɪnjuəlɪ] *adv* continuellement, sans cesse
continuation [kəntɪnju'eɪʃən] *n* continuation *f*; (*after interruption*) reprise *f*; (*of story*) suite *f*
continue [kən'tɪnju:] *vi* continuer ▷ *vt* continuer; (*start again*) reprendre; **to be ~d** (*story*) à suivre; **~d on page 10** suite page 10
continuing education [kən'tɪnjuɪŋ-] *n* formation permanente *or* continue
continuity [kɔntɪ'nju:ɪtɪ] *n* continuité *f*; (*TV*) enchaînement *m*; (*Cine*) script *m*
continuity girl *n* (*Cine*) script-girl *f*
continuous [kən'tɪnjuəs] *adj* continu(e), permanent(e); (*Ling*) progressif(-ive); **~ performance** (*Cine*) séance permanente; **~ stationery** (*Comput*) papier *m* en continu
continuous assessment (*Brit*) *n* contrôle continu
continuously [kən'tɪnjuəslɪ] *adv* (*repeatedly*) continuellement; (*uninterruptedly*) sans interruption
contort [kən'tɔ:t] *vt* tordre, crisper
contortion [kən'tɔ:ʃən] *n* crispation *f*, torsion *f*; (*of acrobat*) contorsion *f*
contortionist [kən'tɔ:ʃənɪst] *n* contorsionniste *m/f*
contour ['kɔntuər] *n* contour *m*, profil *m*; (*also*: **• contour line**) courbe *f* de niveau
contraband ['kɔntrəbænd] *n* contrebande *f* ▷ *adj* de contrebande
contraception [kɔntrə'sɛpʃən] *n* contraception *f*
contraceptive [kɔntrə'sɛptɪv] *adj* contraceptif(-ive), anticonceptionnel(le) ▷ *n* contraceptif *m*
contract [*n, cpd* 'kɔntrækt, *vb* kən'trækt] *n* contrat *m* ▷ *cpd* (*price, date*) contractuel(le); (*work*) à forfait ▷ *vi* (*become smaller*) se contracter, se resserrer ▷ *vt* contracter; (*Comm*): **to ~ to do sth** s'engager (par contrat) à faire qch; **~ of employment/service** contrat de travail/de service
▶ **contract in** *vi* s'engager (par contrat); (*Brit Admin*) s'affilier au régime de retraite complémentaire
▶ **contract out** *vi* se dégager; (*Brit Admin*) opter pour la non-affiliation au régime de retraite complémentaire
contraction [kən'trækʃən] *n* contraction *f*; (*Ling*) forme contractée
contractor [kən'træktər] *n* entrepreneur *m*
contractual [kən'træktʃuəl] *adj* contractuel(le)
contradict [kɔntrə'dɪkt] *vt* contredire; (*be contrary to*) démentir, être en contradiction avec
contradiction [kɔntrə'dɪkʃən] *n* contradiction *f*; **to be in ~ with** contredire, être en contradiction avec
contradictory [kɔntrə'dɪktərɪ] *adj* contradictoire
contraflow ['kɔntrəfləu] *n* (*Aut*): **~ lane** voie *f* à contresens; **there's a ~ system in operation on ...** une voie a été mise en sens inverse sur ...
contralto [kən'træltəu] *n* contralto *m*
contraption [kən'træpʃən] *n* (*pej*) machin *m*, truc *m*
contrary[1] ['kɔntrərɪ] *adj* contraire, opposé(e) ▷ *n* contraire *m*; **on the ~** au contraire; **unless you hear to the ~** sauf avis contraire; **~ to what we thought** contrairement à ce que nous pensions
contrary[2] [kən'trɛərɪ] *adj* (*perverse*) contrariant(e), entêté(e)
contrast *n* ['kɔntrɑ:st] contraste *m* ▷ *vt* [kən'trɑ:st] mettre en contraste, contraster; **in ~ to** *or* **with** contrairement à, par opposition à
contrasting [kən'trɑ:stɪŋ] *adj* opposé(e), contrasté(e)
contravene [kɔntrə'vi:n] *vt* enfreindre, violer, contrevenir à
contravention [kɔntrə'vɛnʃən] *n*: **~ (of)** infraction *f* (à)
contribute [kən'trɪbju:t] *vi* contribuer ▷ *vt*: **to ~ £10/an article to** donner 10 livres/un article à; **to ~ to** (*gen*) contribuer à; (*newspaper*) collaborer à; (*discussion*) prendre part à
contribution [kɔntrɪ'bju:ʃən] *n* contribution *f*; (*Brit: for social security*) cotisation *f*; (*to publication*) article *m*
contributor [kən'trɪbjutər] *n* (*to newspaper*) collaborateur(-trice); (*of money, goods*) donateur(-trice)
contributory [kən'trɪbjutərɪ] *adj* (*cause*) annexe;

it was a ~ factor in ... ce facteur a contribué à ...
contributory pension scheme *n* (*Brit*) régime *m* de retraite salariale
contrite ['kɔntraɪt] *adj* contrit(e)
contrivance [kən'traɪvəns] *n* (*scheme*) machination *f*, combinaison *f*; (*device*) appareil *m*, dispositif *m*
contrive [kən'traɪv] *vt* combiner, inventer ▷ *vi*: **to ~ to do** s'arranger pour faire, trouver le moyen de faire
control [kən'trəul] *vt* (*process, machinery*) commander; (*temper*) maîtriser; (*disease*) enrayer; (*check*) contrôler ▷ *n* maîtrise *f*; (*power*) autorité *f*; **controls** *npl* (*of machine etc*) commandes *fpl*; (*on radio*) boutons *mpl* de réglage; **to take ~ of** se rendre maître de; (*Comm*) acquérir une participation majoritaire dans; **to be in ~ of** être maître de, maîtriser; (*in charge of*) être responsable de; **to ~ o.s.** se contrôler; **everything is under ~** j'ai (*or* il a *etc*) la situation en main; **the car went out of ~** j'ai (*or* il a *etc*) perdu le contrôle du véhicule; **beyond our ~** indépendant(e) de notre volonté
control key *n* (*Comput*) touche *f* de commande
controller [kən'trəuləʳ] *n* contrôleur *m*
controlling interest [kən'trəulɪŋ-] *n* (*Comm*) participation *f* majoritaire
control panel *n* (*on aircraft, ship, TV etc*) tableau *m* de commandes
control point *n* (poste *m* de) contrôle *m*
control room *n* (*Naut Mil*) salle *f* des commandes; (*Radio, TV*) régie *f*
control tower *n* (*Aviat*) tour *f* de contrôle
control unit *n* (*Comput*) unité *f* de contrôle
controversial [kɔntrə'və:ʃl] *adj* discutable, controversé(e)
controversy ['kɔntrəvə:sɪ] *n* controverse *f*, polémique *f*
conurbation [kɔnə'beɪʃən] *n* conurbation *f*
convalesce [kɔnvə'lɛs] *vi* relever de maladie, se remettre (d'une maladie)
convalescence [kɔnvə'lɛsns] *n* convalescence *f*
convalescent [kɔnvə'lɛsnt] *adj, n* convalescent(e)
convector [kən'vɛktəʳ] *n* radiateur *m* à convection, appareil *m* de chauffage par convection
convene [kən'vi:n] *vt* convoquer, assembler ▷ *vi* se réunir, s'assembler
convener [kən'vi:nəʳ] *n* organisateur *m*
convenience [kən'vi:nɪəns] *n* commodité *f*; **at your ~** quand *or* comme cela vous convient; **at your earliest ~** (*Comm*) dans les meilleurs délais, le plus tôt possible; **all modern ~s, all mod cons** (*Brit*) avec tout le confort moderne, tout confort
convenience foods *npl* plats cuisinés
convenient [kən'vi:nɪənt] *adj* commode; **if it is ~ to you** si cela vous convient, si cela ne vous dérange pas
conveniently [kən'vi:nɪəntlɪ] *adv* (*happen*) à pic; (*situated*) commodément
convent ['kɔnvənt] *n* couvent *m*
convention [kən'vɛnʃən] *n* convention *f*; (*custom*) usage *m*
conventional [kən'vɛnʃənl] *adj* conventionnel(le)
convent school *n* couvent *m*
converge [kən'və:dʒ] *vi* converger
conversant [kən'və:snt] *adj*: **to be ~ with** s'y connaître en; être au courant de
conversation [kɔnvə'seɪʃən] *n* conversation *f*
conversational [kɔnvə'seɪʃənl] *adj* de la conversation; (*Comput*) conversationnel(le)
conversationalist [kɔnvə'seɪʃnəlɪst] *n* brillant(e) causeur(-euse)
converse ['kɔnvə:s] *n* contraire *m*, inverse *m* ▷ *vi* [kən'və:s]: **to ~ (with sb about sth)** s'entretenir (avec qn de qch)
conversely [kɔn'və:slɪ] *adv* inversement, réciproquement
conversion [kən'və:ʃən] *n* conversion *f*; (*Brit: of house*) transformation *f*, aménagement *m*; (*Rugby*) transformation *f*
conversion table *n* table *f* de conversion
convert *vt* [kən'və:t] (*Rel, Comm*) convertir; (*alter*) transformer; (*house*) aménager; (*Rugby*) transformer ▷ *n* ['kɔnvə:t] converti(e)
convertible [kən'və:təbl] *adj* convertible ▷ *n* (voiture *f*) décapotable *f*
convex ['kɔn'vɛks] *adj* convexe
convey [kən'veɪ] *vt* transporter; (*thanks*) transmettre; (*idea*) communiquer
conveyance [kən'veɪəns] *n* (*of goods*) transport *m* de marchandises; (*vehicle*) moyen *m* de transport
conveyancing [kən'veɪənsɪŋ] *n* (*Law*) rédaction *f* des actes de cession de propriété
conveyor belt [kən'veɪəʳ-] *n* convoyeur *m* tapis roulant
convict *vt* [kən'vɪkt] déclarer (*or* reconnaître) coupable ▷ *n* ['kɔnvɪkt] forçat *m*, convict *m*
conviction [kən'vɪkʃən] *n* (*Law*) condamnation *f*; (*belief*) conviction *f*
convince [kən'vɪns] *vt* convaincre, persuader; **to ~ sb (of sth/that)** persuader qn (de qch/que)
convinced [kən'vɪnst] *adj*: **~ of/that** convaincu(e) de/que
convincing [kən'vɪnsɪŋ] *adj* persuasif(-ive), convaincant(e)
convincingly [kən'vɪnsɪŋlɪ] *adv* de façon convaincante
convivial [kən'vɪvɪəl] *adj* joyeux(-euse), plein(e) d'entrain
convoluted ['kɔnvəlu:tɪd] *adj* (*shape*) tarabiscoté(e); (*argument*) compliqué(e)
convoy ['kɔnvɔɪ] *n* convoi *m*
convulse [kən'vʌls] *vt* ébranler; **to be ~d with laughter** se tordre de rire
convulsion [kən'vʌlʃən] *n* convulsion *f*
coo [ku:] *vi* roucouler
cook [kuk] *vt* (faire) cuire ▷ *vi* cuire; (*person*) faire la cuisine ▷ *n* cuisinier(-ière)
▶ **cook up** *vt* (*inf: excuse, story*) inventer

C

cookbook ['kukbuk] *n* livre *m* de cuisine
cooker ['kukəʳ] *n* cuisinière *f*
cookery ['kukərɪ] *n* cuisine *f*
cookery book *n* (*Brit*) = **cookbook**
cookie ['kukɪ] *n* (*US*) biscuit *m*, petit gâteau sec; (*Comput*) cookie *m*, témoin *m* de connexion
cooking ['kukɪŋ] *n* cuisine *f* ▷ *cpd* (*apples, chocolate*) à cuire; (*utensils, salt*) de cuisine
cookout ['kukaut] *n* (*US*) barbecue *m*
cool [ku:l] *adj* frais (fraîche); (*not afraid*) calme; (*unfriendly*) froid(e); (*impertinent*) effronté(e); (*inf: trendy*) cool *inv* (*inf*); (*: great*) super *inv* (*inf*) ▷ *vt, vi* rafraîchir, refroidir; **it's ~** (*weather*) il fait frais; **to keep sth ~** *or* **in a ~ place** garder *or* conserver qch au frais
▸ **cool down** *vi* refroidir; (*fig: person, situation*) se calmer
▸ **cool off** *vi* (*become calmer*) se calmer; (*lose enthusiasm*) perdre son enthousiasme
coolant ['ku:lənt] *n* liquide *m* de refroidissement
cool box, (*US*) **cooler** ['ku:ləʳ] *n* boîte *f* isotherme
cooling ['ku:lɪŋ] *adj* (*breeze*) rafraîchissant(e)
cooling tower *n* refroidisseur *m*
coolly ['ku:lɪ] *adv* (*calmly*) calmement; (*audaciously*) sans se gêner; (*unenthusiastically*) froidement
coolness ['ku:lnɪs] *n* fraîcheur *f*; sang-froid *m*, calme *m*; froideur *f*
coop [ku:p] *n* poulailler *m* ▷ *vt*: **to ~ up** (*fig*) cloîtrer, enfermer
co-op ['kəuɔp] *n abbr* (= *cooperative (society)*) coop *f*
cooperate [kəu'ɔpəreɪt] *vi* coopérer, collaborer
cooperation [kəuɔpə'reɪʃən] *n* coopération *f*, collaboration *f*
cooperative [kəu'ɔpərətɪv] *adj* coopératif(-ive) ▷ *n* coopérative *f*
coopt [kəu'ɔpt] *vt*: **to ~ sb onto a committee** coopter qn pour faire partie d'un comité
coordinate *vt* [kəu'ɔ:dɪneɪt] coordonner ▷ *n* [kəu'ɔdɪnət] (*Math*) coordonnée *f*; **coordinates** *npl* (*clothes*) ensemble *m*, coordonnés *mpl*
coordination [kəuɔ:dɪ'neɪʃən] *n* coordination *f*
coot [ku:t] *n* foulque *f*
co-ownership ['kəu'əunəʃɪp] *n* copropriété *f*
cop [kɔp] *n* (*inf*) flic *m*
cope [kəup] *vi* s'en sortir, tenir le coup; **to ~ with** (*problem*) faire face à; (*take care of*) s'occuper de
Copenhagen ['kəupn'heɪgən] *n* Copenhague
copier ['kɔpɪəʳ] *n* (*also*: **photocopier**) copieur *m*
co-pilot ['kəu'paɪlət] *n* copilote *m*
copious ['kəupɪəs] *adj* copieux(-euse), abondant(e)
copper ['kɔpəʳ] *n* cuivre *m*; (*Brit: inf: policeman*) flic *m*; **coppers** *npl* petite monnaie
coppice ['kɔpɪs], **copse** [kɔps] *n* taillis *m*
copulate ['kɔpjuleɪt] *vi* copuler
copy ['kɔpɪ] *n* copie *f*; (*book etc*) exemplaire *m*; (*material: for printing*) copie ▷ *vt* copier; (*imitate*) imiter; **rough ~** (*gen*) premier jet; (*Scol*) brouillon *m*; **fair ~** version définitive; propre *m*; **to make good ~** (*Press*) faire un bon sujet d'article
▸ **copy out** *vt* copier
copycat ['kɔpɪkæt] *n* (*pej*) copieur(-euse)
copyright ['kɔpɪraɪt] *n* droit *m* d'auteur, copyright *m*; **~ reserved** tous droits (de reproduction) réservés
copy typist *n* dactylo *m/f*
copywriter ['kɔpɪraɪtəʳ] *n* rédacteur(-trice) publicitaire
coral ['kɔrəl] *n* corail *m*
coral reef *n* récif *m* de corail
Coral Sea *n*: **the ~** la mer de Corail
cord [kɔ:d] *n* corde *f*; (*fabric*) velours côtelé; whipcord *m*; corde *f*; (*Elec*) cordon *m* (d'alimentation), fil *m* (électrique); **cords** *npl* (*trousers*) pantalon *m* de velours côtelé
cordial ['kɔ:dɪəl] *adj* cordial(e), chaleureux(-euse) ▷ *n* sirop *m*; cordial *m*
cordless ['kɔ:dlɪs] *adj* sans fil
cordon ['kɔ:dn] *n* cordon *m*
▸ **cordon off** *vt* (*area*) interdire l'accès à; (*crowd*) tenir à l'écart
corduroy ['kɔ:dərɔɪ] *n* velours côtelé
CORE [kɔ:ʳ] *n abbr* (*US*) = **Congress of Racial Equality**
core [kɔ:ʳ] *n* (*of fruit*) trognon *m*, cœur *m*; (*Tech: also of earth*) noyau *m*; cœur ▷ *vt* enlever le trognon *or* le cœur de; **rotten to the ~** complètement pourri
Corfu [kɔ:'fu:] *n* Corfou
coriander [kɔrɪ'ændəʳ] *n* coriandre *f*
cork [kɔ:k] *n* (*material*) liège *m*; (*of bottle*) bouchon *m*
corkage ['kɔ:kɪdʒ] *n droit payé par le client qui apporte sa propre bouteille de vin*
corked [kɔ:kt], (*US*) **corky** ['kɔ:kɪ] *adj* (*wine*) qui sent le bouchon
corkscrew ['kɔ:kskru:] *n* tire-bouchon *m*
cormorant ['kɔ:mərnt] *n* cormorant *m*
corn [kɔ:n] *n* (*Brit: wheat*) blé *m*; (*US: maize*) maïs *m*; (*on foot*) cor *m*; **~ on the cob** (*Culin*) épi *m* de maïs au naturel
cornea ['kɔ:nɪə] *n* cornée *f*
corned beef ['kɔ:nd-] *n* corned-beef *m*
corner ['kɔ:nəʳ] *n* coin *m*; (*in road*) tournant *m*, virage *m*; (*Football*: *also*: **corner kick**) corner *m* ▷ *vt* (*trap: prey*) acculer; (*fig*) coincer; (*Comm: market*) accaparer ▷ *vi* prendre un virage; **to cut ~s** (*fig*) prendre des raccourcis
corner flag *n* (*Football*) piquet *m* de coin
corner kick *n* (*Football*) corner *m*
corner shop (*Brit*) *n* magasin *m* du coin
cornerstone ['kɔ:nəstəun] *n* pierre *f* angulaire
cornet ['kɔ:nɪt] *n* (*Mus*) cornet *m* à pistons; (*Brit: of ice-cream*) cornet (de glace)
cornflakes ['kɔ:nfleɪks] *npl* cornflakes *mpl*
cornflour ['kɔ:nflauəʳ] *n* (*Brit*) farine *f* de maïs, maïzena® *f*
cornice ['kɔ:nɪs] *n* corniche *f*
Cornish ['kɔ:nɪʃ] *adj* de Cornouailles, cornouaillais(e)

corn oil *n* huile *f* de maïs
cornstarch ['kɔ:nstɑ:tʃ] *n* (*US*) farine *f* de maïs, maïzena® *f*
cornucopia [kɔ:nju'kəupɪə] *n* corne *f* d'abondance
Cornwall ['kɔ:nwəl] *n* Cornouailles *f*
corny ['kɔ:nɪ] *adj* (*inf*) rebattu(e), galvaudé(e)
corollary [kə'rɔlərɪ] *n* corollaire *m*
coronary ['kɔrənərɪ] *n*: **~ (thrombosis)** infarctus *m* (du myocarde), thrombose *f* coronaire
coronation [kɔrə'neɪʃən] *n* couronnement *m*
coroner ['kɔrənə[r]] *n* coroner *m*, *officier de police judiciaire chargé de déterminer les causes d'un décès*
coronet ['kɔrənɪt] *n* couronne *f*
Corp. *abbr* = **corporation**
corporal ['kɔ:pərl] *n* caporal *m*, brigadier *m* ▷ *adj*: **~ punishment** châtiment corporel
corporate ['kɔ:pərɪt] *adj* (*action, ownership*) en commun; (*Comm*) de la société
corporate hospitality *n arrangement selon lequel une société offre des places de théâtre, concert etc à ses clients*
corporate identity, corporate image *n* (*of organization*) image *f* de la société
corporation [kɔ:pə'reɪʃən] *n* (*of town*) municipalité *f*, conseil municipal; (*Comm*) société *f*
corporation tax *n* ≈ impôt *m* sur les bénéfices
corps [kɔ:[r]] (*pl* - [kɔ:z]) *n* corps *m*; **the diplomatic ~** le corps diplomatique; **the press ~** la presse
corpse [kɔ:ps] *n* cadavre *m*
corpuscle ['kɔ:pʌsl] *n* corpuscule *m*
corral [kə'rɑ:l] *n* corral *m*
correct [kə'rɛkt] *adj* (*accurate*) correct(e), exact(e); (*proper*) correct, convenable ▷ *vt* corriger; **you are ~** vous avez raison
correction [kə'rɛkʃən] *n* correction *f*
correlate ['kɔrɪleɪt] *vt* mettre en corrélation ▷ *vi*: **to ~ with** correspondre à
correlation [kɔrɪ'leɪʃən] *n* corrélation *f*
correspond [kɔrɪs'pɔnd] *vi* correspondre; **to ~ to sth** (*be equivalent to*) correspondre à qch
correspondence [kɔrɪs'pɔndəns] *n* correspondance *f*
correspondence course *n* cours *m* par correspondance
correspondent [kɔrɪs'pɔndənt] *n* correspondant(e)
corresponding [kɔrɪs'pɔndɪŋ] *adj* correspondant(e)
corridor ['kɔrɪdɔ:[r]] *n* couloir *m*, corridor *m*
corroborate [kə'rɔbəreɪt] *vt* corroborer, confirmer
corrode [kə'rəud] *vt* corroder, ronger ▷ *vi* se corroder
corrosion [kə'rəuʒən] *n* corrosion *f*
corrosive [kə'rəuzɪv] *adj* corrosif(-ive)
corrugated ['kɔrəgeɪtɪd] *adj* plissé(e); ondulé(e)
corrugated iron *n* tôle ondulée
corrupt [kə'rʌpt] *adj* corrompu(e); (*Comput*) altéré(e) ▷ *vt* corrompre; (*Comput*) altérer; **~ practices** (*dishonesty, bribery*) malversation *f*
corruption [kə'rʌpʃən] *n* corruption *f*; (*Comput*) altération *f* (de données)
corset ['kɔ:sɪt] *n* corset *m*
Corsica ['kɔ:sɪkə] *n* Corse *f*
Corsican ['kɔ:sɪkən] *adj* corse ▷ *n* Corse *m/f*
cortège [kɔ:'teɪʒ] *n* cortège *m* (*gén funèbre*)
cortisone ['kɔ:tɪzəun] *n* cortisone *f*
coruscating ['kɔrəskeɪtɪŋ] *adj* scintillant(e)
cosh [kɔʃ] *n* (*Brit*) matraque *f*
cosignatory ['kəu'sɪgnətərɪ] *n* cosignataire *m/f*
cosiness ['kəuzɪnɪs] *n* atmosphère douillette, confort *m*
cos lettuce ['kɔs-] *n* (laitue *f*) romaine *f*
cosmetic [kɔz'mɛtɪk] *n* produit *m* de beauté, cosmétique *m* ▷ *adj* (*preparation*) cosmétique; (*fig: reforms*) symbolique, superficiel(le)
cosmetic surgery *n* chirurgie *f* esthétique
cosmic ['kɔzmɪk] *adj* cosmique
cosmonaut ['kɔzmənɔ:t] *n* cosmonaute *m/f*
cosmopolitan [kɔzmə'pɔlɪtn] *adj* cosmopolite
cosmos ['kɔzmɔs] *n* cosmos *m*
cosset ['kɔsɪt] *vt* choyer, dorloter
cost [kɔst] (*pt, pp* -) *n* coût *m* ▷ *vi* coûter ▷ *vt* établir *or* calculer le prix de revient de; **costs** *npl* (*Comm*) frais *mpl*; (*Law*) dépens *mpl*; **how much does it ~?** combien ça coûte?; **it ~s £5/too much** cela coûte 5 livres/trop cher; **what will it ~ to have it repaired?** combien cela coûtera de le faire réparer?; **to ~ sb time/effort** demander du temps/un effort à qn; **it ~ him his life/job** ça lui a coûté la vie/son emploi; **at all ~s** coûte que coûte, à tout prix
cost accountant *n* analyste *m/f* de coûts
co-star ['kəustɑ:[r]] *n* partenaire *m/f*
Costa Rica ['kɔstə'ri:kə] *n* Costa Rica *m*
cost centre *n* centre *m* de coût
cost control *n* contrôle *m* des coûts
cost-effective ['kɔstɪ'fɛktɪv] *adj* rentable
cost-effectiveness ['kɔstɪ'fɛktɪvnɪs] *n* rentabilité *f*
costing ['kɔstɪŋ] *n* calcul *m* du prix de revient
costly ['kɔstlɪ] *adj* coûteux(-euse)
cost of living ['kɔstəv'lɪvɪŋ] *n* coût *m* de la vie ▷ *adj*: **~ allowance** indemnité *f* de vie chère; **~ index** indice *m* du coût de la vie
cost price *n* (*Brit*) prix coûtant *or* de revient
costume ['kɔstju:m] *n* costume *m*; (*lady's suit*) tailleur *m*; (*Brit*: *also*: **swimming costume**) maillot *m* (de bain)
costume jewellery *n* bijoux *mpl* de fantaisie
cosy, (*US*) **cozy** ['kəuzɪ] *adj* (*room, bed*) douillet(te); (*scarf, gloves*) bien chaud(e); (*atmosphere*) chaleureux(-euse); **to be ~** (*person*) être bien (au chaud)
cot [kɔt] *n* (*Brit: child's*) lit *m* d'enfant, petit lit; (*US: campbed*) lit de camp
cot death *n* mort subite du nourrisson
Cotswolds ['kɔtswəuldz] *npl*: **the ~** *région de collines du Gloucestershire*
cottage ['kɔtɪdʒ] *n* petite maison (à la

campagne), cottage *m*
cottage cheese *n* fromage blanc (*maigre*)
cottage industry *n* industrie familiale *or* artisanale
cottage pie *n* ≈ hachis *m* Parmentier
cotton ['kɔtn] *n* coton *m*; (*thread*) fil *m* (de coton); **~ dress** *etc* robe *etc* en *or* de coton
▸ **cotton on** *vi* (*inf*): **to ~ on (to sth)** piger (qch)
cotton bud (*Brit*) *n* coton-tige ® *m*
cotton candy (*US*) *n* barbe *f* à papa
cotton wool *n* (*Brit*) ouate *f*, coton *m* hydrophile
couch [kautʃ] *n* canapé *m*; divan *m*; (*doctor's*) table *f* d'examen; (*psychiatrist's*) divan ▷ *vt* formuler, exprimer
couchette [ku:'ʃɛt] *n* couchette *f*
couch potato *n* (*inf*) mollasson(ne) (*qui passe son temps devant la télé*)
cough [kɔf] *vi* tousser ▷ *n* toux *f*; **I've got a ~** j'ai la toux
cough drop *n* pastille *f* pour *or* contre la toux
cough mixture, cough syrup *n* sirop *m* pour la toux
cough sweet *n* pastille *f* pour *or* contre la toux
could [kud] *pt of* **can²**
couldn't ['kudnt] = **could not**
council ['kaunsl] *n* conseil *m*; **city** *or* **town ~** conseil municipal; **C~ of Europe** Conseil de l'Europe
council estate *n* (*Brit*) (quartier *m or* zone *f* de) logements loués à/par la municipalité
council house *n* (*Brit*) maison *f* (à loyer modéré) louée par la municipalité
councillor, (*US*) **councilor** ['kaunslər] *n* conseiller(-ère)
council tax *n* (*Brit*) impôts locaux
counsel ['kaunsl] *n* conseil *m*; (*lawyer*) avocat(e) ▷ *vt*: **to ~ (sb to do sth)** conseiller (à qn de faire qch); **~ for the defence/the prosecution** (avocat de la) défense/ avocat du ministère public
counselling, (*US*) **counseling** ['kaunslɪŋ] *n* (*Psych*) aide psychosociale
counsellor, (*US*) **counselor** ['kaunslər] *n* conseiller(-ère); (*US Law*) avocat *m*
count [kaunt] *vt*, *vi* compter ▷ *n* compte *m*; (*nobleman*) comte *m*; **to ~ (up) to 10** compter jusqu'à 10; **to keep ~ of sth** tenir le compte de qch; **not ~ing the children** sans compter les enfants; **10 ~ing him** 10 avec lui, 10 en le comptant; **to ~ the cost of** établir le coût de; **it ~s for very little** cela n'a pas beaucoup d'importance; **~ yourself lucky** estimez-vous heureux
▸ **count in** *vt* (*inf*): **to ~ sb in on sth** inclure qn dans qch
▸ **count on** *vt fus* compter sur; **to ~ on doing sth** compter faire qch
▸ **count up** *vt* compter, additionner
countdown ['kauntdaun] *n* compte *m* à rebours
countenance ['kauntɪnəns] *n* expression *f* ▷ *vt* approuver
counter ['kauntər] *n* comptoir *m*; (*in post office, bank*) guichet *m*; (*in game*) jeton *m* ▷ *vt* aller à l'encontre de, opposer; (*blow*) parer ▷ *adv*: **~ to** à l'encontre de; contrairement à; **to buy under the ~** (*fig*) acheter sous le manteau *or* en sous-main; **to ~ sth with sth/by doing sth** contrer *or* riposter à qch par qch/en faisant qch
counteract ['kauntər'ækt] *vt* neutraliser, contrebalancer
counterattack ['kauntərə'tæk] *n* contre-attaque *f* ▷ *vi* contre-attaquer
counterbalance ['kauntə'bæləns] *vt* contrebalancer, faire contrepoids à
counterclockwise ['kauntə'klɔkwaɪz] (*US*) *adv* en sens inverse des aiguilles d'une montre
counter-espionage ['kauntər'ɛspɪənɑ:ʒ] *n* contre-espionnage *m*
counterfeit ['kauntəfɪt] *n* faux *m*, contrefaçon *f* ▷ *vt* contrefaire ▷ *adj* faux (fausse)
counterfoil ['kauntəfɔɪl] *n* talon *m*, souche *f*
counterintelligence ['kauntərɪn'tɛlɪdʒəns] *n* contre-espionnage *m*
countermand ['kauntəmɑ:nd] *vt* annuler
countermeasure ['kauntəmɛʒər] *n* contre-mesure *f*
counteroffensive ['kauntərə'fɛnsɪv] *n* contre-offensive *f*
counterpane ['kauntəpeɪn] *n* dessus-de-lit *m*
counterpart ['kauntəpɑ:t] *n* (*of document etc*) double *m*; (*of person*) homologue *m/f*
counterproductive ['kauntəprə'dʌktɪv] *adj* contre-productif(-ive)
counterproposal ['kauntəprə'pəuzl] *n* contre-proposition *f*
countersign ['kauntəsaɪn] *vt* contresigner
countersink ['kauntəsɪŋk] *vt* (*hole*) fraiser
countess ['kauntɪs] *n* comtesse *f*
countless ['kauntlɪs] *adj* innombrable
countrified ['kʌntrɪfaɪd] *adj* rustique, à l'air campagnard
country ['kʌntrɪ] *n* pays *m*; (*native land*) patrie *f*; (*as opposed to town*) campagne *f*; (*region*) région *f*, pays; **in the ~** à la campagne; **mountainous ~** pays de montagne, région montagneuse
country and western, country and western music *n* musique *f* country
country dancing *n* (*Brit*) danse *f* folklorique
country house *n* manoir *m*, (petit) château
countryman ['kʌntrɪmən] (*irreg*) *n* (*national*) compatriote *m*; (*rural*) habitant *m* de la campagne, campagnard *m*
countryside ['kʌntrɪsaɪd] *n* campagne *f*
countrywide ['kʌntrɪ'waɪd] *adj* s'étendant à l'ensemble du pays; (*problem*) à l'échelle nationale ▷ *adv* à travers *or* dans tout le pays
county ['kauntɪ] *n* comté *m*
county council *n* (*Brit*) ≈ conseil régional
county town *n* (*Brit*) chef-lieu *m*
coup [ku:r] (*pl* **-s**) [ku:z] *n* (*achievement*) beau coup; (*also*: **coup d'état**) coup d'État
coupé [ku:'peɪ] *n* (*Aut*) coupé *m*
couple ['kʌpl] *n* couple *m* ▷ *vt* (*carriages*) atteler; (*Tech*) coupler; (*ideas, names*) associer; **a ~ of** (*two*)

deux; *(a few)* deux ou trois
couplet ['kʌplɪt] *n* distique *m*
coupling ['kʌplɪŋ] *n (Rail)* attelage *m*
coupon ['ku:pɔn] *n (voucher)* bon *m* de réduction; *(detachable form)* coupon *m* détachable, coupon-réponse *m*; *(Finance)* coupon
courage ['kʌrɪdʒ] *n* courage *m*
courageous [kə'reɪdʒəs] *adj* courageux(-euse)
courgette [kuə'ʒɛt] *n (Brit)* courgette *f*
courier ['kurɪə^r] *n* messager *m*, courrier *m*; *(for tourists)* accompagnateur(-trice)
course [kɔ:s] *n* cours *m*; *(of ship)* route *f*; *(for golf)* terrain *m*; *(part of meal)* plat *m*; **first ~** entrée *f*; **of ~** *(adv)* bien sûr; **(no,) of ~ not!** bien sûr que non!, évidemment que non!; **in the ~ of** au cours de; **in the ~ of the next few days** au cours des prochains jours; **in due ~** en temps utile *or* voulu; **~ (of action)** parti *m*, ligne *f* de conduite; **the best ~ would be to ...** le mieux serait de ...; **we have no other ~ but to ...** nous n'avons pas d'autre solution que de ...; **~ of lectures** série *f* de conférences; **~ of treatment** *(Med)* traitement *m*
court [kɔ:t] *n* cour *f*; *(Law)* cour, tribunal *m*; *(Tennis)* court *m* ▷ *vt (woman)* courtiser, faire la cour à; *(fig: favour, popularity)* rechercher; *(: death, disaster)* courir après, flirter avec; **out of ~** *(Law: settle)* à l'amiable; **to take to ~** actionner *or* poursuivre en justice; **~ of appeal** cour d'appel
courteous ['kə:tɪəs] *adj* courtois(e), poli(e)
courtesan [kɔ:tɪ'zæn] *n* courtisane *f*
courtesy ['kə:təsɪ] *n* courtoisie *f*, politesse *f*; **(by) ~ of** avec l'aimable autorisation de
courtesy bus, courtesy coach *n* navette gratuite
courtesy light *n (Aut)* plafonnier *m*
court-house ['kɔ:thaus] *n (US)* palais *m* de justice
courtier ['kɔ:tɪə^r] *n* courtisan *m*, dame *f* de cour
court martial *(pl* **courts martial***)* *n* cour martiale, conseil *m* de guerre
courtroom ['kɔ:trum] *n* salle *f* de tribunal
court shoe *n* escarpin *m*
courtyard ['kɔ:tjɑ:d] *n* cour *f*
cousin ['kʌzn] *n* cousin(e); **first ~** cousin(e) germain(e)
cove [kəuv] *n* petite baie, anse *f*
covenant ['kʌvənənt] *n* contrat *m*, engagement *m* ▷ *vt*: **to ~ £200 per year to a charity** s'engager à verser 200 livres par an à une œuvre de bienfaisance
Coventry ['kɔvəntrɪ] *n*: **to send sb to ~** *(fig)* mettre qn en quarantaine
cover ['kʌvə^r] *vt* couvrir; *(Press: report on)* faire un reportage sur; *(feelings, mistake)* cacher; *(include)* englober; *(discuss)* traiter ▷ *n (of book, Comm)* couverture *f*; *(of pan)* couvercle *m*; *(over furniture)* housse *f*; *(shelter)* abri *m*; **covers** *npl (on bed)* couvertures; **to take ~** se mettre à l'abri; **under ~** à l'abri; **under ~ of darkness** à la faveur de la nuit; **under separate ~** *(Comm)* sous pli séparé; **£10 will ~ everything** 10 livres suffiront (pour tout payer)
▸ **cover up** *vt (person, object)*: **to ~ up (with)** couvrir (de); *(fig: truth, facts)* occulter ▷ *vi*: **to ~ up for sb** *(fig)* couvrir qn
coverage ['kʌvərɪdʒ] *n (in media)* reportage *m*; *(Insurance)* couverture *f*
cover charge *n* couvert *m (supplément à payer)*
covering ['kʌvərɪŋ] *n* couverture *f*, enveloppe *f*
covering letter, *(US)* **cover letter** *n* lettre explicative
cover note *n (Insurance)* police *f* provisoire
cover price *n* prix *m* de l'exemplaire
covert ['kʌvət] *adj (threat)* voilé(e), caché(e); *(attack)* indirect(e); *(glance)* furtif(-ive)
cover-up ['kʌvərʌp] *n* tentative *f* pour étouffer une affaire
covet ['kʌvɪt] *vt* convoiter
cow [kau] *n* vache *f* ▷ *cpd* femelle ▷ *vt* effrayer, intimider
coward ['kauəd] *n* lâche *m/f*
cowardice ['kauədɪs] *n* lâcheté *f*
cowardly ['kauədlɪ] *adj* lâche
cowboy ['kaubɔɪ] *n* cow-boy *m*
cower ['kauə^r] *vi* se recroqueviller; trembler
cowshed ['kauʃɛd] *n* étable *f*
cowslip ['kauslɪp] *n (Bot)* (fleur *f* de) coucou *m*
coy [kɔɪ] *adj* faussement effarouché(e) *or* timide
coyote [kɔɪ'əutɪ] *n* coyote *m*
cozy ['kəuzɪ] *adj (US)* = **cosy**
CP *n abbr (= Communist Party)* PC *m*
cp. *abbr (= compare)* cf
CPA *n abbr (US)* = **certified public accountant**
CPI *n abbr (= Consumer Price Index)* IPC *m*
Cpl. *abbr (= corporal)* C/C
CP/M *n abbr (= Central Program for Microprocessors)* CP/M *m*
c.p.s. *abbr (= characters per second)* caractères/seconde
CPSA *n abbr (Brit: = Civil and Public Services Association) syndicat de la fonction publique*
CPU *n abbr* = **central processing unit**
cr. *abbr* = **credit; creditor**
crab [kræb] *n* crabe *m*
crab apple *n* pomme *f* sauvage
crack [kræk] *n (split)* fente *f*, fissure *f*; *(in cup, bone)* fêlure *f*; *(in wall)* lézarde *f*; *(noise)* craquement *m*, coup (sec); *(joke)* plaisanterie *f*; *(inf: attempt)*: **to have a ~ (at sth)** essayer (qch); *(Drugs)* crack *m* ▷ *vt* fendre, fissurer; fêler; lézarder; *(whip)* faire claquer; *(nut)* casser; *(problem)* résoudre, trouver la clef de; *(code)* déchiffrer ▷ *cpd (athlete)* de première classe, d'élite; **to ~ jokes** *(inf)* raconter des blagues; **to get ~ing** *(inf)* s'y mettre, se magner
▸ **crack down on** *vt fus (crime)* sévir contre, réprimer; *(spending)* mettre un frein à
▸ **crack up** *vi* être au bout de son rouleau, flancher
crackdown ['krækdaun] *n*: **~ (on)** *(on crime)* répression *f* (de); *(on spending)* restrictions *fpl* (de)
cracked [krækt] *adj (cup, bone)* fêlé(e); *(broken)* cassé(e); *(wall)* lézardé(e); *(surface)* craquelé(e);

(*inf*) toqué(e), timbré(e)
cracker ['krækəʳ] *n* (*also*: **Christmas cracker**) pétard *m*; (*biscuit*) biscuit (salé), craquelin *m*; **a ~ of a ...** (*Brit inf*) un(e) ... formidable; **he's ~s** (*Brit inf*) il est cinglé
crackle ['krækl] *vi* crépiter, grésiller
crackling ['kræklɪŋ] *n* crépitement *m*, grésillement *m*; (*on radio, telephone*) grésillement, friture *f*; (*of pork*) couenne *f*
crackpot ['krækpɔt] *n* (*inf*) tordu(e)
cradle ['kreɪdl] *n* berceau *m* ▷ *vt* (*child*) bercer; (*object*) tenir dans ses bras
craft [krɑːft] *n* métier (artisanal); (*cunning*) ruse *f*, astuce *f*; (*boat*: *pl inv*) embarcation *f*, barque *f*; (*plane*: *pl inv*) appareil *m*
craftsman (*irreg*) ['krɑːftsmən] (*irreg*) *n* artisan *m* ouvrier (qualifié)
craftsmanship ['krɑːftsmənʃɪp] *n* métier *m*, habileté *f*
crafty ['krɑːftɪ] *adj* rusé(e), malin(-igne), astucieux(-euse)
crag [kræg] *n* rocher escarpé
cram [kræm] *vt* (*fill*): **to ~ sth with** bourrer qch de; (*put*): **to ~ sth into** fourrer qch dans ▷ *vi* (*for exams*) bachoter
cramming ['kræmɪŋ] *n* (*for exams*) bachotage *m*
cramp [kræmp] *n* crampe *f* ▷ *vt* gêner, entraver; **I've got ~ in my leg** j'ai une crampe à la jambe
cramped [kræmpt] *adj* à l'étroit, très serré(e)
crampon ['kræmpən] *n* crampon *m*
cranberry ['krænbərɪ] *n* canneberge *f*
crane [kreɪn] *n* grue *f* ▷ *vt, vi*: **to ~ forward**, **to ~ one's neck** allonger le cou
cranium (*pl* **crania**) ['kreɪnɪəm, 'kreɪnɪə] *n* boîte crânienne
crank [kræŋk] *n* manivelle *f*; (*person*) excentrique *m/f*
crankshaft ['kræŋkʃɑːft] *n* vilebrequin *m*
cranky ['kræŋkɪ] *adj* excentrique, loufoque; (*bad-tempered*) grincheux(-euse), revêche
cranny ['krænɪ] *n see* **nook**
crap [kræp] *n* (*inf!*: *nonsense*) conneries *fpl* (*!*); (: *excrement*) merde *f* (*!*); **the party was ~** la fête était merdique (*!*); **to have a ~** chier (*!*)
crappy ['kræpɪ] *adj* (*inf*) merdique (*!*)
crash [kræʃ] *n* (*noise*) fracas *m*; (*of car, plane*) collision *f*; (*of business*) faillite *f*; (*Stock Exchange*) krach *m* ▷ *vt* (*plane*) écraser ▷ *vi* (*plane*) s'écraser; (*two cars*) se percuter, s'emboutir; (*business*) s'effondrer; **to ~ into** se jeter *or* se fracasser contre; **he ~ed the car into a wall** il s'est écrasé contre un mur avec sa voiture
crash barrier *n* (*Brit Aut*) rail *m* de sécurité
crash course *n* cours intensif
crash helmet *n* casque (protecteur)
crash landing *n* atterrissage forcé *or* en catastrophe
crass [kræs] *adj* grossier(-ière), crasse
crate [kreɪt] *n* cageot *m*; (*for bottles*) caisse *f*
crater ['kreɪtəʳ] *n* cratère *m*
cravat [krə'væt] *n* foulard (*noué autour du cou*)
crave [kreɪv] *vt, vi*: **to ~ (for)** désirer violemment, avoir un besoin physiologique de, avoir une envie irrésistible de
craving ['kreɪvɪŋ] *n*: **~ (for)** (*for food, cigarettes etc*) envie *f* irrésistible (de)
crawl [krɔːl] *vi* ramper; (*vehicle*) avancer au pas ▷ *n* (*Swimming*) crawl *m*; **to ~ on one's hands and knees** aller à quatre pattes; **to ~ to sb** (*inf*) faire de la lèche à qn
crawler lane ['krɔːlə-] *n* (*Brit Aut*) file *f or* voie *f* pour véhicules lents
crayfish ['kreɪfɪʃ] *n* (*pl inv*: *freshwater*) écrevisse *f*; (*saltwater*) langoustine *f*
crayon ['kreɪən] *n* crayon *m* (de couleur)
craze [kreɪz] *n* engouement *m*
crazed [kreɪzd] *adj* (*look, person*) affolé(e); (*pottery, glaze*) craquelé(e)
crazy ['kreɪzɪ] *adj* fou (folle); **to go ~** devenir fou; **to be ~ about sb/sth** (*inf*) être fou de qn/qch
crazy paving *n* (*Brit*) dallage irrégulier (en pierres plates)
creak [kriːk] *vi* (*hinge*) grincer; (*floor, shoes*) craquer
cream [kriːm] *n* crème *f* ▷ *adj* (*colour*) crème *inv*; **whipped ~** crème fouettée
▸ **cream off** *vt* (*fig*) prélever
cream cake *n* (petit) gâteau à la crème
cream cheese *n* fromage *m* à la crème, fromage blanc
creamery ['kriːmərɪ] *n* (*shop*) crémerie *f*; (*factory*) laiterie *f*
creamy ['kriːmɪ] *adj* crémeux(-euse)
crease [kriːs] *n* pli *m* ▷ *vt* froisser, chiffonner ▷ *vi* se froisser, se chiffonner
crease-resistant ['kriːsrɪzɪstənt] *adj* infroissable
create [kriː'eɪt] *vt* créer; (*impression, fuss*) faire
creation [kriː'eɪʃən] *n* création *f*
creative [kriː'eɪtɪv] *adj* créatif(-ive)
creativity [kriːeɪ'tɪvɪtɪ] *n* créativité *f*
creator [kriː'eɪtəʳ] *n* créateur(-trice)
creature ['kriːtʃəʳ] *n* créature *f*
creature comforts *npl* petit confort
crèche [krɛʃ] *n* garderie *f*, crèche *f*
credence ['kriːdns] *n* croyance *f*, foi *f*
credentials [krɪ'dɛnʃlz] *npl* (*references*) références *fpl*; (*identity papers*) pièce *f* d'identité; (*letters of reference*) pièces justificatives
credibility [krɛdɪ'bɪlɪtɪ] *n* crédibilité *f*
credible ['krɛdɪbl] *adj* digne de foi, crédible
credit ['krɛdɪt] *n* crédit *m*; (*recognition*) honneur *m*; (*Scol*) unité *f* de valeur ▷ *vt* (*Comm*) créditer; (*believe*: *also*: **give credit to**) ajouter foi à, croire; **credits** *npl* (*Cine*) générique *m*; **to be in ~** (*person, bank account*) être créditeur(-trice); **on ~** à crédit; **to one's ~** à son honneur; à son actif; **to take the ~ for** s'attribuer le mérite de; **it does him ~** cela lui fait honneur; **to ~ sb with** (*fig*) prêter *or* attribuer à qn; **to ~ £5 to sb** créditer (le compte de) qn de 5 livres
creditable ['krɛdɪtəbl] *adj* honorable, estimable
credit account *n* compte *m* client
credit agency *n* (*Brit*) agence *f* de

renseignements commerciaux
credit balance *n* solde créditeur
credit bureau *n* (*US*) agence *f* de renseignements commerciaux
credit card *n* carte *f* de crédit; **do you take ~s?** acceptez-vous les cartes de crédit?
credit control *n* suivi *m* des factures
credit crunch *n* crise *f* du crédit
credit facilities *npl* facilités *fpl* de paiement
credit limit *n* limite *f* de crédit
credit note *n* (*Brit*) avoir *m*
creditor ['krɛdɪtəʳ] *n* créancier(-ière)
credit transfer *n* virement *m*
creditworthy ['krɛdɪtwə:ðɪ] *adj* solvable
credulity [krɪ'dju:lɪtɪ] *n* crédulité *f*
creed [kri:d] *n* croyance *f*; credo *m*, principes *mpl*
creek [kri:k] *n* (*inlet*) crique *f*, anse *f*; (*US: stream*) ruisseau *m*, petit cours d'eau
creel ['kri:l] *n* panier *m* de pêche; (*also*: **lobster creel**) panier à homards
creep (*pt, pp* **crept**) [kri:p, krɛpt] *vi* ramper; (*silently*) se faufiler, se glisser; (*plant*) grimper ▷ *n* (*inf: flatterer*) lèche-botte *m*; **he's a ~** c'est un type puant; **it gives me the ~s** cela me fait froid dans le dos; **to ~ up on sb** s'approcher furtivement de qn
creeper ['kri:pəʳ] *n* plante grimpante
creepers ['kri:pəz] *npl* (*US: for baby*) barboteuse *f*
creepy ['kri:pɪ] *adj* (*frightening*) qui fait frissonner, qui donne la chair de poule
creepy-crawly ['kri:pɪ'krɔ:lɪ] *n* (*inf*) bestiole *f*
cremate [krɪ'meɪt] *vt* incinérer
cremation [krɪ'meɪʃən] *n* incinération *f*
crematorium (*pl* **crematoria**) [krɛmə'tɔ:rɪəm, -'tɔ:rɪə] *n* four *m* crématoire
creosote ['krɪəsəut] *n* créosote *f*
crepe [kreɪp] *n* crêpe *m*
crepe bandage *n* (*Brit*) bande *f* Velpeau®
crepe paper *n* papier *m* crépon
crept [krɛpt] *pt, pp of* **creep**
crescendo [krɪ'ʃɛndəu] *n* crescendo *m*
crescent ['krɛsnt] *n* croissant *m*; (*street*) rue *f* (*en arc de cercle*)
cress [krɛs] *n* cresson *m*
crest [krɛst] *n* crête *f*; (*of helmet*) cimier *m*; (*of coat of arms*) timbre *m*
crestfallen ['krɛstfɔ:lən] *adj* déconfit(e), découragé(e)
Crete ['kri:t] *n* Crète *f*
crevasse [krɪ'væs] *n* crevasse *f*
crevice ['krɛvɪs] *n* fissure *f*, lézarde *f*, fente *f*
crew [kru:] *n* équipage *m*; (*Cine*) équipe *f* (de tournage); (*gang*) bande *f*
crew-cut ['kru:kʌt] *n*: **to have a ~** avoir les cheveux en brosse
crew-neck ['kru:nɛk] *n* col ras
crib [krɪb] *n* lit *m* d'enfant; (*for baby*) berceau *m* ▷ *vt* (*inf*) copier
cribbage ['krɪbɪdʒ] *n sorte de jeu de cartes*
crick [krɪk] *n* crampe *f*; **~ in the neck** torticolis *m*
cricket ['krɪkɪt] *n* (*insect*) grillon *m*, cri-cri *m inv*; (*game*) cricket *m*
cricketer ['krɪkɪtəʳ] *n* joueur *m* de cricket
crime [kraɪm] *n* crime *m*; **minor ~** délit mineur, infraction mineure
crime wave *n* poussée *f* de la criminalité
criminal ['krɪmɪnl] *adj, n* criminel(le)
crimp [krɪmp] *vt* friser, frisotter
crimson ['krɪmzn] *adj* cramoisi(e)
cringe [krɪndʒ] *vi* avoir un mouvement de recul; (*fig*) s'humilier, ramper
crinkle ['krɪŋkl] *vt* froisser, chiffonner
cripple ['krɪpl] *n* boiteux(-euse), infirme *m/f* ▷ *vt* (*person*) estropier, paralyser; (*ship, plane*) immobiliser; (*production, exports*) paralyser; **~d with rheumatism** perclus(e) de rhumatismes
crippling ['krɪplɪŋ] *adj* (*disease*) handicapant(e); (*taxation, debts*) écrasant(e)
crisis (*pl* **crises**) ['kraɪsɪs, -si:z] *n* crise *f*
crisp [krɪsp] *adj* croquant(e); (*weather*) vif (vive); (*manner etc*) brusque
crisps [krɪsps] (*Brit*) *npl* (pommes *fpl*) chips *fpl*
crispy [krɪspɪ] *adj* croustillant(e)
crisscross ['krɪskrɔs] *adj* entrecroisé(e), en croisillons ▷ *vt* sillonner; **~ pattern** croisillons *mpl*
criterion (*pl* **criteria**) [kraɪ'tɪərɪən, -'tɪərɪə] *n* critère *m*
critic ['krɪtɪk] *n* critique *m/f*
critical ['krɪtɪkl] *adj* critique; **to be ~ of sb/sth** critiquer qn/qch
critically ['krɪtɪklɪ] *adv* (*examine*) d'un œil critique; (*speak*) sévèrement; **~ ill** gravement malade
criticism ['krɪtɪsɪzəm] *n* critique *f*
criticize ['krɪtɪsaɪz] *vt* critiquer
croak [krəuk] *vi* (*frog*) coasser; (*raven*) croasser
Croat ['krəuæt] *adj, n* = **Croatian**
Croatia [krəu'eɪʃə] *n* Croatie *f*
Croatian [krəu'eɪʃən] *adj* croate ▷ *n* Croate *m/f*; (*Ling*) croate *m*
crochet ['krəuʃeɪ] *n* travail *m* au crochet
crock [krɔk] *n* cruche *f*; (*inf: also*: **old crock**) épave *f*
crockery ['krɔkərɪ] *n* vaisselle *f*
crocodile ['krɔkədaɪl] *n* crocodile *m*
crocus ['krəukəs] *n* crocus *m*
croft [krɔft] *n* (*Brit*) petite ferme
crofter ['krɔftəʳ] *n* (*Brit*) fermier *m*
croissant ['krwasɑ̃] *n* croissant *m*
crone [krəun] *n* vieille bique, (vieille) sorcière
crony ['krəunɪ] *n* copain (copine)
crook [kruk] *n* escroc *m*; (*of shepherd*) houlette *f*
crooked ['krukɪd] *adj* courbé(e), tordu(e); (*action*) malhonnête
crop [krɔp] *n* (*produce*) culture *f*; (*amount produced*) récolte *f*; (*riding crop*) cravache *f*; (*of bird*) jabot *m* ▷ *vt* (*hair*) tondre; (*animals: grass*) brouter
▶ **crop up** *vi* surgir, se présenter, survenir
cropper ['krɔpəʳ] *n*: **to come a ~** (*inf*) faire la culbute, s'étaler
crop spraying [-spreɪɪŋ] *n* pulvérisation *f* des cultures
croquet ['krəukeɪ] *n* croquet *m*

cross [krɔs] *n* croix *f*; (*Biol*) croisement *m* ▷ *vt* (*street etc*) traverser; (*arms, legs, Biol*) croiser; (*cheque*) barrer; (*thwart: person, plan*) contrarier ▷ *vi*: **the boat ~es from ... to ...** le bateau fait la traversée de ... à ... ▷ *adj* en colère, fâché(e); **to ~ o.s.** se signer, faire le signe de (la) croix; **we have a ~ed line** (*Brit: on telephone*) il y a des interférences; **they've got their lines ~ed** (*fig*) il y a un malentendu entre eux; **to be/get ~ with sb (about sth)** être en colère/(se) fâcher contre qn (à propos de qch)
▸ **cross off** *or* **out** *vt* barrer, rayer
▸ **cross over** *vi* traverser
crossbar ['krɔsbɑːʳ] *n* barre transversale
crossbow ['krɔsbəu] *n* arbalète *f*
crossbreed ['krɔsbriːd] *n* hybride *m*, métis(se)
cross-Channel ferry ['krɔs'tʃænl-] *n* ferry *m* qui fait la traversée de la Manche
cross-check ['krɔstʃɛk] *n* recoupement *m* ▷ *vi* vérifier par recoupement
cross-country ['krɔs'kʌntrɪ], **cross-country race** *n* cross(-country) *m*
cross-dressing [krɔs'drɛsɪŋ] *n* travestisme *m*
cross-examination ['krɔsɪgzæmɪ'neɪʃən] *n* (*Law*) examen *m* contradictoire (*d'un témoin*)
cross-examine ['krɔsɪg'zæmɪn] *vt* (*Law*) faire subir un examen contradictoire à
cross-eyed ['krɔsaɪd] *adj* qui louche
crossfire ['krɔsfaɪəʳ] *n* feux croisés
crossing ['krɔsɪŋ] *n* croisement *m*, carrefour *m*; (*sea passage*) traversée *f*; (*also*: **pedestrian crossing**) passage clouté; **how long does the ~ take?** combien de temps dure la traversée?
crossing guard (*US*) *n contractuel qui fait traverser la rue aux enfants*
crossing point *n* poste frontalier
cross-purposes ['krɔs'pəːpəsɪz] *npl*: **to be at ~ with sb** comprendre qn de travers; **we're (talking) at ~** on ne parle pas de la même chose
cross-question ['krɔs'kwɛstʃən] *vt* faire subir un interrogatoire à
cross-reference ['krɔs'rɛfrəns] *n* renvoi *m*, référence *f*
crossroads ['krɔsrəudz] *n* carrefour *m*
cross section *n* (*Biol*) coupe transversale; (*in population*) échantillon *m*
crosswalk ['krɔswɔːk] *n* (*US*) passage clouté
crosswind ['krɔswɪnd] *n* vent *m* de travers
crosswise ['krɔswaɪz] *adv* en travers
crossword ['krɔswəːd] *n* mots *mpl* croisés
crotch [krɔtʃ] *n* (*of garment*) entrejambe *m*; (*Anat*) entrecuisse *m*
crotchet ['krɔtʃɪt] *n* (*Mus*) noire *f*
crotchety ['krɔtʃɪtɪ] *adj* (*person*) grognon(ne), grincheux(-euse)
crouch [krautʃ] *vi* s'accroupir; (*hide*) se tapir; (*before springing*) se ramasser
croup [kruːp] *n* (*Med*) croup *m*
crouton ['kruːtɔn] *n* croûton *m*
crow [krəu] *n* (*bird*) corneille *f*; (*of cock*) chant *m* du coq, cocorico *m* ▷ *vi* (*cock*) chanter; (*fig*) pavoiser, chanter victoire
crowbar ['krəubɑːʳ] *n* levier *m*
crowd [kraud] *n* foule *f* ▷ *vt* bourrer, remplir ▷ *vi* affluer, s'attrouper, s'entasser; **~s of people** une foule de gens
crowded ['kraudɪd] *adj* bondé(e), plein(e); **~ with** plein de
crowd scene *n* (*Cine, Theat*) scène *f* de foule
crown [kraun] *n* couronne *f*; (*of head*) sommet *m* de la tête, calotte crânienne; (*of hat*) fond *m*; (*of hill*) sommet *m* ▷ *vt* (*also tooth*) couronner
crown court *n* (*Brit*) ≈ Cour *f* d'assises; *voir article*

CROWN COURT

En Angleterre et au pays de Galles, une *crown court* est une cour de justice où sont jugées les affaires très graves, telles que le meurtre, l'homicide, le viol et le vol, en présence d'un jury. Tous les crimes et délits, quel que soit leur degré de gravité, doivent d'abord passer devant une "magistrates' court". Il existe environ 90 *crown courts*.

crowning ['kraunɪŋ] *adj* (*achievement, glory*) suprême
crown jewels *npl* joyaux *mpl* de la Couronne
crown prince *n* prince héritier
crow's-feet ['krəuzfiːt] *npl* pattes *fpl* d'oie (*fig*)
crow's-nest ['krəuznɛst] *n* (*on sailing-ship*) nid *m* de pie
crucial ['kruːʃl] *adj* crucial(e), décisif(-ive); (*also*: **crucial to**) essentiel(le) à
crucifix ['kruːsɪfɪks] *n* crucifix *m*
crucifixion [kruːsɪ'fɪkʃən] *n* crucifiement *m*, crucifixion *f*
crucify ['kruːsɪfaɪ] *vt* crucifier, mettre en croix; (*fig*) crucifier
crude [kruːd] *adj* (*materials*) brut(e); non raffiné(e); (*basic*) rudimentaire, sommaire; (*vulgar*) cru(e), grossier(-ière) ▷ *n* (*also*: **crude oil**) (pétrole *m*) brut *m*
cruel ['kruəl] *adj* cruel(le)
cruelty ['kruəltɪ] *n* cruauté *f*
cruet ['kruːɪt] *n* huilier *m*; vinaigrier *m*
cruise [kruːz] *n* croisière *f* ▷ *vi* (*ship*) croiser; (*car*) rouler; (*aircraft*) voler; (*taxi*) être en maraude
cruise missile *n* missile *m* de croisière
cruiser ['kruːzəʳ] *n* croiseur *m*
cruising speed ['kruːzɪŋ-] *n* vitesse *f* de croisière
crumb [krʌm] *n* miette *f*
crumble ['krʌmbl] *vt* émietter ▷ *vi* s'émietter; (*plaster etc*) s'effriter; (*land, earth*) s'ébouler; (*building*) s'écrouler, crouler; (*fig*) s'effondrer
crumbly ['krʌmblɪ] *adj* friable
crummy ['krʌmɪ] *adj* (*inf*) minable; (*: unwell*) mal fichu(e), patraque
crumpet ['krʌmpɪt] *n* petite crêpe (épaisse)
crumple ['krʌmpl] *vt* froisser, friper
crunch [krʌntʃ] *vt* croquer; (*underfoot*) faire craquer, écraser; faire crisser ▷ *n* (*fig*) instant *m* *or* moment *m* critique, moment de vérité
crunchy ['krʌntʃɪ] *adj* croquant(e),

croustillant(e)
crusade [kruːˈseɪd] *n* croisade *f* ▷ *vi* (*fig*): **to ~ for/against** partir en croisade pour/contre
crusader [kruːˈseɪdəʳ] *n* croisé *m*; (*fig*): **~ (for)** champion *m* (de)
crush [krʌʃ] *n* (*crowd*) foule *f*, cohue *f*; (*love*): **to have a ~ on sb** avoir le béguin pour qn; (*drink*): **lemon ~** citron pressé ▷ *vt* écraser; (*crumple*) froisser; (*grind, break up: garlic, ice*) piler; (*: grapes*) presser; (*hopes*) anéantir
crush barrier *n* (*Brit*) barrière *f* de sécurité
crushing [ˈkrʌʃɪŋ] *adj* écrasant(e)
crust [krʌst] *n* croûte *f*
crustacean [krʌsˈteɪʃən] *n* crustacé *m*
crusty [ˈkrʌstɪ] *adj* (*bread*) croustillant(e); (*inf: person*) revêche, bourru(e); (*: remark*) irrité(e)
crutch [krʌtʃ] *n* béquille *f*; (*Tech*) support *m*; (*also*: **crotch**) entrejambe *m*
crux [krʌks] *n* point crucial
cry [kraɪ] *vi* pleurer; (*shout: also*: **cry out**) crier ▷ *n* cri *m*; **why are you ~ing?** pourquoi pleures-tu?; **to ~ for help** appeler à l'aide; **she had a good ~** elle a pleuré un bon coup; **it's a far ~ from ...** (*fig*) on est loin de ...
▸ **cry off** *vi* se dédire; se décommander
▸ **cry out** *vi* (*call out, shout*) pousser un cri ▷ *vt* crier
crying [ˈkraɪɪŋ] *adj* (*fig*) criant(e), flagrant(e)
crypt [krɪpt] *n* crypte *f*
cryptic [ˈkrɪptɪk] *adj* énigmatique
crystal [ˈkrɪstl] *n* cristal *m*
crystal-clear [ˈkrɪstlˈklɪəʳ] *adj* clair(e) comme de l'eau de roche
crystallize [ˈkrɪstəlaɪz] *vt* cristalliser ▷ *vi* (se) cristalliser; **~d fruits** (*Brit*) fruits confits
CSA *n abbr* = **Confederate States of America**; (*Brit: = Child Support Agency*) *organisme pour la protection des enfants de parents séparés, qui contrôle le versement des pensions alimentaires.*
CSC *n abbr* (*= Civil Service Commission*) *commission de recrutement des fonctionnaires*
CS gas *n* (*Brit*) gaz *m* C.S.
CST *abbr* (*US: = Central Standard Time*) *fuseau horaire*
CT *abbr* (*US*) = **Connecticut**
ct *abbr* = **carat**
CTC *n abbr* (*Brit*) = **city technology college**
CT scanner *n abbr* (*Med: = computerized tomography scanner*) scanner *m*, tomodensitomètre *m*
cu. *abbr* = **cubic**
cub [kʌb] *n* petit *m* (*d'un animal*); (*also*: **cub scout**) louveteau *m*
Cuba [ˈkjuːbə] *n* Cuba *m*
Cuban [ˈkjuːbən] *adj* cubain(e) ▷ *n* Cubain(e)
cubbyhole [ˈkʌbɪhəul] *n* cagibi *m*
cube [kjuːb] *n* cube *m* ▷ *vt* (*Math*) élever au cube
cube root *n* racine *f* cubique
cubic [ˈkjuːbɪk] *adj* cubique; **~ metre** *etc* mètre *m etc* cube; **~ capacity** (*Aut*) cylindrée *f*
cubicle [ˈkjuːbɪkl] *n* (*in hospital*) box *m*; (*at pool*) cabine *f*
cuckoo [ˈkukuː] *n* coucou *m*
cuckoo clock *n* (pendule *f* à) coucou *m*
cucumber [ˈkjuːkʌmbəʳ] *n* concombre *m*
cud [kʌd] *n*: **to chew the ~** ruminer
cuddle [ˈkʌdl] *vt* câliner, caresser ▷ *vi* se blottir l'un contre l'autre
cuddly [ˈkʌdlɪ] *adj* câlin(e)
cudgel [ˈkʌdʒl] *n* gourdin *m* ▷ *vt*: **to ~ one's brains** se creuser la tête
cue [kjuː] *n* queue *f* de billard; (*Theat etc*) signal *m*
cuff [kʌf] *n* (*Brit: of shirt, coat etc*) poignet *m*, manchette *f*; (*US: on trousers*) revers *m*; (*blow*) gifle *f* ▷ *vt* gifler; **off the ~** (*adv*) à l'improviste
cufflinks [ˈkʌflɪŋks] *n* boutons *m* de manchette
cu. in. *abbr* = **cubic inches**
cuisine [kwɪˈziːn] *n* cuisine *f*, art *m* culinaire
cul-de-sac [ˈkʌldəsæk] *n* cul-de-sac *m*, impasse *f*
culinary [ˈkʌlɪnərɪ] *adj* culinaire
cull [kʌl] *vt* sélectionner; (*kill selectively*) pratiquer l'abattage sélectif de ▷ *n* (*of animals*) abattage sélectif
culminate [ˈkʌlmɪneɪt] *vi*: **to ~ in** finir *or* se terminer par; (*lead to*) mener à
culmination [kʌlmɪˈneɪʃən] *n* point culminant
culottes [kjuːˈlɔts] *npl* jupe-culotte *f*
culpable [ˈkʌlpəbl] *adj* coupable
culprit [ˈkʌlprɪt] *n* coupable *m/f*
cult [kʌlt] *n* culte *m*
cult figure *n* idole *f*
cultivate [ˈkʌltɪveɪt] *vt* (*also fig*) cultiver
cultivation [kʌltɪˈveɪʃən] *n* culture *f*
cultural [ˈkʌltʃərəl] *adj* culturel(le)
culture [ˈkʌltʃəʳ] *n* (*also fig*) culture *f*
cultured [ˈkʌltʃəd] *adj* cultivé(e) (*fig*)
cumbersome [ˈkʌmbəsəm] *adj* encombrant(e), embarrassant(e)
cumin [ˈkʌmɪn] *n* (*spice*) cumin *m*
cumulative [ˈkjuːmjulətɪv] *adj* cumulatif(-ive)
cunning [ˈkʌnɪŋ] *n* ruse *f*, astuce *f* ▷ *adj* rusé(e), malin(-igne); (*clever: device, idea*) astucieux(-euse)
cunt [kʌnt] *n* (*inf!*) chatte *f* (*!*); (*insult*) salaud *m* (*!*), salope *f* (*!*)
cup [kʌp] *n* tasse *f*; (*prize, event*) coupe *f*; (*of bra*) bonnet *m*; **a ~ of tea** une tasse de thé
cupboard [ˈkʌbəd] *n* placard *m*
cup final *n* (*Brit Football*) finale *f* de la coupe
Cupid [ˈkjuːpɪd] *n* Cupidon *m*; (*figurine*) amour *m*
cupidity [kjuːˈpɪdɪtɪ] *n* cupidité *f*
cupola [ˈkjuːpələ] *n* coupole *f*
cuppa [ˈkʌpə] *n* (*Brit inf*) tasse *f* de thé
cup tie [ˈkʌptaɪ] *n* (*Brit Football*) match *m* de coupe
curable [ˈkjuərəbl] *adj* guérissable, curable
curate [ˈkjuərɪt] *n* vicaire *m*
curator [kjuəˈreɪtəʳ] *n* conservateur *m* (*d'un musée etc*)
curb [kəːb] *vt* refréner, mettre un frein à; (*expenditure*) limiter, juguler ▷ *n* (*fig*) frein *m*; (*US*) bord *m* du trottoir
curd cheese *n* ≈ fromage blanc
curdle [ˈkəːdl] *vi* (se) cailler
curds [kəːdz] *npl* lait caillé

cure [kjuəʳ] *vt* guérir; (*Culin: salt*) saler; (*: smoke*) fumer; (*: dry*) sécher ▷ *n* remède *m*; **to be ~d of sth** être guéri de qch
cure-all ['kjuərɔ:l] *n* (*also fig*) panacée *f*
curfew ['kə:fju:] *n* couvre-feu *m*
curio ['kjuərɪəu] *n* bibelot *m*, curiosité *f*
curiosity [kjuərɪ'ɔsɪtɪ] *n* curiosité *f*
curious ['kjuərɪəs] *adj* curieux(-euse); **I'm ~ about him** il m'intrigue
curiously ['kjuərɪəslɪ] *adv* curieusement; (*inquisitively*) avec curiosité; **~ enough, ...** bizarrement, ...
curl [kə:l] *n* boucle *f* (de cheveux); (*of smoke etc*) volute *f* ▷ *vt, vi* boucler; (*tightly*) friser
▸ **curl up** *vi* s'enrouler; (*person*) se pelotonner
curler ['kə:ləʳ] *n* bigoudi *m*, rouleau *m*; (*Sport*) joueur(-euse) de curling
curlew ['kə:lu:] *n* courlis *m*
curling ['kə:lɪŋ] *n* (*sport*) curling *m*
curling tongs, (*US*) **curling irons** *npl* fer *m* à friser
curly ['kə:lɪ] *adj* bouclé(e); (*tightly curled*) frisé(e)
currant ['kʌrnt] *n* raisin *m* de Corinthe, raisin sec; (*fruit*) groseille *f*
currency ['kʌrnsɪ] *n* monnaie *f*; **foreign ~** devises étrangères, monnaie étrangère; **to gain ~** (*fig*) s'accréditer
current ['kʌrnt] *n* courant *m* ▷ *adj* (*common*) courant(e); (*tendency, price, event*) actuel(le); **direct/alternating ~** (*Elec*) courant continu/alternatif; **the ~ issue of a magazine** le dernier numéro d'un magazine; **in ~ use** d'usage courant
current account *n* (*Brit*) compte courant
current affairs *npl* (questions *fpl* d')actualité *f*
current assets *npl* (*Comm*) actif *m* disponible
current liabilities *npl* (*Comm*) passif *m* exigible
currently ['kʌrntlɪ] *adv* actuellement
curriculum (*pl* **-s** *or* **curricula**) [kə'rɪkjuləm, -lə] *n* programme *m* d'études
curriculum vitae [-'vi:taɪ] *n* curriculum vitae (CV) *m*
curry ['kʌrɪ] *n* curry *m* ▷ *vt*: **to ~ favour with** chercher à gagner la faveur *or* à s'attirer les bonnes grâces de; **chicken ~** curry de poulet, poulet *m* au curry
curry powder *n* poudre *f* de curry
curse [kə:s] *vi* jurer, blasphémer ▷ *vt* maudire ▷ *n* (*spell*) malédiction *f*; (*problem, scourge*) fléau *m*; (*swearword*) juron *m*
cursor ['kə:səʳ] *n* (*Comput*) curseur *m*
cursory ['kə:sərɪ] *adj* superficiel(le), hâtif(-ive)
curt [kə:t] *adj* brusque, sec(-sèche)
curtail [kə:'teɪl] *vt* (*visit etc*) écourter; (*expenses etc*) réduire
curtain ['kə:tn] *n* rideau *m*; **to draw the ~s** (*together*) fermer *or* tirer les rideaux; (*apart*) ouvrir les rideaux
curtain call *n* (*Theat*) rappel *m*
curtsey, curtsy ['kə:tsɪ] *n* révérence *f* ▷ *vi* faire une révérence
curvature ['kə:vətʃəʳ] *n* courbure *f*
curve [kə:v] *n* courbe *f*; (*in the road*) tournant *m*, virage *m* ▷ *vt* courber ▷ *vi* se courber; (*road*) faire une courbe
curved [kə:vd] *adj* courbe
cushion ['kuʃən] *n* coussin *m* ▷ *vt* (*seat*) rembourrer; (*fall, shock*) amortir
cushy ['kuʃɪ] *adj* (*inf*): **a ~ job** un boulot de tout repos; **to have a ~ time** se la couler douce
custard ['kʌstəd] *n* (*for pouring*) crème anglaise
custard powder *n* (*Brit*) ≈ crème pâtissière instantanée
custodial sentence [kʌs'təudɪəl-] *n* peine *f* de prison
custodian [kʌs'təudɪən] *n* gardien(ne); (*of collection etc*) conservateur(-trice)
custody ['kʌstədɪ] *n* (*of child*) garde *f*; (*for offenders*) détention préventive; **to take sb into ~** placer qn en détention préventive; **in the ~ of** sous la garde de
custom ['kʌstəm] *n* coutume *f*, usage *m*; (*Law*) droit coutumier, coutume; (*Comm*) clientèle *f*
customary ['kʌstəmərɪ] *adj* habituel(le); **it is ~ to do it** l'usage veut qu'on le fasse
custom-built ['kʌstəm'bɪlt] *adj see* **custom-made**
customer ['kʌstəməʳ] *n* client(e); **he's an awkward ~** (*inf*) ce n'est pas quelqu'un de facile
customer profile *n* profil *m* du client
customized ['kʌstəmaɪzd] *adj* personnalisé(e); (*car etc*) construit(e) sur commande
custom-made ['kʌstəm'meɪd] *adj* (*clothes*) fait(e) sur mesure; (*other goods: also*: **custom-built**) hors série, fait(e) sur commande
customs ['kʌstəmz] *npl* douane *f*; **to go through (the) ~** passer la douane
Customs and Excise *n* (*Brit*) administration *f* des douanes
customs officer *n* douanier *m*
cut [kʌt] (*pt, pp* **-**) *vt* couper; (*meat*) découper; (*shape, make*) tailler; couper; creuser; graver; (*reduce*) réduire; (*inf: lecture, appointment*) manquer ▷ *vi* couper; (*intersect*) se couper ▷ *n* (*gen*) coupure *f*; (*of clothes*) coupe *f*; (*of jewel*) taille *f*; (*in salary etc*) réduction *f*; (*of meat*) morceau *m*; **to ~ teeth** (*baby*) faire ses dents; **to ~ a tooth** percer une dent; **to ~ one's finger** se couper le doigt; **to get one's hair ~** se faire couper les cheveux; **I've ~ myself** je me suis coupé; **to ~ sth short** couper court à qch; **to ~ sb dead** ignorer (complètement) qn
▸ **cut back** *vt* (*plants*) tailler; (*production, expenditure*) réduire
▸ **cut down** *vt* (*tree*) abattre; (*reduce*) réduire; **to ~ sb down to size** (*fig*) remettre qn à sa place
▸ **cut down on** *vt fus* réduire
▸ **cut in** *vi* (*interrupt: conversation*): **to ~ in (on)** couper la parole (à); (*Aut*) faire une queue de poisson
▸ **cut off** *vt* couper; (*fig*) isoler; **we've been ~ off** (*Tel*) nous avons été coupés
▸ **cut out** *vt* (*picture etc*) découper; (*remove*) supprimer

▸ **cut up** *vt* découper
cut-and-dried ['kʌtən'draɪd] *adj* (*also*: **cut-and-dry**) tout(e) fait(e), tout(e) décidé(e)
cutaway ['kʌtəweɪ] *adj, n*: ~ **(drawing)** écorché *m*
cutback ['kʌtbæk] *n* réduction *f*
cute [kju:t] *adj* mignon(ne), adorable; (*clever*) rusé(e), astucieux(-euse)
cut glass *n* cristal taillé
cuticle ['kju:tɪkl] *n* (*on nail*): ~ **remover** repousse-peaux *m inv*
cutlery ['kʌtlərɪ] *n* couverts *mpl*; (*trade*) coutellerie *f*
cutlet ['kʌtlɪt] *n* côtelette *f*
cutoff ['kʌtɔf] *n* (*also*: **cutoff point**) seuil-limite *m*
cutoff switch *n* interrupteur *m*
cutout ['kʌtaut] *n* coupe-circuit *m inv*; (*paper figure*) découpage *m*
cut-price ['kʌt'praɪs], (*US*) **cut-rate** ['kʌt'reɪt] *adj* au rabais, à prix réduit
cut-throat ['kʌtθrəut] *n* assassin *m* ▷ *adj*: ~ **competition** concurrence *f* sauvage
cutting ['kʌtɪŋ] *adj* tranchant(e), coupant(e); (*fig*) cinglant(e) ▷ *n* (*Brit: from newspaper*) coupure *f* (de journal); (*from plant*) bouture *f*; (*Rail*) tranchée *f*; (*Cine*) montage *m*
cutting edge *n* (*of knife*) tranchant *m*; **on** *or* **at the ~ of** à la pointe de
cuttlefish ['kʌtlfɪʃ] *n* seiche *f*
cut-up ['kʌtʌp] *adj* affecté(e), démoralisé(e)
CV *n abbr* = **curriculum vitae**
cwo *abbr* (*Comm*) = **cash with order**
cwt *abbr* = **hundredweight**
cyanide ['saɪənaɪd] *n* cyanure *m*
cybernetics [saɪbə'nɛtɪks] *n* cybernétique *f*
cyberspace ['saɪbəspeɪs] *n* cyberespace *m*
cyclamen ['sɪkləmən] *n* cyclamen *m*
cycle ['saɪkl] *n* cycle *m*; (*bicycle*) bicyclette *f*, vélo *m* ▷ *vi* faire de la bicyclette
cycle hire *n* location *f* de vélos
cycle lane, cycle path *n* piste *f* cyclable
cycle race *n* course *f* cycliste
cycle rack *n* râtelier *m* à bicyclette
cycling ['saɪklɪŋ] *n* cyclisme *m*; **to go on a ~ holiday** (*Brit*) faire du cyclotourisme
cyclist ['saɪklɪst] *n* cycliste *m/f*
cyclone ['saɪkləun] *n* cyclone *m*
cygnet ['sɪgnɪt] *n* jeune cygne *m*
cylinder ['sɪlɪndə[r]] *n* cylindre *m*
cylinder capacity *n* cylindrée *f*
cylinder head *n* culasse *f*
cymbals ['sɪmblz] *npl* cymbales *fpl*
cynic ['sɪnɪk] *n* cynique *m/f*
cynical ['sɪnɪkl] *adj* cynique
cynicism ['sɪnɪsɪzəm] *n* cynisme *m*
CYO *n abbr* (*US*: = *Catholic Youth Organization*) ≈ JC *f*
cypress ['saɪprɪs] *n* cyprès *m*
Cypriot ['sɪprɪət] *adj* cypriote, chypriote ▷ *n* Cypriote *m/f*, Chypriote *m/f*
Cyprus ['saɪprəs] *n* Chypre *f*
cyst [sɪst] *n* kyste *m*
cystitis [sɪs'taɪtɪs] *n* cystite *f*
CZ *n abbr* (*US*: = *Central Zone*) *zone du canal de Panama*
czar [zɑ:[r]] *n* tsar *m*
Czech [tʃɛk] *adj* tchèque ▷ *n* Tchèque *m/f*; (*Ling*) tchèque *m*
Czechoslovak [tʃɛkə'sləuvæk] *adj, n* = **Czechoslovakian**
Czechoslovakia [tʃɛkəslə'vækɪə] *n* Tchécoslovaquie *f*
Czechoslovakian [tʃɛkəslə'vækɪən] *adj* tchécoslovaque ▷ *n* Tchécoslovaque *m/f*
Czech Republic *n*: **the ~** la République tchèque

C

Dd

D¹, d¹ [diː] *n* (*letter*) D, d *m*; (*Mus*): **D** ré *m*; **D for David**, (US) **D for Dog** D comme Désirée
D² *abbr* (US Pol) = **democrat**; **democratic**
d² *abbr* (Brit: *old*) = **penny**
d. *abbr* = **died**
DA *n abbr* (US) = **district attorney**
dab [dæb] *vt* (*eyes, wound*) tamponner; (*paint, cream*) appliquer (par petites touches *or* rapidement); **a ~ of paint** un petit coup de peinture
dabble ['dæbl] *vi*: **to ~ in** faire *or* se mêler *or* s'occuper un peu de
Dacca ['dækə] *n* Dacca
dachshund ['dækshund] *n* teckel *m*
dad, daddy [dæd, 'dædɪ] *n* papa *m*
daddy-long-legs [dædɪ'lɔŋlɛgz] *n* tipule *f*; faucheux *m*
daffodil ['dæfədɪl] *n* jonquille *f*
daft [dɑːft] *adj* (*inf*) idiot(e), stupide; **to be ~ about** être toqué(e) *or* mordu(e) de
dagger ['dægəʳ] *n* poignard *m*; **to be at ~s drawn with sb** être à couteaux tirés avec qn; **to look ~s at sb** foudroyer qn du regard
dahlia ['deɪljə] *n* dahlia *m*
daily ['deɪlɪ] *adj* quotidien(ne), journalier(-ière) ▷ *n* quotidien *m*; (*Brit: servant*) femme *f* de ménage (*à la journée*) ▷ *adv* tous les jours; **twice ~** deux fois par jour
dainty ['deɪntɪ] *adj* délicat(e), mignon(ne)
dairy ['dɛərɪ] *n* (*shop*) crémerie *f*, laiterie *f*; (*on farm*) laiterie ▷ *adj* laitier(-ière)
dairy cow *n* vache laitière
dairy farm *n* exploitation *f* pratiquant l'élevage laitier
dairy produce *n* produits laitiers
dairy products *npl* produits laitier
dais ['deɪɪs] *n* estrade *f*
daisy ['deɪzɪ] *n* pâquerette *f*
daisy wheel *n* (*on printer*) marguerite *f*
daisy-wheel printer ['deɪzɪwiːl-] *n* imprimante *f* à marguerite
Dakar ['dækə] *n* Dakar
dale [deɪl] *n* vallon *m*
dally ['dælɪ] *vi* musarder, flâner
dalmatian [dæl'meɪʃən] *n* (*dog*) dalmatien(ne)
dam [dæm] *n* (*wall*) barrage *m*; (*water*) réservoir *m*, lac *m* de retenue ▷ *vt* endiguer
damage ['dæmɪdʒ] *n* dégâts *mpl*, dommages *mpl*; (*fig*) tort *m* ▷ *vt* endommager, abîmer; (*fig*) faire du tort à; **damages** *npl* (*Law*) dommages-intérêts *mpl*; **to pay £5000 in ~s** payer 5000 livres de dommages- intérêts; **~ to property** dégâts matériels
damaging ['dæmɪdʒɪŋ] *adj*: **~ (to)** préjudiciable (à), nuisible (à)
Damascus [də'mɑːskəs] *n* Damas
dame [deɪm] *n* (*title*) *titre porté par une femme décorée de l'ordre de l'Empire Britannique ou d'un ordre de chevalerie, titre porté par la femme ou la veuve d'un chevalier ou baronnet*; (*US inf*) nana *f*; (*Theat*) vieille dame (*rôle comique joué par un homme*)
damn [dæm] *vt* condamner; (*curse*) maudire ▷ *n* (*inf*): **I don't give a ~** je m'en fous ▷ *adj* (*inf: also*: **damned**): **this ~ ...** ce sacré *or* foutu ...; **~ (it)!** zut!
damnable ['dæmnəbl] *adj* (*inf: behaviour*) odieux(-euse), détestable; (: *weather*) épouvantable, abominable
damnation [dæm'neɪʃən] *n* (*Rel*) damnation *f* ▷ *excl* (*inf*) malédiction!, merde!
damning ['dæmɪŋ] *adj* (*evidence*) accablant(e)
damp [dæmp] *adj* humide ▷ *n* humidité *f* ▷ *vt* (*also*: **dampen**: *cloth, rag*) humecter; (: *enthusiasm etc*) refroidir
dampcourse ['dæmpkɔːs] *n* couche isolante (contre l'humidité)
damper ['dæmpəʳ] *n* (*Mus*) étouffoir *m*; (*of fire*) registre *m*; **to put a ~ on** (*fig: atmosphere, enthusiasm*) refroidir
dampness ['dæmpnɪs] *n* humidité *f*
damson ['dæmzən] *n* prune *f* de Damas
dance [dɑːns] *n* danse *f*; (*ball*) bal *m* ▷ *vi* danser; **to ~ about** sautiller, gambader
dance floor *n* piste *f* de danse
dance hall *n* salle *f* de bal, dancing *m*
dancer ['dɑːnsəʳ] *n* danseur(-euse)
dancing ['dɑːnsɪŋ] *n* danse *f*
D and C *n abbr* (*Med*: = *dilation and curettage*) curetage *m*
dandelion ['dændɪlaɪən] *n* pissenlit *m*
dandruff ['dændrəf] *n* pellicules *fpl*
D & T *n abbr* (*Brit: Scol*) = **design and technology**

dandy ['dændɪ] *n* dandy *m*, élégant *m* ▷ *adj* (*US inf*) fantastique, super
Dane [deɪn] *n* Danois(e)
danger ['deɪndʒəʳ] *n* danger *m*; **~!** (*on sign*) danger!; **there is a ~ of fire** il y a (un) risque d'incendie; **in ~** en danger; **he was in ~ of falling** il risquait de tomber; **out of ~** hors de danger
danger list *n* (*Med*): **on the ~** dans un état critique
danger money *n* (*Brit*) prime *f* de risque
dangerous ['deɪndʒrəs] *adj* dangereux(-euse)
dangerously ['deɪndʒrəslɪ] *adv* dangereusement; **~ ill** très gravement malade, en danger de mort
danger zone *n* zone dangereuse
dangle ['dæŋgl] *vt* balancer; (*fig*) faire miroiter ▷ *vi* pendre, se balancer
Danish ['deɪnɪʃ] *adj* danois(e) ▷ *n* (*Ling*) danois *m*
Danish pastry *n* feuilleté *m* (*recouvert d'un glaçage et fourré aux fruits etc*)
dank [dæŋk] *adj* froid(e) et humide
Danube ['dænju:b] *n*: **the ~** le Danube
dapper ['dæpəʳ] *adj* pimpant(e)
Dardanelles [dɑ:də'nɛlz] *npl* Dardanelles *fpl*
dare [dɛəʳ] *vt*: **to ~ sb to do** défier qn *or* mettre qn au défi de faire ▷ *vi*: **to ~ (to) do sth** oser faire qch; **I ~n't tell him** (*Brit*) je n'ose pas le lui dire; **I ~ say he'll turn up** il est probable qu'il viendra
daredevil ['dɛədɛvl] *n* casse-cou *m inv*
Dar-es-Salaam ['dɑ:rɛssə'lɑ:m] *n* Dar-es-Salaam, Dar-es-Salam
daring ['dɛərɪŋ] *adj* hardi(e), audacieux(-euse) ▷ *n* audace *f*, hardiesse *f*
dark [dɑ:k] *adj* (*night, room*) obscur(e), sombre; (*colour, complexion*) foncé(e), sombre; (*fig*) sombre ▷ *n*: **in the ~** dans le noir; **to be in the ~ about** (*fig*) ignorer tout de; **after ~** après la tombée de la nuit; **it is/is getting ~** il fait nuit/commence à faire nuit
darken [dɑ:kn] *vt* obscurcir, assombrir ▷ *vi* s'obscurcir, s'assombrir
dark glasses *npl* lunettes noires
dark horse *n* (*fig*): **he's a ~** on ne sait pas grand-chose de lui
darkly ['dɑ:klɪ] *adv* (*gloomily*) mélancoliquement; (*in a sinister way*) lugubrement
darkness ['dɑ:knɪs] *n* obscurité *f*
darkroom ['dɑ:krum] *n* chambre noire
darling ['dɑ:lɪŋ] *adj*, *n* chéri(e)
darn [dɑ:n] *vt* repriser
dart [dɑ:t] *n* fléchette *f*; (*in sewing*) pince *f* ▷ *vi*: **to ~ towards** (*also*: **make a dart towards**) se précipiter *or* s'élancer vers; **to ~ away/along** partir/passer comme une flèche
dartboard ['dɑ:tbɔ:d] *n* cible *f* (de jeu de fléchettes)
darts [dɑ:ts] *n* jeu *m* de fléchettes
dash [dæʃ] *n* (*sign*) tiret *m*; (*small quantity*) goutte *f*, larme *f* ▷ *vt* (*throw*) jeter *or* lancer violemment; (*hopes*) anéantir ▷ *vi*: **to ~ towards** (*also*: **make a dash towards**) se précipiter *or* se ruer vers; **a ~ of soda** un peu d'eau gazeuse
▸ **dash away** *vi* partir à toute allure
▸ **dash off** *vi* = **dash away**
dashboard ['dæʃbɔ:d] *n* (*Aut*) tableau *m* de bord
dashing ['dæʃɪŋ] *adj* fringant(e)
dastardly ['dæstədlɪ] *adj* lâche
DAT *n abbr* (= *digital audio tape*) cassette *f* audio digitale
data ['deɪtə] *npl* données *fpl*
database ['deɪtəbeɪs] *n* base *f* de données
data capture *n* saisie *f* de données
data processing *n* traitement *m* (électronique) de l'information
data transmission *n* transmission *f* de données
date [deɪt] *n* date *f*; (*with sb*) rendez-vous *m*; (*fruit*) datte *f* ▷ *vt* dater; (*person*) sortir avec; **what's the ~ today?** quelle date sommes-nous aujourd'hui?; **~ of birth** date de naissance; **closing ~** date de clôture; **to ~** (*adv*) à ce jour; **out of ~** périmé(e); **up to ~** à la page, mis(e) à jour, moderne; **to bring up to ~** (*correspondence, information*) mettre à jour; (*method*) moderniser; (*person*) mettre au courant; **letter ~d 5th July** *or* (*US*) **July 5th** lettre (datée) du 5 juillet
dated ['deɪtɪd] *adj* démodé(e)
dateline ['deɪtlaɪn] *n* ligne *f* de changement de date
date rape *n* viol *m* (*à l'issue d'un rendez-vous galant*)
date stamp *n* timbre-dateur *m*
daub [dɔ:b] *vt* barbouiller
daughter ['dɔ:təʳ] *n* fille *f*
daughter-in-law ['dɔ:tərɪnlɔ:] *n* belle-fille *f*, bru *f*
daunt [dɔ:nt] *vt* intimider, décourager
daunting ['dɔ:ntɪŋ] *adj* décourageant(e), intimidant(e)
dauntless ['dɔ:ntlɪs] *adj* intrépide
dawdle ['dɔ:dl] *vi* traîner, lambiner; **to ~ over one's work** traînasser *or* lambiner sur son travail
dawn [dɔ:n] *n* aube *f*, aurore *f* ▷ *vi* (*day*) se lever, poindre; (*fig*) naître, se faire jour; **at ~** à l'aube; **from ~ to dusk** du matin au soir; **it ~ed on him that ...** il lui vint à l'esprit que ...
dawn chorus *n* (*Brit*) chant *m* des oiseaux à l'aube
day [deɪ] *n* jour *m*; (*as duration*) journée *f*; (*period of time, age*) époque *f*, temps *m*; **the ~ before** la veille, le jour précédent; **the ~ after, the following ~** le lendemain, le jour suivant; **the ~ before yesterday** avant-hier; **the ~ after tomorrow** après-demain; **(on) the ~ that ...** le jour où ...; **~ by ~** jour après jour; **by ~** de jour; **paid by the ~** payé(e) à la journée; **these ~s, in the present ~** de nos jours, à l'heure actuelle
daybook ['deɪbuk] *n* (*Brit*) main courante, brouillard *m*, journal *m*
day boy *n* (*Scol*) externe *m*
daybreak ['deɪbreɪk] *n* point *m* du jour
day-care centre ['deɪkɛə-] *n* (*for elderly etc*)

centre *m* d'accueil de jour; (*for children*) garderie *f*
daydream ['deɪdri:m] *n* rêverie *f* ▷ *vi* rêver (tout éveillé)
day girl *n* (*Scol*) externe *f*
daylight ['deɪlaɪt] *n* (lumière *f* du) jour *m*
daylight robbery *n*: **it's ~** (*fig: inf*) c'est du vol caractérisé *or* manifeste
daylight saving time *n* (*US*) heure *f* d'été
day release *n*: **to be on ~** avoir une journée de congé pour formation professionnelle
day return *n* (*Brit*) billet *m* d'aller-retour (*valable pour la journée*)
day shift *n* équipe *f* de jour
daytime ['deɪtaɪm] *n* jour *m*, journée *f*
day-to-day ['deɪtə'deɪ] *adj* (*routine, expenses*) journalier(-ière); **on a ~ basis** au jour le jour
day trip *n* excursion *f* (d'une journée)
day tripper *n* excursionniste *m/f*
daze [deɪz] *vt* (*drug*) hébéter; (*blow*) étourdir ▷ *n*: **in a ~** hébété(e), étourdi(e)
dazed [deɪzd] *adj* abruti(e)
dazzle ['dæzl] *vt* éblouir, aveugler
dazzling ['dæzlɪŋ] *adj* (*light*) aveuglant(e), éblouissant(e); (*fig*) éblouissant(e)
DC *abbr* (*Elec*) = **direct current**; (*US*) = **District of Columbia**
DD *n abbr* (= *Doctor of Divinity*) *titre universitaire*
dd. *abbr* (*Comm*) = **delivered**
D/D *abbr* = **direct debit**
D-day ['di:deɪ] *n* le jour J
DDS *n abbr* (*US*: = *Doctor of Dental Science*; *Brit*: = *Doctor of Dental Surgery*) *titres universitaires*
DDT *n abbr* (= *dichlorodiphenyl trichloroethane*) DDT *m*
DE *abbr* (*US*) = **Delaware**
DEA *n abbr* (*US*: = *Drug Enforcement Administration*) ≈ brigade *f* des stupéfiants
deacon ['di:kən] *n* diacre *m*
dead [dɛd] *adj* mort(e); (*numb*) engourdi(e), insensible; (*battery*) à plat ▷ *adv* (*completely*) absolument, complètement; (*exactly*) juste; **the dead** *npl* les morts; **he was shot ~** il a été tué d'un coup de revolver; **~ on time** à l'heure pile; **~ tired** éreinté(e), complètement fourbu(e); **to stop ~** s'arrêter pile *or* net; **the line is ~** (*Tel*) la ligne est coupée
dead beat *adj* (*inf*) claqué(e), crevé(e)
deaden [dɛdn] *vt* (*blow, sound*) amortir; (*make numb*) endormir, rendre insensible
dead end *n* impasse *f*
dead-end ['dɛdɛnd] *adj*: **a ~ job** un emploi *or* poste sans avenir
dead heat *n* (*Sport*): **to finish in a ~** terminer ex aequo
dead-letter office [dɛd'lɛtər-] *n* ≈ centre *m* de recherche du courrier
deadline ['dɛdlaɪn] *n* date *f or* heure *f* limite; **to work to a ~** avoir des délais stricts à respecter
deadlock ['dɛdlɔk] *n* impasse *f*; (*fig*)
dead loss *n* (*inf*): **to be a ~** (*person*) n'être bon (bonne à rien); (*thing*) ne rien valoir
deadly ['dɛdlɪ] *adj* mortel(le); (*weapon*) meurtrier(-ière); **~ dull** ennuyeux(-euse) à mourir, mortellement ennuyeux
deadpan ['dɛdpæn] *adj* impassible; (*humour*) pince-sans-rire *inv*
Dead Sea *n*: **the ~** la mer Morte
deaf [dɛf] *adj* sourd(e); **to turn a ~ ear to sth** faire la sourde oreille à qch
deaf-aid ['dɛfeɪd] *n* (*Brit*) appareil auditif
deaf-and-dumb ['dɛfən'dʌm] *adj* sourd(e)-muet(te); **~ alphabet** alphabet *m* des sourds-muets
deafen ['dɛfn] *vt* rendre sourd(e); (*fig*) assourdir
deafening ['dɛfnɪŋ] *adj* assourdissant(e)
deaf-mute ['dɛfmju:t] *n* sourd/e-muet/te
deafness ['dɛfnɪs] *n* surdité *f*
deal [di:l] *n* affaire *f*, marché *m* ▷ *vt* (*pt, pp* **-t**) [dɛlt] (*blow*) porter; (*cards*) donner, distribuer; **to strike a ~ with sb** faire *or* conclure un marché avec qn; **it's a ~!** (*inf*) marché conclu!, tope-là!, topez-là!; **he got a bad ~ from them** ils ont mal agi envers lui; **he got a fair ~ from them** ils ont agi loyalement envers lui; **a good ~** (*a lot*) beaucoup; **a good ~ of, a great ~ of** beaucoup de, énormément de
▸ **deal in** *vt fus* (*Comm*) faire le commerce de, être dans le commerce de
▸ **deal with** *vt fus* (*Comm*) traiter avec; (*handle*) s'occuper *or* se charger de; (*be about: book etc*) traiter de
dealer ['di:ləʳ] *n* (*Comm*) marchand *m*; (*Cards*) donneur *m*
dealership ['di:ləʃɪp] *n* concession *f*
dealings ['di:lɪŋz] *npl* (*in goods, shares*) opérations *fpl*, transactions *fpl*; (*relations*) relations *fpl*, rapports *mpl*
dealt [dɛlt] *pt, pp of* **deal**
dean [di:n] *n* (*Rel, Brit Scol*) doyen *m*; (*US Scol*) conseiller principal (conseillère principale) d'éducation
dear [dɪəʳ] *adj* cher (chère); (*expensive*) cher, coûteux(-euse) ▷ *n*: **my ~** mon cher (ma chère) ▷ *excl*: **~ me!** mon Dieu!; **D~ Sir/Madam** (*in letter*) Monsieur/Madame; **D~ Mr/Mrs X** Cher Monsieur/Chère Madame X
dearly ['dɪəlɪ] *adv* (*love*) tendrement; (*pay*) cher
dearth [də:θ] *n* disette *f*, pénurie *f*
death [dɛθ] *n* mort *f*; (*Admin*) décès *m*
deathbed ['dɛθbɛd] *n* lit *m* de mort
death certificate *n* acte *m* de décès
deathly ['dɛθlɪ] *adj* de mort ▷ *adv* comme la mort
death penalty *n* peine *f* de mort
death rate *n* taux *m* de mortalité
death row [-'rəu] *n* (*US*) quartier *m* des condamnés à mort; **to be on ~** être condamné à la peine de mort
death sentence *n* condamnation *f* à mort
death squad *n* escadron *m* de la mort
death toll *n* nombre *m* de morts
deathtrap ['dɛθtræp] *n* endroit *or* véhicule *etc* dangereux
deb [dɛb] *n abbr* (*inf*) = **debutante**
debar [dɪ'bɑ:ʳ] *vt*: **to ~ sb from a club** *etc* exclure

qn d'un club *etc*; **to ~ sb from doing** interdire à qn de faire
debase [dɪ'beɪs] *vt* (*currency*) déprécier, dévaloriser; (*person*) abaisser, avilir
debatable [dɪ'beɪtəbl] *adj* discutable, contestable; **it is ~ whether ...** il est douteux que ...
debate [dɪ'beɪt] *n* discussion *f*, débat *m* ▷ *vt* discuter, débattre ▷ *vi* (*consider*): **to ~ whether** se demander si
debauchery [dɪ'bɔ:tʃərɪ] *n* débauche *f*
debenture [dɪ'bɛntʃə^r] *n* (*Comm*) obligation *f*
debilitate [dɪ'bɪlɪteɪt] *vt* débiliter
debit ['dɛbɪt] *n* débit *m* ▷ *vt*: **to ~ a sum to sb** *or* **to sb's account** porter une somme au débit de qn, débiter qn d'une somme
debit balance *n* solde débiteur
debit card *n* carte *f* de paiement
debit note *n* note *f* de débit
debrief [di:'bri:f] *vt* demander un compte rendu de fin de mission à
debriefing [di:'bri:fɪŋ] *n* compte rendu *m*
debris ['dɛbri:] *n* débris *mpl*, décombres *mpl*
debt [dɛt] *n* dette *f*; **to be in ~** avoir des dettes, être endetté(e); **bad ~** créance *f* irrécouvrable
debt collector *n* agent *m* de recouvrements
debtor ['dɛtə^r] *n* débiteur(-trice)
debug ['di:'bʌg] *vt* (*Comput*) déboguer
debunk [di:'bʌŋk] *vt* (*theory, claim*) montrer le ridicule de
debut ['deɪbju:] *n* début(s) *m(pl)*
debutante ['dɛbjutænt] *n* débutante *f*
Dec. *abbr* (= *December*) déc
decade ['dɛkeɪd] *n* décennie *f*, décade *f*
decadence ['dɛkədəns] *n* décadence *f*
decadent ['dɛkədənt] *adj* décadent(e)
decaf ['di:kæf] *n* (*inf*) déca *m*
decaffeinated [dɪ'kæfɪneɪtɪd] *adj* décaféiné(e)
decamp [dɪ'kæmp] *vi* (*inf*) décamper, filer
decant [dɪ'kænt] *vt* (*wine*) décanter
decanter [dɪ'kæntə^r] *n* carafe *f*
decarbonize [di:'kɑ:bənaɪz] *vt* (*Aut*) décalaminer
decathlon [dɪ'kæθlən] *n* décathlon *m*
decay [dɪ'keɪ] *n* (*of food, wood etc*) décomposition *f*, pourriture *f*; (*of building*) délabrement *m*; (*fig*) déclin *m*; (*also*: **tooth decay**) carie *f* (dentaire) ▷ *vi* (*rot*) se décomposer, pourrir; (*: teeth*) se carier; (*fig: city, district, building*) se délabrer; (*: civilization*) décliner; (*: system*) tomber en ruine
decease [dɪ'si:s] *n* décès *m*
deceased [dɪ'si:st] *n*: **the ~** le (la) défunt(e)
deceit [dɪ'si:t] *n* tromperie *f*, supercherie *f*
deceitful [dɪ'si:tful] *adj* trompeur(-euse)
deceive [dɪ'si:v] *vt* tromper; **to ~ o.s.** s'abuser
decelerate [di:'sɛləreɪt] *vt, vi* ralentir
December [dɪ'sɛmbə^r] *n* décembre *m*; *for phrases see also* **July**
decency ['di:sənsɪ] *n* décence *f*
decent ['di:sənt] *adj* (*proper*) décent(e), convenable; **they were very ~ about it** ils se sont montrés très chics
decently ['di:səntlɪ] *adv* (*respectably*) décemment, convenablement; (*kindly*) décemment
decentralization [di:sɛntrəlaɪ'zeɪʃən] *n* décentralisation *f*
decentralize [di:'sɛntrəlaɪz] *vt* décentraliser
deception [dɪ'sɛpʃən] *n* tromperie *f*
deceptive [dɪ'sɛptɪv] *adj* trompeur(-euse)
decibel ['dɛsɪbɛl] *n* décibel *m*
decide [dɪ'saɪd] *vt* (*subj: person*) décider; (*question, argument*) trancher, régler ▷ *vi* se décider, décider; **to ~ to do/that** décider de faire/que; **to ~ on** décider, se décider pour; **to ~ on doing** décider de faire; **to ~ against doing** décider de ne pas faire
decided [dɪ'saɪdɪd] *adj* (*resolute*) résolu(e), décidé(e); (*clear, definite*) net(te), marqué(e)
decidedly [dɪ'saɪdɪdlɪ] *adv* résolument; incontestablement, nettement
deciding [dɪ'saɪdɪŋ] *adj* décisif(-ive)
deciduous [dɪ'sɪdjuəs] *adj* à feuilles caduques
decimal ['dɛsɪməl] *adj* décimal(e) ▷ *n* décimale *f*; **to three ~ places** (jusqu')à la troisième décimale
decimalize ['dɛsɪməlaɪz] *vt* (*Brit*) décimaliser
decimal point *n* ≈ virgule *f*
decimate ['dɛsɪmeɪt] *vt* décimer
decipher [dɪ'saɪfə^r] *vt* déchiffrer
decision [dɪ'sɪʒən] *n* décision *f*; **to make a ~** prendre une décision
decisive [dɪ'saɪsɪv] *adj* décisif(-ive); (*influence*) décisif, déterminant(e); (*manner, person*) décidé(e), catégorique; (*reply*) ferme, catégorique
deck [dɛk] *n* (*Naut*) pont *m*; (*of cards*) jeu *m*; (*record deck*) platine *f*; (*of bus*): **top ~** impériale *f*; **to go up on ~** monter sur le pont; **below ~** dans l'entrepont
deckchair ['dɛktʃɛə^r] *n* chaise longue
deck hand *n* matelot *m*
declaration [dɛklə'reɪʃən] *n* déclaration *f*
declare [dɪ'klɛə^r] *vt* déclarer
declassify [di:'klæsɪfaɪ] *vt* rendre accessible au public *or* à tous
decline [dɪ'klaɪn] *n* (*decay*) déclin *m*; (*lessening*) baisse *f* ▷ *vt* refuser, décliner ▷ *vi* décliner; (*business*) baisser; **~ in living standards** baisse du niveau de vie; **to ~ to do sth** refuser (poliment) de faire qch
declutch ['di:'klʌtʃ] *vi* (*Brit*) débrayer
decode ['di:'kəud] *vt* décoder
decoder [di:'kəudə^r] *n* (*Comput, TV*) décodeur *m*
decompose [di:kəm'pəuz] *vi* se décomposer
decomposition [di:kɔmpə'zɪʃən] *n* décomposition *f*
decompression [di:kəm'prɛʃən] *n* décompression *f*
decompression chamber *n* caisson *m* de décompression
decongestant [di:kən'dʒɛstənt] *n* décongestif *m*
decontaminate [di:kən'tæmɪneɪt] *vt*

d

décontaminer
decontrol [di:kən'trəul] *vt* (*prices etc*) libérer
décor ['deɪkɔ:ʳ] *n* décor *m*
decorate ['dɛkəreɪt] *vt* (*adorn, give a medal to*) décorer; (*paint and paper*) peindre et tapisser
decoration [dɛkə'reɪʃən] *n* (*medal etc, adornment*) décoration *f*
decorative ['dɛkərətɪv] *adj* décoratif(-ive)
decorator ['dɛkəreɪtəʳ] *n* peintre *m* en bâtiment
decorum [dɪ'kɔ:rəm] *n* décorum *m*, bienséance *f*
decoy ['di:kɔɪ] *n* piège *m*; **they used him as a ~ for the enemy** ils se sont servis de lui pour attirer l'ennemi
decrease *n* ['di:kri:s] diminution *f* ▷ *vt*, *vi* [di:'kri:s] diminuer; **to be on the ~** diminuer, être en diminution
decreasing [di:'kri:sɪŋ] *adj* en voie de diminution
decree [dɪ'kri:] *n* (*Pol, Rel*) décret *m*; (*Law*) arrêt *m*, jugement *m* ▷ *vt*: **to ~ (that)** décréter (que), ordonner (que); **~ absolute** jugement définitif (de divorce); **~ nisi** jugement provisoire de divorce
decrepit [dɪ'krɛpɪt] *adj* (*person*) décrépit(e); (*building*) délabré(e)
decry [dɪ'kraɪ] *vt* condamner ouvertement, déplorer; (*disparage*) dénigrer, décrier
dedicate ['dɛdɪkeɪt] *vt* consacrer; (*book etc*) dédier
dedicated ['dɛdɪkeɪtɪd] *adj* (*person*) dévoué(e); (*Comput*) spécialisé(e), dédié(e); **~ word processor** station *f* de traitement de texte
dedication [dɛdɪ'keɪʃən] *n* (*devotion*) dévouement *m*; (*in book*) dédicace *f*
deduce [dɪ'dju:s] *vt* déduire, conclure
deduct [dɪ'dʌkt] *vt*: **to ~ sth (from)** déduire qch (de), retrancher qch (de); (*from wage etc*) prélever qch (sur), retenir qch (sur)
deduction [dɪ'dʌkʃən] *n* (*deducting, deducing*) déduction *f*; (*from wage etc*) prélèvement *m*, retenue *f*
deed [di:d] *n* action *f*, acte *m*; (*Law*) acte notarié, contrat *m*; **~ of covenant** (acte *m* de) donation *f*
deem [di:m] *vt* (*formal*) juger, estimer; **to ~ it wise to do** juger bon de faire
deep [di:p] *adj* (*water, sigh, sorrow, thoughts*) profond(e); (*voice*) grave ▷ *adv*: **~ in snow** recouvert(e) d'une épaisse couche de neige; **spectators stood 20 ~** il y avait 20 rangs de spectateurs; **knee-~ in water** dans l'eau jusqu'aux genoux; **4 metres ~** de 4 mètres de profondeur; **how ~ is the water?** l'eau a quelle profondeur?; **he took a ~ breath** il inspira profondément, il prit son souffle
deepen [di:pn] *vt* (*hole*) approfondir ▷ *vi* s'approfondir; (*darkness*) s'épaissir
deepfreeze ['di:p'fri:z] *n* congélateur *m* ▷ *vt* surgeler
deep-fry ['di:p'fraɪ] *vt* faire frire (dans une friteuse)
deeply ['di:plɪ] *adv* profondément; (*dig*) en profondeur; (*regret, interested*) vivement
deep-rooted ['di:p'ru:tɪd] *adj* (*prejudice*) profondément enraciné(e); (*affection*) profond(e); (*habit*) invétéré(e)
deep-sea ['di:p'si:] *adj*: **~ diver** plongeur sous-marin; **~ diving** plongée sous-marine; **~ fishing** pêche hauturière
deep-seated ['di:p'si:tɪd] *adj* (*belief*) profondément enraciné(e)
deep-set ['di:psɛt] *adj* (*eyes*) enfoncé(e)
deep vein thrombosis *n* thrombose *f* veineuse profonde
deer [dɪəʳ] *n* (*pl inv*): **the ~** les cervidés *mpl*; (*Zool*): **(red) ~** cerf *m*; **(fallow) ~** daim *m*; **(roe) ~** chevreuil *m*
deerskin ['dɪəskɪn] *n* peau *f* de daim
deerstalker ['dɪəstɔ:kəʳ] *n* (*person*) chasseur *m* de cerf; (*hat*) casquette *f* à la Sherlock Holmes
deface [dɪ'feɪs] *vt* dégrader; barbouiller rendre illisible
defamation [dɛfə'meɪʃən] *n* diffamation *f*
defamatory [dɪ'fæmətrɪ] *adj* diffamatoire, diffamant(e)
default [dɪ'fɔ:lt] *vi* (*Law*) faire défaut; (*gen*) manquer à ses engagements ▷ *n* (*Comput: also:* **default value**) valeur *f* par défaut; **by ~** (*Law*) par défaut, par contumace; (*Sport*) par forfait; **to ~ on a debt** ne pas s'acquitter d'une dette
defaulter [dɪ'fɔ:ltəʳ] *n* (*on debt*) débiteur défaillant
default option *n* (*Comput*) option *f* par défaut
defeat [dɪ'fi:t] *n* défaite *f* ▷ *vt* (*team, opponents*) battre; (*fig: plans, efforts*) faire échouer
defeatism [dɪ'fi:tɪzəm] *n* défaitisme *m*
defeatist [dɪ'fi:tɪst] *adj*, *n* défaitiste *m/f*
defecate ['dɛfəkeɪt] *vi* déféquer
defect ['di:fɛkt] *n* défaut *m* ▷ *vi* [dɪ'fɛkt]: **to ~ to the enemy/the West** passer à l'ennemi/l'Ouest; **physical ~** malformation *f*, vice *m* de conformation; **mental ~** anomalie *or* déficience mentale
defective [dɪ'fɛktɪv] *adj* défectueux(-euse)
defector [dɪ'fɛktəʳ] *n* transfuge *m/f*
defence, (*US*) **defense** [dɪ'fɛns] *n* défense *f*; **in ~ of** pour défendre; **witness for the ~** témoin *m* à décharge; **the Ministry of D~**, (*US*) **the Department of Defense** le ministère de la Défense nationale
defenceless [dɪ'fɛnslɪs] *adj* sans défense
defend [dɪ'fɛnd] *vt* défendre; (*decision, action, opinion*) justifier, défendre
defendant [dɪ'fɛndənt] *n* défendeur(-deresse); (*in criminal case*) accusé(e), prévenu(e)
defender [dɪ'fɛndəʳ] *n* défenseur *m*
defending champion [dɪ'fɛndɪŋ-] *n* (*Sport*) champion(ne) en titre
defending counsel [dɪ'fɛndɪŋ-] *n* (*Law*) avocat *m* de la défense
defense [dɪ'fɛns] *n* (*US*) = **defence**
defensive [dɪ'fɛnsɪv] *adj* défensif(-ive) ▷ *n* défensive *f*; **on the ~** sur la défensive
defer [dɪ'fə:ʳ] *vt* (*postpone*) différer, ajourner ▷ *vi* (*submit*): **to ~ to sb/sth** déférer à qn/qch, s'en

remettre à qn/qch
deference ['dɛfərəns] *n* déférence *f*, égards *mpl*; **out of** *or* **in ~ to** par déférence *or* égards pour
defiance [dɪ'faɪəns] *n* défi *m*; **in ~ of** au mépris de
defiant [dɪ'faɪənt] *adj* provocant(e), de défi; (*person*) rebelle, intraitable
defiantly [dɪ'faɪəntlɪ] *adv* d'un air (*or* d'un ton) de défi
deficiency [dɪ'fɪʃənsɪ] *n* (*lack*) insuffisance *f*; (*: Med*) carence *f*; (*flaw*) faiblesse *f*; (*Comm*) déficit *m*, découvert *m*
deficiency disease *n* maladie *f* de carence
deficient [dɪ'fɪʃənt] *adj* (*inadequate*) insuffisant(e); (*defective*) défectueux(-euse); **to be ~ in** manquer de
deficit ['dɛfɪsɪt] *n* déficit *m*
defile [dɪ'faɪl] *vt* souiller ▷ *vi* défiler ▷ *n* ['di:faɪl] défilé *m*
define [dɪ'faɪn] *vt* définir
definite ['dɛfɪnɪt] *adj* (*fixed*) défini(e), (bien) déterminé(e); (*clear, obvious*) net(te), manifeste; (*Ling*) défini(e); (*certain*) sûr(e); **he was ~ about it** il a été catégorique; il était sûr de son fait
definitely ['dɛfɪnɪtlɪ] *adv* sans aucun doute
definition [dɛfɪ'nɪʃən] *n* définition *f*; (*clearness*) netteté *f*
definitive [dɪ'fɪnɪtɪv] *adj* définitif(-ive)
deflate [di:'fleɪt] *vt* dégonfler; (*pompous person*) rabattre le caquet à; (*Econ*) provoquer la déflation de; (*: prices*) faire tomber *or* baisser
deflation [di:'fleɪʃən] *n* (*Econ*) déflation *f*
deflationary [di:'fleɪʃənrɪ] *adj* (*Econ*) déflationniste
deflect [dɪ'flɛkt] *vt* détourner, faire dévier
defog ['di:'fɔg] *vt* (*US Aut*) désembuer
defogger ['di:'fɔgə^r] *n* (*US Aut*) dispositif *m* anti-buée *inv*
deform [dɪ'fɔ:m] *vt* déformer
deformed [dɪ'fɔ:md] *adj* difforme
deformity [dɪ'fɔ:mɪtɪ] *n* difformité *f*
defraud [dɪ'frɔ:d] *vt* frauder; **to ~ sb of sth** soutirer qch malhonnêtement à qn; escroquer qch à qn; frustrer qn de qch
defray [dɪ'freɪ] *vt*: **to ~ sb's expenses** défrayer qn (de ses frais), rembourser *or* payer à qn ses frais
defrost [di:'frɔst] *vt* (*fridge*) dégivrer; (*frozen food*) décongeler
deft [dɛft] *adj* adroit(e), preste
defunct [dɪ'fʌŋkt] *adj* défunt(e)
defuse [di:'fju:z] *vt* désamorcer
defy [dɪ'faɪ] *vt* défier; (*efforts etc*) résister à; **it defies description** cela défie toute description
degenerate *vi* [dɪ'dʒɛnəreɪt] dégénérer ▷ *adj* [dɪ'dʒɛnərɪt] dégénéré(e)
degradation [dɛgrə'deɪʃən] *n* dégradation *f*
degrade [dɪ'greɪd] *vt* dégrader
degrading [dɪ'greɪdɪŋ] *adj* dégradant(e)
degree [dɪ'gri:] *n* degré *m*; (*Scol*) diplôme *m* (universitaire); **10 ~s below (zero)** 10 degrés au-dessous de zéro; **a (first) ~ in maths** (*Brit*) une licence en maths; **a considerable ~ of risk** un considérable facteur *or* élément de risque; **by ~s** (*gradually*) par degrés; **to some ~, to a certain ~** jusqu'à un certain point, dans une certaine mesure
dehydrated [di:haɪ'dreɪtɪd] *adj* déshydraté(e); (*milk, eggs*) en poudre
dehydration [di:haɪ'dreɪʃən] *n* déshydratation *f*
de-ice ['di:'aɪs] *vt* (*windscreen*) dégivrer
de-icer ['di:'aɪsə^r] *n* dégivreur *m*
deign [deɪn] *vi*: **to ~ to do** daigner faire
deity ['di:ɪtɪ] *n* divinité *f*; dieu *m*, déesse *f*
déjà vu [deɪʒɑ:'vu:] *n*: **I had a sense of ~** j'ai eu une impression de déjà-vu
dejected [dɪ'dʒɛktɪd] *adj* abattu(e), déprimé(e)
dejection [dɪ'dʒɛkʃən] *n* abattement *m*, découragement *m*
Del. *abbr* (*US*) = **Delaware**
del. *abbr* = **delete**
delay [dɪ'leɪ] *vt* (*journey, operation*) retarder, différer; (*traveller, train*) retarder; (*payment*) différer ▷ *vi* s'attarder ▷ *n* délai *m*, retard *m*; **to be ~ed** être en retard; **without ~** sans délai, sans tarder
delayed-action [dɪ'leɪd'ækʃən] *adj* à retardement
delectable [dɪ'lɛktəbl] *adj* délicieux(-euse)
delegate *n* ['dɛlɪgɪt] délégué(e) ▷ *vt* ['dɛlɪgeɪt] déléguer; **to ~ sth to sb/sb to do sth** déléguer qch à qn/qn pour faire qch
delegation [dɛlɪ'geɪʃən] *n* délégation *f*
delete [dɪ'li:t] *vt* rayer, supprimer; (*Comput*) effacer
Delhi ['dɛlɪ] *n* Delhi
deli ['dɛlɪ] *n* épicerie fine
deliberate *adj* [dɪ'lɪbərɪt] (*intentional*) délibéré(e); (*slow*) mesuré(e) ▷ *vi* [dɪ'lɪbəreɪt] délibérer, réfléchir
deliberately [dɪ'lɪbərɪtlɪ] *adv* (*on purpose*) exprès, délibérément
deliberation [dɪlɪbə'reɪʃən] *n* délibération *f*, réflexion *f*; (*gen pl: discussion*) délibérations, débats *mpl*
delicacy ['dɛlɪkəsɪ] *n* délicatesse *f*; (*choice food*) mets fin *or* délicat, friandise *f*
delicate ['dɛlɪkɪt] *adj* délicat(e)
delicately ['dɛlɪkɪtlɪ] *adv* délicatement; (*act, express*) avec délicatesse, avec tact
delicatessen [dɛlɪkə'tɛsn] *n* épicerie fine
delicious [dɪ'lɪʃəs] *adj* délicieux(-euse), exquis(e)
delight [dɪ'laɪt] *n* (grande) joie, grand plaisir ▷ *vt* enchanter; **she's a ~ to work with** c'est un plaisir de travailler avec elle; **a ~ to the eyes** un régal *or* plaisir pour les yeux; **to take ~ in** prendre grand plaisir à; **to be the ~ of** faire les délices *or* la joie de
delighted [dɪ'laɪtɪd] *adj*: **~ (at** *or* **with sth)** ravi(e) (de qch); **to be ~ to do sth/that** être enchanté(e) *or* ravi(e) de faire qch/que; **I'd be ~** j'en serais enchanté *or* ravi
delightful [dɪ'laɪtful] *adj* (*person*) absolument charmant(e), adorable; (*meal, evening*)

d

merveilleux(-euse)
delimit [di:ˈlɪmɪt] *vt* délimiter
delineate [dɪˈlɪnɪeɪt] *vt* tracer, esquisser; (*fig*) dépeindre, décrire
delinquency [dɪˈlɪŋkwənsɪ] *n* délinquance *f*
delinquent [dɪˈlɪŋkwənt] *adj*, *n* délinquant(e)
delirious [dɪˈlɪrɪəs] *adj* (*Med: fig*) délirant(e); **to be ~** délirer
delirium [dɪˈlɪrɪəm] *n* délire *m*
deliver [dɪˈlɪvəʳ] *vt* (*mail*) distribuer; (*goods*) livrer; (*message*) remettre; (*speech*) prononcer; (*warning, ultimatum*) lancer; (*free*) délivrer; (*Med: baby*) mettre au monde; (*: woman*) accoucher; **to ~ the goods** (*fig*) tenir ses promesses
deliverance [dɪˈlɪvrəns] *n* délivrance *f*, libération *f*
delivery [dɪˈlɪvərɪ] *n* (*of mail*) distribution *f*; (*of goods*) livraison *f*; (*of speaker*) élocution *f*; (*Med*) accouchement *m*; **to take ~ of** prendre livraison de
delivery note *n* bon *m* de livraison
delivery van, (*US*) **delivery truck** *n* fourgonnette *f or* camionnette *f* de livraison
delta [ˈdɛltə] *n* delta *m*
delude [dɪˈlu:d] *vt* tromper, leurrer; **to ~ o.s.** se leurrer, se faire des illusions
deluge [ˈdɛlju:dʒ] *n* déluge *m* ▷ *vt* (*fig*): **to ~ (with)** inonder (de)
delusion [dɪˈlu:ʒən] *n* illusion *f*; **to have ~s of grandeur** être un peu mégalomane
de luxe [dəˈlʌks] *adj* de luxe
delve [dɛlv] *vi*: **to ~ into** fouiller dans
Dem. *abbr* (*US Pol*) = **democrat**; **democratic**
demagogue [ˈdɛməgɔg] *n* démagogue *m/f*
demand [dɪˈmɑ:nd] *vt* réclamer, exiger; (*need*) exiger, requérir ▷ *n* exigence *f*; (*claim*) revendication *f*; (*Econ*) demande *f*; **to ~ sth (from** *or* **of sb)** exiger qch (de qn), réclamer qch (à qn); **in ~** demandé(e), recherché(e); **on ~** sur demande
demanding [dɪˈmɑ:ndɪŋ] *adj* (*person*) exigeant(e); (*work*) astreignant(e)
demarcation [di:mɑ:ˈkeɪʃən] *n* démarcation *f*
demarcation dispute *n* (*Industry*) conflit *m* d'attributions
demean [dɪˈmi:n] *vt*: **to ~ o.s.** s'abaisser
demeanour, (*US*) **demeanor** [dɪˈmi:nəʳ] *n* comportement *m*; maintien *m*
demented [dɪˈmɛntɪd] *adj* dément(e), fou (folle)
demilitarized zone [di:ˈmɪlɪtəraɪzd-] *n* zone démilitarisée
demise [dɪˈmaɪz] *n* décès *m*
demist [di:ˈmɪst] *vt* (*Brit Aut*) désembuer
demister [di:ˈmɪstəʳ] *n* (*Brit Aut*) dispositif *m* anti-buée *inv*
demo [ˈdɛməu] *n abbr* (*inf*) = **demonstration**; (*protest*) manif *f*; (*Comput*) démonstration *f*
demobilize [di:ˈməubɪlaɪz] *vt* démobiliser
democracy [dɪˈmɔkrəsɪ] *n* démocratie *f*
democrat [ˈdɛməkræt] *n* démocrate *m/f*
democratic [dɛməˈkrætɪk] *adj* démocratique; **the D~ Party** (*US*) le parti démocrate
demography [dɪˈmɔgrəfɪ] *n* démographie *f*
demolish [dɪˈmɔlɪʃ] *vt* démolir
demolition [dɛməˈlɪʃən] *n* démolition *f*
demon [ˈdi:mən] *n* démon *m* ▷ *cpd*: **a ~ squash player** un crack en squash; **a ~ driver** un fou du volant
demonstrate [ˈdɛmənstreɪt] *vt* démontrer, prouver; (*show*) faire une démonstration de ▷ *vi*: **to ~ (for/against)** manifester (en faveur de/contre)
demonstration [dɛmənˈstreɪʃən] *n* démonstration *f*; (*Pol etc*) manifestation *f*; **to hold a ~** (*Pol etc*) organiser une manifestation, manifester
demonstrative [dɪˈmɔnstrətɪv] *adj* démonstratif(-ive)
demonstrator [ˈdɛmənstreɪtəʳ] *n* (*Pol etc*) manifestant(e); (*Comm: sales person*) vendeur(-euse); (*: car, computer etc*) modèle *m* de démonstration
demoralize [dɪˈmɔrəlaɪz] *vt* démoraliser
demote [dɪˈməut] *vt* rétrograder
demotion [dɪˈməuʃən] *n* rétrogradation *f*
demur [dɪˈmə:ʳ] *vi*: **to ~ (at sth)** hésiter (devant qch); (*object*) élever des objections (contre qch) ▷ *n*: **without ~** sans hésiter; sans faire de difficultés
demure [dɪˈmjuəʳ] *adj* sage, réservé(e), d'une modestie affectée
demurrage [dɪˈmʌrɪdʒ] *n* droits *mpl* de magasinage; surestarie *f*
den [dɛn] *n* (*of lion*) tanière *f*; (*room*) repaire *m*
denationalization [di:næʃnəlaɪˈzeɪʃən] *n* dénationalisation *f*
denationalize [di:ˈnæʃnəlaɪz] *vt* dénationaliser
denial [dɪˈnaɪəl] *n* (*of accusation*) démenti *m*; (*of rights, guilt, truth*) dénégation *f*
denier [ˈdɛnɪəʳ] *n* denier *m*; **15 ~ stockings** bas de 15 deniers
denigrate [ˈdɛnɪgreɪt] *vt* dénigrer
denim [ˈdɛnɪm] *n* jean *m*; **denims** *npl* (blue-)jeans *mpl*
denim jacket *n* veste *f* en jean
denizen [ˈdɛnɪzn] *n* (*inhabitant*) habitant(e); (*foreigner*) étranger(-ère)
Denmark [ˈdɛnmɑ:k] *n* Danemark *m*
denomination [dɪnɔmɪˈneɪʃən] *n* (*money*) valeur *f*; (*Rel*) confession *f*; culte *m*
denominator [dɪˈnɔmɪneɪtəʳ] *n* dénominateur *m*
denote [dɪˈnəut] *vt* dénoter
denounce [dɪˈnauns] *vt* dénoncer
dense [dɛns] *adj* dense; (*inf: stupid*) obtus(e), dur(e) *or* lent(e) à la comprenette
densely [ˈdɛnslɪ] *adv*: **~ wooded** couvert(e) d'épaisses forêts; **~ populated** à forte densité (de population), très peuplé(e)
density [ˈdɛnsɪtɪ] *n* densité *f*
dent [dɛnt] *n* bosse *f* ▷ *vt* (*also*: **make a dent in**) cabosser; **to make a ~ in** (*fig*) entamer
dental [ˈdɛntl] *adj* dentaire
dental floss [-flɔs] *n* fil *m* dentaire

dental surgeon *n* (chirurgien(ne)) dentiste
dental surgery *n* cabinet *m* de dentiste
dentist ['dɛntɪst] *n* dentiste *m/f*; **~'s surgery** (*Brit*) cabinet *m* de dentiste
dentistry ['dɛntɪstrɪ] *n* art *m* dentaire
dentures ['dɛntʃəz] *npl* dentier *msg*
denunciation [dɪnʌnsɪ'eɪʃən] *n* dénonciation *f*
deny [dɪ'naɪ] *vt* nier; (*refuse*) refuser; (*disown*) renier; **he denies having said it** il nie l'avoir dit
deodorant [di:'əudərənt] *n* désodorisant *m*, déodorant *m*
depart [dɪ'pɑ:t] *vi* partir; **to ~ from** (*leave*) quitter, partir de; (*fig: differ from*) s'écarter de
departed [dɪ'pɑ:tɪd] *adj* (*dead*) défunt(e); **the (dear) ~** le défunt/la défunte/les défunts
department [dɪ'pɑ:tmənt] *n* (*Comm*) rayon *m*; (*Scol*) section *f*; (*Pol*) ministère *m*, département *m*; **that's not my ~** (*fig*) ce n'est pas mon domaine *or* ma compétence, ce n'est pas mon rayon; **D~ of State** (*US*) Département d'État
departmental [di:pɑ:t'mɛntl] *adj* d'une *or* de la section; d'un *or* du ministère, d'un *or* du département; **~ manager** chef *m* de service; (*in shop*) chef de rayon
department store *n* grand magasin
departure [dɪ'pɑ:tʃə^r] *n* départ *m*; (*fig*): **~ from** écart *m* par rapport à; **a new ~** une nouvelle voie
departure lounge *n* salle *f* de départ
depend [dɪ'pɛnd] *vi*: **to ~ (up)on** dépendre de; (*rely on*) compter sur; (*financially*) dépendre (financièrement) de, être à la charge de; **it ~s** cela dépend; **~ing on the result ...** selon le résultat ...
dependable [dɪ'pɛndəbl] *adj* sûr(e), digne de confiance
dependant [dɪ'pɛndənt] *n* personne *f* à charge
dependence [dɪ'pɛndəns] *n* dépendance *f*
dependent [dɪ'pɛndənt] *adj*: **to be ~ (on)** dépendre (de) ▷ *n* = **dependant**
depict [dɪ'pɪkt] *vt* (*in picture*) représenter; (*in words*) (dé)peindre, décrire
depilatory [dɪ'pɪlətrɪ] *n* (*also*: **depilatory cream**) dépilatoire *m*, crème *f* à épiler
depleted [dɪ'pli:tɪd] *adj* (considérablement) réduit(e) *or* diminué(e)
deplorable [dɪ'plɔ:rəbl] *adj* déplorable, lamentable
deplore [dɪ'plɔ:^r] *vt* déplorer
deploy [dɪ'plɔɪ] *vt* déployer
depopulate [di:'pɔpjuleɪt] *vt* dépeupler
depopulation ['di:pɔpju'leɪʃən] *n* dépopulation *f*, dépeuplement *m*
deport [dɪ'pɔ:t] *vt* déporter, expulser
deportation [di:pɔ:'teɪʃən] *n* déportation *f*, expulsion *f*
deportation order *n* arrêté *m* d'expulsion
deportee [di:pɔ:'ti:] *n* déporté(e)
deportment [dɪ'pɔ:tmənt] *n* maintien *m*, tenue *f*
depose [dɪ'pəuz] *vt* déposer
deposit [dɪ'pɔzɪt] *n* (*Chem, Comm, Geo*) dépôt *m*; (*of ore, oil*) gisement *m*; (*part payment*) arrhes *fpl*, acompte *m*; (*on bottle etc*) consigne *f*; (*for hired goods etc*) cautionnement *m*, garantie *f* ▷ *vt* déposer; (*valuables*) mettre *or* laisser en dépôt; **to put down a ~ of £50** verser 50 livres d'arrhes *or* d'acompte; laisser 50 livres en garantie
deposit account *n* compte *m* sur livret
depositor [dɪ'pɔzɪtə^r] *n* déposant(e)
depository [dɪ'pɔzɪtərɪ] *n* (*person*) dépositaire *m/f*; (*place*) dépôt *m*
depot ['dɛpəu] *n* dépôt *m*; (*US: Rail*) gare *f*
depraved [dɪ'preɪvd] *adj* dépravé(e), perverti(e)
depravity [dɪ'prævɪtɪ] *n* dépravation *f*
deprecate ['dɛprɪkeɪt] *vt* désapprouver
deprecating ['dɛprɪkeɪtɪŋ] *adj* (*disapproving*) désapprobateur(-trice); (*apologetic*): **a ~ smile** un sourire d'excuse
depreciate [dɪ'pri:ʃɪeɪt] *vt* déprécier ▷ *vi* se déprécier, se dévaloriser
depreciation [dɪpri:ʃɪ'eɪʃən] *n* dépréciation *f*
depress [dɪ'prɛs] *vt* déprimer; (*press down*) appuyer sur, abaisser; (*wages etc*) faire baisser
depressant [dɪ'prɛsnt] *n* (*Med*) dépresseur *m*
depressed [dɪ'prɛst] *adj* (*person*) déprimé(e), abattu(e); (*area*) en déclin, touché(e) par le sous-emploi; (*Comm: market, trade*) maussade; **to get ~** se démoraliser, se laisser abattre
depressing [dɪ'prɛsɪŋ] *adj* déprimant(e)
depression [dɪ'prɛʃən] *n* (*Econ*) dépression *f*
deprivation [dɛprɪ'veɪʃən] *n* privation *f*; (*loss*) perte *f*
deprive [dɪ'praɪv] *vt*: **to ~ sb of** priver qn de
deprived [dɪ'praɪvd] *adj* déshérité(e)
dept. *abbr* (= *department*) dép, dépt
depth [dɛpθ] *n* profondeur *f*; **in the ~s of** au fond de; au cœur de; au plus profond de; **to be in the ~s of despair** être au plus profond du désespoir; **at a ~ of 3 metres** à 3 mètres de profondeur; **to be out of one's ~** (*Brit: swimmer*) ne plus avoir pied; (*fig*) être dépassé(e), nager; **to study sth in ~** étudier qch en profondeur
depth charge *n* grenade sous-marine
deputation [dɛpju'teɪʃən] *n* députation *f*, délégation *f*
deputize ['dɛpjutaɪz] *vi*: **to ~ for** assurer l'intérim de
deputy ['dɛpjutɪ] *n* (*replacement*) suppléant(e), intérimaire *m/f*; (*second in command*) adjoint(e); (*Pol*) député *m*; (*US: also*: **deputy sheriff**) shérif adjoint ▷ *adj*: **~ chairman** vice-président *m*; **~ head** (*Scol*) directeur(-trice) adjoint(e), sous-directeur(-trice); **~ leader** (*Brit Pol*) vice-président(e), secrétaire adjoint(e)
derail [dɪ'reɪl] *vt* faire dérailler; **to be ~ed** dérailler
derailment [dɪ'reɪlmənt] *n* déraillement *m*
deranged [dɪ'reɪndʒd] *adj*: **to be (mentally) ~** avoir le cerveau dérangé
derby ['də:rbɪ] *n* (*US*) (chapeau *m*) melon *m*
deregulate [dɪ'rɛgjuleɪt] *vt* libérer, dérégler
deregulation [dɪrɛgju'leɪʃən] *n* libération *f*, dérèglement *m*

d

derelict ['dɛrɪlɪkt] *adj* abandonné(e), à l'abandon
deride [dɪ'raɪd] *vt* railler
derision [dɪ'rɪʒən] *n* dérision *f*
derisive [dɪ'raɪsɪv] *adj* moqueur(-euse), railleur(-euse)
derisory [dɪ'raɪsərɪ] *adj* (*sum*) dérisoire; (*smile, person*) moqueur(-euse), railleur(-euse)
derivation [dɛrɪ'veɪʃən] *n* dérivation *f*
derivative [dɪ'rɪvətɪv] *n* dérivé *m* ▷ *adj* dérivé(e)
derive [dɪ'raɪv] *vt*: **to ~ sth from** tirer qch de; trouver qch dans ▷ *vi*: **to ~ from** provenir de, dériver de
dermatitis [də:mə'taɪtɪs] *n* dermatite *f*
dermatology [də:mə'tɔlədʒɪ] *n* dermatologie *f*
derogatory [dɪ'rɔgətərɪ] *adj* désobligeant(e), péjoratif(-ive)
derrick ['dɛrɪk] *n* mât *m* de charge, derrick *m*
derv [də:v] *n* (*Brit*) gas-oil *m*, diesel *m*
DES *n abbr* (*Brit: = Department of Education and Science*) *ministère de l'éducation nationale et des sciences*
desalination [di:sælɪ'neɪʃən] *n* dessalement *m*, dessalage *m*
descend [dɪ'sɛnd] *vt, vi* descendre; **to ~ from** descendre de, être issu(e) de; **to ~ to** s'abaisser à; **in ~ing order of importance** par ordre d'importance décroissante
▶ **descend on** *vt fus* (*enemy, angry person*) tomber *or* sauter sur; (*misfortune*) s'abattre sur; (*gloom, silence*) envahir; **visitors ~ed (up)on us** des gens sont arrivés chez nous à l'improviste
descendant [dɪ'sɛndənt] *n* descendant(e)
descent [dɪ'sɛnt] *n* descente *f*; (*origin*) origine *f*
describe [dɪs'kraɪb] *vt* décrire
description [dɪs'krɪpʃən] *n* description *f*; (*sort*) sorte *f*, espèce *f*; **of every ~** de toutes sortes
descriptive [dɪs'krɪptɪv] *adj* descriptif(-ive)
desecrate ['dɛsɪkreɪt] *vt* profaner
desert [*n* 'dɛzət, *vb* dɪ'zə:t] *n* désert *m* ▷ *vt* déserter, abandonner ▷ *vi* (*Mil*) déserter
deserted [dɪ'zə:tɪd] *adj* désert(e)
deserter [dɪ'zə:tə^r] *n* déserteur *m*
desertion [dɪ'zə:ʃən] *n* désertion *f*
desert island *n* île déserte
deserts [dɪ'zə:ts] *npl*: **to get one's just ~** n'avoir que ce qu'on mérite
deserve [dɪ'zə:v] *vt* mériter
deservedly [dɪ'zə:vɪdlɪ] *adv* à juste titre, à bon droit
deserving [dɪ'zə:vɪŋ] *adj* (*person*) méritant(e); (*action, cause*) méritoire
desiccated ['dɛsɪkeɪtɪd] *adj* séché(e)
design [dɪ'zaɪn] *n* (*sketch*) plan *m*, dessin *m*; (*layout, shape*) conception *f*, ligne *f*; (*pattern*) dessin, motif(s) *m(pl)*; (*of dress, car*) modèle *m*; (*art*) design *m*, stylisme *m*; (*intention*) dessein *m* ▷ *vt* dessiner; (*plan*) concevoir; **to have ~s on** avoir des visées sur; **well-~ed** *adj* bien conçu(e); **industrial ~** esthétique industrielle
design and technology *n* (*Brit: Scol*) technologie *f*
designate *vt* ['dɛzɪgneɪt] désigner ▷ *adj* ['dɛzɪgnɪt] désigné(e)
designation [dɛzɪg'neɪʃən] *n* désignation *f*
designer [dɪ'zaɪnə^r] *n* (*Archit, Art*) dessinateur(-trice); (*Industry*) concepteur *m*, designer *m*; (*Fashion*) styliste *m/f*
desirability [dɪzaɪərə'bɪlɪtɪ] *n* avantage *m*; attrait *m*
desirable [dɪ'zaɪərəbl] *adj* (*property, location, purchase*) attrayant(e); **it is ~ that** il est souhaitable que
desire [dɪ'zaɪə^r] *n* désir *m* ▷ *vt* désirer, vouloir; **to ~ to do sth/that** désirer faire qch/que
desirous [dɪ'zaɪərəs] *adj*: **~ of** désireux(-euse) de
desk [dɛsk] *n* (*in office*) bureau *m*; (*for pupil*) pupitre *m*; (*Brit: in shop, restaurant*) caisse *f*; (*in hotel, at airport*) réception *f*
desktop computer ['dɛsktɔp-] *n* ordinateur *m* de bureau *or* de table
desk-top publishing ['dɛsktɔp-] *n* publication assistée par ordinateur, PAO *f*
desolate ['dɛsəlɪt] *adj* désolé(e)
desolation [dɛsə'leɪʃən] *n* désolation *f*
despair [dɪs'pɛə^r] *n* désespoir *m* ▷ *vi*: **to ~ of** désespérer de; **to be in ~** être au désespoir
despatch [dɪs'pætʃ] *n, vt* = **dispatch**
desperate ['dɛspərɪt] *adj* désespéré(e); (*fugitive*) prêt(e) à tout; (*measures*) désespéré, extrême; **to be ~ for sth/to do sth** avoir désespérément besoin de qch/de faire qch; **we are getting ~** nous commençons à désespérer
desperately ['dɛspərɪtlɪ] *adv* désespérément; (*very*) terriblement, extrêmement; **~ ill** très gravement malade
desperation [dɛspə'reɪʃən] *n* désespoir *m*; **in (sheer) ~** en désespoir de cause
despicable [dɪs'pɪkəbl] *adj* méprisable
despise [dɪs'paɪz] *vt* mépriser, dédaigner
despite [dɪs'paɪt] *prep* malgré, en dépit de
despondent [dɪs'pɔndənt] *adj* découragé(e), abattu(e)
despot ['dɛspɔt] *n* despote *m/f*
dessert [dɪ'zə:t] *n* dessert *m*
dessertspoon [dɪ'zə:tspu:n] *n* cuiller *f* à dessert
destabilize [di:'steɪbɪlaɪz] *vt* déstabiliser
destination [dɛstɪ'neɪʃən] *n* destination *f*
destine ['dɛstɪn] *vt* destiner
destined ['dɛstɪnd] *adj*: **to be ~ to do sth** être destiné(e) à faire qch; **~ for London** à destination de Londres
destiny ['dɛstɪnɪ] *n* destinée *f*, destin *m*
destitute ['dɛstɪtju:t] *adj* indigent(e), dans le dénuement; **~ of** dépourvu(e) *or* dénué(e) de
destroy [dɪs'trɔɪ] *vt* détruire; (*injured horse*) abattre; (*dog*) faire piquer
destroyer [dɪs'trɔɪə^r] *n* (*Naut*) contre-torpilleur *m*
destruction [dɪs'trʌkʃən] *n* destruction *f*
destructive [dɪs'trʌktɪv] *adj* destructeur(-trice)
desultory ['dɛsəltərɪ] *adj* (*reading, conversation*) décousu(e); (*contact*) irrégulier(-ière)
detach [dɪ'tætʃ] *vt* détacher
detachable [dɪ'tætʃəbl] *adj* amovible,

détachable
detached [dɪ'tætʃt] *adj* (*attitude*) détaché(e)
detached house *n* pavillon *m* maison(nette) (individuelle)
detachment [dɪ'tætʃmənt] *n* (*Mil*) détachement *m*; (*fig*) détachement, indifférence *f*
detail ['di:teɪl] *n* détail *m*; (*Mil*) détachement *m* ▷ *vt* raconter en détail, énumérer; (*Mil*): **to ~ sb (for)** affecter qn (à), détacher qn (pour); **in ~** en détail; **to go into ~(s)** entrer dans les détails
detailed ['di:teɪld] *adj* détaillé(e)
detain [dɪ'teɪn] *vt* retenir; (*in captivity*) détenir; (*in hospital*) hospitaliser
detainee [di:teɪ'ni:] *n* détenu(e)
detect [dɪ'tɛkt] *vt* déceler, percevoir; (*Med, Police*) dépister; (*Mil, Radar, Tech*) détecter
detection [dɪ'tɛkʃən] *n* découverte *f*; (*Med, Police*) dépistage *m*; (*Mil, Radar, Tech*) détection *f*; **to escape ~** échapper aux recherches, éviter d'être découvert(e); (*mistake*) passer inaperçu(e); **crime ~** le dépistage des criminels
detective [dɪ'tɛktɪv] *n* agent *m* de la sûreté, policier *m*; **private ~** détective privé
detective story *n* roman policier
detector [dɪ'tɛktə^r] *n* détecteur *m*
détente [deɪ'tɑ:nt] *n* détente *f*
detention [dɪ'tɛnʃən] *n* détention *f*; (*Scol*) retenue *f*, consigne *f*
deter [dɪ'tə:^r] *vt* dissuader
detergent [dɪ'tə:dʒənt] *n* détersif *m*, détergent *m*
deteriorate [dɪ'tɪərɪəreɪt] *vi* se détériorer, se dégrader
deterioration [dɪtɪərɪə'reɪʃən] *n* détérioration *f*
determination [dɪtə:mɪ'neɪʃən] *n* détermination *f*
determine [dɪ'tə:mɪn] *vt* déterminer; **to ~ to do** résoudre de faire, se déterminer à faire
determined [dɪ'tə:mɪnd] *adj* (*person*) déterminé(e), décidé(e); (*quantity*) déterminé, établi(e); (*effort*) très gros(se); **~ to do** bien décidé à faire
deterrence [dɪ'tɛrns] *n* dissuasion *f*
deterrent [dɪ'tɛrənt] *n* effet *m* de dissuasion; force *f* de dissuasion; **to act as a ~** avoir un effet dissuasif
detest [dɪ'tɛst] *vt* détester, avoir horreur de
detestable [dɪ'tɛstəbl] *adj* détestable odieux(-euse)
detonate ['dɛtəneɪt] *vi* exploser ▷ *vt* faire exploser *or* détoner
detonator ['dɛtəneɪtə^r] *n* détonateur *m*
detour ['di:tuə^r] *n* détour *m*; (*US Aut: diversion*) déviation *f*
detract [dɪ'trækt] *vt*: **to ~ from** (*quality, pleasure*) diminuer; (*reputation*) porter atteinte à
detractor [dɪ'træktə^r] *n* détracteur(-trice)
detriment ['dɛtrɪmənt] *n*: **to the ~ of** au détriment de, au préjudice de; **without ~ to** sans porter atteinte *or* préjudice à, sans conséquences fâcheuses pour
detrimental [dɛtrɪ'mɛntl] *adj*: **~ to** préjudiciable *or* nuisible à
deuce [dju:s] *n* (*Tennis*) égalité *f*
devaluation [dɪvælju'eɪʃən] *n* dévaluation *f*
devalue ['di:'vælju:] *vt* dévaluer
devastate ['dɛvəsteɪt] *vt* dévaster; **he was ~d by the news** cette nouvelle lui a porté un coup terrible
devastating ['dɛvəsteɪtɪŋ] *adj* dévastateur(-trice); (*news*) accablant(e)
devastation [dɛvəs'teɪʃən] *n* dévastation *f*
develop [dɪ'vɛləp] *vt* (*gen*) développer; (*disease*) commencer à souffrir de; (*habit*) contracter; (*resources*) mettre en valeur, exploiter; (*land*) aménager ▷ *vi* se développer; (*situation, disease: evolve*) évoluer; (*facts, symptoms: appear*) se manifester, se produire; **can you ~ this film?** pouvez-vous développer cette pellicule?; **to ~ a taste for sth** prendre goût à qch; **to ~ into** devenir
developer [dɪ'vɛləpə^r] *n* (*Phot*) révélateur *m*; (*of land*) promoteur *m*; (*also:* **property developer**) promoteur immobilier
developing country [dɪ'vɛləpɪŋ-] *n* pays *m* en voie de développement
development [dɪ'vɛləpmənt] *n* développement *m*; (*of land*) exploitation *f*; (*new fact, event*) rebondissement *m*, fait(s) nouveau(x)
development area *n* zone *f* à urbaniser
deviate ['di:vɪeɪt] *vi*: **to ~ (from)** dévier (de)
deviation [di:vɪ'eɪʃən] *n* déviation *f*
device [dɪ'vaɪs] *n* (*scheme*) moyen *m*, expédient *m*; (*apparatus*) appareil *m*, dispositif *m*; **explosive ~** engin explosif
devil ['dɛvl] *n* diable *m*; démon *m*
devilish ['dɛvlɪʃ] *adj* diabolique
devil-may-care ['dɛvlmeɪ'kɛə^r] *adj* je-m'en-foutiste
devil's advocate *n*: **to play devil's advocate** se faire avocat du diable
devious ['di:vɪəs] *adj* (*means*) détourné(e); (*person*) sournois(e), dissimulé(e)
devise [dɪ'vaɪz] *vt* imaginer, concevoir
devoid [dɪ'vɔɪd] *adj*: **~ of** dépourvu(e) de, dénué(e) de
devolution [di:və'lu:ʃən] *n* (*Pol*) décentralisation *f*
devolve [dɪ'vɔlv] *vi*: **to ~ (up)on** retomber sur
devote [dɪ'vəut] *vt*: **to ~ sth to** consacrer qch à
devoted [dɪ'vəutɪd] *adj* dévoué(e); **to be ~ to** être dévoué(e) *or* très attaché(e) à; (*book etc*) être consacré(e) à
devotee [dɛvəu'ti:] *n* (*Rel*) adepte *m/f*; (*Mus, Sport*) fervent(e)
devotion [dɪ'vəuʃən] *n* dévouement *m*, attachement *m*; (*Rel*) dévotion *f*, piété *f*
devour [dɪ'vauə^r] *vt* dévorer
devout [dɪ'vaut] *adj* pieux(-euse), dévot(e)
dew [dju:] *n* rosée *f*
dexterity [dɛks'tɛrɪtɪ] *n* dextérité *f*, adresse *f*
DfEE *n abbr* (*Brit:* = *Department for Education and Employment*) Ministère de l'éducation et de l'emploi

dg *abbr* (= *decigram*) dg
diabetes [daɪəˈbiːtiːz] *n* diabète *m*
diabetic [daɪəˈbɛtɪk] *n* diabétique *m/f* ▷ *adj* (*person*) diabétique; (*chocolate, jam*) pour diabétiques
diabolical [daɪəˈbɔlɪkl] *adj* diabolique; (*inf: dreadful*) infernal(e), atroce
diagnose [daɪəgˈnəuz] *vt* diagnostiquer
diagnosis (*pl* **diagnoses**) [daɪəgˈnəusɪs, -siːz] *n* diagnostic *m*
diagonal [daɪˈægənl] *adj* diagonal(e) ▷ *n* diagonale *f*
diagram [ˈdaɪəgræm] *n* diagramme *m*, schéma *m*
dial [ˈdaɪəl] *n* cadran *m* ▷ *vt* (*number*) faire, composer; **to ~ a wrong number** faire un faux numéro; **can I ~ London direct?** puis-je *or* est-ce-que je peux avoir Londres par l'automatique?
dial. *abbr* = **dialect**
dialect [ˈdaɪəlɛkt] *n* dialecte *m*
dialling code [ˈdaɪəlɪŋ-], (US) **dial code** *n* indicatif *m* (téléphonique); **what's the ~ for Paris?** quel est l'indicatif de Paris?
dialling tone [ˈdaɪəlɪŋ-], (US) **dial tone** *n* tonalité *f*
dialogue, (US) **dialog** [ˈdaɪəlɔg] *n* dialogue *m*
dialysis [daɪˈælɪsɪs] *n* dialyse *f*
diameter [daɪˈæmɪtəʳ] *n* diamètre *m*
diametrically [daɪəˈmɛtrɪklɪ] *adv*: **~ opposed (to)** diamétralement opposé(e) (à)
diamond [ˈdaɪəmənd] *n* diamant *m*; (*shape*) losange *m*; **diamonds** *npl* (*Cards*) carreau *m*
diamond ring *n* bague *f* de diamant(s)
diaper [ˈdaɪəpəʳ] *n* (US) couche *f*
diaphragm [ˈdaɪəfræm] *n* diaphragme *m*
diarrhoea, (US) **diarrhea** [daɪəˈriːə] *n* diarrhée *f*
diary [ˈdaɪərɪ] *n* (*daily account*) journal *m*; (*book*) agenda *m*; **to keep a ~** tenir un journal
diatribe [ˈdaɪətraɪb] *n* diatribe *f*
dice [daɪs] *n* (*pl inv*) dé *m* ▷ *vt* (*Culin*) couper en dés *or* en cubes
dicey [ˈdaɪsɪ] *adj* (*inf*): **it's a bit ~** c'est un peu risqué
dichotomy [daɪˈkɔtəmɪ] *n* dichotomie *f*
dickhead [ˈdɪkhɛd] *n* (*Brit inf!*) tête *f* de nœud (*!*)
Dictaphone® [ˈdɪktəfəun] *n* Dictaphone® *m*
dictate [*vb* dɪkˈteɪt, *n* ˈdɪkteɪt] *vt* dicter ▷ *vi*: **to ~ to** (*person*) imposer sa volonté à, régenter; **I won't be ~d to** je n'ai d'ordres à recevoir de personne ▷ *n* injonction *f*
dictation [dɪkˈteɪʃən] *n* dictée *f*; **at ~ speed** à une vitesse de dictée
dictator [dɪkˈteɪtəʳ] *n* dictateur *m*
dictatorship [dɪkˈteɪtəʃɪp] *n* dictature *f*
diction [ˈdɪkʃən] *n* diction *f*, élocution *f*
dictionary [ˈdɪkʃənrɪ] *n* dictionnaire *m*
did [dɪd] *pt of* **do**
didactic [daɪˈdæktɪk] *adj* didactique
didn't [dɪdnt] = **did not**
die [daɪ] *n* (*pl* **dice**) dé *m*; (*pl* **-s**) coin *m*; matrice *f*; étampe *f* ▷ *vi* mourir; **to ~ of** *or* **from** mourir de; **to be dying** être mourant(e); **to be dying for sth** avoir une envie folle de qch; **to be dying to do sth** mourir d'envie de faire qch
▸ **die away** *vi* s'éteindre
▸ **die down** *vi* se calmer, s'apaiser
▸ **die out** *vi* disparaître, s'éteindre
diehard [ˈdaɪhɑːd] *n* réactionnaire *m/f*, jusqu'au-boutiste *m/f*
diesel [ˈdiːzl] *n* (*vehicle*) diesel *m*; (*also*: **diesel oil**) carburant *m* diesel, gas-oil *m*
diesel engine *n* moteur *m* diesel
diesel fuel, diesel oil *n* carburant *m* diesel
diet [ˈdaɪət] *n* alimentation *f*; (*restricted food*) régime *m* ▷ *vi* (*also*: **be on a diet**) suivre un régime; **to live on a ~ of** se nourrir de
dietician [daɪəˈtɪʃən] *n* diététicien(ne)
differ [ˈdɪfəʳ] *vi*: **to ~ from sth** (*be different*) être différent(e) de qch, différer de qch; **to ~ from sb over sth** ne pas être d'accord avec qn au sujet de qch
difference [ˈdɪfrəns] *n* différence *f*; (*quarrel*) différend *m*, désaccord *m*; **it makes no ~ to me** cela m'est égal, cela m'est indifférent; **to settle one's ~s** résoudre la situation
different [ˈdɪfrənt] *adj* différent(e)
differential [dɪfəˈrɛnʃəl] *n* (*Aut, wages*) différentiel *m*
differentiate [dɪfəˈrɛnʃɪeɪt] *vt* différencier ▷ *vi* se différencier; **to ~ between** faire une différence entre
differently [ˈdɪfrəntlɪ] *adv* différemment
difficult [ˈdɪfɪkəlt] *adj* difficile; **~ to understand** difficile à comprendre
difficulty [ˈdɪfɪkəltɪ] *n* difficulté *f*; **to have difficulties with** avoir des ennuis *or* problèmes avec; **to be in ~** avoir des difficultés, avoir des problèmes
diffidence [ˈdɪfɪdəns] *n* manque *m* de confiance en soi, manque d'assurance
diffident [ˈdɪfɪdənt] *adj* qui manque de confiance *or* d'assurance, peu sûr(e) de soi
diffuse *adj* [dɪˈfjuːs] diffus(e) ▷ *vt* [dɪˈfjuːz] diffuser, répandre
dig [dɪg] *vt* (*pt, pp* **dug** [dʌg]) (*hole*) creuser; (*garden*) bêcher ▷ *n* (*prod*) coup *m* de coude; (*fig: remark*) coup de griffe *or* de patte; (*Archaeology*) fouille *f*; **to ~ into** (*snow, soil*) creuser; **to ~ into one's pockets for sth** fouiller dans ses poches pour chercher *or* prendre qch; **to ~ one's nails into** enfoncer ses ongles dans
▸ **dig in** *vi* (*also*: **dig o.s. in**: *Mil*) se retrancher; (: *fig*) tenir bon, se braquer; (*inf: eat*) attaquer (un repas *or* un plat *etc*) ▷ *vt* (*compost*) bien mélanger à la bêche; (*knife, claw*) enfoncer; **to ~ in one's heels** (*fig*) se braquer, se buter
▸ **dig out** *vt* (*survivors, car from snow*) sortir *or* dégager (à coups de pelles *or* pioches)
▸ **dig up** *vt* déterrer
digest *vt* [daɪˈdʒɛst] digérer ▷ *n* [ˈdaɪdʒɛst] sommaire *m*, résumé *m*
digestible [dɪˈdʒɛstəbl] *adj* digestible

digestion [dɪ'dʒɛstʃən] *n* digestion *f*
digestive [dɪ'dʒɛstɪv] *adj* digestif(-ive)
digit ['dɪdʒɪt] *n* (*number*) chiffre *m* (*de 0 à 9*); (*finger*) doigt *m*
digital ['dɪdʒɪtl] *adj* (*system, recording, radio*) numérique, digital(e); (*watch*) à affichage numérique *or* digital
digital camera *n* appareil *m* photo numérique
digital compact cassette *n* cassette *f* numérique
digital TV *n* télévision *f* numérique
dignified ['dɪgnɪfaɪd] *adj* digne
dignitary ['dɪgnɪtərɪ] *n* dignitaire *m*
dignity ['dɪgnɪtɪ] *n* dignité *f*
digress [daɪ'grɛs] *vi*: **to ~ from** s'écarter de, s'éloigner de
digression [daɪ'grɛʃən] *n* digression *f*
digs [dɪgz] *npl* (*Brit inf*) piaule *f*, chambre meublée
dilapidated [dɪ'læpɪdeɪtɪd] *adj* délabré(e)
dilate [daɪ'leɪt] *vt* dilater ▷ *vi* se dilater
dilatory ['dɪlətərɪ] *adj* dilatoire
dilemma [daɪ'lɛmə] *n* dilemme *m*; **to be in a ~** être pris dans un dilemme
diligent ['dɪlɪdʒənt] *adj* appliqué(e), assidu(e)
dill [dɪl] *n* aneth *m*
dilly-dally ['dɪlɪ'dælɪ] *vi* hésiter, tergiverser; traînasser, lambiner
dilute [daɪ'lu:t] *vt* diluer ▷ *adj* dilué(e)
dim [dɪm] *adj* (*light, eyesight*) faible; (*memory, outline*) vague, indécis(e); (*room*) sombre; (*inf: stupid*) borné(e), obtus(e) ▷ *vt* (*light*) réduire, baisser; (*US Aut*) mettre en code, baisser; **to take a ~ view of sth** voir qch d'un mauvais œil
dime [daɪm] *n* (*US*) pièce *f* de 10 cents
dimension [daɪ'mɛnʃən] *n* dimension *f*
-dimensional [dɪ'mɛnʃənl] *adj suffix*: **two~** à deux dimensions
diminish [dɪ'mɪnɪʃ] *vt, vi* diminuer
diminished [dɪ'mɪnɪʃt] *adj*: **~ responsibility** (*Law*) responsabilité atténuée
diminutive [dɪ'mɪnjutɪv] *adj* minuscule, tout(e) petit(e) ▷ *n* (*Ling*) diminutif *m*
dimly ['dɪmlɪ] *adv* faiblement; vaguement
dimmer ['dɪmə^r] *n* (*also*: **dimmer switch**) variateur *m*; **dimmers** *npl* (*US Aut: dipped headlights*) phares *mpl*, code *inv*; (*parking lights*) feux *mpl* de position
dimple ['dɪmpl] *n* fossette *f*
dim-witted ['dɪm'wɪtɪd] *adj* (*inf*) stupide, borné(e)
din [dɪn] *n* vacarme *m* ▷ *vt*: **to ~ sth into sb** (*inf*) enfoncer qch dans la tête *or* la caboche de qn
dine [daɪn] *vi* dîner
diner ['daɪnə^r] *n* (*person*) dîneur(-euse); (*Rail*) = **dining car**; (*US: eating place*) petit restaurant
dinghy ['dɪŋgɪ] *n* youyou *m*; (*inflatable*) canot *m* pneumatique; (*also*: **sailing dinghy**) voilier *m*, dériveur *m*
dingy ['dɪndʒɪ] *adj* miteux(-euse), minable
dining car ['daɪnɪŋ-] *n* (*Brit*) voiture-restaurant *f*, wagon-restaurant *m*
dining room ['daɪnɪŋ-] *n* salle *f* à manger
dining table [daɪnɪŋ-] *n* table *f* de (la) salle à manger
dinner ['dɪnə^r] *n* (*evening meal*) dîner *m*; (*lunch*) déjeuner *m*; (*public*) banquet *m*; **~'s ready!** à table!
dinner jacket *n* smoking *m*
dinner party *n* dîner *m*
dinner time *n* (*evening*) heure *f* du dîner; (*midday*) heure du déjeuner
dinosaur ['daɪnəsɔ:^r] *n* dinosaure *m*
dint [dɪnt] *n*: **by ~ of (doing) sth** à force de (faire) qch
diocese ['daɪəsɪs] *n* diocèse *m*
dioxide [daɪ'ɔksaɪd] *n* dioxyde *m*
Dip. *abbr* (*Brit*) = **diploma**
dip [dɪp] *n* (*slope*) déclivité *f*; (*in sea*) baignade *f*, bain *m*; (*Culin*) ≈ sauce *f* ▷ *vt* tremper, plonger; (*Brit Aut: lights*) mettre en code, baisser ▷ *vi* plonger
diphtheria [dɪf'θɪərɪə] *n* diphtérie *f*
diphthong ['dɪfθɔŋ] *n* diphtongue *f*
diploma [dɪ'pləumə] *n* diplôme *m*
diplomacy [dɪ'pləuməsɪ] *n* diplomatie *f*
diplomat ['dɪpləmæt] *n* diplomate *m*
diplomatic [dɪplə'mætɪk] *adj* diplomatique; **to break off ~ relations (with)** rompre les relations diplomatiques (avec)
diplomatic corps *n* corps *m* diplomatique
diplomatic immunity *n* immunité *f* diplomatique
dipstick ['dɪpstɪk] *n* (*Brit Aut*) jauge *f* de niveau d'huile
dipswitch ['dɪpswɪtʃ] *n* (*Brit Aut*) commutateur *m* de code
dire [daɪə^r] *adj* (*poverty*) extrême; (*awful*) affreux(-euse)
direct [daɪ'rɛkt] *adj* direct(e); (*manner, person*) direct, franc (franche) ▷ *vt* (*tell way*) diriger, orienter; (*letter, remark*) adresser; (*Cine, TV*) réaliser; (*Theat*) mettre en scène; (*order*): **to ~ sb to do sth** ordonner à qn de faire qch ▷ *adv* directement; **can you ~ me to ...?** pouvez-vous m'indiquer le chemin de ...?
direct cost *n* (*Comm*) coût *m* variable
direct current *n* (*Elec*) courant continu
direct debit *n* (*Brit Banking*) prélèvement *m* automatique
direct dialling *n* (*Tel*) automatique *m*
direct hit *n* (*Mil*) coup *m* au but, touché *m*
direction [dɪ'rɛkʃən] *n* direction *f*; (*Theat*) mise *f* en scène; (*Cine, TV*) réalisation *f*; **directions** *npl* (*to a place*) indications *fpl*; **~s for use** mode *m* d'emploi; **to ask for ~s** demander sa route *or* son chemin; **sense of ~** sens *m* de l'orientation; **in the ~ of** dans la direction de, vers
directive [dɪ'rɛktɪv] *n* directive *f*; **a government ~** une directive du gouvernement
direct labour *n* main-d'œuvre directe; employés municipaux
directly [dɪ'rɛktlɪ] *adv* (*in straight line*) directement, tout droit; (*at once*) tout de suite,

immédiatement
direct mail *n* vente *f* par publicité directe
direct mailshot *n* (*Brit*) publicité postale
directness [daɪ'rɛktnɪs] *n* (*of person, speech*) franchise *f*
director [dɪ'rɛktəʳ] *n* directeur *m*; (*board member*) administrateur *m*; (*Theat*) metteur *m* en scène; (*Cine, TV*) réalisateur(-trice); **D~ of Public Prosecutions** (*Brit*) ≈ procureur général
directory [dɪ'rɛktərɪ] *n* annuaire *m*; (*also*: **street directory**) indicateur *m* de rues; (*also*: **trade directory**) annuaire du commerce; (*Comput*) répertoire *m*
directory enquiries, (*US*) **directory assistance** *n* (*Tel*: *service*) renseignements *mpl*
dirt [də:t] *n* saleté *f*; (*mud*) boue *f*; **to treat sb like ~** traiter qn comme un chien
dirt-cheap ['də:t'tʃi:p] *adj* (ne) coûtant presque rien
dirt road *n* chemin non macadamisé *or* non revêtu
dirty ['də:tɪ] *adj* sale; (*joke*) cochon(ne) ▷ *vt* salir; **~ story** histoire cochonne; **~ trick** coup tordu
disability [dɪsə'bɪlɪtɪ] *n* invalidité *f*, infirmité *f*
disability allowance *n* allocation *f* d'invalidité *or* d'infirmité
disable [dɪs'eɪbl] *vt* (*illness, accident*) rendre *or* laisser infirme; (*tank, gun*) mettre hors d'action
disabled [dɪs'eɪbld] *adj* handicapé(e); (*maimed*) mutilé(e); (*through illness, old age*) impotent(e)
disadvantage [dɪsəd'vɑ:ntɪdʒ] *n* désavantage *m*, inconvénient *m*
disadvantaged [dɪsəd'vɑ:ntɪdʒd] *adj* (*person*) désavantagé(e)
disadvantageous [dɪsædvɑ:n'teɪdʒəs] *adj* désavantageux(-euse)
disaffected [dɪsə'fɛktɪd] *adj*: **~ (to** *or* **towards)** mécontent(e) (de)
disaffection [dɪsə'fɛkʃən] *n* désaffection *f*, mécontentement *m*
disagree [dɪsə'gri:] *vi* (*differ*) ne pas concorder; (*be against, think otherwise*): **to ~ (with)** ne pas être d'accord (avec); **garlic ~s with me** l'ail ne me convient pas, je ne supporte pas l'ail
disagreeable [dɪsə'gri:əbl] *adj* désagréable
disagreement [dɪsə'gri:mənt] *n* désaccord *m*, différend *m*
disallow ['dɪsə'lau] *vt* rejeter, désavouer; (*Brit Football*: *goal*) refuser
disappear [dɪsə'pɪəʳ] *vi* disparaître
disappearance [dɪsə'pɪərəns] *n* disparition *f*
disappoint [dɪsə'pɔɪnt] *vt* décevoir
disappointed [dɪsə'pɔɪntɪd] *adj* déçu(e)
disappointing [dɪsə'pɔɪntɪŋ] *adj* décevant(e)
disappointment [dɪsə'pɔɪntmənt] *n* déception *f*
disapproval [dɪsə'pru:vəl] *n* désapprobation *f*
disapprove [dɪsə'pru:v] *vi*: **to ~ of** désapprouver
disapproving [dɪsə'pru:vɪŋ] *adj* désapprobateur(-trice), de désapprobation
disarm [dɪs'ɑ:m] *vt* désarmer
disarmament [dɪs'ɑ:məmənt] *n* désarmement *m*
disarming [dɪs'ɑ:mɪŋ] *adj* (*smile*) désarmant(e)
disarray [dɪsə'reɪ] *n* désordre *m*, confusion *f*; **in ~** (*troops*) en déroute; (*thoughts*) embrouillé(e); (*clothes*) en désordre; **to throw into ~** semer la confusion *or* le désordre dans (*or* parmi)
disaster [dɪ'zɑ:stəʳ] *n* catastrophe *f*, désastre *m*
disastrous [dɪ'zɑ:strəs] *adj* désastreux(-euse)
disband [dɪs'bænd] *vt* démobiliser; disperser ▷ *vi* se séparer; se disperser
disbelief ['dɪsbə'li:f] *n* incrédulité *f*; **in ~** avec incrédulité
disbelieve ['dɪsbə'li:v] *vt* (*person*) ne pas croire; (*story*) mettre en doute; **I don't ~ you** je veux bien vous croire
disc [dɪsk] *n* disque *m*; (*Comput*) = **disk**
disc. *abbr* (*Comm*) = **discount**
discard [dɪs'kɑ:d] *vt* (*old things*) se débarrasser de, mettre au rencart *or* au rebut; (*fig*) écarter, renoncer à
disc brake *n* frein *m* à disque
discern [dɪ'sə:n] *vt* discerner, distinguer
discernible [dɪ'sə:nəbl] *adj* discernable, perceptible; (*object*) visible
discerning [dɪ'sə:nɪŋ] *adj* judicieux(-euse), perspicace
discharge *vt* [dɪs'tʃɑ:dʒ] (*duties*) s'acquitter de; (*settle*: *debt*) s'acquitter de, régler; (*waste etc*) déverser; décharger; (*Elec, Med*) émettre; (*patient*) renvoyer (chez lui); (*employee, soldier*) congédier, licencier; (*defendant*) relaxer, élargir ▷ *n* ['dɪstʃɑ:dʒ] (*Elec, Med*) émission *f*; (*also*: **vaginal discharge**) pertes blanches; (*dismissal*) renvoi *m*; licenciement *m*; élargissement *m*; **to ~ one's gun** faire feu; **~d bankrupt** failli(e), réhabilité(e)
disciple [dɪ'saɪpl] *n* disciple *m*
disciplinary ['dɪsɪplɪnərɪ] *adj* disciplinaire; **to take ~ action against sb** prendre des mesures disciplinaires à l'encontre de qn
discipline ['dɪsɪplɪn] *n* discipline *f* ▷ *vt* discipliner; (*punish*) punir; **to ~ o.s. to do sth** s'imposer *or* s'astreindre à une discipline pour faire qch
disc jockey *n* disque-jockey *m* (DJ)
disclaim [dɪs'kleɪm] *vt* désavouer, dénier
disclaimer [dɪs'kleɪməʳ] *n* démenti *m*, dénégation *f*; **to issue a ~** publier un démenti
disclose [dɪs'kləuz] *vt* révéler, divulguer
disclosure [dɪs'kləuʒəʳ] *n* révélation *f*, divulgation *f*
disco ['dɪskəu] *n abbr* discothèque *f*
discolour, (*US*) **discolor** [dɪs'kʌləʳ] *vt* décolorer; (*sth white*) jaunir ▷ *vi* se décolorer; jaunir
discolouration, (*US*) **discoloration** [dɪskʌlə'reɪʃən] *n* décoloration *f*; jaunissement *m*
discoloured, (*US*) **discolored** [dɪs'kʌləd] *adj* décoloré(e), jauni(e)
discomfort [dɪs'kʌmfət] *n* malaise *m*, gêne *f*; (*lack of comfort*) manque *m* de confort
disconcert [dɪskən'sə:t] *vt* déconcerter,

décontenancer
disconnect [dɪskə'nɛkt] *vt* détacher; (*Elec, Radio*) débrancher; (*gas, water*) couper
disconnected [dɪskə'nɛktɪd] *adj* (*speech, thoughts*) décousu(e), peu cohérent(e)
disconsolate [dɪs'kɔnsəlɪt] *adj* inconsolable
discontent [dɪskən'tɛnt] *n* mécontentement *m*
discontented [dɪskən'tɛntɪd] *adj* mécontent(e)
discontinue [dɪskən'tɪnjuː] *vt* cesser, interrompre; **"~d"** (*Comm*) "fin de série"
discord ['dɪskɔːd] *n* discorde *f*, dissension *f*; (*Mus*) dissonance *f*
discordant [dɪs'kɔːdənt] *adj* discordant(e), dissonant(e)
discount *n* ['dɪskaunt] remise *f*, rabais *m* ▷ *vt* [dɪs'kaunt] (*report etc*) ne pas tenir compte de; **to give sb a ~ on sth** faire une remise *or* un rabais à qn sur qch; **~ for cash** escompte *f* au comptant; **at a ~** avec une remise *or* réduction, au rabais
discount house *n* (*Finance*) banque *f* d'escompte; (*Comm: also:* **discount store**) magasin *m* de discount
discount rate *n* taux *m* de remise
discourage [dɪs'kʌrɪdʒ] *vt* décourager; (*dissuade, deter*) dissuader, décourager
discouragement [dɪs'kʌrɪdʒmənt] *n* (*depression*) découragement *m*; **to act as a ~ to sb** dissuader qn
discouraging [dɪs'kʌrɪdʒɪŋ] *adj* décourageant(e)
discourteous [dɪs'kəːtɪəs] *adj* incivil(e), discourtois(e)
discover [dɪs'kʌvəʳ] *vt* découvrir
discovery [dɪs'kʌvərɪ] *n* découverte *f*
discredit [dɪs'krɛdɪt] *vt* (*idea*) mettre en doute; (*person*) discréditer ▷ *n* discrédit *m*
discreet [dɪ'skriːt] *adj* discret(-ète)
discreetly [dɪ'skriːtlɪ] *adv* discrètement
discrepancy [dɪ'skrɛpənsɪ] *n* divergence *f*, contradiction *f*
discretion [dɪ'skrɛʃən] *n* discrétion *f*; **at the ~ of** à la discrétion de; **use your own ~** à vous de juger
discretionary [dɪ'skrɛʃənrɪ] *adj* (*powers*) discrétionnaire
discriminate [dɪ'skrɪmɪneɪt] *vi*: **to ~ between** établir une distinction entre, faire la différence entre; **to ~ against** pratiquer une discrimination contre
discriminating [dɪ'skrɪmɪneɪtɪŋ] *adj* qui a du discernement
discrimination [dɪskrɪmɪ'neɪʃən] *n* discrimination *f*; (*judgment*) discernement *m*; **racial/sexual ~** discrimination raciale/sexuelle
discus ['dɪskəs] *n* disque *m*
discuss [dɪ'skʌs] *vt* discuter de; (*debate*) discuter
discussion [dɪ'skʌʃən] *n* discussion *f*; **under ~** en discussion
disdain [dɪs'deɪn] *n* dédain *m*
disease [dɪ'ziːz] *n* maladie *f*
diseased [dɪ'ziːzd] *adj* malade
disembark [dɪsɪm'bɑːk] *vt, vi* débarquer
disembarkation [dɪsɛmbɑː'keɪʃən] *n* débarquement *m*
disembodied ['dɪsɪm'bɔdɪd] *adj* désincarné(e)
disembowel ['dɪsɪm'bauəl] *vt* éviscérer, étriper
disenchanted ['dɪsɪn'tʃɑːntɪd] *adj*: **~ (with)** désenchanté(e) (de), désabusé(e) (de)
disenfranchise ['dɪsɪn'fræntʃaɪz] *vt* priver du droit de vote; (*Comm*) retirer la franchise à
disengage [dɪsɪn'geɪdʒ] *vt* dégager; (*Tech*) déclencher; **to ~ the clutch** (*Aut*) débrayer
disentangle [dɪsɪn'tæŋgl] *vt* démêler
disfavour, (*US*) **disfavor** [dɪs'feɪvəʳ] *n* défaveur *f*; disgrâce *f*
disfigure [dɪs'fɪgəʳ] *vt* défigurer
disgorge [dɪs'gɔːdʒ] *vt* déverser
disgrace [dɪs'greɪs] *n* honte *f*; (*disfavour*) disgrâce *f* ▷ *vt* déshonorer, couvrir de honte
disgraceful [dɪs'greɪsful] *adj* scandaleux(-euse), honteux(-euse)
disgruntled [dɪs'grʌntld] *adj* mécontent(e)
disguise [dɪs'gaɪz] *n* déguisement *m* ▷ *vt* déguiser; (*voice*) déguiser, contrefaire; (*feelings etc*) masquer, dissimuler; **in ~** déguisé(e); **to ~ o.s. as** se déguiser en; **there's no disguising the fact that ...** on ne peut pas se dissimuler que ...
disgust [dɪs'gʌst] *n* dégoût *m*, aversion *f* ▷ *vt* dégoûter, écœurer
disgusted [dɪs'gʌstɪd] *adj* dégoûté(e), écœuré(e)
disgusting [dɪs'gʌstɪŋ] *adj* dégoûtant(e), révoltant(e)
dish [dɪʃ] *n* plat *m*; **to do** *or* **wash the ~es** faire la vaisselle
▸ **dish out** *vt* distribuer
▸ **dish up** *vt* servir; (*facts, statistics*) sortir, débiter
dishcloth ['dɪʃklɔθ] *n* (*for drying*) torchon *m*; (*for washing*) lavette *f*
dishearten [dɪs'hɑːtn] *vt* décourager
dishevelled, (*US*) **disheveled** [dɪ'ʃɛvəld] *adj* ébouriffé(e), décoiffé(e), débraillé(e)
dishonest [dɪs'ɔnɪst] *adj* malhonnête
dishonesty [dɪs'ɔnɪstɪ] *n* malhonnêteté *f*
dishonour, (*US*) **dishonor** [dɪs'ɔnəʳ] *n* déshonneur *m*
dishonourable, (*US*) **dishonorable** [dɪs'ɔnərəbl] *adj* déshonorant(e)
dish soap *n* (*US*) produit *m* pour la vaisselle
dishtowel ['dɪʃtauəl] *n* (*US*) torchon *m* (à vaisselle)
dishwasher ['dɪʃwɔʃəʳ] *n* lave-vaisselle *m*; (*person*) plongeur(-euse)
dishy ['dɪʃɪ] *adj* (*Brit inf*) séduisant(e), sexy *inv*
disillusion [dɪsɪ'luːʒən] *vt* désabuser, désenchanter ▷ *n* désenchantement *m*; **to become ~ed (with)** perdre ses illusions (en ce qui concerne)
disillusionment [dɪsɪ'luːʒənmənt] *n* désillusionnement *m*, désillusion *f*
disincentive [dɪsɪn'sɛntɪv] *n*: **it's a ~** c'est démotivant; **to be a ~ to sb** démotiver qn
disinclined ['dɪsɪn'klaɪnd] *adj*: **to be ~ to do sth**

être peu disposé(e) *or* peu enclin(e) à faire qch
disinfect [dɪsɪn'fɛkt] *vt* désinfecter
disinfectant [dɪsɪn'fɛktənt] *n* désinfectant *m*
disinflation [dɪsɪn'fleɪʃən] *n* désinflation *f*
disinformation [dɪsɪnfə'meɪʃən] *n* désinformation *f*
disinherit [dɪsɪn'hɛrɪt] *vt* déshériter
disintegrate [dɪs'ɪntɪgreɪt] *vi* se désintégrer
disinterested [dɪs'ɪntrəstɪd] *adj* désintéressé(e)
disjointed [dɪs'dʒɔɪntɪd] *adj* décousu(e), incohérent(e)
disk [dɪsk] *n* (*Comput*) disquette *f*; **single-/double-sided ~** disquette une face/double face
disk drive *n* lecteur *m* de disquette
diskette [dɪs'kɛt] *n* (*Comput*) disquette *f*
disk operating system *n* système *m* d'exploitation à disques
dislike [dɪs'laɪk] *n* aversion *f*, antipathie *f* ▷ *vt* ne pas aimer; **to take a ~ to sb/sth** prendre qn/qch en grippe; **I ~ the idea** l'idée me déplaît
dislocate ['dɪsləkeɪt] *vt* disloquer, déboîter; (*services etc*) désorganiser; **he has ~d his shoulder** il s'est disloqué l'épaule
dislodge [dɪs'lɔdʒ] *vt* déplacer, faire bouger; (*enemy*) déloger
disloyal [dɪs'lɔɪəl] *adj* déloyal(e)
dismal ['dɪzml] *adj* (*gloomy*) lugubre, maussade; (*very bad*) lamentable
dismantle [dɪs'mæntl] *vt* démonter; (*fort, warship*) démanteler
dismast [dɪs'mɑːst] *vt* démâter
dismay [dɪs'meɪ] *n* consternation *f* ▷ *vt* consterner; **much to my ~** à ma grande consternation, à ma grande inquiétude
dismiss [dɪs'mɪs] *vt* congédier, renvoyer; (*idea*) écarter; (*Law*) rejeter ▷ *vi* (*Mil*) rompre les rangs
dismissal [dɪs'mɪsl] *n* renvoi *m*
dismount [dɪs'maunt] *vi* mettre pied à terre
disobedience [dɪsə'biːdɪəns] *n* désobéissance *f*
disobedient [dɪsə'biːdɪənt] *adj* désobéissant(e), indiscipliné(e)
disobey [dɪsə'beɪ] *vt* désobéir à; (*rule*) transgresser, enfreindre
disorder [dɪs'ɔːdə[r]] *n* désordre *m*; (*rioting*) désordres *mpl*; (*Med*) troubles *mpl*
disorderly [dɪs'ɔːdəlɪ] *adj* (*room*) en désordre; (*behaviour, retreat, crowd*) désordonné(e)
disorderly conduct *n* (*Law*) conduite *f* contraire aux bonnes mœurs
disorganized [dɪs'ɔːgənaɪzd] *adj* désorganisé(e)
disorientated [dɪs'ɔːrɪɛnteɪtɪd] *adj* désorienté(e)
disown [dɪs'əun] *vt* renier
disparaging [dɪs'pærɪdʒɪŋ] *adj* désobligeant(e); **to be ~ about sb/sth** faire des remarques désobligeantes sur qn/qch
disparate ['dɪspərɪt] *adj* disparate
disparity [dɪs'pærɪtɪ] *n* disparité *f*
dispassionate [dɪs'pæʃənət] *adj* calme, froid(e), impartial(e), objectif(-ive)
dispatch [dɪs'pætʃ] *vt* expédier, envoyer; (*deal with: business*) régler, en finir avec ▷ *n* envoi *m*, expédition *f*; (*Mil, Press*) dépêche *f*
dispatch department *n* service *m* des expéditions
dispatch rider *n* (*Mil*) estafette *f*
dispel [dɪs'pɛl] *vt* dissiper, chasser
dispensary [dɪs'pɛnsərɪ] *n* pharmacie *f*; (*in chemist's*) officine *f*
dispense [dɪs'pɛns] *vt* distribuer, administrer; (*medicine*) préparer (et vendre); **to ~ sb from** dispenser qn de
▶ **dispense with** *vt fus* se passer de; (*make unnecessary*) rendre superflu(e)
dispenser [dɪs'pɛnsə[r]] *n* (*device*) distributeur *m*
dispensing chemist [dɪs'pɛnsɪŋ-] *n* (*Brit*) pharmacie *f*
dispersal [dɪs'pəːsl] *n* dispersion *f*; (*Admin*) déconcentration *f*
disperse [dɪs'pəːs] *vt* disperser; (*knowledge*) disséminer ▷ *vi* se disperser
dispirited [dɪs'pɪrɪtɪd] *adj* découragé(e), déprimé(e)
displace [dɪs'pleɪs] *vt* déplacer
displaced person [dɪs'pleɪst-] *n* (*Pol*) personne déplacée
displacement [dɪs'pleɪsmənt] *n* déplacement *m*
display [dɪs'pleɪ] *n* (*of goods*) étalage *m*; affichage *m*; (*Comput: information*) visualisation *f*; (*: device*) visuel *m*; (*of feeling*) manifestation *f*; (*pej*) ostentation *f*; (*show, spectacle*) spectacle *m*; (*military display*) parade *f* militaire ▷ *vt* montrer; (*goods*) mettre à l'étalage, exposer; (*results, departure times*) afficher; (*pej*) faire étalage de; **on ~** (*exhibits*) exposé(e), exhibé(e); (*goods*) à l'étalage
display advertising *n* publicité rédactionnelle
displease [dɪs'pliːz] *vt* mécontenter, contrarier; **~d with** mécontent(e) de
displeasure [dɪs'plɛʒə[r]] *n* mécontentement *m*
disposable [dɪs'pəuzəbl] *adj* (*pack etc*) jetable; (*income*) disponible; **~ nappy** (*Brit*) couche *f* à jeter, couche-culotte *f*
disposal [dɪs'pəuzl] *n* (*of rubbish*) évacuation *f*, destruction *f*; (*of property etc: by selling*) vente *f*; (*: by giving away*) cession *f*; (*availability, arrangement*) disposition *f*; **at one's ~** à sa disposition; **to put sth at sb's ~** mettre qch à la disposition de qn
dispose [dɪs'pəuz] *vt* disposer ▷ *vi*: **to ~ of** (*time, money*) disposer de; (*unwanted goods*) se débarrasser de, se défaire de; (*Comm: stock*) écouler, vendre; (*problem*) expédier
disposed [dɪs'pəuzd] *adj*: **~ to do** disposé(e) à faire
disposition [dɪspə'zɪʃən] *n* disposition *f*; (*temperament*) naturel *m*
dispossess ['dɪspə'zɛs] *vt*: **to ~ sb (of)** déposséder qn (de)
disproportion [dɪsprə'pɔːʃən] *n* disproportion *f*
disproportionate [dɪsprə'pɔːʃənət] *adj* disproportionné(e)

disprove [dɪs'pruːv] *vt* réfuter
dispute [dɪs'pjuːt] *n* discussion *f*; (*also:* **industrial dispute**) conflit *m* ▷ *vt* (*question*) contester; (*matter*) discuter; (*victory*) disputer; **to be in** *or* **under ~** (*matter*) être en discussion; (*territory*) être contesté(e)
disqualification [dɪskwɔlɪfɪ'keɪʃən] *n* disqualification *f*; **~ (from driving)** (*Brit*) retrait *m* du permis (de conduire)
disqualify [dɪs'kwɔlɪfaɪ] *vt* (*Sport*) disqualifier; **to ~ sb for sth/from doing** (*status, situation*) rendre qn inapte à qch/à faire; (*authority*) signifier à qn l'interdiction de faire; **to ~ sb (from driving)** (*Brit*) retirer à qn son permis (de conduire)
disquiet [dɪs'kwaɪət] *n* inquiétude *f*, trouble *m*
disquieting [dɪs'kwaɪətɪŋ] *adj* inquiétant(e), alarmant(e)
disregard [dɪsrɪ'gɑːd] *vt* ne pas tenir compte de ▷ *n* (*indifference*): **~ (for)** (*feelings*) indifférence *f* (pour), insensibilité *f* (à); (*danger, money*) mépris *m* (pour)
disrepair ['dɪsrɪ'pɛəʳ] *n* mauvais état; **to fall into ~** (*building*) tomber en ruine; (*street*) se dégrader
disreputable [dɪs'rɛpjutəbl] *adj* (*person*) de mauvaise réputation, peu recommandable; (*behaviour*) déshonorant(e); (*area*) mal famé(e), louche
disrepute ['dɪsrɪ'pjuːt] *n* déshonneur *m*, discrédit *m*; **to bring into ~** faire tomber dans le discrédit
disrespectful [dɪsrɪ'spɛktful] *adj* irrespectueux(-euse)
disrupt [dɪs'rʌpt] *vt* (*plans, meeting, lesson*) perturber, déranger
disruption [dɪs'rʌpʃən] *n* perturbation *f*, dérangement *m*
disruptive [dɪs'rʌptɪv] *adj* perturbateur(-trice)
dissatisfaction [dɪssætɪs'fækʃən] *n* mécontentement *m*, insatisfaction *f*
dissatisfied [dɪs'sætɪsfaɪd] *adj*: **~ (with)** insatisfait(e) (de)
dissect [dɪ'sɛkt] *vt* disséquer; (*fig*) disséquer, éplucher
disseminate [dɪ'sɛmɪneɪt] *vt* disséminer
dissent [dɪ'sɛnt] *n* dissentiment *m*, différence *f* d'opinion
dissenter [dɪ'sɛntəʳ] *n* (*Rel, Pol etc*) dissident(e)
dissertation [dɪsə'teɪʃən] *n* (*Scol*) mémoire *m*
disservice [dɪs'səːvɪs] *n*: **to do sb a ~** rendre un mauvais service à qn; desservir qn
dissident ['dɪsɪdnt] *adj, n* dissident(e)
dissimilar [dɪ'sɪmɪləʳ] *adj*: **~ (to)** dissemblable (à), différent(e) (de)
dissipate ['dɪsɪpeɪt] *vt* dissiper; (*energy, efforts*) disperser
dissipated ['dɪsɪpeɪtɪd] *adj* dissolu(e), débauché(e)
dissociate [dɪ'səuʃɪeɪt] *vt* dissocier; **to ~ o.s. from** se désolidariser de
dissolute ['dɪsəluːt] *adj* débauché(e), dissolu(e)
dissolve [dɪ'zɔlv] *vt* dissoudre ▷ *vi* se dissoudre, fondre; (*fig*) disparaître; **to ~ in(to) tears** fondre en larmes
dissuade [dɪ'sweɪd] *vt*: **to ~ sb (from)** dissuader qn (de)
distance ['dɪstns] *n* distance *f*; **what's the ~ to London?** à quelle distance se trouve Londres?; **it's within walking ~** on peut y aller à pied; **in the ~** au loin
distant ['dɪstnt] *adj* lointain(e), éloigné(e); (*manner*) distant(e), froid(e)
distaste [dɪs'teɪst] *n* dégoût *m*
distasteful [dɪs'teɪstful] *adj* déplaisant(e), désagréable
Dist. Atty. *abbr* (*US*) = **district attorney**
distemper [dɪs'tɛmpəʳ] *n* (*paint*) détrempe *f*, badigeon *m*; (*of dogs*) maladie *f* de Carré
distended [dɪs'tɛndɪd] *adj* (*stomach*) dilaté(e)
distil, (*US*) **distill** [dɪs'tɪl] *vt* distiller
distillery [dɪs'tɪlərɪ] *n* distillerie *f*
distinct [dɪs'tɪŋkt] *adj* distinct(e); (*clear*) marqué(e); **as ~ from** par opposition à, en contraste avec
distinction [dɪs'tɪŋkʃən] *n* distinction *f*; (*in exam*) mention *f* très bien; **to draw a ~ between** faire une distinction entre; **a writer of ~** un écrivain réputé
distinctive [dɪs'tɪŋktɪv] *adj* distinctif(-ive)
distinctly [dɪs'tɪŋktlɪ] *adv* distinctement; (*specify*) expressément
distinguish [dɪs'tɪŋgwɪʃ] *vt* distinguer ▷ *vi*: **to ~ between** (*concepts*) distinguer entre, faire une distinction entre; **to ~ o.s.** se distinguer
distinguished [dɪs'tɪŋgwɪʃt] *adj* (*eminent, refined*) distingué(e); (*career*) remarquable, brillant(e)
distinguishing [dɪs'tɪŋgwɪʃɪŋ] *adj* (*feature*) distinctif(-ive), caractéristique
distort [dɪs'tɔːt] *vt* déformer
distortion [dɪs'tɔːʃən] *n* déformation *f*
distract [dɪs'trækt] *vt* distraire, déranger
distracted [dɪs'træktɪd] *adj* (*not concentrating*) distrait(e); (*worried*) affolé(e)
distraction [dɪs'trækʃən] *n* distraction *f*, dérangement *m*; **to drive sb to ~** rendre qn fou (folle)
distraught [dɪs'trɔːt] *adj* éperdu(e)
distress [dɪs'trɛs] *n* détresse *f*; (*pain*) douleur *f* ▷ *vt* affliger; **in ~** (*ship*) en perdition; (*plane*) en détresse; **~ed area** (*Brit*) zone sinistrée
distressing [dɪs'trɛsɪŋ] *adj* douloureux(-euse), pénible, affligeant(e)
distress signal *n* signal *m* de détresse
distribute [dɪs'trɪbjuːt] *vt* distribuer
distribution [dɪstrɪ'bjuːʃən] *n* distribution *f*
distribution cost *n* coût *m* de distribution
distributor [dɪs'trɪbjutəʳ] *n* (*gen: Tech*) distributeur *m*; (*Comm*) concessionnaire *m/f*
district ['dɪstrɪkt] *n* (*of country*) région *f*; (*of town*) quartier *m*; (*Admin*) district *m*
district attorney *n* (*US*) ≈ procureur *m* de la République

district council *n* (*Brit*) ≈ conseil municipal; *voir article*

DISTRICT COUNCIL

En Grande-Bretagne, un *district council* est une administration locale qui gère un "district". Les conseillers ("councillors") sont élus au niveau local, en général tous les 4 ans. Le *district council* est financé par des impôts locaux et par des subventions du gouvernement.

district nurse *n* (*Brit*) infirmière visiteuse
distrust [dɪs'trʌst] *n* méfiance *f*, doute *m* ▷ *vt* se méfier de
distrustful [dɪs'trʌstful] *adj* méfiant(e)
disturb [dɪs'tə:b] *vt* troubler; (*inconvenience*) déranger; **sorry to ~ you** excusez-moi de vous déranger
disturbance [dɪs'tə:bəns] *n* dérangement *m*; (*political etc*) troubles *mpl*; (*by drunks etc*) tapage *m*; **to cause a ~** troubler l'ordre public; **~ of the peace** (*Law*) tapage injurieux *or* nocturne
disturbed [dɪs'tə:bd] *adj* (*worried, upset*) agité(e), troublé(e); **to be emotionally ~** avoir des problèmes affectifs
disturbing [dɪs'tə:bɪŋ] *adj* troublant(e), inquiétant(e)
disuse [dɪs'ju:s] *n*: **to fall into ~** tomber en désuétude
disused [dɪs'ju:zd] *adj* désaffecté(e)
ditch [dɪtʃ] *n* fossé *m*; (*for irrigation*) rigole *f* ▷ *vt* (*inf*) abandonner; (*person*) plaquer
dither ['dɪðə^r] *vi* hésiter
ditto ['dɪtəu] *adv* idem
divan [dɪ'væn] *n* divan *m*
divan bed *n* divan-lit *m*
dive [daɪv] *n* plongeon *m*; (*of submarine*) plongée *f*; (*Aviat*) piqué *m*; (*pej*: *café, bar etc*) bouge *m* ▷ *vi* plonger; **to ~ into** (*bag etc*) plonger la main dans; (*place*) se précipiter dans
diver ['daɪvə^r] *n* plongeur *m*
diverge [daɪ'və:dʒ] *vi* diverger
diverse [daɪ'və:s] *adj* divers(e)
diversification [daɪvə:sɪfɪ'keɪʃən] *n* diversification *f*
diversify [daɪ'və:sɪfaɪ] *vt* diversifier
diversion [daɪ'və:ʃən] *n* (*Brit Aut*) déviation *f*; (*distraction, Mil*) diversion *f*
diversionary tactics [daɪ'və:ʃənrɪ-] *npl* tactique *fsg* de diversion
diversity [daɪ'və:sɪtɪ] *n* diversité *f*, variété *f*
divert [daɪ'və:t] *vt* (*Brit*: *traffic*) dévier; (*plane*) dérouter; (*train, river*) détourner; (*amuse*) divertir
divest [daɪ'vɛst] *vt*: **to ~ sb of** dépouiller qn de
divide [dɪ'vaɪd] *vt* diviser; (*separate*) séparer ▷ *vi* se diviser; **to ~ (between** *or* **among)** répartir *or* diviser (entre); **40 ~d by 5** 40 divisé par 5
▸ **divide out** *vt*: **to ~ out (between** *or* **among)** distribuer *or* répartir (entre)
divided [dɪ'vaɪdɪd] *adj* (*fig*: *country, couple*) désuni(e); (*opinions*) partagé(e)
divided highway (*US*) *n* route *f* à quatre voies
divided skirt *n* jupe-culotte *f*
dividend ['dɪvɪdɛnd] *n* dividende *m*
dividend cover *n* rapport *m* dividendes-résultat
dividers [dɪ'vaɪdəz] *npl* compas *m* à pointes sèches; (*between pages*) feuillets *mpl* intercalaires
divine [dɪ'vaɪn] *adj* divin(e) ▷ *vt* (*future*) prédire; (*truth*) deviner, entrevoir; (*water, metal*) détecter la présence de (*par l'intermédiaire de la radiesthésie*)
diving ['daɪvɪŋ] *n* plongée (sous-marine)
diving board *n* plongeoir *m*
diving suit *n* scaphandre *m*
divinity [dɪ'vɪnɪtɪ] *n* divinité *f*; (*as study*) théologie *f*
division [dɪ'vɪʒən] *n* division *f*; (*Brit*: *Football*) division *f*; (*separation*) séparation *f*; (*Comm*) service *m*; (*Brit*: *Pol*) vote *m*; (*also*: **division of labour**) division du travail
divisive [dɪ'vaɪsɪv] *adj* qui entraîne la division, qui crée des dissensions
divorce [dɪ'vɔ:s] *n* divorce *m* ▷ *vt* divorcer d'avec
divorced [dɪ'vɔ:st] *adj* divorcé(e)
divorcee [dɪvɔ:'si:] *n* divorcé(e)
divot ['dɪvət] *n* (*Golf*) motte *f* de gazon
divulge [daɪ'vʌldʒ] *vt* divulguer, révéler
DIY *adj, n abbr* (*Brit*) = **do-it-yourself**
dizziness ['dɪzɪnɪs] *n* vertige *m*, étourdissement *m*
dizzy ['dɪzɪ] *adj* (*height*) vertigineux(-euse); **to make sb ~** donner le vertige à qn; **I feel ~** la tête me tourne, j'ai la tête qui tourne
DJ *n abbr* = **disc jockey**
d.j. *n abbr* = **dinner jacket**
Djakarta [dʒə'kɑ:tə] *n* Djakarta
DJIA *n abbr* (*US Stock Exchange*) = **Dow-Jones Industrial Average**
dl *abbr* (= *decilitre*) dl
DLit, DLitt *n abbr* (= *Doctor of Literature, Doctor of Letters*) *titre universitaire*
DMus *n abbr* (= *Doctor of Music*) *titre universitaire*
DMZ *n abbr* = **demilitarized zone**
DNA *n abbr* (= *deoxyribonucleic acid*) ADN *m*
DNA fingerprinting [-'fɪŋgəprɪntɪŋ] *n* technique *f* des empreintes génétiques
do *abbr* (= *ditto*) d

KEYWORD

do [du:] (*pt* **did**, *pp* **done**) *n* (*inf*: *party etc*) soirée *f*, fête *f*; (*: formal gathering*) réception *f*
▷ *vb* **1** (*in negative constructions*) *non traduit*; **I don't understand** je ne comprends pas
2 (*to form questions*) *non traduit*; **didn't you know?** vous ne le saviez pas?; **what do you think?** qu'en pensez-vous?; **why didn't you come?** pourquoi n'êtes-vous pas venu?
3 (*for emphasis, in polite expressions*): **people do make mistakes sometimes** on peut toujours se tromper; **she does seem rather late** je trouve qu'elle est bien en retard; **do sit down/help yourself** asseyez-vous/servez-vous je vous

en prie; **do take care!** faites bien attention à vous!; **I DO wish I could go** j'aimerais tant y aller; **but I DO like it!** mais si, je l'aime!
4 (*used to avoid repeating vb*): **she swims better than I do** elle nage mieux que moi; **do you agree? — yes, I do/no I don't** vous êtes d'accord? — oui/non; **she lives in Glasgow — so do I** elle habite Glasgow — moi aussi; **he didn't like it and neither did we** il n'a pas aimé ça, et nous non plus; **who broke it? — I did** qui l'a cassé? — c'est moi; **he asked me to help him and I did** il m'a demandé de l'aider, et c'est ce que j'ai fait
5 (*in question tags*): **you like him, don't you?** vous l'aimez bien, n'est-ce pas?; **he laughed, didn't he?** il a ri, n'est-ce pas?; **I don't know him, do I?** je ne crois pas le connaître
▷ *vt* **1** (*gen: carry out, perform etc*) faire; (*visit: city, museum*) faire, visiter; **what are you doing tonight?** qu'est-ce que vous faites ce soir?; **what do you do?** (*job*) que faites-vous dans la vie?; **what did he do with the cat?** qu'a-t-il fait du chat?; **what can I do for you?** que puis-je faire pour vous?; **to do the cooking/washing-up** faire la cuisine/la vaisselle; **to do one's teeth/hair/nails** se brosser les dents/se coiffer/se faire les ongles
2 (*Aut etc: distance*) faire; (*: speed*) faire du; **we've done 200 km already** nous avons déjà fait 200 km; **the car was doing 100** la voiture faisait du 100 (à l'heure); **he can do 100 in that car** il peut faire du 100 (à l'heure) dans cette voiture-là
▷ *vi* **1** (*act, behave*) faire; **do as I do** faites comme moi
2 (*get on, fare*) marcher; **the firm is doing well** l'entreprise marche bien; **he's doing well/badly at school** ça marche bien/mal pour lui à l'école; **how do you do?** comment allez-vous?; (*on being introduced*) enchanté(e)!
3 (*suit*) aller; **will it do?** est-ce que ça ira?
4 (*be sufficient*) suffire, aller; **will £10 do?** est-ce que 10 livres suffiront?; **that'll do** ça suffit, ça ira; **that'll do!** (*in annoyance*) ça va *or* suffit comme ça!; **to make do (with)** se contenter (de)
▸ **do away with** *vt fus* abolir; (*kill*) supprimer
▸ **do for** *vt fus* (*Brit inf: clean for*) faire le ménage chez
▸ **do up** *vt* (*laces, dress*) attacher; (*buttons*) boutonner; (*zip*) fermer; (*renovate: room*) refaire; (*: house*) remettre à neuf; **to do o.s. up** se faire beau (belle)
▸ **do with** *vt fus* (*need*): **I could do with a drink/some help** quelque chose à boire/un peu d'aide ne serait pas de refus; **it could do with a wash** ça ne lui ferait pas de mal d'être lavé; (*be connected with*): **that has nothing to do with you** cela ne vous concerne pas; **I won't have anything to do with it** je ne veux pas m'en mêler; **what has that got to do with it?** quel est le rapport?, qu'est-ce que cela vient faire là-dedans?
▸ **do without** *vi* s'en passer; **if you're late for tea then you'll do without** si vous êtes en retard pour le dîner il faudra vous en passer ▷ *vt fus* se passer de; **I can do without a car** je peux me passer de voiture

DOA *abbr* (= *dead on arrival*) décédé(e) à l'admission
d.o.b. *abbr* = **date of birth**
doc [dɔk] *n* (*inf*) toubib *m*
docile ['dəusaɪl] *adj* docile
dock [dɔk] *n* dock *m*; (*wharf*) quai *m*; (*Law*) banc *m* des accusés ▷ *vi* se mettre à quai; (*Space*) s'arrimer ▷ *vt*: **they ~ed a third of his wages** ils lui ont retenu *or* décompté un tiers de son salaire; **docks** *npl* (*Naut*) docks
dock dues *npl* droits *mpl* de bassin
docker ['dɔkə^r] *n* docker *m*
docket ['dɔkɪt] *n* bordereau *m*; (*on parcel etc*) étiquette *f or* fiche *f* (*décrivant le contenu d'un paquet etc*)
dockyard ['dɔkjɑːd] *n* chantier *m* de construction navale
doctor ['dɔktə^r] *n* médecin *m*, docteur *m*; (*PhD etc*) docteur ▷ *vt* (*cat*) couper; (*interfere with: food*) altérer; (*: drink*) frelater; (*: text, document*) arranger; **~'s office** (*US*) cabinet *m* de consultation; **call a ~!** appelez un docteur *or* un médecin!
doctorate ['dɔktərɪt] *n* doctorat *m*; *voir article*

DOCTORATE

Le *doctorate* est le diplôme universitaire le plus prestigieux. Il est le résultat d'au minimum trois années de recherche et est accordé après soutenance d'une thèse devant un jury. Le "doctorat" le plus courant est le "PhD" (Doctor of Philosophy), accordé en lettres, en sciences et en ingénierie, bien qu'il existe également d'autres doctorats spécialisés (en musique, en droit, etc); voir "Bachelor's degree", "Master's degree"

Doctor of Philosophy *n* (*degree*) doctorat *m*; (*person*) titulaire *m/f* d'un doctorat
docudrama ['dɔkjudrɑːmə] *n* (*TV*) docudrame *m*
document ['dɔkjumənt] *n* document *m* ▷ *vt* ['dɔkjumɛnt] documenter
documentary [dɔkju'mɛntərɪ] *adj*, *n* documentaire (*m*)
documentation [dɔkjumən'teɪʃən] *n* documentation *f*
DOD *n abbr* (*US*) = **Department of Defense**
doddering ['dɔdərɪŋ] *adj* (*senile*) gâteux(-euse)
doddery ['dɔdərɪ] *adj* branlant(e)
doddle ['dɔdl] *n*: **it's a ~** (*inf*) c'est simple comme bonjour, c'est du gâteau
Dodecanese [dəudɪkə'niːz] *n*, **Dodecanese Islands** *npl* Dodécanèse *m*
dodge [dɔdʒ] *n* truc *m*; combine *f* ▷ *vt* esquiver,

éviter ▷ *vi* faire un saut de côté; (*Sport*) faire une esquive; **to ~ out of the way** s'esquiver; **to ~ through the traffic** se faufiler *or* faire de savantes manœuvres entre les voitures

dodgems ['dɔdʒəmz] *npl* (*Brit*) autos tamponneuses

dodgy ['dɔdʒɪ] *adj* (*inf*: *uncertain*) douteux(-euse); (: *shady*) louche

DOE *n abbr* (*Brit*) = **Department of the Environment**; (*US*) = **Department of Energy**

doe [dəu] *n* (*deer*) biche *f*; (*rabbit*) lapine *f*

does [dʌz] *vb see* **do**

doesn't ['dʌznt] = **does not**

dog [dɔg] *n* chien(ne) ▷ *vt* (*follow closely*) suivre de près, ne pas lâcher d'une semelle; (*fig*: *memory etc*) poursuivre, harceler; **to go to the ~s** (*nation etc*) aller à vau-l'eau

dog biscuits *npl* biscuits *mpl* pour chien

dog collar *n* collier *m* de chien; (*fig*) faux-col *m* d'ecclésiastique

dog-eared ['dɔgɪəd] *adj* corné(e)

dog food *n* nourriture *f* pour les chiens *or* le chien

dogged ['dɔgɪd] *adj* obstiné(e), opiniâtre

doggy ['dɔgɪ] *n* (*inf*) toutou *m*

doggy bag ['dɔgɪ-] *n petit sac pour emporter les restes*

dogma ['dɔgmə] *n* dogme *m*

dogmatic [dɔg'mætɪk] *adj* dogmatique

do-gooder [du:'gudə^r] *n* (*pej*) faiseur(-euse) de bonnes œuvres

dogsbody ['dɔgzbɔdɪ] *n* (*Brit*) bonne *f* à tout faire, tâcheron *m*

doily ['dɔɪlɪ] *n* dessus *m* d'assiette

doing ['duɪŋ] *n*: **this is your ~** c'est votre travail, c'est vous qui avez fait ça

doings ['duɪŋz] *npl* activités *fpl*

do-it-yourself ['du:ɪtjɔ:'sɛlf] *n* bricolage *m*

doldrums ['dɔldrəmz] *npl*: **to be in the ~** avoir le cafard; être dans le marasme

dole [dəul] *n* (*Brit*: *payment*) allocation *f* de chômage; **on the ~** au chômage

▶ **dole out** *vt* donner au compte-goutte

doleful ['dəulful] *adj* triste, lugubre

doll [dɔl] *n* poupée *f*

▶ **doll up** *vt*: **to ~ o.s. up** se faire beau (belle)

dollar ['dɔlə^r] *n* dollar *m*

dollop ['dɔləp] *n* (*of butter, cheese*) bon morceau; (*of cream*) bonne cuillerée

dolly ['dɔlɪ] *n* poupée *f*

dolphin ['dɔlfɪn] *n* dauphin *m*

domain [də'meɪn] *n* (*also fig*) domaine *m*

dome [dəum] *n* dôme *m*

domestic [də'mɛstɪk] *adj* (*duty, happiness*) familial(e); (*policy, affairs, flight*) intérieur(e); (*news*) national(e); (*animal*) domestique

domesticated [də'mɛstɪkeɪtɪd] *adj* domestiqué(e); (*pej*) d'intérieur; **he's very ~** il participe volontiers aux tâches ménagères; question ménage, il est très organisé

domesticity [dəumɛs'tɪsɪtɪ] *n* vie *f* de famille

domestic servant *n* domestique *m/f*

domicile ['dɔmɪsaɪl] *n* domicile *m*

dominant ['dɔmɪnənt] *adj* dominant(e)

dominate ['dɔmɪneɪt] *vt* dominer

domination [dɔmɪ'neɪʃən] *n* domination *f*

domineering [dɔmɪ'nɪərɪŋ] *adj* dominateur(-trice), autoritaire

Dominican Republic [də'mɪnɪkən-] *n* République Dominicaine

dominion [də'mɪnɪən] *n* domination *f*; territoire *m*; dominion *m*

domino ['dɔmɪnəu] (*pl* **-es**) *n* domino *m*

dominoes ['dɔmɪnəuz] *n* (*game*) dominos *mpl*

don [dɔn] *n* (*Brit*) professeur *m* d'université ▷ *vt* revêtir

donate [də'neɪt] *vt* faire don de, donner

donation [də'neɪʃən] *n* donation *f*, don *m*

done [dʌn] *pp of* **do**

donkey ['dɔŋkɪ] *n* âne *m*

donkey-work ['dɔŋkɪwə:k] *n* (*Brit inf*) le gros du travail, le plus dur (du travail)

donor ['dəunə^r] *n* (*of blood etc*) donneur(-euse); (*to charity*) donateur(-trice)

donor card *n* carte *f* de don d'organes

don't [dəunt] = **do not**

donut ['dəunʌt] (*US*) *n* = **doughnut**

doodle ['du:dl] *n* griffonnage *m*, gribouillage *m* ▷ *vi* griffonner, gribouiller

doom [du:m] *n* (*fate*) destin *m*; (*ruin*) ruine *f* ▷ *vt*: **to be ~ed to failure** être voué(e) à l'échec

doomsday ['du:mzdeɪ] *n* le Jugement dernier

door [dɔ:^r] *n* porte *f*; (*Rail, car*) portière *f*; **to go from ~ to ~** aller de porte en porte

doorbell ['dɔ:bɛl] *n* sonnette *f*

door handle *n* poignée *f* de porte; (*of car*) poignée de portière

doorknob ['dɔ:nɔb] *n* poignée *f or* bouton *m* de porte

doorman ['dɔ:mən] (*irreg*) *n* (*in hotel*) portier *m*; (*in block of flats*) concierge *m*

doormat ['dɔ:mæt] *n* paillasson *m*

doorpost ['dɔ:pəust] *n* montant *m* de porte

doorstep ['dɔ:stɛp] *n* pas *m* de (la) porte, seuil *m*

door-to-door ['dɔ:tə'dɔ:^r] *adj*: **~ selling** vente *f* à domicile

doorway ['dɔ:weɪ] *n* (embrasure *f* de) porte *f*

dope [dəup] *n* (*inf*: *drug*) drogue *f*; (: *person*) andouille *f*; (: *information*) tuyaux *mpl*, rancards *mpl* ▷ *vt* (*horse etc*) doper

dopey ['dəupɪ] *adj* (*inf*) à moitié endormi(e)

dormant ['dɔ:mənt] *adj* assoupi(e), en veilleuse; (*rule, law*) inappliqué(e)

dormer ['dɔ:mə^r] *n* (*also*: **dormer window**) lucarne *f*

dormice ['dɔ:maɪs] *npl of* **dormouse**

dormitory ['dɔ:mɪtrɪ] *n* (*Brit*) dortoir *m*; (*US*: *hall of residence*) résidence *f* universitaire

dormouse (*pl* **dormice**) ['dɔ:maus, -maɪs] *n* loir *m*

DOS [dɔs] *n abbr* (= *disk operating system*) DOS *m*

dosage ['dəusɪdʒ] *n* dose *f*; dosage *m*; (*on label*) posologie *f*

dose [dəus] *n* dose *f*; (*Brit*: *bout*) attaque *f* ▷ *vt*: **to ~ o.s.** se bourrer de médicaments; **a ~ of flu** une belle *or* bonne grippe

dosh [dɔʃ] (*inf*) *n* fric *m*
dosser ['dɔsəʳ] *n* (*Brit inf*) clochard(e)
doss house ['dɔs-] *n* (*Brit*) asile *m* de nuit
DOT *n abbr* (*US*) = **Department of Transportation**
dot [dɔt] *n* point *m*; (*on material*) pois *m* ▷ *vt*: **~ted with** parsemé(e) de; **on the ~** à l'heure tapante
dotcom [dɔt'kɔm] *n* point com *m*, pointcom *m*
dot command *n* (*Comput*) commande précédée d'un point
dote [dəut]: **to ~ on** *vt fus* être fou (folle de)
dot-matrix printer [dɔt'meɪtrɪks-] *n* imprimante matricielle
dotted line ['dɔtɪd-] *n* ligne pointillée; (*Aut*) ligne discontinue; **to sign on the ~** signer à l'endroit indiqué *or* sur la ligne pointillée; (*fig*) donner son consentement
dotty ['dɔtɪ] *adj* (*inf*) loufoque, farfelu(e)
double ['dʌbl] *adj* double ▷ *adv* (*fold*) en deux; (*twice*): **to cost ~ (sth)** coûter le double (de qch) *or* deux fois plus (que qch) ▷ *n* double *m*; (*Cine*) doublure *f* ▷ *vt* doubler; (*fold*) plier en deux ▷ *vi* doubler; (*have two uses*): **to ~ as** servir aussi de; **~ five two six (5526)** (*Brit Tel*) cinquante-cinq – vingt-six; **it's spelt with a ~ "l"** ça s'écrit avec deux "l"; **on the ~, at the ~** au pas de course
▸ **double back** *vi* (*person*) revenir sur ses pas
▸ **double up** *vi* (*bend over*) se courber, se plier; (*share room*) partager la chambre
double bass *n* contrebasse *f*
double bed *n* grand lit
double-breasted ['dʌbl'brɛstɪd] *adj* croisé(e)
double-check ['dʌbl'tʃɛk] *vt, vi* revérifier
double-click ['dʌbl'klɪk] *vi* (*Comput*) double-cliquer
double-clutch ['dʌbl'klʌtʃ] *vi* (*US*) faire un double débrayage
double cream *n* (*Brit*) crème fraîche épaisse
double-cross ['dʌbl'krɔs] *vt* doubler, trahir
double-decker ['dʌbl'dɛkəʳ] *n* autobus *m* à impériale
double declutch *vi* (*Brit*) faire un double débrayage
double exposure *n* (*Phot*) surimpression *f*
double glazing *n* (*Brit*) double vitrage *m*
double-page ['dʌblpeɪdʒ] *adj*: **~ spread** publicité *f* en double page
double parking *n* stationnement *m* en double file
double room *n* chambre *f* pour deux
doubles ['dʌblz] *n* (*Tennis*) double *m*
double whammy [-'wæmɪ] *n* (*inf*) double contretemps *m*
double yellow lines *npl* (*Brit: Aut*) *double bande jaune marquant l'interdiction de stationner*
doubly ['dʌblɪ] *adv* doublement, deux fois plus
doubt [daut] *n* doute *m* ▷ *vt* douter de; **no ~** sans doute; **without (a) ~** sans aucun doute; **beyond ~** *adv* indubitablement ▷ *adj* indubitable; **to ~ that** douter que + *sub*; **I ~ it very much** j'en doute fort
doubtful ['dautful] *adj* douteux(-euse); (*person*) incertain(e); **to be ~ about sth** avoir des doutes sur qch, ne pas être convaincu de qch; **I'm a bit ~** je n'en suis pas certain *or* sûr
doubtless ['dautlɪs] *adv* sans doute, sûrement
dough [dəu] *n* pâte *f*; (*inf: money*) fric *m*, pognon *m*
doughnut ['dəunʌt], (*US*) **donut** *n* beignet *m*
dour [duəʳ] *adj* austère
douse [dauz] *vt* (*with water*) tremper, inonder; (*flames*) éteindre
dove [dʌv] *n* colombe *f*
Dover ['dəuvəʳ] *n* Douvres
dovetail ['dʌvteɪl] *n*: **~ joint** assemblage *m* à queue d'aronde ▷ *vi* (*fig*) concorder
dowager ['dauədʒəʳ] *n* douairière *f*
dowdy ['daudɪ] *adj* démodé(e), mal fagoté(e)
Dow-Jones average ['dau'dʒəunz-] *n* (*US*) indice *m* Dow-Jones
down [daun] *n* (*fluff*) duvet *m*; (*hill*) colline (dénudée) ▷ *adv* en bas, vers le bas; (*on the ground*) par terre ▷ *prep* en bas de; (*along*) le long de ▷ *vt* (*enemy*) abattre; (*inf: drink*) siffler; **to fall ~** tomber; **she's going ~ to Bristol** elle descend à Bristol; **to write sth ~** écrire qch; **~ there** là-bas (en bas), là au fond; **~ here** ici en bas; **the price of meat is ~** le prix de la viande a baissé; **I've got it ~ in my diary** c'est inscrit dans mon agenda; **to pay £2 ~** verser 2 livres d'arrhes *or* en acompte; **England is two goals ~** l'Angleterre a deux buts de retard; **to walk ~ a hill** descendre une colline; **to run ~ the street** descendre la rue en courant; **to ~ tools** (*Brit*) cesser le travail; **~ with X!** à bas X!
down-and-out ['daunəndaut] *n* (*tramp*) clochard(e)
down-at-heel ['daunət'hi:l] *adj* (*fig*) miteux(-euse)
downbeat ['daunbi:t] *n* (*Mus*) temps frappé ▷ *adj* sombre, négatif(-ive)
downcast ['daunkɑ:st] *adj* démoralisé(e)
downer ['daunəʳ] *n* (*inf: drug*) tranquillisant *m*; **to be on a ~** (*depressed*) flipper
downfall ['daunfɔ:l] *n* chute *f*; ruine *f*
downgrade ['daungreɪd] *vt* déclasser
downhearted ['daun'hɑ:tɪd] *adj* découragé(e)
downhill ['daun'hɪl] *adv* (*face, look*) en aval, vers l'aval; (*roll, go*) vers le bas, en bas ▷ *n* (*Ski: also*: **downhill race**) descente *f*; **to go ~** descendre; (*business*) péricliter, aller à vau-l'eau
Downing Street ['daunɪŋ-] *n* (*Brit*): **10 ~** *résidence du Premier ministre*; *voir article*

DOWNING STREET

Downing Street est une rue de Westminster (à Londres) où se trouvent la résidence officielle du Premier ministre et celle du ministre des Finances. Le nom *Downing Street* est souvent utilisé pour désigner le gouvernement britannique.

download ['daunləud] *n* téléchargement *m* ▷ *vt*

(*Comput*) télécharger
downloadable [daun'ləudəbl] adj téléchargeable
down-market ['daun'mɑːkɪt] *adj* (*product*) bas de gamme *inv*
down payment *n* acompte *m*
downplay ['daunpleɪ] *vt* (*US*) minimiser (l'importance de)
downpour ['daunpɔːʳ] *n* pluie torrentielle, déluge *m*
downright ['daunraɪt] *adj* (*lie etc*) effronté(e); (*refusal*) catégorique
Downs [daunz] *npl* (*Brit*): **the ~** *collines crayeuses du sud-est de l'Angleterre*
downsize [daun'saɪz] *vt* réduire l'effectif de
Down's syndrome [daunz-] *n* mongolisme *m*, trisomie *f*; **a ~ baby** un bébé mongolien *or* trisomique
downstairs ['daun'stɛəz] *adv* (*on or to ground floor*) au rez-de-chaussée; (*on or to floor below*) à l'étage inférieur; **to come ~, to go ~** descendre (l'escalier)
downstream ['daunstriːm] *adv* en aval
downtime ['dauntaɪm] *n* (*of machine etc*) temps mort; (*of person*) temps d'arrêt
down-to-earth ['dauntu'əːθ] *adj* terre à terre *inv*
downtown ['daun'taun] *adv* en ville ▷ *adj* (*US*): **~ Chicago** le centre commerçant de Chicago
downtrodden ['dauntrɔdn] *adj* opprimé(e)
down under *adv* en Australie *or* Nouvelle Zélande
downward ['daunwəd] *adj, adv* vers le bas; **a ~ trend** une tendance à la baisse, une diminution progressive
downwards ['daunwədz] *adv* vers le bas
dowry ['daurɪ] *n* dot *f*
doz. *abbr* = **dozen**
doze [dəuz] *vi* sommeiller
▸ **doze off** *vi* s'assoupir
dozen ['dʌzn] *n* douzaine *f*; **a ~ books** une douzaine de livres; **80p a ~** 80p la douzaine; **~s of** des centaines de
DPh, DPhil *n abbr* (= *Doctor of Philosophy*) *titre universitaire*
DPP *n abbr* (*Brit*) = **Director of Public Prosecutions**
DPT *n abbr* (*Med*: = *diphtheria, pertussis, tetanus*) DCT *m*
DPW *n abbr* (*US*) = **Department of Public Works**
Dr. *abbr* (= *doctor*) Dr; (*in street names*) = **drive**
drab [dræb] *adj* terne, morne
draft [drɑːft] *n* (*of letter, school work*) brouillon *m*; (*of literary work*) ébauche *f*; (*of contract, document*) version *f* préliminaire; (*Comm*) traite *f*; (*US Mil*) contingent *m*; (: *call-up*) conscription *f* ▷ *vt* faire le brouillon de; (*document, report*) rédiger une version préliminaire de; (*Mil*: *send*) détacher; *see also* **draught**
drag [dræg] *vt* traîner; (*river*) draguer ▷ *vi* traîner ▷ *n* (*Aviat, Naut*) résistance *f*; (*inf*) casse-pieds *m/f*; (*women's clothing*): **in ~** (en) travesti; **to ~ and drop** (*Comput*) glisser-poser
▸ **drag away** *vt*: **to ~ away (from)** arracher *or* emmener de force (de)
▸ **drag on** *vi* s'éterniser
dragnet ['drægnɛt] *n* drège *f*; (*fig*) piège *m*, filets *mpl*
dragon ['drægn] *n* dragon *m*
dragonfly ['drægənflaɪ] *n* libellule *f*
dragoon [drə'guːn] *n* (*cavalryman*) dragon *m* ▷ *vt*: **to ~ sb into doing sth** (*Brit*) forcer qn à faire qch
drain [dreɪn] *n* égout *m*; (*on resources*) saignée *f* ▷ *vt* (*land, marshes*) drainer, assécher; (*vegetables*) égoutter; (*reservoir etc*) vider ▷ *vi* (*water*) s'écouler; **to feel ~ed (of energy** *or* **emotion)** être miné(e)
drainage ['dreɪnɪdʒ] *n* (*system*) système *m* d'égouts; (*act*) drainage *m*
draining board ['dreɪnɪŋ-] (*US*), **drainboard** ['dreɪnbɔːd] *n* égouttoir *m*
drainpipe ['dreɪnpaɪp] *n* tuyau *m* d'écoulement
drake [dreɪk] *n* canard *m* (mâle)
dram [dræm] *n* petit verre
drama ['drɑːmə] *n* (*art*) théâtre *m*, art *m* dramatique; (*play*) pièce *f*; (*event*) drame *m*
dramatic [drə'mætɪk] *adj* (*Theat*) dramatique; (*impressive*) spectaculaire
dramatically [drə'mætɪklɪ] *adv* de façon spectaculaire
dramatist ['dræmətɪst] *n* auteur *m* dramatique
dramatize ['dræmətaɪz] *vt* (*events etc*) dramatiser; (*adapt*) adapter pour la télévision (*or* pour l'écran)
drank [dræŋk] *pt of* **drink**
drape [dreɪp] *vt* draper; **drapes** *npl* (*US*) rideaux *mpl*
draper ['dreɪpəʳ] *n* (*Brit*) marchand(e) de nouveautés
drastic ['dræstɪk] *adj* (*measures*) d'urgence, énergique; (*change*) radical(e)
drastically ['dræstɪklɪ] *adv* radicalement
draught, (*US*) **draft** [drɑːft] *n* courant *m* d'air; (*of chimney*) tirage *m*; (*Naut*) tirant *m* d'eau; **on ~** (*beer*) à la pression
draught beer *n* bière *f* (à la) pression
draughtboard ['drɑːftbɔːd] *n* (*Brit*) damier *m*
draughts [drɑːfts] *n* (*Brit*: *game*) (jeu *m* de) dames *fpl*
draughtsman, (*US*) **draftsman** ['drɑːftsmən] (*irreg*) *n* dessinateur(-trice) (industriel(le))
draughtsmanship, (*US*) **draftsmanship** ['drɑːftsmənʃɪp] *n* (*technique*) dessin industriel; (*art*) graphisme *m*
draw [drɔː] (*vb*: *pt* **drew**, *pp* **-n**) [druː, drɔːn] *vt* tirer; (*picture*) dessiner; (*attract*) attirer; (*line, circle*) tracer; (*money*) retirer; (*wages*) toucher; (*comparison, distinction*): **to ~ (between)** faire (entre) ▷ *vi* (*Sport*) faire match nul ▷ *n* match nul; (*lottery*) loterie *f*; (: *picking of ticket*) tirage *m* au sort; **to ~ to a close** toucher à *or* tirer à sa fin; **to ~ near** *vi* s'approcher; approcher
▸ **draw back** *vi* (*move back*): **to ~ back (from)** reculer (de)
▸ **draw in** *vi* (*Brit*: *car*) s'arrêter le long du

trottoir; (: *train*) entrer en gare *or* dans la station
▸ **draw on** *vt* (*resources*) faire appel à; (*imagination, person*) avoir recours à, faire appel à
▸ **draw out** *vi* (*lengthen*) s'allonger ▷ *vt* (*money*) retirer
▸ **draw up** *vi* (*stop*) s'arrêter ▷ *vt* (*document*) établir, dresser; (*plan*) formuler, dessiner; (*chair*) approcher

drawback ['drɔːbæk] *n* inconvénient *m*, désavantage *m*

drawbridge ['drɔːbrɪdʒ] *n* pont-levis *m*

drawee [drɔː'iː] *n* tiré *m*

drawer [drɔːʳ] *n* tiroir *m* ['drɔːəʳ] (*of cheque*) tireur *m*

drawing ['drɔːɪŋ] *n* dessin *m*

drawing board *n* planche *f* à dessin

drawing pin *n* (*Brit*) punaise *f*

drawing room *n* salon *m*

drawl [drɔːl] *n* accent traînant

drawn [drɔːn] *pp of* **draw** ▷ *adj* (*haggard*) tiré(e), crispé(e)

drawstring ['drɔːstrɪŋ] *n* cordon *m*

dread [drɛd] *n* épouvante *f*, effroi *m* ▷ *vt* redouter, appréhender

dreadful ['drɛdful] *adj* épouvantable, affreux(-euse)

dream [driːm] *n* rêve *m* ▷ *vt, vi* (*pt, pp* **-ed** *or* **-t** [drɛmt] rêver; **to have a ~ about sb/sth** rêver à qn/qch; **sweet ~s!** faites de beaux rêves!
▸ **dream up** *vt* inventer

dreamer ['driːməʳ] *n* rêveur(-euse)

dreamt [drɛmt] *pt, pp of* **dream**

dreamy ['driːmɪ] *adj* (*absent-minded*) rêveur(-euse)

dreary ['drɪərɪ] *adj* triste; monotone

dredge [drɛdʒ] *vt* draguer
▸ **dredge up** *vt* draguer; (*fig: unpleasant facts*) (faire) ressortir

dredger ['drɛdʒəʳ] *n* (*ship*) dragueur *m*; (*machine*) drague *f*; (*Brit: also:* **sugar dredger**) saupoudreuse *f*

dregs [drɛgz] *npl* lie *f*

drench [drɛntʃ] *vt* tremper; **~ed to the skin** trempé(e) jusqu'aux os

dress [drɛs] *n* robe *f*; (*clothing*) habillement *m*, tenue *f* ▷ *vt* habiller; (*wound*) panser; (*food*) préparer ▷ *vi*: **she ~es very well** elle s'habille très bien; **to ~ o.s., to get ~ed** s'habiller; **to ~ a shop window** faire l'étalage *or* la vitrine
▸ **dress up** *vi* s'habiller; (*in fancy dress*) se déguiser

dress circle *n* (*Brit*) premier balcon

dress designer *n* modéliste *m/f*, dessinateur(-trice) de mode

dresser ['drɛsəʳ] *n* (*Theat*) habilleur(-euse); (*also:* **window dresser**) étalagiste *m/f*; (*furniture*) vaisselier *m*; (: *US*) coiffeuse *f*, commode *f*

dressing ['drɛsɪŋ] *n* (*Med*) pansement *m*; (*Culin*) sauce *f*, assaisonnement *m*

dressing gown *n* (*Brit*) robe *f* de chambre

dressing room *n* (*Theat*) loge *f*; (*Sport*) vestiaire *m*

dressing table *n* coiffeuse *f*

dressmaker ['drɛsmeɪkəʳ] *n* couturière *f*

dressmaking ['drɛsmeɪkɪŋ] *n* couture *f*; travaux *mpl* de couture

dress rehearsal *n* (répétition *f*) générale *f*

dress shirt *n* chemise *f* à plastron

dressy ['drɛsɪ] *adj* (*inf: clothes*) (qui fait) habillé(e)

drew [druː] *pt of* **draw**

dribble ['drɪbl] *vi* tomber goutte à goutte; (*baby*) baver ▷ *vt* (*ball*) dribbler

dried [draɪd] *adj* (*fruit, beans*) sec (sèche); (*eggs, milk*) en poudre

drier ['draɪəʳ] *n* = **dryer**

drift [drɪft] *n* (*of current etc*) force *f*; direction *f*; (*of sand etc*) amoncellement *m*; (*of snow*) rafale *f*; coulée *f*; (: *on ground*) congère *f*; (*general meaning*) sens général ▷ *vi* (*boat*) aller à la dérive, dériver; (*sand, snow*) s'amonceler, s'entasser; **to let things ~** laisser les choses aller à la dérive; **to ~ apart** (*friends, lovers*) s'éloigner l'un de l'autre; **I get** *or* **catch your ~** je vois en gros ce que vous voulez dire

drifter ['drɪftəʳ] *n* personne *f* sans but dans la vie

driftwood ['drɪftwud] *n* bois flotté

drill [drɪl] *n* perceuse *f*; (*bit*) foret *m*; (*of dentist*) roulette *f*, fraise *f*; (*Mil*) exercice *m* ▷ *vt* percer; (*troops*) entraîner; (*pupils: in grammar*) faire faire des exercices à ▷ *vi* (*for oil*) faire un *or* des forage(s)

drilling ['drɪlɪŋ] *n* (*for oil*) forage *m*

drilling rig *n* (*on land*) tour *f* (de forage), derrick *m*; (*at sea*) plate-forme *f* de forage

drily ['draɪlɪ] *adv* = **dryly**

drink [drɪŋk] *n* boisson *f*; (*alcoholic*) verre *m* ▷ *vt, vi* (*pt* **drank**, *pp* **drunk** [dræŋk, drʌŋk]) boire; **to have a ~** boire quelque chose, boire un verre; **a ~ of water** un verre d'eau; **would you like a ~?** tu veux boire quelque chose?; **we had ~s before lunch** on a pris l'apéritif
▸ **drink in** *vt* (*fresh air*) inspirer profondément; (*story*) avaler, ne pas perdre une miette de; (*sight*) se remplir la vue de

drinkable ['drɪŋkəbl] *adj* (*not dangerous*) potable; (*palatable*) buvable

drink-driving ['drɪŋk'draɪvɪŋ] *n* conduite *f* en état d'ivresse

drinker ['drɪŋkəʳ] *n* buveur(-euse)

drinking ['drɪŋkɪŋ] *n* (*drunkenness*) boisson *f*, alcoolisme *m*

drinking fountain *n* (*in park etc*) fontaine publique; (*in building*) jet *m* d'eau potable

drinking water *n* eau *f* potable

drip [drɪp] *n* (*drop*) goutte *f*; (*sound: of water etc*) bruit *m* de l'eau qui tombe goutte à goutte; (*Med: device*) goutte-à-goutte *m inv*; (: *liquid*) perfusion *f*; (*inf: person*) lavette *f*, nouille *f* ▷ *vi* tomber goutte à goutte; (*tap*) goutter; (*washing*) s'égoutter; (*wall*) suinter

drip-dry ['drɪp'draɪ] *adj* (*shirt*) sans repassage

drip-feed ['drɪpfiːd] *vt* alimenter au goutte-à-goutte *or* par perfusion

dripping ['drɪpɪŋ] *n* graisse *f* de rôti ▷ *adj*: **~ wet**

d

trempé(e)

drive [draɪv] (*pt* **drove**, *pp* **driven** [drəuv, 'drɪvn]) *n* promenade *f or* trajet *m* en voiture; (*also:* **driveway**) allée *f*; (*energy*) dynamisme *m*, énergie *f*; (*Psych*) besoin *m*; pulsion *f*; (*push*) effort (concerté); campagne *f*; (*Sport*) drive *m*; (*Tech*) entraînement *m*; traction *f*; transmission *f*; (*Comput: also:* **disk drive**) lecteur *m* de disquette ▷ *vt* conduire; (*nail*) enfoncer; (*push*) chasser, pousser; (*Tech: motor*) actionner; entraîner ▷ *vi* (*be at the wheel*) conduire; (*travel by car*) aller en voiture; **to go for a ~** aller faire une promenade en voiture; **it's 3 hours' ~ from London** Londres est à 3 heures de route; **left-/right-hand ~** (*Aut*) conduite *f* à gauche/droite; **front-/rear-wheel ~** (*Aut*) traction *f* avant/arrière; **to ~ sb to (do) sth** pousser *or* conduire qn à (faire) qch; **to ~ sb mad** rendre qn fou (folle)

▸ **drive at** *vt fus* (*fig: intend, mean*) vouloir dire, en venir à

▸ **drive on** *vi* poursuivre sa route, continuer; (*after stopping*) reprendre sa route, repartir ▷ *vt* (*incite, encourage*) inciter

▸ **drive out** *vt* (*force out*) chasser

drive-by ['draɪvbaɪ] *n* (*also:* **drive-by shooting**) *tentative d'assassinat par coups de feu tirés d'une voiture*

drive-in ['draɪvɪn] *adj*, *n* (*esp US*) drive-in *m*

drive-in window *n* (*US*) guichet-auto *m*

drivel ['drɪvl] *n* (*inf*) idioties *fpl*, imbécillités *fpl*

driven ['drɪvn] *pp of* **drive**

driver ['draɪvə^r] *n* conducteur(-trice); (*of taxi, bus*) chauffeur *m*

driver's license *n* (*US*) permis *m* de conduire

driveway ['draɪvweɪ] *n* allée *f*

driving ['draɪvɪŋ] *adj*: **~ rain** *n* pluie battante ▷ *n* conduite *f*

driving force *n* locomotive *f*, élément *m* dynamique

driving instructor *n* moniteur *m* d'auto-école

driving lesson *n* leçon *f* de conduite

driving licence *n* (*Brit*) permis *m* de conduire

driving school *n* auto-école *f*

driving test *n* examen *m* du permis de conduire

drizzle ['drɪzl] *n* bruine *f*, crachin *m* ▷ *vi* bruiner

droll [drəul] *adj* drôle

dromedary ['drɔmədərɪ] *n* dromadaire *m*

drone [drəun] *vi* (*bee*) bourdonner; (*engine etc*) ronronner; (*also:* **drone on**) parler d'une voix monocorde ▷ *n* bourdonnement *m*; ronronnement *m*; (*male bee*) faux-bourdon *m*

drool [dru:l] *vi* baver; **to ~ over sb/sth** (*fig*) baver d'admiration *or* être en extase devant qn/qch

droop [dru:p] *vi* (*flower*) commencer à se faner; (*shoulders, head*) tomber

drop [drɔp] *n* (*of liquid*) goutte *f*; (*fall*) baisse *f*; (*: in salary*) réduction *f*; (*also:* **parachute drop**) saut *m*; (*of cliff*) dénivellation *f*; à-pic *m* ▷ *vt* laisser tomber; (*voice, eyes, price*) baisser; (*passenger*) déposer ▷ *vi* (*wind, temperature, price, voice*) tomber; (*numbers, attendance*) diminuer; **drops** *npl* (*Med*) gouttes; **cough ~s** pastilles *fpl* pour la toux; **a ~ of 10%** une baisse *or* réduction) de 10%; **to ~ anchor** jeter l'ancre; **to ~ sb a line** mettre un mot à qn

▸ **drop in** *vi* (*inf: visit*): **to ~ in (on)** faire un saut (chez), passer (chez)

▸ **drop off** *vi* (*sleep*) s'assoupir ▷ *vt* (*passenger*) déposer; **to ~ sb off** déposer qn

▸ **drop out** *vi* (*withdraw*) se retirer; (*student etc*) abandonner, décrocher

droplet ['drɔplɪt] *n* gouttelette *f*

dropout ['drɔpaut] *n* (*from society*) marginal(e); (*from university*) drop-out *m/f*, dropé(e)

dropper ['drɔpə^r] *n* (*Med etc*) compte-gouttes *m inv*

droppings ['drɔpɪŋz] *npl* crottes *fpl*

dross [drɔs] *n* déchets *mpl*; rebut *m*

drought [draut] *n* sécheresse *f*

drove [drəuv] *pt of* **drive** ▷ *n*: **~s of people** une foule de gens

drown [draun] *vt* noyer; (*also:* **drown out**: *sound*) couvrir, étouffer ▷ *vi* se noyer

drowse [drauz] *vi* somnoler

drowsy ['drauzɪ] *adj* somnolent(e)

drudge [drʌdʒ] *n* bête *f* de somme (*fig*)

drudgery ['drʌdʒərɪ] *n* corvée *f*

drug [drʌg] *n* médicament *m*; (*narcotic*) drogue *f* ▷ *vt* droguer; **to be on ~s** se droguer; **he's on ~s** il se drogue; (*Med*) il est sous médication

drug addict *n* toxicomane *m/f*

drug dealer *n* revendeur(-euse) de drogue

druggist ['drʌgɪst] *n* (*US*) pharmacien(ne)-droguiste

drug peddler *n* revendeur(-euse) de drogue

drugstore ['drʌgstɔ:^r] *n* (*US*) pharmacie-droguerie *f*, drugstore *m*

drum [drʌm] *n* tambour *m*; (*for oil, petrol*) bidon *m* ▷ *vt*: **to ~ one's fingers on the table** pianoter *or* tambouriner sur la table; **drums** *npl* (*Mus*) batterie *f*

▸ **drum up** *vt* (*enthusiasm, support*) susciter, rallier

drummer ['drʌmə^r] *n* (joueur *m* de) tambour *m*

drum roll *n* roulement *m* de tambour

drumstick ['drʌmstɪk] *n* (*Mus*) baguette *f* de tambour; (*of chicken*) pilon *m*

drunk [drʌŋk] *pp of* **drink** ▷ *adj* ivre, soûl(e) ▷ *n* (*also:* **drunkard**) ivrogne *m/f*; **to get ~** s'enivrer, se soûler

drunkard ['drʌŋkəd] *n* ivrogne *m/f*

drunken ['drʌŋkən] *adj* ivre, soûl(e); (*rage, stupor*) ivrogne, d'ivrogne; **~ driving** conduite *f* en état d'ivresse

drunkenness ['drʌŋkənnɪs] *n* ivresse *f*; ivrognerie *f*

dry [draɪ] *adj* sec (sèche); (*day*) sans pluie; (*humour*) pince-sans-rire; (*uninteresting*) aride, rébarbatif(-ive) ▷ *vt* sécher; (*clothes*) faire sécher ▷ *vi* sécher; **on ~ land** sur la terre ferme; **to ~ one's hands/hair/eyes** se sécher les mains/les cheveux/les yeux

▸ **dry off** *vi*, *vt* sécher

▸ **dry up** *vi* (*river, supplies*) se tarir; (*: speaker*)

sécher, rester sec
dry-clean ['draɪ'kli:n] *vt* nettoyer à sec
dry-cleaner ['draɪ'kli:nəʳ] *n* teinturier *m*
dry-cleaner's ['draɪ'kli:nəz] *n* teinturerie *f*
dry-cleaning ['draɪ'kli:nɪŋ] *n* (*process*) nettoyage *m* à sec
dry dock *n* (*Naut*) cale sèche, bassin *m* de radoub
dryer ['draɪəʳ] *n* (*tumble-dryer*) sèche-linge *m inv*; (*for hair*) sèche-cheveux *m inv*
dry goods *npl* (*Comm*) textiles *mpl*, mercerie *f*
dry goods store *n* (*US*) magasin *m* de nouveautés
dry ice *n* neige *f* carbonique
dryly ['draɪlɪ] *adv* sèchement, d'un ton sec
dryness ['draɪnɪs] *n* sécheresse *f*
dry rot *n* pourriture sèche (*du bois*)
dry run *n* (*fig*) essai *m*
dry ski slope *n* piste (de ski) artificielle
DSc *n abbr* (= *Doctor of Science*) *titre universitaire*
DSS *n abbr* (*Brit*) = **Department of Social Security**
DST *abbr* (*US*: = *Daylight Saving Time*) *heure d'été*
DT *n abbr* (*Comput*) = **data transmission**
DTI *n abbr* (*Brit*) = **Department of Trade and Industry**
DTP *n abbr* (= *desktop publishing*) PAO *f*
DT's [di:'ti:z] *n abbr* (*inf*: = *delirium tremens*) delirium tremens *m*
dual ['djuəl] *adj* double
dual carriageway *n* (*Brit*) route *f* à quatre voies
dual-control ['djuəlkən'trəul] *adj* à doubles commandes
dual nationality *n* double nationalité *f*
dual-purpose ['djuəl'pə:pəs] *adj* à double emploi
dubbed [dʌbd] *adj* (*Cine*) doublé(e); (*nicknamed*) surnommé(e)
dubious ['dju:bɪəs] *adj* hésitant(e), incertain(e); (*reputation, company*) douteux(-euse); (*also*: **I'm very dubious about it**) j'ai des doutes sur la question, je n'en suis pas sûr du tout
Dublin ['dʌblɪn] *n* Dublin
Dubliner ['dʌblɪnəʳ] *n* habitant(e) de Dublin, originaire *m/f* de Dublin
duchess ['dʌtʃɪs] *n* duchesse *f*
duck [dʌk] *n* canard *m* ▷ *vi* se baisser vivement, baisser subitement la tête ▷ *vt* plonger dans l'eau
duckling ['dʌklɪŋ] *n* caneton *m*
duct [dʌkt] *n* conduite *f*, canalisation *f*; (*Anat*) conduit *m*
dud [dʌd] *n* (*shell*) obus non éclaté; (*object, tool*): **it's a ~** c'est de la camelote, ça ne marche pas ▷ *adj* (*Brit*: *cheque*) sans provision; (: *note, coin*) faux (fausse)
due [dju:] *adj* (*money, payment*) dû (due); (*expected*) attendu(e); (*fitting*) qui convient ▷ *n* dû *m* ▷ *adv*: **~ north** droit vers le nord; **dues** *npl* (*for club, union*) cotisation *f*; (*in harbour*) droits *mpl* (de port); **~ to** (*because of*) en raison de; (*caused by*) dû à; **in ~ course** en temps utile *or* voulu; (*in the end*) finalement; **the rent is ~ on the 30th** il faut payer le loyer le 30; **the train is ~ at 8 a.m.** le train est attendu à 8 h; **she is ~ back tomorrow** elle doit rentrer demain; **he is ~ £10** on lui doit 10 livres; **I am ~ 6 days' leave** j'ai droit à 6 jours de congé; **to give sb his** *or* **her ~** être juste envers qn
due date *n* date *f* d'échéance
duel ['djuəl] *n* duel *m*
duet [dju:'ɛt] *n* duo *m*
duff [dʌf] *adj* (*Brit inf*) nullard(e), nul(le)
duffel bag, duffle bag ['dʌfl-] *n* sac marin
duffel coat, duffle coat ['dʌfl-] *n* duffel-coat *m*
duffer ['dʌfəʳ] *n* (*inf*) nullard(e)
dug [dʌg] *pt, pp of* **dig**
dugout ['dʌgaut] *n* (*Sport*) banc *m* de touche
duke [dju:k] *n* duc *m*
dull [dʌl] *adj* (*boring*) ennuyeux(-euse); (*slow*) borné(e); (*not bright*) morne, terne; (*sound, pain*) sourd(e); (*weather, day*) gris(e), maussade; (*blade*) émoussé(e) ▷ *vt* (*pain, grief*) atténuer; (*mind, senses*) engourdir
duly ['dju:lɪ] *adv* (*on time*) en temps voulu; (*as expected*) comme il se doit
dumb [dʌm] *adj* muet(te); (*stupid*) bête; **to be struck ~** (*fig*) rester abasourdi(e), être sidéré(e)
dumbbell ['dʌmbɛl] *n* (*Sport*) haltère *m*
dumbfounded [dʌm'faundɪd] *adj* sidéré(e)
dummy ['dʌmɪ] *n* (*tailor's model*) mannequin *m*; (*mock-up*) factice *m*, maquette *f*; (*Sport*) feinte *f*; (*Brit*: *for baby*) tétine *f* ▷ *adj* faux (fausse), factice
dummy run *n* essai *m*
dump [dʌmp] *n* tas *m* d'ordures; (*also*: **rubbish dump**) décharge (publique); (*Mil*) dépôt *m*; (*Comput*) listage *m* (de la mémoire); (*inf*: *place*) trou *m* ▷ *vt* (*put down*) déposer; déverser; (*get rid of*) se débarrasser de; (*Comput*) lister; (*Comm*: *goods*) vendre à perte (*sur le marché extérieur*); **to be (down) in the ~s** (*inf*) avoir le cafard, broyer du noir
dumping ['dʌmpɪŋ] *n* (*Econ*) dumping *m*; (*of rubbish*): **"no ~"** "décharge interdite"
dumpling ['dʌmplɪŋ] *n* boulette *f* (de pâte)
dumpy ['dʌmpɪ] *adj* courtaud(e), boulot(te)
dunce [dʌns] *n* âne *m*, cancre *m*
dune [dju:n] *n* dune *f*
dung [dʌŋ] *n* fumier *m*
dungarees [dʌŋgə'ri:z] *npl* bleu(s) *m(pl)*; (*for child, woman*) salopette *f*
dungeon ['dʌndʒən] *n* cachot *m*
dunk [dʌŋk] *vt* tremper
Dunkirk [dʌn'kə:k] *n* Dunkerque
duo ['dju:əu] *n* (*gen*: *Mus*) duo *m*
duodenal [dju:əu'di:nl] *adj* duodénal(e); **~ ulcer** ulcère *m* du duodénum
dupe [dju:p] *n* dupe *f* ▷ *vt* duper, tromper
duplex ['dju:plɛks] *n* (*US*: *also*: **duplex apartment**) duplex *m*
duplicate *n* ['dju:plɪkət] double *m*, copie exacte; (*copy of letter etc*) duplicata *m* ▷ *adj* (*copy*) en double ▷ *vt* ['dju:plɪkeɪt] faire un double de; (*on machine*) polycopier; **in ~** en deux exemplaires, en double; **~ key** double *m* de la (*or* d'une) clé
duplicating machine ['dju:plɪkeɪtɪŋ-],

duplicator ['dju:plɪkeɪtəʳ] *n* duplicateur *m*
duplicity [dju:'plɪsɪtɪ] *n* duplicité *f*, fausseté *f*
durability [djuərə'bɪlɪtɪ] *n* solidité *f*; durabilité *f*
durable ['djuərəbl] *adj* durable; (*clothes, metal*) résistant(e), solide
duration [djuə'reɪʃən] *n* durée *f*
duress [djuə'rɛs] *n*: **under ~** sous la contrainte
Durex® ['djuərɛks] *n* (*Brit*) préservatif (masculin)
during ['djuərɪŋ] *prep* pendant, au cours de
dusk [dʌsk] *n* crépuscule *m*
dusky ['dʌskɪ] *adj* sombre
dust [dʌst] *n* poussière *f* ▷ *vt* (*furniture*) essuyer, épousseter; (*cake etc*): **to ~ with** saupoudrer de
▸ **dust off** *vt* (*also fig*) dépoussiérer
dustbin ['dʌstbɪn] *n* (*Brit*) poubelle *f*
duster ['dʌstəʳ] *n* chiffon *m*
dust jacket *n* jacquette *f*
dustman ['dʌstmən] (*irreg*) *n* (*Brit*) boueux *m*, éboueur *m*
dustpan ['dʌstpæn] *n* pelle *f* à poussière
dusty ['dʌstɪ] *adj* poussiéreux(-euse)
Dutch [dʌtʃ] *adj* hollandais(e), néerlandais(e) ▷ *n* (*Ling*) hollandais *m*, néerlandais *m* ▷ *adv*: **to go ~** *or* **dutch** (*inf*) partager les frais; **the Dutch** *npl* les Hollandais, les Néerlandais
Dutch auction *n* enchères *fpl* à la baisse
Dutchman ['dʌtʃmən] (*irreg*) *n* Hollandais *m*
Dutchwoman ['dʌtʃwumən] (*irreg*) *n* Hollandaise *f*
dutiable ['dju:tɪəbl] *adj* taxable, soumis(e) à des droits de douane
dutiful ['dju:tɪful] *adj* (*child*) respectueux(-euse); (*husband, wife*) plein(e) d'égards, prévenant(e); (*employee*) consciencieux(-euse)
duty ['dju:tɪ] *n* devoir *m*; (*tax*) droit *m*, taxe *f*; **duties** *npl* fonctions *fpl*; **to make it one's ~ to do sth** se faire un devoir de faire qch; **to pay ~ on sth** payer un droit *or* une taxe sur qch; **on ~** de service; (*at night etc*) de garde; **off ~** libre, pas de service *or* de garde
duty-free ['dju:tɪ'fri:] *adj* exempté(e) de douane, hors-taxe; **~ shop** boutique *f* hors-taxe
duty officer *n* (*Mil etc*) officier *m* de permanence
duvet ['du:veɪ] *n* (*Brit*) couette *f*
DV *abbr* (= *Deo volente*) si Dieu le veut
DVD *n abbr* (= *digital versatile or video disc*) DVD *m*
DVD burner *n* graveur *m* de DVD
DVD player *n* lecteur *m* de DVD
DVD writer *n* graveur *m* de DVD
DVLA *n abbr* (*Brit*: = *Driver and Vehicle Licensing Agency*) *service qui délivre les cartes grises et les permis de conduire*
DVM *n abbr* (*US*: = *Doctor of Veterinary Medicine*) *titre universitaire*
DVT *n abbr* = **deep vein thrombosis**
dwarf (*pl* **dwarves**) [dwɔ:f, dwɔ:vz] *n* nain(e) ▷ *vt* écraser
dwell (*pt, pp* **dwelt**) [dwɛl, dwɛlt] *vi* demeurer
▸ **dwell on** *vt fus* s'étendre sur
dweller ['dwɛləʳ] *n* habitant(e)
dwelling ['dwɛlɪŋ] *n* habitation *f*, demeure *f*
dwelt [dwɛlt] *pt, pp of* **dwell**
dwindle ['dwɪndl] *vi* diminuer, décroître
dwindling ['dwɪndlɪŋ] *adj* décroissant(e), en diminution
dye [daɪ] *n* teinture *f* ▷ *vt* teindre; **hair ~** teinture pour les cheveux
dyestuffs ['daɪstʌfs] *npl* colorants *mpl*
dying ['daɪɪŋ] *adj* mourant(e), agonisant(e)
dyke [daɪk] *n* (*embankment*) digue *f*
dynamic [daɪ'næmɪk] *adj* dynamique
dynamics [daɪ'næmɪks] *n or npl* dynamique *f*
dynamite ['daɪnəmaɪt] *n* dynamite *f* ▷ *vt* dynamiter, faire sauter à la dynamite
dynamo ['daɪnəməu] *n* dynamo *f*
dynasty ['dɪnəstɪ] *n* dynastie *f*
dysentery ['dɪsntrɪ] *n* dysenterie *f*
dyslexia [dɪs'lɛksɪə] *n* dyslexie *f*
dyslexic [dɪs'lɛksɪk] *adj, n* dyslexique *m/f*
dyspepsia [dɪs'pɛpsɪə] *n* dyspepsie *f*
dystrophy ['dɪstrəfɪ] *n* dystrophie *f*; **muscular ~** dystrophie musculaire

Ee

e

E[1], e [iː] *n* (*letter*) E, e *m*; (*Mus*): **E** mi *m*; **E for Edward,** (*US*) **E for Easy** E comme Eugène

E[2] *abbr* (= *east*) E ▷ *n abbr* (*Drugs*) = **ecstasy**

ea. *abbr* = **each**

E.A. *n abbr* (*US*: = *educational age*) *niveau scolaire*

each [iːtʃ] *adj* chaque ▷ *pron* chacun(e); **~ one** chacun(e); **~ other** l'un l'autre; **they hate ~ other** ils se détestent (mutuellement); **you are jealous of ~ other** vous êtes jaloux l'un de l'autre; **~ day** chaque jour, tous les jours; **they have 2 books ~** ils ont 2 livres chacun; **they cost £5 ~** ils coûtent 5 livres (la) pièce; **~ of us** chacun(e) de nous

eager [ˈiːgəʳ] *adj* (*person, buyer*) empressé(e); (*lover*) ardent(e), passionné(e); (*keen: pupil, worker*) enthousiaste; **to be ~ to do sth** (*impatient*) brûler de faire qch; (*keen*) désirer vivement faire qch; **to be ~ for** (*event*) désirer vivement; (*vengeance, affection, information*) être avide de

eagle [ˈiːgl] *n* aigle *m*

E and OE *abbr* = **errors and omissions excepted**

ear [ɪəʳ] *n* oreille *f*; (*of corn*) épi *m*; **up to one's ~s in debt** endetté(e) jusqu'au cou

earache [ˈɪəreɪk] *n* mal *m* aux oreilles

eardrum [ˈɪədrʌm] *n* tympan *m*

earful [ˈɪəful] *n* (*inf*): **to give sb an ~** passer un savon à qn

earl [əːl] *n* comte *m*

earlier [ˈəːlɪəʳ] *adj* (*date etc*) plus rapproché(e); (*edition etc*) plus ancien(ne), antérieur(e) ▷ *adv* plus tôt

early [ˈəːlɪ] *adv* tôt, de bonne heure; (*ahead of time*) en avance; (*near the beginning*) au début ▷ *adj* précoce, qui se manifeste (*or* se fait) tôt *or* de bonne heure; (*Christians, settlers*) premier(-ière); (*reply*) rapide; (*death*) prématuré(e); (*work*) de jeunesse; **to have an ~ night/start** se coucher/partir tôt *or* de bonne heure; **take the ~ train** prenez le premier train; **in the ~** *or* **~ in the spring/19th century** au début *or* commencement du printemps/19ème siècle; **you're ~!** tu es en avance!; **~ in the morning** tôt le matin; **she's in her ~ forties** elle a un peu plus de quarante ans *or* de la quarantaine; **at your earliest convenience** (*Comm*) dans les meilleurs délais

early retirement *n* retraite anticipée

early warning system *n* système *m* de première alerte

earmark [ˈɪəmɑːk] *vt*: **to ~ sth for** réserver *or* destiner qch à

earn [əːn] *vt* gagner; (*Comm: yield*) rapporter; **to ~ one's living** gagner sa vie; **this ~ed him much praise, he ~ed much praise for this** ceci lui a valu de nombreux éloges; **he's ~ed his rest/reward** il mérite *or* a bien mérité *or* a bien gagné son repos/sa récompense

earned income [əːnd-] *n* revenu *m* du travail

earnest [ˈəːnɪst] *adj* sérieux(-euse) ▷ *n* (*also*: **earnest money**) acompte *m*, arrhes *fpl*; **in ~** (*adv*) sérieusement, pour de bon

earnings [ˈəːnɪŋz] *npl* salaire *m*; gains *mpl*; (*of company etc*) profits *mpl*, bénéfices *mpl*

ear, nose and throat specialist *n* oto-rhino-laryngologiste *m/f*

earphones [ˈɪəfəunz] *npl* écouteurs *mpl*

earplugs [ˈɪəplʌgz] *npl* boules *fpl* Quiès®; (*to keep out water*) protège-tympans *mpl*

earring [ˈɪərɪŋ] *n* boucle *f* d'oreille

earshot [ˈɪəʃɔt] *n*: **out of/within ~** hors de portée/à portée de voix

earth [əːθ] *n* (*gen, also Brit Elec*) terre *f*; (*of fox etc*) terrier *m* ▷ *vt* (*Brit Elec*) relier à la terre

earthenware [ˈəːθnwɛəʳ] *n* poterie *f*; faïence *f* ▷ *adj* de *or* en faïence

earthly [ˈəːθlɪ] *adj* terrestre; (*also*: **earthly paradise**) paradis *m* terrestre; **there is no ~ reason to think that ...** il n'y a absolument aucune raison *or* pas la moindre raison de penser que ...

earthquake [ˈəːθkweɪk] *n* tremblement *m* de terre, séisme *m*

earth-shattering [ˈəːθʃætərɪŋ] *adj* stupéfiant(e)

earth tremor *n* secousse *f* sismique

earthworks [ˈəːθwəːks] *npl* travaux *mpl* de terrassement

earthy [ˈəːθɪ] *adj* (*fig*) terre à terre *inv*, truculent(e)

earwax [ˈɪəwæks] *n* cérumen *m*

earwig [ˈɪəwɪg] *n* perce-oreille *m*

ease [iːz] *n* facilité *f*, aisance *f*; (*comfort*) bien-être *m* ▷ *vt* (*soothe: mind*) tranquilliser; (*reduce:*

pain, problem) atténuer; (*: tension*) réduire; (*loosen*) relâcher, détendre; (*help pass*): **to ~ sth in/out** faire pénétrer/sortir qch délicatement *or* avec douceur, faciliter la pénétration/la sortie de qch ▷ *vi* (*situation*) se détendre; **with ~** sans difficulté, aisément; **life of ~** vie oisive; **at ~** à l'aise; (*Mil*) au repos
▸ **ease off, ease up** *vi* diminuer; (*slow down*) ralentir; (*relax*) se détendre
easel ['i:zl] *n* chevalet *m*
easily ['i:zɪlɪ] *adv* facilement; (*by far*) de loin
easiness ['i:sɪnɪs] *n* facilité *f*; (*of manner*) aisance *f*; nonchalance *f*
east [i:st] *n* est *m* ▷ *adj* (*wind*) d'est; (*side*) est *inv* ▷ *adv* à l'est, vers l'est; **the E~** l'Orient *m*; (*Pol*) les pays *mpl* de l'Est
eastbound ['i:stbaund] *adj* en direction de l'est; (*carriageway*) est *inv*
Easter ['i:stə^r] *n* Pâques *fpl* ▷ *adj* (*holidays*) de Pâques, pascal(e)
Easter egg *n* œuf *m* de Pâques
Easter Island *n* île *f* de Pâques
easterly ['i:stəlɪ] *adj* d'est
Easter Monday *n* le lundi de Pâques
eastern ['i:stən] *adj* de l'est, oriental(e); **E~ Europe** l'Europe de l'Est; **the E~ bloc** (*Pol*) les pays *mpl* de l'est
Easter Sunday *n* le dimanche de Pâques
East Germany *n* (*formerly*) Allemagne *f* de l'Est
eastward ['i:stwəd], **eastwards** ['i:stwədz] *adv* vers l'est, à l'est
easy ['i:zɪ] *adj* facile; (*manner*) aisé(e) ▷ *adv*: **to take it** *or* **things ~** (*rest*) ne pas se fatiguer; (*not worry*) ne pas (trop) s'en faire; **to have an ~ life** avoir la vie facile; **payment on ~ terms** (*Comm*) facilités *fpl* de paiement; **that's easier said than done** c'est plus facile à dire qu'à faire, c'est vite dit; **I'm ~** (*inf*) ça m'est égal
easy chair *n* fauteuil *m*
easy-going ['i:zɪ'gəuɪŋ] *adj* accommodant(e), facile à vivre
easy touch *n* (*inf*): **he's an ~** c'est une bonne poire
eat (*pt* **ate**, *pp* **-en**) [i:t, eɪt, 'i:tn] *vt, vi* manger; **can we have something to ~?** est-ce qu'on peut manger quelque chose?
▸ **eat away** *vt* (*sea*) saper, éroder; (*acid*) ronger, corroder
▸ **eat away at, eat into** *vt fus* ronger, attaquer
▸ **eat out** *vi* manger au restaurant
▸ **eat up** *vt* (*food*) finir (de manger); **it ~s up electricity** ça bouffe du courant, ça consomme beaucoup d'électricité
eatable ['i:təbl] *adj* mangeable; (*safe to eat*) comestible
eaten ['i:tn] *pp of* **eat**
eau de Cologne ['əudəkə'ləun] *n* eau *f* de Cologne
eaves [i:vz] *npl* avant-toit *m*
eavesdrop ['i:vzdrɔp] *vi*: **to ~ (on)** écouter de façon indiscrète
ebb [ɛb] *n* reflux *m* ▷ *vi* refluer; (*fig: also:* **ebb away**) décliner; **the ~ and flow** le flux et le reflux; **to be at a low ~** (*fig*) être bien bas(se), ne pas aller bien fort
ebb tide *n* marée descendante, reflux *m*
ebony ['ɛbənɪ] *n* ébène *f*
e-book ['i:buk] *n* livre *m* électronique
ebullient [ɪ'bʌlɪənt] *adj* exubérant(e)
e-business ['i:bɪznɪs] *n* (*company*) entreprise *f* électronique; (*commerce*) commerce *m* électronique
ECB *n abbr* (= *European Central Bank*) BCE *f* (= *Banque centrale européenne*)
eccentric [ɪk'sɛntrɪk] *adj, n* excentrique *m/f*
ecclesiastic [ɪkli:zɪ'æstɪk], **ecclesiastical** [ɪkli:zɪ'æstɪkl] *adj* ecclésiastique
ECG *n abbr* = **electrocardiogram**
echo ['ɛkəu] (*pl* **-es**) *n* écho *m* ▷ *vt* répéter; faire chorus avec ▷ *vi* résonner; faire écho
éclair ['eɪklɛə^r] *n* éclair *m* (*Culin*)
eclipse [ɪ'klɪps] *n* éclipse *f* ▷ *vt* éclipser
eco- ['i:kəu] *prefix* éco-
eco-friendly [i:kəu'frɛndlɪ] *adj* non nuisible à *or* qui ne nuit pas à l'environnement
ecological [i:kə'lɔdʒɪkəl] *adj* écologique
ecologist [ɪ'kɔlədʒɪst] *n* écologiste *m/f*
ecology [ɪ'kɔlədʒɪ] *n* écologie *f*
e-commerce [i:kɔmə:s] *n* commerce *m* électronique
economic [i:kə'nɔmɪk] *adj* économique; (*profitable*) rentable
economical [i:kə'nɔmɪkl] *adj* économique; (*person*) économe
economically [i:kə'nɔmɪklɪ] *adv* économiquement
economics [i:kə'nɔmɪks] *n* (*Scol*) économie *f* politique ▷ *npl* (*of project etc*) côté *m or* aspect *m* économique
economist [ɪ'kɔnəmɪst] *n* économiste *m/f*
economize [ɪ'kɔnəmaɪz] *vi* économiser, faire des économies
economy [ɪ'kɔnəmɪ] *n* économie *f*; **economies of scale** économies d'échelle
economy class *n* (*Aviat*) classe *f* touriste
economy class syndrome *n* syndrome *m* de la classe économique
economy size *n* taille *f* économique
ecosystem ['i:kəusɪstəm] *n* écosystème *m*
eco-tourism [i:kəu'tuərɪzəm] *n* écotourisme *m*
ECSC *n abbr* (= *European Coal & Steel Community*) CECA *f* (= *Communauté européenne du charbon et de l'acier*)
ecstasy ['ɛkstəsɪ] *n* extase *f*; (*Drugs*) ecstasy *m*; **to go into ecstasies over** s'extasier sur
ecstatic [ɛks'tætɪk] *adj* extatique, en extase
ECT *n abbr* = **electroconvulsive therapy**
Ecuador ['ɛkwədɔ:^r] *n* Équateur *m*
ecumenical [i:kju'mɛnɪkl] *adj* œcuménique
eczema ['ɛksɪmə] *n* eczéma *m*
eddy ['ɛdɪ] *n* tourbillon *m*
edge [ɛdʒ] *n* bord *m*; (*of knife etc*) tranchant *m*, fil *m* ▷ *vt* border ▷ *vi*: **to ~ forward** avancer petit à petit; **to ~ away from** s'éloigner furtivement

de; **on ~** (*fig*) crispé(e), tendu(e); **to have the ~ on** (*fig*) l'emporter (de justesse) sur, être légèrement meilleur que
edgeways ['ɛdʒweɪz] *adv* latéralement; **he couldn't get a word in ~** il ne pouvait pas placer un mot
edging ['ɛdʒɪŋ] *n* bordure *f*
edgy ['ɛdʒɪ] *adj* crispé(e), tendu(e)
edible ['ɛdɪbl] *adj* comestible; (*meal*) mangeable
edict ['i:dɪkt] *n* décret *m*
edifice ['ɛdɪfɪs] *n* édifice *m*
edifying ['ɛdɪfaɪɪŋ] *adj* édifiant(e)
Edinburgh ['ɛdɪnbərə] *n* Édimbourg
edit ['ɛdɪt] *vt* (*text, book*) éditer; (*report*) préparer; (*film*) monter; (*broadcast*) réaliser; (*magazine*) diriger; (*newspaper*) être le rédacteur *or* la rédactrice en chef de
edition [ɪ'dɪʃən] *n* édition *f*
editor ['ɛdɪtə^r] *n* (*of newspaper*) rédacteur(-trice), rédacteur(-trice) en chef; (*of sb's work*) éditeur(-trice); (*also*: **film editor**) monteur(-euse); **political/ foreign ~** rédacteur politique/au service étranger
editorial [ɛdɪ'tɔ:rɪəl] *adj* de la rédaction, éditorial(e) ▷ *n* éditorial *m*; **the ~ staff** la rédaction
EDP *n abbr* = **electronic data processing**
EDT *abbr* (*US*: = *Eastern Daylight Time*) *heure d'été de New York*
educate ['ɛdjukeɪt] *vt* (*teach*) instruire; (*bring up*) éduquer; **~d at ...** qui a fait ses études à ...
educated ['ɛdjukeɪtɪd] *adj* (*person*) cultivé(e)
educated guess *n* supposition éclairée
education [ɛdju'keɪʃən] *n* éducation *f*; (*studies*) études *fpl*; (*teaching*) enseignement *m*, instruction *f*; (*at university: subject etc*) pédagogie *f*; **primary** *or* (US) **elementary/secondary ~** instruction *f* primaire/secondaire
educational [ɛdju'keɪʃənl] *adj* pédagogique; (*institution*) scolaire; (*useful*) instructif(-ive); (*game, toy*) éducatif(-ive); **~ technology** technologie *f* de l'enseignement
Edwardian [ɛd'wɔ:dɪən] *adj* de l'époque du roi Édouard VII, des années 1900
EE *abbr* = **electrical engineer**
EEG *n abbr* = **electroencephalogram**
eel [i:l] *n* anguille *f*
EENT *n abbr* (*US Med*) = **eye, ear, nose and throat**
EEOC *n abbr* (*US*) = **Equal Employment Opportunity Commission**
eerie ['ɪərɪ] *adj* inquiétant(e), spectral(e), surnaturel(le)
EET *abbr* (= *Eastern European Time*) HEO (= *heure d'Europe orientale*)
effect [ɪ'fɛkt] *n* effet *m* ▷ *vt* effectuer; **effects** *npl* (*Theat*) effets *mpl*; (*property*) effets, affaires *fpl*; **to take ~** (*Law*) entrer en vigueur, prendre effet; (*drug*) agir, faire son effet; **to put into ~** (*plan*) mettre en application *or* à exécution; **to have an ~ on sb/sth** avoir *or* produire un effet sur qn/ qch; **in ~** en fait; **his letter is to the ~ that ...** sa lettre nous apprend que ...
effective [ɪ'fɛktɪv] *adj* efficace; (*striking: display, outfit*) frappant(e), qui produit *or* fait de l'effet; (*actual*) véritable; **to become ~** (*Law*) entrer en vigueur, prendre effet; **~ date** date *f* d'effet *or* d'entrée en vigueur
effectively [ɪ'fɛktɪvlɪ] *adv* efficacement; (*strikingly*) d'une manière frappante, avec beaucoup d'effet; (*in reality*) effectivement, en fait
effectiveness [ɪ'fɛktɪvnɪs] *n* efficacité *f*
effeminate [ɪ'fɛmɪnɪt] *adj* efféminé(e)
effervescent [ɛfə'vɛsnt] *adj* effervescent(e)
efficacy ['ɛfɪkəsɪ] *n* efficacité *f*
efficiency [ɪ'fɪʃənsɪ] *n* efficacité *f*; (*of machine, car*) rendement *m*
efficiency apartment *n* (*US*) studio *m* avec coin cuisine
efficient [ɪ'fɪʃənt] *adj* efficace; (*machine, car*) d'un bon rendement
efficiently [ɪ'fɪʃəntlɪ] *adv* efficacement
effigy ['ɛfɪdʒɪ] *n* effigie *f*
effluent ['ɛfluənt] *n* effluent *m*
effort ['ɛfət] *n* effort *m*; **to make an ~ to do sth** faire *or* fournir un effort pour faire qch
effortless ['ɛfətlɪs] *adj* sans effort, aisé(e); (*achievement*) facile
effrontery [ɪ'frʌntərɪ] *n* effronterie *f*
effusive [ɪ'fju:sɪv] *adj* (*person*) expansif(-ive); (*welcome*) chaleureux(-euse)
EFL *n abbr* (*Scol*) = **English as a Foreign Language**
EFTA ['ɛftə] *n abbr* (= *European Free Trade Association*) AELE *f* (= *Association européenne de libre-échange*)
e.g. *adv abbr* (= *exempli gratia*) par exemple, p. ex.
egalitarian [ɪgælɪ'tɛərɪən] *adj* égalitaire
egg [ɛg] *n* œuf *m*; **hard-boiled/soft-boiled ~** œuf dur/à la coque
▸ **egg on** *vt* pousser
eggcup ['ɛgkʌp] *n* coquetier *m*
egg plant ['ɛgplɑ:nt] (*US*) *n* aubergine *f*
eggshell ['ɛgʃɛl] *n* coquille *f* d'œuf ▷ *adj* (*colour*) blanc cassé *inv*
egg-timer ['ɛgtaɪmə^r] *n* sablier *m*
egg white *n* blanc *m* d'œuf
egg yolk *n* jaune *m* d'œuf
ego ['i:gəu] *n* (*self-esteem*) amour-propre *m*; (*Psych*) moi *m*
egoism ['ɛgəuɪzəm] *n* égoïsme *m*
egoist ['ɛgəuɪst] *n* égoïste *m/f*
egotism ['ɛgəutɪzəm] *n* égotisme *m*
egotist ['ɛgəutɪst] *n* égocentrique *m/f*
ego trip *n*: **to be on an ~** être en plein délire d'autosatisfaction
Egypt ['i:dʒɪpt] *n* Égypte *f*
Egyptian [ɪ'dʒɪpʃən] *adj* égyptien(ne) ▷ *n* Égyptien(ne)
EHIC *n abbr* (= *European Health Insurance Card*) CEAM *f*
eiderdown ['aɪdədaun] *n* édredon *m*
Eiffel Tower ['aɪfəl-] *n* tour *f* Eiffel
eight [eɪt] *num* huit
eighteen [eɪ'ti:n] *num* dix-huit
eighteenth [eɪ'ti:nθ] *num* dix-huitième

eighth [eɪtθ] *num* huitième
eightieth ['eɪtɪɪθ] *num* quatre-vingtième
eighty ['eɪtɪ] *num* quatre-vingt(s)
Eire ['ɛərə] *n* République *f* d'Irlande
EIS *n abbr (= Educational Institute of Scotland) syndicat enseignant*
either ['aɪðə^r] *adj* l'un ou l'autre; *(both, each)* chaque ▷ *pron*: **~ (of them)** l'un ou l'autre ▷ *adv* non plus ▷ *conj*: **~ good or bad** ou bon ou mauvais, soit bon soit mauvais; **I haven't seen ~ one or the other** je n'ai vu ni l'un ni l'autre; **on ~ side** de chaque côté; **I don't like ~** je n'aime ni l'un ni l'autre; **no, I don't ~** moi non plus; **which bike do you want? — ~ will do** quel vélo voulez-vous? — n'importe lequel; **answer with ~ yes or no** répondez par oui ou par non
ejaculation [ɪdʒækju'leɪʃən] *n (Physiol)* éjaculation *f*
eject [ɪ'dʒɛkt] *vt (tenant etc)* expulser; *(object)* éjecter ▷ *vi (pilot)* s'éjecter
ejector seat [ɪ'dʒɛktə-] *n* siège *m* éjectable
eke [i:k]: **to ~ out** *vt* faire durer; augmenter
EKG *n abbr (US)* = **electrocardiogram**
el [ɛl] *n abbr (US inf)* = **elevated railroad**
elaborate [*adj* ɪ'læbərɪt, *vb* ɪ'læbəreɪt] *adj* compliqué(e), recherché(e), minutieux(-euse) ▷ *vt* élaborer ▷ *vi* entrer dans les détails
elapse [ɪ'læps] *vi* s'écouler, passer
elastic [ɪ'læstɪk] *adj, n* élastique *(m)*
elastic band *n (Brit)* élastique *m*
elasticity [ɪlæs'tɪsɪtɪ] *n* élasticité *f*
elated [ɪ'leɪtɪd] *adj* transporté(e) de joie
elation [ɪ'leɪʃən] *n* (grande) joie, allégresse *f*
elbow ['ɛlbəu] *n* coude *m* ▷ *vt*: **to ~ one's way through the crowd** se frayer un passage à travers la foule (en jouant des coudes)
elbow grease *n*: **to use a bit of ~** mettre de l'huile de coude
elder ['ɛldə^r] *adj* aîné(e) ▷ *n (tree)* sureau *m*; **one's ~s** ses aînés
elderly ['ɛldəlɪ] *adj* âgé(e) ▷ *npl*: **the ~** les personnes âgées
elder statesman *(irreg) n* vétéran *m* de la politique
eldest ['ɛldɪst] *adj, n*: **the ~ (child)** l'aîné(e) (des enfants)
elect [ɪ'lɛkt] *vt* élire; *(choose)*: **to ~ to do** choisir de faire ▷ *adj*: **the president ~** le président désigné
election [ɪ'lɛkʃən] *n* élection *f*; **to hold an ~** procéder à une élection
election campaign *n* campagne électorale
electioneering [ɪlɛkʃə'nɪərɪŋ] *n* propagande électorale, manœuvres électorales
elector [ɪ'lɛktə^r] *n* électeur(-trice)
electoral [ɪ'lɛktərəl] *adj* électoral(e)
electoral college *n* collège électoral
electoral roll *n (Brit)* liste électorale
electorate [ɪ'lɛktərɪt] *n* électorat *m*
electric [ɪ'lɛktrɪk] *adj* électrique
electrical [ɪ'lɛktrɪkl] *adj* électrique
electrical engineer *n* ingénieur électricien
electrical failure *n* panne *f* d'électricité *or* de courant
electric blanket *n* couverture chauffante
electric chair *n* chaise *f* électrique
electric cooker *n* cuisinière *f* électrique
electric current *n* courant *m* électrique
electric fire *n (Brit)* radiateur *m* électrique
electrician [ɪlɛk'trɪʃən] *n* électricien *m*
electricity [ɪlɛk'trɪsɪtɪ] *n* électricité *f*; **to switch on/off the ~** rétablir/couper le courant
electricity board *n (Brit)* ≈ agence régionale de l'E.D.F.
electric light *n* lumière *f* électrique
electric shock *n* choc *m or* décharge *f* électrique
electrify [ɪ'lɛktrɪfaɪ] *vt (Rail)* électrifier; *(audience)* électriser
electro... [ɪ'lɛktrəu] *prefix* électro...
electrocardiogram [ɪ'lɛktrə] *n* électrocardiogramme *m*
electro-convulsive therapy [ɪ'lɛktrə] *n* électrochocs *mpl*
electrocute [ɪ'lɛktrəkju:t] *vt* électrocuter
electrode [ɪ'lɛktrəud] *n* électrode *f*
electroencephalogram [ɪ'lɛktrəu] *n* électroencéphalogramme *m*
electrolysis [ɪlɛk'trɔlɪsɪs] *n* électrolyse *f*
electromagnetic [ɪ'lɛktrəmæg'nɛtɪk] *adj* électromagnétique
electron [ɪ'lɛktrɔn] *n* électron *m*
electronic [ɪlɛk'trɔnɪk] *adj* électronique
electronic data processing *n* traitement *m* électronique des données
electronic mail *n* courrier *m* électronique
electronics [ɪlɛk'trɔnɪks] *n* électronique *f*
electron microscope *n* microscope *m* électronique
electroplated [ɪ'lɛktrə'pleɪtɪd] *adj* plaqué(e) *or* doré(e) *or* argenté(e) par galvanoplastie
electrotherapy [ɪ'lɛktrə'θɛrəpɪ] *n* électrothérapie *f*
elegance ['ɛlɪgəns] *n* élégance *f*
elegant ['ɛlɪgənt] *adj* élégant(e)
element ['ɛlɪmənt] *n (gen)* élément *m*; *(of heater, kettle etc)* résistance *f*
elementary [ɛlɪ'mɛntərɪ] *adj* élémentaire; *(school, education)* primaire
elementary school *n (US)* école *f* primaire; *voir article*

ELEMENTARY SCHOOL

Aux États-Unis et au Canada, une *elementary school* (également appelée "grade school" ou "grammar school" aux États-Unis) est une école publique où les enfants passent les six à huit premières années de leur scolarité.

elephant ['ɛlɪfənt] *n* éléphant *m*
elevate ['ɛlɪveɪt] *vt* élever
elevated railroad ['ɛlɪveɪtɪd-] *n (US)* métro *m* aérien

elevation [ɛlɪ'veɪʃən] *n* élévation *f*; *(height)* altitude *f*
elevator ['ɛlɪveɪtə[r]] *n (in warehouse etc)* élévateur *m*, monte-charge *m inv*; *(US: lift)* ascenseur *m*
eleven [ɪ'lɛvn] *num* onze
elevenses [ɪ'lɛvnzɪz] *npl (Brit)* ≈ pause-café *f*
eleventh [ɪ'lɛvnθ] *num* onzième; **at the ~ hour** *(fig)* à la dernière minute
elf *(pl* **elves***)* [ɛlf, ɛlvz] *n* lutin *m*
elicit [ɪ'lɪsɪt] *vt*: **to ~ (from)** obtenir (de); tirer (de)
eligible ['ɛlɪdʒəbl] *adj* éligible; *(for membership)* admissible; **an ~ young man** un beau parti; **to be ~ for sth** remplir les conditions requises pour qch; **~ for a pension** ayant droit à la retraite
eliminate [ɪ'lɪmɪneɪt] *vt* éliminer
elimination [ɪlɪmɪ'neɪʃən] *n* élimination *f*; **by process of ~** par élimination
elitist [eɪ'li:tɪst] *adj (pej)* élitiste
Elizabethan [ɪlɪzə'bi:θən] *adj* élisabéthain(e)
ellipse [ɪ'lɪps] *n* ellipse *f*
elliptical [ɪ'lɪptɪkl] *adj* elliptique
elm [ɛlm] *n* orme *m*
elocution [ɛlə'kju:ʃən] *n* élocution *f*
elongated ['i:lɔŋgeɪtɪd] *adj* étiré(e), allongé(e)
elope [ɪ'ləup] *vi (lovers)* s'enfuir (ensemble)
elopement [ɪ'ləupmənt] *n* fugue amoureuse
eloquence ['ɛləkwəns] *n* éloquence *f*
eloquent ['ɛləkwənt] *adj* éloquent(e)
else [ɛls] *adv* d'autre; **something ~** quelque chose d'autre, autre chose; **somewhere ~** ailleurs, autre part; **everywhere ~** partout ailleurs; **everyone ~** tous les autres; **nothing ~** rien d'autre; **is there anything ~ I can do?** est-ce que je peux faire quelque chose d'autre?; **where ~?** à quel autre endroit?; **little ~** pas grand-chose d'autre
elsewhere [ɛls'wɛə[r]] *adv* ailleurs, autre part
ELT *n abbr (Scol)* = **English Language Teaching**
elucidate [ɪ'lu:sɪdeɪt] *vt* élucider
elude [ɪ'lu:d] *vt* échapper à; *(question)* éluder
elusive [ɪ'lu:sɪv] *adj* insaisissable; *(answer)* évasif(-ive)
elves [ɛlvz] *npl of* **elf**
emaciated [ɪ'meɪsɪeɪtɪd] *adj* émacié(e), décharné(e)
email ['i:meɪl] *n abbr (= electronic mail)* (e-)mail *m*, courriel *m* ▷ *vt*: **to ~ sb** envoyer un (e-)mail *or* un courriel à qn
email account *n* compte *m* (e-)mail
email address *n* adresse *f* (e-)mail *or* électronique
emanate ['ɛməneɪt] *vi*: **to ~ from** émaner de
emancipate [ɪ'mænsɪpeɪt] *vt* émanciper
emancipation [ɪmænsɪ'peɪʃən] *n* émancipation *f*
emasculate [ɪ'mæskjuleɪt] *vt* émasculer
embalm [ɪm'bɑ:m] *vt* embaumer
embankment [ɪm'bæŋkmənt] *n (of road, railway)* remblai *m*, talus *m*; *(of river)* berge *f*, quai *m*; *(dyke)* digue *f*
embargo [ɪm'bɑ:gəu] *(pl* **-es***)* *n (Comm, Naut)* embargo *m*; *(prohibition)* interdiction *f* ▷ *vt* frapper d'embargo, mettre l'embargo sur; **to put an ~ on sth** mettre l'embargo sur qch
embark [ɪm'bɑ:k] *vi* embarquer; **to ~ on** (s')embarquer à bord de *or* sur ▷ *vt* embarquer; **to ~ on** *(journey etc)* commencer, entreprendre; *(fig)* se lancer *or* s'embarquer dans
embarkation [ɛmbɑ:'keɪʃən] *n* embarquement *m*
embarkation card *n* carte *f* d'embarquement
embarrass [ɪm'bærəs] *vt* embarrasser, gêner
embarrassed [ɪm'bærəst] *adj* gêné(e); **to be ~** être gêné(e)
embarrassing [ɪm'bærəsɪŋ] *adj* gênant(e), embarrassant(e)
embarrassment [ɪm'bærəsmənt] *n* embarras *m*, gêne *f*; *(embarrassing thing, person)* source *f* d'embarras
embassy ['ɛmbəsɪ] *n* ambassade *f*; **the French E~** l'ambassade de France
embed [ɪm'bɛd] *vt* enfoncer; sceller
embellish [ɪm'bɛlɪʃ] *vt* embellir; enjoliver
embers ['ɛmbəz] *npl* braise *f*
embezzle [ɪm'bɛzl] *vt* détourner
embezzlement [ɪm'bɛzlmənt] *n* détournement *m* (de fonds)
embezzler [ɪm'bɛzlə[r]] *n* escroc *m*
embitter [ɪm'bɪtə[r]] *vt* aigrir; envenimer
emblem ['ɛmbləm] *n* emblème *m*
embodiment [ɪm'bɔdɪmənt] *n* personnification *f*, incarnation *f*
embody [ɪm'bɔdɪ] *vt (features)* réunir, comprendre; *(ideas)* formuler, exprimer
embolden [ɪm'bəuldn] *vt* enhardir
embolism ['ɛmbəlɪzəm] *n* embolie *f*
embossed [ɪm'bɔst] *adj* repoussé(e), gaufré(e); **~ with** où figure(nt) en relief
embrace [ɪm'breɪs] *vt* embrasser, étreindre; *(include)* embrasser, couvrir, comprendre ▷ *vi* s'embrasser, s'étreindre ▷ *n* étreinte *f*
embroider [ɪm'brɔɪdə[r]] *vt* broder; *(fig: story)* enjoliver
embroidery [ɪm'brɔɪdərɪ] *n* broderie *f*
embroil [ɪm'brɔɪl] *vt*: **to become ~ed (in sth)** se retrouver mêlé(e) (à qch), se laisser entraîner (dans qch)
embryo ['ɛmbrɪəu] *n (also fig)* embryon *m*
emcee [ɛm'si:] *n* maître *m* de cérémonie
emend [ɪ'mɛnd] *vt (text)* corriger
emerald ['ɛmərəld] *n* émeraude *f*
emerge [ɪ'mə:dʒ] *vi* apparaître; *(from room, car)* surgir; *(from sleep, imprisonment)* sortir; **it ~s that** *(Brit)* il ressort que
emergence [ɪ'mə:dʒəns] *n* apparition *f*; *(of nation)* naissance *f*
emergency [ɪ'mə:dʒənsɪ] *n (crisis)* cas *m* d'urgence; *(Med)* urgence *f*; **in an ~** en cas d'urgence; **state of ~** état *m* d'urgence
emergency brake *(US)* *n* frein *m* à main
emergency exit *n* sortie *f* de secours
emergency landing *n* atterrissage forcé

emergency lane *n* (*US Aut*) accotement stabilisé
emergency road service *n* (*US*) service *m* de dépannage
emergency room *n* (*US*: *Med*) urgences *fpl*
emergency services *npl*: **the ~** (*fire, police, ambulance*) les services *mpl* d'urgence
emergency stop *n* (*Brit Aut*) arrêt *m* d'urgence
emergent [ɪ'mə:dʒənt] *adj*: **~ nation** pays *m* en voie de développement
emery board ['ɛmərɪ-] *n* lime *f* à ongles (*en carton émerisé*)
emery paper ['ɛmərɪ-] *n* papier *m* (d')émeri
emetic [ɪ'mɛtɪk] *n* vomitif *m*, émétique *m*
emigrant ['ɛmɪgrənt] *n* émigrant(e)
emigrate ['ɛmɪgreɪt] *vi* émigrer
emigration [ɛmɪ'greɪʃən] *n* émigration *f*
émigré ['ɛmɪgreɪ] *n* émigré(e)
eminence ['ɛmɪnəns] *n* éminence *f*
eminent ['ɛmɪnənt] *adj* éminent(e)
eminently ['ɛmɪnəntlɪ] *adv* éminemment, admirablement
emissions [ɪ'mɪʃənz] *npl* émissions *fpl*
emit [ɪ'mɪt] *vt* émettre
emolument [ɪ'mɔljumənt] *n* (*often pl*: *formal*) émoluments *mpl*; (*fee*) honoraires *mpl*; (*salary*) traitement *m*
emoticon [ɪ'məutɪkɔn] *n* (*Comput*) émoticone m
emotion [ɪ'məuʃən] *n* sentiment *m*; (*as opposed to reason*) émotion *f*, sentiments
emotional [ɪ'məuʃənl] *adj* (*person*) émotif(-ive), très sensible; (*needs*) affectif(-ive); (*scene*) émouvant(e); (*tone, speech*) qui fait appel aux sentiments
emotionally [ɪ'məuʃnəlɪ] *adv* (*behave*) émotivement; (*be involved*) affectivement; (*speak*) avec émotion; **~ disturbed** qui souffre de troubles de l'affectivité
emotive [ɪ'məutɪv] *adj* émotif(-ive); **~ power** capacité *f* d'émouvoir *or* de toucher
empathy ['ɛmpəθɪ] *n* communion *f* d'idées *or* de sentiments, empathie *f*; **to feel ~ with sb** se mettre à la place de qn
emperor ['ɛmpərə^r] *n* empereur *m*
emphasis (*pl* **-ases**) ['ɛmfəsɪs, -si:z] *n* accent *m*; **to lay** *or* **place ~ on sth** (*fig*) mettre l'accent sur, insister sur; **the ~ is on reading** la lecture tient une place primordiale, on accorde une importance particulière à la lecture
emphasize ['ɛmfəsaɪz] *vt* (*syllable, word, point*) appuyer *or* insister sur; (*feature*) souligner, accentuer
emphatic [ɛm'fætɪk] *adj* (*strong*) énergique, vigoureux(-euse); (*unambiguous, clear*) catégorique
emphatically [ɛm'fætɪklɪ] *adv* avec vigueur *or* énergie; catégoriquement
empire ['ɛmpaɪə^r] *n* empire *m*
empirical [ɛm'pɪrɪkl] *adj* empirique
employ [ɪm'plɔɪ] *vt* employer; **he's ~ed in a bank** il est employé de banque, il travaille dans une banque
employee [ɪmplɔɪ'i:] *n* employé(e)
employer [ɪm'plɔɪə^r] *n* employeur(-euse)
employment [ɪm'plɔɪmənt] *n* emploi *m*; **to find ~** trouver un emploi *or* du travail; **without ~** au chômage, sans emploi; **place of ~** lieu *m* de travail
employment agency *n* agence *f or* bureau *m* de placement
employment exchange *n* (*Brit*) agence *f* pour l'emploi
empower [ɪm'pauə^r] *vt*: **to ~ sb to do** autoriser *or* habiliter qn à faire
empress ['ɛmprɪs] *n* impératrice *f*
emptiness ['ɛmptɪnɪs] *n* vide *m*; (*of area*) aspect *m* désertique
empty ['ɛmptɪ] *adj* vide; (*street, area*) désert(e); (*threat, promise*) en l'air, vain(e) ▷ *n* (*bottle*) bouteille *f* vide ▷ *vt* vider ▷ *vi* se vider; (*liquid*) s'écouler; **on an ~ stomach** à jeun; **to ~ into** (*river*) se jeter dans, se déverser dans
empty-handed ['ɛmptɪ'hændɪd] *adj* les mains vides
empty-headed ['ɛmptɪ'hɛdɪd] *adj* écervelé(e), qui n'a rien dans la tête
EMS *n abbr* (= *European Monetary System*) SME *m*
EMT *n abbr* = **emergency medical technician**
EMU *n abbr* (= *European Monetary Union*) UME *f*
emulate ['ɛmjuleɪt] *vt* rivaliser avec, imiter
emulsion [ɪ'mʌlʃən] *n* émulsion *f*; (*also*: **emulsion paint**) peinture mate
enable [ɪ'neɪbl] *vt*: **to ~ sb to do** permettre à qn de faire, donner à qn la possibilité de faire
enact [ɪ'nækt] *vt* (*Law*) promulguer; (*play, scene*) jouer, représenter
enamel [ɪ'næməl] *n* émail *m*; (*also*: **enamel paint**) (peinture *f*) laque *f*
enamoured [ɪ'næməd] *adj*: **~ of** amoureux(-euse) de; (*idea*) enchanté(e) par
encampment [ɪn'kæmpmənt] *n* campement *m*
encased [ɪn'keɪst] *adj*: **~ in** enfermé(e) dans, recouvert(e) de
enchant [ɪn'tʃɑ:nt] *vt* enchanter
enchanting [ɪn'tʃɑ:ntɪŋ] *adj* ravissant(e), enchanteur(-eresse)
encircle [ɪn'sə:kl] *vt* entourer, encercler
encl. *abbr* (*on letters etc*: = *enclosed*) ci-joint(e); (= *enclosure*) PJ *f*
enclose [ɪn'kləuz] *vt* (*land*) clôturer; (*space, object*) entourer; (*letter etc*): **to ~ (with)** joindre (à); **please find ~d** veuillez trouver ci-joint
enclosure [ɪn'kləuʒə^r] *n* enceinte *f*; (*in letter etc*) annexe *f*
encoder [ɪn'kəudə^r] *n* (*Comput*) encodeur *m*
encompass [ɪn'kʌmpəs] *vt* encercler, entourer; (*include*) contenir, inclure
encore [ɔŋ'kɔ:^r] *excl*, *n* bis (*m*)
encounter [ɪn'kauntə^r] *n* rencontre *f* ▷ *vt* rencontrer
encourage [ɪn'kʌrɪdʒ] *vt* encourager; (*industry, growth*) favoriser; **to ~ sb to do sth** encourager qn à faire qch
encouragement [ɪn'kʌrɪdʒmənt] *n* encouragement *m*

encouraging [ɪnˈkʌrɪdʒɪŋ] *adj* encourageant(e)
encroach [ɪnˈkrəutʃ] *vi*: **to ~ (up)on** empiéter sur
encrusted [ɪnˈkrʌstɪd] *adj*: **~ (with)** incrusté(e) (de)
encyclopaedia, encyclopedia [ɛnsaɪkləuˈpiːdɪə] *n* encyclopédie *f*
end [ɛnd] *n* fin *f*; (*of table, street, rope etc*) bout *m*, extrémité *f*; (*of pointed object*) pointe *f*; (*of town*) bout; (*Sport*) côté *m* ▷ *vt* terminer; (*also*: **bring to an end, put an end to**) mettre fin à ▷ *vi* se terminer, finir; **from ~ to ~** d'un bout à l'autre; **to come to an ~** prendre fin; **to be at an ~** être fini(e), être terminé(e); **in the ~** finalement; **on ~** (*object*) debout, dressé(e); **to stand on ~** (*hair*) se dresser sur la tête; **for 5 hours on ~** durant 5 heures d'affilée *or* de suite; **for hours on ~** pendant des heures (et des heures); **at the ~ of the day** (*Brit fig*) en fin de compte; **to this ~, with this ~ in view** à cette fin, dans ce but
▶ **end up** *vi*: **to ~ up in** (*condition*) finir *or* se terminer par; (*place*) finir *or* aboutir à
endanger [ɪnˈdeɪndʒəʳ] *vt* mettre en danger; **an ~ed species** une espèce en voie de disparition
endear [ɪnˈdɪəʳ] *vt*: **to ~ o.s. to sb** se faire aimer de qn
endearing [ɪnˈdɪərɪŋ] *adj* attachant(e)
endearment [ɪnˈdɪəmənt] *n*: **to whisper ~s** murmurer des mots *or* choses tendres; **term of ~** terme *m* d'affection
endeavour, (*US*) **endeavor** [ɪnˈdɛvəʳ] *n* effort *m*; (*attempt*) tentative *f* ▷ *vt*: **to ~ to do** tenter *or* s'efforcer de faire
endemic [ɛnˈdɛmɪk] *adj* endémique
ending [ˈɛndɪŋ] *n* dénouement *m*, conclusion *f*; (*Ling*) terminaison *f*
endive [ˈɛndaɪv] *n* (*curly*) chicorée *f*; (*smooth, flat*) endive *f*
endless [ˈɛndlɪs] *adj* sans fin, interminable; (*patience, resources*) inépuisable, sans limites; (*possibilities*) illimité(e)
endorse [ɪnˈdɔːs] *vt* (*cheque*) endosser; (*approve*) appuyer, approuver, sanctionner
endorsee [ɪndɔːˈsiː] *n* bénéficiaire *m/f*, endossataire *m/f*
endorsement [ɪnˈdɔːsmənt] *n* (*approval*) appui *m*, aval *m*; (*signature*) endossement *m*; (*Brit: on driving licence*) contravention *f* (*portée au permis de conduire*)
endorser [ɪnˈdɔːsəʳ] *n* avaliste *m*, endosseur *m*
endow [ɪnˈdau] *vt* (*provide with money*) faire une donation à, doter; (*equip*): **to ~ with** gratifier de, doter de
endowment [ɪnˈdaumənt] *n* dotation *f*
endowment mortgage *n* *hypothèque liée à une assurance-vie*
endowment policy *n* assurance *f* à capital différé
end product *n* (*Industry*) produit fini; (*fig*) résultat *m*, aboutissement *m*
end result *n* résultat final
endurable [ɪnˈdjuərəbl] *adj* supportable
endurance [ɪnˈdjuərəns] *n* endurance *f*
endurance test *n* test *m* d'endurance
endure [ɪnˈdjuəʳ] *vt* (*bear*) supporter, endurer ▷ *vi* (*last*) durer
end user *n* (*Comput*) utilisateur final
enema [ˈɛnɪmə] *n* (*Med*) lavement *m*
enemy [ˈɛnəmɪ] *adj, n* ennemi(e); **to make an ~ of sb** se faire un(e) ennemi(e) de qn, se mettre qn à dos
energetic [ɛnəˈdʒɛtɪk] *adj* énergique; (*activity*) très actif(-ive), qui fait se dépenser (physiquement)
energy [ˈɛnədʒɪ] *n* énergie *f*; **Department of E~** ministère *m* de l'Énergie
energy crisis *n* crise *f* de l'énergie
energy-saving [ˈɛnədʒɪˈseɪvɪŋ] *adj* (*policy*) d'économie d'énergie; (*device*) qui permet de réaliser des économies d'énergie
enervating [ˈɛnəveɪtɪŋ] *adj* débilitant(e), affaiblissant(e)
enforce [ɪnˈfɔːs] *vt* (*law*) appliquer, faire respecter
enforced [ɪnˈfɔːst] *adj* forcé(e)
enfranchise [ɪnˈfræntʃaɪz] *vt* accorder le droit de vote à; (*set free*) affranchir
engage [ɪnˈgeɪdʒ] *vt* engager; (*Mil*) engager le combat avec; (*lawyer*) prendre ▷ *vi* (*Tech*) s'enclencher, s'engrener; **to ~ in** se lancer dans; **to ~ sb in conversation** engager la conversation avec qn
engaged [ɪnˈgeɪdʒd] *adj* (*Brit: busy, in use*) occupé(e); (*betrothed*) fiancé(e); **to get ~** se fiancer; **the line's ~** la ligne est occupée; **he is ~ in research/a survey** il fait de la recherche/ une enquête
engaged tone *n* (*Brit Tel*) tonalité *f* occupé *inv*
engagement [ɪnˈgeɪdʒmənt] *n* (*undertaking*) obligation *f*, engagement *m*; (*appointment*) rendez-vous *m inv*; (*to marry*) fiançailles *fpl*; (*Mil*) combat *m*; **I have a previous ~** j'ai déjà un rendez-vous, je suis déjà pris(e)
engagement ring *n* bague *f* de fiançailles
engaging [ɪnˈgeɪdʒɪŋ] *adj* engageant(e), attirant(e)
engender [ɪnˈdʒɛndəʳ] *vt* produire, causer
engine [ˈɛndʒɪn] *n* (*Aut*) moteur *m*; (*Rail*) locomotive *f*
engine driver *n* (*Brit: of train*) mécanicien *m*
engineer [ɛndʒɪˈnɪəʳ] *n* ingénieur *m*; (*Brit: repairer*) dépanneur *m*; (*Navy, US Rail*) mécanicien *m*; **civil/mechanical ~** ingénieur des Travaux Publics *or* des Ponts et Chaussées/ mécanicien
engineering [ɛndʒɪˈnɪərɪŋ] *n* engineering *m*, ingénierie *f*; (*of bridges, ships*) génie *m*; (*of machine*) mécanique *f* ▷ *cpd*: **~ works** *or* **factory** atelier *m* de construction mécanique
engine failure *n* panne *f*
engine trouble *n* ennuis *mpl* mécaniques
England [ˈɪŋglənd] *n* Angleterre *f*
English [ˈɪŋglɪʃ] *adj* anglais(e) ▷ *n* (*Ling*) anglais *m*; **the ~** (*npl*) les Anglais; **an ~ speaker** un

e

anglophone
English Channel *n*: **the ~** la Manche
Englishman ['ɪŋglɪʃmən] *(irreg) n* Anglais *m*
English-speaking ['ɪŋglɪʃspi:kɪŋ] *adj* qui parle anglais; anglophone
Englishwoman ['ɪŋglɪʃwumən] *(irreg) n* Anglaise *f*
engrave [ɪn'greɪv] *vt* graver
engraving [ɪn'greɪvɪŋ] *n* gravure *f*
engrossed [ɪn'grəust] *adj*: **~ in** absorbé(e) par, plongé(e) dans
engulf [ɪn'gʌlf] *vt* engloutir
enhance [ɪn'hɑ:ns] *vt* rehausser, mettre en valeur; *(position)* améliorer; *(reputation)* accroître
enigma [ɪ'nɪgmə] *n* énigme *f*
enigmatic [ɛnɪg'mætɪk] *adj* énigmatique
enjoy [ɪn'dʒɔɪ] *vt* aimer, prendre plaisir à; *(have benefit of: health, fortune)* jouir de; *(: success)* connaître; **to ~ o.s.** s'amuser
enjoyable [ɪn'dʒɔɪəbl] *adj* agréable
enjoyment [ɪn'dʒɔɪmənt] *n* plaisir *m*
enlarge [ɪn'lɑ:dʒ] *vt* accroître; *(Phot)* agrandir ▷ *vi*: **to ~ on** *(subject)* s'étendre sur
enlarged [ɪn'lɑ:dʒd] *adj (edition)* augmenté(e); *(Med: organ, gland)* anormalement gros(se), hypertrophié(e)
enlargement [ɪn'lɑ:dʒmənt] *n (Phot)* agrandissement *m*
enlighten [ɪn'laɪtn] *vt* éclairer
enlightened [ɪn'laɪtnd] *adj* éclairé(e)
enlightening [ɪn'laɪtnɪŋ] *adj* instructif(-ive), révélateur(-trice)
enlightenment [ɪn'laɪtnmənt] *n* édification *f*; éclaircissements *mpl*; *(History)*: **the E~** ≈ le Siècle des lumières
enlist [ɪn'lɪst] *vt* recruter; *(support)* s'assurer ▷ *vi* s'engager; **~ed man** *(US Mil)* simple soldat *m*
enliven [ɪn'laɪvn] *vt* animer, égayer
enmity ['ɛnmɪtɪ] *n* inimitié *f*
ennoble [ɪ'nəubl] *vt (with title)* anoblir
enormity [ɪ'nɔ:mɪtɪ] *n* énormité *f*
enormous [ɪ'nɔ:məs] *adj* énorme
enormously [ɪ'nɔ:məslɪ] *adv (increase)* dans des proportions énormes; *(rich)* extrêmement
enough [ɪ'nʌf] *adj*: **~ time/books** assez *or* suffisamment de temps/livres ▷ *adv*: **big ~** assez *or* suffisamment grand ▷ *pron*: **have you got ~?** (en) avez-vous assez?; **will five be ~?** est-ce que cinq suffiront?, est-ce qu'il y en aura assez avec cinq?; **~ to eat** assez à manger; **that's ~!** ça suffit!, assez!; **that's ~, thanks** cela suffit *or* c'est assez, merci; **I've had ~!** je n'en peux plus!; **I've had ~ of him** j'en ai assez de lui; **he has not worked ~** il n'a pas assez *or* suffisamment travaillé, il n'a pas travaillé assez *or* suffisamment; **~!** assez!, ça suffit!; **it's hot ~ (as it is)!** il fait assez chaud comme ça!; **he was kind ~ to lend me the money** il a eu la gentillesse de me prêter l'argent; **... which, funnily** *or* **oddly ~ ...** qui, chose curieuse, ...
enquire [ɪn'kwaɪə^r] *vt, vi* = **inquire**
enquiry [ɪn'kwaɪərɪ] *n* = **inquiry**
enrage [ɪn'reɪdʒ] *vt* mettre en fureur *or* en rage, rendre furieux(-euse)
enrich [ɪn'rɪtʃ] *vt* enrichir
enrol, *(US)* **enroll** [ɪn'rəul] *vt* inscrire ▷ *vi* s'inscrire
enrolment, *(US)* **enrollment** [ɪn'rəulmənt] *n* inscription *f*
en route [ɔn'ru:t] *adv* en route, en chemin; **~ for** *or* **to** en route vers, à destination de
ensconced [ɪn'skɔnst] *adj*: **~ in** bien calé(e) dans
enshrine [ɪn'ʃraɪn] *vt (fig)* préserver
ensign *n (Naut)* ['ɛnsən] enseigne *f*, pavillon *m*; *(Mil)* ['ɛnsaɪn] porte-étendard *m*
enslave [ɪn'sleɪv] *vt* asservir
ensue [ɪn'sju:] *vi* s'ensuivre, résulter
en suite ['ɔnswi:t] *adj*: **with ~ bathroom** avec salle de bains en attenante
ensure [ɪn'ʃuə^r] *vt* assurer, garantir; **to ~ that** s'assurer que
ENT *n abbr (= Ear, Nose and Throat)* ORL *f*
entail [ɪn'teɪl] *vt* entraîner, nécessiter
entangle [ɪn'tæŋgl] *vt* emmêler, embrouiller; **to become ~d in sth** *(fig)* se laisser entraîner *or* empêtrer dans qch
enter ['ɛntə^r] *vt (room)* entrer dans, pénétrer dans; *(club, army)* entrer à; *(profession)* embrasser; *(competition)* s'inscrire à *or* pour; *(sb for a competition)* (faire) inscrire; *(write down)* inscrire, noter; *(Comput)* entrer, introduire ▷ *vi* entrer
▶ **enter for** *vt fus* s'inscrire à, se présenter pour *or* à
▶ **enter into** *vt fus (explanation)* se lancer dans; *(negotiations)* entamer; *(debate)* prendre part à; *(agreement)* conclure
▶ **enter on** *vt fus* commencer
▶ **enter up** *vt* inscrire
▶ **enter upon** *vt fus* = **enter on**
enteritis [ɛntə'raɪtɪs] *n* entérite *f*
enterprise ['ɛntəpraɪz] *n (company, undertaking)* entreprise *f*; *(initiative)* (esprit *m* d')initiative *f*; **free ~** libre entreprise; **private ~** entreprise privée
enterprising ['ɛntəpraɪzɪŋ] *adj* entreprenant(e), dynamique; *(scheme)* audacieux(-euse)
entertain [ɛntə'teɪn] *vt* amuser, distraire; *(invite)* recevoir (à dîner); *(idea, plan)* envisager
entertainer [ɛntə'teɪnə^r] *n* artiste *m/f* de variétés
entertaining [ɛntə'teɪnɪŋ] *adj* amusant(e), distrayant(e) ▷ *n*: **to do a lot of ~** beaucoup recevoir
entertainment [ɛntə'teɪnmənt] *n (amusement)* distraction *f*, divertissement *m*, amusement *m*; *(show)* spectacle *m*
entertainment allowance *n* frais *mpl* de représentation
enthralled [ɪn'θrɔ:ld] *adj* captivé(e)
enthralling [ɪn'θrɔ:lɪŋ] *adj* captivant(e), enchanteur(-eresse)
enthuse [ɪn'θu:z] *vi*: **to ~ about** *or* **over** parler avec enthousiasme de
enthusiasm [ɪn'θu:zɪæzəm] *n* enthousiasme *m*

enthusiast [ɪn'θuːzɪæst] *n* enthousiaste *m/f*; **a jazz** *etc* **~** un fervent *or* passionné du jazz *etc*
enthusiastic [ɪnθuːzɪ'æstɪk] *adj* enthousiaste; **to be ~ about** être enthousiasmé(e) par
entice [ɪn'taɪs] *vt* attirer, séduire
enticing [ɪn'taɪsɪŋ] *adj* (*person, offer*) séduisant(e); (*food*) alléchant(e)
entire [ɪn'taɪə^r] *adj* (tout) entier(-ère)
entirely [ɪn'taɪəlɪ] *adv* entièrement, complètement
entirety [ɪn'taɪərətɪ] *n*: **in its ~** dans sa totalité
entitle [ɪn'taɪtl] *vt* (*allow*): **to ~ sb to do** donner (le) droit à qn de faire; **to ~ sb to sth** donner droit à qch à qn
entitled [ɪn'taɪtld] *adj* (*book*) intitulé(e); **to be ~ to do** avoir le droit de faire
entity ['ɛntɪtɪ] *n* entité *f*
entrails ['ɛntreɪlz] *npl* entrailles *fpl*
entrance *n* ['ɛntrns] entrée *f* ▷ *vt* [ɪn'trɑːns] enchanter, ravir; **where's the ~?** où est l'entrée?; **to gain ~ to** (*university etc*) être admis à
entrance examination *n* examen *m* d'entrée *or* d'admission
entrance fee *n* (*to museum etc*) prix *m* d'entrée; (*to join club etc*) droit *m* d'inscription
entrance ramp *n* (*US Aut*) bretelle *f* d'accès
entrancing [ɪn'trɑːnsɪŋ] *adj* enchanteur(-eresse), ravissant(e)
entrant ['ɛntrnt] *n* (*in race etc*) participant(e), concurrent(e); (*Brit: in exam*) candidat(e)
entreat [ɛn'triːt] *vt* supplier
entreaty [ɛn'triːtɪ] *n* supplication *f*, prière *f*
entrée ['ɔntreɪ] *n* (*Culin*) entrée *f*
entrenched [ɛn'trɛntʃt] *adj* retranché(e)
entrepreneur ['ɔntrəprə'nəː^r] *n* entrepreneur *m*
entrepreneurial ['ɔntrəprə'nəːrɪəl] *adj* animé(e) d'un esprit d'entreprise
entrust [ɪn'trʌst] *vt*: **to ~ sth to** confier qch à
entry ['ɛntrɪ] *n* entrée *f*; (*in register, diary*) inscription *f*; (*in ledger*) écriture *f*; **"no ~"** "défense d'entrer", "entrée interdite"; (*Aut*) "sens interdit"; **single/double ~ book-keeping** comptabilité *f* en partie simple/double
entry form *n* feuille *f* d'inscription
entry phone *n* (*Brit*) interphone *m* (*à l'entrée d'un immeuble*)
entwine [ɪn'twaɪn] *vt* entrelacer
E-number ['iːnʌmbə^r] *n* additif *m* (alimentaire)
enumerate [ɪ'njuːməreɪt] *vt* énumérer
enunciate [ɪ'nʌnsɪeɪt] *vt* énoncer; prononcer
envelop [ɪn'vɛləp] *vt* envelopper
envelope ['ɛnvələup] *n* enveloppe *f*
enviable ['ɛnvɪəbl] *adj* enviable
envious ['ɛnvɪəs] *adj* envieux(-euse)
environment [ɪn'vaɪərnmənt] *n* (*social, moral*) milieu *m*; (*natural world*): **the ~** l'environnement *m*; **Department of the E~** (*Brit*) *ministère de l'Équipement et de l'Aménagement du territoire*
environmental [ɪnvaɪərn'mɛntl] *adj* (*of surroundings*) du milieu; (*issue, disaster*) écologique; **~ studies** (*in school etc*) écologie *f*
environmentalist [ɪnvaɪərn'mɛntlɪst] *n* écologiste *m/f*
environmentally [ɪnvaɪərn'mɛntlɪ] *adv*: **~ sound/friendly** qui ne nuit pas à l'environnement
Environmental Protection Agency *n* (*US*) ≈ ministère *m* de l'Environnement
envisage [ɪn'vɪzɪdʒ] *vt* (*imagine*) envisager; (*foresee*) prévoir
envision [ɪn'vɪʒən] *vt* envisager, concevoir
envoy ['ɛnvɔɪ] *n* envoyé(e); (*diplomat*) ministre *m* plénipotentiaire
envy ['ɛnvɪ] *n* envie *f* ▷ *vt* envier; **to ~ sb sth** envier qch à qn
enzyme ['ɛnzaɪm] *n* enzyme *m*
EPA *n abbr* (*US*) = **Environmental Protection Agency**
ephemeral [ɪ'fɛmərl] *adj* éphémère
epic ['ɛpɪk] *n* épopée *f* ▷ *adj* épique
epicentre, (*US*) **epicenter** ['ɛpɪsɛntə^r] *n* épicentre *m*
epidemic [ɛpɪ'dɛmɪk] *n* épidémie *f*
epilepsy ['ɛpɪlɛpsɪ] *n* épilepsie *f*
epileptic [ɛpɪ'lɛptɪk] *adj*, *n* épileptique *m/f*
epileptic fit [ɛpɪ'lɛptɪk-] *n* crise *f* d'épilepsie
epilogue ['ɛpɪlɔg] *n* épilogue *m*
episcopal [ɪ'pɪskəpl] *adj* épiscopal(e)
episode ['ɛpɪsəud] *n* épisode *m*
epistle [ɪ'pɪsl] *n* épître *f*
epitaph ['ɛpɪtɑːf] *n* épitaphe *f*
epithet ['ɛpɪθɛt] *n* épithète *f*
epitome [ɪ'pɪtəmɪ] *n* (*fig*) quintessence *f*, type *m*
epitomize [ɪ'pɪtəmaɪz] *vt* (*fig*) illustrer, incarner
epoch ['iːpɔk] *n* époque *f*, ère *f*
epoch-making ['iːpɔkmeɪkɪŋ] *adj* qui fait époque
eponymous [ɪ'pɔnɪməs] *adj* de ce *or* du même nom, éponyme
equable ['ɛkwəbl] *adj* égal(e), de tempérament égal
equal ['iːkwl] *adj* égal(e) ▷ *n* égal(e) ▷ *vt* égaler; **~ to** (*task*) à la hauteur de; **~ to doing** de taille à *or* capable de faire
equality [iː'kwɔlɪtɪ] *n* égalité *f*
equalize ['iːkwəlaɪz] *vt*, *vi* (*Sport*) égaliser
equalizer ['iːkwəlaɪzə^r] *n* but égalisateur
equally ['iːkwəlɪ] *adv* également; (*share*) en parts égales; (*treat*) de la même façon; (*pay*) autant; (*just as*) tout aussi; **they are ~ clever** ils sont tout aussi intelligents
Equal Opportunities Commission, (*US*) **Equal Employment Opportunity Commission** *n commission pour la non discrimination dans l'emploi*
equal sign, equals sign *n* signe *m* d'égalité
equanimity [ɛkwə'nɪmɪtɪ] *n* égalité *f* d'humeur
equate [ɪ'kweɪt] *vt*: **to ~ sth with** comparer qch à; assimiler qch à; **to ~ sth to** mettre qch en équation avec; égaler qch à
equation [ɪ'kweɪʃən] *n* (*Math*) équation *f*
equator [ɪ'kweɪtə^r] *n* équateur *m*
Equatorial Guinea [ˌɛkwə'tɔːrɪəl 'gɪnɪ] *n* Guinée équatoriale
equestrian [ɪ'kwɛstrɪən] *adj* équestre ▷ *n*

e

écuyer(-ère), cavalier(-ère)
equilibrium [iːkwɪ'lɪbrɪəm] *n* équilibre *m*
equinox ['iːkwɪnɔks] *n* équinoxe *m*
equip [ɪ'kwɪp] *vt* équiper; **to ~ sb/sth with** équiper *or* munir qn/qch de; **he is well ~ped for the job** il a les compétences *or* les qualités requises pour ce travail
equipment [ɪ'kwɪpmənt] *n* équipement *m*; (*electrical etc*) appareillage *m*, installation *f*
equitable ['ɛkwɪtəbl] *adj* équitable
equities ['ɛkwɪtɪz] *npl* (*Brit Comm*) actions cotées en Bourse
equity ['ɛkwɪtɪ] *n* équité *f*
equity capital *n* capitaux *mpl* propres
equivalent [ɪ'kwɪvəlnt] *adj* équivalent(e) ▷ *n* équivalent *m*; **to be ~ to** équivaloir à, être équivalent(e) à
equivocal [ɪ'kwɪvəkl] *adj* équivoque; (*open to suspicion*) douteux(-euse)
equivocate [ɪ'kwɪvəkeɪt] *vi* user de faux-fuyants; éviter de répondre
equivocation [ɪkwɪvə'keɪʃən] *n* équivoque *f*
ER *abbr* (*Brit: = Elizabeth Regina*) *la reine Élisabeth*; (*US: Med: = emergency room*) urgences *fpl*
ERA *n abbr* (*US Pol: = Equal Rights Amendment*) *amendement sur l'égalité des droits des femmes*
era ['ɪərə] *n* ère *f*, époque *f*
eradicate [ɪ'rædɪkeɪt] *vt* éliminer
erase [ɪ'reɪz] *vt* effacer
eraser [ɪ'reɪzə^r] *n* gomme *f*
erect [ɪ'rɛkt] *adj* droit(e) ▷ *vt* construire; (*monument*) ériger, élever; (*tent etc*) dresser
erection [ɪ'rɛkʃən] *n* (*Physiol*) érection *f*; (*of building*) construction *f*; (*of machinery etc*) installation *f*
ergonomics [əːgə'nɔmɪks] *n* ergonomie *f*
ERISA *n abbr* (*US: = Employee Retirement Income Security Act*) *loi sur les pensions de retraite*
Eritrea [ɛrɪ'treɪə] *n* Érythrée *f*
ERM *n abbr* (*= Exchange Rate Mechanism*) mécanisme *m* des taux de change
ermine ['əːmɪn] *n* hermine *f*
ERNIE ['əːnɪ] *n abbr* (*Brit: = Electronic Random Number Indicator Equipment*) *ordinateur servant au tirage des bons à lots gagnants*
erode [ɪ'rəud] *vt* éroder; (*metal*) ronger
erogenous zone [ɪ'rɔdʒənəs-] *n* zone *f* érogène
erosion [ɪ'rəuʒən] *n* érosion *f*
erotic [ɪ'rɔtɪk] *adj* érotique
eroticism [ɪ'rɔtɪsɪzəm] *n* érotisme *m*
err [əː^r] *vi* se tromper; (*Rel*) pécher
errand ['ɛrnd] *n* course *f*, commission *f*; **to run ~s** faire des courses; **~ of mercy** mission *f* de charité, acte *m* charitable
errand boy *n* garçon *m* de courses
erratic [ɪ'rætɪk] *adj* irrégulier(-ière), inconstant(e)
erroneous [ɪ'rəunɪəs] *adj* erroné(e)
error ['ɛrə^r] *n* erreur *f*; **typing/spelling ~** faute *f* de frappe/d'orthographe; **in ~** par erreur, par méprise; **~s and omissions excepted** sauf erreur ou omission
error message *n* (*Comput*) message *m* d'erreur
erstwhile ['əːstwaɪl] *adj* précédent(e), d'autrefois
erudite ['ɛrjudaɪt] *adj* savant(e)
erupt [ɪ'rʌpt] *vi* entrer en éruption; (*fig*) éclater, exploser
eruption [ɪ'rʌpʃən] *n* éruption *f*; (*of anger, violence*) explosion *f*
ESA *n abbr* (*= European Space Agency*) ASE *f* (*= Agence spatiale européenne*)
escalate ['ɛskəleɪt] *vi* s'intensifier; (*costs*) monter en flèche
escalation [ɛskə'leɪʃən] *n* escalade *f*
escalation clause *n* clause *f* d'indexation
escalator ['ɛskəleɪtə^r] *n* escalier roulant
escapade [ɛskə'peɪd] *n* fredaine *f*; équipée *f*
escape [ɪ'skeɪp] *n* évasion *f*, fuite *f*; (*of gas etc*) fuite; (*Tech*) échappement *m* ▷ *vi* s'échapper, fuir; (*from jail*) s'évader; (*fig*) s'en tirer, en réchapper; (*leak*) fuir; s'échapper ▷ *vt* échapper à; **to ~ from** (*person*) échapper à; (*place*) s'échapper de; (*fig*) fuir; **to ~ to** (*another place*) fuir à, s'enfuir à; **to ~ to safety** se réfugier dans *or* gagner un endroit sûr; **to ~ notice** passer inaperçu(e); **his name ~s me** son nom m'échappe
escape artist *n* virtuose *m/f* de l'évasion
escape clause *n* clause *f* dérogatoire
escapee [ɪskeɪ'piː] *n* évadé(e)
escape key *n* (*Comput*) touche *f* d'échappement
escape route *n* (*from fire*) issue *f* de secours; (*of prisoners etc*) voie empruntée pour s'échapper
escapism [ɪ'skeɪpɪzəm] *n* évasion *f* (*fig*)
escapist [ɪ'skeɪpɪst] *adj* (*literature*) d'évasion ▷ *n* personne *f* qui se réfugie hors de la réalité
escapologist [ɛskə'pɔlədʒɪst] *n* (*Brit*) = **escape artist**
escarpment [ɪs'kɑːpmənt] *n* escarpement *m*
eschew [ɪs'tʃuː] *vt* éviter
escort *vt* [ɪ'skɔːt] escorter ▷ *n* ['ɛskɔːt] (*Mil*) escorte *f*; (*to dance etc*): **her ~** son compagnon *or* cavalier; **his ~** sa compagne
escort agency *n* bureau *m* d'hôtesses
Eskimo ['ɛskɪməu] *adj* esquimau(de), eskimo ▷ *n* Esquimau(de); (*Ling*) esquimau *m*
ESL *n abbr* (*Scol*) = **English as a Second Language**
esophagus [iː'sɔfəgəs] *n* (*US*) = **oesophagus**
esoteric [ɛsə'tɛrɪk] *adj* ésotérique
ESP *n abbr* = **extrasensory perception**; (*Scol*) = **English for Special Purposes**
esp. *abbr* = **especially**
especially [ɪ'spɛʃlɪ] *adv* (*particularly*) particulièrement; (*above all*) surtout
espionage ['ɛspɪənɑːʒ] *n* espionnage *m*
esplanade [ɛsplə'neɪd] *n* esplanade *f*
espouse [ɪ'spauz] *vt* épouser, embrasser
Esquire [ɪ'skwaɪə^r] *n* (*Brit: abbr* **Esq.**): **J. Brown, ~** Monsieur J. Brown
essay ['ɛseɪ] *n* (*Scol*) dissertation *f*; (*Literature*) essai *m*; (*attempt*) tentative *f*
essence ['ɛsns] *n* essence *f*; (*Culin*) extrait *m*; **in ~** en substance; **speed is of the ~** l'essentiel,

c'est la rapidité
essential [ɪ'sɛnʃl] *adj* essentiel(le); (*basic*) fondamental(e); **essentials** *npl* éléments essentiels; **it is ~ that** il est essentiel *or* primordial que
essentially [ɪ'sɛnʃlɪ] *adv* essentiellement
EST *abbr* (*US: = Eastern Standard Time*) *heure d'hiver de New York*
est. *abbr* = **established, estimate(d)**
establish [ɪ'stæblɪʃ] *vt* établir; (*business*) fonder, créer; (*one's power etc*) asseoir, affermir
established [ɪ'stæblɪʃt] *adj* bien établi(e)
establishment [ɪ'stæblɪʃmənt] *n* établissement *m*; (*founding*) création *f*; (*institution*) établissement; **the E~** les pouvoirs établis; l'ordre établi
estate [ɪ'steɪt] *n* (*land*) domaine *m*, propriété *f*; (*Law*) biens *mpl*, succession *f*; (*Brit: also:* **housing estate**) lotissement *m*
estate agency *n* (*Brit*) agence immobilière
estate agent *n* (*Brit*) agent immobilier
estate car *n* (*Brit*) break *m*
esteem [ɪ'sti:m] *n* estime *f* ▷ *vt* estimer; apprécier; **to hold sb in high ~** tenir qn en haute estime
esthetic [ɪs'θɛtɪk] *adj* (*US*) = **aesthetic**
estimate [*n* 'ɛstɪmət, *vb* 'ɛstɪmeɪt] *n* estimation *f*; (*Comm*) devis *m* ▷ *vt* estimer ▷ *vi* (*Brit Comm*): **to ~ for** estimer, faire une estimation de; (*bid for*) faire un devis pour; **to give sb an ~ of** faire *or* donner un devis à qn pour; **at a rough ~** approximativement
estimation [ɛstɪ'meɪʃən] *n* opinion *f*; estime *f*; **in my ~** à mon avis, selon moi
Estonia [ɛ'stəunɪə] *n* Estonie *f*
Estonian [ɛ'stəunɪən] *adj* estonien(ne) ▷ *n* Estonien(ne); (*Ling*) estonien *m*
estranged [ɪs'treɪndʒd] *adj* (*couple*) séparé(e); (*husband, wife*) dont on s'est séparé(e)
estrangement [ɪs'treɪndʒmənt] *n* (*from wife, family*) séparation *f*
estrogen ['i:strəudʒən] *n* (*US*) = **oestrogen**
estuary ['ɛstjuərɪ] *n* estuaire *m*
ET *n abbr* (*Brit: = Employment Training*) *formation professionnelle pour les demandeurs d'emploi* ▷ *abbr* (*US: = Eastern Time*) *heure de New York*
ETA *n abbr* (= *estimated time of arrival*) HPA *f* (= *heure probable d'arrivée*)
et al. *abbr* (= *et alii: and others*) et coll
etc *abbr* (= *et cetera*) etc
etch [ɛtʃ] *vt* graver à l'eau forte
etching ['ɛtʃɪŋ] *n* eau-forte *f*
ETD *n abbr* (= *estimated time of departure*) HPD *f* (= *heure probable de départ*)
eternal [ɪ'tə:nl] *adj* éternel(le)
eternity [ɪ'tə:nɪtɪ] *n* éternité *f*
ether ['i:θə^r] *n* éther *m*
ethereal [ɪ'θɪərɪəl] *adj* éthéré(e)
ethical ['ɛθɪkl] *adj* moral(e)
ethics ['ɛθɪks] *n* éthique *f* ▷ *npl* moralité *f*
Ethiopia [i:θɪ'əupɪə] *n* Éthiopie *f*
Ethiopian [i:θɪ'əupɪən] *adj* éthiopien(ne) ▷ *n* Éthiopien(ne)
ethnic ['ɛθnɪk] *adj* ethnique; (*clothes, food*) folklorique, exotique, *propre aux minorités ethniques non-occidentales*
ethnic cleansing [-'klɛnzɪŋ] *n* purification *f* ethnique
ethnic minority *n* minorité *f* ethnique
ethnology [ɛθ'nɔlədʒɪ] *n* ethnologie *f*
ethos ['i:θɔs] *n* (système *m* de) valeurs *fpl*
e-ticket ['i:tɪkɪt] *n* billet *m* électronique
etiquette ['ɛtɪkɛt] *n* convenances *fpl*, étiquette *f*
ETV *n abbr* (*US: = Educational Television*) *télévision scolaire*
etymology [ɛtɪ'mɔlədʒɪ] *n* étymologie *f*
EU *n abbr* (= *European Union*) UE *f*
eucalyptus [ju:kə'lɪptəs] *n* eucalyptus *m*
eulogy ['ju:lədʒɪ] *n* éloge *m*
euphemism ['ju:fəmɪzəm] *n* euphémisme *m*
euphemistic [ju:fə'mɪstɪk] *adj* euphémique
euphoria [ju:'fɔ:rɪə] *n* euphorie *f*
Eurasia [juə'reɪʃə] *n* Eurasie *f*
Eurasian [juə'reɪʃən] *adj* eurasien(ne); (*continent*) eurasiatique ▷ *n* Eurasien(ne)
Euratom [juə'rætəm] *n abbr* (= *European Atomic Energy Community*) EURATOM *f*
euro ['juərəu] *n* (*currency*) euro *m*
Euro- ['juərəu] *prefix* euro-
Eurocrat ['juərəukræt] *n* eurocrate *m/f*
Euroland ['juərəulænd] *n* Euroland *m*
Europe ['juərəp] *n* Europe *f*
European [juərə'pi:ən] *adj* européen(ne) ▷ *n* Européen(ne)
European Community *n* Communauté européenne
European Court of Justice *n* Cour *f* de Justice de la CEE
European Union *n* Union européenne
Euro-sceptic ['juərəuskɛptɪk] *n* eurosceptique *m/f*
Eurostar® ['juərəustɑ:^r] *n* Eurostar® *m*
euthanasia [ju:θə'neɪzɪə] *n* euthanasie *f*
evacuate [ɪ'vækjueɪt] *vt* évacuer
evacuation [ɪvækju'eɪʃən] *n* évacuation *f*
evacuee [ɪvækju'i:] *n* évacué(e)
evade [ɪ'veɪd] *vt* échapper à; (*question etc*) éluder; (*duties*) se dérober à
evaluate [ɪ'væljueɪt] *vt* évaluer
evangelist [ɪ'vændʒəlɪst] *n* évangéliste *m*
evangelize [ɪ'vændʒəlaɪz] *vt* évangéliser, prêcher l'Évangile à
evaporate [ɪ'væpəreɪt] *vi* s'évaporer; (*fig: hopes, fear*) s'envoler; (*anger*) se dissiper ▷ *vt* faire évaporer
evaporated milk [ɪ'væpəreɪtɪd-] *n* lait condensé (non sucré)
evaporation [ɪvæpə'reɪʃən] *n* évaporation *f*
evasion [ɪ'veɪʒən] *n* dérobade *f*; (*excuse*) faux-fuyant *m*
evasive [ɪ'veɪsɪv] *adj* évasif(-ive)
eve [i:v] *n*: **on the ~ of** à la veille de
even ['i:vn] *adj* (*level, smooth*) régulier(-ière);

(*equal*) égal(e); (*number*) pair(e) ▷ *adv* même; **~ if** même si + *indic*; **~ though** quand (bien) même + *cond*, alors même que + *cond*; **~ more** encore plus; **~ faster** encore plus vite; **~ so** quand même; **not ~** pas même; **~ he was there** même lui était là; **~ on Sundays** même le dimanche; **to break ~** s'y retrouver, équilibrer ses comptes; **to get ~ with sb** prendre sa revanche sur qn
▸ **even out** *vi* s'égaliser
even-handed [iːvnˈhændɪd] *adj* équitable
evening [ˈiːvnɪŋ] *n* soir *m*; (*as duration, event*) soirée *f*; **in the ~** le soir; **this ~** ce soir; **tomorrow/yesterday ~** demain/hier soir
evening class *n* cours *m* du soir
evening dress *n* (*man's*) tenue *f* de soirée, smoking *m*; (*woman's*) robe *f* de soirée
evenly [ˈiːvnlɪ] *adv* uniformément, également; (*space*) régulièrement
evensong [ˈiːvnsɔŋ] *n* office *m* du soir
event [ɪˈvɛnt] *n* événement *m*; (*Sport*) épreuve *f*; **in the course of ~s** par la suite; **in the ~ of** en cas de; **in the ~** en réalité, en fait; **at all ~s** (*Brit*): **in any ~** en tout cas, de toute manière
eventful [ɪˈvɛntful] *adj* mouvementé(e)
eventing [ɪˈvɛntɪŋ] *n* (*Horse-Riding*) concours complet (*équitation*)
eventual [ɪˈvɛntʃuəl] *adj* final(e)
eventuality [ɪvɛntʃuˈælɪtɪ] *n* possibilité *f*, éventualité *f*
eventually [ɪˈvɛntʃuəlɪ] *adv* finalement
ever [ˈɛvəʳ] *adv* jamais; (*at all times*) toujours; (*in questions*): **why ~ not?** mais enfin, pourquoi pas?; **the best ~** le meilleur qu'on ait jamais vu; **have you ~ seen it?** l'as-tu déjà vu?, as-tu eu l'occasion *or* t'est-il arrivé de le voir?; **did you ~ meet him?** est-ce qu'il vous est arrivé de le rencontrer?; **have you ~ been there?** y êtes-vous déjà allé?; **for ~** pour toujours; **hardly ~** ne ... presque jamais; **~ since** (*as adv*) depuis; (*as conj*) depuis que; **~ so pretty** si joli; **thank you ~ so much** merci mille fois
Everest [ˈɛvərɪst] *n* (*also*: **Mount Everest**) le mont Everest, l'Everest *m*
evergreen [ˈɛvəgriːn] *n* arbre *m* à feuilles persistantes
everlasting [ɛvəˈlɑːstɪŋ] *adj* éternel(le)

 KEYWORD

every [ˈɛvrɪ] *adj* **1** (*each*) chaque; **every one of them** tous (sans exception); **every shop in town was closed** tous les magasins en ville étaient fermés
2 (*all possible*) tous (toutes) les; **I gave you every assistance** j'ai fait tout mon possible pour vous aider; **I have every confidence in him** j'ai entièrement *or* pleinement confiance en lui; **we wish you every success** nous vous souhaitons beaucoup de succès
3 (*showing recurrence*) tous les; **every day** tous les jours, chaque jour; **every other car** une voiture sur deux; **every other/third day** tous les deux/trois jours; **every now and then** de temps en temps

everybody [ˈɛvrɪbɔdɪ] *pron* = **everyone**
everyday [ˈɛvrɪdeɪ] *adj* (*expression*) courant(e), d'usage courant; (*use*) courant; (*clothes, life*) de tous les jours; (*occurrence, problem*) quotidien(ne)
everyone [ˈɛvrɪwʌn] *pron* tout le monde, tous *pl*; **~ knows about it** tout le monde le sait; **~ else** tous les autres
everything [ˈɛvrɪθɪŋ] *pron* tout; **~ is ready** tout est prêt; **he did ~ possible** il a fait tout son possible
everywhere [ˈɛvrɪwɛəʳ] *adv* partout; **~ you go you meet ...** où qu'on aille on rencontre ...
evict [ɪˈvɪkt] *vt* expulser
eviction [ɪˈvɪkʃən] *n* expulsion *f*
eviction notice *n* préavis *m* d'expulsion
evidence [ˈɛvɪdns] *n* (*proof*) preuve(s) *f(pl)*; (*of witness*) témoignage *m*; (*sign*): **to show ~ of** donner des signes de; **to give ~** témoigner, déposer; **in ~** (*obvious*) en évidence; en vue
evident [ˈɛvɪdnt] *adj* évident(e)
evidently [ˈɛvɪdntlɪ] *adv* de toute évidence; (*apparently*) apparemment
evil [ˈiːvl] *adj* mauvais(e) ▷ *n* mal *m*
evince [ɪˈvɪns] *vt* manifester
evocative [ɪˈvɔkətɪv] *adj* évocateur(-trice)
evoke [ɪˈvəuk] *vt* évoquer; (*admiration*) susciter
evolution [iːvəˈluːʃən] *n* évolution *f*
evolve [ɪˈvɔlv] *vt* élaborer ▷ *vi* évoluer, se transformer
ewe [juː] *n* brebis *f*
ex [ɛks] *n* (*inf*): **my ex** mon ex
ex- [ɛks] *prefix* (*former*: *husband, president etc*) ex-; (*out of*): **the price ~works** le prix départ usine
exacerbate [ɛksˈæsəbeɪt] *vt* (*pain*) exacerber, accentuer; (*fig*) aggraver
exact [ɪgˈzækt] *adj* exact(e) ▷ *vt*: **to ~ sth (from)** (*signature, confession*) extorquer qch (à); (*apology*) exiger qch (de)
exacting [ɪgˈzæktɪŋ] *adj* exigeant(e); (*work*) fatigant(e)
exactitude [ɪgˈzæktɪtjuːd] *n* exactitude *f*, précision *f*
exactly [ɪgˈzæktlɪ] *adv* exactement; **~!** parfaitement!, précisément!
exaggerate [ɪgˈzædʒəreɪt] *vt, vi* exagérer
exaggeration [ɪgzædʒəˈreɪʃən] *n* exagération *f*
exalted [ɪgˈzɔːltɪd] *adj* (*rank*) élevé(e); (*person*) haut placé(e); (*elated*) exalté(e)
exam [ɪgˈzæm] *n abbr* (*Scol*) = **examination**
examination [ɪgzæmɪˈneɪʃən] *n* (*Scol, Med*) examen *m*; **to take** *or* **sit an ~** (*Brit*) passer un examen; **the matter is under ~** la question est à l'examen
examine [ɪgˈzæmɪn] *vt* (*gen*) examiner; (*Scol, Law*: *person*) interroger; (*inspect*: *machine, premises*) inspecter; (*passport*) contrôler; (*luggage*) fouiller
examiner [ɪgˈzæmɪnəʳ] *n* examinateur(-trice)
example [ɪgˈzɑːmpl] *n* exemple *m*; **for ~** par

exemple; **to set a good/bad ~** donner le bon/ mauvais exemple
exasperate [ɪɡ'zɑːspəreɪt] *vt* exaspérer, agacer
exasperated [ɪɡ'zɑːspəreɪtɪd] *adj* exaspéré(e)
exasperation [ɪɡzɑːspə'reɪʃən] *n* exaspération *f*, irritation *f*
excavate ['ɛkskəveɪt] *vt* (*site*) fouiller, excaver; (*object*) mettre au jour
excavation [ɛkskə'veɪʃən] *n* excavation *f*
excavator ['ɛkskəveɪtə^r] *n* excavateur *m*, excavatrice *f*
exceed [ɪk'siːd] *vt* dépasser; (*one's powers*) outrepasser
exceedingly [ɪk'siːdɪŋlɪ] *adv* extrêmement
excel [ɪk'sɛl] *vi* exceller ▷ *vt* surpasser; **to ~ o.s.** se surpasser
excellence ['ɛksələns] *n* excellence *f*
Excellency ['ɛksələnsɪ] *n*: **His ~** son Excellence *f*
excellent ['ɛksələnt] *adj* excellent(e)
except [ɪk'sɛpt] *prep* (*also*: **except for, excepting**) sauf, excepté, à l'exception de ▷ *vt* excepter; **~ if/when** sauf si/quand; **~ that** excepté que, si ce n'est que
exception [ɪk'sɛpʃən] *n* exception *f*; **to take ~ to** s'offusquer de; **with the ~ of** à l'exception de
exceptional [ɪk'sɛpʃənl] *adj* exceptionnel(le)
exceptionally [ɪk'sɛpʃənəlɪ] *adv* exceptionnellement
excerpt ['ɛksəːpt] *n* extrait *m*
excess [ɪk'sɛs] *n* excès *m*; **in ~ of** plus de
excess baggage *n* excédent *m* de bagages
excess fare *n* supplément *m*
excessive [ɪk'sɛsɪv] *adj* excessif(-ive)
excess supply *n* suroffre *f*, offre *f* excédentaire
exchange [ɪks'tʃeɪndʒ] *n* échange *m*; (*also*: **telephone exchange**) central *m* ▷ *vt*: **to ~ (for)** échanger (contre); **could I ~ this, please?** est-ce que je peux échanger ceci, s'il vous plaît?; **in ~ for** en échange de; **foreign ~** (*Comm*) change *m*
exchange control *n* contrôle *m* des changes
exchange market *n* marché *m* des changes
exchange rate *n* taux *m* de change
excisable [ɪk'saɪzəbl] *adj* taxable
excise *n* ['ɛksaɪz] taxe *f* ▷ *vt* [ɛk'saɪz] exciser
excise duties *npl* impôts indirects
excitable [ɪk'saɪtəbl] *adj* excitable, nerveux(-euse)
excite [ɪk'saɪt] *vt* exciter
excited [ɪk'saɪtəd] *adj* (tout (toute)) excité(e); **to get ~** s'exciter
excitement [ɪk'saɪtmənt] *n* excitation *f*
exciting [ɪk'saɪtɪŋ] *adj* passionnant(e)
excl. *abbr* = **excluding; exclusive (of)**
exclaim [ɪk'skleɪm] *vi* s'exclamer
exclamation [ɛksklə'meɪʃən] *n* exclamation *f*
exclamation mark, (US) **exclamation point** *n* point *m* d'exclamation
exclude [ɪk'skluːd] *vt* exclure
excluding [ɪk'skluːdɪŋ] *prep*: **~ VAT** la TVA non comprise
exclusion [ɪk'skluːʒən] *n* exclusion *f*; **to the ~ of** à l'exclusion de
exclusion clause *n* clause *f* d'exclusion
exclusion zone *n* zone interdite
exclusive [ɪk'skluːsɪv] *adj* exclusif(-ive); (*club, district*) sélect(e); (*item of news*) en exclusivité ▷ *adv* (*Comm*) exclusivement, non inclus; **~ of VAT** TVA non comprise; **~ of postage** (les) frais de poste non compris; **from 1st to 15th March ~** du 1er au 15 mars exclusivement *or* exclu; **~ rights** (*Comm*) exclusivité *f*
exclusively [ɪk'skluːsɪvlɪ] *adv* exclusivement
excommunicate [ɛkskə'mjuːnɪkeɪt] *vt* excommunier
excrement ['ɛkskrəmənt] *n* excrément *m*
excruciating [ɪk'skruːʃɪeɪtɪŋ] *adj* (*pain*) atroce, déchirant(e); (*embarrassing*) pénible
excursion [ɪk'skəːʃən] *n* excursion *f*
excursion ticket *n* billet *m* tarif excursion
excusable [ɪk'skjuːzəbl] *adj* excusable
excuse *n* [ɪk'skjuːs] excuse *f* ▷ *vt* [ɪk'skjuːz] (*forgive*) excuser; (*justify*) excuser, justifier; **to ~ sb from** (*activity*) dispenser qn de; **~ me!** excusez-moi!, pardon!; **now if you will ~ me, ...** maintenant, si vous (le) permettez ...; **to make ~s for sb** trouver des excuses à qn; **to ~ o.s. for sth/for doing sth** s'excuser de/d'avoir fait qch
ex-directory ['ɛksdɪ'rɛktərɪ] *adj* (*Brit*) sur la liste rouge
execute ['ɛksɪkjuːt] *vt* exécuter
execution [ɛksɪ'kjuːʃən] *n* exécution *f*
executioner [ɛksɪ'kjuːʃnə^r] *n* bourreau *m*
executive [ɪɡ'zɛkjutɪv] *n* (*person*) cadre *m*; (*managing group*) bureau *m*; (*Pol*) exécutif *m* ▷ *adj* exécutif(-ive); (*position, job*) de cadre; (*secretary*) de direction; (*offices*) de la direction; (*car, plane*) de fonction
executive director *n* administrateur(-trice)
executor [ɪɡ'zɛkjutə^r] *n* exécuteur(-trice) testamentaire
exemplary [ɪɡ'zɛmplərɪ] *adj* exemplaire
exemplify [ɪɡ'zɛmplɪfaɪ] *vt* illustrer
exempt [ɪɡ'zɛmpt] *adj*: **~ from** exempté(e) *or* dispensé(e) de ▷ *vt*: **to ~ sb from** exempter *or* dispenser qn de
exemption [ɪɡ'zɛmpʃən] *n* exemption *f*, dispense *f*
exercise ['ɛksəsaɪz] *n* exercice *m* ▷ *vt* exercer; (*patience etc*) faire preuve de; (*dog*) promener ▷ *vi* (*also*: **to take exercise**) prendre de l'exercice
exercise bike *n* vélo *m* d'appartement
exercise book *n* cahier *m*
exert [ɪɡ'zəːt] *vt* exercer, employer; (*strength, force*) employer; **to ~ o.s.** se dépenser
exertion [ɪɡ'zəːʃən] *n* effort *m*
ex gratia ['ɛks'ɡreɪʃə] *adj*: **~ payment** gratification *f*
exhale [ɛks'heɪl] *vt* (*breathe out*) expirer; exhaler ▷ *vi* expirer
exhaust [ɪɡ'zɔːst] *n* (*also*: **exhaust fumes**) gaz *mpl* d'échappement; (*also*: **exhaust pipe**) tuyau *m* d'échappement ▷ *vt* épuiser; **to ~ o.s.** s'épuiser

exhausted [ɪg'zɔ:stɪd] *adj* épuisé(e)
exhausting [ɪg'zɔ:stɪŋ] *adj* épuisant(e)
exhaustion [ɪg'zɔ:stʃən] *n* épuisement *m*; **nervous ~** fatigue nerveuse
exhaustive [ɪg'zɔ:stɪv] *adj* très complet(-ète)
exhibit [ɪg'zɪbɪt] *n* (*Art*) objet exposé, pièce exposée; (*Law*) pièce à conviction ▷ *vt* (*Art*) exposer; (*courage, skill*) faire preuve de
exhibition [ɛksɪ'bɪʃən] *n* exposition *f*; **~ of temper** manifestation *f* de colère
exhibitionist [ɛksɪ'bɪʃənɪst] *n* exhibitionniste *m/f*
exhibitor [ɪg'zɪbɪtə^r] *n* exposant(e)
exhilarating [ɪg'zɪləreɪtɪŋ] *adj* grisant(e), stimulant(e)
exhilaration [ɪgzɪlə'reɪʃən] *n* euphorie *f*, ivresse *f*
exhort [ɪg'zɔ:t] *vt* exhorter
ex-husband ['ɛks'hʌzbənd] *n* ex-mari *m*
exile ['ɛksaɪl] *n* exil *m*; (*person*) exilé(e) ▷ *vt* exiler; **in ~** en exil
exist [ɪg'zɪst] *vi* exister
existence [ɪg'zɪstəns] *n* existence *f*; **to be in ~** exister
existentialism [ɛgzɪs'tɛnʃlɪzəm] *n* existentialisme *m*
existing [ɪg'zɪstɪŋ] *adj* (*laws*) existant(e); (*system, regime*) actuel(le)
exit ['ɛksɪt] *n* sortie *f* ▷ *vi* (*Comput, Theat*) sortir; **where's the ~?** où est la sortie?
exit poll *n* sondage *m* (*fait à la sortie de l'isoloir*)
exit ramp *n* (*US Aut*) bretelle *f* d'accès
exit visa *n* visa *m* de sortie
exodus ['ɛksədəs] *n* exode *m*
ex officio ['ɛksə'fɪʃɪəu] *adj, adv* d'office, de droit
exonerate [ɪg'zɔnəreɪt] *vt*: **to ~ from** disculper de
exorbitant [ɪg'zɔ:bɪtnt] *adj* (*price*) exorbitant(e), excessif(-ive); (*demands*) exorbitant, démesuré(e)
exorcize ['ɛksɔ:saɪz] *vt* exorciser
exotic [ɪg'zɔtɪk] *adj* exotique
expand [ɪk'spænd] *vt* (*area*) agrandir; (*quantity*) accroître; (*influence etc*) étendre ▷ *vi* (*population, production*) s'accroître; (*trade, etc*) se développer, s'accroître; (*gas, metal*) se dilater, dilater; **to ~ on** (*notes, story etc*) développer
expanse [ɪk'spæns] *n* étendue *f*
expansion [ɪk'spænʃən] *n* (*territorial, economic*) expansion *f*; (*of trade, influence etc*) développement *m*; (*of production*) accroissement *m*; (*of population*) croissance *f*; (*of gas, metal*) expansion, dilatation *f*
expansionism [ɪk'spænʃənɪzəm] *n* expansionnisme *m*
expansionist [ɪk'spænʃənɪst] *adj* expansionniste
expatriate *n* [ɛks'pætrɪət] expatrié(e) ▷ *vt* [ɛks'pætrɪeɪt] expatrier, exiler
expect [ɪk'spɛkt] *vt* (*anticipate*) s'attendre à, s'attendre à ce que + *sub*; (*count on*) compter sur, escompter; (*hope for*) espérer; (*require*) demander, exiger; (*suppose*) supposer; (*await: also baby*) attendre ▷ *vi*: **to be ~ing** (*pregnant woman*) être enceinte; **to ~ sb to do** (*anticipate*) s'attendre à ce que qn fasse; (*demand*) attendre de qn qu'il fasse; **to ~ to do sth** penser *or* compter faire qch, s'attendre à faire qch; **as ~ed** comme prévu; **I ~ so** je crois que oui, je crois bien
expectancy [ɪks'pɛktənsɪ] *n* attente *f*; **life ~** espérance *f* de vie
expectant [ɪk'spɛktənt] *adj* qui attend (quelque chose); **~ mother** future maman
expectantly [ɪk'spɛktəntlɪ] *adv* (*look, listen*) avec l'air d'attendre quelque chose
expectation [ɛkspɛk'teɪʃən] *n* (*hope*) attente *f*, espérance(s) *f(pl)*; (*belief*) attente; **in ~ of** dans l'attente de, en prévision de; **against** *or* **contrary to all ~(s)** contre toute attente, contrairement à ce qu'on attendait; **to come** *or* **live up to sb's ~s** répondre à l'attente *or* aux espérances de qn
expedience, expediency [ɪk'spi:dɪəns, ɪk'spi:dɪənsɪ] *n* opportunité *f*; convenance *f* (du moment); **for the sake of ~** parce que c'est (*or* c'était) plus simple *or* plus commode
expedient [ɪk'spi:dɪənt] *adj* indiqué(e), opportun(e), commode ▷ *n* expédient *m*
expedite ['ɛkspədaɪt] *vt* hâter; expédier
expedition [ɛkspə'dɪʃən] *n* expédition *f*
expeditionary force [ɛkspə'dɪʃənrɪ-] *n* corps *m* expéditionnaire
expeditious [ɛkspə'dɪʃəs] *adj* expéditif(-ive), prompt(e)
expel [ɪk'spɛl] *vt* chasser, expulser; (*Scol*) renvoyer, exclure
expend [ɪk'spɛnd] *vt* consacrer; (*use up*) dépenser
expendable [ɪk'spɛndəbl] *adj* remplaçable
expenditure [ɪk'spɛndɪtʃə^r] *n* (*act of spending*) dépense *f*; (*money spent*) dépenses *fpl*
expense [ɪk'spɛns] *n* (*high cost*) coût *m*; (*spending*) dépense *f*, frais *mpl*; **expenses** *npl* frais *mpl*; dépenses; **to go to the ~ of** faire la dépense de; **at great/little ~** à grands/peu de frais; **at the ~ of** aux frais de; (*fig*) aux dépens de
expense account *n* (note *f* de) frais *mpl*
expensive [ɪk'spɛnsɪv] *adj* cher (chère), coûteux(-euse); **to be ~** coûter cher; **it's too ~** ça coûte trop cher; **~ tastes** goûts *mpl* de luxe
experience [ɪk'spɪərɪəns] *n* expérience *f* ▷ *vt* connaître; (*feeling*) éprouver; **to know by ~** savoir par expérience
experienced [ɪk'spɪərɪənst] *adj* expérimenté(e)
experiment [ɪk'spɛrɪmənt] *n* expérience *f* ▷ *vi* faire une expérience; **to ~ with** expérimenter; **to perform** *or* **carry out an ~** faire une expérience; **as an ~** à titre d'expérience
experimental [ɪkspɛrɪ'mɛntl] *adj* expérimental(e)
expert ['ɛkspə:t] *adj* expert(e) ▷ *n* expert *m*; **~ in** *or* **at doing sth** spécialiste de qch; **an ~ on sth** un spécialiste de qch; **~ witness** (*Law*) expert *m*
expertise [ɛkspə:'ti:z] *n* (grande) compétence

expire [ɪk'spaɪəʳ] *vi* expirer
expiry [ɪk'spaɪərɪ] *n* expiration *f*
expiry date *n* date *f* d'expiration; (*on label*) à utiliser avant ...
explain [ɪk'spleɪn] *vt* expliquer
▸ **explain away** *vt* justifier, excuser
explanation [ɛksplə'neɪʃən] *n* explication *f*; **to find an ~ for sth** trouver une explication à qch
explanatory [ɪk'splænətrɪ] *adj* explicatif(-ive)
expletive [ɪk'spli:tɪv] *n* juron *m*
explicit [ɪk'splɪsɪt] *adj* explicite; (*definite*) formel(le)
explode [ɪk'spləud] *vi* exploser ▹ *vt* faire exploser; (*fig: theory*) démolir; **to ~ a myth** détruire un mythe
exploit *n* ['ɛksplɔɪt] exploit *m* ▹ *vt* [ɪk'splɔɪt] exploiter
exploitation [ɛksplɔɪ'teɪʃən] *n* exploitation *f*
exploration [ɛksplə'reɪʃən] *n* exploration *f*
exploratory [ɪk'splɔrətrɪ] *adj* (*fig: talks*) préliminaire; **~ operation** (*Med*) intervention *f* (à visée) exploratrice
explore [ɪk'splɔ:ʳ] *vt* explorer; (*possibilities*) étudier, examiner
explorer [ɪk'splɔ:rəʳ] *n* explorateur(-trice)
explosion [ɪk'spləuʒən] *n* explosion *f*
explosive [ɪk'spləusɪv] *adj* explosif(-ive) ▹ *n* explosif *m*
exponent [ɪk'spəunənt] *n* (*of school of thought etc*) interprète *m*, représentant *m*; (*Math*) exposant *m*
export *vt* [ɛk'spɔ:t] exporter ▹ *n* ['ɛkspɔ:t] exportation *f* ▹ *cpd* ['ɛkspɔ:t] d'exportation
exportation [ɛkspɔ:'teɪʃən] *n* exportation *f*
exporter [ɛk'spɔ:təʳ] *n* exportateur *m*
export licence *n* licence *f* d'exportation
expose [ɪk'spəuz] *vt* exposer; (*unmask*) démasquer, dévoiler; **to ~ o.s.** (*Law*) commettre un outrage à la pudeur
exposed [ɪk'spəuzd] *adj* (*land, house*) exposé(e); (*Elec: wire*) à nu; (*pipe, beam*) apparent(e)
exposition [ɛkspə'zɪʃən] *n* exposition *f*
exposure [ɪk'spəuʒəʳ] *n* exposition *f*; (*publicity*) couverture *f*; (*Phot: speed*) (temps *m* de) pose *f*; (*: shot*) pose; **suffering from ~** (*Med*) souffrant des effets du froid et de l'épuisement; **to die of ~** (*Med*) mourir de froid
exposure meter *n* posemètre *m*
expound [ɪk'spaund] *vt* exposer, expliquer
express [ɪk'sprɛs] *adj* (*definite*) formel(le), exprès(-esse); (*Brit: letter etc*) exprès *inv* ▹ *n* (*train*) rapide *m* ▹ *adv* (*send*) exprès ▹ *vt* exprimer; **to ~ o.s.** s'exprimer
expression [ɪk'sprɛʃən] *n* expression *f*
expressionism [ɪk'sprɛʃənɪzəm] *n* expressionnisme *m*
expressive [ɪk'sprɛsɪv] *adj* expressif(-ive)
expressly [ɪk'sprɛslɪ] *adv* expressément, formellement
expressway [ɪk'sprɛsweɪ] *n* (*US*) voie *f* express (à plusieurs files)
expropriate [ɛks'prəuprɪeɪt] *vt* exproprier
expulsion [ɪk'spʌlʃən] *n* expulsion *f*; renvoi *m*
exquisite [ɛk'skwɪzɪt] *adj* exquis(e)
ex-serviceman ['ɛks'sə:vɪsmən] (*irreg*) *n* ancien combattant
ext. *abbr* (*Tel*) = **extension**
extemporize [ɪk'stɛmpəraɪz] *vi* improviser
extend [ɪk'stɛnd] *vt* (*visit, street*) prolonger; (*deadline*) reporter, remettre; (*building*) agrandir; (*offer*) présenter, offrir; (*Comm: credit*) accorder; (*hand, arm*) tendre ▹ *vi* (*land*) s'étendre
extension [ɪk'stɛnʃən] *n* (*of visit, street*) prolongation *f*; (*of building*) agrandissement *m*; (*building*) annexe *f*; (*to wire, table*) rallonge *f*; (*telephone: in offices*) poste *m*; (*: in private house*) téléphone *m* supplémentaire; **~ 3718** (*Tel*) poste 3718
extension cable, extension lead *n* (*Elec*) rallonge *f*
extensive [ɪk'stɛnsɪv] *adj* étendu(e), vaste; (*damage, alterations*) considérable; (*inquiries*) approfondi(e); (*use*) largement répandu(e)
extensively [ɪk'stɛnsɪvlɪ] *adv* (*altered, damaged etc*) considérablement; **he's travelled ~** il a beaucoup voyagé
extent [ɪk'stɛnt] *n* étendue *f*; (*degree: of damage, loss*) importance *f*; **to some ~** dans une certaine mesure; **to a certain ~** dans une certaine mesure, jusqu'à un certain point; **to a large ~** en grande partie; **to the ~ of ...** au point de ...; **to what ~?** dans quelle mesure?, jusqu'à quel point?; **to such an ~ that ...** à tel point que ...
extenuating [ɪk'stɛnjueɪtɪŋ] *adj*: **~ circumstances** circonstances atténuantes
exterior [ɛk'stɪərɪəʳ] *adj* extérieur(e) ▹ *n* extérieur *m*
exterminate [ɪk'stə:mɪneɪt] *vt* exterminer
extermination [ɪkstə:mɪ'neɪʃən] *n* extermination *f*
external [ɛk'stə:nl] *adj* externe ▹ *n*: **the ~s** les apparences *fpl*; **for ~ use only** (*Med*) à usage externe
externally [ɛk'stə:nəlɪ] *adv* extérieurement
extinct [ɪk'stɪŋkt] *adj* (*volcano*) éteint(e); (*species*) disparu(e)
extinction [ɪk'stɪŋkʃən] *n* extinction *f*
extinguish [ɪk'stɪŋgwɪʃ] *vt* éteindre
extinguisher [ɪk'stɪŋgwɪʃəʳ] *n* extincteur *m*
extol, (US) **extoll** [ɪk'stəul] *vt* (*merits*) chanter, prôner; (*person*) chanter les louanges de
extort [ɪk'stɔ:t] *vt*: **to ~ sth (from)** extorquer qch (à)
extortion [ɪk'stɔ:ʃən] *n* extorsion *f*
extortionate [ɪk'stɔ:ʃnɪt] *adj* exorbitant(e)
extra ['ɛkstrə] *adj* supplémentaire, de plus ▹ *adv* (*in addition*) en plus ▹ *n* supplément *m*; (*perk*) à-coté *m*; (*Cine, Theat*) figurant(e); **wine will cost ~** le vin sera en supplément; **~ large sizes** très grandes tailles
extra... ['ɛkstrə] *prefix* extra...
extract *vt* [ɪk'strækt] extraire; (*tooth*) arracher; (*money, promise*) soutirer ▹ *n* ['ɛkstrækt] extrait *m*
extraction [ɪk'strækʃən] *n* extraction *f*

e

extractor fan [ɪk'stræktə-] *n* exhausteur *m*, ventilateur *m* extracteur
extracurricular ['ɛkstrəkə'rɪkjulə^r] *adj* (*Scol*) parascolaire
extradite ['ɛkstrədaɪt] *vt* extrader
extradition [ɛkstrə'dɪʃən] *n* extradition *f*
extramarital ['ɛkstrə'mærɪtl] *adj* extraconjugal(e)
extramural ['ɛkstrə'mjuərl] *adj* hors-faculté *inv*
extraneous [ɛk'streɪnɪəs] *adj*: **~ to** étranger(-ère) à
extraordinary [ɪk'strɔːdnrɪ] *adj* extraordinaire; **the ~ thing is that ...** le plus étrange *or* étonnant c'est que ...
extraordinary general meeting *n* assemblée *f* générale extraordinaire
extrapolation [ɛkstræpə'leɪʃən] *n* extrapolation *f*
extrasensory perception ['ɛkstrə'sɛnsərɪ-] *n* perception *f* extrasensorielle
extra time *n* (*Football*) prolongations *fpl*
extravagance [ɪk'strævəgəns] *n* (*excessive spending*) prodigalités *fpl*; (*thing bought*) folie *f*, dépense excessive
extravagant [ɪk'strævəgənt] *adj* extravagant(e); (*in spending: person*) prodigue, dépensier(-ière); (*: tastes*) dispendieux(-euse)
extreme [ɪk'striːm] *adj*, *n* extrême (*m*); **the ~ left/right** (*Pol*) l'extrême gauche *f*/droite *f*; **~s of temperature** différences *fpl* extrêmes de température
extremely [ɪk'striːmlɪ] *adv* extrêmement
extremist [ɪk'striːmɪst] *adj*, *n* extrémiste *m/f*
extremity [ɪk'strɛmɪtɪ] *n* extrémité *f*
extricate ['ɛkstrɪkeɪt] *vt*: **to ~ sth (from)** dégager qch (de)
extrovert ['ɛkstrəvəːt] *n* extraverti(e)
exuberance [ɪg'zjuːbərns] *n* exubérance *f*
exuberant [ɪg'zjuːbərnt] *adj* exubérant(e)
exude [ɪg'zjuːd] *vt* exsuder; (*fig*) respirer; **the charm** *etc* **he ~s** le charme *etc* qui émane de lui
exult [ɪg'zʌlt] *vi* exulter, jubiler
exultant [ɪg'zʌltənt] *adj* (*shout, expression*) de triomphe; **to be ~** jubiler, triompher
exultation [ɛgzʌl'teɪʃən] *n* exultation *f*, jubilation *f*
ex-wife ['ɛkswaɪf] *n* ex-femme *f*
eye [aɪ] *n* œil *m*; (*of needle*) trou *m*, chas *m* ▷ *vt* examiner; **as far as the ~ can see** à perte de vue; **to keep an ~ on** surveiller; **to have an ~ for sth** avoir l'œil pour qch; **in the public ~** en vue; **with an ~ to doing sth** (*Brit*) en vue de faire qch; **there's more to this than meets the ~** ce n'est pas aussi simple que cela paraît
eyeball ['aɪbɔːl] *n* globe *m* oculaire
eyebath ['aɪbɑːθ] *n* (*Brit*) œillère *f* (*pour bains d'œil*)
eyebrow ['aɪbrau] *n* sourcil *m*
eyebrow pencil *n* crayon *m* à sourcils
eye-catching ['aɪkætʃɪŋ] *adj* voyant(e), accrocheur(-euse)
eye cup *n* (*US*) = **eyebath**
eye drops ['aɪdrɔps] *npl* gouttes *fpl* pour les yeux
eyeful ['aɪful] *n*: **to get an ~ (of sth)** se rincer l'œil (en voyant qch)
eyeglass ['aɪglɑːs] *n* monocle *m*
eyelash ['aɪlæʃ] *n* cil *m*
eyelet ['aɪlɪt] *n* œillet *m*
eye-level ['aɪlɛvl] *adj* en hauteur
eyelid ['aɪlɪd] *n* paupière *f*
eyeliner ['aɪlaɪnə^r] *n* eye-liner *m*
eye-opener ['aɪəupnə^r] *n* révélation *f*
eye shadow ['aɪʃædəu] *n* ombre *f* à paupières
eyesight ['aɪsaɪt] *n* vue *f*
eyesore ['aɪsɔː^r] *n* horreur *f*, chose *f* qui dépare *or* enlaidit
eyestrain ['aɪstreɪn] *adj*: **to get ~** se fatiguer la vue *or* les yeux
eyewash ['aɪwɔʃ] *n* bain *m* d'œil; (*fig*) frime *f*
eye witness *n* témoin *m* oculaire
eyrie ['ɪərɪ] *n* aire *f*

F¹, f [ɛf] *n* (*letter*) F, f *m*; (*Mus*): **F** fa *m*; **F for Frederick,** (US) **F for Fox** F comme François
F² *abbr* (= *Fahrenheit*) F
FA *n abbr* (*Brit*: = *Football Association*) *fédération de football*
FAA *n abbr* (US) = **Federal Aviation Administration**
fable ['feɪbl] *n* fable *f*
fabric ['fæbrɪk] *n* tissu *m* ▷ *cpd*: **~ ribbon** (*for typewriter*) ruban *m* (en) tissu
fabricate ['fæbrɪkeɪt] *vt* fabriquer, inventer
fabrication [fæbrɪ'keɪʃən] *n* fabrication *f*, invention *f*
fabulous ['fæbjuləs] *adj* fabuleux(-euse); (*inf*: *super*) formidable, sensationnel(le)
façade [fə'sɑːd] *n* façade *f*
face [feɪs] *n* visage *m*, figure *f*; (*expression*) air *m*; grimace *f*; (*of clock*) cadran *m*; (*of cliff*) paroi *f*; (*of mountain*) face *f*; (*of building*) façade *f*; (*side, surface*) face *f* ▷ *vt* faire face à; (*facts etc*) accepter; **~ down** (*person*) à plat ventre; (*card*) face en dessous; **to lose/save ~** perdre/sauver la face; **to pull a ~** faire une grimace; **in the ~ of** (*difficulties etc*) face à, devant; **on the ~ of it** à première vue; **~ to ~** face à face
▸ **face up to** *vt fus* faire face à, affronter
face cloth *n* (*Brit*) gant *m* de toilette
face cream *n* crème *f* pour le visage
face lift *n* lifting *m*; (*of façade etc*) ravalement *m*, retapage *m*
face pack *n* (*Brit*) masque *m* (de beauté)
face powder *n* poudre *f* (pour le visage)
face-saving ['feɪsseɪvɪŋ] *adj* qui sauve la face
facet ['fæsɪt] *n* facette *f*
facetious [fə'siːʃəs] *adj* facétieux(-euse)
face-to-face ['feɪstə'feɪs] *adv* face à face
face value ['feɪs'væljuː] *n* (*of coin*) valeur nominale; **to take sth at ~** (*fig*) prendre qch pour argent comptant
facia ['feɪʃə] *n* = **fascia**
facial ['feɪʃl] *adj* facial(e) ▷ *n* soin complet du visage
facile ['fæsaɪl] *adj* facile
facilitate [fə'sɪlɪteɪt] *vt* faciliter
facilities [fə'sɪlɪtɪz] *npl* installations *fpl*, équipement *m*; **credit ~** facilités de paiement
facility [fə'sɪlɪtɪ] *n* facilité *f*
facing ['feɪsɪŋ] *prep* face à, en face de ▷ *n* (*of wall etc*) revêtement *m*; (*Sewing*) revers *m*
facsimile [fæk'sɪmɪlɪ] *n* (*exact replica*) facsimilé *m*; (*also*: **facsimile machine**) télécopieur *m*; (*transmitted document*) télécopie *f*
fact [fækt] *n* fait *m*; **in ~** en fait; **to know for a ~ that ...** savoir pertinemment que ...
fact-finding ['fæktfaɪndɪŋ] *adj*: **a ~ tour** *or* **mission** une mission d'enquête
faction ['fækʃən] *n* faction *f*
factional ['fækʃənl] *adj* de factions
factor ['fæktəʳ] *n* facteur *m*; (*of sun cream*) indice *m* (de protection); (*Comm*) factor *m*, société *f* d'affacturage; (: *agent*) dépositaire *m/f* ▷ *vi* faire du factoring; **safety ~** facteur de sécurité; **I'd like a ~ 15 suntan lotion** je voudrais une crème solaire d'indice 15
factory ['fæktərɪ] *n* usine *f*, fabrique *f*
factory farming *n* (*Brit*) élevage industriel
factory floor *n*: **the ~** (*workers*) les ouvriers *mpl*; (*workshop*) l'usine *f*; **on the ~** dans les ateliers
factory ship *n* navire-usine *m*
factual ['fæktjuəl] *adj* basé(e) sur les faits
faculty ['fækəltɪ] *n* faculté *f*; (US: *teaching staff*) corps enseignant
fad [fæd] *n* (*personal*) manie *f*; (*craze*) engouement *m*
fade [feɪd] *vi* se décolorer, passer; (*light, sound*) s'affaiblir, disparaître; (*flower*) se faner
▸ **fade away** *vi* (*sound*) s'affaiblir
▸ **fade in** *vt* (*picture*) ouvrir en fondu; (*sound*) monter progressivement
▸ **fade out** *vt* (*picture*) fermer en fondu; (*sound*) baisser progressivement
faeces, (US) **feces** ['fiːsiːz] *npl* fèces *fpl*
fag [fæg] *n* (*Brit inf*: *cigarette*) clope *f*; (: *chore*): **what a ~!** quelle corvée!; (*US inf*: *homosexual*) pédé *m*
fag end *n* (*Brit inf*) mégot *m*
fagged out [fægd-] *adj* (*Brit inf*) crevé(e)
Fahrenheit ['fɑːrənhaɪt] *n* Fahrenheit *m inv*
fail [feɪl] *vt* (*exam*) échouer à; (*candidate*) recaler; (*subj*: *courage, memory*) faire défaut à ▷ *vi* échouer; (*supplies*) manquer; (*eyesight, health, light*: *also*: **be failing**) baisser, s'affaiblir; (*brakes*) lâcher; **to ~**

to do sth (*neglect*) négliger de *or* ne pas faire qch; (*be unable*) ne pas arriver *or* parvenir à faire qch; **without ~** à coup sûr; sans faute
failing ['feɪlɪŋ] *n* défaut *m* ▷ *prep* faute de; **~ that** à défaut, sinon
failsafe ['feɪlseɪf] *adj* (*device etc*) à sûreté intégrée
failure ['feɪljəʳ] *n* échec *m*; (*person*) raté(e); (*mechanical etc*) défaillance *f*; **his ~ to turn up** le fait de n'être pas venu *or* qu'il ne soit pas venu
faint [feɪnt] *adj* faible; (*recollection*) vague; (*mark*) à peine visible; (*smell, breeze, trace*) léger(-ère) ▷ *n* évanouissement *m* ▷ *vi* s'évanouir; **to feel ~** défaillir
faintest ['feɪntɪst] *adj*: **I haven't the ~ idea** je n'en ai pas la moindre idée
faint-hearted ['feɪnt'hɑːtɪd] *adj* pusillanime
faintly ['feɪntlɪ] *adv* faiblement; (*vaguely*) vaguement
faintness ['feɪntnɪs] *n* faiblesse *f*
fair [fɛəʳ] *adj* équitable, juste; (*reasonable*) correct(e), honnête; (*hair*) blond(e); (*skin, complexion*) pâle, blanc (blanche); (*weather*) beau (belle); (*good enough*) assez bon(ne); (*sizeable*) considérable ▷ *adv*: **to play ~** jouer franc jeu ▷ *n* foire *f*; (*Brit: funfair*) fête (foraine); (*also*: **trade fair**) foire(-exposition) commerciale; **it's not ~!** ce n'est pas juste!; **a ~ amount of** une quantité considérable de
fair copy *n* copie *f* au propre, corrigé *m*
fair game *n*: **to be ~ (for)** être une cible légitime (pour)
fairground ['fɛəgraund] *n* champ *m* de foire
fair-haired [fɛə'hɛəd] *adj* (*person*) aux cheveux clairs, blond(e)
fairly ['fɛəlɪ] *adv* (*justly*) équitablement; (*quite*) assez; **I'm ~ sure** j'en suis quasiment *or* presque sûr
fairness ['fɛənɪs] *n* (*of trial etc*) justice *f*, équité *f*; (*of person*) sens *m* de la justice; **in all ~** en toute justice
fair play *n* fair play *m*
fair trade *n* commerce *m* équitable
fairway ['fɛəweɪ] *n* (*Golf*) fairway *m*
fairy ['fɛərɪ] *n* fée *f*
fairy godmother *n* bonne fée
fairy lights *npl* (*Brit*) guirlande *f* électrique
fairy tale *n* conte *m* de fées
faith [feɪθ] *n* foi *f*; (*trust*) confiance *f*; (*sect*) culte *m*, religion *f*; **to have ~ in sb/sth** avoir confiance en qn/qch
faithful ['feɪθful] *adj* fidèle
faithfully ['feɪθfəlɪ] *adv* fidèlement; **yours ~** (*Brit: in letters*) veuillez agréer l'expression de mes salutations les plus distinguées
faith healer [-hiːləʳ] *n* guérisseur(-euse)
fake [feɪk] *n* (*painting etc*) faux *m*; (*photo*) trucage *m*; (*person*) imposteur *m* ▷ *adj* faux (fausse) ▷ *vt* (*emotions*) simuler; (*painting*) faire un faux de; (*photo*) truquer; (*story*) fabriquer; **his illness is a ~** sa maladie est une comédie *or* de la simulation
falcon ['fɔːlkən] *n* faucon *m*
Falkland Islands ['fɔːlklənd-] *npl*: **the ~** les Malouines *fpl*, les îles *fpl* Falkland
fall [fɔːl] *n* chute *f*; (*decrease*) baisse *f*; (*US: autumn*) automne *m* ▷ *vi* (*pt* **fell**, *pp* **-en** [fɛl, 'fɔːlən]) tomber; (*price, temperature, dollar*) baisser; **falls** *npl* (*waterfall*) chute *f* d'eau, cascade *f*; **to ~ flat** (*vi: on one's face*) tomber de tout son long, s'étaler; (*joke*) tomber à plat; (*plan*) échouer; **to ~ short of** (*sb's expectations*) ne pas répondre à; **a ~ of snow** (*Brit*) une chute de neige
▸ **fall apart** *vi* (*object*) tomber en morceaux; (*inf: emotionally*) craquer
▸ **fall back** *vi* reculer, se retirer
▸ **fall back on** *vt fus* se rabattre sur; **to have something to ~ back on** (*money etc*) avoir quelque chose en réserve; (*job etc*) avoir une solution de rechange
▸ **fall behind** *vi* prendre du retard
▸ **fall down** *vi* (*person*) tomber; (*building*) s'effondrer, s'écrouler
▸ **fall for** *vt fus* (*trick*) se laisser prendre à; (*person*) tomber amoureux(-euse) de
▸ **fall in** *vi* s'effondrer; (*Mil*) se mettre en rangs
▸ **fall in with** *vt fus* (*sb's plans etc*) accepter
▸ **fall off** *vi* tomber; (*diminish*) baisser, diminuer
▸ **fall out** *vi* (*friends etc*) se brouiller; (*hair, teeth*) tomber
▸ **fall over** *vi* tomber (par terre)
▸ **fall through** *vi* (*plan, project*) tomber à l'eau
fallacy ['fæləsɪ] *n* erreur *f*, illusion *f*
fallback ['fɔːlbæk] *adj*: **~ position** position *f* de repli
fallen ['fɔːlən] *pp of* **fall**
fallible ['fæləbl] *adj* faillible
fallopian tube [fə'ləupɪən-] *n* (*Anat*) trompe *f* de Fallope
fallout ['fɔːlaut] *n* retombées (radioactives)
fallout shelter *n* abri *m* anti-atomique
fallow ['fæləu] *adj* en jachère; en friche
false [fɔːls] *adj* faux (fausse); **under ~ pretences** sous un faux prétexte
false alarm *n* fausse alerte
falsehood ['fɔːlshud] *n* mensonge *m*
falsely ['fɔːlslɪ] *adv* (*accuse*) à tort
false teeth *npl* (*Brit*) fausses dents, dentier *m*
falsify ['fɔːlsɪfaɪ] *vt* falsifier; (*accounts*) maquiller
falter ['fɔːltəʳ] *vi* chanceler, vaciller
fame [feɪm] *n* renommée *f*, renom *m*
familiar [fə'mɪlɪəʳ] *adj* familier(-ière); **to be ~ with sth** connaître qch; **to make o.s. ~ with sth** se familiariser avec qch; **to be on ~ terms with sb** bien connaître qn
familiarity [fəmɪlɪ'ærɪtɪ] *n* familiarité *f*
familiarize [fə'mɪlɪəraɪz] *vt* familiariser; **to ~ o.s. with** se familiariser avec
family ['fæmɪlɪ] *n* famille *f*
family allowance *n* (*Brit*) allocations familiales
family business *n* entreprise familiale
family credit *n* (*Brit*) complément familial
family doctor *n* médecin *m* de famille
family life *n* vie *f* de famille

family man (*irreg*) *n* père *m* de famille
family planning *n* planning familial
family planning clinic *n* centre *m* de planning familial
family tree *n* arbre *m* généalogique
famine ['fæmɪn] *n* famine *f*
famished ['fæmɪʃt] *adj* affamé(e); **I'm ~!** (*inf*) je meurs de faim!
famous ['feɪməs] *adj* célèbre
famously ['feɪməslɪ] *adv* (*get on*) fameusement, à merveille
fan [fæn] *n* (*folding*) éventail *m*; (*Elec*) ventilateur *m*; (*person*) fan *m*, admirateur(-trice); (*Sport*) supporter *m/f* ▷ *vt* éventer; (*fire, quarrel*) attiser ▸ **fan out** *vi* se déployer (en éventail)
fanatic [fə'nætɪk] *n* fanatique *m/f*
fanatical [fə'nætɪkl] *adj* fanatique
fan belt *n* courroie *f* de ventilateur
fancied ['fænsɪd] *adj* imaginaire
fanciful ['fænsɪful] *adj* fantaisiste
fan club *n* fan-club *m*
fancy ['fænsɪ] *n* (*whim*) fantaisie *f*, envie *f*; (*imagination*) imagination *f* ▷ *adj* (*luxury*) de luxe; (*elaborate: jewellery, packaging*) fantaisie *inv*; (*showy*) tape-à-l'œil *inv*; (*pretentious: words*) recherché(e) ▷ *vt* (*feel like, want*) avoir envie de; (*imagine*) imaginer; **to take a ~ to** se prendre d'affection pour; s'enticher de; **it took** *or* **caught my ~** ça m'a plu; **when the ~ takes him** quand ça lui prend; **to ~ that ...** se figurer *or* s'imaginer que ...; **he fancies her** elle lui plaît
fancy dress *n* déguisement *m*, travesti *m*
fancy-dress ball [fænsɪ'drɛs-] *n* bal masqué *or* costumé
fancy goods *npl* articles *mpl* (de) fantaisie
fanfare ['fænfɛəʳ] *n* fanfare *f* (*musique*)
fanfold paper ['fænfəuld-] *n* papier *m* à pliage accordéon
fang [fæŋ] *n* croc *m*; (*of snake*) crochet *m*
fan heater *n* (*Brit*) radiateur soufflant
fanlight ['fænlaɪt] *n* imposte *f*
fanny ['fænɪ] *n* (*Brit inf!*) chatte *f* (*!*); (*US inf*) cul *m* (*!*)
fantasize ['fæntəsaɪz] *vi* fantasmer
fantastic [fæn'tæstɪk] *adj* fantastique
fantasy ['fæntəsɪ] *n* imagination *f*, fantaisie *f*; (*unreality*) fantasme *m*
fanzine ['fænzi:n] *n* fanzine *m*
FAO *n abbr* (= *Food and Agriculture Organization*) FAO *f*
FAQ *n abbr* (= *frequently asked question*) FAQ *f inv*, faq *f inv* ▷ *abbr* (= *free alongside quay*) FLQ
far [fɑ:ʳ] *adj* (*distant*) lointain(e), éloigné(e) ▷ *adv* loin; **the ~ side/end** l'autre côté/bout; **the ~ left/right** (*Pol*) l'extrême gauche *f*/droite *f*; **is it ~ to London?** est-ce qu'on est loin de Londres?; **it's not ~ (from here)** ce n'est pas loin (d'ici); **~ away, ~ off** au loin, dans le lointain; **~ better** beaucoup mieux; **~ from** loin de; **by ~** de loin, de beaucoup; **as ~ back as the 13th century** dès le 13e siècle; **go as ~ as the bridge** allez jusqu'au pont; **as ~ as I know** pour autant que je sache; **how ~ is it to ...?** combien y a-t-il jusqu'à ...?; **as ~ as possible** dans la mesure du possible; **how ~ have you got with your work?** où en êtes-vous dans votre travail?
faraway ['fɑ:rəweɪ] *adj* lointain(e); (*look*) absent(e)
farce [fɑ:s] *n* farce *f*
farcical ['fɑ:sɪkl] *adj* grotesque
fare [fɛəʳ] *n* (*on trains, buses*) prix *m* du billet; (*in taxi*) prix de la course; (*passenger in taxi*) client *m*; (*food*) table *f*, chère *f* ▷ *vi* se débrouiller; **half ~** demi-tarif; **full ~** plein tarif
Far East *n*: **the ~** l'Extrême-Orient *m*
farewell [fɛə'wɛl] *excl, n* adieu *m* ▷ *cpd* (*party etc*) d'adieux
far-fetched ['fɑ:'fɛtʃt] *adj* exagéré(e), poussé(e)
farm [fɑ:m] *n* ferme *f* ▷ *vt* cultiver ▸ **farm out** *vt* (*work etc*) distribuer
farmer ['fɑ:məʳ] *n* fermier(-ière), cultivateur(-trice)
farmhand ['fɑ:mhænd] *n* ouvrier(-ière) agricole
farmhouse ['fɑ:mhaus] *n* (maison *f* de) ferme *f*
farming ['fɑ:mɪŋ] *n* agriculture *f*; (*of animals*) élevage *m*; **intensive ~** culture intensive
farm labourer *n* = **farmhand**
farmland ['fɑ:mlænd] *n* terres cultivées *or* arables
farm produce *n* produits *mpl* agricoles
farm worker *n* = **farmhand**
farmyard ['fɑ:mjɑ:d] *n* cour *f* de ferme
Faroe Islands ['fɛərəu-] *npl*, **Faroes** ['fɛərəuz] *npl*: **the ~** les îles *fpl* Féroé *or* Faeroe
far-reaching ['fɑ:'ri:tʃɪŋ] *adj* d'une grande portée
far-sighted ['fɑ:'saɪtɪd] *adj* presbyte; (*fig*) prévoyant(e), qui voit loin
fart [fɑ:t] (*inf!*) *n* pet *m* ▷ *vi* péter
farther ['fɑ:ðəʳ] *adv* plus loin ▷ *adj* plus éloigné(e), plus lointain(e)
farthest ['fɑ:ðɪst] *superlative of* **far**
FAS *abbr* (*Brit*: = *free alongside ship*) FLB
fascia ['feɪʃə] *n* (*Aut*) (garniture *f* du) tableau *m* de bord
fascinate ['fæsɪneɪt] *vt* fasciner, captiver
fascinating ['fæsɪneɪtɪŋ] *adj* fascinant(e)
fascination [fæsɪ'neɪʃən] *n* fascination *f*
fascism ['fæʃɪzəm] *n* fascisme *m*
fascist ['fæʃɪst] *adj, n* fasciste *m/f*
fashion ['fæʃən] *n* mode *f*; (*manner*) façon *f*, manière *f* ▷ *vt* façonner; **in ~** à la mode; **out of ~** démodé(e); **in the Greek ~** à la grecque; **after a ~** (*finish, manage etc*) tant bien que mal
fashionable ['fæʃnəbl] *adj* à la mode
fashion designer *n* (grand(e)) couturier(-ière)
fashionista [fœʃə'nɪstə] *n* fashionista *mf*
fashion show *n* défilé *m* de mannequins *or* de mode
fast [fɑ:st] *adj* rapide; (*clock*): **to be ~** avancer; (*dye, colour*) grand *or* bon teint *inv* ▷ *adv* vite, rapidement; (*stuck, held*) solidement ▷ *n* jeûne *m* ▷ *vi* jeûner; **my watch is 5 minutes ~** ma montre avance de 5 minutes; **~ asleep**

profondément endormi; **as ~ as I can** aussi vite que je peux; **to make a boat ~** *(Brit)* amarrer un bateau
fasten ['fɑːsn] *vt* attacher, fixer; *(coat)* attacher, fermer ▷ *vi* se fermer, s'attacher
▸ **fasten on, fasten upon** *vt fus (idea)* se cramponner à
fastener ['fɑːsnəʳ], **fastening** ['fɑːsnɪŋ] *n* fermeture *f*, attache *f*; *(Brit: zip fastener)* fermeture éclair® *inv or* à glissière
fast food *n* fast food *m*, restauration *f* rapide
fastidious [fæs'tɪdɪəs] *adj* exigeant(e), difficile
fast lane *n (Aut: in Britain)* voie *f* de droite
fat [fæt] *adj* gros(se) ▷ *n* graisse *f*; *(on meat)* gras *m*; *(for cooking)* matière grasse; **to live off the ~ of the land** vivre grassement
fatal ['feɪtl] *adj (mistake)* fatal(e); *(injury)* mortel(le)
fatalism ['feɪtlɪzəm] *n* fatalisme *m*
fatality [fə'tælɪtɪ] *n (road death etc)* victime *f*, décès *m*
fatally ['feɪtəlɪ] *adv* fatalement; *(injured)* mortellement
fate [feɪt] *n* destin *m*; *(of person)* sort *m*; **to meet one's ~** trouver la mort
fated ['feɪtɪd] *adj (person)* condamné(e); *(project)* voué(e) à l'échec
fateful ['feɪtful] *adj* fatidique
fat-free ['fæt'friː] *adj* sans matières grasses
father ['fɑːðəʳ] *n* père *m*
Father Christmas *n* le Père Noël
fatherhood ['fɑːðəhud] *n* paternité *f*
father-in-law ['fɑːðərənlɔː] *n* beau-père *m*
fatherland ['fɑːðəlænd] *n* (mère *f*) patrie *f*
fatherly ['fɑːðəlɪ] *adj* paternel(le)
fathom ['fæðəm] *n* brasse *f (= 1828 mm)* ▷ *vt (mystery)* sonder, pénétrer
fatigue [fə'tiːg] *n* fatigue *f*; *(Mil)* corvée *f*; **metal ~** fatigue du métal
fatness ['fætnɪs] *n* corpulence *f*, grosseur *f*
fatten ['fætn] *vt, vi* engraisser
fattening ['fætnɪŋ] *adj (food)* qui fait grossir; **chocolate is ~** le chocolat fait grossir
fatty ['fætɪ] *adj (food)* gras(se) ▷ *n (inf)* gros (grosse)
fatuous ['fætjuəs] *adj* stupide
faucet ['fɔːsɪt] *n (US)* robinet *m*
fault [fɔːlt] *n* faute *f*; *(defect)* défaut *m*; *(Geo)* faille *f* ▷ *vt* trouver des défauts à, prendre en défaut; **it's my ~** c'est de ma faute; **to find ~ with** trouver à redire *or* à critiquer à; **at ~** fautif(-ive), coupable; **to a ~** à l'excès
faultless ['fɔːltlɪs] *adj* impeccable; irréprochable
faulty ['fɔːltɪ] *adj* défectueux(-euse)
fauna ['fɔːnə] *n* faune *f*
faux pas ['fəu'pɑː] *n* impair *m*, bévue *f*, gaffe *f*
favour, (US) **favor** ['feɪvəʳ] *n* faveur *f*; *(help)* service *m* ▷ *vt (proposition)* être en faveur de; *(pupil etc)* favoriser; *(team, horse)* donner gagnant; **to do sb a ~** rendre un service à qn; **in ~ of** en faveur de; **to be in ~ of sth/of doing sth** être partisan de qch/de faire qch; **to find ~ with sb** trouver grâce aux yeux de qn
favourable, (US) **favorable** ['feɪvrəbl] *adj* favorable; *(price)* avantageux(-euse)
favourably, (US) **favorably** ['feɪvrəblɪ] *adv* favorablement
favourite, (US) **favorite** ['feɪvrɪt] *adj, n* favori(te)
favouritism, (US) **favoritism** ['feɪvrɪtɪzəm] *n* favoritisme *m*
fawn [fɔːn] *n (deer)* faon *m* ▷ *adj (also:* **fawn-coloured**) fauve ▷ *vi*: **to ~ (up)on** flatter servilement
fax [fæks] *n (document)* télécopie *f*; *(machine)* télécopieur *m* ▷ *vt* envoyer par télécopie
FBI *n abbr (US: = Federal Bureau of Investigation)* FBI *m*
FCC *n abbr* (US) = **Federal Communications Commission**
FCO *n abbr (Brit: = Foreign and Commonwealth Office) ministère des Affaires étrangères et du Commonwealth*
FD *n abbr* (US) = **fire department**
FDA *n abbr (US: = Food and Drug Administration) office de contrôle des produits pharmaceutiques et alimentaires*
FE *n abbr* = **further education**
fear [fɪəʳ] *n* crainte *f*, peur *f* ▷ *vt* craindre ▷ *vi*: **to ~ for** craindre pour; **to ~ that** craindre que; **~ of heights** vertige *m*; **for ~ of** de peur que *+ sub or* de *+ infinitive*
fearful ['fɪəful] *adj* craintif(-ive); *(sight, noise)* affreux(-euse), épouvantable; **to be ~ of** avoir peur de, craindre
fearfully ['fɪəfəlɪ] *adv (timidly)* craintivement; *(inf: very)* affreusement
fearless ['fɪəlɪs] *adj* intrépide, sans peur
fearsome ['fɪəsəm] *adj (opponent)* redoutable; *(sight)* épouvantable
feasibility [fiːzə'bɪlɪtɪ] *n (of plan)* possibilité *f* de réalisation, faisabilité *f*
feasibility study *n* étude *f* de faisabilité
feasible ['fiːzəbl] *adj* faisable, réalisable
feast [fiːst] *n* festin *m*, banquet *m*; *(Rel: also:* **feast day**) fête *f* ▷ *vi* festoyer; **to ~ on** se régaler de
feat [fiːt] *n* exploit *m*, prouesse *f*
feather ['fɛðəʳ] *n* plume *f* ▷ *vt*: **to ~ one's nest** *(fig)* faire sa pelote ▷ *cpd (bed etc)* de plumes
feather-weight ['fɛðəweɪt] *n* poids *m* plume *inv*
feature ['fiːtʃəʳ] *n* caractéristique *f*; *(article)* chronique *f*, rubrique *f* ▷ *vt (film)* avoir pour vedette(s) ▷ *vi* figurer (en bonne place); **features** *npl (of face)* traits *mpl*; **a (special) ~ on sth/sb** un reportage sur qch/qn; **it ~d prominently in ...** cela a figuré en bonne place sur *or* dans ...
feature film *n* long métrage
featureless ['fiːtʃəlɪs] *adj* anonyme, sans traits distinctifs
Feb. *abbr (= February)* fév
February ['fɛbruərɪ] *n* février *m*; *for phrases see also* **July**
feces ['fiːsiːz] *npl* (US) = **faeces**
feckless ['fɛklɪs] *adj* inepte
Fed *abbr* (US) = **federal**; **federation**

fed [fɛd] *pt, pp of* **feed**
Fed. [fɛd] *n abbr (US inf)* = **Federal Reserve Board**
federal ['fɛdərəl] *adj* fédéral(e)
Federal Reserve Board *n (US) organe de contrôle de la banque centrale américaine*
Federal Trade Commission *n (US) organisme de protection contre les pratiques commerciales abusives*
federation [fɛdə'reɪʃən] *n* fédération *f*
fed up [fɛd'ʌp] *adj*: **to be ~ (with)** en avoir marre *or* plein le dos (de)
fee [fiː] *n* rémunération *f*; *(of doctor, lawyer)* honoraires *mpl*; *(of school, college etc)* frais *mpl* de scolarité; *(for examination)* droits *mpl*; **entrance/ membership ~** droit d'entrée/d'inscription; **for a small ~** pour une somme modique
feeble ['fiːbl] *adj* faible; *(attempt, excuse)* pauvre; *(joke)* piteux(-euse)
feeble-minded ['fiːbl'maɪndɪd] *adj* faible d'esprit
feed [fiːd] *n (of baby)* tétée *f*; *(of animal)* nourriture *f*, pâture *f*; *(on printer)* mécanisme *m* d'alimentation ▷ *vt (pt, pp* **fed** [fɛd]) *(person)* nourrir; *(Brit: baby: breastfeed)* allaiter; *(: with bottle)* donner le biberon à; *(horse etc)* donner à manger à; *(machine)* alimenter; *(data etc)*: **to ~ sth into** enregistrer qch dans
▸ **feed back** *vt (results)* donner en retour
▸ **feed on** *vt fus* se nourrir de
feedback ['fiːdbæk] *n (Elec)* effet *m* Larsen; *(from person)* réactions *fpl*
feeder ['fiːdə^r] *n (bib)* bavette *f*
feeding bottle ['fiːdɪŋ-] *n (Brit)* biberon *m*
feel [fiːl] *n (sensation)* sensation *f*; *(impression)* impression *f* ▷ *vt (pt, pp* **felt** [fɛlt]) *(touch)* toucher; *(explore)* tâter, palper; *(cold, pain)* sentir; *(grief, anger)* ressentir, éprouver; *(think, believe)*: **to ~ (that)** trouver que; **I ~ that you ought to do it** il me semble que vous devriez le faire; **to ~ hungry/cold** avoir faim/froid; **to ~ lonely/ better** se sentir seul/mieux; **I don't ~ well** je ne me sens pas bien; **to ~ sorry for** avoir pitié de; **it ~s soft** c'est doux au toucher; **it ~s colder here** je trouve qu'il fait plus froid ici; **it ~s like velvet** on dirait du velours, ça ressemble au velours; **to ~ like** *(want)* avoir envie de; **to ~ about** *or* **around** fouiller, tâtonner; **to get the ~ of sth** *(fig)* s'habituer à qch
feeler ['fiːlə^r] *n (of insect)* antenne *f*; *(fig)*: **to put out a ~** *or* **~s** tâter le terrain
feeling ['fiːlɪŋ] *n (physical)* sensation *f*; *(emotion, impression)* sentiment *m*; **to hurt sb's ~s** froisser qn; **~s ran high about it** cela a déchaîné les passions; **what are your ~s about the matter?** quel est votre sentiment sur cette question?; **my ~ is that ...** j'estime que ...; **I have a ~ that ...** j'ai l'impression que ...
fee-paying school ['fiːpeɪɪŋ-] *n* établissement (d'enseignement) privé
feet [fiːt] *npl of* **foot**
feign [feɪn] *vt* feindre, simuler
felicitous [fɪ'lɪsɪtəs] *adj* heureux(-euse)
fell [fɛl] *pt of* **fall** ▷ *vt (tree)* abattre ▷ *n (Brit: mountain)* montagne *f*; *(: moorland)*: **the ~s** la lande ▷ *adj*: **with one ~ blow** d'un seul coup
fellow ['fɛləu] *n* type *m*; *(comrade)* compagnon *m*; *(of learned society)* membre *m*; *(of university)* universitaire *m/f (membre du conseil)* ▷ *cpd*: **their ~ prisoners/students** leurs camarades prisonniers/étudiants; **his ~ workers** ses collègues *mpl* (de travail)
fellow citizen *n* concitoyen(ne)
fellow countryman *(irreg) n* compatriote *m*
fellow feeling *n* sympathie *f*
fellow men *npl* semblables *mpl*
fellowship ['fɛləuʃɪp] *n (society)* association *f*; *(comradeship)* amitié *f*, camaraderie *f*; *(Scol) sorte de bourse universitaire*
fellow traveller *n* compagnon (compagne) de route; *(Pol)* communisant(e)
fell-walking ['fɛlwɔːkɪŋ] *n (Brit)* randonnée *f* en montagne
felon ['fɛlən] *n (Law)* criminel(le)
felony ['fɛlənɪ] *n* crime *m*, forfait *m*
felt [fɛlt] *pt, pp of* **feel** ▷ *n* feutre *m*
felt-tip ['fɛlttɪp-] *n (also:* **felt-tip pen**) stylo-feutre *m*
female ['fiːmeɪl] *n (Zool)* femelle *f*; *(pej: woman)* bonne femme ▷ *adj (Biol, Elec)* femelle; *(sex, character)* féminin(e); *(vote etc)* des femmes; *(child etc)* du sexe féminin; **male and ~ students** étudiants et étudiantes
female impersonator *n (Theat)* travesti *m*
feminine ['fɛmɪnɪn] *adj* féminin(e) ▷ *n* féminin *m*
femininity [fɛmɪ'nɪnɪtɪ] *n* féminité *f*
feminism ['fɛmɪnɪzəm] *n* féminisme *m*
feminist ['fɛmɪnɪst] *n* féministe *m/f*
fen [fɛn] *n (Brit)*: **the F~s** les plaines *fpl* du Norfolk *(anciennement marécageuses)*
fence [fɛns] *n* barrière *f*; *(Sport)* obstacle *m*; *(inf: person)* receleur(-euse) ▷ *vt (also:* **fence in**) clôturer ▷ *vi* faire de l'escrime; **to sit on the ~** *(fig)* ne pas se mouiller
fencing ['fɛnsɪŋ] *n (sport)* escrime *m*
fend [fɛnd] *vi*: **to ~ for o.s.** se débrouiller (tout seul)
▸ **fend off** *vt (attack etc)* parer; *(questions)* éluder
fender ['fɛndə^r] *n* garde-feu *m inv*; *(on boat)* défense *f*; *(US: of car)* aile *f*
fennel ['fɛnl] *n* fenouil *m*
ferment *vi* [fə'mɛnt] fermenter ▷ *n* ['fəːmɛnt] *(fig)* agitation *f*, effervescence *f*
fermentation [fəːmɛn'teɪʃən] *n* fermentation *f*
fern [fəːn] *n* fougère *f*
ferocious [fə'rəuʃəs] *adj* féroce
ferocity [fə'rɔsɪtɪ] *n* férocité *f*
ferret ['fɛrɪt] *n* furet *m*
▸ **ferret about, ferret around** *vi* fureter
▸ **ferret out** *vt* dénicher
ferry ['fɛrɪ] *n (small)* bac *m*; *(large: also:* **ferryboat**) ferry(-boat *m*) *m* ▷ *vt* transporter; **to ~ sth/sb across** *or* **over** faire traverser qch/qn
ferryman ['fɛrɪmən] *(irreg) n* passeur *m*

f

fertile ['fəːtaɪl] *adj* fertile; *(Biol)* fécond(e); **~ period** période *f* de fécondité
fertility [fə'tɪlɪtɪ] *n* fertilité *f*; fécondité *f*
fertility drug *n* médicament *m* contre la stérilité
fertilize ['fəːtɪlaɪz] *vt* fertiliser; *(Biol)* féconder
fertilizer ['fəːtɪlaɪzə^r] *n* engrais *m*
fervent ['fəːvənt] *adj* fervent(e), ardent(e)
fervour, *(US)* **fervor** ['fəːvə^r] *n* ferveur *f*
fester ['fɛstə^r] *vi* suppurer
festival ['fɛstɪvəl] *n* *(Rel)* fête *f*; *(Art, Mus)* festival *m*
festive ['fɛstɪv] *adj* de fête; **the ~ season** *(Brit: Christmas)* la période des fêtes
festivities [fɛs'tɪvɪtɪz] *npl* réjouissances *fpl*
festoon [fɛs'tuːn] *vt*: **to ~ with** orner de
fetch [fɛtʃ] *vt* aller chercher; *(Brit: sell for)* rapporter; **how much did it ~?** ça a atteint quel prix?
▸ **fetch up** *vi* *(Brit)* se retrouver
fetching ['fɛtʃɪŋ] *adj* charmant(e)
fête [feɪt] *n* fête *f*, kermesse *f*
fetid ['fɛtɪd] *adj* fétide
fetish ['fɛtɪʃ] *n* fétiche *m*
fetter ['fɛtə^r] *vt* entraver
fetters ['fɛtəz] *npl* chaînes *fpl*
fettle ['fɛtl] *n* *(Brit)*: **in fine ~** en bonne forme
fetus ['fiːtəs] *n* *(US)* = **foetus**
feud [fjuːd] *n* querelle *f*, dispute *f* ▷ *vi* se quereller, se disputer; **a family ~** une querelle de famille
feudal ['fjuːdl] *adj* féodal(e)
feudalism ['fjuːdlɪzəm] *n* féodalité *f*
fever ['fiːvə^r] *n* fièvre *f*; **he has a ~** il a de la fièvre
feverish ['fiːvərɪʃ] *adj* fiévreux(-euse), fébrile
few [fjuː] *adj* *(not many)* peu de ▷ *pron* peu; **~ succeed** il y en a peu qui réussissent, (bien) peu réussissent; **they were ~** ils étaient peu (nombreux), il y en avait peu; **a ~** *(as adj)* quelques; *(as pron)* quelques-uns(-unes); **I know a ~** j'en connais quelques-uns; **quite a ~ ...** *(adj)* un certain nombre de ..., pas mal de ...; **in the next ~ days** dans les jours qui viennent; **in the past ~ days** ces derniers jours; **every ~ days/months** tous les deux ou trois jours/mois; **a ~ more ...** encore quelques ..., quelques ... de plus
fewer ['fjuːə^r] *adj* moins de ▷ *pron* moins; **they are ~ now** il y en a moins maintenant, ils sont moins (nombreux) maintenant
fewest ['fjuːɪst] *adj* le moins nombreux
FFA *n abbr* = **Future Farmers of America**
FH *abbr* *(Brit)* = **fire hydrant**
FHA *n abbr* *(US: = Federal Housing Administration) office fédéral du logement*
fiancé [fɪ'ɑ̃ːŋseɪ] *n* fiancé *m*
fiancée [fɪ'ɑ̃ːŋseɪ] *n* fiancée *f*
fiasco [fɪ'æskəu] *n* fiasco *m*
fib [fɪb] *n* bobard *m*
fibre, *(US)* **fiber** ['faɪbə^r] *n* fibre *f*
fibreboard, *(US)* **fiberboard** ['faɪbəbɔːd] *n* panneau *m* de fibres
fibreglass, *(US)* **Fiberglass®** ['faɪbəglɑːs] *n* fibre *f* de verre
fibrositis [faɪbrə'saɪtɪs] *n* aponévrosite *f*
FICA *n abbr* *(US)* = **Federal Insurance Contributions Act**
fickle ['fɪkl] *adj* inconstant(e), volage, capricieux(-euse)
fiction ['fɪkʃən] *n* romans *mpl*, littérature *f* romanesque; *(invention)* fiction *f*
fictional ['fɪkʃənl] *adj* fictif(-ive)
fictionalize ['fɪkʃnəlaɪz] *vt* romancer
fictitious [fɪk'tɪʃəs] *adj* fictif(-ive), imaginaire
fiddle ['fɪdl] *n* *(Mus)* violon *m*; *(cheating)* combine *f*; escroquerie *f* ▷ *vt* *(Brit: accounts)* falsifier, maquiller; **tax ~** fraude fiscale, combine *f* pour échapper au fisc; **to work a ~** traficoter
▸ **fiddle with** *vt fus* tripoter
fiddler ['fɪdlə^r] *n* violoniste *m/f*
fiddly ['fɪdlɪ] *adj* *(task)* minutieux(-euse)
fidelity [fɪ'dɛlɪtɪ] *n* fidélité *f*
fidget ['fɪdʒɪt] *vi* se trémousser, remuer
fidgety ['fɪdʒɪtɪ] *adj* agité(e), qui a la bougeotte
fiduciary [fɪ'djuːʃɪərɪ] *n* agent *m* fiduciaire
field [fiːld] *n* champ *m*; *(fig)* domaine *m*, champ; *(Sport: ground)* terrain *m*; *(Comput)* champ, zone *f*; **to lead the ~** *(Sport, Comm)* dominer; **the children had a ~ day** *(fig)* c'était un grand jour pour les enfants
field glasses *npl* jumelles *fpl*
field hospital *n* antenne chirurgicale
field marshal *n* maréchal *m*
fieldwork ['fiːldwəːk] *n* travaux *mpl* pratiques *(or* recherches *fpl)* sur le terrain
fiend [fiːnd] *n* démon *m*
fiendish ['fiːndɪʃ] *adj* diabolique
fierce [fɪəs] *adj* *(look, animal)* féroce, sauvage; *(wind, attack, person)* (très) violent(e); *(fighting, enemy)* acharné(e)
fiery ['faɪərɪ] *adj* ardent(e), brûlant(e), fougueux(-euse)
FIFA ['fiːfə] *n abbr* (= *Fédération Internationale de Football Association*) FIFA *f*
fifteen [fɪf'tiːn] *num* quinze
fifteenth [fɪf'tiːnθ] *num* quinzième
fifth [fɪfθ] *num* cinquième
fiftieth ['fɪftɪɪθ] *num* cinquantième
fifty ['fɪftɪ] *num* cinquante
fifty-fifty ['fɪftɪ'fɪftɪ] *adv* moitié-moitié; **to share ~ with sb** partager moitié-moitié avec qn ▷ *adj*: **to have a ~ chance (of success)** avoir une chance sur deux (de réussir)
fig [fɪg] *n* figue *f*
fight [faɪt] (*pt, pp* **fought** [fɔːt]) *n* *(between persons)* bagarre *f*; *(argument)* dispute *f*; *(Mil)* combat *m*; *(against cancer etc)* lutte *f* ▷ *vt* se battre contre; *(cancer, alcoholism, emotion)* combattre, lutter contre; *(election)* se présenter à; *(Law: case)* défendre ▷ *vi* se battre; *(argue)* se disputer; *(fig)*: **to ~ (for/against)** lutter (pour/contre)
▸ **fight back** *vi* rendre les coups; *(after illness)* reprendre le dessus ▷ *vt* *(tears)* réprimer
▸ **fight off** *vt* repousser; *(disease, sleep, urge)* lutter contre

fighter ['faɪtəʳ] *n* lutteur *m*; (*fig: plane*) chasseur *m*
fighter pilot *n* pilote *m* de chasse
fighting ['faɪtɪŋ] *n* combats *mpl*; (*brawls*) bagarres *fpl*
figment ['fɪgmənt] *n*: **a ~ of the imagination** une invention
figurative ['fɪgjurətɪv] *adj* figuré(e)
figure ['fɪgəʳ] *n* (*Drawing, Geom*) figure *f*; (*number*) chiffre *m*; (*body, outline*) silhouette *f*; (*person's shape*) ligne *f*, formes *fpl*; (*person*) personnage *m* ▷ *vt* (*US: think*) supposer ▷ *vi* (*appear*) figurer; (*US: make sense*) s'expliquer; **public ~** personnalité *f*; **~ of speech** figure *f* de rhétorique
▸ **figure on** *vt fus* (US): **to ~ on doing** compter faire
▸ **figure out** *vt* (*understand*) arriver à comprendre; (*plan*) calculer
figurehead ['fɪgəhɛd] *n* (*Naut*) figure *f* de proue; (*pej*) prête-nom *m*
figure skating *n* figures imposées (*en patinage*), patinage *m* artistique
Fiji ['fi:dʒi:] *n*, **Fiji Islands** *npl* (îles *fpl*) Fi(d)ji *fpl*
filament ['fɪləmənt] *n* filament *m*
filch [fɪltʃ] *vt* (*inf: steal*) voler, chiper
file [faɪl] *n* (*tool*) lime *f*; (*dossier*) dossier *m*; (*folder*) dossier, chemise *f*; (*: binder*) classeur *m*; (*Comput*) fichier *m*; (*row*) file *f* ▷ *vt* (*nails, wood*) limer; (*papers*) classer; (*Law: claim*) faire enregistrer; déposer ▷ *vi*: **to ~ in/out** entrer/sortir l'un derrière l'autre; **to ~ past** défiler devant; **to ~ a suit against sb** (*Law*) intenter un procès à qn
file name *n* (*Comput*) nom *m* de fichier
filibuster ['fɪlɪbʌstəʳ] (*esp US Pol*) *n* (*also*: **filibusterer**) obstructionniste *m/f* ▷ *vi* faire de l'obstructionnisme
filing ['faɪlɪŋ] *n* (travaux *mpl* de) classement *m*; **filings** *npl* limaille *f*
filing cabinet *n* classeur *m* (*meuble*)
filing clerk *n* documentaliste *m/f*
Filipino [fɪlɪ'pi:nəu] *adj* philippin(e) ▷ *n* (*person*) Philippin(e); (*Ling*) tagalog *m*
fill [fɪl] *vt* remplir; (*vacancy*) pourvoir à ▷ *n*: **to eat one's ~** manger à sa faim; **to ~ with** remplir de
▸ **fill in** *vt* (*hole*) boucher; (*form*) remplir; (*details, report*) compléter
▸ **fill out** *vt* (*form, receipt*) remplir
▸ **fill up** *vt* remplir ▷ *vi* (*Aut*) faire le plein; **~ it up, please** (*Aut*) le plein, s'il vous plaît
fillet ['fɪlɪt] *n* filet *m* ▷ *vt* préparer en filets
fillet steak *n* filet *m* de bœuf, tournedos *m*
filling ['fɪlɪŋ] *n* (*Culin*) garniture *f*, farce *f*; (*for tooth*) plombage *m*
filling station *n* station-service *f*, station *f* d'essence
fillip ['fɪlɪp] *n* coup *m* de fouet (*fig*)
filly ['fɪlɪ] *n* pouliche *f*
film [fɪlm] *n* film *m*; (*Phot*) pellicule *f*, film; (*of powder, liquid*) couche *f*, pellicule ▷ *vt* (*scene*) filmer ▷ *vi* tourner; **I'd like a 36-exposure ~** je voudrais une pellicule de 36 poses
film star *n* vedette *f* de cinéma
filmstrip ['fɪlmstrɪp] *n* (film *m* pour) projection *f* fixe
film studio *n* studio *m* (de cinéma)
Filofax® ['faɪləufæks] *n* Filofax® *m*
filter ['fɪltəʳ] *n* filtre *m* ▷ *vt* filtrer
filter coffee *n* café *m* filtre
filter lane *n* (*Brit Aut: at traffic lights*) voie *f* de dégagement; (*: on motorway*) voie *f* de sortie
filter tip *n* bout *m* filtre
filth [fɪlθ] *n* saleté *f*
filthy ['fɪlθɪ] *adj* sale, dégoûtant(e); (*language*) ordurier(-ière), grossier(-ière)
fin [fɪn] *n* (*of fish*) nageoire *f*; (*of shark*) aileron *m*; (*of diver*) palme *f*
final ['faɪnl] *adj* final(e), dernier(-ière); (*decision, answer*) définitif(-ive) ▷ *n* (*Brit Sport*) finale *f*; **finals** *npl* (*Scol*) examens *mpl* de dernière année; (*US Sport*) finale *f*; **~ demand** (*on invoice etc*) dernier rappel
finale [fɪ'nɑ:lɪ] *n* finale *m*
finalist ['faɪnəlɪst] *n* (*Sport*) finaliste *m/f*
finalize ['faɪnəlaɪz] *vt* mettre au point
finally ['faɪnəlɪ] *adv* (*eventually*) enfin, finalement; (*lastly*) en dernier lieu; (*irrevocably*) définitivement
finance [faɪ'næns] *n* finance *f* ▷ *vt* financer; **finances** *npl* finances *fpl*
financial [faɪ'nænʃəl] *adj* financier(-ière); **~ statement** bilan *m*, exercice financier
financially [faɪ'nænʃəlɪ] *adv* financièrement
financial year *n* année *f* budgétaire
financier [faɪ'nænsɪəʳ] *n* financier *m*
find [faɪnd] *vt* (*pt, pp* **found** [faund]) trouver; (*lost object*) retrouver ▷ *n* trouvaille *f*, découverte *f*; **to ~ sb guilty** (*Law*) déclarer qn coupable; **to ~ (some) difficulty in doing sth** avoir du mal à faire qch
▸ **find out** *vt* se renseigner sur; (*truth, secret*) découvrir; (*person*) démasquer ▷ *vi*: **to ~ out about** (*make enquiries*) se renseigner sur; (*by chance*) apprendre
findings ['faɪndɪŋz] *npl* (*Law*) conclusions *fpl*, verdict *m*; (*of report*) constatations *fpl*
fine [faɪn] *adj* (*weather*) beau (belle); (*excellent*) excellent(e); (*thin, subtle, not coarse*) fin(e); (*acceptable*) bien *inv* ▷ *adv* (*well*) très bien; (*small*) fin, finement ▷ *n* (*Law*) amende *f*; contravention *f* ▷ *vt* (*Law*) condamner à une amende; donner une contravention à; **he's ~** il va bien; **the weather is ~** il fait beau; **you're doing ~** c'est bien, vous vous débrouillez bien; **to cut it ~** calculer un peu juste
fine arts *npl* beaux-arts *mpl*
fine print *n*: **the ~** ce qui est imprimé en tout petit
finery ['faɪnərɪ] *n* parure *f*
finesse [fɪ'nɛs] *n* finesse *f*, élégance *f*
fine-tooth comb ['faɪntu:θ-] *n*: **to go through sth with a ~** (*fig*) passer qch au peigne fin *or* au crible

finger ['fɪŋgəʳ] *n* doigt *m* ▷ *vt* palper, toucher; **index ~** index *m*
fingernail ['fɪŋgəneɪl] *n* ongle *m* (de la main)
fingerprint ['fɪŋgəprɪnt] *n* empreinte digitale ▷ *vt* (*person*) prendre les empreintes digitales de
fingerstall ['fɪŋgəstɔːl] *n* doigtier *m*
fingertip ['fɪŋgətɪp] *n* bout *m* du doigt; (*fig*): **to have sth at one's ~s** avoir qch à sa disposition; (*knowledge*) savoir qch sur le bout du doigt
finicky ['fɪnɪkɪ] *adj* tatillon(ne), méticuleux(-euse), minutieux(-euse)
finish ['fɪnɪʃ] *n* fin *f*; (*Sport*) arrivée *f*; (*polish etc*) finition *f* ▷ *vt* finir, terminer ▷ *vi* finir, se terminer; (*session*) s'achever; **to ~ doing sth** finir de faire qch; **to ~ third** arriver *or* terminer troisième; **when does the show ~?** quand est-ce que le spectacle se termine?
▸ **finish off** *vt* finir, terminer; (*kill*) achever
▸ **finish up** *vi, vt* finir
finishing line ['fɪnɪʃɪŋ-] *n* ligne *f* d'arrivée
finishing school ['fɪnɪʃɪŋ-] *n* institution privée (*pour jeunes filles*)
finite ['faɪnaɪt] *adj* fini(e); (*verb*) conjugué(e)
Finland ['fɪnlənd] *n* Finlande *f*
Finn [fɪn] *n* Finnois(e), Finlandais(e)
Finnish ['fɪnɪʃ] *adj* finnois(e), finlandais(e) ▷ *n* (*Ling*) finnois *m*
fiord [fjɔːd] *n* fjord *m*
fir [fəːʳ] *n* sapin *m*
fire ['faɪəʳ] *n* feu *m*; (*accidental*) incendie *m*; (*heater*) radiateur *m* ▷ *vt* (*discharge*): **to ~ a gun** tirer un coup de feu; (*fig: interest*) enflammer, animer; (*inf: dismiss*) mettre à la porte, renvoyer ▷ *vi* (*shoot*) tirer, faire feu ▷ *cpd*: **~ hazard, ~ risk**: **that's a ~ hazard** *or* **risk** cela présente un risque d'incendie; **~!** au feu!; **on ~** en feu; **to set ~ to sth, set sth on ~** mettre le feu à qch; **insured against ~** assuré contre l'incendie
fire alarm *n* avertisseur *m* d'incendie
firearm ['faɪərɑːm] *n* arme *f* à feu
fire brigade *n* (régiment *m* de sapeurs-) pompiers *mpl*
fire chief *n* (US) = **fire master**
fire department *n* (US) = **fire brigade**
fire door *n* porte *f* coupe-feu
fire engine *n* (Brit) pompe *f* à incendie
fire escape *n* escalier *m* de secours
fire exit *n* issue *f or* sortie *f* de secours
fire extinguisher *n* extincteur *m*
fireguard ['faɪəgɑːd] *n* (Brit) garde-feu *m inv*
fire insurance *n* assurance *f* incendie
fireman (*irreg*) ['faɪəmən] *n* pompier *m*
fire master *n* (Brit) capitaine *m* des pompiers
fireplace ['faɪəpleɪs] *n* cheminée *f*
fireproof ['faɪəpruːf] *adj* ignifuge
fire regulations *npl* consignes *fpl* en cas d'incendie
fire screen *n* (*decorative*) écran *m* de cheminée; (*for protection*) garde-feu *m inv*
fireside ['faɪəsaɪd] *n* foyer *m*, coin *m* du feu
fire station *n* caserne *f* de pompiers
fire truck *n* (US) = **fire engine**
firewall ['faɪəwɔːl] *n* (*Internet*) pare-feu *m*
firewood ['faɪəwud] *n* bois *m* de chauffage
fireworks ['faɪəwəːks] *npl* (*display*) feu(x) *m(pl)* d'artifice
firing ['faɪərɪŋ] *n* (*Mil*) feu *m*, tir *m*
firing squad *n* peloton *m* d'exécution
firm [fəːm] *adj* ferme ▷ *n* compagnie *f*, firme *f*; **it is my ~ belief that ...** je crois fermement que ...
firmly ['fəːmlɪ] *adv* fermement
firmness ['fəːmnɪs] *n* fermeté *f*
first [fəːst] *adj* premier(-ière) ▷ *adv* (*before other people*) le premier, la première; (*before other things*) en premier, d'abord; (*when listing reasons etc*) en premier lieu, premièrement; (*in the beginning*) au début ▷ *n* (*person: in race*) premier(-ière); (*Brit Scol*) mention *f* très bien; (*Aut*) première *f*; **the ~ of January** le premier janvier; **at ~** au commencement, au début; **~ of all** tout d'abord, pour commencer; **in the ~ instance** en premier lieu; **I'll do it ~ thing tomorrow** je le ferai tout de suite demain matin
first aid *n* premiers secours *or* soins
first-aid kit [fəːst'eɪd-] *n* trousse *f* à pharmacie
first-class ['fəːst'klɑːs] *adj* (*ticket etc*) de première classe; (*excellent*) excellent(e), exceptionnel(le); (*post*) en tarif prioritaire
first-class mail *n* courrier *m* rapide
first-hand ['fəːst'hænd] *adj* de première main
first lady *n* (US) femme *f* du président
firstly ['fəːstlɪ] *adv* premièrement, en premier lieu
first name *n* prénom *m*
first night *n* (*Theat*) première *f*
first-rate ['fəːst'reɪt] *adj* excellent(e)
first-time buyer ['fəːsttaɪm-] *n personne achetant une maison ou un appartement pour la première fois*
fir tree *n* sapin *m*
fiscal ['fɪskl] *adj* fiscal(e)
fiscal year *n* exercice financier
fish [fɪʃ] *n* (*pl inv*) poisson *m*; poissons *mpl* ▷ *vt, vi* pêcher; **to ~ a river** pêcher dans une rivière; **~ and chips** poisson frit et frites
fisherman (*irreg*) ['fɪʃəmən] *n* pêcheur *m*
fishery ['fɪʃərɪ] *n* pêcherie *f*
fish factory *n* (Brit) conserverie *f* de poissons
fish farm *n* établissement *m* piscicole
fish fingers *npl* (Brit) bâtonnets *mpl* de poisson (congelés)
fish hook *n* hameçon *m*
fishing ['fɪʃɪŋ] *n* pêche *f*; **to go ~** aller à la pêche
fishing boat ['fɪʃɪŋ-] *n* barque *f* de pêche
fishing industry ['fɪʃɪŋ-] *n* industrie *f* de la pêche
fishing line ['fɪʃɪŋ-] *n* ligne *f* (de pêche)
fishing rod ['fɪʃɪŋ-] *n* canne *f* à pêche
fishing tackle ['fɪʃɪŋ-] *n* attirail *m* de pêche
fish market *n* marché *m* au poisson
fishmonger ['fɪʃmʌŋgəʳ] *n* (Brit) marchand *m* de poisson
fishmonger's ['fɪʃmʌŋgəz], **fishmonger's shop** *n* (Brit) poissonnerie *f*

fish slice *n* (*Brit*) pelle *f* à poisson
fish sticks *npl* (*US*) = **fish fingers**
fishy ['fɪʃɪ] *adj* (*inf*) suspect(e), louche
fission ['fɪʃən] *n* fission *f*; **atomic** *or* **nuclear ~** fission nucléaire
fissure ['fɪʃəʳ] *n* fissure *f*
fist [fɪst] *n* poing *m*
fistfight ['fɪstfaɪt] *n* pugilat *m*, bagarre *f* (à coups de poing)
fit [fɪt] *adj* (*Med, Sport*) en (bonne) forme; (*proper*) convenable; approprié(e) ▷ *vt* (*subj: clothes*) aller à; (*adjust*) ajuster; (*put in, attach*) installer, poser; adapter; (*equip*) équiper, garnir, munir; (*suit*) convenir à ▷ *vi* (*clothes*) aller; (*parts*) s'adapter; (*in space, gap*) entrer, s'adapter ▷ *n* (*Med*) accès *m*, crise *f*; (*of anger*) accès; (*of hysterics, jealousy*) crise; **~ to** (*ready to*) en état de; **~ for** (*worthy*) digne de; (*capable*) apte à; **to keep ~** se maintenir en forme; **this dress is a tight/good ~** cette robe est un peu juste/(me) va très bien; **a ~ of coughing** une quinte de toux; **to have a ~** (*Med*) faire *or* avoir une crise; (*inf*) piquer une crise; **by ~s and starts** par à-coups
▶ **fit in** *vi* (*add up*) cadrer; (*integrate*) s'intégrer; (*to new situation*) s'adapter
▶ **fit out** *vt* (*Brit: also:* **fit up**) équiper
fitful ['fɪtful] *adj* intermittent(e)
fitment ['fɪtmənt] *n* meuble encastré, élément *m*
fitness ['fɪtnɪs] *n* (*Med*) forme *f* physique; (*of remark*) à-propos *m*, justesse *f*
fitted ['fɪtɪd] *adj* (*jacket, shirt*) ajusté(e)
fitted carpet ['fɪtɪd-] *n* moquette *f*
fitted kitchen ['fɪtɪd-] *n* (*Brit*) cuisine équipée
fitted sheet ['fɪtɪd-] *n* drap-housse *m*
fitter ['fɪtəʳ] *n* monteur *m*; (*Dressmaking*) essayeur(-euse)
fitting ['fɪtɪŋ] *adj* approprié(e) ▷ *n* (*of dress*) essayage *m*; (*of piece of equipment*) pose *f*, installation *f*
fitting room *n* (*in shop*) cabine *f* d'essayage
fittings ['fɪtɪŋz] *npl* installations *fpl*
five [faɪv] *num* cinq
five-day week ['faɪvdeɪ-] *n* semaine *f* de cinq jours
fiver ['faɪvəʳ] *n* (*inf: Brit*) billet *m* de cinq livres; (*: US*) billet de cinq dollars
fix [fɪks] *vt* (*date, amount etc*) fixer; (*sort out*) arranger; (*mend*) réparer; (*make ready: meal, drink*) préparer; (*inf: game etc*) truquer ▷ *n*: **to be in a ~** être dans le pétrin
▶ **fix up** *vt* (*meeting*) arranger; **to ~ sb up with sth** faire avoir qch à qn
fixation [fɪk'seɪʃən] *n* (*Psych*) fixation *f*; (*fig*) obsession *f*
fixed [fɪkst] *adj* (*prices etc*) fixe; **there's a ~ charge** il y a un prix forfaitaire; **how are you ~ for money?** (*inf*) question fric, ça va?
fixed assets *npl* immobilisations *fpl*
fixture ['fɪkstʃəʳ] *n* installation *f* (fixe); (*Sport*) rencontre *f* (au programme)
fizz [fɪz] *vi* pétiller
fizzle ['fɪzl] *vi* pétiller
▶ **fizzle out** *vi* rater
fizzy ['fɪzɪ] *adj* pétillant(e), gazeux(-euse)
fjord [fjɔːd] *n* = **fiord**
FL, Fla. *abbr* (*US*) = **Florida**
flabbergasted ['flæbəgɑːstɪd] *adj* sidéré(e), ahuri(e)
flabby ['flæbɪ] *adj* mou (molle)
flag [flæg] *n* drapeau *m*; (*also:* **flagstone**) dalle *f* ▷ *vi* faiblir; fléchir; **~ of convenience** pavillon *m* de complaisance
▶ **flag down** *vt* héler, faire signe (de s'arrêter) à
flagon ['flægən] *n* bonbonne *f*
flagpole ['flægpəul] *n* mât *m*
flagrant ['fleɪgrənt] *adj* flagrant(e)
flagship ['flægʃɪp] *n* vaisseau *m* amiral; (*fig*) produit *m* vedette
flag stop *n* (*US: for bus*) arrêt facultatif
flair [fleəʳ] *n* flair *m*
flak [flæk] *n* (*Mil*) tir antiaérien; (*inf: criticism*) critiques *fpl*
flake [fleɪk] *n* (*of rust, paint*) écaille *f*; (*of snow, soap powder*) flocon *m* ▷ *vi* (*also:* **flake off**) s'écailler
flaky ['fleɪkɪ] *adj* (*paintwork*) écaillé(e); (*skin*) desquamé(e); (*pastry*) feuilleté(e)
flamboyant [flæm'bɔɪənt] *adj* flamboyant(e), éclatant(e); (*person*) haut(e) en couleur
flame [fleɪm] *n* flamme *f*
flamingo [flə'mɪŋgəu] *n* flamant *m* (rose)
flammable ['flæməbl] *adj* inflammable
flan [flæn] *n* (*Brit*) tarte *f*
Flanders ['flɑːndəz] *n* Flandre(s) *f(pl)*
flange [flændʒ] *n* boudin *m*; collerette *f*
flank [flæŋk] *n* flanc *m* ▷ *vt* flanquer
flannel ['flænl] *n* (*Brit: also:* **face flannel**) gant *m* de toilette; (*fabric*) flanelle *f*; (*Brit inf*) baratin *m*; **flannels** *npl* pantalon *m* de flanelle
flap [flæp] *n* (*of pocket, envelope*) rabat *m* ▷ *vt* (*wings*) battre (de) ▷ *vi* (*sail, flag*) claquer; (*inf: also:* **be in a flap**) paniquer
flapjack ['flæpdʒæk] *n* (*US: pancake*) ≈ crêpe *f*; (*Brit: biscuit*) galette *f*
flare [fleəʳ] *n* (*signal*) signal lumineux; (*Mil*) fusée éclairante; (*in skirt etc*) évasement *m*; **flares** *npl* (*trousers*) pantalon *m* à pattes d'éléphant
▶ **flare up** *vi* s'embraser; (*fig: person*) se mettre en colère, s'emporter; (*: revolt*) éclater
flared ['fleəd] *adj* (*trousers*) à jambes évasées; (*skirt*) évasé(e)
flash [flæʃ] *n* éclair *m*; (*also:* **news flash**) flash *m* (d'information); (*Phot*) flash ▷ *vt* (*switch on*) allumer (brièvement); (*direct*): **to ~ sth at** braquer qch sur; (*flaunt*) étaler, exhiber; (*send: message*) câbler; (*smile*) lancer ▷ *vi* briller; jeter des éclairs; (*light on ambulance etc*) clignoter; **a ~ of lightning** un éclair; **in a ~** en un clin d'œil; **to ~ one's headlights** faire un appel de phares; **he ~ed by** *or* **past** il passa (devant nous) comme un éclair
flashback ['flæʃbæk] *n* flashback *m*, retour *m* en arrière

flashbulb ['flæʃbʌlb] *n* ampoule *f* de flash
flash card *n* (*Scol*) carte *f* (*support visuel*)
flashcube ['flæʃkju:b] *n* cube-flash *m*
flasher ['flæʃə^r] *n* (*Aut*) clignotant *m*
flashlight ['flæʃlaɪt] *n* lampe *f* de poche
flashpoint ['flæʃpɔɪnt] *n* point *m* d'ignition; (*fig*): **to be at ~** être sur le point d'exploser
flashy ['flæʃɪ] *adj* (*pej*) tape-à-l'œil *inv*, tapageur(-euse)
flask [flɑ:sk] *n* flacon *m*, bouteille *f*; (*Chem*) ballon *m*; (*also*: **vacuum flask**) bouteille *f* thermos®
flat [flæt] *adj* plat(e); (*tyre*) dégonflé(e), à plat; (*beer*) éventé(e); (*battery*) à plat; (*denial*) catégorique; (*Mus*) bémol *inv*; (*: voice*) faux (fausse) ▷ *n* (*Brit*: *apartment*) appartement *m*; (*Aut*) crevaison *f*, pneu crevé; (*Mus*) bémol *m*; **~ out** (*work*) sans relâche; (*race*) à fond; **~ rate of pay** (*Comm*) salaire *m* fixe
flat-footed ['flæt'futɪd] *adj*: **to be ~** avoir les pieds plats
flatly ['flætlɪ] *adv* catégoriquement
flatmate ['flætmeɪt] *n* (*Brit*): **he's my ~** il partage l'appartement avec moi
flatness ['flætnɪs] *n* (*of land*) absence *f* de relief, aspect plat
flat-screen ['flætskri:n] *adj* à écran plat
flatten ['flætn] *vt* (*also*: **flatten out**) aplatir; (*crop*) coucher; (*house, city*) raser
flatter ['flætə^r] *vt* flatter
flatterer ['flætərə^r] *n* flatteur *m*
flattering ['flætərɪŋ] *adj* flatteur(-euse); (*clothes etc*) seyant(e)
flattery ['flætərɪ] *n* flatterie *f*
flatulence ['flætjuləns] *n* flatulence *f*
flaunt [flɔ:nt] *vt* faire étalage de
flavour, (US) **flavor** ['fleɪvə^r] *n* goût *m*, saveur *f*; (*of ice cream etc*) parfum *m* ▷ *vt* parfumer, aromatiser; **vanilla-~ed** à l'arôme de vanille, vanillé(e); **what ~s do you have?** quels parfums avez-vous?; **to give** *or* **add ~ to** donner du goût à, relever
flavouring, (US) **flavoring** ['fleɪvərɪŋ] *n* arôme *m* (synthétique)
flaw [flɔ:] *n* défaut *m*
flawless ['flɔ:lɪs] *adj* sans défaut
flax [flæks] *n* lin *m*
flaxen ['flæksən] *adj* blond(e)
flea [fli:] *n* puce *f*
flea market *n* marché *m* aux puces
fleck [flɛk] *n* (*of dust*) particule *f*; (*of mud, paint, colour*) tacheture *f*, moucheture *f* ▷ *vt* tacher, éclabousser; **brown ~ed with white** brun moucheté de blanc
fled [flɛd] *pt, pp of* **flee**
fledgeling, fledgling ['flɛdʒlɪŋ] *n* oisillon *m*
flee (*pt, pp* **fled**) [fli:, flɛd] *vt* fuir, s'enfuir de ▷ *vi* fuir, s'enfuir
fleece [fli:s] *n* (*of sheep*) toison *f*; (*top*) (laine *f*) polaire *f* ▷ *vt* (*inf*) voler, filouter
fleecy ['fli:sɪ] *adj* (*blanket*) moelleux(-euse); (*cloud*) floconneux(-euse)
fleet [fli:t] *n* flotte *f*; (*of lorries, cars etc*) parc *m*; convoi *m*
fleeting ['fli:tɪŋ] *adj* fugace, fugitif(-ive); (*visit*) très bref (brève)
Flemish ['flɛmɪʃ] *adj* flamand(e) ▷ *n* (*Ling*) flamand *m*; **the ~** (*npl*) les Flamands
flesh [flɛʃ] *n* chair *f*
flesh wound [-wu:nd] *n* blessure superficielle
flew [flu:] *pt of* **fly**
flex [flɛks] *n* fil *m* *or* câble *m* électrique (souple) ▷ *vt* (*knee*) fléchir; (*muscles*) tendre
flexibility [flɛksɪ'bɪlɪtɪ] *n* flexibilité *f*
flexible ['flɛksəbl] *adj* flexible; (*person, schedule*) souple
flexitime ['flɛksɪtaɪm], (US) **flextime** ['flɛkstaɪm] *n* horaire *m* variable *or* à la carte
flick [flɪk] *n* petit coup; (*with finger*) chiquenaude *f* ▷ *vt* donner un petit coup à; (*switch*) appuyer sur
▸ **flick through** *vt fus* feuilleter
flicker ['flɪkə^r] *vi* (*light, flame*) vaciller ▷ *n* vacillement *m*; **a ~ of light** une brève lueur
flick knife *n* (*Brit*) couteau *m* à cran d'arrêt
flicks [flɪks] *npl* (*inf*) ciné *m*
flier ['flaɪə^r] *n* aviateur *m*
flies [flaɪz] *npl of* **fly**
flight [flaɪt] *n* vol *m*; (*escape*) fuite *f*; (*also*: **flight of steps**) escalier *m*; **to take ~** prendre la fuite; **to put to ~** mettre en fuite
flight attendant *n* steward *m*, hôtesse *f* de l'air
flight crew *n* équipage *m*
flight deck *n* (*Aviat*) poste *m* de pilotage; (*Naut*) pont *m* d'envol
flight path *n* trajectoire *f* (de vol)
flight recorder *n* enregistreur *m* de vol
flimsy ['flɪmzɪ] *adj* peu solide; (*clothes*) trop léger(-ère); (*excuse*) pauvre, mince
flinch [flɪntʃ] *vi* tressaillir; **to ~ from** se dérober à, reculer devant
fling [flɪŋ] *vt* (*pt, pp* **flung** [flʌŋ]) jeter, lancer ▷ *n* (*love affair*) brève liaison, passade *f*
flint [flɪnt] *n* silex *m*; (*in lighter*) pierre *f* (à briquet)
flip [flɪp] *n* chiquenaude *f* ▷ *vt* (*throw*) donner une chiquenaude à; (*switch*) appuyer sur; (*US*: *pancake*) faire sauter; **to ~ sth over** retourner qch ▷ *vi*: **to ~ for sth** (US) jouer qch à pile ou face
▸ **flip through** *vt fus* feuilleter
flip-flops ['flɪpflɔps] *npl* (*esp Brit*) tongs *fpl*
flippant ['flɪpənt] *adj* désinvolte, irrévérencieux(-euse)
flipper ['flɪpə^r] *n* (*of animal*) nageoire *f*; (*for swimmer*) palme *f*
flip side *n* (*of record*) deuxième face *f*
flirt [flə:t] *vi* flirter ▷ *n* flirteur(-euse)
flirtation [flə:'teɪʃən] *n* flirt *m*
flit [flɪt] *vi* voleter
float [fləut] *n* flotteur *m*; (*in procession*) char *m*; (*sum of money*) réserve *f* ▷ *vi* flotter; (*bather*) flotter, faire la planche ▷ *vt* faire flotter; (*loan, business, idea*) lancer

floating ['flәutɪŋ] *adj* flottant(e); **~ vote** voix flottante; **~ voter** électeur indécis
flock [flɔk] *n* (*of sheep*) troupeau *m*; (*of birds*) vol *m*; (*of people*) foule *f*
floe [flәu] *n* (*also*: **ice floe**) iceberg *m*
flog [flɔg] *vt* fouetter
flood [flʌd] *n* inondation *f*; (*of letters, refugees etc*) flot *m* ▷ *vt* inonder; (*Aut: carburettor*) noyer ▷ *vi* (*place*) être inondé; (*people*): **to ~ into** envahir; **to ~ the market** (*Comm*) inonder le marché; **in ~** en crue
flooding ['flʌdɪŋ] *n* inondation *f*
floodlight ['flʌdlaɪt] *n* projecteur *m* ▷ *vt* éclairer aux projecteurs, illuminer
floodlit ['flʌdlɪt] *pt, pp of* **floodlight** ▷ *adj* illuminé(e)
flood tide *n* marée montante
floodwater ['flʌdwɔːtә[r]] *n* eau *f* de la crue
floor [flɔː[r]] *n* sol *m*; (*storey*) étage *m*; (*of sea, valley*) fond *m*; (*fig: at meeting*): **the ~** l'assemblée *f*, les membres *mpl* de l'assemblée ▷ *vt* (*knock down*) terrasser; (*baffle*) désorienter; **on the ~** par terre; **ground ~**, (US) **first ~** rez-de-chaussée *m*; **first ~**, (US) **second ~** premier étage; **top ~** dernier étage; **what ~ is it on?** c'est à quel étage?; **to have the ~** (*speaker*) avoir la parole
floorboard ['flɔːbɔːd] *n* planche *f* (*du plancher*)
flooring ['flɔːrɪŋ] *n* sol *m*; (*wooden*) plancher *m*; (*material to make floor*) matériau(x) *m(pl)* pour planchers; (*covering*) revêtement *m* de sol
floor lamp *n* (US) lampadaire *m*
floor show *n* spectacle *m* de variétés
floorwalker ['flɔːwɔːkә[r]] *n* (*esp US*) surveillant *m* (de grand magasin)
flop [flɔp] *n* fiasco *m* ▷ *vi* (*fail*) faire fiasco; (*fall*) s'affaler, s'effondrer
floppy ['flɔpɪ] *adj* lâche, flottant(e) ▷ *n* (*Comput: also*: **floppy disk**) disquette *f*; **~ hat** chapeau *m* à bords flottants
floppy disk *n* disquette *f*, disque *m* souple
flora ['flɔːrә] *n* flore *f*
floral ['flɔːrl] *adj* floral(e); (*dress*) à fleurs
Florence ['flɔrәns] *n* Florence
florid ['flɔrɪd] *adj* (*complexion*) fleuri(e); (*style*) plein(e) de fioritures
florist ['flɔrɪst] *n* fleuriste *m/f*
florist's ['flɔrɪsts], **florist's shop** *n* magasin *m* *or* boutique *f* de fleuriste
flotation [flәu'teɪʃәn] *n* (*of shares*) émission *f*; (*of company*) lancement *m* (en Bourse)
flounce [flauns] *n* volant *m*
▶ **flounce out** *vi* sortir dans un mouvement d'humeur
flounder ['flaundә[r]] *n* (*Zool*) flet *m* ▷ *vi* patauger
flour ['flauә[r]] *n* farine *f*
flourish ['flʌrɪʃ] *vi* prospérer ▷ *vt* brandir ▷ *n* (*gesture*) moulinet *m*; (*decoration*) fioriture *f*; (*of trumpets*) fanfare *f*
flourishing ['flʌrɪʃɪŋ] *adj* prospère, florissant(e)
flout [flaut] *vt* se moquer de, faire fi de
flow [flәu] *n* (*of water, traffic etc*) écoulement *m*; (*tide, influx*) flux *m*; (*of orders, letters etc*) flot *m*; (*of blood, Elec*) circulation *f*; (*of river*) courant *m* ▷ *vi* couler; (*traffic*) s'écouler; (*robes, hair*) flotter
flow chart, flow diagram *n* organigramme *m*
flower ['flauә[r]] *n* fleur *f* ▷ *vi* fleurir; **in ~** en fleur
flower bed *n* plate-bande *f*
flowerpot ['flauәpɔt] *n* pot *m* (à fleurs)
flowery ['flauәrɪ] *adj* fleuri(e)
flown [flәun] *pp of* **fly**
fl. oz. *abbr* = **fluid ounce**
flu [fluː] *n* grippe *f*
fluctuate ['flʌktjueɪt] *vi* varier, fluctuer
fluctuation [flʌktju'eɪʃәn] *n* fluctuation *f*, variation *f*
flue [fluː] *n* conduit *m*
fluency ['fluːәnsɪ] *n* facilité *f*, aisance *f*
fluent ['fluːәnt] *adj* (*speech, style*) coulant(e), aisé(e); **he's a ~ speaker/reader** il s'exprime/lit avec aisance *or* facilité; **he speaks ~ French, he's ~ in French** il parle le français couramment
fluently ['fluːәntlɪ] *adv* couramment; avec aisance *or* facilité
fluff [flʌf] *n* duvet *m*; (*on jacket, carpet*) peluche *f*
fluffy ['flʌfɪ] *adj* duveteux(-euse); (*jacket, carpet*) pelucheux(-euse); (*toy*) en peluche
fluid ['fluːɪd] *n* fluide *m*; (*in diet*) liquide *m* ▷ *adj* fluide
fluid ounce *n* (*Brit*) = *0.028 l; 0.05 pints*
fluke [fluːk] *n* coup *m* de veine
flummox ['flʌmәks] *vt* dérouter, déconcerter
flung [flʌŋ] *pt, pp of* **fling**
flunky ['flʌŋkɪ] *n* larbin *m*
fluorescent [fluә'rɛsnt] *adj* fluorescent(e)
fluoride ['fluәraɪd] *n* fluor *m*
fluorine ['fluәriːn] *n* fluor *m*
flurry ['flʌrɪ] *n* (*of snow*) rafale *f*, bourrasque *f*; **a ~ of activity** un affairement soudain; **a ~ of excitement** une excitation soudaine
flush [flʌʃ] *n* (*on face*) rougeur *f*; (*fig: of youth etc*) éclat *m*; (*of blood*) afflux *m* ▷ *vt* nettoyer à grande eau; (*also*: **flush out**) débusquer ▷ *vi* rougir ▷ *adj* (*inf*) en fonds; (*level*): **~ with** au ras de, de niveau avec; **to ~ the toilet** tirer la chasse (d'eau); **hot ~es** (*Med*) bouffées *fpl* de chaleur
flushed ['flʌʃt] *adj* (tout(e)) rouge
fluster ['flʌstә[r]] *n* agitation *f*, trouble *m*
flustered ['flʌstәd] *adj* énervé(e)
flute [fluːt] *n* flûte *f*
flutter ['flʌtә[r]] *n* (*of panic, excitement*) agitation *f*; (*of wings*) battement *m* ▷ *vi* (*bird*) battre des ailes, voleter; (*person*) aller et venir dans une grande agitation
flux [flʌks] *n*: **in a state of ~** fluctuant sans cesse
fly [flaɪ] (*pt* **flew**, *pp* **flown** [fluː, flәun]) *n* (*insect*) mouche *f*; (*on trousers: also*: **flies**) braguette *f* ▷ *vt* (*plane*) piloter; (*passengers, cargo*) transporter (par avion); (*distance*) parcourir ▷ *vi* voler; (*passengers*) aller en avion; (*escape*) s'enfuir, fuir; (*flag*) se déployer; **to ~ open** s'ouvrir brusquement; **to ~ off the handle** s'énerver, s'emporter
▶ **fly away, fly off** *vi* s'envoler

▸ **fly in** *vi* (*plane*) atterrir; **he flew in yesterday** il est arrivé hier (par avion)
▸ **fly out** *vi* partir (par avion)
fly-drive ['flaɪdraɪv] *n* formule *f* avion plus voiture
fly-fishing ['flaɪfɪʃɪŋ] *n* pêche *f* à la mouche
flying ['flaɪɪŋ] *n* (*activity*) aviation *f*; (*action*) vol *m* ▹ *adj*: **~ visit** visite *f* éclair *inv*; **with ~ colours** haut la main; **he doesn't like ~** il n'aime pas voyager en avion
flying buttress *n* arc-boutant *m*
flying picket *n* piquet *m* de grève volant
flying saucer *n* soucoupe volante
flying squad *n* (*Police*) brigade volante
flying start *n*: **to get off to a ~** faire un excellent départ
flyleaf ['flaɪli:f] *n* page *f* de garde
flyover ['flaɪəuvə^r] *n* (*Brit: overpass*) pont routier, saut-de-mouton *m* (*Canada*)
flypast ['flaɪpɑ:st] *n* défilé aérien
flysheet ['flaɪʃi:t] *n* (*for tent*) double toit *m*
flyweight ['flaɪweɪt] *n* (*Sport*) poids *m* mouche
flywheel ['flaɪwi:l] *n* volant *m* (de commande)
FM *abbr* (*Brit Mil*) = **field marshal**; (*Radio: = frequency modulation*) FM
FMB *n abbr* (*US*) = **Federal Maritime Board**
FMCS *n abbr* (*US: = Federal Mediation and Conciliation Services*) *organisme de conciliation en cas de conflits du travail*
FO *n abbr* (*Brit*) = **Foreign Office**
foal [fəul] *n* poulain *m*
foam [fəum] *n* écume *f*; (*on beer*) mousse *f*; (*also:* **foam rubber**) caoutchouc *m* mousse; (*also:* **plastic foam**) mousse cellulaire *or* de plastique ▹ *vi* (*liquid*) écumer; (*soapy water*) mousser
foam rubber *n* caoutchouc *m* mousse
FOB *abbr* (*= free on board*) fob
fob [fɔb] *n* (*also:* **watch fob**) chaîne *f*, ruban *m* ▹ *vt*: **to ~ sb off with sth** refiler qch à qn
foc *abbr* (*Brit*) = **free of charge**
focal ['fəukl] *adj* (*also fig*) focal(e)
focal point *n* foyer *m*; (*fig*) centre *m* de l'attention, point focal
focus ['fəukəs] *n* (*pl* **-es**) foyer *m*; (*of interest*) centre *m* ▹ *vt* (*field glasses etc*) mettre au point; (*light rays*) faire converger ▹ *vi*: **to ~ (on)** (*with camera*) régler la mise au point (sur); (*with eyes*) fixer son regard (sur); (*fig: concentrate*) se concentrer; **out of/in ~** (*picture*) flou(e)/net(te); (*camera*) pas au point/au point
fodder ['fɔdə^r] *n* fourrage *m*
FOE *n abbr* (*= Friends of the Earth*) AT *mpl* (*= Amis de la Terre*); (*US: = Fraternal Order of Eagles*) *organisation charitable*
foe [fəu] *n* ennemi *m*
foetus, (US) **fetus** ['fi:təs] *n* fœtus *m*
fog [fɔg] *n* brouillard *m*
fogbound ['fɔgbaund] *adj* bloqué(e) par le brouillard
foggy ['fɔgɪ] *adj*: **it's ~** il y a du brouillard
fog lamp, (US) **fog light** *n* (*Aut*) phare *m* anti-brouillard
foible ['fɔɪbl] *n* faiblesse *f*
foil [fɔɪl] *vt* déjouer, contrecarrer ▹ *n* feuille *f* de métal; (*kitchen foil*) papier *m* d'alu(minium); (*Fencing*) fleuret *m*; **to act as a ~ to** (*fig*) servir de repoussoir *or* de faire-valoir à
foist [fɔɪst] *vt*: **to ~ sth on sb** imposer qch à qn
fold [fəuld] *n* (*bend, crease*) pli *m*; (*Agr*) parc *m* à moutons; (*fig*) bercail *m* ▹ *vt* plier; **to ~ one's arms** croiser les bras
▸ **fold up** *vi* (*map etc*) se plier, se replier; (*business*) fermer boutique ▹ *vt* (*map etc*) plier, replier
folder ['fəuldə^r] *n* (*for papers*) chemise *f*; (*: binder*) classeur *m*; (*brochure*) dépliant *m*; (*Comput*) dossier *m*
folding ['fəuldɪŋ] *adj* (*chair, bed*) pliant(e)
foliage ['fəulɪɪdʒ] *n* feuillage *m*
folk [fəuk] *npl* gens *mpl* ▹ *cpd* folklorique; **folks** *npl* (*inf: parents*) famille *f*, parents *mpl*
folklore ['fəuklɔ:^r] *n* folklore *m*
folk music *n* musique *f* folklorique; (*contemporary*) musique folk, folk *m*
folk song ['fəuksɔŋ] *n* chanson *f* folklorique; (*contemporary*) chanson folk *inv*
follow ['fɔləu] *vt* suivre ▹ *vi* suivre; (*result*) s'ensuivre; **to ~ sb's advice** suivre les conseils de qn; **I don't quite ~ you** je ne vous suis plus; **to ~ in sb's footsteps** emboîter le pas à qn; (*fig*) suivre les traces de qn; **it ~s that ...** de ce fait, il s'ensuit que ...; **to ~ suit** (*fig*) faire de même
▸ **follow out** *vt* (*idea, plan*) poursuivre, mener à terme
▸ **follow through** *vt* = **follow out**
▸ **follow up** *vt* (*victory*) tirer parti de; (*letter, offer*) donner suite à; (*case*) suivre
follower ['fɔləuə^r] *n* disciple *m/f*, partisan(e)
following ['fɔləuɪŋ] *adj* suivant(e) ▹ *n* partisans *mpl*, disciples *mpl*
follow-up ['fɔləuʌp] *n* suite *f*; (*on file, case*) suivi *m*
folly ['fɔlɪ] *n* inconscience *f*; sottise *f*; (*building*) folie *f*
fond [fɔnd] *adj* (*memory, look*) tendre, affectueux(-euse); (*hopes, dreams*) un peu fou (folle); **to be ~ of** aimer beaucoup
fondle ['fɔndl] *vt* caresser
fondly ['fɔndlɪ] *adv* (*lovingly*) tendrement; (*naïvely*) naïvement
fondness ['fɔndnɪs] *n* (*for things*) attachement *m*; (*for people*) sentiments affectueux; **a special ~ for** une prédilection pour
font [fɔnt] *n* (*Rel*) fonts baptismaux; (*Typ*) police *f* de caractères
food [fu:d] *n* nourriture *f*
food chain *n* chaîne *f* alimentaire
food mixer *n* mixeur *m*
food poisoning *n* intoxication *f* alimentaire
food processor *n* robot *m* de cuisine
food stamp *n* (*US*) bon *m* de nourriture (*pour indigents*)
foodstuffs ['fu:dstʌfs] *npl* denrées *fpl* alimentaires
fool [fu:l] *n* idiot(e); (*History: of king*) bouffon *m*,

fou *m*; (*Culin*) mousse *f* de fruits ▷ *vt* berner, duper ▷ *vi* (*also*: **fool around**) faire l'idiot *or* l'imbécile; **to make a ~ of sb** (*ridicule*) ridiculiser qn; (*trick*) avoir *or* duper qn; **to make a ~ of o.s.** se couvrir de ridicule; **you can't ~ me** vous (ne) me la ferez pas, on (ne) me la fait pas
▶ **fool about, fool around** *vi* (*pej*: *waste time*) traînailler, glandouiller; (: *behave foolishly*) faire l'idiot *or* l'imbécile

foolhardy ['fu:lhɑ:dɪ] *adj* téméraire, imprudent(e)
foolish ['fu:lɪʃ] *adj* idiot(e), stupide; (*rash*) imprudent(e)
foolishly ['fu:lɪʃlɪ] *adv* stupidement
foolishness ['fu:lɪʃnɪs] *n* idiotie *f*, stupidité *f*
foolproof ['fu:lpru:f] *adj* (*plan etc*) infaillible
foolscap ['fu:lskæp] *n* ≈ papier *m* ministre
foot (*pl* **feet**) [fut, fi:t] *n* pied *m*; (*of animal*) patte *f*; (*measure*) pied (= *30.48 cm; 12 inches*) ▷ *vt* (*bill*) casquer, payer; **on ~** à pied; **to find one's feet** (*fig*) s'acclimater; **to put one's ~ down** (*Aut*) appuyer sur le champignon; (*say no*) s'imposer
footage ['futɪdʒ] *n* (*Cine*: *length*) ≈ métrage *m*; (: *material*) séquences *fpl*
foot-and-mouth [futənd'mauθ], **foot-and-mouth disease** *n* fièvre aphteuse
football ['futbɔ:l] *n* (*ball*) ballon *m* (de football); (*sport*: *Brit*) football *m*; (: *US*) football américain
footballer ['futbɔ:lə^r] *n* (*Brit*) = **football player**
football ground *n* terrain *m* de football
football match *n* (*Brit*) match *m* de foot(ball)
football player *n* footballeur(-euse), joueur(-euse) de football; (*US*) joueur(-euse) de football américain
football pools *npl* (*US*) ≈ loto *m* sportif, ≈ pronostics *mpl* (sur les matchs de football)
footbrake ['futbreɪk] *n* frein *m* à pédale
footbridge ['futbrɪdʒ] *n* passerelle *f*
foothills ['futhɪlz] *npl* contreforts *mpl*
foothold ['futhəuld] *n* prise *f* (de pied)
footing ['futɪŋ] *n* (*fig*) position *f*; **to lose one's ~** perdre pied; **on an equal ~** sur pied d'égalité
footlights ['futlaɪts] *npl* rampe *f*
footman ['futmən] (*irreg*) *n* laquais *m*
footnote ['futnəut] *n* note *f* (en bas de page)
footpath ['futpɑ:θ] *n* sentier *m*; (*in street*) trottoir *m*
footprint ['futprɪnt] *n* trace *f* (de pied)
footrest ['futrɛst] *n* marchepied *m*
footsie ['futsɪ] *n* (*inf*): **to play ~ with sb** faire du pied à qn
footsore ['futsɔ:^r] *adj*: **to be ~** avoir mal aux pieds
footstep ['futstɛp] *n* pas *m*
footwear ['futwɛə^r] *n* chaussures *fpl*
FOR *abbr* (= *free on rail*) franco wagon

KEYWORD

for [fɔ:^r] *prep* **1** (*indicating destination, intention, purpose*) pour; **the train for London** le train pour (*or* à destination de) Londres; **he left for Rome** il est parti pour Rome; **he went for the paper** il est allé chercher le journal; **is this for me?** c'est pour moi?; **it's time for lunch** c'est l'heure du déjeuner; **what's it for?** ça sert à quoi?; **what for?** (*why*) pourquoi?; (*to what end*) pour quoi faire?, à quoi bon?; **for sale** à vendre; **to pray for peace** prier pour la paix
2 (*on behalf of, representing*) pour; **the MP for Hove** le député de Hove; **to work for sb/sth** travailler pour qn/qch; **I'll ask him for you** je vais lui demander pour toi; **G for George** G comme Georges
3 (*because of*) pour; **for this reason** pour cette raison; **for fear of being criticized** de peur d'être critiqué
4 (*with regard to*) pour; **it's cold for July** il fait froid pour juillet; **a gift for languages** un don pour les langues
5 (*in exchange for*): **I sold it for £5** je l'ai vendu 5 livres; **to pay 50 pence for a ticket** payer un billet 50 pence
6 (*in favour of*) pour; **are you for or against us?** êtes-vous pour ou contre nous?; **I'm all for it** je suis tout à fait pour; **vote for X** votez pour X
7 (*referring to distance*) pendant, sur; **there are roadworks for 5 km** il y a des travaux sur *or* pendant 5 km; **we walked for miles** nous avons marché pendant des kilomètres
8 (*referring to time*) pendant; depuis; pour; **he was away for 2 years** il a été absent pendant 2 ans; **she will be away for a month** elle sera absente (pendant) un mois; **it hasn't rained for 3 weeks** ça fait 3 semaines qu'il ne pleut pas, il ne pleut pas depuis 3 semaines; **I have known her for years** je la connais depuis des années; **can you do it for tomorrow?** est-ce que tu peux le faire pour demain?
9 (*with infinitive clauses*): **it is not for me to decide** ce n'est pas à moi de décider; **it would be best for you to leave** le mieux serait que vous partiez; **there is still time for you to do it** vous avez encore le temps de le faire; **for this to be possible ...** pour que cela soit possible ..
10 (*in spite of*): **for all that** malgré cela, néanmoins; **for all his work/efforts** malgré tout son travail/tous ses efforts; **for all his complaints, he's very fond of her** il a beau se plaindre, il l'aime beaucoup
▷ *conj* (*since, as*: *formal*) car

forage ['fɔrɪdʒ] *n* fourrage *m* ▷ *vi* fourrager, fouiller
forage cap *n* calot *m*
foray ['fɔreɪ] *n* incursion *f*
forbad, forbade [fə'bæd] *pt of* **forbid**
forbearing [fɔ:'bɛərɪŋ] *adj* patient(e), tolérant(e)
forbid (*pt* **forbad(e)**, *pp* **-den**) [fə'bɪd, -'bæd, -'bɪdn] *vt* défendre, interdire; **to ~ sb to do** défendre *or* interdire à qn de faire
forbidden [fə'bɪdn] *adj* défendu(e)
forbidding [fə'bɪdɪŋ] *adj* d'aspect *or* d'allure

sévère *or* sombre
force [fɔːs] *n* force *f* ▷ *vt* forcer; (*push*) pousser (de force); **Forces** *npl*: **the F~s** (*Brit Mil*) les forces armées; **to ~ o.s. to do** se forcer à faire; **to ~ sb to do sth** forcer qn à faire qch; **in ~** (*being used: rule, law, prices*) en vigueur; (*in large numbers*) en force; **to come into ~** entrer en vigueur; **a ~ 5 wind** un vent de force 5; **the sales ~** (*Comm*) la force de vente; **to join ~s** unir ses forces
▸ **force back** *vt* (*crowd, enemy*) repousser; (*tears*) refouler
▸ **force down** *vt* (*food*) se forcer à manger
forced [fɔːst] *adj* forcé(e)
force-feed ['fɔːsfiːd] *vt* nourrir de force
forceful ['fɔːsful] *adj* énergique
forcemeat ['fɔːsmiːt] *n* (*Brit Culin*) farce *f*
forceps ['fɔːsɛps] *npl* forceps *m*
forcibly ['fɔːsəblɪ] *adv* par la force, de force; (*vigorously*) énergiquement
ford [fɔːd] *n* gué *m* ▷ *vt* passer à gué
fore [fɔːʳ] *n*: **to the ~** en évidence; **to come to the ~** se faire remarquer
forearm ['fɔːrɑːm] *n* avant-bras *m inv*
forebear ['fɔːbɛəʳ] *n* ancêtre *m*
foreboding [fɔː'bəudɪŋ] *n* pressentiment *m* (néfaste)
forecast ['fɔːkɑːst] *n* prévision *f*; (*also*: **weather forecast**) prévisions *fpl* météorologiques, météo *f* ▷ *vt* (*irreg: like* **cast**) prévoir
foreclose [fɔː'kləuz] *vt* (*Law: also*: **foreclose on**) saisir
foreclosure [fɔː'kləuʒəʳ] *n* saisie *f* du bien hypothéqué
forecourt ['fɔːkɔːt] *n* (*of garage*) devant *m*
forefathers ['fɔːfɑːðəz] *npl* ancêtres *mpl*
forefinger ['fɔːfɪŋgəʳ] *n* index *m*
forefront ['fɔːfrʌnt] *n*: **in the ~ of** au premier rang *or* plan de
forego (*pt* **forewent**, *pp* **foregone**) [fɔː'gəu, -'wɛnt, -'gɔn] *vt* renoncer à
foregoing ['fɔːgəuɪŋ] *adj* susmentionné(e) ▷ *n*: **the ~** ce qui précède
foregone ['fɔːgɔn] *adj*: **it's a ~ conclusion** c'est à prévoir, c'est couru d'avance
foreground ['fɔːgraund] *n* premier plan ▷ *cpd* (*Comput*) prioritaire
forehand ['fɔːhænd] *n* (*Tennis*) coup droit
forehead ['fɔrɪd] *n* front *m*
foreign ['fɔrɪn] *adj* étranger(-ère); (*trade*) extérieur(e); (*travel*) à l'étranger
foreign body *n* corps étranger
foreign currency *n* devises étrangères
foreigner ['fɔrɪnəʳ] *n* étranger(-ère)
foreign exchange *n* (*system*) change *m*; (*money*) devises *fpl*
foreign exchange market *n* marché *m* des devises
foreign exchange rate *n* cours *m* des devises
foreign investment *n* investissement *m* à l'étranger
Foreign Office *n* (*Brit*) ministère *m* des Affaires étrangères
Foreign Secretary *n* (*Brit*) ministre *m* des Affaires étrangères
foreleg ['fɔːlɛg] *n* patte *f* de devant, jambe antérieure
foreman (*irreg*) ['fɔːmən] *n* (*in construction*) contremaître *m*; (*Law: of jury*) président *m* (du jury)
foremost ['fɔːməust] *adj* le (la) plus en vue, premier(-ière) ▷ *adv*: **first and ~** avant tout, tout d'abord
forename ['fɔːneɪm] *n* prénom *m*
forensic [fə'rɛnsɪk] *adj*: **~ medicine** médecine légale; **~ expert** expert *m* de la police, expert légiste
foreplay ['fɔːpleɪ] *n* stimulation *f* érotique, prélude *m*
forerunner ['fɔːrʌnəʳ] *n* précurseur *m*
foresee (*pt* **foresaw**, *pp* **foreseen**) [fɔː'siː, -'sɔː, -'siːn] *vt* prévoir
foreseeable [fɔː'siːəbl] *adj* prévisible
foreseen [fɔː'siːn] *pp of* **foresee**
foreshadow [fɔː'ʃædəu] *vt* présager, annoncer, laisser prévoir
foreshorten [fɔː'ʃɔːtn] *vt* (*figure, scene*) réduire, faire en raccourci
foresight ['fɔːsaɪt] *n* prévoyance *f*
foreskin ['fɔːskɪn] *n* (*Anat*) prépuce *m*
forest ['fɔrɪst] *n* forêt *f*
forestall [fɔː'stɔːl] *vt* devancer
forestry ['fɔrɪstrɪ] *n* sylviculture *f*
foretaste ['fɔːteɪst] *n* avant-goût *m*
foretell (*pt, pp* **foretold**) [fɔː'tɛl, -'təuld] *vt* prédire
forethought ['fɔːθɔːt] *n* prévoyance *f*
foretold [fɔː'təuld] *pt, pp of* **foretell**
forever [fə'rɛvəʳ] *adv* pour toujours; (*fig: endlessly*) continuellement
forewarn [fɔː'wɔːn] *vt* avertir
forewent [fɔː'wɛnt] *pt of* **forego**
foreword ['fɔːwəːd] *n* avant-propos *m inv*
forfeit ['fɔːfɪt] *n* prix *m*, rançon *f* ▷ *vt* perdre; (*one's life, health*) payer de
forgave [fə'geɪv] *pt of* **forgive**
forge [fɔːdʒ] *n* forge *f* ▷ *vt* (*signature*) contrefaire; (*wrought iron*) forger; **to ~ documents/a will** fabriquer de faux papiers/un faux testament; **to ~ money** (*Brit*) fabriquer de la fausse monnaie
▸ **forge ahead** *vi* pousser de l'avant, prendre de l'avance
forged [fɔːdʒd] *adj* faux (fausse)
forger ['fɔːdʒəʳ] *n* faussaire *m*
forgery ['fɔːdʒərɪ] *n* faux *m*, contrefaçon *f*
forget (*pt* **forgot**, *pp* **forgotten**) [fə'gɛt, -'gɔt, -'gɔtn] *vt, vi* oublier; **to ~ to do sth** oublier de faire qch; **to ~ about sth** (*accidentally*) oublier qch; (*on purpose*) ne plus penser à qch; **I've forgotten my key/passport** j'ai oublié ma clé/mon passeport
forgetful [fə'gɛtful] *adj* distrait(e), étourdi(e); **~ of** oublieux(-euse) de
forgetfulness [fə'gɛtfulnɪs] *n* tendance *f* aux

oublis; (*oblivion*) oubli *m*
forget-me-not [fə'gɛtmɪnɔt] *n* myosotis *m*
forgive (*pt* **forgave**, *pp* **forgiven**) [fə'gɪv, -'geɪv, -'gɪvn] *vt* pardonner; **to ~ sb for sth/for doing sth** pardonner qch à qn/à qn de faire qch
forgiveness [fə'gɪvnɪs] *n* pardon *m*
forgiving [fə'gɪvɪŋ] *adj* indulgent(e)
forgo (*pt* **forwent**, *pp* **forgone**) [fɔː'gəu, -'wɛnt, -'gɔn] *vt* = **forego**
forgot [fə'gɔt] *pt of* **forget**
forgotten [fə'gɔtn] *pp of* **forget**
fork [fɔːk] *n* (*for eating*) fourchette *f*; (*for gardening*) fourche *f*; (*of roads*) bifurcation *f*; (*of railways*) embranchement *m* ▷ *vi* (*road*) bifurquer
▶ **fork out** (*inf: pay*) *vt* allonger, se fendre de ▷ *vi* casquer
forked [fɔːkt] *adj* (*lightning*) en zigzags, ramifié(e)
fork-lift truck ['fɔːklɪft-] *n* chariot élévateur
forlorn [fə'lɔːn] *adj* (*person*) délaissé(e); (*deserted*) abandonné(e); (*hope, attempt*) désespéré(e)
form [fɔːm] *n* forme *f*; (*Scol*) classe *f*; (*questionnaire*) formulaire *m* ▷ *vt* former; (*habit*) contracter; **in the ~ of** sous forme de; **to ~ part of sth** faire partie de qch; **to be on good ~** (*Sport: fig*) être en forme; **on top ~** en pleine forme
formal ['fɔːməl] *adj* (*offer, receipt*) en bonne et due forme; (*person*) cérémonieux(-euse), à cheval sur les convenances; (*occasion, dinner*) officiel(le); (*garden*) à la française; (*Art, Philosophy*) formel(le); (*clothes*) de soirée
formality [fɔː'mælɪtɪ] *n* formalité *f*, cérémonie(s) *f(pl)*
formalize ['fɔːməlaɪz] *vt* officialiser
formally ['fɔːməlɪ] *adv* officiellement; formellement; cérémonieusement
format ['fɔːmæt] *n* format *m* ▷ *vt* (*Comput*) formater
formation [fɔː'meɪʃən] *n* formation *f*
formative ['fɔːmətɪv] *adj*: **~ years** années *fpl* d'apprentissage (*fig*) *or* de formation (*d'un enfant, d'un adolescent*)
former ['fɔːmə^r] *adj* ancien(ne); (*before n*) précédent(e); **the ~ ... the latter** le premier ... le second, celui-là ... celui-ci; **the ~ president** l'ex-président; **the ~ Yugoslavia/Soviet Union** l'ex Yougoslavie/Union Soviétique
formerly ['fɔːməlɪ] *adv* autrefois
form feed *n* (*on printer*) alimentation *f* en feuilles
formidable ['fɔːmɪdəbl] *adj* redoutable
formula ['fɔːmjulə] *n* formule *f*; **F~ One** (*Aut*) Formule un
formulate ['fɔːmjuleɪt] *vt* formuler
fornicate ['fɔːnɪkeɪt] *vi* forniquer
forsake (*pt* **forsook**, *pp* **forsaken**) [fə'seɪk, -'suk, -'seɪkən] *vt* abandonner
fort [fɔːt] *n* fort *m*; **to hold the ~** (*fig*) assurer la permanence
forte ['fɔːtɪ] *n* (point) fort *m*
forth [fɔːθ] *adv* en avant; **to go back and ~** aller et venir; **and so ~** et ainsi de suite
forthcoming [fɔːθ'kʌmɪŋ] *adj* qui va paraître *or* avoir lieu prochainement; (*character*) ouvert(e), communicatif(-ive); (*available*) disponible
forthright ['fɔːθraɪt] *adj* franc (franche), direct(e)
forthwith ['fɔːθ'wɪθ] *adv* sur le champ
fortieth ['fɔːtɪɪθ] *num* quarantième
fortification [fɔːtɪfɪ'keɪʃən] *n* fortification *f*
fortified wine ['fɔːtɪfaɪd-] *n* vin liquoreux *or* de liqueur
fortify ['fɔːtɪfaɪ] *vt* (*city*) fortifier; (*person*) remonter
fortitude ['fɔːtɪtjuːd] *n* courage *m*, force *f* d'âme
fortnight ['fɔːtnaɪt] *n* (*Brit*) quinzaine *f*, quinze jours *mpl*; **it's a ~ since ...** il y a quinze jours que ...
fortnightly ['fɔːtnaɪtlɪ] *adj* bimensuel(le) ▷ *adv* tous les quinze jours
FORTRAN ['fɔːtræn] *n* FORTRAN *m*
fortress ['fɔːtrɪs] *n* forteresse *f*
fortuitous [fɔː'tjuːɪtəs] *adj* fortuit(e)
fortunate ['fɔːtʃənɪt] *adj* heureux(-euse); (*person*) chanceux(-euse); **to be ~** avoir de la chance; **it is ~ that** c'est une chance que, il est heureux que
fortunately ['fɔːtʃənɪtlɪ] *adv* heureusement, par bonheur
fortune ['fɔːtʃən] *n* chance *f*; (*wealth*) fortune *f*; **to make a ~** faire fortune
fortune-teller ['fɔːtʃəntɛlə^r] *n* diseuse *f* de bonne aventure
forty ['fɔːtɪ] *num* quarante
forum ['fɔːrəm] *n* forum *m*, tribune *f*
forward ['fɔːwəd] *adj* (*movement, position*) en avant, vers l'avant; (*not shy*) effronté(e); (*in time*) en avance; (*Comm: delivery, sales, exchange*) à terme ▷ *adv* (*also*: **forwards**) en avant ▷ *n* (*Sport*) avant *m* ▷ *vt* (*letter*) faire suivre; (*parcel, goods*) expédier; (*fig*) promouvoir, favoriser; **to look ~ to sth** attendre qch avec impatience; **to move ~** avancer; **"please ~"** "prière de faire suivre"; **~ planning** planification *f* à long terme
forwarding address *n* adresse *f* de réexpédition
forward slash *n* barre *f* oblique
forwent [fɔː'wɛnt] *pt of* **forgo**
fossil ['fɔsl] *adj, n* fossile *m*; **~ fuel** combustible *m* fossile
foster ['fɔstə^r] *vt* (*encourage*) encourager, favoriser; (*child*) élever (*sans adopter*)
foster brother *n* frère adoptif; frère de lait
foster child *n* *enfant élevé dans une famille d'accueil*
foster mother *n* mère adoptive; mère nourricière
foster parent *n* *parent qui élève un enfant sans l'adopter*
fought [fɔːt] *pt, pp of* **fight**
foul [faul] *adj* (*weather, smell, food*) infect(e); (*language*) ordurier(-ière); (*deed*) infâme ▷ *n* (*Football*) faute *f* ▷ *vt* (*dirty*) salir, encrasser; (*football player*) commettre une faute sur; (*entangle: anchor, propeller*) emmêler; **he's got a ~ temper** il a un caractère de chien

foul play *n* (*Sport*) jeu déloyal; (*Law*) acte criminel; **~ is not suspected** la mort (*or* l'incendie *etc*) n'a pas de causes suspectes, on écarte l'hypothèse d'un meurtre (*or* d'un acte criminel)
found [faund] *pt, pp of* **find** ▷ *vt* (*establish*) fonder
foundation [faun'deɪʃən] *n* (*act*) fondation *f*; (*base*) fondement *m*; (*also*: **foundation cream**) fond *m* de teint; **foundations** *npl* (*of building*) fondations *fpl*; **to lay the ~s** (*fig*) poser les fondements
foundation stone *n* première pierre
founder ['faundəʳ] *n* fondateur *m* ▷ *vi* couler, sombrer
founding ['faundɪŋ] *adj*: **~ fathers** (*esp US*) pères *mpl* fondateurs; **~ member** membre *m* fondateur
foundry ['faundrɪ] *n* fonderie *f*
fount [faunt] *n* source *f*; (*Typ*) fonte *f*
fountain ['fauntɪn] *n* fontaine *f*
fountain pen *n* stylo *m* (à encre)
four [fɔːʳ] *num* quatre; **on all ~s** à quatre pattes
four-letter word ['fɔːlɛtə-] *n* obscénité *f*, gros mot
four-poster ['fɔː'pəustəʳ] *n* (*also*: **four-poster bed**) lit *m* à baldaquin
foursome ['fɔːsəm] *n* partie *f* à quatre; sortie *f* à quatre
fourteen ['fɔː'tiːn] *num* quatorze
fourteenth ['fɔː'tiːnθ] *num* quatorzième
fourth ['fɔːθ] *num* quatrième ▷ *n* (*Aut*: *also*: **fourth gear**) quatrième *f*
four-wheel drive ['fɔːwiːl-] *n* (*Aut*: *car*) voiture *f* à quatre roues motrices; **with ~** à quatre roues motrices
fowl [faul] *n* volaille *f*
fox [fɔks] *n* renard *m* ▷ *vt* mystifier
fox fur *n* renard *m*
foxglove ['fɔksglʌv] *n* (*Bot*) digitale *f*
fox-hunting ['fɔkshʌntɪŋ] *n* chasse *f* au renard
foyer ['fɔɪeɪ] *n* (*in hotel*) vestibule *m*; (*Theat*) foyer *m*
FP *n abbr* (*Brit*) = **former pupil**; (*US*) = **fireplug**
FPA *n abbr* (*Brit*) = **Family Planning Association**
Fr. *abbr* (*Rel* = **father**) P; (= *friar*) F
fr. *abbr* (= *franc*) F
fracas ['frækɑː] *n* bagarre *f*
fraction ['frækʃən] *n* fraction *f*
fractionally ['frækʃnəlɪ] *adv*: **~ smaller** *etc* un poil plus petit *etc*
fractious ['frækʃəs] *adj* grincheux(-euse)
fracture ['fræktʃəʳ] *n* fracture *f* ▷ *vt* fracturer
fragile ['frædʒaɪl] *adj* fragile
fragment ['frægmənt] *n* fragment *m*
fragmentary ['frægməntərɪ] *adj* fragmentaire
fragrance ['freɪgrəns] *n* parfum *m*
fragrant ['freɪgrənt] *adj* parfumé(e), odorant(e)
frail [freɪl] *adj* fragile, délicat(e); (*person*) frêle
frame [freɪm] *n* (*of building*) charpente *f*; (*of human, animal*) charpente, ossature *f*; (*of picture*) cadre *m*; (*of door, window*) encadrement *m*, chambranle *m*; (*of spectacles*: *also*: **frames**) monture *f* ▷ *vt* (*picture*) encadrer; (*theory, plan*) construire, élaborer; **to ~ sb** (*inf*) monter un coup contre qn; **~ of mind** disposition *f* d'esprit
framework ['freɪmwəːk] *n* structure *f*
France [frɑːns] *n* la France; **in ~** en France
franchise ['fræntʃaɪz] *n* (*Pol*) droit *m* de vote; (*Comm*) franchise *f*
franchisee [fræntʃaɪ'ziː] *n* franchisé *m*
franchiser ['fræntʃaɪzəʳ] *n* franchiseur *m*
frank [fræŋk] *adj* franc (franche) ▷ *vt* (*letter*) affranchir
Frankfurt ['fræŋkfəːt] *n* Francfort
franking machine ['fræŋkɪŋ-] *n* machine *f* à affranchir
frankly ['fræŋklɪ] *adv* franchement
frankness ['fræŋknɪs] *n* franchise *f*
frantic ['fræntɪk] *adj* (*hectic*) frénétique; (*need, desire*) effréné(e); (*distraught*) hors de soi
frantically ['fræntɪklɪ] *adv* frénétiquement
fraternal [frə'təːnl] *adj* fraternel(le)
fraternity [frə'təːnɪtɪ] *n* (*club*) communauté *f*, confrérie *f*; (*spirit*) fraternité *f*
fraternize ['frætənaɪz] *vi* fraterniser
fraud [frɔːd] *n* supercherie *f*, fraude *f*, tromperie *f*; (*person*) imposteur *m*
fraudulent ['frɔːdjulənt] *adj* frauduleux(-euse)
fraught [frɔːt] *adj* (*tense*: *person*) très tendu(e); (: *situation*) pénible; **~ with** (*difficulties etc*) chargé(e) de, plein(e) de
fray [freɪ] *n* bagarre *f*; (*Mil*) combat *m* ▷ *vt* effilocher ▷ *vi* s'effilocher; **tempers were ~ed** les gens commençaient à s'énerver; **her nerves were ~ed** elle était à bout de nerfs
FRB *n abbr* (*US*) = **Federal Reserve Board**
FRCM *n abbr* (*Brit*) = **Fellow of the Royal College of Music**
FRCO *n abbr* (*Brit*) = **Fellow of the Royal College of Organists**
FRCP *n abbr* (*Brit*) = **Fellow of the Royal College of Physicians**
FRCS *n abbr* (*Brit*) = **Fellow of the Royal College of Surgeons**
freak [friːk] *n* (*eccentric person*) phénomène *m*; (*unusual event*) hasard *m* extraordinaire; (*pej*: *fanatic*): **health food ~** fana *m/f or* obsédé(e) de l'alimentation saine ▷ *adj* (*storm*) exceptionnel(le); (*accident*) bizarre
▸ **freak out** *vi* (*inf*: *drop out*) se marginaliser; (: *on drugs*) se défoncer
freakish ['friːkɪʃ] *adj* insolite, anormal(e)
freckle ['frɛkl] *n* tache *f* de rousseur
free [friː] *adj* libre; (*gratis*) gratuit(e); (*liberal*) généreux(-euse), large ▷ *vt* (*prisoner etc*) libérer; (*jammed object or person*) dégager; **is this seat ~?** la place est libre?; **to give sb a ~ hand** donner carte blanche à qn; **~ and easy** sans façon, décontracté(e); **admission ~** entrée libre; **~ (of charge)** gratuitement
freebie ['friːbɪ] *n* (*inf*): **it's a ~** c'est gratuit
freedom ['friːdəm] *n* liberté *f*
freedom fighter *n* combattant *m* de la liberté
free enterprise *n* libre entreprise *f*
Freefone® ['friːfəun] *n* numéro vert

free-for-all ['fri:fərɔ:l] *n* mêlée générale
free gift *n* prime *f*
freehold ['fri:həuld] *n* propriété foncière libre
free kick *n* (*Sport*) coup franc
freelance ['fri:lɑ:ns] *adj* (*journalist etc*) indépendant(e), free-lance *inv*; (*work*) en free-lance ▷ *adv* en free-lance
freeloader ['fri:ləudə^r] *n* (*pej*) parasite *m*
freely ['frɪ:lɪ] *adv* librement; (*liberally*) libéralement
free-market economy [fri:'mɑ:kɪt-] *n* économie *f* de marché
freemason ['fri:meɪsn] *n* franc-maçon *m*
freemasonry ['fri:meɪsnrɪ] *n* franc-maçonnerie *f*
Freepost® ['fri:pəust] *n* (*Brit*) port payé
free-range ['fri:'reɪndʒ] *adj* (*egg*) de ferme; (*chicken*) fermier
free sample *n* échantillon gratuit
free speech *n* liberté *f* d'expression
free trade *n* libre-échange *m*
freeway ['fri:weɪ] *n* (US) autoroute *f*
freewheel [fri:'wi:l] *vi* descendre en roue libre
freewheeling [fri:'wi:lɪŋ] *adj* indépendant(e), libre
free will *n* libre arbitre *m*; **of one's own ~** de son plein gré
freeze [fri:z] (*pt* **froze**, *pp* **frozen** [frəuz, 'frəuzn]) *vi* geler ▷ *vt* geler; (*food*) congeler; (*prices, salaries*) bloquer, geler ▷ *n* gel *m*; (*of prices, salaries*) blocage *m*
▸ **freeze over** *vi* (*river*) geler; (*windscreen*) se couvrir de givre *or* de glace
▸ **freeze up** *vi* geler
freeze-dried ['fri:zdraɪd] *adj* lyophilisé(e)
freezer ['fri:zə^r] *n* congélateur *m*
freezing ['fri:zɪŋ] *adj*: **~ (cold)** (*room etc*) glacial(e); (*person, hands*) gelé(e), glacé(e) ▷ *n*: **3 degrees below ~** 3 degrés au-dessous de zéro; **it's ~** il fait un froid glacial
freezing point *n* point *m* de congélation
freight [freɪt] *n* (*goods*) fret *m*, cargaison *f*; (*money charged*) fret, prix *m* du transport; **~ forward** port dû; **~ inward** port payé par le destinataire
freighter ['freɪtə^r] *n* (*Naut*) cargo *m*
freight forwarder [-fɔ:wədə^r] *n* transitaire *m*
freight train *n* (US) train *m* de marchandises
French [frɛntʃ] *adj* français(e) ▷ *n* (*Ling*) français *m*; **the ~** (*npl*) les Français; **what's the ~ (word) for ...?** comment dit-on ... en français?
French bean *n* (*Brit*) haricot vert
French bread *n* pain *m* français
French Canadian *adj* canadien(ne) français(e) ▷ *n* Canadien(ne) français(e)
French dressing *n* (*Culin*) vinaigrette *f*
French fried potatoes, (US) **French fries** *npl* (pommes de terre *fpl*) frites *fpl*
French Guiana [-gaɪ'ænə] *n* Guyane française
French horn *n* (*Mus*) cor *m* (d'harmonie)
French kiss *n* baiser profond
French loaf *n* ≈ pain *m*, ≈ parisien *m*
Frenchman ['frɛntʃmən] (*irreg*) *n* Français *m*
French Riviera *n*: **the ~** la Côte d'Azur
French stick *n* ≈ baguette *f*
French window *n* porte-fenêtre *f*
Frenchwoman ['frɛntʃwumən] (*irreg*) *n* Française *f*
frenetic [frə'nɛtɪk] *adj* frénétique
frenzy ['frɛnzɪ] *n* frénésie *f*
frequency ['fri:kwənsɪ] *n* fréquence *f*
frequency modulation *n* modulation *f* de fréquence
frequent *adj* ['fri:kwənt] fréquent(e) ▷ *vt* [frɪ'kwɛnt] fréquenter
frequently ['fri:kwəntlɪ] *adv* fréquemment
fresco ['frɛskəu] *n* fresque *f*
fresh [frɛʃ] *adj* frais (fraîche); (*new*) nouveau (nouvelle); (*cheeky*) familier(-ière), culotté(e); **to make a ~ start** prendre un nouveau départ
freshen ['frɛʃən] *vi* (*wind, air*) fraîchir
▸ **freshen up** *vi* faire un brin de toilette
freshener ['frɛʃnə^r] *n*: **skin ~** astringent *m*; **air ~** désodorisant *m*
fresher ['frɛʃə^r] *n* (*Brit University: inf*) bizuth *m*, étudiant(e) de première année
freshly ['frɛʃlɪ] *adv* nouvellement, récemment
freshman (*US: irreg*) ['frɛʃmən] *n* = **fresher**
freshness ['frɛʃnɪs] *n* fraîcheur *f*
freshwater ['frɛʃwɔ:tə^r] *adj* (*fish*) d'eau douce
fret [frɛt] *vi* s'agiter, se tracasser
fretful ['frɛtful] *adj* (*child*) grincheux(-euse)
Freudian ['frɔɪdɪən] *adj* freudien(ne); **~ slip** lapsus *m*
FRG *n abbr* (= *Federal Republic of Germany*) RFA *f*
friar ['fraɪə^r] *n* moine *m*, frère *m*
friction ['frɪkʃən] *n* friction *f*, frottement *m*
friction feed *n* (*on printer*) entraînement *m* par friction
Friday ['fraɪdɪ] *n* vendredi *m*; *for phrases see also* **Tuesday**
fridge [frɪdʒ] *n* (*Brit*) frigo *m*, frigidaire® *m*
fridge-freezer ['frɪdʒ'fri:zə^r] *n* réfrigérateur-congélateur *m*
fried [fraɪd] *pt, pp of* **fry** ▷ *adj* frit(e); **~ egg** œuf *m* sur le plat
friend [frɛnd] *n* ami(e) ▷ *vt* (*Internet*) ajouter comme ami(e); **to make ~s with** se lier (d'amitié) avec
friendliness ['frɛndlɪnɪs] *n* attitude amicale
friendly ['frɛndlɪ] *adj* amical(e); (*kind*) sympathique, gentil(le); (*place*) accueillant(e); (*Pol: country*) ami(e) ▷ *n* (*also*: **friendly match**) match amical; **to be ~ with** être ami(e) avec; **to be ~ to** être bien disposé(e) à l'égard de
friendly fire *n*: **they were killed by ~** ils sont morts sous les tirs de leur propre camp
friendly society *n* société *f* mutualiste
friendship ['frɛndʃɪp] *n* amitié *f*
fries [fraɪz] (*esp US*) *npl* = **French fried potatoes**
frieze [fri:z] *n* frise *f*, bordure *f*
frigate ['frɪgɪt] *n* (*Naut: modern*) frégate *f*
fright [fraɪt] *n* peur *f*, effroi *m*; **to give sb a ~** faire peur à qn; **to take ~** prendre peur, s'effrayer; **she looks a ~** elle a l'air d'un

épouvantail
frighten ['fraɪtn] *vt* effrayer, faire peur à
▸ **frighten away, frighten off** *vt* (*birds, children etc*) faire fuir, effaroucher
frightened ['fraɪtnd] *adj*: **to be ~ (of)** avoir peur (de)
frightening ['fraɪtnɪŋ] *adj* effrayant(e)
frightful ['fraɪtful] *adj* affreux(-euse)
frightfully ['fraɪtfəlɪ] *adv* affreusement
frigid ['frɪdʒɪd] *adj* frigide
frigidity [frɪ'dʒɪdɪtɪ] *n* frigidité *f*
frill [frɪl] *n* (*of dress*) volant *m*; (*of shirt*) jabot *m*; **without ~s** (*fig*) sans manières
frilly ['frɪlɪ] *adj* à fanfreluches
fringe [frɪndʒ] *n* (*Brit: of hair*) frange *f*; (*edge: of forest etc*) bordure *f*; (*fig*): **on the ~** en marge
fringe benefits *npl* avantages sociaux *or* en nature
fringe theatre *n* théâtre *m* d'avant-garde
Frisbee® ['frɪzbɪ] *n* Frisbee® *m*
frisk [frɪsk] *vt* fouiller
frisky ['frɪskɪ] *adj* vif (vive), sémillant(e)
fritter ['frɪtəʳ] *n* beignet *m*
▸ **fritter away** *vt* gaspiller
frivolity [frɪ'vɔlɪtɪ] *n* frivolité *f*
frivolous ['frɪvələs] *adj* frivole
frizzy ['frɪzɪ] *adj* crépu(e)
fro [frəu] *adv see* **to**
frock [frɔk] *n* robe *f*
frog [frɔg] *n* grenouille *f*; **to have a ~ in one's throat** avoir un chat dans la gorge
frogman (*irreg*) ['frɔgmən] *n* homme-grenouille *m*
frogmarch ['frɔgmɑːtʃ] *vt* (*Brit*): **to ~ sb in/out** faire entrer/sortir qn de force
frolic ['frɔlɪk] *n* ébats *mpl* ▹ *vi* folâtrer, batifoler

 KEYWORD

from [frɔm] *prep* **1** (*indicating starting place, origin etc*) de; **where do you come from?, where are you from?** d'où venez-vous?; **where has he come from?** d'où arrive-t-il?; **from London to Paris** de Londres à Paris; **to escape from sb/sth** échapper à qn/qch; **a letter/telephone call from my sister** une lettre/un appel de ma sœur; **to drink from the bottle** boire à (même) la bouteille; **tell him from me that ...** dites-lui de ma part que ...
2 (*indicating time*) (à partir) de; **from one o'clock to** *or* **until** *or* **till two** d'une heure à deux heures; **from January (on)** à partir de janvier
3 (*indicating distance*) de; **the hotel is one kilometre from the beach** l'hôtel est à un kilomètre de la plage
4 (*indicating price, number etc*) de; **prices range from £10 to £50** les prix varient entre 10 livres et 50 livres; **the interest rate was increased from 9% to 10%** le taux d'intérêt est passé de 9% à 10%
5 (*indicating difference*) de; **he can't tell red from green** il ne peut pas distinguer le rouge du vert; **to be different from sb/sth** être différent de qn/qch
6 (*because of, on the basis of*): **from what he says** d'après ce qu'il dit; **weak from hunger** affaibli par la faim

frond [frɔnd] *n* fronde *f*
front [frʌnt] *n* (*of house, dress*) devant *m*; (*of coach, train*) avant *m*; (*of book*) couverture *f*; (*promenade: also*: **sea front**) bord *m* de mer; (*Mil, Pol, Meteorology*) front *m*; (*fig: appearances*) contenance *f*, façade *f* ▹ *adj* de devant; (*page, row*) premier(-ière); (*seat, wheel*) avant *inv* ▹ *vi*: **to ~ onto sth** donner sur qch; **in ~ (of)** devant
frontage ['frʌntɪdʒ] *n* façade *f*; (*of shop*) devanture *f*
frontal ['frʌntl] *adj* frontal(e)
front bench *n* (*Brit: Pol*) *voir article*

FRONT BENCH

Le *front bench* est le banc du gouvernement, placé à la droite du "Speaker", ou celui du cabinet fantôme, placé à sa gauche. Ils se font face dans l'enceinte de la Chambre des communes. Par extension, *front bench* désigne les dirigeants des groupes parlementaires de la majorité et de l'opposition, qui sont appelés "frontbenchers" par opposition aux autres députés qui sont appelés "backbenchers".

front desk *n* (*US: in hotel, at doctor's*) réception *f*
front door *n* porte *f* d'entrée; (*of car*) portière *f* avant
frontier ['frʌntɪəʳ] *n* frontière *f*
frontispiece ['frʌntɪspiːs] *n* frontispice *m*
front page *n* première page
front room *n* (*Brit*) pièce *f* de devant, salon *m*
front runner *n* (*fig*) favori(te)
front-wheel drive ['frʌntwiːl-] *n* traction *f* avant
frost [frɔst] *n* gel *m*, gelée *f*; (*also*: **hoarfrost**) givre *m*
frostbite ['frɔstbaɪt] *n* gelures *fpl*
frosted ['frɔstɪd] *adj* (*glass*) dépoli(e); (*esp US: cake*) glacé(e)
frosting ['frɔstɪŋ] *n* (*esp US: on cake*) glaçage *m*
frosty ['frɔstɪ] *adj* (*window*) couvert(e) de givre; (*weather, welcome*) glacial(e)
froth [frɔθ] *n* mousse *f*; écume *f*
frown [fraun] *n* froncement *m* de sourcils ▹ *vi* froncer les sourcils
▸ **frown on** *vt* (*fig*) désapprouver
froze [frəuz] *pt of* **freeze**
frozen ['frəuzn] *pp of* **freeze** ▹ *adj* (*food*) congelé(e); (*very cold: person: Comm: assets*) gelé(e)
FRS *n abbr* (*Brit: = Fellow of the Royal Society*) *membre de l'Académie des sciences*; (*US: = Federal Reserve System*) *banque centrale américaine*
frugal ['fruːgl] *adj* frugal(e)
fruit [fruːt] *n* (*pl inv*) fruit *m*

fruiterer ['fru:tərəʳ] *n* fruitier *m*, marchand(e) de fruits; **~'s (shop)** fruiterie *f*
fruit fly *n* mouche *f* du vinaigre, drosophile *f*
fruitful ['fru:tful] *adj* fructueux(-euse); (*plant, soil*) fécond(e)
fruition [fru:'ɪʃən] *n*: **to come to ~** se réaliser
fruit juice *n* jus *m* de fruit
fruitless ['fru:tlɪs] *adj* (*fig*) vain(e), infructueux(-euse)
fruit machine *n* (*Brit*) machine *f* à sous
fruit salad *n* salade *f* de fruits
frump [frʌmp] *n* mocheté *f*
frustrate [frʌs'treɪt] *vt* frustrer; (*plot, plans*) faire échouer
frustrated [frʌs'treɪtɪd] *adj* frustré(e)
frustrating [frʌs'treɪtɪŋ] *adj* (*job*) frustrant(e); (*day*) démoralisant(e)
frustration [frʌs'treɪʃən] *n* frustration *f*
fry (*pt, pp* **fried**) [fraɪ, -d] *vt* (faire) frire ▷ *n*: **small ~** le menu fretin
frying pan ['fraɪɪŋ-] *n* poêle *f* (à frire)
FT *n abbr* (*Brit: = Financial Times*) *journal financier*
ft. *abbr* = **foot; feet**
FTC *n abbr* (*US*) = **Federal Trade Commission**
FTSE 100 (Share) Index *n abbr* (= *Financial Times Stock Exchange 100 (Share) Index*) indice *m* Footsie des cent grandes valeurs
fuchsia ['fju:ʃə] *n* fuchsia *m*
fuck [fʌk] *vt, vi* (*inf!*) baiser (*!*); **~ off!** fous le camp! (*!*)
fuddled ['fʌdld] *adj* (*muddled*) embrouillé(e), confus(e)
fuddy-duddy ['fʌdɪdʌdɪ] *adj* (*pej*) vieux jeu *inv*, ringard(e)
fudge [fʌdʒ] *n* (*Culin*) *sorte de confiserie à base de sucre, de beurre et de lait* ▷ *vt* (*issue, problem*) esquiver
fuel [fjuəl] *n* (*for heating*) combustible *m*; (*for engine*) carburant *m*
fuel oil *n* mazout *m*
fuel poverty *n* pauvreté *f* énergétique
fuel pump *n* (*Aut*) pompe *f* d'alimentation
fuel tank *n* cuve *f* à mazout, citerne *f*; (*in vehicle*) réservoir *m* de *or* à carburant
fug [fʌg] *n* (*Brit*) puanteur *f*, odeur *f* de renfermé
fugitive ['fju:dʒɪtɪv] *n* fugitif(-ive)
fulfil, (*US*) **fulfill** [ful'fɪl] *vt* (*function, condition*) remplir; (*order*) exécuter; (*wish, desire*) satisfaire, réaliser
fulfilled [ful'fɪld] *adj* (*person*) comblé(e), épanoui(e)
fulfilment, (*US*) **fulfillment** [ful'fɪlmənt] *n* (*of wishes*) réalisation *f*
full [ful] *adj* plein(e); (*details, hotel, bus*) complet(-ète); (*price*) fort(e), normal(e); (*busy: day*) chargé(e); (*skirt*) ample, large ▷ *adv*: **to know ~ well that** savoir fort bien que; **~ (up)** (*hotel etc*) complet(-ète); **I'm ~ (up)** j'ai bien mangé; **~ employment/fare** plein emploi/ tarif; **a ~ two hours** deux bonnes heures; **at ~ speed** à toute vitesse; **in ~** (*reproduce, quote, pay*) intégralement; (*write name etc*) en toutes lettres
fullback ['fulbæk] *n* (*Rugby, Football*) arrière *m*
full-blooded ['ful'blʌdɪd] *adj* (*vigorous*) vigoureux(-euse)
full-cream ['ful'kri:m] *adj*: **~ milk** (*Brit*) lait entier
full-grown ['ful'grəun] *adj* arrivé(e) à maturité, adulte
full-length ['ful'lɛŋθ] *adj* (*portrait*) en pied; (*coat*) long(ue); **~ film** long métrage
full moon *n* pleine lune
full-scale ['fulskeɪl] *adj* (*model*) grandeur nature *inv*; (*search, retreat*) complet(-ète), total(e)
full-sized ['ful'saɪzd] *adj* (*portrait etc*) grandeur nature *inv*
full stop *n* point *m*
full-time ['ful'taɪm] *adj, adv* (*work*) à plein temps ▷ *n* (*Sport*) fin *f* du match
fully ['fulɪ] *adv* entièrement, complètement; (*at least*): **~ as big** au moins aussi grand
fully-fledged ['fulɪ'flɛdʒd] *adj* (*teacher, barrister*) diplômé(e); (*citizen, member*) à part entière
fulsome ['fulsəm] *adj* (*pej: praise*) excessif(-ive); (*: manner*) exagéré(e)
fumble ['fʌmbl] *vi* fouiller, tâtonner ▷ *vt* (*ball*) mal réceptionner, cafouiller
▸ **fumble with** *vt fus* tripoter
fume [fju:m] *vi* (*rage*) rager
fumes [fju:mz] *npl* vapeurs *fpl*, émanations *fpl*, gaz *mpl*
fumigate ['fju:mɪgeɪt] *vt* désinfecter (par fumigation)
fun [fʌn] *n* amusement *m*, divertissement *m*; **to have ~** s'amuser; **for ~** pour rire; **it's not much ~** ce n'est pas très drôle *or* amusant; **to make ~ of** se moquer de
function ['fʌŋkʃən] *n* fonction *f*; (*reception, dinner*) cérémonie *f*, soirée officielle ▷ *vi* fonctionner; **to ~ as** faire office de
functional ['fʌŋkʃənl] *adj* fonctionnel(le)
function key *n* (*Comput*) touche *f* de fonction
fund [fʌnd] *n* caisse *f*, fonds *m*; (*source, store*) source *f*, mine *f*; **funds** *npl* (*money*) fonds *mpl*
fundamental [fʌndə'mɛntl] *adj* fondamental(e); **fundamentals** *npl* principes *mpl* de base
fundamentalism [fʌndə'mɛntəlɪzəm] *n* intégrisme *m*
fundamentalist [fʌndə'mɛntəlɪst] *n* intégriste *m/f*
fundamentally [fʌndə'mɛntəlɪ] *adv* fondamentalement
funding ['fʌndɪŋ] *n* financement *m*
fund-raising ['fʌndreɪzɪŋ] *n* collecte *f* de fonds
funeral ['fju:nərəl] *n* enterrement *m*, obsèques *fpl* (*more formal occasion*)
funeral director *n* entrepreneur *m* des pompes funèbres
funeral parlour *n* (*Brit*) dépôt *m* mortuaire
funeral service *n* service *m* funèbre
funereal [fju:'nɪərɪəl] *adj* lugubre, funèbre
funfair ['fʌnfɛəʳ] *n* (*Brit*) fête (foraine)
fungus (*pl* **fungi**) ['fʌŋgəs, -gaɪ] *n* champignon *m*; (*mould*) moisissure *f*

f

funicular [fju:'nɪkjulə^r] *n* (*also*: **funicular railway**) funiculaire *m*
funky ['fʌŋkɪ] *adj* (*music*) funky *inv*; (*inf*: *excellent*) super *inv*
funnel ['fʌnl] *n* entonnoir *m*; (*of ship*) cheminée *f*
funnily ['fʌnɪlɪ] *adv* drôlement; (*strangely*) curieusement
funny ['fʌnɪ] *adj* amusant(e), drôle; (*strange*) curieux(-euse), bizarre
funny bone *n endroit sensible du coude*
fun run *n* course *f* de fond (*pour amateurs*)
fur [fə:^r] *n* fourrure *f*; (*Brit*: *in kettle etc*) (dépôt *m* de) tartre *m*
fur coat *n* manteau *m* de fourrure
furious ['fjuərɪəs] *adj* furieux(-euse); (*effort*) acharné(e); **to be ~ with sb** être dans une fureur noire contre qn
furiously ['fjuərɪəslɪ] *adv* furieusement; avec acharnement
furl [fə:l] *vt* rouler; (*Naut*) ferler
furlong ['fə:lɔŋ] *n* = *201.17 m* (*terme d'hippisme*)
furlough ['fə:ləu] *n* permission *f*, congé *m*
furnace ['fə:nɪs] *n* fourneau *m*
furnish ['fə:nɪʃ] *vt* meubler; (*supply*) fournir; **~ed flat** *or* (US) **apartment** meublé *m*
furnishings ['fə:nɪʃɪŋz] *npl* mobilier *m*, articles *mpl* d'ameublement
furniture ['fə:nɪtʃə^r] *n* meubles *mpl*, mobilier *m*; **piece of ~** meuble *m*
furniture polish *n* encaustique *f*
furore [fjuə'rɔ:rɪ] *n* (*protests*) protestations *fpl*
furrier ['fʌrɪə^r] *n* fourreur *m*
furrow ['fʌrəu] *n* sillon *m*
furry ['fə:rɪ] *adj* (*animal*) à fourrure; (*toy*) en peluche
further ['fə:ðə^r] *adj* supplémentaire, autre; nouveau (nouvelle) ▷ *adv* plus loin; (*more*) davantage; (*moreover*) de plus ▷ *vt* faire avancer *or* progresser, promouvoir; **how much ~ is it?** quelle distance *or* combien reste-t-il à parcourir?; **until ~ notice** jusqu'à nouvel ordre *or* avis; **~ to your letter of ...** (*Comm*) suite à votre lettre du ...
further education *n* enseignement *m* postscolaire (*recyclage, formation professionnelle*)
furthermore [fə:ðə'mɔ:^r] *adv* de plus, en outre
furthermost ['fə:ðəməust] *adj* le (la) plus éloigné(e)
furthest ['fə:ðɪst] *superlative of* **far**
furtive ['fə:tɪv] *adj* furtif(-ive)
fury ['fjuərɪ] *n* fureur *f*
fuse, (US) **fuze** [fju:z] *n* fusible *m*; (*for bomb etc*) amorce *f*, détonateur *m* ▷ *vt*, *vi* (*metal*) fondre; (*fig*) fusionner; (*Brit*: *Elec*): **to ~ the lights** faire sauter les fusibles *or* les plombs; **a ~ has blown** un fusible a sauté
fuse box *n* boîte *f* à fusibles
fuselage ['fju:zəlɑ:ʒ] *n* fuselage *m*
fuse wire *n* fusible *m*
fusillade [fju:zɪ'leɪd] *n* fusillade *f*; (*fig*) feu roulant
fusion ['fju:ʒən] *n* fusion *f*
fuss [fʌs] *n* (*anxiety, excitement*) chichis *mpl*, façons *fpl*; (*commotion*) tapage *m*; (*complaining, trouble*) histoire(s) *f(pl)* ▷ *vi* faire des histoires ▷ *vt* (*person*) embêter; **to make a ~** faire des façons (*or* des histoires); **to make a ~ of sb** dorloter qn
▸ **fuss over** *vt fus* (*person*) dorloter
fusspot ['fʌspɔt] *n* (*inf*): **don't be such a ~!** ne fais pas tant d'histoires!
fussy ['fʌsɪ] *adj* (*person*) tatillon(ne), difficile, chichiteux(-euse); (*dress, style*) tarabiscoté(e); **I'm not ~** (*inf*) ça m'est égal
fusty ['fʌstɪ] *adj* (*old-fashioned*) vieillot(te); (*smell*) de renfermé *or* moisi
futile ['fju:taɪl] *adj* futile
futility [fju:'tɪlɪtɪ] *n* futilité *f*
futon ['fu:tɔn] *n* futon *m*
future ['fju:tʃə^r] *adj* futur(e) ▷ *n* avenir *m*; (*Ling*) futur *m*; **futures** *npl* (*Comm*) opérations *fpl* à terme; **in (the) ~** à l'avenir; **in the near/immediate ~** dans un avenir proche/immédiat
futuristic [fju:tʃə'rɪstɪk] *adj* futuriste
fuze [fju:z] *n*, *vt*, *vi* (US) = **fuse**
fuzzy ['fʌzɪ] *adj* (*Phot*) flou(e); (*hair*) crépu(e)
fwd. *abbr* = **forward**
fwy *abbr* (US) = **freeway**
FY *abbr* = **fiscal year**
FYI *abbr* = **for your information**

Gg

g

G¹, g [dʒiː] *n* (*letter*) G, g *m*; (*Mus*): **G** sol *m*; **G for George** G comme Gaston
G² *n abbr* (*Brit Scol*: = *good*) b (= *bien*); (*US Cine*: = *general (audience)*) ≈ tous publics; (*Pol*: = *G8*) G8 *m*
g. *abbr* (= *gram*) g; (= *gravity*) g
G8 *abbr* (*Pol*): **the G8 nations** le G8
G20 *n abbr* (*Pol*) G20 *m*
GA *abbr* (*US*) = **Georgia**
gab [gæb] *n* (*inf*): **to have the gift of the ~** avoir la langue bien pendue
gabble ['gæbl] *vi* bredouiller; jacasser
gaberdine [gæbə'diːn] *n* gabardine *f*
gable ['geɪbl] *n* pignon *m*
Gabon [gə'bɔn] *n* Gabon *m*
gad about ['gædə'baut] *vi* (*inf*) se balader
gadget ['gædʒɪt] *n* gadget *m*
Gaelic ['geɪlɪk] *adj*, *n* (*Ling*) gaélique (*m*)
gaffe [gæf] *n* gaffe *f*
gaffer ['gæfər] *n* (*Brit*: *foreman*) contremaître *m*; (*Brit inf*: *boss*) patron *m*
gag [gæg] *n* (*on mouth*) bâillon *m*; (*joke*) gag *m* ▷ *vt* (*prisoner etc*) bâillonner ▷ *vi* (*choke*) étouffer
gaga ['gɑːgɑː] *adj*: **to go ~** devenir gaga *or* gâteux(-euse)
gaiety ['geɪɪtɪ] *n* gaieté *f*
gaily ['geɪlɪ] *adv* gaiement
gain [geɪn] *n* (*improvement*) gain *m*; (*profit*) gain, profit *m* ▷ *vt* gagner ▷ *vi* (*watch*) avancer; **to ~ from/by** gagner de/à; **to ~ on sb** (*catch up*) rattraper qn; **to ~ 3lbs (in weight)** prendre 3 livres; **to ~ ground** gagner du terrain
gainful ['geɪnful] *adj* profitable, lucratif(-ive)
gainfully ['geɪnfəlɪ] *adv*: **to be ~ employed** avoir un emploi rémunéré
gainsay [geɪn'seɪ] *vt* (*irreg*: *like* **say**) contredire; nier
gait [geɪt] *n* démarche *f*
gal. *abbr* = **gallon**
gala ['gɑːlə] *n* gala *m*; **swimming ~** grand concours de natation
Galápagos [gə'læpəgəs], **Galápagos Islands** *npl*: **the ~ (Islands)** les (îles *fpl*) Galapagos *fpl*
galaxy ['gæləksɪ] *n* galaxie *f*
gale [geɪl] *n* coup *m* de vent; **~ force 10** vent *m* de force 10
gall [gɔːl] *n* (*Anat*) bile *f*; (*fig*) effronterie *f* ▷ *vt* ulcérer, irriter
gall. *abbr* = **gallon**
gallant ['gælənt] *adj* vaillant(e), brave; (*towards ladies*) empressé(e), galant(e)
gallantry ['gæləntrɪ] *n* bravoure *f*, vaillance *f*; empressement *m*, galanterie *f*
gall bladder ['gɔːl-] *n* vésicule *f* biliaire
galleon ['gælɪən] *n* galion *m*
gallery ['gælərɪ] *n* galerie *f*; (*also*: **art gallery**) musée *m*; (: *private*) galerie; (*for spectators*) tribune *f*; (: *in theatre*) dernier balcon
galley ['gælɪ] *n* (*ship's kitchen*) cambuse *f*; (*ship*) galère *f*; (*also*: **galley proof**) placard *m*, galée *f*
Gallic ['gælɪk] *adj* (*of Gaul*) gaulois(e); (*French*) français(e)
galling ['gɔːlɪŋ] *adj* irritant(e)
gallon ['gæln] *n* gallon *m* (*Brit* = *4.543 l*; *US* = *3.785 l*), = *8 pints*
gallop ['gæləp] *n* galop *m* ▷ *vi* galoper; **~ing inflation** inflation galopante
gallows ['gæləuz] *n* potence *f*
gallstone ['gɔːlstəun] *n* calcul *m* (biliaire)
Gallup Poll ['gæləp-] *n* sondage *m* Gallup
galore [gə'lɔːr] *adv* en abondance, à gogo
galvanize ['gælvənaɪz] *vt* galvaniser; (*fig*): **to ~ sb into action** galvaniser qn
Gambia ['gæmbɪə] *n* Gambie *f*
gambit ['gæmbɪt] *n* (*fig*): **(opening) ~** manœuvre *f* stratégique
gamble ['gæmbl] *n* pari *m*, risque calculé ▷ *vt*, *vi* jouer; **to ~ on the Stock Exchange** jouer en *or* à la Bourse; **to ~ on** (*fig*) miser sur
gambler ['gæmblər] *n* joueur *m*
gambling ['gæmblɪŋ] *n* jeu *m*
gambol ['gæmbl] *vi* gambader
game [geɪm] *n* jeu *m*; (*event*) match *m*; (*of tennis, chess, cards*) partie *f*; (*Hunting*) gibier *m* ▷ *adj* brave; (*willing*): **to be ~ (for)** être prêt(e) (à *or* pour); **a ~ of football/tennis** une partie de football/tennis; **big ~** gros gibier; **games** *npl* (*Scol*) sport *m*; (*sport event*) jeux
game bird *n* gibier *m* à plume
gamekeeper ['geɪmkiːpər] *n* garde-chasse *m*
gamely ['geɪmlɪ] *adv* vaillamment
gamer ['geɪmər] *n* jouer(-euse) de jeux vidéos
game reserve *n* réserve animalière

games console ['geɪmz-] *n* console *f* de jeux vidéo
game show ['geɪmʃəu] *n* jeu télévisé
gamesmanship ['geɪmzmənʃɪp] *n* roublardise *f*
gaming ['geɪmɪŋ] *n* jeu *m*, jeux *mpl* d'argent; (*video games*) jeux *mpl* vidéos
gammon ['gæmən] *n* (*bacon*) quartier *m* de lard fumé; (*ham*) jambon fumé *or* salé
gamut ['gæmət] *n* gamme *f*
gang [gæŋ] *n* bande *f*, groupe *m*; (*of workmen*) équipe *f*
▸ **gang up** *vi*: **to ~ up on sb** se liguer contre qn
Ganges ['gændʒi:z] *n*: **the ~** le Gange
gangland ['gæŋlænd] *adj*: **~ killer** tueur professionnel du milieu; **~ boss** chef *m* de gang
gangling ['gæŋglɪŋ], **gangly** ['gæŋglɪ] *adj* dégingandé(e)
gangplank ['gæŋplæŋk] *n* passerelle *f*
gangrene ['gæŋgri:n] *n* gangrène *f*
gangster ['gæŋstə^r] *n* gangster *m*, bandit *m*
gangway ['gæŋweɪ] *n* passerelle *f*; (*Brit: of bus*) couloir central
gantry ['gæntrɪ] *n* portique *m*; (*for rocket*) tour *f* de lancement
GAO *n abbr* (*US: = General Accounting Office*) ≈ Cour *f* des comptes
gaol [dʒeɪl] *n*, *vt* (*Brit*) = **jail**
gap [gæp] *n* trou *m*; (*in time*) intervalle *m*; (*fig*) lacune *f*; vide *m*; (*difference*): **~ (between)** écart *m* (entre)
gape [geɪp] *vi* (*person*) être *or* rester bouche bée; (*hole, shirt*) être ouvert(e)
gaping ['geɪpɪŋ] *adj* (*hole*) béant(e)
gap year *n année que certains étudiants prennent pour voyager ou pour travailler avant d'entrer à l'université*
garage ['gærɑ:ʒ] *n* garage *m*
garage sale *n* vide-grenier *m*
garb [gɑ:b] *n* tenue *f*, costume *m*
garbage ['gɑ:bɪdʒ] *n* (*US: rubbish*) ordures *fpl*, détritus *mpl*; (*inf: nonsense*) âneries *fpl*
garbage can *n* (*US*) poubelle *f*, boîte *f* à ordures
garbage collector *n* (*US*) éboueur *m*
garbage disposal unit *n* broyeur *m* d'ordures
garbage truck *n* (*US*) camion *m* (de ramassage des ordures), benne *f* à ordures
garbled ['gɑ:bld] *adj* déformé(e), faussé(e)
garden ['gɑ:dn] *n* jardin *m* ▹ *vi* jardiner; **gardens** *npl* (*public*) jardin public; (*private*) parc *m*
garden centre (*Brit*) *n* pépinière *f*, jardinerie *f*
garden city *n* (*Brit*) cité-jardin *f*
gardener ['gɑ:dnə^r] *n* jardinier *m*
gardening ['gɑ:dnɪŋ] *n* jardinage *m*
gargle ['gɑ:gl] *vi* se gargariser ▹ *n* gargarisme *m*
gargoyle ['gɑ:gɔɪl] *n* gargouille *f*
garish ['gɛərɪʃ] *adj* criard(e), voyant(e)
garland ['gɑ:lənd] *n* guirlande *f*; couronne *f*
garlic ['gɑ:lɪk] *n* ail *m*
garment ['gɑ:mənt] *n* vêtement *m*
garner ['gɑ:nə^r] *vt* engranger, amasser
garnish ['gɑ:nɪʃ] (*Culin*) *vt* garnir ▹ *n* décoration *f*
garret ['gærɪt] *n* mansarde *f*
garrison ['gærɪsn] *n* garnison *f* ▹ *vt* mettre en garnison, stationner
garrulous ['gærjuləs] *adj* volubile, loquace
garter ['gɑ:tə^r] *n* jarretière *f*; (*US: suspender*) jarretelle *f*
garter belt *n* (*US*) porte-jarretelles *m inv*
gas [gæs] *n* gaz *m*; (*used as anaesthetic*): **to be given ~** se faire endormir; (*US: gasoline*) essence *f* ▹ *vt* asphyxier; (*Mil*) gazer; **I can smell ~** ça sent le gaz
Gascony ['gæskənɪ] *n* Gascogne *f*
gas cooker *n* (*Brit*) cuisinière *f* à gaz
gas cylinder *n* bouteille *f* de gaz
gaseous ['gæsɪəs] *adj* gazeux(-euse)
gas fire *n* (*Brit*) radiateur *m* à gaz
gas-fired ['gæsfaɪəd] *adj* au gaz
gash [gæʃ] *n* entaille *f*; (*on face*) balafre *f* ▹ *vt* taillader; balafrer
gasket ['gæskɪt] *n* (*Aut*) joint *m* de culasse
gas mask *n* masque *m* à gaz
gas meter *n* compteur *m* à gaz
gasoline ['gæsəli:n] *n* (*US*) essence *f*
gasp [gɑ:sp] *n* halètement *m*; (*of shock etc*): **she gave a small ~ of pain** la douleur lui coupa le souffle ▹ *vi* haleter; (*fig*) avoir le souffle coupé
▸ **gasp out** *vt* (*say*) dire dans un souffle *or* d'une voix entrecoupée
gas pedal *n* (*US*) accélérateur *m*
gas ring *n* brûleur *m*
gas station *n* (*US*) station-service *f*
gas stove *n* réchaud *m* à gaz; (*cooker*) cuisinière *f* à gaz
gassy ['gæsɪ] *adj* gazeux(-euse)
gas tank *n* (*US Aut*) réservoir *m* d'essence
gas tap *n* bouton *m* (de cuisinière à gaz); (*on pipe*) robinet *m* à gaz
gastric ['gæstrɪk] *adj* gastrique
gastric ulcer *n* ulcère *m* de l'estomac
gastroenteritis ['gæstrəuɛntə'raɪtɪs] *n* gastroentérite *f*
gastronomy [gæs'trɔnəmɪ] *n* gastronomie *f*
gasworks ['gæswə:ks] *n*, *npl* usine *f* à gaz
gate [geɪt] *n* (*of garden*) portail *m*; (*of field, at level crossing*) barrière *f*; (*of building, town, at airport*) porte *f*; (*of lock*) vanne *f*
gateau (*pl* **-x**) ['gætəu, -z] *n* gros gâteau à la crème
gatecrash ['geɪtkræʃ] *vt* s'introduire sans invitation dans
gatecrasher ['geɪtkræʃə^r] *n* intrus(e)
gatehouse ['geɪthaus] *n* loge *f*
gateway ['geɪtweɪ] *n* porte *f*
gather ['gæðə^r] *vt* (*flowers, fruit*) cueillir; (*pick up*) ramasser; (*assemble: objects*) rassembler; (*: people*) réunir; (*: information*) recueillir; (*understand*) comprendre ▹ *vi* (*assemble*) se rassembler; (*dust*) s'amasser; (*clouds*) s'amonceler; **to ~ (from/that)** conclure *or* déduire (de/que); **as far as I can ~** d'après ce que je comprends; **to ~ speed** prendre de la vitesse
gathering ['gæðərɪŋ] *n* rassemblement *m*
GATT [gæt] *n abbr* (*= General Agreement on Tariffs and*

Trade) GATT *m*
gauche [gəuʃ] *adj* gauche, maladroit(e)
gaudy ['gɔːdɪ] *adj* voyant(e)
gauge [geɪdʒ] *n (standard measure)* calibre *m*; *(Rail)* écartement *m*; *(instrument)* jauge *f* ▷ *vt* jauger; *(fig: sb's capabilities, character)* juger de; **to ~ the right moment** calculer le moment propice; **petrol ~**, (US) **gas ~** jauge d'essence
Gaul [gɔːl] *n (country)* Gaule *f*; *(person)* Gaulois(e)
gaunt [gɔːnt] *adj* décharné(e); *(grim, desolate)* désolé(e)
gauntlet ['gɔːntlɪt] *n (fig)*: **to throw down the ~** jeter le gant; **to run the ~ through an angry crowd** se frayer un passage à travers une foule hostile *or* entre deux haies de manifestants *etc* hostiles
gauze [gɔːz] *n* gaze *f*
gave [geɪv] *pt of* **give**
gawky ['gɔːkɪ] *adj* dégingandé(e), godiche
gawp [gɔːp] *vi*: **to ~ at** regarder bouche bée
gay [geɪ] *adj (homosexual)* homosexuel(le); *(slightly old-fashioned: cheerful)* gai(e), réjoui(e); *(colour)* gai, vif (vive)
gaze [geɪz] *n* regard *m* fixe ▷ *vi*: **to ~ at** *(vt)* fixer du regard
gazelle [gə'zɛl] *n* gazelle *f*
gazette [gə'zɛt] *n (newspaper)* gazette *f*; *(official publication)* journal officiel
gazetteer [gæzə'tɪəʳ] *n* dictionnaire *m* géographique
gazump [gə'zʌmp] *vi (Brit) revenir sur une promesse de vente pour accepter un prix plus élevé*
GB *abbr* = **Great Britain**
GBH *n abbr (Brit Law: inf)* = **grievous bodily harm**
GC *n abbr (Brit: = George Cross) distinction honorifique*
GCE *n abbr (Brit)* = **General Certificate of Education**
GCHQ *n abbr (Brit: = Government Communications Headquarters) centre d'interception des télécommunications étrangères*
GCSE *n abbr (Brit: = General Certificate of Secondary Education) examen passé à l'âge de 16 ans sanctionnant les connaissances de l'élève*; **she's got eight ~s** elle a réussi dans huit matières aux épreuves du GCSE
Gdns. *abbr* = **gardens**
GDP *n abbr* = **gross domestic product**
GDR *n abbr (old: = German Democratic Republic)* RDA *f*
gear [gɪəʳ] *n* matériel *m*, équipement *m*; *(Tech)* engrenage *m*; *(Aut)* vitesse *f* ▷ *vt (fig: adapt)* adapter; **top** *or* (US) **high/low ~** quatrième *(or* cinquième)/première vitesse; **in ~** en prise; **out of ~** au point mort; **our service is ~ed to meet the needs of the disabled** notre service répond de façon spécifique aux besoins des handicapés
▸ **gear up** *vi*: **to ~ up (to do)** se préparer (à faire)
gear box *n* boîte *f* de vitesse
gear lever *n* levier *m* de vitesse
gear shift (US) *n* = **gear lever**
gear stick (Brit) *n* = **gear lever**
GED *n abbr (US Scol)* = **general educational development**
geese [giːs] *npl of* **goose**
geezer ['giːzəʳ] *n (Brit inf)* mec *m*
Geiger counter ['gaɪgə-] *n* compteur *m* Geiger
gel [dʒɛl] *n* gelée *f*; *(Chem)* colloïde *m*
gelatin, gelatine ['dʒɛlətiːn] *n* gélatine *f*
gelignite ['dʒɛlɪgnaɪt] *n* plastic *m*
gem [dʒɛm] *n* pierre précieuse
Gemini ['dʒɛmɪnaɪ] *n* les Gémeaux *mpl*; **to be ~** être des Gémeaux
gen [dʒɛn] *n (Brit inf)*: **to give sb the ~ on sth** mettre qn au courant de qch
Gen. *abbr (Mil: = general)* Gal
gen. *abbr (= general, generally)* gén
gender ['dʒɛndəʳ] *n* genre *m*; *(person's sex)* sexe *m*
gene [dʒiːn] *n (Biol)* gène *m*
genealogy [dʒiːnɪ'ælədʒɪ] *n* généalogie *f*
general ['dʒɛnərl] *n* général *m* ▷ *adj* général(e); **in ~** en général; **the ~ public** le grand public; **~ audit** *(Comm)* vérification annuelle
general anaesthetic, (US) **general anesthetic** *n* anesthésie générale
general delivery *n* poste restante
general election *n* élection(s) législative(s)
generalization ['dʒɛnrəlaɪ'zeɪʃən] *n* généralisation *f*
generalize ['dʒɛnrəlaɪz] *vi* généraliser
general knowledge *n* connaissances générales
generally ['dʒɛnrəlɪ] *adv* généralement
general manager *n* directeur général
general practitioner *n* généraliste *m/f*
general store *n* épicerie *f*
general strike *n* grève générale
generate ['dʒɛnəreɪt] *vt* engendrer; *(electricity)* produire
generation [dʒɛnə'reɪʃən] *n* génération *f*; *(of electricity etc)* production *f*
generator ['dʒɛnəreɪtəʳ] *n* générateur *m*
generic [dʒɪ'nɛrɪk] *adj* générique
generosity [dʒɛnə'rɔsɪtɪ] *n* générosité *f*
generous ['dʒɛnərəs] *adj* généreux(-euse); *(copious)* copieux(-euse)
genesis ['dʒɛnɪsɪs] *n* genèse *f*
genetic [dʒɪ'nɛtɪk] *adj* génétique; **~ engineering** ingénierie *m* génétique; **~ fingerprinting** système *m* d'empreinte génétique
genetically modified *adj (food etc)* génétiquement modifié(e)
genetics [dʒɪ'nɛtɪks] *n* génétique *f*
Geneva [dʒɪ'niːvə] *n* Genève; **Lake ~** le lac Léman
genial ['dʒiːnɪəl] *adj* cordial(e), chaleureux(-euse); *(climate)* clément(e)
genitals ['dʒɛnɪtlz] *npl* organes génitaux
genitive ['dʒɛnɪtɪv] *n* génitif *m*
genius ['dʒiːnɪəs] *n* génie *m*
Genoa ['dʒɛnəuə] *n* Gênes
genocide ['dʒɛnəusaɪd] *n* génocide *m*
gent [dʒɛnt] *n abbr (Brit inf)* = **gentleman**
genteel [dʒɛn'tiːl] *adj* de bon ton, distingué(e)
gentle ['dʒɛntl] *adj* doux (douce); *(breeze, touch)*

g

léger(-ère)
gentleman (*irreg*) ['dʒɛntlmən] *n* monsieur *m*; (*well-bred man*) gentleman *m*; **~'s agreement** gentleman's agreement *m*
gentlemanly ['dʒɛntlmənlı] *adj* bien élevé(e)
gentleness ['dʒɛntlnıs] *n* douceur *f*
gently ['dʒɛntlı] *adv* doucement
gentry ['dʒɛntrı] *n* petite noblesse
gents [dʒɛnts] *n* W.-C. *mpl* (pour hommes)
genuine ['dʒɛnjuın] *adj* véritable, authentique; (*person, emotion*) sincère
genuinely ['dʒɛnjuınlı] *adv* sincèrement, vraiment
geographer [dʒı'ɔgrəfə[r]] *n* géographe *m/f*
geographic [dʒıə'græfık], **geographical** [dʒıə'græfıkl] *adj* géographique
geography [dʒı'ɔgrəfı] *n* géographie *f*
geological [dʒıə'lɔdʒıkl] *adj* géologique
geologist [dʒı'ɔlədʒıst] *n* géologue *m/f*
geology [dʒı'ɔlədʒı] *n* géologie *f*
geometric [dʒıə'mɛtrık], **geometrical** [dʒıə'mɛtrıkl] *adj* géométrique
geometry [dʒı'ɔmətrı] *n* géométrie *f*
Geordie ['dʒɔːdı] *n* (*inf*) habitant(e) de Tyneside, originaire *m/f* de Tyneside.
Georgia ['dʒɔːdʒə] *n* Géorgie *f*
Georgian ['dʒɔːdʒən] *adj* (*Geo*) géorgien(ne) ▷ *n* Géorgien(ne); (*Ling*) géorgien *m*
geranium [dʒı'reınıəm] *n* géranium *m*
geriatric [dʒɛrı'ætrık] *adj* gériatrique ▷ *n* patient(e) gériatrique
germ [dʒəːm] *n* (*Med*) microbe *m*; (*Biol: fig*) germe *m*
German ['dʒəːmən] *adj* allemand(e) ▷ *n* Allemand(e); (*Ling*) allemand *m*
germane [dʒəː'meın] *adj* (*formal*): **~ (to)** se rapportant (à)
German measles *n* rubéole *f*
Germany ['dʒəːmənı] *n* Allemagne *f*
germination [dʒəːmı'neıʃən] *n* germination *f*
germ warfare *n* guerre *f* bactériologique
gerrymandering ['dʒɛrımændərıŋ] *n* tripotage *m* du découpage électoral
gestation [dʒɛs'teıʃən] *n* gestation *f*
gesticulate [dʒɛs'tıkjuleıt] *vi* gesticuler
gesture ['dʒɛstjə[r]] *n* geste *m*; **as a ~ of friendship** en témoignage d'amitié

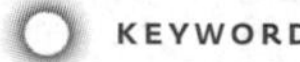
KEYWORD

get [gɛt] (*pt, pp* **got**, *pp* **gotten**) (*US*) *vi* **1** (*become, be*) devenir; **to get old/tired** devenir vieux/fatigué, vieillir/se fatiguer; **to get drunk** s'enivrer; **to get ready/washed/shaved** *etc* se préparer/laver/raser *etc*; **to get killed** se faire tuer; **to get dirty** se salir; **to get married** se marier; **when do I get paid?** quand est-ce que je serai payé?; **it's getting late** il se fait tard
2 (*go*): **to get to/from** aller à/de; **to get home** rentrer chez soi; **how did you get here?** comment es-tu arrivé ici?; **he got across the bridge/under the fence** il a traversé le pont/est passé au-dessous de la barrière
3 (*begin*) commencer *or* se mettre à; **to get to know sb** apprendre à connaître qn; **I'm getting to like him** je commence à l'apprécier; **let's get going** *or* **started** allons-y
4 (*modal aux vb*): **you've got to do it** il faut que vous le fassiez; **I've got to tell the police** je dois le dire à la police
▷ *vt* **1**: **to get sth done** (*do*) faire qch; (*have done*) faire faire qch; **to get sth/sb ready** préparer qch/qn; **to get one's hair cut** se faire couper les cheveux; **to get the car going** *or* **to go** (faire) démarrer la voiture; **to get sb to do sth** faire faire qch à qn; **to get sb drunk** enivrer qn
2 (*obtain: money, permission, results*) obtenir, avoir; (*buy*) acheter; (*find: job, flat*) trouver; (*fetch: person, doctor, object*) aller chercher; **to get sth for sb** procurer qch à qn; **get me Mr Jones, please** (*on phone*) passez-moi Mr Jones, s'il vous plaît; **can I get you a drink?** est-ce que je peux vous servir à boire?
3 (*receive: present, letter*) recevoir, avoir; (*acquire: reputation*) avoir; (*prize*) obtenir; **what did you get for your birthday?** qu'est-ce que tu as eu pour ton anniversaire?; **how much did you get for the painting?** combien avez-vous vendu le tableau?
4 (*catch*) prendre, saisir, attraper; (*hit: target etc*) atteindre; **to get sb by the arm/throat** prendre *or* saisir *or* attraper qn par le bras/à la gorge; **get him!** arrête-le!; **the bullet got him in the leg** il a pris la balle dans la jambe; **he really gets me!** il me porte sur les nerfs!
5 (*take, move*): **to get sth to sb** faire parvenir qch à qn; **do you think we'll get it through the door?** on arrivera à le faire passer par la porte?; **I'll get you there somehow** je me débrouillerai pour t'y emmener
6 (*catch, take: plane, bus etc*) prendre; **where do I get the train for Birmingham?** où prend-on le train pour Birmingham?
7 (*understand*) comprendre, saisir; (*hear*) entendre; **I've got it!** j'ai compris!; **I don't get your meaning** je ne vois *or* comprends pas ce que vous voulez dire; **I didn't get your name** je n'ai pas entendu votre nom
8 (*have, possess*): **to have got** avoir; **how many have you got?** vous en avez combien?
9 (*illness*) avoir; **I've got a cold** j'ai le rhume; **she got pneumonia and died** elle a fait une pneumonie et elle en est morte
▸ **get about** *vi* se déplacer; (*news*) se répandre
▸ **get across** *vt*: **to get across (to)** (*message, meaning*) faire passer (à) ▷ *vi*: **to get across (to)** (*speaker*) se faire comprendre (par)
▸ **get along** *vi* (*agree*) s'entendre; (*depart*) s'en aller; (*manage*) = **get by**
▸ **get at** *vt fus* (*attack*) s'en prendre à; (*reach*) attraper, atteindre; **what are you getting at?** à quoi voulez-vous en venir?
▸ **get away** *vi* partir, s'en aller; (*escape*) s'échapper

▸ **get away with** *vt fus* (*punishment*) en être quitte pour; (*crime etc*) se faire pardonner
▸ **get back** *vi* (*return*) rentrer ▷ *vt* récupérer, recouvrer; **to get back to** (*start again*) retourner *or* revenir à; (*contact again*) recontacter; **when do we get back?** quand serons-nous de retour?
▸ **get back at** *vt fus* (*inf*): **to get back at sb** rendre la monnaie de sa pièce à qn
▸ **get by** *vi* (*pass*) passer; (*manage*) se débrouiller; **I can get by in Dutch** je me débrouille en hollandais
▸ **get down** *vi, vt fus* descendre ▷ *vt* descendre; (*depress*) déprimer
▸ **get down to** *vt fus* (*work*) se mettre à (faire); **to get down to business** passer aux choses sérieuses
▸ **get in** *vi* entrer; (*arrive home*) rentrer; (*train*) arriver ▷ *vt* (*bring in: harvest*) rentrer; (*: coal*) faire rentrer; (*: supplies*) faire des provisions de
▸ **get into** *vt fus* entrer dans; (*car, train etc*) monter dans; (*clothes*) mettre, enfiler, endosser; **to get into bed/a rage** se mettre au lit/en colère
▸ **get off** *vi* (*from train etc*) descendre; (*depart: person, car*) s'en aller; (*escape*) s'en tirer ▷ *vt* (*remove: clothes, stain*) enlever; (*send off*) expédier; (*have as leave: day, time*): **we got 2 days off** nous avons eu 2 jours de congé ▷ *vt fus* (*train, bus*) descendre de; **where do I get off?** où est-ce que je dois descendre?; **to get off to a good start** (*fig*) prendre un bon départ
▸ **get on** *vi* (*at exam etc*) se débrouiller; (*agree*): **to get on (with)** s'entendre (avec); **how are you getting on?** comment ça va? ▷ *vt fus* monter dans; (*horse*) monter sur
▸ **get on to** *vt fus* (*Brit: deal with: problem*) s'occuper de; (*contact: person*) contacter
▸ **get out** *vi* sortir; (*of vehicle*) descendre; (*news etc*) s'ébruiter ▷ *vt* sortir
▸ **get out of** *vt fus* sortir de; (*duty etc*) échapper à, se soustraire à
▸ **get over** *vt fus* (*illness*) se remettre de ▷ *vt* (*communicate: idea etc*) communiquer; (*finish*): **let's get it over (with)** finissons-en
▸ **get round** *vi*: **to get round to doing sth** se mettre (finalement) à faire qch ▷ *vt fus* contourner; (*fig: person*) entortiller
▸ **get through** *vi* (*Tel*) avoir la communication; **to get through to sb** atteindre qn ▷ *vt fus* (*finish: work, book*) finir, terminer
▸ **get together** *vi* se réunir ▷ *vt* rassembler
▸ **get up** *vi* (*rise*) se lever ▷ *vt fus* monter
▸ **get up to** *vt fus* (*reach*) arriver à; (*prank etc*) faire

getaway ['gɛtəweɪ] *n* fuite *f*
getaway car *n* voiture prévue pour prendre la fuite
get-together ['gɛttəgɛðəʳ] *n* petite réunion, petite fête
get-up ['gɛtʌp] *n* (*inf: outfit*) accoutrement *m*
get-well card [gɛt'wɛl-] *n* carte *f* de vœux de bon rétablissement
geyser ['gi:zəʳ] *n* chauffe-eau *m inv*; (*Geo*) geyser *m*
Ghana ['gɑ:nə] *n* Ghana *m*
Ghanaian [gɑ:'neɪən] *adj* ghanéen(ne) ▷ *n* Ghanéen(ne)
ghastly ['gɑ:stlɪ] *adj* atroce, horrible; (*pale*) livide, blême
gherkin ['gə:kɪn] *n* cornichon *m*
ghetto ['gɛtəu] *n* ghetto *m*
ghetto blaster [-blɑ:stəʳ] *n* (*inf*) gros radiocassette
ghost [gəust] *n* fantôme *m*, revenant *m* ▷ *vt* (*sb else's book*) écrire
ghostly ['gəustlɪ] *adj* fantomatique
ghostwriter ['gəustraɪtəʳ] *n* nègre *m* (*fig*)
ghoul [gu:l] *n* (*ghost*) vampire *m*
ghoulish ['gu:lɪʃ] *adj* (*tastes etc*) morbide
GHQ *n abbr* (*Mil: = general headquarters*) GQG *m*
GI *n abbr* (*US inf: = government issue*) *soldat de l'armée américaine*, GI *m*
giant ['dʒaɪənt] *n* géant(e) ▷ *adj* géant(e), énorme; **~ (size) packet** paquet géant
giant killer *n* (*Sport*) *équipe inconnue qui remporte un match contre une équipe renommée*
gibber ['dʒɪbəʳ] *vi* émettre des sons inintelligibles
gibberish ['dʒɪbərɪʃ] *n* charabia *m*
gibe [dʒaɪb] *n* sarcasme *m* ▷ *vi*: **to ~ at** railler
giblets ['dʒɪblɪts] *npl* abats *mpl*
Gibraltar [dʒɪ'brɔ:ltəʳ] *n* Gibraltar *m*
giddiness ['gɪdɪnɪs] *n* vertige *m*
giddy ['gɪdɪ] *adj* (*dizzy*): **to be (***or* **feel) ~** avoir le vertige; (*height*) vertigineux(-euse); (*thoughtless*) sot(te), étourdi(e)
gift [gɪft] *n* cadeau *m*, présent *m*; (*donation, talent*) don *m*; (*Comm: also:* **free gift**) cadeau(-réclame) *m*; **to have a ~ for sth** avoir des dons pour *or* le don de qch
gifted ['gɪftɪd] *adj* doué(e)
gift shop, (*US*) **gift store** *n* boutique *f* de cadeaux
gift token, gift voucher *n* chèque-cadeau *m*
gig [gɪg] *n* (*inf: concert*) concert *m*
gigabyte ['dʒɪgəbaɪt] *n* gigaoctet *m*
gigantic [dʒaɪ'gæntɪk] *adj* gigantesque
giggle ['gɪgl] *vi* pouffer, ricaner sottement ▷ *n* petit rire sot, ricanement *m*
GIGO ['gaɪgəu] *abbr* (*Comput: inf: = garbage in, garbage out*) qualité d'entrée = qualité de sortie
gild [gɪld] *vt* dorer
gill [dʒɪl] *n* (*measure*) *= 0.25 pints (Brit = 0.148 l; US = 0.118 l)*
gills [gɪlz] *npl* (*of fish*) ouïes *fpl*, branchies *fpl*
gilt [gɪlt] *n* dorure *f* ▷ *adj* doré(e)
gilt-edged ['gɪltɛdʒd] *adj* (*stocks, securities*) de premier ordre
gimlet ['gɪmlɪt] *n* vrille *f*
gimmick ['gɪmɪk] *n* truc *m*; **sales ~** offre promotionnelle
gin [dʒɪn] *n* gin *m*
ginger ['dʒɪndʒəʳ] *n* gingembre *m*
▸ **ginger up** *vt* secouer; animer

g

ginger ale, ginger beer *n* boisson gazeuse au gingembre
gingerbread ['dʒɪndʒəbrɛd] *n* pain *m* d'épices
ginger group *n* (*Brit*) groupe *m* de pression
ginger-haired [dʒɪndʒə'hɛəd] *adj* roux (rousse)
gingerly ['dʒɪndʒəlɪ] *adv* avec précaution
gingham ['gɪŋəm] *n* vichy *m*
ginseng ['dʒɪnsɛŋ] *n* ginseng *m*
gipsy ['dʒɪpsɪ] *n* = **gypsy**
giraffe [dʒɪ'rɑːf] *n* girafe *f*
girder ['gəːdəʳ] *n* poutrelle *f*
girdle ['gəːdl] *n* (*corset*) gaine *f* ▷ *vt* ceindre
girl [gəːl] *n* fille *f*, fillette *f*; (*young unmarried woman*) jeune fille; (*daughter*) fille; **an English ~** une jeune Anglaise; **a little English ~** une petite Anglaise
girl band *n* girls band *m*
girlfriend ['gəːlfrɛnd] *n* (*of girl*) amie *f*; (*of boy*) petite amie
Girl Guide *n* (*Brit*) éclaireuse *f*; (*Roman Catholic*) guide *f*
girlish ['gəːlɪʃ] *adj* de jeune fille
Girl Scout *n* (*US*) = **Girl Guide**
Giro ['dʒaɪrəu] *n*: **the National ~** (*Brit*) ≈ les comptes chèques postaux
giro ['dʒaɪrəu] *n* (*bank giro*) virement *m* bancaire; (*post office giro*) mandat *m*
girth [gəːθ] *n* circonférence *f*; (*of horse*) sangle *f*
gist [dʒɪst] *n* essentiel *m*
give [gɪv] (*pt* **gave**, *pp* **given** [geɪv, 'gɪvn]) *n* (*of fabric*) élasticité *f* ▷ *vt* donner ▷ *vi* (*break*) céder; (*stretch: fabric*) se prêter; **to ~ sb sth, ~ sth to sb** donner qch à qn; (*gift*) offrir qch à qn; (*message*) transmettre qch à qn; **to ~ sb a call/kiss** appeler/embrasser qn; **to ~ a cry/sigh** pousser un cri/un soupir; **how much did you ~ for it?** combien (l')avez-vous payé?; **12 o'clock, ~ or take a few minutes** midi, à quelques minutes près; **to ~ way** céder; (*Brit Aut*) donner la priorité
▸ **give away** *vt* donner; (*give free*) faire cadeau de; (*betray*) donner, trahir; (*disclose*) révéler; (*bride*) conduire à l'autel
▸ **give back** *vt* rendre
▸ **give in** *vi* céder ▷ *vt* donner
▸ **give off** *vt* dégager
▸ **give out** *vt* (*food etc*) distribuer; (*news*) annoncer ▷ *vi* (*be exhausted: supplies*) s'épuiser; (*fail*) lâcher
▸ **give up** *vi* renoncer ▷ *vt* renoncer à; **to ~ up smoking** arrêter de fumer; **to ~ o.s. up** se rendre
give-and-take ['gɪvənd'teɪk] *n* concessions mutuelles
giveaway ['gɪvəweɪ] *n* (*inf*): **her expression was a ~** son expression la trahissait; **the exam was a ~!** cet examen, c'était du gâteau! ▷ *cpd*: **~ prices** prix sacrifiés
given ['gɪvn] *pp of* **give** ▷ *adj* (*fixed: time, amount*) donné(e), déterminé(e) ▷ *conj*: **~ the circumstances ...** étant donné les circonstances ..., vu les circonstances ...; **~ that ...** étant donné que ...
glacial ['gleɪsɪəl] *adj* (*Geo*) glaciaire; (*wind, weather*) glacial(e)
glacier ['glæsɪəʳ] *n* glacier *m*
glad [glæd] *adj* content(e); **to be ~ about sth/that** être heureux(-euse) *or* bien content de qch/que; **I was ~ of his help** j'étais bien content de (pouvoir compter sur) son aide *or* qu'il m'aide
gladden ['glædn] *vt* réjouir
glade [gleɪd] *n* clairière *f*
gladioli [glædɪ'əulaɪ] *npl* glaïeuls *mpl*
gladly ['glædlɪ] *adv* volontiers
glamorous ['glæmərəs] *adj* (*person*) séduisant(e); (*job*) prestigieux(-euse)
glamour, (*US*) **glamor** ['glæməʳ] *n* éclat *m*, prestige *m*
glance [glɑːns] *n* coup *m* d'œil ▷ *vi*: **to ~ at** jeter un coup d'œil à
▸ **glance off** *vt fus* (*bullet*) ricocher sur
glancing ['glɑːnsɪŋ] *adj* (*blow*) oblique
gland [glænd] *n* glande *f*
glandular ['glændjuləʳ] *adj*: **~ fever** (*Brit*) mononucléose infectieuse
glare [glɛəʳ] *n* (*of anger*) regard furieux; (*of light*) lumière éblouissante; (*of publicity*) feux *mpl* ▷ *vi* briller d'un éclat aveuglant; **to ~ at** lancer un regard *or* des regards furieux à
glaring ['glɛərɪŋ] *adj* (*mistake*) criant(e), qui saute aux yeux
glasnost ['glæznɔst] *n* glasnost *f*
glass [glɑːs] *n* verre *m*; (*also*: **looking glass**) miroir *m*; **glasses** *npl* (*spectacles*) lunettes *fpl*
glass-blowing ['glɑːsbləuɪŋ] *n* soufflage *m* (du verre)
glass ceiling *n* (*fig*) *plafond dans l'échelle hiérarchique au-dessus duquel les femmes ou les membres d'une minorité ethnique ne semblent pouvoir s'élever*
glass fibre *n* fibre *f* de verre
glasshouse ['glɑːshaus] *n* serre *f*
glassware ['glɑːswɛəʳ] *n* verrerie *f*
glassy ['glɑːsɪ] *adj* (*eyes*) vitreux(-euse)
Glaswegian [glæs'wiːdʒən] *adj* de Glasgow ▷ *n* habitant(e) de Glasgow, natif(-ive) de Glasgow
glaze [gleɪz] *vt* (*door*) vitrer; (*pottery*) vernir; (*Culin*) glacer ▷ *n* vernis *m*; (*Culin*) glaçage *m*
glazed [gleɪzd] *adj* (*eye*) vitreux(-euse); (*pottery*) verni(e); (*tiles*) vitrifié(e)
glazier ['gleɪzɪəʳ] *n* vitrier *m*
gleam [gliːm] *n* lueur *f* ▷ *vi* luire, briller; **a ~ of hope** une lueur d'espoir
gleaming ['gliːmɪŋ] *adj* luisant(e)
glean [gliːn] *vt* (*information*) recueillir
glee [gliː] *n* joie *f*
gleeful ['gliːful] *adj* joyeux(-euse)
glen [glɛn] *n* vallée *f*
glib [glɪb] *adj* qui a du bagou; facile
glide [glaɪd] *vi* glisser; (*Aviat, bird*) planer ▷ *n* glissement *m*; vol plané
glider ['glaɪdəʳ] *n* (*Aviat*) planeur *m*
gliding ['glaɪdɪŋ] *n* (*Aviat*) vol *m* à voile
glimmer ['glɪməʳ] *vi* luire ▷ *n* lueur *f*

glimpse [glɪmps] *n* vision passagère, aperçu *m* ▷ *vt* entrevoir, apercevoir; **to catch a ~ of** entrevoir
glint [glɪnt] *n* éclair *m* ▷ *vi* étinceler
glisten ['glɪsn] *vi* briller, luire
glitter ['glɪtə^r] *vi* scintiller, briller ▷ *n* scintillement *m*
glitz [glɪts] *n* (*inf*) clinquant *m*
gloat [gləut] *vi*: **to ~ (over)** jubiler (à propos de)
global ['gləubl] *adj* (*world-wide*) mondial(e); (*overall*) global(e)
globalization [gləublaɪz'eɪʃən] *n* mondialisation *f*
global warming [-'wɔːmɪŋ] *n* réchauffement *m* de la planète
globe [gləub] *n* globe *m*
globe-trotter ['gləubtrɔtə^r] *n* globe-trotter *m*
globule ['glɔbjuːl] *n* (*Anat*) globule *m*; (*of water etc*) gouttelette *f*
gloom [gluːm] *n* obscurité *f*; (*sadness*) tristesse *f*, mélancolie *f*
gloomy ['gluːmɪ] *adj* (*person*) morose; (*place, outlook*) sombre; **to feel ~** avoir *or* se faire des idées noires
glorification [glɔːrɪfɪ'keɪʃən] *n* glorification *f*
glorify ['glɔːrɪfaɪ] *vt* glorifier
glorious ['glɔːrɪəs] *adj* glorieux(-euse); (*beautiful*) splendide
glory ['glɔːrɪ] *n* gloire *f*; splendeur *f* ▷ *vi*: **to ~ in** se glorifier de
glory hole *n* (*inf*) capharnaüm *m*
Glos *abbr* (*Brit*) = **Gloucestershire**
gloss [glɔs] *n* (*shine*) brillant *m*, vernis *m*; (*also*: **gloss paint**) peinture brillante *or* laquée
▶ **gloss over** *vt fus* glisser sur
glossary ['glɔsərɪ] *n* glossaire *m*, lexique *m*
glossy ['glɔsɪ] *adj* brillant(e), luisant(e) ▷ *n* (*also*: **glossy magazine**) revue *f* de luxe
glove [glʌv] *n* gant *m*
glove compartment *n* (*Aut*) boîte *f* à gants, vide-poches *m inv*
glow [gləu] *vi* rougeoyer; (*face*) rayonner; (*eyes*) briller ▷ *n* rougeoiement *m*
glower ['glauə^r] *vi* lancer des regards mauvais
glowing ['gləuɪŋ] *adj* (*fire*) rougeoyant(e); (*complexion*) éclatant(e); (*report, description etc*) dithyrambique
glow-worm ['gləuwəːm] *n* ver luisant
glucose ['gluːkəus] *n* glucose *m*
glue [gluː] *n* colle *f* ▷ *vt* coller
glue-sniffing ['gluːsnɪfɪŋ] *n* inhalation *f* de colle
glum [glʌm] *adj* maussade, morose
glut [glʌt] *n* surabondance *f* ▷ *vt* rassasier; (*market*) encombrer
glutinous ['gluːtɪnəs] *adj* visqueux(-euse)
glutton ['glʌtn] *n* glouton(ne); **a ~ for work** un bourreau de travail
gluttonous ['glʌtənəs] *adj* glouton(ne)
gluttony ['glʌtənɪ] *n* gloutonnerie *f*; (*sin*) gourmandise *f*
glycerin, glycerine ['glɪsəriːn] *n* glycérine *f*
GM *abbr* (= *genetically modified*) génétiquement modifié(e)
gm *abbr* (= *gram*) g
GMAT *n abbr* (*US*: = *Graduate Management Admissions Test*) *examen d'admission dans le 2e cycle de l'enseignement supérieur*
GMO *n abbr* (= *genetically modified organism*) OGM *m*
GMT *abbr* (= *Greenwich Mean Time*) GMT
gnarled [nɑːld] *adj* noueux(-euse)
gnash [næʃ] *vt*: **to ~ one's teeth** grincer des dents
gnat [næt] *n* moucheron *m*
gnaw [nɔː] *vt* ronger
gnome [nəum] *n* gnome *m*, lutin *m*
GNP *n abbr* = **gross national product**
go [gəu] (*pt* **went**, *pp* **gone** [wɛnt, gɔn]) *vi* aller; (*depart*) partir, s'en aller; (*work*) marcher; (*break*) céder; (*time*) passer; (*be sold*): **to go for £10** se vendre 10 livres; (*become*): **to go pale/mouldy** pâlir/moisir ▷ *n* (*pl* **goes**): **to have a go (at)** essayer (de faire); **to be on the go** être en mouvement; **whose go is it?** à qui est-ce de jouer?; **to go by car/on foot** aller en voiture/à pied; **he's going to do it** il va le faire, il est sur le point de le faire; **to go for a walk** aller se promener; **to go dancing/shopping** aller danser/faire les courses; **to go looking for sb/sth** aller *or* partir à la recherche de qn/qch; **to go to sleep** s'endormir; **to go and see sb, go to see sb** aller voir qn; **how is it going?** comment ça marche?; **how did it go?** comment est-ce que ça s'est passé?; **to go round the back/by the shop** passer par derrière/devant le magasin; **my voice has gone** j'ai une extinction de voix; **the cake is all gone** il n'y a plus de gâteau; **I'll take whatever is going** (*Brit*) je prendrai ce qu'il y a (*or* ce que vous avez); **... to go** (*US*: *food*) ... à emporter
▶ **go about** *vi* (*also*: **go around**) aller çà et là; (*rumour*) se répandre ▷ *vt fus*: **how do I go about this?** comment dois-je m'y prendre (pour faire ceci)?; **to go about one's business** s'occuper de ses affaires
▶ **go after** *vt fus* (*pursue*) poursuivre, courir après; (*job, record etc*) essayer d'obtenir
▶ **go against** *vt fus* (*be unfavourable to*) être défavorable à; (*be contrary to*) être contraire à
▶ **go ahead** *vi* (*make progress*) avancer; (*take place*) avoir lieu; (*get going*) y aller
▶ **go along** *vi* aller, avancer ▷ *vt fus* longer, parcourir; **as you go along (with your work)** au fur et à mesure (de votre travail); **to go along with** (*accompany*) accompagner; (*agree with*: *idea*) être d'accord sur; (: *person*) suivre
▶ **go away** *vi* partir, s'en aller
▶ **go back** *vi* rentrer; revenir; (*go again*) retourner
▶ **go back on** *vt fus* (*promise*) revenir sur
▶ **go by** *vi* (*years, time*) passer, s'écouler ▷ *vt fus* s'en tenir à; (*believe*) en croire
▶ **go down** *vi* descendre; (*number, price, amount*) baisser; (*ship*) couler; (*sun*) se coucher ▷ *vt fus*

g

descendre; **that should go down well with him** *(fig)* ça devrait lui plaire
▸ **go for** *vt fus (fetch)* aller chercher; *(like)* aimer; *(attack)* s'en prendre à; attaquer
▸ **go in** *vi* entrer
▸ **go in for** *vt fus (competition)* se présenter à; *(like)* aimer
▸ **go into** *vt fus* entrer dans; *(investigate)* étudier, examiner; *(embark on)* se lancer dans
▸ **go off** *vi* partir, s'en aller; *(food)* se gâter; *(milk)* tourner; *(bomb)* sauter; *(alarm clock)* sonner; *(alarm)* se déclencher; *(lights etc)* s'éteindre; *(event)* se dérouler ▹ *vt fus* ne plus aimer, ne plus avoir envie de; **the gun went off** le coup est parti; **to go off to sleep** s'endormir; **the party went off well** la fête s'est bien passée *or* était très réussie
▸ **go on** *vi* continuer; *(happen)* se passer; *(lights)* s'allumer ▹ *vt fus (be guided by: evidence etc)* se fonder sur; **to go on doing** continuer à faire; **what's going on here?** qu'est-ce qui se passe ici?
▸ **go on at** *vt fus (nag)* tomber sur le dos de
▸ **go on with** *vt fus* poursuivre, continuer
▸ **go out** *vi* sortir; *(fire, light)* s'éteindre; *(tide)* descendre; **to go out with sb** sortir avec qn
▸ **go over** *vi (ship)* chavirer ▹ *vt fus (check)* revoir, vérifier; **to go over sth in one's mind** repasser qch dans son esprit
▸ **go past** *vt fus*: **to go past sth** passer devant qch
▸ **go round** *vi (circulate: news, rumour)* circuler; *(revolve)* tourner; *(suffice)* suffire (pour tout le monde); *(visit)*: **to go round to sb's** passer chez qn; aller chez qn; *(make a detour)*: **to go round (by)** faire un détour (par)
▸ **go through** *vt fus (town etc)* traverser; *(search through)* fouiller; *(suffer)* subir; *(examine: list, book)* lire *or* regarder en détail, éplucher; *(perform: lesson)* réciter; *(: formalities)* remplir; *(: programme)* exécuter
▸ **go through with** *vt fus (plan, crime)* aller jusqu'au bout de
▸ **go under** *vi (sink: also fig)* couler; *(: person)* succomber
▸ **go up** *vi* monter; *(price)* augmenter ▹ *vt fus* gravir; *(also:* **go up in flames***)* flamber, s'enflammer brusquement
▸ **go with** *vt fus* aller avec
▸ **go without** *vt fus* se passer de

goad [gəud] *vt* aiguillonner
go-ahead ['gəuəhɛd] *adj* dynamique, entreprenant(e) ▹ *n* feu vert
goal [gəul] *n* but *m*
goal difference *n* différence *f* de buts
goalie ['gəulɪ] *n (inf)* goal *m*
goalkeeper ['gəulki:pəʳ] *n* gardien *m* de but
goal-post [gəulpəust] *n* poteau *m* de but
goat [gəut] *n* chèvre *f*
gobble ['gɔbl] *vt (also:* **gobble down, gobble up***)* engloutir
go-between ['gəubɪtwi:n] *n* médiateur *m*
Gobi Desert ['gəubɪ-] *n* désert *m* de Gobi
goblet ['gɔblɪt] *n* coupe *f*
goblin ['gɔblɪn] *n* lutin *m*
go-cart ['gəukɑ:t] *n* kart *m* ▹ *cpd*: **~ racing** karting *m*
god [gɔd] *n* dieu *m*; **G~** Dieu
god-awful [gɔd'ɔ:fəl] *adj (inf)* franchement atroce
godchild ['gɔdtʃaɪld] *n* filleul(e)
goddamn ['gɔddæm], **goddamned** ['gɔddæmd] *excl (esp US inf)*: **~ (it)!** nom de Dieu! ▹ *adj* satané(e), sacré(e) ▹ *adv* sacrément
goddaughter ['gɔddɔ:təʳ] *n* filleule *f*
goddess ['gɔdɪs] *n* déesse *f*
godfather ['gɔdfɑ:ðəʳ] *n* parrain *m*
god-fearing ['gɔdfɪərɪŋ] *adj* croyant(e)
god-forsaken ['gɔdfəseɪkən] *adj* maudit(e)
godmother ['gɔdmʌðəʳ] *n* marraine *f*
godparents ['gɔdpɛərənts] *npl*: **the ~** le parrain et la marraine
godsend ['gɔdsɛnd] *n* aubaine *f*
godson ['gɔdsʌn] *n* filleul *m*
goes [gəuz] *vb see* **go**
gofer ['gəufəʳ] *n* coursier(-ière)
go-getter ['gəugɛtəʳ] *n* arriviste *m/f*
goggle ['gɔgl] *vi*: **to ~ at** regarder avec des yeux ronds
goggles ['gɔglz] *npl (for skiing etc)* lunettes (protectrices); *(for swimming)* lunettes de piscine
going ['gəuɪŋ] *n (conditions)* état *m* du terrain ▹ *adj*: **the ~ rate** le tarif (en vigueur); **a ~ concern** une affaire prospère; **it was slow ~** les progrès étaient lents, ça n'avançait pas vite
going-over [gəuɪŋ'əuvəʳ] *n* vérification *f*, révision *f*; *(inf: beating)* passage *m* à tabac
goings-on ['gəuɪŋz'ɔn] *npl (inf)* manigances *fpl*
go-kart ['gəukɑ:t] *n* = **go-cart**
gold [gəuld] *n* or *m* ▹ *adj* en or; *(reserves)* d'or
golden ['gəuldən] *adj (made of gold)* en or; *(gold in colour)* doré(e)
golden age *n* âge *m* d'or
golden handshake *n (Brit)* prime *f* de départ
golden rule *n* règle *f* d'or
goldfish ['gəuldfɪʃ] *n* poisson *m* rouge
gold leaf *n* or *m* en feuille
gold medal *n (Sport)* médaille *f* d'or
goldmine ['gəuldmaɪn] *n* mine *f* d'or
gold-plated ['gəuld'pleɪtɪd] *adj* plaqué(e) or *inv*
goldsmith ['gəuldsmɪθ] *n* orfèvre *m*
gold standard *n* étalon-or *m*
golf [gɔlf] *n* golf *m*
golf ball *n* balle *f* de golf; *(on typewriter)* boule *f*
golf club *n* club *m* de golf; *(stick)* club *m*, crosse *f* de golf
golf course *n* terrain *m* de golf
golfer ['gɔlfəʳ] *n* joueur(-euse) de golf
golfing ['gɔlfɪŋ] *n* golf *m*
gondola ['gɔndələ] *n* gondole *f*
gondolier [gɔndə'lɪəʳ] *n* gondolier *m*
gone [gɔn] *pp of* **go** ▹ *adj* parti(e)
goner ['gɔnəʳ] *n (inf)*: **to be a ~** être fichu(e) *or* foutu(e)

gong [gɔŋ] *n* gong *m*
good [gud] *adj* bon(ne); (*kind*) gentil(le); (*child*) sage; (*weather*) beau (belle) ▷ *n* bien *m*; **goods** *npl* marchandise *f*, articles *mpl*; (*Comm etc*) marchandises; **~!** bon!, très bien!; **to be ~ at** être bon en; **to be ~ for** être bon pour; **it's ~ for you** c'est bon pour vous; **it's a ~ thing you were there** heureusement que vous étiez là; **she is ~ with children/her hands** elle sait bien s'occuper des enfants/sait se servir de ses mains; **to feel ~** se sentir bien; **it's ~ to see you** ça me fait plaisir de vous voir, je suis content de vous voir; **he's up to no ~** il prépare quelque mauvais coup; **it's no ~ complaining** cela ne sert à rien de se plaindre; **to make ~** (*deficit*) combler; (*losses*) compenser; **for the common ~** dans l'intérêt commun; **for ~** (*for ever*) pour de bon, une fois pour toutes; **would you be ~ enough to ...?** auriez-vous la bonté *or* l'amabilité de ...?; **that's very ~ of you** c'est très gentil de votre part; **is this any ~?** (*will it do?*) est-ce que ceci fera l'affaire?, est-ce que cela peut vous rendre service?; (*what's it like?*) qu'est-ce que ça vaut?; **~s and chattels** biens *mpl* et effets *mpl*; **a ~ deal (of)** beaucoup (de); **a ~ many** beaucoup (de); **~ morning/afternoon!** bonjour!; **~ evening!** bonsoir!; **~ night!** bonsoir!; (*on going to bed*) bonne nuit!
goodbye [gud'baɪ] *excl* au revoir!; **to say ~ to sb** dire au revoir à qn
good faith *n* bonne foi
good-for-nothing ['gudfənʌθɪŋ] *adj* bon(ne) *or* propre à rien
Good Friday *n* Vendredi saint
good-humoured ['gud'hju:məd] *adj* (*person*) jovial(e); (*remark, joke*) sans malice
good-looking ['gud'lukɪŋ] *adj* beau (belle), bien *inv*
good-natured ['gud'neɪtʃəd] *adj* (*person*) qui a un bon naturel; (*discussion*) enjoué(e)
goodness ['gudnɪs] *n* (*of person*) bonté *f*; **for ~ sake!** je vous en prie!; **~ gracious!** mon Dieu!
goods train *n* (*Brit*) train *m* de marchandises
goodwill [gud'wɪl] *n* bonne volonté; (*Comm*) réputation *f* (auprès de la clientèle)
goody-goody ['gudɪgudɪ] *n* (*pej*) petit saint, sainte nitouche
gooey ['gu:ɪ] *adj* (*Brit inf*) gluant(e)
Google® ['gugl] *vi, vt* googler®
goose (*pl* **geese**) [gu:s, gi:s] *n* oie *f*
gooseberry ['guzbərɪ] *n* groseille *f* à maquereau; **to play ~** (*Brit*) tenir la chandelle
goose bumps, goose pimples *npl* chair *f* de poule
gooseflesh ['gu:sflɛʃ] *n*, **goosepimples** ['gu:spɪmplz] ▷ *npl* chair *f* de poule
goose step *n* (*Mil*) pas *m* de l'oie
GOP *n abbr* (*US Pol: inf:* = *Grand Old Party*) *parti républicain*
gopher ['gəufə^r] *n* = **gofer**
gore [gɔ:^r] *vt* encorner ▷ *n* sang *m*
gorge [gɔ:dʒ] *n* gorge *f* ▷ *vt*: **to ~ o.s. (on)** se gorger (de)
gorgeous ['gɔ:dʒəs] *adj* splendide, superbe
gorilla [gə'rɪlə] *n* gorille *m*
gormless ['gɔ:mlɪs] *adj* (*Brit inf*) lourdaud(e)
gorse [gɔ:s] *n* ajoncs *mpl*
gory ['gɔ:rɪ] *adj* sanglant(e)
gosh [gɔʃ] (*inf*) *excl* mince alors!
go-slow ['gəu'sləu] *n* (*Brit*) grève perlée
gospel ['gɔspl] *n* évangile *m*
gossamer ['gɔsəmə^r] *n* (*cobweb*) fils *mpl* de la vierge; (*light fabric*) étoffe très légère
gossip ['gɔsɪp] *n* (*chat*) bavardages *mpl*; (*malicious*) commérage *m*, cancans *mpl*; (*person*) commère *f* ▷ *vi* bavarder; cancaner, faire des commérages; **a piece of ~** un ragot, un racontar
gossip column *n* (*Press*) échos *mpl*
got [gɔt] *pt, pp of* **get**
Gothic ['gɔθɪk] *adj* gothique
gotten ['gɔtn] (*US*) *pp of* **get**
gouge [gaudʒ] *vt* (*also:* **gouge out**: *hole etc*) évider; (*: initials*) tailler; **to ~ sb's eyes out** crever les yeux à qn
gourd [guəd] *n* calebasse *f*, gourde *f*
gourmet ['guəmeɪ] *n* gourmet *m*, gastronome *m/f*
gout [gaut] *n* goutte *f*
govern ['gʌvən] *vt* (*gen: Ling*) gouverner; (*influence*) déterminer
governess ['gʌvənɪs] *n* gouvernante *f*
governing ['gʌvənɪŋ] *adj* (*Pol*) au pouvoir, au gouvernement; **~ body** conseil *m* d'administration
government ['gʌvnmənt] *n* gouvernement *m*; (*Brit: ministers*) ministère *m* ▷ *cpd* de l'État
governmental [gʌvn'mɛntl] *adj* gouvernemental(e)
government housing *n* (*US*) logements sociaux
government stock *n* titres *mpl* d'État
governor ['gʌvənə^r] *n* (*of colony, state, bank*) gouverneur *m*; (*of school, hospital etc*) administrateur(-trice); (*Brit: of prison*) directeur(-trice)
Govt *abbr* (= *government*) gvt
gown [gaun] *n* robe *f*; (*of teacher, Brit: of judge*) toge *f*
GP *n abbr* (*Med*) = **general practitioner**; **who's your GP?** qui est votre médecin traitant?
GPMU *n abbr* (*Brit*) = **Graphical, Paper and Media Union**
GPO *n abbr* (*Brit: old*) = **General Post Office**; (*US*) = **Government Printing Office**
GPS *n abbr* (= *global positioning system*) GPS *m*
gr. *abbr* (*Comm*) = **gross**
grab [græb] *vt* saisir, empoigner; (*property, power*) se saisir de ▷ *vi*: **to ~ at** essayer de saisir
grace [greɪs] *n* grâce *f* ▷ *vt* (*honour*) honorer; (*adorn*) orner; **5 days' ~** un répit de 5 jours; **to say ~** dire le bénédicité; (*after meal*) dire les grâces; **with a good/bad ~** de bonne/mauvaise grâce; **his sense of humour is his saving ~** il

se rachète par son sens de l'humour

graceful ['greɪsful] *adj* gracieux(-euse), élégant(e)

gracious ['greɪʃəs] *adj* (*kind*) charmant(e), bienveillant(e); (*elegant*) plein(e) d'élégance, d'une grande élégance; (*formal: pardon etc*) miséricordieux(-euse) ▷ *excl*: **(good) ~!** mon Dieu!

gradation [grə'deɪʃən] *n* gradation *f*

grade [greɪd] *n* (*Comm: quality*) qualité *f*; (*size*) calibre *m*; (*type*) catégorie *f*; (*in hierarchy*) grade *m*, échelon *m*; (*Scol*) note *f*; (*US: school class*) classe *f*; (*: gradient*) pente *f* ▷ *vt* classer; (*by size*) calibrer; graduer; **to make the ~** (*fig*) réussir

grade crossing *n* (*US*) passage *m* à niveau

grade school *n* (*US*) école *f* primaire

gradient ['greɪdɪənt] *n* inclinaison *f*, pente *f*; (*Geom*) gradient *m*

gradual ['grædjuəl] *adj* graduel(le), progressif(-ive)

gradually ['grædjuəlɪ] *adv* peu à peu, graduellement

graduate *n* ['grædjuɪt] diplômé(e) d'université; (*US: of high school*) diplômé(e) de fin d'études ▷ *vi* ['grædjueɪt] obtenir un diplôme d'université (*or* de fin d'études)

graduated pension ['grædjueɪtɪd-] *n* retraite calculée en fonction des derniers salaires

graduation [grædju'eɪʃən] *n* cérémonie *f* de remise des diplômes

graffiti [grə'fi:tɪ] *npl* graffiti *mpl*

graft [grɑ:ft] *n* (*Agr, Med*) greffe *f*; (*bribery*) corruption *f* ▷ *vt* greffer; **hard ~** (*Brit: inf*) boulot acharné

grain [greɪn] *n* (*single piece*) grain *m*; (*no pl: cereals*) céréales *fpl*; (*US: corn*) blé *m*; (*of wood*) fibre *f*; **it goes against the ~** cela va à l'encontre de sa (*or* ma *etc*) nature

gram [græm] *n* gramme *m*

grammar ['græmə^r] *n* grammaire *f*

grammar school *n* (*Brit*) ≈ lycée *m*

grammatical [grə'mætɪkl] *adj* grammatical(e)

gramme [græm] *n* = **gram**

gramophone ['græməfəun] *n* (*Brit*) gramophone *m*

gran [græn] (*inf*) *n* (*Brit*) mamie *f* (*inf*), mémé *f* (*inf*); **my ~** (*young child speaking*) ma mamie *or* mémé; (*older child or adult speaking*) ma grand-mère

granary ['grænərɪ] *n* grenier *m*

grand [grænd] *adj* magnifique, splendide; (*terrific*) magnifique, formidable; (*gesture etc*) noble ▷ *n* (*inf: thousand*) mille livres *fpl* (*or* dollars *mpl*)

grandad ['grændæd] (*inf*) *n* = **granddad**

grandchild (*pl* **grandchildren**) ['græntʃaɪld, 'græntʃɪldrən] *n* petit-fils *m*, petite-fille *f*; **grandchildren** *npl* petits-enfants

granddad ['grændæd] *n* (*inf*) papy *m* (*inf*), papi *m* (*inf*), pépé *m* (*inf*); **my ~** (*young child speaking*) mon papy *or* papi *or* pépé; (*older child or adult speaking*) mon grand-père

granddaughter ['grændɔ:tə^r] *n* petite-fille *f*

grandeur ['grændjə^r] *n* magnificence *f*, splendeur *f*; (*of position etc*) éminence *f*

grandfather ['grændfɑ:ðə^r] *n* grand-père *m*

grandiose ['grændɪəus] *adj* grandiose; (*pej*) pompeux(-euse)

grand jury *n* (*US*) jury *m* d'accusation (*formé de 12 à 23 jurés*)

grandma ['grænmɑ:] *n* (*inf*) = **gran**

grandmother ['grænmʌðə^r] *n* grand-mère *f*

grandpa ['grænpɑ:] *n* (*inf*) = **granddad**

grandparents ['grændpɛərənts] *npl* grands-parents *mpl*

grand piano *n* piano *m* à queue

Grand Prix ['grɑ̃:'pri:] *n* (*Aut*) grand prix automobile

grandson ['grænsʌn] *n* petit-fils *m*

grandstand ['grændstænd] *n* (*Sport*) tribune *f*

grand total *n* total général

granite ['grænɪt] *n* granit *m*

granny ['grænɪ] *n* (*inf*) = **gran**

grant [grɑ:nt] *vt* accorder; (*a request*) accéder à; (*admit*) concéder ▷ *n* (*Scol*) bourse *f*; (*Admin*) subside *m*, subvention *f*; **to take sth for ~ed** considérer qch comme acquis; **to take sb for ~ed** considérer qn comme faisant partie du décor; **to ~ that** admettre que

granulated ['grænjuleɪtɪd] *adj*: **~ sugar** sucre *m* en poudre

granule ['grænju:l] *n* granule *m*

grape [greɪp] *n* raisin *m*; **a bunch of ~s** une grappe de raisin

grapefruit ['greɪpfru:t] *n* pamplemousse *m*

grapevine ['greɪpvaɪn] *n* vigne *f*; **I heard it on the ~** (*fig*) je l'ai appris par le téléphone arabe

graph [grɑ:f] *n* graphique *m*, courbe *f*

graphic ['græfɪk] *adj* graphique; (*vivid*) vivant(e)

graphic designer *n* graphiste *m/f*

graphic equalizer *n* égaliseur *m* graphique

graphics ['græfɪks] *n* (*art*) arts *mpl* graphiques; (*process*) graphisme *m* ▷ *npl* (*drawings*) illustrations *fpl*

graphite ['græfaɪt] *n* graphite *m*

graph paper *n* papier millimétré

grapple ['græpl] *vi*: **to ~ with** être aux prises avec

grappling iron ['græplɪŋ-] *n* (*Naut*) grappin *m*

grasp [grɑ:sp] *vt* saisir, empoigner; (*understand*) saisir, comprendre ▷ *n* (*grip*) prise *f*; (*fig*) compréhension *f*, connaissance *f*; **to have sth within one's ~** avoir qch à sa portée; **to have a good ~ of sth** (*fig*) bien comprendre qch
▶ **grasp at** *vt fus* (*rope etc*) essayer de saisir; (*fig: opportunity*) sauter sur

grasping ['grɑ:spɪŋ] *adj* avide

grass [grɑ:s] *n* herbe *f*; (*lawn*) gazon *m*; (*Brit inf: informer*) mouchard(e); (*: ex-terrorist*) balanceur(-euse)

grasshopper ['grɑ:shɔpə^r] *n* sauterelle *f*

grassland ['grɑ:slænd] *n* prairie *f*

grass roots *npl* (*fig*) base *f*

grass snake *n* couleuvre *f*

grassy ['grɑːsɪ] *adj* herbeux(-euse)
grate [greɪt] *n* grille *f* de cheminée ▷ *vi* grincer ▷ *vt* (*Culin*) râper
grateful ['greɪtful] *adj* reconnaissant(e)
gratefully ['greɪtfəlɪ] *adv* avec reconnaissance
grater ['greɪtəʳ] *n* râpe *f*
gratification [grætɪfɪ'keɪʃən] *n* satisfaction *f*
gratify ['grætɪfaɪ] *vt* faire plaisir à; (*whim*) satisfaire
gratifying ['grætɪfaɪɪŋ] *adj* agréable, satisfaisant(e)
grating ['greɪtɪŋ] *n* (*iron bars*) grille *f* ▷ *adj* (*noise*) grinçant(e)
gratitude ['grætɪtjuːd] *n* gratitude *f*
gratuitous [grə'tjuːɪtəs] *adj* gratuit(e)
gratuity [grə'tjuːɪtɪ] *n* pourboire *m*
grave [greɪv] *n* tombe *f* ▷ *adj* grave, sérieux(-euse)
gravedigger ['greɪvdɪgəʳ] *n* fossoyeur *m*
gravel ['grævl] *n* gravier *m*
gravely ['greɪvlɪ] *adv* gravement, sérieusement; **~ ill** gravement malade
gravestone ['greɪvstəun] *n* pierre tombale
graveyard ['greɪvjɑːd] *n* cimetière *m*
gravitate ['grævɪteɪt] *vi* graviter
gravity ['grævɪtɪ] *n* (*Physics*) gravité *f*; pesanteur *f*; (*seriousness*) gravité, sérieux *m*
gravy ['greɪvɪ] *n* jus *m* (de viande), sauce *f* (au jus de viande)
gravy boat *n* saucière *f*
gravy train *n* (*inf*): **to ride the ~** avoir une bonne planque
gray [greɪ] *adj* (*US*) = **grey**
graze [greɪz] *vi* paître, brouter ▷ *vt* (*touch lightly*) frôler, effleurer; (*scrape*) écorcher ▷ *n* écorchure *f*
grazing ['greɪzɪŋ] *n* (*pasture*) pâturage *m*
grease [griːs] *n* (*fat*) graisse *f*; (*lubricant*) lubrifiant *m* ▷ *vt* graisser; lubrifier; **to ~ the skids** (*US: fig*) huiler les rouages
grease gun *n* graisseur *m*
greasepaint ['griːspeɪnt] *n* produits *mpl* de maquillage
greaseproof paper ['griːspruːf-] *n* (*Brit*) papier sulfurisé
greasy ['griːsɪ] *adj* gras(se), graisseux(-euse); (*hands, clothes*) graisseux; (*Brit: road, surface*) glissant(e)
great [greɪt] *adj* grand(e); (*heat, pain etc*) très fort(e), intense; (*inf*) formidable; **they're ~ friends** ils sont très amis, ce sont de grands amis; **we had a ~ time** nous nous sommes bien amusés; **it was ~!** c'était fantastique *or* super!; **the ~ thing is that ...** ce qu'il y a de vraiment bien c'est que ...
Great Barrier Reef *n*: **the ~** la Grande Barrière
Great Britain *n* Grande-Bretagne *f*
great-grandchild (*pl* **-children**) [greɪt'græntʃaɪld, -tʃɪldrən] *n* arrière-petit(e)-enfant
great-grandfather [greɪt'grænfɑːðəʳ] *n* arrière-grand-père *m*
great-grandmother [greɪt'grænmʌðəʳ] *n* arrière-grand-mère *f*
Great Lakes *npl*: **the ~** les Grands Lacs
greatly ['greɪtlɪ] *adv* très, grandement; (*with verbs*) beaucoup
greatness ['greɪtnɪs] *n* grandeur *f*
Grecian ['griːʃən] *adj* grec (grecque)
Greece [griːs] *n* Grèce *f*
greed [griːd] *n* (*also*: **greediness**) avidité *f*; (*for food*) gourmandise *f*
greedily ['griːdɪlɪ] *adv* avidement; avec gourmandise
greedy ['griːdɪ] *adj* avide; (*for food*) gourmand(e)
Greek [griːk] *adj* grec (grecque) ▷ *n* Grec (Grecque); (*Ling*) grec *m*; **ancient/modern ~** grec classique/moderne
green [griːn] *adj* vert(e); (*inexperienced*) (bien) jeune, naïf(-ïve); (*ecological: product etc*) écologique ▷ *n* (*colour*) vert *m*; (*on golf course*) green *m*; (*stretch of grass*) pelouse *f*; (*also*: **village green**) ≈ place *f* du village; **greens** *npl* (*vegetables*) légumes verts; **to have ~ fingers** *or* (*US*) **a ~ thumb** (*fig*) avoir le pouce vert; **G~** (*Pol*) écologiste *m/f*; **the G~ Party** le parti écologiste
green belt *n* (*round town*) ceinture verte
green card *n* (*Aut*) carte verte; (*US: work permit*) permis *m* de travail
greenery ['griːnərɪ] *n* verdure *f*
greenfly ['griːnflaɪ] *n* (*Brit*) puceron *m*
greengage ['griːngeɪdʒ] *n* reine-claude *f*
greengrocer ['griːngrəusəʳ] *n* (*Brit*) marchand *m* de fruits et légumes
greengrocer's ['griːngrəusəʳ z], **greengrocer's shop** *n* magasin *m* de fruits et légumes
greenhouse ['griːnhaus] *n* serre *f*
greenhouse effect *n*: **the ~** l'effet *m* de serre
greenhouse gas *n* gaz *m* contribuant à l'effet de serre
greenish ['griːnɪʃ] *adj* verdâtre
Greenland ['griːnlənd] *n* Groenland *m*
Greenlander ['griːnləndəʳ] *n* Groenlandais(e)
green light *n*: **to give sb/sth the ~** donner le feu vert à qn/qch
green pepper *n* poivron (vert)
green pound *n* (*Econ*) livre verte
green salad *n* salade verte
greet [griːt] *vt* accueillir
greeting ['griːtɪŋ] *n* salutation *f*; **Christmas/birthday ~s** souhaits *mpl* de Noël/de bon anniversaire
greeting card, greetings card *n* carte *f* de vœux
gregarious [grə'gɛərɪəs] *adj* grégaire; sociable
grenade [grə'neɪd] *n* (*also*: **hand grenade**) grenade *f*
grew [gruː] *pt of* **grow**
grey, (*US*) **gray** [greɪ] *adj* gris(e); (*dismal*) sombre; **to go ~** (commencer à) grisonner
grey-haired, (*US*) **gray-haired** [greɪ'hɛəd] *adj* aux cheveux gris
greyhound ['greɪhaund] *n* lévrier *m*
grid [grɪd] *n* grille *f*; (*Elec*) réseau *m*; (*US Aut*)

intersection *f* (*matérialisée par des marques au sol*)
griddle [grɪdl] *n* (*on cooker*) plaque chauffante
gridiron ['grɪdaɪən] *n* gril *m*
gridlock ['grɪdlɔk] *n* (*traffic jam*) embouteillage *m*
gridlocked ['grɪdlɔk t] *adj*: **to be ~** (*roads*) être bloqué par un embouteillage; (*talks etc*) être suspendu
grief [gri:f] *n* chagrin *m*, douleur *f*; **to come to ~** (*plan*) échouer; (*person*) avoir un malheur
grievance ['gri:vəns] *n* doléance *f*, grief *m*; (*cause for complaint*) grief
grieve [gri:v] *vi* avoir du chagrin; se désoler ▷ *vt* faire de la peine à, affliger; **to ~ for sb** pleurer qn; **to ~ at** se désoler de; pleurer
grievous ['gri:vəs] *adj* grave, cruel(le); **~ bodily harm** (*Law*) coups *mpl* et blessures *fpl*
grill [grɪl] *n* (*on cooker*) gril *m*; (*also*: **mixed grill**) grillade(s) *f(pl)*; (*also*: **grillroom**) rôtisserie *f* ▷ *vt* (*Brit*) griller; (*inf*: *question*) interroger longuement, cuisiner
grille [grɪl] *n* grillage *m*; (*Aut*) calandre *f*
grillroom ['grɪlrum] *n* rôtisserie *f*
grim [grɪm] *adj* sinistre, lugubre; (*serious, stern*) sévère
grimace [grɪ'meɪs] *n* grimace *f* ▷ *vi* grimacer, faire une grimace
grime [graɪm] *n* crasse *f*
grimy ['graɪmɪ] *adj* crasseux(-euse)
grin [grɪn] *n* large sourire *m* ▷ *vi* sourire; **to ~ (at)** faire un grand sourire (à)
grind [graɪnd] (*pt, pp* **ground** [graund]) *vt* écraser; (*coffee, pepper etc*) moudre; (*US*: *meat*) hacher; (*make sharp*) aiguiser; (*polish*: *gem, lens*) polir ▷ *vi* (*car gears*) grincer ▷ *n* (*work*) corvée *f*; **to ~ one's teeth** grincer des dents; **to ~ to a halt** (*vehicle*) s'arrêter dans un grincement de freins; (*fig*) s'arrêter, s'immobiliser; **the daily ~** (*inf*) le train-train quotidien
grinder ['graɪndəʳ] *n* (*machine*: *for coffee*) moulin *m* (à café); (: *for waste disposal etc*) broyeur *m*
grindstone ['graɪndstəun] *n*: **to keep one's nose to the ~** travailler sans relâche
grip [grɪp] *n* (*handclasp*) poigne *f*; (*control*) prise *f*; (*handle*) poignée *f*; (*holdall*) sac *m* de voyage ▷ *vt* saisir, empoigner; (*viewer, reader*) captiver; **to come to ~s with** se colleter avec, en venir aux prises avec; **to ~ the road** (*Aut*) adhérer à la route; **to lose one's ~** lâcher prise; (*fig*) perdre les pédales, être dépassé(e)
gripe [graɪp] *n* (*Med*) coliques *fpl*; (*inf*: *complaint*) ronchonnement *m*, rouspétance *f* ▷ *vi* (*inf*) râler
gripping ['grɪpɪŋ] *adj* prenant(e), palpitant(e)
grisly ['grɪzlɪ] *adj* sinistre, macabre
grist [grɪst] *n* (*fig*): **it's (all) ~ to his mill** ça l'arrange, ça apporte de l'eau à son moulin
gristle ['grɪsl] *n* cartilage *m* (*de poulet etc*)
grit [grɪt] *n* gravillon *m*; (*courage*) cran *m* ▷ *vt* (*road*) sabler; **to ~ one's teeth** serrer les dents; **to have a piece of ~ in one's eye** avoir une poussière *or* saleté dans l'œil
grits [grɪts] *npl* (*US*) gruau *m* de maïs
grizzle ['grɪzl] *vi* (*Brit*) pleurnicher
grizzly ['grɪzlɪ] *n* (*also*: **grizzly bear**) grizzli *m*, ours gris
groan [grəun] *n* (*of pain*) gémissement *m*; (*of disapproval, dismay*) grognement *m* ▷ *vi* gémir; grogner
grocer ['grəusəʳ] *n* épicier *m*
groceries ['grəusərɪz] *npl* provisions *fpl*
grocer's ['grəusəʳz], **grocer's shop, grocery** ['grəusərɪ] *n* épicerie *f*
grog [grɔg] *n* grog *m*
groggy ['grɔgɪ] *adj* groggy *inv*
groin [grɔɪn] *n* aine *f*
groom [gru:m] *n* (*for horses*) palefrenier *m*; (*also*: **bridegroom**) marié *m* ▷ *vt* (*horse*) panser; (*fig*): **to ~ sb for** former qn pour
groove [gru:v] *n* sillon *m*, rainure *f*
grope [grəup] *vi* tâtonner; **to ~ for** chercher à tâtons
gross [grəus] *adj* grossier(-ière); (*Comm*) brut(e) ▷ *n* (*pl inv*: *twelve dozen*) grosse *f* ▷ *vt* (*Comm*): **to ~ £500,000** gagner 500 000 livres avant impôt
gross domestic product *n* produit brut intérieur
grossly ['grəuslɪ] *adv* (*greatly*) très, grandement
gross national product *n* produit national brut
grotesque [grə'tɛsk] *adj* grotesque
grotto ['grɔtəu] *n* grotte *f*
grotty ['grɔtɪ] *adj* (*Brit inf*) minable
grouch [grautʃ] (*inf*) *vi* rouspéter ▷ *n* (*person*) rouspéteur(-euse)
ground [graund] *pt, pp of* **grind** ▷ *n* sol *m*, terre *f*; (*land*) terrain *m*, terres *fpl*; (*Sport*) terrain; (*reason*: *gen pl*) raison *f*; (*US*: *also*: **ground wire**) terre *f* ▷ *vt* (*plane*) empêcher de décoller, retenir au sol; (*US Elec*) équiper d'une prise de terre, mettre à la terre ▷ *vi* (*ship*) s'échouer ▷ *adj* (*coffee etc*) moulu(e); (*US*: *meat*) haché(e); **grounds** *npl* (*gardens etc*) parc *m*, domaine *m*; (*of coffee*) marc *m*; **on the ~, to the ~** par terre; **below ~** sous terre; **to gain/lose ~** gagner/perdre du terrain; **common ~** terrain d'entente; **he covered a lot of ~ in his lecture** sa conférence a traité un grand nombre de questions *or* la question en profondeur
ground cloth *n* (*US*) = **groundsheet**
ground control *n* (*Aviat, Space*) centre *m* de contrôle (au sol)
ground floor *n* (*Brit*) rez-de-chaussée *m*
grounding ['graundɪŋ] *n* (*in education*) connaissances *fpl* de base
groundless ['graundlɪs] *adj* sans fondement
groundnut ['graundnʌt] *n* arachide *f*
ground rent *n* (*Brit*) fermage *m*
ground rules *npl*: **the ~** les principes *mpl* de base
groundsheet ['graundʃi:t] *n* (*Brit*) tapis *m* de sol
groundsman ['graundzmən] (*irreg*), (*US*) **groundskeeper** ['graundzki:pəʳ] *n* (*Sport*) gardien *m* de stade
ground staff *n* équipage *m* au sol
groundswell ['graundswɛl] *n* lame *f* or vague *f* de fond

ground-to-air ['grauntu'ɛəʳ] *adj* (*Mil*) sol-air *inv*
ground-to-ground ['grauntə'graund] *adj* (*Mil*) sol-sol *inv*
groundwork ['graundwəːk] *n* préparation *f*
group [gruːp] *n* groupe *m* ▷ *vt* (*also*: **group together**) grouper ▷ *vi* (*also*: **group together**) se grouper
groupie ['gruːpɪ] *n* groupie *f*
group therapy *n* thérapie *f* de groupe
grouse [graus] *n* (*pl inv*: *bird*) grouse *f* (*sorte de coq de bruyère*) ▷ *vi* (*complain*) rouspéter, râler
grove [grəuv] *n* bosquet *m*
grovel ['grɔvl] *vi* (*fig*): **to ~ (before)** ramper (devant)
grow (*pt* **grew**, *pp* **-n**) [grəu, gruː, grəun] *vi* (*plant*) pousser, croître; (*person*) grandir; (*increase*) augmenter, se développer; (*become*) devenir; **to ~ rich/weak** s'enrichir/s'affaiblir ▷ *vt* cultiver, faire pousser; (*hair, beard*) laisser pousser
▸ **grow apart** *vi* (*fig*) se détacher (l'un de l'autre)
▸ **grow away from** *vt fus* (*fig*) s'éloigner de
▸ **grow on** *vt fus*: **that painting is ~ing on me** je finirai par aimer ce tableau
▸ **grow out of** *vt fus* (*clothes*) devenir trop grand pour; (*habit*) perdre (avec le temps); **he'll ~ out of it** ça lui passera
▸ **grow up** *vi* grandir
grower ['grəuəʳ] *n* producteur *m*; (*Agr*) cultivateur(-trice)
growing ['grəuɪŋ] *adj* (*fear, amount*) croissant(e), grandissant(e); **~ pains** (*Med*) fièvre *f* de croissance; (*fig*) difficultés *fpl* de croissance
growl [graul] *vi* grogner
grown [grəun] *pp of* **grow** ▷ *adj* adulte
grown-up [grəun'ʌp] *n* adulte *m/f*, grande personne
growth [grəuθ] *n* croissance *f*, développement *m*; (*what has grown*) pousse *f*; poussée *f*; (*Med*) grosseur *f*, tumeur *f*
growth rate *n* taux *m* de croissance
GRSM *n abbr* (*Brit*) = **Graduate of the Royal Schools of Music**
grub [grʌb] *n* larve *f*; (*inf*: *food*) bouffe *f*
grubby ['grʌbɪ] *adj* crasseux(-euse)
grudge [grʌdʒ] *n* rancune *f* ▷ *vt*: **to ~ sb sth** (*in giving*) donner qch à qn à contre-cœur; (*resent*) reprocher qch à qn; **to bear sb a ~ (for)** garder rancune *or* en vouloir à qn (de); **he ~s spending** il rechigne à dépenser
grudgingly ['grʌdʒɪŋlɪ] *adv* à contre-cœur, de mauvaise grâce
gruelling, (*US*) **grueling** ['gruəlɪŋ] *adj* exténuant(e)
gruesome ['gruːsəm] *adj* horrible
gruff [grʌf] *adj* bourru(e)
grumble ['grʌmbl] *vi* rouspéter, ronchonner
grumpy ['grʌmpɪ] *adj* grincheux(-euse)
grunge [grʌndʒ] *n* (*Mus*: *style*) grunge *m*
grunt [grʌnt] *vi* grogner ▷ *n* grognement *m*
G-string ['dʒiːstrɪŋ] *n* (*garment*) cache-sexe *m inv*
GSUSA *n abbr* = **Girl Scouts of the United States of America**
GU *abbr* (*US*) = **Guam**
guarantee [gærən'tiː] *n* garantie *f* ▷ *vt* garantir; **he can't ~ (that) he'll come** il n'est pas absolument certain de pouvoir venir
guarantor [gærən'tɔːʳ] *n* garant(e)
guard [gɑːd] *n* garde *f*, surveillance *f*; (*squad*: *Boxing, Fencing*) garde *f*; (*one man*) garde *m*; (*Brit Rail*) chef *m* de train; (*safety device*: *on machine*) dispositif *m* de sûreté; (*also*: **fireguard**) garde-feu *m inv* ▷ *vt* garder, surveiller; (*protect*): **to ~ sb/sth (against** *or* **from)** protéger qn/qch (contre); **to be on one's ~** (*fig*) être sur ses gardes
▸ **guard against** *vi*: **to ~ against doing sth** se garder de faire qch
guard dog *n* chien *m* de garde
guarded ['gɑːdɪd] *adj* (*fig*) prudent(e)
guardian ['gɑːdɪən] *n* gardien(ne); (*of minor*) tuteur(-trice)
guard's van ['gɑːdz-] *n* (*Brit Rail*) fourgon *m*
Guatemala [gwɑːtɪ'mɑːlə] *n* Guatémala *m*
Guernsey ['gəːnzɪ] *n* Guernesey *m or f*
guerrilla [gə'rɪlə] *n* guérillero *m*
guerrilla warfare *n* guérilla *f*
guess [gɛs] *vi* deviner ▷ *vt* deviner; (*estimate*) évaluer; (*US*) croire, penser ▷ *n* supposition *f*, hypothèse *f*; **to take** *or* **have a ~** essayer de deviner; **to keep sb ~ing** laisser qn dans le doute *or* l'incertitude, tenir qn en haleine
guesstimate ['gɛstɪmɪt] *n* (*inf*) estimation *f*
guesswork ['gɛswəːk] *n* hypothèse *f*; **I got the answer by ~** j'ai deviné la réponse
guest [gɛst] *n* invité(e); (*in hotel*) client(e); **be my ~** faites comme chez vous
guest house ['gɛsthaus] *n* pension *f*
guest room *n* chambre *f* d'amis
guff [gʌf] *n* (*inf*) bêtises *fpl*
guffaw [gʌ'fɔː] *n* gros rire ▷ *vi* pouffer de rire
guidance ['gaɪdəns] *n* (*advice*) conseils *mpl*; **under the ~ of** conseillé(e) *or* encadré(e) par, sous la conduite de; **vocational ~** orientation professionnelle; **marriage ~** conseils conjugaux
guide [gaɪd] *n* (*person*) guide *m/f*; (*book*) guide *m*; (*also*: **Girl Guide**) éclaireuse *f*; (*Roman Catholic*) guide *f* ▷ *vt* guider; **to be ~d by sb/sth** se laisser guider par qn/qch; **is there an English-speaking ~?** est-ce que l'un des guides parle anglais?
guidebook ['gaɪdbuk] *n* guide *m*; **do you have a ~ in English?** est-ce que vous avez un guide en anglais?
guided missile ['gaɪdɪd-] *n* missile téléguidé
guide dog *n* chien *m* d'aveugle
guided tour *n* visite guidée; **what time does the ~ start?** la visite guidée commence à quelle heure?
guidelines ['gaɪdlaɪnz] *npl* (*advice*) instructions générales, conseils *mpl*
guild [gɪld] *n* (*History*) corporation *f*; (*sharing interests*) cercle *m*, association *f*

guildhall ['gɪldhɔːl] *n* *(Brit)* hôtel *m* de ville
guile [gaɪl] *n* astuce *f*
guileless ['gaɪllɪs] *adj* candide
guillotine ['gɪlətiːn] *n* guillotine *f*; *(for paper)* massicot *m*
guilt [gɪlt] *n* culpabilité *f*
guilty ['gɪltɪ] *adj* coupable; **to plead ~/not ~** plaider coupable/non coupable; **to feel ~ about doing sth** avoir mauvaise conscience à faire qch
Guinea ['gɪnɪ] *n*: **Republic of ~** (République *f* de) Guinée *f*
guinea ['gɪnɪ] *n* *(Brit: formerly)* guinée *f* *(= 21 shillings)*
guinea pig ['gɪnɪ-] *n* cobaye *m*
guise [gaɪz] *n* aspect *m*, apparence *f*
guitar [gɪ'tɑːʳ] *n* guitare *f*
guitarist [gɪ'tɑːrɪst] *n* guitariste *m/f*
gulch [gʌltʃ] *n* *(US)* ravin *m*
gulf [gʌlf] *n* golfe *m*; *(abyss)* gouffre *m*; **the (Persian) G~** le golfe Persique
Gulf States *npl*: **the ~** *(in Middle East)* les pays *mpl* du Golfe
Gulf Stream *n*: **the ~** le Gulf Stream
gull [gʌl] *n* mouette *f*
gullet ['gʌlɪt] *n* gosier *m*
gullibility [gʌlɪ'bɪlɪtɪ] *n* crédulité *f*
gullible ['gʌlɪbl] *adj* crédule
gully ['gʌlɪ] *n* ravin *m*; ravine *f*; couloir *m*
gulp [gʌlp] *vi* avaler sa salive; *(from emotion)* avoir la gorge serrée, s'étrangler ▷ *vt* *(also:* **gulp down***)* avaler ▷ *n* *(of drink)* gorgée *f*; **at one ~** d'un seul coup
gum [gʌm] *n* *(Anat)* gencive *f*; *(glue)* colle *f*; *(sweet)* boule *f* de gomme; *(also:* **chewing-gum***)* chewing-gum *m* ▷ *vt* coller
gumboil ['gʌmbɔɪl] *n* abcès *m* dentaire
gumboots ['gʌmbuːts] *npl* *(Brit)* bottes *fpl* en caoutchouc
gumption ['gʌmpʃən] *n* bon sens, jugeote *f*
gun [gʌn] *n* *(small)* revolver *m*, pistolet *m*; *(rifle)* fusil *m*, carabine *f*; *(cannon)* canon *m* ▷ *vt* *(also:* **gun down***)* abattre; **to stick to one's ~s** *(fig)* ne pas en démordre
gunboat ['gʌnbəut] *n* canonnière *f*
gun dog *n* chien *m* de chasse
gunfire ['gʌnfaɪəʳ] *n* fusillade *f*
gunk [gʌŋk] *n* *(inf)* saleté *f*
gunman *(irreg)* ['gʌnmən] *n* bandit armé
gunner ['gʌnəʳ] *n* artilleur *m*
gunpoint ['gʌnpɔɪnt] *n*: **at ~** sous la menace du pistolet *(or* fusil)
gunpowder ['gʌnpaudəʳ] *n* poudre *f* à canon
gunrunner ['gʌnrʌnəʳ] *n* trafiquant *m* d'armes
gunrunning ['gʌnrʌnɪŋ] *n* trafic *m* d'armes
gunshot ['gʌnʃɔt] *n* coup *m* de feu; **within ~** à portée de fusil
gunsmith ['gʌnsmɪθ] *n* armurier *m*
gurgle ['gəːgl] *n* gargouillis *m* ▷ *vi* gargouiller
guru ['guruː] *n* gourou *m*
gush [gʌʃ] *n* jaillissement *m*, jet *m* ▷ *vi* jaillir; *(fig)* se répandre en effusions
gushing ['gʌʃɪŋ] *adj* *(person)* trop exubérant(e) *or* expansif(-ive); *(compliments)* exagéré(e)
gusset ['gʌsɪt] *n* gousset *m*, soufflet *m*; *(in tights, pants)* entre-jambes *m*
gust [gʌst] *n* *(of wind)* rafale *f*; *(of smoke)* bouffée *f*
gusto ['gʌstəu] *n* enthousiasme *m*
gusty ['gʌstɪ] *adj* venteux(-euse); **~ winds** des rafales de vent
gut [gʌt] *n* intestin *m*, boyau *m*; *(Mus etc)* boyau ▷ *vt* *(poultry, fish)* vider; *(building)* ne laisser que les murs de; **guts** *npl* *(Anat)* boyaux *mpl*; *(inf: courage)* cran *m*; **to hate sb's ~s** ne pas pouvoir voir qn en peinture *or* sentir qn
gut reaction *n* réaction instinctive
gutsy ['gʌtsɪ] *adj* *(person)* qui a du cran; *(style)* qui a du punch
gutted ['gʌtɪd] *adj*: **I was ~** *(inf: disappointed)* j'étais carrément dégoûté
gutter ['gʌtəʳ] *n* *(of roof)* gouttière *f*; *(in street)* caniveau *m*; *(fig)* ruisseau *m*
gutter press *n*: **the ~** la presse de bas étage *or* à scandale
guttural ['gʌtərl] *adj* guttural(e)
guy [gaɪ] *n* *(inf: man)* type *m*; *(also:* **guyrope***)* corde *f*; *(figure)* *effigie de Guy Fawkes*
Guyana [gaɪ'ænə] *n* Guyane *f*
Guy Fawkes' Night [gaɪ'fɔːks-] *n* *voir article*

GUY FAWKES' NIGHT

Guy Fawkes' Night, que l'on appelle également "bonfire night", commémore l'échec du complot (le "Gunpowder Plot") contre James Ist et son parlement le 5 novembre 1605. L'un des conspirateurs, Guy Fawkes, avait été surpris dans les caves du parlement alors qu'il s'apprêtait à y mettre le feu. Chaque année pour le 5 novembre, les enfants préparent à l'avance une effigie de Guy Fawkes et ils demandent aux passants "un penny pour le guy" avec lequel ils pourront s'acheter des fusées de feu d'artifice. Beaucoup de gens font encore un feu dans leur jardin sur lequel ils brûlent le "guy".

guzzle ['gʌzl] *vi* s'empiffrer ▷ *vt* avaler gloutonnement
gym [dʒɪm] *n* *(also:* **gymnasium***)* gymnase *m*; *(also:* **gymnastics***)* gym *f*
gymkhana [dʒɪm'kɑːnə] *n* gymkhana *m*
gymnasium [dʒɪm'neɪzɪəm] *n* gymnase *m*
gymnast ['dʒɪmnæst] *n* gymnaste *m/f*
gymnastics [dʒɪm'næstɪks] *n, npl* gymnastique *f*
gym shoes *npl* chaussures *fpl* de gym(nastique)
gynaecologist, *(US)* **gynecologist** [gaɪnɪ'kɔlədʒɪst] *n* gynécologue *m/f*
gynaecology, *(US)* **gynecology** [gaɪnə'kɔlədʒɪ] *n* gynécologie *f*
gypsy ['dʒɪpsɪ] *n* gitan(e), bohémien(ne) ▷ *cpd*: **~ caravan** *n* roulotte *f*
gyrate [dʒaɪ'reɪt] *vi* tournoyer

H, h [eɪtʃ] *n* (*letter*) H, h *m*; **H for Harry**, (*US*) **H for How** H comme Henri
habeas corpus ['heɪbɪəs'kɔːpəs] *n* (*Law*) habeas corpus *m*
haberdashery [hæbə'dæʃərɪ] *n* (*Brit*) mercerie *f*
habit ['hæbɪt] *n* habitude *f*; (*costume*: *Rel*) habit *m*; (*for riding*) tenue *f* d'équitation; **to get out of/ into the ~ of doing sth** perdre/prendre l'habitude de faire qch
habitable ['hæbɪtəbl] *adj* habitable
habitat ['hæbɪtæt] *n* habitat *m*
habitation [hæbɪ'teɪʃən] *n* habitation *f*
habitual [hə'bɪtjuəl] *adj* habituel(le); (*drinker, liar*) invétéré(e)
habitually [hə'bɪtjuəlɪ] *adv* habituellement, d'habitude
hack [hæk] *vt* hacher, tailler ▷ *n* (*cut*) entaille *f*; (*blow*) coup *m*; (*pej*: *writer*) nègre *m*; (*old horse*) canasson *m*
hacker ['hækəʳ] *n* (*Comput*) pirate *m* (informatique); (: *enthusiast*) passionné(e) *m/f* des ordinateurs
hackles ['hæklz] *npl*: **to make sb's ~ rise** (*fig*) mettre qn hors de soi
hackney cab ['hæknɪ-] *n* fiacre *m*
hackneyed ['hæknɪd] *adj* usé(e), rebattu(e)
hacksaw ['hæksɔː] *n* scie *f* à métaux
had [hæd] *pt*, *pp of* **have**
haddock (*pl* **-** *or* **-s**) ['hædək] *n* églefin *m*; **smoked ~** haddock *m*
hadn't ['hædnt] = **had not**
haematology, (*US*) **hematology** ['hiːmə'tɔlədʒɪ] *n* hématologie *f*
haemoglobin, (*US*) **hemoglobin** ['hiːmə'gləubɪn] *n* hémoglobine *f*
haemophilia, (*US*) **hemophilia** ['hiːmə'fɪlɪə] *n* hémophilie *f*
haemorrhage, (*US*) **hemorrhage** ['hɛmərɪdʒ] *n* hémorragie *f*
haemorrhoids, (*US*) **hemorrhoids** ['hɛmərɔɪdz] *npl* hémorroïdes *fpl*
hag [hæg] *n* (*ugly*) vieille sorcière; (*nasty*) chameau *m*, harpie *f*; (*witch*) sorcière
haggard ['hægəd] *adj* hagard(e), égaré(e)
haggis ['hægɪs] *n* haggis *m*
haggle ['hægl] *vi* marchander; **to ~ over** chicaner sur
haggling ['hæglɪŋ] *n* marchandage *m*
Hague [heɪg] *n*: **The ~** La Haye
hail [heɪl] *n* grêle *f* ▷ *vt* (*call*) héler; (*greet*) acclamer ▷ *vi* grêler; (*originate*): **he ~s from Scotland** il est originaire d'Écosse
hailstone ['heɪlstəun] *n* grêlon *m*
hailstorm ['heɪlstɔːm] *n* averse *f* de grêle
hair [hɛəʳ] *n* cheveux *mpl*; (*on body*) poils *mpl*, pilosité *f*; (*of animal*) pelage *m*; (*single hair*: *on head*) cheveu *m*; (: *on body, of animal*) poil *m*; **to do one's ~** se coiffer
hairband ['hɛəbænd] *n* (*elasticated*) bandeau *m*; (*plastic*) serre-tête *m*
hairbrush ['hɛəbrʌʃ] *n* brosse *f* à cheveux
haircut ['hɛəkʌt] *n* coupe *f* (de cheveux)
hairdo ['hɛəduː] *n* coiffure *f*
hairdresser ['hɛədrɛsəʳ] *n* coiffeur(-euse)
hairdresser's ['hɛədrɛsəʳz] *n* salon *m* de coiffure, coiffeur *m*
hair dryer ['hɛədraɪəʳ] *n* sèche-cheveux *m*, séchoir *m*
-haired [hɛəd] *suffix*: **fair/long~** aux cheveux blonds/longs
hair gel *n* gel *m* pour cheveux
hairgrip ['hɛəgrɪp] *n* pince *f* à cheveux
hairline ['hɛəlaɪn] *n* naissance *f* des cheveux
hairline fracture *n* fêlure *f*
hairnet ['hɛənɛt] *n* résille *f*
hair oil *n* huile *f* capillaire
hairpiece ['hɛəpiːs] *n* postiche *m*
hairpin ['hɛəpɪn] *n* épingle *f* à cheveux
hairpin bend, (*US*) **hairpin curve** *n* virage *m* en épingle à cheveux
hair-raising ['hɛəreɪzɪŋ] *adj* à (vous) faire dresser les cheveux sur la tête
hair remover *n* dépilateur *m*
hair removing cream *n* crème *f* dépilatoire
hair spray *n* laque *f* (pour les cheveux)
hairstyle ['hɛəstaɪl] *n* coiffure *f*
hairy ['hɛərɪ] *adj* poilu(e), chevelu(e); (*inf*: *frightening*) effrayant(e)
Haiti ['heɪtɪ] *n* Haïti *m*
hake (*pl* **-** *or* **-s**) [heɪk] *n* colin *m*, merlu *m*
halcyon ['hælsɪən] *adj* merveilleux(-euse)
hale [heɪl] *adj*: **~ and hearty** robuste, en

pleine santé
half [hɑːf] *n* (*pl* **halves** [hɑːvz]) moitié *f*; (*of beer*: *also*: **half pint**) ≈ demi *m*; (*Rail, bus*: *also*: **half fare**) demi-tarif *m*; (*Sport*: *of match*) mi-temps *f*; (: *of ground*) moitié (du terrain) ▹ *adj* demi(e) ▹ *adv* (à) moitié, à demi; **~ an hour** une demi-heure; **~ a dozen** une demi-douzaine; **~ a pound** une demi-livre, ≈ 250 g; **two and a ~** deux et demi; **a week and a ~** une semaine et demie; **~ (of it)** la moitié; **~ (of)** la moitié de; **~ the amount of** la moitié de; **to cut sth in ~** couper qch en deux; **~ past three** trois heures et demie; **~ empty/ closed** à moitié vide/fermé; **to go halves (with sb)** se mettre de moitié avec qn
half-back ['hɑːfbæk] *n* (*Sport*) demi *m*
half-baked ['hɑːf'beɪkt] *adj* (*inf*: *idea, scheme*) qui ne tient pas debout
half board *n* (*Brit*: *in hotel*) demi-pension *f*
half-breed ['hɑːfbriːd] *n* (*pej*) = **half-caste**
half-brother ['hɑːfbrʌðə^r^] *n* demi-frère *m*
half-caste ['hɑːfkɑːst] *n* (*pej*) métis(se)
half day *n* demi-journée *f*
half fare *n* demi-tarif *m*
half-hearted ['hɑːf'hɑːtɪd] *adj* tiède, sans enthousiasme
half-hour [hɑːf'auə^r^] *n* demi-heure *f*
half-mast ['hɑːf'mɑːst] *n*: **at ~** (*flag*) en berne, à mi-mât
halfpenny ['heɪpnɪ] *n* demi-penny *m*
half-price ['hɑːf'praɪs] *adj* à moitié prix ▹ *adv* (*also*: **at half-price**) à moitié prix
half term *n* (*Brit Scol*) vacances *fpl* (*de demi-trimestre*)
half-time [hɑːf'taɪm] *n* mi-temps *f*
halfway ['hɑːf'weɪ] *adv* à mi-chemin; **to meet sb ~** (*fig*) parvenir à un compromis avec qn; **~ through sth** au milieu de qch
halfway house *n* (*hostel*) centre *m* de réadaptation (*pour anciens prisonniers, malades mentaux etc*); (*fig*): **a ~ (between)** une étape intermédiaire (entre)
half-wit ['hɑːfwɪt] *n* (*inf*) idiot(e), imbécile *m/f*
half-yearly [hɑːf'jɪəlɪ] *adv* deux fois par an ▹ *adj* semestriel(le)
halibut ['hælɪbət] *n* (*pl inv*) flétan *m*
halitosis [hælɪ'təusɪs] *n* mauvaise haleine
hall [hɔːl] *n* salle *f*; (*entrance way*: *big*) hall *m*; (*small*) entrée *f*; (*US*: *corridor*) couloir *m*; (*mansion*) château *m*, manoir *m*
hallmark ['hɔːlmɑːk] *n* poinçon *m*; (*fig*) marque *f*
hallo [hə'ləu] *excl* = **hello**
hall of residence *n* (*Brit*) pavillon *m or* résidence *f* universitaire
Hallowe'en, Halloween ['hæləu'iːn] *n* veille *f* de la Toussaint; *voir article*

HALLOWE'EN

Selon la tradition, *Hallowe'en* est la nuit des fantômes et des sorcières. En Écosse et aux États-Unis surtout (et de plus en plus en Angleterre) les enfants, pour fêter *Hallowe'en*, se déguisent ce soir-là et ils vont ainsi de porte en porte en demandant de petits cadeaux (du chocolat, etc).

hallucination [həluːsɪ'neɪʃən] *n* hallucination *f*
hallucinogenic [həluːsɪnəu'dʒɛnɪk] *adj* hallucinogène
hallway ['hɔːlweɪ] *n* (*entrance*) vestibule *m*; (*corridor*) couloir *m*
halo ['heɪləu] *n* (*of saint etc*) auréole *f*; (*of sun*) halo *m*
halt [hɔːlt] *n* halte *f*, arrêt *m* ▹ *vt* faire arrêter; (*progress etc*) interrompre ▹ *vi* faire halte, s'arrêter; **to call a ~ to sth** (*fig*) mettre fin à qch
halter ['hɔːltə^r^] *n* (*for horse*) licou *m*
halterneck ['hɔːltənɛk] *adj* (*dress*) (avec) dos nu *inv*
halve [hɑːv] *vt* (*apple etc*) partager *or* diviser en deux; (*reduce by half*) réduire de moitié
halves [hɑːvz] *npl of* **half**
ham [hæm] *n* jambon *m*; (*inf*: *also*: **radio ham**) radio-amateur *m*; (*also*: **ham actor**) cabotin(e)
Hamburg ['hæmbəːg] *n* Hambourg
hamburger ['hæmbəːgə^r^] *n* hamburger *m*
ham-fisted ['hæm'fɪstɪd], (*US*) **ham-handed** ['hæm'hændɪd] *adj* maladroit(e)
hamlet ['hæmlɪt] *n* hameau *m*
hammer ['hæmə^r^] *n* marteau *m* ▹ *vt* (*nail*) enfoncer; (*fig*) éreinter, démolir ▹ *vi* (*at door*) frapper à coups redoublés; **to ~ a point home to sb** faire rentrer qch dans la tête de qn
▸ **hammer out** *vt* (*metal*) étendre au marteau; (*fig*: *solution*) élaborer
hammock ['hæmək] *n* hamac *m*
hamper ['hæmpə^r^] *vt* gêner ▹ *n* panier *m* (d'osier)
hamster ['hæmstə^r^] *n* hamster *m*
hamstring ['hæmstrɪŋ] *n* (*Anat*) tendon *m* du jarret
hand [hænd] *n* main *f*; (*of clock*) aiguille *f*; (*handwriting*) écriture *f*; (*at cards*) jeu *m*; (*measurement*: *of horse*) paume *f*; (*worker*) ouvrier(-ière) ▹ *vt* passer, donner; **to give sb a ~** donner un coup de main à qn; **at ~** à portée de la main; **in ~** (*situation*) en main; (*work*) en cours; **we have the situation in ~** nous avons la situation bien en main; **to be on ~** (*person*) être disponible; (*emergency services*) se tenir prêt(e) (à intervenir); **to ~** (*information etc*) sous la main, à portée de la main; **to force sb's ~** forcer la main à qn; **to have a free ~** avoir carte blanche; **to have sth in one's ~** tenir qch à la main; **on the one ~ ..., on the other ~** d'une part ..., d'autre part
▸ **hand down** *vt* passer; (*tradition, heirloom*) transmettre; (*US*: *sentence, verdict*) prononcer
▸ **hand in** *vt* remettre
▸ **hand out** *vt* distribuer
▸ **hand over** *vt* remettre; (*powers etc*) transmettre
▸ **hand round** *vt* (*Brit*: *information*) faire circuler; (: *chocolates etc*) faire passer

handbag ['hændbæg] *n* sac *m* à main
hand baggage *n* = **hand luggage**
handball ['hændbɔːl] *n* handball *m*
handbasin ['hændbeɪsn] *n* lavabo *m*
handbook ['hændbuk] *n* manuel *m*
handbrake ['hændbreɪk] *n* frein *m* à main
h & c *abbr* (*Brit*) = **hot and cold (water)**
hand cream *n* crème *f* pour les mains
handcuffs ['hændkʌfs] *npl* menottes *fpl*
handful ['hændful] *n* poignée *f*
hand-held ['hænd'hɛld] *adj* à main
handicap ['hændɪkæp] *n* handicap *m* ▷ *vt* handicaper; **mentally/physically ~ped** handicapé(e) mentalement/physiquement
handicraft ['hændɪkrɑːft] *n* travail *m* d'artisanat, technique artisanale
handiwork ['hændɪwəːk] *n* ouvrage *m*; **this looks like his ~** (*pej*) ça a tout l'air d'être son œuvre
handkerchief ['hæŋkətʃɪf] *n* mouchoir *m*
handle ['hændl] *n* (*of door etc*) poignée *f*; (*of cup etc*) anse *f*; (*of knife etc*) manche *m*; (*of saucepan*) queue *f*; (*for winding*) manivelle *f* ▷ *vt* toucher, manier; (*deal with*) s'occuper de; (*treat: people*) prendre; **"~ with care"** "fragile"; **to fly off the ~** s'énerver
handlebar ['hændlbɑː[r]] *n*, **handlebars** ['hændlbɑːz] *npl* guidon *m*
handling ['hændlɪŋ] *n* (*Aut*) maniement *m*; (*treatment*): **his ~ of the matter** la façon dont il a traité l'affaire
handling charges *npl* frais *mpl* de manutention; (*Banking*) agios *mpl*
hand luggage ['hændlʌgɪdʒ] *n* bagages *mpl* à main; **one item of ~** un bagage à main
handmade ['hænd'meɪd] *adj* fait(e) à la main
handout ['hændaut] *n* (*money*) aide *f*, don *m*; (*leaflet*) prospectus *m*; (*press handout*) communiqué *m* de presse; (*at lecture*) polycopié *m*
hand-picked ['hænd'pɪkt] *adj* (*produce*) cueilli(e) à la main; (*staff etc*) trié(e) sur le volet
handrail ['hændreɪl] *n* (*on staircase etc*) rampe *f*, main courante
handset ['hændsɛt] *n* (*Tel*) combiné *m*
hands-free [hændz'friː] *adj* mains libres *inv* ▷ *n* (*also*: **hands-free kit**) kit *m* mains libres *inv*
handshake ['hændʃeɪk] *n* poignée *f* de main; (*Comput*) établissement *m* de la liaison
handsome ['hænsəm] *adj* beau (belle); (*gift*) généreux(-euse); (*profit*) considérable
hands-on [hændz'ɔn] *adj* (*training, experience*) sur le tas; **she has a very ~ approach** sa politique est de mettre la main à la pâte
handstand ['hændstænd] *n*: **to do a ~** faire l'arbre droit
hand-to-mouth ['hændtə'mauθ] *adj* (*existence*) au jour le jour
handwriting ['hændraɪtɪŋ] *n* écriture *f*
handwritten ['hændrɪtn] *adj* manuscrit(e), écrit(e) à la main
handy ['hændɪ] *adj* (*person*) adroit(e); (*close at hand*) sous la main; (*convenient*) pratique; **to come in ~** être (*or* s'avérer) utile
handyman ['hændɪmæn] (*irreg*) *n* bricoleur *m*; (*servant*) homme *m* à tout faire
hang (*pt, pp* **hung**) [hæŋ, hʌŋ] *vt* accrocher; (*criminal: pt, pp* **-ed**) pendre ▷ *vi* pendre; (*hair, drapery*) tomber ▷ *n*: **to get the ~ of (doing) sth** (*inf*) attraper le coup pour faire qch
▸ **hang about, hang around** *vi* flâner, traîner
▸ **hang back** *vi* (*hesitate*): **to ~ back (from doing)** être réticent(e) (pour faire)
▸ **hang down** *vi* pendre
▸ **hang on** *vi* (*wait*) attendre ▷ *vt fus* (*depend on*) dépendre de; **to ~ on to** (*keep hold of*) ne pas lâcher; (*keep*) garder
▸ **hang out** *vt* (*washing*) étendre (dehors) ▷ *vi* pendre; (*inf: live*) habiter, percher; (*: spend time*) traîner
▸ **hang round** *vi* = **hang around**
▸ **hang together** *vi* (*argument etc*) se tenir, être cohérent(e)
▸ **hang up** *vi* (*Tel*) raccrocher ▷ *vt* (*coat, painting etc*) accrocher, suspendre; **to ~ up on sb** (*Tel*) raccrocher au nez de qn
hangar ['hæŋə[r]] *n* hangar *m*
hangdog ['hæŋdɔg] *adj* (*look, expression*) de chien battu
hanger ['hæŋə[r]] *n* cintre *m*, portemanteau *m*
hanger-on [hæŋər'ɔn] *n* parasite *m*
hang-glider ['hæŋglaɪdə[r]] *n* deltaplane *m*
hang-gliding ['hæŋglaɪdɪŋ] *n* vol *m* libre *or* sur aile delta
hanging ['hæŋɪŋ] *n* (*execution*) pendaison *f*
hangman ['hæŋmən] (*irreg*) *n* bourreau *m*
hangover ['hæŋəuvə[r]] *n* (*after drinking*) gueule *f* de bois
hang-up ['hæŋʌp] *n* complexe *m*
hank [hæŋk] *n* écheveau *m*
hanker ['hæŋkə[r]] *vi*: **to ~ after** avoir envie de
hankering ['hæŋkərɪŋ] *n*: **to have a ~ for/to do sth** avoir une grande envie de/de faire qch
hankie, hanky ['hæŋkɪ] *n abbr* = **handkerchief**
Hants *abbr* (*Brit*) = **Hampshire**
haphazard [hæp'hæzəd] *adj* fait(e) au hasard, fait(e) au petit bonheur
hapless ['hæplɪs] *adj* malheureux(-euse)
happen ['hæpən] *vi* arriver, se passer, se produire; **what's ~ing?** que se passe-t-il?; **she ~ed to be free** il s'est trouvé (*or* se trouvait) qu'elle était libre; **if anything ~ed to him** s'il lui arrivait quoi que ce soit; **as it ~s** justement
▸ **happen on, happen upon** *vt fus* tomber sur
happening ['hæpnɪŋ] *n* événement *m*
happily ['hæpɪlɪ] *adv* heureusement; (*cheerfully*) joyeusement
happiness ['hæpɪnɪs] *n* bonheur *m*
happy ['hæpɪ] *adj* heureux(-euse); **~ with** (*arrangements etc*) satisfait(e) de; **to be ~ to do** faire volontiers; **yes, I'd be ~ to** oui, avec plaisir *or* (bien) volontiers; **~ birthday!** bon anniversaire!; **~ Christmas/New Year!** joyeux Noël/bonne année!

h

happy-go-lucky ['hæpɪgəu'lʌkɪ] *adj* insouciant(e)
happy hour *n* l'heure *f* de l'apéritif, *heure pendant laquelle les consommations sont à prix réduit*
harangue [hə'ræŋ] *vt* haranguer
harass ['hærəs] *vt* accabler, tourmenter
harassed ['hærəst] *adj* tracassé(e)
harassment ['hærəsmənt] *n* tracasseries *fpl*; **sexual ~** harcèlement sexuel
harbour, (*US*) **harbor** ['hɑːbə^r^] *n* port *m* ▷ *vt* héberger, abriter; (*hopes, suspicions*) entretenir; **to ~ a grudge against sb** en vouloir à qn
harbour dues, (*US*) **harbor dues** *npl* droits *mpl* de port
harbour master, (*US*) **harbor master** *n* capitaine *m* du port
hard [hɑːd] *adj* dur(e); (*question, problem*) difficile; (*facts, evidence*) concret(-ète) ▷ *adv* (*work*) dur; (*think, try*) sérieusement; **to look ~ at** regarder fixement; (*thing*) regarder de près; **to drink ~** boire sec; **~ luck!** pas de veine!; **no ~ feelings!** sans rancune!; **to be ~ of hearing** être dur(e) d'oreille; **to be ~ done by** être traité(e) injustement; **to be ~ on sb** être dur(e) avec qn; **I find it ~ to believe that ...** je n'arrive pas à croire que ...
hard-and-fast ['hɑːdən'fɑːst] *adj* strict(e), absolu(e)
hardback ['hɑːdbæk] *n* livre relié
hardboard ['hɑːdbɔːd] *n* Isorel® *m*
hard-boiled egg ['hɑːd'bɔɪld-] *n* œuf dur
hard cash *n* espèces *fpl*
hard copy *n* (*Comput*) sortie *f* or copie *f* papier
hard-core ['hɑːd'kɔː^r^] *adj* (*pornography*) (dit(e)) dur(e); (*supporters*) inconditionnel(le)
hard court *n* (*Tennis*) court *m* en dur
hard disk *n* (*Comput*) disque dur
harden ['hɑːdn] *vt* durcir; (*steel*) tremper; (*fig*) endurcir ▷ *vi* (*substance*) durcir
hardened ['hɑːdnd] *adj* (*criminal*) endurci(e); **to be ~ to sth** s'être endurci(e) à qch, être (devenu(e)) insensible à qch
hard-headed ['hɑːd'hɛdɪd] *adj* réaliste; décidé(e)
hard-hearted ['hɑːd'hɑːtɪd] *adj* dur(e), impitoyable
hard-hitting ['hɑːd'hɪtɪŋ] *adj* (*speech, article*) sans complaisances
hard labour *n* travaux forcés
hardliner [hɑːd'laɪnə^r^] *n* intransigeant(e), dur(e)
hard-luck story [hɑːd'lʌk-] *n* histoire larmoyante
hardly ['hɑːdlɪ] *adv* (*scarcely*) à peine; (*harshly*) durement; **it's ~ the case** ce n'est guère le cas; **~ anywhere/ever** presque nulle part/jamais; **I can ~ believe it** j'ai du mal à le croire
hardness ['hɑːdnɪs] *n* dureté *f*
hard-nosed ['hɑːd'nəuzd] *adj* impitoyable, dur(e)
hard-pressed ['hɑːd'prɛst] *adj* sous pression
hard sell *n* vente agressive
hardship ['hɑːdʃɪp] *n* (*difficulties*) épreuves *fpl*; (*deprivation*) privations *fpl*
hard shoulder *n* (*Brit Aut*) accotement stabilisé
hard-up [hɑː'dʌp] *adj* (*inf*) fauché(e)
hardware ['hɑːdwɛə^r^] *n* quincaillerie *f*; (*Comput, Mil*) matériel *m*
hardware shop, (*US*) **hardware store** *n* quincaillerie *f*
hard-wearing [hɑːd'wɛərɪŋ] *adj* solide
hard-won ['hɑːd'wʌn] *adj* (si) durement gagné(e)
hard-working [hɑːd'wəːkɪŋ] *adj* travailleur(-euse), consciencieux(-euse)
hardy ['hɑːdɪ] *adj* robuste; (*plant*) résistant(e) au gel
hare [hɛə^r^] *n* lièvre *m*
hare-brained ['hɛəbreɪnd] *adj* farfelu(e), écervelé(e)
harelip ['hɛəlɪp] *n* (*Med*) bec-de-lièvre *m*
harem [hɑː'riːm] *n* harem *m*
hark back [hɑːk-] *vi*: **to ~ to** (en) revenir toujours à
harm [hɑːm] *n* mal *m*; (*wrong*) tort *m* ▷ *vt* (*person*) faire du mal *or* du tort à; (*thing*) endommager; **to mean no ~** ne pas avoir de mauvaises intentions; **there's no ~ in trying** on peut toujours essayer; **out of ~'s way** à l'abri du danger, en lieu sûr
harmful ['hɑːmful] *adj* nuisible
harmless [hɑːmlɪs] *adj* inoffensif(-ive)
harmonic [hɑː'mɔnɪk] *adj* harmonique
harmonica [hɑː'mɔnɪkə] *n* harmonica *m*
harmonics [hɑː'mɔnɪks] *npl* harmoniques *mpl or fpl*
harmonious [hɑː'məunɪəs] *adj* harmonieux(-euse)
harmonium [hɑː'məunɪəm] *n* harmonium *m*
harmonize ['hɑːmənaɪz] *vt* harmoniser ▷ *vi* s'harmoniser
harmony ['hɑːmənɪ] *n* harmonie *f*
harness ['hɑːnɪs] *n* harnais *m* ▷ *vt* (*horse*) harnacher; (*resources*) exploiter
harp [hɑːp] *n* harpe *f* ▷ *vi*: **to ~ on about** revenir toujours sur
harpist ['hɑːpɪst] *n* harpiste *m/f*
harpoon [hɑː'puːn] *n* harpon *m*
harpsichord ['hɑːpsɪkɔːd] *n* clavecin *m*
harrowing ['hærəuɪŋ] *adj* déchirant(e)
harsh [hɑːʃ] *adj* (*hard*) dur(e); (*severe*) sévère; (*rough: surface*) rugueux(-euse); (*unpleasant: sound*) discordant(e); (*: light*) cru(e); (*: taste*) âpre
harshly ['hɑːʃlɪ] *adv* durement, sévèrement
harshness ['hɑːʃnɪs] *n* dureté *f*, sévérité *f*
harvest ['hɑːvɪst] *n* (*of corn*) moisson *f*; (*of fruit*) récolte *f*; (*of grapes*) vendange *f* ▷ *vi, vt* moissonner; récolter; vendanger
harvester ['hɑːvɪstə^r^] *n* (*machine*) moissonneuse *f*; (*also*: **combine harvester**) moissonneuse-batteuse(-lieuse *f*) *f*
has [hæz] *vb see* **have**
has-been ['hæzbiːn] *n* (*inf: person*): **he/she's a ~** il/elle a fait son temps *or* est fini(e)

hash [hæʃ] *n* (*Culin*) hachis *m*; (*fig: mess*) gâchis *m* ▷ *n abbr* (*inf*) = **hashish**
hashish ['hæʃɪʃ] *n* haschisch *m*
hasn't ['hæznt] = **has not**
hassle ['hæsl] *n* (*inf: fuss*) histoire(s) *f(pl)*
haste [heɪst] *n* hâte *f*, précipitation *f*; **in ~** à la hâte, précipitamment
hasten ['heɪsn] *vt* hâter, accélérer ▷ *vi* se hâter, s'empresser
hastily ['heɪstɪlɪ] *adv* à la hâte; (*leave*) précipitamment
hasty ['heɪstɪ] *adj* (*decision, action*) hâtif(-ive); (*departure, escape*) précipité(e)
hat [hæt] *n* chapeau *m*
hatbox ['hætbɔks] *n* carton *m* à chapeau
hatch [hætʃ] *n* (*Naut: also:* **hatchway**) écoutille *f*; (*Brit: also:* **service hatch**) passe-plats *m inv* ▷ *vi* éclore ▷ *vt* faire éclore; (*fig: scheme*) tramer, ourdir
hatchback ['hætʃbæk] *n* (*Aut*) modèle *m* avec hayon arrière
hatchet ['hætʃɪt] *n* hachette *f*
hatchet job *n* (*inf*) démolissage *m*
hatchet man (*irreg*) *n* (*inf*) homme *m* de main
hate [heɪt] *vt* haïr, détester ▷ *n* haine *f*; **to ~ to do** *or* **doing** détester faire; **I ~ to trouble you, but ...** désolé de vous déranger, mais ...
hateful ['heɪtful] *adj* odieux(-euse), détestable
hater ['heɪtə[r]] *n*: cop-hater anti-flic *mf*; woman-hater misogyne *m/f* (haineux(-euse))
hatred ['heɪtrɪd] *n* haine *f*
hat trick *n* (*Brit Sport, also fig*): **to get a ~** réussir trois coups (*or* gagner trois matchs *etc*) consécutifs
haughty ['hɔːtɪ] *adj* hautain(e), arrogant(e)
haul [hɔːl] *vt* traîner, tirer; (*by lorry*) camionner; (*Naut*) haler ▷ *n* (*of fish*) prise *f*; (*of stolen goods etc*) butin *m*
haulage ['hɔːlɪdʒ] *n* transport routier
haulage contractor *n* (*Brit: firm*) entreprise *f* de transport (routier); (*: person*) transporteur routier
haulier ['hɔːlɪə[r]], (*US*) **hauler** ['hɔːlə[r]] *n* transporteur (routier), camionneur *m*
haunch [hɔːntʃ] *n* hanche *f*; **~ of venison** cuissot *m* de chevreuil
haunt [hɔːnt] *vt* (*subj: ghost, fear*) hanter; (*: person*) fréquenter ▷ *n* repaire *m*
haunted ['hɔːntɪd] *adj* (*castle etc*) hanté(e); (*look*) égaré(e), hagard(e)
haunting ['hɔːntɪŋ] *adj* (*sight, music*) obsédant(e)
Havana [hə'vænə] *n* La Havane

KEYWORD

have [hæv] (*pt, pp* **had**) *aux vb* **1** (*gen*) avoir; être; **to have eaten/slept** avoir mangé/dormi; **to have arrived/gone** être arrivé(e)/allé(e); **he has been promoted** il a eu une promotion; **having finished** *or* **when he had finished, he left** quand il a eu fini, il est parti; **we'd already eaten** nous avions déjà mangé
2 (*in tag questions*): **you've done it, haven't you?** vous l'avez fait, n'est-ce pas?
3 (*in short answers and questions*): **no I haven't!/yes we have!** mais non!/mais si!; **so I have!** ah oui!, oui c'est vrai!; **I've been there before, have you?** j'y suis déjà allé, et vous?
▷ *modal aux vb* (*be obliged*): **to have (got) to do sth** devoir faire qch, être obligé(e) de faire qch; **she has (got) to do it** elle doit le faire, il faut qu'elle le fasse; **you haven't to tell her** vous n'êtes pas obligé de le lui dire; (*must not*) ne le lui dites surtout pas; **do you have to book?** il faut réserver?
▷ *vt* **1** (*possess*) avoir; **he has (got) blue eyes/dark hair** il a les yeux bleus/les cheveux bruns
2 (*referring to meals etc*): **to have breakfast** prendre le petit déjeuner; **to have dinner/lunch** dîner/déjeuner; **to have a drink** prendre un verre; **to have a cigarette** fumer une cigarette
3 (*receive*) avoir, recevoir; (*obtain*) avoir; **may I have your address?** puis-je avoir votre adresse?; **you can have it for £5** vous pouvez l'avoir pour 5 livres; **I must have it for tomorrow** il me le faut pour demain; **to have a baby** avoir un bébé
4 (*maintain, allow*): **I won't have it!** ça ne se passera pas comme ça!; **we can't have that** nous ne tolérerons pas ça
5 (*by sb else*): **to have sth done** faire faire qch; **to have one's hair cut** se faire couper les cheveux; **to have sb do sth** faire faire qch à qn
6 (*experience, suffer*) avoir; **to have a cold/flu** avoir un rhume/la grippe; **to have an operation** se faire opérer; **she had her bag stolen** elle s'est fait voler son sac
7 (*+noun*): **to have a swim/walk** nager/se promener; **to have a bath/shower** prendre un bain/une douche; **let's have a look** regardons; **to have a meeting** se réunir; **to have a party** organiser une fête; **let me have a try** laissez-moi essayer
8 (*inf: dupe*) avoir; **he's been had** il s'est fait avoir *or* rouler
▶ **have out** *vt*: **to have it out with sb** (*settle a problem etc*) s'expliquer (franchement) avec qn

haven ['heɪvn] *n* port *m*; (*fig*) havre *m*
haven't ['hævnt] = **have not**
haversack ['hævəsæk] *n* sac *m* à dos
haves [hævz] *npl* (*inf*): **the ~ and have-nots** les riches et les pauvres
havoc ['hævək] *n* ravages *mpl*, dégâts *mpl*; **to play ~ with** (*fig*) désorganiser complètement; détraquer
Hawaii [hə'waɪː] *n* (îles *fpl*) Hawaï *m*
Hawaiian [hə'waɪjən] *adj* hawaïen(ne) ▷ *n* Hawaïen(ne); (*Ling*) hawaïen *m*
hawk [hɔːk] *n* faucon *m* ▷ *vt* (*goods*) colporter
hawker ['hɔːkə[r]] *n* colporteur *m*
hawkish ['hɔːkɪʃ] *adj* belliciste
hawthorn ['hɔːθɔːn] *n* aubépine *f*

hay [heɪ] *n* foin *m*
hay fever *n* rhume *m* des foins
haystack ['heɪstæk] *n* meule *f* de foin
haywire ['heɪwaɪəʳ] *adj* (*inf*): **to go ~** perdre la tête; mal tourner
hazard ['hæzəd] *n* (*risk*) danger *m*, risque *m*; (*chance*) hasard *m*, chance *f* ▷ *vt* risquer, hasarder; **to be a health/fire ~** présenter un risque pour la santé/d'incendie; **to ~ a guess** émettre *or* hasarder une hypothèse
hazardous ['hæzədəs] *adj* hasardeux(-euse), risqué(e)
hazard pay *n* (*US*) prime *f* de risque
hazard warning lights *npl* (*Aut*) feux *mpl* de détresse
haze [heɪz] *n* brume *f*
hazel [heɪzl] *n* (*tree*) noisetier *m* ▷ *adj* (*eyes*) noisette *inv*
hazelnut ['heɪzlnʌt] *n* noisette *f*
hazy ['heɪzɪ] *adj* brumeux(-euse); (*idea*) vague; (*photograph*) flou(e)
H-bomb ['eɪtʃbɔm] *n* bombe *f* H
HD *abbr* (= *high definition*) HD (= *haute définition*)
HE *abbr* = **high explosive**; (*Rel, Diplomacy*) = **His (or Her) Excellency**
he [hiː] *pron* il; **it is he who ...** c'est lui qui ...; **here he is** le voici; **he-bear** *etc* ours *etc* mâle
head [hɛd] *n* tête *f*; (*leader*) chef *m*; (*of school*) directeur(-trice); (*of secondary school*) proviseur *m* ▷ *vt* (*list*) être en tête de; (*group, company*) être à la tête de; **heads** *pl* (*on coin*) (le côté) face; **~s or tails** pile ou face; **~ first** la tête la première; **~ over heels in love** follement *or* éperdument amoureux(-euse); **to ~ the ball** faire une tête; **10 euros a** *or* **per ~** 10 euros par personne; **to sit at the ~ of the table** présider la tablée; **to have a ~ for business** avoir des dispositions pour les affaires; **to have no ~ for heights** être sujet(te) au vertige; **to come to a ~** (*fig: situation etc*) devenir critique
▸ **head for** *vt fus* se diriger vers; (*disaster*) aller à
▸ **head off** *vt* (*threat, danger*) détourner
headache ['hɛdeɪk] *n* mal *m* de tête; **to have a ~** avoir mal à la tête
headband ['hɛdbænd] *n* bandeau *m*
headboard ['hɛdbɔːd] *n* dosseret *m*
head cold *n* rhume *m* de cerveau
headdress ['hɛddrɛs] *n* coiffure *f*
headed notepaper ['hɛdɪd-] *n* papier *m* à lettres à en-tête
header ['hɛdəʳ] *n* (*Brit inf: Football*) (coup *m* de) tête *f*; (*: fall*) chute *f* (*or* plongeon *m*) la tête la première
head-first ['hɛd'fəːst] *adv* (*lit*) la tête la première
headhunt ['hɛdhʌnt] *vt*: **she was ~ed** elle a été recrutée par un chasseur de têtes
headhunter ['hɛdhʌntəʳ] *n* chasseur *m* de têtes
heading ['hɛdɪŋ] *n* titre *m*; (*subject title*) rubrique *f*
headlamp ['hɛdlæmp] (*Brit*) *n* = **headlight**
headland ['hɛdlənd] *n* promontoire *m*, cap *m*
headlight ['hɛdlaɪt] *n* phare *m*
headline ['hɛdlaɪn] *n* titre *m*
headlong ['hɛdlɔŋ] *adv* (*fall*) la tête la première; (*rush*) tête baissée
headmaster [hɛd'mɑːstəʳ] *n* directeur *m*
headmistress [hɛd'mɪstrɪs] *n* directrice *f*
head office *n* siège *m*, bureau *m* central
head-on [hɛd'ɔn] *adj* (*collision*) de plein fouet
headphones ['hɛdfəunz] *npl* casque *m* (à écouteurs)
headquarters ['hɛdkwɔːtəz] *npl* (*of business*) bureau *or* siège central; (*Mil*) quartier général
headrest ['hɛdrɛst] *n* appui-tête *m*
headroom ['hɛdrum] *n* (*in car*) hauteur *f* de plafond; (*under bridge*) hauteur limite; dégagement *m*
headscarf ['hɛdskɑːf] (*pl* **headscarves** [-skɑːvz]) *n* foulard *m*
headset ['hɛdsɛt] *n* = **headphones**
headstone ['hɛdstəun] *n* pierre tombale
headstrong ['hɛdstrɔŋ] *adj* têtu(e), entêté(e)
headteacher [hɛd'tɪtʃəʳ] *n* directeur(-trice); (*of secondary school*) proviseur *m*
head waiter *n* maître *m* d'hôtel
headway ['hɛdweɪ] *n*: **to make ~** avancer, faire des progrès
headwind ['hɛdwɪnd] *n* vent *m* contraire
heady ['hɛdɪ] *adj* capiteux(-euse), enivrant(e)
heal [hiːl] *vt, vi* guérir
health [hɛlθ] *n* santé *f*; **Department of H~** (*Brit, US*) ≈ ministère *m* de la Santé
health care *n* services médicaux
health centre *n* (*Brit*) centre *m* de santé
health food *n* aliment(s) naturel(s)
health food shop *n* magasin *m* diététique
health hazard *n* risque *m* pour la santé
Health Service *n*: **the ~** (*Brit*) ≈ la Sécurité Sociale
healthy ['hɛlθɪ] *adj* (*person*) en bonne santé; (*climate, food, attitude etc*) sain(e)
heap [hiːp] *n* tas *m*, monceau *m* ▷ *vt* (*also:* **heap up**) entasser, amonceler; **she ~ed her plate with cakes** elle a chargé son assiette de gâteaux; **~s (of)** (*inf: lots*) des tas (de); **to ~ favours/praise/gifts** *etc* **on sb** combler qn de faveurs/d'éloges/de cadeaux *etc*
hear (*pt, pp* **heard**) [hɪəʳ, həːd] *vt* entendre; (*news*) apprendre; (*lecture*) assister à, écouter ▷ *vi* entendre; **to ~ about** entendre parler de; (*have news of*) avoir des nouvelles de; **did you ~ about the move?** tu es au courant du déménagement?; **to ~ from sb** recevoir des nouvelles de qn; **I've never ~d of that book** je n'ai jamais entendu parler de ce livre
▸ **hear out** *vt* écouter jusqu'au bout
heard [həːd] *pt, pp of* **hear**
hearing ['hɪərɪŋ] *n* (*sense*) ouïe *f*; (*of witnesses*) audition *f*; (*of a case*) audience *f*; (*of committee*) séance *f*; **to give sb a ~** (*Brit*) écouter ce que qn a à dire
hearing aid *n* appareil *m* acoustique
hearsay ['hɪəseɪ] *n* on-dit *mpl*, rumeurs *fpl*; **by ~** *adv* par ouï-dire

hearse [hə:s] *n* corbillard *m*
heart [hɑ:t] *n* cœur *m*; **hearts** *npl* (*Cards*) cœur; **at ~** au fond; **by ~** (*learn, know*) par cœur; **to have a weak ~** avoir le cœur malade, avoir des problèmes de cœur; **to lose/take ~** perdre/prendre courage; **to set one's ~ on sth/on doing sth** vouloir absolument qch/faire qch; **the ~ of the matter** le fond du problème
heartache ['hɑ:teɪk] *n* chagrin *m*, douleur *f*
heart attack *n* crise *f* cardiaque
heartbeat ['hɑ:tbi:t] *n* battement *m* de cœur
heartbreak ['hɑ:tbreɪk] *n* immense chagrin *m*
heartbreaking ['hɑ:tbreɪkɪŋ] *adj* navrant(e), déchirant(e)
heartbroken ['hɑ:tbrəukən] *adj*: **to be ~** avoir beaucoup de chagrin
heartburn ['hɑ:tbə:n] *n* brûlures *fpl* d'estomac
heart disease *n* maladie *f* cardiaque
-hearted ['hɑ:tɪd] *suffix*: **kind~** généreux(-euse), qui a bon cœur
heartening ['hɑ:tnɪŋ] *adj* encourageant(e), réconfortant(e)
heart failure *n* (*Med*) arrêt *m* du cœur
heartfelt ['hɑ:tfɛlt] *adj* sincère
hearth [hɑ:θ] *n* foyer *m*, cheminée *f*
heartily ['hɑ:tɪlɪ] *adv* chaleureusement; (*laugh*) de bon cœur; (*eat*) de bon appétit; **to agree ~** être entièrement d'accord; **to be ~ sick of** (*Brit*) en avoir ras le bol de
heartland ['hɑ:tlænd] *n* centre *m*, cœur *m*; **France's ~s** la France profonde
heartless ['hɑ:tlɪs] *adj* (*person*) sans cœur, insensible; (*treatment*) cruel(le)
heartstrings ['hɑ:tstrɪŋz] *npl*: **to tug (at) sb's ~** toucher *or* faire vibrer les cordes sensibles de qn
heartthrob ['hɑ:tθrɔb] *n* idole *f*
heart-to-heart ['hɑ:t'tə'hɑ:t] *adj, adv* à cœur ouvert
heart transplant *n* greffe *f* du cœur
heartwarming ['hɑ:twɔ:mɪŋ] *adj* réconfortant(e)
hearty ['hɑ:tɪ] *adj* chaleureux(-euse); (*appetite*) solide; (*dislike*) cordial(e); (*meal*) copieux(-euse)
heat [hi:t] *n* chaleur *f*; (*fig*) ardeur *f*; feu *m*; (*Sport*: *also*: **qualifying heat**) éliminatoire *f*; (*Zool*): **in** *or* **on ~** (*Brit*) en chaleur ▷ *vt* chauffer
▶ **heat up** *vi* (*liquid*) chauffer; (*room*) se réchauffer ▷ *vt* réchauffer
heated ['hi:tɪd] *adj* chauffé(e); (*fig*) passionné(e), échauffé(e), excité(e)
heater ['hi:tə^r] *n* appareil *m* de chauffage; radiateur *m*; (*in car*) chauffage *m*; (*water heater*) chauffe-eau *m*
heath [hi:θ] *n* (*Brit*) lande *f*
heathen ['hi:ðn] *adj, n* païen(ne)
heather ['hɛðə^r] *n* bruyère *f*
heating ['hi:tɪŋ] *n* chauffage *m*
heat-resistant ['hi:trɪzɪstənt] *adj* résistant(e) à la chaleur
heat-seeking ['hi:tsi:kɪŋ] *adj* guidé(e) par infrarouge
heatstroke ['hi:tstrəuk] *n* coup *m* de chaleur
heatwave ['hi:tweɪv] *n* vague *f* de chaleur
heave [hi:v] *vt* soulever (avec effort) ▷ *vi* se soulever; (*retch*) avoir des haut-le-cœur ▷ *n* (*push*) poussée *f*; **to ~ a sigh** pousser un gros soupir
heaven ['hɛvn] *n* ciel *m*, paradis *m*; (*fig*) paradis; **~ forbid!** surtout pas!; **thank ~!** Dieu merci!; **for ~`s sake!** (*pleading*) je vous en prie!; (*protesting*) mince alors!
heavenly ['hɛvnlɪ] *adj* céleste, divin(e)
heavily ['hɛvɪlɪ] *adv* lourdement; (*drink, smoke*) beaucoup; (*sleep, sigh*) profondément
heavy ['hɛvɪ] *adj* lourd(e); (*work, rain, user, eater*) gros(se); (*drinker, smoker*) grand(e); (*schedule, week*) chargé(e); **it's too ~** c'est trop lourd; **it's ~ going** ça ne va pas tout seul, c'est pénible
heavy cream *n* (*US*) crème fraîche épaisse
heavy-duty ['hɛvɪ'dju:tɪ] *adj* à usage intensif
heavy goods vehicle *n* (*Brit*) poids lourd *m*
heavy-handed ['hɛvɪ'hændɪd] *adj* (*fig*) maladroit(e), qui manque de tact
heavy metal *n* (*Mus*) heavy metal *m*
heavy-set ['hɛvɪ'sɛt] *adj* (*esp US*) costaud(e)
heavyweight ['hɛvɪweɪt] *n* (*Sport*) poids lourd
Hebrew ['hi:bru:] *adj* hébraïque ▷ *n* (*Ling*) hébreu *m*
Hebrides ['hɛbrɪdi:z] *npl*: **the ~** les Hébrides *fpl*
heck [hɛk] *n* (*inf*): **why the ~ ...?** pourquoi diable ...?; **a ~ of a lot** une sacrée quantité; **he has done a ~ of a lot for us** il a vraiment beaucoup fait pour nous
heckle ['hɛkl] *vt* interpeller (*un orateur*)
heckler ['hɛklə^r] *n* interrupteur *m*; élément perturbateur
hectare ['hɛktɑ:^r] *n* (*Brit*) hectare *m*
hectic ['hɛktɪk] *adj* (*schedule*) très chargé(e); (*day*) mouvementé(e); (*activity*) fiévreux(-euse); (*lifestyle*) trépidant(e)
he'd [hi:d] = **he would; he had**
hedge [hɛdʒ] *n* haie *f* ▷ *vi* se dérober ▷ *vt*: **to ~ one's bets** (*fig*) se couvrir; **as a ~ against inflation** pour se prémunir contre l'inflation
▶ **hedge in** *vt* entourer d'une haie
hedgehog ['hɛdʒhɔg] *n* hérisson *m*
hedgerow ['hɛdʒrəu] *n* haie(s) *f(pl)*
hedonism ['hi:dənɪzəm] *n* hédonisme *m*
heed [hi:d] *vt* (*also*: **take heed of**) tenir compte de, prendre garde à
heedless ['hi:dlɪs] *adj* insouciant(e)
heel [hi:l] *n* talon *m* ▷ *vt* (*shoe*) retalonner; **to bring to ~** (*dog*) faire venir à ses pieds; (*fig*: *person*) rappeler à l'ordre; **to take to one's ~s** prendre ses jambes à son cou
hefty ['hɛftɪ] *adj* (*person*) costaud(e); (*parcel*) lourd(e); (*piece, price*) gros(se)
heifer ['hɛfə^r] *n* génisse *f*
height [haɪt] *n* (*of person*) taille *f*, grandeur *f*; (*of object*) hauteur *f*; (*of plane, mountain*) altitude *f*; (*high ground*) hauteur, éminence *f*; (*fig*: *of glory, fame, power*) sommet *m*; (: *of luxury, stupidity*) comble *m*; **at the ~ of summer** au cœur de l'été; **what ~ are you?** combien mesurez-vous?,

h

quelle est votre taille?; **of average ~** de taille moyenne; **to be afraid of ~s** être sujet(te) au vertige; **it's the ~ of fashion** c'est le dernier cri
heighten ['haɪtn] *vt* hausser, surélever; (*fig*) augmenter
heinous ['heɪnəs] *adj* odieux(-euse), atroce
heir [ɛə^r] *n* héritier *m*
heir apparent *n* héritier présomptif
heiress ['ɛərɛs] *n* héritière *f*
heirloom ['ɛəlu:m] *n* meuble *m* (*or* bijou *m or* tableau *m*) de famille
heist [haɪst] *n* (*US inf: hold-up*) casse *m*
held [hɛld] *pt, pp of* **hold**
helicopter ['hɛlɪkɔptə^r] *n* hélicoptère *m*
heliport ['hɛlɪpɔ:t] *n* (*Aviat*) héliport *m*
helium ['hi:lɪəm] *n* hélium *m*
hell [hɛl] *n* enfer *m*; **a ~ of a ...** (*inf*) un(e) sacré(e) ...; **oh ~!** (*inf*) merde!
he'll [hi:l] = **he will; he shall**
hell-bent [hɛl'bɛnt] *adj* (*inf*): **to be ~ on doing sth** vouloir à tout prix faire qch
hellish ['hɛlɪʃ] *adj* infernal(e)
hello [hə'ləu] *excl* bonjour!; (*to attract attention*) hé!; (*surprise*) tiens!
helm [hɛlm] *n* (*Naut*) barre *f*
helmet ['hɛlmɪt] *n* casque *m*
helmsman ['hɛlmzmən] (*irreg*) *n* timonier *m*
help [hɛlp] *n* aide *f*; (*cleaner etc*) femme *f* de ménage; (*assistant etc*) employé(e) ▷ *vt, vi* aider; **~!** au secours!; **~ yourself** servez-vous; **can you ~ me?** pouvez-vous m'aider?; **can I ~ you?** (*in shop*) vous désirez?; **with the ~ of** (*person*) avec l'aide de; (*tool etc*) à l'aide de; **to be of ~ to sb** être utile à qn; **to ~ sb (to) do sth** aider qn à faire qch; **I can't ~ saying** je ne peux pas m'empêcher de dire; **he can't ~ it** il n'y peut rien
▸ **help out** *vi* aider ▷ *vt*: **to ~ sb out** aider qn
helper ['hɛlpə^r] *n* aide *m/f*, assistant(e)
helpful ['hɛlpful] *adj* serviable, obligeant(e); (*useful*) utile
helping ['hɛlpɪŋ] *n* portion *f*
helping hand *n* coup *m* de main; **to give sb a ~** prêter main-forte à qn
helpless ['hɛlplɪs] *adj* impuissant(e); (*baby*) sans défense
helplessly ['hɛlplɪslɪ] *adv* (*watch*) sans pouvoir rien faire
helpline ['hɛlplaɪn] *n* service *m* d'assistance téléphonique; (*free*) ≈ numéro vert
Helsinki ['hɛlsɪŋkɪ] *n* Helsinki
helter-skelter ['hɛltə'skɛltə^r] *n* (*Brit: at amusement park*) toboggan *m*
hem [hɛm] *n* ourlet *m* ▷ *vt* ourler
▸ **hem in** *vt* cerner; **to feel ~med in** (*fig*) avoir l'impression d'étouffer, se sentir oppressé(e) *or* écrasé(e)
he-man ['hi:mæn] (*irreg*) *n* (*inf*) macho *m*
hematology ['hi:mə'tɔlədʒɪ] *n* (*US*) = **haematology**
hemisphere ['hɛmɪsfɪə^r] *n* hémisphère *m*
hemlock ['hɛmlɔk] *n* ciguë *f*
hemoglobin ['hi:mə'gləubɪn] *n* (*US*) = **haemoglobin**
hemophilia ['hi:mə'fɪlɪə] *n* (*US*) = **haemophilia**
hemorrhage ['hɛmərɪdʒ] *n* (*US*) = **haemorrhage**
hemorrhoids ['hɛmərɔɪdz] *npl* (*US*) = **haemorrhoids**
hemp [hɛmp] *n* chanvre *m*
hen [hɛn] *n* poule *f*; (*female bird*) femelle *f*
hence [hɛns] *adv* (*therefore*) d'où, de là; **2 years ~** d'ici 2 ans
henceforth [hɛns'fɔ:θ] *adv* dorénavant
henchman ['hɛntʃmən] (*irreg*) *n* (*pej*) acolyte *m*, séide *m*
henna ['hɛnə] *n* henné *m*
hen night, hen party *n* soirée *f* entre filles (*avant le mariage de l'une d'elles*)
henpecked ['hɛnpɛkt] *adj* dominé par sa femme
hepatitis [hɛpə'taɪtɪs] *n* hépatite *f*
her [hə:^{r}] *pron* (*direct*) la, l' + *vowel or h mute*; (*indirect*) lui; (*stressed, after prep*) elle ▷ *adj* son (sa), ses *pl*; **I see ~** je la vois; **give ~ a book** donne-lui un livre; **after ~** après elle; *see also* **me; my**
herald ['hɛrəld] *n* héraut *m* ▷ *vt* annoncer
heraldic [hɛ'rældɪk] *adj* héraldique
heraldry ['hɛrəldrɪ] *n* héraldique *f*; (*coat of arms*) blason *m*
herb [hə:b] *n* herbe *f*; **herbs** *npl* fines herbes
herbaceous [hə:'beɪʃəs] *adj* herbacé(e)
herbal ['hə:bl] *adj* à base de plantes
herbal tea *n* tisane *f*
herbicide ['hə:bɪsaɪd] *n* herbicide *m*
herd [hə:d] *n* troupeau *m*; (*of wild animals, swine*) troupeau, troupe *f* ▷ *vt* (*drive: animals, people*) mener, conduire; (*gather*) rassembler; **~ed together** parqués (comme du bétail)
here [hɪə^r] *adv* ici; (*time*) alors ▷ *excl* tiens!, tenez!; **~!** (*present*) présent!; **~ is, ~ are** voici; **~'s my sister** voici ma sœur; **~ he/she is** le (la) voici; **~ she comes** la voici qui vient; **come ~!** viens ici!; **~ and there** ici et là
hereabouts ['hɪərə'bauts] *adv* par ici, dans les parages
hereafter [hɪər'ɑ:ftə^r] *adv* après, plus tard; ci-après ▷ *n*: **the ~** l'au-delà *m*
hereby [hɪə'baɪ] *adv* (*in letter*) par la présente
hereditary [hɪ'rɛdɪtrɪ] *adj* héréditaire
heredity [hɪ'rɛdɪtɪ] *n* hérédité *f*
heresy ['hɛrəsɪ] *n* hérésie *f*
heretic ['hɛrətɪk] *n* hérétique *m/f*
heretical [hɪ'rɛtɪkl] *adj* hérétique
herewith [hɪə'wɪð] *adv* avec ceci, ci-joint
heritage ['hɛrɪtɪdʒ] *n* héritage *m*, patrimoine *m*; **our national ~** notre patrimoine national
hermetically [hə:'mɛtɪklɪ] *adv* hermétique
hermit ['hə:mɪt] *n* ermite *m*
hernia ['hə:nɪə] *n* hernie *f*
hero ['hɪərəu] (*pl* **-es**) *n* héros *m*
heroic [hɪ'rəuɪk] *adj* héroïque
heroin ['hɛrəuɪn] *n* héroïne *f* (*drogue*)
heroin addict *n* héroïnomane *m/f*

heroine ['hɛrəuɪn] *n* héroïne *f* (*femme*)
heroism ['hɛrəuɪzəm] *n* héroïsme *m*
heron ['hɛrən] *n* héron *m*
hero worship *n* culte *m* (du héros)
herring ['hɛrɪŋ] *n* hareng *m*
hers [hə:z] *pron* le (la) sien(ne), les siens (siennes); **a friend of ~** un(e) ami(e) à elle, un(e) de ses ami(e)s; *see also* **mine¹**
herself [hə:'sɛlf] *pron* (*reflexive*) se; (*emphatic*) elle-même; (*after prep*) elle; *see also* **oneself**
Herts [hɑ:ts] *abbr* (*Brit*) = **Hertfordshire**
he's [hi:z] = **he is; he has**
hesitant ['hɛzɪtənt] *adj* hésitant(e), indécis(e); **to be ~ about doing sth** hésiter à faire qch
hesitate ['hɛzɪteɪt] *vi*: **to ~ (about/to do)** hésiter (sur/à faire)
hesitation [hɛzɪ'teɪʃən] *n* hésitation *f*; **I have no ~ in saying (that) ...** je n'hésiterais pas à dire (que) ...
hessian ['hɛsɪən] *n* (toile *f* de) jute *m*
heterogeneous ['hɛtərə'dʒi:nɪəs] *adj* hétérogène
heterosexual ['hɛtərəu'sɛksjuəl] *adj, n* hétérosexuel(le)
het up [hɛt'ʌp] *adj* (*inf*) agité(e), excité(e)
HEW *n abbr* (*US*: = *Department of Health, Education and Welfare*) *ministère de la santé publique, de l'enseignement et du bien-être*
hew [hju:] *vt* tailler (*à la hache*)
hex [hɛks] (*US*) *n* sort *m* ▷ *vt* jeter un sort sur
hexagon ['hɛksəgən] *n* hexagone *m*
hexagonal [hɛk'sægənl] *adj* hexagonal(e)
hey [heɪ] *excl* hé!
heyday ['heɪdeɪ] *n*: **the ~ of** l'âge *m* d'or de, les beaux jours de
HF *n abbr* (= *high frequency*) HF *f*
HGV *n abbr* = **heavy goods vehicle**
HI *abbr* (*US*) = **Hawaii**
hi [haɪ] *excl* salut!; (*to attract attention*) hé!
hiatus [haɪ'eɪtəs] *n* trou *m*, lacune *f*; (*Ling*) hiatus *m*
hibernate ['haɪbəneɪt] *vi* hiberner
hibernation [haɪbə'neɪʃən] *n* hibernation *f*
hiccough, hiccup ['hɪkʌp] *vi* hoqueter ▷ *n* hoquet *m*; **to have (the) ~s** avoir le hoquet
hick [hɪk] *n* (*US inf*) plouc *m*, péquenaud(e)
hid [hɪd] *pt of* **hide**
hidden ['hɪdn] *pp of* **hide** ▷ *adj*: **there are no ~ extras** absolument tout est compris dans le prix; **~ agenda** intentions non déclarées
hide [haɪd] (*pt* **hid**, *pp* **hidden** [hɪd, 'hɪdn]) *n* (*skin*) peau *f* ▷ *vt* cacher; (*feelings, truth*) dissimuler; **to ~ sth from sb** cacher qch à qn ▷ *vi*: **to ~ (from sb)** se cacher (de qn)
hide-and-seek ['haɪdən'si:k] *n* cache-cache *m*
hideaway ['haɪdəweɪ] *n* cachette *f*
hideous ['hɪdɪəs] *adj* hideux(-euse), atroce
hide-out ['haɪdaut] *n* cachette *f*
hiding ['haɪdɪŋ] *n* (*beating*) correction *f*, volée *f* de coups; **to be in ~** (*concealed*) se tenir caché(e)
hiding place *n* cachette *f*
hierarchy ['haɪərɑ:kɪ] *n* hiérarchie *f*
hieroglyphic [haɪərə'glɪfɪk] *adj* hiéroglyphique; **hieroglyphics** *npl* hiéroglyphes *mpl*
hi-fi ['haɪfaɪ] *adj, n abbr* (= *high fidelity*) hi-fi *f inv*
higgledy-piggledy ['hɪgldɪ'pɪgldɪ] *adv* pêle-mêle, dans le plus grand désordre
high [haɪ] *adj* haut(e); (*speed, respect, number*) grand(e); (*price*) élevé(e); (*wind*) fort(e), violent(e); (*voice*) aigu(ë); (*inf: person: on drugs*) défoncé(e), fait(e); (*: on drink*) soûl(e), bourré(e); (*Brit Culin: meat, game*) faisandé(e); (*: spoilt*) avarié(e) ▷ *adv* haut, en haut ▷ *n* (*weather*) zone *f* de haute pression; **exports have reached a new ~** les exportations ont atteint un nouveau record; **20 m ~** haut(e) de 20 m; **to pay a ~ price for sth** payer cher pour qch; **~ in the air** haut dans le ciel
highball ['haɪbɔ:l] *n* (*US*) whisky *m* à l'eau avec des glaçons
highboy ['haɪbɔɪ] *n* (*US*) grande commode
highbrow ['haɪbrau] *adj, n* intellectuel(le)
highchair ['haɪtʃɛə[r]] *n* (*child's*) chaise haute
high-class ['haɪ'klɑ:s] *adj* (*neighbourhood, hotel*) chic *inv*, de grand standing; (*performance etc*) de haut niveau
High Court *n* (*Law*) cour *f* suprême; *voir article*

HIGH COURT

Dans le système juridique anglais et gallois, la *High Court* est une cour de droit civil chargée des affaires plus importantes et complexes que celles traitées par les "county courts". En Écosse en revanche, la *High Court* (*of Justiciary*) est la plus haute cour de justice à laquelle les affaires les plus graves telles que le meurtre et le viol sont soumises et où elles sont jugées devant un jury.

higher ['haɪə[r]] *adj* (*form of life, study etc*) supérieur(e) ▷ *adv* plus haut
higher education *n* études supérieures
highfalutin [haɪfə'lu:tɪn] *adj* (*inf*) affecté(e)
high finance *n* la haute finance
high-flier, high-flyer [haɪ'flaɪə[r]] *n* (*fig: ambitious*) ambitieux(-euse); (*: gifted*) *personne particulièrement douée et promise à un avenir brillant*
high-flying [haɪ'flaɪɪŋ] *adj* (*fig*) ambitieux(-euse), de haut niveau
high-handed [haɪ'hændɪd] *adj* très autoritaire; très cavalier(-ière)
high-heeled [haɪ'hi:ld] *adj* à hauts talons
high heels *npl* talons hauts, hauts talons
high jump *n* (*Sport*) saut *m* en hauteur
highlands ['haɪləndz] *npl* région montagneuse; **the H~** (*in Scotland*) les Highlands *mpl*
high-level ['haɪlɛvl] *adj* (*talks etc*) à un haut niveau; **~ language** (*Comput*) langage évolué
highlight ['haɪlaɪt] *n* (*fig: of event*) point culminant ▷ *vt* (*emphasize*) faire ressortir, souligner; **highlights** *npl* (*in hair*) reflets *mpl*
highlighter ['haɪlaɪtə[r]] *n* (*pen*) surligneur (lumineux)

highly ['haɪlɪ] *adv* extrêmement, très; (*unlikely*) fort; (*recommended, skilled, qualified*) hautement; **~ paid** très bien payé(e); **to speak ~ of** dire beaucoup de bien de

highly strung *adj* nerveux(-euse), toujours tendu(e)

High Mass *n* grand-messe *f*

highness ['haɪnɪs] *n* hauteur *f*; **His/Her H~** son Altesse *f*

high-pitched [haɪ'pɪtʃt] *adj* aigu(ë)

high point *n*: **the ~ (of)** le clou (de), le point culminant (de)

high-powered ['haɪ'pauəd] *adj* (*engine*) performant(e); (*fig: person*) dynamique; (*: job, businessman*) très important(e)

high-pressure ['haɪprɛʃəʳ] *adj* à haute pression

high-rise ['haɪraɪz] *n* (*also*: **high-rise block, high-rise building**) tour *f* (d'habitation)

high school *n* lycée *m*; (US) établissement *m* d'enseignement supérieur; *voir article*

HIGH SCHOOL

Une *high school* est un établissement d'enseignement secondaire. Aux États-Unis, il y a la "Junior High School", qui correspond au collège, et la "Senior High School", qui correspond au lycée. En Grande-Bretagne, c'est un nom que l'on donne parfois aux écoles secondaires; voir "elementary school".

high season *n* (*Brit*) haute saison

high spirits *npl* pétulance *f*; **to be in ~** être plein(e) d'entrain

high street *n* (*Brit*) grand-rue *f*

high-tech ['haɪ'tɛk] (*inf*) *adj* de pointe

highway ['haɪweɪ] *n* (*Brit*) route *f*; (*US*) route nationale; **the information ~** l'autoroute *f* de l'information

Highway Code *n* (*Brit*) code *m* de la route

highwayman ['haɪweɪmən] (*irreg*) *n* voleur *m* de grand chemin

hijack ['haɪdʒæk] *vt* détourner (*par la force*) ▷ *n* (*also*: **hijacking**) détournement *m* (d'avion)

hijacker ['haɪdʒækəʳ] *n* auteur *m* d'un détournement d'avion, pirate *m* de l'air

hike [haɪk] *vi* faire des excursions à pied ▷ *n* excursion *f* à pied, randonnée *f*; (*inf: in prices etc*) augmentation *f* ▷ *vt* (*inf*) augmenter

hiker ['haɪkəʳ] *n* promeneur(-euse), excursionniste *m/f*

hiking ['haɪkɪŋ] *n* excursions *fpl* à pied, randonnée *f*

hilarious [hɪ'lɛərɪəs] *adj* (*behaviour, event*) désopilant(e)

hilarity [hɪ'lærɪtɪ] *n* hilarité *f*

hill [hɪl] *n* colline *f*; (*fairly high*) montagne *f*; (*on road*) côte *f*

hillbilly ['hɪlbɪlɪ] *n* (*US*) montagnard(e) du sud des USA; (*pej*) péquenaud *m*

hillock ['hɪlək] *n* petite colline, butte *f*

hillside ['hɪlsaɪd] *n* (flanc *m* de) coteau *m*

hill start *n* (*Aut*) démarrage *m* en côte

hill walking ['hɪl'wɔːkɪŋ] *n* randonnée *f* de basse montagne

hilly ['hɪlɪ] *adj* vallonné(e), montagneux(-euse); (*road*) à fortes côtes

hilt [hɪlt] *n* (*of sword*) garde *f*; **to the ~** (*fig: support*) à fond

him [hɪm] *pron* (*direct*) le, l' + *vowel or h mute*; (*stressed, indirect, after prep*) lui; **I see ~** je le vois; **give ~ a book** donne-lui un livre; **after ~** après lui; *see also* **me**

Himalayas [hɪmə'leɪəz] *npl*: **the ~** l'Himalaya *m*

himself [hɪm'sɛlf] *pron* (*reflexive*) se; (*emphatic*) lui-même; (*after prep*) lui; *see also* **oneself**

hind [haɪnd] *adj* de derrière ▷ *n* biche *f*

hinder ['hɪndəʳ] *vt* gêner; (*delay*) retarder; (*prevent*): **to ~ sb from doing** empêcher qn de faire

hindquarters ['haɪnd'kwɔːtəz] *npl* (*Zool*) arrière-train *m*

hindrance ['hɪndrəns] *n* gêne *f*, obstacle *m*

hindsight ['haɪndsaɪt] *n* bon sens après coup; **with (the benefit of) ~** avec du recul, rétrospectivement

Hindu ['hɪnduː] *n* Hindou(e)

Hinduism ['hɪnduɪzəm] *n* (*Rel*) hindouisme *m*

hinge [hɪndʒ] *n* charnière *f* ▷ *vi* (*fig*): **to ~ on** dépendre de

hint [hɪnt] *n* allusion *f*; (*advice*) conseil *m*; (*clue*) indication *f* ▷ *vt*: **to ~ that** insinuer que ▷ *vi*: **to ~ at** faire une allusion à; **to drop a ~** faire une allusion *or* insinuation; **give me a ~** (*clue*) mettez-moi sur la voie, donnez-moi une indication

hip [hɪp] *n* hanche *f*; (*Bot*) fruit *m* de l'églantier *or* du rosier

hip flask *n* flacon *m* (pour la poche)

hip hop *n* hip hop *m*

hippie, hippy ['hɪpɪ] *n* hippie *m/f*

hippo ['hɪpəu] (*pl* **-s**) *n* hippopotame *m*

hippopotamus [hɪpə'pɔtəməs] (*pl* **-es** *or* **hippopotami** [hɪpə'pɔtəmɪ]) *n* hippopotame *m*

hippy ['hɪpɪ] *n* = **hippie**

hire ['haɪəʳ] *vt* (*Brit: car, equipment*) louer; (*worker*) embaucher, engager ▷ *n* location *f*; **for ~** à louer; (*taxi*) libre; **on ~** en location; **I'd like to ~ a car** je voudrais louer une voiture
▶ **hire out** *vt* louer

hire car, hired car ['haɪəd-] *n* (*Brit*) voiture *f* de location

hire purchase *n* (*Brit*) achat *m* (*or* vente *f*) à tempérament *or* crédit; **to buy sth on ~** acheter qch en location-vente

his [hɪz] *pron* le (la) sien(ne), les siens (siennes) ▷ *adj* son (sa), ses *pl*; **this is ~** c'est à lui, c'est le sien; **a friend of ~** un(e) de ses ami(e)s, un(e) ami(e) à lui; *see also* **mine**¹; *see also* **my**

Hispanic [hɪs'pænɪk] *adj* (*in US*) hispano-américain(e) ▷ *n* Hispano-Américain(e)

hiss [hɪs] *vi* siffler ▷ *n* sifflement *m*

histogram ['hɪstəgræm] *n* histogramme *m*

historian [hɪ'stɔːrɪən] *n* historien(ne)
historic [hɪ'stɔrɪk], **historical** [hɪ'stɔrɪkl] *adj* historique
history ['hɪstərɪ] *n* histoire *f*; **medical ~** (*of patient*) passé médical
histrionics [hɪstrɪ'ɔnɪks] *n* gestes *mpl* dramatiques, cinéma *m* (*fig*)
hit [hɪt] *vt* (*pt, pp* **-**) frapper; (*knock against*) cogner; (*reach: target*) atteindre, toucher; (*collide with: car*) entrer en collision avec, heurter; (*fig: affect*) toucher; (*find*) tomber sur ▷ *n* coup *m*; (*success*) coup réussi; succès *m*; (*song*) chanson *f* à succès, tube *m*; (*to website*) visite *f*; (*on search engine*) résultat *m* de recherche; **to ~ it off with sb** bien s'entendre avec qn; **to ~ the headlines** être à la une des journaux; **to ~ the road** (*inf*) se mettre en route
▸ **hit back** *vi*: **to ~ back at sb** prendre sa revanche sur qn
▸ **hit on** *vt fus* (*answer*) trouver (par hasard); (*solution*) tomber sur (par hasard)
▸ **hit out at** *vt fus* envoyer un coup à; (*fig*) attaquer
▸ **hit upon** *vt fus* = **hit on**
hit-and-miss ['hɪtænd'mɪs] *adj* au petit bonheur (la chance)
hit-and-run driver ['hɪtænd'rʌn-] *n* chauffard *m*
hitch [hɪtʃ] *vt* (*fasten*) accrocher, attacher; (*also*: **hitch up**) remonter d'une saccade ▷ *vi* faire de l'autostop ▷ *n* (*knot*) nœud *m*; (*difficulty*) anicroche *f*, contretemps *m*; **to ~ a lift** faire du stop; **technical ~** incident *m* technique
▸ **hitch up** *vt* (*horse, cart*) atteler; *see also* **hitch**
hitch-hike ['hɪtʃhaɪk] *vi* faire de l'auto-stop
hitch-hiker ['hɪtʃhaɪkə^r] *n* auto-stoppeur(-euse)
hitch-hiking ['hɪtʃhaɪkɪŋ] *n* auto-stop *m*, stop *m* (*inf*)
hi-tech ['haɪ'tɛk] *adj* de pointe ▷ *n* high-tech *m*
hitherto [hɪðə'tuː] *adv* jusqu'ici, jusqu'à présent
hit list *n* liste noire
hitman ['hɪtmæn] (*irreg*) *n* (*inf*) tueur *m* à gages
hit-or-miss ['hɪtə'mɪs] *adj* au petit bonheur (la chance); **it's ~ whether ...** il est loin d'être certain que ... + *sub*
hit parade *n* hit parade *m*
HIV *n abbr* (= *human immunodeficiency virus*) HIV *m*, VIH *m*; **~-negative/positive** séronégatif(-ive)/ positif(-ive)
hive [haɪv] *n* ruche *f*; **the shop was a ~ of activity** (*fig*) le magasin était une véritable ruche
▸ **hive off** *vt* (*inf*) mettre à part, séparer
hl *abbr* (= *hectolitre*) hl
HM *abbr* (= *His (or Her) Majesty*) SM
HMG *abbr* (*Brit*) = **His (or Her) Majesty's Government**
HMI *n abbr* (*Brit Scol*) = **His (or Her) Majesty's Inspector**
HMO *n abbr* (*US*: = *health maintenance organization*) *organisme médical assurant un forfait entretien de santé*
HMS *abbr* (*Brit*) = **His (or Her) Majesty's Ship**
HMSO *n abbr* (*Brit*: = *His (or Her) Majesty's Stationery Office*) ≈ Imprimerie nationale
HNC *n abbr* (*Brit*: = *Higher National Certificate*) ≈ DUT *m*
HND *n abbr* (*Brit*: = *Higher National Diploma*) ≈ licence *f* de sciences et techniques
hoard [hɔːd] *n* (*of food*) provisions *fpl*, réserves *fpl*; (*of money*) trésor *m* ▷ *vt* amasser
hoarding ['hɔːdɪŋ] *n* (*Brit*) panneau *m* d'affichage *or* publicitaire
hoarfrost ['hɔːfrɔst] *n* givre *m*
hoarse [hɔːs] *adj* enroué(e)
hoax [həuks] *n* canular *m*
hob [hɔb] *n* plaque chauffante
hobble ['hɔbl] *vi* boitiller
hobby ['hɔbɪ] *n* passe-temps favori
hobby-horse ['hɔbɪhɔːs] *n* cheval *m* à bascule; (*fig*) dada *m*
hobnob ['hɔbnɔb] *vi*: **to ~ with** frayer avec, fréquenter
hobo ['həubəu] *n* (*US*) vagabond *m*
hock [hɔk] *n* (*Brit: wine*) vin *m* du Rhin; (*of animal: Culin*) jarret *m*
hockey ['hɔkɪ] *n* hockey *m*
hockey stick *n* crosse *f* de hockey
hocus-pocus ['həukəs'pəukəs] *n* (*trickery*) supercherie *f*; (*words: of magician*) formules *fpl* magiques; (*: jargon*) galimatias *m*
hod [hɔd] *n* oiseau *m*, hotte *f*
hodgepodge ['hɔdʒpɔdʒ] *n* = **hotchpotch**
hoe [həu] *n* houe *f*, binette *f* ▷ *vt* (*ground*) biner; (*plants etc*) sarcler
hog [hɔg] *n* porc (châtré) ▷ *vt* (*fig*) accaparer; **to go the whole ~** aller jusqu'au bout
Hogmanay [hɔgmə'neɪ] *n* réveillon *m* du jour de l'An, Saint-Sylvestre *f*; *voir article*

HOGMANAY

La Saint-Sylvestre ou "New Year's Eve" se nomme *Hogmanay* en Écosse. En cette occasion, la famille et les amis se réunissent pour entendre sonner les douze coups de minuit et pour fêter le "first-footing", une coutume qui veut qu'on se rende chez ses amis et voisins en apportant quelque chose à boire (du whisky en général) et un morceau de charbon en gage de prospérité pour la nouvelle année.

hogwash ['hɔgwɔʃ] *n* (*inf*) foutaises *fpl*
hoist [hɔɪst] *n* palan *m* ▷ *vt* hisser
hoity-toity [hɔɪtɪ'tɔɪtɪ] *adj* (*inf*) prétentieux(-euse), qui se donne
hold [həuld] (*pt, pp* **held** [hɛld]) *vt* tenir; (*contain*) contenir; (*meeting*) tenir; (*keep back*) retenir; (*believe*) maintenir; considérer; (*possess*) avoir; détenir ▷ *vi* (*withstand pressure*) tenir (bon); (*be valid*) valoir; (*on telephone*) attendre ▷ *n* prise *f*; (*find*) influence *f*; (*Naut*) cale *f*; **to catch** *or* **get (a) ~ of** saisir; **to get ~ of** (*find*) trouver; **to get ~**

of o.s. se contrôler; **~ the line!** (*Tel*) ne quittez pas!; **to ~ one's own** (*fig*) (bien) se défendre; **to ~ office** (*Pol*) avoir un portefeuille; **to ~ firm** *or* **fast** tenir bon; **he ~s the view that ...** il pense que ..., d'après lui ...; **to ~ sb responsible for sth** tenir qn pour responsable de qch
▸ **hold back** *vt* retenir; (*secret*) cacher; **to ~ sb back from doing sth** empêcher qn de faire qch
▸ **hold down** *vt* (*person*) maintenir à terre; (*job*) occuper
▸ **hold forth** *vi* pérorer
▸ **hold off** *vt* tenir à distance ▹ *vi*: **if the rain ~s off** s'il ne pleut pas, s'il ne se met pas à pleuvoir
▸ **hold on** *vi* tenir bon; (*wait*) attendre; **~ on!** (*Tel*) ne quittez pas!; **to ~ on to sth** (*grasp*) se cramponner à qch; (*keep*) conserver *or* garder qch
▸ **hold out** *vt* offrir ▹ *vi* (*resist*): **to ~ out (against)** résister (devant), tenir bon (devant)
▸ **hold over** *vt* (*meeting etc*) ajourner, reporter
▸ **hold up** *vt* (*raise*) lever; (*support*) soutenir; (*delay*) retarder; (: *traffic*) ralentir; (*rob*) braquer

holdall ['həuldɔ:l] *n* (*Brit*) fourre-tout *m inv*

holder ['həuldəʳ] *n* (*container*) support *m*; (*of ticket, record*) détenteur(-trice); (*of office, title, passport etc*) titulaire *m/f*

holding ['həuldɪŋ] *n* (*share*) intérêts *mpl*; (*farm*) ferme *f*

holding company *n* holding *m*

hold-up ['həuldʌp] *n* (*robbery*) hold-up *m*; (*delay*) retard *m*; (*Brit: in traffic*) embouteillage *m*

hole [həul] *n* trou *m* ▹ *vt* trouer, faire un trou dans; **~ in the heart** (*Med*) communication *f* interventriculaire; **to pick ~s (in)** (*fig*) chercher des poux (dans)
▸ **hole up** *vi* se terrer

holiday ['hɔlədɪ] *n* (*Brit: vacation*) vacances *fpl*; (*day off*) jour *m* de congé; (*public*) jour férié; **to be on ~** être en vacances; **I'm here on ~** je suis ici en vacances; **tomorrow is a ~** demain c'est fête, on a congé demain

holiday camp *n* (*Brit: for children*) colonie *f* de vacances; (*also*: **holiday centre**) camp *m* de vacances

holiday home *n* (*rented*) location *f* de vacances; (*owned*) résidence *f* secondaire

holiday job *n* (*Brit*) boulot *m* (*inf*) de vacances

holiday-maker ['hɔlədɪmeɪkəʳ] *n* (*Brit*) vacancier(-ière)

holiday pay *n* paie *f* des vacances

holiday resort *n* centre *m* de villégiature *or* de vacances

holiday season *n* période *f* des vacances

holiness ['həulɪnɪs] *n* sainteté *f*

holistic [həu'lɪstɪk] *adj* holiste, holistique

Holland ['hɔlənd] *n* Hollande *f*

holler ['hɔləʳ] *vi* (*inf*) brailler

hollow ['hɔləu] *adj* creux(-euse); (*fig*) faux (fausse) ▹ *n* creux *m*; (*in land*) dépression *f* (de terrain), cuvette *f* ▹ *vt*: **to ~ out** creuser, évider

holly ['hɔlɪ] *n* houx *m*

hollyhock ['hɔlɪhɔk] *n* rose trémière

Hollywood ['hɔlɪwud] *n* Hollywood

holocaust ['hɔləkɔ:st] *n* holocauste *m*

hologram ['hɔləgræm] *n* hologramme *m*

hols [hɔlz] *npl* (*inf*) vacances *fpl*

holster ['həulstəʳ] *n* étui *m* de revolver

holy ['həulɪ] *adj* saint(e); (*bread, water*) bénit(e); (*ground*) sacré(e)

Holy Communion *n* la (sainte) communion

Holy Ghost, Holy Spirit *n* Saint-Esprit *m*

Holy Land *n*: **the ~** la Terre Sainte

holy orders *npl* ordres (majeurs)

homage ['hɔmɪdʒ] *n* hommage *m*; **to pay ~ to** rendre hommage à

home [həum] *n* foyer *m*, maison *f*; (*country*) pays natal, patrie *f*; (*institution*) maison ▹ *adj* de famille; (*Econ, Pol*) national(e), intérieur(e); (*Sport: team*) qui reçoit; (: *match, win*) sur leur (*or* notre) terrain ▹ *adv* chez soi, à la maison; au pays natal; (*right in: nail etc*) à fond; **at ~** chez soi, à la maison; **to go** (*or* **come**) **~** rentrer (chez soi), rentrer à la maison (*or* au pays); **I'm going ~ on Tuesday** je rentre mardi; **make yourself at ~** faites comme chez vous; **near my ~** près de chez moi
▸ **home in on** *vt fus* (*missile*) se diriger automatiquement vers *or* sur

home address *n* domicile permanent

home-brew [həum'bru:] *n* vin *m* (*or* bière *f*) maison

homecoming ['həumkʌmɪŋ] *n* retour *m* (au bercail)

home computer *n* ordinateur *m* domestique

Home Counties *npl* *les comtés autour de Londres*

home economics *n* économie *f* domestique

home ground *n*: **to be on ~** être sur son terrain

home-grown ['həumgrəun] *adj* (*not foreign*) du pays; (*from garden*) du jardin

home help *n* (*Brit*) aide-ménagère *f*

homeland ['həumlænd] *n* patrie *f*

homeless ['həumlɪs] *adj* sans foyer, sans abri; **the homeless** *npl* les sans-abri *mpl*

home loan *n* prêt *m* sur hypothèque

homely ['həumlɪ] *adj* (*plain*) simple, sans prétention; (*welcoming*) accueillant(e)

home-made [həum'meɪd] *adj* fait(e) à la maison

home match *n* match *m* à domicile

Home Office *n* (*Brit*) ministère *m* de l'Intérieur

homeopathy *etc* [həumɪ'ɔpəθɪ] (*US*) = **homoeopathy** *etc*

home owner ['həuməunəʳ] *n* propriétaire occupant

home page *n* (*Comput*) page *f* d'accueil

home rule *n* autonomie *f*

Home Secretary *n* (*Brit*) ministre *m* de l'Intérieur

homesick ['həumsɪk] *adj*: **to be ~** avoir le mal du pays; (*missing one's family*) s'ennuyer de sa famille

homestead ['həumstɛd] *n* propriété *f*; (*farm*) ferme *f*

home town *n* ville natale

home truth *n*: **to tell sb a few ~s** dire ses quatre vérités à qn

homeward ['həumwəd] *adj* (*journey*) du retour ▷ *adv* = **homewards**
homewards ['həumwədz] *adv* vers la maison
homework ['həumwə:k] *n* devoirs *mpl*
homicidal [hɔmɪ'saɪdl] *adj* homicide
homicide ['hɔmɪsaɪd] *n* (*US*) homicide *m*
homily ['hɔmɪlɪ] *n* homélie *f*
homing ['həumɪŋ] *adj* (*device, missile*) à tête chercheuse; **~ pigeon** pigeon voyageur
homoeopath ['həumɪəupæθ], (*US*) **homeopath** *n* homéopathe *m/f*
homoeopathic, (*US*) **homeopathic** [həumɪɔ'pəθɪk] *adj* (*medicine*) homéopathique; (*doctor*) homéopathe
homoeopathy, (*US*) **homeopathy** [həumɪ'ɔpəθɪ] *n* homéopathie *f*
homogeneous [hɔməu'dʒi:nɪəs] *adj* homogène
homogenize [hə'mɔdʒənaɪz] *vt* homogénéiser
homosexual [hɔməu'sɛksjuəl] *adj, n* homosexuel(le)
Hon. *abbr* (= *honourable, honorary*) *dans un titre*
Honduras [hɔn'djuərəs] *n* Honduras *m*
hone [həun] *n* pierre *f* à aiguiser ▷ *vt* affûter, aiguiser
honest ['ɔnɪst] *adj* honnête; (*sincere*) franc (franche); **to be quite ~ with you ...** à dire vrai ...
honestly ['ɔnɪstlɪ] *adv* honnêtement; franchement
honesty ['ɔnɪstɪ] *n* honnêteté *f*
honey ['hʌnɪ] *n* miel *m*; (*inf: darling*) chéri(e)
honeycomb ['hʌnɪkəum] *n* rayon *m* de miel; (*pattern*) nid *m* d'abeilles, motif alvéolé ▷ *vt* (*fig*): **to ~ with** cribler de
honeymoon ['hʌnɪmu:n] *n* lune *f* de miel, voyage *m* de noces; **we're on ~** nous sommes en voyage de noces
honeysuckle ['hʌnɪsʌkl] *n* chèvrefeuille *m*
Hong Kong ['hɔŋ'kɔŋ] *n* Hong Kong
honk [hɔŋk] *n* (*Aut*) coup *m* de klaxon ▷ *vi* klaxonner
Honolulu [hɔnə'lu:lu:] *n* Honolulu
honorary ['ɔnərərɪ] *adj* honoraire; (*duty, title*) honorifique; **~ degree** diplôme *m* honoris causa
honour, (*US*) **honor** ['ɔnə^r] *vt* honorer ▷ *n* honneur *m*; **in ~ of** en l'honneur de; **to graduate with ~s** obtenir sa licence avec mention
honourable, (*US*) **honorable** ['ɔnərəbl] *adj* honorable
honour-bound, (*US*) **honor-bound** ['ɔnə'baund] *adj*: **to be ~ to do** se devoir de faire
honours degree ['ɔnəz-] *n* (*Scol*) ≈ licence *f* avec mention; *voir article*

HONOURS DEGREE

Un *honours degree* est un diplôme universitaire que l'on reçoit après trois années d'études en Angleterre et quatre années en Écosse. Les mentions qui l'accompagnent sont, par ordre décroissant: "first class" (très bien/bien), "upper second class" (assez bien), "lower second class" (passable), et "third class" (diplôme sans mention). Le titulaire d'un *honours degree* a un titre qu'il peut mettre à la suite de son nom, par exemple: Peter Jones BA Hons; voir "ordinary degree".

honours list *n* (*Brit*): *voir article*

HONOURS LIST

L'*honours list* est la liste des citoyens du Royaume-Uni et du Commonwealth auxquels le souverain confère un titre ou une décoration. Cette liste est préparée par le Premier ministre et paraît deux fois par an, au Nouvel An et lors de l'anniversaire officiel du règne du souverain. Des personnes qui se sont distinguées dans le monde des affaires, des sports et des médias, ainsi que dans les forces armées, mais également des citoyens "ordinaires" qui se consacrent à des œuvres de charité sont ainsi récompensées.

Hons. *abbr* (*Scol*) = **honours degree**
hood [hud] *n* capuchon *m*; (*of cooker*) hotte *f*; (*Brit Aut*) capote *f*; (*US Aut*) capot *m*; (*inf*) truand *m*
hoodie ['hudɪ] *n* (*top*) sweat *m* à capuche; (*youth*) jeune *m* à capuche
hoodlum ['hu:dləm] *n* truand *m*
hoodwink ['hudwɪŋk] *vt* tromper
hoof (*pl* **-s** *or* **hooves**) [hu:f, hu:vz] *n* sabot *m*
hook [huk] *n* crochet *m*; (*on dress*) agrafe *f*; (*for fishing*) hameçon *m* ▷ *vt* accrocher; (*dress*) agrafer; **off the ~** (*Tel*) décroché; **~ and eye** agrafe; **by ~ or by crook** de gré ou de force, coûte que coûte; **to be ~ed (on)** (*inf*) être accroché(e) (par); (*person*) être dingue (de)
▸ **hook up** *vt* (*Radio, TV etc*) faire un duplex entre
hooligan ['hu:lɪgən] *n* voyou *m*
hoop [hu:p] *n* cerceau *m*; (*of barrel*) cercle *m*
hoot [hu:t] *vi* (*Brit: Aut*) klaxonner; (*siren*) mugir; (*owl*) hululer ▷ *vt* (*jeer at*) huer ▷ *n* huée *f*; coup *m* de klaxon; mugissement *m*; hululement *m*; **to ~ with laughter** rire aux éclats
hooter ['hu:tə^r] *n* (*Brit Aut*) klaxon *m*; (*Naut, factory*) sirène *f*
Hoover® ['hu:və^r] *n* (*Brit*) aspirateur *m* ▷ *vt*: **to hoover** (*room*) passer l'aspirateur dans; (*carpet*) passer l'aspirateur sur
hooves [hu:vz] *npl of* **hoof**
hop [hɔp] *vi* sauter; (*on one foot*) sauter à cloche-pied; (*bird*) sautiller ▷ *n* saut *m*
hope [həup] *vt, vi* espérer ▷ *n* espoir *m*; **I ~ so** je l'espère; **I ~ not** j'espère que non
hopeful ['həupful] *adj* (*person*) plein(e) d'espoir; (*situation*) prometteur(-euse), encourageant(e); **I'm ~ that she'll manage to come** j'ai bon espoir qu'elle pourra venir

hopefully ['həupfulɪ] *adv* (*expectantly*) avec espoir, avec optimisme; (*one hopes*) avec un peu de chance; **~, they'll come back** espérons bien qu'ils reviendront
hopeless ['həuplɪs] *adj* désespéré(e), sans espoir; (*useless*) nul(le)
hopelessly ['həuplɪslɪ] *adv* (*live etc*) sans espoir; **~ confused** *etc* complètement désorienté *etc*
hops [hɔps] *npl* houblon *m*
horizon [hə'raɪzn] *n* horizon *m*
horizontal [hɔrɪ'zɔntl] *adj* horizontal(e)
hormone ['hɔːməun] *n* hormone *f*
hormone replacement therapy *n* hormonothérapie substitutive, traitement hormono-supplétif
horn [hɔːn] *n* corne *f*; (*Mus*) cor *m*; (*Aut*) klaxon *m*
horned [hɔːnd] *adj* (*animal*) à cornes
hornet ['hɔːnɪt] *n* frelon *m*
horny ['hɔːnɪ] *adj* corné(e); (*hands*) calleux(-euse); (*inf: aroused*) excité(e)
horoscope ['hɔrəskəup] *n* horoscope *m*
horrendous [hə'rɛndəs] *adj* horrible, affreux(-euse)
horrible ['hɔrɪbl] *adj* horrible, affreux(-euse)
horrid ['hɔrɪd] *adj* (*person*) détestable; (*weather, place, smell*) épouvantable
horrific [hɔ'rɪfɪk] *adj* horrible
horrify ['hɔrɪfaɪ] *vt* horrifier
horrifying ['hɔrɪfaɪɪŋ] *adj* horrifiant(e)
horror ['hɔrəʳ] *n* horreur *f*
horror film *n* film *m* d'épouvante
horror-struck ['hɔrəstrʌk], **horror-stricken** ['hɔrəstrɪkn] *adj* horrifié(e)
hors d'œuvre [ɔː'dəːvrə] *n* hors d'œuvre *m*
horse [hɔːs] *n* cheval *m*
horseback ['hɔːsbæk]: **on ~** (*adj, adv*) à cheval
horsebox ['hɔːsbɔks] *n* van *m*
horse chestnut *n* (*nut*) marron *m* (d'Inde); (*tree*) marronnier *m* (d'Inde)
horse-drawn ['hɔːsdrɔːn] *adj* tiré(e) par des chevaux
horsefly ['hɔːsflaɪ] *n* taon *m*
horseman ['hɔːsmən] (*irreg*) *n* cavalier *m*
horsemanship ['hɔːsmənʃɪp] *n* talents *mpl* de cavalier
horseplay ['hɔːspleɪ] *n* chahut *m* (*blagues etc*)
horsepower ['hɔːspauəʳ] *n* puissance *f* (en chevaux); (*unit*) cheval-vapeur *m* (CV)
horse-racing ['hɔːsreɪsɪŋ] *n* courses *fpl* de chevaux
horseradish ['hɔːsrædɪʃ] *n* raifort *m*
horse riding *n* (*Brit*) équitation *f*
horseshoe ['hɔːsʃuː] *n* fer *m* à cheval
horse show *n* concours *m* hippique
horse-trading ['hɔːstreɪdɪŋ] *n* maquignonnage *m*
horse trials *npl* = **horse show**
horsewhip ['hɔːswɪp] *vt* cravacher
horsewoman ['hɔːswumən] (*irreg*) *n* cavalière *f*
horsey ['hɔːsɪ] *adj* féru(e) d'équitation *or* de cheval; (*appearance*) chevalin(e)
horticulture ['hɔːtɪkʌltʃəʳ] *n* horticulture *f*
hose [həuz] *n* (*also*: **hosepipe**) tuyau *m*; (*also*: **garden hose**) tuyau d'arrosage
▸ **hose down** *vt* laver au jet
hosepipe ['həuzpaɪp] *n* tuyau *m*; (*in garden*) tuyau d'arrosage; (*for fire*) tuyau d'incendie
hosiery ['həuzɪərɪ] *n* (rayon *m* des) bas *mpl*
hospice ['hɔspɪs] *n* hospice *m*
hospitable ['hɔspɪtəbl] *adj* hospitalier(-ière)
hospital ['hɔspɪtl] *n* hôpital *m*; **in ~**, (*US*) **in the ~** à l'hôpital; **where's the nearest ~?** où est l'hôpital le plus proche?
hospitality [hɔspɪ'tælɪtɪ] *n* hospitalité *f*
hospitalize ['hɔspɪtəlaɪz] *vt* hospitaliser
host [həust] *n* hôte *m*; (*in hotel etc*) patron *m*; (*TV, Radio*) présentateur(-trice), animateur(-trice); (*large number*): **a ~ of** une foule de; (*Rel*) hostie *f*
▹ *vt* (*TV programme*) présenter, animer
hostage ['hɔstɪdʒ] *n* otage *m*
host country *n* pays *m* d'accueil, pays-hôte *m*
hostel ['hɔstl] *n* foyer *m*; (*also*: **youth hostel**) auberge *f* de jeunesse
hostelling ['hɔstlɪŋ] *n*: **to go (youth) ~** faire une virée *or* randonnée en séjournant dans des auberges de jeunesse
hostess ['həustɪs] *n* hôtesse *f*; (*Brit*: *also*: **air hostess**) hôtesse de l'air; (*TV, Radio*) animatrice *f*; (*in nightclub*) entraîneuse *f*
hostile ['hɔstaɪl] *adj* hostile
hostility [hɔ'stɪlɪtɪ] *n* hostilité *f*
hot [hɔt] *adj* chaud(e); (*as opposed to only warm*) très chaud; (*spicy*) fort(e); (*fig: contest*) acharné(e); (*topic*) brûlant(e); (*temper*) violent(e), passionné(e); **to be ~** (*person*) avoir chaud; (*thing*) être (très) chaud; (*weather*) faire chaud
▸ **hot up** (*Brit inf*) *vi* (*situation*) devenir tendu(e); (*party*) s'animer ▹ *vt* (*pace*) accélérer, forcer; (*engine*) gonfler
hot-air balloon [hɔt'ɛə-] *n* montgolfière *f*, ballon *m*
hotbed ['hɔtbɛd] *n* (*fig*) foyer *m*, pépinière *f*
hotchpotch ['hɔtʃpɔtʃ] *n* (*Brit*) mélange *m* hétéroclite
hot dog *n* hot-dog *m*
hotel [həu'tɛl] *n* hôtel *m*
hotelier [həu'tɛlɪəʳ] *n* hôtelier(-ière)
hotel industry *n* industrie hôtelière
hotel room *n* chambre *f* d'hôtel
hot flush *n* (*Brit*) bouffée *f* de chaleur
hotfoot ['hɔtfut] *adv* à toute vitesse
hothead ['hɔthɛd] *n* (*fig*) tête brûlée
hotheaded [hɔt'hɛdɪd] *adj* impétueux(-euse)
hothouse ['hɔthaus] *n* serre chaude
hotline ['hɔtlaɪn] *n* (*Pol*) téléphone *m* rouge, ligne directe
hotly ['hɔtlɪ] *adv* passionnément, violemment
hotplate ['hɔtpleɪt] *n* (*on cooker*) plaque chauffante
hotpot ['hɔtpɔt] *n* (*Brit Culin*) ragoût *m*
hot potato *n* (*Brit inf*) sujet brûlant; **to drop sb/sth like a ~** laisser tomber qn/qch brusquement

hot seat *n* (*fig*) poste chaud
hotspot [hɔtspɔt] *n* (*Comput*: *also*: **wireless hotspot**) borne *f* wifi, hotspot *m*
hot spot *n* point chaud
hot spring *n* source thermale
hot-tempered [ˈhɔtˈtɛmpəd] *adj* emporté(e)
hot-water bottle [hɔtˈwɔːtə-] *n* bouillotte *f*
hot-wire [ˈhɔtwaɪəʳ] *vt* (*inf*: *car*) démarrer en faisant se toucher les fils de contact
hound [haund] *vt* poursuivre avec acharnement ▷ *n* chien courant; **the ~s** la meute
hour [ˈauəʳ] *n* heure *f*; **at 30 miles an ~** ≈ à 50 km à l'heure; **lunch ~** heure du déjeuner; **to pay sb by the ~** payer qn à l'heure
hourly [ˈauəlɪ] *adj* toutes les heures; (*rate*) horaire; **~ paid** *adj* payé(e) à l'heure
house *n* [haus] (*pl* **-s** [ˈhauzɪz]) maison *f*; (*Pol*) chambre *f*; (*Theat*) salle *f*; auditoire *m* ▷ *vt* [hauz] (*person*) loger, héberger; **at (or to) my ~** chez moi; **the H~ of Commons/of Lords** (*Brit*) la Chambre des communes/des lords; *voir article*; **the H~ (of Representatives)** (*US*) la Chambre des représentants; *voir article*; **on the ~** (*fig*) aux frais de la maison

House of Commons/of Lords

Le parlement en Grande-Bretagne est constitué de deux assemblées: la *House of Commons*, présidée par le "Speaker" et composée de plus de 600 députés (les "MP") élus au suffrage universel direct. Ceux-ci reçoivent tous un salaire. La Chambre des communes siège environ 175 jours par an. La *House of Lords*, présidée par le "Lord Chancellor" est composée de lords dont le titre est attribué par le souverain à vie; elle peut amender certains projets de loi votés par la *House of Commons*, mais elle n'est pas habilitée à débattre des projets de lois de finances. La *House of Lords* fait également office de juridiction suprême en Angleterre et au pays de Galles.

House of Representatives

Aux États-Unis, le parlement, appelé le "Congress", est constitué du "Senate" et de la *House of Representatives*. Cette dernière comprend 435 membres, le nombre de ces représentants par État étant proportionnel à la densité de population de cet État. Ils sont élus pour deux ans au suffrage universel direct et siègent au "Capitol", à Washington D.C.

house arrest *n* assignation *f* à domicile
houseboat [ˈhausbəut] *n* bateau (aménagé en habitation)
housebound [ˈhausbaund] *adj* confiné(e) chez soi
housebreaking [ˈhausbreɪkɪŋ] *n* cambriolage *m* (avec effraction)
house-broken [ˈhausbrəukn] *adj* (*US*) = **house-trained**
housecoat [ˈhauskəut] *n* peignoir *m*
household [ˈhaushəuld] *n* (*Admin etc*) ménage *m*; (*people*) famille *f*, maisonnée *f*; **~ name** nom connu de tout le monde
householder [ˈhaushəuldəʳ] *n* propriétaire *m/f*; (*head of house*) chef *m* de famille
househunting [ˈhaushʌntɪŋ] *n*: **to go ~** se mettre en quête d'une maison (*or* d'un appartement)
housekeeper [ˈhauskiːpəʳ] *n* gouvernante *f*
housekeeping [ˈhauskiːpɪŋ] *n* (*work*) ménage *m*; (*also*: **housekeeping money**) argent *m* du ménage; (*Comput*) gestion *f* (des disques)
houseman [ˈhausmən] (*irreg*) *n* (*Brit Med*) ≈ interne *m*
house-owner [ˈhausəunəʳ] *n* propriétaire *m/f* (*de maison ou d'appartement*)
house-proud [ˈhauspraud] *adj* qui tient à avoir une maison impeccable
house-to-house [ˈhaustəˈhaus] *adj* (*enquiries etc*) chez tous les habitants (du quartier *etc*)
house-train [ˈhaustreɪn] *vt* (*pet*) apprendre à être propre à
house-trained [ˈhaustreɪnd] *adj* (*pet*) propre
house-warming [ˈhauswɔːmɪŋ] *n* (*also*: **house-warming party**) pendaison *f* de crémaillère
housewife [ˈhauswaɪf] (*irreg*) *n* ménagère *f*; femme *f* au foyer
house wine *n* cuvée *f* maison *or* du patron
housework [ˈhauswəːk] *n* (travaux *mpl* du) ménage *m*
housing [ˈhauzɪŋ] *n* logement *m* ▷ *cpd* (*problem, shortage*) de *or* du logement
housing association *n* fondation *f* charitable fournissant des logements
housing benefit *n* (*Brit*) ≈ allocations *fpl* logement
housing development, (*Brit*) **housing estate** *n* (*blocks of flats*) cité *f*; (*houses*) lotissement *m*
hovel [ˈhɔvl] *n* taudis *m*
hover [ˈhɔvəʳ] *vi* planer; **to ~ round sb** rôder *or* tourner autour de qn
hovercraft [ˈhɔvəkrɑːft] *n* aéroglisseur *m*, hovercraft *m*
hoverport [ˈhɔvəpɔːt] *n* hoverport *m*
how [hau] *adv* comment; **~ are you?** comment allez-vous?; **~ do you do?** bonjour; (*on being introduced*) enchanté(e); **~ far is it to ...?** combien y a-t-il jusqu'à ...?; **~ long have you been here?** depuis combien de temps êtes-vous là?; **~ lovely/awful!** que *or* comme c'est joli/affreux!; **~ many/much?** combien?; **~ much time/many people?** combien de temps/gens?; **~ much does it cost?** ça coûte combien?; **~ old are you?** quel âge avez-vous?; **~ tall is he?** combien mesure-t-il?; **~ is school?** ça va à l'école?; **~ was the film?** comment était le

film?; **~'s life?** (*inf*) comment ça va?; **~ about a drink?** si on buvait quelque chose?; **~ is it that ...?** comment se fait-il que ... + *sub*?
however [hau'ɛvəʳ] *conj* pourtant, cependant ▷ *adv* de quelque façon *or* manière que + *sub*; (+ *adjective*) quelque *or* si ... que + *sub*; (*in questions*) comment; **~ I do it** de quelque manière que je m'y prenne; **~ cold it is** même s'il fait très froid; **~ did you do it?** comment y êtes-vous donc arrivé?
howitzer ['hauɪtsəʳ] *n* (*Mil*) obusier *m*
howl [haul] *n* hurlement *m* ▷ *vi* hurler; (*wind*) mugir
howler ['hauləʳ] *n* gaffe *f*, bourde *f*
howling ['haulɪŋ] *adj*: **a ~ wind** *or* **gale** un vent à décorner les bœufs
H.P. *n abbr* (*Brit*) = **hire purchase**
h.p. *abbr* (*Aut*) = **horsepower**
HQ *n abbr* (= *headquarters*) QG *m*
HR *n abbr* (*US*) = **House of Representatives**
hr *abbr* (= *hour*) h
HRH *abbr* (= *His (or Her) Royal Highness*) SAR
hrs *abbr* (= *hours*) h
HRT *n abbr* = **hormone replacement therapy**
HS *abbr* (*US*) = **high school**
HST *abbr* (*US*: = *Hawaiian Standard Time*) *heure de Hawaii*
HTML *n abbr* (= *hypertext markup language*) HTML *m*
hub [hʌb] *n* (*of wheel*) moyeu *m*; (*fig*) centre *m*, foyer *m*
hubbub ['hʌbʌb] *n* brouhaha *m*
hubcap [hʌbkæp] *n* (*Aut*) enjoliveur *m*
HUD *n abbr* (*US*: = *Department of Housing and Urban Development*) *ministère de l'urbanisme et du logement*
huddle ['hʌdl] *vi*: **to ~ together** se blottir les uns contre les autres
hue [hju:] *n* teinte *f*, nuance *f*; **~ and cry** *n* tollé (général), clameur *f*
huff [hʌf] *n*: **in a ~** fâché(e); **to take the ~** prendre la mouche
huffy ['hʌfɪ] *adj* (*inf*) froissé(e)
hug [hʌg] *vt* serrer dans ses bras; (*shore, kerb*) serrer ▷ *n* étreinte *f*; **to give sb a ~** serrer qn dans ses bras
huge [hju:dʒ] *adj* énorme, immense
hulk [hʌlk] *n* (*ship*) vieux rafiot; (*car, building*) carcasse *f*; (*person*) mastodonte *m*, malabar *m*
hulking ['hʌlkɪŋ] *adj* balourd(e)
hull [hʌl] *n* (*of ship*) coque *f*; (*of nuts*) coque; (*of peas*) cosse *f*
hullabaloo ['hʌləbə'lu:] *n* (*inf*: *noise*) tapage *m*, raffut *m*
hullo [hə'ləu] *excl* = **hello**
hum [hʌm] *vt* (*tune*) fredonner ▷ *vi* fredonner; (*insect*) bourdonner; (*plane, tool*) vrombir ▷ *n* fredonnement *m*; bourdonnement *m*; vrombissement *m*
human ['hju:mən] *adj* humain(e) ▷ *n* (*also*: **human being**) être humain
humane [hju:'meɪn] *adj* humain(e), humanitaire
humanism ['hju:mənɪzəm] *n* humanisme *m*
humanitarian [hju:mænɪ'tɛərɪən] *adj* humanitaire
humanity [hju:'mænɪtɪ] *n* humanité *f*
humanly ['hju:mənlɪ] *adv* humainement
humanoid ['hju:mənɔɪd] *adj, n* humanoïde *m/f*
human rights *npl* droits *mpl* de l'homme
humble ['hʌmbl] *adj* humble, modeste ▷ *vt* humilier
humbly ['hʌmblɪ] *adv* humblement, modestement
humbug ['hʌmbʌg] *n* fumisterie *f*; (*Brit*: *sweet*) bonbon *m* à la menthe
humdrum ['hʌmdrʌm] *adj* monotone, routinier(-ière)
humid ['hju:mɪd] *adj* humide
humidifier [hju:'mɪdɪfaɪəʳ] *n* humidificateur *m*
humidity [hju:'mɪdɪtɪ] *n* humidité *f*
humiliate [hju:'mɪlɪeɪt] *vt* humilier
humiliating [hju:'mɪlɪeɪtɪŋ] *adj* humiliant(e)
humiliation [hju:mɪlɪ'eɪʃən] *n* humiliation *f*
humility [hju:'mɪlɪtɪ] *n* humilité *f*
hummus ['huməs] *n* houm(m)ous *m*
humorist ['hju:mərɪst] *n* humoriste *m/f*
humorous ['hju:mərəs] *adj* humoristique; (*person*) plein(e) d'humour
humour, (*US*) **humor** ['hju:məʳ] *n* humour *m*; (*mood*) humeur *f* ▷ *vt* (*person*) faire plaisir à; se prêter aux caprices de; **sense of ~** sens *m* de l'humour; **to be in a good/bad ~** être de bonne/mauvaise humeur
humourless, (*US*) **humorless** ['hu:məlɪs] *adj* dépourvu(e) d'humour
hump [hʌmp] *n* bosse *f*
humpback ['hʌmpbæk] *n* bossu(e); (*Brit*: *also*: **humpback bridge**) dos-d'âne *m*
humus ['hju:məs] *n* humus *m*
hunch [hʌntʃ] *n* bosse *f*; (*premonition*) intuition *f*; **I have a ~ that** j'ai (comme une vague) idée que
hunchback ['hʌntʃbæk] *n* bossu(e)
hunched [hʌntʃt] *adj* arrondi(e), voûté(e)
hundred ['hʌndrəd] *num* cent; **about a ~ people** une centaine de personnes; **~s of** des centaines de; **I'm a ~ per cent sure** j'en suis absolument certain
hundredth [-ɪdθ] *num* centième
hundredweight ['hʌndrɪdweɪt] *n* (*Brit*) = *50.8 kg; 112 lb*; (*US*) = *45.3 kg; 100 lb*
hung [hʌŋ] *pt, pp of* **hang**
Hungarian [hʌŋ'gɛərɪən] *adj* hongrois(e) ▷ *n* Hongrois(e); (*Ling*) hongrois *m*
Hungary ['hʌŋgərɪ] *n* Hongrie *f*
hunger ['hʌŋgəʳ] *n* faim *f* ▷ *vi*: **to ~ for** avoir faim de, désirer ardemment
hunger strike *n* grève *f* de la faim
hungover [hʌŋ'əuvəʳ] *adj* (*inf*): **to be ~** avoir la gueule de bois
hungrily ['hʌŋgrəlɪ] *adv* voracement; (*fig*) avidement
hungry ['hʌŋgrɪ] *adj* affamé(e); **to be ~** avoir faim; **~ for** (*fig*) avide de
hung up *adj* (*inf*) complexé(e), bourré(e) de complexes

hunk [hʌŋk] *n* gros morceau; (*inf*: *man*) beau mec
hunt [hʌnt] *vt* (*seek*) chercher; (*criminal*) pourchasser; (*Sport*) chasser ▷ *vi* (*search*): **to ~ for** chercher (partout); (*Sport*) chasser ▷ *n* (*Sport*) chasse *f*
▸ **hunt down** *vt* pourchasser
hunter ['hʌntəʳ] *n* chasseur *m*; (*Brit*: *horse*) cheval *m* de chasse
hunting ['hʌntɪŋ] *n* chasse *f*
hurdle ['hə:dl] *n* (*for fences*) claie *f*; (*Sport*) haie *f*; (*fig*) obstacle *m*
hurl [hə:l] *vt* lancer (avec violence); (*abuse, insults*) lancer
hurling ['hə:lɪŋ] *n* (*Sport*) *genre de hockey joué en Irlande*
hurly-burly ['hə:lɪ'bə:lɪ] *n* tohu-bohu *m inv*; brouhaha *m*
hurrah, hurray [hu'rɑ:, hu'reɪ] *excl* hourra!
hurricane ['hʌrɪkən] *n* ouragan *m*
hurried ['hʌrɪd] *adj* pressé(e), précipité(e); (*work*) fait(e) à la hâte
hurriedly ['hʌrɪdlɪ] *adv* précipitamment, à la hâte
hurry ['hʌrɪ] *n* hâte *f*, précipitation *f* ▷ *vi* se presser, se dépêcher ▷ *vt* (*person*) faire presser, faire se dépêcher; (*work*) presser; **to be in a ~** être pressé(e); **to do sth in a ~** faire qch en vitesse; **to ~ in/out** entrer/sortir précipitamment; **to ~ home** se dépêcher de rentrer
▸ **hurry along** *vi* marcher d'un pas pressé
▸ **hurry away, hurry off** *vi* partir précipitamment
▸ **hurry up** *vi* se dépêcher
hurt [hə:t] (*pt, pp* **-**) *vt* (*cause pain to*) faire mal à; (*injure, fig*) blesser; (*damage*: *business, interests etc*) nuire à; faire du tort à ▷ *vi* faire mal ▷ *adj* blessé(e); **my arm ~s** j'ai mal au bras; **I ~ my arm** je me suis fait mal au bras; **to ~ o.s.** se faire mal; **where does it ~?** où avez-vous mal?, où est-ce que ça vous fait mal?
hurtful ['hə:tful] *adj* (*remark*) blessant(e)
hurtle ['hə:tl] *vt* lancer (de toutes ses forces) ▷ *vi*: **to ~ past** passer en trombe; **to ~ down** dégringoler
husband ['hʌzbənd] *n* mari *m*
hush [hʌʃ] *n* calme *m*, silence *m* ▷ *vt* faire taire; **~!** chut!
▸ **hush up** *vt* (*fact*) étouffer
hush-hush [hʌʃ'hʌʃ] *adj* (*inf*) ultra-secret(-ète)
husk [hʌsk] *n* (*of wheat*) balle *f*; (*of rice, maize*) enveloppe *f*; (*of peas*) cosse *f*
husky ['hʌskɪ] *adj* (*voice*) rauque; (*burly*) costaud(e) ▷ *n* chien *m* esquimau *or* de traîneau
hustings ['hʌstɪŋz] *npl* (*Brit Pol*) plate-forme électorale
hustle ['hʌsl] *vt* pousser, bousculer ▷ *n* bousculade *f*; **~ and bustle** *n* tourbillon *m* (d'activité)
hut [hʌt] *n* hutte *f*; (*shed*) cabane *f*
hutch [hʌtʃ] *n* clapier *m*
hyacinth ['haɪəsɪnθ] *n* jacinthe *f*
hybrid ['haɪbrɪd] *adj, n* hybride (*m*)
hydrant ['haɪdrənt] *n* prise *f* d'eau; (*also*: **fire hydrant**) bouche *f* d'incendie
hydraulic [haɪ'drɔ:lɪk] *adj* hydraulique
hydraulics [haɪ'drɔ:lɪks] *n* hydraulique *f*
hydrochloric ['haɪdrəu'klɔrɪk] *adj*: **~ acid** acide *m* chlorhydrique
hydroelectric ['haɪdrəuɪ'lɛktrɪk] *adj* hydro-électrique
hydrofoil ['haɪdrəfɔɪl] *n* hydrofoil *m*
hydrogen ['haɪdrədʒən] *n* hydrogène *m*
hydrogen bomb *n* bombe *f* à hydrogène
hydrophobia ['haɪdrə'fəubɪə] *n* hydrophobie *f*
hydroplane ['haɪdrəpleɪn] *n* (*seaplane*) hydravion *m*; (*jetfoil*) hydroglisseur *m*
hyena [haɪ'i:nə] *n* hyène *f*
hygiene ['haɪdʒi:n] *n* hygiène *f*
hygienic [haɪ'dʒi:nɪk] *adj* hygiénique
hymn [hɪm] *n* hymne *m*; cantique *m*
hype [haɪp] *n* (*inf*) matraquage *m* publicitaire *or* médiatique
hyperactive ['haɪpər'æktɪv] *adj* hyperactif(-ive)
hyperlink ['haɪpəɪŋk] *n* hyperlien *m*
hypermarket ['haɪpəmɑ:kɪt] (*Brit*) *n* hypermarché *m*
hypertension ['haɪpə'tɛnʃən] *n* (*Med*) hypertension *f*
hypertext ['haɪpətɛkst] *n* (*Comput*) hypertexte *m*
hyphen ['haɪfn] *n* trait *m* d'union
hypnosis [hɪp'nəusɪs] *n* hypnose *f*
hypnotic [hɪp'nɔtɪk] *adj* hypnotique
hypnotism ['hɪpnətɪzəm] *n* hypnotisme *m*
hypnotist ['hɪpnətɪst] *n* hypnotiseur(-euse)
hypnotize ['hɪpnətaɪz] *vt* hypnotiser
hypoallergenic ['haɪpəuælə'dʒɛnɪk] *adj* hypoallergénique
hypochondriac [haɪpə'kɔndrɪæk] *n* hypocondriaque *m/f*
hypocrisy [hɪ'pɔkrɪsɪ] *n* hypocrisie *f*
hypocrite ['hɪpəkrɪt] *n* hypocrite *m/f*
hypocritical [hɪpə'krɪtɪkl] *adj* hypocrite
hypodermic [haɪpə'də:mɪk] *adj* hypodermique ▷ *n* (*syringe*) seringue *f* hypodermique
hypotenuse [haɪ'pɔtɪnju:z] *n* hypoténuse *f*
hypothermia [haɪpə'θə:mɪə] *n* hypothermie *f*
hypothesis (*pl* **hypotheses**) [haɪ'pɔθɪsɪs, -si:z] *n* hypothèse *f*
hysterectomy [hɪstə'rɛktəmɪ] *n* hystérectomie *f*
hysteria [hɪ'stɪərɪə] *n* hystérie *f*
hysterical [hɪ'stɛrɪkl] *adj* hystérique; (*funny*) hilarant(e); **to become ~** avoir une crise de nerfs
hysterics [hɪ'stɛrɪks] *npl* (violente) crise de nerfs; (*laughter*) crise de rire; **to be in/have ~** (*anger, panic*) avoir une crise de nerfs; (*laughter*) attraper un fou rire
Hz *abbr* (= *hertz*) Hz

I¹, i [aɪ] *n* (*letter*) I, i *m*; **I for Isaac,** (*US*) **I for Item** I comme Irma
I² [aɪ] *pron* je; (*before vowel*) j'; (*stressed*) moi ▷ *abbr* (= *island, isle*) I
IA, Ia. *abbr* (US) = **Iowa**
IAEA *n abbr* = **International Atomic Energy Agency**
IBA *n abbr* (Brit: = *Independent Broadcasting Authority*) ≈ CNCL *f* (= *Commission nationale de la communication audio-visuelle*)
Iberian [aɪ'bɪərɪən] *adj* ibérique, ibérien(ne)
Iberian Peninsula *n*: **the ~** la péninsule Ibérique
IBEW *n abbr* (US: = *International Brotherhood of Electrical Workers*) *syndicat international des électriciens*
i/c *abbr* (Brit) = **in charge**
ICBM *n abbr* (= *intercontinental ballistic missile*) ICBM *m*, engin *m* balistique à portée intercontinentale
ICC *n abbr* (= *International Chamber of Commerce*) CCI *f*; (US) = **Interstate Commerce Commission**
ice [aɪs] *n* glace *f*; (*on road*) verglas *m* ▷ *vt* (*cake*) glacer; (*drink*) faire rafraîchir ▷ *vi* (*also*: **ice over**) geler; (*also*: **ice up**) se givrer; **to put sth on ~** (*fig*) mettre qch en attente
Ice Age *n* ère *f* glaciaire
ice axe, (US) **ice ax** *n* piolet *m*
iceberg ['aɪsbəːg] *n* iceberg *m*; **the tip of the ~** (*also fig*) la partie émergée de l'iceberg
icebox ['aɪsbɔks] *n* (US) réfrigérateur *m*; (Brit) compartiment *m* à glace; (*insulated box*) glacière *f*
icebreaker ['aɪsbreɪkə^r] *n* brise-glace *m*
ice bucket *n* seau *m* à glace
ice-cap ['aɪskæp] *n* calotte *f* glaciaire
ice-cold [aɪs'kəuld] *adj* glacé(e)
ice cream *n* glace *f*
ice cube *n* glaçon *m*
iced [aɪst] *adj* (*drink*) frappé(e); (*coffee, tea, also cake*) glacé(e)
ice hockey *n* hockey *m* sur glace
Iceland ['aɪslənd] *n* Islande *f*
Icelander ['aɪsləndə^r] *n* Islandais(e)
Icelandic [aɪs'lændɪk] *adj* islandais(e) ▷ *n* (*Ling*) islandais *m*
ice lolly *n* (Brit) esquimau *m*
ice pick *n* pic *m* à glace
ice rink *n* patinoire *f*
ice-skate ['aɪsskeɪt] *n* patin *m* à glace ▷ *vi* faire du patin à glace
ice skating ['aɪsskeɪtɪŋ] *n* patinage *m* (sur glace)
icicle ['aɪsɪkl] *n* glaçon *m* (*naturel*)
icing ['aɪsɪŋ] *n* (*Aviat etc*) givrage *m*; (*Culin*) glaçage *m*
icing sugar *n* (Brit) sucre *m* glace
ICJ *n abbr* = **International Court of Justice**
icon ['aɪkɔn] *n* icône *f*
ICR *n abbr* (US) = **Institute for Cancer Research**
ICRC *n abbr* (= *International Committee of the Red Cross*) CICR *m*
ICT *n abbr* (Brit: Scol: = *information and communications technology*) TIC *fpl*
ICU *n abbr* = **intensive care unit**
icy ['aɪsɪ] *adj* glacé(e); (*road*) verglacé(e); (*weather, temperature*) glacial(e)
ID *abbr* (US) = **Idaho**
I'd [aɪd] = **I would; I had**
Ida. *abbr* (US) = **Idaho**
ID card *n* carte *f* d'identité
IDD *n abbr* (Brit Tel: = *international direct dialling*) *automatique international*
idea [aɪ'dɪə] *n* idée *f*; **good ~!** bonne idée!; **to have an ~ that ...** avoir idée que ...; **I have no ~** je n'ai pas la moindre idée
ideal [aɪ'dɪəl] *n* idéal *m* ▷ *adj* idéal(e)
idealist [aɪ'dɪəlɪst] *n* idéaliste *m/f*
ideally [aɪ'dɪəlɪ] *adv* (*preferably*) dans l'idéal; (*perfectly*): **he is ~ suited to the job** il est parfait pour ce poste; **~ the book should have ...** l'idéal serait que le livre ait ...
identical [aɪ'dɛntɪkl] *adj* identique
identification [aɪdɛntɪfɪ'keɪʃən] *n* identification *f*; **means of ~** pièce *f* d'identité
identify [aɪ'dɛntɪfaɪ] *vt* identifier ▷ *vi*: **to ~ with** s'identifier à
Identikit® [aɪ'dɛntɪkɪt] *n*: **~ (picture)** portrait-robot *m*
identity [aɪ'dɛntɪtɪ] *n* identité *f*
identity card *n* carte *f* d'identité
identity parade *n* (Brit) parade *f* d'identification
identity theft *n* usurpation *f* d'identité

ideological [aɪdɪə'lɔdʒɪkl] *adj* idéologique
ideology [aɪdɪ'ɔlədʒɪ] *n* idéologie *f*
idiocy ['ɪdɪəsɪ] *n* idiotie *f*, stupidité *f*
idiom ['ɪdɪəm] *n* (*language*) langue *f*, idiome *m*; (*phrase*) expression *f* idiomatique; (*style*) style *m*
idiomatic [ɪdɪə'mætɪk] *adj* idiomatique
idiosyncrasy [ɪdɪəu'sɪŋkrəsɪ] *n* particularité *f*, caractéristique *f*
idiot ['ɪdɪət] *n* idiot(e), imbécile *m/f*
idiotic [ɪdɪ'ɔtɪk] *adj* idiot(e), bête, stupide
idle ['aɪdl] *adj* (*doing nothing*) sans occupation, désœuvré(e); (*lazy*) oisif(-ive), paresseux(-euse); (*unemployed*) au chômage; (*machinery*) au repos; (*question, pleasures*) vain(e), futile ▷ *vi* (*engine*) tourner au ralenti; **to lie ~** être arrêté, ne pas fonctionner
▸ **idle away** *vt*: **to ~ away one's time** passer son temps à ne rien faire
idleness ['aɪdlnɪs] *n* désœuvrement *m*; oisiveté *f*
idler ['aɪdlə^r] *n* désœuvré(e), oisif(-ive)
idle time *n* (*Comm*) temps mort
idol ['aɪdl] *n* idole *f*
idolize ['aɪdəlaɪz] *vt* idolâtrer, adorer
idyllic [ɪ'dɪlɪk] *adj* idyllique
i.e. *abbr* (= *id est: that is*) c. à d., c'est-à-dire
if [ɪf] *conj* si ▷ *n*: **there are a lot of ifs and buts** il y a beaucoup de si *mpl* et de mais *mpl*; **I'd be pleased if you could do it** je serais très heureux si vous pouviez le faire; **if necessary** si nécessaire, le cas échéant; **if so** si c'est le cas; **if not** sinon; **if only I could!** si seulement je pouvais!; **if only he were here** si seulement il était là; **if only to show him my gratitude** ne serait-ce que pour lui témoigner ma gratitude; *see also* **as; even**
iffy ['ɪfɪ] *adj* (*inf*) douteux(-euse)
igloo ['ɪglu:] *n* igloo *m*
ignite [ɪg'naɪt] *vt* mettre le feu à, enflammer ▷ *vi* s'enflammer
ignition [ɪg'nɪʃən] *n* (*Aut*) allumage *m*; **to switch on/off the ~** mettre/couper le contact
ignition key *n* (*Aut*) clé *f* de contact
ignoble [ɪg'nəubl] *adj* ignoble, indigne
ignominious [ɪgnə'mɪnɪəs] *adj* honteux(-euse), ignominieux(-euse)
ignoramus [ɪgnə'reɪməs] *n* personne *f* ignare
ignorance ['ɪgnərəns] *n* ignorance *f*; **to keep sb in ~ of sth** tenir qn dans l'ignorance de qch
ignorant ['ɪgnərənt] *adj* ignorant(e); **to be ~ of** (*subject*) ne rien connaître en; (*events*) ne pas être au courant de
ignore [ɪg'nɔ:^r] *vt* ne tenir aucun compte de; (*mistake*) ne pas relever; (*person: pretend to not see*) faire semblant de ne pas reconnaître; (: *pay no attention to*) ignorer
ikon ['aɪkɔn] *n* = **icon**
IL *abbr* (US) = **Illinois**
ill [ɪl] *adj* (*sick*) malade; (*bad*) mauvais(e) ▷ *n* mal *m* ▷ *adv*: **to speak/think ~ of sb** dire/penser du mal de qn; **to be taken ~** tomber malade
Ill. *abbr* (US) = **Illinois**
I'll [aɪl] = **I will; I shall**
ill-advised [ɪləd'vaɪzd] *adj* (*decision*) peu judicieux(-euse); (*person*) malavisé(e)
ill-at-ease [ɪlət'i:z] *adj* mal à l'aise
ill-considered [ɪlkən'sɪdəd] *adj* (*plan*) inconsidéré(e), irréfléchi(e)
ill-disposed [ɪldɪs'pəuzd] *adj*: **to be ~ towards sb/sth** être mal disposé(e) envers qn/qch
illegal [ɪ'li:gl] *adj* illégal(e)
illegally [ɪ'li:gəlɪ] *adv* illégalement
illegible [ɪ'lɛdʒɪbl] *adj* illisible
illegitimate [ɪlɪ'dʒɪtɪmət] *adj* illégitime
ill-fated [ɪl'feɪtɪd] *adj* malheureux(-euse); (*day*) néfaste
ill-favoured, (US) **ill-favored** [ɪl'feɪvəd] *adj* déplaisant(e)
ill feeling *n* ressentiment *m*, rancune *f*
ill-gotten ['ɪlgɔtn] *adj* (*gains etc*) mal acquis(e)
ill health *n* mauvaise santé
illicit [ɪ'lɪsɪt] *adj* illicite
ill-informed [ɪlɪn'fɔ:md] *adj* (*judgment*) erroné(e); (*person*) mal renseigné(e)
illiterate [ɪ'lɪtərət] *adj* illettré(e); (*letter*) plein(e) de fautes
ill-mannered [ɪl'mænəd] *adj* impoli(e), grossier(-ière)
illness ['ɪlnɪs] *n* maladie *f*
illogical [ɪ'lɔdʒɪkl] *adj* illogique
ill-suited [ɪl'su:tɪd] *adj* (*couple*) mal assorti(e); **he is ~ to the job** il n'est pas vraiment fait pour ce travail
ill-timed [ɪl'taɪmd] *adj* inopportun(e)
ill-treat [ɪl'tri:t] *vt* maltraiter
ill-treatment [ɪl'tri:tmənt] *n* mauvais traitement
illuminate [ɪ'lu:mɪneɪt] *vt* (*room, street*) éclairer; (*for special effect*) illuminer; **~d sign** enseigne lumineuse
illuminating [ɪ'lu:mɪneɪtɪŋ] *adj* éclairant(e)
illumination [ɪlu:mɪ'neɪʃən] *n* éclairage *m*; illumination *f*
illusion [ɪ'lu:ʒən] *n* illusion *f*; **to be under the ~ that** avoir l'illusion que
illusive [ɪ'lu:sɪv], **illusory** [ɪ'lu:sərɪ] *adj* illusoire
illustrate ['ɪləstreɪt] *vt* illustrer
illustration [ɪlə'streɪʃən] *n* illustration *f*
illustrator ['ɪləstreɪtə^r] *n* illustrateur(-trice)
illustrious [ɪ'lʌstrɪəs] *adj* illustre
ill will *n* malveillance *f*
ILO *n abbr* (= *International Labour Organization*) OIT *f*
ILWU *n abbr* (US: = *International Longshoremen's and Warehousemen's Union*) *syndicat international des dockers et des magasiniers*
IM *n abbr* (= *instant message*) messagerie *f* instantée ▷ *vt* envoyer un message instantané à
I'm [aɪm] = **I am**
image ['ɪmɪdʒ] *n* image *f*; (*public face*) image de marque
imagery ['ɪmɪdʒərɪ] *n* images *fpl*
imaginable [ɪ'mædʒɪnəbl] *adj* imaginable
imaginary [ɪ'mædʒɪnərɪ] *adj* imaginaire
imagination [ɪmædʒɪ'neɪʃən] *n* imagination *f*
imaginative [ɪ'mædʒɪnətɪv] *adj*

imaginatif(-ive); (*person*) plein(e) d'imagination
imagine [ɪ'mædʒɪn] *vt* s'imaginer; (*suppose*) imaginer, supposer
imbalance [ɪm'bæləns] *n* déséquilibre *m*
imbecile ['ɪmbəsi:l] *n* imbécile *m/f*
imbue [ɪm'bju:] *vt*: **to ~ sth with** imprégner qch de
IMF *n abbr* = **International Monetary Fund**
imitate ['ɪmɪteɪt] *vt* imiter
imitation [ɪmɪ'teɪʃən] *n* imitation *f*
imitator ['ɪmɪteɪtə^r] *n* imitateur(-trice)
immaculate [ɪ'mækjulət] *adj* impeccable; (*Rel*) immaculé(e)
immaterial [ɪmə'tɪərɪəl] *adj* sans importance, insignifiant(e)
immature [ɪmə'tjuə^r] *adj* (*fruit*) qui n'est pas mûr(e); (*person*) qui manque de maturité
immaturity [ɪmə'tjuərɪtɪ] *n* immaturité *f*
immeasurable [ɪ'mɛʒrəbl] *adj* incommensurable
immediacy [ɪ'mi:dɪəsɪ] *n* (*of events etc*) caractère *or* rapport immédiat; (*of needs*) urgence *f*
immediate [ɪ'mi:dɪət] *adj* immédiat(e)
immediately [ɪ'mi:dɪətlɪ] *adv* (*at once*) immédiatement; **~ next to** juste à côté de
immense [ɪ'mɛns] *adj* immense, énorme
immensity [ɪ'mɛnsɪtɪ] *n* immensité *f*
immerse [ɪ'mə:s] *vt* immerger, plonger; **to ~ sth in** plonger qch dans; **to be ~d in** (*fig*) être plongé dans
immersion heater [ɪ'mə:ʃən-] *n* (*Brit*) chauffe-eau *m* électrique
immigrant ['ɪmɪgrənt] *n* immigrant(e); (*already established*) immigré(e)
immigration [ɪmɪ'greɪʃən] *n* immigration *f*
immigration authorities *npl* service *m* de l'immigration
immigration laws *npl* lois *fpl* sur l'immigration
imminent ['ɪmɪnənt] *adj* imminent(e)
immobile [ɪ'məubaɪl] *adj* immobile
immobilize [ɪ'məubɪlaɪz] *vt* immobiliser
immoderate [ɪ'mɔdərət] *adj* immodéré(e), démesuré(e)
immodest [ɪ'mɔdɪst] *adj* (*indecent*) indécent(e); (*boasting*) pas modeste, présomptueux(-euse)
immoral [ɪ'mɔrl] *adj* immoral(e)
immorality [ɪmɔ'rælɪtɪ] *n* immoralité *f*
immortal [ɪ'mɔ:tl] *adj, n* immortel(le)
immortalize [ɪ'mɔ:tlaɪz] *vt* immortaliser
immovable [ɪ'mu:vəbl] *adj* (*object*) fixe; immobilier(-ière); (*person*) inflexible; (*opinion*) immuable
immune [ɪ'mju:n] *adj*: **~ (to)** immunisé(e) (contre)
immune system *n* système *m* immunitaire
immunity [ɪ'mju:nɪtɪ] *n* immunité *f*; **diplomatic ~** immunité diplomatique
immunization [ɪmjunaɪ'zeɪʃən] *n* immunisation *f*
immunize ['ɪmjunaɪz] *vt* immuniser
imp [ɪmp] *n* (*small devil*) lutin *m*; (*child*) petit diable
impact ['ɪmpækt] *n* choc *m*, impact *m*; (*fig*) impact
impair [ɪm'pɛə^r] *vt* détériorer, diminuer
impaired [ɪm'pɛəd] *adj* (*organ, vision*) abîmé(e), détérioré(e); **his memory/circulation is ~** il a des problèmes de mémoire/circulation; **visually ~** malvoyant(e); **hearing ~** malentendant(e); **mentally/physically ~** intellectuellement/physiquement diminué(e)
impale [ɪm'peɪl] *vt* empaler
impart [ɪm'pɑ:t] *vt* (*make known*) communiquer, transmettre; (*bestow*) confier, donner
impartial [ɪm'pɑ:ʃl] *adj* impartial(e)
impartiality [ɪmpɑ:ʃɪ'ælɪtɪ] *n* impartialité *f*
impassable [ɪm'pɑ:səbl] *adj* infranchissable; (*road*) impraticable
impasse [æm'pɑ:s] *n* (*fig*) impasse *f*
impassioned [ɪm'pæʃənd] *adj* passionné(e)
impassive [ɪm'pæsɪv] *adj* impassible
impatience [ɪm'peɪʃəns] *n* impatience *f*
impatient [ɪm'peɪʃənt] *adj* impatient(e); **to get** *or* **grow ~** s'impatienter
impatiently [ɪm'peɪʃəntlɪ] *adv* avec impatience
impeach [ɪm'pi:tʃ] *vt* accuser, attaquer; (*public official*) mettre en accusation
impeachment [ɪm'pi:tʃmənt] *n* (*Law*) (mise *f* en) accusation *f*
impeccable [ɪm'pɛkəbl] *adj* impeccable, parfait(e)
impecunious [ɪmpɪ'kju:nɪəs] *adj* sans ressources
impede [ɪm'pi:d] *vt* gêner
impediment [ɪm'pɛdɪmənt] *n* obstacle *m*; (*also*: **speech impediment**) défaut *m* d'élocution
impel [ɪm'pɛl] *vt* (*force*): **to ~ sb (to do sth)** forcer qn (à faire qch)
impending [ɪm'pɛndɪŋ] *adj* imminent(e)
impenetrable [ɪm'pɛnɪtrəbl] *adj* impénétrable
imperative [ɪm'pɛrətɪv] *adj* nécessaire; (*need*) urgent(e), pressant(e); (*tone*) impérieux(-euse) ▷ *n* (*Ling*) impératif *m*
imperceptible [ɪmpə'sɛptɪbl] *adj* imperceptible
imperfect [ɪm'pə:fɪkt] *adj* imparfait(e); (*goods etc*) défectueux(-euse) ▷ *n* (*Ling*: *also*: **imperfect tense**) imparfait *m*
imperfection [ɪmpə:'fɛkʃən] *n* imperfection *f*; défectuosité *f*
imperial [ɪm'pɪərɪəl] *adj* impérial(e); (*Brit*: *measure*) légal(e)
imperialism [ɪm'pɪərɪəlɪzəm] *n* impérialisme *m*
imperil [ɪm'pɛrɪl] *vt* mettre en péril
imperious [ɪm'pɪərɪəs] *adj* impérieux(-euse)
impersonal [ɪm'pə:sənl] *adj* impersonnel(le)
impersonate [ɪm'pə:səneɪt] *vt* se faire passer pour; (*Theat*) imiter
impersonation [ɪmpə:sə'neɪʃən] *n* (*Law*) usurpation *f* d'identité; (*Theat*) imitation *f*
impersonator [ɪm'pə:səneɪtə^r] *n* imposteur *m*; (*Theat*) imitateur(-trice)
impertinence [ɪm'pə:tɪnəns] *n* impertinence *f*, insolence *f*

impertinent [ɪm'pəːtɪnənt] *adj* impertinent(e), insolent(e)
imperturbable [ɪmpə'təːbəbl] *adj* imperturbable
impervious [ɪm'pəːvɪəs] *adj* imperméable; (*fig*): **~ to** insensible à; inaccessible à
impetuous [ɪm'pɛtjuəs] *adj* impétueux(-euse), fougueux(-euse)
impetus ['ɪmpətəs] *n* impulsion *f*; (*of runner*) élan *m*
impinge [ɪm'pɪndʒ]: **to ~ on** *vt fus* (*person*) affecter, toucher; (*rights*) empiéter sur
impish ['ɪmpɪʃ] *adj* espiègle
implacable [ɪm'plækəbl] *adj* implacable
implant [ɪm'plɑːnt] *vt* (*Med*) implanter; (*fig: idea, principle*) inculquer
implausible [ɪm'plɔːzɪbl] *adj* peu plausible
implement *n* ['ɪmplɪmənt] outil *m*, instrument *m*; (*for cooking*) ustensile *m* ▷ *vt* ['ɪmplɪmɛnt] exécuter, mettre à effet
implicate ['ɪmplɪkeɪt] *vt* impliquer, compromettre
implication [ɪmplɪ'keɪʃən] *n* implication *f*; **by ~** indirectement
implicit [ɪm'plɪsɪt] *adj* implicite; (*complete*) absolu(e), sans réserve
implicitly [ɪm'plɪsɪtlɪ] *adv* implicitement; absolument, sans réserve
implore [ɪm'plɔː[r]] *vt* implorer, supplier
imply [ɪm'plaɪ] *vt* (*hint*) suggérer, laisser entendre; (*mean*) indiquer, supposer
impolite [ɪmpə'laɪt] *adj* impoli(e)
imponderable [ɪm'pɔndərəbl] *adj* impondérable
import *vt* [ɪm'pɔːt] importer ▷ *n* ['ɪmpɔːt] (*Comm*) importation *f*; (*meaning*) portée *f*, signification *f* ▷ *cpd* ['ɪmpɔːt] (*duty, licence etc*) d'importation
importance [ɪm'pɔːtns] *n* importance *f*; **to be of great/little ~** avoir beaucoup/peu d'importance
important [ɪm'pɔːtnt] *adj* important(e); **it is ~ that** il importe que, il est important que; **it's not ~** c'est sans importance, ce n'est pas important
importantly [ɪm'pɔːtntlɪ] *adv* (*with an air of importance*) d'un air important; (*essentially*): **but, more ~ ...** mais, (ce qui est) plus important encore ...
importation [ɪmpɔː'teɪʃən] *n* importation *f*
imported [ɪm'pɔːtɪd] *adj* importé(e), d'importation
importer [ɪm'pɔːtə[r]] *n* importateur(-trice)
impose [ɪm'pəuz] *vt* imposer ▷ *vi*: **to ~ on sb** abuser de la gentillesse de qn
imposing [ɪm'pəuzɪŋ] *adj* imposant(e), impressionnant(e)
imposition [ɪmpə'zɪʃən] *n* (*of tax etc*) imposition *f*; **to be an ~ on** (*person*) abuser de la gentillesse *or* la bonté de
impossibility [ɪmpɔsə'bɪlɪtɪ] *n* impossibilité *f*
impossible [ɪm'pɔsɪbl] *adj* impossible; **it is ~ for me to leave** il m'est impossible de partir
impostor [ɪm'pɔstə[r]] *n* imposteur *m*
impotence ['ɪmpətns] *n* impuissance *f*
impotent ['ɪmpətnt] *adj* impuissant(e)
impound [ɪm'paund] *vt* confisquer, saisir
impoverished [ɪm'pɔvərɪʃt] *adj* pauvre, appauvri(e)
impracticable [ɪm'præktɪkəbl] *adj* impraticable
impractical [ɪm'præktɪkl] *adj* pas pratique; (*person*) qui manque d'esprit pratique
imprecise [ɪmprɪ'saɪs] *adj* imprécis(e)
impregnable [ɪm'prɛgnəbl] *adj* (*fortress*) imprenable; (*fig*) inattaquable, irréfutable
impregnate ['ɪmprɛgneɪt] *vt* imprégner; (*fertilize*) féconder
impresario [ɪmprɪ'sɑːrɪəu] *n* impresario *m*
impress [ɪm'prɛs] *vt* impressionner, faire impression sur; (*mark*) imprimer, marquer; **to ~ sth on sb** faire bien comprendre qch à qn
impressed [ɪm'prɛst] *adj* impressionné(e)
impression [ɪm'prɛʃən] *n* impression *f*; (*of stamp, seal*) empreinte *f*; (*imitation*) imitation *f*; **to make a good/bad ~ on sb** faire bonne/mauvaise impression sur qn; **to be under the ~ that** avoir l'impression que
impressionable [ɪm'prɛʃnəbl] *adj* impressionnable, sensible
impressionist [ɪm'prɛʃənɪst] *n* impressionniste *m/f*
impressive [ɪm'prɛsɪv] *adj* impressionnant(e)
imprint ['ɪmprɪnt] *n* empreinte *f*; (*Publishing*) notice *f*; (*: label*) nom *m* (de collection *or* d'éditeur)
imprinted [ɪm'prɪntɪd] *adj*: **~ on** imprimé(e) sur; (*fig*) imprimé(e) *or* gravé(e) dans
imprison [ɪm'prɪzn] *vt* emprisonner, mettre en prison
imprisonment [ɪm'prɪznmənt] *n* emprisonnement *m*; (*period*): **to sentence sb to 10 years' ~** condamner qn à 10 ans de prison
improbable [ɪm'prɔbəbl] *adj* improbable; (*excuse*) peu plausible
impromptu [ɪm'prɔmptjuː] *adj* impromptu(e) ▷ *adv* impromptu
improper [ɪm'prɔpə[r]] *adj* (*wrong*) incorrect(e); (*unsuitable*) déplacé(e), de mauvais goût; (*indecent*) indécent(e); (*dishonest*) malhonnête
impropriety [ɪmprə'praɪətɪ] *n* inconvenance *f*; (*of expression*) impropriété *f*
improve [ɪm'pruːv] *vt* améliorer ▷ *vi* s'améliorer; (*pupil etc*) faire des progrès
▶ **improve on, improve upon** *vt fus* (*offer*) enchérir sur
improvement [ɪm'pruːvmənt] *n* amélioration *f*; (*of pupil etc*) progrès *m*; **to make ~s to** apporter des améliorations à
improvisation [ɪmprəvaɪ'zeɪʃən] *n* improvisation *f*
improvise ['ɪmprəvaɪz] *vt, vi* improviser
imprudence [ɪm'pruːdns] *n* imprudence *f*
imprudent [ɪm'pruːdnt] *adj* imprudent(e)
impudent ['ɪmpjudnt] *adj* impudent(e)

impugn [ɪm'pju:n] *vt* contester, attaquer
impulse ['ɪmpʌls] *n* impulsion *f*; **on ~** impulsivement, sur un coup de tête
impulse buy *n* achat *m* d'impulsion
impulsive [ɪm'pʌlsɪv] *adj* impulsif(-ive)
impunity [ɪm'pju:nɪtɪ] *n*: **with ~** impunément
impure [ɪm'pjuə^r] *adj* impur(e)
impurity [ɪm'pjuərɪtɪ] *n* impureté *f*
IN *abbr* (*US*) = **Indiana**

 KEYWORD

in [ɪn] *prep* **1** (*indicating place, position*) dans; **in the house/the fridge** dans la maison/le frigo; **in the garden** dans le *or* au jardin; **in town** en ville; **in the country** à la campagne; **in school** à l'école; **in here/there** ici/là
2 (*with place names: of town, region, country*): **in London** à Londres; **in England** en Angleterre; **in Japan** au Japon; **in the United States** aux États-Unis
3 (*indicating time: during*): **in spring** au printemps; **in summer** en été; **in May/2005** en mai/2005; **in the afternoon** (dans) l'après-midi; **at 4 o'clock in the afternoon** à 4 heures de l'après-midi
4 (*indicating time: in the space of*) en; (*: future*) dans; **I did it in 3 hours/days** je l'ai fait en 3 heures/jours; **I'll see you in 2 weeks** *or* **in 2 weeks' time** je te verrai dans 2 semaines; **once in a hundred years** une fois tous les cent ans
5 (*indicating manner etc*) à; **in a loud/soft voice** à voix haute/basse; **in pencil** au crayon; **in writing** par écrit; **in French** en français; **to pay in dollars** payer en dollars; **the boy in the blue shirt** le garçon à *or* avec la chemise bleue
6 (*indicating circumstances*): **in the sun** au soleil; **in the shade** à l'ombre; **in the rain** sous la pluie; **a change in policy** un changement de politique
7 (*indicating mood, state*): **in tears** en larmes; **in anger** sous le coup de la colère; **in despair** au désespoir; **in good condition** en bon état; **to live in luxury** vivre dans le luxe
8 (*with ratios, numbers*): **1 in 10 households, 1 household in 10** 1 ménage sur 10; **20 pence in the pound** 20 pence par livre sterling; **they lined up in twos** ils se mirent en rangs (deux) par deux; **in hundreds** par centaines
9 (*referring to people, works*) chez; **the disease is common in children** c'est une maladie courante chez les enfants; **in (the works of) Dickens** chez Dickens, dans (l'œuvre de) Dickens
10 (*indicating profession etc*) dans; **to be in teaching** être dans l'enseignement
11 (*after superlative*) de; **the best pupil in the class** le meilleur élève de la classe
12 (*with present participle*): **in saying this** en disant ceci
▷ *adv*: **to be in** (*person: at home, work*) être là; (*train, ship, plane*) être arrivé(e); (*in fashion*) être à la mode; **to ask sb in** inviter qn à entrer; **to run/limp** *etc* **in** entrer en courant/boitant *etc*; **their party is in** leur parti est au pouvoir
▷ *n*: **the ins and outs (of)** (*of proposal, situation etc*) les tenants et aboutissants (de)

in. *abbr* = **inch; inches**
inability [ɪnə'bɪlɪtɪ] *n* incapacité *f*; **~ to pay** incapacité de payer
inaccessible [ɪnək'sɛsɪbl] *adj* inaccessible
inaccuracy [ɪn'ækjurəsɪ] *n* inexactitude *f*; manque *m* de précision
inaccurate [ɪn'ækjurət] *adj* inexact(e); (*person*) qui manque de précision
inaction [ɪn'ækʃən] *n* inaction *f*, inactivité *f*
inactivity [ɪnæk'tɪvɪtɪ] *n* inactivité *f*
inadequacy [ɪn'ædɪkwəsɪ] *n* insuffisance *f*
inadequate [ɪn'ædɪkwət] *adj* insuffisant(e), inadéquat(e)
inadmissible [ɪnəd'mɪsəbl] *adj* (*behaviour*) inadmissible; (*Law: evidence*) irrecevable
inadvertent [ɪnəd'və:tnt] *adj* (*mistake*) commis(e) par inadvertance
inadvertently [ɪnəd'və:tntlɪ] *adv* par mégarde
inadvisable [ɪnəd'vaɪzəbl] *adj* à déconseiller; **it is ~ to** il est déconseillé de
inane [ɪ'neɪn] *adj* inepte, stupide
inanimate [ɪn'ænɪmət] *adj* inanimé(e)
inapplicable [ɪn'æplɪkəbl] *adj* inapplicable
inappropriate [ɪnə'prəuprɪət] *adj* inopportun(e), mal à propos; (*word, expression*) impropre
inapt [ɪn'æpt] *adj* inapte; peu approprié(e)
inaptitude [ɪn'æptɪtju:d] *n* inaptitude *f*
inarticulate [ɪnɑ:'tɪkjulət] *adj* (*person*) qui s'exprime mal; (*speech*) indistinct(e)
inasmuch [ɪnəz'mʌtʃ] *adv*: **~ as** vu que, en ce sens que
inattention [ɪnə'tɛnʃən] *n* manque *m* d'attention
inattentive [ɪnə'tɛntɪv] *adj* inattentif(-ive), distrait(e); négligent(e)
inaudible [ɪn'ɔ:dɪbl] *adj* inaudible
inaugural [ɪ'nɔ:gjurəl] *adj* inaugural(e)
inaugurate [ɪ'nɔ:gjureɪt] *vt* inaugurer; (*president, official*) investir de ses fonctions
inauguration [ɪnɔ:gju'reɪʃən] *n* inauguration *f*; investiture *f*
inauspicious [ɪnɔ:s'pɪʃəs] *adj* peu propice
in-between [ɪnbɪ'twi:n] *adj* entre les deux
inborn [ɪn'bɔ:n] *adj* (*feeling*) inné(e); (*defect*) congénital(e)
inbred [ɪn'brɛd] *adj* inné(e), naturel(le); (*family*) consanguin(e)
inbreeding [ɪn'bri:dɪŋ] *n* croisement *m* d'animaux de même souche; unions consanguines
Inc. *abbr* = **incorporated**
Inca ['ɪŋkə] *adj* (*also*: **Incan**) inca *inv* ▷ *n* Inca *m/f*
incalculable [ɪn'kælkjuləbl] *adj* incalculable
incapability [ɪnkeɪpə'bɪlɪtɪ] *n* incapacité *f*
incapable [ɪn'keɪpəbl] *adj*: **~ (of)** incapable (de)

incapacitate [ɪnkə'pæsɪteɪt] *vt*: **to ~ sb from doing** rendre qn incapable de faire
incapacitated [ɪnkə'pæsɪteɪtɪd] *adj* (*Law*) frappé(e) d'incapacité
incapacity [ɪnkə'pæsɪtɪ] *n* incapacité *f*
incarcerate [ɪn'kɑːsəreɪt] *vt* incarcérer
incarnate *adj* [ɪn'kɑːnɪt] incarné(e) ▷ *vt* ['ɪnkɑːneɪt] incarner
incarnation [ɪnkɑː'neɪʃən] *n* incarnation *f*
incendiary [ɪn'sɛndɪərɪ] *adj* incendiaire ▷ *n* (*bomb*) bombe *f* incendiaire
incense *n* ['ɪnsɛns] encens *m* ▷ *vt* [ɪn'sɛns] (*anger*) mettre en colère
incense burner *n* encensoir *m*
incentive [ɪn'sɛntɪv] *n* encouragement *m*, raison *f* de se donner de la peine
incentive scheme *n* système *m* de primes d'encouragement
inception [ɪn'sɛpʃən] *n* commencement *m*, début *m*
incessant [ɪn'sɛsnt] *adj* incessant(e)
incessantly [ɪn'sɛsntlɪ] *adv* sans cesse, constamment
incest ['ɪnsɛst] *n* inceste *m*
inch [ɪntʃ] *n* pouce *m* (*=25 mm; 12 in a foot*); **within an ~ of** à deux doigts de; **he wouldn't give an ~** (*fig*) il n'a pas voulu céder d'un pouce
▸ **inch forward** *vi* avancer petit à petit
inch tape *n* (*Brit*) centimètre *m* (de couturière)
incidence ['ɪnsɪdns] *n* (*of crime, disease*) fréquence *f*
incident ['ɪnsɪdnt] *n* incident *m*; (*in book*) péripétie *f*
incidental [ɪnsɪ'dɛntl] *adj* accessoire; (*unplanned*) accidentel(le); **~ to** qui accompagne; **~ expenses** faux frais *mpl*
incidentally [ɪnsɪ'dɛntəlɪ] *adv* (*by the way*) à propos
incidental music *n* musique *f* de fond
incident room *n* (*Police*) salle *f* d'opérations
incinerate [ɪn'sɪnəreɪt] *vt* incinérer
incinerator [ɪn'sɪnəreɪtə^r] *n* incinérateur *m*
incipient [ɪn'sɪpɪənt] *adj* naissant(e)
incision [ɪn'sɪʒən] *n* incision *f*
incisive [ɪn'saɪsɪv] *adj* incisif(-ive), mordant(e)
incisor [ɪn'saɪzə^r] *n* incisive *f*
incite [ɪn'saɪt] *vt* inciter, pousser
incl. *abbr* = **including; inclusive (of)**
inclement [ɪn'klɛmənt] *adj* inclément(e), rigoureux(-euse)
inclination [ɪnklɪ'neɪʃən] *n* inclination *f*; (*desire*) envie *f*
incline [*n* 'ɪnklaɪn, *vb* ɪn'klaɪn] *n* pente *f*, plan incliné ▷ *vt* incliner ▷ *vi* (*surface*) s'incliner; **to ~ to** avoir tendance à; **to be ~d to do** (*want to*) être enclin(e) à faire; (*have a tendency to do*) avoir tendance à faire; **to be well ~d towards sb** être bien disposé(e) à l'égard de qn
include [ɪn'kluːd] *vt* inclure, comprendre; **service is/is not ~d** le service est compris/n'est pas compris
including [ɪn'kluːdɪŋ] *prep* y compris; **~ service** service compris
inclusion [ɪn'kluːʒən] *n* inclusion *f*
inclusive [ɪn'kluːsɪv] *adj* inclus(e), compris(e); **~ of tax** taxes comprises; **£50 ~ of all surcharges** 50 livres tous frais compris
inclusive terms *npl* (*Brit*) prix tout compris
incognito [ɪnkɔg'niːtəu] *adv* incognito
incoherent [ɪnkəu'hɪərənt] *adj* incohérent(e)
income ['ɪnkʌm] *n* revenu *m*; (*from property etc*) rentes *fpl*; **gross/net ~** revenu brut/net; **~ and expenditure account** compte *m* de recettes et de dépenses
income support *n* (*Brit*) ≈ revenu *m* minimum d'insertion, RMI *m*
income tax *n* impôt *m* sur le revenu
income tax inspector *n* inspecteur *m* des contributions directes
income tax return *n* déclaration *f* des revenus
incoming ['ɪnkʌmɪŋ] *adj* (*passengers, mail*) à l'arrivée; (*government, tenant*) nouveau (nouvelle); **~ tide** marée montante
incommunicado ['ɪnkəmjunɪ'kɑːdəu] *adj*: **to hold sb ~** tenir qn au secret
incomparable [ɪn'kɔmpərəbl] *adj* incomparable
incompatible [ɪnkəm'pætɪbl] *adj* incompatible
incompetence [ɪn'kɔmpɪtns] *n* incompétence *f*, incapacité *f*
incompetent [ɪn'kɔmpɪtnt] *adj* incompétent(e), incapable
incomplete [ɪnkəm'pliːt] *adj* incomplet(-ète)
incomprehensible [ɪnkɔmprɪ'hɛnsɪbl] *adj* incompréhensible
inconceivable [ɪnkən'siːvəbl] *adj* inconcevable
inconclusive [ɪnkən'kluːsɪv] *adj* peu concluant(e); (*argument*) peu convaincant(e)
incongruous [ɪn'kɔŋgruəs] *adj* peu approprié(e); (*remark, act*) incongru(e), déplacé(e)
inconsequential [ɪnkɔnsɪ'kwɛnʃl] *adj* sans importance
inconsiderable [ɪnkən'sɪdərəbl] *adj*: **not ~** non négligeable
inconsiderate [ɪnkən'sɪdərət] *adj* (*action*) inconsidéré(e); (*person*) qui manque d'égards
inconsistency [ɪnkən'sɪstənsɪ] *n* (*of actions etc*) inconséquence *f*; (*of work*) irrégularité *f*; (*of statement etc*) incohérence *f*
inconsistent [ɪnkən'sɪstnt] *adj* qui manque de constance; (*work*) irrégulier(-ière); (*statement*) peu cohérent(e); **~ with** en contradiction avec
inconsolable [ɪnkən'səuləbl] *adj* inconsolable
inconspicuous [ɪnkən'spɪkjuəs] *adj* qui passe inaperçu(e); (*colour, dress*) discret(-ète); **to make o.s. ~** ne pas se faire remarquer
inconstant [ɪn'kɔnstnt] *adj* inconstant(e), variable
incontinence [ɪn'kɔntɪnəns] *n* incontinence *f*
incontinent [ɪn'kɔntɪnənt] *adj* incontinent(e)
incontrovertible [ɪnkɔntrə'vəːtəbl] *adj* irréfutable
inconvenience [ɪnkən'viːnjəns] *n* inconvénient

m; (*trouble*) dérangement *m* ▷ *vt* déranger; **don't ~ yourself** ne vous dérangez pas
inconvenient [ɪnkən'viːnjənt] *adj* malcommode; (*time, place*) mal choisi(e), qui ne convient pas; (*visitor*) importun(e); **that time is very ~ for me** c'est un moment qui ne me convient pas du tout
incorporate [ɪn'kɔːpəreɪt] *vt* incorporer; (*contain*) contenir ▷ *vi* fusionner; (*two firms*) se constituer en société
incorporated [ɪn'kɔːpəreɪtɪd] *adj*: **~ company** (*US*) ≈ société *f* anonyme
incorrect [ɪnkə'rɛkt] *adj* incorrect(e); (*opinion, statement*) inexact(e)
incorrigible [ɪn'kɔrɪdʒɪbl] *adj* incorrigible
incorruptible [ɪnkə'rʌptɪbl] *adj* incorruptible
increase *n* ['ɪnkriːs] augmentation *f* ▷ *vi, vt* [ɪn'kriːs] augmenter; **an ~ of 5%** une augmentation de 5%; **to be on the ~** être en augmentation
increasing [ɪn'kriːsɪŋ] *adj* croissant(e)
increasingly [ɪn'kriːsɪŋlɪ] *adv* de plus en plus
incredible [ɪn'krɛdɪbl] *adj* incroyable
incredibly [ɪn'krɛdɪblɪ] *adv* incroyablement
incredulous [ɪn'krɛdjuləs] *adj* incrédule
increment ['ɪnkrɪmənt] *n* augmentation *f*
incriminate [ɪn'krɪmɪneɪt] *vt* incriminer, compromettre
incriminating [ɪn'krɪmɪneɪtɪŋ] *adj* compromettant(e)
incubate ['ɪnkjubeɪt] *vt* (*egg*) couver, incuber ▷ *vi* (*eggs*) couver; (*disease*) couver
incubation [ɪnkju'beɪʃən] *n* incubation *f*
incubation period *n* période *f* d'incubation
incubator ['ɪnkjubeɪtə^r] *n* incubateur *m*; (*for babies*) couveuse *f*
inculcate ['ɪnkʌlkeɪt] *vt*: **to ~ sth in sb** inculquer qch à qn
incumbent [ɪn'kʌmbənt] *adj*: **it is ~ on him to ...** il lui appartient de ... ▷ *n* titulaire *m/f*
incur [ɪn'kəː^r] *vt* (*expenses*) encourir; (*anger, risk*) s'exposer à; (*debt*) contracter; (*loss*) subir
incurable [ɪn'kjuərəbl] *adj* incurable
incursion [ɪn'kəːʃən] *n* incursion *f*
Ind. *abbr* (*US*) = **Indiana**
indebted [ɪn'dɛtɪd] *adj*: **to be ~ to sb (for)** être redevable à qn (de)
indecency [ɪn'diːsnsɪ] *n* indécence *f*
indecent [ɪn'diːsnt] *adj* indécent(e), inconvenant(e)
indecent assault *n* (*Brit*) attentat *m* à la pudeur
indecent exposure *n* outrage *m* public à la pudeur
indecipherable [ɪndɪ'saɪfərəbl] *adj* indéchiffrable
indecision [ɪndɪ'sɪʒən] *n* indécision *f*
indecisive [ɪndɪ'saɪsɪv] *adj* indécis(e); (*discussion*) peu concluant(e)
indeed [ɪn'diːd] *adv* (*confirming, agreeing*) en effet, effectivement; (*for emphasis*) vraiment; (*furthermore*) d'ailleurs; **yes ~!** certainement!
indefatigable [ɪndɪ'fætɪgəbl] *adj* infatigable
indefensible [ɪndɪ'fɛnsɪbl] *adj* (*conduct*) indéfendable
indefinable [ɪndɪ'faɪnəbl] *adj* indéfinissable
indefinite [ɪn'dɛfɪnɪt] *adj* indéfini(e); (*answer*) vague; (*period, number*) indéterminé(e)
indefinitely [ɪn'dɛfɪnɪtlɪ] *adv* (*wait*) indéfiniment; (*speak*) vaguement, avec imprécision
indelible [ɪn'dɛlɪbl] *adj* indélébile
indelicate [ɪn'dɛlɪkɪt] *adj* (*tactless*) indélicat(e), grossier(-ière); (*not polite*) inconvenant(e), malséant(e)
indemnify [ɪn'dɛmnɪfaɪ] *vt* indemniser, dédommager
indemnity [ɪn'dɛmnɪtɪ] *n* (*insurance*) assurance *f*, garantie *f*; (*compensation*) indemnité *f*
indent [ɪn'dɛnt] *vt* (*text*) commencer en retrait
indentation [ɪndɛn'teɪʃən] *n* découpure *f*; (*Typ*) alinéa *m*; (*on metal*) bosse *f*
indenture [ɪn'dɛntʃə^r] *n* contrat *m* d'emploi-formation
independence [ɪndɪ'pɛndns] *n* indépendance *f*
Independence Day *n* (*US*) *fête de l'Indépendance américaine*; *voir article*

INDEPENDENCE DAY

L'*Independence Day* est la fête nationale aux États-Unis, le 4 juillet. Il commémore l'adoption de la déclaration d'Indépendance, en 1776, écrite par Thomas Jefferson et proclamant la séparation des 13 colonies américaines de la Grande-Bretagne.

independent [ɪndɪ'pɛndnt] *adj* indépendant(e); (*radio*) libre; **to become ~** s'affranchir
independently [ɪndɪ'pɛndntlɪ] *adv* de façon indépendante; **~ of** indépendamment de
independent school *n* (*Brit*) école privée
in-depth ['ɪndɛpθ] *adj* approfondi(e)
indescribable [ɪndɪ'skraɪbəbl] *adj* indescriptible
indeterminate [ɪndɪ'təːmɪnɪt] *adj* indéterminé(e)
index ['ɪndɛks] *n* (*pl* **-es**) (*in book*) index *m*; (*: in library etc*) catalogue *m* (*pl* **indices** ['ɪndɪsiːz]) (*ratio, sign*) indice *m*
index card *n* fiche *f*
index finger *n* index *m*
index-linked ['ɪndɛks'lɪŋkt], (*US*) **indexed** ['ɪndɛkst] *adj* indexé(e) (sur le coût de la vie *etc*)
India ['ɪndɪə] *n* Inde *f*
Indian ['ɪndɪən] *adj* indien(ne) ▷ *n* Indien(ne); **(American) ~** Indien(ne) (d'Amérique)
Indian ink *n* encre *f* de Chine
Indian Ocean *n*: **the ~** l'océan Indien
Indian summer *n* (*fig*) été indien, beaux jours en automne
India paper *n* papier *m* bible
India rubber *n* gomme *f*
indicate ['ɪndɪkeɪt] *vt* indiquer ▷ *vi* (*Brit Aut*): **to**

~ left/right mettre son clignotant à gauche/à droite
indication [ɪndɪ'keɪʃən] *n* indication *f*, signe *m*
indicative [ɪn'dɪkətɪv] *adj* indicatif(-ive); **to be ~ of sth** être symptomatique de qch ▷ *n* (*Ling*) indicatif *m*
indicator ['ɪndɪkeɪtə^r] *n* (*sign*) indicateur *m*; (*Aut*) clignotant *m*
indices ['ɪndɪsi:z] *npl of* **index**
indict [ɪn'daɪt] *vt* accuser
indictable [ɪn'daɪtəbl] *adj* (*person*) passible de poursuites; **~ offence** délit *m* tombant sous le coup de la loi
indictment [ɪn'daɪtmənt] *n* accusation *f*
indifference [ɪn'dɪfrəns] *n* indifférence *f*
indifferent [ɪn'dɪfrənt] *adj* indifférent(e); (*poor*) médiocre, quelconque
indigenous [ɪn'dɪdʒɪnəs] *adj* indigène
indigestible [ɪndɪ'dʒɛstɪbl] *adj* indigeste
indigestion [ɪndɪ'dʒɛstʃən] *n* indigestion *f*, mauvaise digestion
indignant [ɪn'dɪgnənt] *adj*: **~ (at sth/with sb)** indigné (e) (de qch/contre qn)
indignation [ɪndɪg'neɪʃən] *n* indignation *f*
indignity [ɪn'dɪgnɪtɪ] *n* indignité *f*, affront *m*
indigo ['ɪndɪgəu] *adj* indigo *inv* ▷ *n* indigo *m*
indirect [ɪndɪ'rɛkt] *adj* indirect(e)
indirectly [ɪndɪ'rɛktlɪ] *adv* indirectement
indiscreet [ɪndɪ'skri:t] *adj* indiscret(-ète); (*rash*) imprudent(e)
indiscretion [ɪndɪ'skrɛʃən] *n* indiscrétion *f*; (*rashness*) imprudence *f*
indiscriminate [ɪndɪ'skrɪmɪnət] *adj* (*person*) qui manque de discernement; (*admiration*) aveugle; (*killings*) commis(e) au hasard
indispensable [ɪndɪ'spɛnsəbl] *adj* indispensable
indisposed [ɪndɪ'spəuzd] *adj* (*unwell*) indisposé(e), souffrant(e)
indisposition [ɪndɪspə'zɪʃən] *n* (*illness*) indisposition *f*, malaise *m*
indisputable [ɪndɪ'spju:təbl] *adj* incontestable, indiscutable
indistinct [ɪndɪ'stɪŋkt] *adj* indistinct(e); (*memory, noise*) vague
indistinguishable [ɪndɪ'stɪŋgwɪʃəbl] *adj* impossible à distinguer
individual [ɪndɪ'vɪdjuəl] *n* individu *m* ▷ *adj* individuel(le); (*characteristic*) particulier(-ière), original(e)
individualist [ɪndɪ'vɪdjuəlɪst] *n* individualiste *m/f*
individuality [ɪndɪvɪdju'ælɪtɪ] *n* individualité *f*
individually [ɪndɪ'vɪdjuəlɪ] *adv* individuellement
indivisible [ɪndɪ'vɪzɪbl] *adj* indivisible; (*Math*) insécable
Indo-China ['ɪndəu'tʃaɪnə] *n* Indochine *f*
indoctrinate [ɪn'dɔktrɪneɪt] *vt* endoctriner
indoctrination [ɪndɔktrɪ'neɪʃən] *n* endoctrinement *m*
indolent ['ɪndələnt] *adj* indolent(e), nonchalant(e)
Indonesia [ɪndə'ni:zɪə] *n* Indonésie *f*
Indonesian [ɪndə'ni:zɪən] *adj* indonésien(ne) ▷ *n* Indonésien(ne); (*Ling*) indonésien *m*
indoor ['ɪndɔ:^r] *adj* d'intérieur; (*plant*) d'appartement; (*swimming pool*) couvert(e); (*sport, games*) pratiqué(e) en salle
indoors [ɪn'dɔ:z] *adv* à l'intérieur; (*at home*) à la maison
indubitable [ɪn'dju:bɪtəbl] *adj* indubitable, incontestable
induce [ɪn'dju:s] *vt* (*persuade*) persuader; (*bring about*) provoquer; (*labour*) déclencher; **to ~ sb to do sth** inciter *or* pousser qn à faire qch
inducement [ɪn'dju:smənt] *n* incitation *f*; (*incentive*) but *m*; (*pej: bribe*) pot-de-vin *m*
induct [ɪn'dʌkt] *vt* établir dans ses fonctions; (*fig*) initier
induction [ɪn'dʌkʃən] *n* (*Med: of birth*) accouchement provoqué
induction course *n* (*Brit*) stage *m* de mise au courant
indulge [ɪn'dʌldʒ] *vt* (*whim*) céder à, satisfaire; (*child*) gâter ▷ *vi*: **to ~ in sth** (*luxury*) s'offrir qch, se permettre qch; (*fantasies etc*) se livrer à qch
indulgence [ɪn'dʌldʒəns] *n* fantaisie *f* (que l'on s'offre); (*leniency*) indulgence *f*
indulgent [ɪn'dʌldʒənt] *adj* indulgent(e)
industrial [ɪn'dʌstrɪəl] *adj* industriel(le); (*injury*) du travail; (*dispute*) ouvrier(-ière)
industrial action *n* action revendicative
industrial estate *n* (*Brit*) zone industrielle
industrialist [ɪn'dʌstrɪəlɪst] *n* industriel *m*
industrialize [ɪn'dʌstrɪəlaɪz] *vt* industrialiser
industrial park *n* (*US*) zone industrielle
industrial relations *npl* relations *fpl* dans l'entreprise
industrial tribunal *n* (*Brit*) ≈ conseil *m* de prud'hommes
industrious [ɪn'dʌstrɪəs] *adj* travailleur(-euse)
industry ['ɪndəstrɪ] *n* industrie *f*; (*diligence*) zèle *m*, application *f*
inebriated [ɪ'ni:brɪeɪtɪd] *adj* ivre
inedible [ɪn'ɛdɪbl] *adj* immangeable; (*plant etc*) non comestible
ineffective [ɪnɪ'fɛktɪv], **ineffectual** [ɪnɪ'fɛktʃuəl] *adj* inefficace; incompétent(e)
inefficiency [ɪnɪ'fɪʃənsɪ] *n* inefficacité *f*
inefficient [ɪnɪ'fɪʃənt] *adj* inefficace
inelegant [ɪn'ɛlɪgənt] *adj* peu élégant(e), inélégant(e)
ineligible [ɪn'ɛlɪdʒɪbl] *adj* (*candidate*) inéligible; **to be ~ for sth** ne pas avoir droit à qch
inept [ɪ'nɛpt] *adj* inepte
ineptitude [ɪ'nɛptɪtju:d] *n* ineptie *f*
inequality [ɪnɪ'kwɔlɪtɪ] *n* inégalité *f*
inequitable [ɪn'ɛkwɪtəbl] *adj* inéquitable, inique
ineradicable [ɪnɪ'rædɪkəbl] *adj* indéracinable, tenace
inert [ɪ'nə:t] *adj* inerte
inertia [ɪ'nə:ʃə] *n* inertie *f*

inertia-reel seat belt [ɪ'nəːʃə'riːl-] *n* ceinture *f* de sécurité à enrouleur
inescapable [ɪnɪ'skeɪpəbl] *adj* inéluctable, inévitable
inessential [ɪnɪ'sɛnʃl] *adj* superflu(e)
inestimable [ɪn'ɛstɪməbl] *adj* inestimable, incalculable
inevitable [ɪn'ɛvɪtəbl] *adj* inévitable
inevitably [ɪn'ɛvɪtəblɪ] *adv* inévitablement, fatalement
inexact [ɪnɪg'zækt] *adj* inexact(e)
inexcusable [ɪnɪks'kjuːzəbl] *adj* inexcusable
inexhaustible [ɪnɪg'zɔːstɪbl] *adj* inépuisable
inexorable [ɪn'ɛksərəbl] *adj* inexorable
inexpensive [ɪnɪk'spɛnsɪv] *adj* bon marché *inv*
inexperience [ɪnɪk'spɪərɪəns] *n* inexpérience *f*, manque *m* d'expérience
inexperienced [ɪnɪk'spɪərɪənst] *adj* inexpérimenté(e); **to be ~ in sth** manquer d'expérience dans qch
inexplicable [ɪnɪk'splɪkəbl] *adj* inexplicable
inexpressible [ɪnɪk'sprɛsɪbl] *adj* inexprimable; indicible
inextricable [ɪnɪk'strɪkəbl] *adj* inextricable
infallibility [ɪnfælə'bɪlɪtɪ] *n* infaillibilité *f*
infallible [ɪn'fælɪbl] *adj* infaillible
infamous ['ɪnfəməs] *adj* infâme, abominable
infamy ['ɪnfəmɪ] *n* infamie *f*
infancy ['ɪnfənsɪ] *n* petite enfance, bas âge; (*fig*) enfance, débuts *mpl*
infant ['ɪnfənt] *n* (*baby*) nourrisson *m*; (*young child*) petit(e) enfant
infantile ['ɪnfəntaɪl] *adj* infantile
infant mortality *n* mortalité *f* infantile
infantry ['ɪnfəntrɪ] *n* infanterie *f*
infantryman ['ɪnfəntrɪmən] (*irreg*) *n* fantassin *m*
infant school *n* (*Brit*) classes *fpl* préparatoires (*entre 5 et 7 ans*)
infatuated [ɪn'fætjueɪtɪd] *adj*: **~ with** entiché(e) de; **to become ~ (with sb)** s'enticher (de qn)
infatuation [ɪnfætju'eɪʃən] *n* toquade *f*; engouement *m*
infect [ɪn'fɛkt] *vt* (*wound*) infecter; (*person, blood*) contaminer; (*fig pej*) corrompre; **~ed with** (*illness*) atteint(e) de; **to become ~ed** (*wound*) s'infecter
infection [ɪn'fɛkʃən] *n* infection *f*; (*contagion*) contagion *f*
infectious [ɪn'fɛkʃəs] *adj* infectieux(-euse); (*also fig*) contagieux(-euse)
infer [ɪn'fəːʳ] *vt*: **to ~ (from)** conclure (de), déduire (de)
inference ['ɪnfərəns] *n* conclusion *f*, déduction *f*
inferior [ɪn'fɪərɪəʳ] *adj* inférieur(e); (*goods*) de qualité inférieure ▷ *n* inférieur(e); (*in rank*) subalterne *m/f*; **to feel ~** avoir un sentiment d'infériorité
inferiority [ɪnfɪərɪ'ɔrətɪ] *n* infériorité *f*
inferiority complex *n* complexe *m* d'infériorité
infernal [ɪn'fəːnl] *adj* infernal(e)
inferno [ɪn'fəːnəu] *n* enfer *m*; brasier *m*
infertile [ɪn'fəːtaɪl] *adj* stérile
infertility [ɪnfəː'tɪlɪtɪ] *n* infertilité *f*, stérilité *f*
infested [ɪn'fɛstɪd] *adj*: **~ (with)** infesté(e) (de)
infidelity [ɪnfɪ'dɛlɪtɪ] *n* infidélité *f*
in-fighting ['ɪnfaɪtɪŋ] *n* querelles *fpl* internes
infiltrate ['ɪnfɪltreɪt] *vt* (*troops etc*) faire s'infiltrer; (*enemy line etc*) s'infiltrer dans ▷ *vi* s'infiltrer
infinite ['ɪnfɪnɪt] *adj* infini(e); (*time, money*) illimité(e)
infinitely ['ɪnfɪnɪtlɪ] *adv* infiniment
infinitesimal [ɪnfɪnɪ'tɛsɪməl] *adj* infinitésimal(e)
infinitive [ɪn'fɪnɪtɪv] *n* infinitif *m*
infinity [ɪn'fɪnɪtɪ] *n* infinité *f*; (*also Math*) infini *m*
infirm [ɪn'fəːm] *adj* infirme
infirmary [ɪn'fəːmərɪ] *n* hôpital *m*; (*in school, factory*) infirmerie *f*
infirmity [ɪn'fəːmɪtɪ] *n* infirmité *f*
inflamed [ɪn'fleɪmd] *adj* enflammé(e)
inflammable [ɪn'flæməbl] *adj* (*Brit*) inflammable
inflammation [ɪnflə'meɪʃən] *n* inflammation *f*
inflammatory [ɪn'flæmətərɪ] *adj* (*speech*) incendiaire
inflatable [ɪn'fleɪtəbl] *adj* gonflable
inflate [ɪn'fleɪt] *vt* (*tyre, balloon*) gonfler; (*fig: exaggerate*) grossir, gonfler; (*: increase*) gonfler
inflated [ɪn'fleɪtɪd] *adj* (*style*) enflé(e); (*value*) exagéré(e)
inflation [ɪn'fleɪʃən] *n* (*Econ*) inflation *f*
inflationary [ɪn'fleɪʃənərɪ] *adj* inflationniste
inflexible [ɪn'flɛksɪbl] *adj* inflexible, rigide
inflict [ɪn'flɪkt] *vt*: **to ~ on** infliger à
infliction [ɪn'flɪkʃən] *n*: **without the ~ of pain** sans infliger de douleurs
in-flight ['ɪnflaɪt] *adj* (*refuelling*) en vol; (*service etc*) à bord
inflow ['ɪnfləu] *n* afflux *m*
influence ['ɪnfluəns] *n* influence *f* ▷ *vt* influencer; **under the ~ of** sous l'effet de; **under the ~ of alcohol** en état d'ébriété
influential [ɪnflu'ɛnʃl] *adj* influent(e)
influenza [ɪnflu'ɛnzə] *n* grippe *f*
influx ['ɪnflʌks] *n* afflux *m*
info (*inf*) ['ɪnfəu] *n* (*= information*) renseignements *mpl*
infomercial ['ɪnfəuməːʃl] (*US*) *n* (*for product*) publi-information *f*; (*Pol*) *émission où un candidat présente son programme électoral*
inform [ɪn'fɔːm] *vt*: **to ~ sb (of)** informer *or* avertir qn (de) ▷ *vi*: **to ~ on sb** dénoncer qn, informer contre qn; **to ~ sb about** renseigner qn sur, mettre qn au courant de
informal [ɪn'fɔːml] *adj* (*person, manner, party*) simple, sans cérémonie; (*visit, discussion*) dénué(e) de formalités; (*announcement, invitation*) non officiel(le); (*colloquial*) familier(-ère); **"dress ~"** "tenue de ville"
informality [ɪnfɔː'mælɪtɪ] *n* simplicité *f*, absence *f* de cérémonie; caractère non officiel

informally [ɪn'fɔːməlɪ] *adv* sans cérémonie, en toute simplicité; non officiellement
informant [ɪn'fɔːmənt] *n* informateur(-trice)
information [ɪnfə'meɪʃən] *n* information(s) *f(pl)*; renseignements *mpl*; (*knowledge*) connaissances *fpl*; **to get ~ on** se renseigner sur; **a piece of ~** un renseignement; **for your ~** à titre d'information
information bureau *n* bureau *m* de renseignements
information desk *n* accueil *m*
information office *n* bureau *m* de renseignements
information processing *n* traitement *m* de l'information
information technology *n* informatique *f*
informative [ɪn'fɔːmətɪv] *adj* instructif(-ive)
informed [ɪn'fɔːmd] *adj* (bien) informé(e); **an ~ guess** une hypothèse fondée sur la connaissance des faits
informer [ɪn'fɔːmə^r] *n* dénonciateur(-trice); (*also*: **police informer**) indicateur(-trice)
infra dig ['ɪnfrə'dɪg] *adj abbr* (*inf*: *= infra dignitatem*) au-dessous de ma (*or* sa *etc*) dignité
infra-red [ɪnfrə'rɛd] *adj* infrarouge
infrastructure ['ɪnfrəstrʌktʃə^r] *n* infrastructure *f*
infrequent [ɪn'friːkwənt] *adj* peu fréquent(e), rare
infringe [ɪn'frɪndʒ] *vt* enfreindre ▷ *vi*: **to ~ on** empiéter sur
infringement [ɪn'frɪndʒmənt] *n*: **~ (of)** infraction *f* (à)
infuriate [ɪn'fjuərɪeɪt] *vt* mettre en fureur
infuriating [ɪn'fjuərɪeɪtɪŋ] *adj* exaspérant(e)
infuse [ɪn'fjuːz] *vt*: **to ~ sb with sth** (*fig*) insuffler qch à qn
infusion [ɪn'fjuːʒən] *n* (*tea etc*) infusion *f*
ingenious [ɪn'dʒiːnjəs] *adj* ingénieux(-euse)
ingenuity [ɪndʒɪ'njuːɪtɪ] *n* ingéniosité *f*
ingenuous [ɪn'dʒɛnjuəs] *adj* franc (franche), ouvert(e)
ingot ['ɪŋgət] *n* lingot *m*
ingrained [ɪn'greɪnd] *adj* enraciné(e)
ingratiate [ɪn'greɪʃɪeɪt] *vt*: **to ~ o.s. with** s'insinuer dans les bonnes grâces de, se faire bien voir de
ingratiating [ɪn'greɪʃɪeɪtɪŋ] *adj* (*smile, speech*) insinuant(e); (*person*) patelin(e)
ingratitude [ɪn'grætɪtjuːd] *n* ingratitude *f*
ingredient [ɪn'griːdɪənt] *n* ingrédient *m*; (*fig*) élément *m*
ingrowing ['ɪngrəuɪŋ], **ingrown** ['ɪngrəun] *adj*: **~ toenail** ongle incarné
inhabit [ɪn'hæbɪt] *vt* habiter
inhabitable [ɪn'hæbɪtəbl] *adj* habitable
inhabitant [ɪn'hæbɪtnt] *n* habitant(e)
inhale [ɪn'heɪl] *vt* inhaler; (*perfume*) respirer; (*smoke*) avaler ▷ *vi* (*breathe in*) aspirer; (*in smoking*) avaler la fumée
inhaler [ɪn'heɪlə^r] *n* inhalateur *m*
inherent [ɪn'hɪərənt] *adj*: **~ (in** *or* **to)** inhérent(e) (à)
inherently [ɪn'hɪərəntlɪ] *adv* (*easy, difficult*) en soi; (*lazy*) fondamentalement
inherit [ɪn'hɛrɪt] *vt* hériter (de)
inheritance [ɪn'hɛrɪtəns] *n* héritage *m*; (*fig*): **the situation that was his ~ as president** la situation dont il a hérité en tant que président; **law of ~** droit *m* de la succession
inhibit [ɪn'hɪbɪt] *vt* (*Psych*) inhiber; (*growth*) freiner; **to ~ sb from doing** empêcher *or* retenir qn de faire
inhibited [ɪn'hɪbɪtɪd] *adj* (*person*) inhibé(e)
inhibiting [ɪn'hɪbɪtɪŋ] *adj* gênant(e)
inhibition [ɪnhɪ'bɪʃən] *n* inhibition *f*
inhospitable [ɪnhɔs'pɪtəbl] *adj* inhospitalier(-ière)
in-house ['ɪn'haus] *adj* (*system*) interne; (*training*) effectué(e) sur place *or* dans le cadre de la compagnie ▷ *adv* (*train, produce*) sur place
inhuman [ɪn'hjuːmən] *adj* inhumain(e)
inhumane [ɪnhjuː'meɪn] *adj* inhumain(e)
inimitable [ɪ'nɪmɪtəbl] *adj* inimitable
iniquity [ɪ'nɪkwɪtɪ] *n* iniquité *f*
initial [ɪ'nɪʃl] *adj* initial(e) ▷ *n* initiale *f* ▷ *vt* parafer; **initials** *npl* initiales *fpl*; (*as signature*) parafe *m*
initialize [ɪ'nɪʃəlaɪz] *vt* (*Comput*) initialiser
initially [ɪ'nɪʃəlɪ] *adv* initialement, au début
initiate [ɪ'nɪʃɪeɪt] *vt* (*start*) entreprendre; amorcer; (*enterprise*) lancer; (*person*) initier; **to ~ sb into a secret** initier qn à un secret; **to ~ proceedings against sb** (*Law*) intenter une action à qn, engager des poursuites contre qn
initiation [ɪnɪʃɪ'eɪʃən] *n* (*into secret etc*) initiation *f*
initiative [ɪ'nɪʃətɪv] *n* initiative *f*; **to take the ~** prendre l'initiative
inject [ɪn'dʒɛkt] *vt* (*liquid, fig: money*) injecter; (*person*): **to ~ sb with sth** faire une piqûre de qch à qn
injection [ɪn'dʒɛkʃən] *n* injection *f*, piqûre *f*; **to have an ~** se faire faire une piqûre
injudicious [ɪndʒu'dɪʃəs] *adj* peu judicieux(-euse)
injunction [ɪn'dʒʌŋkʃən] *n* (*Law*) injonction *f*, ordre *m*
injure ['ɪndʒə^r] *vt* blesser; (*wrong*) faire du tort à; (*damage*: *reputation etc*) compromettre; (*feelings*) heurter; **to ~ o.s.** se blesser
injured ['ɪndʒəd] *adj* (*person, leg etc*) blessé(e); (*tone, feelings*) offensé(e); **~ party** (*Law*) partie lésée
injurious [ɪn'dʒuərɪəs] *adj*: **~ (to)** préjudiciable (à)
injury ['ɪndʒərɪ] *n* blessure *f*; (*wrong*) tort *m*; **to escape without ~** s'en sortir sain et sauf
injury time *n* (*Sport*) arrêts *mpl* de jeu
injustice [ɪn'dʒʌstɪs] *n* injustice *f*; **you do me an ~** vous êtes injuste envers moi
ink [ɪŋk] *n* encre *f*
ink-jet printer ['ɪŋkdʒɛt-] *n* imprimante *f* à jet d'encre
inkling ['ɪŋklɪŋ] *n* soupçon *m*, vague idée *f*

inkpad ['ɪŋkpæd] *n* tampon *m* encreur
inky ['ɪŋkɪ] *adj* taché(e) d'encre
inlaid ['ɪnleɪd] *adj* incrusté(e); (*table etc*) marqueté(e)
inland *adj* ['ɪnlənd] intérieur(e) ▷ *adv* [ɪn'lænd] à l'intérieur, dans les terres; **~ waterways** canaux *mpl* et rivières *fpl*
Inland Revenue *n* (*Brit*) fisc *m*
in-laws ['ɪnlɔːz] *npl* beaux-parents *mpl*; belle famille
inlet ['ɪnlɛt] *n* (*Geo*) crique *f*
inlet pipe *n* (*Tech*) tuyau *m* d'arrivée
inmate ['ɪnmeɪt] *n* (*in prison*) détenu(e); (*in asylum*) interné(e)
inmost ['ɪnməust] *adj* le (la) plus profond(e)
inn [ɪn] *n* auberge *f*
innards ['ɪnədz] *npl* (*inf*) entrailles *fpl*
innate [ɪ'neɪt] *adj* inné(e)
inner ['ɪnə^r^] *adj* intérieur(e)
inner city *n* centre *m* urbain (*souffrant souvent de délabrement, d'embouteillages etc*)
inner-city ['ɪnə^r^sɪtɪ] *adj* (*schools, problems*) de quartiers déshérités
innermost ['ɪnəməust] *adj* le (la) plus profond(e)
inner tube *n* (*of tyre*) chambre *f* à air
inning ['ɪnɪŋ] *n* (*US: Baseball*) tour *m* de batte; **innings** *npl* (*Cricket*) tour de batte; (*Brit fig*): **he has had a good ~s** il (en) a bien profité
innocence ['ɪnəsns] *n* innocence *f*
innocent ['ɪnəsnt] *adj* innocent(e)
innocuous [ɪ'nɔkjuəs] *adj* inoffensif(-ive)
innovation [ɪnəu'veɪʃən] *n* innovation *f*
innovative ['ɪnəu'veɪtɪv] *adj* novateur(-trice); (*product*) innovant(e)
innuendo (*pl* **-es** [ɪnju'ɛndəu]) *n* insinuation *f*, allusion (malveillante)
innumerable [ɪ'njuːmrəbl] *adj* innombrable
inoculate [ɪ'nɔkjuleɪt] *vt*: **to ~ sb with sth** inoculer qch à qn; **to ~ sb against sth** vacciner qn contre qch
inoculation [ɪnɔkju'leɪʃən] *n* inoculation *f*
inoffensive [ɪnə'fɛnsɪv] *adj* inoffensif(-ive)
inopportune [ɪn'ɔpətjuːn] *adj* inopportun(e)
inordinate [ɪ'nɔːdɪnət] *adj* démesuré(e)
inordinately [ɪ'nɔːdɪnətlɪ] *adv* démesurément
inorganic [ɪnɔː'gænɪk] *adj* inorganique
in-patient ['ɪnpeɪʃənt] *n* malade hospitalisé(e)
input ['ɪnput] *n* (*contribution*) contribution *f*; (*resources*) ressources *fpl*; (*Elec*) énergie *f*, puissance *f*; (*of machine*) consommation *f*; (*Comput*) entrée *f* (de données); (*: data*) données *fpl* ▷ *vt* (*Comput*) introduire, entrer
inquest ['ɪnkwɛst] *n* enquête (criminelle); (*coroner's*) enquête judiciaire
inquire [ɪn'kwaɪə^r^] *vi* demander ▷ *vt* demander, s'informer de; **to ~ about** s'informer de, se renseigner sur; **to ~ when/where/whether** demander quand/où/si
▸ **inquire after** *vt fus* demander des nouvelles de
▸ **inquire into** *vt fus* faire une enquête sur
inquiring [ɪn'kwaɪərɪŋ] *adj* (*mind*) curieux(-euse), investigateur(-trice)
inquiry [ɪn'kwaɪərɪ] *n* demande *f* de renseignements; (*Law*) enquête *f*, investigation *f*; **"inquiries"** "renseignements"; **to hold an ~ into sth** enquêter sur qch
inquiry desk *n* (*Brit*) guichet *m* de renseignements
inquiry office *n* (*Brit*) bureau *m* de renseignements
inquisition [ɪnkwɪ'zɪʃən] *n* enquête *f*, investigation *f*; (*Rel*): **the I~** l'Inquisition *f*
inquisitive [ɪn'kwɪzɪtɪv] *adj* curieux(-euse)
inroads ['ɪnrəudz] *npl*: **to make ~ into** (*savings, supplies*) entamer
ins. *abbr* = **inches**
insane [ɪn'seɪn] *adj* fou (folle); (*Med*) aliéné(e)
insanitary [ɪn'sænɪtərɪ] *adj* insalubre
insanity [ɪn'sænɪtɪ] *n* folie *f*; (*Med*) aliénation (mentale)
insatiable [ɪn'seɪʃəbl] *adj* insatiable
inscribe [ɪn'skraɪb] *vt* inscrire; (*book etc*): **to ~ (to sb)** dédicacer (à qn)
inscription [ɪn'skrɪpʃən] *n* inscription *f*; (*in book*) dédicace *f*
inscrutable [ɪn'skruːtəbl] *adj* impénétrable
inseam ['ɪnsiːm] *n* (*US*): **~ measurement** hauteur *f* d'entre-jambe
insect ['ɪnsɛkt] *n* insecte *m*
insect bite *n* piqûre *f* d'insecte
insecticide [ɪn'sɛktɪsaɪd] *n* insecticide *m*
insect repellent *n* crème *f* anti-insectes
insecure [ɪnsɪ'kjuə^r^] *adj* (*person*) anxieux(-euse); (*job*) précaire; (*building etc*) peu sûr(e)
insecurity [ɪnsɪ'kjuərɪtɪ] *n* insécurité *f*
insensible [ɪn'sɛnsɪbl] *adj* insensible; (*unconscious*) sans connaissance
insensitive [ɪn'sɛnsɪtɪv] *adj* insensible
insensitivity [ɪnsɛnsɪ'tɪvɪtɪ] *n* insensibilité *f*
inseparable [ɪn'sɛprəbl] *adj* inséparable
insert *vt* [ɪn'səːt] insérer ▷ *n* ['ɪnsəːt] insertion *f*
insertion [ɪn'səːʃən] *n* insertion *f*
in-service ['ɪn'səːvɪs] *adj* (*training*) continu(e); (*course*) d'initiation; de perfectionnement; de recyclage
inshore [ɪn'ʃɔː^r^] *adj* côtier(-ière) ▷ *adv* près de la côte; vers la côte
inside ['ɪn'saɪd] *n* intérieur *m*; (*of road: Brit*) côté *m* gauche (*de la route*); (*: US, Europe etc*) côté droit (*de la route*) ▷ *adj* intérieur(e) ▷ *adv* à l'intérieur, dedans ▷ *prep* à l'intérieur de; (*of time*): **~ 10 minutes** en moins de 10 minutes; **insides** *npl* (*inf*) intestins *mpl*; **~ information** renseignements *mpl* à la source; **~ story** histoire racontée par un témoin; **to go ~** rentrer
inside forward *n* (*Sport*) intérieur *m*
inside lane *n* (*Aut: in Britain*) voie *f* de gauche; (*: in US, Europe*) voie *f* de droite
inside leg measurement *n* (*Brit*) hauteur *f* d'entre-jambe
inside out *adv* à l'envers; (*know*) à fond; **to turn**

sth ~ retourner qch
insider [ɪn'saɪdə^r] *n* initié(e)
insider dealing, insider trading *n* (*Stock Exchange*) délit *m* d'initiés
insidious [ɪn'sɪdɪəs] *adj* insidieux(-euse)
insight ['ɪnsaɪt] *n* perspicacité *f*; (*glimpse, idea*) aperçu *m*; **to gain (an) ~ into** parvenir à comprendre
insignia [ɪn'sɪgnɪə] *npl* insignes *mpl*
insignificant [ɪnsɪg'nɪfɪknt] *adj* insignifiant(e)
insincere [ɪnsɪn'sɪə^r] *adj* hypocrite
insincerity [ɪnsɪn'sɛrɪtɪ] *n* manque *m* de sincérité, hypocrisie *f*
insinuate [ɪn'sɪnjueɪt] *vt* insinuer
insinuation [ɪnsɪnju'eɪʃən] *n* insinuation *f*
insipid [ɪn'sɪpɪd] *adj* insipide, fade
insist [ɪn'sɪst] *vi* insister; **to ~ on doing** insister pour faire; **to ~ on sth** exiger qch; **to ~ that** insister pour que + *sub*; (*claim*) maintenir *or* soutenir que
insistence [ɪn'sɪstəns] *n* insistance *f*
insistent [ɪn'sɪstənt] *adj* insistant(e), pressant(e); (*noise, action*) ininterrompu(e)
insofar [ɪnsəu'fɑː^r]: **~ as** *conj* dans la mesure où
insole ['ɪnsəul] *n* semelle intérieure; (*fixed part of shoe*) première *f*
insolence ['ɪnsələns] *n* insolence *f*
insolent ['ɪnsələnt] *adj* insolent(e)
insoluble [ɪn'sɔljubl] *adj* insoluble
insolvency [ɪn'sɔlvənsɪ] *n* insolvabilité *f*; faillite *f*
insolvent [ɪn'sɔlvənt] *adj* insolvable; (*bankrupt*) en faillite
insomnia [ɪn'sɔmnɪə] *n* insomnie *f*
insomniac [ɪn'sɔmnɪæk] *n* insomniaque *m/f*
inspect [ɪn'spɛkt] *vt* inspecter; (*Brit: ticket*) contrôler
inspection [ɪn'spɛkʃən] *n* inspection *f*; (*Brit: of tickets*) contrôle *m*
inspector [ɪn'spɛktə^r] *n* inspecteur(-trice); (*Brit: on buses, trains*) contrôleur(-euse)
inspiration [ɪnspə'reɪʃən] *n* inspiration *f*
inspire [ɪn'spaɪə^r] *vt* inspirer
inspired [ɪn'spaɪəd] *adj* (*writer, book etc*) inspiré(e); **in an ~ moment** dans un moment d'inspiration
inspiring [ɪn'spaɪərɪŋ] *adj* inspirant(e)
inst. *abbr* (*Brit Comm*) = **instant**; **of the 16th ~** du 16 courant
instability [ɪnstə'bɪlɪtɪ] *n* instabilité *f*
install, (*US*) **instal** [ɪn'stɔːl] *vt* installer
installation [ɪnstə'leɪʃən] *n* installation *f*
installment plan *n* (*US*) achat *m* (*or* vente *f*) à tempérament *or* crédit
instalment, (*US*) **installment** [ɪn'stɔːlmənt] *n* (*payment*) acompte *m*, versement partiel; (*of TV serial etc*) épisode *m*; **in ~s** (*pay*) à tempérament; (*receive*) en plusieurs fois
instance ['ɪnstəns] *n* exemple *m*; **for ~** par exemple; **in many ~s** dans bien des cas; **in that ~** dans ce cas; **in the first ~** tout d'abord, en premier lieu
instant ['ɪnstənt] *n* instant *m* ▷ *adj* immédiat(e), urgent(e); (*coffee, food*) instantané(e), en poudre; **the 10th ~** le 10 courant
instantaneous [ɪnstən'teɪnɪəs] *adj* instantané(e)
instantly ['ɪnstəntlɪ] *adv* immédiatement, tout de suite
instant messaging *n* messagerie *f* instantanée
instant replay *n* (*US TV*) retour *m* sur une séquence
instead [ɪn'stɛd] *adv* au lieu de cela; **~ of** au lieu de; **~ of sb** à la place de qn
instep ['ɪnstɛp] *n* cou-de-pied *m*; (*of shoe*) cambrure *f*
instigate ['ɪnstɪgeɪt] *vt* (*rebellion, strike, crime*) inciter à; (*new ideas etc*) susciter
instigation [ɪnstɪ'geɪʃən] *n* instigation *f*; **at sb's ~** à l'instigation de qn
instil [ɪn'stɪl] *vt*: **to ~ (into)** inculquer (à); (*courage*) insuffler (à)
instinct ['ɪnstɪŋkt] *n* instinct *m*
instinctive [ɪn'stɪŋktɪv] *adj* instinctif(-ive)
instinctively [ɪn'stɪŋktɪvlɪ] *adv* instinctivement
institute ['ɪnstɪtjuːt] *n* institut *m* ▷ *vt* instituer, établir; (*inquiry*) ouvrir; (*proceedings*) entamer
institution [ɪnstɪ'tjuːʃən] *n* institution *f*; (*school*) établissement *m* (scolaire); (*for care*) établissement (psychiatrique *etc*)
institutional [ɪnstɪ'tjuːʃənl] *adj* institutionnel(le); **~ care** soins fournis par un établissement médico-social
instruct [ɪn'strʌkt] *vt* instruire, former; **to ~ sb in sth** enseigner qch à qn; **to ~ sb to do** charger qn *or* ordonner à qn de faire
instruction [ɪn'strʌkʃən] *n* instruction *f*; **instructions** *npl* (*orders*) directives *fpl*; **~s for use** mode *m* d'emploi
instruction book *n* manuel *m* d'instructions
instructive [ɪn'strʌktɪv] *adj* instructif(-ive)
instructor [ɪn'strʌktə^r] *n* professeur *m*; (*for skiing, driving*) moniteur *m*
instrument ['ɪnstrumənt] *n* instrument *m*
instrumental [ɪnstru'mɛntl] *adj* (*Mus*) instrumental(e); **to be ~ in sth/in doing sth** contribuer à qch/à faire qch
instrumentalist [ɪnstru'mɛntəlɪst] *n* instrumentiste *m/f*
instrument panel *n* tableau *m* de bord
insubordinate [ɪnsə'bɔːdənɪt] *adj* insubordonné(e)
insubordination [ɪnsəbɔːdə'neɪʃən] *n* insubordination *f*
insufferable [ɪn'sʌfrəbl] *adj* insupportable
insufficient [ɪnsə'fɪʃənt] *adj* insuffisant(e)
insufficiently [ɪnsə'fɪʃəntlɪ] *adv* insuffisamment
insular ['ɪnsjulə^r] *adj* insulaire; (*outlook*) étroit(e); (*person*) aux vues étroites
insulate ['ɪnsjuleɪt] *vt* isoler; (*against sound*) insonoriser

insulating tape ['ɪnsjuleɪtɪŋ-] *n* ruban isolant
insulation [ɪnsju'leɪʃən] *n* isolation *f*; (*against sound*) insonorisation *f*
insulin ['ɪnsjulɪn] *n* insuline *f*
insult *n* ['ɪnsʌlt] insulte *f*, affront *m* ▷ *vt* [ɪn'sʌlt] insulter, faire un affront à
insulting [ɪn'sʌltɪŋ] *adj* insultant(e), injurieux(-euse)
insuperable [ɪn'sju:prəbl] *adj* insurmontable
insurance [ɪn'ʃuərəns] *n* assurance *f*; **fire/life ~** assurance-incendie/-vie; **to take out ~ (against)** s'assurer (contre)
insurance agent *n* agent *m* d'assurances
insurance broker *n* courtier *m* en assurances
insurance company *n* compagnie *f or* société *f* d'assurances
insurance policy *n* police *f* d'assurance
insurance premium *n* prime *f* d'assurance
insure [ɪn'ʃuə^r] *vt* assurer; **to ~ (o.s.) against** (*fig*) parer à; **to ~ sb/sb's life** assurer qn/la vie de qn; **to be ~d for £5000** être assuré(e) pour 5000 livres
insured [ɪn'ʃuəd] *n*: **the ~** l'assuré(e)
insurer [ɪn'ʃuərə^r] *n* assureur *m*
insurgent [ɪn'sə:dʒənt] *adj, n* insurgé(e)
insurmountable [ɪnsə'mauntəbl] *adj* insurmontable
insurrection [ɪnsə'rɛkʃən] *n* insurrection *f*
intact [ɪn'tækt] *adj* intact(e)
intake ['ɪnteɪk] *n* (*Tech*) admission *f*; (*consumption*) consommation *f*; (*Brit Scol*): **an ~ of 200 a year** 200 admissions par an
intangible [ɪn'tændʒɪbl] *adj* intangible; (*assets*) immatériel(le)
integral ['ɪntɪgrəl] *adj* (*whole*) intégral(e); (*part*) intégrant(e)
integrate ['ɪntɪgreɪt] *vt* intégrer ▷ *vi* s'intégrer
integrated circuit ['ɪntɪgreɪtɪd-] *n* (*Comput*) circuit intégré
integration [ɪntɪ'greɪʃən] *n* intégration *f*; **racial ~** intégration raciale
integrity [ɪn'tɛgrɪtɪ] *n* intégrité *f*
intellect ['ɪntəlɛkt] *n* intelligence *f*
intellectual [ɪntə'lɛktjuəl] *adj, n* intellectuel(le)
intelligence [ɪn'tɛlɪdʒəns] *n* intelligence *f*; (*Mil*) informations *fpl*, renseignements *mpl*
intelligence quotient *n* quotient intellectuel
Intelligence Service *n* services *mpl* de renseignements
intelligence test *n* test *m* d'intelligence
intelligent [ɪn'tɛlɪdʒənt] *adj* intelligent(e)
intelligently [ɪn'tɛlɪdʒəntlɪ] *adv* intelligemment
intelligible [ɪn'tɛlɪdʒɪbl] *adj* intelligible
intemperate [ɪn'tɛmpərət] *adj* immodéré(e); (*drinking too much*) adonné(e) à la boisson
intend [ɪn'tɛnd] *vt* (*gift etc*): **to ~ sth for** destiner qch à; **to ~ to do** avoir l'intention de faire
intended [ɪn'tɛndɪd] *adj* (*insult*) intentionnel(le); (*journey*) projeté(e); (*effect*) voulu(e)
intense [ɪn'tɛns] *adj* intense; (*person*) véhément(e)
intensely [ɪn'tɛnslɪ] *adv* intensément; (*moving*) profondément
intensify [ɪn'tɛnsɪfaɪ] *vt* intensifier
intensity [ɪn'tɛnsɪtɪ] *n* intensité *f*
intensive [ɪn'tɛnsɪv] *adj* intensif(-ive)
intensive care *n*: **to be in ~** être en réanimation
intensive care unit *n* service *m* de réanimation
intent [ɪn'tɛnt] *n* intention *f* ▷ *adj* attentif(-ive), absorbé(e); **to all ~s and purposes** en fait, pratiquement; **to be ~ on doing sth** être (bien) décidé à faire qch
intention [ɪn'tɛnʃən] *n* intention *f*
intentional [ɪn'tɛnʃənl] *adj* intentionnel(le), délibéré(e)
intently [ɪn'tɛntlɪ] *adv* attentivement
inter [ɪn'tə:^r] *vt* enterrer
interact [ɪntər'ækt] *vi* avoir une action réciproque; (*people*) communiquer
interaction [ɪntər'ækʃən] *n* interaction *f*
interactive [ɪntər'æktɪv] *adj* (*group*) interactif(-ive); (*Comput*) interactif, conversationnel(le)
intercede [ɪntə'si:d] *vi*: **to ~ with sb/on behalf of sb** intercéder auprès de qn/en faveur de qn
intercept [ɪntə'sɛpt] *vt* intercepter; (*person*) arrêter au passage
interception [ɪntə'sɛpʃən] *n* interception *f*
interchange *n* ['ɪntətʃeɪndʒ] (*exchange*) échange *m*; (*on motorway*) échangeur *m* ▷ *vt* [ɪntə'tʃeɪndʒ] échanger; mettre à la place l'un(e) de l'autre
interchangeable [ɪntə'tʃeɪndʒəbl] *adj* interchangeable
intercity [ɪntə'sɪtɪ] *adj*: **~ (train)** train *m* rapide
intercom ['ɪntəkɔm] *n* interphone *m*
interconnect [ɪntəkə'nɛkt] *vi* (*rooms*) communiquer
intercontinental ['ɪntəkɔntɪ'nɛntl] *adj* intercontinental(e)
intercourse ['ɪntəkɔ:s] *n* rapports *mpl*; **sexual ~** rapports sexuels
interdependent [ɪntədɪ'pɛndənt] *adj* interdépendant(e)
interest ['ɪntrɪst] *n* intérêt *m*; (*Comm: stake, share*) participation *f*, intérêts *mpl* ▷ *vt* intéresser; **compound/simple ~** intérêt composé/simple; **British ~s in the Middle East** les intérêts britanniques au Moyen-Orient; **his main ~ is ...** ce qui l'intéresse le plus est ...
interested ['ɪntrɪstɪd] *adj* intéressé(e); **to be ~ in sth** s'intéresser à qch; **I'm ~ in going** ça m'intéresse d'y aller
interest-free ['ɪntrɪst'fri:] *adj* sans intérêt
interesting ['ɪntrɪstɪŋ] *adj* intéressant(e)
interest rate *n* taux *m* d'intérêt
interface ['ɪntəfeɪs] *n* (*Comput*) interface *f*
interfere [ɪntə'fɪə^r] *vi*: **to ~ in** (*quarrel*) s'immiscer dans; (*other people's business*) se mêler de; **to ~ with** (*object*) tripoter, toucher à; (*plans*) contrecarrer; (*duty*) être en conflit avec; **don't ~** mêlez-vous de vos affaires
interference [ɪntə'fɪərəns] *n* (*gen*) ingérence *f*; (*Physics*) interférence *f*; (*Radio, TV*) parasites *mpl*

interfering [ɪntəˈfɪərɪŋ] *adj* importun(e)
interim [ˈɪntərɪm] *adj* provisoire; (*post*) intérimaire ▷ *n*: **in the ~** dans l'intérim
interior [ɪnˈtɪərɪəʳ] *n* intérieur *m* ▷ *adj* intérieur(e); (*minister, department*) de l'intérieur
interior decorator, interior designer *n* décorateur(-trice) d'intérieur
interior design *n* architecture *f* d'intérieur
interjection [ɪntəˈdʒɛkʃən] *n* interjection *f*
interlock [ɪntəˈlɔk] *vi* s'enclencher ▷ *vt* enclencher
interloper [ˈɪntələupəʳ] *n* intrus(e)
interlude [ˈɪntəluːd] *n* intervalle *m*; (*Theat*) intermède *m*
intermarry [ɪntəˈmærɪ] *vi* former des alliances entre familles (*or* tribus); former des unions consanguines
intermediary [ɪntəˈmiːdɪərɪ] *n* intermédiaire *m/f*
intermediate [ɪntəˈmiːdɪət] *adj* intermédiaire; (*Scol: course, level*) moyen(ne)
interment [ɪnˈtəːmənt] *n* inhumation *f*, enterrement *m*
interminable [ɪnˈtəːmɪnəbl] *adj* sans fin, interminable
intermission [ɪntəˈmɪʃən] *n* pause *f*; (*Theat, Cine*) entracte *m*
intermittent [ɪntəˈmɪtnt] *adj* intermittent(e)
intermittently [ɪntəˈmɪtntlɪ] *adv* par intermittence, par intervalles
intern *vt* [ɪnˈtəːn] interner ▷ *n* [ˈɪntəːn] (*US*) interne *m/f*
internal [ɪnˈtəːnl] *adj* interne; (*dispute, reform etc*) intérieur(e); **~ injuries** lésions *fpl* internes
internally [ɪnˈtəːnəlɪ] *adv* intérieurement; **"not to be taken ~"** "pour usage externe"
Internal Revenue Service *n* (*US*) fisc *m*
international [ɪntəˈnæʃənl] *adj* international(e) ▷ *n* (*Brit Sport*) international *m*
International Atomic Energy Agency *n* Agence Internationale de l'Énergie Atomique
International Court of Justice *n* Cour internationale de justice
international date line *n* ligne *f* de changement de date
internationally [ɪntəˈnæʃnəlɪ] *adv* dans le monde entier
International Monetary Fund *n* Fonds monétaire international
international relations *npl* relations internationales
internecine [ɪntəˈniːsaɪn] *adj* mutuellement destructeur(-trice)
internee [ɪntəːˈniː] *n* interné(e)
Internet [ɪntəˈnɛt] *n*: **the ~** l'Internet *m*
Internet café *n* cybercafé *m*
Internet Service Provider *n* fournisseur *m* d'accès à Internet
Internet user *n* internaute *m/f*
internment [ɪnˈtəːnmənt] *n* internement *m*
interplay [ˈɪntəpleɪ] *n* effet *m* réciproque, jeu *m*
Interpol [ˈɪntəpɔl] *n* Interpol *m*
interpret [ɪnˈtəːprɪt] *vt* interpréter ▷ *vi* servir d'interprète
interpretation [ɪntəːprɪˈteɪʃən] *n* interprétation *f*
interpreter [ɪnˈtəːprɪtəʳ] *n* interprète *m/f*; **could you act as an ~ for us?** pourriez-vous nous servir d'interprète?
interpreting [ɪnˈtəːprɪtɪŋ] *n* (*profession*) interprétariat *m*
interrelated [ɪntərɪˈleɪtɪd] *adj* en corrélation, en rapport étroit
interrogate [ɪnˈtɛrəugeɪt] *vt* interroger; (*suspect etc*) soumettre à un interrogatoire
interrogation [ɪntɛrəuˈgeɪʃən] *n* interrogation *f*; (*by police*) interrogatoire *m*
interrogative [ɪntəˈrɔgətɪv] *adj* interrogateur(-trice) ▷ *n* (*Ling*) interrogatif *m*
interrogator [ɪnˈtɛrəgeɪtəʳ] *n* interrogateur(-trice)
interrupt [ɪntəˈrʌpt] *vt, vi* interrompre
interruption [ɪntəˈrʌpʃən] *n* interruption *f*
intersect [ɪntəˈsɛkt] *vt* couper, croiser; (*Math*) intersecter ▷ *vi* se croiser, se couper; s'intersecter
intersection [ɪntəˈsɛkʃən] *n* intersection *f*; (*of roads*) croisement *m*
intersperse [ɪntəˈspəːs] *vt*: **to ~ with** parsemer de
interstate [ˈɪntərsteɪt] (*US*) *n* autoroute *f* (qui relie plusieurs États)
intertwine [ɪntəˈtwaɪn] *vt* entrelacer ▷ *vi* s'entrelacer
interval [ˈɪntəvl] *n* intervalle *m*; (*Brit: Theat*) entracte *m*; (*: Sport*) mi-temps *f*; **bright ~s** (*in weather*) éclaircies *fpl*; **at ~s** par intervalles
intervene [ɪntəˈviːn] *vi* (*time*) s'écouler (entre-temps); (*event*) survenir; (*person*) intervenir
intervention [ɪntəˈvɛnʃən] *n* intervention *f*
interview [ˈɪntəvjuː] *n* (*Radio, TV*) interview *f*; (*for job*) entrevue *f* ▷ *vt* interviewer, avoir une entrevue avec
interviewee [ɪntəvjuˈiː] *n* (*for job*) candidat *m* (*qui passe un entretien*); (*TV etc*) invité(e), personne interviewée
interviewer [ˈɪntəvjuəʳ] *n* (*Radio, TV*) interviewer *m*
intestate [ɪnˈtɛsteɪt] *adj* intestat *f inv*
intestinal [ɪnˈtɛstɪnl] *adj* intestinal(e)
intestine [ɪnˈtɛstɪn] *n* intestin *m*; **large ~** gros intestin; **small ~** intestin grêle
intimacy [ˈɪntɪməsɪ] *n* intimité *f*
intimate *adj* [ˈɪntɪmət] intime; (*friendship*) profond(e); (*knowledge*) approfondi(e) ▷ *vt* [ˈɪntɪmeɪt] suggérer, laisser entendre; (*announce*) faire savoir
intimately [ˈɪntɪmətlɪ] *adv* intimement
intimation [ɪntɪˈmeɪʃən] *n* annonce *f*
intimidate [ɪnˈtɪmɪdeɪt] *vt* intimider
intimidating [ɪnˈtɪmɪdeɪtɪŋ] *adj* intimidant(e)
intimidation [ɪntɪmɪˈdeɪʃən] *n* intimidation *f*
into [ˈɪntu] *prep* dans; **~ pieces/French** en morceaux/français; **to change pounds ~**

dollars changer des livres en dollars; **3 ~ 9 goes 3** 9 divisé par 3 donne 3; **she's ~ opera** c'est une passionnée d'opéra
intolerable [ɪn'tɔlərəbl] *adj* intolérable
intolerance [ɪn'tɔlərns] *n* intolérance *f*
intolerant [ɪn'tɔlərnt] *adj*: **~ (of)** intolérant(e) (de); (*Med*) intolérant (à)
intonation [ɪntəu'neɪʃən] *n* intonation *f*
intoxicate [ɪn'tɔksɪkeɪt] *vt* enivrer
intoxicated [ɪn'tɔksɪkeɪtɪd] *adj* ivre
intoxication [ɪntɔksɪ'keɪʃən] *n* ivresse *f*
intractable [ɪn'træktəbl] *adj* (*child, temper*) indocile, insoumis(e); (*problem*) insoluble; (*illness*) incurable
intranet [ɪn'trənɛt] *n* intranet *m*
intransigent [ɪn'trænsɪdʒənt] *adj* intransigeant(e)
intransitive [ɪn'trænsɪtɪv] *adj* intransitif(-ive)
intra-uterine device ['ɪntrə'ju:təraɪn-] *n* dispositif intra-utérin, stérilet *m*
intravenous [ɪntrə'vi:nəs] *adj* intraveineux(-euse)
in-tray ['ɪntreɪ] *n* courrier *m* "arrivée"
intrepid [ɪn'trɛpɪd] *adj* intrépide
intricacy ['ɪntrɪkəsɪ] *n* complexité *f*
intricate ['ɪntrɪkət] *adj* complexe, compliqué(e)
intrigue [ɪn'tri:g] *n* intrigue *f* ▷ *vt* intriguer ▷ *vi* intriguer, comploter
intriguing [ɪn'tri:gɪŋ] *adj* fascinant(e)
intrinsic [ɪn'trɪnsɪk] *adj* intrinsèque
introduce [ɪntrə'dju:s] *vt* introduire; (*TV show etc*) présenter; **to ~ sb (to sb)** présenter qn (à qn); **to ~ sb to** (*pastime, technique*) initier qn à; **may I ~ ...?** je vous présente ...
introduction [ɪntrə'dʌkʃən] *n* introduction *f*; (*of person*) présentation *f*; (*to new experience*) initiation *f*; **a letter of ~** une lettre de recommandation
introductory [ɪntrə'dʌktərɪ] *adj* préliminaire, introductif(-ive); **~ remarks** remarques *fpl* liminaires; **an ~ offer** une offre de lancement
introspection [ɪntrəu'spɛkʃən] *n* introspection *f*
introspective [ɪntrəu'spɛktɪv] *adj* introspectif(-ive)
introvert ['ɪntrəuvə:t] *adj, n* introverti(e)
intrude [ɪn'tru:d] *vi* (*person*) être importun(e); **to ~ on** *or* **into** (*conversation etc*) s'immiscer dans; **am I intruding?** est-ce que je vous dérange?
intruder [ɪn'tru:dəʳ] *n* intrus(e)
intrusion [ɪn'tru:ʒən] *n* intrusion *f*
intrusive [ɪn'tru:sɪv] *adj* importun(e), gênant(e)
intuition [ɪntju:'ɪʃən] *n* intuition *f*
intuitive [ɪn'tju:ɪtɪv] *adj* intuitif(-ive)
inundate ['ɪnʌndeɪt] *vt*: **to ~ with** inonder de
inure [ɪn'juəʳ] *vt*: **to ~ (to)** habituer (à)
invade [ɪn'veɪd] *vt* envahir
invader [ɪn'veɪdəʳ] *n* envahisseur *m*
invalid *n* ['ɪnvəlɪd] malade *m/f*; (*with disability*) invalide *m/f* ▷ *adj* [ɪn'vælɪd] (*not valid*) invalide, non valide
invalidate [ɪn'vælɪdeɪt] *vt* invalider, annuler
invalid chair ['ɪnvəlɪd-] *n* (*Brit*) fauteuil *m* d'infirme
invaluable [ɪn'væljuəbl] *adj* inestimable, inappréciable
invariable [ɪn'vɛərɪəbl] *adj* invariable; (*fig*) immanquable
invariably [ɪn'vɛərɪəblɪ] *adv* invariablement; **she is ~ late** elle est toujours en retard
invasion [ɪn'veɪʒən] *n* invasion *f*
invective [ɪn'vɛktɪv] *n* invective *f*
inveigle [ɪn'vi:gl] *vt*: **to ~ sb into (doing) sth** amener qn à (faire) qch (par la ruse *or* la flatterie)
invent [ɪn'vɛnt] *vt* inventer
invention [ɪn'vɛnʃən] *n* invention *f*
inventive [ɪn'vɛntɪv] *adj* inventif(-ive)
inventiveness [ɪn'vɛntɪvnɪs] *n* esprit inventif *or* d'invention
inventor [ɪn'vɛntəʳ] *n* inventeur(-trice)
inventory ['ɪnvəntrɪ] *n* inventaire *m*
inventory control *n* (*Comm*) contrôle *m* des stocks
inverse [ɪn'və:s] *adj* inverse ▷ *n* inverse *m*, contraire *m*; **in ~ proportion (to)** inversement proportionnel(le) (à)
inversely [ɪn'və:slɪ] *adv* inversement
invert [ɪn'və:t] *vt* intervertir; (*cup, object*) retourner
invertebrate [ɪn'və:tɪbrət] *n* invertébré *m*
inverted commas [ɪn'və:tɪd-] *npl* (*Brit*) guillemets *mpl*
invest [ɪn'vɛst] *vt* investir; (*endow*): **to ~ sb with sth** conférer qch à qn ▷ *vi* faire un investissement, investir; **to ~ in** placer de l'argent *or* investir dans; (*fig: acquire*) s'offrir, faire l'acquisition de
investigate [ɪn'vɛstɪgeɪt] *vt* étudier, examiner; (*crime*) faire une enquête sur
investigation [ɪnvɛstɪ'geɪʃən] *n* examen *m*; (*of crime*) enquête *f*, investigation *f*
investigative [ɪn'vɛstɪgeɪtɪv] *adj*: **~ journalism** enquête-reportage *f*, journalisme *m* d'enquête
investigator [ɪn'vɛstɪgeɪtəʳ] *n* investigateur(-trice); **private ~** détective privé
investiture [ɪn'vɛstɪtʃəʳ] *n* investiture *f*
investment [ɪn'vɛstmənt] *n* investissement *m*, placement *m*
investment income *n* revenu *m* de placement
investment trust *n* société *f* d'investissements
investor [ɪn'vɛstəʳ] *n* épargnant(e); (*shareholder*) actionnaire *m/f*
inveterate [ɪn'vɛtərət] *adj* invétéré(e)
invidious [ɪn'vɪdɪəs] *adj* injuste; (*task*) déplaisant(e)
invigilate [ɪn'vɪdʒɪleɪt] (*Brit*) *vt* surveiller ▷ *vi* être de surveillance
invigilator [ɪn'vɪdʒɪleɪtəʳ] *n* (*Brit*) surveillant *m* (d'examen)
invigorating [ɪn'vɪgəreɪtɪŋ] *adj* vivifiant(e), stimulant(e)
invincible [ɪn'vɪnsɪbl] *adj* invincible
inviolate [ɪn'vaɪələt] *adj* inviolé(e)

invisible [ɪnˈvɪzɪbl] *adj* invisible
invisible assets *npl* (*Brit*) actif incorporel
invisible ink *n* encre *f* sympathique
invisible mending *n* stoppage *m*
invitation [ɪnvɪˈteɪʃən] *n* invitation *f*; **by ~ only** sur invitation; **at sb's ~** à la demande de qn
invite [ɪnˈvaɪt] *vt* inviter; (*opinions etc*) demander; (*trouble*) chercher; **to ~ sb (to do)** inviter qn (à faire); **to ~ sb to dinner** inviter qn à dîner
▸ **invite out** *vt* inviter (à sortir)
▸ **invite over** *vt* inviter (chez soi)
inviting [ɪnˈvaɪtɪŋ] *adj* engageant(e), attrayant(e); (*gesture*) encourageant(e)
invoice [ˈɪnvɔɪs] *n* facture *f* ▹ *vt* facturer; **to ~ sb for goods** facturer des marchandises à qn
invoke [ɪnˈvəuk] *vt* invoquer
involuntary [ɪnˈvɔləntrɪ] *adj* involontaire
involve [ɪnˈvɔlv] *vt* (*entail*) impliquer; (*concern*) concerner; (*require*) nécessiter; **to ~ sb in** (*theft etc*) impliquer qn dans; (*activity, meeting*) faire participer qn à
involved [ɪnˈvɔlvd] *adj* (*complicated*) complexe; **to be ~ in** (*take part*) participer à; (*be engrossed*) être plongé(e) dans; **to feel ~** se sentir concerné(e); **to become ~** (*in love etc*) s'engager
involvement [ɪnˈvɔlvmənt] *n* (*personal role*) rôle *m*; (*participation*) participation *f*; (*enthusiasm*) enthousiasme *m*; (*of resources, funds*) mise *f* en jeu
invulnerable [ɪnˈvʌlnərəbl] *adj* invulnérable
inward [ˈɪnwəd] *adj* (*movement*) vers l'intérieur; (*thought*) profond(e), intime ▹ *adv* = **inwards**
inwardly [ˈɪnwədlɪ] *adv* (*feel, think etc*) secrètement, en son for intérieur
inwards [ˈɪnwədz] *adv* vers l'intérieur
I/O *abbr* (*Comput*: = *input/output*) E/S
IOC *n abbr* (= *International Olympic Committee*) CIO *m* (= *Comité international olympique*)
iodine [ˈaɪəudiːn] *n* iode *m*
IOM *abbr* = **Isle of Man**
ion [ˈaɪən] *n* ion *m*
Ionian Sea [aɪˈəunɪən-] *n*: **the ~** la mer Ionienne
ioniser [ˈaɪənaɪzəʳ] *n* ioniseur *m*
iota [aɪˈəutə] *n* (*fig*) brin *m*, grain *m*
IOU *n abbr* (= *I owe you*) reconnaissance *f* de dette
IOW *abbr* (*Brit*) = **Isle of Wight**
IPA *n abbr* (= *International Phonetic Alphabet*) A.P.I *m*
iPod® [ˈaɪpɔd] *n* iPod® *m*
IQ *n abbr* (= *intelligence quotient*) Q.I. *m*
IRA *n abbr* (= *Irish Republican Army*) IRA *f*; (*US*) = **individual retirement account**
Iran [ɪˈrɑːn] *n* Iran *m*
Iranian [ɪˈreɪnɪən] *adj* iranien(ne) ▹ *n* Iranien(ne); (*Ling*) iranien *m*
Iraq [ɪˈrɑːk] *n* Irak *m*
Iraqi [ɪˈrɑːkɪ] *adj* irakien(ne) ▹ *n* Irakien(ne)
irascible [ɪˈræsɪbl] *adj* irascible
irate [aɪˈreɪt] *adj* courroucé(e)
Ireland [ˈaɪələnd] *n* Irlande *f*; **Republic of ~** République *f* d'Irlande
iris, irises [ˈaɪrɪs, -ɪz] *n* iris *m*
Irish [ˈaɪrɪʃ] *adj* irlandais(e) ▹ *npl*: **the ~** les Irlandais ▹ *n* (*Ling*) irlandais *m*; **the Irish** *npl* les Irlandais
Irishman [ˈaɪrɪʃmən] (*irreg*) *n* Irlandais *m*
Irish Sea *n*: **the ~** la mer d'Irlande
Irishwoman [ˈaɪrɪʃwumən] (*irreg*) *n* Irlandaise *f*
irk [əːk] *vt* ennuyer
irksome [ˈəːksəm] *adj* ennuyeux(-euse)
IRN *n abbr* (= *Independent Radio News*) *agence de presse radiophonique*
IRO *n abbr* (*US*) = **International Refugee Organization**
iron [ˈaɪən] *n* fer *m*; (*for clothes*) fer *m* à repasser ▹ *adj* de *or* en fer ▹ *vt* (*clothes*) repasser; **irons** *npl* (*chains*) fers *mpl*, chaînes *fpl*
▸ **iron out** *vt* (*crease*) faire disparaître au fer; (*fig*) aplanir; faire disparaître
Iron Curtain *n*: **the ~** le rideau de fer
iron foundry *n* fonderie *f* de fonte
ironic [aɪˈrɔnɪk], **ironical** [aɪˈrɔnɪkl] *adj* ironique
ironically [aɪˈrɔnɪklɪ] *adv* ironiquement
ironing [ˈaɪənɪŋ] *n* (*activity*) repassage *m*; (*clothes: ironed*) linge repassé; (*: to be ironed*) linge à repasser
ironing board *n* planche *f* à repasser
ironmonger [ˈaɪənmʌŋgəʳ] *n* (*Brit*) quincaillier *m*; **~'s (shop)** quincaillerie *f*
iron ore *n* minerai *m* de fer
ironworks [ˈaɪənwəːks] *n* usine *f* sidérurgique
irony [ˈaɪrənɪ] *n* ironie *f*
irrational [ɪˈræʃənl] *adj* irrationnel(le); (*person*) qui n'est pas rationnel
irreconcilable [ɪrɛkənˈsaɪləbl] *adj* irréconciliable; (*opinion*): **~ with** inconciliable avec
irredeemable [ɪrɪˈdiːməbl] *adj* (*Comm*) non remboursable
irrefutable [ɪrɪˈfjuːtəbl] *adj* irréfutable
irregular [ɪˈrɛgjuləʳ] *adj* irrégulier(-ière); (*surface*) inégal(e); (*action, event*) peu orthodoxe
irregularity [ɪrɛgjuˈlærɪtɪ] *n* irrégularité *f*
irrelevance [ɪˈrɛləvəns] *n* manque *m* de rapport *or* d'à-propos
irrelevant [ɪˈrɛləvənt] *adj* sans rapport, hors de propos
irreligious [ɪrɪˈlɪdʒəs] *adj* irréligieux(-euse)
irreparable [ɪˈrɛprəbl] *adj* irréparable
irreplaceable [ɪrɪˈpleɪsəbl] *adj* irremplaçable
irrepressible [ɪrɪˈprɛsəbl] *adj* irrépressible
irreproachable [ɪrɪˈprəutʃəbl] *adj* irréprochable
irresistible [ɪrɪˈzɪstɪbl] *adj* irrésistible
irresolute [ɪˈrɛzəluːt] *adj* irrésolu(e), indécis(e)
irrespective [ɪrɪˈspɛktɪv]: **~ of** *prep* sans tenir compte de
irresponsible [ɪrɪˈspɔnsɪbl] *adj* (*act*) irréfléchi(e); (*person*) qui n'a pas le sens des responsabilités
irretrievable [ɪrɪˈtriːvəbl] *adj* irréparable, irrémédiable; (*object*) introuvable
irreverent [ɪˈrɛvərnt] *adj* irrévérencieux(-euse)
irrevocable [ɪˈrɛvəkəbl] *adj* irrévocable
irrigate [ˈɪrɪgeɪt] *vt* irriguer

irrigation [ɪrɪ'geɪʃən] *n* irrigation *f*
irritable ['ɪrɪtəbl] *adj* irritable
irritate ['ɪrɪteɪt] *vt* irriter
irritating ['ɪrɪteɪtɪŋ] *adj* irritant(e)
irritation [ɪrɪ'teɪʃən] *n* irritation *f*
IRS *n abbr* (US) = **Internal Revenue Service**
is [ɪz] *vb see* **be**
ISA *n abbr* (*Brit*: = *Individual Savings Account*) plan *m* d'épargne défiscalisé
ISBN *n abbr* (= *International Standard Book Number*) ISBN *m*
ISDN *n abbr* (= *Integrated Services Digital Network*) RNIS *m*
Islam ['ɪzlɑ:m] *n* Islam *m*
Islamic [ɪz'lɑ:mɪk] *adj* islamique; ~ **fundamentalists** intégristes *mpl* musulmans
island ['aɪlənd] *n* île *f*; (*also*: **traffic island**) refuge *m* (pour piétons)
islander ['aɪləndə^r] *n* habitant(e) d'une île, insulaire *m/f*
isle [aɪl] *n* île *f*
isn't ['ɪznt] = **is not**
isolate ['aɪsəleɪt] *vt* isoler
isolated ['aɪsəleɪtɪd] *adj* isolé(e)
isolation [aɪsə'leɪʃən] *n* isolement *m*
ISP *n abbr* = **Internet Service Provider**
Israel ['ɪzreɪl] *n* Israël *m*
Israeli [ɪz'reɪlɪ] *adj* israélien(ne) ▷ *n* Israélien(ne)
issue ['ɪʃu:] *n* question *f*, problème *m*; (*outcome*) résultat *m*, issue *f*; (*of banknotes*) émission *f*; (*of newspaper*) numéro *m*; (*of book*) publication *f*, parution *f*; (*offspring*) descendance *f* ▷ *vt* (*rations, equipment*) distribuer; (*orders*) donner; (*statement*) publier, faire; (*certificate, passport*) délivrer; (*book*) faire paraître; publier; (*banknotes, cheques, stamps*) émettre, mettre en circulation ▷ *vi*: **to ~ from** provenir de; **at ~** en jeu, en cause; **to avoid the ~** éluder le problème; **to take ~ with sb (over sth)** exprimer son désaccord avec qn (sur qch); **to make an ~ of sth** faire de qch un problème; **to confuse** *or* **obscure the ~** embrouiller la question
Istanbul [ɪstæn'bu:l] *n* Istamboul, Istanbul
isthmus ['ɪsməs] *n* isthme *m*
IT *n abbr* = **information technology**

 KEYWORD

it [ɪt] *pron* **1** (*specific: subject*) il (elle); (*: direct object*) le (la, l'); (*: indirect object*) lui; **it's on the table** c'est *or* il (*or* elle) est sur la table; **I can't find it** je n'arrive pas à le trouver; **give it to me** donne-le-moi
2 (*after prep*): **about/from/of it** en; **I spoke to him about it** je lui en ai parlé; **what did you learn from it?** qu'est-ce que vous en avez retiré?; **I'm proud of it** j'en suis fier; **I've come from it** j'en viens; **in/to it** y; **put the book in it** mettez-y le livre; **it's on it** c'est dessus; **he agreed to it** il y a consenti; **did you go to it?** (*party, concert etc*) est-ce que vous y êtes allé(s)?; **above it, over it** (au-)dessus; **below it, under it** (en-)dessous; **in front of/behind it** devant/derrière
3 (*impersonal*) il; ce, cela, ça; **it's raining** il pleut; **it's Friday tomorrow** demain, c'est vendredi *or* nous sommes, vendredi; **it's 6 o'clock** il est 6 heures; **how far is it? — it's 10 miles** c'est loin? — c'est à 10 miles; **it's 2 hours by train** c'est à 2 heures de train; **who is it? — it's me** qui est-ce? — c'est moi

ITA *n abbr* (*Brit*: = *initial teaching alphabet*) *alphabet en partie phonétique utilisé pour l'enseignement de la lecture*
Italian [ɪ'tæljən] *adj* italien(ne) ▷ *n* Italien(ne); (*Ling*) italien *m*
italic [ɪ'tælɪk] *adj* italique
italics [ɪ'tælɪks] *npl* italique *m*
Italy ['ɪtəlɪ] *n* Italie *f*
itch [ɪtʃ] *n* démangeaison *f* ▷ *vi* (*person*) éprouver des démangeaisons; (*part of body*) démanger; **I'm ~ing to do** l'envie me démange de faire
itchy ['ɪtʃɪ] *adj* qui démange; **my back is ~** j'ai le dos qui me démange
it'd ['ɪtd] = **it would**; **it had**
item ['aɪtəm] *n* (*gen*) article *m*; (*on agenda*) question *f*, point *m*; (*in programme*) numéro *m*; (*also*: **news item**) nouvelle *f*; **~s of clothing** articles vestimentaires
itemize ['aɪtəmaɪz] *vt* détailler, spécifier
itemized bill ['aɪtəmaɪzd-] *n* facture détaillée
itinerant [ɪ'tɪnərənt] *adj* itinérant(e); (*musician*) ambulant(e)
itinerary [aɪ'tɪnərərɪ] *n* itinéraire *m*
it'll ['ɪtl] = **it will**; **it shall**
ITN *n abbr* (*Brit*: = *Independent Television News*) *chaîne de télévision commerciale*
its [ɪts] *adj* son (sa), ses *pl* ▷ *pron* le (la) sien(ne), les siens (siennes)
it's [ɪts] = **it is**; **it has**
itself [ɪt'sɛlf] *pron* (*reflexive*) se; (*emphatic*) lui-même (elle-même)
ITV *n abbr* (*Brit*: = *Independent Television*) *chaîne de télévision commerciale*
IUD *n abbr* = **intra-uterine device**
I've [aɪv] = **I have**
ivory ['aɪvərɪ] *n* ivoire *m*
Ivory Coast *n* Côte *f* d'Ivoire
ivy ['aɪvɪ] *n* lierre *m*
Ivy League *n* (US) *voir article*

IVY LEAGUE

L'*Ivy League* regroupe les huit universités les plus prestigieuses du nord-est des États-Unis, ainsi surnommées à cause de leurs murs recouverts de lierre. Elles organisent des compétitions sportives entre elles. Ces universités sont: Brown, Columbia, Cornell, Dartmouth College, Harvard, Princeton, l'université de Pennsylvanie et Yale.

Jj

J, j [dʒeɪ] *n* (*letter*) J, j *m*; **J for Jack**, (*US*) **J for Jig** J comme Joseph

JA *n abbr* = **judge advocate**

J/A *n abbr* = **joint account**

jab [dʒæb] *vt*: **to ~ sth into** enfoncer *or* planter qch dans ▷ *n* coup *m*; (*Med*: *inf*) piqûre *f*

jabber ['dʒæbəʳ] *vt, vi* bredouiller, baragouiner

jack [dʒæk] *n* (*Aut*) cric *m*; (*Bowls*) cochonnet *m*; (*Cards*) valet *m*

▸ **jack in** *vt* (*inf*) laisser tomber

▸ **jack up** *vt* soulever (au cric)

jackal ['dʒækl] *n* chacal *m*

jackass ['dʒækæs] *n* (*also fig*) âne *m*

jackdaw ['dʒækdɔː] *n* choucas *m*

jacket ['dʒækɪt] *n* veste *f*, veston *m*; (*of boiler etc*) enveloppe *f*; (*of book*) couverture *f*, jaquette *f*

jacket potato *n* pomme *f* de terre en robe des champs

jack-in-the-box ['dʒækɪnðəbɔks] *n* diable *m* à ressort

jackknife ['dʒæknaɪf] *n* couteau *m* de poche ▷ *vi*: **the lorry ~d** la remorque (du camion) s'est mise en travers

jack-of-all-trades ['dʒækəv'ɔːltreɪdz] *n* bricoleur *m*

jack plug *n* (*Brit*) jack *m*

jackpot ['dʒækpɔt] *n* gros lot

Jacuzzi® [dʒə'kuːzɪ] *n* jacuzzi® *m*

jaded ['dʒeɪdɪd] *adj* éreinté(e), fatigué(e)

JAG *n abbr* = **Judge Advocate General**

jagged ['dʒægɪd] *adj* dentelé(e)

jaguar ['dʒægjuəʳ] *n* jaguar *m*

jail [dʒeɪl] *n* prison *f* ▷ *vt* emprisonner, mettre en prison

jailbird ['dʒeɪlbəːd] *n* récidiviste *m/f*

jailbreak ['dʒeɪlbreɪk] *n* évasion *f*

jailer ['dʒeɪləʳ] *n* geôlier(-ière)

jail sentence *n* peine *f* de prison

jalopy [dʒə'lɔpɪ] *n* (*inf*) vieux clou

jam [dʒæm] *n* confiture *f*; (*of shoppers etc*) cohue *f*; (*also*: **traffic jam**) embouteillage *m* ▷ *vt* (*passage etc*) encombrer, obstruer; (*mechanism, drawer etc*) bloquer, coincer; (*Radio*) brouiller ▷ *vi* (*mechanism, sliding part*) se coincer, se bloquer; (*gun*) s'enrayer; **to be in a ~** (*inf*) être dans le pétrin; **to get sb out of a ~** (*inf*) sortir qn du pétrin; **to ~ sth into** (*stuff*) entasser *or* comprimer qch dans; (*thrust*) enfoncer qch dans; **the telephone lines are ~med** les lignes (téléphoniques) sont encombrées

Jamaica [dʒə'meɪkə] *n* Jamaïque *f*

Jamaican [dʒə'meɪkən] *adj* jamaïquain(e) ▷ *n* Jamaïquain(e)

jamb ['dʒæm] *n* jambage *m*

jam jar *n* pot *m* à confiture

jammed [dʒæmd] *adj* (*window etc*) coincé(e)

jam-packed [dʒæm'pækt] *adj*: **~ (with)** bourré(e) (de)

jam session *n* jam session *f*

jangle ['dʒæŋgl] *vi* cliqueter

janitor ['dʒænɪtəʳ] *n* (*caretaker*) concierge *m*

January ['dʒænjuərɪ] *n* janvier *m*; *for phrases see also* **July**

Japan [dʒə'pæn] *n* Japon *m*

Japanese [dʒæpə'niːz] *adj* japonais(e) ▷ *n* (*pl inv*) Japonais(e); (*Ling*) japonais *m*

jar [dʒɑːʳ] *n* (*stone, earthenware*) pot *m*; (*glass*) bocal *m* ▷ *vi* (*sound*) produire un son grinçant *or* discordant; (*colours etc*) détonner, jurer ▷ *vt* (*shake*) ébranler, secouer

jargon ['dʒɑːgən] *n* jargon *m*

jarring ['dʒɑːrɪŋ] *adj* (*sound, colour*) discordant(e)

Jas. *abbr* = **James**

jasmin, jasmine ['dʒæzmɪn] *n* jasmin *m*

jaundice ['dʒɔːndɪs] *n* jaunisse *f*

jaundiced ['dʒɔːndɪst] *adj* (*fig*) envieux(-euse), désapprobateur(-trice)

jaunt [dʒɔːnt] *n* balade *f*

jaunty ['dʒɔːntɪ] *adj* enjoué(e), désinvolte

Java ['dʒɑːvə] *n* Java *f*

javelin ['dʒævlɪn] *n* javelot *m*

jaw [dʒɔː] *n* mâchoire *f*

jawbone ['dʒɔːbəun] *n* maxillaire *m*

jay [dʒeɪ] *n* geai *m*

jaywalker ['dʒeɪwɔːkəʳ] *n* piéton indiscipliné

jazz [dʒæz] *n* jazz *m*

▸ **jazz up** *vt* animer, égayer

jazz band *n* orchestre *m or* groupe *m* de jazz

jazzy ['dʒæzɪ] *adj* bariolé(e), tapageur(-euse); (*beat*) de jazz

JCB® *n* excavatrice *f*

JCS *n abbr* (US) = **Joint Chiefs of Staff**

JD *n abbr* (*US*: = *Doctor of Laws*) *titre universitaire*; (= *Justice Department*) *ministère de la Justice*
jealous ['dʒɛləs] *adj* jaloux(-ouse)
jealously ['dʒɛləslɪ] *adv* jalousement
jealousy ['dʒɛləsɪ] *n* jalousie *f*
jeans [dʒi:nz] *npl* jean *m*
Jeep® [dʒi:p] *n* jeep *f*
jeer [dʒɪə^r] *vi*: **to ~ (at)** huer; se moquer cruellement (de), railler
jeering ['dʒɪərɪŋ] *adj* railleur(-euse), moqueur(-euse) ▷ *n* huées *fpl*
jeers ['dʒɪəz] *npl* huées *fpl*; sarcasmes *mpl*
Jehovah's Witness [dʒɪ'həuvəz-] *n* témoin *m* de Jéhovah
Jello® ['dʒɛləu] (*US*) *n* gelée *f*
jelly ['dʒɛlɪ] *n* (*dessert*) gelée *f*; (*US*: *jam*) confiture *f*
jellyfish ['dʒɛlɪfɪʃ] *n* méduse *f*
jeopardize ['dʒɛpədaɪz] *vt* mettre en danger *or* péril
jeopardy ['dʒɛpədɪ] *n*: **in ~** en danger *or* péril
jerk [dʒə:k] *n* secousse *f*, saccade *f*; (*of muscle*) spasme *m*; (*inf*) pauvre type *m* ▷ *vt* (*shake*) donner une secousse à; (*pull*) tirer brusquement ▷ *vi* (*vehicles*) cahoter
jerkin ['dʒə:kɪn] *n* blouson *m*
jerky ['dʒə:kɪ] *adj* saccadé(e), cahotant(e)
jerry-built ['dʒɛrɪbɪlt] *adj* de mauvaise qualité
jerry can ['dʒɛrɪ-] *n* bidon *m*
Jersey ['dʒə:zɪ] *n* Jersey *f*
jersey ['dʒə:zɪ] *n* tricot *m*; (*fabric*) jersey *m*
Jerusalem [dʒə'ru:sləm] *n* Jérusalem
jest [dʒɛst] *n* plaisanterie *f*; **in ~** en plaisantant
jester ['dʒɛstə^r] *n* (*History*) plaisantin *m*
Jesus ['dʒi:zəs] *n* Jésus; **~ Christ** Jésus-Christ
jet [dʒɛt] *n* (*of gas, liquid*) jet *m*; (*Aut*) gicleur *m*; (*Aviat*) avion *m* à réaction, jet *m*
jet-black ['dʒɛt'blæk] *adj* (d'un noir) de jais
jet engine *n* moteur *m* à réaction
jet lag *n* décalage *m* horaire
jetsam ['dʒɛtsəm] *n* objets jetés à la mer (et rejetés sur la côte)
jet-setter ['dʒɛtsɛtə^r] *n* membre *m* du *or* de la jet set
jet-ski *vi* faire du jet-ski *or* scooter des mers
jettison ['dʒɛtɪsn] *vt* jeter par-dessus bord
jetty ['dʒɛtɪ] *n* jetée *f*, digue *f*
Jew [dʒu:] *n* Juif *m*
jewel ['dʒu:əl] *n* bijou *m*, joyau *m*; (*in watch*) rubis *m*
jeweller, (*US*) **jeweler** ['dʒu:ələ^r] *n* bijoutier(-ière), joaillier *m*
jeweller's, jeweller's shop *n* (*Brit*) bijouterie *f*, joaillerie *f*
jewellery, (*US*) **jewelry** ['dʒu:əlrɪ] *n* bijoux *mpl*
Jewess ['dʒu:ɪs] *n* Juive *f*
Jewish ['dʒu:ɪʃ] *adj* juif (juive)
JFK *n abbr* (*US*) = **John Fitzgerald Kennedy International Airport**
jib [dʒɪb] *n* (*Naut*) foc *m*; (*of crane*) flèche *f* ▷ *vi* (*horse*) regimber; **to ~ at doing sth** rechigner à faire qch
jibe [dʒaɪb] *n* sarcasme *m*
jiffy ['dʒɪfɪ] *n* (*inf*): **in a ~** en un clin d'œil
jig [dʒɪg] *n* (*dance, tune*) gigue *m*
jigsaw ['dʒɪgsɔ:] *n* (*also*: **jigsaw puzzle**) puzzle *m*; (*tool*) scie sauteuse
jilt [dʒɪlt] *vt* laisser tomber, plaquer
jingle ['dʒɪŋgl] *n* (*advertising jingle*) couplet *m* publicitaire ▷ *vi* cliqueter, tinter
jingoism ['dʒɪŋgəuɪzəm] *n* chauvinisme *m*
jinx [dʒɪŋks] *n* (*inf*) (mauvais) sort
jitters ['dʒɪtəz] *npl* (*inf*): **to get the ~** avoir la trouille *or* la frousse
jittery ['dʒɪtərɪ] *adj* (*inf*) nerveux(-euse); **to be ~** avoir les nerfs en pelote
jiujitsu [dʒu:'dʒɪtsu:] *n* jiu-jitsu *m*
job [dʒɔb] *n* (*chore, task*) travail *m*, tâche *f*; (*employment*) emploi *m*, poste *m*, place *f*; **a part-time/full-time ~** un emploi à temps partiel/à plein temps; **he's only doing his ~** il fait son boulot; **it's a good ~ that ...** c'est heureux *or* c'est une chance que ... + *sub*; **just the ~!** (c'est) juste *or* exactement ce qu'il faut!
jobber ['dʒɔbə^r] *n* (*Brit Stock Exchange*) négociant *m* en titres
jobbing ['dʒɔbɪŋ] *adj* (*Brit*: *workman*) à la tâche, à la journée
job centre ['dʒɔbsɛntə^r] (*Brit*) *n* ≈ ANPE *f*, ≈ Agence nationale pour l'emploi
job creation scheme *n* plan *m* pour la création d'emplois
job description *n* description *f* du poste
jobless ['dʒɔblɪs] *adj* sans travail, au chômage ▷ *npl*: **the ~** les sans-emploi *m inv*, les chômeurs *mpl*
job lot *n* lot *m* (d'articles divers)
job satisfaction *n* satisfaction professionnelle
job security *n* sécurité *f* de l'emploi
job specification *n* caractéristiques *fpl* du poste
Jock [dʒɔk] *n* (*inf*: *Scotsman*) Écossais *m*
jockey ['dʒɔkɪ] *n* jockey *m* ▷ *vi*: **to ~ for position** manœuvrer pour être bien placé
jockey box *n* (*US Aut*) boîte *f* à gants, vide-poches *m inv*
jockstrap ['dʒɔkstræp] *n* slip *m* de sport
jocular ['dʒɔkjulə^r] *adj* jovial(e), enjoué(e); facétieux(-euse)
jog [dʒɔg] *vt* secouer ▷ *vi* (*Sport*) faire du jogging; **to ~ along** cahoter; trotter; **to ~ sb's memory** rafraîchir la mémoire de qn
jogger ['dʒɔgə^r] *n* jogger *m/f*
jogging ['dʒɔgɪŋ] *n* jogging *m*
john [dʒɔn] *n* (*US inf*): **the ~** (*toilet*) les cabinets *mpl*
join [dʒɔɪn] *vt* (*put together*) unir, assembler; (*become member of*) s'inscrire à; (*meet*) rejoindre, retrouver; (*queue*) se joindre à ▷ *vi* (*roads, rivers*) se rejoindre, se rencontrer ▷ *n* raccord *m*; **will you ~ us for dinner?** vous dînerez bien avec nous?; **I'll ~ you later** je vous rejoindrai plus tard; **to ~ forces (with)** s'associer (à)
▶ **join in** *vi* se mettre de la partie ▷ *vt fus* se mêler à
▶ **join up** *vi* (*meet*) se rejoindre; (*Mil*) s'engager

joiner ['dʒɔɪnə^r] *(Brit) n* menuisier *m*
joinery ['dʒɔɪnərɪ] *n* menuiserie *f*
joint [dʒɔɪnt] *n (Tech)* jointure *f*; joint *m*; *(Anat)* articulation *f*, jointure; *(Brit Culin)* rôti *m*; *(inf: place)* boîte *f*; *(of cannabis)* joint ▷ *adj* commun(e); *(committee)* mixte, paritaire; *(winner)* ex aequo; **~ responsibility** coresponsabilité *f*
joint account *n* compte joint
jointly ['dʒɔɪntlɪ] *adv* ensemble, en commun
joint ownership *n* copropriété *f*
joint-stock company ['dʒɔɪntstɔk-] *n* société *f* par actions
joint venture *n* entreprise commune
joist [dʒɔɪst] *n* solive *f*
joke [dʒəuk] *n* plaisanterie *f*; *(also:* **practical joke***)* farce *f* ▷ *vi* plaisanter; **to play a ~ on** jouer un tour à, faire une farce à
joker ['dʒəukə^r] *n* plaisantin *m*, blagueur(-euse); *(Cards)* joker *m*
joking ['dʒəukɪŋ] *n* plaisanterie *f*
jollity ['dʒɔlɪtɪ] *n* réjouissances *fpl*, gaieté *f*
jolly ['dʒɔlɪ] *adj* gai(e), enjoué(e); *(enjoyable)* amusant(e), plaisant(e) ▷ *adv (Brit inf)* rudement, drôlement ▷ *vt (Brit)*: **to ~ sb along** amadouer qn, convaincre *or* entraîner qn à force d'encouragements; **~ good!** *(Brit)* formidable!
jolt [dʒəult] *n* cahot *m*, secousse *f*; *(shock)* choc *m* ▷ *vt* cahoter, secouer
Jordan [dʒɔ:dən] *n (country)* Jordanie *f*; *(river)* Jourdain *m*
Jordanian [dʒɔ:'deɪnɪən] *adj* jordanien(ne) ▷ *n* Jordanien(ne)
joss stick ['dʒɔsstɪk] *n* bâton *m* d'encens
jostle ['dʒɔsl] *vt* bousculer, pousser ▷ *vi* jouer des coudes
jot [dʒɔt] *n*: **not one ~** pas un brin
▸**jot down** *vt* inscrire rapidement, noter
jotter ['dʒɔtə^r] *n (Brit)* cahier *m* (de brouillon); bloc-notes *m*
journal ['dʒə:nl] *n* journal *m*
journalese [dʒə:nə'li:z] *n (pej)* style *m* journalistique
journalism ['dʒə:nəlɪzəm] *n* journalisme *m*
journalist ['dʒə:nəlɪst] *n* journaliste *m/f*
journey ['dʒə:nɪ] *n* voyage *m*; *(distance covered)* trajet *m* ▷ *vi* voyager; **the ~ takes two hours** le trajet dure deux heures; **a 5-hour ~** un voyage de 5 heures; **how was your ~?** votre voyage s'est bien passé?
jovial ['dʒəuvɪəl] *adj* jovial(e)
jowl [dʒaul] *n* mâchoire *f (inférieure)*; bajoue *f*
joy [dʒɔɪ] *n* joie *f*
joyful ['dʒɔɪful], **joyous** ['dʒɔɪəs] *adj* joyeux(-euse)
joyride ['dʒɔɪraɪd] *vi*: **to go joyriding** *faire une virée dans une voiture volée*
joyrider ['dʒɔɪraɪdə^r] *n* voleur(-euse) de voiture *(qui fait une virée dans le véhicule volé)*
joy stick ['dʒɔɪstɪk] *n (Aviat)* manche *m* à balai; *(Comput)* manche à balai, manette *f* (de jeu)
JP *n abbr* = **Justice of the Peace**
Jr *abbr* = **junior**
JTPA *n abbr (US: = Job Training Partnership Act) programme gouvernemental de formation*
jubilant ['dʒu:bɪlnt] *adj* triomphant(e), réjoui(e)
jubilation [dʒu:bɪ'leɪʃən] *n* jubilation *f*
jubilee ['dʒu:bɪli:] *n* jubilé *m*; **silver ~** (jubilé du) vingt-cinquième anniversaire
judge [dʒʌdʒ] *n* juge *m* ▷ *vt* juger; *(estimate: weight, size etc)* apprécier; *(consider)* estimer ▷ *vi*: **judging** *or* **to ~ by his expression** d'après son expression; **as far as I can ~** autant que je puisse en juger
judge advocate *n (Mil)* magistrat *m* militaire
judgment, judgement ['dʒʌdʒmənt] *n* jugement *m*; *(punishment)* châtiment *m*; **in my ~** à mon avis; **to pass ~ on** *(Law)* prononcer un jugement (sur)
judicial [dʒu:'dɪʃl] *adj* judiciaire; *(fair)* impartial(e)
judiciary [dʒu:'dɪʃɪərɪ] *n* (pouvoir *m*) judiciaire *m*
judicious [dʒu:'dɪʃəs] *adj* judicieux(-euse)
judo ['dʒu:dəu] *n* judo *m*
jug [dʒʌg] *n* pot *m*, cruche *f*
jugged hare ['dʒʌgd-] *n (Brit)* civet *m* de lièvre
juggernaut ['dʒʌgənɔ:t] *n (Brit: huge truck)* mastodonte *m*
juggle ['dʒʌgl] *vi* jongler
juggler ['dʒʌglə^r] *n* jongleur *m*
Jugoslav ['ju:gəu'slɑ:v] *adj, n* = **Yugoslav**
jugular ['dʒʌgjulə^r] *adj*: **~ (vein)** veine *f* jugulaire
juice [dʒu:s] *n* jus *m*; *(inf: petrol)*: **we've run out of ~** c'est la panne sèche
juicy ['dʒu:sɪ] *adj* juteux(-euse)
jukebox ['dʒu:kbɔks] *n* juke-box *m*
July [dʒu:'laɪ] *n* juillet *m*; **the first of ~** le premier juillet; **(on) the eleventh of ~** le onze juillet; **in the month of ~** au mois de juillet; **at the beginning/end of ~** au début/à la fin (du mois) de juillet, début/fin juillet; **in the middle of ~** au milieu (du mois) de juillet, à la mi-juillet; **during ~** pendant le mois de juillet; **in ~ of next year** en juillet de l'année prochaine; **each** *or* **every ~** tous les ans *or* chaque année en juillet; **~ was wet this year** il a beaucoup plu cette année en juillet
jumble ['dʒʌmbl] *n* fouillis *m* ▷ *vt (also:* **jumble up, jumble together***)* mélanger, brouiller
jumble sale *n (Brit)* vente *f* de charité
jumbo ['dʒʌmbəu] *adj (also:* **jumbo jet***)* (avion) gros porteur (à réaction); **~ size** format maxi *or* extra-grand
jump [dʒʌmp] *vi* sauter, bondir; *(with fear etc)* sursauter; *(increase)* monter en flèche ▷ *vt* sauter, franchir ▷ *n* saut *m*, bond *m*; *(with fear etc)* sursaut *m*; *(fence)* obstacle *m*; **to ~ the queue** *(Brit)* passer avant son tour
▸**jump about** *vi* sautiller
▸**jump at** *vt fus (fig)* sauter sur; **he ~ed at the offer** il s'est empressé d'accepter la proposition
▸**jump down** *vi* sauter (pour descendre)
▸**jump up** *vi* se lever (d'un bond)
jumped-up ['dʒʌmptʌp] *adj (Brit pej)* parvenu(e)

j

jumper ['dʒʌmpəʳ] *n* (*Brit: pullover*) pull-over *m*; (*US: pinafore dress*) robe-chasuble *f*; (*Sport*) sauteur(-euse)
jump leads, (*US*) **jumper cables** *npl* câbles *mpl* de démarrage
jump-start ['dʒʌmpstɑːt] *vt* (*car: push*) démarrer en poussant; (*: with jump leads*) démarrer avec des câbles (de démarrage); (*fig: project, situation*) faire redémarrer promptement
jumpy ['dʒʌmpɪ] *adj* nerveux(-euse), agité(e)
Jun. *abbr* = **June**; **junior**
junction ['dʒʌŋkʃən] *n* (*Brit: of roads*) carrefour *m*; (*of rails*) embranchement *m*
juncture ['dʒʌŋktʃəʳ] *n*: **at this ~** à ce moment-là, sur ces entrefaites
June [dʒuːn] *n* juin *m*; *for phrases see also* **July**
jungle ['dʒʌŋgl] *n* jungle *f*
junior ['dʒuːnɪəʳ] *adj, n*: **he's ~ to me (by two years), he's my ~ (by two years)** il est mon cadet (de deux ans), il est plus jeune que moi (de deux ans); **he's ~ to me** (*seniority*) il est en dessous de moi (dans la hiérarchie), j'ai plus d'ancienneté que lui
junior executive *n* cadre moyen
junior high school *n* (*US*) ≈ collège *m* d'enseignement secondaire; *see also* **high school**
junior minister *n* (*Brit*) ministre *m* sous tutelle
junior partner *n* associé(-adjoint) *m*
junior school *n* (*Brit*) école *f* primaire
junior sizes *npl* (*Comm*) tailles *fpl* fillettes/garçonnets
juniper ['dʒuːnɪpəʳ] *n*: **~ berry** baie *f* de genièvre
junk [dʒʌŋk] *n* (*rubbish*) camelote *f*; (*cheap goods*) bric-à-brac *m inv*; (*ship*) jonque *f* ▷ *vt* (*inf*) abandonner, mettre au rancart
junk bond *n* (*Comm*) *obligation hautement spéculative utilisée dans les OPA agressives*
junk dealer *n* brocanteur(-euse)
junket ['dʒʌŋkɪt] *n* (*Culin*) lait caillé; (*Brit inf*): **to go on a ~, go ~ing** voyager aux frais de la princesse
junk food *n* snacks vite prêts (*sans valeur nutritive*)
junkie ['dʒʌŋkɪ] *n* (*inf*) junkie *m*, drogué(e)
junk mail *n* prospectus *mpl*; (*Comput*) messages *mpl* publicitaires
junk room *n* (*US*) débarras *m*
junk shop *n* (boutique *f* de) brocanteur *m*
Junr *abbr* = **junior**
junta ['dʒʌntə] *n* junte *f*
Jupiter ['dʒuːpɪtəʳ] *n* (*planet*) Jupiter *f*
jurisdiction [dʒuərɪs'dɪkʃən] *n* juridiction *f*; **it falls** *or* **comes within/outside our ~** cela est/n'est pas de notre compétence *or* ressort
jurisprudence [dʒuərɪs'pruːdəns] *n* jurisprudence *f*
juror ['dʒuərəʳ] *n* juré *m*
jury ['dʒuərɪ] *n* jury *m*
jury box *n* banc *m* des jurés
juryman ['dʒuərɪmən] (*irreg*) *n* = **juror**
just [dʒʌst] *adj* juste ▷ *adv*: **he's ~ done it/left** il vient de le faire/partir; **~ as I expected** exactement *or* précisément comme je m'y attendais; **~ right/two o'clock** exactement *or* juste ce qu'il faut/deux heures; **we were ~ going** nous partions; **I was ~ about to phone** j'allais téléphoner; **~ as he was leaving** au moment *or* à l'instant précis où il partait; **~ before/enough/here** juste avant/assez/là; **it's ~ me/a mistake** ce n'est que moi/(rien) qu'une erreur; **~ missed/caught** manqué/attrapé de justesse; **~ listen to this!** écoutez un peu ça!; **~ ask someone the way** vous n'avez qu'à demander votre chemin à quelqu'un; **it's ~ as good** c'est (vraiment) aussi bon; **she's ~ as clever as you** elle est tout aussi intelligente que vous; **it's ~ as well that you ...** heureusement que vous ...; **not ~ now** pas tout de suite; **~ a minute!, ~ one moment!** un instant (s'il vous plaît)!
justice ['dʒʌstɪs] *n* justice *f*; (*US: judge*) juge *m* de la Cour suprême; **Lord Chief J~** (*Brit*) premier président de la cour d'appel; **this photo doesn't do you ~** cette photo ne vous avantage pas
Justice of the Peace *n* juge *m* de paix
justifiable [dʒʌstɪ'faɪəbl] *adj* justifiable
justifiably [dʒʌstɪ'faɪəblɪ] *adv* légitimement, à juste titre
justification [dʒʌstɪfɪ'keɪʃən] *n* justification *f*
justify ['dʒʌstɪfaɪ] *vt* justifier; **to be justified in doing sth** être en droit de faire qch
justly ['dʒʌstlɪ] *adv* avec raison, justement
justness ['dʒʌstnɪs] *n* justesse *f*
jut [dʒʌt] *vi* (*also*: **jut out**) dépasser, faire saillie
jute [dʒuːt] *n* jute *m*
juvenile ['dʒuːvənaɪl] *adj* juvénile; (*court, books*) pour enfants ▷ *n* adolescent(e)
juvenile delinquency *n* délinquance *f* juvénile
juxtapose ['dʒʌkstəpəuz] *vt* juxtaposer
juxtaposition ['dʒʌkstəpə'zɪʃən] *n* juxtaposition *f*

Kk

K, k [keɪ] *n* (*letter*) K, k *m*; **K for King** K comme Kléber ▷ *abbr* (= *one thousand*) K; (*Brit*: = *Knight*) *titre honorifique*
kaftan ['kæftæn] *n* cafetan *m*
Kalahari Desert [kælə'hɑːrɪ-] *n* désert *m* de Kalahari
kale [keɪl] *n* chou frisé
kaleidoscope [kə'laɪdəskəup] *n* kaléidoscope *m*
kamikaze [kæmɪ'kɑːzɪ] *adj* kamikaze
Kampala [kæm'pɑːlə] *n* Kampala
Kampuchea [kæmpu'tʃɪə] *n* Kampuchéa *m*
kangaroo [kæŋgə'ruː] *n* kangourou *m*
Kans. *abbr* (*US*) = **Kansas**
kaput [kə'put] *adj* (*inf*) kaput
karaoke [kɑːrə'əukɪ] *n* karaoké *m*
karate [kə'rɑːtɪ] *n* karaté *m*
Kashmir [kæʃ'mɪə^r] *n* Cachemire *m*
Kazakhstan [kɑːzɑːk'stæn] *n* Kazakhstan *m*
kB *n abbr* (= *kilobyte*) Ko *m*
KC *n abbr* (*Brit Law*: = *King's Counsel*) *titre donné à certains avocats*; *see also* **QC**
kd *abbr* (*US*: = *knocked down*) en pièces détachées
kebab [kə'bæb] *n* kebab *m*
keel [kiːl] *n* quille *f*; **on an even ~** (*fig*) à flot
▸ **keel over** *vi* (*Naut*) chavirer, dessaler; (*person*) tomber dans les pommes
keen [kiːn] *adj* (*eager*) plein(e) d'enthousiasme; (*interest, desire, competition*) vif (vive); (*eye, intelligence*) pénétrant(e); (*edge*) effilé(e); **to be ~ to do** *or* **on doing sth** désirer vivement faire qch, tenir beaucoup à faire qch; **to be ~ on sth/sb** aimer beaucoup qch/qn; **I'm not ~ on going** je ne suis pas chaud pour y aller, je n'ai pas très envie d'y aller
keenly ['kiːnlɪ] *adv* (*enthusiastically*) avec enthousiasme; (*feel*) vivement, profondément; (*look*) intensément
keenness ['kiːnnɪs] *n* (*eagerness*) enthousiasme *m*; **~ to do** vif désir de faire
keep [kiːp] (*pt, pp* **kept** [kɛpt]) *vt* (*retain, preserve*) garder; (*hold back*) retenir; (*shop, accounts, promise, diary*) tenir; (*support*) entretenir, assurer la subsistance de; (*a promise*) tenir; (*chickens, bees, pigs etc*) élever ▷ *vi* (*food*) se conserver; (*remain: in a certain state or place*) rester ▷ *n* (*of castle*) donjon *m*; (*food etc*): **enough for his ~** assez pour (assurer) sa subsistance; **to ~ doing sth** (*continue*) continuer à faire qch; (*repeatedly*) ne pas arrêter de faire qch; **to ~ sb from doing/sth from happening** empêcher qn de faire *or* que qn (ne) fasse/que qch (n')arrive; **to ~ sb happy/a place tidy** faire que qn soit content/qu'un endroit reste propre; **to ~ sb waiting** faire attendre qn; **to ~ an appointment** ne pas manquer un rendez-vous; **to ~ a record of sth** prendre note de qch; **to ~ sth to o.s.** garder qch pour soi, tenir qch secret; **to ~ sth from sb** cacher qch à qn; **to ~ time** (*clock*) être à l'heure, ne pas retarder; **for ~s** (*inf*) pour de bon, pour toujours
▸ **keep away** *vt*: **to ~ sth/sb away from sb** tenir qch/qn éloigné de qn ▷ *vi*: **to ~ away (from)** ne pas s'approcher (de)
▸ **keep back** *vt* (*crowds, tears, money*) retenir; (*conceal: information*): **to ~ sth back from sb** cacher qch à qn ▷ *vi* rester en arrière
▸ **keep down** *vt* (*control: prices, spending*) empêcher d'augmenter, limiter; (*retain: food*) garder ▷ *vi* (*person*) rester assis(e); rester par terre
▸ **keep in** *vt* (*invalid, child*) garder à la maison; (*Scol*) consigner ▷ *vi* (*inf*): **to ~ in with sb** rester en bons termes avec qn
▸ **keep off** *vt* (*dog, person*) éloigner ▷ *vi* ne pas s'approcher; **if the rain ~s off** s'il ne pleut pas; **~ your hands off!** pas touche! (*inf*); **"~ off the grass"** "pelouse interdite"
▸ **keep on** *vi* continuer; **to ~ on doing** continuer à faire; **don't ~ on about it!** arrête (d'en parler)!
▸ **keep out** *vt* empêcher d'entrer ▷ *vi* (*stay out*) rester en dehors; **"~ out"** "défense d'entrer"
▸ **keep up** *vi* (*fig: in comprehension*) suivre ▷ *vt* continuer, maintenir; **to ~ up with sb** (*in work etc*) se maintenir au même niveau que qn; (*in race etc*) aller aussi vite que qn
keeper ['kiːpə^r] *n* gardien(ne)
keep-fit [kiːp'fɪt] *n* gymnastique *f* (d'entretien)
keeping ['kiːpɪŋ] *n* (*care*) garde *f*; **in ~ with** en harmonie avec
keeps [kiːps] *n*: **for ~** (*inf*) pour de bon, pour toujours

keepsake ['ki:pseɪk] *n* souvenir *m*
keg [kɛg] *n* barrique *f*, tonnelet *m*
Ken. *abbr* (*US*) = **Kentucky**
kennel ['kɛnl] *n* niche *f*; **kennels** *npl* (*for boarding*) chenil *m*
Kenya ['kɛnjə] *n* Kenya *m*
Kenyan ['kɛnjən] *adj* kényan(ne) ▷ *n* Kényan(ne)
kept [kɛpt] *pt, pp of* **keep**
kerb [kə:b] *n* (*Brit*) bordure *f* du trottoir
kerb crawler [-krɔ:lə^r] *n* *personne qui accoste les prostitué(e)s en voiture*
kernel ['kə:nl] *n* amande *f*; (*fig*) noyau *m*
kerosene ['kɛrəsi:n] *n* kérosène *m*
ketchup ['kɛtʃəp] *n* ketchup *m*
kettle ['kɛtl] *n* bouilloire *f*
key [ki:] *n*; clé *f*; (*of piano, typewriter*) touche *f*; (*on map*) légende *f* ▷ *adj* (*factor, role, area*) clé *inv* ▷ *cpd* (-)clé ▷ *vt* (*also*: **key in**: *text*) saisir; **can I have my ~?** je peux avoir ma clé?; **a ~ issue** un problème fondamental
keyboard ['ki:bɔ:d] *n* clavier *m* ▷ *vt* (*text*) saisir
keyboarder ['ki:bɔ:də^r] *n* claviste *m/f*
keyed up [ki:d'ʌp] *adj*: **to be (all) ~** être surexcité(e)
keyhole ['ki:həul] *n* trou *m* de la serrure
keyhole surgery *n* *chirurgie très minutieuse où l'incision est minimale*
keynote ['ki:nəut] *n* (*Mus*) tonique *f*; (*fig*) note dominante
keypad ['ki:pæd] *n* pavé *m* numérique
keyring ['ki:rɪŋ] *n* porte-clés *m*
keystroke ['ki:strəuk] *n* frappe *f*
kg *abbr* (= *kilogram*) K
KGB *n abbr* KGB *m*
khaki ['kɑ:kɪ] *adj, n* kaki *m*
kibbutz [kɪ'buts] *n* kibboutz *m*
kick [kɪk] *vt* donner un coup de pied à ▷ *vi* (*horse*) ruer ▷ *n* coup *m* de pied; (*of rifle*) recul *m*; (*inf*: *thrill*): **he does it for ~s** il le fait parce que ça l'excite, il le fait pour le plaisir; **to ~ the habit** (*inf*) arrêter
▸ **kick around** *vi* (*inf*) traîner
▸ **kick off** *vi* (*Sport*) donner le coup d'envoi
kick-off ['kɪkɔf] *n* (*Sport*) coup *m* d'envoi
kick-start ['kɪkstɑ:t] *n* (*also*: **kick-starter**) lanceur *m* au pied
kid [kɪd] *n* (*inf*: *child*) gamin(e), gosse *m/f*; (*animal, leather*) chevreau *m* ▷ *vi* (*inf*) plaisanter, blaguer
kid gloves *npl*: **to treat sb with ~** traiter qn avec ménagement
kidnap ['kɪdnæp] *vt* enlever, kidnapper
kidnapper ['kɪdnæpə^r] *n* ravisseur(-euse)
kidnapping ['kɪdnæpɪŋ] *n* enlèvement *m*
kidney ['kɪdnɪ] *n* (*Anat*) rein *m*; (*Culin*) rognon *m*
kidney bean *n* haricot *m* rouge
kidney machine *n* (*Med*) rein artificiel
Kilimanjaro [kɪlɪmən'dʒɑ:rəu] *n*: **Mount ~** Kilimandjaro *m*
kill [kɪl] *vt* tuer; (*fig*) faire échouer; détruire; supprimer ▷ *n* mise *f* à mort; **to ~ time** tuer le temps
▸ **kill off** *vt* exterminer; (*fig*) éliminer
killer ['kɪlə^r] *n* tueur(-euse); (*murderer*) meurtrier(-ière)
killer instinct *n* combativité *f*; **to have the ~** avoir un tempérament de battant
killing ['kɪlɪŋ] *n* meurtre *m*; (*of group of people*) tuerie *f*, massacre *m*; (*inf*): **to make a ~** se remplir les poches, réussir un beau coup ▷ *adj* (*inf*) tordant(e)
killjoy ['kɪldʒɔɪ] *n* rabat-joie *m inv*
kiln [kɪln] *n* four *m*
kilo ['ki:ləu] *n* kilo *m*
kilobyte ['ki:ləubaɪt] *n* (*Comput*) kilo-octet *m*
kilogram, kilogramme ['kɪləugræm] *n* kilogramme *m*
kilometre, (*US*) **kilometer** ['kɪləmi:tə^r] *n* kilomètre *m*
kilowatt ['kɪləuwɔt] *n* kilowatt *m*
kilt [kɪlt] *n* kilt *m*
kilter ['kɪltə^r] *n*: **out of ~** déréglé(e), détraqué(e)
kimono [kɪ'məunəu] *n* kimono *m*
kin [kɪn] *n see* **next-of-kin; kith**
kind [kaɪnd] *adj* gentil(le), aimable ▷ *n* sorte *f*, espèce *f*; (*species*) genre *m*; **would you be ~ enough to ...?, would you be so ~ as to ...?** auriez-vous la gentillesse *or* l'obligeance de ...?; **it's very ~ of you (to do)** c'est très aimable à vous (de faire); **to be two of a ~** se ressembler; **in ~** (*Comm*) en nature; (*fig*): **to repay sb in ~** rendre la pareille à qn; **~ of** (*inf*: *rather*) plutôt; **a ~ of** une sorte de; **what ~ of ...?** quelle sorte de ...?
kindergarten ['kɪndəgɑ:tn] *n* jardin *m* d'enfants
kind-hearted [kaɪnd'hɑ:tɪd] *adj* bon (bonne)
kindle ['kɪndl] *vt* allumer, enflammer
kindling ['kɪndlɪŋ] *n* petit bois
kindly ['kaɪndlɪ] *adj* bienveillant(e), plein(e) de gentillesse ▷ *adv* avec bonté; **will you ~ ...** auriez-vous la bonté *or* l'obligeance de ...; **he didn't take it ~** il l'a mal pris
kindness ['kaɪndnɪs] *n* (*quality*) bonté *f*, gentillesse *f*
kindred ['kɪndrɪd] *adj* apparenté(e); **~ spirit** âme *f* sœur
kinetic [kɪ'nɛtɪk] *adj* cinétique
king [kɪŋ] *n* roi *m*
kingdom ['kɪŋdəm] *n* royaume *m*
kingfisher ['kɪŋfɪʃə^r] *n* martin-pêcheur *m*
kingpin ['kɪŋpɪn] *n* (*Tech*) pivot *m*; (*fig*) cheville ouvrière
king-size ['kɪŋsaɪz], **king-sized** ['kɪŋsaɪzd] *adj* (*cigarette*) (format) extra-long (longue)
king-size bed, king-sized bed *n* grand lit (*de 1,95 m de large*)
kink [kɪŋk] *n* (*of rope*) entortillement *m*; (*in hair*) ondulation *f*; (*inf*: *fig*) aberration *f*
kinky ['kɪŋkɪ] *adj* (*fig*) excentrique; (*pej*) aux goûts spéciaux
kinship ['kɪnʃɪp] *n* parenté *f*
kinsman ['kɪnzmən] (*irreg*) *n* parent *m*
kinswoman ['kɪnzwumən] (*irreg*) *n* parente *f*

kiosk ['ki:ɔsk] *n* kiosque *m*; (*Brit*: *also*: **telephone kiosk**) cabine *f* (téléphonique); (*also*: **newspaper kiosk**) kiosque à journaux
kipper ['kɪpəʳ] *n* hareng fumé et salé
Kirghizia [kəː'gɪzɪə] *n* Kirghizistan *m*
kiss [kɪs] *n* baiser *m* ▷ *vt* embrasser; **to ~ (each other)** s'embrasser; **to ~ sb goodbye** dire au revoir à qn en l'embrassant
kissagram ['kɪsəgræm] *n baiser envoyé à l'occasion d'une célébration par l'intermédiaire d'une personne employée à cet effet*
kiss of life *n* (*Brit*) bouche à bouche *m*
kit [kɪt] *n* équipement *m*, matériel *m*; (*set of tools etc*) trousse *f*; (*for assembly*) kit *m*; **tool ~** nécessaire *m* à outils
▸ **kit out** *vt* (*Brit*) équiper
kitbag ['kɪtbæg] *n* sac *m* de voyage *or* de marin
kitchen ['kɪtʃɪn] *n* cuisine *f*
kitchen garden *n* jardin *m* potager
kitchen sink *n* évier *m*
kitchen unit *n* (*Brit*) élément *m* de cuisine
kitchenware ['kɪtʃɪnwɛəʳ] *n* vaisselle *f*; ustensiles *mpl* de cuisine
kite [kaɪt] *n* (*toy*) cerf-volant *m*; (*Zool*) milan *m*
kith [kɪθ] *n*: **~ and kin** parents et amis *mpl*
kitten ['kɪtn] *n* petit chat, chaton *m*
kitty ['kɪtɪ] *n* (*money*) cagnotte *f*
kiwi ['ki:wi:] *n* (*also*: **kiwi fruit**) kiwi *m*
KKK *n abbr* (*US*) = **Ku Klux Klan**
Kleenex® ['kli:nɛks] *n* Kleenex® *m*
kleptomaniac [klɛptəu'meɪnɪæk] *n* kleptomane *m/f*
km *abbr* (= *kilometre*) km
km/h *abbr* (= *kilometres per hour*) km/h
knack [næk] *n*: **to have the ~ (of doing)** avoir le coup (pour faire); **there's a ~** il y a un coup à prendre *or* une combine
knackered ['nækəd] *adj* (*inf*) crevé(e), nase
knapsack ['næpsæk] *n* musette *f*
knave [neɪv] *n* (*Cards*) valet *m*
knead [ni:d] *vt* pétrir
knee [ni:] *n* genou *m*
kneecap ['ni:kæp] *n* rotule *f* ▷ *vt* tirer un coup de feu dans la rotule de
knee-deep ['ni:'di:p] *adj*: **the water was ~** l'eau arrivait aux genoux
kneel (*pt, pp* **knelt**) [ni:l, nɛlt] *vi* (*also*: **kneel down**) s'agenouiller
kneepad ['ni:pæd] *n* genouillère *f*
knell [nɛl] *n* glas *m*
knelt [nɛlt] *pt, pp of* **kneel**
knew [nju:] *pt of* **know**
knickers ['nɪkəz] *npl* (*Brit*) culotte *f* (de femme)
knick-knack ['nɪknæk] *n* colifichet *m*
knife [naɪf] *n* (*pl* **knives** [naɪvz]) couteau *m* ▷ *vt* poignarder, frapper d'un coup de couteau; **~, fork and spoon** couvert *m*
knife-edge ['naɪfɛdʒ] *n*: **to be on a ~** être sur le fil du rasoir
knight [naɪt] *n* chevalier *m*; (*Chess*) cavalier *m*
knighthood ['naɪthud] *n* chevalerie *f*; (*title*): **to get a ~** être fait chevalier
knit [nɪt] *vt* tricoter; (*fig*): **to ~ together** unir ▷ *vi* tricoter; (*broken bones*) se ressouder; **to ~ one's brows** froncer les sourcils
knitted ['nɪtɪd] *adj* en tricot
knitting ['nɪtɪŋ] *n* tricot *m*
knitting machine *n* machine *f* à tricoter
knitting needle *n* aiguille *f* à tricoter
knitting pattern *n* modèle *m* (pour tricot)
knitwear ['nɪtwɛəʳ] *n* tricots *mpl*, lainages *mpl*
knives [naɪvz] *npl of* **knife**
knob [nɔb] *n* bouton *m*; (*Brit*): **a ~ of butter** une noix de beurre
knobbly ['nɔblɪ], (*US*) **knobby** ['nɔbɪ] *adj* (*wood, surface*) noueux(-euse); (*knees*) noueux
knock [nɔk] *vt* frapper; (*bump into*) heurter; (*make: hole etc*): **to ~ a hole in** faire un trou dans, trouer; (*force: nail etc*): **to ~ a nail into** enfoncer un clou dans; (*fig: col*) dénigrer ▷ *vi* (*engine*) cogner; (*at door etc*): **to ~ at/on** frapper à/sur ▷ *n* coup *m*; **he ~ed at the door** il frappa à la porte
▸ **knock down** *vt* renverser; (*price*) réduire
▸ **knock off** *vi* (*inf: finish*) s'arrêter (de travailler) ▷ *vt* (*vase, object*) faire tomber; (*inf: steal*) piquer; (*fig: from price etc*): **to ~ off £10** faire une remise de 10 livres
▸ **knock out** *vt* assommer; (*Boxing*) mettre k.-o.; (*in competition*) éliminer
▸ **knock over** *vt* (*object*) faire tomber; (*pedestrian*) renverser
knockdown ['nɔkdaun] *adj* (*price*) sacrifié(e)
knocker ['nɔkəʳ] *n* (*on door*) heurtoir *m*
knocking ['nɔkɪŋ] *n* coups *mpl*
knock-kneed [nɔk'ni:d] *adj* aux genoux cagneux
knockout ['nɔkaut] *n* (*Boxing*) knock-out *m*, K.-O. *m*; **~ competition** (*Brit*) compétition *f* avec épreuves éliminatoires
knock-up ['nɔkʌp] *n* (*Tennis*): **to have a ~** faire des balles
knot [nɔt] *n* (*gen*) nœud *m* ▷ *vt* nouer; **to tie a ~** faire un nœud
knotty ['nɔtɪ] *adj* (*fig*) épineux(-euse)
know [nəu] *vt* (*pt* **knew**, *pp* **known** [nju:, nəun]) savoir; (*person, place*) connaître; **to ~ that** savoir que; **to ~ how to do** savoir faire; **to ~ how to swim** savoir nager; **to ~ about/of sth** (*event*) être au courant de qch; (*subject*) connaître qch; **to get to ~ sth** (*fact*) apprendre qch; (*place*) apprendre à connaître qch; **I don't ~** je ne sais pas; **I don't ~ him** je ne le connais pas; **do you ~ where I can ...?** savez-vous où je peux ...?; **to ~ right from wrong** savoir distinguer le bon du mauvais; **as far as I ~ ...** à ma connaissance ..., autant que je sache ...
know-all ['nəuɔ:l] *n* (*Brit pej*) je-sais-tout *m/f*
know-how ['nəuhau] *n* savoir-faire *m*, technique *f*, compétence *f*
knowing ['nəuɪŋ] *adj* (*look etc*) entendu(e)
knowingly ['nəuɪŋlɪ] *adv* (*on purpose*) sciemment; (*smile, look*) d'un air entendu
know-it-all ['nəuɪtɔ:l] *n* (*US*) = **know-all**
knowledge ['nɔlɪdʒ] *n* connaissance *f*; (*learning*)

k

connaissances, savoir *m*; **to have no ~ of** ignorer; **not to my ~** pas à ma connaissance; **without my ~** à mon insu; **to have a working ~ of French** se débrouiller en français; **it is common ~ that ...** chacun sait que ...; **it has come to my ~ that ...** j'ai appris que ...
knowledgeable ['nɔlɪdʒəbl] *adj* bien informé(e)
known [nəun] *pp of* **know** ▷ *adj* (*thief, facts*) notoire; (*expert*) célèbre
knuckle ['nʌkl] *n* articulation *f* (des phalanges), jointure *f*
▸ **knuckle down** *vi* (*inf*) s'y mettre
▸ **knuckle under** *vi* (*inf*) céder
knuckleduster ['nʌkldʌstəʳ] *n* coup-de-poing américain
KO *abbr* = **knock out** ▷ *n* K.-O. *m* ▷ *vt* mettre K.-O.
koala [kəu'ɑːlə] *n* (*also*: **koala bear**) koala *m*
kook [kuːk] *n* (*US inf*) loufoque *m/f*
Koran [kɔ'rɑːn] *n* Coran *m*
Korea [kə'rɪə] *n* Corée *f*; **North/South ~** Corée du Nord/Sud
Korean [kə'rɪən] *adj* coréen(ne) ▷ *n* Coréen(ne)
kosher ['kəuʃəʳ] *adj* kascher *inv*
Kosovar, Kosovan ['kɔsəvɑːʳ, 'kɔsəvən] *adj* kosovar(e)
Kosovo ['kɔsɔvəu] *n* Kosovo *m*
kowtow ['kau'tau] *vi*: **to ~ to sb** s'aplatir devant qn
Kremlin ['krɛmlɪn] *n*: **the ~** le Kremlin
KS *abbr* (*US*) = **Kansas**
Kt *abbr* (*Brit*: = *Knight*) *titre honorifique*
Kuala Lumpur ['kwɑːlə'lumpuəʳ] *n* Kuala Lumpur
kudos ['kjuːdɔs] *n* gloire *f*, lauriers *mpl*
Kurd [kəːd] *n* Kurde *m/f*
Kuwait [ku'weɪt] *n* Koweït *m*
Kuwaiti [ku'weɪtɪ] *adj* koweïtien(ne) ▷ *n* Koweïtien(ne)
kW *abbr* (= *kilowatt*) kW
KY, Ky. *abbr* (*US*) = **Kentucky**

L[1], **l** [ɛl] *n* (*letter*) L, l *m*; **L for Lucy**, (*US*) **L for Love** L comme Louis

L[2] *abbr* (= *lake, large*) L; (= *left*) g; (*Brit Aut:* = *learner*) *signale un conducteur débutant*

l. *abbr* (= *litre*) l

LA *n abbr* (*US*) = **Los Angeles** ▷ *abbr* (*US*) = **Louisiana**

La. *abbr* (*US*) = **Louisiana**

lab [læb] *n abbr* (= *laboratory*) labo *m*

Lab. *abbr* (*Canada*) = **Labrador**

label ['leɪbl] *n* étiquette *f*; (*brand: of record*) marque *f* ▷ *vt* étiqueter; **to ~ sb a ...** qualifier qn de ...

labor *etc* ['leɪbəʳ] (*US*) = **labour** *etc*

laboratory [lə'bɔrətərɪ] *n* laboratoire *m*

Labor Day *n* (*US, Canada*) fête *f* du travail (*le premier lundi de septembre*); *voir article*

> **LABOR DAY**
>
> *Labor Day* aux États-Unis et au Canada est fixée au premier lundi de septembre. Instituée par le Congrès en 1894 après avoir été réclamée par les mouvements ouvriers pendant douze ans, elle a perdu une grande partie de son caractère politique pour devenir un jour férié assez ordinaire et l'occasion de partir pour un long week-end avant la rentrée des classes.

laborious [lə'bɔːrɪəs] *adj* laborieux(-euse)

labor union *n* (*US*) syndicat *m*

Labour ['leɪbəʳ] *n* (*Brit Pol: also:* **the Labour Party**) le parti travailliste, les travaillistes *mpl*

labour, (*US*) **labor** ['leɪbəʳ] *n* (*work*) travail *m*; (*workforce*) main-d'œuvre *f*; (*Med*) travail, accouchement *m* ▷ *vi:* **to ~ (at)** travailler dur (à), peiner (sur) ▷ *vt:* **to ~ a point** insister sur un point; **in ~** (*Med*) en travail

labour camp, (*US*) **labor camp** *n* camp *m* de travaux forcés

labour cost, (*US*) **labor cost** *n* coût *m* de la main-d'œuvre; coût de la façon

laboured, (*US*) **labored** ['leɪbəd] *adj* lourd(e), laborieux(-euse); (*breathing*) difficile, pénible; (*style*) lourd, embarrassé(e)

labourer, (*US*) **laborer** ['leɪbərəʳ] *n* manœuvre *m*; **farm ~** ouvrier *m* agricole

labour force, (*US*) **labor force** *n* main-d'œuvre *f*

labour-intensive, (*US*) **labor-intensive** [leɪbərɪn'tɛnsɪv] *adj* intensif(-ive) en main-d'œuvre

labour market, (*US*) **labor market** *n* marché *m* du travail

labour pains, (*US*) **labor pains** *npl* douleurs *fpl* de l'accouchement

labour relations, (*US*) **labor relations** *npl* relations *fpl* dans l'entreprise

labour-saving, (*US*) **labor-saving** ['leɪbəseɪvɪŋ] *adj* qui simplifie le travail

labour unrest, (*US*) **labor unrest** *n* agitation sociale

labyrinth ['læbɪrɪnθ] *n* labyrinthe *m*, dédale *m*

lace [leɪs] *n* dentelle *f*; (*of shoe etc*) lacet *m* ▷ *vt* (*shoe: also:* **lace up**) lacer; (*drink*) arroser, corser

lacemaking ['leɪsmeɪkɪŋ] *n* fabrication *f* de dentelle

laceration [læsə'reɪʃən] *n* lacération *f*

lace-up ['leɪsʌp] *adj* (*shoes etc*) à lacets

lack [læk] *n* manque *m* ▷ *vt* manquer de; **through** *or* **for ~ of** faute de, par manque de; **to be ~ing** manquer, faire défaut; **to be ~ing in** manquer de

lackadaisical [lækə'deɪzɪkl] *adj* nonchalant(e), indolent(e)

lackey ['lækɪ] *n* (*also fig*) laquais *m*

lacklustre ['læklʌstəʳ] *adj* terne

laconic [lə'kɔnɪk] *adj* laconique

lacquer ['lækəʳ] *n* laque *f*

lacy ['leɪsɪ] *adj* (*made of lace*) en dentelle; (*like lace*) comme de la dentelle, qui ressemble à de la dentelle

lad [læd] *n* garçon *m*, gars *m*; (*Brit: in stable etc*) lad *m*

ladder ['lædəʳ] *n* échelle *f*; (*Brit: in tights*) maille filée ▷ *vt, vi* (*Brit: tights*) filer

laden ['leɪdn] *adj:* **~ (with)** chargé(e) (de); **fully ~** (*truck, ship*) en pleine charge

ladle ['leɪdl] *n* louche *f*

lady ['leɪdɪ] *n* dame *f*; **"ladies and gentlemen ..."** "Mesdames (et) Messieurs ..."; **young ~** jeune fille *f*; (*married*) jeune femme *f*;

L~ Smith lady Smith; **the ladies' (room)** les toilettes *fpl* des dames; **a ~ doctor** une doctoresse, une femme médecin
ladybird ['leɪdɪbəːd], (*US*) **ladybug** ['leɪdɪbʌg] *n* coccinelle *f*
lady-in-waiting ['leɪdɪɪn'weɪtɪŋ] *n* dame *f* d'honneur
lady-killer ['leɪdɪkɪləʳ] *n* don Juan *m*
ladylike ['leɪdɪlaɪk] *adj* distingué(e)
ladyship ['leɪdɪʃɪp] *n*: **your L~** Madame la comtesse (*or* la baronne *etc*)
lag [læg] *n* retard *m* ▷ *vi* (*also*: **lag behind**) rester en arrière, traîner; (*fig*) rester à la traîne ▷ *vt* (*pipes*) calorifuger
lager ['lɑːgəʳ] *n* bière blonde
lager lout *n* (*Brit inf*) jeune voyou *m* (*porté sur la boisson*)
lagging ['lægɪŋ] *n* enveloppe isolante, calorifuge *m*
lagoon [lə'guːn] *n* lagune *f*
Lagos ['leɪgɔs] *n* Lagos
laid [leɪd] *pt, pp of* **lay**
laid back *adj* (*inf*) relaxe, décontracté(e)
laid up *adj* alité(e)
lain [leɪn] *pp of* **lie**
lair [lɛəʳ] *n* tanière *f*, gîte *m*
laissez-faire [lɛseɪ'fɛəʳ] *n* libéralisme *m*
laity ['leɪətɪ] *n* laïques *mpl*
lake [leɪk] *n* lac *m*
Lake District *n*: **the ~** (*Brit*) la région des lacs
lamb [læm] *n* agneau *m*
lamb chop *n* côtelette *f* d'agneau
lambskin ['læmskɪn] *n* (peau *f* d')agneau *m*
lambswool ['læmzwul] *n* laine *f* d'agneau
lame [leɪm] *adj* (*also fig*) boiteux(-euse); **~ duck** (*fig*) canard boiteux
lamely ['leɪmlɪ] *adv* (*fig*) sans conviction
lament [lə'mɛnt] *n* lamentation *f* ▷ *vt* pleurer, se lamenter sur
lamentable ['læməntəbl] *adj* déplorable, lamentable
laminated ['læmɪneɪtɪd] *adj* laminé(e); (*windscreen*) (en verre) feuilleté
lamp [læmp] *n* lampe *f*
lamplight ['læmplaɪt] *n*: **by ~** à la lumière de la (*or* d'une) lampe
lampoon [læm'puːn] *n* pamphlet *m*
lamppost ['læmppəust] *n* (*Brit*) réverbère *m*
lampshade ['læmpʃeɪd] *n* abat-jour *m inv*
lance [lɑːns] *n* lance *f* ▷ *vt* (*Med*) inciser
lance corporal *n* (*Brit*) (soldat *m* de) première classe *m*
lancet ['lɑːnsɪt] *n* (*Med*) bistouri *m*
Lancs [læŋks] *abbr* (*Brit*) = **Lancashire**
land [lænd] *n* (*as opposed to sea*) terre *f* (ferme); (*country*) pays *m*; (*soil*) terre; (*piece of land*) terrain *m*; (*estate*) terre(s), domaine(s) *m(pl)* ▷ *vi* (*from ship*) débarquer; (*Aviat*) atterrir; (*fig: fall*) (re)tomber ▷ *vt* (*passengers, goods*) débarquer; (*obtain*) décrocher; **to go/travel by ~** se déplacer par voie de terre; **to own ~** être propriétaire foncier; **to ~ on one's feet** (*also fig*) retomber sur ses pieds; **to ~ sb with sth** (*inf*) coller qch à qn
▶ **land up** *vi* atterrir, (finir par) se retrouver
landed gentry ['lændɪd-] *n* (*Brit*) propriétaires terriens *or* fonciers
landfill site ['lændfɪl-] *n* centre *m* d'enfouissement des déchets
landing ['lændɪŋ] *n* (*from ship*) débarquement *m*; (*Aviat*) atterrissage *m*; (*of staircase*) palier *m*
landing card *n* carte *f* de débarquement
landing craft *n* péniche *f* de débarquement
landing gear *n* train *m* d'atterrissage
landing stage *n* (*Brit*) débarcadère *m*, embarcadère *m*
landing strip *n* piste *f* d'atterrissage
landlady ['lændleɪdɪ] *n* propriétaire *f*, logeuse *f*; (*of pub*) patronne *f*
landlocked ['lændlɔkt] *adj* entouré(e) de terre(s), sans accès à la mer
landlord ['lændlɔːd] *n* propriétaire *m*, logeur *m*; (*of pub etc*) patron *m*
landlubber ['lændlʌbəʳ] *n* terrien(ne)
landmark ['lændmɑːk] *n* (point *m* de) repère *m*; **to be a ~** (*fig*) faire date *or* époque
landowner ['lændəunəʳ] *n* propriétaire foncier *or* terrien
landscape ['lænskeɪp] *n* paysage *m*
landscape architect, landscape gardener *n* paysagiste *m/f*
landscape painting *n* (*Art*) paysage *m*
landslide ['lændslaɪd] *n* (*Geo*) glissement *m* (de terrain); (*fig: Pol*) raz-de-marée (électoral)
lane [leɪn] *n* (*in country*) chemin *m*; (*in town*) ruelle *f*; (*Aut: of road*) voie *f*; (*: line of traffic*) file *f*; (*in race*) couloir *m*; **shipping ~** route *f* maritime *or* de navigation
language ['læŋgwɪdʒ] *n* langue *f*; (*way one speaks*) langage *m*; **what ~s do you speak?** quelles langues parlez-vous?; **bad ~** grossièretés *fpl*, langage grossier
language laboratory *n* laboratoire *m* de langues
language school *n* école *f* de langue
languid ['læŋgwɪd] *adj* languissant(e), langoureux(-euse)
languish ['læŋgwɪʃ] *vi* languir
lank [læŋk] *adj* (*hair*) raide et terne
lanky ['læŋkɪ] *adj* grand(e) et maigre, efflanqué(e)
lanolin, lanoline ['lænəlɪn] *n* lanoline *f*
lantern ['læntn] *n* lanterne *f*
Laos [laus] *n* Laos *m*
lap [læp] *n* (*of track*) tour *m* (de piste); (*of body*): **in** *or* **on one's ~** sur les genoux ▷ *vt* (*also*: **lap up**) laper ▷ *vi* (*waves*) clapoter
▶ **lap up** *vt* (*fig*) boire comme du petit-lait, se gargariser de; (*: lies etc*) gober
La Paz [læ'pæz] *n* La Paz
lapdog ['læpdɔg] *n* chien *m* d'appartement
lapel [lə'pɛl] *n* revers *m*
Lapland ['læplænd] *n* Laponie *f*
lapse [læps] *n* défaillance *f*; (*in behaviour*) écart *m*

(de conduite) ▷ *vi* (*Law*) cesser d'être en vigueur; (*contract*) expirer; (*pass*) être périmé; (*subscription*) prendre fin; **to ~ into bad habits** prendre de mauvaises habitudes; **~ of time** laps *m* de temps, intervalle *m*; **a ~ of memory** un trou de mémoire

laptop ['læptɔp], **laptop computer** *n* (ordinateur *m*) portable *m*

larceny ['lɑːsənɪ] *n* vol *m*

larch [lɑːtʃ] *n* mélèze *m*

lard [lɑːd] *n* saindoux *m*

larder ['lɑːdə^r] *n* garde-manger *m inv*

large [lɑːdʒ] *adj* grand(e); (*person, animal*) gros (grosse); **to make ~r** agrandir; **a ~ number of people** beaucoup de gens; **by and** ~ en général; **on a ~ scale** sur une grande échelle; **at** ~ (*free*) en liberté; (*generally*) en général; pour la plupart; *see also* **by**

largely ['lɑːdʒlɪ] *adv* en grande partie; (*principally*) surtout

large-scale ['lɑːdʒ'skeɪl] *adj* (*map, drawing etc*) à grande échelle; (*fig*) important(e)

lark [lɑːk] *n* (*bird*) alouette *f*; (*joke*) blague *f*, farce *f*

▸ **lark about** *vi* faire l'idiot, rigoler

larva (*pl* **-e**) ['lɑːvə, -iː] *n* larve *f*

laryngitis [lærɪn'dʒaɪtɪs] *n* laryngite *f*

larynx ['lærɪŋks] *n* larynx *m*

lasagne [lə'zænjə] *n* lasagne *f*

lascivious [lə'sɪvɪəs] *adj* lascif(-ive)

laser ['leɪzə^r] *n* laser *m*

laser beam *n* rayon *m* laser

laser printer *n* imprimante *f* laser

lash [læʃ] *n* coup *m* de fouet; (*also*: **eyelash**) cil *m* ▷ *vt* fouetter; (*tie*) attacher

▸ **lash down** *vt* attacher; amarrer; arrimer ▷ *vi* (*rain*) tomber avec violence

▸ **lash out** *vi*: **to ~ out (at** *or* **against sb/sth)** attaquer violemment (qn/qch); **to ~ out (on sth)** (*inf: spend*) se fendre (de qch)

lashing ['læʃɪŋ] *n*: **~s of** (*Brit inf: cream etc*) des masses de

lass [læs] (*Brit*) *n* (jeune) fille *f*

lasso [læ'suː] *n* lasso *m* ▷ *vt* prendre au lasso

last [lɑːst] *adj* dernier(-ière) ▷ *adv* en dernier; (*most recently*) la dernière fois; (*finally*) finalement ▷ *vi* durer; **~ week** la semaine dernière; **~ night** (*evening*) hier soir; (*night*) la nuit dernière; **at** ~ enfin; **~ but one** avant-dernier(-ière); **the ~ time** la dernière fois; **it ~s (for) 2 hours** ça dure 2 heures

last-ditch ['lɑːst'dɪtʃ] *adj* ultime, désespéré(e)

lasting ['lɑːstɪŋ] *adj* durable

lastly ['lɑːstlɪ] *adv* en dernier lieu, pour finir

last-minute ['lɑːstmɪnɪt] *adj* de dernière minute

latch [lætʃ] *n* loquet *m*

▸ **latch onto** *vt fus* (*cling to: person, group*) s'accrocher à; (*idea*) se mettre en tête

latchkey ['lætʃkiː] *n* clé *f* (de la porte d'entrée)

late [leɪt] *adj* (*not on time*) en retard; (*far on in day etc*) tardif(-ive); (*: edition, delivery*) dernier(-ière); (*recent*) récent(e), dernier; (*former*) ancien(ne); (*dead*) défunt(e) ▷ *adv* tard; (*behind time, schedule*) en retard; **to be** ~ avoir du retard; **to be 10 minutes** ~ avoir 10 minutes de retard; **sorry I'm** ~ désolé d'être en retard; **it's too** ~ il est trop tard; **to work** ~ travailler tard; **~ in life** sur le tard, à un âge avancé; **of** ~ dernièrement; **in ~ May** vers la fin (du mois) de mai, fin mai; **the ~ Mr X** feu M. X

latecomer ['leɪtkʌmə^r] *n* retardataire *m/f*

lately ['leɪtlɪ] *adv* récemment

lateness ['leɪtnɪs] *n* (*of person*) retard *m*; (*of event*) heure tardive

latent ['leɪtnt] *adj* latent(e); **~ defect** vice caché

later ['leɪtə^r] *adj* (*date etc*) ultérieur(e); (*version etc*) plus récent(e) ▷ *adv* plus tard; **~ on today** plus tard dans la journée

lateral ['lætərl] *adj* latéral(e)

latest ['leɪtɪst] *adj* tout(e) dernier(-ière); **the ~ news** les dernières nouvelles; **at the** ~ au plus tard

latex ['leɪtɛks] *n* latex *m*

lath (*pl* **-s**) [læθ, læðz] *n* latte *f*

lathe [leɪð] *n* tour *m*

lather ['lɑːðə^r] *n* mousse *f* (de savon) ▷ *vt* savonner ▷ *vi* mousser

Latin ['lætɪn] *n* latin *m* ▷ *adj* latin(e)

Latin America *n* Amérique latine

Latin American *adj* latino-américain(e), d'Amérique latine ▷ *n* Latino-Américain(e)

latitude ['lætɪtjuːd] *n* (*also fig*) latitude *f*

latrine [lə'triːn] *n* latrines *fpl*

latter ['lætə^r] *adj* deuxième, dernier(-ière) ▷ *n*: **the ~** ce dernier, celui-ci

latterly ['lætəlɪ] *adv* dernièrement, récemment

lattice ['lætɪs] *n* treillis *m*; treillage *m*

lattice window *n* fenêtre treillissée, fenêtre à croisillons

Latvia ['lætvɪə] *n* Lettonie *f*

Latvian ['lætvɪən] *adj* letton(ne) ▷ *n* Letton(ne); (*Ling*) letton *m*

laudable ['lɔːdəbl] *adj* louable

laudatory ['lɔːdətrɪ] *adj* élogieux(-euse)

laugh [lɑːf] *n* rire *m* ▷ *vi* rire; **(to do sth) for a ~** (faire qch) pour rire

▸ **laugh at** *vt fus* se moquer de; (*joke*) rire de

▸ **laugh off** *vt* écarter *or* rejeter par une plaisanterie *or* par une boutade

laughable ['lɑːfəbl] *adj* risible, ridicule

laughing ['lɑːfɪŋ] *adj* rieur(-euse); **this is no ~ matter** il n'y a pas de quoi rire, ça n'a rien d'amusant

laughing gas *n* gaz hilarant

laughing stock *n*: **the ~ of** la risée de

laughter ['lɑːftə^r] *n* rire *m*; (*of several people*) rires *mpl*

launch [lɔːntʃ] *n* lancement *m*; (*boat*) chaloupe *f*; (*also*: **motor launch**) vedette *f* ▷ *vt* (*ship, rocket, plan*) lancer

▸ **launch into** *vt fus* se lancer dans

▸ **launch out** *vi*: **to ~ out (into)** se lancer (dans)

launching ['lɔːntʃɪŋ] *n* lancement *m*

launder ['lɔːndəʳ] *vt* laver; (*fig: money*) blanchir
Launderette® [lɔːn'drɛt], (US) **Laundromat®** ['lɔːndrəmæt] *n* laverie *f* (automatique)
laundry ['lɔːndrɪ] *n* (*clothes*) linge *m*; (*business*) blanchisserie *f*; (*room*) buanderie *f*; **to do the ~** faire la lessive
laureate ['lɔːrɪət] *adj see* **poet laureate**
laurel ['lɔrl] *n* laurier *m*; **to rest on one's ~s** se reposer sur ses lauriers
lava ['lɑːvə] *n* lave *f*
lavatory ['lævətərɪ] *n* toilettes *fpl*
lavatory paper *n* (*Brit*) papier *m* hygiénique
lavender ['lævəndəʳ] *n* lavande *f*
lavish ['lævɪʃ] *adj* (*amount*) copieux(-euse); (*meal*) somptueux(-euse); (*hospitality*) généreux(-euse); (*person: giving freely*): **~ with** prodigue de ▷ *vt*: **to ~ sth on sb** prodiguer qch à qn; (*money*) dépenser qch sans compter pour qn
lavishly ['lævɪʃlɪ] *adv* (*give, spend*) sans compter; (*furnished*) luxueusement
law [lɔː] *n* loi *f*; (*science*) droit *m*; **against the ~** contraire à la loi; **to study ~** faire du droit; **to go to ~** (*Brit*) avoir recours à la justice; **~ and order** (*n*) l'ordre public
law-abiding ['lɔːəbaɪdɪŋ] *adj* respectueux(-euse) des lois
lawbreaker ['lɔːbreɪkəʳ] *n* personne *f* qui transgresse la loi
law court *n* tribunal *m*, cour *f* de justice
lawful ['lɔːful] *adj* légal(e), permis(e)
lawfully ['lɔːfəlɪ] *adv* légalement
lawless ['lɔːlɪs] *adj* (*action*) illégal(e); (*place*) sans loi
Law Lord *n* (*Brit*) *juge siégant à la Chambre des Lords*
lawmaker ['lɔːmeɪkəʳ] *n* législateur(-trice)
lawn [lɔːn] *n* pelouse *f*
lawnmower ['lɔːnməuəʳ] *n* tondeuse *f* à gazon
lawn tennis *n* tennis *m*
law school *n* faculté *f* de droit
law student *n* étudiant(e) en droit
lawsuit ['lɔːsuːt] *n* procès *m*; **to bring a ~ against** engager des poursuites contre
lawyer ['lɔːjəʳ] *n* (*consultant, with company*) juriste *m*; (*for sales, wills etc*) ≈ notaire *m*; (*partner, in court*) ≈ avocat *m*
lax [læks] *adj* relâché(e)
laxative ['læksətɪv] *n* laxatif *m*
laxity ['læksɪtɪ] *n* relâchement *m*
lay [leɪ] *pt of* **lie** ▷ *adj* laïque; (*not expert*) profane ▷ *vt* (*pt, pp* **laid** [leɪd]) poser, mettre; (*eggs*) pondre; (*trap*) tendre; (*plans*) élaborer; **to ~ the table** mettre la table; **to ~ the facts/one's proposals before sb** présenter les faits/ses propositions à qn; **to get laid** (*inf!*) baiser (*!*), se faire baiser (*!*)
▸ **lay aside, lay by** *vt* mettre de côté
▸ **lay down** *vt* poser; (*rules etc*) établir; **to ~ down the law** (*fig*) faire la loi
▸ **lay in** *vt* accumuler, s'approvisionner en
▸ **lay into** *vi* (*inf: attack*) tomber sur; (*: scold*) passer une engueulade à
▸ **lay off** *vt* (*workers*) licencier
▸ **lay on** *vt* (*water, gas*) mettre, installer; (*provide: meal etc*) fournir; (*paint*) étaler
▸ **lay out** *vt* (*design*) dessiner, concevoir; (*display*) disposer; (*spend*) dépenser
▸ **lay up** *vt* (*store*) amasser; (*car*) remiser; (*ship*) désarmer; (*illness*) forcer à s'aliter
layabout ['leɪəbaut] *n* fainéant(e)
lay-by ['leɪbaɪ] *n* (*Brit*) aire *f* de stationnement (sur le bas-côté)
lay days *npl* (*Naut*) estarie *f*
layer ['leɪəʳ] *n* couche *f*
layette [leɪ'ɛt] *n* layette *f*
layman ['leɪmən] (*irreg*) *n* (*Rel*) laïque *m*; (*non-expert*) profane *m*
lay-off ['leɪɔf] *n* licenciement *m*
layout ['leɪaut] *n* disposition *f*, plan *m*, agencement *m*; (*Press*) mise *f* en page
laze [leɪz] *vi* paresser
laziness ['leɪzɪnɪs] *n* paresse *f*
lazy ['leɪzɪ] *adj* paresseux(-euse)
LB *abbr* (*Canada*) = **Labrador**
lb. *abbr* (*weight*) = **pound**
lbw *abbr* (*Cricket: = leg before wicket*) *faute dans laquelle le joueur a la jambe devant le guichet*
LC *n abbr* (US) = **Library of Congress**
lc *abbr* (*Typ: = lower case*) b.d.c.
L/C *abbr* = **letter of credit**
LCD *n abbr* = **liquid crystal display**
Ld *abbr* (*Brit: = lord*) *titre honorifique*
LDS *n abbr* (*= Licentiate in Dental Surgery*) *diplôme universitaire*; (*= Latter-day Saints*) *Église de Jésus-Christ des Saints du dernier jour*
LEA *n abbr* (*Brit: = local education authority*) *services locaux de l'enseignement*
lead¹ [liːd] (*pt, pp* **led** [lɛd]) *n* (*front position*) tête *f*; (*distance, time ahead*) avance *f*; (*clue*) piste *f*; (*to battery*) raccord *m*; (*Elec*) fil *m*; (*for dog*) laisse *f*; (*Theat*) rôle principal ▷ *vt* (*guide*) mener, conduire; (*induce*) amener; (*be leader of*) être à la tête de; (*Sport*) être en tête de; (*orchestra: Brit*) être le premier violon de; (*: US*) diriger ▷ *vi* (*Sport*) mener, être en tête; **to ~ to** (*road, pipe*) mener à, conduire à; (*result in*) conduire à; aboutir à; **to ~ sb astray** détourner qn du droit chemin; **to be in the ~** (*Sport: in race*) mener, être en tête; (*: in match*) mener (à la marque); **to take the ~** (*Sport*) passer en tête, prendre la tête; mener; (*fig*) prendre l'initiative; **to ~ sb to believe that ...** amener qn à croire que ...; **to ~ sb to do sth** amener qn à faire qch; **to ~ the way** montrer le chemin
▸ **lead away** *vt* emmener
▸ **lead back** *vt* ramener
▸ **lead off** *vi* (*in game etc*) commencer
▸ **lead on** *vt* (*tease*) faire marcher; **to ~ sb on to** (*induce*) amener qn à
▸ **lead up to** *vt* conduire à; (*in conversation*) en venir à
lead² [lɛd] *n* (*metal*) plomb *m*; (*in pencil*) mine *f*
leaded ['lɛdɪd] *adj* (*windows*) à petits carreaux
leaded petrol *n* essence *f* au plomb
leaden ['lɛdn] *adj* de *or* en plomb

leader ['li:dəʳ] *n* (*of team*) chef *m*; (*of party etc*) dirigeant(e), leader *m*; (*Sport: in league*) leader; (*: in race*) coureur *m* de tête; (*in newspaper*) éditorial *m*; **they are ~s in their field** (*fig*) ils sont à la pointe du progrès dans leur domaine; **the L~ of the House** (*Brit*) le chef de la majorité ministérielle

leadership ['li:dəʃɪp] *n* (*position*) direction *f*; **under the ~ of ...** sous la direction de ...; **qualities of ~** qualités *fpl* de chef *or* de meneur

lead-free ['lɛdfri:] *adj* sans plomb

leading ['li:dɪŋ] *adj* de premier plan; (*main*) principal(e); (*in race*) de tête; **a ~ question** une question tendancieuse; **~ role** rôle prépondérant *or* de premier plan

leading lady *n* (*Theat*) vedette (féminine)

leading light *n* (*person*) sommité *f*, personnalité *f* de premier plan

leading man (*irreg*) *n* (*Theat*) vedette (masculine)

lead pencil [lɛd-] *n* crayon noir *or* à papier

lead poisoning [lɛd-] *n* saturnisme *m*

lead singer [li:d-] *n* (*in pop group*) (chanteur *m*) vedette *f*

lead time [li:d-] *n* (*Comm*) délai *m* de livraison

lead weight [lɛd-] *n* plomb *m*

leaf (*pl* **leaves**) [li:f, li:vz] *n* feuille *f*; (*of table*) rallonge *f*; **to turn over a new ~** (*fig*) changer de conduite *or* d'existence; **to take a ~ out of sb's book** (*fig*) prendre exemple sur qn

▸ **leaf through** *vt* (*book*) feuilleter

leaflet ['li:flɪt] *n* prospectus *m*, brochure *f*; (*Pol, Rel*) tract *m*

leafy ['li:fɪ] *adj* feuillu(e)

league [li:g] *n* ligue *f*; (*Football*) championnat *m*; (*measure*) lieue *f*; **to be in ~ with** avoir partie liée avec, être de mèche avec

league table *n* classement *m*

leak [li:k] *n* (*out: also fig*) fuite *f*; (*in*) infiltration *f* ▹ *vi* (*pipe, liquid etc*) fuir; (*shoes*) prendre l'eau; (*ship*) faire eau ▹ *vt* (*liquid*) répandre; (*information*) divulguer

▸ **leak out** *vi* fuir; (*information*) être divulgué(e)

leakage ['li:kɪdʒ] *n* (*also fig*) fuite *f*

leaky ['li:kɪ] *adj* (*pipe, bucket*) qui fuit, percé(e); (*roof*) qui coule; (*shoe*) qui prend l'eau; (*boat*) qui fait eau

lean [li:n] (*pt, pp* **-ed** *or* **leant** [lɛnt]) *adj* maigre ▹ *n* (*of meat*) maigre *m* ▹ *vt*: **to ~ sth on** appuyer qch sur ▹ *vi* (*slope*) pencher; (*rest*): **to ~ against** s'appuyer contre; être appuyé(e) contre; **to ~ on** s'appuyer sur

▸ **lean back** *vi* se pencher en arrière

▸ **lean forward** *vi* se pencher en avant

▸ **lean out** *vi*: **to ~ out (of)** se pencher au dehors (de)

▸ **lean over** *vi* se pencher

leaning ['li:nɪŋ] *adj* penché(e) ▹ *n*: **~ (towards)** penchant *m* (pour); **the L~ Tower of Pisa** la tour penchée de Pise

leant [lɛnt] *pt, pp of* **lean**

lean-to ['li:ntu:] *n* appentis *m*

leap [li:p] *n* bond *m*, saut *m* ▹ *vi* (*pt, pp* **-ed** *or* **leapt** [lɛpt]) bondir, sauter; **to ~ at an offer** saisir une offre

▸ **leap up** *vi* (*person*) faire un bond; se lever d'un bond

leapfrog ['li:pfrɔg] *n* jeu *m* de saute-mouton

leapt [lɛpt] *pt, pp of* **leap**

leap year *n* année *f* bissextile

learn (*pt, pp* **-ed** *or* **-t**) [lə:n, -t] *vt, vi* apprendre; **to ~ (how) to do sth** apprendre à faire qch; **we were sorry to ~ that ...** nous avons appris avec regret que ...; **to ~ about sth** (*Scol*) étudier qch; (*hear, read*) apprendre qch

learned ['lə:nɪd] *adj* érudit(e), savant(e)

learner ['lə:nəʳ] *n* débutant(e); (*Brit: also:* **learner driver**) (conducteur(-trice)) débutant(e)

learning ['lə:nɪŋ] *n* savoir *m*

learnt [lə:nt] *pp of* **learn**

lease [li:s] *n* bail *m* ▹ *vt* louer à bail; **on ~** en location

▸ **lease back** *vt* vendre en cession-bail

leaseback ['li:sbæk] *n* cession-bail *f*

leasehold ['li:shəuld] *n* (*contract*) bail *m* ▹ *adj* loué(e) à bail

leash [li:ʃ] *n* laisse *f*

least [li:st] *adj*: **the ~** (*+ noun*) le (la) plus petit(e), le (la) moindre; (*smallest amount of*) le moins de ▹ *pron*: **(the) ~** le moins ▹ *adv* (*+ verb*) le moins; (*+ adj*): **the ~** le (la) moins; **the ~ money** le moins d'argent; **the ~ expensive** le (la) moins cher (chère); **the ~ possible effort** le moins d'effort possible; **at ~** au moins; (*or rather*) du moins; **you could at ~ have written** tu aurais au moins pu écrire; **not in the ~** pas le moins du monde

leather ['lɛðəʳ] *n* cuir *m* ▹ *cpd* en *or* de cuir; **~ goods** maroquinerie *f*

leave [li:v] (*vb: pt, pp* **left** [lɛft]) *vt* laisser; (*go away from*) quitter; (*forget*) oublier ▹ *vi* partir, s'en aller ▹ *n* (*time off*) congé *m*; (*Mil, also: consent*) permission *f*; **what time does the train/bus ~?** le train/le bus part à quelle heure?; **to ~ sth to sb** (*money etc*) laisser qch à qn; **to be left** rester; **there's some milk left over** il reste du lait; **to ~ school** quitter l'école, terminer sa scolarité; **~ it to me!** laissez-moi faire!, je m'en occupe!; **on ~** en permission; **to take one's ~ of** prendre congé de; **~ of absence** *n* congé exceptionnel; (*Mil*) permission spéciale

▸ **leave behind** *vt* (*also fig*) laisser; (*opponent in race*) distancer; (*forget*) laisser, oublier

▸ **leave off** *vt* (*cover, lid, heating*) ne pas (re)mettre; (*light*) ne pas (r)allumer, laisser éteint(e); (*Brit inf: stop*): **to ~ off (doing sth)** s'arrêter (de faire qch)

▸ **leave on** *vt* (*coat etc*) garder, ne pas enlever; (*lid*) laisser dessus; (*light, fire, cooker*) laisser allumé(e)

▸ **leave out** *vt* oublier, omettre

leaves [li:vz] *npl of* **leaf**

leavetaking ['li:vteɪkɪŋ] *n* adieux *mpl*

Lebanese [lɛbə'ni:z] *adj* libanais(e) ▹ *n* (*pl inv*)

Libanais(e)
Lebanon ['lɛbənən] *n* Liban *m*
lecherous ['lɛtʃərəs] *adj* lubrique
lectern ['lɛktə:n] *n* lutrin *m*, pupitre *m*
lecture ['lɛktʃəʳ] *n* conférence *f*; (*Scol*) cours (magistral) ▷ *vi* donner des cours; enseigner ▷ *vt* (*scold*) sermonner, réprimander; **to ~ on** faire un cours (*or* son cours) sur; **to give a ~ (on)** faire une conférence (sur), faire un cours (sur)
lecture hall *n* amphithéâtre *m*
lecturer ['lɛktʃərəʳ] *n* (*speaker*) conférencier(-ière); (*Brit: at university*) professeur *m* (d'université), prof *m/f* de fac (*inf*); **assistant ~** (*Brit*) ≈ assistant(e); **senior ~** (*Brit*) ≈ chargé(e) d'enseignement
lecture theatre *n* = **lecture hall**
LED *n abbr* (= *light-emitting diode*) LED *f*, diode électroluminescente
led [lɛd] *pt, pp of* **lead'**
ledge [lɛdʒ] *n* (*of window, on wall*) rebord *m*; (*of mountain*) saillie *f*, corniche *f*
ledger ['lɛdʒəʳ] *n* registre *m*, grand livre
lee [li:] *n* côté *m* sous le vent; **in the ~ of** à l'abri de
leech [li:tʃ] *n* sangsue *f*
leek [li:k] *n* poireau *m*
leer [lɪəʳ] *vi*: **to ~ at sb** regarder qn d'un air mauvais *or* concupiscent, lorgner qn
leeward ['li:wəd] *adj, adv* sous le vent ▷ *n* côté *m* sous le vent; **to ~** sous le vent
leeway ['li:weɪ] *n* (*fig*): **to make up ~** rattraper son retard; **to have some ~** avoir une certaine liberté d'action
left [lɛft] *pt, pp of* **leave** ▷ *adj* gauche ▷ *adv* à gauche ▷ *n* gauche *f*; **there are two ~** il en reste deux; **on the ~, to the ~** à gauche; **the L~** (*Pol*) la gauche
left-hand ['lɛfthænd] *adj*: **the ~ side** la gauche, le côté gauche
left-hand drive ['lɛfthænd-] *n* (*Brit*) conduite *f* à gauche; (*vehicle*) véhicule *m* avec la conduite à gauche
left-handed [lɛft'hændɪd] *adj* gaucher(-ère); (*scissors etc*) pour gauchers
leftie ['lɛftɪ] *n* (*inf*) gaucho *m/f*, gauchiste *m/f*
leftist ['lɛftɪst] *adj* (*Pol*) gauchiste, de gauche
left-luggage [lɛft'lʌgɪdʒ], **left-luggage office** *n* (*Brit*) consigne *f*
left-luggage locker [lɛft'lʌgɪdʒ-] *n* (*Brit*) (casier *m* à) consigne *f* automatique
left-overs ['lɛftəuvəz] *npl* restes *mpl*
left wing *n* (*Mil, Sport*) aile *f* gauche; (*Pol*) gauche *f*
left-wing ['lɛft'wɪŋ] *adj* (*Pol*) de gauche
left-winger ['lɛft'wɪŋgəʳ] *n* (*Pol*) membre *m* de la gauche; (*Sport*) ailier *m* gauche
lefty ['lɛftɪ] *n* (*inf*) = **leftie**
leg [lɛg] *n* jambe *f*; (*of animal*) patte *f*; (*of furniture*) pied *m*; (*Culin: of chicken*) cuisse *f*; (*of journey*) étape *f*; **1st/2nd ~** (*Sport*) match *m* aller/retour; (*of journey*) 1ère/2ème étape; **~ of lamb** (*Culin*) gigot *m* d'agneau; **to stretch one's ~s** se dégourdir les jambes
legacy ['lɛgəsɪ] *n* (*also fig*) héritage *m*, legs *m*
legal ['li:gl] *adj* (*permitted by law*) légal(e); (*relating to law*) juridique; **to take ~ action** *or* **proceedings against sb** poursuivre qn en justice
legal adviser *n* conseiller(-ère) juridique
legal holiday (*US*) *n* jour férié
legality [lɪ'gælɪtɪ] *n* légalité *f*
legalize ['li:gəlaɪz] *vt* légaliser
legally ['li:gəlɪ] *adv* légalement; **~ binding** juridiquement contraignant(e)
legal tender *n* monnaie légale
legation [lɪ'geɪʃən] *n* légation *f*
legend ['lɛdʒənd] *n* légende *f*
legendary ['lɛdʒəndərɪ] *adj* légendaire
-legged ['lɛgɪd] *suffix*: **two~** à deux pattes (*or* jambes *or* pieds)
leggings ['lɛgɪŋz] *npl* caleçon *m*
leggy ['lɛgɪ] *adj* aux longues jambes
legibility [lɛdʒɪ'bɪlɪtɪ] *n* lisibilité *f*
legible ['lɛdʒəbl] *adj* lisible
legibly ['lɛdʒəblɪ] *adv* lisiblement
legion ['li:dʒən] *n* légion *f*
legionnaire [li:dʒə'nɛəʳ] *n* légionnaire *m*; **~'s disease** maladie *f* du légionnaire
legislate ['lɛdʒɪsleɪt] *vi* légiférer
legislation [lɛdʒɪs'leɪʃən] *n* législation *f*; **a piece of ~** un texte de loi
legislative ['lɛdʒɪslətɪv] *adj* législatif(-ive)
legislator ['lɛdʒɪsleɪtəʳ] *n* législateur(-trice)
legislature ['lɛdʒɪslətʃəʳ] *n* corps législatif
legitimacy [lɪ'dʒɪtɪməsɪ] *n* légitimité *f*
legitimate [lɪ'dʒɪtɪmət] *adj* légitime
legitimize [lɪ'dʒɪtɪmaɪz] *vt* légitimer
legless ['lɛglɪs] *adj* (*Brit inf*) bourré(e)
leg-room ['lɛgru:m] *n* place *f* pour les jambes
Leics *abbr* (*Brit*) = **Leicestershire**
leisure ['lɛʒəʳ] *n* (*free time*) temps libre, loisirs *mpl*; **at ~** (tout) à loisir; **at your ~** (*later*) à tête reposée
leisure centre *n* (*Brit*) centre *m* de loisirs
leisurely ['lɛʒəlɪ] *adj* tranquille, fait(e) sans se presser
leisure suit *n* (*Brit*) survêtement *m* (mode)
lemon ['lɛmən] *n* citron *m*
lemonade [lɛmə'neɪd] *n* (*fizzy*) limonade *f*
lemon cheese, lemon curd *n* crème *f* de citron
lemon juice *n* jus *m* de citron
lemon squeezer [-skwi:zəʳ] *n* presse-citron *m inv*
lemon tea *n* thé *m* au citron
lend (*pt, pp* **lent**) [lɛnd, lɛnt] *vt*: **to ~ sth (to sb)** prêter qch (à qn); **could you ~ me some money?** pourriez-vous me prêter de l'argent?; **to ~ a hand** donner un coup de main
lender ['lɛndəʳ] *n* prêteur(-euse)
lending library ['lɛndɪŋ-] *n* bibliothèque *f* de prêt
length [lɛŋθ] *n* longueur *f*; (*section: of road, pipe etc*) morceau *m*, bout *m*; **~ of time** durée *f*; **what ~ is it?** quelle longueur fait-il?; **it is 2 metres**

in ~ cela fait 2 mètres de long; **to fall full ~** tomber de tout son long; **at ~** (*at last*) enfin, à la fin; (*lengthily*) longuement; **to go to any ~(s) to do sth** faire n'importe quoi pour faire qch, ne reculer devant rien pour faire qch
lengthen ['lɛŋθn] *vt* allonger, prolonger ▷ *vi* s'allonger
lengthways ['lɛŋθweɪz] *adv* dans le sens de la longueur, en long
lengthy ['lɛŋθɪ] *adj* (très) long (longue)
leniency ['li:nɪənsɪ] *n* indulgence *f*, clémence *f*
lenient ['li:nɪənt] *adj* indulgent(e), clément(e)
leniently ['li:nɪəntlɪ] *adv* avec indulgence *or* clémence
lens [lɛnz] *n* lentille *f*; (*of spectacles*) verre *m*; (*of camera*) objectif *m*
Lent [lɛnt] *n* carême *m*
lent [lɛnt] *pt, pp of* **lend**
lentil ['lɛntl] *n* lentille *f*
Leo ['li:əu] *n* le Lion; **to be ~** être du Lion
leopard ['lɛpəd] *n* léopard *m*
leotard ['li:ətɑ:d] *n* justaucorps *m*
leper ['lɛpəʳ] *n* lépreux(-euse)
leper colony *n* léproserie *f*
leprosy ['lɛprəsɪ] *n* lèpre *f*
lesbian ['lɛzbɪən] *n* lesbienne *f* ▷ *adj* lesbien(ne)
lesion ['li:ʒən] *n* (*Med*) lésion *f*
Lesotho [lɪ'su:tu:] *n* Lesotho *m*
less [lɛs] *adj* moins de ▷ *pron, adv* moins ▷ *prep*: **~ tax/10% discount** avant impôt/moins 10% de remise; **~ than that/you** moins que cela/vous; **~ than half** moins de la moitié; **~ than one/a kilo/3 metres** moins de un/d'un kilo/de 3 mètres; **~ than ever** moins que jamais; **~ and ~** de moins en moins; **the ~ he works ...** moins il travaille ...
lessee [lɛ'si:] *n* locataire *m/f* (à bail), preneur(-euse) du bail
lessen ['lɛsn] *vi* diminuer, s'amoindrir, s'atténuer ▷ *vt* diminuer, réduire, atténuer
lesser ['lɛsəʳ] *adj* moindre; **to a ~ extent** *or* **degree** à un degré moindre
lesson ['lɛsn] *n* leçon *f*; **a maths ~** une leçon *or* un cours de maths; **to give ~s in** donner des cours de; **to teach sb a ~** (*fig*) donner une bonne leçon à qn; **it taught him a ~** (*fig*) cela lui a servi de leçon
lessor ['lɛsɔ:ʳ, lɛ'sɔ:ʳ] *n* bailleur(-eresse)
lest [lɛst] *conj* de peur de + *infinitive*, de peur que + *sub*
let (*pt, pp* **-**) [lɛt] *vt* laisser; (*Brit: lease*) louer; **to ~ sb do sth** laisser qn faire qch; **to ~ sb know sth** faire savoir qch à qn, prévenir qn de qch; **he ~ me go** il m'a laissé partir; **~ the water boil and ...** faites bouillir l'eau et ...; **to ~ go** lâcher prise; **to ~ go of sth, to ~ sth go** lâcher qch; **~'s go** allons-y; **~ him come** qu'il vienne; **"to ~"** (*Brit*) "à louer"
▸ **let down** *vt* (*lower*) baisser; (*dress*) rallonger; (*hair*) défaire; (*Brit: tyre*) dégonfler; (*disappoint*) décevoir
▸ **let go** *vi* lâcher prise ▷ *vt* lâcher
▸ **let in** *vt* laisser entrer; (*visitor etc*) faire entrer; **what have you ~ yourself in for?** à quoi t'es-tu engagé?
▸ **let off** *vt* (*allow to leave*) laisser partir; (*not punish*) ne pas punir; (*taxi driver, bus driver*) déposer; (*firework etc*) faire partir; (*bomb*) faire exploser; (*smell etc*) dégager; **to ~ off steam** (*fig: inf*) se défouler, décharger sa rate *or* bile
▸ **let on** *vi* (*inf*): **to ~ on that ....** révéler que ..., dire que ...
▸ **let out** *vt* laisser sortir; (*dress*) élargir; (*scream*) laisser échapper; (*Brit: rent out*) louer
▸ **let up** *vi* diminuer, s'arrêter
let-down ['lɛtdaun] *n* (*disappointment*) déception *f*
lethal ['li:θl] *adj* mortel(le), fatal(e); (*weapon*) meurtrier(-ère)
lethargic [lɛ'θɑ:dʒɪk] *adj* léthargique
lethargy ['lɛθədʒɪ] *n* léthargie *f*
letter ['lɛtəʳ] *n* lettre *f*; **letters** *npl* (*Literature*) lettres; **small/capital ~** minuscule *f*/majuscule *f*; **~ of credit** lettre *f* de crédit
letter bomb *n* lettre piégée
letterbox ['lɛtəbɔks] *n* (*Brit*) boîte *f* aux *or* à lettres
letterhead ['lɛtəhɛd] *n* en-tête *m*
lettering ['lɛtərɪŋ] *n* lettres *fpl*; caractères *mpl*
letter opener *n* coupe-papier *m*
letterpress ['lɛtəprɛs] *n* (*method*) typographie *f*
letter quality *n* qualité *f* "courrier"
letters patent *npl* brevet *m* d'invention
lettuce ['lɛtɪs] *n* laitue *f*, salade *f*
let-up ['lɛtʌp] *n* répit *m*, détente *f*
leukaemia, (US) **leukemia** [lu:'ki:mɪə] *n* leucémie *f*
level ['lɛvl] *adj* (*flat*) plat(e), plan(e), uni(e); (*horizontal*) horizontal(e) ▷ *n* niveau *m*; (*flat place*) terrain plat; (*also*: **spirit level**) niveau à bulle ▷ *vt* niveler, aplanir; (*gun*) pointer, braquer; (*accusation*): **to ~ (against)** lancer *or* porter (contre) ▷ *vi* (*inf*): **to ~ with sb** être franc (franche) avec qn; **"A" ~s** (*npl: Brit*) ≈ baccalauréat *m*; **"O" ~s** *npl* (*Brit: formerly*) *examens passés à l'âge de 16 ans sanctionnant les connaissances de l'élève*, ≈ brevet *m* des collèges; **a ~ spoonful** (*Culin*) une cuillerée rase; **to be ~ with** être au même niveau que; **to draw ~ with** (*team*) arriver à égalité de points avec, égaliser avec; arriver au même classement que; (*runner, car*) arriver à la hauteur de, rattraper; **on the ~** à l'horizontale; (*fig: honest*) régulier(-ière)
▸ **level off, level out** *vi* (*prices etc*) se stabiliser ▷ *vt* (*ground*) aplanir, niveler
level crossing *n* (*Brit*) passage *m* à niveau
level-headed [lɛvl'hɛdɪd] *adj* équilibré(e)
levelling, (US) **leveling** ['lɛvlɪŋ] *adj* (*process, effect*) de nivellement
level playing field *n*: **to compete on a ~** jouer sur un terrain d'égalité
lever ['li:vəʳ] *n* levier *m* ▷ *vt*: **to ~ up/out** soulever/extraire au moyen d'un levier
leverage ['li:vərɪdʒ] *n* (*influence*): **~ (on** *or* **with)**

prise *f* (sur)
levity ['lɛvɪtɪ] *n* manque *m* de sérieux, légèreté *f*
levy ['lɛvɪ] *n* taxe *f*, impôt *m* ▷ *vt* (*tax*) lever; (*fine*) infliger
lewd [lu:d] *adj* obscène, lubrique
lexicographer [lɛksɪ'kɔgrəfə[r]] *n* lexicographe *m/f*
lexicography [lɛksɪ'kɔgrəfɪ] *n* lexicographie *f*
LGV *n abbr* (= *Large Goods Vehicle*) poids lourd
LI *abbr* (*US*) = **Long Island**
liabilities [laɪə'bɪlətɪz] *npl* (*Comm*) obligations *fpl*, engagements *mpl*; (*on balance sheet*) passif *m*
liability [laɪə'bɪlətɪ] *n* responsabilité *f*; (*handicap*) handicap *m*
liable ['laɪəbl] *adj* (*subject*): **~ to** sujet(te) à, passible de; (*responsible*): **~ (for)** responsable (de); (*likely*): **~ to do** susceptible de faire; **to be ~ to a fine** être passible d'une amende
liaise [li:'eɪz] *vi*: **to ~ with** assurer la liaison avec
liaison [li:'eɪzɔn] *n* liaison *f*
liar ['laɪə[r]] *n* menteur(-euse)
libel ['laɪbl] *n* diffamation *f*; (*document*) écrit *m* diffamatoire ▷ *vt* diffamer
libellous ['laɪbləs] *adj* diffamatoire
liberal ['lɪbərl] *adj* libéral(e); (*generous*): **~ with** prodigue de, généreux(-euse) avec ▷ *n*: **L~** (*Pol*) libéral(e)
Liberal Democrat *n* (*Brit*) libéral(e)-démocrate *m/f*
liberality [lɪbə'rælɪtɪ] *n* (*generosity*) générosité *f*, libéralité *f*
liberalize ['lɪbərəlaɪz] *vt* libéraliser
liberal-minded ['lɪbərl'maɪndɪd] *adj* libéral(e), tolérant(e)
liberate ['lɪbəreɪt] *vt* libérer
liberation [lɪbə'reɪʃən] *n* libération *f*
liberation theology *n* théologie *f* de libération
Liberia [laɪ'bɪərɪə] *n* Libéria *m*, Liberia *m*
Liberian [laɪ'bɪərɪən] *adj* libérien(ne) ▷ *n* Libérien(ne)
liberty ['lɪbətɪ] *n* liberté *f*; **to be at ~** (*criminal*) être en liberté; **at ~ to do** libre de faire; **to take the ~ of** prendre la liberté de, se permettre de
libido [lɪ'bi:dəu] *n* libido *f*
Libra ['li:brə] *n* la Balance; **to be ~** être de la Balance
librarian [laɪ'brɛərɪən] *n* bibliothécaire *m/f*
library ['laɪbrərɪ] *n* bibliothèque *f*
library book *n* livre *m* de bibliothèque
libretto [lɪ'brɛtəu] *n* livret *m*
Libya ['lɪbɪə] *n* Libye *f*
Libyan ['lɪbɪən] *adj* libyen(ne), de Libye ▷ *n* Libyen(ne)
lice [laɪs] *npl of* **louse**
licence, (*US*) **license** ['laɪsns] *n* autorisation *f*, permis *m*; (*Comm*) licence *f*; (*Radio, TV*) redevance *f*; (*also*: **driving licence**; *US*: *also*: **driver's license**) permis *m* (de conduire); (*excessive freedom*) licence; **import ~** licence d'importation; **produced under ~** fabriqué(e) sous licence
licence number *n* (*Brit Aut*) numéro *m* d'immatriculation
license ['laɪsns] *n* (*US*) = **licence** ▷ *vt* donner une licence à; (*car*) acheter la vignette de; délivrer la vignette de
licensed ['laɪsnst] *adj* (*for alcohol*) patenté(e) pour la vente des spiritueux, qui a une patente de débit de boissons; (*car*) muni(e) de la vignette
licensee [laɪsən'si:] *n* (*Brit*: *of pub*) patron(ne), gérant(e)
license plate *n* (*US Aut*) plaque *f* minéralogique
licensing hours (*Brit*) *npl* heures *fpl* d'ouvertures (*des pubs*)
licentious [laɪ'sɛnʃəs] *adj* licencieux(-euse)
lichen ['laɪkən] *n* lichen *m*
lick [lɪk] *vt* lécher; (*inf*: *defeat*) écraser, flanquer une piquette *or* raclée à ▷ *n* coup *m* de langue; **a ~ of paint** un petit coup de peinture; **to ~ one's lips** (*fig*) se frotter les mains
licorice ['lɪkərɪs] *n* = **liquorice**
lid [lɪd] *n* couvercle *m*; (*eyelid*) paupière *f*; **to take the ~ off sth** (*fig*) exposer *or* étaler qch au grand jour
lido ['laɪdəu] *n* piscine *f* en plein air, complexe *m* balnéaire
lie [laɪ] *n* mensonge *m* ▷ *vi* (*pt, pp* **-d**) (*tell lies*) mentir; (*pt* **lay**, *pp* **lain** [leɪ, leɪn]) (*rest*) être étendu(e) *or* allongé(e) *or* couché(e); (*in grave*) être enterré(e), reposer; (*object*: *be situated*) se trouver, être; **to ~ low** (*fig*) se cacher, rester caché(e); **to tell ~s** mentir
▸ **lie about, lie around** *vi* (*things*) traîner; (*Brit*: *person*) traînasser, flemmarder
▸ **lie back** *vi* se renverser en arrière
▸ **lie down** *vi* se coucher, s'étendre
▸ **lie up** *vi* (*hide*) se cacher
Liechtenstein ['lɪktənstaɪn] *n* Liechtenstein *m*
lie detector *n* détecteur *m* de mensonges
lie-down ['laɪdaun] *n* (*Brit*): **to have a ~** s'allonger, se reposer
lie-in ['laɪɪn] *n* (*Brit*): **to have a ~** faire la grasse matinée
lieu [lu:]: **in ~ of** *prep* au lieu de, à la place de
Lieut. *abbr* (= *lieutenant*) Lt
lieutenant [lɛf'tɛnənt, (*US*) lu:'tɛnənt] *n* lieutenant *m*
lieutenant-colonel [lɛf'tɛnənt'kə:nl, (*US*) lu:'tɛnənt'kə:nl] *n* lieutenant-colonel *m*
life (*pl* **lives**) [laɪf, laɪvz] *n* vie *f*; **to come to ~** (*fig*) s'animer ▷ *cpd* de vie; de la vie; à vie; **true to ~** réaliste, fidèle à la réalité; **to paint from ~** peindre d'après nature; **to be sent to prison for ~** être condamné(e) (à la réclusion criminelle) à perpétuité; **country/city ~** la vie à la campagne/à la ville
life annuity *n* pension *f*, rente viagère
life assurance *n* (*Brit*) = **life insurance**
lifebelt ['laɪfbɛlt] *n* (*Brit*) bouée *f* de sauvetage
lifeblood ['laɪfblʌd] *n* (*fig*) élément moteur
lifeboat ['laɪfbəut] *n* canot *m or* chaloupe *f* de sauvetage
lifebuoy ['laɪfbɔɪ] *n* bouée *f* de sauvetage
life expectancy *n* espérance *f* de vie

lifeguard ['laɪfgɑːd] *n* surveillant *m* de baignade
life imprisonment *n* prison *f* à vie; (*Law*) réclusion *f* à perpétuité
life insurance *n* assurance-vie *f*
life jacket *n* gilet *m or* ceinture *f* de sauvetage
lifeless ['laɪflɪs] *adj* sans vie, inanimé(e); (*dull*) qui manque de vie *or* de vigueur
lifelike ['laɪflaɪk] *adj* qui semble vrai(e) *or* vivant(e), ressemblant(e); (*painting*) réaliste
lifeline ['laɪflaɪn] *n* corde *f* de sauvetage
lifelong ['laɪflɔŋ] *adj* de toute une vie, de toujours
life preserver [-prɪ'zəːvəʳ] *n* (*US*) gilet *m or* ceinture *f* de sauvetage
lifer ['laɪfəʳ] *n* (*inf*) condamné(e) à perpète
life-raft ['laɪfrɑːft] *n* radeau *m* de sauvetage
life-saver ['laɪfseɪvəʳ] *n* surveillant *m* de baignade
life-saving ['laɪfseɪvɪŋ] *n* sauvetage *m*
life sentence *n* condamnation *f* à vie *or* à perpétuité
life-size ['laɪfsaɪz], **life-sized** ['laɪfsaɪzd] *adj* grandeur nature *inv*
life span *n* (durée *f* de) vie *f*
lifestyle ['laɪfstaɪl] *n* style *m* de vie
life-support system *n* (*Med*) respirateur artificiel
lifetime ['laɪftaɪm] *n*: **in his ~** de son vivant; **the chance of a ~** la chance de ma (*or* sa *etc*) vie, une occasion unique
lift [lɪft] *vt* soulever, lever; (*end*) supprimer, lever; (*steal*) prendre, voler ▷ *vi* (*fog*) se lever ▷ *n* (*Brit: elevator*) ascenseur *m*; **to give sb a ~** (*Brit*) emmener *or* prendre qn en voiture; **can you give me a ~ to the station?** pouvez-vous m'emmener à la gare?
▸ **lift off** *vi* (*rocket, helicopter*) décoller
▸ **lift out** *vt* sortir; (*troops, evacuees etc*) évacuer par avion *or* hélicoptère
▸ **lift up** *vt* soulever
lift-off ['lɪftɔf] *n* décollage *m*
ligament ['lɪgəmənt] *n* ligament *m*
light [laɪt] *n* lumière *f*; (*daylight*) lumière, jour *m*; (*lamp*) lampe *f*; (*Aut: rear light*) feu *m*; (*: headlamp*) phare *m*; (*for cigarette etc*): **have you got a ~?** avez-vous du feu? ▷ *vt* (*pt, pp* **-ed**, *pt, pp* **lit** [lɪt]) (*candle, cigarette, fire*) allumer; (*room*) éclairer ▷ *adj* (*room, colour*) clair(e); (*not heavy, also fig*) léger(-ère); (*not strenuous*) peu fatigant(e) ▷ *adv* (*travel*) avec peu de bagages; **lights** *npl* (*traffic lights*) feux *mpl*; **to turn the ~ on/off** allumer/éteindre; **to cast** *or* **shed** *or* **throw ~ on** éclaircir; **to come to ~** être dévoilé(e) *or* découvert(e); **in the ~ of** à la lumière de; étant donné; **to make ~ of sth** (*fig*) prendre qch à la légère, faire peu de cas de qch
▸ **light up** *vi* s'allumer; (*face*) s'éclairer; (*smoke*) allumer une cigarette *or* une pipe *etc* ▷ *vt* (*illuminate*) éclairer, illuminer
light bulb *n* ampoule *f*
lighten ['laɪtn] *vi* s'éclairer ▷ *vt* (*light up*) éclairer; (*make lighter*) éclaircir; (*make less heavy*) alléger
lighter ['laɪtəʳ] *n* (*also*: **cigarette lighter**) briquet *m*; (*: in car*) allume-cigare *m inv*; (*boat*) péniche *f*
light-fingered [laɪt'fɪŋgəd] *adj* chapardeur(-euse)
light-headed [laɪt'hɛdɪd] *adj* étourdi(e), écervelé(e)
light-hearted [laɪt'hɑːtɪd] *adj* gai(e), joyeux(-euse), enjoué(e)
lighthouse ['laɪthaus] *n* phare *m*
lighting ['laɪtɪŋ] *n* éclairage *m*; (*in theatre*) éclairages
lighting-up time [laɪtɪŋ'ʌp-] *n* (*Brit*) *heure officielle de la tombée du jour*
lightly ['laɪtlɪ] *adv* légèrement; **to get off ~** s'en tirer à bon compte
light meter *n* (*Phot*) photomètre *m*, cellule *f*
lightness ['laɪtnɪs] *n* clarté *f*; (*in weight*) légèreté *f*
lightning ['laɪtnɪŋ] *n* foudre *f*; (*flash*) éclair *m*
lightning conductor, (*US*) **lightning rod** *n* paratonnerre *m*
lightning strike *n* (*Brit*) grève *f* surprise
light pen *n* crayon *m* optique
lightship ['laɪtʃɪp] *n* bateau-phare *m*
lightweight ['laɪtweɪt] *adj* (*suit*) léger(-ère) ▷ *n* (*Boxing*) poids léger
light year ['laɪtjɪəʳ] *n* année-lumière *f*
like [laɪk] *vt* aimer (bien) ▷ *prep* comme ▷ *adj* semblable, pareil(le) ▷ *n*: **the ~** un(e) pareil(e) *or* semblable; le (la) pareil(le); (*pej*) (d')autres du même genre *or* acabit; **his ~s and dislikes** ses goûts *mpl or* préférences *fpl*; **I would ~, I'd ~** je voudrais, j'aimerais; **would you ~ a coffee?** voulez-vous du café?; **to be/look ~ sb/sth** ressembler à qn/qch; **what's he ~?** comment est-il?; **what's the weather ~?** quel temps fait-il?; **what does it look ~?** de quoi est-ce que ça a l'air?; **what does it taste ~?** quel goût est-ce que ça a?; **that's just ~ him** c'est bien de lui, ça lui ressemble; **something ~ that** quelque chose comme ça; **do it ~ this** fais-le comme ceci; **I feel ~ a drink** je boirais bien quelque chose; **if you ~** si vous voulez; **it's nothing ~ ...** ce n'est pas du tout comme ...; **there's nothing ~ ...** il n'y a rien de tel que ...
likeable ['laɪkəbl] *adj* sympathique, agréable
likelihood ['laɪklɪhud] *n* probabilité *f*; **in all ~** selon toute vraisemblance
likely ['laɪklɪ] *adj* (*result, outcome*) probable; (*excuse*) plausible; **he's ~ to leave** il va sûrement partir, il risque fort de partir; **not ~!** (*inf*) pas de danger!
like-minded ['laɪk'maɪndɪd] *adj* de même opinion
liken ['laɪkən] *vt*: **to ~ sth to** comparer qch à
likeness ['laɪknɪs] *n* ressemblance *f*
likewise ['laɪkwaɪz] *adv* de même, pareillement
liking ['laɪkɪŋ] *n* (*for person*) affection *f*; (*for thing*) penchant *m*, goût *m*; **to take a ~ to sb** se prendre d'amitié pour qn; **to be to sb's ~** être au goût de qn, plaire à qn
lilac ['laɪlək] *n* lilas *m* ▷ *adj* lilas *inv*

Lilo® ['laɪləu] *n* matelas *m* pneumatique
lilt [lɪlt] *n* rythme *m*, cadence *f*
lilting ['lɪltɪŋ] *adj* aux cadences mélodieuses; chantant(e)
lily ['lɪlɪ] *n* lis *m*; **~ of the valley** muguet *m*
Lima ['li:mə] *n* Lima
limb [lɪm] *n* membre *m*; **to be out on a ~** (*fig*) être isolé(e)
limber ['lɪmbəʳ]: **to ~ up** *vi* se dégourdir, se mettre en train
limbo ['lɪmbəu] *n*: **to be in ~** (*fig*) être tombé(e) dans l'oubli
lime [laɪm] *n* (*tree*) tilleul *m*; (*fruit*) citron vert, lime *f*; (*Geo*) chaux *f*
lime juice *n* jus *m* de citron vert
limelight ['laɪmlaɪt] *n*: **in the ~** (*fig*) en vedette, au premier plan
limerick ['lɪmərɪk] *n* petit poème humoristique
limestone ['laɪmstəun] *n* pierre *f* à chaux; (*Geo*) calcaire *m*
limit ['lɪmɪt] *n* limite *f* ▷ *vt* limiter; **weight/ speed ~** limite de poids/de vitesse
limitation [lɪmɪ'teɪʃən] *n* limitation *f*, restriction *f*
limited ['lɪmɪtɪd] *adj* limité(e), restreint(e); **~ edition** édition *f* à tirage limité; **to be ~ to** se limiter à, ne concerner que
limited company, limited liability company *n* (*Brit*) ≈ société *f* anonyme
limitless ['lɪmɪtlɪs] *adj* illimité(e)
limousine ['lɪməzi:n] *n* limousine *f*
limp [lɪmp] *n*: **to have a ~** boiter ▷ *vi* boiter ▷ *adj* mou (molle)
limpet ['lɪmpɪt] *n* patelle *f*; **like a ~** (*fig*) comme une ventouse
limpid ['lɪmpɪd] *adj* limpide
linchpin ['lɪntʃpɪn] *n* esse *f*; (*fig*) pivot *m*
Lincs [lɪŋks] *abbr* (*Brit*) = **Lincolnshire**
line [laɪn] *n* (*gen*) ligne *f*; (*stroke*) trait *m*; (*wrinkle*) ride *f*; (*rope*) corde *f*; (*wire*) fil *m*; (*of poem*) vers *m*; (*row, series*) rangée *f*; (*of people*) file *f*, queue *f*; (*railway track*) voie *f*; (*Comm: series of goods*) article(s) *m(pl)*, ligne de produits; (*work*) métier *m* ▷ *vt*: **to ~ (with)** (*clothes*) doubler (de); (*box*) garnir *or* tapisser (de); (*subj: trees, crowd*) border; **to stand in ~** (US) faire la queue; **to cut in ~** (US) passer avant son tour; **in his ~ of business** dans sa partie, dans son rayon; **on the right ~s** sur la bonne voie; **a new ~ in cosmetics** une nouvelle ligne de produits de beauté; **hold the ~ please** (*Brit Tel*) ne quittez pas; **to be in ~ for sth** (*fig*) être en lice pour qch; **in ~ with** en accord avec, en conformité avec; **in a ~** aligné(e); **to bring sth into ~ with sth** aligner qch sur qch; **to draw the ~ at (doing) sth** (*fig*) se refuser à (faire) qch; ne pas tolérer *or* admettre (qu'on fasse) qch; **to take the ~ that ...** être d'avis *or* de l'opinion que ...
▸ **line up** *vi* s'aligner, se mettre en rang(s); (*in queue*) faire la queue ▷ *vt* aligner; (*event*) prévoir; (*find*) trouver; **to have sb/sth ~d up** avoir qn/ qch en vue *or* de prévu(e)
linear ['lɪnɪəʳ] *adj* linéaire
lined [laɪnd] *adj* (*paper*) réglé(e); (*face*) marqué(e), ridé(e); (*clothes*) doublé(e)
lineman ['laɪnmən] (*irreg*) *n* (*US: Rail*) poseur *m* de rails; (*: Tel*) ouvrier *m* de ligne; (*: Football*) avant *m*
linen ['lɪnɪn] *n* linge *m* (de corps *or* de maison); (*cloth*) lin *m*
line printer *n* imprimante *f* (ligne par) ligne
liner ['laɪnəʳ] *n* (*ship*) paquebot *m* de ligne; (*for bin*) sac-poubelle *m*
linesman ['laɪnzmən] (*irreg*) *n* (*Tennis*) juge *m* de ligne; (*Football*) juge de touche
line-up ['laɪnʌp] *n* (*US: queue*) file *f*; (*also*: **police line-up**) parade *f* d'identification; (*Sport*) (composition *f* de l')équipe *f*
linger ['lɪŋgəʳ] *vi* s'attarder; traîner; (*smell, tradition*) persister
lingerie ['lænʒəri:] *n* lingerie *f*
lingering ['lɪŋgərɪŋ] *adj* persistant(e); qui subsiste; (*death*) lent(e)
lingo ['lɪŋgəu] (*pl* **-es**) *n* (*pej*) jargon *m*
linguist ['lɪŋgwɪst] *n* linguiste *m/f*; **to be a good ~** être doué(e) pour les langues
linguistic [lɪŋ'gwɪstɪk] *adj* linguistique
linguistics [lɪŋ'gwɪstɪks] *n* linguistique *f*
lining ['laɪnɪŋ] *n* doublure *f*; (*Tech*) revêtement *m*; (*: of brakes*) garniture *f*
link [lɪŋk] *n* (*connection*) lien *m*, rapport *m*; (*Internet*) lien; (*of a chain*) maillon *m* ▷ *vt* relier, lier, unir; **links** *npl* (*Golf*) (terrain *m* de) golf *m*; **rail ~** liaison *f* ferroviaire
▸ **link up** *vt* relier ▷ *vi* (*people*) se rejoindre; (*companies etc*) s'associer
link-up ['lɪŋkʌp] *n* lien *m*, rapport *m*; (*of roads*) jonction *f*, raccordement *m*; (*of spaceships*) arrimage *m*; (*Radio, TV*) liaison *f*; (*: programme*) duplex *m*
lino ['laɪnəu] *n* = **linoleum**
linoleum [lɪ'nəulɪəm] *n* linoléum *m*
linseed oil ['lɪnsi:d-] *n* huile *f* de lin
lint [lɪnt] *n* tissu ouaté (*pour pansements*)
lintel ['lɪntl] *n* linteau *m*
lion ['laɪən] *n* lion *m*
lion cub *n* lionceau *m*
lioness ['laɪənɪs] *n* lionne *f*
lip [lɪp] *n* lèvre *f*; (*of cup etc*) rebord *m*; (*insolence*) insolences *fpl*
liposuction ['lɪpəusʌkʃən] *n* liposuccion *f*
lipread ['lɪpri:d] *vi* (*irreg: like* **read**) lire sur les lèvres
lip salve [-sælv] *n* pommade *f* pour les lèvres, pommade rosat
lip service *n*: **to pay ~ to sth** ne reconnaître le mérite de qch que pour la forme *or* qu'en paroles
lipstick ['lɪpstɪk] *n* rouge *m* à lèvres
liquefy ['lɪkwɪfaɪ] *vt* liquéfier ▷ *vi* se liquéfier
liqueur [lɪ'kjuəʳ] *n* liqueur *f*
liquid ['lɪkwɪd] *n* liquide *m* ▷ *adj* liquide
liquid assets *npl* liquidités *fpl*, disponibilités *fpl*
liquidate ['lɪkwɪdeɪt] *vt* liquider
liquidation [lɪkwɪ'deɪʃən] *n* liquidation *f*; **to go**

into ~ déposer son bilan
liquidator ['lɪkwɪdeɪtə^r] *n* liquidateur *m*
liquid crystal display *n* affichage *m* à cristaux liquides
liquidize ['lɪkwɪdaɪz] *vt* (*Brit Culin*) passer au mixer
liquidizer ['lɪkwɪdaɪzə^r] *n* (*Brit Culin*) mixer *m*
liquor ['lɪkə^r] *n* spiritueux *m*, alcool *m*
liquorice ['lɪkərɪs] *n* (*Brit*) réglisse *m*
liquor store (*US*) *n* magasin *m* de vins et spiritueux
Lisbon ['lɪzbən] *n* Lisbonne
lisp [lɪsp] *n* zézaiement *m* ▷ *vi* zézayer
lissom ['lɪsəm] *adj* souple, agile
list [lɪst] *n* liste *f*; (*of ship*) inclinaison *f* ▷ *vt* (*write down*) inscrire; (*make list of*) faire la liste de; (*enumerate*) énumérer; (*Comput*) lister ▷ *vi* (*ship*) gîter, donner de la bande; **shopping ~** liste des courses
listed building ['lɪstɪd-] *n* (*Archit*) monument classé
listed company ['lɪstɪd-] *n* société cotée en Bourse
listen ['lɪsn] *vi* écouter; **to ~ to** écouter
listener ['lɪsnə^r] *n* auditeur(-trice)
listeria [lɪs'tɪərɪə] *n* listéria *f*
listing ['lɪstɪŋ] *n* (*Comput*) listage *m*; (*: hard copy*) liste *f*, listing *m*
listless ['lɪstlɪs] *adj* indolent(e), apathique
listlessly ['lɪstlɪslɪ] *adv* avec indolence *or* apathie
list price *n* prix *m* de catalogue
lit [lɪt] *pt, pp of* **light**
litany ['lɪtənɪ] *n* litanie *f*
liter ['li:tə^r] *n* (*US*) = **litre**
literacy ['lɪtərəsɪ] *n* degré *m* d'alphabétisation, fait *m* de savoir lire et écrire; (*Brit: Scol*) enseignement *m* de la lecture et de l'écriture
literal ['lɪtərl] *adj* littéral(e)
literally ['lɪtrəlɪ] *adv* littéralement; (*really*) réellement
literary ['lɪtərərɪ] *adj* littéraire
literate ['lɪtərət] *adj* qui sait lire et écrire; (*educated*) instruit(e)
literature ['lɪtrɪtʃə^r] *n* littérature *f*; (*brochures etc*) copie *f* publicitaire, prospectus *mpl*
lithe [laɪð] *adj* agile, souple
lithography [lɪ'θɔgrəfɪ] *n* lithographie *f*
Lithuania [lɪθju'eɪnɪə] *n* Lituanie *f*
Lithuanian [lɪθju'eɪnɪən] *adj* lituanien(ne) ▷ *n* Lituanien(ne); (*Ling*) lituanien *m*
litigate ['lɪtɪgeɪt] *vt* mettre en litige ▷ *vi* plaider
litigation [lɪtɪ'geɪʃən] *n* litige *m*; contentieux *m*
litmus ['lɪtməs] *n*: **~ paper** papier *m* de tournesol
litre, (*US*) **liter** ['li:tə^r] *n* litre *m*
litter ['lɪtə^r] *n* (*rubbish*) détritus *mpl*; (*dirtier*) ordures *fpl*; (*young animals*) portée *f* ▷ *vt* éparpiller; laisser des détritus dans; **~ed with** jonché(e) de, couvert(e) de
litter bin *n* (*Brit*) poubelle *f*
litter lout, (*US*) **litterbug** ['lɪtəbʌg] *n personne qui jette des détritus par terre*
little ['lɪtl] *adj* (*small*) petit(e); (*not much*): **~ milk** peu de lait ▷ *adv* peu; **a ~** un peu (de); **a ~ milk** un peu de lait; **a ~ bit** un peu; **for a ~ while** pendant un petit moment; **with ~ difficulty** sans trop de difficulté; **as ~ as possible** le moins possible; **~ by ~** petit à petit, peu à peu; **to make ~ of** faire peu de cas de
little finger *n* auriculaire *m*, petit doigt
little-known ['lɪtl'nəun] *adj* peu connu(e)
liturgy ['lɪtədʒɪ] *n* liturgie *f*
live¹ [laɪv] *adj* (*animal*) vivant(e), en vie; (*wire*) sous tension; (*broadcast*) (transmis(e)) en direct; (*issue*) d'actualité, brûlant(e); (*unexploded*) non explosé(e); **~ ammunition** munitions *fpl* de combat
live² [lɪv] *vi* vivre; (*reside*) vivre, habiter; **to ~ in London** habiter (à) Londres; **where do you ~?** où habitez-vous?
▸ **live down** *vt* faire oublier (avec le temps)
▸ **live in** *vi* être logé(e) et nourri(e); être interne
▸ **live off** *vt* (*land, fish etc*) vivre de; (*pej: parents etc*) vivre aux crochets de
▸ **live on** *vt fus* (*food*) vivre de ▷ *vi* survivre; **to ~ on £50 a week** vivre avec 50 livres par semaine
▸ **live out** *vi* (*Brit: students*) être externe ▷ *vt*: **to ~ out one's days** *or* **life** passer sa vie
▸ **live together** *vi* vivre ensemble, cohabiter
▸ **live up** *vt*: **to ~ it up** (*inf*) faire la fête; mener la grande vie
▸ **live up to** *vt fus* se montrer à la hauteur de
live-in ['lɪvɪn] *adj* (*nanny*) à demeure; **~ partner** concubin(e)
livelihood ['laɪvlɪhud] *n* moyens *mpl* d'existence
liveliness ['laɪvlɪnəs] *n* vivacité *f*, entrain *m*
lively ['laɪvlɪ] *adj* vif (vive), plein(e) d'entrain; (*place, book*) vivant(e)
liven up ['laɪvn-] *vt* (*room etc*) égayer; (*discussion, evening*) animer ▷ *vi* s'animer
liver ['lɪvə^r] *n* foie *m*
liverish ['lɪvərɪʃ] *adj* qui a mal au foie; (*fig*) grincheux(-euse)
Liverpudlian [lɪvə'pʌdlɪən] *adj* de Liverpool ▷ *n* habitant(e) de Liverpool, natif(-ive) de Liverpool
livery ['lɪvərɪ] *n* livrée *f*
lives [laɪvz] *npl of* **life**
livestock ['laɪvstɔk] *n* cheptel *m*, bétail *m*
live wire [laɪv-] *n* (*inf, fig*): **to be a (real) ~** péter le feu
livid ['lɪvɪd] *adj* livide, blafard(e); (*furious*) furieux(-euse), furibond(e)
living ['lɪvɪŋ] *adj* vivant(e), en vie ▷ *n*: **to earn** *or* **make a ~** gagner sa vie; **within ~ memory** de mémoire d'homme
living conditions *npl* conditions *fpl* de vie
living expenses *npl* dépenses courantes
living room *n* salle *f* de séjour
living standards *npl* niveau *m* de vie
living wage *n* salaire *m* permettant de vivre (décemment)
lizard ['lɪzəd] *n* lézard *m*
llama ['lɑ:mə] *n* lama *m*
LLB *n abbr* (= *Bachelor of Laws*) *titre universitaire*

LLD *n abbr* (*= Doctor of Laws*) *titre universitaire*
LMT *abbr* (*US: = Local Mean Time*) *heure locale*
load [ləud] *n* (*weight*) poids *m*; (*thing carried*) chargement *m*, charge *f*; (*Elec, Tech*) charge ▷ *vt*: **to ~ (with)** (*also*: **load up**: *lorry, ship*) charger (de); (*gun, camera*) charger (avec); (*Comput*) charger; **a ~ of, ~s of** (*fig*) un *or* des tas de, des masses de; **to talk a ~ of rubbish** (*inf*) dire des bêtises
loaded ['ləudɪd] *adj* (*dice*) pipé(e); (*question*) insidieux(-euse); (*inf: rich*) bourré(e) de fric; (*: drunk*) bourré
loading bay ['ləudɪŋ-] *n* aire *f* de chargement
loaf (*pl* **loaves**) [ləuf, ləuvz] *n* pain *m*, miche *f* ▷ *vi* (*also*: **loaf about, loaf around**) fainéanter, traîner
loam [ləum] *n* terreau *m*
loan [ləun] *n* prêt *m* ▷ *vt* prêter; **on ~** prêté(e), en prêt; **public ~** emprunt public
loan account *n* compte *m* de prêt
loan capital *n* capital *m* d'emprunt
loan shark *n* (*inf, pej*) usurier *m*
loath [ləuθ] *adj*: **to be ~ to do** répugner à faire
loathe [ləuð] *vt* détester, avoir en horreur
loathing ['ləuðɪŋ] *n* dégoût *m*, répugnance *f*
loathsome ['ləuðsəm] *adj* répugnant(e), détestable
loaves [ləuvz] *npl of* **loaf**
lob [lɔb] *vt* (*ball*) lober
lobby ['lɔbɪ] *n* hall *m*, entrée *f*; (*Pol*) groupe *m* de pression, lobby *m* ▷ *vt* faire pression sur
lobbyist ['lɔbɪɪst] *n* membre *m/f* d'un groupe de pression
lobe [ləub] *n* lobe *m*
lobster ['lɔbstə^r] *n* homard *m*
lobster pot *n* casier *m* à homards
local ['ləukl] *adj* local(e) ▷ *n* (*Brit: pub*) pub *m or* café *m* du coin; **the locals** *npl* les gens *mpl* du pays *or* du coin
local anaesthetic, (*US*) **local anesthetic** *n* anesthésie locale
local authority *n* collectivité locale, municipalité *f*
local call *n* (*Tel*) communication urbaine
local government *n* administration locale *or* municipale
locality [ləu'kælɪtɪ] *n* région *f*, environs *mpl*; (*position*) lieu *m*
localize ['ləukəlaɪz] *vt* localiser
locally ['ləukəlɪ] *adv* localement; dans les environs *or* la région
locate [ləu'keɪt] *vt* (*find*) trouver, repérer; (*situate*) situer; **to be ~d in** être situé à *or* en
location [ləu'keɪʃən] *n* emplacement *m*; **on ~** (*Cine*) en extérieur
loch [lɔx] *n* lac *m*, loch *m*
lock [lɔk] *n* (*of door, box*) serrure *f*; (*of canal*) écluse *f*; (*of hair*) mèche *f*, boucle *f* ▷ *vt* (*with key*) fermer à clé; (*immobilize*) bloquer ▷ *vi* (*door etc*) fermer à clé; (*wheels*) se bloquer; **~ stock and barrel** (*fig*) en bloc; **on full ~** (*Brit Aut*) le volant tourné à fond
▸ **lock away** *vt* (*valuables*) mettre sous clé; (*criminal*) mettre sous les verrous, enfermer
▸ **lock in** *vt* enfermer
▸ **lock out** *vt* enfermer dehors; (*on purpose*) mettre à la porte; (*: workers*) lock-outer
▸ **lock up** *vt* (*person*) enfermer; (*house*) fermer à clé ▷ *vi* tout fermer (à clé)
locker ['lɔkə^r] *n* casier *m*; (*in station*) consigne *f* automatique
locker-room ['lɔkə^rru:m] (*US*) *n* (*Sport*) vestiaire *m*
locket ['lɔkɪt] *n* médaillon *m*
lockjaw ['lɔkdʒɔ:] *n* tétanos *m*
lockout ['lɔkaut] *n* (*Industry*) lock-out *m*, grève patronale
locksmith ['lɔksmɪθ] *n* serrurier *m*
lock-up ['lɔkʌp] *n* (*prison*) prison *f*; (*cell*) cellule *f* provisoire; (*also*: **lock-up garage**) box *m*
locomotive [ləukə'məutɪv] *n* locomotive *f*
locum ['ləukəm] *n* (*Med*) suppléant(e) de médecin *etc*
locust ['ləukəst] *n* locuste *f*, sauterelle *f*
lodge [lɔdʒ] *n* pavillon *m* (de gardien); (*also*: **hunting lodge**) pavillon de chasse; (*Freemasonry*) loge *f* ▷ *vi* (*person*): **to ~ with** être logé(e) chez, être en pension chez; (*bullet*) se loger ▷ *vt* (*appeal etc*) présenter; déposer; **to ~ a complaint** porter plainte; **to ~ (itself) in/between** se loger dans/entre
lodger ['lɔdʒə^r] *n* locataire *m/f*; (*with room and meals*) pensionnaire *m/f*
lodging ['lɔdʒɪŋ] *n* logement *m*; *see also* **board**
lodging house *n* (*Brit*) pension *f* de famille
lodgings ['lɔdʒɪŋz] *npl* chambre *f*, meublé *m*
loft [lɔft] *n* grenier *m*; (*apartment*) grenier aménagé (en appartement) (*gén dans ancien entrepôt ou fabrique*)
lofty ['lɔftɪ] *adj* élevé(e); (*haughty*) hautain(e); (*sentiments, aims*) noble
log [lɔg] *n* (*of wood*) bûche *f*; (*Naut*) livre *m or* journal *m* de bord; (*of car*) ≈ carte grise ▷ *n abbr* (*= logarithm*) log *m* ▷ *vt* enregistrer
▸ **log in, log on** *vi* (*Comput*) ouvrir une session, entrer dans le système
▸ **log off, log out** *vi* (*Comput*) clore une session, sortir du système
logarithm ['lɔgərɪðm] *n* logarithme *m*
logbook ['lɔgbuk] *n* (*Naut*) livre *m or* journal *m* de bord; (*Aviat*) carnet *m* de vol; (*of lorry driver*) carnet de route; (*of movement of goods etc*) registre *m*; (*of car*) ≈ carte grise
log cabin *n* cabane *f* en rondins
log fire *n* feu *m* de bois
logger ['lɔgə^r] *n* bûcheron *m*
loggerheads ['lɔgəhɛdz] *npl*: **at ~ (with)** à couteaux tirés (avec)
logic ['lɔdʒɪk] *n* logique *f*
logical ['lɔdʒɪkl] *adj* logique
logically ['lɔdʒɪkəlɪ] *adv* logiquement
login ['lɔgɪn] *n* (*Comput*) identifiant m
logistics [lɔ'dʒɪstɪks] *n* logistique *f*
logjam ['lɔgdʒæm] *n*: **to break the ~** créer une ouverture dans l'impasse
logo ['ləugəu] *n* logo *m*

loin [lɔɪn] *n (Culin)* filet *m*, longe *f*; **loins** *npl* reins *mpl*
loin cloth *n* pagne *m*
Loire [lwaː] *n*: **the (River)** ~ la Loire
loiter ['lɔɪtəʳ] *vi* s'attarder; **to ~ (about)** traîner, musarder; *(pej)* rôder
lol *abbr (Internet, Tel: = laugh out loud)* MDR *(= mort(e) de vive)*
loll [lɔl] *vi (also:* **loll about***)* se prélasser, fainéanter
lollipop ['lɔlɪpɔp] *n* sucette *f*
lollipop man/lady *(Brit: irreg) n contractuel(le) qui fait traverser la rue aux enfants; voir article*

LOLLIPOP MEN/LADIES

Les *lollipop men/ladies* sont employés pour aider les enfants à traverser la rue à proximité des écoles à l'heure où ils entrent en classe et à la sortie. On les repère facilement à cause de leur long ciré jaune et ils portent une pancarte ronde pour faire signe aux automobilistes de s'arrêter. On les appelle ainsi car la forme circulaire de cette pancarte rappelle une sucette.

lollop ['lɔləp] *vi (Brit)* avancer *(or* courir) maladroitement
lolly ['lɔlɪ] *n (inf: ice)* esquimau *m*; *(: lollipop)* sucette *f*; *(: money)* fric *m*
Lombardy ['lɔmbədɪ] *n* Lombardie *f*
London ['lʌndən] *n* Londres
Londoner ['lʌndənəʳ] *n* Londonien(ne)
lone [ləun] *adj* solitaire
loneliness ['ləunlɪnɪs] *n* solitude *f*, isolement *m*
lonely ['ləunlɪ] *adj* seul(e); *(childhood etc)* solitaire; *(place)* solitaire, isolé(e)
lonely hearts *adj*: **~ ad** petite annonce (personnelle); **~ club** club *m* de rencontres *(pour personnes seules)*
lone parent *n* parent *m* unique
loner ['ləunəʳ] *n* solitaire *m/f*
lonesome ['ləunsəm] *adj* seul(e), solitaire
long [lɔŋ] *adj* long (longue) ▷ *adv* longtemps ▷ *n*: **the ~ and the short of it is that ...** *(fig)* le fin mot de l'histoire c'est que ... ▷ *vi*: **to ~ for sth/to do sth** avoir très envie de qch/de faire qch, attendre qch avec impatience/attendre avec impatience de faire qch; **he had ~ understood that ...** il avait compris depuis longtemps que ...; **how ~ is this river/course?** quelle est la longueur de ce fleuve/la durée de ce cours?; **6 metres ~** (long) de 6 mètres; **6 months ~** qui dure 6 mois, de 6 mois; **all night ~** toute la nuit; **he no ~er comes** il ne vient plus; **I can't stand it any ~er** je ne peux plus le supporter; **~ before** longtemps avant; **before ~** *(+ future)* avant peu, dans peu de temps; *(+ past)* peu de temps après; **~ ago** il y a longtemps; **don't be ~!** fais vite!, dépêche-toi!; **I shan't be ~** je n'en ai pas pour longtemps; **at ~ last** enfin; **in the ~ run** à la longue; finalement; **so** *or* **as ~ as** à condition que + *sub*
long-distance [lɔŋ'dɪstəns] *adj (race)* de fond; *(call)* interurbain(e)
longer ['lɔŋgəʳ] *adv see* **long**
long-haired ['lɔŋ'hɛəd] *adj (person)* aux cheveux longs; *(animal)* aux longs poils
longhand ['lɔŋhænd] *n* écriture normale *or* courante
long-haul ['lɔŋhɔːl] *adj (flight)* long-courrier
longing ['lɔŋɪŋ] *n* désir *m*, envie *f*; *(nostalgia)* nostalgie *f* ▷ *adj* plein(e) d'envie *or* de nostalgie
longingly ['lɔŋɪŋlɪ] *adv* avec désir *or* nostalgie
longitude ['lɔŋgɪtjuːd] *n* longitude *f*
long johns [-dʒɔnz] *npl* caleçons longs
long jump *n* saut *m* en longueur
long-life [lɔŋ'laɪf] *adj (batteries etc)* longue durée *inv*; *(milk)* longue conservation
long-lost ['lɔŋlɔst] *adj* perdu(e) depuis longtemps
long-range ['lɔŋ'reɪndʒ] *adj* à longue portée; *(weather forecast)* à long terme
longshoreman ['lɔŋʃɔːmən] *(irreg) n (US)* docker *m*, débardeur *m*
long-sighted ['lɔŋ'saɪtɪd] *adj (Brit)* presbyte; *(fig)* prévoyant(e)
long-standing ['lɔŋ'stændɪŋ] *adj* de longue date
long-suffering [lɔŋ'sʌfərɪŋ] *adj* empreint(e) d'une patience résignée; extrêmement patient(e)
long-term ['lɔŋtəːm] *adj* à long terme
long wave *n (Radio)* grandes ondes, ondes longues
long-winded [lɔŋ'wɪndɪd] *adj* intarissable, interminable
loo [luː] *n (Brit inf)* w.-c *mpl*, petit coin
loofah ['luːfə] *n sorte d'éponge végétale*
look [luk] *vi* regarder; *(seem)* sembler, paraître, avoir l'air; *(building etc)*: **to ~ south/on to the sea** donner au sud/sur la mer ▷ *n* regard *m*; *(appearance)* air *m*, allure *f*, aspect *m*; **looks** *npl (good looks)* physique *m*, beauté *f*; **to ~ like** ressembler à; **it ~s like him** on dirait que c'est lui; **it ~s about 4 metres long** je dirais que ça fait 4 mètres de long; **it ~s all right to me** ça me paraît bien; **to have a ~** regarder; **to have a ~ at sth** jeter un coup d'œil à qch; **to have a ~ for sth** chercher qch; **to ~ ahead** regarder devant soi; *(fig)* envisager l'avenir; **~ (here)!** *(annoyance)* écoutez!
▸ **look after** *vt fus* s'occuper de, prendre soin de; *(luggage etc: watch over)* garder, surveiller
▸ **look around** *vi* regarder autour de soi
▸ **look at** *vt fus* regarder; *(problem etc)* examiner
▸ **look back** *vi*: **to ~ back at sth/sb** se retourner pour regarder qch/qn; **to ~ back on** *(event, period)* évoquer, repenser à
▸ **look down on** *vt fus (fig)* regarder de haut, dédaigner
▸ **look for** *vt fus* chercher; **we're ~ing for a hotel/restaurant** nous cherchons un hôtel/ restaurant
▸ **look forward to** *vt fus* attendre avec

l

impatience; **I'm not ~ing forward to it** cette perspective ne me réjouit guère; **~ing forward to hearing from you** (*in letter*) dans l'attente de vous lire

▸ **look in** *vi*: **to ~ in on sb** passer voir qn

▸ **look into** *vt fus* (*matter, possibility*) examiner, étudier

▸ **look on** *vi* regarder (en spectateur)

▸ **look out** *vi* (*beware*): **to ~ out (for)** prendre garde (à), faire attention (à); **~ out!** attention!

▸ **look out for** *vt fus* (*seek*) être à la recherche de; (*try to spot*) guetter

▸ **look over** *vt* (*essay*) jeter un coup d'œil à; (*town, building*) visiter (rapidement); (*person*) jeter un coup d'œil à; examiner de la tête aux pieds

▸ **look round** *vt fus* (*house, shop*) faire le tour de ▹ *vi* (*turn*) regarder derrière soi, se retourner; **to ~ round for sth** chercher qch

▸ **look through** *vt fus* (*papers, book*) examiner; (: *briefly*) parcourir; (*telescope*) regarder à travers

▸ **look to** *vt fus* veiller à; (*rely on*) compter sur

▸ **look up** *vi* lever les yeux; (*improve*) s'améliorer ▹ *vt* (*word*) chercher; (*friend*) passer voir

▸ **look up to** *vt fus* avoir du respect pour

lookout ['lukaut] *n* (*tower etc*) poste *m* de guet; (*person*) guetteur *m*; **to be on the ~ (for)** guetter

look-up table ['lukʌp-] *n* (*Comput*) table *f* à consulter

loom [lu:m] *n* métier *m* à tisser ▹ *vi* (*also*: **loom up**) surgir; (*event*) paraître imminent(e); (*threaten*) menacer

loony ['lu:nɪ] *adj, n* (*inf*) timbré(e), cinglé(e) *m/f*

loop [lu:p] *n* boucle *f*; (*contraceptive*) stérilet *m* ▹ *vt*: **to ~ sth round sth** passer qch autour de qch

loophole ['lu:phəul] *n* (*fig*) porte *f* de sortie; échappatoire *f*

loose [lu:s] *adj* (*knot, screw*) desserré(e); (*stone*) branlant(e); (*clothes*) vague, ample, lâche; (*hair*) dénoué(e), épars(e); (*not firmly fixed*) pas solide; (*animal*) en liberté, échappé(e); (*life*) dissolu(e); (*morals, discipline*) relâché(e); (*thinking*) peu rigoureux(-euse), vague; (*translation*) approximatif(-ive) ▹ *n*: **to be on the ~** être en liberté ▹ *vt* (*free: animal*) lâcher; (: *prisoner*) relâcher, libérer; (*slacken*) détendre, relâcher; desserrer; défaire; donner du mou a; donner du ballant à; (*Brit: arrow*) tirer; **~ connection** (*Elec*) mauvais contact; **to be at a ~ end** *or* (*US*) **at ~ ends** (*fig*) ne pas trop savoir quoi faire; **to tie up ~ ends** (*fig*) mettre au point *or* régler les derniers détails

loose change *n* petite monnaie

loose chippings [-'tʃɪpɪŋz] *npl* (*on road*) gravillons *mpl*

loose-fitting ['lu:sfɪtɪŋ] *adj* (*clothes*) ample

loose-leaf ['lu:sli:f] *adj*: **~ binder** *or* **folder** classeur *m* à feuilles *or* feuillets mobiles

loose-limbed [lu:s'lɪmd] *adj* agile, souple

loosely ['lu:slɪ] *adv* sans serrer; (*imprecisely*) approximativement

loosely-knit ['lu:slɪ'nɪt] *adj* élastique

loosen ['lu:sn] *vt* desserrer, relâcher, défaire

▸ **loosen up** *vi* (*before game*) s'échauffer; (*inf: relax*) se détendre, se laisser aller

loot [lu:t] *n* butin *m* ▹ *vt* piller

looter ['lu:tə^r] *n* pillard *m*, casseur *m*

looting ['lu:tɪŋ] *n* pillage *m*

lop [lɔp]: **to ~ off** *vt* couper, trancher

lop-sided ['lɔp'saɪdɪd] *adj* de travers, asymétrique

lord [lɔ:d] *n* seigneur *m*; **L~ Smith** lord Smith; **the L~** (*Rel*) le Seigneur; **my L~** (*to noble*) Monsieur le comte/le baron; (*to judge*) Monsieur le juge; (*to bishop*) Monseigneur; **good L~!** mon Dieu!

lordly ['lɔ:dlɪ] *adj* noble, majestueux(-euse); (*arrogant*) hautain(e)

Lords ['lɔ:dz] *npl* (*Brit: Pol*): **the (House of) ~** (*Brit*) la Chambre des Lords

lordship ['lɔ:dʃɪp] *n* (*Brit*): **your L~** Monsieur le comte (*or* le baron *or* le Juge)

lore [lɔ:^r] *n* tradition(s) *f(pl)*

lorry ['lɔrɪ] *n* (*Brit*) camion *m*

lorry driver *n* (*Brit*) camionneur *m*, routier *m*

lose (*pt, pp* **lost**) [lu:z, lɔst] *vt* perdre; (*opportunity*) manquer, perdre; (*pursuers*) distancer, semer ▹ *vi* perdre; **I've lost my wallet/passport** j'ai perdu mon portefeuille/passeport; **to ~ (time)** (*clock*) retarder; **to ~ no time (in doing sth)** ne pas perdre de temps (à faire qch); **to get lost** (*vi: person*) se perdre; **my watch has got lost** ma montre est perdue

▸ **lose out** *vi* être perdant(e)

loser ['lu:zə^r] *n* perdant(e); **to be a good/bad ~** être beau/mauvais joueur

loss [lɔs] *n* perte *f*; **to cut one's ~es** limiter les dégâts; **to make a ~** enregistrer une perte; **to sell sth at a ~** vendre qch à perte; **to be at a ~** être perplexe *or* embarrassé(e); **to be at a ~ to do** se trouver incapable de faire

loss adjuster *n* (*Insurance*) responsable *m/f* de l'évaluation des dommages

loss leader *n* (*Comm*) article sacrifié

lost [lɔst] *pt, pp of* **lose** ▹ *adj* perdu(e); **to get ~** (*vi*) se perdre; **I'm ~** je me suis perdu; **~ in thought** perdu dans ses pensées; **~ and found property** (*n: US*) objets trouvés; **~ and found** (*n: US*) (bureau *m* des) objets trouvés

lost property *n* (*Brit*) objets trouvés; **~ office** *or* **department** (bureau *m* des) objets trouvés

lot [lɔt] *n* (*at auctions, set*) lot *m*; (*destiny*) sort *m*, destinée *f*; **the ~** (*everything*) le tout; (*everyone*) tous *mpl*, toutes *fpl*; **a ~** beaucoup; **a ~ of** beaucoup de; **~s of** des tas de; **to draw ~s (for sth)** tirer (qch) au sort

lotion ['ləuʃən] *n* lotion *f*

lottery ['lɔtərɪ] *n* loterie *f*

loud [laud] *adj* bruyant(e), sonore; (*voice*) fort(e); (*condemnation etc*) vigoureux(-euse); (*gaudy*) voyant(e), tapageur(-euse) ▹ *adv* (*speak etc*) fort; **out ~** tout haut

loud-hailer [laud'heɪlə^r] *n* porte-voix *m inv*

loudly ['laudlɪ] *adv* fort, bruyamment
loudspeaker [laud'spi:kəʳ] *n* haut-parleur *m*
lounge [laundʒ] *n* salon *m*; (*of airport*) salle *f*; (*Brit: also:* **lounge bar**) (salle de) café *m or* bar *m* ▷ *vi* (*also:* **lounge about, lounge around**) se prélasser, paresser
lounge-bar *n* (salle *f* de) bar *m*
lounge suit *n* (*Brit*) complet *m*; (: *on invitation*) "tenue de ville"
louse (*pl* **lice**) [laus, laɪs] *n* pou *m*
▸ **louse up** [lauz-] *vt* (*inf*) gâcher
lousy ['lauzɪ] (*inf*) *adj* (*bad quality*) infect(e), moche; **I feel ~** je suis mal fichu(e)
lout [laut] *n* rustre *m*, butor *m*
louvre, (*US*) **louver** ['lu:vəʳ] *adj* (*door, window*) à claire-voie
lovable ['lʌvəbl] *adj* très sympathique; adorable
love [lʌv] *n* amour *m* ▷ *vt* aimer; (*caringly, kindly*) aimer beaucoup; **I ~ chocolate** j'adore le chocolat; **to ~ to do** aimer beaucoup *or* adorer faire; **I'd ~ to come** cela me ferait très plaisir (de venir); **"15 ~"** (*Tennis*) "15 à rien *or* zéro"; **to be/fall in ~ with** être/tomber amoureux(-euse) de; **to make ~** faire l'amour; **~ at first sight** le coup de foudre; **to send one's ~ to sb** adresser ses amitiés à qn; **~ from Anne, ~, Anne** affectueusement, Anne; **I ~ you** je t'aime
love affair *n* liaison (amoureuse)
love child *n* (*irreg*) enfant *m/f* illégitime *or* naturel(le)
loved ones ['lʌvdwʌnz] *npl* proches *mpl* et amis chers
love-hate relationship [lʌv'heɪt-] *n* rapport ambigu; **they have a ~** ils s'aiment et se détestent à la fois
love life *n* vie sentimentale
lovely ['lʌvlɪ] *adj* (*pretty*) ravissant(e); (*friend, wife*) charmant(e); (*holiday, surprise*) très agréable, merveilleux(-euse); **we had a ~ time** c'était vraiment très bien, nous avons eu beaucoup de plaisir
lover ['lʌvəʳ] *n* amant *m*; (*person in love*) amoureux(-euse); (*amateur*): **a ~ of** un(e) ami(e) de, un(e) amoureux(-euse) de
lovesick ['lʌvsɪk] *adj* qui se languit d'amour
love song ['lʌvsɔŋ] *n* chanson *f* d'amour
loving ['lʌvɪŋ] *adj* affectueux(-euse), tendre, aimant(e)
low [ləu] *adj* bas (basse); (*quality*) mauvais(e), inférieur(e) ▷ *adv* bas ▷ *n* (*Meteorology*) dépression *f* ▷ *vi* (*cow*) mugir; **to feel ~** se sentir déprimé(e); **he's very ~** (*ill*) il est bien bas *or* très affaibli; **to turn (down) ~** (*vt*) baisser; **to be ~ on** (*supplies etc*) être à court de; **to reach a new** *or* **an all-time ~** tomber au niveau le plus bas
low-alcohol [ləu'ælkəhɔl] *adj* à faible teneur en alcool, peu alcoolisé(e)
lowbrow ['ləubrau] *adj* sans prétentions intellectuelles
low-calorie ['ləu'kælərɪ] *adj* hypocalorique
low-cut ['ləukʌt] *adj* (*dress*) décolleté(e)
low-down ['ləudaun] *n* (*inf*): **he gave me the ~ (on it)** il m'a mis au courant ▷ *adj* (*mean*) méprisable
lower *adj* ['ləuəʳ] inférieur(e) ▷ *vt* ['ləuəʳ] baisser; (*resistance*) diminuer ▷ *vi* ['lauəʳ] (*person*): **to ~ at sb** jeter un regard mauvais *or* noir à qn; (*sky, clouds*) être menaçant; **to ~ o.s. to** s'abaisser à
lower sixth (*Brit*) *n* (*Scol*) première *f*
low-fat ['ləu'fæt] *adj* maigre
low-key ['ləu'ki:] *adj* modéré(e), discret(-ète)
lowland, lowlands ['ləulənd(z)] *n(pl)* plaine(s) *f(pl)*
low-level ['ləulɛvl] *adj* bas (basse); (*flying*) à basse altitude
low-loader ['ləuləudəʳ] *n* semi-remorque *f* à plate-forme surbaissée
lowly ['ləulɪ] *adj* humble, modeste
low-lying [ləu'laɪɪŋ] *adj* à faible altitude
low-paid [ləu'peɪd] *adj* mal payé(e), aux salaires bas
low-rise ['ləuraɪz] *adj* bas(se), de faible hauteur
low-tech ['ləutɛk] *adj* sommaire
loyal ['lɔɪəl] *adj* loyal(e), fidèle
loyalist ['lɔɪəlɪst] *n* loyaliste *m/f*
loyalty ['lɔɪəltɪ] *n* loyauté *f*, fidélité *f*
loyalty card *n* carte *f* de fidélité
lozenge ['lɔzɪndʒ] *n* (*Med*) pastille *f*; (*Geom*) losange *m*
LP *n abbr* = **long-playing record**
LPG *n abbr* (= *liquid petroleum gas*) GPL *m*
L-plates ['ɛlpleɪts] *npl* (*Brit*) plaques *fpl* (obligatoires) d'apprenti conducteur
LPN *n abbr* (*US:* = *Licensed Practical Nurse*) infirmier(-ière) diplômé(e)
LRAM *n abbr* (*Brit*) = **Licentiate of the Royal Academy of Music**
LSAT *n abbr* (*US*) = **Law School Admissions Test**
LSD *n abbr* (= *lysergic acid diethylamide*) LSD *m*; (*Brit:* = *pounds, shillings and pence*) *système monétaire en usage en GB jusqu'en 1971*
LSE *n abbr* = **London School of Economics**
LT *abbr* (*Elec:* = *low tension*) BT
Lt *abbr* (= *lieutenant*) Lt.
Ltd *abbr* (*Comm: company:* = *limited*) ≈ S.A.
lubricant ['lu:brɪkənt] *n* lubrifiant *m*
lubricate ['lu:brɪkeɪt] *vt* lubrifier, graisser
lucid ['lu:sɪd] *adj* lucide
lucidity [lu:'sɪdɪtɪ] *n* lucidité *f*
luck [lʌk] *n* chance *f*; **bad ~** malchance *f*, malheur *m*; **to be in ~** avoir de la chance; **to be out of ~** ne pas avoir de chance; **good ~!** bonne chance!; **bad** *or* **hard** *or* **tough ~!** pas de chance!
luckily ['lʌkɪlɪ] *adv* heureusement, par bonheur
luckless ['lʌklɪs] *adj* (*person*) malchanceux(-euse); (*trip*) marqué(e) par la malchance
lucky ['lʌkɪ] *adj* (*person*) qui a de la chance; (*coincidence*) heureux(-euse); (*number etc*) qui porte bonheur
lucrative ['lu:krətɪv] *adj* lucratif(-ive), rentable, qui rapporte
ludicrous ['lu:dɪkrəs] *adj* ridicule, absurde

l

ludo ['lu:dəu] *n* jeu *m* des petits chevaux
lug [lʌg] *vt* traîner, tirer
luggage ['lʌgɪdʒ] *n* bagages *mpl*; **our ~ hasn't arrived** nos bagages ne sont pas arrivés; **could you send someone to collect our ~?** pourriez-vous envoyer quelqu'un chercher nos bagages?
luggage lockers *npl* consigne *f* automatique
luggage rack *n* (*in train*) porte-bagages *m inv*; (*: made of string*) filet *m* à bagages; (*on car*) galerie *f*
luggage van, (*US*) **luggage car** *n* (*Rail*) fourgon *m* (à bagages)
lugubrious [lu'gu:brɪəs] *adj* lugubre
lukewarm ['lu:kwɔ:m] *adj* tiède
lull [lʌl] *n* accalmie *f*; (*in conversation*) pause *f* ▷ *vt*: **to ~ sb to sleep** bercer qn pour qu'il s'endorme; **to be ~ed into a false sense of security** s'endormir dans une fausse sécurité
lullaby ['lʌləbaɪ] *n* berceuse *f*
lumbago [lʌm'beɪgəu] *n* lumbago *m*
lumber ['lʌmbə[r]] *n* (*wood*) bois *m* de charpente; (*junk*) bric-à-brac *m inv* ▷ *vt* (*Brit inf*): **to ~ sb with sth/sb** coller *or* refiler qch/qn à qn ▷ *vi* (*also*: **lumber about, lumber along**) marcher pesamment
lumberjack ['lʌmbədʒæk] *n* bûcheron *m*
lumber room *n* (*Brit*) débarras *m*
lumber yard *n* entrepôt *m* de bois
luminous ['lu:mɪnəs] *adj* lumineux(-euse)
lump [lʌmp] *n* morceau *m*; (*in sauce*) grumeau *m*; (*swelling*) grosseur *f* ▷ *vt* (*also*: **lump together**) réunir, mettre en tas
lump sum *n* somme globale *or* forfaitaire
lumpy ['lʌmpɪ] *adj* (*sauce*) qui a des grumeaux; (*bed*) défoncé(e), peu confortable
lunacy ['lu:nəsɪ] *n* démence *f*, folie *f*
lunar ['lu:nə[r]] *adj* lunaire
lunatic ['lu:nətɪk] *n* fou (folle), dément(e) ▷ *adj* fou (folle), dément(e)
lunatic asylum *n* asile *m* d'aliénés
lunch [lʌntʃ] *n* déjeuner *m* ▷ *vi* déjeuner; **it is his ~ hour** c'est l'heure où il déjeune; **to invite sb to** *or* **for ~** inviter qn à déjeuner
lunch break, lunch hour *n* pause *f* de midi, heure *f* du déjeuner
luncheon ['lʌntʃən] *n* déjeuner *m*
luncheon meat *n sorte de saucisson*
luncheon voucher *n* chèque-repas *m*, ticket-repas *m*
lunchtime ['lʌntʃtaɪm] *n*: **it's ~** c'est l'heure du déjeuner
lung [lʌŋ] *n* poumon *m*
lung cancer *n* cancer *m* du poumon
lunge [lʌndʒ] *vi* (*also*: **lunge forward**) faire un mouvement brusque en avant; **to ~ at sb** envoyer *or* assener un coup à qn
lupin ['lu:pɪn] *n* lupin *m*
lurch [lə:tʃ] *vi* vaciller, tituber ▷ *n* écart *m* brusque, embardée *f*; **to leave sb in the ~** laisser qn se débrouiller *or* se dépêtrer tout(e) seul(e)
lure [luə[r]] *n* (*attraction*) attrait *m*, charme *m*; (*in hunting*) appât *m*, leurre *m* ▷ *vt* attirer *or* persuader par la ruse
lurid ['luərɪd] *adj* affreux(-euse), atroce
lurk [lə:k] *vi* se tapir, se cacher
luscious ['lʌʃəs] *adj* succulent(e), appétissant(e)
lush [lʌʃ] *adj* luxuriant(e)
lust [lʌst] *n* (*sexual*) désir (sexuel); (*Rel*) luxure *f*; (*fig*): **~ for** soif *f* de
▸ **lust after** *vt fus* convoiter, désirer
luster ['lʌstə[r]] *n* (*US*) = **lustre**
lustful ['lʌstful] *adj* lascif(-ive)
lustre, (*US*) **luster** ['lʌstə[r]] *n* lustre *m*, brillant *m*
lusty ['lʌstɪ] *adj* vigoureux(-euse), robuste
lute [lu:t] *n* luth *m*
Luxembourg ['lʌksəmbə:g] *n* Luxembourg *m*
luxuriant [lʌg'zjuərɪənt] *adj* luxuriant(e)
luxurious [lʌg'zjuərɪəs] *adj* luxueux(-euse)
luxury ['lʌkʃərɪ] *n* luxe *m* ▷ *cpd* de luxe
LV *n abbr* (*Brit*) = **luncheon voucher**
LW *abbr* (*Radio*: *= long wave*) GO
Lycra® ['laɪkrə] *n* Lycra® *m*
lying ['laɪɪŋ] *n* mensonge(s) *m(pl)* ▷ *adj* (*statement, story*) mensonger(-ère), faux (fausse); (*person*) menteur(-euse)
lynch [lɪntʃ] *vt* lyncher
lynx [lɪŋks] *n* lynx *m inv*
Lyons ['ljɔ̃] *n* Lyon
lyre ['laɪə[r]] *n* lyre *f*
lyric ['lɪrɪk] *adj* lyrique
lyrical ['lɪrɪkl] *adj* lyrique
lyricism ['lɪrɪsɪzəm] *n* lyrisme *m*
lyrics ['lɪrɪks] *npl* (*of song*) paroles *fpl*

Mm

M, m [ɛm] *n* (*letter*) M, m *m*; **M for Mary**, (*US*) **M for Mike** M comme Marcel
M *n abbr* (*Brit*) = **motorway**; (= *the M8*) ≈ l'A8 ▷ *abbr* (= *medium*) M
m. *abbr* (= *metre*) m; (= *million*) M; (= *mile*) mi
M.A. *n abbr* (*Scol*) = **Master of Arts** ▷ *abbr* (*US*) = **military academy**; (*US*) = **Massachusetts**
ma [mɑ:] (*inf*) *n* maman *f*
mac [mæk] *n* (*Brit*) imper(méable *m*) *m*
macabre [mə'kɑ:brə] *adj* macabre
macaroni [mækə'rəunɪ] *n* macaronis *mpl*
macaroon [mækə'ru:n] *n* macaron *m*
mace [meɪs] *n* masse *f*; (*spice*) macis *m*
Macedonia [mæsɪ'dəunɪə] *n* Macédoine *f*
Macedonian [mæsɪ'dəunɪən] *adj* macédonien(ne) ▷ *n* Macédonien(ne); (*Ling*) macédonien *m*
machinations [mækɪ'neɪʃənz] *npl* machinations *fpl*, intrigues *fpl*
machine [mə'ʃi:n] *n* machine *f* ▷ *vt* (*dress etc*) coudre à la machine; (*Tech*) usiner
machine code *n* (*Comput*) code *m* machine
machine gun *n* mitrailleuse *f*
machine language *n* (*Comput*) langage *m* machine
machine-readable [mə'ʃi:nri:dəbl] *adj* (*Comput*) exploitable par une machine
machinery [mə'ʃi:nərɪ] *n* machinerie *f*, machines *fpl*; (*fig*) mécanisme(s) *m(pl)*
machine shop *n* atelier *m* d'usinage
machine tool *n* machine-outil *f*
machine washable *adj* (*garment*) lavable en machine
machinist [mə'ʃi:nɪst] *n* machiniste *m/f*
macho ['mætʃəu] *adj* macho *inv*
mackerel ['mækrl] *n* (*pl inv*) maquereau *m*
mackintosh ['mækɪntɔʃ] *n* (*Brit*) imperméable *m*
macro... ['mækrəu] *prefix* macro...
macro-economics ['mækrəui:kə'nɔmɪks] *n* macro-économie *f*
mad [mæd] *adj* fou (folle); (*foolish*) insensé(e); (*angry*) furieux(-euse); **to go ~** devenir fou; **to be ~ (keen) about** *or* **on sth** (*inf*) être follement passionné de qch, être fou de qch
Madagascar [mædə'gæskə^r] *n* Madagascar *m*
madam ['mædəm] *n* madame *f*; **yes ~** oui Madame; **M~ Chairman** Madame la Présidente
madcap ['mædkæp] *adj* (*inf*) écervelé(e)
mad cow disease *n* maladie *f* des vaches folles
madden ['mædn] *vt* exaspérer
maddening ['mædnɪŋ] *adj* exaspérant(e)
made [meɪd] *pt, pp of* **make**
Madeira [mə'dɪərə] *n* (*Geo*) Madère *f*; (*wine*) madère *m*
made-to-measure ['meɪdtə'mɛʒə^r] *adj* (*Brit*) fait(e) sur mesure
made-up ['meɪdʌp] *adj* (*story*) inventé(e), fabriqué(e)
madhouse ['mædhaus] *n* (*also fig*) maison *f* de fous
madly ['mædlɪ] *adv* follement; **~ in love** éperdument amoureux(-euse)
madman ['mædmən] (*irreg*) *n* fou *m*, aliéné *m*
madness ['mædnɪs] *n* folie *f*
Madrid [mə'drɪd] *n* Madrid
Mafia ['mæfɪə] *n* maf(f)ia *f*
mag [mæg] *n abbr* (*Brit inf*: = *magazine*) magazine *m*
magazine [mægə'zi:n] *n* (*Press*) magazine *m*, revue *f*; (*Radio, TV*) magazine; (*Mil: store*) dépôt *m*, arsenal *m*; (*of firearm*) magasin *m*
maggot ['mægət] *n* ver *m*, asticot *m*
magic ['mædʒɪk] *n* magie *f* ▷ *adj* magique
magical ['mædʒɪkl] *adj* magique; (*experience, evening*) merveilleux(-euse)
magician [mə'dʒɪʃən] *n* magicien(ne)
magistrate ['mædʒɪstreɪt] *n* magistrat *m*; juge *m*; **~s' court** (*Brit*) ≈ tribunal *m* d'instance
magnanimous [mæg'nænɪməs] *adj* magnanime
magnate ['mægneɪt] *n* magnat *m*
magnesium [mæg'ni:zɪəm] *n* magnésium *m*
magnet ['mægnɪt] *n* aimant *m*
magnetic [mæg'nɛtɪk] *adj* magnétique
magnetic disk *n* (*Comput*) disque *m* magnétique
magnetic tape *n* bande *f* magnétique
magnetism ['mægnɪtɪzəm] *n* magnétisme *m*
magnification [mægnɪfɪ'keɪʃən] *n* grossissement *m*
magnificence [mæg'nɪfɪsns] *n* magnificence *f*
magnificent [mæg'nɪfɪsnt] *adj* superbe,

magnifique; (*splendid: robe, building*) somptueux(-euse), magnifique
magnify ['mægnɪfaɪ] *vt* grossir; (*sound*) amplifier
magnifying glass ['mægnɪfaɪɪŋ-] *n* loupe *f*
magnitude ['mægnɪtju:d] *n* ampleur *f*
magnolia [mæg'nəulɪə] *n* magnolia *m*
magpie ['mægpaɪ] *n* pie *f*
mahogany [mə'hɔgənɪ] *n* acajou *m* ▷ *cpd* en (bois d')acajou
maid [meɪd] *n* bonne *f*; (*in hotel*) femme *f* de chambre; **old ~** (*pej*) vieille fille
maiden ['meɪdn] *n* jeune fille *f* ▷ *adj* (*aunt etc*) non mariée; (*speech, voyage*) inaugural(e)
maiden name *n* nom *m* de jeune fille
mail [meɪl] *n* poste *f*; (*letters*) courrier *m* ▷ *vt* envoyer (par la poste); **by ~** par la poste
mailbag ['meɪlbæg] *n* (*US*) sac postal; (*postman's*) sacoche *f*
mailbox ['meɪlbɔks] *n* (*US: also Comput*) boîte *f* aux lettres
mailing list ['meɪlɪŋ-] *n* liste *f* d'adresses
mailman ['meɪlmæn] (*irreg*) *n* (*US*) facteur *m*
mail-order ['meɪlɔ:dəʳ] *n* vente *f* or achat *m* par correspondance ▷ *cpd*: **~ firm** or **house** maison *f* de vente par correspondance
mailshot ['meɪlʃɔt] *n* (*Brit*) mailing *m*
mail train *n* train postal
mail truck *n* (*US Aut*) = **mail van**
mail van *n* (*Brit Aut*) voiture *f* or fourgonnette *f* des postes; (: *Rail*) wagon-poste *m*
maim [meɪm] *vt* mutiler
main [meɪn] *adj* principal(e) ▷ *n* (*pipe*) conduite principale, canalisation *f*; **the ~s** (*Elec*) le secteur; **the ~ thing** l'essentiel *m*; **in the ~** dans l'ensemble
main course *n* (*Culin*) plat *m* de résistance
mainframe ['meɪnfreɪm] *n* (*also*: **mainframe computer**) (gros) ordinateur, unité centrale
mainland ['meɪnlənd] *n* continent *m*
mainline ['meɪnlaɪn] *adj* (*Rail*) de grande ligne ▷ *vt* (*drugs slang*) se shooter à ▷ *vi* (*drugs slang*) se shooter
main line *n* (*Rail*) grande ligne
mainly ['meɪnlɪ] *adv* principalement, surtout
main road *n* grand axe, route nationale
mainstay ['meɪnsteɪ] *n* (*fig*) pilier *m*
mainstream ['meɪnstri:m] *n* (*fig*) courant principal
main street *n* rue *f* principale
maintain [meɪn'teɪn] *vt* entretenir; (*continue*) maintenir, préserver; (*affirm*) soutenir; **to ~ that ...** soutenir que ...
maintenance ['meɪntənəns] *n* entretien *m*; (*Law: alimony*) pension *f* alimentaire
maintenance contract *n* contrat *m* d'entretien
maintenance order *n* (*Law*) obligation *f* alimentaire
maisonette [meɪzə'nɛt] *n* (*Brit*) appartement *m* en duplex
maize [meɪz] *n* (*Brit*) maïs *m*
Maj. *abbr* (*Mil*) = **major**
majestic [mə'dʒɛstɪk] *adj* majestueux(-euse)
majesty ['mædʒɪstɪ] *n* majesté *f*; (*title*): **Your M~** Votre Majesté
major ['meɪdʒəʳ] *n* (*Mil*) commandant *m* ▷ *adj* (*important*) important(e); (*most important*) principal(e); (*Mus*) majeur(e) ▷ *vi* (*US Scol*): **to ~ (in)** se spécialiser (en); **a ~ operation** (*Med*) une grosse opération
Majorca [mə'jɔ:kə] *n* Majorque *f*
major general *n* (*Mil*) général *m* de division
majority [mə'dʒɔrɪtɪ] *n* majorité *f* ▷ *cpd* (*verdict, holding*) majoritaire
make [meɪk] *vt* (*pt, pp* **made**) [meɪd] faire; (*manufacture*) faire, fabriquer; (*earn*) gagner; (*decision*) prendre; (*friend*) se faire; (*speech*) faire, prononcer; (*cause to be*): **to ~ sb sad** *etc* rendre qn triste *etc*; (*force*): **to ~ sb do sth** obliger qn à faire qch, faire faire qch à qn; (*equal*): **2 and 2 ~ 4** 2 et 2 font 4 ▷ *n* (*manufacture*) fabrication *f*; (*brand*) marque *f*; **to ~ the bed** faire le lit; **to ~ a fool of sb** (*ridicule*) ridiculiser qn; (*trick*) avoir or duper qn; **to ~ a profit** faire un or des bénéfice(s); **to ~ a loss** essuyer une perte; **to ~ it** (*in time etc*) y arriver; (*succeed*) réussir; **what time do you ~ it?** quelle heure avez-vous?; **I ~ it £249** d'après mes calculs ça fait 249 livres; **to be made of** être en; **to ~ good** *vi* (*succeed*) faire son chemin, réussir ▷ *vt* (*deficit*) combler; (*losses*) compenser; **to ~ do with** se contenter de; se débrouiller avec
▶ **make for** *vt fus* (*place*) se diriger vers
▶ **make off** *vi* filer
▶ **make out** *vt* (*write out: cheque*) faire; (*decipher*) déchiffrer; (*understand*) comprendre; (*see*) distinguer; (*claim, imply*) prétendre, vouloir faire croire; **to ~ out a case for sth** présenter des arguments solides en faveur de qch
▶ **make over** *vt* (*assign*): **to ~ over (to)** céder (à), transférer (au nom de)
▶ **make up** *vt* (*invent*) inventer, imaginer; (*constitute*) constituer; (*parcel, bed*) faire ▷ *vi* se réconcilier; (*with cosmetics*) se maquiller, se farder; **to be made up of** se composer de
▶ **make up for** *vt fus* compenser; (*lost time*) rattraper
make-believe ['meɪkbɪli:v] *n*: **a world of ~** un monde de chimères or d'illusions; **it's just ~** c'est de la fantaisie; c'est une illusion
makeover ['meɪkəuvəʳ] *n* (*by beautician*) soins *mpl* de maquillage; (*change of image*) changement *m* d'image; **to give sb a ~** relooker qn
maker ['meɪkəʳ] *n* fabricant *m*; (*of film, programme*) réalisateur(-trice)
makeshift ['meɪkʃɪft] *adj* provisoire, improvisé(e)
make-up ['meɪkʌp] *n* maquillage *m*
make-up bag *n* trousse *f* de maquillage
make-up remover *n* démaquillant *m*
making ['meɪkɪŋ] *n* (*fig*): **in the ~** en formation or gestation; **to have the ~s of** (*actor, athlete*) avoir l'étoffe de
maladjusted [mælə'dʒʌstɪd] *adj* inadapté(e)

malaise [mæ'leɪz] *n* malaise *m*
malaria [mə'lɛərɪə] *n* malaria *f*, paludisme *m*
Malawi [mə'lɑːwɪ] *n* Malawi *m*
Malay [mə'leɪ] *adj* malais(e) ▷ *n* (*person*) Malais(e); (*language*) malais *m*
Malaya [mə'leɪə] *n* Malaisie *f*
Malayan [mə'leɪən] *adj, n* = **Malay**
Malaysia [mə'leɪzɪə] *n* Malaisie *f*
Malaysian [mə'leɪzɪən] *adj* malaisien(ne) ▷ *n* Malaisien(ne)
Maldives ['mɔːldaɪvz] *npl*: **the ~** les Maldives *fpl*
male [meɪl] *n* (*Biol, Elec*) mâle *m* ▷ *adj* (*sex, attitude*) masculin(e); (*animal*) mâle; (*child etc*) du sexe masculin; **~ and female students** étudiants et étudiantes
male chauvinist *n* phallocrate *m*
male nurse *n* infirmier *m*
malevolence [mə'lɛvələns] *n* malveillance *f*
malevolent [mə'lɛvələnt] *adj* malveillant(e)
malfunction [mæl'fʌŋkʃən] *n* fonctionnement défectueux
malice ['mælɪs] *n* méchanceté *f*, malveillance *f*
malicious [mə'lɪʃəs] *adj* méchant(e), malveillant(e); (*Law*) avec intention criminelle
malign [mə'laɪn] *vt* diffamer, calomnier
malignant [mə'lɪgnənt] *adj* (*Med*) malin(-igne)
malingerer [mə'lɪŋgərə^r] *n* simulateur(-trice)
mall [mɔːl] *n* (*also*: **shopping mall**) centre commercial
malleable ['mælɪəbl] *adj* malléable
mallet ['mælɪt] *n* maillet *m*
malnutrition [mælnjuː'trɪʃən] *n* malnutrition *f*
malpractice [mæl'præktɪs] *n* faute professionnelle; négligence *f*
malt [mɔːlt] *n* malt *m* ▷ *cpd* (*whisky*) pur malt
Malta ['mɔːltə] *n* Malte *f*
Maltese [mɔːl'tiːz] *adj* maltais(e) ▷ *n* (*pl inv*) Maltais(e); (*Ling*) maltais *m*
maltreat [mæl'triːt] *vt* maltraiter
mammal ['mæml] *n* mammifère *m*
mammoth ['mæməθ] *n* mammouth *m* ▷ *adj* géant(e), monstre
man (*pl* **men**) [mæn, mɛn] *n* homme *m*; (*Sport*) joueur *m*; (*Chess*) pièce *f*; (*Draughts*) pion *m* ▷ *vt* (*Naut: ship*) garnir d'hommes; (*machine*) assurer le fonctionnement de; (*Mil: gun*) servir; (*: post*) être de service à; **an old ~** un vieillard; **~ and wife** mari et femme
Man. *abbr* (*Canada*) = **Manitoba**
manacles ['mænəklz] *npl* menottes *fpl*
manage ['mænɪdʒ] *vi* se débrouiller; (*succeed*) y arriver, réussir ▷ *vt* (*business*) gérer; (*team, operation*) diriger; (*control: ship*) manier, manœuvrer; (*: person*) savoir s'y prendre avec; (*device, things to do, carry etc*) arriver à se débrouiller avec, s'en tirer avec; **to ~ to do** se débrouiller pour faire; (*succeed*) réussir à faire
manageable ['mænɪdʒəbl] *adj* maniable; (*task etc*) faisable; (*number*) raisonnable
management ['mænɪdʒmənt] *n* (*running*) administration *f*, direction *f*; (*people in charge: of business, firm*) dirigeants *mpl*, cadres *mpl*; (*: of hotel, shop, theatre*) direction; **"under new ~"** "changement de gérant", "changement de propriétaire"
management accounting *n* comptabilité *f* de gestion
management consultant *n* conseiller(-ère) de direction
manager ['mænɪdʒə^r] *n* (*of business*) directeur *m*; (*of institution etc*) administrateur *m*; (*of department, unit*) responsable *m/f*, chef *m*; (*of hotel etc*) gérant *m*; (*Sport*) manager *m*; (*of artist*) impresario *m*; **sales ~** responsable *or* chef des ventes
manageress [mænɪdʒə'rɛs] *n* directrice *f*; (*of hotel etc*) gérante *f*
managerial [mænɪ'dʒɪərɪəl] *adj* directorial(e); (*skills*) de cadre, de gestion; **~ staff** cadres *mpl*
managing director ['mænɪdʒɪŋ-] *n* directeur général
Mancunian [mæŋ'kjuːnɪən] *adj* de Manchester ▷ *n* habitant(e) de Manchester; natif(-ive) de Manchester
mandarin ['mændərɪn] *n* (*also*: **mandarin orange**) mandarine *f*; (*person*) mandarin *m*
mandate ['mændeɪt] *n* mandat *m*
mandatory ['mændətərɪ] *adj* obligatoire; (*powers etc*) mandataire
mandolin, mandoline ['mændəlɪn] *n* mandoline *f*
mane [meɪn] *n* crinière *f*
maneuver [mə'nuːvə^r] (*US*) = **manoeuvre**
manfully ['mænfəlɪ] *adv* vaillamment
manganese [mæŋgə'niːz] *n* manganèse *m*
mangetout ['mɔnʒ'tuː] *n* mange-tout *m inv*
mangle ['mæŋgl] *vt* déchiqueter; mutiler ▷ *n* essoreuse *f*; calandre *f*
mango (*pl* **-es**) ['mæŋgəu] *n* mangue *f*
mangrove ['mæŋgrəuv] *n* palétuvier *m*
mangy ['meɪndʒɪ] *adj* galeux(-euse)
manhandle ['mænhændl] *vt* (*mistreat*) maltraiter, malmener; (*move by hand*) manutentionner
manhole ['mænhəul] *n* trou *m* d'homme
manhood ['mænhud] *n* (*age*) âge *m* d'homme; (*manliness*) virilité *f*
man-hour ['mænauə^r] *n* heure-homme *f*, heure *f* de main-d'œuvre
manhunt ['mænhʌnt] *n* chasse *f* à l'homme
mania ['meɪnɪə] *n* manie *f*
maniac ['meɪnɪæk] *n* maniaque *m/f*; (*fig*) fou (folle)
manic ['mænɪk] *adj* maniaque
manic-depressive ['mænɪkdɪ'prɛsɪv] *adj, n* (*Psych*) maniaco-dépressif(-ive)
manicure ['mænɪkjuə^r] *n* manucure *f* ▷ *vt* (*person*) faire les mains à
manicure set *n* trousse *f* à ongles
manifest ['mænɪfɛst] *vt* manifester ▷ *adj* manifeste, évident(e) ▷ *n* (*Aviat, Naut*) manifeste *m*
manifestation [mænɪfɛs'teɪʃən] *n* manifestation *f*

m

manifesto [mænɪ'fɛstəu] *n* (*Pol*) manifeste *m*
manifold ['mænɪfəuld] *adj* multiple, varié(e) ▷ *n* (*Aut etc*): **exhaust ~** collecteur *m* d'échappement
Manila [mə'nɪlə] *n* Manille, Manila
manila [mə'nɪlə] *adj*: **~ paper** papier *m* bulle
manipulate [mə'nɪpjuleɪt] *vt* manipuler; (*system, situation*) exploiter
manipulation [mənɪpju'leɪʃən] *n* manipulation *f*
mankind [mæn'kaɪnd] *n* humanité *f*, genre humain
manliness ['mænlɪnɪs] *n* virilité *f*
manly ['mænlɪ] *adj* viril(e)
man-made ['mæn'meɪd] *adj* artificiel(le); (*fibre*) synthétique
manna ['mænə] *n* manne *f*
mannequin ['mænɪkɪn] *n* mannequin *m*
manner ['mænəʳ] *n* manière *f*, façon *f*; (*behaviour*) attitude *f*, comportement *m*; **manners** *npl*: **(good) ~s** (bonnes) manières; **bad ~s** mauvaises manières; **all ~ of** toutes sortes de
mannerism ['mænərɪzəm] *n* particularité *f* de langage (*or* de comportement), tic *m*
mannerly ['mænəlɪ] *adj* poli(e), courtois(e)
manoeuvrable, (*US*) **maneuverable** [mə'nu:vrəbl] *adj* facile à manœuvrer
manoeuvre, (*US*) **maneuver** [mə'nu:vəʳ] *vt* (*move*) manœuvrer; (*manipulate: person*) manipuler; (*: situation*) exploiter ▷ *n* manœuvre *f*; **to ~ sb into doing sth** manipuler qn pour lui faire faire qch
manor ['mænəʳ] *n* (*also:* **manor house**) manoir *m*
manpower ['mænpauəʳ] *n* main-d'œuvre *f*
manservant (*pl* **menservants**) ['mænsə:vənt, 'mɛn-] *n* domestique *m*
mansion ['mænʃən] *n* château *m*, manoir *m*
manslaughter ['mænslɔ:təʳ] *n* homicide *m* involontaire
mantelpiece ['mæntlpi:s] *n* cheminée *f*
mantle ['mæntl] *n* cape *f*; (*fig*) manteau *m*
man-to-man ['mæntə'mæn] *adj, adv* d'homme à homme
manual ['mænjuəl] *adj* manuel(le) ▷ *n* manuel *m*
manual worker *n* travailleur manuel
manufacture [mænju'fæktʃəʳ] *vt* fabriquer ▷ *n* fabrication *f*
manufactured goods [mænju'fæktʃəd-] *npl* produits manufacturés
manufacturer [mænju'fæktʃərəʳ] *n* fabricant *m*
manufacturing industries [mænju] *npl* industries *fpl* de transformation
manure [mə'njuəʳ] *n* fumier *m*; (*artificial*) engrais *m*
manuscript ['mænjuskrɪpt] *n* manuscrit *m*
many ['mɛnɪ] *adj* beaucoup de, de nombreux(-euses) ▷ *pron* beaucoup, un grand nombre; **how ~?** combien?; **a great ~** un grand nombre (de); **too ~ difficulties** trop de difficultés; **twice as ~** deux fois plus; **~ a ...** bien des ..., plus d'un(e) ...
Maori ['maurɪ] *n* Maori(e) ▷ *adj* maori(e)
map [mæp] *n* carte *f*; (*of town*) plan *m* ▷ *vt* dresser la carte de; **can you show it to me on the ~?** pouvez-vous me l'indiquer sur la carte?
▸ **map out** *vt* tracer; (*fig: task*) planifier; (*career, holiday*) organiser, préparer (à l'avance); (*: essay*) faire le plan de
maple ['meɪpl] *n* érable *m*
mar [mɑ:ʳ] *vt* gâcher, gâter
marathon ['mærəθən] *n* marathon *m* ▷ *adj*: **a ~ session** une séance-marathon
marathon runner *n* coureur(-euse) de marathon, marathonien(ne)
marauder [mə'rɔ:dəʳ] *n* maraudeur(-euse)
marble ['mɑ:bl] *n* marbre *m*; (*toy*) bille *f*; **marbles** *npl* (*game*) billes
March [mɑ:tʃ] *n* mars *m*
march [mɑ:tʃ] *vi* marcher au pas; (*demonstrators*) défiler ▷ *n* marche *f*; (*demonstration*) manifestation *f*; **to ~ out of/into** *etc* sortir de/entrer dans *etc* (*de manière décidée ou impulsive*)
marcher ['mɑ:tʃəʳ] *n* (*demonstrator*) manifestant(e), marcheur(-euse)
marching ['mɑ:tʃɪŋ] *n*: **to give sb his ~ orders** (*fig*) renvoyer qn; envoyer promener qn
march-past ['mɑ:tʃpɑ:st] *n* défilé *m*
mare [mɛəʳ] *n* jument *f*
marg. [mɑ:dʒ] *n abbr* (*inf*) = **margarine**
margarine [mɑ:dʒə'ri:n] *n* margarine *f*
margin ['mɑ:dʒɪn] *n* marge *f*
marginal ['mɑ:dʒɪnl] *adj* marginal(e); **~ seat** (*Pol*) siège disputé
marginally ['mɑ:dʒɪnəlɪ] *adv* très légèrement, sensiblement
marigold ['mærɪgəuld] *n* souci *m*
marijuana [mærɪ'wɑ:nə] *n* marijuana *f*
marina [mə'ri:nə] *n* marina *f*
marinade *n* [mærɪ'neɪd] marinade *f* ▷ *vt* ['mærɪneɪd] = **marinate**
marinate ['mærɪneɪt] *vt* (faire) mariner
marine [mə'ri:n] *adj* marin(e) ▷ *n* fusilier marin; (*US*) marine *m*
marine insurance *n* assurance *f* maritime
marital ['mærɪtl] *adj* matrimonial(e)
marital status *n* situation *f* de famille
maritime ['mærɪtaɪm] *adj* maritime
maritime law *n* droit *m* maritime
marjoram ['mɑ:dʒərəm] *n* marjolaine *f*
mark [mɑ:k] *n* marque *f*; (*of skid etc*) trace *f*; (*Brit Scol*) note *f*; (*Sport*) cible *f*; (*currency*) mark *m*; (*Brit Tech*): **M~ 2/3** 2ème/3ème série *f or* version *f*; (*oven temperature*): **(gas) ~ 4** thermostat *m* 4 ▷ *vt* (*also Sport: player*) marquer; (*stain*) tacher; (*Brit Scol*) corriger, noter; (*also:* **punctuation marks**) signes *mpl* de ponctuation; **to ~ time** marquer le pas; **to be quick off the ~ (in doing)** (*fig*) ne pas perdre de temps (pour faire); **up to the ~** (*in efficiency*) à la hauteur
▸ **mark down** *vt* (*prices, goods*) démarquer, réduire le prix de
▸ **mark off** *vt* (*tick off*) cocher, pointer

▸ **mark out** *vt* désigner
▸ **mark up** *vt* (*price*) majorer
marked [mɑ:kt] *adj* (*obvious*) marqué(e), net(te)
markedly ['mɑ:kɪdlɪ] *adv* visiblement, manifestement
marker ['mɑ:kəʳ] *n* (*sign*) jalon *m*; (*bookmark*) signet *m*
market ['mɑ:kɪt] *n* marché *m* ▹ *vt* (*Comm*) commercialiser; **to be on the ~** être sur le marché; **on the open ~** en vente libre; **to play the ~** jouer à la *or* spéculer en Bourse
marketable ['mɑ:kɪtəbl] *adj* commercialisable
market analysis *n* analyse *f* de marché
market day *n* jour *m* de marché
market demand *n* besoins *mpl* du marché
market economy *n* économie *f* de marché
market forces *npl* tendances *fpl* du marché
market garden *n* (*Brit*) jardin maraîcher
marketing ['mɑ:kɪtɪŋ] *n* marketing *m*
marketplace ['mɑ:kɪtpleɪs] *n* place *f* du marché; (*Comm*) marché *m*
market price *n* prix marchand
market research *n* étude *f* de marché
market value *n* valeur marchande; valeur du marché
marking ['mɑ:kɪŋ] *n* (*on animal*) marque *f*, tache *f*; (*on road*) signalisation *f*
marksman ['mɑ:ksmən] (*irreg*) *n* tireur *m* d'élite
marksmanship ['mɑ:ksmənʃɪp] *n* adresse *f* au tir
mark-up ['mɑ:kʌp] *n* (*Comm: margin*) marge *f* (bénéficiaire); (*: increase*) majoration *f*
marmalade ['mɑ:məleɪd] *n* confiture *f* d'oranges
maroon [mə'ru:n] *vt*: **to be ~ed** être abandonné(e); (*fig*) être bloqué(e) ▹ *adj* (*colour*) bordeaux *inv*
marquee [mɑ:'ki:] *n* chapiteau *m*
marquess, marquis ['mɑ:kwɪs] *n* marquis *m*
Marrakech, Marrakesh [mærə'kɛʃ] *n* Marrakech
marriage ['mærɪdʒ] *n* mariage *m*
marriage bureau *n* agence matrimoniale
marriage certificate *n* extrait *m* d'acte de mariage
marriage guidance, (*US*) **marriage counseling** *n* conseils conjugaux
marriage of convenience *n* mariage *m* de convenance
married ['mærɪd] *adj* marié(e); (*life, love*) conjugal(e)
marrow ['mærəu] *n* (*of bone*) moelle *f*; (*vegetable*) courge *f*
marry ['mærɪ] *vt* épouser, se marier avec; (*subj: father, priest etc*) marier ▹ *vi* (*also*: **get married**) se marier
Mars [mɑ:z] *n* (*planet*) Mars *f*
Marseilles [mɑ:'seɪ] *n* Marseille
marsh [mɑ:ʃ] *n* marais *m*, marécage *m*
marshal ['mɑ:ʃl] *n* maréchal *m*; (*US: fire, police*) ≈ capitaine *m*; (*for demonstration, meeting*) membre *m* du service d'ordre ▹ *vt* rassembler
marshalling yard ['mɑ:ʃlɪŋ-] *n* (*Rail*) gare *f* de triage
marshmallow [mɑ:ʃ'mæləu] *n* (*Bot*) guimauve *f*; (*sweet*) (pâte *f* de) guimauve
marshy ['mɑ:ʃɪ] *adj* marécageux(-euse)
marsupial [mɑ:'su:pɪəl] *adj* marsupial(e) ▹ *n* marsupial *m*
martial ['mɑ:ʃl] *adj* martial(e)
martial arts *npl* arts martiaux
martial law *n* loi martiale
Martian ['mɑ:ʃən] *n* Martien(ne)
martin ['mɑ:tɪn] *n* (*also*: **house martin**) martinet *m*
martyr ['mɑ:təʳ] *n* martyr(e) ▹ *vt* martyriser
martyrdom ['mɑ:tədəm] *n* martyre *m*
marvel ['mɑ:vl] *n* merveille *f* ▹ *vi*: **to ~ (at)** s'émerveiller (de)
marvellous, (*US*) **marvelous** ['mɑ:vləs] *adj* merveilleux(-euse)
Marxism ['mɑ:ksɪzəm] *n* marxisme *m*
Marxist ['mɑ:ksɪst] *adj, n* marxiste (*m/f*)
marzipan ['mɑ:zɪpæn] *n* pâte *f* d'amandes
mascara [mæs'kɑ:rə] *n* mascara *m*
mascot ['mæskət] *n* mascotte *f*
masculine ['mæskjulɪn] *adj* masculin(e) ▹ *n* masculin *m*
masculinity [mæskju'lɪnɪtɪ] *n* masculinité *f*
MASH [mæʃ] *n abbr* (*US Mil*) = **mobile army surgical hospital**
mash [mæʃ] *vt* (*Culin*) faire une purée de
mashed potato *n*, **mashed potatoes** *npl* purée *f* de pommes de terre
mask [mɑ:sk] *n* masque *m* ▹ *vt* masquer
masochism ['mæsəukɪzəm] *n* masochisme *m*
masochist ['mæsəukɪst] *n* masochiste *m/f*
mason ['meɪsn] *n* (*also*: **stonemason**) maçon *m*; (*also*: **freemason**) franc-maçon *m*
masonic [mə'sɔnɪk] *adj* maçonnique
masonry ['meɪsnrɪ] *n* maçonnerie *f*
masquerade [mæskə'reɪd] *n* bal masqué; (*fig*) mascarade *f* ▹ *vi*: **to ~ as** se faire passer pour
mass [mæs] *n* multitude *f*, masse *f*; (*Physics*) masse; (*Rel*) messe *f* ▹ *cpd* (*communication*) de masse; (*unemployment*) massif(-ive) ▹ *vi* se masser; **masses** *npl*: **the ~es** les masses; **~es of** (*inf*) des tas de; **to go to ~** aller à la messe
Mass. *abbr* (*US*) = **Massachusetts.**
massacre ['mæsəkəʳ] *n* massacre *m* ▹ *vt* massacrer
massage ['mæsɑ:ʒ] *n* massage *m* ▹ *vt* masser
massive ['mæsɪv] *adj* énorme, massif(-ive)
mass market *n* marché *m* grand public
mass media *npl* mass-media *mpl*
mass meeting *n* rassemblement *m* de masse
mass-produce ['mæsprə'dju:s] *vt* fabriquer en série
mass production *n* fabrication *f* en série
mast [mɑ:st] *n* mât *m*; (*Radio, TV*) pylône *m*
mastectomy [mæs'tɛktəmɪ] *n* mastectomie *f*
master ['mɑ:stəʳ] *n* maître *m*; (*in secondary school*) professeur *m*; (*in primary school*) instituteur *m*; (*title for boys*): **M~ X** Monsieur X ▹ *vt* maîtriser;

(*learn*) apprendre à fond; (*understand*) posséder parfaitement *or* à fond; **~ of ceremonies (MC)** *n* maître des cérémonies; **M~ of Arts/Science (MA/MSc)** (*n*) ≈ titulaire *m/f* d'une maîtrise (en lettres/science); **M~ of Arts/Science degree (MA/MSc)** (*n*) ≈ maîtrise *f*; **M~'s degree** (*n*) ≈ maîtrise; *voir article*

MASTER'S DEGREE

Le *Master's degree* est un diplôme que l'on prépare en général après le "Bachelor's degree", bien que certaines universités décernent un *Master's* au lieu d'un "Bachelor's". Il consiste soit à suivre des cours, soit à rédiger un mémoire à partir d'une recherche personnelle, soit encore les deux. Les principaux masters sont le "MA" (Master of Arts), et le "MSc" (Master of Science), qui comprennent cours et mémoire, et le "MLitt "(Master of Letters) et le "MPhil" (Master of Philosophy), qui reposent uniquement sur le mémoire; voir "doctorate".

master disk *n* (*Comput*) disque original
masterful ['mɑːstəful] *adj* autoritaire, impérieux(-euse)
master key *n* passe-partout *m inv*
masterly ['mɑːstəlɪ] *adj* magistral(e)
mastermind ['mɑːstəmaɪnd] *n* esprit supérieur ▷ *vt* diriger, être le cerveau de
masterpiece ['mɑːstəpiːs] *n* chef-d'œuvre *m*
master plan *n* stratégie *f* d'ensemble
master stroke *n* coup *m* de maître
mastery ['mɑːstərɪ] *n* maîtrise *f*; connaissance parfaite
mastiff ['mæstɪf] *n* mastiff *m*
masturbate ['mæstəbeɪt] *vi* se masturber
masturbation [mæstə'beɪʃən] *n* masturbation *f*
mat [mæt] *n* petit tapis; (*also*: **doormat**) paillasson *m*; (*also*: **tablemat**) set *m* de table ▷ *adj* = **matt**
match [mætʃ] *n* allumette *f*; (*game*) match *m*, partie *f*; (*fig*) égal(e); mariage *m*; parti *m* ▷ *vt* (*also*: **match up**) assortir; (*go well with*) aller bien avec, s'assortir à; (*equal*) égaler, valoir ▷ *vi* être assorti(e); **to be a good ~** être bien assorti(e) ▶ **match up** *vt* assortir
matchbox ['mætʃbɔks] *n* boîte *f* d'allumettes
matching ['mætʃɪŋ] *adj* assorti(e)
matchless ['mætʃlɪs] *adj* sans égal
mate [meɪt] *n* camarade *m/f* de travail; (*inf*) copain (copine); (*animal*) partenaire *m/f*, mâle (femelle); (*in merchant navy*) second *m* ▷ *vi* s'accoupler ▷ *vt* accoupler
material [mə'tɪərɪəl] *n* (*substance*) matière *f*, matériau *m*; (*cloth*) tissu *m*, étoffe *f*; (*information, data*) données *fpl* ▷ *adj* matériel(le); (*relevant: evidence*) pertinent(e); (*important*) essentiel(le); **materials** *npl* (*equipment*) matériaux *mpl*; **reading ~** de quoi lire, de la lecture
materialistic [mətɪərɪə'lɪstɪk] *adj* matérialiste
materialize [mə'tɪərɪəlaɪz] *vi* se matérialiser, se réaliser
materially [mə'tɪərɪəlɪ] *adv* matériellement; essentiellement
maternal [mə'təːnl] *adj* maternel(le)
maternity [mə'təːnɪtɪ] *n* maternité *f* ▷ *cpd* de maternité, de grossesse
maternity benefit *n* prestation *f* de maternité
maternity dress *n* robe *f* de grossesse
maternity hospital *n* maternité *f*
maternity leave *n* congé *m* de maternité
matey ['meɪtɪ] *adj* (*Brit inf*) copain-copain *inv*
math [mæθ] *n* (*US*: = *mathematics*) maths *fpl*
mathematical [mæθə'mætɪkl] *adj* mathématique
mathematician [mæθəmə'tɪʃən] *n* mathématicien(ne)
mathematics [mæθə'mætɪks] *n* mathématiques *fpl*
maths [mæθs] *n abbr* (*Brit*: = *mathematics*) maths *fpl*
matinée ['mætɪneɪ] *n* matinée *f*
mating ['meɪtɪŋ] *n* accouplement *m*
mating call *n* appel *m* du mâle
mating season *n* saison *f* des amours
matriarchal [meɪtrɪ'ɑːkl] *adj* matriarcal(e)
matrices ['meɪtrɪsiːz] *npl of* **matrix**
matriculation [mətrɪkju'leɪʃən] *n* inscription *f*
matrimonial [mætrɪ'məunɪəl] *adj* matrimonial(e), conjugal(e)
matrimony ['mætrɪmənɪ] *n* mariage *m*
matrix (*pl* **matrices**) ['meɪtrɪks, 'meɪtrɪsiːz] *n* matrice *f*
matron ['meɪtrən] *n* (*in hospital*) infirmière-chef *f*; (*in school*) infirmière *f*
matronly ['meɪtrənlɪ] *adj* de matrone; imposant(e)
matt [mæt] *adj* mat(e)
matted ['mætɪd] *adj* emmêlé(e)
matter ['mætəʳ] *n* question *f*; (*Physics*) matière *f*, substance *f*; (*content*) contenu *m*, fond *m*; (*Med: pus*) pus *m* ▷ *vi* importer; **matters** *npl* (*affairs, situation*) la situation; **it doesn't ~** cela n'a pas d'importance; (*I don't mind*) cela ne fait rien; **what's the ~?** qu'est-ce qu'il y a?, qu'est-ce qui ne va pas?; **no ~ what** quoi qu'il arrive; **that's another ~** c'est une autre affaire; **as a ~ of course** tout naturellement; **as a ~ of fact** en fait; **it's a ~ of habit** c'est une question d'habitude; **printed ~** imprimés *mpl*; **reading ~** (*Brit*) de quoi lire, de la lecture
matter-of-fact ['mætərəv'fækt] *adj* terre à terre, neutre
matting ['mætɪŋ] *n* natte *f*
mattress ['mætrɪs] *n* matelas *m*
mature [mə'tjuəʳ] *adj* mûr(e); (*cheese*) fait(e); (*wine*) arrivé(e) à maturité ▷ *vi* mûrir; (*cheese, wine*) se faire
mature student *n étudiant(e) plus âgé(e) que la moyenne*
maturity [mə'tjuərɪtɪ] *n* maturité *f*

maudlin ['mɔːdlɪn] *adj* larmoyant(e)
maul [mɔːl] *vt* lacérer
Mauritania [mɔːrɪ'teɪnɪə] *n* Mauritanie *f*
Mauritius [mə'rɪʃəs] *n* l'île *f* Maurice
mausoleum [mɔːsə'lɪəm] *n* mausolée *m*
mauve [məuv] *adj* mauve
maverick ['mævrɪk] *n* (*fig*) franc-tireur *m*, non-conformiste *m/f*
mawkish ['mɔːkɪʃ] *adj* mièvre; fade
max *abbr* = **maximum**
maxim ['mæksɪm] *n* maxime *f*
maxima ['mæksɪmə] *npl of* **maximum**
maximize ['mæksɪmaɪz] *vt* (*profits etc, chances*) maximiser
maximum ['mæksɪməm] (*pl* **maxima**) ['mæksɪmə] *adj* maximum ▷ *n* maximum *m*
May [meɪ] *n* mai *m*; *for phrases see also* **July**
may [meɪ] (*conditional* **might**) *vi* (*indicating possibility*): **he ~ come** il se peut qu'il vienne; (*be allowed to*): **~ I smoke?** puis-je fumer?; (*wishes*): **~ God bless you!** (que) Dieu vous bénisse!; **~ I sit here?** vous permettez que je m'assoie ici?; **he might be there** il pourrait bien y être, il se pourrait qu'il y soit; **you ~ as well go** vous feriez aussi bien d'y aller; **I might as well go** je ferais aussi bien d'y aller, autant y aller; **you might like to try** vous pourriez (peut-être) essayer
maybe ['meɪbiː] *adv* peut-être; **~ he'll ...** peut-être qu'il ...; **~ not** peut-être pas
May Day *n* le Premier mai
mayday ['meɪdeɪ] *n* S.O.S *m*
mayhem ['meɪhɛm] *n* grabuge *m*
mayonnaise [meɪə'neɪz] *n* mayonnaise *f*
mayor [mɛəʳ] *n* maire *m*
mayoress ['mɛərɛs] *n* (*female mayor*) maire *m*; (*wife of mayor*) épouse *f* du maire
maypole ['meɪpəul] *n* mât enrubanné (*autour duquel on danse*)
maze [meɪz] *n* labyrinthe *m*, dédale *m*
MB *abbr* (*Comput*) = **megabyte**; (*Canada*) = **Manitoba**
MBA *n abbr* (= *Master of Business Administration*) *titre universitaire*
MBBS, MBChB *n abbr* (*Brit*: = *Bachelor of Medicine and Surgery*) *titre universitaire*
MBE *n abbr* (*Brit*: = *Member of the Order of the British Empire*) *titre honorifique*
MBO *n abbr* (*Brit*) = **management buyout**
MC *n abbr* = **master of ceremonies**
MCAT *n abbr* (*US*) = **Medical College Admissions Test**
MD *n abbr* (= *Doctor of Medicine*) *titre universitaire*; (*Comm*) = **managing director** ▷ *abbr* (*US*) = **Maryland**
Md. *abbr* (*US*) = **Maryland**
MDT *abbr* (*US*: = *Mountain Daylight Time*) *heure d'été des Montagnes Rocheuses*
ME *n abbr* (*US*: = *medical examiner*) médecin légiste *m/f*; (*Med*: = *myalgic encephalomyelitis*) encéphalomyélite *f* myalgique ▷ *abbr* (*US*) = **Maine**
me [miː] *pron* me, m' + *vowel or h mute*; (*stressed, after prep*) moi; **it's me** c'est moi; **he heard me** il m'a entendu; **give me a book** donnez-moi un livre; **it's for me** c'est pour moi
meadow ['mɛdəu] *n* prairie *f*, pré *m*
meagre, (*US*) **meager** ['miːgəʳ] *adj* maigre
meal [miːl] *n* repas *m*; (*flour*) farine *f*; **to go out for a ~** sortir manger
meals on wheels *npl* (*Brit*) *repas livrés à domicile aux personnes âgées ou handicapées*
mealtime ['miːltaɪm] *n* heure *f* du repas
mealy-mouthed ['miːlɪmauðd] *adj* mielleux(-euse)
mean [miːn] *adj* (*with money*) avare, radin(e); (*unkind*) mesquin(e), méchant(e); (*shabby*) misérable; (*US inf*: *animal*) méchant, vicieux(-euse); (*: person*) vache; (*average*) moyen(ne) ▷ *vt* (*pt, pp* **-t**) [mɛnt] (*signify*) signifier, vouloir dire; (*refer to*) faire allusion à, parler de; (*intend*): **to ~ to do** avoir l'intention de faire ▷ *n* moyenne *f*; **means** *npl* (*way, money*) moyens *mpl*; **by ~s of** (*instrument*) au moyen de; **by all ~s** je vous en prie; **to be ~t for** être destiné(e) à; **do you ~ it?** vous êtes sérieux?; **what do you ~?** que voulez-vous dire?
meander [mɪ'ændəʳ] *vi* faire des méandres; (*fig*) flâner
meaning ['miːnɪŋ] *n* signification *f*, sens *m*
meaningful ['miːnɪŋful] *adj* significatif(-ive); (*relationship*) valable
meaningless ['miːnɪŋlɪs] *adj* dénué(e) de sens
meanness ['miːnnɪs] *n* avarice *f*; mesquinerie *f*
means test *n* (*Admin*) contrôle *m* des conditions de ressources
meant [mɛnt] *pt, pp of* **mean**
meantime ['miːntaɪm] *adv* (*also*: **in the meantime**) pendant ce temps
meanwhile ['miːnwaɪl] *adv* = **meantime**
measles ['miːzlz] *n* rougeole *f*
measly ['miːzlɪ] *adj* (*inf*) minable
measurable ['mɛʒərəbl] *adj* mesurable
measure ['mɛʒəʳ] *vt, vi* mesurer ▷ *n* mesure *f*; (*ruler*) règle (graduée); **a litre ~** un litre; **some ~ of success** un certain succès; **to take ~s to do sth** prendre des mesures pour faire qch
▸ **measure up** *vi*: **to ~ up (to)** être à la hauteur (de)
measured ['mɛʒəd] *adj* mesuré(e)
measurements ['mɛʒəməntz] *npl* mesures *fpl*; **chest/hip ~** tour *m* de poitrine/hanches; **to take sb's ~** prendre les mesures de qn
meat [miːt] *n* viande *f*; **I don't eat ~** je ne mange pas de viande; **cold ~s** (*Brit*) viandes froides; **crab ~** crabe *f*
meatball ['miːtbɔːl] *n* boulette *f* de viande
meat pie *n* pâté *m* en croûte
meaty ['miːtɪ] *adj* (*flavour*) de viande; (*fig*: *argument, book*) étoffé(e), substantiel(le)
Mecca ['mɛkə] *n* la Mecque; (*fig*): **a ~ (for)** la Mecque (de)
mechanic [mɪ'kænɪk] *n* mécanicien *m*; **can you send a ~?** pouvez-vous nous envoyer un

m

mécanicien?
mechanical [mɪ'kænɪkl] *adj* mécanique
mechanical engineering *n* (*science*) mécanique *f*; (*industry*) construction *f* mécanique
mechanics [mə'kænɪks] *n* mécanique *f* ▷ *npl* mécanisme *m*
mechanism ['mɛkənɪzəm] *n* mécanisme *m*
mechanization [mɛkənaɪ'zeɪʃən] *n* mécanisation *f*
MEd *n abbr* (*= Master of Education*) *titre universitaire*
medal ['mɛdl] *n* médaille *f*
medallion [mɪ'dælɪən] *n* médaillon *m*
medallist ['mɛdlɪst] *n* (*Sport*) médaillé(e)
meddle ['mɛdl] *vi*: **to ~ in** se mêler de, s'occuper de; **to ~ with** toucher à
meddlesome ['mɛdlsəm], **meddling** ['mɛdlɪŋ] *adj* indiscret(-ète), qui se mêle de ce qui ne le (*or* la) regarde pas; touche-à-tout *inv*
media ['mi:dɪə] *npl* media *mpl* ▷ *npl of* **medium**
media circus *n* (*event*) battage *m* médiatique; (*group of journalists*) cortège *m* médiatique
mediaeval [mɛdɪ'i:vl] *adj* = **medieval**
median ['mi:dɪən] *n* (*US*: *also*: **median strip**) bande médiane
media research *n* étude *f* de l'audience
mediate ['mi:dɪeɪt] *vi* servir d'intermédiaire
mediation [mi:dɪ'eɪʃən] *n* médiation *f*
mediator ['mi:dɪeɪtə^r] *n* médiateur(-trice)
Medicaid ['mɛdɪkeɪd] *n* (*US*) *assistance médicale aux indigents*
medical ['mɛdɪkl] *adj* médical(e) ▷ *n* (*also*: **medical examination**) visite médicale; (*private*) examen médical
medical certificate *n* certificat médical
medical student *n* étudiant(e) en médecine
Medicare ['mɛdɪkɛə^r] *n* (*US*) *régime d'assurance maladie*
medicated ['mɛdɪkeɪtɪd] *adj* traitant(e), médicamenteux(-euse)
medication [mɛdɪ'keɪʃən] *n* (*drugs etc*) médication *f*
medicinal [mɛ'dɪsɪnl] *adj* médicinal(e)
medicine ['mɛdsɪn] *n* médecine *f*; (*drug*) médicament *m*
medicine chest *n* pharmacie *f* (*murale ou portative*)
medicine man (*irreg*) *n* sorcier *m*
medieval [mɛdɪ'i:vl] *adj* médiéval(e)
mediocre [mi:dɪ'əukə^r] *adj* médiocre
mediocrity [mi:dɪ'ɔkrɪtɪ] *n* médiocrité *f*
meditate ['mɛdɪteɪt] *vi*: **to ~ (on)** méditer (sur)
meditation [mɛdɪ'teɪʃən] *n* méditation *f*
Mediterranean [mɛdɪtə'reɪnɪən] *adj* méditerranéen(ne); **the ~ (Sea)** la (mer) Méditerranée
medium ['mi:dɪəm] *adj* moyen(ne) ▷ *n* (*pl* **media**) (*means*) moyen *m*; (*pl* **-s**) (*person*) médium *m*; **the happy ~** le juste milieu
medium-dry ['mi:dɪəm'draɪ] *adj* demi-sec
medium-sized ['mi:dɪəm'saɪzd] *adj* de taille moyenne
medium wave *n* (*Radio*) ondes moyennes, petites ondes
medley ['mɛdlɪ] *n* mélange *m*
meek [mi:k] *adj* doux (douce), humble
meet (*pt, pp* **met**) [mi:t, mɛt] *vt* rencontrer; (*by arrangement*) retrouver, rejoindre; (*for the first time*) faire la connaissance de; (*go and fetch*): **I'll ~ you at the station** j'irai te chercher à la gare; (*opponent, danger, problem*) faire face à; (*requirements*) satisfaire à, répondre à; (*bill, expenses*) régler, honorer ▷ *vi* (*friends*) se rencontrer; se retrouver; (*in session*) se réunir; (*join: lines, roads*) se joindre ▷ *n* (*Brit Hunting*) rendez-vous *m* de chasse; (*US Sport*) rencontre *f*, meeting *m*; **pleased to ~ you!** enchanté!; **nice ~ing you** ravi d'avoir fait votre connaissance
▶ **meet up** *vi*: **to ~ up with sb** rencontrer qn
▶ **meet with** *vt fus* (*difficulty*) rencontrer; **to ~ with success** être couronné(e) de succès
meeting ['mi:tɪŋ] *n* (*of group of people*) réunion *f*; (*between individuals*) rendez-vous *m*; (*formal*) assemblée *f*; (*Sport: rally*) rencontre, meeting *m*; (*interview*) entrevue *f*; **she's at** *or* **in a ~** (*Comm*) elle est en réunion; **to call a ~** convoquer une réunion
meeting place *n* lieu *m* de (la) réunion; (*for appointment*) lieu de rendez-vous
mega ['mɛgə] (*inf*) *adv*: **he's ~ rich** il est hyper-riche
megabyte ['mɛgəbaɪt] *n* (*Comput*) méga-octet *m*
megaphone ['mɛgəfəun] *n* porte-voix *m inv*
megapixel ['mɛgəpɪksl] *n* mégapixel *m*
meh [mɛ] *excl* bof
melancholy ['mɛlənkəlɪ] *n* mélancolie *f* ▷ *adj* mélancolique
mellow ['mɛləu] *adj* velouté(e), doux (douce); (*colour*) riche et profond(e); (*fruit*) mûr(e) ▷ *vi* (*person*) s'adoucir
melodious [mɪ'ləudɪəs] *adj* mélodieux(-euse)
melodrama ['mɛləudrɑ:mə] *n* mélodrame *m*
melodramatic [mɛlədrə'mætɪk] *adj* mélodramatique
melody ['mɛlədɪ] *n* mélodie *f*
melon ['mɛlən] *n* melon *m*
melt [mɛlt] *vi* fondre; (*become soft*) s'amollir; (*fig*) s'attendrir ▷ *vt* faire fondre
▶ **melt away** *vi* fondre complètement
▶ **melt down** *vt* fondre
meltdown ['mɛltdaun] *n* fusion *f* (du cœur d'un réacteur nucléaire)
melting point ['mɛltɪŋ-] *n* point *m* de fusion
melting pot ['mɛltɪŋ-] *n* (*fig*) creuset *m*; **to be in the ~** être encore en discussion
member ['mɛmbə^r] *n* membre *m*; (*of club, political party*) membre, adhérent(e) ▷ *cpd*: **~ country/state** *n* pays *m*/état *m* membre
membership ['mɛmbəʃɪp] *n* (*becoming a member*) adhésion *f*; admission *f*; (*being a member*) qualité *f* de membre, fait *m* d'être membre; (*members*) membres *mpl*, adhérents *mpl*; (*number of members*) nombre *m* des membres *or* adhérents
membership card *n* carte *f* de membre
membrane ['mɛmbreɪn] *n* membrane *f*

memento [mə'mɛntəu] *n* souvenir *m*
memo ['mɛməu] *n* note *f* (de service)
memoir ['mɛmwɑːʳ] *n* mémoire *m*, étude *f*; **memoirs** *npl* mémoires
memo pad *n* bloc-notes *m*
memorable ['mɛmərəbl] *adj* mémorable
memorandum (*pl* **memoranda**) [mɛmə'rændəm, -də] *n* note *f* (de service); (*Diplomacy*) mémorandum *m*
memorial [mɪ'mɔːrɪəl] *n* mémorial *m* ▷ *adj* commémoratif(-ive)
Memorial Day *n* (*US*) *voir article*

MEMORIAL DAY

Memorial Day est un jour férié aux États-Unis, le dernier lundi de mai dans la plupart des États, à la mémoire des soldats américains morts au combat.

memorize ['mɛməraɪz] *vt* apprendre *or* retenir par cœur
memory ['mɛmərɪ] *n* (*also Comput*) mémoire *f*; (*recollection*) souvenir *m*; **to have a good/bad ~** avoir une bonne/mauvaise mémoire; **loss of ~** perte *f* de mémoire; **in ~ of** à la mémoire de
memory card *n* (*for digital camera*) carte *f* mémoire
memory stick *n* (*Comput: flash pen*) clé *f* USB (*: card*) carte *f* mémoire
men [mɛn] *npl of* **man**
menace ['mɛnɪs] *n* menace *f*; (*inf: nuisance*) peste *f*, plaie *f* ▷ *vt* menacer; **a public ~** un danger public
menacing ['mɛnɪsɪŋ] *adj* menaçant(e)
menagerie [mɪ'nædʒərɪ] *n* ménagerie *f*
mend [mɛnd] *vt* réparer; (*darn*) raccommoder, repriser ▷ *n* reprise *f*; **on the ~** en voie de guérison; **to ~ one's ways** s'amender
mending ['mɛndɪŋ] *n* raccommodages *mpl*
menial ['miːnɪəl] *adj* de domestique, inférieur(e); subalterne
meningitis [mɛnɪn'dʒaɪtɪs] *n* méningite *f*
menopause ['mɛnəupɔːz] *n* ménopause *f*
menservants ['mɛnsəːvənts] *npl of* **manservant**
men's room (*US*) *n*: **the men's room** les toilettes *fpl* pour hommes
menstruate ['mɛnstrueɪt] *vi* avoir ses règles
menstruation [mɛnstru'eɪʃən] *n* menstruation *f*
menswear ['mɛnzwɛəʳ] *n* vêtements *mpl* d'hommes
mental ['mɛntl] *adj* mental(e); **~ illness** maladie mentale
mental hospital *n* hôpital *m* psychiatrique
mentality [mɛn'tælɪtɪ] *n* mentalité *f*
mentally ['mɛntlɪ] *adv*: **to be ~ handicapped** être handicapé(e) mental(e); **the ~ ill** les malades mentaux
menthol ['mɛnθɔl] *n* menthol *m*
mention ['mɛnʃən] *n* mention *f* ▷ *vt* mentionner, faire mention de; **don't ~ it!** je vous en prie, il n'y a pas de quoi!; **I need hardly ~ that ...** est-il besoin de rappeler que ...?; **not to ~ ..., without ~ing ...** sans parler de ..., sans compter ...
mentor ['mɛntɔːʳ] *n* mentor *m*
menu ['mɛnjuː] *n* (*set menu, Comput*) menu *m*; (*list of dishes*) carte *f*; **could we see the ~?** est-ce qu'on peut voir la carte?
menu-driven ['mɛnjuːdrɪvn] *adj* (*Comput*) piloté(e) par menu
MEP *n abbr* = **Member of the European Parliament**
mercantile ['məːkəntaɪl] *adj* marchand(e); (*law*) commercial(e)
mercenary ['məːsɪnərɪ] *adj* (*person*) intéressé(e), mercenaire ▷ *n* mercenaire *m*
merchandise ['məːtʃəndaɪz] *n* marchandises *fpl* ▷ *vt* commercialiser
merchandiser ['məːtʃəndaɪzəʳ] *n* marchandiseur *m*
merchant ['məːtʃənt] *n* négociant *m*, marchand *m*; **timber/wine ~** négociant en bois/vins, marchand de bois/vins
merchant bank *n* (*Brit*) banque *f* d'affaires
merchantman ['məːtʃəntmən] (*irreg*) *n* navire marchand
merchant navy, (*US*) **merchant marine** *n* marine marchande
merciful ['məːsɪful] *adj* miséricordieux(-euse), clément(e)
mercifully ['məːsɪflɪ] *adv* avec clémence; (*fortunately*) par bonheur, Dieu merci
merciless ['məːsɪlɪs] *adj* impitoyable, sans pitié
mercurial [məː'kjuərɪəl] *adj* changeant(e); (*lively*) vif (vive)
mercury ['məːkjurɪ] *n* mercure *m*
mercy ['məːsɪ] *n* pitié *f*, merci *f*; (*Rel*) miséricorde *f*; **to have ~ on sb** avoir pitié de qn; **at the ~ of** à la merci de
mercy killing *n* euthanasie *f*
mere [mɪəʳ] *adj* simple; (*chance*) pur(e); **a ~ two hours** seulement deux heures
merely ['mɪəlɪ] *adv* simplement, purement
merge [məːdʒ] *vt* unir; (*Comput*) fusionner, interclasser ▷ *vi* (*colours, shapes, sounds*) se mêler; (*roads*) se joindre; (*Comm*) fusionner
merger ['məːdʒəʳ] *n* (*Comm*) fusion *f*
meridian [mə'rɪdɪən] *n* méridien *m*
meringue [mə'ræŋ] *n* meringue *f*
merit ['mɛrɪt] *n* mérite *m*, valeur *f* ▷ *vt* mériter
meritocracy [mɛrɪ'tɔkrəsɪ] *n* méritocratie *f*
mermaid ['məːmeɪd] *n* sirène *f*
merriment ['mɛrɪmənt] *n* gaieté *f*
merry ['mɛrɪ] *adj* gai(e); **M~ Christmas!** joyeux Noël!
merry-go-round ['mɛrɪgəuraund] *n* manège *m*
mesh [mɛʃ] *n* mailles *fpl* ▷ *vi* (*gears*) s'engrener; **wire ~** grillage *m* (métallique), treillis *m* (métallique)
mesmerize ['mɛzməraɪz] *vt* hypnotiser; fasciner
mess [mɛs] *n* désordre *m*, fouillis *m*, pagaille *f*; (*muddle: of life*) gâchis *m*; (*: of economy*) pagaille *f*; (*dirt*) saleté *f*; (*Mil*) mess *m*, cantine *f*; **to be (in)**

a ~ être en désordre; **to be/get o.s. in a ~** *(fig)* être/se mettre dans le pétrin
▸ **mess about** *or* **around** *(inf)* *vi* perdre son temps
▸ **mess about** *or* **around with** *vt fus* *(inf)* chambarder, tripoter
▸ **mess up** *vt* *(dirty)* salir; *(spoil)* gâcher
▸ **mess with** *(inf)* *vt fus* *(challenge, confront)* se frotter à; *(interfere with)* toucher à

message ['mɛsɪdʒ] *n* message *m*; **can I leave a ~?** est-ce que je peux laisser un message?; **are there any ~s for me?** est-ce que j'ai des messages?; **to get the ~** *(fig: inf)* saisir, piger
message switching [-swɪtʃɪŋ] *n* *(Comput)* commutation *f* de messages
messenger ['mɛsɪndʒəʳ] *n* messager *m*
Messiah [mɪ'saɪə] *n* Messie *m*
Messrs, Messrs. ['mɛsəz] *abbr* *(on letters: = messieurs)* MM
messy ['mɛsɪ] *adj* *(dirty)* sale; *(untidy)* en désordre
Met [mɛt] *n abbr* (US) = **Metropolitan Opera**
met [mɛt] *pt, pp of* **meet** ▷ *adj abbr* (= *meteorological*) météo *inv*
metabolism [mɛ'tæbəlɪzəm] *n* métabolisme *m*
metal ['mɛtl] *n* métal *m* ▷ *cpd* en métal ▷ *vt* empierrer
metallic [mɛ'tælɪk] *adj* métallique
metallurgy [mɛ'tælədʒɪ] *n* métallurgie *f*
metalwork ['mɛtlwəːk] *n* *(craft)* ferronnerie *f*
metamorphosis (*pl* **-ses**) [mɛtə'mɔːfəsɪs, -siːz] *n* métamorphose *f*
metaphor ['mɛtəfəʳ] *n* métaphore *f*
metaphysics [mɛtə'fɪzɪks] *n* métaphysique *f*
mete [miːt]: **to ~ out** *vt fus* infliger
meteor ['miːtɪəʳ] *n* météore *m*
meteoric [miːtɪ'ɔrɪk] *adj* *(fig)* fulgurant(e)
meteorite ['miːtɪəraɪt] *n* météorite *m or f*
meteorological [miːtɪərə'lɔdʒɪkl] *adj* météorologique
meteorology [miːtɪə'rɔlədʒɪ] *n* météorologie *f*
meter ['miːtəʳ] *n* *(instrument)* compteur *m*; *(also:* **parking meter**) parc(o)mètre *m*; *(US: unit)* = **metre** ▷ *vt* *(US Post)* affranchir à la machine
methane ['miːθeɪn] *n* méthane *m*
method ['mɛθəd] *n* méthode *f*; **~ of payment** mode *m or* modalité *f* de paiement
methodical [mɪ'θɔdɪkl] *adj* méthodique
Methodist ['mɛθədɪst] *adj, n* méthodiste *(m/f)*
methylated spirit ['mɛθɪleɪtɪd-] *n* *(Brit: also:* **meths**) alcool *m* à brûler
meticulous [mɛ'tɪkjuləs] *adj* méticuleux(-euse)
Met Office ['mɛt'ɑfɪs] *n* *(Brit)*: **the ~** ≈ la Météorologie nationale
metre, *(US)* **meter** ['miːtəʳ] *n* mètre *m*
metric ['mɛtrɪk] *adj* métrique; **to go ~** adopter le système métrique
metrical ['mɛtrɪkl] *adj* métrique
metrication [mɛtrɪ'keɪʃən] *n* conversion *f* au système métrique
metric system *n* système *m* métrique
metric ton *n* tonne *f*
metro ['metrəu] *n* métro *m*
metronome ['mɛtrənəum] *n* métronome *m*
metropolis [mɪ'trɔpəlɪs] *n* métropole *f*
metropolitan [mɛtrə'pɔlɪtən] *adj* métropolitain(e); **the M~ Police** *(Brit)* la police londonienne
mettle ['mɛtl] *n* courage *m*
mew [mjuː] *vi* *(cat)* miauler
mews [mjuːz] *n* *(Brit)*: **~ cottage** *maisonnette aménagée dans une ancienne écurie ou remise*
Mexican ['mɛksɪkən] *adj* mexicain(e) ▷ *n* Mexicain(e)
Mexico ['mɛksɪkəu] *n* Mexique *m*
Mexico City *n* Mexico
mezzanine ['mɛtsəniːn] *n* mezzanine *f*; *(of shops, offices)* entresol *m*
MFA *n abbr* *(US: = Master of Fine Arts) titre universitaire*
mfr *abbr* = **manufacture; manufacturer**
mg *abbr* (= *milligram*) mg
Mgr *abbr* (= *Monseigneur, Monsignor*) Mgr; (= *manager*) dir
MHR *n abbr* (US) = **Member of the House of Representatives**
MHz *abbr* (= *megahertz*) MHz
MI *abbr* (US) = **Michigan**
MI5 *n abbr* *(Brit: = Military Intelligence 5)* ≈ DST *f*
MI6 *n abbr* *(Brit: = Military Intelligence 6)* ≈ DGSE *f*
MIA *abbr* (= *missing in action*) disparu au combat
miaow [miː'au] *vi* miauler
mice [maɪs] *npl of* **mouse**
Mich. *abbr* (US) = **Michigan**
micro ['maɪkrəu] *n* *(also:* **microcomputer**) micro(-ordinateur *m*) *m*
micro... [maɪkrəu] *prefix*
microbe ['maɪkrəub] *n* microbe *m*
microbiology [maɪkrəbaɪ'ɔlədʒɪ] *n* microbiologie *f*
microchip ['maɪkrəutʃɪp] *n* *(Elec)* puce *f*
microcomputer ['maɪkrəukəm'pjuːtəʳ] *n* micro-ordinateur *m*
microcosm ['maɪkrəukɔzəm] *n* microcosme *m*
microeconomics ['maɪkrəuiːkə'nɔmɪks] *n* micro-économie *f*
microfiche ['maɪkrəufiːʃ] *n* microfiche *f*
microfilm ['maɪkrəufɪlm] *n* microfilm *m* ▷ *vt* microfilmer
microlight ['maɪkrəulaɪt] *n* ULM *m*
micrometer [maɪ'krɔmɪtəʳ] *n* palmer *m*, micromètre *m*
microphone ['maɪkrəfəun] *n* microphone *m*
microprocessor ['maɪkrəu'prəusɛsəʳ] *n* microprocesseur *m*
microscope ['maɪkrəskəup] *n* microscope *m*; **under the ~** au microscope
microscopic [maɪkrə'skɔpɪk] *adj* microscopique ▷ *n*
mid [mɪd] *adj*: **~ May** la mi-mai; **~ afternoon** le milieu de l'après-midi; **in ~ air** en plein ciel; **he's in his ~ thirties** il a dans les trente-cinq ans
midday [mɪd'deɪ] *n* midi *m*
middle ['mɪdl] *n* milieu *m*; *(waist)* ceinture *f*,

taille *f* ▷ *adj* du milieu; (*average*) moyen(ne); **in the ~ of the night** au milieu de la nuit; **I'm in the ~ of reading it** je suis (justement) en train de le lire
middle age *n tranche d'âge aux limites floues, entre la quarantaine et le début du troisième âge*
middle-aged [mɪdl'eɪdʒd] *adj* d'un certain âge, ni vieux ni jeune; (*pej: values, outlook*) conventionnel(le), rassis(e)
Middle Ages *npl*: **the ~** le moyen âge
middle-class [mɪdl'klɑ:s] *adj* bourgeois(e)
middle class *n*, **middle classes** *npl*: **the ~(es)** ≈ les classes moyennes
Middle East *n*: **the ~** le Proche-Orient, le Moyen-Orient
middleman ['mɪdlmæn] (*irreg*) *n* intermédiaire *m*
middle management *n* cadres moyens
middle name *n* second prénom
middle-of-the-road ['mɪdləvðə'rəud] *adj* (*policy*) modéré(e), du juste milieu; (*music etc*) plutôt classique, assez traditionnel(le)
middle school *n* (*US*) *école pour les enfants de 12 à 14 ans*, ≈ collège *m*; (*Brit*) *école pour les enfants de 8 à 14 ans*
middleweight ['mɪdlweɪt] *n* (*Boxing*) poids moyen
middling ['mɪdlɪŋ] *adj* moyen(ne)
midge [mɪdʒ] *n* moucheron *m*
midget ['mɪdʒɪt] *n* nain(e) ▷ *adj* minuscule
midi system ['mɪdɪ-] *n* chaîne *f* midi
Midlands ['mɪdləndz] *npl comtés du centre de l'Angleterre*
midnight ['mɪdnaɪt] *n* minuit *m*; **at ~** à minuit
midriff ['mɪdrɪf] *n* estomac *m*, taille *f*
midst [mɪdst] *n*: **in the ~ of** au milieu de
midsummer [mɪd'sʌmə^r] *n* milieu *m* de l'été
midway [mɪd'weɪ] *adj, adv*: **~ (between)** à mi-chemin (entre); **~ through ...** au milieu de ..., en plein(e) ...
midweek [mɪd'wi:k] *adj* du milieu de la semaine ▷ *adv* au milieu de la semaine, en pleine semaine
midwife (*pl* **midwives**) ['mɪdwaɪf, -vz] *n* sage-femme *f*
midwifery ['mɪdwɪfərɪ] *n* obstétrique *f*
midwinter [mɪd'wɪntə^r] *n* milieu *m* de l'hiver
miffed [mɪft] *adj* (*inf*) fâché(e), vexé(e)
might [maɪt] *vb see* **may** ▷ *n* puissance *f*, force *f*
mighty ['maɪtɪ] *adj* puissant(e) ▷ *adv* (*inf*) rudement
migraine ['mi:greɪn] *n* migraine *f*
migrant ['maɪgrənt] *n* (*bird, animal*) migrateur *m*; (*person*) migrant(e); nomade *m/f* ▷ *adj* migrateur(-trice); migrant(e); nomade; (*worker*) saisonnier(-ière)
migrate [maɪ'greɪt] *vi* migrer
migration [maɪ'greɪʃən] *n* migration *f*
mike [maɪk] *n abbr* (= *microphone*) micro *m*
Milan [mɪ'læn] *n* Milan
mild [maɪld] *adj* doux (douce); (*reproach, infection*) léger(-ère); (*illness*) bénin(-igne); (*interest*) modéré(e); (*taste*) peu relevé(e) ▷ *n* bière légère
mildew ['mɪldju:] *n* mildiou *m*
mildly ['maɪldlɪ] *adv* doucement; légèrement; **to put it ~** (*inf*) c'est le moins qu'on puisse dire
mildness ['maɪldnɪs] *n* douceur *f*
mile [maɪl] *n* mil(l)e *m* (= *1609 m*); **to do 30 ~s per gallon** ≈ faire 9,4 litres aux cent
mileage ['maɪlɪdʒ] *n* distance *f* en milles, ≈ kilométrage *m*
mileage allowance *n* ≈ indemnité *f* kilométrique
mileometer [maɪ'lɔmɪtə^r] *n* compteur *m* kilométrique
milestone ['maɪlstəun] *n* borne *f*; (*fig*) jalon *m*
milieu ['mi:ljə:] *n* milieu *m*
militant ['mɪlɪtnt] *adj, n* militant(e)
militarism ['mɪlɪtərɪzəm] *n* militarisme *m*
militaristic [mɪlɪtə'rɪstɪk] *adj* militariste
military ['mɪlɪtərɪ] *adj* militaire ▷ *n*: **the ~** l'armée *f*, les militaires *mpl*
military service *n* service *m* (militaire *ou* national)
militate ['mɪlɪteɪt] *vi*: **to ~ against** militer contre
militia [mɪ'lɪʃə] *n* milice *f*
milk [mɪlk] *n* lait *m* ▷ *vt* (*cow*) traire; (*fig: person*) dépouiller, plumer; (*: situation*) exploiter à fond
milk chocolate *n* chocolat *m* au lait
milk float *n* (*Brit*) voiture *f or* camionnette *f* du *or* de laitier
milking ['mɪlkɪŋ] *n* traite *f*
milkman ['mɪlkmən] (*irreg*) *n* laitier *m*
milk shake *n* milk-shake *m*
milk tooth *n* dent *f* de lait
milk truck *n* (*US*) = **milk float**
milky ['mɪlkɪ] *adj* (*drink*) au lait; (*colour*) laiteux(-euse)
Milky Way *n* Voie lactée
mill [mɪl] *n* moulin *m*; (*factory*) usine *f*, fabrique *f*; (*spinning mill*) filature *f*; (*flour mill*) minoterie *f*; (*steel mill*) aciérie *f* ▷ *vt* moudre, broyer ▷ *vi* (*also*: **mill about**) grouiller
millennium (*pl* **-s** *or* **millennia**) [mɪ'lɛnɪəm, -'lɛnɪə] *n* millénaire *m*
millennium bug [mɪ'lɛnɪəm-] *n* bogue *m or* bug *m* de l'an 2000
miller ['mɪlə^r] *n* meunier *m*
millet ['mɪlɪt] *n* millet *m*
milli... ['mɪlɪ] *prefix* milli...
milligram, milligramme ['mɪlɪgræm] *n* milligramme *m*
millilitre, (*US*) **milliliter** ['mɪlɪli:tə^r] *n* millilitre *m*
millimetre, (*US*) **millimeter** ['mɪlɪmi:tə^r] *n* millimètre *m*
milliner ['mɪlɪnə^r] *n* modiste *f*
millinery ['mɪlɪnərɪ] *n* modes *fpl*
million ['mɪljən] *n* million *m*; **a ~ pounds** un million de livres sterling
millionaire [mɪljə'nɛə^r] *n* millionnaire *m*
millionth [-θ] *num* millionième
millipede ['mɪlɪpi:d] *n* mille-pattes *m inv*

millstone ['mɪlstəun] *n* meule *f*

millwheel ['mɪlwi:l] *n* roue *f* de moulin

milometer [maɪ'lɔmɪtəʳ] *n* = **mileometer**

mime [maɪm] *n* mime *m* ▷ *vt, vi* mimer

mimic ['mɪmɪk] *n* imitateur(-trice) ▷ *vt, vi* imiter, contrefaire

mimicry ['mɪmɪkrɪ] *n* imitation *f*; (*Zool*) mimétisme *m*

Min. *abbr* (*Brit Pol*) = **ministry**

min. *abbr* (= *minute(s)*) mn.; (= *minimum*) min.

minaret [mɪnə'rɛt] *n* minaret *m*

mince [mɪns] *vt* hacher ▷ *vi* (*in walking*) marcher à petits pas maniérés ▷ *n* (*Brit Culin*) viande hachée, hachis *m*; **he does not ~ (his) words** il ne mâche pas ses mots

mincemeat ['mɪnsmi:t] *n* *hachis de fruits secs utilisés en pâtisserie*; (*US*) viande hachée, hachis *m*

mince pie *n* *sorte de tarte aux fruits secs*

mincer ['mɪnsəʳ] *n* hachoir *m*

mincing ['mɪnsɪŋ] *adj* affecté(e)

mind [maɪnd] *n* esprit *m* ▷ *vt* (*attend to, look after*) s'occuper de; (*be careful*) faire attention à; (*object to*): **I don't ~ the noise** je ne crains pas le bruit, le bruit ne me dérange pas; **it is on my ~** cela me préoccupe; **to change one's ~** changer d'avis; **to be in two ~s about sth** (*Brit*) être indécis(e) *or* irrésolu(e) en ce qui concerne qch; **to my ~** à mon avis, selon moi; **to be out of one's ~** ne plus avoir toute sa raison; **to keep sth in ~** ne pas oublier qch; **to bear sth in ~** tenir compte de qch; **to have sb/sth in ~** avoir qn/qch en tête; **to have in ~ to do** avoir l'intention de faire; **it went right out of my ~** ça m'est complètement sorti de la tête; **to bring** *or* **call sth to ~** se rappeler qch; **to make up one's ~** se décider; **do you ~ if ...?** est-ce que cela vous gêne si ...?; **I don't ~** cela ne me dérange pas; (*don't care*) ça m'est égal; **~ you, ...** remarquez, ...; **never ~** peu importe, ça ne fait rien; (*don't worry*) ne vous en faîtes pas; **"~ the step"** "attention à la marche"

mind-boggling ['maɪndbɔglɪŋ] *adj* (*inf*) époustouflant(e), ahurissant(e)

-minded ['maɪndɪd] *adj*: **fair~** impartial(e); **an industrially~ nation** une nation orientée vers l'industrie

minder ['maɪndəʳ] *n* (*child minder*) gardienne *f*; (*bodyguard*) ange gardien (*fig*)

mindful ['maɪndful] *adj*: **~ of** attentif(-ive) à, soucieux(-euse) de

mindless ['maɪndlɪs] *adj* irréfléchi(e); (*violence, crime*) insensé(e); (*boring: job*) idiot(e)

mine[1] [maɪn] *pron* le (la) mien(ne), les miens (miennes); **a friend of ~** un de mes amis, un ami à moi; **this book is ~** ce livre est à moi

mine[2] [maɪn] *n* mine *f* ▷ *vt* (*coal*) extraire; (*ship, beach*) miner

mine detector *n* détecteur *m* de mines

minefield ['maɪnfi:ld] *n* champ *m* de mines

miner ['maɪnəʳ] *n* mineur *m*

mineral ['mɪnərəl] *adj* minéral(e) ▷ *n* minéral *m*; **minerals** *npl* (*Brit: soft drinks*) boissons gazeuses (sucrées)

mineralogy [mɪnə'rælədʒɪ] *n* minéralogie *f*

mineral water *n* eau minérale

minesweeper ['maɪnswi:pəʳ] *n* dragueur *m* de mines

mingle ['mɪŋgl] *vt* mêler, mélanger ▷ *vi*: **to ~ with** se mêler à

mingy ['mɪndʒɪ] *adj* (*inf*) radin(e)

miniature ['mɪnətʃəʳ] *adj* (en) miniature ▷ *n* miniature *f*

minibar ['mɪnɪbɑ:ʳ] *n* minibar *m*

minibus ['mɪnɪbʌs] *n* minibus *m*

minicab ['mɪnɪkæb] *n* (*Brit*) taxi *m* indépendant

minicomputer ['mɪnɪkəm'pju:təʳ] *n* mini-ordinateur *m*

minim ['mɪnɪm] *n* (*Mus*) blanche *f*

minima ['mɪnɪmə] *npl of* **minimum**

minimal ['mɪnɪml] *adj* minimal(e)

minimalist ['mɪnɪməlɪst] *adj, n* minimaliste (*m/f*)

minimize ['mɪnɪmaɪz] *vt* (*reduce*) réduire au minimum; (*play down*) minimiser

minimum ['mɪnɪməm] *n* (*pl* **minima**) [-mə] minimum *m* ▷ *adj* minimum; **to reduce to a ~** réduire au minimum

minimum lending rate *n* (*Econ*) taux *m* de crédit minimum

mining ['maɪnɪŋ] *n* exploitation minière ▷ *adj* minier(-ière); de mineurs

minion ['mɪnjən] *n* (*pej*) laquais *m*; favori(te)

mini-series ['mɪnɪsɪəri:z] *n* téléfilm *m* en plusieurs parties

miniskirt ['mɪnɪskə:t] *n* mini-jupe *f*

minister ['mɪnɪstəʳ] *n* (*Brit Pol*) ministre *m*; (*Rel*) pasteur *m* ▷ *vi*: **to ~ to sb** donner ses soins à qn; **to ~ to sb's needs** pourvoir aux besoins de qn

ministerial [mɪnɪs'tɪərɪəl] *adj* (*Brit Pol*) ministériel(le)

ministry ['mɪnɪstrɪ] *n* (*Brit Pol*) ministère *m*; (*Rel*): **to go into the ~** devenir pasteur

mink [mɪŋk] *n* vison *m*

mink coat *n* manteau *m* de vison

Minn. *abbr* (*US*) = **Minnesota**

minnow ['mɪnəu] *n* vairon *m*

minor ['maɪnəʳ] *adj* petit(e), de peu d'importance; (*Mus, poet, problem*) mineur(e) ▷ *n* (*Law*) mineur(e)

Minorca [mɪ'nɔ:kə] *n* Minorque *f*

minority [maɪ'nɔrɪtɪ] *n* minorité *f*; **to be in a ~** être en minorité

minster ['mɪnstəʳ] *n* église abbatiale

minstrel ['mɪnstrəl] *n* trouvère *m*, ménestrel *m*

mint [mɪnt] *n* (*plant*) menthe *f*; (*sweet*) bonbon *m* à la menthe ▷ *vt* (*coins*) battre; **the (Royal) M~, the (US) M~** ≈ l'hôtel *m* de la Monnaie; **in ~ condition** à l'état de neuf

mint sauce *n* sauce *f* à la menthe

minuet [mɪnju'ɛt] *n* menuet *m*

minus ['maɪnəs] *n* (*also*: **minus sign**) signe *m* moins ▷ *prep* moins; **12 ~ 6 equals 6** 12 moins 6 égal 6; **~ 24°C** moins 24°C

minuscule ['mɪnəskju:l] *adj* minuscule

minute[1] *n* ['mɪnɪt] minute *f*; (*official record*) procès-verbal *m*, compte rendu; **minutes** *npl* (*of meeting*) procès-verbal *m*, compte rendu; **it is 5 ~s past 3** il est 3 heures 5; **wait a ~!** (attendez) un instant!; **at the last ~** à la dernière minute; **up to the ~** (*fashion*) dernier cri; (*news*) de dernière minute; (*machine, technology*) de pointe
minute[2] *adj* [maɪ'nju:t] minuscule; (*detailed*) minutieux(-euse); **in ~ detail** par le menu
minute book *n* registre *m* des procès-verbaux
minute hand *n* aiguille *f* des minutes
minutely [maɪ'nju:tlɪ] *adv* (*by a small amount*) de peu, de manière infime; (*in detail*) minutieusement, dans les moindres détails
minutiae [mɪ'nju:ʃɪ:] *npl* menus détails
miracle ['mɪrəkl] *n* miracle *m*
miraculous [mɪ'rækjuləs] *adj* miraculeux(-euse)
mirage ['mɪrɑ:ʒ] *n* mirage *m*
mire ['maɪə[r]] *n* bourbe *f*, boue *f*
mirror ['mɪrə[r]] *n* miroir *m*, glace *f*; (*in car*) rétroviseur *m* ▷ *vt* refléter
mirror image *n* image inversée
mirth [mə:θ] *n* gaieté *f*
misadventure [mɪsəd'vɛntʃə[r]] *n* mésaventure *f*; **death by ~** (*Brit*) décès accidentel
misanthropist [mɪ'zænθrəpɪst] *n* misanthrope *m/f*
misapply [mɪsə'plaɪ] *vt* mal employer
misapprehension ['mɪsæprɪ'hɛnʃən] *n* malentendu *m*, méprise *f*
misappropriate [mɪsə'prəuprɪeɪt] *vt* détourner
misappropriation ['mɪsəprəuprɪ'eɪʃən] *n* escroquerie *f*, détournement *m*
misbehave [mɪsbɪ'heɪv] *vi* mal se conduire
misbehaviour, (*US*) **misbehavior** [mɪsbɪ'heɪvjə[r]] *n* mauvaise conduite
misc. *abbr* = **miscellaneous**
miscalculate [mɪs'kælkjuleɪt] *vt* mal calculer
miscalculation ['mɪskælkju'leɪʃən] *n* erreur *f* de calcul
miscarriage ['mɪskærɪdʒ] *n* (*Med*) fausse couche; **~ of justice** erreur *f* judiciaire
miscarry [mɪs'kærɪ] *vi* (*Med*) faire une fausse couche; (*fail: plans*) échouer, mal tourner
miscellaneous [mɪsɪ'leɪnɪəs] *adj* (*items, expenses*) divers(es); (*selection*) varié(e)
miscellany [mɪ'sɛlənɪ] *n* recueil *m*
mischance [mɪs'tʃɑ:ns] *n* malchance *f*; **by (some) ~** par malheur
mischief ['mɪstʃɪf] *n* (*naughtiness*) sottises *fpl*; (*fun*) farce *f*; (*playfulness*) espièglerie *f*; (*harm*) mal *m*, dommage *m*; (*maliciousness*) méchanceté *f*
mischievous ['mɪstʃɪvəs] *adj* (*playful, naughty*) coquin(e), espiègle; (*harmful*) méchant(e)
misconception ['mɪskən'sɛpʃən] *n* idée fausse
misconduct [mɪs'kɔndʌkt] *n* inconduite *f*; **professional ~** faute professionnelle
misconstrue [mɪskən'stru:] *vt* mal interpréter
miscount [mɪs'kaunt] *vt, vi* mal compter
misdeed ['mɪs'di:d] *n* méfait *m*
misdemeanour, (*US*) **misdemeanor** [mɪsdɪ'mi:nə[r]] *n* écart *m* de conduite; infraction *f*
misdirect [mɪsdɪ'rɛkt] *vt* (*person*) mal renseigner; (*letter*) mal adresser
miser ['maɪzə[r]] *n* avare *m/f*
miserable ['mɪzərəbl] *adj* (*person, expression*) malheureux(-euse); (*conditions*) misérable; (*weather*) maussade; (*offer, donation*) minable; (*failure*) pitoyable; **to feel ~** avoir le cafard
miserably ['mɪzərəblɪ] *adv* (*smile, answer*) tristement; (*live, pay*) misérablement; (*fail*) lamentablement
miserly ['maɪzəlɪ] *adj* avare
misery ['mɪzərɪ] *n* (*unhappiness*) tristesse *f*; (*pain*) souffrances *fpl*; (*wretchedness*) misère *f*
misfire [mɪs'faɪə[r]] *vi* rater; (*car engine*) avoir des ratés
misfit ['mɪsfɪt] *n* (*person*) inadapté(e)
misfortune [mɪs'fɔ:tʃən] *n* malchance *f*, malheur *m*
misgiving [mɪs'gɪvɪŋ] *n* (*apprehension*) craintes *fpl*; **to have ~s about sth** avoir des doutes quant à qch
misguided [mɪs'gaɪdɪd] *adj* malavisé(e)
mishandle [mɪs'hændl] *vt* (*treat roughly*) malmener; (*mismanage*) mal s'y prendre pour faire *or* résoudre *etc*
mishap ['mɪshæp] *n* mésaventure *f*
mishear [mɪs'hɪə[r]] *vt, vi* (*irreg: like* **hear**) mal entendre
mishmash ['mɪʃmæʃ] *n* (*inf*) fatras *m*, méli-mélo *m*
misinform [mɪsɪn'fɔ:m] *vt* mal renseigner
misinterpret [mɪsɪn'tə:prɪt] *vt* mal interpréter
misinterpretation ['mɪsɪntə:prɪ'teɪʃən] *n* interprétation erronée, contresens *m*
misjudge [mɪs'dʒʌdʒ] *vt* méjuger, se méprendre sur le compte de
mislay [mɪs'leɪ] *vt* (*irreg: like* **lay**) égarer
mislead [mɪs'li:d] *vt* (*irreg: like* **lead**) induire en erreur
misleading [mɪs'li:dɪŋ] *adj* trompeur(-euse)
misled [mɪs'lɛd] *pt, pp of* **mislead**
mismanage [mɪs'mænɪdʒ] *vt* mal gérer; mal s'y prendre pour faire *or* résoudre *etc*
mismanagement [mɪs'mænɪdʒmənt] *n* mauvaise gestion
misnomer [mɪs'nəumə[r]] *n* terme *or* qualificatif trompeur *or* peu approprié
misogynist [mɪ'sɔdʒɪnɪst] *n* misogyne *m/f*
misplace [mɪs'pleɪs] *vt* égarer; **to be ~d** (*trust etc*) être mal placé(e)
misprint ['mɪsprɪnt] *n* faute *f* d'impression
mispronounce [mɪsprə'nauns] *vt* mal prononcer
misquote ['mɪs'kwəut] *vt* citer erronément *or* inexactement
misread [mɪs'ri:d] *vt* (*irreg: like* **read**) mal lire
misrepresent [mɪsrɛprɪ'zɛnt] *vt* présenter sous un faux jour
Miss [mɪs] *n* Mademoiselle; **Dear ~ Smith** Chère Mademoiselle Smith
miss [mɪs] *vt* (*fail to get, attend, see*) manquer,

rater; (*appointment, class*) manquer; (*escape, avoid*) échapper à, éviter; (*notice loss of: money etc*) s'apercevoir de l'absence de; (*regret the absence of*): **I ~ him/it** il/cela me manque ▷ *vi* manquer ▷ *n* (*shot*) coup manqué; **we ~ed our train** nous avons raté notre train; **the bus just ~ed the wall** le bus a évité le mur de justesse; **you're ~ing the point** vous êtes à côté de la question; **you can't ~ it** vous ne pouvez pas vous tromper
▸ **miss out** *vt* (*Brit*) oublier
▸ **miss out on** *vt fus* (*fun, party*) rater, manquer; (*chance, bargain*) laisser passer

Miss. *abbr* (*US*) = **Mississippi**
missal ['mɪsl] *n* missel *m*
misshapen [mɪs'ʃeɪpən] *adj* difforme
missile ['mɪsaɪl] *n* (*Aviat*) missile *m*; (*object thrown*) projectile *m*
missile base *n* base *f* de missiles
missile launcher [-lɔ:ntʃəʳ] *n* lance-missiles *m*
missing ['mɪsɪŋ] *adj* manquant(e); (*after escape, disaster: person*) disparu(e); **to go ~** disparaître; **~ person** personne disparue, disparu(e); **~ in action** (*Mil*) porté(e) disparu(e)
mission ['mɪʃən] *n* mission *f*; **on a ~ to sb** en mission auprès de qn
missionary ['mɪʃənrɪ] *n* missionnaire *m/f*
mission statement *n* déclaration *f* d'intention
missive ['mɪsɪv] *n* missive *f*
misspell ['mɪs'spɛl] *vt* (*irreg: like* **spell**) mal orthographier
misspent ['mɪs'spɛnt] *adj*: **his ~ youth** sa folle jeunesse
mist [mɪst] *n* brume *f* ▷ *vi* (*also:* **mist over, mist up**) devenir brumeux(-euse); (*Brit: windows*) s'embuer
mistake [mɪs'teɪk] *n* erreur *f*, faute *f* ▷ *vt* (*irreg: like* **take**); (*meaning*) mal comprendre; (*intentions*) se méprendre sur; **to ~ for** prendre pour; **by ~** par erreur, par inadvertance; **to make a ~** (*in writing*) faire une faute; (*in calculating etc*) faire une erreur; **there must be some ~** il doit y avoir une erreur, se tromper; **to make a ~ about sb/sth** se tromper sur le compte de qn/ sur qch
mistaken [mɪs'teɪkən] *pp of* **mistake** ▷ *adj* (*idea etc*) erroné(e); **to be ~** faire erreur, se tromper
mistaken identity *n* erreur *f* d'identité
mistakenly [mɪs'teɪkənlɪ] *adv* par erreur, par mégarde
mister ['mɪstəʳ] *n* (*inf*) Monsieur *m*; *see* **Mr**
mistletoe ['mɪsltəu] *n* gui *m*
mistook [mɪs'tuk] *pt of* **mistake**
mistranslation [mɪstræns'leɪʃən] *n* erreur *f* de traduction, contresens *m*
mistreat [mɪs'tri:t] *vt* maltraiter
mistress ['mɪstrɪs] *n* maîtresse *f*; (*Brit: in primary school*) institutrice *f*; (*: in secondary school*) professeur *m*
mistrust [mɪs'trʌst] *vt* se méfier de ▷ *n*: **~ (of)** méfiance *f* (à l'égard de)
mistrustful [mɪs'trʌstful] *adj*: **~ (of)** méfiant(e) (à l'égard de)
misty ['mɪstɪ] *adj* brumeux(-euse); (*glasses, window*) embué(e)
misty-eyed ['mɪstɪ'aɪd] *adj* les yeux embués de larmes; (*fig*) sentimental(e)
misunderstand [mɪsʌndə'stænd] *vt, vi* (*irreg: like* **stand**) mal comprendre
misunderstanding ['mɪsʌndə'stændɪŋ] *n* méprise *f*, malentendu *m*; **there's been a ~** il y a eu un malentendu
misunderstood [mɪsʌndə'stud] *pt, pp of* **misunderstand** ▷ *adj* (*person*) incompris(e)
misuse *n* [mɪs'ju:s] mauvais emploi; (*of power*) abus *m* ▷ *vt* [mɪs'ju:z] mal employer; abuser de
MIT *n abbr* (*US*) = **Massachusetts Institute of Technology**
mite [maɪt] *n* (*small quantity*) grain *m*, miette *f*; (*Brit: small child*) petit(e)
mitigate ['mɪtɪgeɪt] *vt* atténuer; **mitigating circumstances** circonstances atténuantes
mitigation [mɪtɪ'geɪʃən] *n* atténuation *f*
mitre, (*US*) **miter** ['maɪtəʳ] *n* mitre *f*; (*Carpentry*) onglet *m*
mitt ['mɪt], **mitten** ['mɪtn] *n* moufle *f*; (*fingerless*) mitaine *f*
mix [mɪks] *vt* mélanger; (*sauce, drink etc*) préparer ▷ *vi* se mélanger; (*socialize*): **he doesn't ~ well** il est peu sociable ▷ *n* mélange *m*; **to ~ sth with sth** mélanger qch à qch; **to ~ business with pleasure** unir l'utile à l'agréable; **cake ~** préparation *f* pour gâteau
▸ **mix in** *vt* incorporer, mélanger
▸ **mix up** *vt* mélanger; (*confuse*) confondre; **to be ~ed up in sth** être mêlé(e) à qch *or* impliqué(e) dans qch

mixed [mɪkst] *adj* (*feelings, reactions*) contradictoire; (*school, marriage*) mixte
mixed-ability ['mɪkstə'bɪlɪtɪ] *adj* (*class etc*) sans groupes de niveaux
mixed bag *n*: **it's a (bit of a) ~** il y a (un peu) de tout
mixed blessing *n*: **it's a ~** cela a du bon et du mauvais
mixed doubles *npl* (*Sport*) double *m* mixte
mixed economy *n* économie *f* mixte
mixed grill *n* (*Brit*) assortiment *m* de grillades
mixed marriage *n* mariage *m* mixte
mixed salad *n* salade *f* de crudités
mixed-up [mɪkst'ʌp] *adj* (*person*) désorienté(e), embrouillé(e)
mixer ['mɪksəʳ] *n* (*for food*) batteur *m*, mixeur *m*; (*drink*) boisson gazeuse (*servant à couper un alcool*); (*person*): **he is a good ~** il est très sociable
mixer tap *n* (robinet *m*) mélangeur *m*
mixture ['mɪkstʃəʳ] *n* assortiment *m*, mélange *m*; (*Med*) préparation *f*
mix-up ['mɪksʌp] *n*: **there was a ~** il y a eu confusion
MK *abbr* (*Brit Tech*) = **mark**
mk *abbr* = **mark**
mkt *abbr* = **market**
ml *abbr* (= *millilitre(s)*) ml
MLitt *n abbr* (= *Master of Literature, Master of Letters*)

titre universitaire
MLR *n abbr (Brit)* = **minimum lending rate**
mm *abbr (= millimetre)* mm
MN *abbr (Brit)* = **Merchant Navy**; *(US)* = **Minnesota**
MO *n abbr (Med)* = **medical officer**; *(US inf: = modus operandi)* méthode *f* ▷ *abbr (US)* = **Missouri**
m.o. *abbr* = **money order**
moan [məun] *n* gémissement *m* ▷ *vi* gémir; *(inf: complain)*: **to ~ (about)** se plaindre (de)
moaner ['məunəʳ] *n (inf)* rouspéteur(-euse), râleur(-euse)
moaning ['məunɪŋ] *n* gémissements *mpl*
moat [məut] *n* fossé *m*, douves *fpl*
mob [mɔb] *n* foule *f*; *(disorderly)* cohue *f*; *(pej)*: **the ~** la populace ▷ *vt* assaillir
mobile ['məubaɪl] *adj* mobile ▷ *n (Art)* mobile *m*; *(Brit inf: mobile phone)* (téléphone *m*) portable *m*, mobile *m*; **applicants must be ~** *(Brit)* les candidats devront être prêts à accepter tout déplacement
mobile home *n* caravane *f*
mobile phone *n* (téléphone *m*) portable *m*, mobile *m*
mobile shop *n (Brit)* camion *m* magasin
mobility [məu'bɪlɪtɪ] *n* mobilité *f*
mobilize ['məubɪlaɪz] *vt, vi* mobiliser
moccasin ['mɔkəsɪn] *n* mocassin *m*
mock [mɔk] *vt* ridiculiser; *(laugh at)* se moquer de ▷ *adj* faux (fausse); **mocks** *npl (Brit: Scol)* examens blancs
mockery ['mɔkərɪ] *n* moquerie *f*, raillerie *f*; **to make a ~ of** ridiculiser, tourner en dérision
mocking ['mɔkɪŋ] *adj* moqueur(-euse)
mockingbird ['mɔkɪŋbəːd] *n* moqueur *m*
mock-up ['mɔkʌp] *n* maquette *f*
MOD *n abbr (Brit)* = **Ministry of Defence**; *see* **defence**
mod [mɔd] *adj see* **convenience**
mod cons ['mɔd'kɔnz] *npl abbr (Brit)* = **modern conveniences**; *see* **convenience**
mode [məud] *n* mode *m*; *(of transport)* moyen *m*
model ['mɔdl] *n* modèle *m*; *(person: for fashion)* mannequin *m*; *(: for artist)* modèle ▷ *vt (with clay etc)* modeler ▷ *vi* travailler comme mannequin ▷ *adj (railway: toy)* modèle réduit *inv*; *(child, factory)* modèle; **to ~ clothes** présenter des vêtements; **to ~ o.s. on** imiter; **to ~ sb/sth on** modeler qn/qch sur
modem ['məudɛm] *n* modem *m*
moderate [*adj, n* 'mɔdərət, *vb* 'mɔdəreɪt] *adj* modéré(e); *(amount, change)* peu important(e) ▷ *n (Pol)* modéré(e) ▷ *vi* se modérer, se calmer ▷ *vt* modérer
moderately ['mɔdərətlɪ] *adv (act)* avec modération *or* mesure; *(expensive, difficult)* moyennement; *(pleased, happy)* raisonnablement, assez; **~ priced** à un prix raisonnable
moderation [mɔdə'reɪʃən] *n* modération *f*, mesure *f*; **in ~** à dose raisonnable, pris(e) *or* pratiqué(e) modérément
moderator ['mɔdəreɪtəʳ] *n (Rel)*: **M~** président *m (de l'Assemblée générale de l'Église presbytérienne)*; *(Pol)* modérateur *m*
modern ['mɔdən] *adj* moderne
modernization [mɔdənaɪ'zeɪʃən] *n* modernisation *f*
modernize ['mɔdənaɪz] *vt* moderniser
modern languages *npl* langues vivantes
modest ['mɔdɪst] *adj* modeste
modesty ['mɔdɪstɪ] *n* modestie *f*
modicum ['mɔdɪkəm] *n*: **a ~ of** un minimum de
modification [mɔdɪfɪ'keɪʃən] *n* modification *f*; **to make ~s** faire *or* apporter des modifications
modify ['mɔdɪfaɪ] *vt* modifier
modish ['məudɪʃ] *adj* à la mode
Mods [mɔdz] *n abbr (Brit: = (Honour) Moderations) premier examen universitaire (à Oxford)*
modular ['mɔdjuləʳ] *adj (filing, unit)* modulaire
modulate ['mɔdjuleɪt] *vt* moduler
modulation [mɔdju'leɪʃən] *n* modulation *f*
module ['mɔdjuːl] *n* module *m*
mogul ['məugl] *n (fig)* nabab *m*; *(Ski)* bosse *f*
MOH *n abbr (Brit)* = **Medical Officer of Health**
mohair ['məuhɛəʳ] *n* mohair *m*
Mohammed [mə'hæmɛd] *n* Mahomet *m*
moist [mɔɪst] *adj* humide, moite
moisten ['mɔɪsn] *vt* humecter, mouiller légèrement
moisture ['mɔɪstʃəʳ] *n* humidité *f*; *(on glass)* buée *f*
moisturize ['mɔɪstʃəraɪz] *vt (skin)* hydrater
moisturizer ['mɔɪstʃəraɪzəʳ] *n* crème hydratante
molar ['məuləʳ] *n* molaire *f*
molasses [məu'læsɪz] *n* mélasse *f*
mold *etc* [məuld] *(US)* = **mould** *etc*
Moldavia [mɔl'deɪvɪə], **Moldova** [mɔl'dəuvə] *n* Moldavie *f*
Moldavian [mɔl'deɪvɪən], **Moldovan** [mɔl'dəuvən] *adj* moldave
mole [məul] *n (animal, spy)* taupe *f*; *(spot)* grain *m* de beauté
molecule ['mɔlɪkjuːl] *n* molécule *f*
molehill ['məulhɪl] *n* taupinière *f*
molest [məu'lɛst] *vt (assault sexually)* attenter à la pudeur de; *(attack)* molester; *(harass)* tracasser
mollusc ['mɔləsk] *n* mollusque *m*
mollycoddle ['mɔlɪkɔdl] *vt* chouchouter, couver
Molotov cocktail ['mɔlətɔf-] *n* cocktail *m* Molotov
molt [məult] *vi (US)* = **moult**
molten ['məultən] *adj* fondu(e); *(rock)* en fusion
mom [mɔm] *n (US)* = **mum**
moment ['məumənt] *n* moment *m*, instant *m*; *(importance)* importance *f*; **at the ~** en ce moment; **for the ~** pour l'instant; **in a ~** dans un instant; **"one ~ please"** *(Tel)* "ne quittez pas"
momentarily ['məuməntrɪlɪ] *adv* momentanément; *(US: soon)* bientôt
momentary ['məuməntərɪ] *adj* momentané(e), passager(-ère)

m

momentous [məu'mɛntəs] *adj* important(e), capital(e)
momentum [məu'mɛntəm] *n* élan *m*, vitesse acquise; (*fig*) dynamique *f*; **to gather ~** prendre de la vitesse; (*fig*) gagner du terrain
mommy ['mɔmɪ] *n* (*US: mother*) maman *f*
Monaco ['mɔnəkəu] *n* Monaco *f*
monarch ['mɔnək] *n* monarque *m*
monarchist ['mɔnəkɪst] *n* monarchiste *m/f*
monarchy ['mɔnəkɪ] *n* monarchie *f*
monastery ['mɔnəstərɪ] *n* monastère *m*
monastic [mə'næstɪk] *adj* monastique
Monday ['mʌndɪ] *n* lundi *m*; *for phrases see also* **Tuesday**
monetarist ['mʌnɪtərɪst] *n* monétariste *m/f*
monetary ['mʌnɪtərɪ] *adj* monétaire
money ['mʌnɪ] *n* argent *m*; **to make ~** (*person*) gagner de l'argent; (*business*) rapporter; **I've got no ~ left** je n'ai plus d'argent, je n'ai plus un sou
money belt *n* ceinture-portefeuille *f*
moneyed ['mʌnɪd] *adj* riche
moneylender ['mʌnɪlɛndə^r] *n* prêteur(-euse)
moneymaker ['mʌnɪmeɪkə^r] *n* (*Brit: col: business*) affaire lucrative
moneymaking ['mʌnɪmeɪkɪŋ] *adj* lucratif(-ive), qui rapporte (de l'argent)
money market *n* marché financier
money order *n* mandat *m*
money-spinner ['mʌnɪspɪnə^r] *n* (*inf*) mine *f* d'or (*fig*)
money supply *n* masse *f* monétaire
Mongol ['mɔŋgəl] *n* Mongol(e); (*Ling*) mongol *m*
mongol ['mɔŋgəl] *adj, n* (*Med*) mongolien(ne)
Mongolia [mɔŋ'gəulɪə] *n* Mongolie *f*
Mongolian [mɔŋ'gəulɪən] *adj* mongol(e) ▷ *n* Mongol(e); (*Ling*) mongol *m*
mongoose ['mɔŋgu:s] *n* mangouste *f*
mongrel ['mʌŋgrəl] *n* (*dog*) bâtard *m*
monitor ['mɔnɪtə^r] *n* (*TV, Comput*) écran *m*, moniteur *m*; (*Brit Scol*) chef *m* de classe; (*US Scol*) surveillant *m* (d'examen) ▷ *vt* contrôler; (*foreign station*) être à l'écoute de; (*progress*) suivre de près
monk [mʌŋk] *n* moine *m*
monkey ['mʌŋkɪ] *n* singe *m*
monkey nut *n* (*Brit*) cacahuète *f*
monkey wrench *n* clé *f* à molette
mono ['mɔnəu] *adj* mono *inv*
mono... ['mɔnəu] *prefix* mono...
monochrome ['mɔnəkrəum] *adj* monochrome
monocle ['mɔnəkl] *n* monocle *m*
monogamous [mɔ'nɔgəməs] *adj* monogame
monogamy [mɔ'nɔgəmɪ] *n* monogamie *f*
monogram ['mɔnəgræm] *n* monogramme *m*
monolith ['mɔnəlɪθ] *n* monolithe *m*
monologue ['mɔnəlɔg] *n* monologue *m*
monoplane ['mɔnəpleɪn] *n* monoplan *m*
monopolize [mə'nɔpəlaɪz] *vt* monopoliser
monopoly [mə'nɔpəlɪ] *n* monopole *m*; **Monopolies and Mergers Commission** (*Brit*) *commission britannique d'enquête sur les monopoles*
monorail ['mɔnəureɪl] *n* monorail *m*
monosodium glutamate [mɔnə'səudɪəm 'glu:təmeɪt] *n* glutamate *m* de sodium
monosyllabic [mɔnəsɪ'læbɪk] *adj* monosyllabique; (*person*) laconique
monosyllable ['mɔnəsɪləbl] *n* monosyllabe *m*
monotone ['mɔnətəun] *n* ton *m* (*or* voix *f*) monocorde; **to speak in a ~** parler sur un ton monocorde
monotonous [mə'nɔtənəs] *adj* monotone
monotony [mə'nɔtənɪ] *n* monotonie *f*
monoxide [mɔ'nɔksaɪd] *n*: **carbon ~** oxyde *m* de carbone
monsoon [mɔn'su:n] *n* mousson *f*
monster ['mɔnstə^r] *n* monstre *m*
monstrosity [mɔns'trɔsɪtɪ] *n* monstruosité *f*, atrocité *f*
monstrous ['mɔnstrəs] *adj* (*huge*) gigantesque; (*atrocious*) monstrueux(-euse), atroce
Mont. *abbr* (*US*) = **Montana**
montage [mɔn'tɑ:ʒ] *n* montage *m*
Mont Blanc [mɔ̃blɑ̃] *n* Mont Blanc *m*
month [mʌnθ] *n* mois *m*; **every ~** tous les mois; **300 dollars a ~** 300 dollars par mois
monthly ['mʌnθlɪ] *adj* mensuel(le) ▷ *adv* mensuellement ▷ *n* (*magazine*) mensuel *m*, publication mensuelle; **twice ~** deux fois par mois
Montreal [mɔntrɪ'ɔ:l] *n* Montréal
monument ['mɔnjumənt] *n* monument *m*
monumental [mɔnju'mɛntl] *adj* monumental(e)
monumental mason *n* marbrier *m*
moo [mu:] *vi* meugler, beugler
mood [mu:d] *n* humeur *f*, disposition *f*; **to be in a good/bad ~** être de bonne/mauvaise humeur; **to be in the ~ for** être d'humeur à, avoir envie de
moody ['mu:dɪ] *adj* (*variable*) d'humeur changeante, lunatique; (*sullen*) morose, maussade
moon [mu:n] *n* lune *f*
moonbeam ['mu:nbi:m] *n* rayon *m* de lune
moon landing *n* alunissage *m*
moonlight ['mu:nlaɪt] *n* clair *m* de lune ▷ *vi* travailler au noir
moonlighting ['mu:nlaɪtɪŋ] *n* travail *m* au noir
moonlit ['mu:nlɪt] *adj* éclairé(e) par la lune; **a ~ night** une nuit de lune
moonshot ['mu:nʃɔt] *n* (*Space*) tir *m* lunaire
moonstruck ['mu:nstrʌk] *adj* fou (folle), dérangé(e)
moony ['mu:nɪ] *adj*: **to have ~ eyes** avoir l'air dans la lune *or* rêveur
Moor [muə^r] *n* Maure (Mauresque)
moor [muə^r] *n* lande *f* ▷ *vt* (*ship*) amarrer ▷ *vi* mouiller
moorings ['muərɪŋz] *npl* (*chains*) amarres *fpl*; (*place*) mouillage *m*
Moorish ['muərɪʃ] *adj* maure, mauresque
moorland ['muələnd] *n* lande *f*
moose [mu:s] *n* (*pl inv*) élan *m*
moot [mu:t] *vt* soulever ▷ *adj*: **~ point** point *m*

discutable
mop [mɔp] *n* balai *m* à laver; (*for dishes*) lavette *f* à vaisselle ▷ *vt* éponger, essuyer; **~ of hair** tignasse *f*
▶ **mop up** *vt* éponger
mope [məup] *vi* avoir le cafard, se morfondre
▶ **mope about, mope around** *vi* broyer du noir, se morfondre
moped ['məupɛd] *n* cyclomoteur *m*
MOR *adj abbr* (*Mus*: = *middle-of-the-road*) tous publics
moral ['mɔrl] *adj* moral(e) ▷ *n* morale *f*; **morals** *npl* moralité *f*
morale [mɔ'rɑːl] *n* moral *m*
morality [mə'rælɪtɪ] *n* moralité *f*
moralize ['mɔrəlaɪz] *vi*: **to ~ (about)** moraliser (sur)
morally ['mɔrəlɪ] *adv* moralement
moral victory *n* victoire morale
morass [mə'ræs] *n* marais *m*, marécage *m*
moratorium [mɔrə'tɔːrɪəm] *n* moratoire *m*
morbid ['mɔːbɪd] *adj* morbide

KEYWORD

more [mɔːʳ] *adj* **1** (*greater in number etc*) plus (de), davantage (de); **more people/work (than)** plus de gens/de travail (que)
2 (*additional*) encore (de); **do you want (some) more tea?** voulez-vous encore du thé?; **is there any more wine?** reste-t-il du vin?; **I have no** *or* **I don't have any more money** je n'ai plus d'argent; **it'll take a few more weeks** ça prendra encore quelques semaines
▷ *pron* plus, davantage; **more than 10** plus de 10; **it cost more than we expected** cela a coûté plus que prévu; **I want more** j'en veux plus *or* davantage; **is there any more?** est-ce qu'il en reste?; **there's no more** il n'y en a plus; **a little more** un peu plus; **many/much more** beaucoup plus, bien davantage
▷ *adv* plus; **more dangerous/easily (than)** plus dangereux/facilement (que); **more and more expensive** de plus en plus cher; **more or less** plus ou moins; **more than ever** plus que jamais; **once more** encore une fois, une fois de plus; **and what's more ...** et de plus ..., et qui plus est ...

moreover [mɔː'rəuvəʳ] *adv* de plus
morgue [mɔːg] *n* morgue *f*
MORI ['mɔːrɪ] *n abbr* (*Brit*: = *Market & Opinion Research Institute*) *institut de sondage*
moribund ['mɔrɪbʌnd] *adj* moribond(e)
morning ['mɔːnɪŋ] *n* matin *m*; (*as duration*) matinée *f* ▷ *cpd* matinal(e); (*paper*) du matin; **in the ~** le matin; **7 o'clock in the ~** 7 heures du matin; **this ~** ce matin
morning-after pill ['mɔːnɪŋ'ɑːftə-] *n* pilule *f* du lendemain
morning sickness *n* nausées matinales
Moroccan [mə'rɔkən] *adj* marocain(e) ▷ *n* Marocain(e)
Morocco [mə'rɔkəu] *n* Maroc *m*
moron ['mɔːrɔn] *n* idiot(e), minus *m/f*
moronic [mə'rɔnɪk] *adj* idiot(e), imbécile
morose [mə'rəus] *adj* morose, maussade
morphine ['mɔːfiːn] *n* morphine *f*
morris dancing ['mɔrɪs-] *n* (*Brit*) *danses folkloriques anglaises*
Morse [mɔːs] *n* (*also*: **Morse code**) morse *m*
morsel ['mɔːsl] *n* bouchée *f*
mortal ['mɔːtl] *adj*, *n* mortel(le)
mortality [mɔː'tælɪtɪ] *n* mortalité *f*
mortality rate *n* (taux *m* de) mortalité *f*
mortar ['mɔːtəʳ] *n* mortier *m*
mortgage ['mɔːgɪdʒ] *n* hypothèque *f*; (*loan*) prêt *m* (*or* crédit *m*) hypothécaire ▷ *vt* hypothéquer; **to take out a ~** prendre une hypothèque, faire un emprunt
mortgage company *n* (*US*) société *f* de crédit immobilier
mortgagee [mɔːgə'dʒiː] *n* prêteur(-euse) (sur hypothèque)
mortgagor ['mɔːgədʒəʳ] *n* emprunteur(-euse) (sur hypothèque)
mortician [mɔː'tɪʃən] *n* (*US*) entrepreneur *m* de pompes funèbres
mortified ['mɔːtɪfaɪd] *adj* mort(e) de honte
mortise lock ['mɔːtɪs-] *n* serrure encastrée
mortuary ['mɔːtjuərɪ] *n* morgue *f*
mosaic [məu'zeɪɪk] *n* mosaïque *f*
Moscow ['mɔskəu] *n* Moscou
Moslem ['mɔzləm] *adj*, *n* = **Muslim**
mosque [mɔsk] *n* mosquée *f*
mosquito (*pl* **-es**) [mɔs'kiːtəu] *n* moustique *m*
mosquito net *n* moustiquaire *f*
moss [mɔs] *n* mousse *f*
mossy ['mɔsɪ] *adj* moussu(e)
most [məust] *adj* (*majority of*) la plupart de; (*greatest amount of*) le plus de ▷ *pron* la plupart ▷ *adv* le plus; (*very*) très, extrêmement; **the ~** le plus; **~ fish** la plupart des poissons; **the ~ beautiful woman in the world** la plus belle femme du monde; **~ of** (*with plural*) la plupart de; (*with singular*) la plus grande partie de; **~ of them** la plupart d'entre eux; **~ of the time** la plupart du temps; **I saw ~** (*a lot but not all*) j'en ai vu la plupart; (*more than anyone else*) c'est moi qui en ai vu le plus; **at the (very) ~** au plus; **to make the ~ of** profiter au maximum de
mostly ['məustlɪ] *adv* (*chiefly*) surtout, principalement; (*usually*) généralement
MOT *n abbr* (*Brit*) = **Ministry of Transport**; **the ~ (test)** *visite technique (annuelle) obligatoire des véhicules à moteur*
motel [məu'tɛl] *n* motel *m*
moth [mɔθ] *n* papillon *m* de nuit; (*in clothes*) mite *f*
mothball ['mɔθbɔːl] *n* boule *f* de naphtaline
moth-eaten ['mɔθiːtn] *adj* mité(e)
mother ['mʌðəʳ] *n* mère *f* ▷ *vt* (*pamper, protect*) dorloter
mother board *n* (*Comput*) carte-mère *f*

m

motherhood ['mʌðəhud] *n* maternité *f*
mother-in-law ['mʌðərɪnlɔː] *n* belle-mère *f*
motherly ['mʌðəlɪ] *adj* maternel(le)
mother-of-pearl ['mʌðərəv'pəːl] *n* nacre *f*
Mother's Day *n* fête *f* des Mères
mother's help *n* aide *f or* auxiliaire *f* familiale
mother-to-be ['mʌðətə'biː] *n* future maman
mother tongue *n* langue maternelle
mothproof ['mɔθpruːf] *adj* traité(e) à l'antimite
motif [məu'tiːf] *n* motif *m*
motion ['məuʃən] *n* mouvement *m*; *(gesture)* geste *m*; *(at meeting)* motion *f*; *(Brit: also:* **bowel motion**) selles *fpl* ▷ *vt, vi*: **to ~ (to) sb to do** faire signe à qn de faire; **to be in ~** *(vehicle)* être en marche; **to set in ~** mettre en marche; **to go through the ~s of doing sth** *(fig)* faire qch machinalement *or* sans conviction
motionless ['məuʃənlɪs] *adj* immobile, sans mouvement
motion picture *n* film *m*
motivate ['məutɪveɪt] *vt* motiver
motivated ['məutɪveɪtɪd] *adj* motivé(e)
motivation [məutɪ'veɪʃən] *n* motivation *f*
motive ['məutɪv] *n* motif *m*, mobile *m* ▷ *adj* moteur(-trice); **from the best (of) ~s** avec les meilleures intentions (du monde)
motley ['mɔtlɪ] *adj* hétéroclite; bigarré(e), bariolé(e)
motor ['məutə[r]] *n* moteur *m*; *(Brit inf: vehicle)* auto *f* ▷ *adj* moteur(-trice)
motorbike ['məutəbaɪk] *n* moto *f*
motorboat ['məutəbəut] *n* bateau *m* à moteur
motorcade ['məutəkeɪd] *n* cortège *m* d'automobiles *or* de voitures
motorcar ['məutəkɑː] *n* *(Brit)* automobile *f*
motorcoach ['məutəkəutʃ] *n* *(Brit)* car *m*
motorcycle ['məutəsaɪkl] *n* moto *f*
motorcycle racing *n* course *f* de motos
motorcyclist ['məutəsaɪklɪst] *n* motocycliste *m/f*
motoring ['məutərɪŋ] *(Brit)* *n* tourisme *m* automobile ▷ *adj* *(accident)* de voiture, de la route; **~ holiday** vacances *fpl* en voiture; **~ offence** infraction *f* au code de la route
motorist ['məutərɪst] *n* automobiliste *m/f*
motorize ['məutəraɪz] *vt* motoriser
motor mechanic *n* mécanicien *m* garagiste
motor oil *n* huile *f* de graissage
motor racing *n* *(Brit)* course *f* automobile
motor scooter *n* scooter *m*
motor trade *n* secteur *m* de l'automobile
motor vehicle *n* véhicule *m* automobile
motorway ['məutəweɪ] *n* *(Brit)* autoroute *f*
mottled ['mɔtld] *adj* tacheté(e), marbré(e)
motto *(pl* **-es**) ['mɔtəu] *n* devise *f*
mould, *(US)* **mold** [məuld] *n* moule *m*; *(mildew)* moisissure *f* ▷ *vt* mouler, modeler; *(fig)* façonner
moulder, *(US)* **molder** ['məuldə[r]] *vi* *(decay)* moisir
moulding, *(US)* **mold** ['məuldɪŋ] *n* *(Archit)* moulure *f*
mouldy, *(US)* **moldy** ['məuldɪ] *adj* moisi(e); *(smell)* de moisi
moult, *(US)* **molt** [məult] *vi* muer
mound [maund] *n* monticule *m*, tertre *m*
mount [maunt] *n* *(hill)* mont *m*, montagne *f*; *(horse)* monture *f*; *(for picture)* carton *m* de montage; *(for jewel etc)* monture ▷ *vt* monter; *(horse)* monter à; *(bike)* monter sur; *(exhibition)* organiser, monter; *(picture)* monter sur carton; *(stamp)* coller dans un album ▷ *vi* *(inflation, tension)* augmenter
▶ **mount up** *vi* s'élever, monter; *(bills, problems, savings)* s'accumuler
mountain ['mauntɪn] *n* montagne *f* ▷ *cpd* de (la) montagne; **to make a ~ out of a molehill** *(fig)* se faire une montagne d'un rien
mountain bike *n* VTT *m*, vélo *m* tout terrain
mountaineer [mauntɪ'nɪə[r]] *n* alpiniste *m/f*
mountaineering [mauntɪ'nɪərɪŋ] *n* alpinisme *m*; **to go ~** faire de l'alpinisme
mountainous ['mauntɪnəs] *adj* montagneux(-euse)
mountain range *n* chaîne *f* de montagnes
mountain rescue team *n* colonne *f* de secours
mountainside ['mauntɪnsaɪd] *n* flanc *m or* versant *m* de la montagne
mounted ['mauntɪd] *adj* monté(e)
mourn [mɔːn] *vt* pleurer ▷ *vi*: **to ~ for sb** pleurer qn; **to ~ for sth** se lamenter sur qch
mourner ['mɔːnə[r]] *n* parent(e) *or* ami(e) du défunt; personne *f* en deuil *or* venue rendre hommage au défunt
mourning ['mɔːnɪŋ] *n* deuil *m* ▷ *cpd* *(dress)* de deuil; **in ~** en deuil
mouse *(pl* **mice**) [maus, maɪs] *n* *(also Comput)* souris *f*
mouse mat *n* *(Comput)* tapis *m* de souris
mousetrap ['maustræp] *n* souricière *f*
moussaka [mu'sɑːkə] *n* moussaka *f*
mousse [muːs] *n* mousse *f*
moustache, *(US)* **mustache** [məs'tɑːʃ] *n* moustache(s) *f(pl)*
mousy ['mausɪ] *adj* *(person)* effacé(e); *(hair)* d'un châtain terne
mouth [mauθ, *pl* mauðz] *n* bouche *f*; *(of dog, cat)* gueule *f*; *(of river)* embouchure *f*; *(of hole, cave)* ouverture *f*; *(of bottle)* goulot *m*; *(opening)* orifice *m*
mouthful ['mauθful] *n* bouchée *f*
mouth organ *n* harmonica *m*
mouthpiece ['mauθpiːs] *n* *(of musical instrument)* bec *m*, embouchure *f*; *(spokesperson)* porte-parole *m inv*
mouth-to-mouth ['mauθtə'mauθ] *adj*: **~ resuscitation** bouche à bouche *m*
mouthwash ['mauθwɔʃ] *n* eau *f* dentifrice
mouth-watering ['mauθwɔːtərɪŋ] *adj* qui met l'eau à la bouche
movable ['muːvəbl] *adj* mobile
move [muːv] *n* *(movement)* mouvement *m*; *(in game)* coup *m*; *(: turn to play)* tour *m*; *(change of house)* déménagement *m*; *(change of job)*

changement *m* d'emploi ▷ *vt* déplacer, bouger; (*emotionally*) émouvoir; (*Pol: resolution etc*) proposer ▷ *vi* (*gen*) bouger, remuer; (*traffic*) circuler; (*also:* **move house**) déménager; (*in game*) jouer; **can you ~ your car, please?** pouvez-vous déplacer votre voiture, s'il vous plaît?; **to ~ towards** se diriger vers; **to ~ sb to do sth** pousser *or* inciter qn à faire qch; **to get a ~ on** se dépêcher, se remuer
▸ **move about, move around** *vi* (*fidget*) remuer; (*travel*) voyager, se déplacer
▸ **move along** *vi* se pousser
▸ **move away** *vi* s'en aller, s'éloigner
▸ **move back** *vi* revenir, retourner
▸ **move forward** *vi* avancer ▷ *vt* avancer; (*people*) faire avancer
▸ **move in** *vi* (*to a house*) emménager; (*police, soldiers*) intervenir
▸ **move off** *vi* s'éloigner, s'en aller
▸ **move on** *vi* se remettre en route ▷ *vt* (*onlookers*) faire circuler
▸ **move out** *vi* (*of house*) déménager
▸ **move over** *vi* se pousser, se déplacer
▸ **move up** *vi* avancer; (*employee*) avoir de l'avancement; (*pupil*) passer dans la classe supérieure

moveable [mu:vəbl] *adj* = **movable**
movement ['mu:vmənt] *n* mouvement *m*; **~ (of the bowels)** (*Med*) selles *fpl*
mover ['mu:vər] *n* auteur *m* d'une proposition
movie ['mu:vɪ] *n* film *m*; **movies** *npl*: **the ~s** le cinéma
movie camera *n* caméra *f*
moviegoer ['mu:vɪgəuər] *n* (*US*) cinéphile *m/f*
movie theater (*US*) *n* cinéma *m*
moving ['mu:vɪŋ] *adj* en mouvement; (*touching*) émouvant(e) ▷ *n* (*US*) déménagement *m*
mow (*pt* **-ed**, *pp* **-ed** *or* **-n**) [məu, -d, -n] *vt* faucher; (*lawn*) tondre
▸ **mow down** *vt* faucher
mower ['məuər] *n* (*also:* **lawnmower**) tondeuse *f* à gazon
mown [məun] *pp of* **mow**
Mozambique [məuzəm'bi:k] *n* Mozambique *m*
MP *n abbr* (= *Military Police*) PM; (*Brit*) = **Member of Parliament**; (*Canada*) = **Mounted Police**
MP3 *n* mp3 *m*
MP3 player *n* baladeur *m* numérique, lecteur *m* mp3
mpg *n abbr* (= *miles per gallon*) (*30 mpg = 9,4 l. aux 100 km*)
m.p.h. *abbr* (= *miles per hour*) (*60 mph = 96 km/h*)
MPhil *n abbr* (*US:* = *Master of Philosophy*) *titre universitaire*
MPS *n abbr* (*Brit*) = **Member of the Pharmaceutical Society**
Mr, (*US*) **Mr.** ['mɪstər] *n*: **Mr X** Monsieur X, M. X
MRC *n abbr* (*Brit:* = *Medical Research Council*) *conseil de la recherche médicale*
MRCP *n abbr* (*Brit*) = **Member of the Royal College of Physicians**
MRCS *n abbr* (*Brit*) = **Member of the Royal College of Surgeons**
MRCVS *n abbr* (*Brit*) = **Member of the Royal College of Veterinary Surgeons**
Mrs, (*US*) **Mrs.** ['mɪsɪz] *n*: **~ X** Madame X, Mme X
MS *n abbr* (= *manuscript*) ms; (= *multiple sclerosis*) SEP *f*; (*US:* = *Master of Science*) *titre universitaire* ▷ *abbr* (*US*) = **Mississippi**
Ms, (*US*) **Ms.** [mɪz] *n* (*Miss or Mrs*): **Ms X** Madame X, Mme X; *voir article*

Ms

Ms est un titre utilisé à la place de "Mrs" (Mme) ou de "Miss" (Mlle) pour éviter la distinction traditionnelle entre femmes mariées et femmes non mariées.

MSA *n abbr* (*US:* = *Master of Science in Agriculture*) *titre universitaire*
MSc *n abbr* = **Master of Science**
MSG *n abbr* = **monosodium glutamate**
MSP *n abbr* (= *Member of the Scottish Parliament*) député *m* au Parlement écossais
MST *abbr* (*US:* = *Mountain Standard Time*) *heure d'hiver des Montagnes Rocheuses*
MT *n abbr* (= *machine translation*) TM ▷ *abbr* (*US*) = **Montana**
Mt *abbr* (*Geo:* = *mount*) Mt
mth *abbr* (= *month*) m
MTV *n abbr* = **music television**
much [mʌtʃ] *adj* beaucoup de ▷ *adv, n or pron* beaucoup; **~ milk** beaucoup de lait; **we don't have ~ time** nous n'avons pas beaucoup de temps; **how ~ is it?** combien est-ce que ça coûte?; **it's not ~** ce n'est pas beaucoup; **too ~** trop (de); **so ~** tant (de); **I like it very/so ~** j'aime beaucoup/tellement ça; **as ~ as** autant de; **thank you very ~** merci beaucoup; **that's ~ better** c'est beaucoup mieux; **~ to my amazement ...** à mon grand étonnement ...
muck [mʌk] *n* (*mud*) boue *f*; (*dirt*) ordures *fpl*
▸ **muck about** *vi* (*inf*) faire l'imbécile; (*: waste time*) traînasser; (*: tinker*) bricoler; tripoter
▸ **muck in** *vi* (*Brit inf*) donner un coup de main
▸ **muck out** *vt* (*stable*) nettoyer
▸ **muck up** *vt* (*inf: ruin*) gâcher, esquinter; (*: dirty*) salir; (*: exam, interview*) se planter à
muckraking ['mʌkreɪkɪŋ] *n* (*fig: inf*) déterrement *m* d'ordures
mucky ['mʌkɪ] *adj* (*dirty*) boueux(-euse), sale
mucus ['mju:kəs] *n* mucus *m*
mud [mʌd] *n* boue *f*
muddle ['mʌdl] *n* (*mess*) pagaille *f*, fouillis *m*; (*mix-up*) confusion *f* ▷ *vt* (*also:* **muddle up**) brouiller, embrouiller; **to be in a ~** (*person*) ne plus savoir où l'on en est; **to get in a ~** (*while explaining etc*) s'embrouiller
▸ **muddle along** *vi* aller son chemin tant bien que mal
▸ **muddle through** *vi* se débrouiller
muddle-headed [mʌdl'hɛdɪd] *adj* (*person*) à l'esprit embrouillé *or* confus, dans le brouillard

muddy ['mʌdɪ] *adj* boueux(-euse)
mud flats *npl* plage *f* de vase
mudguard ['mʌdgɑːd] *n* garde-boue *m inv*
mudpack ['mʌdpæk] *n* masque *m* de beauté
mud-slinging ['mʌdslɪŋɪŋ] *n* médisance *f*, dénigrement *m*
muesli ['mjuːzlɪ] *n* muesli *m*
muff [mʌf] *n* manchon *m* ▷ *vt* (*inf*: *shot, catch etc*) rater, louper; **to ~ it** rater *or* louper son coup
muffin ['mʌfɪn] *n* (*roll*) *petit pain rond et plat*; (*cake*) *petit gâteau au chocolat ou aux fruits*
muffle ['mʌfl] *vt* (*sound*) assourdir, étouffer; (*against cold*) emmitoufler
muffled ['mʌfld] *adj* étouffé(e), voilé(e)
muffler ['mʌflə^r] *n* (*scarf*) cache-nez *m inv*; (*US Aut*) silencieux *m*
mufti ['mʌftɪ] *n*: **in ~** en civil
mug [mʌg] *n* (*cup*) tasse *f* (*sans soucoupe*); (: *for beer*) chope *f*; (*inf*: *face*) bouille *f*; (: *fool*) poire *f* ▷ *vt* (*assault*) agresser; **it's a ~'s game** (*Brit*) c'est bon pour les imbéciles
▶ **mug up** *vt* (*Brit inf*: *also*: **mug up on**) bosser, bûcher
mugger ['mʌgə^r] *n* agresseur *m*
mugging ['mʌgɪŋ] *n* agression *f*
muggins ['mʌgɪnz] *n* (*inf*) ma pomme
muggy ['mʌgɪ] *adj* lourd(e), moite
mug shot *n* (*inf*: *Police*) photo *f* de criminel; (: *gen*: *photo*) photo d'identité
mulatto (*pl* **-es**) [mjuː'lætəu] *n* mulâtre(-esse)
mulberry ['mʌlbrɪ] *n* (*fruit*) mûre *f*; (*tree*) mûrier *m*
mule [mjuːl] *n* mule *f*
mull [mʌl]: **to ~ over** *vt* réfléchir à, ruminer
mulled [mʌld] *adj*: **~ wine** vin chaud
multi... ['mʌltɪ] *prefix* multi...
multi-access ['mʌltɪ'ækses] *adj* (*Comput*) à accès multiple
multicoloured, (*US*) **multicolored** ['mʌltɪkʌləd] *adj* multicolore
multifarious [mʌltɪ'fɛərɪəs] *adj* divers(es), varié(e)
multilateral [mʌltɪ'lætərl] *adj* (*Pol*) multilatéral(e)
multi-level ['mʌltɪlɛvl] *adj* (*US*) = **multistorey**
multimedia ['mʌltɪ'miːdɪə] *adj* multimédia *inv*
multimillionaire [mʌltɪmɪljə'nɛə^r] *n* milliardaire *m/f*
multinational [mʌltɪ'næʃənl] *n* multinationale *f* ▷ *adj* multinational(e)
multiple ['mʌltɪpl] *adj* multiple ▷ *n* multiple *m*; (*Brit*: *also*: **multiple store**) magasin *m* à succursales (multiples)
multiple choice, multiple choice test *n* QCM *m*, questionnaire *m* à choix multiple
multiple crash *n* carambolage *m*
multiple sclerosis [-sklɪ'rəusɪs] *n* sclérose *f* en plaques
multiplex ['mʌltɪplɛks], **multiplex cinema** *n* (cinéma *m*) multisalles *m*
multiplication [mʌltɪplɪ'keɪʃən] *n* multiplication *f*
multiplication table *n* table *f* de multiplication
multiplicity [mʌltɪ'plɪsɪtɪ] *n* multiplicité *f*
multiply ['mʌltɪplaɪ] *vt* multiplier ▷ *vi* se multiplier
multiracial [mʌltɪ'reɪʃl] *adj* multiracial(e)
multistorey ['mʌltɪ'stɔːrɪ] *adj* (*Brit*: *building*) à étages; (: *car park*) à étages *or* niveaux multiples
multitude ['mʌltɪtjuːd] *n* multitude *f*
mum [mʌm] *n* (*Brit*) maman *f* ▷ *adj*: **to keep ~** ne pas souffler mot; **~'s the word!** motus et bouche cousue!
mumble ['mʌmbl] *vt, vi* marmotter, marmonner
mumbo jumbo ['mʌmbəu-] *n* (*inf*) baragouin *m*, charabia *m*
mummify ['mʌmɪfaɪ] *vt* momifier
mummy ['mʌmɪ] *n* (*Brit*: *mother*) maman *f*; (*embalmed*) momie *f*
mumps [mʌmps] *n* oreillons *mpl*
munch [mʌntʃ] *vt, vi* mâcher
mundane [mʌn'deɪn] *adj* banal(e), terre à terre *inv*
municipal [mjuː'nɪsɪpl] *adj* municipal(e)
municipality [mjuːnɪsɪ'pælɪtɪ] *n* municipalité *f*
munitions [mjuː'nɪʃənz] *npl* munitions *fpl*
mural ['mjuərl] *n* peinture murale
murder ['məːdə^r] *n* meurtre *m*, assassinat *m* ▷ *vt* assassiner; **to commit ~** commettre un meurtre
murderer ['məːdərə^r] *n* meurtrier *m*, assassin *m*
murderess ['məːdərɪs] *n* meurtrière *f*
murderous ['məːdərəs] *adj* meurtrier(-ière)
murk [məːk] *n* obscurité *f*
murky ['məːkɪ] *adj* sombre, ténébreux(-euse); (*water*) trouble
murmur ['məːmə^r] *n* murmure *m* ▷ *vt, vi* murmurer; **heart ~** (*Med*) souffle *m* au cœur
MusB, MusBac *n abbr* (= *Bachelor of Music*) *titre universitaire*
muscle ['mʌsl] *n* muscle *m*; (*fig*) force *f*
▶ **muscle in** *vi* s'imposer, s'immiscer
muscular ['mʌskjulə^r] *adj* musculaire; (*person, arm*) musclé(e)
muscular dystrophy *n* dystrophie *f* musculaire
MusD, MusDoc *n abbr* (= *Doctor of Music*) *titre universitaire*
muse [mjuːz] *vi* méditer, songer ▷ *n* muse *f*
museum [mjuː'zɪəm] *n* musée *m*
mush [mʌʃ] *n* bouillie *f*; (*pej*) sentimentalité *f* à l'eau de rose
mushroom ['mʌʃrum] *n* champignon *m* ▷ *vi* (*fig*) pousser comme un (*or* des) champignon(s)
mushy ['mʌʃɪ] *adj* (*vegetables, fruit*) en bouillie; (*movie etc*) à l'eau de rose
music ['mjuːzɪk] *n* musique *f*
musical ['mjuːzɪkl] *adj* musical(e); (*person*) musicien(ne) ▷ *n* (*show*) comédie musicale
musical box *n* = **music box**
musical chairs *npl* chaises musicales; (*fig*): **to play ~** faire des permutations
musical instrument *n* instrument *m* de musique

music box *n* boîte *f* à musique
music centre *n* chaîne compacte
music hall *n* music-hall *m*
musician [mju:'zɪʃən] *n* musicien(ne)
music stand *n* pupitre *m* à musique
musk [mʌsk] *n* musc *m*
musket ['mʌskɪt] *n* mousquet *m*
muskrat ['mʌskræt] *n* rat musqué
musk rose *n* (*Bot*) rose *f* muscade
Muslim ['mʌzlɪm] *adj, n* musulman(e)
muslin ['mʌzlɪn] *n* mousseline *f*
musquash ['mʌskwɔʃ] *n* loutre *f*; (*fur*) rat *m* d'Amérique, ondatra *m*
mussel ['mʌsl] *n* moule *f*
must [mʌst] *aux vb* (*obligation*): **I ~ do it** je dois le faire, il faut que je le fasse; (*probability*): **he ~ be there by now** il doit y être maintenant, il y est probablement maintenant; (*suggestion, invitation*): **you ~ come and see me** il faut que vous veniez me voir ▷ *n* nécessité *f*, impératif *m*; **it's a ~** c'est indispensable; **I ~ have made a mistake** j'ai dû me tromper
mustache ['mʌstæʃ] *n* (*US*) = **moustache**
mustard ['mʌstəd] *n* moutarde *f*
mustard gas *n* ypérite *f*, gaz *m* moutarde
muster ['mʌstəʳ] *vt* rassembler; (*also*: **muster up**: *strength, courage*) rassembler
mustiness ['mʌstɪnɪs] *n* goût *m* de moisi; odeur *f* de moisi *or* de renfermé
mustn't ['mʌsnt] = **must not**
musty ['mʌstɪ] *adj* qui sent le moisi *or* le renfermé
mutant ['mju:tənt] *adj* mutant(e) ▷ *n* mutant *m*
mutate [mju:'teɪt] *vi* subir une mutation
mutation [mju:'teɪʃən] *n* mutation *f*
mute [mju:t] *adj, n* muet(te)
muted ['mju:tɪd] *adj* (*noise*) sourd(e), assourdi(e); (*criticism*) voilé(e); (*Mus*) en sourdine; (*: trumpet*) bouché(e)
mutilate ['mju:tɪleɪt] *vt* mutiler
mutilation [mju:tɪ'leɪʃən] *n* mutilation *f*
mutinous ['mju:tɪnəs] *adj* (*troops*) mutiné(e); (*attitude*) rebelle
mutiny ['mju:tɪnɪ] *n* mutinerie *f* ▷ *vi* se mutiner
mutter ['mʌtəʳ] *vt, vi* marmonner, marmotter
mutton ['mʌtn] *n* mouton *m*
mutual ['mju:tʃuəl] *adj* mutuel(le), réciproque; (*benefit, interest*) commun(e)
mutually ['mju:tʃuəlɪ] *adv* mutuellement, réciproquement
Muzak® ['mju:zæk] *n* (*often pej*) musique *f* d'ambiance
muzzle ['mʌzl] *n* museau *m*; (*protective device*) muselière *f*; (*of gun*) gueule *f* ▷ *vt* museler
MVP *n abbr* (*US Sport*) = **most valuable player**
MW *abbr* (= *medium wave*) PO
my [maɪ] *adj* mon (ma), mes *pl*; **my house/car/gloves** ma maison/ma voiture/mes gants; **I've washed my hair/cut my finger** je me suis lavé les cheveux/coupé le doigt; **is this my pen or yours?** c'est mon stylo ou c'est le vôtre?
Myanmar ['maɪænma:ʳ] *n* Myanmar *m*
myopic [maɪ'ɔpɪk] *adj* myope
myriad ['mɪrɪəd] *n* myriade *f*
myself [maɪ'sɛlf] *pron* (*reflexive*) me; (*emphatic*) moi-même; (*after prep*) moi; *see also* **oneself**
mysterious [mɪs'tɪərɪəs] *adj* mystérieux(-euse)
mystery ['mɪstərɪ] *n* mystère *m*
mystery story *n* roman *m* à suspense
mystic ['mɪstɪk] *n* mystique *m/f* ▷ *adj* (*mysterious*) ésotérique
mystical ['mɪstɪkl] *adj* mystique
mystify ['mɪstɪfaɪ] *vt* (*deliberately*) mystifier; (*puzzle*) ébahir
mystique [mɪs'ti:k] *n* mystique *f*
myth [mɪθ] *n* mythe *m*
mythical ['mɪθɪkl] *adj* mythique
mythological [mɪθə'lɔdʒɪkl] *adj* mythologique
mythology [mɪ'θɔlədʒɪ] *n* mythologie *f*

Nn

N, n [ɛn] *n* (*letter*) N, n *m*; **N for Nellie**, (*US*) **N for Nan** N comme Nicolas
N *abbr* (= *north*) N
NA *n abbr* (*US*: = *Narcotics Anonymous*) *association d'aide aux drogués*; (*US*) = **National Academy**
n/a *abbr* (= *not applicable*) n.a.; (*Comm etc*) = **no account**
NAACP *n abbr* (*US*) = **National Association for the Advancement of Colored People**
NAAFI ['næfɪ] *n abbr* (*Brit*: = *Navy, Army & Air Force Institute*) *organisme responsable des magasins et cantines de l'armée*
nab [næb] *vt* (*inf*) pincer, attraper
NACU *n abbr* (*US*) = **National Association of Colleges and Universities**
nadir ['neɪdɪəʳ] *n* (*Astronomy*) nadir *m*; (*fig*) fond *m*, point *m* extrême
naff [næf] (*Brit*: *inf*) *adj* nul(le)
nag [næg] *vt* (*scold*) être toujours après, reprendre sans arrêt ▷ *n* (*pej*: *horse*) canasson *m*; (*person*): **she's an awful ~** elle est constamment après lui (*or* eux *etc*), elle est très casse-pieds
nagging ['nægɪŋ] *adj* (*doubt, pain*) persistant(e) ▷ *n* remarques continuelles
nail [neɪl] *n* (*human*) ongle *m*; (*metal*) clou *m* ▷ *vt* clouer; **to ~ sth to sth** clouer qch à qch; **to ~ sb down to a date/price** contraindre qn à accepter *or* donner une date/un prix; **to pay cash on the ~** (*Brit*) payer rubis sur l'ongle
nailbrush ['neɪlbrʌʃ] *n* brosse *f* à ongles
nailfile ['neɪlfaɪl] *n* lime *f* à ongles
nail polish *n* vernis *m* à ongles
nail polish remover *n* dissolvant *m*
nail scissors *npl* ciseaux *mpl* à ongles
nail varnish *n* (*Brit*) = **nail polish**
Nairobi [naɪ'rəubɪ] *n* Nairobi
naïve [naɪ'i:v] *adj* naïf(-ïve)
naïveté [naɪ'i:vteɪ], **naivety** [naɪ'i:vɪtɪ] *n* naïveté *f*
naked ['neɪkɪd] *adj* nu(e); **with the ~ eye** à l'œil nu
nakedness ['neɪkɪdnɪs] *n* nudité *f*
NAM *n abbr* (*US*) = **National Association of Manufacturers**
name [neɪm] *n* nom *m*; (*reputation*) réputation *f* ▷ *vt* nommer; (*identify*: *accomplice etc*) citer; (*price, date*) fixer, donner; **by ~** par son nom; de nom; **in the ~ of** au nom de; **what's your ~?** comment vous appelez-vous?, quel est votre nom?; **my ~ is Peter** je m'appelle Peter; **to take sb's ~ and address** relever l'identité de qn *or* les nom et adresse de qn; **to make a ~ for o.s.** se faire un nom; **to get (o.s.) a bad ~** se faire une mauvaise réputation; **to call sb ~s** traiter qn de tous les noms
name dropping *n* *mention (pour se faire valoir) du nom de personnalités qu'on connaît (ou prétend connaître)*
nameless ['neɪmlɪs] *adj* sans nom; (*witness, contributor*) anonyme
namely ['neɪmlɪ] *adv* à savoir
nameplate ['neɪmpleɪt] *n* (*on door etc*) plaque *f*
namesake ['neɪmseɪk] *n* homonyme *m*
nan bread [nɑ:n-] *n* nan *m*
nanny ['nænɪ] *n* bonne *f* d'enfants
nanny goat *n* chèvre *f*
nap [næp] *n* (*sleep*) (petit) somme ▷ *vi*: **to be caught ~ping** être pris(e) à l'improviste *or* en défaut
NAPA *n abbr* (*US*: = *National Association of Performing Artists*) *syndicat des gens du spectacle*
napalm ['neɪpɑ:m] *n* napalm *m*
nape [neɪp] *n*: **~ of the neck** nuque *f*
napkin ['næpkɪn] *n* serviette *f* (de table)
Naples ['neɪplz] *n* Naples
Napoleonic [nəpəulɪ'ɔnɪk] *adj* napoléonien(ne)
nappy ['næpɪ] *n* (*Brit*) couche *f*
nappy liner *n* (*Brit*) protège-couche *m*
nappy rash *n*: **to have ~** avoir les fesses rouges
narcissistic [nɑ:sɪ'sɪstɪk] *adj* narcissique
narcissus (*pl* **narcissi**) [nɑ:'sɪsəs, -saɪ] *n* narcisse *m*
narcotic [nɑ:'kɔtɪk] *n* (*Med*) narcotique *m*
narcotics [nɑ:'kɔtɪkz] *npl* (*illegal drugs*) stupéfiants *mpl*
nark [nɑ:k] *vt* (*Brit inf*) mettre en rogne
narrate [nə'reɪt] *vt* raconter, narrer
narration [nə'reɪʃən] *n* narration *f*
narrative ['nærətɪv] *n* récit *m* ▷ *adj* narratif(-ive)
narrator [nə'reɪtəʳ] *n* narrateur(-trice)
narrow ['nærəu] *adj* étroit(e); (*fig*) restreint(e),

limité(e) ▷ *vi* (*road*) devenir plus étroit, se rétrécir; (*gap, difference*) se réduire; **to have a ~ escape** l'échapper belle
▸ **narrow down** *vt* restreindre
narrow gauge *adj* (*Rail*) à voie étroite
narrowly ['nærəulɪ] *adv*: **he ~ missed injury/ the tree** il a failli se blesser/rentrer dans l'arbre; **he only ~ missed the target** il a manqué la cible de peu *or* de justesse
narrow-minded [nærəu'maɪndɪd] *adj* à l'esprit étroit, borné(e); (*attitude*) borné(e)
NAS *n abbr* (*US*) = **National Academy of Sciences**
NASA ['næsə] *n abbr* (*US*: = *National Aeronautics and Space Administration*) NASA *f*
nasal ['neɪzl] *adj* nasal(e)
Nassau ['næsɔː] *n* (*in Bahamas*) Nassau
nastily ['nɑːstɪlɪ] *adv* (*say, act*) méchamment
nastiness ['nɑːstɪnɪs] *n* (*of person, remark*) méchanceté *f*
nasturtium [nəs'təːʃəm] *n* capucine *f*
nasty ['nɑːstɪ] *adj* (*person: malicious*) méchant(e); (*: rude*) très désagréable; (*smell*) dégoûtant(e); (*wound, situation*) mauvais(e), vilain(e); (*weather*) affreux(-euse); **to turn ~** (*situation*) mal tourner; (*weather*) se gâter; (*person*) devenir méchant; **it's a ~ business** c'est une sale affaire
NAS/UWT *n abbr* (*Brit*: = *National Association of Schoolmasters/Union of Women Teachers*) *syndicat enseignant*
nation ['neɪʃən] *n* nation *f*
national ['næʃənl] *adj* national(e) ▷ *n* (*abroad*) ressortissant(e); (*when home*) national(e)
national anthem *n* hymne national
National Curriculum *n* (*Brit*) *programme scolaire commun à toutes les écoles publiques en Angleterre et au Pays de Galles comprenant dix disciplines*
national debt *n* dette publique
national dress *n* costume national
National Guard *n* (*US*) milice *f* (*de volontaires*)
National Health Service *n* (*Brit*) *service national de santé*, ≈ Sécurité Sociale
National Insurance *n* (*Brit*) ≈ Sécurité Sociale
nationalism ['næʃnəlɪzəm] *n* nationalisme *m*
nationalist ['næʃnəlɪst] *adj, n* nationaliste *m/f*
nationality [næʃə'nælɪtɪ] *n* nationalité *f*
nationalization [næʃnəlaɪ'zeɪʃən] *n* nationalisation *f*
nationalize ['næʃnəlaɪz] *vt* nationaliser
nationally ['næʃnəlɪ] *adv* du point de vue national; dans le pays entier
national park *n* parc national
national press *n* presse nationale
National Security Council *n* (*US*) conseil national de sécurité
national service *n* (*Mil*) service *m* militaire
National Trust *n* (*Brit*) ≈ Caisse *f* nationale des monuments historiques et des sites; *voir article*

NATIONAL TRUST

Le *National Trust* est un organisme indépendant, à but non lucratif, dont la mission est de protéger et de mettre en valeur les monuments et les sites britanniques en raison de leur intérêt historique ou de leur beauté naturelle.

nationwide ['neɪʃənwaɪd] *adj* s'étendant à l'ensemble du pays; (*problem*) à l'échelle du pays entier ▷ *adv* à travers *or* dans tout le pays
native ['neɪtɪv] *n* habitant(e) du pays, autochtone *m/f*; (*in colonies*) indigène *m/f* ▷ *adj* du pays, indigène; (*country*) natal(e); (*language*) maternel(le); (*ability*) inné(e); **a ~ of Russia** une personne originaire de Russie; **a ~ speaker of French** une personne de langue maternelle française
Native American *n* Indien(ne) d'Amérique ▷ *adj* amérindien(ne)
native speaker *n* locuteur natif
Nativity [nə'tɪvɪtɪ] *n* (*Rel*): **the ~** la Nativité
nativity play *n* mystère *m or* miracle *m* de la Nativité
NATO ['neɪtəu] *n abbr* (= *North Atlantic Treaty Organization*) OTAN *f*
natter ['nætə[r]] *vi* (*Brit*) bavarder
natural ['nætʃrəl] *adj* naturel(le); **to die of ~ causes** mourir d'une mort naturelle
natural childbirth *n* accouchement *m* sans douleur
natural gas *n* gaz naturel
natural history *n* histoire naturelle
naturalist ['nætʃrəlɪst] *n* naturaliste *m/f*
naturalization ['nætʃrəlaɪ'zeɪʃən] *n* naturalisation *f*; acclimatation *f*
naturalize ['nætʃrəlaɪz] *vt* naturaliser; (*plant*) acclimater; **to become ~d** (*person*) se faire naturaliser
naturally ['nætʃrəlɪ] *adv* naturellement
natural resources *npl* ressources naturelles
natural selection *n* sélection naturelle
natural wastage *n* (*Industry*) départs naturels et volontaires
nature ['neɪtʃə[r]] *n* nature *f*; **by ~** par tempérament, de nature; **documents of a confidential ~** documents à caractère confidentiel
-natured ['neɪtʃəd] *suffix*: **ill~** qui a mauvais caractère
nature reserve *n* (*Brit*) réserve naturelle
nature trail *n* *sentier de découverte de la nature*
naturist ['neɪtʃərɪst] *n* naturiste *m/f*
naught [nɔːt] *n* = **nought**
naughtiness ['nɔːtɪnɪs] *n* (*of child*) désobéissance *f*; (*of story etc*) grivoiserie *f*
naughty ['nɔːtɪ] *adj* (*child*) vilain(e), pas sage; (*story, film*) grivois(e)
nausea ['nɔːsɪə] *n* nausée *f*
nauseate ['nɔːsɪeɪt] *vt* écœurer, donner la nausée à
nauseating ['nɔːsɪeɪtɪŋ] *adj* écœurant(e), dégoûtant(e)
nauseous ['nɔːsɪəs] *adj* nauséabond(e), écœurant(e); (*feeling sick*): **to be ~** avoir des

n

nausées
nautical ['nɔːtɪkl] *adj* nautique
nautical mile *n* mille marin (= *1853 m*)
naval ['neɪvl] *adj* naval(e)
naval officer *n* officier *m* de marine
nave [neɪv] *n* nef *f*
navel ['neɪvl] *n* nombril *m*
navigable ['nævɪgəbl] *adj* navigable
navigate ['nævɪgeɪt] *vt* (*steer*) diriger, piloter ▷ *vi* naviguer; (*Aut*) indiquer la route à suivre
navigation [nævɪ'geɪʃən] *n* navigation *f*
navigator ['nævɪgeɪtəʳ] *n* navigateur *m*
navvy ['nævɪ] *n* (*Brit*) terrassier *m*
navy ['neɪvɪ] *n* marine *f*; **Department of the N~** (*US*) ministère *m* de la Marine
navy-blue ['neɪvɪ'bluː] *adj* bleu marine *inv*
Nazi ['nɑːtsɪ] *adj* nazi(e) ▷ *n* Nazi(e)
NB *abbr* (= *nota bene*) NB; (*Canada*) = **New Brunswick**
NBA *n abbr* (*US*) = **National Basketball Association; National Boxing Association**
NBC *n abbr* (*US*: = *National Broadcasting Company*) *chaîne de télévision*
NBS *n abbr* (*US*: = *National Bureau of Standards*) *office de normalisation*
NC *abbr* (*Comm etc*) = **no charge**; (*US*) = **North Carolina**
NCC *n abbr* (*Brit*: = *Nature Conservancy Council*) *organisme de protection de la nature*; (*US*) = **National Council of Churches**
NCO *n abbr* = **non-commissioned officer**
ND, N. Dak. *abbr* (*US*) = **North Dakota**
NE *abbr* (*US*) = **Nebraska; New England**
NEA *n abbr* (*US*) = **National Education Association**
neap [niːp] *n* (*also*: **neaptide**) mortes-eaux *fpl*
near [nɪəʳ] *adj* proche ▷ *adv* près ▷ *prep* (*also*: **near to**) près de ▷ *vt* approcher de; **~ here/ there** près d'ici/non loin de là; **£25,000 or ~est offer** (*Brit*) 25 000 livres à débattre; **in the ~ future** dans un proche avenir; **to come ~** *vi* s'approcher
nearby [nɪə'baɪ] *adj* proche ▷ *adv* tout près, à proximité
Near East *n*: **the ~** le Proche-Orient
nearer ['nɪərəʳ] *adj* plus proche ▷ *adv* plus près
nearly ['nɪəlɪ] *adv* presque; **I ~ fell** j'ai failli tomber; **it's not ~ big enough** ce n'est vraiment pas assez grand, c'est loin d'être assez grand
near miss *n* collision évitée de justesse; (*when aiming*) coup manqué de peu *or* de justesse
nearness ['nɪənɪs] *n* proximité *f*
nearside ['nɪəsaɪd] (*Aut*) *n* (*right-hand drive*) côté *m* gauche; (*left-hand drive*) côté droit ▷ *adj* de gauche; de droite
near-sighted [nɪə'saɪtɪd] *adj* myope
neat [niːt] *adj* (*person, work*) soigné(e); (*room etc*) bien tenu(e) *or* rangé(e); (*solution, plan*) habile; (*spirits*) pur(e); **I drink it ~** je le bois sec *or* sans eau
neatly ['niːtlɪ] *adv* avec soin *or* ordre; (*skilfully*) habilement
neatness ['niːtnɪs] *n* (*tidiness*) netteté *f*; (*skilfulness*) habileté *f*
Nebr. *abbr* (*US*) = **Nebraska**
nebulous ['nɛbjuləs] *adj* nébuleux(-euse)
necessarily ['nɛsɪsrɪlɪ] *adv* nécessairement; **not ~** pas nécessairement *or* forcément
necessary ['nɛsɪsrɪ] *adj* nécessaire; **if ~** si besoin est, le cas échéant
necessitate [nɪ'sɛsɪteɪt] *vt* nécessiter
necessity [nɪ'sɛsɪtɪ] *n* nécessité *f*; chose nécessaire *or* essentielle; **in case of ~** en cas d'urgence
neck [nɛk] *n* cou *m*; (*of horse, garment*) encolure *f*; (*of bottle*) goulot *m* ▷ *vi* (*inf*) se peloter; **~ and ~** à égalité; **to stick one's ~ out** (*inf*) se mouiller
necklace ['nɛklɪs] *n* collier *m*
neckline ['nɛklaɪn] *n* encolure *f*
necktie ['nɛktaɪ] *n* (*esp US*) cravate *f*
nectar ['nɛktəʳ] *n* nectar *m*
nectarine ['nɛktərɪn] *n* brugnon *m*, nectarine *f*
née [neɪ] *adj*: **~ Scott** née Scott
need [niːd] *n* besoin *m* ▷ *vt* avoir besoin de; **to ~ to do** devoir faire; avoir besoin de faire; **you don't ~ to go** vous n'avez pas besoin *or* vous n'êtes pas obligé de partir; **a signature is ~ed** il faut une signature; **to be in ~ of** *or* **have ~ of** avoir besoin de; **£10 will meet my immediate ~s** 10 livres suffiront pour mes besoins immédiats; **in case of ~** en cas de besoin, au besoin; **there's no ~ to do ....** il n'y a pas lieu de faire ..., il n'est pas nécessaire de faire ...; **there's no ~ for that** ce n'est pas la peine, cela n'est pas nécessaire
needle ['niːdl] *n* aiguille *f*; (*on record player*) saphir *m* ▷ *vt* (*inf*) asticoter, tourmenter
needlecord ['niːdlkɔːd] *n* (*Brit*) velours *m* milleraies
needless ['niːdlɪs] *adj* inutile; **~ to say, ...** inutile de dire que ...
needlessly ['niːdlɪslɪ] *adv* inutilement
needlework ['niːdlwəːk] *n* (*activity*) travaux *mpl* d'aiguille; (*object*) ouvrage *m*
needn't ['niːdnt] = **need not**
needy ['niːdɪ] *adj* nécessiteux(-euse)
negation [nɪ'geɪʃən] *n* négation *f*
negative ['nɛgətɪv] *n* (*Phot, Elec*) négatif *m*; (*Ling*) terme *m* de négation ▷ *adj* négatif(-ive); **to answer in the ~** répondre par la négative
negative equity *n situation dans laquelle la valeur d'une maison est inférieure à celle du prêt immobilier contracté pour la payer*
neglect [nɪ'glɛkt] *vt* négliger; (*garden*) ne pas entretenir; (*duty*) manquer à ▷ *n* (*of person, duty, garden*) le fait de négliger; **(state of) ~** abandon *m*; **to ~ to do sth** négliger *or* omettre de faire qch; **to ~ one's appearance** se négliger
neglected [nɪ'glɛktɪd] *adj* négligé(e), à l'abandon
neglectful [nɪ'glɛktful] *adj* (*gen*) négligent(e); **to be ~ of sb/sth** négliger qn/qch
negligee ['nɛglɪʒeɪ] *n* déshabillé *m*

negligence ['nɛglɪdʒəns] *n* négligence *f*

negligent ['nɛglɪdʒənt] *adj* négligent(e)

negligently ['nɛglɪdʒəntlɪ] *adv* par négligence; (*offhandedly*) négligemment

negligible ['nɛglɪdʒɪbl] *adj* négligeable

negotiable [nɪ'gəuʃɪəbl] *adj* négociable; **not ~** (*cheque*) non négociable

negotiate [nɪ'gəuʃɪeɪt] *vi* négocier ▷ *vt* négocier; (*Comm*) négocier; (*obstacle*) franchir, négocier; (*bend in road*) négocier; **to ~ with sb for sth** négocier avec qn en vue d'obtenir qch

negotiating table [nɪ'gəuʃɪeɪtɪŋ-] *n* table *f* des négociations

negotiation [nɪgəuʃɪ'eɪʃən] *n* négociation *f*, pourparlers *mpl*; **to enter into ~s with sb** engager des négociations avec qn

negotiator [nɪ'gəuʃɪeɪtə^r] *n* négociateur(-trice)

Negress ['ni:grɪs] *n* négresse *f*

Negro ['ni:grəu] *adj* (*gen*) noir(e); (*music, arts*) nègre, noir ▷ *n* (*pl* **-es**) Noir(e)

neigh [neɪ] *vi* hennir

neighbour, (*US*) **neighbor** ['neɪbə^r] *n* voisin(e)

neighbourhood, (*US*) **neighborhood** ['neɪbəhud] *n* (*place*) quartier *m*; (*people*) voisinage *m*

neighbourhood watch *n système de surveillance, assuré par les habitants d'un même quartier*

neighbouring, (*US*) **neighboring** ['neɪbərɪŋ] *adj* voisin(e), avoisinant(e)

neighbourly, (*US*) **neighborly** ['neɪbəlɪ] *adj* obligeant(e); (*relations*) de bon voisinage

neither ['naɪðə^r] *adj, pron* aucun(e) (des deux), ni l'un(e) ni l'autre ▷ *conj*: **~ do I** moi non plus; **I didn't move and ~ did Claude** je n'ai pas bougé, (et) Claude non plus ▷ *adv*: **~ good nor bad** ni bon ni mauvais; **~ did I refuse** (et *or* mais) je n'ai pas non plus refusé; **~ of them** ni l'un ni l'autre

neo... ['ni:əu] *prefix* néo-

neolithic [ni:əu'lɪθɪk] *adj* néolithique

neologism [nɪ'ɔlədʒɪzəm] *n* néologisme *m*

neon ['ni:ɔn] *n* néon *m*

neon light *n* lampe *f* au néon

neon sign *n* enseigne *f* (lumineuse) au néon

Nepal [nɪ'pɔ:l] *n* Népal *m*

nephew ['nɛvju:] *n* neveu *m*

nepotism ['nɛpətɪzəm] *n* népotisme *m*

nerd [nə:d] *n* (*inf*) pauvre mec *m*, ballot *m*

nerve [nə:v] *n* nerf *m*; (*bravery*) sang-froid *m*, courage *m*; (*cheek*) aplomb *m*, toupet *m*; **nerves** *npl* nervosité *f*; **he gets on my ~s** il m'énerve; **to have a fit of ~s** avoir le trac; **to lose one's ~** (*self-confidence*) perdre son sang-froid

nerve centre *n* (*Anat*) centre nerveux; (*fig*) centre névralgique

nerve gas *n* gaz *m* neuroplégique

nerve-racking ['nə:vrækɪŋ] *adj* angoissant(e)

nervous ['nə:vəs] *adj* nerveux(-euse); (*anxious*) inquiet(-ète), plein(e) d'appréhension; (*timid*) intimidé(e)

nervous breakdown *n* dépression nerveuse

nervously ['nə:vəslɪ] *adv* nerveusement

nervousness ['nə:vəsnɪs] *n* nervosité *f*; inquiétude *f*, appréhension *f*

nervous wreck *n*: **to be a ~** être une boule de nerfs

nervy ['nə:vɪ] *adj*: **he's very ~** il a les nerfs à fleur de peau *or* à vif

nest [nɛst] *n* nid *m* ▷ *vi* (se) nicher, faire son nid; **~ of tables** table *f* gigogne

nest egg *n* (*fig*) bas *m* de laine, magot *m*

nestle ['nɛsl] *vi* se blottir

nestling ['nɛstlɪŋ] *n* oisillon *m*

Net [nɛt] *n* (*Comput*): **the ~** (*Internet*) le Net

net [nɛt] *n* filet *m*; (*fabric*) tulle *f* ▷ *adj* net(te) ▷ *vt* (*fish etc*) prendre au filet; (*money: person*) toucher; (*: deal, sale*) rapporter; **~ of tax** net d'impôt; **he earns £10,000 ~ per year** il gagne 10 000 livres net par an

netball ['nɛtbɔ:l] *n* netball *m*

net curtains *npl* voilages *mpl*

Netherlands ['nɛðələndz] *npl*: **the ~** les Pays-Bas *mpl*

netiquette ['nɛtɪkɛt] *n* netiquette *f*

net profit *n* bénéfice net

nett [nɛt] *adj* = **net**

netting ['nɛtɪŋ] *n* (*for fence etc*) treillis *m*, grillage *m*; (*fabric*) voile *m*

nettle ['nɛtl] *n* ortie *f*

network ['nɛtwə:k] *n* réseau *m* ▷ *vt* (*Radio, TV*) diffuser sur l'ensemble du réseau; (*computers*) interconnecter; **there's no ~ coverage here** (*Tel*) il n'y a pas de réseau ici

neuralgia [njuə'rældʒə] *n* névralgie *f*

neurological [njuərə'lɔdʒɪkl] *adj* neurologique

neurosis (*pl* **neuroses**) [njuə'rəusɪs, -si:z] *n* névrose *f*

neurotic [njuə'rɔtɪk] *adj, n* névrosé(e)

neuter ['nju:tə^r] *adj* neutre ▷ *n* neutre *m* ▷ *vt* (*cat etc*) châtrer, couper

neutral ['nju:trəl] *adj* neutre ▷ *n* (*Aut*) point mort

neutrality [nju:'trælɪtɪ] *n* neutralité *f*

neutralize ['nju:trəlaɪz] *vt* neutraliser

neutron bomb ['nju:trɔn-] *n* bombe *f* à neutrons

Nev. *abbr* (*US*) = **Nevada**

never ['nɛvə^r] *adv* (ne ...) jamais; **I ~ went** je n'y suis pas allé; **I've ~ been to Spain** je ne suis jamais allé en Espagne; **~ again** plus jamais; **~ in my life** jamais de ma vie; *see also* **mind**

never-ending [nɛvər'ɛndɪŋ] *adj* interminable

nevertheless [nɛvəðə'lɛs] *adv* néanmoins, malgré tout

new [nju:] *adj* nouveau (nouvelle); (*brand new*) neuf (neuve); **as good as ~** comme neuf

New Age *n* New Age *m*

newbie ['nju:bɪ] *n* (*beginner*) newbie *m/f*; (*on forum*) nouveau(-elle)

newborn ['nju:bɔ:n] *adj* nouveau-né(e)

newcomer ['nju:kʌmə^r] *n* nouveau venu (nouvelle venue)

new-fangled ['nju:fæŋgld] *adj* (*pej*) ultramoderne (et farfelu(e))

new-found ['nju:faund] *adj* de fraîche date;

(*friend*) nouveau (nouvelle)
Newfoundland ['nju:fənlənd] *n* Terre-Neuve *f*
New Guinea *n* Nouvelle-Guinée *f*
newly ['nju:lɪ] *adv* nouvellement, récemment
newly-weds ['nju:lɪwɛdz] *npl* jeunes mariés *mpl*
new moon *n* nouvelle lune
newness ['nju:nɪs] *n* nouveauté *f*; (*of fabric, clothes etc*) état neuf
New Orleans [-'ɔ:li:ənz] *n* la Nouvelle-Orléans
news [nju:z] *n* nouvelle(s) *f(pl)*; (*Radio, TV*) informations *fpl*, actualités *fpl*; **a piece of ~** une nouvelle; **good/bad ~** bonne/mauvaise nouvelle; **financial ~** (*Press, Radio, TV*) page financière
news agency *n* agence *f* de presse
newsagent ['nju:zeɪdʒənt] *n* (*Brit*) marchand *m* de journaux
news bulletin *n* (*Radio TV*) bulletin *m* d'informations
newscaster ['nju:zkɑ:stə^r] *n* (*Radio, TV*) présentateur(-trice)
news flash *n* flash *m* d'information
newsletter ['nju:zlɛtə^r] *n* bulletin *m*
newspaper ['nju:zpeɪpə^r] *n* journal *m*; **daily ~** quotidien *m*; **weekly ~** hebdomadaire *m*
newsprint ['nju:zprɪnt] *n* papier *m* (de) journal
newsreader ['nju:zri:də^r] *n* = **newscaster**
newsreel ['nju:zri:l] *n* actualités (filmées)
newsroom ['nju:zru:m] *n* (*Press*) salle *f* de rédaction; (*Radio, TV*) studio *m*
news stand *n* kiosque *m* à journaux
newsworthy ['nju:zwə:ðɪ] *adj*: **to be ~** valoir la peine d'être publié
newt [nju:t] *n* triton *m*
new town *n* (*Brit*) ville nouvelle
New Year *n* Nouvel An; **Happy ~!** Bonne Année!; **to wish sb a happy ~** souhaiter la Bonne Année à qn
New Year's Day *n* le jour de l'An
New Year's Eve *n* la Saint-Sylvestre
New York [-'jɔ:k] *n* New York; (*also*: **New York State**) New York *m*
New Zealand [-'zi:lənd] *n* Nouvelle-Zélande *f* ▷ *adj* néo-zélandais(e)
New Zealander [-'zi:ləndə^r] *n* Néo-Zélandais(e)
next [nɛkst] *adj* (*in time*) prochain(e); (*seat, room*) voisin(e), d'à côté; (*meeting, bus stop*) suivant(e) ▷ *adv* la fois suivante; la prochaine fois; (*afterwards*) ensuite; **~ to** (*prep*) à côté de; **~ to nothing** presque rien; **~ time** (*adv*) la prochaine fois; **the ~ day** le lendemain, le jour suivant *or* d'après; **~ week** la semaine prochaine; **the ~ week** la semaine suivante; **~ year** l'année prochaine; **"turn to the ~ page"** "voir page suivante"; **~ please!** (*at doctor's etc*) au suivant!; **who's ~?** c'est à qui?; **the week after ~** dans deux semaines; **when do we meet ~?** quand nous revoyons-nous?
next door *adv* à côté ▷ *adj* (*neighbour*) d'à côté
next-of-kin ['nɛkstəv'kɪn] *n* parent *m* le plus proche
NF *n abbr* (*Brit Pol*: = *National Front*) ≈ FN ▷ *abbr* (*Canada*) = **Newfoundland**
NFL *n abbr* (*US*) = **National Football League**
Nfld. *abbr* (*Canada*) = **Newfoundland**
NG *abbr* (*US*) = **National Guard**
NGO *n abbr* (*US*: = *non-governmental organization*) ONG *f*
NH *abbr* (*US*) = **New Hampshire**
NHL *n abbr* (*US*) = **National Hockey League**
NHS *n abbr* (*Brit*) = **National Health Service**
NI *abbr* = **Northern Ireland**; (*Brit*) = **National Insurance**
Niagara Falls [naɪ'ægərə-] *npl*: **the ~** les chutes *fpl* du Niagara
nib [nɪb] *n* (*of pen*) (bec *m* de) plume *f*
nibble ['nɪbl] *vt* grignoter
Nicaragua [nɪkə'rægjuə] *n* Nicaragua *m*
Nicaraguan [nɪkə'rægjuən] *adj* nicaraguayen(ne) ▷ *n* Nicaraguayen(ne)
nice [naɪs] *adj* (*holiday, trip, taste*) agréable; (*flat, picture*) joli(e); (*person*) gentil(le); (*distinction, point*) subtil(e)
nice-looking ['naɪslukɪŋ] *adj* joli(e)
nicely ['naɪslɪ] *adv* agréablement; joliment; gentiment; subtilement; **that will do ~** ce sera parfait
niceties ['naɪsɪtɪz] *npl* subtilités *fpl*
niche [ni:ʃ] *n* (*Archit*) niche *f*
nick [nɪk] *n* (*indentation*) encoche *f*; (*wound*) entaille *f*; (*Brit inf*): **in good ~** en bon état ▷ *vt* (*cut*): **to ~ o.s.** se couper; (*inf*: *steal*) faucher, piquer; (: *Brit*: *arrest*) choper, pincer; **in the ~ of time** juste à temps
nickel ['nɪkl] *n* nickel *m*; (*US*) pièce *f* de 5 cents
nickname ['nɪkneɪm] *n* surnom *m* ▷ *vt* surnommer
Nicosia [nɪkə'si:ə] *n* Nicosie
nicotine ['nɪkəti:n] *n* nicotine *f*
nicotine patch *n* timbre *m* anti-tabac, patch *m*
niece [ni:s] *n* nièce *f*
nifty ['nɪftɪ] *adj* (*inf*: *car, jacket*) qui a du chic *or* de la classe; (: *gadget, tool*) astucieux(-euse)
Niger ['naɪdʒə^r] *n* (*country, river*) Niger *m*
Nigeria [naɪ'dʒɪərɪə] *n* Nigéria *m or f*
Nigerian [naɪ'dʒɪərɪən] *adj* nigérien(ne) ▷ *n* Nigérien(ne)
niggardly ['nɪgədlɪ] *adj* (*person*) parcimonieux(-euse), pingre; (*allowance, amount*) misérable
nigger ['nɪgə^r] *n* (*inf!*: *highly offensive*) nègre (négresse)
niggle ['nɪgl] *vt* tracasser ▷ *vi* (*find fault*) trouver toujours à redire; (*fuss*) n'être jamais content(e)
niggling ['nɪglɪŋ] *adj* tatillon(ne); (*detail*) insignifiant(e); (*doubt, pain*) persistant(e)
night [naɪt] *n* nuit *f*; (*evening*) soir *m*; **at ~** la nuit; **by ~** de nuit; **in the ~, during the ~** pendant la nuit; **last ~** (*evening*) hier soir; (*night-time*) la nuit dernière; **the ~ before last** avant-hier soir
night-bird ['naɪtbə:d] *n* oiseau *m* nocturne; (*fig*) couche-tard *m inv*, noctambule *m/f*
nightcap ['naɪtkæp] *n boisson prise avant le coucher*
nightclub *n* boîte *f* de nuit

nightdress ['naɪtdrɛs] *n* chemise *f* de nuit
nightfall ['naɪtfɔːl] *n* tombée *f* de la nuit
nightie ['naɪtɪ] *n* chemise *f* de nuit
nightingale ['naɪtɪŋgeɪl] *n* rossignol *m*
nightlife ['naɪtlaɪf] *n* vie *f* nocturne
nightly ['naɪtlɪ] *adj* (*news*) du soir; (*by night*) nocturne ▷ *adv* (*every evening*) tous les soirs; (*every night*) toutes les nuits
nightmare ['naɪtmɛə^r] *n* cauchemar *m*
night porter *n* gardien *m* de nuit, concierge *m* de service la nuit
night safe *n* coffre *m* de nuit
night school *n* cours *mpl* du soir
nightshade ['naɪtʃeɪd] *n*: **deadly ~** (*Bot*) belladone *f*
night shift ['naɪtʃɪft] *n* équipe *f* de nuit
night-time ['naɪttaɪm] *n* nuit *f*
night watchman (*irreg*) *n* veilleur *m* de nuit; poste *m* de nuit
nihilism ['naɪɪlɪzəm] *n* nihilisme *m*
nil [nɪl] *n* rien *m*; (*Brit Sport*) zéro *m*
Nile [naɪl] *n*: **the ~** le Nil
nimble ['nɪmbl] *adj* agile
nine [naɪn] *num* neuf
nineteen ['naɪn'tiːn] *num* dix-neuf
nineteenth [naɪn'tiːnθ] *num* dix-neuvième
ninetieth ['naɪntɪɪθ] *num* quatre-vingt-dixième
ninety ['naɪntɪ] *num* quatre-vingt-dix
ninth [naɪnθ] *num* neuvième
nip [nɪp] *vt* pincer ▷ *vi* (*Brit inf*): **to ~ out/down/up** sortir/descendre/monter en vitesse ▷ *n* pincement *m*; (*drink*) petit verre; **to ~ into a shop** faire un saut dans un magasin
nipple ['nɪpl] *n* (*Anat*) mamelon *m*, bout *m* du sein
nippy ['nɪpɪ] *adj* (*Brit: person*) alerte, leste; (*: car*) nerveux(-euse)
nit [nɪt] *n* (*in hair*) lente *f*; (*inf: idiot*) imbécile *m/f*, crétin(e)
nit-pick ['nɪtpɪk] *vi* (*inf*) être tatillon(ne)
nitrogen ['naɪtrədʒən] *n* azote *m*
nitroglycerin, nitroglycerine ['naɪtrəu'glɪsəriːn] *n* nitroglycérine *f*
nitty-gritty ['nɪtɪ'grɪtɪ] *n* (*fam*): **to get down to the ~** en venir au fond du problème
nitwit ['nɪtwɪt] *n* (*inf*) nigaud(e)
NJ *abbr* (US) = **New Jersey**
NLF *n abbr* (= *National Liberation Front*) FLN *m*
NLQ *abbr* (= *near letter quality*) qualité *f* courrier
NLRB *n abbr* (*US: = National Labor Relations Board*) *organisme de protection des travailleurs*
NM, N. Mex. *abbr* (US) = **New Mexico**

KEYWORD

no [nəu] (*pl* **noes**) *adv* (*opposite of "yes"*) non; **are you coming? — no (I'm not)** est-ce que vous venez? — non; **would you like some more? — no thank you** vous en voulez encore? — non merci
▷ *adj* (*not any*) (ne ...) pas de, (ne ...) aucun(e); **I have no money/books** je n'ai pas d'argent/de livres; **no student would have done it** aucun étudiant ne l'aurait fait; **"no smoking"** "défense de fumer"; **"no dogs"** "les chiens ne sont pas admis"
▷ *n* non *m*; **I won't take no for an answer** il n'est pas question de refuser

no. *abbr* (= *number*) n°
nobble ['nɔbl] *vt* (*Brit inf: bribe: person*) soudoyer, acheter; (*: person: to speak to*) mettre le grappin sur; (*Racing: horse, dog*) droguer (*pour l'empêcher de gagner*)
Nobel prize [nəu'bɛl-] *n* prix *m* Nobel
nobility [nəu'bɪlɪtɪ] *n* noblesse *f*
noble ['nəubl] *adj* noble
nobleman ['nəublmən] (*irreg*) *n* noble *m*
nobly ['nəublɪ] *adv* noblement
nobody ['nəubədɪ] *pron* (ne ...) personne
no-claims bonus ['nəukleɪmz-] *n* bonus *m*
nocturnal [nɔk'təːnl] *adj* nocturne
nod [nɔd] *vi* faire un signe de (la) tête (*affirmatif ou amical*); (*sleep*) somnoler ▷ *vt*: **to ~ one's head** faire un signe de (la) tête; (*in agreement*) faire signe que oui ▷ *n* signe *m* de (la) tête; **they ~ded their agreement** ils ont acquiescé d'un signe de la tête
▸ **nod off** *vi* s'assoupir
no-fly zone [nəu'flaɪ-] *n* zone interdite (*aux avions et hélicoptères*)
noise [nɔɪz] *n* bruit *m*; **I can't sleep for the ~** je n'arrive pas à dormir à cause du bruit
noiseless ['nɔɪzlɪs] *adj* silencieux(-euse)
noisily ['nɔɪzɪlɪ] *adv* bruyamment
noisy ['nɔɪzɪ] *adj* bruyant(e)
nomad ['nəumæd] *n* nomade *m/f*
nomadic [nəu'mædɪk] *adj* nomade
no man's land *n* no man's land *m*
nominal ['nɔmɪnl] *adj* (*rent, fee*) symbolique; (*value*) nominal(e)
nominate ['nɔmɪneɪt] *vt* (*propose*) proposer; (*appoint*) nommer
nomination [nɔmɪ'neɪʃən] *n* nomination *f*
nominee [nɔmɪ'niː] *n* candidat agréé; personne nommée
non- [nɔn] *prefix* non-
nonalcoholic [nɔnælkə'hɔlɪk] *adj* non alcoolisé(e)
nonbreakable [nɔn'breɪkəbl] *adj* incassable
nonce word ['nɔns-] *n* mot créé pour l'occasion
nonchalant ['nɔnʃələnt] *adj* nonchalant(e)
non-commissioned [nɔnkə'mɪʃənd] *adj*: **~ officer** sous-officier *m*
noncommittal [nɔnkə'mɪtl] *adj* évasif(-ive)
nonconformist [nɔnkən'fɔːmɪst] *n* non-conformiste *m/f* ▷ *adj* non-conformiste, dissident(e)
noncooperation ['nɔnkəuɔpə'reɪʃən] *n* refus *m* de coopérer, non-coopération *f*
nondescript ['nɔndɪskrɪpt] *adj* quelconque, indéfinissable
none [nʌn] *pron* aucun(e); **~ of you** aucun d'entre vous, personne parmi vous; **I have ~** je

n'en ai pas; **I have ~ left** je n'en ai plus; **~ at all** (*not one*) aucun(e); **how much milk? — ~ at all** combien de lait? — pas du tout; **he's ~ the worse for it** il ne s'en porte pas plus mal
nonentity [nɔ'nɛntɪtɪ] *n* personne insignifiante
nonessential [nɔnɪ'sɛnʃl] *adj* accessoire, superflu(e) ▷ *n*: **~s** le superflu
nonetheless ['nʌnðə'lɛs] *adv* néanmoins
nonevent [nɔnɪ'vɛnt] *n* événement manqué
nonexecutive [nɔnɪg'zɛkjutɪv] *adj*: **~ director** administrateur(-trice), conseiller(-ère) de direction
nonexistent [nɔnɪg'zɪstənt] *adj* inexistant(e)
non-fiction [nɔn'fɪkʃən] *n* littérature *f* non romanesque
nonintervention ['nɔnɪntə'vɛnʃən] *n* non-intervention *f*
no-no ['nəunəu] *n* (*inf*): **it's a ~** il n'en est pas question
non obst. *abbr* (= *non obstante: notwithstanding*) nonobstant
no-nonsense [nəu'nɔnsəns] *adj* (*manner, person*) plein(e) de bon sens
nonpayment [nɔn'peɪmənt] *n* non-paiement *m*
nonplussed [nɔn'plʌst] *adj* perplexe
non-profit-making [nɔn'prɔfɪtmeɪkɪŋ] *adj* à but non lucratif
nonsense ['nɔnsəns] *n* absurdités *fpl*, idioties *fpl*; **~!** ne dites pas d'idioties!; **it is ~ to say that ...** il est absurde de dire que ....
nonsensical [nɔn'sɛnsɪkl] *adj* absurde, qui n'a pas de sens
non-smoker ['nɔn'sməukə^r] *n* non-fumeur *m*
non-smoking ['nɔn'sməukɪŋ] *adj* non-fumeur
nonstarter [nɔn'stɑ:tə^r] *n*: **it`s a ~** c'est voué à l'échec
non-stick ['nɔn'stɪk] *adj* qui n'attache pas
nonstop ['nɔn'stɔp] *adj* direct(e), sans arrêt (*or* escale) ▷ *adv* sans arrêt
nontaxable [nɔn'tæksəbl] *adj*: **~ income** revenu *m* non imposable
non-U ['nɔnju:] *adj abbr* (*Brit inf*: = *non-upper class*) qui ne se dit (*or* se fait) pas
nonvolatile [nɔn'vɔlətaɪl] *adj*: **~ memory** (*Comput*) mémoire rémanente *or* non volatile
nonvoting [nɔn'vəutɪŋ] *adj*: **~ shares** actions *fpl* sans droit de vote
non-white ['nɔn'waɪt] *adj* de couleur ▷ *n* personne *f* de couleur
noodles ['nu:dlz] *npl* nouilles *fpl*
nook [nuk] *n*: **~s and crannies** recoins *mpl*
noon [nu:n] *n* midi *m*
no-one ['nəuwʌn] *pron* = **nobody**
noose [nu:s] *n* nœud coulant; (*hangman's*) corde *f*
nor [nɔ:^r] *conj* = **neither** ▷ *adv see* **neither**
norm [nɔ:m] *n* norme *f*
normal ['nɔ:ml] *adj* normal(e) ▷ *n*: **to return to ~** redevenir normal(e)
normality [nɔ:'mælɪtɪ] *n* normalité *f*
normally ['nɔ:məlɪ] *adv* normalement
Normandy ['nɔ:məndɪ] *n* Normandie *f*
north [nɔ:θ] *n* nord *m* ▷ *adj* nord *inv*; (*wind*) du nord ▷ *adv* au *or* vers le nord
North Africa *n* Afrique *f* du Nord
North African *adj* nord-africain(e), d'Afrique du Nord ▷ *n* Nord-Africain(e)
North America *n* Amérique *f* du Nord
North American *n* Nord-Américain(e) ▷ *adj* nord-américain(e), d'Amérique du Nord
Northants [nɔ:'θænts] *abbr* (*Brit*) = **Northamptonshire**
northbound ['nɔ:θbaund] *adj* (*traffic*) en direction du nord; (*carriageway*) nord *inv*
north-east [nɔ:θ'i:st] *n* nord-est *m*
northerly ['nɔ:ðəlɪ] *adj* (*wind, direction*) du nord
northern ['nɔ:ðən] *adj* du nord, septentrional(e)
Northern Ireland *n* Irlande *f* du Nord
North Korea *n* Corée *f* du Nord
North Pole *n*: **the ~** le pôle Nord
North Sea *n*: **the ~** la mer du Nord
North Sea oil *n* pétrole *m* de la mer du Nord
northward ['nɔ:θwəd], **northwards** ['nɔ:θwədz] *adv* vers le nord
north-west [nɔ:θ'wɛst] *n* nord-ouest *m*
Norway ['nɔ:weɪ] *n* Norvège *f*
Norwegian [nɔ:'wi:dʒən] *adj* norvégien(ne) ▷ *n* Norvégien(ne); (*Ling*) norvégien *m*
nos. *abbr* (= *numbers*) n^os
nose [nəuz] *n* nez *m*; (*of dog, cat*) museau *m*; (*fig*) flair *m* ▷ *vi* (*also*: **nose one's way**) avancer précautionneusement; **to pay through the ~ (for sth)** (*inf*) payer un prix excessif (pour qch)
▸ **nose about, nose around** *vi* fouiner *or* fureter (partout)
nosebleed ['nəuzbli:d] *n* saignement *m* de nez
nose-dive ['nəuzdaɪv] *n* (descente *f* en) piqué *m*
nose drops *npl* gouttes *fpl* pour le nez
nosey ['nəuzɪ] *adj* (*inf*) curieux(-euse)
nostalgia [nɔs'tældʒɪə] *n* nostalgie *f*
nostalgic [nɔs'tældʒɪk] *adj* nostalgique
nostril ['nɔstrɪl] *n* narine *f*; (*of horse*) naseau *m*
nosy ['nəuzɪ] (*inf*) *adj* = **nosey**
not [nɔt] *adv* (ne ...) pas; **he is ~** *or* **isn't here** il n'est pas ici; **you must ~** *or* **mustn't do that** tu ne dois pas faire ça; **I hope ~** j'espère que non; **~ at all** pas du tout; (*after thanks*) de rien; **it's too late, isn't it?** c'est trop tard, n'est-ce pas?; **~ yet/now** pas encore/maintenant; *see also* **only**
notable ['nəutəbl] *adj* notable
notably ['nəutəblɪ] *adv* (*particularly*) en particulier; (*markedly*) spécialement
notary ['nəutərɪ] *n* (*also*: **notary public**) notaire *m*
notation [nəu'teɪʃən] *n* notation *f*
notch [nɔtʃ] *n* encoche *f*
▸ **notch up** *vt* (*score*) marquer; (*victory*) remporter
note [nəut] *n* note *f*; (*letter*) mot *m*; (*banknote*) billet *m* ▷ *vt* (*also*: **note down**) noter; (*notice*) constater; **just a quick ~ to let you know ...** juste un mot pour vous dire ...; **to take ~s** prendre des notes; **to compare ~s** (*fig*)

échanger des (*or* leurs *etc*) impressions; **to take ~ of** prendre note de; **a person of ~** une personne éminente
notebook ['nəutbuk] *n* carnet *m*; (*for shorthand etc*) bloc-notes *m*
note-case ['nəutkeɪs] *n* (*Brit*) porte-feuille *m*
noted ['nəutɪd] *adj* réputé(e)
notepad ['nəutpæd] *n* bloc-notes *m*
notepaper ['nəutpeɪpəʳ] *n* papier *m* à lettres
noteworthy ['nəutwəːðɪ] *adj* remarquable
nothing ['nʌθɪŋ] *n* rien *m*; **he does ~** il ne fait rien; **~ new** rien de nouveau; **for ~** (*free*) pour rien, gratuitement; (*in vain*) pour rien; **~ at all** rien du tout; **~ much** pas grand-chose
notice ['nəutɪs] *n* (*announcement, warning*) avis *m*; (*of leaving*) congé *m*; (*Brit: review: of play etc*) critique *f*, compte rendu *m* ▷ *vt* remarquer, s'apercevoir de; **without ~** sans préavis; **advance ~** préavis *m*; **to give sb ~ of sth** notifier qn de qch; **at short ~** dans un délai très court; **until further ~** jusqu'à nouvel ordre; **to give ~, hand in one's ~** (*employee*) donner sa démission, démissionner; **to take ~ of** prêter attention à; **to bring sth to sb's ~** porter qch à la connaissance de qn; **it has come to my ~ that ...** on m'a signalé que ...; **to escape** *or* **avoid ~** (essayer de) passer inaperçu *or* ne pas se faire remarquer
noticeable ['nəutɪsəbl] *adj* visible
notice board *n* (*Brit*) panneau *m* d'affichage
notification [nəutɪfɪ'keɪʃən] *n* notification *f*
notify ['nəutɪfaɪ] *vt*: **to ~ sth to sb** notifier qch à qn; **to ~ sb of sth** avertir qn de qch
notion ['nəuʃən] *n* idée *f*; (*concept*) notion *f*; **notions** *npl* (*US: haberdashery*) mercerie *f*
notoriety [nəutə'raɪətɪ] *n* notoriété *f*
notorious [nəu'tɔːrɪəs] *adj* notoire (*souvent en mal*)
notoriously [nəu'tɔːrɪəslɪ] *adj* notoirement
Notts [nɔts] *abbr* (*Brit*) = **Nottinghamshire**
notwithstanding [nɔtwɪθ'stændɪŋ] *adv* néanmoins ▷ *prep* en dépit de
nougat ['nuːgɑː] *n* nougat *m*
nought [nɔːt] *n* zéro *m*
noun [naun] *n* nom *m*
nourish ['nʌrɪʃ] *vt* nourrir
nourishing ['nʌrɪʃɪŋ] *adj* nourrissant(e)
nourishment ['nʌrɪʃmənt] *n* nourriture *f*
Nov. *abbr* (= *November*) nov
Nova Scotia ['nəuvə'skəuʃə] *n* Nouvelle-Écosse *f*
novel ['nɔvl] *n* roman *m* ▷ *adj* nouveau (nouvelle), original(e)
novelist ['nɔvəlɪst] *n* romancier *m*
novelty ['nɔvəltɪ] *n* nouveauté *f*
November [nəu'vɛmbəʳ] *n* novembre *m*; *for phrases see also* **July**
novice ['nɔvɪs] *n* novice *m/f*
NOW [nau] *n abbr* (*US*) = **National Organization for Women**
now [nau] *adv* maintenant ▷ *conj*: **~ (that)** maintenant (que); **right ~** tout de suite; **by ~** à l'heure qu'il est; **just ~** (:): **that's the fashion just ~** c'est la mode en ce moment *or* maintenant; **I saw her just ~** je viens de la voir, je l'ai vue à l'instant; **I'll read it just ~** je vais le lire à l'instant *or* dès maintenant; **~ and then, ~ and again** de temps en temps; **from ~ on** dorénavant; **in 3 days from ~** dans *or* d'ici trois jours; **between ~ and Monday** d'ici (à) lundi; **that's all for ~** c'est tout pour l'instant
nowadays ['nauədeɪz] *adv* de nos jours
nowhere ['nəuwɛəʳ] *adv* (ne ...) nulle part; **~ else** nulle part ailleurs
no-win situation [nəu'wɪn-] *n* impasse *f*; **we're in a ~** nous sommes dans l'impasse
noxious ['nɔkʃəs] *adj* toxique
nozzle ['nɔzl] *n* (*of hose*) jet *m*, lance *f*; (*of vacuum cleaner*) suceur *m*
NP *n abbr* = **notary public**
nr *abbr* (*Brit*) = **near**
NS *abbr* (*Canada*) = **Nova Scotia**
NSC *n abbr* (*US*) = **National Security Council**
NSF *n abbr* (*US*) = **National Science Foundation**
NSPCC *n abbr* (*Brit*) = **National Society for the Prevention of Cruelty to Children**
NSW *abbr* (*Australia*) = **New South Wales**
NT *n abbr* (= *New Testament*) NT *m* ▷ *abbr* (*Canada*) = **Northwest Territories**
nth [ɛnθ] *adj*: **for the ~ time** (*inf*) pour la énième fois
nuance ['njuːɑ̃ːns] *n* nuance *f*
nubile ['njuːbaɪl] *adj* nubile; (*attractive*) jeune et désirable
nuclear ['njuːklɪəʳ] *adj* nucléaire
nuclear disarmament *n* désarmement *m* nucléaire
nuclear family *n* famille *f* nucléaire
nuclear-free zone ['njuːklɪə'friː-] *n* zone *f* où le nucléaire est interdit
nucleus (*pl* **nuclei**) ['njuːklɪəs, 'njuːklɪaɪ] *n* noyau *m*
NUCPS *n abbr* (*Brit*: = *National Union of Civil and Public Servants*) *syndicat des fonctionnaires*
nude [njuːd] *adj* nu(e) ▷ *n* (*Art*) nu *m*; **in the ~** (tout(e)) nu(e)
nudge [nʌdʒ] *vt* donner un (petit) coup de coude à
nudist ['njuːdɪst] *n* nudiste *m/f*
nudist colony *n* colonie *f* de nudistes
nudity ['njuːdɪtɪ] *n* nudité *f*
nugget ['nʌgɪt] *n* pépite *f*
nuisance ['njuːsns] *n*: **it's a ~** c'est (très) ennuyeux *or* gênant; **he's a ~** il est assommant *or* casse-pieds; **what a ~!** quelle barbe!
NUJ *n abbr* (*Brit*: = *National Union of Journalists*) *syndicat des journalistes*
nuke [njuːk] *n* (*inf*) bombe *f* atomique
null [nʌl] *adj*: **~ and void** nul(le) et non avenu(e)
nullify ['nʌlɪfaɪ] *vt* invalider
NUM *n abbr* (*Brit*: = *National Union of Mineworkers*) *syndicat des mineurs*
numb [nʌm] *adj* engourdi(e); (*with fear*) paralysé(e) ▷ *vt* engourdir; **~ with cold** engourdi(e) par le froid, transi(e) (de froid); ~

with fear transi de peur, paralysé(e) par la peur
number ['nʌmbəʳ] *n* nombre *m*; (*numeral*) chiffre *m*; (*of house, car, telephone, newspaper*) numéro *m* ▷ *vt* numéroter; (*amount to*) compter; **a ~ of** un certain nombre de; **they were seven in ~** ils étaient (au nombre de) sept; **to be ~ed among** compter parmi; **the staff ~s 20** le nombre d'employés s'élève à *or* est de 20; **wrong ~** (*Tel*) mauvais numéro
numbered account ['nʌmbəd-] *n* (*in bank*) compte numéroté
number plate *n* (*Brit Aut*) plaque *f* minéralogique *or* d'immatriculation
Number Ten *n* (*Brit: 10 Downing Street*) *résidence du Premier ministre*
numbness ['nʌmnɪs] *n* torpeur *f*; (*due to cold*) engourdissement *m*
numbskull ['nʌmskʌl] *n* (*inf*) gourde *f*
numeral ['nju:mərəl] *n* chiffre *m*
numerate ['nju:mərɪt] *adj* (*Brit*): **to be ~** avoir des notions d'arithmétique
numerical [nju:'mɛrɪkl] *adj* numérique
numerous ['nju:mərəs] *adj* nombreux(-euse)
nun [nʌn] *n* religieuse *f*, sœur *f*
nunnery ['nʌnərɪ] *n* couvent *m*
nuptial ['nʌpʃəl] *adj* nuptial(e)
nurse [nə:s] *n* infirmière *f*; (*also*: **nursemaid**) bonne *f* d'enfants ▷ *vt* (*patient, cold*) soigner; (*baby*: *Brit*) bercer (dans ses bras); (: *US*) allaiter, nourrir; (*hope*) nourrir
nursery ['nə:sərɪ] *n* (*room*) nursery *f*; (*institution*) crèche *f*, garderie *f*; (*for plants*) pépinière *f*
nursery rhyme *n* comptine *f*, chansonnette *f* pour enfants
nursery school *n* école maternelle
nursery slope *n* (*Brit Ski*) piste *f* pour débutants
nursing ['nə:sɪŋ] *n* (*profession*) profession *f* d'infirmière; (*care*) soins *mpl* ▷ *adj* (*mother*) qui allaite
nursing home *n* clinique *f*; (*for convalescence*) maison *f* de convalescence *or* de repos; (*for old people*) maison de retraite
nurture ['nə:tʃəʳ] *vt* élever
NUS *n abbr* (*Brit*: = *National Union of Students*) *syndicat des étudiants*
NUT *n abbr* (*Brit*: = *National Union of Teachers*) *syndicat enseignant*
nut [nʌt] *n* (*of metal*) écrou *m*; (*fruit*: *walnut*) noix *f*; (: *hazelnut*) noisette *f*; (: *peanut*) cacahuète *f* (*terme générique en anglais*) ▷ *adj* (*chocolate etc*) aux noisettes; **he's ~s** (*inf*) il est dingue
nutcase ['nʌtkeɪs] *n* (*inf*) dingue *m/f*
nutcrackers ['nʌtkrækəz] *npl* casse-noix *m inv*, casse-noisette(s) *m*
nutmeg ['nʌtmɛg] *n* (noix *f*) muscade *f*
nutrient ['nju:trɪənt] *adj* nutritif(-ive) ▷ *n* substance nutritive
nutrition [nju:'trɪʃən] *n* nutrition *f*, alimentation *f*
nutritionist [nju:'trɪʃənɪst] *n* nutritionniste *m/f*
nutritious [nju:'trɪʃəs] *adj* nutritif(-ive), nourrissant(e)
nuts [nʌts] (*inf*) *adj* dingue
nutshell ['nʌtʃɛl] *n* coquille *f* de noix; **in a ~** en un mot
nutter ['nʌtəʳ] (*Brit*: *inf*) *n*: **he's a complete ~** il est complètement cinglé
nutty ['nʌtɪ] *adj* (*flavour*) à la noisette; (*inf*: *person*) cinglé(e), dingue
nuzzle ['nʌzl] *vi*: **to ~ up to** fourrer son nez contre
NV *abbr* (*US*) = **Nevada**
NVQ *n abbr* (*Brit*) = **National Vocational Qualification**
NWT *abbr* (*Canada*) = **Northwest Territories**
NY *abbr* (*US*) = **New York**
NYC *abbr* (*US*) = **New York City**
nylon ['naɪlɔn] *n* nylon *m* ▷ *adj* de *or* en nylon; **nylons** *npl* bas *mpl* nylon
nymph [nɪmf] *n* nymphe *f*
nymphomaniac ['nɪmfəu'meɪnɪæk] *adj*, *n* nymphomane *f*
NYSE *n abbr* (*US*) = **New York Stock Exchange**
NZ *abbr* = **New Zealand**

Oo

O, o [əu] *n* (*letter*) O, o *m*; (*US Scol*: = *outstanding*) tb (= *très bien*); **O for Oliver**, (*US*) **O for Oboe** O comme Oscar
oaf [əuf] *n* balourd *m*
oak [əuk] *n* chêne *m* ▷ *cpd* de *or* en (bois de) chêne
O&M *n abbr* = **organization and method**
O.A.P. *n abbr* (*Brit*) = **old age pensioner**
oar [ɔːʳ] *n* aviron *m*, rame *f*; **to put** *or* **shove one's ~ in** (*fig*: *inf*) mettre son grain de sel
oarsman ['ɔːzmən], **oarswoman** ['ɔːzwumən] (*irreg*) *n* rameur(-euse); (*Naut*, *Sport*) nageur(-euse)
OAS *n abbr* (= *Organization of American States*) OEA *f* (= *Organisation des États américains*)
oasis (*pl* **oases**) [əu'eɪsɪs, əu'eɪsiːz] *n* oasis *f*
oath [əuθ] *n* serment *m*; (*swear word*) juron *m*; **to take the ~** prêter serment; **on** (*Brit*) *or* **under ~** sous serment; assermenté(e)
oatmeal ['əutmiːl] *n* flocons *mpl* d'avoine
oats [əuts] *n* avoine *f*
OAU *n abbr* (= *Organization of African Unity*) OUA *f* (= *Organisation de l'unité africaine*)
obdurate ['ɔbdjurɪt] *adj* obstiné(e), impénitent(e); intraitable
OBE *n abbr* (*Brit*: = *Order of the British Empire*) *distinction honorifique*
obedience [ə'biːdɪəns] *n* obéissance *f*; **in ~ to** conformément à
obedient [ə'biːdɪənt] *adj* obéissant(e); **to be ~ to sb/sth** obéir à qn/qch
obelisk ['ɔbɪlɪsk] *n* obélisque *m*
obese [əu'biːs] *adj* obèse
obesity [əu'biːsɪtɪ] *n* obésité *f*
obey [ə'beɪ] *vt* obéir à; (*instructions, regulations*) se conformer à ▷ *vi* obéir
obituary [ə'bɪtjuərɪ] *n* nécrologie *f*
object *n* ['ɔbdʒɪkt] objet *m*; (*purpose*) but *m*, objet; (*Ling*) complément *m* d'objet ▷ *vi* [əb'dʒɛkt]: **to ~ to** (*attitude*) désapprouver; (*proposal*) protester contre, élever une objection contre; **I ~!** je proteste!; **he ~ed that ...** il a fait valoir *or* a objecté que ...; **do you ~ to my smoking?** est-ce que cela vous gêne si je fume?; **what's the ~ of doing that?** quel est l'intérêt de faire cela?; **money is no ~** l'argent n'est pas un problème
objection [əb'dʒɛkʃən] *n* objection *f*; (*drawback*) inconvénient *m*; **if you have no ~** si vous n'y voyez pas d'inconvénient; **to make** *or* **raise an ~** élever une objection
objectionable [əb'dʒɛkʃənəbl] *adj* très désagréable; choquant(e)
objective [əb'dʒɛktɪv] *n* objectif *m* ▷ *adj* objectif(-ive)
objectivity [ɔbdʒɪk'tɪvɪtɪ] *n* objectivité *f*
object lesson *n* (*fig*) (bonne) illustration
objector [əb'dʒɛktəʳ] *n* opposant(e)
obligation [ɔblɪ'geɪʃən] *n* obligation *f*, devoir *m*; (*debt*) dette *f* (de reconnaissance); **"without ~"** "sans engagement"
obligatory [ə'blɪgətərɪ] *adj* obligatoire
oblige [ə'blaɪdʒ] *vt* (*force*): **to ~ sb to do** obliger *or* forcer qn à faire; (*do a favour*) rendre service à, obliger; **to be ~d to sb for sth** être obligé(e) à qn de qch; **anything to ~!** (*inf*) (toujours prêt à rendre) service!
obliging [ə'blaɪdʒɪŋ] *adj* obligeant(e), serviable
oblique [ə'bliːk] *adj* oblique; (*allusion*) indirect(e) ▷ *n* (*Brit Typ*): **~ (stroke)** barre *f* oblique
obliterate [ə'blɪtəreɪt] *vt* effacer
oblivion [ə'blɪvɪən] *n* oubli *m*
oblivious [ə'blɪvɪəs] *adj*: **~ of** oublieux(-euse) de
oblong ['ɔblɔŋ] *adj* oblong(ue) ▷ *n* rectangle *m*
obnoxious [əb'nɔkʃəs] *adj* odieux(-euse); (*smell*) nauséabond(e)
o.b.o. *abbr* (*US*) = **or best offer**; (*in classified ads*) ≈ à débattre
oboe ['əubəu] *n* hautbois *m*
obscene [əb'siːn] *adj* obscène
obscenity [əb'sɛnɪtɪ] *n* obscénité *f*
obscure [əb'skjuəʳ] *adj* obscur(e) ▷ *vt* obscurcir; (*hide*: *sun*) cacher
obscurity [əb'skjuərɪtɪ] *n* obscurité *f*
obsequious [əb'siːkwɪəs] *adj* obséquieux(-euse)
observable [əb'zəːvəbl] *adj* observable; (*appreciable*) notable
observance [əb'zəːvns] *n* observance *f*, observation *f*; **religious ~s** observances religieuses
observant [əb'zəːvnt] *adj* observateur(-trice)
observation [ɔbzə'veɪʃən] *n* observation *f*; (*by police etc*) surveillance *f*

observation post *n* (*Mil*) poste *m* d'observation
observatory [əb'zə:vətrɪ] *n* observatoire *m*
observe [əb'zə:v] *vt* observer; (*remark*) faire observer *or* remarquer
observer [əb'zə:vəʳ] *n* observateur(-trice)
obsess [əb'sɛs] *vt* obséder; **to be ~ed by** *or* **with sb/sth** être obsédé(e) par qn/qch
obsession [əb'sɛʃən] *n* obsession *f*
obsessive [əb'sɛsɪv] *adj* obsédant(e)
obsolescence [ɔbsə'lɛsns] *n* vieillissement *m*; obsolescence *f*; **built-in** *or* **planned ~** (*Comm*) désuétude calculée
obsolescent [ɔbsə'lɛsnt] *adj* obsolescent(e), en voie d'être périmé(e)
obsolete ['ɔbsəli:t] *adj* dépassé(e), périmé(e)
obstacle ['ɔbstəkl] *n* obstacle *m*
obstacle race *n* course *f* d'obstacles
obstetrician [ɔbstə'trɪʃən] *n* obstétricien(ne)
obstetrics [ɔb'stɛtrɪks] *n* obstétrique *f*
obstinacy ['ɔbstɪnəsɪ] *n* obstination *f*
obstinate ['ɔbstɪnɪt] *adj* obstiné(e); (*pain, cold*) persistant(e)
obstreperous [əb'strɛpərəs] *adj* turbulent(e)
obstruct [əb'strʌkt] *vt* (*block*) boucher, obstruer; (*halt*) arrêter; (*hinder*) entraver
obstruction [əb'strʌkʃən] *n* obstruction *f*; (*to plan, progress*) obstacle *m*
obstructive [əb'strʌktɪv] *adj* obstructionniste
obtain [əb'teɪn] *vt* obtenir ▷ *vi* avoir cours
obtainable [əb'teɪnəbl] *adj* qu'on peut obtenir
obtrusive [əb'tru:sɪv] *adj* (*person*) importun(e); (*smell*) pénétrant(e); (*building etc*) trop en évidence
obtuse [əb'tju:s] *adj* obtus(e)
obverse ['ɔbvə:s] *n* (*of medal, coin*) côté *m* face; (*fig*) contrepartie *f*
obviate ['ɔbvɪeɪt] *vt* parer à, obvier à
obvious ['ɔbvɪəs] *adj* évident(e), manifeste
obviously ['ɔbvɪəslɪ] *adv* manifestement; (*of course*): **~, he ...** *or* **he ~ ...** il est bien évident qu'il ...; **~!** bien sûr!; **~ not!** évidemment pas!, bien sûr que non!
OCAS *n abbr* (= *Organization of Central American States*) ODEAC *f* (= *Organisation des États d'Amérique centrale*)
occasion [ə'keɪʒən] *n* occasion *f*; (*event*) événement *m* ▷ *vt* occasionner, causer; **on that ~** à cette occasion; **to rise to the ~** se montrer à la hauteur de la situation
occasional [ə'keɪʒənl] *adj* pris(e) (*or* fait(e) *etc*) de temps en temps; (*worker, spending*) occasionnel(le)
occasionally [ə'keɪʒənəlɪ] *adv* de temps en temps, quelquefois; **very ~** (assez) rarement
occasional table *n* table décorative
occult [ɔ'kʌlt] *adj* occulte ▷ *n*: **the ~** le surnaturel
occupancy ['ɔkjupənsɪ] *n* occupation *f*
occupant ['ɔkjupənt] *n* occupant *m*
occupation [ɔkju'peɪʃən] *n* occupation *f*; (*job*) métier *m*, profession *f*; **unfit for ~** (*house*) impropre à l'habitation
occupational [ɔkju'peɪʃənl] *adj* (*accident, disease*) du travail; (*hazard*) du métier
occupational guidance *n* (*Brit*) orientation professionnelle
occupational hazard *n* risque *m* du métier
occupational pension *n* retraite professionnelle
occupational therapy *n* ergothérapie *f*
occupier ['ɔkjupaɪəʳ] *n* occupant(e)
occupy ['ɔkjupaɪ] *vt* occuper; **to ~ o.s. with** *or* **by doing** s'occuper à faire; **to be occupied with sth** être occupé avec qch
occur [ə'kə:ʳ] *vi* se produire; (*difficulty, opportunity*) se présenter; (*phenomenon, error*) se rencontrer; **to ~ to sb** venir à l'esprit de qn
occurrence [ə'kʌrəns] *n* (*existence*) présence *f*, existence *f*; (*event*) cas *m*, fait *m*
ocean ['əuʃən] *n* océan *m*; **~s of** (*inf*) des masses de
ocean bed *n* fond (sous-)marin
ocean-going ['əuʃəngəuɪŋ] *adj* de haute mer
Oceania [əuʃɪ'eɪnɪə] *n* Océanie *f*
ocean liner *n* paquebot *m*
ochre ['əukəʳ] *adj* ocre
o'clock [ə'klɔk] *adv*: **it is 5 o'clock** il est 5 heures
OCR *n abbr* = **optical character reader; optical character recognition**
Oct. *abbr* (= *October*) oct
octagonal [ɔk'tægənl] *adj* octogonal(e)
octane ['ɔkteɪn] *n* octane *m*; **high-~ petrol** *or* (*US*) **gas** essence *f* à indice d'octane élevé
octave ['ɔktɪv] *n* octave *f*
October [ɔk'təubəʳ] *n* octobre *m*; *for phrases see also* **July**
octogenarian ['ɔktəudʒɪ'nɛərɪən] *n* octogénaire *m/f*
octopus ['ɔktəpəs] *n* pieuvre *f*
odd [ɔd] *adj* (*strange*) bizarre, curieux(-euse); (*number*) impair(e); (*left over*) qui reste, en plus; (*not of a set*) dépareillé(e); **60-~** 60 et quelques; **at ~ times** de temps en temps; **the ~ one out** l'exception *f*
oddball ['ɔdbɔ:l] *n* (*inf*) excentrique *m/f*
oddity ['ɔdɪtɪ] *n* bizarrerie *f*; (*person*) excentrique *m/f*
odd-job man [ɔd'dʒɔb-] (*irreg*) *n* homme *m* à tout faire
odd jobs *npl* petits travaux divers
oddly ['ɔdlɪ] *adv* bizarrement, curieusement
oddments ['ɔdmənts] *npl* (*Brit Comm*) fins *fpl* de série
odds [ɔdz] *npl* (*in betting*) cote *f*; **the ~ are against his coming** il y a peu de chances qu'il vienne; **it makes no ~** cela n'a pas d'importance; **to succeed against all the ~** réussir contre toute attente; **~ and ends** de petites choses; **at ~** en désaccord
odds-on [ɔdz'ɔn] *adj*: **the ~ favourite** le grand favori; **it's ~ that he'll come** il y a toutes les chances *or* gros à parier qu'il vienne
ode [əud] *n* ode *f*
odious ['əudɪəs] *adj* odieux(-euse), détestable

odometer [ɔ'dɔmɪtəʳ] *n* (*US*) odomètre *m*
odour, (*US*) **odor** ['əudəʳ] *n* odeur *f*
odourless, (*US*) **odorless** ['əudəlɪs] *adj* inodore
OECD *n abbr* (*= Organization for Economic Cooperation and Development*) OCDE *f* (*= Organisation de coopération et de développement économique*)
oesophagus, (*US*) **esophagus** [iː'sɔfəgəs] *n* œsophage *m*
oestrogen, (*US*) **estrogen** ['iːstrəudʒən] *n* œstrogène *m*

KEYWORD

of [ɔv, əv] *prep* **1** (*gen*) de; **a friend of ours** un de nos amis; **a boy of 10** un garçon de 10 ans; **that was kind of you** c'était gentil de votre part
2 (*expressing quantity, amount, dates etc*) de; **a kilo of flour** un kilo de farine; **how much of this do you need?** combien vous en faut-il?; **there were three of them** (*people*) ils étaient 3; (*objects*) il y en avait 3; **three of us went** 3 d'entre nous y sont allé(e)s; **the 5th of July** le 5 juillet; **a quarter of 4** (*US*) 4 heures moins le quart
3 (*from, out of*) en, de; **a statue of marble** une statue de *or* en marbre; **made of wood** (fait) en bois

Ofcom ['ɔfkɔm] *n abbr* (*Brit: = Office of Communications Regulation*) *organe de régulation de télécommunications*
off [ɔf] *adj, adv* (*engine*) coupé(e); (*light, TV*) éteint(e); (*tap*) fermé(e); (*Brit: food*) mauvais(e), avancé(e); (*: milk*) tourné(e); (*absent*) absent(e); (*cancelled*) annulé(e); (*removed*): **the lid was ~** le couvercle était retiré *or* n'était pas mis; (*away*): **to run/drive ~** partir en courant/en voiture ▷ *prep* de; **to be ~** (*to leave*) partir, s'en aller; **I must be ~** il faut que je file; **to be ~ sick** être absent pour cause de maladie; **a day ~** un jour de congé; **to have an ~ day** n'être pas en forme; **he had his coat ~** il avait enlevé son manteau; **the hook is ~** le crochet s'est détaché; le crochet n'est pas mis; **10% ~** (*Comm*) 10% de rabais; **5 km ~ (the road)** à 5 km (de la route); **~ the coast** au large de la côte; **a house ~ the main road** une maison à l'écart de la grand-route; **it's a long way ~** c'est loin (d'ici); **I'm ~ meat** je ne mange plus de viande; je n'aime plus la viande; **on the ~ chance** à tout hasard; **to be well/badly ~** être bien/mal loti; (*financially*) être aisé/dans la gêne; **~ and on, on and ~** de temps à autre; **I'm afraid the chicken is ~** (*Brit: not available*) je regrette, il n'y a plus de poulet; **that's a bit ~** (*fig: inf*) c'est un peu fort
offal ['ɔfl] *n* (*Culin*) abats *mpl*
offbeat ['ɔfbiːt] *adj* excentrique
off-centre [ɔf'sɛntəʳ] *adj* décentré(e), excentré(e)
off-colour ['ɔf'kʌləʳ] *adj* (*Brit: ill*) malade, mal fichu(e); **to feel ~** être mal fichu
offence, (*US*) **offense** [ə'fɛns] *n* (*crime*) délit *m*, infraction *f*; **to give ~ to** blesser, offenser; **to take ~ at** se vexer de, s'offenser de; **to commit an ~** commettre une infraction
offend [ə'fɛnd] *vt* (*person*) offenser, blesser ▷ *vi*: **to ~ against** (*law, rule*) contrevenir à, enfreindre
offender [ə'fɛndəʳ] *n* délinquant(e); (*against regulations*) contrevenant(e)
offending [ə'fɛndɪŋ] *adj* incriminé(e)
offense [ə'fɛns] *n* (*US*) = **offence**
offensive [ə'fɛnsɪv] *adj* offensant(e), choquant(e); (*smell etc*) très déplaisant(e); (*weapon*) offensif(-ive) ▷ *n* (*Mil*) offensive *f*
offer ['ɔfəʳ] *n* offre *f*, proposition *f* ▷ *vt* offrir, proposer; **to make an ~ for sth** faire une offre pour qch; **to ~ sth to sb, ~ sb sth** offrir qch à qn; **to ~ to do sth** proposer de faire qch; **"on ~"** (*Comm*) "en promotion"
offering ['ɔfərɪŋ] *n* offrande *f*
offhand [ɔf'hænd] *adj* désinvolte ▷ *adv* spontanément; **I can't tell you ~** je ne peux pas vous le dire comme ça
office ['ɔfɪs] *n* (*place*) bureau *m*; (*position*) charge *f*, fonction *f*; **doctor's ~** (*US*) cabinet (médical); **to take ~** entrer en fonctions; **through his good ~s** (*fig*) grâce à ses bons offices; **O~ of Fair Trading** (*Brit*) *organisme de protection contre les pratiques commerciales abusives*
office automation *n* bureautique *f*
office bearer *n* (*of club etc*) membre *m* du bureau
office block, (*US*) **office building** *n* immeuble *m* de bureaux
office boy *n* garçon *m* de bureau
office hours *npl* heures *fpl* de bureau; (*US Med*) heures de consultation
office manager *n* responsable administratif(-ive)
officer ['ɔfɪsəʳ] *n* (*Mil etc*) officier *m*; (*also*: **police officer**) agent *m* (de police); (*of organization*) membre *m* du bureau directeur
office work *n* travail *m* de bureau
office worker *n* employé(e) de bureau
official [ə'fɪʃl] *adj* (*authorized*) officiel(le) ▷ *n* officiel *m*; (*civil servant*) fonctionnaire *m/f*; (*of railways, post office, town hall*) employé(e)
officialdom [ə'fɪʃldəm] *n* bureaucratie *f*
officially [ə'fɪʃəlɪ] *adv* officiellement
official receiver *n* administrateur *m* judiciaire, syndic *m* de faillite
officiate [ə'fɪʃɪeɪt] *vi* (*Rel*) officier; **to ~ as Mayor** exercer les fonctions de maire; **to ~ at a marriage** célébrer un mariage
officious [ə'fɪʃəs] *adj* trop empressé(e)
offing ['ɔfɪŋ] *n*: **in the ~** (*fig*) en perspective
off-key [ɔf'kiː] *adj* faux (fausse) ▷ *adv* faux
off-licence ['ɔflaɪsns] *n* (*Brit: shop*) débit *m* de vins et de spiritueux
off-limits [ɔf'lɪmɪts] *adj* (*esp US*) dont l'accès est interdit
off-line [ɔf'laɪn] *adj* (*Comput*) (en mode) autonome; (*: switched off*) non connecté(e)
off-load ['ɔfləud] *vt*: **to ~ sth (onto)** (*goods*) décharger qch (sur); (*job*) se décharger de qch

O

(sur)
off-peak [ɔf'pi:k] *adj* aux heures creuses; (*electricity, ticket*) au tarif heures creuses
off-putting ['ɔfputɪŋ] *adj* (*Brit: remark*) rébarbatif(-ive); (*person*) rebutant(e), peu engageant(e)
off-road vehicle ['ɔfrəud-] *n* véhicule *m* tout-terrain
off-season ['ɔf'si:zn] *adj, adv* hors-saison *inv*
offset ['ɔfsɛt] *vt* (*irreg: like* **set**); (*counteract*) contrebalancer, compenser ▷ *n* (*also:* **offset printing**) offset *m*
offshoot ['ɔfʃu:t] *n* (*fig*) ramification *f*, antenne *f*; (*: of discussion etc*) conséquence *f*
offshore [ɔf'ʃɔ:ʳ] *adj* (*breeze*) de terre; (*island*) proche du littoral; (*fishing*) côtier(-ière); **~ oilfield** gisement *m* pétrolifère en mer
offside ['ɔf'saɪd] *n* (*Aut: with right-hand drive*) côté droit; (*: with left-hand drive*) côté gauche ▷ *adj* (*Sport*) hors jeu; (*Aut: in Britain*) de droite; (*: in US, Europe*) de gauche
offspring ['ɔfsprɪŋ] *n* progéniture *f*
offstage [ɔf'steɪdʒ] *adv* dans les coulisses
off-the-cuff [ɔfðə'kʌf] *adv* au pied levé; de chic
off-the-job ['ɔfðə'dʒɔb] *adj*: **~ training** formation professionnelle extérieure
off-the-peg ['ɔfðə'pɛg], (*US*) **off-the-rack** ['ɔfðə'ræk] *adv* en prêt-à-porter
off-the-record ['ɔfðə'rɛkɔ:d] *adj* (*remark*) confidentiel(le), sans caractère officiel ▷ *adv* officieusement
off-white ['ɔfwaɪt] *adj* blanc cassé *inv*
often ['ɔfn] *adv* souvent; **how ~ do you go?** vous y allez tous les combien?; **every so ~** de temps en temps, de temps à autre; **as ~ as not** la plupart du temps
Ofwat ['ɔfwɔt] *n abbr* (*Brit: = Office of Water Services*) *organisme qui surveille les activités des compagnies des eaux*
ogle ['əugl] *vt* lorgner
ogre ['əugəʳ] *n* ogre *m*
OH *abbr* (*US*) = **Ohio**
oh [əu] *excl* ô!, oh!, ah!
OHMS *abbr* (*Brit*) = **On His (or Her) Majesty's Service**
oil [ɔɪl] *n* huile *f*; (*petroleum*) pétrole *m*; (*for central heating*) mazout *m* ▷ *vt* (*machine*) graisser
oilcan ['ɔɪlkæn] *n* burette *f* de graissage; (*for storing*) bidon *m* à huile
oil change *n* vidange *f*
oilfield ['ɔɪlfi:ld] *n* gisement *m* de pétrole
oil filter *n* (*Aut*) filtre *m* à huile
oil-fired ['ɔɪlfaɪəd] *adj* au mazout
oil gauge *n* jauge *f* de niveau d'huile
oil industry *n* industrie pétrolière
oil level *n* niveau *m* d'huile
oil painting *n* peinture *f* à l'huile
oil refinery *n* raffinerie *f* de pétrole
oil rig *n* derrick *m*; (*at sea*) plate-forme pétrolière
oilskins ['ɔɪlskɪnz] *npl* ciré *m*
oil slick *n* nappe *f* de mazout
oil tanker *n* (*ship*) pétrolier *m*; (*truck*) camion-citerne *m*
oil well *n* puits *m* de pétrole
oily ['ɔɪlɪ] *adj* huileux(-euse); (*food*) gras(se)
ointment ['ɔɪntmənt] *n* onguent *m*
OK *abbr* (*US*) = **Oklahoma**
O.K., okay ['əu'keɪ] (*inf*) *excl* d'accord! ▷ *vt* approuver, donner son accord à ▷ *n*: **to give sth one's O.K.** donner son accord à qch ▷ *adj* (*not bad*) pas mal, en règle; en bon état; sain et sauf; acceptable; **is it O.K.?, are you O.K.?** ça va?; **are you O.K. for money?** ça va *or* ira question argent?; **it's O.K. with** *or* **by me** ça me va, c'est d'accord en ce qui me concerne
Okla. *abbr* (*US*) = **Oklahoma**
old [əuld] *adj* vieux (vieille); (*person*) vieux, âgé(e); (*former*) ancien(ne), vieux; **how ~ are you?** quel âge avez-vous?; **he's 10 years ~** il a 10 ans, il est âgé de 10 ans; **~er brother/sister** frère/sœur aîné(e); **any ~ thing will do** n'importe quoi fera l'affaire
old age *n* vieillesse *f*
old-age pensioner *n* (*Brit*) retraité(e)
old-fashioned ['əuld'fæʃnd] *adj* démodé(e); (*person*) vieux jeu *inv*
old maid *n* vieille fille
old people's home *n* (*esp Brit*) maison *f* de retraite
old-style ['əuldstaɪl] *adj* à l'ancienne (mode)
old-time ['əuld'taɪm] *adj* du temps jadis, d'autrefois
old-timer [əuld'taɪməʳ] *n* ancien *m*
old wives' tale *n* conte *m* de bonne femme
O-level ['əulɛvl] *n* (*in England and Wales: formerly*) *examen passé à l'âge de 16 ans sanctionnant les connaissances de l'élève*, ≈ brevet *m* des collèges
olive ['ɔlɪv] *n* (*fruit*) olive *f*; (*tree*) olivier *m* ▷ *adj* (*also:* **olive-green**) (vert) olive *inv*
olive oil *n* huile *f* d'olive
Olympic [əu'lɪmpɪk] *adj* olympique; **the ~ Games, the ~s** les Jeux *mpl* olympiques
OM *n abbr* (*Brit: = Order of Merit*) *titre honorifique*
Oman [əu'mɑ:n] *n* Oman *m*
OMB *n abbr* (*US: = Office of Management and Budget*) *service conseillant le président en matière budgétaire*
omelette, omelet ['ɔmlɪt] *n* omelette *f*; **ham/cheese omelet(te)** omelette au jambon/fromage
omen ['əumən] *n* présage *m*
ominous ['ɔmɪnəs] *adj* menaçant(e), inquiétant(e); (*event*) de mauvais augure
omission [əu'mɪʃən] *n* omission *f*
omit [əu'mɪt] *vt* omettre; **to ~ to do sth** négliger de faire qch
omnivorous [ɔm'nɪvrəs] *adj* omnivore
ON *abbr* (*Canada*) = **Ontario**

 KEYWORD

on [ɔn] *prep* **1** (*indicating position*) sur; **on the table** sur la table; **on the wall** sur le *or* au mur; **on the left** à gauche; **I haven't any money on me** je n'ai pas d'argent sur moi

2 (*indicating means, method, condition etc*): **on foot** à pied; **on the train/plane** (*be*) dans le train/ l'avion; (*go*) en train/avion; **on the telephone/ radio/television** au téléphone/à la radio/à la télévision; **to be on drugs** se droguer; **on holiday** (*Brit*): **on vacation** (*US*) en vacances; **on the continent** sur le continent
3 (*referring to time*): **on Friday** vendredi; **on Fridays** le vendredi; **on June 20th** le 20 juin; **a week on Friday** vendredi en huit; **on arrival** à l'arrivée; **on seeing this** en voyant cela
4 (*about, concerning*) sur, de; **a book on Balzac/ physics** un livre sur Balzac/de physique
5 (*at the expense of*): **this round is on me** c'est ma tournée
▷ *adv* **1** (*referring to dress*): **to have one's coat on** avoir (mis) son manteau; **to put one's coat on** mettre son manteau; **what's she got on?** qu'est-ce qu'elle porte?
2 (*referring to covering*): **screw the lid on tightly** vissez bien le couvercle
3 (*further, continuously*): **to walk** *etc* **on** continuer à marcher *etc*; **on and off** de temps à autre; **from that day on** depuis ce jour
▷ *adj* **1** (*in operation: machine*) en marche; (*: radio, TV, light*) allumé(e); (*: tap, gas*) ouvert(e); (*: brakes*) mis(e); **is the meeting still on?** (*not cancelled*) est-ce que la réunion a bien lieu?; **it was well on in the evening** c'était tard dans la soirée; **when is this film on?** quand passe ce film?
2 (*inf*): **that's not on!** (*not acceptable*) cela ne se fait pas!; (*not possible*) pas question!

ONC *n abbr* (*Brit: = Ordinary National Certificate*) ≈ BT *m*
once [wʌns] *adv* une fois; (*formerly*) autrefois ▷ *conj* une fois que + *sub*; **~ he had left/it was done** une fois qu'il fut parti/ que ce fut terminé; **at ~** tout de suite, immédiatement; (*simultaneously*) à la fois; **all at ~** (*adv*) tout d'un coup; **~ a week** une fois par semaine; **~ more** encore une fois; **I knew him ~** je l'ai connu autrefois; **~ and for all** une fois pour toutes; **~ upon a time there was ...** il y avait une fois ..., il était une fois ...
oncoming ['ɔnkʌmɪŋ] *adj* (*traffic*) venant en sens inverse
OND *n abbr* (*Brit: = Ordinary National Diploma*) ≈ BTS *m*

 **KEYWORD**

one [wʌn] *num* un(e); **one hundred and fifty** cent cinquante; **one by one** un(e) à *or* par un(e); **one day** un jour
▷ *adj* **1** (*sole*) seul(e), unique; **the one book which** l'unique *or* le seul livre qui; **the one man who** le seul (homme) qui
2 (*same*) même; **they came in the one car** ils sont venus dans la même voiture
▷ *pron* **1**: **this one** celui-ci (celle-ci); **that one** celui-là (celle-là); **I've already got one/a red one** j'en ai déjà un(e)/un(e) rouge; **which one do you want?** lequel voulez-vous?
2: **one another** l'un(e) l'autre; **to look at one another** se regarder
3 (*impersonal*) on; **one never knows** on ne sait jamais; **to cut one's finger** se couper le doigt; **one needs to eat** il faut manger
4 (*phrases*): **to be one up on sb** avoir l'avantage sur qn; **to be at one (with sb)** être d'accord (avec qn)

one-armed bandit ['wʌnɑːmd-] *n* machine *f* à sous
one-day excursion ['wʌndeɪ-] *n* (*US*) billet *m* d'aller-retour (valable pour la journée)
One-hundred share index ['wʌnhʌndrəd-] *n* indice *m* Footsie des cent grandes valeurs
one-man ['wʌn'mæn] *adj* (*business*) dirigé(e) *etc* par un seul homme
one-man band *n* homme-orchestre *m*
one-off [wʌn'ɔf] *n* (*Brit inf*) exemplaire *m* unique ▷ *adj* unique
one-parent family ['wʌnpɛərənt-] *n* famille monoparentale
one-piece ['wʌnpiːs] *adj*: **~ bathing suit** maillot *m* une pièce
onerous ['ɔnərəs] *adj* (*task, duty*) pénible; (*responsibility*) lourd(e)
oneself [wʌn'sɛlf] *pron* se; (*after prep, also emphatic*) soi-même; **to hurt ~** se faire mal; **to keep sth for ~** garder qch pour soi; **to talk to ~** se parler à soi-même; **by ~** tout seul
one-shot [wʌn'ʃɔt] (*US*) *n* = **one-off**
one-sided [wʌn'saɪdɪd] *adj* (*argument, decision*) unilatéral(e); (*judgment, account*) partial(e); (*contest*) inégal(e)
one-time ['wʌntaɪm] *adj* d'autrefois
one-to-one ['wʌntəwʌn] *adj* (*relationship*) univoque
one-upmanship [wʌn'ʌpmənʃɪp] *n*: **the art of ~** l'art de faire mieux que les autres
one-way ['wʌnweɪ] *adj* (*street, traffic*) à sens unique
ongoing ['ɔngəuɪŋ] *adj* en cours; (*relationship*) suivi(e)
onion ['ʌnjən] *n* oignon *m*
on-line ['ɔnlaɪn] *adj* (*Comput*) en ligne; (*: switched on*) connecté(e)
onlooker ['ɔnlukə[r]] *n* spectateur(-trice)
only ['əunlɪ] *adv* seulement ▷ *adj* seul(e), unique ▷ *conj* seulement, mais; **an ~ child** un enfant unique; **not ~ ... but also** non seulement ... mais aussi; **I ~ took one** j'en ai seulement pris un, je n'en ai pris qu'un; **I saw her ~ yesterday** je l'ai vue hier encore; **I'd be ~ too pleased to help** je ne serais que trop content de vous aider; **I would come, ~ I'm very busy** je viendrais bien mais j'ai beaucoup à faire
ono *abbr* (*Brit*) = **or nearest offer**; (*in classified ads*) ≈ à débattre
on-screen [ɔn'skriːn] *adj* à l'écran
onset ['ɔnsɛt] *n* début *m*; (*of winter, old age*)

O

approche *f*
onshore ['ɔnʃɔːʳ] *adj (wind)* du large
onslaught ['ɔnslɔːt] *n* attaque *f*, assaut *m*
Ont. *abbr (Canada)* = **Ontario**
on-the-job ['ɔnðə'dʒɔb] *adj*: **~ training** formation *f* sur place
onto ['ɔntu] *prep* = **on to**
onus ['əunəs] *n* responsabilité *f*; **the ~ is upon him to prove it** c'est à lui de le prouver
onward ['ɔnwəd], **onwards** ['ɔnwədz] *adv (move)* en avant; **from that time ~s** à partir de ce moment
oops [ups] *excl* houp!; **~-a-daisy!** houp-là!
ooze [uːz] *vi* suinter
opacity [əu'pæsɪtɪ] *n* opacité *f*
opal ['əupl] *n* opale *f*
opaque [əu'peɪk] *adj* opaque
OPEC ['əupɛk] *n abbr (= Organization of Petroleum-Exporting Countries)* OPEP *f*
open ['əupn] *adj* ouvert(e); *(car)* découvert(e); *(road, view)* dégagé(e); *(meeting)* public(-ique); *(admiration)* manifeste; *(question)* non résolu(e); *(enemy)* déclaré(e) ▷ *vt* ouvrir ▷ *vi (flower, eyes, door, debate)* s'ouvrir; *(shop, bank, museum)* ouvrir; *(book etc: commence)* commencer, débuter; **is it ~ to public?** est-ce ouvert au public?; **what time do you ~?** à quelle heure ouvrez-vous?; **in the ~ (air)** en plein air; **the ~ sea** le large; **~ ground** *(among trees)* clairière *f*; *(waste ground)* terrain *m* vague; **to have an ~ mind (on sth)** avoir l'esprit ouvert (sur qch)
▸ **open on to** *vt fus (room, door)* donner sur
▸ **open out** *vt* ouvrir ▷ *vi* s'ouvrir
▸ **open up** *vt* ouvrir; *(blocked road)* dégager ▷ *vi* s'ouvrir
open-air [əupn'ɛəʳ] *adj* en plein air
open-and-shut ['əupnən'ʃʌt] *adj*: **~ case** cas *m* limpide
open day *n* journée *f* portes ouvertes
open-ended [əupn'ɛndɪd] *adj (fig)* non limité(e)
opener ['əupnəʳ] *n (also:* **can opener, tin opener***)* ouvre-boîtes *m*
open-heart surgery [əupn'hɑːt-] *n* chirurgie *f* à cœur ouvert
opening ['əupnɪŋ] *n* ouverture *f*; *(opportunity)* occasion *f*; *(work)* débouché *m*; *(job)* poste vacant
opening hours *npl* heures *fpl* d'ouverture
opening night *n (Theat)* première *f*
open learning *n enseignement universitaire à la carte, notamment par correspondance*; *(distance learning)* télé-enseignement *m*
open learning centre *n centre ouvert à tous où l'on dispense un enseignement général à temps partiel*
openly ['əupnlɪ] *adv* ouvertement
open-minded [əupn'maɪndɪd] *adj* à l'esprit ouvert
open-necked ['əupnnɛkt] *adj* à col ouvert
openness ['əupnnɪs] *n (frankness)* franchise *f*
open-plan ['əupn'plæn] *adj* sans cloisons
open prison *n* prison ouverte
open sandwich *n* canapé *m*
open shop *n entreprise qui admet les travailleurs non syndiqués*
Open University *n (Brit) cours universitaires par correspondance*
opera ['ɔpərə] *n* opéra *m*
opera glasses *npl* jumelles *fpl* de théâtre
opera house *n* opéra *m*
opera singer *n* chanteur(-euse) d'opéra
operate ['ɔpəreɪt] *vt (machine)* faire marcher, faire fonctionner; *(system)* pratiquer ▷ *vi* fonctionner; *(drug)* faire effet; **to ~ on sb (for)** *(Med)* opérer qn (de)
operatic [ɔpə'rætɪk] *adj* d'opéra
operating ['ɔpəreɪtɪŋ] *adj (Comm: costs, profit)* d'exploitation; *(Med)*: **~ table** table *f* d'opération
operating room *n (US: Med)* salle *f* d'opération
operating system *n (Comput)* système *m* d'exploitation
operating theatre *n (Brit: Med)* salle *f* d'opération
operation [ɔpə'reɪʃən] *n* opération *f*; *(of machine)* fonctionnement *m*; **to have an ~ (for)** se faire opérer (de); **to be in ~** *(machine)* être en service; *(system)* être en vigueur
operational [ɔpə'reɪʃənl] *adj* opérationnel(le); *(ready for use)* en état de marche; **when the service is fully ~** lorsque le service fonctionnera pleinement
operative ['ɔpərətɪv] *adj (measure)* en vigueur ▷ *n (in factory)* ouvrier(-ière); **the ~ word** le mot clef
operator ['ɔpəreɪtəʳ] *n (of machine)* opérateur(-trice); *(Tel)* téléphoniste *m/f*
operetta [ɔpə'rɛtə] *n* opérette *f*
ophthalmologist [ɔfθæl'mɔlədʒɪst] *n* ophtalmologiste *m/f*, ophtalmologue *m/f*
opinion [ə'pɪnjən] *n* opinion *f*, avis *m*; **in my ~** à mon avis; **to seek a second ~** demander un deuxième avis
opinionated [ə'pɪnjəneɪtɪd] *adj* aux idées bien arrêtées
opinion poll *n* sondage *m* d'opinion
opium ['əupɪəm] *n* opium *m*
opponent [ə'pəunənt] *n* adversaire *m/f*
opportune ['ɔpətjuːn] *adj* opportun(e)
opportunist [ɔpə'tjuːnɪst] *n* opportuniste *m/f*
opportunity [ɔpə'tjuːnɪtɪ] *n* occasion *f*; **to take the ~ to do** *or* **of doing** profiter de l'occasion pour faire
oppose [ə'pəuz] *vt* s'opposer à; **to be ~d to sth** être opposé(e) à qch; **as ~d to** par opposition à
opposing [ə'pəuzɪŋ] *adj (side)* opposé(e)
opposite ['ɔpəzɪt] *adj* opposé(e); *(house etc)* d'en face ▷ *adv* en face ▷ *prep* en face de ▷ *n* opposé *m*, contraire *m*; *(of word)* contraire; **"see ~ page"** "voir ci-contre"
opposite number *n (Brit)* homologue *m/f*
opposite sex *n*: **the ~** l'autre sexe
opposition [ɔpə'zɪʃən] *n* opposition *f*
oppress [ə'prɛs] *vt* opprimer
oppression [ə'prɛʃən] *n* oppression *f*

oppressive [ə'prɛsɪv] *adj* oppressif(-ive)
opprobrium [ə'prəubrɪəm] *n* (*formal*) opprobre *m*
opt [ɔpt] *vi*: **to ~ for** opter pour; **to ~ to do** choisir de faire
▸ **opt out** *vi* (*school, hospital*) devenir autonome; (*health service*) devenir privé(e); **to ~ out of** choisir de ne pas participer à *or* de ne pas faire
optical ['ɔptɪkl] *adj* optique; (*instrument*) d'optique
optical character reader *n* lecteur *m* optique
optical character recognition *n* lecture *f* optique
optical fibre *n* fibre *f* optique
optician [ɔp'tɪʃən] *n* opticien(ne)
optics ['ɔptɪks] *n* optique *f*
optimism ['ɔptɪmɪzəm] *n* optimisme *m*
optimist ['ɔptɪmɪst] *n* optimiste *m/f*
optimistic [ɔptɪ'mɪstɪk] *adj* optimiste
optimum ['ɔptɪməm] *adj* optimum
option ['ɔpʃən] *n* choix *m*, option *f*; (*Scol*) matière *f* à option; (*Comm*) option; **to keep one's ~s open** (*fig*) ne pas s'engager; **I have no ~** je n'ai pas le choix
optional ['ɔpʃənl] *adj* facultatif(-ive); (*Comm*) en option; **~ extras** accessoires *mpl* en option, options *fpl*
opulence ['ɔpjuləns] *n* opulence *f*; abondance *f*
opulent ['ɔpjulənt] *adj* opulent(e); abondant(e)
OR *abbr* (*US*) = **Oregon**
or [ɔːʳ] *conj* ou; (*with negative*): **he hasn't seen or heard anything** il n'a rien vu ni entendu; **or else** sinon; ou bien
oracle ['ɔrəkl] *n* oracle *m*
oral ['ɔːrəl] *adj* oral(e) ▹ *n* oral *m*
orange ['ɔrɪndʒ] *n* (*fruit*) orange *f* ▹ *adj* orange *inv*
orangeade [ɔrɪndʒ'eɪd] *n* orangeade *f*
orange juice *n* jus *m* d'orange
oration [ɔː'reɪʃən] *n* discours solennel
orator ['ɔrətəʳ] *n* orateur(-trice)
oratorio [ɔrə'tɔːrɪəu] *n* oratorio *m*
orb [ɔːb] *n* orbe *m*
orbit ['ɔːbɪt] *n* orbite *f* ▹ *vt* graviter autour de; **to be in/go into ~ (round)** être/entrer en orbite (autour de)
orbital ['ɔːbɪtl] *n* (*also*: **orbital motorway**) périphérique *f*
orchard ['ɔːtʃəd] *n* verger *m*; **apple ~** verger de pommiers
orchestra ['ɔːkɪstrə] *n* orchestre *m*; (*US: seating*) (fauteuils *mpl* d')orchestre
orchestral [ɔː'kɛstrəl] *adj* orchestral(e); (*concert*) symphonique
orchestrate ['ɔːkɪstreɪt] *vt* (*Mus, fig*) orchestrer
orchid ['ɔːkɪd] *n* orchidée *f*
ordain [ɔː'deɪn] *vt* (*Rel*) ordonner; (*decide*) décréter
ordeal [ɔː'diːl] *n* épreuve *f*
order ['ɔːdəʳ] *n* ordre *m*; (*Comm*) commande *f* ▹ *vt* ordonner; (*Comm*) commander; **in ~** en ordre; (*of document*) en règle; **out of ~** (*not in correct order*) en désordre; (*machine*) hors service; (*telephone*) en dérangement; **a machine in working ~** une machine en état de marche; **in ~ of size** par ordre de grandeur; **in ~ to do/that** pour faire/que + *sub*; **to place an ~ for sth with sb** commander qch auprès de qn, passer commande de qch à qn; **could I ~ now, please?** je peux commander, s'il vous plaît?; **to be on ~** être en commande; **made to ~** fait sur commande; **to be under ~s to do sth** avoir ordre de faire qch; **a point of ~** un point de procédure; **to the ~ of** (*Banking*) à l'ordre de; **to ~ sb to do** ordonner à qn de faire
order book *n* carnet *m* de commandes
order form *n* bon *m* de commande
orderly ['ɔːdəlɪ] *n* (*Mil*) ordonnance *f*; (*Med*) garçon *m* de salle ▹ *adj* (*room*) en ordre; (*mind*) méthodique; (*person*) qui a de l'ordre
order number *n* (*Comm*) numéro *m* de commande
ordinal ['ɔːdɪnl] *adj* (*number*) ordinal(e)
ordinary ['ɔːdnrɪ] *adj* ordinaire, normal(e); (*pej*) ordinaire, quelconque; **out of the ~** exceptionnel(le)
ordinary degree *n* (*Scol*) ≈ licence *f* libre; *voir article*

ORDINARY DEGREE

Un *ordinary degree* est un diplôme inférieur à l'"honours degree" que l'on obtient en général après trois années d'études universitaires. Il peut aussi être décerné en cas d'échec à l'"honours degree".

ordinary seaman *n* (*Brit*) matelot *m*
ordinary shares *npl* actions *fpl* ordinaires
ordination [ɔːdɪ'neɪʃən] *n* ordination *f*
ordnance ['ɔːdnəns] *n* (*Mil: unit*) service *m* du matériel
Ordnance Survey map *n* (*Brit*) ≈ carte *f* d'État-major
ore [ɔːʳ] *n* minerai *m*
Ore., Oreg. *abbr* (*US*) = **Oregon**
oregano [ɔrɪ'gɑːnəu] *n* origan *m*
organ ['ɔːgən] *n* organe *m*; (*Mus*) orgue *m*, orgues *fpl*
organic [ɔː'gænɪk] *adj* organique; (*crops etc*) biologique, naturel(le)
organism ['ɔːgənɪzəm] *n* organisme *m*
organist ['ɔːgənɪst] *n* organiste *m/f*
organization [ɔːgənaɪ'zeɪʃən] *n* organisation *f*
organization chart *n* organigramme *m*
organize ['ɔːgənaɪz] *vt* organiser; **to get ~d** s'organiser
organized ['ɔːgənaizd] *adj* (*planned*) organisé(e); (*efficient*) bien organisé
organized crime ['ɔːgənaɪzd-] *n* crime organisé, grand banditisme
organized labour ['ɔːgənaɪzd-] *n* main-d'œuvre syndiquée
organizer ['ɔːgənaɪzəʳ] *n* organisateur(-trice)
orgasm ['ɔːgæzəm] *n* orgasme *m*

O

orgy ['ɔːdʒɪ] *n* orgie *f*
Orient ['ɔːrɪənt] *n*: **the ~** l'Orient *m*
oriental [ɔːrɪ'ɛntl] *adj* oriental(e) ▷ *n* Oriental(e)
orientate ['ɔːrɪənteɪt] *vt* orienter
orientation [ɔːrɪen'teɪʃən] *n* (*attitudes*) tendance *f*; (*in job*) orientation *f*; (*of building*) orientation, exposition *f*
orifice ['ɔrɪfɪs] *n* orifice *m*
origin ['ɔrɪdʒɪn] *n* origine *f*; **country of ~** pays *m* d'origine
original [ə'rɪdʒɪnl] *adj* original(e); (*earliest*) originel(le) ▷ *n* original *m*
originality [ərɪdʒɪ'nælɪtɪ] *n* originalité *f*
originally [ə'rɪdʒɪnəlɪ] *adv* (*at first*) à l'origine
originate [ə'rɪdʒɪneɪt] *vi*: **to ~ from** être originaire de; (*suggestion*) provenir de; **to ~ in** (*custom*) prendre naissance dans, avoir son origine dans
originator [ə'rɪdʒɪneɪtə^r] *n* auteur *m*
Orkney ['ɔːknɪ] *n* (*also*: **the Orkneys, the Orkney Islands**) les Orcades *fpl*
ornament ['ɔːnəmənt] *n* ornement *m*; (*trinket*) bibelot *m*
ornamental [ɔːnə'mɛntl] *adj* décoratif(-ive); (*garden*) d'agrément
ornamentation [ɔːnəmɛn'teɪʃən] *n* ornementation *f*
ornate [ɔː'neɪt] *adj* très orné(e)
ornithologist [ɔːnɪ'θɔlədʒɪst] *n* ornithologue *m/f*
ornithology [ɔːnɪ'θɔlədʒɪ] *n* ornithologie *f*
orphan ['ɔːfn] *n* orphelin(e) ▷ *vt*: **to be ~ed** devenir orphelin
orphanage ['ɔːfənɪdʒ] *n* orphelinat *m*
orthodox ['ɔːθədɔks] *adj* orthodoxe
orthopaedic, (US) **orthopedic** [ɔːθə'piːdɪk] *adj* orthopédique
OS *abbr* (Brit: = *Ordnance Survey*) ≈ IGN *m* (= *Institut géographique national*); (: *Naut*) = **ordinary seaman**; (: *Dress*) = **outsize**
O/S *abbr* = **out of stock**
Oscar ['ɔskə^r] *n* oscar *m*
oscillate ['ɔsɪleɪt] *vi* osciller
OSHA *n abbr* (US: = *Occupational Safety and Health Administration*) *office de l'hygiène et de la sécurité au travail*
Oslo ['ɔzləu] *n* Oslo
ostensible [ɔs'tɛnsɪbl] *adj* prétendu(e); apparent(e)
ostensibly [ɔs'tɛnsɪblɪ] *adv* en apparence
ostentation [ɔstɛn'teɪʃən] *n* ostentation *f*
ostentatious [ɔstɛn'teɪʃəs] *adj* prétentieux(-euse); ostentatoire
osteopath ['ɔstɪəpæθ] *n* ostéopathe *m/f*
ostracize ['ɔstrəsaɪz] *vt* frapper d'ostracisme
ostrich ['ɔstrɪtʃ] *n* autruche *f*
OT *n abbr* (= *Old Testament*) AT *m*
OTB *n abbr* (US: = *off-track betting*) *paris pris en dehors du champ de course*
O.T.E. *abbr* (= *on-target earnings*) primes *fpl* sur objectifs inclus
other ['ʌðə^r] *adj* autre ▷ *pron*: **the ~ (one)** l'autre; **~s** (*other people*) d'autres ▷ *adv*: **~ than** autrement que; à part; **some actor or ~** un certain acteur, je ne sais quel acteur; **somebody or ~** quelqu'un; **some ~ people have still to arrive** on attend encore quelques personnes; **the ~ day** l'autre jour; **the car was none ~ than John's** la voiture n'était autre que celle de John
otherwise ['ʌðəwaɪz] *adv, conj* autrement; **an ~ good piece of work** par ailleurs, un beau travail
OTT *abbr* (*inf*) = **over the top**; *see* **top**
Ottawa ['ɔtəwə] *n* Ottawa
otter ['ɔtə^r] *n* loutre *f*
OU *n abbr* (*Brit*) = **Open University**
ouch [autʃ] *excl* aïe!
ought (*pt* -) [ɔːt] *aux vb*: **I ~ to do it** je devrais le faire, il faudrait que je le fasse; **this ~ to have been corrected** cela aurait dû être corrigé; **he ~ to win** (*probability*) il devrait gagner; **you ~ to go and see it** vous devriez aller le voir
ounce [auns] *n* once *f* (*28.35g; 16 in a pound*)
our ['auə^r] *adj* notre, nos *pl*; *see also* **my**
ours [auəz] *pron* le (la) nôtre, les nôtres; *see also* **mine**[1]
ourselves [auə'sɛlvz] *pron pl* (*reflexive, after preposition*) nous; (*emphatic*) nous-mêmes; **we did it (all) by ~** nous avons fait ça tout seuls; *see also* **oneself**
oust [aust] *vt* évincer
out [aut] *adv* dehors; (*published, not at home etc*) sorti(e); (*light, fire*) éteint(e); (*on strike*) en grève ▷ *vt*: **to ~ sb** révéler l'homosexualité de qn; **~ here** ici; **~ there** là-bas; **he's ~** (*absent*) il est sorti; (*unconscious*) il est sans connaissance; **to be ~ in one's calculations** s'être trompé dans ses calculs; **to run/back** *etc* **~** sortir en courant/en reculant *etc*; **to be ~ and about** *or* (US) **around again** être de nouveau sur pied; **before the week was ~** avant la fin de la semaine; **the journey ~** l'aller *m*; **the boat was 10 km ~** le bateau était à 10 km du rivage; **~ loud** (*adv*) à haute voix; **~ of** (*prep: outside*) en dehors de; (*because of: anger etc*) par; (*from among*): **10 ~ of 10** 10 sur 10; (*without*): **~ of petrol** sans essence, à court d'essence; **made ~ of wood** en *or* de bois; **~ of order** (*machine*) en panne; (*Tel: line*) en dérangement; **~ of stock** (*Comm: article*) épuisé(e); (: *shop*) en rupture de stock
outage ['autɪdʒ] *n* (*esp US: power failure*) panne *f or* coupure *f* de courant
out-and-out ['autəndaut] *adj* véritable
outback ['autbæk] *n* campagne isolée; (*in Australia*) intérieur *m*
outbid [aut'bɪd] *vt* (*irreg: like* **bid**) surenchérir
outboard ['autbɔːd] *n*: **~ (motor)** (moteur *m*) hors-bord *m*
outbound ['autbaund] *adj*: **~ (from/for)** en partance (de/pour)
outbreak ['autbreɪk] *n* (*of violence*) éruption *f*, explosion *f*; (*of disease*) de nombreux cas; **the ~**

of war south of the border la guerre qui s'est déclarée au sud de la frontière
outbuilding ['autbɪldɪŋ] *n* dépendance *f*
outburst ['autbəːst] *n* explosion *f*, accès *m*
outcast ['autkɑːst] *n* exilé(e); (*socially*) paria *m*
outclass [aut'klɑːs] *vt* surclasser
outcome ['autkʌm] *n* issue *f*, résultat *m*
outcrop ['autkrɔp] *n* affleurement *m*
outcry ['autkraɪ] *n* tollé (général)
outdated [aut'deɪtɪd] *adj* démodé(e)
outdistance [aut'dɪstəns] *vt* distancer
outdo [aut'duː] *vt* (*irreg: like* **do**) surpasser
outdoor [aut'dɔːʳ] *adj* de *or* en plein air
outdoors [aut'dɔːz] *adv* dehors; au grand air
outer ['autəʳ] *adj* extérieur(e); **~ suburbs** grande banlieue
outer space *n* espace *m* cosmique
outfit ['autfɪt] *n* équipement *m*; (*clothes*) tenue *f*; (*inf: Comm*) organisation *f*, boîte *f*
outfitter ['autfɪtəʳ] *n* (*Brit*): **"(gent's) ~'s"** "confection pour hommes"
outgoing ['autgəuɪŋ] *adj* (*president, tenant*) sortant(e); (*character*) ouvert(e), extraverti(e)
outgoings ['autgəuɪŋz] *npl* (*Brit: expenses*) dépenses *fpl*
outgrow [aut'grəu] *vt* (*irreg: like* **grow**); (*clothes*) devenir trop grand(e) pour
outhouse ['authaus] *n* appentis *m*, remise *f*
outing ['autɪŋ] *n* sortie *f*; excursion *f*
outlandish [aut'lændɪʃ] *adj* étrange
outlast [aut'lɑːst] *vt* survivre à
outlaw ['autlɔː] *n* hors-la-loi *m inv* ▷ *vt* (*person*) mettre hors la loi; (*practice*) proscrire
outlay ['autleɪ] *n* dépenses *fpl*; (*investment*) mise *f* de fonds
outlet ['autlɛt] *n* (*for liquid etc*) issue *f*, sortie *f*; (*for emotion*) exutoire *m*; (*for goods*) débouché *m*; (*also:* **retail outlet**) point *m* de vente; (*US: Elec*) prise *f* de courant
outline ['autlaɪn] *n* (*shape*) contour *m*; (*summary*) esquisse *f*, grandes lignes ▷ *vt* (*fig: theory, plan*) exposer à grands traits
outlive [aut'lɪv] *vt* survivre à
outlook ['autluk] *n* perspective *f*; (*point of view*) attitude *f*
outlying ['autlaɪɪŋ] *adj* écarté(e)
outmanoeuvre [autmə'nuːvəʳ] *vt* (*rival etc*) avoir au tournant
outmoded [aut'məudɪd] *adj* démodé(e); dépassé(e)
outnumber [aut'nʌmbəʳ] *vt* surpasser en nombre
out-of-court [autəv'kɔːt] *adj, adv* à l'aimable
out-of-date [autəv'deɪt] *adj* (*passport, ticket*) périmé(e); (*theory, idea*) dépassé(e); (*custom*) désuet(-ète); (*clothes*) démodé(e)
out-of-doors ['autəv'dɔːz] *adv* = **outdoors**
out-of-the-way ['autəvðə'weɪ] *adj* loin de tout; (*fig*) insolite
out-of-town [autəv'taun] *adj* (*shopping centre etc*) en périphérie
outpatient ['autpeɪʃənt] *n* malade *m/f* en consultation externe
outpost ['autpəust] *n* avant-poste *m*
outpouring ['autpɔːrɪŋ] *n* (*fig*) épanchement(s) *m(pl)*
output ['autput] *n* rendement *m*, production *f*; (*Comput*) sortie *f* ▷ *vt* (*Comput*) sortir
outrage ['autreɪdʒ] *n* (*anger*) indignation *f*; (*violent act*) atrocité *f*, acte *m* de violence; (*scandal*) scandale *m* ▷ *vt* outrager
outrageous [aut'reɪdʒəs] *adj* atroce; (*scandalous*) scandaleux(-euse)
outrider ['autraɪdəʳ] *n* (*on motorcycle*) motard *m*
outright *adv* [aut'raɪt] complètement; (*deny, refuse*) catégoriquement; (*ask*) carrément; (*kill*) sur le coup ▷ *adj* ['autraɪt] complet(-ète); catégorique
outrun [aut'rʌn] *vt* (*irreg: like* **run**) dépasser
outset ['autsɛt] *n* début *m*
outshine [aut'ʃaɪn] *vt* (*irreg: like* **shine**); (*fig*) éclipser
outside [aut'saɪd] *n* extérieur *m* ▷ *adj* extérieur(e); (*remote, unlikely*): **an ~ chance** une (très) faible chance ▷ *adv* (au) dehors, à l'extérieur ▷ *prep* hors de, à l'extérieur de; (*in front of*) devant; **at the ~** (*fig*) au plus *or* maximum; **~ left/right** *n* (*Football*) ailier gauche/droit
outside broadcast *n* (*Radio, TV*) reportage *m*
outside lane *n* (*Aut: in Britain*) voie *f* de droite; (*: in US, Europe*) voie de gauche
outside line *n* (*Tel*) ligne extérieure
outsider [aut'saɪdəʳ] *n* (*in race etc*) outsider *m*; (*stranger*) étranger(-ère)
outsize ['autsaɪz] *adj* énorme; (*clothes*) grande taille *inv*
outskirts ['autskəːts] *npl* faubourgs *mpl*
outsmart [aut'smɑːt] *vt* se montrer plus malin(-igne) *or* futé(e) que
outspoken [aut'spəukən] *adj* très franc (franche)
outspread [aut'sprɛd] *adj* (*wings*) déployé(e)
outstanding [aut'stændɪŋ] *adj* remarquable, exceptionnel(le); (*unfinished: work, business*) en suspens, en souffrance; (*debt*) impayé(e); (*problem*) non réglé(e); **your account is still ~** vous n'avez pas encore tout remboursé
outstay [aut'steɪ] *vt*: **to ~ one's welcome** abuser de l'hospitalité de son hôte
outstretched [aut'strɛtʃt] *adj* (*hand*) tendu(e); (*body*) étendu(e)
outstrip [aut'strɪp] *vt* (*also fig*) dépasser
out-tray ['auttreɪ] *n* courrier *m* "départ"
outvote [aut'vəut] *vt*: **to ~ sb (by)** mettre qn en minorité (par); **to ~ sth (by)** rejeter qch (par)
outward ['autwəd] *adj* (*sign, appearances*) extérieur(e); (*journey*) (d')aller
outwardly ['autwədlɪ] *adv* extérieurement; en apparence
outwards ['autwədz] *adv* (*esp Brit*) = **outward**
outweigh [aut'weɪ] *vt* l'emporter sur
outwit [aut'wɪt] *vt* se montrer plus malin que
oval ['əuvl] *adj, n* ovale *m*

Oval Office *n* (*US: Pol*) *voir article*

OVAL OFFICE

L'*Oval Office* est le bureau personnel du président des États-Unis à la Maison-Blanche, ainsi appelé du fait de sa forme ovale. Par extension, ce terme désigne la présidence elle-même.

ovarian [əu'vɛərɪən] *adj* ovarien(ne); (*cancer*) des ovaires
ovary ['əuvərɪ] *n* ovaire *m*
ovation [əu'veɪʃən] *n* ovation *f*
oven ['ʌvn] *n* four *m*
oven glove *n* gant *m* de cuisine
ovenproof ['ʌvnpru:f] *adj* allant au four
oven-ready ['ʌvnrɛdɪ] *adj* prêt(e) à cuire
ovenware ['ʌvnwɛə^r] *n* plats *mpl* allant au four
over ['əuvə^r] *adv* (par-)dessus; (*excessively*) trop ▷ *adj* (*or adv*) (*finished*) fini(e), terminé(e); (*too much*) en plus ▷ *prep* sur; par-dessus; (*above*) au-dessus de; (*on the other side of*) de l'autre côté de; (*more than*) plus de; (*during*) pendant; (*about, concerning*): **they fell out ~ money/her** ils se sont brouillés pour des questions d'argent/à cause d'elle; **~ here** ici; **~ there** là-bas; **all ~** (*everywhere*) partout; (*finished*) fini(e); **~ and ~ (again)** à plusieurs reprises; **~ and above** en plus de; **to ask sb ~** inviter qn (à passer); **to go ~ to sb's** passer chez qn; **to fall ~** tomber; **to turn sth ~** retourner qch; **now ~ to our Paris correspondent** nous passons l'antenne à notre correspondant à Paris; **the world ~** dans le monde entier; **she's not ~ intelligent** (*Brit*) elle n'est pas particulièrement intelligente
over... ['əuvə^r] *prefix*: **overabundant** surabondant(e)
overact [əuvər'ækt] *vi* (*Theat*) outrer son rôle
overall ['əuvərɔ:l] *adj* (*length*) total(e); (*study, impression*) d'ensemble ▷ *n* (*Brit*) blouse *f* ▷ *adv* [əuvər'ɔ:l] dans l'ensemble, en général;
overalls *npl* (*boiler suit*) bleus *mpl* (de travail)
overall majority *n* majorité absolue
overanxious [əuvər'æŋkʃəs] *adj* trop anxieux(-euse)
overawe [əuvər'ɔ:] *vt* impressionner
overbalance [əuvə'bæləns] *vi* basculer
overbearing [əuvə'bɛərɪŋ] *adj* impérieux(-euse), autoritaire
overboard ['əuvəbɔ:d] *adv* (*Naut*) par-dessus bord; **to go ~ for sth** (*fig*) s'emballer (pour qch)
overbook [əuvə'buk] *vi* faire du surbooking
overcame [əuvə'keɪm] *pt of* **overcome**
overcapitalize [əuvə'kæpɪtəlaɪz] *vt* surcapitaliser
overcast ['əuvəkɑ:st] *adj* couvert(e)
overcharge [əuvə'tʃɑ:dʒ] *vt*: **to ~ sb for sth** faire payer qch trop cher à qn
overcoat ['əuvəkəut] *n* pardessus *m*
overcome [əuvə'kʌm] *vt* (*irreg: like* **come**); (*defeat*) triompher de; (*difficulty*) surmonter ▷ *adj* (*emotionally*) bouleversé(e); **~ with grief** accablé(e) de douleur
overconfident [əuvə'kɔnfɪdənt] *adj* trop sûr(e) de soi
overcrowded [əuvə'kraudɪd] *adj* bondé(e); (*city, country*) surpeuplé(e)
overcrowding [əuvə'kraudɪŋ] *n* surpeuplement *m*; (*in bus*) encombrement *m*
overdo [əuvə'du:] *vt* (*irreg: like* **do**) exagérer; (*overcook*) trop cuire; **to ~ it, to ~ things** (*work too hard*) en faire trop, se surmener
overdone [əuvə'dʌn] *adj* (*vegetables, steak*) trop cuit(e)
overdose ['əuvədəus] *n* dose excessive
overdraft ['əuvədrɑ:ft] *n* découvert *m*
overdrawn [əuvə'drɔ:n] *adj* (*account*) à découvert
overdrive ['əuvədraɪv] *n* (*Aut*) (vitesse *f*) surmultipliée *f*
overdue [əuvə'dju:] *adj* en retard; (*bill*) impayé(e); (*change*) qui tarde; **that change was long ~** ce changement n'avait que trop tardé
overemphasis [əuvər'ɛmfəsɪs] *n*: **to put an ~ on** accorder trop d'importance à
overestimate [əuvər'ɛstɪmeɪt] *vt* surestimer
overexcited [əuvərɪk'saɪtɪd] *adj* surexcité(e)
overexertion [əuvərɪg'zə:ʃən] *n* surmenage *m* (physique)
overexpose [əuvərɪk'spəuz] *vt* (*Phot*) surexposer
overflow *vi* [əuvə'fləu] déborder ▷ *n* ['əuvəfləu] trop-plein *m*; (*also:* **overflow pipe**) tuyau *m* d'écoulement, trop-plein *m*
overfly [əuvə'flaɪ] *vt* (*irreg: like* **fly**) survoler
overgenerous [əuvə'dʒɛnərəs] *adj* (*person*) prodigue; (*offer*) excessif(-ive)
overgrown [əuvə'grəun] *adj* (*garden*) envahi(e) par la végétation; **he's just an ~ schoolboy** (*fig*) c'est un écolier attardé
overhang ['əuvə'hæŋ] *vt* (*irreg: like* **hang**) surplomber ▷ *vi* faire saillie
overhaul *vt* [əuvə'hɔ:l] réviser ▷ *n* ['əuvəhɔ:l] révision *f*
overhead *adv* [əuvə'hɛd] au-dessus ▷ *adj, n* ['əuvəhɛd] ▷ *adj* aérien(ne); (*lighting*) vertical(e) ▷ *n* (US) = **overheads**
overhead projector *n* rétroprojecteur *m*
overheads ['əuvəhɛdz] *npl* (*Brit*) frais généraux
overhear [əuvə'hɪə^r] *vt* (*irreg: like* **hear**) entendre (par hasard)
overheat [əuvə'hi:t] *vi* devenir surchauffé(e); (*engine*) chauffer
overjoyed [əuvə'dʒɔɪd] *adj* ravi(e), enchanté(e)
overkill ['əuvəkɪl] *n* (*fig*): **it would be ~** ce serait de trop
overland ['əuvəlænd] *adj, adv* par voie de terre
overlap *vi* [əuvə'læp] se chevaucher ▷ *n* ['əuvəlæp] chevauchement *m*
overleaf [əuvə'li:f] *adv* au verso
overload [əuvə'ləud] *vt* surcharger
overlook [əuvə'luk] *vt* (*have view of*) donner sur; (*miss*) oublier, négliger; (*forgive*) fermer les yeux sur
overlord ['əuvəlɔ:d] *n* chef *m* suprême

overmanning [əuvəˈmænɪŋ] *n* sureffectif *m*, main-d'œuvre *f* pléthorique
overnight *adv* [əuvəˈnaɪt] (*happen*) durant la nuit; (*fig*) soudain ▷ *adj* [ˈəuvənaɪt] d'une (*or* de) nuit; soudain(e); **to stay ~ (with sb)** passer la nuit (chez qn); **he stayed there ~** il y a passé la nuit; **if you travel ~ ...** si tu fais le voyage de nuit ...; **he'll be away ~** il ne rentrera pas ce soir
overnight bag *n* nécessaire *m* de voyage
overpass [ˈəuvəpɑːs] *n* (*US: for cars*) pont autoroutier; (*: for pedestrians*) passerelle *f*, pont *m*
overpay [əuvəˈpeɪ] *vt* (*irreg: like* **pay**); **to ~ sb by £50** donner à qn 50 livres de trop
overplay [əuvəˈpleɪ] *vt* exagérer; **to ~ one's hand** trop présumer de sa situation
overpower [əuvəˈpauə^r] *vt* vaincre; (*fig*) accabler
overpowering [əuvəˈpauərɪŋ] *adj* irrésistible; (*heat, stench*) suffocant(e)
overproduction [ˈəuvəprəˈdʌkʃən] *n* surproduction *f*
overrate [əuvəˈreɪt] *vt* surestimer
overreact [əuvəriːˈækt] *vi* réagir de façon excessive
override [əuvəˈraɪd] *vt* (*irreg: like* **ride**); (*order, objection*) passer outre à; (*decision*) annuler
overriding [əuvəˈraɪdɪŋ] *adj* prépondérant(e)
overrule [əuvəˈruːl] *vt* (*decision*) annuler; (*claim*) rejeter; (*person*) rejeter l'avis de
overrun [əuvəˈrʌn] *vt* (*irreg: like* **run**); (*Mil: country etc*) occuper; (*time limit etc*) dépasser ▷ *vi* dépasser le temps imparti; **the town is ~ with tourists** la ville est envahie de touristes
overseas [əuvəˈsiːz] *adv* outre-mer; (*abroad*) à l'étranger ▷ *adj* (*trade*) extérieur(e); (*visitor*) étranger(-ère)
oversee [əuvəˈsiː] *vt* (*irreg: like* **see**) surveiller
overseer [ˈəuvəsɪə^r] *n* (*in factory*) contremaître *m*
overshadow [əuvəˈʃædəu] *vt* (*fig*) éclipser
overshoot [əuvəˈʃuːt] *vt* (*irreg: like* **shoot**) dépasser
oversight [ˈəuvəsaɪt] *n* omission *f*, oubli *m*; **due to an ~** par suite d'une inadvertance
oversimplify [əuvəˈsɪmplɪfaɪ] *vt* simplifier à l'excès
oversleep [əuvəˈsliːp] *vi* (*irreg: like* **sleep**) se réveiller (trop) tard
overspend [əuvəˈspɛnd] *vi* (*irreg: like* **spend**) dépenser de trop; **we have overspent by 5,000 dollars** nous avons dépassé notre budget de 5 000 dollars, nous avons dépensé 5 000 dollars de trop
overspill [ˈəuvəspɪl] *n* excédent *m* de population
overstaffed [əuvəˈstɑːft] *adj*: **to be ~** avoir trop de personnel, être en surnombre
overstate [əuvəˈsteɪt] *vt* exagérer
overstatement [əuvəˈsteɪtmənt] *n* exagération *f*
overstay [əuvəˈsteɪ] *vt*: **to ~ one's welcome (at sb's)** abuser de l'hospitalité de qn
overstep [əuvəˈstɛp] *vt*: **to ~ the mark** dépasser la mesure
overstock [əuvəˈstɔk] *vt* stocker en surabondance
overstretched [əuvəˈstrɛtʃt] *adj* (*person*) débordé(e); **my budget is ~** j'ai atteint les limites de mon budget
overstrike *n* [ˈəuvəstraɪk] (*on printer*) superposition *f*, double frappe *f* ▷ *vt* (*irreg: like* **strike**) [əuvəˈstraɪk] surimprimer
overt [əuˈvəːt] *adj* non dissimulé(e)
overtake [əuvəˈteɪk] *vt* (*irreg: like* **take**) dépasser; (*Brit: Aut*) dépasser, doubler
overtaking [əuvəˈteɪkɪŋ] *n* (*Aut*) dépassement *m*
overtax [əuvəˈtæks] *vt* (*Econ*) surimposer; (*fig: strength, patience*) abuser de; **to ~ o.s.** se surmener
overthrow [əuvəˈθrəu] *vt* (*irreg: like* **throw**); (*government*) renverser
overtime [ˈəuvətaɪm] *n* heures *fpl* supplémentaires; **to do** *or* **work ~** faire des heures supplémentaires
overtime ban *n* refus *m* de faire des heures supplémentaires
overtone [ˈəuvətəun] *n* (*also:* **overtones**) note *f*, sous-entendus *mpl*
overtook [əuvəˈtuk] *pt of* **overtake**
overture [ˈəuvətʃuə^r] *n* (*Mus, fig*) ouverture *f*
overturn [əuvəˈtəːn] *vt* renverser; (*decision, plan*) annuler ▷ *vi* se retourner
overview [ˈəuvəvjuː] *n* vue *f* d'ensemble
overweight [əuvəˈweɪt] *adj* (*person*) trop gros(se); (*luggage*) trop lourd(e)
overwhelm [əuvəˈwɛlm] *vt* (*subj: emotion*) accabler, submerger; (*enemy, opponent*) écraser
overwhelming [əuvəˈwɛlmɪŋ] *adj* (*victory, defeat*) écrasant(e); (*desire*) irrésistible; **one's ~ impression is of heat** on a une impression dominante de chaleur
overwhelmingly [əuvəˈwɛlmɪŋlɪ] *adv* (*vote*) en masse; (*win*) d'une manière écrasante
overwork [əuvəˈwəːk] *n* surmenage *m* ▷ *vt* surmener ▷ *vi* se surmener
overwrite [əuvəˈraɪt] *vt* (*irreg: like* **write**); (*Comput*) écraser
overwrought [əuvəˈrɔːt] *adj* excédé(e)
ovulation [ɔvjuˈleɪʃən] *n* ovulation *f*
owe [əu] *vt* devoir; **to ~ sb sth, to ~ sth to sb** devoir qch à qn; **how much do I ~ you?** combien est-ce que je vous dois?
owing to [ˈəuɪŋtuː] *prep* à cause de, en raison de
owl [aul] *n* hibou *m*
own [əun] *vt* posséder ▷ *vi* (*Brit*): **to ~ to sth** reconnaître *or* avouer qch; **to ~ to having done sth** avouer avoir fait qch ▷ *adj* propre; **a room of my ~** une chambre à moi, ma propre chambre; **can I have it for my (very) ~?** puis-je l'avoir pour moi (tout) seul?; **to get one's ~ back** prendre sa revanche; **on one's ~** tout(e) seul(e); **to come into one's ~** trouver sa voie; trouver sa justification

O

▸ **own up** *vi* avouer
own brand *n* (*Comm*) marque *f* de distributeur
owner ['əunəʳ] *n* propriétaire *m/f*
owner-occupier ['əunər'ɔkjupaɪəʳ] *n* propriétaire occupant
ownership ['əunəʃɪp] *n* possession *f*; **it's under new ~** (*shop etc*) il y a eu un changement de propriétaire
own goal *n*: **he scored an ~** (*Sport*) il a marqué un but contre son camp; (*fig*) cela s'est retourné contre lui
ox (*pl* **oxen**) [ɔks, 'ɔksn] *n* bœuf *m*
Oxbridge ['ɔksbrɪdʒ] *n* (*Brit*) *les universités d'Oxford et de Cambridge; voir article*

Oxbridge

Oxbridge, nom formé à partir des mots Ox(ford) et (Cam)bridge, s'utilise pour parler de ces deux universités comme formant un tout, dans la mesure où elles sont toutes deux les universités britanniques les plus prestigieuses et mondialement connues.

oxen ['ɔksən] *npl of* **ox**
Oxfam ['ɔksfæm] *n abbr* (*Brit*: = *Oxford Committee for Famine Relief*) *association humanitaire*
oxide ['ɔksaɪd] *n* oxyde *m*
Oxon. ['ɔksn] *abbr* (*Brit*: *Oxoniensis*) = **of Oxford**
oxtail ['ɔksteɪl] *n*: **~ soup** soupe *f* à la queue de bœuf
oxygen ['ɔksɪdʒən] *n* oxygène *m*
oxygen mask *n* masque *m* à oxygène
oxygen tent *n* tente *f* à oxygène
oyster ['ɔɪstəʳ] *n* huître *f*
oz. *abbr* = **ounce; ounces**
ozone ['əuzəun] *n* ozone *m*
ozone friendly ['əuzəunfrendlɪ] *adj* qui n'attaque pas *or* qui préserve la couche d'ozone
ozone hole *n* trou *m* d'ozone
ozone layer *n* couche *f* d'ozone

Pp

P, p [pi:] *n* (*letter*) P, p *m*; **P for Peter** P comme Pierre
P *abbr* = **president; prince**
p *abbr* (= *page*) p; (*Brit*) = **penny; pence**
P.A. *n abbr* = **personal assistant; public address system** ▷ *abbr* (US) = **Pennsylvania**
pa [pɑ:] *n* (*inf*) papa *m*
Pa. *abbr* (US) = **Pennsylvania**
p.a. *abbr* = **per annum**
PAC *n abbr* (US) = **political action committee**
pace [peɪs] *n* pas *m*; (*speed*) allure *f*; vitesse *f* ▷ *vi*: **to ~ up and down** faire les cent pas; **to keep ~ with** aller à la même vitesse que; (*events*) se tenir au courant de; **to set the ~** (*running*) donner l'allure; (*fig*) donner le ton; **to put sb through his ~s** (*fig*) mettre qn à l'épreuve
pacemaker ['peɪsmeɪkə^r] *n* (*Med*) stimulateur *m* cardiaque; (*Sport*: *also*: **pacesetter**) meneur(-euse) de train
Pacific [pə'sɪfɪk] *n*: **the ~ (Ocean)** le Pacifique, l'océan *m* Pacifique
pacific [pə'sɪfɪk] *adj* pacifique
pacification [pæsɪfɪ'keɪʃən] *n* pacification *f*
pacifier ['pæsɪfaɪə^r] *n* (*US*: *dummy*) tétine *f*
pacifist ['pæsɪfɪst] *n* pacifiste *m/f*
pacify ['pæsɪfaɪ] *vt* pacifier; (*soothe*) calmer
pack [pæk] *n* paquet *m*; (*bundle*) ballot *m*; (*of hounds*) meute *f*; (*of thieves, wolves etc*) bande *f*; (*of cards*) jeu *m*; (*US*: *of cigarettes*) paquet; (*back pack*) sac *m* à dos ▷ *vt* (*goods*) empaqueter, emballer; (*in suitcase etc*) emballer; (*box*) remplir; (*cram*) entasser; (*press down*) tasser; damer; (*Comput*) grouper, tasser ▷ *vi*: **to ~ (one's bags)** faire ses bagages; **to ~ into** (*room, stadium*) s'entasser dans; **to send sb ~ing** (*inf*) envoyer promener qn
▸ **pack in** (*Brit inf*) *vi* (*machine*) tomber en panne ▷ *vt* (*boyfriend*) plaquer; **~ it in!** laisse tomber!
▸ **pack off** *vt*: **to ~ sb off to** expédier qn à
▸ **pack up** *vi* (*Brit inf*: *machine*) tomber en panne; (*: person*) se tirer ▷ *vt* (*belongings*) ranger; (*goods, presents*) empaqueter, emballer
package ['pækɪdʒ] *n* paquet *m*; (*of goods*) emballage *m*, conditionnement *m*; (*also*: **package deal**: *agreement*) marché global; (*: purchase*) forfait *m*; (*Comput*) progiciel *m* ▷ *vt* (*goods*) conditionner
package holiday *n* (*Brit*) vacances organisées
package tour *n* voyage organisé
packaging ['pækɪdʒɪŋ] *n* (*wrapping materials*) emballage *m*; (*of goods*) conditionnement *m*
packed [pækt] *adj* (*crowded*) bondé(e)
packed lunch (*Brit*) *n* repas froid
packer ['pækə^r] *n* (*person*) emballeur(-euse); conditionneur(-euse)
packet ['pækɪt] *n* paquet *m*
packet switching [-swɪtʃɪŋ] *n* (*Comput*) commutation *f* de paquets
pack ice ['pækaɪs] *n* banquise *f*
packing ['pækɪŋ] *n* emballage *m*
packing case *n* caisse *f* (d'emballage)
pact [pækt] *n* pacte *m*, traité *m*
pad [pæd] *n* bloc(-notes *m*) *m*; (*to prevent friction*) tampon *m*; (*for inking*) tampon *m* encreur; (*inf*: *flat*) piaule *f* ▷ *vt* rembourrer ▷ *vi*: **to ~ in/about** *etc* entrer/aller et venir *etc* à pas feutrés
padded ['pædɪd] *adj* (*jacket*) matelassé(e); (*bra*) rembourré(e); **~ cell** cellule capitonnée
padding ['pædɪŋ] *n* rembourrage *m*; (*fig*) délayage *m*
paddle ['pædl] *n* (*oar*) pagaie *f*; (*US*: *for table tennis*) raquette *f* de ping-pong ▷ *vi* (*with feet*) barboter, faire trempette ▷ *vt*: **to ~ a canoe** *etc* pagayer
paddle steamer *n* bateau *m* à aubes
paddling pool ['pædlɪŋ-] *n* petit bassin
paddock ['pædək] *n* enclos *m*; (*Racing*) paddock *m*
paddy ['pædɪ] *n* (*also*: **paddy field**) rizière *f*
padlock ['pædlɔk] *n* cadenas *m* ▷ *vt* cadenasser
padre ['pɑ:drɪ] *n* aumônier *m*
paediatrician, (US) **pediatrician** [pi:dɪə'trɪʃən] *n* pédiatre *m/f*
paediatrics, (US) **pediatrics** [pi:dɪ'ætrɪks] *n* pédiatrie *f*
paedophile, (US) **pedophile** ['pi:dəufaɪl] *n* pédophile *m*
pagan ['peɪgən] *adj, n* païen(ne)
page [peɪdʒ] *n* (*of book*) page *f*; (*also*: **page boy**) groom *m*, chasseur *m*; (*at wedding*) garçon *m* d'honneur ▷ *vt* (*in hotel etc*) (faire) appeler
pageant ['pædʒənt] *n* spectacle *m* historique; grande cérémonie

pageantry ['pædʒəntrɪ] *n* apparat *m*, pompe *f*
page break *n* fin *f or* saut *m* de page
pager ['peɪdʒə^r] *n* bip *m* (*inf*), Alphapage® *m*
paginate ['pædʒɪneɪt] *vt* paginer
pagination [pædʒɪ'neɪʃən] *n* pagination *f*
pagoda [pə'gəudə] *n* pagode *f*
paid [peɪd] *pt, pp of* **pay** ▷ *adj* (*work, official*) rémunéré(e); (*holiday*) payé(e); **to put ~ to** (*Brit*) mettre fin à, mettre par terre
paid-up ['peɪdʌp], (*US*) **paid-in** ['peɪdɪn] *adj* (*member*) à jour de sa cotisation; (*shares*) libéré(e); **~ capital** capital versé
pail [peɪl] *n* seau *m*
pain [peɪn] *n* douleur *f*; (*inf: nuisance*) plaie *f*; **to be in ~** souffrir, avoir mal; **to have a ~ in** avoir mal à *or* une douleur à *or* dans; **to take ~s to do** se donner du mal pour faire; **on ~ of death** sous peine de mort
pained ['peɪnd] *adj* peiné(e), chagrin(e)
painful ['peɪnful] *adj* douloureux(-euse); (*difficult*) difficile, pénible
painfully ['peɪnfəlɪ] *adv* (*fig: very*) terriblement
painkiller ['peɪnkɪlə^r] *n* calmant *m*, analgésique *m*
painless ['peɪnlɪs] *adj* indolore
painstaking ['peɪnzteɪkɪŋ] *adj* (*person*) soigneux(-euse); (*work*) soigné(e)
paint [peɪnt] *n* peinture *f* ▷ *vt* peindre; (*fig*) dépeindre; **to ~ the door blue** peindre la porte en bleu; **to ~ in oils** faire de la peinture à l'huile
paintbox ['peɪntbɔks] *n* boîte *f* de couleurs
paintbrush ['peɪntbrʌʃ] *n* pinceau *m*
painter ['peɪntə^r] *n* peintre *m*
painting ['peɪntɪŋ] *n* peinture *f*; (*picture*) tableau *m*
paint-stripper ['peɪntstrɪpə^r] *n* décapant *m*
paintwork ['peɪntwə:k] *n* (*Brit*) peintures *fpl*; (*: of car*) peinture *f*
pair [pɛə^r] *n* (*of shoes, gloves etc*) paire *f*; (*of people*) couple *m*; (*twosome*) duo *m*; **~ of scissors** (paire de) ciseaux *mpl*; **~ of trousers** pantalon *m*
▸ **pair off** *vi* se mettre par deux
pajamas [pə'dʒɑ:məz] *npl* (*US*) pyjama(s) *m(pl)*
Pakistan [pɑ:kɪ'stɑ:n] *n* Pakistan *m*
Pakistani [pɑ:kɪ'stɑ:nɪ] *adj* pakistanais(e) ▷ *n* Pakistanais(e)
PAL [pæl] *n abbr* (*TV: = phase alternation line*) PAL *m*
pal [pæl] *n* (*inf*) copain (copine)
palace ['pæləs] *n* palais *m*
palatable ['pælɪtəbl] *adj* bon (bonne), agréable au goût
palate ['pælɪt] *n* palais *m* (*Anat*)
palatial [pə'leɪʃəl] *adj* grandiose, magnifique
palaver [pə'lɑ:və^r] *n* palabres *fpl or mpl*; histoire(s) *f(pl)*
pale [peɪl] *adj* pâle ▷ *vi* pâlir ▷ *n*: **to be beyond the ~** être au ban de la société; **to grow** *or* **turn ~** (*person*) pâlir; **~ blue** (*adj*) bleu pâle *inv*; **to ~ into insignificance (beside)** perdre beaucoup d'importance (par rapport à)
paleness ['peɪlnɪs] *n* pâleur *f*
Palestine ['pælɪstaɪn] *n* Palestine *f*
Palestinian [pælɪs'tɪnɪən] *adj* palestinien(ne) ▷ *n* Palestinien(ne)
palette ['pælɪt] *n* palette *f*
paling ['peɪlɪŋ] *n* (*stake*) palis *m*; (*fence*) palissade *f*
palisade [pælɪ'seɪd] *n* palissade *f*
pall [pɔ:l] *n* (*of smoke*) voile *m* ▷ *vi*: **to ~ (on)** devenir lassant (pour)
pallet ['pælɪt] *n* (*for goods*) palette *f*
pallid ['pælɪd] *adj* blême
pallor ['pælə^r] *n* pâleur *f*
pally ['pælɪ] *adj* (*inf*) copain (copine)
palm [pɑ:m] *n* (*Anat*) paume *f*; (*also:* **palm tree**) palmier *m*; (*leaf, symbol*) palme *f* ▷ *vt*: **to ~ sth off on sb** (*inf*) refiler qch à qn
palmist ['pɑ:mɪst] *n* chiromancien(ne)
Palm Sunday *n* le dimanche des Rameaux
palpable ['pælpəbl] *adj* évident(e), manifeste
palpitation [pælpɪ'teɪʃən] *n* palpitation *f*
paltry ['pɔ:ltrɪ] *adj* dérisoire; piètre
pamper ['pæmpə^r] *vt* gâter, dorloter
pamphlet ['pæmflət] *n* brochure *f*; (*political etc*) tract *m*
pan [pæn] *n* (*also:* **saucepan**) casserole *f*; (*also:* **frying pan**) poêle *f*; (*of lavatory*) cuvette *f* ▷ *vi* (*Cine*) faire un panoramique ▷ *vt* (*inf: book, film*) éreinter; **to ~ for gold** laver du sable aurifère
panacea [pænə'sɪə] *n* panacée *f*
Panama ['pænəmɑ:] *n* Panama *m*
Panama Canal *n* canal *m* de Panama
pancake ['pænkeɪk] *n* crêpe *f*
Pancake Day *n* (*Brit*) mardi gras
pancake roll *n* rouleau *m* de printemps
pancreas ['pæŋkrɪəs] *n* pancréas *m*
panda ['pændə] *n* panda *m*
panda car *n* (*Brit*) ≈ voiture *f* pie *inv*
pandemic [pæn'dɛmɪk] *n* pandémie *f*
pandemonium [pændɪ'məunɪəm] *n* tohu-bohu *m*
pander ['pændə^r] *vi*: **to ~ to** flatter bassement; obéir servilement à
p&h *abbr* (*US: = postage and handling*) frais *mpl* de port
P&L *abbr* = **profit and loss**
p&p *abbr* (*Brit: = postage and packing*) frais *mpl* de port
pane [peɪn] *n* carreau *m* (de fenêtre), vitre *f*
panel ['pænl] *n* (*of wood, cloth etc*) panneau *m*; (*Radio, TV*) panel *m*, invités *mpl*; (*for interview, exams*) jury *m*; (*official: of experts*) table ronde, comité *m*
panel game *n* (*Brit*) jeu *m* (radiophonique/ télévisé)
panelling, (*US*) **paneling** ['pænəlɪŋ] *n* boiseries *fpl*
panellist, (*US*) **panelist** ['pænəlɪst] *n* invité(e) (*d'un panel*), membre d'un panel
pang [pæŋ] *n*: **~s of remorse** pincements *mpl* de remords; **~s of hunger/conscience** tiraillements *mpl* d'estomac/de la conscience
panhandler ['pænhændlə^r] *n* (*US inf*) mendiant(e)

panic ['pænɪk] *n* panique *f*, affolement *m* ▷ *vi* s'affoler, paniquer
panic buying [-baɪɪŋ] *n* achats *mpl* de précaution
panicky ['pænɪkɪ] *adj* (*person*) qui panique *or* s'affole facilement
panic-stricken ['pænɪkstrɪkən] *adj* affolé(e)
pannier ['pænɪə^r] *n* (*on animal*) bât *m*; (*on bicycle*) sacoche *f*
panorama [pænə'rɑːmə] *n* panorama *m*
panoramic [pænə'ræmɪk] *adj* panoramique
pansy ['pænzɪ] *n* (*Bot*) pensée *f*; (*inf*) tapette *f*, pédé *m*
pant [pænt] *vi* haleter
pantechnicon [pæn'tɛknɪkən] *n* (*Brit*) (grand) camion de déménagement
panther ['pænθə^r] *n* panthère *f*
panties ['pæntɪz] *npl* slip *m*, culotte *f*
pantihose ['pæntɪhəuz] *n* (*US*) collant *m*
panto ['pæntəu] *n* = **pantomime**
pantomime ['pæntəmaɪm] *n* (*Brit*) spectacle *m* de Noël
pantry ['pæntrɪ] *n* garde-manger *m inv*; (*room*) office *m*
pants [pænts] *n* (*Brit: woman's*) culotte *f*, slip *m*; (*: man's*) slip, caleçon *m*; (*US: trousers*) pantalon *m*
pantsuit ['pæntsuːt] *n* (*US*) tailleur-pantalon *m*
pantyhose ['pæntɪhəuz] (*US*) *npl* collant *m*
papacy ['peɪpəsɪ] *n* papauté *f*
papal ['peɪpəl] *adj* papal(e), pontifical(e)
paparazzi [pæpə'rætsiː] *npl* paparazzi *mpl*
paper ['peɪpə^r] *n* papier *m*; (*also*: **wallpaper**) papier peint; (*also*: **newspaper**) journal *m*; (*academic essay*) article *m*; (*exam*) épreuve écrite ▷ *adj* en *or* de papier ▷ *vt* tapisser (de papier peint); **papers** *npl* (*also*: **identity papers**) papiers *mpl* (d'identité); **a piece of ~** (*odd bit*) un bout de papier; (*sheet*) une feuille de papier; **to put sth down on ~** mettre qch par écrit
paper advance *n* (*on printer*) avance *f* (du) papier
paperback ['peɪpəbæk] *n* livre broché *or* non relié; (*small*) livre *m* de poche ▷ *adj*: **~ edition** édition brochée
paper bag *n* sac *m* en papier
paperboy ['peɪpəbɔɪ] *n* (*selling*) vendeur *m* de journaux; (*delivering*) livreur *m* de journaux
paper clip *n* trombone *m*
paper handkerchief *n*, **paper hankie** *n* (*inf*) mouchoir *m* en papier
paper mill *n* papeterie *f*
paper money *n* papier-monnaie *m*
paper profit *n* profit *m* théorique
paper shop *n* (*Brit*) marchand *m* de journaux
paperweight ['peɪpəweɪt] *n* presse-papiers *m inv*
paperwork ['peɪpəwəːk] *n* papiers *mpl*; (*pej*) paperasserie *f*
papier-mâché ['pæpɪeɪ'mæʃeɪ] *n* papier mâché
paprika ['pæprɪkə] *n* paprika *m*
Pap test, Pap smear ['pæp-] *n* (*Med*) frottis *m*
par [pɑː^r] *n* pair *m*; (*Golf*) normale *f* du parcours; **on a ~ with** à égalité avec, au même niveau que; **at ~** au pair; **above/below ~** au-dessus/au-dessous du pair; **to feel below** *or* **under** *or* **not up to ~** ne pas se sentir en forme
parable ['pærəbl] *n* parabole *f* (*Rel*)
parabola [pə'ræbələ] *n* parabole *f* (*Math*)
paracetamol [pærə'siːtəmɔl] (*Brit*) *n* paracétamol *m*
parachute ['pærəʃuːt] *n* parachute *m* ▷ *vi* sauter en parachute
parachute jump *n* saut *m* en parachute
parachutist ['pærəʃuːtɪst] *n* parachutiste *m/f*
parade [pə'reɪd] *n* défilé *m*; (*inspection*) revue *f*; (*street*) boulevard *m* ▷ *vt* (*fig*) faire étalage de ▷ *vi* défiler; **a fashion ~** (*Brit*) un défilé de mode
parade ground *n* terrain *m* de manœuvre
paradise ['pærədaɪs] *n* paradis *m*
paradox ['pærədɔks] *n* paradoxe *m*
paradoxical [pærə'dɔksɪkl] *adj* paradoxal(e)
paradoxically [pærə'dɔksɪklɪ] *adv* paradoxalement
paraffin ['pærəfɪn] *n* (*Brit*): **~ (oil)** pétrole (lampant); **liquid ~** huile *f* de paraffine
paraffin heater *n* (*Brit*) poêle *m* à mazout
paraffin lamp *n* (*Brit*) lampe *f* à pétrole
paragon ['pærəgən] *n* parangon *m*
paragraph ['pærəgrɑːf] *n* paragraphe *m*; **to begin a new ~** aller à la ligne
Paraguay ['pærəgwaɪ] *n* Paraguay *m*
Paraguayan [pærə'gwaɪən] *adj* paraguayen(ne) ▷ *n* Paraguayen(ne)
parallel ['pærəlɛl] *adj*: **~ (with** *or* **to)** parallèle (à); (*fig*) analogue (à) ▷ *n* (*line*) parallèle *f*; (*fig, Geo*) parallèle *m*
paralysed ['pærəlaɪzd] *adj* paralysé(e)
paralysis (*pl* **paralyses**) [pə'rælɪsɪs, -siːz] *n* paralysie *f*
paralytic [pærə'lɪtɪk] *adj* paralytique; (*Brit inf: drunk*) ivre mort(e)
paralyze ['pærəlaɪz] *vt* paralyser
paramedic [pærə'mɛdɪk] *n* auxiliaire *m/f* médical(e)
parameter [pə'ræmɪtə^r] *n* paramètre *m*
paramilitary [pærə'mɪlɪtərɪ] *adj* paramilitaire
paramount ['pærəmaunt] *adj*: **of ~ importance** de la plus haute *or* grande importance
paranoia [pærə'nɔɪə] *n* paranoïa *f*
paranoid ['pærənɔɪd] *adj* (*Psych*) paranoïaque; (*neurotic*) paranoïde
paranormal [pærə'nɔːml] *adj* paranormal(e)
paraphernalia [pærəfə'neɪlɪə] *n* attirail *m*, affaires *fpl*
paraphrase ['pærəfreɪz] *vt* paraphraser
paraplegic [pærə'pliːdʒɪk] *n* paraplégique *m/f*
parapsychology [pærəsaɪ'kɔlədʒɪ] *n* parapsychologie *f*
parasite ['pærəsaɪt] *n* parasite *m*
parasol ['pærəsɔl] *n* ombrelle *f*; (*at café etc*) parasol *m*
paratrooper ['pærətruːpə^r] *n* parachutiste *m* (*soldat*)
parcel ['pɑːsl] *n* paquet *m*, colis *m* ▷ *vt* (*also*: **parcel up**) empaqueter

▶ **parcel out** *vt* répartir
parcel bomb *n* (*Brit*) colis piégé
parcel post *n* service *m* de colis postaux
parch [pɑːtʃ] *vt* dessécher
parched [pɑːtʃt] *adj* (*person*) assoiffé(e)
parchment ['pɑːtʃmənt] *n* parchemin *m*
pardon ['pɑːdn] *n* pardon *m*; (*Law*) grâce *f* ▷ *vt* pardonner à; (*Law*) gracier; **~!** pardon!; **~ me!** (*after burping etc*) excusez-moi!; **I beg your ~!** (*I'm sorry*) pardon!, je suis désolé!; **(I beg your) ~?**, (*US*) **~ me?** (*what did you say?*) pardon?
pare [pɛəʳ] *vt* (*Brit: nails*) couper; (*fruit etc*) peler; (*fig: costs etc*) réduire
parent ['pɛərənt] *n* (*father*) père *m*; (*mother*) mère *f*; **parents** *npl* parents *mpl*
parentage ['pɛərəntɪdʒ] *n* naissance *f*; **of unknown ~** de parents inconnus
parental [pə'rɛntl] *adj* parental(e), des parents
parent company *n* société *f* mère
parenthesis (*pl* **parentheses**) [pə'rɛnθɪsɪs, -siːz] *n* parenthèse *f*; **in parentheses** entre parenthèses
parenthood ['pɛərənthud] *n* paternité *f or* maternité *f*
parenting ['pɛərəntɪŋ] *n* le métier de parent, le travail d'un parent
Paris ['pærɪs] *n* Paris
parish ['pærɪʃ] *n* paroisse *f*; (*Brit: civil*) ≈ commune *f* ▷ *adj* paroissial(e)
parish council *n* (*Brit*) ≈ conseil municipal
parishioner [pə'rɪʃənəʳ] *n* paroissien(ne)
Parisian [pə'rɪzɪən] *adj* parisien(ne), de Paris ▷ *n* Parisien(ne)
parity ['pærɪtɪ] *n* parité *f*
park [pɑːk] *n* parc *m*, jardin public ▷ *vt* garer ▷ *vi* se garer; **can I ~ here?** est-ce que je peux me garer ici?
parka ['pɑːkə] *n* parka *m*
parking ['pɑːkɪŋ] *n* stationnement *m*; **"no ~"** "stationnement interdit"
parking lights *npl* feux *mpl* de stationnement
parking lot *n* (*US*) parking *m*, parc *m* de stationnement
parking meter *n* parc(o)mètre *m*
parking offence, (*US*) **parking violation** *n* infraction *f* au stationnement
parking place *n* place *f* de stationnement
parking ticket *n* P.-V. *m*
Parkinson's ['pɑːkɪnsənz] *n* (*also:* **Parkinson's disease**) maladie *f* de Parkinson, parkinson *m*
parkway ['pɑːkweɪ] *n* (*US*) route *f* express (*en site vert ou aménagé*)
parlance ['pɑːləns] *n*: **in common/modern ~** dans le langage courant/actuel
parliament ['pɑːləmənt] *n* parlement *m*; *voir article*

PARLIAMENT

Le *Parliament* est l'assemblée législative britannique; elle est composée de deux chambres: la "House of Commons" et la "House of Lords". Ses bureaux sont les "Houses of Parliament" au palais de Westminster à Londres. Chaque *Parliament* est en général élu pour cinq ans. Les débats du *Parliament* sont maintenant retransmis à la télévision.

parliamentary [pɑːlə'mɛntərɪ] *adj* parlementaire
parlour, (*US*) **parlor** ['pɑːləʳ] *n* salon *m*
parlous ['pɑːləs] *adj* (*formal*) précaire
Parmesan [pɑːmɪ'zæn] *n* (*also:* **Parmesan cheese**) Parmesan *m*
parochial [pə'rəukɪəl] *adj* paroissial(e); (*pej*) à l'esprit de clocher
parody ['pærədɪ] *n* parodie *f*
parole [pə'rəul] *n*: **on ~** en liberté conditionnelle
paroxysm ['pærəksɪzəm] *n* (*Med, of grief*) paroxysme *m*; (*of anger*) accès *m*
parquet ['pɑːkeɪ] *n*: **~ floor(ing)** parquet *m*
parrot ['pærət] *n* perroquet *m*
parrot fashion *adv* comme un perroquet
parry ['pærɪ] *vt* esquiver, parer à
parsimonious [pɑːsɪ'məunɪəs] *adj* parcimonieux(-euse)
parsley ['pɑːslɪ] *n* persil *m*
parsnip ['pɑːsnɪp] *n* panais *m*
parson ['pɑːsn] *n* ecclésiastique *m*; (*Church of England*) pasteur *m*
part [pɑːt] *n* partie *f*; (*of machine*) pièce *f*; (*Theat*) rôle *m*; (*Mus*) voix *f*; partie; (*of serial*) épisode *m*; (*US: in hair*) raie *f* ▷ *adj* partiel(le) ▷ *adv* = **partly** ▷ *vt* séparer ▷ *vi* (*people*) se séparer; (*crowd*) s'ouvrir; (*roads*) se diviser; **to take ~ in** participer à, prendre part à; **to take sb's ~** prendre le parti de qn, prendre parti pour qn; **on his ~** de sa part; **for my ~** en ce qui me concerne; **for the most ~** en grande partie; dans la plupart des cas; **for the better ~ of the day** pendant la plus grande partie de la journée; **to be ~ and parcel of** faire partie de; **in ~** en partie; **to take sth in good/bad ~** prendre qch du bon/mauvais côté
▶ **part with** *vt fus* (*person*) se séparer de; (*possessions*) se défaire de
partake [pɑː'teɪk] *vi* (*irreg: like* **take**); (*formal*): **to ~ of sth** prendre part à qch, partager qch
part exchange *n* (*Brit*): **in ~** en reprise
partial ['pɑːʃl] *adj* (*incomplete*) partiel(le); (*unjust*) partial(e); **to be ~ to** aimer, avoir un faible pour
partially ['pɑːʃəlɪ] *adv* en partie, partiellement; partialement
participant [pɑː'tɪsɪpənt] *n* (*in competition, campaign*) participant(e)
participate [pɑː'tɪsɪpeɪt] *vi*: **to ~ (in)** participer (à), prendre part (à)
participation [pɑːtɪsɪ'peɪʃən] *n* participation *f*
participle ['pɑːtɪsɪpl] *n* participe *m*
particle ['pɑːtɪkl] *n* particule *f*; (*of dust*) grain *m*
particular [pə'tɪkjuləʳ] *adj* (*specific*) particulier(-ière); (*special*) particulier, spécial(e); (*fussy*) difficile, exigeant(e); (*careful*)

méticuleux(-euse); **in ~** en particulier, surtout
particularly [pə'tɪkjuləlɪ] *adv* particulièrement; (*in particular*) en particulier
particulars [pə'tɪkjuləz] *npl* détails *mpl*; (*information*) renseignements *mpl*
parting ['pɑːtɪŋ] *n* séparation *f*; (*Brit*: *in hair*) raie *f* ▷ *adj* d'adieu; **his ~ shot was ...** il lança en partant ....
partisan [pɑːtɪ'zæn] *n* partisan(e) ▷ *adj* partisan(e); de parti
partition [pɑː'tɪʃən] *n* (*Pol*) partition *f*, division *f*; (*wall*) cloison *f*
partly ['pɑːtlɪ] *adv* en partie, partiellement
partner ['pɑːtnə^r] *n* (*Comm*) associé(e); (*Sport*) partenaire *m/f*; (*spouse*) conjoint(e); (*lover*) ami(e); (*at dance*) cavalier(-ière) ▷ *vt* être l'associé *or* le partenaire *or* le cavalier de
partnership ['pɑːtnəʃɪp] *n* association *f*; **to go into ~ (with), form a ~ (with)** s'associer (avec)
part payment *n* acompte *m*
partridge ['pɑːtrɪdʒ] *n* perdrix *f*
part-time ['pɑː't'taɪm] *adj, adv* à mi-temps, à temps partiel
part-timer [pɑː't'taɪmə^r] *n* (*also*: **part-time worker**) travailleur(-euse) à temps partiel
party ['pɑːtɪ] *n* (*Pol*) parti *m*; (*celebration*) fête *f*; (*: formal*) réception *f*; (*: in evening*) soirée *f*; (*team*) équipe *f*; (*group*) groupe *m*; (*Law*) partie *f*; **dinner ~** dîner *m*; **to give** *or* **throw a ~** donner une réception; **we're having a ~ next Saturday** nous organisons une soirée *or* réunion entre amis samedi prochain; **it's for our son's birthday ~** c'est pour la fête (*or* le goûter) d'anniversaire de notre garçon; **to be a ~ to a crime** être impliqué(e) dans un crime
party dress *n* robe habillée
party line *n* (*Pol*) ligne *f* politique; (*Tel*) ligne partagée
party piece *n* numéro habituel
party political broadcast *n émission réservée à un parti politique.*
pass [pɑːs] *vt* (*time, object*) passer; (*place*) passer devant; (*friend*) croiser; (*exam*) être reçu(e) à, réussir; (*candidate*) admettre; (*overtake*) dépasser; (*approve*) approuver, accepter; (*law*) promulguer ▷ *vi* passer; (*Scol*) être reçu(e) *or* admis(e), réussir ▷ *n* (*permit*) laissez-passer *m inv*; (*membership card*) carte *f* d'accès *or* d'abonnement; (*in mountains*) col *m*; (*Sport*) passe *f*; (*Scol*: *also*: **pass mark**): **to get a ~** être reçu(e) (sans mention); **to ~ sb sth** passer qch à qn; **could you ~ the salt/oil, please?** pouvez-vous me passer le sel/l'huile, s'il vous plaît?; **she could ~ for 25** on lui donnerait 25 ans; **to ~ sth through a ring** *etc* (faire) passer qch dans un anneau *etc*; **could you ~ the vegetables round?** pourriez-vous faire passer les légumes?; **things have come to a pretty ~** (*Brit*) voilà où on en est!; **to make a ~ at sb** (*inf*) faire des avances à qn
▶ **pass away** *vi* mourir
▶ **pass by** *vi* passer ▷ *vt* (*ignore*) négliger
▶ **pass down** *vt* (*customs, inheritance*) transmettre
▶ **pass on** *vi* (*die*) s'éteindre, décéder ▷ *vt* (*hand on*): **to ~ on (to)** transmettre (à); (*: illness*) passer (à); (*: price rises*) répercuter (sur)
▶ **pass out** *vi* s'évanouir; (*Brit Mil*) sortir (*d'une école militaire*)
▶ **pass over** *vt* (*ignore*) passer sous silence
▶ **pass up** *vt* (*opportunity*) laisser passer
passable ['pɑːsəbl] *adj* (*road*) praticable; (*work*) acceptable
passage ['pæsɪdʒ] *n* (*also*: **passageway**) couloir *m*; (*gen, in book*) passage *m*; (*by boat*) traversée *f*
passbook ['pɑːsbuk] *n* livret *m*
passenger ['pæsɪndʒə^r] *n* passager(-ère)
passer-by [pɑːsə'baɪ] *n* passant(e)
passing ['pɑːsɪŋ] *adj* (*fig*) passager(-ère); **in ~** en passant
passing place *n* (*Aut*) aire *f* de croisement
passion ['pæʃən] *n* passion *f*; **to have a ~ for sth** avoir la passion de qch
passionate ['pæʃənɪt] *adj* passionné(e)
passion fruit *n* fruit *m* de la passion
passion play *n* mystère *m* de la Passion
passive ['pæsɪv] *adj* (*also Ling*) passif(-ive)
passive smoking *n* tabagisme passif
passkey ['pɑːskiː] *n* passe *m*
Passover ['pɑːsəuvə^r] *n* Pâque juive
passport ['pɑːspɔːt] *n* passeport *m*
passport control *n* contrôle *m* des passeports
passport office *n* bureau *m* de délivrance des passeports
password ['pɑːswəːd] *n* mot *m* de passe
past [pɑːst] *prep* (*in front of*) devant; (*further than*) au delà de, plus loin que; après; (*later than*) après ▷ *adv*: **to run ~** passer en courant ▷ *adj* passé(e); (*president etc*) ancien(ne) ▷ *n* passé *m*; **he's ~ forty** il a dépassé la quarantaine, il a plus de *or* passé quarante ans; **ten/quarter ~ eight** huit heures dix/un *or* et quart; **it's ~ midnight** il est plus de minuit, il est passé minuit; **he ran ~ me** il m'a dépassé en courant, il a passé devant moi en courant; **for the ~ few/3 days** depuis quelques/3 jours; ces derniers/3 derniers jours; **in the ~** (*gen*) dans le temps, autrefois; (*Ling*) au passé; **I'm ~ caring** je ne m'en fais plus; **to be ~ it** (*Brit inf*: *person*) avoir passé l'âge
pasta ['pæstə] *n* pâtes *fpl*
paste [peɪst] *n* pâte *f*; (*Culin*: *meat*) pâté *m* (à tartiner); (*: tomato*) purée *f*, concentré *m*; (*glue*) colle *f* (de pâte); (*jewellery*) strass *m* ▷ *vt* coller
pastel ['pæstl] *adj* pastel *inv* ▷ *n* (*Art*: *pencil*) (crayon *m*) pastel *m*; (*: drawing*) (dessin *m* au) pastel; (*colour*) ton *m* pastel *inv*
pasteurized ['pæstəraɪzd] *adj* pasteurisé(e)
pastille ['pæstl] *n* pastille *f*
pastime ['pɑːstaɪm] *n* passe-temps *m inv*, distraction *f*
past master *n* (*Brit*): **to be a ~ at** être expert en
pastor ['pɑːstə^r] *n* pasteur *m*
pastoral ['pɑːstərl] *adj* pastoral(e)
pastry ['peɪstrɪ] *n* pâte *f*; (*cake*) pâtisserie *f*
pasture ['pɑːstʃə^r] *n* pâturage *m*

pasty[1] *n* ['pæstɪ] petit pâté (en croûte)
pasty[2] ['peɪstɪ] *adj* pâteux(-euse); (*complexion*) terreux(-euse)
pat [pæt] *vt* donner une petite tape à; (*dog*) caresser ▷ *n*: **a ~ of butter** une noisette de beurre; **to give sb/o.s. a ~ on the back** (*fig*) congratuler qn/se congratuler; **he knows it (off) ~**, (*US*) **he has it down ~** il sait cela sur le bout des doigts
patch [pætʃ] *n* (*of material*) pièce *f*; (*eye patch*) cache *m*; (*spot*) tache *f*; (*of land*) parcelle *f*; (*on tyre*) rustine *f* ▷ *vt* (*clothes*) rapiécer; **a bad ~** (*Brit*) une période difficile
▶ **patch up** *vt* réparer
patchwork ['pætʃwəːk] *n* patchwork *m*
patchy ['pætʃɪ] *adj* inégal(e); (*incomplete*) fragmentaire
pate [peɪt] *n*: **a bald ~** un crâne chauve *or* dégarni
pâté ['pæteɪ] *n* pâté *m*, terrine *f*
patent ['peɪtnt] (*US*) ['pætnt] *n* brevet *m* (d'invention) ▷ *vt* faire breveter ▷ *adj* patent(e), manifeste
patent leather *n* cuir verni
patently ['peɪtntlɪ] *adv* manifestement
patent medicine *n* spécialité *f* pharmaceutique
patent office *n* bureau *m* des brevets
paternal [pə'təːnl] *adj* paternel(le)
paternity [pə'təːnɪtɪ] *n* paternité *f*
paternity leave [pə'təːnɪtɪ-] *n* congé *m* de paternité
paternity suit *n* (*Law*) action *f* en recherche de paternité
path [pɑːθ] *n* chemin *m*, sentier *m*; (*in garden*) allée *f*; (*of planet*) course *f*; (*of missile*) trajectoire *f*
pathetic [pə'θɛtɪk] *adj* (*pitiful*) pitoyable; (*very bad*) lamentable, minable; (*moving*) pathétique
pathological [pæθə'lɔdʒɪkl] *adj* pathologique
pathologist [pə'θɔlədʒɪst] *n* pathologiste *m/f*
pathology [pə'θɔlədʒɪ] *n* pathologie *f*
pathos ['peɪθɔs] *n* pathétique *m*
pathway ['pɑːθweɪ] *n* chemin *m*, sentier *m*; (*in garden*) allée *f*
patience ['peɪʃns] *n* patience *f*; (*Brit: Cards*) réussite *f*; **to lose (one's) ~** perdre patience
patient ['peɪʃnt] *n* malade *m/f*; (*of dentist etc*) patient(e) ▷ *adj* patient(e)
patiently ['peɪʃntlɪ] *adv* patiemment
patio ['pætɪəu] *n* patio *m*
patriot ['peɪtrɪət] *n* patriote *m/f*
patriotic [pætrɪ'ɔtɪk] *adj* patriotique; (*person*) patriote
patriotism ['pætrɪətɪzəm] *n* patriotisme *m*
patrol [pə'trəul] *n* patrouille *f* ▷ *vt* patrouiller dans; **to be on ~** être de patrouille
patrol boat *n* patrouilleur *m*
patrol car *n* voiture *f* de police
patrolman [pə'trəulmən] (*irreg*) *n* (*US*) agent *m* de police
patron ['peɪtrən] *n* (*in shop*) client(e); (*of charity*) patron(ne); **~ of the arts** mécène *m*
patronage ['pætrənɪdʒ] *n* patronage *m*, appui *m*
patronize ['pætrənaɪz] *vt* être (un) client *or* un habitué de; (*fig*) traiter avec condescendance
patronizing ['pætrənaɪzɪŋ] *adj* condescendant(e)
patron saint *n* saint(e) patron(ne)
patter ['pætə[r]] *n* crépitement *m*, tapotement *m*; (*sales talk*) boniment *m* ▷ *vi* crépiter, tapoter
pattern ['pætən] *n* modèle *m*; (*Sewing*) patron *m*; (*design*) motif *m*; (*sample*) échantillon *m*; **behaviour ~** mode *m* de comportement
patterned ['pætənd] *adj* à motifs
paucity ['pɔːsɪtɪ] *n* pénurie *f*, carence *f*
paunch [pɔːntʃ] *n* gros ventre, bedaine *f*
pauper ['pɔːpə[r]] *n* indigent(e); **~'s grave** fosse commune
pause [pɔːz] *n* pause *f*, arrêt *m*; (*Mus*) silence *m* ▷ *vi* faire une pause, s'arrêter; **to ~ for breath** reprendre son souffle; (*fig*) faire une pause
pave [peɪv] *vt* paver, daller; **to ~ the way for** ouvrir la voie à
pavement ['peɪvmənt] *n* (*Brit*) trottoir *m*; (*US*) chaussée *f*
pavilion [pə'vɪlɪən] *n* pavillon *m*; tente *f*; (*Sport*) stand *m*
paving ['peɪvɪŋ] *n* (*material*) pavé *m*, dalle *f*; (*area*) pavage *m*, dallage *m*
paving stone *n* pavé *m*
paw [pɔː] *n* patte *f* ▷ *vt* donner un coup de patte à; (*person: pej*) tripoter
pawn [pɔːn] *n* gage *m*; (*Chess, also fig*) pion *m* ▷ *vt* mettre en gage
pawnbroker ['pɔːnbrəukə[r]] *n* prêteur *m* sur gages
pawnshop ['pɔːnʃɔp] *n* mont-de-piété *m*
pay [peɪ] (*pt, pp* **paid**) [peɪd] *n* salaire *m*; (*of manual worker*) paie *f* ▷ *vt* payer; (*be profitable to: also fig*) rapporter à ▷ *vi* payer; (*be profitable*) être rentable; **how much did you ~ for it?** combien l'avez-vous payé?, vous l'avez payé combien?; **I paid £5 for that ticket** j'ai payé ce billet 5 livres; **can I ~ by credit card?** est-ce que je peux payer par carte de crédit?; **to ~ one's way** payer sa part; (*company*) couvrir ses frais; **to ~ dividends** (*fig*) porter ses fruits, s'avérer rentable; **it won't ~ you to do that** vous ne gagnerez rien à faire cela; **to ~ attention (to)** prêter attention (à); **to ~ sb a visit** rendre visite à qn; **to ~ one's respects to sb** présenter ses respects à qn
▶ **pay back** *vt* rembourser
▶ **pay for** *vt fus* payer
▶ **pay in** *vt* verser
▶ **pay off** *vt* (*debts*) régler, acquitter; (*person*) rembourser; (*workers*) licencier ▷ *vi* (*scheme, decision*) se révéler payant(e); **to ~ sth off in instalments** payer qch à tempérament
▶ **pay out** *vt* (*money*) payer, sortir de sa poche; (*rope*) laisser filer
▶ **pay up** *vt* (*debts*) régler; (*amount*) payer
payable ['peɪəbl] *adj* payable; **to make a cheque ~ to sb** établir un chèque à l'ordre de qn
pay-as-you-go [ˌpeɪəzjə'gəu] *adj* (*mobile phone*) à

carte prépayée
pay award *n* augmentation *f*
payday *n* jour *m* de paie
PAYE *n abbr (Brit: = pay as you earn) système de retenue des impôts à la source*
payee [peɪ'iː] *n* bénéficiaire *m/f*
pay envelope *n* (US) paie *f*
paying ['peɪɪŋ] *adj* payant(e); **~ guest** hôte payant
payload ['peɪləud] *n* charge *f* utile
payment ['peɪmənt] *n* paiement *m*; *(of bill)* règlement *m*; *(of deposit, cheque)* versement *m*; **advance ~** *(part sum)* acompte *m*; *(total sum)* paiement anticipé; **deferred ~, ~ by instalments** paiement par versements échelonnés; **monthly ~** mensualité *f*; **in ~ for, in ~ of** en règlement de; **on ~ of £5** pour 5 livres
payout ['peɪaut] *n (from insurance)* dédommagement *m*; *(in competition)* prix *m*
pay packet *n* (Brit) paie *f*
pay phone *n* cabine *f* téléphonique, téléphone public
pay raise *n* (US) = **pay rise**
pay rise *n* (Brit) augmentation *f* (de salaire)
payroll ['peɪrəul] *n* registre *m* du personnel; **to be on a firm's ~** être employé par une entreprise
pay slip *n* (Brit) bulletin *m* de paie, feuille *f* de paie
pay station *n* (US) cabine *f* téléphonique
pay television *n* chaînes *fpl* payantes
PBS *n abbr (US: = Public Broadcasting Service) groupement d'aide à la réalisation d'émissions pour la TV publique*
PBX *n abbr (Brit: = private branch exchange)* PBX *m*, commutateur *m* privé
PC *n abbr* = **personal computer**; (Brit) = **police constable** ▷ *adj abbr* = **politically correct** ▷ *abbr* (Brit) = **Privy Councillor**
p.c. *abbr* = **per cent; postcard**
p/c *abbr* = **petty cash**
PCB *n abbr* = **printed circuit board**
pcm *n abbr (= per calender month)* par mois
PD *n abbr* (US) = **police department**
pd *abbr* = **paid**
PDA *n abbr (= personal digital assistant)* agenda *m* électronique
PDQ *n abbr* = **pretty damn quick**
PDSA *n abbr* (Brit) = **People's Dispensary for Sick Animals**
PDT *abbr (US: = Pacific Daylight Time) heure d'été du Pacifique*
PE *n abbr (= physical education)* EPS *f* ▷ *abbr (Canada)* = **Prince Edward Island**
pea [piː] *n* (petit) pois
peace [piːs] *n* paix *f*; *(calm)* calme *m*, tranquillité *f*; **to be at ~ with sb/sth** être en paix avec qn/qch; **to keep the ~** *(policeman)* assurer le maintien de l'ordre; *(citizen)* ne pas troubler l'ordre
peaceable ['piːsəbl] *adj* paisible, pacifique
peaceful ['piːsful] *adj* paisible, calme
peacekeeper ['piːskiːpə^r] *n (force)* force gardienne de la paix
peacekeeping ['piːskiːpɪŋ] *n* maintien *m* de la paix
peacekeeping force *n* forces *fpl* qui assurent le maintien de la paix
peace offering *n* gage *m* de réconciliation; *(humorous)* gage de paix
peach [piːtʃ] *n* pêche *f*
peacock ['piːkɔk] *n* paon *m*
peak [piːk] *n (mountain)* pic *m*, cime *f*; *(of cap)* visière *f*; *(fig: highest level)* maximum *m*; *(: of career, fame)* apogée *m*
peak-hour ['piːkauə^r] *adj (traffic etc)* de pointe
peak hours *npl* heures *fpl* d'affluence *or* de pointe
peak period *n* période *f* de pointe
peak rate *n* plein tarif
peaky ['piːkɪ] *adj (Brit inf)* fatigué(e)
peal [piːl] *n (of bells)* carillon *m*; **~s of laughter** éclats *mpl* de rire
peanut ['piːnʌt] *n* arachide *f*, cacahuète *f*
peanut butter *n* beurre *m* de cacahuète
pear [pɛə^r] *n* poire *f*
pearl [pəːl] *n* perle *f*
peasant ['pɛznt] *n* paysan(ne)
peat [piːt] *n* tourbe *f*
pebble ['pɛbl] *n* galet *m*, caillou *m*
peck [pɛk] *vt (also:* **peck at***)* donner un coup de bec à; *(food)* picorer ▷ *n* coup *m* de bec; *(kiss)* bécot *m*
pecking order ['pɛkɪŋ-] *n* ordre *m* hiérarchique
peckish ['pɛkɪʃ] *adj (Brit inf)*: **I feel ~** je mangerais bien quelque chose, j'ai la dent
peculiar [pɪ'kjuːlɪə^r] *adj (odd)* étrange, bizarre, curieux(-euse); *(particular)* particulier(-ière); **~ to** particulier à
peculiarity [pɪkjuːlɪ'ærɪtɪ] *n* bizarrerie *f*; particularité *f*
pecuniary [pɪ'kjuːnɪərɪ] *adj* pécuniaire
pedal ['pɛdl] *n* pédale *f* ▷ *vi* pédaler
pedal bin *n* (Brit) poubelle *f* à pédale
pedantic [pɪ'dæntɪk] *adj* pédant(e)
peddle ['pɛdl] *vt* colporter; *(drugs)* faire le trafic de
peddler ['pɛdlə^r] *n* colporteur *m*; camelot *m*
pedestal ['pɛdəstl] *n* piédestal *m*
pedestrian [pɪ'dɛstrɪən] *n* piéton *m* ▷ *adj* piétonnier(-ière); *(fig)* prosaïque, terre à terre *inv*
pedestrian crossing *n* (Brit) passage clouté
pedestrianized [pɪ'dɛstrɪənaɪzd] *adj*: **a ~ street** une rue piétonne
pedestrian precinct, (US) **pedestrian zone** *n* (Brit) zone piétonne
pediatrics [piːdɪ'ætrɪks] *n* (US) = **paediatrics**
pedigree ['pɛdɪgriː] *n* ascendance *f*; *(of animal)* pedigree *m* ▷ *cpd (animal)* de race
pedlar ['pɛdlə^r] *n* = **peddler**
pedophile ['piːdəufaɪl] (US) *n* = **paedophile**
pee [piː] *vi (inf)* faire pipi, pisser
peek [piːk] *vi* jeter un coup d'œil (furtif)

p

peel [pi:l] *n* pelure *f*, épluchure *f*; (*of orange, lemon*) écorce *f* ▷ *vt* peler, éplucher ▷ *vi* (*paint etc*) s'écailler; (*wallpaper*) se décoller; (*skin*) peler
▸ **peel back** *vt* décoller
peeler ['pi:lə[r]] *n* (*potato etc peeler*) éplucheur *m*
peelings ['pi:lɪŋz] *npl* pelures *fpl*, épluchures *fpl*
peep [pi:p] *n* (*Brit: look*) coup d'œil furtif; (*sound*) pépiement *m* ▷ *vi* (*Brit*) jeter un coup d'œil (furtif)
▸ **peep out** *vi* (*Brit*) se montrer (furtivement)
peephole ['pi:phəul] *n* judas *m*
peer [pɪə[r]] *vi*: **to ~ at** regarder attentivement, scruter ▷ *n* (*noble*) pair *m*; (*equal*) pair, égal(e)
peerage ['pɪərɪdʒ] *n* pairie *f*
peerless ['pɪəlɪs] *adj* incomparable, sans égal
peeved [pi:vd] *adj* irrité(e), ennuyé(e)
peevish ['pi:vɪʃ] *adj* grincheux(-euse), maussade
peg [pɛg] *n* cheville *f*; (*for coat etc*) patère *f*; (*Brit: also*: **clothes peg**) pince *f* à linge ▷ *vt* (*clothes*) accrocher; (*Brit: groundsheet*) fixer (avec des piquets); (*fig: prices, wages*) contrôler, stabiliser
pejorative [pɪ'dʒɔrətɪv] *adj* péjoratif(-ive)
Pekin [pi:'kɪn] *n*, **Peking** [pi:'kɪŋ] ▷ *n* Pékin
Pekinese, Pekingese [pi:kɪ'ni:z] *n* pékinois *m*
pelican ['pɛlɪkən] *n* pélican *m*
pelican crossing *n* (*Brit Aut*) feu *m* à commande manuelle
pellet ['pɛlɪt] *n* boulette *f*; (*of lead*) plomb *m*
pell-mell ['pɛl'mɛl] *adv* pêle-mêle
pelmet ['pɛlmɪt] *n* cantonnière *f*; lambrequin *m*
pelt [pɛlt] *vt*: **to ~ sb (with)** bombarder qn (de) ▷ *vi* (*rain*) tomber à seaux; (*inf: run*) courir à toutes jambes ▷ *n* peau *f*
pelvis ['pɛlvɪs] *n* bassin *m*
pen [pɛn] *n* (*for writing*) stylo *m*; (*for sheep*) parc *m*; (*US inf: prison*) taule *f*; **to put ~ to paper** prendre la plume
penal ['pi:nl] *adj* pénal(e)
penalize ['pi:nəlaɪz] *vt* pénaliser; (*fig*) désavantager
penal servitude [-'sə:vɪtju:d] *n* travaux forcés
penalty ['pɛnltɪ] *n* pénalité *f*; sanction *f*; (*fine*) amende *f*; (*Sport*) pénalisation *f*; (*also*: **penalty kick**: *Football*) penalty *m*; (: *Rugby*) pénalité *f*; **to pay the ~ for** être pénalisé(e) pour
penalty area *n* (*Brit Sport*) surface *f* de réparation
penalty clause *n* clause pénale
penalty kick *n* (*Football*) penalty *m*
penalty shoot-out [-'ʃu:taut] *n* (*Football*) épreuve *f* des penalties
penance ['pɛnəns] *n* pénitence *f*
pence [pɛns] *npl of* **penny**
penchant ['pɑ̃:ʃɑ̃:ŋ] *n* penchant *m*
pencil ['pɛnsl] *n* crayon *m*
▸ **pencil in** *vt* noter provisoirement
pencil case *n* trousse *f* (d'écolier)
pencil sharpener *n* taille-crayon(s) *m inv*
pendant ['pɛndnt] *n* pendentif *m*
pending ['pɛndɪŋ] *prep* en attendant ▷ *adj* en suspens
pendulum ['pɛndjuləm] *n* pendule *m*; (*of clock*) balancier *m*
penetrate ['pɛnɪtreɪt] *vt* pénétrer dans; (*enemy territory*) entrer en; (*sexually*) pénétrer
penetrating ['pɛnɪtreɪtɪŋ] *adj* pénétrant(e)
penetration [pɛnɪ'treɪʃən] *n* pénétration *f*
penfriend ['pɛnfrɛnd] *n* (*Brit*) correspondant(e)
penguin ['pɛŋgwɪn] *n* pingouin *m*
penicillin [pɛnɪ'sɪlɪn] *n* pénicilline *f*
peninsula [pə'nɪnsjulə] *n* péninsule *f*
penis ['pi:nɪs] *n* pénis *m*, verge *f*
penitence ['pɛnɪtns] *n* repentir *m*
penitent ['pɛnɪtnt] *adj* repentant(e)
penitentiary [pɛnɪ'tɛnʃərɪ] *n* (*US*) prison *f*
penknife ['pɛnnaɪf] *n* canif *m*
Penn., Penna. *abbr* (*US*) = **Pennsylvania**
pen name *n* nom *m* de plume, pseudonyme *m*
pennant ['pɛnənt] *n* flamme *f*, banderole *f*
penniless ['pɛnɪlɪs] *adj* sans le sou
Pennines ['pɛnaɪnz] *npl*: **the ~** les Pennines *fpl*
penny (*pl* **pennies** *or* **pence**) ['pɛnɪ, 'pɛnɪz, pɛns] *n* (*Brit*) penny *m*; (*US*) cent *m*
penpal ['pɛnpæl] *n* correspondant(e)
penpusher ['pɛnpuʃɛ[r]] *n* (*pej*) gratte-papier *m inv*
pension ['pɛnʃən] *n* (*from company*) retraite *f*; (*Mil*) pension *f*
▸ **pension off** *vt* mettre à la retraite
pensionable ['pɛnʃnəbl] *adj* qui a droit à une retraite
pensioner ['pɛnʃənə[r]] *n* (*Brit*) retraité(e)
pension fund *n* caisse *f* de retraite
pension plan *n* plan *m* de retraite
pensive ['pɛnsɪv] *adj* pensif(-ive)
pentagon ['pɛntəgən] *n* pentagone *m*; **the P~** (*US Pol*) le Pentagone; *voir article*

PENTAGON

Le *Pentagon* est le nom donné aux bureaux du ministère de la Défense américain, situés à Arlington en Virginie, à cause de la forme pentagonale du bâtiment dans lequel ils se trouvent. Par extension, ce terme est également utilisé en parlant du ministère lui-même.

pentathlon [pɛn'tæθlən] *n* pentathlon *m*
Pentecost ['pɛntɪkɔst] *n* Pentecôte *f*
penthouse ['pɛnthaus] *n* appartement *m* (de luxe) en attique
pent-up ['pɛntʌp] *adj* (*feelings*) refoulé(e)
penultimate [pɪ'nʌltɪmət] *adj* pénultième, avant-dernier(-ière)
penury ['pɛnjurɪ] *n* misère *f*
people ['pi:pl] *npl* gens *mpl*; personnes *fpl*; (*inhabitants*) population *f*; (*Pol*) peuple *m* ▷ *n* (*nation, race*) peuple *m* ▷ *vt* peupler; **I know ~ who ...** je connais des gens qui ...; **the room was full of ~** la salle était pleine de monde *or* de gens; **several ~ came** plusieurs personnes sont venues; **~ say that ...** on dit *or* les gens disent que ...; **old ~** les personnes âgées; **young ~** les jeunes; **a man of the ~** un homme du peuple
PEP [pɛp] *n* (= *personal equity plan*) ≈ CEA *m*

(= *compte d'épargne en actions*)
pep [pɛp] *n* (*inf*) entrain *m*, dynamisme *m*
▸ **pep up** *vt* (*inf*) remonter
pepper ['pɛpə^r] *n* poivre *m*; (*vegetable*) poivron *m* ▹ *vt* (*Culin*) poivrer
pepper mill *n* moulin *m* à poivre
peppermint ['pɛpəmɪnt] *n* (*plant*) menthe poivrée; (*sweet*) pastille *f* de menthe
pepperoni [pɛpə'rəunɪ] *n saucisson sec de porc et de bœuf très poivré.*
pepperpot ['pɛpəpɔt] *n* poivrière *f*
pep talk ['pɛptɔːk] *n* (*inf*) (petit) discours d'encouragement
per [pəː^r] *prep* par; **~ hour** (*miles etc*) à l'heure; (*fee*) (de) l'heure; **~ kilo** *etc* le kilo *etc*; **~ day/ person** par jour/personne; **~ annum** per an; **as ~ your instructions** conformément à vos instructions
per annum *adv* par an
per capita *adj, adv* par habitant, par personne
perceive [pə'siːv] *vt* percevoir; (*notice*) remarquer, s'apercevoir de
per cent *adv* pour cent; **a 20 ~ discount** une réduction de 20 pour cent
percentage [pə'sɛntɪdʒ] *n* pourcentage *m*; **on a ~ basis** au pourcentage
percentage point *n*: **ten ~s** dix pour cent
perceptible [pə'sɛptɪbl] *adj* perceptible
perception [pə'sɛpʃən] *n* perception *f*; (*insight*) sensibilité *f*
perceptive [pə'sɛptɪv] *adj* (*remark, person*) perspicace
perch [pəːtʃ] *n* (*fish*) perche *f*; (*for bird*) perchoir *m* ▹ *vi* (se) percher
percolate ['pəːkəleɪt] *vt, vi* passer
percolator ['pəːkəleɪtə^r] *n* percolateur *m*; cafetière *f* électrique
percussion [pə'kʌʃən] *n* percussion *f*
peremptory [pə'rɛmptərɪ] *adj* péremptoire
perennial [pə'rɛnɪəl] *adj* perpétuel(le); (*Bot*) vivace ▹ *n* (*Bot*) (plante *f*) vivace *f*, plante pluriannuelle
perfect ['pəːfɪkt] *adj* parfait(e) ▹ *n* (*also:* **perfect tense**) parfait *m* ▹ *vt* [pə'fɛkt] (*technique, skill, work of art*) parfaire; (*method, plan*) mettre au point; **he's a ~ stranger to me** il m'est totalement inconnu
perfection [pə'fɛkʃən] *n* perfection *f*
perfectionist [pə'fɛkʃənɪst] *n* perfectionniste *m/f*
perfectly ['pəːfɪktlɪ] *adv* parfaitement; **I'm ~ happy with the situation** cette situation me convient parfaitement; **you know ~ well** vous le savez très bien
perforate ['pəːfəreɪt] *vt* perforer, percer
perforated ulcer ['pəːfəreɪtɪd-] *n* (*Med*) ulcère perforé
perforation [pəːfə'reɪʃən] *n* perforation *f*; (*line of holes*) pointillé *m*
perform [pə'fɔːm] *vt* (*carry out*) exécuter, remplir; (*concert etc*) jouer, donner ▹ *vi* (*actor, musician*) jouer; (*machine, car*) marcher, fonctionner; (*company, economy*): **to ~ well/ badly** produire de bons/mauvais résultats
performance [pə'fɔːməns] *n* représentation *f*, spectacle *m*; (*of an artist*) interprétation *f*; (*Sport: of car, engine*) performance *f*; (*of company, economy*) résultats *mpl*; **the team put up a good ~** l'équipe a bien joué
performer [pə'fɔːmə^r] *n* artiste *m/f*
performing [pə'fɔːmɪŋ] *adj* (*animal*) savant(e)
performing arts *npl*: **the ~** les arts *mpl* du spectacle
perfume ['pəːfjuːm] *n* parfum *m* ▹ *vt* parfumer
perfunctory [pə'fʌŋktərɪ] *adj* négligent(e), pour la forme
perhaps [pə'hæps] *adv* peut-être; **~ he'll ...** peut-être qu'il ...; **~ so/not** peut-être que oui/ que non
peril ['pɛrɪl] *n* péril *m*
perilous ['pɛrɪləs] *adj* périlleux(-euse)
perilously ['pɛrɪləslɪ] *adv*: **they came ~ close to being caught** ils ont été à deux doigts de se faire prendre
perimeter [pə'rɪmɪtə^r] *n* périmètre *m*
perimeter wall *n* mur *m* d'enceinte
period ['pɪərɪəd] *n* période *f*; (*History*) époque *f*; (*Scol*) cours *m*; (*full stop*) point *m*; (*Med*) règles *fpl* ▹ *adj* (*costume, furniture*) d'époque; **for a ~ of three weeks** pour (une période de) trois semaines; **the holiday ~** (*Brit*) la période des vacances
periodic [pɪərɪ'ɔdɪk] *adj* périodique
periodical [pɪərɪ'ɔdɪkl] *adj* périodique ▹ *n* périodique *m*
periodically [pɪərɪ'ɔdɪklɪ] *adv* périodiquement
period pains *npl* (*Brit*) douleurs menstruelles
peripatetic [pɛrɪpə'tɛtɪk] *adj* (*salesman*) ambulant; (*Brit: teacher*) qui travaille dans plusieurs établissements
peripheral [pə'rɪfərəl] *adj* périphérique ▹ *n* (*Comput*) périphérique *m*
periphery [pə'rɪfərɪ] *n* périphérie *f*
periscope ['pɛrɪskəup] *n* périscope *m*
perish ['pɛrɪʃ] *vi* périr, mourir; (*decay*) se détériorer
perishable ['pɛrɪʃəbl] *adj* périssable
perishables ['pɛrɪʃəblz] *npl* denrées *fpl* périssables
perishing ['pɛrɪʃɪŋ] *adj* (*Brit inf: cold*) glacial(e)
peritonitis [pɛrɪtə'naɪtɪs] *n* péritonite *f*
perjure ['pəːdʒə^r] *vt*: **to ~ o.s.** se parjurer
perjury ['pəːdʒərɪ] *n* (*Law: in court*) faux témoignage; (*breach of oath*) parjure *m*
perk [pəːk] *n* (*inf*) avantage *m*, à-côté *m*
▸ **perk up** *vi* (*inf: cheer up*) se ragaillardir
perky ['pəːkɪ] *adj* (*cheerful*) guilleret(te), gai(e)
perm [pəːm] *n* (*for hair*) permanente *f* ▹ *vt*: **to have one's hair ~ed** se faire faire une permanente
permanence ['pəːmənəns] *n* permanence *f*
permanent ['pəːmənənt] *adj* permanent(e); (*job, position*) permanent, fixe; (*dye, ink*) indélébile; **I'm not ~ here** je ne suis pas ici à

P

titre définitif; **~ address** adresse habituelle
permanently ['pə:mənəntlɪ] *adv* de façon permanente; (*move abroad*) définitivement; (*open, closed*) en permanence; (*tired, unhappy*) constamment
permeable ['pə:mɪəbl] *adj* perméable
permeate ['pə:mɪeɪt] *vi* s'infiltrer ▷ *vt* s'infiltrer dans; pénétrer
permissible [pə'mɪsɪbl] *adj* permis(e), acceptable
permission [pə'mɪʃən] *n* permission *f*, autorisation *f*; **to give sb ~ to do sth** donner à qn la permission de faire qch
permissive [pə'mɪsɪv] *adj* tolérant(e); **the ~ society** la société de tolérance
permit *n* ['pə:mɪt] permis *m*; (*entrance pass*) autorisation *f*, laissez-passer *m*; (*for goods*) licence *f* ▷ *vt* [pə'mɪt] permettre; **to ~ sb to do** autoriser qn à faire, permettre à qn de faire; **weather ~ting** si le temps le permet
permutation [pə:mju'teɪʃən] *n* permutation *f*
pernicious [pə:'nɪʃəs] *adj* pernicieux(-euse), nocif(-ive)
pernickety [pə'nɪkɪtɪ] *adj* (*inf*) pointilleux(-euse), tatillon(ne); (*task*) minutieux(-euse)
perpendicular [pə:pən'dɪkjuləʳ] *adj*, *n* perpendiculaire *f*
perpetrate ['pə:pɪtreɪt] *vt* perpétrer, commettre
perpetual [pə'pɛtjuəl] *adj* perpétuel(le)
perpetuate [pə'pɛtjueɪt] *vt* perpétuer
perpetuity [pə:pɪ'tju:ɪtɪ] *n*: **in ~** à perpétuité
perplex [pə'plɛks] *vt* (*person*) rendre perplexe; (*complicate*) embrouiller
perplexing [pə:'plɛksɪŋ] *adj* embarrassant(e)
perquisites ['pə:kwɪzɪts] *npl* (*also*: **perks**) avantages *mpl* annexes
persecute ['pə:sɪkju:t] *vt* persécuter
persecution [pə:sɪ'kju:ʃən] *n* persécution *f*
perseverance [pə:sɪ'vɪərns] *n* persévérance *f*, ténacité *f*
persevere [pə:sɪ'vɪəʳ] *vi* persévérer
Persia ['pə:ʃə] *n* Perse *f*
Persian ['pə:ʃən] *adj* persan(e) ▷ *n* (*Ling*) persan *m*; **the ~ Gulf** le golfe Persique
Persian cat *n* chat persan
persist [pə'sɪst] *vi*: **to ~ (in doing)** persister (à faire), s'obstiner (à faire)
persistence [pə'sɪstəns] *n* persistance *f*, obstination *f*; opiniâtreté *f*
persistent [pə'sɪstənt] *adj* persistant(e), tenace; (*lateness, rain*) persistant; **~ offender** (*Law*) multirécidiviste *m/f*
persnickety [pə'snɪkɪtɪ] *adj* (*US inf*) = **pernickety**
person ['pə:sn] *n* personne *f*; **in ~** en personne; **on** *or* **about one's ~** sur soi; **~ to ~ call** (*Tel*) appel *m* avec préavis
personable ['pə:snəbl] *adj* de belle prestance, au physique attrayant
personal ['pə:snl] *adj* personnel(le); **~ belongings**, **~ effects** effets personnels; **~ hygiene** hygiène *f* intime; **a ~ interview** un entretien
personal allowance *n* (*Tax*) part *f* du revenu non imposable
personal assistant *n* secrétaire personnel(le)
personal call *n* (*Tel*) communication *f* avec préavis
personal column *n* annonces personnelles
personal computer *n* ordinateur individuel, PC *m*
personal details *npl* (*on form etc*) coordonnées *fpl*
personal identification number *n* (*Comput, Banking*) numéro *m* d'identification personnel
personality [pə:sə'nælɪtɪ] *n* personnalité *f*
personally ['pə:snəlɪ] *adv* personnellement; **to take sth ~** se sentir visé(e) par qch
personal organizer *n* agenda (personnel); (*electronic*) agenda électronique
personal property *n* biens personnels
personal stereo *n* Walkman® *m*, baladeur *m*
personify [pə:'sɔnɪfaɪ] *vt* personnifier
personnel [pə:sə'nɛl] *n* personnel *m*
personnel department *n* service *m* du personnel
personnel manager *n* chef *m* du personnel
perspective [pə'spɛktɪv] *n* perspective *f*; **to get sth into ~** ramener qch à sa juste mesure
perspex® ['pə:spɛks] *n* (*Brit*) Plexiglas® *m*
perspicacity [pə:spɪ'kæsɪtɪ] *n* perspicacité *f*
perspiration [pə:spɪ'reɪʃən] *n* transpiration *f*
perspire [pə'spaɪəʳ] *vi* transpirer
persuade [pə'sweɪd] *vt*: **to ~ sb to do sth** persuader qn de faire qch, amener *or* décider qn à faire qch; **to ~ sb of sth/that** persuader qn de qch/que
persuasion [pə'sweɪʒən] *n* persuasion *f*; (*creed*) conviction *f*
persuasive [pə'sweɪsɪv] *adj* persuasif(-ive)
pert [pə:t] *adj* coquin(e), mutin(e)
pertaining [pə:'teɪnɪŋ]: **~ to** *prep* relatif(-ive) à
pertinent ['pə:tɪnənt] *adj* pertinent(e)
perturb [pə'tə:b] *vt* troubler, inquiéter
perturbing [pə'tə:bɪŋ] *adj* troublant(e)
Peru [pə'ru:] *n* Pérou *m*
perusal [pə'ru:zl] *n* lecture (attentive)
Peruvian [pə'ru:vjən] *adj* péruvien(ne) ▷ *n* Péruvien(ne)
pervade [pə'veɪd] *vt* se répandre dans, envahir
pervasive [pə'veɪsɪv] *adj* (*smell*) pénétrant(e); (*influence*) insidieux(-euse); (*gloom, ideas*) diffus(e)
perverse [pə'və:s] *adj* pervers(e); (*contrary*) entêté(e), contrariant(e)
perversion [pə'və:ʃən] *n* perversion *f*
perversity [pə'və:sɪtɪ] *n* perversité *f*
pervert *n* ['pə:və:t] perverti(e) ▷ *vt* [pə'və:t] pervertir; (*words*) déformer
pessimism ['pɛsɪmɪzəm] *n* pessimisme *m*
pessimist ['pɛsɪmɪst] *n* pessimiste *m/f*
pessimistic [pɛsɪ'mɪstɪk] *adj* pessimiste
pest [pɛst] *n* animal *m* (*or* insecte *m*) nuisible; (*fig*) fléau *m*

pest control *n* lutte *f* contre les nuisibles
pester ['pɛstəʳ] *vt* importuner, harceler
pesticide ['pɛstɪsaɪd] *n* pesticide *m*
pestilence ['pɛstɪləns] *n* peste *f*
pestle ['pɛsl] *n* pilon *m*
pet [pɛt] *n* animal familier; (*favourite*) chouchou *m* ▷ *cpd* (*favourite*) favori(e) ▷ *vt* choyer; (*stroke*) caresser, câliner ▷ *vi* (*inf*) se peloter; **~ lion** *etc* lion *etc* apprivoisé; **teacher's ~** chouchou *m* du professeur; **~ hate** bête noire
petal ['pɛtl] *n* pétale *m*
peter ['pi:təʳ]: **to ~ out** *vi* s'épuiser; s'affaiblir
petite [pə'ti:t] *adj* menu(e)
petition [pə'tɪʃən] *n* pétition *f* ▷ *vt* adresser une pétition à ▷ *vi*: **to ~ for divorce** demander le divorce
pet name *n* (*Brit*) petit nom
petrified ['pɛtrɪfaɪd] *adj* (*fig*) mort(e) de peur
petrify ['pɛtrɪfaɪ] *vt* pétrifier
petrochemical [pɛtrə'kɛmɪkl] *adj* pétrochimique
petrodollars ['pɛtrəudɔləz] *npl* pétrodollars *mpl*
petrol ['pɛtrəl] *n* (*Brit*) essence *f*; **I've run out of ~** je suis en panne d'essence
petrol bomb *n* cocktail *m* Molotov
petrol can *n* (*Brit*) bidon *m* à essence
petrol engine *n* (*Brit*) moteur *m* à essence
petroleum [pə'trəulɪəm] *n* pétrole *m*
petroleum jelly *n* vaseline *f*
petrol pump *n* (*Brit: in car, at garage*) pompe *f* à essence
petrol station *n* (*Brit*) station-service *f*
petrol tank *n* (*Brit*) réservoir *m* d'essence
petticoat ['pɛtɪkəut] *n* jupon *m*
pettifogging ['pɛtɪfɔgɪŋ] *adj* chicanier(-ière)
pettiness ['pɛtɪnɪs] *n* mesquinerie *f*
petty ['pɛtɪ] *adj* (*mean*) mesquin(e); (*unimportant*) insignifiant(e), sans importance
petty cash *n* caisse *f* des dépenses courantes, petite caisse
petty officer *n* second-maître *m*
petulant ['pɛtjulənt] *adj* irritable
pew [pju:] *n* banc *m* (d'église)
pewter ['pju:təʳ] *n* étain *m*
Pfc *abbr* (*US Mil*) = **private first class**
PG *n abbr* (*Cine: = parental guidance*) *avis des parents recommandé*
PGA *n abbr* = **Professional Golfers Association**
PH *n abbr* (*US Mil: = Purple Heart*) *décoration accordée aux blessés de guerre*
PHA *n abbr* (*US: = Public Housing Administration*) *organisme d'aide à la construction*
phallic ['fælɪk] *adj* phallique
phantom ['fæntəm] *n* fantôme *m*; (*vision*) fantasme *m*
Pharaoh ['fɛərəu] *n* pharaon *m*
pharmaceutical [fɑ:mə'sju:tɪkl] *adj* pharmaceutique ▷ *n*: **~s** produits *mpl* pharmaceutiques
pharmacist ['fɑ:məsɪst] *n* pharmacien(ne)
pharmacy ['fɑ:məsɪ] *n* pharmacie *f*
phase [feɪz] *n* phase *f*, période *f*
▸ **phase in** *vt* introduire progressivement
▸ **phase out** *vt* supprimer progressivement
Ph.D. *abbr* = **Doctor of Philosophy**
pheasant ['fɛznt] *n* faisan *m*
phenomena [fə'nɔmɪnə] *npl of* **phenomenon**
phenomenal [fɪ'nɔmɪnl] *adj* phénoménal(e)
phenomenon (*pl* **phenomena**) [fə'nɔmɪnən, -nə] *n* phénomène *m*
phew [fju:] *excl* ouf!
phial ['faɪəl] *n* fiole *f*
philanderer [fɪ'lændərəʳ] *n* don Juan *m*
philanthropic [fɪlən'θrɔpɪk] *adj* philanthropique
philanthropist [fɪ'lænθrəpɪst] *n* philanthrope *m/f*
philatelist [fɪ'lætəlɪst] *n* philatéliste *m/f*
philately [fɪ'lætəlɪ] *n* philatélie *f*
Philippines ['fɪlɪpi:nz] *npl* (*also*: **Philippine Islands**): **the ~** les Philippines *fpl*
philosopher [fɪ'lɔsəfəʳ] *n* philosophe *m*
philosophical [fɪlə'sɔfɪkl] *adj* philosophique
philosophy [fɪ'lɔsəfɪ] *n* philosophie *f*
phishing ['fɪʃɪŋ] *n* phishing *m*
phlegm [flɛm] *n* flegme *m*
phlegmatic [flɛg'mætɪk] *adj* flegmatique
phobia ['fəubjə] *n* phobie *f*
phone [fəun] *n* téléphone *m* ▷ *vt* téléphoner à ▷ *vi* téléphoner; **to be on the ~** avoir le téléphone; (*be calling*) être au téléphone
▸ **phone back** *vt, vi* rappeler
▸ **phone up** *vt* téléphoner à ▷ *vi* téléphoner
phone bill *n* facture *f* de téléphone
phone book *n* annuaire *m*
phone box, (*US*) **phone booth** *n* cabine *f* téléphonique
phone call *n* coup *m* de fil *or* de téléphone
phonecard ['fəunkɑ:d] *n* télécarte *f*
phone-in ['fəunɪn] *n* (*Brit Radio, TV*) programme *m* à ligne ouverte
phone number *n* numéro *m* de téléphone
phone tapping [-tæpɪŋ] *n* mise *f* sur écoutes téléphoniques
phonetics [fə'nɛtɪks] *n* phonétique *f*
phoney ['fəunɪ] *adj* faux (fausse), factice; (*person*) pas franc (franche) ▷ *n* (*person*) charlatan *m*; fumiste *m/f*
phonograph ['fəunəgrɑ:f] *n* (*US*) électrophone *m*
phony ['fəunɪ] *adj, n* = **phoney**
phosphate ['fɔsfeɪt] *n* phosphate *m*
phosphorus ['fɔsfərəs] *n* phosphore *m*
photo ['fəutəu] *n* photo *f*; **to take a ~ of** prendre en photo
photo... ['fəutəu] *prefix* photo...
photo album *n* album *m* de photos
photocall ['fəutəukɔ:l] *n* séance *f* de photos pour la presse
photocopier ['fəutəukɔpɪəʳ] *n* copieur *m*
photocopy ['fəutəukɔpɪ] *n* photocopie *f* ▷ *vt* photocopier
photoelectric [fəutəuɪ'lɛktrɪk] *adj* photoélectrique; **~ cell** cellule *f* photoélectrique

P

Photofit® ['fəutəufɪt] *n* portrait-robot *m*
photogenic [fəutəu'dʒɛnɪk] *adj* photogénique
photograph ['fəutəgræf] *n* photographie *f* ▷ *vt* photographier; **to take a ~ of sb** prendre qn en photo
photographer [fə'tɔgrəfə^r] *n* photographe *m/f*
photographic [fəutə'græfɪk] *adj* photographique
photography [fə'tɔgrəfɪ] *n* photographie *f*
photo opportunity *n occasion, souvent arrangée, pour prendre des photos d'une personnalité.*
Photostat® ['fəutəustæt] *n* photocopie *f*, photostat *m*
photosynthesis [fəutəu'sɪnθəsɪs] *n* photosynthèse *f*
phrase [freɪz] *n* expression *f*; (*Ling*) locution *f* ▷ *vt* exprimer; (*letter*) rédiger
phrase book *n* recueil *m* d'expressions (pour touristes)
physical ['fɪzɪkl] *adj* physique; **~ examination** examen médical; **~ exercises** gymnastique *f*
physical education *n* éducation *f* physique
physically ['fɪzɪklɪ] *adv* physiquement
physician [fɪ'zɪʃən] *n* médecin *m*
physicist ['fɪzɪsɪst] *n* physicien(ne)
physics ['fɪzɪks] *n* physique *f*
physiological [fɪzɪə'lɔdʒɪkl] *adj* physiologique
physiology [fɪzɪ'ɔlədʒɪ] *n* physiologie *f*
physiotherapist [fɪzɪəu'θɛrəpɪst] *n* kinésithérapeute *m/f*
physiotherapy [fɪzɪəu'θɛrəpɪ] *n* kinésithérapie *f*
physique [fɪ'zi:k] *n* (*appearance*) physique *m*; (*health etc*) constitution *f*
pianist ['pi:ənɪst] *n* pianiste *m/f*
piano [pɪ'ænəu] *n* piano *m*
piano accordion *n* (*Brit*) accordéon *m* à touches
Picardy ['pɪkədɪ] *n* Picardie *f*
piccolo ['pɪkələu] *n* piccolo *m*
pick [pɪk] *n* (*tool*: *also*: **pick-axe**) pic *m*, pioche *f* ▷ *vt* choisir; (*gather*) cueillir; (*remove*) prendre; (*lock*) forcer; (*scab, spot*) gratter, écorcher; **take your ~** faites votre choix; **the ~ of** le (la) meilleur(e) de; **to ~ a bone** ronger un os; **to ~ one's nose** se mettre les doigts dans le nez; **to ~ one's teeth** se curer les dents; **to ~ sb's brains** faire appel aux lumières de qn; **to ~ pockets** pratiquer le vol à la tire; **to ~ a quarrel with sb** chercher noise à qn
▸ **pick at** *vt fus*: **to ~ at one's food** manger du bout des dents, chipoter
▸ **pick off** *vt* (*kill*) (viser soigneusement et) abattre
▸ **pick on** *vt fus* (*person*) harceler
▸ **pick out** *vt* choisir; (*distinguish*) distinguer
▸ **pick up** *vi* (*improve*) remonter, s'améliorer ▷ *vt* ramasser; (*telephone*) décrocher; (*collect*) passer prendre; (*Aut*: *give lift to*) prendre; (*learn*) apprendre; (*Radio*) capter; **to ~ up speed** prendre de la vitesse; **to ~ o.s. up** se relever; **to ~ up where one left off** reprendre là où l'on s'est arrêté
pickaxe, (*US*) **pickax** ['pɪkæks] *n* pioche *f*
picket ['pɪkɪt] *n* (*in strike*) gréviste *m/f* participant à un piquet de grève; piquet *m* de grève ▷ *vt* mettre un piquet de grève devant
picket line *n* piquet *m* de grève
pickings ['pɪkɪŋz] *npl*: **there are rich ~ to be had in ...** il y a gros à gagner dans ...
pickle ['pɪkl] *n* (*also*: **pickles**: *as condiment*) pickles *mpl* ▷ *vt* conserver dans du vinaigre *or* dans de la saumure; **in a ~** (*fig*) dans le pétrin
pick-me-up ['pɪkmi:ʌp] *n* remontant *m*
pickpocket ['pɪkpɔkɪt] *n* pickpocket *m*
pick-up ['pɪkʌp] *n* (*also*: **pick-up truck**) pick-up *m inv*; (*Brit*: *on record player*) bras *m* pick-up
picnic ['pɪknɪk] *n* pique-nique *m* ▷ *vi* pique-niquer
picnic area *n* aire *f* de pique-nique
picnicker ['pɪknɪkə^r] *n* pique-niqueur(-euse)
pictorial [pɪk'tɔ:rɪəl] *adj* illustré(e)
picture ['pɪktʃə^r] *n* (*also TV*) image *f*; (*painting*) peinture *f*, tableau *m*; (*photograph*) photo(graphie) *f*; (*drawing*) dessin *m*; (*film*) film *m*; (*fig*: *description*) description *f* ▷ *vt* (*imagine*) se représenter; (*describe*) dépeindre, représenter; **pictures** *npl*: **the ~s** (*Brit*) le cinéma; **to take a ~ of sb/sth** prendre qn/qch en photo; **would you take a ~ of us, please?** pourriez-vous nous prendre en photo, s'il vous plaît?; **the overall ~** le tableau d'ensemble; **to put sb in the ~** mettre qn au courant
picture book *n* livre *m* d'images
picture frame *n* cadre *m*
picture messaging *n* picture messaging *m*, messagerie *f* d'images
picturesque [pɪktʃə'rɛsk] *adj* pittoresque
picture window *n* baie vitrée, fenêtre *f* panoramique
piddling ['pɪdlɪŋ] *adj* (*inf*) insignifiant(e)
pie [paɪ] *n* tourte *f*; (*of fruit*) tarte *f*; (*of meat*) pâté *m* en croûte
piebald ['paɪbɔ:ld] *adj* pie *inv*
piece [pi:s] *n* morceau *m*; (*of land*) parcelle *f*; (*item*): **a ~ of furniture/advice** un meuble/conseil; (*Draughts*) pion *m* ▷ *vt*: **to ~ together** rassembler; **in ~s** (*broken*) en morceaux, en miettes; (*not yet assembled*) en pièces détachées; **to take to ~s** démonter; **in one ~** (*object*) intact(e); **to get back all in one ~** (*person*) rentrer sain et sauf; **a 10p ~** (*Brit*) une pièce de 10p; **~ by ~** morceau par morceau; **a six-~ band** un orchestre de six musiciens; **to say one's ~** réciter son morceau
piecemeal ['pi:smi:l] *adv* par bouts
piece rate *n* taux *m or* tarif *m* à la pièce
piecework ['pi:swə:k] *n* travail *m* aux pièces *or* à la pièce
pie chart *n* graphique *m* à secteurs, camembert *m*
Piedmont ['pi:dmɔnt] *n* Piémont *m*
pier [pɪə^r] *n* jetée *f*; (*of bridge etc*) pile *f*
pierce [pɪəs] *vt* percer, transpercer; **to have one's ears ~d** se faire percer les oreilles

pierced [pɪəst] *adj (ears)* percé(e)
piercing ['pɪəsɪŋ] *adj (cry)* perçant(e)
piety ['paɪətɪ] *n* piété *f*
piffling ['pɪflɪŋ] *adj* insignifiant(e)
pig [pɪg] *n* cochon *m*, porc *m*; *(pej: unkind person)* mufle *m*; *(: greedy person)* goinfre *m*
pigeon ['pɪdʒən] *n* pigeon *m*
pigeonhole ['pɪdʒənhəul] *n* casier *m*
pigeon-toed ['pɪdʒəntəud] *adj* marchant les pieds en dedans
piggy bank ['pɪgɪ-] *n* tirelire *f*
pigheaded ['pɪg'hɛdɪd] *adj* entêté(e), têtu(e)
piglet ['pɪglɪt] *n* petit cochon, porcelet *m*
pigment ['pɪgmənt] *n* pigment *m*
pigmentation [pɪgmən'teɪʃən] *n* pigmentation *f*
pigmy ['pɪgmɪ] *n* = **pygmy**
pigskin ['pɪgskɪn] *n* (peau *f* de) porc *m*
pigsty ['pɪgstaɪ] *n* porcherie *f*
pigtail ['pɪgteɪl] *n* natte *f*, tresse *f*
pike [paɪk] *n (spear)* pique *f*; *(fish)* brochet *m*
pilchard ['pɪltʃəd] *n* pilchard *m (sorte de sardine)*
pile [paɪl] *n (pillar, of books)* pile *f*; *(heap)* tas *m*; *(of carpet)* épaisseur *f*; **in a ~** en tas
▸ **pile on** *vt*: **to ~ it on** *(inf)* exagérer
▸ **pile up** *vi (accumulate)* s'entasser, s'accumuler ▷ *vt (put in heap)* empiler, entasser; *(accumulate)* accumuler
piles [paɪlz] *npl* hémorroïdes *fpl*
pile-up ['paɪlʌp] *n (Aut)* télescopage *m*, collision *f* en série
pilfer ['pɪlfəʳ] *vt* chaparder ▷ *vi* commettre des larcins
pilfering ['pɪlfərɪŋ] *n* chapardage *m*
pilgrim ['pɪlgrɪm] *n* pèlerin *m*; *voir article*

PILGRIM FATHERS

Les *Pilgrim Fathers* ("Pères pèlerins") sont un groupe de puritains qui quittèrent l'Angleterre en 1620 pour fuir les persécutions religieuses. Ayant traversé l'Atlantique à bord du "Mayflower", ils fondèrent New Plymouth en Nouvelle-Angleterre, dans ce qui est aujourd'hui le Massachusetts. Ces Pères pèlerins sont considérés comme les fondateurs des États-Unis, et l'on commémore chaque année, le jour de "Thanksgiving", la réussite de leur première récolte.

pilgrimage ['pɪlgrɪmɪdʒ] *n* pèlerinage *m*
pill [pɪl] *n* pilule *f*; **the ~** la pilule; **to be on the ~** prendre la pilule
pillage ['pɪlɪdʒ] *vt* piller
pillar ['pɪləʳ] *n* pilier *m*
pillar box *n (Brit)* boîte *f* aux lettres *(publique)*
pillion ['pɪljən] *n (of motor cycle)* siège *m* arrière; **to ride ~** être derrière; *(on horse)* être en croupe
pillory ['pɪlərɪ] *n* pilori *m* ▷ *vt* mettre au pilori
pillow ['pɪləu] *n* oreiller *m*
pillowcase ['pɪləukeɪs], **pillowslip** ['pɪləuslɪp] *n* taie *f* d'oreiller
pilot ['paɪlət] *n* pilote *m* ▷ *cpd (scheme etc)* pilote, expérimental(e) ▷ *vt* piloter
pilot boat *n* bateau-pilote *m*
pilot light *n* veilleuse *f*
pimento [pɪ'mɛntəu] *n* piment *m*
pimp [pɪmp] *n* souteneur *m*, maquereau *m*
pimple ['pɪmpl] *n* bouton *m*
pimply ['pɪmplɪ] *adj* boutonneux(-euse)
PIN *n abbr (= personal identification number)* code *m* confidentiel
pin [pɪn] *n* épingle *f*; *(Tech)* cheville *f*; *(Brit: drawing pin)* punaise *f*; *(in grenade)* goupille *f*; *(Brit Elec: of plug)* broche *f* ▷ *vt* épingler; **~s and needles** fourmis *fpl*; **to ~ sb against/to** clouer qn contre/à; **to ~ sb down** *(fig)* coincer qn; **to ~ sth on sb** *(fig)* mettre qch sur le dos de qn
▸ **pin down** *vt (fig)*: **to ~ sb down** obliger qn à répondre; **there's something strange here but I can't quite ~ it down** il y a quelque chose d'étrange ici, mais je n'arrive pas exactement à savoir quoi
pinafore ['pɪnəfɔːʳ] *n* tablier *m*
pinafore dress *n* robe-chasuble *f*
pinball ['pɪnbɔːl] *n* flipper *m*
pincers ['pɪnsəz] *npl* tenailles *fpl*
pinch [pɪntʃ] *n* pincement *m*; *(of salt etc)* pincée *f* ▷ *vt* pincer; *(inf: steal)* piquer, chiper ▷ *vi (shoe)* serrer; **at a ~** à la rigueur; **to feel the ~** *(fig)* se ressentir des restrictions *(or* de la récession *etc)*
pinched [pɪntʃt] *adj (drawn)* tiré(e); **~ with cold** transi(e) de froid; **~ for** *(short of)*: **~ for money** à court d'argent; **~ for space** à l'étroit
pincushion ['pɪnkuʃən] *n* pelote *f* à épingles
pine [paɪn] *n (also: **pine tree**)* pin *m* ▷ *vi*: **to ~ for** aspirer à, désirer ardemment
▸ **pine away** *vi* dépérir
pineapple ['paɪnæpl] *n* ananas *m*
pine cone *n* pomme *f* de pin
ping [pɪŋ] *n (noise)* tintement *m*
ping-pong® ['pɪŋpɔŋ] *n* ping-pong® *m*
pink [pɪŋk] *adj* rose ▷ *n (colour)* rose *m*; *(Bot)* œillet *m*, mignardise *f*
pinking shears ['pɪŋkɪŋ-] *npl* ciseaux *mpl* à denteler
pin money *n (Brit)* argent *m* de poche
pinnacle ['pɪnəkl] *n* pinacle *m*
pinpoint ['pɪnpɔɪnt] *vt* indiquer (avec précision)
pinstripe ['pɪnstraɪp] *n* rayure très fine
pint [paɪnt] *n* pinte *f (Brit = 0,57 l; US = 0,47 l)*; *(Brit inf)* ≈ demi *m*, ≈ pot *m*
pinup ['pɪnʌp] *n* pin-up *f inv*
pioneer [paɪə'nɪəʳ] *n* explorateur(-trice); *(early settler)* pionnier *m*; *(fig)* pionnier, précurseur *m* ▷ *vt* être un pionnier de
pious ['paɪəs] *adj* pieux(-euse)
pip [pɪp] *n (seed)* pépin *m*; **pips** *npl*: **the ~s** *(Brit: time signal on radio)* le top
pipe [paɪp] *n* tuyau *m*, conduite *f*; *(for smoking)* pipe *f*; *(Mus)* pipeau *m* ▷ *vt* amener par tuyau; **pipes** *npl (also: **bagpipes**)* cornemuse *f*
▸ **pipe down** *vi (inf)* se taire

P

pipe cleaner *n* cure-pipe *m*
piped music [paɪpt-] *n* musique *f* de fond
pipe dream *n* chimère *f*, utopie *f*
pipeline ['paɪplaɪn] *n* (*for gas*) gazoduc *m*, pipeline *m*; (*for oil*) oléoduc *m*, pipeline; **it is in the ~** (*fig*) c'est en route, ça va se faire
piper ['paɪpəʳ] *n* (*flautist*) joueur(-euse) de pipeau; (*of bagpipes*) joueur(-euse) de cornemuse
pipe tobacco *n* tabac *m* pour la pipe
piping ['paɪpɪŋ] *adv*: **~ hot** très chaud(e)
piquant ['pi:kənt] *adj* piquant(e)
pique [pi:k] *n* dépit *m*
piracy ['paɪərəsɪ] *n* piraterie *f*
pirate ['paɪərət] *n* pirate *m* ▷ *vt* (*CD, video, book*) pirater
pirated ['paɪərətɪd] *adj* pirate
pirate radio *n* (*Brit*) radio *f* pirate
pirouette [pɪru'ɛt] *n* pirouette *f* ▷ *vi* faire une *or* des pirouette(s)
Pisces ['paɪsi:z] *n* les Poissons *mpl*; **to be ~** être des Poissons
piss [pɪs] *vi* (*inf!*) pisser (*!*); **~ off!** tire-toi! (*!*)
pissed [pɪst] (*inf!*) *adj* (*Brit: drunk*) bourré(e); (*US: angry*) furieux(-euse)
pistol ['pɪstl] *n* pistolet *m*
piston ['pɪstən] *n* piston *m*
pit [pɪt] *n* trou *m*, fosse *f*; (*also*: **coal pit**) puits *m* de mine; (*also*: **orchestra pit**) fosse d'orchestre; (*US: fruit stone*) noyau *m* ▷ *vt*: **to ~ sb against sb** opposer qn à qn; **to ~ o.s.** *or* **one's wits against** se mesurer à; **pits** *npl* (*in motor racing*) aire *f* de service
pitapat ['pɪtə'pæt] *adv* (*Brit*): **to go ~** (*heart*) battre la chamade; (*rain*) tambouriner
pitch [pɪtʃ] *n* (*Brit Sport*) terrain *m*; (*throw*) lancement *m*; (*Mus*) ton *m*; (*of voice*) hauteur *f*; (*fig: degree*) degré *m*; (*also*: **sales pitch**) baratin *m*, boniment *m*; (*Naut*) tangage *m*; (*tar*) poix *f* ▷ *vt* (*throw*) lancer; (*tent*) dresser; (*set: price, message*) adapter, positionner ▷ *vi* (*Naut*) tanguer; (*fall*): **to ~ into/off** tomber dans/de; **to be ~ed forward** être projeté(e) en avant; **at this ~** à ce rythme
pitch-black ['pɪtʃ'blæk] *adj* noir(e) comme poix
pitched battle [pɪtʃt-] *n* bataille rangée
pitcher ['pɪtʃəʳ] *n* cruche *f*
pitchfork ['pɪtʃfɔ:k] *n* fourche *f*
piteous ['pɪtɪəs] *adj* pitoyable
pitfall ['pɪtfɔ:l] *n* trappe *f*, piège *m*
pith [pɪθ] *n* (*of plant*) moelle *f*; (*of orange etc*) intérieur *m* de l'écorce; (*fig*) essence *f*; vigueur *f*
pithead ['pɪthɛd] *n* (*Brit*) bouche *f* de puits
pithy ['pɪθɪ] *adj* piquant(e); vigoureux(-euse)
pitiable ['pɪtɪəbl] *adj* pitoyable
pitiful ['pɪtɪful] *adj* (*touching*) pitoyable; (*contemptible*) lamentable
pitifully ['pɪtɪfəlɪ] *adv* pitoyablement; lamentablement
pitiless ['pɪtɪlɪs] *adj* impitoyable
pittance ['pɪtns] *n* salaire *m* de misère
pitted ['pɪtɪd] *adj*: **~ with** (*chickenpox*) grêlé(e) par; (*rust*) piqué(e) de
pity ['pɪtɪ] *n* pitié *f* ▷ *vt* plaindre; **what a ~!** quel dommage!; **it is a ~ that you can't come** c'est dommage que vous ne puissiez venir; **to have** *or* **take ~ on sb** avoir pitié de qn
pitying ['pɪtɪɪŋ] *adj* compatissant(e)
pivot ['pɪvət] *n* pivot *m* ▷ *vi* pivoter
pixel ['pɪksl] *n* (*Comput*) pixel *m*
pixie ['pɪksɪ] *n* lutin *m*
pizza ['pi:tsə] *n* pizza *f*
placard ['plækɑ:d] *n* affiche *f*; (*in march*) pancarte *f*
placate [plə'keɪt] *vt* apaiser, calmer
placatory [plə'keɪtərɪ] *adj* d'apaisement, lénifiant(e)
place [pleɪs] *n* endroit *m*, lieu *m*; (*proper position, job, rank, seat*) place *f*; (*house*) maison *f*, logement *m*; (*in street names*): **Laurel ~** ≈ rue des Lauriers; (*home*): **at/to his ~** chez lui ▷ *vt* (*position*) placer, mettre; (*identify*) situer; reconnaître; **to take ~** avoir lieu; (*occur*) se produire; **to take sb's ~** remplacer qn; **to change ~s with sb** changer de place avec qn; **from ~ to ~** d'un endroit à l'autre; **all over the ~** partout; **out of ~** (*not suitable*) déplacé(e), inopportun(e); **I feel out of ~ here** je ne me sens pas à ma place ici; **in the first ~** d'abord, en premier; **to put sb in his ~** (*fig*) remettre qn à sa place; **he's going ~s** (*fig: inf*) il fait son chemin; **it is not my ~ to do it** ce n'est pas à moi de le faire; **to ~ an order with sb (for)** (*Comm*) passer commande à qn (de); **to be ~d** (*in race, exam*) se placer; **how are you ~d next week?** comment ça se présente pour la semaine prochaine?
placebo [plə'si:bəu] *n* placebo *m*
place mat *n* set *m* de table; (*in linen etc*) napperon *m*
placement ['pleɪsmənt] *n* placement *m*; (*during studies*) stage *m*
place name *n* nom *m* de lieu
placenta [plə'sɛntə] *n* placenta *m*
placid ['plæsɪd] *adj* placide
placidity [plə'sɪdɪtɪ] *n* placidité *f*
plagiarism ['pleɪdʒjərɪzəm] *n* plagiat *m*
plagiarist ['pleɪdʒjərɪst] *n* plagiaire *m/f*
plagiarize ['pleɪdʒjəraɪz] *vt* plagier
plague [pleɪg] *n* fléau *m*; (*Med*) peste *f* ▷ *vt* (*fig*) tourmenter; **to ~ sb with questions** harceler qn de questions
plaice [pleɪs] *n* (*pl inv*) carrelet *m*
plaid [plæd] *n* tissu écossais
plain [pleɪn] *adj* (*in one colour*) uni(e); (*clear*) clair(e), évident(e); (*simple*) simple, ordinaire; (*frank*) franc (franche); (*not handsome*) quelconque, ordinaire; (*cigarette*) sans filtre; (*without seasoning etc*) nature *inv* ▷ *adv* franchement, carrément ▷ *n* plaine *f*; **in ~ clothes** (*police*) en civil; **to make sth ~ to sb** faire clairement comprendre qch à qn
plain chocolate *n* chocolat *m* à croquer
plainly ['pleɪnlɪ] *adv* clairement; (*frankly*) carrément, sans détours
plainness ['pleɪnnɪs] *n* simplicité *f*

plain speaking *n* propos *mpl* sans équivoque; **she has a reputation for ~** elle est bien connue pour son franc parler *or* sa franchise
plaintiff ['pleɪntɪf] *n* plaignant(e)
plaintive ['pleɪntɪv] *adj* plaintif(-ive)
plait [plæt] *n* tresse *f*, natte *f* ▷ *vt* tresser, natter
plan [plæn] *n* plan *m*; (*scheme*) projet *m* ▷ *vt* (*think in advance*) projeter; (*prepare*) organiser ▷ *vi* faire des projets; **to ~ to do** projeter de faire; **how long do you ~ to stay?** combien de temps comptez-vous rester?
plane [pleɪn] *n* (*Aviat*) avion *m*; (*also*: **plane tree**) platane *m*; (*tool*) rabot *m*; (*Art, Math etc*) plan *m*; (*fig*) niveau *m*, plan ▷ *adj* plan(e); plat(e) ▷ *vt* (*with tool*) raboter
planet ['plænɪt] *n* planète *f*
planetarium [plænɪ'tɛərɪəm] *n* planétarium *m*
plank [plæŋk] *n* planche *f*; (*Pol*) point *m* d'un programme
plankton ['plæŋktən] *n* plancton *m*
planned economy [plænd-] *n* économie planifiée
planner ['plænə^r] *n* planificateur(-trice); (*chart*) planning *m*; **town** *or* (*US*) **city ~** urbaniste *m/f*
planning ['plænɪŋ] *n* planification *f*; **family ~** planning familial
planning permission *n* (*Brit*) permis *m* de construire
plant [plɑːnt] *n* plante *f*; (*machinery*) matériel *m*; (*factory*) usine *f* ▷ *vt* planter; (*bomb*) déposer, poser; (*microphone, evidence*) cacher
plantation [plæn'teɪʃən] *n* plantation *f*
plant pot *n* (*Brit*) pot *m* de fleurs
plaque [plæk] *n* plaque *f*
plasma ['plæzmə] *n* plasma *m*
plaster ['plɑːstə^r] *n* plâtre *m*; (*also*: **plaster of Paris**) plâtre à mouler; (*Brit*: *also*: **sticking plaster**) pansement adhésif ▷ *vt* plâtrer; (*cover*): **to ~ with** couvrir de; **in ~** (*Brit*: *leg etc*) dans le plâtre
plasterboard ['plɑːstəbɔːd] *n* Placoplâtre® *m*
plaster cast *n* (*Med*) plâtre *m*; (*model, statue*) moule *m*
plastered ['plɑːstəd] *adj* (*inf*) soûl(e)
plasterer ['plɑːstərə^r] *n* plâtrier *m*
plastic ['plæstɪk] *n* plastique *m* ▷ *adj* (*made of plastic*) en plastique; (*flexible*) plastique, malléable; (*art*) plastique
plastic bag *n* sac *m* en plastique
plastic bullet *n* balle *f* de plastique
plastic explosive *n* plastic *m*
plasticine® ['plæstɪsiːn] *n* pâte *f* à modeler
plastic surgery *n* chirurgie *f* esthétique
plate [pleɪt] *n* (*dish*) assiette *f*; (*sheet of metal, on door*: *Phot*) plaque *f*; (*Typ*) cliché *m*; (*in book*) gravure *f*; (*dental*) dentier *m*; (*Aut*: *number plate*) plaque minéralogique; **gold/silver ~** (*dishes*) vaisselle *f* d'or/d'argent
plateau (*pl* **-s** *or* **-x**) ['plætəu, -z] *n* plateau *m*
plateful ['pleɪtful] *n* assiette *f*, assiettée *f*
plate glass *n* verre *m* à vitre, vitre *f*
platen ['plætən] *n* (*on typewriter, printer*) rouleau *m*
plate rack *n* égouttoir *m*
platform ['plætfɔːm] *n* (*at meeting*) tribune *f*; (*Brit*: *of bus*) plate-forme *f*; (*stage*) estrade *f*; (*Rail*) quai *m*; (*Pol*) plateforme *f*; **the train leaves from ~ 7** le train part de la voie 7
platform ticket *n* (*Brit*) billet *m* de quai
platinum ['plætɪnəm] *n* platine *m*
platitude ['plætɪtjuːd] *n* platitude *f*, lieu commun
platoon [plə'tuːn] *n* peloton *m*
platter ['plætə^r] *n* plat *m*
plaudits ['plɔːdɪts] *npl* applaudissements *mpl*
plausible ['plɔːzɪbl] *adj* plausible; (*person*) convaincant(e)
play [pleɪ] *n* jeu *m*; (*Theat*) pièce *f* (de théâtre) ▷ *vt* (*game*) jouer à; (*team, opponent*) jouer contre; (*instrument*) jouer de; (*part, piece of music, note*) jouer; (*CD etc*) passer ▷ *vi* jouer; **to bring** *or* **call into ~** faire entrer en jeu; **~ on words** jeu de mots; **to ~ safe** ne prendre aucun risque; **to ~ a trick on sb** jouer un tour à qn; **they're ~ing at soldiers** ils jouent aux soldats; **to ~ for time** (*fig*) chercher à gagner du temps; **to ~ into sb's hands** (*fig*) faire le jeu de qn
▸ **play about, play around** *vi* (*person*) s'amuser
▸ **play along** *vi* (*fig*): **to ~ along with** (*person*) entrer dans le jeu de ▷ *vt* (*fig*): **to ~ sb along** faire marcher qn
▸ **play back** *vt* repasser, réécouter
▸ **play down** *vt* minimiser
▸ **play on** *vt fus* (*sb's feelings, credulity*) jouer sur; **to ~ on sb's nerves** porter sur les nerfs de qn
▸ **play up** *vi* (*cause trouble*) faire des siennes
playact ['pleɪækt] *vi* jouer la comédie
playboy ['pleɪbɔɪ] *n* playboy *m*
played-out ['pleɪd'aut] *adj* épuisé(e)
player ['pleɪə^r] *n* joueur(-euse); (*Theat*) acteur(-trice); (*Mus*) musicien(ne)
playful ['pleɪful] *adj* enjoué(e)
playgoer ['pleɪgəuə^r] *n* amateur(-trice) de théâtre, habitué(e) des théâtres
playground ['pleɪgraund] *n* cour *f* de récréation; (*in park*) aire *f* de jeux
playgroup ['pleɪgruːp] *n* garderie *f*
playing card ['pleɪɪŋ-] *n* carte *f* à jouer
playing field ['pleɪɪŋ-] *n* terrain *m* de sport
playmaker ['pleɪmeɪkə^r] *n* (*Sport*) *joueur qui crée des occasions de marquer des buts pour ses coéquipiers.*
playmate ['pleɪmeɪt] *n* camarade *m/f*, copain (copine)
play-off ['pleɪɔf] *n* (*Sport*) belle *f*
playpen ['pleɪpɛn] *n* parc *m* (pour bébé)
playroom ['pleɪruːm] *n* salle *f* de jeux
playschool ['pleɪskuːl] *n* = **playgroup**
plaything ['pleɪθɪŋ] *n* jouet *m*
playtime ['pleɪtaɪm] *n* (*Scol*) récréation *f*
playwright ['pleɪraɪt] *n* dramaturge *m*
plc *abbr* (*Brit*: = *public limited company*) ≈ SARL *f*
plea [pliː] *n* (*request*) appel *m*; (*excuse*) excuse *f*; (*Law*) défense *f*
plea bargaining *n* (*Law*) *négociations entre le procureur, l'avocat de la défense et parfois le juge, pour*

P

réduire la gravité des charges.

plead [pli:d] *vt* plaider; (*give as excuse*) invoquer ▷ *vi* (*Law*) plaider; (*beg*): **to ~ with sb (for sth)** implorer qn (d'accorder qch); **to ~ for sth** implorer qch; **to ~ guilty/not guilty** plaider coupable/non coupable

pleasant ['plɛznt] *adj* agréable

pleasantly ['plɛzntlɪ] *adv* agréablement

pleasantry ['plɛzntrɪ] *n* (*joke*) plaisanterie *f*; **pleasantries** *npl* (*polite remarks*) civilités *fpl*

please [pli:z] *excl* s'il te (*or* vous) plaît ▷ *vt* plaire à ▷ *vi* (*think fit*): **do as you ~** faites comme il vous plaira; **my bill, ~** l'addition, s'il vous plaît; **~ don't cry!** je t'en prie, ne pleure pas!; **~ yourself!** (*inf*) (faites) comme vous voulez!

pleased [pli:zd] *adj*: **~ (with)** content(e) (de); **~ to meet you** enchanté (de faire votre connaissance); **we are ~ to inform you that ...** nous sommes heureux de vous annoncer que ...

pleasing ['pli:zɪŋ] *adj* plaisant(e), qui fait plaisir

pleasurable ['plɛʒərəbl] *adj* très agréable

pleasure ['plɛʒə^r] *n* plaisir *m*; **"it's a ~"** "je vous en prie"; **with ~** avec plaisir; **is this trip for business or ~?** est-ce un voyage d'affaires ou d'agrément?

pleasure cruise *n* croisière *f*

pleat [pli:t] *n* pli *m*

plebiscite ['plɛbɪsɪt] *n* plébiscite *m*

plebs [plɛbz] *npl* (*pej*) bas peuple

plectrum ['plɛktrəm] *n* plectre *m*

pledge [plɛdʒ] *n* gage *m*; (*promise*) promesse *f* ▷ *vt* engager; promettre; **to ~ support for sb** s'engager à soutenir qn; **to ~ sb to secrecy** faire promettre à qn de garder le secret

plenary ['pli:nərɪ] *adj*: **in ~ session** en séance plénière

plentiful ['plɛntɪful] *adj* abondant(e), copieux(-euse)

plenty ['plɛntɪ] *n* abondance *f*; **~ of** beaucoup de; (*sufficient*) (bien) assez de; **we've got ~ of time** nous avons largement le temps

pleurisy ['pluərɪsɪ] *n* pleurésie *f*

pliable ['plaɪəbl] *adj* flexible; (*person*) malléable

pliers ['plaɪəz] *npl* pinces *fpl*

plight [plaɪt] *n* situation *f* critique

plimsolls ['plɪmsəlz] *npl* (*Brit*) (chaussures *fpl*) tennis *fpl*

plinth [plɪnθ] *n* socle *m*

PLO *n abbr* (= *Palestine Liberation Organization*) OLP *f*

plod [plɔd] *vi* avancer péniblement; (*fig*) peiner

plodder ['plɔdə^r] *n* bûcheur(-euse)

plodding ['plɔdɪŋ] *adj* pesant(e)

plonk [plɔŋk] (*inf*) *n* (*Brit: wine*) pinard *m*, piquette *f* ▷ *vt*: **to ~ sth down** poser brusquement qch

plot [plɔt] *n* complot *m*, conspiration *f*; (*of story, play*) intrigue *f*; (*of land*) lot *m* de terrain, lopin *m* ▷ *vt* (*mark out*) tracer point par point; (*Naut*) pointer; (*make graph of*) faire le graphique de; (*conspire*) comploter ▷ *vi* comploter; **a vegetable ~** (*Brit*) un carré de légumes

plotter ['plɔtə^r] *n* conspirateur(-trice); (*Comput*) traceur *m*

plough, (US) **plow** [plau] *n* charrue *f* ▷ *vt* (*earth*) labourer; **to ~ money into** investir dans

▸ **plough back** *vt* (*Comm*) réinvestir

▸ **plough through** *vt fus* (*snow etc*) avancer péniblement dans

ploughing, (US) **plowing** ['plauɪŋ] *n* labourage *m*

ploughman, (US) **plowman** ['plaumən] (*irreg*) *n* laboureur *m*

plow [plau] (US) = **plough**

ploy [plɔɪ] *n* stratagème *m*

pls *abbr* (= *please*) SVP *m*

pluck [plʌk] *vt* (*fruit*) cueillir; (*musical instrument*) pincer; (*bird*) plumer ▷ *n* courage *m*, cran *m*; **to ~ one's eyebrows** s'épiler les sourcils; **to ~ up courage** prendre son courage à deux mains

plucky ['plʌkɪ] *adj* courageux(-euse)

plug [plʌg] *n* (*stopper*) bouchon *m*, bonde *f*; (*Elec*) prise *f* de courant; (*Aut*: *also*: **spark(ing) plug**) bougie *f* ▷ *vt* (*hole*) boucher; (*inf*: *advertise*) faire du battage pour, matraquer; **to give sb/sth a ~** (*inf*) faire de la pub pour qn/qch

▸ **plug in** *vt* (*Elec*) brancher ▷ *vi* (*Elec*) se brancher

plughole ['plʌghəul] *n* (*Brit*) trou *m* (d'écoulement)

plum [plʌm] *n* (*fruit*) prune *f* ▷ *adj*: **~ job** (*inf*) travail *m* en or

plumb [plʌm] *adj* vertical(e) ▷ *n* plomb *m* ▷ *adv* (*exactly*) en plein ▷ *vt* sonder

▸ **plumb in** *vt* (*washing machine*) faire le raccordement de

plumber ['plʌmə^r] *n* plombier *m*

plumbing ['plʌmɪŋ] *n* (*trade*) plomberie *f*; (*piping*) tuyauterie *f*

plumbline ['plʌmlaɪn] *n* fil *m* à plomb

plume [plu:m] *n* plume *f*, plumet *m*

plummet ['plʌmɪt] *vi* (*person, object*) plonger; (*sales, prices*) dégringoler

plump [plʌmp] *adj* rondelet(te), dodu(e), bien en chair ▷ *vt*: **to ~ sth (down) on** laisser tomber qch lourdement sur

▸ **plump for** *vt fus* (*inf*: *choose*) se décider pour

▸ **plump up** *vt* (*cushion*) battre (pour lui redonner forme)

plunder ['plʌndə^r] *n* pillage *m* ▷ *vt* piller

plunge [plʌndʒ] *n* plongeon *m*; (*fig*) chute *f* ▷ *vt* plonger ▷ *vi* (*fall*) tomber, dégringoler; (*dive*) plonger; **to take the ~** se jeter à l'eau

plunger ['plʌndʒə^r] *n* piston *m*; (*for blocked sink*) (débouchoir *m* à) ventouse *f*

plunging ['plʌndʒɪŋ] *adj* (*neckline*) plongeant(e)

pluperfect [plu:'pə:fɪkt] *n* (*Ling*) plus-que-parfait *m*

plural ['pluərl] *adj* pluriel(le) ▷ *n* pluriel *m*

plus [plʌs] *n* (*also*: **plus sign**) signe *m* plus; (*advantage*) atout *m* ▷ *prep* plus; **ten/twenty ~** plus de dix/vingt; **it's a ~** c'est un atout

plus fours *npl* pantalon *m* (de) golf

plush [plʌʃ] *adj* somptueux(-euse) ▷ *n* peluche *f*

ply [plaɪ] *n* (*of wool*) fil *m*; (*of wood*) feuille *f*,

épaisseur *f* ▷ *vt* (*tool*) manier; (*a trade*) exercer ▷ *vi* (*ship*) faire la navette; **three ~ (wool)** *n* laine *f* trois fils; **to ~ sb with drink** donner continuellement à boire à qn
plywood ['plaɪwud] *n* contreplaqué *m*
P.M. *n abbr* (*Brit*) = **prime minister**
p.m. *adv abbr* (= *post meridiem*) de l'après-midi
PMS *n abbr* (= *premenstrual syndrome*) syndrome prémenstruel
PMT *n abbr* (= *premenstrual tension*) syndrome prémenstruel
pneumatic [nju:'mætɪk] *adj* pneumatique
pneumatic drill [nju:'mætɪk-] *n* marteau-piqueur *m*
pneumonia [nju:'məunɪə] *n* pneumonie *f*
PO *n abbr* (= *Post Office*) PTT *fpl*; (*Mil*) = **petty officer**
po *abbr* = **postal order**
POA *n abbr* (*Brit*) = **Prison Officers' Association**
poach [pəutʃ] *vt* (*cook*) pocher; (*steal*) pêcher (*or* chasser) sans permis ▷ *vi* braconner
poached [pəutʃt] *adj* (*egg*) poché(e)
poacher ['pəutʃə^r] *n* braconnier *m*
poaching ['pəutʃɪŋ] *n* braconnage *m*
P.O. Box *n abbr* = **post office box**
pocket ['pɔkɪt] *n* poche *f* ▷ *vt* empocher; **to be (£5) out of ~** (*Brit*) en être de sa poche (pour 5 livres)
pocketbook ['pɔkɪtbuk] *n* (*notebook*) carnet *m*; (*US*: *wallet*) portefeuille *m*; (: *handbag*) sac *m* à main
pocket knife *n* canif *m*
pocket money *n* argent *m* de poche
pockmarked ['pɔkmɑ:kt] *adj* (*face*) grêlé(e)
pod [pɔd] *n* cosse *f* ▷ *vt* écosser
podcast *n* podcast *m* ▷ *vi* podcaster
podcasting ['pɔdkɑ:stɪŋ] *n* podcasting *m*, baladodiffusion *f*
podgy ['pɔdʒɪ] *adj* rondelet(te)
podiatrist [pɔ'di:ətrɪst] *n* (*US*) pédicure *m/f*
podiatry [pɔ'di:ətrɪ] *n* (*US*) pédicurie *f*
podium ['pəudɪəm] *n* podium *m*
POE *n abbr* = **port of embarkation; port of entry**
poem ['pəuɪm] *n* poème *m*
poet ['pəuɪt] *n* poète *m*
poetic [pəu'ɛtɪk] *adj* poétique
poet laureate *n* poète lauréat; *voir article*

POET LAUREATE

En Grande-Bretagne, le *poet laureate* est un poète qui reçoit un traitement en tant que poète de la cour et qui est officier de la maison royale à vie. Le premier d'entre eux fut Ben Jonson, en 1616. Jadis, le "poète lauréat" écrivait des poèmes lors des grandes occasions, mais cette tradition n'est plus guère observée.

poetry ['pəuɪtrɪ] *n* poésie *f*
poignant ['pɔɪnjənt] *adj* poignant(e); (*sharp*) vif (vive)
point [pɔɪnt] *n* (*Geom, Scol, Sport, on scale*) point *m*; (*tip*) pointe *f*; (*in time*) moment *m*; (*in space*) endroit *m*; (*subject, idea*) point, sujet *m*; (*purpose*) but *m*; (*also*: **decimal point**): **2 ~ 3 (2.3)** 2 virgule 3 (2,3); (*Brit Elec*: *also*: **power point**) prise *f* (de courant) ▷ *vt* (*show*) indiquer; (*wall, window*) jointoyer; (*gun etc*): **to ~ sth at** braquer *or* diriger qch sur ▷ *vi*: **to ~ at** montrer du doigt; **points** *npl* (*Aut*) vis platinées; (*Rail*) aiguillage *m*; **good ~s** qualités *fpl*; **the train stops at Carlisle and all ~s south** le train dessert Carlisle et toutes les gares vers le sud; **to make a ~** faire une remarque; **to make a ~ of doing sth** ne pas manquer de faire qch; **to make one's ~** se faire comprendre; **to get/miss the ~** comprendre/ne pas comprendre; **to come to the ~** en venir au fait; **when it comes to the ~** le moment venu; **there's no ~ (in doing)** cela ne sert à rien (de faire); **what's the ~?** à quoi ça sert?; **to be on the ~ of doing sth** être sur le point de faire qch; **that's the whole ~!** précisément!; **to be beside the ~** être à côté de la question; **you've got a ~ there!** (c'est) juste!; **in ~ of fact** en fait, en réalité; **~ of departure** (*also fig*) point de départ; **~ of order** point de procédure; **~ of sale** (*Comm*) point de vente; **to ~ to sth** (*fig*) signaler
▸ **point out** *vt* (*show*) montrer, indiquer; (*mention*) faire remarquer, souligner
point-blank ['pɔɪnt'blæŋk] *adv* (*fig*) catégoriquement; (*also*: **at point-blank range**) à bout portant ▷ *adj* (*fig*) catégorique
point duty *n* (*Brit*): **to be on ~** diriger la circulation
pointed ['pɔɪntɪd] *adj* (*shape*) pointu(e); (*remark*) plein(e) de sous-entendus
pointedly ['pɔɪntɪdlɪ] *adv* d'une manière significative
pointer ['pɔɪntə^r] *n* (*stick*) baguette *f*; (*needle*) aiguille *f*; (*dog*) chien *m* d'arrêt; (*clue*) indication *f*; (*advice*) tuyau *m*
pointless ['pɔɪntlɪs] *adj* inutile, vain(e)
point of view *n* point *m* de vue
poise [pɔɪz] *n* (*balance*) équilibre *m*; (*of head, body*) port *m*; (*calmness*) calme *m* ▷ *vt* placer en équilibre; **to be ~d for** (*fig*) être prêt à
poison ['pɔɪzn] *n* poison *m* ▷ *vt* empoisonner
poisoning ['pɔɪznɪŋ] *n* empoisonnement *m*
poisonous ['pɔɪznəs] *adj* (*snake*) venimeux(-euse); (*substance, plant*) vénéneux(-euse); (*fumes*) toxique; (*fig*) pernicieux(-euse)
poke [pəuk] *vt* (*fire*) tisonner; (*jab with finger, stick etc*) piquer; pousser du doigt; (*put*): **to ~ sth in(to)** fourrer *or* enfoncer qch dans ▷ *n* (*jab*) (petit) coup; (*to fire*) coup *m* de tisonnier; **to ~ fun at sb** se moquer de qn
▸ **poke about** *vi* fureter
▸ **poke out** *vi* (*stick out*) sortir ▷ *vt*: **to ~ one's head out of the window** passer la tête par la fenêtre
poker ['pəukə^r] *n* tisonnier *m*; (*Cards*) poker *m*

P

poker-faced ['pəukə'feɪst] *adj* au visage impassible
poky ['pəukɪ] *adj* exigu(ë)
Poland ['pəulənd] *n* Pologne *f*
polar ['pəulə^r] *adj* polaire
polar bear *n* ours blanc
polarize ['pəuləraɪz] *vt* polariser
Pole [pəul] *n* Polonais(e)
pole [pəul] *n* (*of wood*) mât *m*, perche *f*; (*Elec*) poteau *m*; (*Geo*) pôle *m*
poleaxe ['pəulæks] *vt* (*fig*) terrasser
pole bean *n* (*US*) haricot *m* (à rames)
polecat ['pəulkæt] *n* putois *m*
Pol. Econ. ['pɔlɪkɔn] *n abbr* = **political economy**
polemic [pɔ'lɛmɪk] *n* polémique *f*
pole star ['pəulstɑː^r] *n* étoile *f* polaire
pole vault ['pəulvɔːlt] *n* saut *m* à la perche
police [pə'liːs] *npl* police *f* ▷ *vt* maintenir l'ordre dans; **a large number of ~ were hurt** de nombreux policiers ont été blessés
police car *n* voiture *f* de police
police constable *n* (*Brit*) agent *m* de police
police department *n* (*US*) services *mpl* de police
police force *n* police *f*, forces *fpl* de l'ordre
policeman [pə'liːsmən] (*irreg*) *n* agent *m* de police, policier *m*
police officer *n* agent *m* de police
police record *n* casier *m* judiciaire
police state *n* état policier
police station *n* commissariat *m* de police
policewoman [pə'liːswumən] (*irreg*) *n* femme-agent *f*
policy ['pɔlɪsɪ] *n* politique *f*; (*also*: **insurance policy**) police *f* (d'assurance); (*of newspaper, company*) politique générale; **to take out a ~** (*Insurance*) souscrire une police d'assurance
policy holder *n* assuré(e)
policy-making ['pɔlɪsɪmeɪkɪŋ] *n* élaboration *f* de nouvelles lignes d'action
polio ['pəulɪəu] *n* polio *f*
Polish ['pəulɪʃ] *adj* polonais(e) ▷ *n* (*Ling*) polonais *m*
polish ['pɔlɪʃ] *n* (*for shoes*) cirage *m*; (*for floor*) cire *f*, encaustique *f*; (*for nails*) vernis *m*; (*shine*) éclat *m*, poli *m*; (*fig*: *refinement*) raffinement *m* ▷ *vt* (*put polish on*: *shoes, wood*) cirer; (*make shiny*) astiquer, faire briller; (*fig*: *improve*) perfectionner
▸ **polish off** *vt* (*work*) expédier; (*food*) liquider
polished ['pɔlɪʃt] *adj* (*fig*) raffiné(e)
polite [pə'laɪt] *adj* poli(e); **it's not ~ to do that** ça ne se fait pas
politely [pə'laɪtlɪ] *adv* poliment
politeness [pə'laɪtnɪs] *n* politesse *f*
politic ['pɔlɪtɪk] *adj* diplomatique
political [pə'lɪtɪkl] *adj* politique
political asylum *n* asile *m* politique
politically [pə'lɪtɪklɪ] *adv* politiquement; **~ correct** politiquement correct(e)
politician [pɔlɪ'tɪʃən] *n* homme/femme politique, politicien(ne)
politics ['pɔlɪtɪks] *n* politique *f*
polka ['pɔlkə] *n* polka *f*
polka dot *n* pois *m*
poll [pəul] *n* scrutin *m*, vote *m*; (*also*: **opinion poll**) sondage *m* (d'opinion) ▷ *vt* (*votes*) obtenir; **to go to the ~s** (*voters*) aller aux urnes; (*government*) tenir des élections
pollen ['pɔlən] *n* pollen *m*
pollen count *n* taux *m* de pollen
pollination [pɔlɪ'neɪʃən] *n* pollinisation *f*
polling ['pəulɪŋ] *n* (*Brit Pol*) élections *fpl*; (*Tel*) invitation *f* à émettre
polling booth *n* (*Brit*) isoloir *m*
polling day *n* (*Brit*) jour *m* des élections
polling station *n* (*Brit*) bureau *m* de vote
pollster ['pəulstə^r] *n* sondeur *m*, enquêteur(-euse)
poll tax *n* (*Brit*: *formerly*) ≈ impôts locaux.
pollutant [pə'luːtənt] *n* polluant *m*
pollute [pə'luːt] *vt* polluer
pollution [pə'luːʃən] *n* pollution *f*
polo ['pəuləu] *n* polo *m*
polo-neck ['pəuləunɛk] *adj* à col roulé ▷ *n* (*sweater*) pull *m* à col roulé
polo shirt *n* polo *m*
poly ['pɔlɪ] *n abbr* (*Brit*) = **polytechnic**
poly bag *n* (*Brit inf*) sac *m* en plastique
polyester [pɔlɪ'ɛstə^r] *n* polyester *m*
polygamy [pə'lɪgəmɪ] *n* polygamie *f*
polygraph ['pɔlɪgrɑːf] *n* détecteur *m* de mensonges
Polynesia [pɔlɪ'niːzɪə] *n* Polynésie *f*
Polynesian [pɔlɪ'niːzɪən] *adj* polynésien(ne) ▷ *n* Polynésien(ne)
polyp ['pɔlɪp] *n* (*Med*) polype *m*
polystyrene [pɔlɪ'staɪriːn] *n* polystyrène *m*
polytechnic [pɔlɪ'tɛknɪk] *n* (*college*) IUT *m*, Institut *m* universitaire de technologie
polythene ['pɔlɪθiːn] *n* (*Brit*) polyéthylène *m*
polythene bag *n* sac *m* en plastique
polyurethane [pɔlɪ'juərɪθeɪn] *n* polyuréthane *m*
pomegranate ['pɔmɪgrænɪt] *n* grenade *f*
pommel ['pɔml] *n* pommeau *m* ▷ *vt* = **pummel**
pomp [pɔmp] *n* pompe *f*, faste *f*, apparat *m*
pompom ['pɔmpɔm] *n* pompon *m*
pompous ['pɔmpəs] *adj* pompeux(-euse)
pond [pɔnd] *n* étang *m*; (*stagnant*) mare *f*
ponder ['pɔndə^r] *vi* réfléchir ▷ *vt* considérer, peser
ponderous ['pɔndərəs] *adj* pesant(e), lourd(e)
pong [pɔŋ] (*Brit inf*) *n* puanteur *f* ▷ *vi* schlinguer
pontiff ['pɔntɪf] *n* pontife *m*
pontificate [pɔn'tɪfɪkeɪt] *vi* (*fig*): **to ~ (about)** pontifier (sur)
pontoon [pɔn'tuːn] *n* ponton *m*; (*Brit Cards*) vingt-et-un *m*
pony ['pəunɪ] *n* poney *m*
ponytail ['pəunɪteɪl] *n* queue *f* de cheval
pony trekking [-trɛkɪŋ] *n* (*Brit*) randonnée *f* équestre *or* à cheval
poodle ['puːdl] *n* caniche *m*
pooh-pooh ['puː'puː] *vt* dédaigner
pool [puːl] *n* (*of rain*) flaque *f*; (*pond*) mare *f*;

(*artificial*) bassin *m*; (*also:* **swimming pool**) piscine *f*; (*sth shared*) fonds commun; (*money at cards*) cagnotte *f*; (*billiards*) poule *f*; (*Comm: consortium*) pool *m*; (US: *monopoly trust*) trust *m* ▷ *vt* mettre en commun; **pools** *npl* (*football*) ≈ loto sportif; **typing ~**, (*US*) **secretary ~** pool *m* dactylographique; **to do the (football) ~s** (*Brit*) ≈ jouer au loto sportif; *see also* **football pools**
poor [puəʳ] *adj* pauvre; (*mediocre*) médiocre, faible, mauvais(e) ▷ *npl*: **the ~** les pauvres *mpl*
poorly ['puəlɪ] *adv* pauvrement; (*badly*) mal, médiocrement ▷ *adj* souffrant(e), malade
pop [pɔp] *n* (*noise*) bruit sec; (*Mus*) musique *f* pop; (*inf: drink*) soda *m*; (*US inf: father*) papa *m* ▷ *vt* (*put*) fourrer, mettre (rapidement) ▷ *vi* éclater; (*cork*) sauter; **she ~ped her head out of the window** elle passa la tête par la fenêtre
▶ **pop in** *vi* entrer en passant
▶ **pop out** *vi* sortir
▶ **pop up** *vi* apparaître, surgir
pop concert *n* concert *m* pop
popcorn ['pɔpkɔːn] *n* pop-corn *m*
pope [pəup] *n* pape *m*
poplar ['pɔpləʳ] *n* peuplier *m*
poplin ['pɔplɪn] *n* popeline *f*
popper ['pɔpəʳ] *n* (*Brit*) bouton-pression *m*
poppy ['pɔpɪ] *n* (*wild*) coquelicot *m*; (*cultivated*) pavot *m*
poppycock ['pɔpɪkɔk] *n* (*inf*) balivernes *fpl*
Popsicle® ['pɔpsɪkl] *n* (US) esquimau *m* (*glace*)
pop star *n* pop star *f*
populace ['pɔpjuləs] *n* peuple *m*
popular ['pɔpjuləʳ] *adj* populaire; (*fashionable*) à la mode; **to be ~ (with)** (*person*) avoir du succès (auprès de); (*decision*) être bien accueilli(e) (par)
popularity [pɔpju'lærɪtɪ] *n* popularité *f*
popularize ['pɔpjuləraɪz] *vt* populariser; (*science*) vulgariser
populate ['pɔpjuleɪt] *vt* peupler
population [pɔpju'leɪʃən] *n* population *f*
population explosion *n* explosion *f* démographique
populous ['pɔpjuləs] *adj* populeux(-euse)
pop-up *adj* (*Comput: menu, window*) pop up *inv* ▷ *n* pop up *m inv*, fenêtre *f* pop up
porcelain ['pɔːslɪn] *n* porcelaine *f*
porch [pɔːtʃ] *n* porche *m*; (US) véranda *f*
porcupine ['pɔːkjupaɪn] *n* porc-épic *m*
pore [pɔːʳ] *n* pore *m* ▷ *vi*: **to ~ over** s'absorber dans, être plongé(e) dans
pork [pɔːk] *n* porc *m*
pork chop *n* côte *f* de porc
pork pie *n* pâté *m* de porc en croûte
porn [pɔːn] *adj* (*inf*) porno ▷ *n* (*inf*) porno *m*
pornographic [pɔːnə'græfɪk] *adj* pornographique
pornography [pɔː'nɔgrəfɪ] *n* pornographie *f*
porous ['pɔːrəs] *adj* poreux(-euse)
porpoise ['pɔːpəs] *n* marsouin *m*
porridge ['pɔrɪdʒ] *n* porridge *m*
port [pɔːt] *n* (*harbour*) port *m*; (*opening in ship*) sabord *m*; (*Naut: left side*) bâbord *m*; (*wine*) porto *m*; (*Comput*) port *m*, accès *m* ▷ *cpd* portuaire, du port; **to ~** (*Naut*) à bâbord; **~ of call** (port d')escale *f*
portable ['pɔːtəbl] *adj* portatif(-ive)
portal ['pɔːtl] *n* portail *m*
portcullis [pɔːt'kʌlɪs] *n* herse *f*
portent ['pɔːtɛnt] *n* présage *m*
porter ['pɔːtəʳ] *n* (*for luggage*) porteur *m*; (*doorkeeper*) gardien(ne); portier *m*
portfolio [pɔːt'fəulɪəu] *n* portefeuille *m*; (*of artist*) portfolio *m*
porthole ['pɔːthəul] *n* hublot *m*
portico ['pɔːtɪkəu] *n* portique *m*
portion ['pɔːʃən] *n* portion *f*, part *f*
portly ['pɔːtlɪ] *adj* corpulent(e)
portrait ['pɔːtreɪt] *n* portrait *m*
portray [pɔː'treɪ] *vt* faire le portrait de; (*in writing*) dépeindre, représenter; (*subj: actor*) jouer
portrayal [pɔː'treɪəl] *n* portrait *m*, représentation *f*
Portugal ['pɔːtjugl] *n* Portugal *m*
Portuguese [pɔːtju'giːz] *adj* portugais(e) ▷ *n* (*pl inv*) Portugais(e); (*Ling*) portugais *m*
Portuguese man-of-war [-mænəv'wɔːʳ] *n* (*jellyfish*) galère *f*
pose [pəuz] *n* pose *f*; (*pej*) affectation *f* ▷ *vi* poser; (*pretend*): **to ~ as** se faire passer pour ▷ *vt* poser; (*problem*) créer; **to strike a ~** poser (pour la galerie)
poser ['pəuzəʳ] *n* question difficile *or* embarrassante; (*person*) = **poseur**
poseur [pəu'zəːʳ] *n* (*pej*) poseur(-euse)
posh [pɔʃ] *adj* (*inf*) chic *inv*; **to talk ~** parler d'une manière affectée
position [pə'zɪʃən] *n* position *f*; (*job, situation*) situation *f* ▷ *vt* mettre en place *or* en position; **to be in a ~ to do sth** être en mesure de faire qch
positive ['pɔzɪtɪv] *adj* positif(-ive); (*certain*) sûr(e), certain(e); (*definite*) formel(le), catégorique; (*clear*) indéniable, réel(le)
positively ['pɔzɪtɪvlɪ] *adv* (*affirmatively, enthusiastically*) de façon positive; (*inf: really*) carrément; **to think ~** être positif(-ive)
posse ['pɔsɪ] *n* (US) détachement *m*
possess [pə'zɛs] *vt* posséder; **like one ~ed** comme un fou; **whatever can have ~ed you?** qu'est-ce qui vous a pris?
possession [pə'zɛʃən] *n* possession *f*; **possessions** *npl* (*belongings*) affaires *fpl*; **to take ~ of sth** prendre possession de qch
possessive [pə'zɛsɪv] *adj* possessif(-ive)
possessiveness [pə'zɛsɪvnɪs] *n* possessivité *f*
possessor [pə'zɛsəʳ] *n* possesseur *m*
possibility [pɔsɪ'bɪlɪtɪ] *n* possibilité *f*; (*event*) éventualité *f*; **he's a ~ for the part** c'est un candidat possible pour le rôle
possible ['pɔsɪbl] *adj* possible; (*solution*) envisageable, éventuel(le); **it is ~ to do it** il est possible de le faire; **as far as ~** dans la mesure du possible, autant que possible; **if ~** si possible; **as big as ~** aussi gros que possible

possibly ['pɔsɪblɪ] *adv* (*perhaps*) peut-être; **if you ~ can** si cela vous est possible; **I cannot ~ come** il m'est impossible de venir

post [pəust] *n* (*Brit: mail*) poste *f*; (*: collection*) levée *f*; (*: letters, delivery*) courrier *m*; (*job, situation*) poste *m*; (*pole*) poteau *m*; (*trading post*) comptoir (commercial); (*on internet forum*) billet *m*, post *m* ▷ *vt* (*Brit: send by post, Mil, to internet*) poster; (*: appoint*): **to ~ to** affecter à; (*notice*) afficher; **by ~** (*Brit*) par la poste; **by return of ~** (*Brit*) par retour du courrier; **to keep sb ~ed** tenir qn au courant

post... [pəust] *prefix* post...; **post 1990** *adj* d'après 1990 ▷ *adv* après 1990

postage ['pəustɪdʒ] *n* tarifs *mpl* d'affranchissement; **~ paid** port payé; **~ prepaid** (*US*) franco (de port)

postage stamp *n* timbre-poste *m*

postal ['pəustl] *adj* postal(e)

postal order *n* mandat(-poste *m*) *m*

postbag ['pəustbæg] *n* (*Brit*) sac postal; (*postman's*) sacoche *f*

postbox ['pəustbɔks] *n* (*Brit*) boîte *f* aux lettres (*publique*)

postcard ['pəustkɑːd] *n* carte postale

postcode ['pəustkəud] *n* (*Brit*) code postal

postdate ['pəust'deɪt] *vt* (*cheque*) postdater

poster ['pəustəʳ] *n* affiche *f*

poste restante [pəust'rɛstɑ̃ːnt] *n* (*Brit*) poste restante

posterior [pɔs'tɪərɪəʳ] *n* (*inf*) postérieur *m*, derrière *m*

posterity [pɔs'tɛrɪtɪ] *n* postérité *f*

poster paint *n* gouache *f*

post exchange *n* (*US Mil*) magasin *m* de l'armée

post-free [pəust'friː] *adj* (*Brit*) franco (de port)

postgraduate ['pəust'grædjuət] *n* ≈ étudiant(e) de troisième cycle

posthumous ['pɔstjuməs] *adj* posthume

posthumously ['pɔstjuməslɪ] *adv* après la mort de l'auteur, à titre posthume

posting ['pəustɪŋ] *n* (*Brit*) affectation *f*

postman ['pəustmən] (*Brit: irreg*) *n* facteur *m*

postmark ['pəustmɑːk] *n* cachet *m* (de la poste)

postmaster ['pəustmɑːstəʳ] *n* receveur *m* des postes

Postmaster General *n* ≈ ministre *m* des Postes et Télécommunications

postmistress ['pəustmɪstrɪs] *n* receveuse *f* des postes

post-mortem [pəust'mɔːtəm] *n* autopsie *f*

postnatal ['pəust'neɪtl] *adj* postnatal(e)

post office *n* (*building*) poste *f*; (*organization*): **the Post Office** les postes *fpl*

post office box *n* boîte postale

post-paid ['pəust'peɪd] *adj* (*Brit*) port payé

postpone [pəs'pəun] *vt* remettre (à plus tard), reculer

postponement [pəs'pəunmənt] *n* ajournement *m*, renvoi *m*

postscript ['pəustskrɪpt] *n* post-scriptum *m*

postulate ['pɔstjuleɪt] *vt* postuler

posture ['pɔstʃəʳ] *n* posture *f*; (*fig*) attitude *f* ▷ *vi* poser

postwar [pəust'wɔːʳ] *adj* d'après-guerre

postwoman [pəust'wumən] (*Brit: irreg*) *n* factrice *f*

posy ['pəuzɪ] *n* petit bouquet

pot [pɔt] *n* (*for cooking*) marmite *f*; casserole *f*; (*teapot*) théière *f*; (*for coffee*) cafetière *f*; (*for plants, jam*) pot *m*; (*piece of pottery*) poterie *f*; (*inf: marijuana*) herbe *f* ▷ *vt* (*plant*) mettre en pot; **to go to ~** (*inf*) aller à vau-l'eau; **~s of** (*Brit inf*) beaucoup de, plein de

potash ['pɔtæʃ] *n* potasse *f*

potassium [pə'tæsɪəm] *n* potassium *m*

potato (*pl* **-es**) [pə'teɪtəu] *n* pomme *f* de terre

potato crisps, (*US*) **potato chips** *npl* chips *mpl*

potato flour *n* fécule *f*

potato peeler *n* épluche-légumes *m*

potbellied ['pɔtbɛlɪd] *adj* (*from overeating*) bedonnant(e); (*from malnutrition*) au ventre ballonné

potency ['pəutnsɪ] *n* puissance *f*, force *f*; (*of drink*) degré *m* d'alcool

potent ['pəutnt] *adj* puissant(e); (*drink*) fort(e), très alcoolisé(e); (*man*) viril

potentate ['pəutnteɪt] *n* potentat *m*

potential [pə'tɛnʃl] *adj* potentiel(le) ▷ *n* potentiel *m*; **to have ~** être prometteur(-euse); ouvrir des possibilités

potentially [pə'tɛnʃəlɪ] *adv* potentiellement; **it's ~ dangerous** ça pourrait se révéler dangereux, il y a possibilité de danger

pothole ['pɔthəul] *n* (*in road*) nid *m* de poule; (*Brit: underground*) gouffre *m*, caverne *f*

potholer ['pɔthəuləʳ] *n* (*Brit*) spéléologue *m/f*

potholing ['pɔthəulɪŋ] *n* (*Brit*): **to go ~** faire de la spéléologie

potion ['pəuʃən] *n* potion *f*

potluck [pɔt'lʌk] *n*: **to take ~** tenter sa chance

pot plant *n* plante *f* d'appartement

potpourri [pəu'puriː] *n* pot-pourri *m*

pot roast *n* rôti *m* à la cocotte

pot shot ['pɔtʃɔt] *n*: **to take ~s at** canarder

potted ['pɔtɪd] *adj* (*food*) en conserve; (*plant*) en pot; (*fig: shortened*) abrégé(e)

potter ['pɔtəʳ] *n* potier *m* ▷ *vi* (*Brit*): **to ~ around** *or* **about** bricoler; **~'s wheel** tour *m* de potier

pottery ['pɔtərɪ] *n* poterie *f*; **a piece of ~** une poterie

potty ['pɔtɪ] *adj* (*Brit inf: mad*) dingue ▷ *n* (*child's*) pot *m*

potty-training ['pɔtɪtreɪnɪŋ] *n* apprentissage *m* de la propreté

pouch [pautʃ] *n* (*Zool*) poche *f*; (*for tobacco*) blague *f*; (*for money*) bourse *f*

pouf, pouffe [puːf] *n* (*stool*) pouf *m*

poultice ['pəultɪs] *n* cataplasme *m*

poultry ['pəultrɪ] *n* volaille *f*

poultry farm *n* élevage *m* de volaille

poultry farmer *n* aviculteur *m*

pounce [pauns] *vi*: **to ~ (on)** bondir (sur), fondre (sur) ▷ *n* bond *m*, attaque *f*

pound [paund] *n* livre *f* (*weight = 453g, 16 ounces; money = 100 pence*); (*for dogs, cars*) fourrière *f* ▷ *vt* (*beat*) bourrer de coups, marteler; (*crush*) piler, pulvériser; (*with guns*) pilonner ▷ *vi* (*heart*) battre violemment, taper; **half a ~ (of)** une demi-livre (de); **a five-~ note** un billet de cinq livres
pounding ['paundɪŋ] *n*: **to take a ~** (*fig*) prendre une râclée
pound sterling *n* livre *f* sterling
pour [pɔːʳ] *vt* verser ▷ *vi* couler à flots; (*rain*) pleuvoir à verse; **to ~ sb a drink** verser *or* servir à boire à qn; **to come ~ing in** (*water*) entrer à flots; (*letters*) arriver par milliers; (*cars, people*) affluer
▸ **pour away, pour off** *vt* vider
▸ **pour in** *vi* (*people*) affluer, se précipiter; (*news, letters*) arriver en masse
▸ **pour out** *vi* (*people*) sortir en masse ▷ *vt* vider; (*fig*) déverser; (*serve: a drink*) verser
pouring ['pɔːrɪŋ] *adj*: **~ rain** pluie torrentielle
pout [paut] *n* moue *f* ▷ *vi* faire la moue
poverty ['pɔvətɪ] *n* pauvreté *f*, misère *f*
poverty line *n* seuil *m* de pauvreté
poverty-stricken ['pɔvətɪstrɪkn] *adj* pauvre, déshérité(e)
poverty trap *n* (*Brit*) piège *m* de la pauvreté
POW *n abbr* = **prisoner of war**
powder ['paudəʳ] *n* poudre *f* ▷ *vt* poudrer; **to ~ one's nose** se poudrer; (*euphemism*) aller à la salle de bain
powder compact *n* poudrier *m*
powdered milk *n* lait *m* en poudre
powder keg *n* (*fig*) poudrière *f*
powder puff *n* houppette *f*
powder room *n* toilettes *fpl* (pour dames)
powdery ['paudərɪ] *adj* poudreux(-euse)
power ['pauəʳ] *n* (*strength, nation*) puissance *f*, force *f*; (*ability, Pol: of party, leader*) pouvoir *m*; (*Math*) puissance; (*of speech, thought*) faculté *f*; (*Elec*) courant *m* ▷ *vt* faire marcher, actionner; **to do all in one's ~ to help sb** faire tout ce qui est en son pouvoir pour aider qn; **the world ~s** les grandes puissances; **to be in ~** être au pouvoir
powerboat ['pauəbəut] *n* (*Brit*) hors-bord *m*
power cut *n* (*Brit*) coupure *f* de courant
powered ['pauəd] *adj*: **~ by** actionné(e) par, fonctionnant à; **nuclear-~ submarine** sous-marin *m* (à propulsion) nucléaire
power failure *n* panne *f* de courant
powerful ['pauəful] *adj* puissant(e); (*performance etc*) très fort(e)
powerhouse ['pauəhaus] *n* (*fig: person*) fonceur *m*; **a ~ of ideas** une mine d'idées
powerless ['pauəlɪs] *adj* impuissant(e)
power line *n* ligne *f* électrique
power of attorney *n* procuration *f*
power point *n* (*Brit*) prise *f* de courant
power station *n* centrale *f* électrique
power steering *n* direction assistée
power struggle *n* lutte *f* pour le pouvoir
powwow ['pauwau] *n* conciliabule *m*
p.p. *abbr* (= *per procurationem: by proxy*) p.p.
PPE *n abbr* (*Brit Scol*) = **philosophy, politics and economics**
PPS *n abbr* (= *post postscriptum*) PPS; (*Brit: = parliamentary private secretary*) *parlementaire chargé de mission auprès d'un ministre*
PQ *abbr* (*Canada: = Province of Quebec*) PQ
PR *n abbr* = **proportional representation; public relations** ▷ *abbr* (*US*) = **Puerto Rico**
Pr. *abbr* (= *prince*) Pce
practicability [præktɪkə'bɪlɪtɪ] *n* possibilité *f* de réalisation
practicable ['præktɪkəbl] *adj* (*scheme*) réalisable
practical ['præktɪkl] *adj* pratique
practicality [præktɪ'kælɪtɪ] *n* (*of plan*) aspect *m* pratique; (*of person*) sens *m* pratique; **practicalities** *npl* détails *mpl* pratiques
practical joke *n* farce *f*
practically ['præktɪklɪ] *adv* (*almost*) pratiquement
practice ['præktɪs] *n* pratique *f*; (*of profession*) exercice *m*; (*at football etc*) entraînement *m*; (*business*) cabinet *m*; clientèle *f* ▷ *vt, vi* (*US*) = **practise**; **in ~** (*in reality*) en pratique; **out of ~** rouillé(e); **2 hours' piano ~** 2 heures de travail *or* d'exercices au piano; **target ~** exercices de tir; **it's common ~** c'est courant, ça se fait couramment; **to put sth into ~** mettre qch en pratique
practice match *n* match *m* d'entraînement
practise, (US) **practice** ['præktɪs] *vt* (*work at: piano, backhand etc*) s'exercer à, travailler; (*train for: sport*) s'entraîner à; (*a sport, religion, method*) pratiquer; (*profession*) exercer ▷ *vi* s'exercer, travailler; (*train*) s'entraîner; (*lawyer, doctor*) exercer; **to ~ for a match** s'entraîner pour un match
practised, (US) **practiced** ['præktɪst] *adj* (*person*) expérimenté(e); (*performance*) impeccable; (*liar*) invétéré(e); **with a ~ eye** d'un œil exercé
practising, (US) **practicing** ['præktɪsɪŋ] *adj* (*Christian etc*) pratiquant(e); (*lawyer*) en exercice; (*homosexual*) déclaré
practitioner [præk'tɪʃənəʳ] *n* praticien(ne)
pragmatic [præg'mætɪk] *adj* pragmatique
Prague [prɑːg] *n* Prague
prairie ['prɛərɪ] *n* savane *f*; (US): **the ~s** la Prairie
praise [preɪz] *n* éloge(s) *m(pl)*, louange(s) *f(pl)* ▷ *vt* louer, faire l'éloge de
praiseworthy ['preɪzwəːðɪ] *adj* digne de louanges
pram [præm] *n* (*Brit*) landau *m*, voiture *f* d'enfant
prance [prɑːns] *vi* (*horse*) caracoler
prank [præŋk] *n* farce *f*
prat [præt] *n* (*Brit inf*) imbécile *m*, andouille *f*
prattle ['prætl] *vi* jacasser
prawn [prɔːn] *n* crevette *f* (rose)
prawn cocktail *n* cocktail *m* de crevettes
pray [preɪ] *vi* prier
prayer [prɛəʳ] *n* prière *f*

P

prayer book *n* livre *m* de prières
pre... ['pri:] *prefix* pré...; **pre-1970** *adj* d'avant 1970 ▷ *adv* avant 1970
preach [pri:tʃ] *vt, vi* prêcher; **to ~ at sb** faire la morale à qn
preacher ['pri:tʃəʳ] *n* prédicateur *m*; (*US: clergyman*) pasteur *m*
preamble [prɪ'æmbl] *n* préambule *m*
prearranged [pri:ə'reɪndʒd] *adj* organisé(e) *or* fixé(e) à l'avance
precarious [prɪ'kɛərɪəs] *adj* précaire
precaution [prɪ'kɔ:ʃən] *n* précaution *f*
precautionary [prɪ'kɔ:ʃənrɪ] *adj* (*measure*) de précaution
precede [prɪ'si:d] *vt, vi* précéder
precedence ['prɛsɪdəns] *n* préséance *f*
precedent ['prɛsɪdənt] *n* précédent *m*; **to establish** *or* **set a ~** créer un précédent
preceding [prɪ'si:dɪŋ] *adj* qui précède (*or* précédait)
precept ['pri:sɛpt] *n* précepte *m*
precinct ['pri:sɪŋkt] *n* (*round cathedral*) pourtour *m*, enceinte *f*; (*US: district*) circonscription *f*, arrondissement *m*; **precincts** *npl* (*neighbourhood*) alentours *mpl*, environs *mpl*; **pedestrian ~** (*Brit*) zone piétonnière; **shopping ~** (*Brit*) centre commercial
precious ['prɛʃəs] *adj* précieux(-euse) ▷ *adv* (*inf*): **~ little** *or* **few** fort peu; **your ~ dog** (*ironic*) ton chien chéri, ton chéri chien
precipice ['prɛsɪpɪs] *n* précipice *m*
precipitate [prɪ'sɪpɪtɪt] *adj* (*hasty*) précipité(e) ▷ *vt* [prɪ'sɪpɪteɪt] précipiter
precipitation [prɪsɪpɪ'teɪʃən] *n* précipitation *f*
precipitous [prɪ'sɪpɪtəs] *adj* (*steep*) abrupt(e), à pic
précis (*pl* **-**) ['preɪsi:, -z] *n* résumé *m*
precise [prɪ'saɪs] *adj* précis(e)
precisely [prɪ'saɪslɪ] *adv* précisément
precision [prɪ'sɪʒən] *n* précision *f*
preclude [prɪ'klu:d] *vt* exclure, empêcher; **to ~ sb from doing** empêcher qn de faire
precocious [prɪ'kəuʃəs] *adj* précoce
preconceived [pri:kən'si:vd] *adj* (*idea*) préconçu(e)
preconception [pri:kən'sɛpʃən] *n* idée préconçue
precondition ['pri:kən'dɪʃən] *n* condition *f* nécessaire
precursor [pri:'kə:səʳ] *n* précurseur *m*
predate ['pri:'deɪt] *vt* (*precede*) antidater
predator ['prɛdətəʳ] *n* prédateur *m*, rapace *m*
predatory ['prɛdətərɪ] *adj* rapace
predecessor ['pri:dɪsɛsəʳ] *n* prédécesseur *m*
predestination [pri:dɛstɪ'neɪʃən] *n* prédestination *f*
predetermine [pri:dɪ'tə:mɪn] *vt* déterminer à l'avance
predicament [prɪ'dɪkəmənt] *n* situation *f* difficile
predicate ['prɛdɪkɪt] *n* (*Ling*) prédicat *m*
predict [prɪ'dɪkt] *vt* prédire
predictable [prɪ'dɪktəbl] *adj* prévisible
predictably [prɪ'dɪktəblɪ] *adv* (*behave, react*) de façon prévisible; **~ she didn't arrive** comme on pouvait s'y attendre, elle n'est pas venue
prediction [prɪ'dɪkʃən] *n* prédiction *f*
predispose [pri:dɪs'pəuz] *vt* prédisposer
predominance [prɪ'dɔmɪnəns] *n* prédominance *f*
predominant [prɪ'dɔmɪnənt] *adj* prédominant(e)
predominantly [prɪ'dɔmɪnəntlɪ] *adv* en majeure partie; (*especially*) surtout
predominate [prɪ'dɔmɪneɪt] *vi* prédominer
pre-eminent [pri:'ɛmɪnənt] *adj* prééminent(e)
pre-empt [pri:'ɛmt] *vt* (*Brit*) acquérir par droit de préemption; (*fig*) anticiper sur; **to ~ the issue** conclure avant même d'ouvrir les débats
pre-emptive [prɪ'ɛmtɪv] *adj*: **~ strike** attaque (*or* action) préventive
preen [pri:n] *vt*: **to ~ itself** (*bird*) se lisser les plumes; **to ~ o.s.** s'admirer
prefab ['pri:fæb] *n abbr* (= *prefabricated building*) bâtiment préfabriqué
prefabricated [pri:'fæbrɪkeɪtɪd] *adj* préfabriqué(e)
preface ['prɛfəs] *n* préface *f*
prefect ['pri:fɛkt] *n* (*Brit: in school*) *élève chargé de certaines fonctions de discipline*; (*in France*) préfet *m*
prefer [prɪ'fə:ʳ] *vt* préférer; (*Law*): **to ~ charges** procéder à une inculpation; **to ~ coffee to tea** préférer le café au thé; **to ~ doing** *or* **to do sth** préférer faire qch
preferable ['prɛfrəbl] *adj* préférable
preferably ['prɛfrəblɪ] *adv* de préférence
preference ['prɛfrəns] *n* préférence *f*; **in ~ to sth** plutôt que qch, de préférence à qch
preference shares *npl* (*Brit*) actions privilégiées
preferential [prɛfə'rɛnʃəl] *adj* préférentiel(le); **~ treatment** traitement *m* de faveur
preferred stock [prɪ'fə:d-] *npl* (*US*) = **preference shares**
prefix ['pri:fɪks] *n* préfixe *m*
pregnancy ['prɛgnənsɪ] *n* grossesse *f*
pregnancy test *n* test *m* de grossesse
pregnant ['prɛgnənt] *adj* enceinte *adj f*; (*animal*) pleine; **3 months ~** enceinte de 3 mois
prehistoric ['pri:hɪs'tɔrɪk] *adj* préhistorique
prehistory [pri:'hɪstərɪ] *n* préhistoire *f*
prejudge [pri:'dʒʌdʒ] *vt* préjuger de
prejudice ['prɛdʒudɪs] *n* préjugé *m*; (*harm*) tort *m*, préjudice *m* ▷ *vt* porter préjudice à; (*bias*): **to ~ sb in favour of/against** prévenir qn en faveur de/contre; **racial ~** préjugés raciaux
prejudiced ['prɛdʒudɪst] *adj* (*person*) plein(e) de préjugés; (*in a matter*) partial(e); (*view*) préconçu(e), partial(e); **to be ~ against sb/sth** avoir un parti-pris contre qn/qch; **to be racially ~** avoir des préjugés raciaux
prelate ['prɛlət] *n* prélat *m*
preliminaries [prɪ'lɪmɪnərɪz] *npl* préliminaires *mpl*
preliminary [prɪ'lɪmɪnərɪ] *adj* préliminaire

prelude ['prɛlju:d] *n* prélude *m*
premarital ['pri:'mærɪtl] *adj* avant le mariage; **~ contract** contrat *m* de mariage
premature ['prɛmətʃuəʳ] *adj* prématuré(e); **to be ~ (in doing sth)** aller un peu (trop) vite (en faisant qch)
premeditated [pri:'mɛdɪteɪtɪd] *adj* prémédité(e)
premeditation [pri:mɛdɪ'teɪʃən] *n* préméditation *f*
premenstrual [pri:'mɛnstruəl] *adj* prémenstruel(le)
premenstrual tension *n* irritabilité *f* avant les règles
premier ['prɛmɪəʳ] *adj* premier(-ière), principal(e) ▷ *n* (*Pol: Prime Minister*) premier ministre; (*Pol: President*) chef *m* de l'État
premiere ['prɛmɪɛəʳ] *n* première *f*
Premier League *n* première division
premise ['prɛmɪs] *n* prémisse *f*
premises ['prɛmɪsɪz] *npl* locaux *mpl*; **on the ~** sur les lieux; sur place; **business ~** locaux commerciaux
premium ['pri:mɪəm] *n* prime *f*; **to be at a ~** (*fig: housing etc*) être très demandé(e), être rarissime; **to sell at a ~** (*shares*) vendre au-dessus du pair
premium bond *n* (*Brit*) obligation *f* à prime, bon *m* à lots
premium deal *n* (*Comm*) offre spéciale
premium fuel, (*US*) **premium gasoline** *n* super *m*
premonition [prɛmə'nɪʃən] *n* prémonition *f*
preoccupation [pri:ɔkju'peɪʃən] *n* préoccupation *f*
preoccupied [pri:'ɔkjupaɪd] *adj* préoccupé(e)
prep [prɛp] *adj abbr*: **~ school**; = **preparatory school** ▷ *n abbr* (*Scol: = preparation*) étude *f*
prepackaged [pri:'pækɪdʒd] *adj* préempaqueté(e)
prepaid [pri:'peɪd] *adj* payé(e) d'avance
preparation [prɛpə'reɪʃən] *n* préparation *f*; **preparations** *npl* (*for trip, war*) préparatifs *mpl*; **in ~ for** en vue de
preparatory [prɪ'pærətərɪ] *adj* préparatoire; **~ to sth/to doing sth** en prévision de qch/avant de faire qch
preparatory school *n* (*Brit*) école primaire privée; (*US*) lycée privé; *voir article*

PREPARATORY SCHOOL

En Grande-Bretagne, une *preparatory school* – ou, plus familièrement, une *prep school* – est une école payante qui prépare les enfants de 7 à 13 ans aux "public schools".

prepare [prɪ'pɛəʳ] *vt* préparer ▷ *vi*: **to ~ for** se préparer à
prepared [prɪ'pɛəd] *adj*: **~ for** préparé(e) à; **~ to** prêt(e) à
preponderance [prɪ'pɔndərns] *n* prépondérance *f*
preposition [prɛpə'zɪʃən] *n* préposition *f*
prepossessing [pri:pə'zɛsɪŋ] *adj* avenant(e), engageant(e)
preposterous [prɪ'pɔstərəs] *adj* ridicule, absurde
prep school *n* = **preparatory school**
prerecord ['pri:rɪ'kɔ:d] *vt*: **~ed broadcast** émission *f* en différé; **~ed cassette** cassette enregistrée
prerequisite [pri:'rɛkwɪzɪt] *n* condition *f* préalable
prerogative [prɪ'rɔgətɪv] *n* prérogative *f*
presbyterian [prɛzbɪ'tɪərɪən] *adj, n* presbytérien(ne)
presbytery ['prɛzbɪtərɪ] *n* presbytère *m*
preschool ['pri:'sku:l] *adj* préscolaire; (*child*) d'âge préscolaire
prescribe [prɪ'skraɪb] *vt* prescrire; **~d books** (*Brit Scol*) œuvres *fpl* au programme
prescription [prɪ'skrɪpʃən] *n* prescription *f*; (*Med*) ordonnance *f*; (*: medicine*) médicament *m* (obtenu sur ordonnance); **to make up** *or* (*US*) **fill a ~** faire une ordonnance; **could you write me a ~?** pouvez-vous me faire une ordonnance?; **"only available on ~"** "uniquement sur ordonnance"
prescription charges *npl* (*Brit*) participation *f* fixe au coût de l'ordonnance
prescriptive [prɪ'skrɪptɪv] *adj* normatif(-ive)
presence ['prɛzns] *n* présence *f*; **in sb's ~** en présence de qn; **~ of mind** présence d'esprit
present ['prɛznt] *adj* présent(e); (*current*) présent, actuel(le) ▷ *n* cadeau *m*; (*actuality, also*: **present tense**) présent *m* ▷ *vt* [prɪ'zɛnt] présenter; (*prize, medal*) remettre; (*give*): **to ~ sb with sth** offrir qch à qn; **to be ~ at** assister à; **those ~** les présents; **at ~** en ce moment; **to give sb a ~** offrir un cadeau à qn; **to ~ sb (to sb)** présenter qn (à qn)
presentable [prɪ'zɛntəbl] *adj* présentable
presentation [prɛzn'teɪʃən] *n* présentation *f*; (*gift*) cadeau *m*, présent *m*; (*ceremony*) remise *f* du cadeau (*or* de la médaille *etc*); **on ~ of** (*voucher etc*) sur présentation de
present-day ['prɛzntdeɪ] *adj* contemporain(e), actuel(le)
presenter [prɪ'zɛntəʳ] *n* (*Brit Radio, TV*) présentateur(-trice)
presently ['prɛzntlɪ] *adv* (*soon*) tout à l'heure, bientôt; (*with verb in past*) peu après; (*at present*) en ce moment; (*US: now*) maintenant
preservation [prɛzə'veɪʃən] *n* préservation *f*, conservation *f*
preservative [prɪ'zə:vətɪv] *n* agent *m* de conservation
preserve [prɪ'zə:v] *vt* (*keep safe*) préserver, protéger; (*maintain*) conserver, garder; (*food*) mettre en conserve ▷ *n* (*for game, fish*) réserve *f*; (*often pl: jam*) confiture *f*; (*: fruit*) fruits *mpl* en conserve
preshrunk [pri:'ʃrʌŋk] *adj* irrétrécissable
preside [prɪ'zaɪd] *vi* présider
presidency ['prɛzɪdənsɪ] *n* présidence *f*

president ['prɛzɪdənt] *n* président(e); (*US: of company*) président-directeur général, PDG *m*
presidential [prɛzɪ'dɛnʃl] *adj* présidentiel(le)
press [prɛs] *n* (*tool, machine, newspapers*) presse *f*; (*for wine*) pressoir *m*; (*crowd*) cohue *f*, foule *f* ▷ *vt* (*push*) appuyer sur; (*squeeze*) presser, serrer; (*clothes: iron*) repasser; (*pursue*) talonner; (*insist*): **to ~ sth on sb** presser qn d'accepter qch; (*urge, entreat*): **to ~ sb to do** *or* **into doing sth** pousser qn à faire qch ▷ *vi* appuyer, peser; se presser; **we are ~ed for time** le temps nous manque; **to ~ for sth** faire pression pour obtenir qch; **to ~ sb for an answer** presser qn de répondre; **to ~ charges against sb** (*Law*) engager des poursuites contre qn; **to go to ~** (*newspaper*) aller à l'impression; **to be in the ~** (*being printed*) être sous presse; (*in the newspapers*) être dans le journal
▸ **press ahead** *vi* = **press on**
▸ **press on** *vi* continuer
press agency *n* agence *f* de presse
press clipping *n* coupure *f* de presse
press conference *n* conférence *f* de presse
press cutting *n* = **press clipping**
press-gang ['prɛsgæŋ] *vt* (*fig*): **to ~ sb into doing sth** faire pression sur qn pour qu'il fasse qch
pressing ['prɛsɪŋ] *adj* urgent(e), pressant(e) ▷ *n* repassage *m*
press officer *n* attaché(e) de presse
press release *n* communiqué *m* de presse
press stud *n* (*Brit*) bouton-pression *m*
press-up ['prɛsʌp] *n* (*Brit*) traction *f*
pressure ['prɛʃə^r] *n* pression *f*; (*stress*) tension *f* ▷ *vt* = **to put pressure on**; **to put ~ on sb (to do sth)** faire pression sur qn (pour qu'il fasse qch)
pressure cooker *n* cocotte-minute *f*
pressure gauge *n* manomètre *m*
pressure group *n* groupe *m* de pression
pressurize ['prɛʃəraɪz] *vt* pressuriser; (*Brit fig*): **to ~ sb (into doing sth)** faire pression sur qn (pour qu'il fasse qch)
pressurized ['prɛʃəraɪzd] *adj* pressurisé(e)
prestige [prɛs'ti:ʒ] *n* prestige *m*
prestigious [prɛs'tɪdʒəs] *adj* prestigieux(-euse)
presumably [prɪ'zju:məblɪ] *adv* vraisemblablement; **~ he did it** c'est sans doute lui (qui a fait cela)
presume [prɪ'zju:m] *vt* présumer, supposer; **to ~ to do** (*dare*) se permettre de faire
presumption [prɪ'zʌmpʃən] *n* supposition *f*, présomption *f*; (*boldness*) audace *f*
presumptuous [prɪ'zʌmpʃəs] *adj* présomptueux(-euse)
presuppose [pri:sə'pəuz] *vt* présupposer
pre-tax [pri:'tæks] *adj* avant impôt(s)
pretence, (*US*) **pretense** [prɪ'tɛns] *n* (*claim*) prétention *f*; (*pretext*) prétexte *m*; **she is devoid of all ~** elle n'est pas du tout prétentieuse; **to make a ~ of doing** faire semblant de faire; **on** *or* **under the ~ of doing sth** sous prétexte de faire qch; **under false ~s** sous des prétextes fallacieux
pretend [prɪ'tɛnd] *vt* (*feign*) feindre, simuler ▷ *vi* (*feign*) faire semblant; (*claim*): **to ~ to sth** prétendre à qch; **to ~ to do** faire semblant de faire
pretense [prɪ'tɛns] *n* (*US*) = **pretence**
pretension [prɪ'tɛnʃən] *n* (*claim*) prétention *f*; **to have no ~s to sth/to being sth** n'avoir aucune prétention à qch/à être qch
pretentious [prɪ'tɛnʃəs] *adj* prétentieux(-euse)
preterite ['prɛtərɪt] *n* prétérit *m*
pretext ['pri:tɛkst] *n* prétexte *m*; **on** *or* **under the ~ of doing sth** sous prétexte de faire qch
pretty ['prɪtɪ] *adj* joli(e) ▷ *adv* assez
prevail [prɪ'veɪl] *vi* (*win*) l'emporter, prévaloir; (*be usual*) avoir cours; (*persuade*): **to ~ (up)on sb to do** persuader qn de faire
prevailing [prɪ'veɪlɪŋ] *adj* (*widespread*) courant(e), répandu(e); (*wind*) dominant(e)
prevalent ['prɛvələnt] *adj* répandu(e), courant(e); (*fashion*) en vogue
prevarication [prɪværɪ'keɪʃən] *n* (usage *m* de) faux-fuyants *mpl*
prevent [prɪ'vɛnt] *vt*: **to ~ (from doing)** empêcher (de faire)
preventable [prɪ'vɛntəbl] *adj* évitable
preventative [prɪ'vɛntətɪv] *adj* préventif(-ive)
prevention [prɪ'vɛnʃən] *n* prévention *f*
preventive [prɪ'vɛntɪv] *adj* préventif(-ive)
preview ['pri:vju:] *n* (*of film*) avant-première *f*; (*fig*) aperçu *m*
previous ['pri:vɪəs] *adj* (*last*) précédent(e); (*earlier*) antérieur(e); (*question, experience*) préalable; **I have a ~ engagement** je suis déjà pris(e); **~ to doing** avant de faire
previously ['pri:vɪəslɪ] *adv* précédemment, auparavant
prewar [pri:'wɔ:^r] *adj* d'avant-guerre
prey [preɪ] *n* proie *f* ▷ *vi*: **to ~ on** s'attaquer à; **it was ~ing on his mind** ça le rongeait *or* minait
price [praɪs] *n* prix *m*; (*Betting: odds*) cote *f* ▷ *vt* (*goods*) fixer le prix de; tarifer; **what is the ~ of ...?** combien coûte ...?, quel est le prix de ...?; **to go up** *or* **rise in ~** augmenter; **to put a ~ on sth** chiffrer qch; **to be ~d out of the market** (*article*) être trop cher pour soutenir la concurrence; (*producer, nation*) ne pas pouvoir soutenir la concurrence; **what ~ his promises now?** (*Brit*) que valent maintenant toutes ses promesses?; **he regained his freedom, but at a ~** il a retrouvé sa liberté, mais cela lui a coûté cher
price control *n* contrôle *m* des prix
price-cutting ['praɪskʌtɪŋ] *n* réductions *fpl* de prix
priceless ['praɪslɪs] *adj* sans prix, inestimable; (*inf: amusing*) impayable
price list *n* tarif *m*
price range *n* gamme *f* de prix; **it's within my ~** c'est dans mes prix
price tag *n* étiquette *f*
price war *n* guerre *f* des prix

pricey ['praɪsɪ] *adj (inf)* chérot *inv*
prick [prɪk] *n (sting)* piqûre *f*; *(inf!)* bitte *f (!)*; connard *m (!)* ▷ *vt* piquer; **to ~ up one's ears** dresser *or* tendre l'oreille
prickle ['prɪkl] *n (of plant)* épine *f*; *(sensation)* picotement *m*
prickly ['prɪklɪ] *adj* piquant(e), épineux(-euse); *(fig: person)* irritable
prickly heat *n* fièvre *f* miliaire
prickly pear *n* figue *f* de Barbarie
pride [praɪd] *n (feeling proud)* fierté *f*; *(pej)* orgueil *m*; *(self-esteem)* amour-propre *m* ▷ *vt*: **to ~ o.s. on** se flatter de; s'enorgueillir de; **to take (a) ~ in** être (très) fier(-ère) de; **to take a ~ in doing** mettre sa fierté à faire; **to have ~ of place** (Brit) avoir la place d'honneur
priest [pri:st] *n* prêtre *m*
priestess ['pri:stɪs] *n* prêtresse *f*
priesthood ['pri:sthud] *n* prêtrise *f*, sacerdoce *m*
prig [prɪg] *n* poseur(-euse), fat *m*
prim [prɪm] *adj* collet monté *inv*, guindé(e)
prima facie ['praɪmə'feɪʃɪ] *adj*: **to have a ~ case** *(Law)* avoir une affaire recevable
primal ['praɪməl] *adj (first in time)* primitif(-ive); *(first in importance)* primordial(e)
primarily ['praɪmərɪlɪ] *adv* principalement, essentiellement
primary ['praɪmərɪ] *adj* primaire; *(first in importance)* premier(-ière), primordial(e) ▷ *n (US: election)* (élection *f*) primaire *f*; *voir article*

PRIMARIES

Aux États-Unis, les *primaries* constituent un processus de sélection préliminaire des candidats qui seront choisis par les principaux partis lors de la campagne électorale pour l'élection présidentielle. Elles ont lieu dans 35 États, de février à juin, l'année de l'élection. Chaque État envoie en juillet – août des "delegates" aux conventions démocrate et républicaine chargées de désigner leur candidat à la présidence. Ces "delegates" sont généralement choisis en fonction du nombre de voix obtenu par les candidats lors des *primaries*.

primary colour *n* couleur fondamentale
primary school *n* (Brit) école *f* primaire; *voir article*

PRIMARY SCHOOL

Les *primary schools* en Grande-Bretagne accueillent les enfants de 5 à 11 ans. Elles marquent le début du cycle scolaire obligatoire et elles comprennent deux sections: la section des petits ("infant school") et la section des grands ("junior school"); voir "secondary school".

primate *n (Rel)* ['praɪmɪt] primat *m*; *(Zool)* ['praɪmeɪt] primate *m*
prime [praɪm] *adj* primordial(e), fondamental(e); *(excellent)* excellent(e) ▷ *vt (gun, pump)* amorcer; *(fig)* mettre au courant ▷ *n*: **in the ~ of life** dans la fleur de l'âge
Prime Minister *n* Premier ministre
primer ['praɪmə^r] *n (book)* premier livre, manuel *m* élémentaire; *(paint)* apprêt *m*
prime time *n (Radio, TV)* heure(s) *f(pl)* de grande écoute
primeval [praɪ'mi:vl] *adj* primitif(-ive)
primitive ['prɪmɪtɪv] *adj* primitif(-ive)
primrose ['prɪmrəuz] *n* primevère *f*
primus® ['praɪməs], **primus® stove** *n* (Brit) réchaud *m* de camping
prince [prɪns] *n* prince *m*
princess [prɪn'sɛs] *n* princesse *f*
principal ['prɪnsɪpl] *adj* principal(e) ▷ *n (head teacher)* directeur *m*, principal *m*; *(in play)* rôle principal; *(money)* principal *m*
principality [prɪnsɪ'pælɪtɪ] *n* principauté *f*
principally ['prɪnsɪplɪ] *adv* principalement
principle ['prɪnsɪpl] *n* principe *m*; **in ~** en principe; **on ~** par principe
print [prɪnt] *n (mark)* empreinte *f*; *(letters)* caractères *mpl*; *(fabric)* imprimé *m*; *(Art)* gravure *f*, estampe *f*; *(Phot)* épreuve *f* ▷ *vt* imprimer; *(publish)* publier; *(write in capitals)* écrire en majuscules; **out of ~** épuisé(e)
▸ **print out** *vt (Comput)* imprimer
printed circuit board ['prɪntɪd-] *n* carte *f* à circuit imprimé
printed matter ['prɪntɪd-] *n* imprimés *mpl*
printer ['prɪntə^r] *n (machine)* imprimante *f*; *(person)* imprimeur *m*
printhead ['prɪnthɛd] *n* tête *f* d'impression
printing ['prɪntɪŋ] *n* impression *f*
printing press *n* presse *f* typographique
printout ['prɪntaut] *n (Comput)* sortie *f* imprimante
print wheel *n* marguerite *f*
prior ['praɪə^r] *adj* antérieur(e), précédent(e); *(more important)* prioritaire ▷ *n (Rel)* prieur *m* ▷ *adv*: **~ to doing** avant de faire; **without ~ notice** sans préavis; **to have a ~ claim to sth** avoir priorité pour qch
priority [praɪ'ɔrɪtɪ] *n* priorité *f*; **to have** *or* **take ~ over sth/sb** avoir la priorité sur qch/qn
priory ['praɪərɪ] *n* prieuré *m*
prise [praɪz] *vt*: **to ~ open** forcer
prism ['prɪzəm] *n* prisme *m*
prison ['prɪzn] *n* prison *f* ▷ *cpd* pénitentiaire
prison camp *n* camp *m* de prisonniers
prisoner ['prɪznə^r] *n* prisonnier(-ière); **the ~ at the bar** l'accusé(e); **to take sb ~** faire qn prisonnier
prisoner of war *n* prisonnier(-ière) de guerre
prissy ['prɪsɪ] *adj* bégueule
pristine ['prɪsti:n] *adj* virginal(e)
privacy ['prɪvəsɪ] *n* intimité *f*, solitude *f*
private ['praɪvɪt] *adj (not public)* privé(e); *(personal)* personnel(le); *(house, car, lesson)*

particulier(-ière); (*quiet: place*) tranquille ▷ *n* soldat *m* de deuxième classe; **"~"** (*on envelope*) "personnelle"; (*on door*) "privé"; **in ~** en privé; **in (his) ~ life** dans sa vie privée; **he is a very ~ person** il est très secret; **to be in ~ practice** être médecin (*or* dentiste *etc*) non conventionné; **~ hearing** (*Law*) audience *f* à huis-clos
private detective *n* détective privé
private enterprise *n* entreprise privée
private eye *n* détective privé
private limited company *n* (*Brit*) société *f* à participation restreinte (*non cotée en Bourse*)
privately ['praɪvɪtlɪ] *adv* en privé; (*within oneself*) intérieurement
private parts *npl* parties (génitales)
private property *n* propriété privée
private school *n* école privée
privatize ['praɪvɪtaɪz] *vt* privatiser
privet ['prɪvɪt] *n* troène *m*
privilege ['prɪvɪlɪdʒ] *n* privilège *m*
privileged ['prɪvɪlɪdʒd] *adj* privilégié(e); **to be ~ to do sth** avoir le privilège de faire qch
privy ['prɪvɪ] *adj*: **to be ~ to** être au courant de
privy council *n* conseil privé; *voir article*

PRIVY COUNCIL

Le *privy council* existe en Angleterre depuis l'avènement des Normands. À l'époque, ses membres étaient les conseillers privés du roi, mais en 1688 le cabinet les a supplantés. Les ministres du cabinet sont aujourd'hui automatiquement conseillers du roi, et ce titre est également accordé aux personnes qui ont occupé de hautes fonctions en politique, dans le clergé ou dans les milieux juridiques. Les pouvoirs de ces conseillers en tant que tels sont maintenant limités.

prize [praɪz] *n* prix *m* ▷ *adj* (*example, idiot*) parfait(e); (*bull, novel*) primé(e) ▷ *vt* priser, faire grand cas de
prize-fighter ['praɪzfaɪtəʳ] *n* boxeur professionnel
prize-giving ['praɪzgɪvɪŋ] *n* distribution *f* des prix
prize money *n* argent *m* du prix
prizewinner ['praɪzwɪnəʳ] *n* gagnant(e)
prizewinning ['praɪzwɪnɪŋ] *adj* gagnant(e); (*novel, essay etc*) primé(e)
PRO *n abbr* = **public relations officer**
pro [prəu] *n* (*inf: Sport*) professionnel(le) ▷ *prep* pro; **pros** *npl*: **the ~s and cons** le pour et le contre
pro- [prəu] *prefix* (*in favour of*) pro-
pro-active [prəu'æktɪv] *adj* dynamique
probability [prɔbə'bɪlɪtɪ] *n* probabilité *f*; **in all ~** très probablement
probable ['prɔbəbl] *adj* probable; **it is ~/hardly ~ that …** il est probable/peu probable que …
probably ['prɔbəblɪ] *adv* probablement
probate ['prəubɪt] *n* (*Law*) validation *f*, homologation *f*
probation [prə'beɪʃən] *n* (*in employment*) (période *f* d')essai *m*; (*Law*) liberté surveillée; (*Rel*) noviciat *m*, probation *f*; **on ~** (*employee*) à l'essai; (*Law*) en liberté surveillée
probationary [prə'beɪʃənrɪ] *adj* (*period*) d'essai
probe [prəub] *n* (*Med, Space*) sonde *f*; (*enquiry*) enquête *f*, investigation *f* ▷ *vt* sonder, explorer
probity ['prəubɪtɪ] *n* probité *f*
problem ['prɔbləm] *n* problème *m*; **to have ~s with the car** avoir des ennuis avec la voiture; **what's the ~?** qu'y a-t-il?, quel est le problème?; **I had no ~ in finding her** je n'ai pas eu de mal à la trouver; **no ~!** pas de problème!
problematic [prɔblə'mætɪk] *adj* problématique
problem-solving ['prɔbləmsɔlvɪŋ] *n* résolution *f* de problèmes; **an approach to ~** une approche en matière de résolution de problèmes
procedure [prə'siːdʒəʳ] *n* (*Admin, Law*) procédure *f*; (*method*) marche *f* à suivre, façon *f* de procéder
proceed [prə'siːd] *vi* (*go forward*) avancer; (*act*) procéder; (*continue*): **to ~ (with)** continuer, poursuivre; **to ~ to** aller à; passer à; **to ~ to do** se mettre à faire; **I am not sure how to ~** je ne sais pas exactement comment m'y prendre; **to ~ against sb** (*Law*) intenter des poursuites contre qn
proceedings [prə'siːdɪŋz] *npl* (*measures*) mesures *fpl*; (*Law: against sb*) poursuites *fpl*; (*meeting*) réunion *f*, séance *f*; (*records*) compte rendu; actes *mpl*
proceeds ['prəusiːdz] *npl* produit *m*, recette *f*
process ['prəusɛs] *n* processus *m*; (*method*) procédé *m* ▷ *vt* traiter ▷ *vi* [prə'sɛs] (*Brit formal: go in procession*) défiler; **in ~** en cours; **we are in the ~ of doing** nous sommes en train de faire
processed cheese ['prəusɛst-] *n* ≈ fromage fondu
processing ['prəusɛsɪŋ] *n* traitement *m*
procession [prə'sɛʃən] *n* défilé *m*, cortège *m*; **funeral ~** (*on foot*) cortège funèbre; (*in cars*) convoi *m* mortuaire
pro-choice [prəu'tʃɔɪs] *adj* en faveur de l'avortement
proclaim [prə'kleɪm] *vt* déclarer, proclamer
proclamation [prɔklə'meɪʃən] *n* proclamation *f*
proclivity [prə'klɪvɪtɪ] *n* inclination *f*
procrastinate [prəu'kræstɪneɪt] *vi* faire traîner les choses, vouloir tout remettre au lendemain
procrastination [prəukræstɪ'neɪʃən] *n* procrastination *f*
procreation [prəukrɪ'eɪʃən] *n* procréation *f*
Procurator Fiscal ['prɔkjureɪtə-] *n* (*Scottish*) ≈ procureur *m* (*de la République*)
procure [prə'kjuəʳ] *vt* (*for o.s.*) se procurer; (*for sb*) procurer
procurement [prə'kjuəmənt] *n* achat *m*, approvisionnement *m*
prod [prɔd] *vt* pousser ▷ *n* (*push, jab*) petit coup, poussée *f*
prodigal ['prɔdɪgl] *adj* prodigue

prodigious [prə'dɪdʒəs] *adj* prodigieux(-euse)
prodigy ['prɔdɪdʒɪ] *n* prodige *m*
produce *n* ['prɔdju:s] (*Agr*) produits *mpl* ▷ *vt* [prə'dju:s] produire; (*show*) présenter; (*cause*) provoquer, causer; (*Theat*) monter, mettre en scène; (*TV: programme*) réaliser; (*: play, film*) mettre en scène; (*Radio: programme*) réaliser; (*: play*) mettre en ondes
producer [prə'dju:sə^r] *n* (*Theat*) metteur *m* en scène; (*Agr, Comm, Cine*) producteur *m*; (*TV: of programme*) réalisateur *m*; (*: of play, film*) metteur en scène; (*Radio: of programme*) réalisateur; (*: of play*) metteur en ondes
product ['prɔdʌkt] *n* produit *m*
production [prə'dʌkʃən] *n* production *f*; (*Theat*) mise *f* en scène; **to put into ~** (*goods*) entreprendre la fabrication de
production agreement *n* (*US*) accord *m* de productivité
production line *n* chaîne *f* (de fabrication)
production manager *n* directeur(-trice) de la production
productive [prə'dʌktɪv] *adj* productif(-ive)
productivity [prɔdʌk'tɪvɪtɪ] *n* productivité *f*
productivity agreement *n* (*Brit*) accord *m* de productivité
productivity bonus *n* prime *f* de rendement
Prof. [prɔf] *abbr* (= *professor*) Prof
profane [prə'feɪn] *adj* sacrilège; (*lay*) profane
profess [prə'fɛs] *vt* professer; **I do not ~ to be an expert** je ne prétends pas être spécialiste
professed [prə'fɛst] *adj* (*self-declared*) déclaré(e)
profession [prə'fɛʃən] *n* profession *f*; **the ~s** les professions libérales
professional [prə'fɛʃənl] *n* professionnel(le) ▷ *adj* professionnel(le); (*work*) de professionnel; **he's a ~ man** il exerce une profession libérale; **to take ~ advice** consulter un spécialiste
professionalism [prə'fɛʃnəlɪzəm] *n* professionnalisme *m*
professionally [prə'fɛʃnəlɪ] *adv* professionnellement; (*Sport: play*) en professionnel; **I only know him ~** je n'ai avec lui que des relations de travail
professor [prə'fɛsə^r] *n* professeur *m* (*titulaire d'une chaire*); (*US: teacher*) professeur *m*
professorship [prə'fɛsəʃɪp] *n* chaire *f*
proffer ['prɔfə^r] *vt* (*hand*) tendre; (*remark*) faire; (*apologies*) présenter
proficiency [prə'fɪʃənsɪ] *n* compétence *f*, aptitude *f*
proficient [prə'fɪʃənt] *adj* compétent(e), capable
profile ['prəufaɪl] *n* profil *m*; **to keep a high/ low ~** (*fig*) rester *or* être très en évidence/ discret(-ète)
profit ['prɔfɪt] *n* (*from trading*) bénéfice *m*; (*advantage*) profit *m* ▷ *vi*: **to ~ (by** *or* **from)** profiter (de); **~ and loss account** compte *m* de profits et pertes; **to make a ~** faire un *or* des bénéfice(s); **to sell sth at a ~** vendre qch à profit
profitability [prɔfɪtə'bɪlɪtɪ] *n* rentabilité *f*
profitable ['prɔfɪtəbl] *adj* lucratif(-ive), rentable; (*fig: beneficial*) avantageux(-euse); (*: meeting*) fructueux(-euse)
profit centre *n* centre *m* de profit
profiteering [prɔfɪ'tɪərɪŋ] *n* (*pej*) mercantilisme *m*
profit-making ['prɔfɪtmeɪkɪŋ] *adj* à but lucratif
profit margin *n* marge *f* bénéficiaire
profit-sharing ['prɔfɪtʃɛərɪŋ] *n* intéressement *m* aux bénéfices
profits tax *n* (*Brit*) impôt *m* sur les bénéfices
profligate ['prɔflɪgɪt] *adj* (*behaviour, act*) dissolu(e); (*person*) débauché(e); (*extravagant*): **~ (with)** prodigue (de)
pro forma ['prəu'fɔ:mə] *adj*: **~ invoice** facture *f* pro-forma
profound [prə'faund] *adj* profond(e)
profuse [prə'fju:s] *adj* abondant(e)
profusely [prə'fju:slɪ] *adv* abondamment; (*thank etc*) avec effusion
profusion [prə'fju:ʒən] *n* profusion *f*, abondance *f*
progeny ['prɔdʒɪnɪ] *n* progéniture *f*; descendants *mpl*
prognosis [prɔg'nəusɪs] (*pl* **prognoses**) *n* pronostic *m*
programme, (*US*) **program** ['prəugræm] *n* (*Comput: also Brit*) programme *m*; (*Radio, TV*) émission *f* ▷ *vt* programmer
programmer ['prəugræmə^r] *n* programmeur(-euse)
programming, (*US*) **programing** ['prəugræmɪŋ] *n* programmation *f*
programming language, (*US*) **programing language** *n* langage *m* de programmation
progress *n* ['prəugrɛs] progrès *m(pl)* ▷ *vi* [prə'grɛs] progresser, avancer; **in ~** en cours; **to make ~** progresser, faire des progrès, être en progrès; **as the match ~ed** au fur et à mesure que la partie avançait
progression [prə'grɛʃən] *n* progression *f*
progressive [prə'grɛsɪv] *adj* progressif(-ive); (*person*) progressiste
progressively [prə'grɛsɪvlɪ] *adv* progressivement
progress report *n* (*Med*) bulletin *m* de santé; (*Admin*) rapport *m* d'activité; rapport sur l'état (d'avancement) des travaux
prohibit [prə'hɪbɪt] *vt* interdire, défendre; **to ~ sb from doing sth** défendre *or* interdire à qn de faire qch; **"smoking ~ed"** "défense de fumer"
prohibition [prəuɪ'bɪʃən] *n* prohibition *f*
prohibitive [prə'hɪbɪtɪv] *adj* (*price etc*) prohibitif(-ive)
project [*n* 'prɔdʒɛkt, *vb* prə'dʒɛkt] *n* (*plan*) projet *m*, plan *m*; (*venture*) opération *f*, entreprise *f*; (*Scol: research*) étude *f*, dossier *m* ▷ *vt* projeter ▷ *vi* (*stick out*) faire saillie, s'avancer
projectile [prə'dʒɛktaɪl] *n* projectile *m*
projection [prə'dʒɛkʃən] *n* projection *f*; (*overhang*) saillie *f*
projectionist [prə'dʒɛkʃənɪst] *n* (*Cine*)

P

projectionniste *m/f*
projection room *n* (*Cine*) cabine *f* de projection
projector [prə'dʒɛktəʳ] *n* (*Cine etc*) projecteur *m*
proletarian [prəulɪ'tɛərɪən] *adj* prolétarien(ne) ▷ *n* prolétaire *m/f*
proletariat [prəulɪ'tɛərɪət] *n* prolétariat *m*
pro-life [prəu'laɪf] *adj* contre l'avortement
proliferate [prə'lɪfəreɪt] *vi* proliférer
proliferation [prəlɪfə'reɪʃən] *n* prolifération *f*
prolific [prə'lɪfɪk] *adj* prolifique
prologue ['prəulɔg] *n* prologue *m*
prolong [prə'lɔŋ] *vt* prolonger
prom [prɔm] *n abbr* = **promenade**; **promenade concert**; (*US: ball*) bal *m* d'étudiants; **the P~s** *série de concerts de musique classique*; *voir article*

PROM

En Grande-Bretagne, un *promenade concert* ou *prom* est un concert de musique classique, ainsi appelé car, à l'origine, le public restait debout et se promenait au lieu de rester assis. De nos jours, une partie du public reste debout, mais il y a également des places assises (plus chères). Les *Proms* les plus connus sont les Proms londoniens. La dernière séance (the "Last Night of the Proms") est un grand événement médiatique où se jouent des airs traditionnels et patriotiques.
Aux États-Unis et au Canada, le *prom* ou *promenade* est un bal organisé par le lycée.

promenade [prɔmə'nɑ:d] *n* (*by sea*) esplanade *f*, promenade *f*
promenade concert *n* concert *m* (de musique classique)
promenade deck *n* (*Naut*) pont *m* promenade
prominence ['prɔmɪnəns] *n* proéminence *f*; importance *f*
prominent ['prɔmɪnənt] *adj* (*standing out*) proéminent(e); (*important*) important(e); **he is ~ in the field of ...** il est très connu dans le domaine de ...
prominently ['prɔmɪnəntlɪ] *adv* (*display, set*) bien en évidence; **he figured ~ in the case** il a joué un rôle important dans l'affaire
promiscuity [prɔmɪs'kju:ɪtɪ] *n* (*sexual*) légèreté *f* de mœurs
promiscuous [prə'mɪskjuəs] *adj* (*sexually*) de mœurs légères
promise ['prɔmɪs] *n* promesse *f* ▷ *vt, vi* promettre; **to make sb a ~** faire une promesse à qn; **a young man of ~** un jeune homme plein d'avenir; **to ~ well** *vi* promettre
promising ['prɔmɪsɪŋ] *adj* prometteur(-euse)
promissory note ['prɔmɪsərɪ-] *n* billet *m* à ordre
promontory ['prɔməntrɪ] *n* promontoire *m*
promote [prə'məut] *vt* promouvoir; (*venture, event*) organiser, mettre sur pied; (*new product*) lancer; **the team was ~d to the second division** (*Brit Football*) l'équipe est montée en 2ᵉ division
promoter [prə'məutəʳ] *n* (*of event*) organisateur(-trice)
promotion [prə'məuʃən] *n* promotion *f*
prompt [prɔmpt] *adj* rapide ▷ *n* (*Comput*) message *m* (de guidage) ▷ *vt* inciter; (*cause*) entraîner, provoquer; (*Theat*) souffler (son rôle *or* ses répliques) à; **they're very ~** (*punctual*) ils sont ponctuels; **at 8 o'clock ~** à 8 heures précises; **he was ~ to accept** il a tout de suite accepté; **to ~ sb to do** inciter *or* pousser qn à faire
prompter ['prɔmptəʳ] *n* (*Theat*) souffleur *m*
promptly ['prɔmptlɪ] *adv* (*quickly*) rapidement, sans délai; (*on time*) ponctuellement
promptness ['prɔmptnɪs] *n* rapidité *f*; promptitude *f*; ponctualité *f*
prone [prəun] *adj* (*lying*) couché(e) (face contre terre); (*liable*): **~ to** enclin(e) à; **to be ~ to illness** être facilement malade; **to be ~ to an illness** être sujet à une maladie; **she is ~ to burst into tears if ...** elle a tendance à tomber en larmes si ...
prong [prɔŋ] *n* pointe *f*; (*of fork*) dent *f*
pronoun ['prəunaun] *n* pronom *m*
pronounce [prə'nauns] *vt* prononcer ▷ *vi*: **to ~ (up)on** se prononcer sur; **how do you ~ it?** comment est-ce que ça se prononce?; **they ~d him unfit to drive** ils l'ont déclaré inapte à la conduite
pronounced [prə'naunst] *adj* (*marked*) prononcé(e)
pronouncement [prə'naunsmənt] *n* déclaration *f*
pronunciation [prənʌnsɪ'eɪʃən] *n* prononciation *f*
proof [pru:f] *n* preuve *f*; (*test, of book, Phot*) épreuve *f*; (*of alcohol*) degré *m* ▷ *adj*: **~ against** à l'épreuve de ▷ *vt* (*Brit: tent, anorak*) imperméabiliser; **to be 70° ~** ≈ titrer 40 degrés
proofreader ['pru:fri:dəʳ] *n* correcteur(-trice) (d'épreuves)
prop [prɔp] *n* support *m*, étai *m*; (*fig*) soutien *m* ▷ *vt* (*also*: **prop up**) étayer, soutenir; **props** *npl* accessoires *mpl*; (*lean*): **to ~ sth against** appuyer qch contre *or* à
Prop. *abbr* (*Comm*) = **proprietor**
propaganda [prɔpə'gændə] *n* propagande *f*
propagation [prɔpə'geɪʃən] *n* propagation *f*
propel [prə'pɛl] *vt* propulser, faire avancer
propeller [prə'pɛləʳ] *n* hélice *f*
propelling pencil [prə'pɛlɪŋ-] *n* (*Brit*) porte-mine *m inv*
propensity [prə'pɛnsɪtɪ] *n* propension *f*
proper ['prɔpəʳ] *adj* (*suited, right*) approprié(e), bon (bonne); (*seemly*) correct(e), convenable; (*authentic*) vrai(e), véritable; (*inf: real*) fini(e), vrai(e); (*referring to place*): **the village ~** le village proprement dit; **to go through the ~ channels** (*Admin*) passer par la voie officielle
properly ['prɔpəlɪ] *adv* correctement, convenablement; (*really*) bel et bien

proper noun *n* nom *m* propre
property ['prɔpətɪ] *n* (*possessions*) biens *mpl*; (*house etc*) propriété *f*; (*land*) terres *fpl*, domaine *m*; (*Chem etc: quality*) propriété *f*; **it's their ~** cela leur appartient, c'est leur propriété
property developer *n* (*Brit*) promoteur immobilier
property owner *n* propriétaire *m*
property tax *n* impôt foncier
prophecy ['prɔfɪsɪ] *n* prophétie *f*
prophesy ['prɔfɪsaɪ] *vt* prédire ▷ *vi* prophétiser
prophet ['prɔfɪt] *n* prophète *m*
prophetic [prə'fɛtɪk] *adj* prophétique
proportion [prə'pɔːʃən] *n* proportion *f*; (*share*) part *f*; partie *f* ▷ *vt* proportionner; **proportions** *npl* (*size*) dimensions *fpl*; **to be in/out of ~ to** *or* **with sth** être à la mesure de/hors de proportion avec qch; **to see sth in ~** (*fig*) ramener qch à de justes proportions
proportional [prə'pɔːʃənl], **proportionate** [prə'pɔːʃənɪt] *adj* proportionnel(le)
proportional representation *n* (*Pol*) représentation proportionnelle
proposal [prə'pəuzl] *n* proposition *f*, offre *f*; (*plan*) projet *m*; (*of marriage*) demande *f* en mariage
propose [prə'pəuz] *vt* proposer, suggérer; (*have in mind*): **to ~ sth/to do** *or* **doing sth** envisager qch/de faire qch ▷ *vi* faire sa demande en mariage; **to ~ to do** avoir l'intention de faire
proposer [prə'pəuzəʳ] *n* (*Brit: of motion etc*) auteur *m*
proposition [prɔpə'zɪʃən] *n* proposition *f*; **to make sb a ~** faire une proposition à qn
propound [prə'paund] *vt* proposer, soumettre
proprietary [prə'praɪətərɪ] *adj* de marque déposée; **~ article** article *m or* produit *m* de marque; **~ brand** marque déposée
proprietor [prə'praɪətəʳ] *n* propriétaire *m/f*
propriety [prə'praɪətɪ] *n* (*seemliness*) bienséance *f*, convenance *f*
propulsion [prə'pʌlʃən] *n* propulsion *f*
pro rata [prəu'rɑːtə] *adv* au prorata
prosaic [prəu'zeɪɪk] *adj* prosaïque
Pros. Atty. *abbr* (*US*) = **prosecuting attorney**
proscribe [prə'skraɪb] *vt* proscrire
prose [prəuz] *n* prose *f*; (*Scol: translation*) thème *m*
prosecute ['prɔsɪkjuːt] *vt* poursuivre
prosecuting attorney ['prɔsɪkjuːtɪŋ-] *n* (*US*) procureur *m*
prosecution [prɔsɪ'kjuːʃən] *n* poursuites *fpl* judiciaires; (*accusing side: in criminal case*) accusation *f*; (*: in civil case*) la partie plaignante
prosecutor ['prɔsɪkjuːtəʳ] *n* (*lawyer*) procureur *m*; (*also*: **public prosecutor**) ministère public; (*US: plaintiff*) plaignant(e)
prospect *n* ['prɔspɛkt] perspective *f*; (*hope*) espoir *m*, chances *fpl* ▷ *vt*, *vi* [prə'spɛkt] prospecter; **prospects** *npl* (*for work etc*) possibilités *fpl* d'avenir, débouchés *mpl*; **we are faced with the ~ of leaving** nous risquons de devoir partir; **there is every ~ of an early victory** tout laisse prévoir une victoire rapide
prospecting [prə'spɛktɪŋ] *n* prospection *f*
prospective [prə'spɛktɪv] *adj* (*possible*) éventuel(le); (*future*) futur(e)
prospector [prə'spɛktəʳ] *n* prospecteur *m*; **gold ~** chercheur *m* d'or
prospectus [prə'spɛktəs] *n* prospectus *m*
prosper ['prɔspəʳ] *vi* prospérer
prosperity [prɔ'spɛrɪtɪ] *n* prospérité *f*
prosperous ['prɔspərəs] *adj* prospère
prostate ['prɔsteɪt] *n* (*also*: **prostate gland**) prostate *f*
prostitute ['prɔstɪtjuːt] *n* prostituée *f*; **male ~** prostitué *m*
prostitution [prɔstɪ'tjuːʃən] *n* prostitution *f*
prostrate *adj* ['prɔstreɪt] prosterné(e); (*fig*) prostré(e) ▷ *vt* [prɔ'streɪt]: **to ~ o.s. (before sb)** se prosterner (devant qn)
protagonist [prə'tægənɪst] *n* protagoniste *m*
protect [prə'tɛkt] *vt* protéger
protection [prə'tɛkʃən] *n* protection *f*; **to be under sb's ~** être sous la protection de qn
protectionism [prə'tɛkʃənɪzəm] *n* protectionnisme *m*
protection racket *n* racket *m*
protective [prə'tɛktɪv] *adj* protecteur(-trice); (*clothing*) de protection; **~ custody** (*Law*) détention préventive
protector [prə'tɛktəʳ] *n* protecteur(-trice)
protégé ['prəutɛʒeɪ] *n* protégé *m*
protégée ['prəutɛʒeɪ] *n* protégée *f*
protein ['prəutiːn] *n* protéine *f*
pro tem [prəu'tɛm] *adv abbr* (= *pro tempore: for the time being*) provisoirement
protest [*n* 'prəutɛst, *vb* prə'tɛst] *n* protestation *f* ▷ *vi*: **to ~ against/about** protester contre/à propos de ▷ *vt* protester de; **to ~ (that)** protester que
Protestant ['prɔtɪstənt] *adj*, *n* protestant(e)
protester, protestor [prə'tɛstəʳ] *n* (*in demonstration*) manifestant(e)
protest march *n* manifestation *f*
protocol ['prəutəkɔl] *n* protocole *m*
prototype ['prəutətaɪp] *n* prototype *m*
protracted [prə'træktɪd] *adj* prolongé(e)
protractor [prə'træktəʳ] *n* (*Geom*) rapporteur *m*
protrude [prə'truːd] *vi* avancer, dépasser
protuberance [prə'tjuːbərəns] *n* protubérance *f*
proud [praud] *adj* fier(-ère); (*pej*) orgueilleux(-euse); **to be ~ to do sth** être fier de faire qch; **to do sb ~** (*inf*) faire honneur à qn; **to do o.s. ~** (*inf*) ne se priver de rien
proudly ['praudlɪ] *adv* fièrement
prove [pruːv] *vt* prouver, démontrer ▷ *vi*: **to ~ correct** *etc* s'avérer juste *etc*; **to ~ o.s.** montrer ce dont on est capable; **to ~ o.s./itself (to be) useful** *etc* se montrer *or* se révéler utile *etc*; **he was ~d right in the end** il s'est avéré qu'il avait raison
proverb ['prɔvəːb] *n* proverbe *m*
proverbial [prə'vəːbɪəl] *adj* proverbial(e)
provide [prə'vaɪd] *vt* fournir; **to ~ sb with sth**

P

fournir qch à qn; **to be ~d with** *(person)* disposer de; *(thing)* être équipé(e) *or* muni(e) de
▸ **provide for** *vt fus (person)* subvenir aux besoins de; *(future event)* prévoir
provided [prəˈvaɪdɪd] *conj*: **~ (that)** à condition que + *sub*
Providence [ˈprɔvɪdəns] *n* la Providence
providing [prəˈvaɪdɪŋ] *conj* à condition que + *sub*
province [ˈprɔvɪns] *n* province *f*; *(fig)* domaine *m*
provincial [prəˈvɪnʃəl] *adj* provincial(e)
provision [prəˈvɪʒən] *n (supply)* provision *f*; *(supplying)* fourniture *f*; approvisionnement *m*; *(stipulation)* disposition *f*; **provisions** *npl (food)* provisions *fpl*; **to make ~ for** *(one's future)* assurer; *(one's family)* assurer l'avenir de; **there's no ~ for this in the contract** le contrat ne prévoit pas cela
provisional [prəˈvɪʒənl] *adj* provisoire ▹ *n*: **P~** *(Irish Pol)* Provisional *m (membre de la tendance activiste de l'IRA)*
provisional licence *n (Brit Aut)* permis *m* provisoire
provisionally [prəˈvɪʒnəlɪ] *adv* provisoirement
proviso [prəˈvaɪzəu] *n* condition *f*; **with the ~ that** à la condition (expresse) que
Provo [ˈprɔvəu] *n abbr (inf)* = **Provisional**
provocation [prɔvəˈkeɪʃən] *n* provocation *f*
provocative [prəˈvɔkətɪv] *adj* provocateur(-trice), provocant(e)
provoke [prəˈvəuk] *vt* provoquer; **to ~ sb to sth/to do** *or* **into doing sth** pousser qn à qch/à faire qch
provoking [prəˈvəukɪŋ] *adj* énervant(e), exaspérant(e)
provost [ˈprɔvəst] *n (Brit: of university)* principal *m*; *(Scottish)* maire *m*
prow [prau] *n* proue *f*
prowess [ˈprauɪs] *n* prouesse *f*
prowl [praul] *vi (also:* **prowl about, prowl around**) rôder ▹ *n*: **to be on the ~** rôder
prowler [ˈpraulər] *n* rôdeur(-euse)
proximity [prɔkˈsɪmɪtɪ] *n* proximité *f*
proxy [ˈprɔksɪ] *n* procuration *f*; **by ~** par procuration
PRP *n abbr (= performance related pay)* salaire *m* au rendement
prude [pruːd] *n* prude *f*
prudence [ˈpruːdns] *n* prudence *f*
prudent [ˈpruːdnt] *adj* prudent(e)
prudish [ˈpruːdɪʃ] *adj* prude, pudibond(e)
prune [pruːn] *n* pruneau *m* ▹ *vt* élaguer
pry [praɪ] *vi*: **to ~ into** fourrer son nez dans
PS *n abbr (= postscript)* PS *m*
psalm [sɑːm] *n* psaume *m*
PSAT *n abbr (US)* = **Preliminary Scholastic Aptitude Test**
PSBR *n abbr (Brit: = public sector borrowing requirement)* besoins *mpl* d'emprunts des pouvoirs publics
pseud [sjuːd] *n (Brit inf: intellectually)* pseudo-intello *m*; *(: socially)* snob *m/f*
pseudo- [ˈsjuːdəu] *prefix* pseudo-
pseudonym [ˈsjuːdənɪm] *n* pseudonyme *m*
PSHE *n abbr (Brit: Scol: = personal, social and health education) cours d'éducation personnelle, sanitaire et sociale préparant à la vie adulte*
PST *abbr (US: = Pacific Standard Time) heure d'hiver du Pacifique*
PSV *n abbr (Brit)* = **public service vehicle**
psyche [ˈsaɪkɪ] *n* psychisme *m*
psychiatric [saɪkɪˈætrɪk] *adj* psychiatrique
psychiatrist [saɪˈkaɪətrɪst] *n* psychiatre *m/f*
psychiatry [saɪˈkaɪətrɪ] *n* psychiatrie *f*
psychic [ˈsaɪkɪk] *adj (also:* **psychical**) (méta)psychique; *(person)* doué(e) de télépathie *or* d'un sixième sens
psycho [ˈsaɪkəu] *n (inf)* psychopathe *m/f*
psychoanalysis *(pl* **-ses**) [saɪkəuəˈnælɪsɪs, -siːz] *n* psychanalyse *f*
psychoanalyst [saɪkəuˈænəlɪst] *n* psychanalyste *m/f*
psychological [saɪkəˈlɔdʒɪkl] *adj* psychologique
psychologist [saɪˈkɔlədʒɪst] *n* psychologue *m/f*
psychology [saɪˈkɔlədʒɪ] *n* psychologie *f*
psychopath [ˈsaɪkəupæθ] *n* psychopathe *m/f*
psychosis *(pl* **psychoses**) [saɪˈkəusɪs, -siːz] *n* psychose *f*
psychosomatic [saɪkəusəˈmætɪk] *adj* psychosomatique
psychotherapy [saɪkəuˈθɛrəpɪ] *n* psychothérapie *f*
psychotic [saɪˈkɔtɪk] *adj, n* psychotique *m/f*
PT *n abbr (Brit: = physical training)* EPS *f*
Pt. *abbr (in place names: = Point)* Pte
pt *abbr* = **pint; pints; point; points**
PTA *n abbr* = **Parent-Teacher Association**
Pte. *abbr (Brit Mil)* = **private**
PTO *abbr (= please turn over)* TSVP
PTV *abbr (US)* = **pay television**
pub [pʌb] *n abbr (= public house)* pub *m*
pub crawl *n (Brit inf)*: **to go on a ~** faire la tournée des bars
puberty [ˈpjuːbətɪ] *n* puberté *f*
pubic [ˈpjuːbɪk] *adj* pubien(ne), du pubis
public [ˈpʌblɪk] *adj* public(-ique) ▹ *n* public *m*; **in ~** en public; **the general ~** le grand public; **to be ~ knowledge** être de notoriété publique; **to go ~** *(Comm)* être coté(e) en Bourse; **to make ~** rendre public
public address system *n* (système *m* de) sonorisation *f*, sono *f (col)*
publican [ˈpʌblɪkən] *n* patron *m or* gérant *m* de pub
publication [pʌblɪˈkeɪʃən] *n* publication *f*
public company *n* société *f* anonyme
public convenience *n (Brit)* toilettes *fpl*
public holiday *n (Brit)* jour férié
public house *n (Brit)* pub *m*
publicity [pʌbˈlɪsɪtɪ] *n* publicité *f*
publicize [ˈpʌblɪsaɪz] *vt (make known)* faire connaître, rendre public; *(advertise)* faire de la publicité pour
public limited company *n* ≈ société *f* anonyme (SA) *(cotée en Bourse)*

publicly ['pʌblɪklɪ] *adv* publiquement, en public
public opinion *n* opinion publique
public ownership *n*: **to be taken into ~** être nationalisé(e), devenir propriété de l'État
public prosecutor *n* ≈ procureur *m (de la République)*; **~'s office** parquet *m*
public relations *n or npl* relations publiques (RP)
public relations officer *n* responsable *m/f* des relations publiques
public school *n* (*Brit*) école privée; (*US*) école publique; *voir article*

PUBLIC SCHOOL

Une *public school* est un établissement d'enseignement secondaire privé. Bon nombre d'entre elles sont des pensionnats. Beaucoup ont également une école primaire qui leur est rattachée (une "prep" ou "preparatory school") pour préparer les élèves au cycle secondaire. Ces écoles sont en général prestigieuses, et les frais de scolarité sont très élevés dans les plus connues (Westminster, Eton, Harrow). Beaucoup d'élèves vont ensuite à l'université, et un grand nombre entre à Oxford ou à Cambridge. Les grands industriels, les députés et les hauts fonctionnaires sortent souvent de ces écoles. Aux États-Unis, le terme "public school" désigne tout simplement une école publique gratuite.

public sector *n* secteur public
public service vehicle *n* (*Brit*) véhicule affecté au transport de personnes
public-spirited [pʌblɪk'spɪrɪtɪd] *adj* qui fait preuve de civisme
public transport, (*US*) **public transportation** *n* transports *mpl* en commun
public utility *n* service public
public works *npl* travaux publics
publish ['pʌblɪʃ] *vt* publier
publisher ['pʌblɪʃə^r] *n* éditeur *m*
publishing ['pʌblɪʃɪŋ] *n* (*industry*) édition *f*; (*of a book*) publication *f*
publishing company *n* maison *f* d'édition
pub lunch *n* repas *m* de bistrot
puce [pju:s] *adj* puce
puck [pʌk] *n* (*elf*) lutin *m*; (*Ice Hockey*) palet *m*
pucker ['pʌkə[r]] *vt* plisser
pudding ['pudɪŋ] *n* (*Brit: dessert*) dessert *m*, entremets *m*; (*sweet dish*) pudding *m*, gâteau *m*; (*sausage*) boudin *m*; **rice ~** ≈ riz *m* au lait; **black ~**, (*US*) **blood ~** boudin (noir)
puddle ['pʌdl] *n* flaque *f* d'eau
puerile ['pjuəraɪl] *adj* puéril(e)
Puerto Rico ['pwə:təu'ri:kəu] *n* Porto Rico *f*
puff [pʌf] *n* bouffée *f* ▷ *vt*: **to ~ one's pipe** tirer sur sa pipe; (*also*: **puff out**: *sails, cheeks*) gonfler ▷ *vi* sortir par bouffées; (*pant*) haleter; **to ~ out smoke** envoyer des bouffées de fumée
puffed [pʌft] *adj* (*inf: out of breath*) tout(e) essoufflé(e)
puffin ['pʌfɪn] *n* macareux *m*
puff pastry, (*US*) **puff paste** *n* pâte feuilletée
puffy ['pʌfɪ] *adj* bouffi(e), boursouflé(e)
pugnacious [pʌg'neɪʃəs] *adj* pugnace, batailleur(-euse)
pull [pul] *n* (*tug*): **to give sth a ~** tirer sur qch; (*of moon, magnet, the sea etc*) attraction *f*; (*fig*) influence *f* ▷ *vt* tirer; (*trigger*) presser; (*strain: muscle, tendon*) se claquer ▷ *vi* tirer; **to ~ a face** faire une grimace; **to ~ to pieces** mettre en morceaux; **to ~ one's punches** (*also fig*) ménager son adversaire; **to ~ one's weight** y mettre du sien; **to ~ o.s. together** se ressaisir; **to ~ sb's leg** (*fig*) faire marcher qn; **to ~ strings (for sb)** intervenir (en faveur de qn)
▸ **pull about** *vt* (*Brit: handle roughly: object*) maltraiter; (*: person*) malmener
▸ **pull apart** *vt* séparer; (*break*) mettre en pièces, démantibuler
▸ **pull away** *vi* (*vehicle: move off*) partir; (*draw back*) s'éloigner
▸ **pull back** *vt* (*lever etc*) tirer sur; (*curtains*) ouvrir ▷ *vi* (*refrain*) s'abstenir; (*Mil: withdraw*) se retirer
▸ **pull down** *vt* baisser, abaisser; (*house*) démolir; (*tree*) abattre
▸ **pull in** *vi* (*Aut*) se ranger; (*Rail*) entrer en gare
▸ **pull off** *vt* enlever, ôter; (*deal etc*) conclure
▸ **pull out** *vi* démarrer, partir; (*withdraw*) se retirer; (*Aut: come out of line*) déboîter ▷ *vt* (*from bag, pocket*) sortir; (*remove*) arracher; (*withdraw*) retirer
▸ **pull over** *vi* (*Aut*) se ranger
▸ **pull round** *vi* (*unconscious person*) revenir à soi; (*sick person*) se rétablir
▸ **pull through** *vi* s'en sortir
▸ **pull up** *vi* (*stop*) s'arrêter ▷ *vt* remonter; (*uproot*) déraciner, arracher; (*stop*) arrêter
pulley ['pulɪ] *n* poulie *f*
pull-out ['pulaut] *n* (*of forces etc*) retrait *m* ▷ *cpd* (*magazine, pages*) détachable
pullover ['puləuvə[r]] *n* pull-over *m*, tricot *m*
pulp [pʌlp] *n* (*of fruit*) pulpe *f*; (*for paper*) pâte *f* à papier; (*pej: also*: **pulp magazines** *etc*) presse *f* à sensation *or* de bas étage; **to reduce sth to (a) ~** réduire qch en purée
pulpit ['pulpɪt] *n* chaire *f*
pulsate [pʌl'seɪt] *vi* battre, palpiter; (*music*) vibrer
pulse [pʌls] *n* (*of blood*) pouls *m*; (*of heart*) battement *m*; (*of music, engine*) vibrations *fpl*; **pulses** *npl* (*Culin*) légumineuses *fpl*; **to feel** *or* **take sb's ~** prendre le pouls à qn
pulverize ['pʌlvəraɪz] *vt* pulvériser
puma ['pju:mə] *n* puma *m*
pumice ['pʌmɪs] *n* (*also*: **pumice stone**) pierre *f* ponce
pummel ['pʌml] *vt* rouer de coups
pump [pʌmp] *n* pompe *f*; (*shoe*) escarpin *m* ▷ *vt* pomper; (*fig: inf*) faire parler; **to ~ sb for information** essayer de soutirer des

P

renseignements à qn
▸ **pump up** *vt* gonfler
pumpkin ['pʌmpkɪn] *n* potiron *m*, citrouille *f*
pun [pʌn] *n* jeu *m* de mots, calembour *m*
punch [pʌntʃ] *n* (*blow*) coup *m* de poing; (*fig: force*) vivacité *f*, mordant *m*; (*tool*) poinçon *m*; (*drink*) punch *m* ▹ *vt* (*make a hole in*) poinçonner, perforer; (*hit*): **to ~ sb/sth** donner un coup de poing à qn/sur qch; **to ~ a hole (in)** faire un trou (dans)
▸ **punch in** *vi* (*US*) pointer (en arrivant)
▸ **punch out** *vi* (*US*) pointer (en partant)
punch card, punched card [pʌntʃt-] *n* carte perforée
punch-drunk ['pʌntʃdrʌŋk] *adj* (*Brit*) sonné(e)
punch line *n* (*of joke*) conclusion *f*
punch-up ['pʌntʃʌp] *n* (*Brit inf*) bagarre *f*
punctual ['pʌŋktjuəl] *adj* ponctuel(le)
punctuality [pʌŋktju'ælɪtɪ] *n* ponctualité *f*
punctually ['pʌŋktjuəlɪ] *adv* ponctuellement; **it will start ~ at 6** cela commencera à 6 heures précises
punctuate ['pʌŋktjueɪt] *vt* ponctuer
punctuation [pʌŋktju'eɪʃən] *n* ponctuation *f*
punctuation mark *n* signe *m* de ponctuation
puncture ['pʌŋktʃə^r] *n* (*Brit*) crevaison *f* ▹ *vt* crever; **I have a ~** (*Aut*) j'ai (un pneu) crevé
pundit ['pʌndɪt] *n* individu *m* qui pontifie, pontife *m*
pungent ['pʌndʒənt] *adj* piquant(e); (*fig*) mordant(e), caustique
punish ['pʌnɪʃ] *vt* punir; **to ~ sb for sth/for doing sth** punir qn de qch/d'avoir fait qch
punishable ['pʌnɪʃəbl] *adj* punissable
punishing ['pʌnɪʃɪŋ] *adj* (*fig: exhausting*) épuisant(e) ▹ *n* punition *f*
punishment ['pʌnɪʃmənt] *n* punition *f*, châtiment *m*; (*fig: inf*): **to take a lot of ~** (*boxer*) encaisser; (*car, person etc*) être mis(e) à dure épreuve
punk [pʌŋk] *n* (*person: also:* **punk rocker**) punk *m/f*; (*music: also:* **punk rock**) le punk; (*US inf: hoodlum*) voyou *m*
punt [pʌnt] *n* (*boat*) bachot *m*; (*Irish*) livre irlandaise ▹ *vi* (*Brit: bet*) parier
punter ['pʌntə^r] *n* (*Brit: gambler*) parieur(-euse); (: *inf*) Monsieur *m* tout le monde; type *m*
puny ['pju:nɪ] *adj* chétif(-ive)
pup [pʌp] *n* chiot *m*
pupil ['pju:pl] *n* élève *m/f*; (*of eye*) pupille *f*
puppet ['pʌpɪt] *n* marionnette *f*, pantin *m*
puppet government *n* gouvernement *m* fantoche
puppy ['pʌpɪ] *n* chiot *m*, petit chien
purchase ['pə:tʃɪs] *n* achat *m*; (*grip*) prise *f* ▹ *vt* acheter; **to get a ~ on** trouver appui sur
purchase order *n* ordre *m* d'achat
purchase price *n* prix *m* d'achat
purchaser ['pə:tʃɪsə^r] *n* acheteur(-euse)
purchase tax *n* (*Brit*) taxe *f* à l'achat
purchasing power ['pə:tʃɪsɪŋ-] *n* pouvoir *m* d'achat
pure [pjuə^r] *adj* pur(e); **a ~ wool jumper** un pul en pure laine; **~ and simple** pur(e) et simple
purebred ['pjuəbrɛd] *adj* de race
purée ['pjuəreɪ] *n* purée *f*
purely ['pjuəlɪ] *adv* purement
purge [pə:dʒ] *n* (*Med*) purge *f*; (*Pol*) épuration *f*, purge ▹ *vt* purger; (*fig*) épurer, purger
purification [pjuərɪfɪ'keɪʃən] *n* purification *f*
purify ['pjuərɪfaɪ] *vt* purifier, épurer
purist ['pjuərɪst] *n* puriste *m/f*
puritan ['pjuərɪtən] *n* puritain(e)
puritanical [pjuərɪ'tænɪkl] *adj* puritain(e)
purity ['pjuərɪtɪ] *n* pureté *f*
purl [pə:l] *n* maille *f* à l'envers ▹ *vt* tricoter à l'envers
purloin [pə:'lɔɪn] *vt* dérober
purple ['pə:pl] *adj* violet(te); (*face*) cramoisi(e)
purport [pə:'pɔ:t] *vi*: **to ~ to be/do** prétendre être/faire
purpose ['pə:pəs] *n* intention *f*, but *m*; **on ~** exprès; **for illustrative ~s** à titre d'illustration; **for teaching ~s** dans un but pédagogique; **for the ~s of this meeting** pour cette réunion; **to no ~** en pure perte
purpose-built ['pə:pəs'bɪlt] *adj* (*Brit*) fait(e) sur mesure
purposeful ['pə:pəsful] *adj* déterminé(e), résolu(e)
purposely ['pə:pəslɪ] *adv* exprès
purr [pə:^r] *n* ronronnement *m* ▹ *vi* ronronner
purse [pə:s] *n* (*Brit: for money*) porte-monnaie *m inv*, bourse *f*; (*US: handbag*) sac *m* (à main) ▹ *vt* serrer, pincer
purser ['pə:sə^r] *n* (*Naut*) commissaire *m* du bord
purse snatcher [-'snætʃə^r] *n* (*US*) voleur *m* à l'arraché
pursue [pə'sju:] *vt* poursuivre; (*pleasures*) rechercher; (*inquiry, matter*) approfondir
pursuer [pə'sju:ə^r] *n* poursuivant(e)
pursuit [pə'sju:t] *n* poursuite *f*; (*occupation*) occupation *f*, activité *f*; **scientific ~s** recherches *fpl* scientifiques; **in (the) ~ of sth** à la recherche de qch
purveyor [pə'veɪə^r] *n* fournisseur *m*
pus [pʌs] *n* pus *m*
push [puʃ] *n* poussée *f*; (*effort*) gros effort; (*drive*) énergie *f* ▹ *vt* pousser; (*button*) appuyer sur; (*thrust*): **to ~ sth (into)** enfoncer qch (dans); (*fig: product*) mettre en avant, faire de la publicité pour ▹ *vi* pousser; appuyer; **to ~ a door open/shut** pousser une porte (pour l'ouvrir/pour la fermer); **"~"** (*on door*) "pousser"; (*on bell*) "appuyer"; **to ~ for** (*better pay, conditions*) réclamer; **to be ~ed for time/money** être à court de temps/d'argent; **she is ~ing fifty** (*inf*) elle frise la cinquantaine; **at a ~** (*Brit inf*) à la limite, à la rigueur
▸ **push aside** *vt* écarter
▸ **push in** *vi* s'introduire de force
▸ **push off** *vi* (*inf*) filer, ficher le camp
▸ **push on** *vi* (*continue*) continuer
▸ **push over** *vt* renverser

▸ **push through** *vt* (*measure*) faire voter ▹ *vi* (*in crowd*) se frayer un chemin

▸ **push up** *vt* (*total, prices*) faire monter

push-bike ['puʃbaɪk] *n* (*Brit*) vélo *m*

push-button ['puʃbʌtn] *n* bouton(-poussoir *m*) *m*

pushchair ['puʃtʃɛəʳ] *n* (*Brit*) poussette *f*

pusher ['puʃəʳ] *n* (*also*: **drug pusher**) revendeur(-euse) (de drogue), ravitailleur(-euse) (en drogue)

pushover ['puʃəuvəʳ] *n* (*inf*): **it's a ~** c'est un jeu d'enfant

push-up ['puʃʌp] *n* (*US*) traction *f*

pushy ['puʃɪ] *adj* (*pej*) arriviste

pussy ['pusɪ], **pussy-cat** *n* (*inf*) minet *m*

put (*pt, pp* **-**) [put] *vt* mettre; (*place*) poser, placer; (*say*) dire, exprimer; (*a question*) poser; (*case, view*) exposer, présenter; (*estimate*) estimer; **to ~ sb in a good/bad mood** mettre qn de bonne/mauvaise humeur; **to ~ sb to bed** mettre qn au lit, coucher qn; **to ~ sb to a lot of trouble** déranger qn; **how shall I ~ it?** comment dirais-je?, comment dire?; **to ~ a lot of time into sth** passer beaucoup de temps à qch; **to ~ money on a horse** miser sur un cheval; **I ~ it to you that ...** (*Brit*) je (vous) suggère que ..., je suis d'avis que ...; **to stay ~** ne pas bouger

▸ **put about** *vi* (*Naut*) virer de bord ▹ *vt* (*rumour*) faire courir

▸ **put across** *vt* (*ideas etc*) communiquer; faire comprendre

▸ **put aside** *vt* mettre de côté

▸ **put away** *vt* (*store*) ranger

▸ **put back** *vt* (*replace*) remettre, replacer; (*postpone*) remettre; (*delay, watch, clock*) retarder; **this will ~ us back ten years** cela nous ramènera dix ans en arrière

▸ **put by** *vt* (*money*) mettre de côté, économiser

▸ **put down** *vt* (*parcel etc*) poser, déposer; (*pay*) verser; (*in writing*) mettre par écrit, inscrire; (*suppress: revolt etc*) réprimer, écraser; (*attribute*) attribuer; (*animal*) abattre; (*cat, dog*) faire piquer

▸ **put forward** *vt* (*ideas*) avancer, proposer; (*date, watch, clock*) avancer

▸ **put in** *vt* (*gas, electricity*) installer; (*complaint*) soumettre; (*time, effort*) consacrer

▸ **put in for** *vt fus* (*job*) poser sa candidature pour; (*promotion*) solliciter

▸ **put off** *vt* (*light etc*) éteindre; (*postpone*) remettre à plus tard, ajourner; (*discourage*) dissuader

▸ **put on** *vt* (*clothes, lipstick, CD*) mettre; (*light etc*) allumer; (*play etc*) monter; (*extra bus, train etc*) mettre en service; (*food, meal: provide*) servir; (*: cook*) mettre à cuire *or* à chauffer; (*weight*) prendre; (*assume: accent, manner*) prendre; (*: airs*) se donner, prendre; (*inf: tease*) faire marcher; (*inform, indicate*): **to ~ sb on to sb/sth** indiquer qn/qch à qn; **to ~ the brakes on** freiner

▸ **put out** *vt* (*take outside*) mettre dehors; (*one's hand*) tendre; (*news, rumour*) faire courir, répandre; (*light etc*) éteindre; (*person: inconvenience*) déranger, gêner; (*Brit: dislocate*) se démettre ▹ *vi* (*Naut*): **to ~ out to sea** prendre le large; **to ~ out from Plymouth** quitter Plymouth

▸ **put through** *vt* (*Tel: caller*) mettre en communication; (*: call*) passer; (*plan*) faire accepter; **~ me through to Miss Blair** passez-moi Miss Blair

▸ **put together** *vt* mettre ensemble; (*assemble: furniture*) monter, assembler; (*meal*) préparer

▸ **put up** *vt* (*raise*) lever, relever, remonter; (*pin up*) afficher; (*hang*) accrocher; (*build*) construire, ériger; (*tent*) monter; (*umbrella*) ouvrir; (*increase*) augmenter; (*accommodate*) loger; (*incite*): **to ~ sb up to doing sth** pousser qn à faire qch; **to ~ sth up for sale** mettre qch en vente

▸ **put upon** *vt fus*: **to be ~ upon** (*imposed on*) se laisser faire

▸ **put up with** *vt fus* supporter

putrid ['pju:trɪd] *adj* putride

putt [pʌt] *vt, vi* putter ▹ *n* putt *m*

putter ['pʌtəʳ] *n* (*Golf*) putter *m*

putting green ['pʌtɪŋ-] *n* green *m*

putty ['pʌtɪ] *n* mastic *m*

put-up ['putʌp] *adj*: **~ job** coup monté

puzzle ['pʌzl] *n* énigme *f*, mystère *m*; (*game*) jeu *m*, casse-tête *m*; (*jigsaw*) puzzle *m*; (*also*: **crossword puzzle**) mots croisés ▹ *vt* intriguer, rendre perplexe ▹ *vi* se creuser la tête; **to ~ over** chercher à comprendre

puzzled ['pʌzld] *adj* perplexe; **to be ~ about sth** être perplexe au sujet de qch

puzzling ['pʌzlɪŋ] *adj* déconcertant(e), inexplicable

PVC *n abbr* (= *polyvinyl chloride*) PVC *m*

Pvt. *abbr* (*US Mil*) = **private**

pw *abbr* (= *per week*) p. sem.

PX *n abbr* (*US Mil*) = **post exchange**

pygmy ['pɪgmɪ] *n* pygmée *m/f*

pyjamas [pɪ'dʒɑ:məz] *npl* (*Brit*) pyjama *m*; **a pair of ~** un pyjama

pylon ['paɪlən] *n* pylône *m*

pyramid ['pɪrəmɪd] *n* pyramide *f*

Pyrenean [pɪrə'ni:ən] *adj* pyrénéen(ne), des Pyrénées

Pyrenees [pɪrə'ni:z] *npl* Pyrénées *fpl*

Pyrex® ['paɪrɛks] *n* Pyrex® *m* ▹ *cpd*: **Pyrex dish** plat *m* en Pyrex

python ['paɪθən] *n* python *m*

P

Qq

Q, q [kju:] *n* (*letter*) Q, q *m*; **Q for Queen** Q comme Quintal
Qatar [kæ'tɑ:ʳ] *n* Qatar *m*, Katar *m*
QC *n abbr* = **Queen's Counsel**; *voir article*

QC

En Angleterre, un QC ou *Queen's Counsel* (ou "KC" pour "King's Counsel", sous le règne d'un roi) est un avocat qui reçoit un poste de haut fonctionnaire sur recommandation du "Lord Chancellor". Il fait alors souvent suivre son nom des lettres QC, et lorsqu'il va au tribunal, il est toujours accompagné par un autre avocat (un "junior barrister").

QED *abbr* (= *quod erat demonstrandum*) CQFD
q.t. *n abbr* (*inf*) = **quiet**; **on the q.t.** discrètement
qty *abbr* (= *quantity*) qté
quack [kwæk] *n* (*of duck*) coin-coin *m inv*; (*pej: doctor*) charlatan *m* ▷ *vi* faire coin-coin
quad [kwɔd] *n abbr* = **quadruplet**; **quadrangle**
quadrangle ['kwɔdræŋgl] *n* (*Math*) quadrilatère *m*; (*courtyard: abbr: quad*) cour *f*
quadruped ['kwɔdrupɛd] *n* quadrupède *m*
quadruple [kwɔ'dru:pl] *adj*, *n* quadruple *m* ▷ *vt*, *vi* quadrupler
quadruplet [kwɔ'dru:plɪt] *n* quadruplé(e)
quagmire ['kwægmaɪəʳ] *n* bourbier *m*
quail [kweɪl] *n* (*Zool*) caille *f* ▷ *vi*: **to ~ at** *or* **before** reculer devant
quaint [kweɪnt] *adj* bizarre; (*old-fashioned*) désuet(-ète); (*picturesque*) au charme vieillot, pittoresque
quake [kweɪk] *vi* trembler ▷ *n abbr* = **earthquake**
Quaker ['kweɪkəʳ] *n* quaker(esse)
qualification [kwɔlɪfɪ'keɪʃən] *n* (*often pl: degree etc*) diplôme *m*; (*training*) qualification(s) *f(pl)*; (*ability*) compétence(s) *f(pl)*; (*limitation*) réserve *f*, restriction *f*; **what are your ~s?** qu'avez-vous comme diplômes?; quelles sont vos qualifications?
qualified ['kwɔlɪfaɪd] *adj* (*trained*) qualifié(e); (*professionally*) diplômé(e); (*fit, competent*) compétent(e), qualifié(e); (*limited*) conditionnel(le); **it was a ~ success** ce fut un succès mitigé; **~ for/to do** qui a les diplômes requis pour/pour faire; qualifié pour/pour faire
qualify ['kwɔlɪfaɪ] *vt* qualifier; (*modify*) atténuer, nuancer; (*limit: statement*) apporter des réserves à ▷ *vi*: **to ~ (as)** obtenir son diplôme (de); **to ~ (for)** remplir les conditions requises (pour); (*Sport*) se qualifier (pour)
qualifying ['kwɔlɪfaɪɪŋ] *adj*: **~ exam** examen *m* d'entrée; **~ round** éliminatoires *fpl*
qualitative ['kwɔlɪtətɪv] *adj* qualitatif(-ive)
quality ['kwɔlɪtɪ] *n* qualité *f* ▷ *cpd* de qualité; **of good/poor ~** de bonne/mauvaise qualité
quality control *n* contrôle *m* de qualité

QUALITY PRESS

La *quality press* ou les "quality (news)papers" englobent les journaux sérieux, quotidiens ou hebdomadaires, par opposition aux journaux populaires ("tabloid press"). Ces journaux visent un public qui souhaite des informations détaillées sur un éventail très vaste de sujets et qui est prêt à consacrer beaucoup de temps à leur lecture. Les "quality newspapers" sont en général de grand format.

quality time *n* moments privilégiés
qualm [kwɑ:m] *n* doute *m*; scrupule *m*; **to have ~s about sth** avoir des doutes sur qch; éprouver des scrupules à propos de qch
quandary ['kwɔndrɪ] *n*: **in a ~** devant un dilemme, dans l'embarras
quango ['kwæŋgəu] *n abbr* (*Brit*: = *quasi-autonomous non-governmental organization*) *commission nommée par le gouvernement*
quantify ['kwɔntɪfaɪ] *vt* quantifier
quantitative ['kwɔntɪtətɪv] *adj* quantitatif(-ive)
quantity ['kwɔntɪtɪ] *n* quantité *f*; **in ~** en grande quantité
quantity surveyor *n* (*Brit*) métreur vérificateur
quantum leap ['kwɔntəm-] *n* (*fig*) bond *m* en avant
quarantine ['kwɔrnti:n] *n* quarantaine *f*
quark [kwɑ:k] *n* quark *m*

quarrel ['kwɔrl] *n* querelle *f*, dispute *f* ▷ *vi* se disputer, se quereller; **to have a ~ with sb** se quereller avec qn; **I've no ~ with him** je n'ai rien contre lui; **I can't ~ with that** je ne vois rien à redire à cela
quarrelsome ['kwɔrəlsəm] *adj* querelleur(-euse)
quarry ['kwɔrɪ] *n* (*for stone*) carrière *f*; (*animal*) proie *f*, gibier *m* ▷ *vt* (*marble etc*) extraire
quart [kwɔ:t] *n* ≈ litre *m*
quarter ['kwɔ:tə^r] *n* quart *m*; (*of year*) trimestre *m*; (*district*) quartier *m*; (*US, Canada: 25 cents*) (pièce *f* de) vingt-cinq cents *mpl* ▷ *vt* partager en quartiers *or* en quatre; (*Mil*) caserner, cantonner; **quarters** *npl* logement *m*; (*Mil*) quartiers *mpl*, cantonnement *m*; **a ~ of an hour** un quart d'heure; **it's a ~ to 3**, (US) **it's a ~ of 3** il est 3 heures moins le quart; **it's a ~ past 3**, (US) **it's a ~ after 3** il est 3 heures et quart; **from all ~s** de tous côtés
quarterback ['kwɔ:təbæk] *n* (*US Football*) quarterback *m/f*
quarter-deck ['kwɔ:tədɛk] *n* (*Naut*) plage *f* arrière
quarter final *n* quart *m* de finale
quarterly ['kwɔ:təlɪ] *adj* trimestriel(le) ▷ *adv* tous les trois mois ▷ *n* (*Press*) revue trimestrielle
quartermaster ['kwɔ:təmɑ:stə^r] *n* (*Mil*) intendant *m* militaire de troisième classe; (*Naut*) maître *m* de manœuvre
quartet, quartette [kwɔ:'tɛt] *n* quatuor *m*; (*jazz players*) quartette *m*
quarto ['kwɔ:təu] *adj, n* in-quarto *m inv*
quartz [kwɔ:ts] *n* quartz *m* ▷ *cpd* de *or* en quartz; (*watch, clock*) à quartz
quash [kwɔʃ] *vt* (*verdict*) annuler, casser
quasi- ['kweɪzaɪ] *prefix* quasi- + *noun*; quasi, presque + *adjective*
quaver ['kweɪvə^r] *n* (*Brit Mus*) croche *f* ▷ *vi* trembler
quay [ki:] *n* (*also*: **quayside**) quai *m*
Que. *abbr* (*Canada*) = **Quebec**
queasy ['kwi:zɪ] *adj* (*stomach*) délicat(e); **to feel ~** avoir mal au cœur
Quebec [kwɪ'bɛk] *n* (*city*) Québec; (*province*) Québec *m*
queen [kwi:n] *n* (*gen*) reine *f*; (*Cards etc*) dame *f*
queen mother *n* reine mère *f*
Queen's speech *n* (*Brit*) discours *m* de la reine; *voir article*

QUEEN'S SPEECH

Le *Queen's speech* (ou "King's speech") est le discours lu par le souverain à l'ouverture du "Parliament", dans la "House of Lords", en présence des lords et des députés. Il contient le programme de politique générale que propose le gouvernement pour la session, et il est préparé par le Premier ministre en consultation avec le cabinet.

queer [kwɪə^r] *adj* étrange, curieux(-euse); (*suspicious*) louche; (*Brit: sick*): **I feel ~** je ne me sens pas bien ▷ *n* (*inf: highly offensive*) homosexuel *m*
quell [kwɛl] *vt* réprimer, étouffer
quench [kwɛntʃ] *vt* (*flames*) éteindre; **to ~ one's thirst** se désaltérer
querulous ['kwɛruləs] *adj* (*person*) récriminateur(-trice); (*voice*) plaintif(-ive)
query ['kwɪərɪ] *n* question *f*; (*doubt*) doute *m*; (*question mark*) point *m* d'interrogation ▷ *vt* (*disagree with, dispute*) mettre en doute, questionner
quest [kwɛst] *n* recherche *f*, quête *f*
question ['kwɛstʃən] *n* question *f* ▷ *vt* (*person*) interroger; (*plan, idea*) mettre en question *or* en doute; **to ask sb a ~, to put a ~ to sb** poser une question à qn; **to bring** *or* **call sth into ~** remettre qch en question; **the ~ is ...** la question est de savoir ...; **it's a ~ of doing** il s'agit de faire; **there's some ~ of doing** il est question de faire; **beyond ~** sans aucun doute; **out of the ~** hors de question
questionable ['kwɛstʃənəbl] *adj* discutable
questioner ['kwɛstʃənə^r] *n* personne *f* qui pose une question (*or* qui a posé la question *etc*)
questioning ['kwɛstʃənɪŋ] *adj* interrogateur(-trice) ▷ *n* interrogatoire *m*
question mark *n* point *m* d'interrogation
questionnaire [kwɛstʃə'nɛə^r] *n* questionnaire *m*
queue [kju:] (*Brit*) *n* queue *f*, file *f* ▷ *vi* (*also*: **queue up**) faire la queue; **to jump the ~** passer avant son tour
quibble ['kwɪbl] *vi* ergoter, chicaner
quiche [ki:ʃ] *n* quiche *f*
quick [kwɪk] *adj* rapide; (*reply*) prompt(e), rapide; (*mind*) vif (vive); (*agile*) agile, vif (vive) ▷ *adv* vite, rapidement ▷ *n*: **cut to the ~** (*fig*) touché(e) au vif; **be ~!** dépêche-toi!; **to be ~ to act** agir tout de suite
quicken ['kwɪkən] *vt* accélérer, presser; (*rouse*) stimuler ▷ *vi* s'accélérer, devenir plus rapide
quick fix *n* solution *f* de fortune
quicklime ['kwɪklaɪm] *n* chaux vive
quickly ['kwɪklɪ] *adv* (*fast*) vite, rapidement; (*immediately*) tout de suite
quickness ['kwɪknɪs] *n* rapidité *f*, promptitude *f*; (*of mind*) vivacité *f*
quicksand ['kwɪksænd] *n* sables mouvants
quickstep ['kwɪkstɛp] *n* fox-trot *m*
quick-tempered [kwɪk'tɛmpəd] *adj* emporté(e)
quick-witted [kwɪk'wɪtɪd] *adj* à l'esprit vif
quid [kwɪd] *n* (*pl inv: Brit inf*) livre *f*
quid pro quo ['kwɪdprəu'kwəu] *n* contrepartie *f*
quiet ['kwaɪət] *adj* tranquille, calme; (*not noisy: engine*) silencieux(-euse); (*reserved*) réservé(e); (*voice*) bas(se); (*not busy: day, business*) calme; (*ceremony, colour*) discret(-ète) ▷ *n* tranquillité *f*, calme *m*; (*silence*) silence *m* ▷ *vt, vi* (US) = **quieten**; **keep ~!** tais-toi!; **on the ~** en secret, discrètement; **I'll have a ~ word with him** je lui en parlerai discrètement
quieten ['kwaɪətn] (*also*: **quieten down**) *vi* se

q

calmer, s'apaiser ▷ *vt* calmer, apaiser
quietly ['kwaɪətlɪ] *adv* tranquillement; (*silently*) silencieusement; (*discreetly*) discrètement
quietness ['kwaɪətnɪs] *n* tranquillité *f*, calme *m*; silence *m*
quill [kwɪl] *n* plume *f* (d'oie)
quilt [kwɪlt] *n* édredon *m*; (*continental quilt*) couette *f*
quin [kwɪn] *n abbr* = **quintuplet**
quince [kwɪns] *n* coing *m*; (*tree*) cognassier *m*
quinine [kwɪ'ni:n] *n* quinine *f*
quintet, quintette [kwɪn'tɛt] *n* quintette *m*
quintuplet [kwɪn'tju:plɪt] *n* quintuplé(e)
quip [kwɪp] *n* remarque piquante *or* spirituelle, pointe *f* ▷ *vt*: **... he ~ped** ... lança-t-il
quire ['kwaɪəʳ] *n* ≈ main *f* (*de papier*)
quirk [kwə:k] *n* bizarrerie *f*; **by some ~ of fate** par un caprice du hasard
quirky ['kw3:kɪ] *adj* singulier(-ère)
quit [kwɪt] (*pt, pp* **~** *or* **-ted**) *vt* quitter ▷ *vi* (*give up*) abandonner, renoncer; (*resign*) démissionner; **to ~ doing** arrêter de faire; **~ stalling!** (*US inf*) arrête de te dérober!; **notice to ~** (*Brit*) congé *m* (*signifié au locataire*)
quite [kwaɪt] *adv* (*rather*) assez, plutôt; (*entirely*) complètement, tout à fait; **~ new** plutôt neuf; tout à fait neuf; **she's ~ pretty** elle est plutôt jolie; **I ~ understand** je comprends très bien; **~ a few of them** un assez grand nombre d'entre eux; **that's not ~ right** ce n'est pas tout à fait juste; **not ~ as many as last time** pas tout à fait autant que la dernière fois; **~ (so)!** exactement!
Quito ['ki:təu] *n* Quito
quits [kwɪts] *adj*: **~ (with)** quitte (envers); **let's call it ~** restons-en là
quiver ['kwɪvəʳ] *vi* trembler, frémir ▷ *n* (*for arrows*) carquois *m*
quiz [kwɪz] *n* (*on TV*) jeu-concours *m* (télévisé); (*in magazine etc*) test *m* de connaissances ▷ *vt* interroger
quizzical ['kwɪzɪkl] *adj* narquois(e)
quoits [kwɔɪts] *npl* jeu *m* du palet
quorum ['kwɔ:rəm] *n* quorum *m*
quota ['kwəutə] *n* quota *m*
quotation [kwəu'teɪʃən] *n* citation *f*; (*of shares etc*) cote *f*, cours *m*; (*estimate*) devis *m*
quotation marks *npl* guillemets *mpl*
quote [kwəut] *n* citation *f*; (*estimate*) devis *m* ▷ *vt* (*sentence, author*) citer; (*price*) donner, soumettre; (*shares*) coter ▷ *vi*: **to ~ from** citer; **to ~ for a job** établir un devis pour des travaux; **quotes** *npl* (*inverted commas*) guillemets *mpl*; **in ~s** entre guillemets; **~ ... unquote** (*in dictation*) ouvrez les guillemets ... fermez les guillemets
quotient ['kwəuʃənt] *n* quotient *m*
qv *abbr* (= *quod vide: which see*) voir
qwerty keyboard ['kwə:tɪ-] *n* clavier *m* QWERTY

Rr

R, r [ɑːʳ] *n* (*letter*) R, r *m*; **R for Robert**, (US) **R for Roger** R comme Raoul
R *abbr* (= *right*) dr; (= *river*) riv., fl; (= *Réaumur (scale)*) R; (*US Cine*: = *restricted*) *interdit aux moins de 17 ans*; (*US Pol*) = **republican**; (*Brit*) Rex, *Regina*
RA *abbr* = **rear admiral** ▷ *n abbr* (*Brit*) = **Royal Academy** = **Royal Academician**
RAAF *n abbr* = **Royal Australian Air Force**
Rabat [rəˈbɑːt] *n* Rabat
rabbi [ˈræbaɪ] *n* rabbin *m*
rabbit [ˈræbɪt] *n* lapin *m* ▷ *vi*: **to ~ (on)** (*Brit*) parler à n'en plus finir
rabbit hole *n* terrier *m* (de lapin)
rabbit hutch *n* clapier *m*
rabble [ˈræbl] *n* (*pej*) populace *f*
rabid [ˈræbɪd] *adj* enragé(e)
rabies [ˈreɪbiːz] *n* rage *f*
RAC *n abbr* (*Brit*: = *Royal Automobile Club*) ≈ ACF *m*
raccoon, racoon [rəˈkuːn] *n* raton *m* laveur
race [reɪs] *n* (*species*) race *f*; (*competition, rush*) course *f* ▷ *vt* (*person*) faire la course avec; (*horse*) faire courir; (*engine*) emballer ▷ *vi* (*compete*) faire la course, courir; (*hurry*) aller à toute vitesse, courir; (*engine*) s'emballer; (*pulse*) battre très vite; **the human ~** la race humaine; **to ~ in/out** *etc* entrer/sortir *etc* à toute vitesse
race car *n* (*US*) = **racing car**
race car driver *n* (*US*) = **racing driver**
racecourse [ˈreɪskɔːs] *n* champ *m* de courses
racehorse [ˈreɪshɔːs] *n* cheval *m* de course
racer [ˈreɪsəʳ] *n* (*bike*) vélo *m* de course
race relations *npl* rapports *mpl* entre les races
racetrack [ˈreɪstræk] *n* piste *f*
racial [ˈreɪʃl] *adj* racial(e)
racialism [ˈreɪʃlɪzəm] *n* racisme *m*
racialist [ˈreɪʃlɪst] *adj, n* raciste (*m/f*)
racing [ˈreɪsɪŋ] *n* courses *fpl*
racing car *n* (*Brit*) voiture *f* de course
racing driver *n* (*Brit*) pilote *m* de course
racism [ˈreɪsɪzəm] *n* racisme *m*
racist [ˈreɪsɪst] *adj, n* raciste *m/f*
rack [ræk] *n* (*for guns, tools*) râtelier *m*; (*for clothes*) portant *m*; (*for bottles*) casier *m*; (*also*: **luggage rack**) filet *m* à bagages; (*also*: **roof rack**) galerie *f*; (*also*: **dish rack**) égouttoir *m* ▷ *vt* tourmenter; **magazine ~** porte-revues *m inv*; **shoe ~** étagère *f* à chaussures; **toast ~** porte-toast *m*; **to ~ one's brains** se creuser la cervelle; **to go to ~ and ruin** (*building*) tomber en ruine; (*business*) péricliter
▶ **rack up** *vt* accumuler
racket [ˈrækɪt] *n* (*for tennis*) raquette *f*; (*noise*) tapage *m*, vacarme *m*; (*swindle*) escroquerie *f*; (*organized crime*) racket *m*
racketeer [rækɪˈtɪəʳ] *n* (*esp US*) racketteur *m*
racquet [ˈrækɪt] *n* raquette *f*
racy [ˈreɪsɪ] *adj* plein(e) de verve, osé(e)
RADA [rɑːdə] *n abbr* (*Brit*) = **Royal Academy of Dramatic Art**
radar [ˈreɪdɑːʳ] *n* radar *m* ▷ *cpd* radar *inv*
radar trap *n* (*Aut*: *police*) contrôle *m* radar
radial [ˈreɪdɪəl] *adj* (*also*: **radial-ply**) à carcasse radiale
radiance [ˈreɪdɪəns] *n* éclat *m*, rayonnement *m*
radiant [ˈreɪdɪənt] *adj* rayonnant(e); (*Physics*) radiant(e)
radiate [ˈreɪdɪeɪt] *vt* (*heat*) émettre, dégager ▷ *vi* (*lines*) rayonner
radiation [reɪdɪˈeɪʃən] *n* rayonnement *m*; (*radioactive*) radiation *f*
radiation sickness *n* mal *m* des rayons
radiator [ˈreɪdɪeɪtəʳ] *n* radiateur *m*
radiator cap *n* bouchon *m* de radiateur
radiator grill *n* (*Aut*) calandre *f*
radical [ˈrædɪkl] *adj* radical(e)
radii [ˈreɪdɪaɪ] *npl of* **radius**
radio [ˈreɪdɪəu] *n* radio *f* ▷ *vi*: **to ~ to sb** envoyer un message radio à qn ▷ *vt* (*information*) transmettre par radio; (*one's position*) signaler par radio; (*person*) appeler par radio; **on the ~** à la radio
radioactive [ˈreɪdɪəuˈæktɪv] *adj* radioactif(-ive)
radioactivity [ˈreɪdɪəuækˈtɪvɪtɪ] *n* radioactivité *f*
radio announcer *n* annonceur *m*
radio cassette *n* radiocassette *m*
radio-controlled [ˈreɪdɪəukənˈtrəuld] *adj* radioguidé(e)
radiographer [reɪdɪˈɔgrəfəʳ] *n* radiologue *m/f* (*technicien*)
radiography [reɪdɪˈɔgrəfɪ] *n* radiographie *f*
radiologist [reɪdɪˈɔlədʒɪst] *n* radiologue *m/f*

(*médecin*)
radiology [reɪdɪ'ɔlədʒɪ] *n* radiologie *f*
radio station *n* station *f* de radio
radio taxi *n* radio-taxi *m*
radiotelephone ['reɪdɪəu'tɛlɪfəun] *n* radiotéléphone *m*
radiotherapist ['reɪdɪəu'θɛrəpɪst] *n* radiothérapeute *m/f*
radiotherapy ['reɪdɪəu'θɛrəpɪ] *n* radiothérapie *f*
radish ['rædɪʃ] *n* radis *m*
radium ['reɪdɪəm] *n* radium *m*
radius (*pl* **radii**) ['reɪdɪəs, -ɪaɪ] *n* rayon *m*; (*Anat*) radius *m*; **within a ~ of 50 miles** dans un rayon de 50 milles
RAF *n abbr* (*Brit*) = **Royal Air Force**
raffia ['ræfɪə] *n* raphia *m*
raffish ['ræfɪʃ] *adj* dissolu(e), canaille
raffle ['ræfl] *n* tombola *f* ▷ *vt* mettre comme lot dans une tombola
raft [rɑːft] *n* (*craft*: *also*: **life raft**) radeau *m*; (*logs*) train *m* de flottage
rafter ['rɑːftə^r] *n* chevron *m*
rag [ræg] *n* chiffon *m*; (*pej*: *newspaper*) feuille *f*, torchon *m*; (*for charity*) *attractions organisées par les étudiants au profit d'œuvres de charité* ▷ *vt* (*Brit*) chahuter, mettre en boîte; **rags** *npl* haillons *mpl*; **in ~s** (*person*) en haillons; (*clothes*) en lambeaux
rag-and-bone man [rægən'bəunmæn] (*irreg*) *n* chiffonnier *m*
ragbag ['rægbæg] *n* (*fig*) ramassis *m*
rag doll *n* poupée *f* de chiffon
rage [reɪdʒ] *n* (*fury*) rage *f*, fureur *f* ▷ *vi* (*person*) être fou (folle) de rage; (*storm*) faire rage, être déchaîné(e); **to fly into a ~** se mettre en rage; **it's all the ~** cela fait fureur
ragged ['rægɪd] *adj* (*edge*) inégal(e), qui accroche; (*clothes*) en loques; (*cuff*) effiloché(e); (*appearance*) déguenillé(e)
raging ['reɪdʒɪŋ] *adj* (*sea, storm*) en furie; (*fever, pain*) violent(e); **~ toothache** rage *f* de dents; **in a ~ temper** dans une rage folle
rag trade *n* (*inf*): **the ~** la confection

Rag Week

Rag Week, est une semaine où les étudiants se déguisent et collectent de l'argent pour les œuvres de charité. Toutes sortes d'animations sont organisées à cette occasion (marches sponsorisées, spectacles de rue etc). Des magazines (les "rag mags") contenant des plaisanteries osées sont vendus dans les rues, également au profit des œuvres. Enfin, la plupart des universités organisent un bal (le "rag ball").

raid [reɪd] *n* (*Mil*) raid *m*; (*criminal*) hold-up *m inv*; (*by police*) descente *f*, rafle *f* ▷ *vt* faire un raid sur *or* un hold-up dans *or* une descente dans
raider ['reɪdə^r] *n* malfaiteur *m*
rail [reɪl] *n* (*on stair*) rampe *f*; (*on bridge, balcony*) balustrade *f*; (*of ship*) bastingage *m*; (*for train*) rail *m*; **rails** *npl* rails *mpl*, voie ferrée; **by ~** en train, par le train
railcard ['reɪlkɑːd] *n* (*Brit*) carte *f* de chemin de fer; **young person's ~** carte *f* jeune
railing ['reɪlɪŋ] *n*, **railings** ['reɪlɪŋz] ▷ *npl* grille *f*
railway ['reɪlweɪ], (*US*) **railroad** ['reɪlrəud] *n* chemin *m* de fer; (*track*) voie *f* ferrée
railway engine *n* locomotive *f*
railway line *n* (*Brit*) ligne *f* de chemin de fer; (*track*) voie ferrée
railwayman ['reɪlweɪmən] (*irreg*) *n* cheminot *m*
railway station *n* (*Brit*) gare *f*
rain [reɪn] *n* pluie *f* ▷ *vi* pleuvoir; **in the ~** sous la pluie; **it's ~ing** il pleut; **it's ~ing cats and dogs** il pleut à torrents
rainbow ['reɪnbəu] *n* arc-en-ciel *m*
raincoat ['reɪnkəut] *n* imperméable *m*
raindrop ['reɪndrɔp] *n* goutte *f* de pluie
rainfall ['reɪnfɔːl] *n* chute *f* de pluie; (*measurement*) hauteur *f* des précipitations
rainforest ['reɪnfɔrɪst] *n* forêt tropicale
rainproof ['reɪnpruːf] *adj* imperméable
rainstorm ['reɪnstɔːm] *n* pluie torrentielle
rainwater ['reɪnwɔːtə^r] *n* eau *f* de pluie
rainy ['reɪnɪ] *adj* pluvieux(-euse)
raise [reɪz] *n* augmentation *f* ▷ *vt* (*lift*) lever; hausser; (*end*: *siege, embargo*) lever; (*build*) ériger; (*increase*) augmenter; (*morale*) remonter; (*standards*) améliorer; (*a protest, doubt*) provoquer, causer; (*a question*) soulever; (*cattle, family*) élever; (*crop*) faire pousser; (*army, funds*) rassembler; (*loan*) obtenir; **to ~ one's glass to sb/sth** porter un toast en l'honneur de qn/qch; **to ~ one's voice** élever la voix; **to ~ sb's hopes** donner de l'espoir à qn; **to ~ a laugh/a smile** faire rire/sourire
raisin ['reɪzn] *n* raisin sec
Raj [rɑːdʒ] *n*: **the ~** l'empire *m* (*aux Indes*)
rajah ['rɑːdʒə] *n* radja(h) *m*
rake [reɪk] *n* (*tool*) râteau *m*; (*person*) débauché *m* ▷ *vt* (*garden*) ratisser; (*fire*) tisonner; (*with machine gun*) balayer ▷ *vi*: **to ~ through** (*fig*: *search*) fouiller (dans)
rake-off ['reɪkɔf] *n* (*inf*) pourcentage *m*
rakish ['reɪkɪʃ] *adj* dissolu(e); cavalier(-ière)
rally ['rælɪ] *n* (*Pol etc*) meeting *m*, rassemblement *m*; (*Aut*) rallye *m*; (*Tennis*) échange *m* ▷ *vt* rassembler, rallier; (*support*) gagner ▷ *vi* se rallier; (*sick person*) aller mieux; (*Stock Exchange*) reprendre
▶ **rally round** *vi* venir en aide ▷ *vt fus* se rallier à; venir en aide à
rallying point ['rælɪɪŋ-] *n* (*Mil*) point *m* de ralliement
RAM [ræm] *n abbr* (*Comput*: = *random access memory*) mémoire vive
ram [ræm] *n* bélier *m* ▷ *vt* (*push*) enfoncer; (*soil*) tasser; (*crash into*: *vehicle*) emboutir; (*: lamppost etc*) percuter; (*in battle*) éperonner
Ramadan [ræmə'dæn] *n* Ramadan *m*
ramble ['ræmbl] *n* randonnée *f* ▷ *vi* (*walk*) se

promener, faire une randonnée; (*pej*: *also*: **ramble on**) discourir, pérorer
rambler ['ræmblə^r] *n* promeneur(-euse), randonneur(-euse); (*Bot*) rosier grimpant
rambling ['ræmblɪŋ] *adj* (*speech*) décousu(e); (*house*) plein(e) de coins et de recoins; (*Bot*) grimpant(e)
RAMC *n abbr* (*Brit*) = **Royal Army Medical Corps**
ramification [ræmɪfɪ'keɪʃən] *n* ramification *f*
ramp [ræmp] *n* (*incline*) rampe *f*; (*Aut*) dénivellation *f*; (*in garage*) pont *m*; **on/off ~** (*US Aut*) bretelle *f* d'accès
rampage [ræm'peɪdʒ] *n*: **to be on the ~** se déchaîner ▷ *vi*: **they went rampaging through the town** ils ont envahi les rues et ont tout saccagé sur leur passage
rampant ['ræmpənt] *adj* (*disease etc*) qui sévit
rampart ['ræmpɑːt] *n* rempart *m*
ram raiding [-reɪdɪŋ] *n pillage d'un magasin en enfonçant la vitrine avec une voiture volée*
ramshackle ['ræmʃækl] *adj* (*house*) délabré(e); (*car etc*) déglingué(e)
RAN *n abbr* = **Royal Australian Navy**
ran [ræn] *pt of* **run**
ranch [rɑːntʃ] *n* ranch *m*
rancher ['rɑːntʃə^r] *n* (*owner*) propriétaire *m* de ranch; (*ranch hand*) cowboy *m*
rancid ['rænsɪd] *adj* rance
rancour, (*US*) **rancor** ['ræŋkə^r] *n* rancune *f*, rancœur *f*
R&B *n abbr* = **rhythm and blues**
R&D *n abbr* (= *research and development*) R-D *f*
random ['rændəm] *adj* fait(e) *or* établi(e) au hasard; (*Comput, Math*) aléatoire ▷ *n*: **at ~** au hasard
random access memory *n* (*Comput*) mémoire vive, RAM *f*
R&R *n abbr* (*US Mil*) = **rest and recreation**
randy ['rændɪ] *adj* (*Brit inf*) excité(e); lubrique
rang [ræŋ] *pt of* **ring**
range [reɪndʒ] *n* (*of mountains*) chaîne *f*; (*of missile, voice*) portée *f*; (*of products*) choix *m*, gamme *f*; (*also*: **shooting range**) champ *m* de tir; (: *indoor*) stand *m* de tir; (*also*: **kitchen range**) fourneau *m* (de cuisine) ▷ *vt* (*place*) mettre en rang, placer; (*roam*) parcourir ▷ *vi*: **to ~ over** couvrir; **to ~ from ... to** aller de ... à; **price ~** éventail *m* des prix; **do you have anything else in this price ~?** avez-vous autre chose dans ces prix?; **within (firing) ~** à portée (de tir); **~d left/right** (*text*) justifié à gauche/à droite
ranger ['reɪndʒə^r] *n* garde *m* forestier
Rangoon [ræŋ'guːn] *n* Rangoon
rank [ræŋk] *n* rang *m*; (*Mil*) grade *m*; (*Brit*: *also*: **taxi rank**) station *f* de taxis ▷ *vi*: **to ~ among** compter *or* se classer parmi ▷ *vt*: **I ~ him sixth** je le place sixième ▷ *adj* (*smell*) nauséabond(e); (*hypocrisy, injustice etc*) flagrant(e); **he's a ~ outsider** il n'est vraiment pas dans la course; **the ~s** (*Mil*) la troupe; **the ~ and file** (*fig*) la masse, la base; **to close ~s** (*Mil*: *fig*) serrer les rangs
rankle ['ræŋkl] *vi* (*insult*) rester sur le cœur
ransack ['rænsæk] *vt* fouiller (à fond); (*plunder*) piller
ransom ['rænsəm] *n* rançon *f*; **to hold sb to ~** (*fig*) exercer un chantage sur qn
rant [rænt] *vi* fulminer
ranting ['ræntɪŋ] *n* invectives *fpl*
rap [ræp] *n* petit coup sec; tape *f*; (*music*) rap *m* ▷ *vt* (*door*) frapper sur *or* à; (*table etc*) taper sur
rape [reɪp] *n* viol *m*; (*Bot*) colza *m* ▷ *vt* violer
rape oil, rapeseed oil ['reɪp(siːd)] *n* huile *f* de colza
rapid ['ræpɪd] *adj* rapide
rapidity [rə'pɪdɪtɪ] *n* rapidité *f*
rapidly ['ræpɪdlɪ] *adv* rapidement
rapids ['ræpɪdz] *npl* (*Geo*) rapides *mpl*
rapist ['reɪpɪst] *n* auteur *m* d'un viol
rapport [ræ'pɔː^r] *n* entente *f*
rapt [ræpt] *adj* (*attention*) extrême; **to be ~ in contemplation** être perdu(e) dans la contemplation
rapture ['ræptʃə^r] *n* extase *f*, ravissement *m*; **to go into ~s over** s'extasier sur
rapturous ['ræptʃərəs] *adj* extasié(e); frénétique
rare [rɛə^r] *adj* rare; (*Culin*: *steak*) saignant(e)
rarebit ['rɛəbɪt] *n see* **Welsh rarebit**
rarefied ['rɛərɪfaɪd] *adj* (*air, atmosphere*) raréfié(e)
rarely ['rɛəlɪ] *adv* rarement
raring ['rɛərɪŋ] *adj*: **to be ~ to go** (*inf*) être très impatient(e) de commencer
rarity ['rɛərɪtɪ] *n* rareté *f*
rascal ['rɑːskl] *n* vaurien *m*
rash [ræʃ] *adj* imprudent(e), irréfléchi(e) ▷ *n* (*Med*) rougeur *f*, éruption *f*; (*of events*) série *f* (noire); **to come out in a ~** avoir une éruption
rasher ['ræʃə^r] *n* fine tranche (de lard)
rasp [rɑːsp] *n* (*tool*) lime *f* ▷ *vt* (*speak*: *also*: **rasp out**) dire d'une voix grinçante
raspberry ['rɑːzbərɪ] *n* framboise *f*
raspberry bush *n* framboisier *m*
rasping ['rɑːspɪŋ] *adj*: **~ noise** grincement *m*
Rastafarian [ræstə'fɛərɪən] *adj, n* rastafari (*m/f*)
rat [ræt] *n* rat *m*
ratable ['reɪtəbl] *adj see* **rateable value**
ratchet ['rætʃɪt] *n*: **~ wheel** roue *f* à rochet
rate [reɪt] *n* (*ratio*) taux *m*, pourcentage *m*; (*speed*) vitesse *f*, rythme *m*; (*price*) tarif *m* ▷ *vt* (*price*) évaluer, estimer; (*people*) classer; (*deserve*) mériter; **rates** *npl* (*Brit*: *property tax*) impôts locaux; **to ~ sb/sth as** considérer qn/qch comme; **to ~ sb/sth among** classer qn/qch parmi; **to ~ sb/sth highly** avoir une haute opinion de qn/qch; **at a ~ of 60 kph** à une vitesse de 60 km/h; **at any ~** en tout cas; **~ of exchange** taux *or* cours *m* du change; **~ of flow** débit *m*; **~ of return** (taux de) rendement *m*; **pulse ~** fréquence *f* des pulsations
rateable value ['reɪtəbl-] *n* (*Brit*) valeur locative imposable
ratepayer ['reɪtpeɪə^r] *n* (*Brit*) contribuable *m/f* (*payant les impôts locaux*)
rather ['rɑːðə^r] *adv* (*somewhat*) assez, plutôt; (*to*

r

some extent) un peu; **it's ~ expensive** c'est assez cher; (*too much*) c'est un peu cher; **there's ~ a lot** il y en a beaucoup; **I would** *or* **I'd ~ go** j'aimerais mieux *or* je préférerais partir; **I had ~ go** il vaudrait mieux que je parte; **I'd ~ not leave** j'aimerais mieux ne pas partir; **or ~** (*more accurately*) ou plutôt; **I ~ think he won't come** je crois bien qu'il ne viendra pas

ratification [rætɪfɪ'keɪʃən] *n* ratification *f*

ratify ['rætɪfaɪ] *vt* ratifier

rating ['reɪtɪŋ] *n* (*assessment*) évaluation *f*; (*score*) classement *m*; (*Finance*) cote *f*; (*Naut: category*) classe *f*; (*: sailor: Brit*) matelot *m*; **ratings** *npl* (*Radio*) indice(s) *m(pl)* d'écoute; (*TV*) Audimat® *m*

ratio ['reɪʃɪəu] *n* proportion *f*; **in the ~ of 100 to 1** dans la proportion de 100 contre 1

ration ['ræʃən] *n* ration *f* ▷ *vt* rationner; **rations** *npl* (*food*) vivres *mpl*

rational ['ræʃənl] *adj* raisonnable, sensé(e); (*solution, reasoning*) logique; (*Med: person*) lucide

rationale [ræʃə'nɑːl] *n* raisonnement *m*; justification *f*

rationalization [ræʃnəlaɪ'zeɪʃən] *n* rationalisation *f*

rationalize ['ræʃnəlaɪz] *vt* rationaliser; (*conduct*) essayer d'expliquer *or* de motiver

rationally ['ræʃnəlɪ] *adv* raisonnablement; logiquement

rationing ['ræʃnɪŋ] *n* rationnement *m*

rat pack ['rætpæk] *n* (*Brit inf*) journalistes *mpl* de la presse à sensation

rat poison *n* mort-aux-rats *f inv*

rat race *n* foire *f* d'empoigne

rattan [ræ'tæn] *n* rotin *m*

rattle ['rætl] *n* (*of door, window*) battement *m*; (*of coins, chain*) cliquetis *m*; (*of train, engine*) bruit *m* de ferraille; (*for baby*) hochet *m*; (*of sports fan*) crécelle *f* ▷ *vi* cliqueter; (*car, bus*): **to ~ along** rouler en faisant un bruit de ferraille ▷ *vt* agiter (bruyamment); (*inf: disconcert*) décontenancer; (*: annoy*) embêter

rattlesnake ['rætlsneɪk] *n* serpent *m* à sonnettes

ratty ['rætɪ] *adj* (*inf*) en rogne

raucous ['rɔːkəs] *adj* rauque

raucously ['rɔːkəslɪ] *adv* d'une voix rauque

raunchy ['rɔːntʃɪ] *adj* (*inf: voice, image, act*) sexy; (*scenes, film*) lubrique

ravage ['rævɪdʒ] *vt* ravager

ravages ['rævɪdʒɪz] *npl* ravages *mpl*

rave [reɪv] *vi* (*in anger*) s'emporter; (*with enthusiasm*) s'extasier; (*Med*) délirer ▷ *n* (*inf: party*) rave *f*, soirée *f* techno ▷ *adj* (*scene, culture, music*) rave, techno ▷ *cpd*: **~ review** (*inf*) critique *f* dithyrambique

raven ['reɪvən] *n* grand corbeau

ravenous ['rævənəs] *adj* affamé(e)

ravine [rə'viːn] *n* ravin *m*

raving ['reɪvɪŋ] *adj*: **he's ~ mad** il est complètement cinglé

ravings ['reɪvɪŋz] *npl* divagations *fpl*

ravioli [rævɪ'əulɪ] *n* ravioli *mpl*

ravish ['rævɪʃ] *vt* ravir

ravishing ['rævɪʃɪŋ] *adj* enchanteur(-eresse)

raw [rɔː] *adj* (*uncooked*) cru(e); (*not processed*) brut(e); (*sore*) à vif, irrité(e); (*inexperienced*) inexpérimenté(e); (*weather, day*) froid(e) et humide; **~ deal** (*inf: bad bargain*) sale coup *m*; (*: unfair treatment*): **to get a ~ deal** être traité(e) injustement; **~ materials** matières premières

Rawalpindi [rɔːl'pɪndɪ] *n* Rawalpindi

raw material *n* matière première

ray [reɪ] *n* rayon *m*; **~ of hope** lueur *f* d'espoir

rayon ['reɪɔn] *n* rayonne *f*

raze [reɪz] *vt* (*also*: **raze to the ground**) raser

razor ['reɪzə^r] *n* rasoir *m*

razor blade *n* lame *f* de rasoir

razzle ['ræzl], **razzle-dazzle** ['ræzl'dæzl] *n* (*Brit inf*): **to go on the ~(-dazzle)** faire la bringue

razzmatazz ['ræzmə'tæz] *n* (*inf*) tralala *m*, tapage *m*

RC *abbr* = **Roman Catholic**

RCAF *n abbr* = **Royal Canadian Air Force**

RCMP *n abbr* = **Royal Canadian Mounted Police**

RCN *n abbr* = **Royal Canadian Navy**

RD *abbr* (*US*) = **rural delivery**

Rd *abbr* = **road**

RDC *n abbr* (*Brit*) = **rural district council**

RE *n abbr* (*Brit*) = **religious education**; (*Brit Mil*) = **Royal Engineers**

re [riː] *prep* concernant

reach [riːtʃ] *n* portée *f*, atteinte *f*; (*of river etc*) étendue *f* ▷ *vt* atteindre, arriver à; (*conclusion, decision*) parvenir à ▷ *vi* s'étendre; (*stretch out hand*): **to ~ up/down** *etc* **(for sth)** lever/baisser *etc* le bras (pour prendre qch); **to ~ sb by phone** joindre qn par téléphone; **out of/within ~** (*object*) hors de/à portée; **within easy ~ (of)** (*place*) à proximité (de), proche (de)

▸ **reach out** *vt* tendre ▷ *vi*: **to ~ out (for)** allonger le bras (pour prendre)

react [riː'ækt] *vi* réagir

reaction [riː'ækʃən] *n* réaction *f*

reactionary [riː'ækʃənrɪ] *adj*, *n* réactionnaire (*m/f*)

reactor [riː'æktə^r] *n* réacteur *m*

read (*pt, pp* **-**) [riːd, rɛd] *vi* lire ▷ *vt* lire; (*understand*) comprendre, interpréter; (*study*) étudier; (*meter*) relever; (*subj: instrument etc*) indiquer, marquer; **to take sth as ~** (*fig*) considérer qch comme accepté; **do you ~ me?** (*Tel*) est-ce que vous me recevez?

▸ **read out** *vt* lire à haute voix

▸ **read over** *vt* relire

▸ **read through** *vt* (*quickly*) parcourir; (*thoroughly*) lire jusqu'au bout

▸ **read up** *vt*, **read up on** *vt fus* étudier

readable ['riːdəbl] *adj* facile *or* agréable à lire

reader ['riːdə^r] *n* lecteur(-trice); (*book*) livre *m* de lecture; (*Brit: at university*) maître *m* de conférences

readership ['riːdəʃɪp] *n* (*of paper etc*) (nombre *m* de) lecteurs *mpl*

readily ['rɛdɪlɪ] *adv* volontiers, avec empressement; *(easily)* facilement
readiness ['rɛdɪnɪs] *n* empressement *m*; **in ~** *(prepared)* prêt(e)
reading ['ri:dɪŋ] *n* lecture *f*; *(understanding)* interprétation *f*; *(on instrument)* indications *fpl*
reading lamp *n* lampe *f* de bureau
reading room *n* salle *f* de lecture
readjust [ri:ə'dʒʌst] *vt* rajuster; *(instrument)* régler de nouveau ▷ *vi (person)*: **to ~ (to)** se réadapter (à)
ready ['rɛdɪ] *adj* prêt(e); *(willing)* prêt, disposé(e); *(quick)* prompt(e); *(available)* disponible ▷ *n*: **at the ~** *(Mil)* prêt à faire feu; *(fig)* tout(e) prêt(e); **~ for use** prêt à l'emploi; **to be ~ to do sth** être prêt à faire qch; **when will my photos be ~?** quand est-ce que mes photos seront prêtes?; **to get ~** *(as vi)* se préparer; *(as vt)* préparer
ready cash *n* (argent *m*) liquide *m*
ready-cooked ['rɛdɪ'kukd] *adj* précuit(e)
ready-made ['rɛdɪ'meɪd] *adj* tout(e) faite(e)
ready-mix ['rɛdɪmɪks] *n (for cakes etc)* préparation *f* en sachet
ready reckoner [-'rɛknəʳ] *n (Brit)* barème *m*
ready-to-wear ['rɛdɪtə'wɛəʳ] *adj* (en) prêt-à-porter
reagent [ri:'eɪdʒənt] *n* réactif *m*
real [rɪəl] *adj (world, life)* réel(le); *(genuine)* véritable; *(proper)* vrai(e) ▷ *adv (US inf: very)* vraiment; **in ~ life** dans la réalité
real ale *n* bière traditionnelle
real estate *n* biens fonciers *or* immobiliers
realism ['rɪəlɪzəm] *n* réalisme *m*
realist ['rɪəlɪst] *n* réaliste *m/f*
realistic [rɪə'lɪstɪk] *adj* réaliste
reality [ri:'ælɪtɪ] *n* réalité *f*; **in ~** en réalité, en fait
reality TV *n* téléréalité *f*
realization [rɪəlaɪ'zeɪʃən] *n (awareness)* prise *f* de conscience; *(fulfilment: also: of asset)* réalisation *f*
realize ['rɪəlaɪz] *vt (understand)* se rendre compte de, prendre conscience de; *(a project, Comm: asset)* réaliser
really ['rɪəlɪ] *adv* vraiment; **~?** vraiment?, c'est vrai?
realm [rɛlm] *n* royaume *m*; *(fig)* domaine *m*
real-time ['ri:ltaɪm] *adj (Comput)* en temps réel
realtor ['rɪəltɔ:ʳ] *n (US)* agent immobilier
ream [ri:m] *n* rame *f (de papier)*; **reams** *npl (fig: inf)* des pages et des pages
reap [ri:p] *vt* moissonner; *(fig)* récolter
reaper ['ri:pəʳ] *n (machine)* moissonneuse *f*
reappear [ri:ə'pɪəʳ] *vi* réapparaître, reparaître
reappearance [rɪ:ə'pɪərəns] *n* réapparition *f*
reapply [ri:ə'plaɪ] *vi*: **to ~ for** *(job)* faire une nouvelle demande d'emploi concernant; reposer sa candidature à; *(loan, grant)* faire une nouvelle demande de
reappraisal [ri:ə'preɪzl] *n* réévaluation *f*
rear [rɪəʳ] *adj* de derrière, arrière *inv*; *(Aut: wheel etc)* arrière ▷ *n* arrière *m*, derrière *m* ▷ *vt (cattle, family)* élever ▷ *vi (also:* **rear up**: *animal)* se cabrer
rear admiral *n* vice-amiral *m*
rear-engined ['rɪər'ɛndʒɪnd] *adj (Aut)* avec moteur à l'arrière
rearguard ['rɪəgɑ:d] *n* arrière-garde *f*
rearmament [ri:'ɑ:məmənt] *n* réarmement *m*
rearrange [ri:ə'reɪndʒ] *vt* réarranger
rear-view mirror *n (Aut)* rétroviseur *m*
rear-wheel drive *n (Aut)* traction *f* arrière
reason ['ri:zn] *n* raison *f* ▷ *vi*: **to ~ with sb** raisonner qn, faire entendre raison à qn; **the ~ for/why** la raison de/pour laquelle; **to have ~ to think** avoir lieu de penser; **it stands to ~ that** il va sans dire que; **she claims with good ~ that ...** elle affirme à juste titre que ...; **all the more ~ why** raison de plus pour *+ infinitive or* pour que *+ sub*; **within ~** dans les limites du raisonnable
reasonable ['ri:znəbl] *adj* raisonnable; *(not bad)* acceptable
reasonably ['ri:znəblɪ] *adv (behave)* raisonnablement; *(fairly)* assez; **one can ~ assume that ...** on est fondé à *or* il est permis de supposer que ...
reasoned ['ri:znd] *adj (argument)* raisonné(e)
reasoning ['ri:znɪŋ] *n* raisonnement *m*
reassemble [ri:ə'sɛmbl] *vt* rassembler; *(machine)* remonter
reassert [ri:ə'sə:t] *vt* réaffirmer
reassurance [ri:ə'ʃuərəns] *n (factual)* assurance *f*, garantie *f*; *(emotional)* réconfort *m*
reassure [ri:ə'ʃuəʳ] *vt* rassurer; **to ~ sb of** donner à qn l'assurance répétée de
reassuring [ri:ə'ʃuərɪŋ] *adj* rassurant(e)
reawakening [ri:ə'weɪknɪŋ] *n* réveil *m*
rebate ['ri:beɪt] *n (on product)* rabais *m*; *(on tax etc)* dégrèvement *m*; *(repayment)* remboursement *m*
rebel *n* ['rɛbl] rebelle *m/f* ▷ *vi* [rɪ'bɛl] se rebeller, se révolter
rebellion [rɪ'bɛljən] *n* rébellion *f*, révolte *f*
rebellious [rɪ'bɛljəs] *adj* rebelle
rebirth [ri:'bə:θ] *n* renaissance *f*
rebound *vi* [rɪ'baund] *(ball)* rebondir ▷ *n* ['ri:baund] rebond *m*
rebuff [rɪ'bʌf] *n* rebuffade *f* ▷ *vt* repousser
rebuild [ri:'bɪld] *vt (irreg: like* **build***)* reconstruire
rebuke [rɪ'bju:k] *n* réprimande *f*, reproche *m* ▷ *vt* réprimander
rebut [rɪ'bʌt] *vt* réfuter
rebuttal [rɪ'bʌtl] *n* réfutation *f*
recalcitrant [rɪ'kælsɪtrənt] *adj* récalcitrant(e)
recall *vt* [rɪ'kɔ:l] rappeler; *(remember)* se rappeler, se souvenir de ▷ *n* ['ri:kɔl] rappel *m*; *(ability to remember)* mémoire *f*; **beyond ~** *adj* irrévocable
recant [rɪ'kænt] *vi* se rétracter; *(Rel)* abjurer
recap ['ri:kæp] *n* récapitulation *f* ▷ *vt, vi* récapituler
recapture [ri:'kæptʃəʳ] *vt* reprendre; *(atmosphere)* recréer
recede [rɪ'si:d] *vi* s'éloigner; reculer
receding [rɪ'si:dɪŋ] *adj (forehead, chin)* fuyant(e); **~ hairline** front dégarni
receipt [rɪ'si:t] *n (document)* reçu *m*; *(for parcel etc)*

accusé *m* de réception; (*act of receiving*) réception *f*; **receipts** *npl* (*Comm*) recettes *fpl*; **to acknowledge ~ of** accuser réception de; **we are in ~ of ...** nous avons reçu ...; **can I have a ~, please?** je peux avoir un reçu, s'il vous plaît?

receivable [rɪ'si:vəbl] *adj* (*Comm*) recevable; (*: owing*) à recevoir

receive [rɪ'si:v] *vt* recevoir; (*guest*) recevoir, accueillir; **"~d with thanks"** (*Comm*) "pour acquit"; **R~d Pronunciation**: *voir article*

RECEIVED PRONUNCIATION

En Grande-Bretagne, la *Received Pronunciation* ou "RP" est une prononciation de la langue anglaise qui, récemment encore, était surtout associée à l'aristocratie et à la bourgeoisie, mais qui maintenant est en général considérée comme la prononciation correcte.

receiver [rɪ'si:vəʳ] *n* (*Tel*) récepteur *m*, combiné *m*; (*Radio*) récepteur; (*of stolen goods*) receleur *m*; (*for bankruptcies*) administrateur *m* judiciaire

receivership [rɪ'si:vəʃɪp] *n*: **to go into ~** être placé sous administration judiciaire

recent ['ri:snt] *adj* récent(e); **in ~ years** au cours de ces dernières années

recently ['ri:sntlɪ] *adv* récemment; **as ~ as** pas plus tard que; **until ~** jusqu'à il y a peu de temps encore

receptacle [rɪ'sɛptɪkl] *n* récipient *m*

reception [rɪ'sɛpʃən] *n* réception *f*; (*welcome*) accueil *m*, réception

reception centre *n* (*Brit*) centre *m* d'accueil

reception desk *n* réception *f*

receptionist [rɪ'sɛpʃənɪst] *n* réceptionniste *m/f*

receptive [rɪ'sɛptɪv] *adj* réceptif(-ive)

recess [rɪ'sɛs] *n* (*in room*) renfoncement *m*; (*for bed*) alcôve *f*; (*secret place*) recoin *m*; (*Pol etc: holiday*) vacances *fpl*; (*US Law: short break*) suspension *f* d'audience; (*Scol: esp US*) récréation *f*

recession [rɪ'sɛʃən] *n* (*Econ*) récession *f*

recessionista [rɪsɛʃə'nɪstə] *n* recessionista *m/f*

recharge [ri:'tʃɑ:dʒ] *vt* (*battery*) recharger

rechargeable [ri:'tʃɑ:dʒəbl] *adj* rechargeable

recipe ['rɛsɪpɪ] *n* recette *f*

recipient [rɪ'sɪpɪənt] *n* (*of payment*) bénéficiaire *m/f*; (*of letter*) destinataire *m/f*

reciprocal [rɪ'sɪprəkl] *adj* réciproque

reciprocate [rɪ'sɪprəkeɪt] *vt* retourner, offrir en retour ▷ *vi* en faire autant

recital [rɪ'saɪtl] *n* récital *m*

recite [rɪ'saɪt] *vt* (*poem*) réciter; (*complaints etc*) énumérer

reckless ['rɛkləs] *adj* (*driver etc*) imprudent(e); (*spender etc*) insouciant(e)

recklessly ['rɛkləslɪ] *adv* imprudemment; avec insouciance

reckon ['rɛkən] *vt* (*count*) calculer, compter; (*consider*) considérer, estimer; (*think*): **I ~ (that)** ... je pense (que) ..., j'estime (que) ... ▷ *vi*: **he is somebody to be ~ed with** il ne faut pas le sous-estimer; **to ~ without sb/sth** ne pas tenir compte de qn/qch

▶ **reckon on** *vt fus* compter sur, s'attendre à

reckoning ['rɛknɪŋ] *n* compte *m*, calcul *m*; estimation *f*; **the day of ~** le jour du Jugement

reclaim [rɪ'kleɪm] *vt* (*land: from sea*) assécher; (*: from forest*) défricher; (*: with fertilizer*) amender; (*demand back*) réclamer (le remboursement *or* la restitution de); (*waste materials*) récupérer

reclamation [rɛklə'meɪʃən] *n* (*of land*) amendement *m*; assèchement *m*; défrichement *m*

recline [rɪ'klaɪn] *vi* être allongé(e) *or* étendu(e)

reclining [rɪ'klaɪnɪŋ] *adj* (*seat*) à dossier réglable

recluse [rɪ'klu:s] *n* reclus(e), ermite *m*

recognition [rɛkəg'nɪʃən] *n* reconnaissance *f*; **in ~ of** en reconnaissance de; **to gain ~** être reconnu(e); **transformed beyond ~** méconnaissable

recognizable ['rɛkəgnaɪzəbl] *adj*: **~ (by)** reconnaissable (à)

recognize ['rɛkəgnaɪz] *vt*: **to ~ (by/as)** reconnaître (à/comme étant)

recoil [rɪ'kɔɪl] *vi* (*person*): **to ~ (from)** reculer (devant) ▷ *n* (*of gun*) recul *m*

recollect [rɛkə'lɛkt] *vt* se rappeler, se souvenir de

recollection [rɛkə'lɛkʃən] *n* souvenir *m*; **to the best of my ~** autant que je m'en souvienne

recommend [rɛkə'mɛnd] *vt* recommander; **can you ~ a good restaurant?** pouvez-vous me conseiller un bon restaurant?; **she has a lot to ~ her** elle a beaucoup de choses en sa faveur

recommendation [rɛkəmɛn'deɪʃən] *n* recommandation *f*

recommended retail price [rɛkə'mɛndɪd-] *n* (*Brit*) prix conseillé

recompense ['rɛkəmpɛns] *vt* récompenser; (*compensate*) dédommager ▷ *n* récompense *f*; dédommagement *m*

reconcilable ['rɛkənsaɪləbl] *adj* (*ideas*) conciliable

reconcile ['rɛkənsaɪl] *vt* (*two people*) réconcilier; (*two facts*) concilier, accorder; **to ~ o.s. to** se résigner à

reconciliation [rɛkənsɪlɪ'eɪʃən] *n* réconciliation *f*; conciliation *f*

recondite [rɪ'kɔndaɪt] *adj* abstrus(e), obscur(e)

recondition [ri:kən'dɪʃən] *vt* remettre à neuf; réviser entièrement

reconnaissance [rɪ'kɔnɪsns] *n* (*Mil*) reconnaissance *f*

reconnoitre, (*US*) **reconnoiter** [rɛkə'nɔɪtəʳ] (*Mil*) *vt* reconnaître ▷ *vi* faire une reconnaissance

reconsider [ri:kən'sɪdəʳ] *vt* reconsidérer

reconstitute [ri:'kɔnstɪtju:t] *vt* reconstituer

reconstruct [ri:kən'strʌkt] *vt* (*building*) reconstruire; (*crime, system*) reconstituer

reconstruction [ri:kən'strʌkʃən] *n* reconstruction *f*; reconstitution *f*

reconvene [ri:kən'vi:n] *vt* reconvoquer ▷ *vi* se réunir *or* s'assembler de nouveau
record *n* ['rɛkɔ:d] rapport *m*, récit *m*; *(of meeting etc)* procès-verbal *m*; *(register)* registre *m*; *(file)* dossier *m*; *(Comput)* article *m*; *(also:* **police record**) casier *m* judiciaire; *(Mus: disc)* disque *m*; *(Sport)* record *m* ▷ *adj* record *inv* ▷ *vt* [rɪ'kɔ:d] *(set down)* noter; *(relate)* rapporter; *(Mus: song etc)* enregistrer; **public ~s** archives *fpl*; **to keep a ~ of** noter; **to keep the ~ straight** *(fig)* mettre les choses au point; **he is on ~ as saying that ...** il a déclaré en public que ...; **Italy's excellent ~** les excellents résultats obtenus par l'Italie; **off the ~** *adj* officieux(-euse) ▷ *adv* officieusement; **in ~ time** dans un temps record
record card *n (in file)* fiche *f*
recorded delivery [rɪ'kɔ:dɪd-] *n (Brit Post)*: **to send sth ~** ≈ envoyer qch en recommandé
recorded delivery letter [rɪ'kɔ:dɪd-] *n (Brit Post)* ≈ lettre recommandée
recorder [rɪ'kɔ:dər] *n (Law) avocat nommé à la fonction de juge*; *(Mus)* flûte *f* à bec
record holder *n (Sport)* détenteur(-trice) du record
recording [rɪ'kɔ:dɪŋ] *n (Mus)* enregistrement *m*
recording studio *n* studio *m* d'enregistrement
record library *n* discothèque *f*
record player *n* tourne-disque *m*
recount [rɪ'kaunt] *vt* raconter
re-count *n* ['ri:kaunt] *(Pol: of votes)* nouveau décompte (des suffrages) ▷ *vt* [ri:'kaunt] recompter
recoup [rɪ'ku:p] *vt*: **to ~ one's losses** récupérer ce qu'on a perdu, se refaire
recourse [rɪ'kɔ:s] *n* recours *m*; expédient *m*; **to have ~ to** recourir à, avoir recours à
recover [rɪ'kʌvər] *vt* récupérer ▷ *vi (from illness)* se rétablir; *(from shock)* se remettre; *(country)* se redresser
re-cover [ri:'kʌvər] *vt (chair etc)* recouvrir
recovery [rɪ'kʌvərɪ] *n* récupération *f*; rétablissement *m*; *(Econ)* redressement *m*
recreate [ri:krɪ'eɪt] *vt* recréer
recreation [rɛkrɪ'eɪʃən] *n (leisure)* récréation *f*, détente *f*
recreational [rɛkrɪ'eɪʃənl] *adj* pour la détente, récréatif(-ive)
recreational drug [rɛkrɪ'eɪʃənl-] *n* drogue récréative
recreational vehicle [rɛkrɪ'eɪʃənl-] *n (US)* camping-car *m*
recrimination [rɪkrɪmɪ'neɪʃən] *n* récrimination *f*
recruit [rɪ'kru:t] *n* recrue *f* ▷ *vt* recruter
recruiting office [rɪ'kru:tɪŋ-] *n* bureau *m* de recrutement
recruitment [rɪ'kru:tmənt] *n* recrutement *m*
rectangle ['rɛktæŋgl] *n* rectangle *m*
rectangular [rɛk'tæŋgjulər] *adj* rectangulaire
rectify ['rɛktɪfaɪ] *vt (error)* rectifier, corriger; *(omission)* réparer
rector ['rɛktər] *n (Rel)* pasteur *m*; *(in Scottish universities) personnalité élue par les étudiants pour les représenter*
rectory ['rɛktərɪ] *n* presbytère *m*
rectum ['rɛktəm] *n (Anat)* rectum *m*
recuperate [rɪ'kju:pəreɪt] *vi (from illness)* se rétablir
recur [rɪ'kə:r] *vi* se reproduire; *(idea, opportunity)* se retrouver; *(symptoms)* réapparaître
recurrence [rɪ'kərns] *n* répétition *f*; réapparition *f*
recurrent [rɪ'kərnt] *adj* périodique, fréquent(e)
recurring [rɪ'kə:rɪŋ] *adj (problem)* périodique, fréquent(e); *(Math)* périodique
recyclable [ri:'saɪkləbl] *adj* recyclable
recycle [ri:'saɪkl] *vt, vi* recycler
recycling [ri:'saɪklɪŋ] *n* recyclage *m*
red [rɛd] *n* rouge *m*; *(Pol: pej)* rouge *m/f* ▷ *adj* rouge; *(hair)* roux (rousse); **in the ~** *(account)* à découvert; *(business)* en déficit
red alert *n* alerte *f* rouge
red-blooded [rɛd'blʌdɪd] *adj (inf)* viril(e), vigoureux(-euse)

REDBRICK UNIVERSITY

Une *redbrick university*, ainsi nommée à cause du matériau de construction répandu à l'époque (la brique), est une université britannique provinciale construite assez récemment, en particulier fin XIXe-début XXe siècle. Il y en a notamment une à Manchester, une à Liverpool et une à Bristol. Ce terme est utilisé pour établir une distinction avec les universités les plus anciennes et traditionnelles.

red carpet treatment *n* réception *f* en grande pompe
Red Cross *n* Croix-Rouge *f*
redcurrant ['rɛdkʌrənt] *n* groseille *f* (rouge)
redden ['rɛdn] *vt, vi* rougir
reddish ['rɛdɪʃ] *adj* rougeâtre; *(hair)* plutôt roux (rousse)
redecorate [ri:'dɛkəreɪt] *vt* refaire à neuf, repeindre et retapisser
redeem [rɪ'di:m] *vt (debt)* rembourser; *(sth in pawn)* dégager; *(fig, also Rel)* racheter
redeemable [rɪ'di:məbl] *adj* rachetable; remboursable, amortissable
redeeming [rɪ'di:mɪŋ] *adj (feature)* qui sauve, qui rachète (le reste)
redefine [ri:dɪ'faɪn] *vt* redéfinir
redemption [rɪ'dɛmʃən] *n (Rel)* rédemption *f*; **past** *or* **beyond ~** *(situation)* irrémédiable; *(place)* qui ne peut plus être sauvé(e); *(person)* irrécupérable
redeploy [ri:dɪ'plɔɪ] *vt (Mil)* redéployer; *(staff, resources)* reconvertir
redeployment [ri:dɪ'plɔɪmənt] *n* redéploiement *m*; reconversion *f*
redevelop [ri:dɪ'vɛləp] *vt* rénover
redevelopment [ri:dɪ'vɛləpmənt] *n*

rénovation *f*

red-haired [rɛd'hɛəʳd] *adj* roux (rousse)

red-handed [rɛd'hændɪd] *adj*: **to be caught ~** être pris(e) en flagrant délit *or* la main dans le sac

redhead ['rɛdhɛd] *n* roux (rousse)

red herring *n* (*fig*) diversion *f*, fausse piste

red-hot [rɛd'hɔt] *adj* chauffé(e) au rouge, brûlant(e)

redirect [ri:daɪ'rɛkt] *vt* (*mail*) faire suivre

redistribute [ri:dɪ'strɪbju:t] *vt* redistribuer

red-letter day ['rɛdlɛtə-] *n* grand jour, jour mémorable

red light *n*: **to go through a ~** (*Aut*) brûler un feu rouge

red-light district ['rɛdlaɪt-] *n* quartier mal famé

red meat *n* viande *f* rouge

redness ['rɛdnɪs] *n* rougeur *f*; (*of hair*) rousseur *f*

redo [ri:'du:] *vt* (*irreg*: *like* **do**) refaire

redolent ['rɛdələnt] *adj*: **~ of** qui sent; (*fig*) qui évoque

redouble [ri:'dʌbl] *vt*: **to ~ one's efforts** redoubler d'efforts

redraft [ri:'drɑ:ft] *vt* remanier

redress [rɪ'drɛs] *n* réparation *f* ▷ *vt* redresser; **to ~ the balance** rétablir l'équilibre

Red Sea *n*: **the ~** la mer Rouge

redskin ['rɛdskɪn] *n* Peau-Rouge *m/f*

red tape *n* (*fig*) paperasserie (administrative)

reduce [rɪ'dju:s] *vt* réduire; (*lower*) abaisser; **"~ speed now"** (*Aut*) "ralentir"; **to ~ sth by/to** réduire qch de/à; **to ~ sb to tears** faire pleurer qn

reduced [rɪ'dju:st] *adj* réduit(e); **"greatly ~ prices"** "gros rabais"; **at a ~ price** (*goods*) au rabais; (*ticket etc*) à prix réduit

reduction [rɪ'dʌkʃən] *n* réduction *f*; (*of price*) baisse *f*; (*discount*) rabais *m*; réduction; **is there a ~ for children/students?** y a-t-il une réduction pour les enfants/les étudiants?

redundancy [rɪ'dʌndənsɪ] *n* (*Brit*) licenciement *m*, mise *f* au chômage; **compulsory ~** licenciement; **voluntary ~** départ *m* volontaire

redundancy payment *n* (*Brit*) indemnité *f* de licenciement

redundant [rɪ'dʌndnt] *adj* (*Brit*: *worker*) licencié(e), mis(e) au chômage; (*detail, object*) superflu(e); **to be made ~** (*worker*) être licencié, être mis au chômage

reed [ri:d] *n* (*Bot*) roseau *m*; (*Mus*: *of clarinet etc*) anche *f*

re-educate [ri:'edjukeɪt] *vt* rééduquer

reedy ['ri:dɪ] *adj* (*voice, instrument*) ténu(e)

reef [ri:f] *n* (*at sea*) récif *m*, écueil *m*

reek [ri:k] *vi*: **to ~ (of)** puer, empester

reel [ri:l] *n* bobine *f*; (*Tech*) dévidoir *m*; (*Fishing*) moulinet *m*; (*Cine*) bande *f*; (*dance*) quadrille écossais ▷ *vt* (*Tech*) bobiner; (*also*: **reel up**) enrouler ▷ *vi* (*sway*) chanceler; **my head is ~ing** j'ai la tête qui tourne

▸ **reel in** *vt* (*fish, line*) ramener

▸ **reel off** *vt* (*say*) énumérer, débiter

re-election [ri:ɪ'lɛkʃən] *n* réélection *f*

re-enter [ri:'ɛntəʳ] *vt* (*also Space*) rentrer dans

re-entry [ri:'ɛntrɪ] *n* (*also Space*) rentrée *f*

re-export *vt* ['ri:ɪks'pɔ:t] réexporter ▷ *n* [ri:'ɛkspɔ:t] marchandise réexportée; (*act*) réexportation *f*

ref [rɛf] *n abbr* (*inf*: = *referee*) arbitre *m*

ref. *abbr* (*Comm*: = *with reference to*) réf

refectory [rɪ'fɛktərɪ] *n* réfectoire *m*

refer [rɪ'fə:ʳ] *vt*: **to ~ sth to** (*dispute, decision*) soumettre qch à; **to ~ sb to** (*inquirer, patient*) adresser qn à; (*reader*: *to text*) renvoyer qn à ▷ *vi*: **to ~ to** (*allude to*) parler de, faire allusion à; (*consult*) se reporter à; (*apply to*) s'appliquer à; **~ring to your letter** (*Comm*) en réponse à votre lettre; **he ~red me to the manager** il m'a dit de m'adresser au directeur

referee [rɛfə'ri:] *n* arbitre *m*; (*Tennis*) juge-arbitre *m*; (*Brit*: *for job application*) répondant(e) ▷ *vt* arbitrer

reference ['rɛfrəns] *n* référence *f*, renvoi *m*; (*mention*) allusion *f*, mention *f*; (*for job application*: *letter*) références; lettre *f* de recommandation; (: *person*) répondant(e); **with ~ to** en ce qui concerne; (*Comm*: *in letter*) me référant à; **"please quote this ~"** (*Comm*) "prière de rappeler cette référence"

reference book *n* ouvrage *m* de référence

reference library *n* bibliothèque *f* d'ouvrages à consulter

reference number *n* (*Comm*) numéro *m* de référence

referendum (*pl* **referenda**) [rɛfə'rɛndəm, -də] *n* référendum *m*

referral [rɪ'fə:rəl] *n* soumission *f*; **she got a ~ to a specialist** elle a été adressée à un spécialiste

refill *vt* [ri:'fɪl] remplir à nouveau; (*pen, lighter etc*) recharger ▷ *n* ['ri:fɪl] (*for pen etc*) recharge *f*

refine [rɪ'faɪn] *vt* (*sugar, oil*) raffiner; (*taste*) affiner; (*idea, theory*) peaufiner

refined [rɪ'faɪnd] *adj* (*person, taste*) raffiné(e)

refinement [rɪ'faɪnmənt] *n* (*of person*) raffinement *m*

refinery [rɪ'faɪnərɪ] *n* raffinerie *f*

refit (*Naut*) *n* ['ri:fɪt] remise *f* en état ▷ *vt* [ri:'fɪt] remettre en état

reflate [ri:'fleɪt] *vt* (*economy*) relancer

reflation [ri:'fleɪʃən] *n* relance *f*

reflationary [ri:'fleɪʃənrɪ] *adj* de relance

reflect [rɪ'flɛkt] *vt* (*light, image*) réfléchir, refléter; (*fig*) refléter ▷ *vi* (*think*) réfléchir, méditer; **it ~s badly on him** cela le discrédite; **it ~s well on him** c'est tout à son honneur

reflection [rɪ'flɛkʃən] *n* réflexion *f*; (*image*) reflet *m*; (*criticism*): **~ on** critique *f* de; atteinte *f* à; **on ~** réflexion faite

reflector [rɪ'flɛktəʳ] *n* (*also Aut*) réflecteur *m*

reflex ['ri:flɛks] *adj, n* réflexe (*m*)

reflexive [rɪ'flɛksɪv] *adj* (*Ling*) réfléchi(e)

reform [rɪ'fɔ:m] *n* réforme *f* ▷ *vt* réformer

reformat [ri:'fɔ:mæt] *vt* (*Comput*) reformater

Reformation [rɛfə'meɪʃən] *n*: **the ~** la Réforme
reformatory [rɪ'fɔ:mətərɪ] *n* (*US*) centre *m* d'éducation surveillée
reformed [rɪ'fɔ:md] *adj* amendé(e), assagi(e)
reformer [rɪ'fɔ:mə^r] *n* réformateur(-trice)
refrain [rɪ'freɪn] *vi*: **to ~ from doing** s'abstenir de faire ▷ *n* refrain *m*
refresh [rɪ'frɛʃ] *vt* rafraîchir; (*subj: food, sleep etc*) redonner des forces à
refresher course [rɪ'frɛʃə-] *n* (*Brit*) cours *m* de recyclage
refreshing [rɪ'frɛʃɪŋ] *adj* (*drink*) rafraîchissant(e); (*sleep*) réparateur(-trice); (*fact, idea etc*) qui réjouit par son originalité *or* sa rareté
refreshment [rɪ'frɛʃmənt] *n*: **for some ~** (*eating*) pour se restaurer *or* sustenter; **in need of ~** (*resting etc*) ayant besoin de refaire ses forces
refreshments [rɪ'frɛʃmənts] *npl* rafraîchissements *mpl*
refrigeration [rɪfrɪdʒə'reɪʃən] *n* réfrigération *f*
refrigerator [rɪ'frɪdʒəreɪtə^r] *n* réfrigérateur *m*, frigidaire *m*
refuel [ri:'fjuəl] *vt* ravitailler en carburant ▷ *vi* se ravitailler en carburant
refuge ['rɛfju:dʒ] *n* refuge *m*; **to take ~ in** se réfugier dans
refugee [rɛfju'dʒi:] *n* réfugié(e)
refugee camp *n* camp *m* de réfugiés
refund *n* ['ri:fʌnd] remboursement *m* ▷ *vt* [rɪ'fʌnd] rembourser
refurbish [ri:'fə:bɪʃ] *vt* remettre à neuf
refurnish [ri:'fə:nɪʃ] *vt* remeubler
refusal [rɪ'fju:zəl] *n* refus *m*; **to have first ~ on sth** avoir droit de préemption sur qch
refuse[1] ['rɛfju:s] *n* ordures *fpl*, détritus *mpl*
refuse[2] [rɪ'fju:z] *vt, vi* refuser; **to ~ to do sth** refuser de faire qch
refuse collection *n* ramassage *m* d'ordures
refuse disposal *n* élimination *f* des ordures
refusenik [rɪ'fju:znɪk] *n* refuznik *m/f*
refute [rɪ'fju:t] *vt* réfuter
regain [rɪ'geɪn] *vt* (*lost ground*) regagner; (*strength*) retrouver
regal ['ri:gl] *adj* royal(e)
regale [rɪ'geɪl] *vt*: **to ~ sb with sth** régaler qn de qch
regalia [rɪ'geɪlɪə] *n* insignes *mpl* de la royauté
regard [rɪ'gɑ:d] *n* respect *m*, estime *f*, considération *f* ▷ *vt* considérer; **to give one's ~s to** faire ses amitiés à; **"with kindest ~s"** "bien amicalement"; **as ~s, with ~ to** en ce qui concerne
regarding [rɪ'gɑ:dɪŋ] *prep* en ce qui concerne
regardless [rɪ'gɑ:dlɪs] *adv* quand même; **~ of** sans se soucier de
regatta [rɪ'gætə] *n* régate *f*
regency ['ri:dʒənsɪ] *n* régence *f*
regenerate [rɪ'dʒɛnəreɪt] *vt* régénérer ▷ *vi* se régénérer
regent ['ri:dʒənt] *n* régent(e)
reggae ['rɛgeɪ] *n* reggae *m*
régime [reɪ'ʒi:m] *n* régime *m*
regiment ['rɛdʒɪmənt] *n* régiment *m* ▷ *vt* ['rɛdʒɪmɛnt] imposer une discipline trop stricte à
regimental [rɛdʒɪ'mɛntl] *adj* d'un régiment
regimentation [rɛdʒɪmɛn'teɪʃən] *n* réglementation excessive
region ['ri:dʒən] *n* région *f*; **in the ~ of** (*fig*) aux alentours de
regional ['ri:dʒənl] *adj* régional(e)
regional development *n* aménagement *m* du territoire
register ['rɛdʒɪstə^r] *n* registre *m*; (*also*: **electoral register**) liste électorale ▷ *vt* enregistrer, inscrire; (*birth*) déclarer; (*vehicle*) immatriculer; (*luggage*) enregistrer; (*letter*) envoyer en recommandé; (*subj: instrument*) marquer ▷ *vi* s'inscrire; (*at hotel*) signer le registre; (*make impression*) être (bien) compris(e); **to ~ for a course** s'inscrire à un cours; **to ~ a protest** protester
registered ['rɛdʒɪstəd] *adj* (*design*) déposé(e); (*Brit: letter*) recommandé(e); (*student, voter*) inscrit(e)
registered company *n* société immatriculée
registered nurse *n* (*US*) infirmier(-ière) diplômé(e) d'État
registered office *n* siège social
registered trademark *n* marque déposée
registrar ['rɛdʒɪstrɑ:^r] *n* officier *m* de l'état civil; secrétaire *m/f* général
registration [rɛdʒɪs'treɪʃən] *n* (*act*) enregistrement *m*; (*of student*) inscription *f*; (*Brit Aut: also*: **registration number**) numéro *m* d'immatriculation
registry ['rɛdʒɪstrɪ] *n* bureau *m* de l'enregistrement
registry office ['rɛdʒɪstrɪ-] *n* (*Brit*) bureau *m* de l'état civil; **to get married in a ~** ≈ se marier à la mairie
regret [rɪ'grɛt] *n* regret *m* ▷ *vt* regretter; **to ~ that** regretter que + *sub*; **we ~ to inform you that ...** nous sommes au regret de vous informer que ...
regretfully [rɪ'grɛtfəlɪ] *adv* à *or* avec regret
regrettable [rɪ'grɛtəbl] *adj* regrettable, fâcheux(-euse)
regrettably [rɪ'grɛtəblɪ] *adv* (*drunk, late*) fâcheusement; **~, he ...** malheureusement, il ...
regroup [ri:'gru:p] *vt* regrouper ▷ *vi* se regrouper
regt *abbr* = **regiment**
regular ['rɛgjulə^r] *adj* régulier(-ière); (*usual*) habituel(le), normal(e); (*listener, reader*) fidèle; (*soldier*) de métier; (*Comm: size*) ordinaire ▷ *n* (*client etc*) habitué(e)
regularity [rɛgju'lærɪtɪ] *n* régularité *f*
regularly ['rɛgjuləlɪ] *adv* régulièrement
regulate ['rɛgjuleɪt] *vt* régler
regulation [rɛgju'leɪʃən] *n* (*rule*) règlement *m*; (*adjustment*) réglage *m* ▷ *cpd* réglementaire
rehabilitate [ri:ə'bɪlɪteɪt] *vt* (*criminal*) réinsérer; (*drug addict*) désintoxiquer; (*invalid*) rééduquer

r

rehabilitation ['ri:əbɪlɪ'teɪʃən] *n* (*of offender*) réhabilitation *f*; (*of addict*) réadaptation *f*; (*of disabled*) rééducation *f*, réadaptation *f*
rehash [ri:'hæʃ] *vt* (*inf*) remanier
rehearsal [rɪ'hə:səl] *n* répétition *f*; **dress ~** (répétition) générale *f*
rehearse [rɪ'hə:s] *vt* répéter
rehouse [ri:'hauz] *vt* reloger
reign [reɪn] *n* règne *m* ▷ *vi* régner
reigning ['reɪnɪŋ] *adj* (*monarch*) régnant(e); (*champion*) actuel(le)
reimburse [ri:ɪm'bə:s] *vt* rembourser
rein [reɪn] *n* (*for horse*) rêne *f*; **to give sb free ~** (*fig*) donner carte blanche à qn
reincarnation [ri:ɪnkɑ:'neɪʃən] *n* réincarnation *f*
reindeer ['reɪndɪə^r] *n* (*pl inv*) renne *m*
reinforce [ri:ɪn'fɔ:s] *vt* renforcer
reinforced concrete [ri:ɪn'fɔ:st-] *n* béton armé
reinforcement [ri:ɪn'fɔ:smənt] *n* (*action*) renforcement *m*
reinforcements [ri:ɪn'fɔ:smənts] *npl* (*Mil*) renfort(s) *m(pl)*
reinstate [ri:ɪn'steɪt] *vt* rétablir, réintégrer
reinstatement [ri:ɪn'steɪtmənt] *n* réintégration *f*
reissue [ri:'ɪʃju:] *vt* (*book*) rééditer; (*film*) ressortir
reiterate [ri:'ɪtəreɪt] *vt* réitérer, répéter
reject *n* ['ri:dʒɛkt] (*Comm*) article *m* de rebut ▷ *vt* [rɪ'dʒɛkt] refuser; (*Comm: goods*) mettre au rebut; (*idea*) rejeter
rejection [rɪ'dʒɛkʃən] *n* rejet *m*, refus *m*
rejoice [rɪ'dʒɔɪs] *vi*: **to ~ (at** *or* **over)** se réjouir (de)
rejoinder [rɪ'dʒɔɪndə^r] *n* (*retort*) réplique *f*
rejuvenate [rɪ'dʒu:vəneɪt] *vt* rajeunir
rekindle [ri:'kɪndl] *vt* rallumer; (*fig*) raviver
relapse [rɪ'læps] *n* (*Med*) rechute *f*
relate [rɪ'leɪt] *vt* (*tell*) raconter; (*connect*) établir un rapport entre ▷ *vi*: **to ~ to** (*connect*) se rapporter à; **to ~ to sb** (*interact*) entretenir des rapports avec qn
related [rɪ'leɪtɪd] *adj* apparenté(e); **~ to** (*subject*) lié(e) à
relating to [rɪ'leɪtɪŋ-] *prep* concernant
relation [rɪ'leɪʃən] *n* (*person*) parent(e); (*link*) rapport *m*, lien *m*; **relations** *npl* (*relatives*) famille *f*; **diplomatic/international ~s** relations diplomatiques/internationales; **in ~ to** en ce qui concerne; par rapport à; **to bear no ~ to** être sans rapport avec
relationship [rɪ'leɪʃənʃɪp] *n* rapport *m*, lien *m*; (*personal ties*) relations *fpl*, rapports; (*also*: **family relationship**) lien de parenté; (*affair*) liaison *f*; **they have a good ~** ils s'entendent bien
relative ['rɛlətɪv] *n* parent(e) ▷ *adj* relatif(-ive); (*respective*) respectif(-ive); **all her ~s** toute sa famille
relatively ['rɛlətɪvlɪ] *adv* relativement
relax [rɪ'læks] *vi* (*muscle*) se relâcher; (*person: unwind*) se détendre; (*calm down*) se calmer ▷ *vt* relâcher; (*mind, person*) détendre
relaxation [ri:læk'seɪʃən] *n* relâchement *m*; (*of mind*) détente *f*; (*recreation*) détente, délassement *m*; (*entertainment*) distraction *f*
relaxed [rɪ'lækst] *adj* relâché(e); détendu(e)
relaxing [rɪ'læksɪŋ] *adj* délassant(e)
relay ['ri:leɪ] *n* (*Sport*) course *f* de relais ▷ *vt* (*message*) retransmettre, relayer
release [rɪ'li:s] *n* (*from prison, obligation*) libération *f*; (*of gas etc*) émission *f*; (*of film etc*) sortie *f*; (*new recording*) disque *m*; (*device*) déclencheur *m* ▷ *vt* (*prisoner*) libérer; (*book, film*) sortir; (*report, news*) rendre public, publier; (*gas etc*) émettre, dégager; (*free: from wreckage etc*) dégager; (*Tech: catch, spring etc*) déclencher; (*let go: person, animal*) relâcher; (*: hand, object*) lâcher; (*: grip, brake*) desserrer; **to ~ one's grip** *or* **hold** lâcher prise; **to ~ the clutch** (*Aut*) débrayer
relegate ['rɛləgeɪt] *vt* reléguer; (*Brit Sport*): **to be ~d** descendre dans une division inférieure
relent [rɪ'lɛnt] *vi* se laisser fléchir
relentless [rɪ'lɛntlɪs] *adj* implacable; (*non-stop*) continuel(le)
relevance ['rɛləvəns] *n* pertinence *f*; **~ of sth to sth** rapport *m* entre qch et qch
relevant ['rɛləvənt] *adj* (*question*) pertinent(e); (*corresponding*) approprié(e); (*fact*) significatif(-ive); (*information*) utile; **~ to** ayant rapport à, approprié à
reliability [rɪlaɪə'bɪlɪtɪ] *n* sérieux *m*; fiabilité *f*
reliable [rɪ'laɪəbl] *adj* (*person, firm*) sérieux(-euse), fiable; (*method, machine*) fiable; (*news, information*) sûr(e)
reliably [rɪ'laɪəblɪ] *adv*: **to be ~ informed** savoir de source sûre
reliance [rɪ'laɪəns] *n*: **~ (on)** (*trust*) confiance *f* (en); (*dependence*) besoin *m* (de), dépendance *f* (de)
reliant [rɪ'laɪənt] *adj*: **to be ~ on sth/sb** dépendre de qch/qn
relic ['rɛlɪk] *n* (*Rel*) relique *f*; (*of the past*) vestige *m*
relief [rɪ'li:f] *n* (*from pain, anxiety*) soulagement *m*; (*help, supplies*) secours *m(pl)*; (*of guard*) relève *f*; (*Art, Geo*) relief *m*; **by way of light ~** pour faire diversion
relief map *n* carte *f* en relief
relief road *n* (*Brit*) route *f* de délestage
relieve [rɪ'li:v] *vt* (*pain, patient*) soulager; (*fear, worry*) dissiper; (*bring help*) secourir; (*take over from: gen*) relayer; (*: guard*) relever; **to ~ sb of sth** débarrasser qn de qch; **to ~ sb of his command** (*Mil*) relever qn de ses fonctions; **to ~ o.s.** (*euphemism*) se soulager, faire ses besoins
relieved [rɪ'li:vd] *adj* soulagé(e); **to be ~ that ...** être soulagé que ...; **I'm ~ to hear it** je suis soulagé de l'entendre
religion [rɪ'lɪdʒən] *n* religion *f*
religious [rɪ'lɪdʒəs] *adj* religieux(-euse); (*book*) de piété
religious education *n* instruction religieuse
relinquish [rɪ'lɪŋkwɪʃ] *vt* abandonner; (*plan, habit*) renoncer à
relish ['rɛlɪʃ] *n* (*Culin*) condiment *m*; (*enjoyment*)

délectation *f* ▷ *vt* (*food etc*) savourer; **to ~ doing** se délecter à faire
relive [riːˈlɪv] *vt* revivre
reload [riːˈləud] *vt* recharger
relocate [riːləuˈkeɪt] *vt* (*business*) transférer ▷ *vi* se transférer, s'installer *or* s'établir ailleurs; **to ~ in** (déménager et) s'installer *or* s'établir à, se transférer à
reluctance [rɪˈlʌktəns] *n* répugnance *f*
reluctant [rɪˈlʌktənt] *adj* peu disposé(e), qui hésite; **to be ~ to do sth** hésiter à faire qch
reluctantly [rɪˈlʌktəntlɪ] *adv* à contrecœur, sans enthousiasme
rely on [rɪˈlaɪ-] *vt fus* (*be dependent on*) dépendre de; (*trust*) compter sur
remain [rɪˈmeɪn] *vi* rester; **to ~ silent** garder le silence; **I ~, yours faithfully** (*Brit: in letters*) je vous prie d'agréer, Monsieur *etc* l'assurance de mes sentiments distingués
remainder [rɪˈmeɪndəʳ] *n* reste *m*; (*Comm*) fin *f* de série
remaining [rɪˈmeɪnɪŋ] *adj* qui reste
remains [rɪˈmeɪnz] *npl* restes *mpl*
remake [ˈriːmeɪk] *n* (*Cine*) remake *m*
remand [rɪˈmɑːnd] *n*: **on ~** en détention préventive ▷ *vt*: **to be ~ed in custody** être placé(e) en détention préventive
remand home *n* (*Brit*) centre *m* d'éducation surveillée
remark [rɪˈmɑːk] *n* remarque *f*, observation *f* ▷ *vt* (faire) remarquer, dire; (*notice*) remarquer; **to ~ on sth** faire une *or* des remarque(s) sur qch
remarkable [rɪˈmɑːkəbl] *adj* remarquable
remarkably [rɪˈmɑːkəblɪ] *adv* remarquablement
remarry [riːˈmærɪ] *vi* se remarier
remedial [rɪˈmiːdɪəl] *adj* (*tuition, classes*) de rattrapage
remedy [ˈrɛmədɪ] *n*: **~ (for)** remède *m* (contre *or* à) ▷ *vt* remédier à
remember [rɪˈmɛmbəʳ] *vt* se rappeler, se souvenir de; (*send greetings*): **~ me to him** saluez-le de ma part; **I ~ seeing it, I ~ having seen it** je me rappelle l'avoir vu *or* que je l'ai vu; **she ~ed to do it** elle a pensé à le faire; **~ me to your wife** rappelez-moi au bon souvenir de votre femme
remembrance [rɪˈmɛmbrəns] *n* souvenir *m*; mémoire *f*
Remembrance Day [rɪˈmɛmbrəns-] *n* (*Brit*) ≈ (le jour de) l'Armistice *m*, ≈ le 11 novembre; *voir article*

REMEMBRANCE DAY

Remembrance Day ou *Remembrance Sunday* est le dimanche le plus proche du 11 novembre, jour où la Première Guerre mondiale a officiellement pris fin. Il rend hommage aux victimes des deux guerres mondiales. À cette occasion, on observe deux minutes de silence à 11h, heure de la signature de l'armistice avec l'Allemagne en 1918; certaines membres de la famille royale et du gouvernement déposent des gerbes de coquelicots au cénotaphe de Whitehall, et des couronnes sont placées sur les monuments aux morts dans toute la Grande-Bretagne; par ailleurs, les gens portent des coquelicots artificiels fabriqués et vendus par des membres de la légion britannique blessés au combat, au profit des blessés de guerre et de leur famille.

remind [rɪˈmaɪnd] *vt*: **to ~ sb of sth** rappeler qch à qn; **to ~ sb to do** faire penser à qn à faire, rappeler à qn qu'il doit faire; **that ~s me!** j'y pense!
reminder [rɪˈmaɪndəʳ] *n* (*Comm: letter*) rappel *m*; (*note etc*) pense-bête *m*; (*souvenir*) souvenir *m*
reminisce [rɛmɪˈnɪs] *vi*: **to ~ (about)** évoquer ses souvenirs (de)
reminiscences [rɛmɪˈnɪsnsɪz] *npl* réminiscences *fpl*, souvenirs *mpl*
reminiscent [rɛmɪˈnɪsnt] *adj*: **~ of** qui rappelle, qui fait penser à
remiss [rɪˈmɪs] *adj* négligent(e); **it was ~ of me** c'était une négligence de ma part
remission [rɪˈmɪʃən] *n* rémission *f*; (*of debt, sentence*) remise *f*; (*of fee*) exemption *f*
remit [rɪˈmɪt] *vt* (*send: money*) envoyer
remittance [rɪˈmɪtns] *n* envoi *m*, paiement *m*
remnant [ˈrɛmnənt] *n* reste *m*, restant *m*; (*of cloth*) coupon *m*; **remnants** *npl* (*Comm*) fins *fpl* de série
remonstrate [ˈrɛmənstreɪt] *vi*: **to ~ (with sb about sth)** se plaindre (à qn de qch)
remorse [rɪˈmɔːs] *n* remords *m*
remorseful [rɪˈmɔːsful] *adj* plein(e) de remords
remorseless [rɪˈmɔːslɪs] *adj* (*fig*) impitoyable
remote [rɪˈməut] *adj* éloigné(e), lointain(e); (*person*) distant(e); (*possibility*) vague; **there is a ~ possibility that ...** il est tout juste possible que ...
remote control *n* télécommande *f*
remote-controlled [rɪˈməutkənˈtrəuld] *adj* téléguidé(e)
remotely [rɪˈməutlɪ] *adv* au loin; (*slightly*) très vaguement
remould [ˈriːməuld] *n* (*Brit: tyre*) pneu *m* rechapé
removable [rɪˈmuːvəbl] *adj* (*detachable*) amovible
removal [rɪˈmuːvəl] *n* (*taking away*) enlèvement *m*; suppression *f*; (*Brit: from house*) déménagement *m*; (*from office: dismissal*) renvoi *m*; (*of stain*) nettoyage *m*; (*Med*) ablation *f*
removal man (*irreg*) *n* (*Brit*) déménageur *m*
removal van *n* (*Brit*) camion *m* de déménagement
remove [rɪˈmuːv] *vt* enlever, retirer; (*employee*) renvoyer; (*stain*) faire partir; (*abuse*) supprimer; (*doubt*) chasser; **first cousin once ~d** cousin(e) au deuxième degré
remover [rɪˈmuːvəʳ] *n* (*for paint*) décapant *m*; (*for*

varnish) dissolvant *m*; **make-up ~** démaquillant *m*
remunerate [rɪ'mju:nəreɪt] *vt* rémunérer
remuneration [rɪmju:nə'reɪʃən] *n* rémunération *f*
Renaissance [rɪ'neɪsɑ̃ns] *n*: **the ~** la Renaissance
rename [ri:'neɪm] *vt* rebaptiser
rend (*pt, pp* **rent**) [rɛnd, rɛnt] *vt* déchirer
render ['rɛndəʳ] *vt* rendre; (*Culin: fat*) clarifier
rendering ['rɛndərɪŋ] *n* (*Mus etc*) interprétation *f*
rendezvous ['rɔndɪvu:] *n* rendez-vous *m inv* ▷ *vi* opérer une jonction, se rejoindre; **to ~ with sb** rejoindre qn
renegade ['rɛnɪgeɪd] *n* renégat(e)
renew [rɪ'nju:] *vt* renouveler; (*negotiations*) reprendre; (*acquaintance*) renouer
renewable [rɪ'nju:əbl] *adj* renouvelable; **~ energy, ~s** énergies renouvelables
renewal [rɪ'nju:əl] *n* renouvellement *m*; reprise *f*
renounce [rɪ'nauns] *vt* renoncer à; (*disown*) renier
renovate ['rɛnəveɪt] *vt* rénover; (*work of art*) restaurer
renovation [rɛnə'veɪʃən] *n* rénovation *f*; restauration *f*
renown [rɪ'naun] *n* renommée *f*
renowned [rɪ'naund] *adj* renommé(e)
rent [rɛnt] *pt, pp of* **rend** ▷ *n* loyer *m* ▷ *vt* louer; (*car, TV*) louer, prendre en location; (*also*: **rent out**: *car, TV*) louer, donner en location
rental ['rɛntl] *n* (*for television, car*) (prix *m* de) location *f*
rent boy *n* (*Brit inf*) jeune prostitué
renunciation [rɪnʌnsɪ'eɪʃən] *n* renonciation *f*; (*self-denial*) renoncement *m*
reopen [ri:'əupən] *vt* rouvrir
reorder [ri:'ɔ:dəʳ] *vt* commander de nouveau; (*rearrange*) réorganiser
reorganize [ri:'ɔ:gənaɪz] *vt* réorganiser
rep [rɛp] *n abbr* (*Comm*) = **representative**; (*Theat*) = **repertory**
Rep. *abbr* (*US Pol*) = **representative**; **republican**
repair [rɪ'pɛəʳ] *n* réparation *f* ▷ *vt* réparer; **in good/bad ~** en bon/mauvais état; **under ~** en réparation; **where can I get this ~ed?** où est-ce que je peux faire réparer ceci?
repair kit *n* trousse *f* de réparations
repair man (*irreg*) *n* réparateur *m*
repair shop *n* (*Aut etc*) atelier *m* de réparations
repartee [rɛpɑ:'ti:] *n* repartie *f*
repast [rɪ'pɑ:st] *n* (*formal*) repas *m*
repatriate [ri:'pætrɪeɪt] *vt* rapatrier
repay [ri:'peɪ] *vt* (*irreg: like* **pay**); (*money, creditor*) rembourser; (*sb's efforts*) récompenser
repayment [ri:'peɪmənt] *n* remboursement *m*; récompense *f*
repeal [rɪ'pi:l] *n* (*of law*) abrogation *f*; (*of sentence*) annulation *f* ▷ *vt* abroger; annuler
repeat [rɪ'pi:t] *n* (*Radio, TV*) reprise *f* ▷ *vt* répéter; (*pattern*) reproduire; (*promise, attack, also Comm*: *order*) renouveler; (*Scol: a class*) redoubler ▷ *vi* répéter; **can you ~ that, please?** pouvez-vous répéter, s'il vous plaît?
repeatedly [rɪ'pi:tɪdlɪ] *adv* souvent, à plusieurs reprises
repeat prescription *n* (*Brit*): **I'd like a ~** je voudrais renouveler mon ordonnance
repel [rɪ'pɛl] *vt* repousser
repellent [rɪ'pɛlənt] *adj* repoussant(e) ▷ *n*: **insect ~** insectifuge *m*; **moth ~** produit *m* antimite(s)
repent [rɪ'pɛnt] *vi*: **to ~ (of)** se repentir (de)
repentance [rɪ'pɛntəns] *n* repentir *m*
repercussions [ri:pə'kʌʃənz] *npl* répercussions *fpl*
repertoire ['rɛpətwɑ:ʳ] *n* répertoire *m*
repertory ['rɛpətərɪ] *n* (*also*: **repertory theatre**) théâtre *m* de répertoire
repertory company *n* troupe théâtrale permanente
repetition [rɛpɪ'tɪʃən] *n* répétition *f*
repetitious [rɛpɪ'tɪʃəs] *adj* (*speech*) plein(e) de redites
repetitive [rɪ'pɛtɪtɪv] *adj* (*movement, work*) répétitif(-ive); (*speech*) plein(e) de redites
replace [rɪ'pleɪs] *vt* (*put back*) remettre, replacer; (*take the place of*) remplacer; (*Tel*): **"~ the receiver"** "raccrochez"
replacement [rɪ'pleɪsmənt] *n* replacement *m*; (*substitution*) remplacement *m*; (*person*) remplaçant(e)
replacement part *n* pièce *f* de rechange
replay ['ri:pleɪ] *n* (*of match*) match rejoué; (*of tape, film*) répétition *f*
replenish [rɪ'plɛnɪʃ] *vt* (*glass*) remplir (de nouveau); (*stock etc*) réapprovisionner
replete [rɪ'pli:t] *adj* rempli(e); (*well-fed*): **~ (with)** rassasié(e) (de)
replica ['rɛplɪkə] *n* réplique *f*, copie exacte
reply [rɪ'plaɪ] *n* réponse *f* ▷ *vi* répondre; **in ~ (to)** en réponse (à); **there's no ~** (*Tel*) ça ne répond pas
reply coupon *n* coupon-réponse *m*
report [rɪ'pɔ:t] *n* rapport *m*; (*Press etc*) reportage *m*; (*Brit: also*: **school report**) bulletin *m* (scolaire); (*of gun*) détonation *f* ▷ *vt* rapporter, faire un compte rendu de; (*Press etc*) faire un reportage sur; (*notify: accident*) signaler; (*: culprit*) dénoncer ▷ *vi* (*make a report*) faire un rapport; (*for newspaper*) faire un reportage (sur); **I'd like to ~ a theft** je voudrais signaler un vol; (*present o.s.*): **to ~ (to sb)** se présenter (chez qn); **it is ~ed that** on dit *or* annonce que; **it is ~ed from Berlin that** on nous apprend de Berlin que
report card *n* (*US, Scottish*) bulletin *m* (scolaire)
reportedly [rɪ'pɔ:tɪdlɪ] *adv*: **she is ~ living in Spain** elle habiterait en Espagne; **he ~ told them to ...** il leur aurait dit de ...
reported speech *n* (*Ling*) discours indirect
reporter [rɪ'pɔ:təʳ] *n* reporter *m*
repose [rɪ'pəuz] *n*: **in ~** en *or* au repos
repossess [ri:pə'zɛs] *vt* saisir

repossession order [ri:pə'zɛʃən-] *n* ordre *m* de reprise de possession
reprehensible [rɛprɪ'hɛnsɪbl] *adj* répréhensible
represent [rɛprɪ'zɛnt] *vt* représenter; (*view, belief*) présenter, expliquer; (*describe*): **to ~ sth as** présenter *or* décrire qch comme; **to ~ to sb that** expliquer à qn que
representation [rɛprɪzɛn'teɪʃən] *n* représentation *f*; **representations** *npl* (*protest*) démarche *f*
representative [rɛprɪ'zɛntətɪv] *n* représentant(e); (*Comm*) représentant(e) (de commerce); (*US Pol*) député *m* ▷ *adj* représentatif(-ive), caractéristique
repress [rɪ'prɛs] *vt* réprimer
repression [rɪ'prɛʃən] *n* répression *f*
repressive [rɪ'prɛsɪv] *adj* répressif(-ive)
reprieve [rɪ'pri:v] *n* (*Law*) grâce *f*; (*fig*) sursis *m*, délai *m* ▷ *vt* gracier; accorder un sursis *or* un délai à
reprimand ['rɛprɪmɑ:nd] *n* réprimande *f* ▷ *vt* réprimander
reprint *n* ['ri:prɪnt] réimpression *f* ▷ *vt* [ri:'prɪnt] réimprimer
reprisal [rɪ'praɪzl] *n* représailles *fpl*; **to take ~s** user de représailles
reproach [rɪ'prəutʃ] *n* reproche *m* ▷ *vt*: **to ~ sb with sth** reprocher qch à qn; **beyond ~** irréprochable
reproachful [rɪ'prəutʃful] *adj* de reproche
reproduce [ri:prə'dju:s] *vt* reproduire ▷ *vi* se reproduire
reproduction [ri:prə'dʌkʃən] *n* reproduction *f*
reproductive [ri:prə'dʌktɪv] *adj* reproducteur(-trice)
reproof [rɪ'pru:f] *n* reproche *m*
reprove [rɪ'pru:v] *vt* (*action*) réprouver; (*person*): **to ~ (for)** blâmer (de)
reproving [rɪ'pru:vɪŋ] *adj* réprobateur(-trice)
reptile ['rɛptaɪl] *n* reptile *m*
Repub. *abbr* (*US Pol*) = **republican**
republic [rɪ'pʌblɪk] *n* république *f*
republican [rɪ'pʌblɪkən] *adj, n* républicain(e)
repudiate [rɪ'pju:dɪeɪt] *vt* (*ally, behaviour*) désavouer; (*accusation*) rejeter; (*wife*) répudier
repugnant [rɪ'pʌgnənt] *adj* répugnant(e)
repulse [rɪ'pʌls] *vt* repousser
repulsion [rɪ'pʌlʃən] *n* répulsion *f*
repulsive [rɪ'pʌlsɪv] *adj* repoussant(e), répulsif(-ive)
reputable ['rɛpjutəbl] *adj* de bonne réputation; (*occupation*) honorable
reputation [rɛpju'teɪʃən] *n* réputation *f*; **to have a ~ for** être réputé(e) pour; **he has a ~ for being awkward** il a la réputation de ne pas être commode
repute [rɪ'pju:t] *n* (bonne) réputation
reputed [rɪ'pju:tɪd] *adj* réputé(e); **he is ~ to be rich/intelligent** *etc* on dit qu'il est riche/intelligent *etc*
reputedly [rɪ'pju:tɪdlɪ] *adv* d'après ce qu'on dit
request [rɪ'kwɛst] *n* demande *f*; (*formal*) requête *f* ▷ *vt*: **to ~ (of** *or* **from sb)** demander (à qn); **at the ~ of** à la demande de
request stop *n* (*Brit: for bus*) arrêt facultatif
requiem ['rɛkwɪəm] *n* requiem *m*
require [rɪ'kwaɪə^r] *vt* (*need: subj: person*) avoir besoin de; (*: thing, situation*) nécessiter, demander; (*want*) exiger; (*order*): **to ~ sb to do sth/sth of sb** exiger que qn fasse qch/qch de qn; **if ~d** s'il le faut; **what qualifications are ~d?** quelles sont les qualifications requises?; **~d by law** requis par la loi
required [rɪ'kwaɪəd] *adj* requis(e), voulu(e)
requirement [rɪ'kwaɪəmənt] *n* (*need*) exigence *f*; besoin *m*; (*condition*) condition *f* (requise)
requisite ['rɛkwɪzɪt] *n* chose *f* nécessaire ▷ *adj* requis(e), nécessaire; **toilet ~s** accessoires *mpl* de toilette
requisition [rɛkwɪ'zɪʃən] *n*: **~ (for)** demande *f* (de) ▷ *vt* (*Mil*) réquisitionner
reroute [ri:'ru:t] *vt* (*train etc*) dérouter
resale ['ri:'seɪl] *n* revente *f*
resale price maintenance *n* *vente au détail à prix imposé*
resat [ri:'sæt] *pt, pp of* **resit**
rescind [rɪ'sɪnd] *vt* annuler; (*law*) abroger; (*judgment*) rescinder
rescue ['rɛskju:] *n* (*from accident*) sauvetage *m*; (*help*) secours *mpl* ▷ *vt* sauver; **to come to sb's ~** venir au secours de qn
rescue party *n* équipe *f* de sauvetage
rescuer ['rɛskjuə^r] *n* sauveteur *m*
research [rɪ'sə:tʃ] *n* recherche(s) *f(pl)* ▷ *vt* faire des recherches sur ▷ *vi*: **to ~ (into sth)** faire des recherches (sur qch); **a piece of ~** un travail de recherche; **~ and development (R & D)** recherche-développement (R-D)
researcher [rɪ'sə:tʃə^r] *n* chercheur(-euse)
research work *n* recherches *fpl*
resell [ri:'sɛl] *vt* (*irreg: like* **sell**) revendre
resemblance [rɪ'zɛmbləns] *n* ressemblance *f*; **to bear a strong ~ to** ressembler beaucoup à
resemble [rɪ'zɛmbl] *vt* ressembler à
resent [rɪ'zɛnt] *vt* éprouver du ressentiment de, être contrarié(e) par
resentful [rɪ'zɛntful] *adj* irrité(e), plein(e) de ressentiment
resentment [rɪ'zɛntmənt] *n* ressentiment *m*
reservation [rɛzə'veɪʃən] *n* (*booking*) réservation *f*; (*doubt, protected area*) réserve *f*; (*Brit Aut: also:* **central reservation**) bande médiane; **to make a ~ (in an hotel/a restaurant/on a plane)** réserver *or* retenir une chambre/une table/une place; **with ~s** (*doubts*) avec certaines réserves
reservation desk *n* (*US: in hotel*) réception *f*
reserve [rɪ'zə:v] *n* réserve *f*; (*Sport*) remplaçant(e) ▷ *vt* (*seats etc*) réserver, retenir; **reserves** *npl* (*Mil*) réservistes *mpl*; **in ~** en réserve
reserve currency *n* monnaie *f* de réserve
reserved [rɪ'zə:vd] *adj* réservé(e)
reserve price *n* (*Brit*) mise *f* à prix, prix *m* de départ

r

reserve team *n* (*Brit Sport*) deuxième équipe *f*
reservist [rɪ'zə:vɪst] *n* (*Mil*) réserviste *m*
reservoir ['rɛzəvwɑ:ʳ] *n* réservoir *m*
reset [ri:'sɛt] *vt* (*irreg: like* **set**) remettre; (*clock, watch*) mettre à l'heure; (*Comput*) remettre à zéro
reshape [ri:'ʃeɪp] *vt* (*policy*) réorganiser
reshuffle [ri:'ʃʌfl] *n*: **Cabinet ~** (*Pol*) remaniement ministériel
reside [rɪ'zaɪd] *vi* résider
residence ['rɛzɪdəns] *n* résidence *f*; **to take up ~** s'installer; **in ~** (*queen etc*) en résidence; (*doctor*) résidant(e)
residence permit *n* (*Brit*) permis *m* de séjour
resident ['rɛzɪdənt] *n* (*of country*) résident(e); (*of area, house*) habitant(e); (*in hotel*) pensionnaire ▷ *adj* résidant(e)
residential [rɛzɪ'dɛnʃəl] *adj* de résidence; (*area*) résidentiel(le); (*course*) avec hébergement sur place
residential school *n* internat *m*
residue ['rɛzɪdju:] *n* reste *m*; (*Chem, Physics*) résidu *m*
resign [rɪ'zaɪn] *vt* (*one's post*) se démettre de ▷ *vi* démissionner; **to ~ o.s. to** (*endure*) se résigner à
resignation [rɛzɪg'neɪʃən] *n* (*from post*) démission *f*; (*state of mind*) résignation *f*; **to tender one's ~** donner sa démission
resigned [rɪ'zaɪnd] *adj* résigné(e)
resilience [rɪ'zɪlɪəns] *n* (*of material*) élasticité *f*; (*of person*) ressort *m*
resilient [rɪ'zɪlɪənt] *adj* (*person*) qui réagit, qui a du ressort
resin ['rɛzɪn] *n* résine *f*
resist [rɪ'zɪst] *vt* résister à
resistance [rɪ'zɪstəns] *n* résistance *f*
resistant [rɪ'zɪstənt] *adj*: **~ (to)** résistant(e) (à)
resit *vt* [ri:'sɪt] (*Brit: pt, pp* **resat**) (*exam*) repasser ▷ *n* ['ri:sɪt] deuxième session *f* (*d'un examen*)
resolute ['rɛzəlu:t] *adj* résolu(e)
resolution [rɛzə'lu:ʃən] *n* résolution *f*; **to make a ~** prendre une résolution
resolve [rɪ'zɔlv] *n* résolution *f* ▷ *vt* (*decide*): **to ~ to do** résoudre *or* décider de faire; (*problem*) résoudre
resolved [rɪ'zɔlvd] *adj* résolu(e)
resonance ['rɛzənəns] *n* résonance *f*
resonant ['rɛzənənt] *adj* résonnant(e)
resort [rɪ'zɔ:t] *n* (*seaside town*) station *f* balnéaire; (*for skiing*) station de ski; (*recourse*) recours *m* ▷ *vi*: **to ~ to** avoir recours à; **in the last ~** en dernier ressort
resound [rɪ'zaund] *vi*: **to ~ (with)** retentir (de)
resounding [rɪ'zaundɪŋ] *adj* retentissant(e)
resource [rɪ'sɔ:s] *n* ressource *f*; **resources** *npl* ressources; **natural ~s** ressources naturelles; **to leave sb to his (***or* **her) own ~s** (*fig*) livrer qn à lui-même (*or* elle-même)
resourceful [rɪ'sɔ:sful] *adj* ingénieux(-euse), débrouillard(e)
resourcefulness [rɪ'sɔ:sfəlnɪs] *n* ressource *f*
respect [rɪs'pɛkt] *n* respect *m*; (*point, detail*): **in some ~s** à certains égards ▷ *vt* respecter; **respects** *npl* respects, hommages *mpl*; **to have** *or* **show ~ for sb/sth** respecter qn/qch; **out of ~ for** par respect pour; **with ~ to** en ce qui concerne; **in ~ of** sous le rapport de, quant à; **in this ~** sous ce rapport, à cet égard; **with due ~ I ...** malgré le respect que je vous dois, je ...
respectability [rɪspɛktə'bɪlɪtɪ] *n* respectabilité *f*
respectable [rɪs'pɛktəbl] *adj* respectable; (*quite good: result etc*) honorable; (*player*) assez bon (bonne)
respectful [rɪs'pɛktful] *adj* respectueux(-euse)
respective [rɪs'pɛktɪv] *adj* respectif(-ive)
respectively [rɪs'pɛktɪvlɪ] *adv* respectivement
respiration [rɛspɪ'reɪʃən] *n* respiration *f*
respirator ['rɛspɪreɪtəʳ] *n* respirateur *m*
respiratory ['rɛspərətərɪ] *adj* respiratoire
respite ['rɛspaɪt] *n* répit *m*
resplendent [rɪs'plɛndənt] *adj* resplendissant(e)
respond [rɪs'pɔnd] *vi* répondre; (*react*) réagir
respondent [rɪs'pɔndənt] *n* (*Law*) défendeur(-deresse)
response [rɪs'pɔns] *n* réponse *f*; (*reaction*) réaction *f*; **in ~ to** en réponse à
responsibility [rɪspɔnsɪ'bɪlɪtɪ] *n* responsabilité *f*; **to take ~ for sth/sb** accepter la responsabilité de qch/d'être responsable de qn
responsible [rɪs'pɔnsɪbl] *adj* (*liable*): **~ (for)** responsable (de); (*person*) digne de confiance; (*job*) qui comporte des responsabilités; **to be ~ to sb (for sth)** être responsable devant qn (de qch)
responsibly [rɪs'pɔnsɪblɪ] *adv* avec sérieux
responsive [rɪs'pɔnsɪv] *adj* (*student, audience*) réceptif(-ive); (*brakes, steering*) sensible
rest [rɛst] *n* repos *m*; (*stop*) arrêt *m*, pause *f*; (*Mus*) silence *m*; (*support*) support *m*, appui *m*; (*remainder*) reste *m*, restant *m* ▷ *vi* se reposer; (*be supported*): **to ~ on** appuyer *or* reposer sur; (*remain*) rester ▷ *vt* (*lean*): **to ~ sth on/against** appuyer qch sur/contre; **the ~ of them** les autres; **to set sb's mind at ~** tranquilliser qn; **it ~s with him to** c'est à lui de; **~ assured that ...** soyez assuré que ...
restart [ri:'stɑ:t] *vt* (*engine*) remettre en marche; (*work*) reprendre
restaurant ['rɛstərɔŋ] *n* restaurant *m*
restaurant car *n* (*Brit Rail*) wagon-restaurant *m*
rest cure *n* cure *f* de repos
restful ['rɛstful] *adj* reposant(e)
rest home *n* maison *f* de repos
restitution [rɛstɪ'tju:ʃən] *n* (*act*) restitution *f*; (*reparation*) réparation *f*
restive ['rɛstɪv] *adj* agité(e), impatient(e); (*horse*) rétif(-ive)
restless ['rɛstlɪs] *adj* agité(e); **to get ~** s'impatienter
restlessly ['rɛstlɪslɪ] *adv* avec agitation
restock [ri:'stɔk] *vt* réapprovisionner
restoration [rɛstə'reɪʃən] *n* (*of building*) restauration *f*; (*of stolen goods*) restitution *f*

restorative [rɪ'stɔrətɪv] *adj* reconstituant(e) ▷ *n* reconstituant *m*
restore [rɪ'stɔːʳ] *vt* (*building*) restaurer; (*sth stolen*) restituer; (*peace, health*) rétablir; **to ~ to** (*former state*) ramener à
restorer [rɪ'stɔːrəʳ] *n* (*Art etc*) restaurateur(-trice) (d'œuvres d'art)
restrain [rɪs'treɪn] *vt* (*feeling*) contenir; (*person*): **to ~ (from doing)** retenir (de faire)
restrained [rɪs'treɪnd] *adj* (*style*) sobre; (*manner*) mesuré(e)
restraint [rɪs'treɪnt] *n* (*restriction*) contrainte *f*; (*moderation*) retenue *f*; (*of style*) sobriété *f*; **wage ~** limitations salariales
restrict [rɪs'trɪkt] *vt* restreindre, limiter
restricted area [rɪs'trɪktɪd-] *n* (*Aut*) zone *f* à vitesse limitée
restriction [rɪs'trɪkʃən] *n* restriction *f*, limitation *f*
restrictive [rɪs'trɪktɪv] *adj* restrictif(-ive)
restrictive practices *npl* (*Industry*) pratiques *fpl* entravant la libre concurrence
rest room *n* (*US*) toilettes *fpl*
restructure [riː'strʌktʃəʳ] *vt* restructurer
result [rɪ'zʌlt] *n* résultat *m* ▷ *vi*: **to ~ (from)** résulter (de); **to ~ in** aboutir à, se terminer par; **as a ~ it is too expensive** il en résulte que c'est trop cher; **as a ~ of** à la suite de
resultant [rɪ'zʌltənt] *adj* résultant(e)
resume [rɪ'zjuːm] *vt* (*work, journey*) reprendre; (*sum up*) résumer ▷ *vi* (*work etc*) reprendre
résumé ['reɪzjuːmeɪ] *n* (*summary*) résumé *m*; (*US: curriculum vitae*) curriculum vitae *m inv*
resumption [rɪ'zʌmpʃən] *n* reprise *f*
resurgence [rɪ'səːdʒəns] *n* réapparition *f*
resurrection [rɛzə'rɛkʃən] *n* résurrection *f*
resuscitate [rɪ'sʌsɪteɪt] *vt* (*Med*) réanimer
resuscitation [rɪsʌsɪ'teɪʃən] *n* réanimation *f*
retail ['riːteɪl] *n* (vente *f* au) détail *m* ▷ *adj* de *or* au détail ▷ *adv* au détail ▷ *vt* vendre au détail ▷ *vi*: **to ~ at 10 euros** se vendre au détail à 10 euros
retailer ['riːteɪləʳ] *n* détaillant(e)
retail outlet *n* point *m* de vente
retail price *n* prix *m* de détail
retail price index *n* ≈ indice *m* des prix
retain [rɪ'teɪn] *vt* (*keep*) garder, conserver; (*employ*) engager
retainer [rɪ'teɪnəʳ] *n* (*servant*) serviteur *m*; (*fee*) acompte *m*, provision *f*
retaliate [rɪ'tælɪeɪt] *vi*: **to ~ (against)** se venger (de); **to ~ (on sb)** rendre la pareille (à qn)
retaliation [rɪtælɪ'eɪʃən] *n* représailles *fpl*, vengeance *f*; **in ~ for** par représailles pour
retaliatory [rɪ'tælɪətərɪ] *adj* de représailles
retarded [rɪ'tɑːdɪd] *adj* retardé(e)
retch [rɛtʃ] *vi* avoir des haut-le-cœur
retentive [rɪ'tɛntɪv] *adj*: **~ memory** excellente mémoire
rethink ['riː'θɪŋk] *vt* repenser
reticence ['rɛtɪsns] *n* réticence *f*
reticent ['rɛtɪsnt] *adj* réticent(e)
retina ['rɛtɪnə] *n* rétine *f*
retinue ['rɛtɪnjuː] *n* suite *f*, cortège *m*
retire [rɪ'taɪəʳ] *vi* (*give up work*) prendre sa retraite; (*withdraw*) se retirer, partir; (*go to bed*) (aller) se coucher
retired [rɪ'taɪəd] *adj* (*person*) retraité(e)
retirement [rɪ'taɪəmənt] *n* retraite *f*
retirement age *n* âge *m* de la retraite
retiring [rɪ'taɪərɪŋ] *adj* (*person*) réservé(e); (*chairman etc*) sortant(e)
retort [rɪ'tɔːt] *n* (*reply*) riposte *f*; (*container*) cornue *f* ▷ *vi* riposter
retrace [riː'treɪs] *vt* reconstituer; **to ~ one's steps** revenir sur ses pas
retract [rɪ'trækt] *vt* (*statement, claws*) rétracter; (*undercarriage, aerial*) rentrer, escamoter ▷ *vi* se rétracter; rentrer
retractable [rɪ'træktəbl] *adj* escamotable
retrain [riː'treɪn] *vt* recycler ▷ *vi* se recycler
retraining [riː'treɪnɪŋ] *n* recyclage *m*
retread *vt* [riː'trɛd] (*Aut: tyre*) rechaper ▷ *n* ['riːtrɛd] pneu rechapé
retreat [rɪ'triːt] *n* retraite *f* ▷ *vi* battre en retraite; (*flood*) reculer; **to beat a hasty ~** (*fig*) partir avec précipitation
retrial [riː'traɪəl] *n* nouveau procès
retribution [rɛtrɪ'bjuːʃən] *n* châtiment *m*
retrieval [rɪ'triːvəl] *n* récupération *f*; réparation *f*; recherche *f* et extraction *f*
retrieve [rɪ'triːv] *vt* (*sth lost*) récupérer; (*situation, honour*) sauver; (*error, loss*) réparer; (*Comput*) rechercher
retriever [rɪ'triːvəʳ] *n* chien *m* d'arrêt
retroactive [rɛtrəu'æktɪv] *adj* rétroactif(-ive)
retrograde ['rɛtrəgreɪd] *adj* rétrograde
retrospect ['rɛtrəspɛkt] *n*: **in ~** rétrospectivement, après coup
retrospective [rɛtrə'spɛktɪv] *adj* rétrospectif(-ive); (*law*) rétroactif(-ive) ▷ *n* (*Art*) rétrospective *f*
return [rɪ'təːn] *n* (*going or coming back*) retour *m*; (*of sth stolen etc*) restitution *f*; (*recompense*) récompense *f*; (*Finance: from land, shares*) rapport *m*; (*report*) relevé *m*, rapport ▷ *cpd* (*journey*) de retour; (*Brit: ticket*) aller et retour; (*match*) retour ▷ *vi* (*person etc: come back*) revenir; (*: go back*) retourner ▷ *vt* rendre; (*bring back*) rapporter; (*send back*) renvoyer; (*put back*) remettre; (*Pol: candidate*) élire; **returns** *npl* (*Comm*) recettes *fpl*; (*Finance*) bénéfices *mpl*; (*: returned goods*) marchandises renvoyées; **many happy ~s (of the day)!** bon anniversaire!; **by ~ (of post)** par retour (du courrier); **in ~ (for)** en échange (de); **a ~ (ticket) for ...** un billet aller et retour pour ...
returnable [rɪ'təːnəbl] *adj* (*bottle etc*) consigné(e)
returner [rɪ'təːnəʳ] *n femme qui reprend un travail après avoir élevé ses enfants*
returning officer [rɪ'təːnɪŋ-] *n* (*Brit Pol*) président *m* de bureau de vote
return key *n* (*Comput*) touche *f* de retour
return ticket *n* (*esp Brit*) billet *m* aller-retour

r

reunion [ri:ˈju:niən] *n* réunion *f*
reunite [ri:ju:ˈnaɪt] *vt* réunir
reuse [ri:ˈju:z] *vt* réutiliser
rev [rɛv] *n abbr* = **revolution**; (*Aut*) tour *m* ▷ *vt* (*also*: **rev up**) emballer ▷ *vi* (*also*: **rev up**) s'emballer
Rev. *abbr* = **reverend**
revaluation [ri:væljuˈeɪʃən] *n* réévaluation *f*
revamp [ri:ˈvæmp] *vt* (*house*) retaper; (*firm*) réorganiser
rev counter *n* (*Brit*) compte-tours *m inv*
Revd. *abbr* = **reverend**
reveal [rɪˈvi:l] *vt* (*make known*) révéler; (*display*) laisser voir
revealing [rɪˈvi:lɪŋ] *adj* révélateur(-trice); (*dress*) au décolleté généreux *or* suggestif
reveille [rɪˈvælɪ] *n* (*Mil*) réveil *m*
revel [ˈrɛvl] *vi*: **to ~ in sth/in doing** se délecter de qch/à faire
revelation [rɛvəˈleɪʃən] *n* révélation *f*
reveller [ˈrɛvləʳ] *n* fêtard *m*
revelry [ˈrɛvlrɪ] *n* festivités *fpl*
revenge [rɪˈvɛndʒ] *n* vengeance *f*; (*in game etc*) revanche *f* ▷ *vt* venger; **to take ~ (on)** se venger (sur)
revengeful [rɪˈvɛndʒful] *adj* vengeur(-eresse), vindicatif(-ive)
revenue [ˈrɛvənju:] *n* revenu *m*
reverberate [rɪˈvə:bəreɪt] *vi* (*sound*) retentir, se répercuter; (*light*) se réverbérer
reverberation [rɪvə:bəˈreɪʃən] *n* répercussion *f*; réverbération *f*
revere [rɪˈvɪəʳ] *vt* vénérer, révérer
reverence [ˈrɛvərəns] *n* vénération *f*, révérence *f*
Reverend [ˈrɛvərənd] *adj* vénérable; (*in titles*): **the ~ John Smith** (*Anglican*) le révérend John Smith; (*Catholic*) l'abbé (John) Smith; (*Protestant*) le pasteur (John) Smith
reverent [ˈrɛvərənt] *adj* respectueux(-euse)
reverie [ˈrɛvərɪ] *n* rêverie *f*
reversal [rɪˈvə:sl] *n* (*of opinion*) revirement *m*; (*of order*) renversement *m*; (*of direction*) changement *m*
reverse [rɪˈvə:s] *n* contraire *m*, opposé *m*; (*back*) dos *m*, envers *m*; (*of paper*) verso *m*; (*of coin*) revers *m*; (*Aut*: *also*: **reverse gear**) marche *f* arrière ▷ *adj* (*order, direction*) opposé(e), inverse ▷ *vt* (*order, position*) changer, inverser; (*direction, policy*) changer complètement de; (*decision*) annuler; (*roles*) renverser; (*car*) faire marche arrière avec; (*Law*: *judgment*) réformer ▷ *vi* (*Brit Aut*) faire marche arrière; **to go into ~** faire marche arrière; **in ~ order** en ordre inverse
reverse video *n* vidéo *m* inverse
reversible [rɪˈvə:səbl] *adj* (*garment*) réversible; (*procedure*) révocable
reversing lights [rɪˈvə:sɪŋ-] *npl* (*Brit Aut*) feux *mpl* de marche arrière *or* de recul
reversion [rɪˈvə:ʃən] *n* retour *m*
revert [rɪˈvə:t] *vi*: **to ~ to** revenir à, retourner à
review [rɪˈvju:] *n* revue *f*; (*of book, film*) critique *f*; (*of situation, policy*) examen *m*, bilan *m*; (*US*: *examination*) examen ▷ *vt* passer en revue; faire la critique de; examiner; **to come under ~** être révisé(e)
reviewer [rɪˈvju:əʳ] *n* critique *m*
revile [rɪˈvaɪl] *vt* injurier
revise [rɪˈvaɪz] *vt* réviser, modifier; (*manuscript*) revoir, corriger ▷ *vi* (*study*) réviser; **~d edition** édition revue et corrigée
revision [rɪˈvɪʒən] *n* révision *f*; (*revised version*) version corrigée
revitalize [ri:ˈvaɪtəlaɪz] *vt* revitaliser
revival [rɪˈvaɪvəl] *n* reprise *f*; (*recovery*) rétablissement *m*; (*of faith*) renouveau *m*
revive [rɪˈvaɪv] *vt* (*person*) ranimer; (*custom*) rétablir; (*economy*) relancer; (*hope, courage*) raviver, faire renaître; (*play, fashion*) reprendre ▷ *vi* (*person*) reprendre connaissance; (: *from ill health*) se rétablir; (*hope etc*) renaître; (*activity*) reprendre
revoke [rɪˈvəuk] *vt* révoquer; (*promise, decision*) revenir sur
revolt [rɪˈvəult] *n* révolte *f* ▷ *vi* se révolter, se rebeller ▷ *vt* révolter, dégoûter
revolting [rɪˈvəultɪŋ] *adj* dégoûtant(e)
revolution [rɛvəˈlu:ʃən] *n* révolution *f*; (*of wheel etc*) tour *m*, révolution
revolutionary [rɛvəˈlu:ʃənrɪ] *adj*, *n* révolutionnaire (*m/f*)
revolutionize [rɛvəˈlu:ʃənaɪz] *vt* révolutionner
revolve [rɪˈvɔlv] *vi* tourner
revolver [rɪˈvɔlvəʳ] *n* revolver *m*
revolving [rɪˈvɔlvɪŋ] *adj* (*chair*) pivotant(e); (*light*) tournant(e)
revolving door *n* (porte *f* à) tambour *m*
revue [rɪˈvju:] *n* (*Theat*) revue *f*
revulsion [rɪˈvʌlʃən] *n* dégoût *m*, répugnance *f*
reward [rɪˈwɔ:d] *n* récompense *f* ▷ *vt*: **to ~ (for)** récompenser (de)
rewarding [rɪˈwɔ:dɪŋ] *adj* (*fig*) qui (en) vaut la peine, gratifiant(e); **financially ~** financièrement intéressant(e)
rewind [ri:ˈwaɪnd] *vt* (*irreg*: *like* **wind**); (*watch*) remonter; (*tape*) réembobiner
rewire [ri:ˈwaɪəʳ] *vt* (*house*) refaire l'installation électrique de
reword [ri:ˈwə:d] *vt* formuler *or* exprimer différemment
rewritable [ri:ˈraɪtəbl] *adj* (*CD, DVD*) réinscriptible
rewrite [ri:ˈraɪt] (*pt* **rewrote**, *pp* **rewritten**) *vt* récrire
Reykjavik [ˈreɪkjəvi:k] *n* Reykjavik
RFD *abbr* (*US Post*) = **rural free delivery**
Rh *abbr* (= *rhesus*) Rh
rhapsody [ˈræpsədɪ] *n* (*Mus*) rhapsodie *f*; (*fig*) éloge délirant
rhesus negative [ˈri:səs-] *adj* (*Med*) de rhésus négatif
rhesus positive [ˈri:səs-] *adj* (*Med*) de rhésus positif
rhetoric [ˈrɛtərɪk] *n* rhétorique *f*
rhetorical [rɪˈtɔrɪkl] *adj* rhétorique

rheumatic [ru:'mætɪk] *adj* rhumatismal(e)
rheumatism ['ru:mətɪzəm] *n* rhumatisme *m*
rheumatoid arthritis ['ru:mətɔɪd-] *n* polyarthrite *f* chronique
Rhine [raɪn] *n*: **the (River) ~** le Rhin
rhinestone ['raɪnstəun] *n* faux diamant
rhinoceros [raɪ'nɔsərəs] *n* rhinocéros *m*
Rhodes [rəudz] *n* Rhodes *f*
Rhodesia [rəu'di:ʒə] *n* Rhodésie *f*
Rhodesian [rəu'di:ʒən] *adj* rhodésien(ne) ▷ *n* Rhodésien(ne)
rhododendron [rəudə'dɛndrn] *n* rhododendron *m*
rhubarb ['ru:bɑ:b] *n* rhubarbe *f*
rhyme [raɪm] *n* rime *f*; (*verse*) vers *mpl* ▷ *vi*: **to ~ (with)** rimer (avec); **without ~ or reason** sans rime ni raison
rhythm ['rɪðm] *n* rythme *m*
rhythmic ['rɪðmɪk], **rhythmical** ['rɪðmɪkl] *adj* rythmique
rhythmically ['rɪðmɪklɪ] *adv* avec rythme
rhythm method *n* méthode *f* des températures
RI *n abbr* (*Brit*) = **religious instruction** ▷ *abbr* (*US*) = **Rhode Island**
rib [rɪb] *n* (*Anat*) côte *f* ▷ *vt* (*mock*) taquiner
ribald ['rɪbəld] *adj* paillard(e)
ribbed [rɪbd] *adj* (*knitting*) à côtes; (*shell*) strié(e)
ribbon ['rɪbən] *n* ruban *m*; **in ~s** (*torn*) en lambeaux
rice [raɪs] *n* riz *m*
rice field ['raɪsfi:ld] *n* rizière *f*
rice pudding *n* riz *m* au lait
rich [rɪtʃ] *adj* riche; (*gift, clothes*) somptueux(-euse); **the ~** (*npl*) les riches *mpl*; **riches** *npl* richesses *fpl*; **to be ~ in sth** être riche en qch
richly ['rɪtʃlɪ] *adv* richement; (*deserved, earned*) largement, grandement
rickets ['rɪkɪts] *n* rachitisme *m*
rickety ['rɪkɪtɪ] *adj* branlant(e)
rickshaw ['rɪkʃɔ:] *n* pousse(-pousse) *m inv*
ricochet ['rɪkəʃeɪ] *n* ricochet *m* ▷ *vi* ricocher
rid [rɪd] (*pt, pp* **-**) *vt*: **to ~ sb of** débarrasser qn de; **to get ~ of** se débarrasser de
riddance ['rɪdns] *n*: **good ~!** bon débarras!
ridden ['rɪdn] *pp of* **ride**
riddle ['rɪdl] *n* (*puzzle*) énigme *f* ▷ *vt*: **to be ~d with** être criblé(e) de; (*fig*) être en proie à
ride [raɪd] (*pt* **rode**, *pp* **ridden**) [rəud, 'rɪdn] *n* promenade *f*, tour *m*; (*distance covered*) trajet *m* ▷ *vi* (*as sport*) monter (à cheval), faire du cheval; (*go somewhere: on horse, bicycle*) aller (à cheval *or* bicyclette *etc*); (*travel: on bicycle, motor cycle, bus*) rouler ▷ *vt* (*a horse*) monter; (*distance*) parcourir, faire; **we rode all day/all the way** nous sommes restés toute la journée en selle/avons fait tout le chemin en selle *or* à cheval; **to ~ a horse/bicycle** monter à cheval/à bicyclette; **can you ~ a bike?** est-ce que tu sais monter à bicyclette?; **to ~ at anchor** (*Naut*) être à l'ancre; **horse/car ~** promenade *or* tour à cheval/en voiture; **to go for a ~** faire une promenade (en voiture *or* à bicyclette *etc*); **to take sb for a ~** (*fig*) faire marcher qn; (*cheat*) rouler qn
▸ **ride out** *vt*: **to ~ out the storm** (*fig*) surmonter les difficultés
rider ['raɪdə^r] *n* cavalier(-ière); (*in race*) jockey *m*; (*on bicycle*) cycliste *m/f*; (*on motorcycle*) motocycliste *m/f*; (*in document*) annexe *f*, clause additionnelle
ridge [rɪdʒ] *n* (*of hill*) faîte *m*; (*of roof, mountain*) arête *f*; (*on object*) strie *f*
ridicule ['rɪdɪkju:l] *n* ridicule *m*; dérision *f* ▷ *vt* ridiculiser, tourner en dérision; **to hold sb/sth up to ~** tourner qn/qch en ridicule
ridiculous [rɪ'dɪkjuləs] *adj* ridicule
riding ['raɪdɪŋ] *n* équitation *f*
riding school *n* manège *m*, école *f* d'équitation
rife [raɪf] *adj* répandu(e); **~ with** abondant(e) en
riffraff ['rɪfræf] *n* racaille *f*
rifle ['raɪfl] *n* fusil *m* (à canon rayé) ▷ *vt* vider, dévaliser
▸ **rifle through** *vt fus* fouiller dans
rifle range *n* champ *m* de tir; (*indoor*) stand *m* de tir
rift [rɪft] *n* fente *f*, fissure *f*; (*fig: disagreement*) désaccord *m*
rig [rɪg] *n* (*also:* **oil rig**: *on land*) derrick *m*; (*: at sea*) plate-forme pétrolière ▷ *vt* (*election etc*) truquer
▸ **rig out** *vt* (*Brit*) habiller; (*: pej*) fringuer, attifer
▸ **rig up** *vt* arranger, faire avec des moyens de fortune
rigging ['rɪgɪŋ] *n* (*Naut*) gréement *m*
right [raɪt] *adj* (*true*) juste, exact(e); (*correct*) bon (bonne); (*suitable*) approprié(e), convenable; (*just*) juste, équitable; (*morally good*) bien *inv*; (*not left*) droit(e) ▷ *n* (*moral good*) bien *m*; (*title, claim*) droit *m*; (*not left*) droite *f* ▷ *adv* (*answer*) correctement; (*treat*) bien, comme il faut; (*not on the left*) à droite ▷ *vt* redresser ▷ *excl* bon!; **rights** *npl* (*Comm*) droits *mpl*; **the ~ time** (*precise*) l'heure exacte; (*not wrong*) la bonne heure; **do you have the ~ time?** avez-vous l'heure juste *or* exacte?; **to be ~** (*person*) avoir raison; (*answer*) être juste *or* correct(e); **to get sth ~** ne pas se tromper sur qch; **let's get it ~ this time!** essayons de ne pas nous tromper cette fois-ci!; **you did the ~ thing** vous avez bien fait; **to put a mistake ~** (*Brit*) rectifier une erreur; **by ~s** en toute justice; **on the ~** à droite; **~ and wrong** le bien et le mal; **to be in the ~** avoir raison; **film ~s** droits d'adaptation cinématographique; **~ now** en ce moment même; (*immediately*) tout de suite; **~ before/after** juste avant/après; **~ against the wall** tout contre le mur; **~ ahead** tout droit; droit devant; **~ in the middle** en plein milieu; **~ away** immédiatement; **to go ~ to the end of sth** aller jusqu'au bout de qch
right angle *n* (*Math*) angle droit
righteous ['raɪtʃəs] *adj* droit(e), vertueux(-euse); (*anger*) justifié(e)
righteousness ['raɪtʃəsnɪs] *n* droiture *f*, vertu *f*
rightful ['raɪtful] *adj* (*heir*) légitime
rightfully ['raɪtfəlɪ] *adv* à juste titre,

r

légitimement
right-hand ['raɪthænd] *adj*: **the ~ side** la droite
right-hand drive *n* (*Brit*) conduite *f* à droite; (*vehicle*) véhicule *m* avec la conduite à droite
right-handed [raɪt'hændɪd] *adj* (*person*) droitier(-ière)
right-hand man ['raɪthænd-] (*irreg*) *n* bras droit (*fig*)
rightly ['raɪtlɪ] *adv* bien, correctement; (*with reason*) à juste titre; **if I remember ~** (*Brit*) si je me souviens bien
right-minded ['raɪt'maɪndɪd] *adj* sensé(e), sain(e) d'esprit
right of way *n* (*on path etc*) droit *m* de passage; (*Aut*) priorité *f*
rights issue *n* (*Stock Exchange*) émission préférentielle *or* de droit de souscription
right wing *n* (*Mil, Sport*) aile droite; (*Pol*) droite *f*
right-wing [raɪt'wɪŋ] *adj* (*Pol*) de droite
right-winger [raɪt'wɪŋəʳ] *n* (*Pol*) membre *m* de la droite; (*Sport*) ailier droit
rigid ['rɪdʒɪd] *adj* rigide; (*principle, control*) strict(e)
rigidity [rɪ'dʒɪdɪtɪ] *n* rigidité *f*
rigidly ['rɪdʒɪdlɪ] *adv* rigidement; (*behave*) inflexiblement
rigmarole ['rɪgmərəul] *n* galimatias *m*, comédie *f*
rigor ['rɪgəʳ] *n* (*US*) = **rigour**
rigor mortis ['rɪgə'mɔːtɪs] *n* rigidité *f* cadavérique
rigorous ['rɪgərəs] *adj* rigoureux(-euse)
rigorously ['rɪgərəslɪ] *adv* rigoureusement
rigour, (*US*) **rigor** ['rɪgəʳ] *n* rigueur *f*
rig-out ['rɪgaut] *n* (*Brit inf*) tenue *f*
rile [raɪl] *vt* agacer
rim [rɪm] *n* bord *m*; (*of spectacles*) monture *f*; (*of wheel*) jante *f*
rimless ['rɪmlɪs] *adj* (*spectacles*) à monture invisible
rind [raɪnd] *n* (*of bacon*) couenne *f*; (*of lemon etc*) écorce *f*, zeste *m*; (*of cheese*) croûte *f*
ring [rɪŋ] (*pt* **rang**, *pp* **rung**) [ræŋ, rʌŋ] *n* anneau *m*; (*on finger*) bague *f*; (*also*: **wedding ring**) alliance *f*; (*for napkin*) rond *m*; (*of people, objects*) cercle *m*; (*of spies*) réseau *m*; (*of smoke etc*) rond *m*; (*arena*) piste *f*, arène *f*; (*for boxing*) ring *m*; (*sound of bell*) sonnerie *f*; (*telephone call*) coup *m* de téléphone ▷ *vi* (*telephone, bell*) sonner; (*person*: *by telephone*) téléphoner; (*ears*) bourdonner; (*also*: **ring out**: *voice, words*) retentir ▷ *vt* (*Brit Tel*: *also*: **ring up**) téléphoner à, appeler; **to ~ the bell** sonner; **to give sb a ~** (*Tel*) passer un coup de téléphone *or* de fil à qn; **that has the ~ of truth about it** cela sonne vrai; **the name doesn't ~ a bell (with me)** ce nom ne me dit rien
▸ **ring back** *vt, vi* (*Brit Tel*) rappeler
▸ **ring off** *vi* (*Brit Tel*) raccrocher
▸ **ring up** (*Brit*) *vt* (*Tel*) téléphoner à, appeler
ring binder *n* classeur *m* à anneaux
ring finger *n* annulaire *m*
ringing ['rɪŋɪŋ] *n* (*of bell*) tintement *m*; (*louder*: *also*: **of telephone**) sonnerie *f*; (*in ears*) bourdonnement *m*
ringing tone *n* (*Brit Tel*) tonalité *f* d'appel
ringleader ['rɪŋliːdəʳ] *n* (*of gang*) chef *m*, meneur *m*
ringlets ['rɪŋlɪts] *npl* anglaises *fpl*
ring road *n* (*Brit*) rocade *f*; (*motorway*) périphérique *m*
ring tone ['rɪŋtəun] *n* (*on mobile*) sonnerie *f* (*de téléphone portable*)
rink [rɪŋk] *n* (*also*: **ice rink**) patinoire *f*; (*for roller-skating*) skating *m*
rinse [rɪns] *n* rinçage *m* ▷ *vt* rincer
Rio ['riːəu], **Rio de Janeiro** ['riːəudədʒə'nɪərəu] *n* Rio de Janeiro
riot ['raɪət] *n* émeute *f*, bagarres *fpl* ▷ *vi* (*demonstrators*) manifester avec violence; (*population*) se soulever, se révolter; **a ~ of colours** une débauche *or* orgie de couleurs; **to run ~** se déchaîner
rioter ['raɪətəʳ] *n* émeutier(-ière), manifestant(e)
riot gear *n*: **in ~** casqué et portant un bouclier
riotous ['raɪətəs] *adj* tapageur(-euse); tordant(e)
riotously ['raɪətəslɪ] *adv*: **~ funny** tordant(e)
riot police *n* forces *fpl* de police intervenant en cas d'émeute; **hundreds of ~** des centaines de policiers casqués et armés
RIP *abbr* (= *rest in peace*) RIP
rip [rɪp] *n* déchirure *f* ▷ *vt* déchirer ▷ *vi* se déchirer
▸ **rip off** *vt* (*inf*: *cheat*) arnaquer
▸ **rip up** *vt* déchirer
ripcord ['rɪpkɔːd] *n* poignée *f* d'ouverture
ripe [raɪp] *adj* (*fruit*) mûr(e); (*cheese*) fait(e)
ripen ['raɪpn] *vt* mûrir ▷ *vi* mûrir; se faire
ripeness ['raɪpnɪs] *n* maturité *f*
rip-off ['rɪpɔf] *n* (*inf*): **it's a ~!** c'est du vol manifeste!, c'est de l'arnaque!
riposte [rɪ'pɔst] *n* riposte *f*
ripple ['rɪpl] *n* ride *f*, ondulation *f*; (*of applause, laughter*) cascade *f* ▷ *vi* se rider, onduler ▷ *vt* rider, faire onduler
rise [raɪz] *n* (*slope*) côte *f*, pente *f*; (*hill*) élévation *f*; (*increase*: *in wages*: *Brit*) augmentation *f*; (: *in prices, temperature*) hausse *f*, augmentation; (*fig*: *to power etc*) ascension *f* ▷ *vi* (*pt* **rose**, *pp* **-n**) [rəuz, rɪzn] s'élever, monter; (*prices, numbers*) augmenter, monter; (*waters, river*) monter; (*sun, wind, person*: *from chair, bed*) se lever; (*also*: **rise up**: *tower, building*) s'élever; (: *rebel*) se révolter; se rebeller; (*in rank*) s'élever; **~ to power** montée *f* au pouvoir; **to give ~ to** donner lieu à; **to ~ to the occasion** se montrer à la hauteur
risen ['rɪzn] *pp of* **rise**
rising ['raɪzɪŋ] *adj* (*increasing*: *number, prices*) en hausse; (*tide*) montant(e); (*sun, moon*) levant(e) ▷ *n* (*uprising*) soulèvement *m*, insurrection *f*
rising damp *n* humidité *f* (montant des fondations)
rising star *n* (*also fig*) étoile montante
risk [rɪsk] *n* risque *m*, danger *m*; (*deliberate*) risque ▷ *vt* risquer; **to take** *or* **run the ~ of**

doing courir le risque de faire; **at ~** en danger; **at one's own ~** à ses risques et périls; **it's a fire/health ~** cela présente un risque d'incendie/pour la santé; **I'll ~ it** je vais risquer le coup
risk capital *n* capital-risque *m*
risky ['rɪskɪ] *adj* risqué(e)
risqué ['riːskeɪ] *adj* (*joke*) risqué(e)
rissole ['rɪsəul] *n* croquette *f*
rite [raɪt] *n* rite *m*; **the last ~s** les derniers sacrements
ritual ['rɪtjuəl] *adj* rituel(le) ▷ *n* rituel *m*
rival ['raɪvl] *n* rival(e); (*in business*) concurrent(e) ▷ *adj* rival(e); qui fait concurrence ▷ *vt* (*match*) égaler; (*compete with*) être en concurrence avec; **to ~ sb/sth in** rivaliser avec qn/qch de
rivalry ['raɪvlrɪ] *n* rivalité *f*; (*in business*) concurrence *f*
river ['rɪvə^r] *n* rivière *f*; (*major: also fig*) fleuve *m* ▷ *cpd* (*port, traffic*) fluvial(e); **up/down ~** en amont/aval
riverbank ['rɪvəbæŋk] *n* rive *f*, berge *f*
riverbed ['rɪvəbɛd] *n* lit *m* (de rivière *or* de fleuve)
riverside ['rɪvəsaɪd] *n* bord *m* de la rivière *or* du fleuve
rivet ['rɪvɪt] *n* rivet *m* ▷ *vt* riveter; (*fig*) river, fixer
riveting ['rɪvɪtɪŋ] *adj* (*fig*) fascinant(e)
Riviera [rɪvɪ'ɛərə] *n*: **the (French) ~** la Côte d'Azur; **the Italian ~** la Riviera (italienne)
Riyadh [rɪ'jɑːd] *n* Riyad
RMT *n abbr* (= *Rail, Maritime and Transport*) *syndicat des transports*
RN *n abbr* = **registered nurse**; (*Brit*) = **Royal Navy**
RNA *n abbr* (= *ribonucleic acid*) ARN *m*
RNLI *n abbr* (*Brit*: = *Royal National Lifeboat Institution*) ≈ SNSM *f*
RNZAF *n abbr* = **Royal New Zealand Air Force**
RNZN *n abbr* = **Royal New Zealand Navy**
road [rəud] *n* route *f*; (*in town*) rue *f*; (*fig*) chemin, voie *f* ▷ *cpd* (*accident*) de la route; **main ~** grande route; **major/minor ~** route principale *or* à priorité/voie secondaire; **it takes four hours by ~** il y a quatre heures de route; **which ~ do I take for ...?** quelle route dois-je prendre pour aller à ...?; **"~ up"** (*Brit*) "attention travaux"
road accident *n* accident *m* de la circulation
roadblock ['rəudblɔk] *n* barrage routier
road haulage *n* transports routiers
roadhog ['rəudhɔg] *n* chauffard *m*
road map *n* carte routière
road rage *n* *comportement très agressif de certains usagers de la route*
road safety *n* sécurité routière
roadside ['rəudsaɪd] *n* bord *m* de la route, bas-côté *m* ▷ *cpd* (situé(e) *etc*) au bord de la route; **by the ~** au bord de la route
road sign ['rəudsaɪn] *n* panneau *m* de signalisation
road sweeper ['rəudswiːpə^r] *n* (*Brit: person*) balayeur(-euse)
road tax *n* (*Brit Aut*) taxe *f* sur les automobiles
road user *n* usager *m* de la route
roadway ['rəudweɪ] *n* chaussée *f*
roadworks ['rəudwəːks] *npl* travaux *mpl* (de réfection des routes)
roadworthy ['rəudwəːðɪ] *adj* en bon état de marche
roam [rəum] *vi* errer, vagabonder ▷ *vt* parcourir, errer par
roar [rɔː^r] *n* rugissement *m*; (*of crowd*) hurlements *mpl*; (*of vehicle, thunder, storm*) grondement *m* ▷ *vi* rugir; hurler; gronder; **to ~ with laughter** rire à gorge déployée
roaring ['rɔːrɪŋ] *adj*: **a ~ fire** une belle flambée; **a ~ success** un succès fou; **to do a ~ trade** faire des affaires en or
roast [rəust] *n* rôti *m* ▷ *vt* (*meat*) (faire) rôtir; (*coffee*) griller, torréfier
roast beef *n* rôti *m* de bœuf, rosbif *m*
roasting ['rəustɪŋ] *n* (*inf*): **to give sb a ~** sonner les cloches à qn
rob [rɔb] *vt* (*person*) voler; (*bank*) dévaliser; **to ~ sb of sth** voler *or* dérober qch à qn; (*fig: deprive*) priver qn de qch
robber ['rɔbə^r] *n* bandit *m*, voleur *m*
robbery ['rɔbərɪ] *n* vol *m*
robe [rəub] *n* (*for ceremony etc*) robe *f*; (*also:* **bathrobe**) peignoir *m*; (*US: rug*) couverture *f* ▷ *vt* revêtir (d'une robe)
robin ['rɔbɪn] *n* rouge-gorge *m*
robot ['rəubɔt] *n* robot *m*
robotics [rə'bɔtɪks] *n* robotique *m*
robust [rəu'bʌst] *adj* robuste; (*material, appetite*) solide
rock [rɔk] *n* (*substance*) roche *f*, roc *m*; (*boulder*) rocher *m*, roche; (*US: small stone*) caillou *m*; (*Brit: sweet*) ≈ sucre *m* d'orge ▷ *vt* (*swing gently: cradle*) balancer; (*: child*) bercer; (*shake*) ébranler, secouer ▷ *vi* se balancer, être ébranlé(e) *or* secoué(e); **on the ~s** (*drink*) avec des glaçons; (*ship*) sur les écueils; (*marriage etc*) en train de craquer; **to ~ the boat** (*fig*) jouer les trouble-fête
rock and roll *n* rock (and roll) *m*, rock'n'roll *m*
rock-bottom ['rɔk'bɔtəm] *n* (*fig*) niveau le plus bas ▷ *adj* (*fig: prices*) sacrifié(e); **to reach** *or* **touch ~** (*price, person*) tomber au plus bas
rock climber *n* varappeur(-euse)
rock climbing *n* varappe *f*
rockery ['rɔkərɪ] *n* (jardin *m* de) rocaille *f*
rocket ['rɔkɪt] *n* fusée *f*; (*Mil*) fusée, roquette *f*; (*Culin*) roquette ▷ *vi* (*prices*) monter en flèche
rocket launcher [-lɔːnʃə] *n* lance-roquettes *m inv*
rock face *n* paroi rocheuse
rock fall *n* chute *f* de pierres
rocking chair ['rɔkɪŋ-] *n* fauteuil *m* à bascule
rocking horse ['rɔkɪŋ-] *n* cheval *m* à bascule
rocky ['rɔkɪ] *adj* (*hill*) rocheux(-euse); (*path*) rocailleux(-euse); (*unsteady: table*) branlant(e)
Rocky Mountains *npl*: **the ~** les (montagnes *fpl*) Rocheuses *fpl*
rod [rɔd] *n* (*metallic*) tringle *f*; (*Tech*) tige *f*;

r

(*wooden*) baguette *f*; (*also*: **fishing rod**) canne *f* à pêche
rode [rəud] *pt of* **ride**
rodent ['rəudnt] *n* rongeur *m*
rodeo ['rəudıəu] *n* rodéo *m*
roe [rəu] *n* (*species*: *also*: **roe deer**) chevreuil *m*; (*of fish*: *also*: **hard roe**) œufs *mpl* de poisson; **soft ~** laitance *f*
roe deer *n* chevreuil *m*; chevreuil femelle
rogue [rəug] *n* coquin(e)
roguish ['rəugıʃ] *adj* coquin(e)
role [rəul] *n* rôle *m*
role-model ['rəulmɔdl] *n* modèle *m* à émuler
role play, role playing *n* jeu *m* de rôle
roll [rəul] *n* rouleau *m*; (*of banknotes*) liasse *f*; (*also*: **bread roll**) petit pain; (*register*) liste *f*; (*sound*: *of drums etc*) roulement *m*; (*movement*: *of ship*) roulis *m* ▷ *vt* rouler; (*also*: **roll up**: *string*) enrouler; (*also*: **roll out**: *pastry*) étendre au rouleau, abaisser ▷ *vi* rouler; (*wheel*) tourner; **cheese ~** ≈ sandwich *m* au fromage (*dans un petit pain*)
▸ **roll about, roll around** *vi* rouler çà et là; (*person*) se rouler par terre
▸ **roll by** *vi* (*time*) s'écouler, passer
▸ **roll in** *vi* (*mail, cash*) affluer
▸ **roll over** *vi* se retourner
▸ **roll up** *vi* (*inf*: *arrive*) arriver, s'amener ▷ *vt* (*carpet, cloth, map*) rouler; (*sleeves*) retrousser; **to ~ o.s. up into a ball** se rouler en boule
roll call *n* appel *m*
roller ['rəuləʳ] *n* rouleau *m*; (*wheel*) roulette *f*; (*for road*) rouleau compresseur; (*for hair*) bigoudi *m*
Rollerblades® ['rəuləʳbleıdz] *npl* patins *mpl* en ligne
roller blind *n* (*Brit*) store *m*
roller coaster *n* montagnes *fpl* russes
roller skates *npl* patins *mpl* à roulettes
roller-skating ['rəuləʳskeıtıŋ] *n* patin *m* à roulettes; **to go ~** faire du patin à roulettes
rollicking ['rɔlıkıŋ] *adj* bruyant(e) et joyeux(-euse); (*play*) bouffon(ne); **to have a ~ time** s'amuser follement
rolling ['rəulıŋ] *adj* (*landscape*) onduleux(-euse)
rolling mill *n* laminoir *m*
rolling pin *n* rouleau *m* à pâtisserie
rolling stock *n* (*Rail*) matériel roulant
roll-on-roll-off ['rəulɔn'rəulɔf] *adj* (*Brit*: *ferry*) roulier(-ière)
roly-poly ['rəulı'pəulı] *n* (*Brit Culin*) roulé *m* à la confiture
ROM [rɔm] *n abbr* (*Comput*: = *read-only memory*) mémoire morte, ROM *f*
Roman ['rəumən] *adj* romain(e) ▷ *n* Romain(e)
Roman Catholic *adj, n* catholique (*m/f*)
romance [rə'mæns] *n* (*love affair*) idylle *f*; (*charm*) poésie *f*; (*novel*) roman *m* à l'eau de rose
Romanesque [rəumə'nɛsk] *adj* roman(e)
Romania [rəu'meınıə] = **Rumania**
Romanian [rəu'meınıən] *adj, n see* **Rumanian**
Roman numeral *n* chiffre romain
romantic [rə'mæntık] *adj* romantique; (*novel, attachment*) sentimental(e)
romanticism [rə'mæntısızəm] *n* romantisme *m*
Romany ['rɔmənı] *adj* de bohémien ▷ *n* bohémien(ne); (*Ling*) romani *m*
Rome [rəum] *n* Rome
romp [rɔmp] *n* jeux bruyants ▷ *vi* (*also*: **romp about**) s'ébattre, jouer bruyamment; **to ~ home** (*horse*) arriver bon premier
rompers ['rɔmpəz] *npl* barboteuse *f*
rondo ['rɔndəu] *n* (*Mus*) rondeau *m*
roof [ru:f] *n* toit *m*; (*of tunnel, cave*) plafond *m* ▷ *vt* couvrir (d'un toit); **the ~ of the mouth** la voûte du palais
roof garden *n* toit-terrasse *m*
roofing ['ru:fıŋ] *n* toiture *f*
roof rack *n* (*Aut*) galerie *f*
rook [ruk] *n* (*bird*) freux *m*; (*Chess*) tour *f* ▷ *vt* (*inf*: *cheat*) rouler, escroquer
rookie ['rukı] *n* (*inf*: *esp Mil*) bleu *m*
room [ru:m] *n* (*in house*) pièce *f*; (*also*: **bedroom**) chambre *f* (à coucher); (*in school etc*) salle *f*; (*space*) place *f*; **rooms** *npl* (*lodging*) meublé *m*; **"~s to let"**, (US) **"~s for rent"** "chambres à louer"; **is there ~ for this?** est-ce qu'il y a de la place pour ceci?; **to make ~ for sb** faire de la place à qn; **there is ~ for improvement** on peut faire mieux
rooming house ['ru:mıŋ-] *n* (US) maison *f* de rapport
roommate ['ru:mmeıt] *n* camarade *m/f* de chambre
room service *n* service *m* des chambres (*dans un hôtel*)
room temperature *n* température ambiante; **"serve at ~"** (*wine*) "servir chambré"
roomy ['ru:mı] *adj* spacieux(-euse); (*garment*) ample
roost [ru:st] *n* juchoir *m* ▷ *vi* se jucher
rooster ['ru:stəʳ] *n* coq *m*
root [ru:t] *n* (*Bot, Math*) racine *f*; (*fig*: *of problem*) origine *f*, fond *m* ▷ *vi* (*plant*) s'enraciner; **to take ~** (*plant, idea*) prendre racine
▸ **root about** *vi* (*fig*) fouiller
▸ **root for** *vt fus* (*inf*) applaudir
▸ **root out** *vt* extirper
root beer *n* (US) *sorte de limonade à base d'extraits végétaux*
rope [rəup] *n* corde *f*; (*Naut*) cordage *m* ▷ *vt* (*box*) corder; (*tie up or together*) attacher; (*climbers*: *also*: **rope together**) encorder; (*area*: *also*: **rope off**) interdire l'accès de; (: *divide off*) séparer; **to ~ sb in** (*fig*) embringuer qn; **to know the ~s** (*fig*) être au courant, connaître les ficelles
rope ladder *n* échelle *f* de corde
ropey ['rəupı] *adj* (*inf*) pas fameux(-euse) *or* brillant(e); **I feel a bit ~ today** c'est pas la forme aujourd'hui
rosary ['rəuzərı] *n* chapelet *m*
rose [rəuz] *pt of* **rise** ▷ *n* rose *f*; (*also*: **rosebush**) rosier *m*; (*on watering can*) pomme *f* ▷ *adj* rose
rosé ['rəuzeı] *n* rosé *m*
rosebed ['rəuzbɛd] *n* massif *m* de rosiers

rosebud ['rəuzbʌd] *n* bouton *m* de rose
rosebush ['rəuzbuʃ] *n* rosier *m*
rosemary ['rəuzmərɪ] *n* romarin *m*
rosette [rəu'zɛt] *n* rosette *f*; (*larger*) cocarde *f*
ROSPA ['rɔspə] *n abbr* (*Brit*) = **Royal Society for the Prevention of Accidents**
roster ['rɔstəʳ] *n*: **duty ~** tableau *m* de service
rostrum ['rɔstrəm] *n* tribune *f* (*pour un orateur etc*)
rosy ['rəuzɪ] *adj* rose; **a ~ future** un bel avenir
rot [rɔt] *n* (*decay*) pourriture *f*; (*fig: pej: nonsense*) idioties *fpl*, balivernes *fpl* ▷ *vt, vi* pourrir; **to stop the ~** (*Brit fig*) rétablir la situation; **dry ~** pourriture sèche (*du bois*); **wet ~** pourriture (du bois)
rota ['rəutə] *n* liste *f*, tableau *m* de service; **on a ~ basis** par roulement
rotary ['rəutərɪ] *adj* rotatif(-ive)
rotate [rəu'teɪt] *vt* (*revolve*) faire tourner; (*change round: crops*) alterner; (*: jobs*) faire à tour de rôle ▷ *vi* (*revolve*) tourner
rotating [rəu'teɪtɪŋ] *adj* (*movement*) tournant(e)
rotation [rəu'teɪʃən] *n* rotation *f*; **in ~** à tour de rôle
rote [rəut] *n*: **by ~** machinalement, par cœur
rotor ['rəutəʳ] *n* rotor *m*
rotten ['rɔtn] *adj* (*decayed*) pourri(e); (*dishonest*) corrompu(e); (*inf: bad*) mauvais(e), moche; **to feel ~** (*ill*) être mal fichu(e)
rotting ['rɔtɪŋ] *adj* pourrissant(e)
rotund [rəu'tʌnd] *adj* rondelet(te); arrondi(e)
rouble, (*US*) **ruble** ['ru:bl] *n* rouble *m*
rouge [ru:ʒ] *n* rouge *m* (à joues)
rough [rʌf] *adj* (*cloth, skin*) rêche, rugueux(-euse); (*terrain*) accidenté(e); (*path*) rocailleux(-euse); (*voice*) rauque, rude; (*person, manner: coarse*) rude, fruste; (*: violent*) brutal(e); (*district, weather*) mauvais(e); (*sea*) houleux(-euse); (*plan*) ébauché(e); (*guess*) approximatif(-ive) ▷ *n* (*Golf*) rough *m* ▷ *vt*: **to ~ it** vivre à la dure; **the sea is ~ today** la mer est agitée aujourd'hui; **to have a ~ time (of it)** en voir de dures; **~ estimate** approximation *f*; **to play ~** jouer avec brutalité; **to sleep ~** (*Brit*) coucher à la dure; **to feel ~** (*Brit*) être mal fichu(e)
▶ **rough out** *vt* (*draft*) ébaucher
roughage ['rʌfɪdʒ] *n* fibres *fpl* diététiques
rough-and-ready ['rʌfən'rɛdɪ] *adj* (*accommodation, method*) rudimentaire
rough-and-tumble ['rʌfən'tʌmbl] *n* agitation *f*
roughcast ['rʌfkɑ:st] *n* crépi *m*
rough copy, rough draft *n* brouillon *m*
roughen ['rʌfn] *vt* (*a surface*) rendre rude *or* rugueux(-euse)
rough justice *n* justice *f* sommaire
roughly ['rʌflɪ] *adv* (*handle*) rudement, brutalement; (*speak*) avec brusquerie; (*make*) grossièrement; (*approximately*) à peu près, en gros; **~ speaking** en gros
roughness ['rʌfnɪs] *n* (*of cloth, skin*) rugosité *f*; (*of person*) rudesse *f*; brutalité *f*
roughshod ['rʌfʃɔd] *adv*: **to ride ~ over** ne tenir aucun compte de
rough work *n* (*at school etc*) brouillon *m*
roulette [ru:'lɛt] *n* roulette *f*
Roumania *etc* [ru:'meɪnɪə] = **Romania** *etc*
round [raund] *adj* rond(e) ▷ *n* rond *m*, cercle *m*; (*Brit: of toast*) tranche *f*; (*duty: of policeman, milkman etc*) tournée *f*; (*: of doctor*) visites *fpl*; (*game: of cards, in competition*) partie *f*; (*Boxing*) round *m*; (*of talks*) série *f* ▷ *vt* (*corner*) tourner; (*bend*) prendre; (*cape*) doubler ▷ *prep* autour de ▷ *adv*: **right ~, all ~** tout autour; **in ~ figures** en chiffres ronds; **to go the ~s** (*disease, story*) circuler; **the daily ~** (*fig*) la routine quotidienne; **~ of ammunition** cartouche *f*; **~ of applause** applaudissements *mpl*; **~ of drinks** tournée *f*; **~ of sandwiches** (*Brit*) sandwich *m*; **the long way ~** (par) le chemin le plus long; **all (the) year ~** toute l'année; **it's just ~ the corner** c'est juste après le coin; (*fig*) c'est tout près; **to ask sb ~** inviter qn (chez soi); **I'll be ~ at 6 o'clock** je serai là à 6 heures; **to go ~** faire le tour *or* un détour; **to go ~ to sb's (house)** aller chez qn; **to go ~ an obstacle** contourner un obstacle; **go ~ the back** passez par derrière; **to go ~ a house** visiter une maison, faire le tour d'une maison; **enough to go ~** assez pour tout le monde; **she arrived ~ (about) noon** (*Brit*) elle est arrivée vers midi; **~ the clock** 24 heures sur 24
▶ **round off** *vt* (*speech etc*) terminer
▶ **round up** *vt* rassembler; (*criminals*) effectuer une rafle de; (*prices*) arrondir (au chiffre supérieur)
roundabout ['raundəbaut] *n* (*Brit Aut*) rond-point *m* (à sens giratoire); (*at fair*) manège *m* (de chevaux de bois) ▷ *adj* (*route, means*) détourné(e)
rounded ['raundɪd] *adj* arrondi(e); (*style*) harmonieux(-euse)
rounders ['raundəz] *npl* (*game*) ≈ balle *f* au camp
roundly ['raundlɪ] *adv* (*fig*) tout net, carrément
round-shouldered ['raund'ʃəuldəd] *adj* au dos rond
round trip *n* (voyage *m*) aller et retour *m*
roundup ['raundʌp] *n* rassemblement *m*; (*of criminals*) rafle *f*; **a ~ of the latest news** un rappel des derniers événements
rouse [rauz] *vt* (*wake up*) réveiller; (*stir up*) susciter, provoquer; (*interest*) éveiller; (*suspicions*) susciter, éveiller
rousing ['rauzɪŋ] *adj* (*welcome*) enthousiaste
rout [raut] *n* (*Mil*) déroute *f* ▷ *vt* mettre en déroute
route [ru:t] *n* itinéraire *m*; (*of bus*) parcours *m*; (*of trade, shipping*) route *f*; **"all ~s"** (*Aut*) "toutes directions"; **the best ~ to London** le meilleur itinéraire pour aller à Londres
route map *n* (*Brit: for journey*) croquis *m* d'itinéraire; (*for trains etc*) carte *f* du réseau
routine [ru:'ti:n] *adj* (*work*) ordinaire, courant(e); (*procedure*) d'usage ▷ *n* (*habits*) habitudes *fpl*; (*pej*) train-train *m*; (*Theat*) numéro *m*; **daily ~** occupations journalières
roving ['rəuvɪŋ] *adj* (*life*) vagabond(e)
roving reporter *n* reporter volant

r

row¹ [rəu] *n* (*line*) rangée *f*; (*of people, seats, Knitting*) rang *m*; (*behind one another: of cars, people*) file *f* ▷ *vi* (*in boat*) ramer; (*as sport*) faire de l'aviron ▷ *vt* (*boat*) faire aller à la rame *or* à l'aviron; **in a ~** (*fig*) d'affilée
row² [rau] *n* (*noise*) vacarme *m*; (*dispute*) dispute *f*, querelle *f*; (*scolding*) réprimande *f*, savon *m* ▷ *vi* (*also*: **to have a row**) se disputer, se quereller
rowboat ['rəubəut] *n* (US) canot *m* (à rames)
rowdiness ['raudınıs] *n* tapage *m*, chahut *m*; (*fighting*) bagarre *f*
rowdy ['raudı] *adj* chahuteur(-euse); bagarreur(-euse) ▷ *n* voyou *m*
rowdyism ['raudıızəm] *n* tapage *m*, chahut *m*
rowing ['rəuıŋ] *n* canotage *m*; (*as sport*) aviron *m*
rowing boat *n* (*Brit*) canot *m* (à rames)
rowlock ['rɔlək] *n* (*Brit*) dame *f* de nage, tolet *m*
royal ['rɔıəl] *adj* royal(e)
Royal Academy, Royal Academy of Arts *n* (*Brit*) l'Académie *f* royale des Beaux-Arts; *voir article*

ROYAL ACADEMY (OF ARTS)

La *Royal Academy* ou *Royal Academy of Arts*, fondée en 1768 par George III pour encourager la peinture, la sculpture et l'architecture, est située à Burlington House, sur Piccadilly. Une exposition des œuvres d'artistes contemporains a lieu tous les étés. L'Académie dispense également des cours en peinture, sculpture et architecture.

Royal Air Force *n* (*Brit*) *armée de l'air britannique*
royal blue *adj* bleu roi *inv*
royalist ['rɔıəlıst] *adj*, *n* royaliste *m/f*
Royal Navy *n* (*Brit*) *marine de guerre britannique*
royalty ['rɔıəltı] *n* (*royal persons*) (membres *mpl* de la) famille royale; (*payment: to author*) droits *mpl* d'auteur; (*: to inventor*) royalties *fpl*
RP *n abbr* (*Brit: = received pronunciation*) prononciation *f* standard
RPI *n abbr* = **retail price index**
rpm *abbr* (= *revolutions per minute*) t/mn (= = *tours/minute*)
RR *abbr* (US) = **railroad**
RRP *abbr* = **recommended retail price**
RSA *n abbr* (Brit) = **Royal Society of Arts**; **Royal Scottish Academy**
RSI *n abbr* (*Med: = repetitive strain injury*) microtraumatisme permanent
RSPB *n abbr* (Brit: = *Royal Society for the Protection of Birds*) ≈ LPO *f*
RSPCA *n abbr* (Brit: = *Royal Society for the Prevention of Cruelty to Animals*) ≈ SPA *f*
R.S.V.P. *abbr* (= *répondez s'il vous plaît*) RSVP
RTA *n abbr* (= *road traffic accident*) accident *m* de la route
Rt. Hon. *abbr* (Brit: = *Right Honourable*) *titre donné aux députés de la Chambre des communes*
Rt Rev. *abbr* (= *Right Reverend*) très révérend
rub [rʌb] *n* (*with cloth*) coup *m* de chiffon *or* de torchon; (*on person*) friction *f*; **to give sth a ~** donner un coup de chiffon *or* de torchon à qch ▷ *vt* frotter; (*person*) frictionner; (*hands*) se frotter; **to ~ sb up** (*Brit*) *or* **to ~ sb** (*US*) **the wrong way** prendre qn à rebrousse-poil
▸ **rub down** *vt* (*body*) frictionner; (*horse*) bouchonner
▸ **rub in** *vt* (*ointment*) faire pénétrer
▸ **rub off** *vi* partir; **to ~ off on** déteindre sur
▸ **rub out** *vt* effacer ▷ *vi* s'effacer
rubber ['rʌbəʳ] *n* caoutchouc *m*; (*Brit: eraser*) gomme *f* (à effacer)
rubber band *n* élastique *m*
rubber bullet *n* balle *f* en caoutchouc
rubber gloves *npl* gants *mpl* en caoutchouc
rubber plant *n* caoutchouc *m* (*plante verte*)
rubber ring *n* (*for swimming*) bouée *f* (de natation)
rubber stamp *n* tampon *m*
rubber-stamp [rʌbə'stæmp] *vt* (*fig*) approuver sans discussion
rubbery ['rʌbərı] *adj* caoutchouteux(-euse)
rubbish ['rʌbıʃ] *n* (*from household*) ordures *fpl*; (*fig: pej*) choses *fpl* sans valeur; camelote *f*; (*nonsense*) bêtises *fpl*, idioties *fpl* ▷ *vt* (*Brit inf*) dénigrer, rabaisser; **what you've just said is ~** tu viens de dire une bêtise
rubbish bin *n* (*Brit*) boîte *f* à ordures, poubelle *f*
rubbish dump *n* (*Brit: in town*) décharge publique, dépotoir *m*
rubbishy ['rʌbıʃı] *adj* (*Brit inf*) qui ne vaut rien, moche
rubble ['rʌbl] *n* décombres *mpl*; (*smaller*) gravats *mpl*; (*Constr*) blocage *m*
ruble ['ru:bl] *n* (US) = **rouble**
ruby ['ru:bı] *n* rubis *m*
RUC *n abbr* (Brit) = **Royal Ulster Constabulary**
rucksack ['rʌksæk] *n* sac *m* à dos
ructions ['rʌkʃənz] *npl* grabuge *m*
rudder ['rʌdəʳ] *n* gouvernail *m*
ruddy ['rʌdı] *adj* (*face*) coloré(e); (*inf: damned*) sacré(e), fichu(e)
rude [ru:d] *adj* (*impolite: person*) impoli(e); (*: word, manners*) grossier(-ière); (*shocking*) indécent(e), inconvenant(e); **to be ~ to sb** être grossier envers qn
rudely ['ru:dlı] *adv* impoliment; grossièrement
rudeness ['ru:dnıs] *n* impolitesse *f*; grossièreté *f*
rudiment ['ru:dımənt] *n* rudiment *m*
rudimentary [ru:dı'mɛntərı] *adj* rudimentaire
rue [ru:] *vt* se repentir de, regretter amèrement
rueful ['ru:ful] *adj* triste
ruff [rʌf] *n* fraise *f*, collerette *f*
ruffian ['rʌfıən] *n* brute *f*, voyou *m*
ruffle ['rʌfl] *vt* (*hair*) ébouriffer; (*clothes*) chiffonner; (*water*) agiter; (*fig: person*) émouvoir, faire perdre son flegme à; **to get ~d** s'énerver
rug [rʌg] *n* petit tapis; (*Brit: blanket*) couverture *f*
rugby ['rʌgbı] *n* (*also*: **rugby football**) rugby *m*
rugged ['rʌgıd] *adj* (*landscape*) accidenté(e); (*features, character*) rude; (*determination*) farouche
rugger ['rʌgəʳ] *n* (*Brit inf*) rugby *m*
ruin ['ru:ın] *n* ruine *f* ▷ *vt* ruiner; (*spoil: clothes*)

abîmer; (: *event*) gâcher; **ruins** *npl* (*of building*) ruine(s); **in ~s** en ruine
ruination [ruːɪˈneɪʃən] *n* ruine *f*
ruinous [ˈruːɪnəs] *adj* ruineux(-euse)
rule [ruːl] *n* règle *f*; (*regulation*) règlement *m*; (*government*) autorité *f*, gouvernement *m*; (*dominion etc*): **under British ~** sous l'autorité britannique ▹ *vt* (*country*) gouverner; (*person*) dominer; (*decide*) décider ▹ *vi* commander; décider; (*Law*): **to ~ against/in favour of/on** statuer contre/en faveur de/sur; **to ~ that** (*umpire, judge etc*) décider que; **it's against the ~s** c'est contraire au règlement; **by ~ of thumb** à vue de nez; **as a ~** normalement, en règle générale
▸ **rule out** *vt* exclure; **murder cannot be ~d out** l'hypothèse d'un meurtre ne peut être exclue
ruled [ruːld] *adj* (*paper*) réglé(e)
ruler [ˈruːləʳ] *n* (*sovereign*) souverain(e); (*leader*) chef *m* (d'État); (*for measuring*) règle *f*
ruling [ˈruːlɪŋ] *adj* (*party*) au pouvoir; (*class*) dirigeant(e) ▹ *n* (*Law*) décision *f*
rum [rʌm] *n* rhum *m* ▹ *adj* (*Brit inf*) bizarre
Rumania [ruːˈmeɪnɪə] *n* Roumanie *f*
Rumanian [ruːˈmeɪnɪən] *adj* roumain(e) ▹ *n* Roumain(e); (*Ling*) roumain *m*
rumble [ˈrʌmbl] *n* grondement *m*; (*of stomach, pipe*) gargouillement *m* ▹ *vi* gronder; (*stomach, pipe*) gargouiller
rumbustious [rʌmˈbʌstʃəs], **rumbunctious** [rʌmˈbʌŋkʃəs] *adj* (*US: person*) exubérant(e)
rummage [ˈrʌmɪdʒ] *vi* fouiller
rumour, (US) **rumor** [ˈruːməʳ] *n* rumeur *f*, bruit *m* (qui court) ▹ *vt*: **it is ~ed that** le bruit court que
rump [rʌmp] *n* (*of animal*) croupe *f*
rumple [ˈrʌmpl] *vt* (*hair*) ébouriffer; (*clothes*) chiffonner, friper
rump steak *n* romsteck *m*
rumpus [ˈrʌmpəs] *n* (*inf*) tapage *m*, chahut *m*; (*quarrel*) prise *f* de bec; **to kick up a ~** faire toute une histoire
run [rʌn] (*pt* **ran**, *pp* **-**) [ræn, rʌn] *n* (*race*) course *f*; (*outing*) tour *m* or promenade *f* (en voiture); (*distance travelled*) parcours *m*, trajet *m*; (*series*) suite *f*, série *f*; (*Theat*) série de représentations; (*Ski*) piste *f*; (*Cricket, Baseball*) point *m*; (*in tights, stockings*) maille filée, échelle *f* ▹ *vt* (*business*) diriger; (*competition, course*) organiser; (*hotel, house*) tenir; (*race*) participer à; (*Comput: program*) exécuter; (*force through: rope, pipe*): **to ~ sth through** faire passer qch à travers; (*to pass: hand, finger*): **to ~ sth over** promener *or* passer qch sur; (*water, bath*) faire couler; (*Press: feature*) publier ▹ *vi* courir; (*pass: road etc*) passer; (*work: machine, factory*) marcher; (*bus, train*) circuler; (*continue: play*) se jouer, être à l'affiche; (: *contract*) être valide *or* en vigueur; (*slide: drawer etc*) glisser; (*flow: river, bath, nose*) couler; (*colours, washing*) déteindre; (*in election*) être candidat, se présenter; **at a ~** au pas de course; **to go for a ~** aller courir *or* faire un peu de course à pied; (*in car*) faire un tour *or* une promenade (en voiture); **to break into a ~** se mettre à courir; **a ~ of luck** une série de coups de chance; **to have the ~ of sb's house** avoir la maison de qn à sa disposition; **there was a ~ on** (*meat, tickets*) les gens se sont rués sur; **in the long ~** à la longue, à longue échéance; **in the short ~** à brève échéance, à court terme; **on the ~** en fuite; **to make a ~ for it** s'enfuir; **I'll ~ you to the station** je vais vous emmener *or* conduire à la gare; **to ~ errands** faire des commissions; **the train ~s between Gatwick and Victoria** le train assure le service entre Gatwick et Victoria; **the bus ~s every 20 minutes** il y a un autobus toutes les 20 minutes; **it's very cheap to ~** (*car, machine*) c'est très économique; **to ~ on petrol** *or* (US) **gas/on diesel/off batteries** marcher à l'essence/au diesel/sur piles; **to ~ for president** être candidat à la présidence; **to ~ a risk** courir un risque; **their losses ran into millions** leurs pertes se sont élevées à plusieurs millions; **to be ~ off one's feet** (*Brit*) ne plus savoir où donner de la tête
▸ **run about** *vi* (*children*) courir çà et là
▸ **run across** *vt fus* (*find*) trouver par hasard
▸ **run after** *vt fus* (*to catch up*) courir après; (*chase*) poursuivre
▸ **run around** *vi* = **run about**
▸ **run away** *vi* s'enfuir
▸ **run down** *vi* (*clock*) s'arrêter (faute d'avoir été remonté) ▹ *vt* (*Aut: knock over*) renverser; (*Brit: reduce: production*) réduire progressivement; (: *factory/shop*) réduire progressivement la production/l'activité de; (*criticize*) critiquer, dénigrer; **to be ~ down** (*tired*) être fatigué(e) *or* à plat
▸ **run in** *vt* (*Brit: car*) roder
▸ **run into** *vt fus* (*meet: person*) rencontrer par hasard; (: *trouble*) se heurter à; (*collide with*) heurter; **to ~ into debt** contracter des dettes
▸ **run off** *vi* s'enfuir ▹ *vt* (*water*) laisser s'écouler; (*copies*) tirer
▸ **run out** *vi* (*person*) sortir en courant; (*liquid*) couler; (*lease*) expirer; (*money*) être épuisé(e)
▸ **run out of** *vt fus* se trouver à court de; **I've ~ out of petrol** *or* (US) **gas** je suis en panne d'essence
▸ **run over** *vt* (*Aut*) écraser ▹ *vt fus* (*revise*) revoir, reprendre
▸ **run through** *vt fus* (*recap*) reprendre, revoir; (*play*) répéter
▸ **run up** *vi*: **to ~ up against** (*difficulties*) se heurter à ▹ *vt*: **to ~ up a debt** s'endetter
runaround [ˈrʌnəraund] *n* (*inf*): **to give sb the ~** rester très évasif
runaway [ˈrʌnəweɪ] *adj* (*horse*) emballé(e); (*truck*) fou (folle); (*person*) fugitif(-ive); (*child*) fugueur(-euse); (*inflation*) galopant(e)
rundown [ˈrʌndaun] *n* (*Brit: of industry etc*) réduction progressive
rung [rʌŋ] *pp of* **ring** ▹ *n* (*of ladder*) barreau *m*

run-in ['rʌnɪn] *n* (*inf*) accrochage *m*, prise *f* de bec
runner ['rʌnə^r] *n* (*in race: person*) coureur(-euse); (*: horse*) partant *m*; (*on sledge*) patin *m*; (*for drawer etc*) coulisseau *m*; (*carpet: in hall etc*) chemin *m*
runner bean *n* (*Brit*) haricot *m* (à rames)
runner-up [rʌnər'ʌp] *n* second(e)
running ['rʌnɪŋ] *n* (*in race etc*) course *f*; (*of business, organization*) direction *f*, gestion *f*; (*of event*) organisation *f*; (*of machine etc*) marche *f*, fonctionnement *m* ▷ *adj* (*water*) courant(e); (*commentary*) suivi(e); **6 days ~** 6 jours de suite; **to be in/out of the ~ for sth** être/ne pas être sur les rangs pour qch
running commentary *n* commentaire détaillé
running costs *npl* (*of business*) frais *mpl* de gestion; (*of car*): **the ~ are high** elle revient cher
running head *n* (*Typ, Comput*) titre courant
running mate *n* (*US Pol*) *candidat à la vice-présidence*
runny ['rʌnɪ] *adj* qui coule
run-off ['rʌnɔf] *n* (*in contest, election*) deuxième tour *m*; (*extra race etc*) épreuve *f* supplémentaire
run-of-the-mill ['rʌnəvðə'mɪl] *adj* ordinaire, banal(e)
runt [rʌnt] *n* avorton *m*
run-through ['rʌnθru:] *n* répétition *f*, essai *m*
run-up ['rʌnʌp] *n* (*Brit*): **~ to sth** période *f* précédant qch
runway ['rʌnweɪ] *n* (*Aviat*) piste *f* (d'envol *or* d'atterrissage)
rupee [ru:'pi:] *n* roupie *f*
rupture ['rʌptʃə^r] *n* (*Med*) hernie *f* ▷ *vt*: **to ~ o.s.** se donner une hernie
rural ['ruərl] *adj* rural(e)
ruse [ru:z] *n* ruse *f*
rush [rʌʃ] *n* course précipitée; (*of crowd, Comm: sudden demand*) ruée *f*; (*hurry*) hâte *f*; (*of anger, joy*) accès *m*; (*current*) flot *m*; (*Bot*) jonc *m*; (*for chair*) paille *f* ▷ *vt* (*hurry*) transporter *or* envoyer d'urgence; (*attack: town etc*) prendre d'assaut; (*Brit inf: overcharge*) estamper; faire payer ▷ *vi* se précipiter; **don't ~ me!** laissez-moi le temps de souffler!; **to ~ sth off** (*do quickly*) faire qch à la hâte; (*send*) envoyer qch d'urgence; **is there any ~ for this?** est-ce urgent?; **we've had a ~ of orders** nous avons reçu une avalanche de commandes; **I'm in a ~ (to do)** je suis vraiment pressé (de faire); **gold ~** ruée vers l'or
▸ **rush through** *vt fus* (*work*) exécuter à la hâte ▷ *vt* (*Comm: order*) exécuter d'urgence
rush hour *n* heures *fpl* de pointe *or* d'affluence
rush job *n* travail urgent
rush matting *n* natte *f* de paille
rusk [rʌsk] *n* biscotte *f*
Russia ['rʌʃə] *n* Russie *f*
Russian ['rʌʃən] *adj* russe ▷ *n* Russe *m/f*; (*Ling*) russe *m*
rust [rʌst] *n* rouille *f* ▷ *vi* rouiller
rustic ['rʌstɪk] *adj* rustique ▷ *n* (*pej*) rustaud(e)
rustle ['rʌsl] *vi* bruire, produire un bruissement ▷ *vt* (*paper*) froisser; (*US: cattle*) voler
rustproof ['rʌstpru:f] *adj* inoxydable
rustproofing ['rʌstpru:fɪŋ] *n* traitement *m* antirouille
rusty ['rʌstɪ] *adj* rouillé(e)
rut [rʌt] *n* ornière *f*; (*Zool*) rut *m*; **to be in a ~** (*fig*) suivre l'ornière, s'encroûter
rutabaga [ru:tə'beɪgə] *n* (*US*) rutabaga *m*
ruthless ['ru:θlɪs] *adj* sans pitié, impitoyable
ruthlessness ['ru:θlɪsnɪs] *n* dureté *f*, cruauté *f*
RV *abbr* (= *revised version*) *traduction anglaise de la Bible de 1885* ▷ *n abbr* (*US*) = **recreational vehicle**
rye [raɪ] *n* seigle *m*
rye bread *n* pain *m* de seigle

Ss

S, s [ɛs] *n* (*letter*) S, s *m*; (*US Scol: satisfactory*) ≈ assez bien; **S for Sugar** S comme Suzanne
S *abbr* (= *south, small*) S; (= *saint*) St
SA *n abbr* = **South Africa; South America**
Sabbath [ˈsæbəθ] *n* (*Jewish*) sabbat *m*; (*Christian*) dimanche *m*
sabbatical [səˈbætɪkl] *adj*: **~ year** année *f* sabbatique
sabotage [ˈsæbətɑːʒ] *n* sabotage *m* ▷ *vt* saboter
saccharin, saccharine [ˈsækərɪn] *n* saccharine *f*
sachet [ˈsæʃeɪ] *n* sachet *m*
sack [sæk] *n* (*bag*) sac *m* ▷ *vt* (*dismiss*) renvoyer, mettre à la porte; (*plunder*) piller, mettre à sac; **to give sb the ~** renvoyer qn, mettre qn à la porte; **to get the ~** être renvoyé(e) *or* mis(e) à la porte
sackful [ˈsækful] *n*: **a ~ of** un (plein) sac de
sacking [ˈsækɪŋ] *n* toile *f* à sac; (*dismissal*) renvoi *m*
sacrament [ˈsækrəmənt] *n* sacrement *m*
sacred [ˈseɪkrɪd] *adj* sacré(e)
sacred cow *n* (*fig*) chose sacro-sainte
sacrifice [ˈsækrɪfaɪs] *n* sacrifice *m* ▷ *vt* sacrifier; **to make ~s (for sb)** se sacrifier *or* faire des sacrifices (pour qn)
sacrilege [ˈsækrɪlɪdʒ] *n* sacrilège *m*
sacrosanct [ˈsækrəusæŋkt] *adj* sacro-saint(e)
sad [sæd] *adj* (*unhappy*) triste; (*deplorable*) triste, fâcheux(-euse); (*inf: pathetic: thing*) triste, lamentable; (*: person*) minable
sadden [ˈsædn] *vt* attrister, affliger
saddle [ˈsædl] *n* selle *f* ▷ *vt* (*horse*) seller; **to be ~d with sth** (*inf*) avoir qch sur les bras
saddlebag [ˈsædlbæg] *n* sacoche *f*
sadism [ˈseɪdɪzəm] *n* sadisme *m*
sadist [ˈseɪdɪst] *n* sadique *m/f*
sadistic [səˈdɪstɪk] *adj* sadique
sadly [ˈsædlɪ] *adv* tristement; (*unfortunately*) malheureusement; (*seriously*) fort
sadness [ˈsædnɪs] *n* tristesse *f*
sado-masochism [seɪdəuˈmæsəkɪzəm] *n* sadomasochisme *m*
s.a.e. *n abbr* (*Brit: = stamped addressed envelope*) *enveloppe affranchie pour la réponse*
safari [səˈfɑːrɪ] *n* safari *m*
safari park *n* réserve *f*
safe [seɪf] *adj* (*out of danger*) hors de danger, en sécurité; (*not dangerous*) sans danger; (*cautious*) prudent(e); (*sure: bet*) assuré(e) ▷ *n* coffre-fort *m*; **~ from** à l'abri de; **~ and sound** sain(e) et sauf (sauve); **(just) to be on the ~ side** pour plus de sûreté, par précaution; **to play ~** ne prendre aucun risque; **it is ~ to say that ...** on peut dire sans crainte que ...; **~ journey!** bon voyage!
safe bet *n*: **it was a ~** ça ne comportait pas trop de risques; **it's a ~ that he'll be late** il y a toutes les chances pour qu'il soit en retard
safe-breaker [ˈseɪfbreɪkə^r] *n* (*Brit*) perceur *m* de coffre-fort
safe-conduct [seɪfˈkɔndʌkt] *n* sauf-conduit *m*
safe-cracker [ˈseɪfkrækə^r] *n* = **safe-breaker**
safe-deposit [ˈseɪfdɪpɔzɪt] *n* (*vault*) dépôt *m* de coffres-forts; (*box*) coffre-fort *m*
safeguard [ˈseɪfgɑːd] *n* sauvegarde *f*, protection *f* ▷ *vt* sauvegarder, protéger
safe haven *n* zone *f* de sécurité
safekeeping [ˈseɪfˈkiːpɪŋ] *n* bonne garde
safely [ˈseɪflɪ] *adv* (*assume, say*) sans risque d'erreur; (*drive, arrive*) sans accident; **I can ~ say ...** je peux dire à coup sûr ...
safe passage *n*: **to grant sb ~** accorder un laissez-passer à qn
safe sex *n* rapports sexuels protégés
safety [ˈseɪftɪ] *n* sécurité *f*; **~ first!** la sécurité d'abord!
safety belt *n* ceinture *f* de sécurité
safety catch *n* cran *m* de sûreté *or* sécurité
safety net *n* filet *m* de sécurité
safety pin *n* épingle *f* de sûreté *or* de nourrice
safety valve *n* soupape *f* de sûreté
saffron [ˈsæfrən] *n* safran *m*
sag [sæg] *vi* s'affaisser, fléchir; (*hem, breasts*) pendre
saga [ˈsɑːgə] *n* saga *f*; (*fig*) épopée *f*
sage [seɪdʒ] *n* (*herb*) sauge *f*; (*person*) sage *m*
Sagittarius [sædʒɪˈtɛərɪəs] *n* le Sagittaire; **to be ~** être du Sagittaire
sago [ˈseɪgəu] *n* sagou *m*
Sahara [səˈhɑːrə] *n*: **the ~ (Desert)** le (désert du) Sahara *m*

Sahel [sæ'hɛl] *n* Sahel *m*
said [sɛd] *pt, pp of* **say**
Saigon [saɪ'gɔn] *n* Saigon
sail [seɪl] *n* (*on boat*) voile *f*; (*trip*): **to go for a ~** faire un tour en bateau ▷ *vt* (*boat*) manœuvrer, piloter ▷ *vi* (*travel: ship*) avancer, naviguer; (*: passenger*) aller *or* se rendre (en bateau); (*set off*) partir, prendre la mer; (*Sport*) faire de la voile; **they ~ed into Le Havre** ils sont entrés dans le port du Havre
▶ **sail through** *vi, vt fus* (*fig*) réussir haut la main
sailboat ['seɪlbəut] *n* (*US*) bateau *m* à voiles, voilier *m*
sailing ['seɪlɪŋ] *n* (*Sport*) voile *f*; **to go ~** faire de la voile
sailing boat *n* bateau *m* à voiles, voilier *m*
sailing ship *n* grand voilier
sailor ['seɪlə^r] *n* marin *m*, matelot *m*
saint [seɪnt] *n* saint(e)
saintly ['seɪntlɪ] *adj* saint(e), plein(e) de bonté
sake [seɪk] *n*: **for the ~ of** (*out of concern for*) pour (l'amour de), dans l'intérêt de; (*out of consideration for*) par égard pour; (*in order to achieve*) pour plus de, par souci de; **arguing for arguing's ~** discuter pour (le plaisir de) discuter; **for heaven's ~!** pour l'amour du ciel!; **for the ~ of argument** à titre d'exemple
salad ['sæləd] *n* salade *f*; **tomato ~** salade de tomates
salad bowl *n* saladier *m*
salad cream *n* (*Brit*) (sorte *f* de) mayonnaise *f*
salad dressing *n* vinaigrette *f*
salad oil *n* huile *f* de table
salami [sə'lɑːmɪ] *n* salami *m*
salaried ['sælərɪd] *adj* (*staff*) salarié(e), qui touche un traitement
salary ['sælərɪ] *n* salaire *m*, traitement *m*
salary scale *n* échelle *f* des traitements
sale [seɪl] *n* vente *f*; (*at reduced prices*) soldes *mpl*; **sales** *npl* (*total amount sold*) chiffre *m* de ventes; **"for ~"** "à vendre"; **on ~** en vente; **on ~ or return** vendu(e) avec faculté de retour; **closing-down** *or* **liquidation ~** (*US*) liquidation *f* (*avant fermeture*); **~ and lease back** *n* cession-bail *f*
saleroom ['seɪlruːm] *n* salle *f* des ventes
sales assistant, (*US*) **sales clerk** *n* vendeur(-euse)
sales conference *n* réunion *f* de vente
sales drive *n* campagne commerciale, animation *f* des ventes
sales force *n* (ensemble *m* du) service des ventes
salesman ['seɪlzmən] (*irreg*) *n* (*in shop*) vendeur *m*; (*representative*) représentant *m* de commerce
sales manager *n* directeur commercial
salesmanship ['seɪlzmənʃɪp] *n* art *m* de la vente
salesperson ['seɪlzpəːsn] (*irreg*) *n* (*in shop*) vendeur(-euse)
sales rep *n* (*Comm*) représentant(e) *m/f*
sales tax *n* (*US*) taxe *f* à l'achat
saleswoman ['seɪlzwumən] (*irreg*) *n* (*in shop*) vendeuse *f*
salient ['seɪlɪənt] *adj* saillant(e)
saline ['seɪlaɪn] *adj* salin(e)
saliva [sə'laɪvə] *n* salive *f*
sallow ['sæləu] *adj* cireux(-euse)
sally forth, sally out ['sælɪ-] *vi* partir plein(e) d'entrain
salmon ['sæmən] *n* (*pl inv*) saumon *m*
salmon trout *n* truite saumonée
salon ['sælɔn] *n* salon *m*
saloon [sə'luːn] *n* (*US*) bar *m*; (*Brit Aut*) berline *f*; (*ship's lounge*) salon *m*
SALT [sɔːlt] *n abbr* (= *Strategic Arms Limitation Talks/Treaty*) SALT *m*
salt [sɔːlt] *n* sel *m* ▷ *vt* saler ▷ *cpd* de sel; (*Culin*) salé(e); **an old ~** un vieux loup de mer
▶ **salt away** *vt* mettre de côté
salt cellar *n* salière *f*
salt-free ['sɔːlt'friː] *adj* sans sel
saltwater ['sɔːlt'wɔːtə^r] *adj* (*fish etc*) (d'eau) de mer
salty ['sɔːltɪ] *adj* salé(e)
salubrious [sə'luːbrɪəs] *adj* salubre
salutary ['sæljutərɪ] *adj* salutaire
salute [sə'luːt] *n* salut *m*; (*of guns*) salve *f* ▷ *vt* saluer
salvage ['sælvɪdʒ] *n* (*saving*) sauvetage *m*; (*things saved*) biens sauvés *or* récupérés ▷ *vt* sauver, récupérer
salvage vessel *n* bateau *m* de sauvetage
salvation [sæl'veɪʃən] *n* salut *m*
Salvation Army [sæl'veɪʃən-] *n* Armée *f* du Salut
salver ['sælvə^r] *n* plateau *m* de métal
salvo ['sælvəu] *n* salve *f*
Samaritan [sə'mærɪtən] *n*: **the ~s** (*organization*) ≈ S.O.S. Amitié
same [seɪm] *adj* même ▷ *pron*: **the ~** le (la) même, les mêmes; **the ~ book as** le même livre que; **on the ~ day** le même jour; **at the ~ time** en même temps; (*yet*) néanmoins; **all** *or* **just the ~** tout de même, quand même; **they're one and the ~** (*person/thing*) c'est une seule et même personne/chose; **to do the ~** faire de même, en faire autant; **to do the ~ as sb** faire comme qn; **and the ~ to you!** et à vous de même!; (*after insult*) toi-même!; **~ here!** moi aussi!; **the ~ again!** (*in bar etc*) la même chose!
sample ['sɑːmpl] *n* échantillon *m*; (*Med*) prélèvement *m* ▷ *vt* (*food, wine*) goûter; **to take a ~** prélever un échantillon; **free ~** échantillon gratuit
sanatorium (*pl* **sanatoria**) [sænə'tɔːrɪəm, -rɪə] *n* sanatorium *m*
sanctify ['sæŋktɪfaɪ] *vt* sanctifier
sanctimonious [sæŋktɪ'məunɪəs] *adj* moralisateur(-trice)
sanction ['sæŋkʃən] *n* approbation *f*, sanction *f* ▷ *vt* cautionner, sanctionner; **sanctions** *npl* (*Pol*) sanctions; **to impose economic ~s on** *or* **against** prendre des sanctions économiques contre
sanctity ['sæŋktɪtɪ] *n* sainteté *f*, caractère sacré

sanctuary ['sæŋktjuərɪ] *n* (*holy place*) sanctuaire *m*; (*refuge*) asile *m*; (*for wildlife*) réserve *f*
sand [sænd] *n* sable *m* ▷ *vt* sabler; (*also*: **sand down**: *wood etc*) poncer
sandal ['sændl] *n* sandale *f*
sandbag ['sændbæg] *n* sac *m* de sable
sandblast ['sændblɑ:st] *vt* décaper à la sableuse
sandbox ['sændbɔks] *n* (*US*: *for children*) tas *m* de sable
sand castle ['sændkɑ:sl] *n* château *m* de sable
sand dune *n* dune *f* de sable
sander ['sændə[r]] *n* ponceuse *f*
S&M *n abbr* (= *sadomasochism*) sadomasochisme *m*
sandpaper ['sændpeɪpə[r]] *n* papier *m* de verre
sandpit ['sændpɪt] *n* (*Brit*: *for children*) tas *m* de sable
sands [sændz] *npl* plage *f* (de sable)
sandstone ['sændstəun] *n* grès *m*
sandstorm ['sændstɔ:m] *n* tempête *f* de sable
sandwich ['sændwɪtʃ] *n* sandwich *m* ▷ *vt* (*also*: **sandwich in**) intercaler; **~ed between** pris en sandwich entre; **cheese/ham ~** sandwich au fromage/jambon
sandwich board *n* panneau *m* publicitaire (porté par un homme-sandwich)
sandwich course *n* (*Brit*) cours *m* de formation professionnelle
sandy ['sændɪ] *adj* sablonneux(-euse); couvert(e) de sable; (*colour*) sable *inv*, blond roux *inv*
sane [seɪn] *adj* (*person*) sain(e) d'esprit; (*outlook*) sensé(e), sain(e)
sang [sæŋ] *pt of* **sing**
sanguine ['sæŋgwɪn] *adj* optimiste
sanitarium (*pl* **sanitaria**) [sænɪ'tɛərɪəm, -rɪə] *n* (*US*) = **sanatorium**
sanitary ['sænɪtərɪ] *adj* (*system, arrangements*) sanitaire; (*clean*) hygiénique
sanitary towel, (*US*) **sanitary napkin** ['sænɪtərɪ-] *n* serviette *f* hygiénique
sanitation [sænɪ'teɪʃən] *n* (*in house*) installations *fpl* sanitaires; (*in town*) système *m* sanitaire
sanitation department *n* (*US*) service *m* de voirie
sanity ['sænɪtɪ] *n* santé mentale; (*common sense*) bon sens
sank [sæŋk] *pt of* **sink**
San Marino ['sænmə'ri:nəu] *n* Saint-Marin *m*
Santa Claus [sæntə'klɔ:z] *n* le Père Noël
Santiago [sæntɪ'ɑ:gəu] *n* (*also*: **Santiago de Chile**) Santiago (du Chili)
sap [sæp] *n* (*of plants*) sève *f* ▷ *vt* (*strength*) saper, miner
sapling ['sæplɪŋ] *n* jeune arbre *m*
sapphire ['sæfaɪə[r]] *n* saphir *m*
sarcasm ['sɑ:kæzm] *n* sarcasme *m*, raillerie *f*
sarcastic [sɑ:'kæstɪk] *adj* sarcastique
sarcophagus (*pl* **sarcophagi**) [sɑ:'kɔfəgəs, -gaɪ] *n* sarcophage *m*
sardine [sɑ:'di:n] *n* sardine *f*
Sardinia [sɑ:'dɪnɪə] *n* Sardaigne *f*
Sardinian [sɑ:'dɪnɪən] *adj* sarde ▷ *n* Sarde *m/f*; (*Ling*) sarde *m*
sardonic [sɑ:'dɔnɪk] *adj* sardonique
sari ['sɑ:rɪ] *n* sari *m*
SARS ['sɑ:rz] *n abbr* = **severe acute respiratory syndrome**
sartorial [sɑ:'tɔ:rɪəl] *adj* vestimentaire
SAS *n abbr* (*Brit Mil*: = *Special Air Service*) ≈ GIGN *m*
SASE *n abbr* (*US*: = *self-addressed stamped envelope*) *enveloppe affranchie pour la réponse*
sash [sæʃ] *n* écharpe *f*
sash window *n* fenêtre *f* à guillotine
Sask. *abbr* (*Canada*) = **Saskatchewan**
sat [sæt] *pt, pp of* **sit**
Sat. *abbr* (= *Saturday*) sa
Satan ['seɪtn] *n* Satan *m*
satanic [sə'tænɪk] *adj* satanique, démoniaque
satchel ['sætʃl] *n* cartable *m*
sated ['seɪtɪd] *adj* repu(e); blasé(e)
satellite ['sætəlaɪt] *adj, n* satellite *m*
satellite dish *n* antenne *f* parabolique
satellite navigation system *n* système *m* de navigation par satellite
satellite television *n* télévision *f* par satellite
satiate ['seɪʃɪeɪt] *vt* rassasier
satin ['sætɪn] *n* satin *m* ▷ *adj* en *or* de satin, satiné(e); **with a ~ finish** satiné(e)
satire ['sætaɪə[r]] *n* satire *f*
satirical [sə'tɪrɪkl] *adj* satirique
satirist ['sætɪrɪst] *n* (*writer*) auteur *m* satirique; (*cartoonist*) caricaturiste *m/f*
satirize ['sætɪraɪz] *vt* faire la satire de, satiriser
satisfaction [sætɪs'fækʃən] *n* satisfaction *f*
satisfactory [sætɪs'fæktərɪ] *adj* satisfaisant(e)
satisfied ['sætɪsfaɪd] *adj* satisfait(e); **to be ~ with sth** être satisfait de qch
satisfy ['sætɪsfaɪ] *vt* satisfaire, contenter; (*convince*) convaincre, persuader; **to ~ the requirements** remplir les conditions; **to ~ sb (that)** convaincre qn (que); **to ~ o.s. of sth** vérifier qch, s'assurer de qch
satisfying ['sætɪsfaɪɪŋ] *adj* satisfaisant(e)
SAT(s) *n abbr* (*US*) = **Scholastic Aptitude Test(s)**
satsuma [sæt'su:mə] *n* satsuma *f*
saturate ['sætʃəreɪt] *vt*: **to ~ (with)** saturer (de)
saturated fat ['sætʃəreɪtɪd-] *n* graisse saturée
saturation [sætʃə'reɪʃən] *n* saturation *f*
Saturday ['sætədɪ] *n* samedi *m*; *for phrases see also* **Tuesday**
sauce [sɔ:s] *n* sauce *f*
saucepan ['sɔ:spən] *n* casserole *f*
saucer ['sɔ:sə[r]] *n* soucoupe *f*
saucy ['sɔ:sɪ] *adj* impertinent(e)
Saudi Arabia *n* Arabie *f* Saoudite
Saudi (Arabian) ['saudɪ] *adj* saoudien(ne) ▷ *n* Saoudien(ne)
sauna ['sɔ:nə] *n* sauna *m*
saunter ['sɔ:ntə[r]] *vi*: **to ~ to** aller en flânant *or* se balader jusqu'à
sausage ['sɔsɪdʒ] *n* saucisse *f*; (*salami etc*) saucisson *m*
sausage roll *n* friand *m*
sauté ['səuteɪ] *adj* (*Culin*: *potatoes*) sauté(e);

S

(: *onions*) revenu(e) ▷ *vt* faire sauter; faire revenir
sautéed ['səuteɪd] *adj* sauté(e)
savage ['sævɪdʒ] *adj* (*cruel, fierce*) brutal(e), féroce; (*primitive*) primitif(-ive), sauvage ▷ *n* sauvage *m/f* ▷ *vt* attaquer férocement
savagery ['sævɪdʒrɪ] *n* sauvagerie *f*, brutalité *f*, férocité *f*
save [seɪv] *vt* (*person, belongings*) sauver; (*money*) mettre de côté, économiser; (*time*) (faire) gagner; (*keep*) garder; (*Comput*) sauvegarder; (*Sport: stop*) arrêter; (*avoid: trouble*) éviter ▷ *vi* (*also*: **save up**) mettre de l'argent de côté ▷ *n* (*Sport*) arrêt *m* (du ballon) ▷ *prep* sauf, à l'exception de; **it will ~ me an hour** ça me fera gagner une heure; **to ~ face** sauver la face; **God ~ the Queen!** vive la Reine!
saving ['seɪvɪŋ] *n* économie *f* ▷ *adj*: **the ~ grace of** ce qui rachète; **savings** *npl* économies *fpl*; **to make ~s** faire des économies
savings account *n* compte *m* d'épargne
savings and loan association (US) *n* ≈ société *f* de crédit immobilier
savings bank *n* caisse *f* d'épargne
saviour, (US) **savior** ['seɪvjə^r] *n* sauveur *m*
savour, (US) **savor** ['seɪvə^r] *n* saveur *f*, goût *m* ▷ *vt* savourer
savoury, (US) **savory** ['seɪvərɪ] *adj* savoureux(-euse); (*dish: not sweet*) salé(e)
savvy ['sævɪ] *n* (*inf*) jugeote *f*
saw [sɔː] *pt of* **see** ▷ *n* (*tool*) scie *f* ▷ *vt* (*pt* **-ed**, *pp* **-ed** *or* **-n** [sɔːn]) scier; **to ~ sth up** débiter qch à la scie
sawdust ['sɔːdʌst] *n* sciure *f*
sawmill ['sɔːmɪl] *n* scierie *f*
sawn [sɔːn] *pp of* **saw**
sawn-off ['sɔːnɔf], **sawed-off** ['sɔːdɔf] (US) *adj*: **~ shotgun** carabine *f* à canon scié
sax [sæks] (*inf*) *n* saxo *m*
saxophone ['sæksəfəun] *n* saxophone *m*
say [seɪ] *n*: **to have one's ~** dire ce qu'on a à dire ▷ *vt* (*pt, pp* **said**) [sɛd] dire; **to have a ~** avoir voix au chapitre; **could you ~ that again?** pourriez-vous répéter ce que vous venez de dire?; **to ~ yes/no** dire oui/non; **she said (that) I was to give you this** elle m'a chargé de vous remettre ceci; **my watch ~s 3 o'clock** ma montre indique 3 heures, il est 3 heures à ma montre; **shall we ~ Tuesday?** disons mardi?; **that doesn't ~ much for him** ce n'est pas vraiment à son honneur; **when all is said and done** en fin de compte, en définitive; **there is something** *or* **a lot to be said for it** cela a des avantages; **that is to ~** c'est-à-dire; **to ~ nothing of** sans compter; **~ that ...** mettons *or* disons que ...; **that goes without ~ing** cela va sans dire, cela va de soi
saying ['seɪɪŋ] *n* dicton *m*, proverbe *m*
SBA *n abbr* (*US: = Small Business Administration*) *organisme d'aide aux PME*
SC *n abbr* (US) = **supreme court** ▷ *abbr* (US) = **South Carolina**
s/c *abbr* = **self-contained**
scab [skæb] *n* croûte *f*; (*pej*) jaune *m*
scabby ['skæbɪ] *adj* croûteux(-euse)
scaffold ['skæfəld] *n* échafaud *m*
scaffolding ['skæfəldɪŋ] *n* échafaudage *m*
scald [skɔːld] *n* brûlure *f* ▷ *vt* ébouillanter
scalding ['skɔːldɪŋ] *adj* (*also*: **scalding hot**) brûlant(e), bouillant(e)
scale [skeɪl] *n* (*of fish*) écaille *f*; (*Mus*) gamme *f*; (*of ruler, thermometer etc*) graduation *f*, échelle (graduée); (*of salaries, fees etc*) barème *m*; (*of map, also size, extent*) échelle ▷ *vt* (*mountain*) escalader; (*fish*) écailler; **scales** *npl* balance *f*; (*larger*) bascule *f*; (*also*: **bathroom scales**) pèse-personne *m inv*; **pay ~** échelle des salaires; **~ of charges** tableau *m* des tarifs; **on a large ~** sur une grande échelle, en grand; **to draw sth to ~** dessiner qch à l'échelle; **small-~ model** modèle réduit
▶ **scale down** *vt* réduire
scaled-down [skeɪld'daun] *adj* à échelle réduite
scale drawing *n* dessin *m* à l'échelle
scale model *n* modèle *m* à l'échelle
scallion ['skæljən] *n* oignon *m*; (*US: salad onion*) ciboule *f*; (*: shallot*) échalote *f*; (*: leek*) poireau *m*
scallop ['skɔləp] *n* coquille *f* Saint-Jacques; (*Sewing*) feston *m*
scalp [skælp] *n* cuir chevelu ▷ *vt* scalper
scalpel ['skælpl] *n* scalpel *m*
scalper ['skælpə^r] *n* (*US inf: of tickets*) revendeur *m* de billets
scam [skæm] *n* (*inf*) arnaque *f*
scamp [skæmp] *vt* bâcler
scamper ['skæmpə^r] *vi*: **to ~ away, ~ off** détaler
scampi ['skæmpɪ] *npl* langoustines (frites), scampi *mpl*
scan [skæn] *vt* (*examine*) scruter, examiner; (*glance at quickly*) parcourir; (*poetry*) scander; (*TV, Radar*) balayer ▷ *n* (*Med*) scanographie *f*
scandal ['skændl] *n* scandale *m*; (*gossip*) ragots *mpl*
scandalize ['skændəlaɪz] *vt* scandaliser, indigner
scandalous ['skændələs] *adj* scandaleux(-euse).
Scandinavia [skændɪ'neɪvɪə] *n* Scandinavie *f*
Scandinavian [skændɪ'neɪvɪən] *adj* scandinave ▷ *n* Scandinave *m/f*
scanner ['skænə^r] *n* (*Radar, Med*) scanner *m*, scanographe *m*; (*Comput*) scanner
scant [skænt] *adj* insuffisant(e)
scantily ['skæntɪlɪ] *adv*: **~ clad** *or* **dressed** vêtu(e) du strict minimum
scanty ['skæntɪ] *adj* peu abondant(e), insuffisant(e), maigre
scapegoat ['skeɪpgəut] *n* bouc *m* émissaire
scar [skɑː^r] *n* cicatrice *f* ▷ *vt* laisser une cicatrice *or* une marque à
scarce [skɛəs] *adj* rare, peu abondant(e); **to make o.s. ~** (*inf*) se sauver
scarcely ['skɛəslɪ] *adv* à peine, presque pas; **~ anybody** pratiquement personne; **I can ~ believe it** j'ai du mal à le croire

scarcity ['skɛəsɪtɪ] *n* rareté *f*, manque *m*, pénurie *f*
scarcity value *n* valeur *f* de rareté
scare [skɛəʳ] *n* peur *f*, panique *f* ▷ *vt* effrayer, faire peur à; **to ~ sb stiff** faire une peur bleue à qn; **bomb ~** alerte *f* à la bombe
▶ **scare away, scare off** *vt* faire fuir
scarecrow ['skɛəkrəu] *n* épouvantail *m*
scared ['skɛəd] *adj*: **to be ~** avoir peur
scaremonger ['skɛəmʌŋgəʳ] *n* alarmiste *m/f*
scarf (*pl* **scarves**) [skɑ:f, skɑ:vz] *n* (*long*) écharpe *f*; (*square*) foulard *m*
scarlet ['skɑ:lɪt] *adj* écarlate
scarlet fever *n* scarlatine *f*
scarper ['skɑ:pəʳ] *vi* (*Brit inf*) ficher le camp
scarves [skɑ:vz] *npl of* **scarf**
scary ['skɛərɪ] *adj* (*inf*) effrayant(e); (*film*) qui fait peur
scathing ['skeɪðɪŋ] *adj* cinglant(e), acerbe; **to be ~ about sth** être très critique vis-à-vis de qch
scatter ['skætəʳ] *vt* éparpiller, répandre; (*crowd*) disperser ▷ *vi* se disperser
scatterbrained ['skætəbreɪnd] *adj* écervelé(e), étourdi(e)
scattered ['skætəd] *adj* épars(e), dispersé(e)
scatty ['skætɪ] *adj* (*Brit inf*) loufoque
scavenge ['skævəndʒ] *vi* (*person*): **to ~ (for)** faire les poubelles (pour trouver); **to ~ for food** (*hyenas etc*) se nourrir de charognes
scavenger ['skævəndʒəʳ] *n* éboueur *m*
SCE *n abbr* = **Scottish Certificate of Education**
scenario [sɪ'nɑ:rɪəu] *n* scénario *m*
scene [si:n] *n* (*Theat, fig etc*) scène *f*; (*of crime, accident*) lieu(x) *m(pl)*, endroit *m*; (*sight, view*) spectacle *m*, vue *f*; **behind the ~s** (*also fig*) dans les coulisses; **to make a ~** (*inf: fuss*) faire une scène *or* toute une histoire; **to appear on the ~** (*also fig*) faire son apparition, arriver; **the political ~** la situation politique
scenery ['si:nərɪ] *n* (*Theat*) décor(s) *m(pl)*; (*landscape*) paysage *m*
scenic ['si:nɪk] *adj* scénique; offrant de beaux paysages *or* panoramas
scent [sɛnt] *n* parfum *m*, odeur *f*; (*fig: track*) piste *f*; (*sense of smell*) odorat *m* ▷ *vt* parfumer; (*smell: also fig*) flairer; (*also*: **to put** *or* **throw sb off the scent**: *fig*) mettre qn sur une mauvaise piste
sceptic, (US) **skeptic** ['skɛptɪk] *n* sceptique *m/f*
sceptical, (US) **skeptical** ['skɛptɪkl] *adj* sceptique
scepticism, (US) **skepticism** ['skɛptɪsɪzəm] *n* scepticisme *m*
sceptre, (US) **scepter** ['sɛptəʳ] *n* sceptre *m*
schedule ['ʃɛdju:l] (US) ['skɛdju:l] *n* programme *m*, plan *m*; (*of trains*) horaire *m*; (*of prices etc*) barème *m*, tarif *m* ▷ *vt* prévoir; **as ~d** comme prévu; **on ~** à l'heure (prévue); à la date prévue; **to be ahead of/behind ~** avoir de l'avance/du retard; **we are working to a very tight ~** notre programme de travail est très serré *or* intense; **everything went according to ~** tout s'est passé comme prévu
scheduled ['ʃɛdju:ld, (US) 'skɛdju:ld] *adj* (*date, time*) prévu(e), indiqué(e); (*visit, event*) programmé(e), prévu; (*train, bus, stop, flight*) régulier(-ière)
scheduled flight *n* vol régulier
schematic [skɪ'mætɪk] *adj* schématique
scheme [ski:m] *n* plan *m*, projet *m*; (*method*) procédé *m*; (*plot*) complot *m*, combine *f*; (*arrangement*) arrangement *m*, classification *f*; (*pension scheme etc*) régime *m* ▷ *vt*, *vi* comploter, manigancer; **colour ~** combinaison *f* de(s) couleurs
scheming ['ski:mɪŋ] *adj* rusé(e), intrigant(e) ▷ *n* manigances *fpl*, intrigues *fpl*
schism ['skɪzəm] *n* schisme *m*
schizophrenia [skɪtsə'fri:nɪə] *n* schizophrénie *f*
schizophrenic [skɪtsə'frɛnɪk] *adj* schizophrène
scholar ['skɔləʳ] *n* érudit(e); (*pupil*) boursier(-ère)
scholarly ['skɔləlɪ] *adj* érudit(e), savant(e)
scholarship ['skɔləʃɪp] *n* érudition *f*; (*grant*) bourse *f* (d'études)
school [sku:l] *n* (*gen*) école *f*; (*secondary school*) collège *m*; lycée *m*; (*in university*) faculté *f*; (US: *university*) université *f*; (*of fish*) banc *m* ▷ *cpd* scolaire ▷ *vt* (*animal*) dresser
school age *n* âge *m* scolaire
schoolbook ['sku:lbuk] *n* livre *m* scolaire *or* de classe
schoolboy ['sku:lbɔɪ] *n* écolier *m*; (*at secondary school*) collégien *m*; lycéen *m*
schoolchildren ['sku:ltʃɪldrən] *npl* écoliers *mpl*; (*at secondary school*) collégiens *mpl*; lycéens *mpl*
schooldays ['sku:ldeɪz] *npl* années *fpl* de scolarité
schoolgirl ['sku:lgə:l] *n* écolière *f*; (*at secondary school*) collégienne *f*; lycéenne *f*
schooling ['sku:lɪŋ] *n* instruction *f*, études *fpl*
school-leaver ['sku:lli:vəʳ] *n* (*Brit*) *jeune qui vient de terminer ses études secondaires*
schoolmaster ['sku:lmɑ:stəʳ] *n* (*primary*) instituteur *m*; (*secondary*) professeur *m*
schoolmistress ['sku:lmɪstrɪs] *n* (*primary*) institutrice *f*; (*secondary*) professeur *m*
school report *n* (*Brit*) bulletin *m* (scolaire)
schoolroom ['sku:lru:m] *n* (salle *f* de) classe *f*
schoolteacher ['sku:lti:tʃəʳ] *n* (*primary*) instituteur(-trice); (*secondary*) professeur *m*
schoolyard ['sku:ljɑ:d] *n* (US) cour *f* de récréation
schooner ['sku:nəʳ] *n* (*ship*) schooner *m*, goélette *f*; (*glass*) grand verre (à xérès)
sciatica [saɪ'ætɪkə] *n* sciatique *f*
science ['saɪəns] *n* science *f*; **the ~s** les sciences; (*Scol*) les matières *fpl* scientifiques
science fiction *n* science-fiction *f*
scientific [saɪən'tɪfɪk] *adj* scientifique
scientist ['saɪəntɪst] *n* scientifique *m/f*; (*eminent*) savant *m*
sci-fi ['saɪfaɪ] *n abbr* (*inf*: = *science fiction*) SF *f*
Scilly Isles ['sɪlɪ'aɪlz], **Scillies** ['sɪlɪz] *npl*: **the ~** les Sorlingues *fpl*, les îles *fpl* Scilly

S

scintillating ['sɪntɪleɪtɪŋ] *adj* scintillant(e), étincelant(e); (*wit etc*) brillant(e)
scissors ['sɪzəz] *npl* ciseaux *mpl*; **a pair of ~** une paire de ciseaux
sclerosis [sklɪ'rəusɪs] *n* sclérose *f*
scoff [skɔf] *vt* (*Brit inf: eat*) avaler, bouffer ▷ *vi*: **to ~ (at)** (*mock*) se moquer (de)
scold [skəuld] *vt* gronder, attraper, réprimander
scolding ['skəuldɪŋ] *n* réprimande *f*
scone [skɔn] *n sorte de petit pain rond au lait*
scoop [sku:p] *n* pelle *f* (à main); (*for ice cream*) boule *f* à glace; (*Press*) reportage exclusif *or* à sensation
▸ **scoop out** *vt* évider, creuser
▸ **scoop up** *vt* ramasser
scooter ['sku:tə^r] *n* (*motor cycle*) scooter *m*; (*toy*) trottinette *f*
scope [skəup] *n* (*capacity: of plan, undertaking*) portée *f*, envergure *f*; (*: of person*) compétence *f*, capacités *fpl*; (*opportunity*) possibilités *fpl*; **within the ~ of** dans les limites de; **there is plenty of ~ for improvement** (*Brit*) cela pourrait être beaucoup mieux
scorch [skɔ:tʃ] *vt* (*clothes*) brûler (légèrement), roussir; (*earth, grass*) dessécher, brûler
scorched earth policy ['skɔ:tʃt-] *n* politique *f* de la terre brûlée
scorcher ['skɔ:tʃə^r] *n* (*inf: hot day*) journée *f* torride
scorching ['skɔ:tʃɪŋ] *adj* torride, brûlant(e)
score [skɔ:^r] *n* score *m*, décompte *m* des points; (*Mus*) partition *f* ▷ *vt* (*goal, point*) marquer; (*success*) remporter; (*cut: leather, wood, card*) entailler, inciser ▷ *vi* marquer des points; (*Football*) marquer un but; (*keep score*) compter les points; **on that ~** sur ce chapitre, à cet égard; **to have an old ~ to settle with sb** (*fig*) avoir un (vieux) compte à régler avec qn; **a ~ of** (*twenty*) vingt; **~s of** (*fig*) des tas de; **to ~ 6 out of 10** obtenir 6 sur 10
▸ **score out** *vt* rayer, barrer, biffer
scoreboard ['skɔ:bɔ:d] *n* tableau *m*
scorecard ['skɔ:kɑ:d] *n* (*Sport*) carton *m*, feuille *f* de marque
scoreline ['skɔ:laɪn] *n* (*Sport*) score *m*
scorer ['skɔ:rə^r] *n* (*Football*) auteur *m* du but; buteur *m*; (*keeping score*) marqueur *m*
scorn [skɔ:n] *n* mépris *m*, dédain *m* ▷ *vt* mépriser, dédaigner
scornful ['skɔ:nful] *adj* méprisant(e), dédaigneux(-euse)
Scorpio ['skɔ:pɪəu] *n* le Scorpion; **to be ~** être du Scorpion
scorpion ['skɔ:pɪən] *n* scorpion *m*
Scot [skɔt] *n* Écossais(e)
Scotch [skɔtʃ] *n* whisky *m*, scotch *m*
scotch [skɔtʃ] *vt* faire échouer; enrayer; étouffer
Scotch tape® (*US*) *n* scotch® *m*, ruban adhésif
scot-free ['skɔt'fri:] *adj*: **to get off ~** s'en tirer sans être puni(e); s'en sortir indemne
Scotland ['skɔtlənd] *n* Écosse *f*
Scots [skɔts] *adj* écossais(e)
Scotsman ['skɔtsmən] (*irreg*) *n* Écossais *m*
Scotswoman ['skɔtswumən] (*irreg*) *n* Écossaise *f*
Scottish ['skɔtɪʃ] *adj* écossais(e); **the ~ National Party** le parti national écossais; **the ~ Parliament** le Parlement écossais
scoundrel ['skaundrl] *n* vaurien *m*
scour ['skauə^r] *vt* (*clean*) récurer; frotter; décaper; (*search*) battre, parcourir
scourer ['skauərə^r] *n* tampon abrasif *or* à récurer; (*powder*) poudre *f* à récurer
scourge [skə:dʒ] *n* fléau *m*
scout [skaut] *n* (*Mil*) éclaireur *m*; (*also*: **boy scout**) scout *m*; **girl ~** (*US*) guide *f*
▸ **scout around** *vi* chercher
scowl [skaul] *vi* se renfrogner, avoir l'air maussade; **to ~ at** regarder de travers
scrabble ['skræbl] *vi* (*claw*): **to ~ (at)** gratter; **to ~ about** *or* **around for sth** chercher qch à tâtons ▷ *n*: **S~**® Scrabble® *m*
scraggy ['skrægɪ] *adj* décharné(e), efflanqué(e), famélique
scram [skræm] *vi* (*inf*) ficher le camp
scramble ['skræmbl] *n* (*rush*) bousculade *f*, ruée *f* ▷ *vi* grimper/descendre tant bien que mal; **to ~ for** se bousculer *or* se disputer pour (avoir); **to go scrambling** (*Sport*) faire du trial
scrambled eggs ['skræmbld-] *npl* œufs brouillés
scrap [skræp] *n* bout *m*, morceau *m*; (*fight*) bagarre *f*; (*also*: **scrap iron**) ferraille *f* ▷ *vt* jeter, mettre au rebut; (*fig*) abandonner, laisser tomber ▷ *vi* se bagarrer; **scraps** *npl* (*waste*) déchets *mpl*; **to sell sth for ~** vendre qch à la casse *or* à la ferraille
scrapbook ['skræpbuk] *n* album *m*
scrap dealer *n* marchand *m* de ferraille
scrape [skreɪp] *vt, vi* gratter, racler ▷ *n*: **to get into a ~** s'attirer des ennuis
▸ **scrape through** *vi* (*exam etc*) réussir de justesse
▸ **scrape together** *vt* (*money*) racler ses fonds de tiroir pour réunir
scraper ['skreɪpə^r] *n* grattoir *m*, racloir *m*
scrap heap *n* tas *m* de ferraille; (*fig*): **on the ~** au rancart *or* rebut
scrap merchant *n* (*Brit*) marchand *m* de ferraille
scrap metal *n* ferraille *f*
scrap paper *n* papier *m* brouillon
scrappy ['skræpɪ] *adj* fragmentaire, décousu(e)
scrap yard *n* parc *m* à ferrailles; (*for cars*) cimetière *m* de voitures
scratch [skrætʃ] *n* égratignure *f*, rayure *f*; (*on paint*) éraflure *f*; (*from claw*) coup *m* de griffe ▷ *adj*: **~ team** équipe de fortune *or* improvisée ▷ *vt* (*rub*) (se) gratter; (*record*) rayer; (*paint etc*) érafler; (*with claw, nail*) griffer; (*Comput*) effacer ▷ *vi* (se) gratter; **to start from ~** partir de zéro; **to be up to ~** être à la hauteur
scratch card *n* carte *f* à gratter
scrawl [skrɔ:l] *n* gribouillage *m* ▷ *vi* gribouiller
scrawny ['skrɔ:nɪ] *adj* décharné(e)

scream [skri:m] *n* cri perçant, hurlement *m* ▷ *vi* crier, hurler; **to be a ~** (*inf*) être impayable; **to ~ at sb to do sth** crier *or* hurler à qn de faire qch
scree [skri:] *n* éboulis *m*
screech [skri:tʃ] *n* cri strident, hurlement *m*; (*of tyres, brakes*) crissement *m*, grincement *m* ▷ *vi* hurler; crisser, grincer
screen [skri:n] *n* écran *m*; (*in room*) paravent *m*; (*Cine, TV*) écran; (*fig*) écran, rideau *m* ▷ *vt* masquer, cacher; (*from the wind etc*) abriter, protéger; (*film*) projeter; (*candidates etc*) filtrer; (*for illness*): **to ~ sb for sth** faire subir un test de dépistage de qch à qn
screen editing [-'ɛdɪtɪŋ] *n* (*Comput*) édition *f* or correction *f* sur écran
screening ['skri:nɪŋ] *n* (*of film*) projection *f*; (*Med*) test *m* (*or* tests) de dépistage; (*for security*) filtrage *m*
screen memory *n* (*Comput*) mémoire *f* écran
screenplay ['skri:npleɪ] *n* scénario *m*
screen saver *n* (*Comput*) économiseur *m* d'écran
screen test *n* bout *m* d'essai
screw [skru:] *n* vis *f*; (*propeller*) hélice *f* ▷ *vt* (*also*: **screw in**) visser; (*inf!*: *woman*) baiser (*!*); **to ~ sth to the wall** visser qch au mur; **to have one's head ~ed on** (*fig*) avoir la tête sur les épaules
▸ **screw up** *vt* (*paper etc*) froisser; (*inf*: *ruin*) bousiller; **to ~ up one's eyes** se plisser les yeux; **to ~ up one's face** faire la grimace
screwdriver ['skru:draɪvəʳ] *n* tournevis *m*
screwed-up ['skru:d'ʌp] *adj* (*inf*): **to be ~** être paumé(e)
screwy ['skru:ɪ] *adj* (*inf*) dingue, cinglé(e)
scribble ['skrɪbl] *n* gribouillage *m* ▷ *vt* gribouiller, griffonner; **to ~ sth down** griffonner qch
scribe [skraɪb] *n* scribe *m*
script [skrɪpt] *n* (*Cine etc*) scénario *m*, texte *m*; (*in exam*) copie *f*; (*writing*) (écriture *f*) script *m*
scripted ['skrɪptɪd] *adj* (*Radio, TV*) préparé(e) à l'avance
Scripture ['skrɪptʃəʳ] *n* Écriture sainte
scriptwriter ['skrɪptraɪtəʳ] *n* scénariste *m/f*, dialoguiste *m/f*
scroll [skrəul] *n* rouleau *m* ▷ *vt* (*Comput*) faire défiler (sur l'écran)
scrotum ['skrəutəm] *n* scrotum *m*
scrounge [skraundʒ] (*inf*) *vt*: **to ~ sth (off** *or* **from sb)** se faire payer qch (par qn), emprunter qch (à qn) ▷ *vi*: **to ~ on sb** vivre aux crochets de qn
scrounger ['skraundʒəʳ] *n* parasite *m*
scrub [skrʌb] *n* (*clean*) nettoyage *m* (à la brosse); (*land*) broussailles *fpl* ▷ *vt* (*floor*) nettoyer à la brosse; (*pan*) récurer; (*washing*) frotter; (*reject*) annuler
scrubbing brush ['skrʌbɪŋ-] *n* brosse dure
scruff [skrʌf] *n*: **by the ~ of the neck** par la peau du cou
scruffy ['skrʌfɪ] *adj* débraillé(e)
scrum ['skrʌm], **scrummage** ['skrʌmɪdʒ] *n* mêlée *f*
scruple ['skru:pl] *n* scrupule *m*; **to have no ~s about doing sth** n'avoir aucun scrupule à faire qch
scrupulous ['skru:pjuləs] *adj* scrupuleux(-euse)
scrupulously ['skru:pjuləslɪ] *adv* scrupuleusement; **to be ~ honest** être d'une honnêteté scrupuleuse
scrutinize ['skru:tɪnaɪz] *vt* scruter, examiner minutieusement
scrutiny ['skru:tɪnɪ] *n* examen minutieux; **under the ~ of sb** sous la surveillance de qn
scuba ['sku:bə] *n* scaphandre *m* (autonome)
scuba diving ['sku:bə-] *n* plongée sous-marine
scuff [skʌf] *vt* érafler
scuffle ['skʌfl] *n* échauffourée *f*, rixe *f*
scullery ['skʌlərɪ] *n* arrière-cuisine *f*
sculptor ['skʌlptəʳ] *n* sculpteur *m*
sculpture ['skʌlptʃəʳ] *n* sculpture *f*
scum [skʌm] *n* écume *f*, mousse *f*; (*pej*: *people*) rebut *m*, lie *f*
scupper ['skʌpəʳ] *vt* (*Brit*) saborder
scurrilous ['skʌrɪləs] *adj* haineux(-euse), virulent(e); calomnieux(-euse)
scurry ['skʌrɪ] *vi* filer à toute allure; **to ~ off** détaler, se sauver
scurvy ['skə:vɪ] *n* scorbut *m*
scuttle ['skʌtl] *n* (*Naut*) écoutille *f*; (*also*: **coal scuttle**) seau *m* (à charbon) ▷ *vt* (*ship*) saborder ▷ *vi* (*scamper*): **to ~ away, ~ off** détaler
scythe [saɪð] *n* faux *f*
SD, S. Dak. *abbr* (*US*) = **South Dakota**
SDI *n abbr* (= *Strategic Defense Initiative*) IDS *f*
SDLP *n abbr* (*Brit Pol*) = **Social Democratic and Labour Party**
sea [si:] *n* mer *f* ▷ *cpd* marin(e), de (la) mer, maritime; **on the ~** (*boat*) en mer; (*town*) au bord de la mer; **by** *or* **beside the ~** (*holiday, town*) au bord de la mer; **by ~** par mer, en bateau; **out to ~** au large; **(out) at ~** en mer; **heavy** *or* **rough ~(s)** grosse mer, mer agitée; **a ~ of faces** (*fig*) une multitude de visages; **to be all at ~** (*fig*) nager complètement
sea bed *n* fond *m* de la mer
sea bird *n* oiseau *m* de mer
seaboard ['si:bɔ:d] *n* côte *f*
sea breeze *n* brise *f* de mer
seafarer ['si:fɛərəʳ] *n* marin *m*
seafaring ['si:fɛərɪŋ] *adj* (*life*) de marin; **~ people** les gens *mpl* de mer
seafood ['si:fu:d] *n* fruits *mpl* de mer
sea front ['si:frʌnt] *n* bord *m* de mer
seagoing ['si:gəuɪŋ] *adj* (*ship*) de haute mer
seagull ['si:gʌl] *n* mouette *f*
seal [si:l] *n* (*animal*) phoque *m*; (*stamp*) sceau *m*, cachet *m*; (*impression*) cachet, estampille *f* ▷ *vt* sceller; (*envelope*) coller; (: *with seal*) cacheter; (*decide*: *sb's fate*) décider (de); (: *bargain*) conclure; **~ of approval** approbation *f*
▸ **seal off** *vt* (*close*) condamner; (*forbid entry to*) interdire l'accès de
sea level *n* niveau *m* de la mer
sealing wax ['si:lɪŋ-] *n* cire *f* à cacheter

S

sea lion *n* lion *m* de mer
sealskin ['si:lskɪn] *n* peau *f* de phoque
seam [si:m] *n* couture *f*; (*of coal*) veine *f*, filon *m*; **the hall was bursting at the ~s** la salle était pleine à craquer
seaman ['si:mən] (*irreg*) *n* marin *m*
seamanship ['si:mənʃɪp] *n* qualités *fpl* de marin
seamless ['si:mlɪs] *adj* sans couture(s)
seamy ['si:mɪ] *adj* louche, mal famé(e)
seance ['seɪɔns] *n* séance *f* de spiritisme
seaplane ['si:pleɪn] *n* hydravion *m*
seaport ['si:pɔ:t] *n* port *m* de mer
search [sə:tʃ] *n* (*for person, thing, Comput*) recherche(s) *f(pl)*; (*of drawer, pockets*) fouille *f*; (*Law: at sb's home*) perquisition *f* ▷ *vt* fouiller; (*examine*) examiner minutieusement; scruter ▷ *vi*: **to ~ for** chercher; **in ~ of** à la recherche de ▶ **search through** *vt fus* fouiller
search engine *n* (*Comput*) moteur *m* de recherche
searcher ['sə:tʃə^r] *n* chercheur(-euse)
searching ['sə:tʃɪŋ] *adj* (*look, question*) pénétrant(e); (*examination*) minutieux(-euse)
searchlight ['sə:tʃlaɪt] *n* projecteur *m*
search party *n* expédition *f* de secours
search warrant *n* mandat *m* de perquisition
searing ['sɪərɪŋ] *adj* (*heat*) brûlant(e); (*pain*) aigu(ë)
seashore ['si:ʃɔ:^r] *n* rivage *m*, plage *f*, bord *m* de (la) mer; **on the ~** sur le rivage
seasick ['si:sɪk] *adj*: **to be ~** avoir le mal de mer
seaside ['si:saɪd] *n* bord *m* de mer
seaside resort *n* station *f* balnéaire
season ['si:zn] *n* saison *f* ▷ *vt* assaisonner, relever; **to be in/out of ~** être/ne pas être de saison; **the busy ~** (*for shops*) la période de pointe; (*for hotels etc*) la pleine saison; **the open ~** (*Hunting*) la saison de la chasse
seasonal ['si:znl] *adj* saisonnier(-ière)
seasoned ['si:znd] *adj* (*wood*) séché(e); (*fig: worker, actor, troops*) expérimenté(e); **a ~ campaigner** un vieux militant, un vétéran
seasoning ['si:znɪŋ] *n* assaisonnement *m*
season ticket *n* carte *f* d'abonnement
seat [si:t] *n* siège *m*; (*in bus, train: place*) place *f*; (*Parliament*) siège; (*buttocks*) postérieur *m*; (*of trousers*) fond *m* ▷ *vt* faire asseoir, placer; (*have room for*) avoir des places assises pour, pouvoir accueillir; **are there any ~s left?** est-ce qu'il reste des places?; **to take one's ~** prendre place; **to be ~ed** être assis; **please be ~ed** veuillez vous asseoir
seat belt *n* ceinture *f* de sécurité
seating ['si:tɪŋ] *n* sièges *fpl*, places assises
seating capacity ['si:tɪŋ-] *n* nombre *m* de places assises
sea urchin *n* oursin *m*
sea water *n* eau *f* de mer
seaweed ['si:wi:d] *n* algues *fpl*
seaworthy ['si:wə:ðɪ] *adj* en état de naviguer
SEC *n abbr* (*US: = Securities and Exchange Commission*) ≈ COB *f* (*= Commission des opérations de Bourse*)
sec. *abbr* (*= second*) sec
secateurs [sɛkə'tə:z] *npl* sécateur *m*
secede [sɪ'si:d] *vi* faire sécession
secluded [sɪ'klu:dɪd] *adj* retiré(e), à l'écart
seclusion [sɪ'klu:ʒən] *n* solitude *f*
second[1] ['sɛkənd] *num* deuxième, second(e) ▷ *adv* (*in race etc*) en seconde position ▷ *n* (*unit of time*) seconde *f*; (*Aut: also:* **second gear**) seconde; (*in series, position*) deuxième *m/f*, second(e); (*Comm: imperfect*) article *m* de second choix; (*Brit Scol*) ≈ licence *f* avec mention ▷ *vt* (*motion*) appuyer; **seconds** *npl* (*inf: food*) rab *m* (*inf*); **Charles the S~** Charles II; **just a ~!** une seconde!, un instant!; (*stopping sb*) pas si vite!; **~ floor** (*Brit*) deuxième (étage) *m*; (*US*) premier (étage) *m*; **to ask for a ~ opinion** (*Med*) demander l'avis d'un autre médecin
second[2] [sɪ'kɔnd] *vt* (*employee*) détacher, mettre en détachement
secondary ['sɛkəndərɪ] *adj* secondaire
secondary school *n* (*age 11 to 15*) collège *m*; (*age 15 to 18*) lycée *m*
second-best [sɛkənd'bɛst] *n* deuxième choix *m*; **as a ~** faute de mieux
second-class ['sɛkənd'klɑ:s] *adj* de deuxième classe; (*Rail*) de seconde (classe); (*Post*) au tarif réduit; (*pej*) de qualité inférieure ▷ *adv* (*Rail*) en seconde; (*Post*) au tarif réduit; **~ citizen** citoyen(ne) de deuxième classe
second cousin *n* cousin(e) issu(e) de germains
seconder ['sɛkəndə^r] *n* personne *f* qui appuie une motion
second-guess ['sɛkənd'gɛs] *vt* (*predict*) (essayer d')anticiper; **they're still trying to ~ his motives** ils essaient toujours de comprendre ses raisons
second hand *n* (*on clock*) trotteuse *f*
secondhand ['sɛkənd'hænd] *adj* d'occasion; (*information*) de seconde main ▷ *adv* (*buy*) d'occasion; **to hear sth ~** apprendre qch indirectement
second-in-command ['sɛkəndɪnkə'mɑ:nd] *n* (*Mil*) commandant *m* en second; (*Admin*) adjoint(e), sous-chef *m*
secondly ['sɛkəndlɪ] *adv* deuxièmement; **firstly ... ~ ...** d'abord ... ensuite ... *or* de plus ...
secondment [sɪ'kɔndmənt] *n* (*Brit*) détachement *m*
second-rate ['sɛkənd'reɪt] *adj* de deuxième ordre, de qualité inférieure
second thoughts *npl*: **to have ~** changer d'avis; **on ~** *or* **thought** (*US*) à la réflexion
secrecy ['si:krəsɪ] *n* secret *m*; **in ~** en secret
secret ['si:krɪt] *adj* secret(-ète) ▷ *n* secret *m*; **in ~** (*adv*) en secret, secrètement, en cachette; **to keep sth ~ from sb** cacher qch à qn, ne pas révéler qch à qn; **to make no ~ of sth** ne pas cacher qch; **keep it ~** n'en parle à personne
secret agent *n* agent secret
secretarial [sɛkrɪ'tɛərɪəl] *adj* de secrétaire, de secrétariat
secretariat [sɛkrɪ'tɛərɪət] *n* secrétariat *m*

secretary ['sɛkrətrı] *n* secrétaire *m/f*; (*Comm*) secrétaire général; **S~ of State** (*US Pol*) ≈ ministre *m* des Affaires étrangères; **S~ of State (for)** (*Brit Pol*) ministre *m* (de)
secretary-general ['sɛkrətrı'dʒɛnərl] *n* secrétaire général
secrete [sı'kri:t] *vt* (*Anat, Biol, Med*) sécréter; (*hide*) cacher
secretion [sı'kri:ʃən] *n* sécrétion *f*
secretive ['si:krətıv] *adj* réservé(e); (*pej*) cachottier(-ière), dissimulé(e)
secretly ['si:krıtlı] *adv* en secret, secrètement, en cachette
secret police *n* police secrète
secret service *n* services secrets
sect [sɛkt] *n* secte *f*
sectarian [sɛk'tɛərıən] *adj* sectaire
section ['sɛkʃən] *n* section *f*; (*department*) section; (*Comm*) rayon *m*; (*of document*) section, article *m*, paragraphe *m*; (*cut*) coupe *f* ▷ *vt* sectionner; **the business** *etc* **~** (*Press*) la page des affaires *etc*
sector ['sɛktə^r] *n* secteur *m*
secular ['sɛkjulə^r] *adj* laïque
secure [sı'kjuə^r] *adj* (*free from anxiety*) sans inquiétude, sécurisé(e); (*firmly fixed*) solide, bien attaché(e) (*or* fermé(e) *etc*); (*in safe place*) en lieu sûr, en sûreté ▷ *vt* (*fix*) fixer, attacher; (*get*) obtenir, se procurer; (*Comm: loan*) garantir; **to make sth ~** bien fixer *or* attacher qch; **to ~ sth for sb** obtenir qch pour qn, procurer qch à qn
secured creditor [sı'kjuəd-] *n* créancier(-ière), privilégié(e)
security [sı'kjuərıtı] *n* sécurité *f*, mesures *fpl* de sécurité; (*for loan*) caution *f*, garantie *f*; **securities** *npl* (*Stock Exchange*) valeurs *fpl*, titres *mpl*; **to increase** *or* **tighten ~** renforcer les mesures de sécurité; **~ of tenure** stabilité *f* d'un emploi, titularisation *f*
Security Council *n*: **the ~** le Conseil de sécurité
security forces *npl* forces *fpl* de sécurité
security guard *n* garde chargé de la sécurité; (*transporting money*) convoyeur *m* de fonds
security risk *n* menace *f* pour la sécurité de l'état (*or* d'une entreprise *etc*)
sedan [sə'dæn] *n* (*US Aut*) berline *f*
sedate [sı'deıt] *adj* calme; posé(e) ▷ *vt* donner des sédatifs à
sedation [sı'deıʃən] *n* (*Med*) sédation *f*; **to be under ~** être sous calmants
sedative ['sɛdıtıv] *n* calmant *m*, sédatif *m*
sedentary ['sɛdntrı] *adj* sédentaire
sediment ['sɛdımənt] *n* sédiment *m*, dépôt *m*
sedition [sı'dıʃən] *n* sédition *f*
seduce [sı'dju:s] *vt* séduire
seduction [sı'dʌkʃən] *n* séduction *f*
seductive [sı'dʌktıv] *adj* séduisant(e); (*smile*) séducteur(-trice); (*fig: offer*) alléchant(e)
see [si:] (*pt* **saw**, *pp* **seen** [sɔ:, si:n]) *vt* (*gen*) voir; (*accompany*): **to ~ sb to the door** reconduire *or* raccompagner qn jusqu'à la porte ▷ *vi* voir ▷ *n* évêché *m*; **to ~ that** (*ensure*) veiller à ce que + *sub*, faire en sorte que + *sub*, s'assurer que; **there was nobody to be ~n** il n'y avait pas un chat; **let me ~** (*show me*) fais(-moi) voir; (*let me think*) voyons (un peu); **to go and ~ sb** aller voir qn; **~ for yourself** voyez vous-même; **I don't know what she ~s in him** je ne sais pas ce qu'elle lui trouve; **as far as I can ~** pour autant que je puisse en juger; **~ you!** au revoir!, à bientôt!; **~ you soon/later/tomorrow!** à bientôt/plus tard/demain!
▸ **see about** *vt fus* (*deal with*) s'occuper de
▸ **see off** *vt* accompagner (à l'aéroport *etc*)
▸ **see out** *vt* (*take to door*) raccompagner à la porte
▸ **see through** *vt* mener à bonne fin ▷ *vt fus* voir clair dans
▸ **see to** *vt fus* s'occuper de, se charger de
seed [si:d] *n* graine *f*; (*fig*) germe *m*; (*Tennis etc*) tête *f* de série; **to go to ~** (*plant*) monter en graine; (*fig*) se laisser aller
seedless ['si:dlıs] *adj* sans pépins
seedling ['si:dlıŋ] *n* jeune plant *m*, semis *m*
seedy ['si:dı] *adj* (*shabby*) minable, miteux(-euse)
seeing ['si:ıŋ] *conj*: **~ (that)** vu que, étant donné que
seek [si:k] (*pt, pp* **sought** [sɔ:t]) *vt* chercher, rechercher; **to ~ advice/help from sb** demander conseil/de l'aide à qn
▸ **seek out** *vt* (*person*) chercher
seem [si:m] *vi* sembler, paraître; **there ~s to be ...** il semble qu'il y a ..., on dirait qu'il y a ...; **it ~s (that) ...** il semble que ...; **what ~s to be the trouble?** qu'est-ce qui ne va pas?
seemingly ['si:mıŋlı] *adv* apparemment
seen [si:n] *pp of* **see**
seep [si:p] *vi* suinter, filtrer
seer [sıə^r] *n* prophète (prophétesse) voyant(e)
seersucker ['sıəsʌkə^r] *n* cloqué *m*, étoffe cloquée
seesaw ['si:sɔ:] *n* (jeu *m* de) bascule *f*
seethe [si:ð] *vi* être en effervescence; **to ~ with anger** bouillir de colère
see-through ['si:θru:] *adj* transparent(e)
segment ['sɛgmənt] *n* segment *m*; (*of orange*) quartier *m*
segregate ['sɛgrıgeıt] *vt* séparer, isoler
segregation [sɛgrı'geıʃən] *n* ségrégation *f*
Seine [seın] *n*: **the (River) ~** la Seine
seismic ['saızmık] *adj* sismique
seize [si:z] *vt* (*grasp*) saisir, attraper; (*take possession of*) s'emparer de; (*opportunity*) saisir; (*Law*) saisir
▸ **seize on** *vt fus* saisir, sauter sur
▸ **seize up** *vi* (*Tech*) se gripper
▸ **seize upon** *vt fus* = **seize on**
seizure ['si:ʒə^r] *n* (*Med*) crise *f*, attaque *f*; (*of power*) prise *f*; (*Law*) saisie *f*
seldom ['sɛldəm] *adv* rarement
select [sı'lɛkt] *adj* choisi(e), d'élite; (*hotel, restaurant, club*) chic *inv*, sélect *inv* ▷ *vt* sélectionner, choisir; **a ~ few** quelques privilégiés
selection [sı'lɛkʃən] *n* sélection *f*, choix *m*

S

selection committee *n* comité *m* de sélection
selective [sɪ'lɛktɪv] *adj* sélectif(-ive); (*school*) à recrutement sélectif
selector [sɪ'lɛktə[r]] *n* (*person*) sélectionneur(-euse); (*Tech*) sélecteur *m*
self [sɛlf] *n* (*pl* **selves**) [sɛlvz]: **the ~** le moi *inv* ▷ *prefix* auto-
self-addressed ['sɛlfə'drɛst] *adj*: **~ envelope** enveloppe *f* à mon (*or* votre *etc*) nom
self-adhesive [sɛlfəd'hi:zɪv] *adj* autocollant(e)
self-assertive [sɛlfə'sə:tɪv] *adj* autoritaire
self-assurance [sɛlfə'ʃuərəns] *n* assurance *f*
self-assured [sɛlfə'ʃuəd] *adj* sûr(e) de soi, plein(e) d'assurance
self-catering [sɛlf'keɪtərɪŋ] *adj* (*Brit*: *flat*) avec cuisine, où l'on peut faire sa cuisine; (: *holiday*) en appartement (*or* chalet *etc*) loué
self-centred, (US) **self-centered** [sɛlf'sɛntəd] *adj* égocentrique
self-cleaning [sɛlf'kli:nɪŋ] *adj* autonettoyant(e).
self-confessed [sɛlfkən'fɛst] *adj* (*alcoholic etc*) déclaré(e), qui ne s'en cache pas
self-confidence [sɛlf'kɔnfɪdns] *n* confiance *f* en soi
self-confident [sɛlf'kɔnfɪdnt] *adj* sûr(e) de soi, plein(e) d'assurance
self-conscious [sɛlf'kɔnʃəs] *adj* timide, qui manque d'assurance
self-contained [sɛlfkən'teɪnd] *adj* (*Brit*: *flat*) avec entrée particulière, indépendant(e)
self-control [sɛlfkən'trəul] *n* maîtrise *f* de soi
self-defeating [sɛlfdɪ'fi:tɪŋ] *adj* qui a un effet contraire à l'effet recherché
self-defence, (US) **self-defense** [sɛlfdɪ'fɛns] *n* autodéfense *f*; (*Law*) légitime défense *f*
self-discipline [sɛlf'dɪsɪplɪn] *n* discipline personnelle
self-drive [sɛlf'draɪv] *adj* (*Brit*): **~ car** voiture *f* de location
self-employed [sɛlfɪm'plɔɪd] *adj* qui travaille à son compte
self-esteem [sɛlfɪ'sti:m] *n* amour-propre *m*
self-evident [sɛlf'ɛvɪdnt] *adj* évident(e), qui va de soi
self-explanatory [sɛlfɪk'splænətrɪ] *adj* qui se passe d'explication
self-governing [sɛlf'gʌvənɪŋ] *adj* autonome
self-help ['sɛlf'hɛlp] *n* initiative personnelle, efforts personnels
self-importance [sɛlfɪm'pɔ:tns] *n* suffisance *f*
self-indulgent [sɛlfɪn'dʌldʒənt] *adj* qui ne se refuse rien
self-inflicted [sɛlfɪn'flɪktɪd] *adj* volontaire
self-interest [sɛlf'ɪntrɪst] *n* intérêt personnel
selfish ['sɛlfɪʃ] *adj* égoïste
selfishness ['sɛlfɪʃnɪs] *n* égoïsme *m*
selfless ['sɛlflɪs] *adj* désintéressé(e)
selflessly ['sɛlflɪslɪ] *adv* sans penser à soi
self-made man ['sɛlfmeɪd-] *n* self-made man *m*
self-pity [sɛlf'pɪtɪ] *n* apitoiement *m* sur soi-même
self-portrait [sɛlf'pɔ:treɪt] *n* autoportrait *m*
self-possessed [sɛlfpə'zɛst] *adj* assuré(e)
self-preservation ['sɛlfprɛzə'veɪʃən] *n* instinct *m* de conservation
self-raising [sɛlf'reɪzɪŋ], (US) **self-rising** [sɛlf'raɪzɪŋ] *adj*: **~ flour** farine *f* pour gâteaux (*avec levure incorporée*)
self-reliant [sɛlfrɪ'laɪənt] *adj* indépendant(e)
self-respect [sɛlfrɪs'pɛkt] *n* respect *m* de soi, amour-propre *m*
self-respecting [sɛlfrɪs'pɛktɪŋ] *adj* qui se respecte
self-righteous [sɛlf'raɪtʃəs] *adj* satisfait(e) de soi, pharisaïque
self-rising [sɛlf'raɪzɪŋ] *adj* (US) = **self-raising**
self-sacrifice [sɛlf'sækrɪfaɪs] *n* abnégation *f*
self-same ['sɛlfseɪm] *adj* même
self-satisfied [sɛlf'sætɪsfaɪd] *adj* content(e) de soi, suffisant(e)
self-sealing [sɛlf'si:lɪŋ] *adj* (*envelope*) autocollant(e)
self-service [sɛlf'sə:vɪs] *adj*, *n* libre-service (*m*), self-service (*m*)
self-styled ['sɛlfstaɪld] *adj* soi-disant *inv*
self-sufficient [sɛlfsə'fɪʃənt] *adj* indépendant(e)
self-supporting [sɛlfsə'pɔ:tɪŋ] *adj* financièrement indépendant(e)
self-tanning ['sɛlf'tænɪŋ] *adj*: **~ cream** *or* **lotion** *etc* autobronzant *m*
self-taught [sɛlf'tɔ:t] *adj* autodidacte
sell (*pt*, *pp* **sold**) [sɛl, səuld] *vt* vendre ▷ *vi* se vendre; **to ~ at** *or* **for 10 euros** se vendre 10 euros; **to ~ sb an idea** (*fig*) faire accepter une idée à qn
▸ **sell off** *vt* liquider
▸ **sell out** *vi*: **to ~ out (of sth)** (*use up stock*) vendre tout son stock (de qch); **to ~ out (to)** (*Comm*) vendre son fonds *or* son affaire (à) ▷ *vt* vendre tout son stock de; **the tickets are all sold out** il ne reste plus de billets
▸ **sell up** *vi* vendre son fonds *or* son affaire
sell-by date ['sɛlbaɪ-] *n* date *f* limite de vente
seller ['sɛlə[r]] *n* vendeur(-euse), marchand(e); **~'s market** marché *m* à la hausse
selling price ['sɛlɪŋ-] *n* prix *m* de vente
Sellotape® ['sɛləuteɪp] *n* (*Brit*) scotch® *m*
sellout ['sɛlaut] *n* trahison *f*, capitulation *f*; (*of tickets*): **it was a ~** tous les billets ont été vendus
selves [sɛlvz] *npl of* **self**
semantic [sɪ'mæntɪk] *adj* sémantique
semantics [sɪ'mæntɪks] *n* sémantique *f*
semaphore ['sɛməfɔ:[r]] *n* signaux *mpl* à bras; (*Rail*) sémaphore *m*
semblance ['sɛmblns] *n* semblant *m*
semen ['si:mən] *n* sperme *m*
semester [sɪ'mɛstə[r]] *n* (*esp US*) semestre *m*
semi... ['sɛmɪ] *prefix* semi-, demi-; à demi, à moitié ▷ *n*: **semi** = **semidetached house**
semi-breve ['sɛmɪbri:v] *n* (*Brit*) ronde *f*
semicircle ['sɛmɪsə:kl] *n* demi-cercle *m*
semicircular ['sɛmɪ'sə:kjulə[r]] *adj* en demi-cercle, semi-circulaire

semicolon [sɛmɪ'kəulən] *n* point-virgule *m*
semiconductor [sɛmɪkən'dʌktəʳ] *n* semi-conducteur *m*
semiconscious [sɛmɪ'kɔnʃəs] *adj* à demi conscient(e)
semidetached [sɛmɪdɪ'tætʃt], **semidetached house** *n* (*Brit*) maison jumelée *or* jumelle
semi-final [sɛmɪ'faɪnl] *n* demi-finale *f*
seminar ['sɛmɪnɑːʳ] *n* séminaire *m*
seminary ['sɛmɪnərɪ] *n* (*Rel: for priests*) séminaire *m*
semiprecious [sɛmɪ'prɛʃəs] *adj* semi-précieux(-euse)
semiquaver ['sɛmɪkweɪvəʳ] *n* (*Brit*) double croche *f*
semiskilled [sɛmɪ'skɪld] *adj*: **~ worker** ouvrier(-ière) spécialisé(e)
semi-skimmed ['sɛmɪ'skɪmd] *adj* demi-écrémé(e)
semitone ['sɛmɪtəun] *n* (*Mus*) demi-ton *m*
semolina [sɛmə'liːnə] *n* semoule *f*
SEN *n abbr* (*Brit*) = **State Enrolled Nurse**
Sen., sen. *abbr* = **senator**; **senior**
senate ['sɛnɪt] *n* sénat *m*; (*US*): **the S~** le Sénat; *voir article*

SENATE

Le *Senate* est la chambre haute du "Congress", le parlement des États-Unis. Il est composé de 100 sénateurs, 2 par État, élus au suffrage universel direct tous les 6 ans, un tiers d'entre eux étant renouvelé tous les 2 ans.

senator ['sɛnɪtəʳ] *n* sénateur *m*
send (*pt, pp* **sent**) [sɛnd, sɛnt] *vt* envoyer; **to ~ by post** *or* (*US*) **mail** envoyer *or* expédier par la poste; **to ~ sb for sth** envoyer qn chercher qch; **to ~ word that ...** faire dire que ...; **she ~s (you) her love** elle vous adresse ses amitiés; **to ~ sb to Coventry** (*Brit*) mettre qn en quarantaine; **to ~ sb to sleep** endormir qn; **to ~ sb into fits of laughter** faire rire qn aux éclats; **to ~ sth flying** envoyer valser qch
▸ **send away** *vt* (*letter, goods*) envoyer, expédier
▸ **send away for** *vt fus* commander par correspondance, se faire envoyer
▸ **send back** *vt* renvoyer
▸ **send for** *vt fus* envoyer chercher; faire venir; (*by post*) se faire envoyer, commander par correspondance
▸ **send in** *vt* (*report, application, resignation*) remettre
▸ **send off** *vt* (*goods*) envoyer, expédier; (*Brit Sport: player*) expulser *or* renvoyer du terrain
▸ **send on** *vt* (*Brit: letter*) faire suivre; (*luggage etc: in advance*) (faire) expédier à l'avance
▸ **send out** *vt* (*invitation*) envoyer (par la poste); (*emit: light, heat, signal*) émettre
▸ **send round** *vt* (*letter, document etc*) faire circuler
▸ **send up** *vt* (*person, price*) faire monter; (*Brit: parody*) mettre en boîte, parodier
sender ['sɛndəʳ] *n* expéditeur(-trice)
send-off ['sɛndɔf] *n*: **a good ~** des adieux chaleureux
Senegal [sɛnɪ'gɔːl] *n* Sénégal *m*
Senegalese [sɛnɪgə'liːz] *adj* sénégalais(e) ▷ *n* (*pl inv*) Sénégalais(e)
senile ['siːnaɪl] *adj* sénile
senility [sɪ'nɪlɪtɪ] *n* sénilité *f*
senior ['siːnɪəʳ] *adj* (*older*) aîné(e), plus âgé(e); (*high-ranking*) de haut niveau; (*of higher rank*): **to be ~ to sb** être le supérieur de qn ▷ *n* (*older*): **she is 15 years his ~** elle est son aînée de 15 ans, elle est plus âgée que lui de 15 ans; (*in service*) personne *f* qui a plus d'ancienneté; **P. Jones ~** P. Jones père
senior citizen *n* personne *f* du troisième âge
senior high school *n* (*US*) ≈ lycée *m*
seniority [siːnɪ'ɔrɪtɪ] *n* priorité *f* d'âge, ancienneté *f*; (*in rank*) supériorité *f* (hiérarchique)
sensation [sɛn'seɪʃən] *n* sensation *f*; **to create a ~** faire sensation
sensational [sɛn'seɪʃənl] *adj* qui fait sensation; (*marvellous*) sensationnel(le)
sense [sɛns] *n* sens *m*; (*feeling*) sentiment *m*; (*meaning*) sens, signification *f*; (*wisdom*) bon sens ▷ *vt* sentir, pressentir; **senses** *npl* raison *f*; **it makes ~** c'est logique; **there is no ~ in (doing) that** cela n'a pas de sens; **to come to one's ~s** (*regain consciousness*) reprendre conscience; (*become reasonable*) revenir à la raison; **to take leave of one's ~s** perdre la tête
senseless ['sɛnslɪs] *adj* insensé(e), stupide; (*unconscious*) sans connaissance
sense of humour, (*US*) **sense of humor** *n* sens *m* de l'humour
sensibility [sɛnsɪ'bɪlɪtɪ] *n* sensibilité *f*; **sensibilities** *npl* susceptibilité *f*
sensible ['sɛnsɪbl] *adj* sensé(e), raisonnable; (*shoes etc*) pratique
sensitive ['sɛnsɪtɪv] *adj*: **~ (to)** sensible (à); **he is very ~ about it** c'est un point très sensible (chez lui)
sensitivity [sɛnsɪ'tɪvɪtɪ] *n* sensibilité *f*
sensual ['sɛnsjuəl] *adj* sensuel(le)
sensuous ['sɛnsjuəs] *adj* voluptueux(-euse), sensuel(le)
sent [sɛnt] *pt, pp of* **send**
sentence ['sɛntns] *n* (*Ling*) phrase *f*; (*Law: judgment*) condamnation *f*, sentence *f*; (*: punishment*) peine *f* ▷ *vt*: **to ~ sb to death/to 5 years** condamner qn à mort/à 5 ans; **to pass ~ on sb** prononcer une peine contre qn
sentiment ['sɛntɪmənt] *n* sentiment *m*; (*opinion*) opinion *f*, avis *m*
sentimental [sɛntɪ'mɛntl] *adj* sentimental(e)
sentimentality [sɛntɪmɛn'tælɪtɪ] *n* sentimentalité *f*, sensiblerie *f*
sentry ['sɛntrɪ] *n* sentinelle *f*, factionnaire *m*
sentry duty *n*: **to be on ~** être de faction

S

Seoul [səul] *n* Séoul
separable ['sɛprəbl] *adj* séparable
separate [*adj* 'sɛprɪt, *vb* 'sɛpəreɪt] *adj* séparé(e); (*organization*) indépendant(e); (*day, occasion, issue*) différent(e) ▷ *vt* séparer; (*distinguish*) distinguer ▷ *vi* se séparer; **~ from** distinct(e) de; **under ~ cover** (*Comm*) sous pli séparé; **to ~ into** diviser en
separately ['sɛprɪtlɪ] *adv* séparément
separates ['sɛprɪts] *npl* (*clothes*) coordonnés *mpl*
separation [sɛpə'reɪʃən] *n* séparation *f*
Sept. *abbr* (= *September*) sept
September [sɛp'tɛmbə^r] *n* septembre *m*; *for phrases see also* **July**
septic ['sɛptɪk] *adj* septique; (*wound*) infecté(e); **to go ~** s'infecter
septicaemia [sɛptɪ'si:mɪə] *n* septicémie *f*
septic tank *n* fosse *f* septique
sequel ['si:kwl] *n* conséquence *f*; séquelles *fpl*; (*of story*) suite *f*
sequence ['si:kwəns] *n* ordre *m*, suite *f*; (*in film*) séquence *f*; (*dance*) numéro *m*; **in ~** par ordre, dans l'ordre, les uns après les autres; **~ of tenses** concordance *f* des temps
sequential [sɪ'kwɛnʃəl] *adj*: **~ access** (*Comput*) accès séquentiel
sequin ['si:kwɪn] *n* paillette *f*
Serb [sə:b] *adj, n* = **Serbian**
Serbia ['sə:bɪə] *n* Serbie *f*
Serbian ['sə:bɪən] *adj* serbe ▷ *n* Serbe *m/f*; (*Ling*) serbe *m*
Serbo-Croat ['sə:bəu'krəuæt] *n* (*Ling*) serbo-croate *m*
serenade [sɛrə'neɪd] *n* sérénade *f* ▷ *vt* donner une sérénade à
serene [sɪ'ri:n] *adj* serein(e), calme, paisible
serenity [sə'rɛnɪtɪ] *n* sérénité *f*, calme *m*
sergeant ['sɑ:dʒənt] *n* sergent *m*; (*Police*) brigadier *m*
sergeant major *n* sergent-major *m*
serial ['sɪərɪəl] *n* feuilleton *m* ▷ *adj* (*Comput: interface, printer*) série *inv*; (*: access*) séquentiel(le)
serialize ['sɪərɪəlaɪz] *vt* publier (*or* adapter) en feuilleton
serial killer *n* meurtrier *m* tuant en série
serial number *n* numéro *m* de série
series ['sɪərɪz] *n* série *f*; (*Publishing*) collection *f*
serious ['sɪərɪəs] *adj* sérieux(-euse); (*accident etc*) grave; **are you ~ (about it)?** parlez-vous sérieusement?
seriously ['sɪərɪəslɪ] *adv* sérieusement; (*hurt*) gravement; **~ rich/difficult** (*inf: extremely*) drôlement riche/difficile; **to take sth/sb ~** prendre qch/qn au sérieux
seriousness ['sɪərɪəsnɪs] *n* sérieux *m*, gravité *f*
sermon ['sə:mən] *n* sermon *m*
serrated [sɪ'reɪtɪd] *adj* en dents de scie
serum ['sɪərəm] *n* sérum *m*
servant ['sə:vənt] *n* domestique *m/f*; (*fig*) serviteur (servante)
serve [sə:v] *vt* (*employer etc*) servir, être au service de; (*purpose*) servir à; (*customer, food, meal*) servir; (*subj: train*) desservir; (*apprenticeship*) faire, accomplir; (*prison term*) faire; purger ▷ *vi* (*Tennis*) servir; (*be useful*): **to ~ as/for/to do** servir de/à/à faire ▷ *n* (*Tennis*) service *m*; **are you being ~d?** est-ce qu'on s'occupe de vous?; **to ~ on a committee/jury** faire partie d'un comité/ jury; **it ~s him right** c'est bien fait pour lui; **it ~s my purpose** cela fait mon affaire
▸ **serve out, serve up** *vt* (*food*) servir
server [sə:və^r] *n* (*Comput*) serveur *m*
service ['sə:vɪs] *n* (*gen*) service *m*; (*Aut*) révision *f*; (*Rel*) office *m* ▷ *vt* (*car etc*) réviser; **services** *npl* (*Econ: tertiary sector*) (secteur *m*) tertiaire *m*, secteur des services; (*Brit: on motorway*) station-service *f*; (*Mil*): **the S~s** (*npl*) les forces armées; **to be of ~ to sb, to do sb a ~** rendre service à qn; **~ included/not included** service compris/non compris; **to put one's car in for ~** donner sa voiture à réviser; **dinner ~** service de table
serviceable ['sə:vɪsəbl] *adj* pratique, commode
service area *n* (*on motorway*) aire *f* de services
service charge *n* (*Brit*) service *m*
service industries *npl* les industries *fpl* de service, les services *mpl*
serviceman ['sə:vɪsmən] (*irreg*) *n* militaire *m*
service station *n* station-service *f*
serviette [sə:vɪ'ɛt] *n* (*Brit*) serviette *f* (de table)
servile ['sə:vaɪl] *adj* servile
session ['sɛʃən] *n* (*sitting*) séance *f*; (*Scol*) année *f* scolaire (*or* universitaire); **to be in ~** siéger, être en session *or* en séance
session musician *n* musicien(ne) de studio
set [sɛt] (*pt, pp* **set**) *n* série *f*, assortiment *m*; (*of tools etc*) jeu *m*; (*Radio, TV*) poste *m*; (*Tennis*) set *m*; (*group of people*) cercle *m*, milieu *m*; (*Cine*) plateau *m*; (*Theat: stage*) scène *f*; (*: scenery*) décor *m*; (*Math*) ensemble *m*; (*Hairdressing*) mise *f* en plis ▷ *adj* (*fixed*) fixe, déterminé(e); (*ready*) prêt(e) ▷ *vt* (*place*) mettre, poser, placer; (*fix, establish*) fixer; (*: record*) établir; (*assign: task, homework*) donner; (*exam*) composer; (*adjust*) régler; (*decide: rules etc*) fixer, choisir; (*Typ*) composer ▷ *vi* (*sun*) se coucher; (*jam, jelly, concrete*) prendre; (*bone*) se ressouder; **to be ~ on doing** être résolu(e) à faire; **to be all ~ to do** être (fin) prêt(e) pour faire; **to be (dead) ~ against** être (totalement) opposé à; **he's ~ in his ways** il n'est pas très souple, il tient à ses habitudes; **to ~ to music** mettre en musique; **to ~ on fire** mettre le feu à; **to ~ free** libérer; **to ~ sth going** déclencher qch; **to ~ the alarm clock for seven o'clock** mettre le réveil à sonner à sept heures; **to ~ sail** partir, prendre la mer; **a ~ phrase** une expression toute faite, une locution; **a ~ of false teeth** un dentier; **a ~ of dining-room furniture** une salle à manger
▸ **set about** *vt fus* (*task*) entreprendre, se mettre à; **to ~ about doing sth** se mettre à faire qch
▸ **set aside** *vt* mettre de côté; (*time*) garder
▸ **set back** *vt* (*in time*): **to ~ back (by)** retarder (de); (*place*): **a house ~ back from the road** une maison située en retrait de la route

▶ **set down** *vt* (*subj: bus, train*) déposer
▶ **set in** *vi* (*infection, bad weather*) s'installer; (*complications*) survenir, surgir; **the rain has ~ in for the day** c'est parti pour qu'il pleuve toute la journée
▶ **set off** *vi* se mettre en route, partir ▷ *vt* (*bomb*) faire exploser; (*cause to start*) déclencher; (*show up well*) mettre en valeur, faire valoir
▶ **set out** *vi*: **to ~ out (from)** partir (de) ▷ *vt* (*arrange*) disposer; (*state*) présenter, exposer; **to ~ out to do** entreprendre de faire; avoir pour but *or* intention de faire
▶ **set up** *vt* (*organization*) fonder, créer; (*monument*) ériger; **to ~ up shop** (*fig*) s'établir, s'installer
setback ['sɛtbæk] *n* (*hitch*) revers *m*, contretemps *m*; (*in health*) rechute *f*
set menu *n* menu *m*
set square *n* équerre *f*
settee [sɛ'ti:] *n* canapé *m*
setting ['sɛtɪŋ] *n* cadre *m*; (*of jewel*) monture *f*; (*position: of controls*) réglage *m*
setting lotion *n* lotion *f* pour mise en plis
settle ['sɛtl] *vt* (*argument, matter, account*) régler; (*problem*) résoudre; (*Med: calm*) calmer; (*colonize: land*) coloniser ▷ *vi* (*bird, dust etc*) se poser; (*sediment*) se déposer; **to ~ to sth** se mettre sérieusement à qch; **to ~ for sth** accepter qch, se contenter de qch; **to ~ on sth** opter *or* se décider pour qch; **that's ~d then** alors, c'est d'accord!; **to ~ one's stomach** calmer des maux d'estomac
▶ **settle down** *vi* (*get comfortable*) s'installer; (*become calmer*) se calmer; se ranger
▶ **settle in** *vi* s'installer
▶ **settle up** *vi*: **to ~ up with sb** régler (ce que l'on doit à) qn
settlement ['sɛtlmənt] *n* (*payment*) règlement *m*; (*agreement*) accord *m*; (*colony*) colonie *f*; (*village etc*) village *m*, hameau *m*; **in ~ of our account** (*Comm*) en règlement de notre compte
settler ['sɛtlə^r] *n* colon *m*
setup ['sɛtʌp] *n* (*arrangement*) manière *f* dont les choses sont organisées; (*situation*) situation *f*, allure *f* des choses
seven ['sɛvn] *num* sept
seventeen [sɛvn'ti:n] *num* dix-sept
seventeenth [sevn'ti:nθ] *num* dix-septième
seventh ['sɛvnθ] *num* septième
seventieth ['sevntɪɪθ] *num* soixante-dixième
seventy ['sɛvntɪ] *num* soixante-dix
sever ['sɛvə^r] *vt* couper, trancher; (*relations*) rompre
several ['sɛvərl] *adj, pron* plusieurs *pl*; **~ of us** plusieurs d'entre nous; **~ times** plusieurs fois
severance ['sɛvərəns] *n* (*of relations*) rupture *f*
severance pay *n* indemnité *f* de licenciement
severe [sɪ'vɪə^r] *adj* (*stern*) sévère, strict(e); (*serious*) grave, sérieux(-euse); (*hard*) rigoureux(-euse), dur(e); (*plain*) sévère, austère
severely [sɪ'vɪəlɪ] *adv* sévèrement; (*wounded, ill*) gravement
severity [sɪ'vɛrɪtɪ] *n* sévérité *f*; gravité *f*; rigueur *f*
sew (*pt* **-ed**, *pp* **-n**) [səu, səud, səun] *vt, vi* coudre
▶ **sew up** *vt* (re)coudre; **it is all ~n up** (*fig*) c'est dans le sac *or* dans la poche
sewage ['su:ɪdʒ] *n* vidange(s) *f(pl)*
sewage works *n* champ *m* d'épandage
sewer ['su:ə^r] *n* égout *m*
sewing ['səuɪŋ] *n* couture *f*; (*item(s)*) ouvrage *m*
sewing machine *n* machine *f* à coudre
sewn [səun] *pp of* **sew**
sex [sɛks] *n* sexe *m*; **to have ~ with** avoir des rapports (sexuels) avec
sex act *n* acte sexuel
sex appeal *n* sex-appeal *m*
sex education *n* éducation sexuelle
sexism ['sɛksɪzəm] *n* sexisme *m*
sexist ['sɛksɪst] *adj* sexiste
sex life *n* vie sexuelle
sex object *n* femme-objet *f*, objet sexuel
sextet [sɛks'tɛt] *n* sextuor *m*
sexual ['sɛksjuəl] *adj* sexuel(le); **~ assault** attentat *m* à la pudeur; **~ harassment** harcèlement sexuel
sexual intercourse *n* rapports sexuels
sexuality [sɛksju'ælɪtɪ] *n* sexualité *f*
sexy ['sɛksɪ] *adj* sexy *inv*
Seychelles [seɪ'ʃɛl(z)] *npl*: **the ~** les Seychelles *fpl*
SF *n abbr* (= *science fiction*) SF *f*
SG *n abbr* (*US*) = **Surgeon General**
Sgt *abbr* (= *sergeant*) Sgt
shabbiness ['ʃæbɪnɪs] *n* aspect miteux; mesquinerie *f*
shabby ['ʃæbɪ] *adj* miteux(-euse); (*behaviour*) mesquin(e), méprisable
shack [ʃæk] *n* cabane *f*, hutte *f*
shackles ['ʃæklz] *npl* chaînes *fpl*, entraves *fpl*
shade [ʃeɪd] *n* ombre *f*; (*for lamp*) abat-jour *m inv*; (*of colour*) nuance *f*, ton *m*; (*US: window shade*) store *m*; (*small quantity*): **a ~ of** un soupçon de ▷ *vt* abriter du soleil, ombrager; **shades** *npl* (*US: sunglasses*) lunettes *fpl* de soleil; **in the ~** à l'ombre; **a ~ smaller** un tout petit peu plus petit
shadow ['ʃædəu] *n* ombre *f* ▷ *vt* (*follow*) filer; **without** *or* **beyond a ~ of doubt** sans l'ombre d'un doute
shadow cabinet *n* (*Brit Pol*) *cabinet parallèle formé par le parti qui n'est pas au pouvoir*
shadowy ['ʃædəuɪ] *adj* ombragé(e); (*dim*) vague, indistinct(e)
shady ['ʃeɪdɪ] *adj* ombragé(e); (*fig: dishonest*) louche, véreux(-euse)
shaft [ʃɑ:ft] *n* (*of arrow, spear*) hampe *f*; (*Aut, Tech*) arbre *m*; (*of mine*) puits *m*; (*of lift*) cage *f*; (*of light*) rayon *m*, trait *m*; **ventilator ~** conduit *m* d'aération *or* de ventilation
shaggy ['ʃægɪ] *adj* hirsute; en broussaille
shake [ʃeɪk] (*pt* **shook**, *pp* **shaken** [ʃuk, 'ʃeɪkn]) *vt* secouer; (*bottle, cocktail*) agiter; (*house, confidence*) ébranler ▷ *vi* trembler ▷ *n* secousse *f*; **to ~ one's head** (*in refusal etc*) dire *or* faire non de la

tête; *(in dismay)* secouer la tête; **to ~ hands with sb** serrer la main à qn
▸ **shake off** *vt* secouer; *(pursuer)* se débarrasser de
▸ **shake up** *vt* secouer
shake-up ['ʃeɪkʌp] *n* grand remaniement
shakily ['ʃeɪkɪlɪ] *adv (reply)* d'une voix tremblante; *(walk)* d'un pas mal assuré; *(write)* d'une main tremblante
shaky ['ʃeɪkɪ] *adj (hand, voice)* tremblant(e); *(building)* branlant(e), peu solide; *(memory)* chancelant(e); *(knowledge)* incertain(e)
shale [ʃeɪl] *n* schiste argileux
shall [ʃæl] *aux vb*: **I ~ go** j'irai; **~ I open the door?** j'ouvre la porte?; **I'll get the coffee, ~ I?** je vais chercher le café, d'accord?
shallot [ʃə'lɔt] *n (Brit)* échalote *f*
shallow ['ʃæləu] *adj* peu profond(e); *(fig)* superficiel(le), qui manque de profondeur
sham [ʃæm] *n* frime *f*; *(jewellery, furniture)* imitation *f* ▹ *adj* feint(e), simulé(e) ▹ *vt* feindre, simuler
shambles ['ʃæmblz] *n* confusion *f*, pagaïe *f*, fouillis *m*; **the economy is (in) a complete ~** l'économie est dans la confusion la plus totale
shambolic [ʃæm'bɔlɪk] *adj (inf)* bordélique
shame [ʃeɪm] *n* honte *f* ▹ *vt* faire honte à; **it is a ~ (that/to do)** c'est dommage (que + *sub*/de faire); **what a ~!** quel dommage!; **to put sb/sth to ~** *(fig)* faire honte à qn/qch
shamefaced ['ʃeɪmfeɪst] *adj* honteux(-euse), penaud(e)
shameful ['ʃeɪmful] *adj* honteux(-euse), scandaleux(-euse)
shameless ['ʃeɪmlɪs] *adj* éhonté(e), effronté(e); *(immodest)* impudique
shampoo [ʃæm'pu:] *n* shampooing *m* ▹ *vt* faire un shampooing à; **~ and set** shampooing et mise *f* en plis
shamrock ['ʃæmrɔk] *n* trèfle *m (emblème national de l'Irlande)*
shandy ['ʃændɪ] *n* bière panachée
shan't [ʃɑ:nt] = **shall not**
shantytown ['ʃæntɪtaun] *n* bidonville *m*
SHAPE [ʃeɪp] *n abbr (= Supreme Headquarters Allied Powers, Europe) quartier général des forces alliées en Europe*
shape [ʃeɪp] *n* forme *f* ▹ *vt* façonner, modeler; *(clay, stone)* donner forme à; *(statement)* formuler; *(sb's ideas, character)* former; *(sb's life)* déterminer; *(course of events)* influer sur le cours de ▹ *vi (also:* **shape up**: *events)* prendre tournure; *(: person)* faire des progrès, s'en sortir; **to take ~** prendre forme *or* tournure; **in the ~ of a heart** en forme de cœur; **I can't bear gardening in any ~ or form** je déteste le jardinage sous quelque forme que ce soit; **to get o.s. into ~** (re)trouver la forme
-shaped [ʃeɪpt] *suffix*: **heart~** en forme de cœur
shapeless ['ʃeɪplɪs] *adj* informe, sans forme
shapely ['ʃeɪplɪ] *adj* bien proportionné(e), beau (belle)
share [ʃɛə^r] *n (thing received, contribution)* part *f*; *(Comm)* action *f* ▹ *vt* partager; *(have in common)* avoir en commun; **to ~ out (among** *or* **between)** partager (entre); **to ~ in** *(joy, sorrow)* prendre part à; *(profits)* participer à, avoir part à; *(work)* partager
share capital *n* capital social
share certificate *n* certificat *m or* titre *m* d'action
shareholder ['ʃɛəhəuldə^r] *n (Brit)* actionnaire *m/f*
share index *n* indice *m* de la Bourse
shark [ʃɑ:k] *n* requin *m*
sharp [ʃɑ:p] *adj (razor, knife)* tranchant(e), bien aiguisé(e); *(point, voice)* aigu(ë); *(nose, chin)* pointu(e); *(outline, increase)* net(te); *(curve, bend)* brusque; *(cold, pain)* vif (vive); *(taste)* piquant(e), âcre; *(Mus)* dièse; *(person: quick-witted)* vif (vive), éveillé(e); *(: unscrupulous)* malhonnête ▹ *n (Mus)* dièse *m* ▹ *adv*: **at 2 o'clock ~** à 2 heures pile *or* tapantes; **turn ~ left** tournez immédiatement à gauche; **to be ~ with sb** être brusque avec qn; **look ~!** dépêche-toi!
sharpen ['ʃɑ:pn] *vt* aiguiser; *(pencil)* tailler; *(fig)* aviver
sharpener ['ʃɑ:pnə^r] *n (also:* **pencil sharpener***)* taille-crayon(s) *m inv*; *(also:* **knife sharpener***)* aiguisoir *m*
sharp-eyed [ʃɑ:p'aɪd] *adj* à qui rien n'échappe
sharpish ['ʃɑ:pɪʃ] *adv (Brit inf: quickly)* en vitesse
sharply ['ʃɑ:plɪ] *adv (turn, stop)* brusquement; *(stand out)* nettement; *(criticize, retort)* sèchement, vertement
sharp-tempered [ʃɑ:p'tɛmpəd] *adj* prompt(e) à se mettre en colère
sharp-witted [ʃɑ:p'wɪtɪd] *adj* à l'esprit vif, malin(-igne)
shatter ['ʃætə^r] *vt* fracasser, briser, faire voler en éclats; *(fig: upset)* bouleverser; *(: ruin)* briser, ruiner ▹ *vi* voler en éclats, se briser, se fracasser
shattered ['ʃætəd] *adj (overwhelmed, grief-stricken)* bouleversé(e); *(inf: exhausted)* éreinté(e)
shatterproof ['ʃætəpru:f] *adj* incassable
shave [ʃeɪv] *vt* raser ▹ *vi* se raser ▹ *n*: **to have a ~** se raser
shaven ['ʃeɪvn] *adj (head)* rasé(e)
shaver ['ʃeɪvə^r] *n (also:* **electric shaver***)* rasoir *m* électrique
shaving ['ʃeɪvɪŋ] *n (action)* rasage *m*
shaving brush *n* blaireau *m*
shaving cream *n* crème *f* à raser
shaving foam *n* mousse *f* à raser
shavings ['ʃeɪvɪŋz] *npl (of wood etc)* copeaux *mpl*
shaving soap *n* savon *m* à barbe
shawl [ʃɔ:l] *n* châle *m*
she [ʃi:] *pron* elle; **there ~ is** la voilà; **~-elephant** *etc* éléphant *m etc* femelle
sheaf *(pl* **sheaves***)* [ʃi:f, ʃi:vz] *n* gerbe *f*
shear [ʃɪə^r] *vt (pt* **-ed**, *pp* **-ed** *or* **shorn** [ʃɔ:n]*) (sheep)* tondre
▸ **shear off** *vt* tondre; *(branch)* élaguer
shears ['ʃɪəz] *npl (for hedge)* cisaille(s) *f(pl)*

sheath [ʃi:θ] *n* gaine *f*, fourreau *m*, étui *m*; (*contraceptive*) préservatif *m*
sheathe [ʃi:ð] *vt* gainer; (*sword*) rengainer
sheath knife *n* couteau *m* à gaine
sheaves [ʃi:vz] *npl of* **sheaf**
shed [ʃɛd] *n* remise *f*, resserre *f*; (*Industry, Rail*) hangar *m* ▷ *vt* (*pt, pp* **-**) (*leaves, fur etc*) perdre; (*tears*) verser, répandre; (*workers*) congédier; **to ~ light on** (*problem, mystery*) faire la lumière sur
she'd [ʃi:d] = **she had; she would**
sheen [ʃi:n] *n* lustre *m*
sheep [ʃi:p] *n* (*pl inv*) mouton *m*
sheepdog ['ʃi:pdɔg] *n* chien *m* de berger
sheep farmer *n* éleveur *m* de moutons
sheepish ['ʃi:pɪʃ] *adj* penaud(e), timide
sheepskin ['ʃi:pskɪn] *n* peau *f* de mouton
sheepskin jacket *n* canadienne *f*
sheer [ʃɪə^r] *adj* (*utter*) pur(e), pur et simple; (*steep*) à pic, abrupt(e); (*almost transparent*) extrêmement fin(e) ▷ *adv* à pic, abruptement; **by ~ chance** par pur hasard
sheet [ʃi:t] *n* (*on bed*) drap *m*; (*of paper*) feuille *f*; (*of glass, metal etc*) feuille, plaque *f*
sheet feed *n* (*on printer*) alimentation *f* en papier (feuille à feuille)
sheet lightning *n* éclair *m* en nappe(s)
sheet metal *n* tôle *f*
sheet music *n* partition(s) *f(pl)*
sheik, sheikh [ʃeɪk] *n* cheik *m*
shelf (*pl* **shelves**) [ʃɛlf, ʃɛlvz] *n* étagère *f*, rayon *m*; **set of shelves** rayonnage *m*
shelf life *n* (*Comm*) durée *f* de conservation (avant la vente)
shell [ʃɛl] *n* (*on beach*) coquillage *m*; (*of egg, nut etc*) coquille *f*; (*explosive*) obus *m*; (*of building*) carcasse *f* ▷ *vt* (*crab, prawn etc*) décortiquer; (*peas*) écosser; (*Mil*) bombarder (d'obus)
▶ **shell out** *vi* (*inf*): **to ~ out (for)** casquer (pour)
she'll [ʃi:l] = **she will; she shall**
shellfish ['ʃɛlfɪʃ] *n* (*pl inv: crab etc*) crustacé *m*; (*: scallop etc*) coquillage *m* ▷ *npl* (*as food*) fruits *mpl* de mer
shell suit *n* survêtement *m*
shelter ['ʃɛltə^r] *n* abri *m*, refuge *m* ▷ *vt* abriter, protéger; (*give lodging to*) donner asile à ▷ *vi* s'abriter, se mettre à l'abri; **to take ~ (from)** s'abriter (de)
sheltered ['ʃɛltəd] *adj* (*life*) retiré(e), à l'abri des soucis; (*spot*) abrité(e)
sheltered housing *n* foyers *mpl* (*pour personnes âgées ou handicapées*)
shelve [ʃɛlv] *vt* (*fig*) mettre en suspens *or* en sommeil
shelves ['ʃɛlvz] *npl of* **shelf**
shelving ['ʃɛlvɪŋ] *n* (*shelves*) rayonnage(s) *m(pl)*
shepherd ['ʃɛpəd] *n* berger *m* ▷ *vt* (*guide*) guider, escorter
shepherdess ['ʃɛpədɪs] *n* bergère *f*
shepherd's pie ['ʃɛpədz-] *n* ≈ hachis *m* Parmentier
sherbet ['ʃə:bət] *n* (*Brit: powder*) poudre acidulée; (*US: water ice*) sorbet *m*
sheriff ['ʃɛrɪf] (*US*) *n* shérif *m*
sherry ['ʃɛrɪ] *n* xérès *m*, sherry *m*
she's [ʃi:z] = **she is; she has**
Shetland ['ʃɛtlənd] *n* (*also*: **the Shetlands, the Shetland Isles** *or* **Islands**) les îles *fpl* Shetland
Shetland pony *n* poney *m* des îles Shetland
shield [ʃi:ld] *n* bouclier *m*; (*protection*) écran *m* de protection ▷ *vt*: **to ~ (from)** protéger (de *or* contre)
shift [ʃɪft] *n* (*change*) changement *m*; (*work period*) période *f* de travail; (*of workers*) équipe *f*, poste *m* ▷ *vt* déplacer, changer de place; (*remove*) enlever ▷ *vi* changer de place, bouger; **the wind has ~ed to the south** le vent a tourné au sud; **a ~ in demand** (*Comm*) un déplacement de la demande
shift key *n* (*on typewriter*) touche *f* de majuscule
shiftless ['ʃɪftlɪs] *adj* fainéant(e)
shift work *n* travail *m* par roulement; **to do ~** travailler par roulement
shifty ['ʃɪftɪ] *adj* sournois(e); (*eyes*) fuyant(e)
Shiite ['ʃi:aɪt] *n* Chiite *m/f* ▷ *adj* chiite
shilling ['ʃɪlɪŋ] *n* (*Brit*) shilling *m* (*= 12 old pence; 20 in a pound*)
shilly-shally ['ʃɪlɪʃælɪ] *vi* tergiverser, atermoyer
shimmer ['ʃɪmə^r] *n* miroitement *m*, chatoiement *m* ▷ *vi* miroiter, chatoyer
shin [ʃɪn] *n* tibia *m* ▷ *vi*: **to ~ up/down a tree** grimper dans un/descendre d'un arbre
shindig ['ʃɪndɪg] *n* (*inf*) bamboula *f*
shine [ʃaɪn] (*pt, pp* **shone**) [ʃɔn] *n* éclat *m*, brillant *m* ▷ *vi* briller ▷ *vt* (*torch*): **to ~ on** braquer sur; (*polish*) (*pt, pp* **-d**) faire briller *or* reluire
shingle ['ʃɪŋgl] *n* (*on beach*) galets *mpl*; (*on roof*) bardeau *m*
shingles ['ʃɪŋglz] *n* (*Med*) zona *m*
shining ['ʃaɪnɪŋ] *adj* brillant(e)
shiny ['ʃaɪnɪ] *adj* brillant(e)
ship [ʃɪp] *n* bateau *m*; (*large*) navire *m* ▷ *vt* transporter (par mer); (*send*) expédier (par mer); (*load*) charger, embarquer; **on board ~** à bord
shipbuilder ['ʃɪpbɪldə^r] *n* constructeur *m* de navires
shipbuilding ['ʃɪpbɪldɪŋ] *n* construction navale
ship chandler [-'tʃɑ:ndlə^r] *n* fournisseur *m* maritime, shipchandler *m*
shipment ['ʃɪpmənt] *n* cargaison *f*
shipowner ['ʃɪpəunə^r] *n* armateur *m*
shipper ['ʃɪpə^r] *n* affréteur *m*, expéditeur *m*
shipping ['ʃɪpɪŋ] *n* (*ships*) navires *mpl*; (*traffic*) navigation *f*; (*the industry*) industrie navale; (*transport*) transport *m*
shipping agent *n* agent *m* maritime
shipping company *n* compagnie *f* de navigation
shipping lane *n* couloir *m* de navigation
shipping line *n* = **shipping company**
shipshape ['ʃɪpʃeɪp] *adj* en ordre impeccable
shipwreck ['ʃɪprɛk] *n* épave *f*; (*event*) naufrage *m* ▷ *vt*: **to be ~ed** faire naufrage
shipyard ['ʃɪpjɑ:d] *n* chantier naval
shire ['ʃaɪə^r] *n* (*Brit*) comté *m*

S

shirk [ʃəːk] *vt* esquiver, se dérober à
shirt [ʃəːt] *n* chemise *f*; (*woman's*) chemisier *m*; **in ~ sleeves** en bras de chemise
shirty [ˈʃəːtɪ] *adj* (*Brit inf*) de mauvais poil
shit [ʃɪt] *excl* (*inf!*) merde (*!*)
shiver [ˈʃɪvəʳ] *n* frisson *m* ▷ *vi* frissonner
shoal [ʃəul] *n* (*of fish*) banc *m*
shock [ʃɔk] *n* (*impact*) choc *m*, heurt *m*; (*Elec*) secousse *f*, décharge *f*; (*emotional*) choc; (*Med*) commotion *f*, choc ▷ *vt* (*scandalize*) choquer, scandaliser; (*upset*) bouleverser; **suffering from ~** (*Med*) commotionné(e); **it gave us a ~** ça nous a fait un choc; **it came as a ~ to hear that ...** nous avons appris avec stupeur que ...
shock absorber [-əbzɔːbəʳ] *n* amortisseur *m*
shocker [ˈʃɔkəʳ] *n* (*inf*): **the news was a real ~ to him** il a vraiment été choqué par cette nouvelle
shocking [ˈʃɔkɪŋ] *adj* (*outrageous*) choquant(e), scandaleux(-euse); (*awful*) épouvantable
shockproof [ˈʃɔkpruːf] *adj* anti-choc *inv*
shock therapy, shock treatment *n* (*Med*) (traitement *m* par) électrochoc(s) *m(pl)*
shock wave *n* (*also fig*) onde *f* de choc
shod [ʃɔd] *pt, pp of* **shoe**; **well-~** bien chaussé(e)
shoddy [ˈʃɔdɪ] *adj* de mauvaise qualité, mal fait(e)
shoe [ʃuː] *n* chaussure *f*, soulier *m*; (*also*: **horseshoe**) fer *m* à cheval; (*also*: **brake shoe**) mâchoire *f* de frein ▷ *vt* (*pt, pp* **shod**) [ʃɔd] (*horse*) ferrer
shoebrush [ˈʃuːbrʌʃ] *n* brosse *f* à chaussures
shoehorn [ˈʃuːhɔːn] *n* chausse-pied *m*
shoelace [ˈʃuːleɪs] *n* lacet *m* (de soulier)
shoemaker [ˈʃuːmeɪkəʳ] *n* cordonnier *m*, fabricant *m* de chaussures
shoe polish *n* cirage *m*
shoeshop [ˈʃuːʃɔp] *n* magasin *m* de chaussures
shoestring [ˈʃuːstrɪŋ] *n*: **on a ~** (*fig*) avec un budget dérisoire; avec des moyens très restreints
shoetree [ˈʃuːtriː] *n* embauchoir *m*
shone [ʃɔn] *pt, pp of* **shine**
shoo [ʃuː] *excl* allez, ouste! ▷ *vt* (*also*: **shoo away, shoo off**) chasser
shook [ʃuk] *pt of* **shake**
shoot [ʃuːt] (*pt, pp* **shot**) [ʃɔt] *n* (*on branch, seedling*) pousse *f*; (*shooting party*) partie *f* de chasse ▷ *vt* (*game: hunt*) chasser; (*: aim at*) tirer; (*: kill*) abattre; (*person*) blesser/tuer d'un coup de fusil (*or* de revolver); (*execute*) fusiller; (*arrow*) tirer; (*gun*) tirer un coup de; (*Cine*) tourner ▷ *vi* (*with gun, bow*): **to ~ (at)** tirer (sur); (*Football*) shooter, tirer; **to ~ past sb** passer en flèche devant qn; **to ~ in/out** entrer/sortir comme une flèche
▸ **shoot down** *vt* (*plane*) abattre
▸ **shoot up** *vi* (*fig: prices etc*) monter en flèche
shooting [ˈʃuːtɪŋ] *n* (*shots*) coups *mpl* de feu; (*attack*) fusillade *f*; (*murder*) homicide *m* (*à l'aide d'une arme à feu*); (*Hunting*) chasse *f*; (*Cine*) tournage *m*
shooting range *n* stand *m* de tir
shooting star *n* étoile filante
shop [ʃɔp] *n* magasin *m*; (*workshop*) atelier *m* ▷ *vi* (*also*: **go shopping**) faire ses courses *or* ses achats; **repair ~** atelier de réparations; **to talk ~** (*fig*) parler boutique
▸ **shop around** *vi* faire le tour des magasins (pour comparer les prix); (*fig*) se renseigner avant de choisir *or* décider
shopaholic [ʃɔpəˈhɔlɪk] *n* (*inf*) *personne qui achète sans pouvoir s'arrêter*
shop assistant *n* (*Brit*) vendeur(-euse)
shop floor *n* (*Brit: fig*) ouvriers *mpl*
shopkeeper [ˈʃɔpkiːpəʳ] *n* marchand(e), commerçant(e)
shoplift [ˈʃɔplɪft] *vi* voler à l'étalage
shoplifter [ˈʃɔplɪftəʳ] *n* voleur(-euse) à l'étalage
shoplifting [ˈʃɔplɪftɪŋ] *n* vol *m* à l'étalage
shopper [ˈʃɔpəʳ] *n* personne *f* qui fait ses courses, acheteur(-euse)
shopping [ˈʃɔpɪŋ] *n* (*goods*) achats *mpl*, provisions *fpl*
shopping bag *n* sac *m* (à provisions)
shopping centre, (*US*) **shopping center** *n* centre commercial
shopping mall *n* centre commercial
shopping trolley *n* (*Brit*) Caddie® *m*
shop-soiled [ˈʃɔpsɔɪld] *adj* défraîchi(e), qui a fait la vitrine
shop window *n* vitrine *f*
shore [ʃɔːʳ] *n* (*of sea, lake*) rivage *m*, rive *f* ▷ *vt*: **to ~ (up)** étayer; **on ~** à terre
shore leave *n* (*Naut*) permission *f* à terre
shorn [ʃɔːn] *pp of* **shear** ▷ *adj*: **~ of** dépouillé(e) de
short [ʃɔːt] *adj* (*not long*) court(e); (*soon finished*) court, bref (brève); (*person, step*) petit(e); (*curt*) brusque, sec (sèche); (*insufficient*) insuffisant(e) ▷ *n* (*also*: **short film**) court métrage; (*Elec*) court-circuit *m*; **to be ~ of sth** être à court de *or* manquer de qch; **to be in ~ supply** manquer, être difficile à trouver; **I'm 3 ~** il m'en manque 3; **in ~** bref; en bref; **~ of doing** à moins de faire; **everything ~ of** tout sauf; **it is ~ for** c'est l'abréviation *or* le diminutif de; **a ~ time ago** il y a peu de temps; **in the ~ term** à court terme; **to cut ~** (*speech, visit*) abréger, écourter; (*person*) couper la parole à; **to fall ~ of** ne pas être à la hauteur de; **to run ~ of** arriver à court de, venir à manquer de; **to stop ~** s'arrêter net; **to stop ~ of** ne pas aller jusqu'à
shortage [ˈʃɔːtɪdʒ] *n* manque *m*, pénurie *f*
shortbread [ˈʃɔːtbrɛd] *n* ≈ sablé *m*
short-change [ʃɔːtˈtʃeɪndʒ] *vt*: **to ~ sb** ne pas rendre assez à qn
short-circuit [ʃɔːtˈsəːkɪt] *n* court-circuit *m* ▷ *vt* court-circuiter ▷ *vi* se mettre en court-circuit
shortcoming [ˈʃɔːtkʌmɪŋ] *n* défaut *m*
shortcrust pastry [ˈʃɔːtkrʌst-], **short pastry** *n* (*Brit*) pâte brisée
shortcut [ˈʃɔːtkʌt] *n* raccourci *m*
shorten [ˈʃɔːtn] *vt* raccourcir; (*text, visit*) abréger
shortening [ˈʃɔːtnɪŋ] *n* (*Culin*) matière grasse
shortfall [ˈʃɔːtfɔːl] *n* déficit *m*

shorthand ['ʃɔːthænd] *n* (*Brit*) sténo(graphie) *f*; **to take sth down in ~** prendre qch en sténo
shorthand notebook *n* bloc *m* sténo
shorthand typist *n* (*Brit*) sténodactylo *m/f*
shortlist ['ʃɔːtlɪst] *n* (*Brit: for job*) liste *f* des candidats sélectionnés
short-lived ['ʃɔːt'lɪvd] *adj* de courte durée
shortly ['ʃɔːtlɪ] *adv* bientôt, sous peu
shortness ['ʃɔːtnɪs] *n* brièveté *f*
short notice *n*: **at ~** au dernier moment
shorts [ʃɔːts] *npl*: **(a pair of) ~** un short
short-sighted [ʃɔːt'saɪtɪd] *adj* (*Brit*) myope; (*fig*) qui manque de clairvoyance
short-sleeved [ʃɔːt'sliːvd] *adj* à manches courtes
short-staffed [ʃɔːt'stɑːft] *adj* à court de personnel
short-stay [ʃɔːt'steɪ] *adj* (*car park*) de courte durée
short story *n* nouvelle *f*
short-tempered [ʃɔːt'tɛmpəd] *adj* qui s'emporte facilement
short-term ['ʃɔːttəːm] *adj* (*effect*) à court terme
short time *n*: **to work ~, to be on ~** (*Industry*) être en chômage partiel, travailler à horaire réduit
short wave *n* (*Radio*) ondes courtes
shot [ʃɔt] *pt, pp of* **shoot** ▷ *n* coup *m* (de feu); (*shotgun pellets*) plombs *mpl*; (*try*) coup, essai *m*; (*injection*) piqûre *f*; (*Phot*) photo *f*; **to be a good/ poor ~** (*person*) tirer bien/mal; **to fire a ~ at sb/ sth** tirer sur qn/qch; **to have a ~ at (doing) sth** essayer de faire qch; **like a ~** comme une flèche; (*very readily*) sans hésiter; **to get ~ of sb/sth** (*inf*) se débarrasser de qn/qch; **a big ~** (*inf*) un gros bonnet
shotgun ['ʃɔtgʌn] *n* fusil *m* de chasse
should [ʃud] *aux vb*: **I ~ go now** je devrais partir maintenant; **he ~ be there now** il devrait être arrivé maintenant; **I ~ go if I were you** si j'étais vous j'irais; **I ~ like to** volontiers, j'aimerais bien; **~ he phone ...** si jamais il téléphone ...
shoulder ['ʃəuldə^r] *n* épaule *f*; (*Brit: of road*): **hard ~** accotement *m* ▷ *vt* (*fig*) endosser, se charger de; **to look over one's ~** regarder derrière soi (en tournant la tête); **to rub ~s with sb** (*fig*) côtoyer qn; **to give sb the cold ~** (*fig*) battre froid à qn
shoulder bag *n* sac *m* à bandoulière
shoulder blade *n* omoplate *f*
shoulder strap *n* bretelle *f*
shouldn't ['ʃudnt] = **should not**
shout [ʃaut] *n* cri *m* ▷ *vt* crier ▷ *vi* crier, pousser des cris; **to give sb a ~** appeler qn
▸ **shout down** *vt* huer
shouting ['ʃautɪŋ] *n* cris *mpl*
shouting match *n* (*inf*) engueulade *f*, empoignade *f*
shove [ʃʌv] *vt* pousser; (*inf: put*): **to ~ sth in** fourrer *or* ficher qch dans ▷ *n* poussée *f*; **he ~d me out of the way** il m'a écarté en me poussant
▸ **shove off** *vi* (*Naut*) pousser au large; (*fig: col*) ficher le camp
shovel ['ʃʌvl] *n* pelle *f* ▷ *vt* pelleter, enlever (*or* enfourner) à la pelle
show [ʃəu] (*pt* **-ed**, *pp* **-n**) [ʃəun] *n* (*of emotion*) manifestation *f*, démonstration *f*; (*semblance*) semblant *m*, apparence *f*; (*exhibition*) exposition *f*, salon *m*; (*Theat, TV*) spectacle *m*; (*Cine*) séance *f* ▷ *vt* montrer; (*film*) passer; (*courage etc*) faire preuve de, manifester; (*exhibit*) exposer ▷ *vi* se voir, être visible; **can you ~ me where it is, please?** pouvez-vous me montrer où c'est?; **to ask for a ~ of hands** demander que l'on vote à main levée; **to be on ~** être exposé(e); **it's just for ~** c'est juste pour l'effet; **who's running the ~ here?** (*inf*) qui est-ce qui commande ici?; **to ~ sb to his seat/to the door** accompagner qn jusqu'à sa place/la porte; **to ~ a profit/loss** (*Comm*) indiquer un bénéfice/une perte; **it just goes to ~ that ...** ça prouve bien que ...
▸ **show in** *vt* faire entrer
▸ **show off** *vi* (*pej*) crâner ▷ *vt* (*display*) faire valoir; (*pej*) faire étalage de
▸ **show out** *vt* reconduire à la porte
▸ **show up** *vi* (*stand out*) ressortir; (*inf: turn up*) se montrer ▷ *vt* démontrer; (*unmask*) démasquer, dénoncer; (*flaw*) faire ressortir
showbiz ['ʃəubɪz] *n* (*inf*) showbiz *m*
show business *n* le monde du spectacle
showcase ['ʃəukeɪs] *n* vitrine *f*
showdown ['ʃəudaun] *n* épreuve *f* de force
shower ['ʃauə^r] *n* (*for washing*) douche *f*; (*rain*) averse *f*; (*of stones etc*) pluie *f*, grêle *f*; (*US: party*) *réunion organisée pour la remise de cadeaux* ▷ *vi* prendre une douche, se doucher ▷ *vt*: **to ~ sb with** (*gifts etc*) combler qn de; (*abuse etc*) accabler qn de; (*missiles*) bombarder qn de; **to have** *or* **take a ~** prendre une douche, se doucher
shower cap *n* bonnet *m* de douche
shower gel *n* gel *m* douche
showerproof ['ʃauəpruːf] *adj* imperméable
showery ['ʃauərɪ] *adj* (*weather*) pluvieux(-euse)
showground ['ʃəugraund] *n* champ *m* de foire
showing ['ʃəuɪŋ] *n* (*of film*) projection *f*
show jumping [-dʒʌmpɪŋ] *n* concours *m* hippique
showman ['ʃəumən] (*irreg*) *n* (*at fair, circus*) forain *m*; (*fig*) comédien *m*
showmanship ['ʃəumənʃɪp] *n* art *m* de la mise en scène
shown [ʃəun] *pp of* **show**
show-off ['ʃəuɔf] *n* (*inf: person*) crâneur(-euse), m'as-tu-vu(e)
showpiece ['ʃəupiːs] *n* (*of exhibition etc*) joyau *m*, clou *m*; **that hospital is a ~** cet hôpital est un modèle du genre
showroom ['ʃəurum] *n* magasin *m or* salle *f* d'exposition
show trial *n* grand procès *m* médiatique (*qui fait un exemple*)
showy ['ʃəuɪ] *adj* tapageur(-euse)
shrank [ʃræŋk] *pt of* **shrink**
shrapnel ['ʃræpnl] *n* éclats *mpl* d'obus

S

shred [ʃrɛd] *n* (*gen pl*) lambeau *m*, petit morceau; (*fig: of truth, evidence*) parcelle *f* ▷ *vt* mettre en lambeaux, déchirer; (*documents*) détruire; (*Culin: grate*) râper; (*: lettuce etc*) couper en lanières
shredder ['ʃrɛdəʳ] *n* (*for vegetables*) râpeur *m*; (*for documents, papers*) déchiqueteuse *f*
shrewd [ʃru:d] *adj* astucieux(-euse), perspicace; (*business person*) habile
shrewdness ['ʃru:dnɪs] *n* perspicacité *f*
shriek [ʃri:k] *n* cri perçant *or* aigu, hurlement *m* ▷ *vt, vi* hurler, crier
shrift [ʃrɪft] *n*: **to give sb short ~** expédier qn sans ménagements
shrill [ʃrɪl] *adj* perçant(e), aigu(ë), strident(e)
shrimp [ʃrɪmp] *n* crevette grise
shrine [ʃraɪn] *n* châsse *f*; (*place*) lieu *m* de pèlerinage
shrink (*pt* **shrank**, *pp* **shrunk**) [ʃrɪŋk, ʃræŋk, ʃrʌŋk] *vi* rétrécir; (*fig*) diminuer; (*also*: **shrink away**) reculer ▷ *vt* (*wool*) (faire) rétrécir ▷ *n* (*inf: pej*) psychanalyste *m/f*; **to ~ from (doing) sth** reculer devant (la pensée de faire) qch
shrinkage ['ʃrɪŋkɪdʒ] *n* (*of clothes*) rétrécissement *m*
shrink-wrap ['ʃrɪŋkræp] *vt* emballer sous film plastique
shrivel ['ʃrɪvl] (*also*: **shrivel up**) *vt* ratatiner, flétrir ▷ *vi* se ratatiner, se flétrir
shroud [ʃraud] *n* linceul *m* ▷ *vt*: **~ed in mystery** enveloppé(e) de mystère
Shrove Tuesday ['ʃrəuv-] *n* (le) Mardi gras
shrub [ʃrʌb] *n* arbuste *m*
shrubbery ['ʃrʌbərɪ] *n* massif *m* d'arbustes
shrug [ʃrʌg] *n* haussement *m* d'épaules ▷ *vt, vi*: **to ~ (one's shoulders)** hausser les épaules
▸ **shrug off** *vt* faire fi de; (*cold, illness*) se débarrasser de
shrunk [ʃrʌŋk] *pp of* **shrink**
shrunken ['ʃrʌŋkn] *adj* ratatiné(e)
shudder ['ʃʌdəʳ] *n* frisson *m*, frémissement *m* ▷ *vi* frissonner, frémir
shuffle ['ʃʌfl] *vt* (*cards*) battre; **to ~ (one's feet)** traîner les pieds
shun [ʃʌn] *vt* éviter, fuir
shunt [ʃʌnt] *vt* (*Rail: direct*) aiguiller; (*: divert*) détourner ▷ *vi*: **to ~ (to and fro)** faire la navette
shunting yard ['ʃʌntɪŋ-] *n* voies *fpl* de garage *or* de triage
shush [ʃuʃ] *excl* chut!
shut (*pt, pp* **-**) [ʃʌt] *vt* fermer ▷ *vi* (se) fermer
▸ **shut down** *vt* fermer définitivement; (*machine*) arrêter ▷ *vi* fermer définitivement
▸ **shut off** *vt* couper, arrêter
▸ **shut out** *vt* (*person, cold*) empêcher d'entrer; (*noise*) éviter d'entendre; (*block: view*) boucher; (*: memory of sth*) chasser de son esprit
▸ **shut up** *vi* (*inf: keep quiet*) se taire ▷ *vt* (*close*) fermer; (*silence*) faire taire
shutdown ['ʃʌtdaun] *n* fermeture *f*
shutter ['ʃʌtəʳ] *n* volet *m*; (*Phot*) obturateur *m*
shuttle ['ʃʌtl] *n* navette *f*; (*also*: **shuttle service**) (service *m* de) navette *f* ▷ *vi* (*vehicle, person*) faire la navette ▷ *vt* (*passengers*) transporter par un système de navette
shuttlecock ['ʃʌtlkɔk] *n* volant *m* (*de badminton*)
shuttle diplomacy *n* navettes *fpl* diplomatique
shy [ʃaɪ] *adj* timide; **to fight ~ of** se dérober devant; **to be ~ of doing sth** hésiter à faire qch, ne pas oser faire qch ▷ *vi*: **to ~ away from doing sth** (*fig*) craindre de faire qch
shyness ['ʃaɪnɪs] *n* timidité *f*
Siam [saɪ'æm] *n* Siam *m*
Siamese [saɪə'mi:z] *adj*: **~ cat** chat siamois *mpl*; **~ twins** (frères *mpl*) siamois *mpl*, (sœurs *fpl*) siamoises *fpl*
Siberia [saɪ'bɪərɪə] *n* Sibérie *f*
siblings ['sɪblɪŋz] *npl* (*formal*) frères et sœurs *mpl* (*de mêmes parents*)
Sicilian [sɪ'sɪlɪən] *adj* sicilien(ne) ▷ *n* Sicilien(ne)
Sicily ['sɪsɪlɪ] *n* Sicile *f*
sick [sɪk] *adj* (*ill*) malade; (*Brit: vomiting*): **to be ~** vomir; (*humour*) noir(e), macabre; **to feel ~** avoir envie de vomir, avoir mal au cœur; **to fall ~** tomber malade; **to be (off) ~** être absent(e) pour cause de maladie; **a ~ person** un(e) malade; **to be ~ of** (*fig*) en avoir assez de
sick bag ['sɪkbæg] *n* sac *m* vomitoire
sick bay *n* infirmerie *f*
sick building syndrome *n maladie dûe à la climatisation, l'éclairage artificiel etc des bureaux*
sicken ['sɪkn] *vt* écœurer ▷ *vi*: **to be ~ing for sth** (*cold, flu etc*) couver qch
sickening ['sɪknɪŋ] *adj* (*fig*) écœurant(e), révoltant(e), répugnant(e)
sickle ['sɪkl] *n* faucille *f*
sick leave *n* congé *m* de maladie
sickle-cell anaemia ['sɪklsɛl-] *n* anémie *f* à hématies falciformes, drépanocytose *f*
sickly ['sɪklɪ] *adj* maladif(-ive), souffreteux(-euse); (*causing nausea*) écœurant(e)
sickness ['sɪknɪs] *n* maladie *f*; (*vomiting*) vomissement(s) *m(pl)*
sickness benefit *n* (prestations *fpl* de l')assurance-maladie *f*
sick note *n* (*from parents*) mot *m* d'absence; (*from doctor*) certificat médical
sick pay *n* indemnité *f* de maladie (*versée par l'employeur*)
sickroom ['sɪkru:m] *n* infirmerie *f*
side [saɪd] *n* côté *m*; (*of animal*) flanc *m*; (*of lake, road*) bord *m*; (*of mountain*) versant *m*; (*fig: aspect*) côté, aspect *m*; (*team: Sport*) équipe *f*; (*TV: channel*) chaîne *f* ▷ *adj* (*door, entrance*) latéral(e) ▷ *vi*: **to ~ with sb** prendre le parti de qn, se ranger du côté de qn; **by the ~ of** au bord de; **~ by ~** côte à côte; **the right/wrong ~** le bon/mauvais côté, l'endroit/l'envers *m*; **they are on our ~** ils sont avec nous; **from all ~s** de tous côtés; **to rock from ~ to ~** se balancer; **to take ~s (with)** prendre parti (pour); **a ~ of beef** ≈ un quartier de bœuf
sideboard ['saɪdbɔ:d] *n* buffet *m*
sideboards ['saɪdbɔ:dz] (*Brit*), **sideburns**

['saɪdbə:nz] *npl* (*whiskers*) pattes *fpl*
sidecar ['saɪdkɑ:ʳ] *n* side-car *m*
side dish *n* (plat *m* d')accompagnement *m*
side drum *n* (*Mus*) tambour plat, caisse claire
side effect *n* effet *m* secondaire
sidekick ['saɪdkɪk] *n* (*inf*) sous-fifre *m*
sidelight ['saɪdlaɪt] *n* (*Aut*) veilleuse *f*
sideline ['saɪdlaɪn] *n* (*Sport*) (ligne *f* de) touche *f*; (*fig*) activité *f* secondaire
sidelong ['saɪdlɔŋ] *adj*: **to give sb a ~ glance** regarder qn du coin de l'œil
side order *n* garniture *f*
side plate *n* petite assiette
side road *n* petite route, route transversale
sidesaddle ['saɪdsædl] *adv* en amazone
sideshow ['saɪdʃəu] *n* attraction *f*
sidestep ['saɪdstɛp] *vt* (*question*) éluder; (*problem*) éviter ▷ *vi* (*Boxing etc*) esquiver
side street *n* rue transversale
sidetrack ['saɪdtræk] *vt* (*fig*) faire dévier de son sujet
sidewalk ['saɪdwɔ:k] *n* (*US*) trottoir *m*
sideways ['saɪdweɪz] *adv* de côté
siding ['saɪdɪŋ] *n* (*Rail*) voie *f* de garage
sidle ['saɪdl] *vi*: **to ~ up (to)** s'approcher furtivement (de)
SIDS [sɪdz] *n abbr* (= *sudden infant death syndrome*) mort subite du nourrisson, mort *f* au berceau
siege [si:dʒ] *n* siège *m*; **to lay ~ to** assiéger
siege economy *n* économie *f* de (temps de) siège
Sierra Leone [sɪ'ɛrəlɪ'əun] *n* Sierra Leone *f*
sieve [sɪv] *n* tamis *m*, passoire *f* ▷ *vt* tamiser, passer (au tamis)
sift [sɪft] *vt* passer au tamis *or* au crible; (*fig*) passer au crible ▷ *vi* (*fig*): **to ~ through** passer en revue
sigh [saɪ] *n* soupir *m* ▷ *vi* soupirer, pousser un soupir
sight [saɪt] *n* (*faculty*) vue *f*; (*spectacle*) spectacle *m*; (*on gun*) mire *f* ▷ *vt* apercevoir; **in ~** visible; (*fig*) en vue; **out of ~** hors de vue; **at ~** (*Comm*) à vue; **at first ~** à première vue, au premier abord; **I know her by ~** je la connais de vue; **to catch ~ of sb/sth** apercevoir qn/qch; **to lose ~ of sb/sth** perdre qn/qch de vue; **to set one's ~s on sth** jeter son dévolu sur qch
sighted ['saɪtɪd] *adj* qui voit; **partially ~** qui a un certain degré de vision
sightseeing ['saɪtsi:ɪŋ] *n* tourisme *m*; **to go ~** faire du tourisme
sightseer ['saɪtsi:əʳ] *n* touriste *m/f*
sign [saɪn] *n* (*gen*) signe *m*; (*with hand etc*) signe, geste *m*; (*notice*) panneau *m*, écriteau *m*; (*also*: **road sign**) panneau de signalisation ▷ *vt* signer; **as a ~ of** en signe de; **it's a good/bad ~** c'est bon/mauvais signe; **plus/minus ~** signe plus/moins; **there's no ~ of a change of mind** rien ne laisse présager un revirement; **he was showing ~s of improvement** il commençait visiblement à faire des progrès; **to ~ one's name** signer; **where do I ~?** où dois-je signer?
▸ **sign away** *vt* (*rights etc*) renoncer officiellement à
▸ **sign for** *vt fus* (*item*) signer le reçu pour
▸ **sign in** *vi* signer le registre (en arrivant)
▸ **sign off** *vi* (*Radio, TV*) terminer l'émission
▸ **sign on** *vi* (*Mil*) s'engager; (*Brit: as unemployed*) s'inscrire au chômage; (*enrol*) s'inscrire ▷ *vt* (*Mil*) engager; (*employee*) embaucher; **to ~ on for a course** s'inscrire pour un cours
▸ **sign out** *vi* signer le registre (en partant)
▸ **sign over** *vt*: **to ~ sth over to sb** céder qch par écrit à qn
▸ **sign up** *vt* (*Mil*) engager ▷ *vi* (*Mil*) s'engager; (*for course*) s'inscrire
signal ['sɪgnl] *n* signal *m* ▷ *vi* (*Aut*) mettre son clignotant ▷ *vt* (*person*) faire signe à; (*message*) communiquer par signaux; **to ~ a left/right turn** (*Aut*) indiquer *or* signaler que l'on tourne à gauche/droite; **to ~ to sb (to do sth)** faire signe à qn (de faire qch)
signal box *n* (*Rail*) poste *m* d'aiguillage
signalman [sɪgnlmən] *n* (*Rail*) aiguilleur *m*
signatory ['sɪgnətərɪ] *n* signataire *m/f*
signature ['sɪgnətʃəʳ] *n* signature *f*
signature tune *n* indicatif musical
signet ring ['sɪgnət-] *n* chevalière *f*
significance [sɪg'nɪfɪkəns] *n* signification *f*; importance *f*; **that is of no ~** ceci n'a pas d'importance
significant [sɪg'nɪfɪkənt] *adj* significatif(-ive); (*important*) important(e), considérable
significantly [sɪg'nɪfɪkəntlɪ] *adv* (*improve, increase*) sensiblement; (*smile*) d'un air entendu, éloquemment; **~, ...** fait significatif, ...
signify ['sɪgnɪfaɪ] *vt* signifier
sign language *n* langage *m* par signes
signpost ['saɪnpəust] *n* poteau indicateur
Sikh [si:k] *adj, n* Sikh *m/f*
silage ['saɪlɪdʒ] *n* (*fodder*) fourrage vert; (*method*) ensilage *m*
silence ['saɪlns] *n* silence *m* ▷ *vt* faire taire, réduire au silence
silencer ['saɪlənsəʳ] *n* (*Brit: on gun, Aut*) silencieux *m*
silent ['saɪlnt] *adj* silencieux(-euse); (*film*) muet(te); **to keep** *or* **remain ~** garder le silence, ne rien dire
silently ['saɪlntlɪ] *adv* silencieusement
silent partner *n* (*Comm*) bailleur *m* de fonds, commanditaire *m*
silhouette [sɪlu:'ɛt] *n* silhouette *f* ▷ *vt*: **~d against** se profilant sur, se découpant contre
silicon ['sɪlɪkən] *n* silicium *m*
silicon chip ['sɪlɪkən-] *n* puce *f* électronique
silicone ['sɪlɪkəun] *n* silicone *f*
silk [sɪlk] *n* soie *f* ▷ *cpd* de *or* en soie
silky ['sɪlkɪ] *adj* soyeux(-euse)
sill [sɪl] *n* (*also*: **windowsill**) rebord *m* (de la fenêtre); (*of door*) seuil *m*; (*Aut*) bas *m* de marche
silly ['sɪlɪ] *adj* stupide, sot(te), bête; **to do something ~** faire une bêtise
silo ['saɪləu] *n* silo *m*

silt [sɪlt] *n* vase *f*; limon *m*
silver ['sɪlvə^r] *n* argent *m*; (*money*) monnaie *f* (en pièces d'argent); (*also*: **silverware**) argenterie *f* ▷ *adj* (*made of silver*) d'argent, en argent; (*in colour*) argenté(e); (*car*) gris métallisé *inv*
silver-plated [sɪlvə'pleɪtɪd] *adj* plaqué(e) argent
silversmith ['sɪlvəsmɪθ] *n* orfèvre *m/f*
silverware ['sɪlvəwɛə^r] *n* argenterie *f*
silver wedding, silver wedding anniversary *n* noces *fpl* d'argent
silvery ['sɪlvrɪ] *adj* argenté(e)
SIM card *abbr* (= *subscriber identity module card*) carte *f* SIM
similar ['sɪmɪlə^r] *adj*: ~ **(to)** semblable (à)
similarity [sɪmɪ'lærɪtɪ] *n* ressemblance *f*, similarité *f*
similarly ['sɪmɪləlɪ] *adv* de la même façon, de même
simile ['sɪmɪlɪ] *n* comparaison *f*
simmer ['sɪmə^r] *vi* cuire à feu doux, mijoter
▸ **simmer down** *vi* (*fig: inf*) se calmer
simper ['sɪmpə^r] *vi* minauder
simpering ['sɪmprɪŋ] *adj* stupide
simple ['sɪmpl] *adj* simple; **the ~ truth** la vérité pure et simple
simple interest *n* (*Math, Comm*) intérêts *mpl* simples
simple-minded [sɪmpl'maɪndɪd] *adj* simplet(te), simple d'esprit
simpleton ['sɪmpltən] *n* nigaud(e), niais(e)
simplicity [sɪm'plɪsɪtɪ] *n* simplicité *f*
simplification [sɪmplɪfɪ'keɪʃən] *n* simplification *f*
simplify ['sɪmplɪfaɪ] *vt* simplifier
simply ['sɪmplɪ] *adv* simplement; (*without fuss*) avec simplicité; (*absolutely*) absolument
simulate ['sɪmjuleɪt] *vt* simuler, feindre
simulation [sɪmju'leɪʃən] *n* simulation *f*
simultaneous [sɪməl'teɪnɪəs] *adj* simultané(e)
simultaneously [sɪməl'teɪnɪəslɪ] *adv* simultanément
sin [sɪn] *n* péché *m* ▷ *vi* pécher
Sinai ['saɪneɪaɪ] *n* Sinaï *m*
since [sɪns] *adv, prep* depuis ▷ *conj* (*time*) depuis que; (*because*) puisque, étant donné que, comme; **~ then, ever ~** depuis ce moment-là; **~ Monday** depuis lundi; **(ever) ~ I arrived** depuis mon arrivée, depuis que je suis arrivé
sincere [sɪn'sɪə^r] *adj* sincère
sincerely [sɪn'sɪəlɪ] *adv* sincèrement; **Yours ~** (*at end of letter*) veuillez agréer, Monsieur (*or* Madame) l'expression de mes sentiments distingués *or* les meilleurs
sincerity [sɪn'sɛrɪtɪ] *n* sincérité *f*
sine [saɪn] *n* (*Math*) sinus *m*
sinew ['sɪnju:] *n* tendon *m*; **sinews** *npl* muscles *mpl*
sinful ['sɪnful] *adj* coupable
sing (*pt* **sang**, *pp* **sung**) [sɪŋ, sæŋ, sʌŋ] *vt, vi* chanter
Singapore [sɪŋgə'pɔ:^r] *n* Singapour *m*
singe [sɪndʒ] *vt* brûler légèrement; (*clothes*) roussir
singer ['sɪŋə^r] *n* chanteur(-euse)
Singhalese [sɪŋə'li:z] *adj* = **Sinhalese**
singing ['sɪŋɪŋ] *n* (*of person, bird*) chant *m*; façon *f* de chanter; (*of kettle, bullet, in ears*) sifflement *m*
single ['sɪŋgl] *adj* seul(e), unique; (*unmarried*) célibataire; (*not double*) simple ▷ *n* (*Brit: also*: **single ticket**) aller *m* (simple); (*record*) 45 tours *m*; **singles** *npl* (*Tennis*) simple *m*; (*US: single people*) célibataires *m/fpl*; **not a ~ one was left** il n'en est pas resté un(e), seul(e); **every ~ day** chaque jour sans exception
▸ **single out** *vt* choisir; (*distinguish*) distinguer
single bed *n* lit *m* d'une personne *or* à une place
single-breasted ['sɪŋglbrɛstɪd] *adj* droit(e)
Single European Market *n*: **the ~** le marché unique européen
single file *n*: **in ~** en file indienne
single-handed [sɪŋgl'hændɪd] *adv* tout(e) seul(e), sans (aucune) aide
single-minded [sɪŋgl'maɪndɪd] *adj* résolu(e), tenace
single parent *n* parent unique (*or* célibataire); **single-parent family** famille monoparentale
single room *n* chambre *f* à un lit *or* pour une personne
singles bar *n* (*esp US*) bar *m* de rencontres pour célibataires
single-sex school [sɪŋgl'sɛks-] *n* école *f* non mixte
singlet ['sɪŋglɪt] *n* tricot *m* de corps
single-track road [sɪŋgl'træk-] *n* route *f* à voie unique
singly ['sɪŋglɪ] *adv* séparément
singsong ['sɪŋsɔŋ] *adj* (*tone*) chantant(e) ▷ *n* (*songs*): **to have a ~** chanter quelque chose (ensemble)
singular ['sɪŋgjulə^r] *adj* singulier(-ière); (*odd*) singulier, étrange; (*outstanding*) remarquable; (*Ling*) (au) singulier, du singulier ▷ *n* (*Ling*) singulier *m*; **in the feminine ~** au féminin singulier
singularly ['sɪŋgjuləlɪ] *adv* singulièrement; étrangement
Sinhalese [sɪnhə'li:z] *adj* cingalais(e)
sinister ['sɪnɪstə^r] *adj* sinistre
sink [sɪŋk] (*pt* **sank**, *pp* **sunk**) [sæŋk, sʌŋk] *n* évier *m*; (*washbasin*) lavabo *m* ▷ *vt* (*ship*) (faire) couler, faire sombrer; (*foundations*) creuser; (*piles etc*): **to ~ sth into** enfoncer qch dans ▷ *vi* couler, sombrer; (*ground etc*) s'affaisser; **to ~ into sth** (*chair*) s'enfoncer dans qch; **he sank into a chair/the mud** il s'est enfoncé dans un fauteuil/la boue; **a ~ing feeling** un serrement de cœur
▸ **sink in** *vi* s'enfoncer, pénétrer; (*explanation*) rentrer (*inf*), être compris; **it took a long time to ~ in** il a fallu longtemps pour que ça rentre
sinking fund *n* fonds *mpl* d'amortissement
sink unit *n* bloc-évier *m*
sinner ['sɪnə^r] *n* pécheur(-eresse)
Sinn Féin [ʃɪn'feɪn] *n* Sinn Féin *m* (*parti politique*

irlandais qui soutient l'IRA)
Sino- ['saɪnəu] *prefix* sino-
sinuous ['sɪnjuəs] *adj* sinueux(-euse)
sinus ['saɪnəs] *n* (*Anat*) sinus *m inv*
sip [sɪp] *n* petite gorgée ▷ *vt* boire à petites gorgées
siphon ['saɪfən] *n* siphon *m* ▷ *vt* (*also*: **siphon off**) siphonner; (*: fig: funds*) transférer; (*: illegally*) détourner
sir [səʳ] *n* monsieur *m*; **S~ John Smith** sir John Smith; **yes ~** oui Monsieur; **Dear S~** (*in letter*) Monsieur
siren ['saɪərn] *n* sirène *f*
sirloin ['sə:lɔɪn] *n* (*also*: **sirloin steak**) aloyau *m*
sirloin steak *n* bifteck *m* dans l'aloyau
sirocco [sɪ'rɔkəu] *n* sirocco *m*
sisal ['saɪsəl] *n* sisal *m*
sissy ['sɪsɪ] *n* (*inf: coward*) poule mouillée
sister ['sɪstəʳ] *n* sœur *f*; (*nun*) religieuse *f*, (bonne) sœur; (*Brit: nurse*) infirmière *f* en chef ▷ *cpd*: **~ organization** organisation *f* sœur; **~ ship** sister(-)ship *m*
sister-in-law ['sɪstərɪnlɔ:] *n* belle-sœur *f*
sit (*pt, pp* **sat**) [sɪt, sæt] *vi* s'asseoir; (*be sitting*) être assis(e); (*assembly*) être en séance, siéger; (*for painter*) poser; (*dress etc*) tomber ▷ *vt* (*exam*) passer, se présenter à; **to ~ tight** ne pas bouger
▸ **sit about, sit around** *vi* être assis(e) *or* rester à ne rien faire
▸ **sit back** *vi* (*in seat*) bien s'installer, se carrer
▸ **sit down** *vi* s'asseoir; **to be ~ting down** être assis(e)
▸ **sit in** *vi*: **to ~ in on a discussion** assister à une discussion
▸ **sit on** *vt fus* (*jury, committee*) faire partie de
▸ **sit up** *vi* s'asseoir; (*straight*) se redresser; (*not go to bed*) rester debout, ne pas se coucher
sitcom ['sɪtkɔm] *n abbr* (*TV*: = *situation comedy*) sitcom *f*, comédie *f* de situation
sit-down ['sɪtdaun] *adj*: **a ~ strike** une grève sur le tas; **a ~ meal** un repas assis
site [saɪt] *n* emplacement *m*, site *m*; (*also*: **building site**) chantier *m* ▷ *vt* placer
sit-in ['sɪtɪn] *n* (*demonstration*) sit-in *m inv*, occupation *f* de locaux
siting ['saɪtɪŋ] *n* (*location*) emplacement *m*
sitter ['sɪtəʳ] *n* (*for painter*) modèle *m*; (*also*: **babysitter**) baby-sitter *m/f*
sitting ['sɪtɪŋ] *n* (*of assembly etc*) séance *f*; (*in canteen*) service *m*
sitting member *n* (*Pol*) parlementaire *m/f* en exercice
sitting room *n* salon *m*
sitting tenant *n* (*Brit*) locataire occupant(e)
situate ['sɪtjueɪt] *vt* situer
situated ['sɪtjueɪtɪd] *adj* situé(e)
situation [sɪtju'eɪʃən] *n* situation *f*; **"~s vacant/ wanted"** (*Brit*) "offres/demandes d'emploi"
situation comedy *n* (*Theat*) comédie *f* de situation
six [sɪks] *num* six
six-pack ['sɪkspæk] *n* (*esp US*) pack *m* de six canettes
sixteen [sɪks'ti:n] *num* seize
sixteenth [sɪks'ti:nθ] *num* seizième
sixth ['sɪksθ] *num* sixième ▷ *n*: **the upper/ lower ~** (*Brit Scol*) la terminale/la première
sixth form *n* (*Brit*) ≈ classes *fpl* de première et de terminale
sixth-form college *n lycée n'ayant que des classes de première et de terminale*
sixtieth ['sɪkstɪɪθ] *num* soixantième
sixty ['sɪkstɪ] *num* soixante
size [saɪz] *n* dimensions *fpl*; (*of person*) taille *f*; (*of clothing*) taille; (*of shoes*) pointure *f*; (*of estate, area*) étendue *f*; (*of problem*) ampleur *f*; (*of company*) importance *f*; (*glue*) colle *f*; **I take ~ 14** (*of dress etc*) ≈ je prends du 42 *or* la taille 42; **the small/ large ~** (*of soap powder etc*) le petit/grand modèle; **it's the ~ of ...** c'est de la taille (*or* grosseur) de ..., c'est grand (*or* gros) comme ...; **cut to ~** découpé(e) aux dimensions voulues
▸ **size up** *vt* juger, jauger
sizeable ['saɪzəbl] *adj* (*object, building, estate*) assez grand(e); (*amount, problem, majority*) assez important(e)
sizzle ['sɪzl] *vi* grésiller
SK *abbr* (*Canada*) = **Saskatchewan**
skate [skeɪt] *n* patin *m*; (*fish: pl inv*) raie *f* ▷ *vi* patiner
▸ **skate over, skate around** *vt* (*problem, issue*) éluder
skateboard ['skeɪtbɔ:d] *n* skateboard *m*, planche *f* à roulettes
skateboarding ['skeɪtbɔ:dɪŋ] *n* skateboard *m*
skater ['skeɪtəʳ] *n* patineur(-euse)
skating ['skeɪtɪŋ] *n* patinage *m*
skating rink *n* patinoire *f*
skeleton ['skɛlɪtn] *n* squelette *m*; (*outline*) schéma *m*
skeleton key *n* passe-partout *m*
skeleton staff *n* effectifs réduits
skeptic ['skɛptɪk] (*US*) = **sceptic**
skeptical ['skɛptɪkl] (*US*) = **sceptical**
sketch [skɛtʃ] *n* (*drawing*) croquis *m*, esquisse *f*; (*outline plan*) aperçu *m*; (*Theat*) sketch *m*, saynète *f* ▷ *vt* esquisser, faire un croquis *or* une esquisse de; (*plan etc*) esquisser
sketch book *n* carnet *m* à dessin
sketch pad *n* bloc *m* à dessin
sketchy ['skɛtʃɪ] *adj* incomplet(-ète), fragmentaire
skew [skju:] *n* (*Brit*): **on the ~** de travers, en biais
skewer ['skju:əʳ] *n* brochette *f*
ski [ski:] *n* ski *m* ▷ *vi* skier, faire du ski
ski boot *n* chaussure *f* de ski
skid [skɪd] *n* dérapage *m* ▷ *vi* déraper; **to go into a ~** déraper
skid mark *n* trace *f* de dérapage
skier ['ski:əʳ] *n* skieur(-euse)
skiing ['ski:ɪŋ] *n* ski *m*; **to go ~** (aller) faire du ski
ski instructor *n* moniteur(-trice) de ski
ski jump *n* (*ramp*) tremplin *m*; (*event*) saut *m* à skis

S

skilful, (US) **skillful** ['skɪlful] *adj* habile, adroit(e)
skilfully, (US) **skillfully** ['skɪlfəlɪ] *adv* habilement, adroitement
ski lift *n* remonte-pente *m inv*
skill [skɪl] *n* (*ability*) habileté *f*, adresse *f*, talent *m*; (*requiring training*) compétences *fpl*
skilled [skɪld] *adj* habile, adroit(e); (*worker*) qualifié(e)
skillet ['skɪlɪt] *n* poêlon *m*
skillful *etc* ['skɪlful] (*US*) = **skilful** *etc*
skim [skɪm] *vt* (*milk*) écrémer; (*soup*) écumer; (*glide over*) raser, effleurer ▷ *vi*: **to ~ through** (*fig*) parcourir
skimmed milk [skɪmd-], (US) **skim milk** *n* lait écrémé
skimp [skɪmp] *vt* (*work*) bâcler, faire à la va-vite; (*cloth etc*) lésiner sur
skimpy ['skɪmpɪ] *adj* étriqué(e); maigre
skin [skɪn] *n* peau *f* ▷ *vt* (*fruit etc*) éplucher; (*animal*) écorcher; **wet** *or* **soaked to the ~** trempé(e) jusqu'aux os
skin-deep ['skɪn'di:p] *adj* superficiel(le)
skin diver *n* plongeur(-euse) sous-marin(e)
skin diving *n* plongée sous-marine
skinflint ['skɪnflɪnt] *n* grippe-sou *m*
skin graft *n* greffe *f* de peau
skinhead ['skɪnhɛd] *n* skinhead *m*
skinny ['skɪnɪ] *adj* maigre, maigrichon(ne)
skin test *n* cuti *f*(-réaction) *f*
skintight ['skɪntaɪt] *adj* (*dress etc*) collant(e), ajusté(e)
skip [skɪp] *n* petit bond *or* saut; (*Brit: container*) benne *f* ▷ *vi* gambader, sautiller; (*with rope*) sauter à la corde ▷ *vt* (*pass over*) sauter; **to ~ school** (*esp US*) faire l'école buissonnière
ski pants *npl* pantalon *m* de ski
ski pass *n* forfait-skieur(s) *m*
ski pole *n* bâton *m* de ski
skipper ['skɪpə^r] *n* (*Naut, Sport*) capitaine *m*; (*in race*) skipper *m* ▷ *vt* (*boat*) commander; (*team*) être le chef de
skipping rope ['skɪpɪŋ-], (US) **skip rope** *n* corde *f* à sauter
ski resort *n* station *f* de sports d'hiver
skirmish ['skə:mɪʃ] *n* escarmouche *f*, accrochage *m*
skirt [skə:t] *n* jupe *f* ▷ *vt* longer, contourner
skirting board ['skə:tɪŋ-] *n* (*Brit*) plinthe *f*
ski run *n* piste *f* de ski
ski slope *n* piste *f* de ski
ski suit *n* combinaison *f* de ski
skit [skɪt] *n* sketch *m* satirique
ski tow *n* = **ski lift**
skittle ['skɪtl] *n* quille *f*; **skittles** (*game*) (jeu *m* de) quilles *fpl*
skive [skaɪv] *vi* (*Brit inf*) tirer au flanc
skulk [skʌlk] *vi* rôder furtivement
skull [skʌl] *n* crâne *m*
skullcap ['skʌlkæp] *n* calotte *f*
skunk [skʌŋk] *n* mouffette *f*; (*fur*) sconse *m*
sky [skaɪ] *n* ciel *m*; **to praise sb to the skies** porter qn aux nues
sky-blue [skaɪ'blu:] *adj* bleu ciel *inv*
skydiving ['skaɪdaɪvɪŋ] *n* parachutisme *m* (*en chute libre*)
sky-high ['skaɪ'haɪ] *adv* très haut ▷ *adj* exorbitant(e); **prices are ~** les prix sont exorbitants
skylark ['skaɪlɑ:k] *n* (*bird*) alouette *f* (des champs)
skylight ['skaɪlaɪt] *n* lucarne *f*
skyline ['skaɪlaɪn] *n* (*horizon*) (ligne *f* d')horizon *m*; (*of city*) ligne des toits
Skype® [skaɪ'] (*Internet, Tel*) *n* Skype® ▷ *vt* contacter via Skype®
skyscraper ['skaɪskreɪpə^r] *n* gratte-ciel *m inv*
slab [slæb] *n* plaque *f*; (*of stone*) dalle *f*; (*of wood*) bloc *m*; (*of meat, cheese*) tranche épaisse
slack [slæk] *adj* (*loose*) lâche, desserré(e); (*slow*) stagnant(e); (*careless*) négligent(e), peu sérieux(-euse) *or* consciencieux(-euse); (*Comm: market*) peu actif(-ive); (*: demand*) faible; (*period*) creux(-euse) ▷ *n* (*in rope etc*) mou *m*; **business is ~** les affaires vont mal
slacken ['slækn] (*also*: **slacken off**) *vi* ralentir, diminuer ▷ *vt* relâcher
slacks [slæks] *npl* pantalon *m*
slag [slæg] *n* scories *fpl*
slag heap *n* crassier *m*
slag off (*Brit: inf*) *vt* dire du mal de
slain [sleɪn] *pp of* **slay**
slake [sleɪk] *vt* (*one's thirst*) étancher
slalom ['slɑ:ləm] *n* slalom *m*
slam [slæm] *vt* (*door*) (faire) claquer; (*throw*) jeter violemment, flanquer; (*inf: criticize*) éreinter, démolir ▷ *vi* claquer
slammer ['slæmə^r] *n* (*inf*): **the ~** la taule
slander ['slɑ:ndə^r] *n* calomnie *f*; (*Law*) diffamation *f* ▷ *vt* calomnier; diffamer
slanderous ['slɑ:ndrəs] *adj* calomnieux(-euse); diffamatoire
slang [slæŋ] *n* argot *m*
slanging match ['slæŋɪŋ-] *n* (*Brit inf*) engueulade *f*, empoignade *f*
slant [slɑ:nt] *n* inclinaison *f*; (*fig*) angle *m*, point *m* de vue
slanted ['slɑ:ntɪd] *adj* tendancieux(-euse)
slanting ['slɑ:ntɪŋ] *adj* en pente, incliné(e); couché(e)
slap [slæp] *n* claque *f*, gifle *f*; (*on the back*) tape *f* ▷ *vt* donner une claque *or* une gifle (*or* une tape) à; **to ~ on** (*paint*) appliquer rapidement ▷ *adv* (*directly*) tout droit, en plein
slapdash ['slæpdæʃ] *adj* (*work*) fait(e) sans soin *or* à la va-vite; (*person*) insouciant(e), négligent(e)
slaphead ['slæphɛd] *n* (*Brit inf*) chauve
slapstick ['slæpstɪk] *n* (*comedy*) grosse farce (*style tarte à la crème*)
slap-up ['slæpʌp] *adj* (*Brit*): **a ~ meal** un repas extra *or* fameux
slash [slæʃ] *vt* entailler, taillader; (*fig: prices*) casser
slat [slæt] *n* (*of wood*) latte *f*, lame *f*
slate [sleɪt] *n* ardoise *f* ▷ *vt* (*fig: criticize*) éreinter, démolir

slaughter ['slɔːtəʳ] *n* carnage *m*, massacre *m*; (*of animals*) abattage *m* ▷ *vt* (*animal*) abattre; (*people*) massacrer
slaughterhouse ['slɔːtəhaus] *n* abattoir *m*
Slav [slɑːv] *adj* slave
slave [sleɪv] *n* esclave *m/f* ▷ *vi* (*also*: **slave away**) trimer, travailler comme un forçat; **to ~ (away) at sth/at doing sth** se tuer à qch/à faire qch
slave driver *n* (*inf*: *pej*) négrier(-ière)
slave labour *n* travail *m* d'esclave; **it's just ~** (*fig*) c'est de l'esclavage
slaver ['slævəʳ] *vi* (*dribble*) baver
slavery ['sleɪvərɪ] *n* esclavage *m*
Slavic ['slævɪk] *adj* slave
slavish ['sleɪvɪʃ] *adj* servile
slavishly ['sleɪvɪʃlɪ] *adv* (*copy*) servilement
Slavonic [slə'vɔnɪk] *adj* slave
slay (*pt* **slew**, *pp* **slain**) [sleɪ, sluː, sleɪn] *vt* (*literary*) tuer
sleazy ['sliːzɪ] *adj* miteux(-euse), minable
sled [slɛd] (US) = **sledge**
sledge [slɛdʒ] *n* luge *f*
sledgehammer ['slɛdʒhæməʳ] *n* marteau *m* de forgeron
sleek [sliːk] *adj* (*hair, fur*) brillant(e), luisant(e); (*car, boat*) aux lignes pures *or* élégantes
sleep [sliːp] *n* sommeil *m* ▷ *vi* (*pt, pp* **slept**) [slɛpt] dormir; (*spend night*) dormir, coucher ▷ *vt*: **we can ~ 4** on peut coucher *or* loger 4 personnes; **to go to ~** s'endormir; **to have a good night's ~** passer une bonne nuit; **to put to ~** (*patient*) endormir; (*animal*: *euphemism*: *kill*) piquer; **to ~ lightly** avoir le sommeil léger; **to ~ with sb** (*have sex*) coucher avec qn
▸ **sleep around** *vi* coucher à droite et à gauche
▸ **sleep in** *vi* (*oversleep*) se réveiller trop tard; (*on purpose*) faire la grasse matinée
▸ **sleep together** *vi* (*have sex*) coucher ensemble
sleeper ['sliːpəʳ] *n* (*person*) dormeur(-euse); (*Brit Rail*: *on track*) traverse *f*; (*: train*) train-couchettes *m*; (*: carriage*) wagon-lits *m*, voiture-lits *f*; (*: berth*) couchette *f*
sleepily ['sliːpɪlɪ] *adv* d'un air endormi
sleeping ['sliːpɪŋ] *adj* qui dort, endormi(e)
sleeping bag *n* sac *m* de couchage
sleeping car *n* wagon-lits *m*, voiture-lits *f*
sleeping partner *n* (*Brit Comm*) = **silent partner**
sleeping pill *n* somnifère *m*
sleeping sickness *n* maladie *f* du sommeil
sleepless ['sliːplɪs] *adj*: **a ~ night** une nuit blanche
sleeplessness ['sliːplɪsnɪs] *n* insomnie *f*
sleepover ['sliːpəuvəʳ] *n* nuit *f* chez un copain *or* une copine; **we're having a ~ at Jo's** nous allons passer la nuit chez Jo
sleepwalk ['sliːpwɔːk] *vi* marcher en dormant
sleepwalker ['sliːpwɔːkəʳ] *n* somnambule *m/f*
sleepy ['sliːpɪ] *adj* qui a envie de dormir; (*fig*) endormi(e); **to be** *or* **feel ~** avoir sommeil, avoir envie de dormir
sleet [sliːt] *n* neige fondue
sleeve [sliːv] *n* manche *f*; (*of record*) pochette *f*
sleeveless ['sliːvlɪs] *adj* (*garment*) sans manches
sleigh [sleɪ] *n* traîneau *m*
sleight [slaɪt] *n*: **~ of hand** tour *m* de passe-passe
slender ['slɛndəʳ] *adj* svelte, mince; (*fig*) faible, ténu(e)
slept [slɛpt] *pt, pp of* **sleep**
sleuth [sluːθ] *n* (*inf*) détective (privé)
slew [sluː] *vi* (*also*: **slew round**) virer, pivoter ▷ *pt of* **slay**
slice [slaɪs] *n* tranche *f*; (*round*) rondelle *f*; (*utensil*) spatule *f*; (*also*: **fish slice**) pelle *f* à poisson ▷ *vt* couper en tranches (*or* en rondelles); **~d bread** pain *m* en tranches
slick [slɪk] *adj* (*skilful*) bien ficelé(e); (*salesperson*) qui a du bagout, mielleux(-euse) ▷ *n* (*also*: **oil slick**) nappe *f* de pétrole, marée noire
slid [slɪd] *pt, pp of* **slide**
slide [slaɪd] (*pt, pp* **slid**) [slɪd] *n* (*in playground*) toboggan *m*; (*Phot*) diapositive *f*; (*Brit*: *also*: **hair slide**) barrette *f*; (*microscope slide*) (lame *f*) porte-objet *m*; (*in prices*) chute *f*, baisse *f* ▷ *vt* (faire) glisser ▷ *vi* glisser; **to let things ~** (*fig*) laisser les choses aller à la dérive
slide projector *n* (*Phot*) projecteur *m* de diapositives
slide rule *n* règle *f* à calcul
sliding ['slaɪdɪŋ] *adj* (*door*) coulissant(e); **~ roof** (*Aut*) toit ouvrant
sliding scale *n* échelle *f* mobile
slight [slaɪt] *adj* (*slim*) mince, menu(e); (*frail*) frêle; (*trivial*) faible, insignifiant(e); (*small*) petit(e), léger(-ère); (*before n*) ▷ *n* offense *f*, affront *m* ▷ *vt* (*offend*) blesser, offenser; **the ~est** le (*or* la) moindre; **not in the ~est** pas le moins du monde, pas du tout
slightly ['slaɪtlɪ] *adv* légèrement, un peu; **~ built** fluet(te)
slim [slɪm] *adj* mince ▷ *vi* maigrir; (*diet*) suivre un régime amaigrissant
slime [slaɪm] *n* vase *f*; substance visqueuse
slimming [slɪmɪŋ] *n* amaigrissement *m* ▷ *adj* (*diet, pills*) amaigrissant(e), pour maigrir; (*food*) qui ne fait pas grossir
slimy ['slaɪmɪ] *adj* visqueux(-euse), gluant(e); (*covered with mud*) vaseux(-euse)
sling [slɪŋ] *n* (*Med*) écharpe *f*; (*for baby*) porte-bébé *m*; (*weapon*) fronde *f*, lance-pierre *m* ▷ *vt* (*pt, pp* **slung**) [slʌŋ] lancer, jeter; **to have one's arm in a ~** avoir le bras en écharpe
slink (*pt, pp* **slunk**) [slɪŋk, slʌŋk] *vi*: **to ~ away** *or* **off** s'en aller furtivement
slinky ['slɪŋkɪ] *adj* (*clothes*) moulant(e)
slip [slɪp] *n* faux pas; (*mistake*) erreur *f*, bévue *f*; (*underskirt*) combinaison *f*; (*of paper*) petite feuille, fiche *f* ▷ *vt* (*slide*) glisser ▷ *vi* (*slide*) glisser; (*decline*) baisser; (*move smoothly*): **to ~ into/out of** se glisser *or* se faufiler dans/hors de; **to let a chance ~ by** laisser passer une occasion; **to ~ sth on/off** enfiler/enlever qch; **it ~ped from her hand** cela lui a glissé des mains; **to give sb the ~** fausser compagnie à

qn; **a ~ of the tongue** un lapsus
▶ **slip away** *vi* s'esquiver
▶ **slip in** *vt* glisser
▶ **slip out** *vi* sortir
▶ **slip up** *vi* faire une erreur, gaffer

slip-on ['slɪpɔn] *adj* facile à enfiler; **~ shoes** mocassins *mpl*

slipped disc [slɪpt-] *n* déplacement *m* de vertèbre

slipper ['slɪpə^r] *n* pantoufle *f*

slippery ['slɪpərɪ] *adj* glissant(e); (*fig: person*) insaisissable

slip road *n* (*Brit: to motorway*) bretelle *f* d'accès

slipshod ['slɪpʃɔd] *adj* négligé(e), peu soigné(e)

slip-up ['slɪpʌp] *n* bévue *f*

slipway ['slɪpweɪ] *n* cale *f* (de construction *or* de lancement)

slit [slɪt] *n* fente *f*; (*cut*) incision *f*; (*tear*) déchirure *f* ▷ *vt* (*pt, pp* **-**) fendre; couper, inciser; déchirer; **to ~ sb's throat** trancher la gorge à qn

slither ['slɪðə^r] *vi* glisser, déraper

sliver ['slɪvə^r] *n* (*of glass, wood*) éclat *m*; (*of cheese, sausage*) petit morceau

slob [slɔb] *n* (*inf*) rustaud(e)

slog [slɔg] *n* (*Brit: effort*) gros effort; (*: work*) tâche fastidieuse ▷ *vi* travailler très dur

slogan ['sləugən] *n* slogan *m*

slop [slɔp] *vi* (*also:* **slop over**) se renverser; déborder ▷ *vt* répandre; renverser

slope [sləup] *n* pente *f*, côte *f*; (*side of mountain*) versant *m*; (*slant*) inclinaison *f* ▷ *vi*: **to ~ down** être *or* descendre en pente; **to ~ up** monter

sloping ['sləupɪŋ] *adj* en pente, incliné(e); (*handwriting*) penché(e)

sloppy ['slɔpɪ] *adj* (*work*) peu soigné(e), bâclé(e); (*appearance*) négligé(e), débraillé(e); (*film etc*) sentimental(e)

slosh [slɔʃ] *vi* (*inf*): **to ~ about** *or* **around** (*children*) patauger; (*liquid*) clapoter

sloshed [slɔʃt] *adj* (*inf: drunk*) bourré(e)

slot [slɔt] *n* fente *f*; (*fig: in timetable, Radio, TV*) créneau *m*, plage *f* ▷ *vt*: **to ~ sth into** encastrer *or* insérer qch dans ▷ *vi*: **to ~ into** s'encastrer *or* s'insérer dans

sloth [sləuθ] *n* (*vice*) paresse *f*; (*Zool*) paresseux *m*

slot machine *n* (*Brit: vending machine*) distributeur *m* (automatique), machine *f* à sous; (*for gambling*) appareil *m* *or* machine à sous

slot meter *n* (*Brit*) compteur *m* à pièces

slouch [slautʃ] *vi* avoir le dos rond, être voûté(e)
▶ **slouch about, slouch around** *vi* traîner à ne rien faire

Slovak ['sləuvæk] *adj* slovaque ▷ *n* Slovaque *m/f*; (*Ling*) slovaque *m*; **the ~ Republic** la République slovaque

Slovakia [sləu'vækɪə] *n* Slovaquie *f*

Slovakian [sləu'vækɪən] *adj, n* = **Slovak**

Slovene [sləu'vi:n] *adj* slovène ▷ *n* Slovène *m/f*; (*Ling*) slovène *m*

Slovenia [sləu'vi:nɪə] *n* Slovénie *f*

Slovenian [sləu'vi:nɪən] *adj, n* = **Slovene**

slovenly ['slʌvənlɪ] *adj* sale, débraillé(e), négligé(e)

slow [sləu] *adj* lent(e); (*watch*): **to be ~** retarder ▷ *adv* lentement ▷ *vt, vi* ralentir; **"~"** (*road sign*) "ralentir"; **at a ~ speed** à petite vitesse; **to be ~ to act/decide** être lent à agir/décider; **my watch is 20 minutes ~** ma montre retarde de 20 minutes; **business is ~** les affaires marchent au ralenti; **to go ~** (*driver*) rouler lentement; (*in industrial dispute*) faire la grève perlée
▶ **slow down** *vi* ralentir

slow-acting [sləu'æktɪŋ] *adj* qui agit lentement, à action lente

slowcoach ['sləukəutʃ] *n* (*Brit inf*) lambin(e)

slowly ['sləulɪ] *adv* lentement

slow motion *n*: **in ~** au ralenti

slowness ['sləunɪs] *n* lenteur *f*

slowpoke ['sləupəuk] *n* (*US inf*) = **slowcoach**

sludge [slʌdʒ] *n* boue *f*

slug [slʌg] *n* limace *f*; (*bullet*) balle *f*

sluggish ['slʌgɪʃ] *adj* (*person*) mou (molle), lent(e); (*stream, engine, trading*) lent(e); (*business, sales*) stagnant(e)

sluice [slu:s] *n* écluse *f*; (*also:* **sluice gate**) vanne *f* ▷ *vt*: **to ~ down** *or* **out** laver à grande eau

slum [slʌm] *n* (*house*) taudis *m*; **slums** *npl* (*area*) quartiers *mpl* pauvres

slumber ['slʌmbə^r] *n* sommeil *m*

slump [slʌmp] *n* baisse soudaine, effondrement *m*; (*Econ*) crise *f* ▷ *vi* s'effondrer, s'affaisser

slung [slʌŋ] *pt, pp of* **sling**

slunk [slʌŋk] *pt, pp of* **slink**

slur [slə:^r] *n* bredouillement *m*; (*smear*): **~ (on)** atteinte *f* (à); insinuation *f* (contre) ▷ *vt* mal articuler; **to be a ~ on** porter atteinte à

slurp [slə:p] *vt, vi* boire à grand bruit

slurred [slə:d] *adj* (*pronunciation*) inarticulé(e), indistinct(e)

slush [slʌʃ] *n* neige fondue

slush fund *n* caisse noire, fonds secrets

slushy ['slʌʃɪ] *adj* (*snow*) fondu(e); (*street*) couvert(e) de neige fondue; (*Brit: fig*) à l'eau de rose

slut [slʌt] *n* souillon *f*

sly [slaɪ] *adj* (*person*) rusé(e); (*smile, expression, remark*) sournois(e); **on the ~** en cachette

smack [smæk] *n* (*slap*) tape *f*; (*on face*) gifle *f* ▷ *vt* donner une tape à; (*on face*) gifler; (*on bottom*) donner la fessée à ▷ *vi*: **to ~ of** avoir des relents de, sentir ▷ *adv* (*inf*): **it fell ~ in the middle** c'est tombé en plein milieu *or* en plein dedans; **to ~ one's lips** se lécher les babines

smacker ['smækə^r] *n* (*inf: kiss*) bisou *m* *or* bise *f* sonore; (*: Brit: pound note*) livre *f*; (*: US: dollar bill*) dollar *m*

small [smɔ:l] *adj* petit(e); (*letter*) minuscule ▷ *n*: **the ~ of the back** le creux des reins; **to get** *or* **grow ~er** diminuer; **to make ~er** (*amount, income*) diminuer; (*object, garment*) rapetisser; **a ~ shopkeeper** un petit commerçant

small ads *npl* (*Brit*) petites annonces

small arms *npl* armes individuelles
small business *n* petit commerce, petite affaire
small change *n* petite *or* menue monnaie
smallholder ['smɔːlhəuldəʳ] *n* (*Brit*) petit cultivateur
smallholding ['smɔːlhəuldɪŋ] *n* (*Brit*) petite ferme
small hours *npl*: **in the ~** au petit matin
smallish ['smɔːlɪʃ] *adj* plutôt *or* assez petit(e)
small-minded [smɔːl'maɪndɪd] *adj* mesquin(e)
smallpox ['smɔːlpɔks] *n* variole *f*
small print *n* (*in contract etc*) clause(s) imprimée(s) en petits caractères
small-scale ['smɔːlskeɪl] *adj* (*map, model*) à échelle réduite, à petite échelle; (*business, farming*) peu important(e), modeste
small talk *n* menus propos
small-time ['smɔːltaɪm] *adj* (*farmer etc*) petit(e); **a ~ thief** un voleur à la petite semaine
small-town ['smɔːltaun] *adj* provincial(e)
smarmy ['smɑːmɪ] *adj* (*Brit pej*) flagorneur(-euse), lécheur(-euse)
smart [smɑːt] *adj* élégant(e), chic *inv*; (*clever*) intelligent(e); (*pej*) futé(e); (*quick*) vif (vive), prompt(e) ▷ *vi* faire mal, brûler; **the ~ set** le beau monde; **to look ~** être élégant(e); **my eyes are ~ing** j'ai les yeux irrités *or* qui me piquent
smart card ['smɑːt'kɑːd] *n* carte *f* à puce
smart phone *n* smartphone *m*
smarten up ['smɑːtn-] *vi* devenir plus élégant(e), se faire beau (belle) ▷ *vt* rendre plus élégant(e)
smash [smæʃ] *n* (*also*: **smash-up**) collision *f*, accident *m*; (*Mus*) succès foudroyant; (*sound*) fracas *m* ▷ *vt* casser, briser, fracasser; (*opponent*) écraser; (*hopes*) ruiner, détruire; (*Sport: record*) pulvériser ▷ *vi* se briser, se fracasser; s'écraser
▸ **smash up** *vt* (*car*) bousiller; (*room*) tout casser dans
smashing ['smæʃɪŋ] *adj* (*inf*) formidable
smattering ['smætərɪŋ] *n*: **a ~ of** quelques notions de
smear [smɪəʳ] *n* (*stain*) tache *f*; (*mark*) trace *f*; (*Med*) frottis *m*; (*insult*) calomnie *f* ▷ *vt* enduire; (*make dirty*) salir; (*fig*) porter atteinte à; **his hands were ~ed with oil/ink** il avait les mains maculées de cambouis/d'encre
smear campaign *n* campagne *f* de dénigrement
smear test *n* (*Brit Med*) frottis *m*
smell [smɛl] (*pt, pp* **smelt** *or* **-ed**) [smɛlt, smɛld] *n* odeur *f*; (*sense*) odorat *m* ▷ *vt* sentir ▷ *vi* (*pej*) sentir mauvais; (*food etc*): **to ~ (of)** sentir; **it ~s good** ça sent bon
smelly ['smɛlɪ] *adj* qui sent mauvais, malodorant(e)
smelt [smɛlt] *pt, pp of* **smell** ▷ *vt* (*ore*) fondre
smile [smaɪl] *n* sourire *m* ▷ *vi* sourire
smiling ['smaɪlɪŋ] *adj* souriant(e)
smirk [smɜːk] *n* petit sourire suffisant *or* affecté
smith [smɪθ] *n* maréchal-ferrant *m*; forgeron *m*
smithy ['smɪðɪ] *n* forge *f*
smitten ['smɪtn] *adj*: **~ with** pris(e) de; frappé(e) de
smock [smɔk] *n* blouse *f*, sarrau *m*
smog [smɔg] *n* brouillard mêlé de fumée
smoke [sməuk] *n* fumée *f* ▷ *vt, vi* fumer; **to have a ~** fumer une cigarette; **do you ~?** est-ce que vous fumez?; **do you mind if I ~?** ça ne vous dérange pas que je fume?; **to go up in ~** (*house etc*) brûler; (*fig*) partir en fumée
smoke alarm *n* détecteur *m* de fumée
smoked ['sməukt] *adj* (*bacon, glass*) fumé(e)
smokeless fuel ['sməuklɪs-] *n* combustible non polluant
smokeless zone ['sməuklɪs-] *n* (*Brit*) zone *f* où l'usage du charbon est réglementé
smoker ['sməukəʳ] *n* (*person*) fumeur(-euse); (*Rail*) wagon *m* fumeurs
smoke screen *n* rideau *m or* écran *m* de fumée; (*fig*) paravent *m*
smoke shop *n* (*US*) (bureau *m* de) tabac *m*
smoking ['sməukɪŋ] *n*: **"no ~"** (*sign*) "défense de fumer"; **to give up ~** arrêter de fumer
smoking compartment, (US) **smoking car** *n* wagon *m* fumeurs
smoky ['sməukɪ] *adj* enfumé(e); (*taste*) fumé(e)
smolder ['sməuldəʳ] *vi* (*US*) = **smoulder**
smoochy ['smuːtʃɪ] *adj* (*inf*) langoureux(-euse)
smooth [smuːð] *adj* lisse; (*sauce*) onctueux(-euse); (*flavour, whisky*) moelleux(-euse); (*cigarette*) doux (douce); (*movement*) régulier(-ière), sans à-coups *or* heurts; (*landing, takeoff*) en douceur; (*flight*) sans secousses; (*pej: person*) doucereux(-euse), mielleux(-euse) ▷ *vt* (*also*: **smooth out**) lisser, défroisser; (*creases, difficulties*) faire disparaître
▸ **smooth over** *vt*: **to ~ things over** (*fig*) arranger les choses
smoothly ['smuːðlɪ] *adv* (*easily*) facilement, sans difficulté(s); **everything went ~** tout s'est bien passé
smother ['smʌðəʳ] *vt* étouffer
smoulder, (US) **smolder** ['sməuldəʳ] *vi* couver
SMS *n abbr* (= *short message service*) SMS *m*
SMS message *n* (message *m*) SMS *m*
smudge [smʌdʒ] *n* tache *f*, bavure *f* ▷ *vt* salir, maculer
smug [smʌg] *adj* suffisant(e), content(e) de soi
smuggle ['smʌgl] *vt* passer en contrebande *or* en fraude; **to ~ in/out** (*goods etc*) faire entrer/sortir clandestinement *or* en fraude
smuggler ['smʌgləʳ] *n* contrebandier(-ière)
smuggling ['smʌglɪŋ] *n* contrebande *f*
smut [smʌt] *n* (*grain of soot*) grain *m* de suie; (*mark*) tache *f* de suie; (*in conversation etc*) obscénités *fpl*
smutty ['smʌtɪ] *adj* (*fig*) grossier(-ière), obscène
snack [snæk] *n* casse-croûte *m inv*; **to have a ~** prendre un en-cas, manger quelque chose (de léger)
snack bar *n* snack(-bar) *m*
snag [snæg] *n* inconvénient *m*, difficulté *f*
snail [sneɪl] *n* escargot *m*
snake [sneɪk] *n* serpent *m*

S

snap [snæp] *n* (*sound*) claquement *m*, bruit sec; (*photograph*) photo *f*, instantané *m*; (*game*) *sorte de jeu de bataille* ▷ *adj* subit(e), fait(e) sans réfléchir ▷ *vt* (*fingers*) faire claquer; (*break*) casser net; (*photograph*) prendre un instantané de ▷ *vi* se casser net *or* avec un bruit sec; (*fig: person*) craquer; (*speak sharply*) parler d'un ton brusque; **to ~ open/shut** s'ouvrir/se refermer brusquement; **to ~ one's fingers at** (*fig*) se moquer de; **a cold ~** (*of weather*) un refroidissement soudain de la température
▶ **snap at** *vt fus* (*subj: dog*) essayer de mordre
▶ **snap off** *vt* (*break*) casser net
▶ **snap up** *vt* sauter sur, saisir
snap fastener *n* bouton-pression *m*
snappy ['snæpɪ] *adj* prompt(e); (*slogan*) qui a du punch; **make it ~!** (*inf: hurry up*) grouille-toi!, magne-toi!
snapshot ['snæpʃɔt] *n* photo *f*, instantané *m*
snare [snɛəʳ] *n* piège *m* ▷ *vt* attraper, prendre au piège
snarl [snɑːl] *n* grondement *m or* grognement *m* féroce ▷ *vi* gronder ▷ *vt*: **to get ~ed up** (*wool, plans*) s'emmêler; (*traffic*) se bloquer
snatch [snætʃ] *n* (*fig*) vol *m*; (*small amount*): **~es of** des fragments *mpl or* bribes *fpl* de ▷ *vt* saisir (*d'un geste vif*); (*steal*) voler ▷ *vi*: **don't ~!** doucement!; **to ~ a sandwich** manger *or* avaler un sandwich à la hâte; **to ~ some sleep** arriver à dormir un peu
▶ **snatch up** *vt* saisir, s'emparer de
snazzy ['snæzɪ] *adj* (*inf: clothes*) classe *inv*, chouette
sneak [sniːk] (*US: pt* **snuck**) *vi*: **to ~ in/out** entrer/sortir furtivement *or* à la dérobée ▷ *vt*: **to ~ a look at sth** regarder furtivement qch ▷ *n* (*inf: pej: informer*) faux jeton; **to ~ up on sb** s'approcher de qn sans faire de bruit
sneakers ['sniːkəz] *npl* tennis *mpl*, baskets *fpl*
sneaking ['sniːkɪŋ] *adj*: **to have a ~ feeling** *or* **suspicion that ...** avoir la vague impression que ...
sneaky ['sniːkɪ] *adj* sournois(e)
sneer [snɪəʳ] *n* ricanement *m* ▷ *vi* ricaner, sourire d'un air sarcastique; **to ~ at sb/sth** se moquer de qn/qch avec mépris
sneeze [sniːz] *n* éternuement *m* ▷ *vi* éternuer
snide [snaɪd] *adj* sarcastique, narquois(e)
sniff [snɪf] *n* reniflement *m* ▷ *vi* renifler ▷ *vt* renifler, flairer; (*glue, drug*) sniffer, respirer
▶ **sniff at** *vt fus*: **it's not to be ~ed at** il ne faut pas cracher dessus, ce n'est pas à dédaigner
sniffer dog ['snɪfə-] *n* (*Police*) *chien dressé pour la recherche d'explosifs et de stupéfiants*
snigger ['snɪgəʳ] *n* ricanement *m*; rire moqueur ▷ *vi* ricaner
snip [snɪp] *n* (*cut*) entaille *f*; (*piece*) petit bout; (*Brit: inf: bargain*) (bonne) occasion *or* affaire ▷ *vt* couper
sniper ['snaɪpəʳ] *n* (*marksman*) tireur embusqué
snippet ['snɪpɪt] *n* bribes *fpl*
snivelling ['snɪvlɪŋ] *adj* larmoyant(e), pleurnicheur(-euse)
snob [snɔb] *n* snob *m/f*
snobbery ['snɔbərɪ] *n* snobisme *m*
snobbish ['snɔbɪʃ] *adj* snob *inv*
snog [snɔg] *vi* (*inf*) se bécoter
snooker ['snuːkəʳ] *n sorte de jeu de billard*
snoop [snuːp] *vi*: **to ~ on sb** espionner qn; **to ~ about** fureter
snooper ['snuːpəʳ] *n* fureteur(-euse)
snooty ['snuːtɪ] *adj* snob *inv*, prétentieux(-euse)
snooze [snuːz] *n* petit somme ▷ *vi* faire un petit somme
snore [snɔːʳ] *vi* ronfler ▷ *n* ronflement *m*
snoring ['snɔːrɪŋ] *n* ronflement(s) *m(pl)*
snorkel ['snɔːkl] *n* (*of swimmer*) tuba *m*
snort [snɔːt] *n* grognement *m* ▷ *vi* grogner; (*horse*) renâcler ▷ *vt* (*inf: drugs*) sniffer
snotty ['snɔtɪ] *adj* morveux(-euse)
snout [snaut] *n* museau *m*
snow [snəu] *n* neige *f* ▷ *vi* neiger ▷ *vt*: **to be ~ed under with work** être débordé(e) de travail
snowball ['snəubɔːl] *n* boule *f* de neige
snowbound ['snəubaund] *adj* enneigé(e), bloqué(e) par la neige
snow-capped ['snəukæpt] *adj* (*peak, mountain*) couvert(e) de neige
snowdrift ['snəudrɪft] *n* congère *f*
snowdrop ['snəudrɔp] *n* perce-neige *m*
snowfall ['snəufɔːl] *n* chute *f* de neige
snowflake ['snəufleɪk] *n* flocon *m* de neige
snowman ['snəumæn] (*irreg*) *n* bonhomme *m* de neige
snowplough, (*US*) **snowplow** ['snəuplau] *n* chasse-neige *m inv*
snowshoe ['snəuʃuː] *n* raquette *f* (*pour la neige*)
snowstorm ['snəustɔːm] *n* tempête *f* de neige
snowy ['snəuɪ] *adj* neigeux(-euse); (*covered with snow*) enneigé(e)
SNP *n abbr* (*Brit Pol*) = **Scottish National Party**
snub [snʌb] *vt* repousser, snober ▷ *n* rebuffade *f*
snub-nosed [snʌb'nəuzd] *adj* au nez retroussé
snuck [snsʌk] (*US*) *pt, pp of* **sneak**
snuff [snʌf] *n* tabac *m* à priser ▷ *vt* (*also:* **snuff out**: *candle*) moucher
snuff movie *n* (*inf*) *film pornographique qui se termine par le meurtre réel de l'un des acteurs*
snug [snʌg] *adj* douillet(te), confortable; (*person*) bien au chaud; **it's a ~ fit** c'est bien ajusté(e)
snuggle ['snʌgl] *vi*: **to ~ down in bed/up to sb** se pelotonner dans son lit/contre qn
SO *abbr* (*Banking*) = **standing order**

 KEYWORD

so [səu] *adv* **1** (*thus, likewise*) ainsi, de cette façon; **if so** si oui; **so do** *or* **have I** moi aussi; **it's 5 o'clock — so it is!** il est 5 heures — en effet! *or* c'est vrai!; **I hope/think so** je l'espère/le crois; **so far** jusqu'ici, jusqu'à maintenant; (*in past*) jusque-là; **quite so!** exactement!, c'est bien ça!; **even so** quand même, tout de même
2 (*in comparisons etc: to such a degree*) si, tellement;

so big (that) si *or* tellement grand (que); **she's not so clever as her brother** elle n'est pas aussi intelligente que son frère
3: **so much** (*adj, adv*) tant (de); **I've got so much work** j'ai tant de travail; **I love you so much** je vous aime tant; **so many** tant (de)
4 (*phrases*): **10 or so** à peu près *or* environ 10; **so long!** (*inf: goodbye*) au revoir!, à un de ces jours!; **so to speak** pour ainsi dire; **so (what)?** (*inf*) (bon) et alors?, et après?
▷ *conj* **1** (*expressing purpose*): **so as to do** pour faire, afin de faire; **so (that)** pour que *or* afin que + *sub*
2 (*expressing result*) donc, par conséquent; **so that** si bien que, de (telle) sorte que; **so that's the reason!** c'est donc (pour) ça!; **so you see, I could have gone** alors tu vois, j'aurais pu y aller

soak [səuk] *vt* faire *or* laisser tremper; (*drench*) tremper ▷ *vi* tremper; **to be ~ed through** être trempé jusqu'aux os
▶ **soak in** *vi* pénétrer, être absorbé(e)
▶ **soak up** *vt* absorber
soaking ['səukıŋ] *adj* (*also*: **soaking wet**) trempé(e)
so-and-so ['səuənsəu] *n* (*somebody*) un(e) tel(le)
soap [səup] *n* savon *m*
soapflakes ['səupfleıks] *npl* paillettes *fpl* de savon
soap opera *n* feuilleton télévisé (*quotidienneté réaliste ou embellie*)
soap powder *n* lessive *f*, détergent *m*
soapsuds ['səupsʌds] *npl* mousse *f* de savon
soapy ['səupı] *adj* savonneux(-euse)
soar [sɔːʳ] *vi* monter (en flèche), s'élancer; (*building*) s'élancer; **~ing prices** prix qui grimpent
sob [sɔb] *n* sanglot *m* ▷ *vi* sangloter
s.o.b. *n abbr* (*US inf!: = son of a bitch*) salaud *m* (*!*)
sober ['səubəʳ] *adj* qui n'est pas (*or* plus) ivre; (*serious*) sérieux(-euse), sensé(e); (*moderate*) mesuré(e); (*colour, style*) sobre, discret(-ète)
▶ **sober up** *vt* dégriser ▷ *vi* se dégriser
sobriety [sə'braıətı] *n* (*not being drunk*) sobriété *f*; (*seriousness, sedateness*) sérieux *m*
sob story *n* (*inf: pej*) histoire larmoyante
Soc. *abbr* (= *society*) Soc
so-called ['səu'kɔːld] *adj* soi-disant *inv*
soccer ['sɔkəʳ] *n* football *m*
soccer pitch *n* terrain *m* de football
soccer player *n* footballeur *m*
sociable ['səuʃəbl] *adj* sociable
social ['səuʃl] *adj* social(e); (*sociable*) sociable ▷ *n* (petite) fête
social climber *n* arriviste *m/f*
social club *n* amicale *f*, foyer *m*
Social Democrat *n* social-démocrate *m/f*
social insurance *n* (US) sécurité sociale
socialism ['səuʃəlızəm] *n* socialisme *m*
socialist ['səuʃəlıst] *adj, n* socialiste (*m/f*)
socialite ['səuʃəlaıt] *n* personnalité mondaine
socialize ['səuʃəlaız] *vi* voir *or* rencontrer des gens, se faire des amis; **to ~ with** (*meet often*) fréquenter; (*get to know*) lier connaissance *or* parler avec
social life *n* vie sociale; **how's your ~?** est-ce que tu sors beaucoup?
socially ['səuʃəlı] *adv* socialement, en société
social networking [-'nɛtwəːkıŋ] *n* réseaux *mpl* sociaux
social science *n* sciences humaines
social security *n* aide sociale
social services *npl* services sociaux
social welfare *n* sécurité sociale
social work *n* assistance sociale
social worker *n* assistant(e) sociale(e)
society [sə'saıətı] *n* société *f*; (*club*) société, association *f*; (*also*: **high society**) (haute) société, grand monde ▷ *cpd* (*party*) mondain(e)
socio-economic ['səusıəuiːkə'nɔmık] *adj* socioéconomique
sociological [səusıə'lɔdʒıkl] *adj* sociologique
sociologist [səusı'ɔlədʒıst] *n* sociologue *m/f*
sociology [səusı'ɔlədʒı] *n* sociologie *f*
sock [sɔk] *n* chaussette *f* ▷ *vt* (*inf: hit*) flanquer un coup à; **to pull one's ~s up** (*fig*) se secouer (les puces)
socket ['sɔkıt] *n* cavité *f*; (*Elec: also*: **wall socket**) prise *f* de courant; (*: for light bulb*) douille *f*
sod [sɔd] *n* (*of earth*) motte *f*; (*Brit inf!*) con *m* (*!*), salaud *m* (*!*)
▶ **sod off** *vi*: **~ off!** (*Brit inf!*) fous le camp!, va te faire foutre! (*!*)
soda ['səudə] *n* (*Chem*) soude *f*; (*also*: **soda water**) eau *f* de Seltz; (*US*: *also*: **soda pop**) soda *m*
sodden ['sɔdn] *adj* trempé(e), détrempé(e)
sodium ['səudıəm] *n* sodium *m*
sodium chloride *n* chlorure *m* de sodium
sofa ['səufə] *n* sofa *m*, canapé *m*
sofa bed *n* canapé-lit *m*
Sofia ['səufıə] *n* Sofia
soft [sɔft] *adj* (*not rough*) doux (douce); (*not hard*) doux, mou (molle); (*not loud*) doux, léger(-ère); (*kind*) doux, gentil(le); (*weak*) indulgent(e); (*stupid*) stupide, débile
soft-boiled ['sɔftbɔıld] *adj* (*egg*) à la coque
soft drink *n* boisson non alcoolisée
soft drugs *npl* drogues douces
soften ['sɔfn] *vt* (r)amollir; (*fig*) adoucir ▷ *vi* se ramollir; (*fig*) s'adoucir
softener ['sɔfnəʳ] *n* (*water softener*) adoucisseur *m*; (*fabric softener*) produit assouplissant
soft fruit *n* (*Brit*) baies *fpl*
soft furnishings *npl* tissus *mpl* d'ameublement
soft-hearted [sɔft'hɑːtıd] *adj* au cœur tendre
softly ['sɔftlı] *adv* doucement; (*touch*) légèrement; (*kiss*) tendrement
softness ['sɔftnıs] *n* douceur *f*
soft option *n* solution *f* de facilité
soft sell *n* promotion *f* de vente discrète
soft target *n* cible *f* facile
soft toy *n* jouet *m* en peluche
software ['sɔftwɛəʳ] *n* (*Comput*) logiciel *m*,

S

software *m*
software package *n* (*Comput*) progiciel *m*
soggy ['sɔgɪ] *adj* (*clothes*) trempé(e); (*ground*) détrempé(e)
soil [sɔɪl] *n* (*earth*) sol *m*, terre *f* ▷ *vt* salir; (*fig*) souiller
soiled [sɔɪld] *adj* sale; (*Comm*) défraîchi(e)
sojourn ['sɔdʒəːn] *n* (*formal*) séjour *m*
solace ['sɔlɪs] *n* consolation *f*, réconfort *m*
solar ['səuləʳ] *adj* solaire
solarium (*pl* **solaria**) [sə'lɛərɪəm, -rɪə] *n* solarium *m*
solar panel *n* panneau *m* solaire
solar plexus [-'plɛksəs] *n* (*Anat*) plexus *m* solaire
solar power *n* énergie *f* solaire
solar system *n* système *m* solaire
sold [səuld] *pt, pp of* **sell**
solder ['səuldəʳ] *vt* souder (*au fil à souder*) ▷ *n* soudure *f*
soldier ['səuldʒəʳ] *n* soldat *m*, militaire *m* ▷ *vi*: **to ~ on** persévérer, s'accrocher; **toy ~** petit soldat
sold out *adj* (*Comm*) épuisé(e)
sole [səul] *n* (*of foot*) plante *f*; (*of shoe*) semelle *f*; (*fish: pl inv*) sole *f* ▷ *adj* seul(e), unique; **the ~ reason** la seule et unique raison
solely ['səullɪ] *adv* seulement, uniquement; **I will hold you ~ responsible** je vous en tiendrai pour seul responsable
solemn ['sɔləm] *adj* solennel(le); (*person*) sérieux(-euse), grave
sole trader *n* (*Comm*) chef *m* d'entreprise individuelle
solicit [sə'lɪsɪt] *vt* (*request*) solliciter ▷ *vi* (*prostitute*) racoler
solicitor [sə'lɪsɪtəʳ] *n* (*Brit: for wills etc*) ≈ notaire *m*; (*: in court*) ≈ avocat *m*
solid ['sɔlɪd] *adj* (*strong, sound, reliable: not liquid*) solide; (*not hollow: mass*) compact(e); (*: metal, rock, wood*) massif(-ive); (*meal*) consistant(e), substantiel(le); (*vote*) unanime ▷ *n* solide *m*; **to be on ~ ground** être sur la terre ferme; (*fig*) être en terrain sûr; **we waited two ~ hours** nous avons attendu deux heures entières
solidarity [sɔlɪ'dærɪtɪ] *n* solidarité *f*
solid fuel *n* combustible *m* solide
solidify [sə'lɪdɪfaɪ] *vi* se solidifier ▷ *vt* solidifier
solidity [sə'lɪdɪtɪ] *n* solidité *f*
solid-state ['sɔlɪdsteɪt] *adj* (*Elec*) à circuits intégrés
soliloquy [sə'lɪləkwɪ] *n* monologue *m*
solitaire [sɔlɪ'tɛəʳ] *n* (*gem, Brit: game*) solitaire *m*; (*US: card game*) réussite *f*
solitary ['sɔlɪtərɪ] *adj* solitaire
solitary confinement *n* (*Law*) isolement *m* (cellulaire)
solitude ['sɔlɪtjuːd] *n* solitude *f*
solo ['səuləu] *n* solo *m* ▷ *adv* (*fly*) en solitaire
soloist ['səuləuɪst] *n* soliste *m/f*
Solomon Islands ['sɔləmən-] *npl*: **the ~** les (îles *fpl*) Salomon *fpl*
solstice ['sɔlstɪs] *n* solstice *m*
soluble ['sɔljubl] *adj* soluble
solution [sə'luːʃən] *n* solution *f*
solve [sɔlv] *vt* résoudre
solvency ['sɔlvənsɪ] *n* (*Comm*) solvabilité *f*
solvent ['sɔlvənt] *adj* (*Comm*) solvable ▷ *n* (*Chem*) (dis)solvant *m*
solvent abuse *n* usage *m* de solvants hallucinogènes
Somali [səu'mɑːlɪ] *adj* somali(e), somalien(ne) ▷ *n* Somali(e), Somalien(ne)
Somalia [səu'mɑːlɪə] *n* (République *f* de) Somalie *f*
Somaliland [səu'mɑːlɪlænd] *n* Somaliland *m*
sombre, (*US*) **somber** ['sɔmbəʳ] *adj* sombre, morne

 KEYWORD

some [sʌm] *adj* **1** (*a certain amount or number of*): **some tea/water/ice cream** du thé/de l'eau/de la glace; **some children/apples** des enfants/pommes; **I've got some money but not much** j'ai de l'argent mais pas beaucoup
2 (*certain: in contrasts*): **some people say that ...** il y a des gens qui disent que ...; **some films were excellent, but most were mediocre** certains films étaient excellents, mais la plupart étaient médiocres
3 (*unspecified*): **some woman was asking for you** il y avait une dame qui vous demandait; **he was asking for some book (or other)** il demandait un livre quelconque; **some day** un de ces jours; **some day next week** un jour la semaine prochaine; **after some time** après un certain temps; **at some length** assez longuement; **in some form or other** sous une forme ou une autre, sous une forme quelconque
▷ *pron* **1** (*a certain number*) quelques-un(e)s, certain(e)s; **I've got some** (*books etc*) j'en ai (quelques-uns); **some (of them) have been sold** certains ont été vendus
2 (*a certain amount*) un peu; **I've got some** (*money, milk*) j'en ai (un peu); **would you like some?** est-ce que vous en voulez?, en voulez-vous?; **could I have some of that cheese?** pourrais-je avoir un peu de ce fromage?; **I've read some of the book** j'ai lu une partie du livre
▷ *adv*: **some 10 people** quelque 10 personnes, 10 personnes environ

somebody ['sʌmbədɪ] *pron* = **someone**
someday ['sʌmdeɪ] *adv* un de ces jours, un jour ou l'autre
somehow ['sʌmhau] *adv* d'une façon ou d'une autre; (*for some reason*) pour une raison ou une autre
someone ['sʌmwʌn] *pron* quelqu'un; **~ or other** quelqu'un, je ne sais qui
someplace ['sʌmpleɪs] *adv* (*US*) = **somewhere**
somersault ['sʌməsɔːlt] *n* culbute *f*, saut périlleux ▷ *vi* faire la culbute *or* un saut périlleux; (*car*) faire un tonneau

something ['sʌmθɪŋ] *pron* quelque chose *m*; **~ interesting** quelque chose d'intéressant; **~ to do** quelque chose à faire; **he's ~ like me** il est un peu comme moi; **it's ~ of a problem** il y a là un problème
sometime ['sʌmtaɪm] *adv* (*in future*) un de ces jours, un jour ou l'autre; (*in past*): **~ last month** au cours du mois dernier
sometimes ['sʌmtaɪmz] *adv* quelquefois, parfois
somewhat ['sʌmwɔt] *adv* quelque peu, un peu
somewhere ['sʌmwɛəʳ] *adv* quelque part; **~ else** ailleurs, autre part
son [sʌn] *n* fils *m*
sonar ['səunɑːʳ] *n* sonar *m*
sonata [sə'nɑːtə] *n* sonate *f*
song [sɔŋ] *n* chanson *f*; (*of bird*) chant *m*
songbook ['sɔŋbuk] *n* chansonnier *m*
songwriter ['sɔŋraɪtəʳ] *n* auteur-compositeur *m*
sonic ['sɔnɪk] *adj* (*boom*) supersonique
son-in-law ['sʌnɪnlɔː] *n* gendre *m*, beau-fils *m*
sonnet ['sɔnɪt] *n* sonnet *m*
sonny ['sʌnɪ] *n* (*inf*) fiston *m*
soon [suːn] *adv* bientôt; (*early*) tôt; **~ afterwards** peu après; **quite ~** sous peu; **how ~ can you do it?** combien de temps vous faut-il pour le faire, au plus pressé?; **how ~ can you come back?** quand *or* dans combien de temps pouvez-vous revenir, au plus tôt?; **see you ~!** à bientôt!; *see also* **as**
sooner ['suːnəʳ] *adv* (*time*) plus tôt; (*preference*): **I would ~ do that** j'aimerais autant *or* je préférerais faire ça; **~ or later** tôt ou tard; **no ~ said than done** sitôt dit, sitôt fait; **the ~ the better** le plus tôt sera le mieux; **no ~ had we left than ...** à peine étions-nous partis que ...
soot [sut] *n* suie *f*
soothe [suːð] *vt* calmer, apaiser
soothing ['suːðɪŋ] *adj* (*ointment etc*) lénitif(-ive), lénifiant(e); (*tone, words etc*) apaisant(e); (*drink, bath*) relaxant(e)
SOP *n abbr* = **standard operating procedure**
sop [sɔp] *n*: **that's only a ~** c'est pour nous (*or* les *etc*) amadouer
sophisticated [sə'fɪstɪkeɪtɪd] *adj* raffiné(e), sophistiqué(e); (*machinery*) hautement perfectionné(e), très complexe; (*system etc*) très perfectionné(e), sophistiqué
sophistication [səfɪstɪ'keɪʃən] *n* raffinement *m*, niveau *m* (de) perfectionnement *m*
sophomore ['sɔfəmɔːʳ] *n* (*US*) étudiant(e) de seconde année
soporific [sɔpə'rɪfɪk] *adj* soporifique ▷ *n* somnifère *m*
sopping ['sɔpɪŋ] *adj* (*also*: **sopping wet**) tout(e) trempé(e)
soppy ['sɔpɪ] *adj* (*pej*) sentimental(e)
soprano [sə'prɑːnəu] *n* (*voice*) soprano *m*; (*singer*) soprano *m/f*
sorbet ['sɔːbeɪ] *n* sorbet *m*
sorcerer ['sɔːsərəʳ] *n* sorcier *m*
sordid ['sɔːdɪd] *adj* sordide
sore [sɔːʳ] *adj* (*painful*) douloureux(-euse), sensible; (*offended*) contrarié(e), vexé(e) ▷ *n* plaie *f*; **to have a ~ throat** avoir mal à la gorge; **it's a ~ point** (*fig*) c'est un point délicat
sorely ['sɔːlɪ] *adv* (*tempted*) fortement
sorrel ['sɔrəl] *n* oseille *f*
sorrow ['sɔrəu] *n* peine *f*, chagrin *m*
sorrowful ['sɔrəuful] *adj* triste
sorry ['sɔrɪ] *adj* désolé(e); (*condition, excuse, tale*) triste, déplorable; (*sight*) désolant(e); **~!** pardon!, excusez-moi!; **~?** pardon?; **to feel ~ for sb** plaindre qn; **I'm ~ to hear that ...** je suis désolé(e) *or* navré(e) d'apprendre que ...; **to be ~ about sth** regretter qch
sort [sɔːt] *n* genre *m*, espèce *f*, sorte *f*; (*make*: *of coffee, car etc*) marque *f* ▷ *vt* (*also*: **sort out**: *select which to keep*) trier; (*classify*) classer; (*tidy*) ranger; (*letters etc*) trier; (*Comput*) trier; **what ~ do you want?** quelle sorte *or* quel genre voulez-vous?; **what ~ of car?** quelle marque de voiture?; **I'll do nothing of the ~!** je ne ferai rien de tel!; **it's ~ of awkward** (*inf*) c'est plutôt gênant
▸ **sort out** *vt* (*problem*) résoudre, régler
sortie ['sɔːtɪ] *n* sortie *f*
sorting office ['sɔːtɪŋ-] *n* (*Post*) bureau *m* de tri
SOS *n* SOS *m*
so-so ['səusəu] *adv* comme ci comme ça
soufflé ['suːfleɪ] *n* soufflé *m*
sought [sɔːt] *pt, pp of* **seek**
sought-after ['sɔːtɑːftəʳ] *adj* recherché(e)
soul [səul] *n* âme *f*; **the poor ~ had nowhere to sleep** le pauvre n'avait nulle part où dormir; **I didn't see a ~** je n'ai vu (absolument) personne
soul-destroying ['səuldɪstrɔɪɪŋ] *adj* démoralisant(e)
soulful ['səulful] *adj* plein(e) de sentiment
soulless ['səullɪs] *adj* sans cœur, inhumain(e)
soul mate *n* âme *f* sœur
soul-searching ['səulsəːtʃɪŋ] *n*: **after much ~, I decided ...** j'ai longuement réfléchi avant de décider ...
sound [saund] *adj* (*healthy*) en bonne santé, sain(e); (*safe, not damaged*) solide, en bon état; (*reliable, not superficial*) sérieux(-euse), solide; (*sensible*) sensé(e) ▷ *adv*: **~ asleep** profondément endormi(e) ▷ *n* (*noise, volume*) son *m*; (*louder*) bruit *m*; (*Geo*) détroit *m*, bras *m* de mer ▷ *vt* (*alarm*) sonner; (*also*: **sound out**: *opinions*) sonder ▷ *vi* sonner, retentir; (*fig*: *seem*) sembler (être); **to be of ~ mind** être sain(e) d'esprit; **I don't like the ~ of it** ça ne me dit rien qui vaille; **to ~ one's horn** (*Aut*) klaxonner, actionner son avertisseur; **to ~ like** ressembler à; **it ~s as if ...** il semblerait que ..., j'ai l'impression que ...
▸ **sound off** *vi* (*inf*): **to ~ off (about)** la ramener (sur)
sound barrier *n* mur *m* du son
sound bite *n* phrase toute faite (*pour être citée dans les médias*)
sound effects *npl* bruitage *m*
sound engineer *n* ingénieur *m* du son
sounding ['saundɪŋ] *n* (*Naut etc*) sondage *m*

S

sounding board *n* (*Mus*) table *f* d'harmonie; (*fig*): **to use sb as a ~ for one's ideas** essayer ses idées sur qn
soundly ['saundlɪ] *adv* (*sleep*) profondément; (*beat*) complètement, à plate couture
soundproof ['saundpru:f] *vt* insonoriser ▷ *adj* insonorisé(e)
sound system *n* sono(risation) *f*
soundtrack ['saundtræk] *n* (*of film*) bande *f* sonore
sound wave *n* (*Physics*) onde *f* sonore
soup [su:p] *n* soupe *f*, potage *m*; **in the ~** (*fig*) dans le pétrin
soup course *n* potage *m*
soup kitchen *n* soupe *f* populaire
soup plate *n* assiette creuse *or* à soupe
soupspoon ['su:pspu:n] *n* cuiller *f* à soupe
sour ['sauəʳ] *adj* aigre, acide; (*milk*) tourné(e), aigre; (*fig*) acerbe, aigre; revêche; **to go** *or* **turn ~** (*milk, wine*) tourner; (*fig: relationship, plans*) mal tourner; **it's ~ grapes** c'est du dépit
source [sɔ:s] *n* source *f*; **I have it from a reliable ~ that** je sais de source sûre que
south [sauθ] *n* sud *m* ▷ *adj* sud *inv*; (*wind*) du sud ▷ *adv* au sud, vers le sud; **(to the) ~ of** au sud de; **to travel ~** aller en direction du sud
South Africa *n* Afrique *f* du Sud
South African *adj* sud-africain(e) ▷ *n* Sud-Africain(e)
South America *n* Amérique *f* du Sud
South American *adj* sud-américain(e) ▷ *n* Sud-Américain(e)
southbound ['sauθbaund] *adj* en direction du sud; (*carriageway*) sud *inv*
south-east [sauθ'i:st] *n* sud-est *m*
South-East Asia *n* le Sud-Est asiatique
southerly ['sʌðəlɪ] *adj* du sud; au sud
southern ['sʌðən] *adj* (du) sud; méridional(e); **with a ~ aspect** orienté(e) *or* exposé(e) au sud; **the ~ hemisphere** l'hémisphère sud *or* austral
South Korea *n* Corée *f* du Sud
South of France *n*: **the ~** le Sud de la France, le Midi
South Pole *n* Pôle *m* Sud
South Sea Islands *npl*: **the ~** l'Océanie *f*
South Seas *npl*: **the ~** les mers *fpl* du Sud
South Vietnam *n* Viêt-Nam *m* du Sud
South Wales *n* sud *m* du Pays de Galles
southward ['sauθwəd], **southwards** ['sauθwədz] *adv* vers le sud
south-west [sauθ'wɛst] *n* sud-ouest *m*
souvenir [su:və'nɪəʳ] *n* souvenir *m* (*objet*)
sovereign ['sɔvrɪn] *adj*, *n* souverain(e)
sovereignty ['sɔvrɪntɪ] *n* souveraineté *f*
soviet ['səuvɪət] *adj* soviétique
Soviet Union *n*: **the ~** l'Union *f* soviétique
sow[1] [səu] (*pt* **-ed**, *pp* **-n**) [səun] *vt* semer
sow[2] *n* [sau] truie *f*
soya ['sɔɪə], (*US*) **soy** [sɔɪ] *n*: **~ bean** graine *f* de soja; **~ sauce** sauce *f* au soja
sozzled ['sɔzld] *adj* (*Brit inf*) paf *inv*
spa [spɑ:] *n* (*town*) station thermale; (*US: also:* **health spa**) établissement *m* de cure de rajeunissement
space [speɪs] *n* (*gen*) espace *m*; (*room*) place *f*; espace; (*length of time*) laps *m* de temps ▷ *cpd* spatial(e) ▷ *vt* (*also:* **space out**) espacer; **to clear a ~ for sth** faire de la place pour qch; **in a confined ~** dans un espace réduit *or* restreint; **in a short ~ of time** dans peu de temps; **(with)in the ~ of an hour** en l'espace d'une heure
space bar *n* (*on typewriter*) barre *f* d'espacement
spacecraft ['speɪskrɑ:ft] *n* engin *or* vaisseau spatial
spaceman ['speɪsmæn] (*irreg*) *n* astronaute *m*, cosmonaute *m*
spaceship ['speɪsʃɪp] *n* = **spacecraft**
space shuttle *n* navette spatiale
spacesuit ['speɪssu:t] *n* combinaison spatiale
spacewoman ['speɪswumən] (*irreg*) *n* astronaute *f*, cosmonaute *f*
spacing ['speɪsɪŋ] *n* espacement *m*; **single/double ~** (*Typ etc*) interligne *m* simple/double
spacious ['speɪʃəs] *adj* spacieux(-euse), grand(e)
spade [speɪd] *n* (*tool*) bêche *f*, pelle *f*; (*child's*) pelle; **spades** *npl* (*Cards*) pique *m*
spadework ['speɪdwə:k] *n* (*fig*) gros *m* du travail
spaghetti [spə'gɛtɪ] *n* spaghetti *mpl*
Spain [speɪn] *n* Espagne *f*
spam [spæm] *n* (*Comput*) spam *m*
span [spæn] *n* (*of bird, plane*) envergure *f*; (*of arch*) portée *f*; (*in time*) espace *m* de temps, durée *f* ▷ *vt* enjamber, franchir; (*fig*) couvrir, embrasser
Spaniard ['spænjəd] *n* Espagnol(e)
spaniel ['spænjəl] *n* épagneul *m*
Spanish ['spænɪʃ] *adj* espagnol(e), d'Espagne ▷ *n* (*Ling*) espagnol *m*; **the Spanish** *npl* les Espagnols; **~ omelette** omelette *f* à l'espagnole
spank [spæŋk] *vt* donner une fessée à
spanner ['spænəʳ] *n* (*Brit*) clé *f* (de mécanicien)
spar [spɑ:ʳ] *n* espar *m* ▷ *vi* (*Boxing*) s'entraîner
spare [spɛəʳ] *adj* de réserve, de rechange; (*surplus*) de *or* en trop, de reste ▷ *n* (*part*) pièce *f* de rechange, pièce détachée ▷ *vt* (*do without*) se passer de; (*afford to give*) donner, accorder, passer; (*not hurt*) épargner; (*not use*) ménager; **to ~** (*surplus*) en surplus, de trop; **there are 2 going ~** (*Brit*) il y en a 2 de disponible; **to ~ no expense** ne pas reculer devant la dépense; **can you ~ the time?** est-ce que vous avez le temps?; **there is no time to ~** il n'y a pas de temps à perdre; **I've a few minutes to ~** je dispose de quelques minutes
spare part *n* pièce *f* de rechange, pièce détachée
spare room *n* chambre *f* d'ami
spare time *n* moments *mpl* de loisir
spare tyre, (*US*) **spare tire** *n* (*Aut*) pneu *m* de rechange
spare wheel *n* (*Aut*) roue *f* de secours
sparing ['spɛərɪŋ] *adj*: **to be ~ with** ménager
sparingly ['spɛərɪŋlɪ] *adv* avec modération
spark [spɑ:k] *n* étincelle *f*; (*fig*) étincelle, lueur *f*
sparkle ['spɑ:kl] *n* scintillement *m*,

étincellement *m*, éclat *m* ▷ *vi* étinceler, scintiller; (*bubble*) pétiller

sparkler ['spɑːkləʳ] *n* cierge *m* magique

sparkling ['spɑːklɪŋ] *adj* étincelant(e), scintillant(e); (*wine*) mousseux(-euse), pétillant(e); (*water*) pétillant(e), gazeux(-euse)

spark plug *n* bougie *f*

sparring partner ['spɑːrɪŋ-] *n* sparring-partner *m*; (*fig*) vieil(le) ennemi(e)

sparrow ['spærəu] *n* moineau *m*

sparse [spɑːs] *adj* clairsemé(e)

spartan ['spɑːtən] *adj* (*fig*) spartiate

spasm ['spæzəm] *n* (*Med*) spasme *m*; (*fig*) accès *m*

spasmodic [spæz'mɔdɪk] *adj* (*fig*) intermittent(e)

spastic ['spæstɪk] *n* handicapé(e) moteur

spat [spæt] *pt, pp of* **spit** ▷ *n* (*US*) prise *f* de bec

spate [speɪt] *n* (*fig*): **~ of** avalanche *f or* torrent *m* de; **in ~** (*river*) en crue

spatial ['speɪʃl] *adj* spatial(e)

spatter ['spætəʳ] *n* éclaboussure(s) *f(pl)* ▷ *vt* éclabousser ▷ *vi* gicler

spatula ['spætjulə] *n* spatule *f*

spawn [spɔːn] *vt* pondre; (*pej*) engendrer ▷ *vi* frayer ▷ *n* frai *m*

SPCA *n abbr* (*US:* = *Society for the Prevention of Cruelty to Animals*) ≈ SPA *f*

SPCC *n abbr* (*US*) = **Society for the Prevention of Cruelty to Children**

speak (*pt* **spoke**, *pp* **spoken**) [spiːk, spəuk, 'spəukn] *vt* (*language*) parler; (*truth*) dire ▷ *vi* parler; (*make a speech*) prendre la parole; **to ~ to sb/of** *or* **about sth** parler à qn/de qch; **I don't ~ French** je ne parle pas français; **do you ~ English?** parlez-vous anglais?; **can I ~ to ...?** est-ce que je peux parler à ...?; **~ing!** (*on telephone*) c'est moi-même!; **to ~ one's mind** dire ce que l'on pense; **it ~s for itself** c'est évident; **~ up!** parle plus fort!; **he has no money to ~ of** il n'a pas d'argent
▸ **speak for** *vt fus*: **to ~ for sb** parler pour qn; **that picture is already spoken for** (*in shop*) ce tableau est déjà réservé

speaker ['spiːkəʳ] *n* (*in public*) orateur *m*; (*also:* **loudspeaker**) haut-parleur *m*; (*for stereo etc*) baffle *m*, enceinte *f*; (*Pol*): **the S~** (*Brit*) *le président de la Chambre des communes or des représentants*; (*US*) *le président de la Chambre*; **are you a Welsh ~?** parlez-vous gallois?

speaking ['spiːkɪŋ] *adj* parlant(e); **French-~ people** les francophones; **to be on ~ terms** se parler

spear [spɪəʳ] *n* lance *f* ▷ *vt* transpercer

spearhead ['spɪəhɛd] *n* fer *m* de lance; (*Mil*) colonne *f* d'attaque ▷ *vt* (*attack etc*) mener

spearmint ['spɪəmɪnt] *n* (*Bot etc*) menthe verte

spec [spɛk] *n* (*Brit inf*): **on ~** à tout hasard; **to buy on ~** acheter avec l'espoir de faire une bonne affaire

special ['spɛʃl] *adj* spécial(e) ▷ *n* (*train*) train spécial; **take ~ care** soyez particulièrement prudents; **nothing ~** rien de spécial; **today's ~** (*at restaurant*) le plat du jour

special agent *n* agent secret

special correspondent *n* envoyé spécial

special delivery *n* (*Post*): **by ~** en express

special effects *npl* (*Cine*) effets spéciaux

specialist ['spɛʃəlɪst] *n* spécialiste *m/f*; **heart ~** cardiologue *m/f*

speciality [spɛʃɪ'ælɪtɪ] *n* (*Brit*) spécialité *f*

specialize ['spɛʃəlaɪz] *vi*: **to ~ (in)** se spécialiser (dans)

specially ['spɛʃlɪ] *adv* spécialement, particulièrement

special needs *npl* (*Brit*) difficultés *fpl* d'apprentissage scolaire

special offer *n* (*Comm*) réclame *f*

special school *n* (*Brit*) établissement *m* d'enseignement spécialisé

specialty ['spɛʃəltɪ] *n* (*US*) = **speciality**

species ['spiːʃiːz] *n* (*pl inv*) espèce *f*

specific [spə'sɪfɪk] *adj* (*not vague*) précis(e), explicite; (*particular*) particulier(-ière); (*Bot, Chem etc*) spécifique; **to be ~ to** être particulier à, être le *or* un caractère (*or* les caractères) spécifique(s) de

specifically [spə'sɪfɪklɪ] *adv* explicitement, précisément; (*intend, ask, design*) expressément, spécialement; (*exclusively*) exclusivement, spécifiquement

specification [spɛsɪfɪ'keɪʃən] *n* spécification *f*; stipulation *f*; **specifications** *npl* (*of car, building etc*) spécification

specify ['spɛsɪfaɪ] *vt* spécifier, préciser; **unless otherwise specified** sauf indication contraire

specimen ['spɛsɪmən] *n* spécimen *m*, échantillon *m*; (*Med: of blood*) prélèvement *m*; (*: of urine*) échantillon *m*

specimen copy *n* spécimen *m*

specimen signature *n* spécimen *m* de signature

speck [spɛk] *n* petite tache, petit point; (*particle*) grain *m*

speckled ['spɛkld] *adj* tacheté(e), moucheté(e)

specs [spɛks] *npl* (*inf*) lunettes *fpl*

spectacle ['spɛktəkl] *n* spectacle *m*; **spectacles** *npl* (*Brit*) lunettes *fpl*

spectacle case *n* (*Brit*) étui *m* à lunettes

spectacular [spɛk'tækjuləʳ] *adj* spectaculaire ▷ *n* (*Cine etc*) superproduction *f*

spectator [spɛk'teɪtəʳ] *n* spectateur(-trice)

spectator sport *n*: **football is a great ~** le football est un sport qui passionne les foules

spectra ['spɛktrə] *npl of* **spectrum**

spectre, (*US*) **specter** ['spɛktəʳ] *n* spectre *m*, fantôme *m*

spectrum (*pl* **spectra**) ['spɛktrəm, -rə] *n* spectre *m*; (*fig*) gamme *f*

speculate ['spɛkjuleɪt] *vi* spéculer; (*try to guess*): **to ~ about** s'interroger sur

speculation [spɛkju'leɪʃən] *n* spéculation *f*; conjectures *fpl*

speculative ['spɛkjulətɪv] *adj* spéculatif(-ive)

speculator ['spɛkjuleɪtəʳ] *n* spéculateur(-trice)

sped [spɛd] *pt, pp of* **speed**
speech [spi:tʃ] *n* (*faculty*) parole *f*; (*talk*) discours *m*, allocution *f*; (*manner of speaking*) façon *f* de parler, langage *m*; (*language*) langage *m*; (*enunciation*) élocution *f*
speech day *n* (*Brit Scol*) distribution *f* des prix
speech impediment *n* défaut *m* d'élocution
speechless ['spi:tʃlɪs] *adj* muet(te)
speech therapy *n* orthophonie *f*
speed [spi:d] *n* vitesse *f*; (*promptness*) rapidité *f* ▷ *vi* (*pt, pp* **sped**) [spɛd] (*Aut*: *exceed speed limit*) faire un excès de vitesse; **to ~ along/by** *etc* aller/passer *etc* à toute vitesse; **at ~** (*Brit*) rapidement; **at full** *or* **top ~** à toute vitesse *or* allure; **at a ~ of 70 km/h** à une vitesse de 70 km/h; **shorthand/typing ~s** nombre *m* de mots à la minute en sténographie/dactylographie; **a five-~ gearbox** une boîte cinq vitesses
▸ **speed up** (*pt, pp* **-ed up**) *vi* aller plus vite, accélérer ▷ *vt* accélérer
speedboat ['spi:dbəut] *n* vedette *f*, hors-bord *m inv*
speedily ['spi:dɪlɪ] *adv* rapidement, promptement
speeding ['spi:dɪŋ] *n* (*Aut*) excès *m* de vitesse
speed limit *n* limitation *f* de vitesse, vitesse maximale permise
speedometer [spɪ'dɔmɪtə^r] *n* compteur *m* (de vitesse)
speed trap *n* (*Aut*) piège *m* de police pour contrôle de vitesse
speedway *n* (*Sport*) piste *f* de vitesse pour motos; (*also*: **speedway racing**) épreuve(s) *f(pl)* de vitesse de motos
speedy [spi:dɪ] *adj* rapide, prompt(e)
speleologist [spɛlɪ'ɔlədʒɪst] *n* spéléologue *m/f*
spell [spɛl] *n* (*also*: **magic spell**) sortilège *m*, charme *m*; (*period of time*) (courte) période ▷ *vt* (*pt, pp* **spelt** *or* **-ed**) [spɛlt, spɛld] (*in writing*) écrire, orthographier; (*aloud*) épeler; (*fig*) signifier; **to cast a ~ on sb** jeter un sort à qn; **he can't ~** il fait des fautes d'orthographe; **how do you ~ your name?** comment écrivez-vous votre nom?; **can you ~ it for me?** pouvez-vous me l'épeler?
▸ **spell out** *vt* (*explain*): **to ~ sth out for sb** expliquer qch clairement à qn
spellbound ['spɛlbaund] *adj* envoûté(e), subjugué(e)
spellchecker ['speltʃekə^r] *n* (*Comput*) correcteur *m or* vérificateur *m* orthographique
spelling ['spɛlɪŋ] *n* orthographe *f*
spelt [spɛlt] *pt, pp of* **spell**
spend (*pt, pp* **spent**) [spɛnd, spɛnt] *vt* (*money*) dépenser; (*time, life*) passer; (*devote*) consacrer; **to ~ time/money/effort on sth** consacrer du temps/de l'argent/de l'énergie à qch
spending ['spɛndɪŋ] *n* dépenses *fpl*; **government ~** les dépenses publiques
spending money *n* argent *m* de poche
spending power *n* pouvoir *m* d'achat
spendthrift ['spɛndθrɪft] *n* dépensier(-ière)
spent [spɛnt] *pt, pp of* **spend** ▷ *adj* (*patience*) épuisé(e), à bout; (*cartridge, bullets*) vide; **~ matches** vieilles allumettes
sperm [spə:m] *n* spermatozoïde *m*; (*semen*) sperme *m*
sperm bank *n* banque *f* du sperme
sperm whale *n* cachalot *m*
spew [spju:] *vt* vomir
sphere [sfɪə^r] *n* sphère *f*; (*fig*) sphère, domaine *m*
spherical ['sfɛrɪkl] *adj* sphérique
sphinx [sfɪŋks] *n* sphinx *m*
spice [spaɪs] *n* épice *f* ▷ *vt* épicer
spick-and-span ['spɪkən'spæn] *adj* impeccable
spicy ['spaɪsɪ] *adj* épicé(e), relevé(e); (*fig*) piquant(e)
spider ['spaɪdə^r] *n* araignée *f*; **~'s web** toile *f* d'araignée
spiel [spi:l] *n* laïus *m inv*
spike [spaɪk] *n* pointe *f*; (*Elec*) pointe de tension; (*Bot*) épi *m*; **spikes** *npl* (*Sport*) chaussures *fpl* à pointes
spike heel *n* (*US*) talon *m* aiguille
spiky ['spaɪkɪ] *adj* (*bush, branch*) épineux(-euse); (*animal*) plein(e) de piquants
spill (*pt, pp* **spilt** *or* **-ed**) [spɪl, -t, -d] *vt* renverser; répandre ▷ *vi* se répandre; **to ~ the beans** (*inf*) vendre la mèche; (: *confess*) lâcher le morceau
▸ **spill out** *vi* sortir à flots, se répandre
▸ **spill over** *vi* déborder
spillage ['spɪlɪdʒ] *n* (*of oil*) déversement *m* (accidentel)
spilt [spɪlt] *pt, pp of* **spill**
spin [spɪn] (*pt, pp* **spun**) [spʌn] *n* (*revolution of wheel*) tour *m*; (*Aviat*) (chute *f* en) vrille *f*; (*trip in car*) petit tour, balade *f*; (*on ball*) effet *m* ▷ *vt* (*wool etc*) filer; (*wheel*) faire tourner; (*Brit*: *clothes*) essorer ▷ *vi* (*turn*) tourner, tournoyer; **to ~ a yarn** débiter une longue histoire; **to ~ a coin** (*Brit*) jouer à pile ou face
▸ **spin out** *vt* faire durer
spina bifida ['spaɪnə'bɪfɪdə] *n* spina-bifida *m inv*
spinach ['spɪnɪtʃ] *n* épinard *m*; (*as food*) épinards *mpl*
spinal ['spaɪnl] *adj* vertébral(e), spinal(e)
spinal column *n* colonne vertébrale
spinal cord *n* moelle épinière
spindly ['spɪndlɪ] *adj* grêle, filiforme
spin doctor *n* (*inf*) *personne employée pour présenter un parti politique sous un jour favorable*
spin-dry ['spɪn'draɪ] *vt* essorer
spin-dryer [spɪn'draɪə^r] *n* (*Brit*) essoreuse *f*
spine [spaɪn] *n* colonne vertébrale; (*thorn*) épine *f*, piquant *m*
spine-chilling ['spaɪntʃɪlɪŋ] *adj* terrifiant(e)
spineless ['spaɪnlɪs] *adj* invertébré(e); (*fig*) mou (molle), sans caractère
spinner ['spɪnə^r] *n* (*of thread*) fileur(-euse)
spinning ['spɪnɪŋ] *n* (*of thread*) filage *m*; (*by machine*) filature *f*
spinning top *n* toupie *f*
spinning wheel *n* rouet *m*
spin-off ['spɪnɔf] *n* sous-produit *m*; avantage

inattendu
spinster ['spɪnstəʳ] *n* célibataire *f*; vieille fille
spiral ['spaɪərl] *n* spirale *f* ▷ *adj* en spirale ▷ *vi* (*fig: prices etc*) monter en flèche; **the inflationary ~** la spirale inflationniste
spiral staircase *n* escalier *m* en colimaçon
spire ['spaɪəʳ] *n* flèche *f*, aiguille *f*
spirit ['spɪrɪt] *n* (*soul*) esprit *m*, âme *f*; (*ghost*) esprit, revenant *m*; (*mood*) esprit, état *m* d'esprit; (*courage*) courage *m*, énergie *f*; **spirits** *npl* (*drink*) spiritueux *mpl*, alcool *m*; **in good ~s** de bonne humeur; **in low ~s** démoralisé(e); **community ~** solidarité *f*; **public ~** civisme *m*
spirit duplicator *n* duplicateur *m* à alcool
spirited ['spɪrɪtɪd] *adj* vif (vive), fougueux(-euse), plein(e) d'allant
spirit level *n* niveau *m* à bulle
spiritual ['spɪrɪtjuəl] *adj* spirituel(le); (*religious*) religieux(-euse) ▷ *n* (*also:* **Negro spiritual**) spiritual *m*
spiritualism ['spɪrɪtjuəlɪzəm] *n* spiritisme *m*
spit [spɪt] *n* (*for roasting*) broche *f*; (*spittle*) crachat *m*; (*saliva*) salive *f* ▷ *vi* (*pt, pp* **spat**) [spæt] cracher; (*sound*) crépiter; (*rain*) crachiner
spite [spaɪt] *n* rancune *f*, dépit *m* ▷ *vt* contrarier, vexer; **in ~ of** en dépit de, malgré
spiteful ['spaɪtful] *adj* malveillant(e), rancunier(-ière)
spitroast ['spɪt'rəust] *vt* faire rôtir à la broche
spitting ['spɪtɪŋ] *n*: **"~ prohibited"** "défense de cracher" ▷ *adj*: **to be the ~ image of sb** être le portrait tout craché de qn
spittle ['spɪtl] *n* salive *f*; bave *f*; crachat *m*
spiv [spɪv] *n* (*Brit inf*) chevalier *m* d'industrie, aigrefin *m*
splash [splæʃ] *n* (*sound*) plouf *m*; (*of colour*) tache *f* ▷ *vt* éclabousser ▷ *vi* (*also:* **splash about**) barboter, patauger
▸ **splash out** *vi* (*Brit*) faire une folie
splashdown ['splæʃdaun] *n* amerrissage *m*
splay [spleɪ] *adj*: **~footed** marchant les pieds en dehors
spleen [spli:n] *n* (*Anat*) rate *f*
splendid ['splɛndɪd] *adj* splendide, superbe, magnifique
splendour, (*US*) **splendor** ['splɛndəʳ] *n* splendeur *f*, magnificence *f*
splice [splaɪs] *vt* épisser
splint [splɪnt] *n* attelle *f*, éclisse *f*
splinter ['splɪntəʳ] *n* (*wood*) écharde *f*; (*metal*) éclat *m* ▷ *vi* (*wood*) se fendre; (*glass*) se briser
splinter group *n* groupe dissident
split [splɪt] (*pt, pp* **split**) *n* fente *f*, déchirure *f*; (*fig: Pol*) scission *f* ▷ *vt* fendre, déchirer; (*party*) diviser; (*work, profits*) partager, répartir ▷ *vi* (*break*) se fendre, se briser; (*divide*) se diviser; **let's ~ the difference** coupons la poire en deux; **to do the ~s** faire le grand écart
▸ **split up** *vi* (*couple*) se séparer, rompre; (*meeting*) se disperser
split-level ['splɪtlɛvl] *adj* (*house*) à deux *or* plusieurs niveaux
split peas *npl* pois cassés
split personality *n* double personnalité *f*
split second *n* fraction *f* de seconde
splitting ['splɪtɪŋ] *adj*: **a ~ headache** un mal de tête atroce
splutter ['splʌtəʳ] *vi* bafouiller; postillonner
spoil (*pt, pp* **-ed** *or* **spoilt**) [spɔɪl, -d, -t] *vt* (*damage*) abîmer; (*mar*) gâcher; (*child*) gâter; (*ballot paper*) rendre nul ▷ *vi*: **to be ~ing for a fight** chercher la bagarre
spoils [spɔɪlz] *npl* butin *m*
spoilsport ['spɔɪlspɔ:t] *n* trouble-fête *m/f inv*, rabat-joie *m inv*
spoilt [spɔɪlt] *pt, pp of* **spoil** ▷ *adj* (*child*) gâté(e); (*ballot paper*) nul(le)
spoke [spəuk] *pt of* **speak** ▷ *n* rayon *m*
spoken ['spəukn] *pp of* **speak**
spokesman ['spəuksmən] (*irreg*) *n* porte-parole *m inv*
spokesperson ['spəukspə:sn] (*irreg*) *n* porte-parole *m inv*
spokeswoman ['spəukswumən] (*irreg*) *n* porte-parole *m inv*
sponge [spʌndʒ] *n* éponge *f*; (*Culin: also:* **sponge cake**) ≈ biscuit *m* de Savoie ▷ *vt* éponger ▷ *vi*: **to ~ off** *or* **on** vivre aux crochets de
sponge bag *n* (*Brit*) trousse *f* de toilette
sponge cake *n* ≈ biscuit *m* de Savoie
sponger ['spʌndʒəʳ] *n* (*pej*) parasite *m*
spongy ['spʌndʒɪ] *adj* spongieux(-euse)
sponsor ['spɔnsəʳ] *n* (*Radio, TV, Sport*) sponsor *m*; (*for application*) parrain *m*, marraine *f*; (*Brit: for fund-raising event*) donateur(-trice) ▷ *vt* (*programme, competition etc*) parrainer, patronner, sponsoriser; (*Pol: bill*) présenter; (*new member*) parrainer; (*fund-raiser*) faire un don à; **I ~ed him at 3p a mile** (*in fund-raising race*) je me suis engagé à lui donner 3p par mile
sponsorship ['spɔnsəʃɪp] *n* sponsoring *m*; patronage *m*, parrainage *m*; dons *mpl*
spontaneity [spɔntə'neɪɪtɪ] *n* spontanéité *f*
spontaneous [spɔn'teɪnɪəs] *adj* spontané(e)
spoof [spu:f] *n* (*parody*) parodie *f*; (*trick*) canular *m*
spooky ['spu:kɪ] *adj* (*inf*) qui donne la chair de poule
spool [spu:l] *n* bobine *f*
spoon [spu:n] *n* cuiller *f*
spoon-feed ['spu:nfi:d] *vt* nourrir à la cuiller; (*fig*) mâcher le travail à
spoonful ['spu:nful] *n* cuillerée *f*
sporadic [spə'rædɪk] *adj* sporadique
sport [spɔ:t] *n* sport *m*; (*amusement*) divertissement *m*; (*person*) chic type *m*/chic fille *f* ▷ *vt* (*wear*) arborer; **indoor/outdoor ~s** sports en salle/de plein air; **to say sth in ~** dire qch pour rire
sporting ['spɔ:tɪŋ] *adj* sportif(-ive); **to give sb a ~ chance** donner sa chance à qn
sport jacket *n* (*US*) = **sports jacket**
sports car *n* voiture *f* de sport
sports centre (*Brit*) *n* centre sportif

S

sports ground *n* terrain *m* de sport
sports jacket *n* (*Brit*) veste *f* de sport
sportsman ['spɔːtsmən] (*irreg*) *n* sportif *m*
sportsmanship ['spɔːtsmənʃɪp] *n* esprit sportif, sportivité *f*
sports page *n* page *f* des sports
sports utility vehicle *n* véhicule *m* de loisirs (*de type SUV*)
sportswear ['spɔːtswɛəʳ] *n* vêtements *mpl* de sport
sportswoman ['spɔːtswumən] (*irreg*) *n* sportive *f*
sporty ['spɔːtɪ] *adj* sportif(-ive)
spot [spɔt] *n* tache *f*; (*dot: on pattern*) pois *m*; (*pimple*) bouton *m*; (*place*) endroit *m*, coin *m*; (*also*: **spot advertisement**) message *m* publicitaire; (*small amount*): **a ~ of** un peu de ▷ *vt* (*notice*) apercevoir, repérer; **on the ~** sur place, sur les lieux; (*immediately*) sur le champ; **to put sb on the ~** (*fig*) mettre qn dans l'embarras; **to come out in ~s** se couvrir de boutons, avoir une éruption de boutons
spot check *n* contrôle intermittent
spotless ['spɔtlɪs] *adj* immaculé(e)
spotlight ['spɔtlaɪt] *n* projecteur *m*; (*Aut*) phare *m* auxiliaire
spot-on [spɔt'ɔn] *adj* (*Brit inf*) en plein dans le mille
spot price *n* prix *m* sur place
spotted ['spɔtɪd] *adj* tacheté(e), moucheté(e); à pois; **~ with** tacheté(e) de
spotty ['spɔtɪ] *adj* (*face*) boutonneux(-euse)
spouse [spauz] *n* époux (épouse)
spout [spaut] *n* (*of jug*) bec *m*; (*of liquid*) jet *m* ▷ *vi* jaillir
sprain [spreɪn] *n* entorse *f*, foulure *f* ▷ *vt*: **to ~ one's ankle** se fouler *or* se tordre la cheville
sprang [spræŋ] *pt of* **spring**
sprawl [sprɔːl] *vi* s'étaler ▷ *n*: **urban ~** expansion urbaine; **to send sb ~ing** envoyer qn rouler par terre
spray [spreɪ] *n* jet *m* (en fines gouttelettes); (*from sea*) embruns *mpl*; (*aerosol*) vaporisateur *m*, bombe *f*; (*for garden*) pulvérisateur *m*; (*of flowers*) petit bouquet ▷ *vt* vaporiser, pulvériser; (*crops*) traiter ▷ *cpd* (*deodorant etc*) en bombe *or* atomiseur
spread [sprɛd] (*pt, pp* **spread**) *n* (*distribution*) répartition *f*; (*Culin*) pâte *f* à tartiner; (*inf: meal*) festin *m*; (*Press, Typ: two pages*) double page *f* ▷ *vt* (*paste, contents*) étendre, étaler; (*rumour, disease*) répandre, propager; (*repayments*) échelonner, étaler; (*wealth*) répartir ▷ *vi* s'étendre; se répandre; se propager; (*stain*) s'étaler; **middle-age ~** embonpoint *m* (pris avec l'âge)
▸ **spread out** *vi* (*people*) se disperser
spread-eagled ['sprɛdiːgld] *adj*: **to be** *or* **lie ~** être étendu(e) bras et jambes écartés
spreadsheet ['sprɛdʃiːt] *n* (*Comput*) tableur *m*
spree [spriː] *n*: **to go on a ~** faire la fête
sprig [sprɪg] *n* rameau *m*
sprightly ['spraɪtlɪ] *adj* alerte
spring [sprɪŋ] (*pt* **sprang**, *pp* **sprung** [spræŋ, sprʌŋ]) *n* (*season*) printemps *m*; (*leap*) bond *m*, saut *m*; (*coiled metal*) ressort *m*; (*bounciness*) élasticité *f*; (*of water*) source *f* ▷ *vi* bondir, sauter ▷ *vt*: **to ~ a leak** (*pipe etc*) se mettre à fuir; **he sprang the news on me** il m'a annoncé la nouvelle de but en blanc; **in ~, in the ~** au printemps; **to ~ from** provenir de; **to ~ into action** passer à l'action; **to walk with a ~ in one's step** marcher d'un pas souple
▸ **spring up** *vi* (*problem*) se présenter, surgir; (*plant, buildings*) surgir de terre
springboard ['sprɪŋbɔːd] *n* tremplin *m*
spring-clean [sprɪŋ'kliːn] *n* (*also*: **spring-cleaning**) grand nettoyage de printemps
spring onion *n* (*Brit*) ciboule *f*, cive *f*
spring roll *n* rouleau *m* de printemps
springtime ['sprɪŋtaɪm] *n* printemps *m*
springy ['sprɪŋɪ] *adj* élastique, souple
sprinkle ['sprɪŋkl] *vt* (*pour*) répandre; verser; **to ~ water** *etc* **on, ~ with water** *etc* asperger d'eau *etc*; **to ~ sugar** *etc* **on, ~ with sugar** *etc* saupoudrer de sucre *etc*; **~d with** (*fig*) parsemé(e) de
sprinkler ['sprɪŋkləʳ] *n* (*for lawn etc*) arroseur *m*; (*to put out fire*) diffuseur *m* d'extincteur automatique d'incendie
sprinkling ['sprɪŋklɪŋ] *n* (*of water*) quelques gouttes *fpl*; (*of salt*) pincée *f*; (*of sugar*) légère couche
sprint [sprɪnt] *n* sprint *m* ▷ *vi* courir à toute vitesse; (*Sport*) sprinter
sprinter ['sprɪntəʳ] *n* sprinteur(-euse)
sprite [spraɪt] *n* lutin *m*
spritzer ['sprɪtsəʳ] *n* *boisson à base de vin blanc et d'eau de Seltz*
sprocket ['sprɔkɪt] *n* (*on printer etc*) picot *m*
sprout [spraut] *vi* germer, pousser
sprouts [sprauts] *npl* (*also*: **Brussels sprouts**) choux *mpl* de Bruxelles
spruce [spruːs] *n* épicéa *m* ▷ *adj* net(te), pimpant(e)
▸ **spruce up** *vt* (*smarten up: room etc*) apprêter; **to ~ o.s. up** se faire beau (belle)
sprung [sprʌŋ] *pp of* **spring**
spry [spraɪ] *adj* alerte, vif (vive)
SPUC *n abbr* = **Society for the Protection of Unborn Children**
spud [spʌd] *n* (*inf: potato*) patate *f*
spun [spʌn] *pt, pp of* **spin**
spur [spəːʳ] *n* éperon *m*; (*fig*) aiguillon *m* ▷ *vt* (*also*: **spur on**) éperonner; aiguillonner; **on the ~ of the moment** sous l'impulsion du moment
spurious ['spjuərɪəs] *adj* faux (fausse)
spurn [spəːn] *vt* repousser avec mépris
spurt [spəːt] *n* jet *m*; (*of blood*) jaillissement *m*; (*of energy*) regain *m*, sursaut *m* ▷ *vi* jaillir, gicler; **to put in** *or* **on a ~** (*runner*) piquer un sprint; (*fig: in work etc*) donner un coup de collier
sputter ['spʌtəʳ] *vi* = **splutter**
spy [spaɪ] *n* espion(ne) ▷ *vi*: **to ~ on** espionner, épier ▷ *vt* (*see*) apercevoir ▷ *cpd* (*film, story*)

d'espionnage
spying ['spaɪɪŋ] *n* espionnage *m*
sq. *abbr* (*in address*) = **square**
sq. *abbr* (*Math etc*) = **square**
squabble ['skwɔbl] *n* querelle *f*, chamaillerie *f* ▷ *vi* se chamailler
squad [skwɔd] *n* (*Mil, Police*) escouade *f*, groupe *m*; (*Football*) contingent *m*; **flying ~** (*Police*) brigade volante
squad car *n* (*Brit Police*) voiture *f* de police
squaddie ['skwɔdɪ] *n* (*Mil: inf*) troufion *m*, bidasse *m*
squadron ['skwɔdrn] *n* (*Mil*) escadron *m*; (*Aviat, Naut*) escadrille *f*
squalid ['skwɔlɪd] *adj* sordide, ignoble
squall [skwɔːl] *n* rafale *f*, bourrasque *f*
squalor ['skwɔləʳ] *n* conditions *fpl* sordides
squander ['skwɔndəʳ] *vt* gaspiller, dilapider
square [skwɛəʳ] *n* carré *m*; (*in town*) place *f*; (*US: block of houses*) îlot *m*, pâté *m* de maisons; (*instrument*) équerre *f* ▷ *adj* carré(e); (*honest*) honnête, régulier(-ière); (*inf: ideas, tastes*) vieux jeu *inv*, qui retarde ▷ *vt* (*arrange*) régler; arranger; (*Math*) élever au carré; (*reconcile*) concilier ▷ *vi* (*agree*) cadrer, s'accorder; **all ~** quitte; à égalité; **a ~ meal** un repas convenable; **2 metres ~** (de) 2 mètres sur 2; **1 ~ metre** 1 mètre carré; **we're back to ~ one** (*fig*) on se retrouve à la case départ
▶ **square up** *vi* (*Brit: settle*) régler; **to ~ up with sb** régler ses comptes avec qn
square bracket *n* (*Typ*) crochet *m*
squarely ['skwɛəlɪ] *adv* carrément; (*honestly, fairly*) honnêtement, équitablement
square root *n* racine carrée
squash [skwɔʃ] *n* (*Brit: drink*): **lemon/orange ~** citronnade *f*/orangeade *f*; (*Sport*) squash *m*; (*US: vegetable*) courge *f* ▷ *vt* écraser
squat [skwɔt] *adj* petit(e) et épais(se), ramassé(e) ▷ *vi* (*also*: **squat down**) s'accroupir; (*on property*) squatter, squattériser
squatter ['skwɔtəʳ] *n* squatter *m*
squawk [skwɔːk] *vi* pousser un *or* des gloussement(s)
squeak [skwiːk] *n* (*of hinge, wheel etc*) grincement *m*; (*of shoes*) craquement *m*; (*of mouse etc*) petit cri aigu ▷ *vi* (*hinge, wheel*) grincer; (*mouse*) pousser un petit cri
squeaky ['skwiːkɪ] *adj* grinçant(e); **to be ~ clean** (*fig*) être au-dessus de tout soupçon
squeal [skwiːl] *vi* pousser un *or* des cri(s) aigu(s) *or* perçant(s); (*brakes*) grincer
squeamish ['skwiːmɪʃ] *adj* facilement dégoûté(e); facilement scandalisé(e)
squeeze [skwiːz] *n* pression *f*; (*also*: **credit squeeze**) encadrement *m* du crédit, restrictions *fpl* de crédit ▷ *vt* presser; (*hand, arm*) serrer ▷ *vi*: **to ~ past/under sth** se glisser avec (beaucoup de) difficulté devant/sous qch; **a ~ of lemon** quelques gouttes de citron
▶ **squeeze out** *vt* exprimer; (*fig*) soutirer
squelch [skwɛltʃ] *vi* faire un bruit de succion; patauger
squib [skwɪb] *n* pétard *m*
squid [skwɪd] *n* calmar *m*
squiggle ['skwɪgl] *n* gribouillis *m*
squint [skwɪnt] *vi* loucher ▷ *n*: **he has a ~** il louche, il souffre de strabisme; **to ~ at sth** regarder qch du coin de l'œil; (*quickly*) jeter un coup d'œil à qch
squire ['skwaɪəʳ] *n* (*Brit*) propriétaire terrien
squirm [skwəːm] *vi* se tortiller
squirrel ['skwɪrəl] *n* écureuil *m*
squirt [skwəːt] *n* jet *m* ▷ *vi* jaillir, gicler ▷ *vt* faire gicler
Sr *abbr* = **senior**; = **sister**
SRC *n abbr* (*Brit: = Students' Representative Council*) ≈ CROUS *m*
Sri Lanka [srɪ'læŋkə] *n* Sri Lanka *m*
SRN *n abbr* (*Brit*) = **State Registered Nurse**
SRO *abbr* (*US*) = **standing room only**
SS *abbr* (= *steamship*) S/S
SSA *n abbr* (*US: = Social Security Administration*) *organisme de sécurité sociale*
SST *n abbr* (*US*) = **supersonic transport**
ST *abbr* (*US: = Standard Time*) *heure officielle*
St *abbr* = **saint**; **street**
stab [stæb] *n* (*with knife etc*) coup *m* (de couteau *etc*); (*of pain*) lancée *f*; (*inf: try*): **to have a ~ at (doing) sth** s'essayer à (faire) qch ▷ *vt* poignarder; **to ~ sb to death** tuer qn à coups de couteau
stabbing ['stæbɪŋ] *n*: **there's been a ~** quelqu'un a été attaqué à coups de couteau ▷ *adj* (*pain, ache*) lancinant(e)
stability [stə'bɪlɪtɪ] *n* stabilité *f*
stabilization [steɪbəlaɪ'zeɪʃən] *n* stabilisation *f*
stabilize ['steɪbəlaɪz] *vt* stabiliser ▷ *vi* se stabiliser
stabilizer ['steɪbəlaɪzəʳ] *n* stabilisateur *m*
stable ['steɪbl] *n* écurie *f* ▷ *adj* stable; **riding ~s** centre *m* d'équitation
staccato [stə'kɑːtəu] *adv* staccato ▷ *adj* (*Mus*) piqué(e); (*noise, voice*) saccadé(e)
stack [stæk] *n* tas *m*, pile *f* ▷ *vt* empiler, entasser; **there's ~s of time** (*Brit inf*) on a tout le temps
stadium ['steɪdɪəm] *n* stade *m*
staff [stɑːf] *n* (*work force*) personnel *m*; (*Brit Scol: also*: **teaching staff**) professeurs *mpl*, enseignants *mpl*, personnel enseignant; (*servants*) domestiques *mpl*; (*Mil*) état-major *m*; (*stick*) perche *f*, bâton *m* ▷ *vt* pourvoir en personnel
staffroom ['stɑːfruːm] *n* salle *f* des professeurs
Staffs *abbr* (*Brit*) = **Staffordshire**
stag [stæg] *n* cerf *m*; (*Brit Stock Exchange*) loup *m*
stage [steɪdʒ] *n* scène *f*; (*platform*) estrade *f*; (*point*) étape *f*, stade *m*; (*profession*): **the ~** le théâtre ▷ *vt* (*play*) monter, mettre en scène; (*demonstration*) organiser; (*fig: recovery etc*) effectuer; **in ~s** par étapes, par degrés; **to go through a difficult ~** traverser une période difficile; **in the early ~s** au début; **in the final**

~s à la fin
stagecoach ['steɪdʒkəutʃ] *n* diligence *f*
stage door *n* entrée *f* des artistes
stage fright *n* trac *m*
stagehand ['steɪdʒhænd] *n* machiniste *m*
stage-manage ['steɪdʒmænɪdʒ] *vt* (*fig*) orchestrer
stage manager *n* régisseur *m*
stagger ['stægəʳ] *vi* chanceler, tituber ▷ *vt* (*person: amaze*) stupéfier; bouleverser; (*hours, holidays*) étaler, échelonner
staggering ['stægərɪŋ] *adj* (*amazing*) stupéfiant(e), renversant(e)
staging post ['steɪdʒɪŋ-] *n* relais *m*
stagnant ['stægnənt] *adj* stagnant(e)
stagnate [stæg'neɪt] *vi* stagner, croupir
stagnation [stæg'neɪʃən] *n* stagnation *f*
stag night, stag party *n* enterrement *m* de vie de garçon
staid [steɪd] *adj* posé(e), rassis(e)
stain [steɪn] *n* tache *f*; (*colouring*) colorant *m* ▷ *vt* tacher; (*wood*) teindre
stained glass [steɪnd-] *n* (*decorative*) verre coloré; (*in church*) vitraux *mpl*; **~ window** vitrail *m*
stainless ['steɪnlɪs] *adj* (*steel*) inoxydable
stainless steel *n* inox *m*, acier *m* inoxydable
stain remover *n* détachant *m*
stair [stɛəʳ] *n* (*step*) marche *f*
staircase ['stɛəkeɪs] *n* = **stairway**
stairs [stɛəz] *npl* escalier *m*; **on the ~** dans l'escalier
stairway ['stɛəweɪ] *n* escalier *m*
stairwell ['stɛəwɛl] *n* cage *f* d'escalier
stake [steɪk] *n* pieu *m*, poteau *m*; (*Comm: interest*) intérêts *mpl*; (*Betting*) enjeu *m* ▷ *vt* risquer, jouer; (*also*: **stake out**: *area*) marquer, délimiter; **to be at ~** être en jeu; **to have a ~ in sth** avoir des intérêts (en jeu) dans qch; **to ~ a claim (to sth)** revendiquer (qch)
stakeout ['steɪkaut] *n* surveillance *f*; **to be on a ~** effectuer une surveillance
stalactite ['stæləktaɪt] *n* stalactite *f*
stalagmite ['stæləgmaɪt] *n* stalagmite *f*
stale [steɪl] *adj* (*bread*) rassis(e); (*food*) pas frais (fraîche); (*beer*) éventé(e); (*smell*) de renfermé; (*air*) confiné(e)
stalemate ['steɪlmeɪt] *n* pat *m*; (*fig*) impasse *f*
stalk [stɔːk] *n* tige *f* ▷ *vt* traquer ▷ *vi*: **to ~ out/off** sortir/partir d'un air digne
stall [stɔːl] *n* (*Brit: in street, market etc*) éventaire *m*, étal *m*; (*in stable*) stalle *f* ▷ *vt* (*Aut*) caler; (*fig: delay*) retarder ▷ *vi* (*Aut*) caler; (*fig*) essayer de gagner du temps; **stalls** *npl* (*Brit: in cinema, theatre*) orchestre *m*; **a newspaper/flower ~** un kiosque à journaux/de fleuriste
stallholder ['stɔːlhəuldəʳ] *n* (*Brit*) marchand(e) en plein air
stallion ['stæljən] *n* étalon *m* (*cheval*)
stalwart ['stɔːlwət] *n* partisan *m* fidèle
stamen ['steɪmɛn] *n* étamine *f*
stamina ['stæmɪnə] *n* vigueur *f*, endurance *f*
stammer ['stæməʳ] *n* bégaiement *m* ▷ *vi* bégayer
stamp [stæmp] *n* timbre *m*; (*also*: **rubber stamp**) tampon *m*; (*mark, also fig*) empreinte *f*; (*on document*) cachet *m* ▷ *vi* (*also*: **stamp one's foot**) taper du pied ▷ *vt* (*letter*) timbrer; (*with rubber stamp*) tamponner
▸ **stamp out** *vt* (*fire*) piétiner; (*crime*) éradiquer; (*opposition*) éliminer
stamp album *n* album *m* de timbres(-poste)
stamp collecting [-kəlɛktɪŋ] *n* philatélie *f*
stamp duty *n* (*Brit*) droit *m* de timbre
stamped addressed envelope *n* (*Brit*) enveloppe affranchie pour la réponse
stampede [stæm'piːd] *n* ruée *f*; (*of cattle*) débandade *f*
stamp machine *n* distributeur *m* de timbres
stance [stæns] *n* position *f*
stand [stænd] (*pt, pp* **stood**) [stud] *n* (*position*) position *f*; (*for taxis*) station *f* (de taxis); (*Mil*) résistance *f*; (*structure*) guéridon *m*; support *m*; (*Comm*) étalage *m*, stand *m*; (*Sport: also*: **stands**) tribune *f*; (*also*: **music stand**) pupitre *m* ▷ *vi* être *or* se tenir (debout); (*rise*) se lever, se mettre debout; (*be placed*) se trouver; (*remain: offer etc*) rester valable ▷ *vt* (*place*) mettre, poser; (*tolerate, withstand*) supporter; (*treat, invite*) offrir, payer; **to make a ~** prendre position; **to take a ~ on an issue** prendre position sur un problème; **to ~ for parliament** (*Brit*) se présenter aux élections (*comme candidat à la députation*); **to ~ guard** *or* **watch** (*Mil*) monter la garde; **it ~s to reason** c'est logique; cela va de soi; **as things ~** dans l'état actuel des choses; **to ~ sb a drink/meal** payer à boire/à manger à qn; **I can't ~ him** je ne peux pas le voir
▸ **stand aside** *vi* s'écarter
▸ **stand back** *vi* (*move back*) reculer, s'écarter
▸ **stand by** *vi* (*be ready*) se tenir prêt(e) ▷ *vt fus* (*opinion*) s'en tenir à; (*person*) ne pas abandonner, soutenir
▸ **stand down** *vi* (*withdraw*) se retirer; (*Law*) renoncer à ses droits
▸ **stand for** *vt fus* (*signify*) représenter, signifier; (*tolerate*) supporter, tolérer
▸ **stand in for** *vt fus* remplacer
▸ **stand out** *vi* (*be prominent*) ressortir
▸ **stand up** *vi* (*rise*) se lever, se mettre debout
▸ **stand up for** *vt fus* défendre
▸ **stand up to** *vt fus* tenir tête à, résister à
stand-alone ['stændələun] *adj* (*Comput*) autonome
standard ['stændəd] *n* (*norm*) norme *f*, étalon *m*; (*level*) niveau *m* (voulu); (*criterion*) critère *m*; (*flag*) étendard *m* ▷ *adj* (*size etc*) ordinaire, normal(e); (*model, feature*) standard *inv*; (*practice*) courant(e); (*text*) de base; **standards** *npl* (*morals*) morale *f*, principes *mpl*; **to be** *or* **come up to ~** être du niveau voulu *or* à la hauteur; **to apply a double ~** avoir *or* appliquer deux poids deux mesures
standardization [stændədaɪ'zeɪʃən] *n* standardisation *f*
standardize ['stændədaɪz] *vt* standardiser

standard lamp *n* (*Brit*) lampadaire *m*
standard of living *n* niveau *m* de vie
standard time *n* heure légale
stand-by ['stændbaɪ] *n* remplaçant(e) ▷ *adj* (*provisions*) de réserve; **to be on ~** se tenir prêt(e) (à intervenir); (*doctor*) être de garde
stand-by generator *n* générateur *m* de secours
stand-by passenger *n* passager(-ère) en stand-by *or* en attente
stand-by ticket *n* (*Aviat*) billet *m* stand-by
stand-in ['stændɪn] *n* remplaçant(e); (*Cine*) doublure *f*
standing ['stændɪŋ] *adj* debout *inv*; (*permanent*) permanent(e); (*rule*) immuable; (*army*) de métier; (*grievance*) constant(e), de longue date ▷ *n* réputation *f*, rang *m*, standing *m*; (*duration*): **of 6 months' ~** qui dure depuis 6 mois; **of many years' ~** qui dure *or* existe depuis longtemps; **he was given a ~ ovation** on s'est levé pour l'acclamer; **it's a ~ joke** c'est un vieux sujet de plaisanterie; **a man of some ~** un homme estimé
standing committee *n* commission permanente
standing order *n* (*Brit: at bank*) virement *m* automatique, prélèvement *m* bancaire; **standing orders** *npl* (*Mil*) règlement *m*
standing room *n* places *fpl* debout
stand-off ['stændɔf] *n* (*esp US: stalemate*) impasse *f*
stand-offish [stænd'ɔfɪʃ] *adj* distant(e), froid(e)
standpat ['stændpæt] *adj* (*US*) inflexible, rigide
standpipe ['stændpaɪp] *n* colonne *f* d'alimentation
standpoint ['stændpɔɪnt] *n* point *m* de vue
standstill ['stændstɪl] *n*: **at a ~** à l'arrêt; (*fig*) au point mort; **to come to a ~** s'immobiliser, s'arrêter
stank [stæŋk] *pt of* **stink**
stanza ['stænzə] *n* strophe *f*; couplet *m*
staple ['steɪpl] *n* (*for papers*) agrafe *f*; (*chief product*) produit *m* de base ▷ *adj* (*food, crop, industry etc*) de base principal(e) ▷ *vt* agrafer
stapler ['steɪplə^r] *n* agrafeuse *f*
star [stɑː^r] *n* étoile *f*; (*celebrity*) vedette *f* ▷ *vi*: **to ~ (in)** être la vedette (de) ▷ *vt* (*Cine*) avoir pour vedette; **4-~ hotel** hôtel *m* 4 étoiles; **2-~ petrol** (*Brit*) essence *f* ordinaire; **4-~ petrol** (*Brit*) super *m*; **stars** *npl*: **the ~s** (*Astrology*) l'horoscope *m*
star attraction *n* grande attraction
starboard ['stɑːbəd] *n* tribord *m*; **to ~** à tribord
starch [stɑːtʃ] *n* amidon *m*; (*in food*) fécule *f*
starched ['stɑːtʃt] *adj* (*collar*) amidonné(e), empesé(e)
starchy ['stɑːtʃɪ] *adj* riche en féculents; (*person*) guindé(e)
stardom ['stɑːdəm] *n* célébrité *f*
stare [stɛə^r] *n* regard *m* fixe ▷ *vi*: **to ~ at** regarder fixement
starfish ['stɑːfɪʃ] *n* étoile *f* de mer
stark [stɑːk] *adj* (*bleak*) désolé(e), morne; (*simplicity, colour*) austère; (*reality, poverty*) nu(e) ▷ *adv*: **~ naked** complètement nu(e)
starkers ['stɑːkəz] *adj*: **to be ~** (*Brit inf*) être à poil
starlet ['stɑːlɪt] *n* (*Cine*) starlette *f*
starlight ['stɑːlaɪt] *n*: **by ~** à la lumière des étoiles
starling ['stɑːlɪŋ] *n* étourneau *m*
starlit ['stɑːlɪt] *adj* étoilé(e); illuminé(e) par les étoiles
starry ['stɑːrɪ] *adj* étoilé(e)
starry-eyed [stɑːrɪ'aɪd] *adj* (*innocent*) ingénu(e)
Stars and Stripes *npl*: **the ~** la bannière étoilée
star sign *n* signe zodiacal *or* du zodiaque
star-studded ['stɑːstʌdɪd] *adj*: **a ~ cast** une distribution prestigieuse
start [stɑːt] *n* commencement *m*, début *m*; (*of race*) départ *m*; (*sudden movement*) sursaut *m*; (*advantage*) avance *f*, avantage *m* ▷ *vt* commencer; (*cause: fight*) déclencher; (*rumour*) donner naissance à; (*fashion*) lancer; (*found: business, newspaper*) lancer, créer; (*engine*) mettre en marche ▷ *vi* (*begin*) commencer; (*begin journey*) partir, se mettre en route; (*jump*) sursauter; **when does the film ~?** à quelle heure est-ce que le film commence?; **at the ~** au début; **for a ~** d'abord, pour commencer; **to make an early ~** partir *or* commencer de bonne heure; **to ~ doing** *or* **to do sth** se mettre à faire qch; **to ~ (off) with ...** (*firstly*) d'abord ...; (*at the beginning*) au commencement ...
▸ **start off** *vi* commencer; (*leave*) partir
▸ **start out** *vi* (*begin*) commencer; (*set out*) partir
▸ **start over** *vi* (*US*) recommencer
▸ **start up** *vi* commencer; (*car*) démarrer ▷ *vt* (*fight*) déclencher; (*business*) créer; (*car*) mettre en marche
starter ['stɑːtə^r] *n* (*Aut*) démarreur *m*; (*Sport: official*) starter *m*; (*: runner, horse*) partant *m*; (*Brit Culin*) entrée *f*
starting handle ['stɑːtɪŋ-] *n* (*Brit*) manivelle *f*
starting point ['stɑːtɪŋ-] *n* point *m* de départ
starting price ['stɑːtɪŋ-] *n* prix initial
startle ['stɑːtl] *vt* faire sursauter; donner un choc à
startling ['stɑːtlɪŋ] *adj* surprenant(e), saisissant(e)
star turn *n* (*Brit*) vedette *f*
starvation [stɑː'veɪʃən] *n* faim *f*, famine *f*; **to die of ~** mourir de faim *or* d'inanition
starve [stɑːv] *vi* mourir de faim ▷ *vt* laisser mourir de faim; **I'm starving** je meurs de faim
stash [stæʃ] *vt* (*inf*): **to ~ sth away** planquer qch
state [steɪt] *n* état *m*; (*Pol*) État; (*pomp*): **in ~** en grande pompe ▷ *vt* (*declare*) déclarer, affirmer; (*specify*) indiquer, spécifier; **States** *npl*: **the S~s** les États-Unis; **to be in a ~** être dans tous ses états; **~ of emergency** état d'urgence; **~ of mind** état d'esprit; **the ~ of the art** l'état actuel de la technologie (*or* des connaissances)
state control *n* contrôle *m* de l'État
stated ['steɪtɪd] *adj* fixé(e), prescrit(e)
State Department *n* (*US*) Département *m* d'État, ≈ ministère *m* des Affaires étrangères

S

state education *n* (*Brit*) enseignement public
stateless ['steɪtlɪs] *adj* apatride
stately ['steɪtlɪ] *adj* majestueux(-euse), imposant(e)
stately home ['steɪtlɪ-] *n* manoir *m or* château *m* (*ouvert au public*)
statement ['steɪtmənt] *n* déclaration *f*; (*Law*) déposition *f*; (*Econ*) relevé *m*; **official ~** communiqué officiel; **~ of account, bank ~** relevé de compte
state-owned ['steɪtəund] *adj* étatisé(e)
States [steɪts] *npl*: **the ~** les États-Unis *mpl*
state school *n* école publique
statesman ['steɪtsmən] (*irreg*) *n* homme *m* d'État
statesmanship ['steɪtsmənʃɪp] *n* qualités *fpl* d'homme d'État
static ['stætɪk] *n* (*Radio*) parasites *mpl*; (*also*: **static electricity**) électricité *f* statique ▷ *adj* statique
station ['steɪʃən] *n* gare *f*; (*also*: **police station**) poste *m or* commissariat *m* (de police); (*Mil*) poste *m* (militaire); (*rank*) condition *f*, rang *m* ▷ *vt* placer, poster; **action ~s** postes de combat; **to be ~ed in** (*Mil*) être en garnison à
stationary ['steɪʃnərɪ] *adj* à l'arrêt, immobile
stationer ['steɪʃənə^r] *n* papetier(-ière)
stationer's, stationer's shop *n* (*Brit*) papeterie *f*
stationery ['steɪʃnərɪ] *n* papier *m* à lettres, petit matériel de bureau
station wagon *n* (*US*) break *m*
statistic [stə'tɪstɪk] *n* statistique *f*
statistical [stə'tɪstɪkl] *adj* statistique
statistics [stə'tɪstɪks] *n* (*science*) statistique *f*
statue ['stætju:] *n* statue *f*
statuesque [stætju'ɛsk] *adj* sculptural(e)
statuette [stætju'ɛt] *n* statuette *f*
stature ['stætʃə^r] *n* stature *f*; (*fig*) envergure *f*
status ['steɪtəs] *n* position *f*, situation *f*; (*prestige*) prestige *m*; (*Admin, official position*) statut *m*
status quo [-'kwəu] *n*: **the ~** le statu quo
status symbol *n* marque *f* de standing, signe extérieur de richesse
statute ['stætju:t] *n* loi *f*; **statutes** *npl* (*of club etc*) statuts *mpl*
statute book *n* ≈ code *m*, textes *mpl* de loi
statutory ['stætjutrɪ] *adj* statutaire, prévu(e) par un article de loi; **~ meeting** assemblée constitutive *or* statutaire
staunch [stɔ:ntʃ] *adj* sûr(e), loyal(e) ▷ *vt* étancher
stave [steɪv] *n* (*Mus*) portée *f* ▷ *vt*: **to ~ off** (*attack*) parer; (*threat*) conjurer
stay [steɪ] *n* (*period of time*) séjour *m*; (*Law*): **~ of execution** sursis *m* à statuer ▷ *vi* rester; (*reside*) loger; (*spend some time*) séjourner; **to ~ put** ne pas bouger; **to ~ with friends** loger chez des amis; **to ~ the night** passer la nuit
▸ **stay away** *vi* (*from person, building*) ne pas s'approcher; (*from event*) ne pas venir
▸ **stay behind** *vi* rester en arrière
▸ **stay in** *vi* (*at home*) rester à la maison
▸ **stay on** *vi* rester
▸ **stay out** *vi* (*of house*) ne pas rentrer; (*strikers*) rester en grève
▸ **stay up** *vi* (*at night*) ne pas se coucher
staying power ['steɪɪŋ-] *n* endurance *f*
STD *n abbr* (= *sexually transmitted disease*) MST *f*; (*Brit*: = *subscriber trunk dialling*) l'automatique *m*
stead [stɛd] *n* (*Brit*): **in sb's ~** à la place de qn; **to stand sb in good ~** être très utile *or* servir beaucoup à qn
steadfast ['stɛdfɑ:st] *adj* ferme, résolu(e)
steadily ['stɛdɪlɪ] *adv* (*regularly*) progressivement; (*firmly*) fermement; (*walk*) d'un pas ferme; (*fixedly*: *look*) sans détourner les yeux
steady ['stɛdɪ] *adj* stable, solide, ferme; (*regular*) constant(e), régulier(-ière); (*person*) calme, pondéré(e) ▷ *vt* assurer, stabiliser; (*nerves*) calmer; (*voice*) assurer; **a ~ boyfriend** un petit ami; **to ~ oneself** reprendre son aplomb
steak [steɪk] *n* (*meat*) bifteck *m*, steak *m*; (*fish, pork*) tranche *f*
steakhouse ['steɪkhaus] *n* ≈ grill-room *m*
steal (*pt* **stole**, *pp* **stolen**) [sti:l, stəul, 'stəuln] *vt, vi* voler; (*move*) se faufiler, se déplacer furtivement; **my wallet has been stolen** on m'a volé mon portefeuille
▸ **steal away, steal off** *vi* s'esquiver
stealth [stɛlθ] *n*: **by ~** furtivement
stealthy ['stɛlθɪ] *adj* furtif(-ive)
steam [sti:m] *n* vapeur *f* ▷ *vt* passer à la vapeur; (*Culin*) cuire à la vapeur ▷ *vi* fumer; (*ship*): **to ~ along** filer; **under one's own ~** (*fig*) par ses propres moyens; **to run out of ~** (*fig*: *person*) caler; être à bout; **to let off ~** (*fig*: *inf*) se défouler
▸ **steam up** *vi* (*window*) se couvrir de buée; **to get ~ed up about sth** (*fig*: *inf*) s'exciter à propos de qch
steam engine *n* locomotive *f* à vapeur
steamer ['sti:mə^r] *n* (bateau *m* à) vapeur *m*; (*Culin*) ≈ couscoussier *m*
steam iron *n* fer *m* à repasser à vapeur
steamroller ['sti:mrəulə^r] *n* rouleau compresseur
steamship ['sti:mʃɪp] *n* = **steamer**
steamy ['sti:mɪ] *adj* humide; (*window*) embué(e); (*sexy*) torride
steed [sti:d] *n* (*literary*) coursier *m*
steel [sti:l] *n* acier *m* ▷ *cpd* d'acier
steel band *n* steel band *m*
steel industry *n* sidérurgie *f*
steel mill *n* aciérie *f*, usine *f* sidérurgique
steelworks ['sti:lwə:ks] *n* aciérie *f*
steely ['sti:lɪ] *adj* (*determination*) inflexible; (*eyes, gaze*) d'acier
steep [sti:p] *adj* raide, escarpé(e); (*price*) très élevé(e), excessif(-ive) ▷ *vt* (faire) tremper
steeple ['sti:pl] *n* clocher *m*
steeplechase ['sti:pltʃeɪs] *n* steeple(-chase) *m*
steeplejack ['sti:pldʒæk] *n* réparateur *m* de

clochers et de hautes cheminées
steeply ['sti:plɪ] *adv* en pente raide
steer [stɪəʳ] *n* bœuf *m* ▷ *vt* diriger; *(boat)* gouverner; *(lead: person)* guider, conduire ▷ *vi* tenir le gouvernail; **to ~ clear of sb/sth** *(fig)* éviter qn/qch
steering ['stɪərɪŋ] *n (Aut)* conduite *f*
steering column *n (Aut)* colonne *f* de direction
steering committee *n* comité *m* d'organisation
steering wheel *n* volant *m*
stellar ['stɛləʳ] *adj* stellaire
stem [stɛm] *n (of plant)* tige *f*; *(of leaf, fruit)* queue *f*; *(of glass)* pied *m* ▷ *vt* contenir, endiguer; *(attack, spread of disease)* juguler
▸ **stem from** *vt fus* provenir de, découler de
stem cell *n* cellule *f* souche
stench [stɛntʃ] *n* puanteur *f*
stencil ['stɛnsl] *n* stencil *m*; pochoir *m* ▷ *vt* polycopier
stenographer [stɛ'nɔgrəfəʳ] *n (US)* sténographe *m/f*
stenography [stɛ'nɔgrəfɪ] *n (US)* sténo(graphie) *f*
step [stɛp] *n* pas *m*; *(stair)* marche *f*; *(action)* mesure *f*, disposition *f* ▷ *vi*: **to ~ forward/back** faire un pas en avant/arrière, avancer/reculer; **steps** *npl (Brit)* = **stepladder**; **~ by ~** pas à pas; *(fig)* petit à petit; **to be in/out of ~ (with)** *(fig)* aller dans le sens (de)/être déphasé(e) (par rapport à)
▸ **step down** *vi (fig)* se retirer, se désister
▸ **step in** *vi (fig)* intervenir
▸ **step off** *vt fus* descendre de
▸ **step over** *vt fus* enjamber
▸ **step up** *vt (production, sales)* augmenter; *(campaign, efforts)* intensifier
step aerobics® *npl* step® *m*
stepbrother ['stɛpbrʌðəʳ] *n* demi-frère *m*
stepchild ['stɛptʃaɪld] *(pl* **-ren***) n* beau-fils *m*, belle-fille *f*
stepdaughter ['stɛpdɔ:təʳ] *n* belle-fille *f*
stepfather ['stɛpfɑ:ðəʳ] *n* beau-père *m*
stepladder ['stɛplædəʳ] *n (Brit)* escabeau *m*
stepmother ['stɛpmʌðəʳ] *n* belle-mère *f*
stepping stone ['stɛpɪŋ-] *n* pierre *f* de gué; *(fig)* tremplin *m*
stepsister ['stɛpsɪstəʳ] *n* demi-sœur *f*
stepson ['stɛpsʌn] *n* beau-fils *m*
stereo ['stɛrɪəu] *n (sound)* stéréo *f*; *(hi-fi)* chaîne *f* stéréo ▷ *adj (also:* **stereophonic***)* stéréo(phonique); **in ~** en stéréo
stereotype ['stɪərɪətaɪp] *n* stéréotype *m* ▷ *vt* stéréotyper
sterile ['stɛraɪl] *adj* stérile
sterility [stɛ'rɪlɪtɪ] *n* stérilité *f*
sterilization [stɛrɪlaɪ'zeɪʃən] *n* stérilisation *f*
sterilize ['stɛrɪlaɪz] *vt* stériliser
sterling ['stə:lɪŋ] *adj* sterling *inv*; *(silver)* de bon aloi, fin(e); *(fig)* à toute épreuve, excellent(e) ▷ *n (currency)* livre *f* sterling *inv*; **a pound ~** une livre sterling
sterling area *n* zone *f* sterling *inv*
stern [stə:n] *adj* sévère ▷ *n (Naut)* arrière *m*, poupe *f*
sternum ['stə:nəm] *n* sternum *m*
steroid ['stɪərɔɪd] *n* stéroïde *m*
stethoscope ['stɛθəskəup] *n* stéthoscope *m*
stevedore ['sti:vədɔ:ʳ] *n* docker *m*, débardeur *m*
stew [stju:] *n* ragoût *m* ▷ *vt, vi* cuire à la casserole; **~ed tea** thé trop infusé; **~ed fruit** fruits cuits *or* en compote
steward ['stju:əd] *n (Aviat, Naut, Rail)* steward *m*; *(in club etc)* intendant *m*; *(also:* **shop steward***)* délégué syndical
stewardess ['stjuədɛs] *n* hôtesse *f*
stewardship ['stjuədʃɪp] *n* intendance *f*
stewing steak ['stju:ɪŋ-], *(US)* **stew meat** *n* bœuf *m* à braiser
St. Ex. *abbr* = **stock exchange**
stg *abbr* = **sterling**
stick [stɪk] *(pt, pp* **stuck***)* [stʌk] *n* bâton *m*; *(for walking)* canne *f*; *(of chalk etc)* morceau *m* ▷ *vt (glue)* coller; *(thrust)*: **to ~ sth into** piquer *or* planter *or* enfoncer qch dans; *(inf: put)* mettre, fourrer; *(: tolerate)* supporter ▷ *vi (adhere)* tenir, coller; *(remain)* rester; *(get jammed: door, lift)* se bloquer; **to get hold of the wrong end of the ~** *(Brit fig)* comprendre de travers; **to ~ to** *(one's promise)* s'en tenir à; *(principles)* rester fidèle à
▸ **stick around** *vi (inf)* rester (dans les parages)
▸ **stick out** *vi* dépasser, sortir ▷ *vt*: **to ~ it out** *(inf)* tenir le coup
▸ **stick up** *vi* dépasser, sortir
▸ **stick up for** *vt fus* défendre
sticker ['stɪkəʳ] *n* auto-collant *m*
sticking plaster ['stɪkɪŋ-] *n* sparadrap *m*, pansement adhésif
sticking point ['stɪkɪŋ-] *n (fig)* point *m* de friction
stick insect *n* phasme *m*
stickleback ['stɪklbæk] *n* épinoche *f*
stickler ['stɪkləʳ] *n*: **to be a ~ for** être pointilleux(-euse) sur
stick shift *n (US Aut)* levier *m* de vitesses
stick-up ['stɪkʌp] *n (inf)* braquage *m*, hold-up *m*
sticky ['stɪkɪ] *adj* poisseux(-euse); *(label)* adhésif(-ive); *(fig: situation)* délicat(e)
stiff [stɪf] *adj (gen)* raide, rigide; *(door, brush)* dur(e); *(difficult)* difficile, ardu(e); *(cold)* froid(e), distant(e); *(strong, high)* fort(e), élevé(e) ▷ *adv*: **to be bored/scared/frozen ~** s'ennuyer à mourir/être mort(e) de peur/froid; **to be** *or* **feel ~** *(person)* avoir des courbatures; **to have a ~ back** avoir mal au dos; **~ upper lip** *(Brit: fig)* flegme *m (typiquement britannique)*
stiffen ['stɪfn] *vt* raidir, renforcer ▷ *vi* se raidir; se durcir
stiff neck *n* torticolis *m*
stiffness ['stɪfnɪs] *n* raideur *f*
stifle ['staɪfl] *vt* étouffer, réprimer
stifling ['staɪflɪŋ] *adj (heat)* suffocant(e)
stigma ['stɪgmə] *(Bot, Med, Rel) (pl* **-ta***)* [stɪg'mɑ:tə] *(fig)*, **stigmas** *n* stigmate *m*
stile [staɪl] *n* échalier *m*

S

stiletto [stɪ'lɛtəu] *n* (*Brit: also:* **stiletto heel**) talon *m* aiguille

still [stɪl] *adj* (*motionless*) immobile; (*calm*) calme, tranquille; (*Brit: mineral water etc*) non gazeux(-euse) ▷ *adv* (*up to this time*) encore, toujours; (*even*) encore; (*nonetheless*) quand même, tout de même ▷ *n* (*Cine*) photo *f*; **to stand ~** rester immobile, ne pas bouger; **keep ~!** ne bouge pas!; **he ~ hasn't arrived** il n'est pas encore arrivé, il n'est toujours pas arrivé

stillborn ['stɪlbɔːn] *adj* mort-né(e)

still life *n* nature morte

stilt [stɪlt] *n* échasse *f*; (*pile*) pilotis *m*

stilted ['stɪltɪd] *adj* guindé(e), emprunté(e)

stimulant ['stɪmjulənt] *n* stimulant *m*

stimulate ['stɪmjuleɪt] *vt* stimuler

stimulating ['stɪmjuleɪtɪŋ] *adj* stimulant(e)

stimulation [stɪmju'leɪʃən] *n* stimulation *f*

stimulus (*pl* **stimuli**) ['stɪmjuləs, 'stɪmjulaɪ] *n* stimulant *m*; (*Biol, Psych*) stimulus *m*

sting [stɪŋ] *n* piqûre *f*; (*organ*) dard *m*; (*inf: confidence trick*) arnaque *m* ▷ *vt, vi* (*pt, pp* **stung**) [stʌŋ] piquer; **my eyes are ~ing** j'ai les yeux qui piquent

stingy ['stɪndʒɪ] *adj* avare, pingre, chiche

stink [stɪŋk] *n* puanteur *f* ▷ *vi* (*pt* **stank**, *pp* **stunk**) [stæŋk, stʌŋk] puer, empester

stinker ['stɪŋkə^r] *n* (*inf: problem, exam*) vacherie *f*; (*person*) dégueulasse *m/f*

stinking ['stɪŋkɪŋ] *adj* (*fig: inf*) infect(e); **~ rich** bourré(e) de pognon

stint [stɪnt] *n* part *f* de travail ▷ *vi*: **to ~ on** lésiner sur, être chiche de

stipend ['staɪpɛnd] *n* (*of vicar etc*) traitement *m*

stipendiary [staɪ'pɛndɪərɪ] *adj*: **~ magistrate** juge *m* de tribunal d'instance

stipulate ['stɪpjuleɪt] *vt* stipuler

stipulation [stɪpju'leɪʃən] *n* stipulation *f*, condition *f*

stir [stəː^r] *n* agitation *f*, sensation *f* ▷ *vt* remuer ▷ *vi* remuer, bouger; **to give sth a ~** remuer qch; **to cause a ~** faire sensation
▶ **stir up** *vt* exciter; (*trouble*) fomenter, provoquer

stir-fry ['stəː'fraɪ] *vt* faire sauter ▷ *n*: **vegetable ~** légumes sautés à la poêle

stirring [stəːrɪŋ] *adj* excitant(e); émouvant(e)

stirrup ['stɪrəp] *n* étrier *m*

stitch [stɪtʃ] *n* (*Sewing*) point *m*; (*Knitting*) maille *f*; (*Med*) point de suture; (*pain*) point de côté ▷ *vt* coudre, piquer; (*Med*) suturer

stoat [stəut] *n* hermine *f* (*avec son pelage d'été*)

stock [stɔk] *n* réserve *f*, provision *f*; (*Comm*) stock *m*; (*Agr*) cheptel *m*, bétail *m*; (*Culin*) bouillon *m*; (*Finance*) valeurs *fpl*, titres *mpl*; (*Rail: also:* **rolling stock**) matériel roulant; (*descent, origin*) souche *f* ▷ *adj* (*fig: reply etc*) courant(e); classique ▷ *vt* (*have in stock*) avoir, vendre; **well-~ed** bien approvisionné(e) *or* fourni(e); **in ~** en stock, en magasin; **out of ~** épuisé(e); **to take ~** (*fig*) faire le point; **~s and shares** valeurs (mobilières), titres; **government ~** fonds publics
▶ **stock up** *vi*: **to ~ up (with)** s'approvisionner (en)

stockade [stɔ'keɪd] *n* palissade *f*

stockbroker ['stɔkbrəukə^r] *n* agent *m* de change

stock control *n* (*Comm*) gestion *f* des stocks

stock cube *n* (*Brit Culin*) bouillon-cube *m*

stock exchange *n* Bourse *f* (des valeurs)

stockholder ['stɔkhəuldə^r] *n* (*US*) actionnaire *m/f*

Stockholm ['stɔkhəum] *n* Stockholm

stocking ['stɔkɪŋ] *n* bas *m*

stock-in-trade ['stɔkɪn'treɪd] *n* (*fig*): **it's his ~** c'est sa spécialité

stockist ['stɔkɪst] *n* (*Brit*) stockiste *m*

stock market *n* Bourse *f*, marché financier

stock phrase *n* cliché *m*

stockpile ['stɔkpaɪl] *n* stock *m*, réserve *f* ▷ *vt* stocker, accumuler

stockroom ['stɔkruːm] *n* réserve *f*, magasin *m*

stocktaking ['stɔkteɪkɪŋ] *n* (*Brit Comm*) inventaire *m*

stocky ['stɔkɪ] *adj* trapu(e), râblé(e)

stodgy ['stɔdʒɪ] *adj* bourratif(-ive), lourd(e)

stoic ['stəuɪk] *n* stoïque *m/f*

stoical ['stəuɪkl] *adj* stoïque

stoke [stəuk] *vt* garnir, entretenir; chauffer

stoker ['stəukə^r] *n* (*Rail, Naut etc*) chauffeur *m*

stole [stəul] *pt of* **steal** ▷ *n* étole *f*

stolen ['stəuln] *pp of* **steal**

stolid ['stɔlɪd] *adj* impassible, flegmatique

stomach ['stʌmək] *n* estomac *m*; (*abdomen*) ventre *m* ▷ *vt* supporter, digérer

stomachache ['stʌməkeɪk] *n* mal *m* à l'estomac *or* au ventre

stomach pump *n* pompe stomacale

stomach ulcer *n* ulcère *m* à l'estomac

stomp [stɔmp] *vi*: **to ~ in/out** entrer/sortir d'un pas bruyant

stone [stəun] *n* pierre *f*; (*pebble*) caillou *m*, galet *m*; (*in fruit*) noyau *m*; (*Med*) calcul *m*; (*Brit: weight*) = *6.348 kg; 14 pounds* ▷ *cpd* de *or* en pierre ▷ *vt* (*person*) lancer des pierres sur, lapider; (*fruit*) dénoyauter; **within a ~'s throw of the station** à deux pas de la gare

Stone Age *n*: **the ~** l'âge *m* de pierre

stone-cold ['stəun'kəuld] *adj* complètement froid(e)

stoned [stəund] *adj* (*inf: drunk*) bourré(e); (*: on drugs*) défoncé(e)

stone-deaf ['stəun'dɛf] *adj* sourd(e) comme un pot

stonemason ['stəunmeɪsn] *n* tailleur *m* de pierre(s)

stonewall [stəun'wɔːl] *vi* faire de l'obstruction ▷ *vt* faire obstruction à

stonework ['stəunwəːk] *n* maçonnerie *f*

stony ['stəunɪ] *adj* pierreux(-euse), rocailleux(-euse)

stood [stud] *pt, pp of* **stand**

stooge [stuːdʒ] *n* (*inf*) larbin *m*

stool [stuːl] *n* tabouret *m*

stoop [stuːp] *vi* (*also:* **have a stoop**) être voûté(e);

(*also*: **stoop down**: *bend*) se baisser, se courber; (*fig*): **to ~ to sth/doing sth** s'abaisser jusqu'à qch/jusqu'à faire qch
stop [stɔp] *n* arrêt *m*; (*short stay*) halte *f*; (*in punctuation*) point *m* ▷ *vt* arrêter; (*break off*) interrompre; (*also*: **put a stop to**) mettre fin à; (*prevent*) empêcher ▷ *vi* s'arrêter; (*rain, noise etc*) cesser, s'arrêter; **could you ~ here/at the corner?** arrêtez-vous ici/au coin, s'il vous plaît; **to ~ doing sth** cesser *or* arrêter de faire qch; **to ~ sb (from) doing sth** empêcher qn de faire qch; **to ~ dead** *vi* s'arrêter net; **~ it!** arrête!
▸ **stop by** *vi* s'arrêter (au passage)
▸ **stop off** *vi* faire une courte halte
▸ **stop up** *vt* (*hole*) boucher
stopcock ['stɔpkɔk] *n* robinet *m* d'arrêt
stopgap ['stɔpgæp] *n* (*person*) bouche-trou *m*; (*also*: **stopgap measure**) mesure *f* intérimaire
stoplights ['stɔplaɪts] *npl* (*Aut*) signaux *mpl* de stop, feux *mpl* arrière
stopover ['stɔpəuvə[r]] *n* halte *f*; (*Aviat*) escale *f*
stoppage ['stɔpɪdʒ] *n* arrêt *m*; (*of pay*) retenue *f*; (*strike*) arrêt *m* de travail; (*obstruction*) obstruction *f*
stopper ['stɔpə[r]] *n* bouchon *m*
stop press *n* nouvelles *fpl* de dernière heure
stopwatch ['stɔpwɔtʃ] *n* chronomètre *m*
storage ['stɔːrɪdʒ] *n* emmagasinage *m*; (*of nuclear waste etc*) stockage *m*; (*in house*) rangement *m*; (*Comput*) mise *f* en mémoire *or* réserve
storage heater *n* (*Brit*) radiateur *m* électrique par accumulation
store [stɔː[r]] *n* (*stock*) provision *f*, réserve *f*; (*depot*) entrepôt *m*; (*Brit*: *large shop*) grand magasin; (*US*: *shop*) magasin *m* ▷ *vt* emmagasiner; (*nuclear waste etc*) stocker; (*information*) enregistrer; (*in filing system*) classer, ranger; (*Comput*) mettre en mémoire; **stores** *npl* (*food*) provisions; **who knows what is in ~ for us?** qui sait ce que l'avenir nous réserve *or* ce qui nous attend?; **to set great/little ~ by sth** faire grand cas/peu de cas de qch
▸ **store up** *vt* mettre en réserve, emmagasiner
storehouse ['stɔːhaus] *n* entrepôt *m*
storekeeper ['stɔːkiːpə[r]] *n* (*US*) commerçant(e)
storeroom ['stɔːruːm] *n* réserve *f*, magasin *m*
storey, (*US*) **story** ['stɔːrɪ] *n* étage *m*
stork [stɔːk] *n* cigogne *f*
storm [stɔːm] *n* tempête *f*; (*thunderstorm*) orage *m* ▷ *vi* (*fig*) fulminer ▷ *vt* prendre d'assaut
storm cloud *n* nuage *m* d'orage
storm door *n* double-porte (extérieure)
stormy ['stɔːmɪ] *adj* orageux(-euse)
story ['stɔːrɪ] *n* histoire *f*; récit *m*; (*Press*: *article*) article *m*; (: *subject*) affaire *f*; (*US*) = **storey**
storybook ['stɔːrɪbuk] *n* livre *m* d'histoires *or* de contes
storyteller ['stɔːrɪtɛlə[r]] *n* conteur(-euse)
stout [staut] *adj* (*strong*) solide; (*brave*) intrépide; (*fat*) gros(se), corpulent(e) ▷ *n* bière brune
stove [stəuv] *n* (*for cooking*) fourneau *m*; (: *small*) réchaud *m*; (*for heating*) poêle *m*; **gas/electric ~** (*cooker*) cuisinière *f* à gaz/électrique
stow [stəu] *vt* ranger; cacher
stowaway ['stəuəweɪ] *n* passager(-ère) clandestin(e)
straddle ['strædl] *vt* enjamber, être à cheval sur
strafe [strɑːf] *vt* mitrailler
straggle ['strægl] *vi* être (*or* marcher) en désordre; **~d along the coast** disséminé(e) tout au long de la côte
straggler [stræglə[r]] *n* traînard(e)
straggling ['stræglɪŋ], **straggly** ['stræglɪ] *adj* (*hair*) en désordre
straight [streɪt] *adj* droit(e); (*hair*) raide; (*frank*) honnête, franc (franche); (*simple*) simple; (*Theat*: *part, play*) sérieux(-euse); (*inf*: *heterosexual*) hétéro *inv* ▷ *adv* (tout) droit; (*drink*) sec, sans eau ▷ *n*: **the ~** (*Sport*) la ligne droite; **to put** *or* **get ~** mettre en ordre, mettre de l'ordre dans; (*fig*) mettre au clair; **let's get this ~** mettons les choses au point; **10 ~ wins** 10 victoires d'affilée; **to go ~ home** rentrer directement à la maison; **~ away, ~ off** (*at once*) tout de suite; **~ off, ~ out** sans hésiter
straighten ['streɪtn] *vt* ajuster; (*bed*) arranger
▸ **straighten out** *vt* (*fig*) débrouiller; **to ~ things out** arranger les choses
▸ **straighten up** *vi* (*stand up*) se redresser; (*tidy*) ranger
straighteners ['streɪtnəz] *npl* (*for hair*) lisseur *m*
straight-faced [streɪt'feɪst] *adj* impassible ▷ *adv* en gardant son sérieux
straightforward [streɪt'fɔːwəd] *adj* simple; (*frank*) honnête, direct(e)
strain [streɪn] *n* (*Tech*) tension *f*; pression *f*; (*physical*) effort *m*; (*mental*) tension (nerveuse); (*Med*) entorse *f*; (*streak, trace*) tendance *f*; élément *m*; (*breed*: *of plants*) variété *f*; (: *of animals*) race *f*; (*of virus*) souche *f* ▷ *vt* (*stretch*) tendre fortement; (*fig*: *resources etc*) mettre à rude épreuve, grever; (*hurt*: *back etc*) se faire mal à; (*filter*) passer, filtrer; (*vegetables*) égoutter ▷ *vi* peiner, fournir un gros effort; **strains** *npl* (*Mus*) accords *mpl*, accents *mpl*; **he's been under a lot of ~** il a traversé des moments difficiles, il est très éprouvé nerveusement
strained [streɪnd] *adj* (*muscle*) froissé(e); (*laugh etc*) forcé(e), contraint(e); (*relations*) tendu(e)
strainer ['streɪnə[r]] *n* passoire *f*
strait [streɪt] *n* (*Geo*) détroit *m*; **straits** *npl*: **to be in dire ~s** (*fig*) avoir de sérieux ennuis
straitjacket ['streɪtdʒækɪt] *n* camisole *f* de force
strait-laced [streɪt'leɪst] *adj* collet monté *inv*
strand [strænd] *n* (*of thread*) fil *m*, brin *m*; (*of rope*) toron *m*; (*of hair*) mèche *f* ▷ *vt* (*boat*) échouer
stranded ['strændɪd] *adj* en rade, en plan
strange [streɪndʒ] *adj* (*not known*) inconnu(e); (*odd*) étrange, bizarre
strangely ['streɪndʒlɪ] *adv* étrangement, bizarrement; *see also* **enough**
stranger ['streɪndʒə[r]] *n* (*unknown*) inconnu(e); (*from somewhere else*) étranger(-ère); **I'm a ~ here** je ne suis pas d'ici

S

strangle ['stræŋgl] *vt* étrangler
stranglehold ['stræŋglhəuld] *n* (*fig*) emprise totale, mainmise *f*
strangulation [stræŋgju'leɪʃən] *n* strangulation *f*
strap [stræp] *n* lanière *f*, courroie *f*, sangle *f*; (*of slip, dress*) bretelle *f* ▷ *vt* attacher (avec une courroie *etc*)
straphanging ['stræphæŋɪŋ] *n* (fait *m* de) voyager debout (dans le métro *etc*)
strapless ['stræplɪs] *adj* (*bra, dress*) sans bretelles
strapped [stræpt] *adj*: **to be ~ for cash** (*inf*) être à court d'argent
strapping ['stræpɪŋ] *adj* bien découplé(e), costaud(e)
strappy [stræpɪ] *adj* (*dress*) à bretelles; (*sandals*) à lanières
Strasbourg ['stræzbə:g] *n* Strasbourg
strata ['strɑ:tə] *npl of* **stratum**
stratagem ['strætɪdʒəm] *n* stratagème *m*
strategic [strə'ti:dʒɪk] *adj* stratégique
strategist ['strætɪdʒɪst] *n* stratège *m*
strategy ['strætɪdʒɪ] *n* stratégie *f*
stratosphere ['strætəsfɪə^r] *n* stratosphère *f*
stratum (*pl* **strata**) ['strɑ:təm, 'strɑ:tə] *n* strate *f*, couche *f*
straw [strɔ:] *n* paille *f*; **that's the last ~!** ça c'est le comble!
strawberry ['strɔ:bərɪ] *n* fraise *f*; (*plant*) fraisier *m*
stray [streɪ] *adj* (*animal*) perdu(e), errant(e); (*scattered*) isolé(e) ▷ *vi* s'égarer; **~ bullet** balle perdue
streak [stri:k] *n* bande *f*, filet *m*; (*in hair*) raie *f*; (*fig: of madness etc*): **a ~ of** une *or* des tendance(s) à ▷ *vt* zébrer, strier ▷ *vi*: **to ~ past** passer à toute allure; **to have ~s in one's hair** s'être fait faire des mèches; **a winning/losing ~** une bonne/ mauvaise série *or* période
streaker ['stri:kə^r] *n* streaker(-euse)
streaky ['stri:kɪ] *adj* zébré(e), strié(e)
streaky bacon *n* (*Brit*) ≈ lard *m* (maigre)
stream [stri:m] *n* (*brook*) ruisseau *m*; (*current*) courant *m*, flot *m*; (*of people*) défilé ininterrompu, flot ▷ *vt* (*Scol*) répartir par niveau ▷ *vi* ruisseler; **to ~ in/out** entrer/sortir à flots; **against the ~** à contre courant; **on ~** (*new power plant etc*) en service
streamer ['stri:mə^r] *n* serpentin *m*, banderole *f*
stream feed *n* (*on photocopier etc*) alimentation *f* en continu
streamline ['stri:mlaɪn] *vt* donner un profil aérodynamique à; (*fig*) rationaliser
streamlined ['stri:mlaɪnd] *adj* (*Aviat*) fuselé(e), profilé(e); (*Aut*) aérodynamique; (*fig*) rationalisé(e)
street [stri:t] *n* rue *f*; **the back ~s** les quartiers pauvres; **to be on the ~s** (*homeless*) être à la rue *or* sans abri
streetcar ['stri:tkɑ:^r] *n* (*US*) tramway *m*
street cred [-krɛd] *n* (*inf*): **to have ~** être branché(e)
street lamp *n* réverbère *m*
street light *n* réverbère *m*
street lighting *n* éclairage public
street map, street plan *n* plan *m* des rues
street market *n* marché *m* à ciel ouvert
streetwise ['stri:twaɪz] *adj* (*inf*) futé(e), réaliste
strength [strɛŋθ] *n* force *f*; (*of girder, knot etc*) solidité *f*; (*of chemical solution*) titre *m*; (*of wine*) degré *m* d'alcool; **on the ~ of** en vertu de; **at full ~** au grand complet; **below ~** à effectifs réduits
strengthen ['strɛŋθn] *vt* renforcer; (*muscle*) fortifier; (*building, Econ*) consolider
strenuous ['strɛnjuəs] *adj* vigoureux(-euse), énergique; (*tiring*) ardu(e), fatigant(e)
stress [strɛs] *n* (*force, pressure*) pression *f*; (*mental strain*) tension (nerveuse), stress *m*; (*accent*) accent *m*; (*emphasis*) insistance *f* ▷ *vt* insister sur, souligner; (*syllable*) accentuer; **to lay great ~ on sth** insister beaucoup sur qch; **to be under ~** être stressé(e)
stressed [strɛst] *adj* (*tense*) stressé(e); (*syllable*) accentué(e)
stressful ['strɛsful] *adj* (*job*) stressant(e)
stretch [strɛtʃ] *n* (*of sand etc*) étendue *f*; (*of time*) période *f* ▷ *vi* s'étirer; (*extend*): **to ~ to** *or* **as far as** s'étendre jusqu'à; (*be enough: money, food*): **to ~ to** aller pour ▷ *vt* tendre, étirer; (*spread*) étendre; (*fig*) pousser (au maximum); **at a ~** d'affilée; **to ~ a muscle** se distendre un muscle; **to ~ one's legs** se dégourdir les jambes
▶ **stretch out** *vi* s'étendre ▷ *vt* (*arm etc*) allonger, tendre; (*to spread*) étendre; **to ~ out for sth** allonger la main pour prendre qch
stretcher ['strɛtʃə^r] *n* brancard *m*, civière *f*
stretcher-bearer ['strɛtʃəbɛərə^r] *n* brancardier *m*
stretch marks *npl* (*on skin*) vergetures *fpl*
stretchy ['strɛtʃɪ] *adj* élastique
strewn [stru:n] *adj*: **~ with** jonché(e) de
stricken ['strɪkən] *adj* très éprouvé(e); dévasté(e); (*ship*) très endommagé(e); **~ with** frappé(e) *or* atteint(e) de
strict [strɪkt] *adj* strict(e); **in ~ confidence** tout à fait confidentiellement
strictly [strɪktlɪ] *adv* strictement; **~ confidential** strictement confidentiel(le); **~ speaking** à strictement parler
stride [straɪd] *n* grand pas, enjambée *f* ▷ *vi* (*pt* **strode**) [strəud] marcher à grands pas; **to take in one's ~** (*fig: changes etc*) accepter sans sourciller
strident ['straɪdnt] *adj* strident(e)
strife [straɪf] *n* conflit *m*, dissensions *fpl*
strike [straɪk] (*pt, pp* **struck**) [strʌk] *n* grève *f*; (*of oil etc*) découverte *f*; (*attack*) raid *m* ▷ *vt* frapper; (*oil etc*) trouver, découvrir; (*make: agreement, deal*) conclure ▷ *vi* faire grève; (*attack*) attaquer; (*clock*) sonner; **to go on** *or* **come out on ~** se mettre en grève, faire grève; **to ~ a match** frotter une allumette; **to ~ a balance** (*fig*) trouver un juste milieu

▸ **strike back** *vi* (*Mil, fig*) contre-attaquer
▸ **strike down** *vt* (*fig*) terrasser
▸ **strike off** *vt* (*from list*) rayer; (*: doctor etc*) radier
▸ **strike out** *vt* rayer
▸ **strike up** *vt* (*Mus*) se mettre à jouer; **to ~ up a friendship with** se lier d'amitié avec

strikebreaker ['straɪkbreɪkəʳ] *n* briseur *m* de grève
striker ['straɪkəʳ] *n* gréviste *m/f*; (*Sport*) buteur *m*
striking ['straɪkɪŋ] *adj* frappant(e), saisissant(e); (*attractive*) éblouissant(e)
strimmer® ['strɪməʳ] *n* (*Brit*) coupe-bordures *m*
string [strɪŋ] *n* ficelle *f*, fil *m*; (*row: of beads*) rang *m*; (*: of onions, excuses*) chapelet *m*; (*: of people, cars*) file *f*; (*Mus*) corde *f*; (*Comput*) chaîne *f* ▹ *vt* (*pt, pp* **strung**) [strʌŋ]: **to ~ out** échelonner; **to ~ together** enchaîner; **the strings** *npl* (*Mus*) les instruments *mpl* à cordes; **to pull ~s** (*fig*) faire jouer le piston; **to get a job by pulling ~s** obtenir un emploi en faisant jouer le piston; **with no ~s attached** (*fig*) sans conditions
string bean *n* haricot vert
stringed instrument [strɪŋ(d)-], **string instrument** *n* (*Mus*) instrument *m* à cordes
stringent ['strɪndʒənt] *adj* rigoureux(-euse); (*need*) impérieux(-euse)
string quartet *n* quatuor *m* à cordes
strip [strɪp] *n* bande *f*; (*Sport*) tenue *f* ▹ *vt* (*undress*) déshabiller; (*paint*) décaper; (*fig*) dégarnir, dépouiller; (*also*: **strip down**: *machine*) démonter ▹ *vi* se déshabiller; **wearing the Celtic ~** en tenue du Celtic
▸ **strip off** *vt* (*paint etc*) décaper ▹ *vi* (*person*) se déshabiller
strip cartoon *n* bande dessinée
stripe [straɪp] *n* raie *f*, rayure *f*; (*Mil*) galon *m*
striped ['straɪpt] *adj* rayé(e), à rayures
strip light *n* (*Brit*) (tube *m* au) néon *m*
stripper ['strɪpəʳ] *n* strip-teaseuse *f*
strip-search ['strɪpsəːtʃ] *n* fouille corporelle (*en faisant se déshabiller la personne*) ▹ *vt*: **to ~ sb** fouiller qn (*en le faisant se déshabiller*)
striptease ['strɪptiːz] *n* strip-tease *m*
stripy ['straɪpɪ] *adj* rayé(e)
strive (*pt* **strove**, *pp* **striven**) [straɪv, strəuv, 'strɪvn] *vi*: **to ~ to do/for sth** s'efforcer de faire/d'obtenir qch
strobe [strəub] *n* (*also*: **strobe light**) stroboscope *m*
strode [strəud] *pt of* **stride**
stroke [strəuk] *n* coup *m*; (*Med*) attaque *f*; (*caress*) caresse *f*; (*Swimming: style*) (sorte *f* de) nage *f*; (*of piston*) course *f* ▹ *vt* caresser; **at a ~** d'un (seul) coup; **on the ~ of 5** à 5 heures sonnantes; **a ~ of luck** un coup de chance; **a 2-~ engine** un moteur à 2 temps
stroll [strəul] *n* petite promenade ▹ *vi* flâner, se promener nonchalamment; **to go for a ~** aller se promener *or* faire un tour
stroller ['strəuləʳ] *n* (*US: for child*) poussette *f*
strong [strɔŋ] *adj* (*gen*) fort(e); (*healthy*) vigoureux(-euse); (*heart, nerves*) solide; (*distaste, desire*) vif (vive); (*drugs, chemicals*) puissant(e) ▹ *adv*: **to be going ~** (*company*) marcher bien; (*person*) être toujours solide; **they are 50 ~** ils sont au nombre de 50
strong-arm ['strɔŋɑːm] *adj* (*tactics, methods*) musclé(e)
strongbox ['strɔŋbɔks] *n* coffre-fort *m*
stronghold ['strɔŋhəuld] *n* forteresse *f*, fort *m*; (*fig*) bastion *m*
strongly ['strɔŋlɪ] *adv* fortement, avec force; vigoureusement; solidement; **I feel ~ about it** c'est une question qui me tient particulièrement à cœur; (*negatively*) j'y suis profondément opposé(e)
strongman ['strɔŋmæn] (*irreg*) *n* hercule *m*, colosse *m*; (*fig*) homme *m* à poigne
strongroom ['strɔŋruːm] *n* chambre forte
stroppy ['strɔpɪ] *adj* (*Brit inf*) contrariant(e), difficile
strove [strəuv] *pt of* **strive**
struck [strʌk] *pt, pp of* **strike**
structural ['strʌktʃrəl] *adj* structural(e); (*Constr*) de construction; affectant les parties portantes
structurally ['strʌktʃrəlɪ] *adv* du point de vue de la construction
structure ['strʌktʃəʳ] *n* structure *f*; (*building*) construction *f*
struggle ['strʌgl] *n* lutte *f* ▹ *vi* lutter, se battre; **to have a ~ to do sth** avoir beaucoup de mal à faire qch
strum [strʌm] *vt* (*guitar*) gratter de
strung [strʌŋ] *pt, pp of* **string**
strut [strʌt] *n* étai *m*, support *m* ▹ *vi* se pavaner
strychnine ['strɪkniːn] *n* strychnine *f*
stub [stʌb] *n* (*of cigarette*) bout *m*, mégot *m*; (*of ticket etc*) talon *m* ▹ *vt*: **to ~ one's toe (on sth)** se heurter le doigt de pied (contre qch)
▸ **stub out** *vt* écraser
stubble ['stʌbl] *n* chaume *m*; (*on chin*) barbe *f* de plusieurs jours
stubborn ['stʌbən] *adj* têtu(e), obstiné(e), opiniâtre
stubby ['stʌbɪ] *adj* trapu(e); gros(se) et court(e)
stucco ['stʌkəu] *n* stuc *m*
stuck [stʌk] *pt, pp of* **stick** ▹ *adj* (*jammed*) bloqué(e), coincé(e); **to get ~** se bloquer *or* coincer
stuck-up [stʌk'ʌp] *adj* prétentieux(-euse)
stud [stʌd] *n* (*on boots etc*) clou *m*; (*collar stud*) bouton *m* de col; (*earring*) petite boucle d'oreille; (*of horses: also*: **stud farm**) écurie *f*, haras *m*; (*also*: **stud horse**) étalon *m* ▹ *vt* (*fig*): **~ded with** parsemé(e) *or* criblé(e) de
student ['stjuːdənt] *n* étudiant(e) ▹ *adj* (*life*) estudiantin(e), étudiant(e), d'étudiant; (*residence, restaurant*) universitaire; (*loan, movement*) étudiant, universitaire d'étudiant; **law/medical ~** étudiant en droit/ médecine
student driver *n* (*US*) (conducteur(-trice)) débutant(e)
students' union *n* (*Brit: association*) ≈ union *f* des étudiants; (*: building*) ≈ foyer *m* des étudiants

S

studied ['stʌdɪd] *adj* étudié(e), calculé(e)
studio ['stju:dɪəu] *n* studio *m*, atelier *m*; (*TV etc*) studio
studio flat, (*US*) **studio apartment** *n* studio *m*
studious ['stju:dɪəs] *adj* studieux(-euse), appliqué(e); (*studied*) étudié(e)
studiously ['stju:dɪəslɪ] *adv* (*carefully*) soigneusement
study ['stʌdɪ] *n* étude *f*; (*room*) bureau *m* ▷ *vt* étudier; (*examine*) examiner ▷ *vi* étudier, faire ses études; **to make a ~ of sth** étudier qch, faire une étude de qch; **to ~ for an exam** préparer un examen
stuff [stʌf] *n* (*gen*) chose(s) *f(pl)*, truc *m*; (*belongings*) affaires *fpl*, trucs; (*substance*) substance *f* ▷ *vt* rembourrer; (*Culin*) farcir; (*inf*: *push*) fourrer; (*animal*: *for exhibition*) empailler; **my nose is ~ed up** j'ai le nez bouché; **get ~ed!** (*inf!*) va te faire foutre! (*!*); **~ed toy** jouet *m* en peluche
stuffing ['stʌfɪŋ] *n* bourre *f*, rembourrage *m*; (*Culin*) farce *f*
stuffy ['stʌfɪ] *adj* (*room*) mal ventilé(e) *or* aéré(e); (*ideas*) vieux jeu *inv*
stumble ['stʌmbl] *vi* trébucher; **to ~ across** *or* **on** (*fig*) tomber sur
stumbling block ['stʌmblɪŋ-] *n* pierre *f* d'achoppement
stump [stʌmp] *n* souche *f*; (*of limb*) moignon *m* ▷ *vt*: **to be ~ed** sécher, ne pas savoir que répondre
stun [stʌn] *vt* (*blow*) étourdir; (*news*) abasourdir, stupéfier
stung [stʌŋ] *pt*, *pp of* **sting**
stunk [stʌŋk] *pp of* **stink**
stunned [stʌnd] *adj* assommé(e); (*fig*) sidéré(e)
stunning ['stʌnɪŋ] *adj* (*beautiful*) étourdissant(e); (*news etc*) stupéfiant(e)
stunt [stʌnt] *n* tour *m* de force; (*in film*) cascade *f*, acrobatie *f*; (*publicity*) truc *m* publicitaire; (*Aviat*) acrobatie *f* ▷ *vt* retarder, arrêter
stunted ['stʌntɪd] *adj* rabougri(e)
stuntman ['stʌntmæn] (*irreg*) *n* cascadeur *m*
stupefaction [stju:pɪ'fækʃən] *n* stupéfaction *f*, stupeur *f*
stupefy ['stju:pɪfaɪ] *vt* étourdir; abrutir; (*fig*) stupéfier
stupendous [stju:'pɛndəs] *adj* prodigieux(-euse), fantastique
stupid ['stju:pɪd] *adj* stupide, bête
stupidity [stju:'pɪdɪtɪ] *n* stupidité *f*, bêtise *f*
stupidly ['stju:pɪdlɪ] *adv* stupidement, bêtement
stupor ['stju:pəʳ] *n* stupeur *f*
sturdy ['stə:dɪ] *adj* (*person*, *plant*) robuste, vigoureux(-euse); (*object*) solide
sturgeon ['stə:dʒən] *n* esturgeon *m*
stutter ['stʌtəʳ] *n* bégaiement *m* ▷ *vi* bégayer
sty [staɪ] *n* (*of pigs*) porcherie *f*
stye [staɪ] *n* (*Med*) orgelet *m*
style [staɪl] *n* style *m*; (*of dress etc*) genre *m*; (*distinction*) allure *f*, cachet *m*, style; (*design*) modèle *m*; **in the latest ~** à la dernière mode; **hair ~** coiffure *f*
stylish ['staɪlɪʃ] *adj* élégant(e), chic *inv*
stylist ['staɪlɪst] *n* (*hair stylist*) coiffeur(-euse); (*literary stylist*) styliste *m/f*
stylized ['staɪlaɪzd] *adj* stylisé(e)
stylus (*pl* **styli** *or* **-es**) ['staɪləs, -laɪ] *n* (*of record player*) pointe *f* de lecture
Styrofoam® ['staɪrəfəum] *n* (*US*) polystyrène expansé ▷ *adj* en polystyrène
suave [swɑ:v] *adj* doucereux(-euse), onctueux(-euse)
sub [sʌb] *n abbr* = **submarine**; **subscription**
sub... [sʌb] *prefix* sub..., sous-
subcommittee ['sʌbkəmɪtɪ] *n* sous-comité *m*
subconscious [sʌb'kɔnʃəs] *adj* subconscient(e) ▷ *n* subconscient *m*
subcontinent [sʌb'kɔntɪnənt] *n*: **the (Indian) ~** le sous-continent indien
subcontract *n* ['sʌb'kɔntrækt] contrat *m* de sous-traitance ▷ *vt* [sʌbkən'trækt] sous-traiter
subcontractor ['sʌbkən'træktəʳ] *n* sous-traitant *m*
subdivide [sʌbdɪ'vaɪd] *vt* subdiviser
subdivision ['sʌbdɪvɪʒən] *n* subdivision *f*
subdue [səb'dju:] *vt* subjuguer, soumettre
subdued [səb'dju:d] *adj* contenu(e), atténué(e); (*light*) tamisé(e); (*person*) qui a perdu de son entrain
sub-editor ['sʌb'ɛdɪtəʳ] *n* (*Brit*) secrétaire *m/f* de (la) rédaction
subject *n* ['sʌbdʒɪkt] sujet *m*; (*Scol*) matière *f* ▷ *vt* [səb'dʒɛkt]: **to ~ to** soumettre à; exposer à; **to be ~ to** (*law*) être soumis(e) à; (*disease*) être sujet(te) à; **~ to confirmation in writing** sous réserve de confirmation écrite; **to change the ~** changer de conversation
subjection [səb'dʒɛkʃən] *n* soumission *f*, sujétion *f*
subjective [səb'dʒɛktɪv] *adj* subjectif(-ive)
subject matter *n* sujet *m*; (*content*) contenu *m*
sub judice [sʌb'dju:dɪsɪ] *adj* (*Law*) devant les tribunaux
subjugate ['sʌbdʒugeɪt] *vt* subjuguer
subjunctive [səb'dʒʌŋktɪv] *adj* subjonctif(-ive) ▷ *n* subjonctif *m*
sublet [sʌb'lɛt] *vt* sous-louer
sublime [sə'blaɪm] *adj* sublime
subliminal [sʌb'lɪmɪnl] *adj* subliminal(e)
submachine gun ['sʌbmə'ʃi:n-] *n* mitraillette *f*
submarine [sʌbmə'ri:n] *n* sous-marin *m*
submerge [səb'mə:dʒ] *vt* submerger; immerger ▷ *vi* plonger
submersion [səb'mə:ʃən] *n* submersion *f*; immersion *f*
submission [səb'mɪʃən] *n* soumission *f*; (*to committee etc*) présentation *f*
submissive [səb'mɪsɪv] *adj* soumis(e)
submit [səb'mɪt] *vt* soumettre ▷ *vi* se soumettre
subnormal [sʌb'nɔ:ml] *adj* au-dessous de la normale; (*person*) arriéré(e)
subordinate [sə'bɔ:dɪnət] *adj* (*junior*) subalterne;

(*Grammar*) subordonné(e) ▷ *n* subordonné(e)
subpoena [səb'pi:nə] (*Law*) *n* citation *f*, assignation *f* ▷ *vt* citer *or* assigner (à comparaître)
subroutine [sʌbru:'ti:n] *n* (*Comput*) sous-programme *m*
subscribe [səb'skraɪb] *vi* cotiser; **to ~ to** (*opinion, fund*) souscrire à; (*newspaper*) s'abonner à; être abonné(e) à
subscriber [səb'skraɪbəʳ] *n* (*to periodical, telephone*) abonné(e)
subscript ['sʌbskrɪpt] *n* (*Typ*) indice inférieur
subscription [səb'skrɪpʃən] *n* (*to fund*) souscription *f*; (*to magazine etc*) abonnement *m*; (*membership dues*) cotisation *f*; **to take out a ~ to** s'abonner à
subsequent ['sʌbsɪkwənt] *adj* ultérieur(e), suivant(e); **~ to** *prep* à la suite de
subsequently ['sʌbsɪkwəntlɪ] *adv* par la suite
subservient [səb'sə:vɪənt] *adj* obséquieux(-euse)
subside [səb'saɪd] *vi* (*land*) s'affaisser; (*flood*) baisser; (*wind, feelings*) tomber
subsidence [səb'saɪdns] *n* affaissement *m*
subsidiarity [səbsɪdɪ'ærɪtɪ] *n* (*Pol*) subsidiarité *f*
subsidiary [səb'sɪdɪərɪ] *adj* subsidiaire; accessoire; (*Brit Scol: subject*) complémentaire ▷ *n* filiale *f*
subsidize ['sʌbsɪdaɪz] *vt* subventionner
subsidy ['sʌbsɪdɪ] *n* subvention *f*
subsist [səb'sɪst] *vi*: **to ~ on sth** (arriver à) vivre avec *or* subsister avec qch
subsistence [səb'sɪstəns] *n* existence *f*, subsistance *f*
subsistence allowance *n* indemnité *f* de séjour
subsistence level *n* niveau *m* de vie minimum
substance ['sʌbstəns] *n* substance *f*; (*fig*) essentiel *m*; **a man of ~** un homme jouissant d'une certaine fortune; **to lack ~** être plutôt mince (*fig*)
substance abuse *n* abus *m* de substances toxiques
substandard [sʌb'stændəd] *adj* (*goods*) de qualité inférieure, qui laisse à désirer; (*housing*) inférieur(e) aux normes requises
substantial [səb'stænʃl] *adj* substantiel(le); (*fig*) important(e)
substantially [səb'stænʃəlɪ] *adv* considérablement; en grande partie
substantiate [səb'stænʃɪeɪt] *vt* étayer, fournir des preuves à l'appui de
substitute ['sʌbstɪtju:t] *n* (*person*) remplaçant(e); (*thing*) succédané *m* ▷ *vt*: **to ~ sth/sb for** substituer qch/qn à, remplacer par qch/qn
substitute teacher *n* (*US*) suppléant(e)
substitution [sʌbstɪ'tju:ʃən] *n* substitution *f*
subterfuge ['sʌbtəfju:dʒ] *n* subterfuge *m*
subterranean [sʌbtə'reɪnɪən] *adj* souterrain(e)
subtitled ['sʌbtaɪtld] *adj* sous-titré(e)
subtitles ['sʌbtaɪtlz] *npl* (*Cine*) sous-titres *mpl*
subtle ['sʌtl] *adj* subtil(e)
subtlety ['sʌtltɪ] *n* subtilité *f*
subtly ['sʌtlɪ] *adv* subtilement
subtotal [sʌb'təutl] *n* total partiel
subtract [səb'trækt] *vt* soustraire, retrancher
subtraction [səb'trækʃən] *n* soustraction *f*
subtropical [sʌb'trɔpɪkl] *adj* subtropical(e)
suburb ['sʌbə:b] *n* faubourg *m*; **the ~s** la banlieue
suburban [sə'bə:bən] *adj* de banlieue, suburbain(e)
suburbia [sə'bə:bɪə] *n* la banlieue
subvention [səb'vɛnʃən] *n* (*subsidy*) subvention *f*
subversion [səb'və:ʃən] *n* subversion *f*
subversive [səb'və:sɪv] *adj* subversif(-ive)
subway ['sʌbweɪ] *n* (*Brit: underpass*) passage souterrain; (*US: railway*) métro *m*
sub-zero [sʌb'zɪərəu] *adj* au-dessous de zéro
succeed [sək'si:d] *vi* réussir ▷ *vt* succéder à; **to ~ in doing** réussir à faire
succeeding [sək'si:dɪŋ] *adj* suivant(e), qui suit (*or* suivent *or* suivront *etc*)
success [sək'sɛs] *n* succès *m*; réussite *f*
successful [sək'sɛsful] *adj* qui a du succès; (*candidate*) choisi(e), agréé(e); (*business*) prospère, qui réussit; (*attempt*) couronné(e) de succès; **to be ~ (in doing)** réussir (à faire)
successfully [sək'sɛsfəlɪ] *adv* avec succès
succession [sək'sɛʃən] *n* succession *f*; **in ~** successivement; **3 years in ~** 3 ans de suite
successive [sək'sɛsɪv] *adj* successif(-ive); **on 3 ~ days** 3 jours de suite *or* consécutifs
successor [sək'sɛsəʳ] *n* successeur *m*
succinct [sək'sɪŋkt] *adj* succinct(e), bref (brève)
succulent ['sʌkjulənt] *adj* succulent(e) ▷ *n* (*Bot*): **~s** plantes grasses
succumb [sə'kʌm] *vi* succomber
such [sʌtʃ] *adj* tel (telle); (*of that kind*): **~ a book** un livre de ce genre *or* pareil, un tel livre; (*so much*): **~ courage** un tel courage ▷ *adv* si; **~ books** des livres de ce genre *or* pareils, de tels livres; **~ a long trip** un si long voyage; **~ good books** de si bons livres; **~ a long trip that** un voyage si *or* tellement long que; **~ a lot of** tellement *or* tant de; **making ~ a noise that** faisant un tel bruit que *or* tellement de bruit que; **~ a long time ago** il y a si *or* tellement longtemps; **~ as** (*like*) tel (telle) que, comme; **a noise ~ as to** un bruit de nature à; **~ books as I have** les quelques livres que j'ai; **as ~** (*adv*) en tant que tel (telle), à proprement parler
such-and-such ['sʌtʃənsʌtʃ] *adj* tel ou tel (telle ou telle)
suchlike ['sʌtʃlaɪk] *pron* (*inf*): **and ~** et le reste
suck [sʌk] *vt* sucer; (*breast, bottle*) téter; (*pump, machine*) aspirer
sucker ['sʌkəʳ] *n* (*Bot, Zool, Tech*) ventouse *f*; (*inf*) naïf(-ïve), poire *f*
suckle ['sʌkl] *vt* allaiter
sucrose ['su:krəuz] *n* saccharose *m*
suction ['sʌkʃən] *n* succion *f*
suction pump *n* pompe aspirante
Sudan [su'dɑ:n] *n* Soudan *m*

Sudanese [suːdəˈniːz] *adj* soudanais(e) ▷ *n* Soudanais(e)
sudden [ˈsʌdn] *adj* soudain(e), subit(e); **all of a ~** soudain, tout à coup
sudden-death [sʌdnˈdɛθ] *n*: **~ play-off** *partie supplémentaire pour départager les adversaires*
suddenly [ˈsʌdnlɪ] *adv* brusquement, tout à coup, soudain
sudoku [sʊˈdəʊkuː] *n* sudoku *m*
suds [sʌdz] *npl* eau savonneuse
sue [suː] *vt* poursuivre en justice, intenter un procès à ▷ *vi*: **to ~ (for)** intenter un procès (pour); **to ~ for divorce** engager une procédure de divorce; **to ~ sb for damages** poursuivre qn en dommages-intérêts
suede [sweɪd] *n* daim *m*, cuir suédé ▷ *cpd* de daim
suet [ˈsuɪt] *n* graisse *f* de rognon *or* de bœuf
Suez Canal [ˈsuːɪz-] *n* canal *m* de Suez
suffer [ˈsʌfəʳ] *vt* souffrir, subir; (*bear*) tolérer, supporter, subir ▷ *vi* souffrir; **to ~ from** (*illness*) souffrir de, avoir; **to ~ from the effects of alcohol/a fall** se ressentir des effets de l'alcool/ des conséquences d'une chute
sufferance [ˈsʌfərns] *n*: **he was only there on ~** sa présence était seulement tolérée
sufferer [ˈsʌfərəʳ] *n* malade *m/f*; victime *m/f*
suffering [ˈsʌfərɪŋ] *n* souffrance(s) *f(pl)*
suffice [səˈfaɪs] *vi* suffire
sufficient [səˈfɪʃənt] *adj* suffisant(e); **~ money** suffisamment d'argent
sufficiently [səˈfɪʃəntlɪ] *adv* suffisamment, assez
suffix [ˈsʌfɪks] *n* suffixe *m*
suffocate [ˈsʌfəkeɪt] *vi* suffoquer; étouffer
suffocation [sʌfəˈkeɪʃən] *n* suffocation *f*; (*Med*) asphyxie *f*
suffrage [ˈsʌfrɪdʒ] *n* suffrage *m*; droit *m* de suffrage *or* de vote
suffuse [səˈfjuːz] *vt* baigner, imprégner; **the room was ~d with light** la pièce baignait dans la lumière *or* était imprégnée de lumière
sugar [ˈʃugəʳ] *n* sucre *m* ▷ *vt* sucrer
sugar beet *n* betterave sucrière
sugar bowl *n* sucrier *m*
sugar cane *n* canne *f* à sucre
sugar-coated [ˈʃugəˈkəutɪd] *adj* dragéifié(e)
sugar lump *n* morceau *m* de sucre
sugar refinery *n* raffinerie *f* de sucre
sugary [ˈʃugərɪ] *adj* sucré(e)
suggest [səˈdʒɛst] *vt* suggérer, proposer; (*indicate*) sembler indiquer; **what do you ~ I do?** que vous me suggérez de faire?
suggestion [səˈdʒɛstʃən] *n* suggestion *f*
suggestive [səˈdʒɛstɪv] *adj* suggestif(-ive)
suicidal [suɪˈsaɪdl] *adj* suicidaire
suicide [ˈsuɪsaɪd] *n* suicide *m*; **to commit ~** se suicider; **~ bombing** attentat *m* suicide; *see also* **commit**
suicide bomber *n* kamikaze *m/f*
suit [suːt] *n* (*man's*) costume *m*, complet *m*; (*woman's*) tailleur *m*, ensemble *m*; (*Cards*) couleur *f*; (*lawsuit*) procès *m* ▷ *vt* (*subj: clothes, hairstyle*) aller à; (*be convenient for*) convenir à; (*adapt*): **to ~ sth to** adapter *or* approprier qch à; **to be ~ed to sth** (*suitable for*) être adapté(e) *or* approprié(e) à qch; **well ~ed** (*couple*) faits l'un pour l'autre, très bien assortis; **to bring a ~ against sb** intenter un procès contre qn; **to follow ~** (*fig*) faire de même
suitable [ˈsuːtəbl] *adj* qui convient; approprié(e), adéquat(e); **would tomorrow be ~?** est-ce que demain vous conviendrait?; **we found somebody ~** nous avons trouvé la personne qu'il nous faut
suitably [ˈsuːtəblɪ] *adv* comme il se doit (*or* se devait *etc*), convenablement
suitcase [ˈsuːtkeɪs] *n* valise *f*
suite [swiːt] *n* (*of rooms, also Mus*) suite *f*; (*furniture*): **bedroom/dining room ~** (ensemble *m* de) chambre *f* à coucher/salle *f* à manger; **a three-piece ~** un salon (canapé et deux fauteuils)
suitor [ˈsuːtəʳ] *n* soupirant *m*, prétendant *m*
sulfate [ˈsʌlfeɪt] *n* (*US*) = **sulphate**
sulfur [ˈsʌlfəʳ] (*US*) *n* = **sulphur**
sulk [sʌlk] *vi* bouder
sulky [ˈsʌlkɪ] *adj* boudeur(-euse), maussade
sullen [ˈsʌlən] *adj* renfrogné(e), maussade; morne
sulphate, (*US*) **sulfate** [ˈsʌlfeɪt] *n* sulfate *m*; **copper ~** sulfate de cuivre
sulphur, (*US*) **sulfur** [ˈsʌlfəʳ] *n* soufre *m*
sulphur dioxide *n* anhydride sulfureux
sulphuric, (*US*) **sulfuric** [sʌlˈfjuərɪk] *adj*: **~ acid** acide *m* sulfurique
sultan [ˈsʌltən] *n* sultan *m*
sultana [sʌlˈtɑːnə] *n* (*fruit*) raisin (sec) de Smyrne
sultry [ˈsʌltrɪ] *adj* étouffant(e)
sum [sʌm] *n* somme *f*; (*Scol etc*) calcul *m*
▸ **sum up** *vt* résumer; (*evaluate rapidly*) récapituler ▷ *vi* résumer
Sumatra [suˈmɑːtrə] *n* Sumatra
summarize [ˈsʌməraɪz] *vt* résumer
summary [ˈsʌmərɪ] *n* résumé *m* ▷ *adj* (*justice*) sommaire
summer [ˈsʌməʳ] *n* été *m* ▷ *cpd* d'été, estival(e); **in (the) ~** en été, pendant l'été
summer camp *n* (*US*) colonie *f* de vacances
summer holidays *npl* grandes vacances
summerhouse [ˈsʌməhaus] *n* (*in garden*) pavillon *m*
summertime [ˈsʌmətaɪm] *n* (*season*) été *m*
summer time *n* (*by clock*) heure *f* d'été
summery [ˈsʌmərɪ] *adj* estival(e); d'été
summing-up [sʌmɪŋˈʌp] *n* résumé *m*, récapitulation *f*
summit [ˈsʌmɪt] *n* sommet *m*; (*also*: **summit conference**) (conférence *f* au) sommet *m*
summon [ˈsʌmən] *vt* appeler, convoquer; **to ~ a witness** citer *or* assigner un témoin
▸ **summon up** *vt* rassembler, faire appel à
summons [ˈsʌmənz] *n* citation *f*, assignation *f*

▷ *vt* citer, assigner; **to serve a ~ on sb** remettre une assignation à qn
sumo ['su:məu] *n*: **~ wrestling** sumo *m*
sump [sʌmp] *n* (*Brit Aut*) carter *m*
sumptuous ['sʌmptjuəs] *adj* somptueux(-euse)
Sun. *abbr* (= *Sunday*) dim
sun [sʌn] *n* soleil *m*; **in the ~** au soleil; **to catch the ~** prendre le soleil; **everything under the ~** absolument tout
sunbathe ['sʌnbeɪð] *vi* prendre un bain de soleil
sunbeam ['sʌnbi:m] *n* rayon *m* de soleil
sunbed ['sʌnbɛd] *n* lit pliant; (*with sun lamp*) lit à ultra-violets
sunblock ['sʌnblɔk] *n* écran *m* total
sunburn ['sʌnbə:n] *n* coup *m* de soleil
sunburned ['sʌnbə:nd], **sunburnt** ['sʌnbə:nt] *adj* bronzé(e), hâlé(e); (*painfully*) brûlé(e) par le soleil
sun cream *n* crème *f* (anti-)solaire
sundae ['sʌndeɪ] *n* sundae *m*, coupe glacée
Sunday ['sʌndɪ] *n* dimanche *m*; *for phrases see also* **Tuesday**
Sunday paper *n* journal *m* du dimanche; *voir article*

SUNDAY PAPER

Les *Sunday papers* sont une véritable institution en Grande-Bretagne. Il y a des "quality Sunday papers" et des "popular Sunday papers", et la plupart des quotidiens ont un journal du dimanche qui leur est associé, bien que leurs équipes de rédacteurs soient différentes. Les quality Sunday papers ont plusieurs suppléments et magazines; voir "quality press" et "tabloid press".

Sunday school *n* ≈ catéchisme *m*
sundial ['sʌndaɪəl] *n* cadran *m* solaire
sundown ['sʌndaun] *n* coucher *m* du soleil
sundries ['sʌndrɪz] *npl* articles divers
sundry ['sʌndrɪ] *adj* divers(e), différent(e); **all and ~** tout le monde, n'importe qui
sunflower ['sʌnflauə^r] *n* tournesol *m*
sung [sʌŋ] *pp of* **sing**
sunglasses ['sʌnglɑ:sɪz] *npl* lunettes *fpl* de soleil
sunk [sʌŋk] *pp of* **sink**
sunken ['sʌŋkn] *adj* (*rock, ship*) submergé(e); (*cheeks*) creux(-euse); (*bath*) encastré(e)
sunlamp ['sʌnlæmp] *n* lampe *f* à rayons ultra-violets
sunlight ['sʌnlaɪt] *n* (lumière *f* du) soleil *m*
sunlit ['sʌnlɪt] *adj* ensoleillé(e)
sun lounger *n* chaise longue
sunny ['sʌnɪ] *adj* ensoleillé(e); (*fig*) épanoui(e), radieux(-euse); **it is ~** il fait (du) soleil, il y a du soleil
sunrise ['sʌnraɪz] *n* lever *m* du soleil
sun roof *n* (*Aut*) toit ouvrant
sunscreen ['sʌnskri:n] *n* crème *f* solaire
sunset ['sʌnsɛt] *n* coucher *m* du soleil
sunshade ['sʌnʃeɪd] *n* (*lady's*) ombrelle *f*; (*over table*) parasol *m*
sunshine ['sʌnʃaɪn] *n* (lumière *f* du) soleil *m*
sunspot ['sʌnspɔt] *n* tache *f* solaire
sunstroke ['sʌnstrəuk] *n* insolation *f*, coup *m* de soleil
suntan ['sʌntæn] *n* bronzage *m*
suntan lotion *n* lotion *f* or lait *m* solaire
suntanned ['sʌntænd] *adj* bronzé(e)
suntan oil *n* huile *f* solaire
suntrap ['sʌntræp] *n* coin très ensoleillé
super ['su:pə^r] *adj* (*inf*) formidable
superannuation [su:pərænju'eɪʃən] *n* cotisations *fpl* pour la pension
superb [su:'pə:b] *adj* superbe, magnifique
Super Bowl *n* (*US Sport*) Super Bowl *m*
supercilious [su:pə'sɪlɪəs] *adj* hautain(e), dédaigneux(-euse)
superconductor [su:pəkən'dʌktə^r] *n* supraconducteur *m*
superficial [su:pə'fɪʃəl] *adj* superficiel(le)
superficially [su:pə'fɪʃəlɪ] *adv* superficiellement
superfluous [su'pə:fluəs] *adj* superflu(e)
superglue ['su:pəglu:] *n* colle forte
superhighway ['su:pəhaɪweɪ] *n* (*US*) voie *f* express (à plusieurs files); **the information ~** la super-autoroute de l'information
superhuman [su:pə'hju:mən] *adj* surhumain(e)
superimpose ['su:pərɪm'pəuz] *vt* superposer
superintend [su:pərɪn'tɛnd] *vt* surveiller
superintendent [su:pərɪn'tɛndənt] *n* directeur(-trice); (*Police*) ≈ commissaire *m*
superior [su'pɪərɪə^r] *adj* supérieur(e); (*Comm: goods, quality*) de qualité supérieure; (*smug*) condescendant(e), méprisant(e) ▷ *n* supérieur(e); **Mother S~** (*Rel*) Mère supérieure
superiority [supɪərɪ'ɔrɪtɪ] *n* supériorité *f*
superlative [su'pə:lətɪv] *adj* sans pareil(le), suprême ▷ *n* (*Ling*) superlatif *m*
superman ['su:pəmæn] (*irreg*) *n* surhomme *m*
supermarket ['su:pəmɑ:kɪt] *n* supermarché *m*
supermodel ['su:pəmɔdl] *n* top model *m*
supernatural [su:pə'nætʃərəl] *adj* surnaturel(le) ▷ *n*: **the ~** le surnaturel
supernova [su:pə'nəuvə] *n* supernova *f*
superpower ['su:pəpauə^r] *n* (*Pol*) superpuissance *f*
supersede [su:pə'si:d] *vt* remplacer, supplanter
supersonic ['su:pə'sɔnɪk] *adj* supersonique
superstar ['su:pəstɑ:^r] *n* (*Cine etc*) superstar *f*; (*Sport*) superchampion(ne) ▷ *adj* (*status, lifestyle*) de superstar
superstition [su:pə'stɪʃən] *n* superstition *f*
superstitious [su:pə'stɪʃəs] *adj* superstitieux(-euse)
superstore ['su:pəstɔ:^r] *n* (*Brit*) hypermarché *m*, grande surface
supertanker ['su:pətæŋkə^r] *n* pétrolier géant, superpétrolier *m*
supertax ['su:pətæks] *n* tranche supérieure de l'impôt

S

supervise ['su:pəvaɪz] *vt (children etc)* surveiller; *(organization, work)* diriger
supervision [su:pə'vɪʒən] *n* surveillance *f*; *(monitoring)* contrôle *m*; *(management)* direction *f*; **under medical ~** sous contrôle du médecin
supervisor ['su:pəvaɪzə^r] *n* surveillant(e); *(in shop)* chef *m* de rayon; *(Scol)* directeur(-trice) de thèse
supervisory ['su:pəvaɪzərɪ] *adj* de surveillance
supine ['su:paɪn] *adj* couché(e) *or* étendu(e) sur le dos
supper ['sʌpə^r] *n* dîner *m*; *(late)* souper *m*; **to have ~** dîner; souper
supplant [sə'plɑ:nt] *vt* supplanter
supple ['sʌpl] *adj* souple
supplement *n* ['sʌplɪmənt] supplément *m* ▷ *vt* [sʌplɪ'mɛnt] ajouter à, compléter
supplementary [sʌplɪ'mɛntərɪ] *adj* supplémentaire
supplementary benefit *n (Brit)* allocation *f* supplémentaire d'aide sociale
supplier [sə'plaɪə^r] *n* fournisseur *m*
supply [sə'plaɪ] *vt (provide)* fournir; *(equip)*: **to ~ (with)** approvisionner *or* ravitailler (en); fournir (en); *(system, machine)*: **to ~ sth (with sth)** alimenter qch (en qch); *(a need)* répondre à ▷ *n* provision *f*, réserve *f*; *(supplying)* approvisionnement *m*; *(Tech)* alimentation *f*; **supplies** *npl (food)* vivres *mpl*; *(Mil)* subsistances *fpl*; **office supplies** fournitures *fpl* de bureau; **to be in short ~** être rare, manquer; **the electricity/water/gas ~** l'alimentation *f* en électricité/eau/gaz; **~ and demand** l'offre *f* et la demande; **it comes supplied with an adaptor** il (*or* elle) est pourvu(e) d'un adaptateur
supply teacher *n (Brit)* suppléant(e)
support [sə'pɔ:t] *n (moral, financial etc)* soutien *m*, appui *m*; *(Tech)* support *m*, soutien ▷ *vt* soutenir, supporter; *(financially)* subvenir aux besoins de; *(uphold)* être pour, être partisan de, appuyer; *(Sport: team)* être pour; **to ~ o.s.** *(financially)* gagner sa vie
supporter [sə'pɔ:tə^r] *n (Pol etc)* partisan(e); *(Sport)* supporter *m*
supporting [sə'pɔ:tɪŋ] *adj (wall)* d'appui
supporting role *n* second rôle *m*
supportive [sə'pɔ:tɪv] *adj*: **my family were very ~** ma famille m'a été d'un grand soutien
suppose [sə'pəuz] *vt, vi* supposer; imaginer; **to be ~d to do/be** être censé(e) faire/être; **I don't ~ she'll come** je suppose qu'elle ne viendra pas, cela m'étonnerait qu'elle vienne
supposedly [sə'pəuzɪdlɪ] *adv* soi-disant
supposing [sə'pəuzɪŋ] *conj* si, à supposer que + *sub*
supposition [sʌpə'zɪʃən] *n* supposition *f*, hypothèse *f*
suppository [sə'pɔzɪtrɪ] *n* suppositoire *m*
suppress [sə'prɛs] *vt (revolt, feeling)* réprimer; *(information)* faire disparaître; *(scandal, yawn)* étouffer
suppression [sə'prɛʃən] *n* suppression *f*, répression *f*
suppressor [sə'prɛsə^r] *n (Elec etc)* dispositif *m* antiparasite
supremacy [su'prɛməsɪ] *n* suprématie *f*
supreme [su'pri:m] *adj* suprême
Supreme Court *n (US)* Cour *f* suprême
supremo [su'pri:məu] *n* grand chef
Supt. *abbr (Police)* = **superintendent**
surcharge ['sə:tʃɑ:dʒ] *n* surcharge *f*; *(extra tax)* surtaxe *f*
sure [ʃuə^r] *adj (gen)* sûr(e); *(definite, convinced)* sûr, certain(e) ▷ *adv (inf: US)*: **that ~ is pretty, that's ~ pretty** c'est drôlement joli(e); **~!** *(of course)* bien sûr!; **~ enough** effectivement; **I'm not ~ how/why/when** je ne sais pas très bien comment/pourquoi/quand; **to be ~ of o.s.** être sûr de soi; **to make ~ of sth/that** s'assurer de qch/que, vérifier qch/que
sure-fire ['ʃuəfaɪə^r] *adj (inf)* certain(e), infaillible
sure-footed [ʃuə'futɪd] *adj* au pied sûr
surely ['ʃuəlɪ] *adv* sûrement; certainement; **~ you don't mean that!** vous ne parlez pas sérieusement!
surety ['ʃuərətɪ] *n* caution *f*; **to go** *or* **stand ~ for sb** se porter caution pour qn
surf [sə:f] *n (waves)* ressac *m* ▷ *vt*: **to ~ the Net** surfer sur Internet, surfer sur le net
surface ['sə:fɪs] *n* surface *f* ▷ *vt (road)* poser un revêtement sur ▷ *vi* remonter à la surface; *(fig)* faire surface; **on the ~** *(fig)* au premier abord; **by ~ mail** par voie de terre; *(by sea)* par voie maritime
surface area *n* superficie *f*, aire *f*
surface mail *n* courrier *m* par voie de terre (*or* maritime)
surface-to-surface ['sə:fɪstə'sə:fɪs] *adj (Mil)* sol-sol *inv*
surfboard ['sə:fbɔ:d] *n* planche *f* de surf
surfeit ['sə:fɪt] *n*: **a ~ of** un excès de; une indigestion de
surfer ['sə:fə^r] *n (in sea)* surfeur(-euse); **web** *or* **net ~** internaute *m/f*
surfing ['sə:fɪŋ] *n* surf *m*
surge [sə:dʒ] *n (of emotion)* vague *f*; *(Elec)* pointe *f* de courant ▷ *vi* déferler; **to ~ forward** se précipiter (en avant)
surgeon ['sə:dʒən] *n* chirurgien *m*
Surgeon General *n (US)* chef *m* du service fédéral de la santé publique
surgery ['sə:dʒərɪ] *n* chirurgie *f*; *(Brit: room)* cabinet *m* (de consultation); *(also:* **surgery hours**) heures *fpl* de consultation; *(of MP etc)* permanence *f (où le député etc reçoit les électeurs etc)*; **to undergo ~** être opéré(e)
surgery hours *npl (Brit)* heures *fpl* de consultation
surgical ['sə:dʒɪkl] *adj* chirurgical(e)
surgical spirit *n (Brit)* alcool *m* à 90°
surly ['sə:lɪ] *adj* revêche, maussade
surmise [sə:'maɪz] *vt* présumer, conjecturer
surmount [sə:'maunt] *vt* surmonter
surname ['sə:neɪm] *n* nom *m* de famille

surpass [sə:'pɑ:s] *vt* surpasser, dépasser
surplus ['sə:pləs] *n* surplus *m*, excédent *m* ▷ *adj* en surplus, de trop; (*Comm*) excédentaire; **it is ~ to our requirements** cela dépasse nos besoins; **~ stock** surplus *m*
surprise [sə'praɪz] *n* (*gen*) surprise *f*; (*astonishment*) étonnement *m* ▷ *vt* surprendre, étonner; **to take by ~** (*person*) prendre au dépourvu; (*Mil: town, fort*) prendre par surprise
surprised [sə'praɪzd] *adj* (*look, smile*) surpris(e), étonné(e); **to be ~** être surpris
surprising [sə'praɪzɪŋ] *adj* surprenant(e), étonnant(e)
surprisingly [sə'praɪzɪŋlɪ] *adv* (*easy, helpful*) étonnamment, étrangement; **(somewhat) ~, he agreed** curieusement, il a accepté
surrealism [sə'rɪəlɪzəm] *n* surréalisme *m*
surrealist [sə'rɪəlɪst] *adj, n* surréaliste (*m/f*)
surrender [sə'rɛndə^r] *n* reddition *f*, capitulation *f* ▷ *vi* se rendre, capituler ▷ *vt* (*claim, right*) renoncer à
surrender value *n* valeur *f* de rachat
surreptitious [sʌrəp'tɪʃəs] *adj* subreptice, furtif(-ive)
surrogate ['sʌrəgɪt] *n* (*Brit: substitute*) substitut *m* ▷ *adj* de substitution, de remplacement; **a food ~** un succédané alimentaire; **~ coffee** ersatz *m or* succédané *m* de café
surrogate mother *n* mère porteuse *or* de substitution
surround [sə'raund] *vt* entourer; (*Mil etc*) encercler
surrounding [sə'raundɪŋ] *adj* environnant(e)
surroundings [sə'raundɪŋz] *npl* environs *mpl*, alentours *mpl*
surtax ['sə:tæks] *n* surtaxe *f*
surveillance [sə:'veɪləns] *n* surveillance *f*
survey *n* ['sə:veɪ] enquête *f*, étude *f*; (*in house buying etc*) inspection *f*, (rapport *m* d')expertise *f*; (*of land*) levé *m*; (*comprehensive view: of situation etc*) vue *f* d'ensemble ▷ *vt* [sə:'veɪ] (*situation*) passer en revue; (*examine carefully*) inspecter; (*building*) expertiser; (*land*) faire le levé de; (*look at*) embrasser du regard
surveying [sə'veɪɪŋ] *n* arpentage *m*
surveyor [sə'veɪə^r] *n* (*of building*) expert *m*; (*of land*) (arpenteur *m*) géomètre *m*
survival [sə'vaɪvl] *n* survie *f*; (*relic*) vestige *m* ▷ *cpd* (*course, kit*) de survie
survive [sə'vaɪv] *vi* survivre; (*custom etc*) subsister ▷ *vt* (*accident etc*) survivre à, réchapper de; (*person*) survivre à
survivor [sə'vaɪvə^r] *n* survivant(e)
susceptible [sə'sɛptəbl] *adj*: **~ (to)** sensible (à); (*disease*) prédisposé(e) (à)
suspect *adj, n* ['sʌspɛkt] suspect(e) ▷ *vt* [səs'pɛkt] soupçonner, suspecter
suspected [səs'pɛktɪd] *adj*: **a ~ terrorist** une personne soupçonnée de terrorisme; **he had a ~ broken arm** il avait une supposée fracture du bras
suspend [səs'pɛnd] *vt* suspendre
suspended animation [səs'pɛndɪd-] *n*: **in a state of ~** en hibernation
suspended sentence [səs'pɛndɪd-] *n* (*Law*) condamnation *f* avec sursis
suspender belt [səs'pɛndə-] *n* (*Brit*) porte-jarretelles *m inv*
suspenders [səs'pɛndəz] *npl* (*Brit*) jarretelles *fpl*; (*US*) bretelles *fpl*
suspense [səs'pɛns] *n* attente *f*, incertitude *f*; (*in film etc*) suspense *m*; **to keep sb in ~** tenir qn en suspens, laisser qn dans l'incertitude
suspension [səs'pɛnʃən] *n* (*gen, Aut*) suspension *f*; (*of driving licence*) retrait *m* provisoire
suspension bridge *n* pont suspendu
suspicion [səs'pɪʃən] *n* soupçon(s) *m(pl)*; **to be under ~** être considéré(e) comme suspect(e), être suspecté(e); **arrested on ~ of murder** arrêté sur présomption de meurtre
suspicious [səs'pɪʃəs] *adj* (*suspecting*) soupçonneux(-euse), méfiant(e); (*causing suspicion*) suspect(e); **to be ~ of** *or* **about sb/sth** avoir des doutes à propos de qn/sur qch, trouver qn/qch suspect(e)
suss out ['sʌs'aut] *vt* (*Brit inf: discover*) supputer; (*: understand*) piger
sustain [səs'teɪn] *vt* soutenir; supporter; corroborer; (*subj: food*) nourrir, donner des forces à; (*damage*) subir; (*injury*) recevoir
sustainable [səs'teɪnəbl] *adj* (*rate, growth*) qui peut être maintenu(e); (*development*) durable
sustained [səs'teɪnd] *adj* (*effort*) soutenu(e), prolongé(e)
sustenance ['sʌstɪnəns] *n* nourriture *f*; moyens *mpl* de subsistance
suture ['su:tʃə^r] *n* suture *f*
SUV *n abbr* (*esp US: = sports utility vehicle*) SUV *m*, véhicule *m* de loisirs
SW *abbr* (*= short wave*) OC
swab [swɔb] *n* (*Med*) tampon *m*; prélèvement *m* ▷ *vt* (*Naut: also:* **swab down**) nettoyer
swagger ['swægə^r] *vi* plastronner, parader
swallow ['swɔləu] *n* (*bird*) hirondelle *f*; (*of food etc*) gorgée *f* ▷ *vt* avaler; (*fig: story*) gober
▸ **swallow up** *vt* engloutir
swam [swæm] *pt of* **swim**
swamp [swɔmp] *n* marais *m*, marécage *m* ▷ *vt* submerger
swampy ['swɔmpɪ] *adj* marécageux(-euse)
swan [swɔn] *n* cygne *m*
swank [swæŋk] *vi* (*inf*) faire de l'épate
swan song *n* (*fig*) chant *m* du cygne
swap [swɔp] *n* échange *m*, troc *m* ▷ *vt*: **to ~ (for)** échanger (contre), troquer (contre)
SWAPO ['swɑ:pəu] *n abbr* (*= South-West Africa People's Organization*) SWAPO *f*
swarm [swɔ:m] *n* essaim *m* ▷ *vi* (*bees*) essaimer; (*people*) grouiller; **to be ~ing with** grouiller de
swarthy ['swɔ:ðɪ] *adj* basané(e), bistré(e)
swashbuckling ['swɔʃbʌklɪŋ] *adj* (*film*) de cape et d'épée
swastika ['swɔstɪkə] *n* croix gammée
SWAT *n abbr* (*US: = Special Weapons and Tactics*)

S

≈ CRS *f*

swat [swɔt] *vt* écraser ▷ *n* (*Brit*: *also*: **fly swat**) tapette *f*

swathe [sweɪð] *vt*: **to ~ in** (*bandages, blankets*) embobiner de

swatter ['swɔtə^r] *n* (*also*: **fly swatter**) tapette *f*

sway [sweɪ] *vi* se balancer, osciller; tanguer ▷ *vt* (*influence*) influencer ▷ *n* (*rule, power*): **~ (over)** emprise *f* (sur); **to hold ~ over sb** avoir de l'emprise sur qn

Swaziland ['swɑːzɪlænd] *n* Swaziland *m*

swear [swɛə^r] (*pt* **swore**, *pp* **sworn**) [swɔː^r, swɔːn] *vt, vi* jurer; **to ~ to sth** jurer de qch; **to ~ an oath** prêter serment

▸ **swear in** *vt* assermenter

swearword ['swɛəwəːd] *n* gros mot, juron *m*

sweat [swɛt] *n* sueur *f*, transpiration *f* ▷ *vi* suer; **in a ~** en sueur

sweatband ['swɛtbænd] *n* (*Sport*) bandeau *m*

sweater ['swɛtə^r] *n* tricot *m*, pull *m*

sweatshirt ['swɛtʃəːt] *n* sweat-shirt *m*

sweatshop ['swɛtʃɔp] *n* atelier *m* où les ouvriers sont exploités

sweaty ['swɛtɪ] *adj* en sueur, moite *or* mouillé(e) de sueur

Swede [swiːd] *n* Suédois(e)

swede [swiːd] *n* (*Brit*) rutabaga *m*

Sweden ['swiːdn] *n* Suède *f*

Swedish ['swiːdɪʃ] *adj* suédois(e) ▷ *n* (*Ling*) suédois *m*

sweep [swiːp] (*pt, pp* **swept**) [swɛpt] *n* coup *m* de balai; (*curve*) grande courbe; (*range*) champ *m*; (*also*: **chimney sweep**) ramoneur *m* ▷ *vt* balayer; (*subj*: *current*) emporter; (*subj*: *fashion, craze*) se répandre dans ▷ *vi* avancer majestueusement *or* rapidement; s'élancer; s'étendre

▸ **sweep away** *vt* balayer; entraîner; emporter

▸ **sweep past** *vi* passer majestueusement *or* rapidement

▸ **sweep up** *vt, vi* balayer

sweeper ['swiːpə^r] *n* (*person*) balayeur *m*; (*machine*) balayeuse *f*; (*Football*) libéro *m*

sweeping ['swiːpɪŋ] *adj* (*gesture*) large; circulaire; (*changes, reforms*) radical(e); **a ~ statement** une généralisation hâtive

sweepstake ['swiːpsteɪk] *n* sweepstake *m*

sweet [swiːt] *n* (*Brit*: *pudding*) dessert *m*; (*candy*) bonbon *m* ▷ *adj* doux (douce); (*not savoury*) sucré(e); (*fresh*) frais (fraîche), pur(e); (*kind*) gentil(le); (*baby*) mignon(ne) ▷ *adv*: **to smell ~** sentir bon; **to taste ~** avoir un goût sucré; **~ and sour** *adj* aigre-doux (douce)

sweetbread ['swiːtbrɛd] *n* ris *m* de veau

sweetcorn ['swiːtkɔːn] *n* maïs doux

sweeten ['swiːtn] *vt* sucrer; (*fig*) adoucir

sweetener ['swiːtnə^r] *n* (*Culin*) édulcorant *m*

sweetheart ['swiːthɑːt] *n* amoureux(-euse)

sweetly ['swiːtlɪ] *adv* (*smile*) gentiment; (*sing, play*) mélodieusement

sweetness ['swiːtnɪs] *n* douceur *f*; (*of taste*) goût sucré

sweet pea *n* pois *m* de senteur

sweet potato *n* patate douce

sweetshop ['swiːtʃɔp] *n* (*Brit*) confiserie *f*

sweet tooth *n*: **to have a ~** aimer les sucreries

swell [swɛl] (*pt* **-ed**, *pp* **swollen** *or* **-ed**) ['swəulən] *n* (*of sea*) houle *f* ▷ *adj* (*US*: *inf*: *excellent*) chouette ▷ *vt* (*increase*) grossir, augmenter ▷ *vi* (*increase*) grossir, augmenter; (*sound*) s'enfler; (*Med*: *also*: **swell up**) enfler

swelling ['swɛlɪŋ] *n* (*Med*) enflure *f*; (: *lump*) grosseur *f*

sweltering ['swɛltərɪŋ] *adj* étouffant(e), oppressant(e)

swept [swɛpt] *pt, pp of* **sweep**

swerve [swəːv] *vi* (*to avoid obstacle*) faire une embardée *or* un écart; (*off the road*) dévier

swift [swɪft] *n* (*bird*) martinet *m* ▷ *adj* rapide, prompt(e)

swiftly ['swɪftlɪ] *adv* rapidement, vite

swig [swɪg] *n* (*inf*: *drink*) lampée *f*

swill [swɪl] *n* pâtée *f* ▷ *vt* (*also*: **swill out, swill down**) laver à grande eau

swim [swɪm] (*pt* **swam**, *pp* **swum**) [swæm, swʌm] *n*: **to go for a ~** aller nager *or* se baigner ▷ *vi* nager; (*Sport*) faire de la natation; (*fig*: *head, room*) tourner ▷ *vt* traverser (à la nage); (*distance*) faire (à la nage); **to ~ a length** nager une longueur; **to go ~ming** aller nager

swimmer ['swɪmə^r] *n* nageur(-euse)

swimming ['swɪmɪŋ] *n* nage *f*, natation *f*

swimming baths *npl* (*Brit*) piscine *f*

swimming cap *n* bonnet *m* de bain

swimming costume *n* (*Brit*) maillot *m* (de bain)

swimmingly ['swɪmɪŋlɪ] *adv*: **to go ~** (*wonderfully*) se dérouler à merveille

swimming pool *n* piscine *f*

swimming trunks *npl* maillot *m* de bain

swimsuit ['swɪmsuːt] *n* maillot *m* (de bain)

swindle ['swɪndl] *n* escroquerie *f* ▷ *vt* escroquer

swindler ['swɪndlə^r] *n* escroc *m*

swine [swaɪn] *n* (*pl inv*) pourceau *m*, porc *m*; (*inf!*) salaud *m* (!)

swine flu *n* grippe *f* porcine

swing [swɪŋ] (*pt, pp* **swung**) [swʌŋ] *n* (*in playground*) balançoire *f*; (*movement*) balancement *m*, oscillations *fpl*; (*change in opinion etc*) revirement *m*; (*Mus*) swing *m*; rythme *m* ▷ *vt* balancer, faire osciller; (*also*: **swing round**) tourner, faire virer ▷ *vi* se balancer, osciller; (*also*: **swing round**) virer, tourner; **a ~ to the left** (*Pol*) un revirement en faveur de la gauche; **to be in full ~** battre son plein; **to get into the ~ of things** se mettre dans le bain; **the road ~s south** la route prend la direction sud

swing bridge *n* pont tournant

swing door *n* (*Brit*) porte battante

swingeing ['swɪndʒɪŋ] *adj* (*Brit*) écrasant(e); considérable

swinging ['swɪŋɪŋ] *adj* rythmé(e); entraînant(e); (*fig*) dans le vent; **~ door** (*US*) porte battante

swipe [swaɪp] *n* grand coup; gifle *f* ▷ *vt* (*hit*) frapper à toute volée; gifler; (*inf*: *steal*) piquer;

(*credit card etc*) faire passer (dans la machine)
swipe card *n* carte *f* magnétique
swirl [swəːl] *n* tourbillon *m* ▷ *vi* tourbillonner, tournoyer
swish [swɪʃ] *adj* (*Brit inf: smart*) rupin(e) ▷ *vi* (*whip*) siffler; (*skirt, long grass*) bruire
Swiss [swɪs] *adj* suisse ▷ *n* (*pl inv*) Suisse(-esse)
Swiss French *adj* suisse romand(e)
Swiss German *adj* suisse-allemand(e)
Swiss roll *n* gâteau roulé
switch [swɪtʃ] *n* (*for light, radio etc*) bouton *m*; (*change*) changement *m*, revirement *m* ▷ *vt* (*change*) changer; (*exchange*) intervertir; (*invert*): **to ~ (round** *or* **over)** changer de place
▸ **switch off** *vt* éteindre; (*engine, machine*) arrêter; **could you ~ off the light?** pouvez-vous éteindre la lumière?
▸ **switch on** *vt* allumer; (*engine, machine*) mettre en marche; (*Brit: water supply*) ouvrir
switchback ['swɪtʃbæk] *n* (*Brit*) montagnes *fpl* russes
switchblade ['swɪtʃbleɪd] *n* (*also:* **switchblade knife**) couteau *m* à cran d'arrêt
switchboard ['swɪtʃbɔːd] *n* (*Tel*) standard *m*
switchboard operator *n* (*Tel*) standardiste *m/f*
Switzerland ['swɪtsələnd] *n* Suisse *f*
swivel ['swɪvl] *vi* (*also:* **swivel round**) pivoter, tourner
swollen ['swəulən] *pp of* **swell** ▷ *adj* (*ankle etc*) enflé(e)
swoon [swuːn] *vi* se pâmer
swoop [swuːp] *n* (*by police etc*) rafle *f*, descente *f*; (*of bird etc*) descente *f* en piqué ▷ *vi* (*bird: also:* **swoop down**) descendre en piqué, piquer
swop [swɔp] *n, vt* = **swap**
sword [sɔːd] *n* épée *f*
swordfish ['sɔːdfɪʃ] *n* espadon *m*
swore [swɔːʳ] *pt of* **swear**
sworn [swɔːn] *pp of* **swear** ▷ *adj* (*statement, evidence*) donné(e) sous serment; (*enemy*) juré(e)
swot [swɔt] *vt, vi* bûcher, potasser
swum [swʌm] *pp of* **swim**
swung [swʌŋ] *pt, pp of* **swing**
sycamore ['sɪkəmɔːʳ] *n* sycomore *m*
sycophant ['sɪkəfænt] *n* flagorneur(-euse)
sycophantic [sɪkə'fæntɪk] *adj* flagorneur(-euse)
Sydney ['sɪdnɪ] *n* Sydney
syllable ['sɪləbl] *n* syllabe *f*
syllabus ['sɪləbəs] *n* programme *m*; **on the ~** au programme
symbol ['sɪmbl] *n* symbole *m*
symbolic [sɪm'bɔlɪk], **symbolical** [sɪm'bɔlɪkl] *adj* symbolique
symbolism ['sɪmbəlɪzəm] *n* symbolisme *m*
symbolize ['sɪmbəlaɪz] *vt* symboliser
symmetrical [sɪ'mɛtrɪkl] *adj* symétrique
symmetry ['sɪmɪtrɪ] *n* symétrie *f*
sympathetic [sɪmpə'θɛtɪk] *adj* (*showing pity*) compatissant(e); (*understanding*) bienveillant(e), compréhensif(-ive); **~ towards** bien disposé(e) envers
sympathetically [sɪmpə'θɛtɪklɪ] *adv* avec compassion (*or* bienveillance)
sympathize ['sɪmpəθaɪz] *vi*: **to ~ with sb** plaindre qn; (*in grief*) s'associer à la douleur de qn; **to ~ with sth** comprendre qch
sympathizer ['sɪmpəθaɪzəʳ] *n* (*Pol*) sympathisant(e)
sympathy ['sɪmpəθɪ] *n* (*pity*) compassion *f*; **sympathies** *npl* (*support*) soutien *m*; **in ~ with** en accord avec; (*strike*) en *or* par solidarité avec; **with our deepest ~** en vous priant d'accepter nos sincères condoléances
symphonic [sɪm'fɔnɪk] *adj* symphonique
symphony ['sɪmfənɪ] *n* symphonie *f*
symphony orchestra *n* orchestre *m* symphonique
symposium [sɪm'pəuzɪəm] *n* symposium *m*
symptom ['sɪmptəm] *n* symptôme *m*; indice *m*
symptomatic [sɪmptə'mætɪk] *adj* symptomatique
synagogue ['sɪnəgɔg] *n* synagogue *f*
sync [sɪŋk] *n* (*inf*): **in/out of ~** bien/mal synchronisé(e); **they're in ~ with each other** (*fig*) le courant passe bien entre eux
synchromesh [sɪŋkrəu'mɛʃ] *n* (*Aut*) synchronisation *f*
synchronize ['sɪŋkrənaɪz] *vt* synchroniser ▷ *vi*: **to ~ with** se produire en même temps que
synchronized swimming ['siŋkrənaɪzd-] *n* natation synchronisée
syncopated ['sɪŋkəpeɪtɪd] *adj* syncopé(e)
syndicate ['sɪndɪkɪt] *n* syndicat *m*, coopérative *f*; (*Press*) agence *f* de presse
syndrome ['sɪndrəum] *n* syndrome *m*
synonym ['sɪnənɪm] *n* synonyme *m*
synonymous [sɪ'nɔnɪməs] *adj*: **~ (with)** synonyme (de)
synopsis (*pl* **synopses**) [sɪ'nɔpsɪs, -siːz] *n* résumé *m*, synopsis *m or f*
syntax ['sɪntæks] *n* syntaxe *f*
synthesis (*pl* **syntheses**) ['sɪnθəsɪs, -siːz] *n* synthèse *f*
synthesizer ['sɪnθəsaɪzəʳ] *n* (*Mus*) synthétiseur *m*
synthetic [sɪn'θɛtɪk] *adj* synthétique ▷ *n* matière *f* synthétique; **synthetics** *npl* textiles artificiels
syphilis ['sɪfɪlɪs] *n* syphilis *f*
syphon ['saɪfən] *n, vb* = **siphon**
Syria ['sɪrɪə] *n* Syrie *f*
Syrian ['sɪrɪən] *adj* syrien(ne) ▷ *n* Syrien(ne)
syringe [sɪ'rɪndʒ] *n* seringue *f*
syrup ['sɪrəp] *n* sirop *m*; (*Brit: also:* **golden syrup**) mélasse raffinée
syrupy ['sɪrəpɪ] *adj* sirupeux(-euse)
system ['sɪstəm] *n* système *m*; (*order*) méthode *f*; (*Anat*) organisme *m*
systematic [sɪstə'mætɪk] *adj* systématique; méthodique
system disk *n* (*Comput*) disque *m* système
systems analyst *n* analyste-programmeur *m/f*

Tt

T, t [tiː] *n* (*letter*) T, t *m*; **T for Tommy** T comme Thérèse
TA *n abbr* (*Brit*) = **Territorial Army**
ta [tɑː] *excl* (*Brit inf*) merci!
tab [tæb] *n abbr* = **tabulator** ▷ *n* (*loop on coat etc*) attache *f*; (*label*) étiquette *f*; (*on drinks can etc*) languette *f*; **to keep ~s on** (*fig*) surveiller
tabby ['tæbɪ] *n* (*also*: **tabby cat**) chat(te) tigré(e)
table ['teɪbl] *n* table *f* ▷ *vt* (*Brit*: *motion etc*) présenter; **to lay** *or* **set the ~** mettre le couvert *or* la table; **to clear the ~** débarrasser la table; **league ~** (*Brit Football, Rugby*) classement *m* (du championnat); **~ of contents** table des matières
tablecloth ['teɪblklɔθ] *n* nappe *f*
table d'hôte [tɑːbl'dəut] *adj* (*meal*) à prix fixe
table football *n* baby-foot *m*
table lamp *n* lampe décorative *or* de table
tablemat ['teɪblmæt] *n* (*for plate*) napperon *m*, set *m*; (*for hot dish*) dessous-de-plat *m inv*
table salt *n* sel fin *or* de table
tablespoon ['teɪblspuːn] *n* cuiller *f* de service; (*also*: **tablespoonful**: *as measurement*) cuillerée *f* à soupe
tablet ['tæblɪt] *n* (*Med*) comprimé *m*; (*: for sucking*) pastille *f*; (*of stone*) plaque *f*; **~ of soap** (*Brit*) savonnette *f*
table tennis *n* ping-pong *m*, tennis *m* de table
table wine *n* vin *m* de table
tabloid ['tæblɔɪd] *n* (*newspaper*) quotidien *m* populaire; *voir article*

TABLOID PRESS

Le terme *tabloid press* désigne les journaux populaires de demi-format où l'on trouve beaucoup de photos et qui adoptent un style très concis. Ce type de journaux vise des lecteurs s'intéressant aux faits divers ayant un parfum de scandale; voir "quality press".

taboo [tə'buː] *adj, n* tabou (*m*)
tabulate ['tæbjuleɪt] *vt* (*data, figures*) mettre sous forme de table(s)
tabulator ['tæbjuleɪtəʳ] *n* tabulateur *m*
tachograph ['tækəgrɑːf] *n* tachygraphe *m*
tachometer [tæ'kɔmɪtəʳ] *n* tachymètre *m*
tacit ['tæsɪt] *adj* tacite
taciturn ['tæsɪtəːn] *adj* taciturne
tack [tæk] *n* (*nail*) petit clou; (*stitch*) point *m* de bâti; (*Naut*) bord *m*, bordée *f*; (*fig*) direction *f* ▷ *vt* (*nail*) clouer; (*sew*) bâtir ▷ *vi* (*Naut*) tirer un *or* des bord(s); **to change ~** virer de bord; **on the wrong ~** (*fig*) sur la mauvaise voie; **to ~ sth on to (the end of) sth** (*of letter, book*) rajouter qch à la fin de qch
tackle ['tækl] *n* matériel *m*, équipement *m*; (*for lifting*) appareil *m* de levage; (*Football, Rugby*) plaquage *m* ▷ *vt* (*difficulty, animal, burglar*) s'attaquer à; (*person: challenge*) s'expliquer avec; (*Football, Rugby*) plaquer
tacky ['tækɪ] *adj* collant(e); (*paint*) pas sec (sèche); (*inf: shabby*) moche; (*pej: poor-quality*) minable; (*: showing bad taste*) ringard(e)
tact [tækt] *n* tact *m*
tactful ['tæktful] *adj* plein(e) de tact
tactfully ['tæktfəlɪ] *adv* avec tact
tactical ['tæktɪkl] *adj* tactique; **~ error** erreur *f* de tactique
tactician [tæk'tɪʃən] *n* tacticien(ne)
tactics ['tæktɪks] *n, npl* tactique *f*
tactless ['tæktlɪs] *adj* qui manque de tact
tactlessly ['tæktlɪslɪ] *adv* sans tact
tadpole ['tædpəul] *n* têtard *m*
Tadzhikistan [tædʒɪkɪ'stɑːn] *n* = **Tajikistan**
taffy ['tæfɪ] *n* (*US*) (bonbon *m* au) caramel *m*
tag [tæg] *n* étiquette *f*; **price/name ~** étiquette (portant le prix/le nom)
▶ **tag along** *vi* suivre
Tahiti [tɑː'hiːtɪ] *n* Tahiti *m*
tail [teɪl] *n* queue *f*; (*of shirt*) pan *m* ▷ *vt* (*follow*) suivre, filer; **tails** *npl* (*suit*) habit *m*; **to turn ~** se sauver à toutes jambes; *see also* **head**
▶ **tail away, tail off** *vi* (*in size, quality etc*) baisser peu à peu
tailback ['teɪlbæk] *n* (*Brit*) bouchon *m*
tail coat *n* habit *m*
tail end *n* bout *m*, fin *f*
tailgate ['teɪlgeɪt] *n* (*Aut*) hayon *m* arrière
tail light *n* (*Aut*) feu *m* arrière
tailor ['teɪləʳ] *n* tailleur *m* (*artisan*) ▷ *vt*: **to ~ sth (to)** adapter qch exactement (à); **~'s (shop)**

(boutique *f* de) tailleur *m*
tailoring ['teɪlərɪŋ] *n* (*cut*) coupe *f*
tailor-made ['teɪlə'meɪd] *adj* fait(e) sur mesure; (*fig*) conçu(e) spécialement
tailwind ['teɪlwɪnd] *n* vent *m* arrière *inv*
taint [teɪnt] *vt* (*meat, food*) gâter; (*fig: reputation*) salir
tainted ['teɪntɪd] *adj* (*food*) gâté(e); (*water, air*) infecté(e); (*fig*) souillé(e)
Taiwan ['taɪ'wɑːn] *n* Taïwan (*no article*)
Taiwanese [taɪwə'niːz] *adj* taïwanais(e) ▷ *n inv* Taïwanais(e)
Tajikistan [tædʒɪkɪ'stɑːn] *n* Tadjikistan *m/f*
take [teɪk] (*pt* **took**, *pp* **-n**) [tuk, 'teɪkn] *vt* prendre; (*gain: prize*) remporter; (*require: effort, courage*) demander; (*tolerate*) accepter, supporter; (*hold: passengers etc*) contenir; (*accompany*) emmener, accompagner; (*bring, carry*) apporter, emporter; (*exam*) passer, se présenter à; (*conduct: meeting*) présider ▷ *vi* (*dye, fire etc*) prendre ▷ *n* (*Cine*) prise *f* de vues; **to ~ sth from** (*drawer etc*) prendre qch dans; (*person*) prendre qch à; **I ~ it that** je suppose que; **I took him for a doctor** je l'ai pris pour un docteur; **to ~ sb's hand** prendre qn par la main; **to ~ for a walk** (*child, dog*) emmener promener; **to be ~n ill** tomber malade; **to ~ it upon o.s. to do sth** prendre sur soi de faire qch; **~ the first (street) on the left** prenez la première à gauche; **it won't ~ long** ça ne prendra pas longtemps; **I was quite ~n with her/it** elle/cela m'a beaucoup plu
▸ **take after** *vt fus* ressembler à
▸ **take apart** *vt* démonter
▸ **take away** *vt* (*carry off*) emporter; (*remove*) enlever; (*subtract*) soustraire ▷ *vi*: **to ~ away from** diminuer
▸ **take back** *vt* (*return*) rendre, rapporter; (*one's words*) retirer
▸ **take down** *vt* (*building*) démolir; (*dismantle: scaffolding*) démonter; (*letter etc*) prendre, écrire
▸ **take in** *vt* (*deceive*) tromper, rouler; (*understand*) comprendre, saisir; (*include*) couvrir, inclure; (*lodger*) prendre; (*orphan, stray dog*) recueillir; (*dress, waistband*) reprendre
▸ **take off** *vi* (*Aviat*) décoller ▷ *vt* (*remove*) enlever; (*imitate*) imiter, pasticher
▸ **take on** *vt* (*work*) accepter, se charger de; (*employee*) prendre, embaucher; (*opponent*) accepter de se battre contre
▸ **take out** *vt* sortir; (*remove*) enlever; (*invite*) sortir avec; (*licence*) prendre, se procurer; **to ~ sth out of** enlever qch de; (*out of drawer etc*) prendre qch dans; **don't ~ it out on me!** ne t'en prends pas à moi!; **to ~ sb out to a restaurant** emmener qn au restaurant
▸ **take over** *vt* (*business*) reprendre ▷ *vi*: **to ~ over from sb** prendre la relève de qn
▸ **take to** *vt fus* (*person*) se prendre d'amitié pour; (*activity*) prendre goût à; **to ~ to doing sth** prendre l'habitude de faire qch
▸ **take up** *vt* (*one's story*) reprendre; (*dress*) raccourcir; (*occupy: time, space*) prendre, occuper; (*engage in: hobby etc*) se mettre à; (*accept: offer, challenge*) accepter; (*absorb: liquids*) absorber ▷ *vi*: **to ~ up with sb** se lier d'amitié avec qn
takeaway ['teɪkəweɪ] (*Brit*) *adj* (*food*) à emporter ▷ *n* (*shop, restaurant*) ≈ magasin *m* qui vend des plats à emporter
take-home pay ['teɪkhəum-] *n* salaire net
taken ['teɪkən] *pp of* **take**
takeoff ['teɪkɔf] *n* (*Aviat*) décollage *m*
takeout ['teɪkaut] *adj, n* (*US*) = **takeaway**
takeover ['teɪkəuvə^r] *n* (*Comm*) rachat *m*
takeover bid *n* offre publique d'achat, OPA *f*
takings ['teɪkɪŋz] *npl* (*Comm*) recette *f*
talc [tælk] *n* (*also*: **talcum powder**) talc *m*
tale [teɪl] *n* (*story*) conte *m*, histoire *f*; (*account*) récit *m*; (*pej*) histoire; **to tell ~s** (*fig*) rapporter
talent ['tælnt] *n* talent *m*, don *m*
talented ['tæləntɪd] *adj* doué(e), plein(e) de talent
talent scout *n* découvreur *m* de vedettes (*or* joueurs *etc*)
talisman ['tælɪzmən] *n* talisman *m*
talk [tɔːk] *n* (*a speech*) causerie *f*, exposé *m*; (*conversation*) discussion *f*; (*interview*) entretien *m*, propos *mpl*; (*gossip*) racontars *mpl* (*pej*) ▷ *vi* parler; (*chatter*) bavarder; **talks** *npl* (*Pol etc*) entretiens *mpl*; conférence *f*; **to give a ~** faire un exposé; **to ~ about** parler de; (*converse*) s'entretenir *or* parler de; **~ing of films, have you seen ...?** à propos de films, as-tu vu ...?; **to ~ sb out of/into doing** persuader qn de ne pas faire/de faire; **to ~ shop** parler métier *or* affaires
▸ **talk over** *vt* discuter (de)
talkative ['tɔːkətɪv] *adj* bavard(e)
talking point ['tɔːkɪŋ-] *n* sujet *m* de conversation
talking-to ['tɔːkɪŋtu] *n*: **to give sb a good ~** passer un savon à qn
talk show *n* (*TV, Radio*) émission-débat *f*
tall [tɔːl] *adj* (*person*) grand(e); (*building, tree*) haut(e); **to be 6 feet ~** ≈ mesurer 1 mètre 80; **how ~ are you?** combien mesurez-vous?
tallboy ['tɔːlbɔɪ] *n* (*Brit*) grande commode
tallness ['tɔːlnɪs] *n* grande taille; hauteur *f*
tall story *n* histoire *f* invraisemblable
tally ['tælɪ] *n* compte *m* ▷ *vi*: **to ~ (with)** correspondre (à); **to keep a ~ of sth** tenir le compte de qch
talon ['tælən] *n* griffe *f*; (*of eagle*) serre *f*
tambourine [tæmbə'riːn] *n* tambourin *m*
tame [teɪm] *adj* apprivoisé(e); (*fig: story, style*) insipide
Tamil ['tæmɪl] *adj* tamoul(e) *or* tamil(e) ▷ *n* Tamoul(e) *or* Tamil(e); (*Ling*) tamoul *m or* tamil *m*
tamper ['tæmpə^r] *vi*: **to ~ with** toucher à (*en cachette ou sans permission*)
tampon ['tæmpən] *n* tampon *m* hygiénique *or* périodique
tan [tæn] *n* (*also*: **suntan**) bronzage *m* ▷ *vt, vi*

bronzer, brunir ▷ *adj* (*colour*) marron clair *inv*; **to get a ~** bronzer

tandem ['tændəm] *n* tandem *m*

tandoori [tæn'duərɪ] *adj* tandouri

tang [tæŋ] *n* odeur (*or* saveur) piquante

tangent ['tændʒənt] *n* (*Math*) tangente *f*; **to go off at a ~** (*fig*) partir dans une digression

tangerine [tændʒə'ri:n] *n* mandarine *f*

tangible ['tændʒəbl] *adj* tangible; **~ assets** biens réels

Tangier [tæn'dʒɪə^r] *n* Tanger

tangle ['tæŋgl] *n* enchevêtrement *m* ▷ *vt* enchevêtrer; **to get in(to) a ~** s'emmêler

tango ['tæŋgəu] *n* tango *m*

tank [tæŋk] *n* réservoir *m*; (*for processing*) cuve *f*; (*for fish*) aquarium *m*; (*Mil*) char *m* d'assaut, tank *m*

tankard ['tæŋkəd] *n* chope *f*

tanker ['tæŋkə^r] *n* (*ship*) pétrolier *m*, tanker *m*; (*truck*) camion-citerne *m*; (*Rail*) wagon-citerne *m*

tankini [tæn'kɪnɪ] *n* tankini *m*

tanned [tænd] *adj* bronzé(e)

tannin ['tænɪn] *n* tanin *m*

tanning ['tænɪŋ] *n* (*of leather*) tannage *m*

tannoy® ['tænɔɪ] *n* (*Brit*) haut-parleur *m*; **over the tannoy** par haut-parleur

tantalizing ['tæntəlaɪzɪŋ] *adj* (*smell*) extrêmement appétissant(e); (*offer*) terriblement tentant(e)

tantamount ['tæntəmaunt] *adj*: **~ to** qui équivaut à

tantrum ['tæntrəm] *n* accès *m* de colère; **to throw a ~** piquer une colère

Tanzania [tænzə'nɪə] *n* Tanzanie *f*

Tanzanian [tænzə'nɪən] *adj* tanzanien(ne) ▷ *n* Tanzanien(ne)

tap [tæp] *n* (*on sink etc*) robinet *m*; (*gentle blow*) petite tape ▷ *vt* frapper *or* taper légèrement; (*resources*) exploiter, utiliser; (*telephone*) mettre sur écoute; **on ~** (*beer*) en tonneau; (*fig: resources*) disponible

tap dancing ['tæpdɑ:nsɪŋ] *n* claquettes *fpl*

tape [teɪp] *n* (*for tying*) ruban *m*; (*also:* **magnetic tape**) bande *f* (magnétique); (*cassette*) cassette *f*; (*sticky*) Scotch® *m* ▷ *vt* (*record*) enregistrer (au magnétoscope *or* sur cassette); (*stick*) coller avec du Scotch®; **on ~** (*song etc*) enregistré(e)

tape measure *n* mètre *m* à ruban

taper ['teɪpə^r] *n* cierge *m* ▷ *vi* s'effiler

tape recorder *n* magnétophone *m*

tapered ['teɪpəd], **tapering** ['teɪpərɪŋ] *adj* fuselé(e), effilé(e)

tapestry ['tæpɪstrɪ] *n* tapisserie *f*

tape-worm ['teɪpwə:m] *n* ver *m* solitaire, ténia *m*

tapioca [tæpɪ'əukə] *n* tapioca *m*

tappet ['tæpɪt] *n* (*Aut*) poussoir *m* (de soupape)

tar [tɑ:] *n* goudron *m*; **low-/middle-~ cigarettes** cigarettes *fpl* à faible/moyenne teneur en goudron

tarantula [tə'ræntjulə] *n* tarentule *f*

tardy ['tɑ:dɪ] *adj* tardif(-ive)

target ['tɑ:gɪt] *n* cible *f*; (*fig: objective*) objectif *m*; **to be on ~** (*project*) progresser comme prévu

target practice *n* exercices *mpl* de tir (à la cible)

tariff ['tærɪf] *n* (*Comm*) tarif *m*; (*taxes*) tarif douanier

tarmac ['tɑ:mæk] *n* (*Brit: on road*) macadam *m*; (*Aviat*) aire *f* d'envol ▷ *vt* (*Brit*) goudronner

tarnish ['tɑ:nɪʃ] *vt* ternir

tarot ['tærəu] *n* tarot *m*

tarpaulin [tɑ:'pɔ:lɪn] *n* bâche goudronnée

tarragon ['tærəgən] *n* estragon *m*

tart [tɑ:t] *n* (*Culin*) tarte *f*; (*Brit inf: pej: prostitute*) poule *f* ▷ *adj* (*flavour*) âpre, aigrelet(te)
▸ **tart up** *vt* (*inf*): **to ~ o.s. up** se faire beau (belle); (*: pej*) s'attifer

tartan ['tɑ:tn] *n* tartan *m* ▷ *adj* écossais(e)

tartar ['tɑ:tə^r] *n* (*on teeth*) tartre *m*

tartar sauce, tartare sauce *n* sauce *f* tartare

task [tɑ:sk] *n* tâche *f*; **to take to ~** prendre à partie

task force *n* (*Mil, Police*) détachement spécial

taskmaster ['tɑ:skmɑ:stə^r] *n*: **he's a hard ~** il est très exigeant dans le travail

Tasmania [tæz'meɪnɪə] *n* Tasmanie *f*

tassel ['tæsl] *n* gland *m*; pompon *m*

taste [teɪst] *n* goût *m*; (*fig: glimpse, idea*) idée *f*, aperçu *m* ▷ *vt* goûter ▷ *vi*: **to ~ of** (*fish etc*) avoir le *or* un goût de; **it ~s like fish** ça a un *or* le goût de poisson, on dirait du poisson; **what does it ~ like?** quel goût ça a?; **you can ~ the garlic (in it)** on sent bien l'ail; **to have a ~ of sth** goûter (à) qch; **can I have a ~?** je peux goûter?; **to have a ~ for sth** aimer qch, avoir un penchant pour qch; **to be in good/bad** *or* **poor ~** être de bon/mauvais goût

taste bud *n* papille *f*

tasteful ['teɪstful] *adj* de bon goût

tastefully ['teɪstfəlɪ] *adv* avec goût

tasteless ['teɪstlɪs] *adj* (*food*) insipide; (*remark*) de mauvais goût

tasty ['teɪstɪ] *adj* savoureux(-euse), délicieux(-euse)

tattered ['tætəd] *adj see* **tatters**

tatters ['tætəz] *npl*: **in ~** (*also:* **tattered**) en lambeaux

tattoo [tə'tu:] *n* tatouage *m*; (*spectacle*) parade *f* militaire ▷ *vt* tatouer

tatty ['tætɪ] *adj* (*Brit inf*) défraîchi(e), en piteux état

taught [tɔ:t] *pt, pp of* **teach**

taunt [tɔ:nt] *n* raillerie *f* ▷ *vt* railler

Taurus ['tɔ:rəs] *n* le Taureau; **to be ~** être du Taureau

taut [tɔ:t] *adj* tendu(e)

tavern ['tævən] *n* taverne *f*

tawdry ['tɔ:drɪ] *adj* (d'un mauvais goût) criard

tawny ['tɔ:nɪ] *adj* fauve (*couleur*)

tax [tæks] *n* (*on goods etc*) taxe *f*; (*on income*) impôts *mpl*, contributions *fpl* ▷ *vt* taxer; imposer; (*fig: patience etc*) mettre à l'épreuve; **before/after ~** avant/après l'impôt; **free of ~** exonéré(e) d'impôt

taxable ['tæksəbl] *adj* (*income*) imposable
tax allowance *n* part *f* du revenu non imposable, abattement *m* à la base
taxation [tæk'seɪʃən] *n* taxation *f*; impôts *mpl*, contributions *fpl*; **system of ~** système fiscal
tax avoidance *n* évasion fiscale
tax collector *n* percepteur *m*
tax disc *n* (*Brit Aut*) vignette *f* (automobile)
tax evasion *n* fraude fiscale
tax exemption *n* exonération fiscale, exemption *f* d'impôts
tax exile *n* *personne qui s'expatrie pour raisons fiscales*
tax-free ['tæksfriː] *adj* exempt(e) d'impôts
tax haven *n* paradis fiscal
taxi ['tæksɪ] *n* taxi *m* ▷ *vi* (*Aviat*) rouler (lentement) au sol
taxidermist ['tæksɪdəːmɪst] *n* empailleur(-euse) (*d'animaux*)
taxi driver *n* chauffeur *m* de taxi
tax inspector *n* (*Brit*) percepteur *m*
taxi rank, (*Brit*) **taxi stand** *n* station *f* de taxis
tax payer [-peɪəʳ] *n* contribuable *m/f*
tax rebate *n* ristourne *f* d'impôt
tax relief *n* dégrèvement *or* allègement fiscal, réduction *f* d'impôt
tax return *n* déclaration *f* d'impôts *or* de revenus
tax year *n* année fiscale
TB *n abbr* = **tuberculosis**
tbc *abbr* = **to be confirmed**
TD *n abbr* (*US*) = **Treasury Department**; (: *Football*) = **touchdown**
tea [tiː] *n* thé *m*; (*Brit: snack: for children*) goûter *m*; **high ~** (*Brit*) *collation combinant goûter et dîner*
tea bag *n* sachet *m* de thé
tea break *n* (*Brit*) pause-thé *f*
teacake ['tiːkeɪk] *n* (*Brit*) ≈ petit pain aux raisins
teach (*pt, pp* **taught**) [tiːtʃ, tɔːt] *vt*: **to ~ sb sth, to ~ sth to sb** apprendre qch à qn; (*in school etc*) enseigner qch à qn ▷ *vi* enseigner; **it taught him a lesson** (*fig*) ça lui a servi de leçon
teacher ['tiːtʃəʳ] *n* (*in secondary school*) professeur *m*; (*in primary school*) instituteur(-trice); **French ~** professeur de français
teacher training college *n* (*for primary schools*) ≈ école normale d'instituteurs; (*for secondary schools*) collège *m* de formation pédagogique (*pour l'enseignement secondaire*)
teaching ['tiːtʃɪŋ] *n* enseignement *m*
teaching aids *npl* supports *mpl* pédagogiques
teaching hospital *n* (*Brit*) C.H.U. *m*, centre *m* hospitalo-universitaire
teaching staff *n* (*Brit*) enseignants *mpl*
tea cosy *n* couvre-théière *m*
teacup ['tiːkʌp] *n* tasse *f* à thé
teak [tiːk] *n* teck *m* ▷ *adj* en *or* de teck
tea leaves *npl* feuilles *fpl* de thé
team [tiːm] *n* équipe *f*; (*of animals*) attelage *m*
▸ **team up** *vi*: **to ~ up (with)** faire équipe (avec)
team games *npl* jeux *mpl* d'équipe
teamwork ['tiːmwəːk] *n* travail *m* d'équipe
tea party *n* thé *m* (*réception*)
teapot ['tiːpɔt] *n* théière *f*
tear[1] ['tɪəʳ] *n* larme *f*; **in ~s** en larmes; **to burst into ~s** fondre en larmes
tear[2] [tɛəʳ] (*pt* **tore**, *pp* **torn**) [tɔːʳ, tɔːn] *n* déchirure *f* ▷ *vt* déchirer ▷ *vi* se déchirer; **to ~ to pieces** *or* **to bits** *or* **to shreds** mettre en pièces; (*fig*) démolir
▸ **tear along** *vi* (*rush*) aller à toute vitesse
▸ **tear apart** *vt* (*also fig*) déchirer
▸ **tear away** *vt*: **to ~ o.s. away (from sth)** (*fig*) s'arracher (de qch)
▸ **tear down** *vt* (*building, statue*) démolir; (*poster, flag*) arracher
▸ **tear off** *vt* (*sheet of paper etc*) arracher; (*one's clothes*) enlever à toute vitesse
▸ **tear out** *vt* (*sheet of paper, cheque*) arracher
▸ **tear up** *vt* (*sheet of paper etc*) déchirer, mettre en morceaux *or* pièces
tearaway ['tɛərəweɪ] *n* (*inf*) casse-cou *m inv*
teardrop ['tɪədrɔp] *n* larme *f*
tearful ['tɪəful] *adj* larmoyant(e)
tear gas ['tɪə-] *n* gaz *m* lacrymogène
tearoom ['tiːruːm] *n* salon *m* de thé
tease [tiːz] *n* taquin(e) ▷ *vt* taquiner; (*unkindly*) tourmenter
tea set *n* service *m* à thé
teashop ['tiːʃɔp] *n* (*Brit*) salon *m* de thé
teaspoon ['tiːspuːn] *n* petite cuiller; (*also*: **teaspoonful**: *as measurement*) ≈ cuillerée *f* à café
tea strainer *n* passoire *f* (à thé)
teat [tiːt] *n* tétine *f*
teatime ['tiːtaɪm] *n* l'heure *f* du thé
tea towel *n* (*Brit*) torchon *m* (à vaisselle)
tea urn *n* fontaine *f* à thé
tech [tɛk] *n abbr* (*inf*) = **technology; technical college**
technical ['tɛknɪkl] *adj* technique
technical college *n* C.E.T. *m*, collège *m* d'enseignement technique
technicality [tɛknɪ'kælɪtɪ] *n* technicité *f*; (*detail*) détail *m* technique; **on a legal ~** à cause de (*or* grâce à) l'application à la lettre d'une subtilité juridique; pour vice de forme
technically ['tɛknɪklɪ] *adv* techniquement; (*strictly speaking*) en théorie, en principe
technician [tɛk'nɪʃən] *n* technicien(ne)
technique [tɛk'niːk] *n* technique *f*
techno ['tɛknəu] *n* (*Mus*) techno *f*
technocrat ['tɛknəkræt] *n* technocrate *m/f*
technological [tɛknə'lɔdʒɪkl] *adj* technologique
technologist [tɛk'nɔlədʒɪst] *n* technologue *m/f*
technology [tɛk'nɔlədʒɪ] *n* technologie *f*
teddy ['tɛdɪ], **teddy bear** *n* ours *m* (en peluche)
tedious ['tiːdɪəs] *adj* fastidieux(-euse)
tedium ['tiːdɪəm] *n* ennui *m*
tee [tiː] *n* (*Golf*) tee *m*
teem [tiːm] *vi*: **to ~ (with)** grouiller (de); **it is ~ing (with rain)** il pleut à torrents
teen [tiːn] *adj* = **teenage** ▷ *n* (*US*) = **teenager**
teenage ['tiːneɪdʒ] *adj* (*fashions etc*) pour jeunes, pour adolescents; (*child*) qui est adolescent(e)
teenager ['tiːneɪdʒəʳ] *n* adolescent(e)

t

teens [ti:nz] *npl*: **to be in one's ~** être adolescent(e)
tee-shirt ['ti:ʃə:t] *n* = **T-shirt**
teeter ['ti:tə^r] *vi* chanceler, vaciller
teeth [ti:θ] *npl of* **tooth**
teethe [ti:ð] *vi* percer ses dents
teething ring ['ti:ðɪŋ-] *n* anneau *m* (*pour bébé qui perce ses dents*)
teething troubles ['ti:ðɪŋ-] *npl* (*fig*) difficultés initiales
teetotal ['ti:'təutl] *adj* (*person*) qui ne boit jamais d'alcool
teetotaller, (*US*) **teetotaler** ['ti:'təutlə^r] *n* personne *f* qui ne boit jamais d'alcool
TEFL ['tɛfl] *n abbr* = **Teaching of English as a Foreign Language**
Teflon® ['tɛflɔn] *n* Téflon® *m*
Teheran [tɛə'rɑ:n] *n* Téhéran
tel. *abbr* (= *telephone*) tél
Tel Aviv ['tɛlə'vi:v] *n* Tel Aviv
telecast ['tɛlɪkɑ:st] *vt* télédiffuser, téléviser
telecommunications ['tɛlɪkəmju:nɪ'keɪʃənz] *n* télécommunications *fpl*
teleconferencing [tɛlɪ'kɔnfərənsɪŋ] *n* téléconférence(s) *f(pl)*
telegram ['tɛlɪgræm] *n* télégramme *m*
telegraph ['tɛlɪgrɑ:f] *n* télégraphe *m*
telegraphic [tɛlɪ'græfɪk] *adj* télégraphique
telegraph pole ['tɛlɪgrɑ:f-] *n* poteau *m* télégraphique
telegraph wire *n* fil *m* télégraphique
telepathic [tɛlɪ'pæθɪk] *adj* télépathique
telepathy [tə'lɛpəθɪ] *n* télépathie *f*
telephone ['tɛlɪfəun] *n* téléphone *m* ▷ *vt* (*person*) téléphoner à; (*message*) téléphoner; **to have a ~** (*Brit*): **to be on the ~** (*subscriber*) être abonné(e) au téléphone; **to be on the ~** (*be speaking*) être au téléphone
telephone book *n* = **telephone directory**
telephone booth, (*Brit*) **telephone box** *n* cabine *f* téléphonique
telephone call *n* appel *m* téléphonique
telephone directory *n* annuaire *m* (du téléphone)
telephone exchange *n* central *m* (téléphonique)
telephone number *n* numéro *m* de téléphone
telephone operator *n* téléphoniste *m/f*, standardiste *m/f*
telephone tapping [-tæpɪŋ] *n* mise *f* sur écoute
telephonist [tə'lɛfənɪst] *n* (*Brit*) téléphoniste *m/f*
telephoto ['tɛlɪfəutəu] *adj*: **~ lens** téléobjectif *m*
teleprinter ['tɛlɪprɪntə^r] *n* téléscripteur *m*
telesales ['tɛlɪseɪlz] *npl* télévente *f*
telescope ['tɛlɪskəup] *n* télescope *m* ▷ *vi* se télescoper ▷ *vt* télescoper
telescopic [tɛlɪ'skɔpɪk] *adj* télescopique; (*umbrella*) à manche télescopique
Teletext® ['tɛlɪtɛkst] *n* télétexte *m*
telethon ['tɛlɪθɔn] *n* téléthon *m*
televise ['tɛlɪvaɪz] *vt* téléviser
television ['tɛlɪvɪʒən] *n* télévision *f*; **on ~** à la télévision
television licence *n* (*Brit*) redevance *f* (de l'audio-visuel)
television programme *n* émission *f* de télévision
television set *n* poste *m* de télévision, téléviseur *m*
telex ['tɛlɛks] *n* télex *m* ▷ *vt* (*message*) envoyer par télex; (*person*) envoyer un télex à ▷ *vi* envoyer un télex
tell (*pt, pp* **told**) [tɛl, təuld] *vt* dire; (*relate: story*) raconter; (*distinguish*): **to ~ sth from** distinguer qch de ▷ *vi* (*talk*): **to ~ of** parler de; (*have effect*) se faire sentir, se voir; **to ~ sb to do** dire à qn de faire; **to ~ sb about sth** (*place, object etc*) parler de qch à qn; (*what happened etc*) raconter qch à qn; **to ~ the time** (*know how to*) savoir lire l'heure; **can you ~ me the time?** pourriez-vous me dire l'heure?; **(I) ~ you what, ...** écoute, ...; **I can't ~ them apart** je n'arrive pas à les distinguer
▸ **tell off** *vt* réprimander, gronder
▸ **tell on** *vt fus* (*inform against*) dénoncer, rapporter contre
teller ['tɛlə^r] *n* (*in bank*) caissier(-ière)
telling ['tɛlɪŋ] *adj* (*remark, detail*) révélateur(-trice)
telltale ['tɛlteɪl] *n* rapporteur(-euse) ▷ *adj* (*sign*) éloquent(e), révélateur(-trice)
telly ['tɛlɪ] *n abbr* (*Brit inf*: = *television*) télé *f*
temerity [tə'mɛrɪtɪ] *n* témérité *f*
temp [tɛmp] *n* (*Brit*: = *temporary worker*) intérimaire *m/f* ▷ *vi* travailler comme intérimaire
temper ['tɛmpə^r] *n* (*nature*) caractère *m*; (*mood*) humeur *f*; (*fit of anger*) colère *f* ▷ *vt* (*moderate*) tempérer, adoucir; **to be in a ~** être en colère; **to lose one's ~** se mettre en colère; **to keep one's ~** rester calme
temperament ['tɛmprəmənt] *n* (*nature*) tempérament *m*
temperamental [tɛmprə'mɛntl] *adj* capricieux(-euse)
temperance ['tɛmpərns] *n* modération *f*; (*in drinking*) tempérance *f*
temperate ['tɛmprət] *adj* modéré(e); (*climate*) tempéré(e)
temperature ['tɛmprətʃə^r] *n* température *f*; **to have** *or* **run a ~** avoir de la fièvre
temperature chart *n* (*Med*) feuille *f* de température
tempered ['tɛmpəd] *adj* (*steel*) trempé(e)
tempest ['tɛmpɪst] *n* tempête *f*
tempestuous [tɛm'pɛstjuəs] *adj* (*fig*) orageux(-euse); (*: person*) passionné(e)
tempi ['tɛmpi:] *npl of* **tempo**
template ['tɛmplɪt] *n* patron *m*
temple ['tɛmpl] *n* (*building*) temple *m*; (*Anat*) tempe *f*
templet ['tɛmplɪt] *n* = **template**
tempo (*pl* **-s** *or* **tempi**) ['tɛmpəu, 'tɛmpi:] *n*

tempo *m*; (*fig: of life etc*) rythme *m*
temporal ['tɛmpərl] *adj* temporel(le)
temporarily ['tɛmpərərɪlɪ] *adv* temporairement; provisoirement
temporary ['tɛmpərərɪ] *adj* temporaire, provisoire; (*job, worker*) temporaire; **~ secretary** (secrétaire *f*) intérimaire *f*; **a ~ teacher** un professeur remplaçant *or* suppléant
temporize ['tɛmpəraɪz] *vi* atermoyer; transiger
tempt [tɛmpt] *vt* tenter; **to ~ sb into doing** induire qn à faire; **to be ~ed to do sth** être tenté(e) de faire qch
temptation [tɛmp'teɪʃən] *n* tentation *f*
tempting ['tɛmptɪŋ] *adj* tentant(e); (*food*) appétissant(e)
ten [tɛn] *num* dix ▷ *n*: **~s of thousands** des dizaines *fpl* de milliers
tenable ['tɛnəbl] *adj* défendable
tenacious [tə'neɪʃəs] *adj* tenace
tenacity [tə'næsɪtɪ] *n* ténacité *f*
tenancy ['tɛnənsɪ] *n* location *f*; état *m* de locataire
tenant ['tɛnənt] *n* locataire *m/f*
tend [tɛnd] *vt* s'occuper de; (*sick etc*) soigner ▷ *vi*: **to ~ to do** avoir tendance à faire; (*colour*): **to ~ to** tirer sur
tendency ['tɛndənsɪ] *n* tendance *f*
tender ['tɛndə[r]] *adj* tendre; (*delicate*) délicat(e); (*sore*) sensible; (*affectionate*) tendre, doux (douce) ▷ *n* (*Comm: offer*) soumission *f*; (*money*): **legal ~** cours légal ▷ *vt* offrir; **to ~ one's resignation** donner sa démission; **to put in a ~ (for)** faire une soumission (pour); **to put work out to ~** (*Brit*) mettre un contrat en adjudication
tenderize ['tɛndəraɪz] *vt* (*Culin*) attendrir
tenderly ['tɛndəlɪ] *adv* tendrement
tenderness ['tɛndənɪs] *n* tendresse *f*; (*of meat*) tendreté *f*
tendon ['tɛndən] *n* tendon *m*
tenement ['tɛnəmənt] *n* immeuble *m* (de rapport)
Tenerife [tɛnə'ri:f] *n* Ténérife *f*
tenet ['tɛnət] *n* principe *m*
Tenn. *abbr* (*US*) = **Tennessee**
tenner ['tɛnə[r]] *n* (*Brit inf*) billet *m* de dix livres
tennis ['tɛnɪs] *n* tennis *m* ▷ *cpd* (*club, match, racket, player*) de tennis
tennis ball *n* balle *f* de tennis
tennis court *n* (court *m* de) tennis *m*
tennis elbow *n* (*Med*) synovite *f* du coude
tennis match *n* match *m* de tennis
tennis player *n* joueur(-euse) de tennis
tennis racket *n* raquette *f* de tennis
tennis shoes *npl* (chaussures *fpl* de) tennis *mpl*
tenor ['tɛnə[r]] *n* (*Mus*) ténor *m*; (*of speech etc*) sens général
tenpin bowling ['tɛnpɪn-] *n* (*Brit*) bowling *m* (*à 10 quilles*)
tense [tɛns] *adj* tendu(e); (*person*) tendu, crispé(e) ▷ *n* (*Ling*) temps *m* ▷ *vt* (*tighten: muscles*) tendre
tenseness ['tɛnsnɪs] *n* tension *f*
tension ['tɛnʃən] *n* tension *f*
tent [tɛnt] *n* tente *f*
tentacle ['tɛntəkl] *n* tentacule *m*
tentative ['tɛntətɪv] *adj* timide, hésitant(e); (*conclusion*) provisoire
tenterhooks ['tɛntəhuks] *npl*: **on ~** sur des charbons ardents
tenth [tɛnθ] *num* dixième
tent peg *n* piquet *m* de tente
tent pole *n* montant *m* de tente
tenuous ['tɛnjuəs] *adj* ténu(e)
tenure ['tɛnjuə[r]] *n* (*of property*) bail *m*; (*of job*) période *f* de jouissance; statut *m* de titulaire
tepid ['tɛpɪd] *adj* tiède
Ter. *abbr* = **terrace**
term [tə:m] *n* (*limit*) terme *m*; (*word*) terme, mot *m*; (*Scol*) trimestre *m*; (*Law*) session *f* ▷ *vt* appeler; **terms** *npl* (*conditions*) conditions *fpl*; (*Comm*) tarif *m*; **~ of imprisonment** peine *f* de prison; **his ~ of office** la période où il était en fonction; **in the short/long ~** à court/long terme; **"easy ~s"** (*Comm*) "facilités de paiement"; **to come to ~s with** (*problem*) faire face à; **to be on good ~s with** bien s'entendre avec, être en bons termes avec
terminal ['tə:mɪnl] *adj* terminal(e); (*disease*) dans sa phase terminale; (*patient*) incurable ▷ *n* (*Elec*) borne *f*; (*for oil, ore etc, also Comput*) terminal *m*; (*also*: **air terminal**) aérogare *f*; (*Brit: also*: **coach terminal**) gare routière
terminally ['tə:mɪnlɪ] *adv*: **to be ~ ill** être condamné(e)
terminate ['tə:mɪneɪt] *vt* mettre fin à; (*pregnancy*) interrompre ▷ *vi*: **to ~ in** finir en *or* par
termination [tə:mɪ'neɪʃən] *n* fin *f*; cessation *f*; (*of contract*) résiliation *f*; **~ of pregnancy** (*Med*) interruption *f* de grossesse
termini ['tə:mɪnaɪ] *npl of* **terminus**
terminology [tə:mɪ'nɔlədʒɪ] *n* terminologie *f*
terminus (*pl* **termini**) ['tə:mɪnəs, 'tə:mɪnaɪ] *n* terminus *m inv*
termite ['tə:maɪt] *n* termite *m*
term paper *n* (*US University*) dissertation trimestrielle
terrace ['tɛrəs] *n* terrasse *f*; (*Brit: row of houses*) rangée *f* de maisons (*attenantes les unes aux autres*); **the ~s** (*Brit Sport*) les gradins *mpl*
terraced ['tɛrəst] *adj* (*garden*) en terrasses; (*in a row: house*) attenant(e) aux maisons voisines
terracotta ['tɛrə'kɔtə] *n* terre cuite
terrain [tɛ'reɪn] *n* terrain *m* (*sol*)
terrestrial [tɪ'restrɪəl] *adj* terrestre
terrible ['tɛrɪbl] *adj* terrible, atroce; (*weather, work*) affreux(-euse), épouvantable
terribly ['tɛrɪblɪ] *adv* terriblement; (*very badly*) affreusement mal
terrier ['tɛrɪə[r]] *n* terrier *m* (*chien*)
terrific [tə'rɪfɪk] *adj* (*very great*) fantastique, incroyable, terrible; (*wonderful*) formidable, sensationnel(le)
terrified ['tɛrɪfaɪd] *adj* terrifié(e); **to be ~ of sth**

t

avoir très peur de qch
terrify ['tɛrɪfaɪ] *vt* terrifier
terrifying ['tɛrɪfaɪɪŋ] *adj* terrifiant(e)
territorial [tɛrɪ'tɔːrɪəl] *adj* territorial(e)
territorial waters *npl* eaux territoriales
territory ['tɛrɪtərɪ] *n* territoire *m*
terror ['tɛrəʳ] *n* terreur *f*
terrorism ['tɛrərɪzəm] *n* terrorisme *m*
terrorist ['tɛrərɪst] *n* terroriste *m/f*
terrorist attack *n* attentat *m* terroriste
terrorize ['tɛrəraɪz] *vt* terroriser
terse [təːs] *adj* (*style*) concis(e); (*reply*) laconique
tertiary ['təːʃərɪ] *adj* tertiaire; **~ education** (*Brit*) enseignement *m* postscolaire
TESL ['tɛsl] *n abbr* = **Teaching of English as a Second Language**
test [tɛst] *n* (*trial, check*) essai *m*; (: *of goods in factory*) contrôle *m*; (*of courage etc*) épreuve *f*; (*Med*) examen *m*; (*Chem*) analyse *f*; (*exam: of intelligence etc*) test *m* (d'aptitude); (*Scol*) interrogation *f* de contrôle; (*also*: **driving test**) (examen du) permis *m* de conduire ▷ *vt* essayer; contrôler; mettre à l'épreuve; examiner; analyser; tester; faire subir une interrogation à; **to put sth to the ~** mettre qch à l'épreuve
testament ['tɛstəmənt] *n* testament *m*; **the Old/New T~** l'Ancien/le Nouveau Testament
test ban *n* (*also*: **nuclear test ban**) interdiction *f* des essais nucléaires
test case *n* (*Law*) affaire *f* qui fait jurisprudence
testes ['tɛstiːz] *npl* testicules *mpl*
test flight *n* vol *m* d'essai
testicle ['tɛstɪkl] *n* testicule *m*
testify ['tɛstɪfaɪ] *vi* (*Law*) témoigner, déposer; **to ~ to sth** (*Law*) attester qch; (*gen*) témoigner de qch
testimonial [tɛstɪ'məunɪəl] *n* (*Brit: reference*) recommandation *f*; (*gift*) témoignage *m* d'estime
testimony ['tɛstɪmənɪ] *n* (*Law*) témoignage *m*, déposition *f*
testing ['tɛstɪŋ] *adj* (*situation, period*) difficile
test match *n* (*Cricket, Rugby*) match international
testosterone [tɛs'tɔstərəun] *n* testostérone *f*
test paper *n* (*Scol*) interrogation écrite
test pilot *n* pilote *m* d'essai
test tube *n* éprouvette *f*
test-tube baby ['tɛsttjuːb-] *n* bébé-éprouvette *m*
testy ['tɛstɪ] *adj* irritable
tetanus ['tɛtənəs] *n* tétanos *m*
tetchy ['tɛtʃɪ] *adj* hargneux(-euse)
tether ['tɛðəʳ] *vt* attacher ▷ *n*: **at the end of one's ~** à bout (de patience)
Tex. *abbr* (*US*) = **Texas**
text [tɛkst] *n* texte *m*; (*on mobile phone*) texto *m*, SMS *m inv* ▷ *vt* (*inf*) envoyer un texto *or* SMS à
textbook ['tɛkstbuk] *n* manuel *m*
textile ['tɛkstaɪl] *n* textile *m*
text message *n* texto *m*, SMS *m inv*
text messaging [-'mɛsɪdʒɪŋ] *n* messagerie textuelle
textual ['tɛkstjuəl] *adj* textuel(le)
texture ['tɛkstʃəʳ] *n* texture *f*; (*of skin, paper etc*) grain *m*
TGIF *abbr* (*inf*) = **thank God it's Friday**
TGWU *n abbr* (*Brit: = Transport and General Workers' Union*) *syndicat de transporteurs*
Thai [taɪ] *adj* thaïlandais(e) ▷ *n* Thaïlandais(e); (*Ling*) thaï *m*
Thailand ['taɪlænd] *n* Thaïlande *f*
Thames [tɛmz] *n*: **the (River) ~** la Tamise
than [ðæn, ðən] *conj* que; (*with numerals*): **more ~ 10/once** plus de 10/d'une fois; **I have more/less ~ you** j'en ai plus/moins que toi; **she has more apples ~ pears** elle a plus de pommes que de poires; **it is better to phone ~ to write** il vaut mieux téléphoner (plutôt) qu'écrire; **she is older ~ you think** elle est plus âgée que tu le crois; **no sooner did he leave ~ the phone rang** il venait de partir quand le téléphone a sonné
thank [θæŋk] *vt* remercier, dire merci à; **thanks** *npl* remerciements *mpl* ▷ *excl* merci!; **~ you (very much)** merci (beaucoup); **~ heavens, ~ God** Dieu merci; **~s to** (*prep*) grâce à
thankful ['θæŋkful] *adj*: **~ (for)** reconnaissant(e) (de); **~ for/that** (*relieved*) soulagé(e) de/que
thankfully ['θæŋkfəlɪ] *adv* avec reconnaissance; avec soulagement; (*fortunately*) heureusement; **~ there were few victims** il y eut fort heureusement peu de victimes
thankless ['θæŋklɪs] *adj* ingrat(e)
Thanksgiving ['θæŋksgɪvɪŋ], **Thanksgiving Day** *n* jour *m* d'action de grâce

KEYWORD

that [ðæt] *adj* (*demonstrative: pl* **those**) ce, cet *+ vowel or h mute*, cette *f*; **that man/woman/book** cet homme/cette femme/ce livre; (*not this*) cet homme-là/cette femme-là/ce livre-là; **that one** celui-là (celle-là)
▷ *pron* **1** (*demonstrative: pl* **those**) ce; (*not this one*) cela, ça; (*that one*) celui (celle); **who's that?** qui est-ce?; **what's that?** qu'est-ce que c'est?; **is that you?** c'est toi?; **I prefer this to that** je préfère ceci à cela *or* ça; **that's what he said** c'est *or* voilà ce qu'il a dit; **will you eat all that?** tu vas manger tout ça?; **that is (to say)** c'est-à-dire, à savoir; **at** *or* **with that, he ...** là-dessus, il ...; **do it like that** fais-le comme ça
2 (*relative: subject*) qui; (: *object*) que; (: *after prep*) lequel (laquelle), lesquels (lesquelles) *pl*; **the book that I read** le livre que j'ai lu; **the books that are in the library** les livres qui sont dans la bibliothèque; **all that I have** tout ce que j'ai; **the box that I put it in** la boîte dans laquelle je l'ai mis; **the people that I spoke to** les gens auxquels *or* à qui j'ai parlé; **not that I know of** pas à ma connaissance

3 (*relative: of time*) où; **the day that he came** le jour où il est venu
▷ *conj* que; **he thought that I was ill** il pensait que j'étais malade
▷ *adv* (*demonstrative*): **I don't like it that much** ça ne me plaît pas tant que ça; **I didn't know it was that bad** je ne savais pas que c'était si *or* aussi mauvais; **that high** aussi haut; si haut; **it's about that high** c'est à peu près de cette hauteur

thatched [θætʃt] *adj* (*roof*) de chaume; **~ cottage** chaumière *f*
Thatcherism ['θætʃərɪzəm] *n* thatchérisme *m*
thaw [θɔː] *n* dégel *m* ▷ *vi* (*ice*) fondre; (*food*) dégeler ▷ *vt* (*food*) (faire) dégeler; **it's ~ing** (*weather*) il dégèle

 KEYWORD

the [ðiː, ðə] *def art* **1** (*gen*) le, la *f*, l' + *vowel or h mute*, les *pl* (NB: *à + le(s)* = **au(x)**; *de + le* = **du**; *de + les* = **des**); **the boy/girl/ink** le garçon/la fille/l'encre; **the children** les enfants; **the history of the world** l'histoire du monde; **give it to the postman** donne-le au facteur; **to play the piano/flute** jouer du piano/de la flûte
2 (*+ adj to form n*) le, la *f*, l' + *vowel or* h mute, les *pl*; **the rich and the poor** les riches et les pauvres; **to attempt the impossible** tenter l'impossible
3 (*in titles*): **Elizabeth the First** Elisabeth première; **Peter the Great** Pierre le Grand
4 (*in comparisons*): **the more he works, the more he earns** plus il travaille, plus il gagne de l'argent; **the sooner the better** le plus tôt sera le mieux

theatre, (US) **theater** ['θɪətə^r] *n* théâtre *m*; (*also*: **lecture theatre**) amphithéâtre *m*, amphi *m* (*inf*); (*Med*: *also*: **operating theatre**) salle *f* d'opération
theatre-goer, (US) **theater-goer** ['θɪətəgəuə^r] *n* habitué(e) du théâtre
theatrical [θɪ'ætrɪkl] *adj* théâtral(e); **~ company** troupe *f* de théâtre
theft [θɛft] *n* vol *m* (*larcin*)
their [ðɛə^r] *adj* leur, leurs *pl*; *see also* **my**
theirs [ðɛəz] *pron* le (la) leur, les leurs; **it is ~** c'est à eux; **a friend of ~** un de leurs amis; *see also* **mine¹**
them [ðɛm, ðəm] *pron* (*direct*) les; (*indirect*) leur; (*stressed, after prep*) eux (elles); **I see ~** je les vois; **give ~ the book** donne-leur le livre; **give me a few of ~** donnez m'en quelques uns (*or* quelques unes); *see also* **me**
theme [θiːm] *n* thème *m*
theme park *n* parc *m* à thème
theme song *n* chanson principale
themselves [ðəm'sɛlvz] *pl pron* (*reflexive*) se; (*emphatic, after prep*) eux-mêmes (elles-mêmes); **between ~** entre eux (elles); *see also* **oneself**
then [ðɛn] *adv* (*at that time*) alors, à ce moment-là; (*next*) puis, ensuite; (*and also*) et puis ▷ *conj* (*therefore*) alors, dans ce cas ▷ *adj*: **the ~ president** le président d'alors *or* de l'époque; **by ~** (*past*) à ce moment-là; (*future*) d'ici là; **from ~ on** dès lors; **before ~** avant; **until ~** jusqu'à ce moment-là, jusque-là; **and ~ what?** et puis après?; **what do you want me to do ~?** (*afterwards*) que veux-tu que je fasse ensuite?; (*in that case*) bon alors, qu'est-ce que je fais?
theologian [θɪə'ləudʒən] *n* théologien(ne)
theological [θɪə'lɔdʒɪkl] *adj* théologique
theology [θɪ'ɔlədʒɪ] *n* théologie *f*
theorem ['θɪərəm] *n* théorème *m*
theoretical [θɪə'rɛtɪkl] *adj* théorique
theorize ['θɪəraɪz] *vi* élaborer une théorie; (*pej*) faire des théories
theory ['θɪərɪ] *n* théorie *f*
therapeutic [θɛrə'pjuːtɪk] *adj* thérapeutique
therapist ['θɛrəpɪst] *n* thérapeute *m/f*
therapy ['θɛrəpɪ] *n* thérapie *f*

 KEYWORD

there [ðɛə^r] *adv* **1**: **there is, there are** il y a; **there are 3 of them** (*people, things*) il y en a 3; **there is no-one here/no bread left** il n'y a personne/il n'y a plus de pain; **there has been an accident** il y a eu un accident
2 (*referring to place*) là, là-bas; **it's there** c'est là(-bas); **in/on/up/down there** là-dedans/là-dessus/là-haut/en bas; **he went there on Friday** il y est allé vendredi; **to go there and back** faire l'aller-retour; **I want that book there** je veux ce livre-là; **there he is!** le voilà!
3: **there, there** (*esp to child*) allons, allons!

thereabouts ['ðɛərə'bauts] *adv* (*place*) par là, près de là; (*amount*) environ, à peu près
thereafter [ðɛər'ɑːftə^r] *adv* par la suite
thereby ['ðɛəbaɪ] *adv* ainsi
therefore ['ðɛəfɔː^r] *adv* donc, par conséquent
there's ['ðɛəz] = **there is; there has**
thereupon [ðɛərə'pɔn] *adv* (*at that point*) sur ce; (*formal: on that subject*) à ce sujet
thermal ['θəːml] *adj* thermique; **~ paper/printer** papier *m*/imprimante *f* thermique; **~ underwear** sous-vêtements *mpl* en Thermolactyl®
thermodynamics ['θəːmədaɪ'næmɪks] *n* thermodynamique *f*
thermometer [θə'mɔmɪtə^r] *n* thermomètre *m*
thermonuclear ['θəːməu'njuːklɪə^r] *adj* thermonucléaire
Thermos® ['θəːməs] *n* (*also*: **Thermos flask**) thermos® *m or f inv*
thermostat ['θəːməustæt] *n* thermostat *m*
thesaurus [θɪ'sɔːrəs] *n* dictionnaire *m* synonymique
these [ðiːz] *pl pron* ceux-ci (celles-ci) ▷ *pl adj* ces; (*not those*): **~ books** ces livres-ci
thesis (*pl* **theses**) ['θiːsɪs, 'θiːsiːz] *n* thèse *f*
they [ðeɪ] *pl pron* ils (elles); (*stressed*) eux (elles); ~

t

say that ... (*it is said that*) on dit que ...
they'd [ðeɪd] = **they had; they would**
they'll [ðeɪl] = **they shall; they will**
they're [ðɛəʳ] = **they are**
they've [ðeɪv] = **they have**
thick [θɪk] *adj* épais(se); (*crowd*) dense; (*stupid*) bête, borné(e) ▷ *n*: **in the ~ of** au beau milieu de, en plein cœur de; **it's 20 cm ~** ça a 20 cm d'épaisseur
thicken ['θɪkn] *vi* s'épaissir ▷ *vt* (*sauce etc*) épaissir
thicket ['θɪkɪt] *n* fourré *m*, hallier *m*
thickly ['θɪklɪ] *adv* (*spread*) en couche épaisse; (*cut*) en tranches épaisses; **~ populated** à forte densité de population
thickness ['θɪknɪs] *n* épaisseur *f*
thickset [θɪk'sɛt] *adj* trapu(e), costaud(e)
thick-skinned [θɪk'skɪnd] *adj* (*fig*) peu sensible
thief (*pl* **thieves**) [θi:f, θi:vz] *n* voleur(-euse)
thieving ['θi:vɪŋ] *n* vol *m* (*larcin*)
thigh [θaɪ] *n* cuisse *f*
thighbone ['θaɪbəun] *n* fémur *m*
thimble ['θɪmbl] *n* dé *m* (à coudre)
thin [θɪn] *adj* mince; (*skinny*) maigre; (*soup*) peu épais(se); (*hair, crowd*) clairsemé(e); (*fog*) léger(-ère) ▷ *vt* (*hair*) éclaircir; (*also*: **thin down**: *sauce, paint*) délayer ▷ *vi* (*fog*) s'éclaircir; (*also*: **thin out**: *crowd*) se disperser; **his hair is ~ning** il se dégarnit
thing [θɪŋ] *n* chose *f*; (*object*) objet *m*; (*contraption*) truc *m*; **things** *npl* (*belongings*) affaires *fpl*; **first ~ (in the morning)** à la première heure, tout de suite (le matin); **last ~ (at night), he ...** juste avant de se coucher, il ...; **the ~ is ...** c'est que ...; **for one ~** d'abord; **the best ~ would be to** le mieux serait de; **how are ~s?** comment ça va?; **to have a ~ about** (*be obsessed by*) être obsédé(e) par; (*hate*) détester; **poor ~!** le (*or* la) pauvre!
think (*pt, pp* **thought**) [θɪŋk, θɔ:t] *vi* penser, réfléchir ▷ *vt* penser, croire; (*imagine*) s'imaginer; **to ~ of** penser à; **what do you ~ of it?** qu'en pensez-vous?; **what did you ~ of them?** qu'avez-vous pensé d'eux?; **to ~ about sth/sb** penser à qch/qn; **I'll ~ about it** je vais y réfléchir; **to ~ of doing** avoir l'idée de faire; **I ~ so/not** je crois *or* pense que oui/non; **to ~ well of** avoir une haute opinion de; **~ again!** attention, réfléchis bien!; **to ~ aloud** penser tout haut
▸ **think out** *vt* (*plan*) bien réfléchir à; (*solution*) trouver
▸ **think over** *vt* bien réfléchir à; **I'd like to ~ things over** (*offer, suggestion*) j'aimerais bien y réfléchir un peu
▸ **think through** *vt* étudier dans tous les détails
▸ **think up** *vt* inventer, trouver
thinking ['θɪŋkɪŋ] *n*: **to my (way of) ~** selon moi
think tank *n* groupe *m* de réflexion
thinly ['θɪnlɪ] *adv* (*cut*) en tranches fines; (*spread*) en couche mince
thinness ['θɪnnɪs] *n* minceur *f*; maigreur *f*
third [θə:d] *num* troisième ▷ *n* troisième *m/f*; (*fraction*) tiers *m*; (*Aut*) troisième (vitesse) *f*; (*Brit Scol: degree*) ≈ licence *f* avec mention passable; **a ~ of** le tiers de
third-degree burns ['θə:ddɪgri:-] *npl* brûlures *fpl* au troisième degré
thirdly ['θə:dlɪ] *adv* troisièmement
third party insurance *n* (*Brit*) assurance *f* au tiers
third-rate ['θə:d'reɪt] *adj* de qualité médiocre
Third World *n*: **the ~** le Tiers-Monde
thirst [θə:st] *n* soif *f*
thirsty ['θə:stɪ] *adj* qui a soif, assoiffé(e); (*work*) qui donne soif; **to be ~** avoir soif
thirteen [θə:'ti:n] *num* treize
thirteenth [-'ti:nθ] *num* treizième
thirtieth ['θə:tɪɪθ] *num* trentième
thirty ['θə:tɪ] *num* trente

 KEYWORD

this [ðɪs] *adj* (*demonstrative*: *pl* **these**) ce, cet + *vowel or h mute*, cette *f*; **this man/woman/book** cet homme/cette femme/ce livre; (*not that*) cet homme-ci/cette femme-ci/ce livre-ci; **this one** celui-ci (celle-ci); **this time** cette fois-ci; **this time last year** l'année dernière à la même époque; **this way** (*in this direction*) par ici; (*in this fashion*) de cette façon, ainsi
▷ *pron* (*demonstrative*: *pl* **these**) ce; (*not that one*) celui-ci (celle-ci), ceci; **who's this?** qui est-ce?; **what's this?** qu'est-ce que c'est?; **I prefer this to that** je préfère ceci à cela; **they were talking of this and that** ils parlaient de choses et d'autres; **this is where I live** c'est ici que j'habite; **this is what he said** voici ce qu'il a dit; **this is Mr Brown** (*in introductions*) je vous présente Mr Brown; (*in photo*) c'est Mr Brown; (*on telephone*) ici Mr Brown
▷ *adv* (*demonstrative*): **it was about this big** c'était à peu près de cette grandeur *or* grand comme ça; **I didn't know it was this bad** je ne savais pas que c'était si *or* aussi mauvais

thistle ['θɪsl] *n* chardon *m*
thong [θɔŋ] *n* lanière *f*
thorn [θɔ:n] *n* épine *f*
thorny ['θɔ:nɪ] *adj* épineux(-euse)
thorough ['θʌrə] *adj* (*search*) minutieux(-euse); (*knowledge, research*) approfondi(e); (*work, person*) consciencieux(-euse); (*cleaning*) à fond
thoroughbred ['θʌrəbrɛd] *n* (*horse*) pur-sang *m inv*
thoroughfare ['θʌrəfɛəʳ] *n* rue *f*; **"no ~"** (*Brit*) "passage interdit"
thoroughgoing ['θʌrəgəuɪŋ] *adj* (*analysis*) approfondi(e); (*reform*) profond(e)
thoroughly ['θʌrəlɪ] *adv* (*search*) minutieusement; (*study*) en profondeur; (*clean*) à fond; (*very*) tout à fait; **he ~ agreed** il était tout à fait d'accord
thoroughness ['θʌrənɪs] *n* soin (méticuleux)
those [ðəuz] *pl pron* ceux-là (celles-là) ▷ *pl adj*

ces; (*not these*): ~ **books** ces livres-là
though [ðəu] *conj* bien que + *sub*, quoique + *sub* ▷ *adv* pourtant; **even** ~ quand bien même + *conditional*; **it's not easy,** ~ pourtant, ce n'est pas facile
thought [θɔ:t] *pt, pp of* **think** ▷ *n* pensée *f*; (*idea*) idée *f*; (*opinion*) avis *m*; (*intention*) intention *f*; **after much** ~ après mûre réflexion; **I've just had a** ~ je viens de penser à quelque chose; **to give sth some** ~ réfléchir à qch
thoughtful ['θɔ:tful] *adj* (*deep in thought*) pensif(-ive); (*serious*) réfléchi(e); (*considerate*) prévenant(e)
thoughtfully ['θɔ:tfəlɪ] *adv* pensivement; avec prévenance
thoughtless ['θɔ:tlɪs] *adj* qui manque de considération
thoughtlessly ['θɔ:tlɪslɪ] *adv* inconsidérément
thought-provoking ['θɔ:tprəvəukɪŋ] *adj* stimulant(e)
thousand ['θauzənd] *num* mille; **one** ~ mille; **two** ~ deux mille; **~s of** des milliers de
thousandth ['θauzəntθ] *num* millième
thrash [θræʃ] *vt* rouer de coups; (*as punishment*) donner une correction à; (*inf: defeat*) battre à plate(s) couture(s)
▸ **thrash about** *vi* se débattre
▸ **thrash out** *vt* débattre de
thrashing ['θræʃɪŋ] *n*: **to give sb a ~**; = **to thrash sb**
thread [θrɛd] *n* fil *m*; (*of screw*) pas *m*, filetage *m* ▷ *vt* (*needle*) enfiler; **to ~ one's way between** se faufiler entre
threadbare ['θrɛdbɛəʳ] *adj* râpé(e), élimé(e)
threat [θrɛt] *n* menace *f*; **to be under ~ of** être menacé(e) de
threaten ['θrɛtn] *vi* (*storm*) menacer ▷ *vt*: **to ~ sb with sth/to do** menacer qn de qch/de faire
threatening ['θrɛtnɪŋ] *adj* menaçant(e)
three [θri:] *num* trois
three-dimensional [θri:dɪ'mɛnʃənl] *adj* à trois dimensions; (*film*) en relief
threefold ['θri:fəuld] *adv*: **to increase** ~ tripler
three-piece suit ['θri:pi:s-] *n* complet *m* (avec gilet)
three-piece suite *n* salon *m* (canapé et deux fauteuils)
three-ply [θri:'plaɪ] *adj* (*wood*) à trois épaisseurs; (*wool*) trois fils *inv*
three-quarters [θri:'kwɔ:təz] *npl* trois-quarts *mpl*; ~ **full** aux trois-quarts plein
three-wheeler [θri:'wi:ləʳ] *n* (*car*) voiture *f* à trois roues
thresh [θrɛʃ] *vt* (*Agr*) battre
threshing machine ['θrɛʃɪŋ-] *n* batteuse *f*
threshold ['θrɛʃhəuld] *n* seuil *m*; **to be on the ~ of** (*fig*) être au seuil de
threshold agreement *n* (*Econ*) accord *m* d'indexation des salaires
threw [θru:] *pt of* **throw**
thrift [θrɪft] *n* économie *f*
thrifty ['θrɪftɪ] *adj* économe
thrill [θrɪl] *n* (*excitement*) émotion *f*, sensation forte; (*shudder*) frisson *m* ▷ *vi* tressaillir, frissonner ▷ *vt* (*audience*) électriser
thrilled [θrɪld] *adj*: ~ **(with)** ravi(e) de
thriller ['θrɪləʳ] *n* film *m* (*or* roman *m or* pièce *f*) à suspense
thrilling ['θrɪlɪŋ] *adj* (*book, play etc*) saisissant(e); (*news, discovery*) excitant(e)
thrive (*pt* **-d** *or* **throve**, *pp* **-d** *or* **thriven**) [θraɪv, θrəuv, 'θrɪvn] *vi* pousser *or* se développer bien; (*business*) prospérer; **he ~s on it** cela lui réussit
thriving ['θraɪvɪŋ] *adj* vigoureux(-euse); (*business, community*) prospère
throat [θrəut] *n* gorge *f*; **to have a sore ~** avoir mal à la gorge
throb [θrɔb] *n* (*of heart*) pulsation *f*; (*of engine*) vibration *f*; (*of pain*) élancement *m* ▷ *vi* (*heart*) palpiter; (*engine*) vibrer; (*pain*) lanciner; (*wound*) causer des élancements; **my head is ~bing** j'ai des élancements dans la tête
throes [θrəuz] *npl*: **in the ~ of** au beau milieu de; en proie à; **in the ~ of death** à l'agonie
thrombosis [θrɔm'bəusɪs] *n* thrombose *f*
throne [θrəun] *n* trône *m*
throng ['θrɔŋ] *n* foule *f* ▷ *vt* se presser dans
throttle ['θrɔtl] *n* (*Aut*) accélérateur *m* ▷ *vt* étrangler
through [θru:] *prep* à travers; (*time*) pendant, durant; (*by means of*) par, par l'intermédiaire de; (*owing to*) à cause de ▷ *adj* (*ticket, train, passage*) direct(e) ▷ *adv* à travers; **(from) Monday ~ Friday** (*US*) de lundi à vendredi; **to let sb ~** laisser passer qn; **to put sb ~ to sb** (*Tel*) passer qn à qn; **to be ~** (*Brit; Tel*) avoir la communication; (*esp US: have finished*) avoir fini; **"no ~ traffic"** (*US*) "passage interdit"; **"no ~ road"** (*Brit*) "impasse"
throughout [θru:'aut] *prep* (*place*) partout dans; (*time*) durant tout(e) le (la) ▷ *adv* partout
throughput ['θru:put] *n* (*of goods, materials*) quantité de matières premières utilisée; (*Comput*) débit *m*
throve [θrəuv] *pt of* **thrive**
throw [θrəu] *n* jet *m*; (*Sport*) lancer *m* ▷ *vt* (*pt* **threw**, *pp* **-n**) [θru:, θrəun] lancer, jeter; (*Sport*) lancer; (*rider*) désarçonner; (*fig*) décontenancer; (*pottery*) tourner; **to ~ a party** donner une réception
▸ **throw about, throw around** *vt* (*litter etc*) éparpiller
▸ **throw away** *vt* jeter; (*money*) gaspiller
▸ **throw in** *vt* (*Sport: ball*) remettre en jeu; (*include*) ajouter
▸ **throw off** *vt* se débarrasser de
▸ **throw out** *vt* jeter; (*reject*) rejeter; (*person*) mettre à la porte
▸ **throw together** *vt* (*clothes, meal etc*) assembler à la hâte; (*essay*) bâcler
▸ **throw up** *vi* vomir
throwaway ['θrəuəweɪ] *adj* à jeter
throwback ['θrəubæk] *n*: **it's a ~ to** ça nous *etc* ramène à

throw-in ['θrəuɪn] *n* (*Sport*) remise *f* en jeu
thrown [θrəun] *pp of* **throw**
thru [θru:] (US) = **through**
thrush [θrʌʃ] *n* (*Zool*) grive *f*; (*Med*: *esp in children*) muguet *m*; (: *in women*: *Brit*) muguet vaginal
thrust [θrʌst] *n* (*Tech*) poussée *f* ▷ *vt* (*pt*, *pp* **thrust**) pousser brusquement; (*push in*) enfoncer
thrusting ['θrʌstɪŋ] *adj* dynamique; qui se met trop en avant
thud [θʌd] *n* bruit sourd
thug [θʌg] *n* voyou *m*
thumb [θʌm] *n* (*Anat*) pouce *m* ▷ *vt* (*book*) feuilleter; **to ~ a lift** faire de l'auto-stop, arrêter une voiture; **to give sb/sth the ~s up/~s down** donner/refuser de donner le feu vert à qn/qch
▸ **thumb through** *vt* (*book*) feuilleter
thumb index *n* répertoire *m* (à onglets)
thumbnail ['θʌmneɪl] *n* ongle *m* du pouce
thumbnail sketch *n* croquis *m*
thumbtack ['θʌmtæk] *n* (US) punaise *f* (*clou*)
thump [θʌmp] *n* grand coup; (*sound*) bruit sourd ▷ *vt* cogner sur ▷ *vi* cogner, frapper
thunder ['θʌndə[r]] *n* tonnerre *m* ▷ *vi* tonner; (*train etc*): **to ~ past** passer dans un grondement *or* un bruit de tonnerre
thunderbolt ['θʌndəbəult] *n* foudre *f*
thunderclap ['θʌndəklæp] *n* coup *m* de tonnerre
thunderous ['θʌndrəs] *adj* étourdissant(e)
thunderstorm ['θʌndəstɔ:m] *n* orage *m*
thunderstruck ['θʌndəstrʌk] *adj* (*fig*) abasourdi(e)
thundery ['θʌndərɪ] *adj* orageux(-euse)
Thursday ['θə:zdɪ] *n* jeudi *m*; *see also* **Tuesday**
thus [ðʌs] *adv* ainsi
thwart [θwɔ:t] *vt* contrecarrer
thyme [taɪm] *n* thym *m*
thyroid ['θaɪrɔɪd] *n* thyroïde *f*
tiara [tɪ'ɑ:rə] *n* (*woman's*) diadème *m*
Tibet [tɪ'bɛt] *n* Tibet *m*
Tibetan [tɪ'bɛtən] *adj* tibétain(e) ▷ *n* Tibétain(e); (*Ling*) tibétain *m*
tibia ['tɪbɪə] *n* tibia *m*
tic [tɪk] *n* tic (nerveux)
tick [tɪk] *n* (*sound*: *of clock*) tic-tac *m*; (*mark*) coche *f*; (*Zool*) tique *f*; (*Brit inf*): **in a ~** dans un instant; (*Brit inf*: *credit*): **to buy sth on ~** acheter qch à crédit ▷ *vi* faire tic-tac ▷ *vt* (*item on list*) cocher; **to put a ~ against sth** cocher qch
▸ **tick off** *vt* (*item on list*) cocher; (*person*) réprimander, attraper
▸ **tick over** *vi* (*Brit*: *engine*) tourner au ralenti; (: *fig*) aller *or* marcher doucettement
ticker tape ['tɪkə-] *n* bande *f* de téléscripteur; (*US*: *in celebrations*) ≈ serpentin *m*
ticket ['tɪkɪt] *n* billet *m*; (*for bus, tube*) ticket *m*; (*in shop*: *on goods*) étiquette *f*; (: *from cash register*) reçu *m*, ticket; (*for library*) carte *f*; (*also*: **parking ticket**) contravention *f*, p.-v. *m*; (US *Pol*) liste électorale (*soutenue par un parti*); **to get a (parking) ~** (*Aut*) attraper une contravention (pour stationnement illégal)
ticket agency *n* (*Theat*) agence *f* de spectacles
ticket barrier *n* (*Brit*: *Rail*) portillon *m* automatique
ticket collector *n* contrôleur(-euse)
ticket holder *n* personne munie d'un billet
ticket inspector *n* contrôleur(-euse)
ticket machine *n* billetterie *f* automatique
ticket office *n* guichet *m*, bureau *m* de vente des billets
tickle ['tɪkl] *n* chatouillement *m* ▷ *vi* chatouiller ▷ *vt* chatouiller; (*fig*) plaire à; faire rire
ticklish ['tɪklɪʃ] *adj* (*person*) chatouilleux(-euse); (*which tickles*: *blanket*) qui chatouille; (: *cough*) qui irrite; (*problem*) épineux(-euse)
tidal ['taɪdl] *adj* à marée
tidal wave *n* raz-de-marée *m inv*
tidbit ['tɪdbɪt] *n* (*esp US*) = **titbit**
tiddlywinks ['tɪdlɪwɪŋks] *n* jeu *m* de puce
tide [taɪd] *n* marée *f*; (*fig*: *of events*) cours *m* ▷ *vt*: **to ~ sb over** dépanner qn; **high/low ~** marée haute/basse
tidily ['taɪdɪlɪ] *adv* avec soin, soigneusement
tidiness ['taɪdɪnɪs] *n* bon ordre; goût *m* de l'ordre
tidy ['taɪdɪ] *adj* (*room*) bien rangé(e); (*dress, work*) net (nette), soigné(e); (*person*) ordonné(e), qui a de l'ordre; (: *in character*) soigneux(-euse); (*mind*) méthodique ▷ *vt* (*also*: **tidy up**) ranger; **to ~ o.s. up** s'arranger
tie [taɪ] *n* (*string etc*) cordon *m*; (*Brit*: *also*: **necktie**) cravate *f*; (*fig*: *link*) lien *m*; (*Sport*: *draw*) égalité *f* de points; match nul; (: *match*) rencontre *f*; (US *Rail*) traverse *f* ▷ *vt* (*parcel*) attacher; (*ribbon*) nouer ▷ *vi* (*Sport*) faire match nul; finir à égalité de points; **"black/white ~"** "smoking/habit de rigueur"; **family ~s** liens de famille; **to ~ sth in a bow** faire un nœud à *or* avec qch; **to ~ a knot in sth** faire un nœud à qch
▸ **tie down** *vt* attacher; (*fig*): **to ~ sb down to** contraindre qn à accepter; **to feel ~d down** (*by relationship*) se sentir coincé(e)
▸ **tie in** *vi*: **to ~ in (with)** (*correspond*) correspondre (à)
▸ **tie on** *vt* (*Brit*: *label etc*) attacher (avec une ficelle)
▸ **tie up** *vt* (*parcel*) ficeler; (*dog, boat*) attacher; (*prisoner*) ligoter; (*arrangements*) conclure; **to be ~d up** (*busy*) être pris(e) *or* occupé(e)
tie-break ['taɪbreɪk], **tie-breaker** ['taɪbreɪkə[r]] *n* (*Tennis*) tie-break *m*; (*in quiz*) question *f* subsidiaire
tie-on ['taɪɔn] *adj* (*Brit*: *label*) qui s'attache
tie-pin ['taɪpɪn] *n* (*Brit*) épingle *f* de cravate
tier [tɪə[r]] *n* gradin *m*; (*of cake*) étage *m*
Tierra del Fuego [tɪ'ɛrədɛl'fweɪgəu] *n* Terre *f* de Feu
tie tack *n* (US) épingle *f* de cravate
tiff [tɪf] *n* petite querelle
tiger ['taɪgə[r]] *n* tigre *m*
tight [taɪt] *adj* (*rope*) tendu(e), raide; (*clothes*) étroit(e), très juste; (*budget, programme, bend*) serré(e); (*control*) strict(e), sévère; (*inf*: *drunk*) ivre, rond(e) ▷ *adv* (*squeeze*) très fort; (*shut*) à bloc, hermétiquement; **to be packed ~** (*suitcase*)

être bourré(e); (*people*) être serré(e); **hold ~!** accrochez-vous bien!
ighten ['taɪtn] *vt* (*rope*) tendre; (*screw*) resserrer; (*control*) renforcer ▷ *vi* se tendre; se resserrer
ightfisted [taɪt'fɪstɪd] *adj* avare
ight-lipped ['taɪt'lɪpt] *adj*: **to be ~ (about sth)** (*silent*) ne pas desserrer les lèvres *or* les dents (au sujet de qch); **she was ~ with anger** elle pinçait les lèvres de colère
ightly ['taɪtlɪ] *adv* (*grasp*) bien, très fort
ightrope ['taɪtrəup] *n* corde *f* raide
ights [taɪts] *npl* (*Brit*) collant *m*
tigress ['taɪgrɪs] *n* tigresse *f*
tilde ['tɪldə] *n* tilde *m*
tile [taɪl] *n* (*on roof*) tuile *f*; (*on wall or floor*) carreau *m* ▷ *vt* (*floor, bathroom etc*) carreler
tiled [taɪld] *adj* en tuiles; carrelé(e)
till [tɪl] *n* caisse (enregistreuse) ▷ *vt* (*land*) cultiver ▷ *prep, conj* = **until**
tiller ['tɪlə^r^] *n* (*Naut*) barre *f* (du gouvernail)
tilt [tɪlt] *vt* pencher, incliner ▷ *vi* pencher, être incliné(e) ▷ *n* (*slope*) inclinaison *f*; **to wear one's hat at a ~** porter son chapeau incliné sur le côté; **(at) full ~** à toute vitesse
timber ['tɪmbə^r^] *n* (*material*) bois *m* de construction; (*trees*) arbres *mpl*
time [taɪm] *n* temps *m*; (*epoch: often pl*) époque *f*, temps; (*by clock*) heure *f*; (*moment*) moment *m*; (*occasion, also Math*) fois *f*; (*Mus*) mesure *f* ▷ *vt* (*race*) chronométrer; (*programme*) minuter; (*visit*) fixer; (*remark etc*) choisir le moment de; **a long ~** un long moment, longtemps; **four at a ~** quatre à la fois; **for the ~ being** pour le moment; **from ~ to ~** de temps en temps; **~ after ~, ~ and again** bien des fois; **at ~s** parfois; **in ~** (*soon enough*) à temps; (*after some time*) avec le temps, à la longue; (*Mus*) en mesure; **in a week's ~** dans une semaine; **in no ~** en un rien de temps; **any ~** n'importe quand; **on ~** à l'heure; **to be 30 minutes behind/ahead of ~** avoir 30 minutes de retard/d'avance; **by the ~ he arrived** quand il est arrivé, le temps qu'il arrive +*sub*; **5 ~s 5** 5 fois 5; **what ~ is it?** quelle heure est-il?; **what ~ do you make it?** quelle heure avez-vous?; **what ~ is the museum/shop open?** à quelle heure ouvre le musée/magasin?; **to have a good ~** bien s'amuser; **we** (*or* **they** *etc*) **had a hard ~** ça a été difficile *or* pénible; **~'s up!** c'est l'heure!; **I've no ~ for it** (*fig*) cela m'agace; **he'll do it in his own (good) ~** (*without being hurried*) il le fera quand il en aura le temps; **he'll do it in** *or* (*US*) **on his own ~** (*out of working hours*) il le fera à ses heures perdues; **to be behind the ~s** retarder (sur son temps)
time-and-motion study ['taɪmənd'məuʃən-] *n* étude *f* des cadences
time bomb *n* bombe *f* à retardement
time clock *n* horloge pointeuse
time-consuming ['taɪmkənsju:mɪŋ] *adj* qui prend beaucoup de temps
time difference *n* décalage *m* horaire
time frame *n* délais *mpl*
time-honoured, (*US*) **time-honored** ['taɪmɔnəd] *adj* consacré(e)
timekeeper ['taɪmki:pə^r^] *n* (*Sport*) chronomètre *m*
time lag *n* (*Brit*) décalage *m*; (*: in travel*) décalage horaire
timeless ['taɪmlɪs] *adj* éternel(le)
time limit *n* limite *f* de temps, délai *m*
timely ['taɪmlɪ] *adj* opportun(e)
time off *n* temps *m* libre
timer ['taɪmə^r^] *n* (*in kitchen*) compte-minutes *m inv*; (*Tech*) minuteur *m*
time-saving ['taɪmseɪvɪŋ] *adj* qui fait gagner du temps
timescale ['taɪmskeɪl] *n* délais *mpl*
time-share ['taɪmʃɛə^r^] *n* maison *f*/appartement *m* en multipropriété
time-sharing ['taɪmʃɛərɪŋ] *n* (*Comput*) temps partagé
time sheet *n* feuille *f* de présence
time signal *n* signal *m* horaire
time switch *n* (*Brit*) minuteur *m*; (*: for lighting*) minuterie *f*
timetable ['taɪmteɪbl] *n* (*Rail*) (indicateur *m*) horaire *m*; (*Scol*) emploi *m* du temps; (*programme of events etc*) programme *m*
time zone *n* fuseau *m* horaire
timid ['tɪmɪd] *adj* timide; (*easily scared*) peureux(-euse)
timidity [tɪ'mɪdɪtɪ] *n* timidité *f*
timing ['taɪmɪŋ] *n* minutage *m*; (*Sport*) chronométrage *m*; **the ~ of his resignation** le moment choisi pour sa démission
timing device *n* (*on bomb*) mécanisme *m* de retardement
timpani ['tɪmpənɪ] *npl* timbales *fpl*
tin [tɪn] *n* étain *m*; (*also:* **tin plate**) fer-blanc *m*; (*Brit: can*) boîte *f* (de conserve); (*: for baking*) moule *m* (à gâteau); (*for storage*) boîte *f*; **a ~ of paint** un pot de peinture
tinfoil [tɪnfɔɪl] *n* papier *m* d'étain *or* d'aluminium
tinge [tɪndʒ] *n* nuance *f* ▷ *vt*: **~d with** teinté(e) de
tingle ['tɪŋgl] *n* picotement *m*; frisson *m* ▷ *vi* picoter; (*person*) avoir des picotements
tinker ['tɪŋkə^r^] *n* rétameur ambulant; (*gipsy*) romanichel *m*
▸ **tinker with** *vt fus* bricoler, rafistoler
tinkle ['tɪŋkl] *vi* tinter ▷ *n* (*inf*): **to give sb a ~** passer un coup de fil à qn
tin mine *n* mine *f* d'étain
tinned [tɪnd] *adj* (*Brit: food*) en boîte, en conserve
tinnitus ['tɪnɪtəs] *n* (*Med*) acouphène *m*
tinny ['tɪnɪ] *adj* métallique
tin opener [-'əupnə^r^] *n* (*Brit*) ouvre-boîte(s) *m*
tinsel ['tɪnsl] *n* guirlandes *fpl* de Noël (*argentées*)
tint [tɪnt] *n* teinte *f*; (*for hair*) shampooing colorant ▷ *vt* (*hair*) faire un shampooing colorant à
tinted ['tɪntɪd] *adj* (*hair*) teint(e); (*spectacles, glass*) teinté(e)
tiny ['taɪnɪ] *adj* minuscule
tip [tɪp] *n* (*end*) bout *m*; (*protective: on umbrella etc*)

t

embout *m*; (*gratuity*) pourboire *m*; (*Brit: for coal*) terril *m*; (*Brit: for rubbish*) décharge *f*; (*advice*) tuyau *m* ▷ *vt* (*waiter*) donner un pourboire à; (*tilt*) incliner; (*overturn: also*: **tip over**) renverser; (*empty: also*: **tip out**) déverser; (*predict: winner etc*) pronostiquer; **he ~ped out the contents of the box** il a vidé le contenu de la boîte; **how much should I ~?** combien de pourboire est-ce qu'il faut laisser?
▸ **tip off** *vt* prévenir, avertir

tip-off ['tɪpɔf] *n* (*hint*) tuyau *m*
tipped ['tɪpt] *adj* (*Brit: cigarette*) (à bout) filtre *inv*; **steel-~** à bout métallique, à embout de métal
Tipp-Ex® ['tɪpɛks] *n* (*Brit*) Tipp-Ex® *m*
tipple ['tɪpl] (*Brit*) *vi* picoler ▷ *n*: **to have a ~** boire un petit coup
tipster ['tɪpstəʳ] *n* (*Racing*) pronostiqueur *m*
tipsy ['tɪpsɪ] *adj* un peu ivre, éméché(e)
tiptoe ['tɪptəu] *n*: **on ~** sur la pointe des pieds
tiptop ['tɪptɔp] *adj*: **in ~ condition** en excellent état
tirade [taɪ'reɪd] *n* diatribe *f*
tire ['taɪəʳ] *n* (*US*) = **tyre** ▷ *vt* fatiguer ▷ *vi* se fatiguer
▸ **tire out** *vt* épuiser
tired ['taɪəd] *adj* fatigué(e); **to be/feel/look ~** être/se sentir/avoir l'air fatigué; **to be ~ of** en avoir assez de, être las (lasse) de
tiredness ['taɪədnɪs] *n* fatigue *f*
tireless ['taɪəlɪs] *adj* infatigable, inlassable
tire pressure (*US*) = **tyre pressure**
tiresome ['taɪsəm] *adj* ennuyeux(-euse)
tiring ['taɪərɪŋ] *adj* fatigant(e)
tissue ['tɪʃu:] *n* tissu *m*; (*paper handkerchief*) mouchoir *m* en papier, kleenex® *m*
tissue paper *n* papier *m* de soie
tit [tɪt] *n* (*bird*) mésange *f*; (*inf: breast*) nichon *m*; **to give ~ for tat** rendre coup pour coup
titanium [tɪ'teɪnɪəm] *n* titane *m*
titbit ['tɪtbɪt] *n* (*food*) friandise *f*; (*before meal*) amuse-gueule *m inv*; (*news*) potin *m*
titillate ['tɪtɪleɪt] *vt* titiller, exciter
titivate ['tɪtɪveɪt] *vt* pomponner
title ['taɪtl] *n* titre *m*; (*Law: right*): **~ (to)** droit *m* (à)
title deed *n* (*Law*) titre (constitutif) de propriété
title page *n* page *f* de titre
title role *n* rôle principal
titter ['tɪtəʳ] *vi* rire (bêtement)
tittle-tattle ['tɪtltætl] *n* bavardages *mpl*
titular ['tɪtjuləʳ] *adj* (*in name only*) nominal(e)
tizzy ['tɪzɪ] *n*: **to be in a ~** être dans tous ses états
T-junction ['ti:'dʒʌŋkʃən] *n* croisement *m* en T
TM *n abbr* = **trademark**; **transcendental meditation**
TN *abbr* (*US*) = **Tennessee**
TNT *n abbr* (= *trinitrotoluene*) TNT *m*

 KEYWORD

to [tu:, tə] *prep* (*with noun/pronoun*) **1** (*direction*) à; (*towards*) vers; envers; **to go to France/Portugal/London/school** aller en France/au Portugal/à Londres/à l'école; **to go to Claude's/the doctor's** aller chez Claude/le docteur; **the road to Edinburgh** la route d'Édimbourg
2 (*as far as*) (jusqu')à; **to count to 10** compter jusqu'à 10; **from 40 to 50 people** de 40 à 50 personnes
3 (*with expressions of time*): **a quarter to 5** 5 heures moins le quart; **it's twenty to 3** il est 3 heures moins vingt
4 (*for, of*) de; **the key to the front door** la clé de la porte d'entrée; **a letter to his wife** une lettre (adressée) à sa femme
5 (*expressing indirect object*) à; **to give sth to sb** donner qch à qn; **to talk to sb** parler à qn; **it belongs to him** cela lui appartient, c'est à lui; **to be a danger to sb** être dangereux(-euse) pour qn
6 (*in relation to*) à; **3 goals to 2** 3 (buts) à 2; **30 miles to the gallon** ≈ 9,4 litres aux cent (km)
7 (*purpose, result*): **to come to sb's aid** venir au secours de qn, porter secours à qn; **to sentence sb to death** condamner qn à mort; **to my surprise** à ma grande surprise
▷ *prep* (*with vb*) **1** (*simple infinitive*): **to go/eat** aller/manger
2 (*following another vb*): **to want/try/start to do** vouloir/essayer de/commencer à faire
3 (*with vb omitted*): **I don't want to** je ne veux pas
4 (*purpose, result*) pour; **I did it to help you** je l'ai fait pour vous aider
5 (*equivalent to relative clause*): **I have things to do** j'ai des choses à faire; **the main thing is to try** l'important est d'essayer
6 (*after adjective etc*): **ready to go** prêt(e) à partir; **too old/young to ...** trop vieux/jeune pour ...
▷ *adv*: **push/pull the door to** tirez/poussez la porte; **to go to and fro** aller et venir

toad [təud] *n* crapaud *m*
toadstool ['təudstu:l] *n* champignon (vénéneux)
toady ['təudɪ] *vi* flatter bassement
toast [təust] *n* (*Culin*) pain grillé, toast *m*; (*drink, speech*) toast ▷ *vt* (*Culin*) faire griller; (*drink to*) porter un toast à; **a piece** *or* **slice of ~** un toast
toaster ['təustəʳ] *n* grille-pain *m inv*
toastmaster ['təustmɑ:stəʳ] *n* animateur *m* pour réceptions
toast rack *n* porte-toast *m inv*
tobacco [tə'bækəu] *n* tabac *m*; **pipe ~** tabac à pipe
tobacconist [tə'bækənɪst] *n* marchand(e) de tabac; **~'s (shop)** (bureau *m* de) tabac *m*
Tobago [tə'beɪgəu] *n see* **Trinidad and Tobago**
toboggan [tə'bɔgən] *n* toboggan *m*; (*child's*) luge *f*
today [tə'deɪ] *adv, n* (*also fig*) aujourd'hui (*m*); **what day is it ~?** quel jour sommes-nous aujourd'hui?; **what date is it ~?** quelle est la date aujourd'hui?; **~ is the 4th of March**

aujourd'hui nous sommes le 4 mars; **a week ago** ~ il y a huit jours aujourd'hui
toddler ['tɔdləʳ] *n* enfant *m/f* qui commence à marcher, bambin *m*
toddy ['tɔdɪ] *n* grog *m*
to-do [tə'du:] *n* (*fuss*) histoire *f*, affaire *f*
toe [təu] *n* doigt *m* de pied, orteil *m*; (*of shoe*) bout *m* ▷ *vt*: **to ~ the line** (*fig*) obéir, se conformer; **big** ~ gros orteil; **little** ~ petit orteil
TOEFL *n abbr* = **Test(ing) of English as a Foreign Language**
toehold ['təuhəuld] *n* prise *f*
toenail ['təuneɪl] *n* ongle *m* de l'orteil
toffee ['tɔfɪ] *n* caramel *m*
toffee apple *n* (*Brit*) pomme caramélisée
tofu ['təufu:] *n* fromage *m* de soja
toga ['təugə] *n* toge *f*
together [tə'gɛðəʳ] *adv* ensemble; (*at same time*) en même temps; ~ **with** (*prep*) avec
togetherness [tə'gɛðənɪs] *n* camaraderie *f*; intimité *f*
toggle switch ['tɔgl-] *n* (*Comput*) interrupteur *m* à bascule
Togo ['təugəu] *n* Togo *m*
togs [tɔgz] *npl* (*inf: clothes*) fringues *fpl*
toil [tɔɪl] *n* dur travail, labeur *m* ▷ *vi* travailler dur; peiner
toilet ['tɔɪlət] *n* (*Brit: lavatory*) toilettes *fpl*, cabinets *mpl* ▷ *cpd* (*bag, soap etc*) de toilette; **to go to the** ~ aller aux toilettes; **where's the ~?** où sont les toilettes?
toilet bag *n* (*Brit*) nécessaire *m* de toilette
toilet bowl *n* cuvette *f* des W.-C.
toilet paper *n* papier *m* hygiénique
toiletries ['tɔɪlətrɪz] *npl* articles *mpl* de toilette
toilet roll *n* rouleau *m* de papier hygiénique
toilet water *n* eau *f* de toilette
to-ing and fro-ing ['tu:ɪŋən'frəuɪŋ] *n* (*Brit*) allées et venues *fpl*
token ['təukən] *n* (*sign*) marque *f*, témoignage *m*; (*metal disc*) jeton *m*; (*voucher*) bon *m*, coupon *m* ▷ *adj* (*fee, strike*) symbolique; **by the same ~** (*fig*) de même; **book/record ~** (*Brit*) chèque-livre/-disque *m*
tokenism ['təukənɪzəm] *n* (*Pol*): **it's just** ~ c'est une politique de pure forme
Tokyo ['təukjəu] *n* Tokyo
told [təuld] *pt, pp of* **tell**
tolerable ['tɔlərəbl] *adj* (*bearable*) tolérable; (*fairly good*) passable
tolerably ['tɔlərəblɪ] *adv*: ~ **good** tolérable
tolerance ['tɔlərns] *n* (*also Tech*) tolérance *f*
tolerant ['tɔlərnt] *adj*: ~ **(of)** tolérant(e) (à l'égard de)
tolerate ['tɔləreɪt] *vt* supporter; (*Med,: Tech*) tolérer
toleration [tɔlə'reɪʃən] *n* tolérance *f*
toll [təul] *n* (*tax, charge*) péage *m* ▷ *vi* (*bell*) sonner; **the accident ~ on the roads** le nombre des victimes de la route
tollbridge ['təulbrɪdʒ] *n* pont *m* à péage
toll call *n* (*US Tel*) appel *m* (à) longue distance
toll-free ['təul'fri:] *adj* (*US*) gratuit(e) ▷ *adv* gratuitement
tomato [tə'mɑ:təu] (*pl* **-es**) *n* tomate *f*
tomato sauce *n* sauce *f* tomate
tomb [tu:m] *n* tombe *f*
tombola [tɔm'bəulə] *n* tombola *f*
tomboy ['tɔmbɔɪ] *n* garçon manqué
tombstone ['tu:mstəun] *n* pierre tombale
tomcat ['tɔmkæt] *n* matou *m*
tomorrow [tə'mɔrəu] *adv, n* (*also fig*) demain (*m*); **the day after ~** après-demain; **a week ~** demain en huit; ~ **morning** demain matin
ton [tʌn] *n* tonne *f* (*Brit: = 1016 kg; US = 907 kg; metric = 1000 kg*); (*Naut: also:* **register ton**) tonneau *m* (= *2.83 cu.m*); **~s of** (*inf*) des tas de
tonal ['təunl] *adj* tonal(e)
tone [təun] *n* ton *m*; (*of radio, Brit Tel*) tonalité *f* ▷ *vi* (*also:* **tone in**) s'harmoniser
▸ **tone down** *vt* (*colour, criticism*) adoucir; (*sound*) baisser
▸ **tone up** *vt* (*muscles*) tonifier
tone-deaf [təun'dɛf] *adj* qui n'a pas d'oreille
toner ['təunəʳ] *n* (*for photocopier*) encre *f*
Tonga [tɔŋə] *n* îles *fpl* Tonga
tongs [tɔŋz] *npl* pinces *fpl*; (*for coal*) pincettes *fpl*; (*for hair*) fer *m* à friser
tongue [tʌŋ] *n* langue *f*; ~ **in cheek** (*adv*) ironiquement
tongue-tied ['tʌŋtaɪd] *adj* (*fig*) muet(te)
tonic ['tɔnɪk] *n* (*Med*) tonique *m*; (*Mus*) tonique *f*; (*also:* **tonic water**) Schweppes® *m*
tonight [tə'naɪt] *adv, n* cette nuit; (*this evening*) ce soir; **(I'll) see you ~!** à ce soir!
tonnage ['tʌnɪdʒ] *n* (*Naut*) tonnage *m*
tonne [tʌn] *n* (*Brit: metric ton*) tonne *f*
tonsil ['tɔnsl] *n* amygdale *f*; **to have one's ~s out** se faire opérer des amygdales
tonsillitis [tɔnsɪ'laɪtɪs] *n* amygdalite *f*; **to have** ~ avoir une angine *or* une amygdalite
too [tu:] *adv* (*excessively*) trop; (*also*) aussi; **it's ~ sweet** c'est trop sucré; **I went** ~ moi aussi, j'y suis allé; ~ **much** (*as adv*) trop; (*as adj*) trop de; ~ **many** (*adj*) trop de; ~ **bad!** tant pis!
took [tuk] *pt of* **take**
tool [tu:l] *n* outil *m*; (*fig*) instrument *m* ▷ *vt* travailler, ouvrager
tool box *n* boîte *f* à outils
tool kit *n* trousse *f* à outils
toot [tu:t] *n* coup *m* de sifflet (*or* de klaxon) ▷ *vi* siffler; (*with car-horn*) klaxonner
tooth (*pl* **teeth**) [tu:θ, ti:θ] *n* (*Anat, Tech*) dent *f*; **to have a ~ out** *or* (*US*) **pulled** se faire arracher une dent; **to brush one's teeth** se laver les dents; **by the skin of one's teeth** (*fig*) de justesse
toothache ['tu:θeɪk] *n* mal *m* de dents; **to have** ~ avoir mal aux dents
toothbrush ['tu:θbrʌʃ] *n* brosse *f* à dents
toothpaste ['tu:θpeɪst] *n* (pâte *f*) dentifrice *m*
toothpick ['tu:θpɪk] *n* cure-dent *m*
tooth powder *n* poudre *f* dentifrice
top [tɔp] *n* (*of mountain, head*) sommet *m*; (*of page, ladder*) haut *m*; (*of list, queue*) commencement *m*;

t

(*of box, cupboard, table*) dessus *m*; (*lid: of box, jar*) couvercle *m*; (*: of bottle*) bouchon *m*; (*toy*) toupie *f*; (*Dress: blouse etc*) haut; (*: of pyjamas*) veste *f* ▷ *adj* du haut; (*in rank*) premier(-ière); (*best*) meilleur(e) ▷ *vt* (*exceed*) dépasser; (*be first in*) être en tête de; **at the ~ of the stairs/page/street** en haut de l'escalier/de la page/de la rue; **from ~ to bottom** de fond en comble; **on ~ of** sur; (*in addition to*) en plus de; **from ~ to toe** (*Brit*) de la tête aux pieds; **at the ~ of the list** en tête de liste; **at the ~ of one's voice** à tue-tête; **at ~ speed** à toute vitesse; **over the ~** (*inf: behaviour etc*) qui dépasse les limites

▸**top up** (*Brit*), **top off** *vt* (*bottle*) remplir; (*salary*) compléter; **to ~ up one's mobile (phone)** recharger son compte

topaz ['təupæz] *n* topaze *f*

top-class ['tɔp'klɑːs] *adj* de première classe; (*Sport*) de haute compétition

topcoat ['tɔpkəut] *n* pardessus *m*

topflight ['tɔpflaɪt] *adj* excellent(e)

top floor *n* dernier étage

top hat *n* haut-de-forme *m*

top-heavy [tɔp'hɛvɪ] *adj* (*object*) trop lourd(e) du haut

topic ['tɔpɪk] *n* sujet *m*, thème *m*

topical ['tɔpɪkl] *adj* d'actualité

topless ['tɔplɪs] *adj* (*bather etc*) aux seins nus; **~ swimsuit** monokini *m*

top-level ['tɔplɛvl] *adj* (*talks*) à l'échelon le plus élevé

topmost ['tɔpməust] *adj* le (la) plus haut(e)

top-notch ['tɔp'nɔtʃ] *adj* (*inf*) de premier ordre

topography [tə'pɔgrəfɪ] *n* topographie *f*

topping ['tɔpɪŋ] *n* (*Culin*) *couche de crème, fromage etc qui recouvre un plat*

topple ['tɔpl] *vt* renverser, faire tomber ▷ *vi* basculer; tomber

top-ranking ['tɔpræŋkɪŋ] *adj* très haut placé(e)

top-secret ['tɔp'siːkrɪt] *adj* ultra-secret(-ète)

top-security ['tɔpsə'kjuərɪtɪ] *adj* (*Brit*) de haute sécurité

topsy-turvy ['tɔpsɪ'təːvɪ] *adj, adv* sens dessus-dessous

top-up ['tɔpʌp] *n* (*for mobile phone*) recharge *f*, minutes *fpl*; **would you like a ~?** je vous en remets *or* rajoute?

top-up card *n* (*for mobile phone*) recharge *f*

top-up loan *n* (*Brit*) prêt *m* complémentaire

torch [tɔːtʃ] *n* torche *f*; (*Brit: electric*) lampe *f* de poche

tore [tɔːʳ] *pt of* **tear²**

torment *n* ['tɔːmɛnt] tourment *m* ▷ *vt* [tɔː'mɛnt] tourmenter; (*fig: annoy*) agacer

torn [tɔːn] *pp of* **tear²** ▷ *adj*: **~ between** (*fig*) tiraillé(e) entre

tornado [tɔː'neɪdəu] (*pl* **-es**) *n* tornade *f*

torpedo [tɔː'piːdəu] (*pl* **-es**) *n* torpille *f*

torpedo boat *n* torpilleur *m*

torpor ['tɔːpəʳ] *n* torpeur *f*

torrent ['tɔrnt] *n* torrent *m*

torrential [tɔ'rɛnʃl] *adj* torrentiel(le)

torrid ['tɔrɪd] *adj* torride; (*fig*) ardent(e)

torso ['tɔːsəu] *n* torse *m*

tortoise ['tɔːtəs] *n* tortue *f*

tortoiseshell ['tɔːtəʃɛl] *adj* en écaille

tortuous ['tɔːtjuəs] *adj* tortueux(-euse)

torture ['tɔːtʃəʳ] *n* torture *f* ▷ *vt* torturer

torturer ['tɔːtʃərəʳ] *n* tortionnaire *m*

Tory ['tɔːrɪ] *adj, n* (*Brit Pol*) tory *m/f*, conservateur(-trice)

toss [tɔs] *vt* lancer, jeter; (*Brit: pancake*) faire sauter; (*head*) rejeter en arrière ▷ *vi*: **to ~ up for sth** (*Brit*) jouer qch à pile ou face ▷ *n* (*movement: of head etc*) mouvement soudain; (*of coin*) tirage *m* à pile ou face; **to ~ a coin** jouer à pile ou face; **to ~ and turn** (*in bed*) se tourner et se retourner; **to win/lose the ~** gagner/perdre à pile ou face; (*Sport*) gagner/perdre le tirage au sort

tot [tɔt] *n* (*Brit: drink*) petit verre; (*child*) bambin *m*

▸**tot up** *vt* (*Brit: figures*) additionner

total ['təutl] *adj* total(e) ▷ *n* total *m* ▷ *vt* (*add up*) faire le total de, additionner; (*amount to*) s'élever à; **in ~** au total

totalitarian [təutælɪ'tɛərɪən] *adj* totalitaire

totality [təu'tælɪtɪ] *n* totalité *f*

totally ['təutəlɪ] *adv* totalement

tote bag [təut-] *n* fourre-tout *m inv*

totem pole ['təutəm-] *n* mât *m* totémique

totter ['tɔtəʳ] *vi* chanceler; (*object, government*) être chancelant(e)

touch [tʌtʃ] *n* contact *m*, toucher *m*; (*sense, skill: of pianist etc*) toucher; (*fig: note, also Football*) touche *f* ▷ *vt* (*gen*) toucher; (*tamper with*) toucher à; **the personal ~** la petite note personnelle; **to put the finishing ~es to sth** mettre la dernière main à qch; **a ~ of** (*fig*) un petit peu de; une touche de; **in ~ with** en contact *or* rapport avec; **to get in ~ with** prendre contact avec; **I'll be in ~** je resterai en contact; **to lose ~** (*friends*) se perdre de vue; **to be out of ~ with events** ne pas être au courant de ce qui se passe

▸**touch down** *vi* (*Aviat*) atterrir; (*on sea*) amerrir

▸**touch on** *vt fus* (*topic*) effleurer, toucher

▸**touch up** *vt* (*paint*) retoucher

touch-and-go ['tʌtʃən'gəu] *adj* incertain(e); **it was ~ whether we did it** nous avons failli ne pas le faire

touchdown ['tʌtʃdaun] *n* (*Aviat*) atterrissage *m*; (*on sea*) amerrissage *m*; (*US Football*) essai *m*

touched [tʌtʃt] *adj* (*moved*) touché(e); (*inf*) cinglé(e)

touching ['tʌtʃɪŋ] *adj* touchant(e), attendrissant(e)

touchline ['tʌtʃlaɪn] *n* (*Sport*) (ligne *f* de) touche *f*

touch screen *n* (*Tech*) écran tactile; **~ mobile** (*téléphone*) portable *m* à écran tactile; **~ technology** technologie *f* à écran tactile

touch-sensitive ['tʌtʃsɛnsɪtɪv] *adj* (*keypad*) à effleurement; (*screen*) tactile

touch-type ['tʌtʃtaɪp] *vi* taper au toucher

touchy ['tʌtʃɪ] *adj* (*person*) susceptible

tough [tʌf] *adj* dur(e); (*resistant*) résistant(e), solide; (*meat*) dur, coriace; (*firm*) inflexible; (*journey*) pénible; (*task, problem, situation*) difficile; (*rough*) dur ▷ *n* (*gangster etc*) dur *m*; **~ luck!** pas de chance!; tant pis!
toughen ['tʌfn] *vt* rendre plus dur(e) (*or* plus résistant(e) *or* plus solide)
toughness ['tʌfnɪs] *n* dureté *f*; résistance *f*; solidité *f*
toupee ['tu:peɪ] *n* postiche *m*
tour ['tuəʳ] *n* voyage *m*; (*also*: **package tour**) voyage organisé; (*of town, museum*) tour *m*, visite *f*; (*by band*) tournée *f* ▷ *vt* visiter; **to go on a ~ of** (*museum, region*) visiter; **to go on ~** partir en tournée
tour guide *n* (*person*) guide *m/f*
touring ['tuərɪŋ] *n* voyages *mpl* touristiques, tourisme *m*
tourism ['tuərɪzm] *n* tourisme *m*
tourist ['tuərɪst] *n* touriste *m/f* ▷ *adv* (*travel*) en classe touriste ▷ *cpd* touristique; **the ~ trade** le tourisme
tourist class *n* (*Aviat*) classe *f* touriste
tourist office *n* syndicat *m* d'initiative
tournament ['tuənəmənt] *n* tournoi *m*
tourniquet ['tuənɪkeɪ] *n* (*Med*) garrot *m*
tour operator *n* (*Brit*) organisateur *m* de voyages, tour-opérateur *m*
tousled ['tauzld] *adj* (*hair*) ébouriffé(e)
tout [taut] *vi*: **to ~ for** essayer de raccrocher, racoler; **to ~ sth (around)** (*Brit*) essayer de placer *or* (re)vendre qch ▷ *n* (*Brit: ticket tout*) revendeur *m* de billets
tow [təu] *n*: **to give sb a ~** (*Aut*) remorquer qn ▷ *vt* remorquer; (*caravan, trailer*) tracter; **"on ~"**, (*US*) **"in ~"** (*Aut*) "véhicule en remorque"
▸ **tow away** *vt* (*subj: police*) emmener à la fourrière; (*: breakdown service*) remorquer
toward [tə'wɔ:d], **towards** [tə'wɔ:dz] *prep* vers; (*of attitude*) envers, à l'égard de; (*of purpose*) pour; **~(s) noon/the end of the year** vers midi/la fin de l'année; **to feel friendly ~(s) sb** être bien disposé envers qn
towel ['tauəl] *n* serviette *f* (de toilette); (*also*: **tea towel**) torchon *m*; **to throw in the ~** (*fig*) jeter l'éponge
towelling ['tauəlɪŋ] *n* (*fabric*) tissu-éponge *m*
towel rail, (*US*) **towel rack** *n* porte-serviettes *m inv*
tower ['tauəʳ] *n* tour *f* ▷ *vi* (*building, mountain*) se dresser (majestueusement); **to ~ above** *or* **over sb/sth** dominer qn/qch
tower block *n* (*Brit*) tour *f* (d'habitation)
towering ['tauərɪŋ] *adj* très haut(e), imposant(e)
towline ['təulaɪn] *n* (câble *m* de) remorque *f*
town [taun] *n* ville *f*; **to go to ~** aller en ville; (*fig*) y mettre le paquet; **in the ~** dans la ville, en ville; **to be out of ~** (*person*) être en déplacement
town centre *n* (*Brit*) centre *m* de la ville, centre-ville *m*
town clerk *n* ≈ secrétaire *m/f* de mairie
town council *n* conseil municipal
town crier [-'kraɪəʳ] *n* (*Brit*) crieur public
town hall *n* ≈ mairie *f*
townie ['taunɪ] *n* (*Brit inf*) citadin(e)
town plan *n* plan *m* de ville
town planner *n* urbaniste *m/f*
town planning *n* urbanisme *m*
township ['taunʃɪp] *n* banlieue noire (*établie sous le régime de l'apartheid*)
townspeople ['taunzpi:pl] *npl* citadins *mpl*
towpath ['təupɑ:θ] *n* (chemin *m* de) halage *m*
towrope ['təurəup] *n* (câble *m* de) remorque *f*
tow truck *n* (*US*) dépanneuse *f*
toxic ['tɔksɪk] *adj* toxique
toxic asset *n* (*Econ*) actif *m* toxique
toxic bank *n* (*Econ*) bad bank *f*, banque *f* toxique
toxin ['tɔksɪn] *n* toxine *f*
toy [tɔɪ] *n* jouet *m*
▸ **toy with** *vt fus* jouer avec; (*idea*) caresser
toyshop ['tɔɪʃɔp] *n* magasin *m* de jouets
trace [treɪs] *n* trace *f* ▷ *vt* (*draw*) tracer, dessiner; (*follow*) suivre la trace de; (*locate*) retrouver; **without ~** (*disappear*) sans laisser de traces; **there was no ~ of it** il n'y en avait pas trace
trace element *n* oligo-élément *m*
trachea [trə'kɪə] *n* (*Anat*) trachée *f*
tracing paper ['treɪsɪŋ-] *n* papier-calque *m*
track [træk] *n* (*mark*) trace *f*; (*path: gen*) chemin *m*, piste *f*; (*: of bullet etc*) trajectoire *f*; (*: of suspect, animal*) piste; (*Rail*) voie ferrée, rails *mpl*; (*on tape, Comput, Sport*) piste; (*on CD*) piste *f*; (*on record*) plage *f* ▷ *vt* suivre la trace *or* la piste de; **to keep ~ of** suivre; **to be on the right ~** (*fig*) être sur la bonne voie
▸ **track down** *vt* (*prey*) trouver et capturer; (*sth lost*) finir par retrouver
tracker dog ['trækə-] *n* (*Brit*) *chien dressé pour suivre une piste*
track events *npl* (*Sport*) épreuves *fpl* sur piste
tracking station ['trækɪŋ-] *n* (*Space*) centre *m* d'observation de satellites
track meet *n* (*US*) réunion sportive sur piste
track record *n*: **to have a good ~** (*fig*) avoir fait ses preuves
tracksuit ['træksu:t] *n* survêtement *m*
tract [trækt] *n* (*Geo*) étendue *f*, zone *f*; (*pamphlet*) tract *m*; **respiratory ~** (*Anat*) système *m* respiratoire
traction ['trækʃən] *n* traction *f*
tractor ['træktəʳ] *n* tracteur *m*
trade [treɪd] *n* commerce *m*; (*skill, job*) métier *m* ▷ *vi* faire du commerce ▷ *vt* (*exchange*): **to ~ sth (for sth)** échanger qch (contre qch); **to ~ with/in** faire du commerce avec/le commerce de; **foreign ~** commerce extérieur
▸ **trade in** *vt* (*old car etc*) faire reprendre
trade barrier *n* barrière commerciale
trade deficit *n* déficit extérieur
Trade Descriptions Act *n* (*Brit*) *loi contre les appellations et la publicité mensongères*
trade discount *n* remise *f* au détaillant
trade fair *n* foire(-exposition) commerciale
trade-in ['treɪdɪn] *n* reprise *f*

t

trade-in price *n* prix *m* à la reprise
trademark ['treɪdmɑːk] *n* marque *f* de fabrique
trade mission *n* mission commerciale
trade name *n* marque déposée
trade-off ['treɪdɔf] *n* (*exchange*) échange *f*; (*balancing*) équilibre *m*
trader ['treɪdəʳ] *n* commerçant(e), négociant(e)
trade secret *n* secret *m* de fabrication
tradesman ['treɪdzmən] (*irreg*) *n* (*shopkeeper*) commerçant *m*; (*skilled worker*) ouvrier qualifié
trade union *n* syndicat *m*
trade unionist [-'juːnjənɪst] *n* syndicaliste *m/f*
trade wind *n* alizé *m*
trading ['treɪdɪŋ] *n* affaires *fpl*, commerce *m*
trading estate *n* (*Brit*) zone industrielle
trading stamp *n* timbre-prime *m*
tradition [trə'dɪʃən] *n* tradition *f*; **traditions** *npl* coutumes *fpl*, traditions
traditional [trə'dɪʃənl] *adj* traditionnel(le)
traffic ['træfɪk] *n* trafic *m*; (*cars*) circulation *f* ▷ *vi*: **to ~ in** (*pej*: *liquor, drugs*) faire le trafic de
traffic calming [-'kɑːmɪŋ] *n* ralentissement *m* de la circulation
traffic circle *n* (*US*) rond-point *m*
traffic island *n* refuge *m* (pour piétons)
traffic jam *n* embouteillage *m*
trafficker ['træfɪkəʳ] *n* trafiquant(e)
traffic lights *npl* feux *mpl* (de signalisation)
traffic offence *n* (*Brit*) infraction *f* au code de la route
traffic sign *n* panneau *m* de signalisation
traffic violation *n* (*US*) = **traffic offence**
traffic warden *n* contractuel(le)
tragedy ['trædʒədɪ] *n* tragédie *f*
tragic ['trædʒɪk] *adj* tragique
trail [treɪl] *n* (*tracks*) trace *f*, piste *f*; (*path*) chemin *m*, piste; (*of smoke etc*) traînée *f* ▷ *vt* (*drag*) traîner, tirer; (*follow*) suivre ▷ *vi* traîner; (*in game, contest*) être en retard; **to be on sb's ~** être sur la piste de qn
▸ **trail away, trail off** *vi* (*sound, voice*) s'évanouir; (*interest*) disparaître
▸ **trail behind** *vi* traîner, être à la traîne
trailer ['treɪləʳ] *n* (*Aut*) remorque *f*; (*US*) caravane *f*; (*Cine*) bande-annonce *f*
trailer truck *n* (*US*) (camion *m*) semi-remorque *m*
train [treɪn] *n* train *m*; (*in underground*) rame *f*; (*of dress*) traîne *f*; (*Brit*: *series*): **~ of events** série *f* d'événements ▷ *vt* (*apprentice, doctor etc*) former; (*Sport*) entraîner; (*dog*) dresser; (*memory*) exercer; (*point*: *gun etc*): **to ~ sth on** braquer qch sur ▷ *vi* recevoir sa formation; (*Sport*) s'entraîner; **one's ~ of thought** le fil de sa pensée; **to go by ~** voyager par le train *or* en train; **what time does the ~ from Paris get in?** à quelle heure arrive le train de Paris?; **is this the ~ for ...?** c'est bien le train pour ...?; **to ~ sb to do sth** apprendre à qn à faire qch; (*employee*) former qn à faire qch
train attendant *n* (*US*) employé(e) des wagons-lits
trained [treɪnd] *adj* qualifié(e), qui a reçu une formation; dressé(e)
trainee [treɪ'niː] *n* stagiaire *m/f*; (*in trade*) apprenti(e)
trainer ['treɪnəʳ] *n* (*Sport*) entraîneur(-euse); (*of dogs etc*) dresseur(-euse); **trainers** *npl* (*shoes*) chaussures *fpl* de sport
training ['treɪnɪŋ] *n* formation *f*; (*Sport*) entraînement *m*; (*of dog etc*) dressage *m*; **in ~** (*Sport*) à l'entraînement; (*fit*) en forme
training college *n* école professionnelle; (*for teachers*) ≈ école normale
training course *n* cours *m* de formation professionnelle
training shoes *npl* chaussures *fpl* de sport
train wreck *n* (*fig*) épave *f*; **he's a complete ~** c'est une épave
traipse [treɪps] *vi* (se) traîner, déambuler
trait [treɪt] *n* trait *m* (de caractère)
traitor ['treɪtəʳ] *n* traître *m*
trajectory [trə'dʒɛktərɪ] *n* trajectoire *f*
tram [træm] *n* (*Brit*: *also*: **tramcar**) tram(way) *m*
tramline ['træmlaɪn] *n* ligne *f* de tram(way)
tramp [træmp] *n* (*person*) vagabond(e), clochard(e); (*inf*: *pej*: *woman*): **to be a ~** être coureuse ▷ *vi* marcher d'un pas lourd ▷ *vt* (*walk through*: *town, streets*) parcourir à pied
trample ['træmpl] *vt*: **to ~ (underfoot)** piétiner; (*fig*) bafouer
trampoline ['træmpəliːn] *n* trampoline *m*
trance [trɑːns] *n* transe *f*; (*Med*) catalepsie *f*; **to go into a ~** entrer en transe
tranquil ['træŋkwɪl] *adj* tranquille
tranquillity [træŋ'kwɪlɪtɪ] *n* tranquillité *f*
tranquillizer, (*US*) **tranquilizer** ['træŋkwɪlaɪzəʳ] *n* (*Med*) tranquillisant *m*
transact [træn'zækt] *vt* (*business*) traiter
transaction [træn'zækʃən] *n* transaction *f*; **transactions** *npl* (*minutes*) actes *mpl*; **cash ~** transaction au comptant
transatlantic ['trænzət'læntɪk] *adj* transatlantique
transcend [træn'sɛnd] *vt* transcender; (*excel over*) surpasser
transcendental [trænsɛn'dɛntl] *adj*: **~ meditation** méditation transcendantale
transcribe [træn'skraɪb] *vt* transcrire
transcript ['trænskrɪpt] *n* transcription *f* (*texte*)
transcription [træn'skrɪpʃən] *n* transcription *f*
transept ['trænsɛpt] *n* transept *m*
transfer *n* ['trænsfəʳ] (*gen, also Sport*) transfert *m*; (*Pol*: *of power*) passation *f*; (*of money*) virement *m*; (*picture, design*) décalcomanie *f*; (: *stick-on*) autocollant *m* ▷ *vt* [træns'fəːʳ] transférer; passer; virer; décalquer; **to ~ the charges** (*Brit Tel*) téléphoner en P.C.V.; **by bank ~** par virement bancaire
transferable [træns'fəːrəbl] *adj* transmissible, transférable; **"not ~"** "personnel"
transfer desk *n* (*Aviat*) guichet *m* de transit
transfix [træns'fɪks] *vt* transpercer; (*fig*): **~ed with fear** paralysé(e) par la peur

transform [træns'fɔːm] *vt* transformer
transformation [trænsfə'meɪʃən] *n* transformation *f*
transformer [træns'fɔːmə^r] *n* (*Elec*) transformateur *m*
transfusion [træns'fjuːʒən] *n* transfusion *f*
transgress [træns'grɛs] *vt* transgresser
transient ['trænzɪənt] *adj* transitoire, éphémère
transistor [træn'zɪstə^r] *n* (*Elec*: *also*: **transistor radio**) transistor *m*
transit ['trænzɪt] *n*: **in ~** en transit
transit camp *n* camp *m* de transit
transition [træn'zɪʃən] *n* transition *f*
transitional [træn'zɪʃənl] *adj* transitoire
transitive ['trænzɪtɪv] *adj* (*Ling*) transitif(-ive)
transit lounge *n* (*Aviat*) salle *f* de transit
transitory ['trænzɪtərɪ] *adj* transitoire
translate [trænz'leɪt] *vt*: **to ~ (from/into)** traduire (du/en); **can you ~ this for me?** pouvez-vous me traduire ceci?
translation [trænz'leɪʃən] *n* traduction *f*; (*Scol*: *as opposed to prose*) version *f*
translator [trænz'leɪtə^r] *n* traducteur(-trice)
translucent [trænz'luːsnt] *adj* translucide
transmission [trænz'mɪʃən] *n* transmission *f*
transmit [trænz'mɪt] *vt* transmettre; (*Radio, TV*) émettre
transmitter [trænz'mitə^r] *n* émetteur *m*
transparency [træns'pɛərnsɪ] *n* (*Brit Phot*) diapositive *f*
transparent [træns'pærnt] *adj* transparent(e)
transpire [træns'paɪə^r] *vi* (*become known*): **it finally ~d that ...** on a finalement appris que ...; (*happen*) arriver
transplant *vt* [træns'plɑːnt] transplanter; (*seedlings*) repiquer ▷ *n* ['trænsplɑːnt] (*Med*) transplantation *f*; **to have a heart ~** subir une greffe du cœur
transport *n* ['trænspɔːt] transport *m* ▷ *vt* [træns'pɔːt] transporter; **public ~** transports en commun; **Department of T~** (*Brit*) ministère *m* des Transports
transportation [trænspɔː'teɪʃən] *n* (moyen *m* de) transport *m*; (*of prisoners*) transportation *f*; **Department of T~** (*US*) ministère *m* des Transports
transport café *n* (*Brit*) ≈ routier *m*
transpose [træns'pəuz] *vt* transposer
transsexual [trænz'sɛksjuəl] *adj, n* transsexuel(le)
transverse ['trænzvəːs] *adj* transversal(e)
transvestite [trænz'vɛstaɪt] *n* travesti(e)
trap [træp] *n* (*snare, trick*) piège *m*; (*carriage*) cabriolet *m* ▷ *vt* prendre au piège; (*immobilize*) bloquer; (*confine*) coincer; **to set** *or* **lay a ~ (for sb)** tendre un piège (à qn); **to shut one's ~** (*inf*) la fermer
trap door *n* trappe *f*
trapeze [trə'piːz] *n* trapèze *m*
trapper ['træpə^r] *n* trappeur *m*
trappings ['træpɪŋz] *npl* ornements *mpl*; attributs *mpl*
trash [træʃ] *n* (*pej*: *goods*) camelote *f*; (: *nonsense*) sottises *fpl*; (*US*: *rubbish*) ordures *fpl*
trash can *n* (*US*) poubelle *f*
trashy ['træʃɪ] *adj* (*inf*) de camelote, qui ne vaut rien
trauma ['trɔːmə] *n* traumatisme *m*
traumatic [trɔː'mætɪk] *adj* traumatisant(e)
travel ['trævl] *n* voyage(s) *m(pl)* ▷ *vi* voyager; (*move*) aller, se déplacer; (*news, sound*) se propager ▷ *vt* (*distance*) parcourir; **this wine doesn't ~ well** ce vin voyage mal
travel agency *n* agence *f* de voyages
travel agent *n* agent *m* de voyages
travel brochure *n* brochure *f* touristique
travel insurance *n* assurance-voyage *f*
traveller, (*US*) **traveler** ['trævlə^r] *n* voyageur(-euse); (*Comm*) représentant *m* de commerce
traveller's cheque, (*US*) **traveler's check** *n* chèque *m* de voyage
travelling, (*US*) **traveling** ['trævlɪŋ] *n* voyage(s) *m(pl)* ▷ *adj* (*circus, exhibition*) ambulant(e) ▷ *cpd* (*bag, clock*) de voyage; (*expenses*) de déplacement
travelling salesman, (*US*) **traveling salesman** (*irreg*) *n* voyageur *m* de commerce
travelogue ['trævəlɔg] *n* (*book, talk*) récit *m* de voyage; (*film*) documentaire *m* de voyage
travel-sick ['trævlsɪk] *adj*: **to get ~** avoir le mal de la route (*or* de mer *or* de l'air)
travel sickness *n* mal *m* de la route (*or* de mer *or* de l'air)
traverse ['trævəs] *vt* traverser
travesty ['trævəstɪ] *n* parodie *f*
trawler ['trɔːlə^r] *n* chalutier *m*
tray [treɪ] *n* (*for carrying*) plateau *m*; (*on desk*) corbeille *f*
treacherous ['trɛtʃərəs] *adj* traître(sse); (*ground, tide*) dont il faut se méfier; **road conditions are ~** l'état des routes est dangereux
treachery ['trɛtʃərɪ] *n* traîtrise *f*
treacle ['triːkl] *n* mélasse *f*
tread [trɛd] *n* (*step*) pas *m*; (*sound*) bruit *m* de pas; (*of tyre*) chape *f*, bande *f* de roulement ▷ *vi* (*pt* **trod**, *pp* **trodden**) [trɔd, 'trɔdn] marcher
▸ **tread on** *vt fus* marcher sur
treadle ['trɛdl] *n* pédale *f* (*de machine*)
treas. *abbr* = **treasurer**
treason ['triːzn] *n* trahison *f*
treasure ['trɛʒə^r] *n* trésor *m* ▷ *vt* (*value*) tenir beaucoup à; (*store*) conserver précieusement
treasure hunt *n* chasse *f* au trésor
treasurer ['trɛʒərə^r] *n* trésorier(-ière)
treasury ['trɛʒərɪ] *n* trésorerie *f*; **the T~**, (*US*) **the T~ Department** ≈ le ministère des Finances
treasury bill *n* bon *m* du Trésor
treat [triːt] *n* petit cadeau, petite surprise ▷ *vt* traiter; **it was a ~** ça m'a (*or* nous a *etc*) vraiment fait plaisir; **to ~ sb to sth** offrir qch à qn; **to ~ sth as a joke** prendre qch à la plaisanterie
treatise ['triːtɪz] *n* traité *m* (*ouvrage*)
treatment ['triːtmənt] *n* traitement *m*; **to have**

t

~ for sth *(Med)* suivre un traitement pour qch
treaty ['tri:tɪ] *n* traité *m*
treble ['trɛbl] *adj* triple ▷ *n* *(Mus)* soprano *m* ▷ *vt, vi* tripler
treble clef *n* clé *f* de sol
tree [tri:] *n* arbre *m*
tree-lined ['tri:laɪnd] *adj* bordé(e) d'arbres
treetop ['tri:tɔp] *n* cime *f* d'un arbre
tree trunk *n* tronc *m* d'arbre
trek [trɛk] *n* *(long walk)* randonnée *f*; *(tiring walk)* longue marche, trotte *f* ▷ *vi* *(as holiday)* faire de la randonnée
trellis ['trɛlɪs] *n* treillis *m*, treillage *m*
tremble ['trɛmbl] *vi* trembler
trembling ['trɛmblɪŋ] *n* tremblement *m* ▷ *adj* tremblant(e)
tremendous [trɪ'mɛndəs] *adj* *(enormous)* énorme; *(excellent)* formidable, fantastique
tremendously [trɪ'mɛndəslɪ] *adv* énormément, extrêmement + *adjective*; formidablement
tremor ['trɛmə^r] *n* tremblement *m*; *(also:* **earth tremor**) secousse *f* sismique
trench [trɛntʃ] *n* tranchée *f*
trench coat *n* trench-coat *m*
trench warfare *n* guerre *f* de tranchées
trend [trɛnd] *n* *(tendency)* tendance *f*; *(of events)* cours *m*; *(fashion)* mode *f*; **~ towards/away from doing** tendance à faire/à ne pas faire; **to set the ~** donner le ton; **to set a ~** lancer une mode
trendy ['trɛndɪ] *adj* *(idea, person)* dans le vent; *(clothes)* dernier cri *inv*
trepidation [trɛpɪ'deɪʃən] *n* vive agitation
trespass ['trɛspəs] *vi*: **to ~ on** s'introduire sans permission dans; *(fig)* empiéter sur; **"no ~ing"** "propriété privée", "défense d'entrer"
trespasser ['trɛspəsə^r] *n* intrus(e); **"~s will be prosecuted"** "interdiction d'entrer sous peine de poursuites"
trestle ['trɛsl] *n* tréteau *m*
trestle table *n* table *f* à tréteaux
trial ['traɪəl] *n* *(Law)* procès *m*, jugement *m*; *(test: of machine etc)* essai *m*; *(worry)* souci *m*; **trials** *npl* *(unpleasant experiences)* épreuves *fpl*; *(Sport)* épreuves éliminatoires; **horse ~s** concours *m* hippique; **~ by jury** jugement par jury; **to be sent for ~** être traduit(e) en justice; **to be on ~** passer en jugement; **by ~ and error** par tâtonnements
trial balance *n* *(Comm)* balance *f* de vérification
trial basis *n*: **on a ~** pour une période d'essai
trial period *n* période *f* d'essai
trial run *n* essai *m*
triangle ['traɪæŋgl] *n* *(Math, Mus)* triangle *m*
triangular [traɪ'æŋgjulə^r] *adj* triangulaire
triathlon [traɪ'æθlən] *n* triathlon *m*
tribal ['traɪbl] *adj* tribal(e)
tribe [traɪb] *n* tribu *f*
tribesman ['traɪbzmən] *n* membre *m* de la tribu
tribulation [trɪbju'leɪʃən] *n* tribulation *f*, malheur *m*
tribunal [traɪ'bju:nl] *n* tribunal *m*
tributary ['trɪbjutərɪ] *n* *(river)* affluent *m*
tribute ['trɪbju:t] *n* tribut *m*, hommage *m*; **to pay ~ to** rendre hommage à
trice [traɪs] *n*: **in a ~** en un clin d'œil
trick [trɪk] *n* *(magic)* tour *m*; *(joke, prank)* tour, farce *f*; *(skill, knack)* astuce *f*; *(Cards)* levée *f* ▷ *vt* attraper, rouler; **to play a ~ on sb** jouer un tour à qn; **to ~ sb into doing sth** persuader qn par la ruse de faire qch; **to ~ sb out of sth** obtenir qch de qn par la ruse; **it's a ~ of the light** c'est une illusion d'optique causée par la lumière; **that should do the ~** *(fam)* ça devrait faire l'affaire
trickery ['trɪkərɪ] *n* ruse *f*
trickle ['trɪkl] *n* *(of water etc)* filet *m* ▷ *vi* couler en un filet *or* goutte à goutte; **to ~ in/out** *(people)* entrer/sortir par petits groupes
trick question *n* question-piège *f*
trickster ['trɪkstə^r] *n* arnaqueur(-euse), filou *m*
tricky ['trɪkɪ] *adj* difficile, délicat(e)
tricycle ['traɪsɪkl] *n* tricycle *m*
trifle ['traɪfl] *n* bagatelle *f*; *(Culin)* ≈ diplomate *m* ▷ *adv*: **a ~ long** un peu long ▷ *vi*: **to ~ with** traiter à la légère
trifling ['traɪflɪŋ] *adj* insignifiant(e)
trigger ['trɪgə^r] *n* *(of gun)* gâchette *f*
▶ **trigger off** *vt* déclencher
trigonometry [trɪgə'nɔmətrɪ] *n* trigonométrie *f*
trilby ['trɪlbɪ] *n* *(Brit: also:* **trilby hat**) chapeau mou, feutre *m*
trill [trɪl] *n* *(of bird, Mus)* trille *m*
trilogy ['trɪlədʒɪ] *n* trilogie *f*
trim [trɪm] *adj* net(te); *(house, garden)* bien tenu(e); *(figure)* svelte ▷ *n* *(haircut etc)* légère coupe; *(embellishment)* finitions *fpl*; *(on car)* garnitures *fpl* ▷ *vt* *(cut)* couper légèrement; *(decorate)*: **to ~ (with)** décorer (de); *(Naut: a sail)* gréer; **to keep in (good) ~** maintenir en (bon) état
trimmings ['trɪmɪŋz] *npl* décorations *fpl*; *(extras: gen Culin)* garniture *f*
Trinidad and Tobago ['trɪnɪdæd-] *n* Trinité et Tobago *f*
Trinity ['trɪnɪtɪ] *n*: **the ~** la Trinité
trinket ['trɪŋkɪt] *n* bibelot *m*; *(piece of jewellery)* colifichet *m*
trio ['tri:əu] *n* trio *m*
trip [trɪp] *n* voyage *m*; *(excursion)* excursion *f*; *(stumble)* faux pas ▷ *vi* faire un faux pas, trébucher; *(go lightly)* marcher d'un pas léger; **on a ~** en voyage
▶ **trip up** *vi* trébucher ▷ *vt* faire un croc-en-jambe à
tripartite [traɪ'pɑ:taɪt] *adj* triparti(e)
tripe [traɪp] *n* *(Culin)* tripes *fpl*; *(pej: rubbish)* idioties *fpl*
triple ['trɪpl] *adj* triple ▷ *adv*: **~ the distance/the speed** trois fois la distance/la vitesse
triple jump *n* triple saut *m*
triplets ['trɪplɪts] *npl* triplés(-ées)
triplicate ['trɪplɪkət] *n*: **in ~** en trois exemplaires
tripod ['traɪpɔd] *n* trépied *m*
Tripoli ['trɪpəlɪ] *n* Tripoli

tripper ['trɪpəʳ] *n* (*Brit*) touriste *m/f*; excursionniste *m/f*

tripwire ['trɪpwaɪəʳ] *n* fil *m* de déclenchement

trite [traɪt] *adj* banal(e)

triumph ['traɪʌmf] *n* triomphe *m* ▷ *vi*: **to ~ (over)** triompher (de)

triumphal [traɪ'ʌmfl] *adj* triomphal(e)

triumphant [traɪ'ʌmfənt] *adj* triomphant(e)

trivia ['trɪvɪə] *npl* futilités *fpl*

trivial ['trɪvɪəl] *adj* insignifiant(e); (*commonplace*) banal(e)

triviality [trɪvɪ'ælɪtɪ] *n* caractère insignifiant; banalité *f*

trivialize ['trɪvɪəlaɪz] *vt* rendre banal(e)

trod [trɔd] *pt of* **tread**

trodden [trɔdn] *pp of* **tread**

trolley ['trɔlɪ] *n* chariot *m*

trolley bus *n* trolleybus *m*

trollop ['trɔləp] *n* prostituée *f*

trombone [trɔm'bəun] *n* trombone *m*

troop [tru:p] *n* bande *f*, groupe *m* ▷ *vi*: **to ~ in/out** entrer/sortir en groupe; **troops** *npl* (*Mil*) troupes *fpl*; (*: men*) hommes *mpl*, soldats *mpl*; **~ing the colour** (*Brit: ceremony*) le salut au drapeau

troop carrier *n* (*plane*) avion *m* de transport de troupes; (*Naut: also:* **troopship**) transport *m* (*navire*)

trooper ['tru:pəʳ] *n* (*Mil*) soldat *m* de cavalerie; (*US: policeman*) ≈ gendarme *m*

troopship ['tru:pʃɪp] *n* transport *m* (*navire*)

trophy ['trəufɪ] *n* trophée *m*

tropic ['trɔpɪk] *n* tropique *m*; **in the ~s** sous les tropiques; **T~ of Cancer/Capricorn** tropique du Cancer/Capricorne

tropical ['trɔpɪkl] *adj* tropical(e)

trot [trɔt] *n* trot *m* ▷ *vi* trotter; **on the ~** (*Brit: fig*) d'affilée

▸ **trot out** *vt* (*excuse, reason*) débiter; (*names, facts*) réciter les uns après les autres

trouble ['trʌbl] *n* difficulté(s) *f(pl)*, problème(s) *m(pl)*; (*worry*) ennuis *mpl*, soucis *mpl*; (*bother, effort*) peine *f*; (*Pol*) conflit(s) *m(pl)*, troubles *mpl*; (*Med*): **stomach** *etc* **~** troubles gastriques *etc* ▷ *vt* (*disturb*) déranger, gêner; (*worry*) inquiéter ▷ *vi*: **to ~ to do** prendre la peine de faire; **troubles** *npl* (*Pol etc*) troubles; (*personal*) ennuis, soucis; **to be in ~** avoir des ennuis; (*ship, climber etc*) être en difficulté; **to have ~ doing sth** avoir du mal à faire qch; **to go to the ~ of doing** se donner le mal de faire; **it's no ~!** je vous en prie!; **please don't ~ yourself** je vous en prie, ne vous dérangez pas!; **the ~ is ...** le problème, c'est que ...; **what's the ~?** qu'est-ce qui ne va pas?

troubled [trʌbld] *adj* (*person*) inquiet(-ète); (*times, life*) agité(e)

trouble-free ['trʌblfri:] *adj* sans problèmes *or* ennuis

troublemaker ['trʌblmeɪkəʳ] *n* élément perturbateur, fauteur *m* de troubles

troubleshooter ['trʌblʃu:təʳ] *n* (*in conflict*) conciliateur *m*

troublesome ['trʌblsəm] *adj* (*child*) fatigant(e), difficile; (*cough*) gênant(e)

trouble spot *n* point chaud (*fig*)

troubling ['trʌblɪŋ] *adj* (*times, thought*) inquiétant(e)

trough [trɔf] *n* (*also:* **drinking trough**) abreuvoir *m*; (*also:* **feeding trough**) auge *f*; (*depression*) creux *m*; (*channel*) chenal *m*; **~ of low pressure** (*Meteorology*) dépression *f*

trounce [trauns] *vt* (*defeat*) battre à plates coutures

troupe [tru:p] *n* troupe *f*

trouser press *n* presse-pantalon *m inv*

trousers ['trauzəz] *npl* pantalon *m*; **short ~** (*Brit*) culottes courtes

trouser suit *n* (*Brit*) tailleur-pantalon *m*

trousseau (*pl* **-x** *or* **-s**) ['tru:səu, -z] *n* trousseau *m*

trout [traut] *n* (*pl inv*) truite *f*

trowel ['trauəl] *n* truelle *f*; (*garden tool*) déplantoir *m*

truant ['truənt] *n*: **to play ~** (*Brit*) faire l'école buissonnière

truce [tru:s] *n* trêve *f*

truck [trʌk] *n* camion *m*; (*Rail*) wagon *m* à plate-forme; (*for luggage*) chariot *m* (à bagages)

truck driver *n* camionneur *m*

trucker ['trʌkəʳ] *n* (*esp US*) camionneur *m*

truck farm *n* (*US*) jardin maraîcher

trucking ['trʌkɪŋ] *n* (*esp US*) transport routier

trucking company *n* (*US*) entreprise *f* de transport (routier)

truck stop (*US*) *n* routier *m*, restaurant *m* de routiers

truculent ['trʌkjulənt] *adj* agressif(-ive)

trudge [trʌdʒ] *vi* marcher lourdement, se traîner

true [tru:] *adj* vrai(e); (*accurate*) exact(e); (*genuine*) vrai, véritable; (*faithful*) fidèle; (*wall*) d'aplomb; (*beam*) droit(e); (*wheel*) dans l'axe; **to come ~** se réaliser; **~ to life** réaliste

truffle ['trʌfl] *n* truffe *f*

truly ['tru:lɪ] *adv* vraiment, réellement; (*truthfully*) sans mentir; (*faithfully*) fidèlement; **yours ~** (*in letter*) je vous prie d'agréer, Monsieur (*or* Madame *etc*), l'expression de mes sentiments respectueux

trump [trʌmp] *n* atout *m*; **to turn up ~s** (*fig*) faire des miracles

trump card *n* atout *m*; (*fig*) carte maîtresse *f*

trumped-up [trʌmpt'ʌp] *adj* inventé(e) (de toutes pièces)

trumpet ['trʌmpɪt] *n* trompette *f*

truncated [trʌŋ'keɪtɪd] *adj* tronqué(e)

truncheon ['trʌntʃən] *n* bâton *m* (d'agent de police); matraque *f*

trundle ['trʌndl] *vt, vi*: **to ~ along** rouler bruyamment

trunk [trʌŋk] *n* (*of tree, person*) tronc *m*; (*of elephant*) trompe *f*; (*case*) malle *f*; (*US Aut*) coffre *m*; **trunks** *npl* (*also:* **swimming trunks**) maillot *m or* slip *m* de bain

trunk call *n* (*Brit Tel*) communication

interurbaine
trunk road *n* (*Brit*) ≈ (route *f*) nationale *f*
truss [trʌs] *n* (*Med*) bandage *m* herniaire ▷ *vt*: **to ~ (up)** (*Culin*) brider
trust [trʌst] *n* confiance *f*; (*responsibility*): **to place sth in sb's ~** confier la responsabilité de qch à qn; (*Law*) fidéicommis *m*; (*Comm*) trust *m* ▷ *vt* (*rely on*) avoir confiance en; (*entrust*): **to ~ sth to sb** confier qch à qn; (*hope*): **to ~ (that)** espérer (que); **to take sth on ~** accepter qch les yeux fermés; **in ~** (*Law*) par fidéicommis
trust company *n* société *f* fiduciaire
trusted ['trʌstɪd] *adj* en qui l'on a confiance
trustee [trʌs'tiː] *n* (*Law*) fidéicommissaire *m/f*; (*of school etc*) administrateur(-trice)
trustful ['trʌstful] *adj* confiant(e)
trust fund *n* fonds *m* en fidéicommis
trusting ['trʌstɪŋ] *adj* confiant(e)
trustworthy ['trʌstwəːðɪ] *adj* digne de confiance
trusty ['trʌstɪ] *adj* fidèle
truth [truːθ, *pl* truːðz] *n* vérité *f*
truthful ['truːθful] *adj* (*person*) qui dit la vérité; (*answer*) sincère; (*description*) exact(e), vrai(e)
truthfully ['truːθfəlɪ] *adv* sincèrement, sans mentir
truthfulness ['truːθfəlnɪs] *n* véracité *f*
try [traɪ] *n* essai *m*, tentative *f*; (*Rugby*) essai ▷ *vt* (*attempt*) essayer, tenter; (*test: sth new: also:* **try out**) essayer, tester; (*Law: person*) juger; (*strain*) éprouver ▷ *vi* essayer; **to ~ to do** essayer de faire; (*seek*) chercher à faire; **to ~ one's (very) best** *or* **one's (very) hardest** faire de son mieux; **to give sth a ~** essayer qch
▸ **try on** *vt* (*clothes*) essayer; **to ~ it on** (*fig*) tenter le coup, bluffer
▸ **try out** *vt* essayer, mettre à l'essai
trying ['traɪɪŋ] *adj* pénible
tsar [zɑːʳ] *n* tsar *m*
T-shirt ['tiːʃəːt] *n* tee-shirt *m*
T-square ['tiːskwɛəʳ] *n* équerre *f* en T
tsunami [tsʊ'nɑːmɪ] *n* tsunami *m*
TT *adj abbr* (*Brit inf*) = **teetotal** ▷ *abbr* (*US*) = **Trust Territory**
tub [tʌb] *n* cuve *f*; (*for washing clothes*) baquet *m*; (*bath*) baignoire *f*
tuba ['tjuːbə] *n* tuba *m*
tubby ['tʌbɪ] *adj* rondelet(te)
tube [tjuːb] *n* tube *m*; (*Brit: underground*) métro *m*; (*for tyre*) chambre *f* à air; (*inf: television*): **the ~** la télé
tubeless ['tjuːblɪs] *adj* (*tyre*) sans chambre à air
tuber ['tjuːbəʳ] *n* (*Bot*) tubercule *m*
tuberculosis [tjubəːkju'ləusɪs] *n* tuberculose *f*
tube station *n* (*Brit*) station *f* de métro
tubing ['tjuːbɪŋ] *n* tubes *mpl*; **a piece of ~** un tube
tubular ['tjuːbjuləʳ] *adj* tubulaire
TUC *n abbr* (*Brit:* = *Trades Union Congress*) confédération *f* des syndicats britanniques
tuck [tʌk] *n* (*Sewing*) pli *m*, rempli *m* ▷ *vt* (*put*) mettre
▸ **tuck away** *vt* cacher, ranger; (*money*) mettre de côté; (*building*): **to be ~ed away** être caché(e
▸ **tuck in** *vt* rentrer; (*child*) border ▷ *vi* (*eat*) manger de bon appétit; attaquer le repas
▸ **tuck up** *vt* (*child*) border
tuck shop *n* (*Brit Scol*) boutique *f* à provisions
Tuesday ['tjuːzdɪ] *n* mardi *m*; **(the date) today is ~ 23rd March** nous sommes aujourd'hui le mardi 23 mars; **on ~** mardi; **on ~s** le mardi; **every ~** tous les mardis, chaque mardi; **every other ~** un mardi sur deux; **last/next ~** mardi dernier/prochain; **~ next** mardi qui vient; **the following ~** le mardi suivant; **a week/fortnight on ~, ~ week/fortnight** mardi en huit/quinze; **the ~ before last** l'autre mardi; **the ~ after next** mardi en huit; **~ morning/lunchtime/afternoon/evening** mardi matin/midi/après-midi/soir; **~ night** mardi soir; (*overnight*) la nuit de mardi (à mercredi); **~'s newspaper** le journal de mardi
tuft [tʌft] *n* touffe *f*
tug [tʌg] *n* (*ship*) remorqueur *m* ▷ *vt* tirer (sur)
tug-of-love [tʌgəv'lʌv] *n* *lutte acharnée entre parents divorcés pour avoir la garde d'un enfant*
tug-of-war [tʌgəv'wɔːʳ] *n* lutte *f* à la corde
tuition [tjuː'ɪʃən] *n* (*Brit: lessons*) leçons *fpl*; (*: private*) cours particuliers; (*US: fees*) frais *mpl* de scolarité
tulip ['tjuːlɪp] *n* tulipe *f*
tumble ['tʌmbl] *n* (*fall*) chute *f*, culbute *f* ▷ *vi* tomber, dégringoler; (*somersault*) faire une *or* des culbute(s) ▷ *vt* renverser, faire tomber; **to ~ to sth** (*inf*) réaliser qch
tumbledown ['tʌmbldaun] *adj* délabré(e)
tumble dryer *n* (*Brit*) séchoir *m* (à linge) à air chaud
tumbler ['tʌmbləʳ] *n* verre (droit), gobelet *m*
tummy ['tʌmɪ] *n* (*inf*) ventre *m*
tumour, (*US*) **tumor** ['tjuːməʳ] *n* tumeur *f*
tumult ['tjuːmʌlt] *n* tumulte *m*
tumultuous [tjuː'mʌltjuəs] *adj* tumultueux(-euse)
tuna ['tjuːnə] *n* (*pl inv: also:* **tuna fish**) thon *m*
tune [tjuːn] *n* (*melody*) air *m* ▷ *vt* (*Mus*) accorder; (*Radio, TV, Aut*) régler, mettre au point; **to be in/out of ~** (*instrument*) être accordé/désaccordé; (*singer*) chanter juste/faux; **to be in/out of ~ with** (*fig*) être en accord/désaccord avec; **she was robbed to the ~ of £30,000** (*fig*) on lui a volé la jolie somme de 10 000 livres
▸ **tune in** *vi* (*Radio, TV*): **to ~ in (to)** se mettre à l'écoute (de)
▸ **tune up** *vi* (*musician*) accorder son instrument
tuneful ['tjuːnful] *adj* mélodieux(-euse)
tuner ['tjuːnəʳ] *n* (*radio set*) tuner *m*; **piano ~** accordeur *m* de pianos
tuner amplifier *n* ampli-tuner *m*
tungsten ['tʌŋstn] *n* tungstène *m*
tunic ['tjuːnɪk] *n* tunique *f*
tuning ['tjuːnɪŋ] *n* réglage *m*
tuning fork *n* diapason *m*
Tunis ['tjuːnɪs] *n* Tunis

Tunisia [tjuːˈnɪzɪə] *n* Tunisie *f*
Tunisian [tjuːˈnɪzɪən] *adj* tunisien(ne) ▷ *n* Tunisien(ne)
tunnel [ˈtʌnl] *n* tunnel *m*; (*in mine*) galerie *f* ▷ *vi* creuser un tunnel (*or* une galerie)
tunnel vision *n* (*Med*) rétrécissement *m* du champ visuel; (*fig*) vision étroite des choses
tunny [ˈtʌnɪ] *n* thon *m*
turban [ˈtəːbən] *n* turban *m*
turbid [ˈtəːbɪd] *adj* boueux(-euse)
turbine [ˈtəːbaɪn] *n* turbine *f*
turbo [ˈtəːbəu] *n* turbo *m*
turbojet [təːbəuˈdʒɛt] *n* turboréacteur *m*
turboprop [təːbəuˈprɔp] *n* (*engine*) turbopropulseur *m*
turbot [ˈtəːbət] *n* (*pl inv*) turbot *m*
turbulence [ˈtəːbjuləns] *n* (*Aviat*) turbulence *f*
turbulent [ˈtəːbjulənt] *adj* turbulent(e); (*sea*) agité(e)
tureen [təˈriːn] *n* soupière *f*
turf [təːf] *n* gazon *m*; (*clod*) motte *f* (de gazon) ▷ *vt* gazonner; **the T~** le turf, les courses *fpl*
▸ **turf out** *vt* (*inf*) jeter; jeter dehors
turf accountant *n* (*Brit*) bookmaker *m*
turgid [ˈtəːdʒɪd] *adj* (*speech*) pompeux(-euse)
Turin [tjuəˈrɪn] *n* Turin
Turk [təːk] *n* Turc (Turque)
Turkey [ˈtəːkɪ] *n* Turquie *f*
turkey [ˈtəːkɪ] *n* dindon *m*, dinde *f*
Turkish [ˈtəːkɪʃ] *adj* turc (turque) ▷ *n* (*Ling*) turc *m*
Turkish bath *n* bain turc
Turkish delight *n* loukoum *m*
turmeric [ˈtəːmərɪk] *n* curcuma *m*
turmoil [ˈtəːmɔɪl] *n* trouble *m*, bouleversement *m*
turn [təːn] *n* tour *m*; (*in road*) tournant *m*; (*tendency: of mind, events*) tournure *f*; (*performance*) numéro *m*; (*Med*) crise *f*, attaque *f* ▷ *vt* tourner; (*collar, steak*) retourner; (*age*) atteindre; (*shape: wood, metal*) tourner; (*milk*) faire tourner; (*change*): **to ~ sth into** changer qch en ▷ *vi* (*object, wind, milk*) tourner; (*person: look back*) se (re)tourner; (*reverse direction*) faire demi-tour; (*change*) changer; (*become*) devenir; **to ~ into** se changer en, se transformer en; **a good ~** un service; **a bad ~** un mauvais tour; **it gave me quite a ~** ça m'a fait un coup; **"no left ~"** (*Aut*) "défense de tourner à gauche"; **~ left/right at the next junction** tournez à gauche/droite au prochain carrefour; **it's your ~** c'est (à) votre tour; **in ~** à son tour; à tour de rôle; **to take ~s** se relayer; **to take ~s at** faire à tour de rôle; **at the ~ of the year/century** à la fin de l'année/du siècle; **to take a ~ for the worse** (*situation, events*) empirer; **his health** *or* **he has taken a ~ for the worse** son état s'est aggravé
▸ **turn about** *vi* faire demi-tour; faire un demi-tour
▸ **turn around** *vi* (*person*) se retourner ▷ *vt* (*object*) tourner
▸ **turn away** *vi* se détourner, tourner la tête ▷ *vt* (*reject: person*) renvoyer; (*: business*) refuser
▸ **turn back** *vi* revenir, faire demi-tour
▸ **turn down** *vt* (*refuse*) rejeter, refuser; (*reduce*) baisser; (*fold*) rabattre
▸ **turn in** *vi* (*inf: go to bed*) aller se coucher ▷ *vt* (*fold*) rentrer
▸ **turn off** *vi* (*from road*) tourner ▷ *vt* (*light, radio etc*) éteindre; (*tap*) fermer; (*engine*) arrêter; **I can't ~ the heating off** je n'arrive pas à éteindre le chauffage
▸ **turn on** *vt* (*light, radio etc*) allumer; (*tap*) ouvrir; (*engine*) mettre en marche; **I can't ~ the heating on** je n'arrive pas à allumer le chauffage
▸ **turn out** *vt* (*light, gas*) éteindre; (*produce: goods, novel, good pupils*) produire ▷ *vi* (*voters, troops*) se présenter; **to ~ out to be ...** s'avérer ..., se révéler ...
▸ **turn over** *vi* (*person*) se retourner ▷ *vt* (*object*) retourner; (*page*) tourner
▸ **turn round** *vi* faire demi-tour; (*rotate*) tourner
▸ **turn to** *vt fus*: **to ~ to sb** s'adresser à qn
▸ **turn up** *vi* (*person*) arriver, se pointer (*inf*); (*lost object*) être retrouvé(e) ▷ *vt* (*collar*) remonter; (*radio, heater*) mettre plus fort
turnabout [ˈtəːnəbaut], **turnaround** [ˈtəːnəraund] *n* volte-face *f inv*
turncoat [ˈtəːnkəut] *n* renégat(e)
turned-up [ˈtəːndʌp] *adj* (*nose*) retroussé(e)
turning [ˈtəːnɪŋ] *n* (*in road*) tournant *m*; **the first ~ on the right** la première (rue *or* route) à droite
turning circle *n* (*Brit*) rayon *m* de braquage
turning point *n* (*fig*) tournant *m*, moment décisif
turning radius *n* (*US*) = **turning circle**
turnip [ˈtəːnɪp] *n* navet *m*
turnout [ˈtəːnaut] *n* (nombre *m* de personnes dans l')assistance *f*; (*of voters*) taux *m* de participation
turnover [ˈtəːnəuvəʳ] *n* (*Comm: amount of money*) chiffre *m* d'affaires; (*: of goods*) roulement *m*; (*of staff*) renouvellement *m*, changement *m*; (*Culin*) *sorte de chausson*; **there is a rapid ~ in staff** le personnel change souvent
turnpike [ˈtəːnpaɪk] *n* (*US*) autoroute *f* à péage
turnstile [ˈtəːnstaɪl] *n* tourniquet *m* (*d'entrée*)
turntable [ˈtəːnteɪbl] *n* (*on record player*) platine *f*
turn-up [ˈtəːnʌp] *n* (*Brit: on trousers*) revers *m*
turpentine [ˈtəːpəntaɪn] *n* (*also:* **turps**) (essence *f* de) térébenthine *f*
turquoise [ˈtəːkwɔɪz] *n* (*stone*) turquoise *f* ▷ *adj* turquoise *inv*
turret [ˈtʌrɪt] *n* tourelle *f*
turtle [ˈtəːtl] *n* tortue marine
turtleneck [ˈtəːtlnɛk], **turtleneck sweater** *n* pullover *m* à col montant
Tuscany [ˈtʌskənɪ] *n* Toscane *f*
tusk [tʌsk] *n* défense *f* (*d'éléphant*)
tussle [ˈtʌsl] *n* bagarre *f*, mêlée *f*
tutor [ˈtjuːtəʳ] *n* (*Brit Scol: in college*) directeur(-trice) d'études; (*private teacher*)

t

précepteur(-trice)
tutorial [tjuːˈtɔːrɪəl] *n* (*Scol*) (séance *f* de) travaux *mpl* pratiques
tuxedo [tʌkˈsiːdəu] *n* (*US*) smoking *m*
TV [tiːˈviː] *n abbr* (= *television*) télé *f*, TV *f*
TV dinner *n* plateau-repas surgelé
twaddle [ˈtwɔdl] *n* balivernes *fpl*
twang [twæŋ] *n* (*of instrument*) son vibrant; (*of voice*) ton nasillard ▷ *vi* vibrer ▷ *vt* (*guitar*) pincer les cordes de
tweak [twiːk] *vt* (*nose*) tordre; (*ear, hair*) tirer
tweed [twiːd] *n* tweed *m*
tweezers [ˈtwiːzəz] *npl* pince *f* à épiler
twelfth [twɛlfθ] *num* douzième
Twelfth Night *n* la fête des Rois
twelve [twɛlv] *num* douze; **at ~ (o'clock)** à midi; (*midnight*) à minuit
twentieth [ˈtwɛntɪɪθ] *num* vingtième
twenty [ˈtwɛntɪ] *num* vingt
twerp [twəːp] *n* (*inf*) imbécile *m/f*
twice [twaɪs] *adv* deux fois; **~ as much** deux fois plus; **~ a week** deux fois par semaine; **she is ~ your age** elle a deux fois ton âge
twiddle [ˈtwɪdl] *vt, vi*: **to ~ (with) sth** tripoter qch; **to ~ one's thumbs** (*fig*) se tourner les pouces
twig [twɪg] *n* brindille *f* ▷ *vt, vi* (*inf*) piger
twilight [ˈtwaɪlaɪt] *n* crépuscule *m*; (*morning*) aube *f*; **in the ~** dans la pénombre
twill [twɪl] *n* sergé *m*
twin [twɪn] *adj, n* jumeau(-elle) ▷ *vt* jumeler
twin-bedded room [ˈtwɪnˈbɛdɪd-] *n* = **twin room**
twin beds *npl* lits *mpl* jumeaux
twin-carburettor [ˈtwɪnkɑːbjuˈrɛtəʳ] *adj* à double carburateur
twine [twaɪn] *n* ficelle *f* ▷ *vi* (*plant*) s'enrouler
twin-engined [twɪnˈɛndʒɪnd] *adj* bimoteur; **~ aircraft** bimoteur *m*
twinge [twɪndʒ] *n* (*of pain*) élancement *m*; (*of conscience*) remords *m*
twinkle [ˈtwɪŋkl] *n* scintillement *m*; pétillement *m* ▷ *vi* scintiller; (*eyes*) pétiller
twin room *n* chambre *f* à deux lits
twin town *n* ville jumelée
twirl [twəːl] *n* tournoiement *m* ▷ *vt* faire tournoyer ▷ *vi* tournoyer
twist [twɪst] *n* torsion *f*, tour *m*; (*in wire, flex*) tortillon *m*; (*bend: in road*) tournant *m*; (*in story*) coup *m* de théâtre ▷ *vt* tordre; (*weave*) entortiller; (*roll around*) enrouler; (*fig*) déformer ▷ *vi* s'entortiller; s'enrouler; (*road, river*) serpenter; **to ~ one's ankle/wrist** (*Med*) se tordre la cheville/le poignet
twisted [ˈtwɪstɪd] *adj* (*wire, rope*) entortillé(e); (*ankle, wrist*) tordu(e), foulé(e); (*fig: logic, mind*) tordu
twit [twɪt] *n* (*inf*) crétin(e)
twitch [twɪtʃ] *n* (*pull*) coup sec, saccade *f*; (*nervous*) tic *m* ▷ *vi* se convulser; avoir un tic
Twitter® [ˈtwɪtəʳ] *n* Twitter® ▷ *vi* twitter
two [tuː] *num* deux; **~ by ~**, **in ~s** par deux; **to put ~ and ~ together** (*fig*) faire le rapprochement
two-bit [tuːˈbɪt] *adj* (*esp US inf, pej*) de pacotille
two-door [tuːˈdɔːʳ] *adj* (*Aut*) à deux portes
two-faced [tuːˈfeɪst] *adj* (*pej: person*) faux (fausse)
twofold [ˈtuːfəuld] *adv*: **to increase ~** doubler ▷ *adj* (*increase*) de cent pour cent; (*reply*) en deux parties
two-piece [ˈtuːˈpiːs] *n* (*also*: **two-piece suit**) (costume *m*) deux-pièces *m inv*; (*also*: **two-piece swimsuit**) (maillot *m* de bain) deux-pièces
two-seater [tuːˈsiːtəʳ] *n* (*plane*) (avion *m*) biplace *m*; (*car*) voiture *f* à deux places
twosome [ˈtuːsəm] *n* (*people*) couple *m*
two-stroke [ˈtuːstrəuk] *n* (*also*: **two-stroke engine**) moteur *m* à deux temps ▷ *adj* à deux temps
two-tone [ˈtuːˈtəun] *adj* (*in colour*) à deux tons
two-way [ˈtuːweɪ] *adj* (*traffic*) dans les deux sens; **~ radio** émetteur-récepteur *m*
TX *abbr* (*US*) = **Texas**
tycoon [taɪˈkuːn] *n*: **(business) ~** gros homme d'affaires
type [taɪp] *n* (*category*) genre *m*, espèce *f*; (*model*) modèle *m*; (*example*) type *m*; (*Typ*) type, caractère *m* ▷ *vt* (*letter etc*) taper (à la machine); **what ~ do you want?** quel genre voulez-vous?; **in bold/italic ~** en caractères gras/en italiques
typecast [ˈtaɪpkɑːst] *adj* condamné(e) à toujours jouer le même rôle
typeface [ˈtaɪpfeɪs] *n* police *f* (de caractères)
typescript [ˈtaɪpskrɪpt] *n* texte dactylographié
typeset [ˈtaɪpsɛt] *vt* composer (*en imprimerie*)
typesetter [ˈtaɪpsɛtəʳ] *n* compositeur *m*
typewriter [ˈtaɪpraɪtəʳ] *n* machine *f* à écrire
typewritten [ˈtaɪprɪtn] *adj* dactylographié(e)
typhoid [ˈtaɪfɔɪd] *n* typhoïde *f*
typhoon [taɪˈfuːn] *n* typhon *m*
typhus [ˈtaɪfəs] *n* typhus *m*
typical [ˈtɪpɪkl] *adj* typique, caractéristique
typically [ˈtɪpɪklɪ] *adv* (*as usual*) comme d'habitude; (*characteristically*) typiquement
typify [ˈtɪpɪfaɪ] *vt* être caractéristique de
typing [ˈtaɪpɪŋ] *n* dactylo(graphie) *f*
typing error *n* faute *f* de frappe
typing pool *n* pool *m* de dactylos
typist [ˈtaɪpɪst] *n* dactylo *m/f*
typo [ˈtaɪpəu] *n abbr* (*inf*: = *typographical error*) coquille *f*
typography [taɪˈpɔgrəfɪ] *n* typographie *f*
tyranny [ˈtɪrənɪ] *n* tyrannie *f*
tyrant [ˈtaɪrənt] *n* tyran *m*
tyre, (*US*) **tire** [ˈtaɪəʳ] *n* pneu *m*
tyre pressure *n* (*Brit*) pression *f* (de gonflage)
Tyrol [tɪˈrəul] *n* Tyrol *m*
Tyrrhenian Sea [tɪˈriːnɪən-] *n*: **the ~** la mer Tyrrhénienne
tzar [zɑːʳ] *n* = **tsar**

Uu

U, u [juː] *n* (*letter*) U, u *m*; **U for Uncle** U comme Ursule
U *n abbr* (*Brit Cine*: = *universal*) ≈ tous publics
UAW *n abbr* (*US*: = *United Automobile Workers*) *syndicat des ouvriers de l'automobile*
UB40 *n abbr* (*Brit*: = *unemployment benefit form 40*) *numéro de référence d'un formulaire d'inscription au chômage: par extension, le bénéficiaire*
U-bend ['juːbɛnd] *n* (*Brit Aut*) coude *m*, virage *m* en épingle à cheveux; (*in pipe*) coude
ubiquitous [juː'bɪkwɪtəs] *adj* doué(e) d'ubiquité, omniprésent(e)
UCAS ['juːkæs] *n abbr* (*Brit*) = **Universities and Colleges Admissions Service**
UDA *n abbr* (*Brit*) = **Ulster Defence Association**
UDC *n abbr* (*Brit*) = **Urban District Council**
udder ['ʌdə^r] *n* pis *m*, mamelle *f*
UDI *n abbr* (*Brit Pol*) = **unilateral declaration of independence**
UDR *n abbr* (*Brit*) = **Ulster Defence Regiment**
UEFA [juː'eɪfə] *n abbr* (= *Union of European Football Associations*) UEFA *f*
UFO ['juːfəu] *n abbr* (= *unidentified flying object*) ovni *m*
Uganda [juː'gændə] *n* Ouganda *m*
Ugandan [juː'gændən] *adj* ougandais(e) ▷ *n* Ougandais(e)
UGC *n abbr* (*Brit*: = *University Grants Committee*) *commission d'attribution des dotations aux universités*
ugh [əːh] *excl* pouah!
ugliness ['ʌglɪnɪs] *n* laideur *f*
ugly ['ʌglɪ] *adj* laid(e), vilain(e); (*fig*) répugnant(e)
UHF *abbr* (= *ultra-high frequency*) UHF
UHT *adj abbr* = **ultra-heat treated**; **~ milk** lait *m* UHT *or* longue conservation
UK *n abbr* = **United Kingdom**
Ukraine [juː'kreɪn] *n* Ukraine *f*
Ukrainian [juː'kreɪnɪən] *adj* ukrainien(ne) ▷ *n* Ukrainien(ne); (*Ling*) ukrainien *m*
ulcer ['ʌlsə^r] *n* ulcère *m*; **mouth ~** aphte *f*
Ulster ['ʌlstə^r] *n* Ulster *m*
ulterior [ʌl'tɪərɪə^r] *adj* ultérieur(e); **~ motive** arrière-pensée *f*
ultimate ['ʌltɪmət] *adj* ultime, final(e); (*authority*) suprême ▷ *n*: **the ~ in luxury** le summum du luxe
ultimately ['ʌltɪmətlɪ] *adv* (*at last*) en fin de compte; (*fundamentally*) finalement; (*eventually*) par la suite
ultimatum (*pl* **-s** *or* **ultimata**) [ʌltɪ'meɪtəm, -tə] *n* ultimatum *m*
ultrasonic [ʌltrə'sɔnɪk] *adj* ultrasonique
ultrasound ['ʌltrəsaund] *n* (*Med*) ultrason *m*
ultraviolet ['ʌltrə'vaɪəlɪt] *adj* ultraviolet(te)
umbilical [ʌmbɪ'laɪkl] *adj*: **~ cord** cordon ombilical
umbrage ['ʌmbrɪdʒ] *n*: **to take ~** prendre ombrage, se froisser
umbrella [ʌm'brɛlə] *n* parapluie *m*; (*for sun*) parasol *m*; (*fig*): **under the ~ of** sous les auspices de; chapeauté(e) par
umlaut ['umlaut] *n* tréma *m*
umpire ['ʌmpaɪə^r] *n* arbitre *m*; (*Tennis*) juge *m* de chaise ▷ *vt* arbitrer
umpteen [ʌmp'tiːn] *adj* je ne sais combien de; **for the ~th time** pour la nième fois
UMW *n abbr* (= *United Mineworkers of America*) *syndicat des mineurs*
UN *n abbr* = **United Nations**
unabashed [ʌnə'bæʃt] *adj* nullement intimidé(e)
unabated [ʌnə'beɪtɪd] *adj* non diminué(e)
unable [ʌn'eɪbl] *adj*: **to be ~ to** ne (pas) pouvoir, être dans l'impossibilité de; (*not capable*) être incapable de
unabridged [ʌnə'brɪdʒd] *adj* complet(-ète), intégral(e)
unacceptable [ʌnək'sɛptəbl] *adj* (*behaviour*) inadmissible; (*price, proposal*) inacceptable
unaccompanied [ʌnə'kʌmpənɪd] *adj* (*child, lady*) non accompagné(e); (*singing, song*) sans accompagnement
unaccountably [ʌnə'kauntəblɪ] *adv* inexplicablement
unaccounted [ʌnə'kauntɪd] *adj*: **two passengers are ~ for** on est sans nouvelles de deux passagers
unaccustomed [ʌnə'kʌstəmd] *adj* inaccoutumé(e), inhabituel(le); **to be ~ to sth** ne pas avoir l'habitude de qch
unacquainted [ʌnə'kweɪntɪd] *adj*: **to be ~ with**

ne pas connaître
unadulterated [ʌnəˈdʌltəreɪtɪd] *adj* pur(e), naturel(le)
unaffected [ʌnəˈfɛktɪd] *adj* (*person, behaviour*) naturel(le); (*emotionally*): **to be ~ by** ne pas être touché(e) par
unafraid [ʌnəˈfreɪd] *adj*: **to be ~** ne pas avoir peur
unaided [ʌnˈeɪdɪd] *adj* sans aide, tout(e) seul(e)
unanimity [juːnəˈnɪmɪtɪ] *n* unanimité *f*
unanimous [juːˈnænɪməs] *adj* unanime
unanimously [juːˈnænɪməslɪ] *adv* à l'unanimité
unanswered [ʌnˈɑːnsəd] *adj* (*question, letter*) sans réponse
unappetizing [ʌnˈæpɪtaɪzɪŋ] *adj* peu appétissant(e)
unappreciative [ʌnəˈpriːʃɪətɪv] *adj* indifférent(e)
unarmed [ʌnˈɑːmd] *adj* (*person*) non armé(e); (*combat*) sans armes
unashamed [ʌnəˈʃeɪmd] *adj* sans honte; impudent(e)
unassisted [ʌnəˈsɪstɪd] *adj* non assisté(e) ▷ *adv* sans aide, tout(e) seul(e)
unassuming [ʌnəˈsjuːmɪŋ] *adj* modeste, sans prétentions
unattached [ʌnəˈtætʃt] *adj* libre, sans attaches
unattended [ʌnəˈtɛndɪd] *adj* (*car, child, luggage*) sans surveillance
unattractive [ʌnəˈtræktɪv] *adj* peu attrayant(e); (*character*) peu sympathique
unauthorized [ʌnˈɔːθəraɪzd] *adj* non autorisé(e), sans autorisation
unavailable [ʌnəˈveɪləbl] *adj* (*article, room, book*) (qui n'est) pas disponible; (*person*) (qui n'est) pas libre
unavoidable [ʌnəˈvɔɪdəbl] *adj* inévitable
unavoidably [ʌnəˈvɔɪdəblɪ] *adv* inévitablement
unaware [ʌnəˈwɛəʳ] *adj*: **to be ~ of** ignorer, ne pas savoir, être inconscient(e) de
unawares [ʌnəˈwɛəz] *adv* à l'improviste, au dépourvu
unbalanced [ʌnˈbælənst] *adj* déséquilibré(e)
unbearable [ʌnˈbɛərəbl] *adj* insupportable
unbeatable [ʌnˈbiːtəbl] *adj* imbattable
unbeaten [ʌnˈbiːtn] *adj* invaincu(e); (*record*) non battu(e)
unbecoming [ʌnbɪˈkʌmɪŋ] *adj* (*unseemly: language, behaviour*) malséant(e), inconvenant(e); (*unflattering: garment*) peu seyant(e)
unbeknown [ʌnbɪˈnəun], **unbeknownst** [ʌnbɪˈnəunst] *adv*: **~ to** à l'insu de
unbelief [ʌnbɪˈliːf] *n* incrédulité *f*
unbelievable [ʌnbɪˈliːvəbl] *adj* incroyable
unbelievingly [ʌnbɪˈliːvɪŋlɪ] *adv* avec incrédulité
unbend [ʌnˈbɛnd] (*irreg: like* **bend**) *vi* se détendre ▷ *vt* (*wire*) redresser, détordre
unbending [ʌnˈbɛndɪŋ] *adj* (*fig*) inflexible
unbiased, unbiassed [ʌnˈbaɪəst] *adj* impartial(e)
unblemished [ʌnˈblɛmɪʃt] *adj* impeccable
unblock [ʌnˈblɔk] *vt* (*pipe*) déboucher; (*road*) dégager
unborn [ʌnˈbɔːn] *adj* à naître
unbounded [ʌnˈbaundɪd] *adj* sans bornes, illimité(e)
unbreakable [ʌnˈbreɪkəbl] *adj* incassable
unbridled [ʌnˈbraɪdld] *adj* débridé(e), déchaîné(e)
unbroken [ʌnˈbrəukn] *adj* intact(e); (*line*) continu(e); (*record*) non battu(e)
unbuckle [ʌnˈbʌkl] *vt* déboucler
unburden [ʌnˈbəːdn] *vt*: **to ~ o.s.** s'épancher, se livrer
unbutton [ʌnˈbʌtn] *vt* déboutonner
uncalled-for [ʌnˈkɔːldfɔːʳ] *adj* déplacé(e), injustifié(e)
uncanny [ʌnˈkænɪ] *adj* étrange, troublant(e)
unceasing [ʌnˈsiːsɪŋ] *adj* incessant(e), continu(e)
unceremonious [ʌnsɛrɪˈməunɪəs] *adj* (*abrupt, rude*) brusque
uncertain [ʌnˈsəːtn] *adj* incertain(e); (*hesitant*) hésitant(e); **we were ~ whether ...** nous ne savions pas vraiment si ...; **in no ~ terms** sans équivoque possible
uncertainty [ʌnˈsəːtntɪ] *n* incertitude *f*, doutes *mpl*
unchallenged [ʌnˈtʃælɪndʒd] *adj* (*gen*) incontesté(e); (*information*) non contesté(e); **to go ~** ne pas être contesté
unchanged [ʌnˈtʃeɪndʒd] *adj* inchangé(e)
uncharitable [ʌnˈtʃærɪtəbl] *adj* peu charitable
uncharted [ʌnˈtʃɑːtɪd] *adj* inexploré(e)
unchecked [ʌnˈtʃɛkt] *adj* non réprimé(e)
uncivilized [ʌnˈsɪvɪlaɪzd] *adj* non civilisé(e); (*fig*) barbare
uncle [ˈʌŋkl] *n* oncle *m*
unclear [ʌnˈklɪəʳ] *adj* (qui n'est) pas clair(e) *or* évident(e); **I'm still ~ about what I'm supposed to do** je ne sais pas encore exactement ce que je dois faire
uncoil [ʌnˈkɔɪl] *vt* dérouler ▷ *vi* se dérouler
uncomfortable [ʌnˈkʌmfətəbl] *adj* inconfortable, peu confortable; (*uneasy*) mal à l'aise, gêné(e); (*situation*) désagréable
uncomfortably [ʌnˈkʌmfətəblɪ] *adv* inconfortablement; d'un ton *etc* gêné *or* embarrassé; désagréablement
uncommitted [ʌnkəˈmɪtɪd] *adj* (*attitude, country*) non engagé(e)
uncommon [ʌnˈkɔmən] *adj* rare, singulier(-ière), peu commun(e)
uncommunicative [ʌnkəˈmjuːnɪkətɪv] *adj* réservé(e)
uncomplicated [ʌnˈkɔmplɪkeɪtɪd] *adj* simple, peu compliqué(e)
uncompromising [ʌnˈkɔmprəmaɪzɪŋ] *adj* intransigeant(e), inflexible
unconcerned [ʌnkənˈsəːnd] *adj* (*unworried*): **to be ~ (about)** ne pas s'inquiéter (de)
unconditional [ʌnkənˈdɪʃənl] *adj* sans

onditions
ncongenial [ʌnkən'dʒiːnɪəl] *adj* peu agréable
nconnected [ʌnkə'nɛktɪd] *adj* (*unrelated*): **~ with**) sans rapport (avec)
nconscious [ʌn'kɔnʃəs] *adj* sans connaissance, évanoui(e); (*unaware*): **~ (of)** inconscient(e) (de) ▷ *n*: **the ~** l'inconscient *m*; **to knock sb ~** assommer qn
nconsciously [ʌn'kɔnʃəslɪ] *adv* inconsciemment
nconstitutional [ʌnkɔnstɪ'tjuːʃənl] *adj* anticonstitutionnel(le)
ncontested [ʌnkən'tɛstɪd] *adj* (*champion*) incontesté(e); (*Pol: seat*) non disputé(e)
ncontrollable [ʌnkən'trəuləbl] *adj* (*child, dog*) indiscipliné(e); (*temper, laughter*) irrépressible
ncontrolled [ʌnkən'trəuld] *adj* (*laughter, price rises*) incontrôlé(e)
nconventional [ʌnkən'vɛnʃənl] *adj* peu conventionnel(le)
unconvinced [ʌnkən'vɪnst] *adj*: **to be ~** ne pas être convaincu(e)
unconvincing [ʌnkən'vɪnsɪŋ] *adj* peu convaincant(e)
uncork [ʌn'kɔːk] *vt* déboucher
uncorroborated [ʌnkə'rɔbəreɪtɪd] *adj* non confirmé(e)
uncouth [ʌn'kuːθ] *adj* grossier(-ière), fruste
uncover [ʌn'kʌvəʳ] *vt* découvrir
unctuous ['ʌŋktjuəs] *adj* onctueux(-euse), mielleux(-euse)
undamaged [ʌn'dæmɪdʒd] *adj* (*goods*) intact(e), en bon état; (*fig: reputation*) intact
undaunted [ʌn'dɔːntɪd] *adj* non intimidé(e), inébranlable
undecided [ʌndɪ'saɪdɪd] *adj* indécis(e), irrésolu(e)
undelivered [ʌndɪ'lɪvəd] *adj* non remis(e), non livré(e)
undeniable [ʌndɪ'naɪəbl] *adj* indéniable, incontestable
under ['ʌndəʳ] *prep* sous; (*less than*) (de) moins de; au-dessous de; (*according to*) selon, en vertu de ▷ *adv* au-dessous; en dessous; **from ~ sth** de dessous *or* de sous qch; **~ there** là-dessous; **in ~ 2 hours** en moins de 2 heures; **~ anaesthetic** sous anesthésie; **~ discussion** en discussion; **~ the circumstances** étant donné les circonstances; **~ repair** en (cours de) réparation
under... ['ʌndəʳ] *prefix* sous-
underage [ʌndər'eɪdʒ] *adj* qui n'a pas l'âge réglementaire
underarm ['ʌndərɑːm] *adv* par en-dessous ▷ *adj* (*throw*) par en-dessous; (*deodorant*) pour les aisselles
undercapitalized [ʌndə'kæpɪtəlaɪzd] *adj* sous-capitalisé(e)
undercarriage ['ʌndəkærɪdʒ] *n* (*Brit Aviat*) train *m* d'atterrissage
undercharge [ʌndə'tʃɑːdʒ] *vt* ne pas faire payer assez à
underclass ['ʌndəklɑːs] *n* ≈ quart-monde *m*
underclothes ['ʌndəkləuðz] *npl* sous-vêtements *mpl*; (*women's only*) dessous *mpl*
undercoat ['ʌndəkəut] *n* (*paint*) couche *f* de fond
undercover [ʌndə'kʌvəʳ] *adj* secret(-ète), clandestin(e)
undercurrent ['ʌndəkʌrnt] *n* courant sous-jacent
undercut [ʌndə'kʌt] *vt* (*irreg: like* **cut**) vendre moins cher que
underdeveloped ['ʌndədɪ'vɛləpt] *adj* sous-développé(e)
underdog ['ʌndədɔg] *n* opprimé *m*
underdone [ʌndə'dʌn] *adj* (*Culin*) saignant(e); (*: pej*) pas assez cuit(e)
underestimate ['ʌndər'ɛstɪmeɪt] *vt* sous-estimer, mésestimer
underexposed ['ʌndərɪks'pəuzd] *adj* (*Phot*) sous-exposé(e)
underfed [ʌndə'fɛd] *adj* sous-alimenté(e)
underfoot [ʌndə'fut] *adv* sous les pieds
under-funded ['ʌndə'fʌndɪd] *adj*: **to be ~** (*organization*) ne pas être doté(e) de fonds suffisants
undergo [ʌndə'gəu] *vt* (*irreg: like* **go**) subir; (*treatment*) suivre; **the car is ~ing repairs** la voiture est en réparation
undergraduate [ʌndə'grædjuɪt] *n* étudiant(e) (qui prépare la licence) ▷ *cpd*: **~ courses** cours *mpl* préparant à la licence
underground ['ʌndəgraund] *adj* souterrain(e); (*fig*) clandestin(e) ▷ *n* (*Brit: railway*) métro *m*; (*Pol*) clandestinité *f*
undergrowth ['ʌndəgrəuθ] *n* broussailles *fpl*, sous-bois *m*
underhand [ʌndə'hænd], **underhanded** [ʌndə'hændɪd] *adj* (*fig*) sournois(e), en dessous
underinsured [ʌndərɪn'ʃuəd] *adj* sous-assuré(e)
underlie [ʌndə'laɪ] *vt* (*irreg: like* **lie**) être à la base de; **the underlying cause** la cause sous-jacente
underline [ʌndə'laɪn] *vt* souligner
underling ['ʌndəlɪŋ] *n* (*pej*) sous-fifre *m*, subalterne *m*
undermanning [ʌndə'mænɪŋ] *n* pénurie *f* de main-d'œuvre
undermentioned [ʌndə'mɛnʃənd] *adj* mentionné(e) ci-dessous
undermine [ʌndə'maɪn] *vt* saper, miner
underneath [ʌndə'niːθ] *adv* (en) dessous ▷ *prep* sous, au-dessous de
undernourished [ʌndə'nʌrɪʃt] *adj* sous-alimenté(e)
underpaid [ʌndə'peɪd] *adj* sous-payé(e)
underpants ['ʌndəpænts] *npl* caleçon *m*, slip *m*
underpass ['ʌndəpɑːs] *n* (*Brit: for pedestrians*) passage souterrain; (*: for cars*) passage inférieur
underpin [ʌndə'pɪn] *vt* (*argument, case*) étayer
underplay [ʌndə'pleɪ] *vt* (*Brit*) minimiser
underpopulated [ʌndə'pɔpjuleɪtɪd] *adj* sous-peuplé(e)
underprice [ʌndə'praɪs] *vt* vendre à un prix trop bas

u

underprivileged [ʌndə'prɪvɪlɪdʒd] *adj* défavorisé(e)
underrate [ʌndə'reɪt] *vt* sous-estimer, mésestimer
underscore [ʌndə'skɔːʳ] *vt* souligner
underseal [ʌndə'siːl] *vt* (*Brit*) traiter contre la rouille
undersecretary ['ʌndə'sɛkrətrɪ] *n* sous-secrétaire *m*
undersell [ʌndə'sɛl] *vt* (*irreg: like* **sell**: *competitors*) vendre moins cher que
undershirt ['ʌndəʃəːt] *n* (*US*) tricot *m* de corps
undershorts ['ʌndəʃɔːts] *npl* (*US*) caleçon *m*, slip *m*
underside ['ʌndəsaɪd] *n* dessous *m*
undersigned ['ʌndə'saɪnd] *adj, n* soussigné(e) *m/f*
underskirt ['ʌndəskəːt] *n* (*Brit*) jupon *m*
understaffed [ʌndə'stɑːft] *adj* qui manque de personnel
understand [ʌndə'stænd] *vt, vi* (*irreg: like* **stand**) comprendre; **I don't ~** je ne comprends pas; **I ~ that ...** je me suis laissé dire que ..., je crois comprendre que ...; **to make o.s. understood** se faire comprendre
understandable [ʌndə'stændəbl] *adj* compréhensible
understanding [ʌndə'stændɪŋ] *adj* compréhensif(-ive) ▷ *n* compréhension *f*; (*agreement*) accord *m*; **to come to an ~ with sb** s'entendre avec qn; **on the ~ that ...** à condition que ...
understate [ʌndə'steɪt] *vt* minimiser
understatement ['ʌndəsteɪtmənt] *n*: **that's an ~** c'est (bien) peu dire, le terme est faible
understood [ʌndə'stud] *pt, pp of* **understand** ▷ *adj* entendu(e); (*implied*) sous-entendu(e)
understudy ['ʌndəstʌdɪ] *n* doublure *f*
undertake [ʌndə'teɪk] *vt* (*irreg: like* **take**: *job, task*) entreprendre; (*duty*) se charger de; **to ~ to do sth** s'engager à faire qch
undertaker ['ʌndəteɪkəʳ] *n* (*Brit*) entrepreneur *m* des pompes funèbres, croque-mort *m*
undertaking ['ʌndəteɪkɪŋ] *n* entreprise *f*; (*promise*) promesse *f*
undertone ['ʌndətəun] *n* (*low voice*): **in an ~** à mi-voix; (*of criticism etc*) nuance cachée
undervalue [ʌndə'væljuː] *vt* sous-estimer
underwater [ʌndə'wɔːtəʳ] *adv* sous l'eau ▷ *adj* sous-marin(e)
underway [ʌndə'weɪ] *adj*: **to be ~** (*meeting, investigation*) être en cours
underwear ['ʌndəwɛəʳ] *n* sous-vêtements *mpl*; (*women's only*) dessous *mpl*
underweight [ʌndə'weɪt] *adj* d'un poids insuffisant; (*person*) (trop) maigre
underwent [ʌndə'wɛnt] *pt of* **undergo**
underworld ['ʌndəwəːld] *n* (*of crime*) milieu *m*, pègre *f*
underwrite [ʌndə'raɪt] *vt* (*Finance*) garantir; (*Insurance*) souscrire
underwriter ['ʌndəraɪtəʳ] *n* (*Insurance*) souscripteur *m*
undeserving [ʌndɪ'zəːvɪŋ] *adj*: **to be ~ of** ne pas mériter
undesirable [ʌndɪ'zaɪərəbl] *adj* peu souhaitable; (*person, effect*) indésirable
undeveloped [ʌndɪ'vɛləpt] *adj* (*land, resources*) non exploité(e)
undies ['ʌndɪz] *npl* (*inf*) dessous *mpl*, lingerie *f*
undiluted ['ʌndaɪ'luːtɪd] *adj* pur(e), non dilué(e)
undiplomatic ['ʌndɪplə'mætɪk] *adj* peu diplomatique, maladroit(e)
undischarged ['ʌndɪs'tʃɑːdʒd] *adj*: **~ bankrupt** failli(e) non réhabilité(e)
undisciplined [ʌn'dɪsɪplɪnd] *adj* indiscipliné(e)
undisguised ['ʌndɪs'gaɪzd] *adj* (*dislike, amusement etc*) franc (franche)
undisputed ['ʌndɪs'pjuːtɪd] *adj* incontesté(e)
undistinguished ['ʌndɪs'tɪŋgwɪʃt] *adj* médiocre, quelconque
undisturbed [ʌndɪs'təːbd] *adj* (*sleep*) tranquille, paisible; **to leave ~** ne pas déranger
undivided [ʌndɪ'vaɪdɪd] *adj*: **can I have your ~ attention?** puis-je avoir toute votre attention?
undo [ʌn'duː] *vt* (*irreg: like* **do**) défaire
undoing [ʌn'duːɪŋ] *n* ruine *f*, perte *f*
undone [ʌn'dʌn] *pp of* **undo** ▷ *adj*: **to come ~** se défaire
undoubted [ʌn'dautɪd] *adj* indubitable, certain(e)
undoubtedly [ʌn'dautɪdlɪ] *adv* sans aucun doute
undress [ʌn'drɛs] *vi* se déshabiller ▷ *vt* déshabiller
undrinkable [ʌn'drɪŋkəbl] *adj* (*unpalatable*) imbuvable; (*poisonous*) non potable
undue [ʌn'djuː] *adj* indu(e), excessif(-ive)
undulating ['ʌndjuleɪtɪŋ] *adj* ondoyant(e), onduleux(-euse)
unduly [ʌn'djuːlɪ] *adv* trop, excessivement
undying [ʌn'daɪɪŋ] *adj* éternel(le)
unearned [ʌn'əːnd] *adj* (*praise, respect*) immérité(e); **~ income** rentes *fpl*
unearth [ʌn'əːθ] *vt* déterrer; (*fig*) dénicher
unearthly [ʌn'əːθlɪ] *adj* surnaturel(le); (*hour*) indu(e), impossible
uneasy [ʌn'iːzɪ] *adj* mal à l'aise, gêné(e); (*worried*) inquiet(-ète); (*feeling*) désagréable; (*peace, truce*) fragile; **to feel ~ about doing sth** se sentir mal à l'aise à l'idée de faire qch
uneconomic ['ʌniːkə'nɔmɪk], **uneconomical** ['ʌniːkə'nɔmɪkl] *adj* peu économique; peu rentable
uneducated [ʌn'ɛdjukeɪtɪd] *adj* sans éducation
unemployed [ʌnɪm'plɔɪd] *adj* sans travail, au chômage ▷ *n*: **the ~** les chômeurs *mpl*
unemployment [ʌnɪm'plɔɪmənt] *n* chômage *m*
unemployment benefit, (*US*) **unemployment compensation** *n* allocation *f* de chômage
unending [ʌn'ɛndɪŋ] *adj* interminable
unenviable [ʌn'ɛnvɪəbl] *adj* peu enviable
unequal [ʌn'iːkwəl] *adj* inégal(e)
unequalled, (*US*) **unequaled** [ʌn'iːkwəld] *adj*

inégalé(e)
unequivocal [ʌnɪ'kwɪvəkl] *adj* *(answer)* sans équivoque; *(person)* catégorique
unerring [ʌn'ə:rɪŋ] *adj* infaillible, sûr(e)
UNESCO [ju:'nɛskəu] *n abbr (= United Nations Educational, Scientific and Cultural Organization)* UNESCO *f*
unethical [ʌn'ɛθɪkl] *adj* *(methods)* immoral(e); *(doctor's behaviour)* qui ne respecte pas l'éthique
uneven [ʌn'i:vn] *adj* inégal(e); *(quality, work)* irrégulier(-ière)
uneventful [ʌnɪ'vɛntful] *adj* tranquille, sans histoires
unexceptional [ʌnɪk'sɛpʃənl] *adj* banal(e), quelconque
unexciting [ʌnɪk'saɪtɪŋ] *adj* pas passionnant(e)
unexpected [ʌnɪk'spɛktɪd] *adj* inattendu(e), imprévu(e)
unexpectedly [ʌnɪk'spɛktɪdlɪ] *adv* *(succeed)* contre toute attente; *(arrive)* à l'improviste
unexplained [ʌnɪk'spleɪnd] *adj* inexpliqué(e)
unexploded [ʌnɪk'spləudɪd] *adj* non explosé(e) *or* éclaté(e)
unfailing [ʌn'feɪlɪŋ] *adj* inépuisable; infaillible
unfair [ʌn'fɛə^r] *adj*: **~ (to)** injuste (envers); **it's ~ that ...** il n'est pas juste que ...
unfair dismissal *n* licenciement abusif
unfairly [ʌn'fɛəlɪ] *adv* injustement
unfaithful [ʌn'feɪθful] *adj* infidèle
unfamiliar [ʌnfə'mɪlɪə^r] *adj* étrange, inconnu(e); **to be ~ with sth** mal connaître qch
unfashionable [ʌn'fæʃnəbl] *adj* *(clothes)* démodé(e); *(place)* peu chic *inv*; *(district)* déshérité(e), pas à la mode
unfasten [ʌn'fɑ:sn] *vt* défaire; *(belt, necklace)* détacher; *(open)* ouvrir
unfathomable [ʌn'fæðəməbl] *adj* insondable
unfavourable, (US) **unfavorable** [ʌn'feɪvrəbl] *adj* défavorable
unfavourably, (US) **unfavorably** [ʌn'feɪvrəblɪ] *adv*: **to look ~ upon** ne pas être favorable à
unfeeling [ʌn'fi:lɪŋ] *adj* insensible, dur(e)
unfinished [ʌn'fɪnɪʃt] *adj* inachevé(e)
unfit [ʌn'fɪt] *adj* *(physically: ill)* en mauvaise santé; *(: out of condition)* pas en forme; *(incompetent)*: **~ (for)** impropre (à); *(work, service)* inapte (à)
unflagging [ʌn'flægɪŋ] *adj* infatigable, inlassable
unflappable [ʌn'flæpəbl] *adj* imperturbable
unflattering [ʌn'flætərɪŋ] *adj* *(dress, hairstyle)* qui n'avantage pas; *(remark)* peu flatteur(-euse)
unflinching [ʌn'flɪntʃɪŋ] *adj* stoïque
unfold [ʌn'fəuld] *vt* déplier; *(fig)* révéler, exposer ▷ *vi* se dérouler
unforeseeable [ʌnfɔ:'si:əbl] *adj* imprévisible
unforeseen ['ʌnfɔ:'si:n] *adj* imprévu(e)
unforgettable [ʌnfə'gɛtəbl] *adj* inoubliable
unforgivable [ʌnfə'gɪvəbl] *adj* impardonnable
unformatted [ʌn'fɔ:mætɪd] *adj* *(disk, text)* non formaté(e)
unfortunate [ʌn'fɔ:tʃnət] *adj* malheureux(-euse); *(event, remark)* malencontreux(-euse)
unfortunately [ʌn'fɔ:tʃnətlɪ] *adv* malheureusement
unfounded [ʌn'faundɪd] *adj* sans fondement
unfriendly [ʌn'frɛndlɪ] *adj* peu aimable, froid(e), inamical(e)
unfulfilled [ʌnful'fɪld] *adj* *(ambition, prophecy)* non réalisé(e); *(desire)* insatisfait(e); *(promise)* non tenu(e); *(terms of contract)* non rempli(e); *(person)* qui n'a pas su se réaliser
unfurl [ʌn'fə:l] *vt* déployer
unfurnished [ʌn'fə:nɪʃt] *adj* non meublé(e)
ungainly [ʌn'geɪnlɪ] *adj* gauche, dégingandé(e)
ungodly [ʌn'gɔdlɪ] *adj* impie; **at an ~ hour** à une heure indue
ungrateful [ʌn'greɪtful] *adj* qui manque de reconnaissance, ingrat(e)
unguarded [ʌn'gɑ:dɪd] *adj*: **~ moment** moment *m* d'inattention
unhappily [ʌn'hæpɪlɪ] *adv* tristement; *(unfortunately)* malheureusement
unhappiness [ʌn'hæpɪnɪs] *n* tristesse *f*, peine *f*
unhappy [ʌn'hæpɪ] *adj* triste, malheureux(-euse); *(unfortunate: remark etc)* malheureux(-euse); *(not pleased)*: **~ with** mécontent(e) de, peu satisfait(e) de
unharmed [ʌn'hɑ:md] *adj* indemne, sain(e) et sauf (sauve)
UNHCR *n abbr (= United Nations High Commission for Refugees)* HCR *m*
unhealthy [ʌn'hɛlθɪ] *adj* *(gen)* malsain(e); *(person)* maladif(-ive)
unheard-of [ʌn'hə:dɔv] *adj* inouï(e), sans précédent
unhelpful [ʌn'hɛlpful] *adj* *(person)* peu serviable; *(advice)* peu utile
unhesitating [ʌn'hɛzɪteɪtɪŋ] *adj* *(loyalty)* spontané(e); *(reply, offer)* immédiat(e)
unholy [ʌn'həulɪ] *adj*: **an ~ alliance** une alliance contre nature; **he got home at an ~ hour** il est rentré à une heure impossible
unhook [ʌn'huk] *vt* décrocher; dégrafer
unhurt [ʌn'hə:t] *adj* indemne, sain(e) et sauf (sauve)
unhygienic ['ʌnhaɪ'dʒi:nɪk] *adj* antihygiénique
UNICEF ['ju:nɪsɛf] *n abbr (= United Nations International Children's Emergency Fund)* UNICEF *m*, FISE *m*
unicorn ['ju:nɪkɔ:n] *n* licorne *f*
unidentified [ʌnaɪ'dɛntɪfaɪd] *adj* non identifié(e); *see also* **UFO**
uniform ['ju:nɪfɔ:m] *n* uniforme *m* ▷ *adj* uniforme
uniformity [ju:nɪ'fɔ:mɪtɪ] *n* uniformité *f*
unify ['ju:nɪfaɪ] *vt* unifier
unilateral [ju:nɪ'lætərəl] *adj* unilatéral(e)
unimaginable [ʌnɪ'mædʒɪnəbl] *adj* inimaginable, inconcevable
unimaginative [ʌnɪ'mædʒɪnətɪv] *adj* sans imagination

u

unimpaired [ʌnɪm'pɛəd] *adj* intact(e)
unimportant [ʌnɪm'pɔːtənt] *adj* sans importance
unimpressed [ʌnɪm'prɛst] *adj* pas impressionné(e)
uninhabited [ʌnɪn'hæbɪtɪd] *adj* inhabité(e)
uninhibited [ʌnɪn'hɪbɪtɪd] *adj* sans inhibitions; sans retenue
uninjured [ʌn'ɪndʒəd] *adj* indemne
uninspiring [ʌnɪn'spaɪərɪŋ] *adj* peu inspirant(e)
unintelligent [ʌnɪn'tɛlɪdʒənt] *adj* inintelligent(e)
unintentional [ʌnɪn'tɛnʃənəl] *adj* involontaire
unintentionally [ʌnɪn'tɛnʃnəlɪ] *adv* sans le vouloir
uninvited [ʌnɪn'vaɪtɪd] *adj* (*guest*) qui n'a pas été invité(e)
uninviting [ʌnɪn'vaɪtɪŋ] *adj* (*place*) peu attirant(e); (*food*) peu appétissant(e)
union ['juːnjən] *n* union *f*; (*also*: **trade union**) syndicat *m* ▷ *cpd* du syndicat, syndical(e)
unionize ['juːnjənaɪz] *vt* syndiquer
Union Jack *n drapeau du Royaume-Uni*
Union of Soviet Socialist Republics *n* (*formerly*) Union *f* des républiques socialistes soviétiques
union shop *n entreprise où tous les travailleurs doivent être syndiqués*
unique [juː'niːk] *adj* unique
unisex ['juːnɪsɛks] *adj* unisexe
Unison ['juːnɪsn] *n* (*trade union*) *grand syndicat des services publics en Grande-Bretagne*
unison ['juːnɪsn] *n*: **in ~** à l'unisson, en chœur
unit ['juːnɪt] *n* unité *f*; (*section: of furniture etc*) élément *m*, bloc *m*; (*team, squad*) groupe *m*, service *m*; **production ~** atelier *m* de fabrication; **kitchen ~** élément de cuisine; **sink ~** bloc-évier *m*
unit cost *n* coût *m* unitaire
unite [juː'naɪt] *vt* unir ▷ *vi* s'unir
united [juː'naɪtɪd] *adj* uni(e); (*country, party*) unifié(e); (*efforts*) conjugué(e)
United Arab Emirates *npl* Émirats Arabes Unis
United Kingdom *n* Royaume-Uni *m*
United Nations, United Nations Organization *n* (Organisation *f* des) Nations unies
United States, United States of America *n* États-Unis *mpl*
unit price *n* prix *m* unitaire
unit trust *n* (*Brit Comm*) fonds commun de placement, FCP *m*
unity ['juːnɪtɪ] *n* unité *f*
Univ. *abbr* = **university**
universal [juːnɪ'vəːsl] *adj* universel(le)
universe ['juːnɪvəːs] *n* univers *m*
university [juːnɪ'vəːsɪtɪ] *n* université *f* ▷ *cpd* (*student, professor*) d'université; (*education, year, degree*) universitaire
unjust [ʌn'dʒʌst] *adj* injuste
unjustifiable ['ʌndʒʌstɪ'faɪəbl] *adj* injustifiable
unjustified [ʌn'dʒʌstɪfaɪd] *adj* injustifié(e); (*text*) non justifié(e)
unkempt [ʌn'kɛmpt] *adj* mal tenu(e), débraillé(e); mal peigné(e)
unkind [ʌn'kaɪnd] *adj* peu gentil(le), méchant(e)
unkindly [ʌn'kaɪndlɪ] *adv* (*treat, speak*) avec méchanceté
unknown [ʌn'nəun] *adj* inconnu(e); **~ to me** sans que je le sache; **~ quantity** (*Math, fig*) inconnue *f*
unladen [ʌn'leɪdn] *adj* (*ship, weight*) à vide
unlawful [ʌn'lɔːful] *adj* illégal(e)
unleaded [ʌn'lɛdɪd] *n* (*also*: **unleaded petrol**) essence *f* sans plomb
unleash [ʌn'liːʃ] *vt* détacher; (*fig*) déchaîner, déclencher
unleavened [ʌn'lɛvnd] *adj* sans levain
unless [ʌn'lɛs] *conj*: **~ he leaves** à moins qu'il (ne) parte; **~ we leave** à moins de partir, à moins que nous (ne) partions; **~ otherwise stated** sauf indication contraire; **~ I am mistaken** si je ne me trompe
unlicensed [ʌn'laɪsnst] *adj* (*Brit*) non patenté(e) pour la vente des spiritueux
unlike [ʌn'laɪk] *adj* dissemblable, différent(e) ▷ *prep* à la différence de, contrairement à
unlikelihood [ʌn'laɪklɪhud] *adj* improbabilité *f*
unlikely [ʌn'laɪklɪ] *adj* (*result, event*) improbable; (*explanation*) invraisemblable
unlimited [ʌn'lɪmɪtɪd] *adj* illimité(e)
unlisted ['ʌn'lɪstɪd] *adj* (*US Tel*) sur la liste rouge; (*Stock Exchange*) non coté(e) en Bourse
unlit [ʌn'lɪt] *adj* (*room*) non éclairé(e)
unload [ʌn'ləud] *vt* décharger
unlock [ʌn'lɔk] *vt* ouvrir
unlucky [ʌn'lʌkɪ] *adj* (*person*) malchanceux(-euse); (*object, number*) qui porte malheur; **to be ~** (*person*) ne pas avoir de chance
unmanageable [ʌn'mænɪdʒəbl] *adj* (*unwieldy: tool, vehicle*) peu maniable; (*: situation*) inextricable
unmanned [ʌn'mænd] *adj* sans équipage
unmannerly [ʌn'mænəlɪ] *adj* mal élevé(e), impoli(e)
unmarked [ʌn'mɑːkt] *adj* (*unstained*) sans marque; **~ police car** voiture de police banalisée
unmarried [ʌn'mærɪd] *adj* célibataire
unmask [ʌn'mɑːsk] *vt* démasquer
unmatched [ʌn'mætʃt] *adj* sans égal(e)
unmentionable [ʌn'mɛnʃnəbl] *adj* (*topic*) dont on ne parle pas; (*word*) qui ne se dit pas
unmerciful [ʌn'məːsɪful] *adj* sans pitié
unmistakable, unmistakeable [ʌnmɪs'teɪkəbl] *adj* indubitable; qu'on ne peut pas ne pas reconnaître
unmitigated [ʌn'mɪtɪgeɪtɪd] *adj* non mitigé(e), absolu(e), pur(e)
unnamed [ʌn'neɪmd] *adj* (*nameless*) sans nom; (*anonymous*) anonyme
unnatural [ʌn'nætʃrəl] *adj* non naturel(le); (*perversion*) contre nature

unnecessary [ʌn'nɛsəsərɪ] *adj* inutile, superflu(e)
unnerve [ʌn'nə:v] *vt* faire perdre son sang-froid à
unnoticed [ʌn'nəutɪst] *adj* inaperçu(e); **to go ~** passer inaperçu
UNO ['ju:nəu] *n abbr* = **United Nations Organization**
unobservant [ʌnəb'zə:vnt] *adj* pas observateur(-trice)
unobtainable [ʌnəb'teɪnəbl] *adj (Tel)* impossible à obtenir
unobtrusive [ʌnəb'tru:siv] *adj* discret(-ète)
unoccupied [ʌn'ɔkjupaɪd] *adj (seat, table, Mil)* libre; *(house)* inoccupé(e)
unofficial [ʌnə'fɪʃl] *adj (news)* officieux(-euse), non officiel(le); *(strike)* ≈ sauvage
unopposed [ʌnə'pəuzd] *adj* sans opposition
unorthodox [ʌn'ɔ:θədɔks] *adj* peu orthodoxe
unpack [ʌn'pæk] *vi* défaire sa valise, déballer ses affaires ▷ *vt (suitcase)* défaire; *(belongings)* déballer
unpaid [ʌn'peɪd] *adj (bill)* impayé(e); *(holiday)* non-payé(e), sans salaire; *(work)* non rétribué(e); *(worker)* bénévole
unpalatable [ʌn'pælətəbl] *adj (truth)* désagréable (à entendre)
unparalleled [ʌn'pærəlɛld] *adj* incomparable, sans égal
unpatriotic ['ʌnpætrɪ'ɔtɪk] *adj (person)* manquant de patriotisme; *(speech, attitude)* antipatriotique
unplanned [ʌn'plænd] *adj (visit)* imprévu(e); *(baby)* non prévu(e)
unpleasant [ʌn'plɛznt] *adj* déplaisant(e), désagréable
unplug [ʌn'plʌg] *vt* débrancher
unpolluted [ʌnpə'lu:tɪd] *adj* non pollué(e)
unpopular [ʌn'pɔpjulə^r] *adj* impopulaire; **to make o.s. ~ (with)** se rendre impopulaire (auprès de)
unprecedented [ʌn'prɛsɪdɛntɪd] *adj* sans précédent
unpredictable [ʌnprɪ'dɪktəbl] *adj* imprévisible
unprejudiced [ʌn'prɛdʒudɪst] *adj (not biased)* impartial(e); *(having no prejudices)* qui n'a pas de préjugés
unprepared [ʌnprɪ'pɛəd] *adj (person)* qui n'est pas suffisamment préparé(e); *(speech)* improvisé(e)
unprepossessing ['ʌnpri:pə'zɛsɪŋ] *adj* peu avenant(e)
unpretentious [ʌnprɪ'tɛnʃəs] *adj* sans prétention(s)
unprincipled [ʌn'prɪnsɪpld] *adj* sans principes
unproductive [ʌnprə'dʌktɪv] *adj* improductif(-ive); *(discussion)* stérile
unprofessional [ʌnprə'fɛʃənl] *adj (conduct)* contraire à la déontologie
unprofitable [ʌn'prɔfɪtəbl] *adj* non rentable
UNPROFOR [ʌn'prəufɔ:^r] *n abbr (= United Nations Protection Force)* FORPRONU *f*
unprotected ['ʌnprə'tɛktɪd] *adj (sex)* non protégé(e)
unprovoked [ʌnprə'vəukt] *adj (attack)* sans provocation
unpunished [ʌn'pʌnɪʃt] *adj* impuni(e); **to go ~** rester impuni
unqualified [ʌn'kwɔlɪfaɪd] *adj (teacher)* non diplômé(e), sans titres; *(success)* sans réserve, total(e); *(disaster)* total(e)
unquestionably [ʌn'kwɛstʃənəblɪ] *adv* incontestablement
unquestioning [ʌn'kwɛstʃənɪŋ] *adj (obedience, acceptance)* inconditionnel(le)
unravel [ʌn'rævl] *vt* démêler
unreal [ʌn'rɪəl] *adj* irréel(le); *(extraordinary)* incroyable
unrealistic ['ʌnrɪə'lɪstɪk] *adj (idea)* irréaliste; *(estimate)* peu réaliste
unreasonable [ʌn'ri:znəbl] *adj* qui n'est pas raisonnable; **to make ~ demands on sb** exiger trop de qn
unrecognizable [ʌn'rɛkəgnaɪzəbl] *adj* pas reconnaissable
unrecognized [ʌn'rɛkəgnaɪzd] *adj (talent, genius)* méconnu(e); *(Pol: régime)* non reconnu(e)
unrecorded [ʌnrɪ'kɔ:dɪd] *adj* non enregistré(e)
unrefined [ʌnrɪ'faɪnd] *adj (sugar, petroleum)* non raffiné(e)
unrehearsed [ʌnrɪ'hə:st] *adj (Theat etc)* qui n'a pas été répété(e); *(spontaneous)* spontané(e)
unrelated [ʌnrɪ'leɪtɪd] *adj* sans rapport; *(people)* sans lien de parenté
unrelenting [ʌnrɪ'lɛntɪŋ] *adj* implacable; acharné(e)
unreliable [ʌnrɪ'laɪəbl] *adj* sur qui *(or* quoi) on ne peut pas compter, peu fiable
unrelieved [ʌnrɪ'li:vd] *adj (monotony)* constant(e), uniforme
unremitting [ʌnrɪ'mɪtɪŋ] *adj* inlassable, infatigable, acharné(e)
unrepeatable [ʌnrɪ'pi:təbl] *adj (offer)* unique, exceptionnel(le)
unrepentant [ʌnrɪ'pɛntənt] *adj* impénitent(e)
unrepresentative ['ʌnrɛprɪ'zɛntətɪv] *adj*: **~ (of)** peu représentatif(-ive) (de)
unreserved [ʌnrɪ'zə:vd] *adj (seat)* non réservé(e); *(approval, admiration)* sans réserve
unreservedly [ʌnrɪ'zə:vɪdlɪ] *adv* sans réserve
unresponsive [ʌnrɪs'pɔnsɪv] *adj* insensible
unrest [ʌn'rɛst] *n* agitation *f*, troubles *mpl*
unrestricted [ʌnrɪ'strɪktɪd] *adj* illimité(e); **to have ~ access to** avoir librement accès *or* accès en tout temps à
unrewarded [ʌnrɪ'wɔ:dɪd] *adj* pas récompensé(e)
unripe [ʌn'raɪp] *adj* pas mûr(e)
unrivalled, (US) **unrivaled** [ʌn'raɪvəld] *adj* sans égal, incomparable
unroll [ʌn'rəul] *vt* dérouler
unruffled [ʌn'rʌfld] *adj (person)* imperturbable; *(hair)* qui n'est pas ébouriffé(e)
unruly [ʌn'ru:lɪ] *adj* indiscipliné(e)

u

unsafe [ʌn'seɪf] *adj* *(in danger)* en danger; *(journey, car)* dangereux(-euse); *(method)* hasardeux(-euse); **~ to drink/eat** non potable/ comestible
unsaid [ʌn'sɛd] *adj*: **to leave sth ~** passer qch sous silence
unsaleable, (US) **unsalable** [ʌn'seɪləbl] *adj* invendable
unsatisfactory ['ʌnsætɪs'fæktərɪ] *adj* peu satisfaisant(e), qui laisse à désirer
unsavoury, (US) **unsavory** [ʌn'seɪvərɪ] *adj* *(fig)* peu recommandable, répugnant(e)
unscathed [ʌn'skeɪðd] *adj* indemne
unscientific ['ʌnsaɪən'tɪfɪk] *adj* non scientifique
unscrew [ʌn'skru:] *vt* dévisser
unscrupulous [ʌn'skru:pjuləs] *adj* sans scrupules
unseat [ʌn'si:t] *vt* *(rider)* désarçonner; *(fig: official)* faire perdre son siège à
unsecured ['ʌnsɪ'kjuəd] *adj*: **~ creditor** créancier(-ière) sans garantie
unseeded [ʌn'si:dɪd] *adj* *(Sport)* non classé(e)
unseemly [ʌn'si:mlɪ] *adj* inconvenant(e)
unseen [ʌn'si:n] *adj* *(person)* invisible; *(danger)* imprévu(e)
unselfish [ʌn'sɛlfɪʃ] *adj* désintéressé(e)
unsettled [ʌn'sɛtld] *adj* *(restless)* perturbé(e); *(unpredictable)* instable; incertain(e); *(not finalized)* non résolu(e)
unsettling [ʌn'sɛtlɪŋ] *adj* qui a un effet perturbateur
unshakable, unshakeable [ʌn'ʃeɪkəbl] *adj* inébranlable
unshaven [ʌn'ʃeɪvn] *adj* non *or* mal rasé(e)
unsightly [ʌn'saɪtlɪ] *adj* disgracieux(-euse), laid(e)
unskilled [ʌn'skɪld] *adj*: **~ worker** manœuvre *m*
unsociable [ʌn'səuʃəbl] *adj* *(person)* peu sociable; *(behaviour)* qui manque de sociabilité
unsocial [ʌn'səuʃl] *adj* *(hours)* en dehors de l'horaire normal
unsold [ʌn'səuld] *adj* invendu(e), non vendu(e)
unsolicited [ʌnsə'lɪsɪtɪd] *adj* non sollicité(e)
unsophisticated [ʌnsə'fɪstɪkeɪtɪd] *adj* simple, naturel(le)
unsound [ʌn'saund] *adj* *(health)* chancelant(e); *(floor, foundations)* peu solide; *(policy, advice)* peu judicieux(-euse)
unspeakable [ʌn'spi:kəbl] *adj* indicible; *(awful)* innommable
unspoiled ['ʌn'spɔɪld], **unspoilt** ['ʌn'spɔɪlt] *adj* *(place)* non dégradé(e)
unspoken [ʌn'spəukn] *adj* *(word)* qui n'est pas prononcé(e); *(agreement, approval)* tacite
unstable [ʌn'steɪbl] *adj* instable
unsteady [ʌn'stɛdɪ] *adj* mal assuré(e), chancelant(e), instable
unstinting [ʌn'stɪntɪŋ] *adj* *(support)* total(e), sans réserve; *(generosity)* sans limites
unstuck [ʌn'stʌk] *adj*: **to come ~** se décoller; *(fig)* faire fiasco
unsubstantiated ['ʌnsəb'stænʃɪeɪtɪd] *adj* *(rumour)* qui n'est pas confirmé(e); *(accusation)* sans preuve
unsuccessful [ʌnsək'sɛsful] *adj* *(attempt)* infructueux(-euse); *(writer, proposal)* qui n'a pas de succès; *(marriage)* malheureux(-euse), qui ne réussit pas; **to be ~** *(in attempting sth)* ne pas réussir; ne pas avoir de succès; *(application)* ne pas être retenu(e)
unsuccessfully [ʌnsək'sɛsfəlɪ] *adv* en vain
unsuitable [ʌn'su:təbl] *adj* qui ne convient pas, peu approprié(e); *(time)* inopportun(e)
unsuited [ʌn'su:tɪd] *adj*: **to be ~ for** *or* **to** être inapte *or* impropre à
unsung ['ʌnsʌŋ] *adj*: **an ~ hero** un héros méconnu
unsupported [ʌnsə'pɔ:tɪd] *adj* *(claim)* non soutenu(e); *(theory)* qui n'est pas corroboré(e)
unsure [ʌn'ʃuə^r] *adj* pas sûr(e); **to be ~ of o.s.** ne pas être sûr de soi, manquer de confiance en soi
unsuspecting [ʌnsə'spɛktɪŋ] *adj* qui ne se méfie pas
unsweetened [ʌn'swi:tnd] *adj* non sucré(e)
unswerving [ʌn'swə:vɪŋ] *adj* inébranlable
unsympathetic ['ʌnsɪmpə'θɛtɪk] *adj* hostile; *(unpleasant)* antipathique; **~ to** indifférent(e) à
untangle [ʌn'tæŋgl] *vt* démêler, débrouiller
untapped [ʌn'tæpt] *adj* *(resources)* inexploité(e)
untaxed [ʌn'tækst] *adj* *(goods)* non taxé(e); *(income)* non imposé(e)
unthinkable [ʌn'θɪŋkəbl] *adj* impensable, inconcevable
unthinkingly [ʌn'θɪŋkɪŋlɪ] *adv* sans réfléchir
untidy [ʌn'taɪdɪ] *adj* *(room)* en désordre; *(appearance, person)* débraillé(e); *(person: in character)* sans ordre, désordonné; débraillé; *(work)* peu soigné(e)
untie [ʌn'taɪ] *vt* *(knot, parcel)* défaire; *(prisoner, dog)* détacher
until [ən'tɪl] *prep* jusqu'à; *(after negative)* avant ▷ *conj* jusqu'à ce que + *sub*, en attendant que + *sub*; *(in past, after negative)* avant que + *sub*; **~ he comes** jusqu'à ce qu'il vienne, jusqu'à son arrivée; **~ now** jusqu'à présent, jusqu'ici; **~ then** jusque-là; **from morning ~ night** du matin au soir *or* jusqu'au soir
untimely [ʌn'taɪmlɪ] *adj* inopportun(e); *(death)* prématuré(e)
untold [ʌn'təuld] *adj* incalculable; indescriptible
untouched [ʌn'tʌtʃt] *adj* *(not used etc)* tel(le) quel(le), intact(e); *(safe: person)* indemne; *(unaffected)*: **~ by** indifférent(e) à
untoward [ʌntə'wɔ:d] *adj* fâcheux(-euse), malencontreux(-euse)
untrained ['ʌn'treɪnd] *adj* *(worker)* sans formation; *(troops)* sans entraînement; **to the ~ eye** à l'œil non exercé
untrammelled [ʌn'træmld] *adj* sans entraves
untranslatable [ʌntrænz'leɪtəbl] *adj* intraduisible
untrue [ʌn'tru:] *adj* *(statement)* faux (fausse)

untrustworthy [ʌn'trʌstwə:ðɪ] *adj* (*person*) pas digne de confiance, peu sûr(e)
unusable [ʌn'ju:zəbl] *adj* inutilisable
unused[1] [ʌn'ju:zd] *adj* (*new*) neuf (neuve)
unused[2] [ʌn'ju:st] *adj*: **to be ~ to sth/to doing sth** ne pas avoir l'habitude de qch/de faire qch
unusual [ʌn'ju:ʒuəl] *adj* insolite, exceptionnel(le), rare
unusually [ʌn'ju:ʒuəlɪ] *adv* exceptionnellement, particulièrement
unveil [ʌn'veɪl] *vt* dévoiler
unwanted [ʌn'wɔntɪd] *adj* (*child, pregnancy*) non désiré(e); (*clothes etc*) à donner
unwarranted [ʌn'wɔrəntɪd] *adj* injustifié(e)
unwary [ʌn'wɛərɪ] *adj* imprudent(e)
unwavering [ʌn'weɪvərɪŋ] *adj* inébranlable
unwelcome [ʌn'wɛlkəm] *adj* importun(e); **to feel ~** se sentir de trop
unwell [ʌn'wɛl] *adj* indisposé(e), souffrant(e); **to feel ~** ne pas se sentir bien
unwieldy [ʌn'wi:ldɪ] *adj* difficile à manier
unwilling [ʌn'wɪlɪŋ] *adj*: **to be ~ to do** ne pas vouloir faire
unwillingly [ʌn'wɪlɪŋlɪ] *adv* à contrecœur, contre son gré
unwind [ʌn'waɪnd] (*irreg: like* **wind**) *vt* dérouler ▷ *vi* (*relax*) se détendre
unwise [ʌn'waɪz] *adj* imprudent(e), peu judicieux(-euse)
unwitting [ʌn'wɪtɪŋ] *adj* involontaire
unwittingly [ʌn'wɪtɪŋlɪ] *adv* involontairement
unworkable [ʌn'wə:kəbl] *adj* (*plan etc*) inexploitable
unworthy [ʌn'wə:ðɪ] *adj* indigne
unwrap [ʌn'ræp] *vt* défaire; ouvrir
unwritten [ʌn'rɪtn] *adj* (*agreement*) tacite
unzip [ʌn'zɪp] *vt* ouvrir (la fermeture éclair de); (*Comput*) dézipper

 KEYWORD

up [ʌp] *prep*: **he went up the stairs/the hill** il a monté l'escalier/la colline; **the cat was up a tree** le chat était dans un arbre; **they live further up the street** ils habitent plus haut dans la rue; **go up that road and turn left** remontez la rue et tournez à gauche
▷ *vi* (*inf*): **she upped and left** elle a fichu le camp sans plus attendre
▷ *adv* **1** en haut; en l'air; (*upwards, higher*): **up in the sky/the mountains** (là-haut) dans le ciel/les montagnes; **put it a bit higher up** mettez-le un peu plus haut; **to stand up** (*get up*) se lever, se mettre debout; (*be standing*) être debout; **up there** là-haut; **up above** au-dessus; **"this side up"** "haut"
2: **to be up** (*out of bed*) être levé(e); (*prices*) avoir augmenté *or* monté; (*finished*): **when the year was up** à la fin de l'année; **time's up** c'est l'heure
3: **up to** (*as far as*) jusqu'à; **up to now** jusqu'à présent
4: **to be up to** (*depending on*): **it's up to you** c'est à vous de décider; (*equal to*): **he's not up to it** (*job, task etc*) il n'en est pas capable; (*inf: be doing*): **what is he up to?** qu'est-ce qu'il peut bien faire?
5 (*phrases*): **he's well up in** *or* **on ...** (*Brit: knowledgeable*) il s'y connaît en ...; **up with Leeds United!** vive Leeds United!; **what's up?** (*inf*) qu'est-ce qui ne va pas?; **what's up with him?** (*inf*) qu'est-ce qui lui arrive?
▷ *n*: **ups and downs** hauts et bas *mpl*

up-and-coming [ʌpənd'kʌmɪŋ] *adj* plein(e) d'avenir *or* de promesses
upbeat ['ʌpbi:t] *n* (*Mus*) levé *m*; (*in economy, prosperity*) amélioration *f* ▷ *adj* (*optimistic*) optimiste
upbraid [ʌp'breɪd] *vt* morigéner
upbringing ['ʌpbrɪŋɪŋ] *n* éducation *f*
upcoming ['ʌpkʌmɪŋ] *adj* tout(e) prochain(e)
update [ʌp'deɪt] *vt* mettre à jour
upend [ʌp'ɛnd] *vt* mettre debout
upfront [ʌp'frʌnt] *adj* (*open*) franc (franche) ▷ *adv* (*pay*) d'avance; **to be ~ about sth** ne rien cacher de qch
upgrade [ʌp'greɪd] *vt* (*person*) promouvoir; (*job*) revaloriser; (*property, equipment*) moderniser
upheaval [ʌp'hi:vl] *n* bouleversement *m*; (*in room*) branle-bas *m*; (*event*) crise *f*
uphill [ʌp'hɪl] *adj* qui monte; (*fig: task*) difficile, pénible ▷ *adv* (*face, look*) en amont, vers l'amont; (*go, move*) vers le haut, en haut; **to go ~** monter
uphold [ʌp'həuld] *vt* (*irreg: like* **hold**) maintenir; soutenir
upholstery [ʌp'həulstərɪ] *n* rembourrage *m*; (*cover*) tissu *m* d'ameublement; (*of car*) garniture *f*
upkeep ['ʌpki:p] *n* entretien *m*
upmarket [ʌp'mɑ:kɪt] *adj* (*product*) haut de gamme *inv*; (*area*) chic *inv*
upon [ə'pɔn] *prep* sur
upper ['ʌpə[r]] *adj* supérieur(e); du dessus ▷ *n* (*of shoe*) empeigne *f*
upper class *n*: **the ~** ≈ la haute bourgeoisie
upper-class [ʌpə'klɑ:s] *adj* de la haute société, aristocratique; (*district*) élégant(e), huppé(e); (*accent, attitude*) caractéristique des classes supérieures
uppercut ['ʌpəkʌt] *n* uppercut *m*
upper hand *n*: **to have the ~** avoir le dessus
Upper House *n*: **the ~** (*in Britain*) la Chambre des Lords, la Chambre haute; (*in France, in the US etc*) le Sénat
uppermost ['ʌpəməust] *adj* le (la) plus haut(e), en dessus; **it was ~ in my mind** j'y pensais avant tout autre chose
upper sixth *n* terminale *f*
Upper Volta [-'vɔltə] *n* Haute Volta
upright ['ʌpraɪt] *adj* droit(e); (*fig*) droit, honnête ▷ *n* montant *m*
uprising ['ʌpraɪzɪŋ] *n* soulèvement *m*, insurrection *f*

u

uproar ['ʌprɔːʳ] *n* tumulte *m*, vacarme *m*; (*protests*) protestations *fpl*
uproarious [ʌp'rɔːrɪəs] *adj* (*event etc*) désopilant(e); **~ laughter** un brouhaha de rires
uproot [ʌp'ruːt] *vt* déraciner
upset *n* ['ʌpsɛt] dérangement *m* ▷ *vt* [ʌp'sɛt] (*irreg: like* **set**: *glass etc*) renverser; (*plan*) déranger; (*person: offend*) contrarier; (*: grieve*) faire de la peine à; bouleverser ▷ *adj* [ʌp'sɛt] contrarié(e); peiné(e); (*stomach*) détraqué(e), dérangé(e); **to get ~** (*sad*) devenir triste; (*offended*) se vexer; **to have a stomach ~** (*Brit*) avoir une indigestion
upset price *n* (*US, Scottish*) mise *f* à prix, prix *m* de départ
upsetting [ʌp'sɛtɪŋ] *adj* (*offending*) vexant(e); (*annoying*) ennuyeux(-euse)
upshot ['ʌpʃɔt] *n* résultat *m*; **the ~ of it all was that ...** il a résulté de tout cela que ...
upside down ['ʌpsaɪd-] *adv* à l'envers; **to turn sth ~** (*fig: place*) mettre sens dessus dessous
upstage ['ʌp'steɪdʒ] *vt*: **to ~ sb** souffler la vedette à qn
upstairs [ʌp'stɛəz] *adv* en haut ▷ *adj* (*room*) du dessus, d'en haut ▷ *n*: **the ~** l'étage *m*; **there's no ~** il n'y a pas d'étage
upstart ['ʌpstɑːt] *n* parvenu(e)
upstream [ʌp'striːm] *adv* en amont
upsurge ['ʌpsəːdʒ] *n* (*of enthusiasm etc*) vague *f*
uptake ['ʌpteɪk] *n*: **he is quick/slow on the ~** il comprend vite/est lent à comprendre
uptight [ʌp'taɪt] *adj* (*inf*) très tendu(e), crispé(e)
up-to-date ['ʌptə'deɪt] *adj* moderne; (*information*) très récent(e)
upturn ['ʌptəːn] *n* (*in economy*) reprise *f*
upturned ['ʌptəːnd] *adj* (*nose*) retroussé(e)
upward ['ʌpwəd] *adj* ascendant(e); vers le haut ▷ *adv* vers le haut; (*more than*): **~ of** plus de; **and ~** et plus, et au-dessus
upwardly-mobile ['ʌpwədlɪ'məubaɪl] *adj* à mobilité sociale ascendante
upwards ['ʌpwədz] *adv* vers le haut; (*more than*): **~ of** plus de; **and ~** et plus, et au-dessus
URA *n abbr* (*US*) = **Urban Renewal Administration**
Ural Mountains ['juərəl-] *npl*: **the ~** (*also*: **the Urals**) les monts *mpl* Oural, l'Oural *m*
uranium [juə'reɪnɪəm] *n* uranium *m*
Uranus [juə'reɪnəs] *n* Uranus *f*
urban ['əːbən] *adj* urbain(e)
urban clearway *n* rue *f* à stationnement interdit
urbane [əː'beɪn] *adj* urbain(e), courtois(e)
urbanization [əːbənaɪ'zeɪʃən] *n* urbanisation *f*
urchin ['əːtʃɪn] *n* gosse *m*, garnement *m*
Urdu ['uəduː] *n* ourdou *m*
urge [əːdʒ] *n* besoin (impératif), envie (pressante) ▷ *vt* (*caution etc*) recommander avec insistance; (*person*): **to ~ sb to do** exhorter qn à faire, pousser qn à faire, recommander vivement à qn de faire
▸ **urge on** *vt* pousser, presser
urgency ['əːdʒənsɪ] *n* urgence *f*; (*of tone*) insistance *f*
urgent ['əːdʒənt] *adj* urgent(e); (*plea, tone*) pressant(e)
urgently ['əːdʒəntlɪ] *adv* d'urgence, de toute urgence; (*need*) sans délai
urinal ['juərɪnl] *n* (*Brit: place*) urinoir *m*
urinate ['juərɪneɪt] *vi* uriner
urine ['juərɪn] *n* urine *f*
URL *abbr* (= *uniform resource locator*) URL *f*
urn [əːn] *n* urne *f*; (*also*: **tea urn**) fontaine *f* à thé
Uruguay ['juərəgwaɪ] *n* Uruguay *m*
Uruguayan [juərə'gwaɪən] *adj* uruguayen(ne) ▷ *n* Uruguayen(ne)
US *n abbr* = **United States**
us [ʌs] *pron* nous; *see also* **me**
USA *n abbr* = **United States of America**; (*Mil*) = **United States Army**
usable ['juːzəbl] *adj* utilisable
USAF *n abbr* = **United States Air Force**
usage ['juːzɪdʒ] *n* usage *m*
USCG *n abbr* = **United States Coast Guard**
USDA *n abbr* = **United States Department of Agriculture**
USDAW ['ʌzdɔː] *n abbr* (*Brit*: = *Union of Shop, Distributive and Allied Workers*) *syndicat du commerce de détail et de la distribution*
USDI *n abbr* = **United States Department of the Interior**
use *n* [juːs] emploi *m*, utilisation *f*; usage *m*; (*usefulness*) utilité *f* ▷ *vt* [juːz] se servir de, utiliser, employer; **in ~** en usage; **out of ~** hors d'usage; **to be of ~** servir, être utile; **to make ~ of sth** utiliser qch; **ready for ~** prêt à l'emploi; **it's no ~** ça ne sert à rien; **to have the ~ of** avoir l'usage de; **what's this ~d for?** à quoi est-ce que ça sert?; **she ~d to do it** elle le faisait (autrefois), elle avait coutume de le faire; **to be ~d to** avoir l'habitude de, être habitué(e) à; **to get ~d to** s'habituer à
▸ **use up** *vt* finir, épuiser; (*food*) consommer
used [juːzd] *adj* (*car*) d'occasion
useful ['juːsful] *adj* utile; **to come in ~** être utile
usefulness ['juːsfəlnɪs] *n* utilité *f*
useless ['juːslɪs] *adj* inutile; (*inf: person*) nul(le)
user ['juːzəʳ] *n* utilisateur(-trice), usager *m*
user-friendly ['juːzə'frɛndlɪ] *adj* convivial(e), facile d'emploi
username ['juːzəneɪm] nom *m* d'utilisateur
USES *n abbr* = **United States Employment Service**
usher ['ʌʃəʳ] *n* placeur *m* ▷ *vt*: **to ~ sb in** faire entrer qn
usherette [ʌʃə'rɛt] *n* (*in cinema*) ouvreuse *f*
USIA *n abbr* = **United States Information Agency**
USM *n abbr* = **United States Mail; United States Mint**
USN *n abbr* = **United States Navy**
USP *n abbr* = **unique selling proposition**
USPHS *n abbr* = **United States Public Health Service**

SPO *n abbr* = **United States Post Office**
SS *abbr* = **United States Ship (or Steamer)**
SSR *n abbr* = **Union of Soviet Socialist Republics**
su. *abbr* = **usually**
sual ['ju:ʒuəl] *adj* habituel(le); **as ~** comme d'habitude
sually ['ju:ʒuəlɪ] *adv* d'habitude, d'ordinaire
surer ['ju:ʒərəʳ] *n* usurier(-ière)
surp [ju:'zə:p] *vt* usurper
T *abbr* (US) = **Utah**
tensil [ju:'tɛnsl] *n* ustensile *m*; **kitchen ~s** batterie *f* de cuisine
terus ['ju:tərəs] *n* utérus *m*
tilitarian [ju:tɪlɪ'tɛərɪən] *adj* utilitaire
tility [ju:'tɪlɪtɪ] *n* utilité *f*; (*also*: **public utility**) service public
utility room *n* buanderie *f*
utilization [ju:tɪlaɪ'zeɪʃən] *n* utilisation *f*
utilize ['ju:tɪlaɪz] *vt* utiliser; (*make good use of*) exploiter
utmost ['ʌtməust] *adj* extrême, le (la) plus grand(e) ▷ *n*: **to do one's ~** faire tout son possible; **of the ~ importance** d'une importance capitale, de la plus haute importance
utter ['ʌtəʳ] *adj* total(e), complet(-ète) ▷ *vt* prononcer, proférer; (*sounds*) émettre
utterance ['ʌtrns] *n* paroles *fpl*
utterly ['ʌtəlɪ] *adv* complètement, totalement
U-turn ['ju:'tə:n] *n* demi-tour *m*; (*fig*) volte-face *f inv*
Uzbekistan [ʌzbɛkɪ'stɑ:n] *n* Ouzbékistan *m*

Vv

V, v [vi:] *n* (*letter*) V, v *m*; **V for Victor** V comme Victor
v. *abbr* = **verse**; (= *vide*) v.; (= *versus*) vs; (= *volt*) V
VA, Va. *abbr* (*US*) = **Virginia**
vac [væk] *n abbr* (*Brit inf*) = **vacation**
vacancy ['veɪkənsɪ] *n* (*Brit: job*) poste vacant; (*room*) chambre *f* disponible; **"no vacancies"** "complet"
vacant ['veɪkənt] *adj* (*post*) vacant(e); (*seat etc*) libre, disponible; (*expression*) distrait(e)
vacant lot *n* terrain inoccupé; (*for sale*) terrain à vendre
vacate [və'keɪt] *vt* quitter
vacation [və'keɪʃən] *n* (*esp US*) vacances *fpl*; **to take a ~** prendre des vacances; **on ~** en vacances
vacation course *n* cours *mpl* de vacances
vacationer [və'keɪʃənəʳ], (*US*) **vacationist** [və'keɪʃənɪst] *n* vacancier(-ière)
vaccinate ['væksɪneɪt] *vt* vacciner
vaccination [væksɪ'neɪʃən] *n* vaccination *f*
vaccine ['væksi:n] *n* vaccin *m*
vacuum ['vækjum] *n* vide *m*
vacuum bottle *n* (*US*) = **vacuum flask**
vacuum cleaner *n* aspirateur *m*
vacuum flask *n* (*Brit*) bouteille *f* thermos®
vacuum-packed ['vækjumpækt] *adj* emballé(e) sous vide
vagabond ['vægəbɔnd] *n* vagabond(e); (*tramp*) chemineau *m*, clochard(e)
vagary ['veɪgərɪ] *n* caprice *m*
vagina [və'dʒaɪnə] *n* vagin *m*
vagrancy ['veɪgrənsɪ] *n* vagabondage *m*
vagrant ['veɪgrənt] *n* vagabond(e), mendiant(e)
vague [veɪg] *adj* vague, imprécis(e); (*blurred: photo, memory*) flou(e); **I haven't the ~st idea** je n'en ai pas la moindre idée
vaguely ['veɪglɪ] *adv* vaguement
vain [veɪn] *adj* (*useless*) vain(e); (*conceited*) vaniteux(-euse); **in ~** en vain
valance ['væləns] *n* (*of bed*) tour *m* de lit
valedictory [vælɪ'dɪktərɪ] *adj* d'adieu
valentine ['væləntaɪn] *n* (*also*: **valentine card**) carte *f* de la Saint-Valentin
Valentine's Day ['væləntaɪnz-] *n* Saint-Valentin *f*
valet ['vælɪt] *n* valet *m* de chambre
valet parking *n* parcage *m* par les soins du personnel (de l'hôtel *etc*)
valet service *n* (*for clothes*) pressing *m*; (*for car*) nettoyage complet
valiant ['vælɪənt] *adj* vaillant(e), courageux(-euse)
valid ['vælɪd] *adj* (*document*) valide, valable; (*excuse*) valable
validate ['vælɪdeɪt] *vt* (*contract, document*) valider; (*argument, claim*) prouver la justesse de, confirmer
validity [və'lɪdɪtɪ] *n* validité *f*
valise [və'li:z] *n* sac *m* de voyage
valley ['vælɪ] *n* vallée *f*
valour, (*US*) **valor** ['væləʳ] *n* courage *m*
valuable ['væljuəbl] *adj* (*jewel*) de grande valeur; (*time, help*) précieux(-euse)
valuables ['væljuəblz] *npl* objets *mpl* de valeur
valuation [vælju'eɪʃən] *n* évaluation *f*, expertise *f*
value ['vælju:] *n* valeur *f* ▷ *vt* (*fix price*) évaluer, expertiser; (*appreciate*) apprécier; (*cherish*) tenir à; **values** *npl* (*principles*) valeurs *fpl*; **you get good ~ (for money) in that shop** vous en avez pour votre argent dans ce magasin; **to lose (in) ~** (*currency*) baisser; (*property*) se déprécier; **to gain (in) ~** (*currency*) monter; (*property*) prendre de la valeur; **to be of great ~ to sb** (*fig*) être très utile à qn
value added tax [-'ædɪd-] *n* (*Brit*) taxe *f* à la valeur ajoutée
valued ['vælju:d] *adj* (*appreciated*) estimé(e)
valuer ['væljuəʳ] *n* expert *m* (en estimations)
valve [vælv] *n* (*in machine*) soupape *f*; (*on tyre*) valve *f*; (*in radio*) lampe *f*; (*Med*) valve, valvule *f*
vampire ['væmpaɪəʳ] *n* vampire *m*
van [væn] *n* (*Aut*) camionnette *f*; (*Brit Rail*) fourgon *m*
V and A *n abbr* (*Brit*) = **Victoria and Albert Museum**
vandal ['vændl] *n* vandale *m/f*
vandalism ['vændəlɪzəm] *n* vandalisme *m*
vandalize ['vændəlaɪz] *vt* saccager
vanguard ['vængɑ:d] *n* avant-garde *m*
vanilla [və'nɪlə] *n* vanille *f* ▷ *cpd* (*ice cream*) à la vanille

vanish [ˈvænɪʃ] *vi* disparaître
vanity [ˈvænɪtɪ] *n* vanité *f*
vanity case *n* sac *m* de toilette
vantage [ˈvɑːntɪdʒ] *n*: **~ point** bonne position
vaporize [ˈveɪpəraɪz] *vt* vaporiser ▷ *vi* se vaporiser
vapour, (*US*) **vapor** [ˈveɪpəʳ] *n* vapeur *f*; (*on window*) buée *f*
variable [ˈvɛərɪəbl] *adj* variable; (*mood*) changeant(e) ▷ *n* variable *f*
variance [ˈvɛərɪəns] *n*: **to be at ~ (with)** être en désaccord (avec); (*facts*) être en contradiction (avec)
variant [ˈvɛərɪənt] *n* variante *f*
variation [vɛərɪˈeɪʃən] *n* variation *f*; (*in opinion*) changement *m*
varicose [ˈværɪkəus] *adj*: **~ veins** varices *fpl*
varied [ˈvɛərɪd] *adj* varié(e), divers(e)
variety [vəˈraɪətɪ] *n* variété *f*; (*quantity*) nombre *m*, quantité *f*; **a wide ~ of ...** une quantité *or* un grand nombre de ... (différent(e)s *or* divers(es)); **for a ~ of reasons** pour diverses raisons
variety show *n* (spectacle *m* de) variétés *fpl*
various [ˈvɛərɪəs] *adj* divers(e), différent(e); (*several*) divers, plusieurs; **at ~ times** (*different*) en diverses occasions; (*several*) à plusieurs reprises
varnish [ˈvɑːnɪʃ] *n* vernis *m*; (*for nails*) vernis (à ongles) ▷ *vt* vernir; **to ~ one's nails** se vernir les ongles
vary [ˈvɛərɪ] *vt*, *vi* varier, changer; **to ~ with** *or* **according to** varier selon
varying [ˈvɛərɪɪŋ] *adj* variable
vase [vɑːz] *n* vase *m*
vasectomy [væˈsɛktəmɪ] *n* vasectomie *f*
Vaseline® [ˈvæsɪliːn] *n* vaseline *f*
vast [vɑːst] *adj* vaste, immense; (*amount, success*) énorme
vastly [ˈvɑːstlɪ] *adv* infiniment, extrêmement
vastness [ˈvɑːstnɪs] *n* immensité *f*
VAT [væt] *n abbr* (*Brit*: = *value added tax*) TVA *f*
vat [væt] *n* cuve *f*
Vatican [ˈvætɪkən] *n*: **the ~** le Vatican
vatman [ˈvætmæn] (*irreg*) *n* (*Brit inf*) contrôleur *m* de la T.V.A.
vault [vɔːlt] *n* (*of roof*) voûte *f*; (*tomb*) caveau *m*; (*in bank*) salle *f* des coffres; chambre forte; (*jump*) saut *m* ▷ *vt* (*also*: **vault over**) sauter (d'un bond)
vaunted [ˈvɔːntɪd] *adj*: **much-~** tant célébré(e)
VC *n abbr* = **vice-chairman**; (*Brit*: = *Victoria Cross*) *distinction militaire*
VCR *n abbr* = **video cassette recorder**
VD *n abbr* = **venereal disease**
VDU *n abbr* = **visual display unit**
veal [viːl] *n* veau *m*
veer [vɪəʳ] *vi* tourner; (*car, ship*) virer
veg. [vɛdʒ] *n abbr* (*Brit inf*) = **vegetable**; **vegetables**
vegan [ˈviːgən] *n* végétalien(ne)
vegeburger [ˈvɛdʒɪbəːgəʳ] *n* burger végétarien
vegetable [ˈvɛdʒtəbl] *n* légume *m* ▷ *adj* végétal(e)
vegetable garden *n* (jardin *m*) potager *m*
vegetarian [vɛdʒɪˈtɛərɪən] *adj*, *n* végétarien(ne); **do you have any ~ dishes?** avez-vous des plats végétariens?
vegetate [ˈvɛdʒɪteɪt] *vi* végéter
vegetation [vɛdʒɪˈteɪʃən] *n* végétation *f*
vegetative [ˈvɛdʒɪtətɪv] *adj* (*lit*) végétal(e); (*fig*) végétatif(-ive)
veggieburger [ˈvɛdʒɪbəːgəʳ] *n* = **vegeburger**
vehemence [ˈviːɪməns] *n* véhémence *f*, violence *f*
vehement [ˈviːɪmənt] *adj* violent(e), impétueux(-euse); (*impassioned*) ardent(e)
vehicle [ˈviːɪkl] *n* véhicule *m*
vehicular [vɪˈhɪkjuləʳ] *adj*: **"no ~ traffic"** "interdit à tout véhicule"
veil [veɪl] *n* voile *m* ▷ *vt* voiler; **under a ~ of secrecy** (*fig*) dans le plus grand secret
veiled [veɪld] *adj* voilé(e)
vein [veɪn] *n* veine *f*; (*on leaf*) nervure *f*; (*fig*: *mood*) esprit *m*
Velcro® [ˈvɛlkrəu] *n* velcro® *m*
vellum [ˈvɛləm] *n* (*writing paper*) vélin *m*
velocity [vɪˈlɔsɪtɪ] *n* vitesse *f*, vélocité *f*
velour, velours [vəˈluəʳ] *n* velours *m*
velvet [ˈvɛlvɪt] *n* velours *m*
vending machine [ˈvɛndɪŋ-] *n* distributeur *m* automatique
vendor [ˈvɛndəʳ] *n* vendeur(-euse); **street ~** marchand ambulant
veneer [vəˈnɪəʳ] *n* placage *m* de bois; (*fig*) vernis *m*
venerable [ˈvɛnərəbl] *adj* vénérable
venereal [vɪˈnɪərɪəl] *adj*: **~ disease** maladie vénérienne
Venetian blind [vɪˈniːʃən-] *n* store vénitien
Venezuela [vɛnɛˈzweɪlə] *n* Venezuela *m*
Venezuelan [vɛnɛˈzweɪlən] *adj* vénézuélien(ne) ▷ *n* Vénézuélien(ne)
vengeance [ˈvɛndʒəns] *n* vengeance *f*; **with a ~** (*fig*) vraiment, pour de bon
vengeful [ˈvɛndʒful] *adj* vengeur(-geresse)
Venice [ˈvɛnɪs] *n* Venise
venison [ˈvɛnɪsn] *n* venaison *f*
venom [ˈvɛnəm] *n* venin *m*
venomous [ˈvɛnəməs] *adj* venimeux(-euse)
vent [vɛnt] *n* conduit *m* d'aération; (*in dress, jacket*) fente *f* ▷ *vt* (*fig*: *one's feelings*) donner libre cours à
ventilate [ˈvɛntɪleɪt] *vt* (*room*) ventiler, aérer
ventilation [vɛntɪˈleɪʃən] *n* ventilation *f*, aération *f*
ventilation shaft *n* conduit *m* de ventilation *or* d'aération
ventilator [ˈvɛntɪleɪtəʳ] *n* ventilateur *m*
ventriloquist [vɛnˈtrɪləkwɪst] *n* ventriloque *m/f*
venture [ˈvɛntʃəʳ] *n* entreprise *f* ▷ *vt* risquer, hasarder ▷ *vi* s'aventurer, se risquer; **a business ~** une entreprise commerciale; **to ~ to do sth** se risquer à faire qch
venture capital *n* capital-risque *m*
venue [ˈvɛnjuː] *n* lieu *m*; (*of conference etc*) lieu de

la réunion (*or* manifestation *etc*); (*of match*) lieu de la rencontre
Venus ['vi:nəs] *n* (*planet*) Vénus *f*
veracity [və'ræsɪtɪ] *n* véracité *f*
veranda, verandah [və'rændə] *n* véranda *f*
verb [və:b] *n* verbe *m*
verbal ['və:bl] *adj* verbal(e); (*translation*) littéral(e)
verbally ['və:bəlɪ] *adv* verbalement
verbatim [və:'beɪtɪm] *adj, adv* mot pour mot
verbose [və:'bəus] *adj* verbeux(-euse)
verdict ['və:dɪkt] *n* verdict *m*; **~ of guilty/not guilty** verdict de culpabilité/de non-culpabilité
verge [və:dʒ] *n* bord *m*; **"soft ~s"** (*Brit*) "accotements non stabilisés"; **on the ~ of doing** sur le point de faire
▸ **verge on** *vt fus* approcher de
verger ['və:dʒə^r] *n* (*Rel*) bedeau *m*
verification [verɪfɪ'keɪʃən] *n* vérification *f*
verify ['verɪfaɪ] *vt* vérifier
veritable ['verɪtəbl] *adj* véritable
vermin ['və:mɪn] *npl* animaux *mpl* nuisibles; (*insects*) vermine *f*
vermouth ['və:məθ] *n* vermouth *m*
vernacular [və'nækjulə^r] *n* langue *f* vernaculaire, dialecte *m*
versatile ['və:sətaɪl] *adj* polyvalent(e)
verse [və:s] *n* vers *mpl*; (*stanza*) strophe *f*; (*in Bible*) verset *m*; **in ~** en vers
versed [və:st] *adj*: **(well-)~ in** versé(e) dans
version ['və:ʃən] *n* version *f*
versus ['və:səs] *prep* contre
vertebra (*pl* **-e**) ['və:tɪbrə, -bri:] *n* vertèbre *f*
vertebrate ['və:tɪbrɪt] *n* vertébré *m*
vertical ['və:tɪkl] *adj* vertical(e) ▹ *n* verticale *f*
vertically ['və:tɪklɪ] *adv* verticalement
vertigo ['və:tɪgəu] *n* vertige *m*; **to suffer from ~** avoir des vertiges
verve [və:v] *n* brio *m*; enthousiasme *m*
very ['verɪ] *adv* très ▹ *adj*: **the ~ book which** le livre même que; **the ~ thought (of it) ...** rien que d'y penser ...; **at the ~ end** tout à la fin; **the ~ last** le tout dernier; **at the ~ least** au moins; **~ well** très bien; **~ little** très peu; **~ much** beaucoup
vespers ['vespəz] *npl* vêpres *fpl*
vessel ['vesl] *n* (*Anat, Naut*) vaisseau *m*; (*container*) récipient *m*; *see also* **blood**
vest [vest] *n* (*Brit: underwear*) tricot *m* de corps; (*US: waistcoat*) gilet *m* ▹ *vt*: **to ~ sb with sth, to ~ sth in sb** investir qn de qch
vested interest *n*: **to have a ~ in doing** avoir tout intérêt à faire; **vested interests** *npl* (*Comm*) droits acquis
vestibule ['vestɪbju:l] *n* vestibule *m*
vestige ['vestɪdʒ] *n* vestige *m*
vestry ['vestrɪ] *n* sacristie *f*
Vesuvius [vɪ'su:vɪəs] *n* Vésuve *m*
vet [vet] *n abbr* (*Brit: = veterinary surgeon*) vétérinaire *m/f*; (*US: = veteran*) ancien(ne) combattant(e) ▹ *vt* examiner minutieusement; (*text*) revoir; (*candidate*) se renseigner soigneusement sur, soumettre à une enquête approfondie
veteran ['vetərn] *n* vétéran *m*; (*also*: **war veteran**) ancien combattant ▹ *adj*: **she's a ~ campaigner for ...** cela fait très longtemps qu'elle lutte pour ...
veteran car *n* voiture *f* d'époque
veterinarian [vetrɪ'neərɪən] *n* (*US*) = **veterinary surgeon**
veterinary ['vetrɪnərɪ] *adj* vétérinaire
veterinary surgeon ['vetrɪnərɪ-] (*Brit*) *n* vétérinaire *m/f*
veto ['vi:təu] *n* (*pl* **-es**) veto *m* ▹ *vt* opposer son veto à; **to put a ~ on** mettre (*or* opposer) son veto à
vetting ['vetɪŋ] *n*: **positive ~** enquête *f* de sécurité
vex [veks] *vt* fâcher, contrarier
vexed [vekst] *adj* (*question*) controversé(e)
VFD *n abbr* (*US*) = **voluntary fire department**
VG *n abbr* (*Brit: Scol etc: = very good*) tb (= *très bien*)
VHF *abbr* (= *very high frequency*) VHF
VI *abbr* (*US*) = **Virgin Islands**
via ['vaɪə] *prep* par, via
viability [vaɪə'bɪlɪtɪ] *n* viabilité *f*
viable ['vaɪəbl] *adj* viable
viaduct ['vaɪədʌkt] *n* viaduc *m*
vial ['vaɪəl] *n* fiole *f*
vibes [vaɪbz] *npl* (*inf*): **I get good/bad ~ about it** je le sens bien/ne le sens pas; **there are good/bad ~ between us** entre nous le courant passe bien/ne passe pas
vibrant ['vaɪbrnt] *adj* (*sound, colour*) vibrant(e)
vibraphone ['vaɪbrəfəun] *n* vibraphone *m*
vibrate [vaɪ'breɪt] *vi*: **to ~ (with)** vibrer (de); (*resound*) retentir (de)
vibration [vaɪ'breɪʃən] *n* vibration *f*
vibrator [vaɪ'breɪtə^r] *n* vibromasseur *m*
vicar ['vɪkə^r] *n* pasteur *m* (*de l'Église anglicane*)
vicarage ['vɪkərɪdʒ] *n* presbytère *m*
vicarious [vɪ'keərɪəs] *adj* (*pleasure, experience*) indirect(e)
vice [vaɪs] *n* (*evil*) vice *m*; (*Tech*) étau *m*
vice- [vaɪs] *prefix* vice-
vice-chairman [vaɪs'tʃeəmən] (*irreg*) *n* vice-président(e)
vice-chancellor [vaɪs'tʃɑ:nsələ^r] *n* (*Brit*) ≈ président(e) d'université
vice-president [vaɪs'prezɪdənt] *n* vice-président(e)
viceroy ['vaɪsrɔɪ] *n* vice-roi *m*
vice squad *n* ≈ brigade mondaine
vice versa ['vaɪsɪ'və:sə] *adv* vice versa
vicinity [vɪ'sɪnɪtɪ] *n* environs *mpl*, alentours *mpl*
vicious ['vɪʃəs] *adj* (*remark*) cruel(le), méchant(e); (*blow*) brutal(e); (*dog*) méchant(e), dangereux(-euse); **a ~ circle** un cercle vicieux
viciousness ['vɪʃəsnɪs] *n* méchanceté *f*, cruauté *f*; brutalité *f*
vicissitudes [vɪ'sɪsɪtju:dz] *npl* vicissitudes *fpl*
victim ['vɪktɪm] *n* victime *f*; **to be the ~ of** être victime de

ctimization [vɪktɪmaɪ'zeɪʃən] *n* brimades *fpl*; représailles *fpl*
ctimize ['vɪktɪmaɪz] *vt* brimer; exercer des représailles sur
ctor ['vɪktəʳ] *n* vainqueur *m*
ictorian [vɪk'tɔːrɪən] *adj* victorien(ne)
ictorious [vɪk'tɔːrɪəs] *adj* victorieux(-euse)
ictory ['vɪktərɪ] *n* victoire *f*; **to win a ~ over sb** remporter une victoire sur qn
ideo ['vɪdɪəu] *n* (*video film*) vidéo *f*; (*also*: **video cassette**) vidéocassette *f*; (*also*: **video cassette recorder**) magnétoscope *m* ▷ *vt* (*with recorder*) enregistrer; (*with camera*) filmer ▷ *cpd* vidéo *inv*
ideo camera *n* caméra *f* vidéo *inv*
video cassette *n* vidéocassette *f*
video cassette recorder *n* = **video recorder**
videodisc ['vɪdɪəudɪsk] *n* vidéodisque *m*
video game *n* jeu *m* vidéo *inv*
video nasty *n* *vidéo à caractère violent ou pornographique*
videophone ['vɪdɪəufəun] *n* visiophone *m*, vidéophone *m*
video recorder *n* magnétoscope *m*
video recording *n* enregistrement *m* (en) vidéo *inv*
video shop *n* vidéoclub *m*
video tape *n* bande *f* vidéo *inv*; (*cassette*) vidéocassette *f*
video wall *n* mur *m* d'images vidéo
vie [vaɪ] *vi*: **to ~ with** lutter avec, rivaliser avec
Vienna [vɪ'ɛnə] *n* Vienne
Vietnam, Viet Nam ['vjɛt'næm] *n* Viêt-nam *or* Vietnam *m*
Vietnamese [vjɛtnə'miːz] *adj* vietnamien(ne) ▷ *n* (*pl inv*) Vietnamien(ne); (*Ling*) vietnamien *m*
view [vjuː] *n* vue *f*; (*opinion*) avis *m*, vue ▷ *vt* voir, regarder; (*situation*) considérer; (*house*) visiter; **on** ~ (*in museum etc*) exposé(e); **in full ~ of sb** sous les yeux de qn; **to be within ~ (of sth)** être à portée de vue (de qch); **an overall ~ of the situation** une vue d'ensemble de la situation; **in my** ~ à mon avis; **in ~ of the fact that** étant donné que; **with a ~ to doing sth** dans l'intention de faire qch
viewdata ['vjuːdeɪtə] *n* (*Brit*) télétexte *m* (*version téléphonique*)
viewer ['vjuːəʳ] *n* (*viewfinder*) viseur *m*; (*small projector*) visionneuse *f*; (*TV*) téléspectateur(-trice)
viewfinder ['vjuːfaɪndəʳ] *n* viseur *m*
viewpoint ['vjuːpɔɪnt] *n* point *m* de vue
vigil ['vɪdʒɪl] *n* veille *f*; **to keep ~** veiller
vigilance ['vɪdʒɪləns] *n* vigilance *f*
vigilant ['vɪdʒɪlənt] *adj* vigilant(e)
vigilante [vɪdʒɪ'læntɪ] *n* *justicier ou membre d'un groupe d'autodéfense*
vigorous ['vɪgərəs] *adj* vigoureux(-euse)
vigour, (US) **vigor** ['vɪgəʳ] *n* vigueur *f*
vile [vaɪl] *adj* (*action*) vil(e); (*smell, food*) abominable; (*temper*) massacrant(e)
vilify ['vɪlɪfaɪ] *vt* calomnier, vilipender
villa ['vɪlə] *n* villa *f*
village ['vɪlɪdʒ] *n* village *m*
villager ['vɪlɪdʒəʳ] *n* villageois(e)
villain ['vɪlən] *n* (*scoundrel*) scélérat *m*; (*Brit: criminal*) bandit *m*; (*in novel etc*) traître *m*
VIN *n abbr* (US) = **vehicle identification number**
vinaigrette [vɪneɪ'grɛt] *n* vinaigrette *f*
vindicate ['vɪndɪkeɪt] *vt* défendre avec succès; justifier
vindication [vɪndɪ'keɪʃən] *n*: **in ~ of** pour justifier
vindictive [vɪn'dɪktɪv] *adj* vindicatif(-ive), rancunier(-ière)
vine [vaɪn] *n* vigne *f*; (*climbing plant*) plante grimpante
vinegar ['vɪnɪgəʳ] *n* vinaigre *m*
vine grower *n* viticulteur *m*
vine-growing ['vaɪngrəuɪŋ] *adj* viticole ▷ *n* viticulture *f*
vineyard ['vɪnjɑːd] *n* vignoble *m*
vintage ['vɪntɪdʒ] *n* (*year*) année *f*, millésime *m* ▷ *cpd* (*car*) d'époque; (*wine*) de grand cru; **the 1970 ~** le millésime 1970
vinyl ['vaɪnl] *n* vinyle *m*
viola [vɪ'əulə] *n* alto *m*
violate ['vaɪəleɪt] *vt* violer
violation [vaɪə'leɪʃən] *n* violation *f*; **in ~ of** (*rule, law*) en infraction à, en violation de
violence ['vaɪələns] *n* violence *f*; (*Pol etc*) incidents violents
violent ['vaɪələnt] *adj* violent(e); **a ~ dislike of sb/sth** une aversion profonde pour qn/qch
violently ['vaɪələntlɪ] *adv* violemment; (*ill, angry*) terriblement
violet ['vaɪələt] *adj* (*colour*) violet(te) ▷ *n* (*plant*) violette *f*
violin [vaɪə'lɪn] *n* violon *m*
violinist [vaɪə'lɪnɪst] *n* violoniste *m/f*
VIP *n abbr* (= *very important person*) VIP *m*
viper ['vaɪpəʳ] *n* vipère *f*
viral ['vaɪərəl] *adj* viral(e)
virgin ['vəːdʒɪn] *n* vierge *f* ▷ *adj* vierge; **she is a ~** elle est vierge; **the Blessed V~** la Sainte Vierge
virginity [vəː'dʒɪnɪtɪ] *n* virginité *f*
Virgo ['vəːgəu] *n* la Vierge; **to be ~** être de la Vierge
virile ['vɪraɪl] *adj* viril(e)
virility [vɪ'rɪlɪtɪ] *n* virilité *f*
virtual ['vəːtjuəl] *adj* (*Comput, Physics*) virtuel(le); (*in effect*): **it's a ~ impossibility** c'est quasiment impossible; **the ~ leader** le chef dans la pratique
virtually ['vəːtjuəlɪ] *adv* (*almost*) pratiquement; **it is ~ impossible** c'est quasiment impossible
virtual reality *n* (*Comput*) réalité virtuelle
virtue ['vəːtjuː] *n* vertu *f*; (*advantage*) mérite *m*, avantage *m*; **by ~ of** en vertu *or* raison de
virtuosity [vəːtju'ɔsɪtɪ] *n* virtuosité *f*
virtuoso [vəːtju'əuzəu] *n* virtuose *m/f*
virtuous ['vəːtjuəs] *adj* vertueux(-euse)
virulent ['vɪrulənt] *adj* virulent(e)
virus ['vaɪərəs] *n* (*Med, Comput*) virus *m*
visa ['viːzə] *n* visa *m*

V

vis-à-vis [viːzəˈviː] *prep* vis-à-vis de
viscount [ˈvaɪkaunt] *n* vicomte *m*
viscous [ˈvɪskəs] *adj* visqueux(-euse), gluant(e)
vise [vaɪs] *n* (*US Tech*) = **vice**
visibility [vɪzɪˈbɪlɪtɪ] *n* visibilité *f*
visible [ˈvɪzəbl] *adj* visible; **~ exports/imports** exportations/importations *fpl* visibles
visibly [ˈvɪzəblɪ] *adv* visiblement
vision [ˈvɪʒən] *n* (*sight*) vue *f*, vision *f*; (*foresight, in dream*) vision
visionary [ˈvɪʒənrɪ] *n* visionnaire *m/f*
visit [ˈvɪzɪt] *n* visite *f*; (*stay*) séjour *m* ▷ *vt* (*person*: *US*: *also*: **visit with**) rendre visite à; (*place*) visiter; **on a private/official ~** en visite privée/officielle
visiting [ˈvɪzɪtɪŋ] *adj* (*speaker, team*) invité(e), de l'extérieur
visiting card *n* carte *f* de visite
visiting hours *npl* heures *fpl* de visite
visitor [ˈvɪzɪtə[r]] *n* visiteur(-euse); (*to one's house*) invité(e); (*in hotel*) client(e)
visitor centre, (*US*) **visitor center** *n* hall *m or* centre *m* d'accueil
visitors' book *n* livre *m* d'or; (*in hotel*) registre *m*
visor [ˈvaɪzə[r]] *n* visière *f*
VISTA [ˈvɪstə] *n abbr* (= *Volunteers in Service to America*) *programme d'assistance bénévole aux régions pauvres*
vista [ˈvɪstə] *n* vue *f*, perspective *f*
visual [ˈvɪzjuəl] *adj* visuel(le)
visual aid *n* support visuel (pour l'enseignement)
visual arts *npl* arts *mpl* plastiques
visual display unit *n* console *f* de visualisation, visuel *m*
visualize [ˈvɪzjuəlaɪz] *vt* se représenter; (*foresee*) prévoir
visually [ˈvɪzjuəlɪ] *adv* visuellement; **~ handicapped** handicapé(e) visuel(le)
visually-impaired [ˈvɪzjuəlɪɪmˈpɛə[r]d] *adj* malvoyant(e)
vital [ˈvaɪtl] *adj* vital(e); **of ~ importance (to sb/sth)** d'une importance capitale (pour qn/qch)
vitality [vaɪˈtælɪtɪ] *n* vitalité *f*
vitally [ˈvaɪtəlɪ] *adv* extrêmement
vital statistics *npl* (*of population*) statistiques *fpl* démographiques; (*inf*: *woman's*) mensurations *fpl*
vitamin [ˈvɪtəmɪn] *n* vitamine *f*
vitiate [ˈvɪʃɪeɪt] *vt* vicier
vitreous [ˈvɪtrɪəs] *adj* (*china*) vitreux(-euse); (*enamel*) vitrifié(e)
vitriolic [vɪtrɪˈɔlɪk] *adj* (*fig*) venimeux(-euse)
viva [ˈvaɪvə] *n* (*also*: **viva voce**) (examen) oral
vivacious [vɪˈveɪʃəs] *adj* animé(e), qui a de la vivacité
vivacity [vɪˈvæsɪtɪ] *n* vivacité *f*
vivid [ˈvɪvɪd] *adj* (*account*) frappant(e), vivant(e); (*light, imagination*) vif (vive)
vividly [ˈvɪvɪdlɪ] *adv* (*describe*) d'une manière vivante; (*remember*) de façon précise
vivisection [vɪvɪˈsɛkʃən] *n* vivisection *f*
vixen [ˈvɪksn] *n* renarde *f*; (*pej*: *woman*) mégère
viz [vɪz] *abbr* (= *vide licet*: *namely*) à savoir, c. à d.
VLF *abbr* = **very low frequency**
V-neck [ˈviːnɛk] *n* décolleté *m* en V
VOA *n abbr* (= *Voice of America*) voix *f* de l'Amérique (*émissions de radio à destination de l'étranger*)
vocabulary [vəuˈkæbjulərɪ] *n* vocabulaire *m*
vocal [ˈvəukl] *adj* vocal(e); (*articulate*) qui n'hésite pas à s'exprimer, qui sait faire entendre ses opinions; **vocals** *npl* voix *fpl*
vocal cords *npl* cordes vocales
vocalist [ˈvəukəlɪst] *n* chanteur(-euse)
vocation [vəuˈkeɪʃən] *n* vocation *f*
vocational [vəuˈkeɪʃənl] *adj* professionnel(le); **~ guidance/training** orientation/formation professionnelle
vociferous [vəˈsɪfərəs] *adj* bruyant(e)
vodka [ˈvɔdkə] *n* vodka *f*
vogue [vəug] *n* mode *f*; (*popularity*) vogue *f*; **to be in ~** être en vogue *or* à la mode
voice [vɔɪs] *n* voix *f*; (*opinion*) avis *m* ▷ *vt* (*opinion*) exprimer, formuler; **in a loud/soft ~** à voix haute/basse; **to give ~ to** exprimer
voice mail *n* (*system*) messagerie *f* vocale, boîte *f* vocale; (*device*) répondeur *m*
voice-over [ˈvɔɪsəuvə[r]] *n* voix off *f*
void [vɔɪd] *n* vide *m* ▷ *adj* (*invalid*) nul(le); (*empty*): **~ of** vide de, dépourvu(e) de
voile [vɔɪl] *n* voile *m* (*tissu*)
vol. *abbr* (= *volume*) vol
volatile [ˈvɔlətaɪl] *adj* volatil(e); (*fig*: *person*) versatile; (: *situation*) explosif(-ive)
volcanic [vɔlˈkænɪk] *adj* volcanique
volcano (*pl* **-es**) [vɔlˈkeɪnəu] *n* volcan *m*
volition [vəˈlɪʃən] *n*: **of one's own ~** de son propre gré
volley [ˈvɔlɪ] *n* (*of gunfire*) salve *f*; (*of stones etc*) pluie *f*, volée *f*; (*Tennis etc*) volée
volleyball [ˈvɔlɪbɔːl] *n* volley(-ball) *m*
volt [vəult] *n* volt *m*
voltage [ˈvəultɪdʒ] *n* tension *f*, voltage *m*; **high/low ~** haute/basse tension
voluble [ˈvɔljubl] *adj* volubile
volume [ˈvɔljuːm] *n* volume *m*; (*of tank*) capacité *f*; **~ one/two** (*of book*) tome un/deux; **his expression spoke ~s** son expression en disait long
volume control *n* (*Radio, TV*) bouton *m* de réglage du volume
volume discount *n* (*Comm*) remise *f* sur la quantité
voluminous [vəˈluːmɪnəs] *adj* volumineux(-euse)
voluntarily [ˈvɔləntrɪlɪ] *adv* volontairement; bénévolement
voluntary [ˈvɔləntərɪ] *adj* volontaire; (*unpaid*) bénévole
voluntary liquidation *n* (*Comm*) dépôt *m* de bilan
voluntary redundancy *n* (*Brit*) départ *m* volontaire (*en cas de licenciements*)

volunteer [vɔlən'tɪəʳ] *n* volontaire *m/f* ▷ *vt* (*information*) donner spontanément ▷ *vi* (*Mil*) s'engager comme volontaire; **to ~ to do** se proposer pour faire
voluptuous [və'lʌptjuəs] *adj* voluptueux(-euse)
vomit ['vɔmɪt] *n* vomissure *f* ▷ *vt*, *vi* vomir
voracious [və'reɪʃəs] *adj* vorace; (*reader*) avide
vote [vəut] *n* vote *m*, suffrage *m*; (*votes cast*) voix *f*, vote; (*franchise*) droit *m* de vote ▷ *vt* (*bill*) voter; (*chairman*) élire; (*propose*): **to ~ that** proposer que +*sub* ▷ *vi* voter; **to put sth to the ~, to take a ~ on sth** mettre qch aux voix, procéder à un vote sur qch; **~ for** *or* **in favour of/against** vote pour/contre; **to ~ to do sth** voter en faveur de faire qch; **~ of censure** motion *f* de censure; **~ of thanks** discours *m* de remerciement
voter ['vəutəʳ] *n* électeur(-trice)
voting ['vəutɪŋ] *n* scrutin *m*, vote *m*
voting paper *n* (*Brit*) bulletin *m* de vote
voting right *n* droit *m* de vote
vouch [vautʃ]: **to ~ for** *vt fus* se porter garant de
voucher ['vautʃəʳ] *n* (*for meal, petrol, gift*) bon *m*; (*receipt*) reçu *m*; **travel ~** bon *m* de transport
vow [vau] *n* vœu *m*, serment *m* ▷ *vi* jurer; **to take** *or* **make a ~ to do sth** faire le vœu de faire qch
vowel ['vauəl] *n* voyelle *f*
voyage ['vɔɪɪdʒ] *n* voyage *m* par mer, traversée *f*; (*by spacecraft*) voyage
voyeur [vwɑː'jəːʳ] *n* voyeur *m*
VP *n abbr* = **vice-president**
vs *abbr* (= *versus*) vs
VSO *n abbr* (*Brit*: = *Voluntary Service Overseas*) ≈ coopération civile
VT, Vt. *abbr* (*US*) = **Vermont**
vulgar ['vʌlgəʳ] *adj* vulgaire
vulgarity [vʌl'gærɪtɪ] *n* vulgarité *f*
vulnerability [vʌlnərə'bɪlɪtɪ] *n* vulnérabilité *f*
vulnerable ['vʌlnərəbl] *adj* vulnérable
vulture ['vʌltʃəʳ] *n* vautour *m*

W, w ['dʌblju:] *n* (*letter*) W, w *m*; **W for William** W comme William
W *abbr* (= *west*) O; (*Elec*: = *watt*) W
WA *abbr* (US) = **Washington**
wad [wɔd] *n* (*of cotton wool, paper*) tampon *m*; (*of banknotes etc*) liasse *f*
wadding ['wɔdɪŋ] *n* rembourrage *m*
waddle ['wɔdl] *vi* se dandiner
wade [weɪd] *vi*: **to ~ through** marcher dans, patauger dans; (*fig*: *book*) venir à bout de ▷ *vt* passer à gué
wafer ['weɪfəʳ] *n* (*Culin*) gaufrette *f*; (*Rel*) pain *m* d'hostie; (*Comput*) tranche *f* (de silicium)
wafer-thin ['weɪfə'θɪn] *adj* ultra-mince, mince comme du papier à cigarette
waffle ['wɔfl] *n* (*Culin*) gaufre *f*; (*inf*) rabâchage *m*; remplissage *m* ▷ *vi* parler pour ne rien dire; faire du remplissage
waffle iron *n* gaufrier *m*
waft [wɔft] *vt* porter ▷ *vi* flotter
wag [wæg] *vt* agiter, remuer ▷ *vi* remuer; **the dog ~ged its tail** le chien a remué la queue
wage [weɪdʒ] *n* (*also*: **wages**) salaire *m*, paye *f* ▷ *vt*: **to ~ war** faire la guerre; **a day's ~s** un jour de salaire
wage claim *n* demande *f* d'augmentation de salaire
wage differential *n* éventail *m* des salaires
wage earner [-ə:nəʳ] *n* salarié(e); (*breadwinner*) soutien *m* de famille
wage freeze *n* blocage *m* des salaires
wage packet *n* (*Brit*) (enveloppe *f* de) paye *f*
wager ['weɪdʒəʳ] *n* pari *m* ▷ *vt* parier
waggle ['wægl] *vt, vi* remuer
wagon, waggon ['wægən] *n* (*horse-drawn*) chariot *m*; (*Brit Rail*) wagon *m* (de marchandises)
wail [weɪl] *n* gémissement *m*; (*of siren*) hurlement *m* ▷ *vi* gémir; (*siren*) hurler
waist [weɪst] *n* taille *f*, ceinture *f*
waistcoat ['weɪskəut] *n* (*Brit*) gilet *m*
waistline ['weɪstlaɪn] *n* (tour *m* de) taille *f*
wait [weɪt] *n* attente *f* ▷ *vi* attendre; **to ~ for sb/sth** attendre qn/qch; **to keep sb ~ing** faire attendre qn; **~ for me, please** attendez-moi, s'il vous plaît; **~ a minute!** un instant!; **"repairs while you ~"** "réparations minute"; **I can't ~ to ...** (*fig*) je meurs d'envie de ...; **to lie in ~ for** guetter
▶ **wait behind** *vi* rester (à attendre)
▶ **wait on** *vt fus* servir
▶ **wait up** *vi* attendre, ne pas se coucher; **don't ~ up for me** ne m'attendez pas pour aller vous coucher
waiter ['weɪtəʳ] *n* garçon *m* (de café), serveur *m*
waiting ['weɪtɪŋ] *n*: **"no ~"** (*Brit Aut*) "stationnement interdit"
waiting list *n* liste *f* d'attente
waiting room *n* salle *f* d'attente
waitress ['weɪtrɪs] *n* serveuse *f*
waive [weɪv] *vt* renoncer à, abandonner
waiver ['weɪvəʳ] *n* dispense *f*
wake [weɪk] (*pt* **woke** *or* **-d**, *pp* **woken** *or* **waked** [wəuk, 'wəukn]) *vt* (*also*: **wake up**) réveiller ▷ *vi* (*also*: **wake up**) se réveiller ▷ *n* (*for dead person*) veillée *f* mortuaire; (*Naut*) sillage *m*; **to ~ up to sth** (*fig*) se rendre compte de qch; **in the ~ of** (*fig*) à la suite de; **to follow in sb's ~** (*fig*) marcher sur les traces de qn
waken ['weɪkn] *vt, vi* = **wake**
Wales [weɪlz] *n* pays *m* de Galles; **the Prince of ~** le prince de Galles
walk [wɔ:k] *n* promenade *f*; (*short*) petit tour; (*gait*) démarche *f*; (*path*) chemin *m*; (*in park etc*) allée *f*; (*pace*): **at a quick ~** d'un pas rapide ▷ *vi* marcher; (*for pleasure, exercise*) se promener ▷ *vt* (*distance*) faire à pied; (*dog*) promener; **10 minutes' ~ from** à 10 minutes de marche de; **to go for a ~** se promener; faire un tour; **from all ~s of life** de toutes conditions sociales; **I'll ~ you home** je vais vous raccompagner chez vous
▶ **walk out** *vi* (*go out*) sortir; (*as protest*) partir (en signe de protestation); (*strike*) se mettre en grève; **to ~ out on sb** quitter qn
walkabout ['wɔ:kəbaut] *n*: **to go (on a) ~** (VIP) prendre un bain de foule
walker ['wɔ:kəʳ] *n* (*person*) marcheur(-euse)
walkie-talkie ['wɔ:kɪ'tɔ:kɪ] *n* talkie-walkie *m*
walking ['wɔ:kɪŋ] *n* marche *f* à pied; **it's within ~ distance** on peut y aller à pied
walking holiday *n* vacances passées à faire de

la randonnée
walking shoes *npl* chaussures *fpl* de marche
walking stick *n* canne *f*
Walkman® ['wɔːkmən] *n* Walkman® *m*
walk-on ['wɔːkɔn] *adj* (*Theat: part*) de figurant(e)
walkout ['wɔːkaut] *n* (*of workers*) grève-surprise *f*
walkover ['wɔːkəuvəʳ] *n* (*inf*) victoire *f or* examen *m etc* facile
walkway ['wɔːkweɪ] *n* promenade *f*, cheminement piéton
wall [wɔːl] *n* mur *m*; (*of tunnel, cave*) paroi *f*; **to go to the ~** (*fig: firm etc*) faire faillite
▸ **wall in** *vt* (*garden etc*) entourer d'un mur
wall cupboard *n* placard mural
walled [wɔːld] *adj* (*city*) fortifié(e)
wallet ['wɔlɪt] *n* portefeuille *m*; **I can't find my ~** je ne retrouve plus mon portefeuille
wallflower ['wɔːlflauəʳ] *n* giroflée *f*; **to be a ~** (*fig*) faire tapisserie
wall hanging *n* tenture (murale), tapisserie *f*
wallop ['wɔləp] *vt* (*Brit inf*) taper sur, cogner
wallow ['wɔləu] *vi* se vautrer; **to ~ in one's grief** se complaire à sa douleur
wallpaper ['wɔːlpeɪpəʳ] *n* papier peint ▹ *vt* tapisser
wall-to-wall ['wɔːltə'wɔːl] *adj*: **~ carpeting** moquette *f*
walnut ['wɔːlnʌt] *n* noix *f*; (*tree, wood*) noyer *m*
walrus (*pl* **walrus** *or* **-es**) ['wɔːlrəs] *n* morse *m*
waltz [wɔːlts] *n* valse *f* ▹ *vi* valser
wan [wɔn] *adj* pâle; triste
wand [wɔnd] *n* (*also*: **magic wand**) baguette *f* (magique)
wander ['wɔndəʳ] *vi* (*person*) errer, aller sans but; (*thoughts*) vagabonder; (*river*) serpenter ▹ *vt* errer dans
wanderer ['wɔndərəʳ] *n* vagabond(e)
wandering ['wɔndrɪŋ] *adj* (*tribe*) nomade; (*minstrel, actor*) ambulant(e)
wane [weɪn] *vi* (*moon*) décroître; (*reputation*) décliner
wangle ['wæŋgl] (*Brit inf*) *vt* se débrouiller pour avoir; carotter ▹ *n* combine *f*, magouille *f*
wanker ['wæŋkəʳ] *n* (*inf!*) branleur *m* (*!*)
want [wɔnt] *vt* vouloir; (*need*) avoir besoin de; (*lack*) manquer de ▹ *n* (*poverty*) pauvreté *f*, besoin *m*; **wants** *npl* (*needs*) besoins *mpl*; **to ~ to do** vouloir faire; **to ~ sb to do** vouloir que qn fasse; **you're ~ed on the phone** on vous demande au téléphone; **"cook ~ed"** "on demande un cuisinier"; **for ~ of** par manque de, faute de
want ads *npl* (*US*) petites annonces
wanted ['wɔntɪd] *adj* (*criminal*) recherché(e) par la police
wanting ['wɔntɪŋ] *adj*: **to be ~ (in)** manquer (de); **to be found ~** ne pas être à la hauteur
wanton ['wɔntn] *adj* capricieux(-euse), dévergondé(e)
war [wɔːʳ] *n* guerre *f*; **to go to ~** se mettre en guerre; **to make ~ (on)** faire la guerre (à)
warble ['wɔːbl] *n* (*of bird*) gazouillis *m* ▹ *vi* gazouiller
war cry *n* cri *m* de guerre
ward [wɔːd] *n* (*in hospital*) salle *f*; (*Pol*) section électorale; (*Law: child: also*: **ward of court**) pupille *m/f*
▸ **ward off** *vt* parer, éviter
warden ['wɔːdn] *n* (*Brit: of institution*) directeur(-trice); (*of park, game reserve*) gardien(ne); (*Brit: also*: **traffic warden**) contractuel(le); (*of youth hostel*) responsable *m/f*
warder ['wɔːdəʳ] *n* (*Brit*) gardien *m* de prison
wardrobe ['wɔːdrəub] *n* (*cupboard*) armoire *f*; (*clothes*) garde-robe *f*; (*Theat*) costumes *mpl*
warehouse ['wɛəhaus] *n* entrepôt *m*
wares [wɛəz] *npl* marchandises *fpl*
warfare ['wɔːfɛəʳ] *n* guerre *f*
war game *n* jeu *m* de stratégie militaire
warhead ['wɔːhɛd] *n* (*Mil*) ogive *f*
warily ['wɛərɪlɪ] *adv* avec prudence, avec précaution
warlike ['wɔːlaɪk] *adj* guerrier(-ière)
warm [wɔːm] *adj* chaud(e); (*person, thanks, welcome, applause*) chaleureux(-euse); (*supporter*) ardent(e), enthousiaste; **it's ~** il fait chaud; **I'm ~** j'ai chaud; **to keep sth ~** tenir qch au chaud; **with my ~est thanks/congratulations** avec mes remerciements/mes félicitations les plus sincères
▸ **warm up** *vi* (*person, room*) se réchauffer; (*water*) chauffer; (*athlete, discussion*) s'échauffer ▹ *vt* (*food*) (faire) réchauffer; (*water*) (faire) chauffer; (*engine*) faire chauffer
warm-blooded ['wɔːm'blʌdɪd] *adj* (*Zool*) à sang chaud
war memorial *n* monument *m* aux morts
warm-hearted [wɔːm'hɑːtɪd] *adj* affectueux(-euse)
warmly ['wɔːmlɪ] *adv* (*dress*) chaudement; (*thank, welcome*) chaleureusement
warmonger ['wɔːmʌŋgəʳ] *n* belliciste *m/f*
warmongering ['wɔːmʌŋgrɪŋ] *n* propagande *f* belliciste, bellicisme *m*
warmth [wɔːmθ] *n* chaleur *f*
warm-up ['wɔːmʌp] *n* (*Sport*) période *f* d'échauffement
warn [wɔːn] *vt* avertir, prévenir; **to ~ sb (not) to do** conseiller à qn de (ne pas) faire
warning ['wɔːnɪŋ] *n* avertissement *m*; (*notice*) avis *m*; (*signal*) avertisseur *m*; **without (any) ~** (*suddenly*) inopinément; (*without notifying*) sans prévenir; **gale ~** (*Meteorology*) avis de grand vent
warning light *n* avertisseur lumineux
warning triangle *n* (*Aut*) triangle *m* de présignalisation
warp [wɔːp] *n* (*Textiles*) chaîne *f* ▹ *vi* (*wood*) travailler, se voiler *or* gauchir ▹ *vt* voiler; (*fig*) pervertir
warpath ['wɔːpɑːθ] *n*: **to be on the ~** (*fig*) être sur le sentier de la guerre

W

warped [wɔ:pt] *adj* (*wood*) gauchi(e); (*fig*) perverti(e)
warrant ['wɔrnt] *n* (*guarantee*) garantie *f*; (*Law: to arrest*) mandat *m* d'arrêt; (*: to search*) mandat de perquisition ▷ *vt* (*justify, merit*) justifier
warrant officer *n* (*Mil*) adjudant *m*; (*Naut*) premier-maître *m*
warranty ['wɔrəntɪ] *n* garantie *f*; **under ~** (*Comm*) sous garantie
warren ['wɔrən] *n* (*of rabbits*) terriers *mpl*, garenne *f*
warring ['wɔ:rɪŋ] *adj* (*nations*) en guerre; (*interests etc*) contradictoire, opposé(e)
warrior ['wɔrɪəʳ] *n* guerrier(-ière)
Warsaw ['wɔ:sɔ:] *n* Varsovie
warship ['wɔ:ʃɪp] *n* navire *m* de guerre
wart [wɔ:t] *n* verrue *f*
wartime ['wɔ:taɪm] *n*: **in ~** en temps de guerre
wary ['wɛərɪ] *adj* prudent(e); **to be ~ about** *or* **of doing sth** hésiter beaucoup à faire qch
was [wɔz] *pt of* **be**
wash [wɔʃ] *vt* laver; (*sweep, carry: sea etc*) emporter, entraîner; (*: ashore*) rejeter ▷ *vi* se laver; (*sea*): **to ~ over/against sth** inonder/ baigner qch ▷ *n* (*paint*) badigeon *m*; (*clothes*) lessive *f*; (*washing programme*) lavage *m*; (*of ship*) sillage *m*; **to give sth a ~** laver qch; **to have a ~** se laver, faire sa toilette; **he was ~ed overboard** il a été emporté par une vague
▸ **wash away** *vt* (*stain*) enlever au lavage; (*subj: river etc*) emporter
▸ **wash down** *vt* laver; laver à grande eau
▸ **wash off** *vi* partir au lavage
▸ **wash up** *vi* (*Brit*) faire la vaisselle; (*US: have a wash*) se débarbouiller
Wash. *abbr* (*US*) = **Washington**
washable ['wɔʃəbl] *adj* lavable
washbasin ['wɔʃbeɪsn] *n* lavabo *m*
washer ['wɔʃəʳ] *n* (*Tech*) rondelle *f*, joint *m*
washing ['wɔʃɪŋ] *n* (*Brit: linen etc: dirty*) linge *m*; (*: clean*) lessive *f*
washing line *n* (*Brit*) corde *f* à linge
washing machine *n* machine *f* à laver
washing powder *n* (*Brit*) lessive *f* (en poudre)
Washington ['wɔʃɪŋtən] *n* (*city, state*) Washington *m*
washing-up [wɔʃɪŋ'ʌp] *n* (*Brit*) vaisselle *f*
washing-up liquid *n* (*Brit*) produit *m* pour la vaisselle
wash-out ['wɔʃaut] *n* (*inf*) désastre *m*
washroom ['wɔʃrum] *n* (*US*) toilettes *fpl*
wasn't ['wɔznt] = **was not**
Wasp, WASP [wɔsp] *n abbr* (*US inf: = White Anglo-Saxon Protestant*) *surnom, souvent péjoratif, donné à l'américain de souche anglo-saxonne, aisé et de tendance conservatrice*
wasp [wɔsp] *n* guêpe *f*
waspish ['wɔspɪʃ] *adj* irritable
wastage ['weɪstɪdʒ] *n* gaspillage *m*; (*in manufacturing, transport etc*) déchet *m*
waste [weɪst] *n* gaspillage *m*; (*of time*) perte *f*; (*rubbish*) déchets *mpl*; (*also:* **household waste**) ordures *fpl* ▷ *adj* (*energy, heat*) perdu(e); (*food*) inutilisé(e); (*land, ground: in city*) à l'abandon; (*: in country*) inculte, en friche; (*leftover*): **~ material** déchets ▷ *vt* gaspiller; (*time, opportunity*) perdre; **wastes** *npl* étendue *f* désertique; **it's a ~ of money** c'est de l'argent jeté en l'air; **to go to ~** être gaspillé(e); **to lay ~** (*destroy*) dévaster
▸ **waste away** *vi* dépérir
wastebasket ['weɪstbɑ:skɪt] *n* = **wastepaper basket**
waste disposal, waste disposal unit *n* (*Brit*) broyeur *m* d'ordures
wasteful ['weɪstful] *adj* gaspilleur(-euse); (*process*) peu économique
waste ground *n* (*Brit*) terrain *m* vague
wasteland ['weɪstlənd] *n* terres *fpl* à l'abandon; (*in town*) terrain(s) *m(pl)* vague(s)
wastepaper basket ['weɪstpeɪpə-] *n* corbeille *f* à papier
waste pipe *n* (tuyau *m* de) vidange *f*
waste products *npl* (*Industry*) déchets *mpl* (de fabrication)
waster ['weɪstəʳ] *n* (*inf*) bon(ne) à rien
watch [wɔtʃ] *n* montre *f*; (*act of watching*) surveillance *f*; (*guard: Mil*) sentinelle *f*; (*: Naut*) homme *m* de quart; (*Naut: spell of duty*) quart *m* ▷ *vt* (*look at*) observer; (*: match, programme*) regarder; (*spy on, guard*) surveiller; (*be careful of*) faire attention à ▷ *vi* regarder; (*keep guard*) monter la garde; **to keep a close ~ on sb/sth** surveiller qn/qch de près; **to keep ~** faire le guet; **~ what you're doing** fais attention à ce que tu fais
▸ **watch out** *vi* faire attention
watchband ['wɔtʃbænd] *n* (*US*) bracelet *m* de montre
watchdog ['wɔtʃdɔg] *n* chien *m* de garde; (*fig*) gardien(ne)
watchful ['wɔtʃful] *adj* attentif(-ive), vigilant(e)
watchmaker ['wɔtʃmeɪkəʳ] *n* horloger(-ère)
watchman ['wɔtʃmən] (*irreg*) *n* gardien *m*; (*also:* **night watchman**) veilleur *m* de nuit
watch stem *n* (*US*) remontoir *m*
watch strap ['wɔtʃstræp] *n* bracelet *m* de montre
watchword ['wɔtʃwə:d] *n* mot *m* de passe
water ['wɔ:təʳ] *n* eau *f* ▷ *vt* (*plant, garden*) arroser ▷ *vi* (*eyes*) larmoyer; **a drink of ~** un verre d'eau; **in British ~s** dans les eaux territoriales Britanniques; **to pass ~** uriner; **to make sb's mouth ~** mettre l'eau à la bouche de qn
▸ **water down** *vt* (*milk etc*) couper avec de l'eau; (*fig: story*) édulcorer
water closet *n* (*Brit*) w.-c. *mpl*, waters *mpl*
watercolour, (*US*) **watercolor** ['wɔ:təkʌləʳ] *n* aquarelle *f*; **watercolours** *npl* couleurs *fpl* pour aquarelle
water-cooled ['wɔ:təku:ld] *adj* à refroidissement par eau
watercress ['wɔ:təkrɛs] *n* cresson *m* (de

fontaine)
waterfall ['wɔːtəfɔːl] *n* chute *f* d'eau
waterfront ['wɔːtəfrʌnt] *n* (*seafront*) front *m* de mer; (*at docks*) quais *mpl*
water heater *n* chauffe-eau *m*
water hole *n* mare *f*
water ice *n* (*Brit*) sorbet *m*
watering can ['wɔːtərɪŋ-] *n* arrosoir *m*
water level *n* niveau *m* de l'eau; (*of flood*) niveau des eaux
water lily *n* nénuphar *m*
waterline ['wɔːtəlaɪn] *n* (*Naut*) ligne *f* de flottaison
waterlogged ['wɔːtəlɔgd] *adj* détrempé(e); imbibé(e) d'eau
water main *n* canalisation *f* d'eau
watermark ['wɔːtəmɑːk] *n* (*on paper*) filigrane *m*
watermelon ['wɔːtəmɛlən] *n* pastèque *f*
water polo *n* water-polo *m*
waterproof ['wɔːtəpruːf] *adj* imperméable
water-repellent ['wɔːtərɪ'pɛlnt] *adj* hydrofuge
watershed ['wɔːtəʃɛd] *n* (*Geo*) ligne *f* de partage des eaux; (*fig*) moment *m* critique, point décisif
water-skiing ['wɔːtəskiːɪŋ] *n* ski *m* nautique
water softener *n* adoucisseur *m* d'eau
water tank *n* réservoir *m* d'eau
watertight ['wɔːtətaɪt] *adj* étanche
water vapour *n* vapeur *f* d'eau
waterway ['wɔːtəweɪ] *n* cours *m* d'eau navigable
waterworks ['wɔːtəwəːks] *npl* station *f* hydraulique
watery ['wɔːtərɪ] *adj* (*colour*) délavé(e); (*coffee*) trop faible
watt [wɔt] *n* watt *m*
wattage ['wɔtɪdʒ] *n* puissance *f or* consommation *f* en watts
wattle ['wɔtl] *n* clayonnage *m*
wave [weɪv] *n* vague *f*; (*of hand*) geste *m*, signe *m*; (*Radio*) onde *f*; (*in hair*) ondulation *f*; (*fig: of enthusiasm, strikes etc*) vague ▷ *vi* faire signe de la main; (*flag*) flotter au vent; (*grass*) ondoyer ▷ *vt* (*handkerchief*) agiter; (*stick*) brandir; (*hair*) onduler; **short/medium ~** (*Radio*) ondes courtes/moyennes; **long ~** (*Radio*) grandes ondes; **the new ~** (*Cine, Mus*) la nouvelle vague; **to ~ goodbye to sb** dire au revoir de la main à qn
▸ **wave aside**
▸ **wave away** *vt* (*fig: suggestion, objection*) rejeter, repousser; (*: doubts*) chasser; (*person*): **to ~ sb aside** faire signe à qn de s'écarter
waveband ['weɪvbænd] *n* bande *f* de fréquences
wavelength ['weɪvlɛŋθ] *n* longueur *f* d'ondes
waver ['weɪvə[r]] *vi* vaciller; (*voice*) trembler; (*person*) hésiter
wavy ['weɪvɪ] *adj* (*hair, surface*) ondulé(e); (*line*) onduleux(-euse)
wax [wæks] *n* cire *f*; (*for skis*) fart *m* ▷ *vt* cirer; (*car*) lustrer; (*skis*) farter ▷ *vi* (*moon*) croître
waxworks ['wækswəːks] *npl* personnages *mpl* de cire; musée *m* de cire
way [weɪ] *n* chemin *m*, voie *f*; (*path, access*) passage *m*; (*distance*) distance *f*; (*direction*) chemin, direction *f*; (*manner*) façon *f*, manière *f*; (*habit*) habitude *f*, façon; (*condition*) état *m*; **which ~? — this ~/that ~** par où *or* de quel côté? — par ici/par là; **to crawl one's ~ to ...** ramper jusqu'à ...; **to lie one's ~ out of it** s'en sortir par un mensonge; **to lose one's ~** perdre son chemin; **on the ~ (to)** en route (pour); **to be on one's ~** être en route; **to be in the ~** bloquer le passage; (*fig*) gêner; **to keep out of sb's ~** éviter qn; **it's a long ~ away** c'est loin d'ici; **the village is rather out of the ~** le village est plutôt à l'écart *or* isolé; **to go out of one's ~ to do** (*fig*) se donner beaucoup de mal pour faire; **to be under ~** (*work, project*) être en cours; **to make ~ (for sb/sth)** faire place (à qn/qch), s'écarter pour laisser passer (qn/qch); **to get one's own ~** arriver à ses fins; **put it the right ~ up** (*Brit*) mettez-le dans le bon sens; **to be the wrong ~ round** être à l'envers, ne pas être dans le bon sens; **he's in a bad ~** il va mal; **in a ~** dans un sens; **by the ~** à propos; **in some ~s** à certains égards; d'un côté; **in the ~ of** en fait de, comme; **by ~ of** (*through*) en passant par, via; (*as a sort of*) en guise de; **"~ in"** (*Brit*) "entrée"; **"~ out"** (*Brit*) "sortie"; **the ~ back** le chemin du retour; **this ~ and that** par-ci par-là; **"give ~"** (*Brit Aut*) "cédez la priorité"; **no ~!** (*inf*) pas question!
waybill ['weɪbɪl] *n* (*Comm*) récépissé *m*
waylay [weɪ'leɪ] *vt* (*irreg: like* **lay**) attaquer; (*fig*): **I got waylaid** quelqu'un m'a accroché
wayside ['weɪsaɪd] *n* bord *m* de la route; **to fall by the ~** (*fig*) abandonner; (*morally*) quitter le droit chemin
way station *n* (*US Rail*) petite gare; (*: fig*) étape *f*
wayward ['weɪwəd] *adj* capricieux(-euse), entêté(e)
W.C. *n abbr* (*Brit: = water closet*) w.-c. *mpl*, waters *mpl*
WCC *n abbr* (*= World Council of Churches*) COE *m* (*Conseil œcuménique des Églises*)
we [wiː] *pl pron* nous
weak [wiːk] *adj* faible; (*health*) fragile; (*beam etc*) peu solide; (*tea, coffee*) léger(-ère); **to grow ~(er)** s'affaiblir, faiblir
weaken ['wiːkn] *vi* faiblir ▷ *vt* affaiblir
weak-kneed ['wiːk'niːd] *adj* (*fig*) lâche, faible
weakling ['wiːklɪŋ] *n* gringalet *m*; faible *m/f*
weakly ['wiːklɪ] *adj* chétif(-ive) ▷ *adv* faiblement
weakness ['wiːknɪs] *n* faiblesse *f*; (*fault*) point *m* faible
wealth [wɛlθ] *n* (*money, resources*) richesse(s) *f(pl)*; (*of details*) profusion *f*
wealth tax *n* impôt *m* sur la fortune
wealthy ['wɛlθɪ] *adj* riche
wean [wiːn] *vt* sevrer
weapon ['wɛpən] *n* arme *f*; **~s of mass destruction** armes *fpl* de destruction massive

W

wear [wɛəʳ] (*pt* **wore**, *pp* **worn**) [wɔːʳ, wɔːn] *n* (*use*) usage *m*; (*deterioration through use*) usure *f* ▷ *vt* (*clothes*) porter; (*put on*) mettre; (*beard etc*) avoir; (*damage: through use*) user ▷ *vi* (*last*) faire de l'usage; (*rub etc through*) s'user; **sports/baby~** vêtements *mpl* de sport/pour bébés; **evening ~** tenue *f* de soirée; **~ and tear** usure *f*; **to ~ a hole in sth** faire (à la longue) un trou dans qch
▸ **wear away** *vt* user, ronger ▷ *vi* s'user, être rongé(e)
▸ **wear down** *vt* user; (*strength*) épuiser
▸ **wear off** *vi* disparaître
▸ **wear on** *vi* se poursuivre; passer
▸ **wear out** *vt* user; (*person, strength*) épuiser
wearable ['wɛərəbl] *adj* mettable
wearily ['wɪərɪlɪ] *adv* avec lassitude
weariness ['wɪərɪnɪs] *n* épuisement *m*, lassitude *f*
wearisome ['wɪərɪsəm] *adj* (*tiring*) fatigant(e); (*boring*) ennuyeux(-euse)
weary ['wɪərɪ] *adj* (*tired*) épuisé(e); (*dispirited*) las (lasse); abattu(e) ▷ *vt* lasser ▷ *vi*: **to ~ of** se lasser de
weasel ['wiːzl] *n* (*Zool*) belette *f*
weather ['wɛðəʳ] *n* temps *m* ▷ *vt* (*wood*) faire mûrir; (*storm: lit, fig*) essuyer; (*crisis*) survivre à; **what's the ~ like?** quel temps fait-il?; **under the ~** (*fig: ill*) mal fichu(e)
weather-beaten ['wɛðəbiːtn] *adj* (*person*) hâlé(e); (*building*) dégradé(e) par les intempéries
weather forecast *n* prévisions *fpl* météorologiques, météo *f*
weatherman ['wɛðəmæn] (*irreg*) *n* météorologue *m*
weatherproof ['wɛðəpruːf] *adj* (*garment*) imperméable; (*building*) étanche
weather report *n* bulletin *m* météo, météo *f*
weather vane [-veɪn] *n* = **weather cock**
weave (*pt* **wove**, *pp* **woven**) [wiːv, wəuv, 'wəuvn] *vt* (*cloth*) tisser; (*basket*) tresser ▷ *vi* (*fig: pt, pp* **weaved**) (*move in and out*) se faufiler
weaver ['wiːvəʳ] *n* tisserand(e)
weaving ['wiːvɪŋ] *n* tissage *m*
web [wɛb] *n* (*of spider*) toile *f*; (*on duck's foot*) palmure *f*; (*fig*) tissu *m*; (*Comput*): **the (World-Wide) W~** le Web
web address *n* adresse *f* Web
webbed ['wɛbd] *adj* (*foot*) palmé(e)
webbing ['wɛbɪŋ] *n* (*on chair*) sangles *fpl*
webcam ['wɛbkæm] *n* webcam *f*
weblog ['wɛblɔg] *n* blog *m*, blogue *m*
web page *n* (*Comput*) page *f* Web
website ['wɛbsaɪt] *n* (*Comput*) site *m* web
wed [wɛd] (*pt, pp* **-ded**) *vt* épouser ▷ *vi* se marier ▷ *n*: **the newly-~s** les jeunes mariés
we'd [wiːd] = **we had; we would**
wedded ['wɛdɪd] *pt, pp of* **wed**
wedding ['wɛdɪŋ] *n* mariage *m*
wedding anniversary *n* anniversaire *m* de mariage; **silver/golden ~** noces *fpl* d'argent/d'or
wedding day *n* jour *m* du mariage
wedding dress *n* robe *f* de mariée
wedding present *n* cadeau *m* de mariage
wedding ring *n* alliance *f*
wedge [wɛdʒ] *n* (*of wood etc*) coin *m*; (*under door etc*) cale *f*; (*of cake*) part *f* ▷ *vt* (*fix*) caler; (*push*) enfoncer, coincer
wedge-heeled shoes ['wɛdʒhiːld-] *npl* chaussures *fpl* à semelles compensées
wedlock ['wɛdlɔk] *n* (union *f* du) mariage *m*
Wednesday ['wɛdnzdɪ] *n* mercredi *m*; *for phrases see also* **Tuesday**
wee [wiː] *adj* (*Scottish*) petit(e); tout(e) petit(e)
weed [wiːd] *n* mauvaise herbe ▷ *vt* désherber
▸ **weed out** *vt* éliminer
weedkiller ['wiːdkɪləʳ] *n* désherbant *m*
weedy ['wiːdɪ] *adj* (*man*) gringalet
week [wiːk] *n* semaine *f*; **once/twice a ~** une fois/deux fois par semaine; **in two ~s' time** dans quinze jours; **a ~ today/on Tuesday** aujourd'hui/mardi en huit
weekday ['wiːkdeɪ] *n* jour *m* de semaine; (*Comm*) jour ouvrable; **on ~s** en semaine
weekend [wiːk'ɛnd] *n* week-end *m*
weekend case *n* sac *m* de voyage
weekly ['wiːklɪ] *adv* une fois par semaine, chaque semaine ▷ *adj, n* hebdomadaire (*m*)
weep [wiːp] (*pt, pp* **wept**) [wɛpt] *vi* (*person*) pleurer; (*Med: wound etc*) suinter
weeping willow ['wiːpɪŋ-] *n* saule pleureur
weepy ['wiːpɪ] *n* (*inf: film*) mélo *m*
weft [wɛft] *n* (*Textiles*) trame *f*
weigh [weɪ] *vt, vi* peser; **to ~ anchor** lever l'ancre; **to ~ the pros and cons** peser le pour et le contre
▸ **weigh down** *vt* (*branch*) faire plier; (*fig: with worry*) accabler
▸ **weigh out** *vt* (*goods*) peser
▸ **weigh up** *vt* examiner
weighbridge ['weɪbrɪdʒ] *n* pont-bascule *m*
weighing machine ['weɪɪŋ-] *n* balance *f*, bascule *f*
weight [weɪt] *n* poids *m* ▷ *vt* alourdir; (*fig: factor*) pondérer; **sold by ~** vendu au poids; **to put on/lose ~** grossir/maigrir; **~s and measures** poids et mesures
weighting ['weɪtɪŋ] *n*: **~ allowance** indemnité *f* de résidence
weightlessness ['weɪtlɪsnɪs] *n* apesanteur *f*
weightlifter ['weɪtlɪftəʳ] *n* haltérophile *m*
weightlifting ['weɪtlɪftɪŋ] *n* haltérophilie *f*
weight training *n* musculation *f*
weighty ['weɪtɪ] *adj* lourd(e)
weir [wɪəʳ] *n* barrage *m*
weird [wɪəd] *adj* bizarre; (*eerie*) surnaturel(le)
weirdo ['wɪədəu] *n* (*inf*) type *m* bizarre
welcome ['wɛlkəm] *adj* bienvenu(e) ▷ *n* accueil *m* ▷ *vt* accueillir; (*also*: **bid welcome**) souhaiter la bienvenue à; (*be glad of*) se réjouir de; **to be ~** être le (la) bienvenu(e); **to make sb ~** faire bon accueil à qn; **you're ~ to try** vous pouvez essayer si vous voulez; **you're ~!** (*after thanks*) de rien, il n'y a pas de quoi

welcoming ['wɛlkəmɪŋ] *adj* accueillant(e); (*speech*) d'accueil
weld [wɛld] *n* soudure *f* ▷ *vt* souder
welder ['wɛldəʳ] *n* (*person*) soudeur *m*
welding ['wɛldɪŋ] *n* soudure *f* (autogène)
welfare ['wɛlfɛəʳ] *n* (*wellbeing*) bien-être *m*; (*social aid*) assistance sociale
welfare state *n* État-providence *m*
welfare work *n* travail social
well [wɛl] *n* puits *m* ▷ *adv* bien ▷ *adj*: **to be ~** aller bien ▷ *excl* eh bien!; (*relief also*) bon!; (*resignation*) enfin!; **~ done!** bravo!; **I don't feel ~** je ne me sens pas bien; **get ~ soon!** remets-toi vite!; **to do ~** bien réussir; (*business*) prospérer; **to think ~ of sb** penser du bien de qn; **as ~** (*in addition*) aussi, également; **you might as ~ tell me** tu ferais aussi bien de me le dire; **as ~ as** aussi bien que *or* de; en plus de; **~, as I was saying ...** donc, comme je disais ...
▸ **well up** *vi* (*tears, emotions*) monter
we'll [wi:l] = **we will; we shall**
well-behaved ['wɛlbɪ'heɪvd] *adj* sage, obéissant(e)
well-being ['wɛl'bi:ɪŋ] *n* bien-être *m*
well-bred ['wɛl'brɛd] *adj* bien élevé(e)
well-built ['wɛl'bɪlt] *adj* (*house*) bien construit(e); (*person*) bien bâti(e)
well-chosen ['wɛl'tʃəuzn] *adj* (*remarks, words*) bien choisi(e), pertinent(e)
well-deserved ['wɛldɪ'zə:vd] *adj* (bien) mérité(e)
well-developed ['wɛldɪ'vɛləpt] *adj* (*girl*) bien fait(e)
well-disposed ['wɛldɪs'pəuzd] *adj*: **~ to(wards)** bien disposé(e) envers
well-dressed ['wɛl'drɛst] *adj* bien habillé(e), bien vêtu(e)
well-earned ['wɛl'ə:nd] *adj* (*rest*) bien mérité(e)
well-groomed [-'gru:md] *adj* très soigné(e)
well-heeled ['wɛl'hi:ld] *adj* (*inf*: *wealthy*) fortuné(e), riche
wellies ['welɪz] (*inf*) *npl* (*Brit*) = **wellingtons**
well-informed ['wɛlɪn'fɔ:md] *adj* (*having knowledge of sth*) bien renseigné(e); (*having general knowledge*) cultivé(e)
Wellington ['wɛlɪŋtən] *n* Wellington
wellingtons ['wɛlɪŋtənz] *npl* (*also*: **wellington boots**) bottes *fpl* en caoutchouc
well-kept ['wɛl'kɛpt] *adj* (*house, grounds*) bien tenu(e), bien entretenu(e); (*secret*) bien gardé(e); (*hair, hands*) soigné(e)
well-known ['wɛl'nəun] *adj* (*person*) bien connu(e)
well-mannered ['wɛl'mænəd] *adj* bien élevé(e)
well-meaning ['wɛl'mi:nɪŋ] *adj* bien intentionné(e)
well-nigh ['wɛl'naɪ] *adv*: **~ impossible** pratiquement impossible
well-off ['wɛl'ɔf] *adj* aisé(e), assez riche
well-paid [wɛl'peɪd] *adj* bien payé(e)
well-read ['wɛl'rɛd] *adj* cultivé(e)
well-spoken ['wɛl'spəukn] *adj* (*person*) qui parle bien; (*words*) bien choisi(e)
well-stocked ['wɛl'stɔkt] *adj* bien approvisionné(e)
well-timed ['wɛl'taɪmd] *adj* opportun(e)
well-to-do ['wɛltə'du:] *adj* aisé(e), assez riche
well-wisher ['wɛlwɪʃəʳ] *n* ami(e), admirateur(-trice); **scores of ~s had gathered** de nombreux amis et admirateurs s'étaient rassemblés; **letters from ~s** des lettres d'encouragement
well-woman clinic ['wɛlwumən-] *n centre prophylactique et thérapeutique pour femmes*
Welsh [wɛlʃ] *adj* gallois(e) ▷ *n* (*Ling*) gallois *m*; **the Welsh** *npl* (*people*) les Gallois
Welsh Assembly *n* Parlement gallois
Welshman ['wɛlʃmən] (*irreg*) *n* Gallois *m*
Welsh rarebit *n* croûte *f* au fromage
Welshwoman ['wɛlʃwumən] (*irreg*) *n* Galloise *f*
welter ['wɛltəʳ] *n* fatras *m*
went [wɛnt] *pt of* **go**
wept [wɛpt] *pt, pp of* **weep**
were [wə:ʳ] *pt of* **be**
we're [wɪəʳ] = **we are**
weren't [wə:nt] = **were not**
werewolf (*pl* **-wolves**) ['wɪəwulf, -wulvz] *n* loup-garou *m*
west [wɛst] *n* ouest *m* ▷ *adj* (*wind*) d'ouest; (*side*) ouest *inv* ▷ *adv* à *or* vers l'ouest; **the W~** l'Occident *m*, l'Ouest
westbound ['wɛstbaund] *adj* en direction de l'ouest; (*carriageway*) ouest *inv*
West Country *n*: **the ~** le sud-ouest de l'Angleterre
westerly ['wɛstəlɪ] *adj* (*situation*) à l'ouest; (*wind*) d'ouest
western ['wɛstən] *adj* occidental(e), de *or* à l'ouest ▷ *n* (*Cine*) western *m*
westerner ['wɛstənəʳ] *n* occidental(e)
westernized ['wɛstənaɪzd] *adj* occidentalisé(e)
West German (*formerly*) *adj* ouest-allemand(e) ▷ *n* Allemand(e) de l'Ouest
West Germany *n* (*formerly*) Allemagne *f* de l'Ouest
West Indian *adj* antillais(e) ▷ *n* Antillais(e)
West Indies [-'ɪndɪz] *npl* Antilles *fpl*
Westminster ['wɛstmɪnstəʳ] *n* (*Brit Parliament*) Westminster *m*
westward ['wɛstwəd], **westwards** ['wɛstwədz] *adv* vers l'ouest
wet [wɛt] *adj* mouillé(e); (*damp*) humide; (*soaked*: *also*: **wet through**) trempé(e); (*rainy*) pluvieux(-euse) ▷ *vt*: **to ~ one's pants** *or* **o.s.** mouiller sa culotte, faire pipi dans sa culotte; **to get ~** se mouiller; **"~ paint"** "attention peinture fraîche"
wet blanket *n* (*fig*) rabat-joie *m inv*
wetness ['wɛtnɪs] *n* humidité *f*
wetsuit ['wɛtsu:t] *n* combinaison *f* de plongée
we've [wi:v] = **we have**
whack [wæk] *vt* donner un grand coup à
whacked [wækt] *adj* (*Brit inf*: *tired*) crevé(e)
whale [weɪl] *n* (*Zool*) baleine *f*

whaler ['weɪlə^r] *n* (*ship*) baleinier *m*
whaling ['weɪlɪŋ] *n* pêche *f* à la baleine
wharf (*pl* **wharves**) [wɔ:f, wɔ:vz] *n* quai *m*

 KEYWORD

what [wɔt] *adj* **1** (*in questions*) quel(le); **what size is he?** quelle taille fait-il?; **what colour is it?** de quelle couleur est-ce?; **what books do you need?** quels livres vous faut-il?
2 (*in exclamations*): **what a mess!** quel désordre!; **what a fool I am!** que je suis bête!
▷ *pron* **1** (*interrogative*) que; de/à/en *etc* quoi; **what are you doing?** que faites-vous?, qu'est-ce que vous faites?; **what is happening?** qu'est-ce qui se passe?, que se passe-t-il?; **what are you talking about?** de quoi parlez-vous?; **what are you thinking about?** à quoi pensez-vous?; **what is it called?** comment est-ce que ça s'appelle?; **what about me?** et moi?; **what about doing ...?** et si on faisait ...?
2 (*relative: subject*) ce qui; (*: direct object*) ce que; (*: indirect object*) ce à quoi, ce dont; **I saw what you did/was on the table** j'ai vu ce que vous avez fait/ce qui était sur la table; **tell me what you remember** dites-moi ce dont vous vous souvenez; **what I want is a cup of tea** ce que je veux, c'est une tasse de thé
▷ *excl* (*disbelieving*) quoi!, comment!

whatever [wɔt'ɛvə^r] *adj*: **take ~ book you prefer** prenez le livre que vous préférez, peu importe lequel; **~ book you take** quel que soit le livre que vous preniez ▷ *pron*: **do ~ is necessary** faites (tout) ce qui est nécessaire; **~ happens** quoi qu'il arrive; **no reason ~** *or* **whatsoever** pas la moindre raison; **nothing ~** *or* **whatsoever** rien du tout
whatsoever [wɔtsəu'ɛvə^r] *adj see* **whatever**
wheat [wi:t] *n* blé *m*, froment *m*
wheatgerm ['wi:tdʒə:m] *n* germe *m* de blé
wheatmeal ['wi:tmi:l] *n* farine bise
wheedle ['wi:dl] *vt*: **to ~ sb into doing sth** cajoler *or* enjôler qn pour qu'il fasse qch; **to ~ sth out of sb** obtenir qch de qn par des cajoleries
wheel [wi:l] *n* roue *f*; (*Aut: also*: **steering wheel**) volant *m*; (*Naut*) gouvernail *m* ▷ *vt* (*pram etc*) pousser, rouler ▷ *vi* (*birds*) tournoyer; (*also*: **wheel round**: *person*) se retourner, faire volte-face
wheelbarrow ['wi:lbærəu] *n* brouette *f*
wheelbase ['wi:lbeɪs] *n* empattement *m*
wheelchair ['wi:ltʃɛə^r] *n* fauteuil roulant
wheel clamp *n* (*Aut*) sabot *m* (de Denver)
wheeler-dealer ['wi:lə'di:lə^r] *n* (*pej*) combinard(e), affairiste *m/f*
wheelie-bin ['wi:lɪbɪn] *n* (*Brit*) poubelle *f* à roulettes
wheeling ['wi:lɪŋ] *n*: **~ and dealing** (*pej*) manigances *fpl*, magouilles *fpl*
wheeze [wi:z] *n* respiration bruyante (*d'asthmatique*) ▷ *vi* respirer bruyamment
wheezy ['wi:zɪ] *adj* sifflant(e)

 KEYWORD

when [wɛn] *adv* quand; **when did he go?** quand est-ce qu'il est parti?
▷ *conj* **1** (*at, during, after the time that*) quand, lorsque; **she was reading when I came in** elle lisait quand *or* lorsque je suis entré
2 (*on, at which*): **on the day when I met him** le jour où je l'ai rencontré
3 (*whereas*) alors que; **I thought I was wrong when in fact I was right** j'ai cru que j'avais tort alors qu'en fait j'avais raison

whenever [wɛn'ɛvə^r] *adv* quand donc ▷ *conj* quand; (*every time that*) chaque fois que; **I go ~ I can** j'y vais quand *or* chaque fois que je le peux
where [wɛə^r] *adv, conj* où; **this is ~** c'est là que; **~ are you from?** d'où venez vous?
whereabouts ['wɛərəbauts] *adv* où donc ▷ *n*: **nobody knows his ~** personne ne sait où il se trouve
whereas [wɛər'æz] *conj* alors que
whereby [wɛə'baɪ] *adv* (*formal*) par lequel (*or* laquelle *etc*)
whereupon [wɛərə'pɔn] *adv* sur quoi, et sur ce
wherever [wɛər'ɛvə^r] *adv* où donc ▷ *conj* où que + *sub*; **sit ~ you like** asseyez-vous (là) où vous voulez
wherewithal ['wɛəwɪðɔ:l] *n*: **the ~ (to do sth)** les moyens *mpl* (de faire qch)
whet [wɛt] *vt* aiguiser
whether ['wɛðə^r] *conj* si; **I don't know ~ to accept or not** je ne sais pas si je dois accepter ou non; **it's doubtful ~** il est peu probable que + *sub*; **~ you go or not** que vous y alliez ou non
whey ['weɪ] *n* petit-lait *m*

 KEYWORD

which [wɪtʃ] *adj* **1** (*interrogative: direct, indirect*) quel(le); **which picture do you want?** quel tableau voulez-vous?; **which one?** lequel (laquelle)?
2: **in which case** auquel cas; **we got there at 8pm, by which time the cinema was full** quand nous sommes arrivés à 20h, le cinéma était complet
▷ *pron* **1** (*interrogative*) lequel (laquelle), lesquels (lesquelles) *pl*; **I don't mind which** peu importe lequel; **which (of these) are yours?** lesquels sont à vous?; **tell me which you want** dites-moi lesquels *or* ceux que vous voulez
2 (*relative: subject*) qui; (*: object*) que; sur/vers *etc* lequel (laquelle) (*NB: à + lequel =* **auquel**; *de + lequel =* **duquel**); **the apple which you ate/which is on the table** la pomme que vous avez mangée/qui est sur la table; **the chair on which you are sitting** la chaise sur laquelle vous êtes assis; **the book of which you spoke** le livre

dont vous avez parlé; **he said he knew, which is true/I was afraid of** il a dit qu'il le savait, ce qui est vrai/ce que je craignais; **after which** après quoi

whichever [wɪtʃ'ɛvəʳ] *adj*: **take ~ book you prefer** prenez le livre que vous préférez, peu importe lequel; **~ book you take** quel que soit le livre que vous preniez; **~ way you** de quelque façon que vous + *sub*
whiff [wɪf] *n* bouffée *f*; **to catch a ~ of sth** sentir l'odeur de qch
while [waɪl] *n* moment *m* ▷ *conj* pendant que; (*as long as*) tant que; (*as, whereas*) alors que; (*though*) bien que + *sub*, quoique + *sub*; **for a ~** pendant quelque temps; **in a ~** dans un moment; **all the ~** pendant tout ce temps-là; **we'll make it worth your ~** nous vous récompenserons de votre peine
▶ **while away** *vt* (*time*) (faire) passer
whilst [waɪlst] *conj* = **while**
whim [wɪm] *n* caprice *m*
whimper ['wɪmpəʳ] *n* geignement *m* ▷ *vi* geindre
whimsical ['wɪmzɪkl] *adj* (*person*) capricieux(-euse); (*look*) étrange
whine [waɪn] *n* gémissement *m*; (*of engine, siren*) plainte stridente ▷ *vi* gémir, geindre, pleurnicher; (*dog, engine, siren*) gémir
whip [wɪp] *n* fouet *m*; (*for riding*) cravache *f*; (*Pol: person*) chef *m* de file (*assurant la discipline dans son groupe parlementaire*) ▷ *vt* fouetter; (*snatch*) enlever (*or* sortir) brusquement
▶ **whip up** *vt* (*cream*) fouetter; (*inf: meal*) préparer en vitesse; (*stir up: support*) stimuler; (*: feeling*) attiser, aviver; *voir article*

WHIP

Un *whip* est un député dont le rôle est, entre autres, de s'assurer que les membres de son parti sont régulièrement présents à la "House of Commons", surtout lorsque les votes ont lieu. Les convocations que les *whips* envoient se distinguent, selon leur degré d'importance, par le fait qu'elles sont soulignées 1, 2 ou 3 fois (les "1-, 2-, ou 3-line whips").

whiplash ['wɪplæʃ] *n* (*Med: also*: **whiplash injury**) coup *m* du lapin
whipped cream [wɪpt-] *n* crème fouettée
whipping boy ['wɪpɪŋ-] *n* (*fig*) bouc *m* émissaire
whip-round ['wɪpraund] *n* (*Brit*) collecte *f*
whirl [wəːl] *n* tourbillon *m* ▷ *vi* tourbillonner; (*dancers*) tournoyer ▷ *vt* faire tourbillonner; faire tournoyer
whirlpool ['wəːlpuːl] *n* tourbillon *m*
whirlwind ['wəːlwɪnd] *n* tornade *f*
whirr [wəːʳ] *vi* bruire; ronronner; vrombir
whisk [wɪsk] *n* (*Culin*) fouet *m* ▷ *vt* (*eggs*) fouetter, battre; **to ~ sb away** *or* **off** emmener qn rapidement
whiskers ['wɪskəz] *npl* (*of animal*) moustaches *fpl*; (*of man*) favoris *mpl*
whisky, (*Irish, US*) **whiskey** ['wɪskɪ] *n* whisky *m*
whisper ['wɪspəʳ] *n* chuchotement *m*; (*fig: of leaves*) bruissement *m*; (*rumour*) rumeur *f* ▷ *vt, vi* chuchoter
whispering ['wɪspərɪŋ] *n* chuchotement(s) *m(pl)*
whist [wɪst] *n* (*Brit*) whist *m*
whistle ['wɪsl] *n* (*sound*) sifflement *m*; (*object*) sifflet *m* ▷ *vi* siffler ▷ *vt* siffler, siffloter
whistle-stop ['wɪslstɔp] *adj*: **to make a ~ tour of** (*Pol*) faire la tournée électorale des petits patelins de
Whit [wɪt] *n* la Pentecôte
white [waɪt] *adj* blanc (blanche); (*with fear*) blême ▷ *n* blanc *m*; (*person*) blanc (blanche); **to turn** *or* **go ~** (*person*) pâlir, blêmir; (*hair*) blanchir; **the ~s** (*washing*) le linge blanc; **tennis ~s** tenue *f* de tennis
whitebait ['waɪtbeɪt] *n* blanchaille *f*
whiteboard ['waɪtbɔːd] *n* tableau *m* blanc; **interactive ~** tableau *m* (blanc) interactif
white coffee *n* (*Brit*) café *m* au lait, (café) crème *m*
white-collar worker ['waɪtkɔlə-] *n* employé(e) de bureau
white elephant *n* (*fig*) objet dispendieux et superflu
white goods *npl* (*appliances*) (gros) électroménager *m*; (*linen etc*) linge *m* de maison
white-hot [waɪt'hɔt] *adj* (*metal*) incandescent(e)
White House *n* (*US*): **the ~** la Maison-Blanche; *voir article*

WHITE HOUSE

La *White House* est un grand bâtiment blanc situé à Washington D.C. où réside le Président des États-Unis. Par extension, ce terme désigne l'exécutif américain.

white lie *n* pieux mensonge
whiteness ['waɪtnɪs] *n* blancheur *f*
white noise *n* son *m* blanc
whiteout ['waɪtaut] *n* jour blanc
white paper *n* (*Pol*) livre blanc
whitewash ['waɪtwɔʃ] *n* (*paint*) lait *m* de chaux ▷ *vt* blanchir à la chaux; (*fig*) blanchir
whiting ['waɪtɪŋ] *n* (*pl inv: fish*) merlan *m*
Whit Monday *n* le lundi de Pentecôte
Whitsun ['wɪtsn] *n* la Pentecôte
whittle ['wɪtl] *vt*: **to ~ away, to ~ down** (*costs*) réduire, rogner
whizz [wɪz] *vi* aller (*or* passer) à toute vitesse
whizz kid *n* (*inf*) petit prodige
WHO *n abbr* (= *World Health Organization*) OMS *f* (*Organisation mondiale de la Santé*)
who [huː] *pron* qui
whodunit [huː'dʌnɪt] *n* (*inf*) roman policier

whoever [huːˈɛvəʳ] *pron*: **~ finds it** celui (celle) qui le trouve (, qui que ce soit), quiconque le trouve; **ask ~ you like** demandez à qui vous voulez; **~ he marries** qui que ce soit *or* quelle que soit la personne qu'il épouse; **~ told you that?** qui a bien pu vous dire ça?, qui donc vous a dit ça?
whole [həul] *adj* (*complete*) entier(-ière), tout(e); (*not broken*) intact(e), complet(-ète) ▷ *n* (*entire unit*) tout *m*; (*all*): **the ~ of** la totalité de, tout(e) le (la); **the ~ lot (of it)** tout; **the ~ lot (of them)** tous (sans exception); **the ~ of the time** tout le temps; **the ~ of the town** la ville tout entière; **on the ~, as a ~** dans l'ensemble
wholefood [ˈhəulfuːd] *n*, **wholefoods** [ˈhəulfuːdz] *npl* aliments complets
wholehearted [həulˈhɑːtɪd] *adj* sans réserve(s), sincère
wholeheartedly [həulˈhɑːtɪdlɪ] *adv* sans réserve; **to agree ~** être entièrement d'accord
wholemeal [ˈhəulmiːl] *adj* (*Brit: flour, bread*) complet(-ète)
wholesale [ˈhəulseɪl] *n* (vente *f* en) gros *m* ▷ *adj* (*price*) de gros; (*destruction*) systématique
wholesaler [ˈhəulseɪləʳ] *n* grossiste *m/f*
wholesome [ˈhəulsəm] *adj* sain(e); (*advice*) salutaire
wholewheat [ˈhəulwiːt] *adj* = **wholemeal**
wholly [ˈhəulɪ] *adv* entièrement, tout à fait

 KEYWORD

whom [huːm] *pron* **1** (*interrogative*) qui; **whom did you see?** qui avez-vous vu?; **to whom did you give it?** à qui l'avez-vous donné?
2 (*relative*) que; à/de *etc* qui; **the man whom I saw/to whom I spoke** l'homme que j'ai vu/à qui j'ai parlé

whooping cough [ˈhuːpɪŋ-] *n* coqueluche *f*
whoops [wuːps] *excl* (*also*: **whoops-a-daisy**) oups!, houp-là!
whoosh [wuʃ] *vi*: **the skiers ~ed past** les skieurs passèrent dans un glissement rapide
whopper [ˈwɔpəʳ] *n* (*inf: lie*) gros bobard; (*: large thing*) monstre *m*, phénomène *m*
whopping [ˈwɔpɪŋ] *adj* (*inf: big*) énorme
whore [hɔːʳ] *n* (*inf: pej*) putain *f*

 KEYWORD

whose [huːz] *adj* **1** (*possessive: interrogative*): **whose book is this?, whose is this book?** à qui est ce livre?; **whose pencil have you taken?** à qui est le crayon que vous avez pris?, c'est le crayon de qui que vous avez pris?; **whose daughter are you?** de qui êtes-vous la fille?
2 (*possessive: relative*): **the man whose son you rescued** l'homme dont *or* de qui vous avez sauvé le fils; **the girl whose sister you were speaking to** la fille à la sœur de qui *or* de laquelle vous parliez; **the woman whose car was stolen** la femme dont la voiture a été volée
▷ *pron* à qui; **whose is this?** à qui est ceci?; **I know whose it is** je sais à qui c'est

Who's Who [ˈhuːzˈhuː] *n* ≈ Bottin Mondain

 KEYWORD

why [waɪ] *adv* pourquoi; **why is he late?** pourquoi est-il en retard?; **why not?** pourquoi pas?
▷ *conj*: **I wonder why he said that** je me demande pourquoi il a dit ça; **that's not why I'm here** ce n'est pas pour ça que je suis là; **the reason why** la raison pour laquelle
▷ *excl* eh bien!, tiens!; **why, it's you!** tiens, c'est vous!; **why, that's impossible!** voyons, c'est impossible!

whyever [waɪˈɛvəʳ] *adv* pourquoi donc, mais pourquoi
WI *n abbr* (*Brit: = Women's Institute*) *amicale de femmes au foyer* ▷ *abbr* (*Geo*) = **West Indies**; (*US*) = **Wisconsin**
wick [wɪk] *n* mèche *f* (*de bougie*)
wicked [ˈwɪkɪd] *adj* méchant(e); (*mischievous: grin, look*) espiègle, malicieux(-euse); (*crime*) pervers(e); (*terrible: prices, weather*) épouvantable; (*inf: very good*) génial(e) (*inf*)
wicker [ˈwɪkəʳ] *n* osier *m*; (*also*: **wickerwork**) vannerie *f*
wicket [ˈwɪkɪt] *n* (*Cricket: stumps*) guichet *m*; (*: grass area*) espace compris entre les deux guichets
wicket keeper *n* (*Cricket*) gardien *m* de guichet
wide [waɪd] *adj* large; (*area, knowledge*) vaste, très étendu(e); (*choice*) grand(e) ▷ *adv*: **to open ~** ouvrir tout grand; **to shoot ~** tirer à côté; **it is 3 metres ~** cela fait 3 mètres de large
wide-angle lens [ˈwaɪdæŋgl-] *n* objectif *m* grand-angulaire
wide-awake [waɪdəˈweɪk] *adj* bien éveillé(e)
wide-eyed [waɪdˈaɪd] *adj* aux yeux écarquillés; (*fig*) naïf(-ïve), crédule
widely [ˈwaɪdlɪ] *adv* (*different*) radicalement; (*spaced*) sur une grande étendue; (*believed*) généralement; (*travel*) beaucoup; **to be ~ read** (*author*) être beaucoup lu(e); (*reader*) avoir beaucoup lu, être cultivé(e)
widen [ˈwaɪdn] *vt* élargir ▷ *vi* s'élargir
wideness [ˈwaɪdnɪs] *n* largeur *f*
wide open *adj* grand(e) ouvert(e)
wide-ranging [waɪdˈreɪndʒɪŋ] *adj* (*survey, report*) vaste; (*interests*) divers(e)
widespread [ˈwaɪdsprɛd] *adj* (*belief etc*) très répandu(e)
widget [ˈwɪdʒɪt] *n* (*Comput*) widget *m*
widow [ˈwɪdəu] *n* veuve *f*
widowed [ˈwɪdəud] *adj* (qui est devenu(e)) veuf (veuve)
widower [ˈwɪdəuəʳ] *n* veuf *m*

width [wɪdθ] *n* largeur *f*; **it's 7 metres in ~** cela fait 7 mètres de large
widthways ['wɪdθweɪz] *adv* en largeur
wield [wi:ld] *vt* (*sword*) manier; (*power*) exercer
wife (*pl* **wives**) [waɪf, waɪvz] *n* femme *f*, épouse *f*
WiFi ['waɪfaɪ] *n abbr* (= *wireless fidelity*) WiFi *m* ▷ *adj* (*hot spot, network*) WiFi *inv*
wig [wɪg] *n* perruque *f*
wigging ['wɪgɪŋ] *n* (*Brit inf*) savon *m*, engueulade *f*
wiggle ['wɪgl] *vt* agiter, remuer ▷ *vi* (*loose screw etc*) branler; (*worm*) se tortiller
wiggly ['wɪglɪ] *adj* (*line*) ondulé(e)
wild [waɪld] *adj* sauvage; (*sea*) déchaîné(e); (*idea, life*) fou (folle); (*behaviour*) déchaîné(e), extravagant(e); (*inf: angry*) hors de soi, furieux(-euse); (*: enthusiastic*): **to be ~ about** être fou (folle) *or* dingue de ▷ *n*: **the ~** la nature; **wilds** *npl* régions *fpl* sauvages
wild card *n* (*Comput*) caractère *m* de remplacement
wildcat ['waɪldkæt] *n* chat *m* sauvage
wildcat strike *n* grève *f* sauvage
wilderness ['wɪldənɪs] *n* désert *m*, région *f* sauvage
wildfire ['waɪldfaɪə^r] *n*: **to spread like ~** se répandre comme une traînée de poudre
wild-goose chase [waɪld'gu:s-] *n* (*fig*) fausse piste
wildlife ['waɪldlaɪf] *n* faune *f* (et flore *f*)
wildly ['waɪldlɪ] *adv* (*behave*) de manière déchaînée; (*applaud*) frénétiquement; (*hit, guess*) au hasard; (*happy*) follement
wiles [waɪlz] *npl* ruses *fpl*, artifices *mpl*
wilful, (US) **willful** ['wɪlful] *adj* (*person*) obstiné(e); (*action*) délibéré(e); (*crime*) prémédité(e)

KEYWORD

will [wɪl] *aux vb* **1** (*forming future tense*): **I will finish it tomorrow** je le finirai demain; **I will have finished it by tomorrow** je l'aurai fini d'ici demain; **will you do it? — yes I will/no I won't** le ferez-vous? — oui/non; **you won't lose it, will you?** vous ne le perdrez pas, n'est-ce pas?
2 (*in conjectures, predictions*): **he will** *or* **he'll be there by now** il doit être arrivé à l'heure qu'il est; **that will be the postman** ça doit être le facteur
3 (*in commands, requests, offers*): **will you be quiet!** voulez-vous bien vous taire!; **will you help me?** est-ce que vous pouvez m'aider?; **will you have a cup of tea?** voulez-vous une tasse de thé?; **I won't put up with it!** je ne le tolérerai pas!
▷ *vt* (*pt, pp* **willed**): **to will sb to do** souhaiter ardemment que qn fasse; **he willed himself to go on** par un suprême effort de volonté, il continua
▷ *n* volonté *f*; (*document*) testament *m*; **to do sth of one's own free will** faire qch de son propre gré; **against one's will** à contre-cœur

willful ['wɪlful] *adj* (*US*) = **wilful**
willing ['wɪlɪŋ] *adj* de bonne volonté, serviable ▷ *n*: **to show ~** faire preuve de bonne volonté; **he's ~ to do it** il est disposé à le faire, il veut bien le faire
willingly ['wɪlɪŋlɪ] *adv* volontiers
willingness ['wɪlɪŋnɪs] *n* bonne volonté
will-o'-the-wisp ['wɪləðə'wɪsp] *n* (*also fig*) feu follet *m*
willow ['wɪləu] *n* saule *m*
willpower ['wɪl'pauə^r] *n* volonté *f*
willy-nilly ['wɪlɪ'nɪlɪ] *adv* bon gré mal gré
wilt [wɪlt] *vi* dépérir
Wilts [wɪlts] *abbr* (*Brit*) = **Wiltshire**
wily ['waɪlɪ] *adj* rusé(e)
wimp [wɪmp] *n* (*inf*) mauviette *f*
win [wɪn] (*pt, pp* **won**) [wʌn] *n* (*in sports etc*) victoire *f* ▷ *vt* (*battle, money*) gagner; (*prize, contract*) remporter; (*popularity*) acquérir ▷ *vi* gagner
▸ **win over** *vt* convaincre
▸ **win round** *vt* gagner, se concilier
wince [wɪns] *n* tressaillement *m* ▷ *vi* tressaillir
winch [wɪntʃ] *n* treuil *m*
Winchester disk ['wɪntʃɪstə-] *n* (*Comput*) disque *m* Winchester
wind[1] [wɪnd] *n* (*also Med*) vent *m*; (*breath*) souffle *m* ▷ *vt* (*take breath away*) couper le souffle à; **the ~(s)** (*Mus*) les instruments *mpl* à vent; **into** *or* **against the ~** contre le vent; **to get ~ of sth** (*fig*) avoir vent de qch; **to break ~** avoir des gaz
wind[2] (*pt, pp* **wound**) [waɪnd, waund] *vt* enrouler; (*wrap*) envelopper; (*clock, toy*) remonter ▷ *vi* (*road, river*) serpenter
▸ **wind down** *vt* (*car window*) baisser; (*fig: production, business*) réduire progressivement
▸ **wind up** *vt* (*clock*) remonter; (*debate*) terminer, clôturer
windbreak ['wɪndbreɪk] *n* brise-vent *m inv*
windcheater ['wɪndtʃi:tə^r], (US) **windbreaker** ['wɪndbreɪkə^r] *n* anorak *m*
winder ['waɪndə^r] *n* (*Brit: on watch*) remontoir *m*
windfall ['wɪndfɔ:l] *n* coup *m* de chance
wind farm *n* ferme *f* éolienne
winding ['waɪndɪŋ] *adj* (*road*) sinueux(-euse); (*staircase*) tournant(e)
wind instrument *n* (*Mus*) instrument *m* à vent
windmill ['wɪndmɪl] *n* moulin *m* à vent
window ['wɪndəu] *n* fenêtre *f*; (*in car, train: also*: **windowpane**) vitre *f*; (*in shop etc*) vitrine *f*
window box *n* jardinière *f*
window cleaner *n* (*person*) laveur(-euse) de vitres
window dressing *n* arrangement *m* de la vitrine
window envelope *n* enveloppe *f* à fenêtre
window frame *n* châssis *m* de fenêtre
window ledge *n* rebord *m* de la fenêtre
window pane *n* vitre *f*, carreau *m*

W

window seat *n* (*in vehicle*) place *f* côté fenêtre
window-shopping ['wɪndəuʃɔpɪŋ] *n*: **to go ~** faire du lèche-vitrines
windowsill ['wɪndəusɪl] *n* (*inside*) appui *m* de la fenêtre; (*outside*) rebord *m* de la fenêtre
windpipe ['wɪndpaɪp] *n* gosier *m*
wind power *n* énergie éolienne
windscreen ['wɪndskri:n] *n* pare-brise *m inv*
windscreen washer *n* lave-glace *m inv*
windscreen wiper, (*US*) **windshield wiper** [-waɪpə^r] *n* essuie-glace *m inv*
windshield ['wɪndʃi:ld] (*US*) *n* = **windscreen**
windsurfing ['wɪndsə:fɪŋ] *n* planche *f* à voile
windswept ['wɪndswɛpt] *adj* balayé(e) par le vent
wind tunnel *n* soufflerie *f*
windy ['wɪndɪ] *adj* (*day*) de vent, venteux(-euse); (*place, weather*) venteux; **it's ~** il y a du vent
wine [waɪn] *n* vin *m* ▷ *vt*: **to ~ and dine sb** offrir un dîner bien arrosé à qn
wine bar *n* bar *m* à vin
wine cellar *n* cave *f* à vins
wine glass *n* verre *m* à vin
wine list *n* carte *f* des vins
wine merchant *n* marchand(e) de vins
wine tasting [-teɪstɪŋ] *n* dégustation *f* (de vins)
wine waiter *n* sommelier *m*
wing [wɪŋ] *n* aile *f*; (*in air force*) groupe *m* d'escadrilles; **wings** *npl* (*Theat*) coulisses *fpl*
winger ['wɪŋə^r] *n* (*Sport*) ailier *m*
wing mirror *n* (*Brit*) rétroviseur latéral
wing nut *n* papillon *m*, écrou *m* à ailettes
wingspan ['wɪŋspæn], **wingspread** ['wɪŋsprɛd] *n* envergure *f*
wink [wɪŋk] *n* clin *m* d'œil ▷ *vi* faire un clin d'œil; (*blink*) cligner des yeux
winkle [wɪŋkl] *n* bigorneau *m*
winner ['wɪnə^r] *n* gagnant(e)
winning ['wɪnɪŋ] *adj* (*team*) gagnant(e); (*goal*) décisif(-ive); (*charming*) charmeur(-euse)
winning post *n* poteau *m* d'arrivée
winnings ['wɪnɪŋz] *npl* gains *mpl*
winsome ['wɪnsəm] *adj* avenant(e), engageant(e)
winter ['wɪntə^r] *n* hiver *m* ▷ *vi* hiverner; **in ~** en hiver
winter sports *npl* sports *mpl* d'hiver
wintertime ['wɪntə^rtaɪm] *n* hiver *m*
wintry ['wɪntrɪ] *adj* hivernal(e)
wipe [waɪp] *n* coup *m* de torchon (*or* de chiffon *or* d'éponge); **to give sth a ~** donner un coup de torchon/de chiffon/d'éponge à qch ▷ *vt* essuyer; (*erase: tape*) effacer; **to ~ one's nose** se moucher
▸ **wipe off** *vt* essuyer
▸ **wipe out** *vt* (*debt*) éteindre, amortir; (*memory*) effacer; (*destroy*) anéantir
▸ **wipe up** *vt* essuyer
wire ['waɪə^r] *n* fil *m* (de fer); (*Elec*) fil électrique; (*Tel*) télégramme *m* ▷ *vt* (*fence*) grillager; (*house*) faire l'installation électrique de; (*also*: **wire up**) brancher; (*person: send telegram to*) télégraphier à
wire brush *n* brosse *f* métallique
wire cutters [-kʌtəz] *npl* cisaille *f*
wireless ['waɪəlɪs] *n* (*Brit*) télégraphie *f* sans fil; (*set*) T.S.F. *f*
wire netting *n* treillis *m* métallique, grillage *m*
wire service *n* (*US*) revue *f* de presse (*par téléscripteur*)
wire-tapping ['waɪə'tæpɪŋ] *n* écoute *f* téléphonique
wiring ['waɪərɪŋ] *n* (*Elec*) installation *f* électrique
wiry ['waɪərɪ] *adj* noueux(-euse), nerveux(-euse)
Wis. *abbr* (*US*) = **Wisconsin**
wisdom ['wɪzdəm] *n* sagesse *f*; (*of action*) prudence *f*
wisdom tooth *n* dent *f* de sagesse
wise [waɪz] *adj* sage, prudent(e); (*remark*) judicieux(-euse); **I'm none the ~r** je ne suis pas plus avancé(e) pour autant
▸ **wise up** *vi* (*inf*): **to ~ up to** commencer à se rendre compte de
...wise [waɪz] *suffix*: **time~** en ce qui concerne le temps, question temps
wisecrack ['waɪzkræk] *n* sarcasme *m*
wish [wɪʃ] *n* (*desire*) désir *m*; (*specific desire*) souhait *m*, vœu *m* ▷ *vt* souhaiter, désirer, vouloir; **best ~es** (*on birthday etc*) meilleurs vœux; **with best ~es** (*in letter*) bien amicalement; **give her my best ~es** faites-lui mes amitiés; **to ~ sb goodbye** dire au revoir à qn; **he ~ed me well** il m'a souhaité bonne chance; **to ~ to do/sb to do** désirer *or* vouloir faire/que qn fasse; **to ~ for** souhaiter; **to ~ sth on sb** souhaiter qch à qn
wishbone ['wɪʃbəun] *n* fourchette *f*
wishful ['wɪʃful] *adj*: **it's ~ thinking** c'est prendre ses désirs pour des réalités
wishy-washy ['wɪʃɪ'wɔʃɪ] *adj* (*inf: person*) qui manque de caractère falot(e); (*: ideas, thinking*) faiblard(e)
wisp [wɪsp] *n* fine mèche (*de cheveux*); (*of smoke*) mince volute *f*; **a ~ of straw** un fétu de paille
wistful ['wɪstful] *adj* mélancolique
wit [wɪt] *n* (*also*: **wits**: *intelligence*) intelligence *f*, esprit *m*; (*presence of mind*) présence *f* d'esprit; (*wittiness*) esprit; (*person*) homme/femme d'esprit; **to be at one's ~s' end** (*fig*) ne plus savoir que faire; **to have one's ~s about one** avoir toute sa présence d'esprit, ne pas perdre la tête; **to ~** *adv* à savoir
witch [wɪtʃ] *n* sorcière *f*
witchcraft ['wɪtʃkrɑ:ft] *n* sorcellerie *f*
witch doctor *n* sorcier *m*
witch-hunt ['wɪtʃhʌnt] *n* chasse *f* aux sorcières

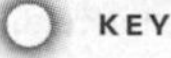 KEYWORD

with [wɪð, wɪθ] *prep* **1** (*in the company of*) avec; (*at the home of*) chez; **we stayed with friends** nous avons logé chez des amis; **I'll be with you in a minute** je suis à vous dans un instant
2 (*descriptive*): **a room with a view** une chambre

avec vue; **the man with the grey hat/blue eyes** l'homme au chapeau gris/aux yeux bleus
3 (*indicating manner, means, cause*): **with tears in her eyes** les larmes aux yeux; **to walk with a stick** marcher avec une canne; **red with anger** rouge de colère; **to shake with fear** trembler de peur; **to fill sth with water** remplir qch d'eau
4 (*in phrases*): **I'm with you** (*I understand*) je vous suis; **to be with it** (*inf: up-to-date*) être dans le vent

withdraw [wɪθ'drɔː] *vt* (*irreg: like* **draw**) retirer ▷ *vi* se retirer; (*go back on promise*) se rétracter; **to ~ into o.s.** se replier sur soi-même
withdrawal [wɪθ'drɔːəl] *n* retrait *m*; (*Med*) état *m* de manque
withdrawal symptoms *npl*: **to have ~** être en état de manque, présenter les symptômes *mpl* de sevrage
withdrawn [wɪθ'drɔːn] *pp of* **withdraw** ▷ *adj* (*person*) renfermé(e)
withdrew [wɪθ'druː] *pt of* **withdraw**
wither ['wɪðəʳ] *vi* se faner
withered ['wɪðəd] *adj* fané(e), flétri(e); (*limb*) atrophié(e)
withhold [wɪθ'həuld] *vt* (*irreg: like* **hold**: *money*) retenir; (*decision*) remettre; **to ~ (from)** (*permission*) refuser (à); (*information*) cacher (à)
within [wɪð'ɪn] *prep* à l'intérieur de ▷ *adv* à l'intérieur; **~ his reach** à sa portée; **~ sight of** en vue de; **~ a mile of** à moins d'un mille de; **~ the week** avant la fin de la semaine; **~ an hour from now** d'ici une heure; **to be ~ the law** être légal(e) *or* dans les limites de la légalité
without [wɪð'aut] *prep* sans; **~ a coat** sans manteau; **~ speaking** sans parler; **~ anybody knowing** sans que personne le sache; **to go** *or* **do ~ sth** se passer de qch
withstand [wɪθ'stænd] *vt* (*irreg: like* **stand**) résister à
witness ['wɪtnɪs] *n* (*person*) témoin *m*; (*evidence*) témoignage *m* ▷ *vt* (*event*) être témoin de; (*document*) attester l'authenticité de; **to bear ~ to sth** témoigner de qch; **~ for the prosecution/defence** témoin à charge/à décharge; **to ~ to sth/having seen sth** témoigner de qch/d'avoir vu qch
witness box, (US) **witness stand** *n* barre *f* des témoins
witticism ['wɪtɪsɪzəm] *n* mot *m* d'esprit
witty ['wɪtɪ] *adj* spirituel(le), plein(e) d'esprit
wives [waɪvz] *npl of* **wife**
wizard ['wɪzəd] *n* magicien *m*
wizened ['wɪznd] *adj* ratatiné(e)
wk *abbr* = **week**
Wm. *abbr* = **William**
WMD. *abbr* = **weapons of mass destruction**
WO *n abbr* = **warrant officer**
wobble ['wɔbl] *vi* trembler; (*chair*) branler
wobbly ['wɔblɪ] *adj* tremblant(e), branlant(e)
woe [wəu] *n* malheur *m*
woeful ['wəuful] *adj* (*sad*) malheureux(-euse); (*terrible*) affligeant(e)
wok [wɔk] *n* wok *m*
woke [wəuk] *pt of* **wake**
woken ['wəukn] *pp of* **wake**
wolf (*pl* **wolves**) [wulf, wulvz] *n* loup *m*
woman (*pl* **women**) ['wumən, 'wɪmɪn] *n* femme *f* ▷ *cpd*: **~ doctor** femme *f* médecin; **~ friend** amie *f*; **~ teacher** professeur *m* femme; **young ~** jeune femme; **women's page** (*Press*) page *f* des lectrices
womanize ['wumənaɪz] *vi* jouer les séducteurs
womanly ['wumənlɪ] *adj* féminin(e)
womb [wuːm] *n* (*Anat*) utérus *m*
women ['wɪmɪn] *npl of* **woman**
won [wʌn] *pt, pp of* **win**
wonder ['wʌndəʳ] *n* merveille *f*, miracle *m*; (*feeling*) émerveillement *m* ▷ *vi*: **to ~ whether/why** se demander si/pourquoi; **to ~ at** (*surprise*) s'étonner de; (*admiration*) s'émerveiller de; **to ~ about** songer à; **it's no ~ that** il n'est pas étonnant que + *sub*
wonderful ['wʌndəful] *adj* merveilleux(-euse)
wonderfully ['wʌndəfəlɪ] *adv* (+ *adj*) merveilleusement; (+ *vb*) à merveille
wonky ['wɔŋkɪ] *adj* (*Brit inf*) qui ne va *or* ne marche pas très bien
wont [wəunt] *n*: **as is his/her ~** comme de coutume
won't [wəunt] = **will not**
woo [wuː] *vt* (*woman*) faire la cour à
wood [wud] *n* (*timber, forest*) bois *m* ▷ *cpd* de bois, en bois
wood carving *n* sculpture *f* en *or* sur bois
wooded ['wudɪd] *adj* boisé(e)
wooden ['wudn] *adj* en bois; (*fig: actor*) raide; (*: performance*) qui manque de naturel
woodland ['wudlənd] *n* forêt *f*, région boisée
woodpecker ['wudpɛkəʳ] *n* pic *m* (*oiseau*)
wood pigeon *n* ramier *m*
woodwind ['wudwɪnd] *n* (*Mus*) bois *m*; **the ~** les bois *mpl*
woodwork ['wudwəːk] *n* menuiserie *f*
woodworm ['wudwəːm] *n* ver *m* du bois; **the table has got ~** la table est piquée des vers
woof [wuf] *n* (*of dog*) aboiement *m* ▷ *vi* aboyer; **~, ~!** oua, oua!
wool [wul] *n* laine *f*; **to pull the ~ over sb's eyes** (*fig*) en faire accroire à qn
woollen, (US) **woolen** ['wulən] *adj* de *or* en laine; (*industry*) lainier(-ière) ▷ *n*: **~s** lainages *mpl*
woolly, (US) **wooly** ['wulɪ] *adj* laineux(-euse); (*fig: ideas*) confus(e)
woozy ['wuːzɪ] *adj* (*inf*) dans les vapes
word [wəːd] *n* mot *m*; (*spoken*) mot, parole *f*; (*promise*) parole; (*news*) nouvelles *fpl* ▷ *vt* rédiger, formuler; **~ for ~** (*repeat*) mot pour mot; (*translate*) mot à mot; **what's the ~ for "pen" in French?** comment dit-on "pen" en français?; **to put sth into ~s** exprimer qch; **in other ~s** en d'autres termes; **to have a ~ with sb**

W

toucher un mot à qn; **to have ~s with sb** (*quarrel with*) avoir des mots avec qn; **to break/keep one's ~** manquer à sa parole/tenir (sa) parole; **I'll take your ~ for it** je vous crois sur parole; **to send ~ of** prévenir de; **to leave ~ (with sb/for sb) that ...** laisser un mot (à qn/pour qn) disant que ...

wording ['wə:dɪŋ] *n* termes *mpl*, langage *m*; (*of document*) libellé *m*

word of mouth *n*: **by** *or* **through ~** de bouche à oreille

word-perfect ['wə:d'pə:fɪkt] *adj*: **he was ~ (in his speech** *etc*), **his speech** *etc* **was ~** il savait son discours *etc* sur le bout du doigt

word processing *n* traitement *m* de texte

word processor [-prəusɛsə^r] *n* machine *f* de traitement de texte

wordwrap ['wə:dræp] *n* (*Comput*) retour *m* (automatique) à la ligne

wordy ['wə:dɪ] *adj* verbeux(-euse)

wore [wɔ:^r] *pt of* **wear**

work [wə:k] *n* travail *m*; (*Art, Literature*) œuvre *f* ▷ *vi* travailler; (*mechanism*) marcher, fonctionner; (*plan etc*) marcher; (*medicine*) agir ▷ *vt* (*clay, wood etc*) travailler; (*mine etc*) exploiter; (*machine*) faire marcher *or* fonctionner; (*miracles etc*) faire; **works** *n* (*Brit: factory*) usine *f* ▷ *npl* (*of clock, machine*) mécanisme *m*; **how does this ~?** comment est-ce que ça marche?; **the TV isn't ~ing** la télévision est en panne *or* ne marche pas; **to go to ~** aller travailler; **to set to ~, to start ~** se mettre à l'œuvre; **to be at ~ (on sth)** travailler (sur qch); **to be out of ~** être au chômage *or* sans emploi; **to ~ hard** travailler dur; **to ~ loose** se défaire, se desserrer; **road ~s** travaux *mpl* (d'entretien des routes)

▶ **work on** *vt fus* travailler à; (*principle*) se baser sur

▶ **work out** *vi* (*plans etc*) marcher; (*Sport*) s'entraîner ▷ *vt* (*problem*) résoudre; (*plan*) élaborer; **it ~s out at £100** ça fait 100 livres

▶ **work up** *vt*: **to get ~ed up** se mettre dans tous ses états

workable ['wə:kəbl] *adj* (*solution*) réalisable

workaholic [wə:kə'hɔlɪk] *n* bourreau *m* de travail

workbench ['wə:kbɛntʃ] *n* établi *m*

worked up [wə:kt-] *adj*: **to get ~** se mettre dans tous ses états

worker ['wə:kə^r] *n* travailleur(-euse), ouvrier(-ière); **office ~** employé(e) de bureau

work experience *n* stage *m*

workforce ['wə:kfɔ:s] *n* main-d'œuvre *f*

work-in ['wə:kɪn] *n* (*Brit*) occupation *f* d'usine *etc* (*sans arrêt de la production*)

working ['wə:kɪŋ] *adj* (*day, tools etc, conditions*) de travail; (*wife*) qui travaille; (*partner, population*) actif(-ive); **in ~ order** en état de marche; **a ~ knowledge of English** une connaissance toute pratique de l'anglais

working capital *n* (*Comm*) fonds *mpl* de roulement

working class *n* classe ouvrière ▷ *adj*: **working class** ouvrier(-ière), de la classe ouvrière

working man (*irreg*) *n* travailleur *m*

working party *n* (*Brit*) groupe *m* de travail

working week *n* semaine *f* de travail

work-in-progress ['wə:kɪn'prəugrɛs] *n* (*Comm*) en-cours *m inv*; (*: value*) valeur *f* des en-cours

workload ['wə:kləud] *n* charge *f* de travail

workman ['wə:kmən] (*irreg*) *n* ouvrier *m*

workmanship ['wə:kmənʃɪp] *n* métier *m*, habileté *f*; facture *f*

workmate ['wə:kmeɪt] *n* collègue *m/f*

work of art *n* œuvre *f* d'art

workout ['wə:kaut] *n* (*Sport*) séance *f* d'entraînement

work permit *n* permis *m* de travail

workplace ['wə:kpleɪs] *n* lieu *m* de travail

works council *n* comité *m* d'entreprise

worksheet ['wə:kʃi:t] *n* (*Scol*) feuille *f* d'exercices; (*Comput*) feuille *f* de programmation

workshop ['wə:kʃɔp] *n* atelier *m*

work station *n* poste *m* de travail

work study *n* étude *f* du travail

work surface *n* plan *m* de travail

worktop ['wə:ktɔp] *n* plan *m* de travail

work-to-rule ['wə:ktə'ru:l] *n* (*Brit*) grève *f* du zèle

world [wə:ld] *n* monde *m* ▷ *cpd* (*champion*) du monde; (*power, war*) mondial(e); **all over the ~** dans le monde entier, partout dans le monde; **to think the ~ of sb** (*fig*) ne jurer que par qn; **what in the ~ is he doing?** qu'est-ce qu'il peut bien être en train de faire?; **to do sb a ~ of good** faire le plus grand bien à qn; **W~ War One/Two, the First/Second W~ War** la Première/Deuxième Guerre mondiale; **out of this ~** *adj* extraordinaire

World Cup *n*: **the ~** (*Football*) la Coupe du monde

world-famous [wə:ld'feɪməs] *adj* de renommée mondiale

worldly ['wə:ldlɪ] *adj* de ce monde

world music *n* world music *f*

World Series *n*: **the ~** (*US: Baseball*) le championnat national de baseball

world-wide ['wə:ld'waɪd] *adj* universel(le) ▷ *adv* dans le monde entier

World-Wide Web *n*: **the ~** le Web

worm [wə:m] *n* (*also*: **earthworm**) ver *m*

worn [wɔ:n] *pp of* **wear** ▷ *adj* usé(e)

worn-out ['wɔ:naut] *adj* (*object*) complètement usé(e); (*person*) épuisé(e)

worried ['wʌrɪd] *adj* inquiet(-ète); **to be ~ about sth** être inquiet au sujet de qch

worrier ['wʌrɪə^r] *n* inquiet(-ète)

worrisome ['wʌrɪsəm] *adj* inquiétant(e)

worry ['wʌrɪ] *n* souci *m* ▷ *vt* inquiéter ▷ *vi* s'inquiéter, se faire du souci; **to ~ about** *or* **over sth/sb** se faire du souci pour *or* à propos de qch/qn

worrying ['wʌrɪɪŋ] *adj* inquiétant(e)

worse [wə:s] *adj* pire, plus mauvais(e) ▷ *adv*

plus mal ▷ *n* pire *m*; **to get ~** (*condition, situation*) empirer, se dégrader; **a change for the ~** une détérioration; **he is none the ~ for it** il ne s'en porte pas plus mal; **so much the ~ for you!** tant pis pour vous!
worsen ['wə:sn] *vt, vi* empirer
worse off *adj* moins à l'aise financièrement; (*fig*): **you'll be ~ this way** ça ira moins bien de cette façon; **he is now ~ than before** il se retrouve dans une situation pire qu'auparavant
worship ['wə:ʃɪp] *n* culte *m* ▷ *vt* (*God*) rendre un culte à; (*person*) adorer; **Your W~** (*Brit: to mayor*) Monsieur le Maire; (*: to judge*) Monsieur le Juge
worshipper ['wə:ʃɪpə^r] *n* adorateur(-trice); (*in church*) fidèle *m/f*
worst [wə:st] *adj* le (la) pire, le (la) plus mauvais(e) ▷ *adv* le plus mal ▷ *n* pire *m*; **at ~** au pis aller; **if the ~ comes to the ~** si le pire doit arriver
worst-case ['wə:stkeɪs] *adj*: **the ~ scenario** le pire scénario *or* cas de figure
worsted ['wustɪd] *n*: **(wool) ~** laine peignée
worth [wə:θ] *n* valeur *f* ▷ *adj*: **to be ~** valoir; **how much is it ~?** ça vaut combien?; **it's ~ it** cela en vaut la peine, ça vaut la peine; **it is ~ one's while (to do)** ça vaut le coup (*inf*) (de faire); **50 pence ~ of apples** (pour) 50 pence de pommes
worthless ['wə:θlɪs] *adj* qui ne vaut rien
worthwhile ['wə:θ'waɪl] *adj* (*activity*) qui en vaut la peine; (*cause*) louable; **a ~ book** un livre qui vaut la peine d'être lu
worthy ['wə:ðɪ] *adj* (*person*) digne; (*motive*) louable; **~ of** digne de

 KEYWORD

would [wud] *aux vb* **1** (*conditional tense*): **if you asked him he would do it** si vous le lui demandiez, il le ferait; **if you had asked him he would have done it** si vous le lui aviez demandé, il l'aurait fait
2 (*in offers, invitations, requests*): **would you like a biscuit?** voulez-vous un biscuit?; **would you close the door please?** voulez-vous fermer la porte, s'il vous plaît?
3 (*in indirect speech*): **I said I would do it** j'ai dit que je le ferais
4 (*emphatic*): **it WOULD have to snow today!** naturellement il neige aujourd'hui! *or* il fallait qu'il neige aujourd'hui!
5 (*insistence*): **she wouldn't do it** elle n'a pas voulu *or* elle a refusé de le faire
6 (*conjecture*): **it would have been midnight** il devait être minuit; **it would seem so** on dirait bien
7 (*indicating habit*): **he would go there on Mondays** il y allait le lundi

would-be ['wudbi:] *adj* (*pej*) soi-disant
wouldn't ['wudnt] = **would not**
wound[1] [wu:nd] *n* blessure *f* ▷ *vt* blesser; **~ed in the leg** blessé à la jambe
wound[2] [waund] *pt, pp of* **wind**[2]
wove [wəuv] *pt of* **weave**
woven ['wəuvn] *pp of* **weave**
WP *n abbr* = **word processing; word processor** ▷ *abbr* (*Brit inf*) = **weather permitting**
WPC *n abbr* (*Brit*) = **woman police constable**
wpm *abbr* (= *words per minute*) mots/minute
WRAC *n abbr* (*Brit: = Women's Royal Army Corps*) *auxiliaires féminines de l'armée de terre*
WRAF *n abbr* (*Brit: = Women's Royal Air Force*) *auxiliaires féminines de l'armée de l'air*
wrangle ['ræŋgl] *n* dispute *f* ▷ *vi* se disputer
wrap [ræp] *n* (*stole*) écharpe *f*; (*cape*) pèlerine *f* ▷ *vt* (*also:* **wrap up**) envelopper; (*parcel*) emballer; (*wind*) enrouler; **under ~s** (*fig: plan, scheme*) secret(-ète)
wrapper ['ræpə^r] *n* (*on chocolate etc*) papier *m*; (*Brit: of book*) couverture *f*
wrapping ['ræpɪŋ] *n* (*of sweet, chocolate*) papier *m*; (*of parcel*) emballage *m*
wrapping paper *n* papier *m* d'emballage; (*for gift*) papier cadeau
wrath [rɔθ] *n* courroux *m*
wreak [ri:k] *vt* (*destruction*) entraîner; **to ~ havoc** faire des ravages; **to ~ vengeance on** se venger de, exercer sa vengeance sur
wreath [ri:θ, *pl* ri:ðz] *n* couronne *f*
wreck [rɛk] *n* (*sea disaster*) naufrage *m*; (*ship*) épave *f*; (*vehicle*) véhicule accidentée; (*pej: person*) loque (humaine) ▷ *vt* démolir; (*ship*) provoquer le naufrage de; (*fig*) briser, ruiner
wreckage ['rɛkɪdʒ] *n* débris *mpl*; (*of building*) décombres *mpl*; (*of ship*) naufrage *m*
wrecker ['rɛkə^r] *n* (*US: breakdown van*) dépanneuse *f*
WREN [rɛn] *n abbr* (*Brit*) *membre du WRNS*
wren [rɛn] *n* (*Zool*) troglodyte *m*
wrench [rɛntʃ] *n* (*Tech*) clé *f* (à écrous); (*tug*) violent mouvement de torsion; (*fig*) déchirement *m* ▷ *vt* tirer violemment sur, tordre; **to ~ sth from** arracher qch (violemment) à *or* de
wrest [rɛst] *vt*: **to ~ sth from sb** arracher *or* ravir qch à qn
wrestle ['rɛsl] *vi*: **to ~ (with sb)** lutter (avec qn); **to ~ with** (*fig*) se débattre avec, lutter contre
wrestler ['rɛslə^r] *n* lutteur(-euse)
wrestling ['rɛslɪŋ] *n* lutte *f*; (*also:* **all-in wrestling**: *Brit*) catch *m*
wrestling match *n* rencontre *f* de lutte (*or* de catch)
wretch [rɛtʃ] *n* pauvre malheureux(-euse); **little ~!** (*often humorous*) petit(e) misérable!
wretched ['rɛtʃɪd] *adj* misérable; (*inf*) maudit(e)
wriggle ['rɪgl] *n* tortillement *m* ▷ *vi* (*also:* **wriggle about**) se tortiller
wring (*pt, pp* **wrung**) [rɪŋ, rʌŋ] *vt* tordre; (*wet clothes*) essorer; (*fig*): **to ~ sth out of** arracher qch à
wringer ['rɪŋə^r] *n* essoreuse *f*
wringing ['rɪŋɪŋ] *adj* (*also:* **wringing wet**) tout

W

mouillé(e), trempé(e)

wrinkle ['rɪŋkl] *n* *(on skin)* ride *f*; *(on paper etc)* pli *m* ▷ *vt* rider, plisser ▷ *vi* se plisser

wrinkled ['rɪŋkld], **wrinkly** ['rɪŋklɪ] *adj* *(fabric, paper)* froissé(e), plissé(e); *(surface)* plissé; *(skin)* ridé(e), plissé

wrist [rɪst] *n* poignet *m*

wristband ['rɪstbænd] *n* *(Brit: of shirt)* poignet *m*; (: *of watch*) bracelet *m*

wrist watch ['rɪstwɔtʃ] *n* montre-bracelet *f*

writ [rɪt] *n* acte *m* judiciaire; **to issue a ~ against sb, to serve a ~ on sb** assigner qn en justice

writable ['raɪtəbl] *adj* *(CD, DVD)* inscriptible

write (*pt* **wrote**, *pp* **written**) [raɪt, rəut, 'rɪtn] *vt, vi* écrire; *(prescription)* rédiger; **to ~ sb a letter** écrire une lettre à qn

▸ **write away** *vi*: **to ~ away for** *(information)* (écrire pour) demander; *(goods)* (écrire pour) commander

▸ **write down** *vt* noter; *(put in writing)* mettre par écrit

▸ **write off** *vt* *(debt)* passer aux profits et pertes; *(project)* mettre une croix sur; *(depreciate)* amortir; *(smash up: car etc)* démolir complètement

▸ **write out** *vt* écrire; *(copy)* recopier

▸ **write up** *vt* rédiger

write-off ['raɪtɔf] *n* perte totale; **the car is a ~** la voiture est bonne pour la casse

write-protect ['raɪtprə'tɛkt] *vt* *(Comput)* protéger contre l'écriture

writer ['raɪtə^r] *n* auteur *m*, écrivain *m*

write-up ['raɪtʌp] *n* *(review)* critique *f*

writhe [raɪð] *vi* se tordre

writing ['raɪtɪŋ] *n* écriture *f*; *(of author)* œuvres *fpl*; **in ~** par écrit; **in my own ~** écrit(e) de ma main

writing case *n* nécessaire *m* de correspondance

writing desk *n* secrétaire *m*

writing paper *n* papier *m* à lettres

written ['rɪtn] *pp of* **write**

WRNS *n abbr* *(Brit: = Women's Royal Naval Service)* *auxiliaires féminines de la marine*

wrong [rɔŋ] *adj* *(incorrect)* faux (fausse); *(incorrectly chosen: number, road etc)* mauvais(e); *(not suitable)* qui ne convient pas; *(wicked)* mal; *(unfair)* injuste ▷ *adv* mal ▷ *n* tort *m* ▷ *vt* faire du tort à, léser; **to be ~** *(answer)* être faux (fausse); *(in doing/saying)* avoir tort (de dire/ faire); **you are ~ to do it** tu as tort de le faire; **it's ~ to steal, stealing is ~** c'est mal de voler; **you are ~ about that, you've got it ~** tu te trompes; **to be in the ~** avoir tort; **what's ~?** qu'est-ce qui ne va pas?; **there's nothing ~** tout va bien; **what's ~ with the car?** qu'est-ce qu'elle a, la voiture?; **to go ~** *(person)* se tromper; *(plan)* mal tourner; *(machine)* se détraquer; **I took a ~ turning** je me suis trompé de route

wrongdoer ['rɔŋdu:ə^r] *n* malfaiteur *m*

wrong-foot [rɔŋ'fut] *vt* *(Sport)* prendre à contre-pied; *(fig)* prendre au dépourvu

wrongful ['rɔŋful] *adj* injustifié(e); **~ dismissal** *(Industry)* licenciement abusif

wrongly ['rɔŋlɪ] *adv* à tort; *(answer, do, count)* mal, incorrectement; *(treat)* injustement

wrong number *n* *(Tel)*: **you have the ~** vous vous êtes trompé de numéro

wrong side *n* *(of cloth)* envers *m*

wrote [rəut] *pt of* **write**

wrought [rɔ:t] *adj*: **~ iron** fer forgé

wrung [rʌŋ] *pt, pp of* **wring**

WRVS *n abbr* *(Brit: = Women's Royal Voluntary Service)* *auxiliaires féminines bénévoles au service de la collectivité*

wry [raɪ] *adj* désabusé(e)

wt. *abbr* (= *weight*) pds.

WV, W. Va. *abbr* *(US)* = **West Virginia**

WWW *n abbr* = **World-Wide Web**

WY, Wyo. *abbr* *(US)* = **Wyoming**

WYSIWYG ['wɪzɪwɪg] *abbr* *(Comput: = what you see is what you get)* ce que vous voyez est ce que vous aurez

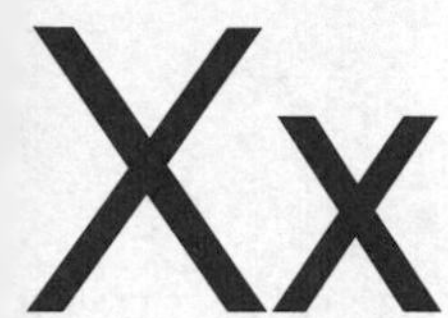

X, x [ɛks] *n* (*letter*) X, x *m*; (*Brit Cine: formerly*) film interdit aux moins de 18 ans; **X for Xmas** X comme Xavier
Xerox® [ˈzɪərɔks] *n* (*also:* **Xerox machine**) photocopieuse *f*; (*photocopy*) photocopie *f* ▷ *vt* photocopier
XL *abbr* (= *extra large*) XL
Xmas [ˈɛksməs] *n abbr* = **Christmas**
X-rated [ˈɛksˈreɪtɪd] *adj* (*US: film*) interdit(e) aux moins de 18 ans
X-ray [ˈɛksreɪ] *n* (*ray*) rayon *m* X; (*photograph*) radio(graphie) *f* ▷ *vt* radiographier
xylophone [ˈzaɪləfəun] *n* xylophone *m*

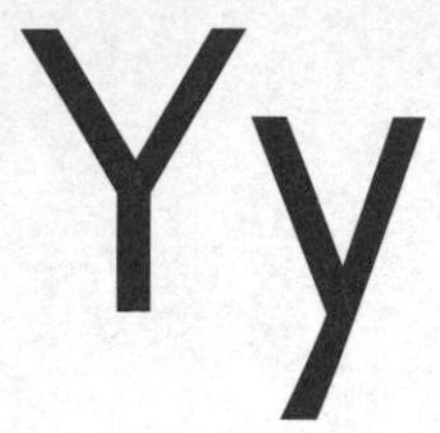

Y, y [waɪ] *n (letter)* Y, y *m*; **Y for Yellow**, *(US)* **Y for Yoke** Y comme Yvonne
yacht [jɔt] *n* voilier *m*; *(motor, luxury yacht)* yacht *m*
yachting [ˈjɔtɪŋ] *n* yachting *m*, navigation *f* de plaisance
yachtsman [ˈjɔtsmən] *(irreg) n* yacht(s)man *m*
yam [jæm] *n* igname *f*
Yank [jæŋk], **Yankee** [ˈjæŋkɪ] *n (pej)* Amerloque *m/f*, Ricain(e)
yank [jæŋk] *vt* tirer d'un coup sec
yap [jæp] *vi (dog)* japper
yard [jɑːd] *n (of house etc)* cour *f*; *(US: garden)* jardin *m*; *(measure)* yard *m (= 914 mm; 3 feet)*; **builder's ~** chantier *m*
yard sale *n (US)* brocante *f* (dans son propre jardin)
yardstick [ˈjɑːdstɪk] *n (fig)* mesure *f*, critère *m*
yarn [jɑːn] *n* fil *m*; *(tale)* longue histoire
yawn [jɔːn] *n* bâillement *m* ▷ *vi* bâiller
yawning [ˈjɔːnɪŋ] *adj (gap)* béant(e)
yd. *abbr* = **yard; yards**
yeah [jɛə] *adv (inf)* ouais
year [jɪəʳ] *n* an *m*, année *f*; *(Scol etc)* année; **every ~** tous les ans, chaque année; **this ~** cette année; **a** *or* **per ~** par an; **~ in, ~ out** année après année; **to be 8 ~s old** avoir 8 ans; **an eight-~-old child** un enfant de huit ans
yearbook [ˈjɪəbuk] *n* annuaire *m*
yearly [ˈjɪəlɪ] *adj* annuel(le) ▷ *adv* annuellement; **twice ~** deux fois par an
yearn [jəːn] *vi*: **to ~ for sth/to do** aspirer à qch/à faire
yearning [ˈjəːnɪŋ] *n* désir ardent, envie *f*
yeast [jiːst] *n* levure *f*
yell [jɛl] *n* hurlement *m*, cri *m* ▷ *vi* hurler
yellow [ˈjɛləu] *adj, n* jaune *(m)*
yellow fever *n* fièvre *f* jaune
yellowish [ˈjɛləuɪʃ] *adj* qui tire sur le jaune, jaunâtre *(pej)*
Yellow Pages® *npl (Tel)* pages *fpl* jaunes
Yellow Sea *n*: **the ~** la mer Jaune
yelp [jɛlp] *n* jappement *m*; glapissement *m* ▷ *vi* japper; glapir
Yemen [ˈjɛmən] *n* Yémen *m*
yen [jɛn] *n (currency)* yen *m*; *(craving)*: **~ for/to do** grande envie de/de faire
yeoman [ˈjəumən] *(irreg) n*: **Y~ of the Guard** hallebardier *m* de la garde royale
yes [jɛs] *adv* oui; *(answering negative question)* si ▷ *n* oui *m*; **to say ~ (to)** dire oui (à)
yesterday [ˈjɛstədɪ] *adv, n* hier *(m)*; **~ morning/evening** hier matin/soir; **the day before ~** avant-hier; **all day ~** toute la journée d'hier
yet [jɛt] *adv* encore; *(in questions)* déjà ▷ *conj* pourtant, néanmoins; **it is not finished ~** ce n'est pas encore fini *or* toujours pas fini; **must you go just ~?** dois-tu déjà partir?; **have you eaten ~?** vous avez déjà mangé?; **the best ~** le meilleur jusqu'ici *or* jusque-là; **as ~** jusqu'ici, encore; **a few days ~** encore quelques jours; **~ again** une fois de plus
yew [juː] *n* if *m*
Y-fronts® [ˈwaɪfrʌnts] *npl (Brit)* slip *m* kangourou
YHA *n abbr (Brit)* = **Youth Hostels Association**
Yiddish [ˈjɪdɪʃ] *n* yiddish *m*
yield [jiːld] *n* production *f*, rendement *m*; *(Finance)* rapport *m* ▷ *vt* produire, rendre, rapporter; *(surrender)* céder ▷ *vi* céder; *(US Aut)* céder la priorité; **a ~ of 5%** un rendement de 5%
YMCA *n abbr (= Young Men's Christian Association)* ≈ union chrétienne de jeunes gens (UCJG)
yob [ˈjɔb], **yobbo** [ˈjɔbəu] *n (Brit inf)* loubar(d) *m*
yodel [ˈjəudl] *vi* faire des tyroliennes, jodler
yoga [ˈjəugə] *n* yoga *m*
yoghurt, yogurt [ˈjɔgət] *n* yaourt *m*
yoke [jəuk] *n* joug *m* ▷ *vt (also:* **yoke together**: *oxen)* accoupler
yolk [jəuk] *n* jaune *m* (d'œuf)
yonder [ˈjɔndəʳ] *adv* là(-bas)
yonks [jɔŋks] *npl (inf)*: **for ~** très longtemps; **we've been here for ~** ça fait une éternité qu'on est ici; **we were there for ~** on est resté là pendant des lustres
Yorks [jɔːks] *abbr (Brit)* = **Yorkshire**

 KEYWORD

you [juː] *pron* **1** *(subject)* tu; *(polite form)* vous; *(plural)* vous; **you are very kind** vous êtes très gentil; **you French enjoy your food** vous

autres Français, vous aimez bien manger; **you and I will go** toi et moi *or* vous et moi, nous irons; **there you are!** vous voilà!
2 (*object: direct, indirect*) te, t' + *vowel*; vous; **I know you** je te *or* vous connais; **I gave it to you** je te l'ai donné, je vous l'ai donné
3 (*stressed*) toi; vous; **I told You to do it** c'est à toi *or* vous que j'ai dit de le faire
4 (*after prep, in comparisons*) toi; vous; **it's for you** c'est pour toi *or* vous; **she's younger than you** elle est plus jeune que toi *or* vous
5 (*impersonal: one*) on; **fresh air does you good** l'air frais fait du bien; **you never know** on ne sait jamais; **you can't do that!** ça ne se fait pas!

you'd [ju:d] = **you had; you would**
you'll [ju:l] = **you will; you shall**
young [jʌŋ] *adj* jeune ▷ *npl* (*of animal*) petits *mpl*; (*people*): **the ~** les jeunes, la jeunesse; **a ~ man** un jeune homme; **a ~ lady** (*unmarried*) une jeune fille, une demoiselle; (*married*) une jeune femme *or* dame; **my ~er brother** mon frère cadet; **the ~er generation** la jeune génération
younger [jʌŋgə^r] *adj* (*brother etc*) cadet(te)
youngish ['jʌŋɪʃ] *adj* assez jeune
youngster ['jʌŋstə^r] *n* jeune *m/f*; (*child*) enfant *m/f*
your [jɔ:^r] *adj* ton (ta), tes *pl*; (*polite form, pl*) votre, vos *pl*; *see also* **my**
you're [juə^r] = **you are**
yours [jɔ:z] *pron* le (la) tien(ne), les tiens (tiennes); (*polite form, pl*) le (la) vôtre, les vôtres; **is it ~?** c'est à toi (*or* à vous)?; **a friend of ~** un(e) de tes (*or* de vos) amis; *see also* **faithfully**; **sincerely**
yourself [jɔ:'sɛlf] *pron* (*reflexive*) te; (*: polite form*) vous; (*after prep*) toi; vous; (*emphatic*) toi-même; vous-même; **you ~ told me** c'est vous qui me l'avez dit, vous me l'avez dit vous-même; *see also* **oneself**
yourselves [jɔ:'sɛlvz] *pl pron* vous; (*emphatic*) vous-mêmes; *see also* **oneself**
youth [ju:θ] *n* jeunesse *f*; (*young man*) (*pl* **-s**) [ju:ðz] jeune homme *m*; **in my ~** dans ma jeunesse, quand j'étais jeune
youth club *n* centre *m* de jeunes
youthful ['ju:θful] *adj* jeune; (*enthusiasm etc*) juvénile; (*misdemeanour*) de jeunesse
youthfulness ['ju:θfəlnɪs] *n* jeunesse *f*
youth hostel *n* auberge *f* de jeunesse
youth movement *n* mouvement *m* de jeunes
you've [ju:v] = **you have**
yowl [jaul] *n* hurlement *m*; miaulement *m* ▷ *vi* hurler; miauler
YT *abbr* (*Canada*) = **Yukon Territory.**
Yugoslav ['ju:gəuslɑ:v] *adj* (*Hist*) yougoslave ▷ *n* Yougoslave *m/f*
Yugoslavia [ju:gəu'slɑ:vɪə] *n* (*Hist*) Yougoslavie *f*
Yugoslavian [ju:gəu'slɑ:vɪən] *adj* (*Hist*) yougoslave
yuppie ['jʌpɪ] *n* yuppie *m/f*
YWCA *n abbr* (= *Young Women's Christian Association*) union chrétienne féminine

Y

Zz

Z, z [zɛd, (US) zi:] *n* (*letter*) Z, z *m*; **Z for Zebra** Z comme Zoé
Zambia ['zæmbɪə] *n* Zambie *f*
Zambian ['zæmbɪən] *adj* zambien(ne) ▷ *n* Zambien(ne)
zany ['zeɪnɪ] *adj* farfelu(e), loufoque
zap [zæp] *vt* (*Comput*) effacer
zeal [zi:l] *n* (*revolutionary etc*) ferveur *f*; (*keenness*) ardeur *f*, zèle *m*
zealot ['zɛlət] *n* fanatique *m/f*
zealous ['zɛləs] *adj* fervent(e); ardent(e), zélé(e)
zebra ['zi:brə] *n* zèbre *m*
zebra crossing *n* (*Brit*) passage clouté *or* pour piétons
zenith ['zɛnɪθ] *n* (*Astronomy*) zénith *m*; (*fig*) zénith, apogée *m*
zero ['zɪərəu] *n* zéro *m* ▷ *vi*: **to ~ in on** (*target*) se diriger droit sur; **5° below ~** 5 degrés au-dessous de zéro
zero hour *n* l'heure *f* H
zero option *n* (*Pol*): **the ~** l'option *f* zéro
zero-rated ['zi:rəureɪtɪd] *adj* (*Brit*) exonéré(e) de TVA
zest [zɛst] *n* entrain *m*, élan *m*; (*of lemon etc*) zeste *m*
zigzag ['zɪgzæg] *n* zigzag *m* ▷ *vi* zigzaguer, faire des zigzags
Zimbabwe [zɪm'bɑ:bwɪ] *n* Zimbabwe *m*
Zimbabwean [zɪm'bɑ:bwɪən] *adj* zimbabwéen(ne) ▷ *n* Zimbabwéen(ne)
Zimmer® ['zɪmə^r] *n* (*also*: **Zimmer frame**) déambulateur *m*
zinc [zɪŋk] *n* zinc *m*
Zionism ['zaɪənɪzəm] *n* sionisme *m*
Zionist ['zaɪənɪst] *adj* sioniste ▷ *n* Sioniste *m/f*
zip [zɪp] *n* (*also*: **zip fastener**) fermeture *f* éclair® *or* à glissière; (*energy*) entrain *m* ▷ *vt* (*file*) zipper; (*also*: **zip up**) fermer (avec une fermeture éclair®)
zip code *n* (*US*) code postal
zip file *n* (*Comput*) fichier *m* zip *inv*
zipper ['zɪpə^r] *n* (*US*) = **zip**
zit [zɪt] (*inf*) *n* bouton *m*
zither ['zɪðə^r] *n* cithare *f*
zodiac ['zəudɪæk] *n* zodiaque *m*
zombie ['zɔmbɪ] *n* (*fig*): **like a ~** avec l'air d'un zombie, comme un automate
zone [zəun] *n* zone *f*
zoo [zu:] *n* zoo *m*
zoological [zuə'lɔdʒɪkl] *adj* zoologique
zoologist [zu'ɔlədʒɪst] *n* zoologiste *m/f*
zoology [zu:'ɔlədʒɪ] *n* zoologie *f*
zoom [zu:m] *vi*: **to ~ past** passer en trombe; **to ~ in (on sb/sth)** (*Phot, Cine*) zoomer (sur qn/qch)
zoom lens *n* zoom *m*, objectif *m* à focale variable
zucchini [zu:'ki:nɪ] *n* (*US*) courgette *f*
Zulu ['zu:lu:] *adj* zoulou ▷ *n* Zoulou *m/f*
Zürich ['zjuərɪk] *n* Zurich

Grammar
Grammaire

Using the grammar

The Grammar section deals systematically and comprehensively with all the information you will need in order to communicate accurately in French. The user-friendly layout explains the grammar point on a left-hand page, leaving the facing page free for illustrative examples. The numbers, → ① etc, direct you to the relevant example in every case.

The Grammar section also provides invaluable guidance on the danger of translating English structures by identical structures in French. Use of Numbers and Punctuation are important areas covered towards the end of the section. Finally, the index lists the main words and grammatical terms in both English and French.

Abbreviations

fem.	*feminine*
infin.	*infinitive*
masc.	*masculine*
perf.	*perfect*
plur.	*plural*
qch	quelque chose
qn	quelqu'un
sb	somebody
sing.	*singular*
sth	something

Contents

Examples

Simple Tenses: formation

In French the simple tenses are:

- Present → 1
- Imperfect → 2
- Future → 3
- Conditional → 4
- Past Historic → 5
- Present Subjunctive → 6
- Imperfect Subjunctive → 7

They are formed by adding endings to a verb stem. The endings show the number and person of the subject of the verb → 8

The stem and endings of regular verbs are totally predictable. The following sections show all the patterns for regular verbs. For irregular verbs see page 74 onwards.

Regular Verbs

There are three regular verb patterns (called conjugations), each identifiable by the ending of the infinitive:

First conjugation verbs end in **-er** e.g. **donner** to give

Second conjugation verbs end in **-ir** e.g. **finir** to finish

Third conjugation verbs end in **-re** e.g. **vendre** to sell

These three conjugations are treated in order on the following pages.

Examples

1 je donne	I give I am giving I do give
2 je donnais	I gave I was giving I used to give
3 je donnerai	I shall give I shall be giving
4 je donnerais	I should/would give I should/would be giving
5 je donnai	I gave
6 (que) je donne	(that) I give/gave
7 (que) je donnasse	(that) I gave
8 je donne nous donnons je donnerais nous donnerions	I give we give I would give we would give

Simple Tenses: First Conjugation

The stem is formed as follows:

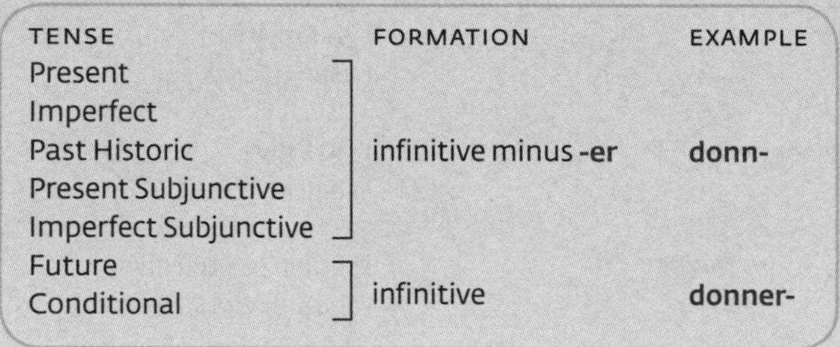

TENSE	FORMATION	EXAMPLE
Present Imperfect Past Historic Present Subjunctive Imperfect Subjunctive	infinitive minus **-er**	**donn-**
Future Conditional	infinitive	**donner-**

To the appropriate stem add the following endings:

		❶ PRESENT	❷ IMPERFECT	❸ PAST HISTORIC
	1st person	**-e**	**-ais**	**-ai**
sing.	2nd person	**-es**	**-ais**	**-as**
	3rd person	**-e**	**-ait**	**-a**
	1st person	**-ons**	**-ions**	**-âmes**
plur.	2nd person	**-ez**	**-iez**	**-âtes**
	3rd person	**-ent**	**-aient**	**-èrent**

		❹ PRESENT SUBJUNCTIVE	❺ IMPERFECT SUBJUNCTIVE
	1st person	**-e**	**-asse**
sing.	2nd person	**-es**	**-asses**
	3rd person	**-e**	**-ât**
	1st person	**-ions**	**-assions**
plur.	2nd person	**-iez**	**-assiez**
	3rd person	**-ent**	**-assent**

		❻ FUTURE	❼ CONDITIONAL
	1st person	**-ai**	**-ais**
sing.	2nd person	**-as**	**-ais**
	3rd person	**-a**	**-ait**
	1st person	**-ons**	**-ions**
plur.	2nd person	**-ez**	**-iez**
	3rd person	**-ont**	**-aient**

Examples

1 PRESENT
je donn**e**
tu donn**es**
il donn**e**
elle donn**e**
nous donn**ons**
vous donn**ez**
ils donn**ent**
elles donn**ent**

2 IMPERFECT
je donn**ais**
tu donn**ais**
il donn**ait**
elle donn**ait**
nous donn**ions**
vous donn**iez**
ils donn**aient**
elles donn**aient**

3 PAST HISTORIC
je donn**ai**
tu donn**as**
il donn**a**
elle donn**a**
nous donn**âmes**
vous donn**âtes**
ils donn**èrent**
elles donn**èrent**

4 PRESENT SUBJUNCTIVE
je donn**e**
tu donn**es**
il donn**e**
elle donn**e**
nous donn**ions**
vous donn**iez**
ils donn**ent**
elles donn**ent**

5 IMPERFECT SUBJUNCTIVE
je donn**asse**
tu donn**asses**
il donn**ât**
elle donn**ât**
nous donn**assions**
vous donn**assiez**
ils donn**assent**
elles donn**assent**

6 FUTURE
je donner**ai**
tu donner**as**
il donner**a**
elle donner**a**
nous donner**ons**
vous donner**ez**
ils donner**ont**
elles donner**ont**

7 CONDITIONAL
je donner**ais**
tu donner**ais**
il donner**ait**
elle donner**ait**
nous donner**ions**
vous donner**iez**
ils donner**aient**
elles donner**aient**

Simple Tenses: Second Conjugation

The stem is formed as follows:

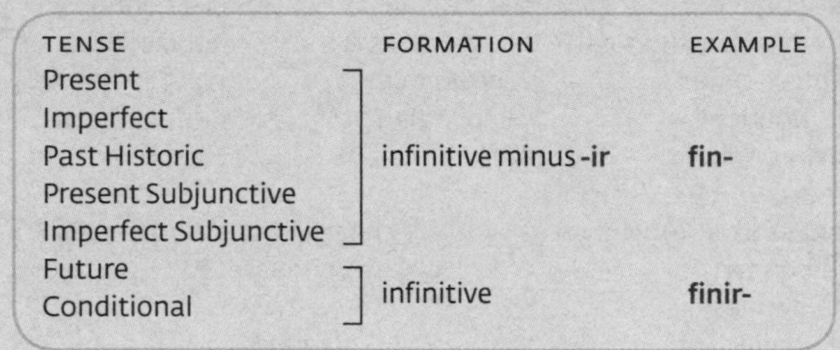

TENSE	FORMATION	EXAMPLE
Present Imperfect Past Historic Present Subjunctive Imperfect Subjunctive	infinitive minus **-ir**	**fin-**
Future Conditional	infinitive	**finir-**

To the appropriate stem add the following endings:

		❶ PRESENT	❷ IMPERFECT	❸ PAST HISTORIC
	1st person	**-is**	**-issais**	**-is**
sing.	2nd person	**-is**	**-issais**	**-is**
	3rd person	**-it**	**-issait**	**-it**
	1st person	**-issons**	**-issions**	**-îmes**
plur.	2nd person	**-issez**	**-issiez**	**-îtes**
	3rd person	**-issent**	**-issaient**	**-irent**

		❹ PRESENT SUBJUNCTIVE	❺ IMPERFECT SUBJUNCTIVE
	1st person	**-isse**	**-isse**
sing.	2nd person	**-isses**	**-isses**
	3rd person	**-isse**	**-ît**
	1st person	**-issions**	**-issions**
plur.	2nd person	**-issiez**	**-issiez**
	3rd person	**-issent**	**-issent**

		❻ FUTURE	❼ CONDITIONAL
	1st person	**-ai**	**-ais**
sing.	2nd person	**-as**	**-ais**
	3rd person	**-a**	**-ait**
	1st person	**-ons**	**-ions**
plur.	2nd person	**-ez**	**-iez**
	3rd person	**-ont**	**-aient**

Examples

1 PRESENT
je fin**is**
tu fin**is**
il fin**it**
elle fin**it**
nous fin**issons**
vous fin**issez**
ils fin**issent**
elles fin**issent**

2 IMPERFECT
je fin**issais**
tu fin**issais**
il fin**issait**
elle fin**issait**
nous fin**issions**
vous fin**issiez**
ils fin**issaient**
elles fin**issaient**

3 PAST HISTORIC
je fin**is**
tu fin**is**
il fin**it**
elle fin**it**
nous fin**îmes**
vous fin**îtes**
ils fin**irent**
elles fin**irent**

4 PRESENT SUBJUNCTIVE
je fin**isse**
tu fin**isses**
il fin**isse**
elle fin**isse**
nous fin**issions**
vous fin**issiez**
ils fin**issent**
elles fin**issent**

5 IMPERFECT SUBJUNCTIVE
je fin**isse**
tu fin**isses**
il fin**ît**
elle fin**ît**
nous fin**issions**
vous fin**issiez**
ils fin**issent**
elles fin**issent**

6 FUTURE
je finir**ai**
tu finir**as**
il finir**a**
elle finir**a**
nous finir**ons**
vous finir**ez**
ils finir**ont**
elles finir**ont**

7 CONDITIONAL
je finir**ais**
tu finir**ais**
il finir**ait**
elle finir**ait**
nous finir**ions**
vous finir**iez**
ils finir**aient**
elles finir**aient**

Simple Tenses: Third Conjugation

The stem is formed as follows:

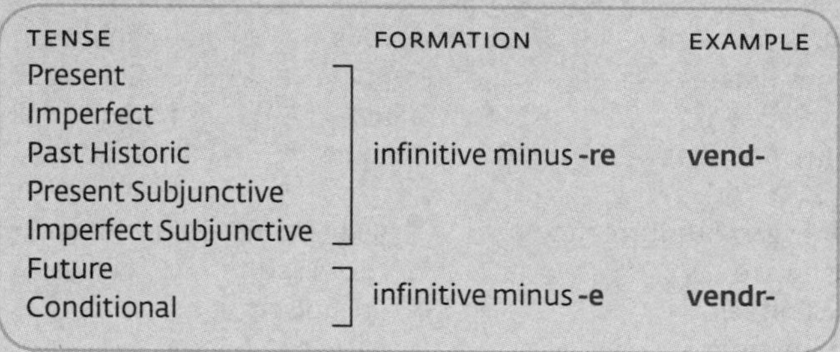

TENSE	FORMATION	EXAMPLE
Present Imperfect Past Historic Present Subjunctive Imperfect Subjunctive	infinitive minus **-re**	**vend-**
Future Conditional	infinitive minus **-e**	**vendr-**

To the appropriate stem add the following endings:

		❶ PRESENT	❷ IMPERFECT	❸ PAST HISTORIC
sing.	1st person	**-s**	**-ais**	**-is**
	2nd person	**-s**	**-ais**	**-is**
	3rd person	**–**	**-ait**	**-it**
plur.	1st person	**-ons**	**-ions**	**-îmes**
	2nd person	**-ez**	**-iez**	**-îtes**
	3rd person	**-ent**	**-aient**	**-irent**

		❹ PRESENT SUBJUNCTIVE	❺ IMPERFECT SUBJUNCTIVE
sing.	1st person	**-e**	**-isse**
	2nd person	**-es**	**-isses**
	3rd person	**-e**	**-ît**
plur.	1st person	**-ions**	**-issions**
	2nd person	**-iez**	**-issiez**
	3rd person	**-ent**	**-issent**

		❻ FUTURE	❼ CONDITIONAL
sing.	1st person	**-ai**	**-ais**
	2nd person	**-as**	**-ais**
	3rd person	**-a**	**-ait**
plur.	1st person	**-ons**	**-ions**
	2nd person	**-ez**	**-iez**
	3rd person	**-ont**	**-aient**

Examples

1 PRESENT
je vend**s**
tu vend**s**
il vend
elle vend
nous vend**ons**
vous vend**ez**
ils vend**ent**
elles vend**ent**

2 IMPERFECT
je vend**ais**
tu vend**ais**
il vend**ait**
elle vend**ait**
nous vend**ions**
vous vend**iez**
ils vend**aient**
elles vend**aient**

3 PAST HISTORIC
je vend**is**
tu vend**is**
il vend**it**
elle vend**it**
nous vend**îmes**
vous vend**îtes**
ils vend**irent**
elles vend**irent**

4 PRESENT SUBJUNCTIVE
je vend**e**
tu vend**es**
il vend**e**
elle vend**e**
nous vend**ions**
vous vend**iez**
ils vend**ent**
elles vend**ent**

5 IMPERFECT SUBJUNCTIVE
je vend**isse**
tu vend**isses**
il vend**ît**
elle vend**ît**
nous vend**issions**
vous vend**issiez**
ils vend**issent**
elles vend**issent**

6 FUTURE
je vendr**ai**
tu vendr**as**
il vendr**a**
elle vendr**a**
nous vendr**ons**
vous vendr**ez**
ils vendr**ont**
elles vendr**ont**

7 CONDITIONAL
je vendr**ais**
tu vendr**ais**
il vendr**ait**
elle vendr**ait**
nous vendr**ions**
vous vendr**iez**
ils vendr**aient**
elles vendr**aient**

First Conjugation Spelling Irregularities

Before certain endings, the stems of some '**-er**' verbs may change slightly.

Below, and on subsequent pages, the verb types are identified, and the changes described are illustrated by means of a representative verb.

Verbs ending:	**-cer**
Change:	**c** becomes **ç** before **a** or **o**
Tenses affected:	Present, Imperfect, Past Historic, Imperfect Subjunctive, Present Participle
Model:	**lancer** to throw → ❶

Why the change occurs: A cedilla is added to the **c** to retain its soft [s] pronunciation before the vowels **a** and **o**.

Verbs ending:	**-ger**
Change:	**g** becomes **ge** before **a** or **o**
Tenses affected:	Present, Imperfect, Past Historic, Imperfect Subjunctive, Present Participle
Model:	**manger** to eat → ❷

Why the change occurs: An **e** is added after the **g** to retain its soft [ʒ] pronunciation before the vowels **a** and **o**.

Examples

1 INFINITIVE
lancer

PRESENT PARTICIPLE
lançant

PRESENT
je lance
tu lances
il/elle lance
nous **lançons**
vous lancez
ils/elles lancent

IMPERFECT
je **lançais**
tu **lançais**
il/elle **lançait**
nous lancions
vous lanciez
ils/elles **lançaient**

PAST HISTORIC
je **lançai**
tu **lanças**
il/elle **lança**
nous **lançâmes**
vous **lançâtes**
ils/elles lancèrent

IMPERFECT SUBJUNCTIVE
je **lançasse**
tu **lançasses**
il/elle **lançât**
nous **lançassions**
vous **lançassiez**
ils/elles **lançassent**

2 INFINITIVE
manger

PRESENT PARTICIPLE
mangeant

PRESENT
je mange
tu manges
il/elle mange
nous **mangeons**
vous mangez
ils/elles mangent

IMPERFECT
je **mangeais**
tu **mangeais**
il/elle **mangeait**
nous mangions
vous mangiez
ils/elles **mangeaient**

PAST HISTORIC
je **mangeai**
tu **mangeas**
il/elle **mangea**
nous **mangeâmes**
vous **mangeâtes**
ils/elles mangèrent

IMPERFECT SUBJUNCTIVE
je **mangeasse**
tu **mangeasses**
il/elle **mangeât**
nous **mangeassions**
vous **mangeassiez**
ils/elles **mangeassent**

First Conjugation Spelling Irregularities *continued*

Verbs ending	**-eler**
Change:	**-l** doubles before **-e**, **-es**, **-ent** and throughout the Future and Conditional tenses
Tenses affected:	Present, Present Subjunctive, Future, Conditional
Model:	**appeler** to call → ❶
EXCEPTIONS:	**geler** to freeze; **peler** to peel → like **mener** (page 18)

Verbs ending	**-eter**
Change:	**-t** doubles before **-e**, **-es**, **-ent** and throughout the Future and Conditional tenses
Tenses affected:	Present, Present Subjunctive, Future, Conditional
Model:	**jeter** to throw → ❷
EXCEPTIONS:	**acheter** to buy; **haleter** to pant → like **mener** (page 18)

Verbs ending	**-yer**
Change:	**y** changes to **i** before **-e**, **-es**, **-ent** and throughout the Future and Conditional tenses
Tenses affected:	Present, Present Subjunctive, Future, Conditional
Model:	**essuyer** to wipe → ❸

The change described is optional for verbs ending in **-ayer** e.g. **payer** to pay; **essayer** to try.

Examples

1 PRESENT (+ SUBJUNCTIVE)
j'**appelle**
tu **appelles**
il/elle **appelle**
nous appelons
(appelions)
vous appelez
(appeliez)
ils/elles **appellent**

FUTURE
j'**appellerai**
tu **appelleras**
il **appellera** *etc*

CONDITIONAL
j'**appellerais**
tu **appellerais**
il **appellerait** *etc*

2 PRESENT (+ SUBJUNCTIVE)
je **jette**
tu **jettes**
il/elle **jette**
nous jetons
(jetions)
vous jetez
(jetiez)
ils/elles **jettent**

FUTURE
je **jetterai**
tu **jetteras**
il **jettera** *etc*

CONDITIONAL
je **jetterais**
tu **jetterais**
il **jetterait** *etc*

3 PRESENT (+ SUBJUNCTIVE)
j'**essuie**
tu **essuies**
il/elle **essuie**
nous essuyons
(essuyions)
vous essuyez
(essuyiez)
ils/elles **essuient**

FUTURE
j'**essuierai**
tu **essuieras**
il **essuiera** *etc*

CONDITIONAL
j'**essuierais**
tu **essuierais**
il **essuierait** *etc*

First Conjugation Spelling Irregularities *continued*

Verbs ending	**mener**, **peser**, **lever** *etc*
Change:	**e** changes to **è**, before **-e**, **-es**, **-ent** and throughout the Future and Conditional tenses
Tenses affected:	Present, Present Subjunctive, Future, Conditional
Model:	**mener** to lead → 1

Verbs like:	**céder**, **régler**, **espérer** *etc*
Change:	**é** changes to **è** before **-e**, **-es**, **-ent**
Tenses affected:	Present, Present Subjunctive
Model:	**céder** to yield → 2

Examples

1 PRESENT (+ SUBJUNCTIVE)
je **mène**
tu **mènes**
il/elle **mène**
nous menons
(menions)
vous menez
(meniez)
ils/elles **mènent**

FUTURE
je **mènerai**
tu **mèneras**
il **mènera** *etc*

CONDITIONAL
je **mènerais**
tu **mènerais**
il **mènerait** *etc*

2 PRESENT (+ SUBJUNCTIVE)
je **cède**
tu **cèdes**
il/elle **cède**
nous cédons
(cédions)
vous cédez
(cédiez)
ils/elles **cèdent**

The Imperative

The imperative is the form of the verb used to give commands or orders. It can be used politely, as in English 'Shut the door, please'.

The imperative is the same as the present tense **tu**, **nous** and **vous** forms without the subject pronouns:

donne* give | **finis** finish | **vends** sell

* The final 's' of the present tense of first conjugation verbs is dropped, except before **y** and **en** → 1

donnons let's give | **finissons** let's finish | **vendons** let's sell

donnez give | **finissez** finish | **vendez** sell

The imperative of irregular verbs is given in the verb tables, page 74 onwards.

Position of object pronouns with the imperative:

- in *positive* commands: they follow the verb and are attached to it by hyphens → 2
- in *negative* commands: they precede the verb and are not attached to it → 3

For the order of object pronouns, see page 170.

For reflexive verbs – e.g. **se lever** to get up – the object pronoun is the reflexive pronoun → 4

Examples

1	Compare:	
	Tu donnes de l'argent à Paul	You give (some) money to Paul
	and:	
	Donne de l'argent à Paul	Give (some) money to Paul
2	Excusez-moi	Excuse me
	Envoyons-les-leur	Let's send them to them
	Crois-nous	Believe us
	Expliquez-le-moi	Explain it to me
	Attendons-la	Let's wait for her/it
	Rends-la-lui	Give it back to him/her
3	Ne me dérange pas	Don't disturb me
	Ne leur en parlons pas	Let's not speak to them about it
	Ne les appelons pas	Let's not call them
	N'y pense plus	Don't think about it any more
	Ne leur répondez pas	Don't answer them
	Ne la lui rends pas	Don't give it back to him/her
4	Lève-toi	Get up
	Ne te lève pas	Don't get up
	Dépêchons-nous	Let's hurry
	Ne nous affolons pas	Let's not panic
	Levez-vous	Get up
	Ne vous levez pas	Don't get up

Compound Tenses: formation

In French the compound tenses are:

Perfect → 1
Pluperfect → 2
Future Perfect → 3
Conditional Perfect → 4
Past Anterior → 5
Perfect Subjunctive → 6
Pluperfect Subjunctive → 7

They consist of the past participle of the verb together with an auxiliary verb. Most verbs take the auxiliary **avoir**, but some take **être** (see page 28).

Compound tenses are formed in exactly the same way for both regular and irregular verbs, the only difference being that irregular verbs may have an irregular past participle.

The Past Participle

For all compound tenses you need to know how to form the past participle of the verb. For regular verbs this is as follows:

First conjugation: replace the **-er** of the infinitive by **-é** → 8

Second conjugation: replace the **-ir** of the infinitive by **-i** → 9

Third conjugation: replace the **-re** of the infinitive by **-u** → 10

See page 50 for agreement of past participles.

Examples

	with **avoir**	with **être**
1	j'ai donné I gave, have given	je suis tombé I fell, have fallen
2	j'avais donné I had given	j'étais tombé I had fallen
3	j'aurai donné I shall have given	je serai tombé I shall have fallen
4	j'aurais donné I should/would have given	je serais tombé I should/would have fallen
5	j'eus donné I had given	je fus tombé I had fallen
6	(que) j'aie donné (that) I gave, have given	(que) je sois tombé (that) I fell, have fallen
7	(que) j'eusse donné (that) I had given	(que) je fusse tombé (that) I had fallen

8. **donner** to give → **donné** given
9. **finir** to finish → **fini** finished
10. **vendre** to sell → **vendu** sold

Compound Tenses: formation *continued*

Verbs taking the auxiliary avoir

PERFECT TENSE
The present tense of **avoir** plus the past participle → 1

PLUPERFECT TENSE
The imperfect tense of **avoir** plus the past participle → 2

FUTURE PERFECT
The future tense of **avoir** plus the past participle → 3

CONDITIONAL PERFECT
The conditional of **avoir** plus the past participle → 4

PAST ANTERIOR
The past historic of **avoir** plus the past participle → 5

PERFECT SUBJUNCTIVE
The present subjunctive of **avoir** plus the past participle → 6

PLUPERFECT SUBJUNCTIVE
The imperfect subjunctive of **avoir** plus the past participle → 7

For how to form the past participle of regular verbs see page 22. The past participle of irregular verbs is given for each verb in the verb tables, page 74 onwards.

The past participle must agree in number and in gender with any preceding direct object (see page 50).

Examples

1. PERFECT

j'ai donné	nous avons donné
tu as donné	vous avez donné
il/elle a donné	ils/elles ont donné

2. PLUPERFECT

j'avais donné	nous avions donné
tu avais donné	vous aviez donné
il/elle avait donné	ils/elles avaient donné

3. FUTURE PERFECT

j'aurai donné	nous aurons donné
tu auras donné	vous aurez donné
il/elle aura donné	ils/elles auront donné

4. CONDITIONAL PERFECT

j'aurais donné	nous aurions donné
tu aurais donné	vous auriez donné
il/elle aurait donné	ils/elles auraient donné

5. PAST ANTERIOR

j'eus donné	nous eûmes donné
tu eus donné	vous eûtes donné
il/elle eut donné	ils/elles eurent donné

6. PERFECT SUBJUNCTIVE

j'aie donné	nous ayons donné
tu aies donné	vous ayez donné
il/elle ait donné	ils/elles aient donné

7. PLUPERFECT SUBJUNCTIVE

j'eusse donné	nous eussions donné
tu eusses donné	vous eussiez donné
il/elle eût donné	ils/elles eussent donné

Compound Tenses: formation *continued*

Verbs taking the auxiliary être

PERFECT TENSE
The present tense of **être** plus the past participle → 1

PLUPERFECT TENSE
The imperfect tense of **être** plus the past participle → 2

FUTURE PERFECT
The future tense of **être** plus the past participle → 3

CONDITIONAL PERFECT
The conditional of **être** plus the past participle → 4

PAST ANTERIOR
The past historic of **être** plus the past participle → 5

PERFECT SUBJUNCTIVE
The present subjunctive of **être** plus the past participle → 6

PLUPERFECT SUBJUNCTIVE
The imperfect subjunctive of **être** plus the past participle → 7

For how to form the past participle of regular verbs see page 22. The past participle of irregular verbs is given for each verb in the verb tables, page 74 onwards.

For agreement of past participles, see page 50.

For a list of verbs and verb types that take the auxiliary **être**, see page 28.

Examples

1 PERFECT

je suis tombé(e) nous sommes tombé(e)s
tu es tombé(e) vous êtes tombé(e)(s)
il est tombé ils sont tombés
elle est tombée elles sont tombées

2 PLUPERFECT

j'étais tombé(e) nous étions tombé(e)s
tu étais tombé(e) vous étiez tombé(e)(s)
il était tombé ils étaient tombés
elle était tombée elles étaient tombées

3 FUTURE PERFECT

je serai tombé(e) nous serons tombé(e)s
tu seras tombé(e) vous serez tombé(e)(s)
il sera tombé ils seront tombés
elle sera tombée elles seront tombées

4 CONDITIONAL PERFECT

je serais tombé(e) nous serions tombé(e)s
tu serais tombé(e) vous seriez tombé(e)(s)
il serait tombé ils seraient tombés
elle serait tombée elles seraient tombées

5 PAST ANTERIOR

je fus tombé(e) nous fûmes tombé(e)s
tu fus tombé(e) vous fûtes tombé(e)(s)
il fut tombé ils furent tombés
elle fut tombée elles furent tombées

6 PERFECT SUBJUNCTIVE

je sois tombé(e) nous soyons tombé(e)s
tu sois tombé(e) vous soyez tombé(e)(s)
il soit tombé ils soient tombés
elle soit tombée elles soient tombées

7 PLUPERFECT SUBJUNCTIVE

je fusse tombé(e) nous fussions tombé(e)s
tu fusses tombé(e) vous fussiez tombé(e)(s)
il fût tombé ils fussent tombés
elle fût tombée elles fussent tombées

Compound Tenses *continued*

The following verbs take the auxiliary être

Reflexive verbs (see page 30) → 1

The following intransitive verbs (i.e. verbs which cannot take a direct object), largely expressing motion or a change of state:

aller to go → 2
arriver to arrive; to happen
descendre to go/come down
devenir to become
entrer to go/come in
monter to go/come up
mourir to die → 3
naître to be born
partir to leave → 4
passer to pass
rentrer to go back/in
rester to stay → 5
retourner to go back
revenir to come back
sortir to go/come out
tomber to fall
venir to come → 6

Of these, the following are conjugated with **avoir** when used transitively (i.e. with a direct object):

descendre to bring/take down
entrer to bring/take in
monter to bring/take up → 7
passer to pass; to spend → 8
rentrer to bring/take in
retourner to turn over
sortir to bring/take out → 9

ⓘ Note that the past participle must show an agreement in number and gender whenever the auxiliary is **être** except for reflexive verbs where the reflexive pronoun is the indirect object (see page 50).

Examples

1 je me suis arrêté(e) elle s'est trompée tu t'es levé(e) ils s'étaient battus	I stopped she made a mistake you got up they had fought (one another)
2 elle est allée	she went
3 ils sont morts	they died
4 vous êtes partie vous êtes parties	you left (*addressing a female person*) you left (*addressing more than one female person*)
5 nous sommes resté(e)s	we stayed
6 elles étaient venues	they (*female*) had come
7 Il a monté les valises	He's taken up the cases
8 Nous avons passé trois semaines chez elle	We spent three weeks at her place
9 Avez-vous sorti la voiture?	Have you taken the car out?

Reflexive Verbs

A reflexive verb is one accompanied by a reflexive pronoun, e.g. **se lever** to get up; **se laver** to wash (oneself). The reflexive pronouns are:

	SINGULAR	PLURAL
1st person	**me (m')**	**nous**
2nd person	**te (t')**	**vous**
3rd person	**se (s')**	**se (s')**

The forms shown in brackets are used before a vowel, an **h** 'mute', or the pronoun **y** → ❶

In positive commands, **te** changes to **toi** → ❷

The reflexive pronoun 'reflects back' to the subject, but it is not always translated in English → ❸

The plural pronouns are sometimes translated as 'one another', 'each other' (the *reciprocal* meaning) → ❹

The reciprocal meaning may be emphasized by **l'un(e) l'autre (les un(e)s les autres)** → ❺

Simple tenses of reflexive verbs are conjugated in exactly the same way as those of non-reflexive verbs except that the reflexive pronoun is always used. Compound tenses are formed with the auxiliary **être**. A sample reflexive verb is conjugated in full on pages 34 and 35.

For agreement of past participles, see page 32.

Position of Reflexive Pronouns

In constructions other than the imperative affirmative the pronoun comes before the verb → ❻

In the imperative affirmative, the pronoun follows the verb and is attached to it by a hyphen → ❼

Examples

1	Je m'ennuie	I'm bored
	Elle s'habille	She's getting dressed
	Ils s'y intéressent	They are interested in it
2	Assieds-toi	Sit down
	Tais-toi	Be quiet
3	Je me prépare	I'm getting (myself) ready
	Nous nous lavons	We're washing (ourselves)
	Elle se lève	She gets up
4	Nous nous parlons	We speak to each other
	Ils se ressemblent	They resemble one another
5	Ils se regardent l'un l'autre	They are looking at each other
6	Je me couche tôt	I go to bed early
	Comment vous appelez-vous?	What is your name?
	Il ne s'est pas rasé	He hasn't shaved
	Ne te dérange pas pour nous	Don't put yourself out on our account
7	Dépêche-toi	Hurry (up)
	Renseignons-nous	Let's find out
	Asseyez-vous	Sit down

Reflexive Verbs *continued*

Past Participle Agreement

In most reflexive verbs the reflexive pronoun is a *direct* object pronoun → 1

When a direct object accompanies the reflexive verb the pronoun is then the *indirect* object → 2

The past participle of a reflexive verb agrees in number and gender with a direct object which *precedes* the verb (usually, but not always, the reflexive pronoun) → 3

The past participle does not change if the direct object follows the verb → 4

Here are some common reflexive verbs:

s'en aller to go away
s'amuser to enjoy oneself
s'appeler to be called
s'arrêter to stop
s'asseoir to sit (down)
se baigner to go swimming
se blesser to hurt oneself

se coucher to go to bed
se demander to wonder
se dépêcher to hurry
se diriger to make one's way
s'endormir to fall asleep
s'ennuyer to be/get bored
se fâcher to get angry
s'habiller to dress (oneself)
se hâter to hurry
se laver to wash (oneself)
se lever to get up
se passer to happen
se promener to go for a walk
se rappeler to remember
se ressembler to resemble each other
se retourner to turn round
se réveiller to wake up
se sauver to run away
se souvenir de to remember
se taire to be quiet
se tromper to be mistaken
se trouver to be (situated)

Examples

1	Je m'appelle	I'm called (*literally*: I call myself)
	Asseyez-vous	Sit down (*literally*: Seat yourself)
	Ils se lavent	They wash (themselves)
2	Elle se lave les mains	She's washing her hands (*literally*: She's washing to herself the hands)
	Je me brosse les dents	I brush my teeth
	Nous nous envoyons des cadeaux à Noël	We send presents to each other at Christmas
3	'Je me suis endormi' s'est-il excusé	'I fell asleep', he apologized
	Pauline s'est dirigée vers la sortie	Pauline made her way towards the exit
	Ils se sont levés vers dix heures	They got up around ten o'clock
	Elles se sont excusées de leur erreur	They apologized for their mistake
	Est-ce que tu t'es blessée, Cécile?	Have you hurt yourself, Cécile?
4	Elle s'est lavé les cheveux	She (has) washed her hair
	Nous nous sommes serré la main	We shook hands
	Christine s'est cassé la jambe	Christine has broken her leg

Reflexive Verbs *continued*

Conjugation of: **se laver** to wash (oneself)

1 SIMPLE TENSES

PRESENT

je me lave	nous nous lavons
tu te laves	vous vous lavez
il/elle se lave	ils/elles se lavent

IMPERFECT

je me lavais	nous nous lavions
tu te lavais	vous vous laviez
il/elle se lavait	ils/elles se lavaient

FUTURE

je me laverai	nous nous laverons
tu te laveras	vous vous laverez
il/elle se lavera	ils/elles se laveront

CONDITIONAL

je me laverais	nous nous laverions
tu te laverais	vous vous laveriez
il/elle se laverait	ils/elles se laveraient

PAST HISTORIC

je me lavai	nous nous lavâmes
tu te lavas	vous vous lavâtes
il/elle se lava	ils/elles se lavèrent

PRESENT SUBJUNCTIVE

je me lave	nous nous lavions
tu te laves	vous vous laviez
il/elle se lave	ils/elles se lavent

IMPERFECT SUBJUNCTIVE

je me lavasse	nous nous lavassions
tu te lavasses	vous vous lavassiez
il/elle se lavât	ils/elles se lavassent

Reflexive Verbs *continued*

Conjugation of: **se laver** to wash (oneself)

2 COMPOUND TENSES

PERFECT

je me suis lavé(e)	nous nous sommes lavé(e)s
tu t'es lavé(e)	vous vous êtes lavé(e)(s)
il/elle s'est lavé(e)	ils/elles se sont lavé(e)s

PLUPERFECT

je m'étais lavé(e)	nous nous étions lavé(e)s
tu t'étais lavé(e)	vous vous étiez lavé(e)(s)
il/elle s'était lavé(e)	ils/elles s'étaient lavé(e)s

FUTURE PERFECT

je me serai lavé(e)	nous nous serons lavé(e)s
tu te seras lavé(e)	vous vous serez lavé(e)(s)
il/elle se sera lavé(e)	ils/elles se seront lavé(e)s

CONDITIONAL PERFECT

je me serais lavé(e)	nous nous serions lavé(e)s
tu te serais lavé(e)	vous vous seriez lavé(e)(s)
il/elle se serait lavé(e)	ils/elles se seraient lavé(e)s

PAST ANTERIOR

je me fus lavé(e)	nous nous fûmes lavé(e)s
tu te fus lavé(e)	vous vous fûtes lavé(e)(s)
il/elle se fut lavé(e)	ils/elles se furent lavé(e)s

PERFECT SUBJUNCTIVE

je me sois lavé(e)	nous nous soyons lavé(e)s
tu te sois lavé(e)	vous vous soyez lavé(e)(s)
il/elle se soit lavé(e)	ils/elles se soient lavé(e)s

PLUPERFECT SUBJUNCTIVE

je me fusse lavé(e)	nous nous fussions lavé(e)s
tu te fusses lavé(e)	vous vous fussiez lavé(e)(s)
il/elle se fût lavé(e)	ils/elles se fussent lavé(e)s

The Passive

In the passive, the subject *receives* the action (e.g. I was hit) as opposed to *performing* it (e.g. I hit him). In English the verb 'to be' is used with the past participle. In French the passive is formed in exactly the same way, i.e.:

a tense of **être** + *past participle*.

The past participle agrees in number and gender with the subject → 1

A sample verb is conjugated in the passive voice on pages 38 and 39.

The indirect object in French cannot become the subject in the passive:

in quelqu'un m'a donné un livre the indirect object **m'** cannot become the subject of a passive verb (unlike English: someone gave me a book → I was given a book).

The passive meaning is often expressed in French by:

- **on** plus a verb in the active voice → 2
- a reflexive verb (see page 30) → 3

Examples

1	Philippe a été récompensé	Philippe has been rewarded
	Son travail est très admiré	His work is greatly admired
	Ils le feront pourvu qu'ils soient payés	They'll do it provided they're paid
	Les enfants seront punis	The children will be punished
	Cette mesure aurait été critiquée si ...	This measure would have been criticized if ...
	Les portes avaient été fermées	The doors had been closed
2	On leur a envoyé une lettre	They were sent a letter
	On nous a montré le jardin	We were shown the garden
	On m'a dit que ...	I was told that ...
3	Ils se vendent 3 euros (la) pièce	They are sold for 3 euros each
	Ce mot ne s'emploie plus	This word is no longer used

The Passive *continued*

Conjugation of: **être aimé** to be liked

PRESENT

je suis aimé(e)	nous sommes aimé(e)s
tu es aimé(e)	vous êtes aimé(e)(s)
il/elle est aimé(e)	ils/elles sont aimé(e)s

IMPERFECT

j'étais aimé(e)	nous étions aimé(e)s
tu étais aimé(e)	vous étiez aimé(e)(s)
il/elle était aimé(e)	ils/elles étaient aimé(e)s

FUTURE

je serai aimé(e)	nous serons aimé(e)s
tu seras aimé(e)	vous serez aimé(e)(s)
il/elle sera aimé(e)	ils/elles seront aimé(e)s

CONDITIONAL

je serais aimé(e)	nous serions aimé(e)s
tu serais aimé(e)	vous seriez aimé(e)(s)
il/elle serait aimé(e)	ils/elles seraient aimé(e)s

PAST HISTORIC

je fus aimé(e)	nous fûmes aimé(e)s
tu fus aimé(e)	vous fûtes aimé(e)(s)
il/elle fut aimé(e)	ils/elles furent aimé(e)s

PRESENT SUBJUNCTIVE

je sois aimé(e)	nous soyons aimé(e)s
tu sois aimé(e)	vous soyez aimé(e)(s)
il/elle soit aimé(e)	ils/elles soient aimé(e)s

IMPERFECT SUBJUNCTIVE

je fusse aimé(e)	nous fussions aimé(e)s
tu fusses aimé(e)	vous fussiez aimé(e)(s)
il/elle fût aimé(e)	ils/elles fussent aimé(e)s

The Passive *continued*

Conjugation of: **être aimé** to be liked

PERFECT

j'ai été aimé(e)	nous avons été aimé(e)s
tu as été aimé(e)	vous avez été aimé(e)(s)
il/elle a été aimé(e)	ils/elles ont été aimé(e)s

PLUPERFECT

j'avais été aimé(e)	nous avions été aimé(e)s
tu avais été aimé(e)	vous aviez été aimé(e)(s)
il/elle avait été aimé(e)	ils/elles avaient été aimé(e)s

FUTURE PERFECT

j'aurai été aimé(e)	nous aurons été aimé(e)s
tu auras été aimé(e)	vous aurez été aimé(e)(s)
il/elle aura été aimé(e)	ils/elles auront été aimé(e)s

CONDITIONAL PERFECT

j'aurais été aimé(e)	nous aurions été aimé(e)s
tu aurais été aimé(e)	vous auriez été aimé(e)(s)
il/elle aurait été aimé(e)	ils/elles auraient été aimé(e)s

PAST ANTERIOR

j'eus été aimé(e)	nous eûmes été aimé(e)s
tu eus été aimé(e)	vous eûtes été aimé(e)(s)
il/elle eut été aimé(e)	ils/elles eurent été aimé(e)s

PERFECT SUBJUNCTIVE

j'aie été aimé(e)	nous ayons été aimé(e)s
tu aies été aimé(e)	vous ayez été aimé(e)(s)
il/elle ait été aimé(e)	ils/elles aient été aimé(e)s

PLUPERFECT SUBJUNCTIVE

j'eusse été aimé(e)	nous eussions été aimé(e)s
tu eusses été aimé(e)	vous eussiez été aimé(e)(s)
il/elle eût été aimé(e)	ils/elles eussent été aimé(e)s

Impersonal Verbs

Impersonal verbs are used only in the infinitive and in the third person singular with the subject pronoun **il**, generally translated as 'it'.

e.g. il pleut it's raining
il est facile de dire que ... it's easy to say that ...

The most common impersonal verbs are:

INFINITIVE	CONSTRUCTIONS
s'agir	il s'agit de + *noun* → ❶ it's a question/matter of something, it's about something il s'agit de + *infinitive* → ❷ it's a question/matter of doing; somebody must do
falloir	il faut + *noun object* (+ *indirect object*) → ❸ (somebody) needs something, something is necessary (to somebody) il faut + *infinitive* (+ *indirect object*) → ❹ it is necessary to do il faut que + *subjunctive* → ❺ it is necessary to do, somebody must do
grêler **neiger** **pleuvoir** **tonner**	il grêle it's hailing il neige it's snowing → ❻ il pleut it's raining il tonne it's thundering
valoir mieux	il vaut mieux + *infinitive* → ❼ it's better to do il vaut mieux que + *subjunctive* → ❽ it's better to do/that somebody does

Examples

1 Il ne s'agit pas d'argent	It isn't a question/matter of money
De quoi s'agit-il?	What is it about?
Il s'agit de la vie d'une famille au début du siècle	It's about the life of a family at the turn of the century
2 Il s'agit de faire vite	We must act quickly
3 Il faut du courage pour faire ça	One needs courage to do that
Il me faut une chaise de plus	I need an extra chair
4 Il faut partir	It is necessary to leave We/I/You must leave*
Il me fallait prendre une décision	I had to make a decision
5 Il faut que vous partiez	You must leave
Il faudrait que je fasse mes valises	I ought to pack my cases
6 Il pleuvait à verse	It was pouring with rain
7 Il vaut mieux refuser	It's better to refuse You/He/I had better refuse*
Il vaudrait mieux rester	You/We/She had better stay*
8 Il vaudrait mieux que nous ne venions pas	It would be better if we didn't come We'd better not come

* The translation here obviously depends on context

Impersonal Verbs

The following verbs are also commonly used in impersonal constructions:

INFINITIVE	CONSTRUCTIONS
avoir	**il y a** + *noun* → 1 there is/are
être	**il est** + *noun* → 2 it is, there are (*very literary style*) **il est** + *adjective* + **de** + *infinitive* → 3 it is
faire	**il fait** + *adjective of weather* → 4 it is **il fait** + *noun depicting weather/dark/light etc* → 5 it is
manquer	**il manque** + *noun* (+ *indirect object*) → 6 there is/are ... missing, something is missing
paraître	**il paraît que** + *subjunctive* → 7 it seems/appears that **il paraît** + *indirect object* + **que** + *indicative* → 8 it seems/appears to somebody that
rester	**il reste** + *noun* (+ *indirect object*) → 9 there is/are ... left, (somebody) has something left
sembler	**il semble que** + *subjunctive* → 10 it seems/appears that **il semble** + *indirect object* + **que** + *indicative* → 11 it seems/appears to somebody that
suffire	**il suffit de** + *infinitive* → 12 it is enough to do **il suffit de** + *noun* → 13 something is enough, it only takes something

Examples

1	Il y a du pain (qui reste) Il n'y avait pas de lettres ce matin	There is some bread (left) There were no letters this morning
2	Il est dix heures Il est des gens qui ...	It's ten o'clock There are (some) people who ...
3	Il était inutile de protester Il est facile de critiquer	It was useless to protest Criticizing is easy
4	Il fait beau/mauvais	It's lovely/horrible weather
5	Il faisait du soleil/du vent Il fait jour/nuit	It was sunny/windy It's light/dark
6	Il manque deux tasses Il manquait un bouton à sa chemise	There are two cups missing Two cups are missing His shirt had a button missing
7	Il paraît qu'ils partent demain	It appears they are leaving tomorrow
8	Il nous paraît certain qu'il aura du succès	It seems certain to us that he'll be successful
9	Il reste deux miches de pain Il lui restait cinquante euros	There are two loaves left He/She had fifty euros left
10	Il semble que vous ayez raison	It seems that you are right
11	Il me semblait qu'il conduisait trop vite	It seemed to me (that) he was driving too fast
12	Il suffit de téléphoner pour réserver une place	It is enough to reserve a seat by phone
13	Il suffit d'une seule erreur pour tout gâcher	One single error is enough to ruin everything

The Infinitive

The infinitive is the form of the verb found in dictionary entries meaning 'to ... ', e.g. **donner** to give; **vivre** to live.

There are three main types of verbal construction involving the infinitive:

- with no linking preposition → 1
- with the linking preposition **à** (see also page 64) → 2
- with the linking preposition **de** (see also page 64) → 3

Verbs followed by an infinitive with no linking preposition

devoir, **pouvoir**, **savoir**, **vouloir** and **falloir** (i.e. modal auxiliary verbs: page 52 → 1).

valoir mieux: see Impersonal Verbs, page 40.

verbs of seeing or hearing e.g. **voir** to see; **entendre** to hear → 4

intransitive verbs of motion e.g. **aller** to go; **descendre** to come/go down → 5

envoyer to send → 6

faillir → 7

faire → 8

laisser to let, allow → 9

The following common verbs:

adorer to love
aimer to like, love → 10
aimer mieux to prefer → 11
compter to expect
désirer to wish, want → 12
détester to hate → 13
espérer to hope → 14
oser to dare → 15
préférer to prefer
sembler to seem → 16
souhaiter to wish

Examples

1 Voulez-vous attendre?	Would you like to wait?
2 J'apprends à nager	I'm learning to swim
3 Essayez de venir	Try to come
4 Il nous a vus arriver On les entend chanter	He saw us arriving You can hear them singing
5 Allez voir Nicolas Descends leur demander	Go and see Nicholas Go down and ask them
6 Je l'ai envoyé les voir	I sent him to see them
7 J'ai failli tomber	I almost fell
8 Ne me faites pas rire! J'ai fait réparer ma voiture	Don't make me laugh! I've had my car repaired
9 Laissez-moi passer	Let me pass
10 Il aime nous accompagner	He likes to come with us
11 J'aimerais mieux le choisir moi-même	I'd rather choose it myself
12 Elle ne désire pas venir	She doesn't wish to come
13 Je déteste me lever le matin	I hate getting up in the morning
14 Espérez-vous aller en vacances?	Are you hoping to go on holiday?
15 Nous n'avons pas osé y retourner	We haven't dared go back
16 Vous semblez être inquiet	You seem to be worried

The Infinitive: Set Expressions

The following are set in French with the meaning shown:

aller chercher to go for, to go and get → 1
envoyer chercher to send for → 2
entendre dire que to hear it said that → 3
entendre parler de to hear of/about → 4
faire entrer to show in → 5
faire sortir to let out → 6
faire venir to send for → 7
laisser tomber to drop → 8
vouloir dire to mean → 9

The Perfect Infinitive

The perfect infinitive is formed using the auxiliary verb **avoir** or **être** as appropriate with the past participle of the verb → 10

The perfect infinitive is found:

- following the preposition **après** after → 11
- following certain verbal constructions → 12

Examples

1	Va chercher tes photos Il est allé chercher Alexandre	Go and get your photos He's gone to get Alexander
2	J'ai envoyé chercher un médecin	I've sent for a doctor
3	J'ai entendu dire qu'il est malade	I've heard it said that he's ill
4	Je n'ai plus entendu parler de lui	I didn't hear anything more (said) of him
5	Fais entrer nos invités	Show our guests in
6	J'ai fait sortir le chat	I've let the cat out
7	Je vous ai fait venir parce que ...	I sent for you because ...
8	Il a laissé tomber le vase	He dropped the vase
9	Qu'est-ce que cela veut dire?	What does that mean?
10	avoir fini être allé s'être levé	to have finished to have gone to have got up
11	Après avoir pris cette décision, il nous a appelé Après être sorties, elles se sont dirigées vers le parking Après nous être levé(e)s, nous avons lu les journaux	After making/having made that decision, he called us After leaving/having left, they headed for the car park After getting up/having got up, we read the papers
12	pardonner à qn d'avoir fait remercier qn d'avoir fait regretter d'avoir fait	to forgive sb for doing/having done to thank sb for doing/having done to be sorry for doing/having done

The Present Participle

Formation

First conjugation:
Replace the **-er** of the infinitive by **-ant** → ❶

- Verbs ending in **-cer**: **c** changes to **ç** → ❷
- Verbs ending in **-ger**: **g** changes to **ge** → ❸

Second conjugation:
Replace the **-ir** of the infinitive by **-issant** → ❹

Third conjugation:
Replace the **-re** of the infinitive by **-ant** → ❺

For irregular present participles, see irregular verbs, page 74 onwards.

Uses

The present participle has a more restricted use in French than in English.

Used as a verbal form, the present participle is invariable. It is found:

- on its own, where it corresponds to the English present participle → ❻
- following the preposition **en** → ❼
- ⓘ Note, in particular, the construction:
  verb + **en** + *present participle*
  which is often translated by an English phrasal verb, i.e. one followed by a preposition like 'to run down', 'to bring up' → ❽

Used as an adjective, the present participle agrees in number and gender with the noun or pronoun → ❾

ⓘ Note, in particular, the use of **ayant** and **étant** – the present participles of the auxiliary verbs **avoir** and **être** – with a past participle → ❿

Examples

1. donner **to give** → donnant **giving**

2. lancer **to throw** → lançant **throwing**

3. manger **to eat** → mangeant **eating**

4. finir **to finish** → finissant **finishing**

5. vendre **to sell** → vendant **selling**

6 David, habitant près de Paris, a la possibilité de ...	David, living near Paris, has the opportunity of ...
Elle, pensant que je serais fâché, a dit ...	She, thinking that I would be angry, said ...
Ils m'ont suivi, criant à tue-tête	They followed me, shouting at the top of their voices
7 En attendant sa sœur, Richard s'est endormi	While waiting for his sister, Richard fell asleep
Téléphone-nous en arrivant chez toi	Phone us when you get home
En appuyant sur ce bouton, on peut ...	By pressing this button, you can ...
Il s'est blessé en essayant de sauver un chat	He hurt himself trying to rescue a cat
8 sortir en courant	to run out (*literally*: to go out running)
avancer en boîtant	to limp along (*literally*: to go forward limping)
9 le soleil couchant	the setting sun
une lumière éblouissante	a dazzling light
ils sont dégoûtants	they are disgusting
elles étaient étonnantes	they were surprising
10 Ayant mangé plus tôt, il a pu ...	Having eaten earlier, he was able to ...
Étant arrivée en retard, elle a dû ...	Having arrived late, she had to ...

Past Participle Agreement

Like adjectives, a past participle must sometimes agree in number and gender with a noun or pronoun. For the rules of agreement, see below. Example: **donné**

	MASCULINE	FEMININE
SING.	donné	donné**e**
PLUR.	donné**s**	donné**es**

When the masculine singular form already ends in **-s**, no further **s** is added in the masculine plural, e.g. **pris** taken.

Rules of Agreement in Compound Tenses

When the auxiliary verb is **avoir**:

The past participle remains in the masculine singular form, unless a direct object precedes the verb. The past participle then agrees in number and gender with the preceding direct object → 1

When the auxiliary verb is **être**:

The past participle of a non-reflexive verb agrees in number and gender with the subject → 2
The past participle of a reflexive verb agrees in number and gender with the reflexive pronoun, if the pronoun is a direct object → 3
No agreement is made if the reflexive pronoun is an indirect object → 4

The Past Participle as an adjective

The past participle agrees in number and gender with the noun or pronoun → 5

Examples

1 Voici le livre que vous avez demandé	Here's the book you asked for
Laquelle avaient-elles choisie?	Which one had they chosen?
Ces amis? Je les ai rencontrés à Édimbourg	Those friends? I met them in Edinburgh
Il a gardé toutes les lettres qu'elle a écrites	He has kept all the letters she wrote
2 Est-ce que ton frère est allé à l'étranger?	Did your brother go abroad?
Elle était restée chez elle	She had stayed at home
Ils sont partis dans la matinée	They left in the morning
Mes cousines sont revenues hier	My cousins came back yesterday
3 Tu t'es rappelé d'acheter du pain, Georges?	Did you remember to buy bread, Georges?
Martine s'est demandée pourquoi il l'appelait	Martine wondered why he was calling her
'Lui at moi nous nous sommes cachés' a-t-elle dit	'He and I hid,' she said
Les vendeuses se sont mises en grève	The shop assistants have gone on strike
Vous vous êtes brouillés?	Have you fallen out with each other?
Les enfants s'étaient entraidés	The children had helped one another
4 Elle s'est lavé les mains	She washed her hands
Ils se sont parlé pendant des heures	They talked to each other for hours
5 à un moment donné	at a given time
la porte ouverte	the open door
ils sont bien connus	they are well-known
elles semblent fatiguées	they seem tired

Modal Auxiliary Verbs

In French, the modal auxiliary verbs are: **devoir**, **pouvoir**, **savoir**, **vouloir** and **falloir**.

They are followed by a verb in the infinitive and have the following meanings:

devoir to have to, must → 1
to be due to → 2
in the conditional/conditional perfect:
should/should have, ought/ought to have → 3

pouvoir to be able to, can → 4
to be allowed to, can, may → 5
indicating possibility: may/might/could → 6

savoir to know how to, can → 7

vouloir to want/wish to → 8
to be willing to, will → 9
in polite phrases → 10

falloir to be necessary: see Impersonal Verbs, page 40.

Examples

1 Je dois leur rendre visite	I must visit them
Elle a dû partir	She (has) had to leave
Il a dû regretter d'avoir parlé	He must have been sorry he spoke
2 Vous devez revenir demain	You're due (to come) back tomorrow
Je devais attraper le train de neuf heures mais ...	I was (supposed) to catch the nine o'clock train but ...
3 Je devrais le faire	I ought to do it
J'aurais dû m'excuser	I ought to have apologized
4 Il ne peut pas lever le bras	He can't raise his arm
Pouvez-vous réparer cette montre?	Can you mend this watch?
5 Puis-je les accompagner?	May I go with them?
6 Il peut encore changer d'avis	He may change his mind yet
Cela pourrait être vrai	It could/might be true
7 Savez-vous conduire?	Can you drive?
Je ne sais pas faire une omelette	I don't know how to make an omelette
8 Elle veut rester encore un jour	She wants to stay another day
9 Ils ne voulaient pas le faire	They wouldn't do it They weren't willing to do it
Ma voiture ne veut pas démarrer	My car won't start
10 Voulez-vous boire quelque chose?	Would you like something to drink?

Use of Tenses

The Present

Unlike English, French does not distinguish between the simple present (e.g. I smoke, he reads, we live) and the continuous present (e.g. I am smoking, he is reading, we are living) → ❶

To emphasize continuity, the following constructions may be used:
être en train de faire, **être à faire** to be doing → ❷

French uses the present tense where English uses the perfect in the following cases:

- with certain prepositions of time – notably **depuis** for/since – when an action begun in the past is continued in the present → ❸
  Note, however, that the perfect is used as in English when the verb is negative or the action has been completed → ❹
- in the construction **venir de faire** to have just done → ❺

The Future

The future is generally used as in English, but note the following:

Immediate future time is often expressed by means of the present tense of **aller** plus an infinitive → ❻

In time clauses expressing future action, French uses the future where English uses the present → ❼

The Future Perfect

Used as in English to mean 'shall/will have done' → ❽

In time clauses expressing future action, where English uses the perfect tense → ❾

Examples

1	Je fume	I smoke *or* I am smoking
	Il lit	He reads *or* He is reading
	Nous habitons	We live *or* We are living
2	Il est en train de travailler	He's (busy) working
3	Paul apprend à nager depuis six mois	Paul's been learning to swim for six months (and still is)
	Je suis debout depuis sept heures	I've been up since seven
	Il y a longtemps que vous attendez?	Have you been waiting long?
	Voilà deux semaines que nous sommes ici	That's two weeks we've been here (now)
4	Ils ne se sont pas vus depuis des mois	They haven't seen each other for months
	Elle est revenue il y a un an	She came back a year ago
5	Elisabeth vient de partir	Elizabeth has just left
6	Tu vas tomber si tu ne fais pas attention	You'll fall if you're not careful
	Il va manquer le train	He's going to miss the train
	Ça va prendre une demi-heure	It'll take half an hour
7	Quand il viendra vous serez en vacances	When he comes you'll be on holiday
	Faites-nous savoir aussitôt qu'elle arrivera	Let us know as soon as she arrives
8	J'aurai fini dans une heure	I shall have finished in an hour
9	Quand tu auras lu ce roman, rends-le-moi	When you've read the novel, give it back to me
	Je partirai dès que j'aurai fini	I'll leave as soon as I've finished

Use of Tenses *continued*

The Imperfect

The imperfect describes:

- an action (or state) in the past without definite limits in time → 1
- habitual action(s) in the past (often translated by means of 'would' or 'used to') → 2

French uses the imperfect tense where English uses the pluperfect in the following cases:

- with certain prepositions of time – notably **depuis** for/since – when an action begun in the remoter past was continued in the more recent past → 3

  Note, however, that the pluperfect is used as in English, when the verb is negative or the action has been completed → 4
  - in the construction **venir de faire** to have just done → 5

The Perfect

The perfect is used to recount a completed action or event in the past. Note that this corresponds to a perfect tense or a simple past tense in English → 6

The Past Historic

Only ever used in *written, literary* French, the past historic recounts a completed action in the past, corresponding to a simple past tense in English → 7

The Past Anterior

This tense is used instead of the pluperfect when a verb in another part of the sentence is in the past historic. That is:

- in time clauses, after conjunctions like: **quand, lorsque** when; **dès que, aussitôt que** as soon as; **après que** after → 8
- after **à peine** hardly, scarcely → 9

The Subjunctive

In spoken French, the present subjunctive generally replaces the imperfect subjunctive. See also page 58 onwards.

Examples

	French	English
1	Elle regardait par la fenêtre	She was looking out of the window
	Il pleuvait quand je suis sorti de chez moi	It was raining when I left the house
	Nos chambres donnaient sur la plage	Our rooms overlooked the beach
2	Quand il était étudiant, il se levait à l'aube	When he was a student he got up at dawn
	Nous causions des heures entières	We would talk for hours on end
	Elle te taquinait, n'est-ce pas?	She used to tease you, didn't she?
3	Nous habitions à Londres depuis deux ans	We had been living in London for two years (and still were)
	Il était malade depuis 2004	He had been ill since 2004
	Il y avait assez longtemps qu'il le faisait	He had been doing it for quite a long time
4	Voilà un an que je ne l'avais pas vu	I hadn't seen him for a year
	Il y avait une heure qu'elle était arrivée	She had arrived one hour before
5	Je venais de les rencontrer	I had just met them
6	Nous sommes allés au bord de la mer	We went/have been to the seaside
	Il a refusé de nous aider	He (has) refused to help us
	La voiture ne s'est pas arrêtée	The car didn't stop/hasn't stopped
7	Le roi mourut en 1592	The king died in 1592
8	Quand il eut fini, il se leva	When he had finished, he got up
9	À peine eut-il fini de parler qu'on frappa à la porte	He had scarcely finished speaking when there was a knock at the door

The Subjunctive: when to use it

For how to form the subjunctive see page 6 onwards.

The subjunctive is used :

After certain conjunctions:

quoique **bien que**	although → 1
pour que **afin que**	so that → 2
pourvu que	provided that → 3
jusqu'à ce que	until → 4
avant que (... ne)	before → 5
à moins que (... ne)	unless → 6
de peur que (... ne) **de crainte que (... ne)**	for fear that, lest → 7

ⓘ Note that the **ne** following the conjunctions in examples 5 to 7 has no translation value. It is often omitted in spoken informal French.

After the conjunctions:

de sorte que **de façon que** **de manière que**	so that (*indicating a purpose*) → 8

When these conjunctions introduce a result and not a purpose, the subjunctive is not used → 9

After impersonal constructions which express necessity, possibility etc:

il faut que **il est nécessaire que**	it is necessary that → 10
il est possible que	it is possible that → 11
il semble que	it seems that, it appears that → 12
il vaut mieux que	it is better that → 13
il est dommage que	it's a pity that, it's a shame that → 14

Examples

1 Bien qu'il fasse beaucoup d'efforts, il est peu récompensé	Although he makes a lot of effort, he isn't rewarded for it
2 Demandez un reçu afin que vous puissiez être remboursé	Ask for a receipt so that you can get a refund
3 Nous partirons ensemble pourvu que Sylvie soit d'accord	We'll leave together provided Sylvie agrees
4 Reste ici jusqu'à ce que nous revenions	Stay here until we come back
5 Je le ferai avant que tu ne partes	I'll do it before you leave
6 Ce doit être Paul, à moins que je ne me trompe	That must be Paul, unless I'm mistaken
7 Parlez bas de peur qu'on ne vous entende	Speak softly for fear that someone hears you
8 Retournez-vous de sorte que je vous voie	Turn round so that I can see you
9 Il refuse de le faire de sorte que je dois le faire moi-même	He refuses to do it so that I have to do it myself
10 Il faut que je vous parle immédiatement	I must speak to you right away It is necessary that I speak to you right away
11 Il est possible qu'ils aient raison	They may be right It's possible that they are right
12 Il semble qu'elle ne soit pas venue	It appears that she hasn't come
13 Il vaut mieux que vous restiez chez vous	It's better that you stay at home
14 Il est dommage qu'elle ait perdu cette adresse	It's a shame/a pity that she's lost the address

The Subjunctive: when to use it *continued*

After verbs of:

- wishing

vouloir que **désirer que** **souhaiter que**	to wish that, want → ❶

- fearing

craindre que **avoir peur que**	to be afraid that → ❷

ⓘ Note that **ne** in the first phrase of example ❷ has no translation value. It is often omitted in spoken informal French.

- ordering, forbidding, allowing

ordonner que	to order that → ❸
défendre que	to forbid that → ❹
permettre que	to allow that → ❺

- opinion, expressing uncertainty

croire que **penser que**	to think that → ❻
douter que	to doubt that → ❼

- emotion (e.g. regret, shame, pleasure)

regretter que	to be sorry that → ❽
être content/surpris *etc* **que**	to be pleased/surprised *etc* that → ❾

After a superlative → ❿

After certain adjectives expressing some sort of 'uniqueness' → ⓫

dernier ... qui/que	last ... who/that
premier ... qui/que	first ... who/that
meilleur ... qui/que	best ... who/that
seul ... qui/que **unique ... qui/que**	only ... who/that

Examples

	French	English
1	Nous voulons qu'elle soit contente Désirez-vous que je le fasse?	We want her to be happy (*literally*: We want that she is happy) Do you want me to do it?
2	Il craint qu'il ne soit trop tard Avez-vous peur qu'il ne revienne pas?	He's afraid it may be too late Are you afraid that he won't come back?
3	Il a ordonné qu'ils soient désormais à l'heure	He has ordered that they be on time from now on
4	Elle défend que vous disiez cela	She forbids you to say that
5	Permettez que nous vous aidions	Allow us to help you
6	Je ne pense pas qu'ils soient venus	I don't think they came
7	Nous doutons qu'il ait dit la vérité	We doubt that he told the truth
8	Je regrette que vous ne puissiez pas venir	I'm sorry that you cannot come
9	Je suis content que vous les aimiez	I'm pleased that you like them
10	la personne la plus sympathique que je connaisse l'article le moins cher que j'aie jamais acheté	the nicest person I know the cheapest item I have ever bought
11	Voici la dernière lettre qu'elle m'ait écrite David est la seule personne qui puisse me conseiller	This is the last letter she wrote to me David is the only person who can advise me

The Subjunctive: when to use it *continued*

After:

si (…) que however → 1
qui que whoever → 2
quoi que whatever → 3

After **que** in the following:

- to form the 3rd person imperative or to express a wish → 4
- when **que** has the meaning 'if', replacing **si** in a clause → 5
- when **que** has the meaning 'whether' → 6

In relative clauses following certain types of indefinite and negative construction → 7/8

In set expressions → 9

Examples

1	si courageux qu'il soit si peu que ce soit	however brave he may be however little it is
2	Qui que vous soyez, allez-vous-en!	Whoever you are, go away!
3	Quoi que nous fassions, ...	Whatever we do, ...
4	Qu'il entre! Que cela vous serve de leçon!	Let him come in! Let that be a lesson to you!
5	S'il fait beau et que tu te sentes mieux, nous irons ...	If it's nice and you're feeling better, we'll go ...
6	Que tu viennes ou non, je ...	Whether you come or not, I ...
7	Il cherche une maison qui ait une piscine	He's looking for a house which has a swimming pool (*subjunctive used since such a house may or may not exist*)
	J'ai besoin d'un livre qui décrive l'art du mime	I need a book which describes the art of mime (*subjunctive used since such a book may or may not exist*)
8	Je n'ai rencontré personne qui la connaisse Il n'y a rien qui puisse vous empêcher de ...	I haven't met anyone who knows her There's nothing that can prevent you from ...
9	Vive le roi! Que Dieu vous bénisse!	Long live the king! God bless you!

Verbs governing à and de

The following lists (pages 64 to 72) contain common verbal constructions using the prepositions **à** and **de**

Note the following abbreviations:

infin.	*infinitive*
perf. infin.	*perfect infinitive**
qch	quelque chose
qn	quelqu'un
sb	somebody
sth	something

accuser qn de qch/de + *perf. infin.*	to accuse sb of sth/of doing, having done → ❶
accoutumer qn à qch/à + *infin.*	to accustom sb to sth/to doing
acheter qch à qn	to buy sth from sb/for sb → ❷
achever de + *infin.*	to end up doing
aider qn à + *infin.*	to help sb to do → ❸
s'amuser à + *infin.*	to have fun doing
s'apercevoir de qch	to notice sth → ❹
apprendre qch à qn	to teach sb sth
apprendre à + *infin.*	to learn to do → ❺
apprendre à qn à + *infin.*	to teach sb to do → ❻
s'approcher de qn/qch	to approach sb/sth → ❼
arracher qch à qn	to snatch sth from sb → ❽
(s')arrêter de + *infin.*	to stop doing → ❾
arriver à + *infin.*	to manage to do → ❿
assister à qch	to attend sth, be at sth
s'attendre à + *infin.*	to expect to do → ⓫
blâmer qn de qch/de + *perf. infin.*	to blame sb for sth/for having done → ⓬
cacher qch à qn	to hide sth from sb → ⓭
cesser de + *infin.*	to stop doing → ⓮

* For formation see page 46

Examples

1 Il m'a accusé d'avoir menti	He accused me of lying
2 Marie-Christine leur a acheté deux billets	Marie-Christine bought two tickets from/for them
3 Aidez-moi à porter ces valises	Help me to carry these cases
4 Il ne s'est pas aperçu de son erreur	He didn't notice his mistake
5 Elle apprend à lire	She's learning to read
6 Je lui apprends à nager	I'm teaching him/her to swim
7 Elle s'est approchée de moi, en disant ...	She approached me, saying ...
8 Le voleur lui a arraché l'argent	The thief snatched the money from him/her
9 Arrêtez de faire du bruit!	Stop making so much noise!
10 Le professeur n'arrive pas à se faire obéir de sa classe	The teacher couldn't manage to control the class
11 Est-ce qu'elle s'attendait à le voir?	Was she expecting to see him?
12 Je ne la blâme pas de l'avoir fait	I don't blame her for doing it
13 Cache-les-leur!	Hide them from them!
14 Est-ce qu'il a cessé de pleuvoir?	Has it stopped raining?

Verbs governing à and de *continued*

changer de qch	to change sth → 1
se charger de qch/de + *infin.*	to see to sth/undertake to do
chercher à + *infin.*	to try to do
commander à qn de + *infin.*	to order sb to do → 2
commencer à/de + *infin.*	to begin to do, to start to do → 3
conseiller à qn de + *infin.*	to advise sb to do → 4
consentir à qch/à + *infin.*	to agree to sth/to do → 5
continuer à/de + *infin.*	to continue to do
craindre de + *infin.*	to be afraid to do/of doing
décider de + *infin.*	to decide to → 6
se décider à + *infin.*	to make up one's mind to do
défendre à qn de + *infin.*	to forbid sb to do → 7
demander qch à qn	to ask sb sth/for sth → 8
demander à qn de + *infin.*	to ask sb to do → 9
se dépêcher de + *infin.*	to hurry to do
dépendre de qn/qch	to depend on sb/sth
déplaire à qn	to displease sb → 10
désobéir à qn	to disobey sb → 11
dire à qn de + *infin.*	to tell sb to do → 12
dissuader qn de + *infin.*	to dissuade sb from doing
douter de qch	to doubt sth
se douter de qch	to suspect sth
s'efforcer de + *infin.*	to strive to do
empêcher qn de + *infin.*	to prevent sb from doing → 13
emprunter qch à qn	to borrow sth from sb → 14
encourager qn à + *infin.*	to encourage sb to do → 15
enlever qch à qn	to take sth away from sb
enseigner qch à qn	to teach sb sth
enseigner à qn à + *infin.*	to teach sb to do
entreprendre de + *infin.*	to undertake to do
essayer de + *infin.*	to try to do → 16
eviter de + *infin.*	to avoid doing → 17

Examples

1 J'ai changé d'avis/de robe Il faut changer de train à Toulouse	I changed my mind/my dress You have to change trains at Toulouse
2 Il leur a commandé de tirer	He ordered them to shoot
3 Il commence à neiger	It's starting to snow
4 Il leur a conseillé d'attendre	He advised them to wait
5 Je n'ai pas consenti à l'aider	I haven't agreed to help him/her
6 Qu'est-ce que vous avez décidé de faire?	What have you decided to do?
7 Je leur ai défendu de sortir	I've forbidden them to go out
8 Je lui ai demandé l'heure Il lui a demandé un livre	I asked him/her the time He asked him/her for a book
9 Demande à Alain de le faire	Ask Alan to do it
10 Leur attitude lui déplaît	He/She doesn't like their attitude
11 Ils lui désobéissent souvent	They often disobey him/her
12 Dites-leur de se taire	Tell them to be quiet
13 Le bruit m'empêche de travailler	The noise is preventing me from working
14 Puis-je vous emprunter ce stylo?	May I borrow this pen from you?
15 Elle encourage ses enfants à être indépendants	She encourages her children to be independent
16 Essayez d'arriver à l'heure	Try to arrive on time
17 Il évite de lui parler	He avoids speaking to him/her

Verbs governing à and de *continued*

s'excuser de qch/de + *(perf.) infin.*	to apologize for sth/for doing, having done → ❶
exceller à + *infin.*	to excel at doing
se fâcher de qch	to be annoyed at sth
feindre de + *infin.*	to pretend to do → ❷
féliciter qn de qch/de + *(perf.) infin.*	to congratulate sb on sth/on doing, having done → ❸
se fier à qn	to trust sb → ❹
finir de + *infin.*	to finish doing → ❺
forcer qn à + *infin.*	to force sb to do
habituer qn à + *infin.*	to accustom sb to doing
s'habituer à + *infin.*	to get/be used to doing → ❻
se hâter de + *infin.*	to hurry to do
hésiter à + *infin.*	to hesitate to do
interdire à qn de + *infin.*	to forbid sb to do → ❼
s'intéresser à qn/qch/à + *infin.*	to be interested in sb/sth/in doing → ❽
inviter qn à + *infin.*	to invite sb to do → ❾
jouer à (+ *sports, games*)	to play → ❿
jouer de (+ *musical instruments*)	to play → ⓫
jouir de qch	to enjoy sth → ⓬
jurer de + *infin.*	to swear to do
louer qn de qch	to praise sb for sth
manquer à qn	to be missed by sb → ⓭
manquer de qch	to lack sth
manquer de + *infin.*	to fail to do → ⓮
se marier à qn	to marry sb
se méfier de qn	to distrust sb
menacer de + *infin.*	to threaten to do → ⓯
mériter de + *infin.*	to deserve to do → ⓰
se mettre à + *infin.*	to begin to do
se moquer de qn/qch	to make fun of sb/sth
négliger de + *infin.*	to fail to do

Examples

1 Je m'excuse d'être (arrivé) en retard	I apologize for being/arriving late
2 Elle feint de dormir	She's pretending to be asleep
3 Je l'ai félicitée d'avoir gagné	I congratulated her on winning
4 Je ne me fie pas à ces gens-là	I don't trust those people
5 Avez-vous fini de lire ce journal?	Have you finished reading this newspaper?
6 Il s'est habitué à boire moins de café	He got used to drinking less coffee
7 Il a interdit aux enfants de jouer avec des allumettes	He's forbidden the children to play with matches
8 Elle s'intéresse beaucoup au sport	She's very interested in sport
9 Il m'a invitée à dîner	He invited me for dinner
10 Elle joue au tennis et au hockey	She plays tennis and hockey
11 Il joue du piano et de la guitare	He plays the piano and the guitar
12 Il jouit d'une santé solide	He enjoys good health
13 Tu manques à tes parents	Your parents miss you
14 Je ne manquerai pas de le lui dire	I'll be sure to tell him/her about it
15 Elle a menacé de démissionner tout de suite	She threatened to resign straight away
16 Ils méritent d'être promus	They deserve to be promoted

Verbs governing à and de *continued*

nuire à qch	to harm sth, to do damage to sth → 1
obéir à qn	to obey sb
obliger qn à + *infin.*	to oblige/force sb to do → 2
s'occuper de qch/qn	to look after sth/sb → 3
offrir de + *infin.*	to offer to do → 4
omettre de + *infin.*	to fail to do
ordonner à qn de + *infin.*	to order sb to do → 5
ôter qch à qn	to take sth away from sb
oublier de + *infin.*	to forget to do
pardonner qch à qn	to forgive sb for sth
pardonner à qn de + *perf. infin.*	to forgive sb for having done → 6
parvenir à + *infin.*	to manage to do
se passer de qch	to do/go without sth → 7
penser à qn/qch	to think about sb/sth → 8
permettre qch à qn	to allow sb sth
permettre à qn de + *infin.*	to allow sb to do → 9
persister à + *infin.*	to persist in doing
persuader qn de + *infin.*	to persuade sb to do → 10
se plaindre de qch	to complain about sth
plaire à qn	to please sb → 11
pousser qn à + *infin.*	to urge sb to do
prendre qch à qn	to take sth from sb → 12
préparer qn à + *infin.*	to prepare sb to do
se préparer à + *infin.*	to get ready to do
prier qn de + *infin.*	to beg sb to do
profiter de qch/de + *infin.*	to take advantage of sth/of doing
promettre à qn de + *infin.*	to promise sb to do → 13
proposer de + *infin.*	to suggest doing → 14
punir qn de qch	to punish sb for sth → 15
récompenser qn de qch	to reward sb for sth
réfléchir à qch	to think about sth
refuser de + *infin.*	to refuse to do → 16

Examples

1	Ce mode de vie va nuire à sa santé	This lifestyle will damage her health
2	Il les a obligés à faire la vaisselle	He forced them to do the washing-up
3	Je m'occupe de ma nièce	I'm looking after my niece
4	Stuart a offert de nous accompagner	Stuart has offered to go with us
5	Les soldats leur ont ordonné de se rendre	The soldiers ordered them to give themselves up
6	Est-ce que tu as pardonné à Charles de t'avoir menti?	Have you forgiven Charles for lying to you?
7	Je me suis passé d'électricité pendant plusieurs jours	I did without electricity for several days
8	Je pense souvent à toi	I often think about you
9	Permettez-moi de continuer, s'il vous plaît	Allow me to go on, please
10	Elle nous a persuadés de rester	She persuaded us to stay
11	Ce genre de film lui plaît	He/she likes this kind of film
12	Je lui ai pris son mobile	I took his mobile phone from him
13	Ils ont promis à Pascale de venir	They promised Pascale that they would come
14	J'ai proposé de les inviter	I suggested inviting them
15	Il a été puni de sa malhonnêteté	He has been punished for his dishonesty
16	Il a refusé de coopérer	He has refused to cooperate

Verbs governing à and de *continued*

regretter de + *perf. infin.*	to regret doing, having done → 1
remercier qn de qch/de + *perf. infin.*	to thank sb for sth/for doing, having done → 2
renoncer à qch/à + *infin.*	to give sth up/give up doing
reprocher qch à qn	to reproach sb with/for sth → 3
résister à qch	to resist sth → 4
résoudre de + *infin.*	to resolve to do
ressembler à qn/qch	to look/be like sb/sth → 5
réussir à + *infin.*	to manage to do → 6
rire de qn/qch	to laugh at sb/sth
risquer de + *infin.*	to risk doing → 7
servir à qch/à + *infin.*	to be used for sth/for doing → 8
se servir de qch	to use sth; to help oneself to sth → 9
songer à + *infin.*	to think of doing
se souvenir de qn/qch/de + *perf. infin.*	to remember sb/sth/doing, having done → 10
succéder à qn	to succeed sb
survivre à qn	to outlive sb → 11
tâcher de + *infin.*	to try to do → 12
tarder à + *infin.*	to delay doing → 13
tendre à + *infin.*	to tend to do
tenir à + *infin.*	to be keen to do → 14
tenter de + *infin.*	to try to do → 15
se tromper de qch	to be wrong about sth → 16
venir de* + *infin.*	to have just done → 17
vivre de qch	to live on sth
voler qch à qn	to steal sth from sb

* See also Use of Tenses, pages 54 and 56

Examples

1	Je regrette de ne pas l'avoir vue plus souvent quand elle était ici	I regret not having seen her more while she was here
2	Nous les avons remerciés de leur gentillesse	We thanked them for their kindness
3	On lui reproche son manque d'enthousiasme	They're reproaching him for his lack of enthusiasm
4	Comment résistez-vous à la tentation?	How do you resist temptation?
5	Elles ressemblent beaucoup à leur mère	They look very like their mother
6	Vous avez réussi à me convaincre	You've managed to convince me
7	Vous risquez de tomber en faisant cela	You risk falling doing that
8	Ce bouton sert à régler le volume	This knob is (used) for adjusting the volume
9	Il s'est servi d'un tournevis pour l'ouvrir	He used a screwdriver to open it
10	Vous vous souvenez de Lucienne? Il ne se souvient pas de l'avoir perdu	Do you remember Lucienne? He doesn't remember losing it
11	Elle a survécu à son mari	She outlived her husband
12	Tâchez de ne pas être en retard!	Try not to be late!
13	Il n'a pas tardé à prendre une décision	He was not long in taking a decision
14	Elle tient à le faire elle-même	She's keen to do it herself
15	J'ai tenté de la comprendre	I've tried to understand her
16	Je me suis trompé de route	I took the wrong road
17	Mon père vient de téléphoner Nous venions d'arriver	My father's just phoned We had just arrived

Irregular Verbs

The verbs listed opposite and conjugated on pages 76 to 131 provide the main patterns for irregular verbs. The verbs are grouped opposite according to their infinitive ending (except **avoir** and **être**), and are shown in the following tables in alphabetical order.

In the tables, the most important irregular verbs are given in their most common simple tenses, together with the imperative and the present participle.

The auxiliary (**avoir** or **être**) is also shown for each verb, together with the past participle, to enable you to form all the compound tenses, as on pages 24 and 26.

For a fuller list of irregular verbs, the reader is referred to Collins Easy Learning French Verbs, which shows you how to conjugate some 2000 French verbs.

	avoir		
	être		
'-er':	aller	'-re':	battre
	envoyer		boire
			connaître
'-ir':	acquérir		coudre
	bouillir		craindre
	courir		croire
	cueillir		croître
	dormir		cuire
	fuir		dire
	haïr		écrire
	mourir		faire
	ouvrir		lire
	partir		mettre
	sentir		moudre
	servir		naître
	sortir		paraître
	tenir		plaire
	venir		prendre
	vêtir		résoudre
			rire
'-oir':	s'asseoir		rompre
	devoir		suffire
	falloir		suivre
	pleuvoir		se taire
	pouvoir		vaincre
	recevoir		vivre
	savoir		
	valoir		
	voir		
	vouloir		

acquérir (to acquire)

	PRESENT		IMPERFECT
	j'acquiers		j'acquérais
tu	acquiers	tu	acquérais
il	acquiert	il	acquérait
nous	acquérons	nous	acquérions
vous	acquérez	vous	acquériez
ils	acquièrent	ils	acquéraient

	FUTURE		CONDITIONAL
	j'acquerrai		j'acquerrais
tu	acquerras	tu	acquerrais
il	acquerra	il	acquerrait
nous	acquerrons	nous	acquerrions
vous	acquerrez	vous	acquerriez
ils	acquerront	ils	acquerraient

	PRESENT SUBJUNCTIVE		PAST HISTORIC
	j'acquière		j'acquis
tu	acquières	tu	acquis
il	acquière	il	acquit
nous	acquérions	nous	acquîmes
vous	acquériez	vous	acquîtes
ils	acquièrent	ils	acquirent

PAST PARTICIPLE
acquis

IMPERATIVE
acquiers
acquérons
acquérez

PRESENT PARTICIPLE
acquérant

AUXILIARY
avoir

aller (to go)

	PRESENT		IMPERFECT
je	**vais**		j'allais
tu	**vas**	tu	allais
il	**va**	il	allait
nous	allons	nous	allions
vous	allez	vous	alliez
ils	**vont**	ils	allaient

	FUTURE		CONDITIONAL
	j'**irai**		j'**irais**
tu	**iras**	tu	**irais**
il	**ira**	il	**irait**
nous	**irons**	nous	**irions**
vous	**irez**	vous	**iriez**
ils	**iront**	ils	**iraient**

	PRESENT SUBJUNCTIVE		PAST HISTORIC
	j'**aille**		j'allai
tu	**ailles**	tu	allas
il	**aille**	il	alla
nous	allions	nous	allâmes
vous	alliez	vous	allâtes
ils	**aillent**	ils	allèrent

PAST PARTICIPLE
allé

IMPERATIVE
va
allons
allez

PRESENT PARTICIPLE
allant

AUXILIARY
être

s'asseoir (to sit down)

	PRESENT		IMPERFECT
je	**m'assieds** *or* **assois**	je	**m'asseyais**
tu	**t'assieds** *or* **assois**	tu	**t'asseyais**
il	**s'assied** *or* **assoit**	il	**s'asseyait**
nous	**nous asseyons** *or* **assoyons**	nous	**nous asseyions**
vous	**vous asseyez** *or* **assoyez**	vous	**vous asseyiez**
ils	**s'asseyent** *or* **assoient**	ils	**s'asseyaient**

	FUTURE		CONDITIONAL
je	**m'assiérai**	je	**m'assiérais**
tu	**t'assiéras**	tu	**t'assiérais**
il	**s'assiéra**	il	**s'assiérait**
nous	**nous assiérons**	nous	**nous assiérions**
vous	**vous assiérez**	vous	**vous assiériez**
ils	**s'assiéront**	ils	**s'assiéraient**

	PRESENT SUBJUNCTIVE		PAST HISTORIC
je	**m'asseye**	je	**m'assis**
tu	**t'asseyes**	tu	**t'assis**
il	**s'asseye**	il	**s'assit**
nous	**nous asseyions**	nous	**nous assîmes**
vous	**vous asseyiez**	vous	**vous assîtes**
ils	**s'asseyent**	ils	**s'assirent**

PAST PARTICIPLE
assis

IMPERATIVE
assieds-toi
asseyons-nous
asseyez-vous

PRESENT PARTICIPLE
s'asseyant

AUXILIARY
être

avoir (to have)

	PRESENT		IMPERFECT
	j'ai		**j'avais**
tu	**as**	tu	**avais**
il	**a**	il	**avait**
nous	**avons**	nous	**avions**
vous	**avez**	vous	**aviez**
ils	**ont**	ils	**avaient**

	FUTURE		CONDITIONAL
	j'aurai		**j'aurais**
tu	**auras**	tu	**aurais**
il	**aura**	il	**aurait**
nous	**aurons**	nous	**aurions**
vous	**aurez**	vous	**auriez**
ils	**auront**	ils	**auraient**

	PRESENT SUBJUNCTIVE		PAST HISTORIC
	j'aie		**j'eus**
tu	**aies**	tu	**eus**
il	**ait**	il	**eut**
nous	**ayons**	nous	**eûmes**
vous	**ayez**	vous	**eûtes**
ils	**aient**	ils	**eurent**

PAST PARTICIPLE
eu

IMPERATIVE
aie
ayons
ayez

PRESENT PARTICIPLE
ayant

AUXILIARY
avoir

battre (to beat)

	PRESENT		IMPERFECT
je	**bats**	je	battais
tu	**bats**	tu	battais
il	**bat**	il	battait
nous	battons	nous	battions
vous	battez	vous	battiez
ils	battent	ils	battaient

	FUTURE		CONDITIONAL
je	battrai	je	battrais
tu	battras	tu	battrais
il	battra	il	battrait
nous	battrons	nous	battrions
vous	battrez	vous	battriez
ils	battront	ils	battraient

	PRESENT SUBJUNCTIVE		PAST HISTORIC
je	batte	je	battis
tu	battes	tu	battis
il	batte	il	battit
nous	battions	nous	battîmes
vous	battiez	vous	battîtes
ils	battent	ils	battirent

PAST PARTICIPLE
battu

IMPERATIVE
bats
battons
battez

PRESENT PARTICIPLE
battant

AUXILIARY
avoir

boire (to drink)

PRESENT

je	bois
tu	bois
il	boit
nous	**buvons**
vous	**buvez**
ils	**boivent**

IMPERFECT

je	**buvais**
tu	**buvais**
il	**buvait**
nous	**buvions**
vous	**buviez**
ils	**buvaient**

FUTURE

je	boirai
tu	boiras
il	boira
nous	boirons
vous	boirez
ils	boiront

CONDITIONAL

je	boirais
tu	boirais
il	boirait
nous	boirions
vous	boiriez
ils	boiraient

PRESENT SUBJUNCTIVE

je	**boive**
tu	**boives**
il	**boive**
nous	**buvions**
vous	**buviez**
ils	**boivent**

PAST HISTORIC

je	**bus**
tu	**bus**
il	**but**
nous	**bûmes**
vous	**bûtes**
ils	**burent**

PAST PARTICIPLE

bu

IMPERATIVE

bois
buvons
buvez

PRESENT PARTICIPLE

buvant

AUXILIARY

avoir

bouillir (to boil)

	PRESENT		IMPERFECT
je	**bous**	je	**bouillais**
tu	**bous**	tu	**bouillais**
il	**bout**	il	**bouillait**
nous	**bouillons**	nous	**bouillions**
vous	**bouillez**	vous	**bouilliez**
ils	**bouillent**	ils	**bouillaient**

	FUTURE		CONDITIONAL
je	bouillirai	je	bouillirais
tu	bouilliras	tu	bouillirais
il	bouillira	il	bouillirait
nous	bouillirons	nous	bouillirions
vous	bouillirez	vous	bouilliriez
ils	bouilliront	ils	bouilliraient

	PRESENT SUBJUNCTIVE		PAST HISTORIC
je	**bouille**	je	bouillis
tu	**bouilles**	tu	bouillis
il	**bouille**	il	bouillit
nous	**bouillions**	nous	bouillîmes
vous	**bouilliez**	vous	bouillîtes
ils	**bouillent**	ils	bouillirent

PAST PARTICIPLE
bouilli

IMPERATIVE
bous
bouillons
bouillez

PRESENT PARTICIPLE
bouillant

AUXILIARY
avoir

connaître (to know)

	PRESENT		IMPERFECT
je	**connais**	je	**connaissais**
tu	**connais**	tu	**connaissais**
il	connaît	il	**connaissait**
nous	**connaissons**	nous	**connaissions**
vous	**connaissez**	vous	**connaissiez**
ils	**connaissent**	ils	**connaissaient**

	FUTURE		CONDITIONAL
je	connaîtrai	je	connaîtrais
tu	connaîtras	tu	connaîtrais
il	connaîtra	il	connaîtrait
nous	connaîtrons	nous	connaîtrions
vous	connaîtrez	vous	connaîtriez
ils	connaîtront	ils	connaîtraient

	PRESENT SUBJUNCTIVE		PAST HISTORIC
je	**connaisse**	je	**connus**
tu	**connaisses**	tu	**connus**
il	**connaisse**	il	**connut**
nous	**connaissions**	nous	**connûmes**
vous	**connaissiez**	vous	**connûtes**
ils	**connaissent**	ils	**connurent**

PAST PARTICIPLE
connu

IMPERATIVE
connais
connaissons
connaissez

PRESENT PARTICIPLE
connaissant

AUXILIARY
avoir

coudre (to sew)

	PRESENT		IMPERFECT
je	couds	je	**cousais**
tu	couds	tu	**cousais**
il	coud	il	**cousait**
nous	**cousons**	nous	**cousions**
vous	**cousez**	vous	**cousiez**
ils	**cousent**	ils	**cousaient**

	FUTURE		CONDITIONAL
je	coudrai	je	coudrais
tu	coudras	tu	coudrais
il	coudra	il	coudrait
nous	coudrons	nous	coudrions
vous	coudrez	vous	coudriez
ils	coudront	ils	coudraient

	PRESENT SUBJUNCTIVE		PAST HISTORIC
je	**couse**	je	**cousis**
tu	**couses**	tu	**cousis**
il	**couse**	il	**cousit**
nous	**cousions**	nous	**cousîmes**
vous	**cousiez**	vous	**cousîtes**
ils	**cousent**	ils	**cousirent**

PAST PARTICIPLE
cousu

IMPERATIVE
couds
cousons
cousez

PRESENT PARTICIPLE
cousant

AUXILIARY
avoir

courir (to run)

	PRESENT		IMPERFECT
je	**cours**	je	**courais**
tu	**cours**	tu	**courais**
il	**court**	il	**courait**
nous	**courons**	nous	**courions**
vous	**courez**	vous	**couriez**
ils	**courent**	ils	**couraient**

	FUTURE		CONDITIONAL
je	**courrai**	je	**courrais**
tu	**courras**	tu	**courrais**
il	**courra**	il	**courrait**
nous	**courrons**	nous	**courrions**
vous	**courrez**	vous	**courriez**
ils	**courront**	ils	**courraient**

	PRESENT SUBJUNCTIVE		PAST HISTORIC
je	**coure**	je	**courus**
tu	**coures**	tu	**courus**
il	**coure**	il	**courut**
nous	**courions**	nous	**courûmes**
vous	**couriez**	vous	**courûtes**
ils	**courent**	ils	**coururent**

PAST PARTICIPLE
couru

IMPERATIVE
cours
courons
courez

PRESENT PARTICIPLE
courant

AUXILIARY
avoir

craindre (to fear)

	PRESENT		IMPERFECT
je	**crains**	je	**craignais**
tu	**crains**	tu	**craignais**
il	**craint**	il	**craignait**
nous	**craignons**	nous	**craignions**
vous	**craignez**	vous	**craigniez**
ils	**craignent**	ils	**craignaient**

	FUTURE		CONDITIONAL
je	craindrai	je	craindrais
tu	craindras	tu	craindrais
il	craindra	il	craindrait
nous	craindrons	nous	craindrions
vous	craindrez	vous	craindriez
ils	craindront	ils	craindraient

	PRESENT SUBJUNCTIVE		PAST HISTORIC
je	**craigne**	je	**craignis**
tu	**craignes**	tu	**craignis**
il	**craigne**	il	**craignit**
nous	**craignions**	nous	**craignîmes**
vous	**craigniez**	vous	**craignîtes**
ils	**craignent**	ils	**craignirent**

PAST PARTICIPLE
craint

IMPERATIVE
crains
craignons
craignez

PRESENT PARTICIPLE
craignant

AUXILIARY
avoir

Note that verbs ending in **-eindre** and **-oindre** are conjugated similarly

croire (to believe)

	PRESENT		IMPERFECT
je	crois	je	**croyais**
tu	crois	tu	**croyais**
il	**croit**	il	**croyait**
nous	**croyons**	nous	**croyions**
vous	**croyez**	vous	**croyiez**
ils	croient	ils	**croyaient**

	FUTURE		CONDITIONAL
je	croirai	je	croirais
tu	croiras	tu	croirais
il	croira	il	croirait
nous	croirons	nous	croirions
vous	croirez	vous	croiriez
ils	croiront	ils	croiraient

	PRESENT SUBJUNCTIVE		PAST HISTORIC
je	croie	je	**crus**
tu	croies	tu	**crus**
il	croie	il	**crut**
nous	**croyions**	nous	**crûmes**
vous	**croyiez**	vous	**crûtes**
ils	croient	ils	**crurent**

PAST PARTICIPLE	IMPERATIVE
cru	crois
	croyons
	croyez

PRESENT PARTICIPLE	AUXILIARY
croyant	**avoir**

croître (to grow)

	PRESENT		IMPERFECT
je	croîs	je	**croissais**
tu	croîs	tu	**croissais**
il	croît	il	**croissait**
nous	**croissons**	nous	**croissions**
vous	**croissez**	vous	**croissiez**
ils	**croissent**	ils	**croissaient**

	FUTURE		CONDITIONAL
je	croîtrai	je	croîtrais
tu	croîtras	tu	croîtrais
il	croîtra	il	croîtrait
nous	croîtrons	nous	croîtrions
vous	croîtrez	vous	croîtriez
ils	croîtront	ils	croîtraient

	PRESENT SUBJUNCTIVE		PAST HISTORIC
je	**croisse**	je	**crûs**
tu	**croisses**	tu	**crûs**
il	**croisse**	il	**crût**
nous	**croissions**	nous	**crûmes**
vous	**croissiez**	vous	**crûtes**
ils	**croissent**	ils	**crûrent**

PAST PARTICIPLE
crû

IMPERATIVE
croîs
croissons
croissez

PRESENT PARTICIPLE
croissant

AUXILIARY
avoir

cueillir (to pick)

	PRESENT		IMPERFECT
je	**cueille**	je	**cueillais**
tu	**cueilles**	tu	**cueillais**
il	**cueille**	il	**cueillait**
nous	**cueillons**	nous	**cueillions**
vous	**cueillez**	vous	**cueilliez**
ils	**cueillent**	ils	**cueillaient**

	FUTURE		CONDITIONAL
je	**cueillerai**	je	**cueillerais**
tu	**cueilleras**	tu	**cueillerais**
il	**cueillera**	il	**cueillerait**
nous	**cueillerons**	nous	**cueillerions**
vous	**cueillerez**	vous	**cueilleriez**
ils	**cueilleront**	ils	**cueilleraient**

	PRESENT SUBJUNCTIVE		PAST HISTORIC
je	**cueille**	je	cueillis
tu	**cueilles**	tu	cueillis
il	**cueille**	il	cueillit
nous	**cueillions**	nous	cueillîmes
vous	**cueilliez**	vous	cueillîtes
ils	**cueillent**	ils	cueillirent

PAST PARTICIPLE
cueilli

IMPERATIVE
cueille
cueillons
cueillez

PRESENT PARTICIPLE
cueillant

AUXILIARY
avoir

cuire (to cook)

	PRESENT		IMPERFECT
je	cuis	je	**cuisais**
tu	cuis	tu	**cuisais**
il	**cuit**	il	**cuisait**
nous	**cuisons**	nous	**cuisions**
vous	**cuisez**	vous	**cuisiez**
ils	**cuisent**	ils	**cuisaient**

	FUTURE		CONDITIONAL
je	cuirai	je	cuirais
tu	cuiras	tu	cuirais
il	cuira	il	cuirait
nous	cuirons	nous	cuirions
vous	cuirez	vous	cuiriez
ils	cuiront	ils	cuiraient

	PRESENT SUBJUNCTIVE		PAST HISTORIC
je	**cuise**	je	**cuisis**
tu	**cuises**	tu	**cuisis**
il	**cuise**	il	**cuisit**
nous	**cuisions**	nous	**cuisîmes**
vous	**cuisiez**	vous	**cuisîtes**
ils	**cuisent**	ils	**cuisirent**

PAST PARTICIPLE
cuit

IMPERATIVE
cuis
cuisons
cuisez

PRESENT PARTICIPLE
cuisant

AUXILIARY
avoir

Note that **nuire** (to harm) is conjugated similarly, but past participle is **nui**

devoir (to have to, to owe)

	PRESENT		IMPERFECT
je	**dois**	je	**devais**
tu	**dois**	tu	**devais**
il	**doit**	il	**devait**
nous	**devons**	nous	**devions**
vous	**devez**	vous	**deviez**
ils	**doivent**	ils	**devaient**

	FUTURE		CONDITIONAL
je	**devrai**	je	**devrais**
tu	**devras**	tu	**devrais**
il	**devra**	il	**devrait**
nous	**devrons**	nous	**devrions**
vous	**devrez**	vous	**devriez**
ils	**devront**	ils	**devraient**

	PRESENT SUBJUNCTIVE		PAST HISTORIC
je	**doive**	je	**dus**
tu	**doives**	tu	**dus**
il	**doive**	il	**dut**
nous	**devions**	nous	**dûmes**
vous	**deviez**	vous	**dûtes**
ils	**doivent**	ils	**durent**

PAST PARTICIPLE
dû

IMPERATIVE
dois
devons
devez

PRESENT PARTICIPLE
devant

AUXILIARY
avoir

dire (to say, to tell)

	PRESENT		IMPERFECT
je	dis	je	**disais**
tu	dis	tu	**disais**
il	**dit**	il	**disait**
nous	**disons**	nous	**disions**
vous	**dites**	vous	**disiez**
ils	**disent**	ils	**disaient**

	FUTURE		CONDITIONAL
je	dirai	je	dirais
tu	diras	tu	dirais
il	dira	il	dirait
nous	dirons	nous	dirions
vous	direz	vous	diriez
ils	diront	ils	diraient

	PRESENT SUBJUNCTIVE		PAST HISTORIC
je	**dise**	je	**dis**
tu	**dises**	tu	**dis**
il	**dise**	il	**dit**
nous	**disions**	nous	**dîmes**
vous	**disiez**	vous	**dîtes**
ils	**disent**	ils	**dirent**

PAST PARTICIPLE
dit

IMPERATIVE
dis
disons
dites

PRESENT PARTICIPLE
disant

AUXILIARY
avoir

Note that **interdire** (to forbid) is conjugated similarly, but the second person plural of the present tense is **vous interdisez**

dormir (to sleep)

	PRESENT
je	**dors**
tu	**dors**
il	**dort**
nous	**dormons**
vous	**dormez**
ils	**dorment**

	IMPERFECT
je	**dormais**
tu	**dormais**
il	**dormait**
nous	**dormions**
vous	**dormiez**
ils	**dormaient**

	FUTURE
je	dormirai
tu	dormiras
il	dormira
nous	dormirons
vous	dormirez
ils	dormiront

	CONDITIONAL
je	dormirais
tu	dormirais
il	dormirait
nous	dormirions
vous	dormiriez
ils	dormiraient

	PRESENT SUBJUNCTIVE
je	**dorme**
tu	**dormes**
il	**dorme**
nous	**dormions**
vous	**dormiez**
ils	**dorment**

	PAST HISTORIC
je	dormis
tu	dormis
il	dormit
nous	dormîmes
vous	dormîtes
ils	dormirent

PAST PARTICIPLE
dormi

IMPERATIVE
dors
dormons
dormez

PRESENT PARTICIPLE
dormant

AUXILIARY
avoir

écrire (to write)

	PRESENT		IMPERFECT
	j'écris		j'**écrivais**
tu	écris	tu	**écrivais**
il	écrit	il	**écrivait**
nous	**écrivons**	nous	**écrivions**
vous	**écrivez**	vous	**écriviez**
ils	**écrivent**	ils	**écrivaient**

	FUTURE		CONDITIONAL
	j'écrirai		j'écrirais
tu	écriras	tu	écrirais
il	écrira	il	écrirait
nous	écrirons	nous	écririons
vous	écrirez	vous	écririez
ils	écriront	ils	écriraient

	PRESENT SUBJUNCTIVE		PAST HISTORIC
	j'**écrive**		j'**écrivis**
tu	**écrives**	tu	**écrivis**
il	**écrive**	il	**écrivit**
nous	**écrivions**	nous	**écrivîmes**
vous	**écriviez**	vous	**écrivîtes**
ils	**écrivent**	ils	**écrivirent**

PAST PARTICIPLE
écrit

IMPERATIVE
écris
écrivons
écrivez

PRESENT PARTICIPLE
écrivant

AUXILIARY
avoir

envoyer (to send)

	PRESENT		IMPERFECT
	j'envoie		j'envoyais
tu	envoies	tu	envoyais
il	envoie	il	envoyait
nous	envoyons	nous	envoyions
vous	envoyez	vous	envoyiez
ils	envoient	ils	envoyaient

	FUTURE		CONDITIONAL
	j'**enverrai**		j'**enverrais**
tu	**enverras**	tu	**enverrais**
il	**enverra**	il	**enverrait**
nous	**enverrons**	nous	**enverrions**
vous	**enverrez**	vous	**enverriez**
ils	**enverront**	ils	**enverraient**

	PRESENT SUBJUNCTIVE		PAST HISTORIC
	j'envoie		j'envoyai
tu	envoies	tu	envoyas
il	envoie	il	envoya
nous	envoyions	nous	envoyâmes
vous	envoyiez	vous	envoyâtes
ils	envoient	ils	envoyèrent

PAST PARTICIPLE
envoyé

IMPERATIVE
envoie
envoyons
envoyez

PRESENT PARTICIPLE
envoyant

AUXILIARY
avoir

être (to be)

	PRESENT		IMPERFECT
je	**suis**		**j'étais**
tu	**es**	tu	**étais**
il	**est**	il	**était**
nous	**sommes**	nous	**étions**
vous	**êtes**	vous	**étiez**
ils	**sont**	ils	**étaient**

	FUTURE		CONDITIONAL
je	**serai**	je	**serais**
tu	**seras**	tu	**serais**
il	**sera**	il	**serait**
nous	**serons**	nous	**serions**
vous	**serez**	vous	**seriez**
ils	**seront**	ils	**seraient**

	PRESENT SUBJUNCTIVE		PAST HISTORIC
je	**sois**	je	**fus**
tu	**sois**	tu	**fus**
il	**soit**	il	**fut**
nous	**soyons**	nous	**fûmes**
vous	**soyez**	vous	**fûtes**
ils	**soient**	ils	**furent**

PAST PARTICIPLE
été

IMPERATIVE
sois
soyons
soyez

PRESENT PARTICIPLE
étant

AUXILIARY
avoir

faire (to do, to make)

	PRESENT
je	fais
tu	fais
il	**fait**
nous	**faisons**
vous	**faites**
ils	**font**

	IMPERFECT
je	**faisais**
tu	**faisais**
il	**faisait**
nous	**faisions**
vous	**faisiez**
ils	**faisaient**

	FUTURE
je	**ferai**
tu	**feras**
il	**fera**
nous	**ferons**
vous	**ferez**
ils	**feront**

	CONDITIONAL
je	**ferais**
tu	**ferais**
il	**ferait**
nous	**ferions**
vous	**feriez**
ils	**feraient**

	PRESENT SUBJUNCTIVE
je	**fasse**
tu	**fasses**
il	**fasse**
nous	**fassions**
vous	**fassiez**
ils	**fassent**

	PAST HISTORIC
je	**fis**
tu	**fis**
il	**fit**
nous	**fîmes**
vous	**fîtes**
ils	**firent**

PAST PARTICIPLE
fait

IMPERATIVE
fais
faisons
faites

PRESENT PARTICIPLE
faisant

AUXILIARY
avoir

falloir (to be necessary)

PRESENT	IMPERFECT
il **faut**	il **fallait**

FUTURE	CONDITIONAL
il **faudra**	il **faudrait**

PRESENT SUBJUNCTIVE	PAST HISTORIC
il **faille**	il **fallut**

PAST PARTICIPLE	IMPERATIVE
fallu	*not used*

PRESENT PARTICIPLE	AUXILIARY
not used	**avoir**

fuir (to flee)

PRESENT

je	fuis
tu	fuis
il	fuit
nous	**fuyons**
vous	**fuyez**
ils	**fuient**

IMPERFECT

je	**fuyais**
tu	**fuyais**
il	**fuyait**
nous	**fuyions**
vous	**fuyiez**
ils	**fuyaient**

FUTURE

je	fuirai
tu	fuiras
il	fuira
nous	fuirons
vous	fuirez
ils	fuiront

CONDITIONAL

je	fuirais
tu	fuirais
il	fuirait
nous	fuirions
vous	fuiriez
ils	fuiraient

PRESENT SUBJUNCTIVE

je	**fuie**
tu	**fuies**
il	**fuie**
nous	**fuyions**
vous	**fuyiez**
ils	**fuient**

PAST HISTORIC

je	fuis
tu	fuis
il	fuit
nous	fuîmes
vous	fuîtes
ils	fuirent

PAST PARTICIPLE

fui

IMPERATIVE

fuis
fuyons
fuyez

PRESENT PARTICIPLE

fuyant

AUXILIARY

avoir

haïr (to hate)

	PRESENT		IMPERFECT
je	hais	je	**haïssais**
tu	hais	tu	**haïssais**
il	hait	il	**haïssait**
nous	**haïssons**	nous	**haïssions**
vous	**haïssez**	vous	**haïssiez**
ils	**haïssent**	ils	**haïssaient**

	FUTURE		CONDITIONAL
je	haïrai	je	haïrais
tu	haïras	tu	haïrais
il	haïra	il	haïrait
nous	haïrons	nous	haïrions
vous	haïrez	vous	haïriez
ils	haïront	ils	haïraient

	PRESENT SUBJUNCTIVE		PAST HISTORIC
je	**haïsse**	je	**haïs**
tu	**haïsses**	tu	**haïs**
il	**haïsse**	il	**haït**
nous	**haïssions**	nous	**haïmes**
vous	**haïssiez**	vous	**haïtes**
ils	**haïssent**	ils	**haïrent**

PAST PARTICIPLE
haï

IMPERATIVE
hais
haïssons
haïssez

PRESENT PARTICIPLE
haïssant

AUXILIARY
avoir

ire (to read)

PRESENT

je	lis
tu	lis
il	**lit**
nous	**lisons**
vous	**lisez**
ils	**lisent**

IMPERFECT

je	**lisais**
tu	**lisais**
il	**lisait**
nous	**lisions**
vous	**lisiez**
ils	**lisaient**

FUTURE

je	lirai
tu	liras
il	lira
nous	lirons
vous	lirez
ils	liront

CONDITIONAL

je	lirais
tu	lirais
il	lirait
nous	lirions
vous	liriez
ils	liraient

PRESENT SUBJUNCTIVE

je	**lise**
tu	**lises**
il	**lise**
nous	**lisions**
vous	**lisiez**
ils	**lisent**

PAST HISTORIC

je	**lus**
tu	**lus**
il	**lut**
nous	**lûmes**
vous	**lûtes**
ils	**lurent**

PAST PARTICIPLE

lu

IMPERATIVE

lis
lisons
lisez

PRESENT PARTICIPLE

lisant

AUXILIARY

avoir

mettre (to put)

	PRESENT		IMPERFECT
je	**mets**	je	mettais
tu	**mets**	tu	mettais
il	**met**	il	mettait
nous	mettons	nous	mettions
vous	mettez	vous	mettiez
ils	mettent	ils	mettaient

	FUTURE		CONDITIONAL
je	mettrai	je	mettrais
tu	mettras	tu	mettrais
il	mettra	il	mettrait
nous	mettrons	nous	mettrions
vous	mettrez	vous	mettriez
ils	mettront	ils	mettraient

	PRESENT SUBJUNCTIVE		PAST HISTORIC
je	mette	je	**mis**
tu	mettes	tu	**mis**
il	mette	il	**mit**
nous	mettions	nous	**mîmes**
vous	mettiez	vous	**mîtes**
ils	mettent	ils	**mirent**

PAST PARTICIPLE
mis

IMPERATIVE
mets
mettons
mettez

PRESENT PARTICIPLE
mettant

AUXILIARY
avoir

moudre (to grind)

	PRESENT		IMPERFECT
je	mouds	je	**moulais**
tu	mouds	tu	**moulais**
il	moud	il	**moulait**
nous	**moulons**	nous	**moulions**
vous	**moulez**	vous	**mouliez**
ils	**moulent**	ils	**moulaient**

	FUTURE		CONDITIONAL
je	moudrai	je	moudrais
tu	moudras	tu	moudrais
il	moudra	il	moudrait
nous	moudrons	nous	moudrions
vous	moudrez	vous	moudriez
ils	moudront	ils	moudraient

	PRESENT SUBJUNCTIVE		PAST HISTORIC
je	**moule**	je	**moulus**
tu	**moules**	tu	**moulus**
il	**moule**	il	**moulut**
nous	**moulions**	nous	**moulûmes**
vous	**mouliez**	vous	**moulûtes**
ils	**moulent**	ils	**moulurent**

PAST PARTICIPLE
moulu

IMPERATIVE
mouds
moulons
moulez

PRESENT PARTICIPLE
moulant

AUXILIARY
avoir

mourir (to die)

	PRESENT		IMPERFECT
je	**meurs**	je	**mourais**
tu	**meurs**	tu	**mourais**
il	**meurt**	il	**mourait**
nous	**mourons**	nous	**mourions**
vous	**mourez**	vous	**mouriez**
ils	**meurent**	ils	**mouraient**

	FUTURE		CONDITIONAL
je	**mourrai**	je	**mourrais**
tu	**mourras**	tu	**mourrais**
il	**mourra**	il	**mourrait**
nous	**mourrons**	nous	**mourrions**
vous	**mourrez**	vous	**mourriez**
ils	**mourront**	ils	**mourraient**

	PRESENT SUBJUNCTIVE		PAST HISTORIC
je	**meure**	je	**mourus**
tu	**meures**	tu	**mourus**
il	**meure**	il	**mourut**
nous	**mourions**	nous	**mourûmes**
vous	**mouriez**	vous	**mourûtes**
ils	**meurent**	ils	**moururent**

PAST PARTICIPLE
mort

IMPERATIVE
meurs
mourons
mourez

PRESENT PARTICIPLE
mourant

AUXILIARY
être

naître (to be born)

	PRESENT		IMPERFECT
je	**nais**	je	**naissais**
tu	**nais**	tu	**naissais**
il	naît	il	**naissait**
nous	**naissons**	nous	**naissions**
vous	**naissez**	vous	**naissiez**
ils	**naissent**	ils	**naissaient**

	FUTURE		CONDITIONAL
je	naîtrai	je	naîtrais
tu	naîtras	tu	naîtrais
il	naîtra	il	naîtrait
nous	naîtrons	nous	naîtrions
vous	naîtrez	vous	naîtriez
ils	naîtront	ils	naîtraient

	PRESENT SUBJUNCTIVE		PAST HISTORIC
je	**naisse**	je	naquis
tu	**naisses**	tu	naquis
il	**naisse**	il	naquit
nous	**naissions**	nous	naquîmes
vous	**naissiez**	vous	naquîtes
ils	**naissent**	ils	naquirent

PAST PARTICIPLE
né

IMPERATIVE
nais
naissons
naissez

PRESENT PARTICIPLE
naissant

AUXILIARY
être

ouvrir (to open)

	PRESENT		**IMPERFECT**
	j'**ouvre**		j'**ouvrais**
tu	**ouvres**	tu	**ouvrais**
il	**ouvre**	il	**ouvrait**
nous	**ouvrons**	nous	**ouvrions**
vous	**ouvrez**	vous	**ouvriez**
ils	**ouvrent**	ils	**ouvraient**

	FUTURE		**CONDITIONAL**
	j'ouvrirai		j'ouvrirais
tu	ouvriras	tu	ouvrirais
il	ouvrira	il	ouvrirait
nous	ouvrirons	nous	ouvririons
vous	ouvrirez	vous	ouvririez
ils	ouvriront	ils	ouvriraient

	PRESENT SUBJUNCTIVE		**PAST HISTORIC**
	j'**ouvre**		j'ouvris
tu	**ouvres**	tu	ouvris
il	**ouvre**	il	ouvrit
nous	**ouvrions**	nous	ouvrîmes
vous	**ouvriez**	vous	ouvrîtes
ils	**ouvrent**	ils	ouvrirent

PAST PARTICIPLE
ouvert

IMPERATIVE
ouvre
ouvrons
ouvrez

PRESENT PARTICIPLE
ouvrant

AUXILIARY
avoir

Note that **offrir** (to offer) and **souffrir** (to suffer) are conjugated similarly

paraître (to appear)

	PRESENT		IMPERFECT
je	**parais**	je	**paraissais**
tu	**parais**	tu	**paraissais**
il	paraît	il	**paraissait**
nous	**paraissons**	nous	**paraissions**
vous	**paraissez**	vous	**paraissiez**
ils	**paraissent**	ils	**paraissaient**

	FUTURE		CONDITIONAL
je	paraîtrai	je	paraîtrais
tu	paraîtras	tu	paraîtrais
il	paraîtra	il	paraîtrait
nous	paraîtrons	nous	paraîtrions
vous	paraîtrez	vous	paraîtriez
ils	paraîtront	ils	paraîtraient

	PRESENT SUBJUNCTIVE		PAST HISTORIC
je	**paraisse**	je	**parus**
tu	**paraisses**	tu	**parus**
il	**paraisse**	il	**parut**
nous	**paraissions**	nous	**parûmes**
vous	**paraissiez**	vous	**parûtes**
ils	**paraissent**	ils	**parurent**

PAST PARTICIPLE
paru

IMPERATIVE
parais
paraissons
paraissez

PRESENT PARTICIPLE
paraissant

AUXILIARY
avoir

partir (to leave)

	PRESENT		IMPERFECT
je	**pars**	je	**partais**
tu	**pars**	tu	**partais**
il	**part**	il	**partait**
nous	**partons**	nous	**partions**
vous	**partez**	vous	**partiez**
ils	**partent**	ils	**partaient**

	FUTURE		CONDITIONAL
je	partirai	je	partirais
tu	partiras	tu	partirais
il	partira	il	partirait
nous	partirons	nous	partirions
vous	partirez	vous	partiriez
ils	partiront	ils	partiraient

	PRESENT SUBJUNCTIVE		PAST HISTORIC
je	**parte**	je	partis
tu	**partes**	tu	partis
il	**parte**	il	partit
nous	**partions**	nous	partîmes
vous	**partiez**	vous	partîtes
ils	**partent**	ils	partirent

PAST PARTICIPLE
parti

IMPERATIVE
pars
partons
partez

PRESENT PARTICIPLE
partant

AUXILIARY
être

plaire (to please)

	PRESENT		IMPERFECT
je	plais	je	**plaisais**
tu	plais	tu	**plaisais**
il	**plaît**	il	**plaisait**
nous	**plaisons**	nous	**plaisions**
vous	**plaisez**	vous	**plaisiez**
ils	**plaisent**	ils	**plaisaient**

	FUTURE		CONDITIONAL
je	plairai	je	plairais
tu	plairas	tu	plairais
il	plaira	il	plairait
nous	plairons	nous	plairions
vous	plairez	vous	plairiez
ils	plairont	ils	plairaient

	PRESENT SUBJUNCTIVE		PAST HISTORIC
je	**plaise**	je	**plus**
tu	**plaises**	tu	**plus**
il	**plaise**	il	**plut**
nous	**plaisions**	nous	**plûmes**
vous	**plaisiez**	vous	**plûtes**
ils	**plaisent**	ils	**plurent**

PAST PARTICIPLE
plu

IMPERATIVE
plais
plaisons
plaisez

PRESENT PARTICIPLE
plaisant

AUXILIARY
avoir

pleuvoir (to rain)

	PRESENT		IMPERFECT
il	**pleut**	il	**pleuvait**

	FUTURE		CONDITIONAL
il	**pleuvra**	il	**pleuvrait**

	PRESENT SUBJUNCTIVE		PAST HISTORIC
il	**pleuve**	il	**plut**

PAST PARTICIPLE	IMPERATIVE
plu	*not used*

PRESENT PARTICIPLE	AUXILIARY
pleuvant	**avoir**

pouvoir (to be able to)

	PRESENT		IMPERFECT
je	**peux***	je	**pouvais**
tu	**peux**	tu	**pouvais**
il	**peut**	il	**pouvait**
nous	**pouvons**	nous	**pouvions**
vous	**pouvez**	vous	**pouviez**
ils	**peuvent**	ils	**pouvaient**

	FUTURE		CONDITIONAL
je	**pourrai**	je	**pourrais**
tu	**pourras**	tu	**pourrais**
il	**pourra**	il	**pourrait**
nous	**pourrons**	nous	**pourrions**
vous	**pourrez**	vous	**pourriez**
ils	**pourront**	ils	**pourraient**

	PRESENT SUBJUNCTIVE		PAST HISTORIC
je	**puisse**	je	**pus**
tu	**puisses**	tu	**pus**
il	**puisse**	il	**put**
nous	**puissions**	nous	**pûmes**
vous	**puissiez**	vous	**pûtes**
ils	**puissent**	ils	**purent**

PAST PARTICIPLE
pu

IMPERATIVE
not used

PRESENT PARTICIPLE
pouvant

AUXILIARY
avoir

* In questions **puis-je?** is used

prendre (to take)

	PRESENT		IMPERFECT
je	prends	je	**prenais**
tu	prends	tu	**prenais**
il	prend	il	**prenait**
nous	**prenons**	nous	**prenions**
vous	**prenez**	vous	**preniez**
ils	**prennent**	ils	**prenaient**

	FUTURE		CONDITIONAL
je	prendrai	je	prendrais
tu	prendras	tu	prendrais
il	prendra	il	prendrait
nous	prendrons	nous	prendrions
vous	prendrez	vous	prendriez
ils	prendront	ils	prendraient

	PRESENT SUBJUNCTIVE		PAST HISTORIC
je	**prenne**	je	**pris**
tu	**prennes**	tu	**pris**
il	**prenne**	il	**prit**
nous	**prenions**	nous	**prîmes**
vous	**preniez**	vous	**prîtes**
ils	**prennent**	ils	**prirent**

PAST PARTICIPLE
pris

IMPERATIVE
prends
prenons
prenez

PRESENT PARTICIPLE
prenant

AUXILIARY
avoir

recevoir (to receive)

	PRESENT		IMPERFECT
je	**reçois**	je	**recevais**
tu	**reçois**	tu	**recevais**
il	**reçoit**	il	**recevait**
nous	**recevons**	nous	**recevions**
vous	**recevez**	vous	**receviez**
ils	**reçoivent**	ils	**recevaient**

	FUTURE		CONDITIONAL
je	**recevrai**	je	**recevrais**
tu	**recevras**	tu	**recevrais**
il	**recevra**	il	**recevrait**
nous	**recevrons**	nous	**recevrions**
vous	**recevrez**	vous	**recevriez**
ils	**recevront**	ils	**recevraient**

	PRESENT SUBJUNCTIVE		PAST HISTORIC
je	**reçoive**	je	**reçus**
tu	**reçoives**	tu	**reçus**
il	**reçoive**	il	**reçut**
nous	**recevions**	nous	**reçûmes**
vous	**receviez**	vous	**reçûtes**
ils	**reçoivent**	ils	**reçurent**

PAST PARTICIPLE
reçu

IMPERATIVE
reçois
recevons
recevez

PRESENT PARTICIPLE
recevant

AUXILIARY
avoir

résoudre (to solve)

	PRESENT		IMPERFECT
je	**résous**	je	**résolvais**
tu	**résous**	tu	**résolvais**
il	**résout**	il	**résolvait**
nous	**résolvons**	nous	**résolvions**
vous	**résolvez**	vous	**résolviez**
ils	**résolvent**	ils	**résolvaient**

	FUTURE		CONDITIONAL
je	résoudrai	je	résoudrais
tu	résoudras	tu	résoudrais
il	résoudra	il	résoudrait
nous	résoudrons	nous	résoudrions
vous	résoudrez	vous	résoudriez
ils	résoudront	ils	résoudraient

	PRESENT SUBJUNCTIVE		PAST HISTORIC
je	**résolve**	je	**résolus**
tu	**résolves**	tu	**résolus**
il	**résolve**	il	**résolut**
nous	**résolvions**	nous	**résolûmes**
vous	**résolviez**	vous	**résolûtes**
ils	**résolvent**	ils	**résolurent**

PAST PARTICIPLE
résolu

IMPERATIVE
résous
résolvons
résolvez

PRESENT PARTICIPLE
résolvant

AUXILIARY
avoir

rire (to laugh)

	PRESENT
je	ris
tu	ris
il	**rit**
nous	rions
vous	riez
ils	rient

	IMPERFECT
je	riais
tu	riais
il	riait
nous	riions
vous	riiez
ils	riaient

	FUTURE
je	rirai
tu	riras
il	rira
nous	rirons
vous	rirez
ils	riront

	CONDITIONAL
je	rirais
tu	rirais
il	rirait
nous	ririons
vous	ririez
ils	riraient

	PRESENT SUBJUNCTIVE
je	rie
tu	ries
il	rie
nous	riions
vous	riiez
ils	rient

	PAST HISTORIC
je	**ris**
tu	**ris**
il	**rit**
nous	**rîmes**
vous	**rîtes**
ils	**rirent**

PAST PARTICIPLE
ri

IMPERATIVE
ris
rions
riez

PRESENT PARTICIPLE
riant

AUXILIARY
avoir

rompre (to break)

	PRESENT		IMPERFECT
je	romps	je	rompais
tu	romps	tu	rompais
il	**rompt**	il	rompait
nous	rompons	nous	rompions
vous	rompez	vous	rompiez
ils	rompent	ils	rompaient

	FUTURE		CONDITIONAL
je	romprai	je	romprais
tu	rompras	tu	romprais
il	rompra	il	romprait
nous	romprons	nous	romprions
vous	romprez	vous	rompriez
ils	rompront	ils	rompraient

	PRESENT SUBJUNCTIVE		PAST HISTORIC
je	rompe	je	rompis
tu	rompes	tu	rompis
il	rompe	il	rompit
nous	rompions	nous	rompîmes
vous	rompiez	vous	rompîtes
ils	rompent	ils	rompirent

PAST PARTICIPLE
rompu

IMPERATIVE
romps
rompons
rompez

PRESENT PARTICIPLE
rompant

AUXILIARY
avoir

savoir (to know)

	PRESENT		IMPERFECT
je	**sais**	je	**savais**
tu	**sais**	tu	**savais**
il	**sait**	il	**savait**
nous	**savons**	nous	**savions**
vous	**savez**	vous	**saviez**
ils	**savent**	ils	**savaient**

	FUTURE		CONDITIONAL
je	**saurai**	je	**saurais**
tu	**sauras**	tu	**saurais**
il	**saura**	il	**saurait**
nous	**saurons**	nous	**saurions**
vous	**saurez**	vous	**sauriez**
ils	**sauront**	ils	**sauraient**

	PRESENT SUBJUNCTIVE		PAST HISTORIC
je	**sache**	je	**sus**
tu	**saches**	tu	**sus**
il	**sache**	il	**sut**
nous	**sachions**	nous	**sûmes**
vous	**sachiez**	vous	**sûtes**
ils	**sachent**	ils	**surent**

PAST PARTICIPLE
su

IMPERATIVE
sache
sachons
sachez

PRESENT PARTICIPLE
sachant

AUXILIARY
avoir

sentir (to feel, to smell)

	PRESENT		IMPERFECT
je	**sens**	je	**sentais**
tu	**sens**	tu	**sentais**
il	**sent**	il	**sentait**
nous	**sentons**	nous	**sentions**
vous	**sentez**	vous	**sentiez**
ils	**sentent**	ils	**sentaient**

	FUTURE		CONDITIONAL
je	sentirai	je	sentirais
tu	sentiras	tu	sentirais
il	sentira	il	sentirait
nous	sentirons	nous	sentirions
vous	sentirez	vous	sentiriez
ils	sentiront	ils	sentiraient

	PRESENT SUBJUNCTIVE		PAST HISTORIC
je	**sente**	je	sentis
tu	**sentes**	tu	sentis
il	**sente**	il	sentit
nous	**sentions**	nous	sentîmes
vous	**sentiez**	vous	sentîtes
ils	**sentent**	ils	sentirent

PAST PARTICIPLE
senti

IMPERATIVE
sens
sentons
sentez

PRESENT PARTICIPLE
sentant

AUXILIARY
avoir

servir (to serve)

	PRESENT		IMPERFECT
je	**sers**	je	**servais**
tu	**sers**	tu	**servais**
il	**sert**	il	**servait**
nous	**servons**	nous	**servions**
vous	**servez**	vous	**serviez**
ils	**servent**	ils	**servaient**

	FUTURE		CONDITIONAL
je	servirai	je	servirais
tu	serviras	tu	servirais
il	servira	il	servirait
nous	servirons	nous	servirions
vous	servirez	vous	serviriez
ils	serviront	ils	serviraient

	PRESENT SUBJUNCTIVE		PAST HISTORIC
je	**serve**	je	servis
tu	**serves**	tu	servis
il	**serve**	il	servit
nous	**servions**	nous	servîmes
vous	**serviez**	vous	servîtes
ils	**servent**	ils	servirent

PAST PARTICIPLE
servi

IMPERATIVE
sers
servons
servez

PRESENT PARTICIPLE
servant

AUXILIARY
avoir

sortir (to go, to come out)

	PRESENT		IMPERFECT
je	**sors**	je	**sortais**
tu	**sors**	tu	**sortais**
il	**sort**	il	**sortait**
nous	**sortons**	nous	**sortions**
vous	**sortez**	vous	**sortiez**
ils	**sortent**	ils	**sortaient**

	FUTURE		CONDITIONAL
je	sortirai	je	sortirais
tu	sortiras	tu	sortirais
il	sortira	il	sortirait
nous	sortirons	nous	sortirions
vous	sortirez	vous	sortiriez
ils	sortiront	ils	sortiraient

	PRESENT SUBJUNCTIVE		PAST HISTORIC
je	**sorte**	je	sortis
tu	**sortes**	tu	sortis
il	**sorte**	il	sortit
nous	**sortions**	nous	sortîmes
vous	**sortiez**	vous	sortîtes
ils	**sortent**	ils	sortirent

PAST PARTICIPLE
sorti

IMPERATIVE
sors
sortons
sortez

PRESENT PARTICIPLE
sortant

AUXILIARY
être

suffire (to be enough)

	PRESENT		IMPERFECT
je	suffis	je	**suffisais**
tu	suffis	tu	**suffisais**
il	suffit	il	**suffisait**
nous	**suffisons**	nous	**suffisions**
vous	**suffisez**	vous	**suffisiez**
ils	**suffisent**	ils	**suffisaient**

	FUTURE		CONDITIONAL
je	suffirai	je	suffirais
tu	suffiras	tu	suffirais
il	suffira	il	suffirait
nous	suffirons	nous	suffirions
vous	suffirez	vous	suffiriez
ils	suffiront	ils	suffiraient

	PRESENT SUBJUNCTIVE		PAST HISTORIC
je	**suffise**	je	**suffis**
tu	**suffises**	tu	**suffis**
il	**suffise**	il	**suffit**
nous	**suffisions**	nous	**suffîmes**
vous	**suffisiez**	vous	**suffîtes**
ils	**suffisent**	ils	**suffirent**

PAST PARTICIPLE
suffi

IMPERATIVE
suffis
suffisons
suffisez

PRESENT PARTICIPLE
suffisant

AUXILIARY
avoir

suivre (to follow)

	PRESENT		IMPERFECT
je	**suis**	je	suivais
tu	**suis**	tu	suivais
il	**suit**	il	suivait
nous	suivons	nous	suivions
vous	suivez	vous	suiviez
ils	suivent	ils	suivaient

	FUTURE		CONDITIONAL
je	suivrai	je	suivrais
tu	suivras	tu	suivrais
il	suivra	il	suivrait
nous	suivrons	nous	suivrions
vous	suivrez	vous	suivriez
ils	suivront	ils	suivraient

	PRESENT SUBJUNCTIVE		PAST HISTORIC
je	suive	je	suivis
tu	suives	tu	suivis
il	suive	il	suivit
nous	suivions	nous	suivîmes
vous	suiviez	vous	suivîtes
ils	suivent	ils	suivirent

PAST PARTICIPLE
suivi

IMPERATIVE
suis
suivons
suivez

PRESENT PARTICIPLE
suivant

AUXILIARY
avoir

se taire (to stop talking)

	PRESENT		IMPERFECT
je	me tais	je	**me taisais**
tu	te tais	tu	**te taisais**
il	se tait	il	**se taisait**
nous	**nous taisons**	nous	**nous taisions**
vous	**vous taisez**	vous	**vous taisiez**
ils	**se taisent**	ils	**se taisaient**

	FUTURE		CONDITIONAL
je	me tairai	je	me tairais
tu	te tairas	tu	te tairais
il	se taira	il	se tairait
nous	nous tairons	nous	nous tairions
vous	vous tairez	vous	vous tairiez
ils	se tairont	ils	se tairaient

	PRESENT SUBJUNCTIVE		PAST HISTORIC
je	**me taise**	je	**me tus**
tu	**te taises**	tu	**te tus**
il	**se taise**	il	**se tut**
nous	**nous taisions**	nous	**nous tûmes**
vous	**vous taisiez**	vous	**vous tûtes**
ils	**se taisent**	ils	**se turent**

PAST PARTICIPLE
tu

IMPERATIVE
tais-toi
taisons-nous
taisez-vous

PRESENT PARTICIPLE
se taisant

AUXILIARY
être

tenir (to hold)

	PRESENT		IMPERFECT
je	**tiens**	je	**tenais**
tu	**tiens**	tu	**tenais**
il	**tient**	il	**tenait**
nous	**tenons**	nous	**tenions**
vous	**tenez**	vous	**teniez**
ils	**tiennent**	ils	**tenaient**

	FUTURE		CONDITIONAL
je	**tiendrai**	je	**tiendrais**
tu	**tiendras**	tu	**tiendrais**
il	**tiendra**	il	**tiendrait**
nous	**tiendrons**	nous	**tiendrions**
vous	**tiendrez**	vous	**tiendriez**
ils	**tiendront**	ils	**tiendraient**

	PRESENT SUBJUNCTIVE		PAST HISTORIC
je	**tienne**	je	**tins**
tu	**tiennes**	tu	**tins**
il	**tienne**	il	**tint**
nous	**tenions**	nous	**tînmes**
vous	**teniez**	vous	**tîntes**
ils	**tiennent**	ils	**tinrent**

PAST PARTICIPLE
tenu

IMPERATIVE
tiens
tenons
tenez

PRESENT PARTICIPLE
tenant

AUXILIARY
avoir

vaincre (to defeat)

	PRESENT		IMPERFECT
je	vaincs	je	**vainquais**
tu	vaincs	tu	**vainquais**
il	vainc	il	**vainquait**
nous	**vainquons**	nous	**vainquions**
vous	**vainquez**	vous	**vainquiez**
ils	**vainquent**	ils	**vainquaient**

	FUTURE		CONDITIONAL
je	vaincrai	je	vaincrais
tu	vaincras	tu	vaincrais
il	vaincra	il	vaincrait
nous	vaincrons	nous	vaincrions
vous	vaincrez	vous	vaincriez
ils	vaincront	ils	vaincraient

	PRESENT SUBJUNCTIVE		PAST HISTORIC
je	**vainque**	je	**vainquis**
tu	**vainques**	tu	**vainquis**
il	**vainque**	il	**vainquit**
nous	**vainquions**	nous	**vainquîmes**
vous	**vainquiez**	vous	**vainquîtes**
ils	**vainquent**	ils	**vainquirent**

PAST PARTICIPLE
vaincu

IMPERATIVE
vaincs
vainquons
vainquez

PRESENT PARTICIPLE
vainquant

AUXILIARY
avoir

valoir (to be worth)

	PRESENT		IMPERFECT
je	**vaux**	je	**valais**
tu	**vaux**	tu	**valais**
il	**vaut**	il	**valait**
nous	**valons**	nous	**valions**
vous	**valez**	vous	**valiez**
ils	**valent**	ils	**valaient**

	FUTURE		CONDITIONAL
je	**vaudrai**	je	**vaudrais**
tu	**vaudras**	tu	**vaudrais**
il	**vaudra**	il	**vaudrait**
nous	**vaudrons**	nous	**vaudrions**
vous	**vaudrez**	vous	**vaudriez**
ils	**vaudront**	ils	**vaudraient**

	PRESENT SUBJUNCTIVE		PAST HISTORIC
je	**vaille**	je	**valus**
tu	**vailles**	tu	**valus**
il	**vaille**	il	**valut**
nous	**valions**	nous	**valûmes**
vous	**valiez**	vous	**valûtes**
ils	**vaillent**	ils	**valurent**

PAST PARTICIPLE
valu

IMPERATIVE
vaux
valons
valez

PRESENT PARTICIPLE
valant

AUXILIARY
avoir

venir (to come)

	PRESENT		IMPERFECT
je	**viens**	je	**venais**
tu	**viens**	tu	**venais**
il	**vient**	il	**venait**
nous	**venons**	nous	**venions**
vous	**venez**	vous	**veniez**
ils	**viennent**	ils	**venaient**

	FUTURE		CONDITIONAL
je	**viendrai**	je	**viendrais**
tu	**viendras**	tu	**viendrais**
il	**viendra**	il	**viendrait**
nous	**viendrons**	nous	**viendrions**
vous	**viendrez**	vous	**viendriez**
ils	**viendront**	ils	**viendraient**

	PRESENT SUBJUNCTIVE		PAST HISTORIC
je	**vienne**	je	**vins**
tu	**viennes**	tu	**vins**
il	**vienne**	il	**vint**
nous	**venions**	nous	**vînmes**
vous	**veniez**	vous	**vîntes**
ils	**viennent**	ils	**vinrent**

PAST PARTICIPLE
venu

IMPERATIVE
viens
venons
venez

PRESENT PARTICIPLE
venant

AUXILIARY
être

vêtir (to dress)

	PRESENT		IMPERFECT
je	**vêts**	je	**vêtais**
tu	**vêts**	tu	**vêtais**
il	**vêt**	il	**vêtait**
nous	**vêtons**	nous	**vêtions**
vous	**vêtez**	vous	**vêtiez**
ils	**vêtent**	ils	**vêtaient**

	FUTURE		CONDITIONAL
je	vêtirai	je	vêtirais
tu	vêtiras	tu	vêtirais
il	vêtira	il	vêtirait
nous	vêtirons	nous	vêtirions
vous	vêtirez	vous	vêtiriez
ils	vêtiront	ils	vêtiraient

	PRESENT SUBJUNCTIVE		PAST HISTORIC
je	**vête**	je	vêtis
tu	**vêtes**	tu	vêtis
il	**vête**	il	vêtit
nous	**vêtions**	nous	vêtîmes
vous	**vêtiez**	vous	vêtîtes
ils	**vêtent**	ils	vêtirent

PAST PARTICIPLE
vêtu

IMPERATIVE
vêts
vêtons
vêtez

PRESENT PARTICIPLE
vêtant

AUXILIARY
avoir

vivre (to live)

PRESENT

je	**vis**
tu	**vis**
il	**vit**
nous	vivons
vous	vivez
ils	vivent

IMPERFECT

je	vivais
tu	vivais
il	vivait
nous	vivions
vous	viviez
ils	vivaient

FUTURE

je	vivrai
tu	vivras
il	vivra
nous	vivrons
vous	vivrez
ils	vivront

CONDITIONAL

je	vivrais
tu	vivrais
il	vivrait
nous	vivrions
vous	vivriez
ils	vivraient

PRESENT SUBJUNCTIVE

je	vive
tu	vives
il	vive
nous	vivions
vous	viviez
ils	vivent

PAST HISTORIC

je	**vécus**
tu	**vécus**
il	**vécut**
nous	**vécûmes**
vous	**vécûtes**
ils	**vécurent**

PAST PARTICIPLE
vêcu

IMPERATIVE
vis
vivons
vivez

PRESENT PARTICIPLE
vivant

AUXILIARY
avoir

voir (to see)

PRESENT

je	**vois**
tu	**vois**
il	**voit**
nous	**voyons**
vous	**voyez**
ils	**voient**

IMPERFECT

je	**voyais**
tu	**voyais**
il	**voyait**
nous	**voyions**
vous	**voyiez**
ils	**voyaient**

FUTURE

je	**verrai**
tu	**verras**
il	**verra**
nous	**verrons**
vous	**verrez**
ils	**verront**

CONDITIONAL

je	**verrais**
tu	**verrais**
il	**verrait**
nous	**verrions**
vous	**verriez**
ils	**verraient**

PRESENT SUBJUNCTIVE

je	**voie**
tu	**voies**
il	**voie**
nous	**voyions**
vous	**voyiez**
ils	**voient**

PAST HISTORIC

je	**vis**
tu	**vis**
il	**vit**
nous	**vîmes**
vous	**vîtes**
ils	**virent**

PAST PARTICIPLE
vu

IMPERATIVE
vois
voyons
voyez

PRESENT PARTICIPLE
voyant

AUXILIARY
avoir

/ouloir (to wish, to want)

	PRESENT		IMPERFECT
je	**veux**	je	**voulais**
tu	**veux**	tu	**voulais**
il	**veut**	il	**voulait**
nous	**voulons**	nous	**voulions**
vous	**voulez**	vous	**vouliez**
ils	**veulent**	ils	**voulaient**

	FUTURE		CONDITIONAL
je	**voudrai**	je	**voudrais**
tu	**voudras**	tu	**voudrais**
il	**voudra**	il	**voudrait**
nous	**voudrons**	nous	**voudrions**
vous	**voudrez**	vous	**voudriez**
ils	**voudront**	ils	**voudraient**

	PRESENT SUBJUNCTIVE		PAST HISTORIC
je	**veuille**	je	**voulus**
tu	**veuilles**	tu	**voulus**
il	**veuille**	il	**voulut**
nous	**voulions**	nous	**voulûmes**
vous	**vouliez**	vous	**voulûtes**
ils	**veuillent**	ils	**voulurent**

PAST PARTICIPLE
voulu

IMPERATIVE
veuille
veuillons
veuillez

PRESENT PARTICIPLE
voulant

AUXILIARY
avoir

The Gender of Nouns

In French, all nouns are either masculine or feminine, whether denoting people, animals or things. Unlike English, there is no neuter gender for inanimate objects and abstract nouns.

Gender is largely unpredictable and has to be learnt for each noun. However, the following guidelines will help you determine the gender for certain types of nouns:

Nouns denoting male people and animals are usually – but not always – masculine, e.g.
un homme a man
un taureau a bull
un infirmier a (*male*) nurse
un cheval a horse

Nouns denoting female people and animals are usually – but not always – feminine, e.g.
une fille a girl
une vache a cow
une infirmière a nurse
une brebis a ewe

Some nouns are masculine *or* feminine depending on the sex of the person to whom they refer, e.g.
un camarade a (*male*) friend
une camarade a (*female*) friend
un Belge a Belgian (*man*)
une Belge a Belgian (*woman*)

Other nouns referring to either men or women have only one gender which applies to both, e.g.
un professeur a teacher
une personne a person
une sentinelle a sentry
un témoin a witness
une victime a victim
une recrue a recruit

Sometimes the ending of the noun indicates its gender. Shown below are some of the most important to guide you:

Masculine endings

-age	**le courage** courage; **le rinçage** rinsing EXCEPTIONS: **une cage** a cage; **une image** a picture; **la nage** swimming; **une page** a page; **une plage** a beach; **une rage** a rage
-ment	**le commencement** the beginning EXCEPTION: **une jument** a mare
-oir	**un couloir** a corridor; **un miroir** a mirror
-sme	**le pessimisme** pessimism; **l'enthousiasme** enthusiasm

Feminine endings

-ance, -anse	**la confiance** confidence; **la danse** dancing
-ence, -ense	**la prudence** caution; **la défense** defence EXCEPTION: **le silence** silence
-ion	**une région** a region; **une addition** a bill EXCEPTIONS: **un pion** a pawn; **un espion** a spy
-oire	**une baignoire** a bath(tub)
-té, -tié	**la beauté** beauty; **la moitié** half

Suffixes which differentiate between male and female are shown on pages 134 and 136.

The following words have different meanings depending on gender:

le crêpe crêpe	**la crêpe** pancake
le livre book	**la livre** pound
le manche handle	**la manche** sleeve
le mode method	**la mode** fashion
le moule mould	**la moule** mussel
le page page(boy)	**la page** page (*in book*)
le physique physique	**la physique** physics
le poêle stove	**la poêle** frying pan
le somme nap	**la somme** sum
le tour turn	**la tour** tower
le voile veil	**la voile** sail

Gender: the Formation of Feminines

As in English, male and female are sometimes differentiated by the use of two quite separate words, e.g.

mon oncle my uncle
ma tante my aunt
un taureau a bull
une vache a cow

There are, however, some words in French which show this distinction by the form of their ending:

Some nouns add an **e** to the masculine singular form to form the feminine → 1

If the masculine singular form already ends in **-e**, no further **e** is added in the feminine → 2

Some nouns undergo a further change when **e** is added. These changes occur regularly and are shown on page 136.

Feminine forms to note

MASCULINE	FEMININE	
un âne	**une ânesse**	donkey
le comte	**la comtesse**	count/countess
le duc	**la duchesse**	duke/duchess
un Esquimau	**une Esquimaude**	Eskimo
le fou	**la folle**	madman/madwoman
le Grec	**la Grecque**	Greek
un hôte	**une hôtesse**	host/hostess
le jumeau	**la jumelle**	twin
le maître	**la maîtresse**	master/mistress
le prince	**la princesse**	prince/princess
le tigre	**la tigresse**	tiger/tigress
le traître	**la traîtresse**	traitor
le Turc	**la Turque**	Turk
le vieux	**la vieille**	old man/old woman

Examples

1 un ami	a (*male*) friend
une amie	a (*female*) friend
un employé	a (*male*) employee
une employée	a (*female*) employee
un Français	a Frenchman
une Française	a Frenchwoman
2 un élève	a (*male*) pupil
une élève	a (*female*) pupil
un collègue	a (*male*) colleague
une collègue	a (*female*) colleague
un camarade	a (*male*) friend
une camarade	a (*female*) friend

Regular feminine endings

The following are regular feminine endings:

MASC. SING.	FEM. SING.
-f	-ve → ❶
-x	-se → ❷
-eur	-euse → ❸
-teur	-teuse → ❹
	-trice → ❺

Some nouns double the final consonant before adding **e**:

MASC. SING.	FEM. SING.
-an	-anne → ❻
-en	-enne → ❼
-on	-onne → ❽
-et	-ette → ❾
-el	-elle → ❿

Some nouns add an accent to the final syllable before adding **e**:

MASC. SING.	FEM. SING.
-er	-ère → ⓫

Pronunciation and feminine endings

This is dealt with on page 244.

Examples

1. un sportif a sportsman — une sportive a sportswoman
   un veuf a widower — une veuve a widow

2. un époux a husband — une épouse a wife
   un amoureux a man in love — une amoureuse a woman in love

3. un danseur a dancer — une danseuse a dancer
   un voleur a thief — une voleuse a thief

4. un menteur a liar — une menteuse a liar
   un chanteur a singer — une chanteuse a singer

5. un acteur an actor — une actrice an actress
   un conducteur a driver — une conductrice a driver

6. un paysan a countryman — une paysanne a countrywoman

7. un Parisien a Parisian (*man*) — une Parisienne a Parisian (*woman*)

8. un baron a baron — une baronne a baroness

9. le cadet the youngest (child) — la cadette the youngest (child)

10. un intellectuel an intellectual — une intellectuelle an intellectual

11. un étranger a foreigner — une étrangère a foreigner
    le dernier the last (one) — la dernière the last (one)

The Formation of Plurals

Most nouns add **s** to the singular form → 1

When the singular form already ends in **-s**, **-x** or **-z**, no further **s** is added → 2

For nouns ending in **-au**, **-eau** or **-eu**, the plural ends in **-aux**, **-eaux** or **-eux** → 3

EXCEPTIONS: **pneu** tyre (*plural*: **pneus**)
bleu bruise (*plural*: **bleus**)

For nouns ending in **-al** or **-ail**, the plural ends in **-aux** → 4

EXCEPTIONS: **bal** ball (*plural*: **bals**)
festival festival (*plural*: **festivals**)
chandail sweater (*plural*: **chandails**)
détail detail (*plural*: **détails**)

Forming the plural of compound nouns is complicated and you are advised to check each one individually in a dictionary.

Irregular plural forms

Some masculine nouns ending in **-ou** add **x** in the plural. These are:

bijou jewel	**genou** knee	**joujou** toy
caillou pebble	**hibou** owl	**pou** louse
chou cabbage		

Some other nouns are totally unpredictable. The most important of these are:

SINGULAR		PLURAL
œil	eye	**yeux**
ciel	sky	**cieux**
Monsieur	Mr	**Messieurs**
Madame	Mrs	**Mesdames**
Mademoiselle	Miss	**Mesdemoiselles**

Pronunciation of plural forms

This is dealt with on page 244.

Examples

1 le jardin	the garden
les jardins	the gardens
une voiture	a car
des voitures	(some) cars
l'hôtel	the hotel
les hôtels	the hotels
2 un bois	a wood
des bois	(some) woods
une voix	a voice
des voix	(some) voices
le gaz	the gas
les gaz	the gases
3 un tuyau	a pipe
des tuyaux	(some) pipes
le chapeau	the hat
les chapeaux	the hats
le feu	the fire
les feux	the fires
4 le journal	the newspaper
les journaux	the newspapers
un travail	a job
des travaux	(some) jobs

The Definite Article

le (l')/la (l'), les

	WITH MASC. NOUN	WITH FEM. NOUN	
SING.	**le (l')**	**la (l')**	the
PLUR.	**les**	**les**	the

The gender and number of the noun determines the form of the article → 1

le and **la** change to **l'** before a vowel or an **h** 'mute' → 2

For uses of the definite article see page 142.

à + le/la (l'), à + les

	WITH MASC. NOUN	WITH FEM. NOUN
SING.	**au (à l')**	**à la (à l')**
PLUR.	**aux**	**aux**

The definite article combines with the preposition **à**, as shown above. You should pay particular attention to the masculine singular form **au**, and both plural forms **aux**, since these are not visually the sum of their parts → 3

de + le/la (l'), de + les

	WITH MASC. NOUN	WITH FEM. NOUN
SING.	**du (de l')**	**de la (de l')**
PLUR.	**des**	**des**

The definite article combines with the preposition **de**, as shown above. You should pay particular attention to the masculine singular form **du**, and both plural forms **des**, since these are not visually the sum of their parts → 4

Examples

	MASCULINE	FEMININE
1	le train the train	la gare the station
	le garçon the boy	la fille the girl
	les hôtels the hotels	les écoles the schools
	les professeurs the teachers	les femmes the women
2	l'acteur the actor	l'actrice the actress
	l'effet the effect	l'eau the water
	l'ingrédient the ingredient	l'idée the idea
	l'objet the object	l'ombre the shadow
	l'univers the universe	l'usine the factory
	l'hôpital the hospital	l'heure the time
3	au cinéma at/to the cinema	à la bibliothèque at/to the library
	à l'employé to the employee	à l'infirmière to the nurse
	à l'hôpital at/to the hospital	à l'hôtesse to the hostess
	aux étudiants to the students	aux maisons to the houses
4	du bureau from/of the office	de la réunion from/of the meeting
	de l'auteur from/of the author	de l'Italienne from/of the Italian woman
	de l'hôte from/of the host	de l'horloge of the clock
	des États-Unis from/of the United States	des vendeuses from/of the saleswomen

Uses of the Definite Article

While the definite article is used in much the same way in French as it is in English, its use is more widespread in French. Unlike English the definite article is also used:

with abstract nouns, except when following certain prepositions → 1

in generalizations, especially with plural or uncountable* nouns → 2

with names of countries → 3
EXCEPTIONS: no article with countries following **en** to/in → 4

with parts of the body → 5
'Ownership' is often indicated by an indirect object pronoun or a reflexive pronoun → 6

in expressions of quantity/rate/price → 7

with titles/ranks/professions followed by a proper name → 8

The definite article is *not* used with nouns in apposition → 9

* An uncountable noun is one which cannot be used in the plural or with an indefinite article, e.g. **l'acier** steel; **le lait** milk.

xamples

1 Les prix montent	Prices are rising
L'amour rayonne dans ses yeux	Love shines in his eyes
BUT:	
avec plaisir	with pleasure
sans espoir	without hope
2 Je n'aime pas le café	I don't like coffee
Les enfants ont besoin d'être aimés	Children need to be loved
3 le Japon	Japan
la France	France
l'Italie	Italy
les Pays-Bas	The Netherlands
4 aller en Écosse	to go to Scotland
Il travaille en Allemagne	He works in Germany
5 Tournez la tête à gauche	Turn your head to the left
J'ai mal à la gorge	My throat is sore, I have a sore throat
6 La tête me tourne	My head is spinning
Elle s'est brossé les dents	She brushed her teeth
7 4 euros le mètre/le kilo/la douzaine/la pièce	4 euros a metre/a kilo/a dozen/each
rouler à 80 km à l'heure	to go at 50 mph
payé à l'heure/au jour/au mois	paid by the hour/by the day/by the month
8 le roi Georges III	King George III
le capitaine Darbeau	Captain Darbeau
le docteur Rousseau	Dr Rousseau
Monsieur le président	Mr Chairman/President
9 Victor Hugo, grand écrivain du dix-neuvième siècle	Victor Hugo, a great author of the nineteenth century
Joseph Leblanc, inventeur et entrepreneur, a été le premier ...	Joseph Leblanc, an inventor and entrepreneur, was the first ...

The Partitive Article

The partitive article has the sense of 'some' or 'any', although the French is not always translated in English.

Forms of the partitive

du (de l')/de la (de l'), des

	WITH MASC. NOUN	WITH FEM. NOUN	
SING.	**du (de l')**	**de la (de l')**	some, any
PLUR.	**des**	**des**	some, any

The gender and number of the noun determines the form of the partitive → 1

The forms shown in brackets (**de l'**) are used before a vowel or an **h** 'mute' → 2

des becomes **de** (**d'** + *vowel*) before an adjective → 3
EXCEPTION: if the adjective and noun are seen as forming one unit → 4

In negative sentences **de** (**d'** + *vowel*) is used for both genders, singular and plural → 5
EXCEPTION: after **ne ... que** 'only', the positive forms above are used → 6

Examples

1	Avez-vous du sucre?	Have you any sugar?
	J'ai acheté de la farine et de la margarine	I bought (some) flour and margarine
	Il a mangé des gâteaux	He ate some cakes
	Est-ce qu'il y a des lettres pour moi?	Are there (any) letters for me?
2	Il me doit de l'argent	He owes me (some) money
	C'est de l'histoire ancienne	That's ancient history
3	Il a fait de gros efforts pour nous aider	He made a great effort to help us
	Cette région a de belles églises	This region has some beautiful churches
4	des grandes vacances	summer holidays
	des jeunes gens	young people
5	Je n'ai pas de nourriture/d'argent	I don't have any food/money
	Vous n'avez pas de timbres/d'œufs?	Have you no stamps/eggs?
	Je ne mange jamais de viande/d'omelettes	I never eat meat/omelettes
	Il ne veut plus de visiteurs/d'eau	He doesn't want any more visitors/water
6	Il ne boit que du thé/de la bière/de l'eau	He only drinks tea/beer/water
	Je n'ai que des problèmes avec cette machine	I have nothing but trouble with this machine

The Indefinite Article

un/une, des

	WITH MASC. NOUN	WITH FEM. NOUN	
SING.	**un**	**une**	a
PLUR.	**des**	**des**	some

des is also the plural of the partitive article (see page 144).

In negative sentences, **de** (**d'** + *vowel*) is used for both singular and plural → 1

The indefinite article is used in French largely as it is in English *except*:

there is no article when a person's profession is being stated → 2

EXCEPTION: the article *is* present following **ce** (**c'** + *vowel*) → 3

the English article is not translated by **un/une** in constructions like 'what a surprise', 'what an idiot' → 4

in structures of the type given in example 5 the article **un/une** is used in French and not translated in English → 5

Examples

1 Je n'ai pas de livre/d'enfants	I don't have a book/(any) children
2 Il est professeur Ma mère est infirmière	He's a teacher My mother's a nurse
3 C'est un médecin Ce sont des acteurs	He's/She's a doctor They're actors
4 Quelle surprise! Quel dommage!	What a surprise! What a shame!
5 avec une grande sagesse/un courage admirable Il a fait preuve d'un sang-froid incroyable un produit d'une qualité incomparable	with great wisdom /admirable courage He showed incredible calmness a product of incomparable quality

Adjectives

Most adjectives agree in number and in gender with the noun or pronoun

The formation of feminines

Most adjectives add an **e** to the masculine singular form → 1

If the masculine singular form already ends in **-e**, no further **e** is added → 2

Some adjectives undergo a further change when **e** is added. These changes occur regularly and are shown on page 150.

Irregular feminine forms are shown on page 152.

The formation of plurals

The plural of both regular and irregular adjectives is formed by adding an **s** to the masculine or feminine singular form, as appropriate → 3

When the masculine singular form already ends in **-s** or **-x**, no further **s** is added → 4

For masculine singulars ending in **-au** and **-eau**, the masculine plural is **-aux** and **-eaux** → 5

For masculine singulars ending in **-al**, the masculine plural is **-aux** → 6
EXCEPTIONS: **final** (*masculine plural* **finals**)
fatal (*masculine plural* **fatals**)
naval (*masculine plural* **navals**)

Pronunciation of feminine and plural adjectives

This is dealt with on page 244.

Examples

1 mon frère aîné	my elder brother
ma sœur aînée	my elder sister
le petit garçon	the little boy
la petite fille	the little girl
un sac gris	a grey bag
une chemise grise	a grey shirt
un bruit fort	a loud noise
une voix forte	a loud voice
2 un jeune homme	a young man
une jeune femme	a young woman
l'autre verre	the other glass
l'autre assiette	the other plate
3 le dernier train	the last train
les derniers trains	the last trains
une vieille maison	an old house
de vieilles maisons	old houses
un long voyage	a long journey
de longs voyages	long journeys
la rue étroite	the narrow street
les rues étroites	the narrow streets
4 un diplomate français	a French diplomat
des diplomates français	French diplomats
un homme dangereux	a dangerous man
des hommes dangereux	dangerous men
5 le nouveau professeur	the new teacher
les nouveaux professeurs	the new teachers
un chien esquimau	a husky (*literally*: an Eskimo dog)
des chiens esquimaux	huskies (*literally*: Eskimo dogs)
6 un ami loyal	a loyal friend
des amis loyaux	loyal friends
un geste amical	a friendly gesture
des gestes amicaux	friendly gestures

Regular feminine endings

MASC SING.	FEM. SING.	EXAMPLES
-f	**-ve**	**neuf, vif** → 1
-x	**-se**	**heureux, jaloux** → 2
-eur	**-euse**	**travailleur, flâneur** → 3
-teur	**-teuse**	**flatteur, menteur** → 4
	-trice	**destructeur, séducteur** → 5

EXCEPTIONS: **bref**: see page 152
doux, faux, roux, vieux: see page 152
extérieur, inférieur, intérieur, meilleur, supérieur: all add **e** to the masculine
enchanteur: *fem.* = **enchanteresse**

MASC SING.	FEM. SING.	EXAMPLES
-an	**-anne**	**paysan** → 6
-en	**-enne**	**ancien, parisien** → 7
-on	**-onne**	**bon, breton** → 8
-as	**-asse**	**bas, las** → 9
-et*	**-ette**	**muet, violet** → 10
-el	**-elle**	**annuel, mortel** → 11
-eil	**-eille**	**pareil, vermeil** → 12

EXCEPTION: **ras**: *fem.* = **rase**

MASC SING.	FEM. SING.	EXAMPLES
-et*	**-ète**	**secret, complet** → 13
-er	**-ète**	**étranger, fier** → 14

* Note that there are two feminine endings for masculine adjectives ending in **-et**.

xamples

1	un résultat positif une attitude positive	a positive result a positive attitude
2	d'un ton sérieux une voix sérieuse	in a serious tone (of voice) a serious voice
3	un enfant trompeur une déclaration trompeuse	a deceitful child a misleading statement
4	un tableau flatteur une comparaison flatteuse	a flattering picture a flattering comparison
5	un geste protecteur une couche protectrice	a protective gesture a protective layer
6	un problème paysan la vie paysanne	a farming problem country life
7	un avion égyptien une statue égyptienne	an Egyptian plane an Egyptian statue
8	un bon repas de bonne humeur	a good meal in a good mood
9	un plafond bas à voix basse	a low ceiling in a low voice
10	un travail net une explication nette	a clean piece of work a clear explanation
11	un homme cruel une remarque cruelle	a cruel man a cruel remark
12	un livre pareil en pareille occasion	such a book on such an occasion
13	un regard inquiet une attente inquiète	an anxious look an anxious wait
14	un goût amer une amère déception	a bitter taste a bitter disappointment

Adjectives with irregular feminine forms

MASC SING.	FEM. SING.	
aigu	**aiguë**	sharp; high-pitched → 1
ambigu	**ambiguë**	ambiguous
beau (bel*)	**belle**	beautiful
bénin	**bénigne**	benign
blanc	**blanche**	white
bref	**brève**	brief, short → 2
doux	**douce**	soft; sweet
épais	**épaisse**	thick
esquimau	**esquimaude**	Eskimo
faux	**fausse**	wrong
favori	**favorite**	favourite → 3
fou (fol*)	**folle**	mad
frais	**fraîche**	fresh → 4
franc	**franche**	frank
gentil	**gentille**	kind
grec	**grecque**	Greek
gros	**grosse**	big
jumeau	**jumelle**	twin → 5
long	**longue**	long
malin	**maligne**	malignant
mou (mol*)	**molle**	soft
nouveau (nouvel*)	**nouvelle**	new
nul	**nulle**	no
public	**publique**	public → 6
roux	**rousse**	red-haired
sec	**sèche**	dry
sot	**sotte**	foolish
turc	**turque**	Turkish
vieux (vieil*)	**vieille**	old

* This form is used when the following word begins with a vowel or an **h** 'mute' → 7

Examples

1	un son aigu	a high-pitched sound
	une douleur aiguë	a sharp pain
2	un bref discours	a short speech
	une brève rencontre	a short meeting
3	mon sport favori	my favourite sport
	ma chanson favorite	my favourite song
4	du pain frais	fresh bread
	de la crème fraîche	fresh cream
5	mon frère jumeau	my twin brother
	ma sœur jumelle	my twin sister
6	un jardin public	a (public) park
	l'opinion publique	public opinion
7	un bel appartement	a beautiful flat
	le nouvel ordinateur	the new computer
	un vieil arbre	an old tree
	un bel habit	a beautiful outfit
	un nouvel harmonica	a new harmonica
	un vieil hôtel	an old hotel

Comparatives and Superlatives

Comparatives

These are formed using the following constructions:

plus ... (que) more ... (than) → 1
moins ... (que) less ... (than) → 2
aussi ... que as ... as → 3
si ... que* as ... as → 4

* used mainly after a negative

Superlatives

These are formed using the following constructions:

le/la/les plus ... (que) the most ... (that) → 5
le/la/les moins ... (que) the least ... (that) → 6

When the possessive adjective is present, two constructions are possible → 7

After a superlative the preposition **de** is often translated as 'in' → 8

If a clause follows a superlative, the verb is in the subjunctive → 9

Adjectives with irregular comparatives/superlatives

ADJECTIVE	COMPARATIVE	SUPERLATIVE
bon	**meilleur**	**le meilleur**
good	better	the best
mauvais	**pire** *or* **plus mauvais**	**le pire** *or* **le plus mauvais**
bad	worse	the worst
petit	**moindre*** *or* **plus petit**	**le moindre*** *or* **le plus petit**
small	smaller; lesser	the smallest; the least

* used only with abstract nouns

Comparative and superlative adjectives agree in number and in gender with the noun, just like any other adjective → 10

Examples

1	une raison plus grave	a more serious reason
	Elle est plus petite que moi	She is smaller than me
2	un film moins connu	a less well-known film
	C'est moins cher qu'il ne pense	It's cheaper than he thinks
3	Robert était aussi inquiet que moi	Robert was as worried as I was
	Cette ville n'est pas aussi grande que Bordeaux	This town isn't as big as Bordeaux
4	Ils ne sont pas si contents que ça	They aren't as happy as all that
5	le guide le plus utile	the most useful guidebook
	la voiture la plus petite	the smallest car
	les plus grandes maisons	the biggest houses
6	le mois le moins agréable	the least pleasant month
	la fille la moins forte	the weakest girl
	les peintures les moins chères	the least expensive paintings
7	Mon désir le plus cher est de voyager	My dearest wish is to travel
	Mon plus cher désir est de voyager	
8	la plus grande gare de Londres	the biggest station in London
	l'habitant le plus âgé du village/de la région	the oldest inhabitant in the village/in the area
9	la personne la plus gentille que je connaisse	the nicest person I know
10	les moindres difficultés	the least difficulties
	la meilleure qualité	the best quality

Demonstrative Adjectives

ce (cet)/cette, ces

	MASCULINE	FEMININE	
SING.	**ce (cet)**	**cette**	this; that
PLUR.	**ces**	**ces**	these; those

Demonstrative adjectives agree in number and gender with the noun → 1

cet is used when the following word begins with a vowel or an **h** 'mute' → 2

For emphasis or in order to distinguish between people or objects, **-ci** or **-là** is added to the noun: **-ci** indicates proximity (usually translated 'this') and **là** distance 'that' → 3

xamples

1 Ce stylo ne marche pas	This/That pen isn't working
Comment s'appelle cette entreprise?	What's this/that company called?
Ces livres sont les miens	These/Those books are mine
Ces couleurs sont plus jolies	These/Those colours are nicer
2 cet oiseau	this/that bird
cet article	this/that article
cet homme	this/that man
3 Combien coûte ce manteau-ci?	How much is this coat?
Je voudrais cinq de ces pommes-là	I'd like five of those apples
Est-ce que tu reconnais cette personne-là?	Do you recognize that person?
Mettez ces vêtements-ci dans cette valise-là	Put these clothes in that case
Ce garçon-là appartient à ce groupe-ci	That boy belongs to this group

Interrogative Adjectives

quel/quelle, quels/quelles?

	MASCULINE	FEMININE	
SING.	**quel?**	**quelle?**	what?; which?
PLUR.	**quels?**	**quelles?**	what?; which?

Interrogative adjectives agree in number and gender with the noun → 1

The forms shown above are also used in indirect questions → 2

Exclamatory Adjectives

quel/quelle, quels/quelles!

	MASCULINE	FEMININE	
SING.	**quel!**	**quelle!**	what (a)!
PLUR.	**quels!**	**quelles!**	what!

Exclamatory adjectives agree in number and gender with the noun → 3

For other exclamations, see page 214.

xamples

1	Quel genre d'homme est-ce?	What type of man is he?
	Quelle est leur décision?	What is their decision?
	Vous jouez de quels instruments?	What instruments do you play?
	Quelles offres avez-vous reçues?	What offers have you received?
	Quel vin recommandez-vous?	Which wine do you recommend?
	Quelles couleurs préférez-vous?	Which colours do you prefer?
2	Je ne sais pas à quelle heure il est arrivé	I don't know what time he arrived
	Dites-moi quels sont les livres les plus chers	Tell me which books are the most expensive
3	Quel dommage!	What a pity!
	Quelle idée!	What an idea!
	Quels livres intéressants vous avez!	What interesting books you have!
	Quelles jolies fleurs!	What nice flowers!

Possessive Adjectives

WITH SING. NOUN		WITH PLUR. NOUN	
MASC.	FEM.	MASC./FEM.	
mon	**ma (mon)**	**mes**	my
ton	**ta (ton)**	**tes**	your
son	**sa (son)**	**ses**	his; her; its
notre	**notre**	**nos**	our
votre	**votre**	**vos**	your
leur	**leur**	**leurs**	their

Possessive adjectives agree in number and gender with the noun, not with the owner → 1

The forms shown in brackets are used when the following word begins with a vowel or an **h** 'mute' → 2

son, **sa**, **ses** have the additional meaning of 'one's' → 3

Examples

1 Catherine a oublié son parapluie	Catherine has left her umbrella
Paul cherche sa montre	Paul's looking for his watch
Mon frère et ma sœur habitent à Glasgow	My brother and sister live in Glasgow
Est-ce que tes voisins ont vendu leur voiture?	Did your neighbours sell their car?
Rangez vos affaires	Put your things away
2 mon appareil-photo	my camera
ton histoire	your story
son erreur	his/her mistake
mon autre sœur	my other sister
3 perdre son équilibre	to lose one's balance
présenter ses excuses	to offer one's apologies

Position of Adjectives

French adjectives usually follow the noun → 1

Adjectives of colour or nationality *always* follow the noun → 2

As in English, demonstrative, possessive, numerical and interrogative adjectives precede the noun → 3

The adjectives **autre** (other) and **chaque** (each, every) precede the noun → 4

The following common adjectives can precede the noun:

beau beautiful
bon good
court short
dernier last
grand great
gros big
haut high
jeune young
joli pretty
long long
mauvais bad
petit small
tel such (a)
vieux old

The meaning of the following adjectives varies according to their position:

	BEFORE NOUN	AFTER NOUN
ancien	former	old, ancient → 5
brave	good	brave → 6
cher	dear (*beloved*)	expensive → 7
grand	great	tall → 8
même	same	very → 9
pauvre	poor (*wretched*)	poor (*not rich*) → 10
propre	own	clean → 11
seul	single, sole	on one's own → 12
simple	mere, simple	simple, easy → 13
vrai	real	true → 14

Adjectives following the noun are linked by **et** → 15

xamples

1	le chapitre suivant	the following chapter
	l'heure exacte	the right time
2	une cravate rouge	a red tie
	un mot français	a French word
3	ce dictionnaire	this dictionary
	mon père	my father
	le premier étage	the first floor
	deux exemples	two examples
	quel homme?	which man?
4	une autre fois	another time
	chaque jour	every day
5	un ancien collègue	a former colleague
	l'histoire ancienne	ancient history
6	un brave homme	a good man
	un homme brave	a brave man
7	mes chers amis	my dear friends
	une robe chère	an expensive dress
8	un grand peintre	a great painter
	un homme grand	a tall man
9	la même réponse	the same answer
	vos paroles mêmes	your very words
10	cette pauvre femme	that poor woman
	une nation pauvre	a poor nation
11	ma propre vie	my own life
	une chemise propre	a clean shirt
12	une seule réponse	a single reply
	une femme seule	a woman on her own
13	un simple regard	a mere look
	un problème simple	a simple problem
14	la vraie raison	the real reason
	les faits vrais	the true facts
15	un acte lâche et trompeur	a cowardly, deceitful act
	un acte lâche, trompeur et ignoble	a cowardly, deceitful and ignoble act

Personal Pronouns

	SUBJECT PRONOUNS	
	SINGULAR	PLURAL
1st person	**je (j')** I	**nous** we
2nd person	**tu** you	**vous** you
3rd person (*masc.*)	**il** he; it	**ils** they
(*fem.*)	**elle** she; it	**elles** they

je changes to **j'** before a vowel, an **h** 'mute', or the pronoun **y** → 1

tu/vous

Vous, as well as being the second person plural, is also used when addressing one person. As a general rule, use **tu** only when addressing a friend, a child, a relative, someone you know very well, or when invited to do so. In all other cases use **vous**. For singular and plural uses of **vous**, see example 2

il/elle; ils/elles

The form of the 3rd person pronouns reflects the number and gender of the noun(s) they replace, referring to animals and things as well as to people. **Ils** also replaces a combination of masculine and feminine nouns → 3

Sometimes stressed pronouns replace the subject pronouns, see page 172.

xamples

1 J'arrive!	I'm just coming!
J'en ai trois	I've got three of them
J'hésite à le déranger	I hesitate to disturb him
J'y pense souvent	I often think about it
2 Compare:	
Vous êtes certain, Monsieur Leclerc?	Are you sure, Mr Leclerc?
and:	
Vous êtes certains, les enfants?	Are you sure, children?
Compare:	
Vous êtes partie quand, Estelle?	When did you leave, Estelle?
and:	
Estelle et Sophie – vous êtes parties quand?	Estelle and Sophie – when did you leave?
3 Où logent ton père et ta mère quand ils vont à Rome?	Where do your father and mother stay when they go to Rome?
Donne-moi le journal et les lettres quand ils arriveront	Give me the newspaper and the letters when they arrive

Personal Pronouns *continued*

	DIRECT OBJECT PRONOUNS	
	SINGULAR	PLURAL
1st person	**me (m')** me	**nous** us
2nd person	**te (t')** you	**vous** you
3rd person (*masc.*)	**le (l')** him; it	**ils** them
(*fem.*)	**la (l')** her; it	**elles** them

The forms shown in brackets are used before a vowel, an **h** 'mute', or the pronoun **y** → 1

In positive commands **me** and **te** change to **moi** and **toi** except before **en** or **y** → 2

le sometimes functions as a 'neuter' pronoun, referring to an idea or information contained in a previous statement or question. It is often not translated → 3

Position of direct object pronouns

In constructions other than the imperative affirmative, the pronoun comes before the verb → 4

The same applies when the verb is in the infinitive → 5

In the imperative affirmative, the pronoun follows the verb and is attached to it by a hyphen → 6

For further information, see Order of Object Pronouns, page 170.

Reflexive Pronouns

These are dealt with under reflexive verbs, page 30.

xamples

1	Il m'a vu	He saw me
	Je ne t'oublierai jamais	I'll never forget you
	Ça l'habitue à travailler seul	That gets him/her used to working on his/her own
	Je veux l'y accoutumer	I want to accustom him/her to it
2	Avertis-moi de ta décision	Inform me of your decision
	Avertis-m'en	Inform me of it
3	Il n'est pas là. — Je le sais bien.	He isn't there. — I know that.
	Aidez-moi si vous le pouvez	Help me if you can
	Elle viendra demain. — Je l'espère bien.	She'll come tomorrow. — I hope so.
4	Je t'aime	I love you
	Les voyez-vous?	Can you see them?
	Elle ne nous connaît pas	She doesn't know us
	Est-ce que tu ne les aimes pas?	Don't you like them?
	Ne me faites pas rire	Don't make me laugh
5	Puis-je vous aider?	May I help you?
6	Aidez-moi	Help me
	Suivez-nous	Follow us

Personal Pronouns *continued*

	INDIRECT OBJECT PRONOUNS	
	SINGULAR	PLURAL
1st person	**me (m')**	**nous**
2nd person	**te (t')**	**vous**
3rd person (*masc.*)	**lui**	**leur**
(*fem.*)	**lui**	**leur**

me and **te** change to **m'** and **t'** before a vowel or an **h** 'mute' → 1

In positive commands, **me** and **te** change to **moi** and **toi** except before **en** → 2

The pronouns shown in the above table replace the preposition **à** + *noun*, where the noun is a person or an animal → 3

The verbal construction affects the translation of the pronoun → 4

Position of indirect object pronouns

In constructions other than the imperative affirmative, the pronoun comes before the verb → 5

The same applies when the verb is in the infinitive → 6

In the imperative affirmative, the pronoun follows the verb and is attached to it by a hyphen → 7

For further information, see Order of Object Pronouns, page 170.

Reflexive Pronouns

These are dealt with under reflexive verbs, page 30.

Examples

1	Tu m'as donné ce livre	You gave me this book
	Ils t'ont caché les faits	They hid the facts from you
2	Donnez-moi du sucre	Give me some sugar
	Donnez-m'en	Give me some
	Garde-toi assez d'argent	Keep enough money for yourself
	Garde-t'en assez	Keep enough for yourself
3	J'écris à Suzanne	I'm writing to Suzanne
	Je lui écris	I'm writing to her
	Donne du lait au chat	Give the cat some milk
	Donne-lui du lait	Give it some milk
4	arracher qch à qn:	to snatch sth from sb:
	Un voleur m'a arraché mon porte-monnaie	A thief snatched my purse from me
	promettre qch à qn:	to promise sb sth:
	Il leur a promis un cadeau	He promised them a present
	demander à qn de faire:	to ask sb to do:
	Elle nous avait demandé de revenir	She had asked us to come back
5	Elle vous a écrit	She's written to you
	Vous a-t-elle écrit?	Has she written to you?
	Il ne nous parle pas	He doesn't speak to us
	Est-ce que cela ne vous intéresse pas?	Doesn't it interest you?
	Ne leur répondez pas	Don't answer them
6	Voulez-vous leur envoyer l'adresse?	Do you want to send them the address?
7	Répondez-moi	Answer me
	Donnez-nous la réponse	Tell us the answer

Personal Pronouns *continued*

Order of object pronouns

When two object pronouns of different persons come before the verb, the order is: indirect before direct, i.e.

me			
te		**le**	
nous	before	**la**	→ 1
vous		**les**	

When two 3rd person object pronouns come before the verb, the order is: direct before indirect, i.e.

le			
la	before	**lui**	→ 2
les		**leur**	

When two object pronouns come after the verb (i.e. in the imperative affirmative), the order is: direct before indirect, i.e.

		moi	
		toi	
le		**lui**	
la	before	**nous**	→ 3
les		**vous**	
		leur	

The pronouns **y** and **en** (see pages 176 and 174) always come last → 4

xamples

1	Dominique vous l'envoie demain	Dominique's sending it to you tomorrow
	Est-ce qu'il te les a montrés?	Has he shown them to you?
	Ne me le dis pas	Don't tell me (it)
	Il ne veut pas nous la prêter	He won't lend it to us
2	Elle le leur a emprunté	She borrowed it from them
	Je les lui ai lus	I read them to him/her
	Ne la leur donne pas	Don't give it to them
	Je voudrais les lui rendre	I'd like to give them back to him/ her
3	Rends-les-moi	Give them back to me
	Donnez-le-nous	Give it to us
	Apportons-les-leur	Let's take them to them
4	Donnez-leur-en	Give them some
	Je l'y ai déposé	I dropped him there
	Ne nous en parlez plus	Don't speak to us about it any more

Personal Pronouns *continued*

	STRESSED OR DISJUNCTIVE PRONOUNS	
	SINGULAR	PLURAL
1st person	**moi** me	**nous** us
2nd person	**toi** you	**vous** you
3rd person (*masc.*)	**lui** him; it	**eux** them
(*fem.*)	**elle** her; it	**elles** them
(*reflexive*)	**soi** oneself	

These pronouns are used:

- after prepositions → 1
- on their own → 2
- following **c'est**, **ce sont** it is → 3
- for emphasis, especially where contrast is involved → 4
- when the subject consists of two or more pronouns → 5
- when the subject consists of a pronoun and a noun → 6
- in comparisons → 7
- before relative pronouns → 8

For particular emphasis **-même** (*singular*) or **-mêmes** (*plural*) is added to the pronoun → 9

moi-même myself	**nous-mêmes** ourselves
toi-même yourself	**vous-même** yourself
lui-même himself; itself	**vous-mêmes** yourselves
elle-même herself; itself	**eux-mêmes** themselves
soi-même oneself	**elles-mêmes** themselves

xamples

1	Je pense à toi	I think about you
	Partez sans eux	Leave without them
	C'est pour elle	This is for her
	Assieds-toi à côté de lui	Sit beside him
	Venez avec moi	Come with me
	Il a besoin de nous	He needs us
2	Qui a fait cela? — Lui.	Who did that? — He did.
	Qui est-ce qui gagne? — Moi.	Who's winning? — Me.
3	C'est toi, Simon? — Non, c'est moi, David.	Is that you, Simon? — No, it's me, David.
	Qui est-ce? — Ce sont eux.	Who is it? — It's them.
4	Ils voyagent séparément: lui par le train, elle en autobus	They travel separately: he by train and she by bus
	Toi, tu ressembles à ton père, eux pas	You look like your father, they don't
	Il n'a pas l'air de s'ennuyer, lui!	He doesn't look bored!
5	Lui et moi partons demain	He and I are leaving tomorrow
	Ni vous ni elles ne pouvez rester	Neither you nor they can stay
6	Mon père et elle ne s'entendent pas	My father and she don't get on
7	plus jeune que moi	younger than me
	Il est moins grand que toi	He's smaller than you (are)
8	Moi, qui étais malade, je n'ai pas pu les accompagner	I, who was ill, couldn't go with them
	Ce sont eux qui font du bruit, pas nous	They're the ones making the noise, not us
9	Je l'ai fait moi-même	I did it myself

The pronoun en

en replaces the preposition **de** + *noun* → 1

The verbal construction can affect the translation → 2

en also replaces the partitive article (English = some, any) + *noun* → 3

In expressions of quantity en represents the noun → 4

Position: **en** comes before the verb, except in positive commands when it follows and is attached to the verb by a hyphen → 5

en follows other object pronouns → 6

Examples

1	Il est fier de son succès	He's proud of his success
	Il en est fier	He's proud of it
	Elle est sortie du cinéma	She came out of the cinema
	Elle en est sortie	She came out (of it)
	Je suis couvert de peinture	I'm covered in paint
	J'en suis couvert	I'm covered in it
	Il a beaucoup d'amis	He has lots of friends
	Il en a beaucoup	He has lots (of them)
2	avoir besoin de qch:	to need sth:
	J'en ai besoin	I need it/them
	avoir peur de qch:	to be afraid of sth:
	J'en ai peur	I'm afraid of it/them
3	Avez-vous de l'argent?	Do you have any money?
	En avez-vous?	Do you have any?
	Je veux acheter des timbres	I want to buy some stamps
	Je veux en acheter	I want to buy some
4	J'ai deux crayons	I've two pencils
	J'en ai deux	I've two (of them)
	Combien de sœurs as-tu? — J'en ai trois.	How many sisters do you have? — I have three.
5	Elle en a discuté avec moi	She discussed it with me
	En êtes-vous content?	Are you pleased with it/them?
	Je veux an garder trois	I want to keep three of them
	N'en parlez plus	Don't talk about it any more
	Prenez-en	Take some
	Soyez-en fier	Be proud of it/them
6	Donnez-leur-en	Give them some
	Il m'en a parlé	He spoke to me about it

The pronoun y

y replaces the preposition **à** + *noun* → 1

The verbal construction can affect the translation → 2

y also replaces the prepositions **dans** and **sur** + *noun* → 3

y can also mean 'there' → 4

Position: **y** comes before the verb, except in positive commands when it follows and is attached to the verb by a hyphen → 5

y follows other object pronouns → 6

Examples

1	Ne touchez pas à ce bouton	Don't touch this switch
	N'y touchez pas	Don't touch it
	Il participe aux concerts	He takes part in the concerts
	Il y participe	He takes part (in them)
2	penser à qch:	to think about sth:
	J'y pense souvent	I often think about it
	consentir à qch:	to agree to sth:
	Tu y as consenti?	Have you agreed to it?
3	Mettez-les dans la boîte	Put them in the box
	Mettez-les-y	Put them in it
	Il les a mis sur les étagères	He put them on the shelves
	Il les y a mis	He put them on them
	J'ai placé de l'argent sur ce compte	I've put money into this account
	J'y ai placé de l'argent	I've put money into it
4	Elle y passe tout l'été	She spends the whole summer there
5	Il y a ajouté du sucre	He added sugar to it
	Elle n'y a pas écrit son nom	She hasn't written her name on it
	Comment fait-on pour y aller?	How do you get there?
	N'y pense plus!	Don't give it another thought!
	Restez-y	Stay there
	Réfléchissez-y	Think it over
6	Elle m'y a conduit	She drove me there
	Menez-nous-y	Take us there

Indefinite Pronouns

The following are indefinite pronouns:

aucun(e) none, not any → ❶
certain(e)s some, certain → ❷
chacun(e) each (one); everybody → ❸
on one, you; somebody; they, people; we (*informal use*) → ❹
personne nobody → ❺
plusieurs several → ❻
quelque chose something; anything → ❼
quelques-un(e)s some, a few → ❽
quelqu'un somebody; anybody → ❾
rien nothing → ❿
tout all; everything → ⓫
tous (toutes) all → ⓬
l'un(e) ... l'autre (the) one ... the other
les un(e)s ... les autres some ... others → ⓭

aucun(e), personne, rien
When used as subject or object of the verb, these require the word **ne** placed immediately before the verb. Note that **aucun** further needs the pronoun **en** when used as an object → ⓮

quelque chose, rien
When qualified by an adjective, these pronouns require the preposition **de** before the adjective → ⓯

xamples

1	Combien en avez-vous? — Aucun.	How many have you got? — None.
2	Certains pensent que ...	Some (people) think that ...
3	Chacune de ces boîtes est pleine	Each of these boxes is full
	Chacun son tour!	Everybody in turn!
4	On voit l'église de cette fenêtre	You can see the church from this window
	En semaine on se couche tôt	During the week they/we go to bed early
	Est-ce qu'on lui a permis de rester?	Was he/she allowed to stay?
5	Qui voyez-vous? — Personne.	Who can you see? — Nobody.
6	Ils sont plusieurs	There are several of them
7	Mange donc quelque chose!	Eat something!
	Tu as vu quelque chose?	Did you see anything?
8	Je connais quelques-uns de ses amis	I know some of his/her friends
9	Quelqu'un a appelé	Somebody called (out)
	Tu as vu quelqu'un?	Did you see anybody?
10	Qu'est-ce que tu as dans la main? — Rien.	What have you got in your hand? — Nothing.
11	Il a tout gâché	He has spoiled everything
	Tout va bien	All's well
12	Tu les as tous?	Do you have all of them?
	Elles sont toutes venues	They all came
13	Les uns sont satisfaits, les autres pas	Some are satisfied, (the) others aren't
14	Je ne vois personne	I can't see anyone
	Rien ne lui plaît	Nothing pleases him/her
	Aucune des entreprises ne veut ...	None of the companies wants ...
	Il n'en a aucun	He hasn't any (of them)
15	quelque chose de grand	something big
	rien d'intéressant	nothing interesting

Relative Pronouns

qui who; which
que who(m); which
These are subject and direct object pronouns that introduce a clause and refer to people or things.

	PEOPLE	THINGS
SUBJECT	**qui**	**qui**
	who, that → 1	which, that → 3
DIRECT OBJECT	**que (qu')**	**que (qu')**
	who(m), that → 2	which, that → 4

que changes to **qu'** before a vowel → 2/4

You cannot omit the object relative pronoun in French as you can in English → 2/4

After a preposition:

When referring to people, use **qui** → 5

EXCEPTIONS: after **parmi** 'among' and **entre** 'between' use **lesquels/ lesquelles**; see below → 6

When referring to things, use forms of **lequel**:

	MASCULINE	FEMININE	
SING.	**lequel**	**laquelle**	which
PLUR.	**lesquels**	**lesquelles**	which

The pronoun agrees in number and gender with the noun → 7

After the prepositions **à** and **de**, **lequel** and **lesquel(le)s** contract as follows:

à + lequel → **auquel**
à + lesquels → **auxquels** → 8
à + lesquelles → **auxquelles**

de + lequel → **duquel**
de + lesquels → **desquels** → 9
de + lesquelles → **desquelles**

xamples

1	Mon frère, qui a vingt ans, est à l'université	My brother, who's twenty, is at university
2	Les amis que je vois le plus sont …	The friends (that) I see most are …
	Lucienne, qu'il connaît depuis longtemps, est …	Lucienne, whom he has known for a long time, is …
3	Il y a un escalier qui mène au toit	There's a staircase which leads to the roof
4	La maison que nous avons achetée a …	The house (which) we've bought has …
	Voici le cadeau qu'elle m'a envoyé	This is the present (that) she sent me
5	la personne à qui il parle	the person he's talking to
	la personne avec qui je voyage	the person with whom I travel
	les enfants pour qui je l'ai acheté	the children for whom I bought it
6	Il y avait des jeunes, parmi lesquels Robert	There were some young people, Robert among them
	les filles entre lesquelles j'étais assis	the girls between whom I was sitting
7	le torchon avec lequel il l'essuie	the cloth with which he's wiping it
	la table sur laquelle je l'ai mis	the table on which I put it
	les moyens par lesquels il l'accomplit	the means by which he achieves it
	les pièces pour lesquelles elle est connue	the plays for which she is famous
8	le magasin auquel il livre ces marchandises	the shop to which he delivers these goods
9	les injustices desquelles il se plaint	the injustices about which he's complaining

Relative Pronouns *continued*

quoi which, what

When the relative pronoun does not refer to a specific noun, **quoi** is used after a preposition → 1

dont whose, of whom, of which

dont often (but not always) replaces **de qui**, **duquel**, **de laquelle**, and **desquel(le)s** → 2

It cannot replace **de qui**, **duquel** *etc* in the construction *preposition + noun* + **de qui/duquel** → 3

Examples

1 C'est en quoi vous vous trompez — That's where you're wrong
À quoi, j'ai répondu ... — To which I replied, ...

2 la femme dont (= *de qui*) la voiture est garée en face — the woman whose car is parked opposite
un prix dont (= *de qui*) je suis fier — an award I am proud of
un ami dont (= *de qui*) je connais le frère — a friend whose brother I know
les enfants dont (= *de qui*) vous vous occupez — the children you look after
le film dont (= *duquel*) il a parlé — the film of which he spoke
la fenêtre dont (= *de laquelle*) les rideaux sont tirés — the window the curtains of which are drawn
des garçons dont (= *desquels*) j'ai oublié les noms — boys whose names I've forgotten
les maladies dont (= *desquelles*) il souffre — the illnesses he suffers from

3 une personne sur l'aide de qui on peut compter — a person whose help one can rely on
les enfants aux parents de qui j'écris — the children to whose parents I'm writing
la maison dans le jardin de laquelle il y a ... — the house in whose garden there is ...

Relative Pronouns *continued*

ce qui, ce que that which, what

These are used when the relative pronoun does not refer to a specific noun, and they are often translated as 'what' (*literally*: that which):

ce qui is used as the subject → ❶

ce que* is used as the direct object → ❷

* **que** changes to **qu'** before a vowel → ❷

Note the construction:
tout ce qui
tout ce que everything/all that → ❸

de + ce que → **ce dont** → ❹

preposition + **ce que** → **ce** + *preposition* + **quoi** → ❺

When **ce qui**, **ce que** etc, refers to a previous clause the translation is 'which' → ❻

xamples

1	Ce qui m'intéresse ne l'intéresse pas forcément	What interests me doesn't necessarily interest him
	Je n'ai pas vu ce qui s'est passé	I didn't see what happened
2	Ce que j'aime c'est la musique classique	What I like is classical music
	Montrez-moi ce qu'il vous a donné	Show me what he gave you
3	Tout ce qui reste c'est ...	All that's left is ...
	Donnez-moi tout ce que vous avez	Give me everything you have
4	Il risque de perdre ce dont il est si fier	He risks losing what he's so proud of
	Voilà ce dont il s'agit	That's what it's about
5	Ce n'est pas ce à quoi je m'attendais	It's not what I was expecting
	Ce à quoi je m'intéresse particulièrement c'est ...	What I'm particularly interested in is ...
6	Il est d'accord, ce qui m'étonne	He agrees, which surprises me
	Il a dit qu'elle ne venait pas, ce que nous savions déjà	He said she wasn't coming, which we already knew

Interrogative Pronouns

These pronouns are used in direct questions:
qui? who; whom?
que? what?
quoi? what?

The form of the pronoun depends on:
- whether it refers to people or to things
- whether it is the subject or object of the verb, or if it comes after a preposition

Qui and **que** have longer forms, as shown in the tables below.

Referring to people:

SUBJECT	**qui?**	who? → 1
	qui est-ce qui?	
OBJECT	**qui?**	who(m)? → 2
	qui est-ce que*?	
AFTER PREPOSITIONS	**qui?**	who(m)? → 3

Referring to things:

SUBJECT	**qu'est-ce qui?**	what? → 4
OBJECT	**que*?**	what? → 5
	qu'est-ce que*?	
AFTER PREPOSITIONS	**quoi?**	what? → 6

* **que** changes to **qu'** before a vowel → 2/5

xamples

1. Qui vient? — Who's coming?
   Qui est-ce qui vient?

2. Qui vois-tu? — Who(m) can you see?
   Qui est-ce que tu vois?
   Qui a-t-elle rencontré? — Who(m) did she meet?
   Qui est-ce qu'elle a rencontré?

3. De qui parle-t-il? — Who's he talking about?
   Pour qui est ce livre? — Who's this book for?
   À qui avez-vous écrit? — To whom did you write?

4. Qu'est-ce qui se passe? — What's happening?
   Qu'est-ce qui a vexé Paul? — What upset Paul?

5. Que faites-vous? — What are you doing?
   Qu'est-ce que vous faites?
   Qu'a-t-il dit? — What did he say?
   Qu'est-ce qu'il a dit?

6. À quoi cela sert-il? — What's that used for?
   De quoi a-t-on parlé? — What was the discussion about?
   Sur quoi vous basez-vous? — What do you base it on?

Interrogative Pronouns *continued*

These pronouns are used in indirect questions:

qui who; whom
ce qui what
ce que what
quoi what

The form of the pronoun depends on:

- whether it refers to people or to things
- whether it is the subject or object of the verb, or if it comes after a preposition

Referring to people: use **qui** in all instances → 1

Referring to things:

SUBJECT	**ce qui**	what → 2
OBJECT	**ce que***	what → 3
AFTER PREPOSITIONS	**quoi?**	what → 4

* **que** changes to **qu'** before a vowel → 3

xamples

1	Demande-lui qui est venu	Ask him who came
	Je me demande qui ils ont vu	I wonder who they saw
	Dites-moi qui vous préférez	Tell me who you prefer
	Elle ne sait pas à qui s'adresser	She doesn't know who to apply to
	Demandez-leur pour qui elles travaillent	Ask them who they work for
2	Il se demande ce qui se passe	He's wondering what's happening
	Je ne sais pas ce qui vous fait croire que ...	I don't know what makes you think that ...
3	Raconte-nous ce que tu as fait	Tell us what you did
	Je me demande ce qu'elle pense	I wonder what she's thinking
4	On ne sait pas de quoi vivent ces animaux	We don't know what these animals live on
	Je vais lui demander à quoi il fait allusion	I'm going to ask him what he's hinting at

Interrogative Pronouns *continued*

lequel/laquelle, lesquels/lesquelles?

	MASCULINE	FEMININE	
SING.	**lequel?**	**laquelle?**	which (one)?
PLUR.	**lesquels?**	**lesquelles?**	which (ones)?

The pronoun agrees in number and gender with the noun it refers to → 1

The same forms are used in indirect questions → 2

After the prepositions **à** and **de**, **lequel** and **lesquel(le)s** contract as follows:

à + lequel? → auquel?
à + lesquels? → auxquels?
à + lesquelles? → auxquelles?

de + lequel? → duquel?
de + lesquels? → desquels?
de + lesquelles? → desquelles?

xamples

1 J'ai choisi un livre. — Lequel?	I've chosen a book. — Which one?
Laquelle de ces valises est la vôtre?	Which of these cases is yours?
Amenez quelques amis. — Lesquels?	Bring some friends. — Which ones?
Lesquelles de vos sœurs sont mariées?	Which of your sisters are married?
2 Je me demande laquelle des maisons est la leur	I wonder which is their house
Dites-moi lesquels d'entre eux étaient là	Tell me which of them were there

Possessive Pronouns

Singular:

MASCULINE	FEMININE	
le mien	**la mienne**	mine
le tien	**la tienne**	yours
le sien	**la sienne**	his; hers; its
le nôtre	**la nôtre**	ours
le vôtre	**la vôtre**	yours
le leur	**la leur**	theirs

Plural:

MASCULINE	FEMININE	
le miens	**la miennes**	mine
le tiens	**la tiennes**	yours
le siens	**la siennes**	his; hers; its
le nôtres	**la nôtres**	ours
le vôtres	**la vôtres**	yours
le leurs	**la leurs**	theirs

The pronoun agrees in number and gender with the noun it replaces, not with the owner → (1)

Alternative translations are 'my own', 'your own' etc; **le sien**, **la sienne** *etc* may also mean 'one's own' → (2)

After the prepositions **à** and **de** the articles **le** and **les** are contracted in the normal way (see page 140):

à + le mien → **au mien**
à + les miens → **aux miens** → (3)
à + les miennes → **aux miennes**

de + le mien → **du mien**
de + les miens → **des miens** → (4)
de + les miennes → **des miennes**

xamples

1 Demandez à Carole si ce stylo est le sien	Ask Carole if this pen is hers
Quelle équipe a gagné – la leur ou la nôtre?	Which team won – theirs or ours?
Mon portable est plus rapide que le tien	My laptop is faster than yours
Richard a pris mes affaires pour les siennes	Richard mistook my belongings for his
Si tu n'as pas de DVDs, emprunte les miens	If you don't have any DVDs, borrow mine
Nos maisons sont moins grandes que les vôtres	Our houses are smaller than yours
2 Est-ce que leur entreprise est aussi grande que la vôtre?	Is their company as big as your own?
Leurs prix sont moins élevés que les nôtres	Their prices are lower than our own
Le bonheur des autres importe plus que le sien	Other people's happiness matters more than one's own
3 Pourquoi préfères-tu ce manteau au mien?	Why do you prefer this coat to mine?
Quelles maisons ressemblent aux leurs?	Which houses resemble theirs?
4 Leur voiture est garée à côté de la tienne	Their car is parked next to yours
Vos livres sont au-dessus des miens	Your books are on top of mine

Demonstrative Pronouns

celui/celle, ceux/celles

	MASCULINE	FEMININE	
SING.	**celui**	**celle**	the one
PLUR.	**ceux**	**celles**	the ones

The pronoun agrees in number and gender with the noun it replaces → 1

Uses:

- preceding a relative pronoun, meaning 'the one(s) who/which' → 1
- preceding the preposition **de**, meaning 'the one(s) belonging to', 'the one(s) of' → 2
- with **-ci** and **-là**, for emphasis or to distinguish between two things:

	MASCULINE	FEMININE		
SING.	**celui-ci**	**celle-ci**	this (one)	→ 3
PLUR.	**ceux-ci**	**celles-ci**	these (ones)	
	MASCULINE	FEMININE		
SING.	**celui-là**	**celle-là**	that (one)	→ 3
PLUR.	**ceux-là**	**celles-là**	those (ones)	

- an additional meaning of **celui-ci/celui-là** *etc* is 'the former/the latter'.

xamples

1	Lequel? — Celui qui parle à Anne.	Which man? — The one who's talking to Anne.
	Quelle robe désirez-vous? — Celle qui est en vitrine.	Which dress do you want? — The one which is in the window.
	Est-ce que ces livres sont ceux qu'il t'a donnés?	Are these the books that he gave you?
	Quelles filles? — Celles que nous avons vues hier.	Which girls? — The ones we saw yesterday.
	Cet article n'est pas celui dont vous m'avez parlé	This article isn't the one you spoke to me about
2	Ce jardin est plus grand que celui de mes parents	This garden is bigger than my parents' (garden)
	Est-ce que ta fille est plus âgée que celle de Gabrielle?	Is your daughter older than Gabrielle's (daughter)?
	Je préfère les chiens de Paul à ceux de Roger	I prefer Paul's dogs to Roger's (dogs)
	Comparez vos réponses à celles de votre voisin	Compare your answers with your neighbour's (answers)
	les montagnes d'Écosse et celles du pays de Galles	the mountains of Scotland and those of Wales
3	Quel tailleur préférez-vous: celui-ci ou celui-là?	Which suit do you prefer: this one or that one?
	Cette chemise a deux poches mais celle-la n'en a pas	This shirt has two pockets but that one has none
	Quels œufs choisirais-tu: ceux-ci ou ceux-là?	Which eggs would you choose: these (ones) or those (ones)?
	De toutes mes jupes, celle-ci me va le mieux	Of all my skirts, this one fits me best

Demonstrative Pronouns *continued*

ce (c') it, that

Usually used with **être**, in the expressions **c'est**, **c'était**, **ce sont** *etc* → ❶

Note the spelling **ç**, when followed by the letter **a** → ❷

Uses:
- to identify a person or object → ❸
- for emphasis → ❹
- as a neuter pronoun, referring to a statement, idea *etc* → ❺

ce qui, **ce que**, **ce dont** *etc*: see Relative Pronouns (page 184), and Interrogative Pronouns (page 188).

cela, **ça** it, that

cela and **ça** are used as 'neuter' pronouns, referring to a statement, an idea, an object → ❻

In everyday spoken language **ça** is used in preference to **cela**.

ceci this → ❼

ceci is not used as often as 'this' in English; **cela**, **ça** are often used where we use 'this'.

xamples

1	C'est ...	It's/That's ...
	C'était moi	It was me
2	Ç'a été la cause de ...	It has been cause of ...
3	Qui est-ce?	Who is it?; Who's this/that?; Who's he/she?
	C'est lui/mon frère/nous	It's/That's him/my brother/us
	Ce sont eux	It's them
	C'est une infirmière*	She's a nurse
	Ce sont des professeurs*	They're teachers
	Qu'est-ce que c'est?	What's this/that?
	Qu'est-ce que c'est que ça?	What's that?
	C'est une agrafeuse	It's a stapler
	Ce sont des trombones	They're paper clips
4	C'est moi qui ai téléphoné	It was me who phoned
	Ce sont les enfants qui importent le plus	It's the children who matter most
5	C'est très intéressant	That's/It's very interesting
	Ce serait dangereux	That/It would be dangerous
6	Ça ne fait rien	It doesn't matter
	À quoi bon faire ça?	What's the use of doing that?
	Cela ne compte pas	That doesn't count
	Cela demande du temps	It/That takes time
7	À qui est ceci?	Whose is this?
	Ouvrez-le comme ceci	Open it like this

* See pages 146 and 147 for the use of the article when stating a person's profession

Adverbs

Formation

Most adverbs are formed by adding **-ment** to the feminine form of the adjective → 1

-ment is added to the *masculine* form when the masculine form ends in **-é**, **-i** or **-u** → 2
EXCEPTION: **gai** → 3

Occasionally the **u** changes to **û** before **-ment** is added → 4

If the adjective ends in **-ant** or **-ent**, the adverb ends in **-amment** or **-emment** → 5
EXCEPTIONS: **lent, présent** → 6

Irregular Adverbs

ADJECTIVE	ADVERB
aveugle blind	**aveuglément** blindly
bon good	**bien** well → 7
bref brief	**brièvement** briefly
énorme enormous	**énormément** enormously
exprès express	**expressément** expressly → 8
gentil kind	**gentiment** kindly
mauvais bad	**mal** badly → 9
meilleur better	**mieux** better
pire worse	**pis** worse
précis precise	**précisément** precisely
profond deep	**profondément** deeply → 10
traître treacherous	**traîtreusement** treacherously

Adjectives used as adverbs

Certain adjectives are used adverbially. These include: **bas, bon, cher, clair, court, doux, droit, dur, faux, ferme, fort, haut, mauvais** and **net** → 11

xamples

1	MASC./FEM. ADJECTIVE	ADVERB
	heureux/heureuse fortunate	heureusement fortunately
	franc/franche frank	franchement frankly
	extrême/extrême extreme	extrêmement extremely
2	MASC. ADJECTIVE	ADVERB
	désespéré desperate	désespérément desperately
	vrai true	vraiment truly
	résolu resolute	résolument resolutely
3	gai cheerful	gaiement *or* gaîment cheerfully
4	continu continuous	continûment continuously
5	constant constant	constamment constantly
	courant fluent	couramment fluently
	évident obvious	évidemment obviously
	fréquent frequent	fréquemment frequently
6	lent slow	lentement slowly
	présent present	présentement presently
7	Elle travaille bien	She works well
8	Il a expressément défendu qu'on parte	He has expressly forbidden us to leave
9	un emploi mal payé	a badly paid job
10	J'ai été profondément ému	I was deeply moved
11	parler bas/haut	to speak softly/loudly
	coûter cher	to be expensive
	voir clair	to see clearly
	travailler dur	to work hard
	chanter faux	to sing off key
	sentir bon/mauvais	to smell nice/horrible

Position of Adverbs

When the adverb accompanies a verb in a simple tense, it generally follows the verb → 1

When the adverb accompanies a verb in a compound tense, it generally comes between the auxiliary verb and the past participle → 2

Some adverbs, however, follow the past participle → 3

When the adverb accompanies an adjective or another adverb it generally precedes the adjective/adverb → 4

Comparatives of Adverbs

These are formed using the following constructions:

plus ... (que) more ... (than) → 5
moins ... (que) less ... (than) → 6
aussi ... que as ... as → 7
si ... que* as ... as → 8

* used mainly after a negative

Superlatives of Adverbs

These are formed using the following constructions:

le plus ... (que) the most ... (that) → 9
le moins ... (que) the least ... (that) → 10

Adverbs with irregular comparatives/superlatives

ADVERB	COMPARATIVE	SUPERLATIVE
beaucoup a lot	**plus** more	**le plus** (the) most
bien well	**mieux** better	**le mieux** (the) best
mal badly	**pis/plus mal** worse	**le pis/plus mal** (the) worst
peu little	**moins** less	**le moins** (the) least

xamples

	Il dort encore	He's still asleep
	Je pense souvent à toi	I often think about you
	Ils sont déjà partis	They've already gone
	J'ai toujours cru que ...	I've always thought that ...
	J'ai presque fini	I'm almost finished
	Il a trop mangé	He's eaten too much
3	On les a vus partout	We saw them everywhere
	Elle est revenue hier	She came back yesterday
4	un très beau chemisier	a very nice blouse
	une femme bien habillée	a well-dressed woman
	beaucoup plus vite	much faster
	peu souvent	not very often
5	plus vite	more quickly
	plus régulièrement	more regularly
	Elle chante plus fort que moi	She sings louder than I do
6	moins facilement	less easily
	moins souvent	less often
	Nous nous voyons moins fréquemment qu'auparavant	We see each other less frequently than before
7	Faites-le aussi vite que possible	Do it as quickly as possible
	Il en sait aussi long que nous	He knows as much about it as we do
8	Ce n'est pas si loin que je pensais	It's not as far as I thought
9	Marianne court le plus vite	Marianne runs fastest
10	Le plus tôt que je puisse venir c'est samedi	The earliest that I can come is Saturday
11	C'est l'auteur que je connais le moins bien	He's the writer I'm least familiar with

Common adverbs and their usage

Some common adverbs:

assez enough; quite → 1 *See also below*
aussi also, too; as → 2
autant as much → 3 *See also below*
beaucoup a lot; much → 4 *See also below*
bien well; very; very much; 'indeed' → 5 *See also below*
combien how much; how many → 6 *See also below*
comme how; what → 7
déjà already; before → 8
encore still; yet; more; even → 9
moins less → 10 *See also below*
peu little, not much; not very → 11 *See also below*
plus more → 12 *See also below*
si so; such → 13
tant so much → 14 *See also below*
toujours always; still → 15
trop too much; too → 16 *See also below*

assez, **autant**, **beaucoup**, **combien** *etc* are used in the construction *adverb* + **de** + *noun* with the following meanings:

assez de enough → 17
autant de as much; as many; so much; so many
beaucoup de a lot of
combien de how much; how many
moins de less; fewer → 17
peu de little, not much; few, not many
plus de more
tant de so much; so many
trop de too much; too many

bien can be followed by a partitive article (see page 144) plus a noun to mean *a lot of*; *a good many* → 18

xamples

1	Avez-vous assez chaud?	Are you warm enough?
	Il est assez tard	It's quite late
2	Je préfère ça aussi	I prefer it too
	Elle est aussi grande que moi	She is as tall as I am
3	Je voyage autant que lui	I travel as much as him
4	Tu lis beaucoup?	Do you read a lot?
	C'est beaucoup plus loin?	Is it much further?
5	Bien joué!	Well played!
	Je suis bien content que ...	I'm very pleased that ...
	Il s'est bien amusé	He enjoyed himself very much
	Je l'ai bien fait	I DID do it
6	Combien coûte ce livre?	How much is this book?
	Vous êtes combien?	How many of you are there?
7	Comme tu es jolie!	How pretty you look!
	Comme il fait beau!	What lovely weather!
8	Je l'ai déjà fait	I've already done it
	Êtes-vous déjà allé en France?	Have you been to France before?
9	J'en ai encore deux	I've still got two
	Elle n'est pas encore là	She isn't there yet
	Encore du café, Alain?	More coffee, Alan?
	Encore mieux!	Even better!
10	Travaillez moins!	Work less!
	Je suis moins étonné que toi	I'm less surprised than you are
11	Elle mange peu	She doesn't eat very much
	C'est peu important	It's not very important
12	Il se détend plus	He relaxes more
	Elle est plus timide que Sophie	She is shyer than Sophie
13	Simon est si charmant	Simon is so charming
	une si belle vue	such a lovely view
14	Elle l'aime tant	She loves him so much
15	Il dit toujours ça!	He always says that!
	Tu le vois toujours?	Do you still see him?
16	J'ai trop mangé	I've eaten too much
	C'est trop cher	It's too expensive
17	assez d'argent/de livres	enough money/books
	moins de temps/d'amis	less time/fewer friends
18	bien du mal/des gens	a lot of harm/a good many people

Prepositions

On the following pages you will find some of the most frequent uses of prepositions in French. Particular attention is paid to cases where usage differs markedly from English. It is often difficult to give an English equivalent for French prepositions, since usage does vary so much between the two languages.

In the list below, the broad meaning of the preposition is given on the left with examples of usage following.

Prepositions are dealt with in alphabetical order, except **à**, **de** and **en** which are shown first.

à

at — **lancer qch à qn** to throw sth at sb
il habite à St Pierre he lives at St Pierre
à 2 euros (la) pièce (at) 2 euros each
à 100 km à l'heure at 100 km per hour

in — **à la campagne** in the country
à Londres in London
au lit in bed (*also* to bed)
un livre à la main with a book in his/her hand

on — **un tableau au mur** a picture on the wall

to — **aller au cinéma** to go to the cinema
donner qch à qn to give sth to sb
le premier/dernier à faire the first/last to do
demander qch à qn to ask sb sth

from — **arracher qch à qn** to snatch sth from sb
acheter qch à qn to buy sth from sb
cacher qch à qn to hide sth from sb
emprunter qch à qn to borrow sth from sb
prendre qch à qn to take sth from sb
voler qch à qn to steal sth from sb

scriptive	**la femme au chapeau vert** the woman with the green hat **un garçon aux yeux bleus** a boy with blue eyes
anner, means	**à l'ancienne** in the old-fashioned way **fait à la main** handmade **à bicyclette/cheval** by bicycle/on horseback (*but note other forms of transport used with* **en** *and* **par**) **à pied** on foot **chauffer au gaz** to heat with/by gas **à pas lents** with slow steps **cuisiner au beurre** to cook with butter
time, date: at, in	**à minuit** at midnight **à trois heures cinq** at five past three **au 20ème siècle** in the 20th century **à Noël/Pâques** at Christmas/Easter
distance	**à 6 km d'ici** (at a distance of) 6 km from here **à deux pas de chez moi** just a step from my place
destined for	**une tasse à thé** a teacup (*compare* **une tasse de thé**) **un service à café** a coffee service
after certain adjectives	**son écriture est difficile à lire** his writing is difficult to read (*compare the usage with* **de**, *page* 206) **prêt à tout** ready for anything
after certain verbs	see page 64

de

from	**venir de Londres** to come from London **du matin au soir** from morning till night **du 21 juin au 5 juillet** from 21st June till 5th July **de 10 à 15** from 10 to 15
belonging to, of	**un ami de la famille** a friend of the family **les vents d'automne** the autumn winds
contents, composition, material	**une boîte d'allumettes** a box of matches **une tasse de thé** a cup of tea (*compare* **une tasse à thé**) **une robe de soie** a silk dress
manner	**d'une façon irrégulière** in an irregular way **d'un seul coup** at one go
quality	**la société de consommation** the consumer society **des objets de valeur** valuable items
comparative + a number	**Il y avait plus/moins de cent personnes** There were more/fewer than a hundred people
in (*after superlatives*)	**la plus/moins belle ville du monde** the most/least beautiful city in the world
after certain adjectives	**surpris de voir** surprised to see **Il est difficile d'y accéder** Access is difficult (*compare the usage with* **à**, *page* 205)
after certain verbs	see page 64

n

), in, on (*place*)	**en ville** in/to town **en pleine mer** on the open sea **en France** in/to France (*note that masculine countries use* **à**)
n (*dates, months*)	**en 2007** in 2007 **en janvier** in January
transport	**en voiture** by car **en avion** by plane (*but note usage of* **à** *and* **par** *in other expressions*)
language	**en français** in French
duration	**Je le ferai en trois jours** I'll do it in three days (i.e. I'll take 3 days to do it: *compare* **dans trois jours**)
material	**un bracelet en or** a bracelet made of gold (*note that the use of* **en** *stresses the material more than the use of* **de**) **consister en** to consist of
in the manner of, like a	**parler en vrai connaisseur** to speak like a real connoisseur **déguisé en cowboy** dressed up as a cowboy
+ present participle	**il l'a vu en passant devant la porte** he saw it as he came past the door

avant

before — **Il est arrivé avant toi** He arrived before you

+ infinitive (add **de***)* — **Je vais finir ça avant de manger** I'm going to finish this before eating

preference — **la santé avant tout** health above everything

chez

at the home of — **chez lui/moi** at his/my house
être chez soi to be at home
venez chez nous come round to our place

at/to (*a shop*) — **chez le boucher** at/to the butcher's

in (*a person, among a group of people or animals*) — **Ce que je n'aime pas chez lui c'est son ...** What I don't like in him is his ...
chez les fourmis among ants

dans

position — **dans une boîte** in(to) a box

circumstance — **dans son enfance** in his childhood

future time — **dans trois jours** in three days' time (*compare* **en trois jours**, *page 207*)

depuis

since (*time/place*) — **depuis mardi** since Tuesday
Il pleut depuis Paris It's been raining since Paris

for — **Il habite cette maison depuis 3 ans** He's been living in this house for 3 years (*note tense*)

ès

ıst time **dès mon enfance** since my childhood

ıture time **Je le ferai dès mon retour** I'll do it as soon as I get back

ntre

etween **entre 8 et 10** between 8 and 10

among **Jean et Pierre, entre autres** Jean and Pierre, among others

reciprocal **s'aider entre eux** to help each other (out)

d'entre

of, among **trois d'entre eux** three of them

par

by (*agent of passive*) **renversé par une voiture** knocked down by a car
tué par la foudre killed by lightning

weather conditions **par un beau jour d'été** on a lovely summer's day

by (means of) **par un couloir/sentier** by a corridor/path
par le train by train (*but see also* **à** *and* **en**)
par l'intermédiaire de M. Duval through Mr Duval

distribution **deux par deux** two by two
par groupes de dix in groups of ten
deux fois par jour twice a day

pour

for	**C'est pour vous** It's for you **C'est pour demain** It's for tomorrow **une chambre pour 2 nuits** a room for 2 nights **Pour un enfant, il se débrouille bien** For a child he manages very well **Il part pour l'Espagne** He's leaving for Spain **Il l'a fait pour vous** He did it for you **Il lui a donné 5 euros pour ce livre** He gave him 5 euros for this book **Je ne suis pas pour cette idée** I'm not for that idea **Pour qui me prends-tu?** Who do you take me for? **Il passe pour un idiot** He's taken for a fool
+ infinitive: (in order) to	**Elle se pencha pour le ramasser** She bent down to pick it up **C'est trop fragile pour servir de siège** It's too fragile to be used as a seat
to(wards)	**être bon/gentil pour qn** to be kind to sb
with prices, time	**pour 30 euros d'essence** 30 euros' worth of petrol **J'en ai encore pour une heure** I'll be another hour (at it) yet

sans

without	**sans eau** without water **sans ma femme** without my wife
+ infinitive	**sans compter les autres** without counting the others

uf

xcept (for)	**tous sauf lui** all except him **sauf quand il pleut** except when it's raining
arring	**sauf imprévu** barring the unexpected **sauf avis contraire** unless you hear to the contrary

ur

n	**sur le siège** on the seat **sur l'armoire** on top of the wardrobe **sur le mur** on (top of) the wall (*if the meaning is* 'hanging on the wall' *use* **à**, *page 204*) **sur votre gauche** on your left **être sur le point de faire** to be on the point of doing
on (to)	**mettez-le sur la table** put it on the table
out of, by (*proportion*)	**8 sur 10** 8 out of 10 **un automobiliste sur 5** one motorist in 5 **la pièce fait 2 mètres sur 3** the room measures 2 metres by 3

Conjunctions

There are conjunctions which introduce a main clause, such as **et** (and), **mais** (but), **si** (if), **ou** (or) and so on, and those which introduce subordinate clauses like **parce que** (because), **pendant que** (while), **après que** (after) and so on. They are all used in much the same way as ir English, but the following points are of note:

Some conjunctions in French require a following subjunctive, see page 58

Some conjunctions are 'split' in French like 'both ... and', 'either ... or' in English:

et ... et both ... and → 1
ni ... ni ... ne neither ... nor → 2
ou (bien) ... ou (bien) either ... or (else) → 3
soit ... soit either ... or → 4

si + il(s) → s'il(s) → 5

que

- meaning *that* → 6
- replacing another conjunction → 7
- replacing **si**, see page 62
- in comparisons, meaning 'as', 'than' → 8
- followed by the subjunctive, see page 62

aussi (so, therefore): the subject and verb are inverted if the subject is a pronoun → 9

xamples

1	Ces fleurs poussent et en été et en hiver	These flowers grow in both summer and winter
2	Ni lui ni elle ne sont venus	Neither he nor she came
	Ils n'ont ni argent ni nourriture	They have neither money nor food
3	Elle doit être ou naïve ou stupide	She must be either naïve or stupid
	Ou bien il m'évite ou bien il ne me reconnaît pas	Either he's avoiding me or else he doesn't recognize me
4	Il faut choisir soit l'un soit l'autre	You have to choose either one or the other
5	Je ne sais pas s'il vient/s'ils viennent	I don't know if he's coming/if they're coming
	Dis-moi s'il y a des erreurs	Tell me if there are any mistakes
	Votre passeport, s'il vous plaît	Your passport, please
6	Il dit qu'il t'a vu	He says (that) he saw you
	Est-ce qu'elle sait que vous êtes là?	Does she know that you're here?
7	Quand tu seras plus grand et que tu auras une maison à toi, ...	When you're older and you have a house of your own, ...
	Comme il pleuvait et que je n'avais pas de parapluie, ...	As it was raining and I didn't have an umbrella, ...
8	Ils n'y vont pas aussi souvent que nous	They don't go there as often as we do
	Il les aime plus que jamais	He likes them more than ever
	L'argent est moins lourd que le plomb	Silver is lighter than lead
9	Ceux-ci sont plus rares, aussi coûtent-ils cher	These ones are rarer, so they're expensive

Word Order

Word order in French is largely the same as in English, except for the following points. Most of these have already been dealt with under the appropriate part of speech, but are summarized here along with other instances not covered elsewhere.

Object pronouns nearly always come before the verb → 1
For details, see pages 166 to 170

Certain adjectives come after the noun → 2
For details, see page 162

Adverbs accompanying a verb in a simple tense usually follow the verb → 3
For details, see page 200

After **aussi** (so, therefore), **à peine** (hardly), **peut-être** (perhaps), the verb and subject are inverted → 4

After the relative pronoun **dont** (whose), word order can affect the meaning → 5
For details, see page 182

In exclamations, **que** and **comme** do not affect the normal word order → 6

Following direct speech:
- the *verb + subject* order is inverted to become *subject + verb* → 7
- with a pronoun subject, the verb and pronoun are linked by a hyphen → 8
- when the verb ends in a vowel in the 3rd person singular, **-t-** is inserted between the pronoun and the verb → 9

For word order in negative sentences, see page 216.

For word order in interrogative sentences, see pages 220 and 222.

1	Je les vois!	I can see them!
	Il me l'a donné	He gave it to me
2	une ville française	a French town
	du vin rouge	some red wine
3	Il pleut encore	It's still raining
	Elle m'aide quelquefois	She sometimes helps me
4	Il vit tout seul, aussi fait-il ce qu'il veut	He lives alone, so he does what he likes
	À peine la pendule avait-elle sonné trois heures que ...	Hardly had the clock struck three when ...
	Peut-être avez-vous raison	Perhaps you're right

5 Compare:

un homme dont je connais la fille	a man whose daughter I know

and:

un homme dont la fille me connaît	a man whose daughter knows me

If the person (or object) 'owned' is the object of the verb, the order is:
dont + *verb* + *noun* (*first sentence*)

If the person (or object) 'owned' is the subject of the verb, the order is:
dont + *noun* + *verb* (*second sentence*)

Note also:

l'homme dont elle est la fille	the man whose daughter she is

6	Qu'il fait chaud!	How warm it is!
	Que je suis content de vous voir!	How pleased I am to see you!
	Comme c'est cher	How expensive it is!
	Que tes voisins sont gentils!	How kind your neighbours are!
7	« Je pense que oui » a dit Luc	'I think so,' said Luke
	« Ça ne fait rien » répondit Julie	'It doesn't matter,' Julie replied
8	« Quelle horreur! » me suis-je exclamé	'How awful!' I exclaimed
9	« Pourquoi pas? » a-t-elle demandé	'Why not?' she asked
	« Si c'est vrai », continua-t-il ...	'If it's true', he went on ...

Negatives

The following are the most common negative pairs:

ne ... pas not
ne ... point (*literary*) not
ne ... rien nothing
ne ... personne nobody
ne ... plus no longer, no more
ne ... jamais never
ne ... que only
ne ... aucun(e) no
ne ... nul(le) no
ne ... nulle part nowhere
ne ... ni neither ... nor
ne ... ni ... ni neither ... nor

Word order

In simple tenses and the imperative:

- **ne** precedes the verb (and any object pronouns) and the second element follows the verb → 1

In compound tenses:

- **ne ... pas, ne ... point, ne ... rien, ne ... plus, ne ... jamais, ne ... guère** follow the pattern:
  ne + *auxiliary verb* + **pas** + *past participle* → 2
- **ne ... personne, ne ... que, ne ... aucun(e), ne ... nul(le), ne ... nulle part, ne ... ni (... ni)** follow the pattern:
  ne + *auxiliary verb* + *past participle* + **personne** → 3

With a verb in the infinitive:

- **ne ... pas, ne ... point** (*etc*, see above) come together → 4

For use of **rien**, **personne** and **aucun** as pronouns, see page 178.

xamples

1	Je ne fume pas	I don't smoke
	Ne changez rien	Don't change anything
	Je ne vois personne	I can't see anybody
	Nous ne nous verrons plus	We won't see each other any more
	Il n'arrive jamais à l'heure	He never arrives on time
	Il n'avait qu'une valise	He only had one suitcase
	Je n'ai reçu aucune réponse	I have received no reply
	Il ne boit ni ne fume	He neither drinks nor smokes
	Ni mon fils ni ma fille ne les connaissaient	Neither my son nor my daughter knew them
2	Elle n'a pas fait ses devoirs	She hasn't done her homework
	Ne vous a-t-il rien dit?	Didn't he say anything to you?
	Ils n'avaient jamais vu une si belle maison	They had never seen such a beautiful house
3	Tu n'as guère changé	You've hardly changed
	Je n'ai parlé à personne	I haven't spoken to anybody
	Il n'avait mangé que la moitié du repas	He had only eaten half the meal
	Elle ne les a trouvés nulle part	She couldn't find them anywhere
	Il ne l'avait ni vu ni entendu	He had neither seen nor heard him
4	Il essayait de ne pas rire	He was trying not to laugh

Negatives *continued*

These are the most common combinations of negative particles:

ne ... plus jamais → 1
ne ... plus personne → 2
ne ... plus rien → 3
ne ... plus ni ... ni ... → 4
ne ... jamais personne → 5
ne ... jamais rien → 6
ne ... jamais que → 7
ne ... jamais ni ... ni ... → 8
(ne ... pas) non plus → 9

non and **pas**

non (no) is the usual negative response to a question → 10
It is often translated as 'not' → 11

pas is generally used when a distinction is being made, or for emphasis → 12
It is often translated as 'not' → 13

xamples

Je ne le ferai plus jamais	I'll never do it again
Je ne connais plus personne à Rouen	I don't know anybody in Rouen any more
Ces marchandises ne valaient plus rien	Those goods were no longer worth anything
Ils n'ont plus ni chats ni chiens	They no longer have either cats or dogs
5 On n'y voit jamais personne	You never see anybody there
6 Ils ne font jamais rien d'intéressant	They never do anything interesting
7 Je n'ai jamais parlé qu'à sa femme	I've only ever spoken to his wife
8 Il ne m'a jamais ni écrit ni téléphoné	He has never either written to me or phoned me
9 Ils n'ont pas d'enfants et nous non plus	They don't have any children and neither do we
Je ne les aime pas. — Moi non plus.	I don't like them. — Neither do I/ I don't either.
10 Vous voulez nous accompagner? — Non.	Do you want to come with us? — No (I don't).
11 Tu viens ou non?	Are you coming or not?
J'espère que non	I hope not
12 Ma sœur aime le ski, moi pas	My sister likes skiing, I don't
13 Qui a fait ça? — Pas moi!	Who did that? — Not me!
Est-il de retour? — Pas encore.	Is he back? — Not yet.
Tu as froid? — Pas du tout.	Are you cold? — Not at all.

Question forms: direct

There are four ways of forming direct questions in French:

by inverting the normal word order so that *pronoun subject + verb* becomes *verb + pronoun subject*. A hyphen links the verb and pronoun → ❶

- When the subject is a noun, a pronoun is inserted after the verb and linked to it by a hyphen → ❷
- When the verb ends in a vowel in the third person singular, **-t-** is inserted before the pronoun → ❸

by maintaining the word order *subject + verb*, but by using a rising intonation at the end of the sentence → ❹

by inserting **est-ce que** before the construction *subject + verb* → ❺

by using an interrogative word at the beginning of the sentence, together with inversion or the **est-ce que** form above → ❻

xamples

1 Aimez-vous la France?	Do you like France?
Avez-vous fini?	Have you finished?
Est-ce possible?	Is it possible?
Est-elle restée?	Did she stay?
Part-on tout de suite?	Are we leaving right away?
2 Tes parents sont-ils en vacances?	Are your parents on holiday?
Jean-Benoît est-il parti?	Has Jean-Benoît left?
3 A-t-elle de l'argent?	Has she any money?
La pièce dure-t-elle longtemps?	Does the play last long?
Mon père a-t-il téléphoné?	Has my father phoned?
4 Il l'a fini	He's finished it
Il l'a fini?	Has he finished it?
Robert va venir	Robert's coming
Robert va venir?	Is Robert coming?
5 Est-ce que tu la connais?	Do you know her?
Est-ce que tes parents sont revenus d'Italie?	Have your parents come back from Italy?
6 Quel train prends-tu? Quel train est-ce que tu prends?	What train are you getting?
Lequel est-ce que ta sœur préfère? Lequel ta sœur préfère-t-elle?	Which one does your sister prefer?
Quand êtes-vous arrivé? Quand est-ce que vous êtes arrivé?	When did you arrive?
Pourquoi ne sont-ils pas venus? Pourquoi est-ce qu'ils ne sont pas venus?	Why haven't they come?

Question forms: indirect

An indirect question is one that is 'reported', e.g. 'he asked me what the time was'; 'tell me which way to go'. Word order in indirect questions is as follows:

interrogative word + subject + verb → 1

when the subject is a noun, and not a pronoun, the subject and verb are often inverted → 2

n'est-ce pas

This is used wherever English would use 'isn't it?', 'don't they?', 'weren't we?', 'is it?' and so on tagged on to the end of a sentence → 3

oui and si

Oui is the word for 'yes' in answer to a question put in the affirmative → 4

Si is the word for 'yes' in answer to a question put in the negative or to contradict a negative statement → 5

xamples

	Je me demande s'il viendra	I wonder if he'll come
	Je ne sais pas à quoi ça sert	I don't know what it's for
	Dites-moi quel autobus va à la gare	Tell me which bus goes to the station
	Il m'a demandé combien d'argent j'avais	He asked me how much money I had
2	Elle ne sait pas à quelle heure commence le film	She doesn't know what time the film starts
	Je me demande où sont mes clés	I wonder where my keys are
	Elle nous a demandé comment allait notre père	She asked us how our father was
	Je ne sais pas ce que veulent dire ces mots	I don't know what these words mean
3	Il fait chaud, n'est-ce pas?	It's warm, isn't it?
	Vous n'oublierez pas, n'est-ce pas?	You won't forget, will you?
4	Tu l'as fait? — Oui.	Have you done it? — Yes (I have).
5	Tu ne l'as pas fait? — Si.	Haven't you done it? — Yes (I have).

Numbers

Cardinal (one, two *etc*)		Ordinal (first, second *etc*)	
zéro	0		
un (une)	1	premier (première)	1er, 1ère
deux	2	deuxième, second(e)	2ème
trois	3	troisième	3ème
quatre	4	quatrième	4ème
cinq	5	cinquième	5ème
six	6	sixième	6ème
sept	7	septième	7ème
huit	8	huitième	8ème
neuf	9	neuvième	9ème
dix	10	dixième	10ème
onze	11	onzième	11ème
douze	12	douzième	12ème
treize	13	treizième	13ème
quatorze	14	quatorzième	14ème
quinze	15	quinzième	15ème
seize	16	seizième	16ème
dix-sept	17	dix-septième	17ème
dix-huit	18	dix-huitième	18ème
dix-neuf	19	dix-neuvième	19ème
vingt	20	vingtième	20ème
vingt et un (une)	21	vingt et unième	21ème
vingt-deux	22	vingt-deuxième	22ème
vingt-trois	23	vingt-troisième	23ème
trente	30	trentième	30ème
quarante	40	quarantième	40ème
cinquante	50	cinquantième	50ème
soixante	60	soixantième	60ème
soixante-dix	70	soixante-dixième	70ème
soixante et onze	71	soixante et onzième	71ème
soixante-douze	72	soixante-douzième	72ème
quatre-vingts	80	quatre-vingtième	80ème
quatre-vingt-un (une)	81	quatre-vingt-unième	81ème
quatre-vingt-dix	90	quatre-vingt-dixième	90ème
quatre-vingt-onze	91	quatre-vingt-onzième	91ème

umbers

ardinal

ent	100
ent un (une)	101
ent deux	102
ent dix	110
ent quarante-deux	142
deux cents	200
deux cent un (une)	201
deux cent deux	202
trois cents	300
quatre cents	400
cinq cents	500
six cents	600
sept cents	700
huit cents	800
neuf cents	900
mille	1000
mille un (une)	1001
mille deux	1002
deux mille	2000
cent mille	100.000
un million	1.000.000
deux millions	2.000.000

Ordinal

centième	$100^{\text{ème}}$
cent unième	$101^{\text{ème}}$
cent deuxième	$102^{\text{ème}}$
cent dixième	$110^{\text{ème}}$
cent quarante-deuxième	$142^{\text{ème}}$
deux centième	$200^{\text{ème}}$
deux cent unième	$201^{\text{ème}}$
deux cent deuxième	$202^{\text{ème}}$
trois centième	$300^{\text{ème}}$
quatre centième	$400^{\text{ème}}$
cinq centième	$500^{\text{ème}}$
six centième	$600^{\text{ème}}$
sept centième	$700^{\text{ème}}$
huit centième	$800^{\text{ème}}$
neuf centième	$900^{\text{ème}}$
millième	$1000^{\text{ème}}$
mille unième	$1001^{\text{ème}}$
mille deuxième	$1002^{\text{ème}}$
deux millième	$2000^{\text{ème}}$
cent millième	$100.000^{\text{ème}}$
millionième	$1.000.000^{\text{ème}}$
deux millionième	$2.000.000^{\text{ème}}$

Fractions

un demi, une demie	a half
un tiers	a third
deux tiers	two thirds
un quart	a quarter
trois quarts	three quarters
un cinquième	one fifth
cinq et trois quarts	five and three quarters

Others

zéro virgule cinq (0,5)	0.5
un virgule trois (1,3)	1.3
dix pour cent	10%
deux plus deux	2 + 2
deux moins deux	2 − 2
deux fois deux	2 × 2
deux divisé par deux	2 ÷ 2

ⓘ Note the use of points with large numbers and commas with fractions, i.e. the opposite of English usage.

Other Uses

-aine denoting approximate numbers:

une douzaine (de pommes) about a dozen (apples)
une quinzaine (d'hommes) about fifteen (men)
des centaines de personnes hundreds of people
BUT: un millier (de voitures) about a thousand (cars)

measurements:

vingt mètres carrés 20 square metres
vingt mètres cubes 20 cubic metres
un pont long de quarante mètres a bridge 40 metres long
avoir trois mètres de large/de haut to be 3 metres wide/ high

miscellaneous:

Il habite au dix He lives at number 10
C'est au chapitre sept It's in chapter 7
(C'est) à la page 17 (It's) on page 17
(Il habite) au septième étage (He lives) on the 7th floor
Il est arrivé le septième He came in 7th
échelle au vingt-cinq millième scale 1:25,000

Telephone numbers

Je voudrais Édimbourg trois cent trente, vingt-deux, dix
I would like Edinburgh 330 22 10
Je voudrais le soixante-cinq, treize, vingt-deux, zéro deux
Could you get me 65 13 22 02
Poste trois cent trente-cinq Extension number 335
Poste vingt-deux, trente-trois Extension number 22 33

ⓘ In French, telephone numbers are broken down into groups of two or three numbers (never four), and are not spoken separately as in English. They are also written in groups of two or three numbers.

alendar

ates

uelle est la date d'aujourd'hui? uel jour sommes-nous?	What's the date today?
'est ... lous sommes ...	It's the ...
... le premier février	... 1st of February
... le deux février	... 2nd of February
... le vingt-huit février	... 28th of February
l vient le sept mars	He's coming on the 7th of March

ⓘ Use cardinal numbers except for the first of the month.

Years

Elle est née en 1930	She was born in 1930
le douze février mille neuf cent trente le douze février mil neuf cent trente	(on) 12th February 1930

ⓘ There are two ways of expressing the year (see last example). Note the spelling of **mil** (one thousand) in dates.

Other expressions

dans les années cinquante	during the fifties
au vingtième siècle	in the twentieth century
en mai	in May
lundi (quinze)	on Monday (the 15th)
le lundi	on Mondays
dans dix jours	in 10 days' time
il y a dix jours	10 days ago

Time

Quelle heure est-il?	What time is it?
Il est ...	It's ...

00.00	minuit midnight, twelve o'clock
00.10	minuit dix, zéro heure dix
00.15	minuit et quart, zéro heure quinze
00.30	minuit et demi, zéro heure trente
00.45	une heure moins (le) quart, zéro heure quarante-cinq
01.00	une heure du matin one a.m., one o'clock in the morning
01.10	une heure dix (du matin)
01.15	une heure et quart, une heure quinze
01.30	une heure et demie, une heure trente
01.45	deux heures moins (le) quart, une heure quarante cinq
01.50	deux heures moins dix, une heure cinquante
01.59	deux heures moins une, une heure cinquante-neuf
12.00	midi, douze heures noon, twelve o'clock
12.30	midi et demi, douze heures trente
13.00	une heure de l'après-midi, treize heures one p.m., one o'clock in the afternoon
01.30	une heure et demie (de l'après-midi), treize heures trente
19.00	sept heures du soir, dix-neuf heures seven p.m., seven o'clock in the evening
19.30	sept heures et demie (du soir), dix-neuf heures trente

À quelle heure venez-vous? — À sept heures.	What time are you coming? — At seven o'clock.
Les bureaux sont fermés de midi à quatorze heures	The offices are closed from twelve until two
à deux heures du matin/de l'après-midi	at two o'clock in the morning/afternoon; at two a.m./p.m.
à sept heures du soir	at seven o'clock in the evening; at seven p.m.
à cinq heures précises *or* pile	at five o'clock sharp
vers neuf heures	about nine o'clock
peu avant/après midi	shortly before/after noon
entre huit et neuf heures	between eight and nine o'clock
Il est plus de trois heures et demie	It's after half past three
Il faut y être à dix heures au plus tard/au plus tôt	You have to be there by ten o'clock at the latest/earliest
Ne venez pas plus tard que onze heures moins le quart	Come no later than a quarter to eleven
Il en a pour une demi-heure	He'll be half an hour (at it)
Elle est restée sans connaissance pendant un quart d'heure	She was unconscious for (a) quarter of an hour
Je les attends depuis une heure	I've been waiting for them for an hour/since one o'clock
Ils sont partis il y a quelques minutes	They left a few minutes ago
Je l'ai fait en vingt minutes	I did it in twenty minutes
Le train arrive dans une heure	The train arrives in an hour('s time)
Combien de temps dure ce film?	How long does this film last?

Translation problems

Beware of translating word for word. While on occasion this is quite possible, quite often it is not. The need for caution is illustrated by the following:

English phrasal verbs (i.e. verbs followed by a preposition) e.g. 'to run away', 'to fall down' are often translated by one word in French → ❶

English verbal constructions often contain a preposition where none exists in French, or vice versa → ❷

Two or more prepositions in English may have a single rendering in French → ❸

A word which is singular in English may be plural in French, or vice versa → ❹

French has no equivalent of the possessive construction denoted by -'s/-s' → ❺

See also at/in/to, page 234.

The following pages look at some specific problems.

-ing

This is translated in a variety of ways in French:

'to be ...-ing' is translated by a simple verb → ❻
EXCEPTION: when a physical position is denoted, a past participle is used → ❼

in the construction 'to see/hear sb ...-ing', use an infinitive or **qui** *+ verb* → ❽

'-ing' can also be translated by:
- an infinitive, see page 44 → ❾
- a perfect infinitive, see page 46 → ❿
- a present participle, see page 48 → ⓫
- a noun → ⓬

xamples

1	s'enfuir tomber céder	to run away to fall down to give in
2	payer regarder écouter obéir à nuire à manquer de	to pay for to look at to listen to to obey to harm to lack
3	s'étonner de satisfait de voler qch à apte à	to be surprised at satisfied with to steal sth from capable of; fit for
4	les bagages ses cheveux le bétail mon pantalon	the luggage his/her hair the cattle my trousers
5	la voiture de mon frère la chambre des enfants	my brother's car (*literally*: ... of my brother) the children's bedroom (*literally*: ... of the children)
6	Il part demain Je lisais un roman	He's leaving tomorrow I was reading a novel
7	Elle est assise là-bas Il était couché par terre	She's sitting over there He was lying on the ground
8	Je les vois venir Je les vois qui viennent Je l'ai entendue chanter Je l'ai entendue qui chantait	I can see them coming I heard her singing
9	J'aime aller au cinéma Arrêtez de parler! Au lieu de répondre Avant de partir	I like going to the cinema Stop talking! Instead of answering Before leaving
10	Après avoir ouvert la boîte, il ...	After opening the box, he ...
11	Étant plus timide que moi, elle ...	Being shyer than me, she ...
12	Le ski me maintient en forme	Skiing keeps me fit

Translation problems

to be

'to be' is generally translated by **être** → 1

When physical location is implied, **se trouver** may be used → 2

In set expressions, describing physical and emotional conditions, **avoir** is used

avoir chaud/froid to be warm/cold
avoir faim/soif to be hungry/thirsty
avoir peur/honte to be afraid/ashamed
avoir tort/raison to be wrong/right

Describing the weather, e.g. what's the weather like?, it's windy/sunny, use **faire** → 3

For ages, e.g. he is 6, use **avoir** → 4

For state of health, e.g. he's unwell, how are you?, use **aller** → 5

it is, it's

'It is' and 'it's' are usually translated by **il/elle est**, when referring to a noun → 6

For expressions of time, also use **il est** → 7

To describe the weather, e.g. it's windy, see above.

In the construction: it is difficult/easy to do sth, use **il est** → 8

In all other constructions, use **c'est** → 9

can, be able

Physical ability is expressed by **pouvoir** → 10

If the meaning is 'to know how to', use **savoir** → 11

'can' + a 'verb of hearing or seeing etc' in English is not translated in French → 12

xamples

1	Il est tard C'est peu probable	It's late It's not very likely
2	Où se trouve la gare? Quel temps fait-il?	Where's the station? What's the weather like?
3	Il fait beau/mauvais/du vent	It's lovely/miserable/windy
4	Quel âge avez-vous? J'ai quinze ans	How old are you? I'm fifteen
5	Comment allez-vous? Je vais très bien Où est mon parapluie? — Il est là, dans le coin.	How are you? I'm very well Where's my umbrella? — It's there, in the corner.
6	Descends la valise si elle n'est pas trop lourde	Bring down the case if it isn't too heavy
7	Quelle heure est-il? — Il est sept heures et demie.	What's the time? — It's half past seven.
8	Il est difficile de répondre à cette question	It's difficult to reply to this question
9	C'est moi qui ne l'aime pas C'est Charles/ma mère qui l'a dit C'est ici que je les ai achetés C'est parce que la poste est fermée que ...	It's me who doesn't like him It's Charles/my mother who said so It's here that I bought them It's because the post office is closed that ...
10	Pouvez-vous atteindre cette étagère?	Can you reach up to that shelf?
11	Elle ne sait pas nager Je ne vois rien	She can't swim I can't see anything
12	Il les entendait	He could hear them

to (*see also below*)

'to' is generally translated by **à**, see page 204 → 1

In time expressions, e.g. 10 to 6, use **moins** → 2

When the meaning is 'in order to', use **pour** → 3

Following a verb, as in 'to try to do', 'to like to do', see pages 44 and 64

'easy/difficult/impossible' etc to do: the preposition used depends on whether a specific noun is referred to → 4 or not → 5

at/in/to

With feminine countries, use **en** → 6

With masculine countries, use **au** (**aux** with plural countries) → 7

With towns, use **à** → 8

'at/to the butcher's/grocer's' etc: use **à** + *noun* designating the shop, or **chez** + *noun* designating the shopkeeper → 9

'at/to the dentist's/doctor's' etc: use **chez** → 10

'at/to -'s/-s' house': use **chez** → 11

there is/there are

Both are translated by **il y a** → 12

xamples

1	Donne le livre à Patrick	Give the book to Patrick
2	dix heures moins cinq	five to ten
	à sept heures moins le quart	at a quarter to seven
3	Je l'ai fait pour vous aider	I did it to help you
	Il se pencha pour nouer son lacet	He bent down to tie his shoelace
4	Ce livre est difficile à lire	This book is difficult to read
5	Il est difficile de comprendre leurs raisons	It's difficult to understand their reasons
6	Il est allé en France/en Suisse	He has gone to France/to Switzerland
	un village en Norvège/en Belgique	a village in Norway/in Belgium
7	Êtes-vous allé au Canada/au Danemark/aux États-Unis?	Have you been to Canada/to Denmark/to the United States?
	une ville au Japon/au Brésil	a town in Japan/in Brazil
8	Il est allé à Vienne/à Bruxelles	He has gone to Vienna/to Brussels
	Il habite à Londres/à Genève	He lives in London/in Geneva
	Ils logent dans un hôtel à St Pierre	They're staying in a hotel at St Pierre
9	Je l'ai acheté à l'épicérie	I bought it at the grocer's
	Je l'ai acheté chez l'épicier	
	Elle est allée à la boulangerie	She's gone to the baker's
	Elle est allée chez le boulanger	
10	J'ai un rendez-vous chez le dentiste	I've an appointment at the dentist's
	Il est allé chez le médecin	He has gone to the doctor's
11	chez Christian	at/to Christian's house
	chez les Pagot	at/to the Pagots' house
12	Il y a quelqu'un à la porte	There's somebody at the door
	Il y a cinq livres sur la table	There are five books on the table

General Points

Activity of the lips

The lips play a very important part in French. When a vowel is described as having 'rounded' lips, the lips are slightly drawn together and pursed, as when an English speaker expresses exaggerated surprise with the vowel 'ooh!' Equally, if the lips are said to be 'spread', the corners are pulled firmly back towards the cheeks, tending to reveal the front teeth.

In English, lip position is not important, and vowel sounds tend to merge because of this. In French, the activity of the lips means that every vowel sound is clearly distinct from every other.

No diphthongs

A diphthong is a glide between two vowel sounds in the same syllable. In English, there are few 'pure' vowel sounds, but largely diphthongs instead. Although speakers of English may think they produce one vowel sound in the word 'day', in fact they use a diphthong, which in this instance is a glide between the vowels [e] and [ɪ]: [deɪ]. In French the tension maintained in the lips, tongue and the mouth in general prevents diphthongs occurring, as the vowel sound is kept constant throughout. Hence the French word corresponding to the above example, 'dé', is pronounced with no final [ɪ] sound, but is phonetically represented thus: [de].

Consonants

In English, consonants are often pronounced with a degree of laxness that can result in their practically disappearing altogether although not strictly 'silent'. In a relaxed pronunciation of a word such as 'hat', the 't' is often scarcely heard, or is replaced by a 'glottal stop' (a sort of jerk in the throat). This never occurs in French, where consonants are always given their full value.

ronunciation of Consonants

ome consonants are pronounced almost exactly as in English: ɔ, p, f, v, g, k, m, w].

Aost others are similar to English, but slight differences should be noted.

	EXAMPLES	HINTS ON PRONUNCIATION
[d] [t] [n] [l]	**d**in**d**e **t**en**t**e **n**o**nn**e Li**ll**e	The tip of the tongue touches the upper front teeth and not the roof of the mouth as in English
[s] [z]	tou**s** **ç**a **z**éro ro**s**e	The tip of the tongue is down behind the bottom front teeth, lower than in English
[ʃ]	**ch**ose ta**ch**e	Like the 'sh' of English 'shout'
[ʒ]	**j**e **g**ilet bei**g**e	Like the 's' of English 'measure'
[j]	**y**eux pai**ll**e	Like the 'y' of English 'yes'

Three consonants are not heard in English:

[ʀ]	**r**a**r**e veni**r**	'r' is often silent in English, e.g. farm. In French the [ʀ] is never silent, unless it follows an **e** at the end of a word e.g. chercher. To pronounce it, try to make a short sound like gargling. Similar, too, to the Scottish pronunciation of 'loch'
[ɲ]	vi**gn**e a**gn**eau	Similar to the 'ni' of the English word 'Spaniard'
[ɥ]	h**u**ile l**u**eur	Like a very rapid [y] (see page 239) followed immediately by the next vowel of the word

Pronunciation of Vowels

	EXAMPLES	HINTS ON PRONUNCIATION
[a]	p**a**tte pl**at** **a**mour	Similar to the vowel in English 'pat'
[ɑ]	b**as** p**â**te	Longer than the sound above, it resembles the English exclamation of surprise 'ah!' Similar, too, to the English vowel in 'car' without the final 'r' sound
[ɛ]	**lait** jou**et** m**er**ci	Similar to the English vowel in 'pet'. Beware of using the English diphthong [eɪ] as in 'pay'
[e]	**été** jou**er**	A pure vowel, again quite different from the diphthong in English 'pay'
[ə]	**le** pr**e**mier	Similar to the English sound in 'butter' when the 'r' is not pronounced
[i]	**ici** **vie** l**y**cée	The lips are well spread towards the cheeks while uttering this sound. Shorter than the English vowel in 'see'
[ɔ]	m**o**rt h**o**mme	The lips are well rounded while producing a sound similar to the 'o' of English 'cot'
[o]	m**ot** d**ô**me **eau**	A pure vowel with strongly rounded lips quite different from the diphthong in the English words 'bone', 'low'

	EXAMPLES	HINTS ON PRONUNCIATION
u]	gen**ou** r**oue**	A pure vowel with strongly rounded lips. Similar to the English 'ooh!' of surprise
[y]	r**ue** vêt**u**	Often the most difficult for English speakers to produce: round your lips and try to pronounce [i] (see page 238). There is no [j] sound (see page 237) as there is in English 'pure'
[œ]	s**œu**r b**eu**rre	Similar to the vowel in English 'fir' or 'murmur', but without the 'r' sound and with the lips more strongly rounded
[ø]	p**eu** d**eux**	To pronounce this, try to say [e] (see page 238) with the lips strongly rounded

Nasal Vowels

These are spelt with a vowel followed by a 'nasal' consonant – **n** or **m**. The production of nasal vowels really requires the help of a teacher or a recording of the sound. However, to help you, the vowel is pronounced by allowing the air from the lungs to come partly down the nose and partly through the mouth, and the **n** or **m** is not pronounced at all.

[ɑ̃]	l**ent** s**ang** d**ans**	In each case, the vowel shown in the
[ɛ̃]	mat**in** pl**ein**	phonetic symbol is pronounced as
[ɔ̃]	n**on** p**ont**	described above, but air is allowed to come
[œ̃]	br**un** **un** parf**um**	through the nose as well as the mouth

From Spelling to Sounds

Although it may not seem so at first sight, there are some fairly precise 'rules' which can help you to know how to pronounce French words from their spelling.

Vowels

SPELLING	PRONOUNCED	EXAMPLES
a, à	[a]	chatte table à
a, â	[ɑ]	pâte pas
er, é	[e]	été marcher
e, è, ê	[ɛ]	fenêtre fermer chère
e	[ə]	double fenêtre
i, î, y	[i]	lit abîmer lycée
o, ô	[o]	pot trop dôme
o	[ɔ]	sotte orange
u, û	[y]	battu fût pur

Vowel Groups

There are several groups of vowels in French spelling which are regularly pronounced in the same way:

SPELLING	PRONOUNCED	EXAMPLES
ai	[ɛ] *or* [e]	maison marchai faire
ail	[aj]	portail
ain, aim, (e)in, im	[ɛ̃]	pain faim frein impair
au	[o]	auberge landau
an, am, en, em	[ɑ̃]	plan ample entrer temps
eau	[o]	bateau eau
eu	[œ] *or* [ø]	feu peur
euil(le), ueil	[œj]	feuille recueil
oi, oy	[wa]	voir voyage
on, om	[ɔ̃]	ton compter
ou	[u]	hibou outil
œu	[œ]	sœur cœur
ue	[y]	rue
un, um	[œ̃]	brun parfum

dded to these are the many groups of letters occurring at the end of vords, where their pronunciation is predictable, bearing in mind the endency (see page 242) of final consonants to remain silent.

YPICAL WORDS	PRONUNCIATION OF FINAL SYLLABLE
pas, mât, chat	[ɑ] or [a]
marcher, marchez, marchais, marchait, baie, valet, mes, fumée	[e] or [ɛ]
nid	[i]
chaud, vaut, faux, sot, tôt, Pernod, dos, croc	[o]
bout, bijoux, sous, boue	[u]
fut, fût, crus, crûs	[y]
queue, heureux, bleus	[ø]
en, vend, vent, an, sang, grand, dans	[ɑ̃]
fin, feint, frein, vain	[ɛ̃]
on, pont, fond, avons	[ɔ̃]
brun, parfum	[œ̃]

From Spelling to Sounds *continued*

Consonants

Final consonants are usually silent → ❶

n or **m** at the end of a syllable or word are silent, but they have the effect of 'nasalizing' the preceding vowel(s) (see page 239 on Nasal Vowels).

The letter **h** is either 'silent' ('mute') or 'aspirate' when it begins a word. When silent, the word behaves as though it started with a vowel and takes a liaison with the preceding word where appropriate.

When the **h** is aspirate, no liaison is made → ❷

There is no way of predicting which words start with which sort of **h** – this simply has to be learnt with each word

The following consonants in spelling have predictable pronunciations: b, d, f, k, l, p, r, t, v, w, x, y, z.

Others vary:

SPELLING	PRONOUNCED	ENGLISH EXAMPLES
c + a, o, u	[k]	**c**an **c**ot **c**ut → ❸
+ l, r		**c**lass **c**ram
c + e, i, y	[s]	**c**eiling i**c**e → ❹
ç + a, o, u	[s]	**c**eiling i**c**e → ❺
ch	[ʃ]	**sh**op la**sh** → ❻
g + a, o, u	[g]	**g**ate **g**ot **g**un → ❼
+ l, r		**g**lass **g**ramme
g + e, i, y	[ʒ]	lei**s**ure → ❽
gn	[ɲ]	compa**ni**on o**ni**on → ❾
j	[ʒ]	mea**s**ure → ❿
q, qu	[k]	**qu**ay **k**it → ⓫
s (*between vowels*)	[z]	ro**s**e → ⓬
s (*elsewhere*)	[s]	**s**it
th	[t]	**Th**omas → ⓭
t in **-tion**	[s]	**s**it → ⓮

xamples

1 **éclat** [ekla] **nez** [ne]
chaud [ʃo] **aider** [ɛde]

2 silent h: aspirate h:
des hôtels [de zotɛl] **des haricots** [de aʀiko]

3 **café** [kafe] **côte** [kot] **culture** [kyltyʀ]
classe [klas] **croûte** [kʀut]

4 **ceci** [səsi] **cil** [sil] **cycliste** [siklist]

5 **ça** [sa] **garçon** [gaʀsɔ̃] **déçu** [desy]

6 **chat** [ʃa] **riche** [ʀiʃ]

7 **gare** [gaʀ] **gourde** [guʀd] **aigu** [ɛgy]
glaise [glɛz] **gramme** [gʀam]

8 **gemme** [ʒem] **gilet** [ʒilɛ] **gymnaste** [ʒimnast]

9 **vigne** [viɲ] **oignon** [ɔɲɔ̃]

10 **joli** [ʒɔli] **Jules** [ʒyl]

11 **quiche** [kiʃ] **quitter** [kite]

12 **sable** [sablə] **maison** [mɛzɔ̃]

13 **théâtre** [teɑtʀ] **Thomas** [tɔma]

14 **nation** [nasjɔ̃] **action** [aksjɔ̃]

Feminine Forms and Pronunciation

For adjectives and nouns ending in a vowel in the masculine, the addition of an **e** to form the feminine does not alter the pronunciation → 1

If the masculine ends with a silent consonant, generally **-d**, **-s**, **-r** or **-t**, the consonant is sounded in the feminine → 2
This also applies when the final consonant is doubled before the addition of the feminine **e** → 3

If the masculine ends in a nasal vowel and a silent **n**, e.g. **-an**, **-on**, **-in**, the vowel is no longer nasalized and the **-n** is pronounced in the feminine → 4
This also applies when the final **-n** is doubled before the addition of the feminine **e** → 5

Where the masculine and feminine forms have totally different endings (see pages 136 and 150), the pronunciation of course varies accordingly → 6

Plural Forms and Pronunciation

The addition of **s** or **x** to form regular plurals generally does not affect pronunciation → 7

Where liaison has to be made, the final **-s** or **-x** of the plural form is pronounced → 8

Where the masculine singular and plural forms have totally different endings (see pages 138 and 148), the pronunciation of course varies accordingly → 9

Note the change in pronunciation in the following nouns:

SINGULAR	PLURAL
bœuf [bœf] ox	**bœufs** [bø] oxen
œuf [œf] egg	**œufs** [ø] eggs
os [ɔs] bone	**os** [o] bones

xamples

	ADJECTIVES	NOUNS
1	**joli** [ʒɔli] → **jolie** [ʒɔli] **déçu** [desy] → **déçue** [desy]	**un ami** [ami] → **une amie** [ami] **un employé** [ɑ̃plwaje] → **une employée** [ɑ̃plwaje]
2	**chaud** [ʃo] → **chaude** [ʃod]	**un étudiant** [etydjɑ̃] → **une étudiante** [etydjɑ̃t]
	français [fʀɑ̃sɛ] → **française** [fʀɑ̃sɛz] **inquiet** [ɛ̃kjɛ] → **inquiète** [ɛ̃kjɛt]	**un Anglais** [ɑ̃glɛ] → **une Anglaise** [ɑ̃glɛz] **un étranger** [etʀɑ̃ʒe] → **une étrangère** [etʀɑ̃ʒeʀ]
3	**violet** [vjɔlɛ] → **violette** [vjɔlɛt]	**le cadet** [kadɛ] → **la cadette** [kadɛt]
	gras [gʀɑ] → **grasse** [gʀɑs]	
4	**plein** [plɛ̃] → **pleine** [plɛn]	**le souverain** [suvʀɛ̃] → **la souveraine** [suvʀɛn]
	fin [fɛ̃] → **fine** [fin]	**Le Persan** [pɛʀsɑ̃] → **la Persane** [pɛʀsan]
	brun [bʀœ̃] → **brune** [bʀyn]	**le voisin** [vwazɛ̃] → **la voisine** [vwazin]
5	**canadien** [kanadjɛ̃] → **canadienne** [kanadjɛn] **breton** [bʀətɔ̃] → **bretonne** [bʀətɔn]	**le paysan** [peizɑ̃] → **la paysanne** [peizan] **le baron** [baʀɔ̃] → **la baronne** [barɔn]
6	**vif** [vif] → **vive** [viv] **traître** [tʀɛtʀə] → **traîtresse**[tʀɛtʀɛs]	**le veuf** [vœf] → **la veuve** [vœv] **le maître** [mɛtʀə] → **la maîtresse** [mɛtʀɛs]
7	**beau** [bo] → **beaux** [bo]	**la maison** [mɛzɔ̃] → **les maisons** [mɛzɔ̃]
8	**des anciens élèves** [de zɑ̃sjɛ̃ zelɛv]	**de beaux arbres** [də bo zaʀbʀ(ə)]
9	**amical** [amikal] → **amicaux** [amiko]	**un journal** [ʒuʀnal] → **des journaux** [ʒuʀno]

The Alphabet

A, a [ɑ]
B, b [be]
C, c [se]
D, d [de]
E, e [ə]
F, f [ɛf]
G, g [ʒe]
H, h [aʃ]
I, i [i]
J, j [ʒi]
K, k [ka]
L, l [ɛl]
M, m [ɛm]
N, n [ɛn]
O, o [o]
P, p [pe]
Q, q [ky]
R, r [ɛr]
S, s [ɛs]
T, t [te]
U, u [y]
V, v [ve]
W,w [dubləve]
X, x [iks]
Y, y [igʀɛk]
Z, z [zɛd]

Capital letters are used as in English except for the following:

adjectives of nationality
e.g. une ville espagnole a Spanish town
un auteur français a French author

languages
e.g. Parlez-vous anglais? Do you speak English?
Il parle français et allemand He speaks French and German

days of the week:
lundi Monday
mardi Tuesday
mercredi Wednesday
jeudi Thursday
vendredi Friday
samedi Saturday
dimanche Sunday

months of the year:
janvier January
février February
mars March
avril April
mai May
juin June
juillet July
août August
septembre September
octobre October
novembre November
décembre December

Index

The following index lists comprehensively both grammatical terms and key words in French and English contained in this book.

Index